P.550もご覧ください

大学 2025 受験案内

大学・短大・大学院 総合ガイド

晶文社

はじめに

2022年４月入学の高校１年生から新学習指導要領による授業がスタートしました。①知識及び技能，②思考力，判断力，表現力等，③学びに向かう力，人間性等が重視され，教科・科目の構成に改善が加えられました。2025年度からは，この新課程に対応した入試が実施され，大学入学共通テストや大学の個別試験においても，教科・科目の再編など大きな変更が予定されています。それぞれの大学が予告として，新課程に対応した入試を発表していますが，編集段階で公表されているものについては，積極的に誌面に掲載できるように努めました。

創刊以来62年にわたり「大学選びの決定版」として信頼を得てきた本書は，大学改革の流れに的確に対応するため，2015年に大リニューアルをしました。おかげさまで，全国の受験生，保護者の方々，教育関係者の皆さまから圧倒的な支持を受け，９年連続売上実績NO.１を達成しました（2015年３月～2024年２月，全国３大主要書店チェーン調べ）。

本書の特長は，大学の概要や就職支援，国際化への取り組みなど，大学選びに有用な情報を比較検討しやすい誌面で構成している点にあります。また，独自のアンケートを実施することにより，大学のホームページやパンフレットでは公開されていない情報を掲載していることも支持されている理由のひとつです。さらに，併願戦略に欠かせない入試スケジュールを簡単に作成・管理できるツールをWebサービスとして公開しています。大学選びから入学手続きまで１年間，受験生の皆さまをサポートします。

以下に，本書の５つのポイントを紹介しましょう。

本書の５つのポイント

1．2大予備校=河合塾と駿台予備学校，信頼の偏差値データを掲載

巻頭に河合塾入試難易予想ランキング表と駿台予備学校合格目標ライン一覧表を，さらに各大学の紹介ページにも偏差値を掲載しています。それぞれの偏差値算定の基礎となっているのは河合塾「全統模試」，駿台予備学校「駿台全国模試」です。いずれも全国の大学進学をめざす多くの受験生が利用する模試で，導き出される偏差値は精度の高いデータとなっています。ご自身の学力診断の参考としてください（掲載している合格可能性の％に違いがあるのでご注意ください。河合塾ボーダーラインは合格可能性50％，駿台予備学校合格目標ラインは合格可能性80％の数値です）。

2. 受験生・保護者・進路指導者3者で使える！

大学・学部の特色や入試情報を詳しく紹介するほか，「保護者向けインフォメーション」や「進路指導者も必見 学生を伸ばす面倒見」のコーナーを設けています。後者には初年次教育など面倒見のよさがわかる情報に加え，退学率や卒業率といった客観的指標も掲載しています。保護者や進路指導者の目線での大学選びに役立ちます。

3. 圧倒的な情報量で各大学の魅力を紹介

各大学の魅力を圧倒的な情報量で紹介しています。過去３年分の資料請求数や予備校の偏差値，入試倍率，民間調査会社のデータ等を参考に，掲載校を編集部でセレクト。当社独自のアンケート調査により，大学のパンフレットやホームページでは公表されていない情報も本書に掲載しました。また，ホームページに公開されている情報でも，より視覚的に見やすく比較しやすくなるよう，レイアウトを工夫しています。

4. 短大から大学院まで，高校卒業後の「学び」を提案

大学院の研究科紹介ページを掲載しています。大学卒業後に大学院へとステップアップすることを高校生の今から想定しておくことも選択肢のひとつになりえます。また，短大から大学へ編入するケースも想定し，本文で紹介している大学の短期大学部や系列の短期大学も掲載しています。

5. 本書とWebで学校選びから受験・入学手続きまでをサポート

受験生と保護者をサポートするWebサービス「らくらく併願カレンダー」を提供しています。大学・学部・入試方式ごとの出願期間，試験日，合格発表日，入学手続き，初年度納入額などを一覧でき，ムリ・ムダのない併願戦略を立てるのに役立ってくれるはずです。Googleカレンダーへの同期やExcel（csv）形式での保存が可能です。最新情報として2025年度入試日程（2025年４月入学者対象）を2024年11月より配信します。カレンダー機能を併用することで大学選びから受験・入学手続きまで１年間ずっと活用していただけるのが本書の大きな特長です。

晶文社『大学受験案内』編集統括　**川崎俊**

大学受験案内 2025

目 次

■はじめに …… 2
■掲載校一覧 …… 6
■本書の利用法 …… 10

志望大学の難易度を見る

● '24年度 河合塾入試難易予想ランキング表
私立大学 …… 19
国公立大学 …… 57

● '24年度 駿台予備学校合格目標ライン一覧表
私立大学 …… 83
国公立大学 …… 121

解説記事

● '25年度 大学入試はこう行われる! …… 146
（文・データ：大学通信 井沢秀）

● 保護者のための受験ガイド …… 160
（文・データ：駿台予備学校 石原賢一）

●「高等教育の修学支援新制度」とは? …… 174

■らくらく併願カレンダー …… 184

全国大学案内

私立大学

北海道 …… 186
東北 …… 192
関東 …… 198
東京 …… 258
神奈川 …… 798
中部 …… 828
近畿 …… 892
九州 …… 1092

国立大学

北海道 …… 1114
東北 …… 1134
関東 …… 1178
東京 …… 1240
神奈川 …… 1310
中部 …… 1320
近畿 …… 1390
中国 …… 1470
四国 …… 1508
九州 …… 1536

公立大学

東北 …… 1594
関東 …… 1602
東京 …… 1610
神奈川 …… 1626
中部 …… 1634
近畿 …… 1656
中国 …… 1694
九州 …… 1698

巻末資料
その他の大学一覧 …… 1712
2024年度 学費一覧 …… 1744

索　引
50音順索引 …… 1764

巻末付録
資料請求番号一覧 …… A1

掲載校一覧

私立大学

北海道 北海学園大学 大学 …… 186

宮城 東北学院大学 大学 …… 192

茨城 流通経済大学 大学 …… 198

栃木 国際医療福祉大学 大学 …… 202

埼玉 城西大学 大学 短大 …… 210
女子栄養大学 大学 短大 …… 216
獨協大学 大学 …… 220
文教大学 大学 …… 226

千葉 神田外語大学 大学 …… 232
淑徳大学 大学 …… 236
聖徳大学 大学 短大 …… 242
千葉工業大学 大学 …… 248
麗澤大学 大学 …… 254

東京 青山学院大学 大学 大学院 …… 258
亜細亜大学 大学 …… 274
桜美林大学 大学 …… 278
大妻女子大学 大学 短大 …… 284
学習院大学 大学 大学院 …… 290
学習院女子大学 大学 …… 300
北里大学 大学 …… 304
共立女子大学 大学 短大 …… 312
杏林大学 大学 …… 318
慶應義塾大学 大学 大学院 …… 324
工学院大学 大学 …… 334
國學院大学 大学 短大 …… 340
国際基督教大学 大学 …… 346
国士舘大学 大学 …… 350
駒澤大学 大学 …… 358
産業能率大学 大学 …… 368
実践女子大学 大学 …… 372
芝浦工業大学 大学 …… 378
順天堂大学 大学 …… 384
上智大学 大学 大学院 …… 392
昭和大学 大学 …… 408
昭和女子大学 大学 …… 412
白百合女子大学 大学 …… 418
成蹊大学 大学 …… 422
成城大学 大学 …… 428
聖心女子大学 大学 …… 432
清泉女子大学 大学 …… 436
専修大学 大学 …… 440
大正大学 大学 …… 454
大東文化大学 大学 …… 458
拓殖大学 大学 短大 …… 468
玉川大学 大学 …… 476
中央大学 大学 大学院 …… 482
津田塾大学 大学 …… 500
帝京大学 大学 短大 …… 504
帝京科学大学 大学 …… 514
帝京平成大学 大学 …… 518
東海大学 大学 …… 524
東京家政大学 大学 短大 …… 538
東京経済大学 大学 …… 546
東京工科大学 大学 …… 550
東京国際大学 大学 …… 554
東京慈恵会医科大学 大学 …… 558
東京女子大学 大学 …… 562
東京電機大学 大学 …… 566

東京都市大学 (大学) ……… 572
東京農業大学 (大学) ……… 578
東京薬科大学 (大学) ……… 584
東京理科大学 (大学)(大学院) … 588
東邦大学 (大学) ……… 604
東洋大学 (大学) ……… 610
二松学舎大学 (大学) ……… 636
日本大学 (大学)(短大) …… 640
日本医科大学 (大学) ……… 664
日本獣医生命科学大学 (大学) …… 668
日本女子大学 (大学) ……… 672
日本体育大学 (大学) ……… 680
文京学院大学 (大学) ……… 684
法政大学 (大学)(大学院) … 690
武蔵大学 (大学) ……… 710
武蔵野大学 (大学) ……… 714
明治大学 (大学)(大学院) … 722
明治学院大学 (大学) ……… 740
明星大学 (大学) ……… 746
目白大学 (大学)(短大) …… 752
立教大学 (大学)(大学院) … 758
立正大学 (大学) ……… 776
早稲田大学 (大学)(大学院) … 782

神奈川
麻布大学 (大学) ……… 798
神奈川大学 (大学) ……… 802
神奈川工科大学 (大学) ……… 812
関東学院大学 (大学) ……… 816
フェリス女学院大学 (大学) …… 824

石川
金沢工業大学 (大学) ……… 828

静岡
常葉大学 (大学)(短大) …… 832

愛知
愛知大学 (大学)(短大) …… 838
愛知学院大学 (大学)(短大) …… 844
愛知淑徳大学 (大学) ……… 852
中京大学 (大学) ……… 860
中部大学 (大学) ……… 868
南山大学 (大学) ……… 876
名城大学 (大学) ……… 884

京都
京都産業大学 (大学) ……… 892
京都女子大学 (大学) ……… 900
同志社大学 (大学)(大学院) … 908
同志社女子大学 (大学) ……… 926
佛教大学 (大学) ……… 932
立命館大学 (大学)(大学院) … 938
龍谷大学 (大学) ……… 962

大阪
大阪経済大学 (大学) ……… 972
大阪工業大学 (大学) ……… 976
関西大学 (大学)(大学院) … 982
関西外国語大学 (大学)(短大) ……1004
近畿大学 (大学)(短大) ……1008
摂南大学 (大学) ………1030

兵庫
関西学院大学 (大学)(大学院)(短大) ………1038
甲南大学 (大学) ………1060
神戸学院大学 (大学) ………1068
神戸女子大学 (大学)(短大) ……1074
武庫川女子大学 (大学)(短大) ……1082

福岡
西南学院大学 (大学) ………1092
福岡大学 (大学) ………1098

大分
立命館アジア太平洋大学 (大学)·1108

国立大学

北海道 帯広畜産大学 (大学)…………1114
北海道大学 (大学)(大学院)…1118

青森 弘前大学 (大学)…………1134

岩手 岩手大学 (大学)…………1140

宮城 東北大学 (大学)(大学院)…1146

秋田 秋田大学 (大学)…………1162

山形 山形大学 (大学)…………1166

福島 福島大学 (大学)…………1172

茨城 茨城大学 (大学)…………1178
筑波大学 (大学)(大学院)…1184

栃木 宇都宮大学 (大学)…………1200

群馬 群馬大学 (大学)…………1208

埼玉 埼玉大学 (大学)…………1214

千葉 千葉大学 (大学)(大学院)…1224

東京 お茶の水女子大学 (大学)………1240
電気通信大学 (大学)…………1248
東京大学 (大学)(大学院)…1252
東京医科歯科大学 (大学)………1264
東京外国語大学 (大学)(大学院)…1268
東京海洋大学 (大学)…………1274
東京学芸大学 (大学)…………1280
東京工業大学 (大学)(大学院)…1288
東京農工大学 (大学)…………1296
一橋大学 (大学)(大学院)…1302

神奈川 横浜国立大学 (大学)(大学院)…1310

新潟 新潟大学 (大学)…………1320

富山 富山大学 (大学)…………1330

石川 金沢大学 (大学)…………1336

福井 福井大学 (大学)…………1344

山梨 山梨大学 (大学)…………1348

長野 信州大学 (大学)…………1354

岐阜 岐阜大学 (大学)…………1366

静岡 静岡大学 (大学)…………1372

愛知 名古屋大学 (大学)(大学院)…1378

三重 三重大学 (大学)…………1390

滋賀 滋賀大学 (大学)…………1396

京都 京都大学 (大学)(大学院)…1402
京都工芸繊維大学 (大学)………1418

大阪 大阪大学 (大学)(大学院)…1422

兵庫 神戸大学 (大学)(大学院)…1438

奈良 奈良女子大学 (大学)…………1458

和歌山 和歌山大学 (大学)…………1464

鳥取 鳥取大学 (大学)…………1470

島根 島根大学 (大学)…………1474

岡山 岡山大学 (大学)…………1480

広島 広島大学 (大学)…………1488

山口 山口大学 (大学)…………1502
徳島 徳島大学 (大学)…………1508
香川 香川大学 (大学)…………1516
愛媛 愛媛大学 (大学)…………1522
高知 高知大学 (大学)…………1530
福岡 九州大学 (大学)(大学院)…1536
佐賀 佐賀大学 (大学)…………1554
長崎 長崎大学 (大学)…………1558
熊本 熊本大学 (大学)…………1564
大分 大分大学 (大学)…………1572
宮崎 宮崎大学 (大学)…………1576
鹿児島 鹿児島大学 (大学)…………1580
沖縄 琉球大学 (大学)…………1586

公立大学

宮城 宮城大学 (大学)…………1594
秋田 国際教養大学 (大学)(大学院)…1598
群馬 高崎経済大学 (大学)…………1602
埼玉 埼玉県立大学 (大学)…………1606
東京 東京都立大学 (大学)(大学院)…1610
神奈川 横浜市立大学 (大学)(大学院)…1626
山梨 都留文科大学 (大学)…………1634
静岡 静岡県立大学 (大学)(短大)……1640
愛知 愛知県立大学 (大学)…………1644
名古屋市立大学 (大学)…………1648
滋賀 滋賀県立大学 (大学)…………1656
京都 京都府立大学 (大学)…………1660
大阪 大阪公立大学 (大学)…………1666
兵庫 神戸市外国語大学 (大学)………1686
兵庫 兵庫県立大学 (大学)…………1690
広島 県立広島大学 (大学)…………1694
福岡 北九州市立大学 (大学)…………1698
長崎 長崎県立大学 (大学)…………1704
熊本 熊本県立大学 (大学)…………1708

本書の利用法

本書は2024年度入試（2024年４月入学生を対象としたもの）に募集を行った私立・国立・公立大学を掲載の対象としています。過去３年分の資料請求数や予備校の偏差値，入試倍率，民間調査会社のデータなどを参考に，掲載校を編集部にてセレクトしました。

本書掲載内容は原則として2024年度入学案内・募集要項・アンケート調査の回答によって作成しました。大学からの回答がなかった項目については「NA（No Answer）」と記載しています。また，入試要項は2025年度入試に受験を予定される方の参考のため，2024年度入試（前年度）の実績（および2025年度入試〈予告〉）をまとめたものです。2025年度の入試内容については，必ず各大学の「2025年度募集要項」を取り寄せて確認してください。大学の配列は，私立，国立，公立に分け，それぞれ北から南へ，同一都道府県内では50音順です。

なお，大学紹介ページに掲載している数値データは原則として学部生を対象としたものです（数値に大学院生等は含んでいません)。大学が公表している各種数値データと対象範囲が異なる場合がありますのでご注意ください。

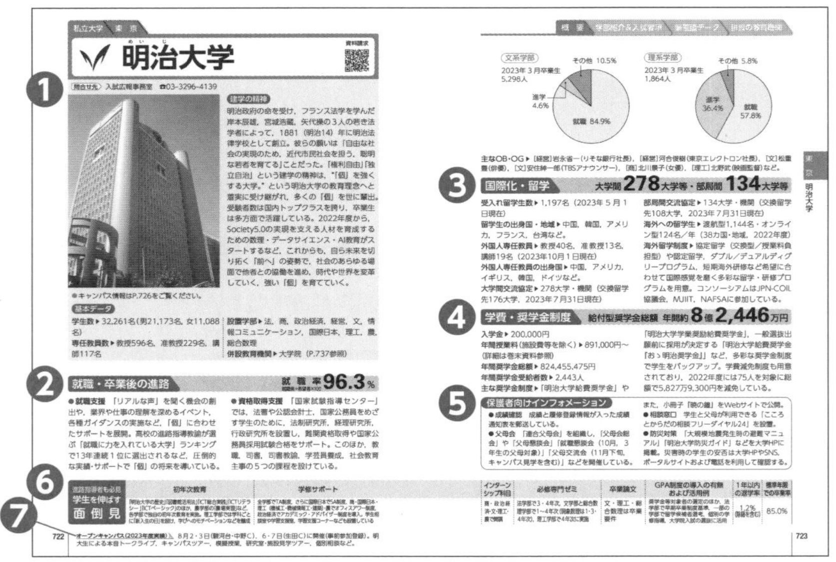

❶ 大学概要

●問合せ先―入試情報や入学案内・募集要項等の請求についての問合せ先である部署名と電話番号を掲載しています。

●建学の精神／大学の理念―「建学の精神」，「基本理念」，「育成目標」などを軸として大学の特色や取り組みを紹介しています。

キャンパス情報▶キャンパスの所在地を掲載しています。

●基本データ

学生数▶原則として2023年５月１日現在の学部生数です。

専任教員数▶原則として2023年５月１日現在の常勤の教員数です。

設置学部▶設置されている学部名。
併設教育機関▶大学院の研究科名と課程。課程の略記は以下のとおり。
M＝修士課程・博士前期課程，D＝博士課程・博士後期課程，P＝専門職課程
ほかに，通信教育部，短期大学部を掲載。なお，大学院および短期大学部について詳しく紹介している場合は紹介ページのノンブルを記載しています。
●**資料請求**─QRコードを読み取ると，各大学の資料をテレメールで請求できます。QRコードのほか，巻末の資料請求番号一覧も用意しています。

❷就職・卒業後の進路

●**就職率**─大学全体の2023年3月卒業生のうち就職希望者に対する就職者数の比率。
●**就職支援**─学生の就職活動やキャリア形成のために大学が行っている支援内容。
●**資格取得支援**─講座の開設など，資格取得をめざす学生へのサポートについて。
円グラフ▶原則として2023年3月卒業生の進路を文系学部，理系学部，その他の学部に分けて円グラフで表しています。なお，医学部（科）の初期臨床研修医および歯学部（科）の臨床研修歯科医は就職に含んでいます。
主なOB・OG▶著名な卒業生の卒業学部・氏名・肩書を掲載。

❸国際化・留学

受入れ留学生数▶原則として「留学」の在留資格により**学部**に在籍（正規生，非正規生および在籍期間は問わない）している留学生数。
留学生の出身国▶留学生の主な出身国。
外国人専任教員▶常勤の外国人専任教員数。
外国人専任教員の出身国▶外国人専任教員の主な出身国。
大学間交流協定▶大学間で協定を締結している大学数。交換留学先は協定校のうち，学部生が交換留学できる学生交流協定等を締結している大学数。
部局間交流協定▶学部・研究科など部局間で協定を締結している大学数。交換留学先は協定校のうち，学部生が交換留学できる学生交流協定等を締結している大学数。
海外への留学生数▶原則として年間の交換留学およびその他の長期・短期留学生数（**学部生**）の合計と国・地域数。渡航型とオンライン型を掲載。
海外留学制度▶大学独自の留学制度や留学を支援する奨学金制度などを紹介。

❹学費・奨学金制度

入学金▶各大学の入学金。
年間授業料（施設費等を除く）▶各大学の最低年間授業料で，諸費用などは含んでいません。学費は学部・学科により異なりますので，詳細は巻末の「2024年度学費一覧」を参照してください。
年間奨学金総額▶**学部生**を対象とした各大学独自の給付型奨学金の年間給付総額。原則として2022年度の実績です。
年間奨学金受給者数▶**学部生**を対象とした各大学独自の給付型奨学金の年間受給者総数。原則として2022年度の実績です。
主な奨学金制度▶各大学独自の主な奨学金制度や学費減免制度について紹介。

❺保護者向けインフォメーション

各大学が保護者向けに行っている情報提供や防災対策，コロナ対策など保護者向けの情報を紹介しています。

❻進路指導者も必見 学生を伸ばす面倒見

学生の能力を伸ばすための大学の基礎的な取り組みなどを紹介しています。
初年次教育▶大学での自主的な学習に必要な知識や技術を教える初年次教育の実施内容。
学修サポート▶履修指導や学修サポートなどの取り組み。
※TA（ティーチング・アシスタント）制度とは，大学公式のメンター制度として大学院生が学部学生に対し，助言や実験，実習，演習などの教育補助業務を行う制度です。
※SA（スチューデント・アシスタント）制度とは，学部学生が学部学生に対し，教育補助業務を行う制度です。
※オフィスアワー制度とは，学生からの質問や相談に応じるために，教員が必ず研究室などにいる時間帯を設定し，学生に公表する制度です。
※教員アドバイザー制度とは，専任教員が少人数の学生を担当し，履修内容や学生生活の

指導・支援を行う制度です。

インターンシップ科目▶インターンシップを取り入れた正規の授業科目(単位認定の対象)を開講しているか否か。

必修専門ゼミ▶必修の少人数双方向型演習の有無。

卒業論文▶卒業論文・研究・制作が卒業要件とされているか否か。

GPA制度の導入の有無および活用例▶国際的に通用する成績評価方法であるGPA(Grade Point Average)の導入と活用方法。

1年以内の退学率▶入学後1年間に退学した学生の比率。

2023年3月までの退学者
÷2022年4月入学者×100

標準年限での卒業率▶標準修業年限で卒業する学生の比率。

4年制学部学科：2023年3月の卒業者
÷2019年4月入学者×100

6年制学部学科：2023年3月の卒業者
÷2017年4月入学者×100

※留学や海外ボランティアなどに参加する学生が多い場合，卒業率が低くなる傾向があります。

❼ オープンキャンパス

2023年度のオープンキャンパス実施時期と内容を紹介しています。2024年度のオープンキャンパス情報は各大学のホームページなどで確認してください。

❽ 2025年度学部改組構想(予定)

2025年度に予定している学部の新設や改組，キャンパス移転などの構想を紹介しています。

❾ 学部紹介

学部・学科名とそれぞれの定員，特色を掲載しています。▶の後には学部全体について，▷の後には各学科の説明が入ります。新設の学部・学科には，NEW! のマークが入ります。

●**取得可能な資格**—学部ごとに，教職(教員免許状)，国家試験受験資格など，卒業により取得できる主な資格を記載しました。学科・コース等により取得できる資格は異なります。

●**進路状況**—学部ごとの2023年3月卒業生に対する就職者数の比率と進学者数の比率。

●**主な就職先**—学部ごとに，近年の主な就職先を記載。

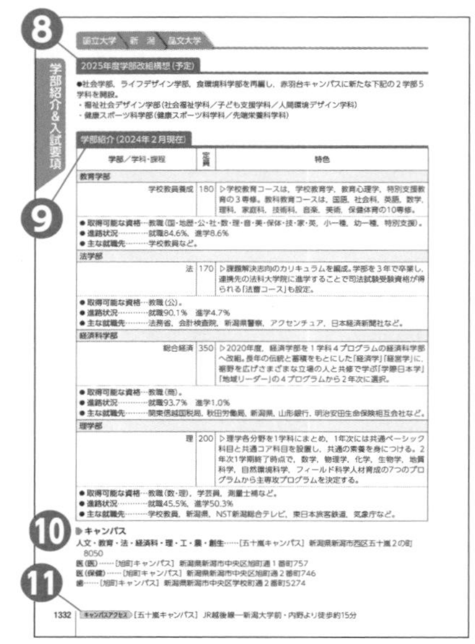

国立大学　新　潟　国文大学

学部紹介&入試要項

2025年度学部改組構想(予定)

●社会学部，ライフデザイン学部，食環境科学部を再編し，赤羽台キャンパスに新たな下記の2学部5学科を開設。
・福祉社会デザイン学部(社会福祉学科／子ども支援学科／人間環境デザイン学科)
・健康スポーツ科学部(健康スポーツ科学科／先端栄養科学科)

学部紹介(2024年2月現在)

学部／学科・課程	定員	特色
教育学部		
学校教員養成	180	▷学校教育コースは，学校教育学，教育心理学，特別支援教育の3専修。教科教育コースは，国語，社会科，英語，数学，理科，家庭科，技術科，音楽，美術，保健体育の10専修。
●取得可能な資格…教職(国・地歴・公・社・数・理・音・美・保体・技・家・英，小一種，幼一種，特別支援)。 ●進路状況…………就職84.6%，進学8.6% ●主な就職先………学校教員など。		
法学部		
法	170	▷課題解決志向のカリキュラムを編成。学部を3年で卒業し，連携先の法科大学院に進学することで司法試験受験資格が得られる「法曹コース」も設定。
●取得可能な資格…教職(公)。 ●進路状況…………就職90.1%　進学4.7% ●主な就職先………法務省，会計検査院，新潟県警察，アクセンチュア，日本経済新聞社など。		
経済科学部		
総合経済	350	▷2020年度，経済学部を1学科4プログラムの経済科学部へ改組。長年の伝統と蓄積をもとにした「経済学」「経営学」に，裾野を広げさまざまな立場の人と共修で学ぶ「学際日本学」「地域リーダー」の4プログラムから2年次に選択。
●取得可能な資格…教職(商)。 ●進路状況…………就職93.7%　進学1.0% ●主な就職先………関東信越国税局，秋田労働局，新潟県，山形銀行，明治安田生命保険相互会社など。		
理学部		
理	200	▷理学各分野を1学科にまとめ，1年次には共通ベーシック科目と共通コア科目を設置し，共通の素養を身につける。2年次1学期終了時点で，数学，物理学，化学，生物学，地質科学，自然環境科学，フィールド科学人材育成の7つのプログラムから主専攻プログラムを決定する。
●取得可能な資格…教職(数・理)，学芸員，測量士補など。 ●進路状況…………就職45.5%，進学50.3% ●主な就職先………学校教員，新潟県，NST新潟総合テレビ，東日本旅客鉄道，気象庁など。		

▶キャンパス

人文・教育・法・経済科・理・工・農・創生……[五十嵐キャンパス] 新潟県新潟市西区五十嵐2の町8050
医(医)……[旭町キャンパス] 新潟県新潟市中央区旭町通1番町757
医(保健)……[旭町キャンパス] 新潟県新潟市中央区旭町通2番町746
歯……[旭町キャンパス] 新潟県新潟市中央区学校町通2番町5274

1332　キャンパスアクセス [五十嵐キャンパス] JR越後線―新潟大学前・内野より徒歩約15分

❿ キャンパス

学部・学科・年次ごとに修業するキャンパスを記載。

⓫ キャンパスアクセス

各キャンパスへの交通アクセスを掲載。

2024年度入試要項(前年度実績)

掲載内容が異なるため，私立大学と国公立大学を別に説明します。

私立大学

入試要項は2024年1月時点における2024年度(前年度)入試の内容です。また編集時点で新課程入試の内容が公表されている際には，2025年度入試(予告)として掲載しています。

⓬ 募集人員

一般選抜の入試方式別の募集人員です。主要な大学については共通テスト利用入試，学校推薦型選抜などの募集人員も掲載しています。

⓭ 2段階選抜

私立大学では実施していません。

⓮ 試験科目

学部ごとに，入試方式別の試験科目を掲載し

国立大学　新潟　晶文大学

2025年度（予告）

⑫

●募集人員

学部／学科・課程／コース・専修・専攻・分野	前期	後期
▶人文　人文	140	40
▶教育　学校教員養成／学校教育・学校教育	9	—
／学校教育・教育心理	9	—
／学校教育・特別支援	8	—
／教科教育・国語	14	—
／教科教育・社会科	16	—
／教科教育・英語	7	—
／教科教育・数学	10	—
／教科教育・理科	12	—
／教科教育・家庭科	6	—
／教科教育・技術科	7	—
／教科教育・音楽	8	—
／教科教育・美術	6	—
／教科教育・保健体育	8	—
▶法　法	85	35
▶経済科　総合経済	180	80
▶理　理	理数85 理科25 野外20	30
▶医　医	80	—
保健／看護学	46	6
／放射線技術科学	23	5
／検査技術科学	21	7
▶歯　歯	24	8
口腔生命福祉	15	—
▶工　工／力学	共63個16	12
／情報電子	共75個18	15
／化学材料	共63個16	13
／建築	共21個5	4
／融合領域	共35・個8	6
▶農　農	111	30
▶創生　創生学修	45	—

※理学部の前期日程は理数重点，理科重点，野外科学志向の３つの選抜方法で募集する。
※各学部における募集単位別の募集人員の詳細については，決まり次第公表する。
※工学部の前期日程は共通テスト重視型および個別学力検査重視型の２つの選抜方法で募集する。

⑬

●２段階選抜
医学部医学科は，入学志願者が募集人員の４倍を超えた場合に実施することがある。

▷共通テストの英語はリスニングを含む。リーディング（100点満点）およびリスニング（100点満点）の配点比率は４：１とする。
▷個別学力検査の数Ｂ－数列・ベク。

⑭

人文学部

前期　［共通テスト(450)］　8~7科目　①国(100)　②外(100)▶英・独・仏・中・韓から１　③④地歴・公民(50×2)▶世Ｂ・日Ｂ・地理Ｂ・「現社・倫・政経・〈倫・政経〉から１」から２　⑤⑥数(100)▶「数Ⅰ・〈数Ⅰ・数Ａ〉から１」・「数Ⅱ・〈数Ⅱ・数Ｂ〉・簿・情から１」　⑦⑧理(50)▶「物基・化基・生基・地学基から２」・物・化・生・地学から１
［個別学力検査(500)］　3科目　①国(200)▶国総・現文Ｂ・古典Ｂ　②外(200)▶「コミュ英Ⅰ・コミュ英Ⅱ・コミュ英Ⅲ・英表Ⅰ・英表Ⅱ」・独・仏から１　③地歴・数(100)▶世Ｂ・日Ｂ・地理Ｂ・「数Ⅰ・数Ⅱ・数Ａ・数Ｂ」から１
後期　［共通テスト(450)］　8~7科目　前期と同じ
［個別学力検査(200)］　1科目　①総合問題(200)▶人間・社会・文化の諸問題についての英語の理解力・日本語の表現力

教育学部

前期　【学校教員養成課程〈学校教育コース〉】［共通テスト(675)］　8~7科目　①国(150)　②外(150)▶英・独・仏・中・韓から１　③④数(150)▶「数Ⅰ・〈数Ⅰ・数Ａ〉から１」・「数Ⅱ・〈数Ⅱ・数Ｂ〉・簿・情から１」　⑤⑥⑦⑧「地歴・公民」・理(75×3)▶世Ｂ・日Ｂ・地理Ｂ・現社・倫・政経・「倫・政経」から１または２，「物基・化基・生基・地学基から２」・物・化・生・地学から１または２，計３，ただし同一科目名を含む選択は不可
［個別学力検査(450)］　3科目　①②国・外・数(150×2)▶「国総・現文Ｂ・古典Ｂ」・「コミュ英Ⅰ・コミュ英Ⅱ・コミュ英Ⅲ・英表Ⅰ・英表Ⅱ」・「数Ⅰ・数Ⅱ・数Ａ・数Ｂ」から２　③面接(150)
【学校教員養成課程〈教科教育コース／国語・社会科・英語〉】［共通テスト(1050)］　8~7科目　①国(150)　②外(150)▶英・独・仏・中・韓から１　③④地歴・公民(150×2)▶世Ｂ・日Ｂ・地理Ｂ・現社・倫・政経・「倫・政経」から２　⑤⑥数(300)▶「数Ⅰ・〈数Ⅰ・数Ａ〉から１」・「数Ⅱ・〈数Ⅱ・数Ｂ〉・簿・情から１」　⑦⑧理(150)▶「物基・化基・生基・地学基から２」・物・化・生・地学から１
［個別学力検査(850)］　3科目　①国(300)▶国総・現文Ｂ・古典Ｂ　②外(300)▶コミュ英Ⅰ・コミュ英Ⅱ・コミュ英Ⅲ・英表Ⅰ・英表Ⅱ　※英語教育はリスニングテストを含む　③面接(250)
【学校教員養成課程〈教科教育コース／数学・理科・技術科〉】［共通テスト(850)］　8~7科目　①国(150)　②外(150)▶英・独・仏・中・韓から１　③地歴・公民(150)▶世Ｂ・日Ｂ・地理Ｂ・現社・倫・政経・「倫・政経」から１　④⑤数(200)▶「数Ⅰ・〈数Ⅰ・数Ａ〉から１」・「数Ⅱ・〈数Ⅱ・数Ｂ〉・簿・情から１」　⑥⑦⑧理(200)▶「物基・化基・生基・地学基から２」・物・化・生・地学から２，ただし同一科目を含む選択は不可
【学校教員養成課程〈教科教育コース／数学〉】［個別学力検査(700)］　3科目　①数(250)▶数Ⅰ・数Ⅱ・数Ａ・数Ｂ　②外・理(250)▶「コミュ英Ⅰ・コミュ英Ⅱ・コミュ英Ⅲ・英表Ⅰ・英表Ⅱ」・「物基・物」・「化基・化」・「生基・生」・「地学基・地学」から１　③面接(200)
【学校教員養成課程〈教科教育コース／理科〉】［個別学力検査(700)］　3科目　①理(250)▶「物基・物」・「化基・化」・「生基・生」・「地学基・地学」から１　②外・数(250)▶「コミュ英Ⅰ・コミュ英Ⅱ・コミュ英Ⅲ・英表Ⅰ・英表Ⅱ」・「数Ⅰ・数Ⅱ・数Ａ・数Ｂ」から１　③面接(200)
【学校教員養成課程〈教科教育コース／技術科〉】［個別学力検査(700)］　3科目　①数(250)▶数Ⅰ・数Ⅱ・数Ａ・数Ｂ　②理(250)▶「物基・物」・「化基・化」から１　③面接(200)
【学校教員養成課程〈教科教育コース／家庭科〉】［共通テスト(700)］　7~6科目　①国(150)　②外(150)▶英・独・仏・中・韓から１　③地歴・公民(100)▶世Ｂ・日Ｂ・地理Ｂ・現社・倫・政経・「倫・政経」から１　④⑤数(150)▶「数Ⅰ・〈数Ⅰ・数Ａ〉から１」・「数Ⅱ・〈数Ⅱ・数Ｂ〉・簿・情から１」　⑥⑦理(150)▶「物基・化基・生基・地学基から２」・物・化・生・地学から１
［個別学力検査(450)］　3科目　①数(150)▶数Ⅰ・数Ⅱ・数Ａ・数Ｂ　②国・外(150)▶「国総・現文Ｂ・古典Ｂ」・「コミュ英Ⅰ・コミュ英Ⅱ・コミュ英Ⅲ・英表Ⅰ・英表Ⅱ」から１　③面接(150)
【学校教員養成課程〈教科教育コース／音楽・美術〉】［共通テスト(750)］　6~5科目　①国(150)　②外(150)▶英・独・仏・中・韓から１　③地歴・公民(150)▶世Ｂ・日Ｂ・地理Ｂ・現社・倫・政経・「倫・政経」から１　④数(150)▶数Ⅰ・「数Ⅰ・数Ａ」・数Ⅱ・「数Ⅱ・数Ｂ」・簿・情から１　⑤⑥理(150)▶「物基・化基・生基・地学基から２」・物・化・生・地学から１
［個別学力検査(800)］　2科目　①実技(600)　②面接(200)
【学校教員養成課程〈教科教育コース／保健体育〉】［共通テスト(900)］　8~7科目　①国(200)　②外(200)▶英・独・仏・中・韓から１　③④数(200)▶「数Ⅰ・〈数Ⅰ・数Ａ〉から１」・「数Ⅱ・〈数Ⅱ・数Ｂ〉・簿・情から１」　⑤⑥⑦⑧「地歴・公民」・理(100×3)▶世Ｂ・日Ｂ・地理Ｂ・現社・倫・政経・「倫・政経」から１または２，「物基・化基・生基・地学基から２」・物・化・生・地学から１または２，計3，ただし同一科目名を含む選択は不可
［個別学力検査(700)］　2科目　①実技(500)　②面接(200)

法学部

前期　［共通テスト(550)］　8~7科目　①国(100)　②外(100)▶英・独・仏から１　③④地歴・公民(100×2)▶世Ａ・世Ｂ・日Ａ・日Ｂ・地理Ａ・地理Ｂ・現社・倫・政経・「倫・政経」から２，ただし世Ｂ・日Ｂ・地理Ｂから１必須　⑤⑥数(100)▶「数Ⅰ・〈数Ⅰ・数Ａ〉から１」・「数Ⅱ・〈数Ⅱ・数Ｂ〉・簿・情から１」　⑦⑧理(50)

⑮

その他の選抜

学校推薦型選抜は人文学部30名，教育学部60名，法学部50名，経済科学部60名，理学35名，医学部99名，歯学部13名，工学部133名，農学部34名，総合型選抜は経済科学部30名，理学部５名，工学部27名，創生学部20名を募集。ほかに帰国生徒特別選抜，

1334　　1335

新潟　晶文大学

ています。

□科目 はその試験方式の合計科目数を表しています。なお，理科に関しては「基礎を付した科目」は原則２科目で１科目として数えています。また，実技や面接も１科目として数え，書類審査は点数化する場合のみ１科目扱いです。

教科名の後の(　)内は配点を表しています。

主要大学については学校推薦型選抜や総合型選抜などの出願資格，選考方法も掲載しています。

⑮ その他の選抜

帰国生徒，社会人，外国人留学生対象の入試や特待生入試などを実施している場合に記載しています。また，都合により共通テスト利用入試，学校推薦型選抜，総合型選抜などもここに記載しています。

国公立大学

入試要項は2024年１月時点における2025年度（予告）入試の内容です。

国立大学は分離分割方式ですが，一部に前期日程のみという学部・学科等があります。公立大学は分離分割方式，公立大学中期日程，独自日程のいずれかで，同じ大学でも学部・学科等によって異なることがあります。

⑫ 募集人員

一般選抜の日程別の募集人員です。主要な大学については学校推薦型選抜などの募集人員も掲載しています。

⑬ ２段階選抜

2024年度（前年度）の実績を記載。

⑭ 試験科目

学部ごとに，一般選抜の日程別の試験科目を掲載しています。

＊　＊　＊

共通テストについては2025年度（予告）に利用される教科・科目です。

□科目 はその試験方式の合計科目数を表しています。なお，理科に関しては「基礎を付した科目」は原則２科目で１科目として数えています。また，共通テストの後の(　)内は共通テスト合計の配点を，教科名の後の(　)内は教科ごとの配点を表しています。

＊　＊　＊

個別学力検査は各大学が独自に行う２次試験の学力検査の教科・科目，実技検査，小論文，面接などです。

□科目 はその試験方法の合計科目数を表しています。個別学力検査の後の（　）内は個別学力検査合計の配点を，教科名の後の（　）内は教科ごとの配点を表しています。なお，理科に関しては「基礎を付した科目」は原則２科目で１科目として数えています。また，実技や面接も１科目として数え，書類審査は点数化する場合のみ１科目扱いです。

主要大学については学校推薦型選抜や総合型選抜などの選考方法も掲載しています。

⑮ その他の選抜

帰国生徒，社会人，外国人留学生対象の入試や特待生入試などを実施している場合に記載しています。また，都合により学校推薦型選抜，総合型選抜などもここに記載しています。

偏差値データ

⑯ 偏差値および入試データ

私立大学

一般選抜の2024年度（前年度）の駿台予備学校と河合塾による偏差値を学部・学科・入試方式別に掲載しています。なお，募集人員が少ない入試方式については省略している場合があります。

一般選抜の2023年度（一昨年度）の入試実績を学部・学科・入試方式別に記載しています。なお，募集人員が少ない入試方式については省略している場合があります。

主要な大学については共通テスト利用入試の2024年度（前年度）の駿台予備学校と河合塾による偏差値を学部・学科・入試方式別に掲載しています。なお，募集人員が少ない入試方式については省略している場合があります。

主要な大学については共通テスト利用入試の2023年度（一昨年度）の入試実績を学部・学科・入試方式別に記載しています。なお，募集人員が少ない入試方式については省略している場合があります。

※合格者数には，追加合格者・第二志望合格者の発表がある場合は，その人数を含んでいます。
※原則として，合格最低点は正規（当初）合格者の合格最低点です。

国公立大学

一般選抜の2024年度（前年度）の駿台予備学校と河合塾による偏差値を日程・学部・学科別に掲載しています。

一般選抜の2023年度（一昨年度）の入試実績を学部・学科・日程別に記載しています。

※合格者数には，追加合格者・第二志望合格者の発表がある場合は，その人数を含んでいます。
※原則として，合格最低点は正規（当初）合格者の合格最低点です。

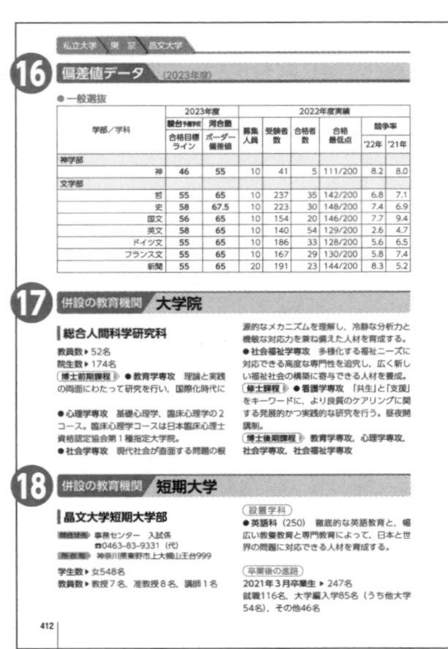

私立大学　東京　晶文大学

16 偏差値データ（2023年度）

● 一般選抜

学部／学科	2023年度 駿台予備学校 合格目標ライン	2023年度 河合塾 ボーダー偏差値	2022年度実績 募集人員	受験者数	合格者数	合格最低点	競争率 '22年	競争率 '21年
神学部								
神	46	55	10	41	5	111/200	8.2	8.0
文学部								
哲	55	65	10	237	35	142/200	6.8	7.1
史	58	67.5	10	223	30	148/200	7.4	6.9
国文	56	65	10	154	20	146/200	7.7	9.4
英文	58	65	10	140	54	129/200	2.6	4.7
ドイツ文	55	65	10	186	33	128/200	5.6	6.5
フランス文	55	65	10	167	29	130/200	5.8	7.4
新聞	55	65	20	191	23	144/200	8.3	5.2

17 併設の教育機関　大学院

総合人間科学研究科

教員数▶52名
院生数▶174名
博士前期課程 ●教育学専攻　理論と実践の両面にわたって研究を行い，国際化時代に

●心理学専攻　基礎心理学，臨床心理学の２コース。臨床心理学コースは日本臨床心理士資格認定協会第１種指定大学院。
●社会学専攻　現代社会が直面する問題の根源的なメカニズムを理解し，冷静な分析力と機敏な対応力を兼ね備えた人材を育成する。
●社会福祉学専攻　多様化する福祉ニーズに対応できる高度な専門性を追究し，広く新しい福祉社会の構築に寄与できる人材を養成。
修士課程 ●看護学専攻　「共生」と「支援」をキーワードに，より良質のケアリングに関する発展的かつ実践的な研究を行う。昼夜開講制。
博士後期課程 教育学専攻，心理学専攻，社会学専攻，社会福祉学専攻

18 併設の教育機関　短期大学

晶文大学短期大学部

問合せ先 事務センター　入試係
☎0463-83-9331（代）
所在地 神奈川県秦野市上大槻山王台999

学生数▶女548名
教員数▶教授７名，准教授８名，講師１名

設置学科
●英語科（250）　徹底的な英語教育と，幅広い教養教育と専門教育によって，日本と世界の問題に対応できる人材を育成する。

卒業後の進路
2021年３月卒業生▶247名
就職116名，大学編入学85名（うち他大学54名），その他46名

412

併設の教育機関

⑰ 大学院

主要な大学については設置している大学院を研究科ごとに紹介しています。

教員数▶原則として2023年５月１日現在の常勤の院生指導教員数。

院生数▶原則として2023年５月１日現在の修士・博士課程の合計院生数。

＊　＊　＊

修士課程，博士前期課程，専門職課程ごとに設置している専攻名と研究内容を記載。**博士課程と博士後期課程**については専攻名のみ記載しています。

⑱ **短期大学**

設置している短期大学部がある場合に掲載。

問合せ先▶入試情報や入学案内・募集要項等の請求についての問合せ先である部署名と電話番号を掲載しています。

所在地▶本部や事務局の所在地を掲載しています。

学生数▶原則として2023年5月1日現在の学科生数。

教員数▶原則として2023年5月1日現在の常勤の教員数。

●**設置学科**—学科名とそれぞれの定員，特色を紹介しています。

●**卒業後の進路**—2023年3月の学科卒業者数と卒業後の進路を記載。

2025年度（新課程）出題教科・科目・範囲の表記

国語→国
- 現代の国語→現国
- 言語文化→言語
- 論理国語→論国
- 文学国語→文国
- 国語表現→国表
- 古典探究→古典

地理歴史→地歴
- 地理総合→地総
- 地理探究→地探
- 歴史総合→歴総
- 日本史探究→日探
- 世界史探究→世探

公民→公民
- 公共→公
- 倫理→倫
- 政治・経済→政経

数学→数
- 数学Ⅰ→数Ⅰ
- 数学Ⅱ→数Ⅱ
- 数学Ⅲ→数Ⅲ
- 数学A→数A
  - 図形の性質→図形
  - 場合の数と確率→場合
  - 数学と人間の活動→数学と人間
- 数学B→数B
  - 数列→数列
  - 統計的な推測→推測
  - 数学と社会生活→数学と社会
- 数学C→数C
  - ベクトル→ベク
  - 平面上の曲線と複素数平面→平面
  - 数学的な表現の工夫→数学表現

理科→理
- 科学と人間生活→科学
- 物理基礎→物基
- 物理→物
  - 様々な運動→運動
  - 波→波
  - 電気と磁気→電気
  - 原子→原子
- 化学基礎→化基
- 化学→化
  - 物質の状態と平衡→物状
  - 物質の変化と平衡→物変
  - 無機物質の性質→無機
  - 有機化合物の性質→有機
  - 化学が果たす役割→化役
- 生物基礎→生基
- 生物→生
  - 生物の進化→進化
  - 生命現象と物質→生命
  - 遺伝情報の発現と発生→遺伝
  - 生物の環境応答→環境応答
  - 生態と環境→生態
- 地学基礎→地学基
- 地学→地学
  - 地球の概観→概観
  - 地球の活動と歴史→活動
  - 地球の大気と海洋→大気
  - 宇宙の構造→宇宙

外国語→外
- 英語コミュニケーションⅠ→英コミュⅠ
- 英語コミュニケーションⅡ→英コミュⅡ
- 英語コミュニケーションⅢ→英コミュⅢ
- 論理・表現Ⅰ→論表Ⅰ
- 論理・表現Ⅱ→論表Ⅱ
- 論理・表現Ⅲ→論表Ⅲ
- ドイツ語→独
- フランス語→仏
- 中国語→中
- 韓国語→韓
- イタリア語→伊
- ロシア語→露
- スペイン語→西

情報→情
- 情報Ⅰ→情Ⅰ
- 情報Ⅱ→情Ⅱ

その他の教科

家庭→家　農業→農
工業→工　商業→商
福祉→福　体育→体
理数→理数　など

旧課程の出題教科・科目・範囲の表記

2025年度（新課程）大学入学共通テストの教科・科目の表記

国公立大学の共通テストの試験科目および私立大学の共通テスト利用入試については，教科名のあとに配点，▶のあとに科目名，利用方法（選択・必須など）を揚げています。

〈例１〉

○国語→**国**（200）

○地理歴史（「地理総合/歴史総合/公共から２科目選択」・「地理総合・地理探究」・「歴史総合・世界史探究」・「歴史総合・日本史探究」から１科目選択）
→**地歴**（100）▶「地総・歴総・公から２」・「地総・地探」・「歴総・世探」・「歴総・日探」から１

○公民（「公共・倫理」「公共,政治・経済」から１科目選択）
→**公民**（100）▶「公・倫」・「公・政経」から１

○理科（物理基礎・化学基礎・生物基礎・地学基礎から２科目選択）
→**理**（50×２）▶物基・化基・生基・地学基から２

○理科（物理・化学・生物・地学から１科目選択）
→**理**（100）▶物・化・生・地学から１

○外国語（英語・ドイツ語・フランス語・中国語・韓国語から１科目選択）
→**外**（200）▶英・独・仏・中・韓から１

〈例２〉

○「数学Ⅰ・数学Ａ」と「数学Ⅱ・数学Ｂ・数学Ｃ」の２科目を指定
→**数**（100×２）▶「数Ⅰ・数Ａ」・「数Ⅱ・数Ｂ・数Ｃ」

○物理を指定，化学・生物から１科目選択の計２科目
→**理**（100×２）▶物必須，化・生から１

○外国語は英語を指定
→**外**（200）▶英

〈例３〉

○「地理総合・地理探究」・「歴史総合・世界史探究」・「歴史総合・日本史探究」・「公共・倫理」から１科目選択
→**地歴・公民**（100）▶「地総・地探」・「歴総・世探」・「歴総・日探」・「公・倫」から１

○理科の「基礎を付した科目」から２科目選択または「基礎を付していない科目」から１科目選択
→**理**（100）▶「物基・化基・生基・地学基から２」・物・化・生・地学から１

旧課程の大学入学共通テストの教科・科目の表記

年度

河合塾
入試難易予想ランキング表

資料提供　河合塾

私立大学 ———— 19

国公立大学 ———— 57

■河合塾入試難易予想ランキング表——目次

■私立大学入試難易予想ランキング表……19

文・人文学系……20
社会・国際学系……29
法・政治学系……33
経済・経営・商学系……35
理学系……39
工学系……41
農学系……48
医・歯・薬学系……49
保健学系……50
生活科学系……51
芸術・スポーツ科学系……53
総合・環境・情報・人間学系……55

■国公立大学入試難易予想ランキング表……57

文・人文学系……58
社会・国際学系……60
法・政治学系……61
経済・経営・商学系……62
教育—教員養成課程……63
教育—総合科学課程……67
理学系……67
工学系……70
農学系……74
医・歯・薬学系……76
保健学系……77
生活科学系……79
芸術・スポーツ科学系……79
総合・環境・情報・人間学系……80

’24
年度

私立大学
入試難易予想ランキング表

資料提供　河合塾

- このランキング表は，’24年度の私立大学のボーダー偏差値を一覧にしたものです。
- ボーダー偏差値とは，’23年度入試の結果と’23年10月実施の第3回全統模試の志望動向等をもとに，合否の可能性が50%に分かれるラインを偏差値帯で表したものです。
- 今回の入試難易度設定の基礎となる’23年度入試結果調査データにおいて，不合格者が少ないため，合格率50%となる偏差値帯が存在しなかったものについてはボーダー・フリー（BF）としています。
- 本一覧におけるボーダー偏差値はあくまでも入試の難易度を表したものであり，各大学の教育内容や社会的位置づけを示したものではありません。また，ボーダー設定の際に用いる科目数や配点は大学により異なるので，単純に大学間の入試難易を比較できない場合があります。
- 一覧表は系統別にまとめています。大学の配列は偏差値の高い順ですが，同一偏差値内では，北→南に配列しています。なお，本文で紹介している大学のみを掲載しています。
- 大学名・学部名・学科名は，誌面の都合上，略記している場合があります。

注　青山学院大学の共通テストを利用する個別学部日程，上智大学の学部学科試験・共通テスト併用方式および早稲田大学政治経済（併用）・教育（C・D方式）・国際教養（併用）・人間科（数学選抜方式）・スポーツ科（小論文方式）学部の一般選抜は共通テストを利用するため国公立大学の入試難易予想ランキング表に掲載しています。

文・人文学系

ボーダー偏差値	大学・学部（学科）日程方式
67.5	早稲田·文（文）
	早稲田·文（文）英語４技能利用
	早稲田·文化構想（文化構想）
65	青山学院·文（英米文）個別学部Ｂ方式
	慶應義塾·文（人文社会）
	法政·文（心理）Ｔ日程
	明治·文（文－文芸メディア）全学部統一
	明治·文（史学－日本史学）全学部統一
	明治·文（心理－臨床心理学）全学部統一
	立教·異文化コミュニケーション（異文化コミュニケーション）
	早稲田·教育（教育－教育学）Ａ方式
	早稲田·教育（教育－生涯教育学）Ａ方式
	早稲田·教育（教育－教育心理学）Ａ方式
	早稲田·教育（教育－初等教育学）Ａ方式
	早稲田·教育（国語国文）Ａ方式
	早稲田·教育（英語英文）Ａ方式
	早稲田·教育（社会－地理歴史）Ａ方式
	早稲田·教育（複合文化）Ｂ方式
	早稲田·教育（複合文化）Ａ方式
	早稲田·文化構想（文化構想）英語４技能利用
62.5	青山学院·文（英米文）個別学部Ｃ方式
	上智·文（哲）ＴＥＡＰ利用
	上智·文（史）ＴＥＡＰ利用
	上智·文（国文）ＴＥＡＰ利用
	上智·文（フランス文）ＴＥＡＰ利用
	上智·外国語（ドイツ語）ＴＥＡＰ利用
	上智·外国語（イスパニア語）ＴＥＡＰ利用
	上智·総合人間科学（教育）ＴＥＡＰ利用
	上智·総合人間科学（心理）ＴＥＡＰ利用
	法政·文（日本文）Ｔ日程
	法政·文（史）Ｔ日程
	法政·文（心理）Ａ方式
	明治·文（文－日本文学）全学部統一
	明治·文（史学－西洋史学）学部別
	明治·文（史学－西洋史学）全学部統一
	明治·文（心理－臨床心理学）学部別
	明治·文（心理－哲学）学部別
	明治·文（心理－哲学）全学部統一
	立教·文（文－文芸·思想）
	立教·文（文－文芸·思想）文学部日程
	立教·現代心理（心理）
	同志社·文（国文）学部個別日程
	同志社·文（国文）全学部日程文系
	同志社·心理（心理）学部個別日程
	同志社·心理（心理）全学部日程文系
	同志社·心理（心理）全学部日程理系
	同志社·グローバル·コミュニケーション（英語）全学部日程文系
60	青山学院·文（英米文）全学部日程
	青山学院·文（フランス文）全学部日程
	青山学院·文（日本文）全学部日程
	青山学院·文（史）全学部日程
	青山学院·教育人間科学（教育）全学部日程
	青山学院·教育人間科学（心理）全学部日程
	青山学院·総合文化政策（総合文化政策）全学部日程
	國學院·文（史）Ａ日程得意科目
	國學院·文（史）Ａ日程特色型
	上智·文（英文）ＴＥＡＰ利用
	上智·文（ドイツ文）ＴＥＡＰ利用
	上智·外国語（英語）ＴＥＡＰ利用
	上智·外国語（フランス語）ＴＥＡＰ利用
	上智·外国語（ポルトガル語）ＴＥＡＰ利用
	中央·文（心理学）学部別一般
	法政·文（哲）Ａ方式
	法政·文（哲）Ｔ日程
	法政·文（日本文）Ａ方式
	法政·文（英文）Ｔ日程
	法政·文（地理）Ｔ日程
	明治·文（文－日本文学）学部別

ボーダー偏差値	大学・学部（学科）日程方式
60	明治·文（文－英米文学）全学部統一
	明治·文（文－ドイツ文学）全学部統一
	明治·文（文－フランス文学）全学部統一
	明治·文（文－演劇学）学部別
	明治·文（文－演劇学）全学部統一
	明治·文（文－文芸メディア）学部別
	明治·文（史学－日本史学）学部別
	明治·文（史学－アジア史）全学部統一
	明治·文（史学－考古学）全学部統一
	明治·文（史学－地理学）学部別
	明治·文（史学－地理学）全学部統一
	明治学院·心理（心理）全学３教科型
	明治学院·心理（心理）全学英語外部型
	立教·文（キリスト教）文学部日程
	立教·文（文－英米文学）
	立教·文（文－英米文学）文学部日程
	立教·文（文－ドイツ文学）文学部日程
	立教·文（文－フランス文学）文学部日程
	立教·文（文－日本文学）
	立教·文（文－日本文学）文学部日程
	立教·文（史）
	立教·文（史）文学部日程
	立教·文（教育）
	立教·文（教育）文学部日程
	同志社·文（哲）全学部日程文系
	同志社·文（美学芸術）学部個別日程
	同志社·文（文化史）学部個別日程
	同志社·文（文化史）全学部日程文系
	同志社·グローバル·コミュニケーション（英語）学部個別日程
	同志社·社会（教育文化）全学部日程文系
	関西·文（総合人文）２教科英語外部
	関西·外国語（外国語）２教科
57.5	文教·教育（学校－社会）全国
	学習院·文（哲）コア
	学習院·文（史）コア
	学習院·文（心理）コア
	学習院·文（心理）プラス
	学習院·文（教育）コア
	学習院·文（教育）プラス
	國學院·文（日本文）Ａ日程３教科
	國學院·文（日本文）Ａ日程得意科目
	國學院·文（日本文）Ａ日程特色型
	國學院·文（史）Ａ日程３教科
	駒澤·文（国文）Ｓ方式
	駒澤·文（国文）全学部統一日程
	駒澤·文（歴史－日本史学）全学部統一日程
	駒澤·文（歴史－外国史学）全学部統一日程
	駒澤·文（心理）全学部統一日程
	上智·外国語（ロシア語）ＴＥＡＰ利用
	成蹊·文（英語英米文）２教科グローバ
	成蹊·文（日本文）２教科全学統一
	玉川·教育（教育－初等教育·社会科教育）全学統一
	中央·文（国文学）学部別一般
	中央·文（国文学）６学部共通
	中央·文（国文学）学部別英語外部
	中央·文（日本史学）学部別一般
	中央·文（日本史学）６学部共通
	中央·文（日本史学）学部別英語外部
	中央·文（西洋史学）学部別一般
	中央·文（西洋史学）６学部共通
	中央·文（西洋史学）学部別英語外部
	中央·文（哲学）６学部共通
	中央·文（哲学）学部別英語外部
	中央·文（教育学）学部別一般
	中央·文（教育学）６学部共通
	中央·文（教育学）学部別英語外部
	中央·文（心理学）６学部共通
	中央·文（心理学）学部別英語外部

ボーダー偏差値	大学・学部（学科）日程方式
57.5	中央・文（学びのパスポート）学部別一般
	中央・文（学びのパスポート）６学部共通
	中央・文（学びのパスポート）学部別英語外部
	東京女子・現代教養（人文－歴史文化）英語外部利用型
	東洋・文（哲）前期３教科①
	東洋・文（哲）前期３教科②
	東洋・文（日本文学文化）前期３国語①
	東洋・文（日本文学文化）前期３国語②
	東洋・文（日本文学文化）前期３教科②
	東洋・文（英米文）前期３英語②
	東洋・文（教育－初等教育）前期３英国数①
	東洋・文（教育－初等教育）前期３英国数②
	東洋・文（教育－初等教育）前３英国地公①
	東洋・文（教育－初等教育）前３英国地公②
	日本・文理（史）Ｎ全学第１期
	日本・文理（心理）Ｎ全学第１期
	日本女子・人間社会（心理）英語外部利用型
	法政・文（英文）Ａ方式
	法政・文（英文）英語外部利用
	法政・文（史）Ａ方式
	法政・現代福祉（臨床心理）Ａ方式
	法政・現代福祉（臨床心理）Ｔ日程
	法政・現代福祉（臨床心理）英語外部利用
	明治・文（文－英米文学）学部別
	明治・文（文－ドイツ文学）学部別
	明治・文（文－フランス文学）学部別
	明治・文（史学－アジア史）学部別
	明治・文（史学－考古学）学部別
	明治学院・心理（心理）Ａ日程
	立教・文（キリスト教）
	立教・文（文－ドイツ文学）
	立教・文（文－フランス文学）
	立教・観光（交流文化）
	中京・文（歴史文化）前期Ａ３教科型
	中京・文（歴史文化）前期Ａ２教科型
	中京・文（歴史文化）前期Ｍ３教科型
	中京・文（歴史文化）前期Ｍ２教科型
	中京・文（日本文）前期Ａ２教科型
	中京・文（言語表現）前期Ａ２教科型
	中京・文（言語表現）前期Ｍ２教科型
	中京・心理（心理）前期Ａ２教科型
	中京・心理（心理）前期Ｍ２教科型
	同志社・文（英文）学部個別日程
	同志社・文（英文）全学部日程文系
	同志社・文（哲）学部個別日程
	同志社・文（美学芸術）全学部日程文系
	同志社・神（神）全学部日程文系
	同志社・グローバル・コミュニケーション（中国語）全学部日程文系
	同志社・社会（教育文化）学部個別日程
	立命館・文（人間研究）学部個別配点
	立命館・文（日本文学研究）全学統一文系
	立命館・文（日本文学研究）学部個別配点
	立命館・文（日本史研究）全学統一文系
	立命館・文（日本史研究）学部個別配点
	立命館・文（地域研究）学部個別配点
	立命館・総合心理（総合心理）全学統一文系
	立命館・総合心理（総合心理）学部個別文系
	関西・文（総合人文）３教科同一配点
	関西・外国語（外国語）３教科
	関西・社会（心理学）３教科
	関西・社会（心理学）３教科同一配点
	関西外国語・英語キャリア（英語キャリア）前期Ｓ方式
	関西外国語・国際共生（国際共生）前期Ｓ方式
55	獨協・外国語（交流文化）２科目学科別
	文教・教育（学校－国語）全国
	学習院・文（日本語日本文）コア
	学習院・文（英語英米文化）コア
	学習院・文（ドイツ語圏文化）コア
	学習院・文（フランス語圏文化）コア
	國學院・文（中国文）Ａ日程３教科

ボーダー偏差値	大学・学部（学科）日程方式
55	國學院・文（中国文）Ａ日程得意科目
	國學院・文（中国文）Ａ日程特色型
	國學院・文（外国語文化）Ａ日程得意科目
	國學院・文（外国語文化）Ａ日程特色型
	國學院・文（哲）Ａ日程得意科目
	國學院・文（哲）Ａ日程特色型
	國學院・人間開発（初等教育）Ａ日程３教科
	國學院・人間開発（初等教育）Ａ日程得意科目
	國學院・人間開発（初等教育）Ａ日程特色型
	駒澤・文（歴史－日本史学）Ｓ方式
	駒澤・文（歴史－外国史学）Ｓ方式
	駒澤・文（歴史－考古学）全学部統一日程
	駒澤・文（心理）Ｔ方式
	上智・神（神）ＴＥＡＰ利用
	昭和女子・人間社会（心理）Ｂ日程
	昭和女子・人間社会（現代教養）Ａ日程
	昭和女子・人間社会（現代教養）Ｂ日程
	成蹊・文（英語英米文）２教科全学統一
	成城・文芸（文化史）Ｓ方式
	専修・国際コミュニケーション（異文化コミュニケーション）全国
	専修・人間科学（心理）前期Ａ方式
	専修・人間科学（心理）全学部
	専修・人間科学（心理）全国
	玉川・教育（教育－初等教育・社会科教育）地域創生教員
	中央・文（英語文学文化）学部別一般
	中央・文（英語文学文化）６学部共通
	中央・文（英語文学文化）学部別英語外部
	中央・文（ドイツ語文学文化）学部別一般
	中央・文（ドイツ語文学文化）６学部共通
	中央・文（ドイツ語文学文化）学部別英語外部
	中央・文（フランス語文学文化）学部別一般
	中央・文（フランス語文学文化）６学部共通
	中央・文（中国言語文化）学部別一般
	中央・文（中国言語文化）６学部共通
	中央・文（中国言語文化）学部別英語外部
	中央・文（東洋史学）学部別一般
	中央・文（東洋史学）６学部共通
	中央・文（東洋史学）学部別英語外部
	中央・文（哲学）学部別一般
	東京女子・現代教養（人文－哲学）英語外部利用型
	東京女子・現代教養（心理－心理学）英語外部利用型
	東洋・文（哲）前期３教科英語
	東洋・文（東洋思想文化）前期３教科英語
	東洋・文（東洋思想文化）前期４教科
	東洋・文（日本文学文化）前期３教科①
	東洋・文（日本文学文化）前期３教科③
	東洋・文（日本文学文化）前期４教科
	東洋・文（英米文）前期３教科①
	東洋・文（英米文）前期３教科③
	東洋・文（史）前期3教科①
	東洋・文（史）前期3教科②
	東洋・文（史）前期3教科③
	東洋・文（史）前期4教科②
	東洋・文（国際文化コミュニケーション）前期3教科①
	東洋・文（国際文化コミュニケーション）前期3教科②
	東洋・文（国際文化コミュニケーション）前期3教科③
	東洋・文（国際文化コミュニケーション）前期3英語①
	東洋・文（国際文化コミュニケーション）前期3英語②
	日本・文理（哲）Ｎ全学第１期
	日本女子・人間社会（心理）個別選抜型
	法政・文（地理）Ａ方式
	武蔵・人文（英語英米文化）全学部統一型
	武蔵・人文（ヨーロッパ文化）全学部統一型
	武蔵・人文（ヨーロッパ文化）全学グローバル
	武蔵・人文（日本・東アジア文化）個別学部併願型
	武蔵・人文（日本・東アジア文化）全学部統一型
	武蔵・人文（日本・東アジア文化）全学グローバル
	明治学院・文（英文）全学３教科型
	中京・文（日本文）前期Ａ３教科型
	中京・文（日本文）前期Ｍ３教科型

ボーダー偏差値	大学・学部（学科）日程方式
55	中京・文（日本文）前期Ｍ２教科型
	中京・文（言語表現）前期Ａ３教科型
	中京・文（言語表現）前期Ｍ３教科型
	中京・心理（心理）前期Ａ３教科型
	中京・心理（心理）前期Ｍ３教科型
	南山・外国語（英米）
	南山・外国語（英米）全学統一個別型
	南山・人文（心理人間）全学統一個別型
	同志社・神（神）学部個別日程
	同志社・グローバル・コミュニケーション（中国語）学部個別日程
	立命館・文（人間研究）全学統一文系
	立命館・文（東アジア研究）全学統一文系
	立命館・文（東アジア研究）学部個別配点
	立命館・文（国際文化）全学統一文系
	立命館・文（国際文化）学部個別配点
	立命館・文（地域研究）全学統一文系
	立命館・文（国際コミュニケーション）学部個別配点
	立命館・文（言語コミュニケーション）全学統一文系
	立命館・文（言語コミュニケーション）学部個別配点
	立命館・総合心理（総合心理）理系３教科
	関西・文（総合人文）３教科
	関西・文（総合－初等教育学）３教科
	関西外国語・国際共生（国際共生）前期Ａ方式
	関西学院・文（文化－哲学倫理学）全学部日程
	関西学院・文（文化－哲学倫理学）学部個別均等
	関西学院・文（文化－美学芸術学）全学部日程
	関西学院・文（文化－美学芸術学）学部個別均等
	関西学院・文（文化－地理学地域文化学）全学部日程
	関西学院・文（文化－地理学地域文化学）学部個別均等
	関西学院・文（文化－日本史学）全学部日程
	関西学院・文（文化－日本史学）学部個別均等
	関西学院・文（文化－アジア史学）全学部日程
	関西学院・文（文化－アジア史学）学部個別均等
	関西学院・文（文化－西洋史学）全学部日程
	関西学院・文（文化－西洋史学）学部個別均等
	関西学院・文（総合心理科学）全学部日程
	関西学院・文（総合心理科学）学部個別均等
	関西学院・文（文学－日本文学日本語学）全学部日程
	関西学院・文（文学－日本文学日本語学）学部個別均等
	関西学院・文（文学－英米文学英語学）全学部日程
	関西学院・文（文学－英米文学英語学）学部個別均等
	関西学院・文（文学－フランス文学フランス語学）全学部日程
	関西学院・文（文学－フランス文学フランス語学）学部個別均等
	関西学院・文（文学－ドイツ文学ドイツ語学）全学部日程
	関西学院・文（文学－ドイツ文学ドイツ語学）学部個別均等
	関西学院・教育（幼児教育学）全学部日程
	関西学院・教育（幼児教育学）全学部日程理系
	関西学院・教育（幼児教育学）学部個別均等
	関西学院・教育（初等教育学）全学部日程理系
	関西学院・教育（初等教育学）学部個別均等
	関西学院・教育（教育科学）全学部日程
	関西学院・教育（教育科学）全学部日程理系
	関西学院・教育（教育科学）学部個別均等
52.5	獨協・外国語（交流文化）２科目全学前期
	文教・教育（学校－社会）Ａ日程
	文教・教育（学校－数学）全国
	文教・教育（学校－英語）Ａ日程
	文教・教育（学校－英語）全国
	文教・教育（発達－児童心理教育）全国
	國學院・文（外国語文化）Ａ日程３教科
	國學院・文（哲）Ａ日程３教科
	駒澤・文（国文）Ｔ方式
	駒澤・文（英米文）Ｓ方式
	駒澤・文（英米文）全学部統一日程
	駒澤・文（歴史－考古学）Ｓ方式
	昭和女子・人間社会（心理）Ａ日程
	昭和女子・人間社会（初等教育）Ｂ日程
	成蹊・文（日本文）３教科学部個別
	成城・文芸（国文）Ａ方式３教科型
	成城・文芸（国文）Ｓ方式

ボーダー偏差値	大学・学部（学科）日程方式
52.5	成城・文芸（英文）Ａ方式３教科型
	成城・文芸（英文）Ｓ方式
	成城・文芸（文化史）Ａ方式３教科型
	成城・文芸（ヨーロッパ文化）Ａ方式２教科型
	成城・文芸（ヨーロッパ文化）Ｓ方式
	専修・文（日本文学文化）前期Ｄ方式
	専修・文（日本文学文化）全国
	専修・国際コミュニケーション（日本語）全国
	専修・国際コミュニケーション（異文化コミュニケーション）前期Ａ方式
	専修・国際コミュニケーション（異文化コミュニケーション）前期Ｃ方式
	専修・国際コミュニケーション（異文化コミュニケーション）全学部
	玉川・工（数学教員養成）地域創生教員
	中央・文（フランス語文学文化）学部別英語外部
	東海・文（歴史－考古学）文系学部統一
	東京女子・現代教養（人文－歴史文化）個別学力試験型
	東京女子・現代教養（心理－心理学）個別学力試験型
	東洋・文（哲）前期４教科
	東洋・文（東洋思想文化）前期３教科③
	東洋・文（英米文）前期３英語①
	東洋・文（英米文）前期３教科②
	東洋・文（英米文）前期４教科
	東洋・文（史）前期４教科①
	東洋・文（教育－人間発達）前期４教科
	東洋・文（教育－初等教育）前期４教科
	東洋・文（国際文化コミュニケーション）前期４教科
	二松学舎・文（国文）Ｂ方式前期２
	二松学舎・文（国文）Ｒ方式小論文
	二松学舎・文（国文）Ｇ方式現代文
	二松学舎・文（国文）Ｓ方式奨学生
	日本・文理（哲）Ａ個別第１期
	日本・文理（史）Ａ個別第１期
	日本・文理（国文）Ｎ全学第１期
	日本・文理（中国語中国文化）Ｎ全学第１期
	日本・文理（英文）Ｎ全学第１期
	日本・文理（教育）Ｎ全学第１期
	日本・文理（心理）Ａ個別第１期
	日本・文理（地理）Ｎ全学第１期
	日本女子・文（日本文）個別選抜型
	日本女子・文（日本文）英語外部利用型
	日本女子・文（史）個別選抜型
	日本女子・文（史）英語外部利用型
	日本女子・人間社会（教育）英語外部利用型
	武蔵・人文（英語英米文化）個別学部併願型
	武蔵・人文（英語英米文化）全学グローバル
	武蔵・人文（ヨーロッパ文化）個別学部併願型
	武蔵野・文（日本文学文化）全学部統一
	武蔵野・教育（教育）全学部統一
	明治学院・心理（教育発達）Ａ日程
	明治学院・心理（教育発達）全学３教科型
	明治学院・心理（教育発達）全学英語外部型
	明星・心理（心理）２教科型
	立正・心理（臨床心理）Ｒ方式
	愛知・文（歴史地理）前期
	愛知学院・文（歴史）中期
	愛知淑徳・文（国文）前期２教科
	南山・外国語（ドイツ）全学統一個別型
	南山・外国語（アジア）全学統一個別型
	南山・人文（人類文化）
	南山・人文（人類文化）全学統一個別型
	南山・人文（心理人間）
	南山・人文（日本文化）
	南山・人文（日本文化）全学統一個別型
	佛教・教育（教育）Ａ日程２科目型
	立命館・文（国際コミュニケーション）全学統一文系
	龍谷・文（哲－哲学）前スタンダード
	龍谷・文（哲－哲学）前高得点重視
	龍谷・文（哲－哲学）中高得点重視
	龍谷・文（歴史－日本史学）前スタンダード
	龍谷・文（歴史－日本史学）前高得点重視
	龍谷・文（歴史－日本史学）中スタンダード

ボーダー偏差値	大学・学部（学科）日程方式
52.5	龍谷・文（歴史－日本史学）中高得点重視
	龍谷・文（歴史－文化遺産学）前スタンダード
	龍谷・文（歴史－文化遺産学）前高得点重視
	龍谷・文（歴史－文化遺産学）中高得点重視
	龍谷・文（日本語日本文）前スタンダード
	龍谷・文（日本語日本文）前高得点重視
	龍谷・文（日本語日本文）中高得点重視
	龍谷・心理（心理）前高得点重視
	龍谷・心理（心理）中高得点重視
	関西外国語・外国語（英米語）前期S方式
	関西外国語・外国語（英語・デジタルコミュニケーション）前期S方式
	関西外国語・英語キャリア（英語キャリア）前期A方式
	近畿・文芸（文－創作・評論）前期A日程
	近畿・文芸（文－創作・評論）前期B日程
	近畿・文芸（文－言語・文学）前期A日程
	近畿・文芸（文－言語・文学）前期B日程
	近畿・文芸（文－英語英米文学）前期A日程
	近畿・文芸（文化・歴史）前期A日程
	近畿・文芸（文化デザイン）前期A日程
	近畿・総合社会（心理系）前期A日程
	近畿・総合社会（心理系）前期B日程
	関西学院・教育（初等教育学）全学部日程
	甲南・文（日本語日本文）前期3教科
	甲南・文（日本語日本文）中期3教科
	甲南・文（歴史文化）前期3教科
	甲南・文（歴史文化）前期2教科
	甲南・文（歴史文化）中期3教科
	西南学院・人間科学（心理）A・F日程
	西南学院・人間科学（心理）英語4技能利用
	福岡・人文（文化）系統別
	福岡・人文（歴史）前期
	福岡・人文（歴史）系統別
	福岡・人文（日本語日本文）系統別
50	女子栄養・栄養（保健－保健養護）2期
	獨協・外国語（英語）2科目学科別
	獨協・外国語（英語）2科目全学前期
	獨協・国際教養（言語文化）2科目全学前期
	文教・教育（学校－国語）A日程
	文教・教育（学校－数学）A日程
	文教・教育（学校－理科）全国
	文教・教育（学校－美術）全国
	文教・教育（学校－体育）全国
	文教・教育（発達－特別支援教育）A日程
	文教・教育（発達－初等連携教育）全国
	國學院・神道文化フレックスB／昼間主（神道文化）A日程3教科
	國學院・神道文化フレックスB／昼間主（神道文化）A日程得意科目
	國學院・神道文化フレックスB／昼間主（神道文化）A日程特色型
	国士舘・文（教育－中等教育課程教育学）前期
	国士舘・文（教育－初等教育課程初等教育）前期
	国士舘・文（教育－初等教育課程初等教育）デリバリー
	国士舘・文（教育－初等教育課程初等教育）中期
	駒澤・文（地理－地域文化）T方式
	駒澤・文（地理－地域環境）全学部統一日程
	駒澤・文（歴史－日本史学）T方式
	駒澤・文（歴史－外国史学）T方式
	駒澤・文（歴史－考古学）T方式
	実践女子・文（美学美術史）I期2科目型
	実践女子・文（美学美術史）I期3科目型
	昭和女子・人間文化（歴史文化）A日程
	昭和女子・人間社会（初等教育）A日程
	昭和女子・国際（英語コミュニケーション）A日程
	昭和女子・国際（英語コミュニケーション）B日程
	成蹊・文（英語英米文）3教科学部個別
	成城・文芸（国文）A方式2教科型
	成城・文芸（英文）A方式2教科型
	成城・文芸（ヨーロッパ文化）A方式3教科型
	専修・文（日本文学文化）前期A方式
	専修・文（日本文学文化）全学部
	専修・文（英語英米文）全国
	専修・文（哲）全学部

ボーダー偏差値	大学・学部（学科）日程方式
50	専修・文（哲）全国
	専修・文（歴史）全学部
	専修・文（歴史）全国
	大東文化・文（歴史文化）桐門の翼奨学金
	玉川・教育（乳幼児発達）全学統一
	玉川・教育（乳幼児発達）地域創生教員
	玉川・工（数学教員養成）全学統一
	帝京・外国語（外国－フランス語）
	帝京・外国語（外国－スペイン語）
	東海・文（歴史－日本史）文系学部統一
	東海・文（歴史－西洋史）文系学部統一
	東海・文（日本文）文系学部統一
	東海・文化社会（心理・社会）文系学部統一
	東京家政・人文（心理カウンセリング）統一地区
	東京家政・人文（心理カウンセリング）1期
	東京女子・現代教養（人文－哲学）個別学力試験型
	東京女子・現代教養（人文－日本文学）個別学力試験型
	東京女子・現代教養（人文－日本文学）英語外部利用型
	東洋・文（東洋思想文化）前期3教科①
	東洋・文（東洋思想文化）前期3教科②
	東洋・文（教育－人間発達）前期3教科英語
	東洋・文（教育－人間発達）前期3教科①
	東洋・文（教育－人間発達）前期3教科②
	東洋・文（教育－人間発達）前期3教科③
	東洋・文第2部（日本文学文化）前期3教科
	二松学舎・文（国文）A方式得意科目
	二松学舎・文（中国文）A方式得意科目
	二松学舎・文（中国文）B方式前期2
	二松学舎・文（中国文）R方式小論文
	二松学舎・文（中国文）G方式現代文
	二松学舎・文（歴史文化）B方式前期2
	二松学舎・文（歴史文化）R方式小論文
	二松学舎・文（歴史文化）G方式現代文
	二松学舎・文（歴史文化）S方式奨学生
	日本・文理（国文）A個別第1期
	日本・文理（中国語中国文化）A個別第1期
	日本・文理（英文）A個別第1期
	日本・文理（ドイツ文）N全学第1期
	日本・文理（教育）A個別第1期
	日本・文理（地理）A個別第1期
	日本女子・文（英文）個別選抜型
	日本女子・文（英文）英語外部利用型
	日本女子・人間社会（教育）個別選抜型
	武蔵野・文（日本文学文化）A文系・B日程
	武蔵野・教育（教育）A文系・B日程
	武蔵野・教育（教育）A日程理系
	武蔵野・グローバル（グローバルコミュニケーション）全学部統一
	明治学院・文（英文）A日程
	明治学院・文（フランス文）全学3教科型
	明治学院・文（フランス文）全学英語外部型
	明星・教育（教科専門）2教科型
	明星・教育（特別支援教員）2教科型
	明星・教育（子ども臨床）2教科型
	明星・心理（心理）3教科型
	明星・心理（心理）検定+1教科型
	立正・文（哲）R方式
	立正・文（史）R方式
	立正・心理（臨床心理）2月前期
	立正・心理（対人・社会心理）R方式
	神奈川・外国語（英語英文－IES）B方式
	神奈川・外国語（英語英文－GEC）B方式
	神奈川・国際日本（日本文化）A方式
	神奈川・国際日本（日本文化）B方式
	神奈川・国際日本（歴史民俗）A方式
	神奈川・国際日本（歴史民俗）B方式
	愛知・文（日本語日本文）前期
	愛知・国際コミュニケーション（英語）前期
	愛知淑徳・文（国文）前期3教科
	愛知淑徳・文（教育）前期2教科
	愛知淑徳・心理（心理）前期2教科

ボーダー偏差値	大学・学部（学科）日程方式
50	愛知淑徳・福祉貢献（子ども福祉）前期３教科
	愛知淑徳・福祉貢献（子ども福祉）前期２教科
	中京・国際（言語－英米学）前期Ａ３教科型
	中京・国際（言語－英米学）前期Ｍ３教科型
	中京・国際（言語－英米学）前期Ｍ２教科型
	南山・外国語（スペイン・ラテンアメリカ）
	南山・外国語（スペイン・ラテンアメリカ）全学統一個別型
	南山・外国語（フランス）
	南山・外国語（フランス）全学統一個別型
	南山・外国語（ドイツ）
	南山・外国語（アジア）
	南山・人文（キリスト教）全学統一個別型
	京都女子・心理共生（心理共生）前期Ｂ方式
	佛教・教育（教育）Ａ日程３科目型
	佛教・教育（幼児教育）Ａ日程２科目型
	龍谷・文（哲－哲学）中スタンダード
	龍谷・文（歴史－東洋史学）前スタンダード
	龍谷・文（歴史－東洋史学）前高得点重視
	龍谷・文（歴史－東洋史学）中スタンダード
	龍谷・文（歴史－東洋史学）中高得点重視
	龍谷・文（歴史－文化遺産学）中スタンダード
	龍谷・文（日本語日本文）中スタンダード
	龍谷・心理（心理）前スタンダード
	龍谷・心理（心理）中スタンダード
	関西外国語・英語国際（英語国際）前期Ｓ方式
	近畿・文芸（文－英語英米文学）前期Ｂ日程
	近畿・文芸（文化・歴史）前期Ｂ日程
	近畿・文芸（文化デザイン）前期Ｂ日程
	近畿・国際（グローバル）前期Ａ国際独自
	近畿・国際（グローバル）前期Ａ日程
	近畿・国際（東アー韓国語）前期Ａ日程
	関西学院・神全学部日程
	関西学院・神学部個別均等
	甲南・文（日本語日本文）前期２教科
	甲南・文（英語英米文）前期２教科
	甲南・文（英語英米文）中期３教科
	武庫川女子・教育（教育）Ａ２科目型
	武庫川女子・心理・社会福祉（心理）Ａ２科目型
	武庫川女子・心理・社会福祉（心理）Ｂ２科目同一
	西南学院・外国語（外国語）Ａ・Ｆ日程
	西南学院・外国語（外国語）英語４技能利用
	西南学院・人間科学（児童教育）英語４技能利用
	福岡・人文（文化）前期
	福岡・人文（日本語日本文）前期
	福岡・人文（教育・臨床心理）系統別
	福岡・人文（英語）系統別
47.5	東北学院・文（英文）前期Ａ日程
	東北学院・文（英文）前期Ｂ日程
	東北学院・文（教育）前期Ａ日程
	東北学院・文（教育）前期Ｂ日程
	獨協・国際教養（言語文化）３科目学科別
	文教・教育（学校－音楽）Ａ日程
	文教・教育（学校－音楽）全国
	文教・教育（学校－美術）Ａ日程方式２
	文教・教育（学校－家庭）全国
	文教・教育（発達－特別支援教育）全国
	神田外語・外国語（アジー韓国語）
	國學院・神道文化フレックスA／夜間主（神道文化）A日程得意科目
	國學院・神道文化フレックスA／夜間主（神道文化）A日程特色型
	国士舘・文（教育－中等教育課程教育学）デリバリー
	国士舘・文（教育－中等教育課程教育学）中期
	駒澤・文（英米文）Ｔ方式
	駒澤・文（地理－地域文化）全学部統一日程
	駒澤・文（地理－地域環境）Ｔ方式
	実践女子・文（国文）Ⅰ期２科目型
	実践女子・文（国文）Ⅰ期３科目型
	実践女子・文（英文）Ⅰ期２科目型
	実践女子・文（美学美術史）Ⅱ期
	昭和女子・人間文化（日本語日本文）Ｂ日程
	昭和女子・人間文化（歴史文化）Ｂ日程

ボーダー偏差値	大学・学部（学科）日程方式
47.5	専修・文（哲）前期Ａ方式
	専修・文（環境地理）全国
	専修・国際コミュニケーション（日本語）前期Ａ方式
	専修・国際コミュニケーション（日本語）全学部
	大東文化・文（日本文）桐門の翼奨学金
	大東文化・文（歴史文化）一般Ｂ
	玉川・教育（教育－保健体育）地域創生教員
	津田塾・学芸（英語英文）Ａ方式
	帝京・文（心理）
	帝京・教育（教育文化）
	帝京・外国語（外国－ドイツ語）
	東海・文（歴史－日本史）一般
	東海・児童教育（児童教育）文理併学部統一
	東海・文化社会（文芸創作）一般
	東海・文化社会（文芸創作）文系学部統一
	東京経済・コミュニケーション（国際コミュニケーション）前期ベスト2型
	東京女子・現代教養（国際英語）個別学力試験型
	東京女子・現代教養（国際英語）英語外部利用型
	東洋・文第２部（東洋思想文化）前期ベスト２①
	東洋・文第２部（東洋思想文化）前期ベスト２②
	東洋・文第２部（東洋思想文化）前期ベスト２③
	東洋・文第２部（日本文学文化）前期ベスト２①
	東洋・文第２部（日本文学文化）前期ベスト２②
	東洋・文第２部（日本文学文化）前期ベスト２③
	東洋・文第２部（教育）前期３教科
	東洋・文第２部（教育）前期ベスト２①
	東洋・文第２部（教育）前期ベスト２②
	東洋・文第２部（教育）前期ベスト２③
	二松学舎・文（中国文）Ｓ方式奨学生
	二松学舎・文（都市文化デザイン）Ａ方式得意科目
	二松学舎・文（都市文化デザイン）Ｂ方式前期２
	二松学舎・文（都市文化デザイン）Ｒ方式小論文
	二松学舎・文（都市文化デザイン）Ｇ方式現代文
	二松学舎・文（都市文化デザイン）Ｓ方式奨学生
	二松学舎・文（歴史文化）Ａ方式得意科目
	武蔵野・グローバル（日本語コミュニケーション）全学部統一
	明治学院・文（フランス文）Ａ日程
	明星・教育（小学校教員）３教科型
	明星・教育（小学校教員）２教科型
	明星・教育（小学校教員）検定＋１教科型
	明星・教育（教科専門）３教科型
	明星・教育（教科専門）検定＋１教科型
	明星・教育（特別支援教員）３教科型
	明星・教育（特別支援教員）検定＋１教科型
	明星・教育（子ども臨床）３教科型
	明星・教育（子ども臨床）検定＋１教科型
	明星・心理（心理）４教科型
	明星・人文（日本文化）２教科型
	目白・外国語（韓国語）Ａ日程
	目白・外国語（韓国語）全学部統一
	立正・文（哲）２月前期
	立正・心理（対人・社会心理）２月前期
	神奈川・外国語（英語英文－ＩＥＳ）Ａ方式
	愛知・文（歴史地理）Ｍ方式
	愛知・文（日本語日本文）Ｍ方式
	愛知・文（心理）前期
	愛知・文（心理）Ｍ方式
	愛知・国際コミュニケーション（英語）Ｍ方式
	愛知学院・文（歴史）前期Ａ
	愛知学院・文（歴史）前期Ｍ
	愛知学院・心理（心理）前期Ａ
	愛知学院・心理（心理）前期Ｍ
	愛知学院・心理（心理）中期
	愛知淑徳・心理（心理）前期３教科
	中京・国際（言語－複言語・複文化学）前期A3教科型
	中京・国際（言語－複言語・複文化学）前期A2教科型
	中京・国際（言語－複言語・複文化学）前期M3教科型
	中京・国際（言語－複言語・複文化学）前期M2教科型
	中京・国際（言語－英米学）前期Ａ２教科型
	中部・現代教育（現代－中等教育国語数学）前期BM方式

ボーダー偏差値	大学・学部（学科）日程方式
47.5	南山・人文（キリスト教）
	名城・外国語（国際英語）Ａ方式
	京都産業・文化（京都文化）２科目型
	京都女子・文（国文）前期Ｂ方式
	京都女子・文（史）前期Ｂ方式
	京都女子・発達教育（教育）前期Ａ方式
	京都女子・発達教育（教育）前期Ｂ方式
	京都女子・心理共生（心理共生）前期Ａ方式
	同志社女子・現代社会（現代こども）前期２教科
	佛教・教育（幼児教育）Ａ日程３科目型
	佛教・教育（臨床心理）Ａ日程２科目型
	龍谷・文（哲－教育学）前スタンダード
	龍谷・文（哲－教育学）前高得点重視
	龍谷・文（哲－教育学）中スタンダード
	龍谷・文（哲－教育学）中高得点重視
	龍谷・文（歴史－仏教史学）前高得点重視
	龍谷・文（英語英米文）前高得点重視
	龍谷・文（英語英米文）前英語重視
	龍谷・文（英語英米文）中スタンダード
	龍谷・文（英語英米文）中高得点重視
	龍谷・文（英語英米文）中英語重視
	龍谷・国際（グローバルスタディーズ）前高得点重視
	龍谷・国際（グローバルスタディーズ）前英語重視
	関西外国語・外国語（英米語）前期Ａ方式
	近畿・国際（グローバル）前期Ｂ日程
	近畿・国際（グローバル）前期Ｂ国際独自
	近畿・国際（東アー中国語）前期Ａ日程
	近畿・国際（東アー中国語）前期Ｂ日程
	近畿・国際（東アー韓国語）前期Ｂ日程
	甲南・文（英語英米文）前期３教科
	武庫川女子・教育（教育）Ｂ２科目同一
	武庫川女子・心理・社会福祉（心理）Ａ３科目同一
	西南学院・神（神）Ａ・Ｆ日程
	西南学院・神（神）英語４技能利用
	西南学院・人間科学（児童教育）Ａ・Ｆ日程
	福岡・人文（教育・臨床心理）前期
	福岡・人文（英語）前期
	福岡・人文（東アジア地域言語）系統別
45	北海学園・人文（日本文化）
	東北学院・文（総合人文）前期Ａ日程
	東北学院・文（総合人文）前期Ｂ日程
	東北学院・文（歴史）前期Ａ日程
	東北学院・文（歴史）前期Ｂ日程
	東北学院・国際（国際教養）前期Ａ日程
	東北学院・国際（国際教養）前期Ｂ日程
	獨協・外国語（フランス語）２科目全学前期
	文教・文（日本語日本文）Ａ日程
	文教・文（日本語日本文）全国
	文教・教育（学校－理科）Ａ日程
	文教・教育（学校－美術）Ａ日程方式１
	文教・教育（発達－初等連携教育）Ａ日程
	文教・教育（発達－児童心理教育）Ａ日程
	神田外語・外国語（英米語）
	神田外語・外国語（アジ－中国語）
	神田外語・外国語（国コ－国際コミュニケーション）
	神田外語・外国語（国コ－国際ビジネスキャリア）
	学習院女子・国際文化交流（日本文化）Ａ方式
	学習院女子・国際文化交流（英語コミュニケーション）Ａ方式
	共立女子・文芸（文芸）２月個別学力
	共立女子・文芸（文芸）２月外部英語
	共立女子・文芸（文芸）全学統一方式
	國學院・神道文化フレックスＡ／夜間主（神道文化）Ａ日程３教科
	実践女子・文（国文）Ⅱ期
	実践女子・文（英文）Ⅰ期３科目型
	昭和女子・人間文化（日本語日本文）Ａ日程
	清泉女子・文（日本語日本文）Ａ日程２教科
	清泉女子・文（英語英文）Ａ日程２教科
	清泉女子・文（文化史）Ａ日程２教科
	専修・文（英語英米文）前期Ａ方式
	専修・文（英語英米文）全学部

ボーダー偏差値	大学・学部（学科）日程方式
45	専修・文（歴史）前期Ａ方式
	専修・文（環境地理）全学部
	大東文化・文（日本文）一般
	大東文化・文（日本文）全学部統一
	大東文化・文（中国文）桐門の翼奨学金
	大東文化・文（英米文）桐門の翼奨学金
	大東文化・文（教育）桐門の翼奨学金
	大東文化・文（書道）桐門の翼奨学金
	大東文化・文（歴史文化）一般Ａ
	大東文化・文（歴史文化）全学部統一
	玉川・文（英語教育）全学統一
	玉川・文（英語教育）地域創生教員
	玉川・文（国語教育）地域創生教員
	玉川・農（生産－理科教員養成）地域創生教員
	帝京・外国語（外国－コリア語）
	東海・文（歴史－西洋史）一般
	東海・文（歴史－考古学）一般
	東海・文（日本文）一般
	東海・文化社会（アジア）文系学部統一
	東海・文化社会（北欧）文系学部統一
	東海・文化社会（心理・社会）一般
	東京経済・コミュニケーション（国際コミュニケーション）前期３教科型
	東京経済・コミュニケーション（国際コミュニケーション）前期２教科型
	日本・文理（ドイツ文）Ａ個別第１期
	武蔵野・教育（幼児教育）全学部統一
	武蔵野・グローバル（日本語コミュニケーション）Ａ文系・Ｂ日程
	明星・教育（小学校教員）４教科型
	明星・教育（教科専門）４教科型
	明星・教育（特別支援教員）４教科型
	明星・教育（子ども臨床）４教科型
	明星・人文（日本文化）３教科型
	明星・人文（日本文化）検定＋１教科型
	立正・文（史）２月前期
	立正・文（文－日本語日本文学）２月前期
	立正・文（文－日本語日本文学）Ｒ方式
	立正・文（文－英語英米文学）２月前期
	立正・文（文－英語英米文学）Ｒ方式
	神奈川・外国語（英語英文－ＧＥＣ）Ａ方式
	神奈川・外国語（スペイン語）Ａ方式
	神奈川・外国語（スペイン語）Ｂ方式
	常葉・教育（学校教育）
	愛知・文（人社－現代文化）前期
	愛知・文（人社－現代文化）Ｍ方式
	愛知・文（人社－欧米言語文化）前期
	愛知・文（心理）数学重視型入試
	愛知淑徳・文（総合英語）前期２教科
	愛知淑徳・文（教育）前期３教科
	愛知淑徳・グローバル・コミュニケーション（グローバル・コミュニケーション）前期２教科
	中部・現代教育（現代－現代教育）前期Ａ方式
	中部・現代教育（現代－現代教育）前期ＢＭ方式
	中部・現代教育（現代－中等教育国語数学）前期Ａ方式
	中部・現代教育（現代－中等教育国語数学）前期ＡＭ方式
	中部・人文（日本語日本文化）前期ＢＭ方式
	中部・人文（心理）前期ＡＭ方式
	中部・人文（心理）前期ＢＭ方式
	京都産業・外国語（英語）３科目型
	京都産業・外国語（英語）２科目型
	京都産業・外国語（ヨーロッパ言語）３科目型
	京都産業・外国語（ヨーロッパ言語）２科目型
	京都産業・外国語（アジア言語）３科目型
	京都産業・外国語（アジア言語）２科目型
	京都産業・文化（京都文化）３科目型
	京都産業・文化（国際文化）３科目型
	京都産業・文化（国際文化）２科目型
	京都女子・文（国文）前期Ａ方式
	京都女子・文（英語文化コミュニケーション）前期Ａ方式
	京都女子・文（英語文化コミュニケーション）前期Ｂ方式
	京都女子・文（史）前期Ａ方式
	同志社女子・表象文化（日本語日本文）前期３教科
	同志社女子・表象文化（日本語日本文）前期２教科

ボーダー偏差値	大学・学部（学科）日程方式
45	同志社女子·現代社会（現代こども）前期３教科
	佛教·教育（臨床心理）Ａ日程３科目型
	龍谷·文（歴史－仏教史学）前スタンダード
	龍谷·文（歴史－仏教史学）中スタンダード
	龍谷·文（歴史－仏教史学）中高得点重視
	龍谷·文（英語英米文）前スタンダード
	龍谷·国際（グローバルスタディーズ）前スタンダード
	龍谷·国際（グローバルスタディーズ）中スタンダード
	龍谷·国際（グローバルスタディーズ）中高得点重視
	龍谷·国際（グローバルスタディーズ）中英語重視
	関西外国語·外国語（英語·デジタルコミュニケーション）前期Ａ方式
	関西外国語·外国語（スペイン語）前期Ｓ方式
	関西外国語·外国語（国際日本）前期Ａ方式
	関西外国語·外国語（国際日本）前期Ｓ方式
	関西外国語·英語国際（英語国際）前期Ａ方式
	神戸女子·心理（心理）前期Ａ２科目型
	神戸女子·心理（心理）前期Ｂ２科目型
	武庫川女子·文（日本語日本文学）Ａ２科目型
	武庫川女子·文（歴史文化）Ａ２科目型
	武庫川女子·文（歴史文化）Ａ３科目同一
	武庫川女子·文（歴史文化）Ｂ２科目同一
	武庫川女子·文（英語－英語文化）Ａ２科目型
	武庫川女子·文（英語－英語文化）Ｂ２科目同一
	武庫川女子·文（英語－グローバル·コミュニケーション）A2科目型
	武庫川女子·文（英語－グローバル·コミュニケーション）B2科目同一
	武庫川女子·教育（教育）Ａ３科目同一
	福岡·人文（ドイツ語）前期
	福岡·人文（ドイツ語）系統別
	福岡·人文（フランス語）前期
	福岡·人文（フランス語）系統別
	福岡·人文（東アジア地域言語）前期
42.5	北海学園·人文（英米文化）
	国際医療福祉·赤坂心理·医療福祉マネジメント（心理）前期
	女子栄養·栄養（保健－保健養護）１期
	獨協·外国語（ドイツ語）２科目全学前期
	獨協·外国語（フランス語）２科目学科別
	文教·文（英米語英米文）Ａ日程
	文教·教育（学校－体育）Ａ日程
	文教·教育（学校－家庭）Ａ日程
	文教·教育（発達－幼児心理教育）全国
	文教·人間科学（臨床心理）Ａ日程
	文教·人間科学（臨床心理）全国
	文教·人間科学（心理）全国
	神田外語·外国語（イベースペイン語）
	北里·医療衛生（保健－臨床心理学）
	杏林·外国語（英語）２科目前期
	杏林·外国語（中国語）２科目前期
	国士舘·文（史学－考古·日本史学）デリバリー
	国士舘·文（史学－考古·日本史学）中期
	国士舘·文（史学－地理·環境）デリバリー
	国士舘·文（史学－地理·環境）中期
	国士舘·文（文）デリバリー
	駒澤·仏教Ｓ方式
	駒澤·仏教全学部統一日程
	白百合女子·人間総合（発達心理）前期
	清泉女子·文（日本語日本文）Ａ日程３教科
	清泉女子·文（日本語日本文）Ｃ日程２教科
	清泉女子·文（英語英文）Ａ日程３教科
	清泉女子·文（英語英文）Ｃ日程２教科
	清泉女子·文（スペイン語スペイン文）Ａ日程２教科
	清泉女子·文（文化史）Ａ日程３教科
	清泉女子·文（文化史）Ｃ日程２教科
	専修·文（環境地理）前期Ａ方式
	大正·文（日本文）２科目方式
	大正·文（日本文）３科目方式
	大正·文（日本文）４科目方式
	大正·文（人文）２科目方式
	大正·文（人文）３科目方式
	大正·臨床心理（臨床心理）２科目方式
	大正·臨床心理（臨床心理）３科目方式

ボーダー偏差値	大学・学部（学科）日程方式
42.5	大正·臨床心理（臨床心理）４科目方式
	大正·表現（表現文化）２科目方式
	大正·表現（表現文化）３科目方式
	大東文化·文（中国文）一般
	大東文化·文（中国文）全学部統一
	大東文化·文（英米文）一般
	大東文化·文（英米文）全学部統一
	大東文化·文（教育）一般
	大東文化·文（教育）全学部統一
	大東文化·文（書道）一般
	大東文化·文（書道）全学部統一
	大東文化·外国語（中国語）一般
	大東文化·外国語（中国語）桐門の翼奨学金
	大東文化·外国語（英語）桐門の翼奨学金
	大東文化·外国語（日本語）一般
	大東文化·外国語（日本語）桐門の翼奨学金
	玉川·文（国語教育）全学統一
	玉川·教育（教育－保健体育）全学統一
	玉川·農（生産－理科教員養成）全学統一
	玉川·リベラルアーツ（リベラルアーツ）全学統一
	帝京·文（日本文化）
	帝京·文（史）
	帝京·外国語（外国－英語）
	帝京·外国語（外国－中国語）
	帝京科学·教育人間科学（幼児保育）
	帝京科学·教育人間科学（こども－小学校·幼稚園教諭）
	帝京平成·人文社会（人間－グローバルコミュニケーション）
	東海·文（文明）一般
	東海·文（文明）文系学部統一
	東海·文（英語文化コミュニケーション）一般
	東海·文（英語文化コミュニケーション）文系学部統一
	東海·児童教育（児童教育）一般
	東海·文化社会（アジア）一般
	東海·文化社会（ヨーロッパ·アメリカ）一般
	東海·文化社会（ヨーロッパ·アメリカ）文系学部統一
	東海·国際文化〈北海道〉（国際コミュニケーション）文系学部統一
	東海·国際（国際）文系学部統一
	東京家政·人文（英語コミュニケーション）統一地区
	東京家政·子ども支援（子ども支援）統一地区
	武蔵野·教育（幼児教育）Ａ文系·Ｂ日程
	武蔵野·グローバル（グローバルコミュニケーション）A文系·B日程
	明星·人文（日本文化）４教科型
	目白·心理（心理カウンセリング）Ａ日程
	目白·心理（心理カウンセリング）全学部統一
	目白·人間（子ども）全学部統一
	神奈川·外国語（中国語）Ａ方式
	愛知·文（人社－欧米言語文化）Ｍ方式
	愛知·現代中国（現代中国）前期
	愛知·現代中国（現代中国）Ｍ方式
	愛知学院·文（日本文化）前期Ａ
	愛知学院·文（日本文化）前期Ｍ
	愛知学院·文（日本文化）中期
	愛知学院·文（宗教文化）前期Ａ
	愛知学院·文（宗教文化）前期Ｍ
	愛知学院·文（宗教文化）中期
	愛知淑徳·グローバル·コミュニケーション（グローバル·コミュニケーション）前期3教科
	愛知淑徳·創造表現（創作表現）前期２教科
	中部·現代教育（幼児教育）前期ＡＭ方式
	中部·現代教育（幼児教育）前期ＢＭ方式
	中部·現代教育（現代－現代教育）前期ＡＭ方式
	中部·人文（心理）前期Ａ方式
	中部·人文（歴史地理）前期ＡＭ方式
	中部·人文（歴史地理）前期ＢＭ方式
	同志社女子·表象文化（英語英文）前期３教科
	同志社女子·表象文化（英語英文）前期２教科
	佛教·歴史（歴史）Ａ日程３科目型
	佛教·歴史（歴史）Ａ日程２科目型
	佛教·歴史（歴史文化）Ａ日程３科目型
	佛教·歴史（歴史文化）Ａ日程２科目型
	関西外国語·外国語（スペイン語）前期Ａ方式

ボーダー偏差値	大学・学部（学科）日程方式
42.5	関西外国語・英語キャリア（英語－小学校教員）前期A方式
	神戸学院・心理（心理）前期
	神戸学院・心理（心理）中期
	神戸女子・文（日本語日本文）前期Ａ２科目型
	神戸女子・文（日本語日本文）前期Ｂ２科目型
	神戸女子・文（英語英米文）前期Ａ２科目型
	神戸女子・文（英語英米文）前期Ｂ２科目型
	神戸女子・文（史）前期Ａ２科目型
	神戸女子・文（史）前期Ｂ２科目型
	神戸女子・文（史）前期Ｃ３科目型
	神戸女子・文（教育）前期Ａ２科目型
	神戸女子・文（教育）前期Ｂ２科目型
	神戸女子・心理（心理）前期Ｃ２科目型
	神戸女子・心理（心理）前期Ｃ３科目型
	武庫川女子・文（日本語日本文学）Ａ３科目同一
	武庫川女子・文（日本語日本文学）Ｂ２科目同一
	武庫川女子・文（英語－グローバル・コミュニケーション）A3科目同一
40	獨協・外国語（ドイツ語）２科目学科別
	文教・文（英米語英米文）全国
	文教・教育（発達－幼児心理教育）Ａ日程
	文教・人間科学（心理）Ａ日程
	神田外語・外国語（アジ－インドネシア語）
	神田外語・外国語（アジ－ベトナム語）
	神田外語・外国語（アジ－タイ語）
	神田外語・外国語（イベ－ブラジル・ポルトガル語）
	淑徳・人文（歴史）ＡＢ
	淑徳・総合福祉（教育－健康教育）ＡＢ
	淑徳・総合福祉（実践心理）ＡＢ
	聖徳・文（歴史文化）
	麗澤・外国語（英語コミュニケーション）前期2科目型
	麗澤・外国語（英語コミュニケーション）前期3科目型
	麗澤・外国語（英語コミュニケーション）前期ベスト2
	麗澤・外国語（英語コミュニケーション）中期
	桜美林・教育探究科学（教育探究科学）３科目型
	桜美林・教育探究科学（教育探究科学）２科目型
	桜美林・教育探究科学（教育探究科学）理系3科目型
	桜美林・教育探究科学（教育探究科学）理系2科目型
	桜美林・健康福祉（保育学）３科目型
	桜美林・健康福祉（保育学）２科目型
	大妻女子・文（コミュニケーション文化）A方式Ⅰ期
	大妻女子・人間関係（人関－社会・臨床心理学）A方式Ⅰ期
	杏林・保健（臨床心理）
	国士舘・文（史学－考古・日本史学）前期
	国士舘・文（文）前期
	国士舘・文（文）中期
	駒澤・仏教Ｔ方式
	実践女子・文（英文）Ⅱ期
	白百合女子・文（国語国文）前期
	白百合女子・文（英語英文）前期
	白百合女子・人間総合（児童文化）前期
	白百合女子・人間総合（初等教育）前期
	聖心女子・現代教養3教科A方式
	聖心女子・現代教養3教科B方式
	清泉女子・文（スペイン語スペイン文）A日程3教科
	清泉女子・文（スペイン語スペイン文）C日程2教科
	大正・文（人文）４科目方式
	大正・文（歴史）２科目方式
	大正・文（歴史）３科目方式
	大正・文（歴史）４科目方式
	大正・仏教（仏教）２科目方式
	大正・表現（表現文化）４科目方式
	大東文化・外国語（英語）一般
	大東文化・外国語（英語）全学部統一
	大東文化・外国語（日本語）全学部統一
	拓殖・外国語（国際日本語）全国
	拓殖・外国語（国際日本語）２月前期
	帝京・教育（初等－初等教育）
	帝京・教育（初等－こども教育）
	帝京・外国語（国際日本）
	帝京科学・教育人間科学（学校－小学校）
	帝京科学・教育人間科学（学校－中高理科）
	帝京平成・人文社会（児童－小学校・特別支援）
	東海・人文〈静岡〉（人文）文系学部統一
	東海・文化社会（北欧）一般
	東海・国際文化〈北海道〉（国際コミュニケーション）一般
	日本体育・児童スポーツ教育（児童スポーツ教育）
	目白・外国語（中国語）Ａ日程
	目白・外国語（中国語）全学部統一
	目白・外国語（日本語・日本語教育）Ａ日程
	目白・外国語（日本語・日本語教育）全学部統一
	目白・人間（子ども）Ａ日程
	立正・地球環境科学（地理）Ｒ方式
	関東学院・教育（こども発達）前期３科目
	関東学院・教育（こども発達）前期２科目
	関東学院・教育（こども発達）前期英語外部
	常葉・教育（心理教育）３教科型
	愛知学院・文（英語英米文化）中期
	愛知学院・文（グローバル英語）中期
	愛知淑徳・文（総合英語）前期３教科
	愛知淑徳・交流文化（ランゲージ）前期２教科
	中部・現代教育（幼児教育）前期A方式
	中部・人文（英語英米文化）前期AM方式
	中部・人文（歴史地理）前期A方式
	佛教・文（日本文）Ａ日程３科目型
	佛教・文（日本文）Ａ日程２科目型
	佛教・仏教（仏教）Ａ日程３科目型
	佛教・仏教（仏教）Ａ日程２科目型
	龍谷・文（真宗）前スタンダード
	龍谷・文（真宗）前高得点重視
	龍谷・文（真宗）中スタンダード
	龍谷・文（真宗）中高得点重視
	龍谷・文（仏教）前スタンダード
	龍谷・文（仏教）前高得点重視
	龍谷・文（仏教）中スタンダード
	龍谷・文（仏教）中高得点重視
	神戸女子・文（日本語日本文）前期Ｂ３科目型
	神戸女子・文（日本語日本文）前期Ｃ２科目型
	神戸女子・文（日本語日本文）前期Ｃ３科目型
	神戸女子・文（英語英米文）前期Ｂ３科目型
	神戸女子・文（英語英米文）前期Ｃ２科目型
	神戸女子・文（英語英米文）前期Ｃ３科目型
	神戸女子・文（史）前期Ｂ３科目型
	神戸女子・文（史）前期Ｃ２科目型
	神戸女子・文（教育）前期Ｃ２科目型
	神戸女子・文（教育）前期Ｃ３科目型
	神戸女子・心理（心理）前期Ｂ３科目型
	武庫川女子・文（英語－英語文化）Ａ３科目同一
37.5	北海学園・人文２部（日本文化）
	文教・文（中国語中国文）Ａ日程方式１
	文教・文（中国語中国文）Ａ日程方式２
	文教・文（中国語中国文）全国
	文教・文（外国語）Ａ日程
	文教・文（外国語）全国
	淑徳・人文（表現）ＡＢ
	淑徳・教育（こども教育）ＡＢ
	淑徳・総合福祉（教育－学校教育）ＡＢ
	聖徳・文（国際文化コミュニケーション）
	聖徳・文（日本語・日本文学）
	聖徳・心理・福祉（心理）
	聖徳・教育昼間主（児童－幼稚園教員養成）
	麗澤・外国語（英語・リベラルアーツ）前期２科目型
	麗澤・外国語（英語・リベラルアーツ）前期３科目型
	麗澤・外国語（英語・リベラルアーツ）前期ベスト２
	麗澤・外国語（英語・リベラルアーツ）中期
	麗澤・外国語（ドイツ語・ヨーロッパ文化）前期2科目型
	麗澤・外国語（ドイツ語・ヨーロッパ文化）前期3科目型
	麗澤・外国語（ドイツ語・ヨーロッパ文化）前期ベスト2
	麗澤・外国語（ドイツ語・ヨーロッパ文化）中期
	麗澤・外国語（中国語・グローバルコミュニケーション）前期2科目型
	麗澤・外国語（中国語・グローバルコミュニケーション）前期3科目型

ボーダー偏差値	大学・学部（学科）日程方式
37.5	麗澤・外国語（中国語・グローバルコミュニケーション）前期ベスト2
	麗澤・外国語（中国語・グローバルコミュニケーション）中期
	麗澤・国際（国際－日本学・国際コミュニケーション）前期2科目型
	麗澤・国際（国際－日本学・国際コミュニケーション）前期3科目型
	麗澤・国際（国際－日本学・国際コミュニケーション）前期ベスト2
	麗澤・国際（国際－日本学・国際コミュニケーション）中期
	桜美林・グローバル・コミュニケーション（グローバル・コミュニケーション）3科目型
	桜美林・グローバル・コミュニケーション（グローバル・コミュニケーション）2科目型
	桜美林・健康福祉（実践心理学）３科目型
	桜美林・健康福祉（実践心理学）２科目型
	桜美林・リベラルアーツ３科目型
	桜美林・リベラルアーツ２科目型
	桜美林・リベラルアーツ理系３科目型
	桜美林・リベラルアーツ理系２科目型
	大妻女子・文（日本文）Ａ方式Ⅰ期
	大妻女子・文（英語英文）Ａ方式Ⅰ期
	大妻女子・比較文化（比較文化）Ａ方式Ⅰ期
	杏林・外国語（英語）３科目前期
	杏林・外国語（中国語）３科目前期
	国士舘・文（史学－地理・環境）前期
	大正・仏教（仏教）３科目方式
	大正・仏教（仏教）４科目方式
	大東文化・外国語（中国語）全学部統一
	拓殖・外国語（英米語）全国
	拓殖・外国語（中国語）全国
	帝京科学・教育人間科学（学校－中高保健体育）
	帝京科学・教育人間科学（学校－中高英語）
	帝京科学・教育人間科学（こども－幼稚園教諭・保育士）
	帝京平成・健康メディカル（心理）
	帝京平成・人文社会（児童－保育・幼稚園）
	東海・人文〈静岡〉（人文）一般
	東海・国際（国際）一般
	東京家政・人文（英語コミュニケーション）１期
	日本体育・児童スポーツ教育（幼児教育保育）
	文京学院・人間（心理）Ⅰ期Ａ日程
	文京学院・人間（心理）Ⅰ期Ｂ日程
	文京学院・人間（心理）ⅡⅢ期
	文京学院・人間（心理）全学統一
	目白・外国語（英米語）全学部統一
	立正・仏教２月前期
	立正・地球環境科学（地理）２月前期
	関東学院・国際文化（英語文化）前期３科目
	関東学院・国際文化（英語文化）前期２科目
	関東学院・国際文化（英語文化）前期英語外部
	関東学院・国際文化（英語文化）中期３科目
	関東学院・国際文化（比較文化）前期３科目
	関東学院・国際文化（比較文化）前期２科目
	関東学院・国際文化（比較文化）前期英語外部
	関東学院・国際文化（比較文化）中期３科目
	関東学院・人間共生（コミュニケーション）前期３科目
	関東学院・人間共生（コミュニケーション）前期２科目
	関東学院・人間共生（コミュニケーション）前期英語外部
	関東学院・人間共生（コミュニケーション）中期３科目
	常葉・教育（生涯－生涯学習）３教科型
	常葉・教育（生涯－生涯スポーツ）３教科型
	常葉・外国語（英米語）２教科型
	常葉・外国語（グローバルコミュニケーション）2教科型
	愛知学院・文（英語英米文化）前期Ａ
	愛知学院・文（英語英米文化）前期Ｍ
	愛知学院・文（グローバル英語）前期Ａ
	愛知学院・文（グローバル英語）前期Ｍ
	愛知淑徳・交流文化（ランゲージ）前期３教科
37.5	愛知淑徳・創造表現（創作表現）前期３教科
	中部・人文（日本語日本文化）前期Ａ方式
	中部・人文（日本語日本文化）前期ＡＭ方式
	中部・人文（英語英米文化）前期ＢＭ方式
	佛教・文（中国）Ａ日程３科目型
	佛教・文（中国）Ａ日程２科目型
	佛教・文（英米）Ａ日程３科目型
	佛教・文（英米）Ａ日程２科目型
	神戸女子・文（教育）前期Ｂ３科目型
35	東京国際・言語コミュニケーション（英語コミュニケーション）全学Ⅰ期3
	聖徳・文（書道文化）
	聖徳・教育昼間主（児童－保育士養成）
	聖徳・教育昼間主（児童－児童心理）
	聖徳・教育昼間主（児童－児童文化）
	聖徳・教育昼間主（教育－小学校教員養成）
	聖徳・教育昼間主（教育－特別支援教育）
	聖徳・教育昼間主（教育－スポーツ教育）
	聖徳・教育夜間主（児童）
	聖徳・教育夜間主（教育）
	白百合女子・文（フランス語フランス文）前期
	拓殖・外国語（英米語）２月前期
	拓殖・外国語（中国語）２月前期
	拓殖・外国語（スペイン語）全国
	拓殖・外国語（スペイン語）２月前期
	東京家政・子ども支援（子ども支援）１期
	文京学院・外国語（国際ビジネスコミュニケーション）Ⅰ期B日程
	文京学院・外国語（国際ビジネスコミュニケーション）ⅡⅢ期
	文京学院・外国語（国際ビジネスコミュニケーション）全学統一
	文京学院・外国語（国際教養コミュニケーション）Ⅰ期A日程
	文京学院・外国語（国際教養コミュニケーション）Ⅰ期B日程
	文京学院・外国語（国際教養コミュニケーション）ⅡⅢ期
	文京学院・外国語（国際教養コミュニケーション）全学統一
	文京学院・人間（児童発達）Ⅰ期Ｂ日程
	文京学院・人間（児童発達）ⅡⅢ期
	文京学院・人間（児童発達）全学統一
	目白・外国語（英米語）Ａ日程
	目白・人間（児童教育）全学部統一
	立正・仏教Ｒ方式
	関東学院・教育（こども発達）中期３科目
	フェリス女学院・文（英語英米文）Ａ日程２科目型
	フェリス女学院・文（英語英米文）Ａ日程３科目型
	フェリス女学院・文（英語英米文）Ｂ日程
	フェリス女学院・文（日本語日本文）Ａ日程２科目型
	フェリス女学院・文（日本語日本文）Ａ日程３科目型
	フェリス女学院・文（日本語日本文）Ｂ日程
	常葉・外国語（英米語）３教科型
	常葉・外国語（グローバルコミュニケーション）3教科型
	中部・人文（英語英米文化）前期Ａ方式
	神戸学院・グローバル・コミュニケーション（英語）前期
	神戸学院・グローバル・コミュニケーション（英語）中期
	神戸学院・グローバル・コミュニケーション（中国語）前期
	神戸学院・グローバル・コミュニケーション（中国語）中期
	神戸学院・人文（人文）前期
	神戸学院・人文（人文）中期
BF	北海学園・人文２部（英米文化）
	東京国際・言語コミュニケーション（英語コミュニケーション）全学Ⅰ期2
	東京国際・言語コミュニケーション（英語コミュニケーション）全学ⅡⅢ期3
	東京国際・言語コミュニケーション（英語コミュニケーション）全学ⅡⅢ期2
	文京学院・外国語（国際ビジネスコミュニケーション）Ⅰ期A日程
	文京学院・人間（児童発達）Ⅰ期Ａ日程
	目白・人間（児童教育）Ａ日程

社会・国際学系

ボーダー偏差値	大 学・学 部（学 科） 日程方式
70	上智･総合人間科学（社会）ＴＥＡＰ利用
	関西学院･国際（国際）全学部１科目
67.5	早稲田･社会科学（社会科学）
65	明治･国際日本（国際日本）全学部３科目
	早稲田･教育（社会－公共市民学）Ａ方式
	立命館･国際関係（国際関係学）ＩＲ方式
	立命館･国際関係（グローバル･スタディーズ）IR方式
62.5	青山学院･国際政治経済（国際政治）全学部日程
	青山学院･国際政治経済（国際コミュニケーション）全学部日程
	上智･文（新聞）ＴＥＡＰ利用
	上智･総合人間科学（社会福祉）ＴＥＡＰ利用
	上智･総合グローバル（総合グローバル）TEAP利用
	上智･法（国際関係法）ＴＥＡＰ利用
	中央･法（国際企業関係法）６学部共通３
	法政･社会（メディア社会）英語外部利用
	法政･国際文化（国際文化）Ｔ日程
	明治･文（心理－現代社会学）学部別
	明治･文（心理－現代社会学）全学部統一
	明治･国際日本（国際日本）全学英語４技能
	明治･情報コミュニケーション（情報コミュニケーション）全学部統一
	立教･社会（社会）
	立教･社会（現代文化）
	立教･社会（メディア社会）
	同志社･グローバル地域文化（ヨーロッパ）全学部日程文系
	同志社･社会（社会）全学部日程文系
	同志社･社会（メディア）学部個別日程
	関西学院･国際（国際）全学部３科目
	関西学院･国際（国際）学部個別均等
	関西学院･国際（国際）英数日程
60	青山学院･地球社会共生（地球社会共生）全学部日程
	青山学院･国際政治経済（国際経済）全学部日程
	成蹊･文（現代社会）２教科全学統一
	中央･法（国際企業関係法）学部別一般４
	中央･法（国際企業関係法）６学部共通４
	中央･総合政策（国際政策文化）学部別一般
	法政･社会（社会政策科学）Ｔ日程
	法政･社会（社会政策科学）英語外部利用
	法政･社会（社会）Ｔ日程
	法政･社会（社会）英語外部利用
	法政･社会（メディア社会）Ｔ日程
	法政･国際文化（国際文化）Ａ方式
	法政･国際文化（国際文化）英語外部利用
	法政･法（国際政治）Ａ方式
	法政･法（国際政治）Ｔ日程
	明治･国際日本（国際日本）学部別３科目
	明治･情報コミュニケーション（情報コミュニケーション）学部別
	同志社･グローバル地域文化（ヨーロッパ）学部個別日程
	同志社･グローバル地域文化（アジア･太平洋）全学部日程文系
	同志社･グローバル地域文化（アメリカ）全学部日程文系
	同志社･社会（社会）学部個別日程
	同志社･社会（メディア）全学部日程文系
57.5	成蹊･文（国際文化）２教科グローバ
	成城･社会イノベーション（心理社会）Ａ方式2教科型
	中央･文（社会学）学部別一般
	中央･文（社会学）６学部共通
	中央･文（社会学）学部別英語外部
	中央･文（社会情報学）学部別一般
	中央･文（社会情報学）６学部共通
	中央･文（社会情報学）学部別英語外部
	中央･法（国際企業関係法）学部別一般３
	中央･総合政策（国際政策文化）６学部共通
	中央･経済（国際経済）学部別一般
	中央･経済（国際経済）６学部共通
	中央･経済（国際経済）学部別英語外部
	中央･国際経営（国際経営）学部別一般
	中央･国際経営（国際経営）６学部共通３
	中央･国際経営（国際経営）６学部共通４
	中央･国際経営（国際経営）学部別英語外部

ボーダー偏差値	大 学・学 部（学 科） 日程方式
57.5	東洋･社会（社会）前期３教科③
	東洋･社会（社会心理）前期３教科①
	東洋･社会（社会心理）前期３教科③
	法政･グローバル教養（グローバル教養）Ａ方式
	法政･社会（社会政策科学）Ａ方式
	法政･社会（メディア社会）Ａ方式
	法政･現代福祉（福祉コミュニティ）英語外部利用
	法政･法（国際政治）英語外部利用
	法政･経済（国際経済）Ｔ日程
	法政･経済（国際経済）英語外部利用
	武蔵･国際教養（グローバルスタディーズ）全学グローバル
	武蔵･社会（社会）全学部統一型
	武蔵･社会（社会）全学グローバル
	武蔵･社会（メディア社会）全学部統一型
	武蔵･社会（メディア社会）全学グローバル
	明治･国際日本（国際日本）学部英語４技能
	明治学院･社会（社会）全学３教科型
	明治学院･社会（社会）全学英語外部型
	立教･観光（観光）
	立教･コミュニティ福祉（コミュニティ政策）
	立教･コミュニティ福祉（福祉）
	同志社･グローバル地域文化（アジア･太平洋）学部個別日程
	同志社･グローバル地域文化（アメリカ）学部個別日程
	同志社･社会（社会福祉）全学部日程文系
	同志社･社会（産業関係）学部個別日程
	同志社･社会（産業関係）全学部日程文系
	関西･社会（社会学）３教科同一配点
	関西･社会（メディア）３教科同一配点
	関西･社会（社会システムデザイン）3教科同一配点
55	学習院･国際社会科学（国際社会科学）コア
	学習院･国際社会科学（国際社会科学）プラス
	駒澤･文（社会－社会学）全学部統一日程
	成蹊･文（国際文化）２教科全学統一
	成城･文芸（マスコミュニケーション）Ａ方式3教科型
	成城･文芸（マスコミュニケーション）Ｓ方式
	中央･総合政策（国際政策文化）学部別英語外部
	東洋･社会（社会）前期３教科①
	東洋･社会（社会）前期３教科②
	東洋･社会（メディアコミュニケーション）前期3教科①
	東洋･社会（メディアコミュニケーション）前期3教科③
	東洋･社会（社会心理）前期３教科②
	東洋･国際観光（国際観光）前期３教科英語
	東洋･国際観光（国際観光）前期３教科最高
	東洋･国際昼間（グローバル･イノベーション）前期3教科①
	東洋･国際昼間（グローバル･イノベーション）前期3教科②
	東洋･国際昼間（グローバル･イノベーション）前期3教科③
	日本女子･人間社会（現代社会）個別選抜型
	日本女子･人間社会（現代社会）英語外部利用型
	法政･グローバル教養（グローバル教養）英語外部利用
	法政･社会（社会）Ａ方式
	法政･現代福祉（福祉コミュニティ）Ａ方式
	法政･現代福祉（福祉コミュニティ）Ｔ日程
	武蔵･国際教養（グローバルスタディーズ）個別学部併願型
	武蔵･国際教養（グローバルスタディーズ）全学部統一型
	明治学院･社会（社会）Ａ日程
	明治学院･国際（国際）全学３教科型
	明治学院･国際（国際）全学英語外部型
	明治学院･国際（国際キャリア）全学３教科型
	明治学院･法（グローバル法）全学３教科型
	明治学院･経済（国際経営）全学英語外部型
	南山･国際教養（国際教養）全学統一個別型
	同志社･社会（社会福祉）学部個別日程
	立命館･産業社会（現代社会）学部個別配点
	立命館･産業社会（子ども社会）全学統一文系
	立命館･産業社会（子ども社会）学部個別配点
	立命館･産業社会（人間福祉）学部個別配点
	立命館･国際関係（国際関係学）全学統一文系
	立命館･国際関係（国際関係学）学部個別配点

ボーダー偏差値	大学・学部（学科）日程方式
55	立命館·経営（国際経営）全学統一文系
	立命館·経営（国際経営）学部個別配点
	関西·社会（社会学）３教科
	関西·社会（メディア）３教科
	関西·政策創造（国際アジア）３教科
	立命館アジア太平洋·アジア太平洋（アジア太平洋）前期
52.5	國學院·観光まちづくり（観光まちづくり）Ａ日程３教科
	國學院·観光まちづくり（観光まちづくり）Ａ日程得意科目
	國學院·観光まちづくり（観光まちづくり）Ａ日程特色型
	駒澤·グローバル·メディア·スタディーズ（グローバル·メディア）Ｓ方式
	駒澤·グローバル·メディア·スタディーズ（グローバル·メディア）全学部統一日程
	実践女子·人間社会Ⅰ期２科目型
	実践女子·人間社会Ⅰ期３科目型
	実践女子·人間社会Ⅱ期
	昭和女子·国際（国際）Ａ日程
	成蹊·文（国際文化）３教科学部個別
	成蹊·文（現代社会）３教科学部個別
	成城·社会イノベーション（心理社会）Ａ方式３教科型
	成城·社会イノベーション（心理社会）Ｓ方式
	専修·文（ジャーナリズム）全国
	東京女子·現代教養（国際－社会学）個別学力試験型
	東京女子·現代教養（国際－社会学）英語外部利用型
	東京女子·現代教養（心理－コミュニケーション）個別学力試験型
	東京女子·現代教養（心理－コミュニケーション）英語外部利用型
	東京都市·メディア情報（社会メディア）前期
	東洋·社会（社会）前期４教科①
	東洋·社会（社会）前期４教科②
	東洋·社会（国際社会）前期３教科①
	東洋·社会（国際社会）前期３教科②
	東洋·社会（国際社会）前期３教科③
	東洋·社会（国際社会）前期３英語①
	東洋·社会（国際社会）前期３英語②
	東洋·社会（国際社会）前期３英語③
	東洋·社会（メディアコミュニケーション）前期３教科②
	東洋·社会（メディアコミュニケーション）前期４教科②
	東洋·社会（社会心理）前期４教科②
	東洋·国際観光（国際観光）前期３教科①
	東洋·国際観光（国際観光）前期３教科②
	東洋·国際観光（国際観光）前期４教科①
	東洋·国際観光（国際観光）前期４教科②
	東洋·福祉社会デザイン（社会福祉）前期３教科英語
	東洋·国際昼間（グローバル·イノベーション）前期３教科英語
	東洋·国際昼間（国際－国際地域）前期３教科③
	東洋·経済（国際経済）前期３教科③
	日本·文理（社会）Ｎ全学第１期
	日本女子·国際文化（国際文化）個別選抜型
	日本女子·国際文化（国際文化）英語外部利用型
	日本女子·人間社会（社会福祉）英語外部利用型
	法政·経済（国際経済）Ａ方式
	武蔵·社会（社会）個別学部併願型
	武蔵·社会（メディア社会）個別学部併願型
	武蔵野·グローバル（グローバルビジネス）全学部統一
	明治学院·社会（社会福祉）全学３教科型
	明治学院·社会（社会福祉）全学英語外部型
	明治学院·法（グローバル法）全学英語外部型
	明治学院·経済（国際経営）Ａ日程
	明治学院·経済（国際経営）全学３教科型
	中京·現代社会（社会学）前期Ａ３教科型
	中京·現代社会（社会学）前期Ａ２教科型
	南山·国際教養（国際教養）
	立命館·産業社会（現代社会）全学統一文系
	立命館·産業社会（メディア社会）全学統一文系
	立命館·産業社会（メディア社会）学部個別配点
	立命館·産業社会（スポーツ社会）全学統一文系
	立命館·産業社会（スポーツ社会）学部個別配点
	立命館·産業社会（人間福祉）全学統一文系
	立命館·経済（国際）全学統一文系
	関西·社会（社会システムデザイン）３教科
	関西·政策創造（国際アジア）２教科英語外部
	関西·政策創造（国際アジア）３教科同一配点

ボーダー偏差値	大学・学部（学科）日程方式
52.5	近畿·総合社会（社会·マスメディア系）前期Ａ日程
	関西学院·社会（社会）全学部日程
	関西学院·社会（社会）学部個別均等
	関西学院·人間福祉（社会福祉）全学部日程
	関西学院·人間福祉（社会福祉）学部個別英国型
	関西学院·人間福祉（社会福祉）学部個別均等
	関西学院·人間福祉（社会福祉）英数日程
	関西学院·人間福祉（社会起業）全学部日程
	関西学院·人間福祉（社会起業）学部個別均等
	関西学院·人間福祉（社会起業）学部個別英国型
	関西学院·人間福祉（社会起業）英数日程
	西南学院·国際文化（国際文化）英語４技能利用
	立命館アジア太平洋·アジア太平洋（アジア太平洋）英語重視方式
	立命館アジア太平洋·国際経営（国際経営）前期
	立命館アジア太平洋·国際経営（国際経営）英語重視方式
50	駒澤·文（社会－社会学）Ｔ方式
	駒澤·文（社会－社会福祉学）全学部統一日程
	駒澤·グローバル·メディア·スタディーズ（グローバル·メディア）Ｔ方式
	昭和女子·国際（国際）Ｂ日程
	専修·人間科学（社会）全国
	大東文化·社会（社会）桐門の翼奨学金
	津田塾·学芸（国際関係）Ａ方式
	東京経済·コミュニケーション（メディア社会）前期ベスト２型
	東京女子·現代教養（国際－コミュニティ構想）個別学力試験型
	東京都市·メディア情報（社会メディア）中期
	東洋·社会（国際社会）前期４教科
	東洋·社会（メディアコミュニケーション）前期４教科①
	東洋·社会（社会心理）前期４教科①
	東洋·社会第２部（社会）前期ベスト２①
	東洋·社会第２部（社会）前期ベスト２②
	東洋·社会第２部（社会）前期ベスト２③
	東洋·国際観光（国際観光）前期３教科③
	東洋·国際観光（国際観光）前期３教科④
	東洋·国際観光（国際観光）前期４教科③
	東洋·福祉社会デザイン（社会福祉）前期３教科②
	東洋·福祉社会デザイン（社会福祉）前期３教科国語
	東洋·福祉社会デザイン（社会福祉）前期４教科①
	東洋·福祉社会デザイン（社会福祉）前期４教科②
	東洋·国際昼間（国際－国際地域）前期３教科①
	東洋·国際昼間（国際－国際地域）前期３教科②
	東洋·国際昼間（国際－国際地域）前期３教科④
	東洋·経済（国際経済）前期３教科①
	東洋·経済（国際経済）前期３教科②
	東洋·経済（国際経済）前期３英語①
	東洋·経済（国際経済）前期３英語②
	日本·文理（社会）Ａ個別第１期
	日本·文理（社会福祉）Ａ個別第１期
	日本·文理（社会福祉）Ｎ全学第１期
	日本·法（新聞）Ａ個別第２期
	日本·法（新聞）Ｎ全学第１期
	日本女子·人間社会（社会福祉）個別選抜型
	明治学院·社会（社会福祉）Ａ日程
	明治学院·国際（国際）Ａ日程
	明治学院·国際（国際キャリア）Ａ日程
	愛知·国際コミュニケーション（国際教養）前期
	中京·現代社会（社会学）前期Ｍ３教科型
	中京·現代社会（社会学）前期Ｍ２教科型
	中京·現代社会（コミュニティ学）前期Ａ２教科型
	中京·現代社会（社会福祉学）前期Ａ３教科型
	中京·現代社会（社会福祉学）前期Ａ２教科型
	中京·現代社会（社会福祉学）前期Ｍ２教科型
	中京·国際（国際－国際人間学）前期Ａ３教科型
	中京·国際（国際－国際政治学）前期Ａ３教科型
	中京·国際（国際－国際政治学）前期Ａ２教科型
	中京·国際（国際－国際政治学）前期Ｍ３教科型
	中京·国際（国際－国際政治学）前期Ｍ２教科型
	中京·国際（国際－国際経済学）前期Ａ２教科型
	中京·国際（国際－国際経済学）前期Ｍ３教科型
	中京·国際（国際－国際経済学）前期Ｍ２教科型
	名城·経営（国際経営）Ａ方式

ボーダー偏差値	大学・学部（学科）日程方式
50	龍谷･社会（社会）前高得点重視
	近畿･総合社会（社会･マスメディア系）前期Ｂ日程
	近畿･経済（国際経済）前期Ａ日程
	甲南･文（社会）前期２教科
	甲南･文（社会）中期３教科
	武庫川女子･心理･社会福祉（社会福祉）Ｂ2科目同一
	西南学院･国際文化（国際文化）Ａ･Ｆ日程
	西南学院･法（国際関係法）Ａ･Ｆ日程
	西南学院･法（国際関係法）英語４技能利用
	西南学院･経済（国際経済）Ａ･Ｆ日程
	西南学院･経済（国際経済）英語４技能利用
47.5	獨協･法（国際関係法）２科目全学前期
	駒澤･文（社会－社会福祉学）Ｔ方式
	実践女子･国際（国際）Ⅰ期２科目型
	実践女子･国際（国際）Ⅰ期３科目型
	実践女子･国際（国際）Ⅱ期
	昭和女子･人間社会（福祉社会）Ａ日程
	昭和女子･人間社会（福祉社会）Ｂ日程
	専修･文（ジャーナリズム）前期Ａ方式
	専修･文（ジャーナリズム）全学部
	専修･経済（国際経済）前期Ａ方式
	専修･経済（国際経済）前期Ｃ方式
	専修･経済（国際経済）全学部
	専修･経済（国際経済）全国
	専修･人間科学（社会）前期Ａ方式
	専修･人間科学（社会）全学部
	大東文化･社会（社会）一般Ｂ
	大東文化･社会（社会）一般Ａ
	津田塾･学芸（多文化･国際協力）Ａ方式
	東海･文化社会（広報メディア）文系学部統一
	東京経済･コミュニケーション（メディア社会）前期3教科型
	東京経済･コミュニケーション（メディア社会）前期2教科型
	東京女子･現代教養（国際－国際関係）個別学力試験型
	東京女子･現代教養（国際－国際関係）英語外部利用型
	東京女子･現代教養（国際－コミュニティ構想）英語外部利用型
	東洋･社会第２部（社会）前期３教科②
	東洋･社会第２部（社会）前期３教科③
	東洋･福祉社会デザイン（社会福祉）前期３教科①
	東洋･福祉社会デザイン（社会福祉）前期３教科③
	東洋･福祉社会デザイン（社会福祉）前期３教科④
	東洋･国際イブニング（国際－地域総合）前期3教科
	東洋･国際イブニング（国際－地域総合）前期ベスト2①
	東洋･国際イブニング（国際－地域総合）前期ベスト2②
	東洋･国際イブニング（国際－地域総合）前期ベスト2③
	東洋･国際昼間（国際－国際地域）前期４教科
	東洋･経済（国際経済）前期４教科
	二松学舎･国際政治経済（国際政治経済）Ａ方式得意科目
	二松学舎･国際政治経済（国際政治経済）Ｂ方式前期２
	二松学舎･国際政治経済（国際政治経済）Ｅ方式英語外部
	二松学舎･国際政治経済（国際経営）Ａ方式得意科目
	二松学舎･国際政治経済（国際経営）Ｂ方式前期２
	二松学舎･国際政治経済（国際経営）Ｅ方式英語外部
	日本･法（新聞）Ａ個別第１期
	武蔵野･グローバル（グローバルビジネス）Ａ文系･Ｂ日程
	武蔵野･人間科学（社会福祉）全学部統一
	明治学院･法（グローバル法）Ａ日程
	明星･人文（国際コミュニケーション）２教科型
	明星･人文（人間社会）２教科型
	明星･人文（福祉実践）２教科型
	神奈川･国際日本（国際文化交流）Ａ方式
	神奈川･国際日本（国際文化交流）Ｂ方式
	愛知･文（人社－社会学）前期
	愛知･地域政策（まちづくり･文化）前期
	中京･現代社会（コミュニティ学）前期Ａ３教科型
	中京･現代社会（コミュニティ学）前期Ｍ３教科型
	中京･現代社会（コミュニティ学）前期Ｍ２教科型
	中京･現代社会（社会福祉学）前期Ｍ３教科型
	中京･現代社会（国際文化）前期Ａ３教科型
	中京･現代社会（国際文化）前期Ａ２教科型
	中京･現代社会（国際文化）前期Ｍ３教科型

ボーダー偏差値	大学・学部（学科）日程方式
47.5	中京･現代社会（国際文化）前期Ｍ２教科型
	中京･国際（国際－国際人間学）前期Ａ２教科型
	中京･国際（国際－国際人間学）前期Ｍ３教科型
	中京･国際（国際－国際人間学）前期Ｍ２教科型
	中京･国際（国際－国際経済学）前期Ａ３教科型
	京都産業･現代社会（現代社会）２科目型
	京都産業･国際関係（国際関係）２科目型
	同志社女子･現代社会（社会システム）前期２教科
	龍谷･社会（社会）前スタンダード
	龍谷･社会（社会）中スタンダード
	龍谷･社会（社会）中高得点重視
	龍谷･社会（コミュニティマネジメント）前高得点重視
	龍谷･社会（現代福祉）前高得点重視
	龍谷･国際（国際文化）前高得点重視
	龍谷･国際（国際文化）前英語重視
	近畿･経済（国際経済）前期Ｂ日程
	甲南･文（社会）前期３教科
	甲南･グローバル教養前期
	武庫川女子･心理･社会福祉（社会福祉）Ａ２科目型
	武庫川女子･心理･社会福祉（社会福祉）Ａ3科目同一
	西南学院･人間科学（社会福祉）Ａ･Ｆ日程
	西南学院･人間科学（社会福祉）英語４技能利用
45	獨協･法（国際関係法）３科目学科別
	獨協･経済（国際環境経済）２科目全学前期
	大妻女子･社会情報（社会生活情報学）Ａ方式Ⅰ期
	学習院女子･国際文化交流（国際コミュニケーション）Ａ方式
	順天堂･国際教養（国際教養）前期Ｃ方式
	順天堂･国際教養（国際教養）前期Ｂ方式
	順天堂･国際教養（国際教養）前期Ａ方式
	順天堂･国際教養（国際教養）中期
	清泉女子･文（地球市民）Ａ日程２教科
	大東文化･社会（社会）全学部統一
	玉川･観光（観光）全学統一
	東海･文化社会（広報メディア）一般
	東京家政･人文（教育福祉）統一地区
	東洋･社会第２部（社会）前期３教科①
	二松学舎･国際政治経済（国際政治経済）Ｓ方式奨学生
	二松学舎･国際政治経済（国際経営）Ｓ方式奨学生
	武蔵野･ウェルビーイング（ウェルビーイング）Ａ文系･Ｂ日程
	武蔵野･ウェルビーイング（ウェルビーイング）Ａ日程理系
	武蔵野･ウェルビーイング（ウェルビーイング）全学部統一
	武蔵野･人間科学（社会福祉）Ａ文系･Ｂ日程
	明星･人文（国際コミュニケーション）３教科型
	明星･人文（国際コミュニケーション）検定＋１教科型
	明星･人文（人間社会）３教科型
	明星･人文（人間社会）検定＋１教科型
	立正･文（社会）２月前期
	立正･文（社会）Ｒ方式
	神奈川･経営（国際経営）Ａ方式
	神奈川･経営（国際経営）Ｂ方式
	愛知･地域政策（まちづくり･文化）Ｍ方式
	愛知･国際コミュニケーション（国際教養）Ｍ方式
	愛知淑徳･福祉貢献（社会福祉）前期３教科
	愛知淑徳･福祉貢献（社会福祉）前期２教科
	京都産業･現代社会（現代社会）３科目型
	京都産業･国際関係（国際関係）３科目型
	京都女子･現代社会（現代社会）前期Ａ方式
	京都女子･現代社会（現代社会）前期Ｂ方式
	同志社女子･現代社会（社会システム）前期３教科
	龍谷･社会（コミュニティマネジメント）前スタンダード
	龍谷･社会（コミュニティマネジメント）中スタンダード
	龍谷･社会（コミュニティマネジメント）中高得点重視
	龍谷･社会（現代福祉）前スタンダード
	龍谷･社会（現代福祉）中スタンダード
	龍谷･社会（現代福祉）中高得点重視
	龍谷･国際（国際文化）前スタンダード
	龍谷･国際（国際文化）中スタンダード
	龍谷･国際（国際文化）中高得点重視
	龍谷･国際（国際文化）中英語重視
	大阪経済･国際共創（国際共創）前期Ａ方式

私立
社会・国際学系

ボーダー偏差値	大学・学部（学科）日程方式
45	摂南・現代社会（現代社会）前期２科目型
	摂南・国際（国際）前期３科目型
	摂南・国際（国際）中期２科目型
42.5	東北学院・地域総合（地域コミュニティ）前期Ａ日程
	東北学院・地域総合（地域コミュニティ）前期Ｂ日程
	獨協・経済（国際環境経済）３科目学科別
	文教・国際〈東京〉（国際理解）全国
	共立女子・国際（国際）２月個別学力
	共立女子・国際（国際）２月外部英語
	共立女子・国際（国際）全学統一方式
	杏林・外国語（観光交流文化）２科目前期
	清泉女子・文（地球市民）Ａ日程３教科
	大東文化・国際関係（国際関係）桐門の翼奨学金
	大東文化・国際関係（国際文化）一般
	大東文化・国際関係（国際文化）全学部統一
	大東文化・国際関係（国際文化）桐門の翼奨学金
	玉川・経営（国際経営）全学統一
	日本・国際関係〈静岡〉（国際総合政策）Ｎ全学第１期
	明星・人文（国際コミュニケーション）４教科型
	明星・人文（人間社会）４教科型
	明星・人文（福祉実践）３教科型
	明星・人文（福祉実践）検定＋１教科型
	立正・経済（国際）Ｒ方式
	愛知・文（人社－社会学）Ｍ方式
	中部・人文（メディア情報社会）前期ＡＭ方式
	中部・人文（メディア情報社会）前期ＢＭ方式
	同志社女子・学芸（国際教養）前期３教科
	同志社女子・学芸（国際教養）前期２教科
	大阪経済・情報社会（情報社会）前期Ａ方式
	大阪経済・情報社会（情報社会）前期Ｂ方式
	大阪経済・国際共創（国際共創）前期Ｂ方式
	摂南・現代社会（現代社会）前期３科目型
	摂南・現代社会（現代社会）中期２科目型
	神戸学院・現代社会（現代社会）中期
	神戸女子・文（国際教養）前期Ａ２科目型
	神戸女子・文（国際教養）前期Ｂ２科目型
	神戸女子・文（国際教養）前期Ｂ３科目型
	神戸女子・健康福祉（社会福祉）前期Ａ２科目型
	神戸女子・健康福祉（社会福祉）前期Ｂ２科目型
	神戸女子・健康福祉（社会福祉）前期Ｃ２科目型
	神戸女子・健康福祉（社会福祉）前期Ｃ３科目型
	立命館アジア太平洋・サステイナビリティ観光（サステイナビリティ観光）前期
	立命館アジア太平洋・サステイナビリティ観光（サステイナビリティ観光）英語重視方式
40	文教・国際〈東京〉（国際理解）Ａ日程
	文教・国際〈東京〉（国際観光）Ａ日程
	文教・国際〈東京〉（国際観光）全国
	亜細亜・国際関係（国際関係）全学統一
	亜細亜・国際関係（多文化コミュニケーション）一般３教科型
	亜細亜・国際関係（多文化コミュニケーション）全学統一
	桜美林・健康福祉（社会福祉学）３科目型
	桜美林・健康福祉（社会福祉学）２科目型
	桜美林・健康福祉（精神保健福祉学）３科目型
	桜美林・健康福祉（精神保健福祉学）２科目型
	大妻女子・人間関係（人関－社会学）Ａ方式Ⅰ期
	杏林・外国語（観光交流文化）３科目前期
	清泉女子・文（地球市民）Ｃ日程２教科
	大東文化・国際関係（国際関係）一般
	大東文化・国際関係（国際関係）全学部統一
	帝京・文（社会）
	帝京科学・医療科学（医療福祉）
	東海・観光（観光）一般
	東海・観光（観光）文系学部統一
	東海・文理融合〈熊本〉（地域社会）文理併学部統一
	東京家政・人文（教育福祉）１期
	日本・国際関係〈静岡〉（国際総合政策）Ａ個別第１期
	日本・国際関係〈静岡〉（国際総合政策）Ａ個別第２期
	日本・国際関係〈静岡〉（国際教養）Ａ個別第１期
	日本・国際関係〈静岡〉（国際教養）Ａ個別第２期
	日本・国際関係〈静岡〉（国際教養）Ｎ全学第１期
	明星・人文（福祉実践）４教科型

ボーダー偏差値	大学・学部（学科）日程方式
40	目白・社会（社会情報）Ａ日程
	目白・社会（社会情報）全学部統一
	目白・社会（地域社会）Ａ日程
	目白・社会（地域社会）全学部統一
	立正・社会福祉（社福－ソーシャルワーク）２月前期
	立正・経済（国際）２月前期
	愛知淑徳・交流文化（国際交流・観光）前期２教科
	中部・人文（メディア情報社会）前期Ａ方式
	中部・国際関係（国際）前期Ａ方式
	中部・国際関係（国際）前期ＡＭ方式
	中部・国際関係（国際）前期ＢＭ方式
	佛教・社会（現代社会）Ａ日程２科目型
	摂南・国際（国際）前期２科目型
	神戸学院・現代社会（現代社会）前期
	神戸学院・現代社会（社会防災）中期
	神戸女子・文（国際教養）前期Ｃ２科目型
	神戸女子・文（国際教養）前期Ｃ３科目型
	神戸女子・健康福祉（社会福祉）前期Ｂ３科目型
37.5	流通経済・共創社会（地域人間科学）２科目型
	流通経済・共創社会（地域人間科学）問題選択型
	淑徳・地域創生（地域創生）ＡＢ
	淑徳・総合福祉（社会福祉）ＡＢ
	麗澤・国際（国際－国際交流・国際協力）前期２科目型
	麗澤・国際（国際－国際交流・国際協力）前期３科目型
	麗澤・国際（国際－国際交流・国際協力）前期ベスト２
	麗澤・国際（国際－国際交流・国際協力）中期
	亜細亜・国際関係（国際関係）一般３教科型
	大妻女子・人間関係（人間福祉）Ａ方式Ⅰ期
	国士舘・２１世紀アジア（２１世紀アジア）前期
	大正・人間（社会福祉）２科目方式
	大正・人間（社会福祉）３科目方式
	拓殖・国際（国際）全国
	拓殖・国際（国際）２月前期
	帝京・経済（国際経済）
	帝京平成・人文社会（人間－福祉）
	東海・健康（健康マネジメント）文理併学部統一
	東海・文理融合〈熊本〉（地域社会）一般
	目白・人間（人間福祉）全学部統一
	立正・社会福祉（社福－教育福祉・社会デザイン）２月前期
	立正・社会福祉（社福－教育福祉・社会デザイン）Ｒ方式
	立正・社会福祉（子ども教育福祉）２月前期
	立正・社会福祉（子ども教育福祉）Ｒ方式
	関東学院・社会（現代社会）前期３科目
	関東学院・社会（現代社会）前期２科目
	関東学院・社会（現代社会）前期英語外部
	関東学院・社会（現代社会）中期３科目
	愛知淑徳・交流文化（国際交流・観光）前期３教科
	佛教・社会（現代社会）Ａ日程３科目型
	佛教・社会福祉（社会福祉）Ａ日程２科目型
35	流通経済・共創社会（地域人間科学）３科目型
	流通経済・共創社会（国際文化ツーリズム）３科目型
	流通経済・共創社会（国際文化ツーリズム）２科目型
	流通経済・共創社会（国際文化ツーリズム）問題選択型
	東京国際・人間社会（福祉心理）全学Ⅰ期３
	東京国際・国際関係（国際関係）全学Ⅰ期３
	東京国際・国際関係（国際関係）全学Ⅰ期２
	東京国際・国際関係（国際関係）全学ⅡⅢ期２
	東京国際・国際関係（国際メディア）全学Ⅰ期３
	聖徳・心理・福祉（社会福祉）
	亜細亜・都市創造（都市創造）一般３教科型
	亜細亜・都市創造（都市創造）全学統一
	国士舘・２１世紀アジア（２１世紀アジア）デリバリー
	国士舘・２１世紀アジア（２１世紀アジア）中期
	東海・健康（健康マネジメント）一般
	文京学院・人間（コミュニケーション社会）Ⅰ期Ａ日程
	文京学院・人間（コミュニケーション社会）Ⅰ期Ｂ日程
	文京学院・人間（コミュニケーション社会）ⅡⅢ期
	文京学院・人間（コミュニケーション社会）全学統一
	文京学院・人間（人間福祉）Ⅰ期Ｂ日程
	文京学院・人間（人間福祉）ⅡⅢ期

ボーダー偏差値	大学・学部（学科）日程方式
35	文京学院･人間（人間福祉）全学統一
	目白･人間（人間福祉）A日程
	立正･社会福祉（社福－ソーシャルワーク）R方式
	フェリス女学院･文（コミュニケーション）A日程2科目型
	フェリス女学院･文（コミュニケーション）A日程3科目型
	フェリス女学院･文（コミュニケーション）B日程
	フェリス女学院･国際交流（国際交流）A日程2科目型
	フェリス女学院･国際交流（国際交流）A日程3科目型
	フェリス女学院･国際交流（国際交流）B日程
	佛教･社会福祉（社会福祉）A日程３科目型
	神戸学院･現代社会（社会防災）前期

ボーダー偏差値	大学・学部（学科）日程方式
BF	東京国際･人間社会（福祉心理）全学Ⅰ期２
	東京国際･人間社会（福祉心理）全学ⅡⅢ期３
	東京国際･人間社会（福祉心理）全学ⅡⅢ期２
	東京国際･国際関係（国際関係）全学ⅡⅢ期３
	東京国際･国際関係（国際メディア）全学Ⅰ期２
	東京国際･国際関係（国際メディア）全学ⅡⅢ期３
	東京国際･国際関係（国際メディア）全学ⅡⅢ期２
	大正･人間（社会福祉）４科目方式
	文京学院･人間（人間福祉）Ⅰ期A日程
	神戸学院･総合リハビリテーション（社会リハビリテーション）前期
	神戸学院･総合リハビリテーション（社会リハビリテーション）中期

法・政治学系

ボーダー偏差値	大学・学部（学科）日程方式
67.5	慶應義塾･法（法律）
	慶應義塾･法（政治）
	早稲田･法
65	中央･法（法律）６学部共通３
62.5	青山学院･法（法）全学部日程
	上智･法（法律）ＴＥＡＰ利用
	上智･法（地球環境法）ＴＥＡＰ利用
	中央･法（法律）学部別一般３
	中央･法（法律）６学部共通４
	中央･法（政治）６学部共通３
	法政･法（法律）T日程
	明治･法（法律）全学部統一
	明治･政治経済（政治）学部別
	明治･政治経済（政治）全学部統一
	立教･法（法）
	立教･法（国際ビジネス法）
	立教･法（政治）
	同志社･法（法律）全学部日程文系
60	中央･法（法律）学部別一般４
	中央･法（政治）学部別一般３
	中央･法（政治）学部別一般４
	中央･法（政治）６学部共通４
	法政･法（法律）英語外部利用
	法政･法（政治）T日程
	法政･法（政治）英語外部利用
	明治･法（法律）学部別
	明治･政治経済（地域行政）学部別
	明治･政治経済（地域行政）全学部統一
	明治学院･法（法律）全学３教科型
	同志社･法（法律）学部個別日程
	同志社･法（政治）学部個別日程
	同志社･法（政治）全学部日程文系
	関西･法（法学政治）２教科英語外部
57.5	青山学院･法（ヒューマンライツ）全学部日程
	学習院･法（法）コア
	國學院･法（法律）A日程得意科目
	國學院･法（法律）A日程特色型
	國學院･法（政治）A日程得意科目
	國學院･法（政治）A日程特色型
	成蹊･法（法律）２教科全学統一
	成蹊･法（政治）２教科全学統一
	法政･法（法律）A方式
	法政･法（政治）A方式
	明治学院･法（法律）全学英語外部型
	立命館･法（法）全学統一文系
	立命館･法（法）学部個別配点
	関西･法（法学政治）３教科
	関西･法（法学政治）３教科同一配点
	関西･政策創造（政策）２教科英語外部
	関西･政策創造（政策）３教科同一配点
55	学習院･法（法）プラス
	学習院･法（政治）コア
	学習院･法（政治）プラス

ボーダー偏差値	大学・学部（学科）日程方式
55	國學院･法（法律専門職）A日程得意科目
	國學院･法（法律専門職）A日程特色型
	國學院･法（政治）A日程３教科
	成蹊･法（法律）３教科学部個別
	成蹊･法（法律）２教科グローバ
	成蹊･法（政治）３教科学部個別
	成蹊･法（政治）２教科グローバ
	専修･法（政治）全国
	東洋･法（法律）前期３教科国語
	明治学院･法（法律）A日程
	明治学院･法（政治）全学３教科型
	明治学院･法（政治）全学英語外部型
	中京･法（法律）前期A２教科型
	関西･政策創造（政策）３教科
	近畿･法（法律）前期A日程
	関西学院･法（法律）全学部日程
	関西学院･法（法律）学部個別均等
	関西学院･法（法律）英数日程
	関西学院･法（政治）全学部日程
	関西学院･法（政治）学部個別均等
	関西学院･法（政治）英数日程
52.5	國學院･法（法律）A日程３教科
	國學院･法（法律専門職）A日程３教科
	駒澤･法フレックスA）（法律）全学部統一日程
	駒澤･法フレックスA）（政治）全学部統一日程
	成城･法（法律）S方式
	専修･法（法律）全国
	東洋･法（法律）前期３教科英語
	東洋･法（法律）前期３教科①
	東洋･法（法律）前期３教科②
	東洋･法（法律）前期３教科③
	東洋･法（法律）前期４教科
	東洋･法（企業法）前期３教科英語
	東洋･法（企業法）前期３教科国語
	日本･法（法律）A個別第２期
	日本･法（法律）N全学第１期
	日本･法（政治経済）N全学第１期
	明治学院･法（消費情報環境法）A日程
	明治学院･法（消費情報環境法）全学英語外部型
	中京･法（法律）前期A３教科型
	中京･法（法律）前期M３教科型
	中京･法（法律）前期M２教科型
	南山･法（法律）
	南山･法（法律）全学統一個別型
	龍谷･法（法律）前高得点重視
	近畿･法（法律）前期B日程
50	国士舘･政経（政治行政）前期
	国士舘･政経（政治行政）デリバリー
	駒澤･法フレックスA）（法律）T方式
	駒澤･法フレックスA）（政治）T方式
	駒澤･法フレックスB）（法律）全学部統一日程
	成城･法（法律）A方式
	専修･法（法律）前期A方式

ボーダー偏差値	大　学・学　部（学　科）　日程方式
50	専修・法（法律）全学部
	専修・法（政治）前期Ａ方式
	東洋・法（企業法）前期３教科①
	東洋・法（企業法）前期３教科②
	東洋・法（企業法）前期３教科③
	日本・法（法律）Ａ個別第１期
	日本・法（政治経済）Ａ個別第１期
	日本・法（政治経済）Ａ個別第２期
	日本・法（経営法）Ａ個別第２期
	日本・法（経営法）Ｎ全学第１期
	日本・法（公共政策）Ａ個別第１期
	日本・法（公共政策）Ａ個別第２期
	日本・法（公共政策）Ｎ全学第１期
	日本・危機管理（危機管理）Ｎ全学第１期
	武蔵野・法（法律）全学部統一
	武蔵野・法（政治）全学部統一
	明治学院・法（消費情報環境法）全学３教科型
	明治学院・法（政治）Ａ日程
	愛知・法（法）前期
	愛知・法（法）数学重視型入試
	龍谷・法（法律）前スタンダード
	龍谷・法（法律）中スタンダード
	龍谷・法（法律）中高得点重視
	西南学院・法（法律）Ａ・Ｆ日程
	西南学院・法（法律）英語４技能利用
47.5	獨協・法（法律）３科目学科別
	獨協・法（法律）２科目全学前期
	国士舘・法（法律）前期
	国士舘・法（法律）デリバリー
	国士舘・法（現代ビジネス法）デリバリー
	国士舘・政経（政治行政）中期
	駒澤・法フレックスＢ）（法律）Ｔ方式
	専修・法（政治）全学部
	大東文化・法（法律）桐門の翼奨学金
	東京経済・現代法（現代法）前期２教科型
	東京経済・現代法（現代法）前期ベスト２型
	東洋・法（企業法）前期４教科
	東洋・法第２部（法律）前期３教科②
	日本・法（経営法）Ａ個別第１期
	愛知・地域政策（公共政策）前期
	愛知・法（法）Ｍ方式
	京都産業・法（法律）２科目型
	京都産業・法（法政策）２科目型
	京都女子・法（法）前期Ｂ方式
	甲南・法（法）前期３教科
	甲南・法（法）前期２教科
	甲南・法（法）中期３教科
	福岡・法（法律）系統別
45	北海学園・法
	東北学院・地域総合（政策デザイン）前期Ａ日程
	東北学院・地域総合（政策デザイン）前期Ｂ日程
	国士舘・法（法律）中期
	国士舘・法（現代ビジネス法）前期
	国士舘・法（現代ビジネス法）中期
	大東文化・法（法律）一般
	大東文化・法（法律）全学部統一
	大東文化・法（政治）桐門の翼奨学金
	東京経済・現代法（現代法）前期３教科型
	東洋・法第２部（法律）前期３教科①
	武蔵野・法（法律）Ａ文系・Ｂ日程
	愛知・地域政策（公共政策）Ｍ方式
	愛知学院・法（法律）前期Ａ
	愛知学院・法（法律）前期Ｍ

ボーダー偏差値	大　学・学　部（学　科）　日程方式
45	愛知学院・法（法律）中期
	愛知学院・法（現代社会法）中期
	名城・法（法）Ａ方式
	京都産業・法（法律）３科目型
	京都産業・法（法政策）３科目型
	京都女子・法（法）前期Ａ方式
	大阪工業・知的財産（知的財産）前期Ａ日程
	大阪工業・知的財産（知的財産）前期Ｂ日程
	福岡・法（法律）前期
	福岡・法（経営法）系統別
42.5	東北学院・法（法律）前期Ａ日程
	東北学院・法（法律）前期Ｂ日程
	大東文化・法（政治）全学部統一
	東海・政治経済（政治）文理併学部統一
	日本・法第二部（法律）Ａ個別第２期
	日本・危機管理（危機管理）Ａ個別方式
	武蔵野・法（政治）Ａ文系・Ｂ日程
	立正・法（法）２月前期
	立正・法（法）Ｒ方式
	神奈川・法（法律）Ａ方式
	愛知学院・法（現代社会法）前期Ａ
	愛知学院・法（現代社会法）前期Ｍ
	福岡・法（経営法）前期
40	流通経済・法（法律）２科目型
	亜細亜・法（法律）一般３教科型
	亜細亜・法（法律）全学統一
	大東文化・法（政治）一般
	拓殖・政経（法律政治）全国
	拓殖・政経（法律政治）２月前期
	帝京・法（法律）
	帝京・法（政治）
	東海・法（法律）一般
	東海・法（法律）文系学部統一
	日本・法第二部（法律）Ａ個別第１期
	日本・法第二部（法律）Ｎ全学第１期
	神奈川・法（自治行政）Ａ方式
	佛教・社会（公共政策）Ａ日程２科目型
	大阪経済・経営（ビジネス法）前期Ａ方式
	大阪経済・経営（ビジネス法）前期Ｂ方式
	摂南・法（法律）前期３科目型
	摂南・法（法律）前期２科目型
	摂南・法（法律）中期２科目型
37.5	流通経済・法（法律）３科目型
	流通経済・法（法律）問題選択型
	流通経済・法（自治行政）３科目型
	流通経済・法（自治行政）２科目型
	流通経済・法（自治行政）問題選択型
	淑徳・コミュニティ政策（コミュニティ政策）ＡＢ
	東海・政治経済（政治）一般
	関東学院・法（法）前期３科目
	関東学院・法（法）前期２科目
	関東学院・法（法）前期英語外部
	関東学院・法（法）中期３科目
	関東学院・法（地域創生）前期３科目
	関東学院・法（地域創生）前期２科目
	関東学院・法（地域創生）前期英語外部
	関東学院・法（地域創生）中期３科目
	常葉・法（法律）３教科型
	佛教・社会（公共政策）Ａ日程３科目型
	神戸学院・法（法律）前期
35	北海学園・法２部
	城西・現代政策（社会経済システム）Ａ日程
	神戸学院・法（法律）中期

経済・経営・商学系

ボーダー偏差値	大学・学部（学科）日程方式
67.5	慶應義塾・経済（経済）Ｂ方式
	慶應義塾・商（商）Ｂ方式
	早稲田・商地歴・公民型
	早稲田・商数学型
	早稲田・商英語４技能型
65	慶應義塾・経済（経済）Ａ方式
	慶應義塾・商（商）Ａ方式
	上智・経済（経営）ＴＥＡＰ利用
	明治・経営学部英語４技能
	明治・経営全学英語４技能
	立教・経営（経営）
62.5	青山学院・経済（経済）個別学部Ａ方式
	青山学院・経済（経済）個別学部Ｂ方式
	青山学院・経済（経済）全学部日程
	青山学院・経済（現代経済デザイン）個別学部Ａ方式
	青山学院・経済（現代経済デザイン）個別学部Ｂ方式
	青山学院・経済（現代経済デザイン）全学部日程
	青山学院・経営（経営）全学部日程
	青山学院・経営（マーケティング）全学部日程
	明治・商（商）全学部統一
	立教・経営（国際経営）
	同志社・商（商学総合）全学部日程文系
	同志社・商（フレックス複合）学部個別日程
60	上智・経済（経済）ＴＥＡＰ文系
	上智・経済（経済）ＴＥＡＰ理系
	法政・経済（経済）Ｔ日程
	法政・経営（経営）Ｔ日程
	法政・経営（経営）英語外部利用
	法政・経営（経営戦略）Ｔ日程
	法政・経営（経営戦略）英語外部利用
	法政・経営（市場経営）Ｔ日程
	法政・経営（市場経営）英語外部利用
	武蔵・経済（経済）全学グローバル
	明治・政治経済（経済）学部別
	明治・政治経済（経済）全学部統一
	明治・経営学部別３科目
	明治・経営全学部３科目
	明治・商（商）学部別
	明治・商（商）学部英語４技能
	立教・経済（経済）
	立教・経済（経済政策）
	立教・経済（会計ファイナンス）
	同志社・経済（経済）学部個別日程
	同志社・経済（経済）全学部日程文系
	同志社・商（商学総合）学部個別日程
	同志社・商（フレックス複合）全学部日程文系
57.5	学習院・経済（経済）コア
	学習院・経済（経営）コア
	学習院・経済（経営）プラス
	國學院・経済（経済）Ａ日程得意科目
	國學院・経済（経営）Ａ日程得意科目
	成蹊・経済（現代経済）３教科学部個別
	成蹊・経済（現代経済）２教科全学統一
	成蹊・経営（総合経営）２教科全学統一
	成蹊・経営（総合経営）２教科グローバ
	中央・経済（経済）学部別一般
	中央・経済（経済）６学部共通
	中央・経済（経済）学部別英語外部
	中央・経済（経済情報システム）学部別一般
	中央・経済（経済情報システム）６学部共通
	中央・経済（経済情報システム）学部別英語外部
	中央・経済（公共・環境経済）学部別一般
	中央・経済（公共・環境経済）６学部共通
	中央・経済（公共・環境経済）学部別英語外部
	中央・商フレックス（フリーメジャー）６学部共通
	中央・商フレックス（経営）学部別一般
	中央・商フレックス（経営プラス１）学部別一般
	中央・商フレックス（会計プラス１）学部別一般

ボーダー偏差値	大学・学部（学科）日程方式
57.5	中央・商フレックス（金融プラス１）学部別一般
	東京理科・経営（経営）Ｂ方式
	東京理科・経営（経営）グローバル方式
	東京理科・経営（ビジネスエコノミクス）Ｂ方式
	東京理科・経営（ビジネスエコノミクス）グローバル方式
	東洋・経営（マーケティング）前期３最高③
	法政・経済（現代ビジネス）Ｔ日程
	法政・経営（経営）Ａ方式
	法政・経営（経営戦略）Ａ方式
	法政・経営（市場経営）Ａ方式
	武蔵・経済（経済）全学部統一型
	武蔵・経済（経営）全学部統一型
	武蔵・経済（経営）全学グローバル
	武蔵・経済（金融）全学部統一型
	武蔵・経済（金融）全学グローバル
	立命館・経営（経営）学部個別配点
	関西・経済（経済）２教科英語外部
	関西学院・経済英数日程
55	学習院・経済（経済）プラス
	國學院・経済（経済）Ａ日程３教科
	國學院・経済（経済）Ａ日程特色型
	國學院・経済（経営）Ａ日程３教科
	國學院・経済（経営）Ａ日程特色型
	成蹊・経済（経済数理）３教科学部個別
	成蹊・経済（経済数理）２教科全学統一
	成蹊・経済（現代経済）２教科グローバ
	成城・経済（経済）Ａ方式
	成城・経済（経済）Ｓ方式
	中央・商フレックス（会計）学部別一般
	中央・商フレックス（国際マーケティング）学部別一般
	中央・商フレックス（国際マーケティングプラス１）学部別一般
	中央・商フレックス（金融）学部別一般
	東京女子・現代教養（国際－経済学）英語外部利用型
	東京理科・経営（国際デザイン経営）Ｂ方式
	東京理科・経営（国際デザイン経営）グローバル方式
	東洋・経済（経済）前３英国地公①
	東洋・経済（経済）前３英国地公②
	東洋・経済（経済）前３英国地公③
	東洋・経済（経済）前期３最高②
	東洋・経済（経済）前期３最高③
	東洋・経営（経営）前期３教科英語
	東洋・経営（経営）前３英国地公②
	東洋・経営（経営）前３英国地公③
	東洋・経営（経営）前３英国地公④
	東洋・経営（経営）前期３英国数②
	東洋・経営（経営）前期３英国数③
	東洋・経営（経営）前期３英国数④
	東洋・経営（マーケティング）前期３最高①
	東洋・経営（マーケティング）前期３最高②
	東洋・経営（マーケティング）前期３最高④
	東洋・経営（マーケティング）前期３教科①
	東洋・経営（マーケティング）前期３教科②
	法政・経済（経済）Ａ方式
	法政・経済（現代ビジネス）Ａ方式
	武蔵・経済（経済）個別学部併願型
	武蔵・経済（経営）個別学部併願型
	武蔵・経済（金融）個別学部併願型
	明治学院・経済（経済）全学３教科型
	明治学院・経済（経済）全学英語外部型
	明治学院・経済（経営）全学英語外部型
	中京・経済（経済）前期Ａ２教科型
	中京・経営（経営）前期Ａ２教科型
	中京・経営（経営）前期Ｍ２教科型
	南山・経済（経済）全学統一個別型
	南山・経営（経営）全学統一個別型
	立命館・経営（経営）全学統一文系
	関西・経済（経済）３教科
	関西・経済（経済）３教科同一配点

ボーダー偏差値	大学・学部（学科）日程方式
55	関西·商（商）３教科 関西学院·経済全学部日程 関西学院·経済全学部日程理系 関西学院·経済学部個別均等 関西学院·商全学部日程 関西学院·商学部個別均等 関西学院·商英数日程
52.5	駒澤·経済（経済）全学部統一日程 駒澤·経済（商）全学部統一日程 駒澤·経営（経営）全学部統一日程 駒澤·経営（市場戦略）全学部統一日程 昭和女子·グローバルビジネス（ビジネスデザイン）A日程 昭和女子·グローバルビジネス（ビジネスデザイン）B日程 昭和女子·グローバルビジネス（会計ファイナンス）A日程 昭和女子·グローバルビジネス（会計ファイナンス）B日程 成蹊·経営（総合経営）３教科学部個別 成城·経済（経営）Ａ方式 成城·経済（経営）Ｓ方式 専修·経済（現代経済）前期Ｂ方式 専修·商（マーケティング）前期Ａ方式 専修·商（マーケティング）前期Ｂ方式 専修·商（マーケティング）前期Ｃ方式 専修·商（マーケティング）前期Ｄ方式 専修·商（会計）前期Ａ方式 東洋·経済（経済）前期３英国数① 東洋·経済（経済）前期３英国数② 東洋·経済（経済）前期３英国数③ 東洋·経済（経済）前期３最高① 東洋·経済（総合政策）前期４教科 東洋·経営（経営）前期３英国数① 東洋·経営（経営）前３英国地公① 東洋·経営（マーケティング）前期３教科③ 東洋·経営（マーケティング）前期３教科④ 東洋·経営（会計ファイナンス）前期３英語① 東洋·経営（会計ファイナンス）前期３英語② 東洋·経営（会計ファイナンス）前期３教科② 日本·商（商業）Ｎ全学第１期 日本·商（経営）Ｎ全学第１期 武蔵·国際教養（経済経営学）個別学部併願型 武蔵·国際教養（経済経営学）全学部統一型 武蔵·国際教養（経済経営学）全学グローバル 明治学院·経済（経営）Ａ日程 明治学院·経済（経営）全学３教科型 明星·経営（経営）３教科型 明星·経営（経営）２教科型 明星·経営（経営）検定＋１教科型 中京·経済（経済）前期Ａ３教科型 中京·経済（経済）前期Ｍ３教科型 中京·経済（経済）前期Ｍ２教科型 中京·経営（経営）前期Ａ３教科型 中京·経営（経営）前期Ｍ３教科型 南山·経済（経済）Ａ方式 南山·経済（経済）Ｂ方式 南山·経営（経営）Ａ方式 立命館·経済（経済）全学統一文系 立命館·経済（経済）学部個別配点 立命館·食マネジメント（食マネジメント）全学統一文系 立命館·食マネジメント（食マネジメント）学部個別配点 立命館·食マネジメント（食マネジメント）理系3教科 近畿·経済（経済）前期Ａ日程 近畿·経済（経済）前期Ｂ日程 近畿·経営（経営）前期Ａ日程 甲南·経営（経営）前期２教科 甲南·経営（経営）中期３教科 西南学院·経済（経済）Ａ·Ｆ日程 西南学院·経済（経済）英語４技能利用 西南学院·商（経営）Ａ·Ｆ日程 西南学院·商（経営）英語４技能利用
50	駒澤·経済（経済）Ｔ方式 駒澤·経済（商）Ｔ方式

ボーダー偏差値	大学・学部（学科）日程方式
50	駒澤·経済（現代応用経済）全学部統一日程 駒澤·経営（経営）Ｔ方式 駒澤·経営（市場戦略）Ｔ方式 産業能率·経営（経営）前プラスワン 産業能率·経営（マーケティング）前プラスワン 専修·経済（現代経済）全国 専修·経営（経営）前期Ｃ方式 専修·経営（経営）全学部 専修·経営（経営）全国 専修·経営（ビジネスデザイン）前期Ｃ方式 専修·経営（ビジネスデザイン）全国 専修·商（マーケティング）全学部 専修·商（マーケティング）全国 専修·商（会計）前期Ｂ方式 専修·商（会計）前期Ｃ方式 専修·商（会計）前期Ｄ方式 専修·商（会計）全学部 専修·商（会計）全国 東京経済·経済前期ベスト２型 東京経済·経営前期２教科型 東京経済·経営前期ベスト２型 東京都市·都市生活（都市生活）中期 東洋·経済（経済）前期４教科① 東洋·経済（経済）前期４教科② 東洋·経済（経済）前期４教科③ 東洋·経済（総合政策）前期３教科数学 東洋·経済（総合政策）前期３教科英語 東洋·経済（総合政策）前期３教科① 東洋·経済（総合政策）前期３教科② 東洋·経済（総合政策）前期３教科③ 東洋·経営（会計ファイナンス）前期３数学① 東洋·経営（会計ファイナンス）前期３数学② 東洋·経営（会計ファイナンス）前期３教科① 東洋·経営（会計ファイナンス）前期３教科③ 日本·経済（経済）Ａ個別第１期 日本·経済（経済）Ａ個別第２期 日本·経済（経済）Ｎ全学第１期 日本·経済（産業経営）Ａ個別第１期 日本·経済（産業経営）Ａ個別第２期 日本·経済（産業経営）Ｎ全学第１期 日本·経済（金融公共経済）Ｎ全学第１期 日本·商（商業）Ａ個別第２期 日本·商（経営）Ａ個別第１期 日本·商（経営）Ａ個別第２期 日本·商（会計）Ｎ全学第１期 武蔵野·経済（経済）全学部統一 武蔵野·経営（経営）全学部統一 武蔵野·経営（会計ガバナンス）全学部統一 武蔵野·アントレプレナーシップ（アントレプレナーシップ）全学部統一 明治学院·経済（経済）Ａ日程 明星·経営（経営）４教科型 愛知·経済（経済）前期 愛知·経営（経営）前期 愛知·経営（経営）数学重視型入試 愛知·経営（会計ファイナンス）数学重視型入試 愛知学院·経済（経済）中期 南山·経営（経営）Ｂ方式 名城·経営（経営）Ａ方式 龍谷·経済前高得点重視 龍谷·経営（経営）前スタンダード 龍谷·経営（経営）前高得点重視 龍谷·経営（経営）中スタンダード 龍谷·経営（経営）中高得点重視 近畿·経済（総合経済政策）前期Ａ日程 近畿·経済（総合経済政策）前期Ｂ日程 近畿·経営（経営）前期Ｂ日程 近畿·経営（商）前期Ａ日程 近畿·経営（商）前期Ｂ日程 近畿·経営（会計）前期Ａ日程 近畿·経営（会計）前期Ｂ日程

ボーダー偏差値	大 学・学 部（学 科） 日程方式
50	近畿·経営（キャリア·マネジメント）前期Ａ日程 甲南·マネジメント創造（マネジメント創造）前期2教科 甲南·マネジメント創造（マネジメント創造）中期3教科 武庫川女子·経営（経営）Ａ２科目型 武庫川女子·経営（経営）Ａ３科目同一 西南学院·商（商）Ａ·Ｆ日程 西南学院·商（商）英語４技能利用 福岡·経済（経済）系統別 福岡·商（会計専門職）前期 福岡·商（会計専門職）系統別
47.5	獨協·経済（経済）２科目全学前期 獨協·経済（経営）２科目全学前期 国士舘·政経（経済）中期 国士舘·経営（経営）前期 国士舘·経営（経営）デリバリー 国士舘·経営（経営）中期 駒澤·経済（現代応用経済）Ｔ方式 産業能率·経営（経営）前２ベーシック 産業能率·経営（マーケティング）前２ベーシック 専修·経済（現代経済）前期Ａ方式 専修·経済（現代経済）全学部 専修·経済（生活環境経済）前期Ｂ方式 専修·経営（経営）前期Ａ方式 専修·経営（経営）前期Ｂ方式 専修·経営（ビジネスデザイン）前期Ａ方式 専修·経営（ビジネスデザイン）前期Ｂ方式 専修·経営（ビジネスデザイン）全学部 東海·政治経済（経済）文理併学部統一 東京経済·経済前期２教科型 東京経済·経営前期３教科型 東京女子·現代教養（国際－経済学）個別学力試験型 東京都市·都市生活（都市生活）前期 東洋·経済第２部（経済）前期ベスト２① 東洋·経済第２部（経済）前期ベスト２② 日本·経済（金融公共経済）Ａ個別第１期 日本·経済（金融公共経済）Ａ個別第２期 日本·商（商業）Ａ個別第１期 日本·商（会計）Ａ個別第１期 日本·商（会計）Ａ個別第２期 武蔵野·アントレプレナーシップ（アントレプレナーシップ）Ａ文系·Ｂ日程 神奈川·経済（現代ビジネス）Ｂ方式 愛知·経済（経済）Ｍ方式 愛知·経済（経済）数学重視型入試 愛知·経営（経営）Ｍ方式 愛知·経営（会計ファイナンス）Ｍ方式 愛知学院·経済（経済）前期Ｍ 愛知学院·経営（経営）前期Ｍ 愛知学院·経営（経営）中期 名城·経済（経済）Ａ方式 京都産業·経済（経済）２科目型 龍谷·経済前スタンダード 龍谷·経済中スタンダード 龍谷·経済中高得点重視 近畿·経営（キャリア·マネジメント）前期Ｂ日程 甲南·経済（経済）前期３教科 甲南·経済（経済）前期２教科 甲南·経済（経済）中期３教科 甲南·経営（経営）前期３教科 甲南·マネジメント創造（マネジメント創造）前期3教科 武庫川女子·経営（経営）Ｂ２科目同一 福岡·経済（経済）前期 福岡·経済（産業経済）系統別 福岡·商（商）前期 福岡·商（商）系統別 福岡·商（経営）前期 福岡·商（経営）系統別 福岡·商（貿易）系統別
45	北海学園·経済 北海学園·経営（経営） 東北学院·経済（経済）前期Ａ日程

ボーダー偏差値	大 学・学 部（学 科） 日程方式
45	東北学院·経済（経済）前期Ｂ日程 東北学院·経営（経営）前期Ａ日程 東北学院·経営（経営）前期Ｂ日程 獨協·経済（経済）３科目学科別 獨協·経済（経営）３科目学科別 文教·経営〈東京〉（経営）Ａ日程 文教·経営〈東京〉（経営）全国 共立女子·ビジネス（ビジネス）２月個別学力 共立女子·ビジネス（ビジネス）２月外部英語 共立女子·ビジネス（ビジネス）全学統一方式 国士舘·政経（経済）前期 国士舘·政経（経済）デリバリー 産業能率·経営（経営）前スタンダード 産業能率·経営（経営）中期 産業能率·経営（マーケティング）前スタンダード 産業能率·経営（マーケティング）中期 産業能率·情報マネジメント（現代マネジメント）前スタンダード 産業能率·情報マネジメント（現代マネジメント）前プラスワン 専修·経済（生活環境経済）前期Ａ方式 専修·経済（生活環境経済）全学部 専修·経済（生活環境経済）全国 大東文化·経済（社会経済）桐門の翼奨学金 大東文化·経済（現代経済）桐門の翼奨学金 大東文化·経営（経営）桐門の翼奨学金 拓殖·商（経営）２月前期 拓殖·商（会計）２月前期 東京経済·経済前期３教科型 東洋·経営第２部（経営）前期ベスト２① 東洋·経営第２部（経営）前期ベスト２② 東洋·経営第２部（経営）前期ベスト２③ 武蔵野·経済（経済）Ａ文系·Ｂ日程 武蔵野·経営（経営）Ａ文系·Ｂ日程 明星·経済（経済）２教科型 立正·経済（経済学）Ｒ方式 立正·経済（金融）２月前期 立正·経済（金融）Ｒ方式 神奈川·経済（現代ビジネス）Ａ方式 愛知·地域政策（経済産業）前期 愛知·経営（会計ファイナンス）前期 愛知学院·経済（経済）前期Ａ 愛知学院·経営（経営）前期Ａ 愛知学院·商（商）前期Ａ 愛知学院·商（商）前期Ｍ 愛知学院·商（商）中期 中部·経営情報（経営総合）前期ＢＭ方式 名城·経済（産業社会）Ａ方式 京都産業·経済（経済）３科目型 京都産業·経営（マネジメント）３科目型 京都産業·経営（マネジメント）２科目型 大阪経済·経営（経営）前期Ａ方式 福岡·経済（産業経済）前期
42.5	北海学園·経営（経営情報） 亜細亜·経済（経済）全学統一 亜細亜·経営（経営）一般３教科型 亜細亜·経営（経営）全学統一 亜細亜·経営（ホスピタリティ·マネジメント）全学統一 産業能率·情報マネジメント（現代マネジメント）前2ベーシック 産業能率·情報マネジメント（現代マネジメント）中期 大東文化·経済（社会経済）一般 大東文化·経済（社会経済）全学部統一 大東文化·経済（現代経済）一般 大東文化·経済（現代経済）全学部統一 大東文化·経営（経営）一般 大東文化·経営（経営）全学部統一 拓殖·商（経営）全国 帝京平成·人文社会（経営－経営） 東海·国際文化〈北海道〉（地域創造）文系学部統一 東海·政治経済（経済）一般 東海·経営（経営）一般 東海·文理融合〈熊本〉（経営）文理併学部統一

私立

経済・経営・商学系

ボーダー偏差値	大学・学部（学科）日程方式
42.5	東洋･経済第２部（経済）前期３教科①
	東洋･経済第２部（経済）前期３教科②
	東洋･経営第２部（経営）前期３教科
	武蔵野･経営（会計ガバナンス）Ａ文系･Ｂ日程
	明星･経済（経済）３教科型
	明星･経済（経済）検定＋１教科型
	立正･経済（経済学）２月前期
	神奈川･経済（経済－現代経済）Ａ方式地公型
	神奈川･経済（経済－現代経済）Ａ方式数学型
	関東学院･経営（経営）前期３科目
	関東学院･経営（経営）前期２科目
	関東学院･経営（経営）前期英語外部
	関東学院･経営（経営）中期３科目
	常葉･経営（経営）２教科型
	愛知･地域政策（経済産業）Ｍ方式
	愛知淑徳･ビジネス（ビジネス）前期２教科
	中部･経営情報（経営総合）前期Ａ方式
	中部･経営情報（経営総合）前期ＡＭ方式
	大阪経済･経済（経済）前期Ａ方式
	大阪経済･経済（経済）前期Ｂ方式
	大阪経済･経営（経営）前期Ｂ方式
	大阪経済･経営第２部（経営）前期Ａ方式
	大阪経済･経営第２部（経営）前期Ｂ方式
	摂南･経済（経済）前期３科目型
	摂南･経済（経済）前期２科目型
	摂南･経済（経済）中期２科目型
	福岡･商（貿易）前期
	福岡･商第二部（商）系統別
	福岡･商第二部（会計専門職）系統別
40	北海学園･経済２部
	北海学園･経営２部（経営）
	流通経済･経済（経営）問題選択型
	淑徳･経営（観光経営）ＡＢ
	麗澤･経済（経済）前期２科目型
	麗澤･経済（経済）前期ベスト2
	麗澤･経営（ビジネスデザイン）前期２科目型
	麗澤･経営（ビジネスデザイン）前期ベスト2
	麗澤･経営（ファミリービジネス）前期２科目型
	麗澤･経営（ファミリービジネス）前期ベスト2
	麗澤･経営（ＡＩ･ビジネス）前期２科目型
	麗澤･経営（ＡＩ･ビジネス）前期ベスト2
	麗澤･経営（スポーツビジネス）前期２科目型
	麗澤･経営（スポーツビジネス）前期ベスト2
	亜細亜･経済（経済）一般３教科型
	亜細亜･経営（ホスピタリティ･マネジメント）一般3教科型
	桜美林･ビジネスマネジメント３科目型
	桜美林･ビジネスマネジメント２科目型
	桜美林･航空･マネジメント（航空･マネジメント）3科目型
	桜美林･航空･マネジメント（航空･マネジメント）2科目型
	桜美林･航空･マネジメント（航空･マネジメント）理系3科目型
	桜美林･航空･マネジメント（航空･マネジメント）理系2科目型
	杏林･総合政策（企業経営）３科目前期
	杏林･総合政策（企業経営）２科目前期
	大正･地域創生（地域創生）２科目方式
	拓殖･政経（経済）全国
	拓殖･政経（経済）２月前期
	拓殖･商（国際ビジネス）全国
	拓殖･商（国際ビジネス）２月前期
	拓殖･商（会計）全国
	帝京･経済（経済）
	帝京･経済（経営）
	東海･国際文化〈北海道〉（地域創造）一般
	東海･経営（経営）文理併学部統一
	文京学院･経営（マーケティング･デザイン）ⅡⅢ期
	明星･経済（経済）４教科型
	立正･経営（経営）２月前期
	立正･経営（経営）Ｒ方式
	神奈川･経済（経済－経済分析）Ａ方式数学型
	神奈川･経済（経済－経済分析）Ｂ方式
	常葉･経営（経営）３教科型

ボーダー偏差値	大学・学部（学科）日程方式
40	愛知淑徳･ビジネス（ビジネス）前期３教科
	摂南･経営（経営）前期３科目型
	摂南･経営（経営）前期２科目型
	摂南･経営（経営）中期２科目型
	神戸学院･経営（経営･会計）前期
	神戸学院･経営（データサイエンス）前期
	神戸学院･経営（データサイエンス）中期
37.5	流通経済･経済（経済）２科目型
	流通経済･経済（経済）問題選択型
	流通経済･経済（経営）３科目型
	流通経済･経済（経営）２科目型
	流通経済･流通情報（流通情報）２科目型
	流通経済･流通情報（流通情報）問題選択型
	城西･経営（マネジメント総合）Ａ日程
	淑徳･経営（経営）ＡＢ
	麗澤･国際（グローバルビジネス）前期２科目型
	麗澤･国際（グローバルビジネス）前期３科目型
	麗澤･国際（グローバルビジネス）前期ベスト2
	麗澤･国際（グローバルビジネス）中期
	麗澤･経済（経済）前期３科目型
	麗澤･経済（経済）中期
	麗澤･経営（ビジネスデザイン）前期３科目型
	麗澤･経営（ビジネスデザイン）中期
	麗澤･経営（ファミリービジネス）前期３科目型
	麗澤･経営（ファミリービジネス）中期
	麗澤･経営（ＡＩ･ビジネス）前期３科目型
	麗澤･経営（ＡＩ･ビジネス）中期
	麗澤･経営（スポーツビジネス）前期３科目型
	麗澤･経営（スポーツビジネス）中期
	大正･地域創生（地域創生）３科目方式
	大正･地域創生（地域創生）４科目方式
	帝京･経済（地域経済）
	帝京･経済（観光経営）
	帝京平成･人文社会（経営－経営情報）
	帝京平成･人文社会（観光経営）
	東海･文理融合〈熊本〉（経営）一般
	文京学院･経営（マーケティング･デザイン）Ⅰ期Ｂ日程
	文京学院･経営（マーケティング･デザイン）全学統一
	関東学院･経済（経済）前期３科目
	関東学院･経済（経済）前期２科目
	関東学院･経済（経済）前期英語外部
	関東学院･経済（経済）中期３科目
	金沢工業･情報フロンティア（経営情報）Ａ
	金沢工業･情報フロンティア（経営情報）Ｂ
	神戸学院･経済（経済）前期
	神戸学院･経営（経営･会計）中期
	福岡･商第二部（商）前期
35	流通経済･経済（経済）３科目型
	流通経済･流通情報（流通情報）３科目型
	城西･経済（経済）Ａ日程
	東京国際･経済（現代経済）全学Ⅰ期3
	東京国際･経済（現代経済）全学Ⅰ期2
	東京国際･経済（現代経済）全学ⅡⅢ期3
	東京国際･経済（現代経済）全学ⅡⅢ期2
	東京国際･経済（ビジネスエコノミクス）全学Ⅰ期3
	東京国際･経済（ビジネスエコノミクス）全学Ⅰ期2
	東京国際･商（商）全学Ⅰ期3
	東京国際･商（商）全学Ⅰ期2
	東京国際･商（商）全学ⅡⅢ期3
	東京国際･商（商）全学ⅡⅢ期2
	東京国際･商（経営）全学Ⅰ期3
	東京国際･商（経営）全学Ⅰ期2
	東京国際･商（経営）全学ⅡⅢ期3
	東京国際･商（経営）全学ⅡⅢ期2
	文京学院･経営（経営コミュニケーション）Ⅰ期Ａ日程
	文京学院･経営（経営コミュニケーション）Ⅰ期Ｂ日程
	文京学院･経営（経営コミュニケーション）ⅡⅢ期
	文京学院･経営（経営コミュニケーション）全学統一
	文京学院･経営（マーケティング･デザイン）Ⅰ期Ａ日程
	目白･経営（経営）Ａ日程

ボーダー偏差値	大学・学部（学科）日程方式
35	目白・経営（経営）全学部統一 神戸学院・経済（経済）中期

ボーダー偏差値	大学・学部（学科）日程方式
BF	東京国際・経済（ビジネスエコノミクス）全学ⅡⅢ期3 東京国際・経済（ビジネスエコノミクス）全学ⅡⅢ期2

理学系

ボーダー偏差値	大学・学部（学科）日程方式
67.5	早稲田・先進理工（物理）
65	慶應義塾・理工（学門A） 早稲田・基幹理工（学系Ⅰ） 早稲田・先進理工（化学・生命化学）
62.5	東京理科・理（物理）B方式 東京理科・理（物理）グローバル方式 明治・総合数理（先端メディアサイエンス）全学部3科目 明治・総合数理（先端メディアサイエンス）全学部4科目 明治・総合数理（先端メディアサイエンス）全学英語4技能 早稲田・教育（理－地球科学）B方式 早稲田・教育（数学）B方式
60	東京理科・理（数学）B方式 東京理科・理（数学）グローバル方式 東京理科・理（化学）B方式 東京理科・理（化学）グローバル方式 東京理科・理（応用数学）B方式 東京理科・理（応用数学）グローバル方式 東京理科・理（応用化学）B方式 東京理科・理（応用化学）グローバル方式 明治・総合数理（現象数理）学部別 明治・総合数理（先端メディアサイエンス）学部別 明治・総合数理（ネットワークデザイン）学部別 同志社・理工（数理システム）全学部日程理系 同志社・生命医科学（医生命システム）全学部日程理系
57.5	青山学院・理工（数理サイエンス）個別学部B方式 青山学院・理工（化学・生命科学）個別学部B方式 青山学院・理工（化学・生命科学）全学部日程 工学院・先進工（応用物理）S日程 中央・理工（生命科学）学部別一般 東京理科・創域理工（数理科学）B方式 東京理科・創域理工（数理科学）グローバル方式 東京理科・創域理工（数理科学）S方式 東京理科・創域理工（先端物理）B方式 東京理科・創域理工（先端物理）グローバル方式 東京理科・創域理工（生命生物科学）B方式 明治・総合数理（現象数理）全学部4科目 明治・総合数理（現象数理）全学部3科目 明治・総合数理（現象数理）全学英語4技能 明治・総合数理（ネットワークデザイン）全学部4科目 明治・総合数理（ネットワークデザイン）全学英語4技能 明治・理工（物理）学部別 明治・理工（物理）全学部統一 立教・理（物理） 立教・理（化学） 立教・理（生命理学） 同志社・理工（数理システム）学部個別日程 同志社・生命医科学（医生命システム）学部個別日程
55	青山学院・理工（物理科学）個別学部A方式 青山学院・理工（物理科学）個別学部B方式 青山学院・理工（物理科学）全学部日程 青山学院・理工（数理サイエンス）個別学部A方式 青山学院・理工（数理サイエンス）全学部日程 青山学院・理工（化学・生命科学）個別学部A方式 学習院・理（物理）プラス 学習院・理（化学）コア 学習院・理（数学）プラス 学習院・理（生命科学）コア 工学院・先進工（生命化学）A日程 工学院・先進工（生命化学）S日程 工学院・先進工（生命化学）英語外部試験 工学院・先進工（応用物理）A日程 中央・理工（数学）学部別英語外部

ボーダー偏差値	大学・学部（学科）日程方式
55	中央・理工（物理）学部別一般 中央・理工（物理）学部別英語外部 中央・理工（生命科学）学部別英語外部 東京理科・創域理工（生命生物科学）グローバル方式 明治・理工（数学）学部別 明治・理工（数学）全学部統一 立教・理（数学） 立命館・理工（数理－数学）全学統一理系 立命館・理工（数理－数学）学部個別理科1 立命館・理工（数理－数学）学部個別理科2 関西・システム理工（数学）3教科理数重視 関西学院・生命環境（生物科学）全学部数理重視 関西学院・生命環境（生物科学）英数日程 関西学院・生命環境（生命－生命医科学）全学部数理重視 関西学院・生命環境（生命－生命医科学）英数日程
52.5	学習院・理（物理）コア 学習院・理（数学）コア 工学院・先進工（応用物理）英語外部試験 芝浦工業・システム理工（生命－生命科学）前期日程 芝浦工業・システム理工（生命－生命科学）全学統一日程 芝浦工業・システム理工（生命－生命科学）英語資格方式 中央・理工（数学）学部別一般 法政・理工（創生科学）A方式 法政・理工（創生科学）T日程 法政・理工（創生科学）英語外部利用 明治学院・情報数理（情報数理）A日程 明治学院・情報数理（情報数理）全学3教科型 明治学院・情報数理（情報数理）全学英語外部型 立命館・理工（数理－データサイエンス）全学統一理系 立命館・理工（数理－データサイエンス）学部個別理科1 立命館・理工（数理－データサイエンス）学部個別理科2 立命館・理工（物理科学）学部個別理科2 立命館・生命科学（応用化学）全学統一理系 立命館・生命科学（応用化学）学部個別理科1 立命館・生命科学（応用化学）学部個別理科2 立命館・生命科学（生命情報）全学統一理系 立命館・生命科学（生命情報）学部個別理科1 立命館・生命科学（生命情報）学部個別理科2 立命館・生命科学（生命医科学）全学統一理系 立命館・生命科学（生命医科学）学部個別理科1 立命館・生命科学（生命医科学）学部個別理科2 関西・システム理工（数学）3教科理1科目 関西・システム理工（数学）3教科理2科目 関西・システム理工（数学）3教科理科設問 関西・システム理工（物理・応用物理）3教科理1科目 関西・システム理工（物理・応用物理）3教科理2科目 関西・システム理工（物理・応用物理）3教科理科設問 関西・システム理工（物理・応用物理）3教科理数重視 関西学院・理（数理科学）全学部均等配点 関西学院・理（数理科学）全学部数理重視 関西学院・理（数理科学）英数日程 関西学院・理（物理・宇宙）全学部数理重視 関西学院・理（物理・宇宙）全学部均等配点 関西学院・理（物理・宇宙）英数日程 関西学院・生命環境（生命－生命医科学）全学部均等配点 関西学院・生命環境（生命－発生再生医科学）全学部均等配点 関西学院・生命環境（生命－発生再生医科学）全学部数理重視 関西学院・生命環境（生命－発生再生医科学）英数日程 関西学院・生命環境（生命－医工学）全学部数理重視 関西学院・生命環境（生命－医工学）全学部均等配点 関西学院・生命環境（生命－医工学）英数日程
50	北里・理（生物科学）

ボーダー偏差値	大学・学部（学科）日程方式
50	芝浦工業･システム理工（数理科学）前期日程
	芝浦工業･システム理工（数理科学）全学統一日程
	芝浦工業･システム理工（数理科学）英語資格方式
	津田塾･学芸（情報科学）A方式
	東京都市･理工（自然科学）前期
	東京薬科･生命科学（生命医科学）T方式
	東邦･理（生物）C
	日本･文理（数学）N全学第1期
	日本･文理（情報科学）N全学第1期
	日本･文理（物理）N全学第1期
	日本･文理（生命科学）N全学第1期
	日本･理工（数学）A個別方式
	日本･理工（数学）N全学第1期
	日本女子･理（化学生命科学）個別2教科
	神奈川･理（数学）B方式
	神奈川･理（化学）B方式
	京都産業･理（宇宙物理･気象）2科目型
	立命館･理工（物理科学）全学統一理系
	立命館･理工（物理科学）学部個別理科1
	近畿･理工（理－数学）前期A日程
	関西学院･理（化学）全学部均等配点
	関西学院･理（化学）全学部数理重視
	関西学院･理（化学）英数日程
	関西学院･生命環境（生物科学）全学部均等配点
	甲南･理工（生物）中期3教科
	福岡･理（社会数理･情報）前期
47.5	北里･理（物理）
	北里･理（化学）
	東京女子･現代教養（数理科学）英語外部利用型
	東京電機･理工（理学系）前期
	東京電機･理工（理学系）前期英語外部
	東京電機･理工（生命科学系）前期
	東京電機･理工（生命科学系）前期英語外部
	東京都市･理工（自然科学）中期
	東京薬科･生命科学（分子生命科学）B方式
	東京薬科･生命科学（分子生命科学）T方式
	東京薬科･生命科学（生命医科学）B方式
	東邦･理（生物）B
	東邦･理（物理）B
	東邦･理（物理）C
	東邦･理（情報科学）C
	東洋･生命科学（生命科学）前期3教科③
	東洋･生命科学（生命科学）前期3教科④
	東洋･生命科学（生命科学）前期3理科①
	東洋･生命科学（生命科学）前期3理科②
	東洋･生命科学（生命科学）前期3理科③
	東洋･生命科学（生命科学）前期3理科④
	東洋･生命科学（生物資源）前期3理科①
	東洋･生命科学（生物資源）前期3理科②
	東洋･生命科学（生物資源）前期3理科③
	東洋･生命科学（生物資源）前期3理科④
	東洋･生命科学（生物資源）前期3教科①
	東洋･生命科学（生物資源）前期3教科②
	東洋･生命科学（生物資源）前期3教科③
	東洋･生命科学（生物資源）前期3教科④
	日本･文理（地球科学）N全学第1期
	日本･文理（数学）A個別第1期
	日本･文理（情報科学）A個別第1期
	日本･文理（物理）A個別第1期
	日本･文理（生命科学）A個別第1期
	日本･文理（化学）A個別第1期
	日本･文理（化学）N全学第1期
	日本女子･理（化学生命科学）個別3教科
	日本女子･理（化学生命科学）英語外部利用型
	明星･理工（物理学）2教科型
	神奈川･理（数学）A方式
	神奈川･理（物理）B方式
	神奈川･理（化学）A方式
	神奈川･理（地球環境科学）B方式
	神奈川･情報（計算機科学）A方式
47.5	神奈川･情報（計算機科学）B方式
	名城･理工（数学）A方式
	京都産業･理（宇宙物理･気象）3科目型
	近畿･理工（理－数学）前期B日程
	近畿･理工（理－化学）前期A日程
	甲南･フロンティアサイエンス（生命化学）前期3教科
	甲南･理工（物理）中期3教科
	福岡･理（化学）前期
	福岡･理（地球圏科学）系統別
	福岡･理（社会数理･情報）系統別
45	津田塾･学芸（数学）A方式
	東海･理（数学）理系学部統一
	東海･理（物理）理系学部統一
	東京女子･現代教養（数理科学）個別学力試験型
	東京電機･理工（理学系）情報系外部
	東邦･理（生物）A
	東邦･理（生物分子科学）C
	東邦･理（物理）A
	東邦･理（情報科学）A
	東邦･理（情報科学）B
	東邦･理（生命圏環境科学）C
	東洋･生命科学（生命科学）前期3教科①
	東洋･生命科学（生命科学）前期3教科②
	日本･文理（地球科学）A個別第1期
	日本･理工（物理）A個別方式
	日本･理工（物理）N全学第1期
	日本女子･理（数物情報科学）個別2教科
	日本女子･理（数物情報科学）個別3教科
	日本女子･理（数物情報科学）英語外部利用型
	明星･理工（物理学）3教科型
	明星･理工（物理学）検定+1教科型
	明星･理工（化学･生命科学）2教科型
	明星･理工（フレキシブル）2教科型
	神奈川･理（物理）A方式
	神奈川･理（生物）A方式
	神奈川･理（生物）B方式
	神奈川･理（地球環境科学）A方式
	神奈川･理（総合理学）A方式
	神奈川･理（総合理学）B方式
	中部･理工（数理･物理サイエンス）前期A方式
	中部･応用生物（応用生物化学）前期A方式
	中部･応用生物（応用生物化学）前期AM方式
	中部･応用生物（応用生物化学）前期BM方式
	南山･理工（データサイエンス）
	南山･理工（データサイエンス）全学統一個別型
	京都産業･理（数理科学）3科目型
	京都産業･理（数理科学）2科目型
	京都産業･理（物理科学）3科目型
	京都産業･理（物理科学）2科目型
	龍谷･先端理工（数理･情報科学）前高得点重視
	近畿･理工（理－物理学）前期A日程
	近畿･理工（理－物理学）前期B日程
	近畿･理工（理－化学）前期B日程
	摂南･理工（生命科学）中期2科目型
	甲南･フロンティアサイエンス（生命化学）前期2教科
	甲南･フロンティアサイエンス（生命化学）中期3教科
	甲南･理工（生物）前期3教科
	甲南･理工（機能分子化学）前期3教科
	甲南･理工（機能分子化学）中期3教科
	福岡･理（応用数学）系統別
	福岡･理（化学）前期化学重視型
	福岡･理（化学）系統別
	福岡･理（地球圏科学）前期
42.5	国士舘･理工（理工）前期
	国士舘･理工（理工）デリバリー
	国士舘･理工（理工）中期
	東海･理（数学）一般
	東海･理（情報数理）一般
	東海･理（情報数理）理系学部統一
	東海･理（化学）理系学部統一

ボーダー偏差値	大学・学部（学科）日程方式
42.5	東京理科・理第二部（数学）Ｂ方式
	東邦・理（化学）Ａ
	東邦・理（化学）Ｂ
	東邦・理（化学）Ｃ
	東邦・理（生物分子科学）Ａ
	東邦・理（生物分子科学）Ｂ
	東邦・理（生命圏環境科学）Ａ
	東邦・理（生命圏環境科学）Ｂ
	明星・理工（物理学）４教科型
	明星・理工（フレキシブル）３教科型
	明星・理工（フレキシブル）検定＋1教科型
	中部・理工（数理・物理サイエンス）前期ＢＭ方式
	中部・応用生物（環境生物科学）前期Ａ方式
	龍谷・先端理工（数理・情報科学）前スタンダード
	龍谷・先端理工（数理・情報科学）中スタンダード
	龍谷・先端理工（数理・情報科学）中高得点重視
	摂南・理工（生命科学）前期３科目型
	摂南・理工（生命科学）前期２科目型
	甲南・理工（物理）前期３教科
	福岡・理（応用数学）前期
	福岡・理（物理科学）前期
	福岡・理（物理科学）前期物理重視型
	福岡・理（物理科学）系統別
40	帝京科学・生命環境（生命－生命）
	東海・理（物理）一般
	東京理科・理第二部（物理）Ｂ方式
	東京理科・理第二部（化学）Ｂ方式
	明星・理工（化学・生命科学）３教科型
	明星・理工（化学・生命科学）検定＋1教科型

ボーダー偏差値	大学・学部（学科）日程方式
40	明星・理工（フレキシブル）４教科型
	関東学院・理工（数理・物理）前期２科目
	関東学院・理工（数理・物理）前期英語外部
	中部・理工（数理・物理サイエンス）前期ＡＭ方式
	中部・応用生物（環境生物科学）前期ＡＭ方式
	中部・応用生物（環境生物科学）前期ＢＭ方式
	中部・応用生物（食品－食品栄養科学）前期Ａ方式
	中部・応用生物（食品－食品栄養科学）前期ＡＭ方式
	中部・応用生物（食品－食品栄養科学）前期ＢＭ方式
37.5	城西・理（数学〈坂戸〉）Ａ日程
	帝京科学・生命環境（アニマルサイエンス）
	帝京科学・生命環境（アニ－動物看護福祉）
	帝京科学・生命環境（生命－生命・健康）
	東海・理（化学）一般
	明星・理工（化学・生命科学）４教科型
	立正・地球環境科学（環境－生物・地球）２月前期
	立正・地球環境科学（環境－生物・地球）Ｒ方式
	立正・地球環境科学（環境－気象・水文）２月前期
	立正・地球環境科学（環境－気象・水文）Ｒ方式
	関東学院・理工（生命科学）前期３科目
	関東学院・理工（生命科学）前期２科目
	関東学院・理工（生命科学）前期英語外部
	関東学院・理工（生命科学）中期３科目
	関東学院・理工（数理・物理）前期３科目
	関東学院・理工（数理・物理）中期３科目
35	城西・理（数学〈東京〉）Ａ日程
	帝京・理工〈栃木〉（バイオサイエンス）
BF	城西・理（化学）Ａ日程

工学系

ボーダー偏差値	大学・学部（学科）日程方式
67.5	早稲田・先進理工（生命医科学）
65	慶應義塾・理工（学門Ｂ）
	慶應義塾・理工（学門Ｃ）
	慶應義塾・理工（学門Ｄ）
	慶應義塾・理工（学門Ｅ）
	東京理科・工（情報工）グローバル方式
	早稲田・基幹理工（学系Ⅱ）
	早稲田・基幹理工（学系Ⅲ）
	早稲田・創造理工（建築）
	早稲田・創造理工（経営システム工）
	早稲田・創造理工（社会環境工）
	早稲田・先進理工（応用物理）
	早稲田・先進理工（応用化学）
	早稲田・先進理工（電気・情報生命工）
62.5	東京理科・工（建築）グローバル方式
	東京理科・工（情報工）Ｂ方式
	明治・理工（情報科学）全学部統一
	早稲田・創造理工（総合機械工）
	早稲田・創造理工（環境資源工）
	同志社・理工（インテリジェント情報工）全学部日程理系
60	青山学院・理工（情報テクノロジー）個別学部Ｂ方式
	工学院・建築（建築）英語外部試験
	工学院・建築（建築デザイン）Ｓ日程
	工学院・建築（建築デザイン）英語外部試験
	芝浦工業・工（情報－情報工学）全学統一日程
	芝浦工業・工（情報－情報工学）英語資格方式
	芝浦工業・建築（空間・建築デザイン）全学統一日程
	芝浦工業・建築（都市・建築デザイン）英語資格方式
	上智・理工（情報理工）ＴＥＡＰ利用
	東京理科・工（建築）Ｂ方式
	東京理科・工（工業化学）グローバル方式
	東京理科・工（電気工）Ｂ方式
	東京理科・工（電気工）グローバル方式
	東京理科・工（機械工）Ｂ方式
	東京理科・工（機械工）グローバル方式

ボーダー偏差値	大学・学部（学科）日程方式
60	東京理科・創域理工（情報計算科学）グローバル方式
	東京理科・創域理工（機械航空宇宙工）Ｂ方式
	東京理科・創域理工（機械航空宇宙工）グローバル方式
	法政・デザイン工（建築）Ｔ日程
	法政・デザイン工（システムデザイン）Ａ方式
	法政・デザイン工（システムデザイン）Ｔ日程
	法政・デザイン工（システムデザイン）英語外部利用
	明治・理工（建築）学部別
	明治・理工（建築）全学部統一
	明治・理工（情報科学）学部別
	同志社・理工（インテリジェント情報工）学部個別日程
	同志社・理工（情報システムデザイン）学部個別日程
	同志社・理工（情報システムデザイン）全学部日程理系
	同志社・理工（電子工）学部個別日程
	同志社・理工（環境システム）全学部日程理系
57.5	青山学院・理工（電気電子工）個別学部Ｂ方式
	青山学院・理工（機械創造工）個別学部Ｂ方式
	青山学院・理工（機械創造工）全学部日程
	青山学院・理工（経営システム工）個別学部Ｂ方式
	青山学院・理工（経営システム工）全学部日程
	青山学院・理工（情報テクノロジー）個別学部Ａ方式
	青山学院・理工（情報テクノロジー）全学部日程
	工学院・工（機械工）Ｓ日程
	工学院・工（電気電子工）Ａ日程
	工学院・建築（まちづくり）Ｓ日程
	工学院・建築（まちづくり）英語外部試験
	工学院・建築（建築）Ａ日程
	工学院・建築（建築）Ｓ日程
	工学院・建築（建築学部総合）Ｓ日程
	工学院・先進工（応用化学）Ｓ日程
	工学院・情報（情報通信工）Ｓ日程
	工学院・情報（情報科学）Ｓ日程
	工学院・情報（情報科学）英語外部試験
	芝浦工業・工（機械－先進機械）前期日程
	芝浦工業・工（情報－情報通信）英語資格方式

私立

工学系

ボーダー偏差値	大学・学部（学科）日程方式
57.5	芝浦工業・工（情報－情報工学）前期日程
	芝浦工業・建築（空間・建築デザイン）前期日程
	芝浦工業・建築（空間・建築デザイン）英語資格方式
	芝浦工業・建築（都市・建築デザイン）前期日程
	芝浦工業・建築（都市・建築デザイン）全学統一日程
	芝浦工業・建築（先進的プロジェクトデザイン）前期日程
	上智・理工（物質生命理工）ＴＥＡＰ利用
	中央・理工（情報工）学部別一般
	中央・理工（情報工）学部別英語外部
	東京理科・工（工業化学）Ｂ方式
	東京理科・先進工（電子システム工）Ｂ方式
	東京理科・先進工（電子システム工）グローバル方式
	東京理科・先進工（マテリアル創成工）Ｂ方式
	東京理科・先進工（生命システム工）Ｂ方式
	東京理科・先進工（生命システム工）グローバル方式
	東京理科・先進工（物理工）Ｂ方式
	東京理科・先進工（物理工）グローバル方式
	東京理科・創域理工（情報計算科学）Ｂ方式
	東京理科・創域理工（建築）Ｂ方式
	東京理科・創域理工（建築）グローバル方式
	東京理科・創域理工（電気電子情報工）Ｂ方式
	東京理科・創域理工（電気電子情報工）グローバル方式
	東京理科・創域理工（経営システム工）Ｂ方式
	日本女子・建築デザイン（建築デザイン）個別２教科
	日本女子・建築デザイン（建築デザイン）英語外部利用型
	法政・デザイン工（建築）英語外部利用
	法政・デザイン工（都市環境デザイン工）Ｔ日程
	法政・デザイン工（都市環境デザイン工）英語外部利用
	法政・理工（機械－機械工学）英語外部利用
	法政・理工（応用情報工）英語外部利用
	法政・理工（経営システム工）Ｔ日程
	法政・理工（経営システム工）英語外部利用
	法政・生命科学（生命機能）英語外部利用
	法政・情報科学（コンピュータ科学）Ｔ日程
	法政・情報科学（コンピュータ科学）英語外部利用
	法政・情報科学（ディジタルメディア）Ｔ日程
	明治・理工（電気－電気電子工学）学部別
	明治・理工（電気－電気電子工学）全学部統一
	明治・理工（電気－生命理工学）全学部統一
	明治・理工（機械情報工）学部別
	明治・理工（機械情報工）全学部統一
	明治・理工（応用化学）学部別
	明治・理工（応用化学）全学部統一
	同志社・理工（電気工）学部個別日程
	同志社・理工（電気工）全学部日程理系
	同志社・理工（電子工）全学部日程理系
	同志社・理工（機械システム工）学部個別日程
	同志社・理工（機械システム工）全学部日程理系
	同志社・理工（機械理工）学部個別日程
	同志社・理工（機械理工）全学部日程理系
	同志社・理工（機能分子・生命化学）全学部日程理系
	同志社・理工（化学システム創成工）全学部日程理系
	同志社・理工（環境システム）学部個別日程
	同志社・生命医科学（医工）全学部日程理系
	同志社・生命医科学（医情報）学部個別日程
	立命館・理工（建築都市デザイン）学部個別理科１
	立命館・理工（建築都市デザイン）学部個別理科２
	近畿・情報（情報）前期Ａ日程
55	青山学院・理工（電気電子工）個別学部Ａ方式
	青山学院・理工（電気電子工）全学部日程
	青山学院・理工（機械創造工）個別学部Ａ方式
	青山学院・理工（経営システム工）個別学部Ａ方式
	工学院・工（機械工）英語外部試験
	工学院・工（機械システム工）Ｓ日程
	工学院・工（機械システム工）英語外部試験
	工学院・工（電気電子工）Ｓ日程
	工学院・建築（まちづくり）Ａ日程
	工学院・建築（建築デザイン）Ａ日程
	工学院・建築（建築学部総合）Ａ日程
	工学院・建築（建築学部総合）英語外部試験

ボーダー偏差値	大学・学部（学科）日程方式
55	工学院・先進工（応用化学）Ａ日程
	工学院・先進工（応用化学）英語外部試験
	工学院・先進工（環境化学）Ｓ日程
	工学院・先進工（環境化学）英語外部試験
	工学院・先進工（機械－航空理工学）Ａ日程
	工学院・先進工（機械－航空理工学）Ｓ日程
	工学院・先進工（先進工学部大学院接続）Ｓ日程
	工学院・情報（コンピュータ科学）Ｓ日程
	工学院・情報（コンピュータ科学）英語外部試験
	工学院・情報（情報デザイン）Ａ日程
	工学院・情報（情報デザイン）Ｓ日程
	工学院・情報（情報デザイン）英語外部試験
	工学院・情報（情報科学）Ａ日程
	工学院・情報（情報学部総合）Ａ日程
	工学院・情報（情報学部総合）Ｓ日程
	芝浦工業・工（機械－基幹機械）前期日程
	芝浦工業・工（機械－基幹機械）全学統一日程
	芝浦工業・工（機械－基幹機械）英語資格方式
	芝浦工業・工（機械－先進機械）全学統一日程
	芝浦工業・工（機械－先進機械）英語資格方式
	芝浦工業・工（物質－化学・生命工学）英語資格方式
	芝浦工業・工（電気－先端電子工学）全学統一日程
	芝浦工業・工（情報－情報通信）前期日程
	芝浦工業・工（情報－情報通信）全学統一日程
	芝浦工業・システム理工（電子情報システム）前期日程
	芝浦工業・システム理工（電子情報システム）全学統一日程
	芝浦工業・システム理工（電子情報システム）英語資格方式
	芝浦工業・デザイン工（生産・プロダクトデザイン系）前期日程
	芝浦工業・デザイン工（生産・プロダクトデザイン系）全学統一日程
	芝浦工業・建築（先進的プロジェクトデザイン）英語資格方式
	上智・理工（機能創造理工）ＴＥＡＰ利用
	中央・理工（都市環境）学部別一般
	中央・理工（都市環境）学部別英語外部
	中央・理工（精密機械工）学部別一般
	中央・理工（精密機械工）学部別英語外部
	中央・理工（電気電子情報通信工）学部別一般
	中央・理工（電気電子情報通信工）学部別英語外部
	中央・理工（応用化学）学部別一般
	中央・理工（応用化学）学部別英語外部
	中央・理工（ビジネスデータサイエンス）学部別一般
	中央・理工（ビジネスデータサイエンス）学部別英語外部
	中央・理工（人間総合理工）学部別一般
	中央・理工（人間総合理工）学部別英語外部
	東京電機・未来科学（建築）前期
	東京電機・未来科学（建築）情報系外部
	東京電機・未来科学（情報メディア）前期
	東京電機・未来科学（情報メディア）前期英語外部
	東京電機・未来科学（情報メディア）情報系外部
	東京電機・システムデザイン工（情報システム工）前期
	東京電機・システムデザイン工（情報システム工）前期英語外部
	東京電機・システムデザイン工（情報システム工）情報系外部
	東京理科・先進工（マテリアル創成工）グローバル方式
	東京理科・先進工（機能デザイン工）Ｂ方式
	東京理科・先進工（機能デザイン工）グローバル方式
	東京理科・創域理工（先端化学）Ｂ方式
	東京理科・創域理工（先端化学）グローバル方式
	東京理科・創域理工（電気電子情報工）Ｓ方式
	東京理科・創域理工（経営システム工）グローバル方式
	東京理科・創域理工（社会基盤工）Ｂ方式
	東京理科・創域理工（社会基盤工）グローバル方式
	法政・デザイン工（建築）Ａ方式
	法政・理工（電気電子工）Ｔ日程
	法政・理工（電気電子工）英語外部利用
	法政・理工（応用情報工）Ａ方式
	法政・理工（応用情報工）Ｔ日程
	法政・理工（経営システム工）Ａ方式
	法政・生命科学（生命機能）Ａ方式
	法政・生命科学（生命機能）Ｔ日程
	法政・生命科学（環境応用化学）Ｔ日程
	法政・生命科学（環境応用化学）英語外部利用

ボーダー偏差値	大 学・学 部（学 科） 日程方式
55	法政·情報科学（コンピュータ科学）A方式
	法政·情報科学（ディジタルメディア）A方式
	法政·情報科学（ディジタルメディア）英語外部利用
	明治·理工（電気－生命理工学）学部別
	明治·理工（機械工）学部別
	明治·理工（機械工）全学部統一
	同志社·理工（機能分子·生命化学）学部個別日程
	同志社·理工（化学システム創成工）学部個別日程
	同志社·生命医科学（医工）学部個別日程
	同志社·生命医科学（医情報）全学部日程理系
	立命館·情報理工（情報理工）全学統一理系
	立命館·情報理工（情報理工）学部個別理科1
	立命館·理工（建築都市デザイン）全学統一理系
	関西·環境都市工（建築）3教科理1科目
	関西·環境都市工（建築）3教科理2科目
	関西·環境都市工（建築）3教科理科設問
	関西·環境都市工（建築）3教科理数重視
	関西·システム理工（電気電子情報工）3教科理1科目
	関西·システム理工（電気電子情報工）3教科理数重視
	近畿·情報（情報）前期B日程
	関西学院·工（情報工学）全学部数理重視
	関西学院·工（情報工学）英数日程
	関西学院·工（知能·機械工学）英数日程
	関西学院·生命環境（環境応用化学）英数日程
	関西学院·建築（建築）全学部数理重視
52.5	千葉工業·情報変革科学（情報工）B日程
	工学院·工（機械工）A日程
	工学院·工（機械システム工）A日程
	工学院·工（電気電子工）英語外部試験
	工学院·先進工（環境化学）A日程
	工学院·先進工（機械－機械理工学）A日程
	工学院·先進工（機械－機械理工学）S日程
	工学院·先進工（機械－機械理工学）英語外部試験
	工学院·先進工（先進工学部大学院接続）A日程
	工学院·情報（情報通信工）A日程
	工学院·情報（情報通信工）英語外部試験
	工学院·情報（コンピュータ科学）A日程
	工学院·情報（情報学部総合）英語外部試験
	芝浦工業·工（物質－環境·物質工学）全学統一日程
	芝浦工業·工（物質－化学·生命工学）前期日程
	芝浦工業·工（物質－化学·生命工学）全学統一日程
	芝浦工業·工（電気－電気·ロボット工学）前期日程
	芝浦工業·工（電気－電気·ロボット工学）全学統一日程
	芝浦工業·工（電気－電気·ロボット工学）英語資格方式
	芝浦工業·工（電気－先端電子工学）前期日程
	芝浦工業·システム理工（環境システム）全学統一日程
	芝浦工業·システム理工（環境システム）英語資格方式
	芝浦工業·システム理工（生命－生命医工学）前期日程
	芝浦工業·システム理工（生命－生命医工学）英語資格方式
	芝浦工業·デザイン工（生産·プロダクトデザイン系）英語資格方式
	芝浦工業·デザイン工（ロボティクス·情報デザイン系）前期日程
	芝浦工業·デザイン工（ロボティクス·情報デザイン系）全学統一日程
	芝浦工業·デザイン工（ロボティクス·情報デザイン系）英語資格方式
	成蹊·理工（コンピュータ科学）2教科全学統一
	東京電機·未来科学（建築）前期英語外部
	東京電機·工（情報通信工）前期
	東京電機·工（情報通信工）前期英語外部
	東京都市·理工（応用化学）前期
	東京都市·情報工（情報科学）前期
	東京都市·情報工（情報科学）中期
	東京都市·情報工（知能情報工）前期
	東京都市·建築都市デザイン（建築）前期
	東洋·理工（建築）前期3教科②
	日本·理工（建築）A個別方式
	日本·理工（建築）N全学第1期
	日本·理工（海洋建築工）N全学第1期
	日本·理工（応用情報工）N全学第1期
	日本女子·建築デザイン（建築デザイン）個別3教科
	法政·デザイン工（都市環境デザイン工）A方式
	法政·理工（機械－機械工学）A方式

ボーダー偏差値	大 学・学 部（学 科） 日程方式
52.5	法政·理工（機械－機械工学）T日程
	法政·理工（電気電子工）A方式
	法政·生命科学（環境応用化学）A方式
	中京·工（情報工）前期A2教科型
	中京·工（情報工）前期M2教科型
	名城·情報工（情報工）A方式
	立命館·理工（電子情報工）全学統一理系
	立命館·理工（電子情報工）学部個別理科1
	立命館·生命科学（生物工）全学統一理系
	立命館·生命科学（生物工）学部個別理科1
	立命館·生命科学（生物工）学部個別理科2
	関西·環境都市工（都市システム工）3教科理1科目
	関西·環境都市工（都市システム工）3教科理2科目
	関西·環境都市工（都市システム工）3教科理科設問
	関西·環境都市工（都市システム工）3教科理数重視
	関西·環境都市工（エネルギー環境·化学工）3教科理1科目
	関西·環境都市工（エネルギー環境·化学工）3教科理2科目
	関西·環境都市工（エネルギー環境·化学工）3教科理科設問
	関西·環境都市工（エネルギー環境·化学工）3教科理数重視
	関西·化学生命工（化学·物質工）3教科理1科目
	関西·化学生命工（化学·物質工）3教科理2科目
	関西·化学生命工（化学·物質工）3教科理科設問
	関西·化学生命工（化学·物質工）3教科理数重視
	関西·化学生命工（生命·生物工）3教科理1科目
	関西·化学生命工（生命·生物工）3教科理2科目
	関西·化学生命工（生命·生物工）3教科理科設問
	関西·化学生命工（生命·生物工）3教科理数重視
	関西·システム理工（機械工）3教科理2科目
	関西·システム理工（機械工）3教科理科設問
	関西·システム理工（機械工）3教科理数重視
	関西·システム理工（電気電子情報工）3教科理科設問
	近畿·建築（建築）前期A日程
	関西学院·工（物質工学）英数日程
	関西学院·工（電気電子応用工学）英数日程
	関西学院·工（情報工学）全学部均等配点
	関西学院·工（知能·機械工学）全学部数理重視
	関西学院·工（知能·機械工学）全学部均等配点
	関西学院·建築（建築）全学部均等配点
	関西学院·建築（建築）英数日程
50	千葉工業·工（情報通信システム工）B日程
	千葉工業·創造工（建築）B日程
	千葉工業·先進工（知能メディア工）B日程
	千葉工業·情報変革科学（情報工）A日程
	千葉工業·情報変革科学（認知情報科学）B日程
	千葉工業·情報変革科学（高度応用情報科学）B日程
	北里·未来工（データサイエンス）
	共立女子·建築·デザイン（建築·デザイン）2月個別学力
	共立女子·建築·デザイン（建築·デザイン）2月外部英語
	共立女子·建築·デザイン（建築·デザイン）全学統一方式
	工学院·先進工（先進工学部大学院接続）英語外部試験
	芝浦工業·工（物質－環境·物質工学）前期日程
	芝浦工業·工（物質－環境·物質工学）英語資格方式
	芝浦工業·工（電気－先端電子工学）英語資格方式
	芝浦工業·工（土木－都市·環境）全学統一日程
	芝浦工業·工（土木－都市·環境）英語資格方式
	芝浦工業·システム理工（機械制御システム）前期日程
	芝浦工業·システム理工（機械制御システム）全学統一日程
	芝浦工業·システム理工（機械制御システム）英語資格方式
	芝浦工業·システム理工（環境システム）前期日程
	芝浦工業·システム理工（生命－生命医工学）全学統一日程
	成蹊·理工（データ数理）2教科全学統一
	成蹊·理工（コンピュータ科学）3教科学部個別
	成蹊·理工（機械システム）2教科全学統一
	成蹊·理工（電気電子）2教科全学統一
	拓殖·工（情報工）全国
	玉川·工（ソフトウェアサイエンス）全学統一
	東京電機·工（応用化学）前期
	東京電機·工（応用化学）前期英語外部
	東京電機·システムデザイン工（デザイン工）前期
	東京電機·システムデザイン工（デザイン工）情報系外部

私立
工学系

ボーダー偏差値	大学・学部（学科）日程方式
50	東京電機·理工（情報システムデザイン学系）前期
	東京電機·理工（情報システムデザイン学系）前期英語外部
	東京都市·理工（機械システム工）前期
	東京都市·理工（電気電子通信工）前期
	東京都市·理工（電気電子通信工）中期
	東京都市·理工（応用化学）中期
	東京都市·情報工（知能情報工）中期
	東京都市·建築都市デザイン（建築）中期
	東洋·理工（電気電子情報工）前期３教科①
	東洋·理工（電気電子情報工）前期３教科②
	東洋·理工（電気電子情報工）前期３教科③
	東洋·理工（建築）前期３教科英語
	東洋·理工（建築）前期３教科数学
	東洋·理工（建築）前期３教科理科
	東洋·理工（建築）前期３教科①
	東洋·理工（建築）前期３教科③
	日本·理工（海洋建築工）Ａ個別方式
	日本·理工（応用情報工）Ａ個別方式
	武蔵野·工（数理工）全学部統一
	武蔵野·工（建築デザイン）全学部統一
	中京·工（機械システム工）前期Ａ３教科型
	中京·工（機械システム工）前期Ａ２教科型
	中京·工（機械システム工）前期Ｍ３教科型
	中京·工（機械システム工）前期Ｍ２教科型
	中京·工（電気電子工）前期Ａ２教科型
	中京·工（電気電子工）前期Ｍ３教科型
	中京·工（電気電子工）前期Ｍ２教科型
	中京·工（情報工）前期Ａ３教科型
	中京·工（情報工）前期Ｍ３教科型
	名城·理工（電気電子工）Ａ方式
	名城·理工（応用化学）Ａ方式
	名城·理工（機械工）Ａ方式
	名城·理工（建築）Ａ方式
	立命館·理工（電気電子工）全学統一理系
	立命館·理工（電気電子工）学部個別理科１
	立命館·理工（電気電子工）学部個別理科２
	立命館·理工（電子情報工）学部個別理科２
	立命館·理工（機械工）全学統一理系
	立命館·理工（機械工）学部個別理科１
	立命館·理工（機械工）学部個別理科２
	立命館·理工（ロボティクス）全学統一理系
	立命館·理工（ロボティクス）学部個別理科１
	立命館·理工（ロボティクス）学部個別理科２
	立命館·理工（環境都市工）全学統一理系
	立命館·理工（環境都市工）学部個別理科１
	立命館·理工（環境都市工）学部個別理科２
	関西·システム理工（機械工）３教科理１科目
	関西·システム理工（電気電子情報工）3教科理2科目
	近畿·建築（建築）前期Ｂ日程
	近畿·理工（生命科学）前期Ａ日程
	近畿·理工（生命科学）前期Ｂ日程
	近畿·理工（機械工）前期Ａ日程
	近畿·理工（電気電子通信工）前期Ａ日程
	近畿·理工（電気電子通信工）前期Ｂ日程
	関西学院·工（物質工学）全学部数理重視
	関西学院·工（物質工学）全学部均等配点
	関西学院·工（電気電子応用工学）全学部均等配点
	関西学院·工（電気電子応用工学）全学部数理重視
	関西学院·生命環境（環境応用化学）全学部数理重視
	関西学院·生命環境（環境応用化学）全学部均等配点
	武庫川女子·建築（建築）Ｂ２科目同一
47.5	千葉工業·工（機械工）Ｂ日程
	千葉工業·工（情報通信システム工）Ａ日程
	千葉工業·創造工（建築）Ａ日程
	千葉工業·創造工（デザイン科学）Ｂ日程
	千葉工業·先進工（未来ロボティクス）Ｂ日程
	千葉工業·先進工（知能メディア工）Ａ日程
	千葉工業·情報変革科学（認知情報科学）Ａ日程
	千葉工業·情報変革科学（高度応用情報科学）Ａ日程
	芝浦工業·工（土木－都市·環境）前期日程

ボーダー偏差値	大学・学部（学科）日程方式
47.5	成蹊·理工（データ数理）３教科学部個別
	成蹊·理工（機械システム）３教科学部個別
	成蹊·理工（電気電子）３教科学部個別
	成蹊·理工（応用化学）３教科学部個別
	成蹊·理工（応用化学）２教科全学統一
	拓殖·工（情報工）２月前期
	東海·情報理工（情報科学）理系学部統一
	東海·情報理工（情報メディア）一般
	東海·建築都市（建築）文理併学部統一
	東海·海洋〈静岡〉（海洋－航海学）一般
	東海·海洋〈静岡〉（海洋－航海学）理系学部統一
	東京電機·未来科学（ロボット·メカトロニクス）前期
	東京電機·未来科学（ロボット·メカトロニクス）前期英語外部
	東京電機·未来科学（ロボット·メカトロニクス）情報系外部
	東京電機·工（電子システム工）前期英語外部
	東京電機·工（機械工）前期
	東京電機·工（機械工）前期英語外部
	東京電機·工（先端機械工）前期英語外部
	東京電機·システムデザイン工（デザイン工）前期英語外部
	東京電機·理工（情報システムデザイン学系）情報系外部
	東京電機·理工（機械工学系）前期
	東京電機·理工（機械工学系）前期英語外部
	東京電機·理工（電子情報·生体医工学系）前期英語外部
	東京電機·理工（電子情報·生体医工学系）情報系外部
	東京電機·理工（建築·都市環境学系）前期
	東京電機·理工（建築·都市環境学系）前期英語外部
	東京都市·理工（機械工）前期
	東京都市·理工（機械工）中期
	東京都市·理工（機械システム工）中期
	東京都市·理工（医用工）前期
	東京都市·理工（医用工）中期
	東京都市·建築都市デザイン（都市工）前期
	東洋·理工（機械工）前期３理科②
	東洋·理工（機械工）前期３教科①
	東洋·理工（機械工）前期３教科②
	東洋·理工（応用化学）前期３理科①
	東洋·理工（応用化学）前期３理科②
	東洋·理工（都市環境デザイン）前期３教科数学
	日本·理工（まちづくり工）Ａ個別方式
	日本·理工（まちづくり工）Ｎ全学第１期
	日本·理工（機械工）Ｎ全学第１期
	日本·理工（航空宇宙工）Ｎ全学第１期
	日本·理工（電気工）Ｎ全学第１期
	日本·理工（電子工）Ｎ全学第１期
	明星·建築（建築）２教科型
	神奈川·工（電気電子情報工）Ｂ方式
	神奈川·建築（建築）Ａ方式
	神奈川·建築（都市生活）Ａ方式文系
	神奈川·化学生命（応用化学）Ａ方式
	神奈川·化学生命（応用化学）Ｂ方式
	神奈川·化学生命（生命機能）Ａ方式
	神奈川·化学生命（生命機能）Ｂ方式
	中京·工（電気電子工）前期Ａ３教科型
	中京·工（メディア工）前期Ａ２教科型
	中京·工（メディア工）前期Ｍ２教科型
	中部·工（情報工）前期ＢＭ方式
	名城·理工（メカトロニクス工）Ａ方式
	名城·理工（環境創造工）Ａ方式
	京都産業·情報理工（情報理工）３科目型
	京都産業·情報理工（情報理工）２科目型
	龍谷·先端理工（電子情報通信）前高得点重視
	龍谷·先端理工（機械工学·ロボティクス）前高得点重視
	大阪工業·工（建築）前期Ａ日程
	大阪工業·工（建築）前期Ｂ日程
	大阪工業·ロボティクス&デザイン工（空間デザイン）前期Ａ日程
	大阪工業·ロボティクス&デザイン工（空間デザイン）前期Ｂ日程
	大阪工業·情報科学（情報知能）前期Ｂ日程
	大阪工業·情報科学（情報システム）前期Ａ日程
	大阪工業·情報科学（情報システム）前期Ｂ日程
	大阪工業·情報科学（情報メディア）前期Ａ日程

ボーダー偏差値	大学・学部（学科）日程方式
47.5	大阪工業・情報科学（情報メディア）前期Ｂ日程
	大阪工業・情報科学（ネットワークデザイン）前期Ｂ日程
	近畿・工〈広島〉（情報）前期Ａ日程
	近畿・工〈広島〉（情報）前期Ｂ日程
	近畿・工〈広島〉（建築）前期Ａ日程
	近畿・工〈広島〉（建築）前期Ｂ日程
	近畿・理工（応用化学）前期Ａ日程
	近畿・理工（応用化学）前期Ｂ日程
	近畿・理工（機械工）前期Ｂ日程
	近畿・理工（社会環境工）前期Ａ日程
	近畿・理工（社会環境工）前期Ｂ日程
	近畿・理工（エネルギー物質）前期Ａ日程
	近畿・産業理工〈福岡〉（建築・デザイン）前期Ａ日程
	近畿・産業理工〈福岡〉（情報）前期Ａ日程
	甲南・知能情報（知能情報）前期３教科
	甲南・知能情報（知能情報）前期２教科
	甲南・知能情報（知能情報）中期３教科
45	千葉工業・工（機械工）Ａ日程
	千葉工業・工（機械電子創成工）Ｂ日程
	千葉工業・工（電気電子工）Ｂ日程
	千葉工業・工（応用化学）Ｂ日程
	千葉工業・創造工（都市環境工）Ｂ日程
	千葉工業・創造工（デザイン科学）Ａ日程
	千葉工業・先進工（未来ロボティクス）Ａ日程
	千葉工業・未来変革科学（経営デザイン科学）Ｂ日程
	麗澤・工（情報システム工学）前期３科目型
	麗澤・工（情報システム工学）前期ベスト２
	桜美林・航空・マネジメント（航空－フライト・オペレーション）
	東海・情報理工（情報科学）一般
	東海・建築都市（建築）一般
	東京電機・工（電気電子工）前期
	東京電機・工（電気電子工）前期英語外部
	東京電機・工（電子システム工）前期
	東京電機・工（先端機械工）前期
	東京電機・工第二部（電気電子工）
	東京電機・工第二部（機械工）
	東京電機・工第二部（情報通信工）
	東京電機・理工（電子情報・生体医工学系）前期
	東京都市・理工（原子力安全工）前期
	東京都市・理工（原子力安全工）中期
	東京都市・建築都市デザイン（都市工）中期
	東洋・理工（機械工）前期３数学①
	東洋・理工（機械工）前期３数学②
	東洋・理工（機械工）前期３教科③
	東洋・理工（機械工）前期３理科①
	東洋・理工（電気電子情報工）前期３教科数学
	東洋・理工（応用化学）前期３教科①
	東洋・理工（応用化学）前期３教科②
	東洋・理工（応用化学）前期３教科③
	東洋・理工（都市環境デザイン）前期３教科①
	東洋・理工（都市環境デザイン）前期３教科②
	東洋・理工（都市環境デザイン）前期３教科③
	東洋・生命科学（生体医工）前期３教科①
	東洋・生命科学（生体医工）前期３教科②
	東洋・生命科学（生体医工）前期３教科③
	東洋・生命科学（生体医工）前期３理科①
	東洋・生命科学（生体医工）前期３理科②
	東洋・生命科学（生体医工）前期３理科③
	日本・生産工（マネジメント工）Ａ個別第２期
	日本・生産工（数理情報工）Ａ個別第２期
	日本・生産工（数理情報工）Ｎ全学第１期
	日本・生産工（創生デザイン）Ａ個別第２期
	日本・理工（交通システム工）Ｎ全学第１期
	日本・理工（機械工）Ａ個別方式
	日本・理工（精密機械工）Ｎ全学第１期
	日本・理工（航空宇宙工）Ａ個別方式
	日本・理工（電気工）Ａ個別方式
	日本・理工（電子工）Ａ個別方式
	日本・理工（物質応用化学）Ａ個別方式
	日本・理工（物質応用化学）Ｎ全学第１期

ボーダー偏差値	大学・学部（学科）日程方式
45	武蔵野・工（サステナビリティ）全学部統一
	武蔵野・工（建築デザイン）Ａ日程理系
	明星・建築（建築）３教科型
	明星・建築（建築）検定＋１教科型
	明星・理工（機械工学）２教科型
	神奈川・工（機械工）Ａ方式
	神奈川・工（機械工）Ｂ方式
	神奈川・工（電気電子情報工）Ａ方式
	神奈川・建築（都市生活）Ａ方式理系
	神奈川・情報（先端情報領域）Ａ方式
	中京・工（メディア工）前期Ａ３教科型
	中京・工（メディア工）前期Ｍ３教科型
	中部・工（建築）前期ＢＭ方式
	中部・工（情報工）前期ＡＭ方式
	南山・理工（ソフトウェア工）
	南山・理工（ソフトウェア工）全学統一個別型
	南山・理工（電子情報工）
	南山・理工（電子情報工）全学統一個別型
	南山・理工（機械システム工）
	南山・理工（機械システム工）全学統一個別型
	名城・理工（材料機能工）Ａ方式
	名城・理工（交通機械工）Ａ方式
	名城・理工（社会基盤デザイン工）Ａ方式
	龍谷・先端理工（知能情報メディア）前スタンダード
	龍谷・先端理工（知能情報メディア）前高得点重視
	龍谷・先端理工（知能情報メディア）中スタンダード
	龍谷・先端理工（知能情報メディア）中高得点重視
	龍谷・先端理工（電子情報通信）前スタンダード
	龍谷・先端理工（電子情報通信）中スタンダード
	龍谷・先端理工（電子情報通信）中高得点重視
	龍谷・先端理工（機械工学・ロボティクス）中スタンダード
	龍谷・先端理工（機械工学・ロボティクス）中高得点重視
	龍谷・先端理工（応用化学）前高得点重視
	龍谷・先端理工（環境生態工学）前高得点重視
	大阪工業・工（都市デザイン工）前期Ａ日程
	大阪工業・工（環境工）前期Ｂ日程
	大阪工業・工（生命工）前期Ａ日程
	大阪工業・工（生命工）前期Ｂ日程
	大阪工業・ロボティクス＆デザイン工（ロボット工）前期Ａ日程
	大阪工業・情報科学（情報知能）前期Ａ日程
	近畿・工〈広島〉（電子情報工）前期Ａ日程
	近畿・工〈広島〉（電子情報工）前期Ｂ日程
	近畿・理工（エネルギー物質）前期Ｂ日程
	近畿・産業理工〈福岡〉（建築・デザイン）前期Ｂ日程
	近畿・産業理工〈福岡〉（情報）前期Ｂ日程
	摂南・理工（建築）前期３科目型
	摂南・理工（建築）前期２科目型
	摂南・理工（建築）中期２科目型
	摂南・理工（都市環境工）前期２科目型
	武庫川女子・建築（建築）Ａ３科目同一
	福岡・工（電子情報工）系統別
	福岡・工（建築）前期
	福岡・工（建築）系統別
42.5	東北学院・工（機械知能工）前期Ａ日程
	東北学院・工（機械知能工）前期Ｂ日程
	東北学院・工（電気電子工）前期Ａ日程
	東北学院・工（電気電子工）前期Ｂ日程
	東北学院・工（環境建設工）前期Ａ日程
	東北学院・工（環境建設工）前期Ｂ日程
	千葉工業・工（機械電子創成工）Ａ日程
	千葉工業・工（先端材料工）Ｂ日程
	千葉工業・工（電気電子工）Ａ日程
	千葉工業・工（応用化学）Ａ日程
	千葉工業・創造工（都市環境工）Ａ日程
	千葉工業・先進工（生命科学）Ｂ日程
	千葉工業・未来変革科学（経営デザイン科学）Ａ日程
	麗澤・工（ロボティクス）前期３科目型
	麗澤・工（ロボティクス）前期ベスト２
	拓殖・工（デザイン）全国
	拓殖・工（デザイン）２月前期

私立 工学系

ボーダー偏差値	大学・学部（学科）日程方式
42.5	玉川・工（デザインサイエンス）全学統一
	玉川・工（情報通信工）全学統一
	玉川・工（マネジメントサイエンス）全学統一
	東海・工（航空－航空宇宙学）理系学部統一
	東海・工（機械工）理系学部統一
	東海・工（電気電子工）理系学部統一
	東海・工（生物工）理系学部統一
	東海・情報理工（コンピュータ応用工）一般
	東海・情報理工（情報メディア）理系学部統一
	東海・情報通信（情報通信）一般
	東海・情報通信（情報通信）理系学部統一
	日本・工〈福島〉（建築）Ａ個別方式
	日本・工〈福島〉（建築）Ｎ全学第１期
	日本・工〈福島〉（生命応用化学）Ｎ全学第１期
	日本・生産工（建築工）Ａ個別第１期
	日本・生産工（建築工）Ａ個別第２期
	日本・生産工（建築工）Ｎ全学第１期
	日本・生産工（マネジメント工）Ａ個別第１期
	日本・生産工（マネジメント工）Ｎ全学第１期
	日本・生産工（数理情報工）Ａ個別第１期
	日本・生産工（環境安全工）Ａ個別第２期
	日本・生産工（環境安全工）Ｎ全学第１期
	日本・生産工（創生デザイン）Ａ個別第１期
	日本・生産工（創生デザイン）Ｎ全学第１期
	日本・理工（土木工）Ａ個別方式
	日本・理工（土木工）Ｎ全学第１期
	日本・理工（交通システム工）Ａ個別方式
	日本・理工（精密機械工）Ａ個別方式
	武蔵野・工（サステナビリティ）A日程理系
	明星・建築（建築）４教科型
	明星・理工（機械工学）３教科型
	明星・理工（機械工学）検定＋１教科型
	明星・理工（電気工学）２教科型
	神奈川・工（経営工）Ａ方式
	神奈川・工（経営工）Ｂ方式
	神奈川・工（応用物理）Ａ方式
	神奈川・工（応用物理）Ｂ方式
	神奈川・情報（システム数理）Ａ方式
	愛知淑徳・創造表現（建築・インテリアデザイン）前期2教科
	中部・工（機械工）前期Ａ方式
	中部・工（建築）前期Ａ方式
	中部・工（建築）前期ＡＭ方式
	中部・工（応用化学）前期ＡＭ方式
	中部・工（応用化学）前期ＢＭ方式
	中部・工（情報工）前期Ａ方式
	中部・工（電気電子システム工）前期Ａ方式
	中部・理工（ＡＩロボティクス）前期Ａ方式
	中部・理工（ＡＩロボティクス）前期ＡＭ方式
	中部・理工（宇宙航空）前期Ａ方式
	龍谷・先端理工（機械工学・ロボティクス）前スタンダード
	龍谷・先端理工（応用化学）前スタンダード
	龍谷・先端理工（応用化学）中スタンダード
	龍谷・先端理工（応用化学）中高得点重視
	龍谷・先端理工（環境生態工学）前スタンダード
	龍谷・先端理工（環境生態工学）中スタンダード
	龍谷・先端理工（環境生態工学）中高得点重視
	大阪工業・工（都市デザイン工）前期Ｂ日程
	大阪工業・工（機械工）前期Ａ日程
	大阪工業・工（機械工）前期Ｂ日程
	大阪工業・工（電気電子システム工）前期Ａ日程
	大阪工業・工（電気電子システム工）前期Ｂ日程
	大阪工業・工（電子情報システム工）前期Ａ日程
	大阪工業・工（電子情報システム工）前期Ｂ日程
	大阪工業・工（応用化学）前期Ａ日程
	大阪工業・工（応用化学）前期Ｂ日程
	大阪工業・工（環境工）前期Ａ日程
	大阪工業・ロボティクス＆デザイン工（ロボット工）前期B日程
	大阪工業・ロボティクス＆デザイン工（システムデザイン工）前期A日程
	大阪工業・ロボティクス＆デザイン工（システムデザイン工）前期B日程
	大阪工業・情報科学（ネットワークデザイン）前期Ａ日程

ボーダー偏差値	大学・学部（学科）日程方式
42.5	近畿・工〈広島〉（化学生命工）前期Ａ日程
	近畿・工〈広島〉（化学生命工）前期Ｂ日程
	近畿・工〈広島〉（機械工）前期Ａ日程
	近畿・工〈広島〉（機械工）前期Ｂ日程
	近畿・工〈広島〉（ロボティクス）前期Ａ日程
	近畿・工〈広島〉（ロボティクス）前期Ｂ日程
	近畿・生物理工〈和歌山〉（生物工）前期Ｂ日程
	近畿・生物理工〈和歌山〉（遺伝子工）前期Ａ日程
	近畿・生物理工〈和歌山〉（遺伝子工）前期Ｂ日程
	近畿・生物理工〈和歌山〉（医用工）前期Ａ日程
	近畿・生物理工〈和歌山〉（医用工）前期Ｂ日程
	近畿・産業理工〈福岡〉（生物環境化学）前期Ａ日程
	近畿・産業理工〈福岡〉（生物環境化学）前期Ｂ日程
	近畿・産業理工〈福岡〉（電気電子工）前期Ａ日程
	近畿・産業理工〈福岡〉（電気電子工）前期Ｂ日程
	摂南・理工（住環境デザイン）前期２科目型
	摂南・理工（都市環境工）中期２科目型
	摂南・理工（機械工）前期３科目型
	摂南・理工（機械工）前期２科目型
	摂南・理工（機械工）中期２科目型
	摂南・理工（電気電子工）前期３科目型
	摂南・理工（電気電子工）前期２科目型
	摂南・理工（電気電子工）中期２科目型
	武庫川女子・建築（景観建築）Ａ３科目同一
	武庫川女子・建築（景観建築）Ｂ２科目同一
	福岡・工（機械工）系統別
	福岡・工（電気工）系統別
	福岡・工（電子情報工）前期
	福岡・工（化学システム工）系統別
	福岡・工（社会デザイン工）系統別
40	千葉工業・工（先端材料工）Ａ日程
	千葉工業・先進工（生命科学）Ａ日程
	拓殖・工（機械システム工）全国
	拓殖・工（機械システム工）２月前期
	拓殖・工（電子システム工）２月前期
	拓殖・工（国際）２月前期
	東海・工（医工）理系学部統一
	東海・工（応用化学）理系学部統一
	東海・情報理工（コンピュータ応用工）理系学部統一
	東海・建築都市（土木工）理系学部統一
	東京工科・コンピュータサイエンス（先進情報）A日程
	東京工科・工（機械工）Ａ日程
	東京工科・工（電気電子工）Ａ日程
	東京工科・工（応用化学）Ａ日程
	日本・工〈福島〉（土木工）Ａ個別方式
	日本・工〈福島〉（土木工）Ｎ全学第１期
	日本・工〈福島〉（機械工）Ａ個別方式
	日本・工〈福島〉（機械工）Ｎ全学第１期
	日本・工〈福島〉（電気電子工）Ａ個別方式
	日本・工〈福島〉（電気電子工）Ｎ全学第１期
	日本・工〈福島〉（生命応用化学）Ａ個別方式
	日本・工〈福島〉（情報工）Ａ個別方式
	日本・工〈福島〉（情報工）Ｎ全学第１期
	日本・生産工（機械工）Ａ個別第１期
	日本・生産工（機械工）Ａ個別第２期
	日本・生産工（機械工）Ｎ全学第１期
	日本・生産工（電気電子工）Ａ個別第２期
	日本・生産工（電気電子工）Ｎ全学第１期
	日本・生産工（環境安全工）Ａ個別第１期
	武蔵野・工（数理工）A日程理系
	明星・理工（機械工学）４教科型
	明星・理工（電気工学）３教科型
	明星・理工（電気工学）検定＋１教科型
	関東学院・建築・環境（建築・環境）前期３科目
	関東学院・建築・環境（建築・環境）前期２科目
	関東学院・建築・環境（建築・環境）前期英語外部
	関東学院・建築・環境（建築・環境）中期３科目
	金沢工業・工（機械工）Ａ
	金沢工業・工（機械工）Ｂ
	金沢工業・工（ロボティクス）Ａ

ボーダー偏差値	大学・学部（学科）日程方式
40	金沢工業・工（ロボティクス）Ｂ
	金沢工業・工（情報工）Ａ
	金沢工業・工（情報工）Ｂ
	金沢工業・建築（建築）Ａ
	金沢工業・建築（建築）Ｂ
	愛知淑徳・人間情報（感性工学）前期２教科
	愛知淑徳・創造表現（建築・インテリアデザイン）前期3教科
	中部・工（機械工）前期ＡＭ方式
	中部・工（機械工）前期ＢＭ方式
	中部・工（都市建設工）前期ＡＭ方式
	中部・工（応用化学）前期Ａ方式
	中部・工（電気電子システム工）前期ＡＭ方式
	中部・理工（ＡＩロボティクス）前期ＢＭ方式
	近畿・生物理工〈和歌山〉（生物工）前期Ａ日程
	近畿・生物理工〈和歌山〉（生命情報工）前期Ａ日程
	近畿・生物理工〈和歌山〉（生命情報工）前期Ｂ日程
	近畿・生物理工〈和歌山〉（人間環境デザイン工）前期A日程
	近畿・生物理工〈和歌山〉（人間環境デザイン工）前期B日程
	近畿・産業理工〈福岡〉（経営ビジネス）前期Ａ日程
	近畿・産業理工〈福岡〉（経営ビジネス）前期Ｂ日程
	摂南・理工（住環境デザイン）前期３科目型
	摂南・理工（住環境デザイン）中期２科目型
	摂南・理工（都市環境工）前期３科目型
	福岡・工（機械工）前期
	福岡・工（電気工）前期
	福岡・工（化学システム工）前期
	福岡・工（社会デザイン工）前期
37.5	北海学園・工（建築）
	北海学園・工（電子情報工）
	北海学園・工（生命工）
	拓殖・工（電子システム工）全国
	帝京・理工〈栃木〉（航空－ヘリパイロット）
	東海・工（航空－航空宇宙学）一般
	東海・工（機械工）一般
	東海・工（機械システム工）一般
	東海・工（機械システム工）理系学部統一
	東海・工（電気電子工）一般
	東海・工（医工）一般
	東海・建築都市（土木工）一般
	東海・海洋〈静岡〉（海洋－海洋理工学）一般
	東海・海洋〈静岡〉（海洋－海洋理工学）理系学部統一
	日本・生産工（電気電子工）Ａ個別第１期
	日本・生産工（土木工）Ａ個別第１期
	日本・生産工（土木工）Ａ個別第２期
	日本・生産工（土木工）Ｎ全学第１期
	日本・生産工（応用分子化学）Ａ個別第２期
	日本・生産工（応用分子化学）Ｎ全学第１期
	武蔵野・工（サステナビリティ）Ａ文系・Ｂ日程
	明星・理工（電気工学）４教科型
	関東学院・理工（応用化学）前期３科目
	関東学院・理工（応用化学）前期２科目
	関東学院・理工（応用化学）前期英語外部
	関東学院・理工（応用化学）中期３科目
	関東学院・理工（表面工学）前期３科目
	関東学院・理工（表面工学）前期２科目
37.5	関東学院・理工（表面工学）前期英語外部
	関東学院・理工（表面工学）中期３科目
	関東学院・理工（先進機械）前期２科目
	関東学院・理工（先進機械）前期英語外部
	関東学院・理工（電気・電子）前期２科目
	関東学院・理工（電気・電子）前期英語外部
	関東学院・理工（電気・電子）中期３科目
	関東学院・理工（情報ネット・メディア）前期３科目
	関東学院・理工（情報ネット・メディア）前期２科目
	関東学院・理工（情報ネット・メディア）前期英語外部
	関東学院・理工（情報ネット・メディア）中期３科目
	関東学院・理工（土木・都市防災）前期３科目
	関東学院・理工（土木・都市防災）前期２科目
	関東学院・理工（土木・都市防災）前期英語外部
	関東学院・理工（土木・都市防災）中期３科目
	金沢工業・工（航空システム工）Ａ
	金沢工業・工（航空システム工）Ｂ
	金沢工業・工（環境土木工）Ａ
	金沢工業・工（環境土木工）Ｂ
	金沢工業・バイオ・化学（応用化学）Ａ
	金沢工業・バイオ・化学（応用化学）Ｂ
	金沢工業・バイオ・化学（応用バイオ）Ａ
	金沢工業・バイオ・化学（応用バイオ）Ｂ
	愛知淑徳・人間情報（感性工学）前期３教科
	中部・工（都市建設工）前期Ａ方式
	中部・工（都市建設工）前期ＢＭ方式
	中部・工（電気電子システム工）前期ＢＭ方式
	中部・理工（宇宙航空）前期ＡＭ方式
	中部・理工（宇宙航空）前期ＢＭ方式
35	北海学園・工（社会－社会環境）
	北海学園・工（社会－環境情報）
	帝京・理工〈栃木〉（機械・精密システム工）
	帝京・理工〈栃木〉（航空－航空宇宙工学）
	帝京・理工〈栃木〉（情報電子工）
	東海・工（生物工）一般
	東海・工（応用化学）一般
	東海・文理融合〈熊本〉（人間情報工）一般
	東海・文理融合〈熊本〉（人間情報工）文理併学部統一
	日本・生産工（応用分子化学）Ａ個別第１期
	神奈川工科・工（応用化学生物）Ａ日程
	神奈川工科・情報（情報工）Ａ日程
	神奈川工科・情報（情報ネットワーク・コミュニケーション）A日程
	神奈川工科・情報（情報メディア）Ａ日程
	神奈川工科・情報（情報システム）Ａ日程
	関東学院・理工（先進機械）前期３科目
	関東学院・理工（先進機械）中期３科目
	関東学院・理工（電気・電子）前期３科目
	関東学院・理工（健康科学・テクノロジー）前期3科目
	関東学院・理工（健康科学・テクノロジー）前期2科目
	関東学院・理工（健康科学・テクノロジー）前期英語外部
	関東学院・理工（健康科学・テクノロジー）中期3科目
	金沢工業・工（電気電子工）Ａ
	金沢工業・工（電気電子工）Ｂ
BF	神奈川工科・工（機械工）Ａ日程
	神奈川工科・工（電気電子情報工）Ａ日程

農学系

ボーダー偏差値	大学・学部（学科）日程方式
62.5	日本・生物資源科学（獣医）N全学第1期
	日本獣医生命科学・獣医（獣医）
	明治・農（農）全学部3科目
	明治・農（農）全学英語4技能
	明治・農（農芸化学）全学部3科目
	明治・農（生命科学）全学部3科目
	明治・農（生命科学）全学英語4技能
	明治・農（食料環境政策）全学部3科目
	明治・農（食料環境政策）全学英語4技能
60	日本・生物資源科学（獣医）A個別第2期
	明治・農（農芸化学）全学英語4技能
	明治・農（生命科学）学部別
	麻布・獣医（獣医）第Ⅰ期F日程
57.5	北里・獣医（獣医）
	日本・生物資源科学（獣医）A個別第1期
	法政・生命科学（応用植物科学）英語外部利用
	明治・農（農）学部別
	明治・農（農芸化学）学部別
	明治・農（食料環境政策）学部別
	麻布・獣医（獣医）第Ⅰ期B日程
55	法政・生命科学（応用植物科学）T日程
52.5	東京農業・応用生物科学（醸造科学）
	東京農業・生命科学（バイオサイエンス）
	日本・生物資源科学（バイオサイエンス）N全学第1期
	日本・生物資源科学（海洋生物）N全学第1期
	日本・生物資源科学（食品開発）N全学第1期
	日本・生物資源科学（獣医保健看護）N全学第1期
	法政・生命科学（応用植物科学）A方式
	名城・農（生物資源）A方式
	名城・農（応用生物化学）A方式
	近畿・農〈奈良〉（水産）前期A日程
	近畿・農〈奈良〉（水産）前期B日程
50	東海・海洋〈静岡〉（海洋生物）一般
	東海・海洋〈静岡〉（海洋生物）理系学部統一
	東京農業・農（動物科学）
	東京農業・農（生物資源開発）
	東京農業・応用生物科学（農芸化学）
	東京薬科・生命科学（応用生命科学）B方式
	日本・生物資源科学（動物）N全学第1期
	日本・生物資源科学（海洋生物）A個別第1期
	日本・生物資源科学（海洋生物）A個別第2期
	日本・生物資源科学（食品ビジネス）N全学第1期
	日本・生物資源科学（獣医保健看護）A個別第1期
	名城・農（生物環境科学）A方式
	近畿・農〈奈良〉（応用生命化学）前期A日程
47.5	北里・海洋生命科学（海洋生命科学）前後期
	東京農業・農（農）
	東京農業・国際食料情報（国際食農科学）
	東京農業・生命科学（分子生命化学）
	日本・生物資源科学（バイオサイエンス）A個別第1期
	日本・生物資源科学（バイオサイエンス）A個別第2期
	日本・生物資源科学（環境）N全学第1期
	日本・生物資源科学（食品開発）A個別第2期
	日本・生物資源科学（獣医保健看護）A個別第2期
	日本獣医生命科学・獣医（獣医保健看護）
	近畿・農〈奈良〉（農業生産科学）前期A日程
	近畿・農〈奈良〉（農業生産科学）前期B日程
	近畿・農〈奈良〉（応用生命化学）前期B日程
	近畿・農〈奈良〉（環境管理）前期A日程
	近畿・農〈奈良〉（生物機能科学）前期A日程
	近畿・農〈奈良〉（生物機能科学）前期B日程
45	北里・海洋生命科学（海洋生命科学）中期
	東京農業・農（デザイン農）
	東京農業・地域環境科学（森林総合科学）
	東京農業・生命科学（分子微生物）
	東京薬科・生命科学（応用生命科学）T方式
	日本・生物資源科学（動物）A個別第1期
	日本・生物資源科学（動物）A個別第2期

ボーダー偏差値	大学・学部（学科）日程方式
45	日本・生物資源科学（アグリサイエンス）A個別第2期
	日本・生物資源科学（アグリサイエンス）N全学第1期
	日本・生物資源科学（食品開発）A個別第1期
	日本・生物資源科学（食品ビジネス）A個別第1期
	日本・生物資源科学（食品ビジネス）A個別第2期
	日本・生物資源科学（国際共生）N全学第1期
	愛知・地域政策（食農環境）前期
	京都産業・生命科学（先端生命科学）3科目型
	京都産業・生命科学（先端生命科学）2科目型
	京都産業・生命科学（産業生命科学）3科目型文系
	京都産業・生命科学（産業生命科学）3科目型理系
	京都産業・生命科学（産業生命科学）2科目型
	龍谷・農（農）中理系型スタン
	龍谷・農（農）中理系型高得点
	龍谷・農（食料農業システム）前理系型高得点
	近畿・農〈奈良〉（環境管理）前期B日程
42.5	東海・農〈熊本〉（動物科学）理系学部統一
	東海・海洋〈静岡〉（水産）理系学部統一
	東京農業・地域環境科学（生産環境工）
	東京農業・地域環境科学（造園科学）
	東京農業・地域環境科学（地域創成科学）
	東京農業・生物産業〈北海道〉（海洋水産）
	東京農業・国際食料情報（国際農業開発）
	東京農業・国際食料情報（食料環境経済）
	東京農業・国際食料情報（アグリビジネス）
	日本・生物資源科学（森林）N全学第1期
	日本・生物資源科学（アグリサイエンス）A個別第1期
	日本・生物資源科学（国際共生）A個別第1期
	日本・生物資源科学（国際共生）A個別第2期
	麻布・獣医（獣医保健看護）第Ⅰ期
	愛知・地域政策（食農環境）M方式
	愛知・地域政策（食農環境）数学重視型入試
	龍谷・農（生命科学）前理系型スタン
	龍谷・農（生命科学）前理系型高得点
	龍谷・農（生命科学）中理系型高得点
	龍谷・農（農）前理系型スタン
	龍谷・農（農）前理系型高得点
	龍谷・農（食料農業システム）前文系型高得点
	龍谷・農（食料農業システム）中理系型スタン
	龍谷・農（食料農業システム）中理系型高得点
	龍谷・農（食料農業システム）中文系型スタン
	龍谷・農（食料農業システム）中文系型高得点
	摂南・農（農業生産）前期2科目型
	摂南・農（農業生産）中期2科目型
	摂南・農（応用生物科学）前期3科目型
	摂南・農（応用生物科学）前期2科目型
	摂南・農（応用生物科学）中期2科目型
40	玉川・農（環境農）全学統一
	玉川・農（先端食農）全学統一
	帝京平成・健康医療スポーツ（医療－動物医療）
	東海・農〈熊本〉（農）理系学部統一
	東海・生物〈北海道〉（海洋生物科学）理系学部統一
	東京工科・応用生物（応用生物）A日程
	東京農業・生物産業〈北海道〉（北方圏農）
	東京農業・生物産業〈北海道〉（食香粧化学）
	東京農業・生物産業〈北海道〉（自然資源経営）
	日本・生物資源科学（森林）A個別第1期
	日本・生物資源科学（森林）A個別第2期
	日本・生物資源科学（環境）A個別第1期
	日本・生物資源科学（環境）A個別第2期
	龍谷・農（生命科学）中理系型スタン
	龍谷・農（食料農業システム）前理系型スタン
	龍谷・農（食料農業システム）前文系型スタン
	近畿・生物理工〈和歌山〉（食品安全工）前期A日程
	近畿・生物理工〈和歌山〉（食品安全工）前期B日程
	摂南・農（農業生産）前期3科目型
	摂南・農（食農ビジネス）前期3科目型
	摂南・農（食農ビジネス）前期2科目型

ボーダー偏差値	大学・学部（学科）日程方式
40	摂南・農（食農ビジネス）中期２科目型
37.5	北里・獣医（生物環境科学）前期
	玉川・農（生産農）全学統一
	東海・農〈熊本〉（食生命科学）一般
	東海・生物〈北海道〉（生物）一般
	東海・生物〈北海道〉（生物）理系学部統一
	東海・生物〈北海道〉（海洋生物科学）一般
	東海・海洋〈静岡〉（水産）一般
35	北里・獣医（動物資源科学）前期

ボーダー偏差値	大学・学部（学科）日程方式
35	北里・獣医（動物資源科学）中期
	北里・獣医（生物環境科学）中期
	東海・農〈熊本〉（農）一般
	東海・農〈熊本〉（動物科学）一般
	東海・農〈熊本〉（食生命科学）理系学部統一
	麻布・獣医（動物応用科学）第Ⅰ期
BF	日本獣医生命科学・応用生命科学（動物科学）
	日本獣医生命科学・応用生命科学（食品科学）

医・歯・薬学系

ボーダー偏差値	大学・学部（学科）日程方式
72.5	慶應義塾・医（医）
70	順天堂・医（医）茨城県地域枠
	順天堂・医（医）静岡県地域枠
	順天堂・医（医）千葉県地域枠
	順天堂・医（医）新潟県地域枠
	順天堂・医（医）Ａ方式
	順天堂・医（医）東京都地域枠
	順天堂・医（医）埼玉県地域枠
	順天堂・医（医）Ｂ方式
	東京慈恵会医科・医（医）
	日本医科・医（医）前期
	日本医科・医（医〈地域枠〉）前期
67.5	昭和・医（医）Ⅰ期
	昭和・医（医）茨城県地域枠
	昭和・医（医）静岡県地域枠
	昭和・医（医）新潟県地域枠
	東邦・医（医）
65	国際医療福祉・医〈千葉〉（医）
	杏林・医（医）新潟県地域枠
	杏林・医（医）東京都地域枠
	杏林・医（医）
	帝京・医（医）
	帝京・医（医）特別地域枠
	東海・医（医）一般
	日本・医（医）Ｎ全学第１期
	近畿・医（医）大阪府地域枠
	近畿・医（医）静岡県地域枠
	近畿・医（医）奈良県地域枠
	近畿・医（医）前期Ａ日程
	近畿・医（医）和歌山県地域枠
62.5	北里・医（医）
	北里・医（医）相模原市枠
	慶應義塾・薬（薬）
	慶應義塾・薬（薬科学）
	福岡・医（医）系統別
60	東京理科・薬（薬）Ｂ方式
	東京理科・薬（薬）グローバル方式
	東京理科・薬（生命創薬科学）Ｂ方式
	東京理科・薬（生命創薬科学）グローバル方式
57.5	北里・薬（薬）
	立命館・薬（薬）全学統一理系
	立命館・薬（薬）学部個別理科１
	立命館・薬（薬）薬学方式
55	日本・歯（歯）Ｎ全学第１期
	北里・薬（生命創薬科学）
	立命館・薬（薬）学部個別理科２
	立命館・薬（創薬科学）全学統一理系

ボーダー偏差値	大学・学部（学科）日程方式
55	立命館・薬（創薬科学）学部個別理科１
	立命館・薬（創薬科学）学部個別理科２
	立命館・薬（創薬科学）薬学方式
	近畿・薬（医療薬）前期Ａ日程
	近畿・薬（医療薬）前期Ｂ日程
52.5	昭和・歯（歯）
	順天堂・薬（薬）Ａ日程
	日本・薬（薬）Ｎ全学第１期
	近畿・薬（創薬科学）前期Ａ日程
	近畿・薬（創薬科学）前期Ｂ日程
	福岡・薬（薬）前期
50	順天堂・薬（薬）Ｂ日程
	昭和・薬（薬）
	東京薬科・薬（薬）Ｂ方式
	東京薬科・薬（薬）Ｔ方式
	東邦・薬（薬）
	武蔵野・薬（薬）全学部統一
	名城・薬（薬）Ａ方式
	武庫川女子・薬（薬）Ａ２科目型
	福岡・薬（薬）前期理科重視型
	福岡・薬（薬）系統別
47.5	日本・歯（歯）Ａ個別方式
	日本・薬（薬）Ａ個別方式
	武蔵野・薬（薬）Ａ日程理系
	武庫川女子・薬（薬）Ａ３科目同一
	武庫川女子・薬（薬）Ｂ２科目同一
45	国際医療福祉・福岡薬（薬）前期
	国際医療福祉・成田薬（薬）前期
	愛知学院・薬（医療薬）前期Ａ
	愛知学院・薬（医療薬）中期
	同志社女子・薬（医療薬）前期３教科
	摂南・薬（薬）前期３科目型
	摂南・薬（薬）中期２科目型
	武庫川女子・薬（健康生命薬科学）Ａ２科目型
42.5	国際医療福祉・薬（薬）前期
	帝京平成・薬（薬）
	武庫川女子・薬（健康生命薬科学）Ｂ２科目同一
40	城西・薬（薬科学）Ａ日程
	帝京・薬（薬）
37.5	城西・薬（薬）Ａ日程
	愛知学院・歯（歯）前期Ａ
	愛知学院・歯（歯）中期
	神戸学院・薬（薬）前期
35	神戸学院・薬（薬）中期
BF	日本・松戸歯（歯）Ａ個別第１期
	日本・松戸歯（歯）Ｎ全学第１期

保健学系

ボーダー偏差値	大学·学部（学科）日程方式
62.5	早稲田·人間科学（健康福祉科学）文系方式
	早稲田·人間科学（健康福祉科学）理系方式
57.5	慶應義塾·看護医療（看護）
55	上智·総合人間科学（看護）ＴＥＡＰ利用
	武蔵野·看護（看護）全学部統一
	同志社女子·看護（看護）前期２教科
52.5	北里·看護（看護）
	杏林·保健（看護－看護学）
	駒澤·医療健康科学（診療放射線技術科学）Ｓ方式
	順天堂·医療科学（臨床検査）Ａ日程
	順天堂·医療科学（臨床検査）Ｂ日程
	順天堂·医療看護（看護）
	順天堂·保健看護〈静岡〉（看護）Ｂ日程
	帝京科学·医療科学（看護）
	中部·生命健康科学（理学療法）前期Ａ方式
	中部·生命健康科学（理学療法）前期ＡＭ方式
	同志社女子·看護（看護）前期３教科
	神戸女子·看護（看護）前期Ａ２科目型
	神戸女子·看護（看護）前期Ｂ２科目型
	福岡·医（看護）系統別
50	国際医療福祉·成田看護（看護）前期
	北里·医療衛生（医療工－診療放射線技術科学）
	杏林·保健（リハ－理学療法学）
	駒澤·医療健康科学（診療放射線技術科学）Ｔ方式
	順天堂·保健医療（理学療法）
	順天堂·保健医療（診療放射線）
	順天堂·医療科学（臨床工）Ｂ日程
	帝京·医療技術（看護）
	帝京·医療技術（診療放射線）
	帝京科学·医療科学（東京理学療法）
	東海·医（看護）一般
	東京慈恵会医科·医（看護）
	武蔵野·看護（看護）Ａ文系·Ｂ日程
	愛知淑徳·健康医療科学（医療－理学療法学）前期3教科
	愛知淑徳·健康医療科学（医療－理学療法学）前期2教科
	愛知淑徳·健康医療科学（医療－臨床検査学）前期3教科
	愛知淑徳·健康医療科学（医療－臨床検査学）前期2教科
	中部·生命健康科学（保健看護）前期Ａ方式
	中部·生命健康科学（保健看護）前期ＢＭ方式
	中部·生命健康科学（理学療法）前期ＢＭ方式
	摂南·看護（看護）前期２科目型
	摂南·看護（看護）中期２科目型
	神戸女子·看護（看護）前期Ｂ３科目型
	神戸女子·看護（看護）前期Ｃ２科目型
	神戸女子·看護（看護）前期Ｃ３科目型
	武庫川女子·看護（看護）Ａ２科目型
	武庫川女子·看護（看護）Ａ３科目同一
47.5	国際医療福祉·保健医療（看護）前期
	国際医療福祉·小田原保健医療（看護）前期
	北里·医療衛生（リハ－理学療法学）
	北里·健康科学〈新潟〉（看護）
	杏林·保健（看護－看護養護教育学）
	杏林·保健（診療放射線技術）
	順天堂·保健看護〈静岡〉（看護）Ａ日程
	昭和·保健医療（看護）
	昭和·保健医療（リハ－理学療法学）
	帝京平成·ヒューマンケア（看護）
	東京家政·健康科学（看護）統一地区
	愛知淑徳·健康医療科学（スポ－救急救命学）前期3教科
	愛知淑徳·健康医療科学（スポ－救急救命学）前期2教科
	佛教·保健医療技術（理学療法）Ａ日程３科目型
	佛教·保健医療技術（理学療法）Ａ日程２科目型
	佛教·保健医療技術（作業療法）Ａ日程３科目型
	佛教·保健医療技術（作業療法）Ａ日程２科目型
	佛教·保健医療技術（看護）Ａ日程３科目型
	佛教·保健医療技術（看護）Ａ日程２科目型
	摂南·看護（看護）前期３科目型
	武庫川女子·看護（看護）Ｂ２科目同一
47.5	福岡·医（看護）前期
45	国際医療福祉·成田保健医療（放射線·情報科学）前期
	北里·医療衛生（保健－環境保健学）
	北里·医療衛生（医療検査）
	北里·医療衛生（医療工－臨床工学）
	北里·医療衛生（リハ－言語聴覚療法学）
	共立女子·看護（看護）２月個別学力
	共立女子·看護（看護）２月外部英語
	共立女子·看護（看護）全学統一方式
	杏林·保健（救急救命）
	順天堂·医療科学（臨床工）Ａ日程
	帝京·医療技術（スポ－救急救命士）
	帝京科学·医療科学（理学療法）
	帝京平成·ヒューマンケア（鍼灸）
	帝京平成·健康メディカル（理学療法）
	東京家政·健康科学（リハ－理学療法学）統一地区
	東京工科·医療保健（看護）Ａ日程
	東邦·看護（看護）
	日本体育·保健医療（整復医療）
	文京学院·保健医療技術（看護）全学統一
	愛知学院·健康科学（健康科学）前期Ａ
	中部·生命健康科学（保健看護）前期ＡＭ方式
	中部·生命健康科学（作業療法）前期ＢＭ方式
	中部·生命健康科学（臨床工）前期Ａ方式
	中部·生命健康科学（臨床工）前期ＡＭ方式
	中部·生命健康科学（臨床工）前期ＢＭ方式
	神戸学院·総合リハビリテーション（理学療法）中期
42.5	国際医療福祉·保健医療（理学療法）前期
	国際医療福祉·保健医療（視機能療法）前期
	国際医療福祉·保健医療（放射線·情報科学）前期
	国際医療福祉·成田保健医療（理学療法）前期
	国際医療福祉·成田保健医療（作業療法）前期
	国際医療福祉·成田保健医療（言語聴覚）前期
	国際医療福祉·成田保健医療（医学検査）前期
	国際医療福祉·小田原保健医療（理学療法）前期
	淑徳·看護栄養（看護）Ａ
	杏林·保健（臨床検査技術）
	杏林·保健（リハ－作業療法学）
	杏林·保健（リハ－言語聴覚療法学）
	昭和·保健医療（リハ－作業療法学）
	大東文化·スポーツ·健康科学（看護）桐門の翼奨学金
	帝京·医療技術（臨床検査）
	帝京·福岡医療技術（診療放射線）
	帝京·福岡医療技術（医療－救急救命士）
	帝京科学·医療科学（作業療法）
	帝京平成·ヒューマンケア（柔道整復）
	東京家政·健康科学（リハ－作業療法学）統一地区
	東京家政·健康科学（リハ－理学療法学）１期
	東京工科·医療保健（リハ－理学療法学）Ａ日程
	東京工科·医療保健（リハ－言語聴覚学）Ａ日程
	東京工科·医療保健（臨床検査）Ａ日程
	東邦·健康科学（看護）Ａ
	東邦·健康科学（看護）Ｂ
	愛知学院·健康科学（健康科学）前期Ｍ
	愛知学院·健康科学（健康科学）中期
	愛知学院·健康科学（健康栄養）前期Ａ
	愛知学院·健康科学（健康栄養）中期
	愛知淑徳·健康医療科学（医療－言語聴覚学）前期2教科
	中部·生命健康科学（生命医科学）前期Ａ方式
	中部·生命健康科学（生命医科学）前期ＡＭ方式
	中部·生命健康科学（生命医科学）前期ＢＭ方式
	中部·生命健康科学（作業療法）前期Ａ方式
	中部·生命健康科学（作業療法）前期ＡＭ方式
	神戸学院·総合リハビリテーション（作業療法）前期3科目
40	国際医療福祉·保健医療（作業療法）前期
	国際医療福祉·福岡保健医療（看護）前期
	国際医療福祉·福岡保健医療（理学療法）前期
	国際医療福祉·福岡保健医療（作業療法）前期

ボーダー偏差値	大学・学部（学科）日程方式
40	国際医療福祉･福岡保健医療（医学検査）前期
	北里･医療衛生（リハ－作業療法学）
	北里･健康科学〈新潟〉（医療検査）
	杏林･保健（健康福祉）
	杏林･保健（臨床工）
	大東文化･スポーツ･健康科学（看護）一般Ａ
	大東文化･スポーツ･健康科学（看護）一般Ｂ
	大東文化･スポーツ･健康科学（看護）全学部統一
	帝京･福岡医療技術（看護）
	帝京･福岡医療技術（医療－臨床工学）
	帝京科学･生命環境（生命－臨床工学）
	帝京科学･医療科学（東京柔道整復）
	帝京平成･健康医療スポーツ（柔道整復）
	帝京平成･健康医療スポーツ（リハ－作業療法）
	帝京平成･健康医療スポーツ（リハ－理学療法）
	帝京平成･健康メディカル（作業療法）
	帝京平成･健康メディカル（医療－救急救命士）
	東京工科･医療保健（リハ－作業療法学）Ａ日程
	文京学院･保健医療技術（作業療法）全学統一
	文京学院･保健医療技術（看護）ⅠⅡ期
	関東学院･看護（看護）前期３科目
	関東学院･看護（看護）前期２科目
	関東学院･看護（看護）前期英語外部
	関東学院･看護（看護）中期３科目
	常葉･保健医療（理学療法）２教科型
	常葉･健康科学（看護）３教科型
	常葉･健康科学（静岡理学療法）３教科型
	愛知淑徳･健康医療科学（医療－言語聴覚学）前期3教科
	愛知淑徳･健康医療科学（医療－視覚科学）前期2教科
	神戸学院･総合リハビリテーション（理学療法）前期3科目
	神戸学院･総合リハビリテーション（理学療法）前期2科目
	神戸学院･総合リハビリテーション（作業療法）前期2科目
	神戸学院･総合リハビリテーション（作業療法）中期
37.5	国際医療福祉･赤坂心理･医療福祉マネジメント（医療マネジメント）前期
	国際医療福祉･保健医療（言語聴覚）前期
	国際医療福祉･小田原保健医療（作業療法）前期
	聖徳･看護（看護）
	北里･医療衛生（リハ－視覚機能療法学）
	帝京･医療技術（柔道整復）
	帝京･福岡医療技術（理学療法）
	帝京･福岡医療技術（作業療法）
	帝京科学･医療科学（柔道整復）
	帝京平成･健康医療スポーツ（医療－救急救命士）
	帝京平成･健康医療スポーツ（看護）
	東京工科･医療保健（臨床工）Ａ日程
	日本体育･保健医療（救急医療）
	文京学院･保健医療技術（理学療法）全学統一
	文京学院･保健医療技術（作業療法）ⅠⅡ期
	文京学院･保健医療技術（臨床検査）全学統一
	目白･保健医療（作業療法）Ａ日程
	目白･保健医療（作業療法）全学部統一
	目白･看護（看護）Ａ日程
	目白･看護（看護）全学部統一
	常葉･保健医療（理学療法）３教科型
	愛知淑徳･健康医療科学（医療－視覚科学）前期3教科
35	国際医療福祉･医療福祉（医療福祉･マネジメント）前期
	東京国際･医療健康（理学療法）全学Ⅰ期２
	東京国際･医療健康（理学療法）全学ⅡⅢ期２
	帝京･医療技術（視能矯正）
	帝京平成･健康メディカル（言語聴覚）
	帝京平成･健康メディカル（医療－臨床工学）
	東京家政･健康科学（看護）１期
	東京家政･健康科学（リハ－作業療法学）１期
	文京学院･保健医療技術（理学療法）ⅠⅡ期
	目白･保健医療（理学療法）Ａ日程
	目白･保健医療（理学療法）全学部統一
	目白･保健医療（言語聴覚）全学部統一
	麻布･生命･環境科学（臨床検査技術）第Ⅰ期
	神奈川工科･健康医療科学（看護）Ａ日程
	神奈川工科･健康医療科学（臨床工）Ａ日程
	常葉･保健医療（作業療法）３教科型
	常葉･健康プロデュース（健康柔道整復）３教科型
	常葉･健康プロデュース（健康柔道整復）２教科型
BF	文京学院･保健医療技術（臨床検査）ⅠⅡ期
	目白･保健医療（言語聴覚）Ａ日程
	常葉･保健医療（作業療法）２教科型
	常葉･健康プロデュース（健康鍼灸）３教科型
	常葉･健康プロデュース（健康鍼灸）２教科型

生活科学系

ボーダー偏差値	大学・学部（学科）日程方式
62.5	日本女子･家政（食物－管理栄養士）個別２教科
60	日本女子･家政（食物－食物学）個別２教科
	日本女子･家政（食物－管理栄養士）個別３教科
	日本女子･家政（食物－管理栄養士）英語外部利用型
57.5	日本女子･家政（食物－食物学）個別３教科
	日本女子･家政（食物－食物学）英語外部利用型
55	東京家政･栄養（管理栄養）統一地区
52.5	大妻女子･家政（食物－管理栄養士）Ａ方式Ⅰ期
	共立女子･家政（食物－管理栄養士）全学統一方式
	國學院･人間開発（子ども支援）Ａ日程３教科
	國學院･人間開発（子ども支援）Ａ日程得意科目
	國學院･人間開発（子ども支援）Ａ日程特色型
	昭和女子･食健康科学（管理栄養）Ａ日程
	昭和女子･食健康科学（健康デザイン）Ａ日程
	昭和女子･食健康科学（食安全マネジメント）Ａ日程
	昭和女子･環境デザイン（環境デザイン）Ａ日程
	東京農業･応用生物科学（栄養科学）
	日本女子･家政（児童）個別２教科
	日本女子･家政（児童）個別３教科
	日本女子･家政（児童）英語外部利用型
	日本女子･家政（家政経済）個別２教科
	日本女子･家政（家政経済）個別３教科
	日本女子･家政（家政経済）英語外部利用型
	京都女子･家政（食物栄養）前期Ｂ方式
	同志社女子･生活科学（人間生活）前期２教科
50	女子栄養･栄養（実践栄養）２期
	共立女子･家政（食物－管理栄養士）２月個別学力
	共立女子･家政（食物－管理栄養士）２月外部英語
	昭和女子･食健康科学（管理栄養）Ｂ日程
	昭和女子･食健康科学（健康デザイン）Ｂ日程
	昭和女子･食健康科学（食安全マネジメント）Ｂ日程
	昭和女子･環境デザイン（環境デザイン）Ｂ日程
	東京家政･栄養（栄養）統一地区
	東京家政･栄養（栄養）１期
	東京家政･栄養（管理栄養）１期
	東京農業･応用生物科学（食品安全健康）
	東洋･福祉社会デザイン（子ども支援）前期3国語①
	東洋･福祉社会デザイン（子ども支援）前期3国語②
	東洋･福祉社会デザイン（子ども支援）前期3教科①
	東洋･福祉社会デザイン（子ども支援）前期3教科②
	東洋･福祉社会デザイン（子ども支援）前期４教科
	日本女子･家政（被服）個別２教科
	日本女子･家政（被服）個別３教科
	日本女子･家政（被服）英語外部利用型
	京都女子･家政（食物栄養）前期Ａ方式
	京都女子･家政（生活造形）前期Ｂ方式
	同志社女子･生活科学（人間生活）前期３教科
	同志社女子･生活科学（食物－管理栄養士）前期3教科
	近畿･農〈奈良〉（食品栄養）前期Ａ日程
	近畿･農〈奈良〉（食品栄養）前期Ｂ日程

ボーダー偏差値	大学・学部（学科）日程方式
47.5	女子栄養·栄養（保健－栄養科学）２期
	大妻女子·家政（児童－児童学）Ａ方式Ⅰ期
	実践女子·生活科学（食生活－管理栄養士）Ⅰ期2科目型
	実践女子·生活科学（食生活－管理栄養士）Ⅰ期3科目型
	実践女子·生活科学（食生活－管理栄養士）Ⅱ期
	実践女子·生活科学（食生活－健康栄養）Ⅰ期2科目型
	実践女子·生活科学（生活－幼児保育）Ⅰ期２科目型
	実践女子·生活科学（生活－幼児保育）Ⅰ期３科目型
	東京都市·人間科学（人間科学）前期
	東京都市·人間科学（人間科学）中期
	東洋·福祉社会デザイン（子ども支援）前期3教科③
	東洋·福祉社会デザイン（人間環境デザイン）前期3英国他①
	東洋·福祉社会デザイン（人間環境デザイン）前期3英国他②
	東洋·福祉社会デザイン（人間環境デザイン）前期4教科
	東洋·食環境科学（食環境科学）前期３理科①
	東洋·食環境科学（食環境科学）前期３理科②
	東洋·食環境科学（食環境科学）前期３文系①
	東洋·食環境科学（食環境科学）前期３文系②
	東洋·食環境科学（食環境科学）前期３文系③
	東洋·食環境科学（食環境科学）前期３文系④
	東洋·食環境科学（食環境科学）前期３理系①
	東洋·食環境科学（食環境科学）前期３理系②
	東洋·食環境科学（食環境科学）前期３理系③
	東洋·食環境科学（フードデータサイエンス）前期3数学①
	東洋·食環境科学（フードデータサイエンス）前期3数学②
	東洋·食環境科学（フードデータサイエンス）前期3文系①
	東洋·食環境科学（フードデータサイエンス）前期3文系②
	東洋·食環境科学（フードデータサイエンス）前期3文系③
	東洋·食環境科学（フードデータサイエンス）前期3文系④
	東洋·食環境科学（フードデータサイエンス）前期3理系①
	東洋·食環境科学（フードデータサイエンス）前期3理系②
	東洋·食環境科学（フードデータサイエンス）前期3理系③
	愛知淑徳·食健康科学（健康栄養）前期２教科
	京都女子·家政（生活造形）前期Ａ方式
	武庫川女子·食物栄養科学（食物栄養）Ａ２科目型
	武庫川女子·食物栄養科学（食物栄養）B2科目同一
	武庫川女子·生活環境（生活環境）Ａ２科目型
	武庫川女子·生活環境（生活環境）Ｂ２科目同一
45	大妻女子·家政（被服）Ａ方式Ⅰ期
	大妻女子·家政（食物－食物学）Ａ方式Ⅰ期
	共立女子·家政（被服）２月個別学力
	共立女子·家政（被服）２月外部英語
	共立女子·家政（食物－食物学）全学統一方式
	実践女子·生活科学（食生活－食物科学）Ⅰ期2科目型
	実践女子·生活科学（食生活－食物科学）Ⅰ期3科目型
	実践女子·生活科学（食生活－食物科学）Ⅱ期
	実践女子·生活科学（食生活－健康栄養）Ⅰ期3科目型
	実践女子·生活科学（食生活－健康栄養）Ⅱ期
	実践女子·生活科学（生活環境）Ⅰ期２科目型
	実践女子·生活科学（生活環境）Ⅰ期３科目型
	実践女子·生活科学（生活環境）Ⅱ期
	実践女子·生活科学（生活－生活心理）Ⅰ期２科目型
	実践女子·生活科学（生活－生活心理）Ⅰ期３科目型
	実践女子·生活科学（生活－幼児保育）Ⅱ期
	東京家政·児童（児童－児童学）統一地区
	東京家政·児童（児童－児童学）１期
	東洋·福祉社会デザイン（人間環境デザイン）前期3英数理
	東洋·食環境科学（健康栄養）前期３文系①
	東洋·食環境科学（健康栄養）前期３文系②
	東洋·食環境科学（健康栄養）前期３文系③
	東洋·食環境科学（健康栄養）前期３文系④
	東洋·食環境科学（健康栄養）前期３理科①
	東洋·食環境科学（健康栄養）前期３理科②
	東洋·食環境科学（健康栄養）前期３理科③
	東洋·食環境科学（健康栄養）前期３理系①
	東洋·食環境科学（健康栄養）前期３理系②
	東洋·食環境科学（健康栄養）前期３理系③
	東洋·健康スポーツ科学（栄養科学）前期３理系①
	東洋·健康スポーツ科学（栄養科学）前期３理系②
	東洋·健康スポーツ科学（栄養科学）前期３理系③

ボーダー偏差値	大学・学部（学科）日程方式
45	愛知淑徳·食健康科学（健康栄養）前期３教科
	愛知淑徳·食健康科学（食創造科学）前期２教科
	同志社女子·生活科学（食物－食物科学）前期3教科
	龍谷·農（食品栄養）前理系型高得点
	武庫川女子·食物栄養科学（食物栄養）A3科目同一
	武庫川女子·生活環境（生活環境）Ａ３科目同一
42.5	女子栄養·栄養（実践栄養）１期
	淑徳·看護栄養（栄養）Ａ
	大妻女子·家政（児童－児童教育）Ａ方式Ⅰ期
	大妻女子·家政（ライフデザイン）Ａ方式Ⅰ期
	共立女子·家政（被服）全学統一方式
	共立女子·家政（食物－食物学）２月個別学力
	共立女子·家政（食物－食物学）２月外部英語
	共立女子·家政（児童）２月個別学力
	共立女子·家政（児童）２月外部英語
	共立女子·家政（児童）全学統一方式
	実践女子·生活科学（生活－生活心理）Ⅱ期
	帝京平成·健康メディカル（健康栄養）
	東京家政·児童（児童－育児支援）統一地区
	東京家政·児童（初等教育）統一地区
	東洋·健康スポーツ科学（栄養科学）前期３文系①
	東洋·健康スポーツ科学（栄養科学）前期３文系②
	東洋·健康スポーツ科学（栄養科学）前期３文系③
	愛知淑徳·食健康科学（食創造科学）前期３教科
	龍谷·農（食品栄養）前理系型スタン
	龍谷·農（食品栄養）中理系型スタン
	龍谷·農（食品栄養）中理系型高得点
	摂南·農（食品栄養）前期３科目型
	摂南·農（食品栄養）前期２科目型
	摂南·農（食品栄養）中期２科目型
	神戸女子·家政（家政）前期Ｂ２科目型
	神戸女子·家政（管理栄養士養成）前期Ａ２科目型
	神戸女子·家政（管理栄養士養成）前期Ｂ２科目型
	神戸女子·家政（管理栄養士養成）前期Ｃ２科目型
	神戸女子·家政（管理栄養士養成）前期Ｃ３科目型
	武庫川女子·食物栄養科学（食創造科学）A2科目型
40	女子栄養·栄養（保健－栄養科学）１期
	実践女子·生活科学（現代生活）Ⅰ期２科目型
	実践女子·生活科学（現代生活）Ⅰ期３科目型
	東京家政·児童（児童－育児支援）１期
	東京家政·家政（服飾美術）統一地区
	東京家政·家政（服飾美術）１期
	東京家政·家政（環境共生）統一地区
	関東学院·栄養（管理栄養）前期２科目
	中部·応用生物（食品－管理栄養科学）前期BM方式
	神戸女子·家政（家政）前期Ａ２科目型
	神戸女子·家政（家政）前期Ｂ３科目型
	神戸女子·家政（家政）前期Ｃ2科目型
	神戸女子·家政（家政）前期Ｃ３科目型
	神戸女子·家政（管理栄養士養成）前期Ｂ３科目型
	武庫川女子·食物栄養科学（食創造科学）A３科目同一
	武庫川女子·食物栄養科学（食創造科学）B２科目同一
37.5	文教·健康栄養〈神奈川〉（管理栄養）Ａ日程
	文教·健康栄養〈神奈川〉（管理栄養）全国
	聖徳·人間栄養（人間栄養）
	実践女子·生活科学（現代生活）Ⅱ期
	関東学院·栄養（管理栄養）前期３科目
	関東学院·栄養（管理栄養）前期英語外部
	関東学院·栄養（管理栄養）中期３科目
	中部·応用生物（食品－管理栄養科学）前期Ａ方式
	中部·応用生物（食品－管理栄養科学）前期AM方式
	神戸学院·栄養（管理栄養学）前期２科目
	神戸学院·栄養（管理栄養学）前期３科目
	神戸学院·栄養（管理栄養学）中期
	神戸学院·栄養（臨床検査学）前期３科目
35	女子栄養·栄養（食文化栄養）１期
	女子栄養·栄養（食文化栄養）２期
	東京家政·児童（初等教育）１期
	常葉·保育（保育）３教科型
	常葉·健康プロデュース（健康栄養）３教科型

ボーダー偏差値	大学・学部（学科）日程方式
35	神戸学院・栄養（臨床検査学）前期２科目 神戸学院・栄養（臨床検査学）中期
BF	城西・薬（医療栄養）Ａ日程 東京家政・家政（環境共生）１期

ボーダー偏差値	大学・学部（学科）日程方式
BF	麻布・生命・環境科学（食品生命科学）第Ⅰ期 神奈川工科・健康医療科学（管理栄養）Ａ日程 常葉・健康プロデュース（こども健康）３教科型 常葉・健康プロデュース（こども健康）２教科型

芸術・スポーツ科学系

ボーダー偏差値	大学・学部（学科）日程方式
60	青山学院・文（比較芸術）全学部日程 立教・現代心理（映像身体）
57.5	日本・芸術（文芸）Ｎ全学第１期 日本・芸術（デザイン）Ｎ全学第１期 法政・スポーツ健康（スポーツ健康）Ｔ日程 法政・スポーツ健康（スポーツ健康）英語外部利用
55	成城・文芸（芸術）Ａ方式３教科型 成城・文芸（芸術）Ａ方式２教科型 成城・文芸（芸術）Ｓ方式 日本・芸術（写真）Ｎ全学第１期 日本・芸術（映画）Ｎ全学第１期 日本・芸術（音楽）Ｎ全学第１期 日本・芸術（演劇）Ｎ全学第１期 明治学院・文（芸術）Ａ日程 明治学院・文（芸術）全学３教科型 立教・スポーツウエルネス（スポーツウエルネス） 同志社・スポーツ健康科学（スポーツ健康科学）学部個別文系型 同志社・スポーツ健康科学（スポーツ健康科学）全学部日程文系 立命館・映像（映像）全学統一文系 立命館・映像（映像）学部個別文系 立命館・映像（映像）学部個別理科1 立命館・スポーツ健康科学（スポーツ健康科学）理系3教科 関西・人間健康（人間健康）３教科
52.5	國學院・人間開発（健康体育）Ａ日程３教科 國學院・人間開発（健康体育）Ａ日程得意科目 國學院・人間開発（健康体育）Ａ日程特色型 日本・芸術（美術）Ｎ全学第１期 日本・芸術（演劇）Ａ個別方式 法政・スポーツ健康（スポーツ健康）Ａ方式 中京・スポーツ科学（トレーナー）前期Ａ３教科型 中京・スポーツ科学（トレーナー）前期Ａ２教科型 中京・スポーツ科学（トレーナー）前期Ｍ３教科型 中京・スポーツ科学（トレーナー）前期Ｍ２教科型 中京・スポーツ科学（スポーツ教育）前期Ａ３教科型 中京・スポーツ科学（スポーツ教育）前期Ａ２教科型 中京・スポーツ科学（スポーツ教育）前期Ｍ３教科型 中京・スポーツ科学（スポーツ教育）前期Ｍ２教科型 同志社・スポーツ健康科学（スポーツ健康科学）学部個別理系型 同志社・スポーツ健康科学（スポーツ健康科学）全学部日程理系 立命館・スポーツ健康科学（スポーツ健康科学）全学統一文系 立命館・スポーツ健康科学（スポーツ健康科学）学部個別配点 関西・人間健康（人間健康）２教科英語外部 関西・人間健康（人間健康）３教科同一配点
50	東洋・健康スポーツ科学（健康スポーツ科学）前期3英語① 東洋・健康スポーツ科学（健康スポーツ科学）前期3英語② 東洋・健康スポーツ科学（健康スポーツ科学）前期3文系① 東洋・健康スポーツ科学（健康スポーツ科学）前期3文系② 東洋・健康スポーツ科学（健康スポーツ科学）前期3文系③ 東洋・健康スポーツ科学（健康スポーツ科学）前期3文系④ 東洋・健康スポーツ科学（健康スポーツ科学）前期3理系① 東洋・健康スポーツ科学（健康スポーツ科学）前期3理系② 日本・文理（体育）Ｎ全学第１期 日本・芸術（映画）Ａ個別方式 日本・芸術（音楽）Ａ個別方式 日本・芸術（文芸）Ａ個別方式 日本・芸術（放送）Ｎ全学第１期 中京・スポーツ科学（スポーツマネジメント）前期A3教科型 中京・スポーツ科学（スポーツマネジメント）前期A2教科型 中京・スポーツ科学（スポーツマネジメント）前期M3教科型 中京・スポーツ科学（スポーツマネジメント）前期M2教科型

ボーダー偏差値	大学・学部（学科）日程方式
50	中京・スポーツ科学（スポーツ健康科学）前期A3教科型 中京・スポーツ科学（スポーツ健康科学）前期A2教科型 中京・スポーツ科学（スポーツ健康科学）前期M3教科型 中京・スポーツ科学（スポーツ健康科学）前期M2教科型 中京・スポーツ科学（競技スポーツ科学）前期A3教科型 中京・スポーツ科学（競技スポーツ科学）前期A2教科型 中京・スポーツ科学（競技スポーツ科学）前期M3教科型 中京・スポーツ科学（競技スポーツ科学）前期M2教科型 近畿・文芸（芸術－舞台芸術）前期Ａ日程
47.5	玉川・芸術（音楽－音楽教育）全学統一 東海・教養（芸術）文理併学部統一 東京家政・家政（造形表現）統一地区（学） 東洋・健康スポーツ科学（健康スポーツ科学）前期4教科 日本・文理（体育）Ａ個別第１期 日本・芸術（デザイン）Ａ個別方式 日本・スポーツ科学（競技スポーツ）Ｎ全学第１期 京都産業・現代社会（健康スポーツ社会）２科目型 近畿・文芸（芸術－舞台芸術）前期Ｂ日程 近畿・文芸（芸術－造形芸術）前期Ａ日程 近畿・文芸（芸術－造形芸術）前期Ｂ日程
45	国士舘・体育（体育）デリバリー 国士舘・体育（スポーツ医科学）前期 国士舘・体育（スポーツ医科学）デリバリー 国士舘・体育（スポーツ医科学）中期 順天堂・スポーツ健康科学（スポーツ健康科学）基本方式 大東文化・スポーツ・健康科学（スポーツ科学）桐門の翼奨学金 玉川・芸術（音楽－演奏・創作）全学統一 玉川・芸術（音楽－音楽教育）地域創生教員 東海・体育（体育）文理併学部統一 東海・体育（生涯スポーツ）文理併学部統一 東海・体育（スポーツ・レジャーマネジメント）文理併学部統一 日本体育・体育（体育） 日本体育・スポーツマネジメント（スポーツマネジメント） 日本・芸術（写真）Ａ個別方式 日本・芸術（美術）Ａ個別方式 日本・芸術（放送）Ａ個別方式 明星・デザイン（デザイン）２教科型 愛知・地域政策（健康・スポーツ）前期 愛知淑徳・健康医療科学（スポーツ・健康科学）前期2教科 中部・生命健康科学（スポーツ保健医療）前期BM方式 京都産業・現代社会（健康スポーツ社会）３科目型 武庫川女子・健康・スポーツ科学（健康・スポーツ科学）B2科目同一 武庫川女子・健康・スポーツ科学（スポーツマネジメント）A2科目型 福岡・スポーツ科学（スポーツ科学）系統別 福岡・スポーツ科学（健康運動科学）系統別
42.5	大正・表現（メディア表現）２科目方式 大正・表現（メディア表現）３科目方式 大東文化・スポーツ・健康科学（スポーツ科学）一般 大東文化・スポーツ・健康科学（スポーツ科学）全学部統一 大東文化・スポーツ・健康科学（健康科学）桐門の翼奨学金 玉川・芸術（アート－美術教育）全学統一 玉川・芸術（アート－美術教育）地域創生教員 玉川・芸術（演劇・舞踊）全学統一 東海・体育（体育）一般筆記試験型 東海・体育（体育）一般実技試験型 東海・体育（競技スポーツ）文理併学部統一 東京工科・デザイン（デザイン）Ａ日程 明星・デザイン（デザイン）３教科型 明星・デザイン（デザイン）検定＋１教科型 愛知・地域政策（健康・スポーツ）Ｍ方式

ボーダー偏差値	大学・学部（学科）日程方式
42.5	愛知淑徳・健康医療科学（スポースポーツ・健康科学）前期3教科
	中部・生命健康科学（スポーツ保健医療）前期A方式
	中部・生命健康科学（スポーツ保健医療）前期AM方式
	同志社女子・学芸（音楽－音楽文化）前期３教科
	同志社女子・学芸（音楽－音楽文化）前期２教科
	神戸女子・健康福祉（健康スポーツ栄養）前期A2科目型
	神戸女子・健康福祉（健康スポーツ栄養）前期B2科目型
	神戸女子・健康福祉（健康スポーツ栄養）前期C2科目型
	神戸女子・健康福祉（健康スポーツ栄養）前期C3科目型
	武庫川女子・健康・スポーツ科学（健康・スポーツ科学）A2科目型
	武庫川女子・健康・スポーツ科学（健康・スポーツ科学）A3科目同一
	武庫川女子・健康・スポーツ科学（スポーツマネジメント）A3科目同一
	武庫川女子・健康・スポーツ科学（スポーツマネジメント）B2科目同一
	福岡・スポーツ科学（スポーツ科学）前期実技型
	福岡・スポーツ科学（スポーツ科学）前期小論文型
	福岡・スポーツ科学（健康運動科学）前期
40	桜美林・芸術文化（ビジュアル・アーツ）３科目型
	桜美林・芸術文化（ビジュアル・アーツ）２科目型
	桜美林・健康福祉（健康科学）３科目型
	桜美林・健康福祉（健康科学）２科目型
	桜美林・健康福祉（スポーツ科学）３科目型
	桜美林・健康福祉（スポーツ科学）２科目型
	国士舘・体育（体育）前期
	国士舘・体育（体育）中期
	大正・表現（メディア表現）４科目方式
	大東文化・スポーツ・健康科学（健康科学）全学部統一
	玉川・芸術（音楽－ミュージカル）全学統一
	玉川・芸術（アート－メディア表現）全学統一
	東海・教養（芸術）一般筆記試験型
	東海・教養（芸術）一般専門試験型
	東海・体育（スポーツ・レジャーマネジメント）一般筆記試験型
	東京家政・家政（造形表現）１期
	日本体育・体育（健康）
	日本体育・スポーツ文化（武道教育）
	日本体育・スポーツ文化（スポーツ国際）
	日本・スポーツ科学（競技スポーツ）A個別方式
	明星・デザイン（デザイン）４教科型
	神戸女子・健康福祉（健康スポーツ栄養）前期B3科目型
37.5	桜美林・芸術文化（演劇・ダンス）３科目型
	桜美林・芸術文化（演劇・ダンス）２科目型
	桜美林・芸術文化（音楽）３科目型
	桜美林・芸術文化（音楽）２科目型
	国士舘・体育（武道）前期
	大東文化・スポーツ・健康科学（健康科学）一般A
	大東文化・スポーツ・健康科学（健康科学）一般B
	帝京平成・健康医療スポーツ（医療－トレーナー・スポーツ）
	帝京平成・健康医療スポーツ（医療－アスリート）
	帝京平成・人文社会（経営－トレーナー・スポーツ経営）
	東海・体育（競技スポーツ）一般筆記試験型
	東海・体育（武道）文理併学部統一
	東海・体育（生涯スポーツ）一般筆記試験型
	東海・体育（スポーツ・レジャーマネジメント）一般実技試験型
	関東学院・人間共生（共生デザイン）前期３科目
	関東学院・人間共生（共生デザイン）前期２科目
	関東学院・人間共生（共生デザイン）前期英語外部
	関東学院・人間共生（共生デザイン）中期３科目
	同志社女子・学芸（音楽－演奏）前期実技方式
35	流通経済・スポーツ健康科学（スポーツ健康科学）3科目型
	流通経済・スポーツ健康科学（スポーツ健康科学）2科目型
	流通経済・スポーツ健康科学（スポーツ健康科学）問題選択型
	流通経済・スポーツ健康科学（スポーツコミュニケーション）3科目型
	流通経済・スポーツ健康科学（スポーツコミュニケーション）2科目型
	流通経済・スポーツ健康科学（スポーツコミュニケーション）問題選択型
	東京国際・人間社会（人間スポーツ）全学Ⅰ期３
	東京国際・人間社会（人間スポーツ）全学Ⅰ期２
	東京国際・人間社会（人間スポーツ）全学ⅡⅢ期２
	東京国際・人間社会（スポーツ科学）全学Ⅰ期３
	東京国際・人間社会（スポーツ科学）全学ⅡⅢ期２
	聖徳・音楽（音楽）
	国士舘・体育（武道）デリバリー
	帝京・医療技術（スポー健康スポーツ）
	東海・体育（競技スポーツ）一般実技試験型
	東海・体育（武道）一般筆記試験型
	東海・体育（武道）一般実技試験型
	東海・体育（生涯スポーツ）一般実技試験型
	日本体育・スポーツマネジメント（スポーツライフマネジメント）
	フェリス女学院・音楽（音楽芸術）A日程３科目型
	常葉・造形（造形）３教科型
	常葉・造形（造形）２教科型
	常葉・健康プロデュース（心身マネジメント）3教科型
	常葉・健康プロデュース（心身マネジメント）2教科型
	武庫川女子・音楽（応用音楽）A３科目型
	武庫川女子・音楽（応用音楽）B２科目同一
BF	東京国際・人間社会（人間スポーツ）全学ⅡⅢ期３
	東京国際・人間社会（スポーツ科学）全学Ⅰ期２
	東京国際・人間社会（スポーツ科学）全学ⅡⅢ期３
	国士舘・体育（武道）中期
	国士舘・体育（こどもスポーツ教育）前期
	国士舘・体育（こどもスポーツ教育）デリバリー
	国士舘・体育（こどもスポーツ教育）中期
	フェリス女学院・音楽（音楽芸術）A日程２科目型
	フェリス女学院・音楽（音楽芸術）B日程
	武庫川女子・音楽（演奏）A２科目型
	武庫川女子・音楽（演奏）B２科目同一

総合・環境・情報・人間学系

ボーダー偏差値	大学・学部（学科）日程方式
72.5	慶應義塾・環境情報（環境情報）
70	慶應義塾・総合政策（総合政策）
67.5	国際基督教・教養（アーツ・サイエンス）Ａ方式
65	早稲田・人間科学（人間環境科学）文系方式
62.5	早稲田・人間科学（人間環境科学）理系方式
	早稲田・人間科学（人間情報科学）理系方式
	早稲田・人間科学（人間情報科学）文系方式
60	法政・キャリアデザイン（キャリアデザイン）Ｔ日程
	法政・人間環境（人間環境）Ｔ日程
57.5	青山学院・コミュニティ人間科学（コミュニティ人間科学）全学部日程
	青山学院・社会情報（社会情報）個別学部Ｂ方式
	青山学院・社会情報（社会情報）個別学部Ｄ方式
	青山学院・社会情報（社会情報）個別学部Ｃ方式
	青山学院・社会情報（社会情報）全学部Ｂ方式
	青山学院・社会情報（社会情報）全学部Ａ方式
	成城・社会イノベーション（政策イノベーション）Ａ方式2教科型
	成城・社会イノベーション（政策イノベーション）Ｓ方式
	中央・総合政策（政策科学）学部別一般
	中央・国際情報（国際情報）学部別一般
	中央・国際情報（国際情報）学部別英語外部
	法政・キャリアデザイン（キャリアデザイン）Ａ方式
	法政・キャリアデザイン（キャリアデザイン）英語外部利用
	法政・人間環境（人間環境）Ａ方式
	法政・人間環境（人間環境）英語外部利用
	同志社・政策（政策）学部個別日程
	同志社・政策（政策）全学部日程文系
	同志社・文化情報（文化情報）学部個別文系型
	同志社・文化情報（文化情報）全学部日程文系
	関西・総合情報（総合情報）2教科国数
	関西・総合情報（総合情報）2教科英国
	関西・総合情報（総合情報）2教科英数①
	関西・総合情報（総合情報）2教科英数②
55	成城・社会イノベーション（政策イノベーション）Ａ方式3教科型
	中央・総合政策（政策科学）6学部共通
	中央・総合政策（政策科学）学部別英語外部
	東京都市・メディア情報（情報システム）前期
	南山・総合政策（総合政策）全学統一個別型
	同志社・文化情報（文化情報）学部個別理系型
	同志社・文化情報（文化情報）全学部日程理系
	関西・社会安全（安全マネジメント）２教科英数
	関西・総合情報（総合情報）３教科
	関西学院・人間福祉（人間科学）学部個別英国型
	関西学院・人間福祉（人間科学）英数日程
52.5	津田塾・総合政策（総合政策）Ａ方式
	東京都市・デザイン・データ科学（デザイン・データ科学）前期
	東洋・情報連携（情報連携）前３教科文系①
	東洋・情報連携（情報連携）前３教科文系②
	武蔵野・人間科学（人間科学）全学部統一
	武蔵野・データサイエンス（データサイエンス）全学部統一
	中京・総合政策（総合政策）前期Ａ３教科型
	中京・総合政策（総合政策）前期Ａ２教科型
	中京・総合政策（総合政策）前期Ｍ２教科型
	南山・総合政策（総合政策）
	同志社女子・学芸（メディア創造）前期２教科
	立命館・政策科学（政策科学）全学統一文系
	立命館・政策科学（政策科学）学部個別配点
	関西・社会安全（安全マネジメント）３教科
	関西・社会安全（安全マネジメント）2教科英語外部
	関西・社会安全（安全マネジメント）2教科数学重視
	近畿・総合社会（環境・まちづくり系）前期Ａ日程
	関西学院・人間福祉（人間科学）全学部日程
	関西学院・人間福祉（人間科学）学部個別均等
	関西学院・総合政策全学部日程
	関西学院・総合政策全学部日程理系
	関西学院・総合政策学部個別均等
	関西学院・総合政策英数日程
	甲南・文（人間科学）前期２教科
	甲南・文（人間科学）中期３教科
50	文教・情報〈神奈川〉（メディア表現）Ａ日程
	東京都市・メディア情報（情報システム）中期
	東京都市・デザイン・データ科学（デザイン・データ科学）中期
	東洋・総合情報（総合情報）前期３文系①
	東洋・総合情報（総合情報）前期３文系②
	東洋・総合情報（総合情報）前期３文系③
	東洋・総合情報（総合情報）前期３理系①
	東洋・総合情報（総合情報）前期３理系②
	東洋・総合情報（総合情報）前期３理系③
	東洋・総合情報（総合情報）前期３英語文系
	東洋・情報連携（情報連携）前期３最高理系①
	東洋・情報連携（情報連携）前期３最高理系②
	東洋・情報連携（情報連携）前期３最高文系
	東洋・情報連携（情報連携）前期３英国数①
	東洋・情報連携（情報連携）前期３英国数②
	東洋・情報連携（情報連携）前期３英国数③
	東洋・情報連携（情報連携）前期３教科数学
	中京・総合政策（総合政策）前期Ｍ３教科型
	近畿・総合社会（環境・まちづくり系）前期Ｂ日程
47.5	獨協・法（総合政策）２科目全学前期
	文教・情報〈神奈川〉（メディア表現）全国
	順天堂・健康データサイエンス（健康データサイエンス）A日程均等配点
	順天堂・健康データサイエンス（健康データサイエンス）A日程数学重視
	順天堂・健康データサイエンス（健康データサイエンス）B日程
	専修・ネットワーク情報（ネットワーク情報）前期Ａ方式
	専修・ネットワーク情報（ネットワーク情報）全学部
	専修・ネットワーク情報（ネットワーク情報）全国
	東京経済・キャリアデザインプログラム前期2教科型
	東京経済・キャリアデザインプログラム前期ベスト2型
	東京都市・環境（環境創生）前期
	東京都市・環境（環境創生）中期
	東洋・総合情報（総合情報）前期３数学理系
	東洋・総合情報（総合情報）前期４教科
	東洋・情報連携（情報連携）前期３教科理系①
	東洋・情報連携（情報連携）前期３教科理系②
	東洋・情報連携（情報連携）前期３教科理系③
	東洋・情報連携（情報連携）前期４教科①
	東洋・情報連携（情報連携）前期４教科②
	武蔵野・人間科学（人間科学）Ａ文系・Ｂ日程
	武蔵野・データサイエンス（データサイエンス）A日程理系
	神奈川・人間科学（人間科学）Ａ方式
	名城・都市情報（都市情報）Ａ方式
	名城・人間（人間）Ａ方式
	京都女子・データサイエンス（データサイエンス）前期A3科目型
	京都女子・データサイエンス（データサイエンス）前期A2科目型
	京都女子・データサイエンス（データサイエンス）前期B方式
	同志社女子・学芸（メディア創造）前期３教科
	龍谷・政策（政策）前スタンダード
	龍谷・政策（政策）前高得点重視
	大阪工業・情報科学（データサイエンス）前期A日程理系
	大阪工業・情報科学（データサイエンス）前期B日程理系
	大阪工業・情報科学（データサイエンス）前期B日程文系
	甲南・文（人間科学）前期３教科
	武庫川女子・社会情報（情報メディア）Ａ２科目型
	武庫川女子・社会情報（情報メディア）Ｂ２科目同一
	武庫川女子・社会情報（情報サイエンス）Ａ２科目型
	武庫川女子・社会情報（情報サイエンス）B2科目同一
45	東北学院・人間科学（心理行動科学）前期Ａ日程
	東北学院・人間科学（心理行動科学）前期Ｂ日程
	東北学院・情報（データサイエンス）前期Ａ日程
	東北学院・情報（データサイエンス）前期Ｂ日程
	獨協・法（総合政策）３科目学科別
	文教・情報〈神奈川〉（情報システム）Ａ日程
	文教・情報〈神奈川〉（情報システム）全国
	大妻女子・社会情報（情報デザイン）Ａ方式Ⅰ期
	専修・ネットワーク情報（ネットワーク情報）前期Ｆ方式
	帝京平成・人文社会（人間－メディア文化）
	東京経済・キャリアデザインプログラム前期3教科型

ボーダー偏差値	大学・学部（学科）日程方式
45	東京工科·メディア（メディア）A日程
	東京都市·環境（環境経営システム）前期
	東京都市·環境（環境経営システム）中期
	武蔵野·データサイエンス（データサイエンス）A文系·B日程
	明星·情報（情報）２教科型
	明星·データサイエンス３教科型
	明星·データサイエンス２教科型
	明星·データサイエンス検定＋１教科型
	目白·メディア（メディア）全学部統一
	愛知学院·総合政策（総合政策）前期M
	愛知学院·総合政策（総合政策）中期
	愛知淑徳·創造表現（メディアプロデュース）前期2教科
	龍谷·政策（政策）中スタンダード
	龍谷·政策（政策）中高得点重視
	大阪経済·人間科学（人間科学）前期A方式
	大阪経済·人間科学（人間科学）前期B方式
	大阪工業·情報科学（データサイエンス）前期A日程文系
	武庫川女子·社会情報（情報メディア）A３科目同一
42.5	文教·情報〈神奈川〉（情報社会）A日程
	文教·情報〈神奈川〉（情報社会）全国
	文教·人間科学（人間科学）全国
	神田外語·グローバル·リベラルアーツ（グローバル·リベラルアーツ）
	千葉工業·未来変革科学（デジタル変革科学）B日程
	大妻女子·社会情報（環境情報学）A方式Ⅰ期
	杏林·総合政策（総合政策）２科目前期
	大正·人間（人間科学）２科目方式
	大正·人間（人間科学）３科目方式
	大正·人間（人間科学）４科目方式
	東海·教養（人間環境）文理併学部統一
	明星·情報（情報）３教科型
	明星·情報（情報）検定＋１教科型
	明星·データサイエンス４教科型

ボーダー偏差値	大学・学部（学科）日程方式
42.5	目白·メディア（メディア）A日程
	愛知学院·総合政策（総合政策）前期A
	愛知淑徳·人間情報（データサイエンス）前期2教科
	愛知淑徳·創造表現（メディアプロデュース）前期3教科
40	文教·人間科学（人間科学）A日程
	淑徳·人文（人間科学）AB
	聖徳·文（図書館情報）
	千葉工業·未来変革科学（デジタル変革科学）A日程
	杏林·総合政策（総合政策）３科目前期
	帝京科学·生命環境（自然環境〈山梨〉）
	東海·教養（人間環境）一般
	東京工科·コンピュータサイエンス（社会情報）A日程
	明星·情報（情報）４教科型
	金沢工業·情報フロンティア（メディア情報）A
	金沢工業·情報フロンティア（メディア情報）B
	常葉·社会環境（社会環境）３教科型
	常葉·社会環境（社会環境）２教科型
	愛知淑徳·人間情報（データサイエンス）前期3教科
37.5	大正·地域創生（公共政策）２科目方式
	大正·地域創生（公共政策）３科目方式
	帝京科学·生命環境（自然環境〈東京〉）
	金沢工業·情報フロンティア（心理科学）A
	金沢工業·情報フロンティア（心理科学）B
35	聖徳·文（教養デザイン）
	亜細亜·経営（データサイエンス）一般３教科型
	亜細亜·経営（データサイエンス）一般２教科型
	亜細亜·経営（データサイエンス）全学統一
	立正·データサイエンス（データサイエンス）2月前期
	立正·データサイエンス（データサイエンス）R方式
BF	大正·地域創生（公共政策）４科目方式
	麻布·生命·環境科学（環境科学）第Ⅰ期

’24
年度

国公立大学
入試難易予想ランキング表

資料提供　河合塾

- このランキング表は，’24年度の国公立大学のボーダーラインを一覧にしたもので，ボーダー得点率とボーダー偏差値があります。
- ボーダー得点率は，’23年度入試の結果と’23年10月実施の第3回全統共通テスト模試の志望動向等をもとに，合否の可能性が50%に分かれるラインを１%幅で設定しています。ボーダー偏差値とは’23年度入試の結果と’23年10月実施の第3回全統模試の志望動向等をもとに，合否の可能性が50%に分かれるラインを偏差値帯で表したものです。
- 本一覧におけるボーダー得点率およびボーダー偏差値はあくまでも入試の難易度を表したものであり，各大学の教育内容や社会的位置づけを示したものではありません。また，ボーダー設定の際に用いる科目数や配点は大学により異なるので，単純に大学間の入試難易を比較できない場合があります。
- 一覧表は系統別にまとめています。大学の配列はボーダー得点率の高い順ですが，同一得点率内では，北→南に配列しています。なお，本文で紹介している大学のみを掲載しています。
- 大学名・学部名・学科名は，誌面の都合上，略記している場合があります。

文・人文学系

ボーダー得点率	ボーダー偏差値	日程	大学・学部（学科）
87%	–	後	お茶の水女子·文教育（人文科学）
86%	–	一	早稲田·教育（教育－教育心理学）
85%	67.5	前	東京·文科三類
	–	後	筑波·人間（心理）
	–	後	東京都立·人文社会（人文）
	65	一	上智·文（史）
	–	一	早稲田·教育（教育－教育学）
83%	67.5	前	京都·文（人文）
	–	後	筑波·人文·文化（人文）
	–	後	筑波·人間（教育）
	–	後	愛知県立·外国語（英米）
	65	後	京都府立·文（歴史）
	–	一	上智·総合人間科学（心理）
	–	一	早稲田·教育（社会－地理歴史）
82%	65	前	筑波·人間（心理）
	67.5	前	京都·教育（教育科学文系）
	67.5	後	神戸·文（人文）
	–	一	上智·文（フランス文）
	–	一	早稲田·教育（教育－初等教育学）
	65	一	早稲田·教育（国語国文）
	–	一	早稲田·教育（複合文化）
81%	65	前	京都·教育（教育科学理系）
	–	後	北海道·文（人文科学）
	–	後	お茶の水女子·文教育（人間－教育科学·子ども学）
	62.5	後	京都府立·文（日本·中国文化）
	62.5	後	京都府立·文（国際文化交流）
	–	後	神戸·国際人間科学（子ども教育）
	65	一	上智·文（国文）
	–	一	上智·総合人間科学（教育）
	–	一	早稲田·教育（教育－生涯教育学）
80%	62.5	前	筑波·人間（教育）
	–	後	愛知県立·外国語（ヨーロ－スペイン語圏）
	67.5	後	神戸·国際人間科学（グローバル文化）
	–	一	上智·文（哲）
	65	一	早稲田·教育（英語英文）
79%	62.5	前	京都府立·文（歴史）
	–	後	北海道·教育（教育）
	–	後	千葉·文（行動科学）
	–	後	千葉·文（歴史学）
	–	後	愛知県立·外国語（ヨーロ－フランス語圏）
	–	後	愛知県立·外国語（ヨーロ－ドイツ語圏）
	–	後	名古屋市立·人文社会（心理教育）
	–	後	大阪公立·文
	–	一	上智·文（ドイツ文）
	65	一	上智·外国語（英語）
78%	62.5	前	筑波·人文·文化（比較文化）
	65	前	大阪·文（人文）
	–	後	愛知県立·日本文化（歴史文化）
	–	後	神戸市外国語·外国語（英米）
	–	後	広島·文（人文）
77%	60	前	北海道·教育（教育）
	62.5	前	お茶の水女子·生活科学（心理）
	57.5	前	金沢·文系一括
	–	後	愛知県立·外国語（ヨーロ－ポルトガル語圏）
	–	後	愛知県立·外国語（中国）
	–	後	広島·教育（人間－教育学系）
	–	後	広島·教育（人間－心理学系）
	–	一	青山学院·教育人間科学（教育）
	62.5	一	上智·外国語（ドイツ語）
76%	62.5	前	北海道·総合入試文系
	62.5	前	北海道·文（人文科学）
	62.5	前	筑波·人文·文化（人文）
	62.5	前	名古屋·文（人文）
	62.5	前	神戸·国際人間科学（グローバル文化）
	57.5	中	都留文科·文（英文3科目型）
	–	後	神戸市外国語·外国語（ロシア）
	–	後	神戸市外国語·外国語（中国）
	–	後	神戸市外国語·外国語（イスパニア）
	–	後	九州·文（人文）
	65	一	上智·文（英文）
75%	60	前	お茶の水女子·文教育（人文科学）
	60	前	お茶の水女子·文教育（言語文化）
	62.5	前	お茶の水女子·文教育（人間－教育科学·子ども学）
	65	前	東京外国語·言語文化（英語）
	65	前	東京外国語·言語文化（フランス語）
	65	前	東京外国語·言語文化（スペイン語）
	65	前	東京外国語·言語文化（朝鮮語）
	62.5	前	神戸·文（人文）
	60	前	神戸市外国語·外国語（英米）
	57.5	前	神戸市外国語·外国語（イスパニア）
	55	中	都留文科·文（国文）
	–	後	信州·人文（人文）
	–	後	愛知県立·日本文化（国語国文）
	65	一	青山学院·文（史）
74%	60	前	東北·文（人文社会）
	62.5	前	東京外国語·言語文化（ポーランド語·チェコ語）
	60	前	東京外国語·言語文化（ロシア語）
	–	前	都留文科·文（国文）
	–	前	都留文科·文（英文3科目型）
	62.5	前	名古屋·教育（人間発達科学）
	62.5	前	大阪·外国語（英語）
	60	前	神戸·国際人間科学（子ども教育）
	57.5	前	神戸市外国語·外国語（ロシア）
	57.5	前	神戸市外国語·外国語（中国）
	60	後	奈良女子·文
	62.5	一	上智·外国語（フランス語）
	62.5	一	上智·外国語（イスパニア語）
	57.5	一	上智·外国語（ポルトガル語）
73%	62.5	前	東京外国語·言語文化（ドイツ語）
	62.5	前	東京外国語·言語文化（インドネシア·マレーシア·フィリピン語）
	60	前	東京外国語·言語文化（アラビア語·ペルシア語·トルコ語）
	60	前	京都府立·文（日本·中国文化）
	60	前	京都府立·文（国際文化交流）
	62.5	前	大阪·外国語（ドイツ語）
	62.5	前	大阪·外国語（フランス語）
	62.5	前	大阪·外国語（イタリア語）
	62.5	前	大阪·外国語（スペイン語）
	60	前	大阪公立·文
	57.5	前	大阪公立·現代システム科学（心理〈英·国型〉）
	57.5	前	九州·文（人文）
	–	後	岩手·人文社会科学（人間文化）
	–	後	北九州市立·外国語（英米）
	–	一	青山学院·教育人間科学（心理）
72%	60	前	東北·教育（教育科学）
	60	前	千葉·文（歴史学）
	65	前	東京外国語·言語文化（イタリア語）
	65	前	東京外国語·言語文化（ポルトガル語）
	62.5	前	東京外国語·言語文化（中国語）
	60	前	東京外国語·言語文化（タイラオスベトナムカンボジアビルマ語）
	57.5	前	東京都立·人文社会（人文）
	60	前	大阪·外国語（中国語）
	60	前	大阪·外国語（朝鮮語）
	60	前	大阪·外国語（インドネシア語）
	60	前	大阪·外国語（タイ語）
	60	前	大阪·外国語（ベトナム語）
	60	前	大阪·外国語（アラビア語）
	60	前	大阪·外国語（トルコ語）
	60	前	大阪·外国語（ロシア語）
	60	前	大阪·外国語（ハンガリー語）
	62.5	前	大阪·外国語（デンマーク語）
	60	前	大阪·外国語（スウェーデン語）
	60	前	大阪·外国語（ポルトガル語）
	60	前	大阪·外国語（日本語）
	57.5	前	広島·文（人文）
	57.5	前	九州·教育
	–	中	都留文科·教養（国際教育）

ボーダー得点率	ボーダー偏差値	日程	大学・学部（学科）
72%	–	後	埼玉・教養（教養）
	–	後	熊本・文（文）
	–	後	鹿児島・法文（人文－多元地域文化）
	–	一	上智・神（神）
	57.5	一	上智・外国語（ロシア語）
71%	62.5	前	筑波・総合選抜入試（文系）
	57.5	前	千葉・文（行動科学）
	60	前	千葉・文（日本・ユーラシア文化）
	57.5	前	千葉・文（国際言語文化学）
	60	前	東京外国語・言語文化（ロシア語及びウズベク語・モンゴル語）
	–	前	信州・人文（人文）
	57.5	前	名古屋市立・人文社会（心理教育）
	57.5	前	大阪公立・現代システム科学（心理〈理・数型〉）
	57.5	前	広島・教育（人間－心理学系）
	–	後	茨城・人文社会科学（人間文化）
	–	後	愛媛・法文昼間主（人文社会）
	57.5	後	熊本・文（歴史）
70%	–	前	県立広島・地域創生（地域文化）
	55	中	都留文科・文（英文５科目型）
	52.5	中	都留文科・教養（比較文化）
	–	後	山形・人文社会科学（人間文化）
	–	後	富山・人文（人文）
	–	後	静岡・人文社会科学昼間（言語文化）
	–	後	神戸市外国語・外国語第２部（英米）
	–	後	高知・人文社会科学（人文科学）
69%	52.5	前	埼玉・教養（教養）
	60	前	東京外国語・言語文化（ウルドゥー語・ヒンディー語・ベンガル語）
	57.5	前	大阪・外国語（モンゴル語）
	57.5	前	大阪・外国語（フィリピン語）
	57.5	前	大阪・外国語（ビルマ語）
	57.5	前	大阪・外国語（ヒンディー語）
	57.5	前	大阪・外国語（ウルドゥー語）
	57.5	前	大阪・外国語（ペルシア語）
	57.5	前	大阪・外国語（スワヒリ語）
	52.5	前	熊本・文（歴史）
	–	後	愛知県立・教育福祉（教育－小学校教育）
	–	後	島根・法文（言語文化）
	–	後	北九州市立・文（比較文化）
68%	52.5	前	金沢・人間社会（人文）
	–	前	都留文科・文（英文５科目型）
	–	前	都留文科・教養（比較文化）
	–	前	都留文科・教養（国際教育）
	57.5	前	奈良女子・文
	55	前	岡山・文（人文）
	57.5	前	広島・教育（人間－教育学系）
	–	後	新潟・人文（人文）
	–	後	三重・人文（文化）
	–	後	滋賀県立・人間文化（地域文化）
67%	47.5	前	茨城・人文社会科学（人間文化）
	52.5	前	愛知県立・日本文化（歴史文化）
	–	後	愛知県立・教育福祉（教育－保育幼児教育）
66%	55	前	愛知県立・日本文化（国語国文）
	50	前	滋賀県立・人間文化（地域文化）
	52.5	前	香川・医（臨床心理）
65%	52.5	前	山形・人文社会科学（人間文化）
	50	前	山形・人文社会科学（グローバル・スタディーズ）
	50	前	静岡・人文社会科学昼間（言語文化）

ボーダー得点率	ボーダー偏差値	日程	大学・学部（学科）
65%	52.5	前	愛知県立・外国語（英米）
	55	前	神戸市外国語・外国語第２部（英米）
	52.5	前	北九州市立・外国語（英米）
	47.5	前	長崎・多文化社会（多文化社会）
	50	前	長崎・多文化社会（多文化－オランダ特別）
	52.5	前	熊本・文（コミュニケーション情報）
64%	50	前	岩手・人文社会科学（人間文化）
	52.5	前	新潟・人文（人文）
	–	後	山口・人文（人文）
	–	後	熊本県立・文（日本語日本文）
63%	50	前	山口・人文（人文）
	55	前	熊本・文（文）
	–	後	弘前・人文社会科学（文化創生）
62%	52.5	前	富山・人文（人文）
	52.5	前	愛知県立・外国語（ヨーロ－フランス語圏）
	52.5	前	愛知県立・外国語（ヨーロ－スペイン語圏）
	50	前	愛媛・法文昼間主（人文社会）
	52.5	前	熊本県立・文（日本語日本文）
	–	後	福島・人文社会昼間（Ａ系）
	47.5	後	佐賀・芸術地域デザイン（地域デザイン）
	50	後	熊本県立・文（英語英米文）
61%	50	前	愛知県立・外国語（ヨーロ－ドイツ語圏）
	50	前	愛知県立・教育福祉（教育－小学校教育）
	50	前	愛知県立・教育福祉（教育－保育幼児教育）
	55	前	三重・人文（文化）
	47.5	前	島根・法文（言語文化）
	45	前	北九州市立・文（比較文化）
	–	後	山形・地域教育文化（文化創生）
	–	後	福島・人文社会昼間（Ｂ系）
60%	–	前	福島・人文社会昼間（人間－心理学・幼児教育〈小論文〉）
	–	前	愛媛・社会共創（地域－文化資源マネジメント）
	50	前	北九州市立・外国語（中国）
	–	前	佐賀・芸術地域デザイン（地域デザイン）
	50	前	鹿児島・法文（人文－多元地域文化）
	52.5	前	鹿児島・法文（人文－心理学）
	–	後	山形・地域教育文化（児童教育）
	–	後	鳥取・地域（人間形成）
	–	後	北九州市立・外国語（中国）
	–	後	琉球・人文社会（琉球アジア文化）
59%	47.5	前	弘前・人文社会科学（文化創生）
	52.5	前	福島・人文社会昼間（人間－人文科学〈国語〉）
	50	前	福島・人文社会昼間（人間－人文科学〈英語〉）
	47.5	前	愛知県立・外国語（ヨーロ－ポルトガル語圏）
	47.5	前	愛知県立・外国語（中国）
	47.5	前	鳥取・地域（人間形成）
	50	前	熊本県立・文（英語英米文）
	–	後	愛媛・法文夜間主（人文社会）
58%	–	前	福島・人文社会昼間（人間－人文科学〈小論文〉）
	47.5	前	高知・人文社会科学（人文科学）
57%	50	前	山形・地域教育文化（文化創生）
	–	前	琉球・人文社会（琉球アジア文化）
56%	47.5	前	山形・地域教育文化（児童教育）
	–	前	大分・福祉健康科学（心理学）
55%	–	前	福島・人文社会昼間（人間－教育実践）
	–	前	福島・人文社会昼間（人間－心理学・幼児教育〈検査〉）
	45	前	愛媛・法文夜間主（人文社会）
54%	–	前	福島・人文社会昼間（人間－特別支援・生活科学）

社会・国際学系

ボーダー得点率	ボーダー偏差値	日程	大学・学部（学科）
98%	–	C	国際教養・国際教養（国際教養C日程）
89%	–	後	東京外国語・国際社会（中央ヨーロッパ）
88%	70	B	国際教養・国際教養（国際教養B日程）
86%	–	後	東京外国語・国際社会（西南ヨーロッパ）
85%	67.5	前	一橋・社会（社会）
	–	後	東京外国語・国際社会（イベリア／ラテンアメリカ）
	–	後	東京外国語・国際社会（東南アジア第1）
	67.5	一	早稲田・政治経済（国際政治経済）
84%	–	後	東京外国語・国際社会（北西ヨーロッパ／北アメリカ）
	–	後	東京外国語・国際社会（ロシア・中央アジア）
	–	後	東京外国語・国際社会（東アジア）
	–	後	東京外国語・国際社会（中東）
	–	一	上智・総合人間科学（社会）
83%	–	後	東京外国語・国際社会（東南アジア第2）
	–	後	東京外国語・国際社会（南アジア）
	–	後	東京外国語・国際社会（アフリカ）
	–	一	青山学院・国際政治経済（国際経済）
82%	–	後	東京都立・人文社会（人間社会）
	–	一	早稲田・教育（社会－公共市民学）
81%	70	一	早稲田・国際教養（国際教養）
80%	67.5	前	筑波・社会・国際（社会）
	62.5	前	横浜市立・国際教養（国際教養B方式）
	–	後	愛知県立・外国語（国際関係）
	67.5	A	国際教養・国際教養（国際教養A日程）
	–	一	青山学院・地球社会共生（地球社会共生）
	–	一	上智・文（新聞）
	65	一	上智・総合グローバル（総合グローバル）
79%	–	一	上智・法（国際関係法）
78%	65	前	筑波・社会・国際（国際総合）
	60	前	東京外国語・国際社会（オセアニア）
	–	後	筑波・人間（障害科学）
	–	後	神戸市外国語・外国語（国際関係）
	–	一	上智・総合人間科学（社会福祉）
77%	–	後	名古屋市立・人文社会（国際文化）
76%	62.5	前	筑波・人間（障害科学）
	65	前	東京外国語・国際社会（中央アジア）
	65	前	東京外国語・国際社会（東南アジア第1）
	55	前	広島・総合科学（国際共創文科系）
	–	後	東京都立・都市環境（観光科学）
	–	後	横浜国立・都市科学（都市社会共生）
	–	後	名古屋市立・人文社会（現代社会）
75%	62.5	前	東京外国語・国際日本（国際日本）
	60	前	神戸市外国語・外国語（国際関係）
	–	後	京都府立・公共政策（福祉社会）
74%	65	前	東京外国語・国際社会（北西ヨーロッパ／北アメリカ）
	60	前	東京外国語・国際社会（東アジア）
	–	前	横浜国立・都市科学（都市社会共生）
	–	後	福井・国際地域（国際地域）
73%	62.5	前	東京外国語・国際社会（中央ヨーロッパ）
	65	前	東京外国語・国際社会（西南ヨーロッパ）
	62.5	前	東京外国語・国際社会（中東）
	60	前	東京都立・人文社会（人間社会）
	57.5	前	名古屋市立・人文社会（国際文化）
72%	60	前	東京外国語・国際社会（ロシア）
	65	前	東京外国語・国際社会（東南アジア第2）
	62.5	前	東京外国語・国際社会（アフリカ）
	55	前	東京都立・都市環境（観光科学）
	57.5	前	名古屋市立・人文社会（現代社会）
	57.5	前	大阪公立・生活科学（人間福祉）
	62.5	前	九州・共創（共創）
	–	後	静岡・人文社会科学昼間（社会）
	–	後	北九州市立・外国語（国際関係）
71%	60	前	千葉・国際教養（国際教養）
	65	前	東京外国語・国際社会（イベリア／ラテンアメリカ）
	–	中	都留文科・教養（地域社会）
	–	後	愛知県立・教育福祉（社会福祉）

ボーダー得点率	ボーダー偏差値	日程	大学・学部（学科）
70%	62.5	前	東京外国語・国際社会（南アジア）
69%	57.5	前	横浜市立・国際教養（国際教養A方式）
	55	前	京都府立・公共政策（福祉社会）
	52.5	前	広島・総合科学（国際共創理科系）
68%	52.5	前	静岡・人文社会科学昼間（社会）
	–	後	山梨・生命環境（地域社会システム）
	–	後	滋賀県立・人間文化（国際コミュニケーション）
67%	52.5	前	金沢・人間社会（地域創造）
	50	前	静岡県立・国際関係（国際関係）
	50	前	静岡県立・国際関係（国際言語文化）
	50	後	茨城・人文社会科学（現代社会）
66%	52.5	前	金沢・人間社会（国際）
	52.5	前	金沢・融合（観光デザイン〈文系傾斜〉）
	–	前	都留文科・教養（地域社会）
	52.5	前	滋賀県立・人間文化（国際コミュニケーション）
	55	前	大阪公立・現代システム科学（教育福祉）
	–	後	宇都宮・地域デザイン科学（コミュニティデザイン）
	–	後	高知・人文社会科学（国際社会）
65%	50	前	茨城・人文社会科学（現代社会）
	52.5	前	金沢・融合（観光デザイン〈理系傾斜〉）
	52.5	後	静岡・グローバル共創科学（グローバル共創科学）
64%	50	前	宇都宮・国際（国際）
	52.5	前	愛知県立・外国語（国際関係）
	52.5	前	愛知県立・教育福祉（社会福祉）
	52.5	前	兵庫県立・国際商経（グローバルビジネス）
	–	後	島根・法文（社会文化）
63%	–	前	宇都宮・地域デザイン科学（コミュニティデザイン）
	–	前	埼玉県立・保健医療福祉（社会－社会福祉学）
	–	前	山梨・生命環境（地域社会システム）
	50	前	島根・法文（社会文化）
	–	前	北九州市立・地域創生（地域創生）
	–	後	鳥取・地域（国際地域文化）
62%	–	前	山梨・生命環境（地域社－観光政策科学特別）
	52.5	前	静岡・グローバル共創科学（グローバル共創科学）
	50	前	鳥取・地域（国際地域文化）
	–	後	秋田・国際資源（資源政策）
	–	後	県立広島・保健福祉（保健－人間福祉学）
	–	後	琉球・人文社会（国際法政）
61%	–	前	埼玉県立・保健医療福祉（社会－福祉子ども学）
	–	前	県立広島・保健福祉（保健－人間福祉学）
	–	後	鳥取・地域（地域創造）
	–	後	山口・国際総合科学（国際総合科学）
	–	後	琉球・人文社会（人間社会）
60%	50	前	福井・国際地域（国際地域）
	–	前	和歌山・観光（観光）
	–	前	鳥取・地域（地域創造）
	50	前	北九州市立・外国語（国際関係）
	50	後	長崎県立・国際社会（国際社会）
	–	後	大分・福祉健康科学（社会福祉実践）
	–	後	琉球・国際地域創造昼間主（国際地域創造〈国際的思考系〉）
59%	–	後	琉球・国際地域創造昼間主（国際地域創造〈論理的思考系〉）
58%	–	前	琉球・人文社会（人間社会）
	45	前	琉球・国際地域創造昼間主（国際地域創造〈国際的思考系〉）
	45	前	琉球・国際地域創造昼間主（国際地域創造〈数学的思考系〉）
57%	–	前	琉球・国際地域創造昼間主（国際地域創造〈論理的思考系〉）
	–	後	琉球・国際地域創造夜間主（国際地域創造〈国際的思考系〉）
56%	47.5	前	山口・国際総合科学（国際総合科学）
	45	前	琉球・人文社会（国際法政）
	–	後	琉球・国際地域創造夜間主（国際地域創造〈論理的思考系〉）
55%	45	前	秋田・国際資源（資源政策）
	–	前	高知・人文社会科学（国際社会）
54%	45	前	長崎県立・国際社会（国際社会）
53%	42.5	前	琉球・国際地域創造夜間主（国際地域創造〈国際的思考系〉）
	–	前	琉球・国際地域創造夜間主（国際地域創造〈論理的思考系〉）
51%	–	前	大分・福祉健康科学（社会福祉実践）

法・政治学系

ボーダー得点率	ボーダー偏差値	日程	大学・学部（学科）
87%	－	後	京都・法（特色）
85%	67.5	前	東京・文科一類
	－	一	上智・法（法律）
	67.5	一	早稲田・政治経済（政治）
83%	67.5	前	京都・法
	－	後	神戸・法（法律）
82%	67.5	前	一橋・法（法律）
	－	一	上智・法（地球環境法）
80%	－	後	広島・法昼間（法）
79%	65	前	大阪・法（法）
	65	前	大阪・法（国際公共政策）
	－	後	北海道・法（法学）
	－	後	千葉・法政経（法政経）
	－	後	大阪公立・法（法）
	－	後	九州・法
78%	60	前	東京都立・法（法）
	－	後	東京都立・法（法）
77%	－	後	京都府立・公共政策（公共政策）
76%	62.5	前	神戸・法（法律）
	－	後	東京都立・都市環境（都市政策科学）
	－	後	鹿児島・法文（法経－法学）
75%	57.5	前	東京都立・都市環境（都市政策科学〈文系〉）
	55	前	東京都立・都市環境（都市政策科学〈理系〉）
	60	前	名古屋・法（法律・政治）
74%	60	前	北海道・法（法学）
	60	前	東北・法（法）
	－	後	熊本・法（法）
73%	57.5	前	京都府立・公共政策（公共政策）
	60	前	大阪公立・法（法）
	57.5	前	広島・法昼間（法）
	60	前	九州・法
	－	後	広島・法夜間主（法）
72%	57.5	前	千葉・法政経（法政経）
71%	－	後	岩手・人文社会科学（地域政策）
	－	後	新潟・法（法）
71%	－	後	静岡・人文社会科学昼間（法）
70%	－	後	三重・人文（法律経済）
69%	55	前	岡山・法昼間（法）
	－	後	北九州市立・法（法律）
67%	－	後	香川・法（法）
66%	52.5	前	金沢・人間社会（法）
	52.5	前	信州・経法（総合法律）
	52.5	前	静岡・人文社会科学昼間（法）
	－	後	山形・人文社会科学（総合法律・地域公共政策・経済マネジメント）
	－	後	福島・人文社会昼間（行政政策）
65%	52.5	前	熊本・法（法）
	－	後	高崎経済・地域政策（３教科３科目）
	－	後	島根・法文（法経）
64%	52.5	前	三重・人文（法律経済）
	52.5	前	島根・法文（法経）
	－	後	北九州市立・法（政策科学）
63%	52.5	前	高崎経済・地域政策（３教科３科目）
	50	前	新潟・法（法）
	52.5	前	広島・法夜間主（法）
	50	前	香川・法（法）
	－	前	北九州市立・法（法律）
	50	前	鹿児島・法文（法経－法学）
	－	後	佐賀・経済（経済法）
62%	47.5	前	岩手・人文社会科学（地域政策）
	50	前	岡山・法夜間主（法）
	－	前	北九州市立・法（政策科学）
	－	後	高崎経済・地域政策（５教科５科目）
60%	50	前	山形・人文社会科学（総合法律・地域公共政策・経済マネジメント）
	47.5	前	佐賀・経済（経済法）
59%	－	前	福島・人文社会昼間（行政政策）
	50	前	高崎経済・地域政策（５教科５科目）
56%	47.5	後	長崎県立・地域創造（公共政策）
52%	42.5	前	長崎県立・地域創造（公共政策〈英〉）
	42.5	前	長崎県立・地域創造（公共政策〈数〉）

経済・経営・商学系

ボーダー得点率	ボーダー偏差値	日程	大学・学部（学科）
89%	72.5	後	一橋·経済（経済）
	–	後	九州·経済（経済·経営）
87%	70	一	早稲田·政治経済（経済）
85%	67.5	前	東京·文科二類
84%	65	前	京都·経済（経済経営理系）
	67.5	前	京都·経済（経済経営文系）
	70	一	上智·経済（経営）
82%	–	後	大阪公立·商
	67.5	一	上智·経済（経営）
81%	65	前	一橋·商
	62.5	前	横浜市立·国際商（国際商B方式）
	65	後	東北·経済（理系）
	67.5	後	横浜国立·経済（経済DSEP）
80%	65	前	一橋·経済（経済）
	67.5	後	東北·経済（文系）
	67.5	後	横浜国立·経済（経済一般）
	67.5	後	横浜国立·経営（経営DSEP）
	–	後	大阪公立·経済（経済〈高得点選抜〉）
79%	62.5	前	横浜国立·経営（経営DSEP）
	65	前	大阪·経済（経済·経営）
	–	後	北海道·経済
	65	後	横浜国立·経営（経営一般）
	–	後	広島·経済昼間（経済）
	65	一	上智·経済（経済）
78%	–	前	埼玉·経済昼間（経済〈国際プログラム枠〉）
	65	後	名古屋市立·経済（Mコース〈数学〉）
	57.5	後	九州·経済（経済工）
77%	65	前	横浜国立·経営（経営一般）
76%	60	前	神戸·経済（経済〈総合〉）
	62.5	前	神戸·経済（経済〈数学〉）
	62.5	前	神戸·経済（経済〈英数〉）
	62.5	前	神戸·経営（経営）
	67.5	後	横浜国立·経済（経済LBEEP）
	65	後	名古屋市立·経済（Eコース〈英語〉）
75%	60	前	東北·経済（理系）
	60	前	九州·経済（経済·経営）
	–	後	大阪公立·経済（経済〈ユニーク選抜〉）
74%	60	前	北海道·経済
	62.5	前	横浜国立·経済（経済一般）
	60	前	名古屋·経済
	–	後	埼玉·経済昼間（経済）
	–	後	東京都立·経済経営（経済経営）
73%	60	前	東北·経済（文系）
	60	前	横浜国立·経済（経済DSEP）
	65	前	横浜国立·経済（経済LBEEP）
	55	後	滋賀·経済昼間主（総合経済A方式〈英·国〉）
72%	57.5	前	東京都立·経済経営（経済経営〈数理〉）
	57.5	前	名古屋市立·経済
	55	前	滋賀·経済昼間主（総合経済A方式〈英·国〉）
	57.5	前	大阪公立·経済（経済）
	57.5	前	大阪公立·商
	–	後	新潟·経済科学（総合経済）
	55	後	滋賀·経済昼間主（総合経済A方式〈英·数〉）
	–	後	和歌山·経済（経済）
71%	60	前	東京都立·経済経営（経済経営〈一般〉）
	57.5	前	九州·経済（経済工）
	57.5	後	兵庫県立·国際商経（経済学·経営学）
70%	55	前	滋賀·経済昼間主（総合経済A方式〈英·数〉）
	–	後	静岡県立·経営情報（経営情報）
	–	後	鹿児島·法文（法経－地域社会·経済）
69%	55	中	高崎経済·経済
	–	後	静岡·人文社会科学昼間（経済）
	55	後	滋賀·経済昼間主（総合経済B方式〈英·国〉）
	55	後	滋賀·経済昼間主（総合経済B方式〈英·数〉）
68%	55	前	広島·経済昼間（経済）
67%	55	前	埼玉·経済昼間（経済〈一般選抜枠〉）
	55	前	横浜市立·国際商（国際商A方式）
	52.5	前	金沢·人間社会（経済）

ボーダー得点率	ボーダー偏差値	日程	大学・学部（学科）
67%	52.5	後	茨城·人文社会科学（法律経済）
	–	後	北九州市立·経済（経済）
66%	55	前	岡山·経済昼間（経済）
	–	後	茨城·地域未来共創
	–	後	宇都宮·データサイエンス経営（データサイエンス経営）
	–	後	滋賀·経済夜間主（総合経済A方式）
	–	後	県立広島·地域創生（地域文化·地域産業（経過選択））
	–	後	北九州市立·経済（経営情報）
	–	後	長崎·経済（総合経済）
65%	52.5	前	高崎経済·経済
	52.5	前	信州·経法（応用経済）
	52.5	前	滋賀·経済昼間主（総合経済B方式〈英·数〉）
	52.5	前	滋賀·経済昼間主（総合経済B方式〈英·国〉）
	55	前	兵庫県立·国際商経（経済学·経営学）
	47.5	後	福島·人文社会昼間（経済経営）
	–	後	香川·経済（経済）
64%	50	前	静岡·人文社会科学昼間（経済）
	–	前	滋賀·経済夜間主（総合経済A方式）
	–	前	県立広島·地域創生（地域産業〈経営志向枠〉）
	–	後	富山·経済（経済経営）
63%	47.5	前	茨城·人文社会科学（法律経済）
	50	前	茨城·地域未来共創（数学選択）
	50	前	茨城·地域未来共創（英語選択）
	50	前	宇都宮·データサイエンス経営（データサイエンス経営）
	–	前	愛媛·社会共創（産業マネジメント）
	–	後	山口·経済
	–	後	佐賀·経済（経済）
	–	後	佐賀·経済（経営）
62%	50	前	静岡県立·経営情報（経営情報）
	50	前	香川·経済（経済）
	–	後	広島·経済夜間主（経済）
61%	50	前	新潟·経済科学（総合経済）
	50	前	和歌山·経済（経済）
	52.5	前	岡山·経済夜間主（経済）
60%	50	前	富山·経済（経済経営）
	55	前	岐阜·社会システム経営
	52.5	前	北九州市立·経済（経済〈英語選択〉）
	50	前	北九州市立·経済（経済〈数学選択〉）
	50	前	北九州市立·経済（経営情報〈数学選択〉）
	47.5	前	北九州市立·経済（経営情報〈英語選択〉）
	47.5	前	佐賀·経済（経済）
	47.5	前	佐賀·経済（経営）
	–	後	弘前·人文社会科学（社会経営）
	–	後	滋賀·経済夜間主（総合経済B方式）
	–	後	大分·経済（総合経済）
59%	47.5	前	弘前·人文社会科学（社会経営〈国語選択〉）
	50	前	鹿児島·法文（法経－地域社会·経済）
	47.5	後	宮城·事業構想
	–	後	宮崎·地域資源創成（地域資源創成）
58%	47.5	前	弘前·人文社会科学（社会経営〈数学選択〉）
	47.5	前	福島·人文社会昼間（経済経営）
	–	前	滋賀·経済夜間主（総合経済B方式）
	47.5	前	広島·経済夜間主（経済）
	–	前	高知·人文社会科学（社会科学A選抜）
	45	前	長崎·経済（総合経済）
	50	後	長崎県立·経営（国際経営）
57%	47.5	前	県立広島·地域創生（地域産業〈応用情報志向枠〉）
56%	50	前	山口·経済
	–	前	愛媛·社会共創（産業イノベーション）
	–	前	愛媛·社会共創（地域－農山漁村マネジメント）
	–	前	高知·人文社会科学（社会科学B選抜）
	–	前	高知·地域協働（地域協働）
	47.5	前	大分·経済（総合経済）
	–	後	長崎県立·経営（経営）
55%	45	前	宮城·事業構想
54%	–	後	長崎県立·地域創造（実践経済）
53%	45	前	長崎県立·経営（国際経営）
	–	前	宮崎·地域資源創成（地域資源創成）

ボーダー得点率	ボーダー偏差値	日程	大学・学部（学科）
52%	45	前	長崎県立･経営（経営）
48%	42.5	前	長崎県立･地域創造（実践経済〈英〉）
48%	45	前	長崎県立･地域創造（実践経済〈数〉）

教育―教員養成課程

ボーダー得点率	ボーダー偏差値	日程	大学・学部（学科）
74%	62.5	前	東京学芸･教育（中等－社会）
	57.5	前	東京学芸･教育（中等－数学）
	－	後	東京学芸･教育（中等－社会）
	－	後	東京学芸･教育（中等－数学）
73%	65	前	東京学芸･教育（中等－英語）
	－	前	横浜国立･教育（言語･文化･社会系教育）
	55	前	岡山･教育（学校－中学校教育理系）
	－	後	東京学芸･教育（中等－音楽）
72%	－	前	埼玉･教育（中学－社会）
	60	前	東京学芸･教育（初等－英語）
	－	前	東京学芸･教育（中等－音楽）
	－	後	東京学芸･教育（初等－国語）
	－	後	東京学芸･教育（初等－社会）
	－	後	東京学芸･教育（初等－学校教育）
	－	後	東京学芸･教育（初等－学校心理）
71%	55	前	千葉･教育（中学－国語科教育）
	55	前	千葉･教育（中学－社会科教育）
	57.5	前	千葉･教育（中学－数学科教育）
	55	前	千葉･教育（中学－理科教育）
	－	前	東京学芸･教育（初等－学校教育）
	－	前	東京学芸･教育（初等－学校心理）
	－	前	横浜国立･教育（芸術－心理学）
	55	前	岡山･教育（学校－中学校教育文系）
	－	後	三重･教育（学校－社会科〈中〉）
70%	57.5	前	千葉･教育（英語教育）
	－	前	東京学芸･教育（中等－保健体育）
	－	後	東京学芸･教育（中等－理科）
69%	57.5	前	東京学芸･教育（初等－社会）
	57.5	前	東京学芸･教育（中等－国語）
	55	前	東京学芸･教育（中等－理科）
	－	前	横浜国立･教育（自然･生活系教育）
	52.5	前	岡山･教育（学校－幼児教育）
	－	後	群馬･共同教育（学校－社会）
	－	後	東京学芸･教育（初等－環境教育）
68%	－	前	東京学芸･教育（初等－保健体育）
	－	前	東京学芸･教育（初等－国際教育）
	52.5	前	東京学芸･教育（初等－環境教育）
	－	前	横浜国立･教育（芸術－保健体育）
	－	中	都留文科･教養（学校教育３科目型）
	－	後	茨城･教育（学校－英語）
	－	後	茨城･教育（学校－数学）
	－	後	東京学芸･教育（初等－数学）
	－	後	東京学芸･教育（特別支援教育）
	－	後	山梨･教育（学校－幼小発達教育）
	－	後	山梨･教育（学校－言語教育）
	－	後	山梨･教育（学校－科学教育）
	－	後	信州･教育（学校－心理支援教育）
	－	後	三重･教育（学校－国語〈中〉）
67%	50	前	千葉･教育（小学校）
	－	前	横浜国立･教育（芸術－音楽）
	52.5	前	信州･教育（学校－心理支援教育）
	55	前	広島･教育（学校－初等教育）
	－	後	群馬･共同教育（学校－保健体育）
	－	後	埼玉･教育（学校－乳幼児教育）
	－	後	東京学芸･教育（初等－理科）
	－	後	東京学芸･教育（初等－音楽）
	－	後	信州･教育（学校－社会科教育）
	－	後	信州･教育（学校－数学教育）
	－	後	信州･教育（学校－保健体育）
	52.5	後	静岡･教育（学校－数学教育）
	－	後	和歌山･教育（学校－文科系）
	－	後	香川･教育（学校－中学校教育）
66%	－	前	群馬･共同教育（学校－英語）
	－	前	埼玉･教育（小学－社会）
	52.5	前	埼玉･教育（中学－国語）
	57.5	前	埼玉･教育（中学－数学）
	52.5	前	埼玉･教育（中学－理科）
	52.5	前	東京学芸･教育（初等－国語）
	52.5	前	東京学芸･教育（初等－数学）
	50	前	東京学芸･教育（初等－理科）
	－	前	東京学芸･教育（中等－家庭）
	－	前	東京学芸･教育（養護教育）
	－	前	横浜国立･教育（芸術－特別支援教育）
	－	前	都留文科･教養（学校教育）
	52.5	前	熊本･教育（初中－社会）
	52.5	前	熊本･教育（初中－英語）
	55	後	秋田･教育文化（学校－英語教育）
	－	後	群馬･共同教育（学校－国語）
	－	後	埼玉･教育（小学－国語）
	－	後	富山･教育（共同教員養成）
	－	後	静岡･教育（学校－社会科教育）
	－	後	三重･教育（学校－国語〈初〉）
	－	後	三重･教育（学校－社会科〈初〉）
65%	－	前	宇都宮･共同教育（学校－教育心理）
	－	前	宇都宮･共同教育（学校－国語）
	－	前	群馬･共同教育（学校－教育心理）
	－	前	東京学芸･教育（初等－音楽）
	－	前	東京学芸･教育（初等－家庭）
	－	前	東京学芸･教育（中等－美術）
	47.5	前	新潟･教育（教科－社会科）
	50	前	信州･教育（学校－社会科教育）
	52.5	前	岡山･教育（学校－小学校教育）
	－	前	岡山･教育（養護教諭養成）
	52.5	前	熊本･教育（初中－国語）
	－	中	都留文科･教養（学校教育５科目型）
	－	後	秋田･教育文化（学校－理数教育）
	－	後	茨城･教育（学校－国語）
	－	後	茨城･教育（学校－社会）
	－	後	茨城･教育（学校－特別支援教育）
	－	後	群馬･共同教育（学校－数学）
	－	後	山梨･教育（学校－障害児教育）
	－	後	山梨･教育（学校－生活社会教育）
	－	後	山梨･教育（学校－芸術身体教育）
	－	後	静岡･教育（学校－教育実践学）
	－	後	静岡･教育（学校－国語教育）
	－	後	和歌山･教育（学校－理科系）
	－	後	香川･教育（学校－小学校教育）
	－	後	愛媛･教育（教育－小学校／初等中等教科）
64%	－	前	茨城･教育（学校－社会）
	－	前	宇都宮･共同教育（学校－英語）
	52.5	前	埼玉･教育（中学－英語）
	55	前	千葉･教育（乳幼児教育）
	55	前	千葉･教育（養護教諭）
	50	前	山口･教育（学校－社会科）
	50	前	山口･教育（学校－数学）
	50	前	熊本･教育（初中－数学）
	－	後	茨城･教育（学校－教育実践科学）
	－	後	群馬･共同教育（学校－理科）
	－	後	群馬･共同教育（学校－技術）
	－	後	福井･教育（中等教育〈統合型〉）
	－	後	信州･教育（学校－現代教育）
	－	後	静岡･教育（学校－養護教育）
	50	後	佐賀･教育（学校－中等教育主免）
63%	－	前	宇都宮･共同教育（学校－教育）

ボーダー得点率	ボーダー偏差値	日程	大学・学部（学科）
63%	–	前	群馬・共同教育（学校－国語）
	55	前	埼玉・教育（小学－心理・教育実践学）
	50	前	埼玉・教育（学校－乳幼児教育）
	52.5	前	千葉・教育（小中－保健体育科教育）
	–	前	東京学芸・教育（初等－ものづくり技術）
	–	前	東京学芸・教育（特別支援教育）
	–	前	横浜国立・教育（芸術－美術）
	52.5	前	岐阜・教育（学校－教育心理）
	–	前	岡山・教育（学校－中学校教育実技系）
	50	前	広島・教育（学校－特別支援教育）
	50	前	愛媛・教育（教育－幼年教育）
	50	前	愛媛・教育（初中－科学教育）
	–	後	秋田・教育文化（学校－教育実践〈体育選択〉）
	–	後	茨城・教育（学校－理科）
	–	後	信州・教育（学校－国語教育）
	–	後	信州・教育（学校－英語教育）
	–	後	信州・教育（学校－音楽教育）
62%	47.5	前	茨城・教育（学校－理科）
	–	前	宇都宮・共同教育（学校－社会）
	–	前	群馬・共同教育（学校－社会）
	52.5	前	埼玉・教育（小学－教育学）
	52.5	前	埼玉・教育（小学－国語）
	52.5	前	埼玉・教育（小学－英語）
	55	前	埼玉・教育（小学－算数）
	–	前	東京学芸・教育（初等－幼児教育）
	47.5	前	山梨・教育（学校－幼小発達教育）
	50	前	山梨・教育（学校－言語教育）
	52.5	前	信州・教育（学校－現代教育）
	47.5	前	信州・教育（学校－国語教育）
	47.5	前	信州・教育（学校－数学教育）
	50	前	岐阜・教育（学校－社会科）
	52.5	前	静岡・教育（学校－養護教育）
	52.5	前	岡山・教育（学校－特別支援教育）
	50	前	熊本・教育（初中－小学校）
	–	後	秋田・教育文化（学校－教育実践〈小論文選択〉）
	–	後	茨城・教育（学校－保健体育）
	–	後	茨城・教育（学校－技術）
	–	後	福井・教育（初等教育〈統合型〉）
	–	後	信州・教育（学校－野外教育）
	–	後	信州・教育（学校－特別支援教育）
	–	後	三重・教育（学校－保健体育〈中〉）
	–	後	滋賀・教育（学校教育教員養成）
61%	–	前	群馬・共同教育（学校－教育）
	50	前	埼玉・教育（中学－家庭科）
	–	前	東京学芸・教育（初等－美術）
	52.5	前	富山・教育（共同教員養成）
	50	前	金沢・人間社会（学校教育〈共同教員養成〉A）
	47.5	前	山梨・教育（学校－科学教育）
	50	前	信州・教育（学校－英語教育）
	–	前	信州・教育（学校－保健体育）
	50	前	信州・教育（学校－特別支援教育）
	50	前	岐阜・教育（学校－数学）
	50	前	静岡・教育（学校－社会科教育）
	50	前	滋賀・教育（学校－文系型）
	50	前	香川・教育（学校－中学校教育〈B系〉）
	50	前	香川・教育（学校－中学校教育〈A系〉）
	50	前	熊本・教育（初中－理科）
	–	前	琉球・教育（中学－社会科教育）
	–	後	岩手・教育（小学校教育）
	–	後	岩手・教育（特別支援教育）
	–	後	茨城・教育（養護教諭養成）
	–	後	埼玉・教育（小学－家庭科）
	–	後	東京学芸・教育（中等－情報）
	–	後	静岡・教育（学校－理科教育）
	–	後	静岡・教育（学校－家庭科教育）
	47.5	後	佐賀・教育（学校－初等教育主免）
60%	50	前	弘前・教育（学校－中学英語）
	–	前	茨城・教育（学校－国語）
	–	前	茨城・教育（学校－英語）
	–	前	茨城・教育（学校－家庭）

ボーダー得点率	ボーダー偏差値	日程	大学・学部（学科）
60%	–	前	宇都宮・共同教育（学校－特別支援教育）
	50	前	埼玉・教育（小学－理科）
	50	前	千葉・教育（小中－音楽科教育）
	50	前	千葉・教育（小中－図画工作・美術科教育）
	50	前	千葉・教育（小中－家庭科教育）
	52.5	前	千葉・教育（特別支援教育）
	50	前	新潟・教育（学校－教育心理学）
	50	前	金沢・人間社会（学校教育〈共同教員養成〉B）
	50	前	岐阜・教育（学校－国語）
	50	前	静岡・教育（学校－教育心理学）
	50	前	静岡・教育（学校－国語教育）
	50	前	静岡・教育（学校－数学教育）
	50	前	三重・教育（学校－国語〈中〉）
	52.5	前	三重・教育（学校－社会科〈中〉）
	52.5	前	三重・教育（学校－英語〈中〉）
	47.5	前	和歌山・教育（学校－文科系）
	52.5	前	山口・教育（学校－心理学）
	47.5	前	山口・教育（学校－幼児教育）
	–	前	香川・教育（学校－中学校教育〈C系〉）
	50	前	愛媛・教育（教育－小学校教育）
	47.5	前	佐賀・教育（学校－中等教育主免）
	50	前	長崎・教育（学校－中学文系）
	–	後	秋田・教育文化（学校－教育実践〈音楽選択〉）
	–	後	秋田・教育文化（学校－特別支援教育）
	–	後	秋田・教育文化（学校－こども発達）
	–	後	茨城・教育（学校－家庭）
	–	後	群馬・共同教育（学校－音楽）
	–	後	群馬・共同教育（学校－美術）
	–	後	埼玉・教育（小学－ものづくりと情報）
	–	後	信州・教育（学校－理科教育）
	–	後	信州・教育（学校－家庭科教育）
	–	後	三重・教育（学校－特別支援教育）
59%	50	前	秋田・教育文化（学校－教育実践〈教科選択〉）
	–	前	茨城・教育（養護教諭養成）
	–	前	宇都宮・共同教育（学校－技術）
	–	前	宇都宮・共同教育（学校－美術）
	–	前	宇都宮・共同教育（学校－家政）
	–	前	東京学芸・教育（中等－技術）
	50	前	東京学芸・教育（中等－情報）
	50	前	新潟・教育（学校－学校教育学）
	50	前	福井・教育（中等教育〈文系型〉）
	45	前	山梨・教育（学校－生活社会教育）
	–	前	信州・教育（学校－野外教育）
	52.5	前	岐阜・教育（学校－英語）
	52.5	前	静岡・教育（学校－教育実践学）
	50	前	静岡・教育（学校－英語教育）
	52.5	前	三重・教育（学校－社会科〈初〉）
	–	前	三重・教育（学校－保健体育〈中〉）
	52.5	前	三重・教育（学校－英語〈初〉）
	47.5	前	三重・教育（学校－特別支援教育）
	52.5	前	三重・教育（学校－幼児教育）
	52.5	前	三重・教育（学校－教育心理学）
	50	前	滋賀・教育（学校－理系型）
	50	前	滋賀・教育（学校－面接型〈障害児教育〉）
	50	前	山口・教育（学校－国語）
	50	前	香川・教育（学校－小学校教育）
	47.5	前	長崎・教育（学校－中学理系）
	50	前	熊本・教育（特別支援教育）
	50	前	熊本・教育（養護教育）
	–	後	群馬・共同教育（学校－家政）
	–	後	埼玉・教育（中学－美術）
	–	後	静岡・教育（学校－特別支援教育）
	–	後	三重・教育（学校－保健体育〈初〉）
	52.5	後	佐賀・教育（学校－幼小連携教育）
58%	47.5	前	弘前・教育（養護教諭養成）
	45	前	茨城・教育（学校－数学）
	–	前	宇都宮・共同教育（学校－理科）
	–	前	群馬・共同教育（学校－数学）
	–	前	群馬・共同教育（学校－家政）
	–	前	埼玉・教育（小学－ものづくりと情報）

ボーダー得点率	ボーダー偏差値	日程	大学・学部（学科）
58%	–	前	埼玉·教育(中学－美術)
	50	前	千葉·教育(中学－技術科教育)
	47.5	前	新潟·教育(教科－数学)
	47.5	前	福井·教育(初等教育〈文系型〉)
	45	前	山梨·教育(学校－障害児教育)
	47.5	前	信州·教育(学校－理科教育)
	–	前	信州·教育(学校－音楽教育)
	47.5	前	信州·教育(学校－家庭科教育)
	–	前	岐阜·教育(学校－保健体育)
	50	前	静岡·教育(学校－初等学習開発学)
	–	前	静岡·教育(学校－保健体育教育)
	50	前	静岡·教育(学校－家庭科教育)
	50	前	三重·教育(学校－国語〈初〉)
	52.5	前	三重·教育(学校－数学〈中〉)
	47.5	前	三重·教育(学校－理科〈中〉)
	55	前	三重·教育(学校－教育学)
	47.5	前	和歌山·教育(学校－理科系)
	47.5	前	山口·教育(学校－特別支援教育)
	47.5	前	山口·教育(学校－理科)
	52.5	前	山口·教育(学校－英語)
	50	前	香川·教育(学校－幼児教育)
	50	前	熊本·教育(初中－実技系)
	50	前	鹿児島·教育(学校－社会)
	47.5	前	琉球·教育(中学－国語教育)
	–	後	埼玉·教育(小学－図画工作)
	–	後	埼玉·教育(中学－技術)
	–	後	信州·教育(学校－図画工作·美術教育)
	–	後	宮崎·教育(学校－小学校主免)
57%	47.5	前	弘前·教育(学校－中学社会)
	47.5	前	岩手·教育(中学－国語)
	50	前	岩手·教育(中学－社会)
	50	前	岩手·教育(中学－英語)
	50	前	秋田·教育文化(学校－英語教育)
	50	前	秋田·教育文化(学校－理数教育)
	50	前	秋田·教育文化(学校－こども発達)
	–	前	茨城·教育(学校－教育実践科学)
	–	前	宇都宮·共同教育(学校－数学)
	–	前	宇都宮·共同教育(学校－音楽)
	–	前	宇都宮·共同教育(学校－保健体育)
	–	前	埼玉·教育(小学－音楽)
	47.5	前	埼玉·教育(小学－家庭科)
	–	前	埼玉·教育(中学－音楽)
	47.5	前	福井·教育(初等教育〈理系型〉)
	50	前	福井·教育(中等教育〈理系型〉)
	52.5	前	岐阜·教育(学校－学校教育実践)
	47.5	前	静岡·教育(学校－特別支援教育)
	47.5	前	静岡·教育(学校－理科教育)
	52.5	前	三重·教育(学校－数学〈初〉)
	47.5	前	三重·教育(学校－理科〈初〉)
	52.5	前	山口·教育(学校－教育学)
	50	前	山口·教育(学校－国際理解教育)
	–	前	愛媛·教育(初中－体育·保健体育)
	47.5	前	長崎·教育(学校－中学実技系)
	50	前	琉球·教育(中学－英語教育)
	–	後	弘前·教育(学校－小学校)
	–	後	秋田·教育文化(学校－教育実践〈美術選択〉)
	–	後	群馬·共同教育(学校－特別支援教育)
	–	後	信州·教育(学校－ものづくり·技術教育)
56%	47.5	前	岩手·教育(理数－数学)
	45	前	岩手·教育(理数－理科)
	–	前	茨城·教育(学校－保健体育)
	–	前	茨城·教育(学校－技術)
	–	前	群馬·共同教育(学校－理科)
	–	前	群馬·共同教育(学校－保健体育)
	–	前	群馬·共同教育(学校－特別支援教育)
	–	前	埼玉·教育(小学－体育)
	–	前	埼玉·教育(中学－保健体育)
	50	前	新潟·教育(教科－理科)
	47.5	前	新潟·教育(教科－家庭科)
	–	前	新潟·教育(教科－美術)

ボーダー得点率	ボーダー偏差値	日程	大学・学部（学科）
56%	47.5	前	岐阜·教育(学校－理科)
	50	前	静岡·教育(学校－幼児教育)
	–	前	三重·教育(学校－音楽〈中〉)
	–	前	三重·教育(学校－保健体育〈初〉)
	50	前	三重·教育(学校－家政〈初〉)
	50	前	三重·教育(学校－家政〈中〉)
	–	前	和歌山·教育(学校－実技系〈保健体育〉)
	–	前	山口·教育(学校－小学校総合)
	47.5	前	山口·教育(学校－技術)
	45	前	高知·教育(学校教育教員〈幼児教育·科学技術除く〉)
	47.5	前	長崎·教育(学校－小学校教育)
	–	前	鹿児島·教育(学校－保健体育)
	–	後	島根·教育(学校教育Ⅰ類)
	–	後	鹿児島·教育(学校－初等教育一般〈文系型〉)
55%	45	前	弘前·教育(学校－小学校)
	47.5	前	弘前·教育(学校－中学国語)
	45	前	弘前·教育(学校－中学数学)
	45	前	弘前·教育(学校－中学家庭科)
	45	前	岩手·教育(小学校教育)
	–	前	埼玉·教育(小学－図画工作)
	–	前	埼玉·教育(中学－技術)
	50	前	東京学芸·教育(中等－書道)
	–	前	山梨·教育(学校－芸術身体教育)
	47.5	前	静岡·教育(学校－技術教育)
	47.5	前	滋賀·教育(学校－実技型〈保健体育〉)
	–	前	島根·教育(学校教育Ⅰ類)
	47.5	前	山口·教育(学校－情報教育)
	47.5	前	山口·教育(学校－家政)
	45	前	愛媛·教育(教育－特別支援教育)
	50	前	愛媛·教育(初中－言語社会教育)
	–	前	愛媛·教育(初中－家庭)
	–	前	愛媛·教育(初中－音楽)
	–	前	愛媛·教育(初中－図画工作·美術)
	45	前	高知·教育(学校－幼児教育)
	47.5	前	鹿児島·教育(学校－国語)
	45	前	琉球·教育(小学－教科教育)
	45	前	琉球·教育(中学－数学教育)
	–	後	鹿児島·教育(学校－初等教育一般〈理系型〉)
	–	後	鹿児島·教育(学校－特別支援教育〈文系型〉)
	–	後	鹿児島·教育(学校－特別支援教育〈理系型〉)
54%	45	前	弘前·教育(学校－中学理科)
	50	前	弘前·教育(学校－特別支援教育)
	–	前	岩手·教育(中学－音楽)
	47.5	前	岩手·教育(特別支援教育)
	47.5	前	秋田·教育文化(学校－特別支援教育)
	47.5	前	埼玉·教育(学校－特別支援教育)
	50	前	新潟·教育(学校－特別支援教育)
	50	前	新潟·教育(教科－国語)
	47.5	前	新潟·教育(教科－英語)
	–	前	新潟·教育(教科－保健体育)
	45	前	岐阜·教育(学校－音楽)
	47.5	前	岐阜·教育(学校－技術)
	–	前	静岡·教育(学校－音楽教育)
	47.5	前	三重·教育(学校－技術·ものづくり〈中〉)
	–	前	和歌山·教育(学校－実技系〈音楽又は美術〉)
	–	前	島根·教育(学校教育Ⅱ類－保健体育)
	–	前	山口·教育(学校－音楽)
	–	前	山口·教育(学校－保健体育)
	–	前	高知·教育(学校－保健体育教育)
	47.5	前	長崎·教育(学校－幼児教育)
	50	前	鹿児島·教育(学校－初等教育一般〈文系型〉)
	47.5	前	鹿児島·教育(学校－英語)
	47.5	前	鹿児島·教育(学校－数学)
	47.5	前	鹿児島·教育(学校－特別支援教育〈理系型〉)
	45	前	琉球·教育(中学－理科教育)
	–	後	茨城·教育(学校－美術)
	–	後	静岡·教育(学校－美術教育)
	–	後	大分·教育(初等中等教育)
	–	後	大分·教育(特別支援教育)
53%	–	前	茨城·教育(学校－美術)

国公立

教育―教員養成課程

ボーダー得点率	ボーダー偏差値	日程	大学・学部(学科)
53%	－	前	茨城・教育(学校－特別支援教育)
	－	前	埼玉・教育(養護教諭養成)
	－	前	福井・教育(中等教育〈実技型音楽〉)
	－	前	福井・教育(中等教育〈実技型体育〉)
	－	前	信州・教育(学校－図画工作・美術教育)
	47.5	前	信州・教育(学校－ものづくり・技術教育)
	47.5	前	岐阜・教育(学校－家政)
	50	前	佐賀・教育(学校－幼小連携教育)
	45	前	佐賀・教育(学校－初等教育主免)
	47.5	前	宮崎・教育(学校－中学校主免〈2／3型〉)
	45	前	宮崎・教育(学校－中学校主免〈理系〉)
	47.5	前	鹿児島・教育(学校－初等教育一般〈理系型〉)
	－	後	茨城・教育(学校－音楽)
	－	後	三重・教育(学校－音楽〈初〉)
52%	－	前	岩手・教育(中学－美術)
	－	前	岩手・教育(中学－保健体育)
	47.5	前	秋田・教育文化(学校－教育実践〈体育選択〉)
	47.5	前	秋田・教育文化(学校－教育実践〈美術選択〉)
	47.5	前	秋田・教育文化(学校－教育実践〈音楽選択〉)
	－	前	福井・教育(初等教育〈実技型体育〉)
	－	前	福井・教育(初等教育〈実技型音楽〉)
	－	前	静岡・教育(学校－美術教育)
	－	前	三重・教育(学校－音楽〈初〉)
	47.5	前	三重・教育(学校－技術・ものづくり〈初〉)
	45	前	滋賀・教育(学校－実技型〈音楽〉)
	47.5	前	長崎・教育(学校－特別支援教育)
	47.5	前	宮崎・教育(学校－小学校主免〈2／3型〉)
	47.5	前	鹿児島・教育(学校－理科)
	45	前	鹿児島・教育(学校－技術)
	45	前	鹿児島・教育(学校－家政)
	47.5	前	鹿児島・教育(学校－特別支援教育〈文系型〉)
	－	前	琉球・教育(小学－学校教育)

ボーダー得点率	ボーダー偏差値	日程	大学・学部(学科)
52%	－	前	琉球・教育(中学－音楽教育)
51%	－	前	島根・教育(学校教育Ⅱ類－美術)
	－	前	高知・教育(学校－音楽教育・美術教育)
	42.5	前	高知・教育(学校－科学技術教育)
	47.5	前	大分・教育(初等中等教育)
	45	前	宮崎・教育(学校－小学校主免〈理系〉)
	47.5	前	宮崎・教育(学校－教職実践基礎)
	－	前	琉球・教育(中学－生活科学教育)
50%	45	前	弘前・教育(学校－中学技術)
	－	前	茨城・教育(学校－音楽)
	－	前	群馬・共同教育(学校－技術)
	－	前	群馬・共同教育(学校－音楽)
	45	前	新潟・教育(教科－技術科)
	－	前	新潟・教育(教科－音楽)
	－	前	岐阜・教育(学校－美術)
	50	前	岐阜・教育(学校－特別支援教育)
	－	前	島根・教育(学校教育Ⅱ類－音楽)
	－	前	山口・教育(学校－美術)
	47.5	前	大分・教育(特別支援教育)
	45	前	宮崎・教育(学校－子ども理解)
	45	前	宮崎・教育(学校－特別支援教育)
	－	前	鹿児島・教育(学校－音楽)
	－	前	琉球・教育(中学－保健体育)
	45	前	琉球・教育(中学－技術教育)
49%	45	前	滋賀・教育(学校－実技型〈美術〉)
	－	前	琉球・教育(中学－美術教育)
	－	前	琉球・教育(特別支援教育)
48%	－	前	群馬・共同教育(学校－美術)
	－	前	鹿児島・教育(学校－美術)
47%	－	前	三重・教育(学校－美術〈中〉)
46%	－	前	三重・教育(学校－美術〈初〉)

教育―総合科学課程

ボーダー得点率	ボーダー偏差値	日程	大学・学部（学科）
79%	–	後	広島・教育（科学－数理系）
75%	–	後	東京学芸・教育（教育－多文化共生教育）
74%	–	前	東京学芸・教育（教育－カウンセリング）
	55	前	広島・教育（科学－数理系）
	–	後	広島・教育（科学－社会系）
73%	–	後	広島・教育（科学－自然系）
71%	57.5	前	広島・教育（科学－社会系）
	57.5	前	広島・教育（言語－国語文化系）
70%	–	後	東京学芸・教育（教育－生涯学習・文化遺産教育）
	–	後	広島・教育（生涯－人間生活系）
68%	–	前	東京学芸・教育（教育－表現教育）
	52.5	前	広島・教育（科学－自然系）
	52.5	前	広島・教育（言語－英語文化系）
67%	–	前	東京学芸・教育（教育－生涯スポーツ）
	–	後	東京学芸・教育（教育－情報教育）

ボーダー得点率	ボーダー偏差値	日程	大学・学部（学科）
67%	–	後	広島・教育（科学－技術・情報系）
	–	後	広島・教育（生涯－造形芸術系）
66%	–	前	東京学芸・教育（教育－ソーシャルワーク）
	–	前	東京学芸・教育（教育－多文化共生教育）
	–	後	広島・教育（生涯－健康スポーツ系）
65%	–	前	東京学芸・教育（教育－生涯学習・文化遺産教育）
	50	前	東京学芸・教育（教育－情報教育）
	–	前	広島・教育（生涯－健康スポーツ系）
	–	前	広島・教育（生涯－造形芸術系）
64%	50	前	広島・教育（科学－技術・情報系）
	55	前	広島・教育（言語－日本語教育系）
63%	50	前	広島・教育（生涯－人間生活系）
	–	前	広島・教育（生涯－音楽文化系）
60%	–	後	秋田・教育文化（地域文化）
57%	50	前	秋田・教育文化（地域文化）

理学系

ボーダー得点率	ボーダー偏差値	日程	大学・学部（学科）
88%	67.5	後	東北・理（物理系）
	–	後	筑波・理工（物理）
87%	65	後	東北・理（数学系）
	–	後	九州・理（物理）
86%	65	後	東北・理（化学系）
	65	後	神戸・理（物理）
	62.5	一	早稲田・教育（理－地球科学）
85%	65	後	北海道・理（物理）
	67.5	後	東北・理（地球科学系）
	67.5	後	東北・理（生物系）
	65	一	早稲田・教育（数学）
84%	–	後	お茶の水女子・理（数学）
	65	後	神戸・理（化学）
	65	後	神戸・理（生物）
	65	後	神戸・理（惑星）
	62.5	後	広島・理（数学）
	65	後	九州・理（化学）
	–	後	九州・理（地球惑星科学）
	–	後	九州・理（生物）
	65	一	早稲田・教育（理－生物学）
83%	65	前	京都・理（理）
	60	後	北海道・理（地球惑星科学）
	–	後	お茶の水女子・理（物理）
	62.5	後	横浜国立・理工（数物－物理工学）
	62.5	後	大阪公立・理（生物）
	60	後	広島・理（物理）
82%	–	後	筑波・理工（化学）
	60	後	東京都立・理（物理）
	62.5	後	大阪公立・理（数学）
	62.5	後	大阪公立・理（物理）
	62.5	後	大阪公立・理（化学）
	–	後	大阪公立・理（生物化学）
	65	後	神戸・理（数学）
	65	一	早稲田・教育（理－生物学）
81%	62.5	後	北海道・理（化学）
	60	後	北海道・理（生物－生物学）
	60	後	東京都立・理（数理科学）
	–	後	横浜市立・理（理）
80%	62.5	後	北海道・理（生物－高分子機能学）
	–	後	筑波・生命環境（生物）
	62.5	後	千葉・理（数学・情報数理）
	–	後	お茶の水女子・理（情報科学）
	57.5	後	横浜国立・理工（化学－化学・化学応用）
	–	後	広島・理（化学）
	–	後	広島・理（地球惑星システム）
79%	60	前	東北・理（数学系）
	60	前	東北・理（物理系）

ボーダー得点率	ボーダー偏差値	日程	大学・学部（学科）
79%	65	前	東京工業・理
	62.5	後	千葉・理（物理）
	62.5	後	千葉・理（化学）
	62.5	後	横浜国立・理工（数物－数理科学）
78%	65	後	北海道・理（数学）
	–	後	筑波・生命環境（地球）
	62.5	後	千葉・理（生物）
	57.5	後	千葉・理（地球科学）
	57.5	後	東京都立・理（化学）
	–	後	大阪公立・理（地球）
77%	60	前	東北・理（化学系）
	57.5	前	筑波・理工（化学）
	60	前	名古屋・理
	62.5	前	大阪・理（数学）
	62.5	前	大阪・理（物理）
	60	前	大阪・理（化学）
	62.5	前	大阪・理（生物－生物科学）
	60	前	大阪・理（生物－生命理学）
	–	後	お茶の水女子・理（化学）
76%	60	前	東北・理（地球科学系）
	60	前	東北・理（生物系）
	57.5	前	筑波・理工（物理）
	57.5	前	筑波・生命環境（生物）
	–	後	お茶の水女子・理（生物）
	–	後	東京都立・理（生命科学）
	–	後	京都府立・生命理工情報（生命化学）
75%	60	前	筑波・理工（数学）
	60	前	横浜国立・理工（数物－物理工学）
	57.5	前	神戸・理（物理）
	55	前	神戸・理（生物）
	57.5	前	九州・理（物理）
	57.5	後	名古屋市立・総合生命理学（総合生命理学）
74%	57.5	前	筑波・生命環境（地球）
	57.5	前	お茶の水女子・理（化学）
	57.5	前	お茶の水女子・理（情報科学）
	57.5	前	横浜国立・理工（化学－化学・化学応用）
	55	前	神戸・理（惑星）
	57.5	前	九州・理（地球惑星科学）
73%	57.5	前	筑波・総合選抜入試（理系Ⅱ）
	60	前	筑波・総合選抜入試（理系Ⅲ）
	–	前	埼玉・理（基礎化学）
	60	前	千葉・理（数学・情報数理）
	57.5	前	お茶の水女子・理（生物）
	57.5	前	金沢・理系一括
	57.5	前	神戸・理（数学）
	57.5	前	神戸・理（化学）
	55	前	九州・理（化学）

ボーダー得点率	ボーダー偏差値	日程	大学·学部(学科)
73%	55	前	九州·理(数学)
	55	後	埼玉·理(物理)
	55	後	信州·理(理−生物学)
	55	後	山口·理(数理科学)
72%	55	前	筑波·総合選抜入試(理系Ⅰ)
	57.5	前	千葉·理(物理)
	57.5	前	千葉·理(化学)
	55	前	東京都立·理(数理科学)
	57.5	前	横浜国立·理工(数物−数理科学)
	52.5	前	横浜市立·理(理B方式)
	60	後	埼玉·理(数学)
	60	後	埼玉·理(生体制御)
	−	後	新潟·理(理)
71%	55	前	東京都立·理(物理)
	55	前	大阪公立·理(生物化学)
	57.5	前	九州·理(生物)
	−	後	山形·理(理)
	52.5	後	信州·理(理−物理学)
	52.5	後	信州·理(理−地球学)
	55	後	静岡·理(数学)
	55	後	静岡·理(物理)
	52.5	後	山口·理(生物)
70%	57.5	前	千葉·理(生物)
	60	前	お茶の水女子·理(数学)
	55	前	お茶の水女子·理(物理)
	55	前	東京都立·理(生命科学)
	55	前	大阪公立·理(化学)
	52.5	前	大阪公立·理(生物)
	52.5	前	大阪公立·理(地球)
	55	後	富山·理(理Ⅱ)
	52.5	後	奈良女子·理(化生−化学)
	52.5	後	奈良女子·理(化生−生物科学)
	52.5	後	奈良女子·理(化生−環境科学)
	52.5	後	熊本·理(理)
69%	55	前	千葉·理(地球科学)
	55	前	東京都立·理(化学)
	52.5	前	大阪公立·理(数学)
	52.5	前	大阪公立·理(物理)
	55	前	広島·理(数学)
	52.5	前	広島·理(物理)
	50	後	茨城·理(地球環境科学)
	52.5	後	埼玉·理(分子生物)
	52.5	後	信州·理(数学)
	52.5	後	静岡·理(化学)
	52.5	後	静岡·理(創造理学)
	−	後	鳥取·医(生命科学)
	−	後	山口·理(地球圏システム科学)
68%	57.5	前	埼玉·理(数学)
	57.5	前	埼玉·理(物理)
	52.5	後	茨城·理(数学·情報数理)
	47.5	後	茨城·理(化学)
	55	後	富山·理(理Ⅰ〈数〉)
	55	後	富山·理(理Ⅰ〈物〉)
	55	後	富山·理(理Ⅰ〈化〉)
	55	後	富山·理(理Ⅰ〈生〉)
	52.5	後	奈良女子·理(数物科学)
	52.5	後	愛媛·理(理A〈数学〉)
	−	後	愛媛·理(理B〈面接〉)
67%	55	前	信州·理(理−生物学)
	52.5	前	京都府立·生命理工情報(生命化学)
	52.5	前	岡山·理(数学)
	52.5	前	岡山·理(物理)
	52.5	前	広島·理(化学)
	52.5	前	広島·理(地球惑星システム)
	50	後	弘前·理工(数物科学〈数学選択〉)
	47.5	後	岩手·理工(物理−数理·物理)
	52.5	後	埼玉·理(基礎化学)
	52.5	後	信州·理(理−化学)
	52.5	後	信州·理(理−物質循環学)
	52.5	後	静岡·理(生物科学)

ボーダー得点率	ボーダー偏差値	日程	大学·学部(学科)
67%	−	後	静岡·理(地球科学)
66%	−	前	埼玉·理(分子生物)
	52.5	前	金沢·理工(数物科学)
	52.5	前	金沢·理工(物質化学)
	50	前	岡山·理(生物)
	52.5	前	広島·理(生物科学)
	47.5	後	岩手·理工(化学−化学)
	52.5	後	茨城·理(生物科学)
	50	後	富山·都市デザイン(地球システム科学)
	50	後	山口·理(物理·情報科学)
65%	57.5	前	埼玉·理(生体制御)
	50	前	横浜市立·理(理A方式)
	52.5	前	信州·理(理−物理学)
	−	前	信州·理(理−地球学)
	52.5	前	静岡·理(数学)
	50	前	静岡·理(物理)
	52.5	前	京都府立·生命理工情報(理工情報)
	50	前	奈良女子·理(化生−化学)
	50	前	奈良女子·理(化生−生物科学)
	50	前	奈良女子·理(化生−環境科学)
	50	中	兵庫県立·理(物質科学)
	52.5	中	兵庫県立·理(生命科学)
	47.5	後	岩手·理工(化学−生命)
	50	後	山口·理(化学)
	50	後	徳島·理工昼間(数理科学)
	50	後	徳島·理工昼間(自然科学)
64%	50	前	静岡·理(化学)
	50	前	岡山·理(化学)
	50	後	弘前·理工(数物科学〈理科選択〉)
	52.5	後	茨城·理(学際理学)
63%	45	前	茨城·理(化学)
	52.5	前	信州·理(数学)
	50	前	信州·理(理−化学)
	50	前	静岡·理(創造理学)
	47.5	前	奈良女子·理(数物科学)
	47.5	後	弘前·理工(物質創成化学)
	45	後	茨城·理(物理学)
	−	後	高知·理工(数学物理)
	−	後	高知·理工(情報科学)
	−	後	高知·理工(生物科学)
	−	後	高知·理工(地球環境防災)
62%	55	前	富山·理(理Ⅱ)
	−	後	鹿児島·理(理)
	−	後	琉球·理(海洋自然科学〈生物系〉)
61%	47.5	前	茨城·理(生物科学)
	50	前	静岡·理(生物科学)
	50	前	岡山·理(地球科学)
	47.5	前	愛媛·理(理〈化学受験〉)
	47.5	前	愛媛·理(理〈生物受験〉)
	47.5	前	熊本·理(理)
	47.5	後	秋田·理工(生命科学)
	−	後	島根·総合理工(物質化学)
	47.5	後	島根·総合理工(数理科学)
60%	45	前	新潟·理(理〈理科重点選抜〉)
	50	前	富山·理(理Ⅰ〈数·化〉)
	50	前	富山·理(理Ⅰ〈数·物〉)
	50	前	富山·理(理Ⅰ〈数·生〉)
	52.5	前	富山·理(理Ⅰ〈数〉)
	50	前	静岡·理(地球科学)
	47.5	後	弘前·理工(地球環境防災)
59%	45	前	茨城·理(数学·情報数理)
	50	前	信州·理(理−物質循環学)
	47.5	前	愛媛·理(理〈数学受験〉)
	−	後	琉球·理(海洋自然科学〈化学系〉)
58%	45	前	岩手·理工(化学−化学)
	47.5	前	茨城·理(地球環境科学)
	45	前	新潟·理(理〈理数重点選抜〉)
	50	前	鳥取·医(生命科学)
	47.5	前	山口·理(物理·情報科学)
	47.5	前	山口·理(化学)

ボーダー得点率	ボーダー偏差値	日程 大学・学部（学科）
58%	–	後 島根・総合理工（地球科学）
	–	後 琉球・理（物質地球科学〈物理系〉）
	–	後 琉球・理（物質地球科学〈地球環境系〉）
57%	45	前 弘前・理工（数物科学〈数学・理科選択〉）
	45	前 岩手・理工（化学－生命）
	42.5	前 茨城・理（物理学）
	45	前 茨城・理（学際理学）
	45	前 島根・総合理工（数理科学）
	47.5	前 山口・理（生物）
	47.5	前 愛媛・理（理〈物理受験〉）
	–	後 島根・生物資源科学（生命科学）
	47.5	後 琉球・理（数理科学）
56%	47.5	前 弘前・理工（数物科学〈数学選択〉）
	45	前 岩手・理工（物理－数理・物理）
	47.5	前 山形・理（理）
	45	前 新潟・理（理〈野外科学志向選抜〉）
	45	前 島根・総合理工（物質化学）
	50	前 山口・理（地球圏システム科学）
	47.5	前 徳島・理工昼間（数理科学）
	47.5	前 徳島・理工昼間（自然科学）
55%	42.5	前 弘前・理工（物質創成化学）
	42.5	前 弘前・理工（地球環境防災）
	42.5	前 秋田・理工（生命科学a）

ボーダー得点率	ボーダー偏差値	日程 大学・学部（学科）
55%	45	前 高知・理工（情報科学）
	45	前 鹿児島・理（理－数理情報科学）
54%	45	前 秋田・理工（生命科学b）
	45	前 福島・人文社会昼間（人間－数理自然科学）
	45	前 富山・都市デザイン（地球システム科学）
	45	前 島根・総合理工（地球科学）
	45	前 高知・理工（数学物理〈数学受験〉）
	45	前 鹿児島・理（理－物理・宇宙）
	45	前 鹿児島・理（理－地球科学）
	45	前 琉球・理（海洋自然科学〈生物系〉）
53%	45	前 高知・理工（数学物理〈理科受験〉）
	45	前 高知・理工（生物科学）
	45	前 高知・理工（地球環境防災）
	45	前 鹿児島・理（理－化学）
	45	前 鹿児島・理（理－生物学）
52%	47.5	前 山口・理（数理科学）
	45	前 琉球・理（数理科学）
	42.5	前 琉球・理（海洋自然科学〈化学系〉）
50%	47.5	前 島根・生物資源科学（生命科学）
	47.5	前 愛媛・理（理〈地学受験〉）
49%	42.5	前 琉球・理（物質地球科学〈地球環境系〉）
48%	42.5	前 琉球・理（物質地球科学〈物理系〉）

工学系

ボーダー得点率	ボーダー偏差値	日程	大学・学部（学科）
88%	65	後	神戸・工（情報知能工）
87%	67.5	前	東京・理科一類
86%	62.5	一	上智・理工（情報理工）
85%	62.5	後	北海道・工（情報エレクトロニクス）
	–	後	筑波・理工（応用理工）
84%	67.5	前	京都・工（情報）
	–	後	筑波・理工（工学システム）
	–	後	筑波・理工（社会工）
	65	後	横浜国立・都市科学（建築）
	62.5	後	神戸・工（建築）
	65	後	神戸・工（機械工）
	65	後	九州・工（Ⅰ群）
	65	後	九州・工（Ⅵ群）
	60	一	上智・理工（機能創造理工）
83%	65	前	京都・工（建築）
	65	前	大阪・基礎工（情報科学）
	57.5	後	東京都立・システムデザイン（情報科学）
	65	後	神戸・工（電気電子工）
	–	後	広島・工（第二類〈電気電子・システム情報系〉）
	–	後	広島・工（第四類〈建設・環境系〉）
	65	後	九州・工（Ⅲ群）
82%	65	前	京都・工（物理工）
	65	前	京都・工（電気電子工）
	62.5	中	大阪公立・工（建築）
	62.5	後	北海道・工（応用理工系）
	60	後	北海道・工（機械知能工）
	60	後	東京都立・都市環境（建築）
	62.5	後	横浜国立・理工（数物－情報工学）
	62.5	後	神戸・工（市民工）
	62.5	後	神戸・工（応用化学）
	60	後	神戸・海洋政策科学（海洋政策科学理系）
81%	60	前	筑波・情報（情報メディア創成）
	65	前	東京工業・情報理工
	62.5	前	京都・工（地球工）
	62.5	中	大阪公立・工（航空宇宙工）
	60	後	横浜国立・都市科学（都市基盤）
	57.5	後	京都工芸繊維・工芸科学（電子システム工学）
	60	後	京都工芸繊維・工芸科学（情報工学）
	–	後	広島・工（第一類〈機械・輸送・材料・エネルギー系〉）
	65	後	九州・工（Ⅱ群）
	62.5	後	九州・工（Ⅳ群）
80%	65	前	東京工業・工
	65	前	東京工業・物質理工
	65	前	東京工業・環境・社会理工
	62.5	前	横浜国立・都市科学（建築）
	62.5	前	京都・工（理工化学）
	62.5	前	大阪・工（電子情報工）
	60	前	九州・芸術工（芸術－音響設計）
	60	中	大阪公立・工（機械工）
	62.5	中	大阪公立・工（情報工）
	60	後	北海道・工（環境社会工）
	60	後	東京都立・システムデザイン（航空宇宙システム工）
	55	後	東京都立・システムデザイン（インダストリアルアート）
	60	後	横浜国立・理工（機械－機械工学）
	60	後	横浜国立・理工（機械－海洋空間のシステムデザイン）
	60	後	横浜国立・理工（化学－バイオ）
	57.5	後	京都工芸繊維・工芸科学（応用化学）
	57.5	後	京都工芸繊維・工芸科学（機械工学）
79%	65	前	東京工業・生命理工（生命理工）
	60	前	大阪・工（応用理工）
	60	前	大阪・工（環境・エネルギー工）
	62.5	前	大阪・基礎工（電子物理科学）
	62.5	前	大阪・基礎工（システム科学）
	62.5	中	大阪公立・工（都市）
	62.5	中	大阪公立・工（電気電子システム工）
	60	中	大阪公立・工（応用化学）
	60	後	千葉・工（建築学）
	–	後	お茶の水女子・共創工（人間環境工）
79%	62.5	後	横浜国立・理工（数物－電子情報システム）
	–	後	京都工芸繊維・工芸科学（応用生物学）
	–	後	広島・工（第三類〈応用化学・生物工学・化学工学系〉）
	60	一	上智・理工（物質生命理工）
78%	60	前	東北・工（機械知能・航空工）
	60	前	東北・工（電気情報物理工）
	57.5	前	東北・工（建築・社会環境工）
	57.5	前	筑波・情報（情報科学）
	57.5	前	横浜国立・都市科学（都市基盤）
	57.5	前	横浜国立・理工（数物－電子情報システム）
	60	前	大阪・工（応用自然科学）
	60	前	大阪・工（地球総合工）
	62.5	前	大阪・基礎工（化学応用科学）
	57.5	中	大阪公立・工（海洋システム工）
	62.5	中	大阪公立・工（電子物理工）
	60	中	大阪公立・工（化学工）
	60	中	大阪公立・工（マテリアル工）
	60	中	大阪公立・工（化学バイオ工）
	57.5	後	千葉・工（都市工学）
	60	後	千葉・工（機械工学）
	60	後	千葉・工（医工学）
	60	後	千葉・工（電気電子工学）
77%	57.5	前	東北・工（化学・バイオ工）
	57.5	前	東北・工（材料科学総合）
	60	前	名古屋・工（電気電子情報工）
	60	前	名古屋・工（機械・航空宇宙工）
	60	前	神戸・工（建築）
	60	前	神戸・工（情報知能工）
	57.5	前	九州・工（Ⅰ群）
	60	後	千葉・工（共生応用化学）
	57.5	後	東京都立・都市環境（都市基盤環境）
	57.5	後	東京都立・システムデザイン（電子情報システム工）
	57.5	後	東京都立・システムデザイン（機械システム工）
76%	57.5	前	筑波・理工（応用理工）
	57.5	前	筑波・理工（工学システム）
	60	前	お茶の水女子・共創工（人間環境工）
	57.5	前	東京都立・都市環境（建築）
	57.5	前	横浜国立・理工（数物－情報工学）
	60	前	名古屋・工（物理工）
	57.5	前	大阪公立・工（情報工）
	57.5	前	九州・工（Ⅴ群）
	57.5	前	九州・芸術工（芸術－メディアデザイン）
	57.5	前	九州・芸術工（学科一括）
	57.5	後	電気通信・情報理工昼間（Ⅰ類〈情報系〉）
	57.5	後	東京農工・工（応用化学）
	57.5	後	東京農工・工（機械システム工）
	–	後	東京都立・都市環境（地理環境）
	60	後	東京都立・都市環境（環境応用化学）
	60	後	横浜国立・理工（機械－材料工学）
75%	57.5	前	北海道・総合入試理系（総合科学）
	60	前	筑波・理工（社会工）
	57.5	前	東京都立・システムデザイン（情報科学）
	57.5	前	横浜国立・理工（機械－機械工学）
	57.5	前	名古屋・工（化学生命工）
	57.5	前	名古屋・工（マテリアル工）
	57.5	前	名古屋・工（エネルギー理工）
	57.5	前	名古屋・工（環境土木・建築）
	57.5	前	大阪公立・工（航空宇宙工）
	57.5	前	大阪公立・工（建築）
	57.5	前	神戸・工（電気電子工）
	57.5	前	神戸・工（機械工）
	55	前	九州・工（Ⅲ群）
	57.5	前	九州・工（Ⅵ群）
	55	後	埼玉・工（情報工）
	57.5	後	電気通信・情報理工昼間（Ⅱ類〈融合系〉）
	57.5	後	東京農工・工（生命工）
	–	後	新潟・工（工）
74%	57.5	前	北海道・総合入試理系（生物重点）

ボーダー得点率	ボーダー偏差値	日程	大学・学部（学科）
74%	57.5	前	北海道·総合入試理系(物理重点)
	57.5	前	北海道·総合入試理系(数学重点)
	57.5	前	北海道·総合入試理系(化学重点)
	57.5	前	電気通信·情報理工昼間(Ⅰ類〈情報系〉)
	57.5	前	横浜国立·理工(化学－バイオ)
	55	前	大阪公立·工(機械工)
	55	前	大阪公立·工(電気電子システム工)
	57.5	前	神戸·工(市民工)
	55	前	九州·工(Ⅱ群)
	55	前	九州·芸術工(芸術－環境設計)
	57.5	前	九州·芸術工(芸術－インダストリアルデザイン)
	55	後	埼玉·工(機械工学·システムデザイン)
	57.5	後	電気通信·情報理工昼間(Ⅲ類〈理工系〉)
	57.5	後	東京農工·工(生体医用システム工)
	57.5	後	東京農工·工(化学物理工)
	55	後	東京農工·工(知能情報システム工)
	－	後	熊本·工(情報電気工)
73%	60	前	千葉·工(建築学)
	57.5	前	千葉·情報·データサイエンス(情報·データサイエンス)
	55	前	電気通信·情報理工昼間(Ⅱ類〈融合系〉)
	55	前	東京都立·システムデザイン(インダストリアルアート)
	55	前	大阪公立·工(都市)
	57.5	前	神戸·工(応用化学)
	57.5	前	神戸·海洋政策科学(海洋政策科学文系)
	55	前	九州·工(Ⅳ群)
	55	前	九州·芸術工(芸術－未来構想デザイン)
	52.5	後	信州·工(物質化学)
	55	後	信州·工(建築)
	－	後	名古屋市立·芸術工(建築都市デザイン〈実技〉)
	－	後	三重·工(建築学)
	55	後	奈良女子·工(工)
	－	後	熊本·工(機械数理工)
	－	後	熊本·工(材料·応用化学)
72%	55	前	千葉·工(都市工学)
	57.5	前	千葉·工(機械工学)
	57.5	前	千葉·工(医工学)
	57.5	前	千葉·工(電気電子工学)
	55	前	東京都立·都市環境(都市基盤環境)
	55	前	東京都立·システムデザイン(航空宇宙システム工)
	55	前	横浜国立·理工(機械－材料工学)
	57.5	前	京都工芸繊維·工芸科学(情報工学)
	55	前	京都工芸繊維·工芸科学(デザイン·建築学)
	55	前	大阪公立·工(電子物理工)
	55	前	大阪公立·工(応用化学)
	55	前	大阪公立·工(化学工)
	55	前	大阪公立·工(マテリアル工)
	55	前	大阪公立·工(化学バイオ工)
	52.5	後	埼玉·工(電気電子物理工)
	57.5	後	埼玉·工(応用化学)
	50	後	東京海洋·海洋工(流通情報工)
	50	後	信州·工(電子情報システム工)
	55	後	岐阜·工(機械－機械)
	－	後	名古屋市立·芸術工(建築都市デザイン〈小論文〉)
71%	57.5	前	千葉·工(デザイン)
	55	前	千葉·工(物質科学)
	57.5	前	千葉·工(共生応用化学)
	55	前	東京農工·工(知能情報システム工)
	55	前	東京都立·都市環境(地理環境)
	55	前	東京都立·システムデザイン(機械システム工)
	57.5	前	横浜国立·理工(機械－海洋空間のシステムデザイン)
	52.5	前	大阪公立·工(海洋システム工)
	52.5	後	埼玉·工(環境社会デザイン)
	52.5	後	東京海洋·海洋工(海事システム工)
	55	後	岐阜·工(電気－情報)
	55	後	三重·工(情報工学)
	－	後	熊本·工(土木建築)
70%	52.5	前	埼玉·工(情報工)
	55	前	電気通信·情報理工昼間(Ⅲ類〈理工系〉)
	55	前	東京農工·工(生命工)
	55	前	東京農工·工(生体医用システム工)

ボーダー得点率	ボーダー偏差値	日程	大学・学部（学科）
70%	52.5	前	東京農工·工(機械システム工)
	55	前	東京都立·都市環境(環境応用化学)
	55	前	東京都立·システムデザイン(電子情報システム工)
	52.5	前	名古屋市立·芸術工(情報環境デザイン〈小論文〉)
	55	前	名古屋市立·芸術工(建築都市デザイン)
	55	前	京都工芸繊維·工芸科学(電子システム工学)
	55	前	京都工芸繊維·工芸科学(機械工学)
	55	前	神戸·海洋政策科学(海洋政策科学理系)
	52.5	前	広島·工(第四類〈建設·環境系〉)
	52.5	後	東京海洋·海洋工(海洋電子機械工)
	－	後	山梨·工(総合工学枠)
	50	後	信州·工(機械システム工)
	52.5	後	静岡·工(機械工)
	52.5	後	三重·工(電気電子工学)
	－	後	鹿児島·工(建築)
69%	55	前	東京農工·工(応用化学)
	55	前	京都工芸繊維·工芸科学(応用化学)
	52.5	前	広島·工(第二類〈電気電子·システム情報系〉)
	－	後	山形·工昼間(建築·デザイン)
	47.5	後	茨城·工(都市システム工)
	52.5	後	富山·工(知能情報工学)
	50	後	福井·工(建築·都市環境工)
	57.5	後	岐阜·工(電気－応用物理)
	52.5	後	三重·工(機械工学)
	52.5	後	和歌山·システム工(システム工)
68%	50	前	埼玉·工(機械工学·システムデザイン)
	50	前	埼玉·工(環境社会デザイン)
	55	前	東京農工·工(化学物理工)
	52.5	前	金沢·理工(生命理工学)
	52.5	前	信州·工(建築)
	50	前	名古屋市立·芸術工(情報環境デザイン〈実技〉)
	52.5	前	京都工芸繊維·工芸科学(応用生物学)
	52.5	前	奈良女子·工(工)
	－	後	山形·工昼間(情報－情報·知能)
	－	後	宇都宮·地域デザイン科学(建築都市デザイン)
	50	後	信州·工(水環境·土木工)
	50	後	岐阜·工(化学－物質化学)
	52.5	後	静岡·工(電気電子工)
	－	後	鹿児島·工(先進－情報·生体工学)
67%	50	前	埼玉·工(電気電子物理工)
	52.5	前	金沢·理工(機械工学·フロンティア工学·電子情報通信)
	52.5	前	金沢·理工(地球社会基盤)
	52.5	前	三重·工(建築学)
	50	前	岡山·工(環境·社会基盤系)
	52.5	前	岡山·工(情報·電気·数理データサイエンス系)
	52.5	前	岡山·工(情報工学先進)
	50	前	広島·工(第一類〈機械·輸送·材料·エネルギー系〉)
	52.5	前	広島·工(工学特別コース)
	－	後	富山·工(生命工学)
	50	後	福井·工(電気電子情報工)
	50	後	信州·繊維(機械·ロボット)
	52.5	後	岐阜·工(社会基盤工)
	55	後	岐阜·工(機械－知能機械)
	55	後	岐阜·工(電気－電気電子)
	－	後	名古屋市立·芸術工(産業イノベーションデザイン)
	52.5	後	三重·工(応用化学)
	50	後	滋賀県立·工(電子システム工)
	47.5	後	兵庫県立·工(電気電子情報工)
	52.5	後	徳島·理工昼間(知能情報)
66%	50	前	名古屋市立·芸術工(産業イノベーションデザイン)
	50	前	広島·工(第三類〈応用化学·生物工学·化学工学系〉)
	50	後	岩手·理工(シス－電気電子通信)
	50	後	岩手·理工(シス－知能·メディア情報)
	47.5	後	茨城·工(情報工)
	50	後	富山·工(応用化学)
	47.5	後	福井·工(機械·システム工)
	47.5	後	福井·工(物質·生命化学)
	47.5	後	福井·工(応用物理)
	50	後	信州·繊維(先進繊維·感性工)
	52.5	後	岐阜·工(化学－生命化学)

国公立 工学系

ボーダー得点率	ボーダー偏差値	日程	大学・学部(学科)
66%	47.5	後	兵庫県立·工(機械·材料工)
	47.5	後	兵庫県立·工(応用化学工)
	–	後	山口·工(感性デザイン工)
	–	後	鹿児島·工(先進－化学生命工学)
65%	50	前	埼玉·工(応用化学)
	50	前	東京海洋·海洋工(流通情報工)
	50	前	信州·工(電子情報システム工)
	50	前	岡山·工(機械システム系)
	47.5	前	熊本·工(情報電気工)
	42.5	後	茨城·工(機械システム工)
	–	後	宇都宮·地域デザイン科学(社会基盤デザイン)
	50	後	富山·工(電気電子工学)
	52.5	後	富山·工(機械工学)
	52.5	後	静岡·工(化学バイオ工)
	52.5	後	静岡·工(数理システム工)
	–	後	名古屋市立·芸術工(情報環境デザイン)
	–	後	島根·総合理工(建築デザイン)
	–	後	山口·工(知能情報工)
	–	後	香川·創造工(創造工)
	–	後	鹿児島·工(先進－電気電子工学)
	–	後	鹿児島·工(先進－化学工学)
64%	50	前	信州·繊維(機械·ロボット)
	52.5	前	岐阜·工(社会基盤工)
	52.5	前	岐阜·工(電気－情報)
	50	前	三重·工(情報工学)
	50	前	岡山·工(化学·生命系)
	47.5	前	熊本·工(半導体デバイス工学)
	47.5	後	岩手·理工(物理－マテリアル)
	47.5	後	岩手·理工(シス－社会基盤·環境)
	52.5	後	富山·都市デザイン(都市·交通デザイン)
	50	後	信州·繊維(化学·材料)
	50	後	静岡·工(電子物質科学)
	50	後	徳島·理工昼間(社会基盤デザイン)
	50	後	徳島·理工昼間(応用化学システム)
	50	後	徳島·理工昼間(電気電子システム)
	–	後	鹿児島·工(先進－機械工学)
	–	後	鹿児島·工(先進－海洋土木工学)
63%	47.5	前	宇都宮·地域デザイン科学(建築都市デザイン)
	45	前	山梨·工(総合工学枠)
	50	前	信州·工(機械システム工)
	50	前	信州·繊維(先進繊維·感性工)
	52.5	前	岐阜·工(機械－機械)
	52.5	前	岐阜·工(機械－知能機械)
	52.5	前	岐阜·工(電気－応用物理)
	50	前	静岡·工(機械工)
	50	前	静岡·工(電気電子工)
	45	前	熊本·工(土木建築)
	47.5	前	熊本·工(機械数理工)
	47.5	後	弘前·理工(電子情報工)
	45	後	岩手·理工(シス－機械科学)
	47.5	後	茨城·工(電気電子システム工)
	50	後	滋賀県立·工(機械システム工)
	–	後	山口·工(応用化学)
	50	後	徳島·理工昼間(機械科学)
	47.5	後	愛媛·工(工)
	–	後	愛媛·工(工－社会デザイン)
	–	後	高知·理工(化学生命理工)
62%	45	前	茨城·工(情報工)
	50	前	東京海洋·海洋工(海事システム工)
	50	前	東京海洋·海洋工(海洋電子機械工)
	47.5	前	山梨·工(コンピュータ理工学)
	45	前	山梨·工(電気電子工学)
	50	前	岐阜·工(化学－生命化学)
	52.5	前	岐阜·工(電気－電気電子)
	50	前	静岡·工(化学バイオ工)
	50	前	三重·工(総合工学)
	50	前	三重·工(電気電子工学)
	47.5	前	熊本·工(材料·応用化学)
	45	後	茨城·工(物質科学工)
	–	後	宇都宮·工(基盤工)

ボーダー得点率	ボーダー偏差値	日程	大学・学部(学科)
62%	–	後	群馬·理工(電子·機械)
	–	後	島根·材料エネルギー(材料エネルギー)
	–	後	山口·工(機械工)
	–	後	山口·工(電気電子工)
	50	後	徳島·理工昼間(光システム)
	–	後	愛媛·工(工－デジタル情報人材育成)
	52.5	後	佐賀·理工(理工)
61%	45	前	山梨·工(機械工学)
	50	前	信州·工(物質化学)
	47.5	前	信州·繊維(化学·材料)
	52.5	前	岐阜·工(化学－物質化学)
	50	前	静岡·工(数理システム工)
	50	前	三重·工(機械工学)
	45	後	秋田·理工(数理·電気電子情報)
	–	後	山形·工昼間(高分子·有機材料工)
	–	後	山形·工昼間(化学－応用化学·化学工学)
	–	後	山形·工昼間(化学－バイオ化学工学)
	–	後	山形·工昼間(情報－電気·電子通信)
	–	後	山形·工昼間(機械システム工)
	50	後	北九州市立·国際環境工(情報システム工)
	–	後	北九州市立·国際環境工(建築デザイン)
60%	–	前	山形·工昼間(建築·デザイン)
	42.5	前	茨城·工(物質科学工)
	42.5	前	茨城·工(都市システム工)
	50	前	新潟·工(工〈個別学力検査重視型〉)
	45	前	新潟·工(工〈共通テスト重視型〉)
	45	前	富山·工(電気電子工学Ⅰ)
	47.5	前	富山·工(知能情報工学Ⅰ)
	45	前	富山·工(応用化学Ⅰ)
	47.5	前	福井·工(建築·都市環境工)
	45	前	山梨·工(応用化学)
	45	前	山梨·工(メカトロニクス)
	47.5	前	信州·工(水環境·土木工)
	50	前	静岡·工(電子物質科学)
	47.5	前	三重·工(応用化学)
	50	前	和歌山·システム工(システム工)
	45	前	愛媛·工(工－社会デザイン)
	47.5	後	弘前·理工(機械科学)
	–	後	群馬·理工(物質·環境)
	47.5	後	滋賀県立·工(材料化学)
	45	後	鳥取·工(社会システム土木系)
	–	後	島根·総合理工(知能情報デザイン)
	–	後	山口·工(社会建設工)
	–	後	山口·工(循環環境工)
	50	後	長崎·工(工)
	–	後	琉球·工(工)
59%	45	前	弘前·理工(電子情報工)
	45	前	岩手·理工(シス－知能·メディア情報)
	45	前	山梨·工(土木環境工学)
	47.5	前	兵庫県立·工(電気電子情報工)
	47.5	前	島根·総合理工(建築デザイン)
	42.5	前	山口·工(知能情報工)
	47.5	前	徳島·理工昼間(知能情報)
	42.5	後	弘前·理工(自然エネルギー)
	45	後	秋田·理工(システムデザイン工)
	50	後	富山·都市デザイン(材料デザイン工)
	–	後	島根·総合理工(物理工)
	–	後	島根·総合理工(機械·電気電子工)
	47.5	後	北九州市立·国際環境工(機械システム工)
	–	後	大分·理工(理工)
58%	45	前	富山·工(機械工学Ⅰ)
	45	前	富山·工(生命工学Ⅰ)
	45	前	福井·工(電気電子情報工)
	45	前	福井·工(応用物理)
	47.5	前	滋賀県立·工(機械システム工)
	47.5	前	滋賀県立·工(電子システム工)
	47.5	前	兵庫県立·工(機械·材料工)
	47.5	前	兵庫県立·工(応用化学工)
	45	前	山口·工(感性デザイン工)
	45	前	愛媛·工(工－デジタル情報人材育成)

ボーダー得点率	ボーダー偏差値	日程	大学・学部（学科）
58%	47.5	後	鳥取・工（電気情報系）
	50	後	宮崎・工（工）
57%	45	前	山形・工昼間（情報－情報・知能）
	42.5	前	群馬・理工（電子・機械）
	50	前	富山・工（知能情報工学Ⅱ）
	45	前	福井・工（機械・システム工）
	47.5	前	徳島・理工昼間（医光／医工融合）
	42.5	前	鹿児島・工（先進－情報・生体工学）
	45	前	鹿児島・工（建築）
	－	後	秋田・国際資源（資源地球科学）
	－	後	秋田・国際資源（資源開発環境）
	45	後	秋田・理工（物質科学）
	47.5	後	福島・理工（共生システム理工）
	47.5	後	鳥取・工（機械物理系）
	47.5	後	北九州市立・国際環境工（環境生命工）
56%	45	前	岩手・理工（シス－電気電子通信）
	47.5	前	山形・工昼間（高分子・有機材料工）
	45	前	山形・工昼間（化学－バイオ化学工学）
	45	前	山形・工昼間（情報－電気・電子通信）
	45	前	山形・工昼間（機械システム工）
	45	前	福島・理工（共生システム理工）
	45	前	福井・工（物質・生命化学）
	45	前	山梨・工（クリーンエネルギー化学）
	42.5	前	山口・工（機械工）
	45	前	山口・工（電気電子工）
	47.5	前	香川・創造工（創造工Ａタイプ）
	42.5	前	長崎・工（工ａ方式）
55%	42.5	前	弘前・理工（自然エネルギー）
	42.5	前	岩手・理工（物理－マテリアル）
	42.5	前	秋田・国際資源（資源地球科学）
	42.5	前	秋田・国際資源（資源開発環境）
	42.5	前	宇都宮・工（基盤工〈機械・情報電子系〉）
	42.5	前	宇都宮・工（基盤工〈化学系〉）
	45	前	富山・都市デザイン（都市・交通デザイン）
	45	前	滋賀県立・工（材料化学）
	45	前	島根・総合理工（知能情報デザイン）
	42.5	前	島根・総合理工（機械・電気電子工）
	42.5	前	山口・工（社会建設工）
	47.5	前	山口・工（応用化学）
	45	前	徳島・理工昼間（社会基盤デザイン）
	45	前	徳島・理工昼間（機械科学）
	45	前	徳島・理工昼間（応用化学システム）
	45	前	徳島・理工昼間（電気電子システム）
	47.5	前	香川・創造工（創造工〈防災・危機管理〉Bタイプ）
	47.5	前	香川・創造工（創造工〈造形・メディアデザイン〉Bタイプ）
	45	前	愛媛・工（工）
	45	前	北九州市立・国際環境工（情報システム工）
	45	前	佐賀・理工（理工）
	－	後	山形・工フレックス（システム創成工）
54%	45	前	弘前・理工（機械科学）
	42.5	前	岩手・理工（シス－機械科学）
	45	前	山形・工昼間（化学－応用化学・化学工学）
	42.5	前	茨城・工（機械システム工）
	42.5	前	茨城・工（電気電子システム工）
	45	前	宇都宮・地域デザイン科学（社会基盤デザイン）
	50	前	富山・工（電気電子工学Ⅱ）
	50	前	富山・工（機械工学Ⅱ）
	45	前	徳島・理工昼間（光システム）
	42.5	前	北九州市立・国際環境工（機械システム工）
	45	前	北九州市立・国際環境工（建築デザイン）
	45	前	長崎・工（工ｂ方式）
	42.5	前	大分・理工（理工）
	42.5	前	鹿児島・工（先進－海洋土木工学）
	45	前	鹿児島・工（先進－化学工学）
	45	前	鹿児島・工（先進－化学生命工学）
	45	前	鹿児島・工（先進工〈括り枠〉）
	45	後	鳥取・工（化学バイオ系）
53%	42.5	前	岩手・理工（シス－社会基盤・環境）
	42.5	前	秋田・理工（物質科学ａ）
	45	前	秋田・理工（数理・電気電子情報ａ）
	42.5	前	秋田・理工（システムデザイン工ａ）
	45	前	群馬・理工（物質・環境）
	45	前	富山・都市デザイン（材料デザイン工Ⅰ）
	42.5	前	徳島・理工夜間主（知能情報）
	45	前	高知・理工（化学生命理工）
	42.5	前	鹿児島・工（先進－機械工学）
	42.5	前	鹿児島・工（先進－電気電子工学）
	47.5	後	北九州市立・国際環境工（環境化学工）
52%	50	前	富山・工（生命工学Ⅱ）
	50	前	富山・工（応用化学Ⅱ）
	45	前	島根・総合理工（物理工）
51%	45	前	秋田・理工（物質科学ｂ）
	47.5	前	秋田・理工（数理・電気電子情報ｂ）
	45	前	秋田・理工（システムデザイン工ｂ）
	40	前	山形・工フレックス（システム創成工）
	47.5	前	富山・都市デザイン（材料デザイン工Ⅱ）
	45	前	鳥取・工（電気情報系）
	42.5	前	山口・工（循環環境工）
	42.5	前	徳島・理工夜間主（社会基盤デザイン）
	42.5	前	徳島・理工夜間主（機械科学）
	42.5	前	徳島・理工夜間主（応用化学システム）
	42.5	前	徳島・理工夜間主（電気電子システム）
50%	45	前	鳥取・工（機械物理系）
	45	前	鳥取・工（社会システム土木系）
	42.5	前	島根・材料エネルギー（材料エネルギー）
	42.5	前	北九州市立・国際環境工（環境化学工B方式）
	42.5	前	北九州市立・国際環境工（環境生命工）
	42.5	前	宮崎・工（工）
48%	45	前	鳥取・工（化学バイオ系）
	40	前	琉球・工（工）
47%	42.5	前	北九州市立・国際環境工（環境化学工A方式）

農学系

ボーダー得点率	ボーダー偏差値	日程	大学・学部（学科）
87%	67.5	前	東京・理科二類
86%	65	前	北海道・獣医（共同獣医学）
	65	後	北海道・獣医（共同獣医学）
85%	67.5	後	東京農工・農（共同獣医）
84%	60	後	神戸・農（資源－応用植物学）
83%	60	後	神戸・農（生命－応用生命化学）
82%	–	後	帯広畜産・畜産（共同獣医学）
	62.5	後	北海道・農
	60	後	神戸・農（食料－生産環境工学）
81%	65	前	京都・農（応用生命科学）
	65	前	京都・農（食品生物科学）
	62.5	後	神戸・農（食料－食料環境経済学）
	65	後	宮崎・農（獣医）
80%	60	前	東京農工・農（共同獣医）
	65	前	京都・農（資源生物科学）
	62.5	前	京都・農（地域環境工）
	62.5	前	京都・農（食料・環境経済）
	62.5	前	京都・農（森林科学）
	62.5	後	神戸・農（生命－応用機能生物学）
	–	後	山口・共同獣医（共同獣医）
	–	後	鹿児島・共同獣医（共同獣医）
79%	–	後	筑波・生命環境（生物資源）
	–	後	大阪公立・農（生命機能化学）
	62.5	後	神戸・農（資源－応用動物学）
	–	後	九州・農（生物資源環境）
78%	60	前	帯広畜産・畜産（共同獣医学）
	55	前	筑波・生命環境（生物資源）
	60	前	大阪公立・獣医（獣医）
	62.5	後	東京農工・農（応用生物科学）
	–	後	京都府立・農学食科学（農学生命科学）
77%	62.5	前	岐阜・応用生物科学（共同獣医）
	60	前	山口・共同獣医（共同獣医）
	57.5	後	千葉・園芸（応用生命化学）
	60	後	東京農工・農（環境資源科学）
76%	60	前	東北・農
	57.5	前	名古屋・農（生物環境科学）
	57.5	前	名古屋・農（資源生物科学）
	57.5	前	名古屋・農（応用生命科学）
	60	前	鹿児島・共同獣医（共同獣医ａ）
	–	後	広島・生物生産（生物生産）
75%	57.5	前	神戸・農（生命－応用機能生物学）
	60	前	鳥取・農（共同獣医）
	57.5	後	北海道・水産
	–	後	東京海洋・海洋資源環境（海洋環境科学）
	–	後	東京海洋・海洋資源環境（海洋資源エネルギー）
	60	後	東京農工・農（生物生産）
	57.5	後	岐阜・応用生物科学（応用生命科学）
	–	後	大阪公立・農（応用生物科学）
	–	後	大阪公立・農（緑地環境科学）
74%	57.5	前	神戸・農（資源－応用動物学）
	57.5	前	神戸・農（生命－応用生命化学）
	60	後	東京農工・農（地域生態システム）
	60	後	岐阜・応用生物科学（生産環境科学）
73%	60	前	岩手・農（共同獣医）
	57.5	前	千葉・園芸（応用生命化学）
	57.5	前	神戸・農（食料－食料環境経済学）
	55	前	九州・農（生物資源環境）
	62.5	前	宮崎・農（獣医）
72%	57.5	前	神戸・農（食料－生産環境工学）
	57.5	前	神戸・農（資源－応用植物学）
	60	前	鹿児島・共同獣医（共同獣医ｂ）
	–	後	岩手・農（動物科学）
	55	後	千葉・園芸（園芸）
	57.5	後	千葉・園芸（食料資源経済）
	55	後	三重・生物資源（海洋生物資源学）
71%	55	前	北海道・水産
	55	前	東京農工・農（生物生産）
	55	前	東京農工・農（応用生物科学）

ボーダー得点率	ボーダー偏差値	日程	大学・学部（学科）
71%	55	前	大阪公立・農（生命機能化学）
	–	後	東京海洋・海洋生命科学（海洋生物資源）
	–	後	東京海洋・海洋生命科学（食品生産科学）
	55	後	信州・農（農学生命科学）
70%	55	前	東京海洋・海洋生命科学（海洋生物資源）
	52.5	前	東京海洋・海洋資源環境（海洋環境科学）
69%	52.5	前	東京海洋・海洋生命科学（食品生産科学）
	55	前	大阪公立・農（応用生物科学）
	55	後	千葉・園芸（緑地環境）
	–	後	東京海洋・海洋生命科学（海洋政策文化）
	–	後	新潟・農（農）
68%	52.5	前	東京農工・農（環境資源科学）
	55	前	大阪公立・農（緑地環境科学）
	50	前	広島・生物生産（生物生産）
	–	後	岩手・農（応用生物化学）
	–	後	山梨・生命環境（生命工）
	–	後	山梨・生命環境（地域食物科学）
	–	後	山梨・生命環境（環境科学）
	52.5	後	静岡・農（応用生命科学）
	55	後	三重・生物資源（生命化学）
67%	55	前	千葉・園芸（園芸）
	57.5	前	千葉・園芸（食料資源経済）
	50	前	東京農工・農（地域生態システム）
	52.5	前	岐阜・応用生物科学（応用生命科学）
	52.5	前	京都府立・農学食科学（農学生命科学）
	52.5	前	岡山・農（総合農業科学）
	50	後	弘前・農学生命科学（生物）
	52.5	後	信州・繊維（応用生物科学）
	52.5	後	三重・生物資源（農林環境科学）
66%	50	前	東京海洋・海洋生命科学（海洋政策文化）
	52.5	前	東京海洋・海洋資源環境（海洋資源エネルギー）
	50	前	信州・農（森林・環境共生学）
	50	前	三重・生物資源（海洋生物資源学）
	–	後	岩手・農（植物生命科学）
	–	後	宇都宮・農（農業経済）
	52.5	後	静岡・農（生物資源科学）
	–	後	香川・農（応用生物科学）
65%	55	前	千葉・園芸（緑地環境）
	47.5	前	信州・農（生命機能科学）
	52.5	前	岐阜・応用生物科学（生産環境科学）
	50	前	静岡・農（応用生命科学）
	50	後	弘前・農学生命科学（分子生命科学）
	–	後	岩手・農（森林科学）
	–	後	宇都宮・農（生物資源科学）
	–	後	愛媛・農（食料生産）
	–	後	愛媛・農（生命機能）
	–	後	愛媛・農（生物環境）
64%	52.5	前	岩手・農（動物科学）
	50	前	信州・繊維（応用生物科学）
	–	後	岩手・農（食料－水産システム）
	–	後	高知・農林海洋科学（海洋資源科学）
	–	後	鹿児島・農（農）
63%	47.5	前	三重・生物資源（生物資源総合科学）
	–	後	岩手・農（食料－農村地域デザイン・食産業システム）
	–	後	宇都宮・農（応用生命化学）
	–	後	静岡県立・食品栄養科学（環境生命科学）
62%	47.5	前	信州・農（動物資源生命科学）
	47.5	前	信州・農（植物資源科学）
	50	前	静岡・農（生物資源科学）
	47.5	後	弘前・農学生命科学（食料資源）
	47.5	後	弘前・農学生命科学（国際園芸農）
	45	後	茨城・農（地域－地域共生）
	50	後	徳島・生物資源産業（生物資源産業）
	–	後	長崎・水産（水産）
61%	50	前	岩手・農（応用生物化学）
	55	前	宇都宮・農（生物資源科学）
	47.5	前	宇都宮・農（応用生命化学）
	47.5	前	三重・生物資源（生命化学）

ボーダー得点率	ボーダー偏差値	日程	大学·学部（学科）
61%	–	後	静岡県立·食品栄養科学（食品生命科学）
	47.5	後	滋賀県立·環境科学（生物資源管理）
	–	後	山口·農（生物機能科学）
	52.5	後	宮崎·農（応用生物科学）
60%	50	前	弘前·農学生命科学（分子生命科学）
	47.5	前	新潟·農（農）
	–	前	山梨·生命環境（生命工）
	–	前	山梨·生命環境（地域食物科学）
	–	前	山梨·生命環境（環境科学）
	47.5	前	三重·生物資源（農林環境科学）
	45	前	愛媛·農（生命機能）
	47.5	後	茨城·農（地域－農業科学）
	50	後	佐賀·農（生物資源科学）
	52.5	後	宮崎·農（海洋生物環境）
	–	後	鹿児島·水産（水産）
59%	47.5	前	弘前·農学生命科学（生物）
	50	前	岩手·農（植物生命科学）
	–	前	山梨·生命環境（地域食－ワイン科学特別）
	47.5	前	静岡県立·食品栄養科学（食品生命科学）
	–	後	帯広畜産·畜産（畜産科学）
	–	後	宇都宮·農（農業環境工）
58%	47.5	前	宇都宮·農（農業経済）
	–	前	高知·農林海洋科学（海洋－海洋生物生産学）
	47.5	前	長崎·水産（水産）
	45	後	弘前·農学生命科学（地域環境工）
	–	後	山形·農（食料生命環境）
	50	後	福島·農（食農）
	–	後	高知·農林海洋科学（農林－フィールド科学）
	–	後	高知·農林海洋科学（農林－農芸化学）
	50	後	宮崎·農（畜産草地科学）
	–	後	鹿児島·共同獣医（畜産）
	–	後	琉球·農（亜熱帯生物資源科学）
57%	45	前	岩手·農（森林科学）
	50	前	宇都宮·農（農業環境工）
	45	前	愛媛·農（食料生産）
	45	前	愛媛·農（生物環境）
	50	前	宮崎·農（海洋生物環境）
	–	後	島根·生物資源科学（環境共生科学）
56%	45	前	弘前·農学生命科学（食料資源）
	47.5	前	山口·農（生物機能科学）
	47.5	前	香川·農（応用生物科学）
	47.5	前	高知·農林海洋科学（海洋－海洋生命科学）
	47.5	前	鹿児島·農（国際食料資源学特別）
	45	前	鹿児島·水産（水産）
	47.5	後	茨城·農（食生命科学）
	47.5	後	県立広島·生物資源科学（生命環境〈経過選択〉）

ボーダー得点率	ボーダー偏差値	日程	大学·学部（学科）
56%	–	後	山口·農（生物資源環境科学）
55%	45	前	弘前·農学生命科学（国際園芸農）
	45	前	岩手·農（食料－農村地域デザイン·食産業システム）
	45	前	岩手·農（食料－水産システム）
	45	前	茨城·農（食生命科学）
	45	前	静岡県立·食品栄養科学（環境生命科学）
	45	前	滋賀県立·環境科学（生物資源管理）
	47.5	前	山口·農（生物資源環境科学）
	45	前	徳島·生物資源産業（生物資源産業）
	–	前	高知·農林海洋科学（農林－農芸化学）
	50	前	宮崎·農（応用生物科学）
	47.5	後	宮城·食産業
	50	後	宮崎·農（植物生産環境科学）
	–	後	琉球·農（亜熱帯農林環境科学）
54%	47.5	前	宮崎·農（畜産草地科学）
	45	前	鹿児島·共同獣医（畜産）
	47.5	前	鹿児島·水産（国際食料資源学特別）
	–	後	鳥取·農（生命環境農）
	–	後	島根·生物資源科学（農林生産）
	47.5	後	宮崎·農（森林緑地環境科学）
	–	後	琉球·農（亜熱帯地域農）
53%	47.5	前	山形·農（食料生命環境）
	47.5	前	宇都宮·農（森林科学）
	45	前	高知·農林海洋科学（農林－フィールド科学）
	45	前	佐賀·農（生物資源科学）
	47.5	前	鹿児島·農（農）
52%	45	前	弘前·農学生命科学（地域環境工）
	47.5	前	福島·農（食農）
	47.5	前	鳥取·農（生命環境農）
	50	前	島根·生物資源科学（環境共生科学）
	–	前	高知·農林海洋科学（海洋－海底資源環境学）
	47.5	前	宮崎·農（植物生産環境科学）
	45	前	琉球·農（亜熱帯生物資源科学）
	–	後	琉球·農（地域農業工）
51%	47.5	前	帯広畜産·畜産（畜産科学）
	45	前	宮城·食産業
	45	前	宮崎·農（森林緑地環境科学）
	45	前	琉球·農（亜熱帯農林環境科学）
50%	45	前	茨城·農（地域－農業科学）
	47.5	前	島根·生物資源科学（農林生産）
	42.5	前	県立広島·生物資源科学（生命－生命科学）
49%	42.5	前	茨城·農（地域－地域共生）
	42.5	前	県立広島·生物資源科学（生命－環境科学）
	45	前	琉球·農（亜熱帯地域農）
48%	42.5	前	琉球·農（地域農業工）
47%	–	前	県立広島·生物資源科学（地域資源開発）

医・歯・薬学系

ボーダー得点率	ボーダー偏差値	日程	大学・学部（学科）
93%	–	後	名古屋・医（医〈一般枠〉）
92%	–	後	東京医科歯科・医（医）
91%	72.5	前	東京・理科三類
89%	72.5	前	京都・医（医）
	72.5	後	千葉・医（医〈一般枠〉）
88%	70	前	東京医科歯科・医（医）
	70	前	大阪・医（医）
	–	後	三重・医（医）
87%	67.5	前	名古屋・医（医〈一般枠〉）
	67.5	前	名古屋・医（医〈地域枠〉）
	67.5	前	神戸・医（医）
	67.5	前	九州・医（医）
	–	後	福井・医（医）
86%	67.5	前	千葉・医（医〈一般枠〉）
	67.5	前	千葉・医（医〈千葉県地域枠〉）
	67.5	前	横浜市立・医（医〈一般枠〉）
	67.5	前	横浜市立・医（医〈地域医療枠〉）
	67.5	前	横浜市立・医（医〈神奈川県指定診療科枠〉）
	65	前	大阪公立・医（医〈一般枠〉）
	67.5	後	山梨・医（医）
	–	後	佐賀・医（医）
	67.5	後	宮崎・医（医）
	–	後	鹿児島・医（医）
85%	67.5	前	東北・医（医）
	–	後	秋田・医（医〈一般枠〉）
	–	後	山形・医（医）
	–	後	山口・医（医〈全国枠〉）
	–	後	山口・医（医〈地域枠〉）
	–	後	琉球・医（医）
84%	65	前	北海道・医（医）
	67.5	前	岡山・医（医）
83%	65	前	筑波・医（医〈一般枠〉）
	65	前	金沢・医薬保健（医）
	65	前	名古屋市立・医（医）
	65	前	広島・医（医）
	–	後	秋田・医（医〈秋田県地域枠〉）
82%	65	前	筑波・医（医〈地域枠〉【茨城】）
	65	前	筑波・医（医〈地域枠〉【全国】）
	65	前	熊本・医（医）
81%	65	前	新潟・医（医）
	65	前	岐阜・医（医）
	65	前	三重・医（医〈一般枠〉）
	65	前	三重・医（医〈三重県地域医療枠〉）
	62.5	前	徳島・医（医）
	62.5	前	佐賀・医（医）
	65	前	長崎・医（医）
	62.5	前	宮崎・医（医）
	62.5	前	鹿児島・医（医）
80%	62.5	前	秋田・医（医）
	65	前	山形・医（医〈一般枠〉）
	62.5	前	福井・医（医）
	65	前	信州・医（医）
	62.5	前	鳥取・医（医〈一般枠〉）
	62.5	前	香川・医（医〈一般枠〉）
	62.5	前	高知・医（医〈一般枠〉）
	62.5	前	大分・医（医〈一般枠〉）
	62.5	前	琉球・医（医）
79%	62.5	前	富山・医（医）
	62.5	前	鳥取・医（医〈島根県枠〉）
	62.5	前	鳥取・医（医〈鳥取県枠〉）
	62.5	前	鳥取・医（医〈兵庫県枠〉）

ボーダー得点率	ボーダー偏差値	日程	大学・学部（学科）
79%	62.5	前	山口・医（医）
	62.5	前	香川・医（医〈地域枠〉）
	65	前	愛媛・医（医）
	62.5	前	高知・医（医〈地域枠〉）
78%	–	前	弘前・医（医〈一般枠〉）
	62.5	前	群馬・医（医〈一般枠〉）
	62.5	前	群馬・医（医〈地域医療枠〉）
	65	前	島根・医（医）
	65	前	島根・医（医〈県内定着枠〉）
	62.5	前	大分・医（医〈地元出身者枠〉）
77%	–	前	弘前・医（医〈青森県定着枠〉）
80%	–	後	東京医科歯科・歯（歯）
79%	–	後	広島・歯（歯）
78%	–	後	鹿児島・歯（歯）
77%	–	後	新潟・歯（歯）
	–	後	徳島・歯（歯）
75%	62.5	前	東京医科歯科・歯（歯）
	60	前	大阪・歯（歯）
73%	55	前	岡山・歯（歯）
72%	60	前	広島・歯（歯）
	57.5	前	九州・歯（歯）
71%	57.5	前	北海道・歯（歯）
	55	前	東北・歯（歯）
	52.5	前	新潟・歯（歯）
	55	前	徳島・歯（歯）
69%	55	前	長崎・歯（歯）
	55	前	鹿児島・歯（歯）
83%	65	前	京都・薬
82%	62.5	後	北海道・薬
81%	–	後	富山・薬（薬）
	65	後	九州・薬（臨床薬）
80%	62.5	前	大阪・薬（薬）
	62.5	中	名古屋市立・薬（薬）
	62.5	後	千葉・薬（薬科学）
79%	65	後	九州・薬（創薬科学）
78%	62.5	前	千葉・薬
	60	前	九州・薬（臨床薬）
	60	後	徳島・薬（薬）
	–	後	長崎・薬（薬）
77%	57.5	前	東北・薬
	60	中	名古屋市立・薬（生命薬科学）
	–	後	広島・薬（薬科学）
76%	57.5	前	岡山・薬（薬）
	60	前	広島・薬（薬）
	60	前	九州・薬（創薬科学）
	–	後	富山・薬（創薬科学）
75%	57.5	前	富山・薬（薬）
	57.5	前	金沢・医薬保健（薬）
	60	中	静岡県立・薬（薬）
	–	後	長崎・薬（薬科学）
74%	57.5	前	徳島・薬（薬）
	57.5	前	熊本・薬（薬）
73%	57.5	中	静岡県立・薬（薬科学）
72%	52.5	前	金沢・医薬保健（医薬科学）
	55	前	岡山・薬（創薬科学）
	57.5	前	長崎・薬（薬）
70%	55	前	広島・薬（薬科学）
69%	52.5	前	富山・薬（創薬科学）
67%	55	前	熊本・薬（創薬・生命薬科学）
64%	52.5	前	長崎・薬（薬科学）

保健学系

ボーダー得点率	ボーダー偏差値	日程	大学·学部（学科）
75%	60	前	東京医科歯科·医（保健－看護学）
74%	–	後	東京都立·健康福祉（看護）
72%	60	後	神戸·医（保健－看護学）
71%	57.5	前	筑波·医（看護）
	57.5	前	大阪·医（保健－看護学）
	–	一	上智·総合人間科学（看護）
70%	–	後	大阪公立·看護（看護）
67%	52.5	前	千葉·看護（看護）
	–	前	東京都立·健康福祉（看護）
	55	前	神戸·医（保健－看護学）
	–	後	愛知県立·看護（看護）
66%	52.5	前	名古屋·医（保健－看護学）
	55	前	岡山·医（保健－看護学）
	52.5	前	九州·医（保健－看護学）
	–	後	新潟·医（保健－看護学）
	–	後	兵庫県立·看護（看護）
65%	–	前	横浜市立·医（看護）
	55	前	大阪公立·看護（看護）
	52.5	前	広島·医（保健－看護学文科系）
	–	後	山梨·医（看護）
	–	後	信州·医（保健－看護学）
	–	後	県立広島·保健福祉（保健－看護学）
	–	後	佐賀·医（看護）
64%	52.5	前	東北·医（保健－看護学）
	50	前	金沢·医薬保健（保健－看護学）
	50	前	広島·医（保健－看護学理科系）
	–	後	福井·医（看護）
	–	後	岐阜·医（看護）
	–	後	高知·医（看護）
63%	–	前	兵庫県立·看護（看護）
	–	後	山形·医（看護）
	–	後	滋賀県立·人間看護（人間看護）
	–	後	鳥取·医（保健－看護学）
	–	後	徳島·医（保健－看護学）
62%	50	前	滋賀県立·人間看護（人間看護）
	–	後	三重·医（看護）
61%	50	前	北海道·医（保健－看護学）
	50	前	名古屋市立·看護（看護）
	–	後	富山·医（看護）
	–	後	山口·医（保健－看護学）
60%	–	前	埼玉県立·保健医療福祉（看護）
	45	前	富山·医（看護）
	50	前	岐阜·医（看護）
	52.5	前	愛知県立·看護（看護）
	47.5	前	山口·医（保健－看護学）
	–	後	群馬·医（保健－看護学）
	–	後	静岡県立·看護（看護）
	–	後	大分·医（看護）
59%	–	前	福井·医（看護）
	–	前	山梨·医（看護）
	52.5	前	信州·医（保健－看護学）
	50	前	熊本·医（保健－看護学）
	–	後	宮崎·医（看護）
58%	47.5	前	三重·医（看護）
	–	前	香川·医（看護）
	–	前	高知·医（看護）
	–	前	佐賀·医（看護）
	–	後	秋田·医（保健－看護学）
57%	47.5	前	新潟·医（保健－看護学）
	–	前	県立広島·保健福祉（保健－看護学）
	47.5	前	徳島·医（保健－看護学）
	–	前	愛媛·医（看護）
	–	後	島根·医（看護）
56%	47.5	前	山形·医（看護）
	50	前	群馬·医（保健－看護学）
	–	前	静岡県立·看護（看護）
	47.5	前	鳥取·医（保健－看護学〈一般枠〉）
	47.5	後	宮城·看護（看護）

ボーダー得点率	ボーダー偏差値	日程	大学·学部（学科）
55%	47.5	前	鳥取·医（保健－看護学〈鳥取県枠〉）
	50	後	長崎県立·看護栄養（看護）
54%	45	前	弘前·医（保健－看護学）
	–	前	島根·医（看護）
	45	前	長崎·医（保健－看護学）
	–	前	大分·医（看護）
53%	45	前	宮城·看護（看護）
	50	前	秋田·医（保健－看護学）
	–	前	宮崎·医（看護）
	47.5	前	鹿児島·医（保健－看護学）
51%	47.5	前	長崎県立·看護栄養（看護）
77%	60	後	神戸·医（保健－理学療法学）
75%	–	後	東京都立·健康福祉（理学療法）
74%	–	後	東京医科歯科·医（保健－検査技術学）
	62.5	後	神戸·医（保健－検査技術科学）
73%	57.5	前	大阪·医（保健－放射線技術科学）
	57.5	前	大阪·医（保健－検査技術科学）
	–	後	東京都立·健康福祉（作業療法）
	–	後	東京都立·健康福祉（放射線）
	–	後	信州·医（保健－検査技術科学）
	–	後	大阪公立·医（リハ－理学療法学）
72%	55	前	名古屋·医（保健－理学療法学）
	–	後	大阪公立·医（リハ－作業療法学）
71%	55	前	東北·医（保健－検査技術科学）
	52.5	前	九州·医（保健－放射線技術科学）
70%	55	前	東北·医（保健－放射線技術科学）
	55	前	筑波·医（医療科学）
	–	前	東京都立·健康福祉（理学療法）
	55	前	東京都立·健康福祉（放射線）
	55	前	名古屋·医（保健－放射線技術科学）
	55	前	神戸·医（保健－検査技術科学）
	52.5	前	九州·医（保健－検査技術科学）
	50	前	熊本·医（保健－放射線技術科学）
	–	後	徳島·医（保健－放射線技術科学）
69%	55	前	東京医科歯科·医（保健－検査技術学）
	55	前	名古屋·医（保健－検査技術科学）
	52.5	前	大阪公立·医（リハ－理学療法学）
	55	前	神戸·医（保健－理学療法学）
	–	後	県立広島·保健福祉（保健－理学療法学）
	–	後	山口·医（保健－検査技術科学）
68%	52.5	前	北海道·医（保健－放射線技術科学）
	52.5	前	北海道·医（保健－検査技術科学）
	52.5	前	北海道·医（保健－理学療法学）
	50	前	金沢·医薬保健（保健－検査技術科学）
	50	前	名古屋·医（保健－作業療法学）
	55	前	神戸·医（保健－作業療法学）
	52.5	前	岡山·医（保健－検査技術科学）
	52.5	前	広島·医（保健－理学療法学文科系）
	50	前	広島·医（保健－理学療法学理科系）
	–	後	新潟·医（保健－検査技術科学）
	–	後	信州·医（保健－作業療法学）
	–	後	鹿児島·医（保健－理学療法学）
67%	52.5	前	北海道·医（保健－作業療法学）
	–	前	東京都立·健康福祉（作業療法）
	52.5	前	金沢·医薬保健（保健－診療放射線技術学）
	52.5	前	岡山·医（保健－放射線技術科学）
	–	後	新潟·医（保健－放射線技術科学）
	–	後	大分·医（先進－臨床医工学）
66%	52.5	前	新潟·医（保健－検査技術科学）
	50	前	金沢·医薬保健（保健－理学療法学）
	–	後	県立広島·保健福祉（保健－コミュニケーション障害学）
	–	後	大分·医（先進－生命健康科学）
65%	50	前	金沢·医薬保健（保健－作業療法学）
	55	前	信州·医（保健－理学療法学）
	50	前	大阪公立·医（リハ－作業療法学）
64%	47.5	前	弘前·医（保健－放射線技術科学）
	–	前	埼玉県立·保健医療福祉（理学療法〈理2選択〉）
	–	前	埼玉県立·保健医療福祉（理学療法〈理1選択〉）

ボーダー得点率	ボーダー偏差値	日程 大学・学部（学科）
64%	55	前 信州・医（保健－検査技術科学）
	47.5	前 熊本・医（保健－検査技術科学）
	47.5	前 大分・医（先進－臨床医工学）
	–	後 秋田・医（保健－理学療法学）
	–	後 群馬・医（保健－検査技術科学）
	–	後 群馬・医（保健－理学療法学）
	–	後 鹿児島・医（保健－作業療法学）
63%	47.5	前 新潟・医（保健－放射線技術科学）
	50	前 徳島・医（保健－放射線技術科学）
	50	前 長崎・医（保健－理学療法学）
	–	後 県立広島・保健福祉（保健－作業療法学）
62%	50	前 弘前・医（保健－検査技術科学）
	–	前 埼玉県立・保健医療福祉（作業療法〈理2選択〉）
	–	前 埼玉県立・保健医療福祉（作業療法〈理1選択〉）
	–	前 県立広島・保健福祉（保健－理学療法学）
	–	前 県立広島・保健福祉（保健－コミュニケーション障害学）
	52.5	前 山口・医（保健－検査技術科学）
	50	前 徳島・医（保健－検査技術科学）
	50	前 大分・医（先進－生命健康科学）
	–	後 鳥取・医（保健－検査技術科学）
	–	後 大分・福祉健康科学（理学療法）
61%	50	前 群馬・医（保健－理学療法学）
	–	前 埼玉県立・保健医療福祉（健康－検査技術科学〈理1選択〉）
	–	前 埼玉県立・保健医療福祉（健康－検査技術科学〈理2選択〉）
	50	前 鹿児島・医（保健－理学療法学）
60%	47.5	前 弘前・医（保健－理学療法学）
	–	前 県立広島・保健福祉（保健－作業療法学）
59%	50	前 信州・医（保健－作業療法学）
58%	47.5	前 群馬・医（保健－検査技術科学）

ボーダー得点率	ボーダー偏差値	日程 大学・学部（学科）
58%	50	前 広島・医（保健－作業療法学文科系）
	50	前 広島・医（保健－作業療法学理科系）
57%	47.5	前 弘前・医（保健－作業療法学）
	47.5	前 秋田・医（保健－理学療法学）
	–	前 大分・福祉健康科学（理学療法）
	–	後 秋田・医（保健－作業療法学）
56%	–	後 群馬・医（保健－作業療法学）
55%	50	前 群馬・医（保健－作業療法学）
	45	前 長崎・医（保健－作業療法学）
54%	50	前 鳥取・医（保健－検査技術科学）
53%	45	前 秋田・医（保健－作業療法学）
	47.5	前 鹿児島・医（保健－作業療法学）
79%	62.5	一 早稲田・人間科学（健康福祉科学）
77%	60	前 京都・医（人間健康科学）
72%	57.5	前 九州・医（生命科学）
66%	–	後 広島・歯（口腔－口腔工学）
65%	52.5	前 弘前・医（心理支援科学）
64%	–	前 県立広島・保健福祉（保健福祉〈コース選択〉）
62%	47.5	前 広島・歯（口腔－口腔保健学）
61%	–	前 埼玉県立・保健医療福祉（健康－健康行動科学）
	–	前 埼玉県立・保健医療福祉（健康－口腔保健科学）
	50	前 東京医科歯科・歯（口腔－口腔保健衛生学）
	–	後 徳島・歯（口腔保健）
	–	後 琉球・医（保健）
60%	–	前 東京医科歯科・歯（口腔－口腔保健工学）
	45	前 広島・歯（口腔－口腔工学）
58%	47.5	前 琉球・医（保健）
57%	42.5	前 新潟・歯（口腔生命福祉）
54%	47.5	前 徳島・歯（口腔保健）

生活科学系

ボーダー得点率	ボーダー偏差値	日程	大学・学部（学科）
81%	−	後	お茶の水女子・生活科学（食物栄養）
76%	62.5	前	お茶の水女子・生活科学（食物栄養）
74%	62.5	前	お茶の水女子・生活科学（人間生活）
73%	−	後	奈良女子・生活環境（食物栄養）
	−	後	奈良女子・生活環境（住環境）
72%	57.5	前	大阪公立・生活科学（居住環境）
70%	57.5	前	大阪公立・生活科学（食栄養〈均等型〉）
	−	後	奈良女子・生活環境（文化－生活文化学）
69%	55	前	京都府立・農学食科学（和食文化科学A）
	55	前	京都府立・農学食科学（和食文化科学B）
	57.5	前	大阪公立・生活科学（食栄養〈理数重点型〉）
68%	52.5	前	京都府立・環境科学（環境デザイン）
	57.5	前	奈良女子・生活環境（住環境）
67%	55	前	京都府立・農学食科学（栄養科学）
	57.5	前	奈良女子・生活環境（食物栄養）
	−	後	滋賀県立・人間文化（生活デザイン）

ボーダー得点率	ボーダー偏差値	日程	大学・学部（学科）
66%	52.5	前	滋賀県立・人間文化（生活デザイン）
	57.5	前	奈良女子・生活環境（文化－生活文化学）
	−	後	静岡県立・食品栄養科学（栄養生命科学）
64%	52.5	前	兵庫県立・環境人間（環境－食環境栄養）
63%	50	後	滋賀県立・人間文化（生活栄養）
62%	47.5	前	静岡県立・食品栄養科学（栄養生命科学）
	47.5	前	徳島・医（医科栄養）
61%	50	前	滋賀県立・人間文化（生活栄養）
60%	47.5	前	県立広島・地域創生（健康科学）
59%	−	後	熊本県立・環境共生（居住環境学）
54%	45	前	熊本県立・環境共生（居住環境学）
	−	後	熊本県立・環境共生（食健康環境学）
52%	45	前	熊本県立・環境共生（食健康環境学）
51%	45	前	琉球・農（亜生物－健康栄養科学）
50%	42.5	前	長崎県立・看護栄養（栄養健康）
	45	後	長崎県立・看護栄養（栄養健康）

芸術・スポーツ科学系

ボーダー得点率	ボーダー偏差値	日程	大学・学部（学科）
78%	−	一	早稲田・スポーツ科学（スポーツ科学）
77%	−	後	筑波・芸術
74%	−	一	青山学院・文（比較芸術）
73%	−	前	筑波・芸術
72%	−	後	富山・芸術文化（芸術文化b）
	−	後	富山・芸術文化（芸術文化a）
71%	−	後	奈良女子・生活環境（心身健康）
70%	−	前	筑波・体育
	−	後	お茶の水女子・文教育（芸術－音楽表現）
68%	57.5	前	お茶の水女子・文教育（芸術－舞踊教育学）
	57.5	前	お茶の水女子・文教育（芸術－音楽表現）

ボーダー得点率	ボーダー偏差値	日程	大学・学部（学科）
66%	57.5	前	奈良女子・生活環境（心身健康）
65%	−	前	富山・芸術文化（芸術文化b）
	−	前	愛媛・社会共創（地域－スポーツ健康マネジメント）
63%	−	後	佐賀・芸術地域デザイン（芸術表現）
62%	−	前	富山・芸術文化（芸術文化a）
56%	−	前	佐賀・芸術地域デザイン（芸術表現3科目型）
	−	前	佐賀・芸術地域デザイン（芸術表現4科目型）
54%	−	前	福島・人文社会昼間（人間－スポーツ健康科学）
50%	−	前	福島・人文社会昼間（人間－芸術・表現〈音楽〉）
	−	前	福島・人文社会昼間（人間－芸術・表現〈美術〉）

総合・環境・情報・人間学系

ボーダー得点率	ボーダー偏差値	日程	大学・学部(学科)
91%	70	後	一橋・ソーシャル・データサイエンス(ソーシャル・データサイエンス)
89%	67.5	前	京都・総合人間(総合人間文系)
87%	65	前	京都・総合人間(総合人間理系)
85%	67.5	前	一橋・ソーシャル・データサイエンス(ソーシャル・データサイエンス)
83%	−	後	お茶の水女子・文教育(人間社会科学)
82%	−	後	筑波・情報(知識情報・図書館)
	−	後	広島・情報科学(情報科学)
81%	65	前	大阪・人間科学(人間科学Bパターン)
	65	前	大阪・人間科学(人間科学Aパターン)
80%	62.5	前	名古屋・情報(コンピュータ科学)
	−	後	横浜市立・データサイエンス(データサイエンス)
	−	後	神戸・国際人間科学(発達コミュニティ)
	−	後	神戸・国際人間科学(環境共生〈文科系〉)
	62.5	後	神戸・国際人間科学(環境共生〈理科系〉)
	65	一	早稲田・人間科学(人間環境科学)
	65	一	早稲田・人間科学(人間情報科学)
79%	60	前	名古屋・情報(自然情報)
78%	65	前	お茶の水女子・共創工(文化情報工)
	57.5	前	横浜市立・データサイエンス(データサイエンス)
	−	後	大阪公立・現代システム科学
	−	後	広島・総合科学(総合科学)
77%	65	前	お茶の水女子・文教育(人間社会科学)
	62.5	前	名古屋・情報(人間・社会情報)
	60	前	神戸・国際人間科学(環境共生〈理科系〉)
76%	60	前	神戸・国際人間科学(発達コミュニティ)
	57.5	後	横浜国立・都市科学(環境リスク共生)
	−	後	京都府立・環境科学(森林科学)
74%	57.5	前	横浜国立・都市科学(環境リスク共生)
	55	前	大阪公立・現代システム科学(理・数型)
	60	前	神戸・国際人間科学(環境共生〈文科系〉)
73%	52.5	中	兵庫県立・社会情報科学(社会情報科学)
72%	52.5	後	静岡・情報(情報科学)
	55	後	滋賀・データサイエンス(データサイエンス)
	−	後	滋賀県立・人間文化(人間関係)
	−	後	熊本・文(総合人間)
	−	一	青山学院・コミュニティ人間科学(コミュニティ人間科学)
71%	−	後	奈良女子・生活環境(文化−生活情報通信科学)
70%	55	前	名古屋市立・データサイエンス(データサイエンス)
	55	前	大阪公立・現代システム科学(英・小論型)
	57.5	前	広島・総合科学(総合科学文科系)
	−	後	愛知県立・情報科学(情報科学)
	−	後	島根・人間科学(人間科学)
69%	55	前	大阪公立・現代システム科学(英・数型)
	−	後	群馬・情報(情報〈共通テスト重視型〉)
	−	後	兵庫県立・環境人間(環境人間)
68%	55	前	大阪公立・現代システム科学(知識情報システム)
	57.5	前	大阪公立・現代システム科学(環境社会システム〈理・数型〉)
	57.5	前	大阪公立・現代システム科学(環境社会システム〈英・国型〉)
	55	前	大阪公立・現代システム科学(英・国型)
	52.5	前	広島・総合科学(総合科学理科系)
	−	後	岐阜・地域科学
67%	52.5	前	静岡・情報(情報科学)
	52.5	後	静岡・情報(情報社会)
	52.5	後	静岡・情報(行動情報)
66%	52.5	前	金沢・融合(スマート創成科学〈理系傾斜〉)
	52.5	前	金沢・融合(スマート創成科学〈文系傾斜〉)
	52.5	前	滋賀・データサイエンス(データサイエンス)
	55	前	奈良女子・生活環境(文化−生活情報通信科学)
	52.5	前	広島・情報科学(情報科学B型)
	55	前	熊本・文(総合人間)
	−	後	群馬・情報(情報〈小論文重視型〉)
65%	52.5	前	金沢・融合(先導〈文系傾斜〉)
	52.5	前	愛知県立・情報科学(情報科学)
	50	前	京都府立・環境科学(森林科学)
	52.5	前	兵庫県立・環境人間(環境人間)
	50	前	兵庫県立・社会情報科学(社会情報科学)
	55	前	広島・情報科学(情報科学A型)
64%	52.5	前	滋賀県立・人間文化(人間関係)
	50	前	熊本・情報融合(理系型)
	50	前	熊本・情報融合(文系型)
	−	後	徳島・総合科学(社会総合科学)
63%	52.5	前	金沢・融合(先導〈理系傾斜〉)
	55	前	岐阜・地域科学
	50	前	静岡・情報(情報社会)
	50	前	静岡・情報(行動情報A)
	50	前	静岡・情報(行動情報B)
	−	後	滋賀県立・環境科学(環境政策・計画)
	−	後	北九州市立・文(人間関係)
	−	後	長崎・環境科学(環境科学A〈文系〉)
62%	50	前	群馬・情報(情報)
	50	前	和歌山・社会インフォマティクス
	−	前	愛媛・社会共創(環境デザイン)
	47.5	後	滋賀県立・環境科学(環境生態)
	−	後	滋賀県立・環境科学(環境建築デザイン)
	50	後	長崎県立・情報システム(情報システム)
	−	後	熊本県立・総合管理(総合管理B方式)
61%	47.5	前	滋賀県立・環境科学(環境建築デザイン)
	50	前	島根・人間科学(人間科学)
	−	前	北九州市立・文(人間関係)
	−	後	長崎・環境科学(環境科学B〈理系〉)
	−	後	長崎・情報データ科学(情報データ科学A〈文系〉)
	−	後	長崎・情報データ科学(情報データ科学B〈理系〉)
60%	47.5	前	新潟・創生(創生学修)
	47.5	前	滋賀県立・環境科学(環境生態)
	47.5	前	滋賀県立・環境科学(環境政策・計画)
	47.5	前	徳島・総合科学(社会総合科学)
	−	前	熊本県立・総合管理(総合管理B方式)
	45	後	長崎県立・情報システム(情報セキュリティ)
59%	−	後	熊本県立・総合管理(総合管理A方式)
58%	47.5	前	長崎・環境科学(環境科学A〈文系〉)
	42.5	前	長崎・情報データ科学(情報データ科学A〈文系〉)
	42.5	前	長崎・情報データ科学(情報データ科学B〈理系〉)
	47.5	前	長崎県立・情報システム(情報システム)
	−	前	熊本県立・総合管理(総合管理A方式)
57%	45	前	長崎・環境科学(環境科学B〈理系〉)
56%	50	後	熊本県立・環境共生(環境資源学)
55%	42.5	前	長崎県立・情報システム(情報セキュリティ)
	45	前	熊本県立・環境共生(環境資源学)

年度

駿台予備学校 合格目標ライン一覧表

資料提供　駿台予備学校

私立大学 ―― 83

国公立大学 ―― 121

■合格目標ライン一覧表――目次

■私立大学合格目標ライン一覧表 …… 83

人文科学部系統 …… 84
外国語学部系統 …… 89
法学部系統 …… 91
経済・経営・商学部系統 …… 94
社会学部系統 …… 98
国際関係学部系統 …… 101
教員養成・教育学部系統 …… 102
生活科学部系統 …… 103
芸術学部系統 …… 105
総合科学部系統 …… 106
保健衛生学部系統 …… 107
医・歯・薬学部系統 …… 109
理学部系統 …… 110
工学部系統 …… 112
農・水産学部系統 …… 118
スポーツ・健康学部系統 …… 119

■国公立大学合格目標ライン一覧表 …… 121

人文科学部系統 …… 122
外国語学部系統 …… 123
法学部系統 …… 123
経済・経営・商学部系統 …… 124
社会学部系統 …… 125
国際関係学部系統 …… 126
教員養成・教育学部系統 …… 127
生活科学部系統 …… 131
芸術学部系統 …… 131
総合科学部系統 …… 132
保健衛生学部系統 …… 133
医・歯・薬学部系統 …… 135
理学部系統 …… 136
工学部系統 …… 138
農・水産学部系統 …… 142
スポーツ・健康学部系統 …… 144
その他 …… 144

'24
年度

私立大学
合格目標ライン一覧表

資料提供　駿台予備学校

●この合格目標ライン一覧は，'24年度の私立大学の一般選抜の合格レベルを予想したものです。

●合格目標ラインの偏差値は，'23年９月実施の第２回駿台全国模試の結果に基づいています。また，合格目標ラインの評価は，'23年度入試における各大学の合格ラインの分布と駿台実施模試の累計データ，さらに'23年駿台全国模試受験生の志望動向を総合的に分析して算出しています。

●偏差値は各大学の入試教科数などを加味して算出しています。

●合格目標ラインとして示した偏差値は，合格可能性80%に相当する駿台全国模試の偏差値です。

●一覧表は系統別にまとめています。大学の配列は偏差値の高い順ですが，同一偏差値内では，北→南に配列しています。なお，本文で紹介している大学のみを掲載しています。

●大学名・学部名・学科名は，誌面の都合上，略記している場合があります。

注）本一覧表における偏差値は，入試の難易度を示したものであり，各大学の教育内容や社会的な位置づけを示したものではありません。

人文科学部系統

合格目標ライン	大学・学部（学科）日程方式
61	早大·文(文)
60	早大·文(文)英語 早大·文化構想(文化構想)
59	国際基督教大·教養(アーツ·サイ)A 上智大·文(英文)〈共〉併用 上智大·総合人間科学(心理)〈共〉併用 早大·文化構想(文化構想)英語 早大·教育(国語国文)〈共〉C 早大·教育(社会／地理歴史)〈共〉C 同志社大·グロ地域文化(グロ／ヨーロッパ)全学部
58	慶大·文(人文社会) 国際基督教大·教養(アーツ·サイ)B 上智大·文(英文)TEA 上智大·文(史)TEA 上智大·文(哲学)〈共〉併用 上智大·総合人間科学(心理)TEA 早大·教育(社会／地理歴史)A 早大·教育(複合文化)A 早大·教育(複合文化)B 早大·教育(複合文化)〈共〉C 早大·教育(教育／教育心理)A 早大·教育(教育／教育心理)〈共〉C 同志社大·文(文化史)個別 同志社大·文(文化史)全学部 同志社大·グロ地域文化(グロ／アメリカ)全学部
57	上智大·文(国文)〈共〉併用 上智大·文(史)〈共〉併用 明治大·文(心理／臨床心理)学部別 明治大·文(心理／臨床心理)全学部 立教大·文(史) 早大·教育(国語国文)A 同志社大·文(英文)個別 同志社大·文(哲学)全学部 同志社大·文(国文)個別 同志社大·心理(心理)個別 同志社大·心理(心理)全文系 同志社大·心理(心理)全理系 同志社大·グロ地域文化(グロ／ヨーロッパ)個別
56	青山学院大·文(英米文)個別B 青山学院大·文(英米文)〈共〉個別A 上智大·文(国文)TEA 上智大·文(哲学)TEA 上智大·文(フランス文)TEA 上智大·文(フランス文)〈共〉併用 明治大·文(史学／日本史)全学部 明治大·文(史学／西洋史)学部別 明治大·文(史学／西洋史)全学部 明治大·文(文／英米文)全学部 立教大·文(文／英米文) 立教大·異文化コミュ(異文化コミュニ) 同志社大·文(英文)全学部 同志社大·文(国文)全学部 同志社大·グロ地域文化(グロ／アジア太平洋)個別 同志社大·グロ地域文化(グロ／アメリカ)個別
55	青山学院大·文(英米文)全学部 青山学院大·文(史)〈共〉個別 上智大·文(ドイツ文)TEA 上智大·文(ドイツ文)〈共〉併用 明治大·文(史学／日本史)学部別 明治大·文(文／日本文)全学部 明治大·文(文／英米文)学部別 明治大·文(心理／現代社会)全学部 立教大·文(文／日本文) 立教大·文(文／文芸·思想) 立教大·現代心理(心理) 同志社大·文(哲学)個別 同志社大·グロ地域文化(グロ／アジア太平洋)全学部
54	青山学院大·教育人間科学(心理)全学部 法政大·文(史)AⅠ 明治大·文(史学／考古学)全学部 明治大·文(史学／地理)学部別 明治大·文(史学／地理)全学部 明治大·文(文／日本文)学部別 明治大·文(文／フランス文)全学部 明治大·文(心理／現代社会)学部別 明治大·文(心理／哲学)全学部 立教大·社会(現代文化) 立命館大·文(人文／日本史)学部
53	青山学院大·文(英米文)個別C 青山学院大·文(日本文)〈共〉個別A 青山学院大·文(フランス文)〈共〉個別A 青山学院大·文(フランス文)〈共〉個別B 青山学院大·総合文化政策(総合文化政策)全学部 青山学院大·総合文化政策(総合文化政策)〈共〉個別A 青山学院大·総合文化政策(総合文化政策)〈共〉個別B 青山学院大·教育人間科学(心理)〈共〉個別 明治大·文(史学／アジア史)全学部 明治大·文(史学／考古学)学部別 明治大·文(文／ドイツ文)学部別 明治大·文(文／ドイツ文)全学部 明治大·文(文／フランス文)学部別 明治大·文(心理／哲学)学部別 立命館大·文(人文／日本文)学部 立命館大·文(人文／日本史)文系 立命館大·総合心理(総合心理)文系 立命館大·総合心理(総合心理)学部 立命館大·総合心理(総合心理)理系3 関西学院大·文(文化／日本史)学部傾 関西学院大·文(文化／日本史)全学部 関西学院大·文(文化／日本史)学部均
52	青山学院大·文(史)全学部 青山学院大·文(日本文)全学部 青山学院大·文(日本文)〈共〉個別B 青山学院大·文(フランス文)全学部 学習院大·文(史)コア 学習院大·文(日本語日本文)コア 中央大·文(人文／国文)学部別 中央大·文(人文／日本史)共通 法政大·文(史)T 法政大·文(日本文)AⅠ 法政大·文(心理)AⅡ 法政大·国際文化(国際文化)英外部 法政大·国際文化(国際文化)A 法政大·国際文化(国際文化)T 明治大·文(史学／アジア史)学部別 立教大·文(キリスト教) 立教大·文(文／ドイツ文) 立教大·文(文／フランス文) 同志社大·神(神)個別 同志社大·神(神)全学部 立命館大·文(人文／人間研究)文系 立命館大·文(人文／人間研究)学部 立命館大·文(人文／日本文)文系 立命館大·文(人文／東アジア)文系 立命館大·文(人文／東アジア)学部 立命館大·文(人文／国際文化)文系 立命館大·文(人文／国際文化)学部 立命館大·文(人文／地域研究)学部 関西大·文(総合人文)全Ⅰ3 関西学院大·文(総合心理科学)全学部 関西学院大·文(文学／英米文)全学部
51	学習院大·文(心理)コア 学習院大·文(哲)コア 國學院大·文(史)A得意 國學院大·文(史)A特色 中央大·文(人文／国文)共通

合格目標ライン	大学・学部（学科）日程方式
51	中央大·文（人文／英語文）共通 中央大·文（人文／日本史）学部別 中央大·文（人文／日本史）英語 中央大·文（人文／西洋史）学部別 中央大·文（人文／西洋史）共通 中央大·文（人文／心理）学部別 中央大·文（人文／心理）共通 中央大·文（人文／学びのパス）学部別 中央大·文（人文／学びのパス）共通 中央大·総合政策（国際政策）共通 津田塾大·学芸（英語英文）A 法政大·文（英文）AⅡ 法政大·文（英文）T 法政大·文（地理）AⅡ 法政大·文（日本文）T 法政大·文（心理）T 南山大·人文（心理人間）個別文 南山大·人文（日本文化）個別文 立命館大·文（人文／地域研究）文系 関西大·文（総合人文）全Ⅰ2 関西大·文（総合人文）全Ⅱ同 関西学院大·文（総合心理科学）学部傾 関西学院大·文（総合心理科学）学部均 関西学院大·文（文学／日本文）全学部 関西学院大·文（文学／英米文）学部傾 関西学院大·文（文学／英米文）学部均 関西学院大·文（文化／西洋史）学部傾 関西学院大·文（文化／西洋史）全学部 関西学院大·文（文化／西洋史）学部均
50	学習院大·文（心理）プラス 國學院大·文（史）A3 國學院大·文（日本文）A得意 中央大·文（人文／国文）英語 中央大·文（人文／英語文）学部別 中央大·文（人文／ドイツ語）学部別 中央大·文（人文／ドイツ語）共通 中央大·文（人文／フランス語）学部別 中央大·文（人文／フランス語）共通 中央大·文（人文／東洋史）学部別 中央大·文（人文／東洋史）共通 中央大·文（人文／西洋史）英語 中央大·文（人文／哲学）学部別 中央大·文（人文／哲学）共通 中央大·文（人文／心理）英語 中央大·文（人文／学びのパス）英語 中央大·総合政策（国際政策）学部別 中央大·総合政策（国際政策）英語 東京女大·現代教養（人文／日本文）個別 東京女大·現代教養（人文／歴史文化）個別 日本女大·文（日本文）個別型 日本女大·文（史）個別型 日本女大·文（史）英外部 日本女大·人間社会（心理）個別型 日本女大·国際文化（国際文化）個別型 法政大·文（英文）英外部 法政大·文（地理）T 法政大·文（哲学）AⅠ 南山大·人文（心理人間） 南山大·人文（日本文化） 関西大·文（総合人文）全Ⅱ3 関西学院大·文（文学／日本文）学部傾 関西学院大·文（文学／日本文）学部均 関西学院大·文（文学／フランス）全学部 関西学院大·文（文学／ドイツ）全学部 関西学院大·文（文化／哲学倫理）学部傾 関西学院大·文（文化／哲学倫理）全学部 関西学院大·文（文化／哲学倫理）学部均 関西学院大·文（文化／地理学）学部傾 関西学院大·文（文化／地理学）全学部 関西学院大·文（文化／地理学）学部均

合格目標ライン	大学・学部（学科）日程方式
50	関西学院大·文（文化／アジア）学部傾 関西学院大·文（文化／アジア）全学部 関西学院大·文（文化／アジア）学部均 西南学院大·人間科学（心理）A·F
49	國學院大·文（哲学）A得意 國學院大·文（哲学）A特色 國學院大·文（日本文）A特色 國學院大·文（日本文）A3 駒澤大·文（心理）全学部 駒澤大·文（歴史／日本史）S 駒澤大·文（歴史／日本史）全学部 中央大·文（人文／英語文）英語 中央大·文（人文／ドイツ語）英語 中央大·文（人文／フランス語）英語 中央大·文（人文／東洋史）英語 中央大·文（人文／哲学）英語 東京女大·現代教養（人文／哲学）個別 東京女大·現代教養（人文／日本文）英検定 東京女大·現代教養（人文／歴史文化）英検定 東京女大·現代教養（心理／心理）個別 東京女大·現代教養（心理／心理）英検定 日本女大·文（英文）個別型 日本女大·文（英文）英外部 日本女大·文（日本文）英外部 日本女大·人間社会（心理）英外部 日本女大·国際文化（国際文化）英外部 法政大·文（哲学）T 法政大·現代福祉（臨床心理）A 明治学院大·文（英文）全学3 明治学院大·心理（教育発達）全学3 南山大·人文（人類文化） 南山大·人文（人類文化）個別文 龍谷大·文（歴史／日本史）前高得 龍谷大·文（歴史／日本史）中高得 龍谷大·文（日本語日本文）前高得 龍谷大·文（日本語日本文）前スタ 龍谷大·文（日本語日本文）中高得 関西大·社会（社会／心理）全学Ⅰ 関西大·社会（社会／心理）全Ⅱ3 関西学院大·文（文学／フランス）学部傾 関西学院大·文（文学／フランス）学部均 関西学院大·文（文学／ドイツ）学部傾 関西学院大·文（文学／ドイツ）学部均 西南学院大·国際文化（国際文化）A·F 西南学院大·国際文化（国際文化）英語 西南学院大·人間科学（心理）英語
48	國學院大·文（哲学）A3 國學院大·文（外国語文化）A得意 國學院大·文（外国語文化）A特色 駒澤大·文（歴史／日本史）2月T 駒澤大·文（歴史／外国史）S 上智大·神（神）〈共〉併用 成蹊大·文（国際文化）3個別 成蹊大·文（国際文化）2統一 成蹊大·文（国際文化）2グロ 成城大·文芸（英文）A3Ⅱ 成城大·文芸（英文）S 成城大·文芸（英文）AⅠ 成城大·文芸（英文）AⅣ 東京女大·現代教養（人文／哲学）英検定 日本大·文理（史）N1期 法政大·現代福祉（臨床心理）T 法政大·現代福祉（臨床心理）英外部 明治学院大·文（英文）A3教 明治学院大·文（英文）A換算 明治学院大·心理（心理）全学3 明治学院大·心理（心理）A換算 明治学院大·心理（教育発達）A3教 明治学院大·心理（教育発達）全学英 明治学院大·心理（教育発達）A換算

私立
人文科学部系統

合格目標ライン	大学・学部（学科）日程方式
48	京都女大·文（英語文化コミ）前期Ｂ
	京都女大·文（史）前期Ａ
	京都女大·文（史）前期Ｂ
	龍谷大·文（英語英米文）前高得
	龍谷大·文（歴史／日本史）前スタ
	龍谷大·文（歴史／日本史）中スタ
	龍谷大·文（歴史／東洋史）前高得
	龍谷大·文（歴史／東洋史）中高得
	龍谷大·文（日本語日本文）中スタ
	龍谷大·文（歴史／文化遺産）前高得
	龍谷大·文（歴史／文化遺産）中高得
	関西大·社会（社会／心理）全Ⅱ同
	福岡大·人文（歴史）系統別
47	獨協大·国際教養（言語文化）学科別
	國學院大·文（中国文）Ａ得意
	國學院大·文（中国文）Ａ特色
	國學院大·文（外国語文化）Ａ３
	駒澤大·文（英米文）全学部
	駒澤大·文（国文）全学部
	駒澤大·文（心理）２月Ｔ
	駒澤大·文（歴史／外国史）２月Ｔ
	駒澤大·文（歴史／外国史）全学部
	上智大·神（神）ＴＥＡ
	成蹊大·文（日本文）３個別
	成蹊大·文（日本文）２統一
	成城大·文芸（英文）Ａ２Ⅱ
	成城大·文芸（国文）Ａ３Ⅱ
	成城大·文芸（国文）Ｓ
	成城大·文芸（国文）ＡⅣ
	聖心女大·現代教養　３教Ａ
	聖心女大·現代教養　３教Ｂ
	専修大·文（歴史）全国
	東海大·文（歴史／西洋史）文系前
	東海大·文（歴史／日本史）文系前
	東洋大·文（史）前３均
	日本大·国際関係（国際教養）Ｎ１期
	日本大·文理（英文）Ａ１期
	日本大·文理（英文）Ｎ１期
	日本大·文理（史）Ａ１期
	日本大·文理（心理）Ｎ１期
	明治学院大·心理（心理）Ａ３教
	明治学院大·心理（心理）全学英
	学習院女大·国際文化交流（日本文化）Ａ
	京都女大·文（英語文化コミ）前期Ａ
	京都女大·文（国文）前期Ａ
	京都女大·文（国文）前期Ｂ
	同志社女大·表象文化（英語英文）前期３
	同志社女大·表象文化（英語英文）前期２
	龍谷大·文（英語英米文）前スタ
	龍谷大·文（英語英米文）中スタ
	龍谷大·文（英語英米文）前英語
	龍谷大·文（英語英米文）中英語
	龍谷大·文（英語英米文）中高得
	龍谷大·文（歴史／東洋史）前スタ
	龍谷大·文（歴史／東洋史）中スタ
	龍谷大·文（歴史／文化遺産）前スタ
	龍谷大·文（歴史／文化遺産）中スタ
	龍谷大·心理（心理）前高得
	龍谷大·心理（心理）中高得
	龍谷大·国際（国際文化）前高得
	龍谷大·国際（国際文化）中高得
	近畿大·文芸（文／日本文）前期Ａ
	福岡大·人文（日本語日本文）前期
	福岡大·人文（日本語日本文）系統別
	福岡大·人文（文化）系統別
	福岡大·人文（歴史）前期
46	獨協大·国際教養（言語文化）統一前
	文教大·教育（発達／児童心理）Ａ
	文教大·教育（発達／児童心理）全国
	國學院大·文（中国文）Ａ３

合格目標ライン	大学・学部（学科）日程方式
46	駒澤大·文（英米文）Ｓ
	駒澤大·文（国文）２月Ｔ
	駒澤大·文（国文）Ｓ
	駒澤大·文（歴史／考古）Ｓ
	成城大·文芸（国文）Ａ２Ⅱ
	成城大·文芸（文化史）ＡⅡ
	成城大·文芸（文化史）Ｓ
	成城大·文芸（文化史）ＡⅣ
	成城大·文芸（ヨーロッパ文化）Ａ３Ⅱ
	専修大·文（日本文学文化）全国
	専修大·文（歴史）前期Ａ
	専修大·文（歴史）前全学
	専修大·人間科学（心理）全国
	東海大·文（歴史／考古）文系前
	東海大·文（歴史／西洋史）
	東海大·文（歴史／日本史）
	東海大·文（日本文）文系前
	東海大·文化社会（心理·社会）文系前
	東洋大·文（史）前４均
	二松学舎大·文　Ｓ
	日本大·文理（国文）Ｎ１期
	日本大·文理（心理）Ａ１期
	武蔵大·人文（英語英米文化）全学部
	武蔵大·人文（英語英米文化）個別併
	武蔵大·人文（英語英米文化）全グロ
	明治学院大·文（フランス文）全学３
	明治学院大·文（フランス文）全学英
	明治学院大·文（フランス文）Ａ換算
	愛知学院大·文（歴史）前期Ａ
	愛知淑徳大·心理（心理）前期３
	愛知淑徳大·心理（心理）前期２
	同志社女大·表象文化（日本語日本文）前期３
	同志社女大·表象文化（日本語日本文）前期２
	龍谷大·文（哲／哲学）前高得
	龍谷大·文（哲／哲学）前スタ
	龍谷大·文（哲／哲学）中スタ
	龍谷大·文（哲／哲学）中高得
	龍谷大·心理（心理）前スタ
	龍谷大·心理（心理）中スタ
	龍谷大·国際（国際文化）前スタ
	龍谷大·国際（国際文化）中スタ
	龍谷大·国際（国際文化）前英語
	龍谷大·国際（国際文化）中英語
	近畿大·文芸（文／日本文）前期Ｂ
	近畿大·文芸（文化·歴史）前期Ａ
	甲南大·文（英語英米文）前２外
	甲南大·文（英語英米文）前２一
	甲南大·文（英語英米文）前３一
	甲南大·文（英語英米文）中一般
	甲南大·文（日本語日本文）前２外
	甲南大·文（日本語日本文）前３一
	甲南大·文（日本語日本文）中一般
	武庫川女大·文（日本語）Ａ３
	武庫川女大·文（歴史文化）Ａ３
	福岡大·人文（文化）前期
45	東北学院大·文（歴史）前期Ａ
	東北学院大·文（総合人文）前期Ａ
	文教大·文（英米語英米文）Ａ
	文教大·文（英米語英米文）全国
	文教大·文（日本語日本文）全国
	駒澤大·文（英米文）２月Ｔ
	駒澤大·文（地理／地域文化）２月Ｔ
	駒澤大·文（地理／地域文化）全学部
	駒澤大·文（歴史／考古）２月Ｔ
	駒澤大·文（歴史／考古）全学部
	成城大·文芸（ヨーロッパ文化）Ａ２Ⅱ
	成城大·文芸（ヨーロッパ文化）Ｓ
	成城大·文芸（ヨーロッパ文化）ＡⅣ
	専修大·文（日本文学文化）前期Ａ
	専修大·文（日本文学文化）前期Ｄ

合格目標ライン	大学・学部（学科）日程方式
45	専修大·文（日本文学文化）前全学 専修大·文（哲学）前期Ａ 専修大·文（哲学）全国 専修大·文（環境地理）全国 専修大·人間科学（心理）前期Ａ 専修大·人間科学（心理）前全学 専修大·国際コミュニ（異文化コミュ）全国 東海大·文（歴史／考古） 東海大·文（日本文） 東海大·文化社会（北欧）文系前 東海大·文化社会（心理·社会） 東洋大·文（哲学）前３均 東洋大·文（哲学）前３英 二松学舎大·文 Ａ 二松学舎大·文 Ｂ 二松学舎大·文 Ｇ 二松学舎大·文 Ｒ 日本大·国際関係（国際教養）Ａ１期 日本大·文理（国文）Ａ１期 武蔵大·人文（ヨーロッパ）全学部 武蔵大·人文（ヨーロッパ）個別併 武蔵大·人文（日本東アジア）個別併 明治学院大·文（フランス文）Ａ３教 愛知大·文（歴史地理）Ｍ 愛知大·文（歴史地理）前期 愛知学院大·文（歴史）前期Ｍ 愛知学院大·文（歴史）中期 愛知学院大·心理（心理）前ＡⅠ 愛知淑徳大·文（国文）前期２ 愛知淑徳大·文（国文）前期３ 中京大·心理（心理）Ａ３ 中京大·心理（心理）Ａ２ 中京大·心理（心理）Ｍ３ 中京大·心理（心理）Ｍ２ 中京大·国際（国際／国際人間）Ａ３ 南山大·人文（キリスト教） 南山大·人文（キリスト教）個別文 京都産大·文化（国際文化）前期３ 佛教大·教育（臨床心理）Ａ３ 佛教大·教育（臨床心理）Ａ２ 関西外大·外国語（国際日本）前期Ｓ 近畿大·文芸（文化·歴史）前期Ｂ 近畿大·総合社会（総合／心理）前期Ａ 近畿大·総合社会（総合／心理）前期Ｂ 甲南大·文（英語英米文）前３外 甲南大·文（英語英米文）中外部 甲南大·文（日本語日本文）前３外 甲南大·文（日本語日本文）前２一 甲南大·文（日本語日本文）中外部 甲南大·文（歴史文化）前３外 甲南大·文（歴史文化）前２一 甲南大·文（歴史文化）前２外 甲南大·文（歴史文化）前３一 甲南大·文（歴史文化）中一般 武庫川女大·文（日本語）Ａ２ 武庫川女大·文（歴史文化）Ａ２ 武庫川女大·心理社会福祉（心理）Ａ３ 武庫川女大·心理社会福祉（心理）Ａ２ 西南学院大·神（神）Ａ·Ｆ
44	東北学院大·文（英文）前期Ａ 東北学院大·文（歴史）前期Ｂ 東北学院大·文（総合人文）前期Ｂ 文教大·文（日本語日本文）Ａ 文教大·人間科学（臨床心理）Ａ 文教大·人間科学（臨床心理）全国 文教大·人間科学（心理）Ａ 文教大·人間科学（心理）全国 昭和女大·人間社会（心理）Ａ 清泉女大·文（英語英文）Ｃ 清泉女大·文（英語英文）Ａ３

合格目標ライン	大学・学部（学科）日程方式
44	清泉女大·文（英語英文）Ａ２ 清泉女大·文（日本語日本文）Ｃ 清泉女大·文（日本語日本文）Ａ３ 清泉女大·文（日本語日本文）Ａ２ 清泉女大·文（文化史）Ｃ 清泉女大·文（文化史）Ａ３ 清泉女大·文（文化史）Ａ２ 専修大·文（哲学）前全学 専修大·文（環境地理）前期Ａ 専修大·文（環境地理）前全学 専修大·国際コミュニ（異文化コミュ）前全学 専修大·国際コミュニ（異文化コミュ）前期Ａ 専修大·国際コミュニ（異文化コミュ）前期Ｃ 東海大·文化社会（ヨーロ·アメ）文系前 東海大·文化社会（北欧） 東洋大·文（英米文）前３英 東洋大·文（英米文）前３均 東洋大·文（日本文学文化）前３均 東洋大·文（日本文学文化）前３国 東洋大·文（哲学）前４均 東洋大·文（東洋思想文化）前３均 東洋大·文（国際文化）前３均 東洋大·文（国際文化）前３英 日本大·文理（地理）Ｎ１期 日本大·文理（哲学）Ｎ１期 武蔵大·人文（ヨーロッパ）全グロ 武蔵大·人文（日本東アジア）全学部 立正大·心理（臨床心理）２月前 立正大·心理（臨床心理）Ｒ 立正大·心理（対人·社会）２月前 立正大·心理（対人·社会）Ｒ 愛知大·文（心理）前期 愛知大·文（心理）Ｍ 愛知大·文（心理）数学 愛知大·文（日本語日本文）Ｍ 愛知大·文（日本語日本文）前期 愛知学院大·心理（心理）前期Ｍ 愛知学院大·心理（心理）中期 中京大·文（歴史文化）Ａ３ 中京大·文（歴史文化）Ａ２ 中京大·文（歴史文化）Ｍ３ 中京大·文（歴史文化）Ｍ２ 中京大·国際（国際／国際人間）Ａ２ 中京大·国際（国際／国際人間）Ｍ３ 京都産大·文化（国際文化）前期２ 京都産大·文化（国際文化）中期 京都産大·文化（京都文化）前期３ 京都産大·文化（京都文化）中期 龍谷大·文（歴史／仏教史）前高得 関西外大·外国語（国際日本）前期Ａ 甲南大·文（歴史文化）中外部 武庫川女大·文（日本語）Ｂ２ 武庫川女大·文（歴史文化）Ｂ２ 武庫川女大·心理社会福祉（心理）Ｂ２ 西南学院大·神（神）英語
43	東北学院大·文（英文）前期Ｂ 東北学院大·人間科（心理行動科学）前期Ａ 杏林大·保健（臨床心理）Ａ 杏林大·保健（臨床心理）Ｂ 国士舘大·文（史地／考古·日）前期 駒澤大·文（地理／地域環境）全学部 昭和女大·人間社会（心理）Ｂ 昭和女大·人間文化（日本語日本文）Ａ 白百合女大·文（国語国文）前期Ａ 白百合女大·文（国語国文）前期Ｂ 帝京大·文（史）Ⅰ期 帝京大·文（心理）Ⅰ期 東海大·文（文明）文系前 東海大·文化社会（ヨーロ·アメ） 東洋大·文（英米文）前４均

私立
人文科学部系統

合格目標ライン	大学・学部（学科）日程方式
43	東洋大・文（日本文学文化）前４均
	東洋大・文（東洋思想文化）前３英
	東洋大・文（東洋思想文化）前４均
	東洋大・文（国際文化）前４均
	日本大・文理（中国語）Ｎ１期
	日本大・文理（地理）Ａ１期
	日本大・文理（哲学）Ａ１期
	日本大・文理（ドイツ文）Ｎ１期
	武蔵大・人文（日本東アジア）全グロ
	神奈川大・国際日本（歴史民俗）前期Ａ
	常葉大・教育（心理教育）前期３
	愛知大・国際コミュニ（国際教養）前期
	愛知学院大・文（日本文化）前期Ａ
	愛知学院大・心理（心理）前ＡⅡ
	中京大・文（日本文）Ａ３
	中京大・文（日本文）Ａ２
	中京大・文（日本文）Ｍ３
	中京大・文（日本文）Ｍ２
	中京大・現代社会（現代／国際文化）Ｍ３
	中京大・国際（国際／国際人間）Ｍ２
	京都産大・文化（京都文化）前期２
	佛教大・歴史（歴史）Ａ３
	龍谷大・文（歴史／仏教史）前スタ
	龍谷大・文（歴史／仏教史）中スタ
	龍谷大・文（歴史／仏教史）中高得
	関西学院大・神 学部均
	関西学院大・神 全学部
	関西学院大・神 学部傾
42	北海学園大・人文（英米文化）
	東北学院大・人間科（心理行動科学）前期Ｂ
	国際医療福祉大・赤坂心理医療（心理）前期
	北里大・医療衛生（保健／臨床心理）前期
	国士舘大・文（文）前期
	国士舘大・文（史地／考古・日）中期
	国士舘大・文（史地／地理・環）前期
	駒澤大・文（地理／地域環境）２月Ｔ
	昭和女大・人間文化（日本語日本文）Ｂ
	昭和女大・人間文化（歴史文化）Ａ
	大正大・文（歴史）前期２
	大正大・文（歴史）前期３
	大正大・文（歴史）チャレ
	大正大・文（日本文）前期３
	大正大・文（日本文）前期２
	大正大・臨床心理（臨床心理）チャレ
	大正大・臨床心理（臨床心理）前期３
	大正大・臨床心理（臨床心理）前期２
	大東文化大・文（日本文）３独自
	大東文化大・文（日本文）３英語
	大東文化大・文（歴史文化）３Ｂ独
	大東文化大・文（歴史文化）３Ａ英
	大東文化大・文（歴史文化）３Ｂ英
	拓殖大・外国語（国際日本語）２月前
	東海大・文（文明）
	東海大・人文（人文）文系前
	東海大・文化社会（アジア）文系前
	東京家政大・人文（心理カウンセ）１期
	東京家政大・人文（心理カウンセ）統一
	日本大・文理（中国語）Ａ１期
	日本大・文理（ドイツ文）Ａ１期
	立正大・文（史）２月前
	立正大・文（史）Ｒ
	神奈川大・国際日本（国際文化交流）前期Ａ
	神奈川大・国際日本（日本文化）前期Ａ
	神奈川大・国際日本（歴史民俗）前期Ｂ
	フェリス女学院大・文（英語英米文）Ａ２
	フェリス女学院大・文（英語英米文）Ａ３
	フェリス女学院大・文（日本語日本文）Ａ２
	フェリス女学院大・文（日本語日本文）Ａ３
	愛知大・文（人文／現代文化）Ｍ
	愛知大・文（人文／現代文化）前期

合格目標ライン	大学・学部（学科）日程方式
42	愛知大・国際コミュニ（国際教養）Ｍ
	愛知学院大・文（日本文化）前期Ｍ
	愛知学院大・文（日本文化）中期
	中京大・現代社会（現代／国際文化）Ａ３
	中京大・現代社会（現代／国際文化）Ａ２
	中京大・現代社会（現代／国際文化）Ｍ２
	佛教大・歴史（歴史）Ａ２
	佛教大・歴史（歴史文化）Ａ３
	神戸学院大・心理（心理）前期
41	北海学園大・人文（日本文化）
	共立女大・文芸（文芸）２月個
	共立女大・文芸（文芸）統一
	國學院大・神道文化（神道文化）Ａ得意
	國學院大・神道文化（神道文化）Ａ特色
	国士舘大・文（文）中期
	国士舘大・文（史地／考古・日）デリバ
	国士舘大・文（史地／地理・環）中期
	昭和女大・人間文化（歴史文化）Ｂ
	白百合女大・人間総合（発達心理）前期Ａ
	白百合女大・人間総合（発達心理）前期Ｂ
	大正大・文（歴史）前期４
	大正大・文（人文）前期３
	大正大・文（人文）前期２
	大正大・文（人文）チャレ
	大正大・文（日本文）前期４
	大正大・文（日本文）チャレ
	大正大・臨床心理（臨床心理）前期４
	大東文化大・文（日本文）全前独
	大東文化大・文（日本文）全前英
	大東文化大・文（歴史文化）３Ａ独
	大東文化大・文（歴史文化）全前英
	帝京大・文（日本文化）Ⅰ期
	東海大・人文（人文）
	東海大・文化社会（アジア）
	立正大・文（文／日本語）２月前
	立正大・文（文／日本語）Ｒ
	神奈川大・国際日本（国際文化交流）前期Ｂ
	神奈川大・国際日本（日本文化）前期Ｂ
	愛知学院大・文（英語英米文化）前期Ｍ
	愛知学院大・文（英語英米文化）前期Ａ
	愛知学院大・文（英語英米文化）中期
	佛教大・文（日本文）Ａ３
	佛教大・文（日本文）Ａ２
	佛教大・歴史（歴史文化）Ａ２
	神戸学院大・心理（心理）中期
40	大妻女大・文（英語英文）ＡⅠ期
	大妻女大・文（日本文）ＡⅠ期
	大妻女大・文（コミュニ文化）ＡⅠ期
	共立女大・文芸（文芸）２月外
	杏林大・外国語（観光交流文化）前期２
	杏林大・外国語（観光交流文化）前期３
	國學院大・神道文化（神道文化）Ａ３
	国士舘大・文（文）デリバ
	国士舘大・文（史地／地理・環）デリバ
	大正大・文（人文）前期４
	大東文化大・文（英米文）全前独
	大東文化大・文（英米文）３独自
	大東文化大・文（英米文）３英語
	大東文化大・文（歴史文化）全前独
	拓殖大・外国語（国際日本語）全国
	東京経大・コミュニ（国際コミュニ）前期３
	東京経大・コミュニ（国際コミュニ）前ベス
	立正大・文（文／英語英米）２月前
	立正大・文（文／英語英米）Ｒ
	佛教大・文（中国）Ａ３
	佛教大・文（中国）Ａ２
	龍谷大・文（真宗）前高得
	龍谷大・文（真宗）中高得
	龍谷大・文（仏教）前高得
	龍谷大・文（仏教）中高得

合格目標ライン	大学・学部（学科）日程方式
40	神戸学院大･人文（人文）前期
39	文教大･文（中国語中国文）A１ 文教大･文（中国語中国文）全国 麗澤大･国際（国際／日本学）前期２ 麗澤大･国際（国際／日本学）前期３ 麗澤大･国際（国際／日本学）前期ベ 大妻女大･人間関係（関係／社会･臨床）AⅠ期 大東文化大･文（英米文）全前英 大東文化大･文（中国文）３独自 大東文化大･文（中国文）３英語 大東文化大･国際関係（国際文化）３英語 東京経大･コミュニ（国際コミュニ）前期２ 立正大･文（哲学）２月前 立正大･文（哲学）R 佛教大･仏教（仏教）A３ 龍谷大･文（真宗）前スタ 龍谷大･文（真宗）中スタ 龍谷大･文（仏教）前スタ 龍谷大･文（仏教）中スタ 神戸学院大･人文（人文）中期
38	文教大･文（中国語中国文）A２ 大妻女大･比較文化（比較文化）AⅠ期 実践女大･文（英文）Ⅰ期３ 実践女大･文（英文）Ⅰ期２ 実践女大･文（英文）Ⅰ期外 実践女大･文（国文）Ⅰ期３ 実践女大･文（国文）Ⅰ期２ 実践女大･文（国文）Ⅰ期外 大正大･仏教（仏教）前期３ 大正大･仏教（仏教）前期４ 大正大･仏教（仏教）前期２ 大正大･仏教（仏教）チャレ 大東文化大･文（中国文）全前独 大東文化大･文（中国文）全前英 大東文化大･国際関係（国際文化）全前独 大東文化大･国際関係（国際文化）３独自 大東文化大･国際関係（国際文化）全前英 佛教大･仏教（仏教）A２ 神戸女大･文（日本語日本文）前期B 神戸女大･文（日本語日本文）前B３ 神戸女大･文（日本語日本文）前期A
37	文京学院大･人間（心理）全学 文京学院大･人間（心理）Ⅱ期 文京学院大･人間（心理）Ⅰ期A 文京学院大･人間（心理）Ⅰ期B 帝京平成大･健康メディ（心理）Ⅰ期 桜美林大･リベラル（人文）前期３ 桜美林大･リベラル（人文）前期２ 桜美林大･リベラル（人文）前理３ 桜美林大･リベラル（人文）前理２ 桜美林大･健康福祉（実践心理）前期３ 桜美林大･健康福祉（実践心理）前期２ 中部大･人文（心理）前A 中部大･人文（心理）前AM

合格目標ライン	大学・学部（学科）日程方式
37	中部大･人文（心理）前BM 神戸女大･文（英語英米文）前期B 神戸女大･文（英語英米文）前B３ 神戸女大･文（英語英米文）前期A 神戸女大･心理（心理）前期B 神戸女大･心理（心理）前B３ 神戸女大･心理（心理）前期A
36	淑徳大･人文（歴史）A 淑徳大･人文（歴史）B 淑徳大･総合福祉（実践心理）A 淑徳大･総合福祉（実践心理）B 明星大･心理（心理）Ⅰ期３ 明星大･心理（心理）Ⅰ期４ 関東学院大･国際文化（比較文化）前期３ 関東学院大･国際文化（比較文化）中期 中部大･人文（歴史地理）前A 中部大･人文（歴史地理）前AM 中部大･人文（歴史地理）前BM 神戸女大･文（史）前期B 神戸女大･文（史）前B３ 神戸女大･文（史）前期A
35	北海学園大･人文２（英米文化） 目白大･心理（心理カウンセ）A 目白大･心理（心理カウンセ）全学部 國學院大･神道文化A夜（神道文化）A得意 國學院大･神道文化A夜（神道文化）A特色 明星大･心理（心理）Ⅰ期２ 明星大･心理（心理）Ⅰ期＋ 関東学院大･国際文化（比較文化）前期統
34	北海学園大･人文２（日本文化） 國學院大･神道文化A夜（神道文化）A３ 駒澤大･仏教　２月T 駒澤大･仏教　S 駒澤大･仏教　全学部 東洋大･文夜（日本文学文化）前３均 東洋大･文夜（日本文学文化）前３ベ 明星大･人文（日本文化）Ⅰ期３ 明星大･人文（日本文化）Ⅰ期４ 愛知学院大･文（宗教文化）前期M 愛知学院大･文（宗教文化）前期A
33	聖徳大･心理･福祉（心理）A 東洋大･文夜（東洋思想文化）前３ベ 明星大･人文（日本文化）Ⅰ期２ 明星大･人文（日本文化）Ⅰ期＋ 立正大･仏教　２月前 立正大･仏教　R 愛知学院大･文（宗教文化）中期
32	聖徳大･文（文／国際文）A 聖徳大･文（文／日本語）A 聖徳大･文（文／歴史文化）A 聖徳大･教育（児童／児童心理）A 中部大･人文（日本語）前A 中部大･人文（日本語）前AM 中部大･人文（日本語）前BM

外国語学部系統

合格目標ライン	大学・学部（学科）日程方式
61	上智大･外国語（英語）TEA 上智大･外国語（英語）〈共〉併用
60	早大･教育（英語英文）〈共〉C
59	上智大･外国語（ドイツ語）〈共〉併用 上智大･外国語（フランス語）〈共〉併用
58	上智大･外国語（イスパニア語）〈共〉併用 上智大･外国語（ドイツ語）TEA 上智大･外国語（フランス語）TEA 早大･教育（英語英文）A 同志社大･グローバル（グロ／英語）個別

合格目標ライン	大学・学部（学科）日程方式
58	同志社大･グローバル（グロ／英語）全学部
57	上智大･外国語（イスパニア語）TEA
55	上智大･外国語（ポルトガル語）TEA 上智大･外国語（ポルトガル語）〈共〉併用 上智大･外国語（ロシア語）TEA 上智大･外国語（ロシア語）〈共〉併用
54	同志社大･グローバル（グロ／中国語）個別 同志社大･グローバル（グロ／中国語）全学部
53	法政大･グローバル（グローバル）A 南山大･外国語（英米）個別文

合格目標ライン	大学・学部（学科）日程方式
52	獨協大・外国語（英語）学科別
	南山大・外国語（英米）
	立命館大・文（人文／言語コミ）文系
	立命館大・文（人文／言語コミ）学部
51	獨協大・外国語（英語）統一前
	学習院大・文（英語英米文化）コア
	学習院大・文（ドイツ語圏文化）コア
	学習院大・文（フランス語圏文化）コア
	法政大・グローバル（グローバル）英外部
	立命館大・文（人文／国際コミ）文系
	立命館大・文（人文／国際コミ）学部
	関西大・外国語（外国語）全学Ⅰ
50	東京女大・現代教養（国際英語）英検定
	南山大・外国語（フランス）
	南山大・外国語（フランス）個別文
	南山大・外国語（ドイツ）
	南山大・外国語（ドイツ）個別文
	関西大・外国語（外国語）全学Ⅱ
	西南学院大・外国語（外国語）Ａ・Ｆ
	西南学院大・外国語（外国語）英語
49	獨協大・外国語（交流文化）統一前
	獨協大・外国語（交流文化）学科別
	東京女大・現代教養（国際英語）個別
	南山大・外国語（スペ・ラテン）
	南山大・外国語（スペ・ラテン）個別文
	南山大・外国語（アジア）
	南山大・外国語（アジア）個別文
48	中央大・文（人文／中国言語）共通
	福岡大・人文（英語）前期
	福岡大・人文（英語）系統別
47	獨協大・外国語（ドイツ語）学科別
	獨協大・外国語（ドイツ語）統一前
	成蹊大・文（英語英米文）３個別
	成蹊大・文（英語英米文）２統一
	成蹊大・文（英語英米文）２グロ
	中央大・文（人文／中国言語）学部別
	中央大・文（人文／中国言語）英語
	関西外大・外国語（英米語）前期Ｓ
	関西外大・英語キャリア（英語キャリア）前期Ｓ
46	獨協大・外国語（フランス語）学科別
	獨協大・外国語（フランス語）統一前
	専修大・文（英語英米文）全国
	愛知淑徳大・文（総合英語）前期３
	愛知淑徳大・文（総合英語）前期２
	京都産大・外国語（英語）前期３
	関西外大・外国語（英米語）前期Ａ
	関西外大・外国語（スペイン語）前期Ｓ
	関西外大・英語キャリア（英語キャリア）前期Ａ
	武庫川女大・文（英語グローバル／英語文）Ａ３
	武庫川女大・文（英語グローバル／グロー）Ａ３
45	神田外大・外国語（英米語）２月
	専修大・文（英語英米文）前期Ａ
	専修大・文（英語英米文）前全学
	東海大・文（英語文化コミ）文系前
	中京大・国際（言語／複言語）Ａ３
	中京大・国際（言語／英米学）Ａ３
	京都産大・外国語（英語）前期２
	京都産大・外国語（英語）中期
	京都産大・外国語（ヨーロッパ）前期３
	関西外大・外国語（スペイン語）前期Ａ
	関西外大・外国語（英語・デジタル）前期Ｓ
	近畿大・文芸（文／英語英米文）前期Ａ
	武庫川女大・文（英語グローバル／英語文）Ａ２
	武庫川女大・文（英語グローバル／グロー）Ａ２
	福岡大・人文（フランス語）前期
	福岡大・人文（フランス語）系統別
	福岡大・人文（東アジア地域）前期
	福岡大・人文（東アジア地域）系統別
44	神田外大・外国語（国際／国際コミ）２月
	神田外大・外国語（国際／国際ビジ）２月
44	東海大・文（英語文化コミ）
	武蔵野大・グローバル（グロコミュニ）Ｂ
	武蔵野大・グローバル（日本語コミュニ）Ｂ
	愛知大・国際コミュニ（英語）前期
	愛知大・国際コミュニ（英語）Ｍ
	愛知学院大・文（グローバル英語）前期Ａ
	中京大・国際（言語／複言語）Ａ２
	中京大・国際（言語／複言語）Ｍ３
	中京大・国際（言語／英米学）Ａ２
	中京大・国際（言語／英米学）Ｍ３
	中京大・国際（言語／英米学）Ｍ２
	京都産大・外国語（ヨーロッパ）前期２
	京都産大・外国語（ヨーロッパ）中期
	京都産大・外国語（アジア言語）前期３
	関西外大・外国語（英語・デジタル）前期Ａ
	近畿大・文芸（文／英語英米文）前期Ｂ
	近畿大・国際（国際／東アジア中国）前期Ａ
	近畿大・国際（国際／東アジア韓国）前期Ａ
	近畿大・国際（国際／東アジア韓国）前期Ｂ
	武庫川女大・文（英語グローバル／英語文）Ｂ２
	武庫川女大・文（英語グローバル／グロー）Ｂ２
	福岡大・人文（ドイツ語）前期
	福岡大・人文（ドイツ語）系統別
43	文教大・文（外国語）Ａ
	文教大・文（外国語）全国
	神田外大・外国語（アジア／韓国語）２月
	神田外大・外国語（イベロ／スペイン）２月
	昭和女大・国際（英語コミュニ）Ａ
	昭和女大・国際（英語コミュニ）Ｂ
	白百合女大・文（英語英文）前期Ａ
	白百合女大・文（英語英文）前期Ｂ
	専修大・国際コミュニ（日本語）全国
	拓殖大・外国語（英米語）２月前
	玉川大・文（英語教育）統一前
	玉川大・文（英語教育）地域創
	玉川大・文（国語教育）統一前
	玉川大・文（国語教育）地域創
	武蔵野大・グローバル（グロコミュニ）Ａ文系
	武蔵野大・グローバル（グロコミュニ）全学部
	武蔵野大・グローバル（日本語コミュニ）Ａ文系
	武蔵野大・グローバル（日本語コミュニ）全学部
	武蔵野大・グローバル（グロビジネス）Ａ文系
	武蔵野大・グローバル（グロビジネス）Ｂ
	神奈川大・外国語（英語／ＩＥＳ）前期Ａ
	愛知大・文（人文／欧米言語）Ｍ
	愛知大・文（人文／欧米言語）前期
	愛知学院大・文（グローバル英語）前期Ｍ
	愛知学院大・文（グローバル英語）中期
	愛知淑徳大・交流文化（交流／ランゲ）前期３
	愛知淑徳大・交流文化（交流／ランゲ）前期２
	中京大・文（言語表現）Ａ３
	中京大・文（言語表現）Ａ２
	中京大・文（言語表現）Ｍ３
	中京大・文（言語表現）Ｍ２
	中京大・国際（言語／複言語）Ｍ２
	名城大・外国語（国際英語）Ａ
	京都産大・外国語（アジア言語）前期２
	京都産大・外国語（アジア言語）中期
	近畿大・国際（国際／東アジア中国）前期Ｂ
42	神田外大・外国語（アジア／中国語）２月
	神田外大・外国語（イベロ／ブラポル）２月
	白百合女大・文（仏語仏文）前期Ａ
	白百合女大・文（仏語仏文）前期Ｂ
	清泉女大・文（スペイン語）Ｃ
	清泉女大・文（スペイン語）Ａ３
	清泉女大・文（スペイン語）Ａ２
	専修大・国際コミュニ（日本語）前全学
	専修大・国際コミュニ（日本語）前期Ａ
	大東文化大・外国語（英語）３独自
	大東文化大・外国語（英語）３英語

合格目標ライン	大学・学部（学科）日程方式
42	玉川大·文（英語教育）英語前 玉川大·文（国語教育）英語前 帝京大·外国語（外国語）Ⅰ期 武蔵野大·グローバル（グロビジネス）全学部 神奈川大·外国語（英語／ＩＥＳ）前期Ｂ 神奈川大·外国語（英語／ＧＥＣ）前期Ａ 神奈川大·外国語（英語／ＧＥＣ）前期Ｂ 名城大·外国語（国際英語）Ｂ
41	神田外大·外国語（アジア／インドネ）２月 神田外大·外国語（アジア／ベトナム）２月 神田外大·外国語（アジア／タイ語）２月 麗澤大·外国語（外／英語コミ）前期２ 麗澤大·外国語（外／英語コミ）前期３ 麗澤大·外国語（外／英語コミ）前期ベ 麗澤大·外国語（外／英語リベ）前期２ 麗澤大·外国語（外／英語リベ）前期３ 麗澤大·外国語（外／英語リベ）前期ベ 杏林大·外国語（英語）前期２ 杏林大·外国語（英語）前期３ 大正大·表現（表現文化）前期３ 大正大·表現（表現文化）前期２ 大正大·表現（表現文化）チャレ 大東文化大·外国語（英語）全前独 大東文化大·外国語（英語）全前英 拓殖大·外国語（英米語）全国 拓殖大·外国語（スペイン語）２月前 帝京大·外国語（国際日本）Ⅰ期 神奈川大·外国語（スペイン語）前期Ａ 佛教大·文（英米）Ａ３ 佛教大·文（英米）Ａ２
40	麗澤大·外国語（外／ドイツ語）前期２ 麗澤大·外国語（外／ドイツ語）前期３ 麗澤大·外国語（外／ドイツ語）前期ベ 亜細亜大·国際関係（多文化コミュニ）統一前 亜細亜大·国際関係（多文化コミュニ）統一中 亜細亜大·国際関係（多文化コミュニ）３教科 大正大·表現（表現文化）前期４ 大東文化大·外国語（日本語）３独自 大東文化大·外国語（日本語）３英語 拓殖大·外国語（中国語）２月前 東京家政大·人文（英語コミュニ）１期 東京家政大·人文（英語コミュニ）統一 神奈川大·外国語（スペイン語）前期Ｂ 神奈川大·外国語（中国語）前期Ａ
39	東京国際大·言語コミュニ（英語コミュニ）Ⅱ期３ 東京国際大·言語コミュニ（英語コミュニ）Ⅱ期２ 東京国際大·言語コミュニ（英語コミュニ）Ⅰ期３ 東京国際大·言語コミュニ（英語コミュニ）Ⅰ期２

合格目標ライン	大学・学部（学科）日程方式
39	杏林大·外国語（中国語）前期２ 杏林大·外国語（中国語）前期３ 大東文化大·外国語（日本語）全前独 大東文化大·外国語（日本語）全前英 拓殖大·外国語（スペイン語）全国 神戸学院大·現代社会（現代社会）前期 神戸学院大·グローバル（グロ／英語）前期
38	麗澤大·外国語（外／中国語）前期２ 麗澤大·外国語（外／中国語）前期３ 麗澤大·外国語（外／中国語）前期ベ 拓殖大·外国語（中国語）全国 神戸学院大·現代社会（現代社会）中期 神戸学院大·グローバル（グロ／英語）中期 神戸学院大·グローバル（グロ／中国語）前期
37	桜美林大·グローバル　前期２ 桜美林大·グローバル　前期３ 大東文化大·外国語（中国語）全前独 大東文化大·外国語（中国語）３独自 大東文化大·外国語（中国語）３英語 常葉大·外国語（英米語）前期３ 神戸学院大·グローバル（グロ／中国語）中期
36	文京学院大·外国語（英語／国際教養）全学 文京学院大·外国語（英語／国際教養）Ⅱ期 文京学院大·外国語（英語／国際教養）Ⅰ期Ａ 文京学院大·外国語（英語／国際教養）Ⅰ期Ｂ 大東文化大·外国語（中国語）全前英 関東学院大·国際文化（英語文化）前期３ 関東学院大·国際文化（英語文化）中期 常葉大·外国語（英米語）前期２ 常葉大·外国語（グローバル）前期３
35	文京学院大·外国語（英語／国際ビジ）全学 文京学院大·外国語（英語／国際ビジ）Ⅱ期 文京学院大·外国語（英語／国際ビジ）Ⅰ期Ａ 文京学院大·外国語（英語／国際ビジ）Ⅰ期Ｂ 関東学院大·国際文化（英語文化）前期統 常葉大·外国語（グローバル）前期２
33	目白大·外国語（英米語）Ａ 目白大·外国語（英米語）全学部 中部大·人文（英語英米文化）前Ａ 中部大·人文（英語英米文化）前ＡＭ 中部大·人文（英語英米文化）前ＢＭ
32	目白大·外国語（韓国語）Ａ 目白大·外国語（韓国語）全学部 目白大·外国語（日本語·教育）Ａ 目白大·外国語（日本語·教育）全学部
31	目白大·外国語（中国語）Ａ 目白大·外国語（中国語）全学部

法学部系統

合格目標ライン	大学・学部（学科）日程方式
64	慶大·法（法律） 早大·法
63	慶大·法（政治） 早大·政治経済（国際政治経済）〈共〉一般
62	早大·政治経済（政治）〈共〉一般
61	上智大·法（国際関係法）ＴＥＡ
60	上智大·法（国際関係法）〈共〉併用 上智大·法（法律）ＴＥＡ
59	上智大·法（法律）〈共〉併用
58	上智大·法（地球環境法）ＴＥＡ 上智大·法（地球環境法）〈共〉併用 同志社大·法（法律）全学部
57	慶大·総合政策（総合政策） 中央大·法（政治）共通３ 中央大·法（法律）共通３ 中央大·法（法律）学部３

合格目標ライン	大学・学部（学科）日程方式
57	明治大·法（法律）全学部 明治大·政治経済（政治）学部別 明治大·政治経済（政治）全学部 同志社大·法（法律）個別
56	青山学院大·国際政治経済（国際政治）全学部 青山学院大·国際政治経済（国際政治）〈共〉個別Ｂ 中央大·法（政治）共通４ 中央大·法（法律）共通４ 中央大·法（法律）学部４ 立教大·法（国際ビジネス法） 立教大·法（法） 同志社大·法（政治）個別 同志社大·法（政治）全学部
55	青山学院大·法（法）全学部 中央大·法（政治）学部３ 中央大·法（政治）学部４

合格目標ライン	大学・学部（学科）日程方式
55	明治大・法（法律）学部別
	立教大・法（政治）
54	青山学院大・法（法）〈共〉個別Ａ
	青山学院大・法（法）〈共〉個別Ｂ
	青山学院大・法（ヒューマンラ）全学部
	青山学院大・法（ヒューマンラ）〈共〉個別Ａ
	青山学院大・法（ヒューマンラ）〈共〉個別Ｂ
	青山学院大・国際政治経済（国際政治）〈共〉個別Ａ
	中央大・法（国際企業関係法）学部３
	中央大・法（国際企業関係法）共通３
	中央大・法（国際企業関係法）学部４
	同志社大・政策（政策）全学部
53	学習院大・法（政治）コア
	学習院大・法（政治）プラス
	学習院大・法（法）コア
	学習院大・法（法）プラス
	中央大・法（国際企業関係法）共通４
	明治大・政治経済（地域行政）学部別
	明治大・政治経済（地域行政）全学部
	同志社大・政策（政策）個別
	関西学院大・法（法律）全学部
52	立命館大・法（法）文系
	関西学院大・法（法律）学部傾
	関西学院大・法（法律）学部均
51	法政大・法（法律）ＡⅡ
	法政大・法（国際政治）ＡⅠ
	法政大・法（国際政治）Ｔ
	南山大・法（法律）
	南山大・法（法律）個別文
	立命館大・法（法）学部
	関西大・法（法学政治）全Ⅰ２
	関西大・法（法学政治）全Ⅰ３
	関西大・法（法学政治）全Ⅱ同
	関西学院大・法（政治）全学部
	関西学院大・法（政治）学部傾
	関西学院大・法（政治）学部均
	関西学院大・法（法律）英数
50	法政大・法（政治）ＡⅡ
	法政大・法（政治）英外部
	法政大・法（法律）英外部
	法政大・法（法律）Ｔ
	法政大・法（国際政治）英外部
	明治学院大・法（法律）Ａ換算
	関西大・法（法学政治）全Ⅱ３
	関西学院大・法（政治）英数
	西南学院大・法（法律）Ａ・Ｆ
	西南学院大・法（法律）英語
49	成蹊大・法（法律）２統一
	日本大・法（法律）Ｎ１期
	法政大・法（政治）Ｔ
	明治学院大・法（法律）全学３
	明治学院大・法（法律）全学英
	南山大・総合政策（総合政策）個別文
	南山大・総合政策（総合政策）
	西南学院大・法（国際関係法）Ａ・Ｆ
	西南学院大・法（国際関係法）英語
48	國學院大・法（法律／法律）Ａ３
	國學院大・法（法律／法律）Ａ得意
	國學院大・法（法律／法律）Ａ特色
	成蹊大・法（政治）３個別
	成蹊大・法（政治）２統一
	成蹊大・法（法律）３個別
	成蹊大・法（法律）２グロ
	成城大・法（法律）ＡⅣ
	成城大・社会イノベ（政策イノベ）Ａ３Ⅰ
	日本大・法（法律）Ａ１期
	明治学院大・法（法律）Ａ３教
	明治学院大・法（政治）全学３
	京都女大・法（法）前期Ａ
	近畿大・法（法律）前期Ｂ
47	獨協大・法（法律）学科別
	國學院大・法（法律／法律専門）Ａ得意
	國學院大・法（法律／法律専門）Ａ３
	國學院大・法（法律／法律専門）Ａ特色
	國學院大・法（法律／政治）Ａ得意
	國學院大・法（法律／政治）Ａ３
	國學院大・法（法律／政治）Ａ特色
	駒澤大・法（政治）２月Ｔ
	駒澤大・法（政治）全学部
	駒澤大・法（法律）全学部
	成蹊大・法（政治）２グロ
	成城大・法（法律）Ｓ
	成城大・法（法律）ＡⅡ
	成城大・社会イノベ（政策イノベ）ＡⅡ
	成城大・社会イノベ（政策イノベ）Ａ２Ⅰ
	成城大・社会イノベ（政策イノベ）Ｓ
	成城大・社会イノベ（政策イノベ）ＡⅢ
	専修大・法（法律）前全学
	専修大・法（法律）全国
	東洋大・法（法律）前３均
	東洋大・法（法律）前３英
	日本大・法（政治経済）Ａ１期
	日本大・法（政治経済）Ｎ１期
	明治学院大・法（政治）Ａ３教
	明治学院大・法（政治）全学英
	明治学院大・法（政治）Ａ換算
	京都女大・法（法）前期Ｂ
	龍谷大・法（法律）前高得
	龍谷大・法（法律）中高得
	関西大・政策創造（政策）全Ⅰ３
	関西大・政策創造（政策）全Ⅱ同
	関西大・政策創造（国際アジア）全Ⅰ３
	関西大・政策創造（国際アジア）全Ⅱ３
	関西大・政策創造（国際アジア）全Ⅱ同
	近畿大・法（法律）前期Ａ
46	獨協大・法（国際関係法）学科別
	獨協大・法（総合政策）学科別
	駒澤大・法（法律）２月Ｔ
	専修大・法（法律）前期Ａ
	専修大・法（政治）全国
	東洋大・法（法律）前３国
	日本大・法（公共政策）Ａ１期
	日本大・法（公共政策）Ｎ１期
	明治学院大・法（消費情報）全学３
	龍谷大・法（法律）前スタ
	龍谷大・法（法律）中スタ
	龍谷大・政策（政策）前高得
	龍谷大・政策（政策）中高得
	関西大・政策創造（政策）全Ⅰ２
	関西大・政策創造（政策）全Ⅱ３
	関西大・政策創造（国際アジア）全Ⅰ２
	福岡大・法（法律）前期
45	北海学園大・法　Ⅰ
	北海学園大・法　Ⅱ
	獨協大・法（法律）統一前
	獨協大・法（総合政策）統一前
	専修大・法（政治）前期Ａ
	専修大・法（政治）前全学
	東洋大・法（法律）前４均
	日本大・法（経営法）Ａ１期
	日本大・法（経営法）Ｎ１期
	明治学院大・法（消費情報）Ａ３教
	明治学院大・法（消費情報）全学英
	明治学院大・法（消費情報）Ａ換算
	愛知大・法（法）前期
	愛知大・法（法）数学
	愛知大・法（法）Ｍ
	中京大・国際（国際／国際政治）Ａ３
	中京大・国際（国際／国際政治）Ａ２
	中京大・国際（国際／国際政治）Ｍ３

合格目標ライン	大学・学部（学科）日程方式
45	中京大·国際（国際／国際政治）M２ 龍谷大·政策（政策）前スタ 龍谷大·政策（政策）中スタ 甲南大·法（法）前２外 甲南大·法（法）前３一 甲南大·法（法）中一般 福岡大·法（法律）系統別
44	東北学院大·地域総合（政策デザイン）前期A 獨協大·法（国際関係法）統一前 武蔵野大·法（法律）A文系 武蔵野大·法（法律）B 武蔵野大·法（政治）A文系 武蔵野大·法（政治）B 中京大·法（法律）A３ 中京大·法（法律）A２ 中京大·法（法律）M３ 中京大·法（法律）M２ 京都産大·法（法律）前期３ 京都産大·法（法律）中期 甲南大·法（法）前３外 甲南大·法（法）前２一 甲南大·法（法）中外部 福岡大·法（経営法）前期 福岡大·法（経営法）系統別
43	東北学院大·法（法律）前期A 東北学院大·法（法律）前期B 東北学院大·地域総合（政策デザイン）前期B 東海大·法（法律）文系前 東海大·政治経済（政治）文理前 東洋大·法（企業法）前３英 東洋大·法（企業法）前３均 東洋大·法（企業法）前３国 東洋大·経済（総合政策）前３均 東洋大·経済（総合政策）前３英 東洋大·経済（総合政策）前３数 武蔵野大·法（法律）全学部 武蔵野大·法（政治）全学部 愛知大·地域政策（地域／公共政策）前期 愛知大·地域政策（地域／公共政策）M 中京大·総合政策（総合政策）A３ 中京大·総合政策（総合政策）A２ 中京大·総合政策（総合政策）M３ 京都産大·法（法律）前期２ 京都産大·法（法政策）前期３ 京都産大·法（法政策）中期
42	帝京大·法（法律）Ⅰ期 東海大·法（法律） 東海大·政治経済（政治） 東洋大·法（企業法）前４均 東洋大·経済（総合政策）前４均 神奈川大·法（法律）前期A 中京大·総合政策（総合政策）M２ 名城大·法（法）A 京都産大·法（法政策）前期２ 摂南大·法（法律）前期３ 摂南大·法（法律）中期 摂南大·法（法律）前期２
41	国士舘大·法（法律）前期 東京経大·現代法（現代法）前ベス 立正大·法（法）２月前 立正大·法（法）R 神奈川大·法（自治行政）前期A 愛知学院大·法（法律）前期M 愛知学院大·法（法律）前期A 名城大·法（法）B
40	国士舘大·法（法律）中期 国士舘大·政経（政治行政）前期ト 国士舘大·政経（政治行政）前期総 大正大·地域創生（公共政策）チャレ 大正大·地域創生（公共政策）前期３

合格目標ライン	大学・学部（学科）日程方式
40	大正大·地域創生（公共政策）前期２ 大東文化大·法（政治）３独自 大東文化大·法（政治）３英語 大東文化大·法（法律）３独自 大東文化大·法（法律）３英語 拓殖大·政経（法律政治）２月前 帝京大·法（政治）Ⅰ期 東京経大·現代法（現代法）前期３ 愛知学院大·法（法律）中期 愛知学院大·法（現代社会法）前期M 愛知学院大·法（現代社会法）前期A 愛知学院大·総合政策（総合政策）前期A 大阪経大·経営（ビジネス法）前期A 大阪経大·経営（ビジネス法）前期B 大阪工大·知的財産（知的財産）前期B 神戸学院大·法（法律）前期
39	亜細亜大·法（法律）統一前 亜細亜大·法（法律）統一中 亜細亜大·法（法律）３教科 杏林大·総合政策（総合政策）前期２ 杏林大·総合政策（総合政策）前期３ 国士舘大·法（法律）デリバ 国士舘大·政経（政治行政）中期ト 国士舘大·政経（政治行政）中期総 大正大·地域創生（公共政策）前期４ 大東文化大·法（政治）全前英 大東文化大·法（法律）全前独 拓殖大·政経（法律政治）全国 東京経大·現代法（現代法）前期２ 東京経大·キャリア 前期３ 東京経大·キャリア 前ベス 二松学舎大·国際政経 S 二松学舎大·国際政経 B 愛知学院大·法（現代社会法）中期 愛知学院大·総合政策（総合政策）前期M 愛知学院大·総合政策（総合政策）中期 大阪工大·知的財産（知的財産）前期A 神戸学院大·法（法律）中期
38	国士舘大·政経（政治行政）デリト 国士舘大·政経（政治行政）デリ総 大東文化大·法（政治）全前独 大東文化大·法（法律）全前英 東京経大·キャリア 前期２ 二松学舎大·国際政経 A 二松学舎大·国際政経 E 日本大·二法（法律）N１期
37	国士舘大·法（現代ビジネス）前期
36	国士舘大·法（現代ビジネス）中期 駒澤大·法B（法律）３月T 駒澤大·法B（法律）全学部 駒澤大·法B（法律）２月T 東洋大·法夜（法律）前３均 日本大·二法（法律）A１期 関東学院大·法（法）前期３ 関東学院大·法（法）中期 関東学院大·法（地域創生）前期３ 関東学院大·法（地域創生）中期 常葉大·法（法律）前期３
35	城西大·現代政策（社会経済シス）A 国士舘大·法（現代ビジネス）デリバ 関東学院大·法（法）前期統 関東学院大·法（地域創生）前期統
34	北海学園大·法２ Ⅰ 北海学園大·法２ Ⅱ
30	流通経大·法（法律）２科1 流通経大·法（法律）選択1 流通経大·法（法律）選択2 流通経大·法（法律）２科2 流通経大·法（法律）３科1 流通経大·法（法律）３科2

私立　法学部系統

合格目標ライン	大学・学部（学科）日程方式
30	流通経大･法（自治行政）２科1 流通経大･法（自治行政）選択1 流通経大･法（自治行政）選択2
30	流通経大･法（自治行政）２科2 流通経大･法（自治行政）３科1 流通経大･法（自治行政）３科2

経済・経営・商学部系統

合格目標ライン	大学・学部（学科）日程方式
62	慶大･経済（経済）B 早大･商 英語
61	慶大･経済（経済）A 慶大･商（商）A
60	早大･商 地歴公
59	慶大･商（商）B 早大･商 数学型
58	上智大･経済（経営）TEA
57	上智大･経済（経済）〈共〉併用 明治大･政治経済（経済）全学部
56	上智大･経済（経済）T文系 同志社大･経済（経済）全学部 同志社大･商（商／商学総合）全学部 同志社大･商（商／フレックス）全学部
55	青山学院大･国際政治経済（国際経済）全学部 明治大･政治経済（経済）学部別 同志社大･経済（経済）個別 同志社大･商（商／商学総合）個別 同志社大･商（商／フレックス）個別
54	青山学院大･国際政治経済（国際経済）〈共〉個別 青山学院大･経済（経済）全学部 上智大･経済（経済）T理系 明治大･経営 学部3 明治大･経営 全学3 明治大･経営 学部英 明治大･経営 全学英 明治大･商（商）全学部 立教大･経営（国際経営）
53	青山学院大･経営（経営）〈共〉個別A 青山学院大･経営（経営）〈共〉個別B 東京理大･経営（経営）B 東京理大･経営（ビジネスエコ）B 明治大･商（商）学部別 明治大･商（商）学部英 立教大･経済（経済） 立教大･経済（経済政策） 立教大･経営（経営）
52	青山学院大･経営（経営）全学部 学習院大･経済（経営）コア 学習院大･経済（経済）コア 中央大･商（会計／フレP）学部A 中央大･商（国際／フレP）学部A 中央大･商（フリーメジャー）共通 中央大･商（金融／フレP）学部B 立教大･経済（会計ファイナンス） 関西学院大･商 全学部
51	青山学院大･経済（経済）個別A 青山学院大･経済（現代経済デザ）全学部 青山学院大･経営（マーケティ）〈共〉個別A 青山学院大･経営（マーケティ）〈共〉個別B 学習院大･経済（経営）プラス 中央大･経済（経済）学部Ⅰ 中央大･経済（経済）Ⅰ英語 中央大･経済（経済）共通 中央大･商（経営／フレ）学部B 中央大･商（経営／フレP）学部B 中央大･商（金融／フレ）学部B 東京理大･経営（経営）グロー 東京理大･経営（国際デザ経営）B 法政大･経営（経営）AⅠ 法政大･経営（市場経営）AⅡ
51	立命館大･経営（経営）文系 立命館大･経営（経営）学部 関西学院大･経済 学部傾 関西学院大･商 学部均 関西学院大･商 学部傾
50	青山学院大･経済（経済）個別B 青山学院大･経営（マーケティ）全学部 学習院大･経済（経済）プラス 中央大･経済（経済）Ⅱ英語 中央大･経済（経済）学部Ⅱ 中央大･商（会計／フレ）学部A 中央大･商（国際／フレ）学部A 中央大･国際経営（国際経営）共通3 東京理大･経営（ビジネスエコ）グロー 法政大･経済（経済）AⅡ 立命館大･経済（経済／経済）文系 立命館大･経済（経済／国際）文系 関西大･商（商）全学Ⅰ 関西学院大･経済 全学文 関西学院大･経済 学部均 関西学院大･商 英数
49	青山学院大･経済（現代経済デザ）個別B 成蹊大･経営（総合経営）3個別 中央大･経済（公共･環境）Ⅰ英語 中央大･経済（国際経済）学部Ⅱ 中央大･経済（国際経済）共通 中央大･経済（国際経済）Ⅱ英語 中央大･経済（経済情報）学部Ⅰ 中央大･国際経営（国際経営）学部別 中央大･国際経営（国際経営）共通4 東京理大･経営（国際デザ経営）グロー 法政大･経済（経済）T 法政大･経済（国際経済）AⅠ 法政大･経済（国際経済）T 法政大･経営（経営）T 法政大･経営（経営）英外部 法政大･経営（市場経営）T 法政大･経営（市場経営）英外部 法政大･経営（経営戦略）AⅡ 法政大･経営（経営戦略）T 法政大･経営（経営戦略）英外部 南山大･経済（経済）A 南山大･経済（経済）個別文 南山大･経営（経営）A 南山大･経営（経営）個別文 立命館大･経済（経済／経済）学部 立命館大･経営（国際経営）文系 立命館大･経営（国際経営）学部 関西大･経済（経済）全Ⅰ2 関西大･経済（経済）全Ⅰ3 関西大･経済（経済）全Ⅱ3 関西大･経済（経済）全Ⅱ同 関西大･商（商）全学Ⅱ 関西学院大･経済 全学理 西南学院大･経済（経済）A･F 西南学院大･経済（経済）英語 西南学院大･経済（国際経済）A･F 西南学院大･経済（国際経済）英語 立命館アジア大･国際経営 前期 立命館アジア大･国際経営 英語
48	青山学院大･経済（現代経済デザ）個別A

私立

経済・経営・商学部系統

合格目標ライン	大学・学部（学科）日程方式
48	成蹊大·経済（現代経済）２統一 成蹊大·経済（現代経済）３個別 成蹊大·経営（総合経営）２統一 成城大·経済（経済）AⅢ 成城大·経済（経済）AⅠ 中央大·経済（公共·環境）学部Ⅰ 中央大·経済（公共·環境）共通 中央大·経済（経済情報）共通 中央大·経済（経済情報）Ⅰ英語 中央大·国際経営（国際経営）英語 東京女大·現代教養（国際／経済）個別 東京女大·現代教養（国際／経済）英検定 日本大·商（経営）N１期 日本大·商（商業）N１期 法政大·経済（国際経済）英外部 法政大·経済（現代ビジネス）AⅠ 法政大·経済（現代ビジネス）T 南山大·経済（経済）B 南山大·経営（経営）B 関西学院大·経済 英数 西南学院大·商（経営）A·F 西南学院大·商（経営）英語 西南学院大·商（商）A·F 西南学院大·商（商）英語
47	成蹊大·経済（現代経済）２グロ 成蹊大·経営（総合経営）２グロ 成城大·経済（経営）AⅢ 成城大·経済（経営）AⅠ 日本大·経済（経済）N１期 武蔵大·国際教養（国際／経済経営）全学部 武蔵大·国際教養（国際／経済経営）全グロ 明治学院大·経済（経済）A３教 明治学院大·経済（経済）全学３ 明治学院大·経済（経営）A３教 明治学院大·経済（経営）全学３ 明治学院大·経済（国際経営）全学３
46	國學院大·経済（経済）A３ 國學院大·経済（経済）A得意 國學院大·経済（経済）A特色 國學院大·経済（経営）A得意 國學院大·経済（経営）A特色 駒澤大·経済（経済）全学部 駒澤大·経済（商）全学部 成城大·経済（経営）S 成城大·経済（経済）S 専修大·経済（現代経済）全国 東洋大·経済（経済）前国社 日本大·経済（経済）A１期 日本大·商（会計）N１期 日本大·商（経営）A１期 日本大·商（商業）A１期 武蔵大·国際教養（国際／経済経営）個別Ⅰ 武蔵大·国際教養（国際／経済経営）個別Ⅱ 明治学院大·経済（経済）全学英 明治学院大·経済（経営）全学英 明治学院大·経済（国際経営）A３教 明治学院大·経済（国際経営）全学英
45	國學院大·経済（経営）A３ 駒澤大·経済（経済）２月T 駒澤大·経済（商）２月T 駒澤大·経営（経営）全学部 専修大·経済（国際経済）全国 専修大·経済（現代経済）前全学 専修大·経済（現代経済）前期A 専修大·経済（現代経済）前期B 専修大·経営（経営）全国 専修大·商（会計）全国 専修大·商（会計）前期C 専修大·商（会計）前期D 専修大·商（会計）前全学

合格目標ライン	大学・学部（学科）日程方式
45	専修大·商（マーケティング）全国 東洋大·経済（経済）前３最 日本大·経済（経済）A２期 日本大·経済（金融公共経済）N１期 日本大·商（会計）A１期 武蔵大·経済（金融）個別併 武蔵大·経済（経営）全学部 武蔵大·経済（経営）全グロ 武蔵大·経済（経営）個別併 武蔵大·経済（経済）全学部 武蔵大·経済（経済）全グロ 武蔵大·経済（経済）個別併 東京都市大·都市生活（都市生活）前期 中京大·国際（国際／国際経済）M３ 龍谷大·経済 前高得 龍谷大·経営（経営）前高得 龍谷大·経営（経営）前スタ 龍谷大·経営（経営）中高得 武庫川女大·経営（経営）A３ 武庫川女大·経営（経営）A２ 福岡大·経済（経済）前期 福岡大·経済（経済）系統別 福岡大·商（経営）前期
44	駒澤大·経済（現代応用経済）２月T 駒澤大·経済（現代応用経済）全学部 駒澤大·経営（経営）２月T 駒澤大·経営（市場戦略）２月T 駒澤大·経営（市場戦略）全学部 専修大·経済（国際経済）前期C 専修大·経済（国際経済）前期A 専修大·経済（国際経済）前全学 専修大·経済（生活環境経済）全国 専修大·経済（生活環境経済）前期B 専修大·経営（経営）前期A 専修大·経営（経営）前期C 専修大·経営（経営）前期B 専修大·経営（経営）前全学 専修大·経営（ビジネスデザ）全国 専修大·商（会計）前期A 専修大·商（会計）前期B 専修大·商（マーケティング）前期A 専修大·商（マーケティング）前全学 専修大·商（マーケティング）前期C 専修大·商（マーケティング）前期D 専修大·商（マーケティング）前期B 東洋大·経済（経済）前国数 東洋大·経済（経済）前４均 東洋大·経済（国際経済）前３英 東洋大·経済（国際経済）前３均 日本大·経済（産業経営）A１期 日本大·経済（産業経営）A２期 日本大·経済（産業経営）N１期 日本大·経済（金融公共経済）A１期 武蔵大·経済（金融）全グロ 武蔵大·経済（金融）全学部 愛知淑徳大·ビジネス（ビジネス）前期３ 愛知淑徳大·ビジネス（ビジネス）前期２ 中京大·国際（国際／国際経済）A３ 中京大·国際（国際／国際経済）A２ 京都産大·経済（経済）前期３ 龍谷大·経済 前スタ 龍谷大·経済 中スタ 龍谷大·経済 中高得 龍谷大·経営（経営）中スタ 近畿大·経済（経済）前期A 近畿大·経営（経営）前期A 近畿大·経営（商）前期A 甲南大·経済（経済）前３外 甲南大·経済（経済）前３一 甲南大·経済（経済）中一般

合格目標ライン	大学・学部（学科）日程方式
44	甲南大･経営（経営）前３一
	甲南大･経営（経営）中一般
	武庫川女大･経営（経営）Ｂ２
	福岡大･経済（産業経済）系統別
	福岡大･商（商）前期
	福岡大･商（商）系統別
	福岡大･商（経営）系統別
	福岡大･商（経営／会計専門）前期
	福岡大･商（経営／会計専門）系統別
43	北海学園大･経済　Ⅰ
	北海学園大･経済　Ⅱ
	獨協大･経済（経営）学科別
	獨協大･経済（経済）学科別
	文教大･経営（経営）Ａ
	文教大･経営（経営）全国
	専修大･経済（生活環境経済）前全学
	専修大･経済（生活環境経済）前期Ａ
	専修大･経営（ビジネスデザ）前全学
	専修大･経営（ビジネスデザ）前期Ａ
	専修大･経営（ビジネスデザ）前期Ｃ
	専修大･経営（ビジネスデザ）前期Ｂ
	東海大･政治経済（経済）文理前
	東洋大･経済（国際経済）前４均
	東洋大･経営（経営）前国数
	東洋大･経営（経営）前３英
	東洋大･経営（経営）前国社
	東洋大･経営（マーケティン）前３均
	東洋大･経営（マーケティン）前３最
	東洋大･経営（会計ファイ）前３英
	東洋大･経営（会計ファイ）前３均
	東洋大･経営（会計ファイ）前３数
	日本大･経済（金融公共経済）Ａ２期
	武蔵野大･経済（経済）Ａ文系
	武蔵野大･経済（経済）Ｂ
	武蔵野大･経営（経営）Ａ文系
	武蔵野大･経営（経営）Ｂ
	武蔵野大･経営（会計ガバナン）Ａ文系
	武蔵野大･経営（会計ガバナン）Ｂ
	武蔵野大･アントレ（アントレプレ）Ａ文系
	武蔵野大･アントレ（アントレプレ）Ｂ
	愛知大･経済（経済）前期
	愛知大･経済（経済）数学
	愛知大･経営（経営）前期
	愛知大･経営（経営）数学
	中京大･経営（経営）Ａ３
	中京大･国際（国際／国際経済）Ｍ２
	京都産大･経済（経済）前期２
	京都産大･経済（経済）中期
	京都産大･経営（マネジメント）前期３
	近畿大･経済（経済）前期Ｂ
	近畿大･経済（総合経済政策）前期Ａ
	近畿大･経済（総合経済政策）前期Ｂ
	近畿大･経済（国際経済）前期Ａ
	近畿大･経営（経営）前期Ｂ
	近畿大･経営（商）前期Ｂ
	近畿大･経営（会計）前期Ａ
	近畿大･経営（会計）前期Ｂ
	甲南大･経済（経済）前２外
	甲南大･経済（経済）前２一
	甲南大･経済（経済）中外部
	甲南大･経営（経営）前３外
	甲南大･経営（経営）前２外
	甲南大･経営（経営）前２一
	甲南大･経営（経営）中外部
	甲南大･マネジメント（マネジメント）前３一
	甲南大･マネジメント（マネジメント）中一般
	福岡大･経済（産業経済）前期
	福岡大･商（貿易）前期
	福岡大･商（貿易）系統別
42	北海学園大･経営（経営）

合格目標ライン	大学・学部（学科）日程方式
42	東北学院大･経済（経済）前期Ａ
	東北学院大･経済（経済）前期Ｂ
	東北学院大･経営（経営）前期Ａ
	東北学院大･経営（経営）前期Ｂ
	獨協大･経済（経営）統一前
	獨協大･経済（経済）統一前
	獨協大･経済（国際環境経済）学科別
	昭和女大･グローバル（ビジネスデザ）Ａ
	昭和女大･グローバル（ビジネスデザ）Ｂ
	昭和女大･グローバル（会計ファイナ）Ａ
	昭和女大･グローバル（会計ファイナ）Ｂ
	玉川大･経営（国際経営）統一前
	東海大･政治経済（経済）
	東海大･経営（経営）
	東海大･経営（経営）文理前
	東海大･体育（スポーツ･レ）文理前
	東海大･体育（スポーツ･レ）筆記型
	武蔵野大･経済（経済）全学Ⅰ
	武蔵野大･経済（経済）全学Ⅱ
	武蔵野大･経営（経営）全学部
	武蔵野大･経営（会計ガバナン）全学部
	武蔵野大･アントレ（アントレプレ）全学部
	愛知大･地域政策（地域／経済産業）前期
	愛知大･地域政策（地域／経済産業）Ｍ
	愛知大･経済（経済）Ｍ
	愛知大･経営（経営）Ｍ
	中京大･経済（経済）Ａ３
	中京大･経済（経済）Ａ２
	中京大･経済（経済）Ｍ３
	中京大･経営（経営）Ａ２
	中京大･経営（経営）Ｍ３
	中京大･経営（経営）Ｍ２
	京都産大･経営（マネジメント）前期２
	京都産大･経営（マネジメント）中期
	大阪経大･経済（経済）前期Ａ
	大阪経大･経済（経済）前期Ｂ
	大阪経大･経営（経営）前期Ａ
	大阪経大･経営（経営）前期Ｂ
	近畿大･経済（国際経済）前期Ｂ
	近畿大･経営（キャリアマネ）前期Ａ
	甲南大･マネジメント（マネジメント）前２一
	甲南大･マネジメント（マネジメント）前３外
	甲南大･マネジメント（マネジメント）前２外
	甲南大･マネジメント（マネジメント）中外部
41	北海学園大･経営（経営情報）
	獨協大･経済（国際環境経済）統一前
	千葉工大･未来変革科（デジタル）ＡＩ
	共立女大･ビジネス（ビジネス）統一
	共立女大･ビジネス（ビジネス）２月個
	国士舘大･政経（経済）前期ト
	国士舘大･政経（経済）前期総
	玉川大･経営（国際経営）英語前
	東海大･文理融合（経営）文理前
	東海大･体育（スポーツ･レ）実技型
	東京経大･経済　前ベス
	東京経大･経営　前ベス
	産業能率大･経営（マーケティング）前２教
	産業能率大･情報マネ（現代マネジ）前２教
	神奈川大･経済（現代ビジネス）前期Ａ
	神奈川大･経営（国際経営）前期Ａ
	愛知大･経営（会計ファイナ）前期
	愛知大･経営（会計ファイナ）Ｍ
	愛知大･経営（会計ファイナ）数学
	愛知学院大･経済（経済）前期Ａ
	愛知学院大･経済（経済）前期Ｍ
	愛知学院大･経営（経営）前期Ｍ
	愛知学院大･経営（経営）前期Ａ
	中京大･経済（経済）Ｍ２
	名城大･経済（経済）Ａ
	名城大･経営（経営）Ａ

合格目標ライン	大学・学部（学科）日程方式
41	名城大·経営（国際経営）A
	近畿大·経営（キャリアマネ）前期B
40	国際医療福祉大·赤坂心理医療（医療マネジ）前期
	千葉工大·未来変革科（デジタル）AⅡ
	共立女大·ビジネス（ビジネス）２月外
	国士舘大·政経（経済）中期ト
	国士舘大·政経（経済）中期総
	国士舘大·経営（経営）前期
	大正大·地域創生（地域創生）チャレ
	大正大·地域創生（地域創生）前期３
	大正大·地域創生（地域創生）前期２
	帝京大·経済（経済）Ⅰ期
	帝京大·経済（経営）Ⅰ期
	東海大·文理融合（経営）
	東京経大·経済 前期３
	東京経大·経済 前期２
	東京経大·経営 前期３
	東京経大·経営 前期２
	産業能率大·経営（経営）前２教
	産業能率大·経営（マーケティング）前スタ
	産業能率大·経営（マーケティング）前プラ
	産業能率大·情報マネ（現代マネジ）前スタ
	産業能率大·情報マネ（現代マネジ）前プラ
	神奈川大·経済（現代ビジネス）前期B
	神奈川大·経済（経済／現代経済）前A地
	神奈川大·経済（経済／現代経済）前A数
	神奈川大·経済（経済／経済分析）前期A
	神奈川大·経営（国際経営）前期B
	愛知学院大·経済（経済）中期
	愛知学院大·経営（経営）中期
	愛知学院大·商（商）前期A
	名城大·経済（経済）B
	名城大·経営（経営）B
	名城大·経営（国際経営）B
	摂南大·経済（経済）前期３
	摂南大·経済（経済）中期
	摂南大·経済（経済）前期２
	摂南大·経営（経営）前期３
	摂南大·経営（経営）中期
	摂南大·経営（経営）前期２
39	国士舘大·政経（経済）デリト
	国士舘大·政経（経済）デリ総
	国士舘大·経営（経営）中期
	大正大·地域創生（地域創生）前期４
	大東文化大·経済（社会経済）３独自
	大東文化大·経済（社会経済）３英語
	大東文化大·経済（現代経済）３独自
	大東文化大·経済（現代経済）３英語
	拓殖大·政経（経済）２月前
	帝京大·経済（地域経済）Ⅰ期
	帝京大·経済（国際経済）Ⅰ期
	立正大·経済（経済）２月前
	立正大·経済（経済）R
	立正大·経営（経営）２月前
	立正大·経営（経営）R
	産業能率大·経営（経営）前スタ
	産業能率大·経営（経営）前プラ
	神奈川大·経済（経済／経済分析）前期B
	愛知学院大·商（商）前期M
	愛知学院大·商（商）中期
	名城大·経済（産業社会）A
	神戸学院大·経済（経済）前期
	神戸学院大·経営（経営／経営·会計）前期
	神戸学院大·経営（経営／データサイエ）前期
38	麗澤大·経済（経済）前期３
	麗澤大·経済（経済）前期ベ
	麗澤大·経済（経済）前期２
	麗澤大·経営（経営／ビジネスデザ）前期３
	麗澤大·経営（経営／ビジネスデザ）前期ベ
	麗澤大·経営（経営／ビジネスデザ）前期２

合格目標ライン	大学・学部（学科）日程方式
38	麗澤大·経営（経営／AIビジ）前期３
	麗澤大·経営（経営／AIビジ）前期ベ
	麗澤大·経営（経営／AIビジ）前期２
	亜細亜大·経済（経済）統一前
	亜細亜大·経済（経済）統一中
	亜細亜大·経済（経済）３教科
	亜細亜大·経営（経営）統一前
	亜細亜大·経営（経営）統一中
	亜細亜大·経営（経営）３教科
	亜細亜大·経営（ホスピタリ）統一前
	亜細亜大·経営（ホスピタリ）統一中
	亜細亜大·経営（ホスピタリ）３教科
	亜細亜大·経営（データサイエンス）統一前
	亜細亜大·経営（データサイエンス）統一中
	亜細亜大·経営（データサイエンス）２教科
	亜細亜大·経営（データサイエンス）３教科
	亜細亜大·都市創造（都市創造）統一前
	亜細亜大·都市創造（都市創造）統一中
	亜細亜大·都市創造（都市創造）３教科
	杏林大·総合政策（企業経営）前期２
	杏林大·総合政策（企業経営）前期３
	国士舘大·経営（経営）デリバ
	大東文化大·経済（社会経済）全前英
	大東文化大·経済（現代経済）全前独
	大東文化大·経済（現代経済）全前英
	大東文化大·経営（経営）３独自
	大東文化大·経営（経営）全前独
	大東文化大·経営（経営）３英語
	拓殖大·政経（経済）全国
	拓殖大·商（経営）２月前
	拓殖大·商（国際ビジ）２月前
	名城大·経済（産業社会）B
	神戸学院大·経済（経済）中期
	神戸学院大·経営（経営／経営·会計）中期
	神戸学院大·経営（経営／データサイエ）中期
37	麗澤大·経営（経営／スポーツビジ）前期３
	麗澤大·経営（経営／スポーツビジ）前期ベ
	麗澤大·経営（経営／スポーツビジ）前期２
	麗澤大·経営（経営／ファミリービジ）前期３
	麗澤大·経営（経営／ファミリービジ）前期ベ
	麗澤大·経営（経営／ファミリービジ）前期２
	桜美林大·ビジネスマネ 前期３
	桜美林大·ビジネスマネ 前期２
	桜美林大·航空マネジ（空港マネジメ）前期２
	桜美林大·航空マネジ（空港マネジメ）前期３
	桜美林大·航空マネジ（空港マネジメ）前理２
	桜美林大·航空マネジ（空港マネジメ）前理３
	大東文化大·経済（社会経済）全前独
	大東文化大·経営（経営）全前英
	拓殖大·商（国際ビジ）全国
	拓殖大·商（会計）２月前
	金沢工大·情報フロン（経営情報）A
36	城西大·経済（経済）A
	城西大·経営（マネジメント）A
	麗澤大·国際（グローバル）前期２
	麗澤大·国際（グローバル）前期３
	麗澤大·国際（グローバル）前期ベ
	拓殖大·商（経営）全国
	拓殖大·商（会計）全国
	東洋大·経済夜（経済）前３均
	関東学院大·経済（経済）前期３
	関東学院大·経済（経済）中期
	関東学院大·経営（経営）前期３
	関東学院大·経営（経営）中期
35	文京学院大·経営（経営コミュ）全学
	文京学院大·経営（経営コミュ）Ⅱ期
	文京学院大·経営（経営コミュ）Ⅰ期A
	文京学院大·経営（経営コミュ）Ⅰ期B
	東洋大·経営夜（経営）前３均
	東洋大·経営夜（経営）前３ベ

合格目標ライン	大学·学部（学科）日程方式
35	東洋大·経済夜（経済）前3べ 関東学院大·経済（経済）前期統 関東学院大·経営（経営）前期統 中部大·経営情報（経営総合）前A 中部大·経営情報（経営総合）前AM 福岡大·商二（商）系統別 福岡大·商二（商／会計専門）系統別
34	北海学園大·経済2　I 北海学園大·経済2　Ⅱ 東京国際大·経済（経済／現代経済）I期3 東京国際大·経済（経済／現代経済）I期2 東京国際大·経済（経済／現代経済）Ⅱ期3 東京国際大·経済（経済／現代経済）Ⅱ期2 東京国際大·経済（経済／ビジネス）I期3 東京国際大·経済（経済／ビジネス）I期2 東京国際大·経済（経済／ビジネス）Ⅱ期3 東京国際大·経済（経済／ビジネス）Ⅱ期2 東京国際大·商（商）Ⅱ期3 東京国際大·商（商）I期3 東京国際大·商（商）I期2 東京国際大·商（商）Ⅱ期2 東京国際大·商（商）データ 東京国際大·商（経営）I期3 東京国際大·商（経営）I期2 東京国際大·商（経営）Ⅱ期3 東京国際大·商（経営）Ⅱ期2 東京国際大·商（経営）データ 淑徳大·経営（経営）A 淑徳大·経営（経営）B 淑徳大·経営（観光経営）A 淑徳大·経営（観光経営）B 文京学院大·経営（マーケティング·デザ）全学 文京学院大·経営（マーケティング·デザ）Ⅱ期 文京学院大·経営（マーケティング·デザ）I期A 文京学院大·経営（マーケティング·デザ）I期B 明星大·経済（経済）I期4

合格目標ライン	大学·学部（学科）日程方式
34	明星大·経済（経済）I期3 明星大·経営（経営）I期3 明星大·経営（経営）I期4 中部大·経営情報（経営総合）前BM 福岡大·商二（商）前期
33	北海学園大·経営2（経営） 目白大·経営（経営）A 目白大·経営（経営）全学部 明星大·経済（経済）I期2 明星大·経済（経済）I期+ 明星大·経営（経営）I期2 明星大·経営（経営）I期+ 常葉大·経営（経営）前期3 常葉大·経営（経営）前期2 大阪経大·経営2（経営）前期A 大阪経大·経営2（経営）前期B
32	帝京平成大·人文社会（経営／経営）I期 帝京平成大·人文社会（経営／経営情報）I期
30	流通経大·経済（経営）選択1 流通経大·経済（経営）2科1 流通経大·経済（経営）選択2 流通経大·経済（経営）2科2 流通経大·経済（経営）3科1 流通経大·経済（経営）3科2 流通経大·経済（経済）選択1 流通経大·経済（経済）2科1 流通経大·経済（経済）選択2 流通経大·経済（経済）2科2 流通経大·経済（経済）3科1 流通経大·経済（経済）3科2 流通経大·流通情報（流通情報）選択1 流通経大·流通情報（流通情報）2科1 流通経大·流通情報（流通情報）選択2 流通経大·流通情報（流通情報）2科2 流通経大·流通情報（流通情報）3科1 流通経大·流通情報（流通情報）3科2

私立　社会学部系統

社会学部系統

合格目標ライン	大学·学部（学科）日程方式
59	上智大·総合人間科学（社会）TEA 上智大·総合人間科学（社会）〈共〉併用 早大·社会科学（社会科学）
57	上智大·総合人間科学（社会福祉）TEA 上智大·総合人間科学（社会福祉）〈共〉併用 早大·教育（社会／公共市民）〈共〉C 同志社大·社会（社会）全学部
56	立教大·社会（社会） 早大·教育（社会／公共市民）A 同志社大·社会（社会）個別 同志社大·社会（メディア）個別 同志社大·社会（メディア）全学部
55	上智大·文（新聞）〈共〉併用 早大·人間科学（健康福祉科学）〈共〉+数学
54	上智大·文（新聞）TEA 立教大·社会（メディア社会） 早大·人間科学（健康福祉科学）文系 早大·人間科学（健康福祉科学）理系 同志社大·社会（社会福祉）個別 同志社大·社会（社会福祉）全学部
52	立教大·観光（観光） 立教大·観光（交流文化）
51	中央大·文（人文／社会）学部別 中央大·文（人文／社会）共通 同志社大·社会（産業関係）個別 同志社大·社会（産業関係）全学部
50	中央大·文（人文／社会）英語 東京女大·現代教養（国際／社会）個別

合格目標ライン	大学·学部（学科）日程方式
50	法政大·社会（社会）AⅡ 法政大·社会（社会）T 立教大·コミュニ福祉（福祉） 立教大·コミュニ福祉（コミュニ政策） 関西大·社会（社会／社会）全学I 関西大·社会（社会／社会）全Ⅱ3 関西大·社会（社会／メディア）全学I 関西学院大·社会（社会）学部均 関西学院大·社会（社会）全学部 関西学院大·社会（社会）学部傾 関西学院大·人間福祉（社会福祉）全学部 関西学院大·人間福祉（社会福祉）学部均 関西学院大·人間福祉（社会起業）全学部
49	東京女大·現代教養（国際／社会）英検定 東京女大·現代教養（国際／コミュニ）個別 法政大·社会（社会政策）AI 法政大·社会（社会政策）T 法政大·社会（社会政策）英外部 法政大·社会（社会）英外部 立命館大·産業社会（現代／現代社会）文系 立命館大·産業社会（現代／現代社会）学部 立命館大·産業社会（現代／人間福祉）文系 立命館大·産業社会（現代／人間福祉）学部 関西大·社会（社会／社会）全Ⅱ同 関西大·社会（社会／メディア）全Ⅱ3 関西大·社会（社会／メディア）全Ⅱ同 関西学院大·人間福祉（社会福祉）英数 関西学院大·人間福祉（社会起業）学部均

合格目標ライン	大学・学部（学科）日程方式
49	立命館アジア大・サステイナビリ　前期
	立命館アジア大・サステイナビリ　英語
48	駒澤大・文（社会／社会）全学部
	成蹊大・文（現代社会）３個別
	成蹊大・文（現代社会）２統一
	東京女大・現代教養（国際／コミュニ）英検定
	日本女大・人間社会（現代社会）個別型
	日本女大・人間社会（現代社会）英外部
	日本女大・人間社会（社会福祉）個別型
	日本女大・人間社会（社会福祉）英外部
	法政大・社会（メディア社会）ＡⅠ
	法政大・社会（メディア社会）Ｔ
	法政大・社会（メディア社会）英外部
	明治学院大・社会（社会）全学３
	明治学院大・社会（社会）Ａ換算
	明治学院大・社会（社会福祉）全学３
	明治学院大・社会（社会福祉）Ａ換算
	京都女大・心理共生（心理共生）前期Ａ
	立命館大・産業社会（現代／メディア）文系
	立命館大・産業社会（現代／メディア）学部
	関西大・社会（社会／社会シス）全学Ⅰ
	関西学院大・人間福祉（社会福祉）学英国
	関西学院大・人間福祉（社会起業）学英国
	関西学院大・人間福祉（社会起業）英数
	西南学院大・人間科学（社会福祉）Ａ・Ｆ
47	成城大・文芸（マスコミュニ）ＡⅡ
	成城大・文芸（マスコミュニ）ＡⅠ
	成城大・社会イノベ（心理社会）Ａ３Ⅰ
	成城大・社会イノベ（心理社会）ＡⅡ
	成城大・社会イノベ（心理社会）Ａ２Ⅰ
	成城大・社会イノベ（心理社会）Ｓ
	成城大・社会イノベ（心理社会）ＡⅢ
	東京女大・現代教養（心理／コミュニ）個別
	東京女大・現代教養（心理／コミュニ）英検定
	日本大・文理（社会）Ｎ１期
	法政大・現代福祉（福祉コミュニ）Ａ
	明治学院大・社会（社会）Ａ３教
	明治学院大・社会（社会）全学英
	明治学院大・社会（社会福祉）Ａ３教
	京都女大・心理共生（心理共生）前期Ｂ
	京都女大・現代社会（現代社会）前期Ｂ
	京都女大・現代社会（現代社会）前期Ａ
	関西大・社会（社会／社会シス）全Ⅱ３
	関西大・社会（社会／社会シス）全Ⅱ同
	西南学院大・人間科学（社会福祉）英語
46	駒澤大・文（社会／社会）２月Ｔ
	成城大・文芸（マスコミュニ）Ｓ
	成城大・文芸（マスコミュニ）ＡⅣ
	専修大・文（ジャーナリズ）全国
	東洋大・社会（社会）前３均
	日本大・法（新聞）Ｎ１期
	日本大・文理（社会）Ａ１期
	法政大・現代福祉（福祉コミュニ）Ｔ
	武蔵大・社会（社会）全グロ
	武蔵大・社会（社会）個別併
	武蔵大・社会（社会）全学部
	明治学院大・社会（社会福祉）全学英
	同志社女大・現代社会（社会シス）前期３
	同志社女大・現代社会（社会シス）前期２
	龍谷大・社会（社会）前高得
	龍谷大・社会（社会）中高得
45	國學院大・観光まちづくり（観光まちづくり）Ａ得意
	國學院大・観光まちづくり（観光まちづくり）Ａ特色
	駒澤大・文（社会／社会福祉）全学部
	専修大・文（ジャーナリズ）前全学
	専修大・文（ジャーナリズ）前期Ａ
	専修大・人間科学（社会）全国
	東海大・文化社会（広報メディア）文系前
	東洋大・社会（社会）前４均
	東洋大・社会（メディア）前３均
45	東洋大・社会（社会心理）前３均
	日本大・法（新聞）Ａ１期
	法政大・現代福祉（福祉コミュニ）英外部
	武蔵大・社会（メディア社会）個別併
	武蔵大・社会（メディア社会）全学部
	武蔵大・社会（メディア社会）全グロ
	愛知淑徳大・福祉貢献（福祉／社会福祉）前期３
	龍谷大・社会（社会）前スタ
	龍谷大・社会（社会）中スタ
	龍谷大・社会（コミュニティ）前高得
	龍谷大・社会（コミュニティ）中高得
	龍谷大・社会（現代福祉）前高得
	甲南大・文（社会）前２外
	甲南大・文（社会）前３一
	甲南大・文（社会）中一般
	武庫川女大・心理社会福祉（社会福祉）Ａ３
44	國學院大・観光まちづくり（観光まちづくり）Ａ３
	専修大・人間科学（社会）前期Ａ
	専修大・人間科学（社会）前全学
	東海大・文化社会（広報メディア）
	東洋大・社会（メディア）前４均
	東洋大・社会（社会心理）前４均
	東洋大・福祉社会デザ（社会福祉）前３均
	東洋大・福祉社会デザ（社会福祉）前３英
	東洋大・福祉社会デザ（社会福祉）前３国
	日本大・文理（社会福祉）Ｎ１期
	愛知淑徳大・福祉貢献（福祉／社会福祉）前期２
	中京大・現代社会（現代／社会）Ａ３
	中京大・現代社会（現代／社会）Ｍ３
	京都産大・現代社会（現代社会）前期３
	龍谷大・社会（コミュニティ）前スタ
	龍谷大・社会（コミュニティ）中スタ
	龍谷大・社会（現代福祉）前スタ
	龍谷大・社会（現代福祉）中スタ
	龍谷大・社会（現代福祉）中高得
	甲南大・文（社会）前３外
	甲南大・文（社会）前２一
	甲南大・文（社会）中外部
	武庫川女大・心理社会福祉（社会福祉）Ａ２
43	文教大・国際（国際観光）Ａ
	駒澤大・文（社会／社会福祉）２月Ｔ
	昭和女大・人間社会（現代教養）Ａ
	清泉女大・文（地球市民）Ｃ
	清泉女大・文（地球市民）Ａ３
	清泉女大・文（地球市民）Ａ２
	東海大・観光（観光）文系前
	東洋大・国際観光（国際観光）前３均
	東洋大・国際観光（国際観光）前３最
	東洋大・福祉社会デザ（社会福祉）前４均
	日本大・文理（社会福祉）Ａ１期
	フェリス女学院大・文（コミュニ）Ａ２
	フェリス女学院大・文（コミュニ）Ａ３
	愛知大・文（人文／社会）Ｍ
	愛知大・文（人文／社会）前期
	中京大・現代社会（現代／社会）Ａ２
	中京大・現代社会（現代／社会）Ｍ２
	中京大・現代社会（現代／コミュニ）Ｍ３
	中京大・現代社会（現代／社会福祉）Ａ３
	京都産大・現代社会（現代社会）前期２
	京都産大・現代社会（現代社会）中期
	近畿大・総合社会（総合／社会・マス）前期Ａ
	武庫川女大・心理社会福祉（社会福祉）Ｂ２
42	文教大・国際（国際観光）全国
	文教大・情報（メディア表現）Ａ
	文教大・情報（メディア表現）全国
	昭和女大・人間社会（福祉社会）Ａ
	昭和女大・人間社会（現代教養）Ｂ
	東海大・観光（観光）
	東洋大・国際観光（国際観光）前４均
	東洋大・国際観光（国際観光）前３英

合格目標ライン	大学・学部（学科）日程方式
42	東京都市大･メディア情報（社会メディア）前期 武蔵野大･人間科学（社会福祉）Ａ文系 武蔵野大･人間科学（社会福祉）Ｂ 中京大･現代社会（現代／コミュニ）Ａ３ 中京大･現代社会（現代／コミュニ）Ａ２ 中京大･現代社会（現代／コミュニ）Ｍ２ 中京大･現代社会（現代／社会福祉）Ａ２ 中京大･現代社会（現代／社会福祉）Ｍ３ 中京大･現代社会（現代／社会福祉）Ｍ２ 近畿大･総合社会（総合／社会･マス）前期Ｂ
41	昭和女大･人間社会（福祉社会）Ｂ 玉川大･観光（観光）統一前 帝京大･文（社会）Ⅰ期 東海大･国際文化（地域創造） 東海大･国際文化（国際コミュニ） 東京経大･コミュニ（メディア社会）前ベス 武蔵野大･人間科学（社会福祉）全学部 佛教大･社会（現代社会）Ａ３ 佛教大･社会（現代社会）Ａ２
40	大正大･人間（社会福祉）前期３ 大正大･人間（社会福祉）チャレ 大正大･人間（社会福祉）前期２ 玉川大･観光（観光）英語前 東海大･国際文化（地域創造）文系前 東海大･国際文化（国際コミュニ）文系前 東京経大･コミュニ（メディア社会）前期３ 東京経大･コミュニ（メディア社会）前期２ 立正大･文（社会）２月前 立正大･文（社会）Ｒ 立正大･社会福祉（社会福祉）２月前 立正大･社会福祉（社会福祉）Ｒ 立正大･社会福祉（子ども教育）２月前 立正大･社会福祉（子ども教育）Ｒ 佛教大･社会福祉（社会福祉）Ａ３ 佛教大･社会福祉（社会福祉）Ａ２ 大阪経大･情報社会（情報社会）前期Ａ 大阪経大･情報社会（情報社会）前期Ｂ 摂南大･現代社会（現代社会）中期 摂南大･現代社会（現代社会）前期３ 摂南大･現代社会（現代社会）前期２ 神戸学院大･総合リハビリ（社会リハビリ）前期
39	大正大･人間（社会福祉）前期４ 大東文化大･社会（社会）３Ｂ独 大東文化大･社会（社会）３Ａ英 大東文化大･社会（社会）３Ｂ英 帝京大･経済（観光経営）Ⅰ期 神戸学院大･総合リハビリ（社会リハビリ）中期
38	東京国際大･人間社会（福祉心理）Ⅱ期３ 東京国際大･人間社会（福祉心理）Ⅱ期２ 東京国際大･人間社会（福祉心理）Ⅰ期３ 東京国際大･人間社会（福祉心理）Ⅰ期２ 桜美林大･健康福祉（社会福祉）前期３ 桜美林大･健康福祉（社会福祉）前期２ 桜美林大･健康福祉（精神保健福祉）前期３ 桜美林大･健康福祉（精神保健福祉）前期２ 大妻女大･人間関係（人間福祉）ＡⅠ期 実践女大･人間社会　Ⅰ期２ 実践女大･人間社会　Ⅰ期３ 実践女大･人間社会　Ⅰ期外 大東文化大･社会（社会）全前独

合格目標ライン	大学・学部（学科）日程方式
38	大東文化大･社会（社会）３Ａ独 大東文化大･社会（社会）全前英 神戸女大･健康福祉（社会福祉）前期Ｂ 神戸女大･健康福祉（社会福祉）前Ｂ３ 神戸女大･健康福祉（社会福祉）前期Ａ
37	国際医療福祉大･医療福祉（医療･マネジ）前期 桜美林大･リベラル（社会）前期３ 桜美林大･リベラル（社会）前期２ 桜美林大･リベラル（社会）前理３ 桜美林大･リベラル（社会）前理２ 大妻女大･人間関係（関係／社会）ＡⅠ期
36	淑徳大･総合福祉（社会福祉）Ａ 淑徳大･総合福祉（社会福祉）Ｂ 関東学院大･社会（現代社会）前期３ 関東学院大･社会（現代社会）中期 関東学院大･人間共生（コミュニ）前期３ 関東学院大･人間共生（コミュニ）中期
35	淑徳大･コミュニ政策（コミュニ政策）Ａ 淑徳大･コミュニ政策（コミュニ政策）Ｂ 文京学院大･人間（コミュニ社会）Ⅰ期Ｂ 東洋大･社会夜（社会）前３ベ 東洋大･社会夜（社会）前３均 明星大･人文（人間社会）Ⅰ期４ 明星大･人文（人間社会）Ⅰ期３ 帝京科学大･医療科学（医療福祉）Ⅰ期 関東学院大･社会（現代社会）前期統 関東学院大･人間共生（コミュニ）前期統
34	文京学院大･人間（コミュニ社会）全学 文京学院大･人間（コミュニ社会）Ⅱ期 文京学院大･人間（コミュニ社会）Ⅰ期Ａ 明星大･人文（人間社会）Ⅰ期２ 明星大･人文（人間社会）Ⅰ期＋
33	目白大･人間（人間福祉）Ａ 目白大･人間（人間福祉）全学部 明星大･人文（福祉実践）Ⅰ期３ 明星大･人文（福祉実践）Ⅰ期４
32	聖徳大･文（文／教養デザイン）Ａ 聖徳大･心理･福祉（社会福祉）Ａ 目白大･社会（地域社会）Ａ 目白大･社会（地域社会）全学部 帝京平成大･人文社会（人間／福祉）Ⅰ期 帝京平成大･人文社会（観光経営）Ⅰ期 明星大･人文（福祉実践）Ⅰ期２ 明星大･人文（福祉実践）Ⅰ期＋ 中部大･人文（メディア情報）前Ａ 中部大･人文（メディア情報）前ＡＭ 中部大･人文（メディア情報）前ＢＭ
31	流通経大･社会（社会）選択１ 流通経大･社会（社会）２科１ 流通経大･社会（社会）選択２ 流通経大･社会（社会）２科２ 流通経大･社会（社会）３科１ 流通経大･社会（社会）３科２
30	流通経大･社会（国際文化ツー）選択１ 流通経大･社会（国際文化ツー）２科１ 流通経大･社会（国際文化ツー）選択２ 流通経大･社会（国際文化ツー）２科２ 流通経大･社会（国際文化ツー）３科１ 流通経大･社会（国際文化ツー）３科２

国際関係学部系統

合格目標ライン	大学・学部（学科）日程方式
65	早大・国際教養（国際教養）〈共〉
59	上智大・総合グロ（総合グローバル）ＴＥＡ
	上智大・総合グロ（総合グローバル）〈共〉併用
56	明治大・国際日本（国際日本）全学３
	明治大・国際日本（国際日本）全学英
55	青山学院大・国際政治経済（国際コミュニ）〈共〉個別Ａ
	明治大・国際日本（国際日本）学部３
	明治大・国際日本（国際日本）学部英
54	青山学院大・国際政治経済（国際コミュニ）〈共〉個別Ｂ
	立命館大・国際関係（国際／グローバル）ＩＲ
	関西学院大・国際（国際）学部傾
	関西学院大・国際（国際）全学３
	関西学院大・国際（国際）学部均
53	青山学院大・国際政治経済（国際コミュニ）全学部
	立命館大・国際関係（国際／国際関係）学部
	立命館大・国際関係（国際／国際関係）ＩＲ
	関西学院大・国際（国際）英数
	関西学院大・国際（国際）全学英
52	学習院大・国際社会科学（国際社会科学）コア
	学習院大・国際社会科学（国際社会科学）プラス
	津田塾大・学芸（国際関係）Ａ
	立命館大・国際関係（国際／国際関係）文系
50	青山学院大・地球社会共生（地球社会共生）全学部
	南山大・国際教養（国際教養）
	南山大・国際教養（国際教養）個別文
49	青山学院大・地球社会共生（地球社会共生）〈共〉個別
	東京女大・現代教養（国際／国際関係）個別
	東京女大・現代教養（国際／国際関係）英検定
	明治学院大・国際（国際）全学３
	立命館アジア大・アジア太平洋　前期
	立命館アジア大・アジア太平洋　英語
48	津田塾大・学芸（多文化・国際）Ａ
	明治学院大・国際（国際）Ａ３教
	明治学院大・国際（国際）全学英
	明治学院大・国際（国際キャリア）Ａ３教
	明治学院大・国際（国際キャリア）全学３
	学習院女大・国際文化交流（国際コミュニ）Ａ
	学習院女大・国際文化交流（英語コミュニ）Ａ
47	武蔵大・国際教養（国際／グロー）全学部
	武蔵大・国際教養（国際／グロー）全グロ
	武蔵大・国際教養（国際／グロー）個別Ⅰ
	武蔵大・国際教養（国際／グロー）個別Ⅱ
	同志社女大・学芸（国際教養）前期３
	同志社女大・学芸（国際教養）前期２
	龍谷大・国際（グローバル）前高得
	龍谷大・国際（グローバル）前英語
46	日本大・国際関係（国際総合政策）Ａ１期
	明治学院大・法（グローバル法）Ａ３教
	明治学院大・法（グローバル法）全学３
	明治学院大・法（グローバル法）全学英
	明治学院大・法（グローバル法）Ａ換算
	龍谷大・国際（グローバル）前スタ
	龍谷大・国際（グローバル）中スタ
	龍谷大・国際（グローバル）中高得
	龍谷大・国際（グローバル）中英語
	関西外大・英語国際（英語国際）前期Ｓ
	関西外大・国際共生（国際共生）前期Ｓ
	甲南大・グローバル教養学環　前一般
45	順天堂大・国際教養（国際教養）前期Ｃ
	日本大・国際関係（国際総合政策）Ｎ１期
	愛知淑徳大・グローバル（グローバル）前期３
	愛知淑徳大・グローバル（グローバル）前期２
	関西外大・英語国際（英語国際）前期Ａ
	関西外大・国際共生（国際共生）前期Ａ
	近畿大・国際（国際／グロー）前期Ａ
	近畿大・国際（国際／グロー）前Ａ独
	甲南大・グローバル教養学環　前外部
44	東北学院大・国際（国際教養）前期Ａ
	順天堂大・国際教養（国際教養）中期
	東洋大・社会（国際社会）前４均
	東洋大・国際（国際地域）前３均
	京都産大・国際関係（国際関係）前期３
	京都産大・国際関係（国際関係）中期
	近畿大・国際（国際／グロー）前期Ｂ
43	東北学院大・国際（国際教養）前期Ｂ
	文教大・国際（国際理解）Ａ
	文教大・国際（国際理解）全国
	神田外大・グローバル（グローバル）２月
	順天堂大・国際教養（国際教養）前期Ｂ
	順天堂大・国際教養（国際教養）前期Ａ
	昭和女大・国際（国際）Ａ
	昭和女大・国際（国際）Ｂ
	東洋大・社会（国際社会）前３均
	東洋大・社会（国際社会）前３英
	東洋大・国際（グローバル）前３英
	東洋大・国際（グローバル）前３均
	東洋大・国際（国際地域）前４均
	フェリス女学院大・国際交流（国際交流）Ａ２
	フェリス女学院大・国際交流（国際交流）Ａ３
	愛知淑徳大・交流文化（交流／国際交流）前期３
	京都産大・国際関係（国際関係）前期２
	近畿大・国際（国際／グロー）前Ｂ独
	摂南大・国際（国際）前期３
42	共立女大・国際（国際）２月個
	共立女大・国際（国際）統一
	東海大・国際（国際）
	東海大・国際（国際）文系前
	愛知大・現代中国（現代中国）前期
	愛知大・現代中国（現代中国）Ｍ
	愛知淑徳大・交流文化（交流／国際交流）前期２
	摂南大・国際（国際）中期
	摂南大・国際（国際）前期２
41	共立女大・国際（国際）２月外
	国士舘大・２１世紀ア（２１世紀ア）前期
	大阪経大・国際共創（国際共創）前期Ｂ
40	亜細亜大・国際関係（国際関係）統一前
	亜細亜大・国際関係（国際関係）統一中
	亜細亜大・国際関係（国際関係）３教科
	国士舘大・２１世紀ア（２１世紀ア）中期
	大東文化大・国際関係（国際関係）３独自
	拓殖大・国際（国際）２月前
	大阪経大・国際共創（国際共創）前期Ａ
39	国士舘大・２１世紀ア（２１世紀ア）デリバ
	実践女大・国際（国際）Ⅰ期２
	実践女大・国際（国際）Ⅰ期３
	実践女大・国際（国際）Ⅰ期外
	大東文化大・国際関係（国際関係）全前独
	大東文化大・国際関係（国際関係）全前英
	大東文化大・国際関係（国際関係）３英語
38	麗澤大・国際（国際／国際交流）前期２
	麗澤大・国際（国際／国際交流）前期３
	麗澤大・国際（国際／国際交流）前期ベ
	拓殖大・国際（国際）全国
37	東京国際大・国際関係（国際関係）Ⅱ期３
	東京国際大・国際関係（国際関係）Ⅱ期２
	東京国際大・国際関係（国際関係）Ⅰ期３
	東京国際大・国際関係（国際関係）Ⅰ期２
	神戸女大・文（国際教養）前期Ｂ
	神戸女大・文（国際教養）前Ｂ３
	神戸女大・文（国際教養）前期Ａ
36	東京国際大・国際関係（国際メディア）Ⅱ期３
	東京国際大・国際関係（国際メディア）Ⅱ期２
	東京国際大・国際関係（国際メディア）Ⅰ期３
	東京国際大・国際関係（国際メディア）Ⅰ期２
	東洋大・国際イブ（国際地域）前３ベ
35	東洋大・国際イブ（国際地域）前３均

合格目標ライン	大学・学部（学科）日程方式
35	明星大·人文（国際コミュニ）Ⅰ期3
	明星大·人文（国際コミュニ）Ⅰ期4
	中部大·国際関係（国際）前A
	中部大·国際関係（国際）前AM
34	明星大·人文（国際コミュニ）Ⅰ期2
	明星大·人文（国際コミュニ）Ⅰ期＋
	中部大·国際関係（国際）前BM
32	帝京平成大·人文社会（人間／グロー）Ⅰ期

教員養成・教育学部系統

合格目標ライン	大学・学部（学科）日程方式
58	上智大·総合人間科学（教育）TEA
	早大·教育（教育／教育）A
	早大·教育（教育／教育）〈共〉C
	早大·教育（教育／生涯教育）A
	早大·教育（教育／生涯教育）〈共〉C
57	上智大·総合人間科学（教育）〈共〉併用
56	早大·教育（教育／初等教育）A
	早大·教育（教育／初等教育）〈共〉C
55	立教大·文（教育）
54	同志社大·社会（教育文化）全学部
53	同志社大·社会（教育文化）個別
52	関西学院大·教育（教育／初等教育）学部傾
	関西学院大·教育（教育／初等教育）学部均
	関西学院大·教育（教育／初等教育）全学文
	関西学院大·教育（教育／初等教育）全学理
51	青山学院大·教育人間科学（教育）全学部
	青山学院大·教育人間科学（教育）〈共〉個別
	中央大·文（人文／教育）学部別
	中央大·文（人文／教育）共通
	関西大·文（総合／初等教育）全学Ⅰ
	関西大·文（総合／初等教育）全学Ⅱ
	関西学院大·教育（教育／教育科）学部均
	関西学院大·教育（教育／教育科）全学文
	関西学院大·教育（教育／教育科）全学理
	関西学院大·教育（教育／教育科）学部傾
50	学習院大·文（教育）コア
	中央大·文（人文／教育）英語
	関西学院大·教育（教育／幼児教育）学部均
	関西学院大·教育（教育／幼児教育）全学文
	関西学院大·教育（教育／幼児教育）全学理
	関西学院大·教育（教育／幼児教育）学部傾
49	学習院大·文（教育）プラス
	日本女大·人間社会（教育）個別型
	日本女大·人間社会（教育）英外部
48	日本大·文理（教育）N1期
	武庫川女大·教育（教育）A3
47	文教大·教育（学校／国語）全国
	文教大·教育（学校／社会）全国
	文教大·教育（学校／英語）A
	文教大·教育（学校／英語）全国
	龍谷大·文（哲／教育）前高得
	龍谷大·文（哲／教育）中高得
	武庫川女大·教育（教育）A2
	武庫川女大·教育（教育）B2
46	文教大·教育（学校／国語）A
	文教大·教育（学校／社会）A
	文教大·教育（学校／数学）A
	文教大·教育（学校／数学）全国
	文教大·教育（学校／理科）A
	文教大·教育（学校／理科）全国
	東洋大·文（教育／初等教育）前国社
	日本大·文理（教育）A1期
	愛知淑徳大·文（教育）前期2
	愛知淑徳大·文（教育）前期3
	佛教大·教育（教育）A3
	佛教大·教育（幼児教育）A3
	龍谷大·文（哲／教育）前スタ
	龍谷大·文（哲／教育）中スタ
	関西外大·英語キャリア（英語／小学校）前期A
	福岡大·人文（教育·臨床）系統別
45	文教大·教育（発達／初等連携）A
	文教大·教育（発達／初等連携）全国
	國學院大·人間開発（初等教育）A3
	國學院大·人間開発（初等教育）A得意
	國學院大·人間開発（初等教育）A特色
	玉川大·教育（教育）統一前
	玉川大·教育（教育）地域創
	東洋大·文（教育／初等教育）前4均
	東洋大·文（教育／初等教育）前国数
	武蔵野大·教育（教育）A文系
	武蔵野大·教育（教育）B
	武蔵野大·教育（教育）A理系
	佛教大·教育（教育）A2
	福岡大·人文（教育·臨床）前期
44	文教大·教育（発達／特別支援）A
	文教大·教育（発達／特別支援）全国
	國學院大·人間開発（健康体育）A3
	國學院大·人間開発（健康体育）A得意
	國學院大·人間開発（健康体育）A特色
	国士舘大·文（教育／初等教育）前期
	玉川大·教育（教育）英語前
	玉川大·教育（乳幼児発達）統一前
	玉川大·教育（乳幼児発達）地域創
	武蔵野大·教育（教育）全学部
	常葉大·教育（学校教育）前期文
	佛教大·教育（幼児教育）A2
43	東北学院大·文（教育）前期A
	東北学院大·文（教育）前期B
	文教大·教育（学校／家庭）A
	文教大·教育（学校／家庭）全国
	国士舘大·文（教育／中等教育）前期
	国士舘大·文（教育／初等教育）中期
	昭和女大·人間社会（初等教育）A
	玉川大·教育（乳幼児発達）英語前
	帝京大·教育（初等／初等教育）Ⅰ期
	東海大·児童教育（児童教育）
	東海大·児童教育（児童教育）文理前
	常葉大·教育（学校教育）前期理
42	文教大·教育（学校／音楽）A
	文教大·教育（学校／音楽）全国
	文教大·教育（学校／体育）A
	文教大·教育（学校／体育）全国
	女子栄養大·栄養（保健／保健養護）1期
	大妻女大·家政（児童／児童教育）AⅠ期
	国士舘大·文（教育／中等教育）中期
	国士舘大·文（教育／初等教育）デリバ
	昭和女大·人間社会（初等教育）B
	大東文化大·文（教育）3独自
	大東文化大·文（教育）全前独
	大東文化大·文（教育）3英語
	玉川大·教育（教育／保健体育）統一前
	玉川大·教育（教育／保健体育）地域創
	帝京大·教育（教育文化）Ⅰ期
	帝京大·教育（初等／こども教育）Ⅰ期
	東京家政大·児童（初等教育）統一
	東京家政大·児童（初等教育）1期
	常葉大·教育（生涯学習／生涯学習）前期3
	中京大·スポーツ科学（スポーツ教育）A3
41	文教大·教育（学校／美術）A1
	文教大·教育（学校／美術）全国

合格目標ライン	大学・学部（学科）日程方式
41	国士舘大・文（教育／中等教育）デリバ
	白百合女大・人間総合（初等教育）前期A
	白百合女大・人間総合（初等教育）前期B
	大東文化大・文（教育）全前英
	玉川大・教育（教育／保健体育）英語前
	玉川大・芸術（音楽／音楽）統一前
	玉川大・芸術（音楽／音楽）地域創
	玉川大・芸術（アート／美術教育）統一前
	玉川大・芸術（アート／美術教育）地域創
	明星大・教育（教育）Ⅰ期3
	明星大・教育（教育）Ⅰ期4
	常葉大・教育（生涯学習／生涯スポ）前期3
	中京大・スポーツ科学（スポーツ教育）A2
	中京大・スポーツ科学（スポーツ教育）M3
	中京大・スポーツ科学（スポーツ教育）M2
	神戸女大・文（教育）前期B
	神戸女大・文（教育）前B3
	神戸女大・文（教育）前期A
40	文教大・教育（学校／美術）A2
	玉川大・芸術（音楽／音楽）英語前
	玉川大・芸術（アート／美術教育）英語前
	東京家政大・人文（教育福祉）1期
	東京家政大・人文（教育福祉）統一
	明星大・教育（教育）Ⅰ期2
	明星大・教育（教育）Ⅰ期+
39	帝京科学大・教育人間科学（学校／中高理科）Ⅰ期
	常葉大・教育（学校教育）前期実
38	淑徳大・総合福祉（教育／学校教育）A
	淑徳大・総合福祉（教育／学校教育）B
	帝京科学大・教育人間科学（学校／中高英語）Ⅰ期
	関東学院大・教育（こども発達）前期3
	関東学院大・教育（こども発達）中期
37	桜美林大・教育探究科（教育探究）前期3

合格目標ライン	大学・学部（学科）日程方式
37	桜美林大・教育探究科（教育探究）前期2
	桜美林大・教育探究科（教育探究）前理3
	桜美林大・教育探究科（教育探究）前理2
	帝京科学大・教育人間科学（学校／小学校）Ⅰ期
	帝京科学大・教育人間科学（こども／小学・幼稚）Ⅰ期
	帝京科学大・教育人間科学（こども／幼稚・保育）Ⅰ期
	関東学院大・教育（こども発達）前期統
	中部大・現代教育（現代／現代教育）前A
	中部大・現代教育（現代／現代教育）前AM
	中部大・現代教育（現代／現代教育）前BM
	中部大・現代教育（現代／中等国数）前A
	中部大・現代教育（現代／中等国数）前AM
	中部大・現代教育（現代／中等国数）前BM
36	淑徳大・総合福祉（教育／健康教育）A
	淑徳大・総合福祉（教育／健康教育）B
	淑徳大・教育（こども教育）A
	淑徳大・教育（こども教育）B
	中部大・現代教育（幼児教育）前A
	中部大・現代教育（幼児教育）前AM
	中部大・現代教育（幼児教育）前BM
35	帝京平成大・人文社会（児童／小学校）Ⅰ期
	帝京科学大・教育人間科学（学校／中高保体）Ⅰ期
34	目白大・人間（児童教育）A
	目白大・人間（児童教育）全学部
	東洋大・文夜（教育）前3べ
	東洋大・文夜（教育）前3均
32	聖徳大・教育（児童／幼稚園）A
	聖徳大・教育（児童／児童文化）A
	聖徳大・教育（教育／小学校）A
	聖徳大・教育（教育／特別支援）A
30	聖徳大・教育夜（児童）A
	聖徳大・教育夜（教育）A

生活科学部系統

合格目標ライン	大学・学部（学科）日程方式
54	日本女大・家政（食物／管理栄養士）個別3
53	日本女大・家政（食物／管理栄養士）個別2
	日本女大・家政（食物／管理栄養士）英外部
51	立命館大・食マネジ（食マネジ）理系3
50	日本女大・家政（食物／食物）個別2
	日本女大・家政（食物／食物）英外部
	日本女大・家政（食物／食物）個別3
	立命館大・食マネジ（食マネジ）文系
	立命館大・食マネジ（食マネジ）学部
49	日本女大・建築デザイン（建築デザ）個別3
	日本女大・家政（児童）個別2
	日本女大・家政（児童）英外部
	日本女大・家政（児童）個別3
	同志社女大・生活科学（食物／管理栄養士）前期
	立命館大・産業社会（現代／子ども）文系
	立命館大・産業社会（現代／子ども）学部
48	東京農大・応用生物科学（栄養科学）A
	日本女大・建築デザイン（建築デザ）個別2
	日本女大・建築デザイン（建築デザ）英外部
	京都女大・発達教育（教育）前期A
	京都女大・発達教育（教育）前期B
	近畿大・農（食品栄養）前期A
	西南学院大・人間科学（児童教育）A・F
	西南学院大・人間科学（児童教育）英語
47	日本女大・家政（家政経済）個別2
	日本女大・家政（家政経済）英外部
	日本女大・家政（家政経済）個別3
	日本女大・家政（被服）個別2
	日本女大・家政（被服）英外部
	日本女大・家政（被服）個別3
	京都女大・家政（食物栄養）前期A

合格目標ライン	大学・学部（学科）日程方式
47	京都女大・家政（食物栄養）前期B
	京都女大・家政（生活造形）前期A
	京都女大・家政（生活造形）前期B
	同志社女大・生活科学（食物／食物科学）前期
	近畿大・農（食品栄養）前期B
46	文教大・教育（発達／幼児心理）A
	文教大・教育（発達／幼児心理）全国
	國學院大・人間開発（子ども支援）A得意
	國學院大・人間開発（子ども支援）A特色
	同志社女大・現代社会（現代こども）前期3
	同志社女大・現代社会（現代こども）前期2
	同志社女大・生活科学（人間生活）前期3
	同志社女大・生活科学（人間生活）前期2
45	國學院大・人間開発（子ども支援）A3
	昭和女大・食健康科学（管理栄養）A
	東京農大・応用生物科学（食品安全健康）A
	武蔵野大・教育（幼児教育）A文系
	武蔵野大・教育（幼児教育）B
	武庫川女大・食物栄養科学（食物栄養）A3
	武庫川女大・食物栄養科学（食物栄養）A2
	武庫川女大・食物栄養科学（食物栄養）B2
	武庫川女大・食物栄養科学（食創造科学）A3
	武庫川女大・食物栄養科学（食創造科学）A2
	武庫川女大・食物栄養科学（食創造科学）B2
44	昭和女大・食健康科学（管理栄養）B
	東京家政大・栄養（管理栄養）統一
	東京家政大・栄養（管理栄養）1期
	東京都市大・人間科学（人間科学）前期
	武蔵野大・教育（幼児教育）全学部
	愛知淑徳大・食健康科（健康栄養）前期2
	神戸女大・家政（管理栄養士）前期B

合格目標ライン	大学・学部（学科）日程方式
44	神戸女大・家政（管理栄養士）前B3 神戸女大・家政（管理栄養士）前期A
43	大妻女大・家政（食物／管理栄養士）AⅠ期 共立女大・家政（食物／管理栄養士）2月個 共立女大・家政（食物／管理栄養士）統一 東京家政大・栄養（栄養）統一 東京家政大・栄養（栄養）1期 東洋大・福祉社会デザ（子ども支援）前3均 東洋大・福祉社会デザ（子ども支援）前3国 日本獣医生命大・応用生命科学（食品科学）第1回 麻布大・生命・環境（食品生命科学）Ⅰ期2 麻布大・生命・環境（食品生命科学）Ⅰ期総 愛知学院大・健康科学（健康栄養）前期A 愛知学院大・健康科学（健康栄養）中期 愛知淑徳大・福祉貢献（福祉／子ども福祉）前期3 愛知淑徳大・福祉貢献（福祉／子ども福祉）前期2 愛知淑徳大・食健康科（健康栄養）前期3 愛知淑徳大・食健康科（食創造科）前期3 愛知淑徳大・食健康科（食創造科）前期2 武庫川女大・生活環境（生活環境）A2 武庫川女大・生活環境（生活環境）A3
42	女子栄養大・栄養（実践栄養）1期 大妻女大・家政（食物／食物）AⅠ期 大妻女大・家政（児童／児童）AⅠ期 共立女大・家政（食物／管理栄養士）2月外 共立女大・家政（児童）2月個 共立女大・家政（児童）統一 実践女大・生活科学（食生／管理栄養士）Ⅰ期3 実践女大・生活科学（食生／管理栄養士）Ⅰ期2 実践女大・生活科学（食生／管理栄養士）Ⅰ期外 東京家政大・児童（児童／児童学）統一 東京家政大・児童（児童／児童学）1期 東京家政大・児童（児童／育児支援）統一 東京家政大・児童（児童／育児支援）1期 東洋大・福祉社会デザ（子ども支援）多面的 東洋大・福祉社会デザ（子ども支援）前4均 東洋大・食環境科学（健康栄養）前理重 東洋大・食環境科学（健康栄養）前3文 東洋大・食環境科学（健康栄養）前3理 武蔵野大・工（建築デザ）A理系 武蔵野大・工（建築デザ）全学部 龍谷大・農（食品栄養）前スタ 龍谷大・農（食品栄養）前高得 武庫川女大・生活環境（生活環境）B2
41	共立女大・家政（食物／食物）2月個 共立女大・家政（食物／食物）統一 共立女大・家政（児童）2月外 昭和女大・食健康科学（健康デザ）A 昭和女大・食健康科学（食安全マネジ）A 昭和女大・食健康科学（食安全マネジ）B 白百合女大・人間総合（児童文化）前期A 白百合女大・人間総合（児童文化）前期B 東京家政大・子ども支援（子ども支援）1期 東京家政大・子ども支援（子ども支援）統一 東洋大・福祉社会デザ（人間環境デザイン）前国選 東洋大・福祉社会デザ（人間環境デザイン）前数理 龍谷大・農（食品栄養）中スタ 龍谷大・農（食品栄養）中高得 神戸学院大・栄養（栄養／管理栄養）前期2 神戸学院大・栄養（栄養／管理栄養）前期3
40	女子栄養大・栄養（保健／栄養科学）1期 大妻女大・家政（被服）AⅠ期 共立女大・家政（食物／食物）2月外 共立女大・家政（被服）2月個 共立女大・家政（被服）統一 昭和女大・食健康科学（健康デザ）B 東洋大・福祉社会デザ（人間環境デザイン）前4均 関東学院大・栄養（管理栄養）前期3 関東学院大・栄養（管理栄養）中期 神戸学院大・栄養（栄養／管理栄養）中期 神戸女大・家政（家政）前期B 神戸女大・家政（家政）前B3 神戸女大・家政（家政）前期A
39	文教大・健康栄養（管理栄養）A 文教大・健康栄養（管理栄養）全国 女子栄養大・栄養（食文化栄養）1期 桜美林大・健康福祉（保育）前期3 桜美林大・健康福祉（保育）前期2 大妻女大・家政（ライフデザ）AⅠ期 共立女大・家政（被服）2月外 実践女大・生活科学（食生／食物科学）Ⅰ期3 実践女大・生活科学（食生／食物科学）Ⅰ期2 実践女大・生活科学（食生／食物科学）Ⅰ期外 実践女大・生活科学（生活／幼児保育）Ⅰ期3 実践女大・生活科学（生活／幼児保育）Ⅰ期2 実践女大・生活科学（生活／幼児保育）Ⅰ期外 実践女大・生活科学（食生／健康栄養）Ⅰ期2 実践女大・生活科学（食生／健康栄養）Ⅰ期3 実践女大・生活科学（食生／健康栄養）Ⅰ期外 東京家政大・家政（服飾美術）1期 東京家政大・家政（服飾美術）統一 東洋大・福祉社会デザ（人間環境デザイン）実技 東洋大・健康スポーツ（栄養科学）前3文 東洋大・健康スポーツ（栄養科学）前3理 日本体育大・児童スポーツ（児童／幼児教育） 神奈川工大・健康医療科学（管理栄養）A 関東学院大・栄養（管理栄養）前期統
38	帝京平成大・健康メディ（健康栄養）Ⅰ期 実践女大・生活科学（生活環境）Ⅰ期3 実践女大・生活科学（生活環境）Ⅰ期2 実践女大・生活科学（生活環境）Ⅰ期外 実践女大・生活科学（生活／生活心理）Ⅰ期3 実践女大・生活科学（生活／生活心理）Ⅰ期2 実践女大・生活科学（生活／生活心理）Ⅰ期外 中部大・応用生物（食品／食品栄養）前A 中部大・応用生物（食品／食品栄養）前AM 中部大・応用生物（食品／管理栄養）前AM 中部大・応用生物（食品／管理栄養）前BM 摂南大・農（食品栄養）前期3 摂南大・農（食品栄養）中期 摂南大・農（食品栄養）前期2
37	城西大・薬（医療栄養）A 淑徳大・看護栄養（栄養）A 淑徳大・看護栄養（栄養）B 実践女大・生活科学（現代生活）Ⅰ期2 実践女大・生活科学（現代生活）Ⅰ期3 実践女大・生活科学（現代生活）Ⅰ期外 常葉大・健康プロデュ（健康栄養）前期3 中部大・応用生物（食品／食品栄養）前BM 中部大・応用生物（食品／管理栄養）前A
36	帝京科学大・教育人間科学（幼児保育）Ⅰ期 常葉大・健康プロデュ（こども健康）前期3 常葉大・健康プロデュ（こども健康）前期2
35	文京学院大・人間（児童発達）全学 文京学院大・人間（児童発達）Ⅱ期 文京学院大・人間（児童発達）Ⅰ期A 文京学院大・人間（児童発達）Ⅰ期B 常葉大・保育（保育）前期3
34	聖徳大・人間栄養（人間栄養）A 目白大・人間（子ども）A 目白大・人間（子ども）全学部 帝京平成大・人文社会（児童／保育幼稚）Ⅰ期
32	聖徳大・教育（児童／保育士）A

芸術学部系統

合格目標ライン	大学・学部（学科）日程方式
56	明治大･文（文／文芸メデ）全学部
55	明治大･文（文／文芸メデ）学部別 同志社大･文（美学芸術）個別 同志社大･文（美学芸術）全学部
54	明治大･文（文／演劇）全学部
53	青山学院大･文（比較芸術）〈共〉個別 明治大･文（文／演劇）学部別
52	青山学院大･文（比較芸術）全学部
51	関西学院大･文（文化／美学芸術）学部傾 関西学院大･文（文化／美学芸術）全学部 関西学院大･文（文化／美学芸術）学部均
48	立命館大･映像（映像）文系 立命館大･映像（映像）学部文 立命館大･映像（映像）学部理
46	明治学院大･文（芸術）Ａ３教 明治学院大･文（芸術）全学３
45	成城大･文芸（芸術）Ａ３Ⅱ 成城大･文芸（芸術）Ｓ 成城大･文芸（芸術）ＡⅠ 成城大･文芸（芸術）ＡⅣ 東海大･文化社会（文芸創作）文系前 日本大･芸術（映画）Ｎ１期 近畿大･文芸（文化デザ）前期Ａ
44	成城大･文芸（芸術）Ａ２Ⅱ 東海大･文化社会（文芸創作） 日本大･芸術（放送）Ｎ１期 近畿大･文芸（文化デザ）前期Ｂ
43	日本大･芸術（映画）Ａ 日本大･芸術（放送）Ａ 愛知淑徳大･創造表現（創造／メディア）前期３ 愛知淑徳大･創造表現（創造／メディア）前期２ 同志社女大･学芸（音楽／音楽文化）前期３ 同志社女大･学芸（音楽／音楽文化）前期２
42	昭和女大･環境デザ（環境デザ）Ａ 昭和女大･環境デザ（環境デザ）Ｂ 玉川大･芸術（演劇･舞踊）統一前 玉川大･芸術（音楽／演奏創作）統一前 玉川大･芸術（音楽／ミュージ）統一前 玉川大･芸術（アート／メディア）統一前 日本大･芸術（演劇）Ａ 日本大･芸術（演劇）Ｎ１期 日本大･芸術（写真）Ｎ１期 日本大･芸術（文芸）Ａ 日本大･芸術（文芸）Ｎ１期 愛知淑徳大･創造表現（創造／創作表現）前期３ 愛知淑徳大･創造表現（創造／創作表現）前期２ 同志社女大･学芸（音楽／演奏）前期
41	大正大･表現（メディア表現）前期３ 大正大･表現（メディア表現）前期２ 玉川大･芸術（演劇･舞踊）英語前 玉川大･芸術（音楽／演奏創作）英語前 玉川大･芸術（音楽／ミュージ）英語前 玉川大･芸術（アート／メディア）英語前 日本大･芸術（音楽）Ａ

合格目標ライン	大学・学部（学科）日程方式
41	日本大･芸術（音楽）Ｎ１期 日本大･芸術（写真）Ａ 日本大･芸術（美術）ＡⅠ 日本大･芸術（美術）ＡⅡ 日本大･芸術（美術）Ｎ１期 日本大･芸術（デザイン）Ａ 日本大･芸術（デザイン）Ｎ１期 近畿大･文芸（芸術／舞台芸術）前期Ａ 近畿大･文芸（芸術／造形芸術）前期Ａ 近畿大･文芸（芸術／造形芸術）前Ｂス
40	大正大･表現（メディア表現）チャレ 大正大･表現（メディア表現）前期４ 大東文化大･文（書道）３独自 大東文化大･文（書道）全前独 大東文化大･文（書道）全前英 近畿大･文芸（芸術／舞台芸術）前期Ｂ 近畿大･文芸（芸術／造形芸術）前Ｂ実
39	大東文化大･文（書道）３英語 東海大･教養（芸術）文理前 東海大･教養（芸術）筆記型 東京工科大･デザイン（デザイン）Ａ フェリス女学院大･音楽（音楽芸術）Ａ２ フェリス女学院大･音楽（音楽芸術）Ａ３
38	東海大･教養（芸術）専門型 東京家政大･家政（造形表現）１期 東京家政大･家政（造形表現）統一学 東京家政大･家政（造形表現）統一実
37	桜美林大･芸術文化（ビジュアル）前期３ 桜美林大･芸術文化（ビジュアル）前期２
36	桜美林大･芸術文化（音楽）前期２ 桜美林大･芸術文化（音楽）前期３ 桜美林大･芸術文化（演劇ダンス）前期３ 桜美林大･芸術文化（演劇ダンス）前期２ 実践女大･文（美学美術史）Ⅰ期３ 実践女大･文（美学美術史）Ⅰ期２ 実践女大･文（美学美術史）Ⅰ期外 武庫川女大･音楽（演奏）Ｂ２ 武庫川女大･音楽（演奏）Ａ２ 武庫川女大･音楽（応用音楽）Ａ３ 武庫川女大･音楽（応用音楽）Ｂ２
35	淑徳大･人文（表現）Ａ 淑徳大･人文（表現）Ｂ 常葉大･造形（造形）前期３
34	常葉大･造形（造形）前期２
33	目白大･メディア（メディア）Ａ 目白大･メディア（メディア）全学部 明星大･デザイン（デザイン）Ⅰ期４ 明星大･デザイン（デザイン）Ⅰ期３
32	聖徳大･文（文／書道文化）Ａ 帝京平成大･人文社会（人間／メディア）Ⅰ期 明星大･デザイン（デザイン）Ⅰ期＋ 明星大･デザイン（デザイン）Ⅰ期２
31	聖徳大･音楽（音楽）Ａ

総合科学部系統

合格目標ライン	大学・学部（学科）日程方式
58	早大·人間科学（人間環境科学）文系
57	慶大·環境情報（環境情報）
	早大·人間科学（人間環境科学）理系
	早大·人間科学（人間環境科学）〈共〉＋数学
56	早大·人間科学（人間情報科学）〈共〉＋数学
55	早大·人間科学（人間情報科学）文系
	早大·人間科学（人間情報科学）理系
54	明治大·情報コミュニ（情報コミュニ）全学部
53	明治大·情報コミュニ（情報コミュニ）学部別
	同志社大·文化情報（文化情報）全理系
52	津田塾大·総合政策（総合政策）A
	立教大·現代心理（映像身体）
	同志社大·文化情報（文化情報）個別文
	同志社大·文化情報（文化情報）個別理
51	中央大·文（人文／社会情報）学部別
	中央大·文（人文／社会情報）共通
	中央大·総合政策（政策）共通
	同志社大·文化情報（文化情報）全文系
50	青山学院大·社会情報（社会情報）全学A
	中央大·文（人文／社会情報）英語
	立命館大·政策科学（政策科学）文系
	立命館大·政策科学（政策科学）学部
	関西学院大·総合政策　全学文
	関西学院大·総合政策　全学理
	関西学院大·総合政策　学部傾
	関西学院大·総合政策　学部均
	関西学院大·人間福祉（人間科学）全学部
	関西学院大·人間福祉（人間科学）学部均
49	青山学院大·社会情報（社会情報）〈共〉個別A
	青山学院大·コミュニティ（コミュニティ）〈共〉個別
	法政大·人間環境（人間環境）A
	関西学院大·総合政策　英数
	関西学院大·人間福祉（人間科学）英数
48	青山学院大·社会情報（社会情報）個別C
	青山学院大·社会情報（社会情報）個別D
	青山学院大·社会情報（社会情報）個別B
	青山学院大·社会情報（社会情報）全学B
	青山学院大·コミュニティ（コミュニティ）全学部
	成蹊大·経済（経済数理）２統一
	成蹊大·経済（経済数理）３個別
	中央大·総合政策（政策）学部別
	中央大·総合政策（政策）英語
	中央大·国際情報（国際情報）学部別
	中央大·国際情報（国際情報）英語
	法政大·人間環境（人間環境）T
	法政大·人間環境（人間環境）英外部
	法政大·情報科学（ディジタル）AⅠ
	法政大·キャリアデザ（キャリアデザ）A
	法政大·キャリアデザ（キャリアデザ）T
	南山大·理工（データサイエ）
	京都女大·データサイエ（データサイエンス）前A３
	関西学院大·人間福祉（人間科学）学英国
47	法政大·情報科学（ディジタル）T
	法政大·情報科学（ディジタル）英外部
	法政大·キャリアデザ（キャリアデザ）英外部
	南山大·理工（データサイエ）個別理
	京都女大·データサイエ（データサイエンス）前A２
	京都女大·データサイエ（データサイエンス）前期B
	関西大·総合情報（総合情報）学部
	関西大·総合情報（総合情報）全Ⅰ３
	関西大·総合情報（総合情報）全Ⅱ３
46	駒澤大·グローバル（グローバル）S
	駒澤大·グローバル（グローバル）全学部
	同志社女大·学芸（メディア創造）前期３
	同志社女大·学芸（メディア創造）前期２
	関西大·総合情報（総合情報）英数Ⅰ
	関西大·総合情報（総合情報）英数Ⅱ
	関西大·総合情報（総合情報）Ⅰ英国
46	関西大·総合情報（総合情報）全Ⅱ２
	関西大·総合情報（総合情報）Ⅰ国数
	関西大·社会安全（安全マネジ）全Ⅰ３
	関西大·社会安全（安全マネジ）全Ⅱ３
	関西大·人間健康（人間健康）全Ⅱ３
	甲南大·文（人間科学）前２外
	甲南大·文（人間科学）前３一
45	工学院大·情報（コンピュータ）S
	駒澤大·グローバル（グローバル）２月T
	東洋大·文（教育／人間発達）前３英
	東洋大·文（教育／人間発達）前４均
	東洋大·文（教育／人間発達）前３均
	関西大·社会安全（安全マネジ）全Ⅰ英
	関西大·社会安全（安全マネジ）Ⅰ英数
	関西大·人間健康（人間健康）全Ⅱ同
	関西大·人間健康（人間健康）全Ⅰ３
	関西大·人間健康（人間健康）全Ⅰ２
	甲南大·文（人間科学）前３外
	甲南大·文（人間科学）前２一
	甲南大·文（人間科学）中一般
	武庫川女大·社会情報（社会情報／情報メディア）A3
	武庫川女大·社会情報（社会情報／情報メディア）A2
44	東北学院大·地域総合（地域コミュニ）前期A
	文教大·人間科学（人間科学）A
	文教大·人間科学（人間科学）全国
	工学院大·情報（コンピュータ）A
	工学院大·情報（コンピュータ）英語
	工学院大·情報（情報デザ）S
	東京都市大·デザイン·データ（デザイン·データ）前期
	関西大·社会安全（安全マネジ）Ⅱ英数
	関西大·社会安全（安全マネジ）全Ⅱ数
	甲南大·文（人間科学）中外部
	武庫川女大·社会情報（社会情報／情報メディア）B2
43	東北学院大·地域総合（地域コミュニ）前期B
	東北学院大·情報（データサイエ）前期A
	工学院大·情報（情報デザ）A
	工学院大·情報（情報デザ）英語
	順天堂大·健康データサイ（健康データサイエンス）A均等
	順天堂大·健康データサイ（健康データサイエンス）A数学
	日本大·生物資源科学（環境）N１期
	日本大·生物資源科学（国際共生）A１期
	日本大·生物資源科学（国際共生）N１期
	武蔵野大·文（日本文学文化）A文系
	武蔵野大·文（日本文学文化）B
	武蔵野大·人間科学（人間科学）A文系
	武蔵野大·人間科学（人間科学）B
	愛知大·地域政策（地域／まちづくり）前期
	愛知大·地域政策（地域／まちづくり）M
	愛知淑徳大·人間情報（人間情報／データ）前期３
	近畿大·総合社会（総合／環境·まち）前期A
42	東北学院大·情報（データサイエ）前期B
	順天堂大·健康データサイ（健康データサイエンス）B
	専修大·ネットワーク（ネットワーク）全国
	玉川大·リベラル（リベラル）統一前
	日本大·危機管理（危機管理）A
	日本大·生物資源科学（環境）A１期
	武蔵野大·文（日本文学文化）全学部
	武蔵野大·人間科学（人間科学）全学部
	武蔵野大·ウェルビー（ウェルビー）A文系
	武蔵野大·ウェルビー（ウェルビー）A理系
	武蔵野大·ウェルビー（ウェルビー）B
	武蔵野大·工（サステナビリティ）A理系
	武蔵野大·工（サステナビリティ）B
	武蔵野大·工（サステナビリティ）A文系
	麻布大·生命·環境（環境科学）Ⅰ期２
	麻布大·生命·環境（環境科学）Ⅰ期総
	名城大·人間（人間）A
	近畿大·総合社会（総合／環境·まち）前期B

合格目標ライン	大学・学部（学科）日程方式
41	文教大･情報（情報シス）Ａ 文教大･情報（情報シス）全国 玉川大･リベラル（リベラル）英語前 東海大･教養（人間環境） 東海大･教養（人間環境）文理前 東海大･文理融合（地域社会）文理前 東洋大･情報連携（情報連携）前３文 東洋大･情報連携（情報連携）前３理 東洋大･情報連携（情報連携）前最文 東洋大･情報連携（情報連携）前最理 東洋大･情報連携（情報連携）前国数 東洋大･情報連携（情報連携）前３数 東洋大･食環境科学（フードデータ）前３文 東洋大･食環境科学（フードデータ）前３理 東洋大･食環境科学（フードデータ）前３数 日本大･危機管理（危機管理）Ｎ１期 武蔵野大･データサイエ（データサイエ）Ａ文系 武蔵野大･データサイエ（データサイエ）Ａ理系 武蔵野大･データサイエ（データサイエ）Ｂ 武蔵野大･データサイエ（データサイエ）全学部 武蔵野大･ウェルビー（ウェルビー）全学部 武蔵野大･工（サステナビリティ）全学部 神奈川大･人間科学（人間科学）前期Ａ 愛知淑徳大･人間情報（人間情報／データ）前期２ 名城大･人間（人間）Ｂ 大阪工大･情報科学（データサイエ）前Ａ理 大阪工大･情報科学（データサイエ）前Ａ文 大阪工大･情報科学（データサイエ）前Ｂ理 大阪工大･情報科学（データサイエ）前Ｂ文
40	文教大･情報（情報社会）Ａ 文教大･情報（情報社会）全国 専修大･ネットワーク（ネットワーク）前期Ｆ 大正大･人間（人間科学）チャレ 大正大･人間（人間科学）前期３ 大正大･人間（人間科学）前期２ 東海大･文理融合（地域社会） 東京工科大･メディア（メディア）Ａ 東洋大･総合情報（総合情報）前３文 東洋大･総合情報（総合情報）前３理 東洋大･総合情報（総合情報）前３英 東洋大･総合情報（総合情報）前３数 東洋大･情報連携（情報連携）前４均

合格目標ライン	大学・学部（学科）日程方式
40	佛教大･社会（公共政策）Ａ３ 佛教大･社会（公共政策）Ａ２
39	大正大･人間（人間科学）前期４ 東洋大･総合情報（総合情報）前４文 立正大･データサイエ（データサイエ）２月前 立正大･データサイエ（データサイエ）Ｒ 大阪経大･人間科学（人間科学）前期Ａ 大阪経大･人間科学（人間科学）前期Ｂ
38	東京家政大･家政（環境共生）１期 東京家政大･家政（環境共生）統一 名城大･都市情報（都市情報）Ａ 神戸学院大･現代社会（社会防災）前期
37	淑徳大･地域創生（地域創生）Ａ 淑徳大･地域創生（地域創生）Ｂ 関東学院大･人間共生（共生デザ）前期３ 関東学院大･人間共生（共生デザ）中期 名城大･都市情報（都市情報）Ｂ 神戸学院大･現代社会（社会防災）中期
36	淑徳大･人文（人間科学）Ａ 淑徳大･人文（人間科学）Ｂ 大妻女大･社会情報（社会／環境情報）ＡⅠ期 大妻女大･社会情報（社会／社会生活）ＡⅠ期 関東学院大･人間共生（共生デザ）前期統 金沢工大･情報フロン（心理科学）Ａ
35	大妻女大･社会情報（社会／情報デザ）ＡⅠ期 明星大･データサイエ　Ⅰ期３ 明星大･データサイエ　Ⅰ期４
34	文京学院大･人間（人間福祉）全学 文京学院大･人間（人間福祉）Ⅱ期 文京学院大･人間（人間福祉）Ⅰ期Ａ 文京学院大･人間（人間福祉）Ⅰ期Ｂ 明星大･データサイエ　Ⅰ期２ 明星大･データサイエ　Ⅰ期＋ 関東学院大･理工（理工／健康科･テクノ）前期３ 関東学院大･理工（理工／健康科･テクノ）中期
33	目白大･社会（社会情報）Ａ 目白大･社会（社会情報）全学部 関東学院大･理工（理工／健康科･テクノ）前期統 常葉大･社会環境（社会環境）前期３ 常葉大･社会環境（社会環境）前期２
32	聖徳大･文（文／図書館）Ａ

保健衛生学部系統

合格目標ライン	大学・学部（学科）日程方式
52	慶大･看護医療（看護）
51	上智大･総合人間科学（看護）ＴＥＡ 上智大･総合人間科学（看護）〈共〉併用
49	同志社女大･看護（看護）前期３
47	北里大･医療衛生（リハ／理学療法）前期 同志社女大･看護（看護）前期２
46	佛教大･保健医療（理学療法）Ａ３
45	国際医療福祉大･成田看護（看護）前期 北里大･医療衛生（医療／診療放射線）前期 北里大･医療衛生（医療／臨床工）前期 北里大･医療衛生（リハ／作業療法）前期 北里大･医療衛生（医療検査）前期 北里大･看護（看護） 杏林大･保健（看護／看護）Ａ 杏林大･保健（看護／看護）Ｂ 杏林大･保健（リハビリ／理学療法）Ａ 杏林大･保健（リハビリ／理学療法）Ｂ 順天堂大･医療看護（看護）Ａ･Ｂ 順天堂大･保健医療（理学療法）Ａ･Ｂ 順天堂大･保健医療（診療放射線）Ａ･Ｂ 順天堂大･医療科（臨床検査）Ａ 順天堂大･医療科（臨床工）Ａ

合格目標ライン	大学・学部（学科）日程方式
45	昭和大･保健医療（看護）Ⅰ期 東海大･医（看護） 東京慈恵会医大･医（看護） 麻布大･生命･環境（臨床検査技術）Ⅰ期２ 麻布大･生命･環境（臨床検査技術）Ⅰ期総 佛教大･保健医療（理学療法）Ａ２ 佛教大･保健医療（看護）Ａ３ 佛教大･保健医療（看護）Ａ２
44	国際医療福祉大･保健医療（看護）前期 国際医療福祉大･保健医療（理学療法）前期 国際医療福祉大･成田保健医療（理学療法）前期 杏林大･保健（臨床検査技術）Ａ 杏林大･保健（臨床検査技術）Ｂ 杏林大･保健（看護／看護養護）Ａ 杏林大･保健（看護／看護養護）Ｂ 杏林大･保健（診療放射線）Ａ 杏林大･保健（診療放射線）Ｂ 駒澤大･医療健康（診療放射線）Ｓ 順天堂大･医療科（臨床検査）Ｂ 順天堂大･医療科（臨床工）Ｂ 東邦大･看護（看護） 東邦大･健康科学（看護）Ａ･Ｂ

合格目標ライン	大学・学部（学科）日程方式
44	武蔵野大･看護（看護）Ａ文系
	武蔵野大･看護（看護）Ｂ
	愛知淑徳大･健康医療（スポ／救急救命）前期２
	愛知淑徳大･健康医療（スポ／救急救命）前期３
	愛知淑徳大･健康医療（医療／理学療法）前期３
	愛知淑徳大･健康医療（医療／理学療法）前期２
	佛教大･保健医療（作業療法）Ａ３
	武庫川女大･看護（看護）Ａ３
	武庫川女大･看護（看護）Ａ２
	福岡大･医（看護）前期
	福岡大･医（看護）系統別
43	国際医療福祉大･保健医療（作業療法）前期
	国際医療福祉大･保健医療（放射線･情報）前期
	国際医療福祉大･小田原保健（看護）前期
	国際医療福祉大･成田保健医療（作業療法）前期
	国際医療福祉大･成田保健医療（医学検査）前期
	国際医療福祉大･成田保健医療（放射線･情報）前期
	北里大･医療衛生（リハ／言語聴覚）前期
	北里大･医療衛生（リハ／視覚機能）前期
	北里大･医療衛生（保健／環境保健）前期
	北里大･健康科（看護）前期
	共立女大･看護（看護）２月個
	共立女大･看護（看護）統一
	杏林大･保健（リハビリ／作業療法）Ａ
	杏林大･保健（リハビリ／作業療法）Ｂ
	駒澤大･医療健康（診療放射線）２月Ｔ
	順天堂大･保健看護（看護）Ａ
	順天堂大･保健看護（看護）Ｂ
	東京家政大･健康科学（看護）１期
	東京家政大･健康科学（看護）統一
	武蔵野大･看護（看護）全学部
	愛知淑徳大･健康医療（医療／臨床検査）前期３
	愛知淑徳大･健康医療（医療／臨床検査）前期２
	佛教大･保健医療（作業療法）Ａ２
	神戸女大･看護（看護）前期Ｂ
	神戸女大･看護（看護）前Ｂ３
	神戸女大･看護（看護）前期Ａ
	武庫川女大･看護（看護）Ｂ２
42	国際医療福祉大･福岡保健医療（理学療法）前期
	国際医療福祉大･福岡保健医療（看護）前期
	国際医療福祉大･小田原保健（理学療法）前期
	北里大･健康科（医療検査）前期
	共立女大･看護（看護）２月外
	杏林大･保健（臨床工）Ａ
	杏林大･保健（臨床工）Ｂ
	昭和大･保健医療（リハ／理学療法）Ⅰ期
	帝京大･医療技術（看護）Ⅰ期
	東海大･健康（健康マネジ）
	東海大･健康（健康マネジ）文理前
	東京家政大･健康科学（リハ／理学療法）１期
	東京家政大･健康科学（リハ／理学療法）統一
	東京工科大･医療保健（看護）Ａ
	東京工科大･医療保健（リハ／理学療法）Ａ
	愛知淑徳大･健康医療（医療／言語聴覚）前期３
	愛知淑徳大･健康医療（医療／視覚科学）前期３
41	国際医療福祉大･福岡保健医療（作業療法）前期
	国際医療福祉大･福岡保健医療（医学検査）前期
	国際医療福祉大･小田原保健（作業療法）前期
	国際医療福祉大･成田保健医療（言語聴覚）前期
	杏林大･保健（救急救命）Ａ
	杏林大･保健（救急救命）Ｂ
	杏林大･保健（リハビリ／言語聴覚療法）Ａ
	杏林大･保健（リハビリ／言語聴覚療法）Ｂ
	昭和大･保健医療（リハ／作業療法）Ⅰ期
	帝京大･医療技術（診療放射線）Ⅰ期
	帝京大･医療技術（臨床検査）Ⅰ期
	帝京大･福岡医療技術（理学療法）Ⅰ期
	東海大･工（医工）理系前
	東京家政大･健康科学（リハ／作業療法）１期
	東京家政大･健康科学（リハ／作業療法）統一

合格目標ライン	大学・学部（学科）日程方式
41	東京工科大･医療保健（臨床検査）Ａ
	東京工科大･医療保健（リハ／言語聴覚）Ａ
	東京工科大･医療保健（リハ／作業療法）Ａ
	関東学院大･看護（看護）前期３
	関東学院大･看護（看護）中期
	愛知淑徳大･健康医療（医療／言語聴覚）前期２
	愛知淑徳大･健康医療（医療／視覚科学）前期２
	中部大･生命健康（理学療法）前ＡＭ
	神戸学院大･総合リハビリ（理学療法）前期２
	神戸学院大･総合リハビリ（理学療法）前期３
	神戸学院大･栄養（栄養／臨床検査）前期２
	神戸学院大･栄養（栄養／臨床検査）前期３
40	国際医療福祉大･保健医療（言語聴覚）前期
	国際医療福祉大･保健医療（視機能療法）前期
	帝京平成大･健康メディ（理学療法）Ⅰ期
	帝京平成大･ヒューマン（看護）Ⅰ期
	杏林大･保健（健康福祉）Ａ
	杏林大･保健（健康福祉）Ｂ
	大東文化大･スポーツ健康（看護）３Ａ英
	帝京大･福岡医療技術（作業療法）Ⅰ期
	帝京大･福岡医療技術（看護）Ⅰ期
	東海大･工（医工）
	東京工科大･医療保健（臨床工）Ａ
	関東学院大･看護（看護）前期統
	常葉大･健康科学（看護）前期３
	中部大･生命健康（保健看護）前Ａ
	中部大･生命健康（保健看護）前ＡＭ
	中部大･生命健康（理学療法）前ＢＭ
	神戸学院大･総合リハビリ（理学療法）中期
	神戸学院大･栄養（栄養／臨床検査）中期
39	目白大･看護（看護）全学部
	大東文化大･スポーツ健康（看護）全前独
	大東文化大･スポーツ健康（看護）３Ａ独
	大東文化大･スポーツ健康（看護）３Ｂ英
	帝京大･医療技術（視能矯正）Ⅰ期
	帝京大･福岡医療技術（診療放射線）Ⅰ期
	帝京科学大･医療科学（東京理学療法）Ⅰ期
	神奈川工大･健康医療科学（看護）Ａ
	常葉大･健康科学（静岡理学療法）前期３
	中部大･生命健康（生命医科学）前Ａ
	中部大･生命健康（生命医科学）前ＡＭ
	中部大･生命健康（生命医科学）前ＢＭ
	中部大･生命健康（保健看護）前ＢＭ
	中部大･生命健康（理学療法）前Ａ
	神戸学院大･総合リハビリ（作業療法）前期３
	神戸学院大･総合リハビリ（作業療法）前期２
38	淑徳大･看護栄養（看護）Ａ
	淑徳大･看護栄養（看護）Ｂ
	目白大･保健医療（理学療法）全学部
	目白大･看護（看護）Ａ
	帝京平成大･健康メディ（作業療法）Ⅰ期
	帝京平成大･健康医療（看護）Ⅰ期
	大東文化大･スポーツ健康（看護）３Ｂ独
	大東文化大･スポーツ健康（看護）全前英
	帝京大･医療技術（スポ／救急救命）Ⅰ期
	帝京大･福岡医療技術（医療技術）Ⅰ期
	日本体育大･保健医療（整復医療）
	日本体育大･保健医療（救急医療）
	帝京科学大･医療科学（理学療法）Ⅰ期
	帝京科学大･医療科学（看護）Ⅰ期
	中部大･生命健康（作業療法）前Ａ
	中部大･生命健康（作業療法）前ＡＭ
	摂南大･看護（看護）前期３
	摂南大･看護（看護）中期
	摂南大･看護（看護）前期２
	神戸学院大･総合リハビリ（作業療法）中期
37	東京国際大･医療健康（理学療法）Ⅰ期
	東京国際大･医療健康（理学療法）Ⅱ期
	文京学院大･保健医療（理学療法）Ⅰ期
	文京学院大･保健医療（理学療法）全学

合格目標ライン	大学・学部（学科）日程方式
37	文京学院大·保健医療（理学療法）Ⅱ期
	目白大·保健医療（理学療法）A
	目白大·保健医療（作業療法）全学部
	帝京平成大·健康メディ（医療／救急救命）Ⅰ期
	帝京大·医療技術（柔道整復）Ⅰ期
	帝京科学大·生命環境（生命／臨床工）Ⅰ期
	帝京科学大·医療科学（作業療法）Ⅰ期
	神奈川工大·健康医療科学（臨床工）A
	常葉大·保健医療（理学療法）前期3
	中部大·生命健康（作業療法）前BM
	中部大·生命健康（臨床工）前A
	中部大·生命健康（臨床工）前AM
	中部大·生命健康（臨床工）前BM
36	文京学院大·保健医療（作業療法）Ⅰ期
	文京学院大·保健医療（作業療法）全学
	文京学院大·保健医療（作業療法）Ⅱ期
	文京学院大·保健医療（看護）Ⅰ期
	文京学院大·保健医療（看護）全学
	文京学院大·保健医療（看護）Ⅱ期
	目白大·保健医療（作業療法）A
	目白大·保健医療（言語聴覚）全学部
	帝京平成大·健康医療（リハ／作業療法）Ⅰ期

合格目標ライン	大学・学部（学科）日程方式
36	帝京平成大·健康医療（リハ／理学療法）Ⅰ期
	帝京科学大·医療科学（東京柔道整復）Ⅰ期
	常葉大·保健医療（理学療法）前期2
35	文京学院大·保健医療（臨床検査）Ⅰ期
	文京学院大·保健医療（臨床検査）全学
	文京学院大·保健医療（臨床検査）Ⅱ期
	目白大·保健医療（言語聴覚）A
	帝京平成大·健康メディ（言語聴覚）Ⅰ期
	帝京平成大·健康メディ（医療／臨床工）Ⅰ期
	帝京平成大·ヒューマン（柔道整復）Ⅰ期
	帝京平成大·健康医療（柔道整復）Ⅰ期
	帝京平成大·健康医療（医療スポ／救急救命）Ⅰ期
	帝京科学大·医療科学（柔道整復）Ⅰ期
	常葉大·保健医療（作業療法）前期3
34	聖徳大·看護（看護）A
	帝京平成大·ヒューマン（鍼灸）Ⅰ期
	常葉大·保健医療（作業療法）前期2
32	常葉大·健康プロデュ（健康鍼灸）前期3
	常葉大·健康プロデュ（健康鍼灸）前期2
	常葉大·健康プロデュ（健康柔道整復）前期3
31	常葉大·健康プロデュ（健康柔道整復）前期2

私立

医・歯・薬学部系統

合格目標ライン	大学・学部（学科）日程方式
71	慶大·医（医）
65	東京慈恵会医大·医（医）
64	順天堂大·医（医）A
	順天堂大·医（医）B
	順天堂大·医（医）東京枠
	順天堂大·医（医）新潟枠
	順天堂大·医（医）千葉枠
	順天堂大·医（医）埼玉枠
	順天堂大·医（医）静岡枠
	順天堂大·医（医）茨城枠
63	日本医大·医（医）前期
	日本医大·医（医）前千葉
	日本医大·医（医）前埼玉
	日本医大·医（医）前静岡
	日本医大·医（医）前東京
	日本医大·医（医）前新潟
61	国際医療福祉大·医（医）
59	昭和大·医（医）Ⅰ期
	昭和大·医（医）新潟県
	昭和大·医（医）静岡県
	昭和大·医（医）茨城県
58	慶大·薬（薬）
	慶大·薬（薬科学）
57	杏林大·医（医）
	杏林大·医（医）東京都
	杏林大·医（医）新潟県
	東邦大·医（医）
	東邦大·医（医）千葉県
	東邦大·医（医）新潟県
	近畿大·医（医）前期
	近畿大·医（医）大阪府
	近畿大·医（医）奈良県
	近畿大·医（医）和歌山
	近畿大·医（医）静岡前
56	北里大·医（医）
	北里大·医（医）相模原
55	帝京大·医（医）
	帝京大·医（医）千葉枠
	帝京大·医（医）静岡枠
	帝京大·医（医）茨城枠
	帝京大·医（医）福島枠
	東海大·医（医）

合格目標ライン	大学・学部（学科）日程方式
55	日本大·医（医）N1期
	日本大·医（医）地域枠
	福岡大·医（医）系統別
54	東京理大·薬（薬）B
	東京理大·薬（薬）グロー
53	順天堂大·薬（薬）A
	順天堂大·薬（薬）B
	順天堂大·薬（薬）S
	東京理大·薬（生命創薬科学）B
	東京理大·薬（生命創薬科学）グロー
	立命館大·薬（薬）薬学
	立命館大·薬（薬）学理1
	立命館大·薬（薬）理系
	立命館大·薬（薬）学理2
52	立命館大·薬（創薬科学）理系
	立命館大·薬（創薬科学）学理2
51	近畿大·薬（医療薬）前期A
50	北里大·薬（薬）
	北里大·薬（生命創薬科学）
	立命館大·薬（創薬科学）薬学
	立命館大·薬（創薬科学）学理1
	近畿大·薬（医療薬）前期B
49	昭和大·歯（歯）Ⅰ期
	福岡大·薬（薬）前期
	福岡大·薬（薬）系統別
48	昭和大·薬（薬）Ⅰ期
	名城大·薬（薬）A
	名城大·薬（薬）B
	福岡大·薬（薬）前期理
47	東邦大·薬（薬）
	愛知学院大·歯（歯）前期A
	愛知学院大·歯（歯）中期
	近畿大·薬（創薬科学）前期A
46	国際医療福祉大·成田薬（薬）前期
	東京薬大·薬（薬）B
	日本大·歯（歯）N1期
	日本大·薬（薬）N1期
	武蔵野大·薬（薬）A理系
	武蔵野大·薬（薬）全学部
	近畿大·薬（創薬科学）前期B
45	国際医療福祉大·薬（薬）前期
	東京薬大·薬（薬）T

合格目標ライン	大学・学部（学科）日程方式
45	日本大・歯（歯）Ａ 日本大・薬（薬）Ａ 同志社女大・薬（医療薬）前期
44	国際医療福祉大・福岡薬（薬）前期 日本大・松戸歯（歯）Ｎ１期 愛知学院大・薬（医療薬）前期Ａ 愛知学院大・薬（医療薬）中期
43	帝京平成大・薬（薬）Ⅰ期 日本大・松戸歯（歯）Ａ１期 摂南大・薬（薬）前期 神戸学院大・薬（薬）前期

合格目標ライン	大学・学部（学科）日程方式
43	神戸学院大・薬（薬）中期 武庫川女大・薬（薬）Ａ３ 武庫川女大・薬（薬）Ａ２ 武庫川女大・薬（薬）Ｂ２
42	帝京大・薬（薬）Ⅰ期 武庫川女大・薬（健康生命薬科学）Ｂ２
41	摂南大・薬（薬）中期 武庫川女大・薬（健康生命薬科学）Ａ２
40	城西大・薬（薬）Ａ 城西大・薬（薬科学）Ａ

理学部系統

合格目標ライン	大学・学部（学科）日程方式
63	慶大・理工（学門Ａ） 早大・基幹理工（学系Ⅰ） 早大・先進理工（物理）
61	慶大・理工（学門Ｅ） 早大・先進理工（化学・生命化）
60	同志社大・理工（数理シス）全学部
59	早大・教育（理／生物）〈共〉Ｃ 早大・教育（理／生物）〈共〉Ｄ 同志社大・理工（数理シス）個別
58	東京理大・理（物理）Ｂ
57	東京理大・理（数学）Ｂ 東京理大・理（物理）グロー 早大・教育（理／地球科学）〈共〉Ｃ 早大・教育（数学）〈共〉Ｃ
56	東京理大・理（数学）グロー 早大・教育（理／地球科学）Ｂ 早大・教育（数学）Ｂ 同志社大・理工（環境シス）全学部
55	上智大・理工（機能創造理工）〈共〉併用 上智大・理工（情報理工）〈共〉併用 東京理大・理（応用数学）Ｂ 東京理大・理（化学）Ｂ 東京理大・創域理工（情報計算科学）Ｂ 同志社大・理工（環境シス）個別
54	東京理大・理（化学）グロー 東京理大・創域理工（情報計算科学）グロー 東京理大・創域理工（先端物理）Ｂ 明治大・理工（数学）全学部
53	上智大・理工（機能創造理工）ＴＥＡ 上智大・理工（物質生命理工）〈共〉併用 上智大・理工（情報理工）ＴＥＡ 東京理大・理（応用数学）グロー 東京理大・創域理工（先端物理）グロー 明治大・理工（数学）学部別 明治大・理工（物理）学部別 明治大・理工（物理）全学部
52	上智大・理工（物質生命理工）ＴＥＡ 東京理大・創域理工（数理科学）Ｂ 明治大・総合数理（先端メディア）全学４ 明治大・総合数理（先端メディア）全学英 立命館大・理工（数理／数学）理系
51	青山学院大・理工（化学・生命）全学部 青山学院大・理工（物理科学）個別Ａ 青山学院大・理工（物理科学）全学部 青山学院大・理工（物理科学）個別Ｂ 中央大・理工（数学）学部別 東京理大・創域理工（数理科学）Ｓ 立教大・理（物理） 立教大・理（生命理） 立命館大・理工（物理科学）学理１ 立命館大・理工（物理科学）学理２ 立命館大・理工（数理／数学）学理２
50	青山学院大・理工（化学・生命）個別Ａ

合格目標ライン	大学・学部（学科）日程方式
50	青山学院大・理工（化学・生命）個別Ｂ 学習院大・理（生命科学）コア 中央大・理工（数学）英語 中央大・理工（物理）学部別 東京理大・創域理工（数理科学）グロー 明治大・総合数理（先端メディア）学部別 明治大・総合数理（先端メディア）全学３ 明治大・総合数理（ネットワーク）全学４ 立教大・理（数学） 立教大・理（化学） 立命館大・理工（物理科学）理系 立命館大・理工（数理／数学）学理１ 立命館大・情報理工（情報理工）理系 関西学院大・理（物理・宇宙）全学均 関西学院大・理（物理・宇宙）全数理
49	北里大・理（生物科学） 中央大・理工（物理）英語 明治大・総合数理（現象数理）全学３ 明治大・総合数理（現象数理）全学４ 明治大・総合数理（ネットワーク）学部別 明治大・総合数理（ネットワーク）全学英 立命館大・理工（数理／データ）理系 立命館大・情報理工（情報理工）学部 関西学院大・理（化学）全学均 関西学院大・理（化学）全数理 関西学院大・理（数理科学）全学均 関西学院大・理（数理科学）全数理 関西学院大・理（物理・宇宙）英数
48	青山学院大・理工（数理サイエン）個別Ａ 青山学院大・理工（数理サイエン）全学部 青山学院大・理工（数理サイエン）個別Ｂ 学習院大・理（化学）コア 北里大・理（化学） 北里大・理（物理） 芝浦工大・システム理工（生命／生命科学）前期 中央大・理工（人間総合理工）学部別 日本女大・理（化学生命科学）個別３ 明治大・総合数理（現象数理）全学英 立命館大・理工（数理／データ）学理１ 立命館大・理工（数理／データ）学理２ 関西大・システム理工（数学）全設問 関西大・システム理工（数学）全理数 関西学院大・理（化学）英数 関西学院大・理（数理科学）英数
47	学習院大・理（数学）コア 学習院大・理（数学）プラス 学習院大・理（物理）コア 芝浦工大・システム理工（生命／生命科学）統一 芝浦工大・システム理工（数理科学）前期 芝浦工大・システム理工（数理科学）統一 中央大・理工（人間総合理工）英語 東京女大・現代教養（数理科学）個別 東京女大・現代教養（数理科学）英検定

合格目標ライン	大学・学部（学科）日程方式
47	日本女大･理（化学生命科学）個別２ 日本女大･理（化学生命科学）英外部 明治大･総合数理（現象数理）学部別 明治学院大･情報数理（情報数理）全学３ 明治学院大･情報数理（情報数理）Ａ換算 関西大･システム理工（数学）全理１ 関西大･システム理工（数学）全設２
46	学習院大･理（物理）プラス 芝浦工大･システム理工（生命／生命科学）英語 東邦大･理（生物）Ａ 東邦大･理（生物）Ｂ 東邦大･理（生物分子）Ａ 東邦大･理（生物分子）Ｂ 日本女大･理（数物情報科学）個別３ 法政大･理工（創生科学）ＡⅡ 東京都市大･理工（自然科学）前期 明治学院大･情報数理（情報数理）Ａ３教 名城大･理工（数学）Ａ 名城大･理工（数学）Ｂ
45	芝浦工大･システム理工（数理科学）英語 津田塾大･学芸（情報科学）Ａ 東海大･海洋（海洋生物）理系前 東邦大･理（化学）Ａ 東邦大･理（化学）Ｂ 東邦大･理（生命圏環境）Ａ 東邦大･理（生命圏環境）Ｂ 日本大･文理（化学）Ａ１期 日本大･文理（数学）Ｎ１期 日本大･理工（数学）Ａ 日本大･理工（数学）Ｎ１期 日本女大･理（数物情報科学）個別２ 日本女大･理（数物情報科学）英外部 明治学院大･情報数理（情報数理）全学英 近畿大･理工（理／数学）前期Ａ 福岡大･理（応用数学）前期
44	成蹊大･理工（理工／データ数理）３個別 成蹊大･理工（理工／データ数理）２統一 東海大･海洋（海洋生物） 東京電機大･理工（理工／情報シス）前期 東邦大･理（物理）Ａ 東邦大･理（物理）Ｂ 日本大･文理（地球科学）Ａ１期 日本大･文理（地球科学）Ｎ１期 日本大･文理（化学）Ｎ１期 日本大･文理（数学）Ａ１期 日本大･理工（物理）Ａ 日本大･理工（物理）Ｎ１期 法政大･理工（創生科学）Ｔ 法政大･理工（創生科学）英外部 近畿大･理工（理／数学）前期Ｂ 近畿大･理工（理／物理）前期Ａ 甲南大･理工（生物）中一般 甲南大･理工（生物）前一般 福岡大･理（応用数学）系統別 福岡大･理（化学）前期 福岡大･理（化学）系統別 福岡大･理（化学）前期化
43	津田塾大･学芸（数学）Ａ 東京電機大･理工（理工／生命科学）前期 東京理大･理二（化学）Ｂ 東京理大･理二（物理）Ｂ 東邦大･理（情報科学）Ａ 日本大･文理（情報科学）Ａ１期 日本大･文理（情報科学）Ｎ１期 日本大･生物資源科学（動物）Ａ１期 日本大･生物資源科学（動物）Ｎ１期 東京都市大･メディア情報（情報シス）前期 京都産大･理（宇宙物理気象）前期３ 近畿大･理工（理／物理）前期Ｂ 近畿大･理工（理／化学）前期Ａ

合格目標ライン	大学・学部（学科）日程方式
43	近畿大･理工（理／化学）前期Ｂ 近畿大･生物理工（生命情報工）前期Ａ 甲南大･理工（物理）前一般 甲南大･理工（生物）前外部 甲南大･理工（生物）中外部 福岡大･理（物理科学）系統別 福岡大･理（物理科学）前期物 福岡大･理（地球圏科学）前期 福岡大･理（地球圏科学）系統別 福岡大･理（社会数理･情報）前期 福岡大･理（社会数理･情報）系統別
42	東海大･理（数学）理系前 東海大･生物（生物）理系前 東京電機大･理工（理工／情報シス）前英外 東京電機大･理工（理工／理学）前期 東邦大･理（情報科学）Ｂ 日本大･文理（物理）Ａ１期 日本大･文理（物理）Ｎ１期 武蔵野大･工（数理工）Ａ理系 武蔵野大･工（数理工）全学部 神奈川大･情報（計算機科学）前期Ａ 神奈川大･情報（先端情報領域）前期Ａ 神奈川大･理（理学／数学）前期Ａ 神奈川大･理（理学／物理）前期Ａ 神奈川大･理（理学／化学）前期Ａ 神奈川大･理（理学／生物）前期Ａ 神奈川大･理（理学／地球環境）前期Ａ 京都産大･理（数理科学）前期３ 京都産大･理（数理科学）中期 京都産大･理（宇宙物理気象）前期２ 京都産大･理（宇宙物理気象）中期 近畿大･生物理工（生命情報工）前期Ｂ 甲南大･理工（物理）前外部 甲南大･理工（物理）中一般 福岡大･理（物理科学）前期
41	東海大･理（化学）理系前 東海大･理（情報数理）理系前 東海大･理（数学） 東海大･理（物理）理系前 東海大･情報理工（情報科学）理系前 東海大･情報理工（情報メディア）理系前 東海大･生物（生物） 東京工科大･応用生物（応用生物）Ａ 東京電機大･理工（理工／理学）前英外 東京電機大･理工（理工／生命科学）前英外 日本大･生産工（数理情報工）Ａ２期 日本大･生産工（数理情報工）Ｎ１期 神奈川大･情報（計算機科学）前期Ｂ 神奈川大･理（理学／数学）前期Ｂ 神奈川大･理（理学／物理）前期Ｂ 神奈川大･理（理学／化学）前期Ｂ 神奈川大･理（理学／生物）前期Ｂ 神奈川大･理（理学／地球環境）前期Ｂ 神奈川大･理（理学／総合理学）前期Ａ 京都産大･理（数理科学）前期２ 京都産大･理（物理科学）前期３ 京都産大･理（物理科学）中期 龍谷大･先端理工（数理･情報科）前スタ 龍谷大･先端理工（数理･情報科）前高得 龍谷大･先端理工（数理･情報科）中高得 甲南大･理工（物理）中外部
40	東海大･理（化学） 東海大･理（情報数理） 東海大･理（物理） 東海大･情報理工（情報科学） 東海大･情報理工（情報メディア） 東京理大･理二（数学）Ｂ 日本大･生産工（数理情報工）Ａ１期 神奈川大･理（理学／総合理学）前期Ｂ 中部大･応用生物（環境生物科学）前Ａ

合格目標ライン	大学・学部（学科）日程方式
40	中部大·応用生物（環境生物科学）前AM 中部大·応用生物（環境生物科学）前BM 京都産大·理（物理科学）前期2 龍谷大·先端理工（数理·情報科）中スタ
38	玉川大·工（数学教員）統一前 玉川大·工（数学教員）地域創 立正大·地球環境科学（地理）2月前 立正大·地球環境科学（地理）R
37	城西大·理（化学）A 桜美林大·リベラル（自然）前理3 桜美林大·リベラル（自然）前理2 玉川大·工（数学教員）英語前 帝京科学大·生命環境（アニマル）I期 帝京科学大·生命環境（自然·千住）I期

合格目標ライン	大学・学部（学科）日程方式
37	中部大·理工（数理·物理サイエ）前AM
36	城西大·理（数学·埼玉）A 城西大·理（数学·東京）A 帝京科学大·生命環境（自然·東京西）I期 関東学院大·理工（理工／数理物理）前期3 関東学院大·理工（理工／数理物理）中期 中部大·理工（数理·物理サイエ）前A 中部大·理工（数理·物理サイエ）前BM
35	明星大·理工（総合理工）I期3 明星大·理工（総合理工）I期4 関東学院大·理工（理工／数理物理）前期統
34	明星大·理工（総合理工）I期2 明星大·理工（総合理工）I期+

工学部系統

合格目標ライン	大学・学部（学科）日程方式
63	早大·基幹理工（学系Ⅱ） 早大·先進理工（生命医科）
62	慶大·理工（学門B） 慶大·理工（学門C） 早大·基幹理工（学系Ⅲ） 早大·先進理工（応用物理）
61	慶大·理工（学門D） 早大·先進理工（応用化）
60	早大·先進理工（電気·情報生命）
59	早大·創造理工（社会環境工） 早大·創造理工（環境資源工）
58	東京理大·工（情報工）B 早大·創造理工（建築） 早大·創造理工（総合機械工） 早大·創造理工（経営シス） 同志社大·理工（インテリ情報）個別 同志社大·理工（インテリ情報）全学部
57	東京理大·工（情報工）グロー 同志社大·理工（情報シスデザ）全学部 同志社大·理工（機能分子生命）全学部 同志社大·生命医科学（医生命シス）個別 同志社大·生命医科学（医生命シス）全学部
56	東京理大·理（応用化学）B 東京理大·工（機械工）B 東京理大·工（機械工）グロー 東京理大·工（建築）B 同志社大·理工（電気工）全学部 同志社大·理工（電子工）個別 同志社大·理工（電子工）全学部 同志社大·理工（機能分子生命）個別 同志社大·理工（化学シス創成）全学部 同志社大·理工（機械シス）全学部 同志社大·理工（機械理工）個別 同志社大·理工（機械理工）全学部
55	東京理大·理（応用化学）グロー 東京理大·工（電気工）B 東京理大·創域理工（機械航空宇宙）B 東京理大·先進工（生命シス工）B 同志社大·理工（情報シスデザ）個別 同志社大·理工（機械シス）個別 同志社大·生命医科学（医工）個別 同志社大·生命医科学（医工）全学部
54	東京理大·工（建築）グロー 東京理大·工（電気工）グロー 東京理大·創域理工（生命生物科学）B 東京理大·創域理工（機械航空宇宙）グロー 東京理大·先進工（マテリアル）B 東京理大·先進工（生命シス工）グロー 東京理大·先進工（電子システム工）B 東京理大·先進工（物理工）B

合格目標ライン	大学・学部（学科）日程方式
54	明治大·理工（情報科学）学部別 明治大·理工（情報科学）全学部 明治大·理工（電気／生命理工）全学部 同志社大·理工（電気工）個別 同志社大·理工（化学シス創成）個別
53	東京理大·創域理工（生命生物科学）グロー 東京理大·創域理工（経営シス工）B 東京理大·創域理工（建築）B 東京理大·創域理工（電気電子）B 東京理大·先進工（マテリアル）グロー 東京理大·先進工（電子システム工）グロー 東京理大·先進工（物理工）グロー 明治大·理工（建築）全学部 明治大·理工（応用化学）学部別 明治大·理工（応用化学）全学部 明治大·理工（機械情報工）学部別 明治大·理工（機械情報工）全学部 明治大·理工（電気／生命理工）学部別 同志社大·生命医科学（医情報）個別 同志社大·生命医科学（医情報）全学部
52	青山学院大·理工（経営シス）個別A 青山学院大·理工（経営シス）全学部 芝浦工大·工（情報通信工／情報工学）前期 東京理大·工（工業化学）B 東京理大·創域理工（経営シス工）グロー 東京理大·創域理工（建築）グロー 東京理大·創域理工（先端化学）B 東京理大·創域理工（電気電子）グロー 東京理大·創域理工（電気電子）S 東京理大·創域理工（社会基盤工）B 東京理大·創域理工（社会基盤工）グロー 東京理大·先進工（機能デザイン）B 東京理大·先進工（機能デザイン）グロー 明治大·理工（機械工）学部別 明治大·理工（機械工）全学部 明治大·理工（建築）学部別 明治大·理工（電気／電気電子）全学部 立命館大·理工（建築都市）理系 立命館大·理工（建築都市）学理2 立命館大·生命科学（生命医科学）理系 立命館大·生命科学（生命医科学）学理1
51	青山学院大·理工（機械創造）個別A 青山学院大·理工（機械創造）個別B 青山学院大·理工（機械創造）全学部 青山学院大·理工（経営シス）個別B 青山学院大·理工（情報テクノ）個別A 青山学院大·理工（情報テクノ）個別B 青山学院大·理工（情報テクノ）全学部 芝浦工大·工（情報通信工／情報工学）統一 芝浦工大·建築（建築／空間建築）前期

合格目標ライン	大学・学部（学科）日程方式
51	東京理大･工(工業化学)グロー 東京理大･創域理工(先端化学)グロー 明治大･理工(電気／電気電子)学部別 立命館大･理工(建築都市)学理1 立命館大･生命科学(生命医科学)学理2 立命館大･生命科学(生命情報)理系 立命館大･生命科学(生命情報)学理1 立命館大･生命科学(生命情報)学理2 関西大･環境都市工(建築)全設問 関西学院大･工(情報工学)全学均 関西学院大･工(情報工学)全数理 関西学院大･工(知能･機械工)全学均 関西学院大･工(知能･機械工)全数理
50	青山学院大･理工(電気電子)全学部 芝浦工大･建築(建築／空間建築)統一 芝浦工大･建築(建築／都市建築)前期 芝浦工大･建築(建築／都市建築)統一 中央大･理工(情報工)学部別 法政大･デザイン工(システムデザ)ＡⅠ 立命館大･理工(機械工)理系 立命館大･理工(機械工)学理2 立命館大･理工(電子情報工)理系 立命館大･生命科学(応用化学)学理1 立命館大･生命科学(生物工)学理1 関西大･システム理工(電気電子情報)全理1 関西大･システム理工(電気電子情報)全設問 関西大･システム理工(電気電子情報)全理数 関西大･化学生命工(生命･生物工)全理1 関西大･化学生命工(生命･生物工)全理数 関西大･環境都市工(建築)全理1 関西大･環境都市工(建築)全設2 関西大･環境都市工(建築)全理数 関西学院大･生命環境(生命／生命医)全学均 関西学院大･生命環境(生命／生命医)全数理 関西学院大･工(電気電子応用)全学均 関西学院大･工(電気電子応用)全数理 関西学院大･建築(建築)全学均 関西学院大･建築(建築)全数理
49	青山学院大･理工(電気電子)個別Ａ 青山学院大･理工(電気電子)個別Ｂ 芝浦工大･工(機械工／基幹機械)前期 芝浦工大･工(機械工／基幹機械)統一 芝浦工大･工(物質化学／化学生命工)前期 芝浦工大･工(情報通信工／情報工学)英語 芝浦工大･建築(建築／空間建築)英語 芝浦工大･建築(建築／都市建築)英語 芝浦工大･建築(建築／先進的)前期 中央大･理工(応用化学)学部別 中央大･理工(ビジネスデー)学部別 中央大･理工(情報工)英語 中央大･理工(精密機械工)学部別 中央大･理工(生命科学)学部別 法政大･生命科学(生命機能)ＡⅠ 立命館大･理工(機械工)学理1 立命館大･理工(電気電子工)理系 立命館大･理工(電気電子工)学理2 立命館大･理工(ロボティクス)理系 立命館大･理工(ロボティクス)学理1 立命館大･理工(電子情報工)学理1 立命館大･理工(電子情報工)学理2 立命館大･理工(環境都市工)学理2 立命館大･生命科学(応用化学)理系 立命館大･生命科学(応用化学)学理2 立命館大･生命科学(生物工)理系 立命館大･生命科学(生物工)学理2 関西大･システム理工(物理･応物)全理1 関西大･システム理工(機械工)全設問 関西大･システム理工(機械工)全理数 関西大･システム理工(電気電子情報)全設2 関西大･化学生命工(生命･生物工)全設問 関西大･化学生命工(生命･生物工)全設2 関西学院大･生命環境(生物科学)全学均 関西学院大･生命環境(生物科学)全数理 関西学院大･生命環境(環境応用化学)全学均 関西学院大･生命環境(環境応用化学)全数理 関西学院大･生命環境(生命／発生再)全学均 関西学院大･生命環境(生命／発生再)全数理 関西学院大･生命環境(生命／医工学)全学均 関西学院大･生命環境(生命／医工学)全数理 関西学院大･工(物質工)全学均 関西学院大･工(物質工)全数理 関西学院大･工(情報工学)英数 関西学院大･工(知能･機械工)英数 関西学院大･建築(建築)英数
48	北里大･未来工(データサイエンス) 芝浦工大･工(物質化学／環境物質工)前期 芝浦工大･工(物質化学／化学生命工)英語 芝浦工大･工(物質化学／化学生命工)統一 芝浦工大･工(情報通信工／情報通信)前期 芝浦工大･システム理工(電子情報シス)前期 芝浦工大･システム理工(生命／生命医工)前期 芝浦工大･デザイン工(デザ／生産プロ)前期 中央大･理工(応用化学)英語 中央大･理工(ビジネスデー)英語 中央大･理工(精密機械工)英語 中央大･理工(電気電子)学部別 中央大･理工(都市環境)学部別 中央大･理工(生命科学)英語 法政大･デザイン工(建築)ＡⅡ 法政大･デザイン工(都市環境デザ)ＡⅠ 法政大･デザイン工(システムデザ)Ｔ 法政大･デザイン工(システムデザ)英外部 法政大･理工(応用情報工)ＡⅠ 法政大･理工(電気電子工)ＡⅡ 法政大･理工(経営シス)ＡⅡ 法政大･生命科学(生命機能)Ｔ 南山大･理工(電子情報工) 南山大･理工(機械シス) 名城大･情報工(情報工)Ａ 立命館大･理工(電気電子工)学理1 立命館大･理工(ロボティクス)学理2 立命館大･理工(環境都市工)理系 立命館大･理工(環境都市工)学理1 関西大･システム理工(物理･応物)全設問 関西大･システム理工(物理･応物)全設2 関西大･システム理工(物理･応物)全理数 関西大･システム理工(機械工)全理1 関西大･化学生命工(化学･物質工)全理1 関西大･化学生命工(化学･物質工)全設2 関西大･化学生命工(化学･物質工)全理数 関西大･環境都市工(都市シス)全理1 関西大･環境都市工(都市シス)全設問 関西大･環境都市工(エネ環境･化学工)全理1 関西大･環境都市工(エネ環境･化学工)全設問 関西大･環境都市工(エネ環境･化学工)全設2 関西大･環境都市工(エネ環境･化学工)全理数 関西学院大･生命環境(環境応用化学)英数 関西学院大･生命環境(生命／生命医)英数 関西学院大･生命環境(生命／発生再)英数 関西学院大･生命環境(生命／医工学)英数 関西学院大･工(物質工)英数 関西学院大･工(電気電子応用)英数
47	芝浦工大･工(機械工／基幹機械)英語 芝浦工大･工(機械工／先進機械)前期 芝浦工大･工(機械工／先進機械)統一 芝浦工大･工(物質化学／環境物質工)統一 芝浦工大･工(電気電子工／電気ロボット)前期 芝浦工大･工(電気電子工／先端電子工)前期 芝浦工大･工(情報通信工／情報通信)統一 芝浦工大･システム理工(電子情報シス)統一

合格目標ライン	大学・学部（学科）日程方式
47	芝浦工大・建築（建築／先進的）英語
	成蹊大・理工（理工／コンピュータ科学）３個別
	中央大・理工（電気電子）英語
	中央大・理工（都市環境）英語
	東京薬大・生命科学（分子生命科学）Ｂ
	日本大・理工（航空宇宙工）Ｎ１期
	法政大・情報科学（コンピュータ）ＡⅡ
	法政大・デザイン工（建築）Ｔ
	法政大・デザイン工（都市環境デザ）Ｔ
	法政大・理工（応用情報工）Ｔ
	法政大・理工（経営シス）Ｔ
	法政大・理工（機械／機械工）ＡⅠ
	法政大・生命科学（生命機能）英外部
	南山大・理工（ソフトウェア工）
	南山大・理工（ソフトウェア工）個別理
	南山大・理工（電子情報工）個別理
	南山大・理工（機械シス）個別理
	名城大・理工（機械工）Ａ
	名城大・理工（応用化学）Ａ
	名城大・理工（応用化学）Ｂ
	名城大・情報工（情報工）Ｂ
	関西大・システム理工（機械工）全設２
	関西大・化学生命工（化学・物質工）全設問
	関西大・環境都市工（都市シス）全設２
	関西大・環境都市工（都市シス）全理数
	近畿大・情報（情報）前Ａ理
	近畿大・情報（情報）前Ａ国
	近畿大・情報（情報）前Ｂ国
	関西学院大・生命環境（生物科学）英数
46	工学院大・建築（建築）Ｓ
	芝浦工大・工（土木工学）前期
	芝浦工大・工（物質化学／環境物質工）英語
	芝浦工大・工（電気電子工／電気ロボット）英語
	芝浦工大・工（電気電子工／電気ロボット）統一
	芝浦工大・工（電気電子工／先端電子工）英語
	芝浦工大・工（電気電子工／先端電子工）統一
	芝浦工大・工（情報通信工／情報通信）英語
	芝浦工大・システム理工（環境シス）前期
	芝浦工大・システム理工（環境シス）統一
	芝浦工大・システム理工（機械制御シス）英語
	芝浦工大・システム理工（機械制御シス）前期
	芝浦工大・システム理工（機械制御シス）統一
	芝浦工大・システム理工（電子情報シス）英語
	芝浦工大・システム理工（生命／生命医工）統一
	芝浦工大・システム理工（生命／生命医工）英語
	芝浦工大・デザイン工（デザ／生産プロ）統一
	芝浦工大・デザイン工（デザ／生産プロ）英語
	芝浦工大・デザイン工（デザ／ロボ情報）前期
	成蹊大・理工（理工／コンピュータ科学）２統一
	東京電機大・工（情報通信工）前期
	東京薬大・生命科学（応用生命科学）Ｂ
	東京薬大・生命科学（分子生命科学）Ｔ
	日本大・工（建築）Ｎ１期
	日本大・理工（建築）Ａ
	日本大・理工（建築）Ｎ１期
	日本大・理工（航空宇宙工）Ａ
	日本大・理工（応用情報工）Ａ
	日本大・理工（応用情報工）Ｎ１期
	法政大・情報科学（コンピュータ）Ｔ
	法政大・情報科学（コンピュータ）英外部
	法政大・デザイン工（建築）英外部
	法政大・理工（応用情報工）英外部
	法政大・理工（電気電子工）Ｔ
	法政大・理工（電気電子工）英外部
	法政大・理工（経営シス）英外部
	法政大・理工（機械／機械工）Ｔ
	法政大・生命科学（環境応用化学）ＡⅡ
	東京都市大・情報工（情報科学）前期
	東京都市大・情報工（知能情報工）前期
	東京都市大・理工（応用化学）前期
46	東京都市大・建築都市（建築）前期
	名城大・理工（機械工）Ｂ
	名城大・理工（建築）Ａ
	名城大・理工（電気電子工）Ａ
	名城大・理工（電気電子工）Ｂ
	近畿大・情報（情報）前Ｂ理
	近畿大・農（生物機能科学）前期Ａ
	甲南大・フロンティア（生命化学）前３一
45	工学院大・建築（建築）Ａ
	工学院大・建築（建築）英語
	工学院大・先進工（応用化学）Ｓ
	芝浦工大・工（土木工学）統一
	芝浦工大・工（機械工／先進機械）英語
	芝浦工大・システム理工（環境シス）英語
	芝浦工大・デザイン工（デザ／ロボ情報）統一
	成蹊大・理工（理工／機械システム）３個別
	成蹊大・理工（理工／機械システム）２統一
	東京電機大・工（情報通信工）前英外
	東京薬大・生命科学（応用生命科学）Ｔ
	東京薬大・生命科学（生命医科学）Ｂ
	東京薬大・生命科学（生命医科学）Ｔ
	日本大・工（建築）Ａ
	日本大・理工（物質応用化学）Ｎ１期
	法政大・デザイン工（都市環境デザ）英外部
	法政大・理工（機械／機械工）英外部
	法政大・生命科学（環境応用化学）Ｔ
	法政大・生命科学（環境応用化学）英外部
	東京都市大・理工（機械工）前期
	名城大・理工（建築）Ｂ
	名城大・理工（メカトロ）Ａ
	名城大・理工（メカトロ）Ｂ
	名城大・理工（環境創造工）Ａ
	名城大・理工（環境創造工）Ｂ
	京都産大・情報理工（情報理工）前期３
	近畿大・理工（応用化学）前期Ａ
	近畿大・理工（生命科学）前期Ａ
	近畿大・理工（生命科学）前期Ｂ
	近畿大・建築（建築）前期Ａ
	近畿大・農（生物機能科学）前期Ｂ
	近畿大・生物理工（生物工）前期Ａ
	近畿大・生物理工（医用工）前期Ａ
	甲南大・フロンティア（生命化学）前２一
	甲南大・フロンティア（生命化学）前３外
	甲南大・フロンティア（生命化学）前２外
	甲南大・フロンティア（生命化学）中一般
	武庫川女大・社会情報（社会情報／情報サイエンス）Ａ2
	武庫川女大・社会情報（社会情報／情報サイエンス）Ｂ2
44	工学院大・情報（情報通信工）Ｓ
	工学院大・工（機械工）Ｓ
	工学院大・建築（建築デザ）Ｓ
	工学院大・建築（学部総合）Ｓ
	工学院大・先進工（生命化学）Ｓ
	工学院大・先進工（応用化学）Ａ
	工学院大・先進工（応用化学）英語
	工学院大・先進工（機械／航空理工）Ａ
	芝浦工大・工（土木工学）英語
	芝浦工大・デザイン工（デザ／ロボ情報）英語
	成蹊大・理工（理工／応用化学）３個別
	成蹊大・理工（理工／応用化学）２統一
	東海大・工（航空／航空宇宙）理系前
	東京電機大・工（機械工）前期
	東京電機大・工（応用化学）前期
	東京電機大・システムデザ（情報シス）前期
	日本大・工（情報工）Ｎ１期
	日本大・理工（機械工）Ｎ１期
	日本大・理工（物質応用化学）Ａ
	日本大・理工（精密機械工）Ｎ１期
	東京都市大・理工（機械シス）前期
	東京都市大・理工（電気電子通信）前期
	名城大・理工（交通機械工）Ａ

合格目標ライン	大学・学部（学科）日程方式
44	名城大･理工（交通機械工）Ｂ
	京都産大･情報理工（情報理工）前期２
	京都産大･情報理工（情報理工）中期
	近畿大･理工（応用化学）前期Ｂ
	近畿大･理工（機械工）前期Ａ
	近畿大･理工（機械工）前期Ｂ
	近畿大･建築（建築）前期Ｂ
	近畿大･生物理工（生物工）前期Ｂ
	近畿大･生物理工（医用工）前期Ｂ
	甲南大･フロンティア（生命化学）中外部
	武庫川女大･建築（建築）Ａ３
	武庫川女大･建築（建築）Ｂ２
	福岡大･工（電子情報工）前期
43	共立女大･建築･デザイン（建築･デザイン）２月個
	共立女大･建築･デザイン（建築･デザイン）統一
	工学院大･情報（情報科学）Ｓ
	工学院大･情報（情報通信工）Ａ
	工学院大･情報（情報通信工）英語
	工学院大･工（機械工）Ａ
	工学院大･工（機械工）英語
	工学院大･工（電気電子工）Ｓ
	工学院大･建築（建築デザ）Ａ
	工学院大･建築（建築デザ）英語
	工学院大･建築（まちづくり）Ｓ
	工学院大･建築（学部総合）Ａ
	工学院大･建築（学部総合）英語
	工学院大･先進工（生命化学）Ａ
	工学院大･先進工（生命化学）英語
	工学院大･先進工（環境化学）Ｓ
	工学院大･先進工（大学院接続型）Ｓ
	工学院大･先進工（機械／機械理工）Ａ
	工学院大･先進工（機械／航空理工）Ｓ
	成蹊大･理工（理工／電気電子）３個別
	成蹊大･理工（理工／電気電子）２統一
	東海大･工（航空／航空宇宙）
	東海大･海洋（海洋／航海学）理系前
	東京工科大･工（機械工）Ａ
	東京電機大･工（機械工）前英外
	東京電機大･未来科学（情報メディア）前期
	東京電機大･未来科学（建築）前期
	東京電機大･システムデザ（情報シス）前英外
	東洋大･生命科学（生命科学）前３均
	日本大･文理（生命科学）Ｎ１期
	日本大･工（機械工）Ａ
	日本大･工（生命応用化学）Ｎ１期
	日本大･工（情報工）Ａ
	日本大･工（電気電子工）Ｎ１期
	日本大･理工（機械工）Ａ
	日本大･理工（交通シス）Ａ
	日本大･理工（交通シス）Ｎ１期
	日本大･理工（精密機械工）Ａ
	日本大･理工（電子工）Ｎ１期
	日本大･理工（まちづくり工）Ａ
	日本大･理工（まちづくり工）Ｎ１期
	東京都市大･環境（環境創生）前期
	東京都市大･理工（医用工）前期
	東京都市大･理工（原子力安全工）前期
	東京都市大･建築都市（都市工）前期
	愛知淑徳大･創造表現（創造／建築･イン）前期３
	愛知淑徳大･創造表現（創造／建築･イン）前期２
	名城大･理工（材料機能工）Ａ
	名城大･理工（材料機能工）Ｂ
	名城大･理工（社会基盤デザ）Ａ
	名城大･理工（社会基盤デザ）Ｂ
	京都産大･生命科学（先端生命科学）前期３
	京都産大･生命科学（先端生命科学）中期
	龍谷大･先端理工（機械･ロボ）前高得
	龍谷大･先端理工（応用化学）前スタ
	龍谷大･先端理工（応用化学）前高得
	近畿大･工（建築）前期Ａ

合格目標ライン	大学・学部（学科）日程方式
43	近畿大･工（化学生命工）前期Ａ
	近畿大･工（電子情報工）前期Ａ
	近畿大･生物理工（遺伝子）前期Ａ
	近畿大･生物理工（人間環境デザ）前期Ａ
	甲南大･理工（機能分子化学）前一般
	武庫川女大･建築（景観建築）Ａ３
	武庫川女大･建築（景観建築）Ｂ２
	福岡大･工（建築）前期
	福岡大･工（建築）系統別
	福岡大･工（電子情報工）系統別
42	千葉工大･工（情報通信シス）ＡⅠ
	千葉工大･工（応用化学）ＡⅠ
	千葉工大･工（応用化学）ＡⅡ
	千葉工大･創造工（建築）ＡⅠ
	千葉工大･創造工（建築）ＡⅡ
	千葉工大･先進工（未来ロボ）ＡⅠ
	千葉工大･先進工（未来ロボ）ＡⅡ
	共立女大･建築･デザイン（建築･デザイン）２月外
	工学院大･情報（情報科学）Ａ
	工学院大･情報（情報科学）英語
	工学院大･情報（学部総合）Ｓ
	工学院大･工（機械シス）Ｓ
	工学院大･工（電気電子工）Ａ
	工学院大･工（電気電子工）英語
	工学院大･建築（まちづくり）Ａ
	工学院大･建築（まちづくり）英語
	工学院大･先進工（環境化学）Ａ
	工学院大･先進工（環境化学）英語
	工学院大･先進工（応用物理）Ｓ
	工学院大･先進工（大学院接続型）Ａ
	工学院大･先進工（大学院接続型）英語
	工学院大･先進工（機械／機械理工）Ｓ
	工学院大･先進工（機械／機械理工）英語
	東海大･工（応用化学）理系前
	東海大･海洋（海洋／航海学）
	東京工科大･工（電気電子工）Ａ
	東京工科大･工（応用化学）Ａ
	東京電機大･工（電気電子工）前期
	東京電機大･工（応用化学）前英外
	東京電機大･工（先端機械工）前期
	東京電機大･理工（理工／建築･都市）前期
	東京電機大･理工（理工／電子情）前期
	東京電機大･理工（理工／機械工）前期
	東京電機大･未来科学（ロボ･メカ）前期
	東京電機大･未来科学（情報メディア）前英外
	東京電機大･システムデザ（デザイン工）前期
	東洋大･理工（応用化学）前３均
	東洋大･理工（応用化学）前理重
	東洋大･理工（電気電子情報）前３均
	東洋大･生命科学（生命科学）前理重
	日本大･文理（生命科学）Ａ１期
	日本大･工（機械工）Ｎ１期
	日本大･工（生命応用化学）Ａ
	日本大･工（電気電子工）Ａ
	日本大･工（土木工）Ａ
	日本大･工（土木工）Ｎ１期
	日本大･理工（海洋建築工）Ａ
	日本大･理工（海洋建築工）Ｎ１期
	日本大･理工（電気工）Ａ
	日本大･理工（電気工）Ｎ１期
	日本大･理工（電子工）Ａ
	神奈川大･情報（システム数理）前期Ａ
	神奈川大･建築（建築／建築学）前期Ａ
	神奈川大･建築（建築／都市生活）前Ａ理
	神奈川大･建築（建築／都市生活）前Ａ文
	金沢工大･建築（建築）Ａ
	愛知淑徳大･人間情報（人間情報／感性工）前期３
	京都産大･生命科学（先端生命科学）前期２
	京都産大･生命科学（産業生命科学）中期
	京都産大･生命科学（産業生命科学）前３文

合格目標ライン	大学・学部（学科）日程方式
42	京都産大･生命科学（産業生命科学）前３理
	龍谷大･先端理工（知能情報メデ）前スタ
	龍谷大･先端理工（知能情報メデ）中スタ
	龍谷大･先端理工（知能情報メデ）前高得
	龍谷大･先端理工（電子情報通信）前スタ
	龍谷大･先端理工（電子情報通信）前高得
	龍谷大･先端理工（機械･ロボ）前スタ
	龍谷大･先端理工（機械･ロボ）中スタ
	龍谷大･先端理工（機械･ロボ）中高得
	龍谷大･先端理工（応用化学）中スタ
	龍谷大･先端理工（応用化学）中高得
	龍谷大･先端理工（環境生態工）前高得
	大阪工大･工（機械工）前期Ａ
	大阪工大･工（機械工）前期Ｂ
	大阪工大･工（建築）前期Ａ
	大阪工大･工（建築）前期Ｂ
	大阪工大･ロボ＆デザ（空間デザ）前期Ａ
	大阪工大･ロボ＆デザ（空間デザ）前期Ｂ
	近畿大･工（機械工）前期Ａ
	近畿大･工（建築）前期Ｂ
	近畿大･工（化学生命工）前期Ｂ
	近畿大･工（電子情報工）前期Ｂ
	近畿大･理工（社会環境工）前期Ａ
	近畿大･理工（電気電子通信工）前期Ａ
	近畿大･理工（電気電子通信工）前期Ｂ
	近畿大･理工（エネルギー物）前期Ｂ
	近畿大･生物理工（遺伝子）前期Ｂ
	近畿大･生物理工（人間環境デザ）前期Ｂ
	甲南大･理工（機能分子化学）前外部
	甲南大･理工（機能分子化学）中一般
	甲南大･理工（機能分子化学）中外部
	甲南大･知能情報（知能情報）前３一
	甲南大･知能情報（知能情報）中一般
	福岡大･工（化学シス）前期
	福岡大･工（機械工）前期
41	千葉工大･工（機械工）ＡⅠ
	千葉工大･工（機械工）ＡⅡ
	千葉工大･工（電気電子工）ＡⅠ
	千葉工大･工（電気電子工）ＡⅡ
	千葉工大･工（情報通信シス）ＡⅡ
	千葉工大･創造工（デザイン科学）ＡⅠ
	千葉工大･創造工（デザイン科学）ＡⅡ
	千葉工大･情報変革科（情報工）ＡⅠ
	千葉工大･情報変革科（認知情報）ＡⅠ
	千葉工大･情報変革科（高度応用）ＡⅠ
	工学院大･情報（学部総合）Ａ
	工学院大･情報（学部総合）英語
	工学院大･工（機械シス）Ａ
	工学院大･工（機械シス）英語
	工学院大･先進工（応用物理）Ａ
	工学院大･先進工（応用物理）英語
	国士舘大･理工（理工）前期
	帝京大･理工（航空／航空宇宙）Ⅰ期
	東海大･工（応用化学）
	東海大･工（生物工）理系前
	東海大･情報通信（情報通信）理系前
	東京電機大･工（電気電子工）前英外
	東京電機大･工（電子シス）前期
	東京電機大･理工（理工／建築･都市）前英外
	東京電機大･理工（理工／電子情）前英外
	東京電機大･理工（理工／機械工）前英外
	東京電機大･未来科学（ロボ･メカ）前英外
	東京電機大･未来科学（建築）前英外
	東洋大･理工（機械工）前３均
	東洋大･理工（機械工）前３数
	東洋大･理工（機械工）前理重
	東洋大･理工（建築）前３均
	東洋大･理工（建築）前３英
	東洋大･理工（建築）前理重
	東洋大･理工（電気電子情報）前３数

合格目標ライン	大学・学部（学科）日程方式
41	日本大･生産工（マネジメント）Ｎ１期
	日本大･生産工（建築工）Ａ１期
	日本大･生産工（建築工）Ａ２期
	日本大･生産工（建築工）Ｎ１期
	神奈川大･工（機械工）前期Ａ
	神奈川大･工（電気電子情報）前期Ａ
	神奈川大･工（応用物理）前期Ａ
	神奈川大･化学生命（応用化学）前期Ａ
	神奈川大･化学生命（生命機能）前期Ａ
	金沢工大･工（情報工）Ａ
	金沢工大･バイオ化学（応用バイオ）Ａ
	金沢工大･バイオ化学（応用化学）Ａ
	愛知淑徳大･人間情報（人間情報／感性工）前期２
	中京大･工（情報工）Ａ３
	中部大･応用生物（応用生物化学）前ＡＭ
	京都産大･生命科学（産業生命科学）前期２
	龍谷大･先端理工（知能情報メデ）中高得
	龍谷大･先端理工（電子情報通信）中スタ
	龍谷大･先端理工（電子情報通信）中高得
	龍谷大･先端理工（環境生態工）中スタ
	龍谷大･先端理工（環境生態工）中高得
	大阪工大･情報科学（情報シス）前期Ａ
	大阪工大･情報科学（情報シス）前期Ｂ
	大阪工大･工（応用化学）前期Ａ
	大阪工大･工（応用化学）前期Ｂ
	大阪工大･工（電子情報シス）前期Ａ
	大阪工大･工（電子情報シス）前期Ｂ
	大阪工大･工（生命工）前期Ａ
	大阪工大･工（生命工）前期Ｂ
	大阪工大･ロボ＆デザ（ロボット工）前期Ａ
	大阪工大･ロボ＆デザ（ロボット工）前期Ｂ
	大阪工大･ロボ＆デザ（システムデザ）前期Ａ
	大阪工大･ロボ＆デザ（システムデザ）前期Ｂ
	近畿大･工（機械工）前期Ｂ
	近畿大･工（情報）前期Ａ
	近畿大･工（情報）前期Ｂ
	近畿大･産業理工（生物環境化学）前期Ａ
	近畿大･産業理工（建築･デザ）前期Ａ
	近畿大･理工（社会環境工）前期Ｂ
	近畿大･理工（エネルギー物）前期Ａ
	甲南大･知能情報（知能情報）前３外
	甲南大･知能情報（知能情報）前２外
	甲南大･知能情報（知能情報）前２一
	甲南大･知能情報（知能情報）中外部
	福岡大･工（化学シス）系統別
	福岡大･工（機械工）系統別
	福岡大･工（電気工）前期
	福岡大･工（電気工）系統別
	福岡大･工（社会デザ）前期
	福岡大･工（社会デザ）系統別
40	千葉工大･未来変革科（経営デザ）ＡⅠ
	千葉工大･工（機械電子創成）ＡⅠ
	千葉工大･工（機械電子創成）ＡⅡ
	千葉工大･工（先端材料工）ＡⅠ
	千葉工大･工（先端材料工）ＡⅡ
	千葉工大･創造工（都市環境工）ＡⅠ
	千葉工大･創造工（都市環境工）ＡⅡ
	千葉工大･先進工（生命科学）ＡⅠ
	千葉工大･先進工（生命科学）ＡⅡ
	千葉工大･先進工（知能メディア）ＡⅠ
	千葉工大･先進工（知能メディア）ＡⅡ
	千葉工大･情報変革科（情報工）ＡⅡ
	千葉工大･情報変革科（認知情報）ＡⅡ
	千葉工大･情報変革科（高度応用）ＡⅡ
	国士舘大･理工（理工）中期
	帝京大･理工（バイオサイエ）Ⅰ期
	帝京大･理工（航空／ヘリパイ）Ⅰ期
	東海大･工（機械工）理系前
	東海大･工（電気電子工）理系前
	東海大･工（生物工）

合格目標ライン	大学・学部（学科）日程方式
40	東海大·情報理工（コンピュータ）理系前 東海大·情報通信（情報通信） 東海大·建築都市（建築）文理前 東海大·海洋（海洋／海洋理工） 東海大·海洋（海洋／海洋理工）理系前 東京工科大·コンピュータ（コン／社会情報）Ａ 東京工科大·コンピュータ（コン／先進情報）Ａ 東京電機大·工（電子シス）前英外 東京電機大·工（先端機械工）前英外 東京電機大·システムデザ（デザイン工）前英外 東洋大·理工（建築）前３数 東洋大·理工（都市環境デザ）前３均 東洋大·理工（都市環境デザ）前３数 東洋大·生命科学（生物資源）前３均 東洋大·生命科学（生物資源）前理重 東洋大·生命科学（生体医工）前３均 東洋大·生命科学（生体医工）前理重 日本大·生産工（機械工）Ａ１期 日本大·生産工（機械工）Ａ２期 日本大·生産工（機械工）Ｎ１期 日本大·生産工（応用分子化学）Ａ２期 日本大·生産工（応用分子化学）Ｎ１期 日本大·生産工（創生デザ）Ａ１期 日本大·生産工（創生デザ）Ａ２期 日本大·生産工（創生デザ）Ｎ１期 日本大·理工（土木工）Ａ 日本大·理工（土木工）Ｎ１期 東京都市大·環境（環境経営シス）前期 神奈川大·工（機械工）前期Ｂ 神奈川大·工（電気電子情報）前期Ｂ 神奈川大·工（経営工）前期Ａ 神奈川大·工（応用物理）前期Ｂ 神奈川大·化学生命（応用化学）前期Ｂ 神奈川大·化学生命（生命機能）前期Ｂ 金沢工大·工（機械工）Ａ 金沢工大·工（航空シス）Ａ 金沢工大·工（電気電子工）Ａ 金沢工大·工（環境土木工）Ａ 中京大·工（機械シス）Ａ３ 中京大·工（機械シス）Ａ２ 中京大·工（電気電子工）Ａ３ 中京大·工（電気電子工）Ａ２ 中京大·工（情報工）Ｍ３ 中京大·工（情報工）Ａ２ 中部大·応用生物（応用生物化学）前Ａ 龍谷大·先端理工（環境生態工）前スタ 大阪工大·情報科学（情報知能）前期Ａ 大阪工大·情報科学（情報知能）前期Ｂ 大阪工大·情報科学（情報メディア）前期Ａ 大阪工大·情報科学（情報メディア）前期Ｂ 大阪工大·情報科学（ネットワーク）前期Ａ 大阪工大·情報科学（ネットワーク）前期Ｂ 大阪工大·工（電気電子シス）前期Ａ 大阪工大·工（電気電子シス）前期Ｂ 大阪工大·工（都市デザ）前期Ａ 大阪工大·工（都市デザ）前期Ｂ 近畿大·工（ロボティクス）前期Ａ 近畿大·産業理工（生物環境化学）前期Ｂ 近畿大·産業理工（電気電子工）前期Ａ 近畿大·産業理工（電気電子工）前期Ｂ 近畿大·産業理工（建築·デザ）前期Ｂ 近畿大·産業理工（情報）前期Ａ 近畿大·産業理工（情報）前期Ｂ 摂南大·理工（建築）前期３ 摂南大·理工（生命科学）前期３ 摂南大·理工（生命科学）中期 摂南大·理工（生命科学）前期２
39	千葉工大·未来変革科（経営デザ）ＡⅡ 麗澤大·工（工／情報シス）前期３ 麗澤大·工（工／情報シス）前期ベ 麗澤大·工（工／ロボティクス）前期３ 麗澤大·工（工／ロボティクス）前期ベ 国士舘大·理工（理工）デリバ 帝京大·理工（情報電子工）Ⅰ期 東海大·工（機械工） 東海大·工（電気電子工） 東海大·情報理工（コンピュータ） 東海大·建築都市（建築） 日本大·生産工（マネジメント）Ａ１期 日本大·生産工（マネジメント）Ａ２期 日本大·生産工（応用分子化学）Ａ１期 日本大·生産工（電気電子工）Ａ１期 日本大·生産工（電気電子工）Ａ２期 日本大·生産工（電気電子工）Ｎ１期 立正大·地球環境科学（環境シス）２月前 立正大·地球環境科学（環境シス）Ｒ 神奈川大·工（経営工）前期Ｂ 金沢工大·工（ロボティクス）Ａ 中京大·工（機械シス）Ｍ３ 中京大·工（機械シス）Ｍ２ 中京大·工（電気電子工）Ｍ３ 中京大·工（電気電子工）Ｍ２ 中京大·工（情報工）Ｍ２ 中京大·工（メディア工）Ａ３ 中部大·応用生物（応用生物化学）前ＢＭ 大阪工大·工（環境工）前期Ａ 大阪工大·工（環境工）前期Ｂ 近畿大·工（ロボティクス）前期Ｂ 近畿大·産業理工（経営ビジ）前期Ａ 近畿大·産業理工（経営ビジ）前期Ｂ 摂南大·理工（建築）前期２
38	東北学院大·工（電気電子工）前期Ａ 東北学院大·工（機械知能工）前期Ａ 東北学院大·工（環境建設工）前期Ａ 東北学院大·工（環境建設工）前期Ｂ 桜美林大·航空マネジ（フライト·オペ） 帝京大·理工（機械精密シス）Ⅰ期 東海大·工（機械シス工）理系前 東海大·建築都市（土木工） 東海大·建築都市（土木工）理系前 日本大·生産工（土木工）Ａ１期 日本大·生産工（土木工）Ａ２期 日本大·生産工（土木工）Ｎ１期 日本大·生産工（環境安全工）Ａ１期 日本大·生産工（環境安全工）Ａ２期 日本大·生産工（環境安全工）Ｎ１期 神奈川工大·情報（情報）Ａ 神奈川工大·情報（情報メディア）Ａ 金沢工大·情報フロン（メディア）Ａ 中京大·工（メディア工）Ｍ３ 中京大·工（メディア工）Ｍ２ 中京大·工（メディア工）Ａ２ 摂南大·理工（建築）中期 摂南大·理工（機械工）前期３ 摂南大·理工（機械工）前期２ 摂南大·農（応用生物科学）前期３ 摂南大·農（応用生物科学）中期 摂南大·農（応用生物科学）前期２
37	東北学院大·工（電気電子工）前期Ｂ 東北学院大·工（機械知能工）前期Ｂ 桜美林大·航空マネジ（航空管制）前期２ 桜美林大·航空マネジ（航空管制）前期３ 桜美林大·航空マネジ（航空管制）前理２ 桜美林大·航空マネジ（航空管制）前理３ 桜美林大·航空マネジ（航空管）前期２ 桜美林大·航空マネジ（航空管）前期３ 桜美林大·航空マネジ（航空管）前理２ 桜美林大·航空マネジ（航空管）前理３ 玉川大·工（デザインサイエ）統一前 東海大·文理融合（人間情報工）文理前

合格目標ライン	大学・学部（学科）日程方式
37	東海大·工（機械シス工）
	帝京科学大·生命環境（生命／生命）Ⅰ期
	神奈川工大·情報（情報ネット）A
	神奈川工大·情報（情報シス）A
	神奈川工大·工（応用化生）A
	関東学院大·理工（理工／生命科学）前期3
	関東学院大·理工（理工／生命科学）中期
	中部大·工（機械工）前A
	中部大·工（建築）前AM
	中部大·工（建築）前A
	中部大·工（応用化学）前AM
	中部大·工（応用化学）前A
	中部大·工（情報工）前A
	中部大·理工（宇宙航空）前A
	摂南大·理工（都市環境工）前期3
	摂南大·理工（都市環境工）前期2
	摂南大·理工（電気電子工）前期3
	摂南大·理工（電気電子工）中期
	摂南大·理工（電気電子工）前期2
	摂南大·理工（機械工）中期
	摂南大·理工（住環境デザ）前期3
	摂南大·理工（住環境デザ）前期2
36	北海学園大·工（建築）
	北海学園大·工（生命）
	拓殖大·工（機械シス）2月前
	拓殖大·工（情報工）2月前
	拓殖大·工（電子シス）2月前
	玉川大·工（マネジメント）統一前
	玉川大·工（ソフトウェア）統一前
	玉川大·工（情報通信工）統一前
	玉川大·工（デザインサイエ）英語前
	東海大·文理融合（人間情報工）
	神奈川工大·工（機械）A
	関東学院大·理工（理工／生命科学）前期統
	関東学院大·理工（理工／応用化学）前期3
	関東学院大·理工（理工／応用化学）中期
	関東学院大·建築·環境（建築·環境）前期3
	関東学院大·建築·環境（建築·環境）中期
	中部大·工（機械工）前AM
	中部大·工（機械工）前BM
	中部大·工（建築）前BM
	中部大·工（応用化学）前BM
	中部大·工（都市建設工）前A
	中部大·工（情報工）前AM
	中部大·工（電気電子シス）前A
	中部大·理工（AIロボティクス）前A
	中部大·理工（AIロボティクス）前AM
	中部大·理工（宇宙航空）前AM
	摂南大·理工（都市環境工）中期
	摂南大·理工（住環境デザ）中期
35	北海学園大·工（電子情報）

合格目標ライン	大学・学部（学科）日程方式
35	拓殖大·工（情報工）全国
	拓殖大·工（電子シス）全国
	拓殖大·工（国際／機械シス）2月前
	拓殖大·工（国際／電子シス）2月前
	拓殖大·工（国際／情報工）2月前
	拓殖大·工（国際／デザイン）2月前
	拓殖大·工（デザイン）2月前
	玉川大·工（マネジメント）英語前
	玉川大·工（ソフトウェア）英語前
	玉川大·工（情報通信工）英語前
	明星大·建築（建築）Ⅰ期3
	明星大·建築（建築）Ⅰ期4
	神奈川工大·工（電気電子情報）A
	関東学院大·理工（理工／応用化学）前期統
	関東学院大·理工（理工／電気電子）中期
	関東学院大·理工（理工／電気電子）前期3
	関東学院大·理工（理工／情報ネット）前期3
	関東学院大·理工（理工／情報ネット）中期
	関東学院大·理工（理工／土木都市）前期3
	関東学院大·理工（理工／土木都市）中期
	関東学院大·理工（理工／先進機械）前期3
	関東学院大·理工（理工／先進機械）中期
	関東学院大·理工（理工／表面工学）前期3
	関東学院大·理工（理工／表面工学）中期
	関東学院大·建築·環境（建築·環境）前期統
	中部大·工（都市建設工）前AM
	中部大·工（都市建設工）前BM
	中部大·工（情報工）前BM
	中部大·工（電気電子シス）前BM
	中部大·工（電気電子シス）前AM
	中部大·理工（宇宙航空）前BM
34	北海学園大·工（社会／社会環境）
	北海学園大·工（社会／環境情報）
	拓殖大·工（機械シス）全国
	拓殖大·工（デザイン）全国
	明星大·建築（建築）Ⅰ期2
	明星大·建築（建築）Ⅰ期＋
	関東学院大·理工（理工／電気電子）前期統
	関東学院大·理工（理工／情報ネット）前期統
	関東学院大·理工（理工／土木都市）前期統
	関東学院大·理工（理工／先進機械）前期統
	関東学院大·理工（理工／表面工学）前期統
	中部大·理工（AIロボティクス）前BM
33	東京電機大·工二（機械工）
	東京電機大·工二（情報通信工）
	東京電機大·工二（電気電子工）
	明星大·情報（情報）Ⅰ期4
	明星大·情報（情報）Ⅰ期3
32	明星大·情報（情報）Ⅰ期＋
	明星大·情報（情報）Ⅰ期2

農・水産学部系統

合格目標ライン	大学・学部（学科）日程方式
55	日本大·生物資源科学（獣医）N1期
	明治大·農（農）全学3
54	日本大·生物資源科学（獣医）A1期
	日本獣医生命大·獣医（獣医）第1回
	明治大·農（食料環境政策）全学3
53	明治大·農（農）学部別
	明治大·農（農）全学英
	明治大·農（食料環境政策）学部別
	明治大·農（食料環境政策）全学英
	明治大·農（生命科学）全学3
	麻布大·獣医（獣医）Ⅰ期B
	麻布大·獣医（獣医）Ⅰ期F
52	北里大·獣医（獣医）前期

合格目標ライン	大学・学部（学科）日程方式
52	明治大·農（農芸化学）全学3
	明治大·農（生命科学）学部別
	明治大·農（生命科学）全学英
51	明治大·農（農芸化学）学部別
	明治大·農（農芸化学）全学英
49	東京農大·農（農）A
	東京農大·生命科学（バイオ）A
	近畿大·農（応用生命化学）前期A
48	東京農大·応用生物科学（農芸化学）A
	名城大·農（生物資源）A
	名城大·農（応用生物化学）A
	近畿大·農（水産）前期A
	近畿大·農（環境管理）前期A

合格目標ライン	大学・学部（学科）日程方式
47	東京農大･応用生物科学（醸造科学）A
	東京農大･生命科学（分子微生物）A
	法政大･生命科学（応用植物科学）AⅡ
	名城大･農（応用生物化学）B
	名城大･農（生物環境科学）A
	名城大･農（生物環境科学）B
	近畿大･農（水産）前期B
	近畿大･農（応用生命化学）前期B
46	玉川大･農（生産／理科教員）統一前
	玉川大･農（生産／理科教員）地域創
	東京農大･農（動物科学）A
	東京農大･農（生物資源開発）A
	東京農大･生命科学（分子生命化学）A
	日本獣医生命大･獣医（獣医保健看護）第1回
	法政大･生命科学（応用植物科学）T
	名城大･農（生物資源）B
	近畿大･農（農業生産科学）前期A
	近畿大･農（環境管理）前期B
45	玉川大･農（生産農）統一前
	玉川大･農（先端食農）統一前
	玉川大･農（生産／理科教員）英語前
	日本獣医生命大･応用生命科学（動物科学）第1回
	法政大･生命科学（応用植物科学）英外部
	近畿大･農（農業生産科学）前期B
44	玉川大･農（生産農）英語前
	玉川大･農（環境農）統一前
	玉川大･農（先端食農）英語前
	東海大･農（動物科学）理系前
	東京農大･国際食料情報（国際農業開発）A
	東京農大･地域環境科学（森林総合科学）A
	東京農大･地域環境科学（地域創成科学）A
	東京農大･生物産業（食香粧化学）A
	日本大･生物資源科学（バイオ）N1期
	日本大･生物資源科学（アグリサイエ）N1期
	日本大･生物資源科学（食品開発）N1期
43	北里大･獣医（動物資源科学）中期
	北里大･海洋生命（海洋生命科学）前期
	玉川大･農（環境農）英語前
	東海大･農（農）理系前
	東海大･農（食生命科学）理系前
	東海大･海洋（水産）理系前
	東京農大･国際食料情報（食料環境経済）A
	東京農大･国際食料情報（アグリビジネス）A
	東京農大･地域環境科学（造園科学）A
	東京農大･農（デザイン農）A
	東京農大･生物産業（北方圏農）A
	日本大･生物資源科学（食品ビジ）A1期
	日本大･生物資源科学（食品ビジ）N1期
	日本大･生物資源科学（バイオ）A1期
	日本大･生物資源科学（海洋生物）A1期
	日本大･生物資源科学（海洋生物）N1期
	日本大･生物資源科学（森林）A1期
	日本大･生物資源科学（森林）N1期
	日本大･生物資源科学（アグリサイエ）A1期

合格目標ライン	大学・学部（学科）日程方式
43	日本大･生物資源科学（食品開発）A1期
	龍谷大･農（生命科学）前スタ
	近畿大･生物理工（食品安全工）前期A
42	北里大･獣医（動物資源科学）前期
	北里大･海洋生命（海洋生命科学）中期
	東海大･農（農）
	東海大･農（動物科学）
	東海大･海洋（水産）
	東海大･生物（海洋生物科学）理系前
	東京農大･国際食料情報（国際食農科学）A
	東京農大･地域環境科学（生産環境工）A
	日本大･生物資源科学（獣医保健看護）A1期
	日本大･生物資源科学（獣医保健看護）N1期
	麻布大･獣医（動物応用科学）Ⅰ期2
	麻布大･獣医（動物応用科学）Ⅰ期総
	麻布大･獣医（獣医保健看護）Ⅰ期2
	麻布大･獣医（獣医保健看護）Ⅰ期総
	愛知大･地域政策（地域／食農環境）前期
	愛知大･地域政策（地域／食農環境）M
	愛知大･地域政策（地域／食農環境）数学
	龍谷大･農（生命科学）中高得
	龍谷大･農（生命科学）中スタ
	龍谷大･農（農）中高得
	龍谷大･農（農）前スタ
	龍谷大･農（農）前高得
	近畿大･生物理工（食品安全工）前期B
41	北里大･獣医（生物環境科学）中期
	東海大･農（食生命科学）
	東海大･生物（海洋生物科学）
	東京農大･生物産業（自然資源経営）A
	東京農大･生物産業（海洋水産）A
	龍谷大･農（生命科学）前高得
	龍谷大･農（農）中スタ
	龍谷大･農（食料農業シス）前理高
40	北里大･獣医（生物環境科学）前期
	東洋大･食環境科学（食環境科学）前3文
	東洋大･食環境科学（食環境科学）前3理
	東洋大･食環境科学（食環境科学）前理重
	龍谷大･農（食料農業シス）中理高
	龍谷大･農（食料農業シス）前理ス
	龍谷大･農（食料農業シス）前文ス
	龍谷大･農（食料農業シス）前文高
	龍谷大･農（食料農業シス）中文ス
	龍谷大･農（食料農業シス）中文高
39	龍谷大･農（食料農業シス）中理ス
38	帝京科学大･生命環境（アニマル／動物看護）Ⅰ期
	摂南大･農（食農ビジネス）中期
	摂南大･農（食農ビジネス）前3理
	摂南大･農（食農ビジネス）前3文
	摂南大･農（食農ビジネス）前期2
37	摂南大･農（農業生産）前期3
	摂南大･農（農業生産）中期
	摂南大･農（農業生産）前期2
35	帝京平成大･健康医療（医療スポ／動物医療）Ⅰ期

スポーツ・健康学部系統

合格目標ライン	大学・学部（学科）日程方式
51	早大･スポーツ科学（スポーツ科学）〈共〉+小論
	同志社大･スポーツ健康（スポーツ健康）個別文
	同志社大･スポーツ健康（スポーツ健康）全文系
	同志社大･スポーツ健康（スポーツ健康）全理系
	同志社大･スポーツ健康（スポーツ健康）個別理
49	立教大･スポーツウエル（スポウエ）
	立命館大･スポーツ健康（スポーツ健康）文系
	立命館大･スポーツ健康（スポーツ健康）学部
	立命館大･スポーツ健康（スポーツ健康）理系3
47	法政大･スポーツ健康（スポーツ健康）A

合格目標ライン	大学・学部（学科）日程方式
47	立命館大･産業社会（現代／スポーツ）文系
	立命館大･産業社会（現代／スポーツ）学部
46	法政大･スポーツ健康（スポーツ健康）T
	法政大･スポーツ健康（スポーツ健康）英外部
44	愛知学院大･健康科学（健康科学）前AⅠ
	愛知淑徳大･健康医療（スポ／スポーツ）前期2
	愛知淑徳大･健康医療（スポ／スポーツ）前期3
	武庫川女大･健康・スポ（健康・スポ）A2
	武庫川女大･健康・スポ（健康・スポ）A3
	武庫川女大･健康・スポ（健康・スポ）B2

合格目標ライン	大 学・学 部（学 科） 日程方式
43	日本大･文理（体育）A1期 日本大･文理（体育）N1期 愛知学院大･健康科学（健康科学）前期M 武庫川女大･健康･スポ（スポーツマネジメント）A3 武庫川女大･健康･スポ（スポーツマネジメント）A2 武庫川女大･健康･スポ（スポーツマネジメント）B2
42	順天堂大･スポーツ健康（スポーツ健康）A･B 東海大･体育（生涯スポ）実技型 東海大･体育（生涯スポ）文理前 東海大･体育（生涯スポ）筆記型 愛知学院大･健康科学（健康科学）前AⅡ 愛知学院大･健康科学（健康科学）中期 中京大･スポーツ科学（トレーナー）A3 中京大･スポーツ科学（トレーナー）M3 中京大･スポーツ科学（スポーツマネ）A3 京都産大･現代社会（健康スポーツ）前期3
41	東海大･体育（体育）文理前 東海大･体育（体育）筆記型 東海大･体育（競技スポ）文理前 東海大･体育（競技スポ）筆記型 日本大･スポーツ科学（競技スポ）A 愛知大･地域政策（地域／健康･スポ）前期 愛知大･地域政策（地域／健康･スポ）M 中京大･スポーツ科学（スポーツ健康）A3 中京大･スポーツ科学（競技スポーツ）A3 中京大･スポーツ科学（スポーツマネ）A2 中京大･スポーツ科学（スポーツマネ）M3 京都産大･現代社会（健康スポーツ）前期2 京都産大･現代社会（健康スポーツ）中期
40	国士舘大･体育（体育）前期 国士舘大･体育（体育）中期 国士舘大･体育（スポーツ医科学）前期 国士舘大･体育（スポーツ医科学）中期 大東文化大･スポーツ健康（スポーツ科学）3独自 大東文化大･スポーツ健康（スポーツ科学）3英語 東海大･体育（体育）実技型 東海大･体育（競技スポ）実技型 東洋大･健康スポーツ（健康スポーツ）前3文 東洋大･健康スポーツ（健康スポーツ）前3英 日本大･スポーツ科学（競技スポ）N1期 中京大･スポーツ科学（スポーツ健康）A2 中京大･スポーツ科学（スポーツ健康）M3 中京大･スポーツ科学（スポーツ健康）M2 中京大･スポーツ科学（競技スポーツ）A2 中京大･スポーツ科学（競技スポーツ）M3 中京大･スポーツ科学（競技スポーツ）M2 中京大･スポーツ科学（トレーナー）A2 中京大･スポーツ科学（トレーナー）M2 中京大･スポーツ科学（スポーツマネ）M2
39	国士舘大･体育（体育）デリバ 国士舘大･体育（スポーツ医科学）デリバ 国士舘大･体育（こどもスポ）前期 国士舘大･体育（こどもスポ）中期 大東文化大･スポーツ健康（スポーツ科学）全前独 大東文化大･スポーツ健康（健康科学）3A英 帝京大･医療技術（スポ／健康スポ）Ⅰ期 東洋大･健康スポーツ（健康スポーツ）前4均 東洋大･健康スポーツ（健康スポーツ）前3理 日本体育大･体育（健康） 日本体育大･体育（体育）

合格目標ライン	大 学・学 部（学 科） 日程方式
39	日本体育大･児童スポーツ（児童／児童スポ） 福岡大･スポーツ科学（スポーツ科学）系統別 福岡大･スポーツ科学（健康運動科学）系統別
38	桜美林大･健康福祉（健康科学）前期3 桜美林大･健康福祉（健康科学）前期2 桜美林大･健康福祉（スポーツ科学）前期3 桜美林大･健康福祉（スポーツ科学）前期2 国士舘大･体育（武道）前期 国士舘大･体育（武道）中期 国士舘大･体育（こどもスポ）デリバ 大東文化大･スポーツ健康（スポーツ科学）全前英 大東文化大･スポーツ健康（健康科学）3A独 大東文化大･スポーツ健康（健康科学）全前独 大東文化大･スポーツ健康（健康科学）全前英 大東文化大･スポーツ健康（健康科学）3B英 福岡大･スポーツ科学（スポーツ科学）前期実 福岡大･スポーツ科学（スポーツ科学）前期小 福岡大･スポーツ科学（健康運動科学）前期
37	東京国際大･人間社会（スポーツ科学）Ⅱ期3 東京国際大･人間社会（スポーツ科学）Ⅱ期2 東京国際大･人間社会（スポーツ科学）Ⅰ期3 東京国際大･人間社会（スポーツ科学）Ⅰ期2 国士舘大･体育（武道）デリバ 大東文化大･スポーツ健康（健康科学）3B独 日本体育大･スポーツ文化（スポーツ国際） 帝京科学大･生命環境（生命／生命･健康）Ⅰ期 中部大･生命健康（スポーツ保健）前AM 神戸女大･健康福祉（健康スポーツ）前期B 神戸女大･健康福祉（健康スポーツ）前B3
36	東京国際大･人間社会（人間スポ）Ⅱ期3 東京国際大･人間社会（人間スポ）Ⅱ期2 東京国際大･人間社会（人間スポ）Ⅰ期3 東京国際大･人間社会（人間スポ）Ⅰ期2 帝京平成大･健康医療（医療スポ／トレーナー）Ⅰ期 東海大･体育（武道）文理前 東海大･体育（武道）筆記型 日本体育大･スポーツマネ（スポーツマネ） 日本体育大･スポーツマネ（スポーツライ） 中部大･生命健康（スポーツ保健）前BM 神戸女大･健康福祉（健康スポーツ）前期A
35	東海大･体育（武道）実技型 日本体育大･スポーツ文化（武道教育） 常葉大･健康プロデュ（心身マネジ）前期3 常葉大･健康プロデュ（心身マネジ）前期2 中部大･生命健康（スポーツ保健）前A
34	帝京平成大･健康医療（医療スポ／アスリート）Ⅰ期
32	流通経大･スポーツ（スポーツ健康）選択1
31	流通経大･スポーツ（スポーツ健康）3科1 流通経大･スポーツ（スポーツ健康）2科1 流通経大･スポーツ（スポーツ健康）2科2 流通経大･スポーツ（スポーツ健康）3科2 流通経大･スポーツ（スポーツ健康）選択2 流通経大･スポーツ（スポーツコミ）3科1 流通経大･スポーツ（スポーツコミ）2科1 流通経大･スポーツ（スポーツコミ）2科2 流通経大･スポーツ（スポーツコミ）選択1 流通経大･スポーツ（スポーツコミ）選択2 聖徳大･教育（教育／スポーツ）A 帝京平成大･人文社会（経営／トレーナー）Ⅰ期
30	流通経大･スポーツ（スポーツコミ）3科2

’24
年度

国公立大学
合格目標ライン一覧表

資料提供　駿台予備学校

●この合格目標ライン一覧は，’24年度の国公立大学の一般選抜の合格レベルを予想したものです。

●合格目標ラインの偏差値は，’23年９月実施の第２回駿台全国模試の結果に基づいています。また，合格目標ラインの評価は，’23年度入試における各大学の合格ラインの分布と駿台実施模試の累計データ，さらに’23年駿台全国模試受験生の志望動向を総合的に分析して算出しています。

●偏差値は各大学の入試教科数などを加味して算出しています。

●合格目標ラインとして示した偏差値は，合格可能性80%に相当する駿台全国模試の偏差値です。

●一覧表は系統別にまとめています。大学の配列は偏差値の高い順ですが，同一偏差値内では，北→南に配列しています。なお，本文で紹介している大学のみを掲載しています。

●大学名・学部名・学科名は，誌面の都合上，略記している場合があります。

注）本一覧表における偏差値は，入試の難易度を示したものであり，各大学の教育内容や社会的な位置づけを示したものではありません。

人文科学部系統

合格目標ライン	日程	大学・学部（学科）
66	前	東大・文三
64	前	京大・文（人文）
61	前	阪大・文（人文）
	後	筑波大・人間（心理）
	後	お茶の水女大・文教育（人文科学）
60	後	北大・文（人文科学）
	後	京都府大・文（歴史）
	後	神戸大・文（人文）
59	前	筑波大・人間（心理）
	前	京都府大・文（歴史）
58	前	北大・文（人文科学）
	後	筑波大・人文・文化（人文）
	後	九大・文（人文）
57	前	筑波大・人文・文化（人文）
	前	筑波大・人文・文化（比較文化）
	前	お茶の水女大・文教育（人文科学）
	前	お茶の水女大・生活科学（心理）
	前	名大・文（人文）
56	前	筑波大・総合選抜文系
	前	お茶の水女大・文教育（言語文化）
	前	神戸大・文（人文）
	前	九大・文（人文）
	後	広島大・教育（人間／心理学系）
55	前	東北大・文（人文社会）
	前	千葉大・文（人文／歴史）
	前	千葉大・文（人文／国際言語）
	前	京都府大・文（国際文化交流）
	中	都留文科大・文（国文）
	後	千葉大・文（人文／歴史）
	後	東京都大・人文社会（人文）
	後	京都府大・文（国際文化交流）
	後	大阪公立大・文
	後	奈良女大・文
54	前	千葉大・文（人文／日本ユーラ）
	前	東京都大・人文社会（人文）
	前	京都府大・文（日本・中国文）
	前	大阪公立大・文
	前	広島大・教育（人間／心理学系）
	中	都留文科大・文（英文）３科目
	後	京都府大・文（日本・中国文）
53	中	都留文科大・文（英文）５科目
	後	名古屋市大・人文社会（国際文化）
52	前	名古屋市大・人文社会（国際文化）
	前	奈良女大・文
	後	埼玉大・教養（教養）
	後	広島大・文（人文）
	後	熊本大・文（歴史）
	後	熊本大・文（文）
51	前	埼玉大・教養（教養）
	前	金沢大・人間社会（人文）
	前	大阪公立大・現代システム科学域（心理学類）理・数
	前	岡山大・文（人文）
	前	広島大・文（人文）
	前	長崎大・多文化社会（多文化社会）
	前	熊本大・文（文）
	中	都留文科大・教養（比較文化）
	後	新潟大・人文（人文）
	後	静岡大・人文社会科学（言語文化）
50	前	横浜国大・教育（学校／心理学）
	前	新潟大・人文（人文）
	前	都留文科大・文（英文）３科目
	前	岐阜大・教育（学校／心理）
	前	静岡大・人文社会科学（言語文化）
	前	静岡県大・国際関係（国際言語文化）
	前	大阪公立大・現代システム科学域（心理学類）英・国
	前	長崎大・多文化社会（多文化／オランダ）
	前	熊本大・文（歴史）
	後	信州大・人文（人文）
	後	愛知県大・日本文化（国語国文）
49	前	都留文科大・文（英文）５科目
	前	都留文科大・文（国文）
	前	信州大・人文（人文）
	前	愛知県大・日本文化（国語国文）
	前	熊本県大・文（日本語日本文）
	前	鹿児島大・法文（人文／心理）
	後	岩手大・人文社会（人間文化）
	後	茨城大・人文社会科学（人間文化）
	後	愛知県大・日本文化（歴史文化）
	後	三重大・人文（文化）
	後	熊本県大・文（英語英米文）
	後	鹿児島大・法文（人文／多元地域）
48	前	岩手大・人文社会（人間文化）
	前	茨城大・人文社会科学（人間文化）
	前	都留文科大・教養（比較文化）
	前	愛知県大・日本文化（歴史文化）
	前	三重大・人文（文化）
	前	熊本県大・文（英語英米文）
	前	大分大・福祉健康科学（福祉／心理）
	前	鹿児島大・法文（人文／多元地域）
	後	弘前大・人文社会科学（文化創生）
	後	富山大・人文（人文）
	後	島根大・法文（言語文化）
	後	山口大・人文（人文）
	後	熊本県大・文（日本語日本文）
47	前	弘前大・人文社会科学（文化創生）
	前	弘前大・医（心理支援）
	前	福島大・人文社会（人間／心理幼児）表現基
	前	富山大・人文（人文）
	前	島根大・法文（言語文化）
	前	県立広島大・地域創生（地域／地域文化）
	前	山口大・人文（人文）
	前	香川大・医（臨床心理）
	後	県立広島大・地域創生（地域創生）経過選
	後	高知大・人文社会科学（人文／人文科学）
	後	北九州市大・文（比較文化）
46	前	福島大・人文社会（人間／人文科学）国語
	前	福島大・人文社会（人間／人文科学）英語
	前	高知大・人文社会科学（人文／人文科学）
	前	北九州市大・文（比較文化）
	後	滋賀県大・人間文化（地域文化）
	後	鳥取大・地域（地域／国際地域）
	後	琉球大・人文社会（琉球アジア）
45	前	福島大・人文社会（人間／心理幼児）小論文
	前	滋賀県大・人間文化（地域文化）
	前	鳥取大・地域（地域／国際地域）
	前	琉球大・人文社会（琉球アジア）
44	前	山形大・地域教育文化（地域／文化創生）
	前	福島大・人文社会（人間／人文科学）小論文
	前	愛媛大・社会共創（地域／文化資源）
	後	山形大・地域教育文化（地域／文化創生）

外国語学部系統

合格目標ライン	日程	大学・学部（学科）
62	前	東京外大·言語文化（言語／英語）
61	前	東京外大·言語文化（言語／スペイン語）
60	前	東京外大·言語文化（言語／ドイツ語）
	前	東京外大·言語文化（言語／フランス語）
	前	東京外大·言語文化（言語／イタリア語）
	前	阪大·外国語（外／英語）
59	前	東京外大·言語文化（言語／ポルトガル語）
	前	東京外大·言語文化（言語／ロシア語）
	前	東京外大·国際日本（国際日本）
	前	阪大·外国語（外／フランス語）
	前	阪大·外国語（外／スペイン語）
58	前	東京外大·言語文化（言語／中国語）
	前	東京外大·言語文化（言語／中央ヨーロ）
	前	阪大·外国語（外／スウェーデン語）
	前	阪大·外国語（外／ドイツ語）
	前	阪大·外国語（外／イタリア語）
57	前	東京外大·言語文化（言語／朝鮮語）
	前	東京外大·言語文化（言語／東南アジア1）
	前	東京外大·言語文化（言語／中東）
	前	阪大·外国語（外／中国語）
	前	阪大·外国語（外／ロシア語）
	前	阪大·外国語（外／ハンガリー語）
	前	阪大·外国語（外／デンマーク語）
	前	阪大·外国語（外／ポルトガル語）
	前	阪大·外国語（外／日本語）
	前	神戸市外大·外国語（英米）
56	前	東京外大·言語文化（言語／東南アジア2）
	前	東京外大·言語文化（言語／南アジア）
	前	阪大·外国語（外／朝鮮語）
	前	阪大·外国語（外／インドネシア語）
	前	阪大·外国語（外／アラビア語）
	前	阪大·外国語（外／ペルシア語）
	前	阪大·外国語（外／トルコ語）
	前	神戸市外大·外国語（イスパニア）
	後	神戸市外大·外国語（英米）
55	前	東京外大·言語文化（言語／中央アジア）
	前	阪大·外国語（外／モンゴル語）
	前	阪大·外国語（外／フィリピン語）
	前	阪大·外国語（外／タイ語）
	前	阪大·外国語（外／ベトナム語）
	前	阪大·外国語（外／ビルマ語）
	前	阪大·外国語（外／ヒンディー語）
	前	阪大·外国語（外／ウルドゥー語）
	前	阪大·外国語（外／スワヒリ語）
	前	神戸市外大·外国語（中国）
	前	神戸市外大·外国語（ロシア）
	後	神戸市外大·外国語（イスパニア）
54	後	神戸市外大·外国語（中国）
	後	神戸市外大·外国語（ロシア）
53	中	都留文科大·教養（国際教育）
52	後	愛知県大·外国語（英米）
	後	北九州市大·外国語（英米）
51	前	愛知県大·外国語（英米）
	前	愛知県大·外国語（ヨーロッパ／ポルトガル語圏）
	前	北九州市大·外国語（英米）
	後	愛知県大·外国語（ヨーロッパ／フランス語圏）
	後	愛知県大·外国語（ヨーロッパ／スペイン語圏）
	後	愛知県大·外国語（ヨーロッパ／ポルトガル語圏）
50	前	都留文科大·教養（国際教育）
	前	愛知県大·外国語（ヨーロッパ／フランス語圏）
	前	愛知県大·外国語（ヨーロッパ／スペイン語圏）
	前	神戸市外大·外国語2（英米）
	後	愛知県大·外国語（中国）
	後	愛知県大·外国語（ヨーロッパ／ドイツ語圏）
49	前	愛知県大·外国語（中国）
	前	愛知県大·外国語（ヨーロッパ／ドイツ語圏）
	前	北九州市大·外国語（中国）
	後	北九州市大·外国語（中国）
48	後	神戸市外大·外国語2（英米）
47	前	山形大·人文社会科学（人文／グローバル）

法学部系統

合格目標ライン	日程	大学・学部（学科）
68	前	東大·文一
67	後	京大·法 特色
65	前	京大·法
64	前	一橋大·法（法律）
62	前	阪大·法（国際公共政策）
61	前	阪大·法（法）
59	後	神戸大·法（法律）
58	前	東北大·法（法）
	前	名大·法（法律·政治）
	後	千葉大·法政経（法政経）
	後	九大·法
57	前	神戸大·法（法律）
	前	九大·法
	後	北大·法（法）
55	前	北大·法（法）
	後	東京都大·法（法）
	後	大阪公立大·法（法）
54	前	東京都大·法（法）
	前	大阪公立大·法（法）
	後	広島大·法（法）
53	前	千葉大·法政経（法政経）
	後	高崎経大·地域政策 3教科
52	前	高崎経大·地域政策 3教科
	前	金沢大·人間社会（法）
	後	高崎経大·地域政策 5教科
	後	京都府大·公共政策（公共政策）
51	前	高崎経大·地域政策 5教科
	前	岡山大·法（法）
	前	広島大·法（法）
	後	熊本大·法（法）
50	前	信州大·経法（総合法律）
	前	京都府大·公共政策（公共政策）
	前	熊本大·法（法）
	後	新潟大·法（法）
	後	岐阜大·地域科学
	後	静岡大·人文社会科学（法）
	後	三重大·人文（法律経済）
	後	鹿児島大·法文（法経／法）
49	前	新潟大·法（法）
	前	岐阜大·地域科学
	前	静岡大·人文社会科学（法）
	前	三重大·人文（法律経済）
	前	香川大·法（法）
	前	鹿児島大·法文（法経／法）
	後	茨城大·人文社会科学（法律経済）
48	前	茨城大·人文社会科学（法律経済）
	後	香川大·法（法）
47	後	岩手大·人文社会（地域政策）
	後	島根大·法文（法経）
46	前	岩手大·人文社会（地域政策）
	前	山形大·人文社会科学（人文／法政経）
	前	島根大·法文（法経）
	前	岡山大·法夜（法）
	前	広島大·法夜（法）

合格目標ライン	日程	大学・学部（学科）
46	後	秋田大・教育文化（地域文化）
	後	山形大・人文社会科学（人文／法政経）
	後	宇都宮大・地域デザ（コミュニ）
	後	北九州市大・法（政策科学）
	後	北九州市大・法（法律）
45	前	秋田大・教育文化（地域文化）
	前	宇都宮大・地域デザ（コミュニ）
	前	高知大・人文社会科学（人文／社会科学）A
	前	高知大・人文社会科学（人文／社会科学）B
	前	北九州市大・法（政策科学）
	前	北九州市大・法（法律）

合格目標ライン	日程	大学・学部（学科）
45	前	長崎県大・地域創造（公共政策）数学
	後	福島大・人文社会（行政政策）
	後	鳥取大・地域（地域／地域創造）
	後	広島大・法夜（法）
	後	長崎県大・地域創造（公共政策）
44	前	福島大・人文社会（行政政策）
	前	鳥取大・地域（地域／地域創造）
	前	長崎県大・地域創造（公共政策）英語
	前	琉球大・人文社会（国際法政）
43	後	琉球大・人文社会（国際法政）

経済・経営・商学部系統

合格目標ライン	日程	大学・学部（学科）
70	後	一橋大・経済（経済）
67	前	東大・文二
65	前	京大・経済（経済経営）文系
63	前	一橋大・経済（経済）
	前	一橋大・商
	前	京大・経済（経済経営）理系
60	前	阪大・経済（経済・経営）
	後	東北大・経済 文系
	後	横浜国大・経済（経済／DSEP）
	後	横浜国大・経営（経営／DSEP）
59	後	東北大・経済 理系
58	後	横浜国大・経済（経済／LBEEP）
57	前	東北大・経済 文系
	前	横浜国大・経済（経済／DSEP）
	前	横浜国大・経済（経済／LBEEP）
	前	横浜国大・経営（経営／DSEP）
	前	名大・経済
	前	神戸大・経済（経済）数学
	前	神戸大・経営（経営）
	後	横浜国大・経済（経済）
	後	名古屋市大・経済 M
	後	大阪公立大・経済（経済）高得点
	後	大阪公立大・商
	後	九大・経済（経済・経営）
56	前	東北大・経済 理系
	前	神戸大・経済（経済）英数
	前	神戸大・経済（経済）総合
	前	九大・経済（経済・経営）
	後	北大・経済
	後	横浜国大・経営（経営）
55	前	北大・経済
	後	九大・経済（経済工）
54	前	横浜国大・経営（経営）
	前	大阪公立大・商
	後	東京都大・経済経営（経済経営）
	後	名古屋市大・経済 E
53	前	東京都大・経済経営（経済経営）一般
	前	東京都大・経済経営（経済経営）数理
	前	名古屋市大・経済
	前	大阪公立大・経済（経済）
	前	九大・経済（経済工）
	中	高崎経大・経済
	後	宇都宮大・データサイ経営（データサイエ）
	後	大阪公立大・経済（経済）ユニー
52	前	横浜国大・経済（経済）
	後	埼玉大・経済（経済）
	後	広島大・経済（経済）
51	前	埼玉大・経済（経済）一般枠
	前	埼玉大・経済（経済）国際プ
	前	横浜市大・国際商（国際商）B
	前	金沢大・人間社会（経済）
	前	岡山大・経済（経済）
50	前	宇都宮大・データサイ経営（データサイエ）

合格目標ライン	日程	大学・学部（学科）
50	前	横浜市大・国際商（国際商）A
	前	信州大・経法（応用経済）
	前	岐阜大・社会システム経営学環
	前	広島大・経済（経済）
49	前	高崎経大・経済
	後	静岡大・人文社会科学（経済）
	後	静岡県大・経営情報（経営情報）
	後	滋賀大・経済（総合経済）A国外
	後	滋賀大・経済（総合経済）B国外
48	前	静岡大・人文社会科学（経済）
	前	静岡県大・経営情報（経営情報）
	前	滋賀大・経済（総合経済）A国外
	前	滋賀大・経済（総合経済）B国外
	前	山口大・経済
	前	北九州市大・経済（経営情報）数学
	前	北九州市大・経済（経済）数学
	前	大分大・経済（総合経済）
	後	富山大・経済（経済経営）
	後	滋賀大・経済（総合経済）A数外
	後	滋賀大・経済（総合経済）B数外
	後	兵庫県大・国際商経（国際／経済経営）
47	前	新潟大・経済科学（総合経済）
	前	富山大・経済（経済経営）
	前	滋賀大・経済（総合経済）A数外
	前	滋賀大・経済（総合経済）B数外
	前	和歌山大・観光（観光）
	後	新潟大・経済科学（総合経済）
	後	山口大・経済
	後	北九州市大・経済（経営情報）
	後	北九州市大・経済（経済）
	後	長崎大・経済（総合経済）
	後	大分大・経済（総合経済）
46	前	兵庫県大・国際商経（国際／経済経営）
	前	県立広島大・地域創生（地域／地域産業）応用情
	前	香川大・経済（経済）
	前	北九州市大・経済（経営情報）英語
	前	北九州市大・経済（経済）英語
	前	長崎大・経済（総合経済）
	前	長崎県大・経営（国際経営）
	前	長崎県大・地域創造（実践経済）数学
	後	宮城大・事業構想
	後	滋賀大・経済夜（総合経済）B
	後	和歌山大・経済（経済）
	後	香川大・経済（経済）
	後	佐賀大・経済（経済）
	後	佐賀大・経済（経営）
	後	佐賀大・経済（経済法）
	後	長崎県大・経営（国際経営）
45	前	宮城大・事業構想
	前	滋賀大・経済夜（総合経済）B
	前	和歌山大・経済（経済）
	前	愛媛大・社会共創（産業マネジ）
	前	佐賀大・経済（経済）

合格目標ライン	日程 大学・学部（学科）
45	前 佐賀大·経済（経営） 前 佐賀大·経済（経済法） 後 滋賀大·経済夜（総合経済）A 後 長崎県大·地域創造（実践経済）
44	前 滋賀大·経済夜（総合経済）A 前 県立広島大·地域創生（地域／地域産業）経営志 前 高知大·地域協働（地域協働） 前 長崎県大·経営（経営） 前 長崎県大·地域創造（実践経済）英語 後 福島大·人文社会（経済経営）

合格目標ライン	日程 大学・学部（学科）
44	後 長崎県大·経営（経営）
43	前 福島大·人文社会（経済経営） 前 岡山大·経済夜（経済）
42	後 琉球大·国際地域夜（国際地域）国際的
41	前 広島大·経済夜（経済） 前 琉球大·国際地域夜（国際地域）国際的 後 広島大·経済夜（経済） 後 琉球大·国際地域夜（国際地域）論理的
40	前 琉球大·国際地域夜（国際地域）論理的

社会学部系統

合格目標ライン	日程 大学・学部（学科）
63	前 一橋大·社会（社会）
59	前 筑波大·社会·国際（社会） 後 お茶の水女大·文教育（人間社会／社会学）
56	前 お茶の水女大·文教育（人間社会／社会学） 後 東京都大·人文社会（人間社会）
55	前 東京都大·人文社会（人間社会）
52	前 金沢大·人間社会（地域創造） 後 東京都大·都市環境（観光科学） 後 名古屋市大·人文社会（現代社会） 後 京都府大·公共政策（福祉社会）
51	前 名古屋市大·人文社会（現代社会） 前 大阪公立大·生活科学（人間福祉）
50	前 東京都大·都市環境（観光科学） 前 金沢大·融合学域（観光デザイン学類）文系 前 京都府大·公共政策（福祉社会） 後 静岡大·グローバル共創（グローバル共創）
49	前 金沢大·融合学域（観光デザイン学類）理系 前 静岡大·グローバル共創（グローバル共創） 前 大阪公立大·現代システム科学域（教育福祉学類） 後 茨城大·人文社会科学（現代社会） 後 静岡大·人文社会科学（社会） 後 愛知県大·教育福祉（社会福祉）
48	前 茨城大·人文社会科学（現代社会） 前 静岡大·人文社会科学（社会） 前 愛知県大·教育福祉（社会福祉） 中 都留文科大·教養（地域社会）

合格目標ライン	日程 大学・学部（学科）
48	後 鹿児島大·法文（法経／地域経済）
47	前 埼玉県大·保健医療福祉（社会／社会福祉） 後 弘前大·人文社会科学（社会経営） 後 島根大·法文（社会文化） 後 県立広島大·保健福祉（保健／人間福祉） 後 愛媛大·法文（人文社会） 後 大分大·福祉健康科学（福祉／社会福祉）
46	前 弘前大·人文社会科学（社会経営）国語 前 弘前大·人文社会科学（社会経営）数学 前 都留文科大·教養（地域社会） 前 島根大·法文（社会文化） 前 県立広島大·保健福祉（保健／人間福祉） 前 愛媛大·法文（人文社会） 前 大分大·福祉健康科学（福祉／社会福祉） 前 鹿児島大·法文（法経／地域経済）
45	前 山梨大·生命環境（地域社／観光政策） 後 琉球大·国際地域（国際地域）国際的
44	前 琉球大·国際地域（国際地域）国際的 前 琉球大·国際地域（国際地域）数学的 後 琉球大·人文社会（人間社会） 後 琉球大·国際地域（国際地域）論理的
43	前 愛媛大·法文夜（人文社会） 前 琉球大·人文社会（人間社会） 前 琉球大·国際地域（国際地域）論理的 後 愛媛大·法文夜（人文社会）
42	前 北九州市大·地域創生（地域創生）

国際関係学部系統

合格目標ライン	日程　大学・学部（学科）
64	後 東京外大･国際社会(国際／北西ヨーロ)
63	前 東京外大･国際社会(国際／北西ヨーロ) 後 東京外大･国際社会(国際／中央ヨーロ) 後 東京外大･国際社会(国際／イベ･ラテ)
62	前 東京外大･国際社会(国際／中央ヨーロ) 前 東京外大･国際社会(国際／イベ･ラテ) 後 東京外大･国際社会(国際／西南ヨーロ)
61	前 東京外大･国際社会(国際／西南ヨーロ) 後 東京外大･国際社会(国際／ロシア中央) 独 国際教養大･国際教養(国際教養)A
60	前 東京外大･国際社会(国際／オセアニア) 前 東京外大･国際社会(国際／ロシア) 独 国際教養大･国際教養(国際教養)C
59	後 東京外大･国際社会(国際／東アジア) 後 東京外大･国際社会(国際／中東) 後 東京外大･国際社会(国際／アフリカ) 独 国際教養大･国際教養(国際教養)B
58	前 筑波大･社会･国際(国際総合) 前 東京外大･国際社会(国際／東アジア) 前 東京外大･国際社会(国際／中東) 前 東京外大･国際社会(国際／アフリカ) 後 東京外大･国際社会(国際／東南アジア1) 後 神戸大･国際人間科学(グローバル)
57	前 東京外大･国際社会(国際／東南アジア1) 前 神戸大･国際人間科学(グローバル) 後 東京外大･国際社会(国際／東南アジア2) 後 東京外大･国際社会(国際／南アジア)
56	前 千葉大･国際教養(国際教養)

合格目標ライン	日程　大学・学部（学科）
56	前 東京外大･国際社会(国際／東南アジア2) 前 東京外大･国際社会(国際／南アジア) 前 東京外大･国際社会(国際／中央アジア) 前 神戸市外大･外国語(国際関係)
55	後 神戸市外大･外国語(国際関係)
53	前 横浜市大･国際教養(国際教養)B
52	前 横浜市大･国際教養(国際教養)A 前 金沢大･人間社会(国際) 後 福井大･国際地域(国際地域)
51	前 宇都宮大･国際(国際)
50	前 福井大･国際地域(国際地域) 前 静岡県大･国際関係(国際関係) 前 北九州市大･外国語(国際関係) 後 愛知県大･外国語(国際関係) 後 滋賀県大･人間文化(国際コミュニ) 後 長崎県大･国際社会(国際社会)
49	前 愛知県大･外国語(国際関係) 前 滋賀県大･人間文化(国際コミュニ) 後 山口大･国際総合科学(国際総合科学) 後 北九州市大･外国語(国際関係)
48	前 山口大･国際総合科学(国際総合科学) 前 長崎県大･国際社会(国際社会)
47	前 兵庫県大･国際商経(国際／グロー) 後 高知大･人文社会科学(人文／国際社会)
46	前 高知大･人文社会科学(人文／国際社会)
44	後 秋田大･国際資源(国際／資源政策)
43	前 秋田大･国際資源(国際／資源政策)

教員養成・教育学部系統

合格目標ライン	日程	大学・学部（学科）
64	前	京大·教育（教育科学）文系
61	前	京大·教育（教育科学）理系
59	後	筑波大·人間（教育）
58	前	名大·教育（人間発達）
	後	筑波大·人間（障害科学）
	後	神戸大·国際人間科学（子ども教育）
57	前	筑波大·人間（教育）
	前	筑波大·人間（障害科学）
	後	東京学芸大·教育（学校教育／初等学校心理）
	後	東京学芸大·教育（学校教育／中等社会）
56	前	東京学芸大·教育（学校教育／中等英語）
	前	東京学芸大·教育（学校教育／初等英語）
	前	東京学芸大·教育（学校教育／初等学校心理）
	前	東京学芸大·教育（学校教育／中等社会）
	前	神戸大·国際人間科学（子ども教育）
	前	九大·教育
	後	北大·教育（教育）
55	前	東北大·教育（教育科学）
	前	広島大·教育（言語／英語文化系）
	後	東京学芸大·教育（学校教育／初等社会）
	後	東京学芸大·教育（学校教育／初等学校教育）
	後	広島大·教育（科学／数理系）
54	前	北大·教育（教育）
	前	千葉大·教育（学校／中学数学）
	前	東京学芸大·教育（学校教育／初等社会）
	前	東京学芸大·教育（学校教育／初等学校教育）
	前	東京学芸大·教育（学校教育／中等国語）
	前	広島大·教育（学校／初等）
	後	東京学芸大·教育（教育支援／多文化共生）
	後	東京学芸大·教育（学校教育／初等国語）
	後	東京学芸大·教育（学校教育／初等環境教育）
	後	広島大·教育（人間／教育学系）
53	前	千葉大·教育（学校／小学校）
	前	千葉大·教育（学校／中学理科）
	前	千葉大·教育（学校／乳幼児）
	前	お茶の水女大·文教育（人間社会／教育子ども）
	前	東京学芸大·教育（教育支援／多文化共生）
	前	東京学芸大·教育（学校教育／初等国語）
	前	東京学芸大·教育（学校教育／初等環境教育）
	前	岡山大·教育（学校／小学校）
	前	岡山大·教育（学校／幼児）
	前	広島大·教育（科学／数理系）
	前	広島大·教育（言語／日本語系）
	前	広島大·教育（人間／教育学系）
	後	お茶の水女大·文教育（人間社会／教育子ども）
	後	東京学芸大·教育（教育支援／生涯学習）
	後	東京学芸大·教育（学校教育／中等数学）
	後	東京学芸大·教育（学校教育／中等理科）
	後	広島大·教育（科学／社会系）
52	前	埼玉大·教育（学校／中学校·社会）
	前	埼玉大·教育（学校／中学校·言語）国語
	前	埼玉大·教育（学校／中学校·言語）英語
	前	埼玉大·教育（学校／中学校·自然）数学
	前	埼玉大·教育（学校／中学校·自然）理科
	前	千葉大·教育（学校／中学国語）
	前	千葉大·教育（学校／中学社会）
	前	千葉大·教育（学校／英語）
	前	東京学芸大·教育（教育支援／生涯学習）
	前	東京学芸大·教育（学校教育／中等数学）
	前	東京学芸大·教育（学校教育／中等理科）
	前	金沢大·人間社会（学校教育）A
	前	金沢大·人間社会（学校教育）B
	前	広島大·教育（言語／国語文化系）
	後	東京学芸大·教育（学校教育／特別支援）
	後	東京学芸大·教育（学校教育／初等数学）
	後	東京学芸大·教育（学校教育／初等理科）
	後	広島大·教育（科学／自然系）
	後	広島大·教育（科学／技術情報系）

合格目標ライン	日程	大学・学部（学科）
51	前	東京学芸大·教育（学校教育／特別支援）
	前	東京学芸大·教育（学校教育／初等数学）
	前	東京学芸大·教育（学校教育／初等理科）
	前	東京学芸大·教育（学校教育／初等国際教育）
	前	静岡大·教育（学校／英語）
	前	岡山大·教育（学校／中学校）文系
	前	岡山大·教育（学校／中学校）理系
	前	岡山大·教育（学校／特別支援）
	前	広島大·教育（科学／自然系）
	前	広島大·教育（科学／技術情報系）
	前	広島大·教育（科学／社会系）
	前	長崎大·教育（学校／中学文系）
	前	熊本大·教育（学校教育／英語）
	前	大分大·教育（学校／初等中等）
	前	宮崎大·教育（学校／中学校）
	後	埼玉大·教育（学校／小学校·言語）国語
	後	東京学芸大·教育（教育支援／情報教育）
	後	宮崎大·教育（学校／小学校）
50	前	群馬大·共同教育（学校／英語）
	前	埼玉大·教育（養護教諭）
	前	埼玉大·教育（学校／乳幼児）
	前	埼玉大·教育（学校／小学校·教育）
	前	埼玉大·教育（学校／小学校·心理）
	前	埼玉大·教育（学校／小学校·社会）
	前	埼玉大·教育（学校／小学校·言語）国語
	前	埼玉大·教育（学校／小学校·言語）英語
	前	埼玉大·教育（学校／小学校·自然）算数
	前	埼玉大·教育（学校／小学校·自然）理科
	前	千葉大·教育（学校／特別支援）
	前	千葉大·教育（学校／養護教諭）
	前	東京学芸大·教育（学校教育／養護教育）
	前	東京学芸大·教育（教育支援／カウンセ）
	前	東京学芸大·教育（教育支援／情報教育）
	前	東京学芸大·教育（学校教育／初等幼児教育）
	前	横浜国大·教育（学校／言文社）
	前	信州大·教育（学校／社会科）
	前	信州大·教育（学校／英語）
	前	信州大·教育（学校／心理支援）
	前	岐阜大·教育（学校／英語）
	前	静岡大·教育（学校／教育心理）
	前	静岡大·教育（学校／幼児教育）
	前	岡山大·教育（養護教諭）
	前	広島大·教育（学校／特別支援）
	前	広島大·教育（生涯／音楽文化系）
	前	山口大·教育（学校／英語）
	前	山口大·教育（学校／小学心理）
	前	香川大·教育（学校／中学校）A系
	前	香川大·教育（学校／中学校）B系
	前	香川大·教育（学校／中学校）C系
	前	長崎大·教育（学校／幼児）
	前	長崎大·教育（学校／中学理系）
	前	宮崎大·教育（学校／小学校）
	前	宮崎大·教育（学校／小学校）理系型
	前	宮崎大·教育（学校／中学校）理系型
	中	都留文科大·教養（学校教育）5科目
	後	茨城大·教育（学校／英語）
	後	群馬大·共同教育（学校／理科）
	後	埼玉大·教育（学校／乳幼児）
	後	東京学芸大·教育（学校教育／中等情報）
	後	福井大·教育（学校／中等教育）統合型
	後	福井大·教育（学校／初等教育）統合型
	後	信州大·教育（学校／英語）
	後	信州大·教育（学校／心理支援）
	後	静岡大·教育（学校／教育実践）
	後	静岡大·教育（学校／特別支援）
	後	静岡大·教育（学校／国語）
	後	静岡大·教育（学校／数学）
	後	静岡大·教育（学校／理科）

合格目標ライン	日程 大学・学部（学科）
50	後 静岡大･教育（学校／養護教育）
	後 愛知県大･教育福祉（教育／小学校）
	後 愛知県大･教育福祉（教育／保育幼児）
	後 広島大･教育（生涯／人間生活系）
	後 香川大･教育（学校／中学校）
	後 大分大･教育（学校／初等中等）
	後 鹿児島大･教育（学校／初等一般）文系型
	後 鹿児島大･教育（学校／初等一般）理系型
49	前 弘前大･教育（学校／中学英語）
	前 茨城大･教育（学校／英語）
	前 群馬大･共同教育（学校／理科）
	前 東京学芸大･教育（学校教育／中等情報）
	前 東京学芸大･教育（教育支援／ソーシャル）
	前 東京学芸大･教育（教育支援／表現教育）
	前 横浜国大･教育（学校／自然生活）
	前 福井大･教育（学校／中等教育）文系型
	前 山梨大･教育（学校／幼小発達）
	前 信州大･教育（学校／現代教育）
	前 信州大･教育（学校／国語）
	前 岐阜大･教育（学校／国語）
	前 岐阜大･教育（学校／教職基礎）
	前 静岡大･教育（学校／教育実践）
	前 静岡大･教育（学校／特別支援）
	前 静岡大･教育（学校／国語）
	前 静岡大･教育（学校／数学）
	前 静岡大･教育（学校／理科）
	前 静岡大･教育（学校／初等学習）
	前 静岡大･教育（学校／養護教育）
	前 愛知県大･教育福祉（教育／小学校）
	前 愛知県大･教育福祉（教育／保育幼児）
	前 三重大･教育（学校／幼児教育）
	前 三重大･教育（学校／英語･中等）
	前 三重大･教育（学校／教育心理）
	前 岡山大･教育（学校／中学校）実技系
	前 広島大･教育（生涯／人間生活系）
	前 山口大･教育（学校／小学教育）
	前 山口大･教育（学校／小学国際）
	前 香川大･教育（学校／幼児教育）
	前 香川大･教育（学校／小学校）
	前 愛媛大･教育（学校／幼年教育）
	前 愛媛大･教育（学校／小学校教育）
	前 愛媛大･教育（学校／言語社会）
	前 愛媛大･教育（学校／科学教育）
	前 長崎大･教育（学校／小学校）
	前 熊本大･教育（学校教育／小学校）
	前 熊本大･教育（学校教育／数学）
	前 大分大･教育（学校／特別支援）
	前 宮崎大･教育（学校／教職実践）
	前 宮崎大･教育（学校／子ども）
	前 鹿児島大･教育（学校／初等一般）文系型
	前 鹿児島大･教育（学校／初等一般）理系型
	前 鹿児島大･教育（学校／中等英語）
	前 鹿児島大･教育（学校／中等数学）
	中 都留文科大･教養（学校教育）3科目
	後 弘前大･教育（学校／小学校）
	後 岩手大･教育（学校／小学校）
	後 秋田大･教育文化（学校／こども）
	後 茨城大･教育（学校／国語）
	後 群馬大･共同教育（学校／国語）
	後 群馬大･共同教育（学校／数学）
	後 山梨大･教育（学校／幼小発達）
	後 信州大･教育（学校／社会科）
	後 信州大･教育（学校／現代教育）
	後 信州大･教育（学校／国語）
	後 静岡大･教育（学校／社会）
	後 香川大･教育（学校／小学校）
	後 愛媛大･教育（学校／小学校教育）
	後 愛媛大･教育（学校／言語社会）
	後 愛媛大･教育（学校／科学教育）
	後 愛媛大･教育（学校／生活健康）家庭
	後 愛媛大･教育（学校／生活健康）体･保
	後 愛媛大･教育（学校／生活健康）音楽
	後 愛媛大･教育（学校／生活健康）図･美
	後 佐賀大･教育（学校／幼小連携）
	後 佐賀大･教育（学校／中等教育）
48	前 弘前大･教育（養護教諭）
	前 弘前大･教育（学校／小学校）
	前 弘前大･教育（学校／中学国語）
	前 弘前大･教育（学校／中学理科）
	前 岩手大･教育（学校／小学校）
	前 岩手大･教育（学校／中学英語）
	前 秋田大･教育文化（学校／こども）
	前 茨城大･教育（学校／国語）
	前 宇都宮大･共同教育（学校／人文社会）
	前 宇都宮大･共同教育（学校／自然科学）
	前 群馬大･共同教育（学校／国語）
	前 群馬大･共同教育（学校／数学）
	前 群馬大･共同教育（学校／教育心理）
	前 埼玉大･教育（学校／特別支援）
	前 東京学芸大･教育（学校教育／初等ものづくり）
	前 横浜国大･教育（学校／特別支援）
	前 新潟大･教育（学校／英語）
	前 新潟大･教育（学校／教育心理）
	前 福井大･教育（学校／中等教育）理系型
	前 福井大･教育（学校／初等教育）文系型
	前 山梨大･教育（学校／科学教育）
	前 信州大･教育（学校／数学）
	前 信州大･教育（学校／理科）
	前 岐阜大･教育（学校／数学）
	前 岐阜大･教育（学校／理科）
	前 岐阜大･教育（学校／社会科）
	前 静岡大･教育（学校／社会）
	前 三重大･教育（学校／英語･初等）
	前 三重大･教育（学校／教育学）
	前 山口大･教育（学校／国語）
	前 山口大･教育（学校／数学）
	前 山口大･教育（学校／理科）
	前 山口大･教育（学校／幼児）
	前 高知大･教育（学校／幼児教育）
	前 佐賀大･教育（学校／幼小連携）
	前 佐賀大･教育（学校／中等教育）
	前 熊本大･教育（学校教育／国語）
	前 熊本大･教育（学校教育／社会）
	前 熊本大･教育（学校教育／理科）
	前 熊本大･教育（学校教育／養護教育）
	前 宮崎大･教育（学校／特別支援）
	前 鹿児島大･教育（学校／中等国語）
	前 鹿児島大･教育（学校／中等理科）
	後 秋田大･教育文化（学校／理数教育）
	後 秋田大･教育文化（学校／英語教育）
	後 秋田大･教育文化（学校／特別支援）
	後 茨城大･教育（養護教諭）
	後 茨城大･教育（学校／社会）
	後 茨城大･教育（学校／数学）
	後 茨城大･教育（学校／理科）
	後 茨城大･教育（学校／教育実践）
	後 群馬大･共同教育（学校／社会）
	後 富山大･教育（共同教員養成）
	後 山梨大･教育（学校／言語教育）
	後 山梨大･教育（学校／科学教育）
	後 信州大･教育（学校／数学）
	後 信州大･教育（学校／理科）
	後 三重大･教育（学校／特別支援）
	後 三重大･教育（学校／国語･中等）
	後 和歌山大･教育（学校／文科系）
	後 和歌山大･教育（学校／理科系）
	後 島根大･教育（学校Ⅰ類）
	後 佐賀大･教育（学校／初等教育）
	後 大分大･教育（学校／特別支援）
47	前 弘前大･教育（学校／特別支援）

国公立 教員養成・教育学部系統

合格目標ライン	日程	大学・学部（学科）
47	前	弘前大・教育（学校／中学数学）
	前	岩手大・教育（学校／中学国語）
	前	岩手大・教育（学校／理数数学）
	前	岩手大・教育（学校／理数理科）
	前	秋田大・教育文化（学校／教育実践）教科選
	前	秋田大・教育文化（学校／理数教育）
	前	秋田大・教育文化（学校／英語教育）
	前	茨城大・教育（養護教諭）
	前	茨城大・教育（学校／社会）
	前	茨城大・教育（学校／数学）
	前	茨城大・教育（学校／理科）
	前	茨城大・教育（学校／教育実践）
	前	群馬大・共同教育（学校／社会）
	前	埼玉県大・保健医療福祉（社会／福祉子ども）
	前	千葉大・教育（学校／中学技術）
	前	千葉大・教育（学校／小中家庭）
	前	東京学芸大・教育（学校教育／中等家庭）
	前	横浜国大・教育（学校／音楽）
	前	横浜国大・教育（学校／保健体）
	前	新潟大・教育（学校／理科）
	前	新潟大・教育（学校／学校）
	前	富山大・教育（共同教員養成）
	前	福井大・教育（学校／初等教育）理系型
	前	山梨大・教育（学校／言語教育）
	前	山梨大・教育（学校／生活社会）
	前	都留文科大・教養（学校教育）
	前	岐阜大・教育（学校／特別支援）
	前	静岡大・教育（学校／家庭）
	前	三重大・教育（学校／特別支援）
	前	三重大・教育（学校／国語・中等）
	前	三重大・教育（学校／理科・中等）
	前	三重大・教育（学校／数学・中等）
	前	和歌山大・教育（学校／文科系）
	前	島根大・教育（学校Ⅰ類）
	前	広島大・教育（生涯／造形芸術系）
	前	山口大・教育（学校／社会）
	前	山口大・教育（学校／情報教育）
	前	愛媛大・教育（学校／生活健康）家庭
	前	愛媛大・教育（学校／生活健康）体・保
	前	愛媛大・教育（学校／生活健康）音楽
	前	愛媛大・教育（学校／生活健康）図・美
	前	高知大・教育（学校／保健体育）
	前	佐賀大・教育（学校／初等教育）
	前	長崎大・教育（学校／特別支援）
	前	鹿児島大・教育（学校／中等社会）
	後	秋田大・教育文化（学校／教育実践）小論文
	後	山形大・地域教育文化（地域／児童教育）
	後	福島大・人文社会（人間発達文化）B系
	後	群馬大・共同教育（学校／特別支援）
	後	東京学芸大・教育（学校教育／中等音楽）
	後	山梨大・教育（学校／生活社会）
	後	信州大・教育（学校／特別支援）
	後	静岡大・教育（学校／家庭）
	後	三重大・教育（学校／国語・初等）
	後	三重大・教育（学校／社会・中等）
	後	滋賀大・教育（学校教育）
	後	鳥取大・地域（地域／人間形成）
	後	広島大・教育（生涯／造形芸術系）
	後	鹿児島大・教育（学校／特別支援）文系型
	後	鹿児島大・教育（学校／特別支援）理系型
46	前	弘前大・教育（学校／中学社会）
	前	弘前大・教育（学校／中学技術）
	前	弘前大・教育（学校／中学家庭）
	前	岩手大・教育（学校／中学社会）
	前	秋田大・教育文化（学校／特別支援）
	前	山形大・地域教育文化（地域／児童教育）
	前	宇都宮大・共同教育（学校／教育人間）
	前	群馬大・共同教育（学校／教育）
	前	群馬大・共同教育（学校／特別支援）
	前	東京学芸大・教育（学校教育／中等音楽）

合格目標ライン	日程	大学・学部（学科）
46	前	東京学芸大・教育（学校教育／中等美術）
	前	東京学芸大・教育（学校教育／中等保健体育）
	前	東京学芸大・教育（学校教育／中等技術）
	前	東京学芸大・教育（学校教育／初等家庭）
	前	横浜国大・教育（学校／美術）
	前	新潟大・教育（学校／数学）
	前	新潟大・教育（学校／特別支援）
	前	山梨大・教育（学校／障害児）
	前	信州大・教育（学校／特別支援）
	前	岐阜大・教育（学校／保健体育）
	前	岐阜大・教育（学校／技術）
	前	岐阜大・教育（学校／家政）
	前	静岡大・教育（学校／技術）
	前	三重大・教育（学校／国語・初等）
	前	三重大・教育（学校／社会・中等）
	前	三重大・教育（学校／理科・初等）
	前	三重大・教育（学校／数学・初等）
	前	和歌山大・教育（学校／理科系）
	前	鳥取大・地域（地域／人間形成）
	前	山口大・教育（学校／技術）
	前	山口大・教育（学校／家政）
	前	山口大・教育（学校／小学総合）
	前	愛媛大・教育（学校／特別支援）
	前	高知大・教育（学校／科学技術）
	前	熊本大・教育（学校教育／特別支援）
	前	熊本大・教育（学校教育／技術）
	前	熊本大・教育（学校教育／家庭）
	前	鹿児島大・教育（学校／中等技術）
	前	鹿児島大・教育（学校／中等家政）
	前	琉球大・教育（中学／英語）
	後	岩手大・教育（学校／特別支援）
	後	秋田大・教育文化（学校／教育実践）音楽
	後	福島大・人文社会（人間発達文化）A系
	後	茨城大・教育（学校／技術）
	後	茨城大・教育（学校／家庭）
	後	茨城大・教育（学校／特別支援）
	後	群馬大・共同教育（学校／技術）
	後	群馬大・共同教育（学校／家政）
	後	埼玉大・教育（学校／小学校・芸術）図工
	後	埼玉大・教育（学校／中学校・生活）技術
	後	東京学芸大・教育（学校教育／初等音楽）
	後	山梨大・教育（学校／障害児）
	後	信州大・教育（学校／家庭科）
	後	信州大・教育（学校／野外教育）
	後	三重大・教育（学校／社会・初等）
45	前	岩手大・教育（学校／特別支援）
	前	福島大・人文社会（人間／教育実践）
	前	福島大・人文社会（人間／特別支援）
	前	茨城大・教育（学校／技術）
	前	茨城大・教育（学校／家庭）
	前	茨城大・教育（学校／特別支援）
	前	群馬大・共同教育（学校／技術）
	前	群馬大・共同教育（学校／家政）
	前	埼玉大・教育（学校／小学校・身体）体育
	前	埼玉大・教育（学校／小学校・芸術）音楽
	前	埼玉大・教育（学校／小学校・芸術）図工
	前	埼玉大・教育（学校／小学校・生活）家庭科
	前	埼玉大・教育（学校／中学校・生活）技術
	前	埼玉大・教育（学校／中学校・生活）家庭科
	前	千葉大・教育（学校／小中保体）
	前	東京学芸大・教育（学校教育／中等書道）
	前	東京学芸大・教育（教育支援／生涯スポ）
	前	東京学芸大・教育（学校教育／初等音楽）
	前	東京学芸大・教育（学校教育／初等保健体育）
	前	新潟大・教育（学校／社会）
	前	新潟大・教育（学校／国語）
	前	新潟大・教育（学校／技術）
	前	新潟大・教育（学校／家庭）
	前	山梨大・教育（学校／芸術身体）
	前	信州大・教育（学校／ものづくり）

合格目標ライン	日程 大学・学部（学科）
45	前 信州大・教育（学校／家庭科）
	前 信州大・教育（学校／野外教育）
	前 岐阜大・教育（学校／音楽）
	前 岐阜大・教育（学校／美術）
	前 三重大・教育（学校／社会・初等）
	前 三重大・教育（学校／家政・初等）
	前 三重大・教育（学校／家政・中等）
	前 滋賀大・教育（学校教育）文系型
	前 滋賀大・教育（学校教育）理系型
	前 山口大・教育（学校／音楽）
	前 山口大・教育（学校／保健体育）
	前 山口大・教育（学校／特別支援）
	前 高知大・教育（学校／教育教科支援）
	前 高知大・教育（学校／音楽美術）
	前 長崎大・教育（学校／中学実技）
	前 熊本大・教育（学校教育／音楽）
	前 鹿児島大・教育（学校／特別支援）文系型
	前 鹿児島大・教育（学校／特別支援）理系型
	前 琉球大・教育（中学／国語）
	前 琉球大・教育（中学／数学）
	前 琉球大・教育（中学／理科）
	後 秋田大・教育文化（学校／教育実践）体育
	後 茨城大・教育（学校／音楽）
	後 茨城大・教育（学校／美術）
	後 茨城大・教育（学校／保健体育）
	後 群馬大・共同教育（学校／保健体育）
	後 埼玉大・教育（学校／小学校・生活）家庭科
	後 山梨大・教育（学校／芸術身体）
	後 信州大・教育（学校／保健体育）
	後 信州大・教育（学校／ものづくり）
44	前 秋田大・教育文化（学校／教育実践）音楽
	前 茨城大・教育（学校／音楽）
	前 茨城大・教育（学校／美術）
	前 茨城大・教育（学校／保健体育）
	前 群馬大・共同教育（学校／音楽専攻）
	前 群馬大・共同教育（学校／保健体育）
	前 埼玉大・教育（学校／中学校・身体）保健体
	前 埼玉大・教育（学校／小学校・生活）ものづ
	前 埼玉大・教育（学校／中学校・芸術）音楽
	前 千葉大・教育（学校／小中音楽）
	前 千葉大・教育（学校／小中図美）
	前 東京学芸大・教育（学校教育／初等美術）
	前 福井大・教育（学校／中等教育）音楽
	前 福井大・教育（学校／中等教育）体育
	前 信州大・教育（学校／保健体育）
	前 三重大・教育（学校／技術・初等）
	前 三重大・教育（学校／技術・中等）
	前 滋賀大・教育（学校／障害児）面接型
	前 和歌山大・教育（学校／音楽・美術）
	前 和歌山大・教育（学校／保健体育）
	前 熊本大・教育（学校教育／保健体育）
	前 鹿児島大・教育（学校／中等音楽）
	前 鹿児島大・教育（学校／中等保体）
44	前 琉球大・教育（小学／学校教育）
	前 琉球大・教育（中学／社会科）
	後 秋田大・教育文化（学校／教育実践）美術
	後 群馬大・共同教育（学校／音楽専攻）
	後 群馬大・共同教育（学校／美術）
	後 埼玉大・教育（学校／小学校・生活）ものづ
	後 埼玉大・教育（学校／中学校・芸術）美術
	後 三重大・教育（学校／保体・中等）
43	前 岩手大・教育（学校／中学保体）
	前 秋田大・教育文化（学校／教育実践）体育
	前 宇都宮大・共同教育（学校／芸術生活健康）
	前 群馬大・共同教育（学校／美術）
	前 埼玉大・教育（学校／中学校・芸術）美術
	前 新潟大・教育（学校／音楽）
	前 新潟大・教育（学校／保健体育）
	前 福井大・教育（学校／初等教育）音楽
	前 福井大・教育（学校／初等教育）体育
	前 信州大・教育（学校／音楽）
	前 静岡大・教育（学校／音楽）
	前 静岡大・教育（学校／保健体育）
	前 三重大・教育（学校／音楽・中等）
	前 三重大・教育（学校／保体・中等）
	前 島根大・教育（学校／保健体育）
	前 山口大・教育（学校／美術）
	前 熊本大・教育（学校教育／美術）
	前 鹿児島大・教育（学校／中等美術）
	後 信州大・教育（学校／音楽）
	後 三重大・教育（学校／音楽・初等）
	後 三重大・教育（学校／保体・初等）
42	前 岩手大・教育（学校／中学音楽）
	前 岩手大・教育（学校／中学美術）
	前 秋田大・教育文化（学校／教育実践）美術
	前 新潟大・教育（学校／美術）
	前 静岡大・教育（学校／美術）
	前 三重大・教育（学校／音楽・初等）
	前 三重大・教育（学校／美術・中等）
	前 三重大・教育（学校／保体・初等）
	前 島根大・教育（学校／音楽科）
	前 琉球大・教育（小学／教科教育）
	前 琉球大・教育（中学／技術）
	前 琉球大・教育（特別支援）
	後 静岡大・教育（学校／美術）
41	前 信州大・教育（学校／図画美術）
	前 三重大・教育（学校／美術・初等）
	前 滋賀大・教育（学校教育）音楽
	前 滋賀大・教育（学校教育）保健体
	前 島根大・教育（学校／美術科）
	前 琉球大・教育（中学／音楽）
	前 琉球大・教育（中学／保健体育）
	前 琉球大・教育（中学／生活科学）
	後 信州大・教育（学校／図画美術）
40	前 滋賀大・教育（学校教育）美術
39	前 琉球大・教育（中学／美術）

国公立 教員養成・教育学部系統

生活科学部系統

合格目標ライン	日程 大学・学部（学科）
59	前 お茶の水女大・生活科学（食物栄養） 後 お茶の水女大・生活科学（食物栄養）
57	前 お茶の水女大・生活科学（人間生活）
55	後 奈良女大・生活環境（食物栄養）
54	前 大阪公立大・生活科学（食栄養）理数型 前 奈良女大・生活環境（食物栄養） 後 奈良女大・生活環境（心身健康）
53	前 大阪公立大・生活科学（食栄養）均等型 前 奈良女大・生活環境（心身健康） 後 奈良女大・生活環境（住環境） 後 奈良女大・生活環境（文化／生活文化）
52	前 大阪公立大・生活科学（居住環境） 前 奈良女大・生活環境（住環境） 前 奈良女大・生活環境（文化／生活文化）
51	後 滋賀県大・人間文化（生活栄養）
49	前 京都府大・環境科（環境デザ）

合格目標ライン	日程 大学・学部（学科）
49	前 京都府大・農学食科（栄養科学）
48	前 滋賀県大・人間文化（生活栄養） 前 徳島大・医（医科栄養） 後 静岡県大・食品栄養科学（栄養生命科学） 後 静岡県大・食品栄養科学（食品生命科学）
47	前 静岡県大・食品栄養科学（栄養生命科学） 前 静岡県大・食品栄養科学（食品生命科学） 前 兵庫県大・環境人間（環境／食環境栄養） 後 滋賀県大・人間文化（生活デザ）
46	前 滋賀県大・人間文化（生活デザ） 後 長崎県大・看護栄養（栄養健康） 後 熊本県大・環境共生（環境／居住環境） 後 熊本県大・環境共生（環境／食健康）
45	前 長崎県大・看護栄養（栄養健康） 前 熊本県大・環境共生（環境／居住環境） 前 熊本県大・環境共生（環境／食健康）

芸術学部系統

合格目標ライン	日程 大学・学部（学科）
55	前 九大・芸術工（芸術／メディア）
53	後 お茶の水女大・文教育（芸・表／音楽表現）
52	前 お茶の水女大・文教育（芸・表／音楽表現）
51	前 お茶の水女大・文教育（芸・表／舞踊教育）
49	後 筑波大・芸術
48	前 筑波大・芸術
46	後 富山大・芸術文化（芸術文化）a 後 富山大・芸術文化（芸術文化）b
45	前 富山大・芸術文化（芸術文化）a 前 富山大・芸術文化（芸術文化）b

合格目標ライン	日程 大学・学部（学科）
45	後 名古屋市大・芸術工（情報環境デザ）
44	前 名古屋市大・芸術工（情報環境デザ）
43	前 福島大・人文社会（人間／芸術表現）音楽 前 福島大・人文社会（人間／芸術表現）美術 後 佐賀大・芸術地域デザ（芸術／地域デザ）
42	前 佐賀大・芸術地域デザ（芸術／芸術表現）3科目 前 佐賀大・芸術地域デザ（芸術／地域デザ） 後 佐賀大・芸術地域デザ（芸術／芸術表現）
41	前 佐賀大・芸術地域デザ（芸術／芸術表現）4科目

総合科学部系統

合格目標ライン	日程	大学・学部（学科）
70	後	一橋大・ソーシャル・データサ（ソーシャル・データサ）
66	前	京大・総合人間（総合人間）文系
64	前	一橋大・ソーシャル・データサ（ソーシャル・データサ）
63	前	京大・総合人間（総合人間）理系
61	前	阪大・人間科学（人間科学）
58	前	お茶の水女大・共創工（文化情報工）
	前	名大・情報（人間・社会）
57	後	神戸大・国際人間科学（発達コミュニ）
56	前	名大・情報（自然情報）
	前	神戸大・国際人間科学（発達コミュニ）
	後	神戸大・国際人間科学（環境共生）文科系
55	前	京都府大・農学食科（和食文化）A
	前	神戸大・国際人間科学（環境共生）文科系
	前	九大・共創（共創）
	後	千葉大・文（人文／行動科学）
	後	横浜国大・都市科学（都市社会共生）
	後	神戸大・国際人間科学（環境共生）理科系
54	前	千葉大・文（人文／行動科学）
	前	横浜国大・都市科学（都市社会共生）
	前	京都府大・農学食科（和食文化）B
	前	神戸大・国際人間科学（環境共生）理科系
	後	横浜国大・都市科学（環境リスク）
	後	広島大・総合科学（総合科学）
53	前	筑波大・総合選抜理系Ⅲ
	前	横浜国大・都市科学（環境リスク）
	前	名古屋市大・データサイエ（データサイエ）
	前	広島大・総合科学（総合科学）文科系
	前	広島大・総合科学（国際共創）文科系
	後	筑波大・情報（知識・図書館）
	後	横浜市大・データサイエ（データサイエ）
52	前	横浜市大・データサイエ（データサイエ）
	前	広島大・総合科学（総合科学）理科系
	前	広島大・総合科学（国際共創）理科系
	後	東京都大・都市環境（都市政策科学）
	後	名古屋市大・人文社会（心理教育）
	後	大阪公立大・現代システム科学域（学域一括）
	後	熊本大・文（総合人間）
51	前	東京都大・都市環境（都市政策科学）文系
	前	名古屋市大・人文社会（心理教育）
	前	大阪公立大・現代システム科学域（学域一括）英・国
	前	九大・芸術工（芸術／未来構想）
	前	熊本大・文（総合人間）
	前	熊本大・文（コミュニ情報）
50	前	東京都大・都市環境（都市政策科学）理系
	前	金沢大・融合学域（先導学類）文系
	前	金沢大・融合学域（スマート創成科学類）文系
	前	大阪公立大・現代システム科学域（環境社会シス）英・国
	前	大阪公立大・現代システム科学域（環境社会シス）理・数
	前	大阪公立大・現代システム科学域（学域一括）英・数
	前	大阪公立大・現代システム科学域（学域一括）理・数
	前	熊本大・情報融合学環 理系型
	後	茨城大・地域未来共創
49	前	東京海洋大・海洋生命科学（海洋政策文化）
	前	金沢大・融合学域（先導学類）理系
	前	金沢大・融合学域（スマート創成科学類）理系
	前	大阪公立大・現代システム科学域（知識情報シス）
49	前	大阪公立大・現代システム科学域（学域一括）英・小
	前	熊本大・情報融合学環 文系型
	中	兵庫県大・社会情報科学（社会情報科学）
	後	群馬大・情報（情報）共通
	後	東京海洋大・海洋生命科学（海洋政策文化）
48	前	茨城大・地域未来共創 数学
	前	茨城大・地域未来共創 外国語
	前	群馬大・情報（情報）
	前	新潟大・創生（創生）文系型
	前	新潟大・創生（創生）理系型
	前	静岡大・情報（行動情報）A
	前	静岡大・情報（行動情報）B
	前	兵庫県大・社会情報科学（社会情報科学）
	後	群馬大・情報（情報）小論文
	後	静岡大・情報（情報社会）
	後	静岡大・情報（行動情報）
	後	滋賀県大・人間文化（人間関係）
	後	島根大・人間科学（人間科学）
	後	熊本県大・環境共生（環境／環境資源）
	後	宮崎大・地域資源創成（地域資源創成）
47	前	静岡大・情報（情報社会）
	前	滋賀県大・人間文化（人間関係）
	前	和歌山大・社会インフォマテ
	前	島根大・人間科学（人間科学）
	前	長崎大・環境科学（環境科学）理系
	前	宮崎大・地域資源創成（地域資源創成）
	後	山形大・人文社会科学（人文／人間文化）
	後	静岡県大・食品栄養科学（環境生命科学）
	後	滋賀大・データサイエ（データサイエ）
	後	滋賀県大・環境科学（環境政策・計画）
	後	兵庫県大・環境人間（環境）
	後	北九州市大・文（人間関係）
	後	長崎大・環境科学（環境科学）理系
46	前	山形大・人文社会科学（人文／人間文化）
	前	静岡県大・食品栄養科学（環境生命科学）
	前	滋賀大・データサイエ（データサイエ）
	前	滋賀県大・環境科学（環境政策・計画）
	前	兵庫県大・環境人間（環境）
	前	愛媛大・社会共創（環境デザ）
	前	北九州市大・文（人間関係）
	前	長崎大・環境科学（環境科学）文系
	後	弘前大・理工（自然エネ）
	後	徳島大・総合科学（社会総合科学）
	後	長崎大・環境科学（環境科学）文系
	後	長崎大・情報データ（情報データ）文系
	後	長崎大・情報データ（情報データ）理系
	後	熊本県大・総合管理（総合管理）A
	後	熊本県大・総合管理（総合管理）B
45	前	徳島大・総合科学（社会総合科学）
	前	熊本県大・総合管理（総合管理）A
	前	熊本県大・総合管理（総合管理）B
	前	熊本県大・環境共生（環境／環境資源）
44	前	弘前大・理工（自然エネ）
	前	愛媛大・社会共創（地域／農山漁村）
	前	長崎大・情報データ（情報データ）文系
	前	長崎大・情報データ（情報データ）理系

保健衛生学部系統

合格目標ライン	日程	大学·学部(学科)
59	前	京大·医(人間健康科学)
56	前	阪大·医(保健／検査技術)
	前	阪大·医(保健／放射線技術)
	後	神戸大·医(保健／理学療法)
55	前	名大·医(保健／検査技術)
	前	名大·医(保健／理学療法)
	前	神戸大·医(保健／理学療法)
	後	神戸大·医(保健／検査技術)
54	前	北大·医(保健／放射線技術)
	前	北大·医(保健／理学療法)
	前	東京医歯大·医(保健／看護)
	前	東京医歯大·医(保健／検査技術)
	前	名大·医(保健／放射線技術)
	前	阪大·医(保健／看護)
	前	神戸大·医(保健／検査技術)
	前	九大·医(保健／検査技術科学)
	後	神戸大·医(保健／看護)
53	前	北大·医(保健／検査技術)
	前	東北大·医(保健／放射線技術)
	前	東北大·医(保健／検査技術)
	前	神戸大·医(保健／作業療法)
	前	九大·医(保健／放射線技術科学)
	後	東京医歯大·医(保健／検査技術)
	後	東京都大·健康福祉(理学療法)
52	前	東北大·医(保健／看護)
	前	筑波大·医(医療科学)
	前	千葉大·看護(看護)
	前	東京都大·健康福祉(理学療法)
	前	金沢大·医薬保健(保健／診療放射線)
	前	金沢大·医薬保健(保健／検査技術)
	前	金沢大·医薬保健(保健／理学·作業)
	前	名大·医(保健／看護)
	前	名大·医(保健／作業療法)
	前	神戸大·医(保健／看護)
	後	大阪公立大·看護(看護)
51	前	北大·医(保健／看護)
	前	北大·医(保健／作業療法)
	前	東京医歯大·歯(口腔／口腔保健衛生)
	前	新潟大·医(保健／検査技術)
	前	岡山大·医(保健／放射線技術)
	前	岡山大·医(保健／検査技術)
	前	広島大·医(保健／理学療法)文科系
	前	広島大·医(保健／理学療法)理科系
	前	九大·医(保健／看護)
50	前	筑波大·医(看護)
	前	東京医歯大·歯(口腔／口腔保健工)
	前	信州大·医(保健／理学療法)
	前	大阪公立大·看護(看護)
	前	広島大·医(保健／作業療法)文科系
	前	広島大·医(保健／作業療法)理科系
	前	山口大·医(保健／検査技術)
	後	群馬大·医(保健／検査技術)
	後	群馬大·医(保健／理学療法)
	後	東京都大·健康福祉(作業療法)
	後	東京都大·健康福祉(放射線)
	後	新潟大·医(保健／検査技術)
	後	信州大·医(保健／検査技術科学)
	後	大阪公立大·医(リハ／理学療法)
	後	鹿児島大·医(保健／理学療法)
49	前	群馬大·医(保健／検査技術)
	前	群馬大·医(保健／理学療法)
	前	東京都大·健康福祉(作業療法)
	前	東京都大·健康福祉(放射線)
	前	金沢大·医薬保健(保健／看護)
	前	信州大·医(保健／検査技術科学)
	前	大阪公立大·医(リハ／理学療法)
	前	岡山大·医(保健／看護)文系
	前	岡山大·医(保健／看護)理系
49	前	広島大·医(保健／看護)文科系
	前	広島大·医(保健／看護)理科系
	前	広島大·歯(口腔／口腔保健)
	前	広島大·歯(口腔／口腔工)
	前	長崎大·医(保健／理学療法)
	前	熊本大·医(保健／放射線技術)
	前	熊本大·医(保健／検査技術)
	前	鹿児島大·医(保健／理学療法)
	後	新潟大·医(保健／放射線技術)
	後	信州大·医(保健／看護)
	後	信州大·医(保健／作業療法)
	後	岐阜大·医(看護)
	後	大阪公立大·医(リハ／作業療法)
	後	広島大·歯(口腔／口腔工)
	後	山口大·医(保健／検査技術)
	後	徳島大·医(保健／放射線)
	後	徳島大·歯(口腔保健)
	後	鹿児島大·医(保健／作業療法)
48	前	秋田大·医(保健／理学療法)
	前	埼玉県大·保健医療福祉(理学療法)
	前	埼玉県大·保健医療福祉(健康／検査技術)
	前	横浜市大·医(看護)
	前	新潟大·医(保健／放射線技術)
	前	新潟大·歯(口腔生命福祉)
	前	信州大·医(保健／看護)
	前	信州大·医(保健／作業療法)
	前	岐阜大·医(看護)
	前	名古屋市大·看護(看護)
	前	大阪公立大·医(リハ／作業療法)
	前	鳥取大·医(保健／検査技術科学)
	前	徳島大·医(保健／放射線)
	前	徳島大·医(保健／検査技術)
	前	徳島大·歯(口腔保健)
	前	愛媛大·医(看護)
	前	熊本大·医(保健／看護)
	前	鹿児島大·医(保健／作業療法)
	後	秋田大·医(保健／理学療法)
	後	群馬大·医(保健／看護)
	後	群馬大·医(保健／作業療法)
	後	東京都大·健康福祉(看護)
	後	新潟大·医(保健／看護)
	後	福井大·医(看護)
	後	鳥取大·医(保健／検査技術科学)
	後	県立広島大·保健福祉(保健／理学療法)
	後	県立広島大·保健福祉(保健／コミュニ障害)
	後	大分大·福祉健康科学(福祉／理学療法)
47	前	弘前大·医(保健／理学療法)
	前	群馬大·医(保健／看護)
	前	群馬大·医(保健／作業療法)
	前	埼玉県大·保健医療福祉(看護)
	前	埼玉県大·保健医療福祉(作業療法)
	前	東京都大·健康福祉(看護)
	前	新潟大·医(保健／看護)
	前	福井大·医(看護)
	前	県立広島大·保健福祉(保健／理学療法)
	前	県立広島大·保健福祉(保健／コミュニ障害)
	前	長崎大·医(保健／作業療法)
	前	大分大·福祉健康科学(福祉／理学療法)
	前	琉球大·医(保健)
	後	宮城大·看護(看護)
	後	富山大·医(看護)
	後	静岡県大·看護(看護)
	後	愛知県大·看護(看護)
	後	三重大·医(看護)
	後	兵庫県大·看護(看護)
	後	鳥取大·医(保健／看護)
	後	島根大·医(看護)
	後	県立広島大·保健福祉(保健／作業療法)

合格目標ライン	日程 大 学・学 部（学 科）
47	後 徳島大·医（保健／看護） 後 高知大·医（看護） 後 宮崎大·医（看護） 後 琉球大·医（保健）
46	前 弘前大·医（保健／放射線） 前 弘前大·医（保健／検査技術） 前 宮城大·看護（看護） 前 秋田大·医（保健／作業療法） 前 富山大·医（看護） 前 静岡県大·看護（看護） 前 愛知県大·看護（看護） 前 三重大·医（看護） 前 兵庫県大·看護（看護） 前 鳥取大·医（保健／看護） 前 鳥取大·医（保健／看護）養成枠 前 島根大·医（看護） 前 県立広島大·保健福祉（保健／作業療法） 前 県立広島大·保健福祉（保健福祉）コース 前 山口大·医（保健／看護） 前 徳島大·医（保健／看護） 前 香川大·医（看護） 前 高知大·医（看護） 前 長崎大·医（保健／看護） 前 大分大·医（先進医療／生命健康） 前 大分大·医（先進医療／臨床医工学）

合格目標ライン	日程 大 学・学 部（学 科）
46	前 宮崎大·医（看護） 前 鹿児島大·医（保健／看護） 後 秋田大·医（保健／作業療法） 後 山梨大·医（看護） 後 県立広島大·保健福祉（保健／看護） 後 山口大·医（保健／看護） 後 佐賀大·医（看護） 後 長崎県大·看護栄養（看護） 後 大分大·医（看護） 後 大分大·医（先進医療／生命健康） 後 大分大·医（先進医療／臨床医工学）
45	前 弘前大·医（保健／作業療法） 前 秋田大·医（保健／看護） 前 山形大·医（看護） 前 山梨大·医（看護） 前 滋賀県大·人間看護（人間看護） 前 県立広島大·保健福祉（保健／看護） 前 佐賀大·医（看護） 前 長崎県大·看護栄養（看護） 前 大分大·医（看護） 後 秋田大·医（保健／看護） 後 山形大·医（看護） 後 滋賀県大·人間看護（人間看護）
44	前 弘前大·医（保健／看護） 前 埼玉県大·保健医療福祉（健康／口腔保健）

医・歯・薬学部系統

合格目標ライン	日程 大学・学部（学科）
77	前 東大･理三
76	前 京大･医（医）
74	後 東京医歯大･医（医）
73	前 東京医歯大･医（医） 前 阪大･医（医）
71	後 千葉大･医（医）
70	後 名大･医（医）
69	前 東北大･医（医） 前 九大･医（医）
68	前 北大･医（医） 前 千葉大･医（医） 前 横浜市大･医（医） 前 名大･医（医） 前 名大･医（医）地域枠 前 大阪公立大･医（医） 前 大阪公立大･医（医）大阪府 前 神戸大･医（医） 後 山梨大･医（医）
67	前 千葉大･医（医）地域枠 前 横浜市大･医（医）医療枠 前 横浜市大･医（医）診療枠 前 岡山大･医（医） 前 広島大･医（医） 後 三重大･医（医）
66	前 筑波大･医（医） 前 筑波大･医（医）全国 前 新潟大･医（医） 前 金沢大･医薬保健（医）
65	前 筑波大･医（医）茨城県 前 信州大･医（医） 前 名古屋市大･医（医） 前 熊本大･医（医） 後 山口大･医（医） 後 山口大･医（医）地域枠 後 鹿児島大･医（医）
64	前 群馬大･医（医） 前 群馬大･医（医）地域枠 前 富山大･医（医） 前 岐阜大･医（医） 前 三重大･医（医） 前 三重大･医（医）医療枠 前 京大･薬 前 山口大･医（医） 前 長崎大･医（医） 前 鹿児島大･医（医）
63	前 鳥取大･医（医） 前 鳥取大･医（医）鳥取枠 前 鳥取大･医（医）兵庫枠 前 鳥取大･医（医）島根枠 前 香川大･医（医） 前 香川大･医（医）地域枠 前 愛媛大･医（医） 前 高知大･医（医） 前 高知大･医（医）地域枠 前 大分大･医（医） 後 福井大･医（医） 後 宮崎大･医（医）
62	前 福井大･医（医） 前 徳島大･医（医） 前 大分大･医（医）地元枠 前 宮崎大･医（医） 中 名古屋市大･薬（薬） 後 秋田大･医（医） 後 秋田大･医（医）地域枠 後 山形大･医（医） 後 佐賀大･医（医）
61	前 山形大･医（医） 前 山形大･医（医）地域枠 前 阪大･薬（薬） 前 佐賀大･医（医） 前 琉球大･医（医） 後 琉球大･医（医）
60	前 弘前大･医（医） 前 弘前大･医（医）定着枠 前 秋田大･医（医） 前 島根大･医（医） 前 島根大･医（医）定着枠 中 名古屋市大･薬（生命薬科学） 後 北大･薬 後 九大･薬（臨床薬）
59	前 東北大･薬 前 千葉大･薬 前 東京医歯大･歯（歯） 前 阪大･歯（歯） 前 九大･薬（臨床薬） 後 東京医歯大･歯（歯） 後 九大･薬（創薬科学）
58	前 九大･歯（歯） 前 九大･薬（創薬科学）
57	前 北大･歯（歯） 前 東北大･歯（歯） 前 岡山大･薬（薬） 前 広島大･歯（歯） 前 広島大･薬（薬） 後 千葉大･薬（薬科学） 後 広島大･歯（歯）
56	前 金沢大･医薬保健（薬学類） 前 岡山大･歯（歯） 前 長崎大･歯（歯） 前 長崎大･薬（薬） 中 静岡県大･薬（薬） 後 徳島大･歯（歯） 後 徳島大･薬（薬） 後 長崎大･薬（薬）
55	前 新潟大･歯（歯） 前 金沢大･医薬保健（医薬科学類） 前 岡山大･薬（創薬科学） 前 徳島大･歯（歯） 前 熊本大･薬（薬） 前 鹿児島大･歯（歯） 後 新潟大･歯（歯） 後 富山大･薬（薬） 後 広島大･薬（薬科学） 後 長崎大･薬（薬科学） 後 鹿児島大･歯（歯）
54	前 広島大･薬（薬科学） 前 徳島大･薬（薬） 前 長崎大･薬（薬科学）
53	前 富山大･薬（薬） 中 静岡県大･薬（薬科学）
52	前 熊本大･薬（創薬･生命薬） 後 富山大･薬（創薬科学）
51	前 富山大･薬（創薬科学）

理学部系統

合格目標ライン	日程	大学・学部（学科）
64	前	東工大・情報理工
	前	京大・理（理）
	後	東北大・理（数学系）
	後	東北大・理（物理系）
62	後	北大・理（数学）
	後	東北大・理（化学系）
61	前	東工大・理
	後	北大・理（物理）
	後	東北大・理（生物系）
60	後	北大・理（化学）
	後	東北大・理（地球科学系）
	後	千葉大・理（数学・情報
59	後	北大・理（生物／生物）
	後	北大・理（生物／高分子機能）
	後	千葉大・理（生物）
	後	大阪公立大・理（数学）
	後	大阪公立大・理（物理）
	後	大阪公立大・理（生物）
	後	九大・理（化学）
58	前	東北大・理（化学系）
	前	東北大・理（数学系）
	前	東北大・理（物理系）
	前	阪大・理（化学）
	前	阪大・理（数学）
	前	阪大・理（物理）
	後	北大・理（地球惑星科学）
	後	千葉大・理（物理）
	後	お茶の水女大・理（数学）
	後	神戸大・理（化学）
	後	神戸大・理（数学）
	後	神戸大・理（生物）
	後	神戸大・理（物理）
	後	九大・理（物理）
57	前	東北大・理（生物系）
	前	名大・情報（コンピュータ）
	前	阪大・理（生物／生物科学）
	前	阪大・理（生物／生命理）
	後	千葉大・理（化学）
	後	お茶の水女大・理（化学）
	後	お茶の水女大・理（物理）
	後	横浜国大・理工（数物／物理工）
	後	大阪公立大・理（化学）
	後	大阪公立大・理（生物化学）
	後	九大・理（生物）
56	前	名大・理
	前	九大・理（数学）
	後	筑波大・理工（物理）
	後	筑波大・生命環境（生物）
	後	埼玉大・理（生体制御）
	後	お茶の水女大・理（情報科学）
	後	お茶の水女大・理（生物）
	後	横浜国大・理工（化学／化学）
	後	横浜国大・理工（化学／バイオ）
	後	神戸大・理（惑星）
	後	広島大・理（物理）
	後	九大・理（地球惑星科学）
55	前	東北大・理（地球科学系）
	前	千葉大・理（数学・情報）
	前	お茶の水女大・理（化学）
	前	お茶の水女大・理（情報科学）
	前	お茶の水女大・理（生物）
	前	神戸大・理（生物）
	前	九大・理（化学）
	前	九大・理（生物）
	前	九大・理（物理）
	後	筑波大・理工（化学）
	後	横浜国大・理工（数物／数理科学）
54	前	筑波大・情報（情報科学）
54	前	筑波大・理工（物理）
	前	埼玉大・理（生体制御）
	前	千葉大・理（化学）
	前	千葉大・理（生物）
	前	千葉大・理（物理）
	前	お茶の水女大・理（数学）
	前	お茶の水女大・理（物理）
	前	神戸大・理（化学）
	前	神戸大・理（数学）
	前	神戸大・理（物理）
	前	九大・理（地球惑星科学）
	後	埼玉大・理（基礎化学）
	後	東京都大・理（数理科学）
	後	東京都大・理（物理）
	後	東京都大・理（化学）
	後	奈良女大・生活環境（文化／生活情報通信）
	後	広島大・理（化学）
	後	広島大・理（数学）
53	前	筑波大・理工（数学）
	前	筑波大・理工（化学）
	前	筑波大・生命環境（生物）
	前	筑波大・総合選抜理系Ⅱ
	前	横浜国大・理工（化学／化学）
	前	横浜国大・理工（数物／数理科学）
	前	横浜国大・理工（数物／物理工）
	前	横浜国大・理工（化学／バイオ）
	前	横浜市大・理（理）B
	前	大阪公立大・理（数学）
	前	神戸大・理（惑星
	前	奈良女大・生活環境（文化／生活情報通信
	後	筑波大・生命環境（地球）
	後	埼玉大・理（数学）
	後	埼玉大・理（分子生物）
	後	千葉大・理（地球科学）
	後	東京都大・理（生命科学）
	後	横浜市大・理（理）
	後	広島大・情報科学（情報科学）
52	前	埼玉大・理（数学）
	前	埼玉大・理（分子生物）
	前	千葉大・理（地球科学）
	前	東京都大・理（数理科学）
	前	東京都大・理（物理）
	前	東京都大・理（化学）
	前	大阪公立大・理（物理）
	前	大阪公立大・理（化学）
	前	大阪公立大・理（生物）
	前	大阪公立大・理（生物化学）
	前	岡山大・理（数学）
	前	広島大・理（化学）
	前	広島大・理（数学）
	前	広島大・理（生物科学）
	前	広島大・理（物理）
	中	兵庫県大・理（生命科学）
	後	埼玉大・理（物理）
	後	信州大・理（理／生物）
	後	静岡大・理（生物科学）
	後	大阪公立大・理（地球）
	後	奈良女大・理（化学／生物科学）
	後	熊本大・理（理）
51	前	筑波大・生命環境（地球）
	前	埼玉大・理（基礎化学）
	前	埼玉大・理（物理）
	前	東京都大・理（生命科学）
	前	横浜市大・理（理）A
	前	信州大・理（理／生物）
	前	大阪公立大・理（地球）
	前	岡山大・理（化学）
	前	岡山大・理（生物）

合格目標ライン	日程 大学・学部（学科）
51	前 岡山大・理（物理）
	後 山形大・理（理）
	後 東京都大・都市環境（地理環境）
	後 富山大・理（理）Ⅰ生物
	後 富山大・理（理）Ⅱ
	後 静岡大・理（化学）
	後 静岡大・理（数学）
	後 静岡大・理（物理）
	後 静岡大・理（創造理学）
	後 奈良女大・理（化学／化学）
	後 奈良女大・理（化学／環境科学）
	後 広島大・理（地球惑星シス）
50	前 東京都大・都市環境（地理環境）
	前 新潟大・理（理）理数
	前 富山大・理（理）Ⅰ数生
	前 富山大・理（理）Ⅱ
	前 金沢大・理工（数物科学）
	前 金沢大・理工（物質化学）
	前 静岡大・理（生物科学）
	前 奈良女大・理（化学／生物科学）
	前 岡山大・理（地球科学）
	前 広島大・情報科学（情報科学）A型
	前 広島大・情報科学（情報科学）B型
	前 広島大・理（地球惑星シス）
	前 熊本大・理（理）
	中 兵庫県大・理（物質科学）
	後 茨城大・理（理／数学・情報数理）
	後 茨城大・理（理／化学）
	後 茨城大・理（理／生物科学）
	後 新潟大・理（理）
	後 信州大・理（数学）
	後 信州大・理（理／物理）
	後 信州大・理（理／化学）
	後 静岡大・理（地球科学）
	後 名古屋市大・総合生命理（総合生命理）
	後 奈良女大・理（数物科学）
	後 山口大・理（物理・情報科学）
	後 山口大・理（地球圏シス）
	後 山口大・理（化学）
	後 山口大・理（生物）
	後 愛媛大・理（理）A
49	前 茨城大・理（理／数学・情報数理）
	前 茨城大・理（理／化学）
	前 茨城大・理（理／生物科学）
	前 新潟大・理（理）理科
	前 新潟大・理（理）野外科
	前 信州大・理（数学）
	前 信州大・理（理／物理）
	前 信州大・理（理／化学）
	前 静岡大・理（化学）
	前 静岡大・理（数学）
	前 静岡大・理（地球科学）
	前 静岡大・理（物理）
	前 京都府大・生命理工（理工情報）
	前 奈良女大・理（化学／化学）
	前 奈良女大・理（化学／環境科学）
	前 島根大・生物資源科学（生命科学）
	前 山口大・理（地球圏シス）
	前 山口大・理（化学）
	前 山口大・理（生物）
	前 愛媛大・理（理）化学
	前 愛媛大・理（理）生物
	前 鹿児島大・理（理／物理宇宙）
	前 鹿児島大・理（理／化学）
	前 鹿児島大・理（理／生物学）
	後 弘前大・農学生命科学（生物）
	後 茨城大・理（理／物理）
	後 茨城大・理（理／地球環境科学）
	後 茨城大・理（理／学際理）
	後 富山大・理（理）Ⅰ数学

合格目標ライン	日程 大学・学部（学科）
49	後 富山大・理（理）Ⅰ化学
	後 山口大・理（数理科学）
48	前 弘前大・農学生命科学（生物）
	前 山形大・理（理）
	前 茨城大・理（理／物理）
	前 茨城大・理（理／地球環境科学）
	前 茨城大・理（理／学際理）
	前 富山大・理（理）Ⅰ数学
	前 静岡大・理（創造理学）
	前 奈良女大・理（数物科学）
	前 山口大・理（数理科学）
	前 山口大・理（物理・情報科学）
	前 高知大・理工（生物科学）
	前 高知大・理工（化学生命理工）
	前 鹿児島大・理（理／地球科学）
	後 静岡大・情報（情報科学）
	後 鳥取大・医（生命科学）
	後 島根大・生物資源科学（生命科学）
	後 愛媛大・理（理）B
	後 高知大・理工（生物科学）
	後 高知大・理工（化学生命理工）
	後 鹿児島大・理（理）括り枠
47	前 富山大・理（理）Ⅰ数化
	前 静岡大・情報（情報科学）
	前 鳥取大・医（生命科学）
	前 愛媛大・理（理）数学
	前 愛媛大・理（理）物理
	前 高知大・理工（数学物理）数学
	前 高知大・理工（数学物理）理科
	前 高知大・理工（情報科学）
	前 高知大・理工（地球環境防災）
	前 鹿児島大・理（理／数理情報）
	後 弘前大・理工（数物科学）数学
	後 弘前大・理工（数物科学）理科
	後 富山大・理（理）Ⅰ物理
	後 信州大・理（理／地球）
	後 滋賀県大・環境科学（環境生態）
	後 徳島大・理工（理工／数理科学）
	後 徳島大・理工（理工／自然科学）
	後 高知大・理工（数学物理）
	後 高知大・理工（情報科学）
	後 高知大・理工（地球環境防災）
46	前 福島大・人文社会（人間／数理自然）
	前 富山大・理（理）Ⅰ数物
	前 信州大・理（理／地球）
	前 愛知県大・情報科学（情報科学）
	前 愛媛大・理（理）地学
	後 弘前大・理工（地球環境防災）
	後 信州大・理（理／物質循環）
	後 愛知県大・情報科学（情報科学）
	後 島根大・総合理工（地球科学）
	後 島根大・総合理工（数理科学）
45	前 弘前大・理工（数物科学）数学
	前 弘前大・理工（数物科学）数理
	前 信州大・理（理／物質循環）
	前 滋賀県大・環境科学（環境生態）
	前 島根大・総合理工（地球科学）
	前 島根大・総合理工（数理科学）
	前 徳島大・理工（理工／数理科学）
	前 徳島大・理工（理工／自然科学）
	後 富山大・都市デザ（地球シス）
	後 島根大・総合理工（物質化学）
	後 琉球大・理（数理科学）
	後 琉球大・理（海洋／生物系）
44	前 弘前大・理工（地球環境防災）
	前 秋田大・国際資源（国際／資源地球科学）
	前 富山大・都市デザ（地球シス）
	前 島根大・総合理工（物質化学）
	前 大分大・理工（理工／数理科学）
	前 琉球大・理（海洋／生物系）

合格目標ライン	日程 大学・学部（学科）
44	後 秋田大・国際資源（国際／資源地球科学） 後 島根大・総合理工（物理工学）
43	前 島根大・総合理工（物理工学） 前 琉球大・理（数理科学） 後 琉球大・理（海洋／化学系）

合格目標ライン	日程 大学・学部（学科）
43	後 琉球大・理（物質／物理系） 後 琉球大・理（物質／地球環境）
42	前 琉球大・理（海洋／化学系） 前 琉球大・理（物質／物理系） 前 琉球大・理（物質／地球環境）

工学部系統

合格目標ライン	日程 大学・学部（学科）
68	前 東大・理一
65	前 京大・工（情報）
64	前 京大・工（物理工）
63	前 京大・工（建築） 前 京大・工（電気電子工） 中 大阪公立大・工（航空宇宙工）
61	前 東工大・工 前 東工大・物質理工 前 京大・工（理工化） 前 京大・工（地球工） 前 阪大・基礎工（情報科学） 中 大阪公立大・工（情報工）
60	前 東工大・生命理工（生命理工） 前 東工大・環境社会理工 後 北大・工（情報エレ） 後 北大・工（応用理工系） 後 北大・工（機械知能工） 後 九大・工（Ⅰ群）
59	後 北大・工（環境社会工） 後 神戸大・工（情報知能） 後 神戸大・工（建築） 後 九大・工（Ⅲ群）
58	前 名大・工（機械航空宇宙工） 前 阪大・工（応用理工） 前 阪大・工（地球総合） 前 阪大・工（電子情報） 前 阪大・基礎工（システム科学） 中 大阪公立大・工（都市） 中 大阪公立大・工（電子物理工） 中 大阪公立大・工（電気電子シス） 後 お茶の水女大・共創工（人間環境工） 後 神戸大・工（応用化学） 後 神戸大・工（機械） 後 神戸大・工（電気電子） 後 神戸大・工（市民） 後 九大・工（Ⅵ群）
57	前 東北大・工（機械知能・航空） 前 東北大・工（電気情報物理工） 前 東北大・工（化学・バイオ） 前 阪大・工（応用自然科学） 前 阪大・工（環境・エネルギー） 前 阪大・基礎工（化学応用科学） 前 阪大・基礎工（電子物理科学） 前 九大・医（生命科学） 中 大阪公立大・工（機械工） 中 大阪公立大・工（建築） 中 大阪公立大・工（応用化学） 中 大阪公立大・工（化学工） 中 大阪公立大・工（マテリアル工） 後 横浜国大・都市科学（建築） 後 横浜国大・理工（数物／電子情報） 後 横浜国大・理工（数物／情報工） 後 九大・工（Ⅱ群） 後 九大・工（Ⅳ群）
56	前 東北大・工（建築・社会環境） 前 お茶の水女大・共創工（人間環境工） 前 名大・工（物理工） 前 名大・工（環境土木・建築） 前 名大・工（化学生命工）

合格目標ライン	日程 大学・学部（学科）
56	前 名大・工（マテリアル工） 前 名大・工（電気電子情報工） 前 大阪公立大・工（航空宇宙工） 前 大阪公立大・工（情報工） 前 九大・芸術工（芸術／音響設計） 中 大阪公立大・工（海洋シス工） 中 大阪公立大・工（化学バイオ工） 後 筑波大・理工（応用理工） 後 筑波大・理工（工学シス） 後 横浜国大・理工（機械／海洋空間）
55	前 東北大・工（材料科学総合） 前 横浜国大・都市科学（建築） 前 名大・工（エネルギー理工） 前 九大・工（Ⅰ群） 前 九大・工（Ⅲ群） 前 九大・工（Ⅴ群） 後 千葉大・工（総合／建築） 後 千葉大・工（総合／機械工） 後 千葉大・工（総合／医工学） 後 電通大・情報理工（Ⅱ類） 後 東京農工大・工（生命工） 後 東京農工大・工（知能情報シス） 後 東京都大・システムデザ（航空宇宙シス） 後 横浜国大・都市科学（都市基盤） 後 横浜国大・理工（機械／機械工） 後 横浜国大・理工（機械／材料工） 後 神戸大・海洋政策科学（海洋政策科学）理系
54	前 筑波大・理工（工学シス） 前 千葉大・情報・データ（情報・データ） 前 電通大・情報理工（Ⅱ類） 前 横浜国大・都市科学（都市基盤） 前 横浜国大・理工（数物／情報工） 前 大阪公立大・工（機械工） 前 大阪公立大・工（建築） 前 大阪公立大・工（都市） 前 神戸大・工（建築） 後 筑波大・理工（社会工） 後 千葉大・工（総合／都市工学） 後 千葉大・工（総合／電気電子） 後 千葉大・工（総合／共生応用化） 後 電通大・情報理工（Ⅰ類） 後 東京農工大・工（機械シス） 後 東京農工大・工（応用化学） 後 東京農工大・工（化学物理工） 後 東京農工大・工（生体医用シス） 後 東京都大・都市環境（建築） 後 京都工繊大・工芸科学（化学／一般プロ） 後 京都工繊大・工芸科学（情報／一般プロ）
53	前 筑波大・情報（情報メディア創成） 前 筑波大・理工（応用理工） 前 筑波大・総合選抜理系Ⅰ 前 千葉大・工（総合／建築） 前 千葉大・工（総合／機械工） 前 千葉大・工（総合／医工学） 前 電通大・情報理工（Ⅰ類） 前 横浜国大・理工（数物／電子情報） 前 横浜国大・理工（機械／機械工） 前 横浜国大・理工（機械／材料工） 前 横浜国大・理工（機械／海洋空間）

国公立 工学部系統

合格目標ライン	日程 大学・学部（学科）
53	前 大阪公立大·工（電子物理工）
	前 大阪公立大·工（電気電子シス）
	前 神戸大·工（応用化学）
	前 神戸大·工（機械）
	前 神戸大·工（情報知能）
	前 神戸大·工（電気電子）
	前 神戸大·工（市民）
	前 九大·工（Ⅱ群）
	前 九大·工（Ⅳ群）
	前 九大·工（Ⅵ群）
	後 電通大·情報理工（Ⅲ類）
	後 京都工繊大·工芸科学（電子／一般プロ）
	後 京都工繊大·工芸科学（機械／一般プロ）
52	前 筑波大·理工（社会工）
	前 千葉大·工（総合／都市工学）
	前 千葉大·工（総合／デザイン）
	前 千葉大·工（総合／電気電子）
	前 千葉大·工（総合／共生応用化）
	前 電通大·情報理工（Ⅲ類）
	前 東京農工大·工（生命工）
	前 東京都大·都市環境（建築）
	前 大阪公立大·工（応用化学）
	前 大阪公立大·工（化学工）
	前 九大·芸術工（芸術工）学科
	前 九大·芸術工（芸術／インダス）
	後 東京都大·都市環境（都市基盤環境）
	後 東京都大·都市環境（環境応用化学）
	後 東京都大·システムデザ（情報科学）
	後 東京都大·システムデザ（インダストリ）
	後 京都工繊大·工芸科学（生物／一般プロ）
51	前 千葉大·工（総合／物質科学）
	前 東京農工大·工（機械シス）
	前 東京農工大·工（知能情報シス）
	前 東京都大·システムデザ（航空宇宙シス）
	前 京都工繊大·工芸科学（化学／一般プロ）
	前 京都工繊大·工芸科学（情報／一般プロ）
	前 京都工繊大·工芸科学（化学／地域創生）
	前 京都工繊大·工芸科学（情報／地域創生）
	前 京都府大·生命理工（生命化学）
	前 大阪公立大·工（海洋シス工）
	前 大阪公立大·工（マテリアル工）
	前 大阪公立大·工（化学バイオ工）
	前 神戸大·海洋政策科学（海洋政策科学）文系
	前 九大·芸術工（芸術／環境設計）
	後 埼玉大·工（機械・シス）
	後 東京都大·システムデザ（電子情報シス）
	後 東京都大·システムデザ（機械シス）
	後 静岡大·農（応用生命科学）
	後 京都府大·生命理工（生命化学）
	後 広島大·工（第四類（建設））
	後 広島大·工（第一類（機械））
50	前 東京海洋大·海洋資源環境（海洋資源エネ）
	前 東京農工大·工（応用化学）
	前 東京農工大·工（化学物理工）
	前 東京農工大·工（生体医用シス）
	前 東京都大·都市環境（都市基盤環境）
	前 東京都大·都市環境（環境応用化学）
	前 金沢大·理工（地球社会基盤）
	前 金沢大·理工（生命理工）
	前 京都工繊大·工芸科学（生物／一般プロ）
	前 京都工繊大·工芸科学（電子／一般プロ）
	前 京都工繊大·工芸科学（機械／一般プロ）
	前 京都工繊大·工芸科学（デザ／一般プロ）
	前 京都工繊大·工芸科学（生物／地域創生）
	前 京都工繊大·工芸科学（電子／地域創生）
	前 京都工繊大·工芸科学（機械／地域創生）
	前 京都工繊大·工芸科学（デザ／地域創生）
	前 神戸大·海洋政策科学（海洋政策科学）理系
	前 広島大·工（第四類（建設））
	前 広島大·工（第一類（機械））

合格目標ライン	日程 大学・学部（学科）
50	後 埼玉大·工（応用化学）
	後 東京海洋大·海洋資源環境（海洋資源エネ）
	後 信州大·繊維（化学・材料）
	後 三重大·工（総合／情報工）
	後 三重大·生物資源（生物圏生命化学）
	後 広島大·工（第二類（電気））
	後 広島大·工（第三類（応化））
49	前 埼玉大·工（機械・シス）
	前 東京都大·システムデザ（情報科学）
	前 東京都大·システムデザ（インダストリ）
	前 金沢大·理工（機械フロ電子）
	前 静岡大·農（応用生命科学）
	前 岡山大·工（工／情電数理）
	前 広島大·工（第二類（電気））
	後 弘前大·農学生命科学（分子生命科学）
	後 埼玉大·工（情報工）
	後 信州大·繊維（応用生物科学）
	後 信州大·繊維（先進繊維）
	後 信州大·繊維（機械・ロボ）
	後 岐阜大·工（機械／機械）
	後 岐阜大·工（機械／知能機械）
	後 岐阜大·工（化学／物質化学）
	後 岐阜大·工（化学／生命化学）
	後 岐阜大·工（電気／電気電子）
	後 岐阜大·工（電気／情報）
	後 静岡大·工（機械工）
	後 静岡大·工（電気電子工）
	後 静岡大·工（電子物質科学）
	後 静岡大·工（化学バイオ工）
	後 静岡大·工（数理シス）
	後 三重大·工（総合／建築）
	後 奈良女大·工（工）
48	前 弘前大·農学生命科学（分子生命科学）
	前 埼玉大·工（情報工）
	前 東京都大·システムデザ（電子情報シス）
	前 東京都大·システムデザ（機械シス）
	前 信州大·繊維（応用生物科学）
	前 信州大·繊維（先進繊維）
	前 信州大·繊維（化学・材料）
	前 岐阜大·工（機械／機械）
	前 岐阜大·工（機械／知能機械）
	前 岐阜大·工（化学／物質化学）
	前 岐阜大·工（化学／生命化学）
	前 岐阜大·工（電気／電気電子）
	前 岐阜大·工（電気／情報）
	前 三重大·生物資源（生物圏生命化学）
	前 奈良女大·工（工）
	前 岡山大·工（工／機械シス）
	前 岡山大·工（工／環境・社会）
	前 岡山大·工（工／化学・生命）
	前 岡山大·工（工／情報工学）
	前 広島大·工（第三類（応化））
	前 広島大·工（工学特別）
	前 長崎大·工（工）b
	後 埼玉大·工（電気電子物理）
	後 埼玉大·工（環境社会デザ）
	後 東京海洋大·海洋工（流通情報工）
	後 信州大·工（物質化学）
	後 岐阜大·工（社会基盤工）
	後 岐阜大·工（電気／応用物理）
	後 三重大·工（総合／機械工）
	後 三重大·工（総合／電気電子）
	後 三重大·工（総合／応用化学）
	後 島根大·総合理工（建築デザ）
	後 県立広島大·生物資源科学（生命環境）経過選
	後 山口大·工（応用化学）
	後 長崎大·工（工）
	後 熊本大·工（土木建築）
	後 熊本大·工（機械数理工）
	後 熊本大·工（情報電気工）

合格目標ライン	日程 大学・学部（学科）
48	後 熊本大・工（材料応用化学）
	後 鹿児島大・工（建築）
47	前 宇都宮大・工（基盤工／機械情報）
	前 埼玉大・工（応用化学）
	前 埼玉大・工（電気電子物理）
	前 埼玉大・工（環境社会デザ）
	前 信州大・工（物質化学）
	前 信州大・繊維（機械・ロボ）
	前 岐阜大・工（社会基盤工）
	前 岐阜大・工（電気／応用物理）
	前 静岡大・工（機械工）
	前 静岡大・工（電気電子工）
	前 静岡大・工（電子物質科学）
	前 静岡大・工（化学バイオ工）
	前 静岡大・工（数理シス）
	前 三重大・工（総合／建築）
	前 三重大・工（総合／情報工）
	前 滋賀県大・環境科学（環境建築デザ）
	前 島根大・総合理工（建築デザ）
	前 山口大・工（応用化学）
	前 徳島大・理工（理工／医光・医）
	前 長崎大・工（工）a
	前 熊本大・工（土木建築）
	前 熊本大・工（機械数理工）
	前 熊本大・工（情報電気工）
	前 熊本大・工（材料応用化学）
	前 熊本大・工（半導体デ）
	後 弘前大・理工（電子情報工）
	後 岩手大・理工（化学／生命）
	後 東京海洋大・海洋工（海洋電子機械）
	後 新潟大・工（工）
	後 富山大・工（工／電気電子）
	後 富山大・工（工／知能情報）
	後 富山大・工（工／機械工）
	後 富山大・工（工／生命工）
	後 富山大・工（工／応用化学）
	後 福井大・工（建築・都市）
	後 信州大・工（建築）
	後 名古屋市大・芸術工（建築都市デザ）
	後 滋賀県大・環境科学（環境建築デザ）
	後 滋賀県大・工（機械シス）
	後 兵庫県大・工（応用化学工）
	後 島根大・総合理工（知能情報デザ）
	後 徳島大・理工（理工／社会基盤）
	後 徳島大・理工（理工／機械科学）
	後 徳島大・理工（理工／応用化学シス）
	後 徳島大・理工（理工／電気電子）
	後 徳島大・理工（理工／知能情報）
	後 徳島大・理工（理工／光システム）
	後 愛媛大・工（工）理型
	後 佐賀大・理工（理工）
	後 鹿児島大・工（先進／情報生体）
46	前 茨城大・工（情報工）
	前 茨城大・工（物質科学工）
	前 宇都宮大・工（基盤工／化学系）
	前 群馬大・理工（物質・環境類）
	前 群馬大・理工（電子・機械類）
	前 東京海洋大・海洋工（流通情報工）
	前 新潟大・工（工）共通
	前 新潟大・工（工）個別
	前 信州大・工（建築）
	前 名古屋市大・芸術工（建築都市デザ）
	前 三重大・工（総合／総合工）
	前 三重大・工（総合／機械工）
	前 三重大・工（総合／電気電子）
	前 三重大・工（総合／応用化学）
	前 島根大・総合理工（知能情報デザ）
	前 鹿児島大・工（建築）
	後 弘前大・理工（物質創成化学）
	後 弘前大・理工（機械科学）

合格目標ライン	日程 大学・学部（学科）
46	後 岩手大・理工（化学／化学）
	後 秋田大・理工（物質科学）
	後 秋田大・理工（数理電気電子）
	後 秋田大・理工（システムデザ）
	後 山形大・工（建築・デザ）
	後 山形大・工（化学／応用化学）
	後 山形大・工（化学／バイオ化学）
	後 茨城大・工（情報工）
	後 茨城大・工（物質科学工）
	後 宇都宮大・地域デザ（建築都市デザ）
	後 宇都宮大・工（基盤工）
	後 群馬大・理工（物質・環境類）
	後 群馬大・理工（電子・機械類）
	後 東京海洋大・海洋工（海事シス）
	後 富山大・都市デザ（都市交通デザ）
	後 福井大・工（電気電子情報）
	後 福井大・工（物質・生命）
	後 山梨大・生命環境（生命工）
	後 信州大・工（電子情報シス）
	後 滋賀県大・工（電子シス）
	後 兵庫県大・工（電気電子情報）
	後 兵庫県大・工（機械・材料工）
	後 和歌山大・システム工（システム工）
	後 島根大・材料エネルギー（材料エネ）
	後 山口大・工（知能情報）
	後 山口大・工（電気電子）
	後 山口大・工（感性デザ）
	後 山口大・工（循環環境）
	後 長崎県大・情報シス（情報シス）
	後 大分大・理工（理工／生命物質）
	後 鹿児島大・工（先進／機械工）
	後 鹿児島大・工（先進／電気電子）
	後 鹿児島大・工（先進／化学生命）
45	前 弘前大・理工（電子情報工）
	前 岩手大・理工（化学／生命）
	前 山形大・工（建築・デザ）
	前 山形大・工（化学／応用化学）
	前 山形大・工（化学／バイオ化学）
	前 茨城大・工（都市シス）
	前 茨城大・工（機械シス）
	前 茨城大・工（電気電子シス）
	前 宇都宮大・地域デザ（建築都市デザ）
	前 東京海洋大・海洋工（海洋電子機械）
	前 東京海洋大・海洋工（海事シス）
	前 富山大・工（工／電気電子）Ⅰ
	前 富山大・工（工／電気電子）Ⅱ
	前 富山大・工（工／知能情報）Ⅰ
	前 富山大・工（工／知能情報）Ⅱ
	前 富山大・工（工／機械工）Ⅰ
	前 富山大・工（工／機械工）Ⅱ
	前 富山大・工（工／生命工）Ⅰ
	前 富山大・工（工／生命工）Ⅱ
	前 富山大・工（工／応用化学）Ⅰ
	前 富山大・工（工／応用化学）Ⅱ
	前 富山大・都市デザ（都市交通デザ）
	前 福井大・工（建築・都市）
	前 山梨大・生命環境（生命工）
	前 信州大・工（電子情報シス）
	前 滋賀県大・工（機械シス）
	前 滋賀県大・工（電子シス）
	前 兵庫県大・工（応用化学工）
	前 県立広島大・生物資源科学（生命／生命科学）
	前 徳島大・理工（理工／社会基盤）
	前 徳島大・理工（理工／機械科学）
	前 徳島大・理工（理工／応用化学シス）
	前 徳島大・理工（理工／電気電子）
	前 徳島大・理工（理工／知能情報）
	前 徳島大・理工（理工／光システム）
	前 香川大・創造工（創造工）A
	前 香川大・創造工（創造／造形防）B

合格目標ライン	日程	大学・学部（学科）
45	前	愛媛大·工（工）理型
	前	長崎県大·情報シス（情報シス）
	前	大分大·理工（理工／物理学）
	前	鹿児島大·工（先進／情報生体）
	後	岩手大·理工（物理／数理物理）
	後	岩手大·理工（物理／マテリアル）
	後	岩手大·理工（シス／電気電子）
	後	岩手大·理工（シス／知能メディ）
	後	岩手大·理工（シス／機械科学）
	後	岩手大·理工（シス／社会基盤）
	後	秋田大·理工（生命科学）
	後	山形大·工（情報／情報知能）
	後	福島大·理工（共生シス理工）
	後	茨城大·工（都市シス）
	後	茨城大·工（機械シス）
	後	茨城大·工（電気電子シス）
	後	宇都宮大·地域デザ（社会基盤デザ）
	後	富山大·都市デザ（材料デザ）
	後	福井大·工（機械·シス）
	後	福井大·工（応用物理）
	後	信州大·工（機械シス）
	後	信州大·工（水環境土木）
	後	名古屋市大·芸術工（産業イノベ）
	後	滋賀県大·工（材料化学）
	後	鳥取大·工（機械物理系）
	後	鳥取大·工（電気情報系）
	後	山口大·工（機械）
	後	山口大·工（社会建設）
	後	香川大·創造工（創造工）
	後	愛媛大·工（工／社会デザ）文理型
	後	北九州市大·国際環境工（建築デザ）
	後	長崎県大·情報シス（情報セキュリ）
	後	大分大·理工（理工／知能情報）
	後	大分大·理工（理工／建築学）
	後	宮崎大·工（工）
	後	鹿児島大·工（先進／海洋土木）
	後	鹿児島大·工（先進／化学工）
44	前	弘前大·理工（物質創成化学）
	前	弘前大·理工（機械科学）
	前	岩手大·理工（化学／化学）
	前	岩手大·理工（物理／数理物理）
	前	岩手大·理工（物理／マテリアル）
	前	岩手大·理工（シス／電気電子）
	前	岩手大·理工（シス／知能メディ）
	前	岩手大·理工（シス／機械科学）
	前	岩手大·理工（シス／社会基盤）
	前	秋田大·理工（生命科学）b
	前	秋田大·理工（物質科学）b
	前	秋田大·理工（数理電気電子）b
	前	秋田大·理工（システムデザ）b
	前	山形大·工（情報／情報知能）
	前	福島大·理工（共生シス理工）
	前	宇都宮大·地域デザ（社会基盤デザ）
	前	富山大·都市デザ（材料デザ）Ⅰ
	前	富山大·都市デザ（材料デザ）Ⅱ
	前	福井大·工（物質·生命）
	前	山梨大·工（工／コンピュ）
	前	信州大·工（機械シス）
	前	信州大·工（水環境土木）
	前	名古屋市大·芸術工（産業イノベ）
	前	滋賀県大·工（材料化学）
	前	兵庫県大·工（電気電子情報）
	前	兵庫県大·工（機械·材料工）
	前	和歌山大·システム工（システム工）
	前	島根大·材料エネルギー（材料エネ）
	前	山口大·工（機械）
	前	山口大·工（社会建設）
	前	山口大·工（知能情報）
	前	山口大·工（電気電子）
	前	山口大·工（感性デザ）

合格目標ライン	日程	大学・学部（学科）
44	前	山口大·工（循環環境）
	前	北九州市大·国際環境工（建築デザ）
	前	佐賀大·理工（理工）
	前	長崎県大·情報シス（情報セキュリ）
	前	宮崎大·工（工）
	前	鹿児島大·工（先進／機械工）
	前	鹿児島大·工（先進／電気電子）
	前	鹿児島大·工（先進／化学生命）
	前	鹿児島大·工（先進工）括り枠
	後	秋田大·国際資源（国際／資源開発環境）
	後	山形大·工（機械シス）
	後	山形大·工（高分子·有機）
	後	山形大·工（情報／電気電子）
	後	鳥取大·工（化学バイオ系）
	後	鳥取大·工（社会シス系）
	後	島根大·総合理工（機械電気電子）
	後	北九州市大·国際環境工（機械シス）
	後	大分大·理工（理工／知能機械）
43	前	秋田大·国際資源（国際／資源開発環境）
	前	秋田大·理工（生命科学）a
	前	秋田大·理工（物質科学）a
	前	秋田大·理工（数理電気電子）a
	前	秋田大·理工（システムデザ）a
	前	山形大·工（機械シス）
	前	山形大·工（高分子·有機）
	前	山形大·工（情報／電気電子）
	前	福井大·工（機械·シス）
	前	福井大·工（電気電子情報）
	前	福井大·工（応用物理）
	前	山梨大·工（工／クリーン）
	前	山梨大·工（工／応用化学）
	前	山梨大·工（工／土木環境）
	前	山梨大·工（工／機械工学）
	前	山梨大·工（工／メカトロ）
	前	山梨大·工（工／電気電子工）
	前	山梨大·工（工／総合工学）
	前	鳥取大·工（機械物理系）
	前	鳥取大·工（電気情報系）
	前	島根大·総合理工（機械電気電子）
	前	愛媛大·工（工／社会デザ）文理型
	前	北九州市大·国際環境工（機械シス）
	前	大分大·理工（理工／知能情報）
	前	大分大·理工（理工／生命物質）
	前	大分大·理工（理工／地域環境）
	前	大分大·理工（理工／建築学）
	前	鹿児島大·工（先進／海洋土木）
	前	鹿児島大·工（先進／化学工）
	後	山梨大·工（工／総合工学）
	後	北九州市大·国際環境工（情報シス）
	後	北九州市大·国際環境工（環境化学工）
	後	北九州市大·国際環境工（環境生命工）
	後	大分大·理工（理工／電気エネ）
	後	大分大·理工（理工／機械工学）
	後	琉球大·工（工）
42	前	鳥取大·工（化学バイオ系）
	前	鳥取大·工（社会シス系）
	前	北九州市大·国際環境工（情報シス）
	前	北九州市大·国際環境工（環境化学工）A
	前	北九州市大·国際環境工（環境化学工）B
	前	北九州市大·国際環境工（環境生命工）
	前	大分大·理工（理工／知能機械）
	後	山形大·工フレ（システム創成工）
41	前	山形大·工フレ（システム創成工）
	前	徳島大·理工夜（理工／社会基盤）
	前	大分大·理工（理工／電気エネ）
	前	大分大·理工（理工／機械工学）
	前	琉球大·工（工）
40	前	徳島大·理工夜（理工／機械科学）
	前	徳島大·理工夜（理工／応用化学シス）
	前	徳島大·理工夜（理工／電気電子）

合格目標ライン	日程 大学·学部（学科）
40	前 徳島大·理工夜（理工／知能情報）

農・水産学部系統

合格目標ライン	日程 大学·学部（学科）
67	前 東大·理二
64	前 北大·獣医（共同獣医）
	後 北大·獣医（共同獣医）
62	前 京大·農（応用生命科学）
	前 京大·農（食品生物科学）
61	前 京大·農（資源生物科学）
	前 京大·農（食料·環境経済）
	後 北大·農
	後 東京農工大·農（共同獣医）
	後 宮崎大·農（獣医）
60	前 東京農工大·農（共同獣医）
	前 京大·農（地域環境工）
	前 京大·農（森林科学）
	前 鹿児島大·共同獣医（畜産）
	後 鹿児島大·共同獣医（共同獣医）
	後 鹿児島大·共同獣医（畜産）
59	前 帯広畜産大·畜産（共同獣医）
	前 岐阜大·応用生物科学（共同獣医）
	前 大阪公立大·獣医（獣医）
	前 宮崎大·農（獣医）
	前 鹿児島大·共同獣医（共同獣医）a
	前 鹿児島大·共同獣医（共同獣医）b
	後 帯広畜産大·畜産（共同獣医）
	後 山口大·共同獣医（共同獣医）
58	前 岩手大·農（共同獣医）
	前 山口大·共同獣医（共同獣医）
57	前 鳥取大·農（共同獣医）
	後 神戸大·農（資源／応用植物）
	後 神戸大·農（生命／応用生命）
56	前 東北大·農
	前 名大·農（応用生命科学）
	後 東京農工大·農（応用生物科学）
	後 神戸大·農（食料／生産環境）
	後 神戸大·農（食料／食料環境）
	後 神戸大·農（資源／応用動物）
	後 神戸大·農（生命／応用機能）
	後 九大·農（生物資源環境）
55	前 名大·農（生物環境科学）
	前 名大·農（資源生物科学）
	前 神戸大·農（資源／応用植物）
	前 神戸大·農（生命／応用生命）
	後 北大·水産
	後 東京農工大·農（地域生態シス）
	後 東京農工大·農（生物生産）
	後 東京農工大·農（環境資源科学）
54	前 東京農工大·農（応用生物科学）
	前 神戸大·農（食料／生産環境）
	前 神戸大·農（食料／食料環境）
	前 神戸大·農（資源／応用動物）
	前 神戸大·農（生命／応用機能）
	前 九大·農（生物資源環境）
53	前 筑波大·生命環境（生物資源）
	前 東京農工大·農（地域生態シス）
	前 東京農工大·農（生物生産）
	前 東京農工大·農（環境資源科学）
	前 大阪公立大·農（生命機能化学）
	後 筑波大·生命環境（生物資源）
	後 岐阜大·応用生物科学（生産環境科学）
	後 大阪公立大·農（生命機能化学）
	後 宮崎大·農（海洋生物環境）
52	前 岩手大·農（動物科学）
	前 大阪公立大·農（応用生物科学）
	前 宮崎大·農（海洋生物環境）
	後 岐阜大·応用生物科学（応用生命科学）
	後 大阪公立大·農（応用生物科学）
	後 宮崎大·農（応用生物科学）
51	前 北大·水産
	前 東京海洋大·海洋資源環境（海洋環境科学）
	前 岐阜大·応用生物科学（生産環境科学）
	前 宮崎大·農（応用生物科学）
	後 岩手大·農（動物科学）
	後 千葉大·園芸（園芸）
	後 千葉大·園芸（応用生命化学）
	後 東京海洋大·海洋資源環境（海洋環境科学）
	後 三重大·生物資源（海洋生物資源）
	後 広島大·生物生産（生物生産）
50	前 岩手大·農（応用生物化学）
	前 千葉大·園芸（応用生命化学）
	前 東京海洋大·海洋生命科学（海洋生物資源）
	前 東京海洋大·海洋生命科学（食品生産科学）
	前 岐阜大·応用生物科学（応用生命科学）
	前 大阪公立大·農（緑地環境科学）
	前 広島大·生物生産（生物生産）
	後 千葉大·園芸（緑地環境）
	後 千葉大·園芸（食料資源経済）
	後 東京海洋大·海洋生命科学（海洋生物資源）
	後 東京海洋大·海洋生命科学（食品生産科学）
	後 信州大·農（農学生命科学）
	後 静岡大·農（生物資源科学）
	後 三重大·生物資源（資源循環）
	後 三重大·生物資源（共生環境）
	後 京都府大·農学食科（農学生命）
	後 大阪公立大·農（緑地環境科学）
	後 宮崎大·農（植物生産環境）
	後 宮崎大·農（畜産草地科学）
49	前 岩手大·農（植物生命科学）
	前 岩手大·農（森林科学）
	前 岩手大·農（食料／水産シス）
	前 千葉大·園芸（緑地環境）
	前 千葉大·園芸（園芸）
	前 千葉大·園芸（食料資源経済）
	前 新潟大·農（農）
	前 信州大·農（農／動物資源）
	前 三重大·生物資源（海洋生物資源）
	前 京都府大·農学食科（農学生命）
	前 鳥取大·農（生命環境農）
	前 岡山大·農（総合農業科学）
	前 宮崎大·農（植物生産環境）
	前 宮崎大·農（畜産草地科学）
	後 岩手大·農（応用生物化学）
	後 宇都宮大·農（生物資源科学）
	後 京都府大·環境科（森林科学）
	後 山口大·農（生物機能科学）
	後 佐賀大·農（生物資源科学）
	後 宮崎大·農（森林緑地環境）
48	前 帯広畜産大·畜産（畜産科学）
	前 岩手大·農（食料／農·食）
	前 宇都宮大·農（生物資源科学）
	前 信州大·農（農／生命機能）
	前 信州大·農（農／植物資源）
	前 信州大·農（農／森林·環境）
	前 静岡大·農（生物資源科学）
	前 三重大·生物資源（資源循環）
	前 三重大·生物資源（共生環境）

合格目標ライン	日程 大学・学部（学科）
48	前 京都府大·環境科（森林科学）
	前 島根大·生物資源科学（農林生産）
	前 島根大·生物資源科学（環境共生科学）
	前 山口大·農（生物機能科学）
	前 香川大·農（応用生物科学）
	前 長崎大·水産（水産）
	前 宮崎大·農（森林緑地環境）
	前 鹿児島大·農（国際食料資源）
	後 帯広畜産大·畜産（畜産科学）
	後 弘前大·農学生命科学（食料資源）
	後 弘前大·農学生命科学（国際園芸農）
	後 岩手大·農（植物生命科学）
	後 岩手大·農（森林科学）
	後 岩手大·農（食料／水産シス）
	後 宮城大·食産業
	後 宇都宮大·農（農業経済）
	後 新潟大·農（農）
	後 滋賀県大·環境科学（生物資源管理）
	後 鳥取大·農（生命環境農）
	後 山口大·農（生物資源環境）
	後 香川大·農（応用生物科学）
	後 愛媛大·農（食料生産）
	後 愛媛大·農（生命機能）
	後 愛媛大·農（生物環境）
	後 長崎大·水産（水産）
	後 鹿児島大·農（農）
47	前 弘前大·農学生命科学（食料資源）
	前 弘前大·農学生命科学（国際園芸農）
	前 宇都宮大·農（農業経済）
	前 山口大·農（生物資源環境）
	前 愛媛大·農（食料生産）
	前 愛媛大·農（生命機能）
	前 愛媛大·農（生物環境）
	前 高知大·農林海洋科学（海洋／海底資源）
	前 高知大·農林海洋科学（海洋／海洋生命）
	前 鹿児島大·農（農）
	後 岩手大·農（食料／農·食）
	後 福島大·農（食農）
	後 茨城大·農（食生命科学）
	後 茨城大·農（地域／農業科学）
	後 茨城大·農（地域／地域共生）
	後 宇都宮大·農（農業環境工）
	後 宇都宮大·農（応用生命化学）
	後 島根大·生物資源科学（農林生産）

合格目標ライン	日程 大学・学部（学科）
47	後 島根大·生物資源科学（環境共生科学）
	後 琉球大·農（亜熱帯農林環境）
	後 琉球大·農（亜熱帯生物資源）
46	前 宮城大·食産業
	前 山形大·農（食料生命環境）
	前 福島大·農（食農）
	前 茨城大·農（食生命科学）
	前 茨城大·農（地域／農業科学）
	前 茨城大·農（地域／地域共生）
	前 宇都宮大·農（森林科学）
	前 宇都宮大·農（農業環境工）
	前 宇都宮大·農（応用生命化学）
	前 山梨大·生命環境（地域食／ワイン）
	前 滋賀県大·環境科学（生物資源管理）
	前 県立広島大·生物資源科学（地域資源開発）
	前 愛媛大·社会共創（産業イノベ）
	前 佐賀大·農（生物資源科学）
	前 鹿児島大·水産（水産）
	前 鹿児島大·水産（国際食料資源）
	前 琉球大·農（亜熱帯農林環境）
	前 琉球大·農（亜熱帯生物資源）
	後 弘前大·農学生命科学（地域環境工）
	後 山梨大·生命環境（地域食物科学）
	後 山梨大·生命環境（環境科学）
	後 山梨大·生命環境（地域社会シス）
	後 高知大·農林海洋科学（海洋資源科学）
	後 鹿児島大·水産（水産）
	後 琉球大·農（亜熱帯地域農）
45	前 弘前大·農学生命科学（地域環境工）
	前 山梨大·生命環境（地域食物科学）
	前 山梨大·生命環境（環境科学）
	前 山梨大·生命環境（地域社会シス）
	前 県立広島大·生物資源科学（生命／環境科学）
	前 琉球大·農（亜熱帯地域農）
	後 山形大·農（食料生命環境）
	後 徳島大·生物資源産業（生物資源産業）
	後 高知大·農林海洋科学（農林資源／農芸化学）
	後 琉球大·農（地域農業工）
44	前 徳島大·生物資源産業（生物資源産業）
	前 高知大·農林海洋科学（海洋／海洋生物）
	前 高知大·農林海洋科学（農林資源／フィールド科学）
	前 高知大·農林海洋科学（農林資源／農芸化学）
	前 琉球大·農（地域農業工）
	後 高知大·農林海洋科学（農林資源／フィールド科学）

スポーツ・健康学部系統

合格目標ライン	日程 大学・学部（学科）
51	前 広島大･教育(生涯／健康スポ系) 後 広島大･教育(生涯／健康スポ系)
49	前 筑波大･体育
48	前 県立広島大･地域創生(地域／健康科学)
45	前 埼玉県大･保健医療福祉(健康／健康行動) 前 愛媛大･社会共創(地域／スポーツ) 前 琉球大･農(亜熱帯／健康栄養)
43	前 福島大･人文社会(人間／スポーツ)

その他

合格目標ライン	日程 大学・学部（学科）
59	前 北大･総合入試文系
56	前 北大･総合入試理系 化学
55	前 北大･総合入試理系 物理 前 北大･総合入試理系 生物
55	前 北大･総合入試理系 総合
54	前 北大･総合入試理系 数学
51	前 金沢大･文系一括 前 金沢大･理系一括

解説記事

'25年度　大学入試はこう行われる！ ………… 146

文・データ：大学通信　井沢秀

- 落ち着いた入試状況の2023年度入試
- 大学に入るための選抜の種類は主に3つ
- 国公立大の一般選抜はどのような仕組みか
- 多彩な入試方式の私立大一般選抜
- 学校推薦型選抜，総合型選抜はどのような試験か

保護者のための受験ガイド ………… 160

文・データ：駿台予備学校　石原賢一

- 大学入試はどう変わったのか？
- 大学選び，どんなアドバイスをすればよいのか？
- 受験生のケア，保護者ができることは？

学びを経済面から強力サポート「高等教育の修学支援新制度」とは？ ………… 174

- 大学受験から卒業までにいくら必要？
- 新しい修学支援制度の仕組みを知ろう
- 打ち切りや返還も ── 修学支援新制度の注意点

大学入試はこう行われる！

文・データ：大学通信　井沢秀

1 落ち着いた入試状況の2023年度入試

2025年度入試から，新学習指導要領で学んできた受験生が中心の入試に変わります。AI（人工知能）に代表される情報化社会，超高齢化社会，グローバル化などが急激に発達し，未来の予測が困難な社会になっています。そうした社会で生きていくために学びを変える必要があることから，学習指導要領が変わったのです。

学習指導要領の改訂は，変化の激しい社会で生きていく力を身に付けることであり，「何ができるのか」を明確にしていることが大きな特徴です。そのために，「知識及び技能」「思考力，判断力，表現力」「学びに向かう力，人間性」といった，学力の３要素に基づく資質や能力をバランスよく育むことを目的としています。

新学習指導要領では教科の内容も改訂されます。国語は「言語文化」「文学国語」「古典探究」，数学は学習内容が一部移された「数学C」と「理数」がそれぞれ新設されました。地理歴史は再編されて，「歴史総合」「地理総合」，公民では「公共」がそれぞれ新設されました。英語は「聞く」「読む」「話す」「書く」の４技能を「英語コミュニケーション」として総合的に学び，「論理・表現」が新設されました。さらに，情報は科目が再編され「情報Ⅰ」でプログラミングも学ぶようになっています。

新学習指導要領での入試が控えていることもあり，2023年度入試に大きな動きはありませんでした。多くの受験生にとって重要な入試となっている大学入学共通テスト（共通テスト）の状況を振り返ってみましょう。

３回目を迎えた共通テストの志願者は51万2581人で，前年より１万7786人（3.4%）減少しました。大学入試センター試験（センター試験）の時代から数えて５年連続の減少です。現役生は43万6873人でした。現役生の志願率は過去最高だった前年と同じ45.1%ですが，ベースとなる18歳人口が減少しているため，2.8%減となりました。浪人生は７万1642人で現役生を上回る6.7%減となりました。これにより現役生の割合が前年を0.5ポイント上回る85.2%となる一方，浪人生の割合は14.0%と過去最低となり，現役生中心の入試がさらに進んだことが特徴です。

2021年度に導入されて以来，共通テストの平均点は安定しません。共通テストはセンター試験より難易度が上がるといわれていましたが，初回の21年度の５教科７（８）科目の平均点はセンター試験を上回りました。それが一転，22年度は入試問題の長文化による数学の難化などの影響から大幅に下がったのです。そして23年度は，数学の出題傾向への対策が進んだこともあり，平均点は前年を上回りました。

23年度は理科②の生物の平均点がとても低かったため，教科内の平均点が20点以上開いたときに実施される得点調整がありました。共通テストは３回目を迎えても難易レベルが落ち着いていません。

共通テストは，長文の問題を短時間で理解する力や，複数の資料を読み解いて解答するための情報処理能力など，高いレベルの思考力が問われる入試です。一つの教科の知識だけではなく，様々な知識を活用して解答を導き出す能力が求められているのが共通テストなのです。

受験生の移動が活発化し地元志向が弱まる

コロナ禍の収束が見えてきたことに加え，新学習指導要領による入試がまだ先ということもあり，一般選抜全般に大きな動きはありませんでした。動きがあったのは受験生の移動距離です。2022年度入試から徐々に見えてきた傾向ですが，コロナ禍で止まっていた地域間の移動が活発化され，受験生の出願動向に変化が見られたのです。

次ページの図表１を見てください。これは，東京圏の大学なら１都３県（東京，埼玉，千葉，神奈川），近畿圏の大学なら２府４県（京都，大阪，滋賀，兵庫，奈良，和歌山）の高校出身者が合格者に住める割合を示したものです。

首都圏の私立大の状況を見ますと，成城大のように１都３県の占有率が82.7%から83.6%に上がっている大学もありますが，青山学院大や慶應義塾大，明治大，早稲田大など，大半の大学が前年の占有率を下回っています。コロナ禍の影響が弱まって，１都３県以外から受験生が集まるようになったことの表れといえます。国公立大では，東京工業大と一橋大は首都圏の占有率が上がりましたが，東京大や千葉大，横浜国立大などで占有率が下がっています。占有率が下がったとはいえ，１都３県は地元の高校出身者が圧倒的に多いことに変わりありませんが，コロナ禍の緩和により，他地域からの優秀な受験生が増えることで，はじき出されてしまった地元の受験生もいたことでしょう。

●図表1　合格者に占める地元占有率比較

大学	所在地	2022年	増減	2023年
青山学院大	東京	75.5%	↘	74.8%
慶應義塾大	東京	75.4%	↘	74.2%
上智大	東京	76.8%	→	76.8%
成蹊大	東京	81.7%	↘	79.4%
成城大	東京	82.7%	↗	83.6%
中央大	東京	69.7%	↘	68.5%
東洋大	東京	74.0%	↘	73.5%
日本大	東京	75.0%	↘	74.2%
法政大	東京	75.3%	→	75.3%
明治大	東京	76.5%	↘	75.8%
立教大	東京	81.8%	↘	80.4%
早稲田大	東京	75.6%	↘	75.5%
東京大	東京	56.5%	↘	53.8%
東京工業大	東京	71.1%	↗	71.8%
一橋大	東京	71.1%	↗	72.0%

大学	所在地	2022年	増減	2023年
埼玉大	埼玉	56.9%	↘	53.0%
千葉大	千葉	63.2%	↘	60.1%
お茶の水女子大	東京	61.2%	↘	60.9%
東京農工大	東京	70.3%	↘	67.3%
横浜国立大	神奈川	61.9%	↘	61.3%
同志社大	京都	57.7%	↗	58.8%
立命館大	京都	44.8%	↗	46.9%
京都産業大	京都	53.2%	↘	50.9%
龍谷大	京都	68.6%	↘	67.3%
関西大	大阪	78.1%	↗	78.2%
近畿大	大阪	60.3%	↘	59.7%
甲南大	兵庫	83.9%	↗	84.5%
京都大	京都	47.0%	↗	49.3%
大阪大	大阪	52.3%	↗	53.0%
神戸大	兵庫	61.9%	↗	63.9%

※東京圏の大学の地元は１都３県（東京，埼玉，千葉，神奈川）
※近畿圏の大学の地元は２府４県（京都，大阪，滋賀，兵庫，奈良，和歌山）

近畿圏では首都圏とは対照的に，私立大では57.7％から58.8％に上がった同志社大や44.8％から46.9％になった立命館大。国立大では京都大，大阪大，神戸大など，国公立大と私立大ともに地元占有率が上がっている大学が多くなっています。２府４県は広域にわたることから，和歌山から大阪の大学を目指すなど，２府４県の中での遠距離移動が増えた影響が考えられます。そうしたなか占有率が下がった大学には，京都産業大や龍谷大，近畿大などがあります。

共通テストの平均点アップも国公立大の志願者減

学費が安い国公立大の人気は高いものがあります。2023年度は一般選抜の一次試験にあたる共通テストの平均点が上がったことから，2023年度の国公立大一般選抜の志願者は増加すると見られていました。しかし，実際は前年を5476人下回る42万3180人でした。国立大の志願者は4648人減って29万8305人。公立大は828人減って12万4875人でした。人気が高く共通テストの平均点が上がったにもかかわらず志願者が減少したのは，ベースとなる18歳人口が減少しているためです。

国公立大全体の志願者が減少する中，難関国立10大学（北海道大，東北大，東京大，名古屋大，京都大，大阪大，九州大，東京工業大，一橋大，神戸大）全体の志願者は昨年並みで減っていません。先行きが見通しにくい社会で活躍できる力を身に付けられるのは難関大と考える受験生が多いことから，成績上位層における難関大人気は根強いものがあるのです。前期の出願状況を見ますと，京都大や東京工業大，一橋大が増加し東京大は昨年並みでした。志願者が減少した大学には，東北大，名古屋大，九州大があります。

準難関大の出願状況は，横浜国立大と大阪公立大が大幅増で，筑波大や千葉大，金沢大，広島大，熊本大などは昨年並みの志願者数となっています。そうした中，岡山大は後期を廃止した影響で大幅な志願者減となりなした。準難関大の出願状況が比較的好調なのは，共通テストの平均点が上がったことから，難関大より共通テストの配点比率が高い準難関大に出願するという，安全志向の影響が一因として考えられます。

地域別に前期の出願状況を2022年度と2023年度を比較してみましょう。志願者が減少しているのは，四国（78%），北陸（94%），東北（95%），九州（96%），北海道（97%）といった地方の大学です。一方，志願者が増加傾向なのは，関東（103%），東海（102%），近畿（100%）といった都市部の大学でした。コロナ禍の影響が薄まるとともに，地方から都市部の大学を目指す受験生が増えていることが，地域別の出願状況に表れているといえます。コロナの影響がさらに薄まると，地方から都市部へという受験生の流れは今後も強まるのではないでしょうか。

私立大の志願者は４年連続の減少に

私立大の出願状況を振り返ると，2021年度入試で史上最大となる14%の志願者減となりました。2022年度も2021年度の大幅減の反動が見られず微減。そして2023年度も減少しており，私立大の志願者は４年連続の減少です。私立大の志願者は2021年度の大幅減で底を打ったままで，倍率面から入り易い状況が続いています。

首都圏の難関大の出願状況を見ますと，増えたのは私立大志望者が出願しやすい３教科型の共通テスト利用方式を新規導入した上智大や２年連続の志願者増となった明治大。さらに，前年の大幅志願者減の反動から中央大も増加しました。中央大は，法学部が東京郊外の多摩キャンパス（八王子市）から都心の茗荷谷キャンパス（文京区）に移転した効果も志願者増の後押しをしました。

志願者が減った大学には，最難関の早稲田大と慶應義塾大，東京理科大があります。青山学院大や法政大，立教大も志願者が減少しています。前年の志願者増の反動とともに，難関大の倍率が下がっていることから，併願大学を減らしている影響もあるようです。これらの大学に次ぐ難易度の大学では，成蹊大，成城大，武蔵大の志願者が減少する一方，明治学院大が大きく増えています。

首都圏に比べて近畿圏の難関大は志願者が増える大学が多く，同志社大，立命館大，関西学院大が増えています。国公立大志向が強い近畿圏では，国公立大の併願先として難関私立大に出願する受験生が多かったことが一因です。

準難関大に目を転じますと，首都圏では日本大が前年の志願者減の反動から増加に転じ，駒澤大も志願者増。東洋大は前年の反動から志願者が減少し専修大も減っています。近畿圏では，近畿大が前年の大幅志願者増の反動から減少。それでも，10年連続で志願者数日本一になりました。京都産業大，龍谷大，甲南大は志願者が増加しています。

難関大と準難関大ともに，首都圏で志願者が減少する大学が多く，近畿圏では増加する大学が多かったことが，2023年度の私立大一般選抜の特徴です。

2 大学に入るための選抜の種類は主に3つ

どのようなことが起ころうとも，基本的に大学の選抜は変わりません。大学進学には，何らかの試験に合格しないと進学できません。その試験の中で，主要なものは一般選抜，学校推薦型選抜，総合型選抜の３つです。図表２を見てください。これは2022年度の大学入学者が，どの試験に合格して進学したかを表したグラフです。「その他」は帰国子女や社会人などを対象にした入試です。国公立大では一般選抜の割合が78.9%と高く，学校推薦型が15.4%，総合型が5.1%の割合でした。10年前と比べて一般選抜の割合が下がり，学校推薦型，総合型の割合が上がっています。学校推薦型を実施しているのは2022年現在172校で，全国公立大の96.6%を占めます。総合型を実施しているのは104校で58.4%の国公立大が実施しています。2016年から東京大が学校推薦型選抜を，京都大は特色入試（学校推薦型選抜と総合型選抜など）をスタートし，実施校が年々増えています。

●図表２　方式別入学者数グラフ（2022と2012比較）

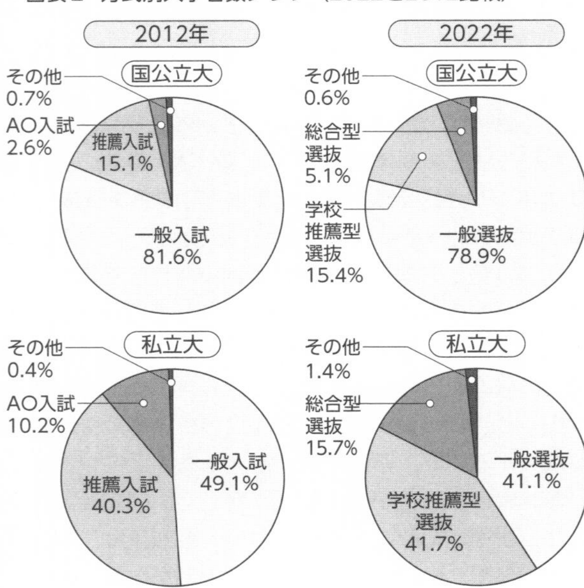

一方，私立大は一般選抜が41.1％で学校推薦型が41.7％，総合型が15.7％です。この10年で比べても，一般選抜が減少し，学校推薦型と総合型の入学者が増えています。

学校推薦型実施校は602校で，私立大全体の99.7％に当たります。総合型は558校が実施し，全体の92.4％の私立大が実施しています。

各試験ごとの全体の倍率は図表３のようになります。一般的に学校推薦型の倍率が低くなっていることがわかります。なかでも私立大は学校推薦型と総合型の倍率が低くなっているのが特徴です。ただ，大学ごとに異なりますので，データに注意しましょう。

●図表３　2022年の各試験ごとの倍率

	一般選抜	学校推薦型選抜	総合型選抜
国立大学	3.6	2.5	2.7
公立大学	4.1	2.3	3.1
私立大学	2.8	1.5	1.9

倍率＝志願者数÷合格者数

3 国公立大の一般選抜はどのような仕組みか

入試というと，２月から始まる一般選抜を思い浮かべる人が多いのではないでしょうか。国公立大は全大学が，決められた日程で入試を行います。この方式は分離分割方式と言われ，国立大ですと１大学が定員を２つに分けて入試を行う方式です。図表４を見てください。国立大は２月25日から始まる前期日程と３月12日から始まる後期日程で入試を行います。公立大も国立大と同じ日程ですが，３月８日から始まる中期日程を実施しているところもあります。国公立大の受験チャンスは３回です。中期日程は実施大学が少ないために受験生が殺到します。

最近では前期日程だけを実施し，後期日程を行わず，代わりに総合型や学校推薦型選抜を実施する大学が増えてきました。試験は１日だけでなく，２日以上実施する大学もあります。前期日程の合格発表は，公立大が３月１日～10日，国立大が３月６日～10日の間に各大学が定めた日に発表します。そこで不合格になった受験生が後期日程にのぞむのが一般的です。つまり，第一志望校は前期日程で受けることになります。入学定員も８対２で前期日程の方が多くなっています。なかには後期日程の定員を多くしている大学もあります。国公立大は，すべての試験を１月22日～２月２日までに出願することになっています。

●図表４　2024年度 国公立大一般選抜スケジュール

2024年	項目
1月13日・14日	大学入学共通テスト実施
1月22日～2月2日	国公立大二次試験出願期間
2月25日	国公立大前期日程試験開始
3月１日～10日（国立大は６日以降）	国公立大前期日程合格発表
3月８日	公立大中期日程試験開始
3月12日	国公立大後期日程試験開始
3月15日	国公立大前期日程入学手続き締め切り
3月20日～24日	国公立大，中期，後期日程合格発表

前期日程の入学手続き締切は３月15日です。ここで入学手続きを取ってしまうと，たとえ中期や後期日程を受けていても合格の権利を失います。合格することはありません。つまり，中期や後期日程は，前期日程の敗者復活の入試ということになります。そのため，中期や後期日程は出願締め切り時には高倍率になっているケースも多いのですが，ふたを開けてみたら倍率が１倍台だったということもよくあります。前期日程で合格した受験生が受けないからです。諦めずに中期や後期日程まで受け続けることが大切になってきます。

また，東京大，京都大，大阪大など後期日程を廃止し，その代わりに学校推薦型や総合型選抜を実施する大学も増えています。大学全体でなくても，学部によって後期日程を実施する大学もあります。京都大では法学部，名古屋大では医学部医学科だけが後期日程を実施しています。中期日程と後期日程の合格発表日はともに３月20日～24日です。

共通テストとはどのような試験なのか

国公立大入試を受けるためには，共通テスト受験が必須になります。私立大でも共通テスト利用入試を実施しています。共通テストはこれまで国語，地理歴史，公民，数学，理科，外国語の６教科から出題さていましたが，2025年度入試からは学習指導要領の改訂にともない，国語，地理歴史，公民，数学，理科，外国語，情報の７教科に変わります（図表５参照)。このなかから受験生は，大学が指定する教科を受けておかなければなりません。前期日程，中期日程，後期日程で受けようと思う大学が課している共通テストの科目をしっかり調べておく必要があります。国立大の多くは６教科８科目を課していますから，それにそって受験科目を決めておきます。

国語は近代以降の文章（現代文110点満点）と古典（古文, 漢文各45点満点）です。地理歴史と公民は同じ時間帯に実施され，２科目（１科目100点満点）まで解答できます。数学は①と②があり，いずれも100点満点で，①は数学Ⅰ・Ａを選択する受験生が多く，②は数Ⅱ・Ｂ・Ｃです。理科は①が物理基礎，化学基礎，生物基礎，地学基礎で50点満点で２科目受けることになります。理科②は基礎のついていない科目で100点満点で最大２科目を選べます。基礎科目は文系学部の入試で課されていることが多くなっています。外国語は英語以外にもドイツ語，フランス語などがあり，英語受験者はリスニング試験を受けることになります。2025年度からは情報Ⅰ（100点満点）が新たに加わります。共通テストは基本的な出題が多いですが，思考力が重視されることから，難易度が高い試験になっています。

共通テストは，高校３年生の場合は，指定された大学の試験会場に受けに行くことになります。だいたいクラスメイトと一緒です。浪人生は住んでいると

● 図表５　出題教科・科目の選択範囲及び試験時間

教科	グループ	出題科目	試験時間
国語		「国語」	90分
地理歴史		「地理総合，地理探究」「歴史総合，日本史探究」「歴史総合，世界史探究」	１科目選択　60分 ２科目選択　130分（うち解答時間120分）
公民		「公共，倫理」「公共，政治・経済」「地理総合／歴史総合／公共」	
数学	①	「数学Ⅰ・数学Ａ」「数学Ⅰ」	70分
	②	「数学Ⅱ，数学Ｂ，数学Ｃ」	70分
理科		「物理基礎／化学基礎／生物基礎／地学基礎」「物理」「化学」「生物」「地学」	１科目選択　60分 ２科目選択　130分（うち解答時間120分）
外国語		「英語」「ドイツ語」「フランス語」「中国語」「韓国語」	「英語」【リーディング】80分 【リスニング】60分（うち解答時間30分） 「ドイツ語」「フランス語」「中国語」「韓国語」 【筆記】80分
情報		情報Ⅰ	60分

ころの近くの会場になります。共通テストは自己採点ができるようになっています。解答もその日のうちにネットに公開され，翌日の新聞朝刊にも掲載されます。この自己採点した点数を予備校など，自己採点を集計してくれるところに送ると，模試と同じように自分の成績がわかり，それをもとに出願校を決めていくことになります。問題は持ち帰れますので，自己採点は正しく行うことが大切です。ただ，自己採点結果が戻ってきても，国公立大の出願まであまり日数がありません。2023年ですと，１月23日から２月３日までが出願期間でした。各科目の平均点も公表され，地理歴史や理科などで，科目間で20点以上の平均点差が生じた場合は得点調整が行われます。低い科目の点数を上げます。この平均点情報にも注意が必要です。

平均点が低い時は，だいたい受験生は弱気な出願になりがちです。平均点が低い時は自分だけでなく，みんなができなかったということですから，本来ならあまり弱気になる必要はありません。ただ，平均点がどうなるかは，試験が終わってみないとわかりません。共通テストの自分の成績は，事前に申し込んでおくと４月になって送られてきます。ですから，入試にタイムリーに正しい点数は活用できません。あくまでも自己採点の点数で進めていくことになり，正確に採点しておくことが大切になります。

共通テストと二次試験の合計で合否が決まる

ほとんどの国公立大が，共通テストの成績と大学独自の二次試験（個別入学検査）の成績で合否を決めています。なかには，東京都立大などのように，調査書を点数化する大学も出てきています。後期日程などでは，共通テストの成績だけで合否を決めている大学もあります。

注意したいのは門前払いになる可能性があることです。東京大は各学類で倍率が高くなると共通テストの成績で二段階選抜を実施します。文系では募集人員の約３倍を超えると第一段階選抜を実施し，合格した受験生だけが大学独自の二次試験を受験できます。2023年度は全ての科類で二段階選抜が行われました。ただ，二段階選抜を実施している大学は少なく，人気の難関大学や医学部医学科で実施しているところが多くなっています。志望校が実施しているかどうか，あらかじめ調べておくことが必要です。

共通テストと二次試験の配点比率は各大学が定めます。たとえば2023年度入試の東京大は共通テスト110点満点，二次試験440点満点の550点満点でした。東京大は共通テストの成績を110点満点に圧縮します。この方式でずっと入試を行ってきました。そのため，2023年の東京大の文科Ⅰ類の合格最低点は343.8889点です。共通テストの成績を圧縮しているので，小数点の最低点になっているわけです。東京大のように二次試験の方の配点が高い大学は少数派で，共通テストの配点が高い大学の方が多くなっています。それだけ共通テストの重みが大きくなっています。特に，新型コロナウイルスが猛威を振るった時など，大学での独自試験を中止し，共通テストの成績だけで合否を判定する可能性が高くなります。共通テストはしっかり得点をとるようにしたいものです。

 4 多彩な入試方式の私立大一般選抜

私立大入試の日程は，国公立大と異なり２月１日から始まることが決められているだけです。したがって各大学は自由に試験日を決めることができます。なかには１月から入試を始める大学もあります。出願は12月から始める大学もありますが，ほとんどが１月の正月明けからでネット出願です。

入試方式もさまざまです。オーソドックスなのは３教科型です。文系だと英語，国語，選択科目，理系だと英語，数学，理科です。文系の選択科目では地理歴史，公民，数学などから１科目選ぶのが一般的です。いずれも３科目を受験する場合がほとんどですが，早稲田大や慶應義塾大の理工学部のように，理科を２科目課して４科目の大学もあります。早稲田大の政治経済学部では2021年度から共通テストの数学Ⅰ・Ａを必須にし，志願者が３割ほど減りました。文系学部で数学必須はまだまだ敷居が高いようですが，数学は文系，理系に関係なく必要な時代が到来しており，今後は追随する大学も出てくると見られます。２科目入試を実施している大学もあり，その場合は英語と国語や英語と数学のパターンが多くなっています。医学部医学科では一般選抜でも面接があります。これは国公立大でも同じです。

● 図表６　私立大学の入試方式の例

方式名	内容
試験日自由選択	連続して試験日が設けられており，３日間なら３日間とも受けることができ，他大学との併願を考えながら，自分の受けたい日に受験できる方式 合格発表は１回だけ
全学統一	大学の全学部が同じ日に試験を行い，第二志望で別の学部の志望を認める大学もある １回の受験で複数学部の合否判定を受けられる
地方試験	東京にある大学なら，札幌，名古屋，大阪，福岡など，地方に試験会場を設けて，大学に受けに行かなくても受験できる方式 東京でも関西など，さまざまな地域の大学が入試を行っている
民間英語試験利用	民間英語試験の成績を一般選抜の英語の試験に置き換えたり，大学の英語試験の成績と民間英語試験のスコアと高いほうを得点に認めたりする方式
配点変動方式	配点を得意科目だけ高くしたり，３科目受験して高得点の２科目で合否を判定したりする方式

共通テスト利用入試も実施されています。私立大の場合，共通テストの成績だけで合否が決まる方式がほとんどです。大学によって３教科や５教科で判定するなど，さまざまな方式があります。共通テストの成績と大学独自試験の成績で合否判定する大学もあり，これは共通テスト併用方式と呼ばれています。

また，大学入試改革の影響で，私立大にもかかわらず一般選抜に共通テストを受けていないと入試を受けられない大学・学部も出てきました。早稲田大の政治経済，国際教養，教育，文，文化構想，スポーツ科学などは，共通テストの成績と大学独自試験で合否を判定する方式で国立大と同じ方式です。上智大や青山学院大でも同じような方式の入試が行われましたが，早稲田大とは異なり，ほかにも方式があるため共通テストを受けていないと受験できないということはありません。ただ，国立大と同じような方式は，私立大志望者に敬遠され志願者が減少しました。対策を立てやすい従来型の入試が人気になっています。

このほかにも図表６のようにさまざまな方式があり，大学によって名称が異なることもありますので注意してください。この中のいくつかを組み合わせている大学もあります。全学方式を実施し，それを地方会場でも行っているなどです。これらの方式から，自分に合う方式を選んで受けることになります。

私立大で注意したいお金の話

私立大の一般選抜は，何校でも受けることができます。２月１日から毎日受験しても構いません。そして，合格した中から入学校を１校選びます。受験料は一般選抜は平均３万５千円程度です。医学部は６万円のところが多くなっています。共通テスト利用入試は半額以下のところが多くなっています。共通テストの受験料が１万８千円ですから，３万５千円－１万８千円＝１万７千円というわけです。ただ，受験料も値下げが相次いでおり，１回５千円引きとか，受験料が１万円の大学もあります。2023年度はコロナ禍の特例で，受験料を無料にする大学・学部や方式がありました。

さて，併願となると受験料の問題がありますが，もうひとつは無駄金が出ないように工夫も必要です。例をあげましょう。

●スベリ止めのＡ大学文学部
試験日２/５，合格発表日２/10，１次入学手続き締切日２/17
●第一志望のＢ大学文学部
試験日２/９，合格発表日２/18

仮にこんな併願プランを立てたとしましょう。入学手続き締切日は，入学のための書類提出と，学費を払い込む期限です。学費は分納を認めている大学では，１次，２次などに分けて納めることができます。１次で入学金を納めさせる大学が多く，残りをだいたい３月の２次の締切日までに振り込みます。これを忘れたら，合格していても入学辞退されたとみなされ入学できません。

さて，上の併願プランですが，スベリ止めの１次の入学手続き締切日２／17が，第一志望の合格発表２／18の前日になります。となると，Ｂ大学の合否がわかりませんから，とりあえずＡ大学に入学手続きを取り，入学金を納めることになります。翌日，Ｂ大学に合格すると，当然，第一志望ですからＢ大学に入学手続きを取ります。そうすると，Ａ大学に納めた入学金が無駄になります。一度，払い込んだ入学金は戻ってこない大学がほとんどです。もし，全額を一度に納めた時は，入学金以外は戻ってくる場合がほとんどです。

併願プランを立てる時は，無駄金が出ないように考えた方がいいことはいうまでもありません。また，初年度納入金は必ず決められた額を締切日までに納入しないと，合格していても入学できませんから，必要なお金を事前に用意しておかなければなりません。**図表７**は学部別の平均学費です。私立大は大学・学部ごとに学費が異なります。国立大と公立大は，ほぼ同じ金額ですが，公立大は地方自治体が作った大学ですので，大学の所在地に住んでいる学生とそうでない学生で学費が異なります。国立大は標準額が設けられており，各大学の裁量で値上げができます。国立大で授業料を値上げしている大学には，千葉大，東京医科歯科大，東京芸術大，東京工業大，一橋大，東京医科歯科大などがあります。

私立大は入学金と授業料を合計しても初年度納入金にならないのは，施設設備費などが徴収されるからです。これらのお金は教室や図書館，グラウンドなどキャンパスを維持するために使われます。

総費用は修業年限が４年または６年間に必要な学費の合計です。これを見る

●図表7　2023年 学部系統別学費の平均　　単位：円

設置	学部系統	入学金平均	授業料平均	初年度平均	総費用平均
私立大学	法・政治	219,685	810,381	1,275,863	4,504,695
	商・経済・経営	224,807	784,357	1,278,209	4,452,100
	文・人文	226,171	835,244	1,307,509	4,611,237
	社会・福祉	228,220	805,429	1,321,546	4,623,419
	国際	223,178	844,880	1,355,539	4,794,008
	情報	227,759	1,001,005	1,521,720	5,485,102
	家政・栄養	241,137	815,196	1,439,514	5,017,538
	理工	226,796	1,131,931	1,668,244	6,193,547
	医	1,346,774	2,683,710	7,220,116	32,475,577
	歯	594,118	3,157,647	5,447,029	27,771,294
	薬（6年）	317,625	1,455,888	2,240,884	12,227,477
	薬（4年）	314,286	1,223,486	1,930,800	6,941,048
	獣医	263,333	1,551,667	2,521,457	13,789,290
	農・バイオ・水産	243,415	1,036,172	1,638,378	5,978,778
	体育	236,228	864,830	1,466,822	5,181,043
	看護	269,328	1,045,077	1,836,391	6,574,508
	医療技術	263,543	1,006,814	1,733,960	6,234,309
	音楽	231,250	1,249,500	2,051,544	7,537,660
	芸術	241,678	1,109,615	1,760,569	6,272,132
	教育	238,831	830,251	1,474,750	5,091,948
国立大学	全学部（標準額）　4年	282,000	535,800	817,800	2,425,200
	6年	282,000	535,800	817,800	3,496,800
公立大学	全学部（地域内）　4年	224,066	536,191	760,257	2,368,829
	6年	224,066	536,191	760,257	3,441,210
	全学部（地域外）　4年	374,371	536,191	910,562	2,519,134
	6年	374,371	536,191	910,562	3,591,515

※二部・夜間は除く

と，私立大の学費が国公立大より高いのがわかりますが，理系学部の方が文系学部より差が大きくなっています。特に医学部は大きな差です。理系で国公立大人気が高いのは，学費の格差が大きな理由です。巻末の大学・学部・学科別の学費も参考にしてください。

5 学校推薦型選抜，総合型選抜はどのような試験か

さまざまな種類がある学校推薦型選抜

学校推薦型選抜は一般的に学校長の推薦状が必要です。11月以降に実施され，一般選抜の前に行われます。さらに，出願基準として，高校時代の評定平均値の下限を大学が決めている場合がほとんどです。評定平均値とは，各教科

の学期ごとの成績を５点満点に換算したものです。これを高校３年生の１学期までの成績を集計して平均をとったものです。高校受験の内申点と同じです。さらに，その成績によって，学習成績概評としてＡ～Ｅに分けられます。図表８を見てください。Ｂ段階以上の学生を求める大学では，評定平均値が3.5以上でないと出願できません。また，合格すると入学しなければならない専願制の大学が多くなっています。

●図表８　評定平均値

学習成績概評	全体の評定平均値
A	5.0～4.3
B	4.2～3.5
C	3.4～2.7
D	2.6～1.9
E	1.8以下

国公立大と私立大では選抜が変わります。国公立大では大きく分けると，共通テストの成績が必要な方式と，必要ではない方式に分かれます。東京大の学校推薦型選抜では，選考は12月中に終わり，１月の共通テストで概ね８割を取っていることが必要とされています。これに達していないと不合格になります。共通テストの成績が不要ですと，早くに合格が決まる大学もありますが，倍率が高くなるのが一般的です。

私立大の学校推薦型選抜は大きく二つに分かれます。指定校制と公募制です。指定校は大学が出願を認める高校を指定する方式です。出願したくても，指定校になっていなければ出願することはできません。多くの場合，何年にもわたって入学者が一定数いる高校を指定する場合が多いようです。よほどのことがない限り全員合格の方式で，近年，人気になっています。ただ，入学後の成績が悪いと，大学が指定校を取り消すケースもあり，後輩に迷惑をかけてしまいます。試験は小論文や面接が中心です。

公募制は大学が定めた基準を超えていれば，在学高校に関係なく出願できます。そこで面接や小論文などの試験を受けて合否が決まります。関西の大学などを中心に併願を認める公募制もあります。いくつも学校推薦型選抜を受け，入学校はその後，決められます。試験も英語，国語など学科試験で行われます。ほぼ一般選抜と同じです。

このほかにも，学校長ではなく自分で自分を推薦する自己推薦方式，キリスト教信者に限るなどの宗教に特化した募集の方式，スポーツや芸術に秀でた人を募集する方式など，さまざまな方式があります。

実施校，受験者が増えている総合型選抜

総合型選抜は1990年に慶應義塾大が始めた新しい選抜方式です。９月以降に実施され，３つの選抜の中ではもっとも早く始まります。受験生が「この大学・学部に進学したい」と望み，大学が「この受験生なら，うちにきてほしい」と，双方が納得して入学させる方式です。

一般的な選抜方法は，受験生がエントリーシートを大学に提出。そこで書類

選考があり，合格した受験生が大学の試験を受けます。面接中心ですが，基本的な学科試験や小論文などを課す大学もあります。面接では，主に「過去・現在・未来」を聞かれます。過去は高校時代に何をやってきたか，現在はこの大学を志望した動機，未来は大学入学後に何をしたいかなどです。この面接では自己PRが重要で，プレゼンテーション能力が問われます。面接がグループディスカッションの場合もあります。

2021年入学者から学校推薦型，総合型選抜についても，文科省は学力を求めています。提示されたのが，小論文，プレゼンテーション，口頭試問，実技，各教科・科目に係るテスト，資格・検定試験の成績，共通テストの成績などです。従来，総合型選抜は面接中心でしたので，新たに科目が加わりました。

2023年度入試では，学校推薦型選抜の中でも指定校推薦が人気になりました。コロナ禍で不安な中，年内に早く合格を決めたいとの気持ちが強くなりました。一方，同じ年内に決まる総合型選抜の志願者も増えています。学校が休校になったのと同じように，各種スポーツ・文化関係の行事，大会，資格・検定試験等が中止，または延期等がありましたが，大学が代替措置を講じたことで，出願できる受験生が多かったのです。総合型選抜の人気は高く，大学も導入を進めていることから，公募制の学校推薦型選抜も含め，年内入試の人気は高まると見られています。

2021年度の私立大入試は，入学者数が入学定員を下回り，大学を選ばなければどこかの大学に入れる，「全入状態」となりました。2023年度入試もその流れを継続しています。少子化が進み，大学はますます入りやすくなることは間違いありません。将来，どのような道に進みたいのかを考えながら大学・学部を選ぶことが大切です。

出身大学・学部は一生のものです。高齢化社会の進展やウクライナ危機による社会情勢の不安定化など,不安になることが多い今だからこそ「入れる大学・学部選び」ではなく,「入りたい大学・学部選び」をして，その目標を叶えるための手段として入試方式を検討してください。強気に志望校を選んでいくことが，大切になってきています。最後まで第一志望にこだわっていきましょう。

井沢秀（いざわ・しげる）▶大学通信 情報調査・編集部部長。明治大学卒業後，1992年大学通信入社。現在，編集とマスコミへの情報提供の責任者。大学案内書，中高案内書，情報誌などを編集。大学の入り口（入試）から出口（就職）まで，情報を収集し発信。「サンデー毎日」「朝日新聞EduA」の年間を通しての教育企画，「東洋経済」「ダイヤモンド」「プレジデント」など，各誌へ情報提供と記事執筆を行う。

保護者のための受験ガイド

文・データ：駿台予備学校　石原賢一

2023年５月に新型コロナウイルス感染症の位置づけが「新型インフルエンザ等感染症（いわゆる２類相当）」から「５類感染症」になり，大学入試においてもコロナ禍への特別対策が徐々に緩和されています。2025年度の大学入学共通テスト（以下「共通テスト」）では，追試験の実施日程が５年ぶりにコロナ禍以前の本試験の１週間後に戻り，会場も全国２ヶ所（東京と関西）の設置となりました。もちろん，入試が行われる１月から３月の期間はインフルエンザや新型コロナウイルス感染症といった呼吸器系感染症の流行が多い季節であることには変わりはなく，受験生として手洗いやうがいの励行，適切なマスク着用といった感染症対策や食事や睡眠に気を配るという日々の健康管理を怠ってはいけません。しかし，今後はコロナ禍で顕著に表れた受験時の遠距離移動への敬遠傾向や併願校数の絞込みといった状況の改善が進み，コロナ禍以前の入試環境へ戻っていくことが考えられます。

このように，ここ数年間は誰もが予測することができなかったコロナ禍という特殊な環境下での入試が続きましたが，これとは別にコロナ禍以前から将来の社会の変化に対応するための大学入試改革は続いており，大きく大学入試は変わりつつあります。まず，共通認識として大学入試はどう変わっているのかについて，見ていくことにします。

1 大学入試はどう変わったのか？

創立100周年を超えた「駿台」が，長きに渡って受験生たちへのエールとして掲げてきたキャッチフレーズに「第一志望は，ゆずれない。」があります。これは，いつの時代にも，高い目標を掲げて，それに邁進する受験生たちを応援する力強いメッセージだと自負しています。しかし，今は「第一志望」をしっかりと定めて，それに向かって安易に妥協することなく，堅持して着実に努力するという当たり前のことが難しい時代になってしまっています。

こういった時代の変化が起きているからこそ，「大学選び」がいっそう重要

● 図表1　共通一次試験から大学入学共通テストまでの変遷

共通第一次学力試験 （共通一次試験） 1979年～	大学入試センター試験 （センター試験） 1990年～	大学入学共通テスト （共通テスト） 2021年～
国公立大の入学志願者に対し，各大学が実施する試験に先立ち，全国同一期日に同一問題で行われた試験。一律に5教科利用を原則としたこと等により，共通一次試験の成績による大学の序列化やいわゆる輪切りによる進路指導の問題が顕在化したこと，国公立大のみの入試改革にとどまったこと，各大学の第二次試験の改善が必ずしも十分でなく，受験生にとって過重な負担となったこと等の課題があった。	高等学校段階における基礎的な学習の達成の程度を判定することを主たる目的として，参加する国公私立の各大学が，それぞれの大学の試験に先立ち，大学入試センターと協力して，全国同一の期日に同一の試験問題により共同で実施するものであり，利用教科・科目数などについては，共通一次試験と異なり，各大学の判断と創意工夫に基づき，自由に利用できることとされた。	高等学校段階における基礎的な学習の達成の程度を判定し，大学教育を受けるために必要な能力について把握することを目的とする。各教科・科目の特質に応じ，知識・技能を十分有しているかの評価も行いつつ，思考力・判断力を中心に評価を行うものとされた。「国語」，「数学Ⅰ」，「数学Ⅰ・数学A」については，記述式問題を出題することが検討されていたが，導入は見送られた。

な意味を持っているわけです。大学教育や大学入試を取り巻く環境が大きく変化する中で，志望校をどのように選べば良いのか？ さらに，受験生たちの将来の可能性を伸ばす「第一志望」とはどのような大学なのか？ これを考えていきたいと思います。

進む大学の二極化

実際に大学入試突破は簡単になっているのでしょうか？　受験人口（大学・短大志願者数）が大学・短大の入学定員合計を下回っていても，大学間で大きな差が生じています。現役合格に失敗して再チャレンジしてでも合格をめざそうとする受験生が多数存在する難関大もあれば，一方で志願者確保が厳しく，定員充足率が100％を切っている（定員割れした）私立大が2023年度入試では全体の53.3％にも達しているのが現状です。特に，コロナ禍の影響で1人当たりの併願校数が絞り込まれた結果，2021年度入試では前年度よりも定員充足率が100％を切る大学の割合が15.4ポイントの大幅アップでした。さらに，2022年度入試では前年度比0.9ポイントアップ，2023年度入試では前年度比6.0ポイントアップと定員割れした私立大の割合は上昇を続けています。

このように，誰もが行きたいと考える大学とそうではない大学の「二極化」が進み，大学が生き残っていけるか否かの岐路に立たされているのです。そのため，私立大を中心に優秀な学生の確保にさまざまな施策が行われています。学部・学科の新設や改組をはじめ，総合型選抜（旧AO入試）や学校推薦型選抜（旧推薦入試）の拡大，一般選抜でも共通テスト利用方式の導入はあたり前で，大学独自の出題による一般方式においても学部個別日程に加えて全学部日程を採用し，受験機会を増やすことが一般化しています。グローバル化の進展に対応するために，民間の団体が主催する英語４技能資格・検定試験を利用した方式も拡大しています。さらに，キャンパスの新築・改築や都心への移転を進め，学生が学習しやすい環境を提供しています。1990年代に入り500校を超えた大学数は2023年度で800校余りとなり，志望大学選定には教育内容や入試制度・動向など，さまざまな角度からの情報収集がますます重要になっています。

では，次の章では具体的に2023年度入試を例にして，現在の大学入試動向を説明します。

大学入試の最新動向

まず，共通テストについて見ていくことにします。2023年度の共通テストの５教科900点集計の最終予想平均点（データネット実行委員会〔駿台予備学校／ベネッセコーポレーション主催〕の推定）は，５教科８科目文系では532点（得点率59％，対前年度比+24点），５教科７科目理系では551点（得点率61％，対年度比+38点）となりました。なお，理科②（物理，化学，生物，地学）で教科内での科目間の平均点差が23.65点と20点を超えたために，４科目内で受験者数が１万名未満だった地学を除いた３科目間で，「分位点差縮小法」に基づく得点調整が実施されました。その結果，得点調整後の平均点差は，14.93点に縮まりました。以下の分析は，得点調整後の得点で行っています。

予想平均点が大幅アップとなったのは，前年度平均点が大きくダウンした数学Ⅰ・A，数学Ⅱ・B，日本史Bなどで平均点が大幅アップしたことが要因です。受験者数が１万人を超える主要科目で平均点がアップしたのは，数学Ⅱ・B（+18.4点），数学Ⅰ・A（+17.7点），日本史B（+6.9点），化学（+6.4点）などでした。一方で，平均点がダウンしたのは，倫理，政治・経済（−9.1点），英語リーディング（−8.0点），世界史B（−7.4点），政治・経済（−5.8点）などでした。数学Ⅰ・Aの得点率は前年度38.0点で４割を割り込みましたが，55.7点と５割を超える得点率になりました。それでも数学Ⅱ・Bよりは低く，６割には達しませんでした。

科目ごとの得点率の変化を見ると，数学Ⅱ・Bのアップ率（+18.4ポイント）が最も大きく，次いで数学Ⅰ・A（+17.7ポイント）でした。ダウン率が大きかったのは，倫理，政治・経済（−9.1ポイント）が最も大きかったですが，公民の中では最も得点率が高かったです。次いで，英語リーディング（−8.0ポイント）でした。

５教科900点集計の得点帯別に見ると，文系・理系ともすべての得点帯でプラスとなっていますが，文系では2023年度の710点～780点のところで2022年度よりも約34点プラスとなっています。理系では2023年度の625点～695点のところで2022年度より約47点プラスとなっています。

次に，国公立大の動向です。文部科学省が2023年２月21日に発表した2023年度国公立大一般選抜の確定志願状況，及び独自日程の国際教養大，新潟県立大，叡啓大の大学発表の確定志願者数を合計すると426,300人で，前年度と比べて5,996人（前年度対比指数99）の微減で，前年度３年ぶりに増加しましたが再び減少に転じました。しかし，共通テスト受験者数の前年度対比指数97は上回りました。共通テストの平均点アップにより出願を諦めなかった受験生が増加したことに加えて，コロナ禍や国際情勢によって厳しい経済環境が予想される中で，国公立大志向の高まりが見られました。なお，募集人員は国公立大全体で92人の微増でしたので，志願倍率は4.37倍→4.30倍とほぼ前年度並でした。この志願者数微減の背景には，以下の２つの要因がありました。

①18歳人口減少による共通テスト受験者数の減少。ただし，共通テスト受験者の減少率よりは国公立大学志願者数の減少率は小さく，共通テスト平均点アップと厳しい経済環境を背景に国公立大志向は高まった。
②共通テスト独特の出題形式への敬遠。大都市部を中心に共通テスト志願者数が減少し，成績ボリュームゾーンを中心に慣れ親しんできたマークシート方式の出題である私立大学専願へシフトする動きが見られた。

次に，私立大の動向です。2023年11月29日に文部科学省が発表したデータによれば私立大の一般選抜（学校推薦型選抜・総合型選抜等の特別選抜入試を除く）の延べ志願者数は，約308万人で前年度より約4.5％のやや減少となりました。

このような，一般選抜志願者数が「やや減少」だった背景には，以下の４つの要因がありました。

①18歳人口減少および浪人発生数減少に伴う受験人口全体の縮小。
②中堅大学における年内入試（学校推薦型選抜，総合型選抜）へのシフト。
③私立大一般選抜全体の競争緩和による１人あたりの併願校数減少。
④地方の厳しい経済状況を反映した地元国公大志向の高まり。

また，コロナ禍の影響は大学入試時点ではかなり緩和されたものの，2023年度入試を受験した高３生は高校入学時に学校一斉休校を経験しており，地方在住者は地元から離れた都市部の大学の情報を得る機会が制限されました。これが，積極的な志望への逆風となり，有力大学が都市部に位置する私立大志願者数減少に影響しました。

共通テストとセンター試験との違い

2021年度入試から導入された共通テストはセンター試験からどのように変化したのでしょうか？

まず，なぜ大学入試改革が叫ばれているのかについてまとめてみたいと思います。今の高校生や中学生が社会の中心で活躍する数十年後には，日本国内では少子高齢化による人口減少が進み，世界規模では国境というボーダーを超えるグローバル化がさらに拡大することが予想されています。また，「第４次産業革命」ともいわれる，AI（人工知能）の活用が，我々の身近な日常生活にも拡がっていきます。すると，単純な肉体労働だけでなく，かなり高度な知的労働も機械に取って代わられてしまう社会になります。まさに，SFの中の世界がすぐそこまで迫っているのです。

すると，学力の評価もいままでの「知識，技能」の量を基準としたものから，人間だけが持っている「思考力，判断力，表現力」を重視したものへと変化していくことは避けられません。また，グローバル化の進展の中で，「世界共通語」とも言える英語を自由に扱うために，４技能（読む，書く，聞く，話す）をバランスよく身につける必要があります。さらに，外国人など育った環境や文化が異なる多様な人々と一緒になって，自らが率先して考え，物事を成し遂げていく能力が今まで以上に重要で不可欠なものになっていきます。

このような状況の中で，大学入試改革の一環として2021年度入試から「共通テスト」が導入されたわけですが，センター試験と大きく変わった点は下記の３点でした。

①英語において，リーディング（センター試験時代の筆記）は読解に特化したものとし，発音・アクセント，文法問題，文整序問題は出題しない。リスニングは，従来の２回読みに加えて１回読みの問題を出題する。また，リーディングとリスニングの配点を各100点とし，センター試験よりもリスニングを重視する。
②国語（現代文）で「実用的な文章」を出題する。
③思考力，判断力，表現力をいっそう重視した作問のためにマークシート方式問題の改善を行う。

なお，当初はこれら以外に国語や数学での記述式問題の導入や英語における民間の４技能資格・検定試験の併用なども予定されましたが，試験実施上の公平性確保の部分での課題が解決できずに見送りとなりました。

これに加えて，新しい学習指導要領（新課程）による出題となる2025年度入試からはさらにいくつかの変更が行われます。いずれも，共通テストの特徴的な出題をさらに進化させた改革といえます。変更点について具体的にまとめてみました。

①国語の試験時間が80分から90分に10分長くなります。大問で見ると，現代文が１題追加になり計３題（配点110点），古文１題（配点45点），漢文１題（配点45点）となります。追加になる現代文の１題は「複数の文章やグラフの内容や要旨を適切に解釈する力を評価する」とあり，個別試験における総合問題のような出題です。解答の記述はありませんが，そこに至る思考過程を見るような出題と予想され，10分間の試験時間延長では解答時間が不足しそうです。従来型の４題をてきぱきと解答できるかが高得点の鍵となりそうです。

②地歴・公民はすべて新課程科目による出題で，２科目セットのパターンが８パターン出題され，一般的に文系では２パターン，理系では１パターンを選択することになります。２パターンの選択には選択不可の組み合わせがあるので，注意が必要です。

③数学は数学②が数学II，Ｂ，Ｃからの出題となり，旧課程よりも出題範囲が広くなります。これに伴い，数学②の試験時間が60分から70分と長くなりますが，解答時間に余裕があるとはいえません。また，数学Ｃの「平面上の曲線と複素数平面」は旧課程では理系の範囲だったので，共通テストとしての過去問がないことに注意が必要です。

④理科は今までの基礎科目と専門科目に分かれていた時間割が１つにまとめられます。この中から，一般的に文系では１科目，理系では２科目を選択することになります。なお，基礎科目２科目選択で専門科目１科目分とみなして科目数を数えます。

⑤英語リーディングは大問６題には変化はありませんが，１題が現代文の新傾向問題と同じく複数の意見を読んで，それぞれの根拠を理解して整理することができる力を問う問題に変わります。これも，解答に時間が掛かりそうです。従来型の問題の解答スピードアップが必要です。英語リスニングでも，「聞くこと」と「話すこと」の統合的な言語活動で学んだ内容理解をより深める学習の過程を設定した問題の出題が予告されています。

⑥新規に課される「情報」は，2022年11月に公表された試作問題を見る

と大問４題で配点は100点です。話題のプログラミングに関連した問題は配点45点となっています。国公立大はほぼ全大学が利用し，公立大では選択科目とする大学が多く，私立大共通テスト利用方式では選択科目の１つとしての利用が多くなっています。

このように，「新傾向問題」がさまざまな教科で出題されるのが特徴です。解答に必要な知識は教科書レベルで，決して高度なものはありません。ただし，実社会で起こりうる事象を題材としており，これに教科書レベルの力を使って初見の問題に解答できるかが試されます。従って，安易な速習型の参考書や問題集に頼った「パターン学習」では対応できません。共通テストはまだ４回（本試験，追試験を合わせて８セット）の実施で，過去問は多くありません。模試に加えて，予備校・塾などが実施する講習等にも積極的に参加して，新作問題にチャレンジする機会を増やすことが大事です。

先入観を捨て，正しい知識を

以上のように，保護者の皆さんがかつての経験から把握している大学入試と現在のものは大きく異なっています。過去の物差しで受験を厳しく捉え過ぎて安全な志望校ばかりを勧めたり，逆に大学が入りやすいからと過度な期待をしたり，こうしたすれ違いが不本意な結果を生む原因になります。先入観を捨てて，現在の大学入試について正確な知識を持っていただきたいと思います。

特に私立大においては入試方式が多様化し，受験のチャンスが増えています。その結果，大学・学部・学科の選択に加えて，入試方式や日程など，受験生が選択すべき事柄が多岐にわたり，複雑になっています。しかも，入試方式は毎年のように変更されます。受験生への期待や叱咤激励は当然ですが，客観的な情報の提供や学習方法についてのアドバイスは，学校の先生や予備校・塾の講師・職員など，受験のプロに任せるのが得策です。保護者の皆さんが学校の方針などと異なるアドバイスをしてしまうと，受験生を混乱させる原因になります。インターネットから得られる情報も，その受験生が置かれている状況によってどう利用したら良いのかは異なるので，そのまま鵜呑みにしてしまうことは危険です。また，情報源にはその質にも差があることも注意すべき点です。まず，冷静に現在の大学を取り巻く環境をしっかりと把握して，受験生と同じ目線で大学入試を考えられるようにすることから保護者の皆さんの受験対策は始まります。

2 大学選び，どんなアドバイスをすればよいのか？

大学の選び方も大きく変わっています。しかし，「自分の学びたいことが実現できる大学・学部・学科」を選ぶという本質は変わりません。学部・学科構成や入試方式が多様化している今だからこそ，この本質を再認識していただきたいと思います。

かつては「○○大学ならどの学部・学科でもいい」という受験生が多くいました。また，景気低迷期には，資格直結型や職業直結型の学部・学科を選ぶ傾向がありました。コロナ禍前の数年間は，景気や大学卒業生の就職状況が好調だったことから，社会の中で話題として取り上げられることの多い分野への志望者が増加しました。こういった風潮を一概に否定しませんが，目先の情報に囚われすぎて進路選択を行うと大学入学後のモチベーションがダウンしてしまう懸念があります。

企業や社会では，大学生に対して主体的に「何を，どう学んできたか」を一層重視する時代になっています。自分に合わないけれど，就職に有利だなどという理由で進学して，嫌々学習や研究を行っても身にはつかないでしょう。

大学入学後に，理想と現実のギャップや思い入れが弱く事前の下調べが不十分だった大学になんとなく入学した結果，後悔して受験をやり直す学生が例年数多くいます。特に，再受験生増加の一因として安易な学校推薦型選抜や総合型選抜の利用があります。第一志望や第二志望以下であっても本当に学習・研究をしたい学問に取り組めるなど，自分で納得がいく大学への進学ならば問題はありません。早く進路が決定できる総合型選抜や学校推薦型選抜をうまく利用すべきです。問題は，「本当に行きたい大学ではないけれど，一般選抜より楽に入学できそう」「少し進路は違うが，これから受験勉強をしてもそんなに大きく成績は伸びない。それならば指定校推薦で決めてしまおう」といった安易で楽な道を選択してしまうケースが少なくないのです。

さらに，受験生の苦労を心配するあまり，保護者が率先して安易な進路の容認や勧めてしまうケースもあるようです。逃避型の志向から総合型選抜や学校推薦型選抜を利用して大学に入学しても，中身をあまり把握していなかったことで，入学後に不満や不安が生じる可能性が高いことは容易に想像できると思います。周囲の友人たちの多くは，志望校選択時点で中身をよく理解して，希望に燃えて通学しているわけで，だんだんと疎外感を感じて，ついには再受験の道を選ぶことになるのです。

「第一志望は，ゆずれない。」とは，大学選択においてさまざまな角度から熟考し，自分が将来やりたいことやめざすべき進路を見極めた上で，その実現のための努力を怠らないという意味なのです。

大人の視点で大学を見る

大学を選ぶのに，まず必要なのは情報です。現在は各大学もWEBサイト（ホームページ）が充実しており，これを利用すれば最新の情報が簡単に手に入ります。「自分はその大学に何を求めるのか」「自分は何のためにその大学に行くのか」，これらをしっかりと考えた上で，さまざまな情報を検討し，大学を選ぶ必要があります。そのためには，各大学が実施しているオープンキャンパスに参加することは非常によい機会です。その際に，保護者の皆さんも一緒に参加することはさまざまなメリットがあります。コロナ禍の影響で，対面だけでなくWEBでのオープンキャンパスも積極的に展開されるようになりました。現在は，WEB上でも優れたコンテンツの提供が行われるようになっています。以前と違って，居住地から離れた大学の情報も入手しやすいというメリットがあります。

まず，保護者の皆さんが現在の大学の姿を実際に見聞きすることで，今まで持っていたイメージが変わるかもしれません。受験生が抱いている大学のイメージに近づくことで，受験生と保護者との進路に関するコミュニケーションがより円滑なものに変わっていくと思います。対面であれ，WEBであれ一緒に参加した経験があれば，アドバイスも説得力を持つはずです。

参加する時には，ぜひ「大人の視点」を持って参加し，受験生にアドバイスを与えてください。受験生は純粋に「学びたいものがある大学」「将来の職業に向けて最適な大学」など，さまざまな夢を抱いて，第一志望の大学を決めていきます。しかし，この想いは純粋なあまり，大学の良い面だけを見て，突き進んでしまうおそれがあります。どの大学に進学するかは一生の問題ですから，長い目で見てその選択が本当に適当か，リスクはないかなどを大学の環境や在籍生の姿，大学教職員からの説明などを通して，大人の視点で客観的に判断し，助言を与えてほしいと思います。

また，保護者と受験生の認識にギャップがあると，互いに余計なストレスを抱えることにもなってしまいます。志望校を決定する前に，家庭の方針，経済的な事情などをきちんと受験生に伝えましょう。ここでのコミュニケーション不足が，受験直前になって保護者と受験生との関係をこじれさせるケースがよくあります。「私立大だったら自宅通学圏の大学」「国公立大だったら自宅通学圏以外でもOK」など，事前の進路に対する合意事項をはっきりとしておくことは重要です。万が一，第一志望校が不合格の場合には，もう一年再チャレンジ可能かどうかについても，早い段階できちんと話し合っておくと受験生も気持ちの整理ができます。保護者と受験生の意見をしっかりと統一して，サポート体制を築くことが肝要です。

強気の受験を心がける

まず，保護者の皆さんには受験生に「積極的な（強気の）出願を心がける」ことをアドバイスしてほしいと思います。

一般的に，共通テストの平均点が前年度に比べてダウンした場合，多くの受験生が志望校をレベルダウンさせて出願をする場合が多く，結果的には最難関校よりもむしろそれに次ぐレベルの大学の競争が厳しくなります。この場合，第一志望をレベルダウンさせることで，むしろ厳しい競争の場に身を置くことになるので，決して得策とはいえません。もちろん強気と無謀とは異なりますが，「大学入試総難化時代」といわれた40代から50代の保護者の皆さんの時代とは様変わりした大学入試を取り巻く環境を大いに利用したいものです。

近年の大学入試はいわゆる「安全志向（安易志向）」が広がった結果，難関大といわれる大学の倍率がダウンする傾向にあります。「無理をして難関大に行っても，そこで苦労するのでは……」と考える保護者の皆さんもいますが，高いレベルの大学であれば，環境はもちろんのことそこで出会う先生や友人から得るものは大きなものがあります。学力や意識が高い友人たちと競い合うことで，自分自身を高めることができ，厳しい社会に出る準備となります。

「子どもに辛い思いをさせたくない」と考えるのは保護者としては当然ですが，受験はあくまでも一つの通過点で，その後の長い人生にとってプラスになるような選択を考えたいものです。合格はもちろん大事ですが，高い目標を設定し，それに向けてしっかりとした自己管理も行なって，受験対策に取り組んだ経験は，社会に出てからもきっと強い武器になるはずです。

3 受験生のケア，保護者ができることは？

これまでも述べてきたように，受験人口減少により「難関大に入りやすい環境に変化している」という大きなチャンスを生かして，強気な出願を心がけたいものです。ポジティブな選択が，将来の可能性をさらに高めます。

ところで，駿台では年間数回，高卒クラスも高校生クラスも保護者会を実施していますが，下記のような言葉をよく耳にします。

「この子だけは失敗させたくない」
　一人っ子なので，この子に一家の期待が……
「辛い思いをさせるくらいなら，そこそこで」
　東大とか京大とか夢をみないで，堅実に。入試教科・科目を絞っても……

「就職に有利なら，どこでも……」

いい企業に就職させたい，そのためにはやはり資格を取れる学部・学科が有利なのかしら？

「できれば，学費が安く，自宅から通学してほしい」

地元国公立大へ進学させたい，もし遠くに行かせるならついていく!?

「こんな成績で受かるはずもないし」

伸びると言われても，うちの子だし……

見守る立場として，一番の役割は弱気になりがちな受験生のモチベーションを高いレベルに維持させることです。相談を受ける保護者が安全志向や弱気になってしまえば，受験生も影響を受けるでしょう。今大学では，従来型の一方的な講義だけではなく，主体性を持って行動できる人材を求めるという社会からの要請に応えるためにアクティブ・ラーニングや課題解決型学習（PBL＝Project Based Learning）といった学生が主体的に学ぶ形式のカリキュラムが重視されています。大学入試とは受験生がその大学で学ぶのにふさわしい学力や意欲を備えているかを評価するものである以上，学びを真摯に受け止めながら真正面から着実に取り組んでいく姿勢を育むことが求められます。

受験生といい関係でいるためには

保護者の皆さんは，受験直前期にナーバスになっている受験生への接し方でしばしば悩むことがあるでしょう。受験生と保護者との関係が，何となくうまくいかないことはどの家庭にも見受けられることです。17～18歳は自立を志向する年代だけに精神的に不安定になりがちです。保護者との関係を煩わしく思うのはある意味自然で，普通の状況であればこのような関係の変化にもうまく適応できます。しかし，大学受験という強いストレスの下ではその余裕がなくなり，多かれ少なかれ歪みが表れてきます。

この難しい関係は，将来の経済的にも精神的にも大人同士として付き合える日が来るまで，つまり，一般的には受験生が社会人として独り立ちするまで続くものなのです。本質的な解決策はなかなか見つかりませんが，一ついえることは保護者が受験生と同じように動揺することは禁物だということです。あたり前のことを自然に行なっていくことが何より大切です。「これ以上悪化しないよう気をつけながら，なんとか凌いでいく」くらいの気持ちを持って，落ち着いて構えていたいものです。大学受験を乗り越えれば，嘘のようにその後の関係がスムーズに行くことが多いようです。

保護者は待つことのエキスパート

保護者は「待つ」ことにかけてはエキスパートのはずです。子どもたちには「歩き始めるのが遅い」,「食が細い」などから始まり，育児の過程で何かと気を揉むことが多いものです。そして，時間がその「焦り」を解決させ,「ほっ」とするということを繰り返してきました。幼い頃は成長が早い分，解決も早いですが，しだいに成長速度は遅くなり，解決までの時間も長くかかるようになります。保護者はそれでも「待つ」ことになります。こうやって鍛えられた「待つ」という能力をフルに発揮して，どっしり構えているのが理想的な保護者なのです。心配に苛まれて待ちきれない時には，幼かった頃の出来事や体験を思い出し，あの「ほっ」がそのうち来ると思っていてください。

ただ，これまでと違う点は，受験生も自立が進み，保護者の思うようにはなかなかいかないことです。お互いの関係が変わりつつあることも意識する必要があります。「保護者が思うような」理想的な関係を求めること自体に無理があると考えた方がいいのかもしれません。「待つ」という能力を発揮するためには，気持ちの余裕を持ち続けることが何よりも重要でしょう。

人生経験豊富な保護者は，受験生の行動に一喜一憂するのではなく，一歩引いた視点に立って「この子も辛いのだな」と温かく接する方が望ましいでしょう。保護者が関わり方をちょっと変えてみることで，受験生のやる気を伸ばすことができます。以下は，受験生の持っている力を生かすための３つのヒントです。

その１　認める

保護者の価値観をひとまず脇に置いて，受験生の言い分をありのままに認め，言うことに耳を傾けてみましょう。進路について意見の相違がある時など，頭ごなしに意見を押しつけると，意欲を失わせ，その能力を閉ざすことになりかねません。まずはよく聞いて，それからお互いの考えを話し合いましょう。

その２　励ます

「できそうもないこと」ではなく,「できそうなこと」を励ましましょう。叱ったり，激励するつもりで「なぜできないの，やらないの」と責めるより,「今日はこれができたね」と，肯定的な面に目を向けることが大切です。苦手や失敗は本人が一番よくわかっています。それより，受験生が気づかない「うまくやっていること」「能力があること」を探し出しましょう。褒めることでもっと頑張ろうという意欲や自信を与えることができます。焦りで一杯の受験生に対しての一番の援助は，小さな進歩や努力を認めて褒めてあげることです。

その3　気づく

現在の受験生に共通して感じるのは，「優しさ」です。競争意識が薄い，他人を押しのけてまで前に出ようとしないなど，やや歯がゆさを感じるところもありますが，素晴らしい長所でもあります。そして，保護者に対しても実に優しい視線を向けています。特に，夜食を準備してくれる，栄養のバランスに気を配ってくれる，といった「さりげない」気配りに愛情や感謝を感じているようです。一方，下記のコメントは駿台生の保護者に対しての要望を尋ねたアンケートの一部です。

- 最後まで自分を信じてほしい，もっと褒めてほしい
- 保護者の人間関係のグチは聞きたくない。心が傷つく
- 「志望校下げたら？」はモチベーションが下がります
- テストの結果を見て，私より不安にならないでほしい
- 夜中まで一緒に起きているのはやめて！　早く寝てください
- 気を遣い過ぎないでください。普段と同じが一番です

あくまでも例ですが，特別な意見ではありません。よく耳にする意見が並んでいます。「ネガティブなことは言わないでほしい」「必要以上の気遣いはやめてほしい」ということに集約されるようです。受験生が望んでいるのは，保護者が自分を信頼し，「口を出さずにほどほどに手をかけてくれる」ことではないでしょうか。「受験生が主役」という視点を持ってコミュニケーションをとっていくことが理想です。難しいことですが，過干渉と無関心の中間がベストといえます。

何でも保護者が決めてしまうことは過干渉であり，本人の自主性も損なわれるでしょう。大学受験は保護者の力だけでどうにかなるものではなく，学校や予備校などとも連携しながら，チームプレーでサポートしていくべきです。逆に，全く無関心で本人任せなのも考えものです。日頃の生活態度や生活リズムを整えてあげるのは保護者の役目です。たとえば夜型の受験生なら，できるだけ早い時期に朝型に戻した方がよいでしょう。ほとんどの入試は朝から始まりますから，午前中に頭が回転する生活でないと本来の力を発揮できません。こうしたサポートができるのは最も身近にいる保護者以外にはないのです。

「受験生が伸びるために」を一番に考える

医師の世界で「病気を診るより，人を診よ」という教えがあります。人の気持ちを動かすことで，病気が良くなることもあるはずです。受験も同じようなことが言えるのではないでしょうか。成績は人の努力の結果です。そして，人

には感情があります。どんなに良薬を与えても，本人が良くなろうとする気持ちを持たなければ効果は期待できません。「この判定では無理」といったネガティブな発言や「○○君は成績が良かったけれど……」など他人と比較することが逆効果なのは言うまでもないでしょう。いい成績を褒める時に，芳しくない部分を合わせて指摘して励ますような配慮が不可欠です。

ぜひ，どうしたら「受験生が伸びるか」を一番に考えて，声をかけていただきたいと思います。伸びる原動力はやる気になることです。負担となるような過度な期待ではなく，また安易に妥協するのではなく，受験生の本来持っている可能性を信じたいものです。保護者自身の感情を知ることも大切です。どこからが過度で，どこからが妥協なのかは，内面の感情を振り返ることで明らかになってくるでしょう。

最後に，大学をめざして日々努力を続けているすべての受験生が志望大学に合格し，受験が終わった後には，ご家族全員がいい経験だったと笑顔で振り返っていただける日が訪れることを，心よりお祈りいたします。

石原賢一（いしはら・けんいち）▶駿台予備学校 入試情報室部長。駿台予備学校に入職後，学生指導，高校営業，カリキュラム編成などを担当後，神戸校校舎長を経て，'06より現職。

年間約34万人が利用

学びを経済面から強力サポート「高等教育の修学支援新制度」とは？

2020年４月にスタートした「高等教育の修学支援新制度」は国の新しい修学支援制度です。入学金・授業料の減免と給付型奨学金により，意欲ある学生のみなさんの「学び」を支援します。2022年度には約34万人の学生が利用しました。ここでは，修学支援新制度のサポート内容や申請基準，申請の方法などをわかりやすく解説します。

1 大学受験から卒業までにいくら必要？

いったい，奨学金はいくらあれば十分なのでしょうか。そこでまず，大学受験から卒業までに「いつ」「いくら」必要なのかをみておきましょう。

❶入学までにかかる費用（140～200万円以上）

最初に必要となるのが，**入学までにかかる費用**です。入学までにかかる費用とは，受験のための検定料や交通費，入学手続きのための費用，入学しなかった大学への納付金などです。下宿をする場合は，住まいの準備費用も必要です。

【図表１】は全国大学生活協同組合連合会の調査による入学までにかかった費用です。進学する大学の種別や学部，自宅通学か一人暮らしかによって，その総額は異なりますが，140～200万円以上のまとまったお金を準備しておく必要があることがわかります。

❷学生納付金（200～3,000万円）

つぎに，大学に入学してから支払う**学生納付金**をみていきましょう。学生納付金には**入学金**，**授業料**のほか，**施設設備費**や**実験実習費**などがあります。国公立大学は，授業料に施設設備費等が含まれているケースがほとんどです。

【図表2-1】は進学先別の入学金と授業料等（年額）の平均額です。国立大学の入学金と授業料は学部に関係なく一律です。さらに，授業料には標準額（2024年度の授業料標準額は535,800円〈予定〉）が設定されており，標準額の

● 図表１　入学までにかかった費用

（円）

● 国公立大学

	国公立文科系		国公立理工系		国公立医歯薬系	
	自宅生	下宿生	自宅生	下宿生	自宅生	下宿生
出願をするためにかかった費用	122,000	120,500	109,700	122,200	104,600	128,500
受験のための費用	46,600	99,100	44,300	99,800	61,600	121,000
入学した大学への学校納付金	578,800	590,200	598,500	602,300	615,300	642,600
入学しなかった大学への学校納付金	249,300	243,700	254,200	261,500	400,000	375,500
合格発表や入学手続きのための費用	12,300	47,000	11,700	52,600	13,900	53,700
入学式出席のための費用	9,800	38,100	12,600	42,000	13,700	39,100
パソコン・教科書・教材購入費用	218,800	243,100	246,300	266,900	281,200	288,600
住まい探しの費用	−	226,600	−	223,400	−	253,200
生活用品購入費用	86,000	305,400	96,800	301,900	101,500	343,600
その他の費用	129,600	333,400	140,400	357,600	145,900	370,300
合計	1,331,100	2,020,200	1,370,500	2,073,200	1,449,400	2,149,200

（円）

● 私立大学

	私立文科系		私立理工系		私立医歯薬系	
	自宅生	下宿生	自宅生	下宿生	自宅生	下宿生
出願をするためにかかった費用	158,100	136,400	164,300	143,500	138,700	129,100
受験のための費用	56,800	94,700	49,500	99,200	65,700	124,100
入学した大学への学校納付金	803,300	820,600	984,900	1,017,800	1,379,100	1,381,800
入学しなかった大学への学校納付金	274,400	277,300	282,300	293,500	439,200	676,700
合格発表や入学手続きのための費用	13,800	47,300	12,500	49,100	8,200	62,700
入学式出席のための費用	13,000	38,900	9,400	48,200	11,800	32,900
パソコン・教科書・教材購入費用	190,300	215,500	220,000	234,700	244,400	251,300
住まい探しの費用	−	289,600	−	246,100	−	298,900
生活用品購入費用	81,500	293,700	80,000	314,000	76,400	288,600
その他の費用	107,200	295,400	110,600	302,500	97,600	310,800
合計	1,552,800	2,196,200	1,903,700	2,614,300	2,385,500	3,073,000

※「各項目」および「合計」の平均額は，それぞれ「０」と無回答を除いた「有額平均」で表示しています。
※費目のいずれかに「０」が含まれていても合計の平均額には反映されるため，「各費目の平均額合計」と「合計」は一致しない場合があります。

全国大学生活協同組合連合会2023年調べ

● 図表2-1　進学先別学生納付金の平均額（昼間部）

区分	入学金	授業料	施設設備費	実験実習費	その他
国立大学	282,000円	535,800円	−	−	−
私立大学文科系	223,867円	827,135円	143,838円	6,953円	73,955円
私立大学理科系	234,756円	1,162,738円	132,956円	36,835円	41,290円
私立大学医歯系	1,077,425円	2,863,713円	880,566円	183,496円	1,279,911円
私立大学その他	251,164円	977,635円	231,743円	76,033円	96,716円

※入学金以外は年額です。
※国立大学の場合，ほかに諸費用が必要になる場合があります。

国立大学は令和６年度の入学金と授業料標準額（予定），私立大学は文部科学省「令和５年度私立大学入学者に係る初年度学生納付金等平均額」をもとに作成

● 図表2-2　進学先別学生納付金の平均額（昼間部）

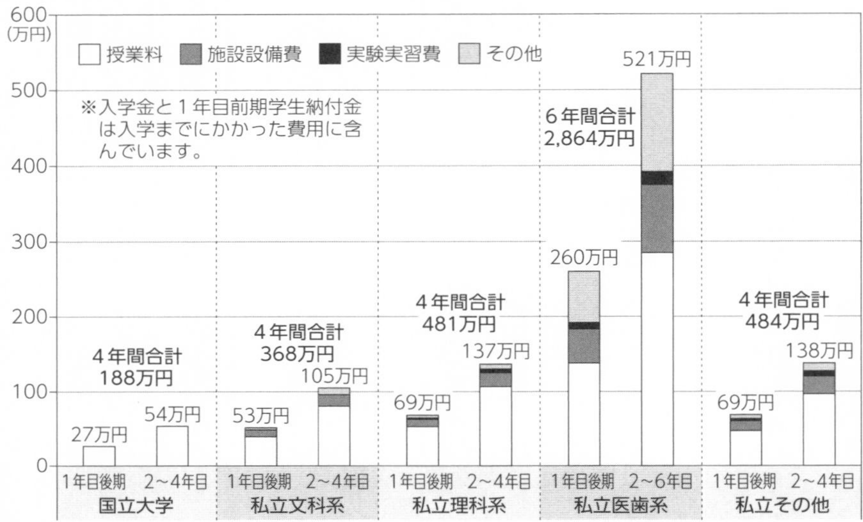

国立大学は令和６年度の入学金と標準額（予定），私立大学は文部科学省「令和５年度私立大学入学者に係る初年度学生納付金等平均額」をもとに作成

120％を超えない範囲で大学が授業料を設定できます。現在，標準額を超える授業料を設定しているのは，千葉大学，東京医科歯科大学，東京農工大学，東京工業大学，東京芸術大学，一橋大学の６大学です。公立大学の学生納付金は大学ごとに少しずつ異なりますが，国立大学と同水準かやや高い水準です。

一方，私立大学の学生納付金は進学する学部によって大きく異なります。志望校，志望学部を決めるときに学生納付金の額も併せて調べておくことがとても大切になります。

それぞれの平均額をもとに卒業するまでに必要なお金をまとめたのが**【図表2-2】**です。国公立大学の場合は，諸費用を含めた４年間の納付金は約200万円と考えておけばよいでしょう。私立大学では，比較的費用が安い文科系学部でも卒業までには400万円近い費用が必要になります。理科系学部は約500万円，医歯系学部になると６年間で約3,000万円もかかります。ちなみに，その他は，家政・芸術・体育・保健区分です。

では，学生納付金はいつ納付するのでしょうか。入学金と１年目前期の授業料等は，**入学手続き時**に支払います（後期分もまとめて一括で支払うことも可能）。２年目以降の授業料等は**春に１年分**をまとめて大学に納めます。前期と後期に分け，**春と秋に分納**することもできますが，いずれにせよ毎年決まった時期にまとまったお金が必要となります。

学生納付金については，進学する「大学の種別や学部によって大きく異なる」

こと，「年１回または２回，まとまったお金が必要だ」ということをしっかりと理解しておきましょう。

❸生活費（自宅５万円／月・一人暮らし10万円／月）

最後に，大学に進学してからの通学費や食費など大学生活にかかる費用，**生活費**をみておきましょう。生活費は自宅通学なのか一人暮らしなのかで大きく異なります。日本学生支援機構（JASSO）の令和２年度学生生活調査大学昼間部をみると，自宅通学の場合の生活費が月額４万円強，一人暮らしの場合は月額約10万円です【**図表３**】。ただし，これは令和元年12月から令和２年11月の生活費調査です。コロナの影響でオンライン授業が増えたため，課外活動費や通学費，娯楽・し好費などが例年より少なくなっています。コロナ前の大学生活を送る場合を想定すると，自宅通学で月額５万円強，一人暮らしで月額10万円強は必要でしょう。また，この生活費は全国の平均値です。家賃の高い東京での一人暮らしとなると，月額13～15万円はかかります。志望する大学の所在地の家賃相場も事前に調べておきましょう。

さて，毎月の生活費を賄うお金としては，保護者からの小遣いや仕送り，学生本人のアルバイト代，奨学金などが考えられます。生活費をどのように賄うのか，奨学金を利用する必要があるのか，入学前に親子でしっかりと話し合っておくことが大切です。

●図表３　大学生活で１年にかかる生活費（大学昼間部）

	自宅		学寮		下宿・アパート・その他	
	国立	私立	国立	私立	国立	私立
修学費	50,100	45,900	55,200	51,100	47,000	45,700
課外活動費	20,700	16,200	31,300	39,600	26,900	23,300
通学費	61,800	66,200	8,400	13,900	8,500	17,700
食費	80,300	86,700	264,000	230,100	288,400	267,400
住居・光熱費	―	―	227,000	315,800	530,400	483,000
保健衛生費	36,600	41,400	36,100	38,100	40,200	43,100
娯楽・し好費	113,500	131,100	116,300	116,500	136,900	135,700
その他の日常費	123,800	132,800	153,900	144,100	146,900	162,400
合計	486,800	520,300	892,200	949,200	1,225,200	1,178,300
月額	40,567	43,358	74,350	79,100	102,100	98,192

日本学生支援機構「令和２年度学生生活調査大学昼間部」をもとに作成

2 新しい修学支援制度の仕組みを知ろう

いよいよ本題です。「高等教育の修学支援新制度」のサポート内容，申請の条件，申請と支給のスケジュールなどを詳しくみていきましょう。

※昼間制の大学に進学し2025年４月から奨学金の支給を受けるケースを想定しています。

「入学金・授業料減免+給付型奨学金」のセットで手厚くサポート

まず，サポート内容からみていきましょう。修学支援新制度は「**①入学金と授業料の減免**」「**②給付型奨学金の支給**」の２つから成っており，いずれも，世帯収入に応じた３段階の区分が設定されています。３つの区分の世帯年収の目安が**【図表４】**，区分ごとのサポート内容が**【図表５】**です。

入学金・授業料の減免額には上限額が設定されています。国公立大学の場合は全額免除を想定した設定となっていますが，私立大学の場合は大学によって上限額との過不足が生じます。進学した大学の入学金や授業料が上限額を超える場合は，超える部分は自己負担となります。逆に，上限額より少ない場合は実費額が減免されます。第Ⅱ区分の減免額は第Ⅰ区分の２/３，第Ⅲ区分は１/３の額です。

●図表４　３区分の年収の目安

区分	年収の目安	
第Ⅰ区分	～270万円	※住民税非課税世帯
第Ⅱ区分	～300万円	
第Ⅲ区分	～380万円	

●図表５　サポート内容

①授業料・入学金の減免上限額(第Ⅰ区分)

区分	入学金減免額	授業料減免額
国公立大学	282,000円	535,800円
私立大学	260,000円	700,000円

※上限額を超える部分は自己負担，上限に満たない場合は実費額の減免となります。

※第Ⅱ区分は上記金額(上限または実費)の2/3，第Ⅲ区分は上記金額の1/3の額を減免します。

＋

②給付型奨学金の支給(月額)

● 国公立大学

区分	自宅通学	自宅外通学
第Ⅰ区分	29,200円 (33,300円)	66,700円
第Ⅱ区分	19,500円 (22,200円)	44,500円
第Ⅲ区分	9,800円 (11,100円)	22,300円

● 私立大学

区分	自宅通学	自宅外通学
第Ⅰ区分	38,300円 (42,500円)	75,800円
第Ⅱ区分	25,600円 (28,400円)	50,600円
第Ⅲ区分	12,800円 (14,200円)	25,300円

※(　)内は，生活保護世帯で自宅から通学する学生および児童養護施設等から通学する学生の金額です。

ここで，「**入学金21万円，授業料90万円**」の私立Ａ大学を例に減免額をみておきましょう。第Ⅰ区分の学生が減免される入学金は21万円（実費），授業料は70万円（上限）となります。第Ⅱ区分の学生の減免額は第Ⅰ区分の２/３で，入学金14万円，授業料46万6,600円（十の位以下を切り捨て）となります。第Ⅲ区分の学生の減免額は，入学金７万円，授業料23万3,300円です。

なお，授業料とは別に**施設設備費**や**実験実習費**が設定されている場合，これらの費用は**減免の対象とはなりません**。実費を大学に納付する必要がありますので，いくら必要なのかをきちんと把握しておくことが大切です。また，大学によっては入学手続き時に一旦，入学金と前期の授業料等を納付し，入学後に減免額を還付するケースがあります。入学手続きをする前に，納付が必要かどうかを大学に確認しましょう。

一方，給付型奨学金は区分ごと大学種別ごと，さらに自宅通学か否かで細分化して支給額が設定されおり，大学入学後に，毎月，本人の口座に振り込まれます。

支援対象の上限の目安は４人家族で世帯収入380万円未満

さて，最も気になるのは自分（子ども）がこの支援を受けられるのか，ということでしょう。支援の対象となるのは以下の２つの要件を満たす学生です。

①学力基準……申し込み時点で高等学校等における全履修科目の評定平均値が，５段階評価で3.5以上。3.5未満の場合は将来，社会で自立し，および活躍する目標をもって，進学しようとする大学等における学修意欲を有すること。

②家計基準……住民税非課税世帯およびそれに準ずる世帯

家計基準は前年（2023年）の１月から12月の収入に課せられる住民税情報により算出された支給額算定基準額により判定します。さらに，支給額算定基準額により支援は３段階に区分されます。支援の対象となるおおよその世帯年収上限の目安は，両親・本人・中学生の４人世帯を仮定した場合，年収約380万円未満です【図表４】。自分が支援の対象となるか，どのくらいの支援が受けられるか，日本学生支援機構のホームページで大まかに調べることができますので，まずは調べてみましょう。（進学資金シミュレーター：https://www.jasso.go.jp/shogakukin/oyakudachi/document/shogakukin-simulator.html）。なお，支援区分は毎年マイナンバーを利用して住民税情報を確認し，10月分の支援から見直されます。入学時の支援内容が卒業まで続くわけではないことを理解しておきましょう。

申し込みは高校３年の春頃，春休みに家族でお金のことを考えよう

予約採用の申請スケジュールは【図表６】のとおりです。給付型奨学金は高校を通じて申し込みます。一般的には，高校３年の４月頃に高校が説明会を開催し，４月から６月頃に申し込みを受けつけます。ただし，説明会の時期や申込期間は高校によって異なりますので，「奨学金を申し込みたい」と思ったら，まずは先生に相談をしましょう。そして，高校３年生になる前の春休みに，家族で進学に必要なお金についてしっかりと話し合っておくことが大切です。

また，JASSOの給付型奨学金と貸与型奨学金は併用できます。給付型奨学金だけでは生活費が不足する場合などは，同時に貸与型の第一種奨学金（無利子）と第二種奨学金（有利子）も申し込んでおきましょう。あとで辞退や月額変更ができますので，不安な場合はとりあえず申し込んでおくことをお勧めします。

なお，入学金と授業料の減免は，大学入学後，大学に申請します。入学したら，大学の奨学金窓口で相談をしましょう。

●図表６　予約採用の申請スケジュール

2024年	3～4月	準備する	•家族で奨学金が必要かを話し合う。 •高校で実施される奨学金説明会に参加する。 •文部科学省やJASSOのホームページで給付型奨学金について調べる。 [日本学生支援機構 ホームページ] https://www.jasso.go.jp/ •受験したい大学が給付奨学金の対象となっているかを文部科学省のホームページで確認する。 [支援の対象となる大学・短大・高専・専門学校一覧] https://www.mext.go.jp/kyufu/support_tg.htm •保護者と自分のマイナンバーカードを準備する。
	4月下旬～	申し込む	•「対象かも」と思ったら高校で申込書類をもらう。 •高校に必要書類を提出し，スカラネットでJASSOに申し込む。 ※高校から配布されたIDとパスワードを使用。マイナンバーを提出。
	10月下旬から12月頃	受け取る	•審査結果が高校を通じて本人に通知される。採用された場合「採用候補者決定通知」が届く。
2025年	4月	届け出る	•大学に入学したら，スカラネットでJASSOに進学届を提出。 ※大学から配布されたIDとパスワード，採用候補者決定通知の進学届出用パスワードを使用。
		支援の開始	•奨学金は４月または５月から，毎月，本人の口座に振り込まれる（４月分から）。 •入学金と授業料の減免については大学の窓口で確認する。

今年になって家計が急変した場合は進学後の申し込みの検討を

「前年（2023年）の世帯年収は600万円だったけど，今年（2024年）になって失業してしまった」という場合はどうすればよいのでしょうか。この場合

は進学後３カ月以内に給付型奨学金の家計急変採用に申し込むか，進学後の秋頃に申し込む在学採用を検討しましょう。どちらも進学後，在学中の大学を通じてJASSOに申し込みます。このとき併せて，大学に入学金・授業料減免を申し込みます。なお，進学後の秋頃に申し込む在学採用では，４月入学の場合，入学金は減免の対象外となります。また，授業料の減免は後期授業料からが対象となります。奨学金が必要な場合は大学に入学したらすぐ，窓口で相談をすることが大切です。

3 打ち切りや返還も―修学支援新制度の注意点

修学支援新制度が利用できない大学もある

修学支援新制度の対象となるのは，文部科学省が定めた「教育基準」「健全経営」「適正な実績データ公開」などの要件を満たし，国または地方自治体から認定された学校です。ほとんどの大学は対象となっていますが，一部対象ではない大学がありますので注意が必要です。文部科学省のホームページで公表されていますので，確認をしておきましょう。

［支援の対象となる大学・短大・高専・専門学校一覧］
https://www.mext.go.jp/kyufu/support_tg.htm

支援開始は入学後，入学までに必要なお金は別に準備を

入学金・授業料の減免と奨学金の給付は大学入学後に行われます。

ここで，入学金と授業料について再考しておきましょう。一般的に入学金と１年目の授業料は入学手続き時（入学前）に大学に納めると説明しました。入学金等が減免となる修学支援新制度の支援対象者も手続き時に納付するのでしょうか。これは，大学によって対応が異なります。納付期限を減免決定後まで猶予する大学と，一旦納付したのちに還付される大学があります。必ず，大学に確認をしておきましょう。

入学前には，ほかにも検定料や交通費，進学しなかった大学への納付金など，さまざまなお金が必要です。いま一度，①**入学までにかかる費用**（→P.174）を確認し，入学前に自分が必要なお金を把握してください。保護者の貯金や学資保険で足りない場合は，お金を借りて準備をする必要があります。検討してほしいのが，自治体の社会福祉協議会による「教育支援資金」と日本政策金融公庫の「国の教育ローン」です。「教育支援資金」は「就学支度費」として50万円まで無利子で貸与しています。また，「国の教育ローン」の貸付限度額は350万円（一定の要件に該当する場合は450万円），金利は年2.25％（固定金利，

2023年10月時点）です。いずれも審査に時間がかかりますので，必要な場合は早めに申し込んでおきましょう。

［問合せ先］
教育支援資金：居住地の市区町村社会福祉協議会
国の教育ローン：日本政策金融公庫
https://www.jfc.go.jp/n/finance/search/ippan.html

第一種奨学金の併用には受給額の制限がある

給付型奨学金と，同じJASSOの貸与型奨学金は併用できます。ただし，第一種奨学金（無利子）の貸与を受ける場合，貸与を受けられる月額が制限されます。第Ⅰ区分と第Ⅱ区分の対象者の第一種奨学金は０円となります。第Ⅲ区分の対象者の貸与月額は【図表７】のとおりです。

●図表７　第一種奨学金の調整後の貸与月額

区分		第Ⅰ区分	第Ⅱ区分	第Ⅲ区分
国公立大学	自宅	0円	0円	20,300円
	自宅外	0円	0円	13,800円
私立大学	自宅	0円	0円	21,700円
	自宅外	0円	0円	19,200円

第二種奨学金（有利子）については利用額の制限はありませんので，給付型奨学金だけでは不足する場合は利用することをお勧めします。有利子といっても一般の教育ローンと比べ低金利だからです。第二種奨学金の金利の算定方式には「利率固定方式」と「利率見直し方式」があり，申し込む際に選択します。「利率固定方式」は貸与が終了した月の金利が採用され，奨学金の返済が終わるまで変わることはありません。一方の「利率見直し方式」は，貸与終了月の金利からスタートし，おおむね５年ごとに金利の見直しが行われます。市場金利次第で利率が高くなったり低くなったりする仕組みです。ちなみに，2023年３月の基本月額（増額部分は別）に対する金利は，利率固定方式で年0.905%，利率見直し方式では年0.300%です。

ただし，貸与型奨学金はお金を借りるわけですから，大学卒業後から返済義務が生じます。いくら金利が低くても借りすぎには注意しましょう。

大学の成績によっては支援の打ち切りや返還を求められるケースも

大学進学後には，定期的に学業に関する審査が行われます。成績が悪かったり出席日数が足りないなど基準を満たさない場合には，支給が打ち切られたり返還を求められたりすることがあるため注意しましょう。支給が打ち切られるのは以下のようなケースです。

- 修業年限で卒業できないこと（卒業延期）が確定
- 修得単位数の合計数が標準単位数の５割以下
- 出席率が５割以下など学修意欲が著しく低いと大学が判断

修学支援新制度は学生がお金の心配なく学業に専念できるように設けられた制度です。打ち切りや返還を求められることのないよう勉学に励みましょう。

今回紹介した国の修学支援制度以外にも，さまざまな奨学金制度があります。「高等教育の修学支援新制度」の受給条件には当てはまらないけど，給付型の奨学金を受給したいという場合は，大学や企業が独自に設けている奨学金制度を検討してみるとよいでしょう。

大学，特に私立大学には多くの奨学金制度が設けられています。給付型奨学金制度で多いのは，入学試験の成績優秀者を対象に学費を免除・減免する「特待生制度」です。最近の傾向として，受験前に申請をして採用が決まる「入学前予約採用型給付奨学金」も増えてきています。世帯収入と高校在学中の成績に基準が設けられているケースが多いのですが，「高等教育の修学支援新制度」に比べて条件は緩やかで，利用しやすい制度となっています。志望校を検討するときに，奨学金についても調べておきましょう。

一方，企業の奨学金制度は大学入学後に申請する制度が多くなっています。さらに，対象となる大学が指定されているケースが多いのが特徴です。なかには，コカ・コーラ教育・環境財団やDAISO財団，電通育英会が実施している奨学金制度のように大学入学前に申請できる制度もありますので，インターネットで調べてみましょう。

奨学金を利用するためには情報を集めることが何より大切です。経済的な理由で進学をあきらめることがないよう，上手に奨学金を活用してください。

Web Service

大学受験案内

らくらく併願カレンダー

受験生と保護者をサポートするWebサービス「らくらく併願カレンダー」を提供しています。大学・学部・入試方式ごとの出願期間，試験日，合格発表日，入学手続き，初年度納入額などを一覧でき，ムリのないムダのない併願戦略を立てることができます。
Googleカレンダーへの同期や，PC版ではExcel（csv）形式での保存が可能です。

「らくらく併願カレンダー」の詳細を確認するには
コチラへアクセスしてください。
https://www.shobunsha.co.jp/?page_id=7480

＊2025年度入試日程（2025年４月入学者対象）は，
2024年11月より配信します。

私立大学

掲載116校

北海学園大学……186
東北学院大学……192
流通経済大学……198
国際医療福祉大学……202
城西大学……210
女子栄養大学……216
獨協大学……220
文教大学……226
神田外語大学……232
淑徳大学……236
聖徳大学……242
千葉工業大学……248
麗澤大学……254
青山学院大学……258
亜細亜大学……274
桜美林大学……278
大妻女子大学……284
学習院大学……290
学習院女子大学……300
北里大学……304
共立女子大学……312
杏林大学……318
慶應義塾大学……324
工学院大学……334
國學院大学……340
国際基督教大学……346
国士舘大学……350
駒澤大学……358
産業能率大学……368
実践女子大学……372
芝浦工業大学……378
順天堂大学……384
上智大学……392
昭和大学……408
昭和女子大学……412
白百合女子大学……418
成蹊大学……422
成城大学……428
聖心女子大学……432
清泉女子大学……436
専修大学……440
大正大学……454
大東文化大学……458
拓殖大学……468
玉川大学……476
中央大学……482
津田塾大学……500
帝京大学……504
帝京科学大学……514
帝京平成大学……518
東海大学……524
東京家政大学……538
東京経済大学……546
東京工科大学……550
東京国際大学……554
東京慈恵会医科大学……558
東京女子大学……562
東京電機大学……566
東京都市大学……572
東京農業大学……578
東京薬科大学……584
東京理科大学……588
東邦大学……604
東洋大学……610
二松学舎大学……636
日本大学……640
日本医科大学……664
日本獣医生命科学大学……668
日本女子大学……672
日本体育大学……680
文京学院大学……684
法政大学……690
武蔵大学……710
武蔵野大学……714
明治大学……722
明治学院大学……740
明星大学……746
目白大学……752
立教大学……758
立正大学……776
早稲田大学……782
麻布大学……798
神奈川大学……802
神奈川工科大学……812
関東学院大学……816
フェリス女学院大学……824
金沢工業大学……828
常葉大学……832
愛知大学……838
愛知学院大学……844
愛知淑徳大学……852
中京大学……860
中部大学……868
南山大学……876
名城大学……884
京都産業大学……892
京都女子大学……900
同志社大学……908
同志社女子大学……926
佛教大学……932
立命館大学……938
龍谷大学……962
大阪経済大学……972
大阪工業大学……976
関西大学……982
関西外国語大学……1004
近畿大学……1008
摂南大学……1030
関西学院大学……1038
甲南大学……1060
神戸学院大学……1068
神戸女子大学……1074
武庫川女子大学……1082
西南学院大学……1092
福岡大学……1098
立命館アジア太平洋大学 1108

私立大学　北海道

北海学園大学

ほっかいがくえん

資料請求

問合せ先　入試部入試課　☎0120-86-2244

建学の精神

北海道開拓のための人材育成を趣旨に1885（明治18）年に設立された北海英語学校を母体とする，北海道で最古かつ最大の私立総合大学。創基以来，北海道に根ざし，地域社会の担い手の育成を教育の使命として強く意識し続け，道内の私立大学では唯一の２部（夜間部）を設置して，教育機会を広く提供。北海道に貢献するという精神は今に受け継がれ，国家公務員一般職試験の合格者数では北海道・東北地区の私立大学で第１位に輝くなど，さまざまな分野で活躍する卒業生の中でも，道内の自治体の仕事に関わる人材の多さは，大きな特徴のひとつとなっている。今後も，北海道を発展させていくために，北海道のこれからを総合的に考え，国際交流の推進など全学的な教育プログラムを構築し，新しい時代を見据えた大学づくりをめざしている。

- 豊平キャンパス……〒062-8605　北海道札幌市豊平区旭町4-1-40
- 山鼻キャンパス……〒064-0926　北海道札幌市中央区南26条西11-1-1

基本データ

学生数▶7,895名（男5,412名，女2,483名）
専任教員数▶教授169名，准教授43名，講師14名
設置学部▶経済，経営，法，人文（以上１部・２部），工
併設教育機関▶大学院―経済学・経営学・法学・文学・工学（以上M・D）

就職・卒業後の進路

就職率 **89.9**%
就職者÷希望者×100

●**就職支援**　キャリア支援センターでは，民間企業志望者と公務員志望者を分け，それぞれに特化して具体的に指導。毎年400人を超える受講者が集まる伝統の「公務員講座（有料）」は２年次の10月からスタート。公務員志望者同士の「横のつながり」，先輩やOB・OGとの「縦のつながり」を生み出す支援も，合格実績の支えとなっている。

●**資格取得支援**　１年次から受講可能で，学外のスクールより低価格で学ぶことができる学内資格取得講座を開講。社会人基礎力や専門力の向上に向けて，さまざまな講座を用意

進路指導者も必見　学生を伸ばす　面倒見

初年次教育

各学部が実施する「基礎ゼミ」（経済・法・人文），「アカデミック・リテラシー」（経営）などで，大学の授業を受けるにあたって必要不可欠となる基礎的な学修技能を修得してもらうべく，講義が展開されている

学修サポート

全学部でTA制度，オフィスアワー制度を導入し，学生の履修や学修の支援，学生からの質問や相談に応じている

オープンキャンパス（2023年度実績）　春（６月18・25日），夏（８月11・12日），秋（10月１日）のほか，９月30日には２部に特化したミニオープンキャンパスも開催。道内各地でもミニオープンキャンパス（７月）を実施。

しており，希望に合わせたスキルアップ・ステップアップがめざせるようになっている。

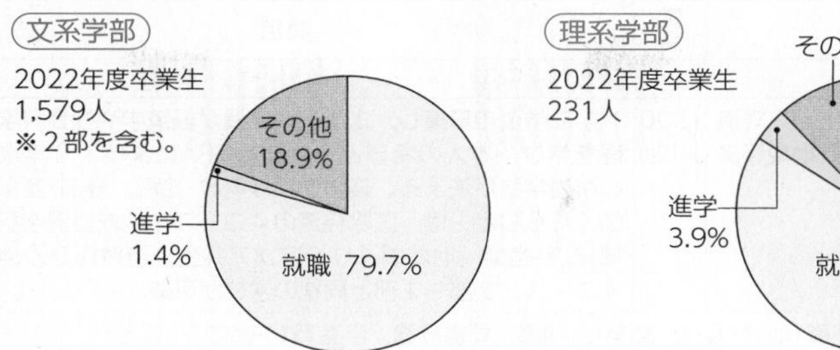

主なOB・OG▶［経済］似鳥昭雄（ニトリ創業者），［経済］蔦谷好位置（音楽プロデューサー），［経済］大泉洋（俳優），［経営］安田顕（俳優），［経済２部］伊藤博之（クリプトン・フューチャー・メディア社長）など。

国際化・留学　　大学間 13 大学

受入れ留学生数▶３名（2023年５月１日現在）

留学生の出身国▶中国。

外国人専任教員▶教授５名，准教授３名，講師０名（2023年５月１日現在）

外国人専任教員の出身国▶カナダ，韓国，アメリカ，イギリス，中国。

大学間交流協定▶13大学（交換留学先２大学，2023年５月１日現在）

海外への留学生数▶渡航型61名／年（６カ国・地域，2022年度）

海外留学制度▶「学生交換事業（派遣）・夏期海外研修」「学生交換事業（短期派遣）・１年以内」といったプログラムを，カナダや韓国などの協定校で実施。学部独自でも，経営学部の「海外総合実習」，法学部の「グローバルセミナー」，人文学部の「英米文化特別演習」「国際文化特別演習」などを行っている。

学費・奨学金制度　　給付型奨学金総額 年間約 3,976 万円

入学金▶200,000円（２部100,000円）

年間授業料（施設費等を除く）▶872,000円～（２部436,000円～）（詳細は巻末資料参照）

年間奨学金総額▶39,758,000円

年間奨学金受給者数▶367人

主な奨学金制度▶「北海学園奨学金（第１種・森本正夫記念奨学金）」や「北海学園大学同窓会奨学金（第Ⅰ種）」「北海学園大学教育振興資金（奨学金A・B・C）」を設置し，入学直後に奨学金説明会を実施。また，学費減免制度も用意されており，2022年度は４人を対象に総額で約107万円を減免している。

保護者向けインフォメーション

● **オープンキャンパス**　通常のオープンキャンパス時に，保護者向け説明会を実施している。

● **成績確認**　成績通知書を９月と３月の年２回，学費支給者に郵送している。

● **情報紙**　年４回発行する『北海学園大学 学報』と『学部報』を保護者に郵送している（学部報は工学部を除く）。

● **懇談会**　10月・11月に，本学と道内各地域で保護者懇談会を開催。全体説明や個別面談などのほか，１～３年次の保護者を対象に，就活支援に関する説明や勉強会なども行っている。

● **防災対策**　災害時の学生の安否はポータルサイト「G-PLUS!」を利用して確認する。

インターンシップ科目	必修専門ゼミ	卒業論文	GPA制度の導入の有無および活用例	１年以内の退学率	標準年限での卒業率
経済・法・人文・工で開講	人文学部で１～４年次，経済学部で２年次に実施	人文学部と工学部は卒業要件	奨学金や授業料免除対象者の選定基準，学生に対する個別の学修指導などに活用	非公表	78.4%

学部紹介

学部／学科	定員	特色
経済学部(同２部)		
経済 地域経済	300 (120)	▶学部単位で募集し，１年次は全員が経済学や社会科学の基礎を学び，本人の希望と１学期のGPAによって２年次からの所属学科が決まる。経済学科は財政・金融，経済・産業と政策，くらしと労働，国際経済の４コース。地域経済学科は地域経済・産業，地域づくり，アジア共生，自然資源と地域の４コース。２部も１部と同様の学びが可能。
●**取得可能な資格**…教職(地歴・公・社・商業)，司書，司書教諭，学芸員(１部のみ)など。 ●**進路状況**…………[１部]就職86.0%　進学0.6%　[２部]就職73.0%　進学2.4% ●**主な就職先**………国家公務員一般職，札幌市役所，一条工務店，北海道銀行，イオン北海道など。		
経営学部(同２部)		
経営	160 (100)	▷組織・マネジメント，戦略・マーケティングの２コース。組織やマーケティングをキーワードに，ビジネスをリアルに学ぶ。２部は上記２コースに心理・人間行動を加えた３コース。
経営情報	140	▷会計・ファイナンス，情報・マネジメント，心理・人間行動の３コース。お金と人と情報の扱い方を学び，「個」の力を伸ばして多面的に活躍できる人材を育成する。
●**取得可能な資格**…教職(公・社・情・商業)，司書，司書教諭，学芸員(１部のみ)など。 ●**進路状況**…………[１部]就職83.9%　進学0.7%　[２部]就職74.4%　進学1.6% ●**主な就職先**………国家公務員一般職，北海道職員，札幌市役所，ホクレン農業協同組合連合会など。		
法学部(同２部)		
法律 政治	255 (180)	▶学部単位で募集し，１年次末に学科を選択。法律学科では，めざすキャリアにつながるリーガルマインドを養う。政治学科では，物事を鵜呑みにするのではなく批判的に考えるクリティカルシンキングを身につける。法律学科では，一定の要件を満たすと３年で早期卒業し，北海道大学法科大学院に論文試験なしで入学できる「法曹養成プログラム」を開設している。２部も１部と同様の学びが可能。
●**取得可能な資格**…教職(地歴・公・社)，司書，司書教諭，学芸員(１部のみ)など。 ●**進路状況**…………[１部]就職85.0%　進学1.1%　[２部]就職65.9%　進学1.7% ●**主な就職先**………国家公務員一般職，北海道職員，札幌市役所，札幌市消防，国税専門官など。		
人文学部(同２部)		
		▶「文化を学ぶ，世界とつながる」をモットーに，充実した体験型学修を用意。２部も１部と同様の学びが可能。
日本文化	100 (40)	▷文献講読を中心に，映像テクストの解析や詩歌の創作，各地の文化遺産や古都でのフィールドワーク，着付け・茶・生け花の実習，さらには欧米をはじめとする異文化理解を通し，日本文化とは，“わたし”とは何かを探究する。
英米文化	95 (30)	▷英語４技能を習得できるように，多彩な英語科目を用意し，英語運用能力向上を全力でサポート。言語学・文学・歴史学・哲学・宗教学・人類学・メディア論など，人間を多角的にとらえるための専門知識を学べる科目も豊富に開講している。
●**取得可能な資格**…教職(国・地歴・英)，司書，司書教諭，学芸員(１部のみ)など。 ●**進路状況**…………[１部]就職81.4%　進学2.2%　[２部]就職61.2%　進学4.5% ●**主な就職先**………北海道教員，北海道職員，国家公務員一般職，アインホールディングスなど。		

キャンパスアクセス [豊平キャンパス] 地下鉄東豊線一学園前より直結／地下鉄南北線一中の島・平岸より徒歩15分

工学部		
社会環境工	60	▷社会環境，環境情報の２コース。市民生活を支えるインフラの再構築に携わる技術者を育成する。
建築	70	▷基礎から応用までの発展型カリキュラムを展開し，積雪寒冷地・北海道で蓄積してきた建築の知恵と技術を身につける。
電子情報工	70	▷より幅広く社会のニーズに対応するため，電子工学と情報工学の両方について，基礎から応用まで幅広く学ぶ。
生命工	60	▷生命科学と人間情報工学の２分野を横断的に学べるカリキュラムを用意し，幅広い知識・スキルを身につける。

● **取得可能な資格**…教職（数・理・情・工業），測量士補，１・２級建築士受験資格など。
● **進路状況**…………就職84.4％　進学3.9％
● **主な就職先**………教員，札幌市役所，北海道職員，岩田地崎建設，マンパワーグループなど。

▶キャンパス

経済・経営・法・人文，工１年次……［豊平キャンパス］ 北海道札幌市豊平区旭町4-1-40
工２～４年次……［山鼻キャンパス］ 北海道札幌市中央区南26条西11-1-1

2025年度入試要項（予告）

●募集人員

学部／学科（コース）		一般
▶経済	経済	2/9試験80
	地域経済	2/10試験80
▶経営	経営	69
	経営情報	55
▶法	法律	2/11試験65
	政治	2/12試験65
▶人文	日本文化	50
	英米文化	45
▶工	社会環境工（社会環境）	13
	（環境情報）	10
	建築	20
	電子情報工	35
	生命工	20
▶経済２部	経済	2/9試験27
	地域経済	2/10試験26
▶経営２部	経営	50
▶法２部	法律	2/11試験36
	政治	2/12試験36
▶人文２部	日本文化	13
	英米文化	9

注）募集人員は2024年度の実績です。
※経済学部と法学部は学部一括募集。

注）配点は編集時，未公表。最新の募集要項でご確認ください。

経済学部・経営学部

一般選抜 ③科目 ①国▶現国・言語（古文・漢文を除く）・論国 ②外▶英コミュⅠ・英コミュⅡ・英コミュⅢ・論表Ⅰ・論表Ⅱ・論表Ⅲ ③**地歴・公民・数**▶「歴総・世探」・「歴総・日探」・「地総・地探」・政経・「〈数Ⅰ・数Ａ（場合・数学と人間〈整数に限る〉）〉から２題必須，〈数Ⅰ・数Ａ（場合・数学と人間〈整数に限る〉）〉・数Ⅱ・数Ｂ（数列・推測）から１題選択」から１
※数Ａは，出題範囲のうち１項目しか履修していない受験生にも配慮する。

法学部

一般選抜（2/11試験） ③科目 ①国▶現国・言語（古文・漢文を除く）・論国 ②外▶英コミュⅠ・英コミュⅡ・英コミュⅢ・論表Ⅰ・論表Ⅱ・論表Ⅲ ③**地歴・公民・数**▶「歴総・世探」・「歴総・日探」・「地総・地探」・政経・「〈数Ⅰ・数Ａ（場合・数学と人間〈整数に限る〉）〉から２題必須，〈数Ⅰ・数Ａ（場合・数学と人間〈整数に限る〉）〉・数Ⅱ・数Ｂ（数列・推測）から１題選択」から１
※数Ａは，出題範囲のうち１項目しか履修していない受験生にも配慮する。
一般選抜（2/12試験） ③科目 ①国▶現国・言語（古文・漢文を除く）・論国 ②外▶英コミ

キャンパスアクセス ［山鼻キャンパス］ JR—札幌よりバス20分／地下鉄東西線—西11丁目よりバス15分

ュⅠ・英コミュⅡ・英コミュⅢ・論表Ⅰ・論表Ⅱ・論表Ⅲ ③**地歴・公民**▶「歴総・世探」・「歴総・日探」・「地総・地探」・政経から1

人文学部

一般選抜 3科目 ①**国**▶現国・言語(古文・漢文を除く)・論国 ②**外**▶英コミュⅠ・英コミュⅡ・英コミュⅢ・論表Ⅰ・論表Ⅱ・論表Ⅲ(英米文化学科はリスニングを含む) ③**地歴・公民**▶「歴総・世探」・「歴総・日探」・「地総・地探」・政経から1

工学部

一般選抜 **【社会環境工学科〈社会環境コース〉】** 3科目 ①**外**▶英コミュⅠ・英コミュⅡ・英コミュⅢ・論表Ⅰ・論表Ⅱ・論表Ⅲ ②**数**▶「数Ⅰ・数Ⅱ」必須，数Ⅲ・数A・「数B・数C(数Bまたは数Cから出題)」から1題選択 ③**国・理**▶「現国・言語(古文・漢文を除く)・論国」・「物基・物」から1

【社会環境工学科〈環境情報コース〉】 3科目 ①**外**▶英コミュⅠ・英コミュⅡ・英コミュⅢ・論表Ⅰ・論表Ⅱ・論表Ⅲ ②**数**▶「数Ⅰ・数Ⅱ」必須，数Ⅲ・数A・「数B・数C(数Bまたは数Cから出題)」から1題選択 ③**国・理**▶「現国・言語(古文・漢文を除く)・論国」・「物基・化基・生基・〈物基・物〉・〈化基・化〉・〈生基・生〉より各1問計6問から2問選択」から1

【建築学科】 3科目 ①**外**▶英コミュⅠ・英コミュⅡ・英コミュⅢ・論表Ⅰ・論表Ⅱ・論表Ⅲ ②**数**▶数Ⅰ必須，数Ⅱ・数A・数Bから2題選択 ③**国・理**▶「現国・言語(古文・漢文を除く)・論国」・「物基・物」から1

【電子情報工学科】 3科目 ①**外**▶英コミュⅠ・英コミュⅡ・英コミュⅢ・論表Ⅰ・論表Ⅱ・論表Ⅲ ②**数**▶「数Ⅰ・数Ⅱ・数Ⅲ」必須，数A・「数B・数C(数Bまたは数Cから出題)」から1題選択 ③**理**▶物基・物

【生命工学科】 3科目 ①**外**▶英コミュⅠ・英コミュⅡ・英コミュⅢ・論表Ⅰ・論表Ⅱ・論表Ⅲ ②**数**▶「数Ⅰ・数Ⅱ」必須，数Ⅲ・数A・「数B・数C(数Bまたは数Cから出題)」から1題選択 ③**理**▶物基・化基・生基・「物基・物」・「化基・化」・「生基・生」より各1問計6問から2問選択

※工学部において，数Aは「場合・数学と人間(整数に限る)」，数Bは「数列・推測」，数Cは「ベク・平面」。なお，数Aは出題範囲のうち1項目しか履修していない受験生にも配慮する。

経済学部2部・経営学部2部

一般選抜 2科目 ①**国**▶現国・言語(古文・漢文を除く)・論国 ②**外・地歴・公民・数**▶「英コミュⅠ・英コミュⅡ・英コミュⅢ・論表Ⅰ・論表Ⅱ・論表Ⅲ」・「歴総・世探」・「歴総・日探」・「地総・地探」・政経・「〈数Ⅰ・数A(場合・数学と人間〈整数に限る〉)〉から2題必須，〈数Ⅰ・数A(場合・数学と人間〈整数に限る〉)〉・数Ⅱ・数B(数列・推測)から1題選択」から1

※数Aは，出題範囲のうち1項目しか履修していない受験生にも配慮する。

法学部2部

一般選抜(2/11試験) 2科目 ①**国**▶現国・言語(古文・漢文を除く)・論国 ②**外・地歴・公民・数**▶「英コミュⅠ・英コミュⅡ・英コミュⅢ・論表Ⅰ・論表Ⅱ・論表Ⅲ」・「歴総・世探」・「歴総・日探」・「地総・地探」・政経・「〈数Ⅰ・数A(場合・数学と人間〈整数に限る〉)〉から2題必須，〈数Ⅰ・数A(場合・数学と人間〈整数に限る〉)〉・数Ⅱ・数B(数列・推測)から1題選択」から1

※数Aは，出題範囲のうち1項目しか履修していない受験生にも配慮する。

一般選抜(2/12試験) 2科目 ①**国**▶現国・言語(古文・漢文を除く)・論国 ②**外・地歴・公民**▶「英コミュⅠ・英コミュⅡ・英コミュⅢ・論表Ⅰ・論表Ⅱ・論表Ⅲ」・「歴総・世探」・「歴総・日探」・「地総・地探」・政経から1

人文学部2部

一般選抜 **【日本文化学科】** 2科目 ①**国**▶現国・言語(古文・漢文を除く)・論国 ②**外・地歴・公民**▶「英コミュⅠ・英コミュⅡ・英コミュⅢ・論表Ⅰ・論表Ⅱ・論表Ⅲ」・「歴総・世探」・「歴総・日探」・「地総・地探」・政経から1

一般選抜 **【英米文化学科】** 2科目 ①**外**▶英コミュⅠ・英コミュⅡ・英コミュⅢ・論表Ⅰ・論表Ⅱ・論表Ⅲ ②**国・地歴・公民**▶「現国・言語

（古文・漢文を除く）・論国」・「歴総・世探」・「歴総・日探」・「地総・地探」・政経から１

その他の選抜

共通テスト利用選抜は経済学部33名，経営学部110名，法学部35名，人文学部30名，工学部57名，経営学部２部15名，法学部２部18名，人文学部２部12名を，学校推薦型選抜（公募制）は経済学部30名，人文学部20名，工学部12名，経済学部２部30名，人文学部２部18名を募集。ほかに学校推薦型選抜（指定校・併設校），特別選抜（課題小論文〈法学部２部30名〉，海外帰国生徒，社会人，外国人留学生）を実施。

注）募集人員は2024年度の実績です。なお，2025年度から，経済学部２部で共通テスト利用選抜を導入。また，経済学部１部・２部の学校推薦型選抜（公募制）を廃止する。

偏差値データ（2024年度）

●一般選抜

学部／学科／コース	2024年度 駿台予備学校 合格目標ライン	2024年度 河合塾 ボーダー偏差値	2023年度 競争率
▶経済学部			
経済・地域経済(2/9)	43	45	2.0
(2/10)	43		2.1
▶経営学部			
経営	42	45	2.0
経営情報	41	42.5	1.9
▶法学部			
法律・政治(2/11)	45	45	2.0
(2/12)	45		2.2
▶人文学部			
日本文化	41	45	1.6
英米文化	42	42.5	1.6
▶工学部			
社会環境工／社会環境	34	35	1.3
／環境情報	34	35	1.3
建築	36	37.5	1.8
電子情報工	35	37.5	1.3
生命工	36	37.5	1.2
▶経済学部２部			
経済・地域経済(2/9)	34	40	1.9
(2/10)	34		2.0
▶経営学部２部			
経営	33	40	1.6
▶法学部２部			
法律・政治(2/11)	34	35	1.5
(2/12)	34		1.5
▶人文学部２部			
日本文化	34	37.5	1.5
英米文化	35	BF	1.2

- 駿台予備学校合格目標ラインは合格可能性80％に相当する駿台模試の偏差値です。
- 河合塾ボーダー偏差値は合格可能性50％に相当する河合塾全統模試の偏差値です。
- 競争率は受験者÷合格者の実質倍率

東北学院大学

資料請求

問合せ先 アドミッションズ・オフィス ☎022-264-6455

建学の精神

1886（明治19）年に設立された「仙台神学校」を起源とする，東北屈指の私立高等教育機関。LIFE：命（生命の尊さ），LIGHT：光（知識・希望），LOVE：愛（隣人愛）は，東北学院大学の基礎をなす言葉であり，この「LIFE LIGHT LOVE」をスクールモットーに掲げ，キリスト教の教えに基づく「個人の尊厳の重視と人格の完成」をめざした教育は，2015（平成27）年に導入したカリキュラム「TGベーシック」として結実。多彩な共通教育科目による教養と各学科の専門性に加え，知力を柱に人々とともに生きる姿勢・心を持つ，豊かな人間性を育んでいる。2023年４月には五橋キャンパスが誕生。土樋キャンパスと一体となったONE CAMPUSでの「文理融合」によってそれぞれの専門分野を相互に深め，新たな時代を切り拓いていく人材を育成し続けていく。

- **土樋キャンパス**……〒980-8511 宮城県仙台市青葉区土樋1-3-1
- **五橋キャンパス**……〒984-8588 宮城県仙台市若林区清水小路3-1

基本データ

学生数▶11,121名（男7,489名，女3,632名）
専任教員数▶教授187名，准教授85名，講師24名
設置学部▶文，経済，経営，法，工，地域総合，情報，人間科，国際
併設教育機関▶大学院―文学・経済学・法学・工学・人間情報学（以上M・D），経営学（M）

就職・卒業後の進路

就職率 95.6％
就職者÷希望者×100

● **就職支援**　経験豊かな職員や専門のキャリアカウンセラーが，一人ひとりのニーズに合わせて丁寧にサポートするほか，就職に向けた準備講座やセミナーも充実。東北最大の私立総合大学だけに，社長の出身大学ランキングでは宮城県内の企業はもちろん，東北地方においても１位を誇り，TG会（同窓会）のネットワークも大きな支えとなっている。

● **資格取得支援**　公務員をめざす学生のため，実績と経験豊富な予備校と連携して，公務員試験対策講座を開講。教員をめざす学生には教職課程センターがサポート。指定された国家資格取得者や英語外部試験の基準点取得者に報奨金を給付する制度も設置している。

進路指導者も必見 学生を伸ばす 面倒見

初年次教育
「聖書を学ぶ」「課題探究演習」「リーディング＆ライティング」「AI社会の基礎」「情報リテラシー」「クリティカル・シンキング」などの科目を開講し，激変する社会により一層求められる学士力と社会人基礎力を身につけている

学修サポート
全学部でTA・SA制度を導入。また，ラーニング・コモンズにアカデミックサポートデスクを設置し，eポートフォリオの目標設定および振り返りの記入支援なども行っている。さらに，理数基礎教育センターも設けている

オープンキャンパス（2023年度実績）　初夏（6月24日）・夏（7月29日）・冬（12月９日）のオープンキャンパスを五橋キャンパスで開催（事前申込制）。個別相談会，大学・入試ガイダンス，模擬授業，キャンパスツアーなど。

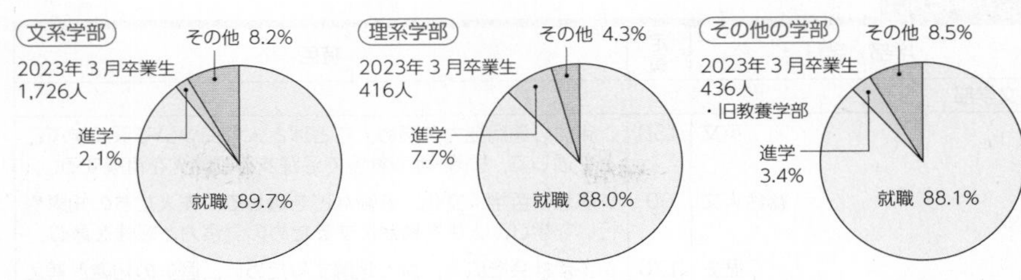

主なOB・OG▶［法］亀井文行（カメイ会長CEO），［経営］山寺宏一（声優・俳優），［経済］郡和子（仙台市長），［経済］大友康平（ミュージシャン），［経済］鈴木京香（女優），［経済］岸孝之（プロ野球選手）など。

国際化・留学　大学間 35 大学等

受入れ留学生数▶32名（2023年５月１日現在）

留学生の出身国・地域▶中国，韓国，台湾，ドイツ，フランスなど。

外国人専任教員▶教授13名，准教授６名，講師１名（2023年５月１日現在）

外国人専任教員の出身国▶韓国，中国，アメリカ，オーストラリア，カナダなど。

大学間交流協定▶35大学・機関（交換留学先30大学，2023年９月１日現在）

海外への留学生数▶渡航型49名・オンライン型１名／年（９カ国・地域，2022年度）

海外留学制度▶長期休暇を利用した短期留学や，半年から１年の長期留学（交換，認定）を実施。短期留学には語学研修やホームステイ体験などさまざまなプログラムがあり，協定校のアーサイナス大学への「アメリカ研究夏期留学」は，すでに48回を数えている。

学費・奨学金制度　給付型奨学金総額 年間約 1億5,571万円

入学金▶270,000円

年間授業料（施設費等を除く）▶780,000円～（詳細は巻末資料参照）

年間奨学金総額▶155,712,800円

年間奨学金受給者数▶848人

主な奨学金制度▶「東北学院大学予約型入学時給付奨学金〈LIGHT UP奨学金〉」は入試受験前に候補者として採択され，入学後に本採用された場合に，学生納付金額に充当することで奨学金を給付。このほか，「東北学院大学給付奨学金」「東北学院大学緊急給付奨学金」「特待生・優等生制度」などを設置。

保護者向けインフォメーション

●**ガイドブック**　保護者が気になる情報をわかりやすく１冊にまとめた『TOHOKU GAKUIN UNIVERSITY GUIDE BOOK 保護者のみなさまへ』を毎年発行している。

●**成績確認**　「授業・時間割表」「履修成績通知書」のWeb閲覧が可能。

●**後援会**　保護者を会員とする後援会があり，総会や全国各地で地区後援会を開催。また，後援会通信『GROWTH』も発行（郵送およびWeb公開）。後援会公式LINEも用意している。

●**就職懇談会**　２・３年生対象の「保護者のための就職懇談会」を12月（2023年度）に開催。

●**防災対策**　「防災マニュアル」を学生用ポータルサイト等で公開。災害時の学生の状況は「東北学院大学安否確認システム」で把握する。

インターンシップ科目	必修専門ゼミ	卒業論文	GPA制度の導入の有無および活用例	１年以内の退学率	標準年限での卒業率
文学部教育学科と工学部で開講	経営学部と法学部を除き１～４年次に実施	文(英文)・経済・経営・法を除き卒業要件	学生に対する個別の学修指導，奨学金対象者選定や退学勧告基準に活用するほか，一部の学部でGPAに応じた履修上限単位数を設定	0.7%	89.7%

学部紹介

学部／学科	定員	特色
文学部		
英文	150	▷英語の運用能力を高め，ことばと人間について深く学ぶことを通して，国際・地域社会で活躍する国際人を育成する。
総合人文	60	▷思想や哲学，文化，芸術などを通して，先人たちの知恵や行いを学び，人生を豊かにするための洞察力と感性を育む。
歴史	170	▷現代社会を広く，深く理解するために，歴史の知識と考え方を身につけて，課題を見つけて解決する能力を養う。
教育	70	▷人の学びと人間的成長を支えるための幅広い専門的知識や，教師としての実践的指導力を身につける。
●取得可能な資格…教職（地歴・社・英・宗，小一種），司書，司書教諭，学芸員など。 ●進路状況…………就職86.1％ 進学3.4％ ●主な就職先………仙台市・福島県教員（小），宮城県教員（中高），みやぎ生活協同組合，東邦銀行など。		
経済学部		
経済	430	▷経済の視点から人間の営為を俯瞰・分析し，予測不能な現代と未来を生き抜くための知恵と自己実現の力を養う。
●取得可能な資格…教職（公・社・商業）。 ●進路状況…就職93.1％ 進学0.7％ ●主な就職先………日本年金機構，仙台銀行，アイリスオーヤマ，岩手銀行，山形銀行，カメイなど。		
経営学部		
経営	341	▷企業経営の理論と実践を学び，企業や地域社会の問題を発見・解決できる知識と能力を身につける。
●取得可能な資格…教職（公・社・商業）。 ●進路状況…就職89.9％ 進学2.4％ ●主な就職先………アイリスオーヤマ，リコージャパン，メンバーズ，マイナビ，七十七銀行など。		
法学部		
法律	355	▷政策・行政，企業法務，法律専門職の3コース。人・社会の幸せのための法的知識と法的思考力を養う。
●取得可能な資格…教職（地歴・公・社）。 ●進路状況…就職88.3％ 進学2.6％ ●主な就職先………宮城県警察本部，地方公務員（仙台市・宮城県），カメイ，国家公務員（一般職）など。		
工学部		
機械知能工	115	▷機械工学を学び，理解し，創造する力を培い，モノづくりを通して社会の問題を解決できる国際的エンジニアを養成する。
電気電子工	130	▷電気系を網羅した基礎技術を体系的に学び，マルチな電気技術者を養成する。
環境建設工	115	▷建設系技術者として不可欠なスキルを基礎から応用まで段階的に習得し，時代が求める創造的な人材を養成する。
●取得可能な資格…教職（工業），測量士補，1・2級建築士受験資格など。 ●進路状況…………就職88.0％ 進学7.7％ ●主な就職先………ユアテック，東北電力，ネクスコ・エンジニアリング東北，東北発電工業など。		
地域総合学部		
地域コミュニティ	150	▷地域を深く理解し，地域住民の視点で，地域の課題を解決していくことのできる人材を育成する。
政策デザイン	145	▷地域において多様な人々が共生するための政策を「デザイン」できる人材を育成する。

キャンパスアクセス ［土樋キャンパス］ JR東北本線・仙石線一仙台より徒歩20分／地下鉄南北線一五橋（東北学院大学前）・愛宕橋より徒歩5分

● 取得可能な資格…教職（地歴・公・社），測量士補など。 ● 主な就職先………2023年度開設のため卒業生はいない。		
情報学部		
データサイエンス	190	▷統計学，プログラミング，AI技術などを用いて，社会やビジネスの課題を解決できるデータサイエンス人材を育成。
● 取得可能な資格…教職（数・情）など。 ● 主な就職先………2023年度開設のため卒業生はいない。		
人間科学部		
心理行動科	165	▷人間の心と行動を複数の視点からとらえつつ，確かな証拠にもとづいて科学的に分析する技法と思考力を身につける。
● 取得可能な資格…教職（保体）など。 ● 主な就職先………2023年度開設のため卒業生はいない。		
国際学部		
国際教養	130	▷外国語と日本語の運用能力を高めながら，世界を形づくる言語・文化・歴史・社会の仕組みなどを学び，世界が直面する課題に広い視野で立ち向かえる国際人を養成する。
● 主な就職先………2023年度開設のため卒業生はいない。		

▶キャンパス

文・経済・経営・法3～4年次……［土樋キャンパス］宮城県仙台市青葉区土樋1-3-1
文・経済・経営・法1～2年次，工・地域総合・情報・人間科・国際……［五橋キャンパス］宮城県仙台市若林区清水小路3-1

2025年度入試要項（予告）

●募集人員

学部／学科		一般前期A日程	一般前期B日程	一般後期
▶文	英文	25	25	5
	総合人文	10	10	3
	歴史	32	31	9
	教育	14	13	3
▶経済	経済	105	105	10
▶経営	経営	59	58	14
▶法	法律	70	70	25
▶工	機械知能工	22	21	4
	電気電子工	25	24	5
	環境建設工	22	21	4
▶地域総合	地域コミュニティ	30	30	7
	政策デザイン	31	31	7
▶情報	データサイエンス	38	38	9
▶人間科	心理行動科	33	33	6
▶国際	国際教養	30	30	6

注）募集人員は2024年度の実績です。

▷一般選抜前期Ｂ日程において，指定された英語資格・検定試験（ケンブリッジ英検，英検，GTEC，TOEIC L&R/TOEIC S&W，TOEFL iBT，IELTS，TEAP，TEAP CBT）公式スコアを持っている者は，その証明書を提出することで，本学換算点と試験日に受験した「英語」の点数を比較して，高得点の方を評価に使用する。なお，Ｂ日程において「英語」は受験必須科目。

文学部

一般選抜前期（Ａ・Ｂ日程）　**3**科目　①外（100）▶英コミュⅠ・英コミュⅡ・英コミュⅢ・論表Ⅰ・論表Ⅱ・論表Ⅲ　②③**国・地歴・公民・「数・情」**（100×2）▶「現国・言語（古文・漢文を除く）・論国」・「〈歴総・世探〉・〈歴総・日探〉・〈地総・地探〉から１」・「公・政経」・「〈数Ⅰから１題必答，数Ⅰ・数Ⅱ・数Ａ（図形・場合）・数Ｂ（数列・推測）・数Ｃ（ベク）から２題選択〉・情Ⅰから１」から２
一般選抜後期　**【英文学科・総合人文学科・教育学科】**　**2**科目　①外（100）▶英コミュⅠ・英コミュⅡ・英コミュⅢ・論表Ⅰ・論表Ⅱ・論表

Ⅲ ②**国・地歴・公民・数・情・小論文**(100)▶「現国・言語(古文・漢文を除く)・論国」・「歴総・世探」・「歴総・日探」・「地総・地探」・「公・政経」・「数Ⅰから1題必答, 数Ⅰ・数Ⅱ・数A(図形・場合)・数B(数列・推測)・数C(ベク)から2題選択」・情Ⅰ・小論文から1

【歴史学科】 **2科目** ①②**地歴・「国・外・公民・数・情・小論文」**(100×2)▶「歴総・世探」・「歴総・日探」・「地総・地探」・「〈現国・言語(古文・漢文を除く)・論国〉・〈英コミュⅠ・英コミュⅡ・英コミュⅢ・論表Ⅰ・論表Ⅱ・論表Ⅲ〉・〈公・政経〉・〈数Ⅰから1題必答, 数Ⅰ・数Ⅱ・数A(図形・場合)・数B(数列・推測)・数C(ベク)から2題選択〉・情Ⅰ・小論文から1」から2, ただし地歴から2科目選択可

経済学部・経営学部・法学部・地域総合学部・人間科学部

一般選抜前期(A・B日程) **3科目** ①**外**(100)▶英コミュⅠ・英コミュⅡ・英コミュⅢ・論表Ⅰ・論表Ⅱ・論表Ⅲ ②③**国・地歴・公民・「数・情」**(100×2)▶「現国・言語(古文・漢文を除く)・論国」・「〈歴総・世探〉・〈歴総・日探〉・〈地総・地探〉から1」・「公・政経」・「〈数Ⅰから1題必答, 数Ⅰ・数Ⅱ・数A(図形・場合)・数B(数列・推測)・数C(ベク)から2題選択〉・情Ⅰから1」から2

一般選抜後期 **2科目** ①②**国・外・地歴・公民・数・情・小論文**(100×2)▶「現国・言語(古文・漢文を除く)・論国」・「英コミュⅠ・英コミュⅡ・英コミュⅢ・論表Ⅰ・論表Ⅱ・論表Ⅲ」・「歴総・世探」・「歴総・日探」・「地総・地探」・「公・政経」・「数Ⅰから1題必答, 数Ⅰ・数Ⅱ・数A(図形・場合)・数B(数列・推測)・数C(ベク)から2題選択」・情Ⅰ・小論文から2

工学部

一般選抜前期(A・B日程) **【機械知能工学科・環境建設工学科】** **3科目** ①**外**(100)▶英コミュⅠ・英コミュⅡ・英コミュⅢ・論表Ⅰ・論表Ⅱ・論表Ⅲ ②**数**(100)▶「数Ⅰ・数Ⅱ・数A(図形・場合)・数B(数列・推測)」から2題必須, 「数Ⅱ・数Ⅲ・数B(数列・推測)・数C(ベク・平面)」より2題から1題選択 ③**理**(100)▶「物基・物」・「化基・化」から1

【電気電子工学科】 **3科目** ①**外**(100)▶英コミュⅠ・英コミュⅡ・英コミュⅢ・論表Ⅰ・論表Ⅱ・論表Ⅲ ②**数**(100)▶「数Ⅰ・数Ⅱ・数A(図形・場合)・数B(数列・推測)」から2題必須,「数Ⅱ・数Ⅲ・数B(数列・推測)・数C(ベク・平面)」より2題から1題選択 ③**理・情**(100)▶「物基・物」・「化基・化」・情Ⅰから1

一般選抜後期 **【機械知能工学科・環境建設工学科】** **2科目** ①**数**(200)▶「数Ⅰ・数Ⅱ・数A(図形・場合)・数B(数列・推測)」から2題必須, 「数Ⅱ・数Ⅲ・数B(数列・推測)・数C(ベク・平面)」より2題から1題選択 ②**外・理**(100)▶「英コミュⅠ・英コミュⅡ・英コミュⅢ・論表Ⅰ・論表Ⅱ・論表Ⅲ」・「物基・物」・「化基・化」から1

【電気電子工学科】 **2科目** ①**数**(200)▶「数Ⅰ・数Ⅱ・数A(図形・場合)・数B(数列・推測)」から2題必須,「数Ⅱ・数Ⅲ・数B(数列・推測)・数C(ベク・平面)」より2題から1題選択 ②**外・理・情**(100)▶「英コミュⅠ・英コミュⅡ・英コミュⅢ・論表Ⅰ・論表Ⅱ・論表Ⅲ」・「物基・物」・「化基・化」・情Ⅰから1

情報学部

一般選抜前期(A・B日程) **3科目** ①**外**(100)▶英コミュⅠ・英コミュⅡ・英コミュⅢ・論表Ⅰ・論表Ⅱ・論表Ⅲ ②③**国・地歴・公民・数・理・情**(100×2)▶「現国・言語(古文・漢文を除く)・論国」・「〈歴総・世探〉・〈歴総・日探〉・〈地総・地探〉から1」・「公・政経」・「〈数Ⅰから1題必答, 数Ⅰ・数Ⅱ・数A(図形・場合)・数B(数列・推測)・数C(ベク)から2題選択〉・〈数Ⅰ・数Ⅱ・数A(図形・場合)・数B(数列・推測)から2題必須, 数Ⅱ・数Ⅲ・数B(数列・推測)・数C(ベク・平面)より2題から1題選択〉から1」・「〈物基・物〉・〈化基・化〉から1」・情Ⅰから2

一般選抜後期 **2科目** ①②**国・外・地歴・公民・数・理・情・小論文**(100×2)▶「現国・言語(古文・漢文を除く)・論国」・「英コミュⅠ・英コミュⅡ・英コミュⅢ・論表Ⅰ・論表Ⅱ・論表Ⅲ」・「歴総・世探」・「歴総・日探」・「地総・地探」・「公・政経」・「数Ⅰから1題必答, 数Ⅰ・数Ⅱ・数A(図形・場合)・数B(数列・推測)・数C(ベク)から2題選択」・「〈物基・物〉・〈化基・化〉か

ら1」・情Ⅰ・小論文から2

国際学部

一般選抜前期（A・B日程）　3科目　①外（100）▶英コミュⅠ・英コミュⅡ・英コミュⅢ・論表Ⅰ・論表Ⅱ・論表Ⅲ　②③**国・地歴・公民・「数・情」**（100×2）▶「現国・言語（古文・漢文を除く）・論国」・「〈歴総・世探〉・〈歴総・日探〉・〈地総・地探〉から1」・「公・政経」・「〈数Ⅰから1題必答，数Ⅰ・数Ⅱ・数A（図形・場合）・数B（数列・推測）・数C（ベク）から2題選択〉・情Ⅰから1」から2

一般選抜後期　2科目　①②**国・外・小論文・「地歴・公民・数・情」**（100×2）▶「現国・言語（古文・漢文を除く）・論国」・「英コミュⅠ・英コミュⅡ・英コミュⅢ・論表Ⅰ・論表Ⅱ・論表Ⅲ」・小論文・「〈歴総・世探〉・〈歴総・日探〉・〈地総・地探〉・〈公・政経〉・〈数Ⅰから1題必答，数Ⅰ・数Ⅱ・数A（図形・場合）・数B（数列・推測）・数C（ベク）から2題選択〉・情Ⅰから1」から2

その他の選抜

共通テスト利用選抜は文学部55名，経済学部41名，経営学部34名，法学部43名，工学部34名，地域総合学部33名，情報学部19名，人間科学部15名，国際学部16名を，総合型選抜は文学部66名，経済学部35名，経営学部44名，法学部34名，工学部41名，地域総合学部39名，情報学部20名，人間科学部29名，国際学部18名を募集。ほかに学校推薦型選抜（学業成績による推薦〈指定校推薦〉，キリスト者等推薦〈公募推薦〉，資格取得による推薦〈指定校推薦・公募推薦〉，スポーツに優れた者の推薦〈公募推薦〉，文化活動に優れた者の推薦〈公募推薦〉），帰国生特別選抜，社会人特別選抜，外国人留学生特別選抜を実施。

注）募集人員は2024年度の実績です。

偏差値データ（2024年度）

●一般選抜前期（A・B日程）

学部／学科	2024年度 駿台予備学校 合格目標ライン	2024年度 河合塾 ボーダー偏差値	2023年度 競争率
▶文学部			
英文	43〜44	47.5	1.4
総合人文	44〜45	45	1.8
歴史	44〜45	45	1.8
教育	43	47.5	1.7
▶経済学部			
経済	42	45	2.0
▶経営学部			
経営	42	45	2.7
▶法学部			
法律	43	42.5	1.9
▶工学部			
機械知能工	37〜38	42.5	1.9
電気電子工	37〜38	42.5	2.3
環境建設工	38	42.5	1.5
▶地域総合学部			
地域コミュニティ	43〜44	42.5	2.1
政策デザイン	43〜44	45	1.8
▶情報学部			
データサイエンス	42〜43	45	2.5
▶人間科学部			
心理行動科	42〜43	45	2.0
▶国際学部			
国際教養	43〜44	45	1.7

- 駿台予備学校合格目標ラインは合格可能性80％に相当する駿台模試の偏差値です。
- 河合塾ボーダー偏差値は合格可能性50％に相当する河合塾全統模試の偏差値です。
- 競争率は受験者÷合格者の実質倍率

RKU 流通経済大学

りゅうつうけいざい

資料請求

問合せ先 入試センター 0120-297-141

建学の精神

「流通経済の研究を進め，高い知見をもった専門的人材を社会に送り出さなければならない」――そんな決意のもと，世界有数の総合物流企業である日本通運株式会社の支援により，経済学部経済学科のみの単科大学として1965（昭和40）年に創設。わが国最初の産学協調型大学ならではの，実学による社会に直結した学びや，多くの企業との強いつながりを生かしたキャリアサポートを展開し，現在では中規模総合大学へと発展。RKUの３つの伝統である「実学主義」「教養教育」「少人数教育」を継承しながら，「誰一人取り残さない」世界を実現するために，「教育・研究」「キャンパスライフ」「地域・社会との連携」を３つの柱に，日本で一番学生に寄り添った教育を行い，誰一人取り残さず，学生を中心とした居心地の良い学びの場を提供している。

- 龍ケ崎キャンパス……〒301-8555　茨城県龍ケ崎市120
- 新松戸キャンパス……〒270-8555　千葉県松戸市新松戸3-2-1

基本データ

学生数▶5,007名（男4,102名，女905名）
専任教員数▶教授87名，准教授52名，講師17名（助教等を含む）
設置学部▶経済，共創社会，流通情報，法，スポーツ健康科
併設教育機関▶大学院―経済学・社会学・物流情報学（以上M・D），法学・スポーツ健康科学（以上M）

就職・卒業後の進路

就職率 98.7％
就職者÷希望者×100

● **就職支援**　キャリア就職支援センターでは，さまざまな支援プログラムなどを通して，１年生から学生自身で将来について考える場を提供。キャリア科目担当教員とキャリアアドバイザー，学生が三位一体となって，一人ひとりの希望を叶える進路指導をアドバイス。

● **資格取得支援**　公務員になって国家や地域に貢献したい。教員になりたい。外国語能力を高めたい。仕事に生かせる資格を取りたい……。そんな学生に応える多彩な25の講座をキャンパス内で無料開講。授業の空き時間に移動ロスなしで受講ができる。

進路指導者も必見
学生を伸ばす 面倒見

初年次教育
大学での学びの基礎となるスキルを身につける「1年演習」「情報リテラシー演習」「データリテラシー演習」などを実施。「新入生オリエンテーションプログラム」「修学基礎講座」「レポート対策講座」なども行っている

学修サポート
「新入生オリエンテーションプログラム」で活用するSA制度やオフィスアワー制度を導入。また，両キャンパスに教育学習支援センターを設置し，所員・職員が各種窓口と連携しながら学生たちの教育・学びを支援している

オープンキャンパス（2023年度実績）　5月から10月にかけて，両キャンパスで複数回のオープンキャンパスを開催（事前申込制）。一部日程では，パトリック・ハーラン客員教授（パックン先生）の特別授業も実施した。

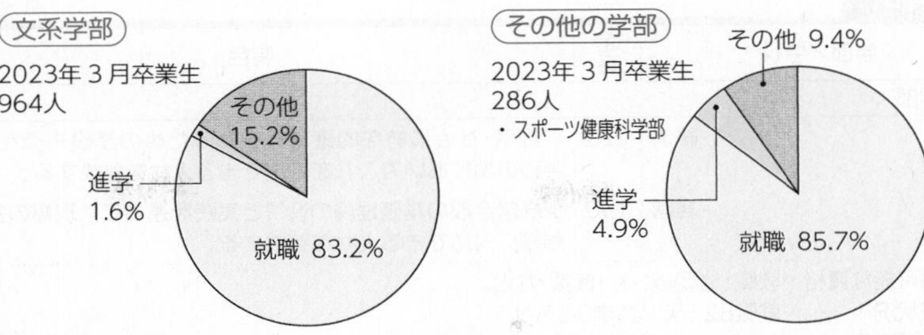

主なOB・OG ▶ ［経済］平山育夫（ジョイフル本田社長），［経済］片岡安祐美（女子野球選手兼監督，タレント），［社会］堂込麻紀子（衆議院議員），［スポーツ健康科］中島イシレリ（ラグビー選手）など。

国際化・留学　大学間 11 大学

受入れ留学生数 ▶ 354名（2023年５月１日現在）

留学生の出身国 ▶ 中国，ベトナム，韓国，ウズベキスタン，モンゴルなど。

外国人専任教員 ▶ 教授４名，准教授２名，助教１名（2023年５月１日現在）

外国人専任教員の出身国 ▶ 中国，韓国など。

大学間交流協定 ▶ 11大学（交換留学先４大学，2023年５月１日現在）

海外への留学生数 ▶ 渡航型25名／年（６カ国・地域，2022年度）

海外留学制度 ▶ 原則として夏季，冬季および春季休業期間に行う異文化研修（アメリカ・オーストラリア・イギリス英語研修プログラム，韓国語研修プログラムなど），協定大学に１年以内の期間で留学する交換留学，協定校以外の海外学校に２カ月以上１年以内の期間留学する海外留学の３つの制度を用意。

学費・奨学金制度　給付型奨学金総額 年間 6,120 万円

入学金 ▶ 260,000円

年間授業料（施設費等を除く）▶ 830,000円（詳細は巻末資料参照）

年間奨学金総額 ▶ 61,200,000円

年間奨学金受給者数 ▶ 116人

主な奨学金制度 ▶ 経済的な理由で修学が困難な者のうち，入学試験で優秀な成績を収めた者を対象に，年間授業料相当額や半額相当額を原則４年間給付する「流通経済大学給付型奨学生制度」を設置している。

保護者向けインフォメーション

● **ポータルサイト**　成績や履修科目と単位数，出席状況，大学からのさまざまな案内をPCやスマートフォンで閲覧できる「保護者ポータルサイト（保護者Ring）」を開設している。

● **広報誌**　大学HPで広報誌『RKU Today』を閲覧することができる（SDGsの取り組みのひとつとしてペーパーレス化）。

● **相談会**　保証人（父母等）相談会を９月に，新松戸キャンパスで開催し，カリキュラムや学習支援，キャリアについての説明や大学の近況説明などを行っている。また，同日に個別相談も実施（対面またはオンライン）。

● **防災対策**　『１年ゼミハンドブック』に，「考えてみよう「防災」のこと～災害時に備えて～」を掲載している。

インターンシップ科目	必修専門ゼミ	卒業論文	GPA制度の導入の有無および活用例	１年以内の退学率	標準年限での卒業率
全学部で開講している	全学部で実施（１年次から４年次まで全員がゼミに所属）	経営学科と流通情報・共創社会学部は卒業要件	特別奨学生の採用・資格取消，大学院進学のための推薦基準，留学生の奨学生選定などに活用している	NA	NA

学部紹介

学部／学科	定員	特色
経済学部		
経済	220	▷経済・社会情勢を的確に見極めるための基礎知識を持ち，実践の場においてこれを応用できる人材を養成する。
経営	150	▷経営全般の基礎理論の習得と実践を通じて，現場の多様な課題に対応できる人材を養成する。
● **取得可能な資格**…教職（地歴・公・社・商業）など。 ● **進路状況**…………就職82.5%　進学0.5% ● **主な就職先**………JALスカイ，日本通運，岡三証券，トヨタモビリティ東京，埼玉県警察本部など。		
共創社会学部		▶2024年度より，社会学部から名称変更。
地域人間科	130	▷2024年度より，社会学科から名称変更。身の回りの人や地元への理解を深め，地域社会に貢献する人材を養成する。
国際文化ツーリズム	120	▷観光を取りまく経済・社会・地域・文化などの分野で柔軟な思考力と専門的知識を備えて活躍する国際人材を養成する。
● **取得可能な資格**…教職（公・社），保育士など。　● **進路状況**…………就職83.1%　進学2.7% ● **主な就職先**………ANA大阪空港，日本通運，ソフトバンク，リゾートトラスト，加須市役所など。		
流通情報学部		
流通情報	130	▷情報科学と流通科学を有機的統合した視点から，これからの新しい社会の姿をデザインできる人材を養成する。産学連携による実践講座や企業訪問が充実。
● **取得可能な資格**…教職（情）など。　● **進路状況**…………就職82.3%　進学4.6% ● **主な就職先**………三菱ケミカル物流，日立物流首都圏，NX・NPロジスティクス，トナミ運輸など。		
法学部		
法律	100	▷現場を想定したビジネス法務，法律専門職，スポーツ法務の３分野の学びで法的思考力を養い，問題解決能力を身につける。物流に関する法律も深く学修。
自治行政	100	▷専門の法律や政治・行政について理解し，地方自治に関わる分野で，法的思考力や政策形成能力を発揮できる人材を養成する。自治体の現場で活躍する人を迎えての講義を展開。
● **取得可能な資格**…教職（公・社）など。　● **進路状況**…………就職85.2%　進学0.0% ● **主な就職先**………茨城県庁，厚生労働省千葉労働局，日本通運，丸三証券，明治安田生命保険など。		
スポーツ健康科学部		
スポーツ健康科	200	▷スポーツの競技力向上や健康の維持・増進活動，学校教育や社会教育の推進に貢献できる人材を養成する。
スポーツコミュニケーション	100	▷スポーツをする・みる・ささえる人材のみではなく，広く社会一般においてスポーツから得た高度なコミュニケーション能力を活用できる人材を養成する。
● **取得可能な資格**…教職（保体）など。　● **進路状況**…………就職85.7%　進学4.9% ● **主な就職先**………法務省刑務官，警視庁，東京消防庁，三菱重工業，JR東日本スポーツ，教員など。		

キャンパス

経済・共創社会・法・スポーツ健康科……［龍ケ崎キャンパス］ 茨城県龍ケ崎市120
経済・共創社会・流通情報・法……………［新松戸キャンパス］ 千葉県松戸市新松戸3-2-1
※経済学部と共創社会学部（地域人間科学科），法学部はキャンパス選択制。

キャンパスアクセス ［龍ケ崎キャンパス］ JR常磐線―龍ケ崎市よりシャトルバス10分

2024年度入試要項(前年度実績)

●募集人員

学部／学科		一般	共通テスト
▶経済	経済	65	21
	経営	47	14
▶共創社会	地域人間科	23	12
	国際文化ツーリズム	20	10
▶流通情報	流通情報	25	10
▶法	法律	21	8
	自治行政	25	10
▶スポーツ健康科	スポーツ健康科	50	19
	スポーツコミュニケーション	25	10

※上記募集人員には，日通学園高大接続型選抜(一般選抜および共通テスト利用型選抜)の人員を含む。

全学部

一般選抜３科目型１期・２期・３期 **3**科目 ①国(100)▶国総(古文・漢文を除く) ②外(100)▶コミュ英Ⅰ・コミュ英Ⅱ・英表Ⅰ ③**地歴・公民・数**(100)▶世Ｂ・日Ｂ・政経・「数Ⅰ・数Ａ」から１

一般選抜２科目型１期・２期・３期 **2**科目 ①②**国・外・「地歴・公民・数」**(100×2)▶国総(古文・漢文を除く)・「コミュ英Ⅰ・コミュ英Ⅱ・英表Ⅰ」・「世Ｂ・日Ｂ・政経・〈数Ⅰ・数Ａ〉から１」から２

一般選抜問題見てから選択型１期・２期・３期 **2**科目 ①②**国・外・数**(100)▶国総(古文・漢文を除く)・「コミュ英Ⅰ・コミュ英Ⅱ・英表Ⅰ」・「数Ⅰ・数Ａ」から２

共通テスト利用型選抜３科目型１期・２期・３期 **3**科目 ①国(100)▶国(近代) ②外(100)▶英(リスニングを除く) ③**地歴・公民・数・理**(100)▶世Ｂ・日Ｂ・地理Ｂ・現社・倫・政経・「倫・政経」・数Ⅰ・「数Ⅰ・数Ａ」・簿・情・「物基・化基・生基・地学基から２」・物・化・生・地学から１，ただし理科はスポーツ健康科学部のみ選択可

[個別試験] 行わない。

共通テスト利用型選抜高得点２科目型１期・２期・３期 **2**科目 ①②**国・外・「地歴・公民・数・理」**(100×2)▶国(近代)・英(リスニングを除く)・「世Ｂ・日Ｂ・地理Ｂ・現社・倫・政経・〈倫・政経〉・数Ⅰ・〈数Ⅰ・数Ａ〉・簿・情・〈物基・化基・生基・地学基から２〉・物・化・生・地学から１」から２，ただし理科はスポーツ健康科学部のみ選択可

[個別試験] 行わない。

その他の選抜

総合型選抜(エントリー型，課題チャレンジ型，課外活動型，日通学園高大接続型)は経済学部139名，共創社会学部59名，流通情報学部33名，法学部62名，スポーツ健康科学部102名を募集。ほかに一般選抜・共通テスト利用型選抜給付型奨学生選抜(全学部で計50名)，学校推薦型選抜(指定校推薦，付属校推薦，教育提携校推薦)，外国人留学生選抜を実施。

偏差値データ(2024年度)

●一般選抜３科目型

学部／学科	2024年度 駿台予備学校 合格目標ライン	2024年度 河合塾 ボーダー偏差値	2023年度 競争率
▶経済学部			
経済	30	35	2.3
経営	30	37.5	3.2
▶共創社会学部			
地域人間科	31	35	2.2
国際文化ツーリズム	30	35	2.0
▶流通情報学部			
流通情報	30	35	1.9
▶法学部			
法律	30	37.5	1.7
自治行政	30	37.5	2.3
▶スポーツ健康科学部			
スポーツ健康科	31	35	3.6
スポーツコミュニケーション	30～31	35	1.5

- 駿台予備学校合格目標ラインは合格可能性80％に相当する駿台模試の偏差値です。
- 河合塾ボーダー偏差値は合格可能性50％に相当する河合塾全統模試の偏差値です。
- 競争率は2023年度一般選抜全体の志願者÷合格者の志願倍率

キャンパスアクセス [新松戸キャンパス] JR武蔵野線・常磐線―新松戸より徒歩４分

国際医療福祉大学

こくさいいりょうふくし

資料請求

問合せ先　☎0476-20-7810(入試事務統括センター)　☎0287-24-3200(大田原キャンパス入試事務室)　☎03-5574-3903(東京赤坂キャンパス入試事務室)　☎0465-21-0361(小田原キャンパス入試事務室)　☎0944-89-2100(九州地区入試事務室)

●キャンパス情報はP.206をご覧ください。

建学の精神

1995（平成７）年に開学した，日本初の医療福祉の総合大学。全国５つのキャンパスに，医療福祉のあらゆる領域が学べる11学部26学科を擁し，６つの附属病院をはじめとする約60のグループ関連施設とも連携しながら，各キャンパスの特長を生かした医療福祉教育を行い，国家試験合格率は常に全国トップクラス，就職率も毎年ほぼ100％を実現。学科を越えてチーム医療・チームケアを学ぶ実習や，国際感覚が身につく海外研修・交流のプロジェクトを実施し，ダイバーシティに対応できる医療プロフェッショナルを養成することで，32,000人に及ぶ卒業生は，建学の精神である「病める人も，障害を持つ人も，健常な人も，互いを認め合って暮らせる『共に生きる社会』の実現」をめざし，国内外で活躍する医療人として高い評価を得ている。

基本データ

学生数▶9,023名（男3,139名，女5,884名）

専任教員数▶教授460名，准教授191名，講師236名

設置学部▶保健医療，医療福祉，薬，医，成田看護，成田保健医療，成田薬，赤坂心理・医療福祉マネジメント，小田原保健医療，福岡保健医療，福岡薬

併設教育機関▶大学院―医療福祉学（M・D），薬科学（M），薬学（D），医学（D・P）

就職・卒業後の進路

就職率 98.9％（就職者÷希望者×100）

●**就職支援**　担任やチューター，ゼミ担当教員による丁寧な個別相談やキャリア支援センター（室）のサポート，圧倒的な求人件数など，大学を挙げて学生の希望に沿い，各自の長所を生かせる就職先へと導いている。

●**資格取得支援**　教職員で構成される「国家試験等対策委員会」を中心に，全員が国家資格を取得できるよう全力で支援。対策講義や個別指導，模擬試験など，きめ細かなサポートを行い，毎年，高い実績を挙げている。

進路指導者も必見 学生を伸ばす 面倒見

初年次教育

「大学入門講座」「入門ゼミ」「ゼミナールⅠ」「心理学入門演習」「データリテラシー」「コンピュータの基礎」「情報処理」などの科目を開講。「関連職種連携教育」の一環として，医療福祉現場を見学する「早期体験実習」を実施

学修サポート

オフィスアワー，教員アドバイザー制度を全学部で，学部によりTA・SA制度を導入。また，医・薬・福岡薬学部でプレイスメントテストやリーディングスキルテストを実施。大川キャンパスでは学修支援センターを設置

オープンキャンパス（2023年度実績）　各キャンパスで６月から11月にかけてと３月に，オープンキャンパスやミニオープンキャンパスを複数回開催するほか，各学部や学科・コースの各種説明会も数多く実施している。

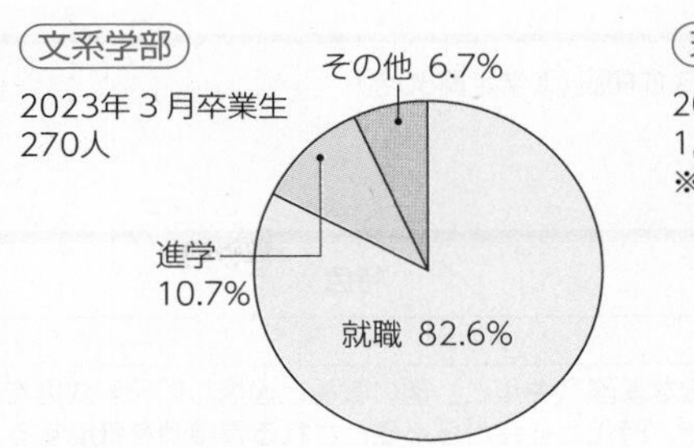

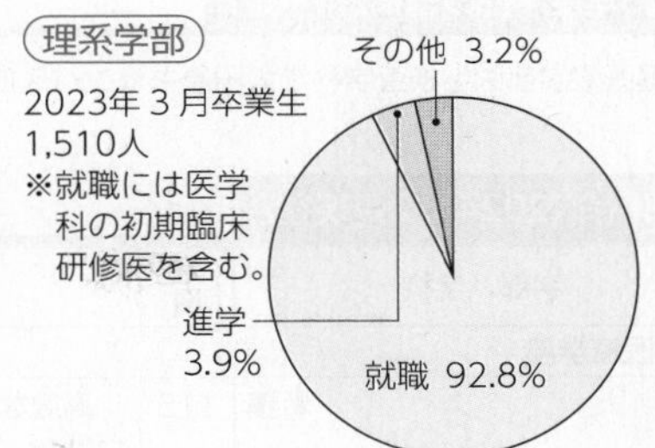

国際化・留学

大学間 38 大学等・部局間 2 大学

受入れ留学生数▶161名（2023年５月１日現在）

留学生の出身国▶中国，ミャンマー，ベトナム，モンゴル，韓国など。

外国人専任教員▶教授２名，准教授１名，講師７名（2023年５月１日現在）

外国人専任教員の出身国▶アメリカ，韓国，モンゴルなど。

大学間交流協定▶38大学・機関（2023年８月31日現在）

部局間交流協定▶２大学（2023年８月31日現在）

海外への留学生数▶渡航型164名・オンライン型68名／年（14カ国・地域，2022年度）

海外留学制度▶夏休みや春休みを利用して実施する「海外保健福祉事情」は，海外の医療福祉現場に触れることで，国際的な視点を養う貴重な機会となっている。このほか，医学部では５年次後半から６年次に，４週間を必修とする海外臨床実習を行っている。

学費・奨学金制度

給付型奨学金総額 年間 4億6,911万円

入学金▶200,000円（医1,500,000円）～

年間授業料（施設費等を除く）▶700,000円～（詳細は巻末資料参照）

年間奨学金総額▶469,110,000円

年間奨学金受給者数▶838人

主な奨学金制度▶特待奨学生特別選抜，一般選抜前期，共通テスト利用選抜の受験者全員が対象となる「特待奨学生制度」や，「あいおいニッセイ同和損害保険㈱奨学金」「国際医療福祉大学年間成績優秀賞」などを設置。学費減免制度もあり，2022年度には26人を対象に総額で1,095万円を減免している。

保護者向けインフォメーション

●**オープンキャンパス**　通常のオープンキャンパス時に保護者ガイダンスなどを実施している（大田原・小田原キャンパス）。

●**成績確認**　Webで成績の閲覧ができるほか，郵送もしている。また学修状況が思わしくない学生の保護者に対して，出席状況を含む学修状況を電話や面談にて通知している。

●**広報誌**　『IUHW』を発行している。

●**教育後援会**　教育後援会を組織し，会員のつどいや保護者懇談会などを開催。『キャリア支援ハンドブック（保護者編）』も配布している。

●**防災対策**　『学生便覧』に防災に関する情報の記載あり。災害発生時は，ポータルサイトの「ユニバーサルパスポート」から安否確認メールを配信し，学生の状況を把握する。

インターンシップ科目	必修専門ゼミ	卒業論文	GPA制度の導入の有無および活用例	１年以内の退学率	標準年限での卒業率
開講していない	保健医療と福岡保健医療で３・４年次，医療福祉と赤坂心理および小田原保健医療で１～４年次，薬で５・６年次に実施	医療福祉，薬，福岡薬，赤坂は卒業要件（保健医療系は学科により異なる）	奨学金等対象者選定や退学勧告基準，個別学修指導のほか，一部の学部で大学院入試の選抜や履修上限単位数の設定（医を除く）に活用	2.7%	86.8%（４年制）64.1%（６年制）

2025年度学部改組構想（予定）

● 保健医療学部医学検査学科を大田原キャンパスに開設（入学定員80名）。

学部紹介（2024年２月現在）

学部／学科	定員	特色
保健医療学部		
看護	115	▷高度な看護スキルと，他の職種と連携し問題解決力を身につけた，時代と社会から必要とされる看護師を養成する。
理学療法	100	▷地域社会との交流やプロアスリートのサポートも実施し，実践力を養い，多分野で活躍できる理学療法士を養成する。
作業療法	80	▷高い臨床実践能力と主体性を兼ね備えた作業療法士を養成する。多種多様な関連施設での臨床実習が充実。
言語聴覚	80	▷キャンパス内に言語聴覚障害を専門的に治療する「言語聴覚センター」があり，充実した臨床実習が可能。
視機能療法	50	▷臨床に根ざした実学教育を大切に，洞察力を持った視能訓練士を養成する。学科開設以来，就職率100％を継続。
放射線・情報科	110	▷医療技術の進歩に即した高度な専門教育を行い，生涯にわたり第一線で活躍できる診療放射線技師を養成する。
● 取得可能な資格…教職（養護二種），看護師・保健師・診療放射線技師・理学療法士・作業療法士・言語聴覚士・視能訓練士受験資格など。 ● 進路状況…………就職92.9％　進学3.8％ ● 主な就職先………国際医療福祉大学グループ各施設，那須赤十字病院，自治医科大学附属病院など。		
医療福祉学部		
医療福祉・マネジメント	140	▷社会福祉，精神保健福祉，介護福祉，診療情報管理，医療福祉マネジメントの５コース。さまざま資格取得が可能。
● 取得可能な資格…介護福祉士・社会福祉士・精神保健福祉士受験資格など。 ● 進路状況…………就職89.7％　進学2.7％ ● 主な就職先………国際医療福祉大学グループ各施設，福島県社会福祉事業団，宇都宮病院など。		
薬学部		
薬	180	▷６年制。「チーム医療・チームケア」の一員として力を発揮できる高い専門性と技能を備えた，臨床に強い薬剤師を養成。
● 取得可能な資格…薬剤師受験資格。 ● 進路状況…………就職89.3％　進学0.8％ ● 主な就職先………国際医療福祉大学グループ各施設，宮城県立病院機構，富士薬品，セキ薬品など。		
医学部		
医	140	▷７人に１人は留学生という，日本の医学部では類を見ない国際的な学修環境のもと，世界水準の革新的な医学教育を展開し，グローバルに活躍できる医師を養成する。
● 取得可能な資格…医師受験資格。 ● 進路状況…………初期臨床研修医99.2％		
成田看護学部		
看護	100	▷海外研修や留学生と学ぶ日常で国際的な感覚を養い，看護の力で社会・世界を動かせるグローバルな人材を養成する。

キャンパスアクセス ［大田原キャンパス］ JR東北本線（宇都宮線）・東北新幹線一那須塩原よりスクールバス20分

- 取得可能な資格…教職（養護二種），看護師・保健師受験資格。
- 進路状況…………就職94.2%　進学4.9%
- 主な就職先………国際医療福祉大学グループ各施設，国立がん研究センター東病院など。

成田保健医療学部		
理学療法	80	▷多彩なカリキュラムや関連病院との連携でハイレベルな教育を展開し，国際的に活躍できる理学療法士を養成する。
作業療法	40	▷VR・メタバースを活用した作業療法を追求するとともに，積極的な国際交流で多様性に強い作業療法士を養成する。
言語聴覚	40	▷成田キャンパスならではの多言語・異文化交流を通して，幅広い視野と豊かな個性を有した言語聴覚士を養成する。
医学検査	80	▷最先端の臨床検査技術や国際感覚，高い人間性を身につけた，グローバルに活躍できる臨床検査技師を養成する。
放射線・情報科	50	▷千葉県唯一の診療放射線技師養成校として地域に貢献するとともに，グローバルにも活躍できる人材を養成する。

- 取得可能な資格…診療放射線技師・臨床検査技師・理学療法士・作業療法士・言語聴覚士受験資格など。
- 進路状況…………就職84.5%　進学10.3%
- 主な就職先………国際医療福祉大学グループ各施設，船橋市立リハビリテーション病院など。

成田薬学部		
薬	120	▷NEW! '24年新設。6年制。国際感覚と保健医療の実践を担うことができる応用力，豊かな人間性を備え，医療人として高い意識を持つ臨床に強い薬剤師を養成する。

- 取得可能な資格…薬剤師受験資格。

赤坂心理・医療福祉マネジメント学部		
心理	60	▷「心のケア」を医療福祉の現場で実践でき，さまざまなライフステージに寄り添えるエキスパートを養成する。
医療マネジメント	60	▷医療，経営，情報・データ分析の3分野を横断的に学び，効率的で質の高い医療を実現できる専門職を養成する。

- 進路状況…………就職74.2%　進学20.2%
- 主な就職先………国際医療福祉大学各附属病院・施設，東京都保健医療公社，新松戸総合病院など。

小田原保健医療学部		
看護	80	▷高い看護力と豊かな人間性を併せ持つ質の高い医療専門職や，看護師ライセンスを持つ養護教諭を養成する。
理学療法	80	▷保健や医療，福祉分野をはじめ，健康増進や予防医療の領域など，幅広い領域で活躍できる理学療法士を養成する。
作業療法	40	▷作業療法の実績を積んだ経験豊かな教員と，1年から4年までの縦割りのクラス運営で，学生の学びをサポート。

- 取得可能な資格…教職（養護一種・二種），看護師・保健師・理学療法士・作業療法士受験資格など。
- 進路状況…………就職97.9%　進学1.5%
- 主な就職先………国際医療福祉大学グループ各施設，平塚共済病院，横浜栄共済病院など。

福岡保健医療学部		
看護	60	▷高度な看護実践力を修得し，多様な時代に対応した看護の役割を開拓，創造できる看護職を養成する。
理学療法	50	▷実践を意識したカリキュラムで科学的な思考力と探求心を育み，患者さんと喜びを分かち合える理学療法士を養成する。
作業療法	30	▷生活を科学的にとらえ，治療・支援技術を修得するカリキュラムで，地域で活躍できる作業療法士を養成する。

キャンパスアクセス ［成田キャンパス］ 京成本線一公津の杜駅前

医学検査	80	▷先端医療技術が身につく充実した教育環境で，高度先進医療を支える次世代の臨床検査技師を養成する。

● 取得可能な資格…教職（養護二種），看護師・保健師・臨床検査技師・理学療法士・作業療法士受験資格など。
● 進路状況…………就職95.7%　進学2.4%
● 主な就職先………福岡リハビリテーション病院，福岡山王病院，嶋田病院，京都工場保健会など。

福岡薬学部

薬	120	▷6年制。充実した臨床実習を通して，リサーチマインドを持った臨床に強い医療人としての薬剤師を養成する。

● 取得可能な資格…薬剤師受験資格。
● 主な就職先………2020年度開設のため卒業生はいない。

▶キャンパス

保健医療・医療福祉・薬……［大田原キャンパス］栃木県大田原市北金丸2600-1
医・成田看護・成田保健医療・成田薬……［成田キャンパス］千葉県成田市公津の杜4-3
赤坂心理・医療福祉マネジメント……［東京赤坂キャンパス］東京都港区赤坂4-1-26
小田原保健医療……［小田原キャンパス］神奈川県小田原市城山1-2-25（本校舎）／神奈川県小田原市南町1-6-34（城内校舎）
福岡保健医療・福岡薬……［大川キャンパス］福岡県大川市榎津137-1

2024年度入試要項（前年度実績）

●募集人員

学部／学科	一般前期	一般後期	共通テスト
▶保健医療　看護	43	若干名	17
理学療法	41	若干名	17
作業療法	26	若干名	6
言語聴覚	25	若干名	11
視機能療法	13	若干名	3
放射線・情報科	48	若干名	22
▶医療福祉　医療福祉・マネジメント	25	若干名	16
▶薬　薬	55	若干名	30
▶医　医	105		15
▶成田看護　看護	42	若干名	16
▶成田保健医療　理学療法	33	若干名	12
作業療法	14	若干名	5
言語聴覚	14	若干名	5
医学検査	31	若干名	12
放射線・情報科	22	若干名	8
▶成田薬　薬	40	若干名	20
▶赤坂心理・医療福祉マネジメント　心理	20	若干名	12
医療マネジメント	14	若干名	8
▶小田原保健医療　看護	30	若干名	10
理学療法	30	若干名	10
作業療法	13	若干名	3
▶福岡保健医療　看護	33	若干名	4
理学療法	20	若干名	4
作業療法	10	若干名	3
医学検査	30	若干名	8
▶福岡薬　薬	40	若干名	20

※薬学部の一般選抜では，栃木県内の高校出身者の中から前期・後期合計で15名を地域特別選抜枠として優先的に選抜する。

保健医療学部・小田原保健医療学部

一般選抜前期　**【保健医療学部〈看護学科・理学療法学科・作業療法学科・言語聴覚学科・視機能療法学科〉・小田原保健医療学部】**
3科目　①外(100)▶コミュ英Ⅰ・コミュ英Ⅱ・英表Ⅰ　②国・地歴・数・理(100)▶国総(古文・漢文を除く)・日B・「数Ⅰ・数A(場合・図形)」・「数Ⅱ・数B(数列・ベク)」・「物基・物(運動・波・電気)」・「化基・化(高分子を除く)」・「生基・生(生命・生殖・環境応答)」・「物基・化基」・「化基・生基」から1　③小論文(段階評価)
【保健医療学部〈放射線・情報科学科〉】
3科目　①外(100)▶コミュ英Ⅰ・コミュ英Ⅱ・英表Ⅰ　②数・理(100)▶「数Ⅱ・数B(数列・ベク)」・「物基・物(運動・波・電気)」・「化基・化(高分子を除く)」・「生基・生(生命・生殖・環

キャンパスアクセス［東京赤坂キャンパス］東京メトロ銀座線・丸ノ内線—赤坂見附より徒歩3分

境応答)」・「物基・化基」・「化基・生基」から1 ③**小論文**(段階評価)

一般選抜後期 **【保健医療学部〈看護学科・理学療法学科・作業療法学科・言語聴覚学科・視機能療法学科〉・小田原保健医療学部】** 2科目 ①**外**(100) ▶コミュ英Ⅰ・コミュ英Ⅱ・英表Ⅰ ②**個人面接**(段階評価)

【保健医療学部〈放射線・情報科学科〉】 2科目 ①**数**(100) ▶数Ⅰ・数A(場合・図形) ②**個人面接**(段階評価)

共通テスト利用選抜 **【保健医療学部〈看護学科・理学療法学科・作業療法学科・言語聴覚学科・視機能療法学科〉・小田原保健医療学部】** 3科目 ①**外**(100) ▶英(リスニングを除く) ②③**国・地歴・公民・数・理**(100×2) ▶国(近代)・世B・日B・現社・「数Ⅰ・数A」・「数Ⅱ・数B」・「物基・化基・生基から2」・物・化・生から2，ただし物・化・生のいずれかと基礎科目の組み合わせは不可

[個別試験] 行わない。

【保健医療学部〈放射線・情報科学科〉】 3科目 ①**外**(100) ▶英(リスニングを除く) ②③**数・理・「国・地歴・公民・数」**(100×2) ▶「数Ⅱ・数B」・「物基・化基・生基から2」・物・化・生・「国(近代)・世B・日B・現社・〈数Ⅰ・数A〉から1」から2，ただし物・化・生のいずれかと基礎科目の組み合わせは不可

[個別試験] 行わない。

医療福祉学部／赤坂心理・医療福祉マネジメント学部

一般選抜前期 3科目 ①②**国・外・「地歴・数・理」**(100×2) ▶国総(古文・漢文を除く)・「コミュ英Ⅰ・コミュ英Ⅱ・英表Ⅰ」・「日B・〈数Ⅰ・数A(場合・図形)〉・〈数Ⅱ・数B(数列・ベク)〉・〈物基・物(運動・波・電気)〉・〈化基・化(高分子を除く)〉・〈生基・生(生命・生殖・環境応答)〉・〈物基・化基〉・〈化基・生基〉から1」から2

一般選抜後期 2科目 ①**外**(100) ▶コミュ英Ⅰ・コミュ英Ⅱ・英表Ⅰ ②**個人面接**(段階評価)

共通テスト利用選抜 **【医療福祉学部】** 2科目 ①②**国・外・「地歴・公民・数」**(100×2) ▶国(近代)・英(リスニングを除く)・「世B・日B・現社・倫・政経・〈倫・政経〉・〈数Ⅰ・数A〉から1」から2

[個別試験] 行わない。

【赤坂心理・医療福祉マネジメント学部】 3科目 ①**外**(100) ▶英(リスニングを除く) ②③**国・地歴・公民・数・理**(100×2) ▶国(近代)・世B・日B・地理B・現社・政経・「倫・政経」・「数Ⅰ・数A」・「物基・化基・生基から2」・化・生から2，ただし化・生のいずれかと基礎科目の組み合わせは不可

[個別試験] 行わない。

薬学部・成田薬学部・福岡薬学部

一般選抜前期 3科目 ①**外**(100) ▶コミュ英Ⅰ・コミュ英Ⅱ・英表Ⅰ ②**理**(100) ▶化基・化(高分子を除く) ③**数・理**(100) ▶「数Ⅰ・数A(場合・図形)」・「数Ⅱ・数B(数列・ベク)」・「物基・物(運動・波・電気)」・「生基・生(生命・生殖・環境応答)」から1

一般選抜後期 3科目 ①**外**(100) ▶コミュ英Ⅰ・コミュ英Ⅱ・英表Ⅰ ②**理**(100) ▶化基・化(高分子を除く) ③**個人面接**(段階評価)

共通テスト利用選抜 3科目 ①**外**(100) ▶英(リスニングを除く) ②**理**(100) ▶化 ③**数・理**(100) ▶「数Ⅰ・数A」・「数Ⅱ・数B」・物・生から1

[個別試験] 行わない。

医学部

一般選抜 〈一次選考〉 5科目 ①**外**(200) ▶コミュ英Ⅰ・コミュ英Ⅱ・コミュ英Ⅲ・英表Ⅰ・英表Ⅱ ②**数**(150) ▶数Ⅰ・数Ⅱ・数Ⅲ・数A・数B(数列・ベク) ③④**理**(100×2) ▶「物基・物」・「化基・化」・「生基・生」から2 ⑤**小論文**(段階評価)

※小論文の評価結果は一次選考では使用せず，二次選考の合否判定に使用する。

〈二次選考〉 1科目 ①**個人面接**(段階評価)

※一次選考合格者に対して実施する。

※二次選考の個人面接で，希望する者には一部英語による面接を行う。

※二次選考後に三次選考(個人面接のみ)を行う場合あり。

共通テスト利用選抜 〈一次選考〉 7科目 ①**国**(200) ▶国(近代・古典〈古文・漢文〉) ②**外**(200) ▶英(リスニング〈100〉を含む) ③**地歴・公民**(100) ▶世B・日B・地理B・「倫・政

栃木 国際医療福祉大学

キャンパスアクセス [小田原キャンパス本校舎] JR東海道本線，小田急線，大雄山線，箱根登山鉄道一小田原より徒歩3分(城内校舎は本校舎から徒歩8分)

経」から１ ④⑤**数**(100×2)▶「数Ⅰ・数Ａ」・「数Ⅱ・数Ｂ」 ⑥⑦**理**(100×2)▶物・化・生から２

[個別試験]〈二次選考〉 3科目 ①**外**(100)▶英 ②**小論文**(段階評価) ③**個人面接**(段階評価)

※個別試験(二次選考)は，共通テストによる一次選考合格者に対して実施する。

※個別試験(二次選考)の個人面接で，希望する者には一部英語による面接を行う。

※二次選考後に三次選考(個人面接のみ)を行う場合あり。

成田看護学部

一般選抜前期 3科目 ①**外**(100)▶コミュ英Ⅰ・コミュ英Ⅱ・英表Ⅰ ②**国・地歴・数・理**(100)▶国総(古文・漢文を除く)・日Ｂ・「数Ⅰ・数Ａ(場合・図形)」・「数Ⅱ・数Ｂ(数列・ベク)」・「物基・物(運動・波・電気)」・「化基・化(高分子を除く)」・「生基・生(生命・生殖・環境応答)」・「物基・化基」・「化基・生基」から１ ③**小論文**(段階評価)

一般選抜後期 2科目 ①**外**(100)▶コミュ英Ⅰ・コミュ英Ⅱ・英表Ⅰ ②**個人面接**(段階評価)

共通テスト利用選抜 3科目 ①**外**(100)▶英(リスニングを除く) ②③**国・地歴・公民・数・理**(100×2)▶国(近代)・世Ｂ・日Ｂ・現社・「数Ⅰ・数Ａ」・「数Ⅱ・数Ｂ」・「物基・化基・生基から２」・物・化・生から２，ただし物・化・生のいずれかと基礎科目の組み合わせは不可

[個別試験] 行わない。

成田保健医療学部

一般選抜前期 **【理学療法学科・作業療法学科・言語聴覚学科・医学検査学科】** 3科目 ①**外**(100)▶コミュ英Ⅰ・コミュ英Ⅱ・英表Ⅰ ②**国・地歴・数・理**(100)▶国総(古文・漢文を除く)・日Ｂ・「数Ⅰ・数Ａ(場合・図形)」・「数Ⅱ・数Ｂ(数列・ベク)」・「物基・物(運動・波・電気)」・「化基・化(高分子を除く)」・「生基・生(生命・生殖・環境応答)」・「物基・化基」・「化基・生基」から１ ③**小論文**(段階評価)

【放射線・情報科学科】 3科目 ①**外**(100)▶コミュ英Ⅰ・コミュ英Ⅱ・英表Ⅰ ②**数・理**(100)▶「数Ⅱ・数Ｂ(数列・ベク)」・「物基・物(運動・波・電気)」・「化基・化(高分子を除く)」・「生基・生(生命・生殖・環境応答)」・「物基・化基」・「化基・生基」から１ ③**小論文**(段階評価)

一般選抜後期 **【理学療法学科・作業療法学科・言語聴覚学科・医学検査学科】** 2科目 ①**外**(100)▶コミュ英Ⅰ・コミュ英Ⅱ・英表Ⅰ ②**個人面接**(段階評価)

【放射線・情報科学科】 2科目 ①**数**(100)▶数Ⅰ・数Ａ(場合・図形) ②**個人面接**(段階評価)

共通テスト利用選抜 **【理学療法学科・作業療法学科・言語聴覚学科・医学検査学科】** 3科目 ①**外**(100)▶英(リスニングを除く) ②③**国・地歴・公民・数・理**(100×2)▶国(近代)・世Ｂ・日Ｂ・現社・「数Ⅰ・数Ａ」・「数Ⅱ・数Ｂ」・「物基・化基・生基から２」・物・化・生から２，ただし物・化・生のいずれかと基礎科目の組み合わせは不可

[個別試験] 行わない。

【放射線・情報科学科】 3科目 ①**外**(100)▶英(リスニングを除く) ②③④**数・理・「国・地歴・公民・数」**(100×2)▶「数Ⅱ・数Ｂ」・「物基・化基・生基から２」・物・化・生・「国(近代)・世Ｂ・日Ｂ・現社・〈数Ⅰ・数Ａ〉から１」から２，ただし物・化・生のいずれかと基礎科目の組み合わせは不可

[個別試験] 行わない。

福岡保健医療学部

一般選抜前期 3〜2科目 ①**外**(100)▶コミュ英Ⅰ・コミュ英Ⅱ・英表Ⅰ ②**国・地歴・数・理**(100)▶国総(古文・漢文を除く)・日Ｂ・「数Ⅰ・数Ａ(場合・図形)」・「数Ⅱ・数Ｂ(数列・ベク)」・「物基・物(運動・波・電気)」・「化基・化(高分子を除く)」・「生基・生(生命・生殖・環境応答)」・「物基・化基」・「化基・生基」から１ ③**小論文**(段階評価)，ただし理学療法学科と作業療法学科は小論文は実施しない

一般選抜後期 2科目 ①**外**(100)▶コミュ英Ⅰ・コミュ英Ⅱ・英表Ⅰ ②**個人面接**(段階評価)

共通テスト利用選抜 3科目 ①**外**(100)▶英(リスニングを除く) ②③**国・地歴・公民・数・理**(100×2)▶国(近代)・世Ｂ・日Ｂ・現

キャンパスアクセス [大川キャンパス] 西鉄天神大牟田線—西鉄柳川よりバス20分／JR九州新幹線—筑後船小屋よりスクールバス30分

社・「数Ⅰ・数Ａ」・「数Ⅱ・数Ｂ」・「物基・化基・生基から２」・物・化・生から２，ただし物・化・生のいずれかと基礎科目の組み合わせは不可
[個別試験] 行わない。

その他の選抜

学校推薦型選抜（公募制・指定校制）は保健医療学部133名，医療福祉学部52名，薬学部40名，成田看護学部32名，成田保健医療学部93名，成田薬学部25名，赤坂心理・医療福祉マネジメント学部36名，小田原保健医療学部54名，福岡保健医療学部48名，福岡薬学部20名を，総合型選抜は保健医療学部71名，医療福祉学部30名，薬学部５名，赤坂心理・医療福祉マネジメント学部14名，小田原保健医療学部26名，福岡保健医療学部17名，福岡薬学部５名を募集。ほかに特待奨学生特別選抜，全国商業高等学校長協会会員校対象特別推薦入試（医療福祉学部，赤坂心理・医療福祉マネジメント学部），帰国生徒特別選抜，医学部帰国生および外国人学校卒業生特別選抜，社会人特別選抜，留学生特別選抜を実施。

偏差値データ（2024年度）

●一般選抜前期

学部／学科	2024年度		2023年度
	駿台予備学校	河合塾	
	合格目標ライン	ボーダー偏差値	競争率
▶保健医療学部			
看護	**44**	**47.5**	2.1
理学療法	**44**	**42.5**	3.5
作業療法	**43**	**40**	1.8
言語聴覚	**40**	**37.5**	1.5
視機能療法	**40**	**42.5**	1.5
放射線・情報科	**43**	**42.5**	3.8
▶医療福祉学部			
医療福祉・マネジメント	**37**	**35**	1.3
▶薬学部			
薬	**45**	**42.5**	2.2
▶医学部			
医	**61**	**65**	9.8
▶成田看護学部			
看護	**45**	**50**	6.8
▶成田保健医療学部			
理学療法	**44**	**42.5**	6.0
作業療法	**43**	**42.5**	10.3
言語聴覚	**41**	**42.5**	13.0
医学検査	**43**	**42.5**	6.9
放射線・情報科	**43**	**45**	4.0
▶成田薬学部			
薬	**46**	**45**	新
▶赤坂心理・医療福祉マネジメント学部			
心理	**42**	**42.5**	2.9
医療マネジメント	**40**	**37.5**	1.3
▶小田原保健医療学部			
看護	**43**	**47.5**	4.1
理学療法	**42**	**42.5**	2.8
作業療法	**41**	**37.5**	2.2
▶福岡保健医療学部			
看護	**42**	**40**	1.6
理学療法	**42**	**40**	2.5
作業療法	**41**	**40**	1.2
医学検査	**41**	**40**	1.9
▶福岡薬学部			
薬	**44**	**45**	3.6

- 駿台予備学校合格目標ラインは合格可能性80％に相当する駿台模試の偏差値です。
- 河合塾ボーダー偏差値は合格可能性50％に相当する河合塾全統模試の偏差値です。
- 競争率は受験者÷合格者の実質倍率。
- 医学部の競争率は受験者÷正規合格者。
- 医学部は一般選抜。

私立大学　埼玉

JOSAI UNIVERSITY JU

城西大学（じょうさい）

資料請求

問合せ先　入試課　☎049-271-7711

建学の精神

他者の人格を尊重し，互いの特徴を生かして学び合い，助け合いながら社会のさまざまな課題を解決できる「協創力」のある人間を，「学び」を通して育てるという「学問による人間形成」を建学の精神に，1965（昭和40）年に創立された，埼玉県に拠点を置く，文系３学科理系５学科の総合大学。図書館をはじめとする充実した学習環境や，留学や語学教育などグローバルに活躍するための国際教育，地域について学び，地域の人々と協力して実践経験を積める学外での学びの場など，学生たちがどんどんチャレンジし，興味や可能性を広げられる環境が整えられ，2023年９月には，垣根のない交流をコンセプトにした，学びとコミュニケーションの核となる「JOSAI HUB」がグランドオープン。「協創力」を身につけられる環境が，一層整備されている。

- 埼玉坂戸キャンパス………〒350-0295　埼玉県坂戸市けやき台1-1
- 東京紀尾井町キャンパス…〒102-0093　東京都千代田区平河町2-3-24

基本データ

学生数▶6,948名（男5,146名，女1,802名）
専任教員数▶教授98名，准教授60名，助教54名
設置学部▶経済，現代政策，経営，理，薬

併設教育機関▶大学院—薬学（M・D），経済学・経営学・理学（以上M）　短期大学（P.215参照）

就職・卒業後の進路

就職率 **95.6%**
就職者÷希望者×100

● **就職支援**　ゼミもしくは学科ごとに進路指導の時間を設け，専任職員が進路への意識形成と就職活動に向けた準備，直前対策などを実施。企業研究会にも力を入れ，大手企業や優良企業との接点を多く提供することで，例年参加した企業に就職する学生も多い。

● **資格取得支援**　JUキャリアラウンジを設け，社会人になってから「自分の武器」になる各種資格対策講座を開講。教職課程センターでは，教員になるための資質の向上をモットーに，教員免許状の取得や教員採用試験の受験対策などさまざまなニーズに応えている。

進路指導者も必見　学生を伸ばす　面倒見

初年次教育	学修サポート
「フレッシュマンセミナー」「地域と大学」「基礎ゼミⅠ」「薬学概論」「医薬品・食品・化粧品概論」「栄養情報科学演習」などの科目を各学部で開講。薬学部では，一般コミュニケーションから医療に至る演習授業などを展開	全学部でオフィスアワー，経済・経営・理・薬でTA制度，理・薬でSA制度，経済・薬で教員アドバイザー制度を導入。また，経済学部で新入生に対する履修登録サポート，薬学部で上級生によるピアサポート活動を行っている

オープンキャンパス（2023年度実績）　両キャンパスで5月，7月（2回），8月（2回），9月，3月に開催（完全予約制）。キャンパスツアー，学部・学科ガイダンス，模擬授業・体験講座，入試説明会，個別相談，学食体験など。

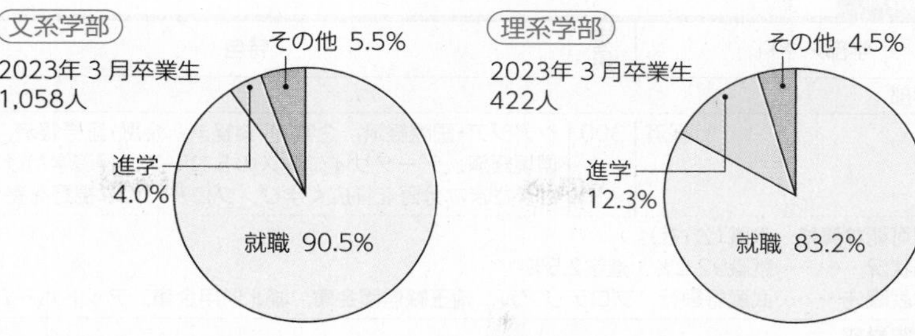

主なOB・OG▶［経済］竹中一博（バンダイ社長），［経済］矢都木二郎（麺屋武蔵社長），［理］石切山英詔（ゲームプロデューサー），［薬］関伸治（セキ薬品会長），［短大］水森かおり（演歌歌手）など。

国際化・留学　大学間 31 大学

受入れ留学生数▶153名（2023年５月１日現在）

留学生の出身国▶中国，韓国，ベトナム，マレーシア，ケニアなど。

外国人専任教員▶教授３名，准教授６名，助教５名（2023年５月１日現在）

外国人専任教員の出身国▶アメリカ，中国など。

大学間交流協定▶31大学（交換留学先10大学，2023年９月１日現在）

海外への留学生数▶渡航型64名・オンライン型２名／年（６カ国・地域，2022年度）

海外留学制度▶長期留学（交換留学，私費留学）と短期語学研修（サマー・スプリングセミナー）の２つのプログラムがあるJEAP（城西大学海外教育プログラム）のほか，学部主催長期・短期留学プログラム，学部インターンシップ・プログラムなどを用意。

学費・奨学金制度　給付型奨学金総額 年間約 1,622万円

入学金▶270,000円～

年間授業料（施設費等を除く）▶700,000円～（詳細は巻末資料参照）

年間奨学金総額▶16,218,699円

年間奨学金受給者数▶50人

主な奨学金制度▶「学校法人城西大学上原育英奨学金制度」や「城西大学・城西短期大学奨学生制度」，留学等に関する「グローバルチャレンジ奨学金制度」「水田三喜男記念奨学生制度」などを設置。授業料免除制度もあり，2022年度には204人を対象に，総額で約１億1,968万円を減免している。

保護者向けインフォメーション

●**オープンキャンパス**　通常のオープンキャンパス時に，保護者説明会を実施している。
●**成績確認**　成績表を保護者に送付している。
●**懇談会**　父母後援会を組織し，地区懇談会を開催。会報誌『こまがわ』も発行している。
●**就職ガイダンス**　１・２年次の保護者対象は12月，３年次は７月に，就職に関する説明会などを実施している。
●**相談窓口**　保護者から相談があった場合，授業や学生生活など適宜相談内容により，担当教員やカウンセラーと連携して対応している。
●**防災対策**　災害時の学生の安否は，ポータルサイトを利用して確認するようにしている。

インターンシップ科目	必修専門ゼミ	卒業論文	GPA制度の導入の有無および活用例	１年以内の退学率	標準年限での卒業率
薬学部を除き開講	経済・現代政策・経営の３学部で１～４年次，理学部で４年次，薬学部薬学科で４～６年次に実施	経営学部と薬学部，理学部化学科は卒業要件	特待生候補者選考，奨学金や授業料免除対象者選定，大学院入試選抜，個別の学修指導，履修上限単位数の設定に活用（学部による）	非公表	非公表

学部紹介

学部／学科	定員	特色
経済学部		
経済	300	▷アジア・国際経済，企業・産業経済，金融・証券経済，地域・環境経済，データサイエンスの5コース。経済学だけでなくさまざまな分野を幅広く学び，グローバルな視野を養う。
●**取得可能な資格**…教職(公・社)。 ●**進路状況**…………就職92.0%　進学2.5% ●**主な就職先**………武蔵野銀行，プロテリアル，埼玉縣信用金庫，城北信用金庫，アットホームなど。		
現代政策学部		
社会経済システム	250	▷公共政策，地域創生，多文化社会の3コース。1つの分野に特化することなく，政策学を中軸として複数の分野を横断的に学び，社会の課題を発見し，解決する力を身につける。
●**取得可能な資格**…教職(公・社)。 ●**進路状況**…………就職87.2%　進学6.9% ●**主な就職先**………埼玉県庁，所沢市役所，東京消防庁，多摩テレビ，ルイ・ヴィトン ジャパンなど。		
経営学部		
マネジメント総合	500	▷社会におけるすべての組織に適合するマネジメントを学際的に研究・教育し，グローバルに物事をとらえる視覚とローカルな視点を持ったマネジメントの専門家を育成する。
●**取得可能な資格**…教職(公・社・保体・情・商業)。 ●**進路状況**…………就職91.7%　進学3.0% ●**主な就職先**………みずほビジネスサービス，警視庁，中央労働金庫，三菱地所ハウスネットなど。		
理学部		
数	120	▷埼玉坂戸と東京紀尾井町の2キャンパス選択制(各60名)。埼玉坂戸は「純粋数学」を主軸に科目を開講。東京紀尾井町はコンピュータ科学をはじめ「応用数学」の科目が充実。
化	90	▷化学物質の構造や機能，反応などを系統的に理解し，有用な物質やデバイスを創成することで社会に貢献する。
●**取得可能な資格**…教職(数・理・情)，測量士補など。 ●**進路状況**…………就職87.5%　進学8.5% ●**主な就職先**………埼玉・茨城県ほか公立学校教員，三菱総研DCS，キヤノン電子テクノロジーなど。		
薬学部		
薬	250	▷6年制。医薬分業と医療の高度化に対応できる「食」と「栄養」に強い，質の高い薬剤師を育成する。
薬科	50	▷4年制。生活者の視点に立って医薬品・化粧品・食品の研究を通して，人々の健康的な生活に貢献できる人材を育成する。
医療栄養	100	▷4年制。食品や料理だけでなく，医療，薬，サプリメントなどについても深く学び，食で健康を支え，薬のわかる管理栄養士を育成する。入学者の約2割が男子学生。
●**取得可能な資格**…教職(理，栄養)，栄養士，薬剤師・管理栄養士受験資格など。 ●**進路状況**…………[薬]就職92.9%　進学2.9%　[薬科・医療栄養]就職63.2%　進学31.1% ●**主な就職先**………セキ薬品，IMSグループ，埼玉医科大学病院，きくや美粧堂，日清医療食品など。		

▶キャンパス

全学部……[埼玉坂戸キャンパス] 埼玉県坂戸市けやき台1-1
理(数)……[東京紀尾井町キャンパス] 東京都千代田区平河町2-3-24

キャンパスアクセス [埼玉坂戸キャンパス] 東武越生線—川角より徒歩10分／JR八高線—高麗川よりシャトルバス25分／西武池袋線—飯能よりシャトルバス45分／東武東上線—坂戸より女子学生優先シャトルバス30分

2025年度入試要項(予告)

●募集人員

学部／学科(キャンパス)	一般A	一般A(共通併用)	一般B	一般C	共通I期前期	共通I期後期	共通II期	共通III期
▶経済　経済	50	4	20	5	40	15	8	5
▶現代政策 社会経済システム	40	5	5	5	30	10	8	5
▶経営 マネジメント総合	60	10	20	10	66	20	10	5
▶理 数(埼玉坂戸)	22	6	8	—	10	2	—	—
(東京紀尾井町)	22	6	8	—	10	2	—	—
化	20	3	3	3	12	3	3	3
▶薬　薬	60	5	15	—	20	5	2	若干名
薬科	12	2	5	若干名	5	2	2	若干名
医療栄養	10	2	6	若干名	5	5	2	若干名

注)募集人員は2024年度の実績です。

▷一般選抜A日程・A日程共通テスト併用型・B日程・C日程において，経済学部・現代政策学部・経営学部による統一入試を実施。

注)配点は編集時，未公表。最新の募集要項でご確認ください。

経済学部・経営学部

一般選抜A日程　2科目　①②国・外・「地歴・公民・数」▶「現国・言語・論国」・「英コミュI・英コミュII・論表I」・「〈歴総・世探〉・〈歴総・日探〉・〈公・政経〉・〈数I・数II・数A(図形・場合)〉から1」から2

一般選抜A日程共通テスト併用型　〈共通テスト科目〉　1科目　①地歴・公民・数・情▶「歴総・世探」・「歴総・日探」・「地総・地探」・「地総・歴総・公から2」・「公・倫」・「公・政経」・「数I・数A」・情Iから1

〈独自試験科目〉　2科目　①国▶現国・言語・論国 ②外▶英コミュI・英コミュII・論表I

一般選抜B日程・C日程　2科目　①国▶現国・言語・論国 ②外▶英コミュI・英コミュII・論表I

共通テスト利用選抜I期前期・後期〜III期　3〜2科目　①②③国・外・地歴・公民・数・情▶国(近代)・英(リスニングを含む)・「歴総・世探」・「歴総・日探」・「地総・地探」・「地総・歴総・公から2」・「公・倫」・「公・政経」・「数I・数A」・情IからI期前期は3，I期後期〜III期は2

[個別試験] 行わない。

現代政策学部

一般選抜A日程　2科目　①②国・外・「地歴・公民・数」▶「現国・言語・論国」・「英コミュI・英コミュII・論表I」・「〈歴総・世探〉・〈歴総・日探〉・〈公・政経〉・〈数I・数II・数A(図形・場合)〉から1」から2

一般選抜A日程共通テスト併用型　〈共通テスト科目〉　1科目　①地歴・公民・数・情▶「歴総・世探」・「歴総・日探」・「地総・地探」・「地総・歴総・公から2」・「公・倫」・「公・政経」・「数I・数A」・情Iから1

〈独自試験科目〉　2科目　①国▶現国・言語・論国 ②外▶英コミュI・英コミュII・論表I

一般選抜B日程・C日程　2科目　①国▶現国・言語・論国 ②外▶英コミュI・英コミュII・論表I

共通テスト利用選抜I期前期・後期〜III期　2科目　①②国・外・地歴・公民・数・理・情▶国(近代)・英(リスニングを含む)・「歴総・世探」・「歴総・日探」・「地総・地探」・「地総・歴総・公から2」・「公・倫」・「公・政経」・「数I・数A」・「物基・化基・生基・地学基から2」・物・化・生・地学・情Iから2

[個別試験] 行わない。

理学部

一般選抜A日程　【数学科】　2科目　①外▶英コミュI・英コミュII・論表I ②数▶数I・数II・数III・数A(図形・場合)・数B(数列)・数C(ベク・平面)

【化学科】　2科目　①理▶「化基・化」・「生基・生」から1 ②外・数▶「英コミュI・英コミュII・論表I」・「数I・数II・数A(図形・場合)・数B(数列)」から1

一般選抜A日程共通テスト併用型　【数学科】〈共通テスト科目〉　3科目　①②数▶「数I・数A」・「数II・数B・数C」③外・情▶英(リーディングのみ)・情Iから1

〈独自試験科目〉　1科目　①数▶数I・数II・数III・数A(図形・場合)・数B(数列・推測)・数C(ベク・平面)

キャンパスアクセス [東京紀尾井町キャンパス] 東京メトロ有楽町線—麹町より徒歩3分／東京メトロ南北線・半蔵門線—永田町より徒歩5分／JR中央線・総武線—四ツ谷より徒歩10分

【化学科】〈共通テスト科目〉 1科目 ①外・数・情▶英(リーディングのみ)・「数Ⅰ・数A」・「数Ⅱ・数B・数C」・情Ⅰから1
〈独自試験科目〉 1科目 ①理▶化基・化
一般選抜B日程 【数学科】 1科目 ①数▶数Ⅰ・数Ⅱ・数Ⅲ・数A(図形・場合)・数B(数列・推測)・数C(ベク・平面) ※記述式。
一般選抜B日程・C日程 【化学科】 1科目 ①理▶化基・化
共通テスト利用選抜Ⅰ期前期・後期 【数学科】〈A方式(4科目型)〉 4科目 ①外▶英(リーディングのみ) ②③数▶「数Ⅰ・数A」・「数Ⅱ・数B・数C」 ④国・理・情▶国(近代)・「物基・化基・生基・地学基から2」・物・化・生・地学・情Ⅰから1
[個別試験] 行わない。
〈B方式(3科目型)〉 3科目 ①外▶英(リーディングのみ) ②③数▶「数Ⅰ・数A」・「数Ⅱ・数B・数C」
[個別試験] 行わない。
〈C方式(2科目型)〉 2科目 ①②数▶「数Ⅰ・数A」・「数Ⅱ・数B・数C」
[個別試験] 行わない。
※Ⅰ期後期はA方式のみ実施。
共通テスト利用選抜Ⅰ期前期・後期〜Ⅲ期 【化学科】 3科目 ①②③外・数・理・情▶英(リーディングのみ)・「〈数Ⅰ・数A〉・〈数Ⅱ・数B・数C〉から1」・「化基・〈物基・生基・地学基から1〉」・物・化・生・情Ⅰから3
※理科1科目を含む3科目以上を受験することを条件とし，高得点の2科目を判定に使用する。
[個別試験] 行わない。

薬学部

一般選抜A日程 【薬学科】 2科目 ①理▶「化基・化」・「生基・生」から1 ②外・数▶「英コミュⅠ・英コミュⅡ・論表Ⅰ」・「数Ⅰ・数Ⅱ・数A(図形・場合)・数B(数列)・数C(ベク)」から1
【薬科学科】 2科目 ①理▶「化基・化」・「生基・生」から1 ②国・外・数▶「現国・言語・論国」・「英コミュⅠ・英コミュⅡ・論表Ⅰ」・「数Ⅰ・数Ⅱ・数A(図形・場合)・数B(数列)・数C(ベク)」から1
【医療栄養学科】 2科目 ①②外・理・「国・数」▶「英コミュⅠ・英コミュⅡ・論表Ⅰ」「〈化基・化〉・〈生基・生〉から1」・「〈現国・言語・論国〉・〈数Ⅰ・数Ⅱ・数A(図形・場合)・数B(数列)・数C(ベク)〉から1」から2
一般選抜A日程共通テスト併用型 【薬学科】〈共通テスト科目〉 2〜1科目 ①②外・数▶英(リーディングのみ)・「〈数Ⅰ・数A〉・〈数Ⅱ・数B・数C〉」から1
〈独自試験科目〉 1科目 ①理▶「化基・化」・「生基・生」から1
【薬科学科】〈共通テスト科目〉 1科目 ①国・外・数・情▶国(近代)・英(リーディングのみ)・「数Ⅰ・数A」・「数Ⅱ・数B・数C」・情Ⅰから1
〈独自試験科目〉 1科目 ①理▶「化基・化」・「生基・生」から1
【医療栄養学科】〈共通テスト科目〉 1科目 ①国・外・数・理・情▶国(近代)・英(リーディングのみ)・「数Ⅰ・数A」・「数Ⅱ・数B・数C」・「化基・生基」・化・生・情Ⅰから1
〈独自試験科目〉 1科目 ①国・外▶「現国・言語・論国」・「英コミュⅠ・英コミュⅡ・論表Ⅰ」から1
一般選抜B日程 【薬学科】 1科目 ①理▶「化基・化」・「生基・生」から1
【医療栄養学科】 1科目 ①国・理▶「現国・言語・論国」・「化基・化」・「生基・生」から1
一般選抜B日程・C日程 【薬科学科】 1科目 ①理▶「化基・化」・「生基・生」から1
共通テスト利用選抜Ⅰ期前期・後期〜Ⅲ期 【薬学科】 3〜2科目 ①理▶物・化・生から1 ②③外・数▶英(リーディングのみ)・「〈数Ⅰ・数A〉・〈数Ⅱ・数B・数C〉」から1
[個別試験] 行わない。
【薬科学科】 3〜2科目 ①理▶化・生から1 ②③国・外・数・情▶国(近代)・英(リーディングのみ)・「〈数Ⅰ・数A〉・〈数Ⅱ・数B・数C〉」・情Ⅰから1
[個別試験] 行わない。
【医療栄養学科】 2科目 ①②国・外・理・「数・情」▶国(近代)・英(リーディングのみ)・「化基・生基」・化・生・「〈数Ⅰ・数A〉・〈数Ⅱ・数B・数C〉・情Ⅰから1」から2 ※理科から2科目選択可。
[個別試験] 行わない。

その他の選抜

総合型選抜（専願制・併願制）は経済学部61名，現代政策学部47名，経営学部70名，理学部14名，薬学部87名を募集。ほかに学校推薦型選抜（指定校制，附属校，スポーツ推薦），卒業生子弟・子女入試，帰国生徒入試，社会人入試，外国人留学生入試を実施。
注）募集人員は2024年度の実績です。

偏差値データ（2024年度）

●一般選抜A日程

学部／学科	2024年度 駿台予備学校 合格目標ライン	2024年度 河合塾 ボーダー偏差値	2023年度 競争率
▶経済学部			
経済	36	35	1.1
▶現代政策学部			
社会経済システム	35	35	1.2
▶経営学部			
マネジメント総合	36	37.5	1.2
▶理学部			
数（坂戸）	36	37.5	1.7
数（東京紀尾井町）	36	35	1.7
化	37	BF	1.0
▶薬学部			
薬	40	37.5	1.1
薬科	40	40	1.8
医療栄養	37	BF	1.3

- 駿台予備学校合格目標ラインは合格可能性80％に相当する駿台模試の偏差値です。
- 河合塾ボーダー偏差値は合格可能性50％に相当する河合塾全統模試の偏差値です。
- 競争率は受験者÷合格者の実質倍率

併設の教育機関 短期大学

城西短期大学

問合せ先 入試課
☎049-271-7711
所在地 埼玉県坂戸市けやき台1-1／東京都千代田区平河町2-3-24（キャンパス選択制）

学生数▶152名（男56名，女96名）
教員数▶教授４名，准教授６名

設置学科

●**ビジネス総合学科**（120） 職業，資格取得に直結する８種の専門ユニットから，自由に組み合わせて学ぶ体験型授業で，社会人基礎力を身につける。キャンパス選択制。

卒業後の進路

2022年度卒業生▶82名
就職53名，進学27名，その他２名

女子栄養大学

（じょしえいようだいがく）

資料請求

問合せ先　入試広報課　☎049-282-7331

建学の精神

共に医師であった香川綾とその夫・省三が，病気を予防する栄養学に人生をかけて取り組む決意をして1933（昭和８）年に発足させた家庭食養研究会が女子栄養大学の前身。建学の精神である「食により人間の健康の維持・改善を図る」のもと，「全ては，健康を求めるあらゆる人のために」を基本とした食と健康をテーマに，栄養学と保健学の教育と研究，食文化の探求と創造に力を注ぎ，多くの管理栄養士，栄養士，臨床検査技師，養護・家庭科・栄養教諭，食の専門家を送り出し，人々の健康維持・増進に貢献。現在では，専門学校から大学院まで有する，他に類を見ない「食」に関する総合学園へと発展している。"実践栄養学"を確立して90年。今までも，これからも，栄養教育のパイオニアとして人々の健康のために貢献できる人材を養成し続けていく。

● 坂戸キャンパス……〒350-0288　埼玉県坂戸市千代田3-9-21

基本データ

学生数▶女1,914名
専任教員数▶教授37名，准教授23名，講師9名

設置学部▶栄養
併設教育機関▶大学院―栄養学（M・D，男女共学）　短期大学部（P.219参照）

就職・卒業後の進路

就職率 **98**%
就職者÷希望者×100

● **就職支援**　「病院，保健センター，福祉施設」「企業（開発職，総合職等）」「公務員」「学校教諭」など，希望に合わせた進路を実現するため，適切なアドバイスができる就職活動支援プログラムを用意。年に数回開催するガイダンス，テーマ別プログラム，個人面談などを行い，一人ひとりの希望と可能性に応じたキャリア形成を支援している。

● **資格取得支援**　合格者数全国１位を誇る管理栄養士国家試験対策では，高い専門性を持つ教員が過去問題の研究や出題動向の分析を行い，一人ひとりの成績を見ながら合格ラインを越えるまで徹底的に指導。本学教員による試験対策用のオリジナルテキストを国試対策の授業で適宜使用するほか，教員が試験問題を作成した学内模試を随時行っている。

進路指導者も必見　学生を伸ばす　面倒見

初年次教育

初年次教育として，「実践栄養学特論Ⅱ」（実践栄養），「フレッシュマンセミナー」（栄養科学），「保健養護特論Ⅱ」（保健養護），「スタディスキルズ」「食文化栄養学総論Ⅰ」（食文化栄養）などの科目を各学科・専攻で開講

学修サポート

TA制度，クラス担任制，オフィスアワーを導入。また，実践栄養学科でSA制度を設け，国家試験対策の勉強だけでなく，調理学実習の実技試験対策や学校生活に関する相談などにおいてもアドバイスを受けることができる

オープンキャンパス（2023年度実績）　5月～8月，10月，11月，3月に開催。全体説明，学科紹介「教えてセンパイ」，キャンパスツアー，なんでも相談，学食体験など。参加方法，詳細は受験生応援サイトにて要確認。

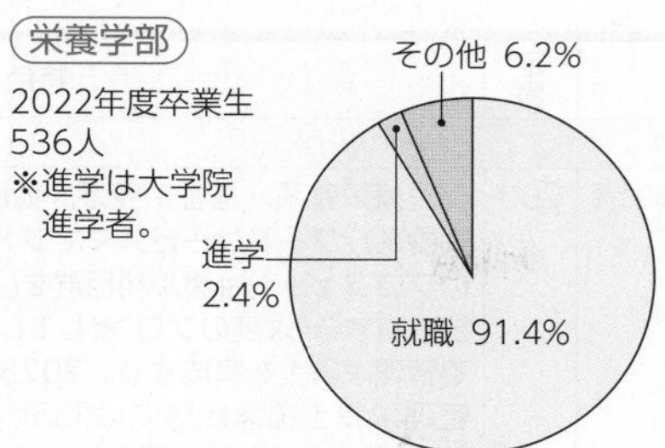

主なOG▶［栄養］加賀田京子（Bistro Aoi Chef），弥冨秀江（ヘルスイノベーション代表），平野美由紀（食デザイナー），DJみそしるとMCごはん（ミュージシャン），［旧短大二部］石田ゆり子（女優）など。

国際化・留学　大学間 5 大学

受入れ留学生数▶２名（2023年５月１日現在）

留学生の出身国▶中国。

外国人専任教員▶教授０名，准教授０名，講師０名（2023年５月１日現在）

大学間交流協定▶５大学（交換留学先１大学，2023年10月１日現在）

海外への留学生数▶０名／年（2022年度）

海外留学制度▶国際交流センターが主催する「オーストラリア栄養学・英語研修」「台湾・料理文化研修」，食文化栄養学科主催の「国際食活動フィールドワーク実習」，栄養科学専攻主催の「海外スポーツ栄養体験実習」などの研修プログラムを用意。協定留学の「ソウル国立大学校生活科学大学交換留学プログラム」なども行っている。

学費・奨学金制度　給付型奨学金総額 年間 1,660 万円

入学金▶261,000円～

年間授業料（施設費等を除く）▶817,000円～（詳細は巻末資料参照）

年間奨学金総額▶16,600,000円

年間奨学金受給者数▶367人

主な奨学金制度▶「北郁子奨学基金奨学金」は，本学卒業生北郁子氏の「経済的理由のために母校で学ぶことができないことがないように，若い方々を支援し育成したい」との遺志を継いだ奨学金制度。このほか，「DNP奨学金」や「野口医学研究所奨学金」「香友会わかば奨学金」などの制度を設置している。

保護者向けインフォメーション

- **オープンキャンパス**　通常のオープンキャンパス時に保護者向けの説明会を実施している。
- **授業公開**　講義動画をHPに公開。
- **成績確認**　成績通知表を郵送している。
- **保護者の集い**　保護者会が組織され，学内で各学科・専攻ごとに，および遠方の保護者向けに地方（毎年５回程度。2023年は甲府・高崎・仙台・盛岡・札幌）でも「保護者の集い」を開催し，学科・専攻の取り組みと近況報告（地方では学園の近況報告）や就職についての説明，交流会などを行っている。
- **会報誌**　後援会会報誌『Bouquet（ブーケ）』を発行している。
- **防災対策**　「危機管理の手引き」を制作し，入学時および新学期ごとに全学生に配布。災害時の学生の安否はアプリやメールで確認する。

インターンシップ科目	必修専門ゼミ	卒業論文	GPA制度の導入の有無および活用例	１年以内の退学率	標準年限での卒業率
食文化栄養学科で開講	食文化栄養学科で２年次に実施	食文化栄養学科は卒業要件	奨学金対象者選定・退学勧告・卒業判定・大学院入試選抜基準，留学候補者選考，個別の学修指導，履修上限単位数の設定などに活用	2.6%	95.3%

学部紹介

学部／学科	定員	特色
栄養学部		
実践栄養	200	▷医療栄養系，福祉栄養系，地域栄養・食支援系，スポーツ栄養系，フードサービスマネジメント系，食品開発系の６つのプロフェッショナル科目群を配置し，深い知識と高度な技法を有する“栄養のプロ”として，リーダーシップを発揮できる管理栄養士を育成する。2023年２月に実施された第37回管理栄養士国家試験では233名が合格（合格率97.1％）し，11年連続合格者数全国１位を達成。
保健栄養	150	▷〈栄養科学専攻100名，保健養護専攻50名〉栄養科学専攻は臨床検査学，家庭科教職，健康スポーツ栄養，食品安全管理の４コース。現代社会のさまざまな場面やライフステージで「食による健康の維持・改善」を図ることのできる「栄養士資格を有する専門家」を養成する。家庭科教職と健康スポーツ栄養の２コースのみ，併修が可能。保健養護専攻では，栄養学から看護学まで幅広く学び，多面的に子どもを支援できる力を養う。
食文化栄養	87	▷食の社会文化，食のビジネス，食の表現，食の国際，調理・製菓プロフェッショナルの５コース。豊かで健康的な食生活の提案をはじめ，メニュー・商品開発，レストラン・カフェなどの企画・運営，食品のパッケージ制作，食育，食を通した地域活動などに役立つ実践的な知識を修得し，地域社会や食産業の発展を推進できる，新しい食の世界を創造する食の専門家を養成。調理・製菓プロフェッショナルコースは３年次に１年間，香川調理製菓専門学校で専門技術を身につける。

- **取得可能な資格**…教職（保健・看・家，養護一種，栄養），栄養士，臨床検査技師・管理栄養士受験資格など。
- **進路状況**…………就職91.4％　進学2.4％（大学院進学者）
- **主な就職先**………エームサービス，LEOC，グリーンハウス，はごろもフーズ，三井食品，ホームデリカ，ロック・フィールド，IMSグループ，中村屋，埼玉県教員など。

キャンパス

栄養……［坂戸キャンパス］ 埼玉県坂戸市千代田3-9-21

2024年度入試要項（前年度実績）

●募集人員

学部／学科（専攻）	一般1期	一般2期	一般3期	共通1期	共通2期
▶栄養 実践栄養	40	5	1	13	1
保健栄養（栄養科学）	21	2	1	8	1
（保健養護）	10	3	2	5	1
食文化栄養	9	3	1	5	1

栄養学部

一般選抜１期　**2科目**　①②**外・理・「国・数」**（100×2）▶「コミュ英Ⅰ・コミュ英Ⅱ」・「化基・生基（生物の多様性と生態系からの出題は除く）から１」・「〈国総（古文・漢文を除く）・現文B〉・〈数Ⅰ・数Ⅱ・数A〉から１」から２

一般選抜２期　**2科目**　①**理**（100）▶化基・生基（生物の多様性と生態系からの出題は除く）から１　②**国・外**（100）▶「国総（古文・漢文を除く）・現文B」・「コミュ英Ⅰ・コミュ英Ⅱ」から１

一般選抜３期　**2科目**　①②**国・外・理**（200）

キャンパスアクセス ［坂戸キャンパス］ 東武東上線—若葉より徒歩3分

▶「国総（古文・漢文を除く）・現文Ｂ」・「コミュ英Ⅰ・コミュ英Ⅱ」・化基・生基（生物の多様性と生態系からの出題は除く）から２
※一般選抜１期・２期では各科目の得点を科目ごとに偏差値化し合計した数値を，３期では得点（素点）の合計を合否判定に使用する。また，「全体の学習成績の状況」を偏差値化し，１・２期では「科目試験」と「全体の学習成績の状況」の配点比率を20：１で，３期では得点（素点）の合計に全体の学習成績の状況を偏差値化したものを加え合否判定に使用する。なお，調査書が入手できない場合や，高卒認定合格者，大検合格者等は「学習成績の状況平均値」を本学の基準に照らし合否判定に加える。
※化基・生基において，記述式問題を１～２問（100点満点中５～８点）出題する。
共通テスト利用型１期・２期　**②科目**　①**国・外**（100）▶国（近代）・英（リーディングのみ）から１　②**数・理**（100）▶「数Ⅰ・数Ａ」・「数Ⅱ・数Ｂ」・「化基・生基」・化・生から１
［個別試験］ 行わない。

その他の選抜

学校推薦型選抜（公募推薦）は実践栄養学科10名，保健栄養学科４名（栄養科学専攻２名，保健養護専攻２名），食文化栄養学科３名を，総合型選抜（アクティブ・ラーニング）は実践栄養学科40名，保健栄養学科34名（栄養科学専攻25名，保健養護専攻９名），食文化栄養学科25名を募集。ほかに学校推薦型選抜（指定校推薦，卒業生子女推薦），総合型選抜（栄大スカラシップ），社会人特別入試，私費外国人留学生特別入試を実施。

偏差値データ（2024年度）

●一般選抜１期・２期

学部／学科／専攻	2024年度 駿台予備学校 合格目標ライン	2024年度 河合塾 ボーダー偏差値	2023年度 競争率
▶栄養学部			
実践栄養（１期）	42	42.5	1.5
（２期）	—	50	1.7
保健栄養/栄養科学（１期）	40	40	1.1
（２期）	—	47.5	1.2
／保健養護（１期）	42	42.5	1.8
（２期）	—	50	4.2
食文化栄養（１期）	39	35	1.1
（２期）	—	35	1.3

●駿台予備学校合格目標ラインは合格可能性80％に相当する駿台模試の偏差値です。
●河合塾ボーダー偏差値は合格可能性50％に相当する河合塾全統模試の偏差値です。
●競争率は受験者÷合格者の実質倍率

併設の教育機関　短期大学

女子栄養大学短期大学部

問合せ先 入試広報課
☎049-282-7331
所在地 東京都豊島区駒込3-24-3

学生数▶女197名
教員数▶教授８名，准教授５名，助教１名

設置学科

●**食物栄養学科**（120）保育・福祉，病院・給食会社，フードビジネス，公務員，四大編入・進学の５つの専門フィールドをすべて学び，栄養士としての確かな技術を身につける。大学編入（３年次）希望者のための学園内推薦編入学制度も用意。

卒業後の進路

2023年３月卒業生▶107名
就職70名，大学編入学29名（うち他大学２名），その他８名

獨協大学

どっきょう

資料請求

問合せ先 入試課 ☎048-946-1900

建学の精神

法律，政治経済，医薬，科学をはじめとするドイツの学問や文化を学び取り，日本の近代化，国際化に貢献する人材の育成を目的に，1883（明治16）年に創設された「獨逸学協会学校」を源流に，1964（昭和39）年，獨協学園創立80周年を機に設立。外国人学生のための日本語教育を含め，現在15言語の教育体制を整え，外国語の運用能力はもちろん，経済知識，リーガルマインドを備えた人材の育成と国際化に対応した教育に努めている。獨逸学協会学校創設から140年経た今も，国際的視野に立つ人間形成の精神は受け継がれ，「大学は『学問＝Wissenschaft（ヴィッセンシャフト）』を通じての人間形成の場である」という建学理念のもと，“オールインキャンパス”の理想的な環境で，学問を通して総合的な判断力を養い，優れた教養人を育成している。

● 獨協大学キャンパス……〒340-8585 埼玉県草加市学園町1-1

基本データ

学生数▶8,444名（男56%，女44%）
専任教員数▶教授139名，准教授34名，講師14名

設置学部▶外国語，国際教養，経済，法
併設教育機関▶大学院—法学・外国語学・経済学（以上M・D）

就職・卒業後の進路

就職率 94.1%（就職者÷希望者×100）

● **就職支援** 専門職のキャリアアドバイザーが，就職後も見据えた“キャリア”全体を学生たちと一緒になって考えるなど，満足度重視のサポートを実施。全学生が多彩な経験を通して，自分らしいキャリアデザインを描く４年間を過ごすために，「自分を磨く講座」から「就職に役立つ講座」まで，１年次から受講できる50講座，約300コマの実践型の講座・プログラムを開講している。

● **資格取得支援** 公務員，総合旅行業務取扱管理者，法学検定，簿記検定，宅地建物取引士，秘書検定，ファイナンシャル・プランニング，公認会計士など，キャンパス内で受講できる資格講座を多数開講し，授業の合間や放課後に効率的に学ぶことが可能。教職・司書・司書教諭の３つの課程も設置している。

進路指導者も必見 学生を伸ばす 面倒見

初年次教育
大学の学びに必要な知識や技法を習得する「基礎演習（交流文化・言語文化）」，「クラスセミナー（経済）」，「入門演習（法）」を実施。本学で学ぶことを，ドイツ学と日本と獨協という切り口で考える「全学総合講座（獨協学）」も開講

学修サポート
オフィスアワー，教員が約30人の学生を担当するクラス担任・クラスアドバイザーの制度を導入。また，英語学習サポートルームを設置しているほか，英語・フランス語なんでも相談，ピアサポーター語学相談などを実施

オープンキャンパス（2023年度実績） 6月，8月（4日間），10月に実施（事前申込制，保護者同伴可）。入試制度説明会，入試対策講座，大学紹介，学部・学科体験，学生トークライブ，キャンパスツアー，個別相談など。

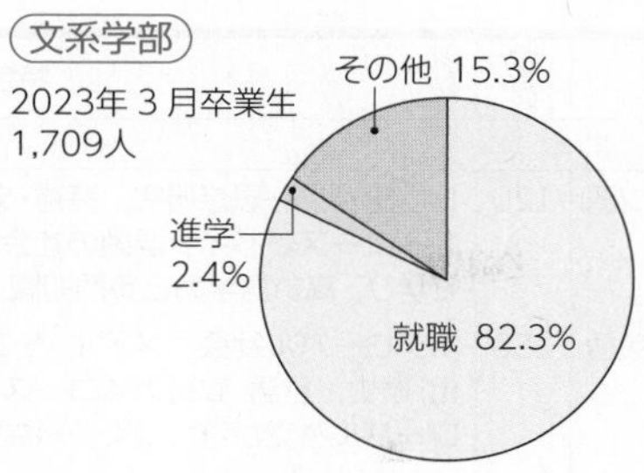

主なOB・OG▶［法］高島宗一郎（福岡市長），［法］蛯原哲（日本テレビアナウンサー），［経済］田口義隆（セイノーホールディングス社長），［経済］市川拓司（小説家），［経済］並木秀尊（プロ野球選手）など。

国際化・留学　大学間 55 大学等・部局間 2 大学

受入れ留学生数▶69名（春学期受入留学生，2023年８月１日現在）

留学生の出身国▶中国，韓国，ドイツ，アメリカ，メキシコなど。

外国人専任教員▶教授13名，准教授６名，講師１名（2023年８月１日現在）

外国人専任教員の出身国▶NA

大学間交流協定▶55大学・機関（交換留学先46大学，2023年４月１日現在）

部局間交流協定▶２大学（交換留学先１大学，2023年４月１日現在）

海外への留学生数▶渡航型121名・オンライン型17名／年（12カ国・地域，2022年度）

海外留学制度▶交換留学（協定校への留学）と認定留学（個人で選んだ大学への留学）の２タイプがある長期留学制度と，夏季と春季に海外で実施する「短期集中外国語研修」（短期協定校留学，短期認定留学）を用意し，目的，学習分野など言語圏に合わせて個別の相談に応じるなど，海外体験・留学を推奨。

学費・奨学金制度　給付型奨学金総額 年間 8,508 万円

入学金▶190,000円

年間授業料（施設費等を除く）▶840,000円（詳細は巻末資料参照）

年間奨学金総額▶85,080,000円

年間奨学金受給者数▶152人

主な奨学金制度▶「獨協大学一種奨学金」「獨協大学父母の会奨学金」「中村甫尚・惠卿奨学金」「獨協大学応急奨学金」など独自の奨学金制度はすべて給付型で返還不要なため，卒業後の負担を心配することなく利用できる。

保護者向けインフォメーション

- **広報誌**　『獨協大学ニュース』を年４回発行し，全保証人に郵送している。
- **成績確認**　成績通知表を年２回，保証人宛に郵送している。
- **父母の会**　父母の会を組織し，父母懇談会や交流会（学内外会場）を開催。懇談会では，「就職に関する講演会」も行っている。また，『父母の会会報』の発行や，父母向け冊子『父母の栞』も作成している。
- **防災対策**　「獨協大学携帯用防災マニュアル」を入学時に配布。災害時の学生の安否は，アプリおよびポータルサイトを利用して確認するようにしている。

インターンシップ科目	必修専門ゼミ	卒業論文	GPA制度の導入の有無および活用例	１年以内の退学率	標準年限での卒業率
全学部で開講	法学部を除き，２～４年次に実施	国際教養学部は卒業要件	奨学金対象者の選定基準や留学候補者の選定に活用するほか，年度末に実施される転部，転科試験の出願資格に使用している学部あり	1.8%	88.8%

学部紹介

学部／学科	定員	特色
外国語学部		
ドイツ語	120	▷言語・文学・思想研究，芸術・文化研究，現代社会・歴史研究の３コース。ドイツ語圏の社会や文化を全国最大規模の環境で学び，高い語学力と専門知識，論理的思考力を身につける。
英語	250	▷グローバル社会，メディア・コミュニケーション，文学・文化・歴史，言語・教育の４コース。実践的な英語力を養い，グローバル感覚が身につく多彩な授業を展開。
フランス語	95	▷フランス語コミュニケーション，フランス芸術文化，フランス現代社会の３コース。グローバルな教育環境で，フランス語圏の国際感覚と実践力を身につける。
交流文化	100	▷語学とツーリズムを融合させ，「交流する文化」を学ぶ。「英語プラス１言語」を学ぶ充実の語学カリキュラムを用意。
● 取得可能な資格…教職（英・独・仏），司書，司書教諭。 ● 進路状況…………就職78.3%　進学3.5% ● 主な就職先………オリエンタルランド，JALスカイ，ニュー・オータニ，京セラ，積水ハウスなど。		
国際教養学部		
言語文化	150	２言語併習（英語とスペイン語・中国語・韓国語）と８研究科目群（スペイン・ラテンアメリカ，中国，韓国，日本，言語教育，グローバル社会，人間発達科学，総合科学）で幅広い学びを実現。他国に加え，日本を知る授業も充実。
● 取得可能な資格…教職（地歴・公・社・英），司書，司書教諭。 ● 進路状況…………就職77.1%　進学2.1% ● 主な就職先………ANAエアポートサービス，ザ・リッツ・カールトン東京，ニトリ，野村証券など。		
経済学部		
経済	280	▷経済理論，総合政策，国際経済の３コース。グローバル社会をリードする，外国語能力と思考力を養成する。
経営	280	▷マネジメント，ビジネス，会計，情報の４コース制で実践的な教育を行うとともに，外国語教育を特に重視。"使える経営学"と多言語で，ビジネスの今に切り込む。
国際環境経済	120	▷環境経済，国際政策の２コース。持続可能な社会の実現をめざして，地域社会や国際社会に貢献できる人材を育成する。
● 取得可能な資格…教職（地歴・公・社・情），司書，司書教諭。 ● 進路状況…………就職85.6%　進学1.8% ● 主な就職先………ヤクルト本社，日本ハム，エステー，博報堂プロダクツ，富士通，常陽銀行など。		
法学部		
法律	210	▷行政法務，企業法務，法曹の３コース。自ら問題を発見し，解決することのできる「法的思考」と「語学力」を身につけたスペシャリストを育成する。
国際関係法	75	▷グローバリゼーションが深化する中で生じる国境を越えた法的・政治的問題を分析し考察すると同時に，国際社会で活躍する手段としての英語教育にも力を入れている。
総合政策	75	▷「政策・地域」「政治・基礎法」「法律」を三本柱に政治学・法学の知識や分析法を駆使して，国際的なセンスで日本の未来を構築できる人材を育成する。

キャンパスアクセス ［獨協大学キャンパス］ 東京メトロ日比谷線・半蔵門線直通東武スカイツリーライン―獨協大学前〈草加松原〉より徒歩5分

●取得可能な資格…教職（地歴・公・社），司書，司書教諭。
●進路状況…………就職84.3%　進学2.0%
●主な就職先………日本アイ・ビー・エム，清水建設，西日本旅客鉄道，郵船ロジスティクスなど。

キャンパス

全学部……［獨協大学キャンパス］ 埼玉県草加市学園町1-1

2025年度入試要項（予告）

●募集人員

学部／学科（専攻）		一般学科別	一般全学（前期）	一般全学（後期）
▶外国語	ドイツ語	2科30 外検5	25	若干名
	英語	2科60 外検15	60	若干名
	フランス語	2科30 外検5	10	若干名
	交流文化	2科30 外検5	30	若干名
▶国際教養	言語文化	3科30 外検5	35	5
▶経済	経済	3科60 外検20	65	若干名
	経営	3科60 外検20	65	若干名
	国際環境経済	3科25 外検5	30	若干名
▶法	法律	3科40 外検15	40	若干名
	国際関係法	3科20 外検5	15	若干名
	総合政策	3科20 外検5	15	若干名

注）募集人員は2024年度の実績です。
※一般学科別は「一般入試２・３科目学科別／外検＋」。一般全学（前期）は「一般入試２科目全学統一（前期）」。一般全学（後期）は「一般入試２科目全学統一（後期）」で，英語・国語型と共通テスト併用型を行い，出願時に試験区分を選択する（併願は不可）。
※次のように略しています。科目→科。

▷外検＋は各学科が指定する外部検定試験の基準以上の資格をいずれか１つ満たしていることを出願資格とする。また，一般入試２・３科目学科別で出願した学科と同一学科に限り併願ができる。
注）配点は編集時，未公表。最新の募集要項でご確認ください。

外国語学部

一般入試２科目学科別　**【ドイツ語学科】** **2科目** ①国▶現国・言語（近代）・論国 ②外▶「英コミュⅠ・英コミュⅡ・英コミュⅢ」・独から１
【英語学科・交流文化学科】 **2科目** ①外▶英コミュⅠ・英コミュⅡ・英コミュⅢ ②国・外▶「現国・言語（近代）・論国」・「Reading & Writing（英コミュⅠ・英コミュⅡ・英コミュⅢ・論表Ⅰ・論表Ⅱ・論表Ⅲ）」から１
【フランス語学科】 **2科目** ①国▶現国・言語（近代）・論国 ②外▶「英コミュⅠ・英コミュⅡ・英コミュⅢ」・仏から１
一般入試外検＋　※ドイツ語学科とフランス語学科は一般入試２科目学科別で受験した国語を，英語学科と交流文化学科は国語またはR&Wを判定に利用する。
注）外検＋は2024年度の実績です。
一般入試２科目全学統一（前期） **2科目** ①外▶英コミュⅠ・英コミュⅡ・英コミュⅢ ②国・地歴・公民・数▶「現国・言語（近代）・論国」・「歴総・世探」・「歴総・日探」・「地総・地探」・「公・政経」・「数Ⅰ・数Ⅱ・数Ａ（図形・場合）・数Ｂ（数列）・数Ｃ（ベク）」から１
一般入試２科目全学統一（後期〈英語・国語型〉） **2科目** ①国▶現国・言語（近代）・論国 ②外▶英コミュⅠ・英コミュⅡ・英コミュⅢ
一般入試２科目全学統一（後期〈共通テスト併用型〉） **〈共通テスト科目〉** **1科目** ①国・地歴・公民・数・情▶国（近代）・「歴総・世探」・「歴総・日探」・「地総・地探」・「地総・歴総・公から２」・「公・倫」・「公・政経」・数Ⅰ・「数Ⅰ・数Ａ」・「数Ⅱ・数Ｂ・数Ｃ」・情Ⅰから１
〈個別試験科目〉 **1科目** ①外▶英コミュⅠ・英コミュⅡ・英コミュⅢ

国際教養学部

一般入試３科目学科別 3科目 ①国▶現国・言語(近代)・論国 ②外▶英コミュⅠ・英コミュⅡ・英コミュⅢ ③**地歴・公民・数**▶「歴総・世探」・「歴総・日探」・「地総・地探」・「公・政経」・「数Ⅰ・数Ⅱ・数Ａ(図形・場合)・数Ｂ(数列)・数Ｃ(ベク)」から１

一般入試外検＋ ※一般入試３科目学科別で受験した英語を除く２科目を判定に利用する。

注)外検＋は2024年度の実績です。

一般入試２科目全学統一(前期) 2科目 ①**外**▶英コミュⅠ・英コミュⅡ・英コミュⅢ ②**国・地歴・公民・数**▶「現国・言語(近代)・論国」・「歴総・世探」・「歴総・日探」・「地総・地探」・「公・政経」・「数Ⅰ・数Ⅱ・数Ａ(図形・場合)・数Ｂ(数列)・数Ｃ(ベク)」から１

一般入試２科目全学統一(後期〈英語・国語型〉) 2科目 ①**国**▶現国・言語(近代)・論国 ②**外**▶英コミュⅠ・英コミュⅡ・英コミュⅢ

一般入試２科目全学統一(後期〈共通テスト併用型〉) **〈共通テスト科目〉** 1科目 ①**国・地歴・公民・数・理・情**▶国(近代)・国(古文・漢文)・「歴総・世探」・「歴総・日探」・「地総・地探」・「地総・歴総・公から２」・「公・倫」・「公・政経」・数Ⅰ・「数Ⅰ・数Ａ」・「数Ⅱ・数Ｂ・数Ｃ」・「物基・化基・生基・地学基から２」・物・化・生・地学・情Ⅰから１

〈個別試験科目〉 1科目 ①**外**▶英コミュⅠ・英コミュⅡ・英コミュⅢ

経済学部

一般入試３科目学科別 3科目 ①国▶現国・言語(近代)・論国 ②外▶英コミュⅠ・英コミュⅡ・英コミュⅢ ③**地歴・公民・数**▶「歴総・世探」・「歴総・日探」・「地総・地探」・「公・政経」・「数Ⅰ・数Ⅱ・数Ａ(図形・場合)・数Ｂ(数列)・数Ｃ(ベク)」から１

一般入試外検＋ ※一般入試３科目学科別で受験した英語を除く２科目のうち，高偏差値の１科目を判定に利用する。

注)外検＋は2024年度の実績です。

一般入試２科目全学統一(前期) 2科目 ①**外**▶英コミュⅠ・英コミュⅡ・英コミュⅢ ②**国・地歴・公民・数**▶「現国・言語(近代)・論国」・「歴総・世探」・「歴総・日探」・「地総・地探」・「公・政経」・「数Ⅰ・数Ⅱ・数Ａ(図形・場合)・数Ｂ(数列)・数Ｃ(ベク)」から１

一般入試２科目全学統一(後期〈英語・国語型〉) 2科目 ①**国**▶現国・言語(近代)・論国 ②**外**▶英コミュⅠ・英コミュⅡ・英コミュⅢ

一般入試２科目全学統一(後期〈共通テスト併用型〉) **〈共通テスト科目〉** 1科目 ①**国・地歴・公民・数・理・情**▶国(近代)・「歴総・世探」・「歴総・日探」・「地総・地探」・「地総・歴総・公から２」・「公・倫」・「公・政経」・数Ⅰ・「数Ⅰ・数Ａ」・「数Ⅱ・数Ｂ・数Ｃ」・「物基・化基・生基・地学基から２」・物・化・生・地学・情Ⅰから１

〈個別試験科目〉 1科目 ①**外**▶英コミュⅠ・英コミュⅡ・英コミュⅢ

法学部

一般入試３科目学科別 3科目 ①国▶現国・言語(近代)・論国 ②外▶英コミュⅠ・英コミュⅡ・英コミュⅢ ③**地歴・公民・数**▶「歴総・世探」・「歴総・日探」・「地総・地探」・「公・政経」・「数Ⅰ・数Ⅱ・数Ａ(図形・場合)・数Ｂ(数列)・数Ｃ(ベク)」から１

一般入試外検＋ ※一般入試３科目学科別で受験した英語を除く２科目を判定に利用する。

注)外検＋は2024年度の実績です。

一般入試２科目全学統一(前期) 2科目 ①**外**▶英コミュⅠ・英コミュⅡ・英コミュⅢ ②**国・地歴・公民・数**▶「現国・言語(近代)・論国」・「歴総・世探」・「歴総・日探」・「地総・地探」・「公・政経」・「数Ⅰ・数Ⅱ・数Ａ(図形・場合)・数Ｂ(数列)・数Ｃ(ベク)」から１

一般入試２科目全学統一(後期〈英語・国語型〉) 2科目 ①**国**▶現国・言語(近代)・論国 ②**外**▶英コミュⅠ・英コミュⅡ・英コミュⅢ

一般入試２科目全学統一(後期〈共通テスト併用型〉) **〈共通テスト科目〉** 1科目 ①**国・地歴・公民・数・情**▶国(近代)・「歴総・世探」・「歴総・日探」・「地総・地探」・「地総・歴総・公から２」・「公・倫」・「公・政経」・数Ⅰ・「数Ⅰ・数Ａ」・「数Ⅱ・数Ｂ・数Ｃ」・情Ⅰから１

〈個別試験科目〉 1科目 ①**外**▶英コミュⅠ・英コミュⅡ・英コミュⅢ

その他の選抜

共通テスト利用入試は外国語学部80名，国際教養学部25名，経済学部135名，法学部50名を，総合型選抜(自己推薦入試)は外国語学部75名，国際教養学部25名，経済学部40名，法学部40名を募集。ほかに学校推薦型選抜(課外活動推薦入試，指定校推薦入試，全商協会特別推薦入試)，卒業生子女・弟妹入試，帰国生徒特別入試，社会人入試，外国人学生特別入試を実施。
注)募集人員は2024年度の実績です。

偏差値データ (2024年度)

●一般入試学科別・全学統一 (前期)

学部／学科	2024年度 駿台予備学校 合格目標ライン	2024年度 河合塾 ボーダー偏差値	2023年度 競争率
▶外国語学部			
ドイツ語(学科別)	47	40	1.2
(全学)	47	42.5	1.5
英語(学科別)	52	50	1.9
(全学)	51	50	2.5
フランス語(学科別)	46	42.5	1.6
(全学)	46	45	2.0
交流文化(学科別)	49	55	2.5
(全学)	49	52.5	2.9
▶国際教養学部			
言語文化(学科別)	47	47.5	2.6
(全学)	46	50	3.2
▶経済学部			
経済(学科別)	43	45	3.0
(全学)	42	47.5	2.7
経営(学科別)	43	45	3.0
(全学)	42	47.5	3.3
国際環境経済(学科別)	42	42.5	2.6
(全学)	41	45	2.6
▶法学部			
法律(学科別)	47	47.5	2.8
(全学)	45	47.5	2.7
国際関係法(学科別)	46	45	2.2
(全学)	44	47.5	2.9
総合政策(学科別)	46	45	2.5
(全学)	45	47.5	2.3

- 駿台予備学校合格目標ラインは合格可能性80%に相当する駿台模試の偏差値です。
- 河合塾ボーダー偏差値は合格可能性50%に相当する河合塾全統模試の偏差値です。
- 競争率は受験者÷合格者の実質倍率

文教大学

資料請求

問合せ先 入学センター ☎0467-54-4300

建学の精神

教育理念である「人間愛の教育」のもと，理論と実務のバランスの取れた実践的な教育を推進し，「人間，社会，文化，時代を育てゆく人」を育成している総合大学。立正女子大学として1966（昭和41）年に創立され，76年に文教大学と改称，翌77年に男女共学となった。69年に私立大学初の教員養成を目的として開設された教育学部からは，これまで１万人以上の先生を教育界に送り出し，小学校教員採用者数では私立大学で15年連続№１の実績を誇るなど，「わが国の教員養成の基幹」として高い評価を受けている。しかし実は，教員養成だけが文教大学の強みではなく，社会を変革していく経営や，健康へのニーズの高まりなど，多方面において次代が求める人材，リーダーを輩出。これからも，「育ての，文教。」として進化しながら，次へと向かっている。

- **越谷キャンパス**……………〒343-8511　埼玉県越谷市南荻島3337
- **湘南キャンパス**……………〒253-8550　神奈川県茅ケ崎市行谷1100
- **東京あだちキャンパス**……〒121-8577　東京都足立区花畑5-6-1

基本データ

学生数▶8,197名（男3,876名，女4,321名）
専任教員数▶教授158名，准教授61名，講師21名
設置学部▶教育，人間科，文，情報，健康栄養，国際，経営
併設教育機関▶大学院—人間科学・言語文化（以上M・D），教育学・情報学・国際学（以上M）

就職・卒業後の進路

就職率 98.0％
就職者÷希望者×100

●**就職支援**　キャリア支援課では，個別就職相談をはじめ，教員，企業，公務員，幼稚園教諭・保育士など進路に合わせたサポートプログラムを用意。越谷校舎では教員志望が多いため，校長経験者を教職専門員として配置。

●**資格取得支援**　全国トップレベルの教員採用実績を誇るだけに，各キャンパスで多彩な教員就職支援を実施。また，健康栄養学部では，公務員試験対策自主講座や，管理栄養士試験対策特別講座を行っている。

進路指導者も必見 学生を伸ばす 面倒見

初年次教育
「文教大学への招待」「基礎演習・ゼミナール」「新入生ゼミナール」などのほか，健康栄養学部では入学前にスクーリングを実施し，管理栄養士をめざすための基礎となる学習ポイントの教授や在学生との交流の機会を設けている

学修サポート
TA制度，専任教員が約10～50人の学生を担当するアドバイザー制度，オフィスアワー，さらに文学部で留学生を対象としたチューター制度を導入。また，管理栄養学部では正課外で化学補習を行い，基礎学力の向上を支援

オープンキャンパス（2023年度実績）　6・7・8・9月に各キャンパスで来場型オープンキャンパスを開催したほか，オンラインで，大学説明会，入試説明会，各学部学科説明会，Web配信型模擬授業（経営学部）などを実施。

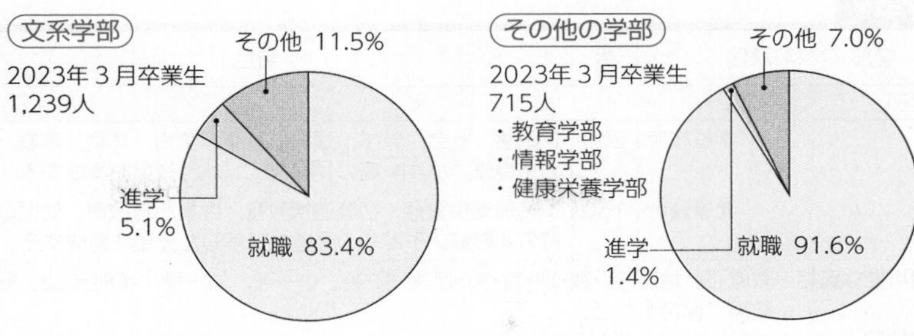

主なOB・OG▶［人間科］伊藤岳（参議院議員），［文］真藤順丈（小説家），［文］高橋弘希（小説家），［情報］イモトアヤコ（お笑いタレント），［情報］蔵人賢樹（大戸屋ホールディングス社長）など。

国際化・留学　大学間 16 大学等・部局間 26 大学等

受入れ留学生数▶68名（2023年5月1日現在）
留学生の出身国・地域▶中国，韓国，台湾，ベトナム，スウェーデンなど。
外国人専任教員▶教授１名，准教授５名，講師２名（2023年５月１日現在）
外国人専任教員の出身国▶アメリカ，韓国，中国，フランスなど。
大学間交流協定▶16大学・機関（交換留学先８大学，2023年５月１日現在）
部局間交流協定▶26大学・機関（交換留学先０大学，2023年５月１日現在）
海外への留学生数▶渡航型５名・オンライン型34名／年（６カ国・地域，2022年度）
海外留学制度▶さまざまなプログラムを用意している約１～６週間の海外研修プログラムや，全学部生（健康栄養学部除く）対象の協定校派遣留学，文学部生対象の認定留学，文学部外国語学科や国際学部で実施する短期留学などがあり，例年300名以上の学生が，海外研修や留学を活用し，海外に渡航している。

学費・奨学金制度　給付型奨学金総額 年間約 4,351 万円

入学金▶280,000円
年間授業料（施設費等を除く）▶772,000円～（詳細は巻末資料参照）
年間奨学金総額▶43,510,500円
年間奨学金受給者数▶215人
主な奨学金制度▶経済的に修学が困難な学生を対象にした「文教大学奨学金」や「文教大学緊急特別奨学金」のほか，「文教大学学業成績優秀者奨励金」「文教大学チャレンジ育英制度」などの奨励金制度を設置。学費減免制度も用意し，2022年度には45人を対象に総額で1,482万5,000円を減免している。

保護者向けインフォメーション

● **オープンキャンパス**　通常のオープンキャンパス時に保護者向けの説明会を実施している。
● **留学説明会**　文学部外国語学科で，短期留学事前説明会を実施している。
● **成績確認**　成績通知書を郵送している。
● **父母と教職員の会**　父母と教職員の会を組織し，支部総会や「父母のための一日大学（6月）」「親と子のための進路問題研修会（12月）」などを開催。会報も発行している。
● **防災対策**　災害時には安否確認システムからメールが送られ，学生の状況を把握する。

インターンシップ科目	必修専門ゼミ	卒業論文	GPA制度の導入の有無および活用例	１年以内の退学率	標準年限での卒業率
文・情報・国際・経営で開講	教育・人間科・文・情報の4学部で3・4年次，国際学部で1・3・4年次，経営学部で3年次に実施	教育・人間科・文・情報・国際は卒業要件	奨学金対象者選定や企業就職推薦者決定のほか，学部により，退学勧告，個別学修指導，大学院入試選抜，履修上限単位数設定に活用	2.3%	90.4%

学部紹介

学部／学科・課程	定員	特色
教育学部		
学校教育	200	▷国語，社会，数学，理科，音楽，美術，体育，家庭，英語の９専修。小・中・高の「学びをつなぐ」教員を育成する。
発達教育	150	▷特別支援教育，初等連携教育，児童心理教育，幼児心理教育の４専修。子どもの発達を理解した先生を育成する。
● 取得可能な資格…教職（国・地歴・社・数・理・音・美・保体・家・英，小一種，幼一種，特別支援），司書教諭，保育士など。 ● 進路状況…………就職94.7%　進学2.1% ● 主な就職先………公立幼稚園・小中高等学校・特別支援学校教員，公務員，保育士，Cygamesなど。		
人間科学部		
人間科	140	▷社会文化，人間教育，社会福祉，スポーツ・コミュニティの4コース。多彩な視点から人間を探究する。
臨床心理	120	▷心の専門家育成，家庭・学校・コミュニティ支援，自分と社会の理解の３コース。話を聞く力・心に寄り添う力を育む。
心理	140	▷心理学，健康心理学，ビジネス心理学の３コース。日常生活やビジネスの現場で役立つ，実践的な心理学を学ぶ。
● 取得可能な資格…教職（公・社・福），司書，司書教諭，社会福祉士・精神保健福祉士受験資格など。 ● 進路状況…………就職80.6%　進学8.1% ● 主な就職先………IMSグループ，LITALICO，東日本旅客鉄道，フランスベッド，大塚商会など。		
文学部		
日本語日本文	120	▷日本語の豊かな表現の仕組みを探究し，社会で活躍するための実践的なことばの能力を身につける。
英米語英米文	100	▷英語教育，英米文化の２コース。英語力を磨き，英語圏の文化を学び，国際社会で活躍する力を養う。
中国語中国文	70	▷中国語学・応用中国語，中国現代社会・文化，中国古典・教養の３コース。中国の過去と現在，未来を学ぶ。
外国語	70	▷英語キャリア，グローバルスタディーズの２コース。２年次の春学期に行う参加必須の海外留学で世界への扉を開く。
● 取得可能な資格…教職（国・書・英・中），司書，司書教諭など。 ● 進路状況…………就職82.6%　進学3.2% ● 主な就職先………公立学校教員，東京地下鉄，マキタ，星野リゾート・マネジメント，埼玉県庁など。		
情報学部		
情報システム	95	▷システム開発，情報デザインの２領域。新時代を創り出すシステムエンジニアやデジタルクリエイターを養成する。
情報社会	95	▷計算社会科学，プロジェクトマネジメントの２領域。「創造」と「解決」で，新しい情報社会を創造する人材を育成する。
メディア表現	95	▷マスメディア，ソーシャルメディアの２領域。メディア業界で活躍する，表現のプロフェッショナルを育成する。
● 取得可能な資格…教職（数・情），司書など。 ● 進路状況…………就職86.2　進学1.1% ● 主な就職先………サイバーエージェント，楽天グループ，博展，ディー・エヌ・エー，公務員など。		
健康栄養学部		
管理栄養	100	▷栄養教諭，健康栄養，臨床栄養の３コース。人間のカラダとココロを学び，人の心に寄り添える管理栄養士を育成する。

キャンパスアクセス ［越谷キャンパス］ 東武スカイツリーライン，東京メトロ日比谷線・半蔵門線，東急田園都市線―北越谷より徒歩10分

● 取得可能な資格…教職（栄養），栄養士，管理栄養士受験資格など。
● 進路状況…………就職95.4％　進学0.0％
● 主な就職先………LEOC，日清医療食品，エームサービス，日本マクドナルド，薬樹，公務員など。

国際学部		
国際理解	120	▷世界の仕組みを理解し，地球市民としてのスキルを身につけ，グローバル化が進む社会で力強く活躍する人材を育成。
国際観光	125	▷「世界のつながりと交流」のより望ましいあり方，観光産業の未来を考え，国際舞台や地域で活躍できる人材を育成。

● 取得可能な資格…教職（公・社・英）など。
● 進路状況…………就職86.2％　進学4.5％
● 主な就職先………星野リゾート・マネジメント，ANA成田エアポートサービス，日本航空など。

経営学部		
経営	165	▷「人間尊重の経営」のコンセプトをもとに，人間的に豊かな企業経営・公共経営・会計のスペシャリストを育成する。

● 取得可能な資格…教職（商業）など。　● 進路状況…………就職88.1％　進学2.5％
● 主な就職先………筑波銀行，ゆうちょ銀行，キーエンス，伊藤忠テクノソリューションズなど。

▶キャンパス

教育・人間科・文……［越谷キャンパス］埼玉県越谷市南荻島3337
情報・健康栄養……［湘南キャンパス］神奈川県茅ケ崎市行谷1100
国際・経営……［東京あだちキャンパス］東京都足立区花畑5-6-1

2024年度入試要項（前年度実績）

●募集人員

学部／学科・課程	全国	一般A	一般B	一般C
▶教育　学校教育	20	84	—	8
発達教育	15	66	—	7
▶人間科　人間科	20	50	—	10
臨床心理	20	50	—	10
心理	20	50	—	12
▶文　日本語日本文	10	44	若干名	8
英米語英米文	13	30	若干名	方式1・5 方式2・若干名
中国語中国文	8	方式1・18 方式2・若干名	若干名	6
外国語	6	20	若干名	方式1・6 方式2・若干名
▶情報　情報システム	5	18	4	若干名
情報社会	5	17	4	4
メディア表現	7	16	4	若干名
▶健康栄養　管理栄養	10	20	若干名	若干名
▶国際　国際理解	15	45	5	5
国際観光	15	45	5	5
▶経営　経営	10	35	10	5

▷一般選抜A日程は２月７・８・９日（一部日程を除く）に行い，地理Bは２月７日のみ，また「生基・生」は２月７日のみ，「物基・物」は２月８日のみ，「化基・化」は２月９日のみ実施する。

▷文学部英米語英米文学科・外国語学科，国際学部のC日程〈方式２〉は指定された英語外部検定試験のスコアを出願資格とする。

教育学部

一般選抜全国入試　**3**科目　①**国**（100）▶国総（近代）②**外**（100）▶コミュ英Ⅰ・コミュ英Ⅱ・英表Ⅰ　③**地歴・公民・数・理**（100）▶世B・日B・地理B・政経・「数Ⅰ・数A」・「数Ⅰ・数Ⅱ・数A・数B」・「化基・化」・「生基・生」から１
※音楽専修は実技課題の提出が必要。

一般選抜Ａ日程　**【全専修（美術専修は〈方式1〉）】**　**4〜3**科目　①**国**（100）▶国総（近代）②**外**（100）▶コミュ英Ⅰ・コミュ英Ⅱ・英表Ⅰ　③**地歴・公民・数・理・音**（100）▶世B・日B・地理B・政経・「数Ⅰ・数A」・「数Ⅰ・数Ⅱ・数A・数B」・「物基・物」・「化基・化」・「生基・生」・楽典から１，ただし楽典は音楽専修の２月９日試験のみ選択可　④**実技**（100）▶音楽専修のみ実施

キャンパスアクセス［湘南キャンパス］JR東海道本線・相模原線―茅ヶ崎よりバス25分／小田急江ノ島線，相鉄いずみ野線，横浜市営地下鉄ブルーライン―湘南台よりバス20分

※数学専修・理科専修で数学を選択する場合は数Ⅰ・数Ⅱ・数A・数Bで受験すること。
【美術専修〈方式2〉】 2科目 ①**国**(100)▶国総(近代) ②**実技**(100)▶水彩による静物画
一般選抜C日程 2科目 ①**外**(100)▶コミュ英Ⅰ・コミュ英Ⅱ・英表Ⅰ ②**国・数・実技**(100)▶[国語・社会・体育・家庭・英語専修，発達教育課程]—国総(近代)，[数学・理科専修]—数Ⅰ・数Ⅱ・数Ⅲ・数A・数B，[音楽専修]—音楽実技，[美術専修]—水彩による静物画

人間科学部

一般選抜全国入試 3科目 ①**国**(100)▶国総(近代) ②**外**(100)▶コミュ英Ⅰ・コミュ英Ⅱ・英表Ⅰ ③**地歴・公民・数・理**(100)▶世B・日B・地理B・政経・「数Ⅰ・数A」・「数Ⅰ・数Ⅱ・数A・数B」・「化基・化」・「生基・生」から1
一般選抜A日程 3科目 ①**国**(100)▶国総(近代) ②**外**(100)▶コミュ英Ⅰ・コミュ英Ⅱ・英表Ⅰ ③**地歴・公民・数・理**(100)▶世B・日B・地理B・政経・「数Ⅰ・数A」・「数Ⅰ・数Ⅱ・数A・数B」・「物基・物」・「化基・化」・「生基・生」から1
一般選抜C日程 2科目 ①**国**(100)▶国総(近代) ②**外**(100)▶コミュ英Ⅰ・コミュ英Ⅱ・英表Ⅰ

文学部

一般選抜全国入試 3科目 ①**国**(100)▶国総(近代) ②**外**(100)▶コミュ英Ⅰ・コミュ英Ⅱ・英表Ⅰ ③**地歴・公民・数・理**(100)▶世B・日B・地理B・政経・「数Ⅰ・数A」・「数Ⅰ・数Ⅱ・数A・数B」・「化基・化」・「生基・生」から1
※日本語日本文学科は国語の偏差値を2倍，英米語英米文学科・外国語学科は外国語の偏差値を2倍にする。
一般選抜A日程 **【日本語日本文学科】** 3科目 ①**国**(100)▶国総(近代) ②**国**(100)▶国総(古文・漢文，漢文は選択のみ) ③**外**(100)▶コミュ英Ⅰ・コミュ英Ⅱ・英表Ⅰ
【英米語英米文学科・外国語学科】 3科目 ①**国**(100)▶国総(近代) ②**外**(100)▶コミュ英Ⅰ・コミュ英Ⅱ・英表Ⅰ ③**地歴・公民・数**(100)▶世B・日B・地理B・政経・「数Ⅰ・数A」・「数Ⅰ・数Ⅱ・数A・数B」から1
※3科目を受験し，外国語の偏差値を2倍し，国語または選択科目の中で偏差値のより高い科目を判定に使用する。
【中国語中国文学科】〈方式1〉 3科目 ①**国**(100)▶国総(近代) ②**外**(100)▶コミュ英Ⅰ・コミュ英Ⅱ・英表Ⅰ ③**国・地歴・公民・数**(100)▶国総(古文・漢文，漢文は選択のみ)・世B・日B・地理B・政経・「数Ⅰ・数A」・「数Ⅰ・数Ⅱ・数A・数B」から1
〈方式2〉 1科目 ①**国・外**(100)▶国総(近代・漢文)・中から1
一般選抜B日程 1科目 ①**国・外・数**(100)▶国総(近代)・「コミュ英Ⅰ・コミュ英Ⅱ・英表Ⅰ」・「数Ⅰ・数A」から1
一般選抜C日程 **【日本語日本文学科】** 1科目 ①**国**(100)▶国総(近代・古文・漢文)
【英米語英米文学科・外国語学科】〈方式1〉 1科目 ①**外**(100)▶コミュ英Ⅰ・コミュ英Ⅱ・英表Ⅰ
〈方式2〉 1科目 ①**口頭試問**(100)▶日本語および英語による
【中国語中国文学科】 1科目 ①**国**(100)▶国総(近代)

情報学部・経営学部

一般選抜全国入試 3科目 ①**国**(100)▶国総(近代) ②**外**(100)▶コミュ英Ⅰ・コミュ英Ⅱ・英表Ⅰ ③**地歴・公民・数・理**(100)▶世B・日B・地理B・政経・「数Ⅰ・数A」・「数Ⅰ・数Ⅱ・数A・数B」・「化基・化」・「生基・生」から1
一般選抜A日程 3科目 ①**国**(100)▶国総(近代) ②**外**(100)▶コミュ英Ⅰ・コミュ英Ⅱ・英表Ⅰ ③**国・地歴・公民・数・理**(100)▶国総(古文・漢文，漢文は選択のみ)・世B・日B・地理B・政経・「数Ⅰ・数A」・「数Ⅰ・数Ⅱ・数A・数B」・「物基・物」・「化基・化」・「生基・生」から1
一般選抜B日程・C日程 1科目 ①**国・外・数**(100)▶国総(近代)・「コミュ英Ⅰ・コミュ英Ⅱ・英表Ⅰ」・「数Ⅰ・数A」から1

健康栄養学部

一般選抜全国入試 3科目 ①**国**(100)▶国

キャンパスアクセス [東京あだちキャンパス] 東武スカイツリーライン—谷塚より徒歩13分，竹ノ塚よりバス20分／つくばエクスプレス—六町よりバス15分

総（近代）②**外**（100）▶コミュ英Ⅰ・コミュ英Ⅱ・英表Ⅰ ③**地歴・公民・数・理**（100）▶世Ｂ・日Ｂ・地理Ｂ・政経・「数Ⅰ・数Ａ」・「数Ⅰ・数Ⅱ・数Ａ・数Ｂ」・「化基・化」・「生基・生」から１

一般選抜Ａ日程　**3**科目　①**国**（100）▶国総（近代）②**外**（100）▶コミュ英Ⅰ・コミュ英Ⅱ・英表Ⅰ ③**地歴・公民・数・理**（100）▶世Ｂ・日Ｂ・地理Ｂ・政経・「数Ⅰ・数Ａ」・「数Ⅰ・数Ⅱ・数Ａ・数Ｂ」・「物基・物」・「化基・化」・「生基・生」から１

一般選抜Ｂ日程・Ｃ日程　**1**科目　①**国・外・数**（100）▶国総（近代）・「コミュ英Ⅰ・コミュ英Ⅱ・英表Ⅰ」・「数Ⅰ・数Ａ」から１

国際学部

一般選抜全国入試　**3**科目　①**国**（100）▶国総（近代）②**外**（100）▶コミュ英Ⅰ・コミュ英Ⅱ・英表Ⅰ ③**地歴・公民・数・理**（100）▶世Ｂ・日Ｂ・地理Ｂ・政経・「数Ⅰ・数Ａ」・「数Ⅰ・数Ⅱ・数Ａ・数Ｂ」・「化基・化」・「生基・生」から１

一般選抜Ａ日程　**3**科目　①**国**（100）▶国総（近代）②**外**（100）▶コミュ英Ⅰ・コミュ英Ⅱ・英表Ⅰ ③**国・地歴・公民・数・理**（100）▶国総（古文・漢文，漢文は選択のみ）・世Ｂ・日Ｂ・地理Ｂ・政経・「数Ⅰ・数Ａ」・「数Ⅰ・数Ⅱ・数Ａ・数Ｂ」・「物基・物」・「化基・化」・「生基・生」から１

一般選抜Ｂ日程　**1**科目　①**国・外・数**（100）▶国総（近代）・「コミュ英Ⅰ・コミュ英Ⅱ・英表Ⅰ」・「数Ⅰ・数Ａ」から１

一般選抜Ｃ日程　**〈方式１〉**　**1**科目　①**国・外**（100）▶国総（近代）・「コミュ英Ⅰ・コミュ英Ⅱ・英表Ⅰ」から１

〈方式２〉　**2**科目　①**口頭試問**（100）▶日本語および英語による ②**書類審査**（50）

その他の選抜

共通テスト利用入試は教育学部36名，人間科学部44名，文学部55名，情報学部57名，健康栄養学部９名，国際学部40名，経営学部35名を募集。ほかに学校推薦型選抜（公募制，指定校，付属校），総合型選抜，帰国生入試，社会人入試，外国人留学生入試を実施。

偏差値データ（2024年度）

●**一般選抜Ａ日程**

学部／学科・課程／専修・コース	2024年度 駿台予備学校 合格目標ライン	2024年度 河合塾 ボーダー偏差値	2023年度 競争率
▶**教育学部**			
学校教育／国語	**46**	**50**	3.5
／社会	**46**	**52.5**	4.2
／数学	**46**	**50**	4.4
／理科	**46**	**45**	3.6
／音楽	**42**	**47.5**	3.0
／美術	**41**	**45〜47.5**	3.0
／体育	**42**	**42.5**	4.5
／家庭	**43**	**42.5**	3.7
／英語	**47**	**52.5**	3.6
発達教育／特別支援教育	**44**	**50**	6.0
／初等連携教育	**45**	**45**	2.4
／児童心理教育	**46**	**45**	2.0
／幼児心理教育	**46**	**40**	1.9
▶**人間科学部**			
人間科	**44**	**40**	1.8
臨床心理	**44**	**42.5**	2.0
心理	**44**	**40**	1.8
▶**文学部**			
日本語日本文	**44**	**45**	2.5
英米語英米文	**45**	**42.5**	1.2
中国語中国文	**38〜39**	**37.5**	1.1
外国語	**43**	**37.5**	1.1
▶**情報学部**			
情報システム	**41**	**45**	3.7
情報社会	**40**	**42.5**	1.3
メディア表現	**42**	**50**	3.1
▶**健康栄養学部**			
管理栄養	**39**	**37.5**	1.2
▶**国際学部**			
国際理解	**43**	**40**	1.9
国際観光	**43**	**40**	1.3
▶**経営学部**			
経営	**43**	**45**	2.6

- 駿台予備学校合格目標ラインは合格可能性80％に相当する駿台模試の偏差値です。
- 河合塾ボーダー偏差値は合格可能性50％に相当する河合塾全統模試の偏差値です。
- 競争率は受験者÷合格者の実質倍率

神田外語大学（かんだがいご）

資料請求

問合せ先 アドミッション&コミュニケーション部 ☎043-273-2476

建学の精神

開学は1987（昭和62）年。真の国際人に必要な異文化コミュニケーション能力を養うため，世界各国出身の60名を超える英語教育の専門家組織「ELI（イーエルアイ）(English Language Institute)」による授業や，学生の「自立学習」を支援する施設「SALC（サルク）(Self-Access Learning Center)」，学内にいながら留学体験できる多言語空間「MULC（マルク）(Multilingual Communication Center)」など，世界共通語である英語運用能力，経済成長が著しいアジアや中南米諸国の言葉と文化の習得，日本文化と異文化を理解する教養力を身につける環境を整備。2021年４月に，Global Liberal Arts for Peaceをコンセプトに開設された「グローバル・リベラルアーツ学部」では，２度の留学（必修）などで世界の課題に挑み，平和に貢献する人材を育成する教育を展開している。

● 神田外語大学キャンパス……〒261-0014 千葉県千葉市美浜区若葉1-4-1

基本データ

学生数▶4,177名（男1,199名，女2,978名）

専任教員数▶教授57名，准教授41名，講師125名

設置学部▶外国語，グローバル・リベラルアーツ

併設教育機関▶大学院—言語科学（M・D）

就職・卒業後の進路

就職率 92.9％（就職者÷希望者×100）

●**就職支援**　「キャリアデザイン」「キャリア開発」「ビジネス・インターンシップ」を３つの柱に，一人ひとりが夢に向かえるようにサポート。３年次以降は，１日就職セミナーや業界・企業研究セミナーなど，より具体的な就職支援行事を実施。GLA学部では，キャリア教育センターとアカデミアが連携。就職のノウハウではなく，生き方を伝えるため，GLAキャリア・メンターが２年次の１年間をずっとサポートするなど，一人ひとりが思い描く将来のための支援を行っている。

●**資格取得支援**　時代に求められる教員の養成に力を入れ，特に英語教員においては，千葉県内でトップクラスの合格実績を誇るだけに，履修における厳しい基準を設け，実践的なシミュレーションなどを行っている。

進路指導者も必見 学生を伸ばす 面倒見

初年次教育

国際教養を身につけるため，アカデミック・ライティング，デジタル・シチズンシップ，クリティカル・ライティング，数的思考法（データサイエンス初歩），キャリアデザインの５領域が新たに加わった「基礎演習Ⅰ・Ⅱ」などを実施

学修サポート

全学部でオフィスアワー，外国語学部で先輩学生が１年次前期期間中の大学生活をサポートする制度や英語力向上のための「ピアチューター―プログラム」などを実施。また，年内入試合格者を対象に入学前教育も行っている

オープンキャンパス（2023年度実績）　神田外語大学のグローバルな世界を体感できるキャンパスツアーが人気の，来場型のオープンキャンパスに加え，自宅にいながら大学の特色を知ることができるオンライン説明会を開催。

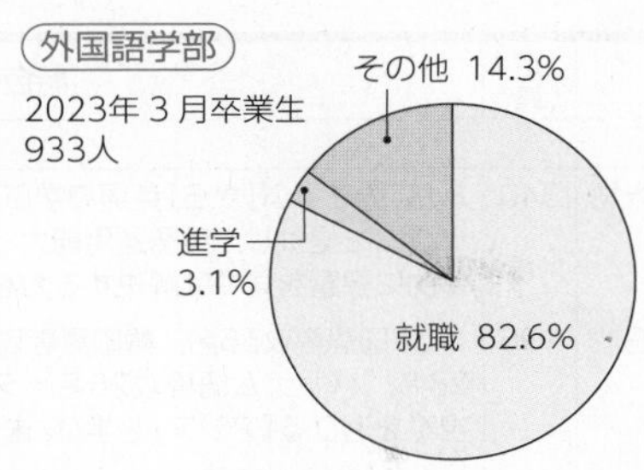

主なOB・OG▶［外国語（英米語）］南まゆ子（アイエフラッシュ社長），［外国語（英米語）］持田将史（S**tkingzリーダー），［外国語（国際コミュニケーション）］比嘉バービィ（モデル・タレント）など。

国際化・留学　大学間 111 大学

受入れ留学生数▶130名（2023年５月１日現在）

留学生の出身国・地域▶中国，韓国，アメリカ，ベトナム，台湾，スペインなど。

外国人専任教員▶教授12名，准教授８名，講師89名（2023年５月１日現在）

外国人専任教員の出身国▶アメリカ，イギリス，韓国，オーストラリア，ニュージーランドなど。

大学間交流協定▶111大学（交換留学先89大学，2023年９月22日現在）

海外への留学生数▶渡航型372名・オンライン型61名／年（23カ国・地域，2022年度）

海外留学制度▶外国語学部では，交換・推薦・私費の３つの留学形態がある長期留学やダブルディグリープログラム，夏季・春季休暇中の海外短期研修，海外児童英語プログラムなどを実施。GLA学部は全学生が世界の現実を知る海外スタディ・ツアーとニューヨーク州立大学留学という２回の留学を必修で体験。

学費・奨学金制度　給付型奨学金総額 年間約 5,219 万円

入学金▶200,000円

年間授業料（施設費等は除く）▶980,000円（詳細は巻末資料参照）

年間奨学金総額▶52,186,000円

年間奨学金受給者数▶269人

主な奨学金制度▶全学部対象の「佐野隆治記念奨学金」，外国語学部対象の「資格取得奨学金」「国外留学奨学金」，GLA学部対象の「入学試験成績優秀者特別奨学金」「１・２年次成績優秀者特別奨学金」などの制度を設置。学費減免制度もあり，2022年度には132人を対象に総額で6,492万円を減免している。

保護者向けインフォメーション

- **見学会**　高校の団体（高校生，保護者等）を対象とした見学会を実施。
- **成績確認**　成績通知表を郵送。問い合わせがあった場合，授業の出席状況の情報も提供。
- **学報**　『神田外語大学報』を年２回発行。
- **懇談会**　保護者懇談会を秋に開催。
- **就職セミナー**　WEB就職セミナーを５月に開催。また，各種就職情報をLINEにて発信。
- **防災対策**　「大規模地震対応マニュアル」を入学時に配布。災害時の学生の安否は「Googleフォーム」を利用して確認する。

インターンシップ科目	必修専門ゼミ	卒業論文	GPA制度の導入の有無および活用例	１年以内の退学率	標準年限での卒業率
外国語学部で開講している	外国語学部で３・４年次，グローバル・リベラルアーツ学部で２～４年次に実施	GLA学部は卒業要件	奨学金や授業料免除対象者の選定のほか，学部により，留学候補者選考，大学院入試選抜，GPAに応じた履修上限単位数の設定に活用	0.6%	82.8%

学部紹介

学部／学科	定員	特色
外国語学部		
英米語	340	▷「英語を学ぶ」から「英語で学ぶ」に段階的に移行するカリキュラムを提供し，英語運用能力とともに，英語を駆使し，主体的に課題を見つけ解決する力を身につける。
アジア言語	196	▷〈中国語専攻56名，韓国語専攻56名，インドネシア語専攻28名，ベトナム語専攻28名，タイ語専攻28名〉世界の熱い視線を浴びる「アジア」を学び，未来の舞台に立つ人材を育成。
イベロアメリカ言語	128	▷〈スペイン語専攻84名，ブラジル・ポルトガル語専攻44名〉環太平洋のキーエリア「イベロアメリカ」の言語と文化を学び，世界の第一線で活躍する新しい時代の人材を育成する。
国際コミュニケーション	197	▷〈国際コミュニケーション専攻167名，国際ビジネスキャリア専攻30名〉グローバル・リテラシーを養い，世界を舞台に活躍する人材を育成する。
● **取得可能な資格**…教職（英・中・韓・西）。 ● **進路状況**…………就職82.6％　進学3.1％ ● **主な就職先**………日本航空，全日本空輸，千葉銀行，楽天グループ，東京ドームホテル，教員など。		
グローバル・リベラルアーツ（GLA）学部		
グローバル・リベラルアーツ	60	▷社会がどのように変化したとしても，世界の平和のために考え，行動できる人材を育成する。１年次に海外スタディ・ツアー，３年次後期にニューヨーク州立大学留学を実施。
● **主な就職先**………2021年度開設のため卒業生はいない。		

▶キャンパス

全学部……［神田外語大学キャンパス］千葉県千葉市美浜区若葉1-4-1

2024年度入試要項（前年度実績）

●募集人員

学部／学科（専攻）	一般2月	一般3月	共通プラス	共通2月	共通3月
▶外国語　英米語	77	20	5	70	8
アジア言語（中国語）	12	5	3	8	—
（韓国語）	12	5	3	8	—
（インドネシア語）	7	若干名	2	5	—
（ベトナム語）	7	若干名	2	5	—
（タイ語）	7	若干名	2	5	—
イベロアメリカ言語（スペイン語）	19	5	3	15	—
（ブラジル・ポルトガル語）	9	4	2	7	—
国際コミュニケーション（国際コミュニケーション）	38	7	4	33	5
（国際ビジネスキャリア）	8	若干名	2	5	—
▶グローバル・リベラルアーツ　グローバル・リベラルアーツ	12	4	3	10	—

▷外国語学部は一般選抜（一般入試，共通テストプラス入試，共通テスト利用入試）のすべての入試区分において，指定された英語の外部資格・検定試験（４技能）の一定基準の資格・スコアを取得している場合，「英語」をみなし満点，または５点加点し，合否判定を行う。また，外国語学部は一般入試と共通テストプラス入試において，筆記試験終了後に志望理由等を本学所定用紙に記入。記入資料に配点はないが，合否判定の参考にする。

全学部

一般入試２月選考・３月選考 **3～2**科目 ①**国**（100）▶国総（近代） ②**外**（200〈うちリスニング60〉）▶コミュ英Ⅰ・コミュ英Ⅱ・コミュ英Ⅲ・英表Ⅰ（リスニングを含む） ③**面接**（60）▶個人面接をオンラインで実施

※外国語学部は面接を行わない。

共通テストプラス入試 **〈共通テスト科目〉**

キャンパスアクセス ▶JR京葉線―海浜幕張より徒歩15分またはバス５分／JR総武線―幕張より徒歩20分／京成電鉄―京成幕張より徒歩15分／JR総武線―幕張本郷，京成電鉄―京成幕張本郷よりバス10分

1科目　①**地歴・公民・数・理**(100)▶世Ａ・世Ｂ・日Ａ・日Ｂ・地理Ａ・地理Ｂ・現社・倫・政経・「倫・政経」・数Ⅰ・「数Ⅰ・数Ａ」・数Ⅱ・「数Ⅱ・数Ｂ」・簿・情・「物基・化基・生基・地学基から２」・物・化・生・地学から１

〈個別試験科目〉 一般入試前期と同じ。ただし，グローバル・リベラルアーツ学部の面接の配点は80点

共通テスト利用入試２月選考・３月選考（２科目型）　**2**科目　①**国**(150)▶国(近代)　②**外**(250)▶英(リスニング〈100〉を含む)

［個別試験］　**1**科目　①**面接**(80)▶個人面接をオンラインで実施

※外国語学部は個別試験を行わない。

共通テスト利用入試２月選考・３月選考（３科目型）　**3**科目　①**国**(100)▶国(近代)　②**外**(250)▶英(リスニング〈100〉を含む)　③**地歴・公民・数・理**(100)▶世Ａ・世Ｂ・日Ａ・日Ｂ・地理Ａ・地理Ｂ・現社・倫・政経・「倫・政経」・数Ⅰ・「数Ⅰ・数Ａ」・数Ⅱ・「数Ⅱ・数Ｂ」・簿・情・「物基・化基・生基・地学基から２」・物・化・生・地学から１

［個別試験］　**1**科目　①**面接**(90)▶個人面接をオンラインで実施

※外国語学部は個別試験を行わない。

共通テスト利用入試２月選考（４科目型）　**4**科目　①**国**(100)▶国(近代)　②**外**(250)▶英(リスニング〈100〉を含む)　③④**地歴・公民・数・理**(100×2)▶世Ａ・世Ｂ・日Ａ・日Ｂ・地理Ａ・地理Ｂ・現社・倫・政経・「倫・政経」・数Ⅰ・「数Ⅰ・数Ａ」・数Ⅱ・「数Ⅱ・数Ｂ」・簿・情・「物基・化基・生基・地学基から２」・物・化・生・地学から２

［個別試験］　**1**科目　①**面接**(110)▶個人面接をオンラインで実施

※外国語学部は個別試験を行わない。

その他の選抜

公募学校推薦入試は外国語学部150名，GLA学部11名を，総合型選抜は外国語学部160名，GLA学部17名を募集。ほかに指定校推薦入試，英語資格選抜，海外経験選抜，社会人選抜，外国人留学生選抜入試を実施。

偏差値データ（2024年度）

●一般入試２月

学部／学科／専攻	2024年度 駿台予備学校 合格目標ライン	2024年度 河合塾 ボーダー偏差値	2023年度 競争率
▶外国語学部			
英米語(2/3)	45	45	2.1
(2/5)			2.2
(2/6)			2.4
アジア言語/中国語(2/3)	42	45	2.0
(2/5)			2.3
(2/6)			2.4
／韓国語(2/3)	43	47.5	3.4
(2/5)			4.9
(2/6)			3.8
／インドネシア語(2/3)	41	40	1.6
(2/5)			1.6
(2/6)			2.0
／ベトナム語(2/3)	41	40	1.8
(2/5)			1.7
(2/6)			2.4
／タイ語(2/3)	41	40	2.5
(2/5)			3.3
(2/6)			2.3
イベロアメリカ言語/スペイン語(2/3)	43	42.5	1.7
(2/5)			2.2
(2/6)			2.0
ブラジル・ポルトガル語(2/3)	42	40	1.8
(2/5)			2.1
(2/6)			1.7
国際コミュニケーション/国際コミュニケーション(2/3)	44	45	1.9
(2/5)			2.2
(2/6)			2.1
／国際ビジネスキャリア(2/3)	44	45	2.4
(2/5)			2.7
(2/6)			3.5
▶グローバル・リベラルアーツ学部			
グローバル・リベラルアーツ(2/3)	43	42.5	2.5
(2/5)			2.8
(2/6)			2.3

- 駿台予備学校合格目標ラインは合格可能性80％に相当する駿台模試の偏差値です。
- 河合塾ボーダー偏差値は合格可能性50％に相当する河合塾全統模試の偏差値です。なお，一般入試２月・３月の偏差値です。
- 競争率は受験者÷合格者の実質倍率

淑徳大学

資料請求

問合せ先 アドミッションセンター ☎03-5918-8125

建学の精神

他者に生かされ，他者と共に生きることを大切にする「利他共生」の精神を掲げ，1865（昭和40）年に社会福祉学科の単科大学からスタートし，2023年４月に地域創生学部と人文学部人間科学科が新設され，７学部13学科を擁する総合大学として，飛躍の一歩を遂げた。開学当初から，他者の思いをくみ取る力である「福祉マインド」を教育の中心に据え，時代に即した社会に役立つ「実学教育」を実践。これからの社会を生き抜くために必要とされる基本的な力（知識・技能・態度）を養う全学共通の基礎教育科目（S-BASIC）もスタートするなど，建学の精神である「利他共生」を原点とした多彩な学びで「淑徳人」としての基礎を築き，学生生活でのさまざまな経験を通して成長すること，そして，社会に出てからも学び続ける姿勢を育んでいる。

● キャンパス情報はP.239をご覧ください

基本データ

学生数▶5,162名（男2,131名，女3,031名）
専任教員数▶教授96名，准教授51名，講師５名
設置学部▶総合福祉，コミュニティ政策，看護栄養，教育，地域創生，経営，人文
併設教育機関▶大学院─総合福祉（M・D），看護学（M）

就職・卒業後の進路

就 職 率 **98.5%**
就職者÷希望者×100

● **就職支援**　各キャンパスに一人ひとりの学生を支えるキャリア支援室があり，専門のスタッフたちが面談を通して学生の適性を見極めた上で，１年次から４年次までのキャリア形成や就職活動をきめ細かくバックアップ。内定をゴールとするのではなく，将来のキャリアプランを見据えてサポートしている。

● **資格取得支援**　社会福祉学科では４年次に，年間120コマの国家試験対策カリキュラムを用意。看護栄養学部では，国家試験ガイダンスや国家試験対策講座・模擬試験などを実施。千葉Cに保育・教職課程センター，埼玉Cに教員・保育士養成センター，東京Cに教職サークル「師道塾」を設置している。

進路指導者も必見 学生を伸ばす 面倒見

初年次教育
淑徳人の基礎を築く「利他共生」，レポート・論文の書き方やプレゼン技法，ITの基礎技術などを習得する「初年次セミナー」「データリテラシー」「情報リテラシー」，問題発見・解決能力の向上を図る「問題解」などの科目を開講

学修サポート
SA制度（総合福祉と地域創生を除く），アドバイザー制度（教員１人が学生23人を担当），オフィスアワーを導入。千葉Cでは学修支援室を設置し，外部講師による学修サポートおよびソーシャルワーカーによる相談対応を実施

オープンキャンパス（2023年度実績） 4月～10月・12月・3月に各キャンパスで実施（要予約）。10月に行うオープンキャンパスは学園祭同時開催。当日のスケジュールなど，各キャンパスの詳しい情報はHPでチェック！

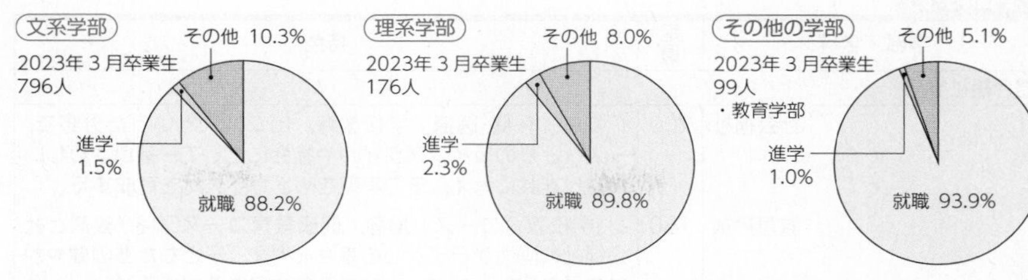

主なOB・OG▶［旧社会福祉］岩本剛人（参議院議員），［旧社会福祉］小林和公（プロ野球審判員），［旧国際コミュニケーション］四元奈生美（元プロ卓球選手，スポーツウェアデザイナー）など。

国際化・留学　大学間 10 大学・部局間 8 大学等

受入れ留学生数▶50名（2023年5月1日現在）

留学生の出身国・地域▶中国，台湾，韓国，ベトナム，マレーシアなど。

外国人専任教員▶教授３名，准教授０名，講師０名（2023年５月１日現在）

外国人専任教員の出身国▶NA

大学間交流協定▶10大学（交換留学先０大学，2023年５月１日現在）

部局間交流協定▶８大学・機関（2023年４月１日現在）

海外への留学生数▶渡航型19名／年（２カ国・地域，2022年度）

海外留学制度▶カナダ・トンプソンリバーズ大学やオーストラリア・ウーロンゴン大学での英語研修，セブ島英語研修，創立者である学祖・長谷川良信が福祉実践家としてブラジルに残した事跡をたどるブラジル研修などのプログラムを用意している。

学費・奨学金制度　給付型奨学金総額 年間約 5,685 万円

入学金▶200,000円

年間授業料（施設費等を除く）▶800,000円～（詳細は巻末資料参照）

年間奨学金総額▶56,853,000円

年間奨学金受給者数▶236人

主な奨学金制度▶成績・経済状況・人物を審査基準に，年額40万円以内（看護学科52万5,000円，栄養学科40万円）を給付する「淑徳大学一般給付奨学金」や「淑徳大学特別給付修学金」などの制度を設置。また，学費減免制度もあり，2022年度には16人を対象に，総額で340万円を減免している。

保護者向けインフォメーション

●**成績確認**　成績表を郵送するほか，ポータルシステム「S-Navi」（保護者用）で，成績や時間割表などが確認できるようになっている。

●**広報誌**　大学広報誌『Together』を４月と10月の年２回発行している。

●**保護者懇談会**　保護者懇談会を開催し，学部別・学科別全体会，アドバイザー個別相談，個別キャリア相談などを実施している。

●**就職支援説明会**　保護者向けの就職支援説明会を，総合福祉・コミュニティ政策・教育・経営の４学部は全学年対象，人文学部は３年次対象に実施。保護者向けの就職情報冊子やニュースレターも制作している。

●**防災対策**　「防災カード」を入学時に配布するほか，キャンパス内に常設。災害時の学生の安否は，メールやポータルシステムを利用して確認するようにしている。

インターンシップ科目	必修専門ゼミ	卒業論文	GPA制度の導入の有無および活用例	１年以内の退学率	標準年限での卒業率
総合福祉・教育・経営で開講	総合福祉学部と看護栄養学部は４年次，コミュニティ政策学部は１・３・４年次，教育・地域創生・経営・人文の４学部は４年間実施	総合福祉とコミュニティを除き卒業要件	奨学金や授業料免除対象者の選定や退学勧告の基準，学生に対する個別の学修指導のほか，GPAに応じた履修上限単位数の設定に活用	2.4%	85.4%

学部紹介

学部／学科	定員	特色
総合福祉学部		
社会福祉	200	▷福祉，保健・医療，学校教育，ビジネスといった分野で，一人ひとりのライフスタイルや社会にとって一番ふさわしい「福祉」を共に考え，その実現をめざせる人材を育成する。
教育福祉	150	▷〈学校教育コース100名，健康教育コース50名〉教育と社会福祉の両面から子どもの幸せを考え，子どもたちの健やかな成長を促し，サポートできる専門家を養成する。
実践心理	100	▷公認心理師，臨床心理，発達・福祉心理，対人心理の４つのプログラムで，心理学および人間科学に関する基本的な知識を修得し，それらを社会で実践的に用いる能力を育成する。
● 取得可能な資格…教職（公・社・保体，小一種，幼一種，特別支援，養護一種），保育士，社会福祉士・精神保健福祉士受験資格など。 ● 進路状況…………就職86.6%　進学2.8% ● 主な就職先………公立学校教員，公務員，社会福祉法人煌徳会，社会福祉法人生活クラブなど。		
コミュニティ政策学部		
コミュニティ政策	95	▷社会学，経済学，法律学，政策学の社会科学系４分野の知識の幅広い修得と，学外で行う地域の課題解決に挑む実践的な授業で，地域社会の多様な場でコミュニティ形成の中核を担う人材を育成する。充実した公務員試験対策を実施。
● 取得可能な資格…社会福祉主事任用資格など。 ● 進路状況…………就職83.3%　進学0.0% ● 主な就職先………公務員（行政職，消防士，警察官），綜合警備保障，くすりの福太郎，アルペンなど。		
看護栄養学部		
看護	100	▷国立病院機構千葉東病院の敷地内に設置されたキャンパスで，福祉マインドを備えた看護職者を育成する。
栄養	80	▷人の健康や生活の質の向上を支援する知識と技術に加え，福祉マインドを備えた管理栄養士を育成する。
● 取得可能な資格…教職（養護二種，栄養），栄養士，看護師・保健師・管理栄養士受験資格など。 ● 進路状況…………就職89.8%　進学2.3% ● 主な就職先………エームサービス，富士産業，千葉大学医学部附属病院，千葉県がんセンターなど。		
教育学部		
こども教育	150	▷初等教育，幼児教育の２コース。教育現場での体験や実習を通して，実践的な指導力や人間力を養い，子どもに寄り添い，共に学び，信頼される教育者・保育者を育成する。
● 取得可能な資格…教職（小一種，幼一種），保育士など。 ● 進路状況…………就職93.9%　進学1.0% ● 主な就職先………小学校教諭，幼稚園教諭，保育士，保育教諭，公務員保育士・幼稚園教諭など。		
地域創生学部		
地域創生	95	▷カリキュラムの約３割を占める「地域実習科目」などで体験と実践を積み重ね，地域に住む人々の暮らしを豊かにし，幸せが感じられる地域づくりの知識とノウハウを修得する。
● 主な就職先………2023年度開設のため卒業生はいない。		

キャンパスアクセス ［千葉キャンパス］ JR各線―蘇我よりスクールバス８分または徒歩18分／京成電鉄千原線―大森台より徒歩18分

経営学部		
経営	150	▷マネジメント，マーケティング，ファイナンス，データサイエンスにエコノミクスを加えた科目で専門知識の修得や実証力を磨き，プロジェクト型授業で実践力を身につける。
観光経営	90	▷観光産業の現場で働く方々との対話を通し，実践的課題解決能力を身につけ，社会で必要な経営学の知識とホスピタリティを兼ね備えた人材を養成する。
● 進路状況…………就職97.3%　進学0.0% ● 主な就職先………ロッテリア，JR東日本ステーションサービス，BP，東武トップツアーズなど。		
人文学部		
歴史	60	▷歴史資源，歴史教育，歴史探究の３コース。史料や史跡，博物館などの現場で実物に触れながら学び，現在･未来を考え，社会で生きるスキルを培う。
表現	85	▷文芸表現，編集表現，放送表現の３コース。さまざまな分野で活躍する教員陣が実践に即した授業を行い，どの分野の仕事でも必要となる「伝えるための日本語力」を身につける。
人間科	100	▷心理学をベースに，教育学，健康学，福祉学を横断的に学び，社会や人とつながる実践力を身につける。実習や実験の設備が充実の人間共同研究ルームを設置予定。
● 取得可能な資格…教職（地歴･社），学芸員など。 ● 進路状況…………就職83.3%　進学0.8% ● 主な就職先………エイジェック，ネクストワン，東日本旅客鉄道，TTC，神奈川トヨタ自動車など。		

▶キャンパス

総合福祉・コミュニティ政策……［千葉キャンパス］千葉県千葉市中央区大巌寺町200
看護栄養……［千葉第二キャンパス］千葉県千葉市中央区仁戸名町673
教育・地域創生……［埼玉キャンパス］埼玉県入間郡三芳町藤久保1150–1
経営・人文……［東京キャンパス］東京都板橋区前野町2–29–3

2024年度入試要項（前年度実績）

●募集人員

学群／学科（コース）		一般A〜C	共通1〜3期
▶総合福祉	社会福祉	55	15
	教育福祉（学校教育）	25	10
	（健康教育）	15	5
	実践心理	25	10
▶コミュニティ政策	コミュニティ政策	25	10
▶看護栄養	看護	40	10
	栄養	25	10
▶教育	こども教育	30	25
▶地域創生	地域創生	25	10
▶経営	経営	30	20
	観光経営	20	10
▶人文	歴史	20	10
	表現	30	10
	人間科	25	10

▷一般選抜Ａ・Ｂにおいて英語試験を受験する場合，指定された外部英語検定試験（英検，ケンブリッジ英検，GTEC，IELTS，TEAP，TEAP-CBT，TOEFL iBT，TOEIC）の成績を，本学の英語試験の得点として換算することも可能。本学独自の英語試験の得点と外部英語検定試験の換算点（100点満点）を比較し，高得点の方を合否判定に活用する。なお，本学独自の英語試験を受験しない場合は，外部英語検定試験の成績（換算点）を使用する。

総合福祉学部・コミュニティ政策学部・教育学部・地域創生学部

一般選抜Ａ・Ｂ　**3**科目　①国（100）▶国総（古文･漢文を除く）　②外（100）▶コミュ英Ⅰ・コミュ英Ⅱ　③調査書（10）▶学習成績の状況（評定平均値）を採点対象とする
※調査書が提出できない者については，志望理由書を10点満点で採点する。

キャンパスアクセス ［千葉第二キャンパス］JR各線—千葉よりバス20分／JR各線—蘇我よりスクールバス15分，京成電鉄千原線—大森台より徒歩18分

一般選抜C　**2科目**　①**一般教養テスト**(100)▶国語・英語を中心とした一般教養テスト(記述式を含む)　②**調査書**(10)▶学習成績の状況(評定平均値)を採点対象とする
※調査書が提出できない者については，志望理由書を10点満点で採点する。

共通テスト利用選抜1期・2期・3期　**2科目**　①②**国・外・「地歴・公民」・数・理**(200×2)▶国(近代)・「英(リスニング〈100〉を含む)・独・仏・中・韓から1」・「世A・世B・日A・日B・地理A・地理B・現社・倫・政経・〈倫・政経〉から1」・「数Ⅰ・〈数Ⅰ・数A〉・数Ⅱ・〈数Ⅱ・数B〉・簿・情から1」・「〈物基・化基・生基・地学基から2〉・物・化・生・地学から1」から2

[個別試験]　**1科目**　①**調査書**(10)▶学習成績の状況(評定平均値)を採点対象とする
※調査書が提出できない者については，志望理由書を10点満点で採点する。

看護栄養学部

一般選抜A　**【看護学科】**　**4科目**　①**国・外**(100)▶国総(古文・漢文を除く)・「コミュ英Ⅰ・コミュ英Ⅱ」から1　②**数・理**(100)▶「数Ⅰ・数A(場合・図形)」・化基・生基から1　③**グループ面接**(50)▶4人程度で1グループの予定(約30分)　④**調査書**(10)▶学習成績の状況(評定平均値)を採点対象とする
※看護学科一般選抜Aのグループ面接は，本学会場(千葉キャンパス)以外の学外会場(仙台・郡山・宇都宮・水戸・新潟・静岡)で受験する場合，オンラインで行う予定。

【栄養学科】　**3科目**　①**国・外**(100)▶国総(古文・漢文を除く)・「コミュ英Ⅰ・コミュ英Ⅱ」から1　②**数・理**(100)▶「数Ⅰ・数A(場合・図形)」・化基・生基から1　③**調査書**(10)▶学習成績の状況(評定平均値)を採点対象とする
※両学科とも，調査書が提出できない者については，志望理由書を10点満点で採点する。

一般選抜B　**【看護学科】**　**4科目**　①**国**(100)▶国総(古文・漢文を除く)　②**外**(100)▶コミュ英Ⅰ・コミュ英Ⅱ　③**グループ面接**(50)▶4人程度で1グループの予定(約30分)　④**調査書**(10)▶学習成績の状況(評定平均値)を採点対象とする

【栄養学科】　**3科目**　①**国**(100)▶国総(古文・漢文を除く)　②**外**(100)▶コミュ英Ⅰ・コミュ英Ⅱ　③**調査書**(10)▶学習成績の状況(評定平均値)を採点対象とする
※両学科とも，調査書が提出できない者については，志望理由書を10点満点で採点する。

一般選抜C　**3科目**　①**一般教養テスト**(100)▶国語・英語を中心とした一般教養テスト(記述式を含む)　②**グループ面接**(50)▶4人程度で1グループの予定(約30分)。ただし，志願者数によって「個人面接(15分)」となることがある　③**調査書**(10)▶学習成績の状況(評定平均値)を採点対象とする
※調査書が提出できない者については，志望理由書を10点満点で採点する。

共通テスト利用選抜1期・2期・3期　**3科目**　①②③**国・外・数・理**(200×3)▶国(近代)・「英(リスニング〈100〉を含む)・独・仏・中・韓から1」・「数Ⅰ・〈数Ⅰ・数A〉・数Ⅱ・〈数Ⅱ・数B〉・簿・情から1」・「〈物基・化基・生基・地学基から2〉・物・化・生・地学から1」から3

[個別試験]　**1科目**　①**調査書**(10)▶学習成績の状況(評定平均値)を採点対象とする
※調査書が提出できない者については，志望理由書を10点満点で採点する。
※一般選抜および共通テスト利用選抜において，出願資格として，入学後の学びに必要であるため，化基・生基の単位を修得している(あるいは履修中である)ことが望ましい。

経営学部・人文学部

一般選抜A・B　**3科目**　①②**国・外・地歴**(100×2)▶国総(古文・漢文を除く)・「コミュ英Ⅰ・コミュ英Ⅱ」・「世B・日Bから1」から2　③**調査書**(10)▶学習成績の状況(評定平均値)を採点対象とする
※調査書が提出できない者については，志望理由書を10点満点で採点する。

一般選抜C　**2科目**　①**一般教養テスト**(100)▶国語・英語を中心とした一般教養テスト(記述式を含む)　②**調査書**(10)▶学習成績の状況(評定平均値)を採点対象とする
※調査書が提出できない者については，志望理由書を10点満点で採点する。

共通テスト利用選抜1期・2期・3期　**2科目**

キャンパスアクセス [埼玉キャンパス] 東武東上線―みずほ台よりスクールバス10分／JR武蔵野線―東所沢よりスクールバス20分

①②国・外・「地歴・公民」・数・理（200×2）▶国（近代）・「英（リスニング〈100〉を含む）・独・仏・中・韓から１」・「世Ａ・世Ｂ・日Ａ・日Ｂ・地理Ａ・地理Ｂ・現社・倫・政経・〈倫・政経〉から１」・「数Ⅰ・〈数Ⅰ・数Ａ〉・数Ⅱ・〈数Ⅱ・数Ｂ〉・簿・情から１」・「〈物基・化基・生基・地学基から２〉・物・化・生・地学から１」から２

［個別試験］ **1科目** ①**調査書**（10）▶学習成績の状況（認定平均値）を採点対象とする
※調査書が提出できない者については，志望理由書を10点満点で採点する。

その他の選抜

学校推薦型選抜（公募・学園傘下特別選抜〈全学部〉，指定校・指定校部活動特待生〈社会福祉学科・コミュニティ政策学科のみ〉）は総合福祉学部180名，コミュニティ政策学部35名，看護栄養学部50名，教育学部50名，地域創生学部35名，経営学部90名，人文学部80名を，総合型選抜は総合福祉学部110名，コミュニティ政策学部25名，看護栄養学部45名，教育学部45名，地域創生学部25名，経営学部70名，人文学部60名を募集。ほかに帰国生徒選抜，社会人選抜，外国人留学生選抜を実施。

偏差値データ（2024年度）

●一般選抜

学部／学科（コース）	2024年度		2023年度
	駿台予備学校 合格目標ライン	河合塾 ボーダー偏差値	競争率
▶総合福祉学部			
社会福祉	36	37.5	1.1
教育福祉（学校教育）	38	37.5	1.1
（健康教育）	36	40	1.4
実践心理	36	40	1.5
▶コミュニティ政策学部			
コミュニティ政策	35	37.5	1.4
▶看護栄養学部			
看護	38	42.5	1.7
栄養	37	42.5	4.3
▶教育学部			
こども教育	36	37.5	1.1
▶地域創生学部			
地域創生	37	37.5	1.0
▶経営学部			
経営	34	37.5	2.5
観光経営	34	40	2.0
▶人文学部			
歴史	36	40	1.5
表現	35	37.5	1.1
人間科	36	40	1.0

- 駿台予備学校合格目標ラインは合格可能性80％に相当する駿台模試の偏差値です。なお，全学部とも一般選抜Ａの偏差値です。
- 河合塾ボーダー偏差値は合格可能性50％に相当する河合塾全統模試の偏差値です。なお，看護栄養学部は一般選抜Ａ，その他の学部は一般選抜ABの偏差値です。
- 競争率は2023年度一般選抜Ａ・Ｂ・Ｃ（看護栄養学部のみＡ）の受験者÷合格者の実質倍率

キャンパスアクセス［東京キャンパス］東武東上線―ときわ台より徒歩12分／都営地下鉄三田線―志村三丁目より徒歩18分

聖徳大学

SEITOKU

資料請求

問合せ先　入学センター　☎047-366-5551

建学の精神

学部・学科がひとつのキャンパスに集う，自立するチカラを育む女性総合大学。1933（昭和8）年に聖徳家政学院として創立し，65年の聖徳学園短期大学（現短期大学部）の開設を経て，90（平成２）年に大学が開学。建学の理念である「和」の精神に基づいた独自の「人間教育」を通じて美しい心を育むとともに，総合大学の強みを生かした学際的な学びやビジネス界等の最前線を学ぶプログラム，希望のキャリアを実現へとつなげる「聖徳夢プロジェクト」といった学生たちの成長が加速する学びを導入するなど，常に新しい教育に挑戦。創立100周年に向けて，時代のニーズに応える教育改革をさらに進め，豊かな人間性，学際的な洞察力，専門性の高い実践力を培い，協創する力と挑戦する心を育み，新時代に価値を創造する女性を育成している。

● **松戸キャンパス**……〒271-8555　千葉県松戸市岩瀬550

基本データ

学生数▶女2.948名
専任教員数▶教授104名，准教授77名，講師28名
設置学部▶教育（昼間主・夜間主），心理・福祉，文，人間栄養，看護，音楽
併設教育機関▶大学院ー児童学・臨床心理学・言語文化・人間栄養学・音楽文化（以上M・D），看護学（M），教職（P）　通信教育部ー教育学部，心理・福祉学部，文学部，短期大学部保育科　通信制大学院ー児童学（M・D）　短期大学部（P.247参照）

就職・卒業後の進路

実就職率 97.5％
就職者÷(卒業生数ー大学院進学者数)×100

● **就職支援**　１年次から始まるキャリア教育で，就職することが目標ではなく，これからの人生を設計するというキャリアに関するマインドを固めた上で一人ひとりが希望する職種，進路を実現するための実践的な支援プログラムを展開。2023年３月卒業生の実就職率97.5％を達成し，３年連続で全国女子大学第１位に輝いている（卒業生500名以上）。

● **資格取得支援**　それぞれの学科・コースで免許・資格の取得を念頭に置いたカリキュラ

進路指導者も必見 学生を伸ばす 面倒見

初年次教育	学修サポート
「初年次教育研修」で大学への学びの転換をはかり，「学外研修Ⅰ」で協調性や対人スキルを高め，「聖徳夢プロジェクト」で思考力と文章構成力・表現力，情報リテラシーと論理的思考力，学び・キャリアデザイン力などを修得	全学部でTA制度，オフィスアワー制度およびクラス担任制を導入。基礎学力の向上，履修支援，個別学習相談など，学生が自らの学びをデザインするための支援を幅広く行う「聖徳ラーニングデザインセンター」を設置

オープンキャンパス（2023年度実績）　４月から11月にかけてと２月・３月に，聖徳大学の学びや雰囲気を実感できる来校型オープンキャンパスを複数回実施。各学部・学科の説明や体験授業など，多彩なプログラムを用意。

ムを用意し，特別講座などを通して一人ひとりのやる気をバックアップ。教職実践センターでは，教育委員会で実際に教員採用に携わった経験豊かな教授陣などがサポート。

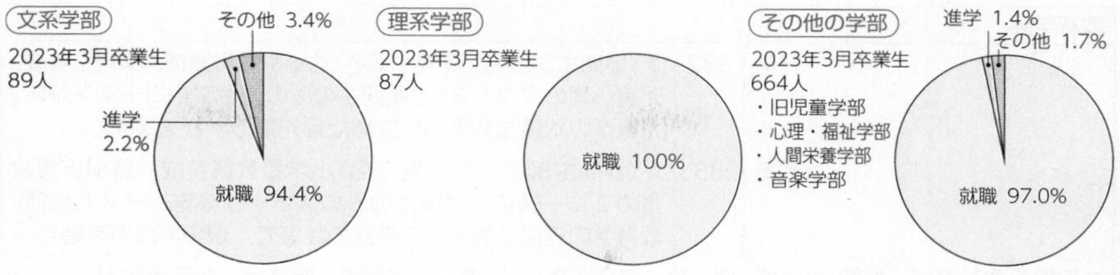

国際化・留学　大学間 15 大学・部局間 1 大学

受入れ留学生数▶6名（2023年5月1日現在）
留学生の出身国▶マレーシアなど。
外国人専任教員▶教授2名，准教授6名，講師0名（2023年5月1日現在）
外国人専任教員の出身国▶中国など。
大学間交流協定▶15大学（交換留学先15大学，2023年5月1日現在）
部局間交流協定▶1大学（交換留学先1大学，2023年5月1日現在）
海外への留学生数▶渡航型3名／年（1カ国・地域，2022年度）
海外留学制度▶協定校留学や認定留学，短期留学のほか，文学部で特別奨学生留学制度を設置。また，コロナ禍で実施を2年間見合わせてきた，児童学科のヨーロッパ研修旅行をはじめとする各学部・学科の海外研修プログラムも，安全に十分に配慮し行っている。

学費・奨学金制度

入学金▶250,000円（夜間主240,000円）～
年間授業料（施設費等を除く）▶680,000円（夜間主550,000円）～（詳細は巻末資料参照）
年間奨学金総額▶非公表
年間奨学金受給者数▶非公表
主な奨学金制度▶授業料の減免と学資支給金の給付を行う「学校法人東京聖徳学園修学支援」，国際社会に通用する優れた人材を育成することを大きな目的とした「聖徳学園川並奨学金」，前期型入試受験生対象の「聖徳大学入学サポート奨学金」，在学生対象の「在学特別奨学生」などの制度を設置している。

保護者向けインフォメーション

●**オープンキャンパス**　「保護者説明」を行う児童学科など，通常のオープンキャンパス時に保護者向けの説明会を実施している。
●**後援会**　後援会を組織し，定期総会や支部総会・保護者会を開催。保護者会では教員との個別面談などを行い，学校生活に関することや就職についての情報交換をする場となっている。また，後援会報も発行。
●**成績確認**　単位修得成績表を保護者に郵送。出席状況は保護者会で情報を提供している。
●**広報誌**　学園広報誌『聖徳フラッシュ』のほか，『聖徳学園の教育「和」』を発行している。
●**防災対策**　「災害時対応マニュアル」を入学時に配布。被災時の学生の安否は，大学HPおよびポータルサイトを利用して確認する。

インターンシップ科目	必修専門ゼミ	卒業論文	GPA制度の導入の有無および活用例	1年以内の退学率	標準年限での卒業率
全学部で開講している	全学部で3・4年次に実施	全学部で卒業要件	奨学金や授業料免除対象者選定・退学勧告基準，学生に対する個別の学修指導に活用するほか，GPAに応じた履修上限単位数を設定	非公表	非公表

学部紹介

学部／学科	定員	特色
教育学部		
児童	332	▷〈昼間主325名，夜間主７名〉幼稚園教員養成，保育士養成，児童心理の３コースに，昼間主のみの児童文化コースを設置。児童学の本質を多面的に究めた最先端の学びを展開。
教育	83	▷〈昼間主80名，夜間主３名〉小学校教員養成，特別支援教育の２コースに，昼間主のみのスポーツ教育コースを設置。教育学の理論と現場での実践の往復で，現場実践力を磨く。
● **取得可能な資格**…教職（小一種，幼一種，特別支援），司書，司書教諭，学芸員，保育士など。 ● **進路状況**…………就職98.2%　進学0.0%（旧児童学部実績） ● **主な就職先**………千葉県・東京都・埼玉県ほか教育委員会，日本保育サービス，こどもの森など。		
心理・福祉学部		
心理	60	▷心理支援，産業・社会心理，危機管理，教育・発達心理，家族支援の５専修。専門資格取得へのサポート体制を整備。
社会福祉	80	▷社会福祉，介護福祉，養護教諭の３コース。地域社会で生かせる知識と技術を身につけた社会福祉のプロを育成する。
● **取得可能な資格**…教職（地歴・社・福，養護一種），司書，司書教諭，学芸員，保育士，介護福祉士・社会福祉士・精神保健福祉士受験資格など。 ● **進路状況**…………就職96.2%　進学3.8% ● **主な就職先**………東京都・茨城県ほか教育委員会，日本赤十字社，IMSグループ，社会福祉法人など。		
文学部		
文	110	▷教養デザイン，日本語・日本文学，書道文化，歴史文化，図書館情報に，2024年度新設の国際文化コミュニケーションの６コースを設置。本質を多面的に究める探検型授業を実施。
● **取得可能な資格**…教職（国・地歴・社・書・英），司書，司書教諭，学芸員など。 ● **進路状況**…………就職94.4%　進学2.2% ● **主な就職先**………図書館流通センター，千葉興業銀行，エイジェック，東京聖徳学園，警視庁など。		
人間栄養学部		
人間栄養	98	▷管理栄養士養成課程。医療・栄養，健康・福祉，食品ビジネス・開発，スポーツ栄養，栄養教諭・教職，総合のキャリアにつながる６領域を柱とした教育を展開。
● **取得可能な資格**…教職（保健・家，栄養），司書，司書教諭，学芸員，栄養士，管理栄養士受験資格など。 ● **進路状況**…………就職96.6%　進学0.6% ● **主な就職先**………LEOC，エームサービスジャパン，グリーンハウス，メフォス，東洋食品など。		
看護学部		
看護	80	▷気品と実践力を備えた「凛」とした看護師を育成する。小グループの臨地実習で多様な病院・施設を経験。
● **取得可能な資格**…教職（養護二種），看護師・保健師受験資格。 ● **進路状況**…………就職100%　進学0.0% ● **主な就職先**………国立がん研究センター東病院，東京都立東部地域病院，東京医科大学病院など。		
音楽学部		
音楽	40	▷音楽表現，音楽教育，音楽療法，プロ・アーティストの４つのメジャー（専門領域）から自分のメジャーを決め，豊富な選択科目から自分に合った学びを組み立てることが可能。

キャンパスアクセス ［松戸キャンパス］ JR常磐線，JR上野東京ライン，東京メトロ千代田線，新京成線―松戸より徒歩5分

● **取得可能な資格**…教職（音），司書，司書教諭，学芸員，音楽療法士（一種）など。
● **進路状況**…………就職87.5％ 進学12.5％
● **主な就職先**………東京都教育委員会，美原記念病院，ポピンズエデュケア，ヤマハ音楽振興会など。

キャンパス

全学部……［松戸キャンパス］ 千葉県松戸市岩瀬550

2024年度入試要項（前年度実績）

●募集人員

学部／学科	一般A	一般B	一般C	実技
▶教育 児童〔昼間主〕	一般33 共通33	40	24	—
〔夜間主〕	一般1 共通1	1	若干名	—
教育〔昼間主〕	一般7 共通7	12	6	—
〔夜間主〕	一般・共通 若干名	若干名	若干名	—
▶心理・福祉 心理	一般8 共通8	10	4	—
社会福祉	一般11 共通11	12	6	—
▶文 文	一般12 共通12	20	10	—
▶人間栄養 人間栄養	一般10 共通10	10	3	—
▶看護 看護	一般・共通18	12	若干名	—
▶音楽 音楽	一般・共通6	4	若干名	若干名

※一般B・C日程には共通テスト利用選抜の募集人員を含む。
※音楽学部の実技は実技特別選抜。

▷一般選抜および共通テスト利用選抜において，対象となる外部英語検定試験（英検，GTEC，TOEFL iBT，ケンブリッジ英検，IELTS，TEAP，TEAP CBT）の基準を満たしている場合，「英語」の試験の得点とみなす（100点・80点・70点）。一般選抜で本学独自の「英語」試験を受験した場合は，どちらか高得点となる点数で合否判定を行う。

教育学部

一般選抜A・B・C日程 **3〜2科目** ①国（100）▶国総・国表（近代） ②**外・地歴・数・理**（100）▶「コミュ英Ⅰ・コミュ英Ⅱ・英表Ⅰ」・世B・日B・「数Ⅰ・数A」・化基・生基から1 ③**スポーツ実技**▶上体起こしまたは反復横跳び。ただし，スポーツ実技は教育学科スポーツ教育コースのみ実施

共通テスト利用選抜A・B・C日程 **2科目** ①国（100）▶国（近代） ②**外・地歴・数・理**（100）▶英（リスニングを含む）・世B・日B・「数Ⅰ・数A」・「物基・化基・生基・地学基から2」から1

※英語はリーディングを5割，リスニングを5割で100点満点に換算し評価する。

［個別試験］ **1科目** ①**スポーツ実技**▶上体起こしまたは反復横跳び，ただし，スポーツ実技は教育学科スポーツ教育コースのみ実施し，他の学科・コースは個別試験を行わない

※一般選抜，共通テスト利用選抜において，必要に応じて面接を実施する場合がある。

心理・福祉学部

一般選抜A・B・C日程 **2科目** ①国（100）▶国総・国表（近代） ②**外・地歴・数・理**（100）▶「コミュ英Ⅰ・コミュ英Ⅱ・英表Ⅰ」・世B・日B・「数Ⅰ・数A」・化基・生基から1

※心理学科で大学院進学（公認心理師および臨床心理士受験資格取得）を希望する者は，英語を選択することが望ましい。

共通テスト利用選抜A・B・C日程 **2科目** ①国（100）▶国（近代） ②**外・地歴・数・理**（100）▶英（リスニングを含む）・世B・日B・「数Ⅰ・数A」・「物基・化基・生基・地学基から2」から1

※英語はリーディングを5割，リスニングを5割で100点満点に換算し評価する。

［個別試験］ 行わない。

※一般選抜，共通テスト利用選抜において，必要に応じて面接を実施する場合がある。

文学部

一般選抜A・B・C日程 **〈教養デザインコー**

ス・歴史文化コース・図書館情報コース〉 2科目 ①②国・外・「地歴・数」(100×2)▶「国総・国表(近代。古文〈漢文を除く〉は選択のみ)」・「コミュ英Ⅰ・コミュ英Ⅱ・英表Ⅰ」・「世B・日B・〈数Ⅰ・数A〉から1」から2
〈国際文化コミュニケーションコース〉 2科目 ①外(100)▶コミュ英Ⅰ・コミュ英Ⅱ・英表Ⅰ ②国・地歴・数(100)▶「国総・国表(近代。古文〈漢文を除く〉は選択のみ)」・世B・日B・「数Ⅰ・数A」から1
〈日本語・日本文化コース〉 2科目 ①国(100)▶国総・国表(近代。古文〈漢文を除く〉は選択のみ) ②外・地歴・数(100)▶「コミュ英Ⅰ・コミュ英Ⅱ・英表Ⅰ」・世B・日B・「数Ⅰ・数A」から1
〈書道文化コース〉 2科目 ①書道(100)▶実技 ②国・外(100)▶「国総・国表(近代。古文〈漢文を除く〉は選択のみ)」・「コミュ英Ⅰ・コミュ英Ⅱ・英表Ⅰ」から1
共通テスト利用選抜A・B・C日程 〈教養デザインコース・国際文化コミュニケーションコース〉 2科目 ①外(100)▶英(リーディング) ②国・外・地歴・数(100)▶国(近代)・英(リスニング)・世B・日B・「数Ⅰ・数A」・簿・情から1,ただし簿・情は教養デザインコースのみ選択可
[個別試験] 行わない。
〈日本語・日本文学コース〉 2科目 ①国(100)▶国(近代) ②国・外・地歴・数(100)▶国(古文)・英(リスニングを含む)・世B・日B・「数Ⅰ・数A」から1
[個別試験] 行わない。
〈書道文化コース・歴史文化コース・図書館情報コース〉 2科目 ①②国・外・「地歴・数」(100×2)▶国(近代)・英(リスニングを含む)・「世B・日B・〈数Ⅰ・数A〉・簿・情から1」から2,ただし簿・情は図書館情報コースのみ選択可
[個別試験] 行わない。ただし,書道文化コースのみ書道実技として,出願時に作品を提出すること
※英語はリーディングを5割,リスニングを5割で100点満点に換算し評価する。ただし,教養デザインコースと国際文化コミュニケーションコースはリーディング・リスニングそれぞれを1科目100点満点とみなして評価する。
※一般選抜,共通テスト利用選抜において,必要に応じて面接を実施する場合がある。

人間栄養学部

一般選抜A・B・C日程 2科目 ①国・外(100)▶「国総・国表(近代)」・「コミュ英Ⅰ・コミュ英Ⅱ・英表Ⅰ」から1 ②数・理(100)▶「数Ⅰ・数A」・化基・生基から1
共通テスト利用選抜A・B・C日程 2科目 ①国・外(100)▶国(近代)・英(リスニングを含む)から1 ②数・理(100)▶「数Ⅰ・数A」・「化基・生基」・化・生から1
※英語はリーディングを5割,リスニングを5割で100点満点に換算し評価する。
[個別試験] 行わない。
※一般選抜,共通テスト利用選抜において,必要に応じて面接を実施する場合がある。

看護学部

一般選抜A・B・C日程 3科目 ①国(100)▶国総・国表(近代) ②外・数・理(100)▶「コミュ英Ⅰ・コミュ英Ⅱ・英表Ⅰ」・「数Ⅰ・数A」・化基・生基から1 ③面接
共通テスト利用選抜A・B・C日程 2科目 ①国(100)▶国(近代) ②外・数・理(100)▶英(リスニングを含む)・「数Ⅰ・数A」・「物基・化基・生基・地学基から2」・化・生から1
※英語はリーディングを5割,リスニングを5割で100点満点に換算し評価する。
[個別試験] 1科目 ①面接

音楽学部

※プロ・アーティストメジャー志願者のみ,一般選抜,共通テスト利用選抜および実技特別選抜で募集を行い,その他のメジャー志願者は入試時点でメジャーを決定する必要はない。プロ・アーティストメジャーを受験して不合格になった場合でも,音楽学科として合格になる場合がある。
一般選抜A・B・C日程 4~3科目 ①国(100)▶国総・国表(近代) ②外・地歴・数・理(100)▶「コミュ英Ⅰ・コミュ英Ⅱ・英表Ⅰ」・世B・日B・「数Ⅰ・数A」・化基・生基から1

③**音楽実技等**（100，プロ・アーティストメジャー200）▶音楽実技等にかえて動画提出も可（プロ・アーティストメジャー志願者は除く）④**面接**（プロ・アーティストメジャー志願者のみ）
実技特別選抜　**3科目**　①**音楽実技等**　②**面接**　③**書類審査**（調査書，志望理由書）
共通テスト利用選抜A・B・C日程　**2科目**　①②**国・外・地歴・数・理**（100×2）▶国（近代）・英（リスニングを含む）・世B・日B・「数Ⅰ・数A」・「物基・化基・生基・地学基から２」から２
※英語はリーディングを５割，リスニングを５割で100点満点に換算し評価する。
［個別試験］　**2〜1科目**　①**音楽実技等**　②**面接**（プロ・アーティストメジャー志願者のみ）
※一般選抜，共通テスト利用選抜において，プロ・アーティストメジャー志願者以外でも，必要に応じて面接を実施する場合がある。

その他の選抜

総合型選抜は教育学部123名，心理・福祉学部35名，文学部28名，人間栄養学部32名，看護学部50名（学校推薦型選抜を含む），音楽学部15名を募集。ほかに学校推薦型選抜（公募制・指定校制），帰国子女特別入試，社会人特別入試，私費留学生特別奨学生入試，私費留学生特別入試を実施。

偏差値データ（2024年度）

●一般選抜Ａ日程

学部／学科	2024年度 駿台予備学校 合格目標ライン	2024年度 河合塾 ボーダー偏差値	2023年度 競争率
▶教育学部			
児童〔昼間主〕	32	35〜37.5	1.4
〔夜間主〕	30	35	1.0
教育〔昼間主〕	31〜32	35	1.1
〔夜間主〕	30	35	—
▶心理・福祉学部			
心理	33	37.5	1.3
社会福祉	32	35	1.4
▶文学部			
文	32	35〜40	2.0
▶人間栄養学部			
人間栄養	34	37.5	1.5
▶看護学部			
看護	34	37.5	1.6
▶音楽学部			
音楽	31	35	1.5

●駿台予備学校合格目標ラインは合格可能性80％に相当する駿台模試の偏差値です。
●河合塾ボーダー偏差値は合格可能性50％に相当する河合塾全統模試の偏差値です。なお，一般選抜A・B・C日程の偏差値です。
●競争率は志願者÷合格者の志願倍率

千葉　聖徳大学

併設の教育機関　短期大学

聖徳大学短期大学部

問合せ先　入学センター
☎047-366-5551
所在地　千葉県松戸市岩瀬550

学生数▶女315名
教員数▶教授21名，准教授12名，講師３名

設置学科

●**保育科第一部**（160）・**第二部**（10）　幼稚園教諭，保育士の２コース。「保育の聖徳」の伝統ある授業と実習で，保育者としてすぐに活躍できる確かな実践力を身につける。第二部（夜間・３年制）も第一部（昼間・２年制）と同様のカリキュラムで学べる。
●**総合文化学科**（50）　図書館司書・IT，国際観光・ホテル，フードマネジメント（フード・製菓），ファッション・造形デザインの４コース。変化する時代に，社会で生き抜くための広い視野と実践力を身につける。

卒業後の進路

2023年３月卒業生▶133名
就職120名，大学編入学６名（うち他大学２名），その他７名

千葉工業大学（ちばこうぎょうだいがく）

資料請求

問合せ先 入試広報部　☎047-478-0222

建学の精神

欧米先進国に負けない工学教育を行い，日本だけでなくアジア全体の工業力を高めようという使命を持って1942（昭和17）年に創立。建学の精神である「世界文化に技術で貢献する」を実践するため，「未来ロボット技術研究センター」「惑星探査研究センター」「地球学研究センター」「人工知能・ソフトウェア技術研究センター」「数理工学研究センター」「変革センター」「次世代海洋資源研究センター」では，日々，専門性の高い研究開発が行われ，社会の進歩につながる最先端のテクノロジーを生み出している。2024年４月からは，「変革」をキーワードに学びが進化し，未来の世界を情報でリードし，変革をもたらすことができる人材を育成するため，情報科学部が情報変革科学部に，社会システム科学部が未来変革科学部へと大きく生まれ変わった。

- 津田沼キャンパス……〒275-0016　千葉県習志野市津田沼2-17-1
- 新習志野キャンパス…〒275-0023　千葉県習志野市芝園2-1-1

基本データ

学生数▶10,370名（男8,778名，女1,592名）
専任教員数▶教授184名，准教授62名，助教・助手27名
設置学部▶工，創造工，先進工，情報変革科，未来変革科
併設教育機関▶大学院―工学・情報科学・社会システム科学（以上M・D），創造工学・先進工学（以上M）

就職・卒業後の進路

就職率 98.3%（就職者÷希望者×100）

●**就職支援**　年間1,800回を超える支援講座，年間100回以上の学内企業説明会，さらにはOB・OGを招いての懇談会など，一人ひとりの個性に合わせた，きめ細かい就職支援プログラムで夢の実現をサポート。就職・進路支援部にはプロのキャリアカウンセラーが常駐し，いつでも疑問や悩みを相談できる。

●**資格取得支援**　キャリアスキルアップ支援プログラムとして，公務員集中模擬試験や公務員試験，知的財産管理技能検定，秘書技能検定，FP（ファイナンシャル・プランニング）技能検定などの充実した対策講座を開講。

進路指導者も必見 学生を伸ばす 面倒見

初年次教育

新入生ガイダンスやオリエンテーションで，授業の受け方や学修への取り組み，レポートの書き方，履修計画の作成などについて，丁寧にフォロー。また，1年次の前期に全員が「初年次教育」を履修する

学修サポート

全学部でTA制度，オフィスアワー制度，専任教員が約60～80人の学生を担当するクラス担任制を導入。また，学生サポートセンターや，気軽に英語コミュニケーションを体験できるグローバルラウンジを設置

オープンキャンパス（2023年度実績）　6月（津田沼キャンパス），8月（新習志野キャンパス），3月（津田沼キャンパス）に開催（事前予約不要）。学科による学び体験，在学生に聞いてみよう，キャンパスツアー，進学相談会など。

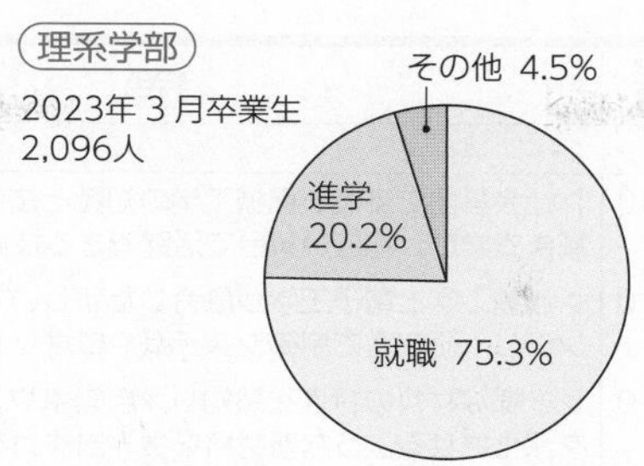

主なOB・OG ▶ ［工］畠山稔（埼玉県上尾市長），［工］舘ひろし（俳優），［工］鈴木勇人（AC福島ユナイテッド社長），［工］貞末良雄（メーカーズシャツ鎌倉創業者），［工］岡田晴恵（公衆衛生学者）など。

国際化・留学　大学間 42 大学・部局間 1 大学

受入れ留学生数 ▶ 47名（2023年5月1日現在）
留学生の出身国 ▶ 中国，モンゴル，ベトナムなど。
外国人専任教員 ▶ 教授４名，准教授０名，助教１名（2023年５月１日現在）
外国人専任教員の出身国 ▶ 中国，アメリカ。
大学間交流協定 ▶ 42大学（交換留学先22大学，2023年５月１日現在）
部局間交流協定 ▶ １大学（交換留学先１大学，2023年５月１日現在）
海外への留学生 ▶ 渡航型２名・オンライン型15名／年（３カ国・地域，2022年度）
海外留学制度 ▶ 海外研修プログラムとして，アメリカや台湾の大学で行う語学研修やデザイン科学科主催のグローバルデザインワークショップのほか，ベトナムで海外インターンシップも実施。また，国内外の産官学が連携したGTIコンソーシアムに参加している。

学費・奨学金制度　給付型奨学金総額 年間約 1,297 万円

入学金 ▶ 250,000円
年間授業料（施設費等を除く）▶ 1,390,000円（詳細は巻末資料参照）
年間奨学金総額 ▶ 12,970,800円
年間奨学金受給者数 ▶ 17人
主な奨学金制度 ▶ 経済的困窮により，修学の継続が困難になった３年次生以降の者を対象とした「千葉工業大学経済的支援奨学生」や，「千葉工業大学災害見舞奨学生」「千葉工業大学家計急変奨学生」などの制度を設置。また，学費減免制度があり，2022年度には45人を対象に総額で1,995万円を減免している。

保護者向けインフォメーション

- **オープンキャンパス**　通常のオープンキャンパス時に保護者向けガイダンスを実施。
- **成績確認**　履修や成績，授業の出欠情報などの修学状況はすべてCITポータル上で確認できるほか，郵送もしている。
- **保護者会**　PPA（保護者と教職員の会）があり，例年９月上旬頃に地区懇談会を開催。
- **広報誌**　『NEWS CIT』や『保護者の皆さまのためのガイドブック』などを発行している。
- **防災対策**　在学時に起こりうる大地震や津波などに備え，「防災対応マニュアル」を用意。学生が被災した際には，ポータルサイトを利用して安否を確認する。

インターンシップ科目	必修専門ゼミ	卒業論文	GPA制度の導入の有無および活用例	１年以内の退学率	標準年限での卒業率
全学部で開講している	全学部で３・４年次に実施	全学部で卒業要件	奨学金や授業料免除対象者の選定や大学院入試の選抜基準，留学候補者の選考，学生に対する個別の学修指導などに活用	1.0%	84.6%

学部紹介

学部／学科	定員	特色
工学部		
機械工	140	▷社会基盤を支える機械工学の知識と技術を基礎から先端領域まで学び，幅広い舞台で活躍できる技術者を育成する。
機械電子創成工	110	▷機械工学と電子工学が融合した新しいものづくりにチャレンジし，研究室で制御システムやロボット開発に取り組む。
先端材料工	110	▷多様な材料の特性を熟知し，自動車やスマートフォンなどを深化させるような新材料を生み出す力を養う。
電気電子工	140	▷社会の基盤となる電気・電子インフラの基礎を学び，世の中を便利・快適にする技術を身につける。
情報通信システム工	110	▷今とこれからの生活・産業の基盤をつくる，新しい情報通信ネットワークを構築するエンジニアを育成する。
応用化	110	▷食品，化粧品や電子部品など幅広い分野で活躍できる化学の発想力や創造力を養い，産業や社会の発展に貢献する。
● 取得可能な資格…教職（理・工業）など。 ● 進路状況…………就職71.3%　進学25.5% ● 主な就職先………メイテック，SUBARU，日本電設工業，TDCソフト，スズキ，京セラ，東芝など。		
創造工学部		
建築	140	▷第一線のプロがグループワークで実践力を伝授し，人と文化・環境が調和した建築づくりに必要な知見を身につける。
都市環境工	110	▷「快適さ」「便利さ」「安全」などの広い視野を持った，インフラ構築，都市計画・環境保全に精通した人材を育成する。
デザイン科	120	▷生活用品から公共機器のデザイン，空間設計まで，社会の課題を発見し，解決するための総合的なデザインを学ぶ。
● 取得可能な資格…教職（工業），測量士補，1・2級建築士受験資格など。 ● 進路状況…………就職76.7%　進学19.1% ● 主な就職先………新昭和，新日本建設，大林組，パナソニック ホームズ，ポラス，大成建設など。		
先進工学部		
未来ロボティクス	120	▷ロボット開発に必要な機械・電気電子・情報を総合的に学ぶとともに，創造力・応用力を磨き，「伝える力」を養う。
生命科	110	▷生命を分子レベルで解明し，新技術の開発に挑み，バイオ産業に貢献できる技術者を育成する。
知能メディア工	110	▷メディア工学，知識工学，情報デザインを総合的に学び，これからの技術者に必要な創造力を養う。
● 進路状況…………就職67.4%　進学27.1% ● 主な就職先………キヤノン，京セラ，ソフトバンク，沖電気工業，パナソニック，キーエンスなど。		
情報変革科学部		
		▶2024年度より，情報科学部から名称変更。
情報工	120	▷サイバーとフィジカルの融合による高度情報化社会で活躍する人材を育成する。１年次にプログラミング演習に挑戦。
認知情報科	120	▷NEW! '24年新設。認知科学と情報科学の全体を俯瞰し，ICT×人間の学際的視野で，未来を創り出す力を身につける。
高度応用情報科	120	▷NEW! '24年新設。最先端のICTを幅広く学び，情報科学の可能性を開き，次世代のICTを創造・実現する。

キャンパスアクセス ［津田沼キャンパス］ JR総武線―津田沼駅前／新京成線―新津田沼より徒歩3分／京成本線―京成津田沼より徒歩10分

- 取得可能な資格…教職（数・情）など。
- 進路状況…………就職79.0%　進学14.6%　※旧情報科学部の実績です。
- 主な就職先………NID・MI，AJS，サイバーエージェント，Sky，SUBARUなど（旧情報科学部実績）。

未来変革科学部		
		▶2024年度より，社会システム科学部から名称変更。
デジタル変革科	100	▷NEW! '24年新設。データとデジタル技術を活用し，最先端の知識・能力を駆使して，社会やビジネスの変革を探る。
経営デザイン科	100	▷NEW! '24年新設。最先端のデジタル技術を駆使し，持続可能な社会の課題解決方法を探る。

- 取得可能な資格…教職（情）など。
- 進路状況…………就職89.9%　進学4.5%　※旧社会システム科学部の実績です。
- 主な就職先………キーエンス，伊藤忠テクノソリューションズなど（旧社会システム科学部実績）。

キャンパス

全学部３・４年次……［津田沼キャンパス］千葉県習志野市津田沼2-17-1
全学部１・２年次……［新習志野キャンパス］千葉県習志野市芝園2-1-1

2024年度入試要項（前年度実績）

●募集人員

学部／学科	一般A	一般SA	一般B	一般SB	一般C	共通前期	共通中期	共通後期
▶工　機械工	41		10			28	6	
機械電子創成工	31		7			21	5	
先端材料工	31	20	7	12	20	21	5	18
電気電子工	41		10			28	6	
情報通信システム工	31		7			21	5	
応用化	31		7			21	5	
▶創造工　建築	41		10			28	6	
都市環境工	31	10	7	6	10	21	5	9
デザイン科	34		8			24	6	
▶先進工　未来ロボティクス	34		8			24	6	
生命科	31	9	7	6	9	21	5	9
知能メディア工	31		7			21	5	
▶情報変革科　情報工	34		8			24	6	
認知情報科	34	12	8	6	9	24	6	9
高度応用情報科	34		8			24	6	
▶未来変革科								
デジタル変革科	24	8	4	4	6	12	3	4
経営デザイン科	24		4			12	3	

※一般選抜SA日程入試は共通テスト併用。

▷一般選抜Ａ・Ｂ・Ｃ日程のタイプⅡの英語については，本学独自試験は行わず，Ａ日程は指定された英語資格・検定試験において，基準以上のスコアを保持していることを出願要件とする。Ｂ日程においては，共通テストの英語と英語資格・検定試験の換算点のどちらか高得点を合否判定に採用する。また，Ｃ日程においては，英語資格・検定試験の換算点を合否判定に採用する。指定されている英語資格・検定試験は以下の通り。
GTEC，ケンブリッジ英検，英検，TEAP，TEAP CBT，TOEIC L＆R/TOEIC S＆W，TOEIC Bridge L&R/TOEIC Bridge S＆W。
▷共通テスト利用入試の全日程において，指定された英語資格・検定試験で基準以上のスコアを満たしていれば，共通テストにおける外国語の得点は，定められたスコア対照表に基づいた換算点とみなし，共通テストの外国語と英語資格・検定試験の換算点とを比較し，高得点を採用する。指定されている英語資格・検定試験は一般選抜と同じ。
▷一般選抜Ｂ日程のタイプⅡおよび共通テスト利用入試において，共通テストの英語はリーディング（100）とリスニング（100）の計200点満点と，リーディング（100）のみの点数を200点満点に換算した点数とを比較し，高得点を採用する。

キャンパスアクセス［新習志野キャンパス］JR京葉線―新習志野より徒歩６分／JR総武線―津田沼よりバス15分・千葉工業大学入口下車徒歩３分

全学部

一般選抜Ａ日程（タイプⅠ・タイプⅡ） **3〜2科目** ①**外**(100)▶コミュ英Ⅰ・コミュ英Ⅱ・英表Ⅰ ②**数**(100)▶数Ⅰ・数Ⅱ・数Ａ（場合・図形）・数Ｂ（数列・ベク） ③**国・理**(100)▶国総（古文・漢文を除く）・「物基・物」・「化基・化」・「生基・生」から１，ただし国は創造工学部デザイン科学科と未来変革科学部のみ選択可
※タイプⅡは英語の試験は行わず，指定された英語資格・検定試験において基準以上のスコアを保持していることを出願要件とする。
※国語は記述式問題を出題する。
※「タイプⅠ」と「タイプⅡ」を選択して出願することも，両方を出願することも可能。

一般選抜SA日程（共通テスト併用） **〈共通テスト科目〉** **2科目** ①②**数**(100×2)▶「数Ⅰ・数Ａ」・「数Ⅱ・数Ｂ」
〈独自試験科目〉 **1科目** ①**数**(200)▶数Ⅰ・数Ⅱ・数Ａ（場合・図形）・数Ｂ（数列・ベク）

一般選抜Ｂ日程〈タイプⅠ（理科選択型）〉 **2科目** ①**数**(200)▶数Ⅰ・数Ⅱ・数Ａ（場合・図形）・数Ⅱ（数列・ベク） ②**理**(200)▶「物基・物」・「化基・化」・「生基・生」から１

一般選抜Ｂ日程〈タイプⅡ（英語選択型）〉 **2科目** ①**数**(200)▶数Ⅰ・数Ⅱ・数Ａ（場合・図形）・数Ⅱ（数列・ベク） ②**外**(200)▶共通テスト「英語」または英語資格・検定試験
※「タイプⅠ」と「タイプⅡ」を選択して出願することも，両方を出願することも可能。

一般選抜SB日程 **1科目** ①**総合問題**(100)▶国総（古文・漢文を除く）と「数Ⅰ・数Ⅱ・数Ａ（場合・図形）・数Ｂ（数列・ベク）」を出題範囲とした総合問題
※提示する文章や資料（図表等を含む）を読み解く力，論理的に思考する力，数学的な知識に基づき処理する力を測る。

一般選抜Ｃ日程〈タイプⅠ（理数科目選択型）〉 **2科目** ①**数**(200)▶数Ⅰ・数Ⅱ・数Ａ（場合・図形）・数Ⅱ（数列・ベク） ②**数・理**(200)▶「数Ⅰ・数Ⅱ・数Ⅲ・数Ａ（場合・整数・図形）・数Ｂ（数列・ベク）」・「物基・物」・「化基・化」から１

一般選抜Ｃ日程〈タイプⅡ（英語外部試験利用型）〉 **2科目** ①**数**(200)▶数Ⅰ・数Ⅱ・数Ａ（場合・図形）・数Ｂ（数列・ベク） ②**外**(200)▶英語資格・検定試験の換算点
※「タイプⅠ」と「タイプⅡ」を選択して出願することも，両方を出願することも可能。

共通テスト利用入試前期（タイプⅠ・タイプⅡ） **3科目** ①②③**国・外・地歴・公民・数・理**(200×3)▶国（近代）・「英（リスニング〈100〉を含む）・独・仏・中・韓から１」・「世Ａ・世Ｂ・日Ａ・日Ｂ・地理Ａ・地理Ｂから１」・「現社・倫・政経・〈倫・政経〉から１」・「数Ⅰ・〈数Ⅰ・数Ａ〉・数Ⅱ・〈数Ⅱ・数Ｂ〉・簿・情から１」・「物・化・生・地学から１」から３，ただしタイプⅡは数・理のいずれか必須
※タイプⅡは数学または理科の高得点科目を２倍にし，計800点満点で判定する。
[個別試験] 行わない。
※「タイプⅠ」と「タイプⅡ」を選択して出願することも，両方を出願することも可能。

共通テスト利用入試中期（タイプⅠ） **2科目** ①**国・外**(200)▶国（近代）・英（リスニング〈100〉を含む）・独・仏・中・韓から１ ②**数・理**(200)▶数Ⅰ・「数Ⅰ・数Ａ」・数Ⅱ・「数Ⅱ・数Ｂ」・簿・情・物・化・生・地学から１
[個別試験] 行わない。

共通テスト利用入試中期（タイプⅡ） **4科目** ①**外**(200)▶英（リスニング〈100〉を含む）・独・仏・中・韓から１ ②**数**(200)▶数Ⅰ・「数Ⅰ・数Ａ」・数Ⅱ・「数Ⅱ・数Ｂ」・簿・情から１ ③**理**(200)▶物・化・生・地学から１ ④**国・地歴・公民**(200)▶国（近代）・世Ａ・世Ｂ・日Ａ・日Ｂ・地理Ａ・地理Ｂ・現社・倫・政経・「倫・政経」から１
[個別試験] 行わない。
※「タイプⅠ」と「タイプⅡ」を選択して出願することも，両方を出願することも可能。

共通テスト利用入試後期（タイプⅠ） **2科目** ①**数**(200)▶数Ⅰ・「数Ⅰ・数Ａ」・数Ⅱ・「数Ⅱ・数Ｂ」・簿・情から１ ②**国・外・地歴・公民・理**(200)▶国（近代）・「英（リスニング〈100〉を含む）・独・仏・中・韓から１」・世Ａ・世Ｂ・日Ａ・日Ｂ・地理Ａ・地理Ｂ・現社・倫・政経・「倫・政経」・物・化・生・地学から１
[個別試験] 行わない。

共通テスト利用入試後期（タイプⅡ） **3科目** ①②③**数・理**(200×3)▶「数Ⅰ・〈数Ⅰ・数Ａ〉

から１」・「数Ⅱ・〈数Ⅱ・数Ｂ〉・簿・情から１」・物・化・生・地学から３

[個別試験] 行わない。

共通テスト利用入試後期（タイプⅢ）　**4**科目

①**外**(200)▶英(リスニング〈100〉を含む)・独・仏・中・韓から１　②**数**(200)▶数Ⅰ・「数Ⅰ・数Ａ」・数Ⅱ・「数Ⅱ・数Ｂ」・簿・情から１　③**理**(200)▶物・化・生・地学から１　④**国・地歴・公民**(200)▶国(近代)・世Ａ・世Ｂ・日Ａ・日Ｂ・地理Ａ・地理Ｂ・現社・倫・政経・「倫・政経」から１

[個別試験] 行わない。

※「タイプⅠ」「タイプⅡ」「タイプⅢ」を選択して出願することも，３方式すべてを出願することも可能。

その他の選抜

学校推薦型選抜（公募制・専門高校）は工学部36名（うち専門12名），創造工学部18名（うち専門６名），先進工学部18名（うち専門６名），情報変革科学部18名（うち専門６名），未来変革科学部12名（うち専門４名）を，総合型（創造）選抜は工学部78名，創造工学部40名，先進工学部37名，情報変革科学部30名，未来変革科学部34名を，総合型（デジタルイノベータ発掘）選抜は情報変革科学部15名，未来変革科学部16名を募集。ほかに学校推薦型選抜（指定校制〈一般高校・専門高校〉，帰国生徒指定校制），帰国生徒特別選抜，社会人特別選抜，外国人留学生特別選抜を実施。

偏差値データ（2024年度）

●一般選抜Ａ日程

学部／学科	2024年度 駿台予備学校 合格目標ライン	2024年度 河合塾 ボーダー偏差値	2023年度 競争率
▶工学部			
機械工	41	45	2.6
機械電子創成工	40	42.5	2.9
先端材料工	40	40	2.6
電気電子工	41	42.5	2.7
情報通信システム工	41〜42	47.5	3.3
応用化	42	42.5	1.9
▶創造工学部			
建築	42	47.5	6.3
都市環境工	40	42.5	2.8
デザイン科	41	45	4.8
▶先進工学部			
未来ロボティクス	42	45	3.8
生命科	40	40	1.8
知能メディア工	40	47.5	5.4
▶情報変革科学部			
情報工	40〜41	50	10.6
認知情報科	40〜41	47.5	新
高度応用情報科	40〜41	47.5	新
▶未来変革科学部			
デジタル変革科	40〜41	40	新
経営デザイン科	39〜40	42.5	新

● 駿台予備学校合格目標ラインは合格可能性80％に相当する駿台模試の偏差値です。
● 河合塾ボーダー偏差値は合格可能性50％に相当する河合塾全統模試の偏差値です。
● 競争率は受験者÷合格者の実質倍率

麗澤大学

資料請求

問合せ先 大学入試・広報課 ☎04-7173-3500

建学の精神

「優れた能力というものは，高い道徳性に支えられて初めて本来の価値を発揮する」という考え方である「知徳一体」を建学の理念に，1935（昭和10）年に開塾された「道徳科学専攻塾」が，麗澤大学のはじまり。時代の変化に適応するための「生涯学び続ける力」を身につける全学基盤教育「麗澤スタンダード」で掲げる「グローバル教育」「道徳教育」「データサイエンス教育」「キャリア教育」の４つの柱と教養（リベラルアーツ）教育などにより，世界・国・地域に貢献する品格あるグローバル人材を育成している。2024年４月には工学部と経営学部が誕生。ワンキャンパスに５学部14専攻の学生が集う文理横断・文理融合型の総合大学へと生まれ変わり，これまで通り小規模・国際性にこだわりながらも，未来を切り拓く，進化への挑戦が続いている。

● **麗澤大学キャンパス**……〒277-8686　千葉県柏市光ヶ丘2-1-1

基本データ

学生数▶2,501名（男1,456名，女1,045名）
専任教員数▶教授69名，准教授31名，講師20名

設置学部▶国際，外国語，経済，経営，工
併設教育機関▶大学院―経済（M・D），言語教育・学校教育（以上M）

就職・卒業後の進路

就職率 **95.6**%
就職者÷希望者×100

● **就職支援**　キャリアセンターでは「顔の見える支援」を徹底し，３年次の６月から，必ず一人１回は面談するという「全員面談」を行い，性格や適性を把握し，魅力を引き出し，ベストな活躍の場を一緒に探している。キャリアカウンセラーの多くは，一般企業で人事担当などを経験。採用する側の“ホンネ”を熟知した上で，指導を行っている。

● **資格取得支援**　各学部で資格取得のための関連授業や支援講座を多数開講。指定する資格を取得（もしくは定められた基準以上の成績を取得）した場合に，受験料の半額または全額を支給する資格取得支援制度も設けている。また，公務員をめざす学生を支援するために，LECリーガルマインドと提携し，学内で対策講座を開講している。

進路指導者も必見 学生を伸ばす 面倒見

初年次教育	学修サポート
「麗澤スピリッツとキャリア」「麗澤スタディーズ」「基礎ゼミナール」「情報リテラシー」「情報科学」などの科目のほか，4年間の大学生活が充実したものになるよう「学部別オリエンテーション・スタートアップセミナー」を実施	全学部でSA制度，オフィスアワー制度を導入。また，教員や留学生との交流はもちろん，マンツーマン指導やプレゼンテーションなど，目的に沿ったエリアで外国語のスキルを磨くことができる「iFloor」を設置

オープンキャンパス（2023年度実績） 事前予約制で４月から９月にかけて開催。大学・学部・入試説明会，学科・専攻紹介ブース，キャンパスツアー，入学者選抜対策講座，個別相談ブースなど。保護者の同伴も可能。

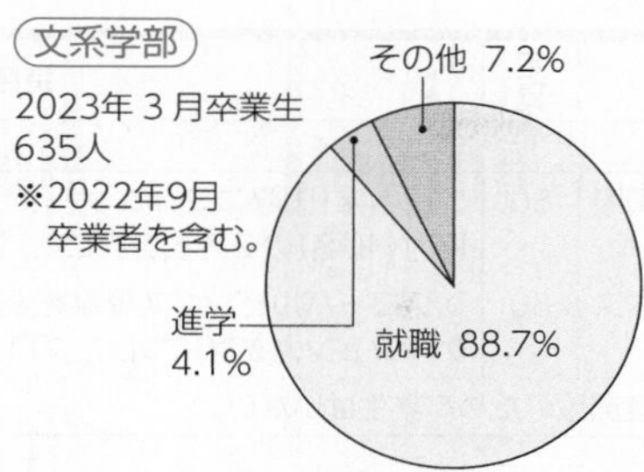

主なOB・OG▶［外国語］松田康博（国際政治学者），［外国語］黒田成彦（長崎県平戸市長），［国際経済（現経済）］国枝慎吾（元プロ車いすテニスプレーヤー），［国際経済（現経済）］伊藤巧（プロアングラー）など。

国際化・留学　　大学間 44 大学等

受入れ留学生数▶133名（2023年５月１日現在）

留学生の出身国▶中国，ベトナム，韓国，モンゴル，マレーシアなど。

外国人専任教員▶教授６名，准教授８名，講師13名（2023年５月１日現在）

外国人専任教員の出身国▶イギリス，アメリカ，カナダ，マレーシア，中国など。

大学間交流協定▶44大学・機関（交換留学先24大学，2023年５月１日現在）

海外への留学生数▶渡航型127名／年（９カ国・地域，2022年度）

海外留学制度▶半年～１年間の交換留学や語学留学のほか，学部留学，クロス留学，短期留学，スタディツアーなど，目的に合わせた多彩な留学制度・プログラムを実施。短期留学は夏・冬セッション（長期休暇）を利用した２～６週間の海外研修プログラムで，語学研修のほか，海外インターンシップや国際ボランティア活動なども用意されている。

学費・奨学金制度　　給付型奨学金総額 年間 834 万円

入学金▶260,000円

年間授業料（施設費等を除く）▶830,000円～（詳細は巻末資料参照）

年間奨学金総額▶8,340,000円

年間奨学金受給者数▶62人

主な奨学金制度▶入学後の家計の急変により，学業の継続が特に困難となった学生が対象の「麗澤大学一般支給奨学金」，所定の外国語試験で基準以上の成績・得点を獲得した学生対象の「麗澤大学特別奨学金」などを設置。

保護者向けインフォメーション

●**成績確認**　保護者向けポータルサイト「アンシンサイト」で，出席・履修・単位修得状況をいつでも確認することができる。

●**情報誌**　大学情報誌やメールマガジンを提供している。

●**懇談会**　保護者・保証人で構成される後援会があり，「父母保証人懇談会」を本学キャンパスで開催（2023年は６月）し，就職支援内容などを説明する講演会や学部別説明会，父母保証人同士の懇談会を実施している。

●**防災対策**　災害時の学生の安否はHPやアプリ，SNS，メール，ポータルサイトなど，さまざまな手段を用いて確認するようにしている。

インターンシップ科目	必修専門ゼミ	卒業論文	GPA制度の導入の有無および活用例	１年以内の退学率	標準年限での卒業率
全学部で開講している	外国語学部と国際学部で３・４年次に実施	外国語学部と国際学部は卒業要件	奨学金対象者の選定や留学候補者の選考，学生に対する個別の学修指導のほか，一部の学部で大学院入試の選抜基準として活用	3.6%	75.4%

学部紹介

学部／学科	定員	特色
国際学部		
国際	80	▷日本学・国際コミュニケーション（40名）と国際交流・国際協力（40名）の２専攻。グローバルな視野を身につける。
グローバルビジネス	80	▷グローバルビジネス専攻を設置。経営学・英語力・コミュニケーション力を身につけたグローバルリーダーを育成する。
● **主な就職先**………2020年度開設のため卒業生はいない。		
外国語学部		
外国語	190	▷英語コミュニケーション（70名），英語・リベラルアーツ（60名），ドイツ語・ヨーロッパ文化（30名），中国語・グローバルコミュニケーション（30名）の４専攻を設置。
● **取得可能な資格**…教職（英）　● **進路状況**…………就職89.1％　進学4.6％ ● **主な就職先**………DMG森精機，マブチモーター，三菱食品，三菱UFJ銀行，アルフレッサなど。		
経済学部		
経済	110	▷経済，観光・地域創生，ソーシャル・データサイエンスの３コース。経済学を社会課題解決のために生かす力を養う。
● **進路状況**…………就職88.2％　進学3.6％ ● **主な就職先**………富士通，日本アイ・ビー・エム，TDK，トヨタ紡織，産業経済新聞社，ニトリなど。		
経営学部		
経営	140	▷NEW! '24年新設。ビジネスデザイン（60名），AI・ビジネス（30名），スポーツビジネス（30名），ファミリービジネス（20名）の４専攻。新たな企業価値を創造する人材を育成。
工学部		
工	100	▷NEW! '24年新設。情報システム工学（70名），ロボティクス（30名）の２専攻。未来の幸福を創るエンジニアを育成。

キャンパス

全学部……［麗澤大学キャンパス］千葉県柏市光ヶ丘2-1-1

2024年度入試要項（前年度実績）

●募集人員

学部／学科（専攻）	一般前期	一般中期	一般後期
▶国際　国際（日本学・国際コミュニケーション／国際交流・国際協力）	18	5	3
グローバルビジネス（グローバルビジネス）	16	5	3
▶外国語　外国語（英語コミュニケーション／英語・リベラルアーツ／ドイツ語・ヨーロッパ文化／中国語・グローバルコミュニケーション）	60	10	5
▶経済　経済	30	5	5
▶経済　経営（ビジネスデザイン）	10	4	若干名
（AI・ビジネス）	5	3	若干名
（スポーツビジネス）	5	3	若干名
（ファミリービジネス）	3	2	若干名
▶工　工（情報システム工学）	17	—	—
（ロボティクス）	8	—	—

※一般選抜中期・後期の募集人員には，共通テスト利用選抜中期・後期を含む（経営学部を除く）。

国際学部・外国語学部・経済学部・経営学部

一般選抜前期Ａ日程・Ｂ日程〈３科目型・２科目型・３科目ベスト２科目型〉 **3〜2**科目 ①国（100）▶国総（古文・漢文を除く） ②外（100，２科目型の国際学部・外国語学部

キャンパスアクセス［麗澤大学キャンパス］JR常磐線（東京メトロ千代田線直通）—南柏よりバス4分／東武アーバンパークライン—新柏より徒歩15分

200）▶コミュ英Ⅰ・コミュ英Ⅱ・コミュ英Ⅲ・英表Ⅰ・英表Ⅱ　③**地歴・公民・数・理・情**（100）▶世Ｂ・日Ｂ・政経・数Ⅰ・「数Ⅰ・数Ⅱ・数Ａ・数Ｂ」・物・化・生・情から１
※２科目型は，国際学部は上記②必須，①③から１。外国語学部は①②。経済学部と経営学部は①②③から２。３科目ベスト２科目型は３科目を受験し，高得点２科目で判定する。
一般前期〈共通テストプラス〉　※共通テスト科目は６教科30科目の中から高得点１科目（100）を，個別試験科目は３型式のいずれかを受験し，高得点１科目（100）の成績を使用。
一般選抜中期・後期〈２科目型〉　**2科目**　①②**国・外・数**（100×2）▶国総（古文・漢文を除く）・「コミュ英Ⅰ・コミュ英Ⅱ・コミュ英Ⅲ・英表Ⅰ・英表Ⅱ」・数Ⅰから２，ただし国際学部と外国語学部は国・英指定
一般選抜後期〈１科目型〉　**1科目**　①**国・数**（100）▶国総（古文・漢文を除く）・数Ⅰから１，ただし国際学部と外国語学部は国指定
※指定された英語資格・検定試験の基準を満たしていることを出願要件とする。
一般後期〈共通テストプラス〉　※共通テスト科目は６教科30科目の中から高得点１科目（100）を，個別試験科目は，１科目型は受験科目（100），２科目型は高得点１科目（100）の成績を使用。
※一般選抜前期・後期の共通テストプラスの英語は200点満点を100点満点に換算。
一般選抜後期〈面接型〉　**【国際学部・外国語学部】**　**1科目**　①**面接**（100）
※指定された外国語資格・検定試験の基準を満たしていることを出願要件とする。

工学部

一般選抜前期Ａ日程・Ｂ日程〈３科目型・３科目ベスト２科目型〉　**3科目**　①**外**（100）▶コミュ英Ⅰ・コミュ英Ⅱ・コミュ英Ⅲ・英表Ⅰ・英表Ⅱ　②**数**（100）▶数Ⅰ・数Ⅱ・数Ａ・数Ｂ　③**国・地歴・公民・理・情**（100）▶国総（古文・漢文を除く）・世Ｂ・日Ｂ・政経・物・化・生・情から１
※３科目ベスト２科目型は３科目を受験し，高得点２科目で判定する。
一般前期〈共通テストプラス〉　※共通テスト科目は６教科30科目の中から高得点１科目（100）を，個別試験科目は２型式のいずれかを受験し，高得点１科目（100）の成績を使用。
※共通テストプラスの英語は200点満点を100点満点に換算。

その他の選抜

共通テスト利用選抜，学校推薦型選抜（指定校推薦），総合型選抜，外国人留学生入学者選抜。

偏差値データ（2024年度）

●**一般選抜前期Ａ日程**

学部／学科／専攻	2024年度 駿台予備学校 合格目標ライン	2024年度 河合塾 ボーダー偏差値	2023年度 競争率
▶国際学部			
国際／日本学・国際コミュニケーション	39	37.5	1.0
／国際交流・国際協力	38	37.5	1.0
グローバルビジネス	36	37.5	1.0
▶外国語学部			
外国語／英語コミュニケーション	41	40	1.0
／英語・リベラルアーツ	41	37.5	1.0
／ドイツ語・ヨーロッパ文化	40	37.5	1.0
／中国語・グローバルコミュニケーション	38	37.5	1.0
▶経済学部			
経済	38	37.5～40	1.1
▶経営学部			
経営／ビジネスデザイン	38	37.5～40	新
／AI・ビジネス	38	37.5～40	1.1
／スポーツビジネス	37	37.5～40	1.0
／ファミリービジネス	37	37.5～40	新
▶工学部			
工／情報システム工学	39	45	新
／ロボティクス	39	42.5	新

- 駿台予備学校合格目標ラインは合格可能性80％に相当する駿台模試の偏差値です。なお，前期Ａ・Ｂ日程の偏差値です。
- 河合塾ボーダー偏差値は合格可能性50％に相当する河合塾全統模試の偏差値です。なお，前期Ａ・Ｂ日程の偏差値です。
- 競争率は受験者÷合格者の実質倍率

青山学院大学

あおやまがくいん

資料請求

問合せ先　入学広報部　☎03-3409-0135

建学の精神

青山学院は，米国のメソジスト監督協会が日本に派遣した宣教師によって，1870年代に創設された３つの学校をその源流とする。2024年に150周年を迎える歴史の中で，寛容性・他者理解・個性尊重を根幹とするキリスト教信仰にもとづく教育を堅持し，たゆまぬ歩みを続けている。その建学の精神は，少しも揺らぐことなく今日に受け継がれ，スクール・モットーである『地の塩，世の光』のもと，「地の塩」として周囲に尽くし，「世の光」として他者を導く，という精神を体現する「サーバント・リーダー」を世に送り続けることを使命に，「青山スタンダード」をはじめとするリベラルアーツ教育で，さまざまな問題を複眼的にとらえ，自分たちの未来を主体的に決めていくために総合的な価値判断ができる「良き市民（good citizen）」を育成している。

- 青山キャンパス……〒150-8366　東京都渋谷区渋谷4-4-25
- 相模原キャンパス…〒252-5258　神奈川県相模原市中央区淵野辺5-10-1

基本データ

学生数▶19,242名（男9,582名，女9,660名）
専任教員数▶教授409名，准教授118名，助教83名
設置学部▶文，教育人間科，経済，法，経営，国際政治経済，総合文化政策，理工，社会情報，地球社会共生，コミュニティ人間科
併設教育機関▶大学院（P.272参照）

就職・卒業後の進路

就職率 96.1％
就職者÷希望者×100

●**就職支援**　丁寧な個別面談と，年間約400回実施される豊富な就職支援行事を特長に，各キャンパスの学問領域や特性に合わせ，４年間を通じて進路・就職支援を実施。内定を得たばかりの４年生，卒業生による在校生就職支援委員会も強力にバックアップ。

●**資格取得支援**　税理士試験の第一ステップとして，簿記２級・３級試験対策と所得税法・相続税法の課外講座を開催するほか，FP技能検定受験対策講座なども実施。また，教員をめざす学生に対しては，対策講座や説明会，同窓会による補講なども行っている。

進路指導者も必見　学生を伸ばす　面倒見

初年次教育

「青山学院大学の歴史」「ウェルカム・レクチャー」「情報スキルⅠ」を全学部で実施するほか，各学部で「基礎演習Ⅰ・Ⅱ」「入門セミナーⅠ・Ⅱ」「社会情報体験演習」「心理学基礎演習」「コミュニケーション基礎」などの科目を開講

学修サポート

9学部（地球・コミュニティ以外）でTA制度，8学部（理工と前記２学部以外）でSA制度，10学部でオフィスアワー（地球以外）を導入。大学院生チューターが文書作成支援を行うアカデミックライティングセンターを設置

オープンキャンパス（2023年度実績）　相模原Cで７月９日，青山Cで８月１・２日（開催日により対象学部は異なる）に，それぞれ対面型のオープンキャンパスを開催。７月20日〜８月31日の期間，青山オンラインも実施。

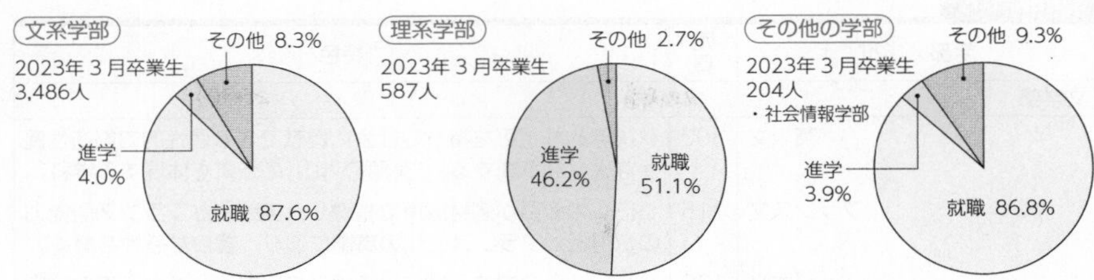

主なOB・OG▶［法］井阪隆一（セブン&アイ・ホールディングス社長），［経営］藤田晋（サイバーエージェント社長），［文］ホラン千秋（タレント，キャスター），［社会情報］吉田正尚（メジャーリーガー）など。

国際化・留学　大学間 182 大学等・部局間 13 大学

受入れ留学生数▶498名（2023年５月１日現在）

留学生の出身国・地域▶中国，韓国，アメリカ，タイ，台湾など。

外国人専任教員▶教授29名，准教授12名，助教6名（2023年５月１日現在）

外国人専任教員の出身国▶アメリカ，韓国，イギリス，中国，カナダ，ドイツ，オーストラリアなど。

大学間交流協定▶182大学・機関（交換留学先144大学，2023年９月８日現在）

部局間交流協定▶13大学（交換留学先８大学，2023年10月１日現在）

海外への留学生数▶渡航型602名／年（27カ国・地域，2022年度）

海外留学制度▶協定校留学（派遣交換留学）や認定校留学，ASEAN諸国協定校特別派遣プログラム，海外インターンシップ，主に学部・学科が主催する短期の海外語学・文化研修など，目的や渡航先，期間，レベル等に合わせて選択できる制度を用意。国際政治経済学部では，エセックス大学ダブルディグリープログラムを実施している。コンソーシアムはACUCA，MISENの２つの団体に参加。

学費・奨学金制度

入学金▶200,000円

年間授業料（施設費等を除く）▶833,000円～（詳細は巻末資料参照）

年間奨学金総額▶非公開

年間奨学金受給者数▶非公開

主な奨学金制度▶入学前予約型給付奨学金の「地の塩，世の光奨学金」や「青山学院大学経済支援給付奨学金」「青山学院万代基金給付奨学金」などの制度を設置。「青山学院大学学業成績優秀者表彰制度」も設けている。

保護者向けインフォメーション

●**成績確認**　成績通知書を郵送するほか，ペアレンツウィークエンド（一部の学部）でも提供。

●**ペアレンツウィークエンド**　ペアレンツウィークエンドとして，キャンパス見学会，各種説明会，個別相談会などを５月に相模原C，５・６・７・11月に青山Cで開催。また，７月から12月にかけて全国各地で地区懇談会を開催し，就職説明会なども行っている。

●**防災対策**　「災害カード」を入学時に配布。災害時の学生の安否は，ポータルサイトを利用して確認するようにしている。

インターンシップ科目	必修専門ゼミ	卒業論文	GPA制度の導入の有無および活用例	１年以内の退学率	標準年限での卒業率
コミュニティを除き開講	文３年次，教育人間科１～４年次，経営・理工４年次，総合文化政策２年次，地球社会共生１年次，コミュニティ人間科３・４年次で実施	理工・社会情報・コミュニティおよび日本文・史・教育学科は卒業要件	奨学金対象者選定，退学勧告，大学院入試選抜，留学候補者選考のほか，一部の学部で大学院科目履修制度，個別学修指導などに活用	0.85%	82.4%

学部紹介

学部／学科	定員	特色
文学部		
英米文	300	▷国際的な視野を持って社会に貢献できる個性的で創造性豊かな人材を育成する。「英語の青山」の伝統を体現する学科。
フランス文	115	▷日仏の教員が適材適所で指導し，実践的なフランス語能力の習得と，フランス文化の真髄に迫り，豊かな感性を磨く。
日本文	120	▷「ことば」の向こう側にいる他者の目を通して今一度自分自身を見つめ直し，国際社会に通用する深い洞察力を養う。
史	120	▷日本史，東洋史，西洋史，考古学の視点から，人間と社会について広く深い理解力を養い，社会の持続可能性も探る。
比較芸術	85	▷美術，音楽，演劇映像の３領域。五感を研ぎ澄ませて芸術的創造力の本質に迫り，芸術的教養や国際的視野を養う。
● 取得可能な資格…教職（国・地歴・社・英・仏），司書，司書教諭，学芸員など。 ● 進路状況…………就職85.5%　進学5.0% ● 主な就職先………楽天グループ，ANAエアポートサービス，JALスカイ，ディップ，AIRDO，エン・ジャパン，サントリーホールディングス，博報堂プロダクツ，富士通など。		
教育人間科学部		
教育	188	▷教育の本質とそれを担う人間という存在について理解を深める。幼稚園から高校まで幅広い教員免許状の取得が可能。
心理	110	▷認知・発達・社会・臨床の４領域で専門的に学び，心の問題を実践的に解決する「心の専門家」を育成する。
● 取得可能な資格…教職（国・地歴・公・社・英，小一種，幼一種），司書，司書教諭，学芸員など。 ● 進路状況…………就職85.5%　進学7.7% ● 主な就職先………公立小学校（神奈川・東京・埼玉・千葉），公立高等学校（神奈川），公立中学校（東京都），SBCメディカルグループ，双日，ニトリ，マルハニチロ，三井住友銀行など。		
経済学部		
経済	407	▷理論・政策・歴史という伝統的な視点から資源配分の効率性について学び，より公正な社会の実現に貢献できる力を育む。
現代経済デザイン	132	▷公共性の視点にもとづいた，誰もが公平で幸せに暮らせる社会経済システムを提案できる人材を育成する。
● 取得可能な資格…司書，学芸員など。　● 進路状況…………就職88.1%　進学2.6% ● 主な就職先………楽天グループ，パーソルキャリア，NECソリューションイノベータ，大塚商会，富士通，TIS，みずほ証券，みずほフィナンシャルグループ，NTTドコモなど。		
法学部		
法	380	▷法知識や思考力を駆使し，現代社会の複雑な諸問題への対処において妥当な解決策を導く能力を持つ人材を育成する。
ヒューマンライツ	120	▷「人権」について，多様な学問分野から学ぶ日本初の学科。
● 取得可能な資格…司書，学芸員など。　● 進路状況…………就職88.4%　進学4.2% ● 主な就職先………楽天グループ，厚生労働省，三井住友信託銀行，SMBC日興証券，大塚商会，ディップ，日本生命保険，パーソルキャリア，みずほ証券，三菱UFJ銀行など。		
経営学部		
経営	360	▷経営学，商学，会計学の３分野をバランスよく学び，「より良い経営」のための理論と実践技術を身につける。
マーケティング	160	▷戦略から消費者行動，広告コミュニケーション，データ分析まで，マーケティングに関する専門的な知識・能力を養う。

キャンパスアクセス ［青山キャンパス］ JR山手線・埼京線，東急線，京王井の頭線，東京メトロ副都心線ほか―渋谷より徒歩10分／東京メトロ銀座線・千代田線・半蔵門線―表参道より徒歩５分

●**取得可能な資格**…司書，学芸員など。　●**進路状況**…………就職89.8%　進学2.5%
●**主な就職先**………NECソリューションイノベータ，三井住友信託銀行，楽天グループ，デジタル・アドバタイジング・コンソーシアム，パーソルキャリア，日立製作所，TISなど。

国際政治経済学部

国際政治	115	▶3学科×政治外交・安全保障，グローバル・ガバナンス，国際経済政策，国際ビジネス，国際コミュニケーションの5コース体制のもと，専門性と国際性を高める独自の学際教育で世界の課題を解決へと導く実践力を養う。
国際経済	115	
国際コミュニケーション	74	

●**取得可能な資格**…司書，学芸員など。　●**進路状況**…………就職83.6%　進学5.2%
●**主な就職先**………楽天グループ，TOPPAN，丸紅，三井住友信託銀行，アクセンチュア，ADKホールディングス，大日本印刷，日本航空，野村證券，PwCコンサルティングなど。

総合文化政策学部

総合文化政策	259	▷理論と実践を融合したチャレンジングな学びで，文化創造を担うマネジメント力や世界への発信力を養う。

●**取得可能な資格**…司書，学芸員など。　●**進路状況**…………就職87.2%　進学3.9%
●**主な就職先**………トランス・コスモス，第一生命保険，楽天グループ，エイベックス，NTTドコモ，サイバーエージェント，サニーサイドアップ，JCOM，ジェーシービーなど。

理工学部

物理科	105	▷自然科学全般だけでなく，現実世界の諸問題を，物理学の思考法・手法を適用して解決に導く人材を育成する。
数理サイエンス	55	▷社会の諸問題を記述し解決する道具としての数学を学ぶ。
化学・生命科	115	▷有機EL照明をはじめとする工業化学や遺伝子関連のバイオテクノロジーなど，最新分野にもアプローチが可能。
電気電子工	120	▷進展するテクノロジーに対応する応用力と，新技術創出の源泉となる基礎力を身につけるため，多面的な学びに注力。
機械創造工	95	▷「未来を創造する機械工学」をモットーに，創造力と想像力を養い，21世紀のものづくりを担う人材を育成する。
経営システム工	95	▷社会科学と工学を融合させた学びで，課題解決力を養う。
情報テクノロジー	95	▷デジタルメディア／CG・Web，高度機械学習／AI，人間情報学／XR，ロボティクス／IoTを中心に学びを編成。

●**取得可能な資格**…教職（数・理・情・工業），司書，司書教諭，学芸員など。
●**進路状況**…………就職51.1%　進学46.2%
●**主な就職先**………エヌ・ティ・ティ・データ，エヌ・ティ・ティ・コムウェア，SCSK，NECネッツエスアイ，東京電力ホールディングス，日本総合研究所，日立システムズなど。

社会情報学部

社会情報	220	▷文理の領域をつなぎ，各分野の"知"を"融合知"に高める学びを通じて，現代社会に必要な考える力と実践力を養う。

●**取得可能な資格**…教職（数・情），司書，司書教諭，学芸員など。
●**進路状況**…………就職86.8%　進学3.9%
●**主な就職先**………アクセンチュア，SCSK，エヌ・ティ・ティ・データ，クレディセゾン，シャープ，シンプレクス，TIS，TDCソフト，メンバーズ，リクルート，りそな銀行など。

地球社会共生学部

地球社会共生	190	▷異文化理解を深める幅広い学びを展開し，Global Issuesを共に解決し協働できる「共生マインド」を養う。

●**取得可能な資格**…司書，学芸員など。　●**進路状況**…………就職85.2%　進学3.8%
●**主な就職先**………楽天グループ，サイバーエージェント，日本通運，星野リゾート，アクセンチュア，キーエンス，共同通信社，東京海上日動火災保険，明治安田生命保険など。

キャンパスアクセス［相模原キャンパス］JR横浜線一淵野辺より徒歩7分

コミュニティ人間科学部		
コミュニティ人間科	240	▷地域を理解し，地域で体験し行動するプログラムを通じて，課題解決力とコミュニティの未来を拓く力を養う。

● **取得可能な資格**…司書，学芸員など。　● **進路状況**……就職95.9%　進学1.6%
● **主な就職先**………日本生命保険，ノバレーゼ，パーソルキャリア，横浜銀行，リクルート，Evand，クリイエイトエス・ディー，JTB，りそなホールディングス，平塚市役所など。

▶キャンパス

文・教育人間科・経済・法・経営・国際政治経済・総合文化政策……［青山キャンパス］東京都渋谷区渋谷4-4-25
理工・社会情報・地球社会共生・コミュニティ人間科……［相模原キャンパス］神奈川県相模原市中央区淵野辺5-10-1

2025年度入試要項（予告）

●募集人員

学部／学科	全学部	個別	共通テスト	自己推薦
▶文　英米文	約5	A約70 B約40 C約40	約15	約30
フランス文	約15	A約40 B約10	約10	—
日本文	約8	A約55 B約10	約5	—
史	約20	約52	約10	約13
比較芸術	約5	約45	約5	約8
▶教育人間科　教育	約70	約20	約10	—
心理	約58	約15	約10	—
▶経済　経済	約30	A約180 B約100	約10	—
現代経済デザイン	約10	A約50 B約25	約10	—
▶法　法	約80	A約80 B約25	約10	—
ヒューマンライツ	約25	A約20 B約10	約5	—
▶経営　経営	約25	A約160 B約40	約10	—
マーケティング	約15	A約80 B約20	約5	—
▶国際政治経済　国際政治	約5	A約64 B約6	3科約10 4科約10	—
国際経済	約5	約70	3科約10 4科約10	—
国際コミュニケーション	約5	A約27 B約20	約10	—
▶総合文化政策　総合文化政策	約55	A約70 B約50	約10	—
▶理工　物理科	約12	A約35 B約28	約8	—
数理サイエンス	約6	A約20 B約13	約4	—
化学・生命科	約13	A約50 B約20	約10	—
電気電子工	約13	A約40 B約20	約10	—
機械創造工	約15	A約40 B約20	約10	—
経営システム工	約10	A約35 B約20	約10	—
情報テクノロジー	約10	A約35 B約20	約10	—
▶社会情報　社会情報	A約17 B約10	A約45 B約25 C約35 D約15	約15	—
▶地球社会共生　地球社会共生	約45	約30	約20	約31
▶コミュニティ人間科　コミュニティ人間科	約50	約34	約12	約12

注）募集人員は2024年度の実績です。
※次のように略しています。科目型→科。

注）配点は編集時，未公表。最新の募集要項でご確認ください。なお，総合型選抜自己推薦の選抜内容は，2024年度の実績です。

文学部

一般選抜（全学部日程） 3科目 ①国▶現国・言語（英米文学科とフラン文学科は古文・漢文を除く） ②外▶英コミュⅠ・英コミュⅡ・英コミュⅢ・論表Ⅰ・論表Ⅱ・論表Ⅲ ③地歴・公民・数▶世探・日探・政経・「数Ⅰ・数Ⅱ・数A（図形・場合）・数B（数列）・数C（ベク）」から1

一般選抜（個別学部日程） 【英米文学科】〈A方式・共通テスト併用〉〈共通テスト科目〉 3科目 ①国▶国 ②外▶英（リスニングを含む） ③地歴・公民▶「歴総・世探」・「歴総・日探」・「地総・地探」・「地総・歴総・公から2」・「公・倫」・「公・政経」から1

〈独自問題〉 1科目 ①外▶英コミュⅠ・英コミュⅡ・英コミュⅢ・論表Ⅰ・論表Ⅱ・論表Ⅲ

〈B方式〉 2科目 ①外▶英コミュⅠ・英コミュⅡ・英コミュⅢ・論表Ⅰ・論表Ⅱ・論表Ⅲ ②総合問題（英語による）▶リスニング・ライティングを含む総合的な英語力を問う問題

〈C方式〉 2科目 ①国▶現国・言語（漢文を除く） ②外▶英コミュⅠ・英コミュⅡ・英コミュⅢ・論表Ⅰ・論表Ⅱ・論表Ⅲ（リスニングを含む）

〈D方式〉 1科目 ①論述（英語による）▶英コミュⅠ・英コミュⅡ・英コミュⅢ・論表Ⅰ・論表Ⅱ・論表Ⅲ

※指定された英語資格・検定試験のスコア・級の提出を出願資格とし，合否判定に使用する。

【フランス文学科】〈A方式・共通テスト併用〉〈共通テスト科目〉 2科目 ①外▶英（リスニングを含む）・独・仏から1 ②地歴・公民▶「歴総・世探」・「歴総・日探」・「地総・地探」・「地総・歴総・公から2」・「公・倫」・「公・政経」から1

〈独自問題〉 1科目 ①総合問題▶文章読解を中心とし，読解力，論理的思考力，言葉の知識，外国の文化・社会についての理解を問う総合問題

〈B方式・共通テスト併用〉〈共通テスト科目〉 1科目 ①外▶英（リスニングを含む）・独・仏から1

〈独自問題〉 1科目 ①総合問題（論述）▶文化・社会等に関する長文読解を課し，言葉の知識・思考力，論述力を問う。

【日本文学科】〈A方式・共通テスト併用〉〈共通テスト科目〉 2科目 ①外▶英（リスニングを含む） ②地歴▶「歴総・世探」・「歴総・日探」から1

〈独自問題〉 1科目 ①国▶現国・言語・古典

〈B方式・共通テスト併用〉〈共通テスト科目〉 1科目 ①外▶英（リスニングを含む）

〈独自問題〉 1科目 ①国▶現国・言語・古典

【史学科】〈共通テスト併用〉〈共通テスト科目〉 3科目 ①国▶国 ②外▶英（リスニングを含む）・独・仏・中・韓から1 ③地歴・公民・数・理▶「歴総・世探」・「歴総・日探」・「地総・地探」・「地総・歴総・公から2」・「公・倫」・「公・政経」・「数Ⅰ・数A」・「数Ⅱ・数B・数C」・「物基・化基・生基・地学基から2」・物・化・生・地学から1

〈独自問題〉 1科目 ①地歴▶世探・日探から1（記述・論述を含む）

【比較芸術学科】〈共通テスト併用〉〈共通テスト科目〉 3科目 ①国▶国 ②外▶英（リスニングを含む） ③地歴▶「歴総・世探」・「歴総・日探」から1

〈独自問題〉 1科目 ①論述▶芸術に関わる評論を読み，そのテーマに沿って具体的な例をあげながら，考えるところを論述する

共通テスト利用入学者選抜3科目型 3科目 ①国▶国 ②外▶英（リスニングを含む）・独・仏・中・韓から1，ただし英米文学科は英指定，フランス文学科は中・韓の選択不可 ③地歴・公民・数・理▶「歴総・世探」・「歴総・日探」・「地総・地探」・「地総・歴総・公から2」・「公・倫」・「公・政経」・「数Ⅰ・数A」・「数Ⅱ・数B・数C」・「物基・化基・生基・地学基から2」・物・化・生・地学から1

［個別試験］ 行わない。

共通テスト利用入学者選抜4科目型 【英米文学科】 4科目 ①国▶国 ②外▶英（リスニングを含む） ③地歴・公民▶「歴総・世探」・「歴総・日探」・「地総・地探」・「地総・歴総・公から2」・「公・倫」・「公・政経」から1 ④数・情▶「数Ⅰ・数A」・情Ⅰから1

［個別試験］ 行わない。

共通テスト利用入学者選抜6科目型 【史学科】 6科目 ①国▶国 ②外▶英（リスニングを含む）・独・仏・中・韓から1 ③④地歴・公民▶「歴総・世探」・「歴総・日探」・「地総・地探」・「地総・歴総・公から2」・「公・倫」・「公・政経」

から２ ⑤数▶「数Ⅰ・数Ａ」・「数Ⅱ・数Ｂ・数Ｃ」から１ ⑥理▶「物基・化基・生基・地学基から２」・物・化・生・地学から１

[個別試験] 行わない。

総合型選抜自己推薦 [出願資格] 英米文学科は指定された英語資格・検定試験のスコア・級のいずれかに該当する者。史学科と比較芸術学科は第１志望，現役のほか，全体および指定教科の，学習成績の状況の要件を満たしている者。

[選考方法] 書類審査通過者を対象に，面接（英米文学科は英語および日本語）のほか，英米文学科は小論文（英語および日本語。英文を読み，英語と日本語の両方で文章を書く），史学科は歴史分野の学力を問う論述，比較芸術学科は芸術に関する基礎知識を問う。

教育人間科学部

一般選抜（全学部日程） 3科目 ①国▶現国・言語（古文・漢文を除く） ②外▶英コミュⅠ・英コミュⅡ・英コミュⅢ・論表Ⅰ・論表Ⅱ・論表Ⅲ ③地歴・公民・数▶世探・日探・政経・「数Ⅰ・数Ⅱ・数Ａ（図形・場合）・数Ｂ（数列）・数Ｃ（ベク）」から１

一般選抜（個別学部日程） 〈共通テスト併用〉〈共通テスト科目〉 2科目 ①国▶国 ②外▶英（リスニングを含む）

〈独自問題〉 1科目 ①小論文▶[教育学科]一文章・図表などに基づいて読解・論述する問題を課す [心理学科] 一日本語の文章やデータを読み，物事を論理的に考察し，自分の考えを的確に表現できる力を総合的に問う論述等を課す

共通テスト利用入学者選抜３科目型・５科目型 5～3科目 ①国▶国 ②外▶英（リスニングを含む） ③④⑤地歴・公民・数・理・情▶「〈歴総・世探〉・〈歴総・日探〉・〈地総・地探〉・〈地総・歴総・公から２〉・〈公・倫〉・〈公・政経〉から１」・「〈数Ⅰ・数Ａ〉・〈数Ⅱ・数Ｂ・数Ｃ〉から１」・「〈物基・化基・生基・地学基から２〉・物・化・生・地学から１」・情Ⅰから３科目型は１，５科目型は３，ただし心理学科の５科目型は「地歴・公民から１」「数・情から１」・理の３科目指定

※３科目型は教育学科のみ実施。

[個別試験] 行わない。

経済学部

一般選抜（全学部日程） 3科目 ①国▶現国・言語（古文・漢文を除く） ②外▶英コミュⅠ・英コミュⅡ・英コミュⅢ・論表Ⅰ・論表Ⅱ・論表Ⅲ ③地歴・公民・数▶世探・日探・政経・「数Ⅰ・数Ⅱ・数Ａ（図形・場合）・数Ｂ（数列）・数Ｃ（ベク）」から１

一般選抜（個別学部日程）〈Ａ方式〉 2科目 ①外▶英コミュⅠ・英コミュⅡ・英コミュⅢ・論表Ⅰ・論表Ⅱ・論表Ⅲ ②地歴・公民▶世探・日探・政経から１

一般選抜（個別学部日程）〈Ｂ方式〉 2科目 ①外▶英コミュⅠ・英コミュⅡ・英コミュⅢ・論表Ⅰ・論表Ⅱ・論表Ⅲ ②数▶数Ⅰ・数Ⅱ・数Ａ・数Ｂ・数Ｃ（ベク）

共通テスト利用入学者選抜 4科目 ①国▶国（近代） ②外▶英（リスニングを含む） ③地歴・公民▶「歴総・世探」・「歴総・日探」・「地総・地探」・「地総・歴総・公から２」・「公・倫」・「公・政経」から１ ④数▶「数Ⅰ・数Ａ」・「数Ⅱ・数Ｂ・数Ｃ」から１

[個別試験] 行わない。

法学部

一般選抜（全学部日程） 3科目 ①国▶現国・言語（古文・漢文を除く） ②外▶英コミュⅠ・英コミュⅡ・英コミュⅢ・論表Ⅰ・論表Ⅱ・論表Ⅲ ③地歴・公民・数▶世探・日探・政経・「数Ⅰ・数Ⅱ・数Ａ（図形・場合）・数Ｂ（数列）・数Ｃ（ベク）」から１

一般選抜（個別学部日程）〈Ａ方式・共通テスト併用／Ｂ方式・共通テスト併用〉〈共通テスト科目〉 3科目 ①国▶国 ②外▶英（リスニングを含む）・独・仏・中・韓から１ ③地歴・公民・数▶「歴総・世探」・「歴総・日探」・「地総・地探」・「公・倫」・「公・政経」・数Ⅰ・「数Ⅰ・数Ａ」・「数Ⅱ・数Ｂ・数Ｃ」から１

〈独自問題〉 1科目 ①総合問題▶[Ａ方式]一「現国・言語（古文・漢文を除く）」と「歴総」「公」との総合問題とする [Ｂ方式] 一英語（英コミュⅠ・英コミュⅡ・英コミュⅢ・論表Ⅰ・論表Ⅱ・論表Ⅲ）と「歴総」「公」との総合問題とする

共通テスト利用入学者選抜３科目型　3科目
①国▶国　②外▶英(リスニングを含む)・独・仏・中・韓から１　③地歴・公民・数・理・情▶「歴総・世探」・「歴総・日探」・「地総・地探」・「地総・歴総・公から２」・「公・倫」・「公・政経」・「数Ⅰ・数Ａ」・「数Ⅱ・数Ｂ・数Ｃ」・「物基・化基・生基・地学基から２」・物・化・生・地学・情Ⅰから１
［個別試験］　行わない。
共通テスト利用入学者選抜５科目型　5科目
①国▶国　②外▶英(リスニングを含む)・独・仏・中・韓から１　③数▶数Ⅰ・数Ａ　④地歴・公民▶「歴総・世探」・「歴総・日探」・「地総・地探」・「地総・歴総・公から２」・「公・倫」・「公・政経」から１　⑤地歴・公民・数・理・情▶「歴総・世探」・「歴総・日探」・「地総・地探」・「地総・歴総・公から２」・「公・倫」・「公・政経」・「数Ⅱ・数Ｂ・数Ｃ」・「物基・化基・生基・地学基から２」・物・化・生・地学・情Ⅰから１
※公民の２科目選択は不可。
［個別試験］　行わない。

経営学部

一般選抜(全学部日程)　3科目　①国▶現国・言語(古文・漢文を除く)　②外▶英コミュⅠ・英コミュⅡ・英コミュⅢ・論表Ⅰ・論表Ⅱ・論表Ⅲ　③地歴・公民・数▶世探・日探・政経・「数Ⅰ・数Ⅱ・数Ａ(図形・場合)・数Ｂ(数列)・数Ｃ(ベク)」から１
一般選抜(個別学部日程)〈Ａ方式・共通テスト併用〉〈共通テスト科目〉　3科目　①国▶国　②外▶英(リスニングを含む)　③地歴・公民・数▶「歴総・世探」・「歴総・日探」・「地総・地探」・「公・政経」・「数Ⅰ・数Ａ」・「数Ⅱ・数Ｂ・数Ｃ」から１
〈独自問題〉　1科目　①外国語▶英語の長文読解を中心として基礎力・総合力を問う問題(記述式問題を含む)
一般選抜(個別学部日程)〈Ｂ方式・共通テスト併用〉〈共通テスト科目〉　4科目　①外▶英(リスニングを含む)　②③数▶「数Ⅰ・数Ａ」・「数Ⅱ・数Ｂ・数Ｃ」　④国・地歴・公民▶国・「歴総・世探」・「歴総・日探」・「地総・地探」・「公・政経」から１
〈独自問題〉　Ａ方式と同じ
共通テスト利用入学者選抜　3科目　①国▶国　②外▶英(リスニングを含む)　③地歴・公民・数▶「歴総・世探」・「歴総・日探」・「地総・地探」・「地総・歴総・公から２」・「公・倫」・「公・政経」・「数Ⅰ・数Ａ」・「数Ⅱ・数Ｂ・数Ｃ」から１
［個別試験］　行わない。

国際政治経済学部

一般選抜(全学部日程)　3科目　①国▶現国・言語(古文・漢文を除く)　②外▶英コミュⅠ・英コミュⅡ・英コミュⅢ・論表Ⅰ・論表Ⅱ・論表Ⅲ　③地歴・公民・数▶世探・日探・政経・「数Ⅰ・数Ⅱ・数Ａ(図形・場合)・数Ｂ(数列)・数Ｃ(ベク)」から１
一般選抜(個別学部日程)〈Ａ方式・共通テスト併用〉〈共通テスト科目〉　3科目　①国▶国(近代)　②外▶英(リスニングを含む)　③地歴・公民・数▶「歴総・世探」・「歴総・日探」・「地総・地探」・「地総・歴総・公から２」・「公・倫」・「公・政経」・「数Ⅰ・数Ａ」・「数Ⅱ・数Ｂ・数Ｃ」から１
〈独自問題〉　1科目　①論述・総合問題▶［国際政治学科］ー国際政治分野に関する日本語・英語の文章および資料を読解した上で論理的な思考を通じて解答する問題(解答を英語で表現する問題を含む)，ならびに英語読解力を問う問題　［国際経済学科］ー数量的理解(グラフや表などからデータの意味を読み解く力)および読解力・論理的思考力を問う問題(問題に英文を含む)，ならびに英語読解力を問う問題　［国際コミュニケーション学科］ー英文読解力と論理的思考力・表現力を問う問題
一般選抜(個別学部日程)〈Ｂ方式〉　1科目
①英語資格・検定試験▶指定された英語資格・検定試験(英検，IELTS，TOEFL iBT，GTEC〈CBTおよび検定版〉，TEAP，TEAP〈CBT〉，TOEIC〈L&RおよびS&W〉)のスコア・級を「出願資格」と「加点」とする
〈独自問題〉　Ａ方式と同じ
共通テスト利用入学者選抜３科目型　3科目
①国▶国(近代)　②外▶英(リスニングを含む)　③地歴・公民・数▶「歴総・世探」・「歴総・日探」・「地総・地探」・「地総・歴総・公から２」・「公・倫」・「公・政経」・「数Ⅰ・数Ａ」・「数Ⅱ・数

B・数C」から1
[個別試験] 行わない。
共通テスト利用入学者選抜4科目型 【国際政治学科・国際経済学科】 4科目 ①国▶国(近代) ②外▶英(リスニングを含む) ③数▶「数Ⅰ・数A」・「数Ⅱ・数B・数C」から1 ④地歴・公民▶「歴総・世探」・「歴総・日探」・「地総・地探」・「地総・歴総・公から2」・「公・倫」・「公・政経」から1
[個別試験] 行わない。

総合文化政策学部

一般選抜(全学部日程) 3科目 ①国▶現国・言語(古文・漢文を除く) ②外▶英コミュⅠ・英コミュⅡ・英コミュⅢ・論表Ⅰ・論表Ⅱ・論表Ⅲ ③地歴・公民・数▶世探・日探・政経・「数Ⅰ・数Ⅱ・数A(図形・場合)・数B(数列)・数C(ベク)」から1
一般選抜(個別学部日程)〈A方式・共通テスト併用〉〈共通テスト科目〉 2科目 ①国▶国(近代) ②地歴・公民・数▶「歴総・世探」・「歴総・日探」・「公・倫」・「公・政経」・「数Ⅰ・数A」・「数Ⅱ・数B・数C」から1
〈独自問題〉 1科目 ①総合問題▶「現国・言語(近代)」「地歴・公民(主に歴総・世探〈現代史〉・日探〈現代史〉・公・倫・政経)」
※指定された英語資格・検定試験のスコア(TEAP〈4技能〉260点以上,英検CSEスコア2100点以上,IELTS〈Academic Module オーバーオール・バンド・スコア〉4.5以上,TOEFL iBT50点以上,TOEIC L&R+S&W 940点以上,GTEC1100点以上)を「出願資格」とする。
一般選抜(個別学部日程)〈B方式・共通テスト併用〉〈共通テスト科目〉 2科目 ①外▶英(リスニングを含む) ②地歴・公民・数▶「歴総・世探」・「歴総・日探」・「公・倫」・「公・政経」・「数Ⅰ・数A」・「数Ⅱ・数B・数C」から1
〈独自問題〉 1科目 ①論述▶文章やデータを読み,分析する能力,自分の文章を論理的に展開できる力,自由に発想する力,自分の意見や発想を十分に表現する力を総合的に問う論述等を課す
共通テスト利用入学者選抜3科目型・4科目型 4~3科目 ①国▶国(近代) ②外▶英(リスニングを含む) ③④「地歴・公民」・数▶「〈歴総・世探〉・〈歴総・日探〉・〈地総・地探〉・〈地総・歴総・公から2〉・〈公・倫〉・〈公・政経〉から1」・「〈数Ⅰ・数A〉・〈数Ⅱ・数B・数C〉から1」から3科目型は1,4科目型は2
[個別試験] 行わない。
共通テスト利用入学者選抜5科目型 5科目 ①国▶国(近代) ②外▶英(リスニングを含む) ③地歴・公民▶「歴総・世探」・「歴総・日探」・「地総・地探」・「地総・歴総・公から2」・「公・倫」・「公・政経」から1 ④数▶「数Ⅰ・数A」・「数Ⅱ・数B・数C」から1 ⑤理▶「物基・化基・生基・地学基から2」・物・化・生・地学から1
[個別試験] 行わない。

理工学部

一般選抜(全学部日程) 3科目 ①外▶英コミュⅠ・英コミュⅡ・英コミュⅢ・論表Ⅰ・論表Ⅱ・論表Ⅲ ②数▶数Ⅰ・数Ⅱ・数Ⅲ・数A・数B(数列)・数C(ベク・平面) ③理▶「物基・物」・「化基・化」から1,ただし物理科学科は物基・物指定
一般選抜(個別学部日程)〈A方式・B方式〉 3科目 ①外▶英コミュⅠ・英コミュⅡ・英コミュⅢ・論表Ⅰ・論表Ⅱ・論表Ⅲ ②数▶数Ⅰ・数Ⅱ・数Ⅲ・数A・数B(数列)・数C(ベク・平面) ③理▶「物基・物」・「化基・化」から1,ただし物理科学科は物基・物,化学・生命科学科は化基・化指定
共通テスト利用入学者選抜 4科目 ①外▶英(リスニングを含む) ②③数▶「数Ⅰ・数A」・「数Ⅱ・数B・数C」 ④理・情▶[物理科学科] 一物,[数理サイエンス学科・機械創造工学科・経営システム工学科] 一物・化から1,[化学・生命科学科] 一物・化・生から1,[電気電子工学科・情報テクノロジー学科] 一物・化・情Ⅰから1
[個別試験] 行わない。

社会情報学部

一般選抜(全学部日程)〈A方式〉 3科目 ①国▶現国・言語(古文・漢文を除く) ②外▶英コミュⅠ・英コミュⅡ・英コミュⅢ・論表Ⅰ・論表Ⅱ・論表Ⅲ ③地歴・公民・数▶世探・日探・政

経・「数Ⅰ・数Ⅱ・数Ａ（図形・場合）・数Ｂ（数列）・数Ｃ（ベク）」から１
一般選抜（全学部日程）〈Ｂ方式〉 **3科目** ①**外**▶英コミュⅠ・英コミュⅡ・英コミュⅢ・論表Ⅰ・論表Ⅱ・論表Ⅲ ②③**数**▶「数Ⅰ・数Ⅱ・数Ⅲ・数Ａ・数Ｂ（数列）・数Ｃ（ベク・平面）」・「数Ⅰ・数Ⅱ・数Ａ（図形・場合）・数Ｂ（数列）・数Ｃ（ベク）」
一般選抜（個別学部日程）〈Ａ方式・共通テスト併用〉〈共通テスト科目〉 **2科目** ①**国**▶国（近代） ②**地歴・公民**▶「歴総・世探」・「歴総・日探」・「地総・地探」・「地総・歴総・公から２」・「公・倫」・「公・政経」から１
〈独自問題〉 **1科目** ①**外**▶英コミュⅠ・英コミュⅡ・英コミュⅢ・論表Ⅰ・論表Ⅱ・論表Ⅲ
一般選抜（個別学部日程）〈Ｂ方式・Ｃ方式〉 **2科目** ①**外**▶英コミュⅠ・英コミュⅡ・英コミュⅢ・論表Ⅰ・論表Ⅱ・論表Ⅲ ②**数**▶［Ｂ方式］一数Ⅰ・数Ⅱ・数Ａ（図形・場合）・数Ｂ（数列）・数Ｃ（ベク），［Ｃ方式］一数Ⅰ・数Ⅱ・数Ⅲ・数Ａ・数Ｂ（数列）・数Ｃ（ベク・平面）
一般選抜（個別学部日程）〈Ｄ方式〉 **2科目** ①**外**▶英コミュⅠ・英コミュⅡ・英コミュⅢ・論表Ⅰ・論表Ⅱ・論表Ⅲ ②**総合問題**▶文章やデータを読み解き，物事を論理的に考察し，的確に表現する力を問う論述等を課す
共通テスト利用入学者選抜３科目型 **3科目** ①**外**▶英（リスニングを含む） ②③**国・「地歴・公民」・数**▶国（近代）・「〈歴総・世探〉・〈歴総・日探〉・〈地総・地探〉・〈地総・歴総・公から２〉・〈公・倫〉・〈公・政経〉から１」・「数Ⅰ・数Ａ」・「数Ⅱ・数Ｂ・数Ｃ」から２
［個別試験］ 行わない。
共通テスト利用入学者選抜４科目Ａ型 **4科目** ①**国**▶国（近代） ②**外**▶英（リスニングを含む） ③④**地歴・公民・数**▶「歴総・世探」・「歴総・日探」・「地総・地探」・「地総・歴総・公から２」・「〈公・倫〉・〈公・政経〉から１」・「数Ⅰ・数Ａ」・「数Ⅱ・数Ｂ・数Ｃ」から２
［個別試験］ 行わない。
共通テスト利用入学者選抜４科目Ｂ型 **4科目** ①**外**▶英（リスニングを含む） ②③**数**▶「数Ⅰ・数Ａ」・「数Ⅱ・数Ｂ・数Ｃ」 ④**理・情**▶物・化・生・地学・情Ⅰから１
［個別試験］ 行わない。
共通テスト利用入学者選抜５科目型 **5科目** ①**国**▶国（近代） ②**外**▶英（リスニングを含む） ③**地歴・公民**▶「歴総・世探」・「歴総・日探」・「地総・地探」・「地総・歴総・公から２」・「公・倫」・「公・政経」から１ ④**数**▶「数Ⅰ・数Ａ」・「数Ⅱ・数Ｂ・数Ｃ」から１ ⑤**理・情**▶物・化・生・地学・情Ⅰから１
［個別試験］ 行わない。

地球社会共生学部

一般選抜（全学部日程） **3科目** ①**国**▶現国・言語（古文・漢文を除く） ②**外**▶英コミュⅠ・英コミュⅡ・英コミュⅢ・論表Ⅰ・論表Ⅱ・論表Ⅲ ③**地歴・公民・数**▶世探・日探・政経・「数Ⅰ・数Ⅱ・数Ａ（図形・場合）・数Ｂ（数列）・数Ｃ（ベク）」から１
一般選抜（個別学部日程）〈共通テスト併用〉〈共通テスト科目〉 **2科目** ①**外**▶英（リスニングを含む） ②**国・地歴・公民・数**▶国（近代）・「歴総・世探」・「歴総・日探」・「地総・地探」・「地総・歴総・公から２」・「公・倫」・「公・政経」・「数Ⅰ・数Ａ」・「数Ⅱ・数Ｂ・数Ｃ」から１
〈独自問題〉 **1科目** ①**論述**▶文章や図表などを読み，理解力，分析する能力，自分の文章を論理的に展開できる力，自分の意見や発想を十分に表現する力を総合的に問う論述等を課す
共通テスト利用入学者選抜 **3科目** ①**国**▶国（近代） ②**外**▶英（リスニングを含む） ③**地歴・公民・数**▶「歴総・世探」・「歴総・日探」・「地総・地探」・「地総・歴総・公から２」・「公・倫」・「公・政経」・「数Ⅰ・数Ａ」・「数Ⅱ・数Ｂ・数Ｃ」から１
［個別試験］ 行わない。
総合型選抜自己推薦 **［出願資格］** 第１志望，現役のほか，定められた自己アピールできる分野のいずれかに該当し，定められた全体の学習成績の状況，英語資格の要件を満たしている者など。
［選考方法］ 書類審査通過者を対象に，小論文，面接を行う。

コミュニティ人間科学部

一般選抜（全学部日程） **3科目** ①**国**▶現国・言語（古文・漢文を除く） ②**外**▶英コミュⅠ・

英コミュⅡ・英コミュⅢ・論表Ⅰ・論表Ⅱ・論表Ⅲ ③地歴・公民・数▶世探・日探・政経・「数Ⅰ・数Ⅱ・数A（図形・場合）・数B（数列）・数C（ベク）」から1

一般選抜（個別学部日程）〈共通テスト併用〉

〈共通テスト科目〉 **2**科目 ①国▶国 ②外▶英（リスニングを含む）

〈独自問題〉 **1**科目 ①論述▶文章（図表を含む）を読み，分析する力，思考・判断する力，並びに文章を論理的に展開・表現する力を総合的に問う論述などを課す

共通テスト利用入学者選抜３科目型・４科目型・５科目型 **5〜3**科目 ①国▶国 ②外▶英（リスニングを含む） ③④⑤地歴・公民・数・理・情▶「歴総・世探」・「歴総・日探」・「地総・地探」・「地総・歴総・公から２」・「公・倫」・「公・政経」・「数Ⅰ・数A」・「数Ⅱ・数B・数C」・「物基・化基・生基・地学基から２」・物・化・生・地学・情Ⅰから３科目型は１，４科目型は２教科２科目，５科目型は３教科３科目

※「地総・歴総・公から２」は地歴に含む。

［個別試験］ 行わない。

総合型選抜自己推薦 **［出願資格］** 第１志望のほか，高校卒業後，職に就いている者，または定時制・通信制・単位制の現役ですでに職に就いている者，もしくは全体の学習成績の状況が3.5以上であり，個人で１年以上にわたってボランティア活動などの社会貢献活動歴がある者など。

［選考方法］ 書類審査通過者を対象に，小論文，面接を行う。

その他の選抜

学校推薦型選抜（指定校推薦，提携校推薦，キリスト教学校教育同盟加盟高等学校推薦，全国高等学校キリスト者推薦），総合型選抜（スポーツに優れた者，全国児童養護施設推薦），海外就学経験者選抜，外国人留学生選抜。

偏差値データ （2024年度）

●一般選抜

学部／学科	2024年度			2023年度実績					
	駿台予備学校	河合塾		募集人員	受験者数	合格者数	合格最低点	競争率	
	合格目標ライン	ボーダー得点率	ボーダー偏差値					'23年	'22年
文学部									
英米文（全学部）	**55**	—	**60**	5	138	17	279.0/350	8.1	17.9
（個別A）	**56**	**75%**	**60**	70	418	215	346.0/500	1.9	2.2
（個別B）	**56**	—	**65**	40	415	120	196.0/300	3.5	3.1
（個別C）	**53**	—	**62.5**	40	476	112	208.0/300	4.3	6.5
フランス文（全学部）	**52**	—	**60**	15	192	70	253.0/350	2.7	7.0
（個別A）	**53**	**75%**	—	40	252	120	—	2.1	2.4
（個別B）	**53**	**80%**	—	10	63	24	—	2.6	3.2
日本文（全学部）	**52**	—	**60**	8	167	30	309.0/400	5.6	4.2
（個別A）	**53**	**78%**	**62.5**	55	349	143	272.0/350	2.4	2.7
（個別B）	**52**	**81%**	**62.5**	10	152	29	192.0/250	5.2	4.5
史（全学部）	**52**	—	**60**	20	280	77	304.0/400	3.6	3.2
（個別）	**55**	**75%**	**65**	52	541	221	309.0/450	2.4	3.1
比較芸術（全学部）	**52**	—	**60**	5	202	22	312.0/400	9.2	6.5
（個別）	**53**	**74%**	—	45	216	105	299.0/450	2.1	2.3
教育人間科学部									
教育（全学部）	**51**	—	**60**	70	1,117	241	266.0/350	4.6	4.2

学部／学科	2024年度			2023年度実績					
	駿台予備学校	河合塾		募集人員	受験者数	合格者数	合格最低点	競争率	
	合格目標ライン	ボーダー得点率	ボーダー偏差値					'23年	'22年
（個別）	51	77%	—	20	352	63	—	5.6	5.3
心理（全学部）	54	—	60	58	622	141	268.0/350	4.4	5.3
（個別）	53	73%	—	15	181	74	—	2.4	4.8
経済学部									
経済（全学部）	54	—	62.5	30	751	101	278.0/350	7.4	6.0
（個別Ａ）	51	—	62.5	180	2,735	394	158.0/250	6.9	6.0
（個別Ｂ）	50	—	62.5	100	1,481	217	162.0/250	6.8	6.6
現代経済デザイン（全学部）	51	—	62.5	10	88	15	267.0/350	5.9	8.5
（個別Ａ）	48	—	62.5	50	703	115	153.0/250	6.1	9.2
（個別Ｂ）	49	—	62.5	25	341	58	154.0/250	5.9	6.3
法学部									
法（全学部）	55	—	62.5	80	1,302	379	265.0/350	3.4	4.0
（個別Ａ）	54	75%	60	80	445	180	286.0/400	2.5	2.7
（個別Ｂ）	54	77%	60	25	190	107	262.0/400	1.8	2.1
ヒューマンライツ（全学部）	54	—	57.5	25	281	112	256.0/350	2.5	5.6
（個別Ａ）	54	73%	60	20	107	40	282.0/400	2.7	4.6
（個別Ｂ）	54	74%	60	10	44	22	262.0/400	2.0	3.4
経営学部									
経営（全学部）	52	—	62.5	25	664	108	273.0/350	6.1	12.3
（個別Ａ）	53	75%	60	160	965	459	278.3/400	2.1	2.4
（個別Ｂ）	53	78%	60	40	307	162	275.0/400	1.9	1.9
マーケティング（全学部）	50	—	62.5	15	498	50	279.0/350	10.0	8.2
（個別Ａ）	51	74%	60	80	578	197	291.5/400	2.9	2.3
（個別Ｂ）	51	77%	60	20	225	61	281.5/400	3.7	1.6
国際政治経済学部									
国際政治（全学部）	56	—	62.5	5	134	27	283.0/350	5.0	8.2
（個別Ａ）	54	78%	—	64	277	137	147.6/200	2.0	3.0
（個別Ｂ）	56	85%	—	6	28	9	157.5/200	3.1	2.4
国際経済（全学部）	55	—	60	5	88	16	283.0/350	5.5	7.5
（個別）	54	83%	—	70	390	112	145.8/200	3.5	1.8
国際コミュニケーション（全学部）	53	—	62.5	5	116	17	283.0/350	6.8	10.1
（個別Ａ）	55	81%	65	27	213	84	145.3/200	2.5	3.8
（個別Ｂ）	54	81%	65	20	76	26	156.8/200	2.9	5.8
総合文化政策学部									
総合文化政策（全学部）	53	—	60	55	734	156	272.0/350	4.7	5.9
（個別Ａ）	53	76%	60	70	268	83	227.0/300	3.2	4.7
（個別Ｂ）	53	76%	—	50	308	95	259.0/350	3.2	4.3
理工学部									
物理科（全学部）	51	—	55	12	139	45	270.0/400	3.1	3.1
（個別Ａ）	51	—	55	35	450	215	255.0/450	2.1	3.8
（個別Ｂ）	51	—	55	28	207	105	344.5/500	2.0	2.6
数理サイエンス（全学部）	48	—	55	6	164	53	265.0/400	3.1	2.7

学部／学科	2024年度 駿台予備学校 合格目標ライン	河合塾 ボーダー得点率	河合塾 ボーダー偏差値	2023年度実績 募集人員	受験者数	合格者数	合格最低点	競争率 '23年	競争率 '22年
（個別A）	**48**	—	**55**	20	331	121	257.0/450	2.7	2.2
（個別B）	**48**	—	**57.5**	13	129	55	309.0/500	2.3	2.2
化学・生命科（全学部）	**51**	—	**57.5**	13	112	19	286.0/400	5.9	4.6
（個別A）	**50**	—	**55**	50	765	307	261.0/450	2.5	2.3
（個別B）	**50**	—	**57.5**	20	318	128	321.0/500	2.5	1.7
電気電子工（全学部）	**50**	—	**55**	13	128	38	258.0/400	3.4	4.0
（個別A）	**49**	—	**55**	40	457	155	261.0/450	2.9	3.3
（個別B）	**49**	—	**57.5**	20	206	76	307.0/500	2.7	2.3
機械創造工（全学部）	**51**	—	**57.5**	15	178	28	274.0/400	6.4	4.7
（個別A）	**51**	—	**55**	40	936	272	264.0/450	3.4	2.4
（個別B）	**51**	—	**57.5**	20	343	116	311.5/500	3.0	1.9
経営システム工（全学部）	**52**	—	**57.5**	10	136	22	292.0/400	6.2	5.4
（個別A）	**52**	—	**55**	35	534	172	265.0/450	3.1	3.0
（個別B）	**51**	—	**57.5**	23	206	55	337.0/500	3.7	2.8
情報テクノロジー（全学部）	**51**	—	**57.5**	10	148	14	296.0/400	10.6	9.2
（個別A）	**51**	—	**57.5**	35	760	195	278.0/450	3.9	4.1
（個別B）	**51**	—	**60**	20	342	111	327.0/500	3.1	2.2
社会情報学部									
社会情報（全学部A）	**50**	—	**57.5**	17	259	47	266.0/350	5.5	5.3
（全学部B）	**48**	—	**57.5**	10	112	26	279.0/400	4.3	5.3
（個別A）	**49**	**80%**	**60**	45	330	122	280.0/400	2.7	3.4
（個別B）	**48**	—	**57.5**	25	253	65	300.0/400	3.9	4.6
（個別C）	**48**	—	**57.5**	35	270	82	262.0/400	3.3	3.7
（個別D）	**48**	—	**57.5**	15	203	51	308.0/400	4.0	4.2
地球社会共生学部									
地球社会共生（全学部）	**50**	—	**60**	45	348	109	256.0/350	3.2	3.1
（個別）	**49**	**80%**	—	30	250	66	218.6/300	3.8	2.9
コミュニティ人間科学部									
コミュニティ人間科（全学部）	**48**	—	**57.5**	50	669	164	256.0/350	4.1	4.3
（個別）	**49**	**72%**	—	34	245	127	200.0/300	1.9	1.5

- 駿台予備学校合格目標ラインは合格可能性80%に相当する駿台模試の偏差値です。
- 競争率は受験者÷合格者の実質倍率
- 河合塾ボーダー得点率は合格可能性50%に相当する共通テストの得点率です。また，ボーダー偏差値は合格可能性50%に相当する河合塾全統模試の偏差値です。

●共通テスト利用入学者選抜

学部／学科	2024年度 駿台予備学校 合格目標ライン	2024年度 河合塾 ボーダー得点率	2024年度 河合塾 ボーダー偏差値	2023年度実績 募集人員	受験者数	合格者数	競争率 '23年	競争率 '22年
文学部								
英米文	**57**	**81%**	—	15	403	136	3.0	3.4
フランス文	**54**	**75%**	—	10	173	80	2.2	4.4
日本文	**52**	**83%**	—	5	157	30	5.2	4.4
史（3科目）	**52**	**82%**	—	5	204	83	2.5	5.3
（6科目）	**54**	**79%**	—	5	66	20	3.3	—
比較芸術	**53**	**84%**	—	5	170	28	6.1	5.7
教育人間科学部								
教育	**52**	**82%**	—	10	575	102	5.6	4.8
心理	**55**	**81%**	—	10	400	56	7.1	4.9
経済学部								
経済	**54**	**81%**	—	10	548	161	3.4	3.7
現代経済デザイン	**51**	**79%**	—	10	41	15	2.7	7.2
法学部								
法（3科目）	**55**	**80%**	—	10	920	196	4.7	3.4
（5科目）	**55**	**78%**	—		259	99	2.6	—
ヒューマンライツ（3科目）	**54**	**77%**	—	5	142	55	2.6	4.9
（5科目）	**53**	**76%**	—		28	14	2.0	—
経営学部								
経営	**54**	**82%**	—	10	707	169	4.2	8.9
マーケティング	**52**	**82%**	—	5	310	53	5.8	11.1
国際政治経済学部								
国際政治（3科目）	**57**	**84%**	—	10	300	87	3.4	3.6
（4科目）	**56**	**83%**	—	10	211	62	3.4	2.5
国際経済（3科目）	**54**	**85%**	—	10	221	58	3.8	5.1
（4科目）	**55**	**83%**	—	10	126	51	2.5	3.2
国際コミュニケーション	**54**	**87%**	—	10	200	45	4.4	5.2
総合文化政策学部								
総合文化政策（3科目）	**54**	**83%**	—	10	373	96	3.9	10.4
総合文化政策（4科目）	**53**	**81%**	—		12	2	6.0	—
総合文化政策（5科目）	**53**	**79%**	—		54	20	2.7	—
理工学部								
物理科	**52**	**81%**	—	8	404	200	2.0	4.6
数理サイエンス	**50**	**83%**	—	4	207	56	3.7	3.8
化学・生命科	**52**	**86%**	—	10	504	83	6.1	4.8
電気電子工	**50**	**81%**	—	10	248	58	4.3	4.3
機械創造工	**52**	**85%**	—	10	620	104	6.0	2.7
経営システム工	**53**	**85%**	—	10	336	52	6.5	5.2
情報テクノロジー	**52**	**88%**	—	10	432	48	9.0	9.7

社会情報学部								
社会情報（3科目）	50	83%	—	15	185	19	9.7	12.2
（4科目A）	49	81%	—		58	6	9.7	—
（4科目B）	49	82%	—		41	5	8.2	—
（5科目）	49	80%	—		20	3	6.7	—
地球社会共生学部								
地球社会共生	51	78%	—	20	228	61	3.7	4.6
コミュニティ人間科学部								
コミュニティ人間科（3科目）	50	81%	—	12	246	57	4.3	5.3
（4科目）	49	79%	—		47	10	4.7	—
（5科目）	49	77%	—		64	13	4.9	—

●駿台予備学校合格目標ラインは合格可能性80%に相当する駿台模試の偏差値です。●競争率は受験者÷合格者の実質倍率

●河合塾ボーダー得点率は合格可能性50%に相当する共通テストの得点率です。また，ボーダー偏差値は合格可能性50%に相当する河合塾全統模試の偏差値です。

併設の教育機関 大学院

文学研究科

教員数▶81名

院生数▶106名

博士前期課程 ●**英米文学専攻**　英米文学や英語学，英語教育学・コミュニケーション分野で，きめ細かい指導を実施。昼夜開講制。

●**フランス文学・語学専攻**　フランス文学の多彩な時代と分野をカバーし，フランス語を学問的に研究する体制も整備。

●**日本文学・日本語専攻**　日本文学・日本語・漢文学・日本語教育と幅広い研究領域をカバーし，最先端の研究を踏まえた指導を実施。

●**史学専攻**　総合歴史部門を含め，広い分野を包括する研究・教育体制が特色。

●**比較芸術学専攻**　美術・音楽・演劇映像の３領域。比較研究の方法で指導を実施。

博士後期課程 英米文学専攻，フランス文学・語学専攻，日本文学・日本語専攻，史学専攻，比較芸術学専攻

教育人間科学研究科

教員数▶30名

院生数▶22名

博士前期課程 ●**教育学専攻**　幼児期から青年期，成人期を経て老年期に至るライフサイクル全体を視野に入れながら，研究を行う。

●**心理学専攻**　心理学，臨床心理学の２コース。臨床心理学コースは，日本臨床心理士資格認定協会の第１種指定を受けている。

博士後期課程 教育学専攻，心理学専攻

経済学研究科

教員数▶34名

院生数▶26名

博士前期課程 ●**経済学専攻**　経済学の研究能力と高度な専門性を要する職業などに必要とされる能力を養う。

●**公共・地域マネジメント専攻**　高度な専門知識と実践力に裏づけられた政策立案エキスパートや地域開発エキスパートを育成する。

博士後期課程 経済学専攻，公共・地域マネジメント専攻

法学研究科

教員数▶41名

院生数▶44名

博士前期・修士課程 ●**私法専攻**　伝統的な私法分野はもとより，新たに台頭した著作権法，経済法，保険法などの分野も研究する。

●**公法専攻**　伝統的な科目以外に，国際法，国際刑事法などの国際的な科目，税法や社会保障法などの実務上の要請が高い科目も網羅。

●ビジネス法務専攻　ビジネスロー・リテラシーを有する職業人を育成する「社会人大学院」。平日夜間・土曜開講。

博士後期課程　私法専攻，公法専攻

経営学研究科

教員数▶38名

院生数▶41名

博士前期課程　●経営学専攻　経営学，会計学，IMC統合マーケティング，戦略経営・知的財産権プログラムの４部門。昼夜開講制。

博士後期課程　経営学専攻

国際政治経済学研究科

教員数▶42名

院生数▶60名

修士課程　●国際政治学専攻　安全保障，グローバルガバナンスの２コース。

●国際経済学専攻　多様な経済現象をグローバルな観点から学び，新たな視野を切り拓く。

●国際コミュニケーション専攻　国際的な諸事象の解明に必要な言語・文化・コミュニケーションの理論と応用力を身につける。

※3専攻とも昼夜開講制。

博士後期課程　国際政治学専攻，国際経済学専攻，国際コミュニケーション専攻

総合文化政策学研究科

教員数▶19名

院生数▶19名

修士課程　●文化創造マネジメント専攻　フィールドワークの実践的知識を身につけるため，社会調査士および専門社会調査士の資格取得が可能。３年制のコースも設置。

５年一貫制博士課程　●総合文化政策学専攻　日本を中心とした文化や芸術，社会の情報を世界に発信できる能力を養う。

理工学研究科

教員数▶73名

院生数▶543名

博士前期課程　●理工学専攻　基礎科学，化学，機能物質創成，生命科学，電気電子工学，機械創造，知能情報，マネジメントテクノロジーの８コース。

博士後期課程　理工学専攻

社会情報学研究科

教員数▶20名

院生数▶35名

博士前期課程　●社会情報学専攻　社会情報学，ヒューマンイノベーションの２コース。

博士後期課程　社会情報学専攻

国際マネジメント研究科

教員数▶18名

院生数▶275名

専門職学位課程　●国際マネジメント専攻　主に昼間に履修するデイタイムコースと，３年以上の職業実務経験者が対象のイブニングコースの２つのMBAプログラムを設置。

５年一貫制博士課程　●国際マネジメントサイエンス専攻　５年制のPh.D.コースは学士対象。３年制（３年次編入）のDBAコースはMBA等の修士取得者が対象。

会計プロフェッション研究科

教員数▶16名

院生数▶201名

専門職学位課程　●会計プロフェッション専攻　会計プロフェッションを養成する会計専門職大学院。昼夜開講制。

博士後期課程　プロフェッショナル会計学専攻

亜細亜大学（あじあ）

資料請求

問合せ先 アドミッションセンター ☎0422-36-3273

建学の精神

亜細亜大学は，東アジア地域で活躍できる「有能ノ青年人材」を育成するため，1941（昭和16）年に開設された興亜専門学校をその歴史の始まりとし，55年に，一人ひとりがしっかりとした自己を確立し，それぞれの道を切り拓く「自助」と，自立した人間同士の協力関係を意味する「協力」という「自助協力」の精神を身につけた誠実な人材を育成して，アジア全体の発展に貢献することを建学の使命に設置された。複雑化するグローバル化の現代においても，その精神は脈々と受け継がれ，「多様な夢に挑み，アジアの未来に飛躍する創造的人材の育成」をミッションに，亜細亜大学独自の多彩な留学プログラムや基礎科目群の「21世紀亜細亜ベーシックス」といった，学生たちの本気に応える充実したカリキュラムで，未来を切り拓く人材を養成している。

● 武蔵野キャンパス……〒180-8629 東京都武蔵野市境5-8

基本データ

学生数▶6,547名（男4,105名，女2,442名）
専任教員数▶教授79名，准教授55名，講師42名
設置学部▶経営，経済，法，国際関係，都市創造
併設教育機関▶大学院―〈アジア・国際経営戦略〉・経済学・法学（以上M・D）

就職・卒業後の進路

就職率 99.0%（就職者÷希望者×100）

●**就職支援**　低学年から参加できるキャリア支援イベントを定期的に開催するなど，キャリア形成につながる科目を多数設置。また，各学部に配置しているキャリアセンターと学部教員をつなぐキャリア委員が，学生の就職活動の状況把握やキャリアイベントの周知などを行い，学生への支援を支えるなど，「オール亜細亜」で就職活動をサポートしている。

●**資格取得支援**　学外の団体と連携し，専門の講師が合格へと導く「課外講座」を多数開講。公務員試験やTOEIC L&Rテスト対策から，宅地建物取引士などの将来に直結する資格対策まで幅広くカバー。報奨金や助成金が給付される講座も用意されている。

進路指導者も必見 学生を伸ばす 面倒見

初年次教育	学修サポート
「オリエンテーションゼミナール」「基礎ゼミ」などを実施し，図書館の活用法やプレゼンへの臨み方など，基本的なスタディー・スキルを学ぶとともに，専門分野の基礎知識も修得。「建学の精神を考える」といった科目も開講	専任教員が約20～50人の学生を担当するアドバイザー制度やオフィスアワー制度を導入。また，学習面における個別指導や相談に応じる教学センター，障がい学生に対する履修や授業支援も行っている

オープンキャンパス（2023年度実績） 6・7・8・9・12・3月に開催。大学概要説明，キャンパスツアー，個別相談，学部・学科紹介＋模擬授業，在学生による座談会，留学プログラム説明会，入試講座・制度説明など。

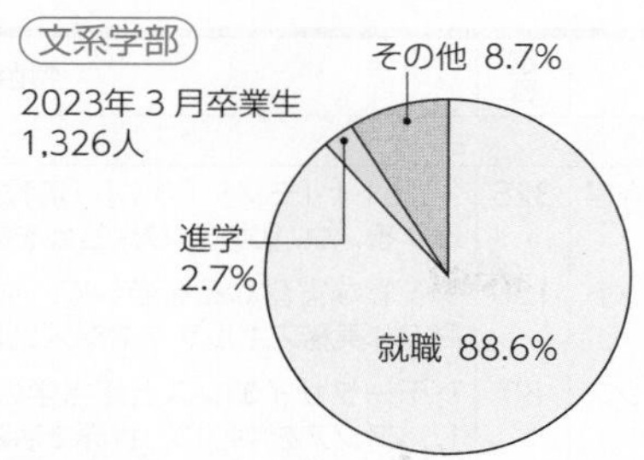

主なOB・OG▶［経済］近藤哲司（産業経済新聞社社長），［経済］並木正年（埼玉県鴻巣市長），［経済］西脇綾香（Perfume），［経営］松村北斗（歌手，俳優），［法］星野正則（ドトールコーヒー社長）など。

国際化・留学

大学間 74 大学等・部局間 23 大学

受入れ留学生数▶233名（2023年５月１日現在）

留学生の出身国▶中国，ベトナム，タイ，マレーシアなど。

外国人専任教員▶教授４名，准教授３名，講師など74名（2023年９月１日現在）

外国人専任教員の出身国▶中国，アメリカ，韓国，イギリス，カナダなど。

大学間交流協定▶74大学・機関（交換留学先22大学，2023年５月１日現在）

部局間交流協定▶23大学（交換留学先０大学，2023年５月１日現在）

海外への留学生数▶渡航型257名・オンライン型99名／年（９カ国・地域，2022年度）

海外留学制度▶「亜細亜大学アメリカプログラム（AUAP）」「亜細亜大学グローバルプログラム（AUGP）」「亜細亜大学アジアンスタディーズプログラム（AUASP）」「亜細亜夢カレッジ―キャリア開発中国プログラム―（AUCP）」「交換・派遣留学制度（AUEP）」や学部独自のプログラムなど，語学力や国際感覚が身につく多彩なプログラムを設置。

学費・奨学金制度

給付型奨学金総額 年間 3,633 万円

入学金▶230,000円

年間授業料（施設費等を除く）▶760,000円～（詳細は巻末資料参照）

年間奨学金総額▶36,330,000円

年間奨学金受給者数▶340人

主な奨学金制度▶「亜細亜学園奨学金」「太田奨学基金育英奨学金」「亜細亜大学派遣留学プログラム奨学金」など，すべて給付の制度を多数用意。減免制度もあり，2022年度は22人を対象に総額で1,884万円を減免。

保護者向けインフォメーション

●**メール配信**　特に重要または緊急を要する連絡事項を，保証人に直接メール配信している。

●**成績確認**　成績通知書を郵送している。

●**保護者会**　夏季休業期間に全国各地で「保護者会」を開催し，大学の近況報告をはじめ，授業・就職関係，学業状況など，学生生活全般にわたっての全体説明と面談を実施。また，後援会があり，『亜細亜学園後援会だより』を発行。

●**防災対策**　「災害時の行動マニュアル」を公式サイトにて公開。被災時の学生の安否は，ポータルサイトを利用して確認する。

インターンシップ科目	必修専門ゼミ	卒業論文	GPA制度の導入の有無および活用例	１年以内の退学率	標準年限での卒業率
全学部で開講している	経営・データサイエンス・経済・法律の４学科で１～３年次，その他の学科で１～４年次に実施	全学部で卒業要件	奨学金や授業料免除対象者の選定基準，留学候補者の選考，学生に対する個別の学修指導などに活用している	2.1%	88.0%

学部紹介

学部／学科	定員	特色
経営学部		
経営	325	▷「ヒト」「モノ」「カネ」「情報」という４つの経営資源を管理するノウハウを学び，社会を動かす人材を育成する。
ホスピタリティ・マネジメント	150	▷多彩な実習などを通して，ホスピタリティ・マインドと，高度な実務スキルやマネジメントの視点を身につける。
データサイエンス	80	▷データサイエンスと経営学のハイブリッドな学びを展開し，アジアを中心に，世界で活躍できるDX人材を育成する。
● **取得可能な資格**…教職（公・社・商業），司書，司書教諭など。 ● **進路状況**…………就職91.9%　進学1.3% ● **主な就職先**………住友林業，日本たばこ産業，ヤマハ，伊藤園，ANAエアポートサービスなど。		
経済学部		
経済	250	▷現代経済，会計ファイナンスの２コース。経済学の基礎や会計の知識を身につけた課題発見・解決型人材を育成する。
● **取得可能な資格**…教職（公・社），司書，司書教諭など。 ● **進路状況**…………就職86.0%　進学3.4% ● **主な就職先**………一条工務店，東急リバブル，フジパングループ本社，常陽銀行，日本郵便など。		
法学部		
法律	320	▷法律専門職，公務員，企業，現代法文化の４コース。より公平な社会を実現するためのリーガルマインドを育む。
● **取得可能な資格**…教職（公・社），司書，司書教諭など。 ● **進路状況**…………就職87.2%　進学1.6% ● **主な就職先**………本田技研工業，山崎製パン，東日本旅客鉄道，リコージャパン，ニトリなど。		
国際関係学部		
国際関係	130	▷国際平和を実現するために行動できる人材を育成する。
多文化コミュニケーション	130	▷多様な文化を理解し，世界市民の共存のあり方を考える。
● **取得可能な資格**…教職（公・社・英），司書，司書教諭など。 ● **進路状況**…………就職89.1%　進学4.1% ● **主な就職先**………三井住友トラスト不動産，アイリスオーヤマ，山九，ヒルトン東京ベイなど。		
都市創造学部		
都市創造	145	▷必須の留学・海外就業体験を経験し，活気があり心地よい未来の都市のビジョンを打ち立てる都市型人材を育成する。
● **取得可能な資格**…司書など。　● **進路状況**……就職83.9%　進学6.8% ● **主な就職先**………東急テクノシステム，三菱UFJ不動産販売，城北信用金庫，星野リゾートなど。		

▶キャンパス

全学部……［武蔵野キャンパス］東京都武蔵野市境5-8

2024年度入試要項（前年度実績）

●募集人員

学部／学科		一般（学科別）	全学前期	全学中期	全学後期	DS後期
▶経営	経営	120	30	15	10	—
	ホスピタリティ・マネジメント	50	5	3	3	—
	データサイエンス	35	5	若干名	—	7
▶経済	経済	100	25	14	10	—
▶法	法律	120	30	15	12	—
▶国際関係	国際関係	55	10	5	4	—
	多文化コミュニケーション	55	10	5	4	—
▶都市創造	都市創造	45	10	10	5	—

 キャンパスアクセス ［武蔵野キャンパス］ JR中央線一武蔵境より徒歩12分またはバス５分

※データサイエンス学科は，一般入試（学科別）で３教科型と２教型を実施し，募集人員は３教科型と２教科型の合計数。

全学部

一般入試（学科別）〈３教科型〉 **3**科目 ①国(100)▶国総（古文・漢文を除く） ②外(100)▶コミュ英Ⅰ・コミュ英Ⅱ・コミュ英Ⅲ・英表Ⅰ・英表Ⅱ ③**地歴・公民・数**(100)▶世Ｂ・日Ｂ・政経・「数Ⅰ・数Ａ」から１，ただしデータサイエンス学科は数指定

一般入試（学科別） 〈２教科型〉【データサイエンス学科】 **2**科目 ①外(100)▶コミュ英Ⅰ・コミュ英Ⅱ・コミュ英Ⅲ・英表Ⅰ・英表Ⅱ ②**数**(200)▶数Ⅰ・数Ⅱ・数Ａ・数Ｂ（数列・ベク）

一般入試（学科別：DS後期） 【データサイエンス学科】 **2**科目 ①外(100)▶コミュ英Ⅰ・コミュ英Ⅱ・コミュ英Ⅲ・英表Ⅰ・英表Ⅱ ②**数**(100)▶数Ⅰ・数Ⅱ・数Ａ

※指定された英語外部試験の基準点を満たし，出願時にスコアを提出できる者を対象に，本学の英語試験において80点とみなす。ただし，本学の英語試験の受験も可能で，その場合はどちらか高得点のものを用いて判定する。

全学統一入試前期・中期・後期 **2**科目 ①国(100)▶国総（古文・漢文を除く） ②外（ホスピタリティ200・その他の学部学科100）▶コミュ英Ⅰ・コミュ英Ⅱ・コミュ英Ⅲ・英表Ⅰ・英表Ⅱ

※全学統一入試後期において，指定された英語外部試験の基準点を満たし，出願時にスコアを提出できる者を対象に，本学の英語試験において80点（ホスピタリティ・マネジメント学科は160点）とみなす。ただし，本学の英語試験の受験も可能で，その場合はどちらか高得点のものを用いて判定する。

※データサイエンス学科は，後期は行わない。

その他の選抜

共通テスト利用入試は経営学部92名，経済学部45名，法学部65名，国際関係学部48名，都市創造学部25名を，公募推薦入試は経営学部32名（商業系課程５名を含む），経済学部20名，法学部20名，国際関係学部20名，都市創造学部25名を，総合型選抜入試は経営学部22名，経済学部10名，法学部20名，国際関係学部20名，都市創造学部５名を募集。ほかにホスピタリティ AO入試，ホスピタリティ入試，スポーツ・文化活動入試，グローバル人材育成入試，外国人留学生入試を実施。

偏差値データ（2024年度）

●一般入試・全学統一入試

学部／学科	2024年度 駿台予備学校 合格目標ライン	2024年度 河合塾 ボーダー偏差値	2023年度 競争率
▶経営学部			
経営（学科別）	38	42.5	1.8
（全学統一）	38	42.5	1.8
ホスピタリティ・マネジメント（学科別）	38	40	1.8
（全学統一）	38	42.5	2.0
データサイエンス（学科別）	38	35	1.0
（全学統一）	38	35	1.1
▶経済学部			
経済（学科別）	38	40	2.6
（全学統一）	38	42.5	2.6
▶法学部			
法律（学科別）	39	40	1.7
（全学統一）	39	40	1.7
▶国際関係学部			
国際関係（学科別）	40	37.5	1.3
（全学統一）	40	40	1.5
多文化コミュニケーション（学科別）	40	40	1.6
（全学統一）	40	40	1.6
▶都市創造学			
都市創造（学科別）	38	35	1.1
（全学統一）	38	35	1.1

- 駿台予備学校合格目標ラインは合格可能性80％に相当する駿台模試の偏差値です。なお，学科別一般入試は３教科型，全学統一入試は前期の偏差値です。
- 河合塾ボーダー偏差値は合格可能性50％に相当する河合塾全統模試の偏差値です。
- 競争率は受験者÷合格者の実質倍率（ホスピタリティ・マネジメント学科とデータサイエンス学科，経済学科の学科別は２教科型と３教科型の合計。また，全学統一は前期の実績です）

桜美林大学

資料請求

問合せ先　入学部インフォメーションセンター　☎042-797-1583

建学の精神

「学問のために学問するのでもなければ，自己の教養のために学問するのでもない。人に事えんために学問するのである」。これは，桜美林学園の創立者・清水安三が「学而事人」に込めた想いである。桜美林大学は1921（大正10）年に前身の崇貞学園が創立されて以来，この想いとともに，特定の分野だけではなく，隣接した分野を広く学ぶ学群制や，異なる分野の学問を柔軟に結びつけられるメジャー・マイナー制度を導入するなど，時代のニーズに応える教育を実践。2021年には学園創立100周年を迎え，新学群の開設やカリキュラム改革など新しい学びの改革に積極的に取り組み，「学而事人」の精神に基づき，広い学問の視野と実践で身につける経験を持って，激変する時代に新たな価値を創造し，人々や社会のために貢献できる人材を育成する。

● キャンパス情報はP.281をご覧ください。

基本データ

学生数▶10,514名（男4,451名，女6,063名）
専任教員数▶教授155名，准教授78名，講師23名，助教25名
設置学群▶リベラルアーツ，グローバル・コミュニケーション，ビジネスマネジメント，健康福祉，芸術文化，教育探究科，航空・マネジメント
併設教育機関▶大学院一国際学術（M・D）
※一部プログラムは通信教育課程。

就職・卒業後の進路

就職率 97.1%
就職者÷希望者×100

● 就職支援　4年間にわたって行うキャリア支援の中でも特長的な制度が，キャリアアドバイザーである。3年次から担当制で進路相談をすることができ，学生一人ひとりの「将来，何がしたいのか」という思いを丁寧に引き出し，就職後のミスマッチを防ぐことにより，早期離職の抑制にもつなげている。

● 資格取得支援　教職課程と博物館学芸員課程があり，町田キャンパスに設置されている資格・教職センターがきめ細かく支援。また，桜美林エクステンションでは，各種資格取得などのための支援講座を用意している。

進路指導者も必見　学生を伸ばす　面倒見

初年次教育

「アカデミックライティング」「アカデミックプレゼンテーション」「アカデミックリテラシー」「日本語表現」「コンピュータリテラシー」「数的思考と論理」「情報リテラシー」「キリスト教と異文化理解」等の科目を各学群で開講

学修サポート

入学から卒業までの4年間，専任教員が学生一人ひとりに学修面の指導や助言を行って見守るアドバイザー制度を導入。また，2年次以上の学生サポーターが新入生をサポートする「コーナーストーンセンター」を設置

オープンキャンパス（2023年度実績）　6月・7月・8月（2回）・3月に各キャンパスで「来学型」と「オンライン型」で開催（要事前予約）。各種ガイダンス，体験授業，キャンパスツアー，教職員・学生による個別相談など。

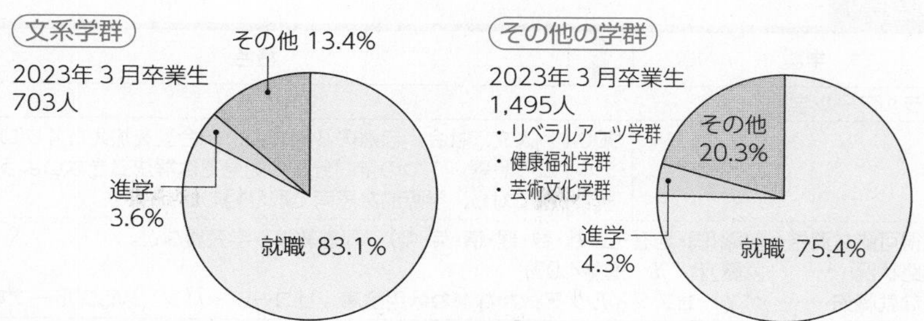

主なOB・OG ▶ ［旧経済］髙木勝裕（東映アニメーション社長），［旧経済］福田薫・［旧経営政策］益子卓郎（「U字工事」），［リベラルアーツ］樫野有香（Perfume），［健康福祉］佐々木千隼（プロ野球選手）など。

国際化・留学

大学間 186 大学等

受入れ留学生数 ▶ 578名（2023年５月１日現在　※正規留学生）

留学生の出身国・地域 ▶ 中国，韓国，モンゴル，台湾，ベトナム，マレーシアなど。

外国人専任教員 ▶ 教授10名，准教授10名，講師６名（2023年５月１日現在）

外国人専任教員の出身国 ▶ 中国，アメリカ，イギリス，ベトナム，韓国など。

大学間交流協定 ▶ 186大学・機関（2023年11月１日現在）

海外への留学生数 ▶ 渡航型610名・オンライン型63名／年（2022年度）

海外留学制度 ▶ 全学群を対象とするプログラムには短期と長期交換があり，短期プログラムは語学研修や海外サービスラーニングなど，約30種類のテーマ別プログラムを設置。このほか，LAGOプログラム，GC留学，海外ビジネス研修，フィールドワークなど，各学群で学びに合わせて世界を体感する多彩な留学・海外研修プログラムを用意している。

学費・奨学金制度

入学金 ▶ 100,000円

年間授業料（施設費等を除く）▶ 914,000円～（詳細は巻末資料参照）

年間奨学金総額 ▶ 非公開

年間奨学金受給者数 ▶ 非公開

主な奨学金制度 ▶ 給付型の「学業優秀者奨学金」「学群奨学金」，減免型の「学而事人奨学金」などの制度を設置。「グローバル人材育成奨学金」や奨励制度など，海外研修や留学プログラムに関する奨学金制度が充実。

保護者向けインフォメーション

● **成績確認**　ポータルシステムの「e-Campus」（保護者専用）で成績照会が可能。

● **父母の会**　後援会（父母の会）を組織し，『保護者のためのHandbook』を制作している。

● **保護者懇談会**　各キャンパスと全国各地で保護者懇談会を開催し，就職ガイダンスや学群ガイダンス，個別相談，キャンパスツアー，懇親会などを実施。また，例年２月に町田キャンパスで保護者研修会も行っている。

● **防災対策**　「学生生活ガイド」に災害時の対応などを掲載。大規模災害時は，学内の場合は「安否情報カード」，学外の場合はメールや電話を利用して学生の状況を把握する。

インターンシップ科目	必修専門ゼミ	卒業論文	GPA制度の導入の有無および活用例	１年以内の退学率	標準年限での卒業率
全学群で開講している	学群による	学群による	GPAを参考に，アカデミックアドバイザーが履修指導を行うほか，卒業，留学，転群，学内奨学金など，さまざまな基準にも使用	非公開	非公開

学部紹介

学群	定員	特色
リベラルアーツ学群		
	900	▷人文，社会，自然の３領域に，統合型を加えた４プログラムを設置。１つの学問分野の知見では解決できないような課題に対し，学際的な思考で取り組む。
●**取得可能な資格**…教職（国・地歴・公・社・数・理・情・英・中），司書教諭，学芸員など。 ●**進路状況**…………就職78.7%　進学4.0% ●**主な就職先**………ベネッセスタイルケア，かながわ信用金庫，リコージャパン，IMSグループなど。		
グローバル・コミュニケーション学群		
	250	▷パブリック・リレーションズ，言語探究，文化共創の３専修。複数の外国語を学ぶ「トリリンガル」トラックを設置し，言語を操り，明日の世界を変えていく人材を育成する。
●**取得可能な資格**…学芸員など。　●**進路状況**……就職77.5%　進学3.8% ●**主な就職先**………Earth Technology，ミリアルリゾートホテルズ，サミット，大和ハウス工業など。		
ビジネスマネジメント学群		
	480	▷ビジネス（国際，流通・マーケティング，観光・ホスピタリティ・エンターテイメント，エアラインの４ビジネス領域），マネジメント（マネジメント領域）の２プログラムを設置。
●**取得可能な資格**…学芸員など。　●**進路状況**……就職85.9%　進学3.4% ●**主な就職先**………JALスカイ，日本航空，ANAエアポートサービス，日本交通，ディップなど。		
健康福祉学群		
	300	▷健康・スポーツ（健康科学，スポーツ科学），保育（保育学），福祉・心理（社会福祉学，精神保健福祉学，実践心理学）の３領域・６専攻を設置。体験を通した学びを重視。
●**取得可能な資格**…教職（保体，幼一種），司書教諭，学芸員，保育士，社会福祉士・精神保健福祉士受験資格など。 ●**進路状況**…………就職79.9%　進学7.2% ●**主な就職先**………LAVA International，ライドオンエクスプレスホールディングス，大塚商会など。		
芸術文化学群		
	400	▷演劇・ダンス，音楽，ビジュアル・アーツの３専修。創作，表現活動を支える本格的な施設，発表の場が充実。
●**取得可能な資格**…教職（音・美），司書教諭，学芸員など。　●**進路状況**…就職62.9%　進学3.0% ●**主な就職先**………クリーク・アンド・リバー社，LAVA International，ベネッセスタイルケアなど。		
教育探究科学群		
	150	▷一人ひとりがテーマを持って「教育学」の視点から「社会のいま」を学び，これからの時代を変えていく力を養う。
●**取得可能な資格**…学芸員など。　●**主な就職先**………2023年度開設のため卒業生はいない。		
航空・マネジメント学群		
	140	▷フライト・オペレーション（パイロット養成），航空管制，航空機管理（2024年度より整備管理コースから名称変更），空港マネジメントの４コース。日本で唯一の「航空学を専門に学ぶ学群」として，明日の日本や世界の航空をけん引する，管制，航空機管理，空港，運航のスペシャリストを育成する。
●**取得可能な資格**…学芸員など。　●**主な就職先**………2020年度開設のため，卒業生はいない。		

キャンパスアクセス［町田キャンパス］ JR横浜線―淵野辺よりスクールバス８分または徒歩25分

▶キャンパス

リベラルアーツ・〈グローバル・コミュニケーション〉・健康福祉……［町田キャンパス］東京都町田市常盤町3758
ビジネスマネジメント……［新宿キャンパス］東京都新宿区百人町3-23-1
芸術文化……［東京ひなたやまキャンパス］東京都町田市本町田2600-4
教育探究科……［プラネット淵野辺キャンパス(PFC)］神奈川県相模原市中央区淵野辺4-16-1
航空・マネジメント……［多摩アカデミーヒルズ(多摩キャンパス)］東京都多摩市落合2-31-1

2024年度入試要項(前年度実績)

●募集人員

学群／コース	一般前期	一般中期	一般後期
▶リベラルアーツ	190	55	25
▶グローバル・コミュニケーション	60	17	8
▶ビジネスマネジメント	96	27	14
▶健康福祉	62	17	9
▶芸術文化	64	16	9
▶教育探究科	25	7	3
▶航空・マネジメント　フライト・オペレーション	10		
航空管制・航空機管理・空港マネジメント	20	7	3

※航空・マネジメント学群の航空管制・航空機管理・空港マネジメントの３コースは一括で募集し，１年次秋学期にコースを決定する。
※フライト・オペレーションコースを除き，一般前期は４科目型・３科目型・２科目型を，中期・後期は３科目型・２科目型を行い，それぞれ募集人員が定められており，上記の表には合計募集人員を記載。

▷一般選抜の全日程において，指定された英語資格・検定試験の級やスコアを有している場合，みなし点として活用することも可能。インターネット出願時に，以下の２通りの判定方法のうち，いずれかを選択する。
①英語の筆記試験を受験し，筆記試験の点数とみなし点のどちらか高得点の方を偏差値換算して判定する。
②英語の筆記試験を受験せず，みなし点を偏差値換算して判定する。

リベラルアーツ学群・教育探究科学群

一般選抜前期〈学群統一方式３科目型〉 **3**科目 ①**国**(100)▶国総(古典を除く)・現文B　②**外**(100)▶コミュ英Ⅰ・コミュ英Ⅱ・コミュ英Ⅲ・英表Ⅰ・英表Ⅱ　③**地歴・公民・数**(100)▶世B・日B・政経・「数Ⅰ・数Ⅱ・数A・数B」から1

一般選抜前期〈学群統一方式２科目型〉 **2**科目 ①**国**(100)▶国総(古典を除く)・現文B　②**外**(100)▶コミュ英Ⅰ・コミュ英Ⅱ・コミュ英Ⅲ・英表Ⅰ・英表Ⅱ

※学群統一方式３・２科目型のリベラルアーツ学群は，人文・社会領域志願者を対象とする。

一般選抜前期〈理系３科目型〉 **5～3**科目 ①**外**(100)▶コミュ英Ⅰ・コミュ英Ⅱ・コミュ英Ⅲ・英表Ⅰ・英表Ⅱ　②**数**(100)▶数Ⅰ・数Ⅱ・数A・数B　③④⑤**理**(100)▶〈2月1日〉「物基・物」・「化基・化」・「生基・生」から各３問出題し３問自由選択，〈2月3日〉「物基・物」・「化基・化」・「生基・生」から1

一般選抜前期〈理系２科目型〉 **4～2**科目 ①**外**(100)▶コミュ英Ⅰ・コミュ英Ⅱ・コミュ英Ⅲ・英表Ⅰ・英表Ⅱ　②③④**数・理**(100)▶「数Ⅰ・数Ⅱ・数A・数B」・「〈物基・物〉・〈化基・化〉・〈生基・生〉から各３問出題し３問自由選択(2月1日)または〈物基・物〉・〈化基・化〉・〈生基・生〉から1(2月3日)」から1，ただし2月2日・4日は数指定

※学群統一方式３科目型および理系３科目型は，受験する３科目のうち２科目を利用して，それぞれ自動的に２科目型としても判定される(２科目パック)。合否判定には受験した科目のうち高偏差値の科目を使用する(英語必須)。ただし，リベラルアーツ学群の自然領域出願者は英語と数字もしくは英語と理科での判定となる。

一般選抜中期〈学群統一方式２科目型〉・後期〈２科目型〉　前期学群統一方式２科目型と同じ(リベラルアーツ学群は人文・社会領域志願者を対象とする)

※全日程において，本学の一般選抜で受験した科目に，共通テスト利用選抜の受験科目のうち，高偏差値科目(共通テスト指定科目)を

キャンパスアクセス ［新宿キャンパス］JR山手線一新大久保より徒歩８分／JR中央線・総武線一大久保より徒歩６分／JR山手線，東京メトロ東西線，西武新宿線一高田馬場より徒歩13分

１科目プラスして出願することも可能(共テplus)。３科目型は４科目型として，２科目型は３科目型としても合否判定を受けることができる。

一般選抜中期・後期〈理系・共テplus ３科目型(共通テスト併用)〉【リベラルアーツ学群〈自然領域志願者のみ〉】〈共通テスト科目〉 **①科目** ①**数**(100)▶数Ⅱ・数Ｂ

〈個別試験科目〉 **②科目** ①**国**(100)▶国総(古典を除く)・現文Ｂ ②**外**(100)▶コミュ英Ⅰ・コミュ英Ⅱ・コミュ英Ⅲ・英表Ⅰ・英表Ⅱ

グローバル・コミュニケーション学群／ビジネスマネジメント学群／健康福祉学群／芸術文化学群

一般選抜前期〈学群統一方式３科目型〉 **③科目** ①**国**(100)▶国総(古典を除く)・現文Ｂ ②**外**(100)▶コミュ英Ⅰ・コミュ英Ⅱ・コミュ英Ⅲ・英表Ⅰ・英表Ⅱ ③**地歴・公民・数**(100)▶世Ｂ・日Ｂ・政経・「数Ⅰ・数Ⅱ・数Ａ・数Ｂ」から１

※学群統一方式３科目型は，受験する３科目のうち２科目を利用して，自動的に２科目型としても判定される(２科目パック)。合否判定には受験した科目のうち高偏差値の科目を使用する(英語必須)。ただし，ビジネスマネジメント学群は国語と英語で判定する。

一般選抜前期〈学群統一方式２科目型〉・中期〈学群統一方式２科目型〉・後期〈２科目型〉 **②科目** ①**国**(100)▶国総(古典を除く)・現文Ｂ ②**外**(100)▶コミュ英Ⅰ・コミュ英Ⅱ・コミュ英Ⅲ・英表Ⅰ・英表Ⅱ

※全日程において，本学の一般選抜で受験した科目に，共通テスト利用選抜の受験科目のうち，高偏差値科目(共通テスト指定科目)を１科目プラスして出願することも可能(共テplus)。３科目型は４科目型として，２科目型は３科目型としても合否判定を受けることができる。

航空・マネジメント学群

※フライト・オペレーション(パイロット養成)コースは出願条件があり，指定された英語資格・検定試験の級またはスコアを有する者のほか，2023年５月１日以降に本学の指定医療機関において航空身体検査を受診し，「第１種相当」に適合と診断された証明書の写し(コピー)を出願書類として提出できる者，およびオルソケラトロジー(レーシック，PRKとは異なる)による矯正を行っていないこと。

一般選抜 【フライト・オペレーション(パイロット養成)コース】〈一次審査〉 **③科目** ①**国**(100)▶国総(古典を除く)・現文Ｂ ②**外**(100)▶コミュ英Ⅰ・コミュ英Ⅱ・コミュ英Ⅲ・英表Ⅰ・英表Ⅱ ③**数**(100)▶数Ⅰ・数Ⅱ・数Ａ・数Ｂ

〈二次審査〉 **④科目** ①**適性検査**▶本学指定の機器を使用する飛行適性検査を含む ②**面接**▶日本語および英語にてそれぞれ実施 ③**グループ討論** ④**書類審査**

※一次審査通過者のみに実施。

※フライト・オペレーション(パイロット養成)コースに出願する者は，航空３コース(航空管制・航空機管理・空港マネジメント)としても自動的に合否判定を行う(検定料不要)。

一般選抜前期 【航空管制コース・航空機管理コース・空港マネジメントコース】〈学群統一方式３科目型〉 **③科目** ①**国**(100)▶国総(古典を除く)・現文Ｂ ②**外**(100)▶コミュ英Ⅰ・コミュ英Ⅱ・コミュ英Ⅲ・英表Ⅰ・英表Ⅱ ③**地歴・公民・数**(100)▶世Ｂ・日Ｂ・政経・「数Ⅰ・数Ⅱ・数Ａ・数Ｂ」から１

〈学群統一方式２科目型〉 **②科目** ①**国**(100)▶国総(古典を除く)・現文Ｂ ②**外**(100)▶コミュ英Ⅰ・コミュ英Ⅱ・コミュ英Ⅲ・英表Ⅰ・英表Ⅱ

〈理系３科目型〉 **5〜3科目** ①**外**(100)▶コミュ英Ⅰ・コミュ英Ⅱ・コミュ英Ⅲ・英表Ⅰ・英表Ⅱ ②**数**(100)▶数Ⅰ・数Ⅱ・数Ａ・数Ｂ ③④⑤**理**(100)▶〈２月１日〉「物基・物」・「化基・化」・「生基・生」から各３問出題し３問自由選択，〈２月３日〉「物基・物」・「化基・化」・「生基・生」から１

〈理系２科目型〉 **4〜2科目** ①**外**(100)▶コミュ英Ⅰ・コミュ英Ⅱ・コミュ英Ⅲ・英表Ⅰ・英表Ⅱ ②③④**数・理**(100)▶「数Ⅰ・数Ⅱ・数Ａ・数Ｂ」・「〈物基・物〉・〈化基・化〉・〈生基・生〉から各３問出題し３問自由選択(２月１日)または〈物基・物〉・〈化基・化〉・〈生基・生〉から１(２月３日)」から１，ただし２月２日・４日は数

キャンパスアクセス [東京ひなたやまキャンパス] JR横浜線，小田急小田原線・江ノ島線一町田よりバス20分・山崎団地センター下車徒歩3分／[プラネット淵野辺キャンパス] JR横浜線一淵野辺より徒歩1分

指定
※学群統一方式３科目型および理系３科目型は，受験する３科目のうち２科目を利用して，それぞれ自動的に２科目型としても判定される（２科目パック）。合否判定には受験した科目のうち高偏差値の科目を使用する（英語必須）。
一般選抜中期〈学群統一方式２科目型〉・後期〈２科目型〉　前期学群統一方式２科目型と同じ
※全日程において，本学の一般選抜で受験した科目に，共通テスト利用選抜の受験科目のうち，高偏差値科目（共通テスト指定科目）を１科目プラスして出願することも可能（共テplus）。３科目型は４科目型として，２科目型は３科目型としても合否判定を受けることができる。

その他の選抜

共通テスト利用選抜はリベラルアーツ学群84名，グローバル・コミュニケーション学群45名，ビジネスマネジメント学群74名，健康福祉学群38名，芸術文化学群37名，教育探究科学群10名，航空・マネジメント学群30名を，学校推薦型選抜（公募制・指定校制）はリベラルアーツ学群233名，グローバル・コミュニケーション学群32名，ビジネスマネジメント学群100名，健康福祉学群72名，芸術文化学群93名，教育探究科学群50名，航空・マネジメント学群20名を，総合型選抜（総合評価方式，基礎学力方式，探究入試〈Spiral〉，グローバル人材育成奨学生選抜，帰国生徒，キリスト教学校教育同盟，スポーツ，同窓生徒，キリスト者など）はリベラルアーツ学群263名，グローバル・コミュニケーション学群57名，ビジネスマネジメント学群120名，健康福祉学群92名，芸術文化学群171名，教育探究科学群55名，航空・マネジメント学群50名を募集。ほかに社会人選抜，国際学生選抜を実施。

偏差値データ（2024年度）

●一般選抜

学群／コース	2024年度 駿台予備学校 合格目標ライン	2024年度 河合塾 ボーダー偏差値	2023年度 競争率
▶リベラルアーツ学群			
	37	37.5	1.2
▶グローバルコミュニケーション学群			
	37	37.5	1.1
▶ビジネスマネジメント学群			
	37	40	2.2
▶健康福祉学群			
	37〜39	37.5〜40	2.7
▶芸術文化学群			
	36〜37	37.5〜40	1.5
▶教育探究科学群			
	37	40	1.1
▶航空・マネジメント			
フライト・オペレーション	38	45	1.3
航空管制・航空機管理・空港マネジメント	37	40	（1.3）

●駿台予備学校合格目標ラインは合格可能性80％に相当する駿台模試の偏差値です。なお，前期の偏差値です。
●河合塾ボーダー偏差値は合格可能性50％に相当する河合塾全統模試の偏差値です。
●競争率は受験者÷合格者の実質倍率

キャンパスアクセス［多摩アカデミーヒルズ（多摩キャンパス）］京王相模原線，小田急多摩線，多摩都市モノレール線―多摩センターより徒歩10分

大妻女子大学

おおつまじょし

資料請求

問合せ先 広報・入試センター　☎03-5275-6011

建学の精神

創立者・大妻コタカが1908（明治41）年に，女性のために開いた裁縫・手芸の私塾が大妻女子大学の始まり。創立の時から「女性の自立」を教育理念の柱に据え，115年の時を過ごす中で，今日では，５学部および短期大学部，大学院人間文化研究科からなる総合大学，全国最大規模の女子教育機関へと発展。他人ではなく，自らを戒める言葉である校訓「恥を知れ」を胸に刻み，「女子も自ら学び，社会に貢献できる力を身につけ，その力を広く世の中で発揮していくことが女性の自立につながる」と確信していたコタカの精神は，変わり続ける時代の中でもしっかりと受け継がれ，大妻の学びを生かして，常に時代の変化に適応し，「学び働き続ける女性」として，社会のあらゆる分野に主体的に参画，貢献できる自立した女性を育成している。

- **千代田キャンパス**…〒102-8357　東京都千代田区三番町12番地
- **多摩キャンパス**……〒206-8540　東京都多摩市唐木田2丁目7番地1

基本データ

学生数▶女6,652名
専任教員数▶教授129名，准教授46名，講師28名
設置学部▶家政，文，社会情報，人間関係，比較文化
併設教育機関▶大学院―人間文化（M・D）　短期大学部（P.289参照）

就職・卒業後の進路

就職率 **98.6**%
就職者÷希望者×100

● **就職支援**　学生一人ひとりの資質を高め，その適性を生かすためのきめ細かい就職指導プログラムを用意し，全力バックアップ。学内で行う企業説明会には約300社の企業が参加し，女子大・短大最大規模を誇る。社会人として必要なマナー習得にも力を入れている。

● **資格取得支援**　ビジネスで役立つ知識やスキルを総合的に習得することを目的とした学内ダブルスクールで，資格取得をサポートする講座を開設。教職課程や図書館学課程，博物館学芸員課程，保育士課程を履修する学生を支援する教職支援センターも設置している。

進路指導者も必見　学生を伸ばす　面倒見

初年次教育	学修サポート
全8回のオムニバス形式で，学長も講義を行う「大妻教養講座」，課題解決型授業「キャリア・ディベロップメント・プログラムⅠ」のほか，「日本語A（文章表現）」「日本語B（口頭表現）」「コンピュータ基礎A」などの科目を開講	全学部でTA制度，オフィスアワー制度を導入。また，在学中のさまざまな問題や疑問などが生じた際に，相談しやすい環境を整えるためのクラス指導主任制度（1クラス30～80人）も導入されている

オープンキャンパス（2023年度実績）　千代田Cで６月・７月・８月・10月・11月，多摩Cで６月・７月・８月・10月に開催（事前登録制。10月は文化祭と同日開催）。３月には，新高３・高２年生向けの学科説明会も実施。

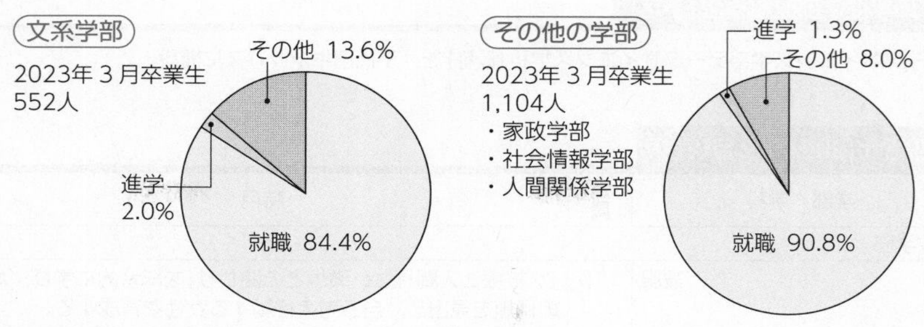

主なOG ▶［文］原田ひ香（作家），［社会情報］徳永有美（キャスター），［社会情報］柳澤綾子（タペストリー・ジャパン合同会社ケイト・スペード プレジデント），［人間関係］堤礼実（フジテレビアナウンサー）など。

国際化・留学　大学間 38 大学等・部局間 7 機関

受入れ留学生数 ▶ ６名（2023年９月１日現在）

留学生の出身国 ▶ 中国，韓国，マレーシア，モンゴルなど。

外国人専任教員 ▶ 教授６名，准教授２名，講師２名（2023年５月１日現在）

外国人専任教員の出身国 ▶ 韓国，アメリカ，中国など。

大学間交流協定 ▶ 38大学・機関（交換留学先５大学，2023年５月２日現在）

部局間交流協定 ▶ ７機関（2023年５月２日現在）

海外への留学生数 ▶ 渡航型159名・オンライン型11名／年（７カ国・地域，2022年度）

海外留学制度 ▶ 国際センターが主催する海外研修・留学プログラムには，長期留学，交換留学，短期研修の３つがあり，各自の目的に合わせて参加することができる。このほか，学部・学科主催の短期語学・文化研修なども実施。コンソーシアムはUNAI（国連アカデミック・インパクト）に参加している。

学費・奨学金制度　給付型奨学金総額 年間 1,614 万円

入学金 ▶ 250,000円

年間授業料（施設費等を除く）▶ 745,000円～（詳細は巻末資料参照）

年間奨学金総額 ▶ 16,140,000円

年間奨学金受給者数 ▶ 68人

主な奨学金制度 ▶ 経済的な理由で学業継続が困難な学生を支えるために，「大妻女子大学育英奨学金」「学校法人大妻学院特別育英奨学金」「一般財団法人大妻コタカ記念会育英奨学金」などの制度を設置している。

保護者向けインフォメーション

● **オープンキャンパス**　通常のオープンキャンパス時に保護者向けガイダンスを実施している。

● **成績確認**　ポータルサイトで学生の成績・時間割表・出欠状況などが確認できる。

● **父母会**　千鳥会（父母会）を組織し，各学部・学科で保護者教育懇談会を実施している。機関誌『千鳥会報』（７・12月）も発行。

● **就職ガイダンス**　１～３年次の保護者を対象に，６月と10月に「保護者向け就職ガイダンス」を開催している。

● **防災対策**　「防災のしおり」を入学時に配布。災害時の学生の安否は，メールおよびポータルサイトを利用して確認するようにしている。

インターンシップ科目	必修専門ゼミ	卒業論文	GPA制度の導入の有無および活用例	１年以内の退学率	標準年限での卒業率
家政学部で開講している	全学部で４年次に実施	ライフデザイン学科を除き卒業要件	奨学金対象者選定，留学候補者選考，退学勧告，大学院入試選抜，個別の学修指導，GPAに応じた履修上限単位数の設定などに活用	1.0％	92.9％

2025年度学部改組構想（予定）

● データサイエンス学部データサイエンス学科（仮称）を，千代田キャンパスに開設。

学部紹介（2024年２月現在）

学部／学科	定員	特色
家政学部		
被服	110	▷「被服と人間・社会・環境との関わり」を総合的に学び，本当の価値を見出し，自ら考え行動する女性を育成する。
食物	130	▷〈食物学専攻80名，管理栄養士専攻50名〉「食と健康づくり」の専門家として社会に貢献できる人材，医療・福祉・公衆栄養などの分野で活躍できる管理栄養士を育成する。
児童	130	▷〈児童学専攻80名，児童教育専攻50名〉子どもとともに「いる」「つくる」「生きる」ことを考える人材を育成する。
ライフデザイン	120	▷未来の日本人のライフスタイルのあるべき姿を構想し，「真の豊かさ」の実現に必要な知識と感性，行動力を養う。
● 取得可能な資格…教職（理・家，小一種，幼一種，栄養），司書，司書教諭，学芸員，保育士，栄養士，管理栄養士受験資格など。 ● 進路状況…………就職93.1%　進学0.6% ● 主な就職先………マルハニチロ，大塚製薬，東京都庁，東京エレクトロン，東京都教育委員会など。		
文学部		
日本文	120	▷その時代に生きた人々の「ことば」と「文学」を通して，豊かな人間性と教養を身につけ，人間理解を深める。
英語英文	120	▷グローバル化の進む世界で必要とされる“本物の英語力”を養い，世界に通用する人材を育成する。
コミュニケーション文化	120	▷他者との関わりを通して異文化に対する理解を深め，国際社会で求められる言語力とコミュニケーション力を育む。
● 取得可能な資格…教職（国・英），司書，司書教諭，学芸員など。 ● 進路状況…………就職85.0%　進学2.4% ● 主な就職先………ローム，野村證券，住友電気工業，JALスカイ，ANAエアポートサービスなど。		
社会情報学部		
社会情報	300	▷〈社会生活情報学専攻100名，環境情報学専攻100名，情報デザイン専攻100名〉現代社会が要求する情報リテラシーを修得し，IT社会で活躍することのできる人材を養成する。
● 取得可能な資格…教職（理・情），司書，司書教諭，学芸員，2級建築士受験資格など。 ● 進路状況…………就職92.0%　進学1.0% ● 主な就職先………国際協力銀行，PwC Japan有限責任監査法人，積水ハウス，ソフトバンクなど。		
人間関係学部		
人間関係	160	▷２専攻制。社会学専攻（80名）では身近な事柄を手がかりに，社会のあり方を広く深く学ぶ。社会・臨床心理学専攻（80名）では，人間関係と心の問題を解明する能力を身につける。
人間福祉	100	▷福祉分野からビジネスの世界まで見渡し，生活上のさまざまな問題を自分で考え，行動できる人材を育成する。
● 取得可能な資格…司書，学芸員，保育士，介護福祉士・社会福祉士・精神保健福祉士受験資格など。 ● 進路状況…………就職84.8%　進学3.0% ● 主な就職先………ツムラ，東洋紡，伊藤忠食品，YKK AP，神奈川県庁，JALナビア，人事院など。		

キャンパスアクセス［千代田キャンパス］JR総武線，東京メトロ有楽町線・南北線，都営新宿線一市ケ谷より徒歩7～10分／東京メトロ半蔵門線一半蔵門より徒歩5分／東京メトロ東西線一九段下より徒歩12分

比較文化学部		
比較文化	165	▷アジア，アメリカ，ヨーロッパの３つの文化コースを設置。世界を見つめ日本を理解し視野を広げ，国際感覚を養う。
● 取得可能な資格…司書，学芸員など。 ● 進路状況…………就職83.2%　進学1.2% ● 主な就職先………信越化学工業，スズキ，TDK，全日本空輸，郵船ロジスティクス，SUMCOなど。		

▶キャンパス

家政・文・社会情報・比較文化……［千代田キャンパス］東京都千代田区三番町12番地
人間関係……［多摩キャンパス］東京都多摩市唐木田2丁目7番地1

2025年度入試要項（予告）

●募集人員

学部／学科（専攻）	A I 期	A II 期
▶家政　被服	22	5
食物（食物学）	26	—
（管理栄養士）	17	—
児童（児童学）	22	5
（児童教育）	15	4
ライフデザイン	20	5
▶文　日本文	20	5
英語英文	35	5
コミュニケーション文化	20	5
▶社会情報 社会情報（社会生活情報学）	22	5
（環境情報学）	20	8
（情報デザイン）	25	10
▶人間関係 人間関係（社会学）	15	5
（社会・臨床心理学）	15	5
人間福祉	16	5
▶比較文化　比較文化	40	10

注）募集人員は2024年度の実績です。

▷一般選抜Ａ方式Ｉ期において，英語は一定の基準を満たした資格・検定試験（ケンブリッジ英検，英検〈S-CBT含む〉，GTEC〈４技能版〉／GTEC CBTタイプ〈アセスメント版は除く〉，IELTS，TEAP，TEAP CBT，TOEFL iBT，TOEIC L&R／TOEIC S&W）の証明書類を提出した場合，CEFR B1は８割換算，Ｂ2以上は10割換算として活用する。ただし，Ｉ期の「英語」を受験した場合は，英語資格・検定試験の成績を換算した得点と「英語」の学力試験の成績を換算した得点のうち，高得点を採用する。

▷全学科が判定に利用する調査書は，配点10点の場合は「全体の学習成績の状況（全体の評定平均値）×２」で換算，配点５点の場合は「全体の学習成績の状況（全体の評定平均値）×１」とする。「高卒認定」「外国の学校修了」など全体の学習成績の状況（全体の評定平均値）が算出できない場合は，配点の50%で換算する。

▷国語は，マークシート式と記述式を併用した問題を出題。

家政学部

一般選抜Ａ方式Ｉ期　**【被服学科】**　**3**科目　①**外**（100）▶英コミュⅠ・英コミュⅡ・論表Ⅰ　②**国・公民・理・情**（100）▶「現国・言語（現文）」・公・「化基・化（無機・有機〈高分子を除く〉）」・「生基・生」・情Ⅰから１　③**調査書**（10）

【食物学科】　**3**科目　①**理**（100）▶「化基・化（無機・有機〈高分子を除く〉）」・「生基・生」から１　②**国・外**（100）▶「現国・言語（現文）」・「英コミュⅠ・英コミュⅡ・論表Ⅰ」から１　③**調査書**（10）

【児童学科〈児童学専攻〉・ライフデザイン学科〈２月１日試験〉】　**3**科目　①**国**（100）▶現国・言語（現文）　②**外**（100）▶英コミュⅠ・英コミュⅡ・論表Ⅰ　③**調査書**（10）

【児童学科〈児童教育専攻〉】　**3**科目　①**国**（100）▶現国・言語（現文）　②**外・理**（100）▶「英コミュⅠ・英コミュⅡ・論表Ⅰ」・化基・生基から１　③**調査書**（10）

【ライフデザイン学科〈２月２日試験〉】　**3**科目　①**外**（100）▶英コミュⅠ・英コミュⅡ・論表Ⅰ　②**国・地歴・公民・理**（100）▶「現

東京　大妻女子大学

国・言語（現文）」・「歴総・世探」・「歴総・日探」・公・「生基・生」から1 ③**調査書**（10）
一般選抜A方式Ⅱ期 **【被服学科】** **2科目** ①**外**（100）▶英コミュⅠ・英コミュⅡ・論表Ⅰ ②**調査書**（10）
【児童学科】 **3科目** ①**国・外**（100）▶「現国・言語（現文）」・「英コミュⅠ・英コミュⅡ・論表Ⅰ」から1 ②**面接**（100）▶児童学専攻は教育・保育への関心の高さを問う質問を含む口頭試問，児童教育専攻は教育に関する諸問題についての質問を含む口頭試問 ③**調査書**（10）
【ライフデザイン学科】 **2科目** ①**国・外**（100）▶「現国・言語（現文）」・「英コミュⅠ・英コミュⅡ・論表Ⅰ」から1 ②**調査書**（10）

文学部

一般選抜A方式Ⅰ期〈2月1日試験〉 **3科目** ①**国**（100）▶現国・言語（日本文学科は現文・古文・漢文，その他の学科は現文） ②**外**（日本文50・英語英文150・コミュニケーション文化100）▶英コミュⅠ・英コミュⅡ・論表Ⅰ ③**調査書**（日本文5・その他の学科10）
一般選抜A方式Ⅰ期〈2月2日試験〉 **【日本文学科】** **3科目** ①**国**（100）▶現国・言語（現文・古文） ②**外・地歴・公民**（50）▶「英コミュⅠ・英コミュⅡ・論表Ⅰ」・「歴総・世探」・「歴総・日探」・公から1 ③**調査書**（5）
【英語英文学科】 2月1日試験と同じ
【コミュニケーション文化学科】 **3科目** ①**外**（100）▶英コミュⅠ・英コミュⅡ・論表Ⅰ ②**国・地歴**（100）▶「現国・言語（現文）」・「歴総・世探」・「歴総・日探」から1 ③**調査書**（10）
一般選抜A方式Ⅱ期 **【日本文学科】** **2科目** ①**国**（100）▶現国・言語（現文・古文・漢文） ②**調査書**（5）
【英語英文学科・コミュニケーション文化学科】 **2科目** ①**外**（100）▶英コミュⅠ・英コミュⅡ・論表Ⅰ ②**調査書**（10）

社会情報学部

一般選抜A方式Ⅰ期〈2月1日試験〉 **3科目** ①**国**（100）▶現国・言語（現文） ②**外**（100）▶英コミュⅠ・英コミュⅡ・論表Ⅰ ③**調査書**（10）
一般選抜A方式Ⅰ期〈2月2日試験〉 **【社会情報学科】〈社会生活情報学専攻〉** **3科目** ①②**外・「国・数」・「地歴・公民・情」**（100×2）▶「英コミュⅠ・英コミュⅡ・論表Ⅰ」・「〈現国・言語（現文）〉・〈数Ⅰ・数Ⅱ・数A（数学と人間を除く）〉から1」・「〈歴総・世探〉・〈歴総・日探〉・公・情Ⅰから1」から2 ③**調査書**（10）
〈環境情報学専攻・情報デザイン専攻〉 **3科目** ①②**外・「国・数」・「地歴・公民・理・情」**（100×2）▶「英コミュⅠ・英コミュⅡ・論表Ⅰ」・「〈現国・言語（現文）〉・〈数Ⅰ・数Ⅱ・数A（数学と人間を除く）〉から1」・「〈歴総・世探〉・〈歴総・日探〉・公・〈化基・化（無機・有機〈高分子を除く〉）〉・〈生基・生〉・情Ⅰから1」から2，ただし環境情報学専攻は公の選択不可 ③**調査書**（10）
一般選抜A方式Ⅱ期 **3～2科目** ①**国・外**（100）▶「現国・言語（現文）」・「英コミュⅠ・英コミュⅡ・論表Ⅰ」から1 ②**調査書**（社会生活情報学5・その他の専攻10） ③**面接**（50）▶情報とデザインおよび情報とシステムに関する質問を含む口頭試問，ただし面接は情報デザイン専攻のみ実施

人間関係学部

一般選抜A方式Ⅰ期〈2月1日試験〉 **3科目** ①**国**（100）▶現国・言語（現文） ②**外**（100）▶英コミュⅠ・英コミュⅡ・論表Ⅰ ③**調査書**（10）
一般選抜A方式Ⅰ期〈2月2日試験〉 **【人間関係学科〈社会学専攻〉・人間福祉学科】** **3科目** ①**国**（100）▶現国・言語（現文） ②**外・地歴・公**（100）▶「英コミュⅠ・英コミュⅡ・論表Ⅰ」・「歴総・世探」・「歴総・日探」・公から1 ③**調査書**（10）
【人間関係学科〈社会・臨床心理学専攻〉】 **3科目** ①**国**（100）▶現国・言語（現文） ②**外・公・情**（100）▶「英コミュⅠ・英コミュⅡ・論表Ⅰ」・公・情Ⅰから1 ③**調査書**（10）
一般選抜A方式Ⅱ期 **2科目** ①**国・外**（100）▶「現国・言語（現文）」・「英コミュⅠ・英コミュⅡ・論表Ⅰ」から1 ②**調査書**（人間関係5・人間福祉10）

比較文化学部

一般選抜Ａ方式Ⅰ期〈２月１日試験〉 ３科目
①国（100）▶現国・言語（現文・古文） ②外（100）▶英コミュⅠ・英コミュⅡ・論表Ⅰ ③調査書（10）
一般選抜Ａ方式Ⅰ期〈２月２日試験〉 ３科目
①外（100）▶英コミュⅠ・英コミュⅡ・論表Ⅰ ②国・地歴（100）▶「現国・言語（現文）」・「歴総・世探」・「歴総・日探」から１ ③調査書（10）
一般選抜Ａ方式Ⅱ期 ２科目 ①国・外（100）▶「現国・言語（現文）」・「英コミュⅠ・英コミュⅡ・論表Ⅰ」から１ ②調査書（10）

その他の選抜

一般選抜Ｂ方式（共通テスト利用）は家政学部60名，文学部51名，社会情報学部74名，人間関係学部40名，比較文化学部20名を，総合型選抜（自己推薦型，情報技術評価型）は家政学部112名，文学部78名，社会情報学部32名，人間関係学部51名，比較文化学部25名を募集。ほかに学校推薦型選抜（公募制，指定校制，同窓生子女推薦），社会人入試，外国人留学生入試を実施。
注）募集人員は2024年度の実績です。

偏差値データ（2024年度）

●一般選抜Ａ方式Ⅰ期

学部／学科／専攻	2024年度		2023年度
	駿台予備学校 合格目標ライン	河合塾 ボーダー偏差値	競争率
▶家政学部			
被服	40	45	1.9
食物／食物学	42	45	2.0
／管理栄養士	43	52.5	7.4
児童／児童学	42	47.5	3.0
／児童教育	42	42.5	1.3
ライフデザイン	39	42.5	3.0
▶文学部			
日本文	40	37.5	1.1
英語英文	40	37.5	1.1
コミュニケーション文化	40	40	1.5
▶社会情報学部			
社会情報／社会生活情報学	36	45	2.9
／環境情報学	36	42.5	1.4
／情報デザイン	35	45	3.6
▶人間関係学部			
人間関係／社会学	37	40	1.1
／社会・臨床心理学	39	40	1.2
人間福祉	38	37.5	1.1
▶比較文化学部			
比較文化	38	37.5	1.1

●駿台予備学校合格目標ラインは合格可能性80％に相当する駿台模試の偏差値です。
●河合塾ボーダー偏差値は合格可能性50％に相当する河合塾全統模試の偏差値です。
●競争率は受験者÷合格者の実質倍率

併設の教育機関　短期大学

大妻女子大学短期大学部

問合せ先　広報・入試センター
☎03-5275-6011
所在地　東京都千代田区三番町12番地

学生数▶女379名
教員数▶教授19名，准教授６名，講師２名

設置学科

●**家政科**（260）３専攻制。家政専攻（90名）は，家政学の基本の衣・食・住を中心に，人間生活全般の教養と実践的知識・技術力を身につける。生活総合ビジネス専攻（70名）は，洗練されたビジネススキルと家政学を学び，ライフデザインを考える。食物栄養専攻（100名）は，栄養・食を通じて，人々の健康と福祉に貢献する栄養士を育成する。

卒業後の進路

2023年３月卒業生▶244名
就職162名，大学編入学32名（うち他大学９名），その他50名

学習院大学

がくしゅういん

資料請求

問合せ先 アドミッションセンター ☎03-5992-1083・9226

建学の精神

1847（弘化４）年，京都御所の東側に公家の学問所が設置され，1849（嘉永２）年に孝明天皇より「学習院」の勅額を賜り，校名が決定。明治に入って1877（明治10）年，東京神田錦町に華族学校が開設，改めて学習院と命名された。現在の学習院は，このときを創立としている。戦後，私立学校へと生まれ変わり，現在では，人文科学・社会科学・自然科学にわたる５学部17学科と大学院の学生が目白のワンキャンパスで学ぶ“知の共同体”を形成。専門分野の垣根を超えた文理融合科目，興味に応じて他学部の科目履修も可能な履修規定など，ワンキャンパスの環境を生かした仕組みで，学ぶ意欲を後押しし，この〈知のコミュニティー〉でのさまざまな価値観や可能性との出会いが，分野と分野をつなぎ，共創をリードする力を備えた人材を育てている。

● 目白キャンパス……〒171-8588　東京都豊島区目白1-5-1

基本データ

学生数 ▶ 8,803名（男3,970名，女4,833名）
専任教員数 ▶ 教授220名，准教授32名，講師１名，助教50名
設置学部 ▶ 法，経済，文，理，国際社会科
併設教育機関 ▶ 大学院（P.298参照）

就職・卒業後の進路

就職率 98.1%
就職者÷希望者×100

● **就職支援**　一方向の講義型ではなく，ワークショップを重視した議論型の就職セミナーや面接対策セミナー，年間を通じた丁寧な個別相談対応や学生同士の情報交換の場の提供といった支援に加え，働き方や自らのキャリアについて考える「キャリア・デザイン」などの正課授業を開講し，卒業後の人生を豊かにする支援体制を整備。公務員志望者には，「公務員セミナー」「公務員特別対策講座」「官公庁セミナー」などを開催している。

● **資格取得支援**　教職課程や学芸員課程を設けているほか，経営学科ではITパスポートの合格を目的とした専門応用科目を開設。また，広く地域や社会に開かれた公開講座「学習院さくらアカデミー」の幅広い講座の中でも，資格関連プログラムは学生にも人気。

進路指導者も必見　学生を伸ばす　面倒見

初年次教育

大学での学びを支える基礎を身につける「アカデミック・スキルズ」「日本語表現法」，レポートや卒論作成に必須のオフィスツールスキルや，情報環境を最低限安全に利用するための知識を習得する「情報リテラシー」などを実施

学修サポート

オフィスアワーを全学部で，法・経済・文でTA制度，さらに法・経済でSA制度を導入。また，レポートの書き方から学習に役立つ各種セミナーの開催まで，多様な学びをサポートするラーニング・サポートセンターを設置

オープンキャンパス（2023年度実績） 8月４・５・20日，10月21日に，来場型（来場予約制，一部プログラムは個別予約制）とオンライン（専用サイト登録制）の双方で，学習院大学を体験できるプログラムを多数用意して開催。

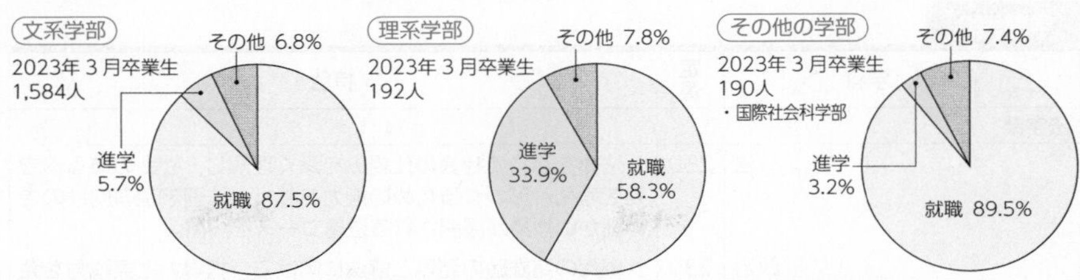

主なOB・OG▶［旧政経］宮崎駿（映画監督），［旧政経］麻生太郎（第92代内閣総理大臣），［経済］尾関一郎（セコム社長），［経済］誉田哲也（小説家），［文］佐々木明子（テレビ東京アナウンサー）など。

国際化・留学　大学間 71 大学・部局間 7 大学

受入れ留学生数▶89名（2023年５月１日現在）

留学生の出身国・地域▶中国，韓国，マレーシア，カンボジア，台湾など。

外国人専任教員▶教授10名，准教授４名，講師０名（2023年５月１日現在）

外国人専任教員の出身国▶アメリカ，中国，韓国，イギリス，フランスなど。

大学間交流協定▶71大学（交換留学先44大学，2023年５月１日現在）

部局間交流協定▶７大学（交換留学先０大学，2023年５月１日現在）

海外への留学生数▶渡航型163名／オンライン型５名／年（19カ国・地域，2022年度）
※渡航型留学生数に含まれる短期留学生は，国際センター管轄の短期研修参加者のみ。

海外留学制度▶大別して，長期留学（協定校への協定留学，協定外留学，休学による留学）と，海外短期研修（国際センターによる海外語学研修，海外フィールド研修など）を設置し，海外で学びたい学生を支援。コンソーシアムはUMAPに参加している。

学費・奨学金制度　給付型奨学金総額 年間約 4,256 万円

入学金▶200,000円

年間授業料（施設費等を除く）▶796,000円～（詳細は巻末資料参照）

年間奨学金総額▶42,561,205円

年間奨学金受給者数▶127人

主な奨学金制度▶学費支弁が困難な新入学生に対して，入学金相当額を給付する「学習院大学新入学生特別給付奨学金」のほか，「学習院大学学費支援給付奨学金」「学習院大学教育ローン金利助成奨学金」などを設置。学費減免制度もあり，2022年度には39人を対象に総額で約1,003万円を減免している。

保護者向けインフォメーション

- **成績確認**　成績のWeb閲覧が可能。
- **情報誌**　学習院大学通信『COMPASS』を年４回発行し，保証人宛に送付している。
- **懇談会**　「保証人との懇談会」を11月に開催し，大学近況やキャリア支援体制・進路状況，留学などの報告を行うほか，キャンパスツアーや各学科教員による個別相談を実施。
- **就職ガイダンス**　３年生の保護者向け就職ガイダンスを７月に実施している。
- **保証人サロン**　学生相談室で，保証人からの相談などを受ける保証人サロンを実施。
- **防災対策**　「大地震対応マニュアル」を大学HPで公開しているほか，窓口（各学科事務室など）で配布。災害時の学生の安否は，メールおよびポータルサイトを利用して確認する。

インターンシップ科目	必修専門ゼミ	卒業論文	GPA制度の導入の有無および活用例	１年以内の退学率	標準年限での卒業率
文学部で開講している	全学部で実施	文学部と理学部は卒業要件	奨学金や授業料免除対象者の選定基準や留学候補者の選考などに活用している	0.9%	85.3%

学部紹介

学部／学科	定員	特色
法学部		
法	250	▷法律を通じて社会の仕組みを深く理解し，社会のあるべき姿を考え，形づくるための能力を養う。法曹志望者向けのきめ細かい授業が展開される法曹コースを設置。
政治	230	▷現代の諸課題の発見と解決に向けて，指導力と実践力を発揮できる能力を養い，戦略的思考を生かし，市民として主体的に社会に参加する人材を育成する。
●取得可能な資格…教職（公・社），学芸員。 ●進路状況…………就職86.9%　進学3.2% ●主な就職先………東京23特別区人事委員会，アクセンチュア，損害保険ジャパン，千葉銀行，日本生命保険，東京都人事委員会，千葉市を除く千葉県市町村，東日本旅客鉄道など。		
経済学部		
経済	250	▷経済理論や経済政策，経済発展の歴史などに関する専門知識を学習し，経済理論に基づく分析力と国際性を兼ね備え，バランス感覚に優れた経済人を育成する。
経営	250	▷経済や政治，法律についても触れる横断的な学びを用意し，高い問題解決力と豊かな創造性を持ち，組織経営の先に人々のより豊かな生活を生み出すことができる人材を育成する。
●取得可能な資格…教職（公・社・情），学芸員。 ●進路状況…………就職88.6%　進学2.2% ●主な就職先………千葉銀行，ボードルア，富国生命保険，アクセンチュア，住友生命保険，埼玉県市町村（さいたま市を除く），東京23特別区人事委員会，JTB，リクルートなど。		
文学部		
哲	95	▷哲学・思想史系と美学・美術史系の２コースを開設。文献や作品の細緻な分析をもとに，思想と美の世界を探究する。
史	95	▷日本史，東洋史，西洋史の３分野が一体となった教育・研究で，現代社会が直面する課題解決に向けて能動的に“考動”する原動力にもつながる物事の本質を見極める力を養う。
日本語日本文	115	▷日本語日本文学系，日本語教育系の２コース。国際的な感覚も磨きながら，日本語や日本文学・文化を学際的に学ぶ。
英語英米文	115	▷現代研究，英語文化，言語・教育の３コース。英語圏の文化・社会に対する深い理解を得る専門教育と徹底した語学教育を効果的に連動させることで，実践的な英語運用力を養う。
ドイツ語圏文化	50	▷言語・情報，文学・文化，現代地域事情の３コース。自らの考えを表現し伝える発信型のドイツ語教育を重視し，現代社会の課題解決に取り組むドイツ語圏エキスパートを養成。
フランス語圏文化	65	▷文学・思想，言語・翻訳，舞台・映像，広域文化の４コース。卓越したフランス語スキルの修得とスランス語圏の社会や文化を幅広く学び，世界を見通す柔軟な視野を身につける。
心理	90	▷複雑で多様な人間の心と行動を体系的に学び，ヒトや社会が抱える心理的問題に対応できる人材を育成する。
教育	50	▷社会の変化に伴い変わり続ける教育のあり方を模索し，子どもたちの成長に寄り添い，支えることができる人材を育成。

キャンパスアクセス ［目白キャンパス］ JR山手線一目白より徒歩30秒／東京メトロ副都心線一雑司が谷より徒歩7分

● 取得可能な資格…教職（国・地歴・公・社・書・英・独・仏，小一種，職業指導），学芸員など。
● 進路状況…………就職87.1％　進学10.5％
● 主な就職先………学習院，東京都・埼玉県・千葉県教育委員会，東京23特別区人事委員会，埼玉県市町村（さいたま市を除く），ANAエアポートサービス，SMBC日興証券など。

理学部

学科	定員	特色
物理	48	▷物理学の学習・研究を通して，普遍的な基礎に立ち返って，さまざまな状況に対応する力を身につける。
化	54	▷実験を重視した教育を通して，どのような分野に進んでも必要とされる発見力や想像力，応用力を養う。
数	60	▷数学世界の奥深い魅力を探究しながら，実社会で役立つ論理的な思考力と高度な数学的センスを養う。
生命科	48	▷生物の基本単位である細胞を分子の言葉で理解することをめざす分子細胞生物学を基盤に，幅広い教育研究を展開。

● 取得可能な資格…教職（数・理），学芸員。
● 進路状況…………就職58.3％　進学33.9％
● 主な就職先………大塚商会，NECソリューションイノベータ，日立ソリューションズ・クリエイト，日立システムズ，Sky，東京都教育委員会，日本銀行，オムロン，気象庁など。

国際社会科学部

学科	定員	特色
国際社会科	200	▷英語と社会科学を融合した学びを通じ，国際的なビジネスの場で世界中の人と対等にわたり合うために必要な能力を養い，世界を舞台に輝く国際人を育成する。

● 取得可能な資格…教職（公・社），学芸員。
● 進路状況…………就職89.5％　進学3.2％
● 主な就職先………日本生命保険，JFE商事，パーソルプロセス＆テクノロジー，双日，佐川グローバルロジスティクス，ベイカレント・コンサルティング，エル・ティー・エスなど。

キャンパス

全学部……［目白キャンパス］東京都豊島区目白1-5-1

2025年度入試要項（予告）

●募集人員

学部	学科	一般・コア	一般・プラス	共通テスト	学校推薦（公募）	総合型（AO）
▶法	法	150	15	15	—	—
	政治	120	15	15	5程度	—
▶経済	経済	130	20	4科10 6科10	若干名	—
	経営	130	15	—	若干名	—
▶文	哲	55	—	5	若干名	—
	史	55	—	5	若干名	—
	日本語日本文	75	—	—	—	—
	英語英米文化	70	—	10	若干名	—
	ドイツ語圏文化	30	—	3	若干名	—
	フランス語圏文化	35	—	3	若干名	—
	心理	60	5	—	—	—
	教育	25	5	3	若干名	—
▶理	物理	35	7	—	若干名	—
	化	35	—	5	若干名	—
	数	34	6	—	若干名	—
	生命科	35	—	4科5 6科5	若干名	—
▶国際社会科	国際社会科	80	15	5	若干名	20

注）募集人員は2024年度の実績です。
※コア試験は各学部独自の試験問題で選抜。プラス試験は他学部のコア試験日に，そのコア試験と同じ問題で選抜（一部を除く）。
※次のように略しています。科目型→科。

▷国際社会科学部の一般選抜プラス試験の合否判定に利用する外部の英語資格・検定試験，および理学部物理学科の一般選抜プラス試験，法学部政治学科と経済学部の学校推薦型選抜，国際社会科学部の学校推薦型選抜と総合型選抜（AO）の出願資格に指定されている外国語検定試験は以下の通り。
GTEC（4技能オフィシャルスコアに限る），英検CSEスコア（従来型に加え，英検S-CBT・英検S-Interviewも利用可），TOEFL iBT（ITP除く），IELTS（Academic Moduleのみ），TEAP，TEAP CBT，ケンブリッジ英検，TOEIC L&R＋TOEIC S&W。
注）学校推薦型選抜（公募制）と総合型選抜（AO）の選抜内容は，2024年度の実績です。

法学部

一般選抜コア試験 3科目 ①**国**（100）▶現国・言語・論国・古典（漢文を除く） ②**外**（150）▶英コミュⅠ・英コミュⅡ・英コミュⅢ・論表Ⅰ・論表Ⅱ・論表Ⅲ ③**地歴・公民・数**（100）▶「歴総・世探」・「歴総・日探」・「地総・地探」・「公・政経」・「数Ⅰ・数Ⅱ・数A（図形・場合）・数B（数列）・数C（ベク）」から1
一般選抜プラス試験 3科目 ①**国**（120）▶現国・言語・論国・古典（漢文を除く） ②**外**（150）▶英コミュⅠ・英コミュⅡ・英コミュⅢ・論表Ⅰ・論表Ⅱ・論表Ⅲ ③**地歴・公民・数**（120）▶「歴総・世探」・「歴総・日探」・「公・政経」・「数Ⅰ・数Ⅱ・数A（図形・場合）・数B（数列）・数C（ベク）」から1
一般選抜共通テスト利用入学者選抜 4～3科目 ①**国**（100）▶国 ②**外**（150）▶英（リスニングを含む） ※リーディング100点，リスニング100点の200点満点から換算。 ③④**地歴・公民・数**（100）▶「歴総・世探」・「歴総・日探」・「地総・地探」・「地総・歴総・公から2」・「公・政経」・「〈数Ⅰ・数A〉・〈数Ⅱ・数B・数C〉」から1
［個別試験］ 行わない。
政治学科学校推薦型選抜（公募制） **［出願資格］** 第1志望，校長推薦，2浪まで，入学確約者，全体の学習成績の状況が3.8以上のほか，指定された外国語検定試験のいずれかの基準を満たす者。
［選考方法］ 書類審査通過者を対象に，英語問題，論述問題，面接を行う。

経済学部

一般選抜コア試験 3科目 ①**国**（120）▶現国・言語・論国・古典（漢文を除く） ②**外**（150）▶「英コミュⅠ・英コミュⅡ・英コミュⅢ・論表Ⅰ・論表Ⅱ・論表Ⅲ」・独・仏（ディクテーション〈書き取り〉を含む）から1 ③**地歴・公民・数**（120）▶「歴総・世探」・「歴総・日探」・「地総・地探」・「公・政経」・「数Ⅰ・数Ⅱ・数A（図形・場合）・数B（数列）・数C（ベク）」から1
一般選抜プラス試験 3科目 ①**国**（120）▶現国・言語・論国・古典（漢文を除く） ②**外**（150）▶英コミュⅠ・英コミュⅡ・英コミュⅢ・論表Ⅰ・論表Ⅱ・論表Ⅲ ③**地歴・公民・数**（120）▶「歴総・世探」・「歴総・日探」・「公・政経」・「数Ⅰ・数Ⅱ・数A（図形・場合）・数B（数列）・数C（ベク）」から1
一般選抜共通テスト利用入学者選抜（4科目型） **【経済学科】** 4科目 ①**国**（150）▶国 ②**外**（200〈英語はリーディング160・リスニング40〉）▶英（リスニングを含む）・独・仏・中・韓から1 ※英語はリーディング100点，リスニング100点から換算。 ③**数**（100）▶数Ⅰ・数A ④**地歴・公民・数**（100）▶「歴総・世探」・「歴総・日探」・「地総・地探」・「地総・歴総・公から2」・「公・倫」・「公・政経」・「数Ⅱ・数B・数C」から1
［個別試験］ 行わない。
一般選抜共通テスト利用入学者選抜（6科目型） **【経済学科】** 6科目 ①**国**（200）▶国 ②**外**（200〈英語はリーディング160・リスニング40〉）▶英（リスニングを含む）・独・仏・中・韓から1 ※英語はリーディング100点，リスニング100点から換算。 ③④**数**（100×2）▶「数Ⅰ・数A」・「数Ⅱ・数B・数C」 ⑤⑥**地歴・公民・理**（100×2）▶「歴総・世探」・「歴総・日探」・「地総・地探」・「地総・歴総・公から2」・「〈公・倫〉・〈公・政経〉から1」・「物基・化基・生基・地学基から2」・物・化・生・地学から2
［個別試験］ 行わない。
学校推薦型選抜（公募制） **［出願資格］** 第1志望，校長推薦，2浪まで，入学確約者，指定された外国語検定試験のいずれかの基準を満たす者のほか，経済学科は全体の学習成績の状況が3.8以上，および数Ⅰ，数Ⅱ，数Aのすべてを履修し，かつ3科目の学習成績の状況が4.0以上の者，経営学科はそれぞれ4.0以上，3.8以上の者。
［選考方法］ 書類審査通過者を対象に，小論

文，面接を行う。

文学部

一般選抜コア試験 ③科目 ①国(150)▶現国・言語・論国・文国・古典 ②外(150)▶「英コミュⅠ・英コミュⅡ・英コミュⅢ・論表Ⅰ・論表Ⅱ・論表Ⅲ」・独・仏(ディクテーション〈書き取り〉を含む)から1 ③**地歴・公民・数**(100)▶「歴総・世探」・「歴総・日探」・「地総・地探」・「公・政経」・「数Ⅰ・数Ⅱ・数A(図形・場合)・数B(数列)・数C(ベク)」から1

一般選抜プラス試験 **【心理学科・教育学科】** ③科目 ①**外**(150)▶英コミュⅠ・英コミュⅡ・英コミュⅢ・論表Ⅰ・論表Ⅱ・論表Ⅲ ②**数**(150)▶数Ⅰ・数Ⅱ・数Ⅲ・数A(図形・場合)・数B(数列)・数C(ベク・平面) ③**理**(100)▶「物基・物」・「化基・化」・「生基・生」から1

一般選抜共通テスト利用入学者選抜 **【哲学科】** ③科目 ①**国**(150)▶国 ②**外**(150)▶英(リスニングを含む)・独・仏から1 ③**地歴・公民・数・理**(100)▶「歴総・世探」・「歴総・日探」・「地総・地探」・「地総・歴総・公から2」・「公・倫」・「公・政経」・「数Ⅰ・数A」・「物基・化基・生基・地学基から2」から1

[個別試験] 行わない。

【史学科】 ③科目 ①**国**(100)▶国 ②**外**(100)▶英(リスニングを含む)・独・仏・中・韓から1 ③**地歴・公民**(100)▶「歴総・世探」・「歴総・日探」・「地総・地探」・「地総・歴総・公から2」・「公・政経」から1

[個別試験] 行わない。

【英語英米文化学科】 ③科目 ①**国**(150)▶国 ②**外**(150)▶英(リスニングを含む) ③**地歴・公民・数・理・情**(100)▶「歴総・世探」・「歴総・日探」・「地総・地探」・「地総・歴総・公から2」・「公・倫」・「公・政経」・数Ⅰ・「数Ⅰ・数A」・「数Ⅱ・数B・数C」・「物基・化基・生基・地学基から2」・物・化・生・地学・情Ⅰから1

[個別試験] 行わない。

【ドイツ語圏文化学科・フランス語圏文化学科】 ③科目 ①**国**(150)▶国 ②**外**(150)▶英(リスニングを含む)・独・仏・中・韓から1，ただし中・韓はフランス語圏文化学科のみ選択可 ③**地歴・公民・数・情**(100)▶「歴総・世探」・「歴総・日探」・「地総・地探」・「地総・歴総・公から2」・「公・倫」・「公・政経」・「数Ⅰ・数A」・情Ⅰから1

[個別試験] 行わない。

【教育学科】 ⑤科目 ①**国**(100)▶国 ②**外**(100)▶英(リスニングを含む) ③**地歴・公民**(100)▶「歴総・世探」・「歴総・日探」・「地総・地探」・「地総・歴総・公から2」・「公・倫」・「公・政経」から1 ④**数**(100)▶数Ⅰ・「数Ⅰ・数A」・「数Ⅱ・数B・数C」から1 ⑤**理**(100)▶「物基・化基・生基・地学基から2」・物・化・生・地学から1

[個別試験] 行わない。

※すべての学科において，共通テストの英語はリーディング100点，リスニング100点の200点満点から換算。

学校推薦型選抜(公募制) **[出願資格]** 校長推薦，現役，入学確約者のほか，哲学科と史学科は全体の学習成績の状況が3.8以上，英語英米文化学科は全体4.2以上かつ英語4.4以上，ドイツ語圏文化学科は外国語3.8以上，フランス語圏文化学科は全体3.5以上，教育学科は全体4.1以上，または全体4.0以上で，かつ数学および理科の履修したすべての科目の学習成績の状況が4.2以上の者。

[選考方法] 書類審査，小論文，面接(教育学科は集団面接・個人面接)を行う。

理学部

一般選抜コア試験 ③科目 ①**外**(150)▶英コミュⅠ・英コミュⅡ・英コミュⅢ・論表Ⅰ・論表Ⅱ・論表Ⅲ ②**数**(150)▶数Ⅰ・数Ⅱ・数Ⅲ・数A(図形・場合)・数B(数列)・数C(ベク・平面) ③**理**(150)▶[物理学科] ―物基・物，[化学科] ―「物基・物」・「化基・化」から1，[数学科・生命科学科] ―「物基・物」・「化基・化」・「生基・生」から1

一般選抜プラス試験 **【物理学科】** ②科目 ①**数**(150)▶数Ⅰ・数Ⅱ・数Ⅲ・数A(図形・場合)・数B(数列)・数C(ベク・平面) ③**理**(150)▶物基・物

※指定された英語資格・検定試験の成績基準を満たしていることを出願資格とする。

【化学科】 ③科目 ①**外**(150)▶英コミュⅠ・英コミュⅡ・英コミュⅢ・論表Ⅰ・論表Ⅱ・論表Ⅲ ②**数**(150)▶数Ⅰ・数Ⅱ・数Ⅲ・数A(図形・

場合）・数Ｂ（数列）・数Ｃ（ベク・平面）　③**理**（150）▶化基・化

【数学科】　2科目　①**外**（150）▶英コミュⅠ・英コミュⅡ・英コミュⅢ・論表Ⅰ・論表Ⅱ・論表Ⅲ　②**数**（150）▶数Ⅰ・数Ⅱ・数Ⅲ・数Ａ（図形・場合）・数Ｂ（数列）・数Ｃ（ベク・平面）

一般選抜共通テスト利用入学者選抜　**【化学科】　6科目**　①**国**（200）▶国　②**外**（200）▶英（リスニング〈100〉を含む）・独・仏・中・韓から１　③④**数**（100×2）▶「数Ⅰ・数Ａ」・「数Ⅱ・数Ｂ・数Ｃ」　⑤⑥**理**（100×2）▶物・化

［個別試験］ 行わない。

【生命科学科】〈３教科４科目型〉　4科目　①**外**（200）▶英（リスニング〈100〉を含む）　②③**数**（100×2）▶「数Ⅰ・数Ａ」・「数Ⅱ・数Ｂ・数Ｃ」　④**理**（200）▶物・化・生から１

［個別試験］ 行わない。

〈４教科６科目型〉　6科目　①**国**（200）▶国　②**外**（200）▶英（リスニング〈100〉を含む）　③④**数**（100×2）▶「数Ⅰ・数Ａ」・「数Ⅱ・数Ｂ・数Ｃ」　⑤⑥**理**（100×2）▶物・化・生から２

［個別試験］ 行わない。

学校推薦型選抜（公募制）　**［出願資格］** 校長・担任または物理・化・生命科の３学科は理科の担当教員，数学科は数学の担当教員のいずれかの推薦（推薦者は志願者の出身高校の専任教員），２浪まで，入学確約者，数Ⅰ，数Ⅱ，数Ⅲ，数Ａ，数Ｂのすべてを履修した者のほか，指定された教科・科目の学習成績の状況および物理・化・生命科の３学科は理科の科目の履修要件あり。

［選考方法］ 書類審査通過者を対象に，面接のほか，物理学科は物理と数学の基礎的な筆記試験，化学科は化学の筆記試験，数学科は数学の筆記試験，生命科学科は理科（生物・化学・物理のいずれかを出願時に選択）の筆記試験を行う。

国際社会科学部

一般選抜コア試験　**3科目**　①**国**（100）▶現国・言語・論国・古典（漢文を除く）　②**外**（150）▶英コミュⅠ・英コミュⅡ・英コミュⅢ・論表Ⅰ・論表Ⅱ・論表Ⅲ　③**地歴・公民・数**（100）▶「歴総・世探」・「歴総・日探」・「公・政経」・「数Ⅰ・数Ⅱ・数Ａ（図形・場合）・数Ｂ（数列）・数Ｃ（ベク）」から１

一般選抜プラス試験　**2科目**　①**国**（100）▶現国・言語・論国・古典（漢文を除く）　②**地歴・公民・数**（100）▶「歴総・世探」・「歴総・日探」・「公・政経」・「数Ⅰ・数Ⅱ・数Ａ（図形・場合）・数Ｂ（数列）・数Ｃ（ベク）」から１

※英語は筆記試験を行わず，出願時に提出する指定された外部の英語資格・検定試験（４技能）の成績を，最大150点に換算し，独自試験の得点と合わせて350点満点で判定する。

一般選抜共通テスト利用入学者選抜　**4科目**　①**国**（100）▶国　②**外**（150）▶英（リスニングを含む）　※リーディング100点，リスニング100点の200点満点から換算。③**数**（100）▶数Ⅰ・数Ａ　④**地歴・公民・数**（100）▶「歴総・世探」・「歴総・日探」・「公・政経」・「数Ⅱ・数Ｂ・数Ｃ」から１

［個別試験］ 行わない。

学校推薦型選抜（公募制）　**［出願資格］** 第１志望，校長推薦，２浪まで，入学確約者，指定された外国語検定試験のいずれかの基準を満たす者のほか，全体の学習成績の状況が4.2以上であり，かつ数Ⅰ，数Ⅱ，数Ａ，数Ｂの４科目すべてを履修している者。

［選考方法］ 調査書（留学等をしている場合は成績証明書），推薦書，英語資格・検定試験の成績証明書，志望理由書，大学４年間の計画表による書類審査通過者を対象に，筆記試験（英語で出題，英語または日本語で解答），口頭試問（英語と日本語）を行う。

総合型選抜（AO）　**［出願資格］** ２浪まで，指定された外国語検定試験のいずれかの基準を満たす者など。

［選考方法］ 調査書（留学等をしている場合は成績証明書），英語資格・検定試験の成績証明書，志望理由書，大学４年間の計画表による書類審査通過者を対象に，筆記試験（英語で出題，英語または日本語で解答），口頭試問（英語と日本語）を行う。

その他の選抜

学校推薦型選抜（指定校），海外帰国入試，社会人入学，外国人留学生入試。

偏差値データ (2024年度)

●一般選抜

学部／学科	2024年度 駿台予備学校 合格目標ライン	2024年度 河合塾 ボーダー偏差値	2023年度実績 募集人員	受験者数	合格者数	合格最低点	競争率 '23年	競争率 '22年
法学部								
法(コア)	**53**	**57.5**	150	1,434	414	193.2/350	3.5	4.2
(プラス)	**53**	**55**	15	166	37	221.6/390	4.5	—
政治(コア)	**53**	**55**	120	871	274	191.5/350	3.2	3.2
(プラス)	**53**	**55**	15	109	37	209.9/390	2.9	—
経済学部								
経済(コア)	**52**	**57.5**	130	2,076	587	217.8/390	3.5	3.4
(プラス)	**50**	**55**	20	258	51	218.4/390	5.1	4.3
経営(コア)	**52**	**57.5**	130	1,959	436	220.9/390	4.5	3.4
(プラス)	**51**	**57.5**	15	202	40	221.7/390	5.1	6.0
文学部								
哲(コア)	**51**	**57.5**	55	425	108	233.9/400	3.9	2.6
史(コア)	**52**	**57.5**	55	720	256	228.7/400	2.8	2.8
日本語日本文(コア)	**52**	**55**	75	634	240	222.0/400	2.6	2.7
英語英米文化(コア)	**51**	**55**	70	532	223	212.9/400	2.4	2.3
ドイツ語圏文化(コア)	**51**	**55**	30	223	91	215.6/400	2.5	1.4
フランス語圏文化(コア)	**51**	**55**	35	281	79	214.1/400	3.6	2.1
心理(コア)	**51**	**57.5**	60	593	87	249.4/400	6.8	4.4
(プラス)	**50**	**57.5**	5	20	5	265.7/400	4.0	3.5
教育(コア)	**50**	**57.5**	25	365	102	226.6/400	3.6	2.9
(プラス)	**49**	**57.5**	5	15	5	247.1/400	3.0	4.4
理学部								
物理(コア)	**47**	**52.5**	35	296	133	245.0/450	2.2	4.0
(プラス)	**46**	**55**	5	97	22	310.0/450	4.4	3.8
化(コア)	**48**	**55**	35	338	82	291.0/450	4.1	2.7
数(コア)	**47**	**52.5**	34	246	86	252.0/450	2.9	3.6
(プラス)	**47**	**55**	6	141	30	208.0/300	4.7	6.3
生命科(コア)	**50**	**55**	35	332	101	251.8/450	3.3	3.3
国際社会科学部								
国際社会科(コア)	**52**	**55**	80	1,246	340	193.1/350	3.7	3.7
(プラス)	**52**	**55**	15	431	147	233.1/350	2.9	2.5

●駿台予備学校合格目標ラインは合格可能性80%に相当する駿台模試の偏差値です。 ●競争率は受験者÷合格者の実質倍率
●河合塾ボーダー偏差値は合格可能性50%に相当する河合塾全統模試の偏差値です。
※合格最低点は得点調整後の点数です。

● 共通テスト利用入学者選抜

学部／学科	2024年度			2023年度実績				
	駿台予備学校	河合塾					競争率	
	合格目標ライン	ボーダー得点率	ボーダー偏差値	募集人員	受験者数	合格者数	'23年	'22年
法学部								
法	54	79%	—	15	278	52	5.3	7.1
政治	53	79%	—	15	120	25	4.8	8.1
経済学部								
経済(4科目)	52	74%	—	10	156	27	5.8	7.0
(6科目)	52	73%	—	10	232	113	2.1	2.6
文学部								
哲	52	81%	—	5	199	50	4.0	4.4
史	53	81%	—	5	641	105	6.1	2.0
英語英米文化	52	80%	—	10	540	126	4.3	2.4
ドイツ語圏文化	52	77%	—	3	326	50	6.5	1.6
フランス語圏文化	52	81%	—	3	98	23	4.3	4.6
教育	50	70%	—	3	262	88	3.0	2.7
理学部								
化	48	79%	—	5	180	40	4.5	3.7
生命科(4科目)	50	72%	—	—	—	—	新	—
(6科目)	50	69%	—	—	—	—	新	—
国際社会科学部								
国際社会科	53	78%	—	5	272	86	3.2	3.2

● 駿台予備学校目標ラインは合格可能性80%に相当する駿台模試の偏差値です。
● 河合塾ボーダー得点率は合格可能性50%に相当する共通テスト試験の得点率です。
● 競争率は受験者÷合格者の実質倍率

併設の教育機関 大学院

法学研究科

教員数▶27名
院生数▶1名
博士前期課程 ● 法律学専攻　法的問題の背後にある歴史的・社会的な背景とも関連させながら，法律を深く理解する機会を提供。
博士後期課程 法律学専攻

政治学研究科

教員数▶20名
院生数▶15名
博士前期課程 ● 政治学専攻　政策実務科目やインターンシップなどを特色とするカリキュラムを提供。
博士後期課程 政治学専攻

経済学研究科

教員数▶19名
院生数▶9名
博士前期課程 ● 経済学専攻　広く深い視野から経済学を理論的，実証的に学び，経済現象のより的確な理解に迫る。
博士後期課程 経済学専攻

経営学研究科

教員数▶19名

院生数▶18名

博士前期課程 ●経営学専攻　学際化，国際化，情報化の３つを教育・研究の柱に，次代を担う経営学の研究者などを養成する。

博士後期課程 経営学専攻

人文科学研究科

教員数▶81名

院生数▶238名

博士前期課程 ●哲学専攻　西洋および日本の哲学・思想史を専攻領域とし，専門的な研究と教育を行っている。

●美術史学専攻　専門的知識・見識を生かして，美術と人々を仲介する人材を養成する。

●史学専攻　日本史・東洋史・西洋史が同居する環境で，他分野の院生たちと議論する刺激的な機会を楽しみながら，研究活動に従事。

●日本語日本文学専攻　古代から現代までの日本語・日本文学・日本文化の研究，日本語教育研究に対応できるカリキュラムを編成。

●英語英米文学専攻　イギリス文学，アメリカ文学，英語学はもちろんのこと，従来の枠組みから大きく外れる研究対象にも果敢に取り組み，新たな「英語英米文学」を創造する。

●ドイツ語ドイツ文学専攻　ドイツ語圏の文学・言語学研究はもちろんのこと，文化現象としてとらえた「文化研究」の場を提供。

●フランス文学専攻　フランス語圏の多岐にわたる文化的事象（文学，思想，言語，演劇，映画等）を研究対象とすることが可能。

●心理学専攻　研究指導は認知・社会・発達・教育の４つの心理学分野を専門とする教員が大学院生１人に対し，３名で指導。

●臨床心理学専攻　臨床心理士養成を軸とし，公認心理師受験資格にも対応した充実のカリキュラムを用意。

●教育学専攻　教育基礎学，教育実践学，教育創造の３コース。教育のプロフェッショナルとして高度の知識と実践的見識を学ぶ。

●アーカイブズ学専攻　国や社会の根幹を支える記録アーカイブズの保存とアクセスの提供に関わる専門職＝アーキビストを養成する。

●身体表象文化学専攻　舞台芸術，映像芸術，マンガ・アニメーションという領域を言語，地域，専攻領域を超えて，身体と関わる文化学として，より幅広く深く学ぶ。

博士後期課程 哲学専攻，美術史学専攻，史学専攻，日本語日本文学専攻，英語英米文学専攻，ドイツ語ドイツ文学専攻，フランス文学専攻，心理学専攻，臨床心理学専攻，教育学専攻，アーカイブズ学専攻，身体表象文化学専攻

自然科学研究科

教員数▶36名

院生数▶123名

博士前期課程 ●物理学専攻　５つの実験物理学の研究室と理論物理学の研究グループがあり，堅実で質の高い研究を展開。

●化学専攻　無機化学系，物理化学系，有機化学系の９つの研究室のいずれかに所属し，「分子の振る舞いから地球の不思議」まで多岐にわたる研究を行っている。

●数学専攻　教員には代数・幾何・解析の各分野の研究者が集まっており，数学の主要な研究テーマをカバーしている。

●生命科学専攻　分子・細胞生物学を基盤として，基礎生命科学，統合生命科学，応用生命科学の３分野で教育・研究を進めている。

博士後期課程 物理学専攻，化学専攻，数学専攻，生命科学専攻

法務研究科

教員数▶14名

院生数▶55名

専門職学位課程 ●法務専攻　徹底した少人数教育による密度の濃い指導で，真のプロフェッショナルと呼べる法曹を養成する。

学習院女子大学

（がくしゅういんじょし）

資料請求

問合せ先〉入試係 ☎03-3203-1906（代）

建学の精神

1877（明治10）年の創立当初から女子にも門戸を開き，「高雅風彩の教育」を実践した「学習院」が，学習院の女子教育の淵源。その後，幾多の変遷を経て1998（平成10）年，遠く明治初頭に遡る学習院の女子教育の伝統を現代へと受け継ぎながら，学習院女子大学が開学した。以来，グローバル社会で活躍できる女性の育成を掲げ，「日本を学ぶ」「世界を知る」「英語で伝える」の３学科体制で，日本と世界を視野に入れた，地に足のついたグローバル人材教育を展開。そして，いま。2023年度より，学習院女子大学の教育は，「データサイエンス」×「国際・学際」×「探究」で，予測困難な時代を生き抜く力を育成する，新たなステージへと深化している。なお，学習院女子大学は，最短で2026年度に学習院大学への統合を計画している。

●戸山キャンパス……〒162-8650 東京都新宿区戸山3-20-1

基本データ

学生数▶女1,588名
専任教員数▶教授36名，准教授８名，講師０名

設置学部▶国際文化交流
併設教育機関▶大学院―国際文化交流（M）

就職・卒業後の進路

就職率 99.0%
就職者÷希望者×100

●**就職支援**　少人数であることを生かし，さまざまな相談に対し，一人ひとりとじっくり向き合う個別面談を繰り返して行うなど，入学したその日から卒業後の将来を見据えて，手厚くバックアップ。各学年向けプログラムや，学生のニーズに応じて随時企画・開催するセミナーや講座は多岐にわたり，より多くの学生が参加しやすいよう，授業のない時間帯に実施することで，学業と就職活動の両立が図れるよう支援している。

●**資格取得支援**　教員免許状を取得するための教職課程のほか，図書館司書や学芸員課程，日本語教員養成講座を設け，資格取得に向けて効率的なカリキュラムを用意。また，データサイエンス教育プログラムがあり，単位修得者には卒業時に修了証が与えられる。

進路指導者も必見 学生を伸ばす 面倒見

初年次教育
学習院の歴史を知る「学習院史」，日本語の表現力を身につける「日本語表現法」，ICTを活用する能力を育む「情報処理」，論理的思考や問題発見・解決能力の向上を図る各学科の「基礎演習」などの科目を開講

学修サポート
教員が学生の質問や相談に応じるオフィスアワーを導入。また，ノートテイキングの手法，文献検索やライティング，プレゼンテーションなどのサポートを行うラーニングサポートルームを設置している

オープンキャンパス（2023年度実績）◣ 全体説明や個別相談，模擬授業，留学相談，在学生による相談，キャンパスツアーなど多くのイベントを用意しているオープンキャンパスを６・７・８・９・11月に開催（予約不要）。

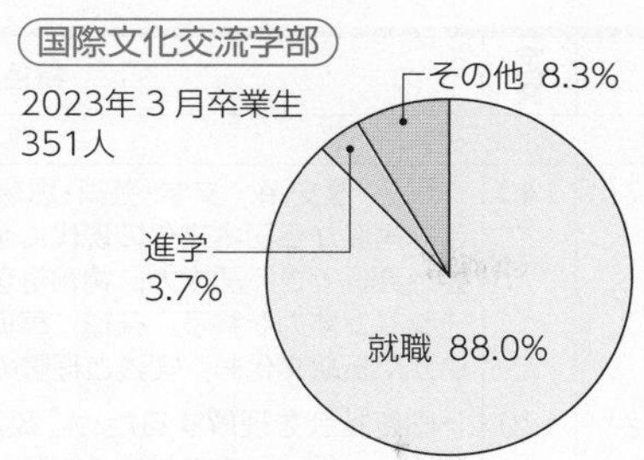

主なOG ▶[国際文化交流] 安藤サクラ（女優），chay（シンガーソングライター），一柳亜矢子（NHKアナウンサー），新妻さと子（女優），菅井友香（歌手，タレント），[旧短大] 津村節子（小説家）など。

国際化・留学　大学間 24 大学

受入れ留学生数 ▶46名（2023年５月１日現在）

留学生の出身国 ▶中国，韓国，マレーシア，ベトナムなど。

外国人専任教員 ▶教授５名，准教授０名，講師０名（2023年５月１日現在）

外国人専任教員の出身国 ▶イタリア，アメリカ，イギリス，ドイツ，韓国。

大学間交流協定 ▶24大学（交換留学先０大学，2023年９月１日現在）

海外への留学生数 ▶渡航型96名・オンライン型54名／年（20カ国・地域，2022年度）

海外留学制度 ▶協定校への協定留学や自身で留学先を選び，許可を得て留学する私費留学，本学と留学先大学双方の学位を取得するダブルディグリー留学，長期休暇期間を利用した海外研修など，世界の幅広い国・地域へ学生を送り出している。特に海外研修では，実践的教育を重視した体験型プログラムや中進国，開発途上国を訪れる研修が充実。

学費・奨学金制度　給付型奨学金総額 年間約 3,034 万円

入学金 ▶200,000円

年間授業料（施設費等を除く）▶965,000円（詳細は巻末資料参照）

年間奨学金総額 ▶30,335,248円

年間奨学金受給者数 ▶127人

主な奨学金制度 ▶学業成績および人物優秀な学生が対象の「安倍能成記念教育基金女子大学学部奨学金」や「学習院女子大学学業成績優秀者給付奨学金」，経済支援の「学習院女子大学学費支援給付奨学金」などを設置。授業料減免制度もあり，2022年度には34人を対象に総額で約976万円を減免している。

保護者向けインフォメーション

● **学校説明会**　保護者を対象に「イブニング学校説明会」を5・10・12月に開催（2023年度）。

● **広報誌**　学習院女子大学だより『yawaragi』を発行している。

● **成績確認**　成績通知書を郵送している。

● **父母会**　父母会を組織し，「オール学習院の集い」を共催している。

● **防災対策**　「大地震対応マニュアル・帰宅支援マップ」を入学時に配布。災害時の学生の安否は，大学HPやメール，ポータルサイトを利用して確認するようにしている。

インターンシップ科目	必修専門ゼミ	卒業論文	GPA制度の導入の有無および活用例	１年以内の退学率	標準年限での卒業率
開講していない	全学科で１～４年次に実施	日本文化学科は卒業要件	学生に対する個別の学修指導，奨学金や授業料免除対象者の選定，留学候補者の選考，GPAに応じた履修上限単位数の設定などに活用	非公表	91.1%

学部紹介

学部／学科	定員	特色
国際文化交流学部		
日本文化	140	▷民俗・歴史系，文学・芸術・思想系，現代社会系などさまざまな角度から日本文化の現代に至る歴史や特質を理解し，世界へ発信できる語学力，情報処理能力など，高いコミュニケーション能力を養う。茶道，華道，書道，香道，有職故実といった伝統文化も，実践と理論の両面から修得可能。
国際コミュニケーション	170	▷国際社会を理解するため，政治，経済，経営，法，開発，環境，メディアまで幅広く学び，さまざまな国が共存する方法を探求するとともに，世界のさまざまな地域の異文化を理解することで，高いコミュニケーション能力と豊かなグローバル感覚を培い，より良い国際社会を実現する。
英語コミュニケーション	45	▷２年次に全員が体験するカナダの協定校への半年間の留学や，１クラス約15名という少人数教育で，高度な英語コミュニケーション能力と国際教養を身につけ，グローバルな現代社会で活躍できる人材を育成する。

- **取得可能な資格**…教職（国・英），司書，学芸員など。
- **進路状況**…………就職88.0%　進学3.7%
- **主な就職先**………三井物産，JALスカイ，三井住友信託銀行，みずほフィナンシャルグループ，東京海上日動火災保険，ホテルオークラ，JTB，厚生労働省，埼玉県市町村など。

キャンパス

国際文化交流……［戸山キャンパス］東京都新宿区戸山3-20-1

2025年度入試要項（予告）

●募集人員

学部／学科	一般A	一般B	一般C
▶国際文化交流 日本文化	55	20	5
国際コミュニケーション	65	30	5
英語コミュニケーション	30	10	若干名

国際文化交流学部

一般選抜Ａ方式　**【日本文化学科・国際コミュニケーション学科】** 3科目 ①**国**（100）▶現国・言語（漢文を除く）②**外**（100）▶英コミュⅠ・英コミュⅡ・英コミュⅢ・論表Ⅰ・論表Ⅱ・論表Ⅲ　③**地歴・数**（100）▶「歴総・世探」・「歴総・日探」・「数Ⅰ・数Ⅱ・数Ａ（図形・場合）・数Ｂ（数列）・数Ｃ（ベク）」から１

【英語コミュニケーション学科】 4科目 ①**国**（100）▶現国・言語（漢文を除く）②**外**（200）▶英コミュⅠ・英コミュⅡ・英コミュⅢ・論表Ⅰ・論表Ⅱ・論表Ⅲ　③**外**（100）▶英語ライティング　④**地歴・数**（100）▶「歴総・世探」・「歴総・日探」・「数Ⅰ・数Ⅱ・数Ａ（図形・場合）・数Ｂ（数列）・数Ｃ（ベク）」から１

一般選抜Ｂ方式　**【日本文化学科・国際コミュニケーション学科】** 2科目 ①**国**（100）▶現国・言語（漢文を除く）②**外**（100）▶英コミュⅠ・英コミュⅡ・英コミュⅢ・論表Ⅰ・論表Ⅱ・論表Ⅲ

【英語コミュニケーション学科】 3科目 ①**国**（100）▶現国・言語（漢文を除く）②**外**（200）▶英コミュⅠ・英コミュⅡ・英コミュⅢ・論表Ⅰ・論表Ⅱ・論表Ⅲ　③**外**（100）▶英語ライティング

※英語コミュニケーション学科のＡ方式・Ｂ方式の英語ライティングは，英語によるショート・エッセーなど。

一般選抜Ｃ方式　1科目 ①**国**（100）▶現国

※Ｃ方式は英語資格・検定試験の結果が判定に活用され，日本文化学科は，出願時に英検

キャンパスアクセス［戸山キャンパス］東京メトロ副都心線―西早稲田より徒歩1分／東京メトロ東西線―早稲田より徒歩10分／JR山手線，西武新宿線，東京メトロ東西線―高田馬場より徒歩15分

（英検・英検S-CBT・英検S-Interview）のCSEスコアを提出し，そのスコアを100点に換算して，国語と合わせて200点満点で判定する。なお，70点に換算されるスコアを目安とするが，それ未満のスコアでも出願できる。
国際コミュニケーション学科は，出願時に英検（英検・英検S-CBT・英検S-Interview）CSE，TEAP，TEAP CBT，GTECのいずれか１つのスコアを提出し，そのスコアを150点に換算して，国語と合わせて250点満点で判定する。なお，100点に換算されるスコアを目安とするが，それ未満のスコアでも出願できる。
英語コミュニケーション学科は，指定された英語資格・検定試験（英検〈英検・英検S-CBT，英検S-Interview〉，TEAP，TEAP CBT，GTEC，TOEFL iBT，IELTS）を出願資格として利用し，一定以上のスコアの場合に加点して，国語と合わせた総合得点で判定する。

その他の選抜

学校推薦型選抜Ｂ（公募制）は日本文化学科10名，国際コミュニケーション学科10名を募集（出願資格は第１志望，校長推薦，現役，全体の学習成績の状況（評定平均値）が3.5以上の者。選考方法は小論文〈日本語〉，口頭試問〈日本語〉）。総合型選抜は英語コミュニケーション学科若干名を募集（出願資格は高校を卒業してから２年以内で，TOEIC〈L&R〉600点以上，TOEFL iBT50点以上，またはIELTS4.5以上のいずれか１つを満たす者。スコアは原則２年以内のスコアとする。選考方法は小論文〈英語・日本語〉，口頭試問〈英語・日本語〉）。ほかに学校推薦型選抜Ａ（指定校制），海外帰国生徒入試，社会人入試，外国人留学生入試を実施。
注）募集人員，選抜内容は2024年度の実績です。

偏差値データ（2024年度）

●一般選抜

学部／学科	2024年度 駿台予備学校 合格目標ライン	2024年度 河合塾 ボーダー偏差値	2023年度 競争率
▶国際文化交流学部			
日本文化（Ａ方式）	47	45	1.3
（Ｂ方式）	—	—	1.5
国際コミュニケーション（Ａ方式）	48	45	1.7
（Ｂ方式）	—	—	1.4
英語コミュニケーション（Ａ方式）	48	45	1.3
（Ｂ方式）	—	—	1.2

●駿台予備学校合格目標ラインは合格可能性80％に相当する駿台模試の偏差値です。
●河合塾ボーダー偏差値は合格可能性50％に相当する河合塾全統模試の偏差値です。
●競争率は受験者÷合格者の実質倍率

北里大学（きたさと）

資料請求

問合せ先 入学センター ☎042-778-9760

建学の精神

破傷風菌の純粋培養の成功やペスト菌の発見など偉大な研究者として知られる一方，日本初の伝染病研究所や結核専門病院の設立，後進の育成にと社会事業，教育者としても功績を残した学祖・北里柴三郎の生涯を集大成して導き出した「開拓」「報恩」「叡智と実践」「不撓不屈」を建学の精神として，1962（昭和37）年に創設された生命科学の総合大学。生命現象を解明するために「生命科学の基礎的研究を行う分野」「人間の生命と健康に関する分野」「動植物と環境に関する分野」「データを読み解き，未来の課題を見つける分野」から総合的にアプローチし，「人の役に立つ実学」を顕現した学祖の精神を現在進行形で実践。生命科学の叡智に触れ，公益に資する実学を究めて社会に貢献する“北里スピリット”を継承する人材を育成し続けている。

●キャンパス情報はP.307をご覧ください。

基本データ

学生数▶8,032名（男3,472名，女4,560名）
専任教員数▶教授233名，准教授153名，講師293名
設置学部▶未来工，理，獣医，海洋生命科，薬，医，看護，医療衛生，健康科
併設教育機関▶大学院―理学・獣医学系・海洋生命科学・薬学・看護学・医療系・感染制御科学府（以上M・D），未来工学（M）

就職・卒業後の進路

就職率 **99.3**％
就職者÷希望者×100

●**就職支援**　相模原キャンパスにある就職センターでは，充実した就職活動の実現と，そのための多彩なプログラムを用意して，各学部の就職担当教員・職員とも連携し就職支援を実施。就職活動時期以外でも，模擬面接や応募書類の添削を受けることも可能で，どこのキャンパスからでも気軽に相談できるよう，Zoomなどによる遠隔面談も行っている。

●**資格取得支援**　国家資格に関わる医療専門職および獣医師養成の大学教育を行い，国試対策委員会や教員の指導のもと，万全の教育体制を講じ，国家試験では合格率100％を達成する資格も多く，ほとんどの職種において，全国平均を上回る好成績を修めている。

進路指導者も必見 学生を伸ばす 面倒見

初年次教育

生命科学の最前線を知り，科学的なものの見方，考え方，学ぶことの面白さなどを理解する「北里の世界」，自主的に課題を設定する能力や問題解決能力を育む「教養演習A・B・C」「大学基礎演習」などの一般教育科目を開講

学修サポート

全学部で教員アドバイザー制度，医以外の学部でTA制度，理・薬でSA制度とオフィスアワー制度を導入。高校までの学習内容を基礎として大学での学習が円滑に行えるよう，個別に指導・支援する一般教育部学習サポートセンターも設置

オープンキャンパス（2023年度実績）　全学部対象のオープンキャンパスを８月と３月に相模原C，薬学部対象を７月と８月に白金C，獣医学部対象を10月に十和田Cで実施。10～11月には入試対策講座をオンライン開催。

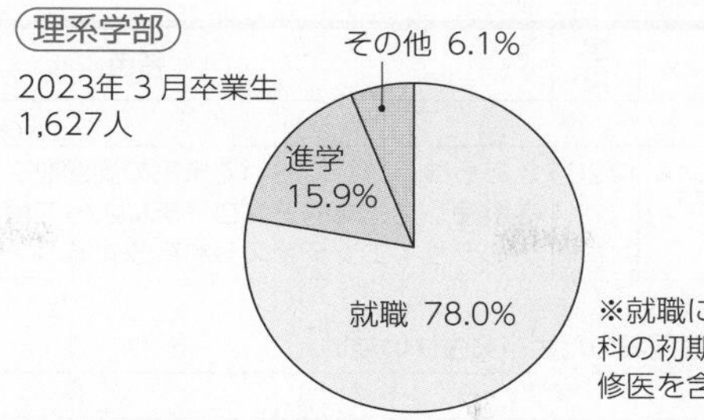

主なOB・OG▶［医］吉田たかよし（医師），［畜産（現獣医）］小山田久（青森県十和田市長），［獣医］中島文彦（獣医師。ノーザンファームGM），［薬］杉浦佳子（東京パラリンピック自転車競技金メダリスト）など。

国際化・留学　大学間 11 大学・部局間 26 大学等

受入れ留学生数▶14名（2023年5月1日現在）
留学生の出身国▶中国，韓国など。
外国人専任教員▶教授１名，准教授４名，講師２名（2023年５月１日現在）
外国人専任教員の出身国▶中国，アメリカ，韓国，イギリス，ミャンマーなど。
大学間交流協定▶11大学（交換留学先０大学，2023年５月１日現在）
部局間交流協定▶26大学・機関（交換留学先０大学，2023年５月１日現在）
海外への留学生数▶渡航型31名・オンライン型68名／年（７カ国・地域，2022年度）
海外留学制度▶理学部の短期留学プログラム，獣医学部の米国２大学研修，薬学部の夏期臨床薬学研修，医学部の海外選択実習，看護学部の海外研修プログラムなど，各部門において国際交流が活発に行われており，世界を舞台に教育・研究活動が広がっている。

学費・奨学金制度

入学金▶200,000円～1,500,000円
年間授業料（施設費等を除く）▶830,000円～（詳細は巻末資料参照）
年間奨学金総額▶非公表
年間奨学金受給者数▶23人
主な奨学金制度▶全学部を対象とした給付型の「北里大学給付奨学金」や「北里大学PPA給付奨学金」「北里大学学生表彰による奨学金（北島賞）」といった制度のほか，理・薬学部の一般選抜成績上位者および医学部の一般選抜合格者を対象としている減免型の「特別待遇奨学生制度（特待生制度）」などを設置。

保護者向けインフォメーション

●**オープンキャンパス**　通常のオープンキャンパス時に保護者向けの説明会を実施している。
●**成績確認**　成績通知書を郵送するほか，Web成績通知の運用を開始（学部による）。
●**広報誌**　学内広報誌『Sophia kai Ergon』などを，大学HPで閲覧することができる。
●**PPA**　保護者と教職員が協力して，教育の充実等をはかることを目的として組織されている「PPA」があり，PPA地区懇談会や定期総会を実施。会報も年４回発行している。
●**就職ガイドブック**　就職センターが『保護者向け就職ガイドブック』を発行している。
●**防災対策**　「災害対策カード」を入学時および新年度ガイダンスで配布。災害時の学生の安否はメールや通信衛星電話を利用して確認する。

インターンシップ科目	必修専門ゼミ	卒業論文	GPA制度の導入の有無および活用例	１年以内の退学率	標準年限での卒業率
獣医・海洋生命科・医療衛生学部で開講	全学部で４年次に実施（４年制学部・学科）	医学部を除き卒業要件	退学勧告基準のほか，一部の学部で学生に対する個別の学修指導や大学院入試の選抜基準として活用	1.53%	85.6%（4年制）84.7%（6年制）

学部紹介

学部／学科	定員	特色
未来工学部		
データサイエンス	120	▷あらゆる分野において未来の課題を逆算し，ビッグデータを駆使した先端的アプローチによって解決することのできるデータサイエンティストを育成する。
● **取得可能な資格**…教職(情)など。 ● **主な就職先**………2023年度開設のため卒業生はいない。		
理学部		
物理	53	▷宇宙から生命までさまざまな現象の解明に取り組むとともに，新機能性物質の開拓や新しい物理測定法の開発もめざす。
化	80	▷広く化学を学び，原子・分子から優れた物性や機能を持ち，生命や環境にやさしい化学物質の設計・合成に取り組む。
生物科	80	▷複雑な生命活動を分子のレベルで解明することのできる人材の育成をめざし，専門性の高い研究・教育を展開。
● **取得可能な資格**…教職(理)，測量士補など。 ● **進路状況**…………就職43.6%　進学51.5% ● **主な就職先**………富士ソフト，TIS，パナソニックITS，EP綜合，TDCソフト，横浜市役所など。		
獣医学部		
獣医	120	▷２つの附属動物病院で質の高い臨床実習を実施し，さまざまな動物の病気と闘い，公衆衛生の向上に貢献する獣医師を養成する。全国の獣医師のうち10人に１人が本学卒業生。
動物資源科	110	▷動物資源科学に関する専門性に加え，人の健康や医療と動物資源とのつながりを理解し，社会課題を解決する力を養う。
生物環境科	90	▷人と自然の調和の視点から，実践的かつ総合的に野生動物の保護や生物共生空間の創出を探求する。2024年度入学生より，４年間相模原キャンパスで学ぶ。
● **取得可能な資格**…教職(理・農)，測量士補，獣医師受験資格など。 ● **進路状況**…………就職88.6%　進学6.3% ● **主な就職先**………動物病院，農林水産省，青森県庁，国立科学博物館，キユーピー，LIXILなど。		
海洋生命科学部		
海洋生命科	180	▷生命科学の視点から海洋生物の生命現象を研究し，その成果を海洋生物資源の持続的かつ有効な活用に応用する。
● **取得可能な資格**…教職(理)，学芸員など。 ● **進路状況**…………就職68.4%　進学22.5% ● **主な就職先**………ニッスイ，ゼンショーホールディングス，横浜冷凍，くら寿司，東京都庁など。		
薬学部		
薬	260	▷６年制。総合的な薬学教育で幅広い職域で活躍する薬剤師を養成する。大学附属病院で一貫した臨床薬学教育を実施。
生命創薬科	35	▷４年制。創薬科学と生命科学の知識を備えた研究者を育成する。学内外との連携により，高度で実践的な学びを実現。
● **取得可能な資格**…薬剤師受験資格(薬学科)など。 ● **進路状況**…………[薬]就職88.4%　進学0.8%　[生命創薬科]就職14.3%　進学85.7% ● **主な就職先**………北里大学病院，北里メディカルセンター，第一三共，塩野義製薬，日本調剤など。		

キャンパスアクセス [相模原キャンパス] 小田急線一相模大野よりスクールバス25分／JR横浜線一相模原よりバス25分

医学部		
医	126	▷人体を臓器別に分けて学ぶ独自のカリキュラム「器官系別総合教育」で疾患を総合的に理解し，新たな時代の生命科学・医学を担う，人間性豊かで優れた医師を育成する。
● 取得可能な資格…医師受験資格。 ● 進路状況…………初期臨床研修医96.5％		
看護学部		
看護	125	▷日々進化する医療に対応し，リーダーとして活躍できる看護師を養成する。北里大学病院看護部と密接に連携。
● 取得可能な資格…教職（養護一種・二種），看護師・保健師・助産師受験資格。 ● 進路状況…………就職97.6％　進学0.8％ ● 主な就職先………北里大学病院，北里大学北里研究所病院，慶應義塾大学病院，虎の門病院など。		
医療衛生学部		
保健衛生	40	▷環境保健学，臨床心理学の２コース。予防医学の知識と技術を兼ね備えた保健衛生のプロフェッショナルを育成する。
医療検査	105	▷多様化する医療現場のニーズに応えられる専門性の高い臨床検査技師を養成する。細胞検査士の資格も取得可能。
医療工	115	▷２専攻制。臨床工学専攻（45名）では最新の医療機器の操作・保守管理に必要な高い技術を身につけた臨床工学技士を，診療放射線技術科学専攻（70名）では画像検査と放射線治療に必要不可欠な診療放射線技師を養成する。
リハビリテーション	145	▷４専攻制。理学療法学専攻（45名）では身体機能の回復をサポートする理学療法のプロフェッショナルを，作業療法学専攻（40名）では作業を通して生活動作や社会参加を援助し，世界で活躍できる作業療法士を，言語聴覚療法学専攻（30名）では高い専門性と豊かな人間性を兼ね備えた言語聴覚士を，視覚機能療法学専攻（30名）では視覚科学や視機能検査，視能矯正・訓練のプロフェッショナルである視能訓練士を養成する。
● 取得可能な資格…診療放射線技師・臨床検査技師・臨床工学技士・理学療法士・作業療法士・言語聴覚士・視能訓練士受験資格など。 ● 進路状況…………就職79.2％　進学15.0％ ● 主な就職先………北里大学病院，東京大学医学部附属病院，東京都リハビリテーション病院など。		
健康科学部		
看護	80	▷ NEW! ’24年新設。健康社会の実現に向けて，病院や地域・在宅の現場で質の高い医療に貢献できる人材を育成する。
医療検査	80	▷ NEW! ’24年新設。高度医療や地域・在宅医療を含めた医療現場で質の高い医療に貢献できる臨床検査技師を養成する。
● 取得可能な資格…教職（養護二種），看護師・保健師・臨床検査技師受験資格など。		

▶キャンパス

未来工・理・海洋生命科・医・看護・医療衛生・獣医（生物環境科），獣医（獣医・動物資源科）・薬１年次……［相模原キャンパス］ 神奈川県相模原市南区北里1-15-1
薬２年次以降……［白金キャンパス］ 東京都港区白金5-9-1
獣医（獣医・動物資源科） ２年次以降……［十和田キャンパス］ 青森県十和田市東二十三番町35-1
健康科学部……［新潟キャンパス］ 新潟県南魚沼市黒土新田500

キャンパスアクセス ［白金キャンパス］ 東京メトロ日比谷線一広尾より徒歩10分／東京メトロ南北線，都営地下鉄三田線一白金高輪より徒歩10分／JR各線，東京メトロ日比谷線一恵比寿より徒歩15分またはバス7分

2025年度入試要項(予告)

●募集人員

学部／学科(専攻)	一般前期	一般中期	一般後期	共通プラス	共通前期	共通後期
▶未来工 データサイエンス	50	—	—	—	15	—
▶理 物理	27	—	—	—	10	5
化	50	—	—	—	10	5
生物科	38	—	—	—	17	5
▶獣医 獣医	45	—	10	—	3教8 5教4	3
動物資源科	20	5	5	—	2教15 3教10	5
生物環境科	22	15	5	5	2教10 3教15	3
▶海洋生命科 海洋生命科	50	50	5	—	30	—
▶薬 薬	160	—	—	—	—	—
生命創薬科	20	—	—	—	—	—
▶医 医	75	—	—	—	—	—
▶看護 看護	70	—	—	—	—	—
▶医療衛生 保健衛生	21	—	4	—	—	—
医療検査	45	—	5	—	—	—
医療工(臨床工学)	27	—	3	—	—	—
(診療放射線技術科学)	38	—	7	—	—	—
リハビリテーション(理学療法学)	20	—	3	—	—	—
(作業療法学)	16	—	3	—	—	—
(言語聴覚療法学)	10	—	2	—	—	—
(視覚機能療法学)	7	—	2	—	—	—
▶健康科 看護	35	—	5	—	—	—
医療検査	35	—	5	—	—	—

注)募集人員は2024年度の実績です。
※医学部の募集人員には，相模原市修学資金枠(2名)を含む。
※医療衛生学部保健衛生学科の募集人員の内訳は，一般前期は環境保健学コース10名，臨床心理学コース11名，一般後期は各2名。
※次のように略しています。教科→教。

注)配点および健康科学部の2025年度入試の選択科目・出題範囲等は編集時，未公表。最新の募集要項でご確認ください。なお，健康科学部のみ，2024年度の入試実績を掲載しています。

未来工学部

一般選抜試験 **2科目** ①外▶英コミュⅠ・英コミュⅡ・英コミュⅢ・論表Ⅰ・論表Ⅱ・論表Ⅲ ②数▶数Ⅰ・数Ⅱ・数A・数B・数C

共通テスト利用選抜試験 **4科目** ①外▶英(リスニングを含む) ②③数▶「数Ⅰ・数A」・「数Ⅱ・数B・数C」 ④理▶「物基・化基・生基から2」・物・化・生から1

[個別試験] 行わない。

理学部

一般選抜試験 **【物理学科・化学科】** **4～2科目** ①外・数▶「英コミュⅠ・英コミュⅡ・論表Ⅰ・論表Ⅱ」・「数Ⅰ・数Ⅱ・数A・数B・数C(平面を除く)」から1 ②③④理▶「物基・物(原子を除く)」・「化基・化」・「生基・生」から各3題計9題から3題選択

【生物科学科】 **3～2科目** ①外・数▶「英コミュⅠ・英コミュⅡ・論表Ⅰ・論表Ⅱ」・「数Ⅰ・数Ⅱ・数A・数B・数C(平面を除く)」から1 ②③理▶「化基・化」・「生基・生」から各3題計6題から3題選択

共通テスト利用選抜試験(前期) **【物理学科・化学科】** **3科目** ①外▶英(リスニングを含む) ②数▶数Ⅰ・数A ③理▶「物基・化基・生基から2」・物・化・生から1

[個別試験] 行わない。

【生物科学科】 **3科目** ①外▶英(リスニングを含む) ②数▶数Ⅰ・数A ③理▶「化基・生基」・化・生から1

[個別試験] 行わない。

共通テスト利用選抜試験(後期) **【物理学科・化学科】** **2科目** ①理▶「物基・化基・生基から2」・物・化・生から1 ②国・外・数▶国(近代)・英(リスニングを含む)・「数Ⅰ・数A」・「数Ⅱ・数B・数C」から1

[個別試験] **1科目** ①面接

【生物科学科】 **2科目** ①理▶「化基・生基」・化・生から1 ②国・外・数▶国(近代)・英(リスニングを含む)・「数Ⅰ・数A」から1

[個別試験] **1科目** ①面接

獣医学部

一般選抜試験(前期・後期) **【獣医学科】**

キャンパスアクセス [十和田キャンパス] 青い森鉄道—三沢よりバス20分・北里大学通下車徒歩5分

3科目 ①外▶英コミュⅠ・英コミュⅡ・英コミュⅢ・論表Ⅰ・論表Ⅱ・論表Ⅲ ②数▶数Ⅰ・数Ⅱ・数A・数B・数C ③理▶「物基・物」・「化基・化」・「生基・生」から1

一般選抜試験（前期） **【動物資源科学科・生物環境科学科】** 2科目 ①**理**▶「物基・物」・「化基・化」・「生基・生」から1 ②**国・外・数**▶現国・「英コミュⅠ・英コミュⅡ・英コミュⅢ・論表Ⅰ・論表Ⅱ・論表Ⅲ」・「数Ⅰ・数Ⅱ・数A」から1

一般選抜試験（中期・後期） **【動物資源科学科・生物環境科学科】** 3科目 ①**外**▶英コミュⅠ・英コミュⅡ・英コミュⅢ・論表Ⅰ・論表Ⅱ・論表Ⅲ ②**理**▶「物基・物」・「化基・化」・「生基・生」から1 ③**国・数**▶現国・「数Ⅰ・数Ⅱ・数A」から1

※3科目を受験し，高得点2科目で判定する。

共通テストプラス選抜試験 **【生物環境科学科】〈共通テスト科目〉** 1科目 ①**国・外・数・情**▶国（近代）・英（リスニングを含む）・「数Ⅰ・数A」・「数Ⅱ・数B・数C」・情Ⅰから1

〈個別試験科目〉 1科目 ①**理**▶「物基・物」・「化基・化」・「生基・生」から1

共通テスト利用選抜試験（前期） **【獣医学科】〈3教科方式〉** 4科目 ①**外**▶英（リスニングを含む） ②③**数**▶「数Ⅰ・数A」・「数Ⅱ・数B・数C」 ④**理**▶「物基・化基・生基から2」・物・化・生から1

[個別試験] 行わない。

〈5教科方式〉 7科目 ①**国**▶国 ②**外**▶英（リスニングを含む） ③**地歴・公民**▶「歴総・世探」・「歴総・日探」・「地総・地探」・「地総・歴総・公から2」・「公・倫」・「公・政経」から1 ④⑤**数**▶「数Ⅰ・数A」・「数Ⅱ・数B・数C」 ⑥⑦**理**▶物・化・生から2

[個別試験] 行わない。

【動物資源科学科・生物環境科学科】〈2教科方式〉 2科目 ①**理**▶「物基・化基・生基から2」・物・化・生から1 ②**国・外・地歴・公民・数・情**▶国（近代）・英（リスニングを含む）・「歴総・世探」・「歴総・日探」・「地総・地探」・「地総・歴総・公から2」・「公・倫」・「公・政経」・「数Ⅰ・数A」・「数Ⅱ・数B・数C」・情Ⅰから1

[個別試験] 行わない。

〈3教科方式〉 3科目 ①**外**▶英（リスニングを含む） ②**数**▶「数Ⅰ・数A」・「数Ⅱ・数B・数C」から1 ③**理**▶「物基・化基・生基から2」・物・化・生から1

[個別試験] 行わない。

共通テスト利用選抜試験（後期） **【獣医学科】** 4科目 ①**外**▶英（リスニングを含む） ②③**数**▶「数Ⅰ・数A」・「数Ⅱ・数B・数C」 ④**理**▶物・化・生から1

[個別試験] 行わない。

【動物資源科学科】 2科目 ①**理**▶「物基・化基・生基から2」・物・化・生から1 ②**国・外・地歴・公民・数・情**▶国（近代）・英（リスニングを含む）・「歴総・世探」・「歴総・日探」・「地総・地探」・「地総・歴総・公から2」・「公・倫」・「公・政経」・「数Ⅰ・数A」・「数Ⅱ・数B・数C」・情Ⅰから1

[個別試験] 行わない。

【生物環境科学科】 2科目 ①②**国・外・「地歴・公民」・数・理・情**▶国（近代）・英（リスニングを含む）・「〈歴総・世探〉・〈歴総・日探〉・〈地総・地探〉・〈地総・歴総・公から2〉・〈公・倫〉・〈公・政経〉から1」・「〈数Ⅰ・数A〉・〈数Ⅱ・数B・数C〉から1」・「〈物基・化基・生基から2〉・物・化・生から1」・情Ⅰから2

[個別試験] 行わない。

海洋生命科学部

一般選抜試験（前期・中期） 3科目 ①**外**▶英コミュⅠ・英コミュⅡ・英コミュⅢ・論表Ⅰ・論表Ⅱ ②**数**▶数Ⅰ・数Ⅱ・数A ③**理**▶「物基・物」・「化基・化」・「生基・生」から1

一般選抜試験（後期） 3科目 ①**外**▶英コミュⅠ・英コミュⅡ・論表Ⅰ ②**数**▶数Ⅰ・数Ⅱ・数A ③**理**▶「物基・物」・「化基・化」・「生基・生」から1

共通テスト利用選抜試験 3科目 ①**外**▶英（リスニングを除く） ②**数**▶数Ⅰ・数A ③**理**▶「物基・化基・生基から2」・物・化・生から1

[個別試験] 行わない。

薬学部

一般選抜試験 3科目 ①**外**▶英コミュⅠ・英コミュⅡ・英コミュⅢ・論表Ⅰ・論表Ⅱ・論表Ⅲ ②**数**▶数Ⅰ・数Ⅱ・数A・数B（数列）・数C（ベク） ③**理**▶化基・化

医学部

一般選抜試験 〈第１次試験〉 4科目 ①外▶英コミュⅠ・英コミュⅡ・英コミュⅢ・論表Ⅰ・論表Ⅱ・論表Ⅲ ②数▶数Ⅰ(データの分析を除く)・数Ⅱ・数Ⅲ・数A・数B(数列)・数C(数学表現を除く) ③④理▶「物基・物」・「化基・化」・「生基・生」から２
〈第２次試験〉 2科目 ①論文 ②面接▶個人・グループ
※第２次試験は，第１次試験の合格者のみに実施。

看護学部

一般選抜試験 3科目 ①外▶英コミュⅠ・英コミュⅡ・論表Ⅰ ②数・理▶「数Ⅰ・数A」・化基・生基から１ ③小論文

医療衛生学部

一般選抜試験(前期・後期) 【保健衛生学科】 2科目 ①外▶英コミュⅠ・英コミュⅡ・論表Ⅰ ②数・理▶「数Ⅰ・数Ⅱ・数A」・「物基・物(原子を除く)」・「化基・化(物状・有機〈高分子を除く〉)」・「生基・生(生態・進化を除く)」から１
【医療検査学科・医療工学科】 3科目 ①外▶英コミュⅠ・英コミュⅡ・論表Ⅰ ②③数・理▶「数Ⅰ・数Ⅱ・数A」・「物基・物(原子を除く)」・「化基・化(物状・有機〈高分子を除く〉)」・「生基・生(生態・進化を除く)」から２
【リハビリテーション学科】 3科目 ①外▶英コミュⅠ・英コミュⅡ・論表Ⅰ ②③国・数・理▶現国・「数Ⅰ・数Ⅱ・数A」・「物基・物(原子を除く)」・「化基・化(物状・有機〈高分子を除く〉)」・「生基・生(生態・進化を除く)」から１

健康科学部

一般選抜試験(前期・後期) 【看護学科】 3科目 ①外(100)▶コミュ英Ⅰ・コミュ英Ⅱ・英表Ⅰ ②数・理(100)▶「数Ⅰ・数A」・化基・生基から１ ③小論文(３段階評価)
【医療検査学科】 3科目 ①外(100)▶コミュ英Ⅰ・コミュ英Ⅱ・英表Ⅰ ②③数・理(100×2)▶「数Ⅰ・数A」・化基・生基から２，ただし理から２科目選択可

その他の選抜

学校推薦型選抜試験(公募制)は未来工学部25名，理学部24名，獣医学部35名，海洋生命科学部30名，薬学部40名，医療衛生学部72名，健康科学部20名を，総合型選抜試験は未来工学部10名，獣医学部30名，医療衛生学部52名，健康科学部36名を募集。ほかに学校推薦型選抜試験(指定校，医学部地域枠指定校)，獣医学科地域枠特別選抜試験，学士入学者選抜試験，帰国生徒特別選抜試験，社会人特別選抜試験を実施。
注)募集人員は2024年度の実績です。

偏差値データ（2024年度）

●一般選抜

学部／学科／専攻	2024年度 駿台予備学校 合格目標ライン	2024年度 河合塾 ボーダー偏差値	2023年度 競争率
▶未来工学部			
データサイエンス	48	50	1.5
▶理学部			
物理	48	47.5	1.4
化	48	47.5	1.8
生物科	49	50	2.2
▶獣医学部			
獣医(前期)	52	57.5	4.5
動物資源科(前期)	42	35	1.1
生物環境科(前期)	40	37.5	1.0
▶海洋生命科学部			
海洋生命科(前期)	43	47.5	1.9
▶薬学部			
薬	50	57.5	3.7
生命創薬科	50	55	2.6
▶医学部			
医	56	62.5	6.2
▶看護学部			
看護	45	52.5	2.6
▶医療衛生学部			
保健衛生(前期)	42〜43	42.5〜45	1.0
医療検査(前期)	45	45	2.0
医療工/臨床工(前期)	45	45	1.7
/診療放射線(前期)	45	50	2.3
リハビリテーション/理学療法(前期)	47	47.5	3.2
/作業療法(前期)	45	40	1.1

/言語聴覚(前期)	43	45	1.2
/視覚機能(前期)	43	37.5	1.2
▶健康科学部			
看護(前期)	43	47.5	新
医療検査(前期)	42	40	新

- 駿台予備学校合格目標ラインは合格可能性80%に相当する駿台模試の偏差値です。
- 河合塾ボーダー偏差値は合格可能性50%に相当する河合塾全統模試の偏差値です。なお，医療衛生学部および獣医学科と海洋生命科学科は一般選抜前期・後期の偏差値です。
- 競争率は受験者÷合格者の実質倍率

MEMO

共立女子大学

（きょうりつじょし）

資料請求

問合せ先　大学企画課　☎03-3237-5927

建学の精神

女性の自主性と社会的自立を育成することを目的に，1886（明治19）年に設立された「共立女子職業学校」を母体とする総合大学。建学の精神「女性の自立と自活」の「自立」は，自分を理解し率先して自分を動かしていくというリーダーシップの根源であり，校訓「誠実・勤勉・友愛」の「友愛」は，リーダーシップの相互支援の概念と通じていることから，共立女子大学では，育成するリーダーシップを「共立リーダーシップ」とし，「みずからを恃（たの）み『自立』し，『友愛』により他者と協働して目標達成を目指す力」と定義。すべての教育活動の根底にリーダーシップの開発・育成を置き，日本の文化・経済の中心地である東京の真ん中に位置するキャンパスで，リーダーシップ教育を進め，組織や集団の中で輝ける存在に成長できるように支えている。

● 神田一ツ橋キャンパス……［本館・４号館］〒101-8437　東京都千代田区一ツ橋2-2-1
［2号館］〒101-0003　東京都千代田区一ツ橋2-6-1
［3号館］〒101-0051　東京都千代田区神田神保町3-27

基本データ

学生数▶女5,639名
専任教員数▶教授100名，准教授37名，講師15名
設置学部▶家政，文芸，国際，看護，ビジネス，建築・デザイン
併設教育機関▶大学院－家政学（M・D），文芸学・国際学・看護学（以上M）　短期大学（P.317参照）

就職・卒業後の進路

就職率 95.7%
就職者÷希望者×100

●**就職支援**　１年次から将来のキャリアを考える，全員参加のガイダンスを開くなど，入学後の早い段階から一人ひとりの状況に応じたキャリア支援を実施。「学生支援課キャリア支援グループ」では，学生個人が納得できる進路決定につながるよう，専任職員やキャリアカウンセラーとの面談や多様なプログラムを通じて，手厚いサポートを行っている。
●**資格取得支援**　「共立アカデミー」では，秘書検定，医療事務検定，宅地建物取引士，ファイナンシャルプランナー，簿記検定など，在学中に取得しておくと就職活動に有利にな

進路指導者も必見　学生を伸ばす　面倒見

初年次教育	学修サポート
今後の学修に必要な知識やスキルを身につける「基礎ゼミナール」「課題解決ワークショップ」，リテラシーレベルの数理・データサイエンス・AIに関する知識・技能を修得する「データサイエンスとICTの基礎」などを開講	SA制度，オフィスアワー制度を全学部で導入。また，学生全員に担任（アカデミック・アドバイザー）がつく制度があり，学修や学生生活，キャリアについて，個人に合わせて支援している（担任が約30人の学生を担当）

オープンキャンパス（2023年度実績）　5月・6月・7月・8月（3日間）・12月・3月に開催。体験授業，ガイダンス，キャンパスツアー，個別相談など。10月（2日間）には，進学相談会を共立祭（学園祭）と同時開催。

る資格・検定講座を多数開講。在学中は会費が必要なく，受講料も安価に設定されている。

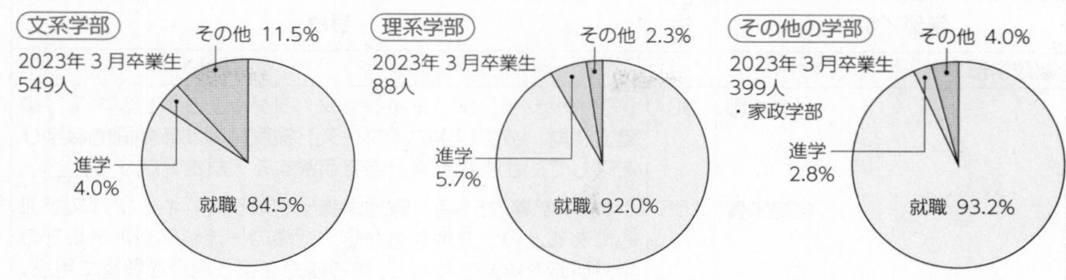

主なOG ▶［家政］桂由美（ブライダルファッションデザイナー），［家政］入山法子（モデル，女優），［家政］小方真弓（カカオハンター），［文芸］上野通子（参議院議員），［国際］菜々緒（女優，モデル）など。

国際化・留学　大学間 11 大学

受入れ留学生数 ▶ 29名（2023年５月１日現在）

留学生の出身国・地域 ▶ 中国，韓国，ベトナム，モンゴル，台湾など。

外国人専任教員 ▶ 教授４名，准教授２名，講師２名（2023年５月１日現在）

外国人専任教員の出身国・地域 ▶ アメリカ，イギリス，中国，オーストラリア，台湾。

大学間交流協定 ▶ 11大学（交換留学先４大学，2023年９月23日現在）

海外への留学生数 ▶ 渡航型80名／年（2022年度）

海外留学制度 ▶ 協定校や提携校への交換留学，派遣留学，学生が自ら留学先を選択する一般留学（認定校）などの長期プログラム，夏季・春季海外研修などの短期プログラムのほか，国際学部や家政学部，文芸学部で語学プログラム，海外研修旅行を実施。コンソーシアムはJPN-COIL協議会に加盟し，海外の大学とオンラインで交流を図っている。

学費・奨学金制度　給付型奨学金総額 年間約 2,807 万円

入学金 ▶ 150,000円

年間授業料（施設費等を除く）▶ 680,000円～（詳細は巻末資料参照）

年間奨学金総額 ▶ 28,067,500円

年間奨学金受給者数 ▶ 177人

主な奨学金制度 ▶ 本学事務局内の実務体験を伴う「共立女子大学・共立女子短期大学実務体験奨学金」，学内外での優れた諸活動で成果を挙げた学生や団体対象の「廣川シゲ給付奨学金」などの制度を設置。また，学費減免制度もあり，2022年度には406人を対象に，総額で約１億9,221万円を減免している。

保護者向けインフォメーション

● **授業見学会**　毎年６月に「授業見学会」を開催している（Web見学特設サイトも設置）。

● **成績確認**　「Kyonet」（教育ネットワークシステム）で，学生の時間割表や出欠状況，成績照会などができるようになっている。

● **家族懇談会**　「在学生家族懇談会」を開催し，保護者ガイダンスでは，就職事情などの説明も行っている。

● **防災対策**　「CAMPUS GUIDE―災害時対応マニュアル―」を入学時に配布。被災した際の安否は「Kyonet」を利用して確認する。

インターンシップ科目	必修専門ゼミ	卒業論文	GPA制度の導入の有無および活用例	１年以内の退学率	標準年限での卒業率
全学部で開講している	全学部で１・４年次に実施	全学部卒業要件	一部の学部でGPAに応じた履修上限単位数を設定しているほか，奨学金等対象者選定，退学勧告基準，学生個々への学修指導に活用	0.7%	97.4%

学部紹介

学部／学科	定員	特色
家政学部		
被服	90	▷ファッションクリエイション，ファッションビジネス，染織文化財，被服科学の４コース。被服に関する多面的な学びを通して，さまざまな分野で活躍する人材を育成する。
食物栄養	105	▷〈食物学専攻55名，管理栄養士専攻50名〉キャンパスが都心にあるという立地を生かし，近隣の一流料亭やホテルでの学外研修を実施するなど，実践能力を養う機会を豊富に用意。
児童	150	▷児童教育に関する免許・資格を２つの組み合わせで取得できる，幼保履修モデルと幼小履修モデルを設置。
●取得可能な資格…教職（家，小一種，幼一種，栄養），司書教諭，学芸員，保育士，栄養士，管理栄養士受験資格など。 ●進路状況…………就職93.2％　進学2.8％ ●主な就職先………三井不動産リアルティ，トモズ，LEOC，エームサービス，公立小学校教員など。		
文芸学部		
文芸	350	▷言語・文学（日本語・日本文学，英語・英語圏文学，フランス語・フランス文学），芸術（劇芸術，美術史），文化（文化），メディア（文芸メディア）の４領域７専修。
●取得可能な資格…教職（国・情・英），司書，司書教諭，学芸員など。 ●進路状況…………就職83.3％　進学3.0％ ●主な就職先………ソフトバンク，東日本旅客鉄道，日本生命保険，ジーユー，SBI新生銀行など。		
国際学部		
国際	250	▷エリア，コミュニケーション，グローバルの３つのスタディーズコースに９つのメジャーを設定。卒業に必要な単位の半分を英語で学ぶCSEプログラムも用意。
●取得可能な資格…教職（地歴・公・社・英），司書教諭，学芸員など。 ●進路状況…………就職86.3％　進学5.5％ ●主な就職先………ジェイアール東海パッセンジャーズ，リクルート，日本銀行，ビッグローブなど。		
看護学部		
看護	100	▷現代の保健・医療・福祉に対応した最新のカリキュラムなどで，優れた看護職者となるための判断力と人間力を育む。
●取得可能な資格…教職（養護二種），看護師・保健師（選択制）受験資格など。 ●進路状況…………就職92.0％　進学5.7％ ●主な就職先………三井記念病院，東京都済生会中央病院，国立がん研究センター中央病院など。		
ビジネス学部		
ビジネス	150	▷ビジネスの場に必要不可欠な経営，マーケティング，経済，会計という主要４分野の知識を修得するとともに，リーダーシップ開発プログラムで知識を「使える」力を身につける。
●主な就職先………2020年度開設のため卒業生はいない。		
建築・デザイン学部		
建築・デザイン	100	▷美術の視点で「空間」「モノ」を総合的に学ぶとともに，企業や地域と連携したプロジェクトなどで実践力を高める。
●取得可能な資格…学芸員，１級・２級建築士受験資格など。 ●主な就職先………2023年度開設のため卒業生はいない。		

キャンパスアクセス ［神田一ツ橋キャンパス］東京メトロ東西線一竹橋より徒歩３分／東京メトロ半蔵門線，都営地下鉄三田線・新宿線一神保町より徒歩１分／東京メトロ東西線・半蔵門線一九段下より徒歩２分

▶キャンパス
家政(児童学科を除く)・文芸・国際・ビジネス・〈建築・デザイン〉……[本館・4号館] 東京都千代田区一ツ橋2-2-1
家政(児童学科)・看護……[3号館] 東京都千代田区神田神保町3-27
入試課……[2号館] 東京都千代田区一ツ橋2-6-1

2024年度入試要項(前年度実績)

●募集人員

学部／学科(専攻)		全学統一	一般2月(個別)	一般2月(英語)	一般3月	共通2月	共通3月	共通併用
▶家政	被服	25	22	5	3	5	2	—
	食物栄養(食物学)	15	11	5	2	5	—	—
	(管理栄養士)	11	10	5	—	2	—	—
	児童	30	20	5	5	10	2	—
▶文芸	文芸	80	81	10	10	35	2	—
▶国際	国際	50	60	10	20	21	2	5
▶看護	看護	32	17	4	2	5	—	—
▶ビジネス	ビジネス	40	30	6	4	10	—	—
▶建築・デザイン	建築・デザイン	20	25	5	2	5	—	5

▷一般選抜全学統一方式において，出願時点で，対象となる外部英語検定試験の基準を満たしている場合，英語の試験の得点とみなし判定する。本学独自の英語の試験を受験した場合，高得点の点数で合否判定を行う。
▷一般選抜2月日程の外部英語検定利用方式は，対象となる外部英語検定のスコアが出願基準を満たすことにより，英語以外の2科目で受験可能。加点基準を満たしたスコアを保持している場合は，入試結果に加点する。
▷一般選抜および共通テスト利用選抜において判定に利用する調査書は，全体の学習成績の状況を2倍して10点満点として換算。調査書が発行されない場合は卒業証明書と成績証明書または調査書が発行されないことに関する理由書を提出すること。

家政学部／建築・デザイン学部

一般選抜全学統一方式・2月日程(個別学力試験方式)　4科目　①国(100)▶国総(漢文を除く。古文は選択のみ)　②外(100)▶コミュ英Ⅰ・コミュ英Ⅱ・コミュ英Ⅲ・英表Ⅰ・英表Ⅱ　③地歴・数・理(100)▶世B・日B・地理B・「数Ⅰ・数Ⅱ・数A・数B(数列のみ)」・「化基・化(物状・物変〈化学反応と平衡を除く〉・無機・有機)」・「生基・生(生命・環境応答)」から1，ただし食物栄養学科管理栄養士専攻は地歴の選択不可　④調査書(10)
※一般選抜2月日程において，地歴は2月5日，化学・生物は2月4日のみ出題。
一般選抜3月日程　3科目　①国(100)▶国総(漢文を除く。古文は選択のみ)　②外(100)▶コミュ英Ⅰ・コミュ英Ⅱ・コミュ英Ⅲ・英表Ⅰ・英表Ⅱ　③調査書(10)
※食物栄養学科食物学専攻は化学・生物のいずれかを履修していることが出願条件となる。
共通テスト利用選抜2月日程　【食物栄養学科】　3科目　①国(200)▶国(近代)　②外(200)▶英(リスニング〈100〉を含む)　③数・理(200)▶数Ⅰ・「数Ⅰ・数A」・数Ⅱ・「数Ⅱ・数B」・「物基・化基・生基から2」・物・化・生から1
[個別試験]　1科目　①調査書(10)
【その他の学科】　3科目　①国(200)▶国(近代)　②外(200)▶英(リスニング〈100〉を含む)　③地歴・公民・数・理(200)▶世B・日B・地理B・現社・倫・政経・「倫・政経」・数Ⅰ・「数Ⅰ・数A」・数Ⅱ・「数Ⅱ・数B」・「物基・化基・生基・地学基から2」・物・化・生・地学から1
[個別試験]　1科目　①調査書(10)
共通テスト利用選抜3月日程　【被服学科】　2科目　①外(200)▶英(リスニング〈100〉を含む)　②国・地歴・公民・数・理(200)▶国(近代)・世B・日B・地理B・現社・倫・政経・「倫・政経」・数Ⅰ・「数Ⅰ・数A」・数Ⅱ・「数Ⅱ・数B」・「物基・化基・生基・地学基から2」・物・化・生・地学から1
[個別試験]　1科目　①調査書(10)
【児童学科】　2科目　①国(200)▶国(近代)　②外(200)▶英(リスニング〈100〉を含む)
[個別試験]　1科目　①調査書(10)
共通テスト併用選抜　【建築・デザイン学科】〈共通テスト科目〉　1科目　①国・外・数(100)▶国(近代)・英(リスニングを含む)・

数Ⅰ・「数Ⅰ・数A」から1
※英語は，リーディング(100点)・リスニング(100点)の合計得点を100点満点に圧縮。
〈個別試験科目〉 2科目 ①実技(100) ②調査書(10)

文芸学部

一般選抜全学統一方式・2月日程(個別学力試験方式) 4科目 ①国(100)▶国総(現文・古文) ②外(100)▶コミュ英Ⅰ・コミュ英Ⅱ・コミュ英Ⅲ・英表Ⅰ・英表Ⅱ ③地歴・数・理(100)▶世B・日B・地理B・「数Ⅰ・数Ⅱ・数A・数B(数列のみ)」・「化基・化(物状・物変〈化学反応と平衡を除く〉・無機・有機)」・「生基・生(生命・環境応答)」から1 ④調査書(10)
※一般選抜2月日程において，地歴は2月5日，化学・生物は2月4日のみ出題。
一般選抜3月日程 3科目 ①国(100)▶国総(現文・古文) ②外(100)▶コミュ英Ⅰ・コミュ英Ⅱ・コミュ英Ⅲ・英表Ⅰ・英表Ⅱ ③調査書(10)
共通テスト利用選抜2月日程・3月日程 3科目 ①国(200)▶国(近代・古文) ②外(200)▶英(リスニング〈100〉を含む)・仏から1 ③地歴・公民・数・理(200)▶世B・日B・地理B・現社・倫・政経・「倫・政経」・数Ⅰ・「数Ⅰ・数A」・数Ⅱ・「数Ⅱ・数B」・「物基・化基・生基・地学基から2」・物・化・生・地学から1
[個別試験] 1科目 ①調査書(10)

国際学部・ビジネス学部

一般選抜全学統一方式・2月日程(個別学力試験方式) 4科目 ①国(100)▶国総(漢文を除く。古文は選択のみ) ②外(100)▶コミュ英Ⅰ・コミュ英Ⅱ・コミュ英Ⅲ・英表Ⅰ・英表Ⅱ ③地歴・数・理(100)▶世B・日B・地理B・「数Ⅰ・数Ⅱ・数A・数B(数列のみ)」・「化基・化(物状・物変〈化学反応と平衡を除く〉・無機・有機)」・「生基・生(生命・環境応答)」から1 ④調査書(10)
※一般選抜2月日程において，地歴は2月5日，化学・生物は2月4日のみ出題。
一般選抜3月日程 3科目 ①国(100)▶国総(漢文を除く。古文は選択のみ) ②外(100)▶コミュ英Ⅰ・コミュ英Ⅱ・コミュ英Ⅲ・英表Ⅰ・英表Ⅱ ③調査書(10)
共通テスト利用選抜2月日程・3月日程 【国際学部】 3科目 ①国(200)▶国(近代) ②外(300)▶英(リスニングを含む)・仏・中から1 ※英語はリーディング(100)・リスニング(100)の合計得点を1.5倍し，300点満点に換算。③地歴・公民・数(200)▶世B・日B・地理B・現社・倫・政経・「倫・政経」・数Ⅰ・「数Ⅰ・数A」・数Ⅱ・「数Ⅱ・数B」から1
[個別試験] 1科目 ①調査書(10)
共通テスト利用選抜2月日程 【ビジネス学部】 3科目 ①国(200)▶国(近代) ②外(200)▶英(リスニング〈100〉を含む) ③数(200)▶数Ⅰ・「数Ⅰ・数A」・数Ⅱ・「数Ⅱ・数B」から1
[個別試験] 1科目 ①調査書(10)
共通テスト併用選抜 【国際学部】〈共通テスト科目〉 1科目 ①国・外・地歴・公民・数(100)▶国(近代)・英(リスニングを含む)・仏・中・世B・日B・地理B・現社・倫・政経・「倫・政経」・数Ⅰ・「数Ⅰ・数A」から1
※英語は，リーディング(100点)・リスニング(100点)の合計得点を100点満点に圧縮。
〈個別試験科目〉 3科目 ①国(100)▶国総(漢文を除く。古文は選択のみ) ②外(100)▶コミュ英Ⅰ・コミュ英Ⅱ・コミュ英Ⅲ・英表Ⅰ・英表Ⅱ ③調査書(10)

看護学部

一般選抜全学統一方式 4科目 ①国(100)▶国総(漢文を除く。古文は選択のみ) ②外(100)▶コミュ英Ⅰ・コミュ英Ⅱ・コミュ英Ⅲ・英表Ⅰ・英表Ⅱ ③数・理(100)▶「数Ⅰ・数Ⅱ・数A・数B(数列のみ)」・「化基・化(物状・物変〈化学反応と平衡を除く〉・無機・有機)」・「生基・生(生命・環境応答)」から1 ④調査書(10)
一般選抜2月日程(個別学力試験方式) 4科目 ①国(100)▶国総(漢文を除く。古文は選択のみ) ②外(100)▶コミュ英Ⅰ・コミュ英Ⅱ・コミュ英Ⅲ・英表Ⅰ・英表Ⅱ ③理(100)▶「化基・化(物状・物変〈化学反応と平衡を除く〉・無機・有機)」・「生基・生(生命・環境応答)」から1 ④調査書(10)
一般選抜3月日程 3科目 ①国(100)▶国

総（漢文を除く。古文は選択のみ）②外（100）▶コミュ英Ⅰ・コミュ英Ⅱ・コミュ英Ⅲ・英表Ⅰ・英表Ⅱ ③調査書（10）
※化学・生物のいずれかを履修していることが出願条件となる。
共通テスト利用選抜２月日程 **3**科目 ①国（100）▶国（近代）②外（100）▶英（リスニングを含む）※リーディング（100点）・リスニング（100点）の合計得点を100点満点に圧縮。③理（100）▶「化基・生基」・化・生から１
［個別試験］ **1**科目 ①調査書（10）

その他の選抜

学校推薦型選抜（公募制推薦）は家政学部35名，文芸学部20名，国際学部20名，看護学部８名，ビジネス学部５名，建築・デザイン学部８名を，総合型選抜は家政学部53名（被服学科13名，食物栄養学科５名，児童学科35名），文芸学部50名，国際学部20名，看護学部10名，ビジネス学部25名，建築・デザイン学部20名を募集。ほかに学校推薦型選抜（指定校制推薦，卒業生子女推薦），海外帰国子女特別選抜，社会人特別選抜，外国人留学生入試を実施。

偏差値データ（2024年度）

●一般選抜

学部／学科／専攻	2024年度 駿台予備学校 合格目標ライン	2024年度 河合塾 ボーダー偏差値	2023年度 競争率
▶家政学部			
被服（２月個別）	40	42.5	1.9
（統一）	40	42.5	2.0
食物栄養／食物学（２月個別）	41	42.5	1.5
（統一）	41	45	2.0
／管理栄養士（２月個別）	43	50	5.7
（統一）	43	52.5	9.4
児童（２月個別）	42	42.5	1.6
（統一）	42	42.5	1.6
▶文芸学部			
文芸（２月個別）	41	45	1.3
（統一）	41	45	1.4
▶国際学部			
国際（２月個別）	42	42.5	1.4
（統一）	42	42.5	1.5
▶看護学部			
看護（２月個別）	43	45	2.7
（統一）	43	45	1.9
▶ビジネス学部			
ビジネス（２月個別）	41	45	2.0
（統一）	41	45	2.0
▶建築・デザイン学部			
建築・デザイン（２月個別）	43	50	7.1
（統一）	43	50	6.2

●駿台予備学校合格目標ラインは合格可能性80％に相当する駿台模試の偏差値です。
●河合塾ボーダー偏差値は合格可能性50％に相当する河合塾全統模試の偏差値です。
●競争率は受験者÷合格者の実質倍率

併設の教育機関 短期大学

共立女子短期大学

問合せ先 大学企画課 ☎03-3237-5927
所在地 東京都千代田区一ツ橋2-2-1

学生数▶女299名
教員数▶教授10名，准教授４名，講師１名

設置学科

●**生活科学科**（100） ITメディア，生活デザインの２コース。豊かな生活を創造するための実践的な知識と技能を育む。
●**文科**（100） 日本文化・表現，グローバル・コミュニケーション，心理学の３コース。「ことば」と「こころ」に関する３つの専門コースで，女性としての人間力を育む。

卒業後の進路

2023年３月卒業生▶172名
就職87名，大学編入学60名（うち他大学12名），その他25名

杏林大学
(きょうりん)
KYORIN

資料請求

問合せ先　入学センター　☎0422-47-0077

建学の精神

1966（昭和41）年に学校法人杏林学園の設置が認可され，短期大学開設。70年に，「医」の道を志す者のための学び舎として，杏林大学医学部および医学部付属病院を開設・開院した。建学の精神である「眞善美の探究」を通じて，優れた人格を持ち，人のために尽くすことのできる人材を育成するという教育理念は，医学部を起点にして，保健学部，総合政策学部，外国語学部へと広がった現在も受け継がれ，総合大学へと成長。「よい環境がよい人材を育てる」をコンセプトにデザインされた校舎内に学びを支える設備を備えた井の頭キャンパスと，医学部付属病院に隣接し，2021年３月にアリーナが，2022年４月に医学部新講義棟も完成した三鷹キャンパスという恵まれた教育環境で豊かな感性と探究心を育み，社会に貢献できる力を養っている。

- **井の頭キャンパス**…〒181-8612　東京都三鷹市下連雀5-4-1
- **三鷹キャンパス**……〒181-8611　東京都三鷹市新川6-20-2

基本データ

学生数▶5,984名（男2,337名，女3,647名）
専任教員数▶教授179名，准教授110名，講師125名
設置学部▶外国語，総合政策，保健，医
併設教育機関▶大学院─国際協力・保健学（以上M・D），医学（D）

就職・卒業後の進路

就職率 97.8%
就職者÷希望者×100

●就職支援　キャリアサポートセンターと学部の教員が連携し，体系化された１年次からの「キャリア教育」授業を柱に，目的に応じて選択できる「就職支援プラグロム」，個別の悩みや課題に応じた「個別面談」の３つの角度からキャリア支援を実施。文系学生にはキャリア教育の一環として，企業の採用試験を疑似体験する独自の「就活トライアル」「就活シミュレーション」を行っている。

●資格取得支援　保健学部では，国家試験対策として複数回の模擬試験や国試直前まで補講を行い，毎年高い合格率を維持。またキャリアサポートセンターでは，将来に役立つ約20の資格取得講座を学内で開講している。

進路指導者も必見 学生を伸ばす 面倒見

初年次教育
総合政策学部の「プレゼミナール」はホームルーム的な機能のほか，プレゼンやディスカッションの仕方のようなアカデミックスキルを学ぶ場としても機能。外国語学部では「大学入門」「アカデミックライティング」などを実施

学修サポート
オフィスアワー制度や担任制度，アカデミックアドバイザー制度を全学部で導入。レポートや小論文，プレゼンテーション資料など英語の文章作成のコツを教えるライティングセンターも設置

オープンキャンパス（2023年度実績）　外国語学部と総合政策学部が５・７・８月，保健学部が６・８月，医学部は８月に実施(事前予約制)。学科紹介，入試説明，模擬講義，体験実習，キャンパスツアー，個別相談など。

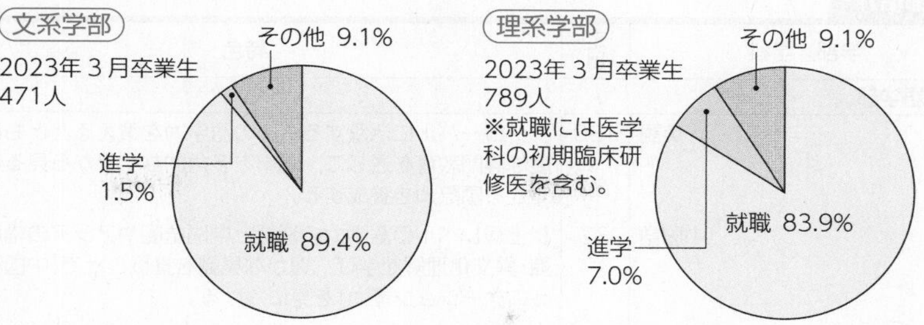

主なOB・OG▶［外国語］神谷英樹（ゲームデザイナー），［外国語］阿部美里（東日本放送アナウンサー），［医］水谷佑毅（DYM社長，医師），［旧社会科］鳩山二郎（衆議院議員）など。

国際化・留学　大学間 56 大学等・部局間 4 大学

受入れ留学生数▶36名（2023年５月１日現在）
留学生の出身国・地域▶中国，韓国，台湾など。
外国人専任教員▶教授５名，准教授０名，講師３名（2023年５月１日現在）
外国人専任教員の出身国▶中国，韓国，イギリス，アメリカなど。
大学間交流協定▶56大学・機関（交換留学先47大学，2023年６月現在）
部局間交流協定▶４大学（交換留学先４大学，2023年６月現在）
海外への留学生数▶渡航型133名・オンライン型４名／年（11カ国，2022年度）
海外留学制度▶「交換留学」「私費留学（大学提供・個人手配プログラム）」があり，自分の能力・ニーズに合わせて留学先・期間を選ぶことが可能。また，春・夏休み期間にも，語学学習や異文化体験を目的とした，10日～１カ月間程度の海外研修が実施されている。コンソーシアムはUMAPに参加。

学費・奨学金制度　給付型奨学金総額 約 2,000 万円

入学金▶250,000円（医1,500,000円）
年間授業料（施設費等を除く）▶720,000円～（詳細は巻末資料参照）
年間奨学金総額▶約20,000,000円
年間奨学金受給者数▶約100人
※奨学金はいずれも留学関連を除く。
主な奨学金制度▶経済的支援を目的とした「杏林大学奨学金」や，「杏林大学特別表彰学生表彰金」「杏林大学成績優秀学生表彰金」といった表彰金制度，海外留学に特化した「杏林大学海外研修・留学奨学金」「外国語学部熊谷奨学金」など，さまざまな形で支援する制度を用意。また，「修学支援新制度授業料減免」が2020年度から始まっている。

保護者向けインフォメーション

●**オープンキャンパス**　通常のオープンキャンパス時に保護者向け説明会を実施（外国語）。
●**成績確認**　成績通知書を郵送している。
●**杏会**　各学部で杏会（保護者会）があり，総会などを開催。保健学部では『杏会報』も発行。
●**相談窓口**　保護者専用の窓口を設置している。
●**防災対策**　「ハンドブック」内に防災に関する記載あり。災害時の学生の安否は，ポータルサイトを利用して確認するようにしている。

インターンシップ科目	必修専門ゼミ	卒業論文	GPA制度の導入の有無および活用例	１年以内の退学率	標準年限での卒業率
外国語学部と総合政策学部で開講	外国語学部と保健学部で実施	外国語学部と保健学部は卒業要件	奨学金の給付・貸与者決定，学生の個別指導，進級・卒業判定基準などに活用するほか，GPAに応じた履修上限単位数を設定している	NA	NA

学部紹介

学部／学科	定員	特色
外国語学部		
英語	130	▷グローバルに活躍するための語学力を鍛えるとともに，高度な専門教育を通じて，物事を多角的な視野から見ることのできる国際人を養成する。
中国語	32	▷上級レベルの語学力の習得と中国語圏やアジアの幅広い知識・異文化理解を学び，豊かな見識を養うことで「中国語コミュニケーション能力」を身につける。
観光交流文化	90	▷人の移動と滞在，それを支えるホスピタリティを探究し，地域創造や国際貢献の分野で活躍する人材を養成する。
● 取得可能な資格…教職（英）など。 ● 進路状況…………就職90.6%　進学2.6% ● 主な就職先………ANA成田エアポートサービス，東海旅客鉄道，アパホテル，あさひ，NSDなど。		
総合政策学部		
		▶国際的なビジネスパーソンを育てるGCP（グローバル・キャリア・プログラム）とデータを活用して解決策をデザインするDDP（データ・デザイン・プログラム）を設置。
総合政策	150	▷社会を動かす政治，社会に必要なものを巡らせる経済，社会の枠組みを担う法律を学ぶとともに，これらの学問を横断して国際関係や福祉，環境を分析する。
企業経営	80	▷経営戦略やマーケティング，会計などを学ぶことで企業や組織について理解し，根拠を持って判断する力を身につける。
● 取得可能な資格…教職（公・社）など。 ● 進路状況…………就職88.2%　進学0.4% ● 主な就職先………国税庁，警視庁，SBI新生銀行，富士ソフト，USEN-NEXT HOLDINGSなど。		
保健学部		
臨床検査技術	120	▷診断，治療，予防の面から医療全般を支える臨床検査技師を育成する。細胞・遺伝子レベルの検査技術も習得可能。
健康福祉	120	▷豊かな医療知識と技術を持った「保健室の先生」「福祉の専門家」「健康スポーツのエキスパート」を育成する。
看護	150	▷２専攻制。看護学専攻（100名）では，臨床との連携・協働のもと，確実な実践能力を持った看護職を育成する。看護養護教育学専攻（50名）では，ヘルスプロモーションを実践できる能力を身につけた養護教諭や看護師を育成する。
臨床工	60	▷東京初の臨床工学技士を養成する学科として，豊富なノウハウで他大学より一歩進んだチーム医療を実践的に指導し，最先端医療を支える「いのちのエンジニア」を育成する。
救急救命	50	▷医学部付属病院と連携しながら質の高い救急医学教育を展開し，命と向き合う専門的な能力と使命感を持った，救急医療のスペシャリストを育成する。
リハビリテーション	140	▷３専攻制。理学療法学専攻（65名）では人間性豊かな理学療法士を，作業療法学専攻（50名）では患者さんに寄り添う作業療法士を，言語聴覚療法学専攻（25名）では「話す」「聞く」「食べる」を確実に支援できる言語聴覚士を育成する。

キャンパスアクセス［井の頭キャンパス］JR中央線・総武線，京王井の頭線一吉祥寺よりバス15分／JR中央線・総武線一三鷹よりバス15分／京王線一仙川・千歳烏山よりバス20分，調布よりバス20～25分

診療放射線技術	66	▷予防治療やがん治療を支え，チーム医療に貢献できる診療放射線技師を育成する。
臨床心理	80	▷チーム医療の中で心理的側面を支援し，人に寄り添う公認心理師をめざす人材を養成する。

● **取得可能な資格**…教職(保健・養護一種)，看護師・保健師・助産師・診療放射線技師・臨床検査技師・臨床工学技士・救急救命士・理学療法士・作業療法士・言語聴覚士・社会福祉士・精神保健福祉士受験資格など。
● **進路状況**…………就職82.1％　進学8.1％
● **主な就職先**………杏林大学医学部付属病院，虎の門病院，東京警察病院，東京消防庁，テルモなど。

医学部

医	119	▷知的探究心を活性化して深く考える能力を養うと同時に，さまざまな人と触れ合う実習の場を通じ，責任ある行動の取れる「良き医師」を育成する。

● **取得可能な資格**…医師受験資格。
● **進路状況**…………初期臨床研修医94.6％

▶キャンパス

外国語・総合政策・保健……［井の頭キャンパス］東京都三鷹市下連雀5-4-1
医・保健(看護学専攻，臨床心理)……［三鷹キャンパス］東京都三鷹市新川6-20-2
※臨床心理学科は両キャンパスを利用。

2025年度入試要項(予告)

●募集人員

学部／学科(専攻)	一般前期	一般後期	共通前期	共通後期
▶外国語　英語	26	7	8	3
中国語	6	2	2	1
観光交流文化	22	2	5	2
▶総合政策　総合政策	2科24 3科20	6	2科9 3科6	6
企業経営	2科13 3科10	3	2科5 3科3	3
▶保健　臨床検査技術	66		3	
健康福祉	20		3	
看護(看護学)	56		3	
(看護養護教育学)	23		3	
臨床工	26		3	
救急救命	15		3	
リハビリテーション(理学療法学)	34		3	
(作業療法学)	15		3	
(言語聴覚療法学)	10		3	
診療放射線技術	34		3	
臨床心理	36		3	
▶医　医	103		15	

注)募集人員は2024年度の実績です。

※医学部の一般選抜の募集人員には東京都地域枠選抜10名，新潟県地域枠選抜４名を含む。
※次のように略しています。科目型→科。

注)配点は編集時，未公表。最新の募集要項でご確認ください。

外国語学部

一般選抜前期日程２科目型　**2科目**　①**外**▶英コミュⅠ・英コミュⅡ・英コミュⅢ・論表Ⅰ・論表Ⅱ・論表Ⅲ　②**国・地歴・公民・数**▶「現国・言語(近代)」・世探・日探・政経・「数Ⅰ・数A」から1

一般選抜前期日程３科目型　**3科目**　①**外**▶英コミュⅠ・英コミュⅡ・英コミュⅢ・論表Ⅰ・論表Ⅱ・論表Ⅲ　②③**国・地歴・公民・数**▶「現国・言語(近代)」・世探・日探・政経・「数Ⅰ・数A」から2

一般選抜後期日程　**2科目**　①**国**▶現国・言語(近代)　②**外**▶英コミュⅠ・英コミュⅡ・英コミュⅢ・論表Ⅰ・論表Ⅱ・論表Ⅲ

共通テスト利用選抜前期日程(２科目型)・後期日程　**2科目**　①**外**▶英(リスニングを含む)・中から1，ただし中は中国語学科のみ選択可　②**国・地歴・公民・数・情**▶国(近代)・「歴総・世探」・「歴総・日探」・「地総・地探」・「公・

東京　杏林大学

政経」・数Ⅰ・「数Ⅰ・数A」・情Ⅰから1
[個別試験] 行わない。
共通テスト利用選抜前期日程(3科目型) **3科目** ①**外**▶英(リスニングを含む)・中から1，ただし中は中国語学科のみ選択可 ②③**国・地歴・公民・数・情**▶国(近代)・「歴総・世探」・「歴総・日探」・「地総・地探」・「公・政経」・数Ⅰ・「数Ⅰ・数A」・情Ⅰから2
[個別試験] 行わない。

総合政策学部

一般選抜前期日程2科目型・後期日程 **2科目** ①**国・外・地歴・公民・数**▶「現国・言語(近代)」・「英コミュⅠ・英コミュⅡ・英コミュⅢ・論表Ⅰ・論表Ⅱ・論表Ⅲ」・世探・日探・政経・「数Ⅰ・数A」から2
一般選抜前期日程3科目型 **3科目** ①**外**▶英コミュⅠ・英コミュⅡ・英コミュⅢ・論表Ⅰ・論表Ⅱ・論表Ⅲ ②③**国・地歴・公民・数**▶「現国・言語(近代)」・世探・日探・政経・「数Ⅰ・数A」から2
共通テスト利用選抜前期日程(2科目型)・後期日程 **2科目** ①②**国・外・地歴・公民・数・理・情**▶国(近代)・英(リスニングを含む)・「歴総・世探」・「歴総・日探」・「地総・地探」・「公・政経」・数Ⅰ・「数Ⅰ・数A」・「数Ⅱ・数B・数C」・「物基・化基・生基・地学基から2」・「物・化・生・地学から1」・情Ⅰから2
[個別試験] 行わない。
共通テスト利用選抜前期日程(3科目型) **3科目** ①**外**▶英(リスニングを含む) ②③**国・地歴・公民・数・情**▶国(近代)・「歴総・世探」・「歴総・日探」・「地総・地探」・「公・政経」・数Ⅰ・「数Ⅰ・数A」・「数Ⅱ・数B・数C」・「物基・化基・生基・地学基から2」・「物・化・生・地学から1」・情Ⅰから2
[個別試験] 行わない。

保健学部

一般選抜 **【臨床検査技術学科・臨床工学科・診療放射線技術学科】** **3科目** ①**外**▶英コミュⅠ・英コミュⅡ・英コミュⅢ・論表Ⅰ・論表Ⅱ・論表Ⅲ ②③**国・数・理**▶「現国・言語(近代)」・「数Ⅰ・数A」・「物基・物」・「化基・化(高分子を除く)」・「生基・生」から2
【健康福祉学科・リハビリテーション学科(言語聴覚療法学専攻)・臨床心理学科】 **2科目** ①**外**▶英コミュⅠ・英コミュⅡ・英コミュⅢ・論表Ⅰ・論表Ⅱ・論表Ⅲ ②**国・数・理**▶「現国・言語(近代)」・「数Ⅰ・数A」・物基・化基・生基から1
【看護学科・救急救命学科・リハビリテーション学科(理学療法学専攻・作業療法学専攻)】 **3科目** ①**外**▶英コミュⅠ・英コミュⅡ・英コミュⅢ・論表Ⅰ・論表Ⅱ・論表Ⅲ ②③**国・数・理**▶「現国・言語(近代)」・「数Ⅰ・数A」・物基・化基・生基から2
※すべての学科の一部の試験日において，小論文を課す予定。
共通テスト利用選抜 **【臨床検査技術学科・看護学科・臨床工学科・救急救命学科・リハビリテーション学科(理学療法学専攻・作業療法学専攻)・診療放射線技術学科】** **3科目** ①**外**▶英(リスニングを含む) ②③**国・数・理**▶国(近代)・「数Ⅰ・数A」・「物基・化基・生基から2」・物・化・生から2
[個別試験] 行わない。
【健康福祉学科・リハビリテーション学科(言語聴覚療法学専攻)・臨床心理学科】 **2科目** ①**外**▶英(リスニングを含む) ②**国・数・理**▶国(近代)・「数Ⅰ・数A」・「物基・化基・生基から2」・物・化・生から1
[個別試験] 行わない。

医学部

一般選抜 〈1次試験〉 **4科目** ①**外**▶英コミュⅠ・英コミュⅡ・英コミュⅢ・論表Ⅰ・論表Ⅱ・論表Ⅲ ②**数**▶数Ⅰ・数Ⅱ・数Ⅲ・数A・数B・数C ③④**理**▶「物基・物」・「化基・化」・「生基・生」から2
〈2次試験〉 **2科目** ①**小論文** ②**面接**
※2次試験は1次試験合格者のみに実施。
注)2次試験は2024年度の一般選抜の実績です。
共通テスト利用選抜(1次試験) **5科目** ①②**数**▶「数Ⅰ・数A」・「数Ⅱ・数B・数C」 ③**国・外**▶国(近代)・英(リスニングを含む)から1 ④⑤**理**▶物・化・生から2
[個別試験(2次試験)] **2科目** ①**小論文** ②**面接**

※個別試験（２次試験）は，共通テストによる１次試験合格者のみに実施。
注）個別試験（２次試験）は2024年度の共通テスト利用選抜の実績です。

その他の選抜

学校推薦型選抜（外国語学部と総合政策学部は指定校制を含む）は外国語学部103名，総合政策学部60名，保健学部213名を，総合型選抜（AO入試）は外国語学部60名，総合政策学部59名，保健学部194名を募集。ほかに医学部東京都地域枠選抜，医学部新潟県地域枠選抜，外国人留学生選抜を実施。
注）募集人員は2024年度の実績です。

偏差値データ（2024年度）

●一般選抜

学部／学科／専攻	2024年度 駿台予備学校 合格目標ライン	2024年度 河合塾 ボーダー偏差値	2023年度 競争率
▶外国語学部			
英語（前期２科目）	41	42.5	1.3
（前期３科目）	41	37.5	
中国語（前期２科目）	39	42.5	1.5
（前期３科目）	39	37.5	
観光交流文化（前期２科目）	40	42.5	1.2
（前期３科目）	40	40	
▶総合政策学部			
総合政策（前期２科目）	39	42.5	2.2
（前期３科目）	39	40	2.0
企業経営（前期２科目）	38	40	2.2
（前期３科目）	38	40	2.0
▶保健学部			
臨床検査技術	44	42.5	1.6
健康福祉	40	40	1.4
看護／看護学	45	52.5	4.1
／看護養護教育学	44	47.5	4.2
臨床工	42	40	1.7
救急救命	41	45	2.7
リハビリテーション／理学療法	45	50	3.7
／作業療法	43	42.5	1.5
／言語聴覚療法	41	42.5	1.6
診療放射線技術	44	47.5	3.5
臨床心理	43	40	1.1
▶医学部			
医	57	65	13.0

●駿台予備学校合格目標ラインは合格可能性80％に相当する駿台模試の偏差値です。
●河合塾ボーダー偏差値は合格可能性50％に相当する河合塾全統模試の偏差値です。
●競争率は受験者÷合格者の実質倍率

慶應義塾大学

資料請求

問合せ先 入学センター ☎03-5427-1566

建学の精神

創立者である福澤諭吉が1858（安政５）年に江戸築地鉄砲洲の中津藩中屋敷内に開いた蘭学塾を起源とする，江戸時代から続く日本最古の私立総合大学。68(慶応４)年，時の年号をとって塾名を「慶應義塾」と定める。欧米諸国を見聞して帰国した福澤は，古いしきたりや慣習にとらわれない教育を実践。その基礎となった「独立自尊（自立した人を，学問で育む)」「実学（“自分の頭で考える”学びへ)」「半学半教（学びつつ教え，教えつつ学ぶ)」「自我作古（前人未到に，挑む意志)」「人間交際（人との交流が，人間力を培う)」「社中協力（人のつながりを，未来への力に)」など数々の理念は，現在に脈々と受け継がれ，幾多の人材を輩出。福澤が著した『学問のすゝめ』に則り，まわりに流されず，自分自身で考えて歩んでいくために，学問をすゝめている。

●キャンパス情報はP.328をご覧ください。

基本データ

学生数▶28,747名(男18,273名,女10,474名)
専任教員数▶教授839名，准教授355名，講師380名
設置学部▶文，経済，法，商，医，理工，総合政策，環境情報，看護医療，薬
併設教育機関▶大学院（P.331参照） 通信教育課程─文学部，経済学部，法学部

就職・卒業後の進路

●**就職支援** 三田，矢上，湘南藤沢，芝共立の各キャンパス就職・進路支援担当部署が，さまざまなテーマのガイダンスをそれぞれの特色を生かしながら，全キャンパスで年間計100回程度開催。一部上場企業の社長輩出大学第１位を誇るなど，あらゆる業界の名だたる企業で卒業生（塾員）が活躍しているだけに，その塾員たちで構成されている「三田会」のネットワークも大きな支えとなっている。

●**資格取得支援** 公認会計士や法曹などをめざす学生を支援する会計研究室や法学研究所を設置。公認会計士試験では，大学別合格者数で48年連続１位を継続中で，また2023年度司法試験でも186名が合格している。

進路指導者も必見 学生を伸ばす 面倒見

初年次教育	学修サポート
医・看護医療・薬の医療系3学部では，1年次に，チームメンバーとの対話を通して，コミュニケーションの重要性を学び，チームの一員としてのあるべき態度を身につける「合同教育」の初期プログラムを実施	理工学部では学生の相談窓口として，学習指導教員（21名)，第1・2学年のクラス担任（担任1名あたり学生15～75名)，第4学年での卒業研究指導教員（教員1名あたり学生約4名)，学生課，学生相談室など複数の窓口を設置

オープンキャンパス(2023年度実績) 8月4日・5日に全学部対象のオープンキャンパスを三田キャンパスで開催(各学部紹介のみ事前申込制)。また，8月5日に看護医療学部がSFCで独自のオープンキャンパスを実施。

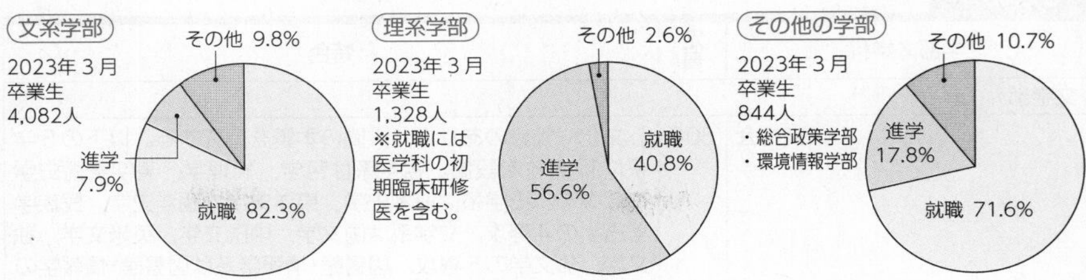

主なOB・OG▶［法］豊田章男（トヨタ自動車会長），［経済］堀健一（三井物産社長），［理工］井伊基之（NTTドコモ社長），［文・法］池井戸潤（小説家），［文］水卜麻美（日本テレビアナウンサー）など。

国際化・留学　大学間 143 大学

受入れ留学生数▶798名（正規学部生，2023年5月1日現在）

留学生の出身国・地域▶中国，韓国，フランス，アメリカ，台湾，ドイツ，イタリアなど。

外国人専任教員▶NA

外国人専任教員の出身国▶NA

大学間交流協定▶143大学（派遣交換留学制度協定校，2023年１月現在）

海外への留学生数▶渡航型260名／年（派遣交換留学生数，2022年度）

海外留学制度▶派遣交換留学制度やダブルディグリー・プログラムなどの長期から，夏季・春季休校期間を利用した国際センター主催の短期海外研修プログラム，学部独自の留学プログラムなどを実施。慶應義塾大学では，あらかじめ「国外留学申請書」を提出し，教育上有益と認められた場合，「留学」の認定を受けて留学することができる。

学費・奨学金制度　給付型奨学金総額 年間 6 億 6,427 万円

入学金▶200,000円

年間授業料（施設費等を除く）▶920,000円～（詳細は巻末資料参照）

年間奨学金総額▶664,270,000円

年間奨学金受給者数▶延べ約1,127人（2022年度学部生）

主な奨学金制度▶首都圏以外出身の受験生を対象とする入学前予約型奨学金「学問のすゝめ奨学金」や「慶應義塾維持会奨学金」「慶應義塾大学給費奨学金」を用意。さらに，従来の複数の制度を一本化した「修学支援奨学金」は，家計急変や大規模自然災害による被災などさまざまな理由で経済的に修学が困難な学生をより幅広く柔軟にサポートしている。

保護者向けインフォメーション

● **オープンキャンパス**　全学部対象オープンキャンパスで保護者向け説明会を実施。

● **成績確認**　学部生保証人に，学業成績表のオンライン閲覧サービスを提供。

● **広報誌**　1963年創刊の「塾」を季節ごとに年４回発行し，学部生保証人へ送付している。

● **地域連絡会**　東京圏以外の全国各地区で「大学塾生家族地域連絡会」を原則隔年で開催し，教職員が大学の近況，塾生の勉学・学生生活・進路などについて説明している。

● **防災対策**　「災害・緊急時ポケットガイド」を作成。大地震が発生した場合は，指定URLを利用して安否を確認するようにしている。

インターンシップ科目	必修専門ゼミ	卒業論文	GPA制度の導入の有無および活用例	１年以内の退学率	標準年限での卒業率
学部により開講	学部により異なる（SFCは１年次より参加可）	ゼミ生は卒業要件。文学部は専攻により異なる	各学部の選抜型プログラム参加への選考に活用されるほか，GPA値が著しく低い場合には，退学勧告される等の指導を受ける場合あり	NA	NA

学部紹介

学部／学科	定員	特色
文学部		
人文社会	800	▷文化や社会のあり方，人間の本質を追究する。以下の５学系に17専攻を設置。哲学系は哲学，倫理学，美学美術史学の３専攻。史学系は日本史学，東洋史学，西洋史学，民族学考古学の４専攻。文学系は国文学，中国文学，英米文学，独文学，仏文学の５専攻。図書館・情報学系は図書館・情報学の１専攻。人間関係学系は社会学，心理学，教育学，人間科学の４専攻。１年次修了時に専攻を決定する。
● 取得可能な資格…教職（国・地歴・公・社・情・英・独・仏・中），司書，司書教諭，学芸員。 ● 進路状況…………就職80.4%　進学8.6% ● 主な就職先………エヌ・ティ・ティ・データ，アクセンチュア，楽天グループ，デロイトトーマツコンサルティング，博報堂，リクルート，大和証券，東京海上日動火災保険など。		
経済学部		
経済	1,200	▷「研究会（ゼミナール）」「研究プロジェクト」「PCP（プロフェッショナル・キャリア・プログラム）」という３つを柱に専門教育を行い，世界経済をリードしうる次代の経済人を育成する。データサイエンスとフィールドリサーチに関する２つの履修プログラムも開設している。
● 取得可能な資格…教職（地歴・公・社），学芸員。 ● 進路状況…………就職81.6%　進学6.2% ● 主な就職先………有限責任監査法人トーマツ，EYストラテジー・アンド・コンサルティング，三井住友信託銀行，PwCコンサルティング，東京海上日動火災保険，アクセンチュアなど。		
法学部		
法律	600	▷法律学を分野ごとの区分ではなく習熟度別に，体系的に修得し，社会現象を法的にとらえる能力・考え方を育成する。
政治	600	▷幅広い領域の政治学を多角的に研究し，ルールを構想・創造・運営・変革する能力や考え方を育成する。
● 取得可能な資格…教職（地歴・公・社），学芸員。 ● 進路状況…………就職79.4%　進学12.8% ● 主な就職先………楽天グループ，東京海上日動火災保険，三井住友銀行，三菱UFJ銀行，有限責任監査法人トーマツ，野村総合研究所，PwCコンサルティング，三菱商事など。		
商学部		
商	1,000	▷経営，会計，商業，経済・産業という４つのフィールドの学びから，社会を変えるための問題発見・解決能力を養う。選抜型の「GPP（Global Passport Program）」も設置。
● 取得可能な資格…教職（地歴・公・社・商業），学芸員。 ● 進路状況…………就職87.8%　進学3.8% ● 主な就職先………みずほ銀行，有限責任監査法人トーマツ，有限責任あずさ監査法人，ベイカレント・コンサルティング，三菱UFJ銀行，アクセンチュア，楽天グループなど。		
医学部		
医	110	▷医療プロフェッショナリズムを一貫して学ぶ先導プログラムを導入し，高い倫理観と実践力を人類の福祉のために生かせる医療人を育成する。医学部独自の奨学金を豊富に用意。
● 取得可能な資格…医師受験資格。 ● 進路状況…………初期臨床研修医97.3%　進学0.9%		

キャンパスアクセス ［三田キャンパス］ JR山手線・京浜東北線―田町より徒歩８分／都営地下鉄浅草線・三田線―三田より徒歩7分／都営地下鉄大江戸線―赤羽橋より徒歩８分

理工学部		
		▶入学後は，入試で選択した学門（A:物理・電気・機械分野，B:電気・情報分野，C:情報・数学・データサイエンス分野，D:機械・システム分野，E:化学・生命分野）で学び，第２学年進級時に合わせて所属学科を決める。
機械工	932	▷地球・社会環境も視野に入れた総合的な現象解明や創造的な設計・ものづくりができる技術者・研究者を育成する。
電気情報工		▷明日のエレクトロニクス分野に変革を起こすことのできる人材を育成する。
応用化		▷最先端の研究を通して化学が関連するグローバルな問題解決能力を身につけた，未来を切り拓くリーダーを育成する。
物理情報工		▷世界を革新する応用物理を学び，世界を先導するサイエンティストやエンジニアを育成する。
管理工		▷「人間」「もの」「情報」「金」をキーワードに，さまざまな視点や発想から科学技術とマネジメントを考える。
数理科		▷数学，統計学の２専攻。さまざまな自然現象や社会現象を表現し，その本質を理解する。
物理		▷「普遍性」と「創発」を理解して，素粒子から宇宙，社会現象までを解明する。
化		▷科学の「幹」となる化学探究・解明で，新分野を開拓し，独創的な新技術を創成することができる人材を育成する。
システムデザイン工		▷基盤技術を総合的に活用し，技術と技術・人間・社会がより高度に調和した新しいシステムをデザインする。
情報工		▷情報通信の技術とその未来を正しく理解し，世界をリードする先端技術者を育成する。
生命情報		▷生命現象をシステムとしてとらえ，生命科学の新しい時代を拓き，リードしていく人材を育成する。

- 取得可能な資格…教職（数・理・情・工業），学芸員，１・２級建築士受験資格など。
- 進路状況…………就職21.5%　進学76.0%
- 主な就職先………エヌ・ティ・ティ・データ，野村総合研究所，PwCコンサルティング，アクセンチュア，ソフトバンク，日本航空，富士通，シンプレクス・ホールディングスなど。

総合政策学部		
総合政策	425	▷「実践知」を重視しながら問題を的確に見定め，その解決方法を提案し実行までできる人材，真理を追究し新しいものを創造し，日本と世界をよくする志のある人材を育成する。

- 取得可能な資格…教職（公・社），学芸員，１・２級建築士受験資格など。
- 進路状況…………就職78.0%　進学12.7%
- 主な就職先………電通，楽天グループ，アクセンチュア，デロイトトーマツコンサルティング，博報堂，みずほ銀行，リクルート，三井住友銀行，三井物産，日立製作所など。

環境情報学部		
環境情報	425	▷最先端のサイエンス，テクノロジー，デザインを駆使し，学問分野を横断した学びにより変化に対応できる力を養い，未来を創造するグローバルリーダーを育成する。

- 取得可能な資格…教職（情），学芸員，１・２級建築士受験資格など。
- 進路状況…………就職64.8%　進学23.1%
- 主な就職先………リクルート，電通，楽天グループ，アクセンチュア，PwCコンサルティング，サイバーエージェント，博報堂，富士通，みずほ銀行，伊藤忠商事，グリーなど。

キャンパスアクセス［日吉キャンパス］東急東横線・目黒線・新横浜線，横浜市営地下鉄グリーンライン一日吉より徒歩1分

看護医療学部		
看護	100	▷人間に対する深い理解と尊重とともに健康と生活の状態を把握する力，専門的知識や看護実践力，国際的な視野などを身につけ，保健・医療・福祉を一体化できる先導者を育成する。
●取得可能な資格…看護師・保健師・助産師受験資格。 ●進路状況…就職90.7% 進学6.5% ●主な就職先………慶應義塾大学病院（就職者の約70.1%）など。		

薬学部		
薬	150	▷６年制。薬物の適正使用に必要な知識とその進歩に追随できる科学者としての基盤を持ち，患者さんを最優先にしたチーム医療を担う薬剤師を育成する。
薬科	60	▷４年制。有効かつ安全性の高い医薬品の創製，開発，生産，さらには食品，化粧品，環境や衛生分野などの薬学関連領域での教育・研究に従事する人材を育成する。
●取得可能な資格…薬剤師受験資格（薬学科）。 ●進路状況…………［薬］就職90.3% 進学6.2% ［薬科］就職15.3% 進学79.7% ●主な就職先………ウエルシア薬局，慶應義塾，スギ薬局，日本調剤，IQVIAサービシーズジャパン，イーピーエス，大塚製薬，興和，佐藤製薬，中外製薬，マツモトキヨシなど。		

▶キャンパス

文２～４年次，経済・法・商３・４年次……［三田キャンパス］東京都港区三田2-15-45
文・医・薬１年次，経済・法・商・理工１・２年次……［日吉キャンパス］神奈川県横浜市港北区日吉4-1-1
理工３・４年次……［矢上キャンパス］神奈川県横浜市港北区日吉3-14-1
医，看護医療３・４年次……［信濃町キャンパス］東京都新宿区信濃町35
総合政策・環境情報，看護医療１・２・４年次……［湘南藤沢キャンパス］神奈川県藤沢市遠藤5322
薬（薬科１～４年次，薬１～６年次）……［芝共立キャンパス］東京都港区芝公園1-5-30

2025年度入試要項（予告）

●募集人員

学部／学科（学門）		一般	自己推薦	総合（FIT）	総合（AO）
▶文	人文社会	580	120	—	—
▶経済	経済（A方式）	420	—	—	—
	（B方式）	210	—	—	—
▶法	法律	230	—	80	—
	政治	230	—	80	—
▶商	商（A方式）	480	—	—	—
	（B方式）	120	—	—	—
▶医	医	66	—	—	—
▶理工	学門A	130	—	—	若干名
	学門B	110	—		
	学門C	140	—		
	学門D	140	—		
	学門E	130	—		
▶総合政策	総合政策	225	—	—	150
▶環境情報	環境情報	225	—	—	150
▶看護医療	看護	70	—	—	若干名
▶薬	薬	100	—	—	—
	薬科	50	—	—	—

注）募集人員は2024年度の実績です。
※理工学部の各学門に対応する学科は以下の通り。学門A（機械工・電気情報工・物理情報工・物理），学門B（電気情報工・物理情報工・システムデザイン工・情報工），学門C（管理工・数理科・情報工・生命情報），学門D（機械工・管理工・システムデザイン工），学門E（応用化・化・生命情報）。
※総合型選抜の文学部は自主応募制による推薦入学者選考，法学部はFIT入試。
※総合政策学部と環境情報学部のAO入試の募集人員は，複数回実施するAO入試の合計数。

注）文・法・理工・総合政策・環境情報・看護医療学部が実施する総合型選抜は，2024年度の選抜実績です。

文学部

一般選抜 ３科目 ①外（150）▶「英コミュⅠ・英コミュⅡ・英コミュⅢ・論表Ⅰ・論表Ⅱ・論表Ⅲ」・英（外部試験利用）・独・仏から１ ②

キャンパスアクセス ［矢上キャンパス］東急東横線・目黒線・新横浜線，横浜市営地下鉄グリーンライン─日吉より徒歩15分

地歴(100)▶「歴総・世探」・「歴総・日探」から1　③**小論文**(100)

※外部試験利用は，英検CSE総合スコアが2500以上であり，2023年1月1日から2024年12月31日までに受験し，そのスコアを提出できるものを有効とする。なお，外部試験の得点を「外国語」の得点に換算する。

自主応募制による推薦入学者選考　**[出願資格]**　第1志望，現役，入学確約者，全体の学習成績の状況が4.1以上，評価書に在籍学校長の署名および学校長印を受けることのできる者。

[選考方法]　書類審査，総合考査Ⅰ(小論文形式)，総合考査Ⅱ(与えられたテーマについての記述)。

経済学部

一般選抜A方式　**3科目**　①**外**(200)▶英コミュⅠ・英コミュⅡ・英コミュⅢ・論表Ⅰ・論表Ⅱ・論表Ⅲ　②**数**(150)▶数Ⅰ・数Ⅱ(微積においては一般の多項式を扱う)・数A・数B(数列)・数C(ベク)　③**小論文**(70)

一般選抜B方式　**3科目**　①**外**(200)▶英コミュⅠ・英コミュⅡ・英コミュⅢ・論表Ⅰ・論表Ⅱ・論表Ⅲ　②**地歴**(150)▶「歴総・世探」・「歴総・日探」から1(いずれも出題範囲は1500年以降を中心とする)　③**小論文**(70)

法学部

一般選抜　**3科目**　①**外**(200)▶英コミュⅠ・英コミュⅡ・英コミュⅢ・論表Ⅰ・論表Ⅱ・論表Ⅲ　②**地歴**(150)▶「歴総・世探」・「歴総・日探」から1　③**小論文**(100)

FIT入試　**[出願資格]**　第1志望，入学確約者のほか，A方式は学業を含めたさまざまな活動に積極的に取り組み，優れた実績をあげた者。B方式は国・外・地歴・公民・数および全体の学習成績の状況が4.0以上で，調査書の発行を受けられ，教員より1通の評価書を提出できる者。

[選考方法]　書類審査通過者を対象に，A方式は論述試験(模擬講義後)，口頭試問(自己アピール後)。B方式は総合考査Ⅰ(与えられた資料の読解文)・Ⅱ(与えられたテーマの小論文)，個人面接。

※B方式は日本全国を7つのブロック(北海道・東北，北関東・甲信越，南関東，北陸・東海，近畿，中国・四国，九州・沖縄)に分け，各ブロックから各学科それぞれ最大10名程度を合格者とする。

商学部

一般選抜A方式　**3科目**　①**外**(200)▶英コミュⅠ・英コミュⅡ・英コミュⅢ・論表Ⅰ・論表Ⅱ・論表Ⅲ　②**地歴**(100)▶世探・日探・地探から1　③**数**(100)▶数Ⅰ・数Ⅱ・数A(図形・場合)・数B(数列)・数C(ベク)

一般選抜B方式　**3科目**　①**外**(200)▶英コミュⅠ・英コミュⅡ・英コミュⅢ・論表Ⅰ・論表Ⅱ・論表Ⅲ　②**地歴**(100)▶世探・日探・地探から1　③**論文テスト**(100)

医学部

一般選抜　**〈第1次試験〉**　**4科目**　①**外**(150)▶英コミュⅠ・英コミュⅡ・英コミュⅢ・論表Ⅰ・論表Ⅱ・論表Ⅲ　②**数**(150)▶数Ⅰ・数Ⅱ・数Ⅲ・数A(図形・場合)・数B(数列・推測)・数C(ベク・平面)　③④**理**(200)▶「物基・物」・「化基・化」・「生基・生」から2

〈第2次試験〉　**2科目**　①**小論文**　②**面接**

※第1次試験合格者が対象。

理工学部

一般選抜　**4科目**　①**外**(150)▶英コミュⅠ・英コミュⅡ・英コミュⅢ・論表Ⅰ・論表Ⅱ・論表Ⅲ　②**数**(150)▶数Ⅰ・数Ⅱ・数Ⅲ・数A(図形・場合・数学と人間〈整数〉)・数B(数列)・数C(ベク・平面)　③④**理**(200)▶「物基・物」・「化基・化」

AO入試　**[出願資格]**　第1志望，現役，全体の学習成績の状況が4.1以上，欠席日数の合計が30日以内のほか，高校在学中あるいはそれに相当する課程の期間中に，勉学・課外活動などの優れた実績を有し，それを証明できる書類または資料の提出ができる者，および数Ⅰ・数Ⅱ・数Ⅲ・数A・数B(合計15単位以上)，物基・物・化基・化(合計12単位以上)を履修し，すべての評定が4.0以上，およびコミュ英Ⅰ・コミュ英Ⅱを含み，外国語を合計14単位以上修得している者。

キャンパスアクセス　[信濃町キャンパス]　JR総武線―信濃町より徒歩1分／都営地下鉄大江戸線―国立競技場より徒歩5分

［選考方法］書類審査通過者を対象に，数学・物理・化学の口頭試問および総合面接を行う。

総合政策学部・環境情報学部

一般選抜　3〜2科目　①②外・数・「外・数」・「数・情」（200）▶「〈英コミュⅠ・英コミュⅡ・英コミュⅢ・論表Ⅰ・論表Ⅱ・論表Ⅲ〉・〈英コミュⅠ・英コミュⅡ・英コミュⅢ・論表Ⅰ・論表Ⅱ・論表Ⅲ・独〉・〈英コミュⅠ・英コミュⅡ・英コミュⅢ・論表Ⅰ・論表Ⅱ・論表Ⅲ・仏〉から1」・「数Ⅰ・数Ⅱ・数A・数B」・「〈（英コミュⅠ・英コミュⅡ・英コミュⅢ・論表Ⅰ・論表Ⅱ・論表Ⅲ）・（英コミュⅠ・英コミュⅡ・英コミュⅢ・論表Ⅰ・論表Ⅱ・論表Ⅲ・独）・（英コミュⅠ・英コミュⅡ・英コミュⅢ・論表Ⅰ・論表Ⅱ・論表Ⅲ・仏）から1〉・〈数Ⅰ・数Ⅱ・数A・数B〉」・「〈数Ⅰ・数Ⅱ・数A・数B〉・〈情Ⅰ・情Ⅱ〉」から1　※数学は数A（図形・場合・数学と人間），数B（数列・推測）。③小論文（200）

AO入試　［出願資格］　第1志望など。AO入試は2023夏AO，2023秋AO，2023冬AO（グローバル），2024春AOの4回実施。

［選考方法］　2023夏・秋，2024春AOは書類審査通過者を対象に，面接（日本語または英語）を行う。ただし，指定されたコンテストについて所定の成績をおさめ，そのことを証明する書面を提出することができる者については，書類審査を免除する。2023冬AOは書類審査，ビデオ選考。

看護医療学部

一般選抜　〈第1次試験〉　3科目　①外（300）▶英コミュⅠ・英コミュⅡ・英コミュⅢ・論表Ⅰ・論表Ⅱ・論表Ⅲ　②数・理（200）▶「数Ⅰ・数Ⅱ・数A（図形・場合）・数B（数列・推測）・数C（ベク・平面）」・「化基・化」・「生基・生」から1　③小論文

※小論文は第2次試験の選考に使用。

〈第2次試験〉　1科目　①面接

※第1次試験合格者が対象。

AO入試　［出願資格］　第1志望のほか，A方式は学業を含めたさまざまな活動に積極的に取り組み，その成果を自己評価できる者。B方式は全体の学習成績の状況4.5以上の者など。

［選考方法］　書類審査通過者を対象に，面接を行う。

薬学部

一般選抜　4科目　①外（100）▶英コミュⅠ・英コミュⅡ・英コミュⅢ・論表Ⅰ・論表Ⅱ・論表Ⅲ　②数（100）▶数Ⅰ・数Ⅱ・数Ⅲ・数A（図形・場合・数学と人間〈整数〉）・数B（数列・推測）・数C（ベク・平面）　③理（150）▶化基・化

その他の選抜

経済学部PEARL入試，指定校推薦入試，帰国生入試，国際バカロレア（IB）入試，外国人留学生入試。

偏差値データ　（2024年度）

●一般選抜

学部／学科・学門	2024年度 駿台予備学校 合格目標ライン	2024年度 河合塾 ボーダー偏差値	2023年度実績 募集人員	受験者数	合格者数	合格最低点	競争率 '23年	競争率 '22年
文学部								
人文社会	**58**	**65**	580	3,731	1,172	205/350	3.2	3.2
経済学部								
経済A	**61**	**65**	420	3,286	1,102	248/420	3.0	3.1
経済B	**62**	**67.5**	210	1,844	480	266/420	3.8	4.1

キャンパスアクセス　［湘南藤沢キャンパス］小田急江ノ島線，相鉄いずみ野線，横浜市営地下鉄ブルーライン一湘南台よりバス15分／JR東海道線一辻堂よりバス25分

学部／学科・学門	2024年度		2023年度実績					
	駿台予備学校	河合塾	募集人員	受験者数	合格者数	合格最低点	競争率	
	合格目標ライン	ボーダー偏差値					'23年	'22年
法学部								
法律	**64**	**67.5**	230	1,569	352	247/400	4.5	4.3
政治	**63**	**67.5**	230	1,246	329	252/400	3.8	4.0
商学部								
商A	**61**	**65**	480	3,947	1,621	237/400	2.4	2.3
商B	**59**	**67.5**	120	2,404	382	278/400	6.3	6.7
医学部								
医	**71**	**72.5**	66	1,219	168	315/500	7.3	6.6
理工学部								
学門A～E	**61～63**	**65**	650	7,627	2,452	290/500	3.1	2.8
総合政策学部								
総合政策	**57**	**70**	225	2,574	441	257～268/400	5.8	5.3
環境情報学部								
環境情報	**57**	**72.5**	225	2,319	362	246/400	6.4	5.5
看護医療学部								
看護	**52**	**57.5**	70	500	163	294/500	3.1	3.8
薬学部								
薬	**58**	**62.5**	100	1,314	306	169/350	4.3	3.9
薬科	**58**	**62.5**	50	824	295	171/350	2.8	2.7

●駿台予備学校合格目標ラインは合格可能性80％に相当する駿台模試の偏差値です。　●競争率は受験者÷合格者の実質倍率
●河合塾ボーダー偏差値は合格可能性50％に相当する河合塾全統模試の偏差値です。
※文・法・商・医・総合政策・環境情報・看護医療学部の合格最低点は得点補正後の点数です。
※合格最低点は正規合格者の最低総合点です。

併設の教育機関　大学院

文学研究科

院生数▶222名

修士課程▶ ●**哲学・倫理学専攻**　哲学分野では伝統と現代の二点に研究の焦点を定め，倫理学分野では規範倫理学はもちろん，メタ倫理学や応用倫理学の研究・教育も展開。

●**美学美術史学専攻**　美学美術史学分野と，修士課程のみの社会人を対象としたアート・マネジメント分野で構成。

●**史学専攻**　日本史学，東洋史学，西洋史学，民族学考古学の４分野で構成。歴史を学び，人間とその生きた社会を知る。

●**国文学専攻**　日本の文学・言語・文化を総合的，専門的に探求。日本語・日本語教育の専門家を養成する日本語教育学分野も設置。

●**中国文学専攻**　中国古典文学，中国現代文学，中国語学を３本の柱に，幅広い中国の文化全般を研究対象としている。

●**英米文学専攻**　英文学，米文学，英語学のほか，書物史や現代批評理論なども視野に入れて研究を展開している。

●**独文学専攻**　ドイツ語圏の広義の文化を研究対象に，徹底的にドイツ語と学問的思考法の習熟をめざす。

●**仏文学専攻**　教員の専門は文学と言語学を中心に幅広い分野にわたり，学生の多様な関心や要求に的確に対応できる態勢を整備。

●**図書館・情報学専攻**　情報システム，情報メディア，情報検索を柱に研究を展開。社会人を対象にした情報資源管理分野も設置。

博士後期課程▶ 哲学・倫理学専攻，美学美

術史学専攻，史学専攻，国文学専攻，中国文学専攻，英米文学専攻，独文学専攻，仏文学専攻，図書館・情報学専攻

経済学研究科

院生数▶107名

修士課程 ●経済学専攻　どのような時代や状況においても，経済現象を適切に分析し深く考察できる「経済の専門家」を養成する。多くの経済学専門科目を英語で開講。

博士後期課程 経済学専攻

法学研究科

院生数▶179名

修士課程 ●民事法学専攻　民法，商法，民事手続法，国際私法，知的財産法などを研究対象に教育を展開。

●公法学専攻　憲法，行政法，租税法，国際法，刑法，刑事訴訟法などを研究対象とする。広く宇宙関係の活動に携わる法務担当者の養成を目的とした宇宙法専修コースも設置。

●政治学専攻　政治思想，政治・社会，日本政治，地域研究・比較政治，国際政治という５つの専門領域から構成。公共政策，ジャーナリズムの２つの専修コースを設置。

博士後期課程 民事法学専攻，公法学専攻，政治学専攻

社会学研究科

院生数▶97名

修士課程 ●社会学専攻　社会学，文化人類学・民俗学，コミュニケーション／マス・コミュニケーション研究，社会心理学の領域で幅広い調査研究を展開。

●心理学専攻　実験心理学を主に，自ら実験を行うことにより研鑽を積み，問題発見能力や独創性，研究運営の方法を学ぶ。

●教育学専攻　広く人間形成に関わるさまざまな営みを，理論的，歴史的あるいは実証的・実験的に研究できる人材を育成する。

博士後期課程 社会学専攻，心理学専攻，教育学専攻

商学研究科

院生数▶43名

修士課程 ●商学専攻　理論と実証を通じてグローバル化した現代社会を把握し，その進歩と変革への方向を洞察する。

博士後期課程 商学専攻

医学研究科

院生数▶390名

修士課程 ●医科学専攻　医師以外の者にも門戸を開き，医学・生命科学・医療および関連した領域に関わる専門家を育成する。

４年制博士課程 ●医学研究系専攻　独創性の高い基礎研究や疾患の病態メカニズムの解明，難病の治療法の開発につながる研究を遂行できる研究者を育成する。

●医療科学系専攻　多様な新ニーズに対応する「がん専門医療人材」養成プランに代表される臨床研究のプロを育成する。

理工学研究科

院生数▶1,665名

修士課程 ●基礎理工学専攻　「今ある最先端を学ぶのではなく，次の最先端を拓くための基礎を学ぶ」をモットーに教育研究を展開。数理科学，物理学，分子化学，物理情報，生物化学，生命システム情報の６専修。

●総合デザイン工学専攻　工学の本流である創造的活動を重視した研究教育を展開。マルチディシプリナリ・デザイン科学，システム統合工学，電気電子工学，マテリアルデザイン科学の４専修。

●開放環境科学専攻　新しい科学である「開放系科学」を提唱し，現実世界の課題解決に資する科学技術を考究する。空間・環境デザイン工学，環境エネルギー科学，応用力学・計算力学，情報工学，オープンシステムマネジメントの５専修。

博士後期課程 基礎理工学専攻，総合デザイン工学専攻，開放環境科学専攻

経営管理研究科

院生数▶274名

修士課程 ●経営管理専攻　将来の企業経営を担う総合的なマネジメント能力を備えた革新的なリーダーを養成するMBAプログラム。職務経験15年相当以上の中核ミドル層を対象としたEMBAプログラムも開設。

博士後期課程 経営管理専攻

政策・メディア研究科

院生数▶594名

修士課程 ●政策・メディア専攻　複合的・学際的なアプローチを通して，先端的なテクノロジーを前提とした人間や社会のありようについて探究し，提案する。

博士後期課程 政策・メディア専攻

健康マネジメント研究科

院生数▶149名

修士課程 ●看護学専攻　看護ケアの新しいあり方を開発・構築し，深遠な知識，卓越した技術および柔軟な発想を持って実践できる人材を育成する。

●公衆衛生・スポーツ健康科学専攻　医療マネジメントを含む公衆衛生やスポーツ，健康のあり方を構想できる人材を育成する。

博士後期課程 看護学専攻，公衆衛生・スポーツ健康科学専攻

システムデザイン・マネジメント研究科

院生数▶204名

修士課程 ●システムデザイン・マネジメント専攻　科学技術領域，社会領域，人間領域を問わず，広く「システム」という共通の視座から大規模・複雑化する諸問題の解決に取り組む文理融合の大学院。

博士後期課程 システムデザイン・マネジメント専攻

メディアデザイン研究科

院生数▶261名

修士課程 ●メディアデザイン専攻「リアルプロジェクト」を活動の中心に，イノベーションを生み出し，社会に向けて価値を創出する「メディア・イノベータ」を育成する。

博士後期課程 メディアデザイン専攻

薬学研究科

院生数▶151名

修士課程 ●薬科学専攻　創薬から環境，生命科学など幅広い薬学関連分野での研究教育を通して，人の健康と福祉に貢献できる薬学研究者・教育者を養成する。

４年制博士課程 ●薬学専攻　薬学と医療のより臨床に密着した分野での研究教育を通して，高度化している薬物治療や臨床開発に対応できる研究者・指導者および指導的な薬剤師を養成する。

博士後期課程 薬科学専攻

法務研究科

院生数▶435名

専門職学位課程 ●法曹養成専攻　国際性・学際性・先端性という３つの理念に基づき，法曹の養成を行う。法律基本科目，法律実務基礎科目のほか，企業・金融・渉外・知財法務など多彩な選択科目を用意。

●グローバル法務専攻　英語を使用言語として，原則１年間で学位を取得。日本や諸外国の法制度を習得し，最先端のグローバル・ビジネス法務や国際紛争解決法務などを学ぶ。

工学院大学

資料請求

問合せ先 アドミッションセンター　☎03-3340-0130

建学の精神

「工手を育てる」こと，すなわち当時の最先端である「モノづくりのエンジニア・リーダーを育てる」ことを建学の理念に1887（明治20）年，工学院大学の前身である「工手学校」が開学。以来，先駆的な工学教育を続け，日本の発展を支える数多くのスペシャリストを輩出してきた。そして，コロナ禍をきっかけに時代が大きく変化した現在，私たちは，人と人，人と企業などといった「共創＝CO×LAB.（コラボ）」が必要だと考え，工学院大学のフィールドでは常に，社会や未来を見据えたさまざまなプロジェクトや研究が稼働し，国内外の大学や企業とも有機的に連携。高度な"共創力"を育む場を豊富に用意し，現代の最先端技術のハードづくりとソフトづくりのいずれもこなせる次世代を担うモノづくり人材「21世紀工手」を育成している。

- 新宿キャンパス……〒163-8677　東京都新宿区西新宿1-24-2
- 八王子キャンパス…〒192-0015　東京都八王子市中野町2665-1

基本データ

学生数▶5,927名（男4,734名，女1,193名）
専任教員数▶教授127名，准教授73名，講師15名
設置学部▶先進工，工，建築，情報
併設教育機関▶大学院―工学（M・D）

就職・卒業後の進路

就職率 96.5%
就職者÷希望者×100

● **就職支援**　就職活動の早期化に加え，３年次からは専門科目や研究活動も増えてくるため，１・２年次から時期に応じた体系的なキャリア支援プログラムを提供。学業と就職活動を効率的にバランスよく進められるように年間プログラムを定め，支援している。また，各学科・専攻の学びを生かせる業界・職種・企業の具体的な選び方を学ぶ講座も実施。

● **資格取得支援**　各学科で取得，あるいは受験資格の優遇措置を受けている免許・資格が多数あるため，大きな財産となる資格取得を推奨。これまで1,000人を超える卒業生を教員として輩出してきた教職課程のほか，学芸員課程，社会貢献活動支援士課程も設置。

進路指導者も必見 学生を伸ばす 面倒見

初年次教育
工学院大生としてのアイデンティティと仲間意識を醸成し，主体的に学ぶ力などを身につける「工学院大スタディーズ」，文章の書き方のポイントを学ぶ「ロジカルライティングⅠ/Ⅱ」のほか，「情報処理入門/演習」などを開講

学修サポート
全学部でTA制度とオフィスアワー制度，さらに情報学部でSA制度を導入。また，基礎科目と大学の授業の橋渡しをする基礎講座と，一人ひとりの疑問に応える個別指導を行っている「学習支援センター」を設置

オープンキャンパス（2023年度実績）　来場型オープンキャンパスを八王子Cで６月18日，新宿Cで７月16日に開催したほか，オンラインオープンキャンパスを５月28日，７月30日，10月１日に実施（予約制）。

理系学部
2023年３月卒業生
1,278人
※2022年９月
卒業生を含む

その他 5.2%
進学 27.3%
就職 67.5%

主なOB・OG▶［工］藤井裕久（富山県富山市長），［工］野水重明（ツインバード社長），［工］中村悟（M&Aキャピタルパートナーズ創業者・社長），［旧工第２部］三遊亭律歌（落語家）など。

国際化・留学　大学間 41 大学等・部局間 1 大学

受入れ留学生数▶79名（2023年５月１日現在）

留学生の出身国・地域▶中国，韓国，ベトナム，台湾，ブラジルなど。

外国人専任教員▶教授５名，准教授６名，助教２名（2023年５月１日現在）

外国人専任教員の出身国▶中国，韓国，アメリカ，ニュージーランド，スリランカなど。

大学間交流協定▶41大学・機関(2023年10月１日現在)

部局間交流協定▶１大学（2023年10月１日現在）

海外への留学生数▶渡航型94名・オンライン型15名／年（４カ国・地域，2022年度）

海外留学制度▶「まずは海を渡る」ことで，海外でさまざまな経験を積み，グローバルな視点を養う「ハイブリッド留学」は日本初！本学独自の留学プログラム。専門科目は本学教員によりオンラインや現地へ赴いて対面授業で実施されるため，単位の修得も可能。このほか交換留学・長期留学，短期留学，語学研修，オンライン留学などを実施している。

学費・奨学金制度　給付型奨学金総額 年間約 4,274 万円

入学金▶250,000円

年間授業料(施設費等を除く)▶1,050,000円(詳細は巻末資料参照)

年間奨学金総額▶42,742,340円

年間奨学金受給者数▶89人

主な奨学金制度▶経済支援の「大学後援会給付奨学金」，成績優秀な２～４年生対象の「大学成績優秀学生奨励奨学金」などの制度を設置。学費減免制度もあり，2022年度には42人を対象に総額で約1,879万円を減免。

保護者向けインフォメーション

●**オープンキャンパス**　通常のオープンキャンパス時に保護者向け説明会を実施。学生が入学前には，保護者向けのガイダンスも行っている。
●**成績確認**　成績通知書を送付している。
●**後援会**　後援会を組織し，５月から７月にかけて，全国各地区で父母懇談会，２月に就職に関する懇談会，秋にキャンパス見学会を実施。『後援会のしおり』も発行している。
●**防災対策**　「防災マニュアル」を入学時に配布。災害時の学生の安否は，ポータルサイトを利用して確認するようにしている。

インターンシップ科目	必修専門ゼミ	卒業論文	GPA制度の導入の有無および活用例	１年以内の退学率	標準年限での卒業率
全学部で開講している	先進工学部，工学部，情報学部で３年次に実施	全学部卒業要件	奨学金対象者の選定や大学院入試の学内推薦，個別の学修指導，履修上限単位数の設定のほか，一部の学部で留学候補者の選考に活用	1.7%	81.3%

学部紹介

学部／学科	定員	特色
先進工学部		
		▶学部と大学院の６年間を一貫して学ぶ「大学院接続型コース」を設置。２年次の学科配属後も他学科科目の履修が可能。
生命化	70	▷生命現象を分子のレベルで考察し，創薬・医療・生物資源開発に応用できる知識を養う。
応用化	95	▷物質の合成や製造法など化学の力を用いたものづくりの手法を学び，実践力を身につける。
環境化	70	▷豊かな自然と快適なくらしを支える方法を学び，環境保全のための最先端の化学技術を開発する。
応用物理	65	▷応用物理学専攻と宇宙理工学専攻を設置。物理と工学を融合した，実践的な研究開発能力を育む。
機械理工	65	▷機械理工学専攻と航空理工学専攻を設置。社会が抱える課題をグローバルな視点でとらえ解決する能力を修得する。航空理工学専攻ではエンジニア・パイロットを育成する。
● 取得可能な資格…教職（理・工業），学芸員など。 ● 進路状況…………就職62.3%　進学33.0% ● 主な就職先………TOPPAN，SUBARU，キユーピー，山崎製パン，日立製作所，三菱電機など。		
工学部		
機械工	154	▷機械を「つくる」ために必要な，原理やメカニズム，材料，加工，安全性などを追究する。
機械システム工	105	▷機械をつくり，賢く安全に快適に「うごかす」ための制御やシステム設計を学ぶ。
電気電子工	120	▷電磁気，電気回路，エレクトロニクス，システム制御の学びを通して，持続可能型高度情報化社会で活躍できる能力を身につける。
● 取得可能な資格…教職（数・技・工業），学芸員など。 ● 進路状況…………就職66.4%　進学27.4% ● 主な就職先………日本設計，アルプスアルパイン，スズキ，東日本旅客鉄道，東海旅客鉄道など。		
建築学部		
まちづくり	85	▷人のくらしを見つめ，快適で持続可能なまちをつくる知識や技術，マネジメント能力を修得する。
建築	145	▷災害に強く，いつまでも使い続けられ，かつ現代社会のニーズに応じた建築の技術を開発する。
建築デザイン	115	▷機能的で美しく，快適で誰もが使いやすい建築や家具・インテリア，住環境，保存・再生のデザインを考える。
● 取得可能な資格…教職（数・工業），学芸員，１・２級建築士受験資格など。 ● 進路状況…………就職66.3%　進学26.7% ● 主な就職先………旭化成ホームズ，大林組，鹿島建設，積水ハウス，大和ハウス工業，森ビルなど。		
情報学部		
情報通信工	90	▷ネットワーク，通信，デバイス技術の原理から応用まで幅広く理解し，情報社会の高度化に貢献する人材を育成する。
コンピュータ科	90	▷ソフトウェア開発とコンピュータ応用，セキュリティ管理のエキスパートを育成する。

キャンパスアクセス [新宿キャンパス] JR各線，京王線，小田急線，東京メトロ丸ノ内線，都営地下鉄新宿線・大江戸線―新宿より徒歩5分／都営地下鉄大江戸線―都庁前より徒歩3分／西武新宿線―西武新宿より徒歩10分

情報デザイン	70	▷マルチメディアコンテンツで，人とコンピュータの調和を実現する人材を育成する。
情報科	60	▷AIや統計などを駆使したデータ分析により，新しいサービスを創出するデータサイエンティスト，エンジニア，コンサルタントを育成する。

● **取得可能な資格**…教職（数・情），学芸員など。
● **進路状況**…………就職75.6％　進学21.8％
● **主な就職先**………伊藤忠テクノソリューションズ，NECネッツエスアイ，富士ソフト，富士通など。

▶キャンパス

全学部３年次……［新宿キャンパス］東京都新宿区西新宿1-24-2
全学部１・２年次……［八王子キャンパス］東京都八王子市中野町2665-1
※4年次は所属する研究室によりキャンパスは異なる。

2024年度入試要項（前年度実績）

●**募集人員**

学部／学科（専攻・コース）	一般S	一般A	英語外部	一般B	一般M
▶先進工　生命化	8	18	10	6	10
応用化	12	25		9	
環境化	8	16		8	
応用物理	12	15		5	
機械理工（機械理工学）	5	16		6	
（航空理工学）	2	3	—		
先進工学部大学院接続型	3	4	(10)	—	—
▶工　機械工	20	44	6	5	4
機械システム工	11	28		5	
電気電子工	12	31		5	
▶建築　まちづくり	7	14	6	20	6
建築	20	41			
建築デザイン	16	28			
建築学部総合	8	14			
▶情報　情報通信工	12	24	5	6	6
コンピュータ科	12	24		6	
情報デザイン	10	18		5	
情報科	8	15		5	
情報学部総合	5	9		4	

※各学科指定の出願に加え，先進工学部は大学院接続型コース，建築学部と情報学部はそれぞれ総合にも出願が可能。なお，建築学部総合は３年次に各学科に，情報学部総合は２年次第３クォーターに各学科に所属する。
※Ｂ日程の募集人員には，共通テストプラス型を含む。

▷英語外部試験利用日程および先進工学部機械理工学科航空理工学専攻一般選抜Ｓ日程・Ｂ日程・Ｍ日程は，指定された英語外部試験・検定試験（英検〈CSE〉，TOEFL，TOEIC L＆R，TOEIC L＆R＋TOEIC S＆W，GTEC〈４技能〉，TEAP，IELTS，Cambridge English，ただし航空理工学専攻はケンブリッジ英検を除く）のいずれかにおいて，基準スコア以上を保持していることを出願資格・条件とする。
▷一般選抜Ｂ日程において，本学試験型と共通テストプラス型を実施し，２パターンから選考方法の選択が可能。ただし，併願は不可。
▷共通テストの英語はリーディング・リスニング（各100点）を，それぞれ150点満点・50点満点に換算した上で合計100点満点に換算し，判定に用いる。

先進工学部

一般選抜Ｓ日程・Ａ日程・英語外部試験利用日程・Ｂ日程　**【生命化学科・応用化学科・環境化学科・先進工学部大学院接続型コース】**
3〜2科目　①**外**（100）▶コミュ英Ⅰ・コミュ英Ⅱ・コミュ英Ⅲ・英表Ⅰ・英表Ⅱ　②**数**（100）▶「数Ⅰ・数Ⅱ・数Ａ・数Ｂ（数列・ベク）」・「数Ⅰ・数Ⅱ・数Ⅲ・数Ａ・数Ｂ（数列・ベク）」から１　③**理**（100）▶「物基・物」・「化基・化」・「生基・生」から１
【応用物理学科・機械理工学科〈機械理工学専攻〉】　**3〜2**科目　①**外**（100）▶コミュ英Ⅰ・コミュ英Ⅱ・コミュ英Ⅲ・英表Ⅰ・英表Ⅱ　②**数**（100）▶数Ⅰ・数Ⅱ・数Ⅲ・数Ａ・数Ｂ（数列・ベク）　③**理**（100）▶「物基・物」・「化基・化」から

キャンパスアクセス［八王子キャンパス］JR中央線・横浜線・八高線―八王子よりバス15〜22分／京王線―京王八王子よりバス25分／JR青梅線・五日市線・八高線，西武拝島線―拝島よりバス25分

1，ただし化基・化はB日程のみ選択可
※英語外部試験利用日程はいずれも，英語を除いた2科目で判定する。
一般選抜S日程・A日程・B日程 【機械理工学科〈航空理工学専攻〉】〈第一次選考〉 3科目 ①外(100)▶コミュ英Ⅰ・コミュ英Ⅱ・コミュ英Ⅲ・英表Ⅰ・英表Ⅱ ②数(100)▶数Ⅰ・数Ⅱ・数Ⅲ・数A・数B（数列・ベク） ③理(100)▶「物基・物」・「化基・化」から1，ただし化基・化はB日程のみ選択可
〈第二次選考〉 1科目 ①面接等
※第二次選考は第一次選考合格者のみ実施。
一般選抜B日程共通テストプラス型 【生命化学科・応用化学科・環境化学科】〈共通テスト科目〉 1科目 ①外(100)▶英（リスニングを含む）
〈個別試験科目〉 2科目 ①数(100)▶「数Ⅰ・数Ⅱ・数A・数B（数列・ベク）」・「数Ⅰ・数Ⅱ・数Ⅲ・数A・数B（数列・ベク）」から1 ③理(100)▶「物基・物」・「化基・化」・「生基・生」から1
【応用物理学科・機械理工学科〈機械理工学専攻〉】〈共通テスト科目〉 1科目 ①外(100)▶英（リスニングを含む）
〈個別試験科目〉 2科目 ①数(100)▶数Ⅰ・数Ⅱ・数Ⅲ・数A・数B（数列・ベク） ③理(100)▶「物基・物」・「化基・化」から1
【機械理工学科〈航空理工学専攻〉】〈共通テスト科目〉 1科目 ①外(100)▶英（リスニングを含む）
〈個別試験科目〉 2科目 ①数(100)▶数Ⅰ・数Ⅱ・数Ⅲ・数A・数B（数列・ベク） ③理(100)▶「物基・物」・「化基・化」から1
※航空理工学専攻は，共通テスト科目＋個別試験科目を第一次選考として実施。
〈第二次選考・個別試験科目〉 1科目 ①面接等
※第二次選考は第一次選考の合格者のみ実施。
一般選抜M日程 【機械理工学科〈航空理工学専攻〉】 3科目 ①数(100)▶数Ⅰ・数Ⅱ・数A・数B（数列・ベク） ②外・理(100)▶「コミュ英Ⅰ・コミュ英Ⅱ・コミュ英Ⅲ・英表Ⅰ・英表Ⅱ」・「物基・物」・「化基・化」から1 ③面接等
【その他の学科・専攻】 2科目 ①数(100)▶数Ⅰ・数Ⅱ・数A・数B（数列・ベク） ②外・理(100)▶「コミュ英Ⅰ・コミュ英Ⅱ・コミュ英Ⅲ・英表Ⅰ・英表Ⅱ」・「物基・物」・「化基・化」から1

工学部・情報学部

一般選抜S日程・A日程・英語外部試験利用日程・B日程 3～2科目 ①外(100)▶コミュ英Ⅰ・コミュ英Ⅱ・コミュ英Ⅲ・英表Ⅰ・英表Ⅱ ②数(100)▶数Ⅰ・数Ⅱ・数Ⅲ・数A・数B（数列・ベク） ③理(100)▶「物基・物」・「化基・化」から1
※英語外部試験利用日程は英語を除いた2科目で判定する。
一般選抜B日程共通テストプラス型 〈共通テスト科目〉 1科目 ①外(100)▶英（リスニングを含む）
〈個別試験科目〉 2科目 ①数(100)▶数Ⅰ・数Ⅱ・数Ⅲ・数A・数B（数列・ベク） ③理(100)▶「物基・物」・「化基・化」から1
一般選抜M日程 2科目 ①数(100)▶数Ⅰ・数Ⅱ・数A・数B（数列・ベク） ②外・理(100)▶「コミュ英Ⅰ・コミュ英Ⅱ・コミュ英Ⅲ・英表Ⅰ・英表Ⅱ」・「物基・物」・「化基・化」から1

建築学部

一般選抜S日程 3科目 ①外(100)▶コミュ英Ⅰ・コミュ英Ⅱ・コミュ英Ⅲ・英表Ⅰ・英表Ⅱ ②数(100)▶「数Ⅰ・数Ⅱ・数A・数B（数列・ベク）」・「数Ⅰ・数Ⅱ・数Ⅲ・数A・数B（数列・ベク）」から1 ③国・理(100)▶国総（古文・漢文を除く）・「物基・物」・「化基・化」・「生基・生」から1
一般選抜A日程・英語外部試験利用日程 3～2科目 ①②③国・外・数・理(100×3)▶国総（古文・漢文を除く）・「コミュ英Ⅰ・コミュ英Ⅱ・コミュ英Ⅲ・英表Ⅰ・英表Ⅱ」・「〈数Ⅰ・数Ⅱ・数A・数B（数列・ベク）〉・〈数Ⅰ・数Ⅱ・数Ⅲ・数A・数B（数列・ベク）〉から1」・「〈物基・物〉・〈化基・化〉・〈生基・生〉から1」からA日程は3，英語外部試験利用日程は国・数・理から2
一般選抜B日程 3科目 ①外(100)▶コミュ英Ⅰ・コミュ英Ⅱ・コミュ英Ⅲ・英表Ⅰ・英表Ⅱ ②数(100)▶「数Ⅰ・数Ⅱ・数A・数B（数列・ベク）」・「数Ⅰ・数Ⅱ・数Ⅲ・数A・数B（数

列・ベク)」から１　③理(100)▶「物基・物」・「化基・化」・「生基・生」から１

一般選抜Ｂ日程共通テストプラス型　〈共通テスト科目〉　1科目　①国・外(100)▶国(近代)・英(リスニングを含む)から１

〈個別試験科目〉　2科目　①②外・数・理(100×2)▶「コミュ英Ⅰ・コミュ英Ⅱ・コミュ英Ⅲ・英表Ⅰ・英表Ⅱ」・「〈数Ⅰ・数Ⅱ・数Ａ・数Ｂ(数列・ベク)〉・〈数Ⅰ・数Ⅱ・数Ⅲ・数Ａ・数Ｂ(数列・ベク)〉から１」・「〈物基・物〉・〈化基・化〉・〈生基・生〉から１」から２，ただし共通テスト科目で英語を選択した場合は，個別試験で数・理を選択すること

一般選抜Ｍ日程　2科目　①②外・数・理(100×2)▶「コミュ英Ⅰ・コミュ英Ⅱ・コミュ英Ⅲ・英表Ⅰ・英表Ⅱ」・「数Ⅰ・数Ⅱ・数Ａ・数Ｂ(数列・ベク)」・「〈物基・物〉・〈化基・化〉から１」から２

その他の選抜

共通テスト利用選抜は先進工学部84名，工学部104名，建築学部105名，情報学部74名を，自己推薦型選抜は先進工学部12名，工学部25名，建築学部11名，情報学部17名を，探究成果活用型選抜は先進工学部10名，工学部３名，建築学部６名，情報学部６名を募集。ほかに指定校制推薦入試，海外帰国生徒特別選抜，国際バカロレア特別選抜，外国人留学生入試を実施。

偏差値データ（2024年度）

●一般選抜Ａ日程

学部／学科／専攻	2024年度 駿台予備学校 合格目標ライン	2024年度 河合塾 ボーダー偏差値	2023年度 競争率
▶先進工学部			
生命化	43	55	8.2
応用化	44	55	5.7
環境化	42	52.5	10.3
応用物理	41	55	4.9
機械理工／機械理工学	43	52.5	5.0
／航空理工学	44	55	5.0
大学院接続型コース	42	52.5	5.0
▶工学部			
機械工	43	52.5	10.3
機械システム工	41	52.5	13.9
電気電子工	42	57.5	8.9
▶建築学部			
まちづくり	42	55	9.2
建築	45	57.5	9.8
建築デザイン	43	55	8.1
建築学部総合	43	55	13.3
▶情報学部			
情報通信工	43	52.5	9.6
コンピュータ科	44	52.5	9.9
情報デザイン	43	55	11.4
情報科	42	55	8.3
情報学部総合	41	55	14.1

●駿台予備学校合格目標ラインは合格可能性80％に相当する駿台模試の偏差値です。
●河合塾ボーダー偏差値は合格可能性50％に相当する河合塾全統模試の偏差値です。
●競争率は志願者÷合格者の志願倍率

國學院大學

こくがくいん

KOKUGAKUIN Univ.

資料請求

問合せ先 入学課 ☎03-5466-0141

建学の精神

國學院大學は，1882（明治15）年に神道・国学の教育機関として創立された皇典講究所を基に設立され，日本の歴史・文化・社会を見つめ直し，これまで蓄積されてきた知を問い直す学びを重視した「日本を学ぶ」教育を実践。日本文化を学び，他の国のあり方を学び，改めて，日本のあり方を問い直すという考え方は，100年以上経った現代でも色褪せることなく燦然と輝いている。2022年に創立140周年を迎え，建学の精神「本ヲ立ツル」に基づき，教育目標を「問い直す」「学び合う」「共に生きる」と定め，単なる知識の伝達の場ではなく，共に学び合い，学生の知を日々新たにする学びの場を実現。既存の知を不断に問い直すことで物事の本質を究め，他者との関わり合いとともに新たな知を創造し，未来の共生社会を創り出す人材の育成をめざしている。

- 渋谷キャンパス……………………〒150-8440　東京都渋谷区東4-10-28
- 横浜たまプラーザキャンパス…〒225-0003　神奈川県横浜市青葉区新石川3-22-1

基本データ

学生数▶10,487名（男5,736名，女4,751名）
専任教員数▶教授172名，准教授71名，講師3名，助教14名
設置学部▶文，神道文化，法，経済，人間開発，観光まちづくり
併設教育機関▶大学院ー文学・法学・経済学（以上M・D）　短期大学部（P.345参照）

就職・卒業後の進路

就職率 96.8%
就職者÷希望者×100

●**就職支援**　“自ら動きたくなる就職活動”をめざし，独自の改革に取り組み，キャリアサポート課・たまプラーザ事務課・教職センター・神道研修事務課の４つの拠点を通じ，学生一人ひとりの希望に沿った専門部署でサポートが可能。リアルな体験を重視した，他にはないキャリアサポートを実施している。

●**資格取得支援**　国家公務員総合職や公認会計士といった難関試験合格をめざして開講する独自のプログラム「K-PLAS」は，１年次からスタートし，就職にも役立つ資格を取得しながら４年次まで無理なくモチベーション

進路指導者も必見 学生を伸ばす 面倒見

初年次教育
「國學院の学び」「コンピュータと情報」「日本文学概説」「科学と論理」などの科目を全学部で開講するほか，学部・学科により，「基礎演習ⅠA・ⅠB」「基礎演習」「基礎演習A・B」「導入基礎演習」などを実施

学修サポート
オフィスアワーや「先輩」が「後輩」の悩みや相談に応じるエルダーサポーター制を導入。また，学修支援を担当している教職員・相談員が，学生たちの学修面での疑問や悩みを一緒になって考える学修支援センターを設置

オープンキャンパス（2023年度実績）　8月5・6・26日に来場型のオープンキャンパスを両キャンパスで同時開催（予約制）。キャンパスツアー，模擬授業，学生トークショー，相談ブースなど。オンラインコンテンツも公開。

を継続できる。ほかにも，各種資格取得に向けた数々の対策講座を紹介している。

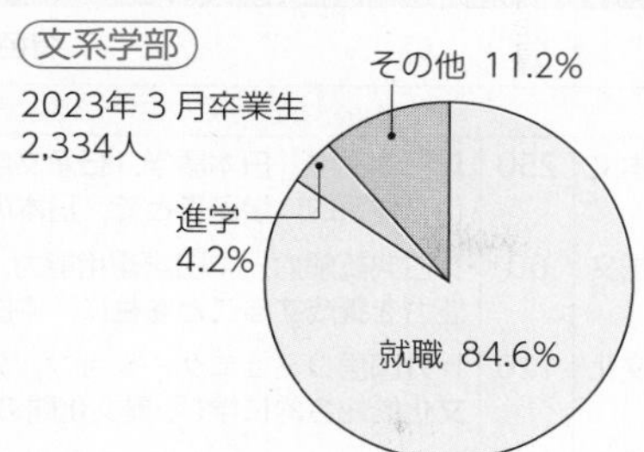

主なOB・OG ▶［文］奥龍将（スマイリーアース社長），［文］増田ユリヤ（ジャーナリスト），［文］小松エメル（小説家），［神道文化］千家国麿（出雲大社権宮司），［法］内田悦嗣（千葉県浦安市長）など。

国際化・留学　大学間 31 大学等・部局間 4 大学等

受入れ留学生数 ▶ 33名（2023年５月１日現在）

留学生の出身国・地域 ▶ 中国，韓国，台湾など。

外国人専任教員 ▶ 教授１名，准教授５名，講師１名（2023年５月１日現在）

外国人専任教員の出身国・地域 ▶ アメリカ，ドイツ，中国，韓国，台湾など。

大学間交流協定 ▶ 31大学・機関（交換留学先８大学，2023年９月21日現在）

部局間交流協定 ▶ ４大学・機関（交換留学先０大学，2023年９月21日現在）

海外への留学生数 ▶ 渡航型37名・オンライン型16名／年（７カ国・地域，2022年度）

海外留学制度 ▶ まずは異文化を体験する夏期・春期短期留学，しっかり語学力を身につけるセメスター留学，英語で専門授業を受講する協定留学のほか，認定留学，日本語教育実習スタディツアーなど，目的に合わせて選べる留学・国際交流プログラムを多数用意。

学費・奨学金制度　給付型奨学金総額 年間約 1 億 3,895 万円

入学金 ▶ 240,000円

年間授業料（施設費等を除く）▶ 760,000円～（詳細は巻末資料参照）

年間奨学金総額 ▶ 138,950,124円

年間奨学金受給者数 ▶ 441人

主な奨学金制度 ▶ 学業奨励支援の「國學院大學成績優秀者奨学制度」や修学経済支援の「ふるさと奨学金」，海外活動支援など，目的に応じた各種制度を用意。学費減免制度は休学減免制度が廃止になったこともあり，前年度（110人）より大幅に減り，2022年度は９人を対象に総額で約127万円の減免に留まった。

保護者向けインフォメーション

●**成績確認**　成績通知書を郵送している。

●**父兄会**　若木育成会を組織し，毎年５月から７月にかけて全国各支部で「支部の集い」を開催。学生の学修状況や就職活動のポイントなどを説明している。会報『わかぎ』も発行。

●**防災対策**　「学生生活ハンドブック（防災に関する内容あり）」を入学時に配布するほか，学内に常設。災害時の学生の安否は，学生支援システム「K-SMAPYⅡ」を利用して確認する。

インターンシップ科目	必修専門ゼミ	卒業論文	GPA制度の導入の有無および活用例	１年以内の退学率	標準年限での卒業率
文・神道文化を除き開講	全学部で１～４年次に実施	中国文学科と法学部を除き卒業要件	導入している	1.2%	87.1%

学部紹介

学部／学科	定員	特色
文学部		
日本文	250	▷日本文学，日本語学，伝承文学の３専攻。日本の文学や文化を体系的に学ぶことで，日本の本質に迫り，未来を探る。
中国文	60	▷古典読解力，中国語運用能力，漢字情報処理能力の３つの能力を養成することを柱に，中国の文学と文化を探究する。
外国語文化	120	▷外国語コミュニケーション，外国文化の２コース。言語と文化を総合的に学び，異文化間の橋渡し役となる人材を育成。
史	190	▷日本史学，外国史学，考古学，地域文化と景観の４コース。自分の力で歴史を読み解く能力を身につける。
哲	65	▷哲学・倫理学，美学・芸術学の２コース。西洋哲学を中心にインドや中国の思想も研究し，多様なものの見方を学ぶ。
● 取得可能な資格…教職（国・地歴・公・社・書・英），司書，司書教諭，学芸員など。 ● 進路状況…………就職81.4％　進学6.4％ ● 主な就職先………朝日広告社，アサヒビール，太平洋セメント，厚生労働省，中・高教員など。		
神道文化学部		
神道文化	180	▷〈フレックスＡ（夜間主）コース60名，フレックスＢ（昼間主）コース120名〉神道文化，宗教文化の２コース。日本の伝統文化の根幹である神道を，諸宗教・文化を踏まえて学ぶ。
● 取得可能な資格…教職（国・地歴・公・社・書・英），司書，司書教諭，学芸員，神職など。 ● 進路状況…………就職81.9％　進学5.9％ ● 主な就職先………神社関係奉職，東京都庁，旭化成，東日本旅客鉄道，山崎製パン，良品計画など。		
法学部		
法律	500	▷法律専門職，法律，政治の３専攻。時代に応じた法の知識を学び，自らの手で未来を切りひらく力を身につける。
● 取得可能な資格…教職（地歴・公・社・英），司書，司書教諭，学芸員など。 ● 進路状況…………就職82.7％　進学4.2％ ● 主な就職先………東京出入国在留管理局，関東信越国税局，三井住友信託銀行，みずほ証券など。		
経済学部		
経済	255	▷経済の仕組みや成り立ちへの理解を土台に，日本と世界の経済を考察する。経済理論とデータ分析，経済史，地域経済，日本経済，グローバル経済の５コース。
経営	255	▷組織のマネジメントと会計の両面から経営を学び，ビジネスを動かすリーダーとしての力を養う。ビジネスリーダー，ビジネスクリエイター，ビジネスアナリストの３コース。
● 取得可能な資格…教職（地歴・公・社・商業・英），司書，司書教諭，学芸員など。 ● 進路状況…………就職87.2％　進学0.9％ ● 主な就職先………仰星監査法人，楽天グループ，あいおいニッセイ同和損害保険，国土交通省など。		
人間開発学部		
初等教育	100	▷小学校教諭や子どもに関わる仕事に必要な指導力と，「頑張りたい」気持ちに寄り添える人間力を養う。
健康体育	130	▷さまざまな人の潜在的な可能性を見出し，人の育ちや健康維持を支える指導能力を磨く。
子ども支援	100	▷幼稚園教諭・保育士などの知識や技術を学び，地域の子育てを総合的に支援できる力を養う。

 キャンパスアクセス [渋谷キャンパス] JR・地下鉄・東急各線，京王井の頭線—渋谷より徒歩10～13分／東京メトロ半蔵門線・銀座線・千代田線—表参道より徒歩15分

● 取得可能な資格…教職（国・地歴・公・社・保体・英，小一種，幼一種，特別支援），司書教諭，保育士など。 ● 進路状況…………就職91.8％ 進学3.5％ ● 主な就職先………東京都ほか公私立小中高教諭，東京都特別区立幼稚園教諭，アクセンチュアなど。		
観光まちづくり学部		
観光まちづくり	300	▷「まちづくり」に関する幅広い知識を学び，地域に貢献できる力を多くの人と協働しながら養う。
● 取得可能な資格…学芸員。 ● 主な就職先………2022年度開設のため卒業生はいない。		

▶キャンパス

文・神道文化・法・経済……［渋谷キャンパス］東京都渋谷区東4-10-28
人間開発・観光まちづくり……［横浜たまプラーザキャンパス］神奈川県横浜市青葉区新石川3-22-1

2024年度入試要項（前年度実績）

●募集人員

学部／学科（専攻・コース）		一般A	一般B
▶文	日本文	87	28
	中国文	15	7
	外国語文化	45	10
	史	81	22
	哲	22	8
▶神道文化	神道文化（フレックスA〈夜間主〉）	15	4
	（フレックスB〈昼間主〉）	45	8
▶法	法（法律）	162	20
	（法律専門職）	40	4
	（政治）	33	3
▶経済	経済	105	25
	経営	105	25
▶人間開発	初等教育	38	6
	健康体育	48	7
	子ども支援	37	5
▶観光まちづくり	観光まちづくり	85	30

▷一般選抜A日程は３教科型，得意科目重視型，学部学科特色型を実施し，それぞれ得点は偏差値に換算して判定する。また，募集人員の比率は，文・法・人間開発・観光まちづくりの４学部はA日程全体の募集人員を３等分，神道文化学部は３教科型・得意科目重視型各35％，学部学科特色型30％，経済学部は３教科型50％，得意科目重視型・学部学科特色型各25％とする。

▷B日程では，「外国語」を試験科目に含むすべての学科において，本学の外国語試験に加えて英語検定試験のスコアを利用することも可能。スコアを提出した上で本学の外国語の試験を受験した場合は高い方の得点を合否判定に利用する。利用可能な試験は以下の通り。英検（従来型・新方式〈S-CBT, S-Interview〉いずれも可），TOEIC L&RおよびS&W，GTEC〈検定版またはCBT〉，TEAP（R/L+W/S），TEAP CBT，ケンブリッジ英検，TOEFL iBT，IELTS（アカデミック・モジュール）。

文学部

一般選抜Ａ日程（全学部統一〈３教科型・得意科目重視型・学部学科特色型〉） **3**科目 ①国（100）▶国総 ②**外**（100）▶コミュ英Ⅰ・コミュ英Ⅱ・コミュ英Ⅲ・英表Ⅰ・英表Ⅱ ③**地歴・公民・数**（100）▶世Ｂ・日Ｂ・政経・「数Ⅰ・数Ａ」から１，ただし史学科の学部学科特色型は世Ｂまたは日Ｂ指定
※得意科目重視型は，最高値の科目を２倍に換算して判定する。
※学部学科特色型は，各学科の指定科目（日本文学科と哲学科は国語，中国文学科は国語と選択科目，外国語文化学科は外国語，史学科は選択科目）を２倍に換算して３科目の合計で判定する。
※Ａ日程の国語は，日本文・中国文・史の３学科は現文・古文・漢文，外国語文化学科と哲学科は現文必須，古文・漢文は選択のみ。

一般選抜Ｂ日程 **【日本文学科・中国文学科】** **2**科目 ①国（100）▶国総（現文）・現文Ｂ ②国（100）▶国総（古文・漢文）・古典Ｂ
【外国語文化学科・哲学科】 **2**科目 ①国

(100)▶国総(現文)・現文B ②外(外国語文化200・哲100)▶コミュ英Ⅰ・コミュ英Ⅱ・コミュ英Ⅲ・英表Ⅰ・英表Ⅱ

【史学科】 2科目 ①国・外(100)▶「国総(古文・漢文)・古典B」・「コミュ英Ⅰ・コミュ英Ⅱ・コミュ英Ⅲ・英表Ⅰ・英表Ⅱ」から1 ②地歴(150)▶世B・日B・地理Bから1

※国・外は受験教科の事前登録が必要。

神道文化学部

一般選抜A日程(全学部統一〈3教科型・得意科目重視型・学部学科特色型〉) 3科目 ①国(100)▶国総(現文，古文・漢文は選択のみ) ②外(100)▶コミュ英Ⅰ・コミュ英Ⅱ・コミュ英Ⅲ・英表Ⅰ・英表Ⅱ ③地歴・公民・数(100)▶世B・日B・政経・「数Ⅰ・数A」から1

※得意科目重視型は，最高値の科目を2倍に換算して判定する。

※学部学科特色型は3科目を受験し，国語と他の高得点1科目の2科目で判定する。

一般選抜B日程 2科目 ①国(200)▶国総(現文)・現文B ②外(100)▶コミュ英Ⅰ・コミュ英Ⅱ・コミュ英Ⅲ・英表Ⅰ・英表Ⅱ

法学部

一般選抜A日程(全学部統一〈3教科型・得意科目重視型・学部学科特色型〉) 3科目 ①国(100)▶国総(現文，古文・漢文は選択のみ) ②外(100)▶コミュ英Ⅰ・コミュ英Ⅱ・コミュ英Ⅲ・英表Ⅰ・英表Ⅱ ③地歴・公民・数(100)▶世B・日B・政経・「数Ⅰ・数A」から1

※得意科目重視型は，最高値の科目を2倍に換算して判定する。

※学部学科特色型は3科目を受験し，高得点2科目で判定する。

一般選抜B日程 2科目 ①国(100)▶国総(現文)・現文B ②外・数(100)▶「コミュ英Ⅰ・コミュ英Ⅱ・コミュ英Ⅲ・英表Ⅰ・英表Ⅱ」・「数Ⅰ・数A」から1

※外・数は受験教科の事前登録が必要。

経済学部

一般選抜A日程(全学部統一〈3教科型・得意科目重視型・学部学科特色型〉) 3科目 ①国(100)▶国総(現文，古文・漢文は選択のみ) ②外(100)▶コミュ英Ⅰ・コミュ英Ⅱ・コミュ英Ⅲ・英表Ⅰ・英表Ⅱ ③地歴・公民・数(100)▶世B・日B・政経・「数Ⅰ・数Ⅱ・数A・数B」から1

※得意科目重視型は，最高値の科目を2倍に換算して判定する。

※学部学科特色型は高得点2科目を2倍に換算し，3科目の合計で判定する。

一般選抜B日程 2科目 ①②国・外・数(100×2)▶「国総(現文)・現文B」・「コミュ英Ⅰ・コミュ英Ⅱ・コミュ英Ⅲ・英表Ⅰ・英表Ⅱ」・「数Ⅰ・数A」から2

※国・外・数は受験教科の事前登録が必要。

人間開発学部

一般選抜A日程(全学部統一〈3教科型・得意科目重視型〉) 3科目 ①国(100)▶国総(現文，古文・漢文は選択のみ) ②外(100)▶コミュ英Ⅰ・コミュ英Ⅱ・コミュ英Ⅲ・英表Ⅰ・英表Ⅱ ③地歴・公民・数(100)▶世B・日B・政経・「数Ⅰ・数A」から1

※得意科目重視型は，最高値の科目を2倍に換算して判定する。

一般選抜A日程(全学部統一〈学部学科特色型〉) 3科目 ①外(100)▶コミュ英Ⅰ・コミュ英Ⅱ・コミュ英Ⅲ・英表Ⅰ・英表Ⅱ ②国・理(100)▶「国総(現文，古文・漢文は選択のみ)」・「物基・物」・「化基・化」・「生基・生」から1 ③地歴・公民・数(100)▶世B・日B・政経・「数Ⅰ・数A」・「数Ⅰ・数Ⅱ・数A・数B」から1

※国・理は受験教科の事前登録が必要。

※高得点2科目を2倍に換算し，3科目の合計で判定する。

一般選抜B日程 3科目 ①国(100)▶国総(現文)・現文B ②外(100)▶コミュ英Ⅰ・コミュ英Ⅱ・コミュ英Ⅲ・英表Ⅰ・英表Ⅱ ③国・数(100)▶「国総(古文・漢文)・古典B」・「数Ⅰ・数A」からⅠ

※選択教科の国・数は受験教科の事前登録が必要。

観光まちづくり学部

一般選抜A日程(全学部統一〈3教科型・得意科目重視型・学部学科特色型〉) 3科目 ①外(100)▶コミュ英Ⅰ・コミュ英Ⅱ・コミュ英

Ⅲ・英表Ⅰ・英表Ⅱ ②**国・理**(100)▶「国総(現文，古文・漢文は選択のみ)」・「物基・物」・「化基・化」・「生基・生」から１ ③**地歴・公民・数**(100)▶世Ｂ・日Ｂ・政経・「数Ⅰ・数Ⅱ・数Ａ・数Ｂ」から１
※国・理は受験教科の事前登録が必要。
※得意科目重視型は最高値の科目を２倍に換算して，学部学科特色型は選択科目(上記③)を２倍に換算し，３科目の合計で判定する。
一般選抜Ｂ日程 **2**科目 ①**外**(100)▶コミュ英Ⅰ・コミュ英Ⅱ・コミュ英Ⅲ・英表Ⅰ・英表Ⅱ ②**国・数**(100)▶「国総(現文)・現文Ｂ」・「数Ⅰ・数Ａ」から１
※国・数は受験教科の事前登録が必要。

その他の選抜

一般選抜Ⅴ方式(共通テスト利用)，法学部・観光まちづくり学部特別選考，公募制自己推薦(AO型)，全商協会大学特別推薦，協定校推薦，指定校制推薦，神道・宗教特別選考，神職養成機関(普通課程)特別選考，セカンドキャリア特別選考，院友子弟等特別選考，社会人特別選考，外国人留学生入試。

偏差値データ (2024年度)

●一般選抜Ａ日程３教科型

学部／学科・専攻	2024年度 駿台予備学校 合格目標ライン	2024年度 河合塾 ボーダー偏差値	2023年度 競争率
▶文学部			
日本文	**49**	**57.5**	3.4
中国文	**46**	**55**	2.3
外国語文化	**47**	**52.5**	3.6
史	**50**	**57.5**	3.6
哲	**48**	**52.5**	4.7
▶神道文化学部			
神道文化(昼間主)	**40**	**50**	2.4
(夜間主)	**34**	**45**	
▶法学部			
法律／法律	**48**	**52.5**	2.9
／法律専門職	**47**	**52.5**	2.4
／政治	**47**	**55**	3.2
▶経済学部			
経済	**46**	**55**	3.3
経営	**45**	**55**	3.8
▶人間開発学部			
初等教育	**45**	**55**	3.6
健康体育	**44**	**52.5**	3.0
子ども支援	**45**	**52.5**	2.0
▶観光まちづくり学部			
観光まちづくり	**44**	**52.5**	3.0

●駿台予備学校合格目標ラインは合格可能性80％に相当する駿台模試の偏差値です。
●河合塾ボーダー偏差値は合格可能性50％に相当する河合塾全統模試の偏差値です。
●競争率は受験者÷合格者の実質倍率

併設の教育機関 短期大学

國學院大學北海道短期大学部

問合せ先 学生支援課入学係
☎0125-23-4111 (代)
所在地 北海道滝川市文京町3-1-1

学生数▶428名 (男240名，女188名)
教員数▶教授11名，准教授８名，助教３名

設置学科

●**国文学科** (85) 古代・中世から近現代までの日本文学を多角的に掘り下げ，幅広い分野にアプローチするカリキュラムを編成。
●**総合教養学科** (85) 英語・英会話を中心に，外国語文化・哲学・法律・経済など，自分の志望する学問を深く学ぶことが可能。
●**幼児・児童教育学科** (55) 幼児保育，児童教育の２コース。教育・保育を幅広く学ぶ。

卒業後の進路

2023年３月卒業生▶179名
就職45名，大学編入学125名 (うち他大学７名)，その他９名

国際基督教大学

(こくさいきりすときょう)

資料請求

問合せ先 パブリックリレーションズ・オフィス ☎0422-33-3058

献学の精神

「教養ある市民を育むための教育を，日本に」――日米の多くの人々の熱意によって，1953（昭和28）年4月1日に献学された，日本初のリベラルアーツ・カレッジ。学問分野の垣根を越えた幅広い学びを可能にするカリキュラム，学生が受け身ではなく自律的に学んでいく少人数教育といった特長は今も変わりなく，日本語と英語を公用語とするバイリンガリズム，さらに世界各国の大学と互換可能な諸制度（厳格なGPAや3学期制など）を兼ね備え，約3,000人規模の大学に，50以上の国・地域からきた学生・教員が研鑽を重ねるという環境が実現。2023年度より，学問分野を超えてすべての学生が訪れ，「知の融合」が起こるよう設計されたトロイヤー記念アーツ・サイエンス館の使用が開始され，ICUのリベラルアーツはより一層，進化・充実している。

● **東京三鷹キャンパス**……〒181-8585 東京都三鷹市大沢3-10-2

基本データ

学生数▶2,847名（男922名，女1,925名）

専任教員数▶教授47名，准教授42名，講師46名

設置学部▶教養

併設教育機関▶大学院―アーツ・サイエンス（M・D）

就職・卒業後の進路

就職率 89.0%（就職者÷希望者×100）

● **就職支援** ICUの学生の進路の傾向は，例年就職約70%，進学約20%であり，そのほかに海外大学院や資格取得結果待ち，長期的視野を持って就職活動を継続する人など多様なため，キャリアサポートは自分の生き方を見つけ，可能性を広げることを重視して行っている。就職活動支援行事は，就職活動が本格化する時期を中心に年間を通じて開催。就職活動生は自らの意志で可能性を模索し，納得のいく進路を見つけるための機会として積極的に活用している。また，留学経験者を対象とした合同企業説明会等も実施している。

● **資格取得支援** 教職課程と学芸員課程，および日本語教員養成プログラムを設置。どのメジャー（専修分野）を選択しても，資格の取得は可能。

進路指導者も必見 学生を伸ばす 面倒見

初年次教育

「リベラルアーツ英語プログラム」や「日本語教育プログラム」，定員15名の少人数セミナー形式で，リベラルアーツ教育への理解を深め，学修に必要な方法論的知識や技能を習得する「リベラルアーツセミナー」などを実施

学修サポート

TA制度，上級生が1年生の相談に応じるピア・アドヴァイザーおよびラーニングサポーター制度，教員アドヴァイザー制度，オフィスアワーを導入。また，ライティングサポートデスクや学修・教育センターも設置している

オープンキャンパス（2023年度実績） 7月・8月・11月（ミニオープンキャンパス）・3月，および6月に名古屋と大阪で出張オープンキャンパスを実施。ほかにも，ICU生やスタッフと話せるイベントを定期的に開催している。

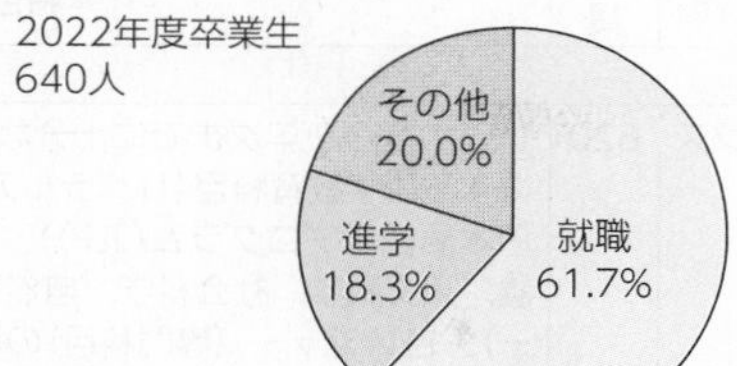

主なOB・OG ▶ 吉田直樹（PPIH，ドン・キホーテ社長），髙村薫（小説家），平田オリザ（劇作家・演出家），喜入冬子（筑摩書房社長），牧島かれん（衆議院議員），狩野恵里（テレビ東京アナウンサー）など。

国際化・留学　大学間 100 大学・部局間 9 大学等

受入れ留学生数 ▶ 216名（2023年５月１日現在）

留学生の出身国 ▶ 中国，アメリカ，イギリス，韓国，フランスなど。

外国人専任教員 ▶ 教授14名，准教授19名，講師37名（2023年５月１日現在）

外国人専任教員の出身国 ▶ アメリカ，イギリス，カナダ，韓国，ドイツなど。

大学間交流協定 ▶ 100大学（交換留学先77大学，2023年９月28日現在）

部局間交流協定 ▶ ９大学・機関（交換留学先０大学，2023年９月28日現在）

海外への留学生数 ▶ 渡航型397名・オンライン型19名／年（24カ国・地域，2022年度）

海外留学制度 ▶ 海外英語研修（SEA）プログラム，交換留学プログラム，海外留学プログラム，夏期留学プログラム，韓国の延世大学校アンダーウッドインターナショナルカレッジとICUが2022年度に開発したLearnUs Global Semester Programなど，41ものプログラムを用意。ACUCA，CIEE，IESなど５つのコンソーシアムにも参加している。

学費・奨学金制度　給付型奨学金総額 年間約 1億2,882万円

入学金 ▶ 300,000円

年間授業料（施設費等を除く）▶ 1,107,000円（詳細は巻末資料参照）

年間奨学金総額 ▶ 128,822,840円

年間奨学金受給者数 ▶ 227人

主な奨学金制度 ▶「ICU Peace Bell奨学金」「ICUトーチリレー在学生奨学金」「ICUトーチリレー High Endeavor奨学金」に，１都３県以外の高校等出身者向けの「ICU Cherry Blossom奨学金」が新設され，学費免除型がさらに充実。2022年度には167人を対象に総額で約9,016万円を免除している。

保護者向けインフォメーション

●**オープンキャンパス**　隔年で保証人向けオープンキャンパスを開催している。

●**学報**　学報『The ICU』および保証人向け別冊を毎年２回，保証人にお届けしている。

●**就職ガイダンス**　保証人を対象とした就職ガイダンスを不定期で開催している。

●**防災対策**　防災に関するマニュアルを用意。災害時の学生の状況は，メールおよび独自の安否確認システムを利用して把握する。

インターンシップ科目	必修専門ゼミ	卒業論文	GPA制度の導入の有無および活用例	１年以内の退学率	標準年限での卒業率
開講していない	全メジャーで４年次に実施	卒業要件	退学勧告基準や学生に対する個別の学修指導などに活用するほか，GPAに応じた履修上限単位数を設定している	1.8%	62.8%

学部紹介

学部／学科	定員	特色
教養学部		
アーツ・サイエンス	620	▷入学後，２年次までに十分な英語・日本語の運用能力を獲得する語学教育科目（リベラルアーツ英語プログラム〈ELA〉，日本語教育プログラム〈JLP〉），一般教育科目（キリスト教概論，人文科学，社会科学，自然科学，リベラルアーツセミナー），各メジャー（専門科目）の基礎科目などの幅広い分野の科目で学問的基礎力を養いながら，２年次の終わりにメジャーを決定する。メジャーの選択には１つの分野を修める「メジャー」，２つの分野を修める「ダブルメジャー」，２つの分野の比率を変えて履修する「メジャー，マイナー」の３つの学びのかたちを用意している。また，学部で優秀な成績を収めた学生を対象に，最短１年で博士前期課程修了を可能とする５年プログラムを設置。31のメジャーは以下のとおり。 美術・文化財研究，音楽，文学，哲学・宗教学，経済学，経営学，歴史学，法学，公共政策，政治学，国際関係学，社会学，人類学，メディア・コミュニケーション・文化，生物学，物理学，化学，数学，情報科学，言語学，心理学，言語教育，教育学，アメリカ研究，アジア研究，開発研究，環境研究，ジェンダー・セクシュアリティ研究，グローバル研究，日本研究，平和研究。

● **取得可能な資格**…教職（国・地歴・公・社・数・理・英・宗），学芸員。
● **進路状況**…………就職61.7%　進学18.3%
● **主な就職先**………アクセンチュア，楽天グループ，PwCコンサルティング，リクルート，アマゾンジャパン，伊藤忠商事，日本アイ・ビー・エム，日本放送協会，日本郵船など。

▶キャンパス

教養学部……［東京三鷹キャンパス］ 東京都三鷹市大沢3-10-2

2025年度入試要項（予告）

●募集人員

学部／学科	人文・社会科学	自然科学	日英面接	英語外部
▶**教養** アーツ・サイエンス	110	40	20	10

※人文・社会科学は一般選抜人文・社会科学選択，自然科学は一般選抜自然科学選択，日英面接は一般選抜日英バイリンガル面接利用，英語外部は一般選抜英語外部試験利用。

教養学部

一般選抜人文・社会科学選択 **3科目** ①**人文・社会科学**(80) ▶人文・社会科学の領域から選ばれたテーマについての資料を熟読し，それに関する設問に解答。課題として与えられた資料の内容を体系的に理解し把握する力，論理的に推理・思考する力，さらに資料で与えられた知識や原理を応用する力，資料の内容をもとに新しいことを推測する創造力をテストする ②**総合教養**(80) ▶リベラルアーツの基礎となる適性を判断する総合問題（リスニングを含む）。特定のテーマについての講義（約15分）と，１つの論述や資料の内容およびそれに関連する設問に答える ③**英語**(80) ▶英語で書かれた資料を読み，それに関連した問題に答える形式の読解の試験と，スピーカーから流れる短い講義を聞いて，正答を選ぶ形式のリスニング（約25分）
※いずれも多肢選択のマークセンス方式。

一般選抜自然科学選択 **4科目** ①②**自然科学**(80) ▶数学（数Ⅰ・数Ⅱ・数A・数B〈数列〉・数C〈ベク〉），物理（物基・物），化学（化基・化），生物（生基・生）のぞれぞれの分野から出題さ

キャンパスアクセス ［東京三鷹キャンパス］ JR中央線一武蔵境よりバス12分またはバス10分・富士重工前下車徒歩10分，三鷹よりバス20分／京王線一調布よりバス20分・富士重工前下車徒歩10分

れ，その中から２分野を選択して解答する
③**総合教養**(80) ▶人文・社会科学選択と同じ
④**英語**(80) ▶人文・社会科学選択と同じ
※自然科学については，一部に記述方式が含まれる。

一般選抜日英バイリンガル面接利用 **〈第一次選考〉** **2科目** ①**総合教養**(80) ▶人文・社会科学選択と同じ ②**英語**(80) ▶人文・社会科学選択と同じ
〈第二次選考〉 **1科目** ①**面接**▶オンライン個人面接(日本語・英語)
※第二次選考は第一次選考の合格者のみ実施。

一般選抜英語外部試験利用 **〈第一次選考〉** **2科目** ①**総合教養**(80) ▶人文・社会科学選択と同じ ②**英語**▶英語外部試験のIELTS（アカデミック・モジュール），TOEFL iBT, Cambridge English Qualifications，またはGTEC CBTの公式スコアにより，英語力を客観的に評価する。なお，IELTS6.5以上，TOEFL iBT79以上，Cambridge English Qualifications175以上，GTEC CBT1300以上を出願要件とする。
〈第二次選考〉 **1科目** ①**面接**▶オンライン個人面接(日本語)
※第二次選考は第一次選考の合格者のみ実施。

その他の選抜

総合型選抜(英語外部試験利用，理数探究型，IB認定校対象)は75名を募集。ほかに学校推薦型選抜(指定校)，ユニヴァーサル・アドミッションズ(４月入学帰国生選抜，English Language Based Admissions〈April／September Entry〉，EJU〈日本留学試験〉利用選抜〈４月／９月入学〉)，社会人選抜を実施。

偏差値データ（2024年度）

●一般選抜

学部／学科	2024年度 駿台予備学校 合格目標ライン	2024年度 河合塾 ボーダー偏差値	2023年度 競争率
▶教養学部			
アーツ・サイエンス(A)	59	67.5	3.3
(B)	58	—	5.9

●駿台予備学校合格目標ラインは合格可能性80%に相当する駿台模試の偏差値です。
●河合塾ボーダーランクは合格可能性50%に相当する河合塾全統模試の偏差値です。
●競争率は志願者÷合格者の志願倍率

国士舘大学

Kokushikan

資料請求

問合せ先 入試部 ☎03-5481-3211

建学の精神

吉田松陰の精神を範とし，1917（大正６）年に私塾「國士館」として創立。優れた「倫理観」と「実践力」を養い，自ら考え行動する「課題解決力」を身につけ，仲間と刺激し合いながら「人間力」を高めるため，普遍的な教育理念である四徳目「誠意・勤労・見識・気魄」を兼ね備える教育を行い，建学の精神である「国を思い，世のため，人のために尽くせる人材『国士』の養成」に努め，さまざまな分野で活躍する人材を世に輩出。なかでも，防災教育に力を注ぎ，防災リーダー養成に加え，警察官・消防官就職者のランキングにおいては，常に上位にランクイン。近年では，社会の変化に伴い，「AI・データサイエンス教育プログラム」を導入するなど，学生たちにずっと寄り添いながら，夢が社会につながるその日まで全力でサポートしている。

- 世田谷キャンパス…〒154-8515　東京都世田谷区世田谷4-28-1
- 町田キャンパス……〒195-8550　東京都町田市広袴1-1-1
- 多摩キャンパス……〒206-8515　東京都多摩市永山7-3-1

基本データ

学生数▶12,398名（男9,295名，女3,103名）
専任教員数▶教授196名，准教授78名，講師32名
設置学部▶政経，体育，理工，法，文，21世紀アジア，経営

併設教育機関▶大学院―政治学・経済学・経営学・〈スポーツ・システム〉・救急システム・工学・法学・人文科学・グローバルアジア（以上M・D），総合知的財産法学（M）

就職・卒業後の進路

就職率 96.7％
就職者÷希望者×100

●**就職支援**　地方公務員試験に強い大学として高い実績を誇るだけに，公務員採用試験対策講座が充実。また，さまざまな業界の企業を招いて合同企業説明会を実施する「就活！HOT SPACE」は，企業も国士舘大生の採用を考えている優良企業で，この企画がきっかけで内定を獲得した学生も数多くいる。

●**資格取得支援**　地域連携・社会貢献推進センターが中心となり，各種専門学校等と提携し，スキルアップと就職活動にも役立つ資格

進路指導者も必見 学生を伸ばす 面倒見

初年次教育	学修サポート
学部により，「フレッシュマン・ゼミナール」「教養教育ゼミA・B」「キャリアデザインA」などの科目を開講するほか，文系・理系を問わず，すべての1年生が必ず受講する「AIとサイエンス」を必修科目として開講	オフィスアワー制度や，ラーニングサポーターが後輩たちに勉強のスキルやコツを教えるTA制度を全学部で，理工学部では，約13名の学生に担当教員がつき，さまざまな相談に応じるアカデミックアドバイザー制度を導入

オープンキャンパス（2023年度実績）　３キャンパスで６・７・８・９月に開催したほか，12月にオンラインでも実施（事前申込制）。毎年３月末には，世田谷キャンパスで全学部対象のオープンキャンパスも行っている。

取得講座をリーズナブルな受講料で開講。資格講座は日商簿記検定，宅地建物取引士，行政書士，MOS，TOEIC L&R Test対策講座をはじめとして多彩な講座を用意している。

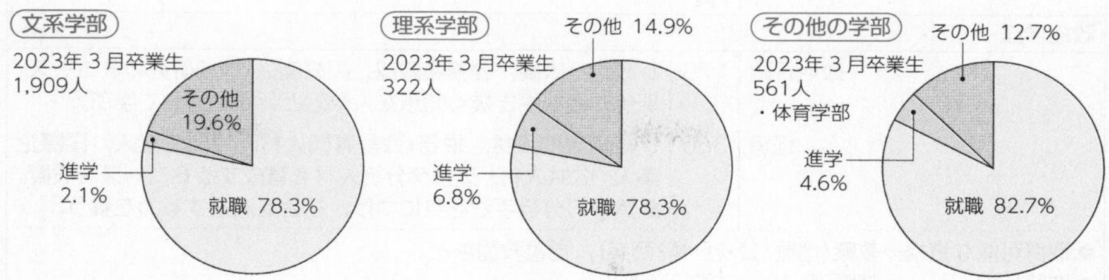

主なOB・OG▶［政経］山口伸樹（茨城県笠間市長）・宮田俊哉（歌手，俳優，タレント），［体育］鈴木桂治（柔道五輪金メダリスト），［21世紀アジア］岩﨑優（プロ野球選手）・落合福嗣（声優）・稲村亜美（タレント）など。

国際化・留学　大学間 55 大学等・部局間 6 大学等

受入れ留学生数▶587名（2023年５月１日現在）

留学生の出身国・地域▶中国，韓国，台湾，モンゴル，インドネシアなど。

外国人専任教員▶教授５名，准教授１名，講師２名（2023年５月１日現在）

外国人専任教員の出身国▶中国，アメリカなど。

大学間交流協定▶55大学・機関（交換留学先34大学，2023年５月１日現在）

部局間交流協定▶６大学・機関（2023年５月１日現在）

海外への留学生数▶渡航型321名・オンライン型149名／年（８カ国・地域，2022年度）

海外留学制度▶春・夏の長期休暇を利用し，協定校で言語や文化を学ぶ海外研修や，約１年間の交換留学などの制度を用意。21世紀アジア学部では，語学，スポーツ，インターンシップ・ボランティアの３種類がある，約１カ月間の海外研修を必修科目としている。

学費・奨学金制度

入学金▶240,000円

年間授業料（施設費等を除く）▶730,000円～（詳細は巻末資料参照）

主な奨学金制度▶デリバリー選抜と共通テスト利用選抜Ⅰ期の成績上位者50名を対象に，学費を４年間免除（原則）する「成績優秀奨学生制度」をはじめ，「学業優秀奨学生」「運動技能優秀奨学生」「修学援助奨学生」など，納入金減免制の独自の奨学金制度を用意している（年間減免総額，採用者数は非公表）。

保護者向けインフォメーション

●**成績確認**　成績通知書を９月と３月に，原則として，保証人宛に郵送している。

●**父母懇談会**　５月から９月にかけて，東京会場（３キャンパス）と地区会場（2023年度は札幌・青森・福島・大阪・広島）において「父母懇談会」を開催し，大学全般，進路・就職状況等について説明するとともに，希望者には個別面談も実施している。

●**防災対策**　「災害対応マニュアル」を入学時に配布。大規模災害等の危険発生時に，学生の安否確認を迅速かつ確実に実施するため，「国士舘大学安否確認システム（セコム安否確認サービス）」を導入している。

インターンシップ科目	必修専門ゼミ	卒業論文	GPA制度の導入の有無および活用例	１年以内の退学率	標準年限での卒業率
開講していない	政経（経済）・文で４年次，体育・理工・21世紀アジアで３・４年次，法学部で１～４年次に実施	経営学部を除き卒業要件	授業料免除対象者の選定基準や学生に対する個別の学修指導，一部の学部では退学勧告の基準としても活用している	1.9%	84.6%

学部紹介

学部／学科	定員	特色
政経学部		
政治行政	175	▷政治と人間，公務員養成，国際関係・地域研究の３コース。現代社会を生き抜く知恵を，政治と行政を通して学ぶ。
経済	360	▷経済専門人材，税務・会計専門人材，専門企業人，国際企業人，公共人材，データ分析人材を育成する６コースを設置。経済学の分析手法を身につけ，社会を洞察する力を養う。
● **取得可能な資格**…教職(地歴・公・社・情・商業)，司書教諭など。 ● **進路状況**…………就職78.4%　進学2.4% ● **主な就職先**………セブン-イレブン・ジャパン，ダスキン，横浜銀行，都道府県市区町村公務員など。		
体育学部		
体育	220	▷学校体育，アスリート，スポーツトレーナーの３コース。“心・技・体”のバランスがとれた人材を育成する。
武道	90	▷豊かな精神性と高い倫理性を備えた，世界に通用する武道家を育成する。海外武道実習を実施。
スポーツ医科	150	▷救急処置に必要な知識・技術・人間性を養い，実践力のある救急救命士を育成する。経験豊かな教員陣が指導。
こどもスポーツ教育	80	▷こどもの「体と心」を育てる，体育・スポーツの得意な小学校教員を育成する。子どもとふれあう野外教育活動も充実。
● **取得可能な資格**…教職(保体，小一種，養護一種)，司書教諭，救急救命士受験資格など。 ● **進路状況**…………就職82.7%　進学4.6% ● **主な就職先**………旭化成，四季，東海旅客鉄道，警視庁ほか都道府県警察，公私立学校教員など。		
理工学部		
理工	335	▷６学系で構成。機械工学系はものづくりを通して，問題解決力のある「知」を養う。電子情報学系は快適な暮らしに欠かせない“電気電子・情報”の技術者を育成。建築学系は人間的な価値観とスケールを大切に，住環境と建築を学ぶ。まちづくり学系は安全・安心で生き生きと暮らせる「まち」の創造をめざす。人間情報学系は医療・健康スポーツの視点から，ヒトに関わる情報技術を学ぶ。基礎理学系では理学系分野を広範に探究し，論理的に考え，柔軟に応用することを学ぶ。
● **取得可能な資格**…教職(数・理・技・情・工業)，司書教諭，測量士補，1・2級建築士受験資格など。 ● **進路状況**…………就職78.3%　進学6.8% ● **主な就職先**………清水建設，スズキ，日本アイ・ビー・エムデジタルサービス，三井ホームなど。		
法学部		
法律	200	▷刑事系，民事系，公法，総合法学の４コース。警察官などの公務員や企業の法務部などで活躍できる人材を育成する。
現代ビジネス法	200	▷企業法，公共安全，知財，国際ビジネスの４コース。ビジネスに関わる法律を詳しく学ぶ。経済・経営系の科目も開講。
● **取得可能な資格**…教職(公・社)，司書教諭など。 ● **進路状況**…………就職79.8%　進学0.8% ● **主な就職先**………アパグループ，日本年金機構，ヤマト運輸，楽天銀行，東京消防庁ほか消防など。		
文学部		
教育	120	▷〈中等教育課程(教育学コース) 80名，初等教育課程(初等教育コース) 40名〉人間形成に関する洞察を総合的に深め，理論と実践を兼ね備えた，子どもと向き合える教員を育成。

キャンパスアクセス [世田谷キャンパス] 小田急線一梅ヶ丘より徒歩９分／東急世田谷線一松陰神社前・世田谷より徒歩６分

史学地理	170	▷２コース制。考古・日本史学コースは遺跡や古文書から歴史をひもとき，現代の視点で解明する。地理・環境コースは地理学に主軸を置きながら，環境問題の最新課題に取り組む。
文	100	▷日本文学・文化コースを設置。文学にとどまらず，芸術や言語など，豊かな表現の世界を探究する。

● **取得可能な資格**…教職(国・地歴・公・社・書・保体，小一種，幼一種，特別支援，養護一種)，司書，司書教諭，学芸員，測量士補など。
● **進路状況**…………就職78.1％　進学3.5％
● **主な就職先**………国際航業，大和ハウス工業，東武トップツアーズ，ユナイテッドアローズなど。

21世紀アジア学部

21世紀アジア	350	▷アジア文化，アジア社会，アジアビジネスの３コース。政治・経済・社会・文化・外国語を５本柱に，躍進するアジアを中心に世界で活躍できるコミュニケーション能力を養う。

● **取得可能な資格**…教職(地歴・公・社・英)，司書教諭，学芸員など。
● **進路状況**…………就職77.0％　進学2.1％
● **主な就職先**………カプコン，湖池屋，日本空港サービス，東日本電信電話，リゾートトラストなど。

経営学部

経営	270	▷「ビジネス人基礎力」を養うための独自のカリキュラムを編成し，ビジネスリーダーとして活躍する人材を育成する。

● **取得可能な資格**…教職(地歴・公・社・情・商業)，司書教諭など。
● **進路状況**…………就職77.5％　進学1.5％
● **主な就職先**………アイリスオーヤマ，ニトリ，日立製作所，マイナビ，三井不動産リアルティなど。

▶キャンパス

政経・理工・法・文・経営……［世田谷キャンパス］東京都世田谷区世田谷4-28-1
体育〈こどもスポーツ教育〉・21世紀アジア……［町田キャンパス］東京都町田市広袴1-1-1
体育〈体育・武道・スポーツ医科〉……［多摩キャンパス］東京都多摩市永山7-3-1

2024年度入試要項(前年度実績)

●**募集人員**

学部／学科		一般前期	一般中期	一般後期	共通テスト	推薦	AO
▶政経	政治行政	35	10	5	15	70	30
	経済	85	15	10	30	140	50
▶体育	体育	50	5	3	5	—	45
	武道	20	2	2	2	—	23
	スポーツ医科	62	2	3	4	—	65
	こどもスポーツ教育	22	2	3	4	—	25
▶理工	理工	85	10	10	30	150	25
▶法	法律	64	6	5	19	88	15
	現代ビジネス法	61	6	5	20	81	20
▶文	教育	21	4	4	7	42	42
	史学地理	60	7	7	9	52	34
	文	38	4	4	4	30	20
▶21世紀アジア	21世紀アジア	40	10	5	15	110	90
▶経営	経営	70	10	10	20	70	73

※前期はデリバリー選抜の募集人員を含む。
※政経・理工・法・文・21世紀アジア・経営の６学部および体育学部スポーツ医科学科とこどもスポーツ教育学科の共通テスト利用選抜の募集人員はⅠ・Ⅱ期の合計。
※学校推薦型選抜の募集人員には指定校推薦選抜，内部推薦選抜を含む。
※政経学部と21世紀アジア学部のAO選抜の募集人員はⅠ・Ⅱ・Ⅲ期の合計。理工・法・文・経営の４学部のAO選抜の募集人員はⅠ・Ⅱ期の合計。
※文学部教育学科の募集人員の内訳は，中等教育課程(一般前期17名・中期２名・後期２名・共通５名・推薦24名・AO30名)，初等教育課程(一般前期４名・中期２名・後期２名・共通２名・推薦18名・AO12名)。史学地理学科の募集人員の内訳は，考古・日本史学コース(一般前期35名・中期５名・後期５名・共通５名・推薦30名・AO20名)，地理・環境コース(一般前期25名・中期２名・後期２名・共通４名・推薦22名・AO14名)。

▷一般選抜(前期・デリバリー・中期・後期)において，英語外部試験結果(4技能)を用いることが可能。指定された英語資格・検定試験(ケンブリッジ英検，英検，GTEC，IELTS，TEAP，TEAP CBT，TOEFL iBT，TOEIC，TOEIC Bridge)の基準スコアを満たしている場合，CEFR基準段階別に点数化し，試験当日に受験した「英語」の得点に加点(ただし，加点後の英語の得点は100点を超えないものとする)し，合否判定に用いる。
▷共通テストの「英語」のリーディングとリスニングの配点比率は1：1とする。

政経学部

一般選抜前期選抜A日程・B日程 **3科目** ①**国**(100)▶国総(古文・漢文を除く) ②**外**(100)▶コミュ英Ⅰ・コミュ英Ⅱ・英表Ⅰ ③**地歴・公民・数**(100)▶世B・日B・地理B・政経・「数Ⅰ・数A」から1

一般選抜デリバリー選抜・中期選抜 **2科目** ①**外**(100)▶コミュ英Ⅰ・コミュ英Ⅱ・英表Ⅰ ②**国・数**(100)▶国総(古文・漢文を除く)・「数Ⅰ・数A」から1

一般選抜後期選抜A日程 **2科目** ①**外**(100)▶コミュ英Ⅰ・コミュ英Ⅱ・英表Ⅰ ②**国・数・小論文**(100)▶国総(古文・漢文を除く)・「数Ⅰ・数A」・小論文から1

※一般選抜は，受験科目のうち一番得点の高い科目で判定を行うトップワン方式と，受験科目の合計得点で判定する総合評価方式の両方に出願可。

共通テスト利用選抜Ⅰ期・Ⅱ期(3教科型) **3科目** ①**国**(100)▶国(近代) ②**外**(200)▶英(リスニングを含む) ③**地歴・公民・数・理**(100)▶世B・日B・地理B・現社・倫・政経・「倫・政経」・「数Ⅰ・数A」・簿・「物基・化基・生基・地学基から2」・物・化・生・地学から1

[個別試験] 行わない。

共通テスト利用選抜Ⅰ期・Ⅱ期(2教科型) **2科目** ①**外**(200)▶英(リスニングを含む) ②**国・地歴・公民・数・理**(100)▶国(近代)・世B・日B・地理B・現社・倫・政経・「倫・政経」・「数Ⅰ・数A」・簿・「物基・化基・生基・地学基から2」・物・化・生・地学から1

[個別試験] 行わない。

一般公募制推薦選抜 **[出願資格]** 第1志望，校長推薦，現役。
[選考方法] 書類審査，小論文，面接。

AO選抜Ⅰ期・Ⅱ期・Ⅲ期 **[出願資格]** 第1志望，入学確約者のほか，高校在学期間に各種資格・検定を取得あるいは合格した者，または諸活動において実績がある者など。
[選考方法] 書類審査，小論文，口頭試問。

体育学部

一般選抜前期選抜A日程・B日程 **4～3科目** ①**国**(100)▶国総(古文・漢文を除く) ②**外・地歴・公民・数**(100)▶「コミュ英Ⅰ・コミュ英Ⅱ・英表Ⅰ」・世B・日B・地理B・政経・「数Ⅰ・数A」から1 ③**体育実技**(150)▶運動適性(体育学科と武道学科のみ実施。ただし，武道学科は運動適性・柔道・剣道・空手道から選択) ④**書類審査**▶武道活動調書(50点。武道学科のみ)，運動能力証明書(全学科。こどもスポーツ教育学科のみA・B・Cの段階評価。体育学科と武道学科は実技試験の実施が困難な場合に活用。スポーツ医科学科は原則として参考程度に活用)

一般選抜デリバリー選抜 **4～3科目** ①**外**(100)▶コミュ英Ⅰ・コミュ英Ⅱ・英表Ⅰ ②**国・数**(100)▶国総(古文・漢文を除く)・「数Ⅰ・数A」から1 ③**書類審査**▶運動能力証明書(A・B・Cの段階評価)，ただしスポーツ医科学科は原則として参考程度 ④**書類審査**(50)▶武道活動調書(武道学科のみ)

一般選抜中期選抜 **3～2科目** ①**外**(100)▶コミュ英Ⅰ・コミュ英Ⅱ・英表Ⅰ ②**国・数**(100)▶国総(古文・漢文を除く)・「数Ⅰ・数A」から1 ③**書類審査**(50)▶武道活動調書(武道学科のみ)

一般選抜後期選抜A日程・B日程 **4～3科目** ①**国**(100)▶国総(古文・漢文を除く) ②**外・数・小論文**(100)▶「コミュ英Ⅰ・コミュ英Ⅱ・英表Ⅰ」・「数Ⅰ・数A」・小論文から1 ③**体育実技**(150)▶運動適性(武道学科は運動適性・柔道・剣道・空手道から選択)，ただしスポーツ医科学科は実施しない ④**書類審査**▶武道活動調書(50点。武道学科のみ)，運動能力証明書(全学科。体育学科と武道学科，こどもスポーツ教育学科は実技試験の実施が困難

キャンパスアクセス [多摩キャンパス] 小田急多摩線，京王相模原線―永山よりバス7分・永山高校下車徒歩7分(スクールバスあり)

な場合に活用。スポーツ医科学科は原則として参考程度に活用）
※一般選抜において，武道学科の出願者は，武道（柔道，剣道，空手道等）の段位，もしくは級位を有していること。
※運動適性は50m走，垂直跳び，バスケットボール投げ（女子はハンドボール投げ）。ただし，天候によっては50m走をシャトルランに変更する。
共通テスト利用選抜Ⅰ期・Ⅱ期 **2科目** ①**外**（200）▶英（リスニングを含む） ②**国・地歴・公民・数・理**（200）▶国（近代）・世Ｂ・日Ｂ・地理Ｂ・現社・倫・政経・「倫・政経」・「数Ⅰ・数Ａ」・「物基・化基・生基・地学基から２」・物・化・生・地学から１
[個別試験] 行わない。
※Ⅱ期はスポーツ医科学科とこどもスポーツ教育学科のみ実施。
AO選抜Ⅰ期 **[出願資格]** 第１志望，入学確約者のほか，高校在学期間に各種資格・検定を取得あるいは合格した者，または諸活動において実績がある者など。
[選考方法] 書類審査，小論文，面接。

理工学部

一般選抜前期選抜Ａ日程・Ｂ日程 **3科目** ①**数**（100）▶数Ⅰ・数Ａ ②**国・数・理**（100）▶国総（古文・漢文を除く）・数Ⅲ・「物基・物」・「化基・化」から１ ③**外・数**（100）▶「コミュ英Ⅰ・コミュ英Ⅱ・英表Ⅰ」・「数Ⅱ・数Ｂ（確率を除く）」から１
※３科目を受験し，必須の数学と高得点１科目の２科目で判定する。
一般選抜デリバリー選抜・中期選抜 **2科目** ①**外**（100）▶コミュ英Ⅰ・コミュ英Ⅱ・英表Ⅰ ②**国・数**（100）▶国総（古文・漢文を除く）・「数Ⅰ・数Ａ」から１
一般選抜後期選抜Ａ日程 **2科目** ①**外・数**（100）▶「コミュ英Ⅰ・コミュ英Ⅱ・英表Ⅰ」・「数Ⅱ・数Ｂ（確率を除く）」から１ ②**数・小論文**（100）▶「数Ⅰ・数Ａ」・小論文から１
共通テスト利用選抜Ⅰ期 **3科目** ①**外**（200）▶英（リスニングを含む） ②**数**（200）▶数Ⅰ・数Ａ ③**国・数・理**（200）▶国（近代）・「数Ⅱ・数Ｂ」・「物基・化基・生基・地学基から２」・物・化・生・地学から１
[個別試験] 行わない。
共通テスト利用選抜Ⅱ期 **2科目** ①②**国・外・数・理**（200×2）▶国（近代）・英（リスニングを含む）・「数Ⅰ・数Ａ」・「数Ⅱ・数Ｂ」・「物基・化基・生基・地学基から２」・物・化・生・地学から２
[個別試験] 行わない。
一般公募制推薦選抜 **[出願資格]** 第１志望，校長推薦，現役。
[選考方法] 書類審査，小論文，口頭試問（面接を含む）。
AO選抜Ⅰ期・Ⅱ期 **[出願資格]** 第１志望，入学確約者のほか，高校在学期間に各種資格・検定を取得あるいは合格した者，または諸活動において実績がある者など。
[選考方法] 書類審査，小論文，口頭試問（面接を含む）。

法学部

一般選抜前期選抜Ａ日程・Ｂ日程 **3科目** ①**国**（100）▶国総（古文・漢文を除く） ②**外**（100）▶コミュ英Ⅰ・コミュ英Ⅱ・英表Ⅰ ③**地歴・公民・数**（100）▶世Ｂ・日Ｂ・地理Ｂ・政経・「数Ⅰ・数Ａ」から１
一般選抜デリバリー選抜・中期選抜 **2科目** ①**外**（100）▶コミュ英Ⅰ・コミュ英Ⅱ・英表Ⅰ ②**国・数**（100）▶国総（古文・漢文を除く）・「数Ⅰ・数Ａ」から１
一般選抜後期選抜Ｂ日程 **2科目** ①**外**（100）▶コミュ英Ⅰ・コミュ英Ⅱ・英表Ⅰ ②**国・数・小論文**（100）▶国総（古文・漢文を除く）・「数Ⅰ・数Ａ」・小論文から１
共通テスト利用選抜Ⅰ期・Ⅱ期 **3科目** ①**国**（100）▶国（近代） ②**外**（200）▶英（リスニングを含む） ③**地歴・公民・数**（100）▶世Ｂ・日Ｂ・地理Ｂ・現社・倫・政経・「倫・政経」・「数Ⅰ・数Ａ」から１
[個別試験] 行わない。
一般公募制推薦選抜 **[出願資格]** 第１志望，校長推薦，現役。
[選考方法] 書類審査，小論文，面接。
AO選抜Ⅰ期・Ⅱ期 **[出願資格]** 第１志望，入学確約者のほか，高校在学期間に各種資格・検定を取得あるいは合格した者，または諸活

動において実績がある者など。
[選考方法] 書類審査，小論文，面接。

文学部

一般選抜前期選抜A日程・B日程 3科目 ①**国**(100)▶国総(古文・漢文を除く) ②**外**(100)▶コミュ英Ⅰ・コミュ英Ⅱ・英表Ⅰ ③**地歴・公民・数**(100)▶世B・日B・地理B・政経・「数Ⅰ・数A」から1
一般選抜デリバリー選抜・中期選抜 2科目 ①**外**(100)▶コミュ英Ⅰ・コミュ英Ⅱ・英表Ⅰ ②**国・数**(100)▶国総(古文・漢文を除く)・「数Ⅰ・数A」から1
一般選抜後期選抜A日程 2科目 ①**外**(100)▶コミュ英Ⅰ・コミュ英Ⅱ・英表Ⅰ ②**国・数・小論文**(100)▶国総(古文・漢文を除く)・「数Ⅰ・数A」・小論文から1
共通テスト利用選抜Ⅰ期・Ⅱ期 3科目 ①**国**(200)▶国(近代) ②**外**(200)▶英(リスニングを含む) ③**地歴・公民・数・理**(100)▶世B・日B・地理B・現社・倫・政経・「倫・政経」・「数Ⅰ・数A」・「物基・化基・生基・地学基から2」・物・化・生・地学から1
[個別試験] 行わない。
一般公募制推薦選抜 **[出願資格]** 第1志望，校長推薦，現役。
[選考方法] 書類審査，小論文，面接。
AO選抜Ⅰ期・Ⅱ期 **[出願資格]** 第1志望，入学確約者のほか，高校在学期間に各種資格・検定を取得あるいは合格した者，または諸活動において実績がある者など。
[選考方法] 書類審査，小論文，面接。

21世紀アジア学部

一般選抜前期選抜A日程・B日程 3科目 ①**国**(100)▶国総(古文・漢文を除く) ②**外**(100)▶コミュ英Ⅰ・コミュ英Ⅱ・英表Ⅰ ③**地歴・公民・数**(100)▶世B・日B・地理B・政経・「数Ⅰ・数A」から1
一般選抜デリバリー選抜・中期選抜 2科目 ①**外**(100)▶コミュ英Ⅰ・コミュ英Ⅱ・英表Ⅰ ②**国・数**(100)▶国総(古文・漢文を除く)・「数Ⅰ・数A」から1
一般選抜後期選抜A日程・B日程 2科目 ①**外**(100)▶コミュ英Ⅰ・コミュ英Ⅱ・英表Ⅰ ②**国・数・小論文**(100)▶国総(古文・漢文を除く)・「数Ⅰ・数A」・小論文から1
共通テスト利用選抜Ⅰ期・Ⅱ期 2科目 ①**外**(200)▶英(リスニングを含む) ②**国・地歴・公民・数・理**(200)▶国(近代)・世B・日B・地理B・現社・倫・政経・「倫・政経」・「数Ⅰ・数A」・「物基・化基・生基・地学基から2」・物・化・生・地学から1
[個別試験] 行わない。
一般公募制推薦選抜 **[出願資格]** 第1志望，校長推薦，現役。
[選考方法] 書類審査，小論文，面接。
AO選抜Ⅰ期・Ⅱ期・Ⅲ期 **[出願資格]** 第1志望，入学確約者のほか，高校在学期間に各種資格・検定を取得あるいは合格した者，または諸活動において実績がある者など。
[選考方法] 書類審査，小論文，面接。

経営学部

一般選抜前期選抜A日程・B日程 3科目 ①**国**(100)▶国総(古文・漢文を除く) ②**外**(100)▶コミュ英Ⅰ・コミュ英Ⅱ・英表Ⅰ ③**地歴・公民・数**(100)▶世B・日B・地理B・政経・「数Ⅰ・数A」から1
一般選抜デリバリー選抜・中期選抜 2科目 ①**外**(100)▶コミュ英Ⅰ・コミュ英Ⅱ・英表Ⅰ ②**国・数**(100)▶国総(古文・漢文を除く)・「数Ⅰ・数A」から1
一般選抜後期選抜B日程 2科目 ①**外**(100)▶コミュ英Ⅰ・コミュ英Ⅱ・英表Ⅰ ②**国・数・小論文**(100)▶国総(古文・漢文を除く)・「数Ⅰ・数A」・小論文から1
共通テスト利用選抜Ⅰ期・Ⅱ期(3教科型) 3科目 ①**国**(200)▶国(近代) ②**外**(200)▶英(リスニングを含む) ③**地歴・公民・数・理**(100)▶世B・日B・地理B・現社・倫・政経・「倫・政経」・「数Ⅰ・数A」・簿・「物基・化基・生基・地学基から2」・物・化・生・地学から1
[個別試験] 行わない。
共通テスト利用選抜Ⅰ期・Ⅱ期(2教科型) 2科目 ①**外**(200)▶英(リスニングを含む) ②**国・地歴・公民・数・理**(200)▶国(近代)・世B・日B・地理B・現社・倫・政経・「倫・政経」・「数Ⅰ・数A」・「物基・化基・生基・地学基から2」・物・化・生・地学から1

[個別試験]　行わない。

一般公募制推薦選抜　[出願資格]　第１志望，校長推薦，現役。

[選考方法]　書類審査，小論文，面接。

AO選抜Ⅰ期・Ⅱ期　[出願資格]　第１志望，入学確約者のほか，高校在学期間に各種資格・検定を取得あるいは合格した者，または諸活動において実績がある者など。

[選考方法]　書類審査，小論文，面接。

その他の選抜

学校推薦型選抜（指定校推薦選抜，内部推薦選抜），総合型選抜（スポーツ・武道選抜），海外帰国生徒選抜，社会人選抜，外国人留学生選抜，日本国外在住外国人留学生選抜，外国人留学生スポーツ・武道選抜。

偏差値データ　(2024年度)

● 一般選抜前期選抜

学部／学科／課程	2024年度 駿台予備学校 合格目標ライン	2024年度 河合塾 ボーダー偏差値	2023年度実績 募集人員	受験者数	合格者数	合格最低点	競争率 '23年	競争率 '22年
政経学部								
政治行政	**40**	**50**	35	286	139	169/300	2.1	1.9
経済	**41**	**45**	85	722	313	166/300	2.3	2.0
体育学部								
体育	**40**	**40**	50	157	126	155/350	1.2	1.8
武道	**38**	**37.5**	20	44	43	215/400	1.0	1.0
スポーツ医科	**40**	**45**	62	210	62	115/200	3.4	3.2
こどもスポーツ教育	**39**	**BF**	30	65	61	81/200	1.1	1.1
理工学部								
理工	**41**	**42.5**	85	591	394	120/200	1.5	2.7
法学部								
法律	**41**	**47.5**	64	349	212	175/300	1.6	2.1
現代ビジネス法	**37**	**45**	61	119	73	175/300	1.6	1.4
文学部								
教育/中等教育	**43**	**50**	17	113	23	212/300	4.9	2.9
/初等教育	**44**	**50**	4	79	30	197/300	2.6	
史学地理	**42～43**	**37.5～40**	60	424	384	142/300	1.1	1.2
文	**42**	**40**	38	260	224	140/300	1.2	1.3
21世紀アジア学部								
21世紀アジア	**41**	**37.5**	40	59	52	125/300	1.1	1.8
経営学部								
経営	**40**	**47.5**	70	500	268	183/300	1.9	3.2

● 駿台予備学校合格目標ラインは合格可能性80％に相当する駿台模試の偏差値です。　● 競争率は受験者÷合格者の実質倍率

● 河合塾ボーダー偏差値は合格可能性50％に相当する河合塾全統模試の偏差値です。

※上記2023年度実績は，一般選抜前期Ａ・Ｂ日程のものです。ただし，合格最低点は前期Ａ日程（政経学部は総合評価方式）の数字です。

※募集人員にはデリバリー選抜を含む。

※理工学部と現代ビジネス法学科は第２志望合格者を含む。

私立大学　東　京

駒澤大学（こまざわ）

資料請求

問合せ先　入学センター　☎03-3418-9048

建学の精神

便利な都心に位置しながら，駒沢オリンピック公園に隣接した緑豊かな環境のワンキャンパスで，約１万4,000人の学生が学ぶ総合大学。起源は1592（文禄元）年に設立された「学林」にまで遡り，1882（明治15）年10月15日に「曹洞宗大学林専門本校」と改名。駒澤大学はこの日を開校記念日としている。「仏教の教えと禅の精神」を建学の理念とし，教育・研究の基本的なあり方として簡潔に表現した「行学一如」のもと，専門分野の枠を超えた文理融合の学びを通じて，真に社会で求められる人材として成長するための基礎を築き上げる全学共通科目を展開。2022年度からはデータサイエンス・AI教育プログラムが開始されるなど，長い伝統という軸を持ちながら，デジタル社会にも対応する，現代社会を生き抜く力を伸ばす環境が整備されている。

●駒沢キャンパス……〒154-8525　東京都世田谷区駒沢1-23-1

基本データ

学生数▶14,198名（男8,729名，女5,469名）
専任教員数▶教授216名，准教授72名，講師29名
設置学部▶仏教，文，経済，法，経営，医療健康科，グローバル・メディア・スタディーズ
併設教育機関▶大学院―仏教学・人文科学・経済学・商学・法学・経営学・医療健康科学・〈グローバル・メディア〉（以上M・D）

就職・卒業後の進路

就職率 96.8%
就職者÷希望者×100

●**就職支援**　キャリアセンターでは学生一人ひとりとの面談を重視し，就職活動を始める３年次には，希望者全員と集中進路面談を実施。駒大生の採用を希望する企業が来校して行う合同説明会・業界研究講座は，憧れの企業や，興味のある業界の採用担当者と直接話すことができる貴重な機会となっている。

●**資格取得支援**　会計士・税理士や日商簿記検定試験の合格をめざす人のためのコースを設けている経理研究所や公務員・司法書士などの資格試験に対応する講座を展開する法学研究所を設置。教員志望学生のために「東京アカデミー」と提携して学内講座を開講し，定期的に実力を確認できる模擬試験も実施。

進路指導者も必見 学生を伸ばす 面倒見

初年次教育
「高校までの学習」から「大学での学修」へのスムーズな転換を促し，積極的な学習態度を身につける「新入生セミナー」，本学の目的・理念・使命を周知し，愛校心を培う「自校教育」を実施。人気の授業「座禅」は自校教育のひとつ

学修サポート
全学部でTA・SA制度，オフィスアワー制度を導入。また，学修支援員（ラーニング・サポーター：略称LS）の制度があり，退職した教職員や大学院生が学生に対して，履修指導を行っている

オープンキャンパス（2023年度実績）　7月9・23日，8月5・6日，9月10日に実施（事前予約制）。模擬授業，入学者選抜概要説明，自己推薦選抜対策講座，大学紹介，キャンパスツアー，学部学科企画，学食体験など。

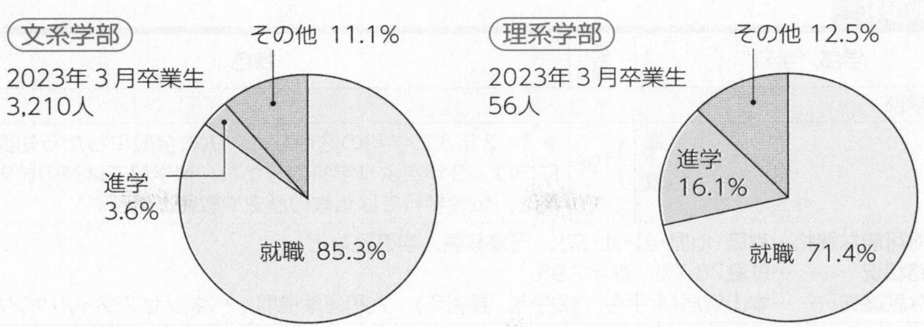

主なOB・OG▶［経済］川口勝（バンダイナムコホールディングス社長），［経営］寺田和正（サマンサタバサジャパンリミテッド創業者），［経営］原昭彦（成城石井社長），［法］あばれる君（タレント）など。

国際化・留学　大学間 26 大学・部局間 1 大学

受入れ留学生数▶177名（2023年５月１日現在）

留学生の出身国・地域▶中国，韓国，台湾，ベトナム，フランスなど。

外国人専任教員▶教授10名，准教授３名，講師３名（2023年９月１日現在）

外国人専任教員の出身国▶イギリス，アメリカ，中国，韓国，オーストラリアなど。

大学間交流協定▶26大学（交換留学先15大学，2023年９月25日現在）

部局間交流協定▶１大学（交換留学先０大学，2023年９月25日現在）

海外への留学生数▶渡航型50名・オンライン型２名／年（７カ国・地域，2022年度）

海外留学制度▶海外の協定校で学ぶ交換留学，留学先を自分で選ぶ認定校留学，夏・春の休暇期間を利用して，協定校が主催する語学授業に参加する短期語学セミナーを用意。短期語学セミナーは，語学のレベルアップを図るほか，大学寮やホームステイでの生活，放課後のアクティビティや小旅行を通して異文化を体験することも大切な目的となっている。

学費・奨学金制度

入学金▶200,000円（法Ｂ130,000円）

年間授業料（施設費等を除く）▶759,000円（法B490,000円）～（詳細は巻末資料参照）

年間奨学金総額▶非公表

年間奨学金受給者数▶非公表

主な奨学金制度▶入学前に申請する「駒澤大学新人の英知（一般選抜特待生）奨学金」「駒澤大学全学部統一日程選抜奨学金」や，入学後に申請する「駒澤大学百周年記念奨学金」「学業成績最優秀者奨学金」「駒澤大学同窓会奨学金」など，学生の状況や目的に合わせた，さまざまな奨学金制度を用意している。

保護者向けインフォメーション

●**成績確認**　学業成績表を後期終了後（３月中旬）に，保証人宛に郵送している。

●**教育懇談会**　在学生の父母・保証人を会員とする教育後援会があり，大学の近況を報告し，学業成績や就職等について，教職員と懇談することを目的とした教育懇談会を全国各地で開催。年３回『会報』も発行している。

●**防災対策**　災害時の学生の安否は，メールやポータルサイトを利用して確認する。

インターンシップ科目	必修専門ゼミ	卒業論文	GPA制度の導入の有無および活用例	１年以内の退学率	標準年限での卒業率
経済学部および社会学専攻で開講	仏教学部と英米文・歴史・社会学科で３・４年次，医療健康科学部および国文学科で２～４年次，地理学科と心理学科で４年次に実施	仏教学部と文学部（社会学科を除く）は卒業要件	奨学金等対象者の選定，留学候補者の選考，学生に対する個別の学修指導のほか，経済・GMSで早期卒業制度の基準として活用	1.1%	86.6%

学部紹介

学部／学科	定員	特色
仏教学部		
禅 仏教	198	▶1・2年次に学科の区別なく，仏教全般にわたる知識を身につけ，3年次より学科に分かれ，禅学科では禅の歴史や教えを，仏教学科では仏教の歴史や教えを学ぶ。
● 取得可能な資格…教職（地歴・公・社・宗），司書教諭，学芸員など。 ● 進路状況…………就職78.7％　進学7.9％ ● 主な就職先………本山安居(永平寺，總持寺，長谷寺)，丸和運輸機関，ベネッセスタイルケアなど。		
文学部		
国文	137	▷古代から現代までの国語学・国文学（古典文学・近現代文学）・漢文学を深く学び，日本文化を多角的に考察する。
英米文	137	▷ネイティブ講師による指導で英語と英米文学を深く学び，文化的・歴史的背景にも視野を広げる。
地理	138	▷〈地域文化研究専攻69名，地域環境研究専攻69名〉フィールドワークなどの実践的な学びから，“地域”を探究する。
歴史	199	▷〈日本史学専攻94名，外国史学専攻68名，考古学専攻37名〉実践的な学びで人類の歴史を読み解き，自己を育て，社会で役立てる力や世界の今と未来を見据える力を身につける。
社会	152	▷〈社会学専攻66名，社会福祉学専攻86名〉社会学専攻では複雑な現代社会の仕組みを読み解く。社会福祉学専攻では福祉の知識と技術を身につけ，共感力と人間力を育む。
心理	88	▷科学的な視点で「心」をとらえ，豊かな感性で「人」を理解する。臨床心理士資格を持つ教員が多数在籍。
● 取得可能な資格…教職（国・地歴・公・社・書・英），司書教諭，学芸員，測量士補，社会福祉士・精神保健福祉士受験資格など。 ● 進路状況…………就職83.3％　進学6.4％ ● 主な就職先………IMSグループ，JR東日本ステーションサービス，横浜市役所，システナなど。		
経済学部		
経済	357	▷経済学，金融・財政，産業情報，国際経済，生活・環境の5コース。経済を科学し，豊かな社会の担い手を育成する。
商	252	▷流通・情報，会計・経営，金融・貿易の3コース。企業が求める高度職業人に必要な問題発見・解決力を身につける。
現代応用経済	157	▷ビジネス経済，コミュニティ経済の2コース。現代の経済事象を読み解き，アントレプレナーシップを養う。
● 取得可能な資格…教職（地歴・公・社・商業），司書教諭など。 ● 進路状況…………就職87.8％　進学2.3％ ● 主な就職先………千葉銀行，富士通，日研トータルソーシング，富士ソフト，リコージャパンなど。		
法学部		
法律	465	▷〈フレックスA（昼間主コース）315名，フレックスB（夜間主コース）150名〉日常生活からグローバルな交流まで，現代社会を支える法を学ぶ。一定の単位まで双方のカリキュラムの履修が認められ，昼夜を組み合わせて学ぶことも可能。
政治	210	▷現代社会と政治，行政・公共政策，国際・地域研究，政治とメディア研究の4コース。判断力，行動力，問題解決能力を備えた実践的な教養人を育成する。

キャンパスアクセス ［駒沢キャンパス］東急田園都市線―駒沢大学より徒歩10分

● **取得可能な資格**…教職（地歴・公・社），司書教諭など。 ● **進路状況**…………就職83.8%　進学2.0% ● **主な就職先**………中央労働金庫，日本年金機構，東京国税局，ディップ，システナ，警視庁など。		
経営学部		
経営	346	▷企業経営，企業会計，経済分析，金融キャリアの４コース。経営に関する課題を適切かつ迅速に解決できる人材を育成。
市場戦略	189	▷市場創造，市場分析，現代産業・起業の３コース。マーケティングの発想で，新たな価値を創造する人材を育成する。
● **取得可能な資格**…教職（地歴・公・社・商業），司書教諭など。 ● **進路状況**…………就職89.1%　進学2.2% ● **主な就職先**………東京国税局，パーソルプロセス＆テクノロジー，メンバーズ，積水ハウスなど。		
医療健康科学部		
診療放射線技術科	64	▷放射線治療・計測，臨床画像・技術，画像処理・解析の３コース。医療画像と放射線治療のプロフェッショナルを養成。
● **取得可能な資格**…診療放射線技師受験資格，社会福祉主事任用資格。 ● **進路状況**…………就職71.4%　進学16.1% ● **主な就職先**………国家公務員共済組合連合会，メディカルスキャニング，国際親善総合病院など。		
グローバル・メディア・スタディーズ学部（GMS）		
グローバル・メディア	307	▷実践的な英語力とITを駆使し，グローバル化する社会で活躍できる人材を育成する。海外留学を支援。
● **取得可能な資格**…教職（英），司書教諭。 ● **進路状況**…………就職84.7%　進学3.3% ● **主な就職先**………マンパワーグループ，パーソルテンプスタッフ，楽天グループ，大塚商会など。		

▶キャンパス

全学部……［駒沢キャンパス］東京都世田谷区駒沢1-23-1

2025年度入試要項（予告）

●募集人員

学部／学科（専攻）	全学部統一	T方式	S方式	共通前期	共通中期	共通後期	推薦（総合）	推薦（特性）
▶仏教	25	2月40 3月5	10	20	5	—	10	55
▶文　国文	12	2月62 3月5	20	10	—	—	8	—
英米文	13	2月56 3月5	18	9	—	—	12	—
地理（地域文化研究）	10	2月40 3月若干名	—	5	—	—	8	—
（地域環境研究）	10	2月41 3月若干名	—	5	—	—	8	—
歴史（日本史学）	14	2月43 3月若干名	5	8	—	—	10	2
（外国史学）	11	2月31 3月若干名	4	6	—	—	7	2
（考古学）	5	2月20 3月若干名	3	3	—	—	3	1
社会（社会学）	10	2月33 3月若干名	—	5	—	—	5	2
（社会福祉学）	10	2月53 3月若干名	—	5	—	—	3	—
心理	10	2月47 3月若干名	—	5	—	—	10	—
▶経済　経済	37	2月141 3月10	—	18	8	—	10	7
商	26	2月93 3月7	—	13	7	—	6	13
現代応用経済	15	2月47 3月6	—	6	3	—	6	—
▶法　法律フレックスA	30	2月83 3月15	—	30	10	—	25	—
法律フレックスB	15	2月15 3月48	—	—	—	15	10	—

	政治	15	2月91 3月10	—	20	5	—	10	—
▶経営	経営	30	2月136 3月15	—	30	—	—	20	—
	市場戦略	15	2月85 3月7	—	12	—	—	11	—
▶医療健康科	診療放射線技術科	—	2月30	10	5	2	—	9	—
▶GMS	グローバル・メディア	22	2月62	48	20	—	—	34	A・B 15

注）募集人員は2024年度の実績です。
※仏教学部は３年次から学科に分かれる。
※自己推薦選抜は総合評価型と特性評価型を実施。なお，グローバル・メディア・スタディーズ学部（GMS）は特性評価型において，A・Bの２方式を行う。

▷全学部統一日程選抜において，指定された英語外部試験（英検〈４技能。従来型，S-CBT，CBT，S-Interviewいずれも可〉，TEAP〈４技能〉，TEAP CBT，GTEC〈CBTタイプ〉）で一定のスコアを取得している者は，ネット出願画面にある申請書と証明書類を提出することで，外国語（英語）を75点に換算して判定する。外国語（英語）を受験しない場合や，受験して74点以下であった場合でも，75点として換算し，76点以上の場合は，その点数を採用する。
注）英語外部試験利用については，2024年度の実績です。
注）全学部統一日程選抜と一般選抜T方式・S方式の配点は編集時，未公表。最新の募集要項でご確認ください。なお，自己推薦選抜は2024年度の実績です。

仏教学部

全学部統一日程選抜・一般選抜（２月Ｔ方式・３月Ｔ方式・Ｓ方式）　**3**科目　①**国**▶現国・言語（漢文を除く）　②**外**▶英コミュⅠ・英コミュⅡ・論表Ⅰ　③**地歴・公民・数・情**▶「歴総・世探」・「歴総・日探」・「地総・地探」・「公・政経」・「数Ⅰ・数Ⅱ・数Ａ・数Ｂ（数列）」・情Ⅰから１，ただし３月T方式は情の選択不可
共通テスト利用選抜前期・中期　**3**科目　①**国**（200）▶国　②**外**（200〈英はリーディング160・リスニング40〉）▶英（リスニングを含む）・独・仏・中・韓から１　③**地歴・公民・数・理・情**（100）▶「歴総・世探」・「歴総・日探」・「地総・地探」・「地総・歴総・公から２」・「公・倫」・「公・政経」・数Ⅰ・「数Ⅰ・数Ａ」・「数Ⅱ・数Ｂ・数Ｃ」・「物基・化基・生基・地学基から２」・物・化・生・地学・情Ⅰから１
［個別試験］行わない。
自己推薦選抜（総合評価型）　**［出願資格］**専願，現役，全体の学習成績の状況が3.8以上の者，または3.5以上で，かつ国・外のいずれか１つが4.0以上の者。
［選考方法］書類審査，小論文，面接・口頭試問。
自己推薦選抜（特性評価型）　**［出願資格］**専願，現役，全体の学習成績の状況が3.2以上で，曹洞宗において得度した者，または英検２級以上，漢検２級以上，TOEFL iBT45以上，TOEIC L&R500以上などの指定の技能試験で基準以上の成績を修めた者。
［選考方法］書類審査通過者を対象に，面接・口頭試問（オンライン）を行う。

文学部

全学部統一日程選抜・一般選抜（２月Ｔ方式・３月Ｔ方式）　**3**科目　①**国**▶現国・言語（漢文を除く）　②**外**▶英コミュⅠ・英コミュⅡ・論表Ⅰ　③**地歴・公民・数・情**▶「歴総・世探」・「歴総・日探」・「地総・地探」・「公・政経」・「数Ⅰ・数Ⅱ・数Ａ・数Ｂ（数列）」・情Ⅰから１，ただし情は全学部統一日程選抜（全学科）と，T方式は２月実施の心理学科のみ選択可
一般選抜（Ｓ方式）　**【国文学科・英米文学科・歴史学科】**　**3**科目　①**国**▶現国・言語（漢文を除く）　②**外**▶英コミュⅠ・英コミュⅡ・論表Ⅰ　③**地歴・公民・数**▶「歴総・世探」・「歴総・日探」・「地総・地探」・「公・政経」・「数Ⅰ・数Ⅱ・数Ａ・数Ｂ（数列）」から１
共通テスト利用選抜前期　**3**科目　①**国**（200）▶国　②**外**（200〈英はリーディング160・リスニング40〉）▶英（リスニングを含む）・独・仏・中・韓から１　③**地歴・公民・数・理・情**（100・地理学科のみ200）▶「歴総・世探」・「歴総・日探」・「地総・地探」・「地総・歴総・公から２」・「公・倫」・「公・政経」・数Ⅰ・「数Ⅰ・数Ａ」・「数Ⅱ・数Ｂ・数Ｃ」・「物基・化基・生基・地

学基から２」・物・化・生・地学・情Ⅰから１，ただし地理学科と歴史学科は情の選択不可
[個別試験] 行わない。
自己推薦選抜（総合評価型） **[出願資格]** 専願，現役。ほかに，心理学科は全体の学習成績の状況が3.8以上で，かつ国・外（英）・数のすべてが4.0以上の者。その他の学科・専攻は全体の学習成績の状況が3.8以上の者，または3.5以上で，かつ，国文学科と社会福祉学専攻は国・外のいずれか１つが4.0以上の者，英米文学科は外が4.0以上の者，地理学科は国・外・地歴・公民・数・理・農業・工業・商業・水産のいずれか１つが4.0以上の者，歴史学科は国・外・地歴のいずれか１つが4.0以上の者，社会学専攻は国・外・公民のいずれか１つが4.0以上の者。
[選考方法] 書類審査，小論文（国文学科は小論文を含む日本文学の筆記問題），面接・口頭試問（社会学科社会学専攻はグループ討論形式）。
自己推薦選抜（特性評価型） **[出願資格]** 専願，現役のほか，歴史学科は特殊技能（各種スポーツ大会入賞等）を有する者など。社会学科社会学専攻は全体の学習成績の状況が3.5以上で，指定の資格を有すると認められる十分な証拠の提出や，関係者による証明ができる者（スポーツでの功績は除く）など。
[選考方法] 書類審査通過者を対象に，面接・口頭試問（オンライン。社会学専攻は出願資格として提出した実績について，パワーポイントを用いたプレゼンテーションを含む）を行う。

経済学部

全学部統一日程選抜・一般選抜（２月Ｔ方式・３月Ｔ方式） **3科目** ①**国**▶現国・言語（漢文を除く） ②**外**▶英コミュⅠ・英コミュⅡ・論表Ⅰ ③**地歴・公民・数・情**▶「歴総・世探」・「歴総・日探」・「地総・地探」・「公・政経」・「数Ⅰ・数Ⅱ・数Ａ・数Ｂ（数列）」・情Ⅰから１，ただし情は全学部統一日程選抜（全学科）と，Ｔ方式は２月実施の経済学科と商学科のみ選択可
共通テスト利用選抜前期・中期 **3科目** ①**国**（200）▶国（近代） ②**外**（200〈英はリーディング160・リスニング40〉）▶英（リスニングを含む）・独・仏・中・韓から１ ③**地歴・公民・数・理・情**（100）▶「歴総・世探」・「歴総・日探」・「地総・地探」・「地総・歴総・公から２」・「公・倫」・「公・政経」・数Ⅰ・「数Ⅰ・数Ａ」・「数Ⅱ・数Ｂ・数Ｃ」・「物基・化基・生基・地学基から２」・物・化・生・地学・情Ⅰから１
[個別試験] 行わない。
自己推薦選抜（総合評価型） **[出願資格]** 専願，現役，全体の学習成績の状況が4.0以上の者。
[選考方法] 書類審査，小論文，面接・口頭試問。
自己推薦選抜（特性評価型） **[出願資格]** 専願，現役，全体の学習成績の状況が3.8以上で，英検２級以上，TOEFL iBT45以上，TOEIC L&R500以上，日商簿記２級以上などの指定の技能試験で基準以上の成績を修めた者。
[選考方法] 書類審査（事前課題を含む）通過者を対象に，面接・口頭試問（オンライン）を行う。

法学部

全学部統一日程選抜・一般選抜（２月Ｔ方式・３月Ｔ方式） **3科目** ①**国**▶現国・言語（漢文を除く） ②**外**▶英コミュⅠ・英コミュⅡ・論表Ⅰ ③**地歴・公民・数・情**▶「歴総・世探」・「歴総・日探」・「地総・地探」・「公・政経」・「数Ⅰ・数Ⅱ・数Ａ・数Ｂ（数列）」・情Ⅰから１，ただし情は全学部統一日程選抜のみ選択可
共通テスト利用選抜前期・中期・後期 **3科目** ①**国**（200）▶国（近代） ②**外**（200〈英はリーディング150・リスニング50〉）▶英（リスニングを含む）・独・仏・中・韓から１ ③**地歴・公民・数・理**（100）▶「歴総・世探」・「歴総・日探」・「地総・地探」・「地総・歴総・公から２」・「公・倫」・「公・政経」・数Ⅰ・「数Ⅰ・数Ａ」・「数Ⅱ・数Ｂ・数Ｃ」・「物基・化基・生基・地学基から２」・物・化・生・地学から１，ただし後期は法律学科フレックスＢのみ実施
[個別試験] 行わない。
自己推薦選抜（総合評価型） **[出願資格]** 専願，現役。ほかに，法律学科フレックスＢは全体の学習成績の状況が3.5以上。フレックスＡは4.0以上の者，または3.8以上で，か

つ国・外(英)・公民のいずれか1つが4.0以上の者。政治学科は3.8以上の者，または3.5以上で，かつ国・外(英)・公民のいずれか1つが4.0以上の者。
[選考方法] 書類審査，小論文，面接・口頭試問(政治学科はグループ討論形式)。

経営学部

全学部統一日程選抜・一般選抜(2月T方式・3月T方式) **3科目** ①国▶現国・言語(漢文を除く) ②**外**▶英コミュⅠ・英コミュⅡ・論表Ⅰ ③**地歴・公民・数・情**▶「歴総・世探」・「歴総・日探」・「地総・地探」・「公・政経」・「数Ⅰ・数Ⅱ・数A・数B(数列)」・情Ⅰから1，ただし情は全学部統一日程選抜のみ選択可
共通テスト利用選抜前期・中期 **3科目** ①国(200)▶国(近代) ②**外**(リーディング100・リスニング50)▶英(リスニングを含む) ③**地歴・公民・数・情**(100)▶「歴総・世探」・「歴総・日探」・「地総・地探」・「地総・歴総・公から2」・「公・倫」・「公・政経」・数Ⅰ・「数Ⅰ・数A」・「数Ⅱ・数B・数C」・情Ⅰから1
[個別試験] 行わない。
自己推薦選抜(総合評価型) **[出願資格]** 専願，現役。ほかに，全体の学習成績の状況が4.0以上の者，または3.5以上で，かつ国・外・地歴・公民・数・理・工業・商業のいずれか1つが4.3以上の者。
[選考方法] 書類審査，小論文，面接・口頭試問。

医療健康科学部

一般選抜(2月T方式・S方式) **3科目** ①**外**▶英コミュⅠ・英コミュⅡ・論表Ⅰ ②**数**▶数Ⅰ・数Ⅱ・数A・数B ③**理**▶「物基・物(運動・波・電気)」・「化基・化」・「生基・生」から1，ただし生基・生は2月T方式のみ選択可
※数学は学部独自問題。
共通テスト利用選抜前期・中期 **4科目** ①**外**(前期リーディング160・リスニング40，中期リーディング80・リスニング20)▶英(リスニングを含む) ②③**数**(100×2)▶「数Ⅰ・数A」・「数Ⅱ・数B・数C」 ④**理**(200)▶「物基・化基・生基から2」・物・化・生から1
[個別試験] 行わない。
自己推薦選抜(総合評価型) **[出願資格]** 専願，現役，全体の学習成績の状況が3.5以上で，かつ数Ⅱと数A・数Bを履修し，および物基と化基の2科目と物・化・生から1科目以上を履修した者。
[選考方法] 書類審査，筆記試験(出題範囲は「数Ⅰ・数Ⅱ・数A・数B」・物基・化基)，面接。口頭試問。

グローバル・メディア・スタディーズ学部

全学部統一日程選抜 **3科目** ①国▶現国・言語(漢文を除く) ②**外**▶英コミュⅠ・英コミュⅡ・論表Ⅰ ③**地歴・公民・数・情**▶「歴総・世探」・「歴総・日探」・「地総・地探」・「公・政経」・「数Ⅰ・数Ⅱ・数A・数B(数列)」・情Ⅰから1
一般選抜(2月T方式・S方式) **3科目** ①国▶現国・言語(古文・漢文を除く) ②**外**▶英コミュⅠ・英コミュⅡ・論表Ⅰ ③**地歴・公民・数・情**▶「歴総・世探」・「歴総・日探」・「地総・地探」・「公・政経」・「数Ⅰ・数Ⅱ・数A・数B(数列)」・情Ⅰから1
※国語および英語は学部独自問題。
※S方式において，指定された英語外部試験(ケンブリッジ英検，英検〈4技能。従来型，S-CBT，CBT，S-Interviewいずれも可〉，TEAP〈4技能〉，TEAP CBT，GTEC〈CBTタイプ〉，TOEIC L&R，IELTS〈Academic Module，オーバーオール・バンド・スコア〉，TOEFL iBT)で所定のスコアを取得している者は，ネット出願画面にある申請書と証明書類を提出することで，外国語(英語)を160点または190点に換算して判定する。外国語(英語)を受験しない場合や，受験して換算得点以下であった場合は，上記の換算得点を採用。また，換算得点を超えた場合は，その点数を採用する(英語外部試験利用については，2024年度の実績です)。
共通テスト利用選抜前期 **3科目** ①国(100)▶国(近代) ②**外**(リーディング200・リスニング50)▶英(リスニングを含む) ③**地歴・公民・数・理・情**(100)▶「歴総・世探」・「歴総・日探」・「地総・地探」・「地総・歴総・公から2」・「公・倫」・「公・政経」・数Ⅰ・「数Ⅰ・数A」・「数Ⅱ・数B・数C」・「物基・化基・生基・地学基から2」・物・化・生・地学・情Ⅰから1

［個別試験］ 行わない。

自己推薦選抜（総合評価型）　**［出願資格］** 専願，現役。ほかに，全体の学習成績の状況が4.0以上の者，または3.8以上で，かつ外国語（英語）が4.3以上の者。

［選考方法］ 書類審査，小論文，面接・口頭試問。

自己推薦選抜（特性評価型）　**［出願資格］** 専願，現役。ほかに，Ａ方式は全体の学習成績の状況が3.2以上で，英検1950以上，TOEFL iBT42以上，TOEIC L&R550以上などの指定の技能試験で基準以上の成績を修めた者，または学術・芸術・文化の分野において特に優れた能力を全国大会レベルで発揮している者，あるいは各種社会活動において顕著な業績を修めた者。Ｂ方式は学習成績の状況が3.2以上の者。

［選考方法］ 書類審査通過者を対象に，Ａ方式は面接・口頭試問（オンライン）。Ｂ方式は当日発表されるテーマ（情報やメディアに関する社会問題等）に沿い，試験時間内にインターネット等を活用して情報収集し，プレゼンテーション資料を作成（90分）した後，10分程度のプレゼンテーションと質疑応答を行う。

その他の選抜

スポーツ推薦選抜，全国商業高等学校長協会特別推薦選抜，指定校推薦選抜，附属高等学校等推薦選抜，国際型選抜，社会人特別選抜，フレックスＢ社会人選抜，フレックスＢ勤労学生・有職者特別選抜，外国人留学生選抜。

偏差値データ（2024年度）

● 一般選抜

学部／学科／専攻	2024年度 駿台予備学校 合格目標ライン	2024年度 河合塾 ボーダー偏差値	2023年度実績 募集人員	受験者数	合格者数	合格最低点	競争率 '23年	競争率 '22年
仏教学部								
（全学部統一）	34	42.5	25	171	110	180/300	1.6	1.5
（T方式２月）	34	40	25	221	128	168/300	1.7	1.5
（T方式３月）	—		42.5	37	14	164/300	2.6	2.9
（S方式）	34	42.5	10	73	37	231/400	2.0	2.0
文学部								
国文（全学部統一）	47	57.5	12	283	76	234/300	3.7	4.5
（T方式２月）	46	52.5	58	448	181	215/300	2.5	2.3
（T方式３月）	—		57.5	30	6	220/300	5.0	5.5
（S方式）	46	57.5	20	258	69	314/400	3.7	3.9
英米文（全学部統一）	47	52.5	13	225	110	213/300	2.0	3.2
（T方式２月）	45	47.5	59	350	176	215/300	2.0	1.5
（T方式３月）	—		47.5	36	15	181/300	2.4	2.6
（S方式）	46	52.5	18	123	60	290/400	2.1	2.0
地理/地域文化（全学部統一）	45	47.5	10	180	96	217/300	1.9	2.1
（T方式２月）	45	47.5	33	195	80	214/300	2.4	1.5
（T方式３月）	—		57.5	15	2	224/300	7.5	2.4
/地域環境（全学部統一）	43	50	10	174	86	215/300	2.0	2.1
（T方式２月）	42	47.5	30	209	94	206/300	2.2	1.9
（T方式３月）	—		57.5	15	1	214/300	15.0	3.6
歴史/日本史（全学部統一）	49	57.5	14	299	72	240/300	4.2	3.6
（T方式２月）	48	50	36	415	137	227/300	3.0	2.1
（T方式３月）	—		55	26	2	232/300	13.0	6.8
（S方式）	49	55	5	183	43	314/400	4.3	4.8
/外国史（全学部統一）	47	57.5	11	180	53	237/300	3.4	4.2
（T方式２月）	47	50	25	273	119	217/300	2.3	1.6
（T方式３月）	—		50	4	1	194/300	4.0	14.0
（S方式）	48	55	4	82	21	318/400	3.9	4.0
/考古学（全学部統一）	45	55	5	115	44	228/300	2.6	2.3
（T方式２月）	45	50	17	137	58	222/300	2.4	1.6
（T方式３月）	—		若干名	11	2	211/300	5.5	4.5
（S方式）	46	52.5	3	42	14	306/400	3.0	3.1
社会/社会学（全学部統一）	48	55	10	298	79	235/300	3.8	4.1
（T方式２月）	46	50	30	344	113	224/300	3.0	3.1
（T方式３月）	—		若干名	24	7	214/300	3.4	4.0
/社会福祉学（全学部統一）	45	50	10	96	24	233/300	4.0	5.2
（T方式２月）	43	47.5	51	238	117	196/300	2.0	1.9
（T方式３月）	—		若干名	9	2	194/300	4.5	—

学部／学科／専攻	2024年度 駿台予備学校 合格目標ライン	2024年度 河合塾 ボーダー偏差値	2023年度実績 募集人員	受験者数	合格者数	合格最低点	競争率 '23年	競争率 '22年
心理(全学部統一)	49	57.5	10	290	47	242/300	6.2	8.6
(T方式2月)	47	55	45	643	155	232/300	4.1	2.8
(T方式3月)	—		若干名	91	4	237/300	22.8	2.2
経済学部								
経済(全学部統一)	46	52.5	37	946	199	169.5/300	4.8	3.8
(T方式2月)	45	50	145	1,392	486	166.0/300	2.9	2.6
(T方式3月)	—		10	146	32	171.6/300	4.6	3.6
商(全学部統一)	46	52.5	26	426	128	163.5/300	3.3	3.9
(T方式2月)	45	50	88	1,025	493	157.3/300	2.1	2.4
(T方式3月)	—		7	85	13	171.8/300	6.5	3.0
現代応用経済(全学部統一)	44	52	15	330	106	163.1/300	3.1	3.1
(T方式2月)	44	47.5	48	392	139	166.0/300	2.8	2.0
(T方式3月)	—		6	61	16	168.3/300	3.8	1.6
法学部								
法律A(全学部統一)	47	52.5	30	439	168	161.1/300	2.6	5.4
(T方式2月)	46	50	72	905	420	153.6/300	2.2	2.4
(T方式3月)	—		15	184	20	177.5/300	9.2	2.3
法律B(全学部統一)	36	50	15	74	52	140.9/300	1.4	2.2
(T方式2月)	36	47.5	15	105	66	148.4/300	1.6	1.7
(T方式3月)	36		45	50	57	149.5/300	—	—
政治(全学部統一)	47	52.5	15	219	62	165.0/300	3.5	4.8
(T方式2月)	47	50	66	473	273	151.3/300	1.7	1.7
(T方式3月)	—		10	116	39	160.2/300	3.0	1.9
経営学部								
経営(全学部統一)	45	52.5	30	668	151	234/300	4.4	5.3
(T方式2月)	44	50	133	1,312	449	217/300	2.9	2.3
(T方式3月)	—		15	114	31	205/300	3.7	4.2
市場戦略(全学部統一)	44	52.5	15	328	64	241/300	5.1	4.8
(T方式2月)	44	50	71	606	235	215/300	2.6	2.3
(T方式3月)	—		7	52	18	210/300	2.9	3.8
医療健康科学部								
診療放射線技術科(T方式2月)	43	50	33	248	103	220/300	2.4	3.1
(S方式)	44	52.5	10	127	31	290/400	4.1	3.2
グローバル・メディア・スタディーズ学部								
グローバル・メディア(全学部統一)	46	52.5	22	255	95	223/300	2.7	2.9
(T方式2月)	45	50	58	461	146	213/300	3.2	2.5
(S方式)	46	52.5	48	351	186	286/400	1.9	3.1

● 駿台予備学校合格目標ラインは合格可能性80％に相当する駿台模試の偏差値です。　● 競争率は受験者÷合格者の実質倍率

● 河合塾ボーダー偏差値は合格可能性50％に相当する河合塾全統模試の偏差値です。

※経済学部と法学部の合格最低点は，各科目の得点を偏差値換算し，その数値を合計したもの。

※法律学科フレックスＢのＴ方式３月の合格者には，フレックスＡ・Ｂ併願者を含む。なお，合格最低点はＢ専願者の偏差値です。

※合格最低点は正規合格者の点数です。

産業能率大学

資料請求

問合せ先 入試センター　☎03-3704-1110

建学の精神

1925（大正14）年創立の日本産業能率研究所を母体として，79（昭和54）年大学設立。「知識は，実際に役立ってこそ意味がある」と説いた創立者・上野陽一のマネジメント理論は，建学の精神に反映され，創立以来一貫して，「社会が求め，社会で活躍できる人材の育成」をベースに学生教育を展開。グループワークやプレゼンテーションによる学習，企業や街とのコラボレーション授業など，学生が主体的に学ぶアクティブラーニングの視点を取り入れた授業を数多く導入し，実践と理論を組み合わせた学びを通じて，実社会で直面する課題を解決できる力を身につけている。さらに使える英語力を獲得するため，実用性にフォーカスした画期的な英語プログラムも開講。「社会で役立つ」マネジメントの知識が学べる大学——それが産業能率大学なのだ。

- 自由が丘キャンパス…〒158-8630　東京都世田谷区等々力6-39-15
- 湘南キャンパス………〒259-1197　神奈川県伊勢原市上粕屋1573

基本データ

学生数▶4,001名（男2,162名，女1,839名）
専任教員数▶教授71名，准教授18名，講師9名
設置学部▶経営，情報マネジメント
併設教育機関▶大学院―総合マネジメント（M）　通信教育課程―情報マネジメント学部

就職・卒業後の進路

就職率 **99.4**%
就職者÷希望者×100

● **就職支援**　1年次からスタートするキャリア教育やジェネリックスキル開発プログラムをはじめ，4年間を通じてキャリア支援を実施。また，教員・職員を問わずに誰にでも気軽に相談ができ，適切なアドバイスがもらえるダブルサポートなど，「自分にとってのベストな企業を探す」就職サポート体制を整え，「就職のSANNO」の評価につなげている。

● **資格取得支援**　「簿記・会計」「情報システム」「法務」「サービス接遇」など，働く上で役立つ資格試験の出題範囲をカバーしている資格取得をサポートする授業や講座の開設，指定の検定試験の成績や資格試験の合格による単位認定制度も設けている。

進路指導者も必見 学生を伸ばす 面倒見

初年次教育
初年次ゼミを必修として社会人基礎力を，PBLを通して課題発見・解決力，実践力，協働力を育成。また，キャリアデザイン科目を配し，自己・社会・職業理解を深めることで自分のキャリアをデザインする意識を醸成する

学修サポート
両学部でSA制度，オフィスアワーを導入。また専任教員が学生約30人を担当し，学習に関する指導・助言を行うアカデミック・アドバイザー制度も設けている。学習や成績に関する相談に応じる学習支援センターも設置

オープンキャンパス（2023年度実績）　5月から11月にかけて，両キャンパスで来校型やオンライン型オープンキャンパスを開催（事前予約制）。開催毎に違うプログラムのため，訪れるたびに新しい発見が見られる。

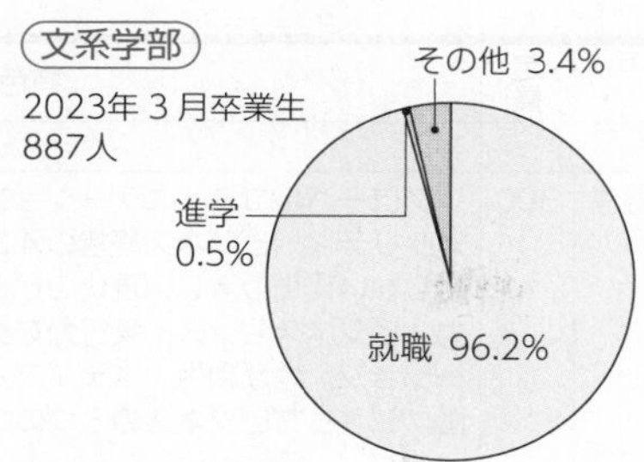

主なOB・OG▶［通信教育課程］森理世（ミス・ユニバース2007），［情報マネジメント］溝江明香・鈴木千代（ビーチバレー選手），［経営］新内眞衣（モデル，女優，タレント），［経営］畑美紗紀（タレント）など。

国際化・留学　大学間 1 大学

受入れ留学生数▶66名（2023年９月１日現在）
留学生の出身国・地域▶中国，ベトナム，台湾，韓国，ネパールなど。
外国人専任教員▶教授０名，准教授１名，講師１名（2023年４月１日現在）
外国人専任教員の出身国▶中国。
大学間交流協定▶１大学（交換留学先０大学，2023年４月１日現在）
海外への留学生数▶０名／年（2022年度）
海外留学制度▶夏期・春期休業期間にアメリカやカナダ，ベトナム，タイで行う異文化体験研修，姉妹校である台湾・銘傳大学と共同で開発した授業に参加する海外フィールドワーク，フィリピンやマレーシアでのグローバル・インターンシップなどの研修科目を用意。

学費・奨学金制度

入学金▶250,000円
年間授業料（施設費等を除く）▶818,000円（詳細は巻末資料参照）
年間奨学金総額▶NA
年間奨学金受給者数▶NA
主な奨学金制度▶創立者・上野陽一を記念し設置された「産業能率大学上野奨学金」（上野特別奨学金，上野学業奨学金，修学支援奨学金など），学業・人物ともに極めて優れている者を対象にした「産業能率大学・富士通（株）育英基金奨学金」，後援会による「産業能率大学後援会奨学金」などの制度を設置。

保護者向けインフォメーション

●**オープンキャンパス**　通常のオープンキャンパス時に保護者向けの説明会を実施している。
●**成績確認**　履修した科目の成績や単位数などの情報をWebで確認することができる。
●**保護者会**　後援会（保護者会）を組織し，例年９月に，学業・成績や就職活動に関する情報提供を目的とした保護者懇談会を開催。会報誌『SANNO PAL』も発行している。
●**就職情報誌**　就職活動の概況，スケジュール，必要な準備，サポート体制等を掲載した『キャリアサポートガイド』を２年次の保護者宛に３月に送付している。
●**防災対策**　「大地震対応マニュアル」を入学時に配布。被災した際の学生の安否は，メールを利用して確認するようにしている。

インターンシップ科目	必修専門ゼミ	卒業論文	GPA制度の導入の有無および活用例	１年以内の退学率	標準年限での卒業率
全学部で開講している	全学部で１～４年次に専門ゼミを実施	卒業要件ではない	学修指導，奨学金等対象者選定・進級判定・卒業判定・退学勧告・大学院選抜基準，留学候補者選考，履修上限単位数の設定などに活用	NA	NA

学部紹介

学部／学科	定員	特色
経営学部		
経営	300	▷グローバルコミュニケーション，ビジネスリーダー，ホスピタリティ，ビジネス経営の４コース。これまでの常識が通用しない変化の激しい現代のビジネスに対応できる問題解決力，ビジネスセンス，実行力を身につける。心理コミュニケーション，地域創生，メディアコミュニケーション，商品企画，ショップビジネスの５つのユニット専門科目も用意。
マーケティング	180	▷「データ分析」と「マーケティング心理学」をベースに，最新のマーケティング理論とスキルを学び，社会が抱えるさまざまな課題に挑み続ける人材を育成する。超実践型PBLの「マーケティング・イニシアティブ」を実施。
● 進路状況…………就職95.7%　進学0.4% ● 主な就職先………アイリスオーヤマ，キーエンス，サントリーマーケティング＆コマースなど。		
情報マネジメント学部		
現代マネジメント	330	▷コンテンツビジネス，スポーツマネジメント，デジタルビジネスデザイン，ビジネスマネジメント，マーケティング企画の５コース。IT化，グローバル化にともない社会構造が大きく変化する中，マネジメント力を発揮して社会のさまざまな分野において活躍する人材を育成する。使える英語をめざした新発想の英語学習プログラムも用意。
● 進路状況…………就職96.9%　進学0.6% ● 主な就職先………大塚商会，東急エージェンシー，船井総合研究所，ブルボン，ノバレーゼなど。		

▶キャンパス

経営……［自由が丘キャンパス］ 東京都世田谷区等々力6-39-15
情報マネジメント……［湘南キャンパス］ 神奈川県伊勢原市上粕屋1573

2024年度入試要項（前年度実績）

●募集人員

学部／学科		前期スタンダード	前期プラスワン	前期２教科	中期	後期	未来構想	共通
▶経営	経営	60	50	30	30	10	5	10
	マーケティング	40	40	20	20	5	5	10
▶情報マネジメント	現代マネジメント	60	45	30	25	10	5	10

※一般選抜前期スタンダードの募集人員には，スカラシップ選抜（国公立大学併願タイプ）を含む。

全学部

一般選抜前期スタンダード　③科目　①国(100)▶国総(古文・漢文を除く)　②外(経営150・情報100)▶コミュ英Ⅰ・コミュ英Ⅱ・英表Ⅰ　③**地歴・公民・数**(100)▶世Ｂ・日Ｂ・政経・「数Ⅰ・数Ａ」から１

※情報マネジメント学部は３科目を受験し，高得点２科目で判定する。

一般選抜前期プラスワン　③科目　①国(100)▶国総(古文・漢文を除く)　②外(100)▶コミュ英Ⅰ・コミュ英Ⅱ・英表Ⅰ　③**地歴・公民・数**(100)▶世Ｂ・日Ｂ・政経・「数Ⅰ・数Ａ」から１

※指定された英語外部試験(英検〈CSE2.0スコア〉，GTEC〈４技能版〉，IELTS，TEAP，TEAP〈CBT〉，TOEFL iBT)のスコアを英語試験の点数に換算して利用することも可能。本学の英語試験を受験した場合，どちらか高得点のものを判定に採用する。

※任意で高得点２教科にて選考も可能(ベスト２選考)。ただし，英語試験の受験必須。

一般選抜前期２教科ベーシック　②科目　①②**国・外・「地歴・公民・数」**(100×2)▶国総

(古文・漢文を除く)・「コミュ英Ⅰ・コミュ英Ⅱ・英表Ⅰ」・「世B・日B・政経・〈数Ⅰ・数A〉から1」から2，ただし経営学部は英または数必須

一般選抜中期(共通テスト併用可)　**2**科目　①②**国・外・数**(100×2)▶国総(古文・漢文を除く)・「コミュ英Ⅰ・コミュ英Ⅱ・英表Ⅰ」・「数Ⅰ・数A」から2

※共通テストの世B・日B・地理B・政経から1科目利用可。ただしその場合は，経営学部は本学試験で英または数必須

一般選抜後期　**2**科目　①**国**(100)▶国総(古文・漢文を除く)　②**外**(100)▶コミュ英Ⅰ・コミュ英Ⅱ・英表Ⅰ

一般選抜共通テスト利用方式〈4教科型・3教科型・2教科型〉　**4～3**科目　①②③④**国・外・「地歴・公民」・数・理**(4教科型100×4・3教科型100×3・2教科型100×2)▶国(近代または近代・古文)・「英(リスニングを含む)・独・仏・中・韓から1」・「世B・日B・地理B・現社・倫・政経・〈倫・政経〉から1」・「〈数Ⅰ・数A〉・〈数Ⅱ・数B〉・簿・情から1」・「〈物基・化基・生基・地学基から2〉・物・化・生・地学から1」から4教科型は4，3教科型と2教科型は3

※2教科型は3教科以上を受験し，高得点2教科で判定。ただし，英語または数Ⅰ・数Aまたは数Ⅱ・数Bのいずれか必須。

※国語は近代または近代・古文のいずれか得点率の高いものを採用。

※英語はリーディング(100点)とリスニング(100点)の合計点を100点に換算。

[個別試験] 行わない。

※4教科型(両学部)と3教科型(マーケティング学科のみ)で，得点により合格を保証する合格保証制度あり。

一般選抜共通テスト利用方式〈5教科型〉　**7**科目　①**国**(100)▶国　②**外**(200)▶英(リスニング〈100〉を含む)・独・仏・中・韓から1　③④**数**(100×2)▶「数Ⅰ・数A」・「〈数Ⅱ・数B〉・簿・情から1」　⑤⑥⑦**地歴・公民・理**(100×3)▶世B・日B・地理B・現社・倫・政経・「倫・政経」・「物基・化基・生基・地学基から2」・物・化・生・地学から2教科3科目

[個別試験] 行わない。

一般選抜未来構想方式(共通テスト併用)5教科型・3教科型　※5教科型は共通テスト5教科5科目(国・外・「地歴・公民」・数・理)の総合得点(700点満点，国・外各200点，他教科各100点)と事前記述課題，未来構想レポートで，3教科型は共通テスト3教科3科目(国・外必須，地歴・公民・数・理から1科目)の合計250点以上(500点満点，国・外各200点，他100点)と事前記述課題(2割)，未来構想レポート(8割)の比率で総合判定する。

その他の選抜

学校推薦型選抜公募制方式一般推薦は現代マネジメント学科60名を，総合型選抜AO方式は経営学科60名，現代マネジメント学科60名を募集。ほかに一般選抜スカラシップ選抜(国公立大学併願タイプ)，学校推薦型選抜指定校方式・スポーツ特別，総合型選抜MI方式，総合型選抜AL方式，総合型選抜キャリア教育接続方式，外国人留学生入試を実施。

偏差値データ (2024年度)

●一般選抜

学部／学科／専攻	2024年度 駿台予備学校 合格目標ライン	2024年度 河合塾 ボーダー偏差値	2023年度 競争率
▶経営学部			
経営(前期)	39～40	45～50	4.3
(中期)	—	45	2.6
(後期)	—	—	3.0
マーケティング(前期)	40～41	45～50	3.5
(中期)	—	45	1.7
(後期)	—	—	3.1
▶情報マネジメント学部			
現代マネジメント(前期)	40～41	42.5～45	2.0
(中期)	—	42.5	1.3
(後期)	—	—	1.4

●駿台予備学校合格目標ラインは合格可能性80%に相当する駿台模試の偏差値です。
●河合塾ボーダー偏差値は合格可能性50%に相当する河合塾全統模試の偏差値です。
●競争率は受験者÷合格者の実質倍率
※前期の競争率は全方式の合計です。

実践女子大学
じっせんじょし

資料請求

問合せ先 入学サポート部　☎03-6450-6820（渋谷）　☎042-585-8820（日野）

建学の精神

明治政府の命を受けた欧米視察で，女子教育充実の必要性を痛感した学祖・下田歌子が，「女性が社会を変える，世界を変える」という建学の精神のもと，「品格高雅にして自立自営しうる女性の育成」を教育理念に掲げ，1899（明治32）年に設立した実践女学校，女子工芸学校を前身とする。以来，実践的な知識・技術を習得することを重視した社会に適応すべき実学教育で「実践の実践」と呼ばれるようになり，120年以上の長きにわたり，数多くの人材を社会の広範な分野に輩出。変化し続ける時代の中で，「問題解決型授業」「学修ルーブリック」「プロジェクト・ターム」「JISSEN Student's Reflection Award」など，個性や能力を最大限に引き出す学びの機会を提供し，社会を変革していくチャレンジ精神を持った学生を育成している。

●渋谷キャンパス……〒150-8538　東京都渋谷区東1-1-49
●日野キャンパス……〒191-8510　東京都日野市大坂上4-1-1

基本データ

学生数▶女4,172名
専任教員数▶教授78名，准教授27名，講師14名

設置学部▶文，人間社会，国際，生活科
併設教育機関▶大学院―文学・生活科学（以上M・D），人間社会（M）

就職・卒業後の進路

就職率 98.0%
就職者÷希望者×100

●**就職支援**　1・2年の低年次より，自身の将来について考え行動する，就職支援講座やイベントを多数開講。就活年次となる3年次では，書類対策や面接対策をはじめ，就職活動に必要な知識・ノウハウを伝授する講座も開講するなど，専門スタッフが連携して就職を支援。講座や面談を通じて学生一人ひとりのキャリア形成を考え，社会に出るまでのプラン立てをしっかり行っている。

●**資格取得支援**　各学部・学科で教育や保育，衣・食・住など，幅広い分野の資格を取得することが可能。また，国内旅程管理主任者研修や簿記検定3級対策講座など，資格取得・試験のための各種講座を開催している。

進路指導者も必見 学生を伸ばす 面倒見

初年次教育

"大学生としての学び方" の基礎を身につける実践スタンダード科目（必修）として「実践入門セミナー」「情報リテラシー基礎1」を全学部で，「英文入門セミナー」などの科目を一部の学部・学科で開講

学修サポート

全学部でTA制度，オフィスアワー制度，アカデミック・アドバイザー制度を導入。また，学生総合支援センターを設置し，カリキュラムアドバイザーが履修相談等のサポートを行うほか，個別相談期間「履修プランニングウィーク」を開催

オープンキャンパス（2023年度実績）　6月から10月にかけてと3月に，両キャンパスでオープンキャンパスやミニオープンキャンパスを開催（要事前予約）。キャンパスツアー，模擬授業，入試説明会，学科紹介・相談など。

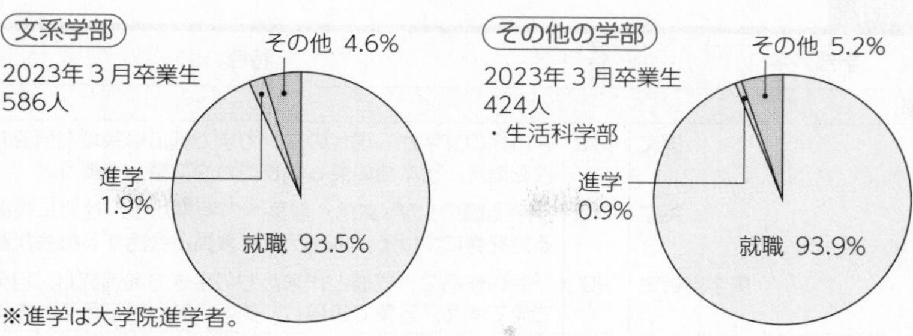

※進学は大学院進学者。

主なOG▶［文］うつみ宮土理（タレント），［文］松下玲子（東京都武蔵野市長），［文］宮本茉由（モデル，女優），［文］唐橋ユミ（フリーアナウンサー），［生活科］山形純菜（TBSテレビアナウンサー）など。

国際化・留学　大学間 22 大学

受入れ留学生数▶３名(2023年５月１日現在)

留学生の出身国▶韓国。

外国人専任教員▶教授２名，准教授１名，講師１名（2023年５月１日現在）

外国人専任教員の出身国▶アメリカ，チェコなど。

大学間交流協定▶22大学（交換留学先６大学，2023年５月１日現在）

海外への留学生数▶渡航型15名・オンライン型67名／年（８カ国・地域，2022年度）

海外留学制度▶留学制度には，交換協定校留学，交換協定校派遣留学，協定校派遣留学，認定校留学の４種類があり，留学期間も在籍とみなされ，４年間での卒業が可能。このほか，２～４週間海外での生活を体験し，留学への第一歩となるプログラムの海外語学研修や海外インターンシップなどがあり，国際交流や異文化理解ができる制度を整えている。

学費・奨学金制度　給付型奨学金総額 年間約 1,500 万円

入学金▶240,000円

年間授業料（施設費等を除く）▶770,000円（詳細は巻末資料参照）

年間奨学金総額▶約15,000,000円

年間奨学金受給者数▶約100人

主な奨学金制度▶各学科・専攻の推薦により，在学中の学業成績，人物ともに優秀な学生に対し，在学年度は記念品，卒業年度は奨励金を給付する「学祖下田歌子奨学金」のほか，経済的支援の「佐久間繁子ファーストイヤースカラシップ」，課外活動・留学に対する「羽山昇・昭子奨学金」などの制度を設置。

保護者向けインフォメーション

●**成績確認**　成績通知表を送付している。

●**後援会**　保護者（保証人）を会員とする後援会を設置。『会報』も年２回発行している。

●**就活LIVE**　３年生の保護者を対象に「実践就活LIVE2023―保護者の皆様に知っていただきたい！ 就活準備スタート講座―」を６月にオンライン開催。

●**修学・就活支援DAY**　９月に両キャンパスで「実践✽修学・就職支援DAY」を開催。

●**防災対策**　「災害時対応マニュアル」を新学期に配布（全年次対象）。災害時の学生の状況は，学生支援システム「J-TAS」を利用して把握するようにしている。

インターンシップ科目	必修専門ゼミ	卒業論文	GPA制度の導入の有無および活用例	１年以内の退学率	標準年限での卒業率
全学部で開講している	文学部と生活科学部（食生活科学科管理栄養士専攻と健康栄養専攻を除く）で４年次，人間社会学部で１～４年次に実施	全学部（管理栄養士・健康栄養専攻は選択）卒業要件	奨学金や授業料免除対象者の選定や留学候補者の選考，退学勧告基準，学生に対する個別の学修指導などに活用している	0.9%（大学全体）	NA

学部紹介

学部／学科	定員	特色
文学部		
国文	110	▷古代の文学から現代のマンガまで幅広い領域を研究し，感性を磨き，日本語の美しい表現力や文章力を養う。
英文	110	▷英語圏の文学・文化，言葉への考察から，社会に貢献できる力を身につける。ネイティブ教員と会話する機会が豊富。
美学美術史	90	▷芸術作品の世界観と作家たちの生き方を追究し，自分の眼で見て考え，言葉で表現し，美術の魅力を伝える力を養う。
● 取得可能な資格…教職（国・美・書・英），司書，司書教諭，学芸員など。 ● 進路状況…………就職92.1%　進学2.7% ● 主な就職先………ANAエアポートサービス，サイバーエージェント，ニトリ，日本経済新聞社など。		
人間社会学部		
		▶学部一括募集。２年次進級時に学科を選択する。
人間社会	260	▷現実問題に真正面から向き合い，人々の心理や行動，その背景にある社会，文化，地域などを幅広い視点で考察する。
ビジネス社会		▷2024年度より，現代社会学科から名称変更。知識にとどまらない実践的ビジネススキルを身につけ，課題解決のために主体的に行動できる人材を育成する。
社会デザイン		▷NEW! '24年新設。複雑・多様化した社会が抱える問題に対して，デザイン思考やデータサイエンスの知識や技能を活用し，問題を見つけ，解決することができる人材を育成する。
● 取得可能な資格…教職（公・社），司書，司書教諭，学芸員など。 ● 進路状況…………就職95.9%　進学0.5% ● 主な就職先………伊藤忠ロジスティクス，太陽生命保険，日本電気，三井不動産リアルティなど。		
国際学部		
国際	120	▷NEW! '24年新設。ディベート能力と豊かな日本語能力を養い，国際力と越境力を備えたグローバル人材を育成する。２年次に全員が３カ月以上の海外留学を経験。
生活科学部		
食生活科	185	▷３専攻制。管理栄養士専攻（70名）では，人の命を支える栄養管理のエキスパートを育成する。食物科学専攻（75名）は食ビジネス，食生活，食品科学の３コース。健康栄養専攻（40名）では，食品や栄養，健康づくりや疾病，食育などの幅広い知識を備えたプロフェッショナル人材を育成する。
生活環境	80	▷アパレル，プロダクト，住環境デザインの３分野を多角的に学び，ものづくりに必要な発想力や感性を磨く。
生活文化	85	▷２専攻制。生活心理専攻（40名）では，家庭・社会・人間の生活を心理学から科学する。幼児保育専攻（45名）では，理想の保育・教育を実現できる柔軟な思考と応用力を養う。
現代生活	60	▷世界が抱える複雑な問題を「環境」「メディア」「自立」の３つの領域から横断的に学び，課題解決能力を身につける。
● 取得可能な資格…教職（家，小一種，幼一種，栄養），司書教諭，保育士，栄養士，管理栄養士・１級建築士・２級建築士受験資格など。 ● 進路状況…………就職93.9%　進学0.9% ● 主な就職先………エームサービス，紀文食品，キヤノン，大和ハウス工業，日本航空電子工業など。		

キャンパスアクセス ［渋谷キャンパス］ JR・東京メトロ・東急各線，京王井の頭線―渋谷より徒歩10分／東京メトロ銀座線・半蔵門線・千代田線―表参道より徒歩12分

▶**キャンパス**
文・人間社会・国際……［渋谷キャンパス］東京都渋谷区東1-1-49
生活科……［日野キャンパス］東京都日野市大坂上4-1-1

2024年度入試要項（前年度実績）

●**募集人員**

学部／学科（専攻）	一般Ⅰ期	一般Ⅱ期
▶文　国文	40	10
英文	40	12
美学美術史	35	7
▶人間社会　人間社会・ビジネス社会・社会デザイン	78	20
▶国際　国際	30	8
▶生活科　食生活科（管理栄養士）	25	6
（食物科学）	25	5
（健康栄養）	14	2
生活環境	24	8
生活文化（生活心理）	12	5
（幼児保育）	10	3
現代生活	18	8

※一般選抜Ⅰ期は２科目型・３科目型および３科目型（外部試験利用方式）Ａ・Ｂ日程を実施。またⅡ期では，高校時代活動評価方式も行う。
※人間社会学部は３学科一括募集。

▷一般選抜Ⅰ期３科目型（外部試験利用方式）は，指定された外部試験スコアを試験科目の英語の得点として換算し，判定する。当日の英語の試験を受験することも可能で，その場合はどちらかの高得点を採用する。
▷一般選抜Ⅱ期（高校時代活動評価方式）は，部活動，リーダーシップ活動，スキルアップ活動，社会貢献・ボランティア活動，国際理解活動を得点換算（上限50点）し，当日の試験の得点に加算して判定する。

文学部

一般選抜Ⅰ期２科目型Ａ・Ｂ日程　**【国文学科】** ②科目　①国（100）▶［Ａ日程］―国総（現文）・現文Ｂ，［Ｂ日程］―国総（漢文を除く）・現文Ｂ・古典Ｂ（漢文を除く）②外（100）▶コミュ英Ⅰ・コミュ英Ⅱ・英表Ⅰ

【英文学科】 ②科目　①国（100）▶［Ａ日程］―国総（現文）・現文Ｂ，［Ｂ日程］「国総（現文）・現文Ｂ」・「国総（漢文を除く）・現文Ｂ・古典Ｂ（漢文を除く）」から１　②外（100）▶コミュ英Ⅰ・コミュ英Ⅱ・英表Ⅰ

【美学美術史学科】 ②科目　①②国・外・地歴（100×2）▶「〔Ａ日程〕国総（現文）・現文Ｂ〉」・「〔Ｂ日程〕〈国総（現文）・現文Ｂ〉・〈国総（漢文を除く）・現文Ｂ・古典Ｂ（漢文を除く）〉から１」・「コミュ英Ⅰ・コミュ英Ⅱ・英表Ⅰ」・「世Ｂ・日Ｂから１」から２

一般選抜Ⅰ期３科目型・３科目型（外部試験利用方式）Ａ・Ｂ日程　③〜②科目　①国（100）▶［Ａ日程］―国総（現文）・現文Ｂ，［Ｂ日程］「国総（現文）・現文Ｂ」・「国総（漢文を除く）・現文Ｂ・古典Ｂ（漢文を除く）」から１，ただしＢ日程の国文学科は現文＋古文指定　②外（100）▶コミュ英Ⅰ・コミュ英Ⅱ・英表Ⅰ　③**地歴・数・理**（100）▶世Ｂ・日Ｂ・「数Ⅰ・数Ａ」・化基・生基から１，ただし化基・生基は国文学科のみ選択可

※外部試験利用方式は国語，選択科目と指定された外部試験スコア（100点または80点に換算）の合計点で判定する。

一般選抜Ⅱ期・Ⅱ期（高校時代活動評価方式）
【国文学科】 ②科目　①国（100）▶国総（漢文を除く）・現文Ｂ・古典Ｂ（漢文を除く）　②外（100）▶コミュ英Ⅰ・コミュ英Ⅱ・英表Ⅰ

【英文学科】 ②科目　①外（100）▶コミュ英Ⅰ・コミュ英Ⅱ・英表Ⅰ　②国・数（100）▶「国総（現文）・現文Ｂ」・「国総（漢文を除く）・現文Ｂ・古典Ｂ（漢文を除く）」・「数Ⅰ・数Ａ」から１

【美学美術史学科】 ②科目　①②国・外・数（100×2）▶「〈国総（現文）・現文Ｂ〉・〈国総（漢文を除く）・現文Ｂ・古典Ｂ（漢文を除く）〉から１」・「コミュ英Ⅰ・コミュ英Ⅱ・英表Ⅰ」・「数Ⅰ・数Ａ」から２

人間社会学部

一般選抜Ⅰ期２科目型Ａ・Ｂ日程　②科目　①

キャンパスアクセス［日野キャンパス］JR中央線―日野より徒歩12分／京王線―高幡不動よりバス13〜15分・日野市役所下車徒歩５分または日野市役所東下車徒歩10分

外(100) ▶コミュ英Ⅰ・コミュ英Ⅱ・英表Ⅰ　②**国・地歴・数**(100) ▶「(A日程)国総(現文)・現文B」・「(B日程)〈国総(現文)・現文B〉・〈国総(漢文を除く)・現文B・古典B(漢文を除く)〉から1」・世B・日B・「数Ⅰ・数A」から1

一般選抜Ⅰ期3科目型・3科目型(外部試験利用方式)A・B日程　**3~2**科目　①**外**(100) ▶コミュ英Ⅰ・コミュ英Ⅱ・英表Ⅰ　②③**国・地歴・数・理**(100×2) ▶「(A日程)国総(現文)・現文B」・「(B日程)〈国総(現文)・現文B〉・〈国総(漢文を除く)・現文B・古典B(漢文を除く)〉から1」・「世B・日Bから1」・「数Ⅰ・数A」・「化基・生基から1」から2

※外部試験利用方式は国語，選択科目と指定された外部試験スコア(100点または80点に換算)の合計点で判定する。

一般選抜Ⅱ期・Ⅱ期(高校時代活動評価方式)　**2**科目　①②**国・外・数**(100×2) ▶「〈国総(現文)・現文B〉・〈国総(漢文を除く)・現文B・古典B(漢文を除く)〉から1」・「コミュ英Ⅰ・コミュ英Ⅱ・英表Ⅰ」・「数Ⅰ・数A」から2

国際学部

一般選抜Ⅰ期2科目型A・B日程　**2**科目　①**外**(100) ▶コミュ英Ⅰ・コミュ英Ⅱ・英表Ⅰ　②**国・地歴・数**(100) ▶「(A日程)国総(現文)・現文B」・「(B日程)〈国総(現文)・現文B〉・〈国総(漢文を除く)・現文B・古典B(漢文を除く)〉から1」・世B・日B・「数Ⅰ・数A」から1

一般選抜Ⅰ期3科目型・3科目型(外部試験利用方式)A・B日程　**3~2**科目　①**国**(100) ▶[A日程]―国総(現文)・現文B，[B日程]―「国総(現文)・現文B」・「国総(漢文を除く)・現文B・古典B(漢文を除く)」から1　②**外**(100) ▶コミュ英Ⅰ・コミュ英Ⅱ・英表Ⅰ　③**地歴・数**(100) ▶世B・日B・「数Ⅰ・数A」から1

※外部試験利用方式は国語，選択科目と指定された外部試験スコア(100点または80点に換算)の合計点で判定する。

一般選抜Ⅱ期・Ⅱ期(高校時代活動評価方式)　**2**科目　①**外**(100) ▶コミュ英Ⅰ・コミュ英Ⅱ・英表Ⅰ　②**国・数**(100) ▶「国総(現文)・現文B」・「国総(漢文を除く)・現文B・古典B(漢文を除く)」・「数Ⅰ・数A」から1

生活科学部

一般選抜Ⅰ期2科目型A・B日程　**【食生活科学科】**　**2**科目　①**国・外**(100) ▶「(A日程)国総(現文)・現文B」・「(B日程)〈国総(現文)・現文B〉・〈国総(漢文を除く)・現文B・古典B(漢文を除く)〉から1」・「コミュ英Ⅰ・コミュ英Ⅱ・英表Ⅰ」から1　②**数・理**(100) ▶「数Ⅰ・数A」・化基・生基から1

【生活環境学科】　**2**科目　①**外**(100) ▶コミュ英Ⅰ・コミュ英Ⅱ・英表Ⅰ　②**国・地歴・数・理**(100) ▶「(A日程)国総(現文)・現文B」・「(B日程)〈国総(現文)・現文B〉・〈国総(漢文を除く)・現文B・古典B(漢文を除く)〉から1」・世B・日B・「数Ⅰ・数A」・化基・生基から1

【生活文化学科】　**2**科目　①**国**(100) ▶[A日程]―国総(現文)・現文B，[B日程]―「国総(現文)・現文B」・「国総(漢文を除く)・現文B・古典B(漢文を除く)」から1　②**外**(100) ▶コミュ英Ⅰ・コミュ英Ⅱ・英表Ⅰ

【現代生活学科】　**2**科目　①②**国・外・「地歴・数・理」**(100×2) ▶「(A日程)国総(現文)・現文B」・「(B日程)〈国総(現文)・現文B〉・〈国総(漢文を除く)・現文B・古典B(漢文を除く)〉から1」・「コミュ英Ⅰ・コミュ英Ⅱ・英表Ⅰ」・「世B・日B・〈数Ⅰ・数A〉・化基・生基から1」から2

一般選抜Ⅰ期3科目型・3科目型(外部試験利用方式)A・B日程　**3~2**科目　①**外**(100) ▶コミュ英Ⅰ・コミュ英Ⅱ・英表Ⅰ　②③**国・地歴・数・理**(100×2) ▶「(A日程)国総(現文)・現文B」・「(B日程)〈国総(現文)・現文B〉・〈国総(漢文を除く)・現文B・古典B(漢文を除く)〉から1」・世B・日B・「数Ⅰ・数A」・化基・生基から2，ただし食生活科学科は地歴の選択不可

※外部試験利用方式は国語，選択科目と指定された外部試験スコア(100点または80点に換算)の合計点で判定する。

一般選抜Ⅱ期・Ⅱ期(高校時代活動評価方式)

【食生活科学科〈管理栄養士専攻〉】　**2**科目　①**数**(100) ▶数Ⅰ・数A　②**国・外**(100) ▶「国総(現文)・現文B」・「国総(漢文を除く)・現

文Ｂ・古典Ｂ（漢文を除く）」・「コミュ英Ⅰ・コミュ英Ⅱ・英表Ⅰ」から１

【その他の学科・専攻】　②科目　①②国・外・数（100×2）▶「〈国総（現文）・現文Ｂ〉・〈国総（漢文を除く）・現文Ｂ・古典Ｂ（漢文を除く）〉から１」・「コミュ英Ⅰ・コミュ英Ⅱ・英表Ⅰ」・「数Ⅰ・数Ａ」から２

その他の選抜

共通テスト利用入試は文学部62名，人間社会学部62名，国際学部32名，生活科学部69名を募集。ほかに学校推薦型選抜（公募，公募併願，卒業生・在学生推薦，指定校・海外指定校），総合型選抜，海外帰国生特別選抜，社会人特別選抜，外国人留学生選抜を実施。

偏差値データ（2024年度）

●一般選抜Ⅰ期・Ⅱ期

学部／学科／専攻	2024年度 駿台予備学校 合格目標ライン	2024年度 河合塾 ボーダー偏差値	2023年度 競争率
▶文学部			
国文（Ⅰ期・２科目）	38	47.5	1.9
（Ⅰ期・３科目）	38	47.5	1.9
（Ⅱ期）	—	45	2.4
英文（Ⅰ期・２科目）	38	47.5	1.2
（Ⅰ期・３科目）	38	45	1.3
（Ⅱ期）	—	40	1.1
美学美術史（Ⅰ期・２科目）	36	50	2.2
（Ⅰ期・３科目）	36	50	2.6
（Ⅱ期）	—	47.5	1.4
▶人間社会学部			
（Ⅰ期・２科目）	38	52.5	3.3
（Ⅰ期・３科目）	38	52.5	3.4
（Ⅱ期）	—	52.5	3.2
▶国際学部			
国際（Ⅰ期・２科目）	39	47.5	新
（Ⅰ期・３科目）	39	47.5	新
（Ⅱ期）	—	47.5	新
▶生活科学部			
食生活科／管理栄養士（Ⅰ期・２科目）	42	47.5	4.1
（Ⅰ期・３科目）	42	47.5	7.6
（Ⅱ期）	—	47.5	8.5
／食物科学（Ⅰ期・２科目）	39	45	1.6
（Ⅰ期・３科目）	39	45	1.2
（Ⅱ期）	—	45	1.7
／健康栄養（Ⅰ期・２科目）	39	47.5	1.7
（Ⅰ期・３科目）	39	45	1.1
（Ⅱ期）	—	45	1.4
生活環境（Ⅰ期・２科目）	38	45	3.3
（Ⅰ期・３科目）	38	45	3.6
（Ⅱ期）	—	45	1.8
生活文化／生活心理（Ⅰ期・２科目）	38	45	2.4
（Ⅰ期・３科目）	38	45	1.8
（Ⅱ期）	—	42.5	1.5
／幼児保育（Ⅰ期・２科目）	39	47.5	2.7
（Ⅰ期・３科目）	39	47.5	4.0
（Ⅱ期）	—	45	3.0
現代生活（Ⅰ期・２科目）	37	40	1.2
（Ⅰ期・３科目）	37	40	1.3
（Ⅱ期）	—	37.5	1.5

- 駿台予備学校合格目標ラインは合格可能性80％に相当する駿台模試の偏差値です。
- 河合塾ボーダー偏差値は合格可能性50％に相当する河合塾全統模試の偏差値です。
- 競争率は受験者÷合格者の実質倍率

私立大学　東京

芝浦工業大学

しばうらこうぎょう

資料請求

問合せ先　入試課　☎03-5859-7100

建学の精神

「社会に学び，社会に貢献する技術者の育成」を建学の精神とする芝浦工業大学の源は，1927（昭和２）年に創設された東京高等工商学校である。前身校の時代から継承，堅持している実学主義の教育により，実用的な知識と技術を併せ持って技術立国を担う技術者，しかも高い倫理観と豊かな見識を備えた優れた技術者の育成に取り組み，有為な人材を輩出し，卒業生は堅実に仕事ができる技術者として社会から高く評価され，社会の進歩発展に貢献してきた。創立100周年を迎える2027年に向け，私立理工系で唯一，スーパーグローバル大学に文部科学省から選定された大学として，アジア工科系大学のトップ10に入るという目標を設定。日本のグローバル理工学教育を牽引し，世界に学び，世界に貢献するグローバル理工学人材を育成していく。

- **豊洲キャンパス**……〒135-8548　東京都江東区豊洲3-7-5
- **大宮キャンパス**……〒337-8570　埼玉県さいたま市見沼区深作307

基本データ

学生数▶7,806名（男6,258名，女1,548名）
専任教員数▶教授226名，准教授68名，講師２名

設置学部▶工，システム理工，デザイン工，建築
併設教育機関▶大学院―理工学（M・D）

就職・卒業後の進路

就職率 99.6%
就職者÷希望者×100

● **就職支援**　入学時に将来の目標設定に向けて適性検査を実施するなど，学生一人ひとりの仕事観を育成し，学びの指針となるように支援。年次ごとに各種就職講座やガイダンス，インターンシップ，工場見学など，将来を見通したキャリア支援を行い，ミスマッチのない就職活動を後押ししている。内定後には社会人マナーの修得などもフォロー。

● **資格取得支援**　学んだことを将来に生かすために，あるいはより実践的なスキルを身につけるために，資格取得を推奨。キャリアサポート課では，資格取得時にかかった受験料の補助も行っている。教職免許状の取得をめざしている学生のために教職課程も設置。

進路指導者も必見 学生を伸ばす 面倒見

初年次教育	学修サポート
レポート・論文の書き方やプレゼンテーション技法，ITの基礎技術，情報収集や資料整理の方法などを修得するほか，論理的思考や問題発見・解決能力の向上を図る初年次教育を学部により実施。自校教育も行っている	全学部でTA制度，クラス担任制度を導入しているほか，教員が学生からの質問や相談に応じるオフィスアワーを設定。基礎学力の習得を中心とした個別指導や学修支援を行う「学習サポート室」を各学部に設置

オープンキャンパス（2023年度実績）　大宮キャンパスで７月29・30日，豊洲キャンパスで８月18～20日に開催（事前予約制）。工学部課程制概要説明，システム理工学部特別講義＆学生座談会，キャンパスツアーなど。

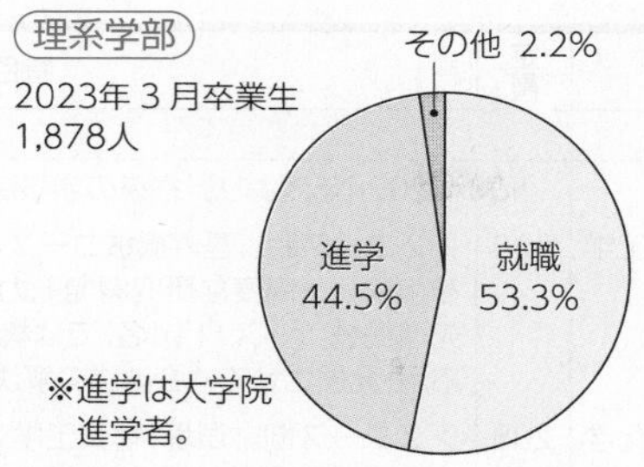

主なOB・OG▶［工］酒巻久（キヤノン電子会長），［工］浦上壮平（エスプール創業者・会長兼社長），［工］中山俊雄（徳島県小松島市長），［工］伊原春樹（元プロ野球選手），［工］高里椎奈（小説家）など。

国際化・留学　大学間 212 大学

受入れ留学生数▶66名（2023年４月１日現在）

留学生の出身国・地域▶中国，韓国，マレーシア，インドネシア，台湾など。

外国人専任教員▶教授11名，准教授16名，講師19名（2023年５月１日現在）

外国人専任教員の出身国▶アメリカ，イギリス，イタリア，中国，マレーシアなど。

大学間交流協定▶212大学（2023年５月現在）

海外への留学生数▶渡航型947名・オンライン型218名／年（2022年度）

海外留学制度▶夏・春休みを利用した語学研修や海外インターンシップ，協定校の学生と協力しながら，専門分野に関連した課題解決に取り組む「グローバルPBL」のほか，交換留学（授業履修型・研究室配属型）など，英語力や専門性のレベル別にさまざまなプログラムを用意。ATU-NetやWTUN，GTIなど４つのコンソーシアムにも参加している。

学費・奨学金制度

入学金▶280,000円

年間授業料（施設費等を除く）▶1,199,000円（詳細は巻末資料参照）

年間奨学金総額▶NA

年間奨学金受給者数▶NA

主な奨学金制度▶理工系女子特別入学者選抜の入学者や一般入試の成績優秀な女子を対象とした「理工系女性技術者支援奨学金」のほか，「芝浦工業大学育英奨学金」や「芝浦工業大学海外留学奨学金」などを設置。

保護者向けインフォメーション

●**オープンキャンパス**　通常のオープンキャンパス時に「在学生の父母が語る！　芝浦工大生の親のリアル」を，両キャンパスからオンラインで生配信（2023年度）。

●**成績確認**　保護者ポータルサイトで，成績や授業の出席状況などの情報が閲覧可能。

●**懇談会**　在学生の父母による後援会があり，父母懇談会や地域交流会などを開催。『後援会だより しばうら』も年２回発行している。

●**相談窓口**　保護者専用の窓口を設置している。

●**防災対策**　「大地震対応マニュアル」をガイダンス時に配布。震度５強以上の地震が発生した場合，安否確認自動配信メールが送信される。

インターンシップ科目	必修専門ゼミ	卒業論文	GPA制度の導入の有無および活用例	１年以内の退学率	標準年限での卒業率
工・システム理工・デザイン工で開講	全学部で実施している	全学部卒業要件	奨学金や学費免除対象者の選定基準や進級判定の基準などに活用している	NA	NA

学部紹介

学部／課程・学科	定員	特色
工学部		
		▶2024年度より，従来の学科制から課程制に改組。
機械工学	228	▷２コース制。基幹機械コース（114名）では機械工学の技術を追求し，高度な研究開発能力を武器に活躍できる人材を，先進機械コース（114名）では機械工学と他の分野を融合し，応用・発展させて社会課題の解決ができる人材を育成する。
物質化学	208	▷２コース制。環境・物質工学コース（104名）では，暮らしや社会を変えてゆく新素材を開発。化学・生命工学コース（104名）では「化学」の力で人々の命や生活を守る技術を養う。
電気電子工学	208	▷２コース制。電気・ロボット工学コース（104名）ではロボットや電気自動車などの研究開発に携わり，「新しい電気の時代」を創る。先端電子工学コース（104名）では「電子・光」をキーワードに，多岐にわたって電子工学の可能性を追求する。
情報・通信工学	218	▷２コース制。情報通信コース（104名）では情報通信技術のプロフェッショナルを，情報工学コース（114名）では，これからの情報社会を牽引する人材を育成する。
土木工学	104	▷都市・環境コースを設置。社会の重要な課題を解決する技術や能力を学び，豊かな社会を構築する人材を育成する。
先進国際	9	▷学部教育をすべて英語で提供する課程。国際化が進む社会においてリーダーシップを発揮し，複雑化する理工学の問題を解決できる人材を育成する。特別入学者選抜のみで募集。
● **取得可能な資格**…教職（数・理・情・工業），測量士補など。 ● **進路状況**…………就職51.9%　進学46.4% ● **主な就職先**………SUBARU，本田技研工業，東海旅客鉄道，山崎製パン，キーエンス，京セラなど。		
システム理工学部		
		▶グローバルな理工系人材の育成をめざす国際プログラムを設置。１セメスター以上の留学が必須。
電子情報システム	115	▷システムアプローチによるイノベーションにより，人工知能やIoT時代の超スマート社会（Society5.0）をつくるシステム志向のエンジニアを育成する。
機械制御システム	90	▷機械工学をベースに，データサイエンスと情報処理等も合わせて学び，自動運転のシステム技術などのシステムを構成する技術を身につける。
環境システム	90	▷建築・都市・環境分野にわたる広範な教養と，いずれかの分野の専門的な知識と技術を身につけた建築士や公務員など，社会課題の解決に貢献できる人材を育成する。
生命科	115	▷２コース制。生命科学コース（58名）は「老化」をキーワードに生命の不思議を解明する。生命医工学コース（57名）は人の生命や機能回復を助ける装置やシステムを開発する。
数理科	75	▷社会のさまざまな問題に数理科学からアプローチし，科学・工学の幅広い分野で活躍できる数理エンジニアを育成する。
● **取得可能な資格**…教職（数・理・情・工業），１・２級建築士受験資格など。 ● **進路状況**…………就職61.4%　進学35.1% ● **主な就職先**………SCSK，楽天グループ，エヌ・ティ・ティ・データ，東京地下鉄，キユーピーなど。		

キャンパスアクセス ［豊洲キャンパス］東京メトロ有楽町線―豊洲より徒歩7分／JR京葉線―越中島より徒歩15分

デザイン工学部		
デザイン工	160	▷生産・プロダクトデザイン系（80名）とロボティクス・情報デザイン系（80名）を設置し，人の感性を生かしたものづくりを学ぶ。2025年度より，「社会に学び，社会に貢献するデザイン人材の育成」を目的としたプロダクト，UX，社会情報システムの３つのコースへと再編予定。
● 取得可能な資格…教職（工業）など。　● 進路状況………就職68.4％　進学29.0％ ● 主な就職先………LINEヤフー，日立製作所，LIXIL，日本発条，キヤノン，TOPPAN，セガなど。		
建築学部		
建築	240	▷３コース制。APコース（先進的プロジェクトデザインコース，30名）は実社会の身近な諸問題の解決から，環境問題や国際貢献まで，建築を通して社会に貢献できる人材を育成する。SAコース（空間・建築デザインコース，105名）は建築を中心にインテリアからまちづくりまで，建築教育の各分野を幅広く，深く学ぶ。UAコース（都市・建築デザインコース，105名）は単体の建築物から都市空間まで，居住の質を高めるためのデザインを学ぶ。
● 取得可能な資格…１・２級建築士受験資格など。　● 進路状況………就職32.1％　進学66.7％ ● 主な就職先………竹中工務店，清水建設，大成建設，大和ハウス工業，乃村工藝社，戸田建設など。		

▶キャンパス

建築，工・デザイン工３・４年次……［豊洲キャンパス］東京都江東区豊洲3-7-5
システム理工，工・デザイン工１・２年次……［大宮キャンパス］埼玉県さいたま市見沼区深作307

2024年度入試要項（前年度実績）

●募集人員

学部／課程・学科（コース・系）	一般前期	英語資格・検定	全学統一	一般後期	共通前期	共通後期
▶工　機械工学（基幹機械）	39	4	12	7	16	18
（先進機械）	39	4	12	7	16	
物質化学（環境・物質工学）	32	4	12	7	14	
（化学・生命工学）	36	4	12	7	14	
電気電子工学（電気・ロボット工学）	36	4	12	7	14	
（先端電子工学）	36	4	12	7	14	
情報・通信工学（情報通信）	36	4	12	7	14	
（情報工学）	39	4	12	7	16	
土木工学	32	4	12	7	14	
▶システム理工　電子情報システム	36	4	12	7	16	10
機械制御システム	24	4	10	6	13	
環境システム	24	4	10	6	13	
生命科（生命科学）	15	3	7	4	7	
（生命医工学）	15	3	7	4	7	
数理科	15	3	8	5	9	
▶デザイン工　デザイン工（生産・プロダクトデザイン）	26	4	8	4	11	4
（ロボティクス・情報デザイン）	26	4	8	4	11	
▶建築　建築（APコース：先進的プロジェクトデザイン）	10	2	—	3	3	4
（SAコース：空間・建築デザイン）	35	4	10	5	17	
（UAコース：都市・建築デザイン）	35	4	10	5	17	

▷一般入試英語資格・検定試験利用方式の出願資格は，TOEFL iBT，TOEFL PBT，TOEIC L&R+TOEIC S&W，ケンブリッジ英語検定，GTEC，TEAP R/L+W+S，IELTS，英検（CSEスコアのみで判断）のいずれかのスコアが基準値以上の者。スコアの有効期間は，実施団体の定めによる。

工学部・デザイン工学部

一般入試前期／英語資格・検定試験利用方式／全学統一／後期　**4〜2**科目　①外（100）▶コミュ英Ⅰ・コミュ英Ⅱ・コミュ英Ⅲ・英表Ⅰ・英表Ⅱ　②数（100）▶数Ⅰ・数Ⅱ・数Ⅲ・数Ａ・数Ｂ（数列・ベク）　③④理（100）▶「物基・物」・

東京　芝浦工業大学

「化基・化」から各４題計８題から４題を任意選択
※英語資格・検定試験利用方式は英語の試験を行わず，数・理の２教科で判定する。また後期も英語の試験を行わず，英検(CSEスコア)または共通テスト(リーディング＋リスニング)の点数を100点満点に換算し，数・理と合わせて300点満点で判定する。なお，両者のスコアを提出することも可能で，その場合は，いずれかの高得点の方を採用する。
共通テスト利用方式(前期) **5科目** ①国(100)▶国(近代) ②**外**(200)▶英(リスニング〈100〉を含む) ③④**数**(100×2)▶「数Ⅰ・数Ａ」・「数Ⅱ・数Ｂ」 ⑤**理**(100)▶物・化・生・地学から１
[個別試験] 行わない。
共通テスト利用方式(後期) **4科目** ①**外**(300)▶英(リスニングを含む) ※リーディング(100)＋リスニング(100)の200点満点を300点満点に換算。 ②③**数**(100×2)▶「数Ⅰ・数Ａ」・「数Ⅱ・数Ｂ」 ④**理**(100)▶物・化・生・地学から１
[個別試験] 行わない。

システム理工学部

一般入試前期／英語資格・検定試験利用方式／全学統一／後期 **【電子情報システム学科・機械制御システム学科・環境システム学科】** **4〜2科目** ①**外**(100)▶コミュ英Ⅰ・コミュ英Ⅱ・コミュ英Ⅲ・英表Ⅰ・英表Ⅱ ②**数**(100)▶数Ⅰ・数Ⅱ・数Ⅲ・数Ａ・数Ｂ(数列・ベク) ③④**理**(100)▶「物基・物」・「化基・化」から各４題計８題から４題を任意選択
【生命科学科・数理科学科】 **4〜2科目** ①**外**(100)▶コミュ英Ⅰ・コミュ英Ⅱ・コミュ英Ⅲ・英表Ⅰ・英表Ⅱ ②**数**(生命科100・数理科200)▶数Ⅰ・数Ⅱ・数Ⅲ・数Ａ・数Ｂ(数列・ベク) ③④**理**(100)▶「〈物基・物〉・〈化基・化〉から各４題計８題から４題を任意選択」・「生基・生」から１
※英語資格・検定試験利用方式は英語の試験を行わず，数・理の２教科で判定する。また後期も英語の試験を行わず，英検(CSEスコア)または共通テスト(リーディング＋リスニング)の点数を100点満点に換算し，数・理と合わせて300点満点(数理科学科のみ400点満点)で判定する。なお，両者のスコアを提出することも可能で，その場合は，いずれかの高得点の方を採用する。
共通テスト利用方式(前期) **【環境システム学科】** **5科目** ①**国**(100)▶国(近代) ②**外**(200)▶英(リスニング〈100〉を含む) ③④**数**(100×2)▶「数Ⅰ・数Ａ」・「数Ⅱ・数Ｂ」 ⑤**地歴・公民・理**(100)▶世Ｂ・日Ｂ・地理Ｂ・現社・倫・政経・「倫・政経」・物・化・生・地学から１
[個別試験] 行わない。
【その他の学科】 **5科目** ①**国**(100)▶国(近代) ②**外**(200)▶英(リスニング〈100〉を含む) ③④**数**(100×2)▶「数Ⅰ・数Ａ」・「数Ⅱ・数Ｂ」 ⑤**理**(100)▶物・化・生・地学から１
[個別試験] 行わない。
共通テスト利用方式(後期) **【環境システム学科】** **4科目** ①**外**(300)▶英(リスニングを含む) ※リーディング(100)＋リスニング(100)の200点満点を300点満点に換算。 ②③**数**(100×2)▶「数Ⅰ・数Ａ」・「数Ⅱ・数Ｂ」 ④**地歴・公民・理**(100)▶世Ｂ・日Ｂ・地理Ｂ・現社・倫・政経・「倫・政経」・物・化・生・地学から１
[個別試験] 行わない。
【その他の学科】 **4科目** ①**外**(300)▶英(リスニングを含む) ※リーディング(100)＋リスニング(100)の200点満点を300点満点に換算。 ②③**数**(100×2)▶「数Ⅰ・数Ａ」・「数Ⅱ・数Ｂ」 ④**理**(100)▶物・化・生・地学から１
[個別試験] 行わない。

建築学部

一般入試前期／英語資格・検定試験利用方式／全学統一／後期 **4〜2科目** ①**外**(100)▶コミュ英Ⅰ・コミュ英Ⅱ・コミュ英Ⅲ・英表Ⅰ・英表Ⅱ ②**数**(100)▶数Ⅰ・数Ⅱ・数Ⅲ・数Ａ・数Ｂ(数列・ベク) ③④**理**(100)▶「物基・物」・「化基・化」から各４題計８題から４題を任意選択
※英語資格・検定試験利用方式は英語の試験を行わず，数・理の２教科で判定する。また後期も英語の試験を行わず，英検(CSEスコア)または共通テスト(リーディング＋リスニ

ング）の点数を100点満点に換算し，数・理と合わせて300点満点で判定する。なお，両者のスコアを提出することも可能で，その場合は，いずれかの高得点の方を採用する。

共通テスト利用方式（前期）　5科目　①外(200)▶英（リスニング〈100〉を含む）　②③数(100×2)▶「数Ⅰ・数Ａ」・「数Ⅱ・数Ｂ」　④理(100)▶物・化・生・地学から１　⑤国・地歴・公民(100)▶国（近代）・世Ｂ・日Ｂ・地理Ｂ・現社・倫・政経・「倫・政経」から１

[個別試験]　行わない。

共通テスト利用方式（後期）　4科目　①外(300)▶英（リスニングを含む）　※リーディング(100)＋リスニング(100)の200点満点を300点満点に換算。　②③数(100×2)▶「数Ⅰ・数Ａ」・「数Ⅱ・数Ｂ」　④理(100)▶物・化・生・地学から１

[個別試験]　行わない。

その他の選抜

理工系女子特別入学者選抜は全課程・全学科で64名を募集。ほかにシステム理工学部AO入学者選抜，デザイン工学部AO入学者選抜，建築プロジェクト入学者選抜，指定校推薦入学者選抜，先進国際課程特別入学者選抜，駅伝プロジェクト入学者選抜，国際バカロレア特別入学者選抜，帰国生徒特別入学者選抜，外国人特別入学者選抜，学士入学者選抜を実施。

偏差値データ（2024年度）

●一般入試前期・全学統一

学部／課程・学科／コース・系	2024年度 駿台予備学校 合格目標ライン	2024年度 河合塾 ボーダー偏差値	2023年度 競争率
▶工学部			
機械工学／基幹機械（前期）	49	55	3.3
（全学統一）	49	55	6.1
／先進機械（前期）	47	57.5	2.8
（全学統一）	47	55	3.0
物質化学／環境・物質工学（前期）	48	50	1.8
（全学統一）	47	52.5	2.4
／化学・生命工学（前期）	49	52.5	3.1
（全学統一）	48	52.5	2.4
電気電子工学／電気・ロボット工学（前期）	47	52.5	2.8
（全学統一）	46	52.5	2.3
／先端電子工学（前期）	47	52.5	2.9
（全学統一）	46	55	2.4
情報・通信工学／情報通信（前期）	48	55	3.8
（全学統一）	47	55	5.0
／情報工学（前期）	52	57.5	4.6
（全学統一）	51	60	5.2
土木工学（前期）	46	47.5	2.1
（全学統一）	45	50	2.9
▶システム理工学部			
電子情報システム（前期）	48	55	5.1
（全学統一）	47	55	3.5
機械制御システム（前期）	46	50	1.6
（全学統一）	46	50	2.8
環境システム（前期）	46	50	4.6
（全学統一）	46	52.5	5.8
生命科／生命科学（前期）	48	52.5	2.6
（全学統一）	47	52.5	2.5
／生命医工学（前期）	48	52.5	2.3
（全学統一）	46	50	2.8
数理科（前期）	47	50	1.7
（全学統一）	47	50	3.1
▶デザイン工学部			
デザイン工／生産・プロダクトデザイン（前期）	48	55	4.8
（全学統一）	46	55	6.9
／ロボティクス・情報デザイン（前期）	46	52.5	4.3
（全学統一）	45	52.5	6.9
▶建築学部			
建築／AP:先進的プロジェクトデザイン（前期）	49	57.5	4.3
／SA:空間・建築デザイン（前期）	51	57.5	5.4
（全学統一）	50	60	10.8
／UA:都市・建築デザイン（前期）	50	57.5	4.0
（全学統一）	50	57.5	9.4

●駿台予備学校合格目標ラインは合格可能性80％に相当する駿台模試の偏差値です。
●河合塾ボーダー偏差値は合格可能性50％に相当する河合塾全統模試の偏差値です。
●競争率は受験者÷合格者の実質倍率
※工学部の競争率は，新しい課程・コースに対応している旧学科の競争率です。

東京　芝浦工業大学

順天堂大学（じゅんてんどう）

資料請求

問合せ先 医 ☎03-5802-1021　スポーツ健康科 ☎0476-98-0245　医療看護 ☎047-355-3111㈹
保健看護 ☎055-991-3111㈹　国際教養 ☎03-5802-1729　保健医療☎03-3812-1780　医療科・健康データサイエンス・薬☎047-354-3311

建学の精神

学祖・佐藤泰然が江戸後期の1838（天保9）年に，江戸・薬研堀に開設したオランダ医学塾「和田塾」に端を発する，今につながる日本最古の医学教育機関。180年を超える伝統を礎に，現在では，医・スポーツ健康科・医療看護・保健看護・国際教養・保健医療・医療科・健康データサイエンス・薬の9学部，大学院5研究科，医学部附属6病院を有する「健康総合大学院大学」へと発展。人を思いやり慈しむ気持ちを大切にする心「仁」を学是に掲げ，豊かな人間性・感性を備えた国際性ある人材の育成を進めるとともに，現状に満足せず，常に高い目標をめざす「不断前進」の理念と，出身校・国籍・性別を差別しない「三無主義」の学風のもと，健康と国際化をキーワードに新たな分野に果敢にチャレンジし，国際レベルの社会貢献と人材育成に努めている。

● キャンパス情報はP.387をご覧ください。

基本データ

学生数 ▶ 6,779名（男2,972名，女3,807名）
専任教員数 ▶ 教授308名，准教授586名，講師36名
設置学部 ▶ 医，スポーツ健康科，医療看護，保健看護，国際教養，保健医療，医療科，健康データサイエンス，薬
併設教育機関 ▶ 大学院―医学・スポーツ健康科学・医療看護学（以上M・D），保健医療学・国際教養学（以上M）

就職・卒業後の進路

就職率 95.0%
就職者÷希望者×100

● **就職支援**　スポーツ健康科学部では「教員（教職）」「企業」「公務員」を3つの柱に，その進路希望に沿って個別にサポート。国際教養学部では，6科目以上のキャリア教育科目が1年次から正課授業に組み込まれ，専門職員も充実。一人ひとりの希望の進路に導く，キャリア設計を全力でサポートしている。

● **資格取得支援**　看護師国家試験対策として

進路指導者も必見　学生を伸ばす　面倒見

初年次教育
「文章表現法／論文・レポートの書き方」を全学部で，学部により，「医療入門」「スポーツ健康科学総論」「国際教養概論」「基礎演習」「データサイエンス基礎」などを実施。早期体験実習やステップアップセミナーなども行っている

学修サポート
オフィスアワー制度を全学部で，スポーツ健康科・医療看護・保健看護・国際教養・保健医療学部でTA制度，さらに前記5学部と医学部でSA制度，また保健医療学部と新設の薬学部を除く7学部でアドバイザー制度を導入

オープンキャンパス（2023年度実績）　8月を中心に各キャンパスで実施（浦安・日の出キャンパスでは5月にオープンキャンパスminiminiも来場型とオンライン型で開催）。保健看護学部と国際教養学部は保護者も参加可能。

は，模擬試験を実施し，指導教員による丁寧な個別指導などを通して苦手科目の克服を支援。保健医療学部では，きめ細かい教育指導体制で国家試験ストレート合格をサポート。

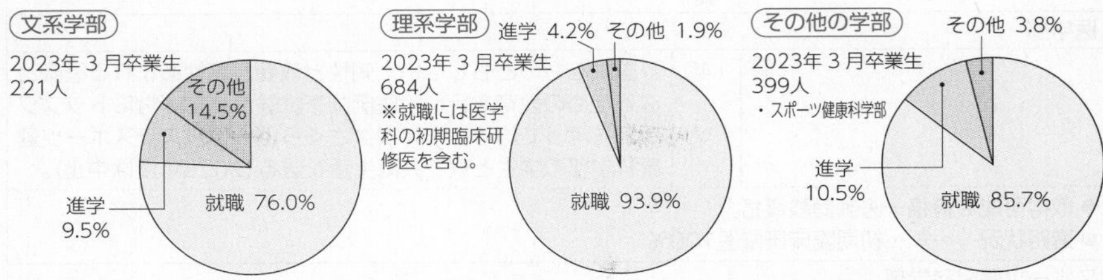

主なOB・OG▶［医］尾﨑治夫（東京都医師会会長），［旧体育］鈴木大地（水泳・五輪金メダリスト），［スポーツ健康科］田中佑典・加藤凌平（体操・五輪金メダリスト），［スポーツ健康科］三浦貴大（俳優）など。

国際化・留学　大学間 77 大学等・部局間 46 大学

受入れ留学生数▶55名（2023年５月１日現在）

留学生の出身国・地域▶マレーシア，韓国，中国，台湾など。

外国人専任教員▶教授２名，准教授９名，講師２名（2023年９月１日現在）

外国人専任教員の出身国▶韓国，アメリカ，フランス，カナダ，中国など。

大学間交流協定▶77大学・機関（交換留学先２大学，2023年９月１日現在）

部局間交流協定▶46大学（交換留学先13大学，2023年９月１日現在）

海外への留学生数▶渡航型184名・オンライン型20名／年（14カ国・地域，2022年度）

海外留学制度▶国際教養学部のセブ島語学研修プログラムやグローバルヘルス短期研修，フランス語・文化研修をはじめ，医療看護学部のタイ王国看護研修，保健看護学部のウズベキスタン研修など，国際性ある人材を輩出するために，学生の海外留学を応援している。

学費・奨学金制度　給付型奨学金総額 年間約 1 億 347 万円

入学金▶200,000円～

年間授業料（施設費等を除く）▶700,000円～（詳細は巻末資料参照）

年間奨学金総額▶103,472,000円

年間奨学金受給者数▶446人

主な奨学金制度▶卒業後，貸与期間に相当する期間，静岡病院に勤務した場合，奨学金の返還が免除される「順天堂大学医学部附属静岡病院奨学金」やスポーツ健康科学部の「スポーツ奨学金」など，特長ある制度を設置。学費減免制度もあり，2022年度には39人を対象に総額で2,627万円を減免している。

保護者向けインフォメーション

●**広報誌**　『順天堂だより』を発行している。
●**成績確認**　成績通知書を郵送（全学部）。
●**保護者会**　医・スポーツ健康科・医療看護・保健看護・保健医療学部で保護者会などを開催。スポーツ健康科学部で毎年９月に行う保護者懇談会では，就職活動状況の報告も実施。
●**相談窓口**　医学部で専用の相談窓口を設置。
●**防災対策**　「学生生活案内」「保健看護学部災害対応マニュアル」「防災教育ハンドブック」を入学時に配布。災害時の学生の安否確認は，メールやポータルサイト「J-Pass」などを利用。

インターンシップ科目	必修専門ゼミ	卒業論文	GPA制度の導入の有無および活用例	１年以内の退学率	標準年限での卒業率
国際と健康データで開講している	医３年次,スポーツ・国際3･4年次,医療看護1･3年次,保健看護・診療放射線１年次,理学療法全年次,臨床工・健康データ４年次に実施	スポーツ・国際教養・保健医療・臨床工・健康データは卒業要件	個別学習指導や，学部により奨学金対象者選定，留学選考，進級・卒業判定，退学勧告，大学院入試，履修上限単位数の設定などに活用	2.0%	94.3%（４年制）96.4%（医）

学部紹介

学部／学科	定員	特色
医学部		
医	140	▷国試をものともしない，知性と教養と感性あふれる医師となるための教育を行い，医師国家試験合格率は常にトップクラスを誇っている。１年次はさくらキャンパスでスポーツ健康科学部の学生と寮で共同生活を送る(2023年度は中止)。
●取得可能な資格…医師受験資格。 ●進路状況…………初期臨床研修医100%		
スポーツ健康科学部		
スポーツ健康科	600	▷競技スポーツ，スポーツコーチング科学，スポーツ医科学，スポーツ教育，健康科学，スポーツマネジメントの６コース。スポーツ健康科学を基盤として，人を支え，地域をつなぎ，社会を牽引する人材を育成する。
●取得可能な資格…教職(保体，特別支援)など。 ●進路状況…………就職85.7% 進学10.5% ●主な就職先………教員，アサヒビール，JTB，セントラルスポーツ，大正製薬、日本生命保険など。		
医療看護学部		
看護	220	▷学年に合わせて段階的に編成された科目群によって，心身の健康と看護に必要な知識と技術を学び，これらを統合させて基礎的な看護実践能力から応用力までを身につける。
●取得可能な資格…教職(養護二種)，看護師・保健師・助産師受験資格など。 ●進路状況…………就職97.9% 進学2.1% ●主な就職先………順天堂大学医学部附属６病院，他大学病院，国公立病院，保健師など。		
保健看護学部		
看護	160	▷多様な価値観や国際性に対応できる「次世代の看護」をめざして，健全な心身を養う教養・語学・スポーツ科目も充実。看護師とともに，全員が保健師国家試験の受験資格が取得できる，全国でも数少ない学部。
●取得可能な資格…教職(養護二種)，看護師・保健師受験資格など。 ●進路状況…………就職99.2% 進学0.8% ●主な就職先………順天堂大学医学部附属６病院，その他静岡県内外病院，保健師など。		
国際教養学部		
国際教養	240	▷異文化コミュニケーション，グローバルヘルスサービス，グローバル社会の３領域を横断的に学ぶことで複眼的思考を身につけた，真のグローバル市民を育成する。多彩な海外研修・留学プログラムを用意。
●取得可能な資格…教職(英)など。 ●進路状況…………就職76.0% 進学9.5% ●主な就職先………いすゞ自動車，ANAエアポートサービス，興和，大和ハウス工業，中外製薬など。		
保健医療学部		
理学療法	120	▷附属病院に直結した環境で学修ができるという特徴を生かし，高度な専門知識と技術を持ち，医療現場で活躍できる「質の高い理学療法士」を育成する。
診療放射線	120	▷診療放射線技師国家試験受験資格に加え，放射線取扱主任者の資格を在学中に取得できるようにカリキュラムを整備。

キャンパスアクセス [本郷・お茶の水キャンパス] JR中央線・総武線，東京メトロ丸ノ内線―御茶ノ水より徒歩7分／東京メトロ千代田線―新御茶ノ水より徒歩９分

● 取得可能な資格…診療放射線技師・理学療法士受験資格など。
● 進路状況…………就職84.0%　進学10.4%
● 主な就職先………順天堂大学医学部附属６病院，東京都立病院機構，メディカルスキャニングなど。

医療科学部		
臨床検査	110	▷医療の現場で求められる，高いコミュニケーション力を持つ検査のスペシャリストを育成する。
臨床工	70	▷「医学」と「工学」両分野の知識と技術を持つ，チーム医療で活躍できる医療機器の専門家を育成する。

● 取得可能な資格…臨床検査技師・臨床工学技士受験資格など。
● 主な就職先………2022年度開設のため卒業生はいない。

健康データサイエンス学部		
健康データサイエンス	100	▷医学・医療とスポーツに基づいた「健康」の視点から，健康・医療・スポーツ領域の発展に貢献する「健康データサイエンティスト」を育成する。

● 主な就職先………2023年度開設のため卒業生はいない。

薬学部		
薬	180	▷NEW! '24年新設。６年制。多彩な医学部附属６病院を活用した薬学教育で，臨床能力の高い薬剤師，薬学研究者，すなわち真の薬学人を育成し，社会に貢献する。

● 取得可能な資格…薬剤師受験資格。

▶キャンパス

医・国際教養・保健医療……［本郷・お茶の水キャンパス］東京都文京区本郷2-1-1
スポーツ健康科・医１年次……［さくらキャンパス］千葉県印西市平賀学園台1-1
医療看護……［浦安キャンパス］千葉県浦安市高洲2-5-1
保健看護……［三島キャンパス］静岡県三島市大宮町3-7-33
医療科・健康データサイエンス・薬……［浦安・日の出キャンパス］千葉県浦安市日の出6-8-1

2025年度入試要項（予告）

●募集人員

学部／学科	一般	共通併用	共通テスト
▶医　医	A64・B5	12	15
▶スポーツ健康科　スポーツ健康科	132	—	85
▶医療看護　看護	A・B90	15	15
▶保健看護　看護	A50・B10	10	10
▶国際教養　国際教養	前期(A・B) 70・中期10・後期10	—	15
▶保健医療　理学療法	A・B60	—	5
診療放射線	A・B60	—	5
▶医療科　臨床検査	A42・B15	—	5
臨床工	A22・B7	—	5
▶健康データサイエンス　健康データサイエンス	A34・B10	—	7
▶薬　薬	A・B75 S5	15	15

注）募集人員は2024年度の実績です。
※スポーツ健康科学部の一般選抜はA・B・C日程を実施し，基本方式（A・B日程）100名，高得点２科目方式（A・B日程）20名，C日程（高得点１科目＋面接方式）12名を募集する。
※健康データサイエンス学部の一般選抜Ａ日程は３教科均等配点型と数学重視型を実施し，各17名を募集する。

▷一般選抜において，スポーツ健康科・医療看護・保健看護・国際教養・保健医療・医療科・健康データサイエンス・薬の８学部では，同一日に実施される同一の教科・科目で共通の試験問題を使用する。ただし，同一試験日においては，複数の学部を受験することはできず，試験日が異なる場合は，それぞれ異なる学部に出願することが可能。
注）配点は編集時，未公表。最新の募集要項

でご確認ください。

医学部

一般選抜 **4科目** ①**外**▶英コミュⅠ・英コミュⅡ・英コミュⅢ・論表Ⅰ・論表Ⅱ・論表Ⅲ ②**数**▶数Ⅰ・数Ⅱ・数Ⅲ・数A・数B（数列）・数C（ベク・平面） ③④**理**▶「物基・物」・「化基・化」・「生基・生」から2

注）2024年度入試では，一般選抜A方式として上記科目に小論文を加えた5科目を一次試験として行い，合格者のみ二次試験で面接を実施（小論文の評価は，二次試験合格者選抜の時に使用）。また，一般選抜B方式は指定された英語資格・検定試験の基準を満たすスコアを取得していることを出願資格とし，スコアに応じて英語の得点に加点して一次試験合格者を選抜。二次試験で小論文，英作文，面接を実施。

共通テスト利用選抜 **7科目** ①**国**▶国（現国・言語） ②**外**▶英（リスニングを含む） ③**地歴・公民**▶「地総・地探」・「歴総・世探」・「歴総・日探」・「公・倫」・「公・政経」から1 ④⑤**数**▶「数Ⅰ・数A」・「数Ⅱ・数B・数C」 ⑥⑦**理**▶物・化・生から2

注）2024年度入試では，共通テスト利用選抜を一次試験として行い，一次試験合格者を対象に，前期は個別試験（二次試験）で小論文と面接を，後期は小論文，英作文，面接を実施。

共通テスト・一般独自併用選抜 〈共通テスト科目〉 共通テスト利用選抜と同じ

〈独自試験科目（一次試験）〉 **3科目** ①**外**▶英コミュⅠ・英コミュⅡ・英コミュⅢ・論表Ⅰ・論表Ⅱ・論表Ⅲ ②③**理**▶「物基・物」・「化基・化」・「生基・生」から2

※理科は2科目を受験し，高得点の1科目を判定に利用する。

〈独自試験科目（二次試験）〉 **3科目** ①**小論文** ②**英作文** ③**面接**

※共通テストと一般独自一次試験による一次選考の合格者を対象に，一般独自二次試験を実施。

注）独自試験科目一次・二次試験は，2024年度入試の情報に準じて掲載しています。

スポーツ健康科学部

一般選抜 **3科目** ①**国**▶現国・言語（近代） ②**外**▶英コミュⅠ・英コミュⅡ・論表Ⅰ ③**地歴・数・理**▶世探・日探・「数Ⅰ・数A（図形・場合）」・「物基・物」・「化基・化」・「生基・生」から1

注）2024年度入試では，一般選抜A日程・B日程で基本方式と高得点2科目方式を実施。高得点2科目方式は基本方式の3科目を受験し，高得点2科目で判定。また，一般選抜C日程で高得点1科目＋面接方式（A・B日程の基本方式で受験した3科目の中から高得点1科目，または指定された共通テスト科目から高得点1科目と面接で判定）を実施。

共通テスト利用選抜 **3科目** ①**国**▶国（現国・言語〈近代〉） ②**外**▶英（リスニングを含む） ③**地歴・公民・数・理・情**▶「地総・歴総・公から2」・「地総・地探」・「歴総・世探」・「歴総・日探」・「公・倫」・「公・政経」・数Ⅰ・「数Ⅰ・数A」・「数Ⅱ・数B・数C」・「物基・化基・生基・地学基から2」・物・化・生・地学・情Ⅰから1

注）2024年度入試では，前期でS方式（3科目型），A方式（英語重視型），B方式（国語重視型），C方式（選択科目重視型），D方式（競技型），後期でE方式（高得点2科目型）を行い，D方式のみ，個別試験としてスポーツ競技実績報告書に基づく成績を用いて選抜。

医療看護学部

一般選抜 **3科目** ①**国**▶現国・言語（近代） ②**外**▶英コミュⅠ・英コミュⅡ・論表Ⅰ ③**数・理**▶「数Ⅰ・数Ⅱ・数A（図形・場合）・数B（数列）・数C（ベク）」・「化基・化」・「生基・生」から1

注）2024年度入試では，一般選抜A・B日程一次試験として実施し，合格者を対象に二次試験で面接を実施。

共通テスト利用選抜3科目方式 **3科目** ①**国**▶国（現国・言語〈近代〉） ②**外**▶英（リスニングを含む） ③**数・理**▶「数Ⅰ・数A」・「数Ⅱ・数B・数C」・「物基・化基・生基・地学基から2」・化・生から1

共通テスト利用選抜5科目方式 **5科目** ①**国**▶国（現国・言語〈近代〉） ②**外**▶英・独・仏・

キャンパスアクセス ［浦安キャンパス］ JR京葉線一新浦安よりバス5分・順天堂大学入口下車徒歩2分

中・韓から1　③地歴・公民▶「地総・歴総・公から2」・「地総・地探」・「歴総・世探」・「歴総・日探」・「公・倫」・「公・政経」から1　④数▶「数Ⅰ・数A」・「数Ⅱ・数B・数C」から1　⑤理▶「物基・化基・生基・地学基から2」・化・生から2

共通テスト利用選抜文理共通4科目方式　**4科目**　①国▶国（現国・言語〈近代〉）　②外▶英（リスニングを含む）　③④「地歴・公民」・数・理▶「〈地総・歴総・公から2〉・〈地総・地探〉・〈歴総・世探〉・〈歴総・日探〉・〈公・倫〉・〈公・政経〉から1」・「数Ⅰ・数A」・「数Ⅱ・数B・数C」・「〈物基・化基・生基・地学基から2〉・化・生から1」から2

注）2024年度入試では，上記の共通テスト利用選抜の3方式において，個別試験で小論文と面接を実施。

共通テスト利用選抜一般選抜併用方式　〈一次試験（共通テスト科目）〉　**3科目**　①国▶国（現国・言語〈近代〉）　②外▶英（リスニングを含む）　③地歴・公民・数・理▶「地総・歴総・公から2」・「地総・地探」・「歴総・世探」・「歴総・日探」・「公・倫」・「公・政経」・「数Ⅰ・数A」・「数Ⅱ・数B・数C」・「物基・化基・生基・地学基から2」・化・生から1

〈一次試験（独自試験科目）〉　一般選抜と同じ

※国・英・「数・理」は共通テストおよび独自試験の両試験を必ず受験し，高得点の方の試験結果を合否判定に使用する。

〈二次試験（独自試験科目）〉　**2科目**　①小論文　②面接

※共通テストと独自試験による一次試験合格者のみ実施。

注）独自試験科目一次・二次試験は2024年度入試の情報に準じて掲載しています。

保健看護学部

一般選抜A日程・B日程　**3科目**　①国▶現国・言語（近代）　②外▶英コミュⅠ・英コミュⅡ・論表Ⅰ　③数・理▶「数Ⅰ・数A（図形・場合）」・「化基・生基」・「化基・化」・「生基・生」から1，ただし「化基・生基」はB日程のみ選択可

注）2024年度入試では，A日程は1次試験として行い，2次試験では1次試験合格者を対象に面接を実施。

共通テスト利用選抜　**3科目**　①国▶国（現国・言語〈近代〉）　②外▶英（リスニングを含む）　③数・理▶「数Ⅰ・数A」・「数Ⅱ・数B・数C」・「物基・化基・生基・地学基から2」・化・生から1

注）2024年度入試では，共通テスト利用選抜を1次試験として実施し，合格者を対象に，個別試験として面接を実施。

共通テスト・独自試験併用選抜　〈1次試験（共通テスト科目）〉　**3科目**　①国▶国（現国・言語〈近代〉）　②外▶英（リスニングを含む）　③地歴・公民・数・理・情▶「地総・歴総・公から2」・「地総・地探」・「歴総・世探」・「歴総・日探」・「公・倫」・「公・政経」・「数Ⅰ・数A」・「数Ⅱ・数B・数C」・「物基・化基・生基・地学基から2」・化・生・情Ⅰから1

〈1次試験（独自試験科目）〉　**2科目**　①国▶現国・言語（近代）　②外▶英コミュⅠ・英コミュⅡ・論表Ⅰ

※一般選抜A日程の国・英を受験し，高得点の1科目を判定に利用する。

〈2次試験（独自試験科目）〉　**1科目**　①面接

※共通テストと独自試験による一次試験合格者のみ実施。

注）独自試験科目1次・2次試験は2024年度入試の情報に準じて掲載しています。

国際教養学部

一般選抜A方式　**2科目**　①国▶現国・言語（近代）　②外▶英コミュⅠ・英コミュⅡ・論表Ⅰ

一般選抜B方式　**2科目**　①外▶英コミュⅠ・英コミュⅡ・論表Ⅰ　②地歴・数・理▶世探・日探・「数Ⅰ・数A（図形・場合）」・「化基・生基」から1

一般選抜C方式　**3科目**　①国▶現国・言語（近代）　②外▶英コミュⅠ・英コミュⅡ・論表Ⅰ　③地歴・数・理▶世探・日探・「数Ⅰ・数A（図形・場合）」・「化基・生基」から1

注）上記は，2024年度入試では一般選抜前期A日程・B日程A・B・C方式として行い，この他に中期・後期も実施。

共通テスト利用選抜A・B・C・D方式　**5〜2科目**　①外▶英（リスニングを含む）　②③④⑤国・地歴・公民・数・理・情▶国（現国・言

キャンパスアクセス　［三島キャンパス］ JR東海道新幹線・東海道本線—三島より徒歩10分

語)・「地総・歴総・公から2」・「地総・地探」・「歴総・世探」・「歴総・日探」・「公・倫」・「公・政経」・「数Ⅰ・数A」・「数Ⅱ・数B・数C」・「物基・化基・生基・地学基から2」・物・化・生・地学・情Ⅰから A方式は1，B方式は2，C方式は3，D方式は4
※国語の言語のうち古典は，古文または漢文の高得点の成績を用いる。
［個別試験］ 行わない。
注）2024年度入試では，前期にA～Dの4方式，後期にA・B方式を実施。

保健医療学部

一般選抜　**3**科目　①**外**▶英コミュⅠ・英コミュⅡ・論表Ⅰ　②③**数・理**▶「数Ⅰ・数A(図形・場合)」・「物基・物」・「化基・化」・「生基・生」から2
注）2024年度入試では，一般選抜A・B日程として実施。
共通テスト利用選抜　**3**科目　①**外**▶英(リスニングを含む)　②③**数・理**▶「数Ⅰ・数A」・「物基・化基・生基・地学基から2」・物・化・生から2
［個別試験］ 行わない。

医療科学部

一般選抜A日程・B日程　**3～2**科目　①**外**▶英コミュⅠ・英コミュⅡ・論表Ⅰ　②③**国・数・理**▶「現国・言語(近代)」・「数Ⅰ・数A(図形・場合)」・「物基・物」・「化基・化」・「生基・生」からA日程は2，B日程は1
共通テスト利用選抜　**3**科目　①**外**▶英(リスニングを含む)　②③**国・数・理・情**▶国(現国・言語〈近代〉)・「数Ⅰ・数A」・物・化・生・情Ⅰから2
［個別試験］ 行わない。

健康データサイエンス学部

一般選抜A日程　**3**科目　①**外**▶英コミュⅠ・英コミュⅡ・論表Ⅰ　②**数**▶数Ⅰ・数Ⅱ・数A(図形・場合)・数B(数列)・数C(ベク)　③**国・理**▶「現国・言語(近代)」・「物基・物」・「化基・化」・「生基・生」から1
注）2024年度入試では，3科目均等配点型と数学重視型を実施。
一般選抜B日程　**2**科目　①**外**▶英コミュⅠ・英コミュⅡ・論表Ⅰ　②**数**▶数Ⅰ・数Ⅱ・数A(図形・場合)・数B(数列)・数C(ベク)
共通テスト利用選抜　**3**科目　①**外**▶英(リスニングを含む)　②**数**▶数Ⅰ・数A　③**国・数・理・情**▶国(現国・言語〈近代〉)・「数Ⅱ・数B・数C」・物・化・生・情Ⅰから1
［個別試験］ 行わない。

薬学部

一般選抜A日程　**3**科目　①**外**▶英コミュⅠ・英コミュⅡ・論表Ⅰ　②**数**▶数Ⅰ・数Ⅱ・数A(図形・場合)・数B(数列)・数C(ベク)　③**理**▶「物基・物」・「化基・化」・「生基・生」から1
一般選抜B日程　**3**科目　①**外**▶英コミュⅠ・英コミュⅡ・論表Ⅰ　②**理**▶化基・化　③**数・理**▶「数Ⅰ・数Ⅱ・数A(図形・場合)・数B(数列)・数C(ベク)」・「物基・物」・「生基・生」から1
一般選抜S日程(医学部併願入試)　**3**科目　①**外**▶英コミュⅠ・英コミュⅡ・英コミュⅢ・論表Ⅰ・論表Ⅱ・論表Ⅲ　②**数**▶数Ⅰ・数Ⅱ・数Ⅲ・数A・数B(数列)・数C(ベク・平面)　③④**理**▶「化基・化」・「〈物基・物〉・〈生基・生〉から1」
※医学部における一般選抜(A方式またはB方式)への出願手続きを完了することで，出願することが可能。
共通テスト利用選抜3教科5科目方式　**5**科目　①**外**▶英(リスニングを含む)　②③**数**▶「数Ⅰ・数A」・「数Ⅱ・数B・数C」　④⑤**理**▶化必須，物・生から1
［個別試験］ 行わない。
共通テスト利用選抜4教科6科目方式　**6**科目　①**国**▶国(現国・言語〈近代〉)　②**外**▶英(リスニングを含む)　③④**数**▶「数Ⅰ・数A」・「数Ⅱ・数B・数C」　⑤⑥**理**▶物・化・生から2
［個別試験］ 行わない。
共通テスト利用選抜一般選抜併用方式　〈共通テスト科目〉　**1**科目　①**外**▶英(リスニングを含む)
〈個別試験科目〉　**2**科目　①②**数・理**▶「数Ⅰ・数Ⅱ・数A(図形・場合)・数B(数列)・数C(ベク)」・「物基・物」・「化基・化」・「生基・生」から2

キャンパスアクセス ［浦安・日の出キャンパス］ JR京葉線・武蔵野線ー新浦安よりバス7分，順天堂大学・日の出正門下車徒歩1分，順天堂大学・日の出東口下車徒歩5分

注）個別試験科目は2024年度入試の情報に準じて掲載しています。

その他の選抜

学校推薦型選抜はスポーツ健康科学部48名（公募推薦方式，特別推薦Ａ・Ｂ方式），医療看護学部80名（公募制），保健看護学部55名（公募制・指定校），国際教養学部40名（公募制・指定校），保健医療学部60名（公募制・指定校），医療科学部31名（公募制・指定校），健康データサイエンス学部７名（公募制・指定校），薬学部30名（公募制）を，総合型選抜はスポーツ健康科学部180名（一般型，教員志望アピール型，競技・諸活動アピール型，英語資格・検定試験利用型，帰国生型，外国人留学生型），医療看護学部20名，保健看護学部25名，国際教養学部55名（一般総合型・国際バカロレア・海外帰国生・外国人留学生選抜，外国語利用型，活動実績型），保健医療学部46名，医療科学部53名，健康データサイエンス学部29名，薬学部40名を募集。ほかに医学部地域枠選抜（東京都10名，埼玉県10名，千葉県５名，茨城県２名，静岡県５名，新潟県１名），医学部研究医特別選抜（国際臨床医・研究医選抜），医学部国際バカロレア／ケンブリッジ・インターナショナル選抜，スポーツ健康科学部トップアスリート特別選抜（155名），帰国生選抜（医学部，医療看護学部，保健看護学部，薬学部），保健医療学部特別選抜（帰国生），医療科学部・健康データサイエンス学部帰国生徒選抜，外国人留学生選抜を実施。

注）募集人員は2024年度の実績です。

偏差値データ（2024年度）

●一般選抜

学部／学科	2024年度 駿台予備学校 合格目標ライン	2024年度 河合塾 ボーダー偏差値	2023年度 競争率
▶医学部			
医（A）	64	70	10.7
（B）	64	70	22.8
▶スポーツ健康科学部			
スポーツ健康科（A）	42	45	1.5
（B）			1.9
▶医療看護			
看護（A）	45	52.5	4.1
（B）			4.0
▶保健看護			
看護（A）	43	47.5	2.4
（B）	43	52.5	6.3
▶国際教養学部			
国際教養（前期A）	43	45	1.0
（前期B）	43	45	1.1
▶保健医療学部			
理学療法（A）	45	50	3.9
（B）			4.7
診療放射線（A）	45	50	4.8
（B）			4.5
▶医療科学部			
臨床検査（A）	45	52.5	3.0
（B）	44	52.5	4.3
臨床工（A）	45	45	2.0
（B）	44	50	2.7
▶健康データサイエンス学部			
健康データサイエンス（A）	43	47.5	1.1
（B）	42	47.5	1.1
▶薬			
薬（A）	53	52.5	新
薬（B）	53	50	新

※スポーツ健康科学部・医療看護・保健医療学部の（A）（B）は駿台・河合塾の値が括弧でまとめて示されています。

- 駿台予備学校合格目標ラインは合格可能性80％に相当する駿台模試の偏差値です。
- 河合塾ボーダー偏差値は合格可能性50％に相当する河合塾全統模試の偏差値です。なお，スポーツ健康科学部は基本方式の偏差値です。
- 競争率は受験者÷合格者の実質倍率

※スポーツ健康科学部（A・B）の競争率は，それぞれ基本方式の実績です。

上智大学

資料請求

問合せ先 入学センター ☎03-3238-3167

建学の精神

原点は，知的好奇心あふれる日本人の資質を高く評価し，日本の首都に大学を設立することをイエズス会に要請した聖フランシスコ・ザビエルにまで遡り，その来日から364年もの時を経た1913（大正２）年，ローマ教皇から大学設立の命を受けた３人のイエズス会神父によって開校された。以来，「キリスト教ヒューマニズム」に基づく教育を展開し，「叡智が世界をつなぐ」唯一無二のソフィア・グローバル・キャンパスを実現。教育精神である「For Others, With Others」のもと，貧困や環境など現代世界の諸課題に立ち向かい，SDGsに関わるさまざまな取り組みを行うなど，国籍や文化，言語を越えた多様性のある学習環境で，知識の先にある本物の“叡智”によって一人ひとりの可能性を引き出し，世界を切り開く人物を育成している。

- **四谷キャンパス**…………〒102-8554　東京都千代田区紀尾井町7-1
- **目白聖母キャンパス**……〒161-8550　東京都新宿区下落合4-16-11

基本データ

学生数▶12,155名（男4,565名，女7,590名）

専任教員数▶教授327名，准教授129名，講師35名，助教54名

設置学部▶神，文，総合人間科，法，経済，外国語，総合グローバル，国際教養，理工

併設教育機関▶大学院（P.406参照）

就職・卒業後の進路

就職率 **96.2**%
就職者÷希望者×100

●**就職支援**　キャリアセンターと，国際協力系機関への就職をサポートする国際協力人材育成センターでは，学生たちが学生生活において磨いた能力と適性を最大限に生かせるよう，さまざまなプログラムや支援制度を用意。就職活動対象年次だけではなく，１年次から卒業後に至るまで，一貫したキャリアサポート体制を構築し，キャリア形成を支援。

●**資格取得支援**　教職や公務員をめざす学生に向けて，採用試験対策のガイダンス等を行うほか，公私立学校に内定した先輩や省庁などで活躍中の先輩から，それぞれアドバイスや試験対策を聞く会も開催。また，全学科を対象に学芸員課程を設置している。

進路指導者も必見 学生を伸ばす 面倒見

初年次教育	学修サポート
「キリスト教人間学」「思考とコミュニケーション」「思考と表現」「思考と対話」「情報リテラシー」「探究的な学びを創る：調査スキル」「課題・視座・立場性を考える」や実社会のデータ利活用について学ぶ「データサイエンス概論」などの科目を開講	TA制度，学科ヘルパー制度，オフィスアワー制度，クラス主任制度，専任教員が学生約30人を担当するアカデミック・アドバイザー制度を導入。また，日英両語の文書作成や語学学習を支援する「LLC（Language Learning Commons）」を設置

オープンキャンパス（2023年度実績）　四谷キャンパスで８月１・２日に行ったほか，７月15日に「ミニオープンキャンパスin大阪」を開催（事前予約制）。10月には栃木・長野・新潟でも出張ミニオープンキャンパスを実施。

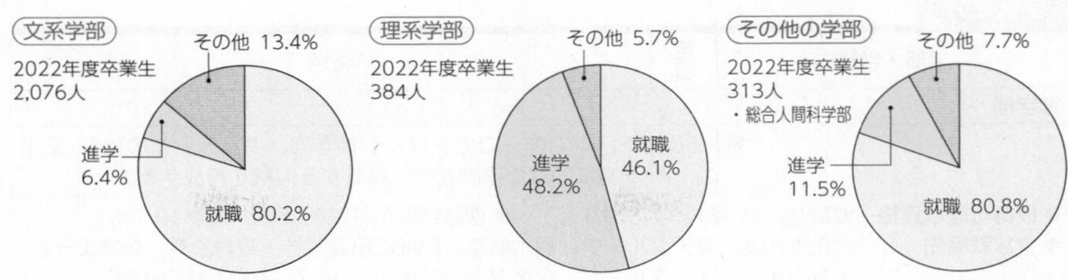

主なOB・OG▶［文］高野由美子（オリエンタルランド会長），［文］池村和也（エスビー食品社長），［法］大貫陽一（森永乳業社長），［外国語］鈴木貴子（エステー会長），［理工］谷本秀夫（京セラ社長）など。

国際化・留学　大学間 403 大学・部局間 24 大学等

受入れ留学生数▶1,166名（2023年５月１日現在）

留学生の出身国▶中国，アメリカ，韓国，ドイツ，イギリス，フランス，ベトナムなど。

外国人専任教員▶教授29名，准教授36名，講師18名（2023年５月１日現在）

外国人専任教員の出身国▶アメリカ，イギリス，ドイツ，韓国，フランス，中国など。

大学間交流協定▶403大学（交換留学先342大学，2023年10月１日現在）

部局間交流協定▶24大学・機関（交換留学先９大学，2023年10月１日現在）

海外への留学生数▶渡航型453名・オンライン型46名／年（34カ国・地域，2022年度）

海外留学制度▶協定校への交換留学，本学の学部３年間とジュネーブ国際・開発研究大学院で２年間学ぶ３＋２プログラム，夏期・春期休暇を利用した海外短期語学講座や海外短期研修，フィールドワークや国際貢献活動に参加する実践型プログラムなどを用意。コンソーシアムはIAU，IAJU，AJUC，SACRU，UMAPなど約10団体に参加している。

学費・奨学金制度　給付型奨学金総額 年間約 6,922 万円

入学金▶200,000円

年間授業料（施設費等を除く）▶888,000円～（詳細は巻末資料参照）

年間奨学金総額▶69,215,300円

年間奨学金受給者数▶323人

主な奨学金制度▶国内外の篤志家からの提供による「上智大学篤志家（後援会，ソフィア会生活支援，（株）ソフィアキャンパスサポート生活支援など多数）奨学金」や，授業料減免型の「上智大学修学奨励奨学金」などの制度を設置。2022年度の減免総額は約１億1,628万円で，443人が対象となっている。

保護者向けインフォメーション

●**オープンキャンパス**　通常のオープンキャンパス時に保護者向け企画を実施している。

●**広報紙**　『上智大学通信』を年９回発行。

●**成績確認**　成績表を年１回送付している。

●**地域懇談会**　６月から７月にかけて（2023年度），全国各地で「地域懇談会」を開催し，大学の最新情報を伝えるとともに，学業・就職等の状況について説明している。

●**後援会**　大学を支援する父母の団体として後援会を組織している。

●**防災対策**　「大地震対応マニュアル」を学生向けWebサイトにて公開。災害時の学生の安否はアプリおよびメールを利用して確認する。

インターンシップ科目	必修専門ゼミ	卒業論文	GPA制度の導入の有無および活用例	１年以内の退学率	標準年限での卒業率
全学部で開講している	文（新聞1～4年次），総合人間（教育・社会3・4年次，心理4年次，社福2～4年次），法・総合グロ（1・4年次），理工（3～4年次）で実施	神・文・総合人間（社会除く）・総合グローバル・理工は卒業要件	学生に対する個別の学修指導，奨学金や授業料免除対象者の選定・進級判定・退学勧告基準，留学候補者の選考などに活用している	0.7%	77.9%

学部紹介

学部／学科	定員	特色
神学部		
神	50	▷日本で唯一のカトリック神学部。キリスト教の倫理・文化を身につけた国際社会に貢献する人材を育成する。
● **取得可能な資格**…教職（公・社・宗），学芸員など。 ● **進路状況**…就職63.8% 進学19.1% ● **主な就職先**………大日本印刷，楽天グループ，日本航空，SMBC日興証券，野村證券，東急エージェンシー，レイスグループ，テイクアンドギヴ・ニーズ，横浜YMCAなど。		
文学部		
哲	60	▷本学創立時に創設された学科の一つ。古代・中世・近現代に至る哲学・思想を研究し，思考力・理解力・表現力を鍛える。
史	70	▷アジア，日本，ヨーロッパ・アメリカなどの厳密な史料分析から，真実を見極める目と問題発見能力を養う。
国文	60	▷人間・社会・文化の本質を問う視点を養い，国際社会で日本文化を問い直し発信できる人材を育成する。
英文	100	▷言語に対する知識の習得や考察と合わせ，文化・歴史に対する理解を深め，知性を正しく活用できる真の国際人を育成。
ドイツ文	50	▷言語学習と異文化理解を通して，ドイツ語による高度な表現力と論理的思考力・想像力を培う。
フランス文	50	▷単にフランス語能力を身につけてフランス文化に精通するだけでなく，批判意識と問題意識を持てる人材を育成する。
新聞	120	▷理論・実践の両面から情報の意味・価値を見抜くリテラシーを獲得する。英語による学位取得プログラム「SPSF」を設置。
● **取得可能な資格**…教職（国・地歴・公・社・英・独・仏），学芸員など。 ● **進路状況**…………就職81.6% 進学7.6% ● **主な就職先**………楽天グループ，日本放送協会，TOPPAN，エヌ・ティ・ティ・データ，サイバーエージェント，東京海上日動火災保険，フジテレビジョン，リクルートなど。		
総合人間科学部		
		▶教育学科と社会学科に，英語による学位取得プログラム「SPSF」を設置。
教育	60	▷人間と教育をめぐる諸問題を教育学的観点から総合的・多角的に考究し，人間尊厳の教育を実現する力を養う。
心理	55	▷時代が求める「心」を探究する力を養成し，人の「心」をとらえるための総合的視野を持った人材を育成する。
社会	60	▷さまざまな不平等・不公平を生み出すメカニズムを解明し，改善に向けての政策や実践を構想・提言できる人材を育成。
社会福祉	60	▷福祉政策運営管理と福祉臨床の実践的な知識と思考を習得した，高度な社会福祉人材を育成する。
看護	70	▷教養教育と看護専門教育を総合したカリキュラムで学び，「ヒューマン・ケアリングとしての看護実践力」を修得する。
● **取得可能な資格**…教職（地歴・公・社・福，養護一種・二種），学芸員，看護師・保健師・社会福祉士受験資格など。 ● **進路状況**…………就職80.8% 進学11.5% ● **主な就職先**………東京都（公務員），セプテーニ，LITALICO，楽天グループ、日本アイ・ビー・エム，信金中央金庫，国立がん研究センター中央病院，東京医科歯科大学病院など。		

キャンパスアクセス ［四谷キャンパス］ JR中央線・総武線，東京メトロ丸ノ内線・南北線―四ツ谷より徒歩3分

法学部		
		▶法学部を３年で早期卒業し，法科大学院に進学して司法試験合格をめざす５年間一貫の「法曹コース」を設置。
法律	160	▷法的思考に基づく問題解決能力を身につけ，現代社会の多様な課題を解決に導く人材を育成する。
国際関係法	100	▷法学，政治学，国際社会に関する知識をバランスよく習得し，国際社会における諸問題に対応する能力を身につける。
地球環境法	70	▷環境法の専門知識と国際社会への理解力を培い，地球規模の環境問題など世界の課題と向き合う素養を習得する。

● **取得可能な資格**…学芸員など。　● **進路状況**…就職78.6％　進学9.8％
● **主な就職先**………楽天グループ，東京都（公務員），日本生命保険，三菱UFJ銀行，三菱UFJ信託銀行，アビームコンサルティング，エヌ・ティ・ティ・データ，リクルートなど。

経済学部		
		▶英語による学位取得プログラム「SPSF」を設置。
経済	165	▷数値を土台とした経済学的思考に理論と実践の複合的な視座を重ね，さまざまな経済課題を分析する力を獲得する。
経営	165	▷経営学，マーケティング，会計学を柱として学び，現実社会に即した実証的で高度な経営学の知識を理解する。

● **取得可能な資格**…教職（公・商業），学芸員など。　● **進路状況**…就職86.7％　進学2.9％
● **主な就職先**………日本アイ・ビー・エム，リクルート，SMBC日興証券，楽天グループ，損害保険ジャパン，アクセンチュア，日立システムズ，NTTドコモ，ソフトバンクなど。

外国語学部		
		▶３年次に，９つの「研究コース」から１つを選択・登録し，自分が関心のある領域について専門的な研究を進める。
英語	180	▷実践的な英語力と幅広い教養を身につけた，急速にグローバル化が進む世界に羽ばたく人材を育成する。
ドイツ語	60	▷コミュニケーションを重視した語学教育と多彩な切り口による地域研究で，「ドイツ語圏の現在」に迫る。
フランス語	70	▷フランス語の運用能力に加え，社会，思想，文化への理解を通じ，総合的かつ複眼的な視座を獲得する。
イスパニア語	70	▷「ことばと地域研究」の両面からイスパニア語圏に触れ，世界を複眼的かつ相対的にとらえられる人材を育成する。
ロシア語	60	▷日本とロシアをつなぐ“架け橋”となるにふさわしい幅広い知識と語学力，高度なコミュニケーション能力を習得する。
ポルトガル語	60	▷ポルトガル語圏地域を総合的に学び，「未知なるもの」に挑戦する精神を養い，幅広い分野で活躍する人材を育成する。

● **取得可能な資格**…教職（英・独・仏・露・イスパニア・ポルトガル），学芸員など。
● **進路状況**…………就職83.3％　進学2.6％
● **主な就職先**………楽天グループ，アマゾンジャパン，スズキ，アクセンチュア，エヌ・ティ・ティ・データ，日本タタ・コンサルタンシー・サービシズ，KDDI，東京都（公務員）など。

総合グローバル学部		
総合グローバル	220	▷グローバル社会に貢献する職業人として，世界を舞台に活躍できる国際的公共知識人を育成する。英語による学位取得プログラム「SPSF」を開設。

● **取得可能な資格**…教職（公・社），学芸員など。　● **進路状況**…………就職83.3％　進学6.4％
● **主な就職先**………楽天グループ，アクセンチュア，三井住友銀行，農林水産省，博報堂／博報堂DYメディアパートナーズ，日立製作所，三菱電機，兼松エレクトロニクスなど。

キャンパスアクセス ［目白聖母キャンパス］西武新宿線―下落合より徒歩８分／JR山手線―目白より徒歩15分またはバス・聖母病院入口下車徒歩２分

国際教養学部		
国際教養	186	▷比較文化，国際ビジネス・経済，社会科学の３つの分野の学びを通して，グローバルに活躍できる人材を育成する。

● **取得可能な資格**…学芸員など。 ● **進路状況**…就職61.0% 進学8.6%
● **主な就職先**………楽天グループ，ロバート・ウォルターズ・ジャパン，日本アイ・ビー・エム，アマゾンジャパン，大林組，富士通，Bloomberg L.P.，三井住友海上火災保険など。

理工学部		
		▶すべての授業を英語で行うグリーンサイエンスとグリーンエンジニアリングの２つの英語コースを設置。
物質生命理工	137	▷「物質とナノテクノロジー」「環境と生命の調和」「高機能材料の創成」をキーテーマとして，専門教育を展開。
機能創造理工	137	▷人間・環境への支援を基盤として，産業技術と自然科学との調和を実現する創造性豊かな人材を育成する。
情報理工	136	▷「人間情報」「情報通信」「社会情報」「数理情報」をキーテーマに，最新技術を活用して社会に役立つシステムを構築する。

● **取得可能な資格**…教職（数・理・情・工業），学芸員など。 ● **進路状況**……就職46.1% 進学48.2%
● **主な就職先**………エヌ・ティ・ティ・データ，日本電気，PwCコンサルティング／PwCアドバイザリー，伊藤忠テクノソリューションズ，三菱電機，アクセンチュアなど。

▶キャンパス

全学部（看護学科１・４年次）……［四谷キャンパス］東京都千代田区紀尾井町7-1
看護学科２～４年次……［目白聖母キャンパス］東京都新宿区下落合4-16-11

2025年度入試要項（予告）

●募集人員

学部／学科		TEAP型	共通併用	共通3教科	共通4教科	国際教養	公募推薦
▶神	神	8	12	2	2	—	8
▶文	哲	14	19	2	3	—	15
	史	23	23	2	2	—	13
	国文	10	30	2	3	—	5
	英文	24	37	3	3	—	20
	ドイツ文	13	18	2	2	—	10
	フランス文	15	20	2	2	—	6
	新聞	20	40	2	3	—	40
▶総合人間科	教育	18	23	3	3	—	10
	心理	15	20	2	3	—	12
	社会	17	25	2	3	—	10
	社会福祉	15	20	3	2	—	15
	看護	15	21	2	2	—	20
▶法	法律	44	64	2	5	—	28
	国際関係法	29	44	2	3	—	14
	地球環境法	18	29	2	3	—	11
▶経済	経済	40	85	2	4	—	24
	経営	25	85	5	15	—	27
▶外国語	英語	45	50	2	3	—	70
	ドイツ語	15	21	2	2	—	17
	フランス語	18	23	3	2	—	12
	イスパニア語	18	28	2	2	—	10
	ロシア語	14	20	2	2	—	12
	ポルトガル語	14	20	2	2	—	12
▶総合グローバル	総合グローバル	65	70	3	2	—	60
▶国際教養	国際教養	—	—	—	—	春63 秋82	37
▶理工	物質生命理工	22	45	3	3	—	10
	機能創造理工	22	44	2	3	—	10
	情報理工	20	45	3	3	—	10

注）募集人員は2024年度の実績です。
※経済学科のTEAPスコア利用方式は試験科目によって募集人員が異なり，文系型で30名，理系型で10名を募集する。
※経営学科の学部学科試験・共通テスト併用方式においては，本学独自試験の選択科目（英語・数学）によって共通テストの各科目の配点が異なるため，英語選択者・数学選択者を分けて合否を判定。募集人員に対する合格者の割合は，志願者数および共通テストの得点状況を踏まえて決定する。
※国際教養学部は独自の入試を実施する。

▷一般選抜各方式の外国語外部検定試験結果の利用方法は，「TEAPスコア利用方式（全学統一日程入試）」は本学独自の英語試験は行わず，代替としてTEAPまたはTEAP CBTのスコアを英語の得点として利用する。提出されたスコアは，各学科が設定する英語の配点に応じて換算して合否判定に利用する。「学部学科試験・共通テスト併用方式」は，任意で提出したCEFRレベルA2以上の外国語外部検定試験結果をCEFRレベルごとに得点化し，共通テストの外国語の得点に加点する。ただし，加点後の得点は，共通テストの外国語の満点を上限とする。「共通テスト利用方式」は外国語外部検定試験結果の提出は基本的に不要。ただし，CEFRレベルB2以上の結果を提出した場合，共通テストの外国語において，みなし得点として利用可能。判定には，共通テストの外国語の得点とみなし得点のいずれか高得点を採用する。「学部学科試験・共通テスト併用方式」と「共通テスト利用方式」で指定されている外国語外部検定試験は以下の通り。ケンブリッジ英検，英検１級～３級，GTEC（Advanced，Basic，Core，CBT），IELTS，TEAP，TEAP CBT，TOEFL iBT，ドイツ語（独検，Goethe-Institutのドイツ語検定試験，オーストリア政府公認ドイツ語能力検定試験），フランス語（仏検，DELF・DALF，TCF）。
▷共通テストの英語の技能別の配点比率は，リーディング100点・リスニング100点とし，各学科の配点に応じて換算して利用する。

神学部

一般選抜TEAPスコア利用方式（全学統一日程入試）〈第１次試験〉 **3**科目 ①国（100）▶現国・言語・論国・文国・古典 ②**地歴**（100）▶「歴総・世探」・「歴総・日探」から１ ③TEAPまたはTEAP CBTスコア（150）
〈第２次試験〉 **1**科目 ①面接
※第２次試験は第１次試験合格者のみ実施。
一般選抜学部学科試験・共通テスト併用方式
〈第１次試験（共通テスト科目）〉 **3**科目 ①国（40）▶国 ②**外**（60）▶英（リスニングを含む）・独・仏から１ ③**地歴・公民**（40）▶「歴総・世探」・「歴総・日探」・「地総・地探」・「公・倫」・「公・政経」から１
〈第１次試験（独自試験科目）〉 **1**科目 ①学部学科試験（100）▶キリスト教と聖書の基礎に関する理解力と思考力を問う試験
〈第２次試験〉 **1**科目 ①面接
※第２次試験は共通テストと独自試験による第１次試験合格者のみ実施。
一般選抜共通テスト利用方式（３教科型・４教科型） **4～3**科目 ①国（200）▶国 ②**外**（200）▶英（リスニングを含む）・独・仏から１ ③④「**地歴・公民**」・**数**（３教科型100・４教科型100×2）▶「〈歴総・世探〉・〈歴総・日探〉・〈地総・地探〉・〈公・倫〉・〈公・政経〉から１」・「数Ⅰ・数Ａ」から４教科型は２，３教科型は地歴・公民指定
［個別試験（第２次試験）］ **1**科目 ①面接
※共通テストによる第１次試験合格者のみ，第２次試験として面接を行う。
推薦入試（公募制） ［出願資格］ 第１志望，校長推薦，現役，入学確約者，全体の学習成績の状況3.5以上。
［選考方法］ 書類審査，キリスト教外国語（英独仏より選択）の基礎理解を問う，小論文（キリスト教に関する基礎理解を問う），面接。

文学部

一般選抜TEAPスコア利用方式（全学統一日程入試） **3**科目 ①国（100）▶現国・言語・論国・文国・古典 ②**地歴・数**（100）▶「歴総・世探」・「歴総・日探」・「数Ⅰ・数Ⅱ・数Ａ・数Ｂ（数列）・数Ｃ（ベク）」から１，ただし数は哲学科のみ選択可 ③TEAPまたはTEAP CBTスコア（150）
一般選抜学部学科試験・共通テスト併用方式
【哲学科】〈共通テスト科目〉 **3**科目 ①国（40）▶国 ②**外**（60）▶英（リスニングを含む）・独・仏から１ ③**地歴・公民・数**（40）▶「歴総・世探」・「歴総・日探」・「地総・地探」・「公・倫」・「公・政経」・「数Ⅰ・数Ａ」から１
〈独自試験科目〉 **1**科目 ①学部学科試験（100）▶哲学への関心および読解力・思考力・表現力を問う試験
【史学科】〈共通テスト科目〉 **3**科目 ①国（40）▶国 ②**外**（60）▶英（リスニングを含む）・独・仏から１ ③**地歴**（40）▶「歴総・世探」・「歴総・日探」から１

東京　上智大学

〈独自試験科目〉 1科目 ①学部学科試験(100)▶歴史学をめぐる試験
【その他の学科】〈共通テスト科目〉 3科目 ①国(英文50・その他の学科40)▶国 ②外(英文50・その他の学科60)▶英(リスニングを含む)・独・仏から１，ただし英文学科は英指定 ③地歴・公民(英文50・その他の学科40)▶「歴総・世探」・「歴総・日探」・「地総・地探」・「公・倫」・「公・政経」から１
〈独自試験科目〉 1科目 ①学部学科試験(100)▶［国文学科］ 一現代文・古文・漢文の読解力を問う試験，［英文学科］ 一英語適性試験(英語長文読解とその内容に基づく英語小論文により，理解力・思考力・表現力を問う)，［ドイツ文学科］ 一文化・思想・歴史に関するテクストの読解力および思考力・表現力を問う試験(日本語の文章の読解力および思考力・表現力を問う)，［フランス文学科］ 一フランス文学・文化・歴史に関するテクストの読解力および思考力・表現力を問う試験，［新聞学科］ 一ジャーナリズムに関する基礎的学力試験
一般選抜共通テスト利用方式(３教科型・４教科型) 4～3科目 ①国(200)▶国 ②外(200)▶英(リスニングを含む)・独・仏から１，ただし英文学科は英指定 ③④「地歴・公民」・数(３教科型100・４教科型100×2)▶「〈歴総・世探〉・〈歴総・日探〉・〈地総・地探〉・〈公・倫〉・〈公・政経〉から１，ただし史学科は〈歴総・世探〉・〈歴総・日探〉から１」・「数Ⅰ・数Ａ」から４教科型は２，３教科型は１，ただし３教科型の数は哲学科のみ選択可
［個別試験］ 行わない。
推薦入試(公募制) ［出願資格］ 第１志望，校長推薦，現役，入学確約者，全体の学習成績の状況4.0以上，各学科の指定する外国語検定試験のいずれかの基準を満たす者のほか，哲学科は外国語・国語・地歴それぞれの学習成績の状況4.0以上の者，史学科は「歴総・世探」または「歴総・日探」を履修した地歴の学習成績の状況4.3以上の者，国文学科は国語4.3以上，英文学科は英語4.5以上，ドイツ文学科は外国語・国語それぞれ4.0以上，フランス文学科は英語(またはフランス語)・国語それぞれ4.0以上の者。また，史学科のみ，IB Diplomaを取得見込みで，歴史(HL)を履修した者を対象とした国際バカロレア(IB)枠あり。
［選考方法］ 書類審査，面接のほか，哲学科は哲学への関心および思考力・表現力を問う試問。史学科は歴史学と歴史に関する理解力と思考力を問う試問。国文学科は国文学・国語学・漢文学を学ぶための読解力・表現力・思考力に関する小論文。英文学科は英語適性検査(与えられた英文について，読解力，思考力，表現力を問う)。ドイツ文学科は小論文(与えられた日本語テキストをふまえて，自らの考えを論理的に展開・表現できるかをはかる)。フランス文学科は外国語適性検査(英語またはフランス語のディクテーション)および課題図書に関する小論文。新聞学科はジャーナリズムに関する基礎的試問。

総合人間科学部

一般選抜TEAPスコア利用方式(全学統一日程入試) 【教育学科・社会学科・社会福祉学科】 3科目 ①国(100)▶現国・言語・論国・文国・古典 ②地歴・数(100)▶「歴総・世探」・「歴総・日探」・「数Ⅰ・数Ⅱ・数Ａ・数Ｂ(数列)・数Ｃ(ベク)」から１ ③TEAPまたはTEAP CBTスコア(150)
【心理学科・看護学科】〈第１次試験〉 3科目 ①国(100)▶現国・言語・論国・文国・古典 ②地歴・数(100)▶「歴総・世探」・「歴総・日探」・「数Ⅰ・数Ⅱ・数Ａ・数Ｂ(数列)・数Ｃ(ベク)」から１，ただし看護学科は数指定 ③TEAPまたはTEAP CBTスコア(150)
〈第２次試験〉 1科目 ①面接
※第２次試験は第１次試験合格者のみ実施。
一般選抜学部学科試験・共通テスト併用方式【教育学科・社会学科・社会福祉学科】〈共通テスト科目〉 3科目 ①国(40)▶国 ②外(60)▶英(リスニングを含む)・独・仏から１ ③地歴・公民・数(40)▶「歴総・世探」・「歴総・日探」・「地総・地探」・「公・倫」・「公・政経」・「数Ⅰ・数Ａ」から１
〈独自試験科目〉 1科目 ①学部学科試験(教育・社会100，社会福祉80)▶［教育学科・社会学科］ 一人間と社会に関わる事象に関する論理的思考力，表現力を問う総合問題，［社

会福祉学科］―社会および社会福祉に関する理解力と思考力を問う試験
【心理学科】〈第１次試験(共通テスト科目)〉 3科目 ①国(40)▶国 ②**外**(60)▶英(リスニングを含む)・独・仏から１ ③**地歴・公民・数**(40)▶「歴総・世探」・「歴総・日探」・「地総・地探」・「公・倫」・「公・政経」・「数Ⅰ・数Ａ」から１
〈第１次試験(独自試験科目)〉 1科目 ①**学部学科試験**(80)▶心理学のための理解力と思考力を問う試験
〈第２次試験〉 1科目 ①**面接**
※第２次試験は共通テストと独自試験による第１次試験合格者のみ実施。
【看護学科】〈第１次試験(共通テスト科目)〉 4～3科目 ①**国**(40)▶国 ②**外**(60)▶英(リスニングを含む)・独・仏から１ ③④**数・理**(40〈数20×2〉)▶「〈数Ⅰ・数Ａ〉・〈数Ⅱ・数Ｂ・数Ｃ〉」・「化基・生基」・化・生から１
〈第１次試験(独自試験科目)〉 1科目 ①**学部学科試験**(100)▶人間と社会に関わる事象に関する論理的思考力，表現力を問う総合問題
〈第２次試験〉 3科目 ①**面接**
※第２次試験は共通テストと独自試験による第１次試験合格者のみ実施。
一般選抜共通テスト利用方式(３教科型・４教科型)　**【看護学科】** 5～3科目 ①**国**(200)▶国 ②**外**(200)▶英(リスニングを含む)・独・仏から１ ③④⑤**数・理**(３教科型100〈数50×2〉・４教科型〈数100×2・理100〉)▶「〈数Ⅰ・数Ａ〉・〈数Ⅱ・数Ｂ・数Ｃ〉」・「〈化基・生基〉・化・生から１」から４教科型は２，３教科型は１
［個別試験(第２次試験)］ 1科目 ①**面接**
※共通テストによる第１次試験合格者のみ，第２次試験として面接を行う。
【その他の学科】 4～3科目 ①**国**(200)▶国 ②**外**(200)▶英(リスニングを含む)・独・仏から１ ③④**「地歴・公民」・数**(３教科型100・４教科型100×2)▶「〈歴総・世探〉・〈歴総・日探〉・〈地総・地探〉・〈公・倫〉・〈公・政経〉から１」・「数Ⅰ・数Ａ」から４教科型は２，３教科型は１，ただし心理学科と社会学科は数指定
［個別試験(第２次試験)］ 1科目 ①**面接**，ただし面接は心理学科のみ実施し，その他の学科は個別試験を行わない
※心理学科は，共通テストによる第１次試験合格者のみ，第２次試験として面接を行う。
推薦入試(公募制)　**［出願資格］**　第１志望，校長推薦，現役，入学確約者，全体の学習成績の状況4.0以上，各学科の指定する外国語検定試験のいずれかの基準を満たす者のほか，看護学科は数Ⅰ・数Ⅱ・数Ａ・数Ｂ・数Ｃまたは化基・化または生基・生を履修した者。また，看護学科のみ，IB Diplomaを取得見込みで，数学(HL)，化学(HL)，生物(HL)のいずれかを履修した者を対象とした国際バカロレア(IB)枠あり。
［選考方法］　書類審査，面接のほか，教育学科は教育に関する小論文。心理学科は課題文に関する論述試験。社会学科は文章理解力，表現力，思考力についての試問。社会福祉学科は社会および社会福祉に関する理解力と思考力を問う試験。看護学科は小論文。

法学部

一般選抜TEAPスコア利用方式(全学統一日程入試) 3科目 ①**国**(100)▶現国・言語・論国・文国・古典 ②**地歴・数**(100)▶「歴総・世探」・「歴総・日探」・「数Ⅰ・数Ⅱ・数Ａ・数Ｂ(数列)・数Ｃ(ベク)」から１ ③**TEAPまたはTEAP CBTスコア**(150)
一般選抜学部学科試験・共通テスト併用方式
〈共通テスト科目〉 3科目 ①**国**(40)▶国 ②**外**(60)▶英(リスニングを含む)・独・仏から１ ③**地歴・公民・数**(40)▶「歴総・世探」・「歴総・日探」・「地総・地探」・「公・倫」・「公・政経」・「数Ⅰ・数Ａ」から１
〈独自試験科目〉 1科目 ①**学部学科試験**(100)▶社会(国際関係や環境問題を含む)と法・政治に関する試験(基礎学力や思考力を問うもの)
一般選抜共通テスト利用方式(３教科型・４教科型)　4～3科目 ①**国**(200)▶国 ②**外**(200)▶英(リスニングを含む)・独・仏から１ ③④**「地歴・公民」・数**(３教科型100・４教科型100×2)▶「〈歴総・世探〉・〈歴総・日探〉・〈地総・地探〉・〈公・倫〉・〈公・政経〉から１」・「数Ⅰ・数Ａ」から４教科型は２，３教科型は１

[個別試験] 行わない。
推薦入試(公募制) [出願資格] 第１志望，校長推薦，現役，入学確約者，全体の学習成績の状況4.0以上のほか，各学科の指定する外国語検定試験のいずれかの基準を満たす者。
[選考方法] 書類審査，面接のほか，法律学科は社会と法に関する設問を含む小論文。国際関係法学科は国際関係に関する小論文。地球環境法学科は社会(環境問題を含む)と法に関する小論文。

経済学部

一般選抜TEAPスコア利用方式(全学統一日程入試) **【経済学科(文系)】** **3科目** ①国(100)▶現国・言語・論国・文国・古典 ②**数**(100)▶数Ⅰ・数Ⅱ・数A・数B(数列)・数C(ベク) ③TEAPまたはTEAP CBTスコア(150)
【経済学科(理系)】 **2科目** ①**数**(100)▶数Ⅰ・数Ⅱ・数Ⅲ・数A・数B(数列)・数C(ベク・平面) ③TEAPまたはTEAP CBTスコア(100)
【経営学科】 **3科目** ①国(100)▶現国・言語・論国・文国・古典 ②**地歴・数**(150)▶「歴総・世探」・「歴総・日探」・「数Ⅰ・数Ⅱ・数A・数B(数列)・数C(ベク)」から１ ③TEAPまたはTEAP CBTスコア(200)
一般選抜学部学科試験・共通テスト併用方式 **【経済学科】〈共通テスト科目〉** **3科目** ①国(100)▶国 ②**外**(100)▶英(リスニングを含む)・独・仏から１ ③**数**(25×2)▶「数Ⅰ・数A」・「数Ⅱ・数B・数C」
〈独自試験科目〉 **1科目** ①**数**(200)▶数Ⅰ・数Ⅱ・数A・数B(数列)・数C(ベク)
【経営学科(英語選択・数学選択)】〈共通テスト科目〉 **3科目** ①国(40)▶国 ②**外**(英語選択20・数学選択40)▶英(リスニングを含む)・独・仏から１ ③**地歴・公民・数**(40)▶「歴総・世探」・「歴総・日探」・「地総・地探」・「公・倫」・「公・政経」・「数Ⅰ・数A」・「数Ⅱ・数B・数C」から１
〈独自試験科目〉 **1科目** ①**外・数**(150)▶[英語選択]―英コミュⅠ・英コミュⅡ・英コミュⅢ・論表Ⅰ・論表Ⅱ・論表Ⅲ，[数学選択]―数Ⅰ・数Ⅱ・数A・数B(数列)・数C(ベク)
一般選抜共通テスト利用方式(３教科型・４教科型) **【経済学科】** **5〜4科目** ①国(200)▶国 ②**外**(200)▶英(リスニングを含む)・独・仏から１ ③④⑤**「地歴・公民」・数**(３教科型300〈数150×2〉・４教科型300〈地歴・公民100，数100×2〉)▶「〈歴総・世探〉・〈歴総・日探〉・〈地総・地探〉・〈公・倫〉・〈公・政経〉から１」・「〈数Ⅰ・数A〉・〈数Ⅱ・数B・数C〉」から４教科型は２，３教科型は数指定
[個別試験] 行わない。
【経営学科】 **4〜3科目** ①国(200)▶国 ②**外**(200)▶英(リスニングを含む)・独・仏から１ ③**「地歴・公民」・数**(３教科型100・４教科型100×2)▶「〈歴総・世探〉・〈歴総・日探〉・〈地総・地探〉・〈公・倫〉・〈公・政経〉から１」・「数Ⅰ・数A」・「数Ⅱ・数B・数C」から４教科型は２，３教科型は１，ただし４教科型の数学は数Ⅰ・数A指定
[個別試験] 行わない。
推薦入試(公募制) [出願資格] 第１志望，校長推薦，現役，入学確約者，全体の学習成績の状況4.0以上，各学科の指定する外国語検定試験のいずれかの基準を満たす者のほか，経済学科は数Ⅰ・数Ⅱ・数A・数B・数C(ベク)を履修し，数学の学習成績の状況が4.5以上の者。また，経済学科のみ，IB Diplomaを取得見込みで，数学(HL)を履修した者を対象とした国際バカロレア(IB)枠あり。
[選考方法] 書類審査，面接のほか，経済学科は数学の基礎に関する理解力，思考力を問う試問。経営学科は産業社会に関する理解力と思考力を問う試験(英語を含む)。

外国語学部

一般選抜TEAPスコア利用方式(全学統一日程入試) **3科目** ①国(100)▶現国・言語・論国・文国・古典 ②**地歴・数**(100)▶「歴総・世探」・「歴総・日探」・「数Ⅰ・数Ⅱ・数A・数B(数列)・数C(ベク)」から１ ③TEAPまたはTEAP CBTスコア(150)
一般選抜学部学科試験・共通テスト併用方式 **〈共通テスト科目〉** **3科目** ①国(40)▶国 ②**外**(40)▶英(リスニングを含む)・独・仏から１，ただし英語学科は英指定 ③**地歴・公民・数**(40)▶「歴総・世探」・「歴総・日探」・「地総・

地探」・「公・倫」・「公・政経」・「数Ⅰ・数Ａ」から１
〈独自試験科目〉 2科目 ①②学部学科試験(50×2) ▶「高度なレベルの外国語学習に対する適性を測る試験(出題はおもに英語とし，一部の問題を英語・ドイツ語・フランス語・イスパニア語・ロシア語・ポルトガル語から試験場で選択する)」・「外国研究に必要な基礎的知識・日本語の読解力・論理力・思考力を測る試験」

一般選抜共通テスト利用方式(３教科型・４教科型) 4〜3科目 ①国(200) ▶国 ②外(200) ▶英(リスニングを含む)・独・仏から１，ただし英語学科は英指定 ③④「地歴・公民」・数(３教科型100・４教科型100×2) ▶「〈歴総・世探〉・〈歴総・日探〉・〈地総・地探〉・〈公・倫〉・〈公・政経〉から１」・「数Ⅰ・数Ａ」から４教科型は２，３教科型は１
[個別試験] 行わない。

推薦入試(公募制) [出願資格] 第１志望，校長推薦，現役，入学確約者，全体の学習成績の状況4.0以上，各学科の指定する外国語検定試験のいずれかの基準を満たす者のほか，英語学科は英語の学習成績の状況4.3以上，ドイツ語・フランス語・イスパニア語・ポルトガル語の４学科は外国語・国語それぞれ4.3以上，ロシア語学科は外国語4.3以上の者。
[選考方法] 書類審査，面接のほか，英語学科は英語の諸技術適性検査。ドイツ語学科は設問を含む小論文。フランス語学科は小論文。イスパニア語学科は筆記による表現能力，読解力と要約力。ロシア語学科はロシア・ソ連についての基礎的知識を問う設問を含む小論文。ポルトガル語学科はポルトガル語圏に関する基礎的知識を問う設問を含む小論文。

総合グローバル学部

一般選抜TEAPスコア利用方式(全学統一日程入試) 3科目 ①国(100) ▶現国・言語・論国・文国・古典 ②地歴・数(100) ▶「歴総・世探」・「歴総・日探」・「数Ⅰ・数Ⅱ・数Ａ・数Ｂ(数列)・数Ｃ(ベク)」から１ ③TEAPまたはTEAP CBTスコア(150)

一般選抜学部学科試験・共通テスト併用方式
〈共通テスト科目〉 3科目 ①国(40) ▶国 ②外(40) ▶英(リスニングを含む)・独・仏から１ ③地歴・公民(40) ▶「歴総・世探」・「歴総・日探」・「地総・地探」・「公・倫」・「公・政経」から１
〈独自試験科目〉 1科目 ①学部学科試験(80) ▶グローバル化する人間社会について，提示された資料の理解力および思考力を問う試験(英語の設問を含む)

一般選抜共通テスト利用方式(３教科型・４教科型) 4〜3科目 ①国(200) ▶国 ②外(200) ▶英(リスニングを含む)・独・仏から１ ③④「地歴・公民」・数(３教科型100・４教科型100×2) ▶「〈歴総・世探〉・〈歴総・日探〉・〈地総・地探〉・〈公・倫〉・〈公・政経〉から１」・「数Ⅰ・数Ａ」から４教科型は２，３教科型は１
[個別試験] 行わない。

推薦入試(公募制) [出願資格] 第１志望，校長推薦，現役，入学確約者，全体の学習成績の状況4.0以上のほか，学部の指定する外国語検定試験のいずれかの基準を満たす者。
[選考方法] 書類審査，小論文，面接。

国際教養学部

国際教養学部入試 [選考方法] Application Formおよび出願理由を述べた500ワード程度の英文エッセイ，成績証明書，テストの公式スコア(SAT〈Reading＆Writing, Math〉Scores, ACT with Writing Scores, IB DiplomaまたはPredicted Grades, GCE A-Level〈３科目以上〉のうちいずれか１つ以上)，TOEFLまたはIELTS (Academic)の公式スコア，推薦状２通(最終出身学校の教員２名より１通ずつ)などの書類審査により判定する。

推薦入試(公募制) [出願資格] 第１志望，校長推薦，現役，入学確約者，全体の学習成績の状況4.0以上のほか，学部の指定する外国語検定試験のいずれかの基準を満たす者。
[選考方法] 書類審査，English Aptitude Test (essay writing)，面接。

理工学部

一般選抜TEAPスコア利用方式(全学統一日程入試) 4科目 ①数(150) ▶数Ⅰ・数Ⅱ・数Ⅲ・数Ａ・数Ｂ(数列)・数Ｃ(ベク・平面) ②③

理(75×2)▶「物基・物」・「化基・化」・「生基・生」から２ ④TEAPまたはTEAP CBTスコア(100)

一般選抜学部学科試験・共通テスト併用方式

〈共通テスト科目〉 **4**科目 ①外(80)▶英(リスニングを含む)・独・仏から１ ②③数(30×2)▶「数Ⅰ・数Ａ」・「数Ⅱ・数Ｂ・数Ｃ」 ④理(60)▶物・化・生から１

〈独自試験科目〉 **2**科目 ①数(100)▶数Ⅰ・数Ⅱ・数Ⅲ・数Ａ・数Ｂ(数列)・数Ｃ(ベク・平面) ※応用問題など思考力を問う内容とする。 ②理(100)▶「物基・物」・「化基・化」・「生基・生」から１

一般選抜共通テスト利用方式(３教科型・４教科型) **6~5**科目 ①国(50)▶国 ②外(３教科型200・４教科型100)▶英(リスニングを含む)・独・仏から１ ③④数(100×2)▶「数Ⅰ・数Ａ」・「数Ⅱ・数Ｂ・数Ｃ」 ⑤⑥理・情(100×2)▶物・化・生・情Ⅰから２，ただし情は情報理工学科のみ選択可

※３教科型は国語を実施しない。

[個別試験] 行わない。

推薦入試(公募制) **[出願資格]** 第１志望，校長推薦，現役，入学確約者，全体の学習成績の状況4.0以上または3.8以上かつ数学と理科それぞれが4.5以上で，数Ⅰ・数Ⅱ・数Ⅲ・数Ａ・数Ｂ・数Ｃおよび物基・物または化基・化または生基・生を履修した者のほか，各学科が指定する外国語検定試験のいずれかの基準を満たす者。また，IB Diplomaを取得見込みで，数学(HL)および物理(HL)または化学(HL)または生物(HL)を履修した者を対象とした国際バカロレア(IB)枠あり。

[選考方法] 書類審査，面接のほか，物質生命理工学科は自然科学を対象とした小論文(物理学，化学および生物学の分野から２つを選択し，与えられた課題について論述形式で解答し，解答をもとに理解力，思考力および論述力を評価する)。機能創造理工学科と情報理工学科は数学，物理の基礎に関する理解力，思考力および論述力を問う試問。

その他の選抜

推薦入試(指定校制)，神学部推薦入試，カトリック高等学校対象特別入試，教育提携校特別推薦入試，海外指定校入試，理工学部英語コース入試，SPSF入試，国際バカロレア入試，上海日本人学校高等部推薦入試，UNHCR難民高等教育プログラム推薦入試，海外就学経験者(帰国生)入試，社会人入試，外国人入試。

偏差値データ (2024年度)

●一般選抜TEAPスコア利用方式

学部／学科	2024年度 駿台予備学校 合格目標ライン	2024年度 河合塾 ボーダー偏差値	2023年度実績 募集人員	受験者数	合格者数	合格最低点	競争率 '23年	競争率 '22年
神学部								
神	**47**	**55**	8	26	9	—	2.9	3.3
文学部								
哲	**56**	**62.5**	14	121	42	—	2.9	3.3
史	**58**	**62.5**	23	133	55	—	2.4	2.9
国文	**56**	**62.5**	10	88	24	—	3.7	1.9
英文	**58**	**60**	24	227	90	—	2.5	3.3
ドイツ文	**55**	**60**	13	138	47	—	2.9	2.8
フランス文	**56**	**62.5**	15	91	25	—	3.6	4.5
新聞	**54**	**62.5**	20	139	55	—	2.5	5.1

学部／学科	2024年度		2023年度実績					
	駿台予備学校	河合塾						
	合格目標ライン	ボーダー偏差値	募集人員	受験者数	合格者数	合格最低点	競争率 '23年	競争率 '22年
総合人間科学部								
教育	**58**	**62.5**	18	121	42	—	2.9	3.7
心理	**58**	**62.5**	15	100	22	—	4.5	6.8
社会	**59**	**70**	17	159	25	—	6.4	6.5
社会福祉	**57**	**62.5**	15	111	22	—	5.0	3.5
看護	**51**	**55**	15	39	21	—	1.9	2.5
法学部								
法律	**60**	**62.5**	44	266	94	—	2.8	3.3
国際関係法	**61**	**62.5**	29	251	100	—	2.5	2.9
地球環境法	**58**	**62.5**	18	113	37	—	3.1	3.0
経済学部								
経済（文系）	**56**	**60**	30	179	64	—	2.8	1.7
（理系）	**54**	**60**	10	88	27	—	3.3	2.7
経営	**58**	**65**	25	363	109	—	3.3	4.3
外国語学部								
英語	**61**	**60**	45	378	147	—	2.6	2.7
ドイツ語	**58**	**62.5**	15	127	58	—	2.2	3.3
フランス語	**58**	**60**	18	188	76	—	2.5	2.7
イスパニア語	**57**	**62.5**	18	173	66	—	2.6	3.3
ロシア語	**55**	**57.5**	14	180	106	—	1.7	2.4
ポルトガル語	**55**	**60**	14	142	77	—	1.8	3.3
総合グローバル学部								
総合グローバル	**59**	**62.5**	65	550	192	—	2.9	4.1
理工学部								
物質生命理工	**52**	**57.5**	22	111	62	—	1.8	1.5
機能創造理工	**53**	**55**	22	134	77	—	1.7	1.4
情報理工	**53**	**60**	20	122	50	—	2.4	2.0

●駿台予備学校合格目標ラインは合格可能性80%に相当する駿台模試の偏差値です。●競争率は受験者÷合格者の実質倍率
●河合塾ボーダー偏差値は合格可能性50%に相当する河合塾全統模試の偏差値です。

●一般選抜共通テスト利用方式／学部学科試験・共通テスト併用方式

学部／学科	2024年度			2023年度実績				
	駿台予備学校	河合塾						
	合格目標ライン	ボーダー得点率	ボーダー偏差値	募集人員	受験者数	合格者数	競争率 '23年	競争率 '22年
神学部								
神（３教科型）	**48**	**72%**	—	2	29	5	5.8	—
（４教科型）	**48**	**69%**	—	2	9	3	3.0	16.5
（併用）	**48**	**72%**	—	12	28	12	2.3	4.5
文学部								
哲（３教科型）	**59**	**82%**	—	2	115	30	3.8	—

学部／学科	2024年度			2023年度実績				
	駿台予備学校	河合塾					競争率	
	合格目標ライン	ボーダー得点率	ボーダー偏差値	募集人員	受験者数	合格者数	'23年	'22年
(4教科型)	58	78%	—	3	75	53	1.4	3.8
(併用)	58	80%	—	19	135	49	2.8	2.4
史(3教科型)	58	85%	—	2	174	37	4.7	—
(4教科型)	58	80%	—	2	80	41	2.0	3.2
(併用)	57	85%	65	23	266	98	2.7	3.2
国文(3教科型)	58	81%	—	2	114	42	2.7	—
(4教科型)	57	78%	—	3	66	38	1.7	3.6
(併用)	57	81%	65	30	380	113	3.4	3.0
英文(3教科型)	60	84%	—	3	123	20	6.2	—
(4教科型)	60	80%	—	3	54	34	1.6	2.7
(併用)	59	76%	65	37	354	168	2.1	2.5
ドイツ文(3教科型)	56	82%	—	2	150	46	3.3	—
(4教科型)	56	74%	—	2	49	32	1.5	2.6
(併用)	55	79%	—	18	121	65	1.9	2.6
フランス文(3教科型)	56	82%	—	2	132	44	3.0	—
(4教科型)	57	79%	—	2	42	30	1.4	2.5
(併用)	56	82%	—	20	118	40	3.0	2.3
新聞(3教科型)	57	83%	—	2	198	50	4.0	—
(4教科型)	57	78%	—	3	71	48	1.5	4.3
(併用)	55	80%	—	40	182	84	2.2	5.2
総合人間科学部								
教育(3教科型)	58	83%	—	3	151	41	3.7	—
(4教科型)	58	79%	—	3	83	32	2.6	3.5
(併用)	57	81%	—	23	255	68	3.8	5.4
心理(3教科型)	59	86%	—	2	60	5	12.0	—
(4教科型)	59	82%	—	3	74	13	5.7	27.7
(併用)	59	83%	—	20	171	29	5.9	9.4
社会(3教科型)	59	85%	—	2	111	15	7.4	—
(4教科型)	60	83%	—	3	142	46	3.1	3.0
(併用)	59	84%	—	25	343	91	3.8	5.6
社会福祉(3教科型)	58	84%	—	3	289	42	6.9	—
(4教科型)	58	75%	—	2	64	37	1.7	3.0
(併用)	57	78%	—	20	104	40	2.6	2.2
看護(3教科型)	51	79%	—	2	94	2	47.0	—
(4教科型)	51	74%	—	2	77	20	3.9	6.2
(併用)	51	71%	—	21	157	100	1.6	1.7
法学部								
法律(3教科型)	62	86%	—	2	303	63	4.8	—
(4教科型)	63	82%	—	5	296	130	2.3	4.2
(併用)	59	85%	—	64	633	215	2.9	2.8
国際関係法(3教科型)	62	81%	—	2	202	45	4.5	—
(4教科型)	62	80%	—	3	178	96	1.9	2.5

学部／学科	2024年度			2023年度実績				
	駿台予備学校	河合塾					競争率	
	合格目標ライン	ボーダー得点率	ボーダー偏差値	募集人員	受験者数	合格者数	'23年	'22年
(併用)	60	79%	—	44	519	214	2.4	2.8
地球環境報(３教科型)	59	84%	—	2	161	42	3.8	—
(４教科型)	60	80%	—	3	50	27	1.9	4.2
(併用)	58	82%	—	29	195	73	2.7	3.3
経済学部								
経済(３教科型)	58	84%	—	2	191	26	7.3	—
(４教科型)	59	82%	—	4	551	209	2.6	4.8
(併用)	57	79%	65	85	1,018	454	2.2	2.7
経営(３教科型)	59	86%	—	5	751	85	8.8	—
(４教科型)	59	81%	—	15	505	177	2.9	4.1
(併用・英語)	60	82%	67.5	85	1,573	443	3.6	3.8
(併用・数学)	58	84%	70					
外国語学部								
英語(３教科型)	62	85%	—	2	181	31	5.8	—
(４教科型)	62	79%	—	3	131	81	1.6	3.0
(併用)	61	79%	65	50	468	217	2.2	2.7
ドイツ語(３教科型)	59	81%	—	2	127	42	3.0	—
(４教科型)	59	76%	—	2	43	26	1.7	2.6
(併用)	59	77%	62.5	21	164	94	1.7	2.4
フランス語(３教科型)	59	84%	—	3	196	40	4.9	—
(４教科型)	59	80%	—	2	43	24	1.8	3.2
(併用)	59	74%	62.5	23	256	137	1.9	1.9
イスパニア語(３教科型)	58	81%	—	2	171	48	3.6	—
(４教科型)	58	81%	—	2	51	27	1.9	2.6
(併用)	58	74%	62.5	28	266	156	1.7	1.9
ロシア語(３教科型)	56	78%	—	2	255	70	3.6	—
(４教科型)	56	74%	—	2	55	29	1.9	2.0
(併用)	55	72%	57.5	20	220	158	1.4	1.6
ポルトガル語(３教科型)	55	78%	—	2	88	28	3.1	—
(４教科型)	56	73%	—	2	22	8	2.8	4.2
(併用)	55	74%	57.5	20	193	129	1.5	1.9
総合グローバル学部								
総合グローバル(３教科型)	60	85%	—	3	368	69	5.3	—
(４教科型)	60	79%	—	2	184	86	2.1	4.8
(併用)	59	80%	65	70	744	355	2.1	2.8
理工学部								
物質生命理工(３教科型)	54	86%	—	3	308	106	2.9	—
(４教科型)	55	85%	—	3	327	87	3.8	5.7
(併用)	53	79%	60	45	746	292	2.6	1.9
機能創造理工(３教科型)	56	87%	—	2	336	92	3.7	—
(４教科型)	56	84%	—	3	330	111	3.0	4.2
(併用)	55	84%	60	44	792	279	2.8	2.5

学部／学科	2024年度			2023年度実績				
	駿台予備学校	河合塾		募集人員	受験者数	合格者数	競争率	
	合格目標ライン	ボーダー得点率	ボーダー偏差値				'23年	'22年
情報理工（3教科型）	55	87%	—	3	409	117	3.5	—
（4教科型）	56	87%	—	3	397	104	3.8	4.1
（併用）	55	86%	62.5	45	892	250	3.6	2.9

● 駿台予備学校合格目標ラインは合格可能性80%に相当する駿台模試の偏差値です。●競争率は受験者÷合格者の実質倍率
● 河合塾ボーダー得点率は合格可能性50%に相当する共通テストの得点率です。また，ボーダー偏差値は合格可能性50%に相当する河合塾全統模試の偏差値です。

併設の教育機関 大学院

神学研究科

教員数▶13名
院生数▶17名
博士前期課程 ●神学専攻 組織神学，聖書神学，キリスト教教育，宣教実務者の4コースを設置。
博士後期課程 組織神学専攻

文学研究科

教員数▶59名
院生数▶138名
博士前期課程 ●哲学専攻 哲学専修，現代思想の2コース。古典文献の精密な研究と現代社会の課題を往還する。
●史学専攻 日本史学，東洋史学，西洋史学の連携に基づく，トランス・ナショナルな歴史研究を推進。
●国文学専攻 国文学，国語学，漢文学をさまざまな視点から総合的に研究する。
●英米文学専攻 英米文学を「西欧文明」という大きな全体の一環をなす営みとして研究。
●ドイツ文学専攻 ドイツ語圏の文学が持つ豊かな思想性・内面性を，ヨーロッパ文化史という広範なコンテキストにおいて探求する。
●フランス文学専攻 フランス文学・フランス文化・フランス語について，より専門的に掘り下げられるようなカリキュラムを用意。
●新聞学専攻 マス・コミュニケーション理論，ジャーナリズム論，メディア分析を中心に据えたカリキュラムを設置。
●文化交渉学専攻 異文化同士の交渉，新文化生成の具体相など文化研究を多角的に行う。
博士後期課程 哲学専攻，史学専攻，国文学専攻，英米文学専攻，ドイツ文学専攻，フランス文学専攻，新聞学専攻，文化交渉学専攻

実践宗教学研究科

教員数▶7名
院生数▶41名
博士前期課程 ●死生学専攻 宗教・宗派の枠を超え，現代の諸問題に実践的・臨床的に取り組む。
博士後期課程 死生学専攻

総合人間科学研究科

教員数▶56名
院生数▶156名
博士前期課程 ●教育学専攻 理論と実践の両面にわたって研究を行い，国際化時代に求められる現実科学としての教育学を究める。
●心理学専攻 基礎心理学，臨床心理学の2コース。臨床心理学コースは日本臨床心理士資格認定協会第1種指定大学院。
●社会学専攻 現代社会が直面する問題の根源的なメカニズムを理解し，冷静な分析力と機敏な対応力を兼ね備えた人材を育成する。
●社会福祉学専攻 社会福祉の研究と実践をリードし，変革できる人材を養成する。
修士課程 ●看護学専攻 「共生支援」を

キーワードに，より良質のケアリングに関する発展的・実践的な研究を行う。昼夜開講制。
博士後期課程 教育学専攻，心理学専攻，社会学専攻，社会福祉学専攻

法学研究科

教員数▶40名
院生数▶88名（うち法曹養成専攻71名）
博士前期課程 ●法律学専攻　法律学の諸分野における実定法と，基礎法，国際法，政治学，比較法などの研究教育を行う。
専門職学位課程 ●法曹養成専攻（法科大学院）優秀な実務家との協働により，法律エキスパートを養成する。
博士後期課程 法律学専攻

経済学研究科

教員数▶30名
院生数▶45名
博士前期課程 ●経済学専攻　経済問題を分析し，企業の戦略と政府の政策を考察する。●経営学専攻　経営管理・戦略，会計，マーケティングの理論と実際について取り組む。
博士後期課程 経済学専攻，経営学専攻

言語科学研究科

教員数▶39名
院生数▶79名
博士前期課程 ●言語学専攻　言語研究の多角的アプローチをもとに，人間性の本質を探求する。
博士後期課程 言語学専攻

グローバル・スタディーズ研究科

教員数▶79名
院生数▶184名
博士前期課程 ●国際関係論専攻　世界における平和と正義の問題に積極的に取り組み，諸問題の解決に貢献できる人材を育成する。
●地域研究専攻　グローバルな市民社会と，ローカルな多様性を支える次世代地域研究者を育成する。地域言語の習得は必須。
●グローバル社会専攻　グローバル社会研究，国際経営開発学，比較日本研究の３領域で構成。すべての授業を英語で実施。
修士課程 ●国際協力学専攻　国際機関，国際協力組織などでグローバルな課題の解決を担う中核的人材を育成。夜間・土曜日開講。
博士後期課程 国際関係論専攻，地域研究専攻，グローバル社会専攻

理工学研究科

教員数▶96名
院生数▶441名
博士前期課程 ●理工学専攻　機械工学，電気・電子工学，応用化学，化学，数学，物理学，生物科学，情報学，グリーンサイエンス・エンジニアリングの９領域。
博士後期課程 理工学専攻

地球環境学研究科

教員数▶12名
院生数▶231名
博士前期課程 ●地球環境学専攻　SDGsの実現に向けて，地球環境問題に取り組むグローバルな人材を育成する。
博士後期課程 地球環境学専攻

応用データサイエンス学位プログラム

教員数▶13名
学生数▶54名
修士課程 ●応用データサイエンス学位プログラム　「理論と実務の架け橋」をめざし，データサイエンスをビジネスの現場に応用・展開し社会実装する実践力を身につける。

昭和(しょうわ)大学

資料請求

問合せ先　入学支援課　☎03-3784-8026

建学の精神

「痛みを抱える患者さんにまごころを持って接する」という創立者・上條秀介の考え方のもと，1928（昭和３）年に創設された昭和医学専門学校を前身とする「医系総合大学」。この「至誠一貫」の建学の精神は，90余年の歳月を重ねた今も，医学，歯学，薬学，保健医療学の各分野に等しく受け継がれ，「真にまごころを込めて患者さん方に尽くす医療人を育成することによって社会に貢献する」ことをめざし，１年次の全寮教育，４学部全学年にわたる学部連携型のチーム医療教育，クリニカルクラークシップを主体とした臨床実習などの制度を導入。さらに，大学院（４研究科）と８つの附属病院を併設することで，より高度な研究教育を実践し，専門分野の知識・技術に加えて，思いやりと優しさを持っている優れた医療人を育成している。

- 旗の台キャンパス……〒142-8555　東京都品川区旗の台1-5-8
- 洗足キャンパス………〒145-8515　東京都大田区北千束2-1-1
- 横浜キャンパス………〒226-8555　神奈川県横浜市緑区十日市場町1865
- 富士吉田キャンパス…〒403-0005　山梨県富士吉田市上吉田4562

基本データ

学生数▶3,139名（男1,050名，女2,089名）
専任教員数▶教授229名，准教授200名，講師499名

設置学部▶医，歯，薬，保健医療
併設教育機関▶大学院—保健医療学（M・D），医学・歯学・薬学（以上D）

就職・卒業後の進路

就職率 96.0％
就職者÷希望者×100

● **就職支援**　専任のスタッフが個別に進路相談に対応するほか，就職ガイダンス，合同企業研究会，公務員試験対策講座，SPI試験対策講座，面接対策講座などの行事も開催。卒業生の多くが本学附属病院に勤務している。

● **資格取得支援**　国家試験合格をめざし，卒業までに十分な実力をつけるため，各学部・学年でサポート。国家試験にリンクした試験問題作成はもちろん，試験間近には不得意な分野を克服するための国試対策講義も実施。

進路指導者も必見　学生を伸ばす　面倒見

初年次教育
1965年から続く富士吉田キャンパスでの初年次全寮制教育で，共同生活を行いながら他者を慮る心を醸成し，豊かな社会性とコミュニケーション能力，専門領域に必要な基礎学力を修得。「チーム医療の基盤」を築いている

学修サポート
全学生をサポートする指導担任制度（学生10～20人を担当）やTA制度，オフィスアワー制度を導入。また，成績下位者の学修サポートを行う修学支援制度，学生が質問しやすい環境を整えた修学コンサルタントの制度も設置

オープンキャンパス（2023年度実績）　医学部で動画配信による入試説明会を行ったほか，各学部でオンラインや来校型の入試説明会，オープンキャンパス，キャンパスツアーを実施。10月に４学部合同の入試説明会を開催。

理系学部

2023年３月卒業生
536人

その他 6.3%
進学 9.1%
就職 84.5%

※就職には医学科の初期臨床研修医，歯学科の臨床研修歯科医を含む。

主なOB・OG▶［医］高須克弥（高須クリニック院長），［医］水野泰孝（グローバルヘルスケアクリニック院長），［医］志賀貢（医師，作家），［歯］一青妙（歯科医師，エッセイスト，舞台女優）など。

国際化・留学　大学間 5 大学・部局間 39 大学等

受入れ留学生数▶０名（2023年９月１日現在）

外国人専任教員▶教授１名，准教授０名，講師５名（2023年５月１日現在）

外国人専任教員の出身国▶アメリカ，フィリピン，中国。

大学間交流協定▶５大学（交換留学先５大学，2023年９月１日現在）

部局間交流協定▶39大学・機関（交換留学先37大学，2023年９月１日現在）

海外への留学生数▶渡航型25名／年（５カ国・地域，2022年度）

海外留学制度▶国際交流センターでは，国際的な視野を持った医療人の育成をめざし，語学プログラムや専門科目での海外選択実習へ多くの学生が参加できるよう積極的にサポート。海外への派遣と海外からの受け入れを拡大し，国際交流とともに国際協力を推進。

学費・奨学金制度　給付型奨学金総額 年間 2 億 650 万円

入学金▶500,000円～

年間授業料（施設費等を除く）▶1,050,000円～（詳細は巻末資料参照）

年間奨学金総額▶206,500,000円

年間奨学金受給者数▶85人

主な奨学金制度▶成績優秀者に授業料相当額を給付する「昭和大学医学部・歯学部・薬学部特別奨学金」は大学院進学後も対象となっているため，それぞれの研究科の在籍者数は全国私立大学トップクラスを誇る。このほか，「昭和大学シンシア一奨学金」「昭和大学被災者就学支援高須奨学金」などを設置。また，学費減免制度もあり，2022年度は21人を対象に総額で約3,371万円を減免している。

保護者向けインフォメーション

- **オープンキャンパス**　通常のオープンキャンパスは受験生と保護者を対象としている。
- **父兄会**　父兄会があり，総会や吉田キャンパスで秋季部会（指導担任との面談，懇親会）などを実施している。
- **成績確認**　成績表や授業への出席状況などの情報を郵送するほか，出席状況は１年次の保護者面談でも確認することができる。また，成績下位者などをサポートする修学支援担当教員（当該学部の助教，講師）がおり，保護者と指導担任との三者面談を実施している。
- **防災対策**　災害時の学生の安否は，ポータルサイトを利用して確認するようにしている。

インターンシップ科目	必修専門ゼミ	卒業論文	GPA制度の導入の有無および活用例	１年以内の退学率	標準年限での卒業率
薬学部で病院・薬局実習を実施	薬学部で4・6年次，保健医療学部で４年次に実施	薬学部と保健医療学部は卒業要件	学部により，留学候補者の選考や学生に対する個別の学修指導などに活用	1.2%	76.4%（４年制）93.1%（６年制）

学部紹介

学部／学科	定員	特色
医学部		
医	131	▷医療の最前線での実習などを通して「至誠一貫」の精神を学び，患者さんに寄り添う医療を体現できる医師を育成する。８つの附属病院があり，充実の臨床実習が可能。
● 取得可能な資格…医師受験資格。 ● 進路状況…………初期臨床研修医77.5%　進学20.0%		
歯学部		
歯	96	▷世界トップクラスの研究を行う「基礎系講座」や，先駆的な研究開発をリードする「臨床系講座」などを通して，社会における歯科医師の役割を学ぶ。
● 取得可能な資格…歯科医師受験資格。 ● 進路状況…………臨床研修歯科医77.5%　進学3.4%		
薬学部		
薬	200	▷６年制。大学病院を有する医系総合大学としての環境を生かし，新世代の臨床薬剤師を育成するための多様な授業を通して，チーム医療の実践力を身につける。
● 取得可能な資格…薬剤師受験資格。 ● 進路状況…………就職86.0%　進学8.1% ● 主な就職先………昭和大学，クリエイトエス･ディー，総合メディカル，クオール，スギ薬局など。		
保健医療学部		
看護	95	▷自分で感じ，考えたことを発信できる力を養うとともに，多くの臨床実習で実践力を磨き，看護とは何かを理解する。
リハビリテーション	60	▷〈理学療法学専攻35名，作業療法学専攻25名〉リハビリテーションのプロとして，対象者に最適な治療プランを提案できる，理学療法士，作業療法士を育成する。
● 取得可能な資格…看護師･保健師･理学療法士･作業療法士受験資格。 ● 進路状況…………就職92.3%　進学5.2% ● 主な就職先………昭和大学，青葉さわい病院，医療法人社団永生会，医療法人社団鎮誠会など。		

▶キャンパス

医・薬２～６年次，歯２～４年次……［旗の台キャンパス］東京都品川区旗の台1-5-8
歯５～６年次……［洗足キャンパス］東京都大田区北千束2-1-1
保健医療２～４年次……［横浜キャンパス］神奈川県横浜市緑区十日市場町1865
全学部１年次……［富士吉田キャンパス］山梨県富士吉田市上吉田4562

2024年度入試要項(前年度実績)

●募集人員

学部／学科(専攻)	一般Ⅰ期	一般Ⅱ期	共通テスト
▶医　医	83	18	—
▶歯　歯	42	5	5
▶薬　薬	95	20	5
▶保健医療　看護	38	3	7
リハビリテーション(理学療法学)	13	2	2
(作業療法学)	8	1	1

※一般選抜入試には上記以外に，医学部一般選抜入試(Ⅰ期)利用の薬学部併願入試(４名)，理学療法学専攻一般選抜入試(Ⅰ期･Ⅱ期)利用の作業療法学専攻第二希望併願入試(若干名)を実施する。

キャンパスアクセス［旗の台キャンパス］東急大井町線・池上線一旗の台より徒歩5分
［洗足キャンパス］東急目黒線一洗足より徒歩3分

医学部

一般選抜入試Ⅰ期・Ⅱ期 〈一次試験〉 4科目 ①外(100)▶コミュ英Ⅰ・コミュ英Ⅱ・コミュ英Ⅲ・英表Ⅰ・英表Ⅱ ②③理(200)▶「物基・物」・「化基・化」・「生基・生」から2 ④国・数(100)▶国総(現文)・「数Ⅰ・数Ⅱ・数Ⅲ・数A・数B」から1

〈二次試験〉 2~1科目 ①面接(100) ②小論文(Ⅰ期20), ただし小論文はⅠ期のみ実施

※二次試験は一次試験合格者のみ。

歯学部

一般選抜入試Ⅰ期・Ⅱ期 4科目 ①外(100)▶コミュ英Ⅰ・コミュ英Ⅱ・コミュ英Ⅲ・英表Ⅰ ②理(100)▶「物基・物(原子を除く)」・「化基・化」・「生基・生」から1 ③国・数(100)▶国総(現文)・「数Ⅰ(データの分析を除く)・数Ⅱ・数A・数B(数列・ベク)」から1 ④面接(100)

共通テスト利用入試 4~3科目 ①外(100)▶英(リスニングを含む) ※満点200点を100点に換算 ②理(100)▶物・化・生から1 ③④国・数(100)▶国・「〈数Ⅰ・数A〉・〈数Ⅱ・数B〉」から1

[個別試験] 1科目 ①面接(100)

薬学部

一般選抜入試Ⅰ期・Ⅱ期 4科目 ①外(100)▶コミュ英Ⅰ・コミュ英Ⅱ・コミュ英Ⅲ・英表Ⅰ ②理(100)▶化基・化 ③国・数(100)▶国総(現文)・「数Ⅰ(データの分析を除く)・数Ⅱ・数A・数B(数列・ベク)」から1 ④面接(100)

医学部一般選抜入試(Ⅰ期)利用の薬学部併願入試 ※医学部一般選抜入試Ⅰ期(一次試験・二次試験)と同じ

共通テスト利用入試 4科目 ①外(200)▶英(リスニング〈100〉を含む) ②理(200)▶物・化・生から1 ③④国・数(200)▶国(古典を除く)・「数Ⅰ・数A」・「数Ⅱ・数B」から2

[個別試験] 1科目 ①面接(200)

保健医療学部

一般選抜入試Ⅰ期・Ⅱ期 4科目 ①外(100)▶コミュ英Ⅰ・コミュ英Ⅱ・英表Ⅰ ②理(100)▶「物基・物(原子を除く)」・「化基・化」・「生基・生」から1 ③国・数(100)▶国総(現文)・「数Ⅰ(データの分析を除く)・数A」から1 ④面接(40)

理学療法学専攻一般選抜入試利用の作業療法学専攻第二希望併願入試Ⅰ期・Ⅱ期 ※保健医療学部一般選抜入試Ⅰ期・Ⅱ期と同じ

共通テスト利用入試 3科目 ①外(100)▶英(リスニングを除く) ②③国・数・理(200)▶国(古典を除く)・「数Ⅰ・数A」・「〈物基・化基・生基から2〉・物・化・生から1」から2

[個別試験] 1科目 ①面接(40)

その他の選抜

総合型選抜入試は歯学部10名, 薬学部20名, 保健医療学部23名を募集。ほかに学校推薦型選抜入試(公募・指定校・特別協定校), 卒業生推薦入試を実施。

偏差値データ (2024年度)

●一般選抜入試Ⅰ期

学部／学科／専攻	2024年度 駿台予備学校 合格目標ライン	2024年度 河合塾 ボーダー偏差値	2023年度 競争率
▶医学部			
医	59	67.5	10.3
▶歯学部			
歯	49	52.5	3.7
▶薬学部			
薬	48	50	2.0
▶保健医療学部			
看護	45	47.5	2.0
リハビリテーション／理学療法学	42	47.5	2.0
／作業療法学	41	42.5	1.3

- 駿台予備学校合格目標ラインは合格可能性80%に相当する駿台模試の偏差値です。
- 河合塾ボーダー偏差値は合格可能性50%に相当する河合塾全統模試の偏差値です。なお, 歯・薬・保健医療の3学部は一般選抜入試Ⅰ・Ⅱ期の偏差値です。
- 競争率は受験者÷合格者の実質倍率

キャンパスアクセス [横浜キャンパス] JR横浜線一十日市場, 東急田園都市線一青葉台よりバス・中山谷下車徒歩5分 [富士吉田キャンパス] 富士急行線一富士山より車15分

昭和女子大学

（しょうわじょし）

資料請求

問合せ先〉アドミッションセンター ☎0120-5171-86

建学の精神

「世の光となろう」という建学の精神を確立し，1920（大正9）年に設立された日本女子高等学院を前身とする“女性が人生を拓く力”をつける大学。全国の進学校を対象に行った進路指導教諭が勧める大学2023年調査で，敷地内にある米国テンプル大学ジャパンキャンパスや，ボストンに海外キャンパスを擁して構築するスーパーグローバルキャンパス，学生が自らの生き方をデザインするためのキャリア支援，身につけた知識で社会とつながるプロジェクト活動といった取り組みが高い評価を受け，「就職・グローバル教育・面倒見」の３項目で前年に引き続き全国女子大学１位を獲得。さらなる飛躍を続けるため，次世代社会で活躍できる女性育成プログラムをデザインし，常に変化する時代を見据え，社会を支え，豊かな人生を歩む女性を育てている。

● 昭和女子大学キャンパス……〒154-8533 東京都世田谷区太子堂1-7-57

基本データ

学生数▶女6,430名
専任教員数▶教授92名，准教授74名，講師43名
設置学部▶人間文化，人間社会，食健康科，グローバルビジネス，国際，環境デザイン
併設教育機関▶大学院―文学・生活機構（以上M・D），福祉社会・経営（P）

就職・卒業後の進路

就職率 98.7%
就職者÷希望者×100

● **就職支援** キャリア教育，社会人メンター制度，就活支援プログラムを３つの柱に，４年間を通じて生き方をデザインするためのキャリを支援。一人ひとりに合わせたサポート体制を整備し，卒業生1,000人以上の女子大学で，2021年度卒業生まで12年連続実就職率№１を達成。2022年度卒業生についても３位を獲得し，高い水準を維持している。

● **資格取得支援** 学科ごとに，専門の資格・免許を取得できるカリキュラムを整え，会計ファイナンス学科ではダブルスクールを行うことなく，日商簿記などの資格取得が可能。社会福祉学科や管理栄養学科でも充実の国家試験対策を実施し，資格取得をサポート。

進路指導者も必見 学生を伸ばす 面倒見

初年次教育	学修サポート
社会の中での自分の役割，生き方を考える力を修得する「キャリアデザイン入門」や「実践倫理」を必修とし，学部により，「日本語表現Ⅰa（書き方）・Ⅰb（話し方）」「ICTリテラシーⅠa」「基礎ゼミ」などの授業を開講	TA制度の導入やオフィスアワーの設定のほか，各クラス（学生31名）を担当するクラスアドバイザーに履修の方法や学習面はもちろん，さまざまな悩みを相談できる。キャリア支援センターでは，日本語文章の作成も支援

オープンキャンパス(2023年度実績) 昭和女子大学の魅力を体験できる来場型オープンキャンパスを６月，７月，８月に実施(事前エントリー制)。学生スタッフによるキャンパスツアーや体験授業など，さまざまな企画を用意。

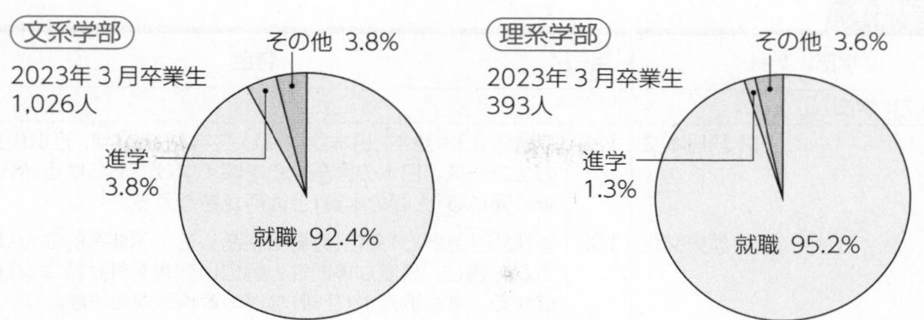

主なOG▶［旧文(現国際)］壇蜜(タレント，女優)，［旧生活科］永山祐子(建築家)，［人間文化］馬場ももこ(フリーアナウンサー)，［人間社会］森下友紀(水泳選手)，［人間社会］小倉唯(声優，歌手)など。

国際化・留学　大学間 50 大学

受入れ留学生数▶102名（2023年５月１日現在）
留学生の出身国▶韓国，中国，イタリア，カンボジア，ベトナムなど。
外国人専任教員▶教授７名，准教授10名，講師２名（2023年５月１日現在）
外国人専任教員の出身国▶アメリカ，韓国，中国，オーストラリア，シンガポールなど。
大学間交流協定▶50大学（交換留学先28大学，2023年９月25日現在）
海外への留学生数▶渡航型668名・オンライン型120名／年（12カ国・地域，2022年度）
海外留学制度▶アメリカ政府から正式に認可を受けている「昭和ボストン」へは，毎年，数多くの学生が短期（全学科対象のサマーセッションなど），長期（１～３セメスター）の留学プログラム（ボストン留学）で訪れている。このほか，カリキュラム留学，ダブル・ディグリー・プログラム，認定留学，短期海外研修など，自分の専門分野や興味に合わせて選択できる多彩なプログラムを用意。コンソーシアムはUMAPに参加している。

学費・奨学金制度　給付型奨学金総額 年間約 4,833 万円

入学金▶200,000円
年間授業料(施設費等を除く)▶795,600円～(詳細は巻末資料参照)
年間奨学金総額▶48,326,000円
年間奨学金受給者数▶247人
主な奨学金制度▶前年度の成績がGPA2.5以上で学年上位３％までの２年次以上の学生を対象に，年額20万円を給付する「成績優秀者奨学金」のほか，「経済的支援奨学金」や「人見記念奨学金」などの制度を設置。

保護者向けインフォメーション

●**成績確認**　ポータルサイト「UP SHOWA(保護者版)」で，学生本人の出欠状況・成績・時間割の確認ができるようになっている。
●**懇談会**　３年次の保護者を対象にした懇談会を毎年６月に開催し，就職サポートや学生支援，教育について説明を行っているほか，学科別相談も実施。
●**広報紙**　『昭和学報』を制作・発行している。
●**防災対策**　災害など緊急事態が発生した場合の学生の安否は，ポータルサイトを利用して確認するようにしている。

インターンシップ科目	必修専門ゼミ	卒業論文	GPA制度の導入の有無および活用例	１年以内の退学率	標準年限での卒業率
全学部で開講している	人間文化・人間社会・グローバルビジネス・国際の4学部で1～4年次，食健康科学部と環境デザイン学部で4年次に実施	国際学科とビジネスデザイン学科を除き卒業要件	奨学金対象者選定・大学院入試選抜基準，留学候補者選考，早期卒業認定要件，学生への個別の学修指導，履修上限単位数設定に活用	1.0%	90.7%

学部紹介

学部／学科	定員	特色
人間文化学部		
日本語日本文	120	▷言語（日本語学，日本語教育），文学（古典文学，近現代文学）の２コース。日本の言語文化を深く学び，あらゆる時代や分野に通じる「人間の本質」とは何かを考える。
歴史文化	100	▷「歴史」分野と「文化」分野を横断して学ぶ体系的なカリキュラムを通じ，高度な専門性と幅広い教養を併せ持つ人材を育成する。考古調査士（２級）などの資格取得も可能。
● **取得可能な資格**…教職（国・地歴・社・書），司書，司書教諭，学芸員など。 ● **進路状況**…………就職91.2%　進学5.6% ● **主な就職先**………清水建設，熊谷組，日本製鉄，兼松，城南信用金庫，日本郵便，大塚商会など。		
人間社会学部		
心理	100	▷豊富な演習や実習を通じて，多様なこころを理解する「眼」とスキルを磨く。「臨床」「社会」「発達」「認知」の４領域すべての基礎知識を学び，２年次以降に専門知識を深める。
福祉社会	80	▷社会的な課題を解決する知識と実践力を養い，福祉社会の形成に貢献する人材を育成する。複数の国家資格が取得可能。
現代教養	100	▷多様化する現代社会の諸問題に関する知識と理論を学び，未来を構想し創造していくための「スキル」を身につける。豊富なアクティブラーニング型授業を実施。
初等教育	100	▷児童教育，幼児教育の２コース。グローバルな視野で子どもを支える小学校・幼稚園教諭，保育士を養成する。
● **取得可能な資格**…教職（公，小一種，幼一種），司書，司書教諭，学芸員，保育士，社会福祉士・精神保健福祉士受験資格など。 ● **進路状況**…………就職93.5%　進学4.3% ● **主な就職先**………住友金属鉱山，日本軽金属，パナソニック，小野測器，全国健康保険協会など。		
食健康科学部		
管理栄養	72	▷栄養と食のスペシャリストとしての専門知識を養い，社会に貢献する管理栄養士を養成する。
健康デザイン	75	▷健康を，食だけでなく運動や美容にまでフィールドを広げ科学的に学び，「健康のスペシャリスト」を育成する。
食安全マネジメント	80	▷食と食品の安全性と，フードビジネスのマネジメントを学び，食のフィールドで幅広く活躍できる力を身につける。
● **取得可能な資格**…教職（保体・家，栄養），司書，司書教諭，栄養士，管理栄養士受験資格など。 ● **進路状況**…………就職98.1%　進学1.0% ● **主な就職先**………三菱食品，三井食品，昭和産業，極洋，敷島製パン，日本オラクル，ニプロなど。		
グローバルビジネス学部		
ビジネスデザイン	110	▷徹底した英語教育や２年次前期の昭和ボストン留学経験，帰国後の専門科目で学んだ知識を生かし，ビジネスを開拓，変革する女性を育成する。デジタルスキル科目も充実。
会計ファイナンス	80	▷実践的で経営管理に役立つ資格を取得することで，金融業界や企業の管理部門，専門職で活躍できる人材を育成する。
● **進路状況**…………就職93.0%　進学4.1% ● **主な就職先**………住友電気工業，サンワテクノス，住友林業，東ソー，日本電気，日本航空など。		

キャンパスアクセス ［昭和女子大学キャンパス］ 東急田園都市線（東京メトロ半蔵門線直通）一三軒茶屋より徒歩7分／JR各線・私鉄各線・東京メトロ各線一渋谷よりバス15分

国際学部		
英語コミュニケーション	179	▷国際的な教養および言語・文化，コミュニケーションに関する専門知識を深め，日本のみならず世界で活躍する女性を育成する。2・3年次に昭和ボストンや協定校で学ぶ。
国際	120	▷英語＋1言語（中・韓・ベトナム・独・仏・西）を修得し，国際社会で求められる柔軟で複眼的な発想力・思考力・発信力を磨く。2・3年次は原則として全員が長期留学を経験。

● 取得可能な資格…教職（英），司書，司書教諭，学芸員など。
● 進路状況…………就職91.2%　進学1.3%
● 主な就職先………日産自動車，日本ヒューレット・パッカード，日本放送協会，三菱UFJ銀行など。

環境デザイン学部		
環境デザイン	210	▷建築・インテリアデザイン，プロダクトデザイン，ファッションデザインマネジメント，デザインプロデュースの4コースが連動し，多彩な視点からデザイン力を磨く。

● 取得可能な資格…学芸員，1級建築士受験資格など。
● 進路状況…………就職91.8%　進学1.6%
● 主な就職先………清水建設，五洋建設，住友林業，村田製作所，クリナップ，ジュン，ニトリなど。

▶キャンパス

全学部……［昭和女子大学キャンパス］東京都世田谷区太子堂1-7-57

2024年度入試要項（前年度実績）

●募集人員

学部／学科	一般A	一般B	一般3月期
▶人間文化　日本語日本文	35	25	4
歴史文化	30	18	4
▶人間社会　心理	30	18	3
福祉社会	20	17	4
現代教養	30	18	4
初等教育	30	18	3
▶食健康科　管理栄養	20	15	3
健康デザイン	20	13	3
食安全マネジメント	20	17	3
▶グローバルビジネス　ビジネスデザイン	35	20	4
会計ファイナンス	18	12	3
▶国際　英語コミュニケーション	54	31	4
国際	35	19	4
▶環境デザイン　環境デザイン	65	46	5

人間文化学部

一般入試A日程　3科目　①国（100）▶国総・現文Ｂ・古典Ｂ（漢文を除く）　②外（100）▶コミュ英Ⅰ・コミュ英Ⅱ・英表Ⅰ　③地歴・数・理（100）▶世Ｂ・日Ｂ・「数Ⅰ必須，数Ⅱ・数Ａ・数Ｂ（ベク）から１問選択」・「化基・化（無機・有機）」・「生基・生（環境応答）」から１

一般入試Ｂ日程　2科目　①国（100）▶国総・現文Ｂ・古典Ｂ（漢文を除く）　②外・地歴・数・理（100）▶「コミュ英Ⅰ・コミュ英Ⅱ・英表Ⅰ」・世Ｂ・日Ｂ・「数Ⅰ必須，数Ⅱ・数Ａ・数Ｂ（ベク）から１問選択」・「化基・化（無機・有機）」・「生基・生（環境応答）」から１

一般入試３月期　2科目　①国（100）▶国総（古文・漢文を除く）・現文Ｂ　②外（100）▶コミュ英Ⅰ・コミュ英Ⅱ・英表Ⅰ

人間社会学部

一般入試Ａ日程　3科目　①国（100）▶国総（古文・漢文を除く）・現文Ｂ　②外（100）▶コミュ英Ⅰ・コミュ英Ⅱ・英表Ⅰ　③地歴・数・理（100）▶世Ｂ・日Ｂ・「数Ⅰ必須，数Ⅱ・数Ａ・数Ｂ（ベク）から１問選択」・「化基・化（無機・有機）」・「生基・生（環境応答）」から１

一般入試Ｂ日程 **【心理学科・現代教養学科・初等教育学科】** **2科目** ①国(100)▶国総(古文・漢文を除く)・現文Ｂ ②**外・地歴・数・理**(100)▶「コミュ英Ⅰ・コミュ英Ⅱ・英表Ⅰ」・世Ｂ・日Ｂ・「数Ⅰ必須，数Ⅱ・数Ａ・数Ｂ(ベク)から１問選択」・「化基・化(無機・有機)」・「生基・生(環境応答)」から１

【福祉社会学科】 **2科目** ①②**国・外・「地歴・数・理」**(100×2)▶「国総(古文・漢文を除く)・現文Ｂ」・「コミュ英Ⅰ・コミュ英Ⅱ・英表Ⅰ」・「世Ｂ・日Ｂ・〈数Ⅰ必須，数Ⅱ・数Ａ・数Ｂ(ベク)から１問選択〉・〈化基・化(無機・有機)〉・〈生基・生(環境応答)〉から１」から２

一般入試３月期 **2科目** ①**国**(100)▶国総(古文・漢文を除く)・現文Ｂ ②**外**(100)▶コミュ英Ⅰ・コミュ英Ⅱ・英表Ⅰ

食健康科学部

一般入試Ａ日程 **【管理栄養学科】** **3科目** ①**国**(100)▶国総(古文・漢文を除く)・現文Ｂ ②**外**(100)▶コミュ英Ⅰ・コミュ英Ⅱ・英表Ⅰ ③**数・理**(100)▶「数Ⅰ必須，数Ⅱ・数Ａ・数Ｂ(ベク)から１問選択」・「化基・化(無機・有機)」・「生基・生(環境応答)」から１

【健康デザイン学科】 **3科目** ①**国**(100)▶国総(古文・漢文を除く)・現文Ｂ ②**外**(100)▶コミュ英Ⅰ・コミュ英Ⅱ・英表Ⅰ ③**地歴・数・理**(100)▶世Ｂ・日Ｂ・「数Ⅰ必須，数Ⅱ・数Ａ・数Ｂ(ベク)から１問選択」・「化基・化(無機・有機)」・「生基・生(環境応答)」から１

【食安全マネジメント学科】 **2科目** ①②**国・外・「地歴・数・理」**(100×2)▶「国総(古文・漢文を除く)・現文Ｂ」・「コミュ英Ⅰ・コミュ英Ⅱ・英表Ⅰ」・「世Ｂ・日Ｂ・〈数Ⅰ必須，数Ⅱ・数Ａ・数Ｂ(ベク)から１問選択〉・〈化基・化(無機・有機)〉・〈生基・生(環境応答)〉から１」から２

一般入試Ｂ日程 **【管理栄養学科】** **2科目** ①**外**(100)▶コミュ英Ⅰ・コミュ英Ⅱ・英表Ⅰ ②**数・理**(100)▶「数Ⅰ必須，数Ⅱ・数Ａ・数Ｂ(ベク)から１問選択」・「化基・化(無機・有機)」・「生基・生(環境応答)」から１

【健康デザイン学科】 **2科目** ①**外**(100)▶コミュ英Ⅰ・コミュ英Ⅱ・英表Ⅰ ②**国・地歴・数・理**(100)▶「国総(古文・漢文を除く)・現文Ｂ」・世Ｂ・日Ｂ・「数Ⅰ必須，数Ⅱ・数Ａ・数Ｂ(ベク)から１問選択」・「化基・化(無機・有機)」・「生基・生(環境応答)」から１

【食安全マネジメント学科】 **2科目** ①②**国・外・「地歴・数・理」**(100×2)▶「国総(古文・漢文を除く)・現文Ｂ」・「コミュ英Ⅰ・コミュ英Ⅱ・英表Ⅰ」・「世Ｂ・日Ｂ・〈数Ⅰ必須，数Ⅱ・数Ａ・数Ｂ(ベク)から１問選択〉・〈化基・化(無機・有機)〉・〈生基・生(環境応答)〉から１」から２

一般入試３月期 **2科目** ①**国**(100)▶国総(古文・漢文を除く)・現文Ｂ ②**外**(100)▶コミュ英Ⅰ・コミュ英Ⅱ・英表Ⅰ

グローバルビジネス学部

一般入試Ａ・Ｂ日程 **【ビジネスデザイン学科】** **2科目** ①**外**(100)▶コミュ英Ⅰ・コミュ英Ⅱ・英表Ⅰ ②**国・地歴・数・理**(100)▶「国総(古文・漢文を除く)・現文Ｂ」・世Ｂ・日Ｂ・「数Ⅰ必須，数Ⅱ・数Ａ・数Ｂ(ベク)から１問選択」・「化基・化(無機・有機)」・「生基・生(環境応答)」から１

【会計ファイナンス学科】 **2科目** ①②**国・外・「地歴・数・理」**(100×2)▶「国総(古文・漢文を除く)・現文Ｂ」・「コミュ英Ⅰ・コミュ英Ⅱ・英表Ⅰ」・「世Ｂ・日Ｂ・〈数Ⅰ必須，数Ⅱ・数Ａ・数Ｂ(ベク)から１問選択〉・〈化基・化(無機・有機)〉・〈生基・生(環境応答)〉から１」から２

一般入試３月期 **2科目** ①**国**(100)▶国総(古文・漢文を除く)・現文Ｂ ②**外**(100)▶コミュ英Ⅰ・コミュ英Ⅱ・英表Ⅰ

国際学部

一般入試Ａ・Ｂ日程 **2科目** ①**外**(120〈うちリスニング20〉)▶コミュ英Ⅰ・コミュ英Ⅱ・英表Ⅰ(リスニングを含む) ※CDプレーヤーを利用したリスニングテストを別に実施。 ②**国・地歴・数・理**(100)▶「国総(古文・漢文を除く)・現文Ｂ」・世Ｂ・日Ｂ・「数Ⅰ必須，数Ⅱ・数Ａ・数Ｂ(ベク)から１問選択」・「化基・化(無機・有機)」・「生基・生(環境応答)」から１

一般入試３月期 **2科目** ①**国**(100)▶国総(古文・漢文を除く)・現文Ｂ ②**外**(120〈うちリスニング20〉)▶コミュ英Ⅰ・コミュ英Ⅱ・

英表Ⅰ（リスニングを含む） ※CDプレーヤーを利用したリスニングテストを別に実施。

環境デザイン学部

一般入試Ａ・Ｂ日程 ②科目 ①②国・外・「地歴・数・理」（100×2）▶「国総（古文・漢文を除く）・現文Ｂ」・「コミュ英Ⅰ・コミュ英Ⅱ・英表Ⅰ」・「世Ｂ・日Ｂ・〈数Ⅰ必須，数Ⅱ・数Ａ・数Ｂ（ベク）から１問選択〉・〈化基・化（無機・有機）〉・〈生基・生（環境応答）〉から１」から２
一般入試３月期 ②科目 ①国（100）▶国総（古文・漢文を除く）・現文Ｂ ②外（100）▶コミュ英Ⅰ・コミュ英Ⅱ・英表Ⅰ

その他の選抜

共通テスト利用型試験は人間文化学部35名，人間社会学部64名，食健康科学部36名，グローバルビジネス学部34名，国際学部52名，環境デザイン学部25名を，公募制推薦入試は人間文化学部13名，人間社会学部24名，食健康科学部28名，グローバルビジネス学部20名，国際学部24名，環境デザイン学部10名を，総合型選抜入試は人間文化学部24名，人間社会学部47名，食健康科学部30名，グローバルビジネス学部32名，国際学部40名，環境デザイン学部31名を募集。ほかに指定校制推薦入試，光葉同窓会推薦入試，附属校推薦入試，外国人留学生入試を実施。

偏差値データ（2024年度）

●一般入試Ａ日程・Ｂ日程

学部／学科	2024年度 駿台予備学校 合格目標ライン	2024年度 河合塾 ボーダー偏差値	2023年度 競争率
▶人間文化学部			
日本語日本文（Ａ）	43	45	1.4
（Ｂ）	42	47.5	1.4
歴史文化（Ａ）	42	50	1.8
（Ｂ）	41	47.5	2.1
▶人間社会学部			
心理（Ａ）	44	52.5	5.4
（Ｂ）	43	55	6.1
福祉社会（Ａ）	42	47.5	1.4
（Ｂ）	41	47.5	1.3
現代教養（Ａ）	43	55	2.6
（Ｂ）	42	55	4.8
初等教育（Ａ）	43	50	3.3
（Ｂ）	42	52.5	4.9
▶食健康科学部			
管理栄養（Ａ）	45	52.5	2.9
（Ｂ）	44	50	3.0
健康デザイン（Ａ）	41	52.5	3.0
（Ｂ）	40	50	1.7
食安全マネジメント（Ａ）	41	52.5	4.4
（Ｂ）	41	50	2.3
▶グローバルビジネス学部			
ビジネスデザイン（Ａ）	42	52.5	1.5
（Ｂ）	42	52.5	1.8
会計ファイナンス（Ａ）	42	52.5	2.2
（Ｂ）	42	52.5	4.1
▶国際学部			
英語コミュニケーション（Ａ）	43	50	1.3
（Ｂ）	43	50	1.4
国際（Ａ）	43	52.5	2.7
（Ｂ）	43	50	4.2
▶環境デザイン学部			
環境デザイン（Ａ）	42	52.5	3.4
（Ｂ）	42	50	2.3

●駿台予備学校合格目標ラインは合格可能性80％に相当する駿台模試の偏差値です。
●河合塾ボーダー偏差値は合格可能性50％に相当する河合塾全統模試の偏差値です。
●競争率は受験者÷合格者の実質倍率

白百合女子大学

しらゆりじょし

資料請求

問合せ先　入試広報課　☎03-3326-8092

建学の精神

設立母体であるシャルトル聖パウロ修道女会は，17世紀末のフランスで誕生。以来5世紀にわたり，病気や貧困にあえぐ人々への奉仕や教育活動を世界各地で実践している。その揺るぎない精神を受け継ぐ白百合女子大学が大切にしていることは，「こころ」の通い合う対話型の教育。少人数ならではの良質な教育環境のもと，一人ひとりの個性を尊重し，それぞれが秘める才能を最大限に伸ばしながら，知性と感性との調和をめざす。社会の中で他者と積極的につながり共に幸せになれる道を見出し，勇気を持って行動につなげていく「つながる力，つなげる力」，そして急速に変化する未来に向かって強く，しなやかに生き抜くためのスタイルを身につけ，他者のために，社会のために，何ができるのかを探究し続ける女性を育成している。

● 白百合女子大学キャンパス……〒182-8525　東京都調布市緑ヶ丘1-25

基本データ

学生数 ▶ 女1,708名
専任教員数 ▶ 教授45名，准教授26名，講師8名
設置学部 ▶ 文，人間総合
併設教育機関 ▶ 大学院―文学（M・D）

就職・卒業後の進路

就職率 97.5%
就職者÷希望者×100

● **就職支援**　年間約3,900回の個別面談を実施（2022年度）したほか，学生の個性を輝かせ，伝える力をブラッシュアップする講座・セミナーを多数開講。就活本番に向けた面接対策では，個人・集団・グループディスカッションなど形式に応じた対策はもちろん，対面式・オンライン・動画配信など，面接方法に対応した対策講座を設けることで，企業の選考活動の実態に即した支援を行っている。

● **資格取得支援**　教職課程や保育士養成課程，司書・司書教諭課程などの資格取得プログラムを用意。教員・保育士をめざす学生には，教育・保育現場に精通している教員と関連部署が連携し，就職活動を細やかにサポート。教員採用試験対策，保育現場への就職対策の講座も充実している。

進路指導者も必見　学生を伸ばす　面倒見

初年次教育

建学の精神を学ぶとともに，仲間とのコミュニオンを通して自己理解と他者理解を深める「キリスト教学ⅠA・ⅠB」，大学の学びにスムーズに入っていくための「パブリック・リテラシー」「情報リテラシー」などの科目を用意

学修サポート

約50～60人の学生を担当する「アドヴァイザー教員」を各学科・学年に配置。学生生活全般の相談に親身に対応し，個人面談などを通して適切な助言や相談を行っている。また，TA制度やオフィスアワーも導入している

オープンキャンパス(2023年度実績)　夏のオープンキャンパス（6・7・8月）のほか，冬季（12月）と春季（3月）のキャンパスガイダンスを開催（完全予約制）。白百合祭（10月）と同時開催で入試ガイダンスも実施している。

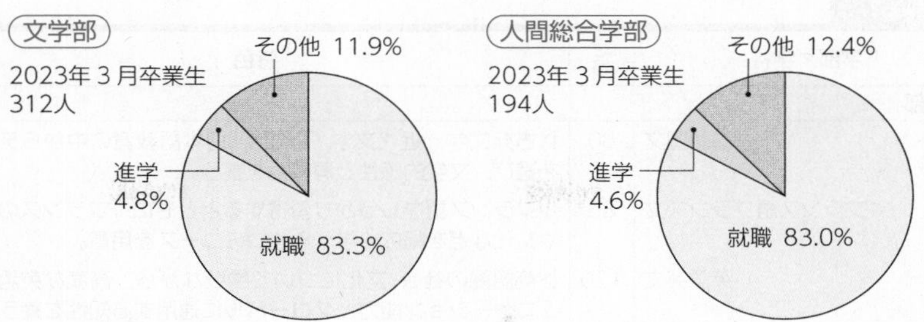

主なOG▶［文（国文）］石井妙子（ノンフィクション作家），［文（仏）］鹿島田真希（小説家），［文（仏）］富樫麗加（ボートレーサー），［人間総合（児童）］蓮佛美沙子（女優），［人間総合（児童）］横田沙夜（画家）など。

国際化・留学　大学間 4 大学・部局間 1 大学

受入れ留学生数▶０名(2023年５月１日現在)
外国人専任教員▶教授１名，准教授２名，講師３名（2023年５月１日現在)
外国人専任教員の出身国▶アメリカ，フランス，イギリス，オーストラリア。
大学間交流協定▶４大学（交換留学先４大学，2023年９月５日現在)
部局間交流協定▶１大学（交換留学先１大学，2023年９月５日現在)
海外への留学生数▶渡航型105名・オンライン型12名／年（８カ国・地域，2022年度)
海外留学制度▶交換留学と派遣留学（長期・短期）があり，対象の長期留学には費用面のサポート制度も用意。このほか，「ASEACCU（アセアック）国際学生会議」や「フランシスコ・ボランティアキャンプ」などの国際会議やワークショップ，ボランティア活動に参加する機会を案内し，学生を派遣している。

学費・奨学金制度　給付型奨学金総額 年間約 1,515 万円

入学金▶350,000円
年間授業料（施設費等を除く）▶700,000円（詳細は巻末資料参照)
年間奨学金総額▶15,149,800円
年間奨学金受給者数▶76人
主な奨学金制度▶経済的支援の「白百合女子大学奨学金」や「白百合女子大学同窓会奨学金（ジャンヌ・ダルク奨学金)」，成績優秀者対象の「白百合女子大学同窓会特別奨学金」などの制度を設置。このほか，学費減免制度も用意されており，2022年度は1人が対象となっている。

保護者向けインフォメーション

●**オープンキャンパス**　通常のオープンキャンパス時に，保護者も参加できる説明会を実施している。
●**成績確認**　成績通知書を送付している。
●**キャリアガイダンス**　「父母向けのキャリアガイダンス」を１・２年次対象は６月，３年次対象は９月に実施し，就活期の親子関係についての講演や，内定者によるパネルディスカッションなどを行っている。
●**防災対策**　毎年，全学生に配布する「学生生活ガイドブック」内に防災に関する記載あり。災害時の学生の状況は「ALSOK安否確認システム」を利用して把握するようにしている。

インターンシップ科目	必修専門ゼミ	卒業論文	GPA制度の導入の有無および活用例	１年以内の退学率	標準年限での卒業率
開講していない	全学部で3・4年次に実施	フランス語フランス文学科を除き卒業要件	奨学金対象者や授業料免除対象者の選定基準，退学勧告の基準，学生に対する個別の学修指導に活用	2.7%	91.2%

学部紹介

学部／学科	定員	特色
文学部		
国語国文	80	▷古典文学，近代文学，国語学・日本語教育の中からテーマを選び，文学的感性と洞察力を養う。
フランス語フランス文	80	▷フランス語をしっかり習得するとともに，フランスの言語や文化などを幅広く学べる４つのコースを用意。
英語英文	120	▷英語圏の社会・文化について学びながら，高度な英語コミュニケーション能力とグローバルに通用する知性を養う。
● 取得可能な資格…教職（国・英・仏），司書，司書教諭など。 ● 進路状況…………就職83.3%　進学4.8% ● 主な就職先………住友化学，ANAエアポートサービス，JALスカイ，東京海上日動火災保険など。		
人間総合学部		
児童文化	60	▷児童文学・児童文化・制作創作の３分野から，人間の原点である「子ども」を通して，多様な文化のあり方を考える。
発達心理	60	▷人の生涯にわたる「心」の成長と発達を科学的な観点から研究し，「心に関する問い」に応える力を養う。
初等教育	75	▷幼児教育，児童教育の２コース。理論を学び体験を重ね，知力と実践力を兼ね備えた教育者・保育者を育成する。
● 取得可能な資格…教職（小一種，幼一種），司書，司書教諭，保育士など。 ● 進路状況…………就職83.0%　進学4.6% ● 主な就職先………三井住友海上火災保険，富士通，高見，住友商事マシネックス，静岡県職員など。		

▶キャンパス

全学部……［白百合女子大学キャンパス］ 東京都調布市緑ヶ丘1-25

2025年度入試要項（予告）

●募集人員

学部／学科		前期A一般	前期B一般	一般後期	共通前期	共通後期
▶文	国語国文	15	5	2	5	2
	フランス語フランス文	10	10	2	5	2
	英語英文	25	15	2	5	2
▶人間総合	児童文化	10	3	2	2	2
	発達心理	15	7	2	3	2
	初等教育	8	5	2	3	2

注）募集人員は2024年度の実績です。

※一般選抜後期は，特別小論文方式と英語・フランス語資格試験方式を実施し，特別小論文方式は特別小論文と面接，英語・フランス語資格試験方式は英語・フランス語資格試験スコアによるみなし得点と面接で判定する。

▷一般選抜前期において，指定された英語外部試験の基準を満たしている者については，「外国語（英語）」の試験の得点とみなす。ただし，利用できる英語外部試験の成績は１つのみで，本学独自の「外国語（英語）」の試験を受験した者については，いずれかの高得点の点数で合否判定を行う。対象となる英語外部試験は以下の通り。ケンブリッジ英検，英検CSE2.0（２級以上の受験時のスコアであれば，方式は問わない），GTEC（R/L/W/S）CBTまたは検定版Advanced（オフィシャルスコアに限る），IELTS（アカデミックモジュールに限る），TEAP CBT，TEAP（R/L/W/S），TOEFL iBT（Test Dateスコア／MyBestスコアいずれでも可），TOEIC（LR）または（LR/SW）。

注）配点は編集時，未公表。最新の募集要項でご確認ください。

全学部

一般選抜（２月実施） **2**科目 ①国▶現国・言語（漢文を除く）・論国・文国・古典（漢文を除く） ②外▶英コミュⅠ・英コミュⅡ・論表Ⅰ

キャンパスアクセス ［白百合女子大学キャンパス］ 京王線一仙川より徒歩10分／JR中央線・総武線一吉祥寺・三鷹よりバス30分／小田急線一成城学園前よりバス15分

共通テスト利用選抜(前期)　**【国語国文学科・フランス語フランス文学科・英語英文学科・児童文化学科・初等教育学科】**　**3**科目　①国▶国(国語国文学科は近代・古文・漢文，フランス語フランス文学科・英語英文学科は近代・古文，児童文化学科・初等教育学科は近代)　②**外**▶英(リスニングを含む)・仏から1，ただし英語英文学科は英指定　③**地歴・公民・数・理・情**▶「歴総・世探」・「歴総・日探」・「地総・地探」・「地総・歴総・公から2」・「公・倫」・「公・政経」・数Ⅰ・「数Ⅰ・数A」・「数Ⅱ・数B・数C」・「物基・化基・生基・地学基から2」・物・化・生・地学・情Ⅰから1

[個別試験]　行わない。

【発達心理学科】　**3**科目　①**外**▶英(リスニングを含む)・仏から1　②**国・数**▶国(近代・古文)・「数Ⅰ・数A」・「数Ⅱ・数B・数C」から1　③**地歴・公民・理・情**▶「歴総・世探」・「歴総・日探」・「地総・地探」・「地総・歴総・公から2」・「公・倫」・「公・政経」・「物基・化基・生基・地学基から2」・物・化・生・地学・情Ⅰから1

[個別試験]　行わない。

共通テスト利用選抜(後期)　**【国語国文学科・フランス語フランス文学科・児童文化学科・初等教育学科】**　**2**科目　①**国・外・「地歴・公民」・数・理**▶国(国語国文学科は近代・古文・漢文，フランス語フランス文学科は近代・古文，児童文化学科・初等教育学科は近代)・「英(リスニングを含む)・仏から1」・「〈歴総・世探〉・〈歴総・日探〉・〈地総・地探〉・〈地総・歴総・公から2〉・〈公・倫〉・〈公・政経〉から1」・「数Ⅰ・〈数Ⅰ・数A〉・〈数Ⅱ・数B・数C〉から1」・「〈物基・化基・生基・地学基から2〉・物・化・生・地学から1」から2

[個別試験]　行わない。

【英語英文学科】　**2**科目　①**外**▶英(リスニングを含む)　②**国・地歴・公民・数・理**▶国(近代・古文)・「歴総・世探」・「歴総・日探」・「地総・地探」・「地総・歴総・公から2」・「公・倫」・「公・政経」・「物基・化基・生基・地学基から2」・物・化・生・地学から1

[個別試験]　行わない。

【発達心理学科】　**3**科目　①**国**▶国(近代・古文)　②**外**▶英(リスニングを含む)・仏から1　③**数**▶「数Ⅰ・数A」・「数Ⅱ・数B・数C」から1

[個別試験]　行わない。

その他の選抜

自己推薦入試は文学部15名，人間総合学部13名を，総合型選抜は文学部85名，人間総合学部60名を募集。ほかに学校推薦型選抜(指定校・姉妹校)，卒業生子女入試，帰国子女入試，社会人入試を実施。

注)募集人員は2024年度の実績です。

偏差値データ(2024年度)

●一般選抜前期

学部／学科	2024年度 駿台予備学校 合格目標ライン	2024年度 河合塾 ボーダー偏差値	2023年度 競争率
▶文学部			
国語国文	43	40	1.3
フランス語フランス文	42	35	1.0
英語英文	43	40	1.3
▶人間総合学部			
児童文化	41	40	1.2
発達心理	41	42.5	1.4
初等教育	41	40	1.3

- 駿台予備学校合格目標ラインは合格可能性80%に相当する駿台模試の偏差値です。
- 河合塾ボーダー偏差値は合格可能性50%に相当する河合塾全統模試の偏差値です。
- 競争率は受験者÷合格者の実質倍率

成蹊(せいけい)大学

資料請求

問合せ先 アドミッションセンター ☎0422-37-3533

●成蹊大学キャンパス……〒180-8633 東京都武蔵野市吉祥寺北町3-3-1

建学の精神

成蹊大学は，1912（明治45）年に創立された成蹊実務学校を源流とし，後の1925（大正14）年に創設された旧制高等学校（七年制）を前身とする。教育理念として，創設時から一人ひとりが持つ「無二の個性」を磨く教育を掲げ，旧制高校のリベラルな学風と併せて今日まで受け継ぎ，個性を磨くその学びは，時代に合わせてさらに進化。すべての学生が４年間を吉祥寺で学ぶワンキャンパスの特徴を生かした学部横断型グローバル教育プログラム「EAGLE」をはじめ，アクティブラーニング型の授業や文理融合のプログラムによって，異分野や文理双方の学生が混ざり合い，多彩な視点に触れる機会や人とのつながりをつくる学びの場を提供。これからも個性を重視した教育を根幹に，より良い社会や環境を世界に，そして未来に拡げていく。

基本データ

学生数▶7,633名（男4,389名，女3,244名）
専任教員数▶教授152名，准教授39名，講師22名
設置学部▶経済，経営，法，文，理工
併設教育機関▶大学院―経済経営・法学政治学・文学・理工学（以上M・D）

就職・卒業後の進路

就職率 97.2%
就職者÷希望者×100

●**就職支援**　一人ひとりと向き合う「個別相談」，さらに，１年次から始まる体系化された「キャリア教育」と「キャリア・就職支援プログラム」で確かなキャリア形成をバックアップ。社会が抱える課題の解決に取り組む「丸の内ビジネス研修」やプロジェクト型の授業など，企業や地域・行政と連携し，実社会と接する機会を多く用意するなど，きめ細かく徹底したキャリア支援を行っている。

●**資格取得支援**　教職課程センターを設置し，教員免許状の取得から教員採用試験対策まで，教員をめざす学生を全面的にサポート。また，資格試験専門学校が開講する社会保険労務士や司法書士，行政書士，税理士，日商簿記検定などの資格試験対策講座の一部を，成蹊大生向けの優待料金で受講することが可能。

進路指導者も必見 学生を伸ばす 面倒見

初年次教育
ルールに則った正しく安全なPC操作や情報活用，文章の書き方，情報分析の仕方，プレゼン方法など幅広く学び，課題の発見と解決，表現力と発信力を身につける「情報基礎」や「基礎演習」「基礎ゼミナール」などを実施

学修サポート
全学部でTA・SA制度，専任教員が質問・相談に応じるオフィスアワーを導入。2024年秋に，理工学部研究室と文系・理系の学生が交流し，自発的な学習を促進するためのラーニングコモンズなどを備えた新11号館が誕生

オープンキャンパス（2023年度実績） 8月3～5日と10月29日に開催。成蹊大学ガイダンス，一般選抜ガイダンス，キャンパス見学ツアー，個別相談コーナーなどのほか，8月のみ実施の体験講義，理工学部研究室公開など。

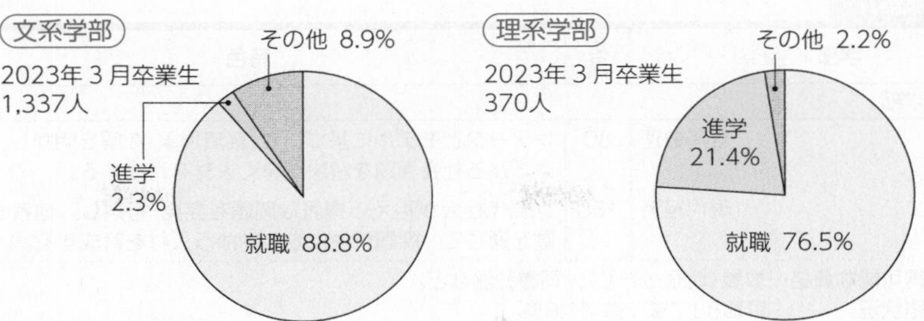

主なOB・OG▶［法］穂積志（秋田県秋田市長），［法］堀内丸恵（集英社会長），［旧工］諏訪貴子（ダイヤ精機社長），［法］高島彩（フリーアナウンサー），［法］渡辺瑠海・安藤萌々（テレビ朝日アナウンサー）など。

国際化・留学　　大学間 39 大学

受入れ留学生数▶61名（2023年５月１日現在）
留学生の出身国・地域▶中国，イギリス，香港，アメリカ，オーストラリア，ドイツなど。
外国人専任教員▶教授６名，准教授３名，講師９名（2023年５月１日現在）
外国人専任教員の出身国▶アメリカ，オーストラリア，カナダなど。
大学間交流協定▶39大学（交換留学先28大学，2023年５月１日現在）
海外への留学生数▶渡航型53名・オンライン型４名／年（12カ国・地域，2022年度）
海外留学制度▶協定校への協定留学，約130校への留学が可能な一般財団法人JSAFが提供するプログラム，教育機関を自由に選択する認定留学があり，中・長期から，夏期・春期休暇中に参加する短期まで，自分の目的に合わせて留学スタイルを選ぶことが可能。それぞれの留学には奨学金制度も用意されており，留学する学生の大半が受給している。

学費・奨学金制度　　給付型奨学金総額 年間約 7,983 万円

入学金▶200,000円
年間授業料（施設費等を除く）▶825,000円～（詳細は巻末資料参照）
年間奨学金総額▶79,827,500円
年間奨学金受給者数▶309人
主な奨学金制度▶学業成績・人物ともに優秀で学費の援助を必要とする１～４年次生対象の「成蹊大学給付奨学金」のほか，「成蹊大学学業成績優秀者奨励奨学金」「成蹊大学地方出身学生予約型奨学金」などを設置。また，授業料減免制度もあり，2022年度には164人を対象に総額で約6,154万円を減免している。

保護者向けインフォメーション

● **父母懇談会**　6月に各学部別に２・３年生の保護者を対象にした父母懇談会を開催するほか，地域懇談会なども実施している。
● **成績確認**　成績通知書を学生との連名で保証人に郵送。父母懇談会などで個別面談を希望する保証人に対しては，成績を提供している。
● **防災対策**　大地震や火災など緊急時の対処法が掲載されている「学生生活ガイドブック」を入学時に配布（キャンパス内にも常設され，大学HPでも公開）。災害時の学生の安否は，アプリやSNS，メールを利用して確認する。

インターンシップ科目	必修専門ゼミ	卒業論文	GPA制度の導入の有無および活用例	１年以内の退学率	標準年限での卒業率
全学部で開講している	経済・経営および法学部法律学科で１・３・４年次，文学部と理工学部で１～４年次，法学部政治学科で１～３年次に実施	法学部政治学科を除き卒業要件	奨学金等対象者選定や退学勧告基準，留学候補者選考，個別の学修指導，履修上限単位数設定のほか，学部により大学院入試選抜に活用	0.8%	86.7%

学部紹介

学部／学科	定員	特色
経済学部		
経済数理	80	▷データとモデルに基づいて「経済現象」を解き明かし，立ちはだかる社会課題を解決へ導く人材を育成する。
現代経済	150	▷現代社会が抱える複雑な問題を発見・考察し，他者との協働を通じて，課題解決に立ち向かう人材を育成する。
● 取得可能な資格…教職（地歴・公・社），司書教諭など。 ● 進路状況…………就職88.7％　進学1.6％ ● 主な就職先………アクセンチュア，三菱電機，あいおいニッセイ同和損害保険，住友林業など。		
経営学部		
総合経営	290	▷グローバルな視野とITリテラシーを備えた職業人として，企業経営とこれからの情報化社会に貢献する。
● 取得可能な資格…教職（公・社），司書教諭など。 ● 主な就職先………2020年度開設のため卒業生はいない。		
法学部		
法律	280	▷深い専門知識と広い視野を身につけ，法的思考で社会に貢献する。法律のエキスパートをめざすLEコースを設置。
政治	160	▷国際的な視野と発想力を養い，問題解決の糸口をつかむ。政治の世界をより深く，多角的に学ぶPSEコースを設置。
● 取得可能な資格…教職（地歴・公・社），司書教諭など。 ● 進路状況…………就職89.7％　進学3.2％ ● 主な就職先………東京海上日動火災保険，三菱UFJ信託銀行，東京都特別区（Ⅰ類），埼玉県庁など。		
文学部		
		▶グローバル化・多様化する社会に向けて，日本語教員養成，芸術文化行政の２つの学科横断型コースを設置。
英語英米文	121	▷英語運用能力を強化し，英語圏の言語・社会・文化・コンテクスト・思想などについて幅広い理解を得た人材を育成する。
日本文	84	▷古典文学，近現代文学，日本語学の３分野の学びから，日本語と日本人を多角的に理解し，世界の中の日本を見つめる。
国際文化	110	▷歴史・地域文化研究，文化人類学，国際関係研究にまたがる学際的な学びにより，国際社会で活躍する人材を育成する。
現代社会	105	▷複雑化する現代社会に「社会学」と「メディア研究」の２つの軸からアプローチし，問題解決能力を養う。
● 取得可能な資格…教職（国・地歴・公・社・英），司書教諭など。 ● 進路状況…………就職88.1％　進学2.3％ ● 主な就職先………三井住友海上火災保険，三菱地所プロパティマネジメント，東京都特別区など。		
理工学部		
		▶各専攻の主要分野にとらわれない経営科学，生命科学，教育手法の３つの特別プログラムを設置。
理工	420	▷データ数理，コンピュータ科学，機械システム，電気電子，応用化学の５専攻で，ICT活用力と専門性を駆使して社会課題に果敢に取り組む「新しい理系」を養成する。
● 取得可能な資格…教職（数・理・情・工業），司書教諭など。 ● 進路状況…………就職76.5％　進学21.4％ ● 主な就職先………日立製作所，三菱電機，東日本電信電話，SCSK，第一生命情報システムなど。		

キャンパスアクセス ［成蹊大学キャンパス］ JR中央線・総武線（東京メトロ東西線），京王井の頭線一吉祥寺より徒歩15分またはバス５分／西武新宿線一西武柳沢よりバス15分

グローバル教育プログラム（EAGLE）		
	(30)	▷各学部学科に所属しながらグローバルに学ぶ，学部横断型のプログラム。実践的な英語力の強化から留学，帰国後までサポートし，グローバルな舞台で活躍する人材を育成する。

▶キャンパス

全学部……［成蹊大学キャンパス］東京都武蔵野市吉祥寺北町3-3-1

2025年度入試要項（予告）

●募集人員

学部／学科（専攻）		A方式	E方式	G方式	共通C方式	共通S方式
▶経済	経済数理	26	6	—	13	—
	現代経済	53	9	4	16	—
▶経営	総合経営	115	16	4	20	—
▶法	法律	110	19	5	30	—
	政治	60	9	3	20	—
▶文	英語英米文	43	6	4	10	—
	日本文	38	5	—	7	—
	国際文化	44	7	4	10	—
	現代社会	43	6	—	7	—
▶理工	理工（データ数理）	26	7	—	16	4
	（コンピュータ科学）	34	9	—	20	4
	（機械システム）	34	9	—	20	4
	（電気電子）	26	7	—	16	4
	（応用化学）	30	8	—	18	4

注）募集人員は2024年度の実績です。
※A方式は３教科型学部個別入試，Ｅ方式は２教科型全学部統一入試，Ｇ方式は２教科型グローバル教育プログラム統一入試，Ｃ方式は共通テスト利用３教科型入試，Ｓ方式は共通テスト利用４教科６科目型奨学金付入試。

▷２教科型グローバル教育プログラム統一入試（Ｇ方式）は，グローバル教育プログラム「EAGLE」に所属する学生を選抜するための入試で，独自試験（２教科型全学部統一入試〈Ｅ方式〉の国語・外国語）の得点に，活動報告書を段階評価した得点と，英語外部検定試験のスコアを換算した得点を加算し，合否を判定する。指定されている英語外部検定試験は以下の通り。
ケンブリッジ英検，英検（英検CBT，英検S-CBTを含む），GTEC（Advanced，Basic，CBT），IELTS，TEAP，TOEFL iBT，TOEIC L&R+TOEIC S&W。

▷共通テストの英語は200点満点の場合，リーディング・リスニング各100点満点の合計得点とリーディング（100点満点）を200点満点に換算したもののうち，いずれか高い方の得点を，400点満点の場合は，リーディング・リスニング各100点満点の合計得点を400点満点に換算したものとリーディング（100点満点）を400点満点に換算したもののうち，いずれか高い方の得点を判定に使用する。

経済学部

３教科型学部個別入試（Ａ方式）　**【経済数理学科】** **3科目** ①**国**（100）▶現国・言語（近代）・論国　②**外**（100）▶英コミュⅠ・英コミュⅡ・英コミュⅢ・論表Ⅰ・論表Ⅱ・論表Ⅲ　③**数**（200）▶数Ⅰ・数Ⅱ・数Ａ・数Ｂ（数列・推測）
【現代経済学科】 **3科目** ①**国**（100）▶現国・言語（近代）・論国　②**外**（100）▶英コミュⅠ・英コミュⅡ・英コミュⅢ・論表Ⅰ・論表Ⅱ・論表Ⅲ　③**地歴・公民・数**（100）▶世探・日探・政経・「数Ⅰ・数Ⅱ・数Ａ・数Ｂ（数列・推測）」から１
２教科型全学部統一入試（Ｅ方式）　**【経済数理学科】** **2科目** ①**外**（300）▶英コミュⅠ・英コミュⅡ・英コミュⅢ・論表Ⅰ・論表Ⅱ・論表Ⅲ　②**数**（200）▶数Ⅰ・数Ⅱ・数Ⅲ・数Ａ・数Ｂ（数列）・数Ｃ（ベク・平面）
【現代経済学科】 **2科目** ①**国**（200）▶現国・言語（近代）②**外**（300）▶英コミュⅠ・英コミュⅡ・英コミュⅢ・論表Ⅰ・論表Ⅱ・論表Ⅲ
２教科型グローバル教育プログラム統一入試（Ｇ方式）**【現代経済学科】** **4科目** ①**国**（200）▶現国・言語（近代）②**外**（400）▶英コミュⅠ・英コミュⅡ・英コミュⅢ・論表Ⅰ・論表Ⅱ・論表Ⅲ　③**活動報告書**（50）④**英語外部検定試験**（50）
共通テスト利用３教科型入試（Ｃ方式）　**【経済数理学科】** **4科目** ①**外**（200）▶英（リスニングを含む）②③**数**（200×2）▶「数Ⅰ・数

A」・「数Ⅱ・数B・数C」 ④**国・地歴・公民・理**(100)▶国(近代)・「歴総・世探」・「歴総・日探」・「地総・地探」・「公・倫」・「公・政経」・「物基・化基・生基・地学基から2」・物・化・生・地学から1

[個別試験] 行わない。

【現代経済学科】 3科目 ①**外**(200)▶英(リスニングを含む) ②**地歴・公民**(200)▶「歴総・世探」・「歴総・日探」・「地総・地探」・「公・倫」・「公・政経」から1 ③**国・数・理**(200)▶国(近代)・「数Ⅰ・数A」・「数Ⅱ・数B・数C」・「物基・化基・生基・地学基から2」・物・化・生・地学から1

[個別試験] 行わない。

経営学部

3教科型学部個別入試(A方式) 3科目 ①**国**(100)▶現国・言語(近代) ②**外**(150)▶英コミュⅠ・英コミュⅡ・英コミュⅢ・論表Ⅰ・論表Ⅱ・論表Ⅲ ③**地歴・数**(100)▶世探・日探・「数Ⅰ・数Ⅱ・数A(図形・場合)・数B(数列)」から1

2教科型全学部統一入試(E方式) 2科目 ①**国**(200)▶現国・言語(近代) ②**外**(400)▶英コミュⅠ・英コミュⅡ・英コミュⅢ・論表Ⅰ・論表Ⅱ・論表Ⅲ

2教科型グローバル教育プログラム統一入試(G方式) 4科目 ①**国**(200)▶現国・言語(近代) ②**外**(400)▶英コミュⅠ・英コミュⅡ・英コミュⅢ・論表Ⅰ・論表Ⅱ・論表Ⅲ ③**活動報告書**(50) ④**英語外部検定試験**(50)

共通テスト利用3教科型入試(C方式) 3科目 ①**国**(300)▶国(近代) ②**外**(400)▶英(リスニングを含む) ③**地歴・公民・数・理・情**(300)▶「歴総・世探」・「歴総・日探」・「地総・地探」・「地総・歴総・公から2」・「公・倫」・「公・政経」・「数Ⅰ・数A」・「数Ⅱ・数B・数C」・「物基・化基・生基・地学基から2」・物・化・生・地学・情Ⅰから1

[個別試験] 行わない。

法学部

3教科型学部個別入試(A方式) 3科目 ①**国**(100)▶現国・言語(近代)・論国 ②**外**(120)▶英コミュⅠ・英コミュⅡ・英コミュⅢ・論表Ⅰ・論表Ⅱ・論表Ⅲ ③**地歴・公民・数**(100)▶「歴総・世探」・「歴総・日探」・政経・「数Ⅰ(データの分析を除く)・数Ⅱ・数A」から1

2教科型全学部統一入試(E方式) 2科目 ①**国**(200)▶現国・言語(近代) ②**外**(300)▶英コミュⅠ・英コミュⅡ・英コミュⅢ・論表Ⅰ・論表Ⅱ・論表Ⅲ

2教科型グローバル教育プログラム統一入試(G方式) 4科目 ①**国**(200)▶現国・言語(近代) ②**外**(400)▶英コミュⅠ・英コミュⅡ・英コミュⅢ・論表Ⅰ・論表Ⅱ・論表Ⅲ ③**活動報告書**(50) ④**英語外部検定試験**(50)

共通テスト利用3教科型入試(C方式) 3科目 ①**国**(300)▶国(近代) ②**外**(400)▶英(リスニングを含む)・独・仏・中・韓から1 ③**地歴・公民・数・理**(300)▶「歴総・世探」・「歴総・日探」・「地総・地探」・「地総・歴総・公から2」・「公・倫」・「公・政経」・「数Ⅰ・数A」・「数Ⅱ・数B・数C」・「物基・化基・生基・地学基から2」・物・化・生・地学から1

[個別試験] 行わない。

文学部

3教科型学部個別入試(A方式) 3科目 ①**国**(150)▶現国・言語・論国・文国・古典 ②**外**(英語英米文200,日本文100,国際文化・現代社会150)▶英コミュⅠ・英コミュⅡ・英コミュⅢ・論表Ⅰ・論表Ⅱ・論表Ⅲ ③**地歴**(100)▶世探・日探から1

2教科型全学部統一入試(E方式) 2科目 ①**国**(日本文300・その他の学科200)▶現国・言語(近代) ②**外**(日本文200・その他の学科300)▶英コミュⅠ・英コミュⅡ・英コミュⅢ・論表Ⅰ・論表Ⅱ・論表Ⅲ

2教科型グローバル教育プログラム統一入試(G方式) **【英語英米文学科・国際文化学科】** 4科目 ①**国**(200)▶現国・言語(近代) ②**外**(400)▶英コミュⅠ・英コミュⅡ・英コミュⅢ・論表Ⅰ・論表Ⅱ・論表Ⅲ ③**活動報告書**(50) ④**英語外部検定試験**(50)

共通テスト利用3教科型入試(C方式) 3科目 ①**国**(日本文400・その他の学科200)▶国 ②**外**(英語英米文400・その他の学科200)▶英(リスニングを含む)・独・仏・中・韓から1,ただし英語英米文学科は英指定 ③**地歴・公**

民・数・理・情(100) ▶「歴総・世探」・「歴総・日探」・「地総・地探」・「公・倫」・「公・政経」・「数Ⅰ・数A」・「数Ⅱ・数B・数C」・「物基・化基・生基・地学基から2」・物・化・生・地学・情Ⅰから1
[個別試験] 行わない。

理工学部

3教科型学部個別入試(A方式)　3科目　①外(120) ▶英コミュⅠ・英コミュⅡ・英コミュⅢ・論表Ⅰ・論表Ⅱ・論表Ⅲ　②数(120) ▶数Ⅰ・数Ⅱ・数Ⅲ・数A・数B(数列)・数C(ベク・平面)　③理(120) ▶「物基・物」・「化基・化」・「生基・生」から1

2教科型全学部統一入試(E方式)　2科目　①外(300) ▶英コミュⅠ・英コミュⅡ・英コミュⅢ・論表Ⅰ・論表Ⅱ・論表Ⅲ　②数(300) ▶数Ⅰ・数Ⅱ・数Ⅲ・数A・数B(数列)・数C(ベク・平面)

共通テスト利用3教科型入試(C方式)　4科目　①②数(100×2) ▶「数Ⅰ・数A」・「数Ⅱ・数B・数C」　③理(200) ▶物・化・生から1　④国・外(200) ▶国(近代)・英(リスニングを含む)から1
[個別試験] 行わない。

共通テスト利用4教科6科目型奨学金付入試(S方式)　6科目　①②数(100×2) ▶「数Ⅰ・数A」・「数Ⅱ・数B・数C」　③④理(200×2) ▶物・化・生・地学から2　⑤国・外(200) ▶国(近代)・英(リスニングを含む)から1　⑥地歴・公民・情(100) ▶「歴総・世探」・「歴総・日探」・「地総・地探」・「地総・歴総・公から2」・「公・倫」・「公・政経」・情Ⅰから1
[個別試験] 行わない。

その他の選抜

共通テスト・独自併用5科目型国公立併願アシスト入試(P方式)は経済学部10名，経営学部10名，法学部50名，文学部30名を，AOマルデス入試(一般受験，帰国生特別受験，社会人特別受験，外国人特別受験，現地選抜型外国人特別入試)は経済学部12名，経営学部20名，法学部10名，文学部14名，理工学部10名を募集。ほかに指定校制推薦入学を実施。

注)募集人員は2024年度の実績です。

偏差値データ(2024年度)

●独自入試A方式・E方式

学部／学科／専攻	2024年度 駿台予備学校 合格目標ライン	2024年度 河合塾 ボーダー偏差値	2023年度 競争率
▶経済学部			
経済数理(A方式)	48	55	6.0
(E方式)	48	55	4.3
現代経済(A方式)	48	57.5	7.8
(E方式)	48	57.5	8.9
▶経営学部			
総合経営(A方式)	49	52.5	4.3
(E方式)	48	57.5	5.8
▶法学部			
法律(A方式)	48	55	4.0
(E方式)	49	57.5	3.0
政治(A方式)	48	55	3.3
(E方式)	48	57.5	3.6
▶文学部			
英語英米文(A方式)	47	50	2.5
(E方式)	47	55	3.5
日本文(A方式)	47	52.5	3.7
(E方式)	47	57.5	4.3
国際文化(A方式)	48	52.5	2.1
(E方式)	48	55	2.7
現代社会(A方式)	48	52.5	3.2
(E方式)	48	60	9.1
▶理工学部			
理工／データ数理(A方式)	44	47.5	3.4
(E方式)	44	50	3.9
／コンピュータ科学(A方式)	47	50	6.5
(E方式)	46	52.5	4.0
／機械システム(A方式)	45	47.5	5.4
(E方式)	45	50	3.5
／電気電子(A方式)	43	47.5	3.9
(E方式)	43	50	5.4
／応用化学(A方式)	44	47.5	5.0
(E方式)	44	47.5	3.1

- 駿台予備学校合格目標ラインは合格可能性80％に相当する駿台模試の偏差値です。
- 河合塾ボーダー偏差値は合格可能性50％に相当する河合塾全統模試の偏差値です。
- 競争率は受験者÷合格者の実質倍率

成城大学

（せいじょう）

資料請求

問合せ先 入学センター ☎03-3482-9100

建学の精神

閑静な住宅街として知られる緑豊かな成城の街に，1950（昭和25）年に設立された，4学部11学科からなる人文社会系の総合大学。成城学園は，文部次官や東北・京都帝国大学総長などを歴任し，文部官僚として近代日本の教育制度の確立に大きな貢献をした澤柳政太郎が，公立学校の教育に限界を感じ，退官後「本当の教育」をめざして1917（大正６）年に創設した成城小学校に始まる。東北帝国大学の初代総長時代に，帝国大学で初めて女子学生の入学を許可した澤柳のチャレンジ精神は成城大学にも受け継がれ，2015（平成27）年に人文社会系大学としてはいち早くデータサイエンス科目群を全学共通教育科目に開設するなど，澤柳の生涯の志である「所求第一義」の精神に則り，グローバル社会を生き抜く「独立独行」の人材を育成している。

● 成城大学キャンパス……〒157-8511 東京都世田谷区成城6-1-20

基本データ

学生数▶5,580名（男2,405名，女3,175名）
専任教員数▶教授108名，准教授38名，講師９名
設置学部▶経済，文芸，法，社会イノベーション
併設教育機関▶大学院―経済学・文学・法学・社会イノベーション（以上M・D）

就職・卒業後の進路

就職率 **96.6**％
就職者÷希望者×100

● **就職支援**　就業力育成・認定プログラムをはじめとして，学生自らが「気づき」そして「行動する」力を養うことを達成するため，４年間の体系的なプログラムを用意。就職活動支援では，キャリアセンタースタッフや外部講師によるガイダンスやセミナー，キャリアカウンセラーによる個別相談や模擬面接など，さまざまな形で学生を応援している。

● **資格取得支援**　公務員志望者支援や日商簿記検定，ファイナンシャル・プランニング技能検定，秘書技能検定，宅地建物取引士，行政書士，ITパスポートなど，キャリアセンターでは，有名専門学校との協力体制のもと，独自の資格・就職対策講座を開講している。

進路指導者も必見 学生を伸ばす 面倒見

初年次教育

「成城学園を知る」や「書く，読む，議論する」力を実践的に身につける「WRD（ワード）」，情報を活用する知識と技能を学ぶ「コンピュータリテラシA１・A２」「データサイエンス概論」「データサイエンス基礎」などの科目を開講

学修サポート

全教員がオフィスアワーを設定しているほか，経済・文芸・社会でTA制度，経済・文芸でSA制度を導入。また，学生同士が「学び・教え合う」ピアサポート制度やIELTS受験のための個別指導制度，「なんでも相談窓口」も設置

オープンキャンパス（2023年度実績）　６月17日に配信型，７月16日と８月５・６日に来場型で実施。来場型のプログラムは，大学紹介，入試説明会，ミニ講義，先生・職員・成城生に聞いてみよう，キャンパスツアーなど。

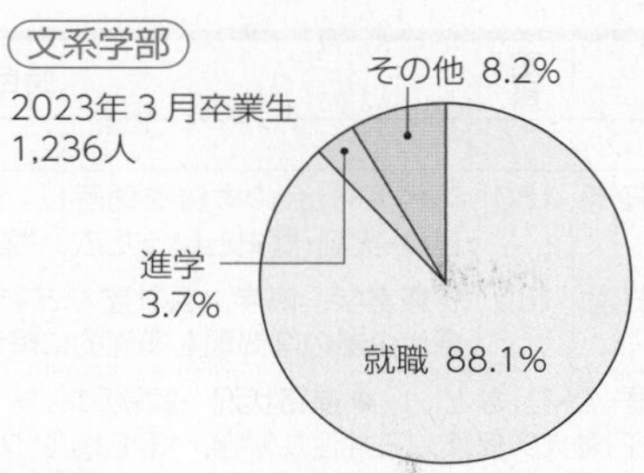

主なOB・OG▶［経済］高原豪久（ユニ・チャーム社長），［経済］小渕優子（衆議院議員），［経済］荻原浩（小説家），［経済］森山直太朗（ミュージシャン），［社会］田中瞳（テレビ東京アナウンサー）など。

国際化・留学　大学間 18 大学等・部局間 7 大学等

受入れ留学生数▶16名（2023年９月15日現在）

留学生の出身国・地域▶アメリカ，台湾，ドイツ，イタリア，韓国など。

外国人専任教員▶教授２名，准教授１名，講師１名（2023年４月１日現在）

外国人専任教員の出身国▶中国，イギリス。

大学間交流協定▶18大学・機関（交換留学先18大学・機関，2023年９月15日現在）

部局間交流協定▶７大学・機関（交換留学先３大学，2023年９月15日現在）

海外への留学生数▶渡航型81名／年（８カ国・地域，2022年度）

海外留学制度▶長期の交換留学や認定留学，夏・春休みの期間を利用した短期語学研修，SIEPアメリカ短期研修，海外インターンシップなどを実施。海外の大学で語学や文化を学ぶ短期語学研修は，参加のための語学要件もなく，４年生の春季以外は学部・学年も問わず，誰でも参加が可能。

学費・奨学金制度　給付型奨学金総額 年間約 3,549 万円

入学金▶200,000円

年間授業料（施設費等を除く）▶800,000円（詳細は巻末資料参照）

年間奨学金総額▶35,487,512円

年間奨学金受給者数▶90人

主な奨学金制度▶入試成績上位合格者（１年次）や人物・学業共に優秀な２～４年次生が対象の「成城大学澤柳奨学金」のほか，「成城大学奨学金」「成城大学応急奨学金」「成城大学提携教育ローン援助奨学金」などを設置。

保護者向けインフォメーション

- **入試説明会**　高校生の保護者向けの大学入試説明会を５月に開催し，大学紹介，入試制度説明，卒業生の進路紹介，個別相談などを実施。
- **成績確認**　2022年度より，保証人宛の成績表送付を，Webサイトにおける成績公開に変更。
- **広報誌**　『学生生活 Campus SEIJO』を発行。デジタルブックでも公開している。
- **懇談会**　１～３年生の保証人を対象にした「父母懇談会」を９月に開催し，キャリアセンターによる就職に関する説明も実施。
- **防災対策**　学生用緊急ハンドブック「火災等対応マニュアル」を入学時に配布。災害時の学生の安否は，大学HPを利用して確認する。

インターンシップ科目	必修専門ゼミ	卒業論文	GPA制度の導入の有無および活用例	１年以内の退学率	標準年限での卒業率
全学部で開講している	経済学部と社会イノベーション学部は２～４年次，文芸学部で４年間（学科により異なる），法学部は１～３年次に実施	法学部を除き卒業要件	履修上限単位数の設定や留学候補者の選考のほか，学部により，奨学金対象者選定・大学院入試選抜基準，個別の学修指導などに活用	1.3%	87.3%

学部紹介

学部／学科	定員	特色
経済学部		
経済	180	▷経済・社会の本質を理解し，時代に合った実践力を養う。理論・実証・歴史といった広い視野で学べる専門科目が充実。
経営	180	▷経営学，商学，会計学などを基礎から応用まで深く学び，現代企業の諸問題を多面的に解決する力を養う。
● 取得可能な資格…教職（地歴・公・社）など。　● 進路状況…就職91.1%　進学2.2% ● 主な就職先………東京海上日動火災保険，三井住友銀行，KDDI，リクルート，経済産業省など。		
文芸学部		
国文	60	▷古典文学重視のカリキュラムで，古代から現代までの豊かな「言葉」に触れる。
英文	75	▷「英語で学ぶ」授業で，社会で役立つ「本当の英語力」を養う。
芸術	60	▷学際的に「芸術」を学び，個性と多様さで芸術の本質を追究。
文化史	60	▷歴史学・民俗学・文化人類学の視点から，文化を学ぶ。
マスコミュニケーション	60	▷多彩な学問から，現代社会とメディアの関係を学ぶ。
ヨーロッパ文化	60	▷ヨーロッパ文化を総合的に学び，世界の「いま」を知る。
● 取得可能な資格…教職（国・地歴・公・社・英・独・仏），学芸員など。 ● 進路状況…………就職83.2%　進学6.7% ● 主な就職先………オリエンタルランド，日本テレビ放送網，住友倉庫，TOPPAN，文化放送など。		
法学部		
法律	240	▷法プロ，企業と法，公共政策，国際社会と法の４コース。法律学を体系的に学び，法的なものの見方・考え方を養う。
● 取得可能な資格…教職（地歴・公・社）など。　● 進路状況…就職86.2%　進学3.5% ● 主な就職先………会計検査院，みずほフィナンシャルグループ，山崎製パン，三菱UFJ銀行など。。		
社会イノベーション学部		
政策イノベーション	120	▷「政策」と「戦略」という２つの視点から，イノベーションを創出し，促進する仕組みに迫る。
心理社会	120	▷個人の心理や行動，社会や文化の視点から，現代社会のさまざまな局面で課題を解決する力を養う。
● 進路状況…………就職93.2%　進学1.7% ● 主な就職先………タカラトミー，神奈川県庁，アサヒ飲料，大成建設，日産自動車，良品計画など。		

▶キャンパス

全学部……［成城大学キャンパス］東京都世田谷区成城6-1-20

2025年度入試要項（予告）

●募集人員

学部／学科		S方式	A方式（3教科型）	A方式（2教科型）
▶経済	経済	15	125	—
	経営	15	125	—
▶文芸	国文	10	35	5
	英文	15	40	10
	芸術	10	35	5
	文化史	10	40	—
	マスコミュニケーション	10	40	—
	ヨーロッパ文化	10	35	5
▶法	法律	10	155	—
▶社会イノベーション	政策イノベーション	10	80	5
	心理社会	10	80	5

キャンパスアクセス［成城大学キャンパス］小田急線一成城学園前より徒歩４分

全学部

全学部統一選抜（Ｓ方式）　2科目　①国（経済・社会および国文150，その他の学部・学科100）▶現国・言語・論国・文国・古典（漢文を除く。古文の独立問題は出題しない）　②外（社会250，経済および英文200，その他の学部・学科100）▶英コミュⅠ・英コミュⅡ・英コミュⅢ・論表Ⅰ・論表Ⅱ・論表Ⅲ

学部別選抜（Ａ方式３教科型・２教科型〈２月４・６・７日試験〉）　3〜2科目　①国▶現国・言語・論国・文国（近代のみ）　②外▶英コミュⅠ・英コミュⅡ・英コミュⅢ・論表Ⅰ・論表Ⅱ・論表Ⅲ　③地歴・公民・数▶「歴総・世探」・「歴総・日探」・「公・政経」・「数Ⅰ・数Ⅱ・数A・数B（数列）・数C（ベク）」から１

※２教科型は２月４日に社会イノベーション学部のみ実施し，国・外の２科目で判定する。

※実施学部と配点は以下の通り。

２月４日─経済学部・社会イノベーション学部（国・選択科目各100，外〈経済150・社会200〉），**文芸学部英文・芸術・マスコミュニケーション学科**（国150・外〈英文300・その他の学科150〉，選択科目100）

２月６日─経済学部・社会イノベーション学部（経済は２月４日と同じ，社会は国・選択科目各150，外300）

２月７日─法学部および文芸学部国文・芸術・文化史・マスコミュニケーション・ヨーロッパ文化学科（国・外各150，選択科目100），**文芸学部英文学科**（２月４日と同じ）

学部別選抜（Ａ方式３教科型・２教科型〈２月５日試験〉）　3〜2科目　①国▶現国・言語・論国・文国・古典　②外▶英コミュⅠ・英コミュⅡ・英コミュⅢ・論表Ⅰ・論表Ⅱ・論表Ⅲ　③地歴・公民・数▶「歴総・世探」・「歴総・日探」・「地総・地探」・「公・政経」・「数Ⅰ・数Ⅱ・数A・数B（数列）・数C（ベク）」から１

※２教科型は文芸学部国文・英文・芸術・ヨーロッパ文化学科のみ実施し，国・外の２科目で判定する。

※実施学部と配点は以下の通り。

文芸学部（国150・外〈英文300・その他の学科150〉・選択科目100），**法学部**（国・外各150，選択科目100），**社会イノベーション学部**（国・選択科目各150，外300）

その他の選抜

共通テスト利用選抜（Ｂ方式）は経済学部60名，文芸学部60名，法学部65名，社会イノベーション学部30名を募集。ほかに学校推薦型選抜（指定校），総合型選抜を実施。

偏差値データ（2024年度）

●学部別選抜Ａ方式

学部／学科	2024年度 駿台予備学校 合格目標ライン	2024年度 河合塾 ボーダー偏差値	2023年度 競争率
▶経済学部			
経済	48	55	3.6
経営	47	52.5	3.7
▶文芸学部			
国文（⅖・３教科）	47	52.5	2.2
（⅖・２教科）	46	50	2.2
英文（⅖・３教科）	48	52.5	1.9
（⅖・２教科）	47	50	2.0
芸術（⅖・３教科）	45	55	3.0
（⅖・２教科）	44	55	4.3
文化史（⅖）	46	52.5	2.1
マスコミュニケーション（⅖）	47	55	3.0
ヨーロッパ文化（⅖・3教科）	46	50	2.5
（⅖・２教科）	45	52.5	2.5
▶法学部			
法律	47	50	2.1
▶社会イノベーション学部			
政策イノベーション（2/4・3教科）	48	55	2.3
（2/4・２教科）	47	57.5	3.7
心理社会（2/4・３教科）	47	52.5	3.0
（2/4・２教科）	47	57.5	4.7

●駿台予備学校合格目標ラインは合格可能性80％に相当する駿台模試の偏差値です。
●河合塾ボーダー偏差値は合格可能性50％に相当する河合塾全統模試の偏差値です。
●競争率は受験者÷合格者の実質倍率

聖心女子大学

せいしんじょし

資料請求

問合せ先 アドミッションズオフィス ☎03-3407-5076

建学の精神

1800年に，フランスで女子修道会「聖心会」を設立した聖マグダレナ・ソフィア・バラの教育理念を源に，1948（昭和23）年4月，日本で最初の新制女子大学の一つとして誕生。以来，真の教養を身につけるリベラル・アーツ教育を貫いている。入学してからの1年間は全員が基礎課程に所属し，人文科学系の8学科について自身の興味・関心に合わせて幅広く学び，自信を持って2年次以降の学科専攻を選ぶことができる特長的なカリキュラムを採用。日々変化する現代社会とその要請に対応するため，学生たちの自主的・創造的な「学ぶ意欲」に応え，グローバル共生に関わる教育，研究，社会貢献を，地域や社会にも広く開かれたかたちで実践する場である「聖心グローバルプラザ」を設置し，グローバルでアクティブな人材育成に取り組んでいる。

● 聖心女子大学キャンパス……〒150-8938 東京都渋谷区広尾4-3-1

基本データ

学生数▶女2,389名
専任教員数▶教授45名，准教授17名，講師8名

設置学部▶現代教養
併設教育機関▶大学院―人文社会科学（M・D）

就職・卒業後の進路

就 職 率 95.2%
就職者÷希望者×100

● **就職支援** 激動する時代を「しなやか」に生きる力を身につけるため，低学年次からキャリア意識を醸成する機会を多数用意し，2年次には「全員キャリア面接」を実施。民間企業への就職支援と職業紹介を行うだけでなく，公務員試験，教員就職，進学，資格取得など幅広い支援を展開している。また，講座やセミナーのプログラムは近年の就職動向をおさえつつ，学生からの要望にも積極的に対応し企画を立て，特性に合わせて行っている。

● **資格取得支援** 日本語教員，図書館司書・司書教諭，博物館学芸員の課程があり，全学科で資格の取得が可能。このほか，教員免許状を取得するための教職課程や，学科によって認定心理士，社会調査士，保育士の資格が取得できるカリキュラムを設置している。

進路指導者も必見 学生を伸ばす 面倒見

初年次教育

文章等による表現力，調査や情報収集の力，発表の力を強化する「基礎課程演習」や，「AI・データサイエンス基礎」科目を開講。また，「1年次センター」を他大学に先駆けて設置し，円滑な大学生活のスタートを支えている

学修サポート

TA制度，オフィスアワー制度を導入。また，基礎課程での1年間，基礎課程演習の専任教員がアカデミック・アドバイザー（1人の教員が学生20人を担当）として，1年次生の学びをサポートしている

オープンキャンパス（2023年度実績） 4月～12月，2月・3月にオープンキャンパスやミニオープンキャンパスを開催。平日・土曜にもキャンパス見学や個別相談等ができるオーダーメイドオープンキャンパスを実施（予約制）。

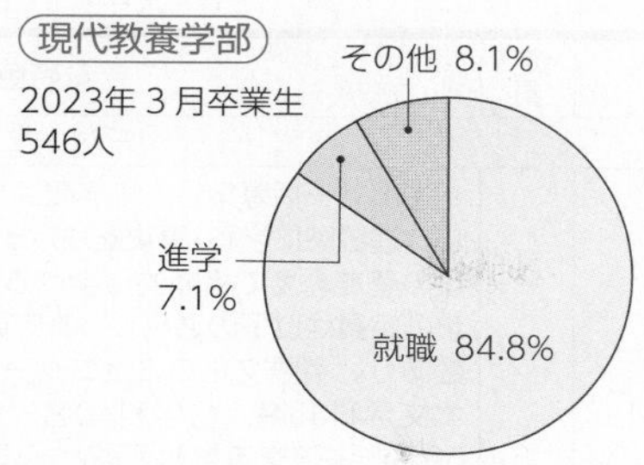

主なOG▶［文(英)］曽野綾子(小説家)，［文］伊達美和子(森トラスト社長)，［文(旧歴史社会)］土屋品子(衆議院議員)，［文(哲)］石川香織(参議院議員)，［文(国際交流)］浅野里香(NHKアナウンサー)など。

国際化・留学　大学間 20 大学

受入れ留学生数▶56名（2023年５月１日現在）

留学生の出身国・地域▶中国，韓国，台湾，フランス，イギリスなど。

外国人専任教員▶教授１名，准教授１名，講師２名（2023年５月１日現在）

外国人専任教員の出身国▶アイルランド，カナダ，アメリカ，イタリア。

大学間交流協定▶20大学（交換留学先９大学，2023年９月１日現在）

海外への留学生数▶渡航型24名・オンライン型11名／年（23カ国・地域，2022年度）

海外留学制度▶留学審査を経て，協定校や自ら選んだ大学で半年から１年間学ぶ「交換留学・推薦留学」や「認定留学」，長期休暇を利用して短期留学協定校で開催されている外国語研修プログラムに参加する「短期留学」を実施し，大学全体で留学をバックアップ。

学費・奨学金制度　給付型奨学金総額 年間約 2,178 万円

入学金▶250,000円

年間授業料(施設費等を除く)▶700,000円(詳細は巻末資料参照)

年間奨学金総額▶21,784,000円

年間奨学金受給者数▶61人

主な奨学金制度▶「一般選抜（３教科方式）成績優秀者奨学金」は，選抜試験成績が特に優秀で入学した者を対象に，授業料の全額または半額を４年間給付。このほか，「聖心女子大学振興基金奨学金」などの制度を設置。学費減免制度もあり，2022年度には32人を対象に総額で1,456万円を減免している。

保護者向けインフォメーション

●**オープンキャンパス**　通常のオープンキャンパス時に保護者向けの説明会を実施している。

●**成績確認**　成績通知書を郵送している。

●**広報誌**　『聖心キャンパス』を発行し，Webサイト上で閲覧することができる。

●**後援会**　協力会（保護者後援会）を設置。

●**懇談会**　毎年６月に「聖心女子大学懇談会」を開催し，就職ガイダンスなどを行っている。

●**防災対策**　『学生生活ハンドブック』を入学時および年度初めに各学科研究室より配布。大地震などの緊急事態が発生した場合は，学生の安全を確認する手段として，安否確認メールを各自の持つアカウントに送信する。

インターンシップ科目	必修専門ゼミ	卒業論文	GPA制度の導入の有無および活用例	１年以内の退学率	標準年限での卒業率
全学科で開講している	全学科で実施している	全学科卒業要件	奨学金や授業料免除対象者の選定基準（一部の学科），留学候補者の選考のほか，学科決定の選択をする際に受け入れ人員を上回った場合に活用	0.5%	92.5%

学部紹介

学部／学科	定員	特色
現代教養学部		
		▶学部で一括募集し，１年間は全員が「基礎課程」に所属。２年次進級時に学科・専攻を決定する。主専攻以外に，学科・専攻の壁を越えて横断的に学べる副専攻制度を設置。学科・専攻の定員は以下の通り。　※定員数を超えた受け入れ可能人数あり。英語文化コミュニケーション学科80名，日本語日本文学科45名，哲学科40名，史学科55名，人間関係学科60名，国際交流学科75名，心理学科60名，教育学科〈教育学専攻35名，初等教育学専攻40名〉。
英語文化コミュニケーション	490	▷伝統的な学問から現代の社会的なテーマまで，幅広い分野の授業を用意し，世界の課題に対して自らの考えを持ち，積極的に働きかけていく国際人を育成する。
日本語日本文		▷日本語学，日本文学，日本語教育学の３分野の学びから，日本の言語や文化について本質的な理解を深め，世界の人々に発信する力を養う。日本語教員課程を開設。
哲		▷４年間で，古今東西の思想家が記した原典を通じて思索の深淵に触れ，人間を取り巻く諸問題と向き合いながら，自らの思考を論理的に説明する力を身につける。
史		▷日本史，世界史の２コース。歴史を多面的な視点でとらえることで新たな発見を重ねて，現代を見つめ，未来の問題を解決する力を身につける。
人間関係		▷社会心理学，社会学，文化人類学という３分野の学問的視点から互いに連動しながら複雑に変化する社会と人間のあり方を考察し，知を磨き，社会を見通す力，実行力を育む。
国際交流		▷グローバル社会，異文化コミュニケーションの２コース。世界を視野に入れた価値観を築き，グローバル社会で活躍，貢献できる力を培う。
心理		▷認知・発達・臨床の３心理学領域を柱に，心理学を基礎からバランスよく学び，自分の心，他者の心をめぐるさまざまな謎を科学の目で理解し，心の科学リテラシーを養う。
教育		▷２専攻制。教育学専攻は子どもと学びの基礎研究，情報教育とメディア開発，グローバル教育と生涯学習の３分野で，人々が学び，育ち，共に社会を築く，その営みを実践的に解き明かす。初等教育学専攻は初等教育，幼児教育の２コースを設置し，豊かな心，確かな力量，強い責任感を持ち，子どもの「いのち」と「こころ」の成長を支える力を伸ばす。

- **取得可能な資格**…教職（国・地歴・公・社・英・宗，小一種，幼一種），司書，司書教諭，学芸員，保育士など。
- **進路状況**…………就職84.8%　進学7.1%
- **主な就職先**………日本航空，日本銀行，丸紅，東京海上日動火災保険，東京都教育委員会，西村あさひ法律事務所，星野リゾート，伊藤忠商事，野村不動産ソリューションズなど。

▶キャンパス

現代教養…［聖心女子大学キャンパス］ 東京都渋谷区広尾4-3-1

キャンパスアクセス ［聖心女子大学キャンパス］ 東京メトロ日比谷線―広尾より徒歩3分／JR各線―渋谷・恵比寿よりバス・日赤医療センター前下車徒歩3分，品川・目黒よりバス・広尾駅前下車徒歩4分

2024年度入試要項(前年度実績)

●募集人員

学部	一般3教科A・B方式	一般小論文方式(2月期・3月期)
▶現代教養	290	若干名

※学部一括募集。学科・専攻の決定は２年次進級時に行う。

注) ３教科方式と総合小論文方式は2024年度の情報を掲載していますが，2025年度より共通テスト利用方式が導入されますので，予告として，共通テスト利用方式の情報も掲載しています。

現代教養学部

一般選抜(３教科Ａ方式〈固定配点型〉) 3科目 ①国(100) ▶国総・国表・現文Ｂ・古典Ｂ(漢文を除く) ②外(150) ▶「コミュ英Ⅰ・コミュ英Ⅱ・コミュ英Ⅲ・英表Ⅰ・英表Ⅱ」・仏から１ ③地歴(100) ▶世Ｂ・日Ｂから１

※解答方式はマーク式と記述式の併用。ただし，フランス語は記述式のみ。

一般選抜(３教科Ｂ方式〈得意科目ウエイト配点型〉) 3科目 ①国(100) ▶国総・国表・現文Ｂ・古典Ｂ(漢文を除く) ②外(100) ▶コミュ英Ⅰ・コミュ英Ⅱ・コミュ英Ⅲ・英表Ⅰ・英表Ⅱ ③地歴(100) ▶世Ｂ・日Ｂから１

※最高得点の科目を２倍(200点)に換算し，合計400点満点で判定する。

※解答方式はマーク式と記述式の併用で，マーク式が約８割，記述式が約２割。

一般選抜(総合小論文方式２月期・３月期) 1科目 ①総合小論文(300) ▶一つのテーマに沿って，３種類の資料(日本語の論文等，簡単な英語の資料，表・グラフなどの資料)を提示し，これらの資料をもとに，以下の２種類の設問に解答する。[設問１]提示された資料に対応し，①日本語読解力②英語読解力③表・グラフなどの資料を読み取る能力の３つの能力を客観的に測る問題(150点)。[設問２]提示された資料を踏まえ，小論文を書く問題(150点)。

※総合小論文方式において，対象となる英語・フランス語４技能資格・検定試験(英検，ケンブリッジ英語検定，GTEC，IELTS，TEAP〈４技能〉，TEAP CBT，TOEFL iBT，TOEIC〈L&R S&W〉，仏検。出願日までの４年以内に取得済みのスコア・級を有効とする)で一定のスコア・級を取得している者には，優遇措置がある(英語４技能CEFR B1レベルまたは仏検準２級は資料の読解〈設問１〉の得点を1.1倍，英語４技能CEFR B2レベルまたは仏検２級以上は1.2倍，英語４技能CEFR C1レベル以上は1.3倍にして審査)。

一般選抜(共通テスト利用方式) 2科目 ①外(100) ▶英(リスニング〈50〉を含む)・仏から１ ②国・地歴・公民・数・理・情(100) ▶国(近代)・「歴総・世探」・「歴総・日探」・「地総・地探」・「公・倫」・「公・政経」・「地総・歴総・公から２」・数Ⅰ・「数Ⅰ・数Ａ」・「数Ⅱ・数Ｂ・数Ｃ」・「物基・化基・生基・地学基から２」・物・化・生・地学・情Ⅰから１

[個別試験]　行わない。

その他の選抜

総合型選抜(アドミッション・オフィス方式)は若干名を募集。ほかに学校推薦型選抜(指定校推薦入学)，総合型選抜(卒業生子女対象アドミッション・オフィス方式，帰国生入試，外国人留学生入試，UNHCR難民高等教育プログラム〈RHEP〉による推薦入学)を実施。

注) 2025年度より，総合型選抜のアドミッション・オフィス方式はＡ方式アドミッション・オフィス型として実施し，新たにＢ方式探究プレゼンテーション型を導入。

偏差値データ (2024年度)

●一般選抜

学部	2024年度 駿台予備学校 合格目標ライン	2024年度 河合塾 ボーダー偏差値	2023年度 競争率
▶現代教養学部			
(３教科Ａ方式)	47	40	1.5
(３教科Ｂ方式)	47	40	1.7
(総合小論文方式２月期)	—	—	1.5

- 駿台予備学校合格目標ラインは合格可能性80％に相当する駿台模試の偏差値です。
- 河合塾ボーダー偏差値は合格可能性50％に相当する河合塾全統模試の偏差値です。
- 競争率は受験者÷合格者の実質倍率

清泉女子大学（せいせんじょし）

資料請求

問合せ先 入試・広報部 ☎0120-53-5363

建学の精神

19世紀の後半にスペインで誕生し，今日に至るまでヨーロッパやアメリカ大陸，アジアなどの国々で，地域に根ざした教育・社会活動を展開しているカトリックの聖心侍女修道会が母体となり，1950（昭和25）年に設立。キリスト教ヒューマニズムの精神に則り，「一人ひとりを大事にする」理念を建学以来貫き，「まことの知・まことの愛（VERITAS et CARITAS）一広く学び，深く考える 人のために，人とともに一」を探究し，それを実践・体得することをめざした教育を行い，専門的な知識のみならず，自分と向き合い，他者と向き合い，世界と向き合い，時と向き合いながら，主体的に自立した女性として生きるための礎を築いている。2025年４月に，70年の歴史ある文学部を母体にして総合文化学部と地球市民学部が誕生する（仮称・設置構想中）。

● 清泉女子大学キャンパス……〒141-8642 東京都品川区東五反田3-16-21

基本データ

学生数▶女1,497名
専任教員数▶教授36名，准教授11名，講師２名
設置学部▶文
併設教育機関▶大学院─人文科学（M・D）

就職・卒業後の進路

就職率 **95.6**%
就職者÷希望者×100

● **就職支援**　キャリアサポート課が，「未来を切り拓くキャリア教育」「一人ひとりに合わせたキャリアカウンセリング」「内定者・卒業者からの親身なサポート」の３つをポイントに，小規模でアットホームな本学ならではの充実したサポートを展開。資料室には，先輩たちの努力が詰まった就活手帳が展示されており，後輩たちはその手帳をフル活用して就職活動に臨んでいる。

● **資格取得支援**　中学校教諭・高等学校教諭の教員免許をはじめ，司書，司書教諭，学芸員などの公的資格を取得するためのカリキュラムを用意。日本語教員を養成する課程もあり，卒業時には文化庁の指針に基づいたカリキュラムに従って本学が発行する修了証が与えられる。

進路指導者も必見 学生を伸ばす 面倒見

初年次教育
学科混成クラスで，少人数グループワークを主軸に，基礎的なスキル（読む，調べる，問いを立てる，議論する，発表する，レポートを書く）を学ぶ「初年次ゼミナール」や，情報力を養う「情報科学入門1a・1b」などを開講

学修サポート
全学科でTA制度，オフィスアワー制度，専任教員が学生の疑問や悩みの解決にあたるグループアドバイザー制度を導入。大学でのさまざまな学びをより充実させるための教育・学修支援センターも設置している

オープンキャンパス(2023年度実績) 4・6・7・8・9・11・12・3月と，年間を通して来場型のオープンキャンパスを開催(要予約)。総合・入試ガイダンス，キャンパスツアー，学科紹介，個別相談，模擬授業など。

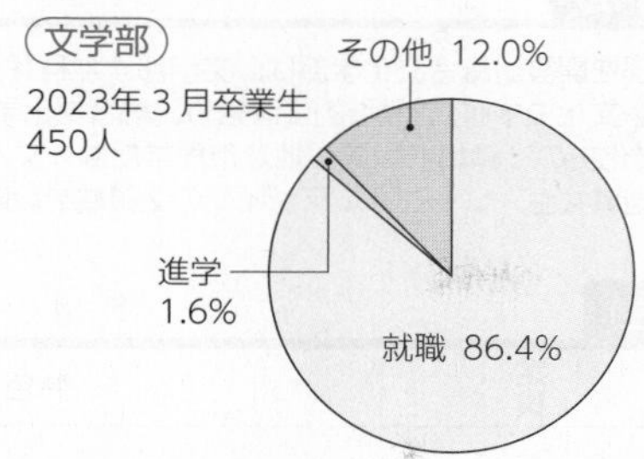

主なOG▶［文(旧国文)］小川糸(小説家)，［文(旧英文)］加藤恭子(九州朝日放送アナウンサー)，［文(旧英文)］吉田恵(タレント，ニュースキャスター)，［文(旧国文)］椿鬼奴(お笑い芸人)など。

国際化・留学

大学間 **33** 大学

受入れ留学生数▶12名（2023年９月１日現在）

留学生の出身国・地域▶台湾，中国，韓国など。

外国人専任教員▶教授２名，准教授１名，講師１名（2023年５月１日現在）

外国人専任教員の出身国▶スペイン，オーストラリア，ロシア。

大学間交流協定▶33大学（交換留学先13大学，2023年５月１日現在）

海外への留学生数▶渡航型24名／年（８カ国・地域，2022年度）

海外留学制度▶１年間または６カ月間の長期留学のほか，春や夏の長期休暇を利用した短期語学研修，海外ボランティア活動などを含む海外研修など，多彩な留学・研修制度を用意。近年は，英語圏，スペイン語圏の大学をはじめ，台湾，フィリピン，韓国，タイ，インドネシアなど，アジア圏の大学とも協定を結び，留学体験の場を広げている。

学費・奨学金制度

給付型奨学金総額 年間 **150** 万円

入学金▶250,000円

年間授業料(施設費等を除く)▶780,000円～(詳細は巻末資料参照)

年間奨学金総額▶1,500,000円

年間奨学金受給者数▶５人

主な奨学金制度▶経済的支援として授業料の一部(30万円)を給与する「エルネスティナ・ラマリョ記念奨学金」や，成績優秀者を対象とした「発展協力会 学業奨励奨学金」（報奨金10万円）などの制度を設置。また，学費減免制度もあり，2022年度には27人を対象に総額で1,685万円を減免している。

保護者向けインフォメーション

●**オープンキャンパス**　通常のオープンキャンパス時に保護者向けの説明会を実施している。

●**成績確認**　成績表を郵送している。

●**保護者懇談会**　毎年春と秋に保護者懇談会を開催し，大学の現状や学生の勉学の様子，学生生活について説明している。また，泉会（父母等の会）があり，会報誌『いずみ』を発行。

●**防災対策**　「緊急（事故・急病・大地震）時の対応マニュアル」を用意。大地震が発生した場合は，報告メールの送信により，学生の安否確認を行うようにしている。

インターンシップ科目	必修専門ゼミ	卒業論文	GPA制度の導入の有無および活用例	１年以内の退学率	標準年限での卒業率
全学科で開講	全学科で４年次に実施	全学科で卒業要件	奨学金や授業料免除対象者選定，留学候補者選考，退学勧告基準，学生に対する個別の学修指導，履修上限単位数の設定などに活用	NA	NA

2025年度学部改組構想（予定）

● 総合文化学部と地球市民学部を開設。総合文化学部は，文学部４学科（日本語日本文学科・英語英文学科・スペイン語スペイン文学科・文化史学科）を発展的に改組し，総合文化学科に日本文化，国際文化（専攻言語：英語・スペイン語），文化史の３領域を設置。地球市民学部は，文学部地球市民学科を学部として独立させ，地球市民学科に地域共生，ソーシャルデザインの２領域を設置する。

学部紹介（2024年２月現在）

学部／学科	定員	特色
文学部		
スペイン語スペイン文	50	▷スペイン語の４技能の力を養成し，スペイン語圏の言語や文化を主体的に学ぶとともに，スペイン語で演劇を上演する授業などを通して，発信力や異文化対応能力を磨く。
英語英文	100	▷英米文学，英語学，英語教育学，異文化間コミュニケーションなど幅広い分野から興味関心に合うものを選び，ネイティヴな学びを通して，異文化を理解し対話する知性を養う。
地球市民	60	▷社会問題を分析し，解決へ導くための学科独自の思考の概念・ツールである「101のコンセプト」を学び，思考力，判断力，問題解決能力といった社会人に必要な力を身につける。
文化史	100	▷西洋・東洋・日本の３つの文化圏と歴史学，美術史学，哲学・思想史学，宗教学・宗教史学の４つの視点から歴史・文化を学び，洞察力，芸術的感覚，思索力を身につける。
日本語日本文	80	▷日本語の言語・文学と向き合い，多様化する社会に対応できる思考力・表現力を養う。１年次の必修授業で「くずし字」を基礎から学び，原典に触れる喜びを体験。

● **取得可能な資格**…教職（国・地歴・公・社・英・イスパニア・宗），司書，司書教諭，学芸員など。
● **進路状況**…………就職86.4%　進学1.6%
● **主な就職先**………三菱UFJモルガン・スタンレー証券，日新，日本通運，アルティウスリンク，日伝，トヨタL&F東京，エービーシー商会，DTS，城南信用金庫，J&T環境など。

▶キャンパス

文…［清泉女子大学キャンパス］東京都品川区東五反田3-16-21

2024年度入試要項（前年度実績）

●募集人員

学部／学科	一般A・3教科	一般A・2教科	一般B・共テ併用	一般C	一般D
▶文 スペイン語スペイン文	5	5	3	6	3
英語英文	9	9	3	16	3
地球市民	4	4	3	11	3
文化史	11	11	4	20	3
日本語日本文	10	15	3	8	3

▷一般選抜（A・C・D日程）において，指定された英語外部検定試験（英検，GTEC〈Advanced またはCBT〉，TEAP，TEAP CBT，ケンブリッジ英検，IELTS〈アカデミック・モジュールのみ有効〉，TOEFL iBT〈Test Dateスコアのみ利用可〉）で一定のスコアを取得している場合，その点数等に応じて本学の「英語」の点数に換算することができる。なお，この制度を利用する場合であっても，本学の「英語」の受験を必須とし，合否判定にはいずれか点数の高い方を採用する。

▷一般選抜A・C・D日程において，「英語」にはリスニングテストを含み，時間は10分前後で，配点は20～25点とする。

キャンパスアクセス ［清泉女子大学キャンパス］JR山手線，都営地下鉄浅草線，東急池上線一五反田より徒歩10分／JR各線，りんかい線一大崎より徒歩10分／都営地下鉄浅草線一高輪台より徒歩10分

文学部

一般選抜入試Ａ日程（３教科固定方式）
3科目　①国（日本語150・その他の学科100）▶国総・現文Ｂ・古典Ｂ（漢文を除く）　②外（スペイン語・英語英文・地球市民150，文化史・日本語100）▶コミュ英Ⅰ・コミュ英Ⅱ・コミュ英Ⅲ・英表Ⅰ・英表Ⅱ（リスニングを含む）　③地歴（文化史150・その他の学科100）▶世Ｂ・日Ｂから１

一般選抜Ａ日程（２教科選択方式）　2科目
①②国・外・地歴（スペイン語・英語英文・地球市民〈外150・その他100〉，文化史〈地歴150・その他100〉，日本語〈国150・その他100〉）▶「国総・現文Ｂ・古典Ｂ（漢文を除く）」・「コミュ英Ⅰ・コミュ英Ⅱ・コミュ英Ⅲ・英表Ⅰ・英表Ⅱ（リスニングを含む）」・「世Ｂ・日Ｂから１」から２，ただしスペイン語スペイン文・英語英文・地球市民の３学科は外必須，文化史学科は地歴必須，日本語日本文学科は国必須

一般選抜Ｂ日程（共通テスト併用型・小論文方式）　**【スペイン語スペイン文学科・英語英文学科・地球市民学科】〈共通テスト科目〉**
1科目　①外（200）▶英（リスニング〈100〉を含む）
〈個別試験科目〉　1科目　①小論文（100）
【文化史学科】〈共通テスト科目〉　1科目　①地歴（200）▶世Ｂ・日Ｂから１
〈個別試験科目〉　1科目　①小論文（100）
【日本語日本文学科】〈共通テスト科目〉
1科目　①国（200）▶国（古典を含む）
〈個別試験科目〉　1科目　①小論文（100）

一般選抜Ｃ日程（２教科高得点方式）　2科目
①②国・外・地歴（スペイン語・英語英文・地球市民〈外150・その他100〉，文化史〈地歴150・その他100〉，日本語〈国150・その他100〉）▶「［スペイン語スペイン文学科・英語英文学科・地球市民学科］一国総（現文）・現文Ｂ」・「［文化史学科・日本語日本文学科］一国総・現文Ｂ・古典Ｂ（漢文を除く）」・「〈コミュ英Ⅰ・コミュ英Ⅱ・コミュ英Ⅲ・英表Ⅰ・英表Ⅱ（リスニングを含む）〉・西から１」・「世Ｂ・日Ｂから１」から２，ただしスペイン語スペイン文・英語英文・地球市民の３学科は外必須（西〈スペイン語〉はスペイン語スペイン文学科のみ選択可），文化史学科は地歴必須，日本語日本文学科は国必須

一般選抜Ｄ日程（２教科固定方式）　2科目
①国（スペイン語・英語英文・地球市民100，文化史125，日本語150）▶［スペイン語スペイン文学科・英語英文学科・地球市民学科］一国総（現文）・現文Ｂ，［文化史学科・日本語日本文学科］一国総・現文Ｂ・古典Ｂ（漢文を除く）　②外（スペイン語・英語英文・地球市民150，文化史125，日本語100）▶「コミュ英Ⅰ・コミュ英Ⅱ・コミュ英Ⅲ・英表Ⅰ・英表Ⅱ（リスニングを含む）」・西から１，ただし西（スペイン語）はスペイン語スペイン文学科のみ選択可

その他の選抜

共通テスト利用入試は各学科２名を募集。ほかに学校推薦型選抜（一般指定校，特別指定校，カトリック指定校，姉妹校，卒業生子女・在学生姉妹），総合型選抜（課題図書方式，イベント・模擬授業参加型，Global Citizen育成型，小論文方式，学費免除型・１教科方式，英語外部検定試験換算方式），学士入試，帰国子女入試，社会人特別入試，外国人留学生指定校推薦入試，外国人対象入試を実施。

偏差値データ（2024年度）

●一般入試Ａ日程

学部／学科	2024年度 駿台予備学校 合格目標ライン	2024年度 河合塾 ボーダー偏差値	2023年度 競争率
▶文学部			
スペイン語スペイン文	42	40～42.5	1.4
英語英文	44	42.5～45	1.3
地球市民	43	42.5～45	1.4
文化史	44	42.5～45	1.3
日本語日本文	44	42.5～45	1.6

- 駿台予備学校合格目標ラインは合格可能性80％に相当する駿台模試の偏差値です。
- 河合塾ボーダー偏差値は合格可能性50％に相当する河合塾全統模試の偏差値です。
- 競争率は受験者÷合格者の実質倍率

専修大学

資料請求

問合せ先 入学センターインフォメーション ☎03-3265-6677

建学の精神

日本で初めて経済学と法律学を共に学べる高等教育機関「専修学校」として，1880（明治13）年に創立。明治初期にアメリカへ留学し，留学で得た最新の知見を社会に還元し，専門教育によって日本の屋台骨を支える人を，ひとりでも多く育てようと誓った４人の若き創立者たちの熱く高い志は，建学の精神「社会に対する報恩奉仕」となり，現代まで脈々と受け継がれ，人材育成の基底となっている。この精神を具現化した21世紀ビジョン「社会知性の開発」は教育・研究の羅針盤ともなり，未来を拓く「国際性」「知力」「説得力」「深い人間理解と倫理観」の４つの社会知性を身につけるため，新たに「Siデータサイエンス教育プログラム」が導入されるなど，日本とアジア圏域を中心に，世界の懸け橋となる人材を育成するためのアップデートは続いている。

- 神田キャンパス……〒101-8425 東京都千代田区神田神保町3-8
- 生田キャンパス……〒214-8580 神奈川県川崎市多摩区東三田2-1-1

基本データ

学生数▶17,438名（男10,722名，女6,716名）
専任教員数▶教授339名，准教授82名，講師14名
設置学部▶経済，法，経営，商，文，人間科，国際コミュニケーション，ネットワーク情報
併設教育機関▶大学院―経済学・法学・文学・経営学・商学（以上M・D），法務（P）

就職・卒業後の進路

就職率 **97.3**%
就職者÷希望者×100

●**就職支援**　経験豊富なベテランから若手までキャリアセンターの専任スタッフが，学生一人ひとりの希望と適性を理解し，きめ細かに指導。14,000件以上の求人情報，延べ400社が参加する学内企業説明会など，さまざまな就職情報を提供するほか，就職対策の基礎から実践まで支援プログラムも充実。

●**資格取得支援**　法曹，公認会計士などの資格試験や，公務員・教員をめざす学生のために，授業と並行して受験指導専門学校などの講義を学内で受けられるシステムを用意。実績ある専門家が合格へと導いている。

進路指導者も必見 学生を伸ばす 面倒見

初年次教育
「専修大学入門ゼミナール」や「情報入門1・2」などの科目で充実した大学生活を送るための基本スキルを養うほか，教員が作成した教材『知のツールボックス』などを通じて，アカデミックスキル（レポートの書き方，発表の仕方など）を修得

学修サポート
全学部でTA（アカデミック・コンシェルジュ）・SA制度，経済・法・経営・商・国際コミュニケーション・ネットワーク情報でオフィスアワー，経済学部でアカデミック・アドバイザー制度（専任教員が学生約27人を担当）を導入

オープンキャンパス（2023年度実績） 生田Cで６月と８月，神田Cで７月と８月に開催したほか，３月に生田Cで体験授業フェア（全学部対象）も実施（いずれも予約制）。両キャンパスでキャンパスツアーも複数回行っている。

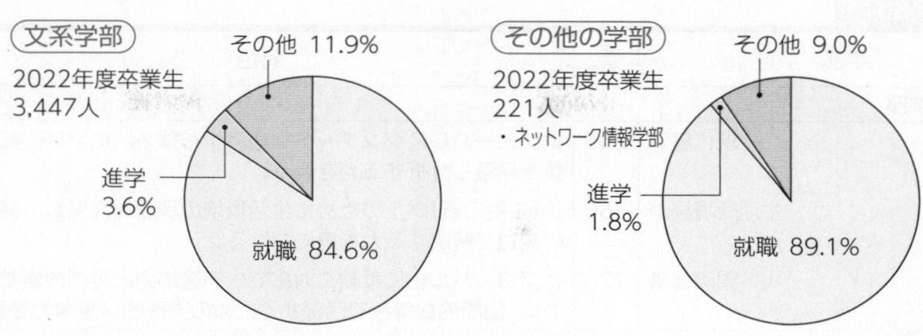

主なOB・OG▶［経営］浜田靖一（衆議院議員），［経済］大沢たかお（俳優），［文］馳浩（石川県知事），［文］雫井脩介（小説家），［商］尾堂真一（日本特殊陶業会長），［商］長谷部健（東京都渋谷区長）など。

国際化・留学　大学間 26 大学・部局間 9 大学

受入れ留学生数▶242名（2023年５月１日現在）

留学生の出身国・地域▶韓国，中国，台湾，ポルトガル，香港など。

外国人専任教員▶教授11名，准教授９名，講師１名（2023年５月１日現在）

外国人専任教員の出身国▶韓国，アメリカ，中国，イギリス，ドイツなど。

大学間交流協定▶26大学（交換留学先17大学，2023年９月１日現在）

部局間交流協定▶９大学（交換留学先１大学，2023年９月１日現在）

海外への留学生数▶渡航型246名・オンライン型28名／年（13カ国・地域，2022年度）

海外留学制度▶初・中級の夏期・春期留学から中期留学，上級のセメスター交換留学や長期交換留学まで，レベルや目的に応じた多彩な留学プログラムを用意。異文化コミュニケーション学科では，２年次前期に全員が留学を体験する（４～５カ月間を予定）。

学費・奨学金制度

入学金▶200,000円

年間授業料（施設費等を除く）▶750,000円～（詳細は巻末資料参照）

年間奨学金総額▶NA

年間奨学金受給者数▶NA

主な奨学金制度▶経済支援を趣旨とした「専修大学進学サポート奨学生（予約採用型）」「家計急変奨学生」，学術奨励等を趣旨とした「スカラシップ入試奨学生」「学術奨学生」，留学を後押しする「交換留学奨学生制度」「海外研修・国際交流奨励制度」など，学びたい気持ちに応える豊富な奨学生制度を用意。

保護者向けインフォメーション

- **オープンキャンパス**　通常のオープンキャンパス時に，保護者向け説明を実施している。
- **ガイドブック**　『ご父母・保護者のための専修大学ガイドブック』を発行している。
- **成績確認**　修学状況通知書を送付している。
- **保護者会**　育友会（保護者会）があり，「支部懇談会（2023年度は67支部62会場で開催）」や「就職懇談会（2023年度は７月に開催）」などを実施。会報『育友』も発行している。
- **相談窓口**　学生相談室は保護者の相談も可。
- **防災対策**　「大地震対応マニュアル」を大学HPに掲載。災害時の学生の状況を把握するために「Yahoo！ 安否確認サービス」を導入。

インターンシップ科目	必修専門ゼミ	卒業論文	GPA制度の導入の有無および活用例	１年以内の退学率	標準年限での卒業率
経済・経営・商・文・ネットワークで開講	文・人間科・国際コミュニケーション・ネットワーク情報の４学部で開講（年次は学科により異なる）	文・人間科・国際は卒業要件	一部の学部で奨学金や授業料免除対象者の選定基準，学生に対する個別の学修指導，退学勧告基準に活用	0.9%	91.0%

学部紹介

学部／学科	定員	特色
経済学部		
現代経済	265	▷グローバルスタンダードな経済学を体系的に学び，経済全体を見渡し分析する力を養う。
生活環境経済	266	▷「生活の質」向上のために生活環境の課題を発見し，経済学の知見で解決する力を身につける。
国際経済	220	▷グローバル化に柔軟に対応できる適応力と専門的素養とともに，国際的な舞台で活躍するための実践的な語学力を養う。
● 取得可能な資格…教職（地歴・公・社），司書，司書教諭，学芸員。 ● 進路状況…………就職86.7%　進学1.9% ● 主な就職先………積水ハウス，キーエンス，SUBARU，日本生命保険，カプコン，神奈川県庁など。		
法学部		
法律	533	▷社会の諸課題に対して適切な法的判断ができるリーガルマインドを養う。将来像に応じた12の履修モデルを設定。
政治	164	▷政治理論・歴史，国際政治・地域，日本政治・政策の３コース。社会の問題を抽出し解決を図れるセンスや政策能力を養う。
● 取得可能な資格…教職（地歴・公・社），司書，司書教諭，学芸員。 ● 進路状況…………就職84.3%　進学3.7% ● 主な就職先………マルハニチロ，清水建設，伊藤園，大塚商会，埼玉県庁，国家公務員一般職など。		
経営学部		
経営	373	▷経営に関わる諸問題を解決できる，理論に裏打ちされたビジネススキルと視点を養う。
ビジネスデザイン	180	▷世界や地域のさまざまな課題やニーズを理解し，自らのアイデアで新しいビジネスを創造できる人材を育成する。
● 取得可能な資格…教職（公・社・情・商業），司書，司書教諭，学芸員など。 ● 進路状況…………就職86.3%　進学2.9% ● 主な就職先………大和ハウス工業，日本製鉄，ナイキジャパン，加賀電子，東日本旅客鉄道など。		
商学部		
マーケティング	438	▷マーケティング，ファイナンス，グローバルビジネス，マーケットアナリティクスの４コース。変化を先取りするビジネスパーソンを育成する。
会計	210	▷会計プロフェッショナル，財務会計，管理会計，財務情報分析の４履修モデル。高度な会計専門職を育成する。
● 取得可能な資格…教職（公・社・情・商業），司書，司書教諭，学芸員。 ● 進路状況…………就職85.6%　進学2.6% ● 主な就職先………森永製菓，山善，auじぶん銀行，大和証券，PwC Japan有限責任監査法人など。		
文学部		
日本文学文化	122	▷文学，映画，演劇，アニメーションなどを含む表現文化全般を研究対象に，柔軟に選択できるカリキュラムを編成。
英語英米文	152	▷英語コミュニケーション，英語文化の２コース。世界のあらゆる場所で通用する英語運用力と国際理解力を養う。
哲	76	▷西洋や東洋の哲学や文化を学び，世の中の複雑なものごとを整理，置換できる思考力や柔軟な発想力を養う。
歴史	142	▷時空を超えて過去と対話し，現代への理解を深め，未来社会を展望できる力を身につける。

キャンパスアクセス ［神田キャンパス］ JR総武線一水道橋より徒歩7分／東京メトロ東西線・半蔵門線，都営新宿線一九段下より徒歩1分／東京メトロ半蔵門線，都営新宿線・三田線一神保町より徒歩3分

環境地理	55	▷地域や環境の諸課題を解決するための分析力および思考力を養う。データを扱うGIS学術士などの資格取得が可能。
ジャーナリズム	124	▷氾濫する情報の中から真実を見抜く目を養い，創造性と批判精神に富んだ実践力ある情報スペシャリストを育成する。
● 取得可能な資格…教職(国・地歴・公・社・書・英)，司書，司書教諭，学芸員，測量士補など。 ● 進路状況…………就職81.7%　進学5.1% ● 主な就職先………山崎製パン，ロッテ，イオン，日本放送協会，サイボウズ，日本中央競馬会など。		
人間科学部		
心理	77	▷心の問題に悩む人を支援するときも，思いつきや権威に頼らず，科学的に対処できる人材を育成する。基礎・実験系から，臨床系の科目まで，14もの広範な領域を網羅。
社会	147	▷社会を多面的にとらえ，社会に対する働きかけができる人材を育成する。社会調査士の資格取得プログラムが充実。
● 取得可能な資格…教職(地歴・公・社)，司書，司書教諭，学芸員など。 ● 進路状況…………就職79.6%　進学8.6% ● 主な就職先………タカラスタンダード，伊藤忠食品，ニトリ，明治安田生命保険，国税専門官など。		
国際コミュニケーション学部		
日本語	71	▷日本語の持つさまざまな特徴や性質に学問的・理論的観点からアプローチし，日本語のエキスパートとして，グローバル社会で活躍できる人材を育成する。
異文化コミュニケーション	150	▷複数の外国語を使い，地球市民として多様な国際社会の中で活躍できる力を養う。２年次前期に全員が留学を体験。
● 取得可能な資格…教職(国)，司書，司書教諭，学芸員。 ● 主な就職先………2020年度開設のため卒業生はいない。		
ネットワーク情報学部		
ネットワーク情報	235	▷情報技術を活用した新しい価値を世の中に提案できる力を養い，より良い社会や暮らしづくりに貢献できる人材を育成。
● 取得可能な資格…教職(数・情)，司書，司書教諭，学芸員。 ● 進路状況…………就職89.1%　進学1.8% ● 主な就職先………トンボ，丸紅情報システムズ，JCOM，東宝，LINEヤフー，楽天グループなど。		

▶キャンパス

法・商・国際コミュニケーション……［神田キャンパス］東京都千代田区神田神保町3-8
経済・経営・文・人間科・ネットワーク情報……［生田キャンパス］神奈川県川崎市多摩区東三田2-1-1

2024年度入試要項(前年度実績)

●募集人員

学部／学科		全国	前期個別	一般後期	共通前期	共通後期	公募推薦	総合型
▶経済	現代経済	20	145	5	20	5	—	—
	生活環境経済	20	130	5	15	5	—	—
	国際経済	20	109	5	15	5	—	20
▶法	法律	40	171	20	35	5	—	—
	政治	13	57	5	13	3	—	—
▶経営	経営	20	135	28	20	10	15	—
	ビジネスデザイン	10	70		10		10	—
▶商	マーケティング	45	160	10	45	10	25	—
	会計		85				20	—
▶文	日本文学文化	9	70	4	9	—	—	—
	英語英米文	10	86	7	10	3	—	—
	哲	12	36	3	10	—	—	—
	歴史	14	81	7	14	—	—	—
	環境地理	6	33	2	4	—	—	—
	ジャーナリズム	15	47	4	12	—	—	—
▶人間科	心理	7	45	2	5	—	—	—

キャンパスアクセス ［生田キャンパス］小田急線一向ヶ丘遊園よりバス10分または徒歩14分／東急田園都市線，横浜市営地下鉄一あざみ野より直行バス（学生専用）20分

社会	15	92	5	10	—	—	—
▶国際コミュニケーション 日本語	3	38	5	6	—	—	—
異文化コミュニケーション	10	76	5	10	—	—	12
▶ネットワーク情報 ネットワーク情報	12	40	3	60	10	—	15

※上記以外に一般選抜スカラシップ入試(全学部で100名〈2/1・2実施70名，2/12実施30名〉)，一般選抜前期全学部入試を実施。全学部入試の募集人員は，学部個別入試に含む。
※一般選抜前期学部個別入試は学部・学科により，A（3教科同一配点）・AS（共通テスト併用）・B（選択科目重視）・C（英語重視）・D（国語重視）・E（英語単独）・F（2教科数学重視）の各方式を実施。
※法学部の共通テスト利用入試前期の募集人員は，法律学科(3科目型25名・4科目型10名)，政治学科(3科目型10名・4科目型3名)。
※経営学部と商学部の公募制推薦入試には，全国商業高等学校長協会推薦入試の募集人員(経営学科最大7名・ビジネスデザイン学科最大3名，商学部各学科5名)を含む。

▷一般選抜前期入試(スカラシップ入試とC方式を除く)全学部全学科において，指定された英語外部試験(英検〈英検CBT，英検S-CBT含む〉，ケンブリッジ英検，TEAP，TEAP CBT，GTEC〈CBTタイプに限る〉，IELTS〈Academic〉，TOFLE iBT，TOEIC L&R+TOEIC S&W)の基準スコアに応じ，本学の試験科目「英語」の得点を80点・90点・100点に換算し，判定に利用することが可能。本学の英語試験を受験した場合はどちらか得点の高い方を判定に使用する。
注)共通テスト利用入試のみ，2025年度入学者選抜の予告を掲載しています。一般選抜の詳細は，最新の募集要項でご確認ください。なお，学校推薦型選抜と総合型選抜(AO入試)は，2025年度も従来通りの内容となります(予定)。

経済学部

スカラシップ入試・全国入試 3科目 ①**国**(100)▶国総(漢文を除く)・現文B ②**外**(100)▶コミュ英Ⅰ・コミュ英Ⅱ・コミュ英Ⅲ・英表Ⅰ・英表Ⅱ ③**地歴・公民・数**(100)▶世B・日B・地理B・政経・「数Ⅰ・数Ⅱ・数A・数B(数列・ベク)」から1

一般選抜前期〈学部個別入試(A方式・B方式・C方式)・全学部入試〉・後期 3科目 ①**国**(100)▶国総(漢文を除く)・現文B ②**外**(100・C方式150)▶コミュ英Ⅰ・コミュ英Ⅱ・コミュ英Ⅲ・英表Ⅰ・英表Ⅱ ③**地歴・公民・数**(100・B方式150)▶世B・日B・地理B・政経・「数Ⅰ・数Ⅱ・数A・数B(数列・ベク)」から1

※学部個別入試C方式は国際経済学科のみ実施し，国際経済学科はB方式を行わない。

一般選抜前期学部個別入試AS方式(共通テスト併用) **〈共通テスト科目〉** 1科目 ①**国・外・地歴・公民・数**(100)▶国(近代・古文)・英(リスニングを含む)・独・仏・中・韓・世A・世B・日A・日B・地理A・地理B・現社・倫・政経・「倫・政経」・数Ⅰ・「数Ⅰ・数A」・数Ⅱ・「数Ⅱ・数B」から1 ※英語はリーディング150点・リスニング50点とし，合計200点を100点満点に圧縮。

〈個別試験科目〉 前期学部個別入試A方式の3科目を判定に利用

共通テスト利用入試前期(3科目型) 3科目 ①**国**(200)▶国(近代・古文) ②**外**(200)▶英(リスニング〈50〉を含む)・独・仏・中・韓から1 ③**地歴・公民・数・理・情**(200)▶「歴総・世探」・「歴総・日探」・「地総・地探」・「地総・歴総・公から2」・「公・倫」・「公・政経」・数Ⅰ・「数Ⅰ・数A」・「数Ⅱ・数B・数C」・「物基・化基・生基・地学基から2」・物・化・生・地学・情Ⅰから1

[個別試験] 行わない。

共通テスト利用入試前期(4科目型) 4科目 ①**国**(200)▶国(近代・古文) ②**外**(200)▶英(リスニング〈50〉を含む)・独・仏・中・韓から1 ③**数**(200)▶数Ⅰ・「数Ⅰ・数A」・「数Ⅱ・数B・数C」から1 ④**地歴・公民・理・情**(200)▶「歴総・世探」・「歴総・日探」・「地総・地探」・「地総・歴総・公から2」・「公・倫」・「公・政経」・「物基・化基・生基・地学基から2」・物・化・生・地学・情Ⅰから1

[個別試験] 行わない。

共通テスト利用入試後期 **【現代経済学科・生活環境経済学科】** 4科目 ①**国**(200)▶国(近代・古文) ②**外**(200)▶英(リスニング〈50〉を含む)・独・仏・中・韓から1 ③**地歴・公民**(200)▶「歴総・世探」・「歴総・日探」・「地

総・地探」・「地総・歴総・公から２」・「公・倫」・「公・政経」から１　④**数・理・情**(200)▶数Ⅰ・「数Ⅰ・数Ａ」・「数Ⅱ・数Ｂ・数Ｃ」・「物基・化基・生基・地学基から２」・物・化・生・地学・情Ⅰから１
[個別試験]　行わない。
【国際経済学科】 ③科目　①国(200)▶国(近代・古文)　②**外**(400)▶英(リスニングを含む)・独・仏・中・韓から１　※英語はリーディング150点・リスニング50点とし，換算した200点満点を２倍する。③**地歴・公民・数・理・情**(200)▶「歴総・世探」・「歴総・日探」・「地総・地探」・「地総・歴総・公から２」・「公・倫」・「公・政経」・数Ⅰ・「数Ⅰ・数Ａ」・「数Ⅱ・数Ｂ・数Ｃ」・「物基・化基・生基・地学基から２」・物・化・生・地学・情Ⅰから１
[個別試験]　行わない。
総合型選抜(AO入試)　**【国際経済学科】**
[出願資格]　現役。英語資格型出願者は指定された英語外部試験の基準スコアを取得した者。
[選考方法]　英語資格型，発想力型，探索力型とも書類審査(課題小論文を含む)通過者を対象に，面接を行う。

法学部

スカラシップ入試・全国入試　③科目　①**国**(100)▶国総(漢文を除く)・現文Ｂ　②**外**(100)▶コミュ英Ⅰ・コミュ英Ⅱ・コミュ英Ⅲ・英表Ⅰ・英表Ⅱ　③**地歴・公民・数**(100)▶世Ｂ・日Ｂ・地理Ｂ・政経・「数Ⅰ・数Ⅱ・数Ａ・数Ｂ(数列・ベク)」から１
一般選抜前期(学部個別入試Ａ方式・全学部入試)・後期　③科目　①**国**(100)▶国総(漢文を除く)・現文Ｂ　②**外**(100)▶コミュ英Ⅰ・コミュ英Ⅱ・コミュ英Ⅲ・英表Ⅰ・英表Ⅱ　③**地歴・公民・数**(100)▶世Ｂ・日Ｂ・地理Ｂ・政経・「数Ⅰ・数Ⅱ・数Ａ・数Ｂ(数列・ベク)」から１
一般選抜前期学部個別入試AS方式(共通テスト併用)　〈共通テスト科目〉　①科目　①**国・外・地歴・公民・数**(100)▶国(近代・古文)・英(リスニングを含む)・独・仏・中・韓・世Ａ・世Ｂ・日Ａ・日Ｂ・地理Ａ・地理Ｂ・現社・倫・政経・「倫・政経」・数Ⅰ・「数Ⅰ・数Ａ」・数Ⅱ・「数Ⅱ・数Ｂ」から１　※英語はリーディング150点・リスニング50点とし，合計200点を100点満点に圧縮。
〈個別試験科目〉　前期学部個別入試Ａ方式の３科目を判定に利用
共通テスト利用入試前期(３科目型)　③科目
①**国**(200)▶国(近代・古文)　②**外**(200)▶英(リスニング〈50〉を含む)・独・仏・中・韓から１　③**地歴・公民・数・理・情**(200)▶「歴総・世探」・「歴総・日探」・「地総・地探」・「地総・歴総・公から２」・「公・倫」・「公・政経」・数Ⅰ・「数Ⅰ・数Ａ」・「数Ⅱ・数Ｂ・数Ｃ」・「物基・化基・生基・地学基から２」・物・化・生・地学・情Ⅰから１
[個別試験]　行わない。
共通テスト利用入試前期(４科目型)・後期
④科目　①**国**(200)▶国(近代・古文)　②**外**(200)▶英(リスニング〈50〉を含む)・独・仏・中・韓から１　③**地歴・公民**(200)▶「歴総・世探」・「歴総・日探」・「地総・地探」・「地総・歴総・公から２」・「公・倫」・「公・政経」から１　④**数・理・情**(200)▶数Ⅰ・「数Ⅰ・数Ａ」・「数Ⅱ・数Ｂ・数Ｃ」・「物基・化基・生基・地学基から２」・物・化・生・地学・情Ⅰから１
[個別試験]　行わない。

経営学部

スカラシップ入試・全国入試　③科目　①**国**(100)▶国総(漢文を除く)・現文Ｂ　②**外**(100)▶コミュ英Ⅰ・コミュ英Ⅱ・コミュ英Ⅲ・英表Ⅰ・英表Ⅱ　③**地歴・公民・数**(100)▶世Ｂ・日Ｂ・地理Ｂ・政経・「数Ⅰ・数Ⅱ・数Ａ・数Ｂ(数列・ベク)」から１
一般選抜前期〈学部個別入試(Ａ方式・Ｂ方式・Ｃ方式)・全学部入試〉・後期　③科目　①**国**(100)▶国総(漢文を除く)・現文Ｂ　②**外**(100・Ｃ方式150)▶コミュ英Ⅰ・コミュ英Ⅱ・コミュ英Ⅲ・英表Ⅰ・英表Ⅱ　③**地歴・公民・数**(100・Ｂ方式150)▶世Ｂ・日Ｂ・地理Ｂ・政経・「数Ⅰ・数Ⅱ・数Ａ・数Ｂ(数列・ベク)」から１
共通テスト利用入試前期(３科目型)　③科目
①**国**(150)▶国(近代)　②**外**(200)▶英(リスニング〈50〉を含む)・独・仏・中・韓から１　③**地歴・公民・数・理・情**(150)▶「歴総・世探」・「歴総・日探」・「地総・地探」・「地総・歴総・公から２」・「公・倫」・「公・政経」・数Ⅰ・「数Ⅰ・数

A」・「数Ⅱ・数B・数C」・「物基・化基・生基・地学基から2」・物・化・生・地学・情Ⅰから1
[個別試験] 行わない。
共通テスト利用入試前期(4科目型)・後期
4科目 ①国(200)▶国(近代) ②**外**(200)▶英(リスニング〈50〉を含む)・独・仏・中・韓から1 ③④**地歴・公民・数・理・情**(200×2)▶「歴総・世探」・「歴総・日探」・「地総・地探」・「地総・歴総・公から2」・「公・倫」・「公・政経」・数Ⅰ・「数Ⅰ・数A」・「数Ⅱ・数B・数C」・「物基・化基・生基・地学基から2」・物・化・生・地学・情Ⅰから2教科2科目
[個別試験] 行わない。
公募制推薦入試 **[出願資格]** 第1志望，校長推薦，経営学科は現役(ビジネスデザイン学科は既卒者も可)。ほかに，経営学科は全体の学習成績の状況が4.0以上で，簿記，英語，情報処理の指定された資格を取得した者。ビジネスデザイン学科は全体の学習成績の状況が3.8以上の者。
[選考方法] 書類審査(志望理由書のほか，経営学科は資格検定取得証明書，ビジネスデザイン学科はプレゼンテーションの要旨，学科が求める人材であることが証明できる書類などを含む)通過者を対象に，経営学科は面接，ビジネスデザイン学科は小論文・プレゼンテーションを行う。

商学部

スカラシップ入試・全国入試 **3科目** ①国(100)▶国総(漢文を除く)・現文B ②**外**(100)▶コミュ英Ⅰ・コミュ英Ⅱ・コミュ英Ⅲ・英表Ⅰ・英表Ⅱ ③**地歴・公民・数**(100)▶世B・日B・地理B・政経・「数Ⅰ・数Ⅱ・数A・数B(数列・ベク)」から1
一般選抜前期〈学部個別入試(A方式・B方式・C方式・D方式)・全学部入試〉・後期 **3科目**
①国(100・D方式150)▶国総(漢文を除く)・現文B ②**外**(100・C方式150)▶コミュ英Ⅰ・コミュ英Ⅱ・コミュ英Ⅲ・英表Ⅰ・英表Ⅱ ③**地歴・公民・数**(100・B方式150)▶世B・日B・地理B・政経・「数Ⅰ・数Ⅱ・数A・数B(数列・ベク)」から1
一般選抜前期学部個別入試AS方式(共通テスト併用) **〈共通テスト科目〉** **1科目** ①**国・外・地歴・公民・数**(200)▶国(近代)・英(リスニング〈50〉を含む)・世B・日B・地理B・政経・「倫・政経」・数Ⅰ・「数Ⅰ・数A」・数Ⅱ・「数Ⅱ・数B」・簿から1
〈個別試験科目〉 前期学部個別入試A方式の3科目を判定に利用
共通テスト利用入試前期(3科目型)・後期
3科目 ①国(200)▶国(近代) ②**外**(200)▶英(リスニング〈50〉を含む)・独・仏・中・韓から1 ③**地歴・公民・数・理・情**(200)▶「歴総・世探」・「歴総・日探」・「地総・地探」・「地総・歴総・公から2」・「公・倫」・「公・政経」・数Ⅰ・「数Ⅰ・数A」・「数Ⅱ・数B・数C」・「物基・化基・生基・地学基から2」・物・化・生・地学・情Ⅰから1
[個別試験] 行わない。
共通テスト利用入試前期(4科目型) **4科目**
①国(200)▶国(近代) ②**外**(200)▶英(リスニング〈50〉を含む)・独・仏・中・韓から1 ③**地歴・公民**(100)▶「歴総・世探」・「歴総・日探」・「地総・地探」・「地総・歴総・公から2」・「公・倫」・「公・政経」から1 ④**数・理・情**(100)▶数Ⅰ・「数Ⅰ・数A」・「数Ⅱ・数B・数C」・「物基・化基・生基・地学基から2」・物・化・生・地学・情Ⅰから1
[個別試験] 行わない。
公募制推薦入試 **[出願資格]** 第1志望，校長推薦，全日制もしくは定時制の現役，全体の学習成績の状況が3.8以上のほか，日商簿記，英検など指定された資格検定のうちいずれかを取得した者。
[選考方法] 書類審査，小論文(日本語)および面接。

文学部

スカラシップ入試・全国入試 **3科目** ①国(100)▶国総(漢文を除く)・現文B ②**外**(100，英語英米文学科の全国入試150)▶コミュ英Ⅰ・コミュ英Ⅱ・コミュ英Ⅲ・英表Ⅰ・英表Ⅱ ③**地歴・公民・数**(100)▶世B・日B・地理B・政経・「数Ⅰ・数Ⅱ・数A・数B(数列・ベク)」から1
一般選抜前期〈学部個別入試(A方式・D方式)・全学部入試〉・後期 **【日本文学文化学科】**
3科目 ①国(A100・D200)▶国総(漢文を

除く）・現文Ｂ　②**外**(100) ▶コミュ英Ⅰ・コミュ英Ⅱ・コミュ英Ⅲ・英表Ⅰ・英表Ⅱ　③**地歴・公民・数**(100) ▶世Ｂ・日Ｂ・地理Ｂ・倫・政経・「数Ⅰ・数Ⅱ・数Ａ・数Ｂ(数列・ベク)」から１，ただし倫はＡ方式のみ選択可

一般選抜前期〈学部個別入試(Ａ方式)・全学部入試〉・後期　**【英語英米文学科・哲学科・歴史学科・環境地理学科・ジャーナリズム学科】** **3科目**　①**国**(100) ▶国総(漢文を除く)・現文Ｂ　②**外**(100) ▶コミュ英Ⅰ・コミュ英Ⅱ・コミュ英Ⅲ・英表Ⅰ・英表Ⅱ　③**地歴・公民・数**(100) ▶世Ｂ・日Ｂ・地理Ｂ・倫・政経・「数Ⅰ・数Ⅱ・数Ａ・数Ｂ(数列・ベク)」から１，ただし倫は英語英米文・哲・歴史・ジャーナリズム４学科のＡ方式のみ選択可

一般選抜前期学部個別入試Ｅ方式(共通テスト併用)　**【英語英米文学科】〈共通テスト科目〉** **1科目**　①**外**(50) ▶英(リスニング)

〈個別試験科目〉 **2科目**　①**外**(100) ▶コミュ英Ⅰ・コミュ英Ⅱ・コミュ英Ⅲ・英表Ⅰ・英表Ⅱ　②**外**(150) ▶総合英語(コミュ英Ⅰ・コミュ英Ⅱ・コミュ英Ⅲ・英表Ⅰ・英表Ⅱ)

共通テスト利用入試前期(３科目型)　**【日本文学文化学科・哲学科・歴史学科・ジャーナリズム学科】** **3科目**　①**国**(200) ▶国　②**外**(日本文学文化100・その他の学科200) ▶英(リスニング〈日本文学文学科20・その他の学科40〉を含む)・独・仏・中・韓から１　③**地歴・公民・数・理・情**(日本文学文化100・その他の学科200) ▶「歴総・世探」・「歴総・日探」・「地総・地探」・「地総・歴総・公から２」・「公・倫」・「公・政経」・数Ⅰ・「数Ⅰ・数Ａ」・「数Ⅱ・数Ｂ・数Ｃ」・「物基・化基・生基・地学基から２」・物・化・生・地学・情Ⅰから１

[個別試験]　行わない。

【英語英米文学科】 **3科目**　①**国**(100) ▶国(近代)　②**外**(200) ▶英(リスニング〈100〉を含む)　③**地歴・公民・数・理・情**(100) ▶「歴総・世探」・「歴総・日探」・「地総・地探」・「地総・歴総・公から２」・「公・倫」・「公・政経」・数Ⅰ・「数Ⅰ・数Ａ」・「数Ⅱ・数Ｂ・数Ｃ」・「物基・化基・生基・地学基から２」・物・化・生・地学・情Ⅰから１

[個別試験]　行わない。

【環境地理学科】 **3科目**　①**外**(200) ▶英(リスニング〈40〉を含む)・独・仏・中・韓から１　②**国・数**(200) ▶国・数Ⅰ・「数Ⅰ・数Ａ」・「数Ⅱ・数Ｂ・数Ｃ」から１　③**地歴・公民・理・情**(200) ▶「歴総・世探」・「歴総・日探」・「地総・地探」・「地総・歴総・公から２」・「公・倫」・「公・政経」・「物基・化基・生基・地学基から２」・物・化・生・地学・情Ⅰから１

[個別試験]　行わない。

共通テスト利用入試前期(４科目型)　**【日本文学文化学科・哲学科】** **4科目**　①**国**(日本文学文化200・哲100) ▶国　②**外**(100) ▶英(リスニング〈20〉を含む)・独・仏・中・韓から１　③④**地歴・公民・数・理・情**(100×2) ▶「歴総・世探」・「歴総・日探」・「地総・地探」・「地総・歴総・公から２」・「公・倫」・「公・政経」・数Ⅰ・「数Ⅰ・数Ａ」・「数Ⅱ・数Ｂ・数Ｃ」・「物基・化基・生基・地学基から２」・物・化・生・地学・情Ⅰから２教科２科目

[個別試験]　行わない。

【環境地理学科・ジャーナリズム学科】 **4科目**　①**国**(環境地理100・ジャーナリズム200) ▶国　②**外**(環境地理100・ジャーナリズム200) ▶英(リスニング〈環境地理20・ジャーナリズム40〉を含む)・独・仏・中・韓から１　③**地歴・公民**(100) ▶「歴総・世探」・「歴総・日探」・「地総・地探」・「地総・歴総・公から２」・「公・倫」・「公・政経」から１　④**数・理・情**(100) ▶数Ⅰ・「数Ⅰ・数Ａ」・「数Ⅱ・数Ｂ・数Ｃ」・「物基・化基・生基・地学基から２」・物・化・生・地学・情Ⅰから１

[個別試験]　行わない。

共通テスト利用入試前期(５科目型)　**【英語英米文学科】** **5科目**　①**外**(200) ▶英(リスニング〈100〉を含む)　②③④⑤**国・地歴・公民・数・理・情**(100×4) ▶国・「歴総・世探」・「歴総・日探」・「地総・地探」・「地総・歴総・公から２」・「公・倫」・「公・政経」・数Ⅰ・「数Ⅰ・数Ａ」・「数Ⅱ・数Ｂ・数Ｃ」・「物基・化基・生基・地学基から２」・物・化・生・地学・情Ⅰから４教科４科目

[個別試験]　行わない。

共通テスト利用入試後期　**【英語英米文学科】** **3科目**　①**外**(200) ▶英(リスニング〈100〉を含む)　②③**国・地歴・公民・数・理・情**(200×2) ▶国・「歴総・世探」・「歴総・日探」・「地総・

地探」・「地総・歴総・公から２」・「公・倫」・「公・政経」・ 数Ⅰ・「数Ⅰ・数Ａ」・「数Ⅱ・数Ｂ・数Ｃ」・「物基・化基・生基・地学基から２」・物・化・生・地学・情Ⅰから２教科２科目
[個別試験] 行わない。

人間科学部

スカラシップ入試・全国入試 **3科目** ①**国**(100) ▶国総(漢文を除く)・現文Ｂ ②**外**(100) ▶コミュ英Ⅰ・コミュ英Ⅱ・コミュ英Ⅲ・英表Ⅰ・英表Ⅱ ③**地歴・公民・数**(100) ▶世Ｂ・日Ｂ・地理Ｂ・政経・「数Ⅰ・数Ⅱ・数Ａ・数Ｂ(数列・ベク)」から１
一般選抜前期(学部個別入試Ａ方式・全学部入試)・後期 **3科目** ①**国**(100) ▶国総(漢文を除く)・現文Ｂ ②**外**(100) ▶コミュ英Ⅰ・コミュ英Ⅱ・コミュ英Ⅲ・英表Ⅰ・英表Ⅱ ③**地歴・公民・数**(100) ▶世Ｂ・日Ｂ・地理Ｂ・倫・政経・「数Ⅰ・数Ⅱ・数Ａ・数Ｂ(数列・ベク)」から１，ただし倫は社会学科のＡ方式のみ選択可
共通テスト利用入試前期(３科目型) **【心理学科】** **3科目** ①**外**(200) ▶英(リスニング〈40〉を含む)・独・仏・中・韓から１ ②**国・数**(150) ▶国(近代)・数Ⅰ・「数Ⅰ・数Ａ」・「数Ⅱ・数Ｂ・数Ｃ」から１ ③**地歴・公民・理**(150) ▶「歴総・世探」・「歴総・日探」・「地総・地探」・「地総・歴総・公から２」・「公・倫」・「公・政経」・「物基・化基・生基・地学基から２」・物・化・生・地学から１
[個別試験] 行わない。
【社会学科】 **3科目** ①**国**(200) ▶国(近代・古文) ②**外**(200) ▶英(リスニング〈40〉を含む)・独・仏・中・韓から１ ③**地歴・公民・数・理**(200) ▶「歴総・世探」・「歴総・日探」・「地総・地探」・「地総・歴総・公から２」・「公・倫」・「公・政経」・数Ⅰ・「数Ⅰ・数Ａ」・「数Ⅱ・数Ｂ・数Ｃ」・「物基・化基・生基・地学基から２」・物・化・生・地学から１
[個別試験] 行わない。
共通テスト利用入試前期(４科目型) **【心理学科】** **4科目** ①**国**(200) ▶国(近代) ②**外**(200) ▶英(リスニング〈40〉を含む)・独・仏・中・韓から１ ③④**地歴・公民・数・理**(200×2) ▶「歴総・世探」・「歴総・日探」・「地総・地探」・「地総・歴総・公から２」・「公・倫」・「公・政経」・ 数Ⅰ・「数Ⅰ・数Ａ」・「数Ⅱ・数Ｂ・数Ｃ」・「物基・化基・生基・地学基から２」・物・化・生・地学から２教科２科目
[個別試験] 行わない。
【社会学科】 **4科目** ①**国**(200) ▶国(近代・古文) ②**外**(200) ▶英(リスニング〈40〉を含む)・独・仏・中・韓から１ ③**数**(200) ▶数Ⅰ・「数Ⅰ・数Ａ」・「数Ⅱ・数Ｂ・数Ｃ」から１ ④**地歴・公民・理**(200) ▶「歴総・世探」・「歴総・日探」・「地総・地探」・「地総・歴総・公から２」・「公・倫」・「公・政経」・「物基・化基・生基・地学基から２」・物・化・生・地学から１
[個別試験] 行わない。

国際コミュニケーション学部

スカラシップ入試・全国入試 **3科目** ①**国**(100) ▶国総(漢文を除く)・現文Ｂ ②**外**(100) ▶コミュ英Ⅰ・コミュ英Ⅱ・コミュ英Ⅲ・英表Ⅰ・英表Ⅱ ③**地歴・公民・数**(100) ▶世Ｂ・日Ｂ・地理Ｂ・政経・「数Ⅰ・数Ⅱ・数Ａ・数Ｂ(数列・ベク)」から１
一般選抜前期〈学部個別入試(Ａ方式・Ｃ方式)・全学部入試〉・後期 **3科目** ①**国**(100) ▶国総(漢文を除く)・現文Ｂ ②**外**(100・Ｃ方式150) ▶コミュ英Ⅰ・コミュ英Ⅱ・コミュ英Ⅲ・英表Ⅰ・英表Ⅱ ③**地歴・公民・数**(100) ▶世Ｂ・日Ｂ・地理Ｂ・政経・「数Ⅰ・数Ⅱ・数Ａ・数Ｂ(数列・ベク)」から１
※学部個別入試Ｃ方式は異文化コミュニケーション学科のみ実施。
共通テスト利用入試前期(３科目型) **3科目** ①**国**(日本語200・異文化150) ▶国(異文化は近代のみ) ②**外**(200) ▶英(リスニング〈日本語40・異文化100〉を含む)・独・仏・中・韓から１ ③**地歴・公民・数・理**(100) ▶「歴総・世探」・「歴総・日探」・「地総・地探」・「地総・歴総・公から２」・「公・倫」・「公・政経」・数Ⅰ・「数Ⅰ・数Ａ」・「数Ⅱ・数Ｂ・数Ｃ」・「物基・化基・生基・地学基から２」・物・化・生・地学から１
[個別試験] 行わない。
総合型選抜(AO入試) **【異文化コミュニケーション学科】** **[出願資格]** 志望理由および入学後の学修における目標と計画が明確な１浪までの者など。
[選考方法] 書類審査(課題小論文を含む)通

過者を対象に，小論文（課題図書を用いた講義受講後），面接を行う。

ネットワーク情報学部

スカラシップ入試・全国入試 **3科目** ①国（100・全国60）▶国総（漢文を除く）・現文Ｂ，ただし全国入試は現文のみを判定に使用し，現文以外の問題は解答する必要はない ②**外**（100）▶コミュ英Ⅰ・コミュ英Ⅱ・コミュ英Ⅲ・英表Ⅰ・英表Ⅱ ③**数**（100）▶数Ⅰ・数Ⅱ・数Ａ・数Ｂ（数列・ベク）

一般選抜前期（学部個別入試Ａ方式・全学部入試）・後期（共通テスト併用） **〈共通テスト科目〉** **1科目** ①**数**▶数Ⅰ・数Ａ

※共通テストの数学の受験は必須とするが，合計点には含めず，基準点（2023年度入試では35点）以上を合格判定対象とする。

〈個別試験科目〉 **3科目** ①**国**（60）▶国総（漢文を除く）・現文Ｂ，ただし現文のみを判定に使用し，古文の問題は解答する必要はない ②**外**（100）▶コミュ英Ⅰ・コミュ英Ⅱ・コミュ英Ⅲ・英表Ⅰ・英表Ⅱ ③**地歴・公民・数**（100）▶世Ｂ・日Ｂ・地理Ｂ・政経・「数Ⅰ・数Ⅱ・数Ａ・数Ｂ（数列・ベク）」から１

一般選抜前期学部個別入試Ｆ方式 **2科目** ①**外**（100）▶コミュ英Ⅰ・コミュ英Ⅱ・コミュ英Ⅲ・英表Ⅰ・英表Ⅱ ②**数**（200）▶数Ⅰ・数Ⅱ・数Ⅲ・数Ａ・数Ｂ（数列・ベク）

一般選抜前期学部個別入試AS方式（共通テスト併用） **〈共通テスト科目〉** **1科目** ①**数**（100）▶数Ⅰ・数Ａ

〈個別試験科目〉 前期学部個別入試Ａ方式の３科目を判定に利用

共通テスト利用入試前期（数学基準型・数学得点型） **4科目** ①**外**（200）▶英（リスニング〈50〉を含む）・独・仏・中・韓から１ ②**数**（200）▶数Ⅰ・数Ａ ※数学基準型は得点を判定には使用せず，基準点以上を合格判定対象とする。基準点は，共通テストの「平均点－標準偏差」の値を参考にして決定する。 ③④**国・地歴・公民・数・理・情**（200×2）▶国（近代）・「歴総・世探」・「歴総・日探」・「地総・地探」・「地総・歴総・公から２」・「公・倫」・「公・政経」・「数Ⅱ・数Ｂ・数Ｃ」・「物基・化基・生基・地学基から２」・物・化・生・地学・情Ⅰから２，ただし地歴からは１科目以下，公民からは１科目以下とする

※理科から２科目選択可（基礎を付した科目と基礎を付さない科目間の同一名称を含む科目選択可）。

［個別試験］ 行わない。

共通テスト利用入試前期（数学重視型） **4科目** ①②**数**（100×2）▶「数Ⅰ・数Ａ」・「数Ⅱ・数Ｂ・数Ｃ」 ③④**国・外・理・情**（100×2）▶国（近代）・英（リスニングを含む）・「〈物基・化基・生基・地学基から２〉・物・化・生・地学から１」・情Ⅰから２ ※英語はリーディング150点・リスニング50点の合計200点を100点満点に圧縮。

［個別試験］ 行わない。

共通テスト利用入試後期（５科目型） **5科目** ①**数**（200）▶数Ⅰ・数Ａ ②③④⑤**国・外・地歴・公民・数・理・情**（200×4）▶国（近代）・「英（リスニング〈50〉を含む）・独・仏・中・韓から１」・「歴総・世探」・「歴総・日探」・「地総・地探」・「地総・歴総・公から２」・「公・倫」・「公・政経」・「数Ⅱ・数Ｂ・数Ｃ」・「物基・化基・生基・地学基から２」・物・化・生・地学・情Ⅰから４，ただし地歴からは１科目以下，公民からは１科目以下とする

※理科から２科目選択可（基礎を付した科目と基礎を付さない科目間の同一名称を含む科目選択可）。

※選択科目は上位２科目の得点を1.5倍して，必須の数学と合わせて1200点満点で判定する。

［個別試験］ 行わない。

共通テスト利用入試後期（情報必須型） **4科目** ①**数**▶数Ⅰ・数Ａ ※得点には使用せず，基準点以上を合格判定対象とする。基準点は，共通テストの「平均点－標準偏差」の値を参考にして決定する。②**情**（200）▶情Ⅰ ③④**国・外・地歴・公民・数・理**（150×2）▶国（近代）・「英（リスニングを含む）・独・仏・中・韓から１」・「歴総・世探」・「歴総・日探」・「地総・地探」・「地総・歴総・公から２」・「公・倫」・「公・政経」・「数Ⅱ・数Ｂ・数Ｃ」・「物基・化基・生基・地学基から２」・物・化・生・地学から２教科２科目，ただし理科から２科目選択可（基礎を付した科目と基礎を付さない科目間の同一名

称を含む科目選択可）
※英語はリーディング150点・リスニング50点の合計200点を150点満点に圧縮。
［個別試験］ 行わない。
総合型選抜（AO入試） **［出願資格］** ワークショップ参加型は，学部主催のワークショップに参加した経験を踏まえ，本学部での学びにつながる能力や資質を示すことができる者。自己アピール型は，学部での学びにつながる能力や経験，または基本情報技術者試験合格等の情報技術に関する技能を示すことができる者など。
［選考方法］ 書類審査（自己推薦動画，自己推薦内容説明書類を含む。いずれもWeb提出）通過者を対象に，記述式総合問題（実施後に解答内容に関する面接を行うことあり），面接を行う。

その他の選抜

学校推薦型選抜（経営学部・商学部全国商業高等学校長協会推薦入学試験，指定校制推薦入学試験，スポーツ推薦入学試験），帰国生入学試験，外国人留学生入学試験，学士入学試験。

偏差値データ （2024年度）

● 一般選抜

学部／学科／専攻	2024年度 駿台予備学校 合格目標ライン	河合塾 ボーダー得点率	河合塾 ボーダー偏差値	2023年度実績 募集人員	受験者数	合格者数	合格最低点	競争率 '23年	競争率 '22年
経済学部									
現代経済（学部個別A）	45	—	47.5	132	988	387	195.0/300	2.6	2.5
（学部個別AS）	47	79%	50		388	141	269.3/400	2.8	2.8
（全学部）	45	—	47.5		328	133	207.5/350	2.5	—
（学部個別B）	45	—	52.5		319	133	162.0/300	2.4	2.5
（スカラシップ2/1）	—	—	—	(100)	87	4	233.0/300	21.8	25.3
（全国2/1）	46	—	50	20	193	93	171.0/300	2.1	2.7
（後期）	—	—	—	5	112	45	163.0/300	2.5	3.7
生活環境経済（学部個別A）	43	—	45	135	868	453	174.0/300	1.9	2.0
（学部個別AS）	45	75%	45		342	170	251.0/400	2.0	2.3
（全学部）	43	—	45		292	147	189.0/350	2.0	—
（学部個別B）	44	—	47.5		402	203	153.0/300	2.0	2.1
（スカラシップ2/1）	—	—	—	(100)	77	0	233.0/300	—	—
（全国2/1）	44	—	45	20	193	86	167.0/300	2.2	2.4
（後期）	—	—	—	5	145	59	160.0/300	2.5	2.9
国際経済（学部個別A）	44	—	47.5	102	760	407	181.0/300	1.9	2.1
（学部個別AS）	46	68%	47.5		269	121	260.3/400	2.2	2.2
（学部個別C）	44	—	47.5		60	24	228.0/350	2.5	2.5
（全学部）	44	—	47.5		213	111	162.0/300	1.9	2.2
（スカラシップ2/1）	—	—	—	(100)	50	2	233.0/300	25.0	10.8
（全国2/1）	45	—	47.5	20	121	61	170.0/300	2.0	2.0
（後期）	—	—	—	5	137	56	171.0/300	2.4	2.5

学部／学科／専攻	2024年度			2023年度実績					
	駿台予備学校	河合塾		募集人員	受験者数	合格者数	合格最低点	競争率	
	合格目標ライン	ボーダー得点率	ボーダー偏差値					'23年	'22年
法学部									
法律(学部個別A)	**46**	—	**50**		1,387	482	207.0/300	2.9	3.2
(学部個別AS)	**48**	**79%**	**52.5**	166	575	187	286.5/400	3.1	3.3
(全学部)	**47**	—	**50**		501	176	182.0/300	2.8	3.3
(スカラシップ2/1)	—	—	—	(100)	170	8	233.0/300	21.3	25.3
(全国2/1)	**47**	—	**52.5**	40	267	133	183.0/300	2.0	2.7
(後期)	—	—	—	15	148	47	175.0/300	3.1	5.7
政治(学部個別A)	**45**	—	**50**		600	255	196.0/300	2.4	2.2
(学部個別AS)	**47**	**77%**	**52.5**	50	268	91	280.0/400	2.9	3.0
(全学部)	**45**	—	**47.5**		302	131	178.0/300	2.3	2.3
(スカラシップ2/1)	—	—	—	(100)	38	3	233.0/300	12.7	14.7
(全国2/1)	**46**	—	**55**	13	84	42	189.0/300	2.0	2.6
(後期)	—	—	—	5	103	38	170.0/300	2.7	3.3
経営学部									
経営(学部個別A)	**44**	—	**47.5**	90	1,075	393	188.0/300	2.7	2.5
経営(学部個別B)	**44**	—	**47.5**	—	—	—	—	新	—
(学部個別C)	**44**	—	**50**	45	124	44	221.0/350	2.8	2.4
(全学部)	**44**	—	**50**		434	160	173.0/300	2.7	2.5
(スカラシップ2/1)	—	—	—	(100)	89	2	233.0/300	44.5	22.8
(全国2/1)	**45**	—	**50**	20	214	106	172.0/300	2.0	2.5
(後期)	—	—	—	28	190	50	179.0/300	3.8	2.8
ビジネスデザイン(学部個別A)	**43**	—	**47.5**	45	537	200	190.0/300	2.7	2.3
(学部個別B)	**43**	—	**47.5**	—	—	—	—	新	—
(学部個別C)	**43**	—	**50**	25	71	28	211.0/350	2.5	2.1
(全学部)	**43**	—	**47.5**		262	97	171.0/300	2.7	2.1
(スカラシップ2/1)	—	—	—	(100)	27	1	233.0/300	27.0	—
(全国2/1)	**44**	—	**50**	10	78	33	164.0/300	2.4	2.8
(後期)	—	—	—	(28)	206	22	192.0/300	9.4	2.4
商学部									
マーケティング(学部個別A)	**44**	—	**52.5**		1,129	320	214.0/300	3.5	4.3
(学部個別AS)	**46**	**81%**	**50**		515	163	364.5/500	3.2	3.8
(学部個別B)	**44**	—	**52.5**	163	335	90	245.5/350	3.7	4.9
(全学部)	**44**	—	**50**		89	25	228.0/350	3.6	—
(学部個別C)	**44**	—	**52.5**		277	47	246.5/350	5.9	—
(学部個別D)	**44**	—	**52.5**		336	104	186.0/300	3.2	5.5
(スカラシップ2/1)	—	—	—	(100)	180	11	233.0/300	16.4	13.0
(全国2/1)	**45**	—	**50**	35	345	150	178.0/300	2.3	2.3
(後期)	—	—	—	10	108	23	180.0/300	4.7	9.3
会計(学部個別A)	**44**	—	**52.5**		443	150	198.0/300	3.0	4.7
(学部個別AS)	**47**	**84%**	**50**	82	206	69	352.0/500	3.0	3.9
(学部個別B)	**44**	—	**50**		145	49	228.5/350	3.0	5.4
(全学部)	**45**	—	**50**		32	10	213.5/350	3.2	—

学部／学科／専攻	2024年度 駿台予備学校 合格目標ライン	河合塾 ボーダー得点率	河合塾 ボーダー偏差値	2023年度実績 募集人員	受験者数	合格者数	合格最低点	競争率 '23年	競争率 '22年
(学部個別C)	45	—	50	82	116	28	236.0/350	4.1	—
(学部個別D)	45	—	50		147	47	177.0/300	3.1	5.3
(スカラシップ2/1)	—	—	—	(100)	78	1	233.0/300	78.0	38.0
(全国2/1)	45	—	50	(35)	142	65	175.0/300	2.2	2.8
(後期)	—	—	—	(10)	90	24	186.0/300	3.8	4.8
文学部									
日本文学文化(学部個別A)	45	—	50	68	357	123	195.0/300	2.9	2.8
(学部個別D)	45	—	52.5		288	100	272.0/400	2.9	2.9
(全学部)	45	—	50		231	82	178.0/300	2.8	2.8
(スカラシップ2/1)	—	—	—	(100)	57	2	233.0/300	28.5	19.0
(全国2/1)	46	—	52.5	10	101	45	183.0/300	2.2	2.6
(後期)	—	—	—	4	46	10	176.0/300	4.6	3.9
英語英米文(学部個別A)	45	—	45	88	287	184	166.0/300	1.6	2.0
(学部個別E)	47	78%	52.5		115	72	200.5/300	1.6	2.0
(全学部)	45	—	45		214	136	162.0/300	1.6	2.0
(スカラシップ2/1)	—	—	—	(100)	33	3	233.0/300	11.0	41.0
(全国2/1)	46	—	50	10	57	29	202.0/350	2.0	2.0
(後期)	—	—	—	7	35	17	152.0/300	2.1	3.7
哲(学部個別A)	45	—	47.5	33	247	134	185.0/300	1.8	2.3
(全学部)	44	—	50		175	88	163.0/300	2.0	2.2
(スカラシップ2/1)	—	—	—	(100)	28	1	233.0/300	28.0	20.0
(全国2/1)	45	—	50	10	56	26	159.0/300	2.2	2.4
(後期)	—	—	—	3	66	25	170.0/300	2.6	2.3
歴史(学部個別A)	46	—	45	81	435	254	174.0/300	1.7	2.2
(全学部)	46	—	50		282	166	164.0/300	1.7	2.2
(スカラシップ2/1)	—	—	—	(100)	47	3	233.0/300	15.7	57.0
(全国2/1)	47	—	50	14	90	45	181.0/300	2.0	2.5
(後期)	—	—	—	7	60	27	167.0/300	2.2	3.9
環境地理(学部個別A)	44	—	42.5	33	216	129	176.0/300	1.7	2.4
(全学部)	44	—	45		123	74	149.0/300	1.7	2.4
(スカラシップ2/1)	—	—	—	(100)	14	0	233.0/300	—	—
(全国2/1)	45	—	47.5	6	32	16	175.0/300	2.0	2.2
(後期)	—	—	—	2	45	18	154.0/300	2.5	5.4
ジャーナリズム(学部個別A)	45	—	47.5	45	210	133	172.0/300	1.6	3.0
(全学部)	45	—	47.5		96	60	154.0/300	1.6	2.6
(スカラシップ2/1)	—	—	—	(100)	29	5	233.0/300	5.8	8.0
(全国2/1)	46	—	52.5	15	62	30	170.0/300	2.1	2.5
(後期)	—	—	—	4	46	18	162.0/300	2.6	2.9
人間科学部									
心理(学部個別A)	45	—	55	45	469	75	210.0/300	6.3	4.0
(全学部)	45	—	55		384	65	206.0/300	5.9	3.9
(スカラシップ2/1)	—	—	—	(100)	95	4	233.0/300	23.8	11.7

学部／学科／専攻	2024年度			2023年度実績					
	駿台予備学校	河合塾		募集人員	受験者数	合格者数	合格最低点	競争率	
	合格目標ライン	ボーダー得点率	ボーダー偏差値					'23年	'22年
(全国2/1)	**46**	—	**55**	7	135	35	200.0/300	3.9	3.9
(後期)	—	—	—	2	61	7	195.0/300	8.7	10.6
社会(学部個別A)	**44**	—	**47.5**	91	722	333	194.0/300	2.2	2.1
(全学部)	**44**	—	**47.5**		248	109	169.0/300	2.3	2.0
(スカラシップ2/1)	—	—	—	(100)	76	7	233.0/300	10.9	11.6
(全国2/1)	**45**	—	**50**	15	152	76	177.0/300	2.0	2.4
(後期)	—	—	—	5	60	16	174.0/300	3.8	3.5
国際コミュニケーション学部									
日本語(学部個別A)	**42**	—	**47.5**	38	155	89	185.0/300	1.7	2.5
(全学部)	**42**	—	**47.5**		92	49	166.0/300	1.9	2.7
(スカラシップ2/1)	—	—	—	(100)	12	1	233.0/300	12.0	—
(全国2/1)	**43**	—	**52.5**	3	18	6	213.0/300	3.0	3.3
(後期)	—	—	—	5	23	9	161.0/300	2.6	3.1
異文化コミュニケーション(学部個別A)	**44**	—	**52.5**	76	712	241	213.0/300	3.0	3.4
(学部個別C)	**44**	—	**52.5**		98	36	245.0/350	2.7	2.9
(全学部)	**44**	—	**52.5**		304	95	191.0/300	3.2	3.8
(スカラシップ2/1)	—	—	—	(100)	126	10	233.0/300	12.6	11.4
(全国2/1)	**45**	—	**55**	10	173	64	198.0/300	2.7	3.3
(後期)	—	—	—	5	48	14	178.0/300	3.4	6.9
ネットワーク情報学部									
ネットワーク情報(学部個別A)	**42**	—	**47.5**	46	270	84	178.0/260	3.2	3.6
(学部個別AS)	**41**	**57%**	**50**		214	66	233.0/360	3.2	3.8
(学部個別F)	**40**	—	**45**		194	60	185.0/300	3.2	3.4
(全学部)	**42**	—	**47.5**		125	33	161.0/260	3.8	4.0
(スカラシップ2/1)	—	—	—	(100)	60	0	233.0/300	—	32.5
(全国2/1)	**42**	—	**47.5**	12	98	46	158.0/260	2.1	2.6
(後期)	—	—	—	3	53	10	148.0/260	5.3	5.6

- 駿台予備学校合格目標ラインは合格率80%に相当する駿台模試の偏差値です。
- 河合塾ボーダー得点率は合格可能性50%に相当する共通テストの得点率です。また，ボーダー偏差値は合格可能性50%に相当する河合塾全統模試の偏差値です。
- 競争率は受験者÷合格者の実質倍率

※スカラシップ入試は全学部・全学科とおして100名を募集。

大正大学（たいしょう）

資料請求

問合せ先 アドミッションセンター ☎03-3918-7311（代）

●巣鴨校舎……〒170-8470 東京都豊島区西巣鴨3-20-1

建学の精神

「智慧と慈悲の実践」を建学の理念に1926（大正15）年に開学し，2026年に100周年を迎える文系総合大学。「自らのためにだけでなく他人の利益になる」ことを大きな目標に掲げて修行する菩薩のように，一人ひとりが将来の夢を実現するために具体的な目標を置いて歩むことを薦めている。建学以来めざしているのは，社会や組織，地域・コミュニティにおける人間本来の幸せ（福祉）実現に貢献する人材の育成。近年は教育ビジョン「4つの人となる」を掲げ，「慈悲（生きとし生けるものに親愛のこころを持てる人となる）」・「自灯明（真実を探究し，自らを頼りとして生きられる人となる）」・「中道（とらわれない心を育て，正しい生き方ができる人となる）」・「共生（共に生き，ともに目標達成の努力ができる人となる）」を指針としている。

基本データ

学生数▶4,832名（男2,399名，女2,433名）
専任教員数▶教授81名，准教授39名，講師29名
設置学部▶地域創生，人間，臨床心理，表現，文，仏教
併設教育機関▶大学院―仏教学・人間学・文学（以上M・D）

就職・卒業後の進路

就職率 95.9%（就職者÷希望者×100）

●**就職支援**　就職後のミスマッチを防ぐとともに，“ワンランク上”の結果を出すことをめざして，3年次に「全員進路面談」を実施し，一人ひとりの志望と適性をしっかり把握した上でキャリア支援を展開。2・3年次が対象の「業界・企業研究会」は，就職活動の早い時期に，企業の採用担当者から直接話を聞ける貴重なチャンスとなっている。

●**資格取得支援**　公共政策学科では学科独自の公務員試験対策講座を開設しているほか，国内旅行業務取扱管理者やビオトープ管理士などの資格取得に向けた勉強会なども実施。社会福祉学科では国家試験合格をめざす学生のために，4年間の特別プログラムを用意。

進路指導者も必見 学生を伸ばす 面倒見

初年次教育
大学での学びの基盤となる幅広い知識・技術を，対話やプレゼンなどを通じて身につける「人間の探究」「自然の探究」「社会の探究」のほか，「データサイエンス」などを開講。共通教養科目全体で論理的思考力なども養っている

学修サポート
TA・SA制度，オフィスアワーを導入。さらに学修支援センターを設置し，チューター（学修支援専門職）と教員が協力して学修支援を行っている。またチューターが学生からの相談や質問に対応し，授業外でも学びをサポート

オープンキャンパス（2023年度実績） 6・7・8・9・12・3月に開催（事前参加予約）。学科ガイダンス，模擬授業，入試説明，入試アドバイザー個別相談，在学生トークイベント，キャンパスツアー，図書館自由見学など。

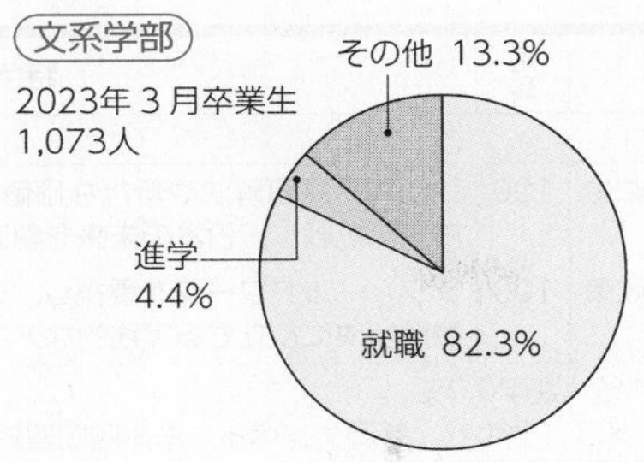

主なOB・OG▶［文］木津雅晟（埼玉県三郷市長），［文］安岡定二（光製作所社長），［文］深田晃司（映画監督），［文］吹石一恵（女優），［表現］浅利陽介（俳優），［表現］波木銅（小説家）など。

国際化・留学　大学間 10 大学・部局間 2 大学

受入れ留学生数▶13名（2023年５月１日現在）

留学生の出身国▶中国，韓国，ベトナム，ドイツなど。

外国人専任教員▶教授１名，准教授０名，講師０名（2023年５月１日現在）

外国人専任教員の出身国▶中国。

大学間交流協定▶10大学（交換留学先８大学，2023年９月１日現在）

部局間交流協定▶２大学（交換留学先２大学，2023年９月１日現在）

海外への留学生数▶渡航型18名・オンライン型６名／年（３カ国・地域，2022年度）

海外留学制度▶半年または１年間，姉妹校（協定校）で学ぶ協定留学は，期間中の本学授業料相当額を海外特別留学奨学金として支給。このほか，自ら選定した大学で学ぶ認定留学や任意留学，春季休暇中に２～３週間程度実施する海外文化・語学研修（ハワイ，ミュンヘン，韓国）を行っている。

学費・奨学金制度　給付型奨学金総額 年間約 456 万円

入学金▶200,000円

年間授業料（施設費等を除く）▶950,000円～（詳細は巻末資料参照）

年間奨学金総額▶4,555,000円

年間奨学金受給者数▶23人

主な奨学金制度▶奨学生チャレンジ入試の成績優秀者を対象にした「奨学生チャレンジ入試奨学金」，学内アカデミックコンテスト受賞者対象の「学術文化奨励金」，留学に関連した「藤井かよ奨学金」などの制度を設置。授業料減免型の2022年度実績は，129名を対象に総額で約3,154万円を減免している。

保護者向けインフォメーション

●**オープンキャンパス**　通常のオープンキャンパス時に保護者ガイダンスを実施している。

●**成績確認**　成績や取得単位数などの情報が，ポータルサイト上で閲覧することができる。

●**父母会総会**　毎年６月に「父母会総会・就職説明会・教育相談会」を同日に開催している。

●**就職活動ガイダンス**　２年生の保護者を対象に「就職活動ガイダンス」を３月に開催。

●**防災対策**　「防災への心構え」をHPに掲載。災害時の学生の安否は，ポータルサイトを利用して確認するようにしている。

インターンシップ科目	必修専門ゼミ	卒業論文	GPA制度の導入の有無および活用例	１年以内の退学率	標準年限での卒業率
人間学部と表現学部で開講	全学部で４年間を通して実施	全学部で卒業要件	奨学金や授業料免除対象者の選定基準，留学候補者の選考，退学勧告の基準，学生に対する個別の学修指導などに活用している	2.3%	85.7%

学部紹介

学部／学科	定員	特色
地域創生学部		
地域創生	100	▷地域の課題解決や新たな価値の創出に向けた理論の実践・応用に挑戦し，日本の未来を創造する"地域人"を育成する。
公共政策	100	▷フィールドワークを重視し，理論や知識を実社会の多様な問題解決に役立てる実践的なアプローチ方法を身につける。
● 進路状況…………就職92.1%　進学0.0% ● 主な就職先………ビックカメラ，ヤナセ，新潟ケンベイ，本州四国連絡高速道路，アパホテルなど。		
人間学部		
人間科	120	▷心理学，社会学，身体科学を横断する学びによって，現代社会に必要な複眼的視点を身につける。
社会福祉	65	▷現場実習やインターンシップなどで福祉支援の実践力を高め，「福祉マインド」を持った未来の福祉人材を育成する。
● 取得可能な資格…司書，学芸員，社会福祉士・精神保健福祉士受験資格など。 ● 進路状況…………就職91.1%　進学1.6% ● 主な就職先………ベネッセスタイルケア，ヨドバシカメラ，東建コーポレーション，埼玉県警など。		
臨床心理学部		
臨床心理	110	▷2024年度より，心理社会学部から名称変更。公認心理師の養成に対応したカリキュラムで，心の支援を多角的に学ぶ。
● 取得可能な資格…司書，学芸員など。 ● 進路状況…………就職71.0%　進学4.1%（旧心理社会学部実績） ● 主な就職先………ライフコーポレーション，イオンリテール，法務省など（旧心理社会学部実績）。		
表現学部		
表現文化 メディア表現	80 155	▶2024年度より，２学科５コース制に改組。表現文化学科はライフデザイン，クリエイティブライティング，情報文化デザインの３コース。メディア表現学科は放送・映像メディア，アート&エンターテインメントワークの２コース。
● 進路状況…………就職89.2%　進学1.6% ● 主な就職先………AOI TYO Holdings，クリーク・アンド・リバー社，富士通，大和ハウス工業など。		
文学部		
日本文	70	▷文学と言語の観点から日本を知り，世界に発信する力を養う。古典を人形劇で表現する課外活動にも参加可能。
人文	65	▷哲学・宗教文化，国際文化の２コース。国際文化コースは，情報発信を広げるツールとしての英語力の向上を重視。
歴史	160	▷日本史，東洋史，文化財・考古学の３コースを設置。
● 取得可能な資格…教職（国・地歴・公・社・書・英・宗），司書，司書教諭，学芸員など。 ● 進路状況…………就職85.9%　進学3.7% ● 主な就職先………そごう・西武，ノジマ，エイブル，木下工務店，富士ソフト，進研アドなど。		
仏教学部		
仏教	100	▷仏教学，仏教文化遺産，国際教養，宗学の４コース。国際教養コースでは，仏教や日本文化の魅力を発信する力を養う。
● 取得可能な資格…教職（公・社・宗），司書，司書教諭，学芸員など。 ● 進路状況…………就職62.1%　進学19.0% ● 主な就職先………シチズン・システムズ，ルートインジャパン，BXカネシン，SOMPOケアなど。		

キャンパスアクセス ［巣鴨校舎］ JR埼京線一板橋より徒歩10分／都営地下鉄三田線一西巣鴨より徒歩2分／都電荒川線一庚申塚・新庚申塚より徒歩7分／JR・東京メトロ各線，西武池袋線，東武東上線一池袋よりバス8分

▶キャンパス

全学部……［巣鴨校舎］東京都豊島区西巣鴨3-20-1

2024年度入試要項(前年度実績)

●募集人員

学部／学科		チャレンジ	一般前期	一般中期	一般後期
▶社会創生	地域創生	10	26	8	7
	公共政策	10	24	10	7
▶人間	人間科	10	42	10	7
	社会福祉	7	12	7	5
▶臨床心理	臨床心理	10	36	8	7
▶表現	表現文化	5	16	10	5
	メディア表現	15	47	12	10
▶文	日本文	8	15	7	4
	人文	8	12	7	4
	歴史	16	55	15	10
▶仏教	仏教	6	15	6	4

▷奨学生チャレンジ入試は，早期合格に加えて，奨学金にチャレンジできる入試。

▷一般選抜において，英語外部試験のスコアを利用し，試験科目「英語」の得点として換算すことができる制度を設置(ネット出願時に要登録)。なお，英語外部試験のスコアを利用した場合でも，一般選抜の英語試験を受験することが可能。その場合は，いずれか高得点のものを合否判定に採用する。利用できる英語外部試験は，英検(CSE2.0スコア。英検CBT，S-CBTを含む)，GTEC（４技能）CBTタイプ，IELTS（アカデミック・モジュール)，TEAP（４技能)のいずれか。

全学部

一般選抜(奨学生チャレンジ・前期・中期・後期)〈３科目方式〉 3科目 ①国(100)▶国総(近代・古典〈古文。漢文を除く〉) ②外(100)▶コミュ英Ⅰ・コミュ英Ⅱ・英表Ⅰ ③地歴・公民・数(100)▶世Ｂ・日Ｂ・政経・「数Ⅰ・数Ａ」から１

一般選抜(前期)〈４科目方式〉 4科目 ①国(100)▶国総(近代・古典〈古文。漢文を除く〉) ②外(100)▶コミュ英Ⅰ・コミュ英Ⅱ・英表Ⅰ ③数(100)▶数Ⅰ・数Ａ ④地歴・公民(100)▶世Ｂ・日Ｂ・政経から１

一般選抜(前期・中期・後期)〈２科目方式〉 2科目 ①国(100)▶国総(近代・古典〈古文。漢文を除く〉) ②外(100)▶コミュ英Ⅰ・コミュ英Ⅱ・英表Ⅰ

その他の選抜

共通テスト利用入試は地域創生学部26名，人間学部25名，臨床心理学部14名，表現学部39名，文学部42名，仏教学部９名を募集。ほかに高大接続入試，総合型選抜，自己推薦入試，地域戦略人材育成入試，宗門子弟特別入試，社会人入試，外国人留学生入試を実施。

偏差値データ(2024年度)

●一般選抜前期（３科目方式）

学部／学科	2024年度 駿台予備学校 合格目標偏差値	2024年度 河合塾 ボーダー偏差値	2023年度 競争率
▶地域創生学部			
地域創生	40	37.5	1.1
公共政策	40	37.5	1.2
▶人間学部			
人間科	40	42.5	2.2
社会福祉	40	37.5	1.5
▶臨床心理学部			
臨床心理	42	42.5	2.7
▶表現学部			
表現文化	41	42.5	2.6
メディア表現	41	42.5	(同上)
▶文学部			
日本文	42	42.5	1.9
人文	41	42.5	1.7
歴史	42	40	1.7
▶仏教学部			
仏教	38	37.5	1.0

- 駿台予備学校合格目標ラインは合格可能性80％に相当する駿台模試の偏差値です。
- 河合塾ボーダー偏差値は合格可能性50％に相当する河合塾全統模試の偏差値です。なお，3科目方式全日程の偏差値です。
- 競争率は受験者÷合格者の実質倍率

大東文化大学（だいとうぶんか）

資料請求

問合せ先 入学センター ☎03-5399-7800

建学の精神

「東西文化の融合をはかり，新たな文化の創造をめざす」を建学の精神に，1923（大正12）年に設立された大東文化学院が前身。新元号発表時の「平成」や「令和」を揮毫したのは本学の卒業生であり，その書道をはじめ，中国学，日本文学などの分野で，比類ない伝統と歴史を誇ってきた。今日では人文・社会科学全領域だけでなく，体育・保健衛生系の領域までカバーする総合大学へと発展。また，創設以来，中国やアジアに強い大学として認められてきたが，環太平洋さらには全世界に国際交流の輪を広げるなど，創設の理念「東西文化の融合」は脈々と受け継がれてきている。文化と向き合って100年。地域・領域・時代を超えた多彩な文化が交差し，出会う場で，今日も新しい価値が生まれている──その真ん中には，いつも，大東文化大学がいる。

- 東京板橋キャンパス……〒175-8571　東京都板橋区高島平1-9-1
- 埼玉東松山キャンパス…〒355-8501　埼玉県東松山市岩殿560

基本データ

学生数▶11,310名（男7,144名，女4,166名）
専任教員数▶教授207名，准教授95名，講師49名
設置学部▶文，経済，外国語，法，国際関係，経営，スポーツ・健康科，社会
併設教育機関▶大学院─文学・経済学・法学・外国語学・アジア地域・経営学（以上M・D），スポーツ・健康科学（M）

就職・卒業後の進路

就職率 **97.4%**（就職者÷希望者×100）

●就職支援　メインとなる「就職ガイダンス」や「就職筆記試験対策講座」，採用担当経験者による「面接トレーニング」，公務員試験対策などの各種講座のほか，「外見力UP講座」，約300社が学内に集まる「学内就職セミナー」など，さまざまなイベント・プログラムを通して支援。きめ細やかな個別相談は就職活動中はもちろん，１年次から相談可能。

●資格取得支援　秘書技能検定，日商簿記検定，宅地建物取引士，国内旅行業務取扱管理者，ITパスポートなど，さまざまな資格取得支援講座をダブルスクールで開講。教員志望

進路指導者も必見 学生を伸ばす 面倒見	初年次教育	学修サポート
	「基礎演習」「基礎ゼミナール」「フレッシュマンセミナー」「リサーチスキルズ」「日本語表現法」「小論文の書き方」「チュートリアル」「情報処理」「入門数理」「コンピュータ基礎」などの初年次教育を，各学部学科で実施	全学部でTA制度を導入しているほか，すべての専任教員がオフィスアワーを設定し，学生からの質問や相談に応じている

オープンキャンパス（2023年度実績）　東京板橋キャンパスで６月11日，埼玉東松山キャンパスで７月23日，８月11・12日に開催（完全予約制）。大学紹介，模擬授業，入試ナビ，キャンパスツアー，学生トークライブなど。

者には教職課程センターを設置し，教職セミナーを，両キャンパスでほぼ毎日実施。

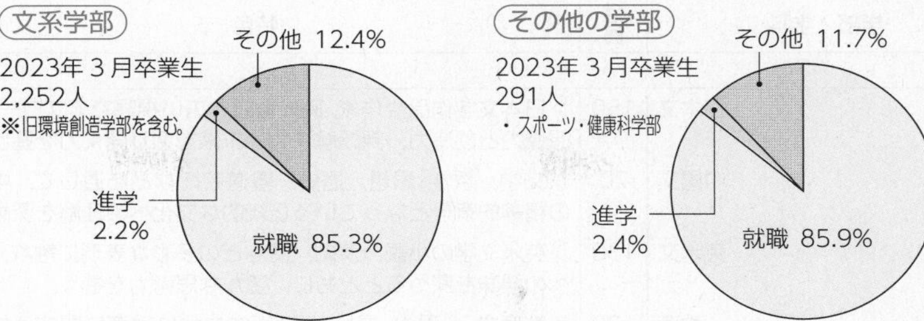

主なOB・OG▶［法］穂坂雅之（楽天カード社長），［経済］須藤茂（茨城県筑西市長），［経済］恒川光太郎（小説家），［文］中塚翠涛（書道家），［国際関係］新浜レオン（演歌歌手），［スポーツ］鈴木優花（陸上競技選手）など。

国際化・留学　大学間 109 大学等

受入れ留学生数▶336名（2023年５月１日現在）
留学生の出身国・地域▶中国，韓国，ベトナム，香港，トンガなど。
外国人専任教員▶教授12名，准教授６名，講師３名（2023年５月１日現在）
外国人専任教員の出身国▶中国，韓国，イギリス，オーストラリア，ニュージーランドなど。
大学間交流協定▶109大学・機関（2023年５月１日現在）
海外への留学生数▶渡航型169名／年（14カ国・地域，2022年度）
海外留学制度▶協定校留学や奨学金留学，留学先の授業料が減免になる減免留学，春・夏休みを利用する短期語学研修のほか，私費留学などの制度を用意。外国語学部中国語学科では，本学と中国の大学の２つの学士号を取得するダブルディグリープログラムも設置。

学費・奨学金制度　給付型奨学金総額 年間約 1 億 7,429 万円

入学金▶210,000円（看護250,000円）
年間授業料（施設費等を除く）▶713,000円～（詳細は巻末資料参照）
年間奨学金総額▶174,288,163円
年間奨学金受給者数▶331人
主な奨学金制度▶学業成績が特に優秀と認められる２年生以上の者を対象とする「温故知新報奨金」，経済的支援の「特別修学支援金」などの制度を設置。授業料が全額免除となる「桐門の翼奨学金」をはじめとする学費減免型奨学金の2022年度実績は，374人を対象に，総額で約8,969万円を減免している。

保護者向けインフォメーション

- **オープンキャンパス**　通常のオープンキャンパス時に保護者向けの説明会を実施している。
- **成績確認**　「DBポータル」上で閲覧可能。
- **青桐会**　学生の父母，保護者の会である「青桐会」があり，定期総会や全国各地区で支部総会を開催。会報誌『Arch』や『保護者のためのガイドブック』も発行している。
- **資格取得ガイダンス**　保護者も参加できる資格取得ガイダンスを４月に開催。
- **防災対策**　「防災対応マニュアル」を毎年度，新年度ガイダンスにて配布するほか，キャンパス内に常設。被災時の学生の安否は，ポータルサイトを利用して確認するようにしている。

インターンシップ科目	必修専門ゼミ	卒業論文	GPA制度の導入の有無および活用例	１年以内の退学率	標準年限での卒業率
外国語・国際関係・経営・社会で開講	文学部，外国語学部，国際関係学部，スポーツ・健康科学部，社会学部は１～４年次，経済学部と経営学部は１年次に実施	学部・学科による	一部の学部で奨学金や授業料免除対象者の選定基準などに活用	2.3%	86.8%

学部紹介

学部／学科	定員	特色
文学部		
日本文	150	▷日本文学作品や作家，時代背景へ広い視野でアプローチし，想像力と創造力，課題解決力，未来を切り開く力を養う。
中国文	70	▷文学，哲学・思想，歴史，書道芸術などを通して，中国人の精神的背景となっている伝統的な文化への理解を深める。
英米文	130	▷英米文学の小説，演劇，詩などの多彩な表現に触れ，人間への興味を深めるとともに，豊かな思考力を養う。
教育	120	▷教育学・心理学・福祉学・芸術学を柱に教育に関する知識と技術を体系的に学び，総合力のある教育のプロを養成する。
書道	60	▷歴史，理論，鑑賞法に精通する書学と，芸術表現を追求する書作を並行して学び，「書」に対する広い視野を養う。
歴史文化	100	▷東西文化，日本史，観光歴史学の３コース。グローバルな視点で歴史・文化を学び，社会に発信できる人材を育成する。
● **取得可能な資格**…教職（国・地歴・社・書・英，小一種，幼一種），司書，司書教諭，学芸員，保育士など。 ● **進路状況**…………就職83.8％　進学3.7％ ● **主な就職先**………小・中・高教員，地方公務員行政職，警察官，国家公務員，埼玉縣信用金庫など。		
経済学部		
社会経済	205	▷基礎的な経済理論に加え，社会経済諸思想，経済史などにも重点を置き，社会総体を懐深くとらえる視点を養う。
現代経済	165	▷日々変動する国内外の経済動向を，現代経済理論や数量データ分析の手法に基づいて考察する。
● **取得可能な資格**…教職（地歴・公・社），司書，司書教諭，学芸員。 ● **進路状況**…………就職85.4％　進学0.9％ ● **主な就職先**………地方公務員行政職，埼玉縣信用金庫，消防官，武蔵野銀行，JFEスチールなど。		
外国語学部		
中国語	70	▷社会（ビジネス），言語（通訳翻訳）の２コース。実践的な中国語の修得と，中国ビジネスシーンを見据えたスキルを磨く。
英語	230	▷英語，ヨーロッパ２言語の２コース。習得した高度な言語能力を幅広く活用するため，多彩な留学プログラムを提供。
日本語	60	▷主にアジアからの留学生とともに，外国語のように日本語を見つめ，その仕組み（音声，語彙，文法など）を探る。
● **取得可能な資格**…教職（国・英・中），司書，司書教諭，学芸員など。 ● **進路状況**…………就職81.1％　進学2.4％ ● **主な就職先**………地方公務員行政職，国家公務員，JALナビア，ロジスティードエクスプレスなど。		
法学部		
法律	225	▷少数精鋭のゼミを重視し，裁判の判決の読解や，研究成果の論文作成など，自由に学びを深められる環境を用意。
政治	150	▷政治学だけでなく，法学，経済学，社会学，情報などの科目も履修し，社会に貢献できる広い視野と教養を身につける。
● **取得可能な資格**…教職（地歴・公・社），司書，司書教諭，学芸員。 ● **進路状況**…………就職86.5％　進学2.0％ ● **主な就職先**………地方公務員行政職，警察官，消防官，国家公務員，三菱自動車工業，ニトリなど。		

キャンパスアクセス ［東京板橋キャンパス］ 都営地下鉄三田線一西台より徒歩９分／東武東上線一東武練馬よりスクールバス7分，成増よりバス15分／JR各線一赤羽よりバス20分

国際関係学部		
国際関係	100	▷アジア諸地域を中心とした世界を取り巻く諸課題を，政治・経済・社会といった社会科学の視点から考察する。
国際文化	100	▷アジア諸地域の伝統と多様性について学び，多文化共生社会に向けた課題を人文科学の視点から考察する。

● 取得可能な資格…司書，学芸員。 ● 進路状況…………就職87.7%　進学1.1%
● 主な就職先………地方公務員行政職，国家公務員，消防官，富士ソフト，テレビ朝日サービスなど。

経営学部		
経営	365	▷経営，会計，マーケティング，知識情報の４コース。ビジネス英語やコミュニケーションの強化講座も実施。

● 取得可能な資格…教職（商業），司書，司書教諭，学芸員。
● 進路状況…………就職88.4%　進学1.6%
● 主な就職先………地方公務員行政職，警察官，国家公務員，キヤノンシステムアンドサポートなど。

スポーツ・健康科学部		
スポーツ科	165	▷コーチングやティーチングに関わる専門教育科目を通じて「わかる」「できる」「教える」といった理解・実践力を養う。
健康科	100	▷臨床検査，健康マネジメント，理科の３コース。希望進路別の履修モデルを用意し，各分野のエキスパートを養成する。
看護	100	▷演習や実習プログラムを多く採り入れ，地域包括ケアシステム時代に活躍できる看護実践能力を養成する。

● 取得可能な資格…教職（理・保体，養護二種），看護師・保健師・臨床検査技師受験資格など。
● 進路状況…………就職85.9%　進学2.4%
● 主な就職先………公務員（看護師・臨床検査技師），小・中・高教員，地方公務員行政職，YKKなど。

社会学部		
社会	200	▷多文化と共生，都市と地域，メディアと情報の３コース。地域社会や国際社会で活躍できる人材を育成する。

● 取得可能な資格…司書，学芸員など。 ● 進路状況…就職88.2%　進学2.2%
● 主な就職先………地方公務員行政職，警察官，バンダイナムコエンターテインメント，伊藤園など。

▶キャンパス

文・経済・外国語・法・経営・社会３～４年次……［東京板橋キャンパス］東京都板橋区高島平1-9-1
国際関係・〈スポーツ・健康科〉，文・経済・外国語・法・経営・社会１～２年次……［埼玉東松山キャンパス］埼玉県東松山市岩殿560

2024年度入試要項（前年度実績）

●募集人員

学部／学科		一般3教科	全学部前期	全学部後期	共通前期	共通中期	共通後期
▶文	日本文	38	18	15	10	8	2
	中国文	8	5	4	5	3	2
	英米文	30	15	10	10	6	3
	教育	35	10	5	2	2	2
	書道	8	4	3	2	1	2
	歴史文化	23	12	8	3	3	3
▶経済	社会経済	72	12	10	15	9	5
	現代経済	65	10	5	11	8	5
▶外国語	中国語	12	10	3	5	2	2
	英語	30	20	10	10	5	5
	日本語	6	4	2	2	1	2
▶法	法律	100	15	5	20	5	5
	政治	35	10	10	25	10	10
▶国際関係	国際関係	17	12	5	12	5	5
	国際文化	17	12	5	12	5	5
▶経営	経営	125	35	20	15	15	10
▶スポーツ・健康科	スポーツ科	17	14	8	5	3	4
	健康科	13	9	4	10	5	5
	看護	13	7	2	8	7	5

キャンパスアクセス ［埼玉東松山キャンパス］東武東上線―高坂よりスクールバス7分／JR高崎線―鴻巣よりスクールバス40分／JR宇都宮線，東武伊勢崎線―久喜よりスクールバス60分

▶社会	社会	54	20	20	9	5	12

※上記のほか，全学部で一般選抜英語民間試験活用総合評価型を行い，全体で若干名を募集する。
※一般選抜３教科と全学部統一前期・後期は独自型試験と英語民間型試験を，共通テスト利用前期は科目型と英語民間型および基準点型を行い，募集人員は全型式の合計。
※社会学部の一般選抜の募集人員の内訳はＡ方式24名，Ｂ方式30名。

▷全学部学科において実施する一般選抜英語民間試験活用総合評価型は，指定された外部試験（英検，GTEC CBT・検定版〈４技能〉，IELTS，TEAP。英語学科はTEAP CBTも可）のCEFR A2レベル以上を受験資格とし，外部試験スコアと事前課題で選考する。
▷一般選抜３教科と全学部統一前期・後期および共通テスト利用前期は，指定された英語民間試験（英検〈従来型を含む全方式〉，GTEC CBT・検定版〈４技能〉，ケンブリッジ英検，TEAP〈４技能〉）のスコアを得点換算して利用することも可能。
▷共通テスト利用前期の基準点型（実施しない学科もあり）は，各学科の配点に基準点を設け，基準点以上を合格とする。

文学部

一般選抜３教科（独自型）【日本文学科・中国文学科】 ③科目 ①国（100）▶国総（日本文学科は近代・古文，中国文学科は近代と古文・漢文のいずれかを選択） ②外（100）▶コミュ英Ⅰ・コミュ英Ⅱ・コミュ英Ⅲ・英表Ⅰ・英表Ⅱ ③地歴・公民・数・芸術（100）▶世Ｂ・日Ｂ・地理Ｂ・政経・「数Ⅰ・数Ａ」・書道から１，ただし書道は２月５日・６日のみ選択可

【英米文学科・教育学科】 ③科目 ①国（100）▶国総（近代） ②外（英米文200・教育100）▶コミュ英Ⅰ・コミュ英Ⅱ・コミュ英Ⅲ・英表Ⅰ・英表Ⅱ ③地歴・公民・数・理（100）▶世Ｂ・日Ｂ・地理Ｂ・政経・「数Ⅰ・数Ａ」・化基・生基から１，ただし化基・生基は教育学科のみ選択可

【書道学科】 ③科目 ①国（100）▶国総（近代） ②外（100）▶コミュ英Ⅰ・コミュ英Ⅱ・コミュ英Ⅲ・英表Ⅰ・英表Ⅱ ③芸術（150）▶書道

【歴史文化学科】〈Ａ方式・Ｂ方式〉 ③科目 ①国（100）▶国総（近代・古文） ②外（100）▶コミュ英Ⅰ・コミュ英Ⅱ・コミュ英Ⅲ・英表Ⅰ・英表Ⅱ ③地歴・公民・数（A100・B200）▶世Ｂ・日Ｂ・地理Ｂ・政経・「数Ⅰ・数Ａ」から１，ただし数はＡ方式のみ選択可

一般選抜全学部統一前期（独自型）・後期（独自型） ②科目 ①国（100）▶国総（近代） ②外（英米文・歴史文化200，その他の学科100）▶コミュ英Ⅰ・コミュ英Ⅱ・コミュ英Ⅲ・英表Ⅰ・英表Ⅱ

一般選抜共通テスト利用前期・中期・後期

【日本文学科・中国文学科・書道学科・歴史文化学科】 ④〜③科目 ①国（200）▶国 ②外（200）▶英（リスニングを含む）・独・仏・中・韓から１ ※英語の配点は日本文学科と歴史文化学科はリーディング150点・リスニング50点，その他の学科は各100点とする。 ③④「地歴・公民」・数（３科目型200・４科目型400）▶「世Ａ・世Ｂ・日Ａ・日Ｂ・地理Ａ・地理Ｂ・現社・倫・政経・〈倫・政経〉から１」・「数Ⅰ・数Ａ」から３科目型は１，４科目型は２，ただし世Ａ・日Ａ・地理Ａは中国文学科のみ，倫は中国文学科と歴史文化学科のみ選択可

［個別試験］ 行わない。

※中国文学科のみ，中期と後期で３科目型と４科目型を実施。その他の学科は中期のみ４科目型も行う（他日程は３科目型のみ）。

【英米文学科】 ④〜③科目 ①国（200）▶国（近代） ②外（リーディング300・リスニング200）▶英（リスニングを含む） ③④「地歴・公民」・数（３科目型200・４科目型400）▶「世Ｂ・日Ｂ・地理Ｂ・現社・政経から１」・「数Ⅰ・数Ａ」から３科目型は１，４科目型は２

［個別試験］ 行わない。

※全日程で３科目型と４科目型を実施。

【教育学科】 ④〜③科目 ①国（200）▶国 ②外（200）▶英（リスニング〈100〉を含む）・独・仏・中・韓から１ ③④「地歴・公民」・「数・理」（３科目型200・４科目型400）▶「世Ａ・世Ｂ・日Ａ・日Ｂ・地理Ａ・地理Ｂ・現社・倫・政経・〈倫・政経〉から１」・「数Ⅰ・〈数Ⅰ・数Ａ〉・数Ⅱ・〈数Ⅱ・数Ｂ〉・簿・情・〈物基・化基・生基・地学基から２〉・物・化・生・地学から１」から３科目型は１，４科目型は２

［個別試験］行わない。
※前期は３科目型のみ，中期と後期は３科目型と４科目型を実施。

経済学部

一般選抜３教科（独自型）　3科目　①国（100）▶国総（近代）　②外（100）▶コミュ英Ⅰ・コミュ英Ⅱ・コミュ英Ⅲ・英表Ⅰ・英表Ⅱ　③**地歴・公民・数**（100）▶世Ｂ・日Ｂ・地理Ｂ・政経・「数Ⅰ・数Ａ」から１
一般選抜全学部統一前期（独自型）・後期（独自型）　2科目　①国（100）▶国総（近代）　②**外**（100）▶コミュ英Ⅰ・コミュ英Ⅱ・コミュ英Ⅲ・英表Ⅰ・英表Ⅱ
一般選抜共通テスト利用前期　3科目　①国（200）▶国（近代）　②**外**（200）▶英（リスニング〈100〉を含む）・独・仏・中・韓から１　③**地歴・公民・数**（200）▶世Ｂ・日Ｂ・地理Ｂ・現社・政経・「倫・政経」・「数Ⅰ・数Ａ」から１
［個別試験］行わない。
一般選抜共通テスト利用中期　2科目　①**国・外**（200）▶国（近代）・英（リスニング〈100〉を含む）・独・仏・中・韓から１　②**地歴・公民・数**（200）▶世Ｂ・日Ｂ・地理Ｂ・現社・政経・「倫・政経」・「数Ⅰ・数Ａ」から１
［個別試験］行わない。
一般選抜共通テスト利用後期　1科目　①**外・地歴・公民・数**（200）▶英（リスニング〈100〉を含む）・世Ｂ・日Ｂ・政経・「倫・政経」・「数Ⅰ・数Ａ」・「数Ⅱ・数Ｂ」から１，ただし社会経済学科は「数Ⅱ・数Ｂ」の選択不可，現代経済学科は世Ｂ・日Ｂの選択不可
［個別試験］行わない。

外国語学部

一般選抜３教科（独自型）　3科目　①国（中国語・英語100，日本語200）▶国総（近代）　②**外**（中国語・英語200，日本語100）▶コミュ英Ⅰ・コミュ英Ⅱ・コミュ英Ⅲ・英表Ⅰ・英表Ⅱ　③**地歴・公民・数**（100）▶世Ｂ・日Ｂ・地理Ｂ・政経・「数Ⅰ・数Ａ」から１
一般選抜全学部統一前期（独自型）・後期（独自型）　2科目　①国（中国語・英語100，日本語200）▶国総（近代）　②**外**（中国語・日本語100，英語200）▶コミュ英Ⅰ・コミュ英Ⅱ・コミュ英Ⅲ・英表Ⅰ・英表Ⅱ
一般選抜共通テスト利用前期・中期・後期
【中国語学科】〈２科目型〉　2科目　①国（200）▶国（近代）　②**外**（200）▶英（リスニングを含む）・独・仏・中・韓から１
［個別試験］行わない。
〈３科目型・４科目型〉　4〜3科目　①国（200）▶国（近代）　②**外**（200）▶英（リスニングを含む）・独・仏・中・韓から１　③④**「地歴・公民」・数**（３科目型200・４科目型400）▶「世Ａ・世Ｂ・日Ａ・日Ｂ・地理Ａ・地理Ｂ・現社・倫・政経・〈倫・政経〉から１」・「数Ⅰ・〈数Ⅰ・数Ａ〉から１」から３科目型は１，４科目型は２
［個別試験］行わない。
※すべての科目型において，英語の配点はリーディング150点，リスニング50点とする。
一般選抜共通テスト利用前期・中期【英語学科】　4〜3科目　①国（200）▶国（近代）　②**外**（リーディング250・リスニング250）▶英（リスニングを含む）　③④**「地歴・公民」・数**（３科目型200・４科目型400）▶「世Ｂ・日Ｂ・地理Ｂ・現社・政経・〈倫・政経〉から１」・「数Ⅰ・数Ａ」から３科目型は１，４科目型は２
［個別試験］行わない。
【日本語学科】　3科目　①国（200）▶国　②**外**（200）▶英（リスニング〈100〉を含む）・独・仏・中・韓から１　③**地歴・公民・数・理**（200）▶世Ａ・世Ｂ・日Ａ・日Ｂ・地理Ａ・地理Ｂ・現社・倫・政経・「倫・政経」・数Ⅰ・「数Ⅰ・数Ａ」・数Ⅱ・「数Ⅱ・数Ｂ」・簿・情・「物基・化基・生基・地学基から２」・物・化・生・地学から１
［個別試験］行わない。
一般選抜共通テスト利用後期　【英語学科】　1科目　①**外**（リーディング250・リスニング250）▶英（リスニングを含む）
［個別試験］行わない。
【日本語学科】〈１科目型〉　1科目　①国（200）▶国
［個別試験］行わない。
〈３科目型〉　前期・中期と同じ

法学部

一般選抜３教科（独自型）　3科目　①国（100）▶国総（近代）　②**外**（100）▶コミュ英Ⅰ・コミュ英Ⅱ・コミュ英Ⅲ・英表Ⅰ・英表Ⅱ

③**地歴・公民・数**(100)▶世Ｂ・日Ｂ・地理Ｂ・政経・「数Ⅰ・数Ａ」から１

一般選抜全学部統一前期(独自型)・後期(独自型) 2科目 ①**国**(100)▶国総(近代) ②**外**(100)▶コミュ英Ⅰ・コミュ英Ⅱ・コミュ英Ⅲ・英表Ⅰ・英表Ⅱ

一般選抜共通テスト利用前期 3科目 ①**国**(200)▶国(近代) ②**外**(200)▶英(リスニング〈100〉を含む)・独・仏・中・韓から１ ③**地歴・公民・数**(200)▶世Ｂ・日Ｂ・地理Ｂ・現社・倫・政経・「倫・政経」・「数Ⅰ・数Ａ」から１，ただし倫は政治学科のみ選択可

[個別試験] 行わない。

一般選抜共通テスト利用中期〈２科目型〉**【政治学科】** 2科目 ①**国・外**(200)▶国(近代)・英(リスニング〈100〉を含む)から１ ②**地歴・公民・数**(200)▶世Ｂ・日Ｂ・地理Ｂ・現社・倫・政経・「倫・政経」・「数Ⅰ・数Ａ」から１

[個別試験] 行わない。

〈３科目型〉 **【法律学科】** 前期と同じ

〈４科目型〉 4科目 ①**国**(200)▶国(近代) ②**外**(200)▶英(リスニング〈100〉を含む)・独・仏・中・韓から１ ③**数**(200)▶数Ⅰ・数Ａ ④**地歴・公民**(200)▶世Ｂ・日Ｂ・地理Ｂ・現社・倫・政経・「倫・政経」から１，ただし倫は政治学科のみ選択可

[個別試験] 行わない。

一般選抜共通テスト利用後期 **【法律学科】** 2科目 ①**外**(200)▶英(リスニング〈100〉を含む)・独・仏・中・韓から１ ②**国・地歴・公民・数**(200)▶国(近代)・世Ｂ・日Ｂ・地理Ｂ・現社・政経・「倫・政経」・「数Ⅰ・数Ａ」から１

[個別試験] 行わない。

【政治学科】 1科目 ①**国・外・地歴・公民・数**(200)▶国(近代)・英(リスニング〈100〉を含む)・世Ｂ・日Ｂ・地理Ｂ・現社・倫・政経・「倫・政経」・「数Ⅰ・数Ａ」から１

[個別試験] 行わない。

国際関係学部

一般選抜３教科(独自型) 3科目 ①**国**(100)▶国総(近代) ②**外**(100)▶コミュ英Ⅰ・コミュ英Ⅱ・コミュ英Ⅲ・英表Ⅰ・英表Ⅱ ③**地歴・公民・数**(100)▶世Ｂ・日Ｂ・地理Ｂ・政経・「数Ⅰ・数Ａ」から１

一般選抜全学部統一前期(独自型)・後期(独自型) 2科目 ①**国**(100)▶国総(近代) ②**外**(100)▶コミュ英Ⅰ・コミュ英Ⅱ・コミュ英Ⅲ・英表Ⅰ・英表Ⅱ

一般選抜共通テスト利用前期 3科目 ①**国**(200)▶国(近代) ②**外**(200)▶英(リスニング〈100〉を含む)・独・仏・中・韓から１ ③**地歴・公民・数**(200)▶世Ｂ・日Ｂ・地理Ｂ・現社・政経・「数Ⅰ・数Ａ」から１

[個別試験] 行わない。

一般選抜共通テスト利用中期 4～3科目 ①**国**(200)▶国(近代) ②**外**(200)▶英(リスニング〈100〉を含む)・独・仏・中・韓から１ ③④**「地歴・公民」・「数・理」**(３科目型200・４科目型400)▶「世Ｂ・日Ｂ・地理Ｂ・現社・政経から１」・「〈数Ⅰ・数Ａ〉・〈物基・化基・生基・地学基から２〉から１」から３科目型は１，４科目型は２，ただし理は４科目型のみ選択可

[個別試験] 行わない。

一般選抜共通テスト利用後期 3科目 ①②③**国・外・地歴・公民・数・理**(600)▶国(近代)・英(リスニング〈100〉を含む)・世Ｂ・日Ｂ・地理Ｂ・現社・政経・数Ⅰ・「数Ⅰ・数Ａ」・数Ⅱ・「数Ⅱ・数Ｂ」・「物基・化基・生基・地学基から２」・物・化・生・地学から３

[個別試験] 行わない。

経営学部

一般選抜３教科(独自型) 3科目 ①**国**(100)▶国総(近代) ②**外**(100)▶コミュ英Ⅰ・コミュ英Ⅱ・コミュ英Ⅲ・英表Ⅰ・英表Ⅱ ③**地歴・公民・数**(100)▶世Ｂ・日Ｂ・地理Ｂ・政経・「数Ⅰ・数Ａ」から１

一般選抜全学部統一前期(独自型)・後期(独自型) 2科目 ①**国**(100)▶国総(近代) ②**外**(100)▶コミュ英Ⅰ・コミュ英Ⅱ・コミュ英Ⅲ・英表Ⅰ・英表Ⅱ

一般選抜共通テスト利用前期・中期・後期 4～3科目 ①**国**(200)▶国(近代) ②**外**(200)▶英(リスニングを除く)・独・仏・中・韓から１ ③④**地歴・公民・数**(３科目型200・４科目型400)▶世Ｂ・日Ｂ・地理Ｂ・現社・政経・「数Ⅰ・数Ａ」・簿・情から３科目型は１，４科目型は２

[個別試験] 行わない。

※全日程で３科目型と４科目型を実施。

スポーツ・健康科学部

一般選抜３教科（独自型）　**【スポーツ科学科】**　**3**科目　①**国**（100）▶国総（近代）　②**外**（100）▶コミュ英Ⅰ・コミュ英Ⅱ・コミュ英Ⅲ・英表Ⅰ・英表Ⅱ　③**地歴・公民・数**（100）▶世Ｂ・日Ｂ・地理Ｂ・政経・「数Ⅰ・数Ａ」から１

【健康科学科・看護学科】〈Ａ方式〉　**3**科目　①**国**（100）▶国総（近代）　②**外**（100）▶コミュ英Ⅰ・コミュ英Ⅱ・コミュ英Ⅲ・英表Ⅰ・英表Ⅱ　③**数・理**（100）▶「数Ⅰ・数Ａ」・化基・生基から１

〈Ｂ方式〉　**3**科目　①**外**（100）▶コミュ英Ⅰ・コミュ英Ⅱ・コミュ英Ⅲ・英表Ⅰ・英表Ⅱ　②**数**（100）▶数Ⅰ・数Ａ　③**理**（100）▶化基・生基から１

一般選抜全学部統一前期（独自型）・後期（独自型）　**2**科目　①**国**（スポーツ・看護100，健康50）▶国総（近代）　②**外**（スポーツ・看護100，健康150）▶コミュ英Ⅰ・コミュ英Ⅱ・コミュ英Ⅲ・英表Ⅰ・英表Ⅱ

一般選抜共通テスト利用前期・中期・後期　**【スポーツ科学科】**　**4～3**科目　①**国**（200）▶国（近代）　②**外**（200）▶英（リスニング〈100〉を含む）・独・仏・中・韓から１　③④**「地歴・公民」・数**（３科目型200・４科目型400）▶「世Ｂ・日Ｂ・地理Ｂ・現社・政経から１」・「数Ⅰ・数Ａ」から３科目型は１，４科目型は２

［個別試験］　行わない。

※全日程で３科目型と４科目型を実施。

【健康科学科・看護学科】　**3～2**科目　①**外**（200）▶英（リスニング〈100〉を含む）　②③**数・理**（２科目型200・３科目型400）▶「数Ⅰ・〈数Ⅰ・数Ａ〉・数Ⅱ・〈数Ⅱ・数Ｂ〉から１」・「〈物基・化基・生基・地学基から２〉・物・化・生・地学から１」から２科目型は１，３科目型は２，ただし看護学科は地学基と地学の選択不可

［個別試験］　行わない。

社会学部

一般選抜３教科（独自型）〈Ａ方式・Ｂ方式〉　**3**科目　①**国**（100）▶国総（近代）　②**外**（A150・B100）▶コミュ英Ⅰ・コミュ英Ⅱ・コミュ英Ⅲ・英表Ⅰ・英表Ⅱ　③**地歴・公民・数**（100）▶世Ｂ・日Ｂ・地理Ｂ・政経・「数Ⅰ・数Ａ」から１

一般選抜全学部統一前期（独自型）・後期（独自型）　**2**科目　①**国**（100）▶国総（近代）　②**外**（120）▶コミュ英Ⅰ・コミュ英Ⅱ・コミュ英Ⅲ・英表Ⅰ・英表Ⅱ

一般選抜共通テスト利用前期・中期・後期　**4～3**科目　①**国**（200）▶国（近代）　②**外**（200）▶英（リスニングを含む）・独・仏・中・韓から１　※英語の配点はリーディング140点，リスニング60点とする。③④**「地歴・公民」・数**（３科目型200・４科目型400）▶「世Ｂ・日Ｂ・地理Ｂ・現社・政経・〈倫・政経〉から１」・「〈数Ⅰ・数Ａ〉・情から１」から３科目型は１，４科目型は２，ただし中期は倫・政経の選択不可

［個別試験］　行わない。

※前期は３科目型，中期は４科目型，後期は両方式を実施。

その他の選抜

学校推薦型選抜（公募制）は文学部71名，経済学部25名，外国語学部39名，法学部18名，国際関係学部10名，経営学部５名，スポーツ・健康科学部47名，社会学部18名を，総合型選抜（他大学併願可能型・専願型）は文学部72名，経済学部19名，外国語学部55名，法学部41名，国際関係学部16名，経営学部20名，スポーツ・健康科学部76名，社会学部20名を募集。ほかに桐門の翼奨学金試験，社会人特別選抜試験，外国人留学生自己推薦入試，外国人留学生入試を実施。

偏差値データ（2024年度）

●一般選抜（独自型）・一般選抜全学部統一（前期・後期独自型）

学部／学科	2024年度 駿台予備学校 合格目標ライン	2024年度 河合塾 ボーダー偏差値	2023年度実績 募集人員	受験者数	合格者数	合格最低点	競争率 '23年	競争率 '22年
文学部								
日本文（一般）	42	45	38	279	168	153/300	1.7	2.1
（全学部統一前期）	41	45	18	115	68	132/200	1.7	2.5
（全学部統一後期）	—		15	59	45	91/200	1.3	1.1
中国文（一般）	39	42.5	8	20	19	126/300	1.1	1.4
（全学部統一前期）	38	42.5	5	16	14	104/200	1.1	1.1
（全学部統一後期）	—		4	6	6	72/200	1.0	1.1
英米文（一般）	40	42.5	30	100	90	137/400	1.1	1.2
（全学部統一前期）	40	42.5	15	68	60	150/300	1.1	1.1
（全学部統一後期）	—		10	19	19	87/300	1.0	1.6
教育（一般）	42	42.5	43	206	150	137/300	1.4	1.6
（全学部統一前期）	42	42.5	11	72	47	118/200	1.5	2.3
（全学部統一後期）	—		7	22	21	83/200	1.0	1.2
書道（一般）	40	42.5	8	21	11	226.5/350	1.9	1.7
（全学部統一前期）	40	42.5	4	14	4	141/200	3.5	5.3
（全学部統一後期）	—		3	3	2	94/200	1.5	—
歴史文化（一般A）	41	45	23	142	88	176/300	1.6	1.7
（一般B）	42	47.5		134	74	233/400	1.8	2.0
（全学部統一前期）	40	45	12	89	55	195/300	1.6	1.7
（全学部統一後期）	—		8	23	8	158/300	2.9	1.8
経済学部								
社会経済（一般）	39	42.5	72	292	204	151/300	1.4	2.0
（全学部統一前期）	37	42.5	12	108	43	132/200	2.5	3.0
（全学部統一後期）	—		10	92	80	73/200	1.2	1.2
現代経済（一般）	39	42.5	65	400	160	183/300	2.5	1.9
（全学部統一前期）	38	42.5	10	135	72	130/200	1.9	2.9
（全学部統一後期）	—		5	103	93	74/200	1.1	1.1
外国語学部								
中国語（一般）	37	42.5	10	37	27	191/400	1.4	1.3
（全学部統一前期）	37	37.5	7	29	27	105/200	1.1	1.1
（全学部統一後期）	—		2	7	7	89/200	1.0	1.0
英語（一般）	42	40	30	166	130	173/400	1.3	1.2
（全学部統一前期）	41	40	20	115	104	139/300	1.1	1.0
（全学部統一後期）	—		10	28	23	133/300	1.2	1.1
日本語（一般）	40	42.5	6	20	18	207/400	1.1	1.1
（全学部統一前期）	39	40	4	26	25	140/300	1.0	1.3
（全学部統一後期）	—		2	8	8	135/300	1.0	1.0

学部／学科	2024年度 駿台予備学校 合格目標ライン	2024年度 河合塾 ボーダー偏差値	2023年度実績 募集人員	受験者数	合格者数	合格最低点	競争率 '23年	競争率 '22年
法学部								
法律(一般)	40	45	100	347	219	167/300	1.6	2.4
(全学部統一前期)	39	45	15	85	48	135/200	1.8	2.7
(全学部統一後期)	—	45	5	65	51	89/200	1.3	1.0
政治(一般)	40	40	35	166	138	142/300	1.2	1.5
(全学部統一前期)	38	42.5	10	54	53	83/200	1.0	2.0
(全学部統一後期)	—	42.5	10	46	45	72/200	1.0	1.1
国際関係学部								
国際関係(一般)	40	40	17	148	112	136/300	1.3	1.1
(全学部統一前期)	39	40	12	85	81	81/200	1.0	1.0
(全学部統一後期)	—	40	5	25	23	72/200	1.1	1.2
国際文化(一般)	38	42.5	17	65	55	121/300	1.2	1.4
(全学部統一前期)	38	42.5	12	51	45	109/200	1.1	1.1
(全学部統一後期)	—	42.5	5	20	19	78/200	1.1	1.1
経営学部								
経営(一般)	38	42.5	125	713	415	147/300	1.7	1.9
(全学部統一前期)	38	42.5	35	235	155	121/200	1.5	1.6
(全学部統一後期)	—	42.5	20	131	54	115/200	2.4	1.2
スポーツ・健康科学部								
スポーツ科(一般)	40	42.5	15	216	46	197/300	4.7	4.1
(全学部統一前期)	39	42.5	13	97	47	123/200	2.1	1.8
(全学部統一後期)	—	42.5	5	65	16	120/200	4.1	1.1
健康科(一般A)	38	37.5	13	39	26	131/300	1.5	1.6
(一般B)	37	37.5	13	39	27	131/300	1.4	1.4
(全学部統一前期)	38	40	9	40	37	79/200	1.1	1.1
(全学部統一後期)	—	40	4	29	27	65/200	1.1	1.0
看護(一般A)	39	40	13	82	29	157/300	2.8	1.7
(一般B)	38	40	13	15	8	181/300	1.9	1.6
(全学部統一前期)	39	40	7	47	30	101/200	1.6	1.0
(全学部統一後期)	—	40	2	14	7	103/200	2.0	1.0
社会学部								
社会(一般A)	38	47.5	24	86	51	215.5/350	1.7	2.2
(一般B)	39	47.5	30	206	106	188/300	1.9	2.3
(全学部統一前期)	38	45	20	158	98	140.8/220	1.6	1.8
(全学部統一後期)	—	45	20	56	42	102.4/220	1.3	1.5

●駿台予備学校合格目標ラインは合格可能性80%に相当する駿台模試の偏差値です。　●競争率は受験者÷合格者の実質倍率
●河合塾ボーダー偏差値は合格可能性50%に相当する河合塾全統模試の偏差値です。

拓殖(たくしょく)大学

資料請求

問合せ先 入学課 ☎03-3947-7159

建学の精神

「積極進取の気概とあらゆる民族から敬慕されるに値する教養と品格を具えた有為の人材の育成」を建学の理念に1900（明治33）年，日清戦争での勝利により，日本の領土となっていた台湾の地で，地域に根ざした開発に従事する人材の育成を目的とした「台湾協会学校」として創立。日本の国際化を見通したこの志は，拓殖大学のDNAとして受け継がれ，国際大学のパイオニアとして，「国際性」「専門性」「人間性」をキーワードに，国際的視野とタフな人間力を備えた「拓殖人材」を育成する大学改革「教育ルネサンス2030」が進行中。グローバル人材を育成する国際教育，専門性を高める実践教育やゼミナール教育，地域連携，そして人間力を高めるプロジェクトなど，“世界を，未来を，拓き続ける”拓殖人材を育成する環境が着々と整備されている。

- 文京キャンパス…………〒112-8585　東京都文京区小日向3-4-14
- 八王子国際キャンパス…〒193-0985　東京都八王子市館町815-1

基本データ

学生数▶9,011名（男6,246名，女2,765名）
専任教員数▶教授154名，准教授67名，助教14名
設置学部▶商，政経，外国語，国際，工

併設教育機関▶大学院―経済学・商学・工学・言語教育・国際協力学（以上M・D），地方政治行政（M）　短期大学（P.475参照）

就職・卒業後の進路

就職率 **96.6**%
就職者÷希望者×100

●**就職支援**　就職課では，就職活動を控えた3年生を対象に，社会人としての心構えを体得し，「就職力」を徹底的に強化する独自のプログラム「就職合宿セミナー」をはじめとするセミナーや講座などの支援プログラムを年間約70種類実施し，学生一人ひとりが納得できる就職の実現を支えている。

●**資格取得支援**　宅建，国内旅行・総合旅行業務取扱管理者，貿易実務検定C級，3級FP技能検定，ITパスポートなどの資格取得講座を豊富にラインナップ。学内で講座を行うため，経済的かつ効率的に学ぶことができる。

進路指導者も必見 学生を伸ばす 面倒見

初年次教育
「歴史の中の拓殖大学」「アカデミック・スキル」「スタディスキル」「レポートの書き方・文章表現の基礎」「プレゼンテーションと交渉・口頭表現の技法」「情報リテラシー」「情報スキル」「コンピュータ演習」など豊富な科目を用意

学修サポート
オフィスアワー制度のほか，商・政経・国際・工の4学部でTA制度，政経・国際・工の3学部でSA制度を導入。また，文京Cで日本語や簿記会計の指導を行う学習支援室，八王子国際Cに工学部学習支援センターを設置

オープンキャンパス（2023年度実績）　文京Cで6月18日，8月26・27日，八王子国際Cで8月5・6日に実施。3月には文京Cで春のオープンキャンパスも開催(いずれも全学部対象。要予約)。外国人留学生も参加大歓迎。

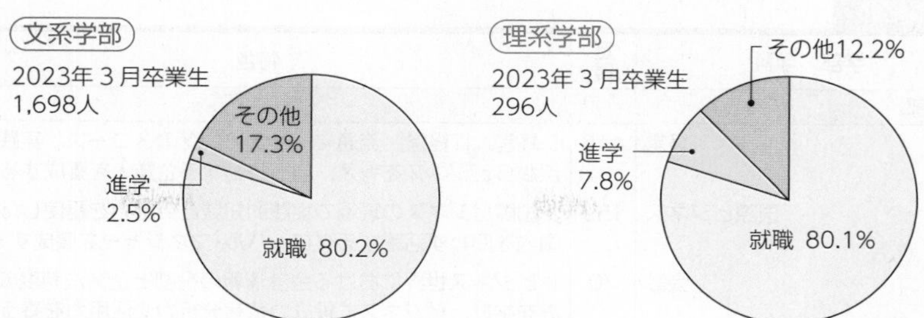

主なOB・OG ▶［政経］鈴木宗男・舩後靖彦・小野田紀美（参議院議員），［政経］鴨田秋津（京都府舞鶴市長），［政経］具智元（ラグビー選手），［商］綾小路きみまろ（漫談家），［商］保志忠郊（第一興商社長）など。

国際化・留学 大学間 49 大学等・部局間 3 大学

受入れ留学生数 ▶ 1,148名（2023年５月１日現在）

留学生の出身国・地域 ▶ 中国，ベトナム，韓国，マレーシア，台湾など。

外国人専任教員 ▶ 教授５名，准教授４名，助教０名（2023年５月１日現在）

外国人専任教員の出身国・地域 ▶ 中国，メキシコ，台湾，韓国，ロシアなど。

大学間交流協定 ▶ 49大学・機関（交換留学先15大学，2023年９月１日現在）

部局間交流協定 ▶ ３大学（2023年９月１日現在）

海外への留学生数 ▶ 渡航型108名・オンライン型22名／年（11カ国・地域，2022年度）

海外留学制度 ▶「拓殖大学海外留学プログラム（TUSAP）」の制度には，交換留学，長期研修，短期研修や個人で留学するプログラムもあり，毎年多数の学生が海外体験を行っている。留学前の事前サポートはもちろん，留学中も安心して過ごせる体制も整備。

学費・奨学金制度 給付型奨学金総額 年間約 7,291 万円

入学金 ▶ 200,000円

年間授業料（施設費等を除く）▶ 792,000円～（詳細は巻末資料参照）

年間奨学金総額 ▶ 72,909,262円

年間奨学金受給者数 ▶ 519人

主な奨学金制度 ▶ 各学部の２～４年次生を対象にした奨学生制度のほか，「拓殖大学学習奨励金・学友会学習奨励金」を設置。留学に関する奨学金制度も充実している。なお，授業料減免奨学金制度は私費外国人留学生が対象。

保護者向けインフォメーション

● **成績確認** 学業成績表を郵送している。授業への出席状況は，問い合わせがあった場合に，各担当教員から確認し情報提供をする。

● **懇談会** ６月から10月にかけて，毎年約10会場で「学生生活懇談会」（大学現況，学生生活，就職支援等を説明）を実施（概ね３年間で全都道府県が包含できるように企画・運営）。

● **広報誌等** Webで閲覧することもできる学報『TACT』や『保護者のための就職支援ガイドブック』『就職NEWS』を制作している。

● **防災対策** 「防災マニュアル」を入学時に配布（キャンパス内にも常設）。被災時の学生の安否はメールを利用して確認するようにしている。

インターンシップ科目	必修専門ゼミ	卒業論文	GPA制度の導入の有無および活用例	１年以内の退学率	標準年限での卒業率
開講していない	外国語学部で３・４年次，工学部で４年次に実施	工学部および中国語学科と国際日本語学科は卒業要件	奨学金対象者選定，大学院入試選抜，留学候補者選考，退学勧告，個別の学修指導のほか，一部の学部で履修上限単位数の設定に活用	2.1%	86.8%

学部紹介

学部／学科	定員	特色
商学部		
経営	416	▷経営，IT経営，流通マーケティングの３コース。実践的視点からビジネスを考え，自ら行動する企業人を養成する。
国際ビジネス	159	▷国際ビジネスの現場で実践的知識と英語力を駆使し，海外・国内を問わず活躍するグローバル・マネジャーを養成する。
会計	70	▷ビジネス世界における会計情報の役割と企業法制度の仕組みを学び，ビジネスに役立つ情報分析力や活用力を養う。
● 取得可能な資格…教職（地歴・公・社・情・商業）。 ● 進路状況…………就職82.6％ 進学1.9％ ● 主な就職先………東京商工リサーチ，リクルート，三井ダイレクト損害保険，船井総合研究所など。		
政経学部		
法律政治	230	▷「法律」と「政治」の両面から，より良い社会の実現をめざし，さまざまな課題と向き合い，解決する力を養う。
経済	473	▷「豊かな社会」を構想する力を養い，これからの日本と世界の経済発展と安定に貢献できる人材を育成する。
● 取得可能な資格…教職（地歴・公・社）。 ● 進路状況…………就職78.3％ 進学3.5％ ● 主な就職先………特許庁，東京税関，東京都庁，警視庁，埼玉県教育委員会，大和ハウス工業など。		
外国語学部		
英米語	130	▷英語学・英語教育，英語コミュニケーション，通訳・翻訳・地域研究の３コース。TOEIC500点が３年次への進級要件。
中国語	50	▷中国語コミュニケーション，中国語ビジネスの２コース。ネイティブ教員による授業や留学で，実践的な中国語を修得。
スペイン語	50	▷スペイン語コミュニケーション，スペイン語圏文化の２コース。ネイティブ教員から学ぶ「体験型」授業も魅力。
国際日本語	50	▷日本語・日本文化の魅力や価値をグローバル視点でとらえ直し，世界へと発信できる人材を育成する。
● 取得可能な資格…教職（国・英・中・イスパニア）。 ● 進路状況…………就職80.9％ 進学1.7％ ● 主な就職先………東日本旅客鉄道，JALスカイ，日本アイ・ビー・エム，KOA，星野リゾートなど。		
国際学部		
国際	350	▷国際協力，国際経済，国際政治，国際文化，国際観光，農業総合の６コース。主にアジア・アフリカ・中南米の国々から世界を学び，社会に貢献できる真の国際人を育成する。
● 取得可能な資格…教職（地歴・公・社）。 ● 進路状況…………就職79.0％ 進学1.8％ ● 主な就職先………トヨタ自動車，日本無線，東日本電信電話，ANAエアポートサービス，セガなど。		
工学部		
		▶２年次後期から最長２年間アメリカに留学し，世界で活躍できるエンジニアを養成する「国際コース」を設置。
機械システム工	80	▷チームワークによる「ものづくり」の感動体験を得ながら，機械の制御，設計，解析などの専門技術を修得する。
電子システム工	80	▷「ソフト×ハード」の両面から最先端の知識・技術を修得し，未来を電気で切り拓く人材を育成する。
情報工	105	▷コンピュータの基礎から高度なプログラミングまで，情報社会をさらに進化させるIT業界のリーダーを育成する。

キャンパスアクセス ［文京キャンパス］ 東京メトロ丸ノ内線一茗荷谷より徒歩3分／東京メトロ有楽町線一護国寺より徒歩12分

デザイン	80	▷工学的な視点や技術を取り入れた多彩なデザイン力を身につけ，人々の暮らしをより豊かにできるプロを育成する。

●**取得可能な資格**…教職（技・情・工業）など。 ●**進路状況**…………就職80.1％ 進学7.8％
●**主な就職先**………国土交通省，三菱電機ビルソリューションズ，東京電力ホールディングスなど。

▶キャンパス

商・政経……［文京キャンパス］ 東京都文京区小日向3-4-14
外国語・国際・工……［八王子国際キャンパス］ 東京都八王子市館町815-1

2024年度入試要項（前年度実績）

●募集人員

学部／学科		全学部統一	2月前期	2月後期全学部統一	3月	共通前期2教科型	共通前期3教科型	共通前期4教科型	共通後期	総合型Ⅰ期	総合型Ⅱ期
▶商	経営	55	140	10	若干名	10	25	5	若干名	20	15
	国際ビジネス	20	45	5	若干名	5	10	若干名	若干名	10	10
	会計	10	25	若干名	若干名	5	5	若干名	若干名	5	5
▶政経	法律政治	20	100	5	若干名	5	10	5	若干名	15	10
	経済	40	200	10	若干名	10	25	5	若干名	20	10
▶外国語	英米語	40	40	5	若干名	8	7	若干名	若干名	20	10
	中国語	10	15	4	若干名	3	3	若干名	若干名	10	5
	スペイン語	10	15	4	若干名	3	3	若干名	若干名	10	5
	国際日本語	7	8	若干名	若干名	3	3	若干名	若干名	6	3
▶国際	国際	45	115	10	若干名	12	8	若干名	若干名	20	10
▶工	機械システム工	12	30	5	若干名	5	5	3	若干名	4	3
	電子システム工	12	30	5	若干名	5	5	3	若干名	4	3
	情報工	17	40	6	若干名	5	5	5	若干名	4	3
	デザイン	12	30	5	若干名	5	5	3	若干名	4	3

※工学部の国際コースは２月前期・２月後期・共通テスト利用・総合型の各選抜で募集を行い，各学科若干名を募集する。
※２月前期選抜はA・B・C日程を実施。

▷一般選抜と共通テスト利用選抜において，指定された英語外部試験の取得スコアに応じて「みなし得点」に換算して判定を行う英語外部試験スコア利用選抜を実施。ただし，スコアを利用した場合でも，本学および共通テストの英語科目を受験することができ，その場合は，どちらか高得点のものを採用する。
▷共通テストの英語は素点200点を100点に換算。ただし，外国語学部英米語学科の共通テスト利用選抜２・３教科型と工学部国際コースは素点。

商学部

全学部統一全国選抜・全学部統一２月後期選抜・３月選抜 **②科目** ①国（100）▶国総（現文） ②**外**（100）▶コミュ英Ⅰ・コミュ英Ⅱ・コミュ英Ⅲ・英表Ⅰ・英表Ⅱ
２月前期選抜（A・B・C日程） **③科目** ①国（100）▶国総（現文） ②**外**（100）▶コミュ英Ⅰ・コミュ英Ⅱ・コミュ英Ⅲ・英表Ⅰ・英表Ⅱ ③**地歴・公民・数**（100）▶世B・日B・政経・「数Ⅰ・数A」から１
共通テスト利用選抜前期（２教科型・３教科

型）・後期（３教科型） 3〜2科目 ①②③**国・外・「地歴・公民」・数**（２教科型100×2・３教科型100×3）▶国（近代）・英（リスニングを含む）・「世Ｂ・日Ｂ・地理Ｂ・現社・倫・政経・〈倫・政経〉から１」・「〈数Ⅰ・数Ａ〉・〈数Ⅱ・数Ｂ〉・簿・情から１」から２教科型は外を含む２，３教科型は国・外を含む３

[個別試験] 行わない。

共通テスト利用選抜前期（４教科型） 4科目 ①**国**（100）▶国（近代） ②**外**（100）▶英（リスニングを含む） ③**地歴・公民**（100）▶世Ｂ・日Ｂ・地理Ｂ・現社・倫・政経・「倫・政経」から１ ④**数**（100）▶「数Ⅰ・数Ａ」・「数Ⅱ・数Ｂ」から１

[個別試験] 行わない。

総合型選抜Ⅰ期（プレゼン重視型）・Ⅱ期（自己推薦型） **[出願資格]** Ⅱ期は現役。

[選考方法] 書類審査のほか，Ⅰ期は基礎学力検査（国語・英語），プレゼンテーション・面接。Ⅱ期は基礎国語，口頭試問。

政経学部

全学部統一全国選抜・全学部統一２月後期選抜・３月選抜 2科目 ①**国**（100）▶国総（現文） ②**外**（100）▶コミュ英Ⅰ・コミュ英Ⅱ・コミュ英Ⅲ・英表Ⅰ・英表Ⅱ

２月前期選抜（Ａ・Ｂ・Ｃ日程） 3科目 ①**国**（100）▶国総（現文） ②**外**（100）▶コミュ英Ⅰ・コミュ英Ⅱ・コミュ英Ⅲ・英表Ⅰ・英表Ⅱ ③**地歴・公民・数**（100）▶世Ｂ・日Ｂ・政経・「数Ⅰ・数Ａ」から１

共通テスト利用選抜前期（２教科型・３教科型）・後期（３教科型） 3〜2科目 ①②③**国・外・「地歴・公民」・数**（２教科型100×2・３教科型100×3）▶国（近代）・「英（リスニングを含む）・独・仏・中・韓から１」・「世Ｂ・日Ｂ・地理Ｂ・現社・倫・政経・〈倫・政経〉から１」・「〈数Ⅰ・数Ａ〉・〈数Ⅱ・数Ｂ〉・情から１」から２教科型は外を含む２，３教科型は国・外を含む３

[個別試験] 行わない。

共通テスト利用選抜前期（４教科型） 4科目 ①**国**（100）▶国（近代） ②**外**（100）▶英（リスニングを含む） ③**地歴・公民**（100）▶世Ｂ・日Ｂ・地理Ｂ・現社・倫・政経・「倫・政経」から１ ④**数**（100）▶「数Ⅰ・数Ａ」・「数Ⅱ・数Ｂ」から１

[個別試験] 行わない。

総合型選抜Ⅰ期（プレゼン重視型）・Ⅱ期（自己推薦型） **[出願資格]** Ⅱ期は現役。

[選考方法] 書類審査のほか，Ⅰ期は基礎学力検査（国語・英語），プレゼンテーション・面接。Ⅱ期は基礎国語，口頭試問。

外国語学部

全学部統一全国選抜・全学部統一２月後期選抜・３月選抜 2科目 ①**国**（英米語・スペイン語100，中国語・国際日本語200）▶国総（現文） ②**外**（英米語・スペイン語200，中国語・国際日本語100）▶コミュ英Ⅰ・コミュ英Ⅱ・コミュ英Ⅲ・英表Ⅰ・英表Ⅱ

２月前期選抜（Ａ・Ｂ・Ｃ日程） 3科目 ①**国**（英米語・スペイン語100，中国語・国際日本語200）▶国総（現文） ②**外**（英米語・スペイン語200，中国語・国際日本語100）▶コミュ英Ⅰ・コミュ英Ⅱ・コミュ英Ⅲ・英表Ⅰ・英表Ⅱ ③**地歴・公民・数**（100）▶世Ｂ・日Ｂ・政経・「数Ⅰ・数Ａ」から１

共通テスト利用選抜前期（２教科型・３教科型）・後期（３教科型） **【英米語学科・中国語学科・スペイン語学科】** 3〜2科目 ①②③**国・外・「地歴・公民」・数**（２教科型〈英米語（外200・その他の科目100），中国語・スペイン語100×2〉・３教科型〈英米語（外200・その他の科目100×2），中国語・スペイン語（国200・その他の科目100×2）〉）▶国（近代）・「英（リスニングを含む）・中から１，ただし中は中国語学科とスペイン語学科のみ選択可」・「世Ｂ・日Ｂ・地理Ｂ・現社・倫・政経・〈倫・政経〉から１」・「〈数Ⅰ・数Ａ〉・〈数Ⅱ・数Ｂ〉から１」から２教科型は外を含む２，３教科型は国・外を含む３

[個別試験] 行わない。

【国際日本語学科】 3〜2科目 ①②③**国・外・「地歴・公民」・数**（２教科型100×2・３教科型〈国200・その他の科目100×2〉）▶国（近代）・「英（リスニングを含む）・中から１，ただし中は２教科型と後期３教科型のみ選択可」・「世Ｂ・日Ｂ・地理Ｂ・現社・倫・政経・〈倫・政経〉から１，ただし２教科型は世Ｂ・日Ｂ・地理Ｂ・現社の選択不可」・「〈数Ⅰ・数Ａ〉・〈数

Ⅱ・数Ｂ〉から１」から２教科型は国を含む２，３教科型は国・外を含む３
[個別試験] 行わない。
共通テスト利用選抜前期（４教科型） **4科目** ①**国**（100）▶国（近代） ②**外**（100）▶英（リスニングを含む） ③**地歴・公民**（100）▶世Ｂ・日Ｂ・地理Ｂ・現社・倫・政経・「倫・政経」から１ ④**数**（100）▶「数Ⅰ・数Ａ」・「数Ⅱ・数Ｂ」から１
[個別試験] 行わない。
総合型選抜Ⅰ期（プレゼン重視型）・Ⅱ期（自己推薦型） **[出願資格]** Ⅱ期は現役。
[選考方法] Ⅰ期は書類審査，基礎学力検査（国語・英語），プレゼンテーション・面接。Ⅱ期は書類審査，口頭試問のほか，英米語学科とスペイン語学科は基礎英語，中国語学科と国際日本語学科は基礎国語。

国際学部

全学部統一全国選抜・全学部統一２月後期選抜・３月選抜 **2科目** ①**国**（100）▶国総（現文） ②**外**（150）▶コミュ英Ⅰ・コミュ英Ⅱ・コミュ英Ⅲ・英表Ⅰ・英表Ⅱ
２月前期選抜（Ａ・Ｂ・Ｃ日程） **3科目** ①**国**（100）▶国総（現文） ②**外**（150）▶コミュ英Ⅰ・コミュ英Ⅱ・コミュ英Ⅲ・英表Ⅰ・英表Ⅱ ③**地歴・公民・数**（100）▶世Ｂ・日Ｂ・政経・「数Ⅰ・数Ａ」から１
共通テスト利用選抜前期（２教科型・３教科型）・後期（３教科型） **3〜2科目** ①②③**国・外・「地歴・公民」・数**（２教科型100×2・３教科型100×3）▶国（近代）・「英（リスニングを含む）・独・仏・中・韓から１」・「世Ｂ・日Ｂ・地理Ｂ・現社・倫・政経・〈倫・政経〉から１」・「〈数Ⅰ・数Ａ〉・〈数Ⅱ・数Ｂ〉・情から１」から２教科型は外を含む２，３教科型は国・外を含む３
[個別試験] 行わない。
共通テスト利用選抜前期（４教科型） **4科目** ①**国**（100）▶国（近代） ②**外**（100）▶英（リスニングを含む） ③**地歴・公民**（100）▶世Ｂ・日Ｂ・地理Ｂ・現社・倫・政経・「倫・政経」から１ ④**数**（100）▶「数Ⅰ・数Ａ」・「数Ⅱ・数Ｂ」から１
[個別試験] 行わない。
総合型選抜Ⅰ期（プレゼン重視型）・Ⅱ期（自己推薦型） **[出願資格]** Ⅱ期は現役。
[選考方法] 書類審査のほか，Ⅰ期は基礎学力検査（国語・英語），プレゼンテーション・面接。Ⅱ期は基礎英語，口頭試問。

工学部

全学部統一全国選抜・全学部統一２月後期選抜 **【機械システム工学科・電子システム工学科・情報工学科】** **2科目** ①**数**（100）▶数Ⅰ・数Ⅱ・数Ａ・数Ｂ（数列・ベク） ②**外・理**（100）▶「コミュ英Ⅰ・コミュ英Ⅱ・コミュ英Ⅲ・英表Ⅰ・英表Ⅱ」・「物基・物」・「化基・化」から１
【デザイン学科】 **2科目** ①**国・数**（100）▶国総（現文）・「数Ⅰ・数Ⅱ・数Ａ・数Ｂ（数列・ベク）」から１ ②**外・理**（100）▶「コミュ英Ⅰ・コミュ英Ⅱ・コミュ英Ⅲ・英表Ⅰ・英表Ⅱ」・「物基・物」・「化基・化」から１
２月前期選抜（Ａ・Ｂ・Ｃ日程） **【機械システム工学科・電子システム工学科・情報工学科】** **3科目** ①**外**（100）▶コミュ英Ⅰ・コミュ英Ⅱ・コミュ英Ⅲ・英表Ⅰ・英表Ⅱ ②**数**（100）▶「数Ⅰ・数Ⅱ・数Ａ・数Ｂ（数列・ベク）」・「数Ⅰ・数Ⅱ・数Ⅲ・数Ａ・数Ｂ（数列・ベク）」から１ ③**理**（100）▶「物基・物」・「化基・化」から１
【デザイン学科】 **3科目** ①**外**（100）▶コミュ英Ⅰ・コミュ英Ⅱ・コミュ英Ⅲ・英表Ⅰ・英表Ⅱ ②**国・理**（100）▶国総（現文）・「物基・物」・「化基・化」から１ ③**数・実技**（100）▶「数Ⅰ・数Ⅱ・数Ａ・数Ｂ（数列・ベク）」・「数Ⅰ・数Ⅱ・数Ⅲ・数Ａ・数Ｂ（数列・ベク）」・描画表現から１
３月選抜 **【機械システム工学科・電子システム工学科・情報工学科】** **2科目** ①**数**（100）▶数Ⅰ・数Ⅱ・数Ａ・数Ｂ（数列・ベク） ②**外・理**（100）▶「コミュ英Ⅰ・コミュ英Ⅱ・コミュ英Ⅲ・英表Ⅰ・英表Ⅱ」・「物基・物」から１
【デザイン学科】 **2科目** ①**国・数**（100）▶国総（現文）・「数Ⅰ・数Ⅱ・数Ａ・数Ｂ（数列・ベク）」から１ ②**外・理・実技**（100）▶「コミュ英Ⅰ・コミュ英Ⅱ・コミュ英Ⅲ・英表Ⅰ・英表Ⅱ」・「物基・物」・描画表現から１
共通テスト利用選抜前期（２教科型） **【機械システム工学科・電子システム工学科・情報工学科】** **3科目** ①②**数**（100）▶「数Ⅰ・数Ａ」・「数Ⅱ・数Ｂ」 ③**外・理**（100）▶英（リスニング

を含む）・「物基・化基・生基・地学基から２」・物・化・生・地学から１
［個別試験］ 行わない。
【デザイン学科】 **3〜2科目** ①②**国・数**(100) ▶国（近代）・「〈数Ⅰ・数Ａ〉・〈数Ⅱ・数Ｂ〉」から１ ③**外・理**(100) ▶英（リスニングを含む）・「物基・化基・生基・地学基から２」・物・化・生・地学から１
［個別試験］ 行わない。
共通テスト利用選抜前期（３教科型）・後期（３教科型） **【機械システム工学科・電子システム工学科・情報工学科】** **4科目** ①**外**(100) ▶英（リスニングを含む） ②③**数**(100) ▶「数Ⅰ・数Ａ」・「数Ⅱ・数Ｂ」 ④**理**(100) ▶「物基・化基・生基・地学基から２」・物・化・生・地学から１
［個別試験］ 行わない。
【デザイン学科】 **4〜3科目** ①**外**(100) ▶英（リスニングを含む） ②**理**(100) ▶「物基・化基・生基・地学基から２」・物・化・生・地学から１ ③④**国・数**(100) ▶国（近代）・「〈数Ⅰ・数Ａ〉・〈数Ⅱ・数Ｂ〉」から１
［個別試験］ 行わない。
共通テスト利用選抜前期（４教科型） **4科目** ①**国**(100) ▶国（近代） ②**外**(100) ▶英（リスニングを含む） ③**数**(100) ▶「数Ⅰ・数Ａ」・「数Ⅱ・数Ｂ」から１ ④**理**(100) ▶「物基・化基・生基・地学基から２」・物・化・生・地学から１
［個別試験］ 行わない。
総合型選抜Ⅰ期（プレゼン重視型）・Ⅱ期（自己推薦型） **［出願資格］** Ⅱ期は現役。
［選考方法］ Ⅰ期は書類審査，プレゼンテーション・面接のほか，情報システム工・電子システム工・情報工の３学科は基礎数学，デザイン学科は実技（描画表現）。Ⅱ期は書類審査，口頭試問のほか，情報システム工・電子システム工・情報工の３学科は基礎数学，デザイン学科は実技（描画表現）。

工学部国際コース

２月前期選抜 **3科目** ①**外**(200) ▶コミュ英Ⅰ・コミュ英Ⅱ・コミュ英Ⅲ・英表Ⅰ・英表Ⅱ ②**数・実技**(100) ▶「数Ⅰ・数Ⅱ・数Ａ・数Ｂ（数列・ベク）」・「数Ⅰ・数Ⅱ・数Ⅲ・数Ａ・数Ｂ（数列・ベク）」・描画表現から１，ただし描画表現はデザイン学科のみ選択可 ③**面接**（英語による）
２月後期選抜 **3科目** ①**外**(200) ▶コミュ英Ⅰ・コミュ英Ⅱ・コミュ英Ⅲ・英表Ⅰ・英表Ⅱ ②**数**(100) ▶数Ⅰ・数Ⅱ・数Ａ・数Ｂ（数列・ベク） ③**面接**（英語による）
共通テスト利用選抜前期・後期 **3〜2科目** ①**外**(200) ▶英（リスニングを含む） ②③**数・理**(100) ▶「〈数Ⅰ・数Ａ〉・〈数Ⅱ・数Ｂ〉」・「物基・化基・生基・地学基から２」・物・化・生・地学から１
［個別試験］ **1科目** ①**面接**（英語による）
総合型選抜 **［選考方法］** 書類審査，英語（コミュ英Ⅰ・コミュ英Ⅱ・コミュ英Ⅲ・英表Ⅰ・英表Ⅱ），英語による面接のほか，デザイン学科は実技（描画表現），その他の学科は基礎数学。英語に関しては，指定された英語外部試験の取得スコアに応じて「みなし得点」に換算することも可能。ただし，当日「英語（記述式）」試験を受験することもでき，その場合，どちらか高得点のものを採用する。

その他の選抜

海外帰国子女選抜，社会人選抜，外国人留学生選抜，外国人留学生特別枠選抜。

偏差値データ（2024年度）

● 2月前期選抜（A～C日程）

学部／学科・コース	2024年度		2023年度実績					
	駿台予備学校	河合塾	募集人員	受験者数	合格者数	合格最低点	競争率	
	合格目標ライン	ボーダー偏差値					'23年	'22年
商学部								
経営	**38**	**45**	155	584	207	200～202/300	2.8	2.9
国際ビジネス	**38**	**40**	45	160	94	180～182/300	1.7	1.8
会計	**37**	**45**	25	102	39	190～201/300	2.6	2.4
政経学部								
法律政治	**40**	**40**	117	358	196	181～188/300	1.8	1.9
経済	**39**	**40**	208	490	219	171～180/300	2.2	2.4
外国語学部								
英米語	**43**	**35**	60	105	95	162～179/400	1.1	1.2
中国語	**40**	**35**	20	23	21	160～230/400	1.1	1.1
スペイン語	**41**	**35**	20	20	16	167～224/400	1.3	1.2
国際日本語	**42**	**40**	13	20	17	200～221/400	1.2	1.6
国際学部								
国際	**40**	**37.5**	115	148	134	140～152/350	1.1	1.2
工学部								
機械システム工	**36**	**40**	35	138	71	155～157/300	1.9	1.5
電子システム工	**36**	**40**	35	91	64	152～164/300	1.4	2.7
情報工	**36**	**47.5**	40	165	30	220～226/300	5.5	5.7
デザイン	**35**	**42.5**	35	75	60	139～171/300	1.3	2.1
国際	**35**	**40**	若干名	3	2	224/300	1.5	3.0

● 駿台予備学校合格目標ラインは合格可能性80%に相当する駿台模試の偏差値です。 ● 競争率は受験者÷合格者の実質倍率
● 河合塾ボーダー偏差値は合格可能性50%に相当する河合塾全統模試の偏差値です。

併設の教育機関　短期大学

拓殖大学北海道短期大学

問合せ先　学務学生課
☎0164-23-4111㈹
所在地　北海道深川市メム4558

学生数 ▶ 178名（男93名，女85名）
教員数 ▶ 教授14名，准教授７名，助教２名

設置学科

● **農学ビジネス学科**（70）　校舎に隣接した農場などで行う農を基盤にした実践的な学びで，地域を支える人材を育成する。

● **保育学科**（50）　造形表現，身体表現，幼児音楽教育の３コース。保育士と幼稚園教諭免許の両方の資格が取得可能。

卒業後の進路

2023年３月卒業生 ▶ 146名
就職78名，大学編入学55名（うち他大学18名），その他13名

玉川大学（たまがわ）

資料請求

問合せ先　入試広報課　☎042-739-8155

建学の精神

創立者・小原國芳が生み出し，日本で初めて提唱した「全人教育」を教育理念として，1929（昭和４）年に玉川学園が開校。幼稚部から大学，大学院まで約10,000名が学ぶ約61万㎡（東京ドームグラウンド47面分）の広大なキャンパスでは，「どれだけ多く授業を履修したか」という履修主義ではなく，「どれだけ深く学んだか」という修得主義の独創的な教育を展開し，英語，科学，技術，工学，芸術・人間学，数学の各分野が融合した「ESTEAM教育」を推進。ワンキャンパスで全学部の学生が学ぶ利点を生かし，異分野融合の学びを育む施設「STREAM Hall 2019」や，自然科学の基礎実験拠点「Consilience Hall 2020」など，多様な価値観が融合することにより，まったく新しい価値観を生み出すことで，社会に貢献できる人材を育成している。

● 玉川大学キャンパス……〒194-8612　東京都町田市玉川学園6-1-1

基本データ

学生数▶6,498名（男3,194名，女3,304名）
専任教員数▶教授195名，准教授64名，講師39名
設置学部▶教育，文，芸術，経営，観光，リベラルアーツ，農，工
併設教育機関▶大学院―農学・工学・脳科学（以上M・D），文学・マネジメント（以上M），教育学（M・P）　通信教育部―教育学部

就職・卒業後の進路

就職率 97.8％（就職者÷希望者×100）

● **就職支援**　４年間を通してキャリア教育を行い，１年次の全学生を対象に「一年次セミナー」を開講するほか，SPI模擬試験・対策講座，公務員教養試験対策講座，インターンシップガイダンス，セミナーなど，年次の早い段階からさまざまな講座が受講可能。キャリアセンターの学部担当職員や学部の就職担当教員が４年間伴走し，夢の実現をサポート。

● **資格取得支援**　多くの教員や保育士を輩出し，「教員養成の玉川」として評価されているだけに，小中高等学校の元校長や元幼稚園・保育所長など経験豊富なスタッフが指導を行う「教師教育リサーチセンター」を中心に，理想の教師になるための支援をしている。

進路指導者も必見　学生を伸ばす　面倒見

初年次教育

全学部の新入生を対象にFYE（First Year Experience）科目として，大学で学修をするために求められる心構えやスキルを修得する「一年次セミナー 101」，一人ひとりが将来の人生設計を考える「一年次セミナー 102」を開講

学修サポート

全学部でTA・SA制度，オフィスアワー制度，学級担任制を導入し，各クラスの担任教員は履修指導をはじめ，学生生活全般についてまで気軽に相談に応じている。また，学修サポート・デスクやITサポート・デスクも設置

オープンキャンパス（2023年度実績）　６・７月に「大学紹介＆総合型・学校推薦型選抜ガイダンス」，８月に「体験授業フェアⅠ・Ⅱ」，12月に「はじめてガイダンス（高校１・２年生対象）」，３月に「春の大学紹介フェア」として実施。

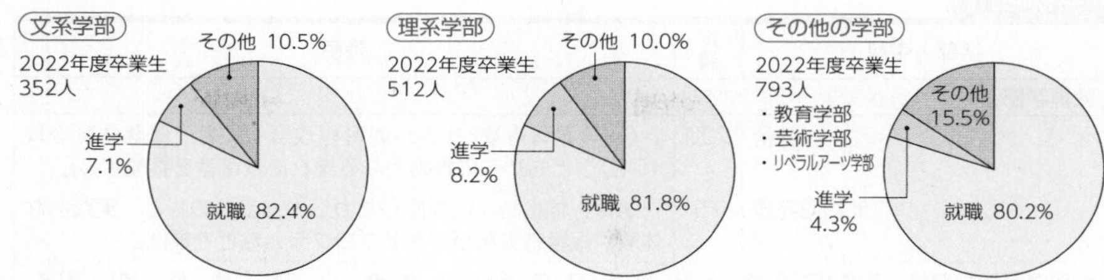

主なOB・OG▶［教育］田中文夫(山口県萩市長)，［文］上野隆博(プロダンサー・振付師)，［文］村田沙耶香(小説家)，［文］平野文(声優)，［文］薬師丸ひろ子(女優)，［農］道尾秀介(小説家)など。

国際化・留学　大学間 12 大学等・部局間 26 大学等

受入れ留学生数▶8名（2023年5月1日現在）
留学生の出身国▶NA
外国人専任教員▶教授９名，准教授８名，講師２名（2023年５月１日現在）
外国人専任教員の出身国▶アメリカ，イギリス，中国など。
大学間交流協定▶12大学・機関（交換留学先１大学，2023年５月１日現在）
部局間交流協定▶26大学・機関（交換留学先１大学，2023年５月１日現在）
海外への留学生数▶渡航型230名／年（6カ国・地域，2022年度）
海外留学制度▶世界各国の提携校でさまざまなプログラムが用意され，海外を肌で感じる「SAE（Study Abroad Experience）」は，全学部・全学科の学生を対象にした海外留学・研修プログラム。また，文学部英語教育学科（９カ月間）や観光学部（１年間），農学部環境農学科（約４カ月間）で実施する海外留学プログラムは，いずれも必修。

学費・奨学金制度　給付型奨学金総額 年間約 3,300 万円

入学金▶250,000円
年間授業料(施設費等を除く)▶1,032,000円～（詳細は巻末資料参照）
年間奨学金総額▶約33,000,000円
年間奨学金受給者数▶91人
主な奨学金制度▶春学期の学業成績が優れ，教育上経済的な援助が必要な１年次生を対象とした「ファーストイヤー奨学金」や，２年次生以上対象の「玉川奨学金」「経済支援奨学金」などの制度を設置。このほか，「玉川応急奨学金」「小原応急奨学金」「TeS奨学金」といった応急採用の奨学金も用意。

保護者向けインフォメーション

●**オープンキャンパス**　通常のオープンキャンパス時に，「保護者のための進学ガイダンス」を実施している。
●**広報誌**　広報誌『全人』を発行している。
●**成績確認**　Webで成績照会が可能。
●**父母会**　在学生の父母全員が会員となり組織されている父母会があり，「地区別父母会」や「父母のための教育講座」などを開催。また，『父母会報』も発行している。
●**防災対策**　「防災の手引きーいざというときのためにー」を入学時に配布。災害時の学生の安否は，メールおよびポータルサイトを利用して確認するようにしている。

インターンシップ科目	必修専門ゼミ	卒業論文	GPA制度の導入の有無および活用例	１年以内の退学率	標準年限での卒業率
全学部で開講している	教育・経営・農学部で３～４年次，文・観光・リベラルアーツ学部で３年次に実施。芸術学部と工学部は選択制	教育・文（英語）・芸術（コースによる）・リベラル・農・工は必須	奨学金対象者選定・退学勧告・卒業判定・大学院入試選抜・学長賞等選定基準，教職課程受講・継続条件，履修上限単位数設定などに活用	NA	NA

学部紹介

学部／学科	定員	特色
教育学部		
教育	220	▷〈初等教育専攻・社会科教育専攻計180名，保健体育専攻40名〉子どもたちの模範となる優れた教育者を養成する。
乳幼児発達	75	▷幼保一体化時代に対応したカリキュラムのもと，実践的な体験や保護者支援ができるプログラムなどを展開。
● **取得可能な資格**…教職（国・地歴・公・社・数・理・音・美・保体・技・情・英，小一種・二種，幼一種），司書，司書教諭，学芸員，保育士など。 ● **進路状況**…………就職92.1%　進学3.7% ● **主な就職先**………公私立学校教員，公私立保育士，アース製薬，敷島製パン，日本生命保険など。		
文学部		
英語教育	80	▷ELFコミュニケーション，英語教員養成の２コース。必修の海外留学で高度な英語運用能力と国際感覚を身につける。
国語教育	60	▷言語表現，国語教員養成の２コース。論理的な思考力と高度な国語力を持ったスペシャリストや国語教員を育成する。
● **取得可能な資格**…教職（国・英，小二種），司書，司書教諭，学芸員など。 ● **進路状況**…………就職79.3%　進学8.9% ● **主な就職先**………公私立学校教員，上組，NECフィールディング，住友生命保険，日本通運など。		
芸術学部		
音楽	80	▶芸術を通して，社会と未来を豊かにする人材を養成する。音楽学科は演奏・創作（20名），ミュージカル（30名），音楽教育（30名）の３コース。アート・デザイン学科はメディア表現（85名），美術教育（15名）の２コース。演劇・舞踊学科は身体表現，舞台創造，芸術応用の３コース（２年次より選択）。
アート・デザイン	100	
演劇・舞踊	90	
● **取得可能な資格**…教職（音・美・工芸，小二種），司書，司書教諭，学芸員など。 ● **進路状況**…………就職61.9%　進学4.4% ● **主な就職先**………AOI Pro.，オリエンタルランド，四季，松竹衣裳，放送芸術社，明治座舞台など。		
経営学部		
国際経営	130	▷グローバルビジネス，国際会計，マーケティング戦略の３コース。国際感覚を備えたビジネスを切り拓く人材を育成。
● **進路状況**…………就職88.1%　進学2.5% ● **主な就職先**………朝日生命保険，多摩信用金庫，トヨタモビリティ東京，ベルーナ，ユニクロなど。		
観光学部		
観光	120	▷グローバルエリート，リージョナルリーダーの２コース。観光で世界と地域をつなぎ，社会の発展に貢献する。
● **進路状況**…………就職79.8%　進学10.1% ● **主な就職先**………ANAエアポートサービス，クラブツーリズム，JALスカイ，星野リゾートなど。		
リベラルアーツ学部		
リベラルアーツ	160	▷多彩な学問領域で学びを深め，知識と経験を蓄え，それらか生かした課題解決力や応用力を身につける。
● **取得可能な資格**…司書，学芸員など。　● **進路状況**…………就職82.3%　進学5.4% ● **主な就職先**………青山商事，ANA Cargo，第一生命保険，テイクアンドギヴ・ニーズ，明電舎など。		
農学部		
生産農	130	▷生命を貴重な資源ととらえ，分子・個体レベルから追究し，植物・微生物・昆虫・動物の４つの領域で研究を掘り下げる。

キャンパスアクセス [玉川大学キャンパス] 小田急線一玉川大学前より徒歩3分

生産農・理科教員養成プログラム	25	▷専門的な学びを深めながら，理科・農業科教員をめざすプログラム。知識を身につけるだけではなく，実践も重視。
環境農	70	▷グローバルとローカルの多角的な視点で環境問題に取り組む。環境に関する国際的な視点を養うため，海外留学を実施。
先端食農	70	▷安定した食料生産を実現し，かつ安心して食べることのできる，未来を見据えた「食」について研究を深める。
● 取得可能な資格…教職（理・農，小二種），司書，司書教諭，学芸員など。 ● 進路状況…………就職85.5%　進学8.0% ● 主な就職先………伊藤園，大田花き，菊正宗酒造，日本ハム，マリンフーズ，公私立学校教員など。		
工学部		
デザインサイエンス	60	▷体験を重視したモノづくりを行い，多様化する社会の課題に対し，工学の力で新しい価値を提供する術を身につける。
情報通信工	55	▷基礎を生かしてカタチにする実践的なプログラムで，ICTを中心に「人と人をつなぐ」次世代の技術を身につける。
マネジメントサイエンス	40	▷主要な経営の要素にAIやITの先進テクノロジーを取り入れ，視野の広いマネジメント力・課題解決力を身につける。
ソフトウェアサイエンス	55	▷ソフトウェアを広く深く学び，ITデバイスが日常的に扱われる現代で活躍できる知識と技術を身につける。
数学教員養成プログラム	30	▷入学後は各学科に所属。２年次に進む時点で改めてプログラムを続けるか，所属学科の学びを究めるかの選択が可能。
● 取得可能な資格…教職（数・技・情・工業，小二種），学芸員など。 ● 進路状況…………就職77.1%　進学8.5% ● 主な就職先………NECネッツエスアイ，SUBARU，富士ソフト，三菱電機，公私立学校教員など。		

東京　玉川大学

▶キャンパス

全学部……［玉川大学キャンパス］東京都町田市玉川学園6-1-1

2025年度入試要項（予告）

●募集人員

学部／学科（専攻・コース・プログラム）	統一前期・英語外部前期	統一後期・英語外部後期
▶教育　教育（初等教育・社会科教育）	64	8
（保健体育）	13	3
乳幼児発達	27	3
▶文　英語教育	26	4
国語教育	19	4
▶芸術　音楽（演奏・創作）	6	2
（ミュージカル）	9	3
（音楽教育）	10	2
アート・デザイン（メディア表現）	26	6
（美術教育）	3	2
演劇・舞踊	30	5
▶経営　国際経営	46	5
▶観光　観光	44	4
▶リベラルアーツ　リベラルアーツ	60	4
▶農　生産農	48	6
生産農（理科教員養成）	10	2
環境農	26	4
先端食農	26	4
▶工　デザインサイエンス	20	4
情報通信工	19	5
マネジメントサイエンス	14	4
ソフトウェアサイエンス	18	4
数学教員養成	13	4

注）募集人員は2024年度の実績です。
※統一前期・後期は全学統一入試（前期）・（後期）。英語外部前期・後期は英語外部試験スコア利用入試（前期）・（後期）。
※全学統一入試（前期）・英語外部試験スコア利用入試（前期）には，給付型奨学金入試（前期，全学

部合計最大40名）と地域創生教員養成入試（教育学部，文学部，音楽学科音楽教育コース，アート・デザイン学科美術教育コース，生産農学科理科教員養成プログラム，工学部教員養成プログラム）の募集人員を含む。
※全学統一入試（後期）・英語外部試験スコア利用入試（後期）には，給付型奨学金入試（後期）の募集人員（全学部合計最大10名）を含む。

注）2025年度入学者選抜より，全学統一入試において，試験科目のうち外国語「英語」の個別試験を廃止し，共通テストの外国語「英語（リスニングを含む）」の得点，もしくは英語外部試験スコア（ケンブリッジ英検，英検，GTEC〈Advanced/Basic/Core/CBT〉，IELTS，TEAP，TEAP CBT，TOEFL iBT，TOEIC L&R/S&Wを予定）を利用する。なお，英語外部試験スコア利用入試は，廃止する。詳細は最新の募集要項でご確認ください。

教育学部

全学統一入試（前期・後期）・給付型奨学金入試（前期・後期）　**【教育学科〈初等教育専攻・社会科教育専攻〉・乳幼児発達学科】**　2科目　①**外**（100）▶共通テストの英語（リスニングを含む）の得点または英語外部試験スコアの換算点　②**国・数**（100）▶「現国・言語（古文・漢文を除く）・論国」・「数Ⅰ・数Ⅱ・数A（図形・場合）・数B（数列）・数C（ベク）」から1
【教育学科〈保健体育専攻〉】　3〜2科目　①**外**（100）▶共通テストの英語（リスニングを含む）の得点または英語外部試験スコアの換算点　②**国・数**（100）▶「現国・言語（古文・漢文を除く）・論国」・「数Ⅰ・数Ⅱ・数A（図形・場合）・数B（数列）・数C（ベク）」から1　③**実技**（100）▶実技適性試験，ただし実技は前期のみ実施

文学部

全学統一入試（前期・後期）・給付型奨学金入試（前期・後期）　2科目　①**国**（100）▶現国・言語（古文・漢文を除く）・論国　②**外**（英語教育150・国語教育100）▶共通テストの英語（リスニングを含む）の得点または英語外部試験スコアの換算点

芸術学部

全学統一入試（前期）・給付型奨学金入試（前期）　2科目　①②**外・「国・数」・実技**（100×2）▶「共通テストの英語（リスニングを含む）の得点または英語外部試験スコアの換算点」・「〈現国・言語（古文・漢文を除く）・論国〉・〈数Ⅰ・数Ⅱ・数A（図形・場合）・数B（数列）・数C（ベク）〉から1」・実技から2
全学統一入試（後期）・給付型奨学金入試（後期）　2科目　①**外**（100）▶共通テストの英語（リスニングを含む）の得点または英語外部試験スコアの換算点　②**国・数**（100）▶「現国・言語（古文・漢文を除く）・論国」・「数Ⅰ・数Ⅱ・数A（図形・場合）・数B（数列）・数C（ベク）」から1

経営学部・観光学部・リベラルアーツ学部

全学統一入試（前期・後期）・給付型奨学金入試（前期・後期）　2科目　①**外**（経営・リベラルアーツ100，観光150）▶共通テストの英語（リスニングを含む）の得点または英語外部試験スコアの換算点　②**国・数**（100）▶「現国・言語（古文・漢文を除く）・論国」・「数Ⅰ・数Ⅱ・数A（図形・場合）・数B（数列）・数C（ベク）」から1

農学部

全学統一入試（前期・後期）・給付型奨学金入試（前期・後期）　2科目　①**理**（100）▶「化基・化」・「生基・生」から1　②**外・数**（100）▶「共通テストの英語（リスニングを含む）の得点または英語外部試験スコアの換算点」・「数Ⅰ・数Ⅱ・数A（図形・場合）・数B（数列）・数C（ベク）」から1

工学部

全学統一入試（前期・後期）・給付型奨学金入試（前期・後期）　**【デザインサイエンス学科・情報通信工学科・マネジメントサイエンス学科・ソフトウェアサイエンス学科】**　2科目　①**数**（100）▶数Ⅰ・数Ⅱ・数A（図形・場合）・数B（数列）・数C（ベク）　②**外・理**（100）▶「共通テストの英語（リスニングを含む）の得点または英語外部試験スコアの換算点」・「物基・

物（原子を除く）」・「化基・化」から１
【数学教員養成プログラム】 ②科目 ①数（200）▶数Ⅰ・数Ⅱ・数Ⅲ・数Ａ（図形・場合）・数Ｂ（数列）・数Ｃ（ベク・平面） ②外・理（100）▶「共通テストの英語（リスニングを含む）の得点または英語外部試験スコアの換算点」・「物基・物（原子を除く）」・「化基・化」から１

その他の選抜

学校推薦型選抜（公募制推薦入試，指定校制推薦入試）は教育学部46名，文学部23名，芸術学部51名，経営学部22名，観光学部20名，リベラルアーツ学部28名，農学部52名，工学部37名を，総合型選抜（総合型入学審査，首都圏教員養成総合型入学審査，理工系女子総合型入学審査，スポーツ選抜総合型入学審査，卒業生子弟総合型入学審査，国際バカロレア総合型入学審査）は教育学部71名，文学部42名，芸術学部76名，経営学部39名，観光学部35名，リベラルアーツ学部43名，農学部87名，工学部72名を募集。ほかに共通テスト利用入試，国公立大学併願スカラシップ入試，地域創生教員養成入試，帰国者入試，社会人入試を実施。
注）募集人員は2024年度の実績です。

偏差値データ（2024年度）

●一般選抜（全学統一）

学部／学科／専攻・コース・プログラム	2024年度 駿台予備学校 合格目標ライン	2024年度 河合塾 ボーダー偏差値	2023年度 競争率
▶教育学部			
教育／初等・社会科	45	57.5	7.2
／保健体育	42	42.5	3.2
乳幼児発達	44	50	3.1
▶文学部			
英語教育	43	45	1.5
国語教育	43	42.5	2.1
▶芸術学部			
音楽／演奏・創作	42	45	1.3
／ミュージカル	42	40	1.4
／音楽教育	41	47.5	1.6
アート・デザイン／メディア表現	42	40	1.5
／美術教育	41	42.5	1.4
演劇・舞踊	42	42.5	1.5
▶経営学部			
国際経営	42	42.5	1.2
▶観光学部			
観光	41	45	1.1
▶リベラルアーツ学部			
リベラルアーツ	42	42.5	1.6
▶農学部			
生産農	45	37.5	1.2
理科教員養成	46	42.5	1.6
環境農	44	40	1.4
先端食農	45	40	1.3
▶工学部			
デザインサイエンス	37	42.5	1.4
情報通信工	36	42.5	1.5
マネジメントサイエンス	36	42.5	1.8
ソフトウェアサイエンス	36	50	11.7
数学教員養成	38	50	4.6

●駿台予備学校合格目標ラインは合格可能性80％に相当する駿台模試の偏差値です。なお，全学統一は前期の偏差値です。
●河合塾ボーダー偏差値は合格可能性50％に相当する河合塾全統模試の偏差値です。
●競争率は受験者÷合格者の実質倍率
※競争率は2023年度に実施した全学統一・英語外部スコア利用・地域創生教員養成・給付型奨学金入試全体の実績です。
※合格者には補欠合格者を含みません。

中央大学

ちゅうおう

資料請求

問合せ先 入学センター ☎042-674-2121

建学の精神

英吉利法律学校として，1885（明治18）年に創設されて以来，中央大学は，どのような時代であっても通用する「實地應用ノ素ヲ養フ」という建学の精神のもと，常に実社会を支え，未来を拓く人材を世に送り出してきた。今日ではその伝統を「行動する知性。—Knowledge into Action—」を育むというユニバーシティメッセージとして受け継ぐとともに，新時代の到来に対応する人材育成や研究教育を進めている。2023年４月には，法学部の茗荷谷キャンパス移転により，都心のキャンパス群と多摩キャンパスの「知の二大拠点」が誕生。情報リテラシー能力，課題発見・解決能力，異文化対応力を養う学びで，ミッションでもある「グローバルな視野と実地応用の力を備え，人類の福祉に貢献する人材の育成」をめざして，中央大学の新時代が始まっている。

- 多摩キャンパス…………〒192-0393　東京都八王子市東中野742-1
- 後楽園キャンパス………〒112-8551　東京都文京区春日1-13-27
- 市ヶ谷田町キャンパス…〒162-8478　東京都新宿区市谷田町1-18
- 茗荷谷キャンパス………〒112-8631　東京都文京区大塚1-4-1

基本データ

学生数▶26,113名（男16,046名，女10,067名）

専任教員数▶教授525名，准教授139名，講師０名，助教91名

設置学部▶法，経済，商，理工，文，総合政策，国際経営，国際情報

併設教育機関▶大学院（P.498参照）　通信教育部—法学部

就職・卒業後の進路

就職率 **96.9**％
就職者÷希望者×100

● **就職支援**　文系学部・理工学部ごとに特化し，１年次のキャリアデザインから就職に至るまで，学生一人ひとりの希望する進路に応じたきめ細かなサポートを実施。全国規模のOB・OGネットワークによる独自の環境・体制も整い，高い就職決定率を誇っている。

● **資格取得支援**　難関国家試験突破のための専門施設として，多摩キャンパスに研究棟「炎の塔」，茗荷谷キャンパスに「学生研究フロア」を設置。OB・OGも交えたフルサポート体

進路指導者も必見 学生を伸ばす 面倒見

初年次教育	学修サポート
「大学生のための論文作成の技法」（全学）や「大学生の基礎」（文），「学術情報の探索・活用法」（全学）などを開講するほか，AI・データサイエンス分野を基礎からその応用まで系統的に学修する「AI・データサイエンス全学プログラム」も提供	法・経済・商・理工・文学部でTA制度，さらに商学部でSA制度，全学部でオフィスアワー制度を導入。また日本語文章作成支援のためのライティングラボや，法学部や国際経営学部で学習支援のためのセンターを設置

オープンキャンパス（2023年度実績）　7月30・31日に後楽園・市ヶ谷田町・茗荷谷の３キャンパス，８月５・６日に多摩キャンパスで開催。このほか，キャンパス見学会も開催しており，両イベントとも保護者の参加も可。

制とプログラムで，資格取得・試験合格に向けて全力で学生一人ひとりを支えている。

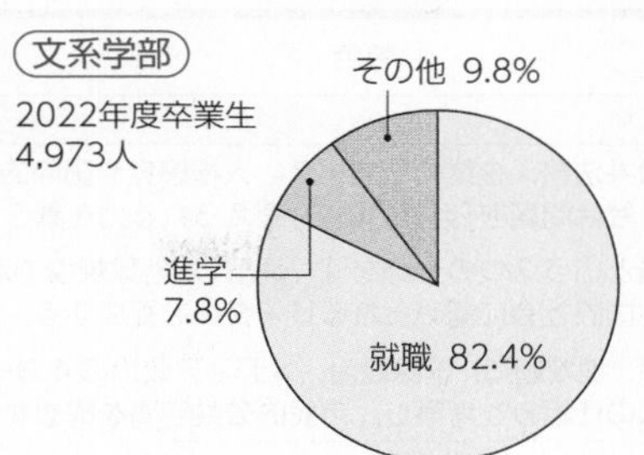

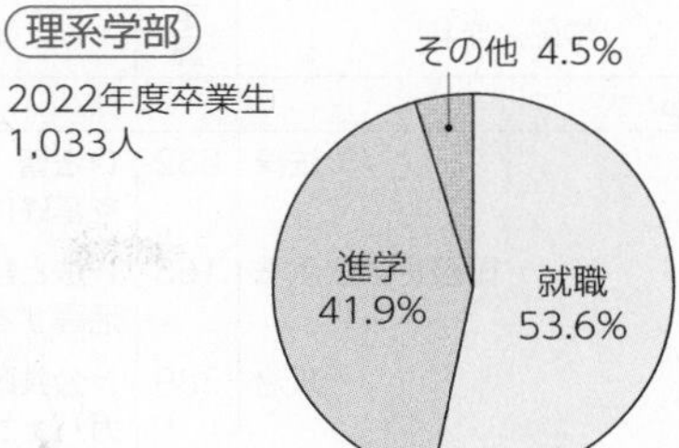

主なOB・OG▶［法］御手洗冨士夫（キヤノン会長兼社長），［法］石川祐希（プロバレーボール選手），［文］芳井敬一（大和ハウス工業社長），［文］新海誠（アニメーション監督），［理工］阿部寛（俳優）など。

国際化・留学

大学間 212 大学等

受入れ留学生数▶646名（2023年5月1日現在）

留学生の出身国・地域▶中国，韓国，台湾，ベトナム，香港など。

外国人専任教員▶教授25名，准教授9名，助教14名（2023年5月1日現在）

外国人専任教員の出身国▶NA

大学間交流協定▶212大学・機関（2023年6月現在）

海外への留学生数▶渡航型1,011名／年（2022年度）

海外留学制度▶毎年100名を超える学生が利用する交換留学，協定校ではない大学で学ぶことも可能な認定留学，春季または夏季休業期間を利用した短期留学のほか，学部独自でも，語学研修やインターンシップ，フィールドワークなどを行う多彩なプログラムを用意。コンソーシアムはISEPに加盟している。

学費・奨学金制度

入学金▶240,000円

年間授業料（施設費等を除く）▶823,400円～（詳細は巻末資料参照）

年間奨学金総額▶NA

年間奨学金受給者数▶約1,500人

主な奨学金制度▶本学への入学を希望する，学業成績が優秀な首都圏以外の国内高校等出身者を対象とする「中央大学予約奨学金」，学力・人物ともに優秀な2～4年次生対象の「中央大学学長賞・学部長賞給付奨学金」などの全学部生向けのもののほかに，各学部独自の奨学金制度も豊富に用意されている。

保護者向けインフォメーション

●**成績確認**　ポータルサイト（「C plus」）を利用して，成績や履修科目と単位数などの情報が閲覧できるようになっている。

●**父母連絡会**　父母連絡会を組織し，5月末から7月にかけて，全国47都道府県で「父母懇談会」および「進路・就職懇談会」を同時開催。機関誌『草のみどり』も年6回発行している。

●**防災対策**　HPで公開している「学生手帳」に防災ガイドあり。冊子版はキャンパス内に常設（冊数に限りあり）。災害時の学生の安否は，ポータルサイトを利用して確認する。

インターンシップ科目	必修専門ゼミ	卒業論文	GPA制度の導入の有無および活用例	1年以内の退学率	標準年限での卒業率
全学部で開講している	全学部で実施。開講年次は学科・専攻により異なる	学部・学科により異なる	留学や大学院進学などに活用している	1.0%（全学年の退学率）	NA

学部紹介

学部／学科	定員	特色
法学部		
法律	882	▷法曹，公共法務，企業の３コース。人権感覚や国際的素養を基礎に，社会問題を「自分の頭で」考えられる力を養う。
国際企業関係法	168	▷法と経済という２つの分野を深く理解し，地球規模で活動・活躍する，国際社会に認められるリーダーを養成する。
政治	389	▷公共政策，地域創造，国際政治，メディア政治の４コース。ガバナンスの仕組みを考察し，市民的公共空間を構想する。

- **取得可能な資格**…教職（地歴・公・社），司書，司書教諭，学芸員など。
- **進路状況**…………就職74.4%　進学17.1%
- **主な就職先**………東京都庁，国税庁，三井住友銀行，高等裁判所，楽天グループ，警視庁，埼玉県庁，法務省，三井住友信託銀行，みずほフィナンシャルグループ，日本電気など。

学部／学科	定員	特色
経済学部		
経済	467	▷経済学を幅広く学び，複雑化した経済の動きを分析するとともに，問題解決に向けた政策提言ができる人材を育成する。
経済情報システム	180	▷企業や地域経済の成長についての研究と情報科学・処理技術の学びを一体化し，企業や地域を担う人材を育成する。
国際経済	265	▷国境を超えた経済活動，世界の貧困削減や経済開発の諸問題などを学び，グローバルに活躍できる人材を育成する。
公共・環境経済	150	▷安全，福祉，教育，環境などを学び，公務員として活躍，あるいは環境政策を提言できる人材を育成する。

- **取得可能な資格**…教職（地歴・公・社・商業），司書，司書教諭，学芸員など。
- **進路状況**…………就職87.8%　進学2.8%
- **主な就職先**………国税庁，東京都庁，楽天グループ，富士ソフト，明治安田生命保険，ベネッセスタイルケア，大塚商会，三菱UFJモルガン・スタンレー証券，ニトリなど。

学部／学科	定員	特色
商学部		
		▶各学科にフレックス・コースとフレックスPlus 1・コースを設置し，自由な時間割設計でフレキシブルな学びが可能。
経営	300	▷いかに組織を維持・発展させるかというマネジメントの視点から，経営革新を理論的かつ実証的に学修する。
会計	300	▷会計学に関して入門科目から応用科目へと段階的に履修していくことで，会計固有の論理や方法について体系的に学ぶ。
国際マーケティング	300	▷流通・マーケティングと国際貿易を２本柱に理論と実践を学び，社会や企業活動の中で必要となる問題解決能力を養う。
金融	120	▷金融機関や企業の財務部で働く人々に求められる専門技能などを習得し，金融を通して企業と経済を読み解く力を磨く。

- **取得可能な資格**…教職（地歴・公・社・商業），司書，司書教諭，学芸員など。
- **進路状況**…………就職83.9%　進学2.8%
- **主な就職先**………国税庁，EY新日本有限責任監査法人，有限責任あずさ監査法人，千葉銀行，みずほフィナンシャルグループ，有限責任監査法人トーマツ，三井住友銀行など。

学部／学科	定員	特色
理工学部		
数	70	▷数学のあらゆる分野の学びを通して，数学研究とは何かを理解し，さまざまな研究開発分野で活躍できる能力を養う。
物理	70	▷素粒子の世界から宇宙までさまざまな自然法則を解明し，人類の豊かな生活に役立つ科学技術を追究する人材を育成。

キャンパスアクセス［多摩キャンパス］多摩モノレール―中央大学・明星大学駅直結／京王線―多摩動物公園より徒歩10分／小田急線・京王線―多摩センターよりバス12分／JR中央線―豊田よりバス15分

都市環境	90	▷環境クリエーター，都市プランナーの２コース。持続可能な都市環境を，地域と共創する知識と技術を習得する。
精密機械工	145	▷現代文明を支える精密機械技術の最先端知識を学ぶとともに，システム全体を把握することのできる広い視野も養う。
電気電子情報通信工	135	▷電気エネルギーから情報ネットワークまで，次世代技術を発想，研究開発する工学デザイン力を獲得する。
応用化	145	▷化学の力で人類に役立つ物質を創製し，持続可能な社会に貢献する人材を育成する。
ビジネスデータサイエンス	115	▷ビジネス領域を中心としてデータサイエンスを学び，理論と実践を備えたデータサイエンティストを養成する。
情報工	100	▷教授連携のチーム教育のもと，近未来の情報環境の全方位視点を備えたソフトウェア技術者を育成する。
生命科	75	▷「生命」の不思議を解き明かし，人類が直面する諸問題の解決に生命科学の観点から貢献できる人材を育成する。
人間総合理工	75	▷人間を理工学的にとらえ，社会が抱える問題の解決に貢献する新時代の理工学を展開し，総合力・実践力を養う。

- **取得可能な資格**…教職（数・理・情・工業），司書，司書教諭，学芸員，測量士補など。
- **進路状況**…………就職53.6％　進学41.9％
- **主な就職先**………日本電気，日立システムズ，SCSK，NECソリューションイノベータ，本田技研工業，日産自動車，アクセンチュア，エヌ・ティ・ティ・データ，メイテックなど。

文学部

人文社会	990	▷国文学，英語文学文化，ドイツ語文学文化，フランス語文学文化，中国言語文化，日本史学，東洋史学，西洋史学，哲学，社会学，社会情報学，教育学，心理学の13専攻に，文学部の13専攻を大胆に横断して学ぶ「学びのパスポートプログラム」を設置。約700の専門科目があり，そのうち約半数は専攻を超えて履修することが可能。教職，学芸員，社会教育主事，司書・司書教諭の４つの資格課程を設置。

- **取得可能な資格**…教職（国・地歴・公・社・英・独・仏・中），司書，司書教諭，学芸員など。
- **進路状況**…………就職84.2％　進学6.0％
- **主な就職先**………東京都教育員会，神奈川県教育委員会，トランス・コスモス，パーソルキャリア，アパホテル，楽天グループ，日立システムズ，マイナビ，府中市役所など。

総合政策学部

政策科	150	▷政治，法律，経済に関する科目を学び，文化的背景とも向き合いながら政策の提言をめざす。
国際政策文化	150	▷宗教学，地域研究，メディア論などを学び，社会科学を身につけ，多様な価値が共生する社会の実現をめざす。

- **取得可能な資格**…教職（公・社），司書，司書教諭，学芸員など。
- **進路状況**…………就職87.5％　進学4.3％
- **主な就職先**………野村総合研究所，ファーストリテイリング，世田谷区役所，東京都庁，藤沢市役所，デル・テクノロジーズ，DOWAホールディングス，セイコーエプソンなど。

国際経営学部

国際経営	300	▷英語力を含んだコミュニケーション能力，異文化理解力，柔軟性，起業家精神，教養などを身につけた“グローバルリーダー”を育成する。７割以上の授業を外国語で開講。

キャンパスアクセス ［後楽園キャンパス］東京メトロ丸ノ内線・南北線－後楽園より徒歩５分／都営地下鉄三田線・大江戸線－春日より徒歩６分／JR中央線・総武線－水道橋より徒歩12分，飯田橋より徒歩17分

● 取得可能な資格…司書，学芸員。　● 進路状況……就職84.9%　進学6.2%
● 主な就職先………楽天グループ，阪急阪神エクスプレス，東京都庁，Earth Technology，大樹生命保険，アクセンチュア，みずほリサーチ＆テクノロジーズ，SMBC日興証券など。

国際情報学部		
国際情報	150	▷「情報の仕組み」「情報の法学」「情報の国際化（グローバル教養）」の知識と考え方で，グローバル情報社会における問題や，将来の変化にも柔軟に対応できる人材を養成する。

● 取得可能な資格…司書，学芸員。　● 進路状況……就職86.4%　進学8.0%
● 主な就職先………Dirbato，ベイカレント・コンサルティング，カプコン，三菱UFJ信託銀行，みずほ証券，三井住友信託銀行，日本オラクル，日本総合研究所，NTTドコモなど。

▶キャンパス

経済・商・文・総合政策・国際経営……［多摩キャンパス］東京都八王子市東中野742-1
理工……［後楽園キャンパス］東京都文京区春日1-13-27
国際情報……［市ヶ谷田町キャンパス］東京都新宿区市谷田町1-18
法……［茗荷谷キャンパス］東京都文京区大塚1-4-1

2025年度入試要項（予告）

●募集人員

学部／学科（専攻・コース）	共通選抜	一般	英語外部	共通併用	共通前期	共通後期	総合型・自己推薦
▶法　法律	4教20 3教36	4教60 3教269	—	52	5教115 3教24	6	15
国際企業関係法	4教5 3教10	4教5 3教60	—	13	5教19 3教6	3	5
政治	4教5 3教20	4教20 3教128	—	26	5教52 3教12	6	10
▶経済　経済	60	Ⅰ135 Ⅱ90	Ⅰ13 Ⅱ9	Ⅰ9 Ⅱ6	4教16 3教8	5	—
経済情報システム	5	79	8	7	4教7 3教4	5	—
国際経済	10	113	13	12	4教11 3教5	5	—
公共・環境経済	5	60	7	6	4教6 3教3	5	—
▶商　経営（フレックス）	—	130	—	—	4教14 3教12	4	—
（フレックスPlus1）	—	20	—	—	—	—	—
会計（フレックス）	—	115	—	—	4教14 3教12	4	—
（フレックスPlus1）	—	40	—	—	—	—	—
国際マーケティング（フレックス）	—	120	—	—	4教14 3教12	4	—
（フレックスPlus1）	—	20	—	—	—	—	—
金融（フレックス）	—	40	—	—	4教8 3教4	4	—
（フレックスPlus1）	—	15	—	—	—	—	—
フリーメジャー・コース	70	—	—	20	—	—	—
▶理工　数	—	32	3	13	—	—	10
物理	—	33	2	10	5	—	8
都市環境	—	45	2	9	9	—	3
精密機械工	—	80	2	20	8	—	5
電気電子情報通信工	—	65	2	20	10	—	5
応用化	—	78	2	25	10	—	2
ビジネスデータサイエンス	—	65	2	13	13	—	2
情報工	—	66	2	13	7	—	1
生命科	—	43	2	10	5	—	—
人間総合理工	—	32	5	12	8	—	8
▶文　人文社会（国文学）	7	29	若干名	—	4教40 3教11	若干名	—
（英語文学文化）	7	77		—	3教11		—
（ドイツ語文学文化）	3	22		—	3教6		—
（フランス語文学文化）	3	34		—	3教5		4
（中国言語文化）	3	23		—	3教6		—
（日本史学）	3	43		—	3教5		5
（東洋史学）	4	25		—	3教6		—
（西洋史学）	4	25		—	3教6		—
（哲学）	3	36		—	3教5		3
（社会学）	3	47		—	3教5		15
（社会情報学）	3	43		—	3教3		—
（教育学）	3	32		—	3教3		—
（心理学）	3	41		—	3教3		4
（学びのパスポートプログラム）	2	10		—	3教2		10
▶総合政策　政策科	25	30	5	15	24	5	—
国際政策文化	25	30	5	15	25	5	—
▶国際経営　国際経営	4教10 3教20	70	20	10	4教7 3教17	4教3 3教3	25

キャンパスアクセス ［市ヶ谷田町キャンパス］東京メトロ有楽町線・南北線一市ケ谷下車正面／都営地下鉄新宿線一市ケ谷より徒歩5分／ＪＲ中央線・総武線一市ケ谷より徒歩5分

▶国際情報 国際情報	―	60	5	10	4教10 3教10	5	―

注）募集人員は2024年度の実績です。
※商学部フリーメジャー（学科自由選択）・コースは，出願時に学科の指定を行わず，試験合格後の入学手続時に各学科フレックス・コースのいずれかを選択することができる。また，１年次修了時に２年次以降の学科・コースを指定する機会があり，所属学科を自由に変更することも可能。
※フリーメジャー・コースの共通テスト利用併用方式の募集人員は，A・Bそれぞれ10名の募集となり，Aは会計学科と国際マーケティング学科，Bは経営学科と金融学科。
※文学部の共通テスト利用単独方式前期４教科型は，出願時に専攻・プログラムの指定を行わず，試験合格後の入学手続時に専攻・プログラムのいずれかを選択することができる。また，１年次修了時に２年次以降の専攻・プログラムを指定する機会があり，所属を変更することも可能。
※「総合型・自己推薦」の内訳は，法学部はチャレンジ入試，理工学部は高大接続型自己推薦入試，文学部と国際経営学部は自己推薦入試。
※文学部の自己推薦入試の募集人員は，専攻適性型の募集人員を記載。上記以外に外国語型があり，文学部全体で若干名を募集する。
※次のように略しています。６学部共通選抜→共通選抜。教科→教。英語外部試験利用方式→英語外部。

注）配点は編集時，未公表。最新の募集要項でご確認ください。なお，2025年度より国際経営学部は共通選抜を導入しない。

法学部

５学部共通選抜（４教科型・３教科型）　**4〜3**科目　①**国**▶現国・言語（漢文を除く）　②**外**▶英コミュⅠ・英コミュⅡ・英コミュⅢ・論表Ⅰ・論表Ⅱ・論表Ⅲ　③④**「地歴・公民」・数**▶「〈歴総・世探〉・〈歴総・日探〉・〈公・政経〉から１」・「数Ⅰ・数Ⅱ・数Ａ（図形・場合）・数Ｂ（数列）・数Ｃ（ベク）」から４教科型は２，３教科型は１

学部別選抜一般方式（４教科型・３教科型）　**4〜3**科目　①**国**▶現国・言語（漢文を除く）　②**外**▶英コミュⅠ・英コミュⅡ・英コミュⅢ・論表Ⅰ・論表Ⅱ・論表Ⅲ　③④**「地歴・公民」・数**▶「世探・日探・政経から１」・「数Ⅰ・数Ⅱ・数Ａ（図形・場合）・数Ｂ（数列）・数Ｃ（ベク）」から４教科型は２，３教科型は１

学部別選抜共通テスト併用方式　**〈共通テスト科目〉**　**4**科目　①**国**▶国　②**外**▶英（リスニングを含む）・独・仏・中・韓から１　③**数**▶「数Ⅰ・数Ａ」・「数Ⅱ・数Ｂ・数Ｃ」から１　④**地歴・公民・理**▶「歴総・世探」・「歴総・日探」・「地総・地探」・「公・倫」・「公・政経」・「物基・化基・生基・地学基から２」・物・化・生・地学から１
〈個別試験科目〉　**1**科目　①**外**▶英コミュⅠ・英コミュⅡ・英コミュⅢ・論表Ⅰ・論表Ⅱ・論表Ⅲ

共通テスト利用選抜単独方式前期（５教科型）・後期　**6**科目　①**国**▶国　②**外**▶英（リスニングを含む）・独・仏・中・韓から１　③④⑤⑥**地歴・公民・数・理**▶「歴総・世探」・「歴総・日探」・「地総・地探」・「公・倫」・「公・政経」・「数Ⅰ・数Ａ」・「数Ⅱ・数Ｂ・数Ｃ」・「物基・化基・生基・地学基から２」・物・化・生・地学から３教科４科目（「地歴・公民」は１教科として取り扱う）
［個別試験］　行わない。

共通テスト利用選抜単独方式前期（３教科型）　**3**科目　①**国**▶国　②**外**▶英（リスニングを含む）・独・仏・中・韓から１　③**地歴・公民・数・理**▶「歴総・世探」・「歴総・日探」・「地総・地探」・「公・倫」・「公・政経」・「数Ⅰ・数Ａ」・「数Ⅱ・数Ｂ・数Ｃ」・「物基・化基・生基・地学基から２」・物・化・生・地学から１
［個別試験］　行わない。

チャレンジ入試　**［出願資格］**　グローバル部門，パブリック部門，リーガル部門のいずれかにおいて社会および自己の未来を切り拓く夢を持ち，その夢に挑戦する意欲と能力のある者など。
［選考方法］　書類審査通過者を対象に，講義理解力試験および面接試験を行う。

経済学部

５学部共通選抜　**3**科目　①②③**国・外・「地歴・公民」・数**▶「現国・言語（漢文を除く）」・「英コミュⅠ・英コミュⅡ・英コミュⅢ・論表Ⅰ・論表Ⅱ・論表Ⅲ」・「〈歴総・世探〉・〈歴総・日探〉・〈公・政経〉から１」・「数Ⅰ・数Ⅱ・数Ａ（図形・場合）・数Ｂ（数列）・数Ｃ（ベク）」から１

学部別選抜（Ⅰ・Ⅱ）一般方式　**3**科目　①**国**▶現国・言語（漢文を除く）　②**外**▶英コミュⅠ・英コミュⅡ・英コミュⅢ・論表Ⅰ・論表Ⅱ・論表

Ⅲ ③**地歴・公民・数**▶「歴総・世探」・「歴総・日探」・「公・政経」・「数Ⅰ・数Ⅱ・数A（図形・場合）・数B（数列）・数C（ベク）」から1

学部別選抜（Ⅰ・Ⅱ）英語外部試験利用方式 **2科目** ①**国**▶現国・言語（漢文を除く） ②**地歴・公民・数**▶「歴総・世探」・「歴総・日探」・「公・政経」・「数Ⅰ・数Ⅱ・数A（図形・場合）・数B（数列）・数C（ベク）」から1

※指定された英語資格・検定試験のいずれかの要件を満たすことを出願資格とし，提出された資格・検定試験のスコアを換算した得点を用いて合否判定を行う。

学部別選抜（Ⅰ・Ⅱ）共通テスト併用方式 **〈共通テスト科目〉** **2科目** ①**国**▶国 ②**外**▶英（リスニングを含む）

〈個別試験科目〉 **1科目** ①**数**▶数Ⅰ・数Ⅱ・数A（図形・場合）・数B（数列）・数C（ベク）

共通テスト利用選抜単独方式前期（4教科型） **4科目** ①**国**▶国 ②**外**▶英（リスニングを含む）・独・仏・中・韓から1 ③**数**▶数Ⅰ・数A ④**地歴・公民・数・理・情**▶「歴総・世探」・「歴総・日探」・「地総・地探」・「地総・歴総・公から2」・「公・倫」・「公・政経」・「数Ⅱ・数B・数C」・「物基・化基・生基・地学基から2」・物・化・生・地学・情Ⅰから1

[個別試験] 行わない。

共通テスト利用選抜単独方式前期（3教科型） **3科目** ①**国**▶国 ②**外**▶英（リスニングを含む）・独・仏・中・韓から1 ③**地歴・公民・数・理・情**▶「歴総・世探」・「歴総・日探」・「地総・地探」・「地総・歴総・公から2」・「公・倫」・「公・政経」・「数Ⅰ・数A」・「数Ⅱ・数B・数C」・「物基・化基・生基・地学基から2」・物・化・生・地学・情Ⅰから1

[個別試験] 行わない。

共通テスト利用選抜単独方式後期 **3科目** ①**外**▶英（リスニングを含む）・独・仏・中・韓から1 ②③**国・「地歴・公民」・数・理・情**▶国・「〈歴総・世探〉・〈歴総・日探〉・〈地総・地探〉・〈地総・歴総・公から2〉・〈公・倫〉・〈公・政経〉から1」・「〈数Ⅰ・数A〉・〈数Ⅱ・数B・数C〉から1」・「〈物基・化基・生基・地学基から2〉・物・化・生・地学から1」・情Ⅰから2

[個別試験] 行わない。

商学部

5学部共通選抜・学部別選抜（A・B）一般方式 **3科目** ①**国**▶現国・言語（漢文を除く） ②**外**▶英コミュⅠ・英コミュⅡ・英コミュⅢ・論表Ⅰ・論表Ⅱ・論表Ⅲ ③**地歴・公民・数**▶「歴総・世探」・「歴総・日探」・「公・政経」・「数Ⅰ・数Ⅱ・数A（図形・場合）・数B（数列）・数C（ベク）」から1

学部別選抜（A・B）英語外部試験利用方式 **2科目** ①**国**▶現国・言語（漢文を除く） ②**地歴・公民・数**▶「歴総・世探」・「歴総・日探」・「公・政経」・「数Ⅰ・数Ⅱ・数A（図形・場合）・数B（数列）・数C（ベク）」から1

※指定された英語資格・検定試験のいずれかの要件を満たすことを出願資格とする。

学部別選抜（A・B）共通テスト併用方式 **〈共通テスト科目〉** **3科目** ①**外**▶英（リスニングを含む） ②③**数**▶「数Ⅰ・数A」・「数Ⅱ・数B・数C」

〈個別試験科目〉 **2科目** ①**外**▶英コミュⅠ・英コミュⅡ・英コミュⅢ・論表Ⅰ・論表Ⅱ・論表Ⅲ ②**数**▶数Ⅰ・数Ⅱ・数A（図形・場合）・数B（数列）・数C（ベク）

共通テスト利用選抜単独方式前期（4教科型） **4科目** ①**国**▶国 ②**外**▶英（リスニングを含む）・独・仏・中・韓から1 ③**数**▶「数Ⅰ・数A」・「数Ⅱ・数B・数C」から1 ④**地歴・公民・理・情**▶「歴総・世探」・「歴総・日探」・「地総・地探」・「公・倫」・「公・政経」・「物基・化基・生基・地学基から2」・物・化・生・地学・情Ⅰから1

[個別試験] 行わない。

共通テスト利用選抜単独方式前期（3教科型） **3科目** ①**国**▶国 ②**外**▶英（リスニングを含む）・独・仏・中・韓から1 ③**地歴・公民・数・理・情**▶「歴総・世探」・「歴総・日探」・「地総・地探」・「公・倫」・「公・政経」・「数Ⅰ・数A」・「数Ⅱ・数B・数C」・「物基・化基・生基・地学基から2」・物・化・生・地学・情Ⅰから1

[個別試験] 行わない。

共通テスト利用選抜単独方式後期 **3科目** ①**外**▶英（リスニングを含む）・独・仏・中・韓から1 ②③**国・「地歴・公民」・数・理・情**▶国・「〈歴総・世探〉・〈歴総・日探〉・〈地総・地探〉・〈公・倫〉・〈公・政経〉から1」・「〈数Ⅰ・数A〉・

〈数Ⅱ・数Ｂ・数Ｃ〉から１」・「〈物基・化基・生基・地学基から２〉・物・化・生・地学から１」・情Ⅰから２

［個別試験］　行わない。

理工学部

学部別選抜一般方式　③科目　①**外**▶英（リスニングを含む）・独・仏・中・韓から１　②**数**▶数Ⅰ・数Ⅱ・数Ⅲ・数Ａ・数Ｂ（数列）・数Ｃ（ベク・平面）　③**理**▶「物基・物」・「化基・化」・「生基・生」から１，ただし物理学科と電気電子情報通信工学科は「物基・物」・「化基・化」から１

学部別選抜英語外部試験利用方式　②科目　①**数**▶数Ⅰ・数Ⅱ・数Ⅲ・数Ａ・数Ｂ（数列）・数Ｃ（ベク・平面）　②**理**▶「物基・物」・「化基・化」・「生基・生」から１，ただし物理学科と電気電子情報通信工学科は「物基・物」・「化基・化」から１

※指定された英語資格・検定試験のいずれかの要件を満たすことを出願資格とする。

学部別選抜共通テスト併用方式　**〈共通テスト科目〉**　①科目　①**外**▶英（リスニングを含む）

〈個別試験科目〉　④〜②科目　①**数**▶数Ⅰ・数Ⅱ・数Ⅲ・数Ａ・数Ｂ（数列）・数Ｃ（ベク・平面）　②③④**理**▶［数学科・物理学科・都市環境学科］―「物基・物」・「化基・化」から各３題計６題のうち３題を選択解答，［その他の学科］―「物基・物」・「化基・化」・「生基・生」から各３題計９題のうち３題を選択解答

共通テスト利用選抜単独方式　⑥〜⑤科目　①**国**▶現国・言語（近代）　②**外**▶英（リスニングを含む）　③④**数**▶「数Ⅰ・数Ａ」・「数Ⅱ・数Ｂ・数Ｃ」　⑤⑥**理**▶［物理学科］―物，［都市環境学科・ビジネスデータサイエンス学科］―物・化・生・地学から１，［精密機械工学科］―物必須，化・生・地学から１，［電気電子情報通信工学科］―物・化から１，［応用化学科・情報工学科・生命科学科］―物・化・生・地学から２，［人間総合理工学科］―物・化・生から１

［個別試験］　行わない。

高大接続型自己推薦入試　**［出願資格］**　数学科は数学の学習成績の状況4.7以上，物理学科は英語・数学・物理３科目の学習成績の状況の平均が4.0以上，都市環境学科は全体の学習成績の状況3.8以上，精密機械工学科は全体3.8以上かつ数学と物理のそれぞれが4.0以上，電気電子情報通信工学科は数学・理科ともに4.0以上，応用化学科とビジネスデータサイエンス学科，情報工学科，人間総合理工学科は全体4.0以上など，各学科が定める条件を満たす者。

［選考方法］　書類審査（物理学科は探求課題〈書面提出〉による選考）通過者を対象に，物理学科は筆記試験，レポート発表。都市環境学科は筆記試験，グループディスカッション。電気電子情報通信工学科は実験または演習，面接。人間総合理工学科はプレゼンテーション，質疑応答。その他の学科は筆記試験，面接。

文学部

５学部共通選抜　③科目　①**国**▶現国・言語（漢文を除く）　②**外**▶英コミュⅠ・英コミュⅡ・英コミュⅢ・論表Ⅰ・論表Ⅱ・論表Ⅲ　③**地歴・公民・数**▶「歴総・世探」・「歴総・日探」・「公・政経」・「数Ⅰ・数Ⅱ・数Ａ（図形・場合）・数Ｂ（数列）・数Ｃ（ベク）」から１

学部別選抜一般方式　③科目　①**国**▶現国・言語　②**外**▶英コミュⅠ・英コミュⅡ・英コミュⅢ・論表Ⅰ・論表Ⅱ・論表Ⅲ　③**地歴・数**▶「歴総・世探」・「歴総・日探」・「数Ⅰ・数Ⅱ・数Ａ（図形・場合）・数Ｂ（数列）・数Ｃ（ベク）」から１

学部別選抜英語外部試験利用方式　②科目　①**国**▶現国・言語　②**地歴・数**▶「歴総・世探」・「歴総・日探」・「数Ⅰ・数Ⅱ・数Ａ（図形・場合）・数Ｂ（数列）・数Ｃ（ベク）」から１

※指定された英語資格・検定試験のいずれかの要件を満たすことを出願資格とする。

共通テスト利用選抜単独方式前期（４教科型）④科目　①**国**▶国　②**外**▶英（リスニングを含む）・独・仏・中から１　③**地歴・公民**▶「歴総・世探」・「歴総・日探」・「地総・地探」・「地総・歴総・公から２」・「公・倫」・「公・政経」から１　④**数・理・情**▶・「数Ⅰ・数Ａ」・「数Ⅱ・数Ｂ・数Ｃ」・「物基・化基・生基・地学基から２」・物・化・生・地学・情Ⅰから１

［個別試験］　行わない。

共通テスト利用選抜単独方式前期（３教科型）・後期　③科目　①**国**▶国　②**外**▶英（リス

ニングを含む)・独・仏・中から1 ③**地歴・公民・数・理・情**▶「歴総・世探」・「歴総・日探」・「地総・地探」・「地総・歴総・公から2」・「公・倫」・「公・政経」・「数Ⅰ・数A」・「数Ⅱ・数B・数C」・「物基・化基・生基・地学基から2」・物・化・生・地学・情Ⅰから1
[個別試験] 行わない。

自己推薦入試 **[出願資格]** 外国語型は英語, ドイツ語, フランス語から1つの言語を選び, 選択した言語で定められている要件を満たす者。専攻適性型は, フランス語文学文化専攻は美術館等でのボランティア(またはそれに類似するプログラム)体験ないし教育普及プログラム等に参加した体験を持つ者(個人見学または団体見学等への参加は含まない)。日本史学専攻は日探を履修し, 本専攻において日本史学を学修するための基礎学力を有する者など。哲学専攻は高校時代までに, 文学書, 哲学書などの豊かな読書経験を持つ者。社会学専攻は社会学を学びたいという意欲が特に強い入学確約者。心理学専攻は心理学に強い関心を持ち, 心理学に関する多くの読書経験やボランティア等の経験を持つ者。学びのパスポートプログラムは学問領域を横断する多方面の内容に関心を持つ者。
[選考方法] 書類審査(専攻・プログラムにより, 小論文を含む)通過者を対象に, 外国語試験/専攻(プログラム)別試験, 面接等を課す。
注)外国語型と専攻適性型および専攻・プログラムにより, 試験内容は異なります。詳細は最新の募集要項でご確認ください。

総合政策学部

5学部共通選抜 **3科目** ①**国**▶現国・言語(漢文を除く) ②**外**▶英コミュⅠ・英コミュⅡ・英コミュⅢ・論表Ⅰ・論表Ⅱ・論表Ⅲ ③**地歴・公民・数**▶「歴総・世探」・「歴総・日探」・「公・政経」・「数Ⅰ・数Ⅱ・数A(図形・場合)・数B(数列)・数C(ベク)」から1
学部別選抜一般方式 **2科目** ①**国**▶現国・言語(近代) ②**外**▶英コミュⅠ・英コミュⅡ・英コミュⅢ・論表Ⅰ・論表Ⅱ・論表Ⅲ
学部別選抜英語外部試験利用方式 **2科目** ①**国**▶現国・言語(近代) ②**外**▶英コミュⅠ・英コミュⅡ・英コミュⅢ・論表Ⅰ・論表Ⅱ・論表Ⅲ
※指定された英語資格・検定試験のいずれかの要件を満たすことを出願資格とし, 提出された英語資格・検定試験のスコアを換算の上, 個別試験の得点に加算する。
学部別選抜共通テスト併用方式 **〈共通テスト科目〉** **3科目** ①**外**▶英(リスニングを含む)・独・仏・中・韓から1 ②③**国・「地歴・公民」・数・理・情**▶国・「〈歴総・世探〉・〈歴総・日探〉・〈地総・地探〉・〈公・倫〉・〈公・政経〉から1」・「〈数Ⅰ・数A〉・〈数Ⅱ・数B・数C〉から1」・「〈物基・化基・生基・地学基から2〉・物・化・生・地学から1」・情Ⅰから2
〈個別試験科目〉 **3科目** ①**外**▶英コミュⅠ・英コミュⅡ・英コミュⅢ・論表Ⅰ・論表Ⅱ・論表Ⅲ
共通テスト利用選抜単独方式前期・後期 **3科目** ①**外**▶英(リスニングを含む) ②**国・数**▶国・「数Ⅰ・数A」・「数Ⅱ・数B・数C」から1 ③**地歴・公民・理・情**▶「歴総・世探」・「歴総・日探」・「地総・地探」・「公・倫」・「公・政経」・「物基・化基・生基・地学基から2」・物・化・生・地学・情Ⅰから1
[個別試験] 行わない。

国際経営学部

学部別選抜一般方式 **2科目** ①**国**▶現国・言語(近代) ②**外**▶英コミュⅠ・英コミュⅡ・英コミュⅢ・論表Ⅰ・論表Ⅱ・論表Ⅲ
学部別選抜英語外部試験利用方式 **1科目** ①**国**▶現国・言語(近代)
※指定された英語資格・検定試験のいずれかの要件を満たすことを出願資格とし, 提出された英語資格・検定試験のスコアを換算した得点を用いて合否判定を行う。
学部別選抜共通テスト併用方式 **〈共通テスト科目〉** **3科目** ①**外**▶英(リスニングを含む) ②③**数**▶「数Ⅰ・数A」・「数Ⅱ・数B・数C」
〈個別試験科目〉 **1科目** ①**外**▶英コミュⅠ・英コミュⅡ・英コミュⅢ・論表Ⅰ・論表Ⅱ・論表Ⅲ
共通テスト利用選抜単独方式前期(4教科型)・後期(4教科型) **4科目** ①**国**▶国(近代) ②**外**▶英(リスニングを含む) ③**数**▶「数

Ⅰ・数Ａ」・「数Ⅱ・数Ｂ・数Ｃ」から１　④**地歴・公民・情**▶「歴総・世探」・「歴総・日探」・「地総・地探」・「公・倫」・「公・政経」・情Ⅰから１
［個別試験］　行わない。
共通テスト利用選抜単独方式前期（３教科型）・後期（３教科型）　**3**科目　①**国**▶国（近代）②**外**▶英（リスニングを含む）③**地歴・公民・数・情**▶「歴総・世探」・「歴総・日探」・「地総・地探」・「公・倫」・「公・政経」・「数Ⅰ・数Ａ」・「数Ⅱ・数Ｂ・数Ｃ」・情Ⅰから１
［個別試験］　行わない。
自己推薦入試　**［出願資格］**　全体の学習成績の状況が3.8以上，指定された英語外部試験の要件を満たす者など。
［選考方法］　書類審査通過者を対象に，筆記試験（小論文），面接（英語・日本語）を行う。

国際情報学部

学部別選抜一般方式　**2**科目　①**国**▶現国・言語（近代）②**外**▶英コミュⅠ・英コミュⅡ・英コミュⅢ・論表Ⅰ・論表Ⅱ・論表Ⅲ
学部別選抜英語外部試験利用方式　**1**科目　①**国**▶現国・言語（近代）
※指定された英語資格・検定試験のいずれかの要件を満たすことを出願資格とし，提出された英語資格・検定試験のスコアを換算した得点を用いて合否判定を行う。
学部別選抜共通テスト併用方式　**〈共通テスト科目〉**　**3**科目　①**外**▶英（リスニングを含む）②**国・地歴・公民・数・理・情**▶国（近代）・「歴総・世探」・「歴総・日探」・「地総・地探」・「地総・歴総・公から２」・「公・倫」・「公・政経」・「数Ⅰ・数Ａ」・「数Ⅱ・数Ｂ・数Ｃ」・「物基・化基・生基・地学基から２」・物・化・生・地学・情Ⅰから１
〈個別試験科目〉　**1**科目　①**外**▶英コミュⅠ・英コミュⅡ・英コミュⅢ・論表Ⅰ・論表Ⅱ・論表Ⅲ
共通テスト利用選抜単独方式前期（４教科型）　**4**科目　①**国**▶国（近代）②**外**▶英（リスニングを含む）③**数・情**▶「数Ⅰ・数Ａ」・「数Ⅱ・数Ｂ・数Ｃ」・情Ⅰから１　④**地歴・公民・理**▶「歴総・世探」・「歴総・日探」・「地総・地探」・「地総・歴総・公から２」・「公・倫」・「公・政経」・「物基・化基・生基・地学基から２」・物・化・生・地学から１
［個別試験］　行わない。
共通テスト利用選抜単独方式前期（３教科型）・後期（３教科型）　**3**科目　①**国**▶国（近代）②**外**▶英（リスニングを含む）③**地歴・公民・数・理・情**▶「歴総・世探」・「歴総・日探」・「地総・地探」・「地総・歴総・公から２」・「公・倫」・「公・政経」・「数Ⅰ・数Ａ」・「数Ⅱ・数Ｂ・数Ｃ」・「物基・化基・生基・地学基から２」・物・化・生・地学・情Ⅰから１
［個別試験］　行わない。

その他の選抜

指定校推薦入試，スポーツ推薦入試，英語運用能力特別入試，ドイツ語・フランス語・中国語・スペイン語・朝鮮語特別入試，高大接続入試，海外帰国生等特別入試，社会人入試，外国人留学生入試。

偏差値データ（2024年度）

●学部別選別（一般・英語）・6学部共通選抜

学部／学科／専攻・コース	2024年度		2023年度実績					
	駿台予備学校	河合塾					競争率	
	合格目標ライン	ボーダー偏差値	募集人員	受験者数	合格者数	合格最低点	'23年	'22年
法学部								
法律（一般４教科）	**56**	**60**	60	596	241	250.1/450	2.5	2.6
（一般３教科）	**57**	**62.5**	269	2,628	608	209.3/350	4.3	3.7
（共通４教科）	**56**	**62.5**	20	340	118	269.7/450	2.9	2.9
（共通３教科）	**57**	**65**	36	1,241	156	237.6/350	8.0	8.2
国際企業関係法（一般４教科）	**54**	**60**	5	39	16	271.2/500	2.4	2.3
（一般３教科）	**54**	**57.5**	60	517	139	232.2/400	3.7	2.3
（共通４教科）	**53**	**60**	5	9	3	326.7/500	3.0	5.7
（共通３教科）	**54**	**62.5**	10	119	47	263.1/400	2.5	3.4
政治（一般４教科）	**55**	**60**	20	98	46	238.1/450	2.1	2.1
（一般３教科）	**55**	**60**	128	871	318	191.9/350	2.7	2.7
（共通４教科）	**56**	**60**	5	82	53	257.9/450	1.5	1.3
（共通３教科）	**57**	**62.5**	20	348	107	226.5/350	3.3	3.2
経済学部								
経済（一般Ⅰ）	**51**	**57.5**	135	2,204	263	240.0/350	8.4	6.9
（一般Ⅱ）	**50**		90	1,185	148	238.0/350	8.0	8.7
（共通）	**51**	**57.5**	60	945	238	174.0/300	4.0	4.5
（英語外部試験利用Ⅰ）	**51**	**57.5**	13	465	42	非公表	11.1	7.6
（英語外部試験利用Ⅱ）	**50**		9	338	70	非公表	4.8	3.5
経済情報システム（一般）	**49**	**57.5**	79	350	178	231.0/350	2.0	4.7
（共通）	**48**	**57.5**	5	103	21	175.6/300	4.9	4.6
（英語外部試験利用）	**48**	**57.5**	8	127	12	非公表	10.6	7.5
国際経済（一般）	**49**	**57.5**	113	1,266	309	227.0/350	4.1	3.4
（共通）	**49**	**57.5**	10	239	44	173.7/300	5.4	5.0
（英語外部試験利用）	**49**	**57.5**	13	582	123	非公表	4.7	1.6
公共・環境経済（一般）	**48**	**57.5**	60	1,123	180	231.1/350	6.2	2.6
（共通）	**48**	**57.5**	5	113	15	174.7/300	7.5	5.4
（英語外部試験利用）	**49**	**57.5**	7	352	100	非公表	3.5	3.2
商学部								
経営（一般）	**51**	**57.5**	130	2,002	377	216.1/350	5.3	4.6
経営Plus 1（一般）	**51**	**57.5**	20	334	52	222.1/350	6.4	5.3
会計（一般）	**50**	**55**	115	972	280	203.6/350	3.5	3.6
会計Plus 1（一般）	**52**	**57.5**	40	231	64	214.9/350	3.6	4.1
国際マーケティング（一般）	**50**	**55**	120	1,157	360	200.3/350	3.2	3.2
国際マーケティングPlus 1（一般）	**52**	**55**	20	150	43	213.1/350	3.5	3.7
金融（一般）	**51**	**55**	40	631	213	210.0/350	3.0	3.2
金融Plus 1（一般）	**52**	**57.5**	15	95	24	213.4/350	4.0	4.2
フリーメジャー・コース（共通）	**52**	**57.5**	70	1,215	302	201.0/350	4.0	4.0

学部／学科／専攻・コース	2024年度		2023年度実績					
	駿台予備学校	河合塾	募集人員	受験者数	合格者数	合格最低点	競争率	
	合格目標ライン	ボーダー偏差値					'23年	'22年
理工学部								
数(一般)	51	52.5	32	648	216	230.0/400	3.0	2.2
(英語外部試験利用)	50	55	3	1	0	—	—	—
物理(一般)	50	55	33	728	237	188.0/300	3.1	2.4
(英語外部試験利用)	49	55	2	1	1	112.0/200	1.0	—
都市環境(一般)	48	55	45	677	169	187.0/300	4.0	2.9
(英語外部試験利用)	47	55	2	7	4	120.0/200	1.8	2.0
精密機械工(一般)	49	55	80	1,142	374	179.0/300	3.1	3.0
(英語外部試験利用)	48	55	2	12	6	111.0/200	2.0	1.4
電気電子情報通信工(一般)	48	55	65	771	260	183.0/300	3.0	3.3
(英語外部試験利用)	47	55	2	12	10	99/0/200	1.2	1.3
応用化(一般)	49	55	78	1,128	297	179.0/300	3.8	2.4
(英語外部試験利用)	48	55	2	19	7	107.0/200	2.7	1.2
ビジネスデータサイエンス(一般)	49	55	65	659	175	191.0/300	3.8	4.0
(英語外部試験利用)	48	55	2	12	5	108.0/200	2.4	2.2
情報工(一般)	50	57.5	65	1,541	301	200.0/300	5.1	3.9
(英語外部試験利用)	49	57.5	2	3	2	129.0/200	1.5	4.0
生命科(一般)	49	57.5	43	440	117	176.0/300	3.8	2.9
(英語外部試験利用)	48	55	2	17	4	136.0/200	4.3	1.4
人間総合理工(一般)	48	55	32	288	54	189.0/300	5.3	4.8
(英語外部試験利用)	47	55	5	9	5	114.0/200	1.8	1.5
文学部								
人文社会/国文学(一般)	52	57.5	29	485	125	250.2/400	3.9	2.8
(共通)	51	57.5	7	164	41	227.5/400	4.0	3.1
(英語外部試験利用)	50	57.5	若干名	14	3	149.9/200	4.7	4.1
/英語文学文化(一般)	50	55	77	564	240	205.9/350	2.4	2.3
(共通)	51	55	7	175	65	185.3/350	2.7	3.0
(英語外部試験利用)	49	55	若干名	49	16	142.4/200	3.1	3.1
/ドイツ語文学文化(一般)	50	55	22	177	61	205.4/350	2.9	2.9
(共通)	50	55	3	85	29	183.3/350	2.9	2.6
(英語外部試験利用)	49	55	若干名	18	4	130.1/200	4.5	2.2
/フランス語文学文化(一般)	50	55	34	510	127	203.6/350	4.0	2.1
(共通)	50	55	3	245	45	191.2/350	5.4	2.1
(英語外部試験利用)	49	52.5	若干名	43	13	132.6/200	3.3	2.4
/中国言語文化(一般)	47	55	23	226	80	198.0/350	2.8	2.1
(共通)	48	55	3	97	27	187.2/350	3.6	2.0
(英語外部試験利用)	47	55	若干名	18	7	139.8/200	2.6	2.1
/日本史学(一般)	51	57.5	43	499	155	189.6/300	3.2	3.3
(共通)	52	57.5	3	116	19	184.6/300	6.1	5.3
(英語外部試験利用)	51	57.5	若干名	22	8	143.8/200	2.8	3.2
/東洋史学(一般)	50	55	25	147	53	206.2/350	2.8	2.2
(共通)	50	55	4	49	16	192.7/350	3.1	3.8

学部／学科／専攻・コース	2024年度		2023年度実績					
	駿台予備学校 合格目標ライン	河合塾 ボーダー偏差値	募集人員	受験者数	合格者数	合格最低点	競争率 '23年	競争率 '22年
(英語外部試験利用)	49	55	若干名	12	5	150.7/200	2.4	2.5
/西洋史学(一般)	51	57.5	25	299	90	222.4/350	3.3	2.3
(共通)	51	57.5	4	101	27	196.5/350	3.7	2.7
(英語外部試験利用)	50	57.5	若干名	19	7	142.4/200	2.7	2.3
/哲学(一般)	50	55	36	219	93	208.4/350	2.4	2.6
(共通)	50	57.5	3	74	26	193.6/350	2.8	3.2
(英語外部試験利用)	49	57.5	若干名	18	6	134.3/200	3.0	3.2
/社会学(一般)	51	57.5	47	539	178	214.9/350	3.0	2.1
(共通)	51	57.5	3	241	46	202.5/350	5.2	1.9
(英語外部試験利用)	50	57.5	若干名	49	14	142.4/200	3.5	2.0
/社会情報学(一般)	51	57.5	43	208	70	215.9/350	3.0	3.4
(共通)	51	57.5	3	107	31	193.4/350	3.5	5.7
(英語外部試験利用)	50	57.5	若干名	16	3	138.0/200	5.3	5.7
/教育学(一般)	51	57.5	32	304	88	215.1/350	3.5	2.3
(共通)	51	57.5	3	97	24	196.5/350	4.0	2.9
(英語外部試験利用)	50	57.5	若干名	19	6	140.3/200	3.2	3.2
/心理学(一般)	51	60	41	579	107	196.1/300	5.4	3.2
(共通)	51	57.5	3	203	26	176.3/300	7.8	4.2
(英語外部試験利用)	50	57.5	若干名	37	8	146.2/200	4.6	2.9
/学びのパスポートプログラム(一般)	51	57.5	10	71	11	192.0/300	6.5	4.3
(共通)	51	57.5	2	52	6	182.2/300	8.7	7.5
(英語外部試験利用)	50	57.5	—	—	—	—	新	—
総合政策学部								
政策科(一般)	48	57.5	30	775	113	157.0/250	6.9	3.8
(英語外部試験利用)	48	55	5	37	13	非公表	2.8	2.5
(共通)	51	55	25	363	101	206.5/350	3.6	3.6
国際政策文化(一般)	50	60	30	765	134	157.0/250	5.7	3.5
(英語外部試験利用)	50	55	5	98	34	非公表	2.9	2.4
(共通)	51	57.5	25	281	116	199.5/350	2.4	2.7
国際経営学部								
国際経営(一般)	49	57.5	70	1,102	319	225.0/300	3.5	5.6
(共通３教科)	50	57.5	20	296	60	242.5/400	4.9	4.9
(共通４教科)	49	57.5	10	41	14	302.5/500	2.9	2.9
(英語外部試験利用)	48	57.5	20	615	198	非公表	3.1	3.9
国際情報学部								
国際情報(一般)	48	57.5	60	918	183	180.0/250	5.0	5.2
(英語外部試験利用)	48	57.5	5	139	17	80.0/100	8.2	16.3

●駿台予備学校合格目標ラインは合格率80％に相当する駿台模試の偏差値です。 ●競争率は受験者÷合格者の実質倍率

●河合塾ボーダー偏差値は合格可能性50％に相当する河合塾全統模試の偏差値です。

※合格最低点は偏差点を使用しています。ただし，一般方式の理工学部と総合政策学部，国際経営学部，国際情報学部および英語外部試験利用方式の理工学部は素点です。

●共通テスト利用選抜（単独方式・併用方式）

学部／学科／専攻・コース	2024年度			2023年度実績				
	駿台予備学校	河合塾		募集人員	志願者数	合格者数	競争率	
	合格目標ライン	ボーダー得点率	ボーダー偏差値				'23年	'22年
法学部								
法律（前期５教科）	**58**	**80%**	—	115	1,585	983	1.6	1.6
（前期３教科）	**58**	**84%**	—	24	1,218	285	4.3	4.5
（後期）	—	—	—	6	83	15	5.5	5.4
（併用）	**57**	**78%**	**62.5**	52	469	206	2.3	2.7
国際企業関係法（前期５教科）	**54**	**75%**	—	19	212	157	1.4	1.5
（前期３教科）	**55**	**77%**	—	6	169	82	2.1	2.5
（後期）	—	—	—	3	42	4	10.5	11.3
（併用）	**55**	**76%**	**60**	13	90	30	3.0	1.7
政治（前期５教科）	**57**	**79%**	—	52	327	225	1.5	1.5
（前期３教科）	**57**	**80%**	—	12	422	154	2.7	2.5
（後期）	—	—	—	6	64	10	6.4	2.5
（併用）	**59**	**74%**	**60**	26	128	85	1.5	1.8
経済学部								
経済（前期４教科）	**53**	**80%**	—	16	495	161	3.1	4.5
（前期３教科）	**52**	**81%**	—	16	409	79	5.2	7.9
（後期）	—	—	—	5	65	44	1.5	27.0
（併用Ⅰ）	**53**	**77%**	**57.5**	9	82	17	4.8	5.2
（併用Ⅱ）	**52**			6	35	7	5.0	6.9
経済情報システム（前期４教科）	**49**	**79%**	—	7	106	29	3.7	4.4
（前期３教科）	**49**	**79%**	—	7	67	21	3.2	3.9
（後期）	—	—	—	5	37	17	2.2	9.8
（併用）	**48**	**76%**	**57.5**	7	22	12	1.8	3.1
国際経済（前期４教科）	**49**	**80%**	—	11	48	23	2.1	4.4
（前期３教科）	**49**	**79%**	—	11	71	25	2.8	3.8
（後期）	—	—	—	5	42	26	1.6	7.0
（併用）	**48**	**79%**	**57.5**	12	33	12	2.8	3.3
公共・環境経済（前期４教科）	**49**	**79%**	—	6	21	9	2.3	7.7
（前期３教科）	**49**	**79%**	—	6	39	7	5.6	8.6
（後期）	—	—	—	5	50	13	3.8	7.4
（併用）	**49**	**76%**	**57.5**	6	17	12	1.4	3.2
商学部								
経営（前期４教科）	**52**	**76%**	—	14	245	98	2.5	2.0
（前期３教科）	**52**	**77%**	—	12	865	184	4.7	2.1
（後期）	—	—	—	4	55	4	13.8	30.3
会計（前期４教科）	**51**	**76%**	—	14	259	112	2.3	1.9
（前期３教科）	**51**	**77%**	—	12	380	100	3.8	2.2
（後期）	—	—	—	4	37	4	9.3	16.3
国際マーケティング（前期４教科）	**51**	**76%**	—	14	143	63	2.3	1.9
（前期３教科）	**51**	**77%**	—	12	294	84	3.5	1.9
（後期）	—	—	—	4	45	4	11.3	21.3

学部／学科／専攻・コース	2024年度 駿台予備学校 合格目標ライン	2024年度 河合塾 ボーダー得点率	2024年度 河合塾 ボーダー偏差値	2023年度実績 募集人員	志願者数	合格者数	競争率 '23年	競争率 '22年
金融（前期４教科）	51	75%	—	8	49	30	1.6	1.5
（前期３教科）	52	77%	—	4	75	25	3.0	2.4
（後期）	—	—	—	4	34	4	8.5	18.8
フリーメジャー・コースA（併用）	52	76%	57.5	10	123	35	3.5	3.7
フリーメジャー・コースB（併用）	51			10	119	40	3.0	4.0
理工学部								
数（併用）	51	78%	57.5	13	194	65	3.0	2.4
物理（単独）	51	81%	—	5	343	68	5.0	3.4
（併用）	50	78%	57.5	10	216	78	2.8	2.8
都市環境（単独）	49	81%	—	9	376	66	5.7	3.1
（併用）	48	78%	55	9	175	62	2.8	2.9
精密機械工（単独）	50	80%	—	8	347	96	3.6	3.9
（併用）	49	79%	55	20	221	66	3.3	3.2
電気電子情報通信工（単独）	49	82%	—	10	403	97	4.2	4.4
（併用）	48	79%	55	20	187	58	3.2	3.3
応用化（単独）	50	80%	—	10	436	110	4.0	3.3
（併用）	49	79%	57.5	25	324	115	2.8	2.1
ビジネスデータサイエンス（単独）	49	81%	—	13	308	55	5.6	5.0
（併用）	48	78%	57.5	13	288	78	3.7	3.9
情報工（単独）	50	85%	—	7	602	55	10.9	7.3
（併用）	50	84%	60	13	339	58	5.8	4.9
生命科（単独）	50	82%	—	5	285	69	4.1	4.0
（併用）	49	82%	57.5	10	217	66	3.3	2.7
人間総合理工（単独）	49	79%	—	8	227	38	6.0	4.4
（併用）	48	80%	57.5	12	132	26	5.1	3.6
文学部								
人文社会（前期４教科）	52	75%	—	40	512	227	2.3	2.0
人文社会/国文学（前期３教科）	51	79%	—	11	242	55	4.4	2.1
/英語文学文化（前期３教科）	53	76%	—	11	236	84	2.8	2.1
/ドイツ語文学文化（前期３教科）	52	76%	—	6	88	30	2.9	2.6
/フランス語文学文化（前期３教科）	51	76%	—	5	74	21	3.5	2.7
/中国言語文化（前期３教科）	50	76%	—	6	97	25	3.9	2.9
/日本史学（前期３教科）	52	79%	—	5	171	33	5.2	4.4
/東洋史学（前期３教科）	51	76%	—	6	157	43	3.7	2.1
/西洋史学（前期３教科）	52	78%	—	6	135	51	2.6	2.6
/哲学（前期３教科）	51	78%	—	5	95	38	2.5	2.8
/社会学（前期３教科）	52	78%	—	5	195	44	4.4	2.9
/社会情報学（前期３教科）	52	79%	—	3	70	17	4.1	4.8
/教育学（前期３教科）	52	78%	—	3	119	25	4.8	3.2
/心理学（前期３教科）	51	82%	—	3	217	29	7.5	5.0
学びのパスポートプログラム（前期3教科）	51	78%	—	2	35	4	8.8	4.9
人文社会（後期）	—	—	—	若干名	135	19	7.1	52.0

学部／学科／専攻・コース	2024年度			2023年度実績				
	駿台予備学校	河合塾						
	合格目標ライン	ボーダー得点率	ボーダー偏差値	募集人員	志願者数	合格者数	競争率 '23年	競争率 '22年
総合政策学部								
政策科（前期）	**51**	**76%**	—	24	267	89	3.0	2.2
（後期）	—	—	—	5	55	9	6.1	3.5
（併用）	**51**	**77%**	**60**	15	72	25	2.9	2.7
国際政策文化（前期）	**52**	**76%**	—	25	299	142	2.1	2.9
（後期）	—	—	—	5	71	9	7.9	3.0
（併用）	**52**	**77%**	**60**	15	180	84	2.1	1.9
国際経営学部								
国際経営（前期３教科）	**50**	**77%**	—	17	388	129	3.0	3.8
（前期４教科）	**50**	**75%**	—	7	51	23	2.2	3.2
（後期３教科）	—	—	—	3	101	15	6.7	3.9
（後期４教科）	—	—	—	3	50	11	4.5	3.6
（併用）	**49**	**70%**	**57.5**	10	86	20	4.3	5.8
国際情報学部								
国際情報（前期３教科）	**49**	**77%**	—	10	407	160	2.5	3.2
（前期４教科）	**49**	**75%**	—	10	82	45	1.8	2.1
（後期）	—	—	—	5	63	21	3.0	7.8
（併用）	**48**	**85%**	**62.5**	10	182	53	3.4	5.0

- 駿台予備学校合格目標ラインは合格可能性80%に相当する駿台模試の偏差値です。
- 競争率は志願者÷合格者の志願倍率。ただし，共通テスト併用は受験者÷合格者の実質倍率。
- 河合塾ボーダー得点率は合格可能性50%に相当する共通テストの得点率です。
  また，ボーダー偏差値は合格可能性50%に相当する河合塾全統模試の偏差値です。

併設の教育機関 大学院

法学研究科

教員数▶59名（M）
院生数▶86名

博士前期課程 ●**公法専攻** 国家と国民の関係，国家と国家，国家と社会の関係などを，法的構造（権利と義務）のもとに研究する。

●**民事法専攻** 民法，商法，経済法，労働法，民事訴訟法，社会保障法などの，私人間の権利と義務に関する私法分野を中心に学ぶ。

●**刑事法専攻** 刑法，刑事訴訟法など伝統的な法律分野のほか，犯罪学，刑事政策も併せて研究することができる体制を整備。

●**国際企業関係法専攻** “経済に強い法律家”をスローガンに，研究者やグローバル社会で活躍する高度職業人を養成する。

●**政治学専攻** 現代社会が多彩に見せる諸現象・諸相，歴史などについて，その本質をつかみ，背後にある法則性や規則性を読み取る。

博士後期課程 **公法専攻，民事法専攻，刑事法専攻，国際企業関係法専攻，政治学専攻**

経済学研究科

教員数▶33名（M）
院生数▶48名

博士前期課程 ●**経済学専攻** 研究者，高度職業人，税理士の３コースを設置し，それぞれの想定する進路で必要な能力を養成できるカリキュラムを設計。

博士後期課程 **経済学専攻**

商学研究科

教員数▶63名（M）
院生数▶44名

博士前期課程 ●**商学専攻** 経営学，会計学，商業学，金融学および経済学の５つの専攻分野において，高い研究能力と広く豊かな学識を有する研究者や，優れた見識と高度の専門性を備えた実務家を養成する。

博士後期課程 **商学専攻**

理工学研究科

教員数▶116名（M）
院生数▶781名

博士前期課程 ●**数学専攻** 純粋数学から応用数学に至るまで，幅広い内容の講義を提供し，活発な研究を展開している。

●**物理学専攻** ミクロからマクロまで自然界に見られるさまざまな物理現象の解明をめざし，理論的，実験的，あるいは計算機を駆使した数値的な研究を行っている。

●**都市人間環境学専攻** 環境・自然災害問題，社会資本整備や管理の基準，財源問題等など解決を迫られている問題を構造化し，解決に向けて一歩一歩努力する人材を育成する。

●**精密工学専攻** 「いかに造るか」から「何を創るか」に力点を置き，工学先端を追求しつつ，産業基盤にも貢献することを目的として研究を進めている。

●**電気電子情報通信工学専攻** 重要性を増している情報通信工学の発展に対応し，多岐にわたる分野で先端的・先進的基礎研究および基盤技術研究を行っている。

●**応用化学専攻** 物質科学の華である応用化学の高度な知識を身につけ，国際水準の成果を得て対外的に発信できる人材を育成する。

●**ビジネスデータサイエンス専攻** 組織の経営管理に適用できる科学的理論と実践的技術についての研究指導と関連授業を展開。

●**情報工学専攻** 情報技術・情報工学の基礎から応用にわたって研究・開発・実務に携わるための知識と能力と意欲を持った，指導的役割を果たせる人材を育成する。

●**生命科学専攻** 先端的かつ総合的な生物学的知識と技術を修得するとともに，生命系を含む地球環境の仕組みを深く理解し，人類の調和的発展に貢献する人材を育成する。

博士後期課程 **数学専攻，物理学専攻，都市人間環境学専攻，精密工学専攻，応用化学専攻，ビジネスデータサイエンス専攻，生命科学専攻，電気・情報系専攻**

文学研究科

教員数▶80名（M）
院生数▶161名
博士前期課程 ●国文学専攻 文献解読や実証研究の学問伝統を継承しつつ，電子メディアによる資料分析，読者論・メディア論などのアプローチも取り入れ，研究を展開。
●英文学専攻 英文学・米文学・英語学に関してさまざまなテーマを扱う授業があり，多様な関心に対応できるカリキュラムを用意。
●独文学専攻 ドイツ語学，ドイツ文学，ドイツ思想，ドイツ文化学，ドイツ演劇，ドイツ現代史の６分野が主な研究・教育対象。
●仏文学専攻 フランスや仏語圏から第一線の作家や研究者を招いて講演会を開くことを特徴とし，交換留学制度も充実。
●中国言語文化専攻 中国語学，中国文学，中国文化学の３分野において，活字媒体から電子データまで扱える能力を身につける。
●日本史学専攻 実証を基礎として，視野を広く持ち，客観的・総合的に歴史事象の把握に努めることを目標にカリキュラムを編成。
●東洋史学専攻 アジア全域をカバーできる幅広さと深い専門性を備える教育課程を持ち，優れた教授陣と豊かな蔵書を擁する，日本を代表するアジア史専攻の研究室の一つ。
●西洋史学専攻 古代から現代まで，ヨーロッパ，メソポタミア，アメリカの歴史を研究できるよう，指導を実施。
●哲学専攻 西洋と東洋の哲学・思想を同時に学ぶことが可能で，原典を原語で正確に精緻に読解するための語学力修得も重視。
●社会学専攻 社会学理論と実証，調査研究の手法について幅広く学び，社会学的思考力を身につける。隣接専攻の「社会情報学」とカリキュラムや共同研究で協力。
●社会情報学専攻 社会に存在するさまざまな情報とそのコミュニケーション・蓄積・加工について多元的に考察する。
●教育学専攻 教育哲学，教育史，教育方法学，教育社会学，教育行政学，生涯学習論の６領域。人間形成と教育の事実と概念を科学的に解明する。
●心理学専攻 心理学，臨床心理学の２コース。臨床心理学コースは日本臨床心理士資格認定協会第２種指定。
博士後期課程 国文学専攻，英文学専攻，独文学専攻，仏文学専攻，中国言語文化専攻，日本史学専攻，東洋史学専攻，西洋史学専攻，哲学専攻，社会学専攻，社会情報学専攻，教育学専攻，心理学専攻

総合政策研究科

教員数▶33名（M）
院生数▶17名
博士前期課程 ●総合政策専攻 文化的視野に基づく法政策，公共政策，経営政策などの「政策研究」を専門分野として活躍できる，クロスボーダー社会が求める人材を養成する。
博士後期課程 総合政策専攻

国際情報研究科

教員数▶12名
学生数▶20名
修士課程 ●国際情報専攻 情報学と法学を統合し，社会のグランドデザインを主導する人材を育成する。

戦略経営研究科

教員数▶16名
院生数▶164名
専門職学位課程 ●戦略経営専攻 働きながら学ぶビジネス・パーソンに特化したビジネススクール。MBA取得可。
博士後期課程 ビジネス科学専攻

法務研究科

教員数▶47名
院生数▶289名
専門職学位課程 ●法務専攻 現代社会の高度かつ多様な要求に応えることのできるリーガル・ジェネラリスト，リーガル・スペシャリストを養成する。

津田塾大学

資料請求

問合せ先 経営企画課 ☎042-342-5113

建学の精神

日本女子高等教育の先駆者としての功績が認められ，2024年7月に発行される新五千円券に肖像が描かれる津田梅子によって，1900（明治33）年に前身となる「女子英学塾」が創設された。わずか６歳で国費留学生としてアメリカに渡った梅子は，現地の教育を受け，生活文化を吸収して帰国。「日本の女性の視野を広げ，社会で活躍できる人材に育てたい」という強い想いは，１世紀以上もの長い年月を経た今でも津田塾大学を支える学びの根幹となり，時代を支える新しい女性たちを数多く輩出し続けている。そして今，梅子の意志を引き継ぎ，2030年に向けて策定されたビジョン「変革を担う，女性であること」に基づき，現代という厳しい時代を見極めながら，時代の要請に応え，新たな道を開拓していく女性を，これからも育んでいく。

- 小平キャンパス………〒187-8577　東京都小平市津田町2-1-1
- 千駄ヶ谷キャンパス…〒151-0051　東京都渋谷区千駄ヶ谷1-18-24

基本データ

学生数▶女3,126名
専任教員数▶教授62名，准教授29名，講師7名

設置学部▶学芸，総合政策
併設教育機関▶文学・国際関係学・理学（以上M・D）

就職・卒業後の進路

就職率 **97.0**%
就職者÷希望者×100

● **就職支援**　教職員はもちろん，進路を決めた４年生や社会で活躍するOGを含めて大学全体が一丸となって行うのが特長。年間を通じて行うガイダンスは，学生のニーズや採用状況などを考慮しながら多様な進路に対応したものとなっており，就職先が内定した４年生の「生の声」に触れることもできる。また，個別相談を重視し，自分の生き方を見つめて進路を選択できるようアドバイスしている。

● **資格取得支援**　建学時より，「教員の養成」を通して社会への貢献に努め，100年以上にわたって優れた教員を輩出してきた実績があり，教職経験豊富な講師を招き，教員志望者を対象とした論文講座，面接講座などを実施。

進路指導者も必見 学生を伸ばす 面倒見

初年次教育	学修サポート
「津田塾の精神」を受け継ぐ「津田梅子と建学の精神」のほか，「１年セミナー」「基礎セミナー」「情報処理」「コンピュータリテラシー」「データ・サイエンス入門」「データリテラシー」などを開講。「レポートの書き方講座」も実施	TA制度，専任教員が学生10～20人を担当するアドバイザー制度，オフィスアワーを導入。あらゆるタイプの「書く力」を育成するライティングセンターや，障がいのある学生などを支援するインクルーシブ教育支援室を設置

オープンキャンパス（2023年度実績） 7月，8月，3月に開催（事前予約制。キャンパスにより，開催日は異なる）。在学生によるQ&Aセッション，模擬授業，キャンパスツアー，個別相談，在学生との懇談など。

学芸学部・文系学科
2023年３月卒業生
521人
その他 11.5%
進学
3.6%
就職 84.8%

学芸学部・理系学科
2023年３月卒業生
100人
その他 8.0%
進学
19.0%
就職 73.0%

総合政策学部
2023年３月卒業生
110人
その他 8.2%
進学
7.3%
就職 84.5%

主なOG▶戸田奈津子（映画翻訳家，通訳），南場智子（ディ・エヌ・エー創業者），安江令子（サイバネットシステム社長），梶浦由記（音楽プロデューサー・作曲家），後藤晴菜（日本テレビアナウンサー）など。

国際化・留学　大学間 33 大学・部局間 1 大学

受入れ留学生数▶41名（2023年５月１日現在）

留学生の出身国▶中国，韓国，アメリカ，フランス，ベトナムなど。

外国人専任教員▶教授３名，准教授７名，講師１名（2023年５月１日現在）

外国人専任教員の出身国▶カナダ．イギリス，オーストラリア，アメリカ，アイルランド，韓国，ドイツ。

大学間交流協定▶33大学（交換留学先19大学，2023年９月１日現在）

部局間交流協定▶１大学（2023年９月１日現在）

海外への留学生数▶渡航型51名・オンライン型９名／年（19カ国・地域，2022年度）

海外留学制度▶協定校留学や私費留学（認定留学，休学による留学），大学主催の語学研修など，多彩なプログラムを提供し，海外活動をサポート。語学研修は第２タームと夏期・春期休暇を利用して実施するプログラムで，2022年度は，夏期にアメリカ，イギリス，カナダ，春期にオーストラリアで実施した。

学費・奨学金制度　給付型奨学金総額 年間約 1,598 万円

入学金▶200,000円

年間授業料（施設費等を除く）▶750,000円～（詳細は巻末資料参照）

年間奨学金総額▶15,979,998円

年間奨学金受給者数▶71人

主な奨学金制度▶経済的支援の「〈津田スピリット〉奨学金」や「Atsuko Onda Craft & Yasuko Onda Chikada Scholarship」，学業成績優秀者を表彰する「梅子スカラシップ（学業）」などの制度を設置。また，学費減免制度もあり，2022年度には189人を対象に総額で約１億291万円を減免している。

保護者向けインフォメーション

●**成績確認**　成績通知書を郵送するほか，３年次に進級できない学生の保護者には「３年次進級不可通知」も送付している。

●**広報誌**　『Tsuda Today』を発行している。

●**大学説明会**　オンラインで「在学生保護者のための大学説明会」を開催し，学長挨拶およびキャリアサポート，学外学修や留学についての説明を行っている。

●**防災対策**　「防災対応マニュアル」を入学時に配布。また，災害時の学生の状況を把握するために，安否確認システムを導入している。

インターンシップ科目	必修専門ゼミ	卒業論文	GPA制度の導入の有無および活用例	１年以内の退学率	標準年限での卒業率
全学部で開講している	全学科で1年次から4年次まで実施（英語英文学科は２年次を除く）	英語英文学科を除き卒業要件	奨学金や授業料免除対象者の選定基準，留学候補者の選考，退学勧告基準，学生に対する個別の学習指導などに活用	1.6%	82.2%

学部紹介

学部／学科	定員	特色
学芸学部		
英語英文	220	▷英語圏言語文化，異文化コミュニケーションの２専攻。「真」の教養を獲得し，現代の多文化社会に適応する力を育む。
国際関係	200	▷グローバル・国際関係，地域・文化，国際日本の３コース。国際社会の問題を解決に導く総合的な思考力を養う。
多文化・国際協力	70	▷多文化共生，国際協力，国際ウェルネスの３コース。真の「共生型」社会を切り拓く力を培う。
数	45	▷社会の発展を支える，数学による表現力を身につける。論理性の習得に役立つ英語力も重視。
情報科	45	▷基礎的な知識・概念から始め，本格的なプログラミングまで学び，情報社会の進化に対応する技術を修得する。
● 取得可能な資格…教職（地歴・公・社・数・情・英）など。 ● 進路状況…………就職82.9%　進学6.1% ● 主な就職先………日本電気，日本アイ・ビー・エム，富士通，野村総合研究所，日本放送協会など。		
総合政策学部		
総合政策	110	▷英語やデータ分析の基礎的な学習からプロジェクト型教育まで主体的な学びを重視し，実践的な課題解決能力を高める。
● 進路状況…………就職84.5%　進学7.3% ● 主な就職先………アクセンチュア，日本アイ・ビー・エム，日本電気，富士通，楽天グループなど。		

▶キャンパス

学芸……［小平キャンパス］東京都小平市津田町2-1-1
総合政策……［千駄ヶ谷キャンパス］東京都渋谷区千駄ヶ谷1-18-24

2025年度入試要項（予告）

●募集人員

学部／学科		一般A	一般B
▶学芸	英語英文	85	20
	国際関係	110	20
	多文化・国際協力	45	10
	数	25	5
	情報科	25	5
▶総合政策	総合政策	40	—

注）募集人員は2024年度の実績です。
※一般選抜B方式は共通テスト併用。

注）配点は編集時，未公表。最新の募集要項でご確認ください。

学芸学部

一般選抜Ａ方式　**【英語英文学科／国際関係学科／多文化・国際協力学科】** 3科目　①国▶現国・言語・論国・文国（古文・漢文の独立問題は出題しない）　②外▶英コミュⅠ・英コミュⅡ・英コミュⅢ・論表Ⅰ・論表Ⅱ・論表Ⅲ　③**地歴・数**▶「歴総・世探」・「歴総・日探」・「数Ⅰ・数Ⅱ・数Ａ（図形・場合）・数Ｂ（数列）・数Ｃ（ベク）」から１

【数学科・情報科学科】 2科目　①外▶英コミュⅠ・英コミュⅡ・英コミュⅢ・論表Ⅰ　②**数**▶数Ⅰ・数Ⅱ・数Ⅲ・数Ａ（図形・場合）・数Ｂ（数列）・数Ｃ（ベク・平面）

一般選抜Ｂ方式（共通テスト＋個別学力試験）

【英語英文学科】〈共通テスト科目〉 3科目　①国▶国　②外▶英（リスニングを含む）　③**地歴・公民・数**▶「歴総・世探」・「歴総・日探」・「地総・地探」・「地総・歴総・公から２」・「公・倫」・「公・政経」・数Ⅰ・「数Ⅰ・数Ａ」・「数Ⅱ・数Ｂ・数Ｃ」から１

〈個別試験科目〉 1科目　①外▶英コミュⅠ・

キャンパスアクセス ［小平キャンパス］西武国分寺線一鷹の台より徒歩８分／JR武蔵野線一新小平より徒歩18分

英コミュⅡ・英コミュⅢ・論表Ⅰ・論表Ⅱ・論表Ⅲ

【国際関係学科／多文化・国際協力学科】〈共通テスト科目〉 **3**科目 ①国▶国 ②外▶英(リスニングを含む)・独・仏・中・韓から1 ③**地歴・公民・数**▶「歴総・世探」・「歴総・日探」・「地総・地探」・「公・倫」・「公・政経」・「数Ⅰ・数A」・「数Ⅱ・数B・数C」から1

〈個別試験科目〉 **1**科目 ①**小論文**(英語の理解力を必要とする)

【数学科】〈共通テスト科目〉 **3**科目 ①**外**▶英(リスニングを含む) ②③**数**▶「数Ⅰ・数A」・「数Ⅱ・数B・数C」

〈個別試験科目〉 **1**科目 ①**数**▶数Ⅰ・数Ⅱ・数Ⅲ・数A(図形・場合)・数B(数列)・数C(ベク・平面)

【情報科学科】〈共通テスト科目〉 **4**科目 ①**外**▶英(リスニングを含む) ②③**数**▶「数Ⅰ・数A」・「数Ⅱ・数B・数C」 ④**国・地歴・公民・理・情**▶国(近代)・「歴総・世探」・「歴総・地探」・「地総・地探」・「地総・歴総・公から2」・「公・倫」・「公・政経」・「物基・化基・生基・地学基から2」・物・化・生・地学・情Ⅰから1

〈個別試験科目〉 **1**科目 ①**数**▶数Ⅰ・数Ⅱ・数Ⅲ・数A(図形・場合)・数B(数列)・数C(ベク・平面)

総合政策学部

一般選抜A方式 **2**科目 ①**国**▶現国・言語(古文・漢文の独立問題は出題しない) ②**外**▶英コミュⅠ・英コミュⅡ・英コミュⅢ・論表Ⅰ・論表Ⅱ・論表Ⅲ

その他の選抜

一般選抜C方式(共通テストのみ選考)は英語英文学科35名，国際関係学科30名，多文化・国際協力学科５名，数学科５名，情報科学科10名，総合政策学科30名を，総合型選抜は英語英文学科10名，国際関係学科15名，多文化・国際協力学科５名，情報科学科若干名，総合政策学科20名を募集。ほかに学校推薦型選抜(公募制，指定校制)，特別入試(帰国生，在日外国人学校出身者，留学生)，社会人入試を実施。

注)募集人員は2024年度の実績です。

偏差値データ (2024年度)

●一般選抜A方式

学部／学科	2024年度		2023年度
	駿台予備学校 合格目標ライン	河合塾 ボーダー偏差値	競争率
▶学芸学部			
英語英文	51	47.5	1.4
国際関係	52	50	1.7
多文化・国際協力	48	47.5	1.6
数	43	45	1.6
情報科	45	50	1.6
▶総合政策学部			
総合政策	52	52.5	2.8

- 駿台予備学校合格目標ラインは合格可能性80％に相当する駿台模試の偏差値です。
- 河合塾ボーダー偏差値は合格可能性50％に相当する河合塾全統模試の偏差値です。
- 競争率は受験者÷合格者の実質倍率

キャンパスアクセス [千駄ヶ谷キャンパス] JR中央線・総武線—千駄ヶ谷より徒歩1分／都営地下鉄大江戸線—国立競技場より徒歩1分／東京メトロ副都心線—北参道より徒歩10分

帝京大学（ていきょう）

TEIKYO

資料請求

問合せ先 入試センター ☎0120-335933

建学の精神

「努力をすべての基とし，偏見を排し，幅広い知識を身につけ，国際的視野に立って判断ができ，実学を通して創造力および人間味豊かな，専門性ある人材の養成を目的とする」ことを建学の精神に掲げ，1966（昭和41）年に開学。グローバルな時代を迎えた現在，「歴史をしのぐ未来」への歩みを確実に進めるためには，今日よりも一歩でも成長した明日をめざして新たなる強みをつくることが大切であるという思いのもと，「実学（実践を通して論理的な思考を身につける）」「国際性（異文化理解の学習・体験をする）」「開放性（必要な知識・技術を偏ることなく幅広く学ぶ）」を教育指針として掲げる帝京大学でさまざまな知識や技術を習得し，個性を最大限に生かし，自ら考え努力する“自分流”の生き方を学生に身につけてもらうべく，サポートしている。

- 板橋キャンパス……〒173-8605　東京都板橋区加賀2-11-1
- 八王子キャンパス…〒192-0395　東京都八王子市大塚359
- 宇都宮キャンパス…〒320-8551　栃木県宇都宮市豊郷台1-1
- 福岡キャンパス……〒836-8505　福岡県大牟田市岬町6-22

基本データ

学生数▶22,147名（男14,059名，女8,088名）
専任教員数▶教授469名，准教授253名，講師313名，助教243名
設置学部▶医，薬，経済，法，文，外国語，教育，理工，医療技術，福岡医療技術
併設教育機関▶大学院―経済学・法学・文学・外国語・理工学・医療技術学・保健学（以上M・D），総合データ応用プログラム（M），医学・薬学・医療データサイエンスプログラム（以上D），教職（P），公衆衛生学（P・D）　短期大学（P.513参照）　通信教育課程―理工学部

就職・卒業後の進路

●**就職支援**　各キャンパスで，学生の就業力を育成するための多彩な支援行事を，年次に合わせて段階的に展開。宇都宮キャンパスでは，2月に企業の人事担当者を招いて学内合同企業セミナーを開催し，多くの学生がこのセミナーに参加し採用内定につなげている。

進路指導者も必見 学生を伸ばす 面倒見

初年次教育	学修サポート
文章力やプレゼンテーション能力，コミュニケーション能力，論理的思考力などを修得する「ライフデザイン演習Ⅰ・Ⅱ」や「基礎演習」などを各学部で実施。宇都宮Cと福岡Cでは「フレッシュマンセミナー」を行っている	レポートの作成方法や講義の受け方など，学びに関する悩みにピアサポーター（各学部3・4年生）が応えてくれる「学習支援デスク」，外国語学習支援スペース「Teikyo language commons」を八王子キャンパスに設置

オープンキャンパス（2023年度実績）　板橋キャンパスと宇都宮キャンパスで6・7・8・3月（医学部は7・8月のみ），八王子キャンパスで6・7・8・9・3月，福岡キャンパスで4・6・7・8・9・12月に開催。

●**資格取得支援**　板橋キャンパスでは春と冬に合宿形式などの集中講義を行い，希望者には教員の解説や講義も実施。福岡キャンパスでは各種模擬試験で，各段階での学力水準と苦手分野を把握。教員による補講や特別講義，グループ学習により合格へと導いている。

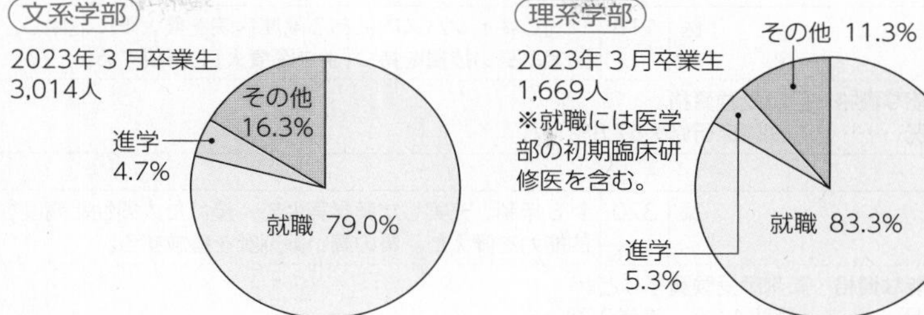

主なOB・OG▶［経済］黒田茂夫（昭文社ホールディングス社長），［文］尾﨑敦史（大和冷機工業社長），［法］高橋恭市（千葉県富津市長），［法］松本薫（元柔道選手），［教育］松田力也（ラグビー選手）など。

国際化・留学　　大学間 97 大学等

受入れ留学生数▶1,127名（2022年度）
留学生の出身国▶アジアを中心に29カ国
外国人専任教員▶教授７名，准教授13名，講師10名，助教11名（2023年５月１日現在）
外国人専任教員の出身国▶NA
大学間交流協定▶97大学・機関（2023年５月現在）
海外への留学生数▶渡航型139名／年（９カ国，2022年度）
海外留学制度▶交換留学のほか，夏期・春期短期研修，学部学科主催プログラム，イギリスの帝京大学グループのダラムキャンパスで行われる文系学生対象のダラム留学など，多彩な留学・海外研修プログラムを用意。

学費・奨学金制度

入学金▶263,000円〜
年間授業料（施設費等を除く）▶777,000円〜（詳細は巻末資料参照）
年間奨学金総額▶NA
年間奨学金受給者数▶NA
主な奨学金制度▶「"自分流" 奨学金制度」は入学後，家計支持者の死亡，失職などによる家計状況の急変により，経済的に修学が困難となった学生を対象に，授業料年額10万円を減免（１カ年）。このほか,「後援会奨学金」（八王子・宇都宮キャンパス）や「成績優秀者奨学金」などの制度を設置している。

保護者向けインフォメーション

●**オープンキャンパス**　宇都宮キャンパスでは通常のオープンキャンパス時に，保護者向けの説明会を実施している。
●**保護者ポータルサイト**　授業への出席状況や履修科目，単位修得状況などが確認できる保護者ポータルサイト「CAMPUSSQUARE」を開設。学費などの振込手続きも可能。
●**防災対策**　八王子キャンパスでは，ホームページに「大規模災害時の対応」を掲載。災害発生後の大学からの情報発信は，ホームページおよびポータルサイトで通知する。

インターンシップ科目	必修専門ゼミ	卒業論文	GPA制度の導入の有無および活用例	１年以内の退学率	標準年限での卒業率
学部による	学部による	学部による	主に奨学金や授業料免除対象者の選定基準のほか，教育実習履修の可否，進級・卒業判定基準などに活用	3.9%（除籍者を含む）	NA

学部紹介

学部／学科	定員	特色
医学部		
医	118	▷同じキャンパス内にある附属病院を最大限に活用し，深い知識と高い技量を持つ「よき医療人」を育成する。
● 取得可能な資格…医師受験資格。 ● 進路状況…………初期臨床研修医87.8%		
薬学部		
薬	320	▷６年制。充実した薬学実習で，優れた人間性と高度な科学的能力を備えた，質の高い薬剤師を養成する。
● 取得可能な資格…薬剤師受験資格など。 ● 進路状況…………就職84.6%　進学0.7% ● 主な就職先………帝京大学医学部附属病院，埼玉県立病院機構，ウエルシア薬局，日本調剤など。		
経済学部		
経済	550	▷経済の動向を分析し，問題解決に取り組むビジネスリーダーを育成する。実学重視のカリキュラムを展開。
国際経済	200	▷異文化理解と国際感覚を養い，国際経済の舞台へ乗り出す力を身につける。週４回の英語の授業で語学力が着実に向上。
地域経済	100	▷"地域と経済"をあらゆる角度から検証，学習し，地域の活性化と再生を実現させる原動力となる人材を育成する。
経営	550	▷経営，企業と会計，スポーツ経営の３コース。ビジネスの現場で生じる，さまざまな問題に対処できる能力を養う。
観光経営	170	▷観光に関する幅広い分野を学び，地域の発展に貢献する力を養う。観光ビジネスの現場を想定したカリキュラムが充実。
● 取得可能な資格…教職（地歴・公・社・情・商業），司書，司書教諭，学芸員など。 ● 進路状況…………就職80.8%　進学3.6% ● 主な就職先………アース製薬，アイリスオーヤマ，大創産業，北海道旅客鉄道，宇都宮市役所など。		
法学部		
法律	375	▷司法，ビジネス法務，現代社会と法の３コース。法学の知識と法的思考能力の育成を中心とした実学教育を実施。
政治	100	▷公共政策，政治の２コース。国際的視野や政治知識，政策的思考能力を備え，多面的に活躍する人材を育成する。
● 取得可能な資格…教職（地歴・公・社），司書，司書教諭，学芸員など。 ● 進路状況…………就職81.4%　進学3.8% ● 主な就職先………クリナップ，住友不動産販売，ヤマダホールディングス，東京都庁，警視庁など。		
文学部		
日本文化	120	▷日本文化に関する多様な知識と豊かな日本語能力，国際的視野を備えた人材を育成する。
史	213	▷日本史，東洋史，西洋史，考古学，地理学，美術史・文化遺産の６コース。社会の動きを歴史的・論理的に考察し，未来への道筋を探る力を養う。
社会	208	▷社会・文化・人間に関する新しい視点を開き，論理的思考力を養い，社会問題に対処する実践力を身につける。
心理	200	▷基礎から臨床までの幅広い心理学をバランスよく学び，「こころ」の働きの解明や問題解決に貢献できる人材を育成する。

キャンパスアクセス ［板橋キャンパス］ JR埼京線一十条より徒歩10分／JR京浜東北線一王子よりバス10分・帝京大学病院下車

● 取得可能な資格…教職（国・地歴・公・社・書），司書，司書教諭，学芸員など。 ● 進路状況…………就職74.1%　進学6.4% ● 主な就職先………きらぼし銀行，日本生命保険，大成建設，SOMPOケア，日本通運，警視庁など。		
外国語学部		
外国語	250	▷英語，ドイツ語，フランス語，スペイン語，中国語，コリア語の6コース。語学力と豊かな知性を持つグローバル人材を育成する。原則として，2年次に全員が留学を経験。
国際日本	150	▷グローバル共生社会への理解を深めるため，2年次前期に海外で，4カ月間の「語学・文化研修プログラム」を実施。
● 取得可能な資格…教職（英），司書，司書教諭，学芸員など。 ● 進路状況…………就職77.2%　進学8.0% ● 主な就職先………アパグループ，ANA Cargo，SMBC日興証券，マイナビ，リゾートトラストなど。		
教育学部		
教育文化	100	▷新しい教育の形を実践的に学び，中・高教員や公務員，教育関連職など，幅広く教育に関わる人材を育成する。
初等教育	230	▷〈初等教育コース160名，こども教育コース70名〉高い専門性と実践力を身につけた，即戦力となる質の高い小学校教諭と幼稚園教諭，保育士を育成する。
● 取得可能な資格…教職（地歴・公・社・保体・英，小一種，幼一種，特別支援），司書，司書教諭，学芸員，保育士など。 ● 進路状況…………就職79.9%　進学4.8% ● 主な就職先………セブン-イレブン・ジャパン，ニトリ，臨海，東京都ほか教育委員会，保育園など。		
理工学部		
機械・精密システム工	50	▷機械工学，自動車工学の2コース。研究開発など，機械工学に関するものづくりの根幹に携わる人材を育成する。
航空宇宙工	45	▷2コース制。航空宇宙工学コースはあらゆる最先端技術に挑戦できる，航空宇宙工学技術者を養成する。ヘリパイロットコース（上限10名）は航空宇宙工学のエンジニアとしての知識を持った，ヘリコプターパイロットを養成する。
情報電子工	85	▷情報科学，情報メディア，ロボット・メカトロニクスの3コース。情報科学とロボット工学を基礎に，ソフト・ハード開発に携わる人材を育成する。
バイオサイエンス	85	▷さまざまな生命現象を分子レベルで理解しながら，植物，微生物，動物，食品など多岐にわたる応用分野について幅広い知識と技術を学ぶ。
● 取得可能な資格…教職（数・理・情・工業），学芸員など。 ● 進路状況…………就職69.4%　進学19.1% ● 主な就職先………SUBARU，日本貨物航空，朝日航洋，富士ソフト，デンソーテン，全薬工業など。		
医療技術学部		
視能矯正	100	▷医学部附属病院を活用した抜群の学習環境で，人々の目の健康維持に貢献する視能訓練士を養成する。
看護	130	▷多様化する人の健康と生活のニーズに対応できる，人間性豊かな看護師を養成する。
診療放射線	100	▷臨床現場の高度な要請に対応でき，チーム医療に貢献する診療放射線技師を養成する。
臨床検査	100	▷高度な知識・技術，豊かな人間性，国際性を備えた臨床検査技師を養成する。

キャンパスアクセス ［八王子キャンパス］多摩モノレール―大塚・帝京大学より徒歩15分／京王線―聖蹟桜ヶ丘よりバス15分，高幡不動よりバス11分／京王相模原線，小田急多摩線―多摩センターよりバス14分

スポーツ医療	390	▷〈健康スポーツコース230名，救急救命士コース60名，トップアスリートコース100名〉幅広い知識と技術でスポーツと医療を支えるスペシャリストや，病院前救護医学と医療スキルを備え，現場対応能力のある救急救命士を養成する。
柔道整復	90	▷高度な医療技術と専門的な知識を備え，患者さんの健康をサポートする柔道整復師を養成する。

● **取得可能な資格**…教職（保体，養護一種・二種），看護師・保健師・診療放射線技師・臨床検査技師・救急救命士・視能訓練士・柔道整復師受験資格など。
● **進路状況**…………就職85.4％　進学5.1％
● **主な就職先**………帝京大学医学部附属病院，井上眼科病院，虎の門病院，TOTO，東京消防庁など。

福岡医療技術学部

理学療法	80	▷人間性重視の学びで確かな知識・技術と協調性を備えた，リハビリテーションの専門家を養成する。
作業療法	40	▷豊かな人間性を育むセラピスト教育を行い，患者さんの社会復帰を心と身体からサポートする作業療法士を養成する。
看護	80	▷地域に根ざし，病院はもとより福祉施設や在宅看護などで幅広く活躍できる人間性豊かな看護師を養成する。
診療放射線	60	▷高度な医療現場で即戦力として貢献できる診療放射線技師を養成する。病院と同じ最新の装置が揃う学習環境を提供。
医療技術	80	▷救急救命士，臨床工学の２コース（各コース40名程度）。救急医療と医療機器のスペシャリストを育成する。

● **取得可能な資格**…教職（養護二種），看護師・保健師・助産師・診療放射線技師・臨床工学技士・救急救命士・理学療法士・作業療法士受験資格。
● **進路状況**…………就職83.3％　進学4.1％
● **主な就職先**………帝京大学医学部附属病院，福岡リハビリテーション病院，鹿児島市立病院など。

キャンパス

医・薬・医療技術……［板橋キャンパス］東京都板橋区加賀2-11-1
経済・法・文・外国語・教育・医療技術（健康スポーツ・トップアスリート）……［八王子キャンパス］東京都八王子市大塚359
経済（地域経済）・理工・医療技術（柔道整復）……［宇都宮キャンパス］栃木県宇都宮市豊郷台1-1
福岡医療技術……［福岡キャンパス］福岡県大牟田市岬町6-22

2024年度入試要項（前年度実績）

● **募集人員**

学部／学科（コース）		一般Ⅰ期	一般Ⅱ期	一般Ⅲ期	共通テスト	学校推薦型	総合型Ⅰ～Ⅲ期
▶医	医	95	—	—	8	15	—
▶薬	薬	130	50	11	16	30	83
▶経済	経済	138	72	22	44	66	208
	国際経済	50	26	8	16	24	76
	地域経済	25	13	4	8	12	38
	経営	138	72	22	44	66	208
	観光経営	43	22	7	14	20	64
▶法	法律	94	49	15	30	45	142
	政治	25	13	4	8	12	38
▶文	日本文化	30	15	5	10	14	46
	史	53	28	9	17	25	81
	社会	52	27	8	17	25	79
	心理	50	26	8	16	24	76
▶外国語	外国語	63	32	10	20	30	95
	国際日本	25	13	4	8	12	38
▶教育	教育文化	25	13	4	8	12	38
	初等教育（初等教育）	40	21	6	13	19	61
	（子ども教育）	18	9	3	6	8	26
▶理工	機械・精密システム工	18	5	2	5	5	15
	航空宇宙工	16	5	2	4	5	13
	情報電子工	30	9	4	8	9	25
	バイオサイエンス	30	9	4	8	9	25
▶医療技術	視能矯正	24	3	3	5	20	45

キャンパスアクセス［宇都宮キャンパス］JR東北新幹線・宇都宮線一宇都宮よりバス20分

	看護	45	13	5	8	17	42
	診療放射線	36	8	3	8	12	33
	臨床検査	36	8	3	8	12	33
	スポーツ医療(健康スポーツ)	72	15	5	10	40	88
	(救急救命士)	15	3	3	5	10	24
	柔道整復	19	4	3	5	32	27
▶福岡医療技術	理学療法	22	4	2	8	22	22
	作業療法	10	1	1	4	12	12
	看護	24	4	4	8	18	22
	診療放射線	21	6	3	6	8	16
	医療技術	20	4	4	8	22	22

※医学部一般選抜の募集人員には特別地域枠（福島県・茨城県・千葉県・静岡県各２名，新潟県１名）を含む。
※医学部を除き，学校推薦型選抜の募集人員には指定校制を含み，経済学部経済・地域経済・経営学科は全商協会大学特別推薦枠，理工学部はジュニアマイスター顕彰特別推薦枠を含む
※総合型選抜の募集人員はⅠ～Ⅲ期の合計。

▷一般選抜の経済・法・文・外国語・教育・理工・医療技術（スポーツ医療学科健康スポーツコースのみ）学部において，指定された英語資格・検定試験の基準スコアを満たしている場合，出願時に申請することにより，英語外部試験の結果を用いることも可能。ただし，制度を利用する場合も，本学の英語試験は受験することとし，「本学の英語科目を受験した得点」と「換算した得点」のいずれか高得点のものを「英語」の得点として採用する。また，上記学部・コースにおいて，各学部・コースが指定する資格を有する者は，合否判定の際に考慮する（理工学部航空宇宙工学科ヘリパイロットコースは，いずれも一次選考の合否判定に利用）。
▷各学部における共通テスト利用選抜の「英語」は，リーディング（100点満点）の点と，リーディング（100点満点）を80点満点に圧縮した点にリスニング（100点満点）を20点満点に圧縮して加えた点の２通りを算出し，高得点を採用する。

医学部

一般選抜　〈一次選考〉　**3**科目　①外（100）▶コミュ英Ⅰ・コミュ英Ⅱ・コミュ英Ⅲ・英表Ⅰ・英表Ⅱ　②③国・数・理（100×2）▶国総（古文・漢文を除く）・「数Ⅰ・数Ⅱ・数A・数B（数列・ベク）」・「物基・物」・「化基・化」・「生基・生」から２
〈二次選考〉　**2**科目　①課題作文 ②面接
※二次選考は一次選考合格者のみ実施。
共通テスト利用選抜　〈一次選考〉　**3**科目　①**外**（100）▶英（リスニングを含む）　②③**国・数・理**（100×2）▶国・「数Ⅰ・〈数Ⅰ・数A〉・数Ⅱ・〈数Ⅱ・数B〉から１」・物・化・生から２
※「国語」は，「近代以降の文章」（100点満点）と，「近代以降の文章」に「古典（古文・漢文）」（100点満点）を加えた点（200点満点）を100点満点に圧縮した点の２通りを算出し，高得点を採用する。
［個別試験〈二次選考〉］　**3**科目　①**英語**▶長文読解　②**課題作文**　③**面接**
※共通テストによる一次選考合格者のみ実施。
学校推薦型選抜（公募制）　**［出願資格］**　専願，校長推薦，現役，入学確約者，全体の学習成績の状況が4.0以上。
［選考方法］書類審査，基礎能力適性検査（学科試験３科目），小論文，面接。

薬学部

一般選抜　**4**科目　①**外**（100）▶コミュ英Ⅰ・コミュ英Ⅱ・コミュ英Ⅲ・英表Ⅰ・英表Ⅱ　②**数**（100）▶数Ⅰ・数Ⅱ・数A・数B（数列・ベク）　③**理**（100）▶化基・化　④**面接**
共通テスト利用選抜　〈一次選考〉　**3**科目　①**外**（100）▶英（リスニングを含む）　②**数**（100）▶数Ⅰ・「数Ⅰ・数A」・数Ⅱ・「数Ⅱ・数B」から１　③**理**（100）▶化
［個別試験〈二次選考〉］　**1**科目　①**面接**
※共通テストによる一次選考合格者のみ実施。
学校推薦型選抜（公募制）　**［出願資格］**　校長推薦，現役。
［選考方法］書類審査，基礎能力適性検査（学科試験２科目），面接。
総合型選抜　**［選考方法］**　書類審査（志望理由書，調査書等），基礎能力適性検査（学科試験３科目），面接。

経済学部・法学部・文学部・外国語学部・教育学部

一般選抜　**【経済学部・法学部・文学部（社会学科・心理学科）・外国語学部】**　**3**科目　①外

東京
帝京大学

キャンパスアクセス［福岡キャンパス］西鉄天神大牟田線―西鉄大牟田，JR鹿児島本線―大牟田よりバス６分

(100)▶コミュ英Ⅰ・コミュ英Ⅱ・コミュ英Ⅲ・英表Ⅰ・英表Ⅱ ②③**国・地歴・公民・数**(100×2)▶国総(古文・漢文を除く)・世B・日B・政経・「数Ⅰ・数A」から2

【文学部(日本文化学科・史学科)・教育学部】 3科目 ①**国**(100)▶国総(古文・漢文を除く) ②**外**(100)▶コミュ英Ⅰ・コミュ英Ⅱ・コミュ英Ⅲ・英表Ⅰ・英表Ⅱ ③**地歴・公民・数**(100)▶世B・日B・政経・「数Ⅰ・数A」から1

共通テスト利用選抜前期・後期 **【経済学部・法学部・文学部(社会学科・心理学科)・外国語学部】** 3科目 ①**外**(100)▶英(リスニングを含む) ②③**国・地歴・公民・数**(100×2)▶国(近代)・世B・日B・地理B・「現社・倫・政経・〈倫・政経〉から1」・「数Ⅰ・〈数Ⅰ・数A〉・数Ⅱ・〈数Ⅱ・数B〉から1」から2

[個別試験] 行わない。

【文学部(日本文化学科・史学科)・教育学部】 3科目 ①**国**(100)▶国(近代) ②**外**(100)▶英(リスニングを含む) ③**地歴・公民・数**(100)▶世B・日B・地理B・現社・倫・政経・「倫・政経」・数Ⅰ・「数Ⅰ・数A」・数Ⅱ・「数Ⅱ・数B」から1

[個別試験] 行わない。

学校推薦型選抜(公募制) **[出願資格]** 校長推薦。

[選考方法] 書類審査,基礎能力適性検査(外国語学部は英語,その他の学部は小論文),面接。

総合型選抜 **[選考方法]** 書類審査(志望理由書,調査書等),基礎能力適性検査(小論文・学科試験1科目・学科試験2科目の各方式から選択。ただし経済学部国際経済学科と外国語学部は小論文方式を実施しない),面接。

理工学部

一般選抜 **【機械・精密システム工学科/航空宇宙工学科〈航空宇宙工学コース〉/情報電子工学科】** 3科目 ①**外**(100)▶コミュ英Ⅰ・コミュ英Ⅱ・コミュ英Ⅲ・英表Ⅰ・英表Ⅱ ②**数**(100)▶数Ⅰ・数Ⅱ・数A・数B(数列・ベク) ③**理・総合問題**(100)▶「物基・物」・「化基・化」・総合問題から1,ただし総合問題はⅢ期のみ選択可

【航空宇宙工学科〈ヘリパイロットコース〉】

〈一次選考〉 3科目 ①**外**(100)▶コミュ英Ⅰ・コミュ英Ⅱ・コミュ英Ⅲ・英表Ⅰ・英表Ⅱ ②**数**(100)▶数Ⅰ・数Ⅱ・数A・数B(数列・ベク) ③**理・総合問題**(100)▶「物基・物」・「化基・化」・総合問題から1,ただし総合問題はⅢ期のみ選択可

〈二次選考〉 2科目 ①**適性検査** ②**面接**

※二次選考は一次選考に合格し,航空身体検査第二種適合相当の者で,指定された英語資格・検定試験の基準を満たしている者に限り,実施。

【バイオサイエンス学科】 3科目 ①**外**(100)▶コミュ英Ⅰ・コミュ英Ⅱ・コミュ英Ⅲ・英表Ⅰ・英表Ⅱ ②③**数・理・総合問題**(100×2)▶「数Ⅰ・数Ⅱ・数A・数B(数列・ベク)」・「化基・化」・「生基・生」・総合問題から2,ただし総合問題はⅢ期のみ選択可

※「総合問題」は,理工系の分野の文章や図表などを読み解き,自分自身の考えやその分野の将来について600字以内で記述する。

※合否判定(ヘリパイロットコースは一次選考)においては,均等配点型(各100),数学重点型(英語50・数学150・理科100),理科重点型(英語50・数学100・理科150)により点数を算出し,高得点を採用する。ただし,Ⅲ期において「総合問題」を選択した場合は,均等配点型のみとする。

共通テスト利用選抜前期・中期・後期 5~3科目 ①**外**▶英(リスニングを含む) ②③④⑤**国・数・理**▶国(近代)・「数Ⅰ・数A」・「数Ⅱ・数B」・「物・化・生から1」から均等配点型と数学重点型は4,理科重点型は数・理から各1の2,ただしバイオサイエンス学科は物理の選択不可で,生物はバイオサイエンス学科のみ選択可

※合計300点満点で判定するが,受験した科目により均等配点型,数学重点型,理科重点型で点数を算出し,高得点を合否判定に採用(下記,理工学部の合否判定参照)。

[個別試験] 2科目 ①**適性検査** ②**面接**,ただし個別試験は共通テストによる一次選考に合格し,航空身体検査第二種適合相当の者で,指定された英語資格・検定試験の基準を満たしているヘリパイロットコース受験者のみ実施し,他の学科・コースは行わない

※理工学部の合否判定（ヘリパイロットコースは一次選考）においては，均等配点型（英語100，国・数の高得点２科目50×2，理科100），数学重点型（英語50・数学75×2・理科100），理科重点型（英語50・数学100・理科150）により点数を算出し，高得点を採用する。ただし，国語は均等配点型において「数Ⅰ・数Ａ」「数Ⅱ・数Ｂ」「国語」の３科目のうち高得点の２科目になった場合のみ，合否判定に採用する。また，数学の２科目を受験していない場合，数学重点型は算出できず，さらに国語を受験していない場合は理科重点型のみとなる。

学校推薦型選抜（公募制）　**［出願資格］**　校長推薦，現役のほか，機械・精密システム工学科，航空宇宙工学科航空宇宙工学コース，情報電子工学科においては数学および理科の学習成績の状況が3.5以上，バイオサイエンス学科においては理科が3.5以上の者。

［選考方法］ 書類審査，基礎能力適性検査（学科試験１科目），面接。

※ヘリパイロットコースは学校推薦型選抜を行わない。

総合型選抜　**［出願資格］**　ヘリパイロットコースの二次選考は，一次選考に合格し，航空身体検査第二種適合相当の者で，指定された英語資格・検定試験の基準を満たしている者。

［選考方法］　書類審査（志望理由書，調査書等），基礎能力適性検査（学科試験２科目），面接。ヘリパイロットコースは上記を一次選考とし，合格者を対象に，二次選考で適性検査，面接を行う。

医療技術学部・福岡医療技術学部

一般選抜　**【医療技術学部スポーツ医療学科〈健康スポーツコース〉】**　**4**科目　外（100）▶コミュ英Ⅰ・コミュ英Ⅱ・コミュ英Ⅲ・英表Ⅰ・英表Ⅱ　②③**国・地歴・公民・数・理**（100×2）▶国総（古文・漢文を除く）・世Ｂ・日Ｂ・政経・「数Ⅰ・数Ａ」・「物基・物」・「化基・化」・「生基・生」から２　④**面接**

【その他の学部・学科・コース】　**4**科目　①外（100）▶コミュ英Ⅰ・コミュ英Ⅱ・コミュ英Ⅲ・英表Ⅰ・英表Ⅱ　②③**国・数・理**（100×2）▶国総（古文・漢文を除く）・「数Ⅰ・数Ａ」・「物基・物」・「化基・化」・「生基・生」から２　④**面接**

共通テスト利用選抜　**〈一次選考〉【医療技術学部スポーツ医療学科〈健康スポーツコース〉】**　**3**科目　①**外**（100）▶英（リスニングを含む）　②③**国・地歴・公民・数・理**（100×2）▶国（近代）・世Ｂ・日Ｂ・地理Ｂ・「現社・倫・政経・〈倫・政経〉から１」・「数Ⅰ・〈数Ⅰ・数Ａ〉・数Ⅱ・〈数Ⅱ・数Ｂ〉から１」・「物基・化基・生基・地学基から２」・物・化・生・地学から２

［個別試験〈二次選考〉］　**1**科目　①**面接**

※共通テストによる一次選考合格者のみ実施。

【その他の学部・学科・コース】　**3**科目　①**外**（100）▶英（リスニングを含む）　②③**国・数・理**（100×2）▶国（近代）・「数Ⅰ・〈数Ⅰ・数Ａ〉・数Ⅱ・〈数Ⅱ・数Ｂ〉から１」・物・化・生から２

［個別試験〈二次選考〉］　**1**科目　①**面接**

※共通テストによる一次選考合格者のみ実施。

学校推薦型選抜（公募制）　**［出願資格］**　校長推薦，現役。

［選考方法］ 書類審査，基礎能力適性検査（医療技術学部は学科試験２科目。福岡医療技術学部は学科試験１科目・学科試験２科目の各方式から選択），面接。

総合型選抜　**［選考方法］**　書類審査（志望理由書，調査書等），基礎能力適性検査（医療技術学部スポーツ医療学科健康スポーツコースは課題作文・学科試験１科目・学科試験２科目の各方式から選択。福岡医療技術学部は学科試験１科目・学科試験２科目の各方式から選択。その他の学科・コースは学科試験２科目），面接。

その他の選抜

医学部一般選抜特別地域枠（福島県・茨城県・千葉県・静岡県・新潟県），学校推薦型選抜（指定校制，経済学部全商協会大学特別推薦枠，理工学部ジュニアマイスター顕彰特別推薦枠），海外帰国生入試，社会人入試，留学生特別入試。

偏差値データ（2024年度）

●一般選抜

学部／学科／コース	2024年度 駿台予備学校 合格目標ライン	2024年度 河合塾 ボーダー偏差値	2023年度実績 募集人員	受験者数	合格者数	合格最低点	競争率 '23年	競争率 '22年
医								
医	**55**	**65**	86	6,442	223	211/300	28.9	35.3
薬								
薬	**42**	**40**	191	1,163	430	145/300	2.7	2.6
経済								
経済	**40**	**40**	232	1,262	914	120/300	1.4	1.8
国際経済	**39**	**37.5**	94	327	295	100/300	1.1	1.2
地域経済	**39**	**37.5**	60	159	139	101/300	1.1	1.2
経営	**40**	**40**	232	1,224	751	101/300	1.6	1.8
観光経営	**39**	**37.5**	72	194	157	104/300	1.2	1.3
法								
法律	**42**	**40**	158	704	617	100/300	1.1	1.4
政治	**40**	**40**	42	163	139	106/300	1.2	1.5
文								
日本文化	**41**	**42.5**	50	250	160	113/300	1.6	1.5
史	**43**	**42.5**	90	489	376	108/300	1.3	2.3
社会	**41**	**40**	87	460	413	109/300	1.1	1.4
心理	**43**	**47.5**	84	524	216	120/300	2.4	2.3
外国語								
外国語／英語	**42**	**42.5**	105	205	159	150/300	1.3	5.4
／ドイツ語		**47.5**		16	9	181/300	1.8	1.7
／フランス語		**50**		23	15	182/300	1.5	1.6
／スペイン語		**50**		13	9	196/300	1.4	2.0
／中国語		**42.5**		11	8	161/300	1.4	2.4
／コリア語		**45**		65	32	160/300	2.0	3.4
国際日本	**41**	**40**	42	71	66	108/300	1.1	1.1
教育								
教育文化	**42**	**47.5**	42	170	98	121/300	1.7	3.3
初等教育／初等教育	**43**	**40**	67	268	220	122/300	1.2	2.0
／こども教育	**42**	**40**	30	57	46	125/300	1.2	1.8
理工								
機械・精密システム工	**38**	**35**	25	128	98	88/300	1.3	1.3
航空宇宙工／航空宇宙工	**41**	**35**	23	61	40	93/300	1.5	1.3
／ヘリパイロット	**40**	**37.5**	23	8	2	135/300	4.0	2.5
情報電子工	**39**	**35**		302	190	134/300	1.6	1.7
バイオサイエンス	**40**	**35**	43	159	143	78/300	1.1	1.2

学部／学科／コース	2024年度 駿台予備学校 合格目標ライン	2024年度 河合塾 ボーダー偏差値	2023年度実績 募集人員	受験者数	合格者数	合格最低点	競争率 '23年	競争率 '22年
医療技術								
視能矯正	**39**	**35**	30	71	61	91/300	1.2	1.4
看護	**42**	**50**	63	817	143	181/300	5.7	5.1
診療放射線	**41**	**50**	47	716	93	196/300	7.7	6.0
臨床検査	**41**	**42.5**	47	344	144	153/300	2.4	2.2
スポーツ医療／健康スポーツ	**39**	**35**	92	210	163	95/300	1.3	1.4
／救急救命士	**38**	**45**	21	124	46	137/300	2.7	3.5
柔道整復	**37**	**37.5**	26	33	20	71/300	1.7	1.9
福岡医療技術								
理学療法	**41**	**37.5**	28	46	33	88/300	1.4	1.2
作業療法	**40**	**37.5**	12	12	8	95/300	1.5	1.3
看護	**40**	**40**	32	85	59	92/300	1.4	1.4
診療放射線	**39**	**42.5**	30	181	78	127/300	2.3	3.0
医療技術／救急救命士	**38**	**42.5**	28	18	9	122/300	2.0	2.8
／臨床工学	**38**	**40**		20	16	110/300	1.3	2.3

●駿台予備学校合格目標ラインは合格可能性80％に相当する駿台模試の偏差値です。なお，一般選抜Ⅰ期の偏差値です。
●河合塾ボーダー偏差値は合格可能性50％に相当する河合塾全統模試の偏差値です。
●競争率は受験者÷合格者の実質倍率

併設の教育機関　短期大学

帝京大学短期大学

問合せ先　入試センター
　　　　　☎0120-335933
所在地　東京都八王子市大塚359

学生数▶96名（男30名，女66名）
教員数▶教授7名，准教授5名，講師4名

設置学科

●**人間文化学科**（50）　コミュニケーション，異文化，書道，芸術，ファッション，心理，スポーツの7つの科目群を軸に学ぶ。
●**現代ビジネス学科**（50）　現代ビジネス，ビジネス実務，経済・経営の3領域を軸とした，実用的なカリキュラムを用意。

卒業後の進路

2023年3月卒業生▶80名
就職23名，大学編入学36名，その他21名

帝京科学大学

TEIKYO

資料請求

問合せ先 入試・広報課 0120-248-089

建学の精神

「人類の将来を正しく見据え，生命の尊厳を深く学び，自然と人間の共生に貢献できる人材を育成し，持続可能な社会の発展に寄与する。」を建学の精神として，1990（平成２）年に開設された，将来に直結した３学部13学科の総合大学。動物，自然，健康，医療，福祉，教育の６つをキーワードに，人と動物が共生し，フィールドワークや自然を題材にした研究活動を行う東京西キャンパスと，最先端の教育や研究・実習施設が揃った開放的な千住キャンパスに，いのちをつなぐ「生命環境学部」，いのちをささえる「医療科学部」，いのちをはぐくむ「教育人間科学部」を設置し，「いのち」と向き合うまなびを展開。実社会に開かれた豊富な実習施設や野外実習によって「現場」を知り，科学的な視点と学部を超えた学びで，未来の「いのち」を支えている。

● 千住キャンパス……〒120-0045 東京都足立区千住桜木2-2-1
● 東京西キャンパス…〒409-0193 山梨県上野原市八ツ沢2525

基本データ

学生数▶4,721名（男2,293名，女2,428名）
専任教員数▶教授87名，准教授54名，講師60名
設置学部▶生命環境，医療科，教育人間科
併設教育機関▶大学院－理工学・医療科学（以上M・D）

就職・卒業後の進路

就 職 率 **96.3**％
就職者÷希望者×100

● **就職支援** 学生の将来を見据え，１年次には第一歩としてキャリアデザインの意識を育み，２年次では社会人基礎力を養成。そして３年次には自分の適性を見つめて，就職活動への意欲を高めるというように，入学時から段階的なキャリア支援を行っている。また，TEIKA生を求めるさまざまな企業が参加する学内業界セミナーが開催され，この機会を利用して就職に結びつける学生も数多い。

● **資格取得支援** 国家試験対策は１年次から始まり，レベル別の対策講座，基礎科目や苦手科目の小テストなどを実施。年次ごとに基礎から専門科目までを段階的に学び，試験合格に必要な力を積み上げている。また，「教

進路指導者も必見 学生を伸ばす 面倒見

初年次教育
大学での学修の基礎となる能力やスキルを修得する「基礎ゼミ」「フレッシュセミナー」「アドバンスセミナー」のほか，ICTとデータサイエンスを使いこなすための基礎的素養を身につける「情報Ⅰ・Ⅱ」などの科目を開講

学修サポート
TA・SA制度，オフィスアワー制度，学生４～30人（１学年あたり）に対して１人の助言教員が付き，履修方法や学修の進め方などについて指導する助言教員制度を導入。なんでも相談窓口の「総合学生支援センター」も設置

オープンキャンパス（2023年度実績） いのちを「つなぐ」「ささえる」「はぐくむ」学びを実感するオープンキャンパスを６・７・８・９・３月に，来場型とオンラインでハイブリッド開催（キャンパスにより開催日は異なる）。

職センター」を設置し，教員を志す学生を全面的にバックアップしている。

（理系学部）

2023年３月卒業生
845人

その他
15.4%

進学
1.8%

就職 82.8%

（その他の学部）

2023年３月卒業生
286人
・教育人間科学部

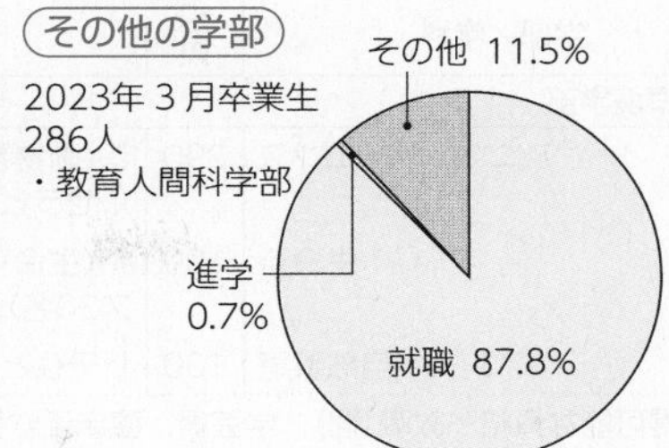

国際化・留学　大学間 1 大学

受入れ留学生数▶28名(2023年5月1日現在)
留学生の出身国▶中国，マレーシア，韓国，インドネシアなど。
外国人専任教員▶教授１名（2023年５月１日現在）
外国人専任教員の出身国▶中国。
海外交流大学数▶１大学（交換留学先０大学，2023年５月１日現在）
海外への留学生数▶０名／年（2022年度）
海外留学制度▶国際交流センターが海外の大学または研究機関との学術文化交流を推進し，学生派遣，留学生および教員・研究者の受け入れ，海外研修事前研修，学生交流などさまざまなプログラムを展開。看護・医療福祉学科対象のシンガポール研修，学校教育学科対象のオーストラリア語学研修を行っている。

学費・奨学金制度　学費減免総額 年間約 5,950 万円

入学金▶260,000円〜
年間授業料(施設費等を除く)▶780,000円〜(詳細は巻末資料参照)
年間学費減免総額▶59,504,418円
年間学費減免制度利用者数▶134人
主な奨学金制度▶総合型選抜試験（Ⅰ期），一般選抜試験（Ⅰ期），共通テスト利用選抜試験の合格者のうち，学部・学科（コース）を問わず，成績上位の受験生の中から選出され，授業料が免除される「特待生制度」を設置（詳細は入学試験要項で確認）。また，申請前の１年以内に家計状況急変に伴う経済的理由で学納金の納入が困難となった，学業・人物共に優秀と認められた学生を対象に，申請次期授業料の50%を減免する「家計急変奨学金」も用意。このほか，給付型の奨学金制度もあり，2022年度には６人を対象に総額で約181万円が給付されている。

保護者向けインフォメーション

● **情報誌**　保護者等向けに『TEIKA NEWS LETTER』を年１回刊行している。「両親への手紙」コーナーは、毎回好評な企画。
● **成績確認**　学業成績通知書や推奨修得単位数などを郵送している。
● **保護者会**　８月から９月にかけて保護者会を開催し，就職に関する説明なども行っている。
● **防災対策**　『学生生活スタートブック 学生生活は危険がいっぱい』を入学時に配布。災害時の学生の安否は，大学のHPを利用して確認するようにしている。

インターンシップ科目	必修専門ゼミ	卒業論文	GPA制度の導入の有無および活用例	１年以内の退学率	標準年限での卒業率
全学部で開講している	全学部で１年次に実施	生命環境学部と東京理学療法学科は卒業要件	退学勧告・奨学金や授業料免除対象者選定基準，学生に対する個別の学修指導のほか，一部の学部で大学院入試の選抜基準として活用	3.0%	82.43%

学部紹介

学部／学科	定員	特色
生命環境学部		
アニマルサイエンス	290	▷〈動物看護福祉コース140名，アニマルサイエンス・アニマルセラピー・野生動物の３コース計150名〉
生命科	100	▷〈生命・健康コース50名，臨床工学コース20名，生命コース30名〉生命科学における幅広い視野を養い，未来に貢献。
自然環境	100	▷千住と東京西キャンパスで各50名を募集。
● 取得可能な資格…教職（理），学芸員，臨床工学技士・愛玩動物看護師受験資格など。 ● 進路状況…………就職84.4%　進学3.2% ● 主な就職先………農林水産省動物検疫所，東京動物園協会，極東製薬工業，沖縄美ら海水族館など。		
医療科学部		
東京理学療法	80	▷リハビリテーションの最前線で活躍できる人材を育成。
東京柔道整復	90	▷患者さんを的確に評価し，処置できる柔道整復師を育成。
看護	80	▷地域社会で暮らす人の健康に貢献できる看護職者を育成。
医療福祉	50	▷医療ソーシャルワーカー（MSW）養成科目が充実。
理学療法	80	▷動物介在療法やロボットセラピーなどの科目も履修可能。
作業療法	40	▷乗馬療法も本格的に学べる国内唯一の学科。
柔道整復	30	▷人体を深く理解し，適切なケアができる医療人を育成。
● 取得可能な資格…教職（養護二種），看護師・保健師・理学療法士・作業療法士・柔道整復師・介護福祉士・社会福祉士・精神保健福祉士受験資格など。 ● 進路状況…………就職81.1%　進学0.2% ● 主な就職先………日本医科大学付属病院，帝京科学大学千住接骨院，練馬区役所，市毛接骨院など。		
教育人間科学部		
幼児保育	100	▷乳幼児期における成長をサポートできる専門家を育成。
学校教育	130	▷〈小学校コース40名，中高理科コース20名，中高保健体育コース40名，中高英語コース30名〉
こども	50	▷〈小学校・幼稚園教諭コース20名，幼稚園教諭・保育士コース30名〉子どもの知性と感性を伸ばす教育者・保育者を育成。
● 取得可能な資格…教職（理・保体・英，小一種，幼一種），保育士など。 ● 進路状況…………就職87.8%　進学0.7% ● 主な就職先………足立区役所（保育士），東京都ほか教育委員会（小・中・特別支援学校教員）など。		

▶キャンパス

アニマルサイエンス（動物看護福祉）・生命科（生命・健康，臨床工学）・自然環境・東京理学療法・東京柔道整復・看護・医療福祉・幼児保育・学校教育……［千住キャンパス］東京都足立区千住桜木2-2-1
アニマルサイエンス（アニマルサイエンス・アニマルセラピー・野生動物）・生命科（生命）・自然環境・理学療法・作業療法・柔道整復・こども……［東京西キャンパス］山梨県上野原市八ツ沢2525

2024年度入試要項（前年度実績）

●募集人員

学部／学科（コース）	一般 I期・II期
▶生命環境	
アニマルサイエンス（動物看護）	57
（アニマルサイエンス・アニマルセラピー・野生動物）	52
生命科（生命・健康）	27
（臨床工学）	8
（生命）	8
自然環境・千住	22
自然環境・東京西	15

キャンパスアクセス ［千住キャンパス］JR常磐線，東京メトロ千代田線・日比谷線，東武スカイツリーライン—北千住よりバス5分または徒歩20分／京成本線，東京メトロ千代田線—町屋よりバス5分または徒歩18分

▶医療科	東京理学療法	43
	東京柔道整復	15
	看護	43
	医療福祉	8
	理学療法	17
	作業療法	6
	柔道整復	5
▶教育人間科	幼児保育	17
	学校教育(小学校)	19
	(中高理科)	9
	(中高保健体育)	15
	(中高英語)	6
	こども(小学校・幼稚園教諭)	5
	(幼稚園教諭・保育士)	4

生命環境学部・医療科学部

一般選抜Ⅰ期・Ⅱ期 **【生命環境学部・医療科学部(東京理学療法学科・東京柔道整復学科・看護学科・理学療法学科・作業療法学科・柔道整復学科)】** **2**科目 ①②**国・外・数・理**(100×2)▶国総(古文・漢文を除く)・「コミュ英Ⅰ・コミュ英Ⅱ」・「数Ⅰ(データの分析を除く)・数Ⅱ・数A(整数を除く)・数B(数列・ベク)」・「物基・物(運動・電気)」・「化基・化」・「生基・生」から2

【医療科学部(医療福祉学科)】 **2**科目 ①②**国・外・地歴・数・理**(100×2)▶国総(古文・漢文を除く)・「コミュ英Ⅰ・コミュ英Ⅱ」・「世A・世B」・「日A・日B」・「数Ⅰ(データの分析を除く)・数Ⅱ・数A(整数を除く)・数B(数列・ベク)」・「物基・物(運動・電気)」・「化基・化」・「生基・生」から2

教育人間科学部

一般選抜Ⅰ期・Ⅱ期 **2**科目 ①②**国・外・地歴・数・理**(100×2)▶国総(古文・漢文を除く)・「コミュ英Ⅰ・コミュ英Ⅱ」・「世A・世B」・「日A・日B」・「数Ⅰ(データの分析を除く)・数Ⅱ・数A(整数を除く)・数B(数列・ベク)」・「物基・物(運動・電気)」・「化基・化」・「生基・生」から2，ただし中高理科コースは数・理から1科目必須，中高英語コースは英語必須

※こども学科は2科目を受験し，高得点の1科目(100点満点)で判定する。

その他の選抜

総合型選抜は生命環境学部201名，医療科学部228名，教育人間科学部145名を募集。ほかに共通テスト利用選抜，学校推薦型選抜(公募制・指定校制)，社会人特別選抜，外国人留学生選抜を実施。

偏差値データ(2024年度)

●一般選抜Ⅰ期

学部／学科／コース	2024年度 駿台予備学校 合格目標ライン	2024年度 河合塾 ボーダー偏差値	2023年度 競争率
▶生命環境学部			
アニマルサイエンス/動物	**38**	**37.5**	2.9
アニマルサイエンス(東京西)	**37**	**37.5**	1.9
生命科/生命・健康	**37**	**37.5**	2.3
／臨床工学	**37**	**40**	3.5
／生命	**37**	**40**	3.4
自然環境(千住)	**37**	**37.5**	2.5
(東京西)	**36**	**40**	4.1
▶医療科学部			
東京理学療法	**39**	**50**	5.6
東京柔道整復	**36**	**40**	3.5
看護	**38**	**52.5**	16.8
医療福祉	**35**	**40**	1.9
理学療法	**38**	**45**	2.0
作業療法	**37**	**42.5**	7.7
柔道整復	**35**	**37.5**	8.0
▶教育人間科学部			
幼児保育	**36**	**42.5**	1.7
学校教育／小学校	**37**	**40**	1.9
／中高理科	**39**	**40**	1.8
／中高保健体育	**35**	**37.5**	2.1
／中高英語	**38**	**37.5**	1.8
こども／小学校・幼稚園教諭	**37**	**42.5**	4.2
／幼稚園教諭・保育士	**37**	**37.5**	3.3

- 駿台予備学校合格目標ラインは合格可能性80%に相当する駿台模試の偏差値です。
- 河合塾ボーダー偏差値は合格可能性50%に相当する河合塾全統模試の偏差値です。なお，一般選抜Ⅰ・Ⅱ期の偏差値です。
- 競争率は受験者÷合格者の実質倍率

キャンパスアクセス [東京西キャンパス] JR中央線一上野原よりバス5分

私立大学　東 京

帝京平成大学

資料請求

問合せ先 入試課 ☎03-5843-3200

建学の精神

1887（昭和62）年に開学した，徹底した実学教育で，社会で即戦力となる実践能力を身につける総合大学。建学の精神である「実学の精神を基とし，幅広い知識と専門分野における実践能力を身につけ，創造力豊かな逞しい人間愛にあふれた人材を養成する」ために，最新の設備と環境が整った首都圏４キャンパス（2024年度より，ちはら台キャンパスは校舎を建て替え）では，どの学科・コースでもキャリアに直結した学びを展開し，多くの卒業生がさまざまな分野で活躍。企業や地域の方々との交流や海外研修など，"実学"を徹底的に重視した教育や実践の場を用意し，21世紀のグローバルな社会において，国際社会に通用する幅広い知識を活用し，専門分野で求められる実践能力を発揮して，真に社会に役立てるプロフェッショナルな人材を養成している。

●キャンパス情報はP.521をご覧ください。

基本データ

学生数▶10,503名（男5,630名，女4,873名）
専任教員数▶教授181名，准教授118名，講師131名
設置学部▶薬，人文社会，ヒューマンケア，健康メディカル，健康医療スポーツ

併設教育機関▶大学院─環境情報学・健康科学・看護学（以上M・D），薬学（D），臨床心理学（P）　通信教育課程─人文社会学部　通信制大学院─環境情報学（M）

就職・卒業後の進路

就職率 98.6%
就職者÷希望者×100

●**就職支援**　多様な分野での就職・進路希望に応える就職支援を行い，業界研究・採用選考対策講座のほか，独自の企業就職説明会などを実施。また，経験豊富なキャリアカウンセラーが，一人ひとりの学生に応じた的確なアドバイスで就職活動をサポートしている。

●**資格取得支援**　医療・救急分野からビジネス・情報処理分野まで，全学部あわせて約50種類の資格が取得可能で，実学教育を通じて資格取得をバックアップ。柔道整復師，はり師，きゅう師，理学療法士，救急救命士など，全国屈指の国家試験合格者数を誇っている。

進路指導者も必見 学生を伸ばす 面倒見

初年次教育
必修科目として，少人数クラスの「フレッシュセミナーⅠA・ⅠB」を開講し，担任制のもと大学での勉強方法や生活指導など，一人ひとりに合った指導を行っている。「情報リテラシー演習」「DS概論」といった科目も開講

学修サポート
全学部でTA・SA制度，オフィスアワー制度，教員1人が学生約30人を担当する担任制を導入。また，中野キャンパスには，学生の主体的な学修をサポートする「Learning Commons ComoRevi」を設置している

オープンキャンパス（2023年度実績）　6月24・25日，7月22・23日，8月5・6・18・19日，2024年3月24日に全キャンパスで同時開催。このほか，千葉・ちはら台の２キャンパスで5月と6月にも実施（事前申込必須）。

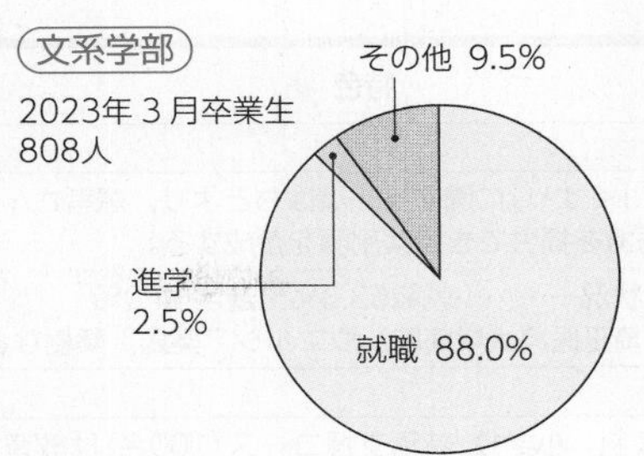

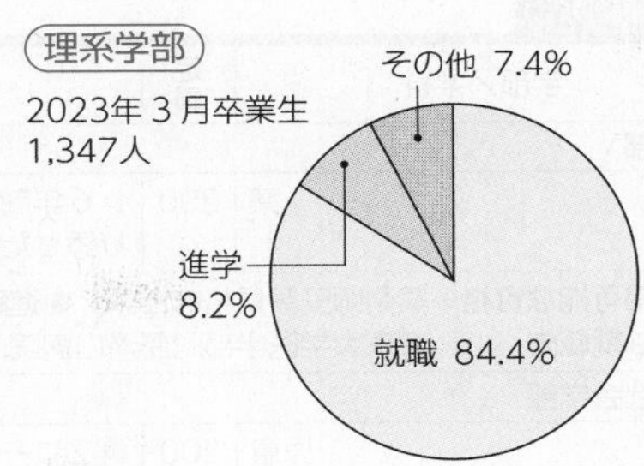

国際化・留学　大学間 17 大学・部局間 1 大学

受入れ留学生数▶184名（2023年５月１日現在）
留学生の出身国・地域▶中国，ベトナム，韓国，台湾，ネパールなど。
外国人専任教員▶教授０名，准教授２名，講師３名（2023年５月１日現在）
外国人専任教員の出身国▶中国，韓国など。
大学間交流協定▶17大学（交換留学先16大学，2023年10月１日現在）
部局間交流協定▶１大学（交換留学先１大学，2023年10月１日現在）
海外への留学生数▶渡航型82名・オンライン型276名／年（６カ国・地域，2022年度）
海外留学制度▶特定の学科・コースを対象に，英国ダラム大学内・帝京大学グループダラムキャンパスで実施される「ダラム短期留学」，帝京大学グループロンドンキャンパスで春休みを利用して行う「ホリデー留学」のほか，海外研修・インターンシップなど，世界中の現場で学ぶチャンスを豊富に用意している。

学費・奨学金制度　学費減免総額 年間約 2億3,066万円

入学金▶200,000円～ 350,000円
年間授業料（施設費等を除く）▶800,000円～（詳細は巻末資料参照）
年間学費減免総額▶230,661,300円
年間学費減免利用者数▶582人
主な奨学金制度▶総合型選抜，一般選抜において基準点以上の成績の者を対象に授業料が免除される「特待生制度」や「帝京平成大学冲永特待生制度」など，授業料免除型の制度が充実。また，ダラム・ホリデー留学には支援金が給付され，2022年度には10人を対象に総額で約185万円が給付されている。

保護者向けインフォメーション

● **成績確認**　成績通知や単位修得状況などをポータルシステムの「UNIPA」にて配信。
● **保護者面談会**　全学部生の保護者を対象に，毎年10月に保護者面談を開催し，セミナーの教員が中心となり，学生の学修状況や学生生活・進路の相談などに応じている。
● **説明会**　薬学部では５月に，「新入生父母等対象説明会」を実施。
● **就職説明会**　１～３年次の保護者を対象に，就職支援体制などについて理解を深めてもらうための就職説明会を，毎年11月に実施。また，個別相談会も行っている。
● **防災対策**　「災害時対応マニュアル2023」をガイダンス時に配布（全学年）。災害時の学生の安否は「UNIPA」で確認する。

インターンシップ科目	必修専門ゼミ	卒業論文	GPA制度の導入の有無および活用例	１年以内の退学率	標準年限での卒業率
人文社会学部で開講している	実施していない	薬学部と看護学科（ヒューマンケア，健康医療スポーツ）は卒業要件	授業料免除対象者等の選定・退学勧告基準，学生に対する個別の学修指導に活用するほか，GPAに応じた履修上限単位数を設定	非公表	非公表

学部紹介

学部／学科	定員	特色
薬学部		
薬	200	▷6年制。「くすり」に関する知識はもとより，患者さんに寄り添った医療を提供できる薬剤師を養成する。
●**取得可能な資格**…薬剤師受験資格など。　●**進路状況**…………就職63.3%　進学34.0% ●**主な就職先**………帝京大学医学部附属溝口病院，埼玉医科大学病院，ウエルシア薬局，薬樹など。		
人文社会学部		
児童	200	▷2コース制。小学校・特別支援コース（100名）は教育から心理，福祉までの幅広い学びで「こどものエキスパート」を養成。保育・幼稚園コース（100名）は子どもを健やかに育み，保護者にも信頼される「乳幼児教育」の専門家を養成する。
人間文化	170	▷3コース制。福祉コース（50名）は幅広い福祉の知識を備えた人材を養成。メディア文化コース（70名）はメディア業界での活躍をめざし，実践的な学びを展開。グローバルコミュニケーションコース（50名）はWorldwideに活躍できるGlobalな人材を養成する。
経営	380	▷3コース制。経営コース（190名）は実践的スキルを身につけたビジネスパーソンを養成。トレーナー・スポーツ経営コース（140名）は複合的な学修でスポーツ界を支える人材を養成。経営情報コース（50名）は情報技術を活用し，あらゆる業界で活躍できるプロを養成する。
観光経営	98	▷語学力と自ら考える能力を磨き，観光産業で即戦力となれる人材を養成する。
●**取得可能な資格**…教職（保体，小一種，幼一種，特別支援），司書，司書教諭，学芸員，保育士，社会福祉士・精神保健福祉士受験資格など。 ●**進路状況**…………就職88.0%　進学2.5% ●**主な就職先**………公立小学校・特別支援学校，日本郵便，富士ソフト，東武トップツアーズなど。		
ヒューマンケア学部		
鍼灸	89	▷トレーナー・鍼灸コースを設置。ニーズが高まる鍼灸医学を多様な医療分野に特化した教育環境の中で深く学ぶ。
柔道整復	119	▷トレーナー・柔道整復コースを設置。柔道整復師とアスレティックトレーナーの双方をめざした幅広い技術を修得。
看護	129	▷プロフェッショナルとしての高い能力と資質を身につけ，人々から信頼される看護系人材を養成する。
●**取得可能な資格**…教職（保体，養護二種），看護師・保健師・助産師・はり師・きゅう師・柔道整復師受験資格など。 ●**進路状況**…………就職85.4%　進学6.7% ●**主な就職先**………帝京大学医学部附属病院，帝京池袋接骨院，さくらメディカル，クラシオンなど。		
健康メディカル学部		
健康栄養	77	▷知識と技能，豊かな人間性を兼ね備えた管理栄養士を養成する。フードスペシャリストの受験資格なども取得可能。
心理	116	▷社会に役立つ「心のスペシャリスト」を養成する。
言語聴覚	60	▷コミュニケーション能力の改善を支援する専門家を養成。
作業療法	60	▷豊富な大学内外の実習を通じて実践能力を磨き，都市型地域で医療から生活支援まで幅広く活躍できる人材を養成。

キャンパスアクセス [池袋キャンパス] JR山手線・埼京線・湘南新宿ライン，東武東上線，西武池袋線，東京メトロ丸ノ内線・有楽町線・副都心線一池袋より徒歩12分／東京メトロ有楽町線一東池袋より徒歩10分

理学療法	100	▷リハビリテーションの専門家として，さまざまな場面での活躍をめざす。臨床実習や国家試験対策も充実。
医療科	180	▷２コース制。救急救命士コース（100名）は実学教育により，知識と技術を学ぶ。臨床工学コース（80名）は高度先進医療の根幹を支える医療機器を扱うスペシャリストを養成する。

● **取得可能な資格**…教職（栄養），栄養士，臨床工学技士・救急救命士・理学療法士・作業療法士・言語聴覚士・管理栄養士受験資格など。
● **進路状況**…………就職87.2%　進学3.8%
● **主な就職先**………虎の門病院，エームサービス，LITALICO，帝京大学医学部附属溝口病院など。

健康医療スポーツ学部

柔道整復	60	▷トレーナー・柔道整復コースを設置。スポーツ現場や医療・福祉分野で活躍できる柔道整復師を養成する。
リハビリテーション	120	▷２コース制。作業療法コース（40名）では，実践能力を重視した講義と実習で地域に役立つ人材を養成する。理学療法コース（80名）では，住み慣れた場所での暮らしを支える理学療法と豊かなこころを育む。
医療スポーツ	270	▷４コース制。救急救命士コース（60名）は救急医療の現場で地域に貢献できる人材を，トレーナー・スポーツコース（100名）は体育・スポーツ現場で活躍する人材を，アスリートコース（30名）は第一線で活躍する競技者や指導者を，動物医療コース（80名）は動物看護のエキスパートをそれぞれ養成する。
看護	135	▷地域の患者さんの最も身近な存在として信頼される看護師を養成する。

● **取得可能な資格**…教職（保体，養護二種），看護師・保健師・助産師・救急救命士・理学療法士・作業療法士・柔道整復師・愛玩動物看護師受験資格など。
● **進路状況**…………就職90.1%　進学2.4%
● **主な就職先**………帝京市原接骨院，帝京大学千葉総合医療センター，千葉市消防局，日本製鉄など。

▶キャンパス

健康メディカル・ヒューマンケア（鍼灸・柔道整復）……［池袋キャンパス］東京都豊島区東池袋2-51-4
薬・人文社会・ヒューマンケア（看護）……［中野キャンパス］東京都中野区中野4-21-2
健康医療スポーツ……［千葉キャンパス］千葉県市原市うるいど南4-1
※健康医療スポーツ学部看護学科生が修学していた「ちはら台キャンパス」（千葉県千葉市ちはら台西6-19）は，2024年度から2026年度まで校舎の建て替え工事を行う予定のため，その間の授業は千葉キャンパスで実施。2027年度からは健康医療スポーツ学部全体が，ちはら台キャンパスに移転する。

2024年度入試要項（前年度実績）

●募集人員

学部／学科（コース）	一般	共通Ⅰ期	共通Ⅱ期
▶薬　薬	100	21	5
▶人文社会　児童（小学校・特別支援）	45	8	2
（保育・幼稚園）	45	8	2
人間文化（福祉）	23	4	1
（メディア文化）	32	5	2
（グローバルコミュニケーション）	22	4	1
経営（経営）	85	16	3
（トレーナー・スポーツ経営）	63	11	3
（経営情報）	22	4	1
観光経営	44	8	2
▶ヒューマンケア　鍼灸	40	7	2
柔道整復	52	10	2
看護	58	10	3
▶健康メディカル　健康栄養	35	5	2
心理	52	10	2
言語聴覚	27	5	1

キャンパスアクセス　［中野キャンパス］JR中央線・総武線，東京メトロ東西線―中野より徒歩９分

作業療法	27	5	1
理学療法	45	8	2
医療科（救急救命士）	45	8	2
（臨床工学）	36	6	2
▶健康医療スポーツ 柔道整復	27	5	1
リハビリテーション（作業療法）	18	3	1
（理学療法）	36	6	2
医療スポーツ（救急救命士）	27	5	1
（トレーナー・スポーツ）	45	8	2
（アスリート）	14	2	1
（動物医療）	36	6	2
看護	61	11	2

▷共通テスト利用選抜の「英語」は，リーディング（100点）とリスニング（100点）の配点を「4：1」の比率とし，100点満点に換算する。

薬学部

一般選抜Ⅰ期・Ⅱ期・Ⅲ期 **③科目** ①**理**（100）▶化基・化 ②**国・外・数・理**（100）▶国総（古文・漢文を除く）・「コミュ英Ⅰ・コミュ英Ⅱ・英表Ⅰ」・「数Ⅰ・数A」・「生基・生」から1 ③**個別面接**

共通テスト利用選抜Ⅰ期・Ⅱ期 **②科目** ①②**国・外・地歴・数・理**（100×2）▶国（近代）・英（リスニングを含む）・独・仏・世B・日B・地理B・数Ⅰ・「数Ⅰ・数A」・数Ⅱ・「数Ⅱ・数B」・物・化・生から2教科2科目，ただし化必須で理科から2科目選択可（第1解答科目は必ず化学を選択すること）

［個別試験］ 行わない。

人文社会学部

一般選抜Ⅰ期・Ⅱ期・Ⅲ期 **②科目** ①**国・外・地歴・数・理・記述式総合問題**（200）▶国総（古文・漢文を除く）・「コミュ英Ⅰ・コミュ英Ⅱ・英表Ⅰ」・「日A・日B」・「数Ⅰ・数A」・「化基・化」・「生基・生」・記述式総合問題から1，ただし地歴はⅠ期のみ，記述式総合問題はⅢ期のみ選択可 ②**個別面接**

共通テスト利用選抜Ⅰ期・Ⅱ期 **②科目** ①②**国・外・地歴・公民・数・理**（100×2）▶国（近代）・英（リスニングを含む）・独・仏・世A・世B・日A・日B・地理A・地理B・現社・倫・政経・「倫・政経」・数Ⅰ・「数Ⅰ・数A」・数Ⅱ・「数Ⅱ・数B」・薄・情・「物基・化基・生基・地学基から2」・物・化・生・地学から2教科2科目，ただし地歴・公民・数・理からそれぞれ2科目選択可

［個別試験］ 行わない。

ヒューマンケア学部

一般選抜Ⅰ期・Ⅱ期・Ⅲ期 **③科目** ①②**国・外・数・理**（100×2）▶国総（古文・漢文を除く）・「コミュ英Ⅰ・コミュ英Ⅱ・英表Ⅰ」・「数Ⅰ・数A」・「化基・化」・「生基・生」から2，ただし看護学科は国・外の組み合わせ不可 ③**個別面接**

共通テスト利用選抜Ⅰ期・Ⅱ期 **【鍼灸学科・柔道整復学科】** **②科目** ①②**国・外・地歴・数・理**（100×2）▶国（近代）・英（リスニングを含む）・独・仏・世B・日B・地理B・数Ⅰ・「数Ⅰ・数A」・数Ⅱ・「数Ⅱ・数B」・物・化・生から2教科2科目，ただし数・理からそれぞれ2科目選択可

［個別試験］ 行わない。

【看護学科】 **②科目** ①②**「国・外」・数・理**（100×2）▶「国（近代）・英（リスニングを含む）・独・仏から1」・「数Ⅰ・〈数Ⅰ・数A〉・数Ⅱ・〈数Ⅱ・数B〉から1」・物・化・生から2

［個別試験］ 行わない。

健康メディカル学部

一般選抜Ⅰ期・Ⅱ期・Ⅲ期 **③科目** ①②**国・外・数・理**（100×2）▶国総（古文・漢文を除く）・「コミュ英Ⅰ・コミュ英Ⅱ・英表Ⅰ」・「数Ⅰ・数A」・「化基・化」・「生基・生」から2 ③**個別面接**

共通テスト利用選抜Ⅰ期・Ⅱ期 **②科目** ①②**国・外・地歴・数・理**（100×2）▶国（近代）・英（リスニングを含む）・独・仏・世B・日B・地理B・数Ⅰ・「数Ⅰ・数A」・数Ⅱ・「数Ⅱ・数B」・物・化・生から2教科2科目，ただし数・理からそれぞれ2科目選択可

［個別試験］ 行わない。

健康医療スポーツ学部

一般選抜Ⅰ期・Ⅱ期・Ⅲ期 **【柔道整復学科・リハビリテーション学科・医療スポーツ学科〈救**

キャンパスアクセス ［千葉キャンパス］ JR内房線―八幡宿よりスクールバス22分／京成千原線―ちはら台よりスクールバス12分

急救命士コース〉・看護学科】 ③科目 ①②国・外・数・理(100×2) ▶国総(古文・漢文を除く)・「コミュ英Ⅰ・コミュ英Ⅱ・英表Ⅰ」・「数Ⅰ・数Ａ」・「化基・化」・「生基・生」から２，ただし看護学科は国・外の組み合わせ不可 ③**個別面接**

【医療スポーツ学科〈トレーナー・スポーツコース／アスリートコース／動物医療コース〉】 ②科目 ①**国・外・地歴・数・理**(200) ▶国総(古文・漢文を除く)・「コミュ英Ⅰ・コミュ英Ⅱ・英表Ⅰ」・「日Ａ・日Ｂ」・「数Ⅰ・数Ａ」・「化基・化」・「生基・生」から１，ただし地歴はⅠ期のみ選択可 ②**個別面接**

共通テスト利用選抜Ⅰ期・Ⅱ期 **【柔道整復学科・リハビリテーション学科・医療スポーツ学科】** ②科目 ①②**国・外・地歴・数・理**(100×2) ▶国(近代)・英(リスニングを含む)・独・仏・世Ｂ・日Ｂ・地理Ｂ・数Ⅰ・「数Ⅰ・数Ａ」・数Ⅱ・「数Ⅱ・数Ｂ」・物・化・生から２教科２科目，ただし数・理からそれぞれ２科目選択可

[個別試験] 行わない。

【看護学科】 ②科目 ①②**「国・外」・数・理**(100×2) ▶「国(近代)・英(リスニングを含む)・独・仏から１」・「数Ⅰ・〈数Ⅰ・数A〉・数Ⅱ・〈数Ⅱ・数B〉から１」・物・化・生から２

[個別試験] 行わない。

※アスリートコースは一般選抜，共通テスト利用選抜とも出願資格があり，運動部において団体戦や個人戦で都道府県３位以内の成績をおさめた者，または高校の運動部顧問の推薦のある者。ただし，強化指定部活動に限る。

その他の選抜

総合型選抜は薬学部50名，人文社会学部250名，ヒューマンケア学部115名，健康メディカル学部177名，健康医療スポーツ学部192名を募集。ほかに学校推薦型選抜(公募制・指定校制)，社会人選抜，留学生特別選抜を実施。

偏差値データ（2024年度）

●一般選抜

学部／学科／コース	2024年度 駿台予備学校 合格目標ライン	2024年度 河合塾 ボーダー偏差値	2023年度 競争率
▶薬学部			
薬	43	42.5	2.1
▶人文社会学部			
児童/小学校・特別支援	35	40	1.5
／保育・幼稚園	34	37.5	1.6
人間文化/福祉	32	37.5	1.8
／メディア文化	32	45	4.2
／グローバルコミュニケーション	32	42.5	1.1
経営／経営	32	42.5	1.6
／トレーナー・スポーツ経営	31	37.5	1.8
／経営情報	32	37.5	1.4
観光経営	32	37.5	1.8
▶ヒューマンケア学部			
鍼灸	34	45	1.1
柔道整復	35	42.5	3.5
看護	40	47.5	5.3
▶健康メディカル学部			
健康栄養	38	42.5	3.7
心理	37	37.5	1.5
言語聴覚	35	35	1.3
作業療法	38	40	1.9
理学療法	40	45	3.7
医療科/救急救命士	37	40	7.1
／臨床工学	35	35	1.4
▶健康医療スポーツ学部			
柔道整復	35	40	2.0
リハビリテーション／作業療法	36	40	1.5
／理学療法	36	40	1.4
医療スポーツ／救急救命士	35	37.5	2.1
／トレーナー・スポーツ	36	37.5	1.3
／アスリート	34	37.5	—
／動物医療	35	40	1.3
看護	38	37.5	1.6

- 駿台予備学校合格目標ラインは合格可能性80％に相当する駿台模試の偏差値です。なお，一般選抜Ⅰ期の偏差値です。
- 河合塾ボーダー偏差値は合格可能性50％に相当する河合塾全統模試の偏差値です。
- 競争率は受験者÷合格者の実質倍率

キャンパスアクセス [ちはら台キャンパス] 京成千原線一ちはら台より徒歩15分／JR内房線一鎌取よりバス15分

東海大学

（とうかい）

資料請求

問合せ先 入試広報担当　☎0463-50-2440

建学の精神

東海大学は1942（昭和17）年に学園を創立。翌43年に静岡県清水市（現静岡市清水区三保）に，前身である航空科学専門学校を開設したことに始まる。その後46年に旧制大学令により東海大学が認可された。当時の文部省に提出された大学認可申請書には「人文科学と自然科学の融合による確固たる歴史観，国家観，世界観を把握せしめる」とあり，これが「文理融合」の教育理念となっている。創立者松前重義が掲げたこの建学の理想，建学の精神に基づき，知識偏重教育を取らず，幅広い視野と柔軟な発想力を持つ人材の育成をめざし，北は北海道から南は九州まで，全国７つのキャンパスに，さまざまな分野を網羅した23学部62学科・専攻の幅広い学びを展開。「調和のとれた文明社会を建設する」という高い理想を掲げ，歩み続けている。

● キャンパス情報はP.530をご覧ください。

基本データ

学生数▶27,839名（男19,742名，女8,097名）

専任教員数▶教授591名，准教授361名，講師275名

設置学部▶文，文化社会，教養，児童教育，体育，健康，法，政治経済，経営，国際，観光，情報通信，理，情報理工，建築都市，工，医，海洋，人文，文理融合，農，国際文化，生物

併設教育機関▶大学院（P.530参照）

就職・卒業後の進路

就職率 96.9%（就職者÷希望者×100）

● **就職支援**　短期決戦の就職活動に照準を合わせるだけでなく，人生100年時代の長い将来を見据えた手厚いキャリアサポートを展開。各キャンパスの窓口では，経験豊富なスタッフが，一人ひとりに丁寧に対応し，胸を張って本番に臨めるようアドバイスをしている。

● **資格取得支援**　教員，学芸員，司書，社会教育主事の免許，資格取得を支える「ティーチングクオリフィケーションセンター」を設置。教員採用試験対策として「学校教育ゼミナール」を開講し，学校長経験者による試験に直結する指導も行っている。

進路指導者も必見 学生を伸ばす 面倒見

初年次教育

各学部・学科専攻で「入門ゼミナールA・B」を開講し，レポート・論文の書き方，プレゼン技法，ITの基礎技術，情報収集や資料整理の方法などを身につけるほか，論理的思考や問題発見・解決能力の向上を図っている

学修サポート

TA制度を導入。また，学生約18人を担当する指導教員が勉学や学生生活上の相談に応じているほか，オフィス・アワーも設定。ラーニング・コモンズや理系の学びを支援する「S-Navi」，言語・学習相談室の「L-Navi」を設置

オープンキャンパス（2023年度実績）　5月から８月にかけて各キャンパスで開催（５月は札幌Cのみで，７月と８月はオンライン型と来場型を分けて開催）したほか，11月に湘南C，３月に湘南・静岡・札幌Cで実施。

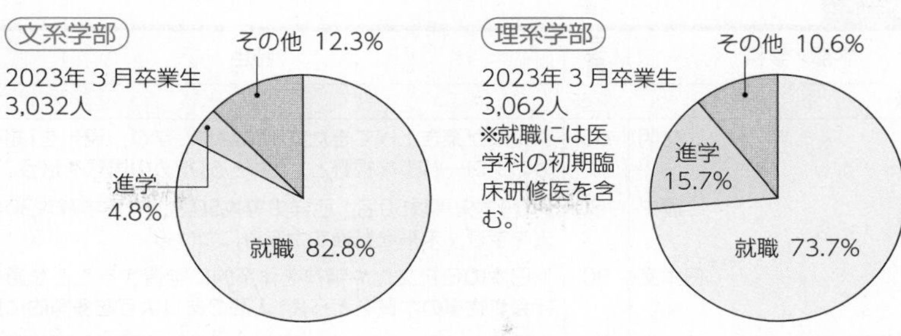

主なOB・OG ▶［文］古沢良太（脚本家），［体育］菅野智之（プロ野球選手），［体育］リーチ・マイケル（ラグビー選手），［工］國分秀世（メイテック社長），［国際文化］吉田夕梨花（カーリング選手）など。

国際化・留学　大学間 78 大学等・部局間 48 大学等

受入れ留学生数 ▶ 1,367名（2023年５月１日現在）

留学生の出身国・地域 ▶ 中国，韓国，マレーシア，アラブ首長国連邦，台湾など。

外国人専任教員 ▶ 教授12名，准教授18名，講師13名（2023年５月１日現在）

外国人専任教員の出身国 ▶ 韓国，アメリカ，中国，イギリス，カナダなど。

大学間交流協定 ▶ 78大学・機関（交換留学先59大学，2023年９月28日現在）

部局間交流協定 ▶ 48大学・機関（交換留学先33大学，2023年９月28日現在）

海外への留学生数 ▶ 渡航型559名・オンライン型５名／年（15カ国・地域，2022年度）

海外留学制度 ▶ 海外派遣留学プログラムには短期，中期，長期があり，現在20カ国・地域66コースを用意。このほか，タイ・サービスホスピタリティ研修や学部独自のプログラム，ハワイ東海インターナショナルカレッジへ留学するダブルディグリー・プログラムなども実施。コンソーシアムはUMAP，IAU，ACD，MJIITの４つの団体に参加。

学費・奨学金制度　給付型奨学金総額 年間約 4 億 4,623 万円

入学金 ▶ 200,000円～（医1,000,000円）

年間授業料（施設費等を除く）▶ 950,000円～（医2,148,000円）（詳細は巻末資料参照）

年間奨学金総額 ▶ 446,234,521円

年間奨学金受給者数 ▶ 2,935人

主な奨学金制度 ▶【松前重義記念基金】の「学部奨学金（１種・２種）」「自己研鑽奨学金」「建学記念奨学金」をはじめ，「ワークスタディ奨学金」「学修サポート給付型奨学金」など，さまざまな奨学金を用意。また学費減免制度もあり，2022年度には467人を対象に総額で約２億6,152万円を減免している。

保護者向けインフォメーション

● **成績確認**　保護者向けポータルで，成績や単位の修得，授業への出席状況などが閲覧可能。

● **後援会**　大学と家庭を結ぶ保護者の組織の後援会があり，毎年全国各地で「新入生・在学生保護者説明会」（５～６月）を開催し，学修・学生生活，就職などに関する個別相談会も実施。

● **防災対策**　入学時に配布する『キャンパスガイドブック』に「危機管理」の項あり。また，地震などの災害発生時に，大学が安否確認のメッセージを配信し，それに学生がアプリやメールで回答するシステムを導入している。

インターンシップ科目	必修専門ゼミ	卒業論文	GPA制度の導入の有無および活用例	１年以内の退学率	標準年限での卒業率
学部による（11学部で開講）	全学部，全年次で実施	法・政治経済学部と医・海洋生物科学科を除き卒業要件	個別の学修指導，奨学金等対象者選定，留学候補者選考，大学院入試選抜基準，就職推薦，一部の学部で履修上限単位数の設定に活用	1.9%	82.1%（４年制）71.1%（医学科）

学部紹介

学部／学科	定員	特色
文学部		
文明	60	▷人類が築き上げてきた文明に触れ，学び，現代を「知る」ためのグローバルな視野と，「生きる」ための思想を培う。
歴史	130	▷〈日本史専攻50名，西洋史専攻50名，考古学専攻30名〉過去を学び，未来を見通す力を身につける。
日本文	90	▷日本の伝統文化や精神を体系的に学習することを通して，社会や物事の本質をとらえ，人間のありようを多角的に探る。
英語文化コミュニケーション	90	▷コミュニケーション，言語学，英語教育，英米文学の４つを柱にしたカリキュラム。海外語学研修も定期的に実施。
●取得可能な資格…教職（国・地歴・公・社・英），司書，司書教諭，学芸員など。 ●進路状況…………就職76.9%　進学4.7% ●主な就職先………ヤマダイ物産，さくらんぼテレビジョン，プリントネット，川崎信用金庫など。		
文化社会学部		
アジア	70	▷アジアの多様な文明と文化を歴史と文明・文化と社会・アジアの言語の観点から学び，現代のアジアと日本を読み解く。
ヨーロッパ・アメリカ	70	▷ヨーロッパとアメリカの文学・芸術，宗教・思想，歴史・社会を学び，国際人として必要な知識と共生の精神を養う。
北欧	60	▷北欧の歴史，文化，言語を学び，その社会制度や価値観などを多面的に研究する日本で唯一の学科。
文芸創作	60	▷現役の作家や研究者が「読むこと・書くこと」を指導。卒業制作では小説や評論，エッセイなどの執筆に取り組む。
広報メディア	100	▷メディアと社会の関係を理論的・歴史的にとらえ，価値あるメッセージを的確に判断し，発信していく力を養う。
心理・社会	90	▷心理学と社会学をバランスよく学び，現代社会に生きる人間の諸問題を分析・考察する力を養う。
●取得可能な資格…教職（地歴・公・社），司書，司書教諭，学芸員など。 ●進路状況…………就職77.5%　進学5.7% ●主な就職先………ユナイテッドアローズ，大和ハウス工業，羽田空港サービス，神奈川新聞社など。		
教養学部		
人間環境	120	▷自然環境，社会環境，生活文化の３領域。人が自然と共生し，豊かで便利な持続可能な社会をつくる広い視野を養う。
芸術	70	▷美術，デザイン，音楽といった枠組みを越えて「芸術」を学び，芸術を通じて未来社会に寄与できる人材を育成する。
●取得可能な資格…司書，学芸員など。 ●進路状況…………就職75.9%　進学8.5% ●主な就職先………ニトリ，パナソニック環境エンジニアリング，良品計画，アーズ総合開発など。		
児童教育学部		
児童教育	150	▷乳児期から児童期までの子どもの成長と学びを連続的にとらえ，見通しを持った援助・指導ができる教員・保育者を養成する。自分の「得意」をつくる特化プログラムが豊富。
●取得可能な資格…教職（小一種，幼一種），保育士。 ●主な就職先………2022年度開設のため卒業生はいない。		

キャンパスアクセス ［品川キャンパス］ JR山手線・京浜東北線一高輪ゲートウェイより徒歩12分／東京メトロ南北線，都営地下鉄三田線一白金高輪より徒歩８分／都営地下鉄浅草線一泉岳寺より徒歩10分

体育学部		
体育	120	▷体育・スポーツの実践に加え，論理的・科学的アプローチからの研究や教育を通して，優れた保体教師や指導者を育成。
競技スポーツ	170	▷"実戦"を重視しながら，スポーツ科学的視野を学び，アスリート，コーチ，トレーナーのスペシャリストをめざす。
武道	60	▷武道を科学的視点から研究するとともに，実践を通して武道の精神と技術を習得する。
生涯スポーツ	120	▷レクリエーショナルスポーツ・体力づくり・健康科学などの生涯スポーツ領域に関する知識・技能を身につける。
スポーツ・レジャーマネジメント	70	▷文化としての「スポーツ＆レジャー」を一つのメディアとして，新たなライフスタイルを創出する。
●取得可能な資格…教職(保体)，司書，司書教諭など。 ●進路状況…………就職84.5%　進学7.6% ●主な就職先………JR東日本ビルテック，アルペン，旭化成，静岡朝日テレビ，東京ガスエコモなど。		
健康学部		
健康マネジメント	200	▷食・栄養，運動，メンタルヘルス，コミュニティ福祉の専門知識をもとに，「健康」を多角的・総合的に学ぶ。
●取得可能な資格…司書，社会福祉士・精神保健福祉士受験資格など。 ●進路状況…………就職91.1%　進学5.0% ●主な就職先………中野区健康福祉協議会，東急スポーツオアシス，伊藤園，かんぽ生命保険など。		
法学部		
法律	300	▷社会のさまざまなシーンで求められるリーガルマインドを身につけた"法のプロフェッショナル"を育成する。
●取得可能な資格…司書。 ●進路状況…………就職82.8%　進学2.7% ●主な就職先………日本年金機構，伊予銀行，明治安田生命保険，岡三証券，日産自動車販売など。		
政治経済学部		
政治	200	▷政治，行政，国際の３コース。環境，人権など現代の政治課題に対応できる人材を育てるためのカリキュラムを準備。
経済	200	▷経済理論，経済政策，実証経済の３つのアプローチから経済学を体系的に学び，さまざまな社会問題をひも解く。
●取得可能な資格…司書など。 ●進路状況…………就職88.4%　進学1.6% ●主な就職先………日本電子，住友不動産販売，京葉銀行，パナソニック ホームズ，横浜銀行など。		
経営学部		
経営	230	▷生きた経営学と実践力を身につけ，既成概念にとらわれずに新たな経営課題の解決の方策を導き出す人材を育成する。
●取得可能な資格…司書。 ●主な就職先………2022年度開設のため卒業生はいない。		
国際学部		
国際	200	▷国内外での実践的な学びを通してコミュニケーション能力を磨き，地球市民として活躍できる人材を育成する。
●取得可能な資格…司書。 ●主な就職先………2022年度開設のため卒業生はいない。		

キャンパスアクセス［湘南キャンパス］小田急線一東海大学前より徒歩15分またはバス5分／JR東海道線一平塚よりバス30分・東海大学正門前下車徒歩5分（直通バスあり。約30分）

観光学部

学科	定員	特色
観光	200	▷未来の社会を見据えた「学問としての観光」を体系的に学び，ダイナミックに変化する世界に対応した，新たなツーリズムを展開できる多角的視野を備えた観光人材を育成する。

● 取得可能な資格…司書。
● 進路状況…………就職85.6%　進学3.7%
● 主な就職先………ANAエアポートサービス，東海旅客鉄道，東京地下鉄，星野リゾートなど。

情報通信学部

学科	定員	特色
情報通信	240	▷情報通信技術を「集める，つなぐ，加工する，分析する」の４つの視点から学び，最新の実験設備を活用しながら総合的な情報通信技術を身につける。

● 進路状況…………就職78.8%　進学12.7%
● 主な就職先………伊藤忠テクノソリューションズ，NECフィールディング，アクセンチュアなど。

理学部

学科	定員	特色
数	80	▷現代科学を支える純粋数学を核とした教育を通して，論理的な思考力や問題を数理的に解決する能力を身につける。
情報数理	80	▷数学と情報が融合した最先端の理論に取り組み，AIへもアプローチし，現代社会の変革の鍵を握る人材を育成する。
物理	80	▷多彩な物理学の研究領域を網羅し，物事を根本から解き明かしたいという「理学」の精神に基づいた教育・研究を展開。
化	80	▷多岐にわたる化学の専門分野を横断的に学び，自ら問題点を発見し，解決するための創造力や思考力を身につける。

● 取得可能な資格…教職（数・理・情），司書，司書教諭，学芸員など。
● 進路状況…………就職65.0%　進学21.3%
● 主な就職先………丸三証券，日本電気，SUBARU，東京電力ホールディングス，新新薬品工業など。

情報理工学部

学科	定員	特色
情報科	100	▷情報科学に関わる幅広い知識を学び，技術革新への対応力を身につけ，新しい情報技術の開発に貢献できる人材を育成。
コンピュータ応用工	100	▷知能ロボティクス，コンピュータ工学の２分野を柱とし，各分野のハードウェアとソフトウェアの両面を学ぶ。
情報メディア	100	▷情報メディアのコンテンツ開発技術と流通技術について学び，開発者や技術者として社会をリードする人材を育成する。

● 取得可能な資格…教職（情・工業），司書，司書教諭など。
● 進路状況…………就職65.9%　進学21.0%
● 主な就職先………日本電気，富士通，日立製作所，本田技研工業，スズキ，日産自動車など。

建築都市学部

学科	定員	特色
建築	240	▷“地域への視線”を具現化する分野として「地域デザイン」をカリキュラムに取り入れ，地域に根ざした建築・都市のあり方を文系・理系の枠にとらわれず複眼的な視野から学ぶ。
土木工	100	▷「防災」「環境」を大きな柱とした学びで，安全で快適な生活を支える社会基盤を創造する力を身につける。

● 取得可能な資格…司書，学芸員，測量士補，１・２級建築士受験資格など。
● 主な就職先………2022年度開設のため卒業生はいない。

キャンパスアクセス ［伊勢原キャンパス］ 小田急線一伊勢原より徒歩15分またはバス10分・東海大学病院下車

工学部		
航空宇宙	140	▷〈航空宇宙学専攻90名，航空操縦学専攻50名〉航空宇宙学専攻は航空工学，宇宙工学，宇宙環境科学の３分野。航空操縦学専攻は国内大学初のエアラインパイロット養成コース。
機械工	140	▷自動車，航空・宇宙機など機械工学のさまざまな応用分野に触れ，新しい技術を創造できるエンジニアを育成する。
機械システム工	140	▷これからの社会を支える機械システム技術者を養成する。入学後すぐに車両移動型ロボットを設計・製作。
電気電子工	120	▷電気電子系のハードウェア技術を持ち，IT・ICTを活用して，未来の電気電子情報システムを支える技術者を育成する。
医工	80	▷臨床工学，生体工学の２コース。工学的側面から医療を支える臨床工学技士や工学技術者を育成する。
生物工	100	▷バイオテクノロジーの知識と技術を身につけ，医薬品・食品・化粧品の開発などに生かせる人材を育成する。
応用化	100	▷応用化学，エネルギーの２コース。高度な化学知識と広い視野を有し，社会問題を発見・解決できる人材を育成する。

● **取得可能な資格**…教職（理），司書，司書教諭，臨床工学技士受験資格など。
● **進路状況**…………就職69.9%　進学20.0%
● **主な就職先**………タマホーム，日野自動車，全日本空輸，キヤノンメディカルシステムズなど。

医学部		
医	118	▷「科学とヒューマニズムの融和」のもと，総合大学のスケールメリットを最大限に活用し，良医を育成する。
看護	95	▷医学部付属病院の看護師が直接指導する演習科目など，充実した環境で学習し，確かな看護実践能力を培う。

● **取得可能な資格**…教職（養護一種・二種），医師・看護師・保健師受験資格など。
● **進路状況**…………［医］初期臨床研修医80.9%　［看護］就職96.3%　進学0.0%
● **主な就職先**………東海大学医学部付属病院，横浜市立大学附属病院など（看護学科実績）。

海洋学部		
海洋理工	150	▷２専攻制。海洋理工学専攻（130名）では，海を総合的に学び，地球環境を理解する。航海学専攻（20名）では，船を運航するプロフェッショナルを養成する。
水産	120	▷食品科学，生物生産学の２分野。さまざまなアプローチで海の恵みを持続的に活用する方法を研究する。
海洋生物	80	▷多様な海の生物との共生をめざし，海洋生物の生態と行動を学び，持続的な社会の発展に貢献できる人材を育成する。

● **取得可能な資格**…教職（理），学芸員，測量士補など。
● **進路状況**…………就職79.6%　進学11.3%
● **主な就職先**………極洋，五洋建設，東亜建設工業，東洋水産，フィード・ワン，旭汽船など。

人文学部		
人文	180	▷地域マネジメント，クリエイティブ・カルチャー，グローバル・コミュニケーションの３領域。多面的なリベラルアーツを展開し，社会に貢献できる人材を育成する。

● **取得可能な資格**…学芸員。
● **主な就職先**………2022年度開設のため卒業生はいない。

キャンパスアクセス ［静岡キャンパス］ JR東海道線一清水よりバス20分・「東海大学・海技短大前」下車徒歩2分

文理融合学部		
		▶３学科共通の文理融合科目群や副専攻で，文理の枠を越えた複眼的な視点を養う。
経営	130	▷環境や社会とともに発展していく企業経営のあり方をテーマに，産業の活性化に役立つ総合力を持った人材を育成する。
地域社会	100	▷高度情報化社会における近未来の地域づくりをプロデュース・マネジメントしていく力を持った人材を育成する。
人間情報工	70	▷人（生体）と環境に関する先端的技術を学び，「生活の利便性・快適性」「健康の維持・増進」「自然環境の保護・保全」に貢献できる技術者を育成する。

● 取得可能な資格…教職（工業），臨床工学技士受験資格など。
● 進路状況…………就職83.2%　進学5.6%（旧経営学部・旧基盤工学部実績）
● 主な就職先………三井ホーム，JTB，日立Astemo，アボットジャパンなど（旧２学部体制実績）。

農学部		
農	80	▷農薬に過度に依存しない生産や，天敵昆虫を用いた生物的防除技術を通して，安全で安定した食料生産を学ぶ。
動物科	80	▷生命科学や環境科学の学識をもとに，動物生産や健全な自然環境・社会環境の維持・発展に貢献できる人材を養成する。
食生命科	70	▷生命科学的な観点から食の重要性と生命の尊さを理解し，総合的な専門知識で人類の健康に貢献できる人材を育成。

● 取得可能な資格…教職（理・農）など。
● 進路状況…………就職78.1%　進学12.0%
● 主な就職先………果実堂，熊本大同青果，ときわ動物園，マザー牧場，日本食研，山崎製パンなど。

国際文化学部		
地域創造	110	▷地域社会，健康スポーツ，デザイン・建築の３コース。地域コミュニティの課題を解決する地域リーダーを育成する。
国際コミュニケーション	80	▷英語キャリア，国際理解の２コース。英語および諸外国語とその文化を学び，コミュニケーション能力を磨く。

● 取得可能な資格…教職（公・保体・英），学芸員，２級建築士受験資格など。
● 進路状況…………就職83.4%　進学4.4%
● 主な就職先………積水ハウス，ジョンソンホームズ，綜合警備保障，成城石井，オズ，キャンなど。

生物学部		
生物	75	▷生き物への探究心を追求し，物事を観察・分析する力を高め，人と自然の調和を意識して活躍できる人材を育成する。
海洋生物科	75	▷水産技術や環境調査技術を通して，地域の産業振興や食料の安定確保に貢献できる人材を育成する。

● 取得可能な資格…教職（理），学芸員など。
● 進路状況…………就職73.7%　進学12.0%
● 主な就職先………越後製菓，ジャパンフレッシュ，北一食品，曲〆高橋水産，新丸正など。

▶大学院

文学・政治学・経済学・法学・体育学・医学（以上M・D），人間環境学・芸術学・健康学・理学・工学・情報通信学・海洋学・農学・生物学（以上M），総合理工学・生物科学（以上D）

▶キャンパス

経営・国際・観光・情報通信・政治経済３～４年次……［品川キャンパス］東京都港区高輪2-3-23
文・文化社会・教養・児童教育・体育・健康・法・理・情報理工・建築都市・工（医工学科を除く）１～４年次，経営・国際・観光・情報通信・政治経済・工（医工学科）１～２年次……［湘南キャンパス］

キャンパスアクセス ［熊本キャンパス］JR豊肥本線一東海学園前駅正面

神奈川県平塚市北金目4-1-1
医・工(医工学科3～4年次)……[伊勢原キャンパス] 神奈川県伊勢原市下糟屋143
海洋・人文……[静岡キャンパス] 静岡県静岡市清水区折戸3-20-1
文理融合……[熊本キャンパス] 熊本県熊本市東区渡鹿9-1-1
農……[阿蘇くまもと臨空キャンパス] 熊本県上益城郡益城町杉堂871-12
※農学部は，1年次は主として熊本キャンパス，2年次以降は主として阿蘇くまもと臨空キャンパスを利用。
国際文化・生物……[札幌キャンパス] 北海道札幌市南区南沢5条1-1-1

2025年度入試要項(予告)

●募集人員

学部／学科(専攻)		一般	文系・理系統一前期	文系・理系統一後期
▶文	文明	20	9	2
	歴史(日本史)	18	8	2
	(西洋史)	18	9	2
	(考古学)	11	5	2
	日本文	30	12	2
	英語文化コミュニケーション	30	12	2
▶文化社会	アジア	22	12	2
	ヨーロッパ・アメリカ	22	12	2
	北欧	20	7	2
	文芸創作	20	10	2
	広報メディア	35	14	2
	心理・社会	30	12	2
▶教養	人間環境	40	16	2
	芸術	16	8	2
▶児童教育	児童教育	40	15	3
▶体育	体育	42	8	2
	競技スポーツ	47	8	2
	武道	6	1	1
	生涯スポーツ	40	10	2
	スポーツ・レジャーマネジメント	23	8	2
▶健康	健康マネジメント	60	25	3
▶法	法律	93	24	10
▶政治経済	政治	61	26	6
	経済	61	26	6
▶経営	経営	75	22	6
▶国際	国際	64	32	6
▶観光	観光	72	20	5
▶情報通信	情報通信	85	27	10
▶理	数	28	12	5
	情報数理	28	12	5
	物理	28	12	5
	化	28	12	5
▶情報理工	情報科	34	12	3
	コンピュータ応用工	34	12	3
	情報メディア	34	12	3
▶建築都市	建築	84	29	8
	土木工	36	15	5
▶工	航空宇宙(航空宇宙学)	30	15	4
	機械工	54	20	5
	機械システム工	54	20	3
	電気電子工	45	15	3
	医工	29	11	3
	生物工	36	14	3
	応用化	36	14	3
▶医	医	60	—	—
	看護	50	—	3
▶海洋	海洋理工(海洋理工学)	42	18	6
	(航海学)	6	2	2
	水産	42	20	4
	海洋生物	30	14	3
▶人文	人文	59	23	4
▶文理融合	経営	20	10	3
	地域社会	18	9	3
	人間情報工	13	6	2
▶農	農	28	12	3
	動物科	28	12	3
	食生命科	24	11	3
▶国際文化	地域創造	20	11	3
	国際コミュニケーション	20	11	2
▶生物	生物	26	15	4
	海洋生物科	26	15	4

注)募集人員は2024年度の実績です。

▷工学部航空宇宙学科航空操縦学専攻は別途行われる独自入試で募集する。
▷一般選抜(医学科を除く)および文系・理系学部統一選抜前期・後期において，指定された英語外部試験(ケンブリッジ英語検定，英検，GTEC〈検定版・CBT〉，IELTS〈Academic Module〉，TEAP CBT，TEAP，TOEFL iBT，TOEIC Listening &Reading TestおよびTOEIC Speaking &Writing Test)の基準スコアに応じ，本学の試験科目の英語の得点を75点もしくは90点に換算し，合否判定に利用する英語外部試験スコア利用判定方式を導入。なお，本学の「英語」の受験は必須で，どちらか得点の高い方を合否判定に使用する。

文学部・文化社会学部・法学部・国際学部・観光学部・人文学部・国際文化学部

一般選抜 3科目 ①国(100)▶現国・言語(現文，古文・漢文は選択のみ) ②外(100)▶英コミュⅠ・英コミュⅡ・英コミュⅢ・論表Ⅰ・論表Ⅱ ③地歴・公民・数(100)▶「歴総・世探」・「歴総・日探」・「公・政経」・「数Ⅰ・数Ⅱ・数A」から1

文系学部統一選抜(前期・後期) 3科目 ①国(100)▶現国・言語(古文・漢文を除く) ②外(100)▶英コミュⅠ・英コミュⅡ・英コミュⅢ・論表Ⅰ・論表Ⅱ ③地歴・公民(100)▶「歴総・世探」・「歴総・日探」・「地総・地探」「公・政経」から1

※3科目受験し，高得点の2科目で判定する。

教養学部

一般選抜 【人間環境学科・芸術学科(筆記試験型)】 3科目 ①外(100)▶英コミュⅠ・英コミュⅡ・英コミュⅢ・論表Ⅰ・論表Ⅱ ②国・数(100)▶「現国・言語(現文，古文・漢文は選択のみ)」・「数Ⅰ・数Ⅱ・数A・数B(数列)・数C(ベク)」から1 ③地歴・理(100)▶「歴総・世探」・「歴総・日探」・「物基・物」・「化基・化」・「生基・生」から1

【芸術学科(専門試験型)】 3科目 ①外(100)▶英コミュⅠ・英コミュⅡ・英コミュⅢ・論表Ⅰ・論表Ⅱ ②国・数(100)▶「現国・言語(現文，古文・漢文は選択のみ)」・「数Ⅰ・数A」から1 ③専門試験(100)

文系学部統一選抜(前期・後期) 3科目 ①国(100)▶現国・言語(古文・漢文を除く) ②外(100)▶英コミュⅠ・英コミュⅡ・英コミュⅢ・論表Ⅰ・論表Ⅱ ③地歴・公民(100)▶「歴総・世探」・「歴総・日探」・「地総・地探」「公・政経」から1

※3科目受験し，高得点の2科目で判定する。

理系学部統一選抜(前期・後期) 3科目 ①外(100)▶英コミュⅠ・英コミュⅡ・英コミュⅢ・論表Ⅰ・論表Ⅱ ②数(100)▶数Ⅰ・数Ⅱ・数A・数B(数列)・数C(ベク) ③理(100)▶「物基・物」・「化基・化」・「生基・生」から1

※3科目受験し，高得点の2科目で判定する。

児童教育学部・健康学部

一般選抜 3科目 ①外(100)▶英コミュⅠ・英コミュⅡ・英コミュⅢ・論表Ⅰ・論表Ⅱ ②国・数(100)▶「現国・言語(現文，古文・漢文は選択のみ)」・「数Ⅰ・数Ⅱ・数A・数B(数列)・数C(ベク)」から1 ③地歴・理(100)▶「歴総・世探」・「歴総・日探」・「物基・物」・「化基・化」・「生基・生」から1

文系学部統一選抜(前期・後期) 3科目 ①国(100)▶現国・言語(古文・漢文を除く) ②外(100)▶英コミュⅠ・英コミュⅡ・英コミュⅢ・論表Ⅰ・論表Ⅱ ③地歴・公民(100)▶「歴総・世探」・「歴総・日探」・「地総・地探」「公・政経」から1

※3科目受験し，高得点の2科目で判定する。

理系学部統一選抜(前期・後期) 3科目 ①外(100)▶英コミュⅠ・英コミュⅡ・英コミュⅢ・論表Ⅰ・論表Ⅱ ②数(100)▶数Ⅰ・数Ⅱ・数A・数B(数列)・数C(ベク) ③理(100)▶「物基・物」・「化基・化」・「生基・生」から1

※3科目受験し，高得点の2科目で判定する。

体育学部

一般選抜〈筆記試験型〉 3科目 ①外(100)▶英コミュⅠ・英コミュⅡ・英コミュⅢ・論表Ⅰ・論表Ⅱ ②国・数(100)▶「現国・言語(現文，古文・漢文は選択のみ)」・「数Ⅰ・数Ⅱ・数A・数B(数列)・数C(ベク)」から1 ③地歴・理(100)▶「歴総・世探」・「歴総・日探」・「物基・物」・「化基・化」・「生基・生」から1

一般選抜〈実技試験型〉 3科目 ①外(100)▶英コミュⅠ・英コミュⅡ・英コミュⅢ・論表Ⅰ・論表Ⅱ ②国・数(100)▶「現国・言語(現文，古文・漢文は選択のみ)」・「数Ⅰ・数A」から1 ③実技試験(100)

文系学部統一選抜(前期・後期) 3科目 ①国(100)▶現国・言語(古文・漢文を除く) ②外(100)▶英コミュⅠ・英コミュⅡ・英コミュⅢ・論表Ⅰ・論表Ⅱ ③地歴・公民(100)▶「歴

キャンパスアクセス [札幌キャンパス] 札幌市営地下鉄南北線一真駒内よりバス25分・東海大学前下車徒歩すぐ

総・世探」・「歴総・日探」・「地総・地探」「公・政経」から1
※3科目受験し，高得点の2科目で判定する。
理系学部統一選抜（前期・後期） 3科目 ①外（100）▶英コミュⅠ・英コミュⅡ・英コミュⅢ・論表Ⅰ・論表Ⅱ ②**数**（100）▶数Ⅰ・数Ⅱ・数A・数B（数列）・数C（ベク） ③**理**（100）▶「物基・物」・「化基・化」・「生基・生」から1
※3科目受験し，高得点の2科目で判定する。

政治経済学部・経営学部

一般選抜 3科目 ①**国**（100）▶現国・言語（現文，古文・漢文は選択のみ） ②**外**（100）▶英コミュⅠ・英コミュⅡ・英コミュⅢ・論表Ⅰ・論表Ⅱ ③**地歴・公民・数**（100）▶「歴総・世探」・「歴総・日探」・「公・政経」・「数Ⅰ・数Ⅱ・数A」から1
文系学部統一選抜（前期・後期） 3科目 ①**国**（100）▶現国・言語（古文・漢文を除く） ②**外**（100）▶英コミュⅠ・英コミュⅡ・英コミュⅢ・論表Ⅰ・論表Ⅱ ③**地歴・公民**（100）▶「歴総・世探」・「歴総・日探」・「地総・地探」「公・政経」から1
※3科目受験し，高得点の2科目で判定する。
理系学部統一選抜（前期・後期） 3科目 ①**外**（100）▶英コミュⅠ・英コミュⅡ・英コミュⅢ・論表Ⅰ・論表Ⅱ ②**数**（100）▶数Ⅰ・数Ⅱ・数A・数B（数列）・数C（ベク） ③**理**（100）▶「物基・物」・「化基・化」・「生基・生」から1
※3科目受験し，高得点の2科目で判定する。

情報通信学部

一般選抜・理系学部統一選抜（前期・後期） 3科目 ①**外**（100）▶英コミュⅠ・英コミュⅡ・英コミュⅢ・論表Ⅰ・論表Ⅱ ②**数**（100）▶数Ⅰ・数Ⅱ・数A・数B（数列）・数C（ベク） ③**理**（100）▶「物基・物」・「化基・化」・「生基・生」から1
※理系学部統一選抜は，3科目受験し，高得点の2科目で判定する。

理学部・工学部

一般選抜 3科目 ①**外**（100）▶英コミュⅠ・英コミュⅡ・英コミュⅢ・論表Ⅰ・論表Ⅱ ②**数**（100）▶ 数Ⅰ・数Ⅱ・数Ⅲ・数A・数B（数列）・数C（数学表現を除く） ③**理**（100）▶「物基・物」・「化基・化」・「生基・生」から1
理系学部統一選抜（前期・後期） 3科目 ①**外**（100）▶英コミュⅠ・英コミュⅡ・英コミュⅢ・論表Ⅰ・論表Ⅱ ②**数**（100）▶ 数Ⅰ・数Ⅱ・数A・数B（数列）・数C（ベク） ③**理**（100）▶「物基・物」・「化基・化」・「生基・生」から1
※3科目受験し，高得点の2科目で判定する。
工学部航空宇宙学科航空操縦学専攻選抜（共通テスト利用型）〈第一次選考（共通テスト科目）〉 3科目 ①**外**（200）▶英（リスニング〈40〉を含む） ②**数**（100）▶数Ⅰ・「数Ⅰ・数A」・「数Ⅱ・数B・数C」から1 ③**国・地歴・理**（100）▶国（近代）・「歴総・世探」・「歴総・日探」・「地総・地探」・「地総・歴総・公から2」・「公・倫」・「公・政経」・「物基・化基・生基・地学基から2」・物・化・生・地学から1
〈第二次選考〉 2科目 ①**適性試験**（面接試験を含む） ②**身体検査**（第一種航空身体検査に準じた検査）
※第二次選考は，書類審査と共通テストの結果による第一次選考の合格者のみ実施する。
※指定された英語外部試験の基準スコアを満たしている者のほか，視力等に関する出願資格あり。
注）第二次選考は2024年度の選抜実績です。2025年度の選抜内容は編集時，未公表のため，最新の募集要項でご確認ください。

情報理工学部

一般選抜 3科目 ①**外**（100）▶英コミュⅠ・英コミュⅡ・英コミュⅢ・論表Ⅰ・論表Ⅱ ②**数**（100）▶［情報科学科］ 一数Ⅰ・数Ⅱ・数Ⅲ・数A・数B（数列）・数C（数学表現を除く），［コンピュータ応用工学科・情報メディア学科］ 一数Ⅰ・数Ⅱ・数A・数B（数列）・数C（ベク） ③**理**（100）▶「物基・物」・「化基・化」・「生基・生」から1
理系学部統一選抜（前期・後期） 3科目 ①**外**（100）▶英コミュⅠ・英コミュⅡ・英コミュⅢ・論表Ⅰ・論表Ⅱ ②**数**（100）▶数Ⅰ・数Ⅱ・数A・数B（数列）・数C（ベク） ③**理**（100）▶「物基・物」・「化基・化」・「生基・生」から1
※3科目受験し，高得点の2科目で判定する。

建築都市学部

一般選抜 【建築学科】 3科目 ①外(100)▶英コミュⅠ・英コミュⅡ・英コミュⅢ・論表Ⅰ・論表Ⅱ ②国・数(100)▶「現国・言語(現文, 古文・漢文は選択のみ)」・「数Ⅰ・数Ⅱ・数A・数B(数列)・数C(ベク)」から1 ③地歴・理(100)▶「歴総・世探」・「歴総・日探」・「物基・物」・「化基・化」・「生基・生」から1

【土木工学科】 3科目 ①外(100)▶英コミュⅠ・英コミュⅡ・英コミュⅢ・論表Ⅰ・論表Ⅱ ②数(100)▶数Ⅰ・数Ⅱ・数Ⅲ・数A・数B(数列)・数C(数学表現を除く) ③理(100)▶「物基・物」・「化基・化」・「生基・生」から1

文系学部統一選抜(前期・後期) 【建築学科】 3科目 ①国(100)▶現国・言語(古文・漢文を除く) ②外(100)▶英コミュⅠ・英コミュⅡ・英コミュⅢ・論表Ⅰ・論表Ⅱ ③地歴・公民(100)▶「歴総・世探」・「歴総・日探」・「地総・地探」「公・政経」から1

※3科目受験し, 高得点の2科目で判定する。

理系学部統一選抜(前期・後期) 3科目 ①外(100)▶英コミュⅠ・英コミュⅡ・英コミュⅢ・論表Ⅰ・論表Ⅱ ②数(100)▶数Ⅰ・数Ⅱ・数A・数B(数列)・数C(ベク) ③理(100)▶「物基・物」・「化基・化」・「生基・生」から1

※3科目受験し, 高得点の2科目で判定する。

医学部

一般選抜 【医学科】〈第一次選考〉 3科目 ①外(100)▶英コミュⅠ・英コミュⅡ・英コミュⅢ・論表Ⅰ・論表Ⅱ・論表Ⅲ ②数(100)▶数Ⅰ・数Ⅱ・数A・数B(数列)・数C(ベク) ③理(100)▶「物基・物」・「化基・化」・「生基・生」から1

〈第二次選考〉 2科目 ①小論文 ②面接

※第二次選考は第一次選考の合格者のみ実施。

注)第二次選考は2024年度の選抜実績です。2025年度の選抜内容は編集時, 未公表のため, 最新の募集要項でご確認ください。

【看護学科】 3科目 ①外(100)▶英コミュⅠ・英コミュⅡ・英コミュⅢ・論表Ⅰ・論表Ⅱ ②理(100)▶「化基・化」・「生基・生」から1 ③国・数(100)▶「現国・言語(現文, 古文・漢文は選択のみ)」・「数Ⅰ・数A」から1

文系学部統一選抜(後期) 【看護学科】 3科目 ①国(100)▶現国・言語(古文・漢文を除く) ②外(100)▶英コミュⅠ・英コミュⅡ・英コミュⅢ・論表Ⅰ・論表Ⅱ ③地歴・公民(100)▶「歴総・世探」・「歴総・日探」・「地総・地探」「公・政経」から1

※3科目受験し, 高得点の2科目で判定する。

理系学部統一選抜(後期) 【看護学科】 3科目 ①外(100)▶英コミュⅠ・英コミュⅡ・英コミュⅢ・論表Ⅰ・論表Ⅱ ②数(100)▶数Ⅰ・数Ⅱ・数A・数B(数列)・数C(ベク) ③理(100)▶「物基・物」・「化基・化」・「生基・生」から1

※3科目受験し, 高得点の2科目で判定する。

海洋学部

一般選抜 【海洋理工学科・海洋生物学科】 3科目 ①外(100)▶英コミュⅠ・英コミュⅡ・英コミュⅢ・論表Ⅰ・論表Ⅱ ②数(100)▶数Ⅰ・数Ⅱ・数A・数B(数列)・数C(ベク) ③理(100)▶「物基・物」・「化基・化」・「生基・生」から1

【水産学科】 3科目 ①外(100)▶英コミュⅠ・英コミュⅡ・英コミュⅢ・論表Ⅰ・論表Ⅱ ②国・数(100)▶「現国・言語(現文, 古文・漢文は選択のみ)」・「数Ⅰ・数Ⅱ・数A・数B(数列)・数C(ベク)」から1 ③理(100)▶「物基・物」・「化基・化」・「生基・生」から1

理系学部統一選抜(前期・後期) 3科目 ①外(100)▶英コミュⅠ・英コミュⅡ・英コミュⅢ・論表Ⅰ・論表Ⅱ ②数(100)▶数Ⅰ・数Ⅱ・数A・数B(数列)・数C(ベク) ③理(100)▶「物基・物」・「化基・化」・「生基・生」から1

※3科目受験し, 高得点の2科目で判定する。

文理融合学部

一般選抜 【経営学科・地域社会学科】 3科目 ①国(100)▶現国・言語(現文, 古文・漢文は選択のみ) ②外(100)▶英コミュⅠ・英コミュⅡ・英コミュⅢ・論表Ⅰ・論表Ⅱ ③地歴・公民・数(100)▶「歴総・世探」・「歴総・日探」・「公・政経」・「数Ⅰ・数Ⅱ・数A」から1

【人間情報工学科】 3科目 ①外(100)▶英コミュⅠ・英コミュⅡ・英コミュⅢ・論表Ⅰ・論表Ⅱ ②数(100)▶数Ⅰ・数Ⅱ・数A・数B(数

列)・数C(ベク)　③**理**(100)▶「物基・物」・「化基・化」・「生基・生」から1

文系学部統一選抜(前期・後期)　3科目　①**国**(100)▶現国・言語(古文・漢文を除く)　②**外**(100)▶英コミュⅠ・英コミュⅡ・英コミュⅢ・論表Ⅰ・論表Ⅱ　③**地歴・公民**(100)▶「歴総・世探」・「歴総・日探」・「地総・地探」「公・政経」から1

※3科目受験し，高得点の2科目で判定する。

理系学部統一選抜(前期・後期)　3科目　①**外**(100)▶英コミュⅠ・英コミュⅡ・英コミュⅢ・論表Ⅰ・論表Ⅱ　②**数**(100)▶数Ⅰ・数Ⅱ・数A・数B(数列)・数C(ベク)　③**理**(100)▶「物基・物」・「化基・化」・「生基・生」から1

※3科目受験し，高得点の2科目で判定する。

農学部・生物学部

一般選抜　3科目　①**外**(100)▶英コミュⅠ・英コミュⅡ・英コミュⅢ・論表Ⅰ・論表Ⅱ　②**国・数**(100)▶「現国・言語(現文，古文・漢文は選択のみ)」・「数Ⅰ・数Ⅱ・数A・数B(数列)・数C(ベク)」から1　③**理**(100)▶「物基・物」・「化基・化」・「生基・生」から1

理系学部統一選抜(前期・後期)　3科目　①**外**(100)▶英コミュⅠ・英コミュⅡ・英コミュⅢ・論表Ⅰ・論表Ⅱ　②**数**(100)▶数Ⅰ・数Ⅱ・数A・数B(数列)・数C(ベク)　③**理**(100)▶「物基・物」・「化基・化」・「生基・生」から1

※3科目受験し，高得点の2科目で判定する。

その他の選抜

共通テスト利用選抜は文学部23名，文化社会学部33名，教養学部20名，児童教育学部12名，体育学部20名，健康学部21名，法学部22名，政治経済学部40名，経営学部22名，国際学部15名，観光学部18名，情報通信学部20名，理学部32名，情報理工学部30名，建築都市学部30名，工学部63名，医学部17名，海洋学部35名，人文学部18名，文理融合学部19名，農学部18名，国際文化学部13名，生物学部16名を募集。ほかに医学科神奈川県地域枠選抜(5名)，医学科静岡県地域枠選抜(3名)，公募制学校推薦型選抜，指定学校推薦型選抜，総合型選抜(学科課題型，適性面接型，スポーツ・音楽自己推薦型，指定クラブ型，同窓会型)，医学科総合型選抜(希望の星育成)，医学科特別選抜(展学のすすめ)，留学生選抜を実施。

注)募集人員は2024年度の実績です。

偏差値データ (2024年度)

●一般選抜

学部／学科／専攻	2024年度 駿台予備学校 合格目標ライン	2024年度 河合塾 ボーダー偏差値	2023年度実績 募集人員	受験者数	合格者数	合格最低点	競争率 '23年	競争率 '22年
文化部								
文明	**42**	**42.5**	20	132	72	—	1.8	2.0
歴史／日本史	**46**	**47.5**	18	228	61	—	3.7	3.2
／西洋史	**46**	**45**	18	162	78	—	2.1	2.7
／考古学	**45**	**45**	11	107	54	—	2.0	2.0
日本文	**45**	**45**	30	233	106	—	2.2	2.3
英語文化コミュニケーション	**44**	**42.5**	30	159	109	—	1.5	1.7
文化社会学部								
アジア	**41**	**42.5**	22	127	71	—	1.8	1.7
ヨーロッパ・アメリカ	**43**	**42.5**	22	140	83	—	1.7	2.4
北欧	**44**	**40**	20	120	54	—	2.2	2.2

学部／学科／専攻	2024年度		2023年度実績					
	駿台予備学校	河合塾	募集人員	受験者数	合格者数	合格最低点	競争率	
	合格目標ライン	ボーダー偏差値					'23年	'22年
文芸創作	44	47.5	20	126	57	—	2.2	2.2
広報メディア	44	45	35	267	98	—	2.7	2.8
心理・社会	45	45	30	303	99	—	3.1	4.9
教養学部								
人間環境	41	40	42	148	85	—	1.7	2.5
芸術	38～39	40	16	57	36	—	1.6	1.7
児童教育学部								
児童教育	43	42.5	46	160	93	—	1.7	2.4
体育学部								
体育	40～41	42.5	42	199	102	—	2.0	2.6
競技スポーツ	40～41	35～37.5	47	135	92	—	1.5	1.5
武道	35～36	35	6	2	2	—	1.0	1.5
生涯スポーツ	42	35～37.5	40	123	73	—	1.7	1.7
スポーツ・レジャーマネジメント	41～42	37.5～40	23	113	77	—	1.5	1.4
健康学部								
健康マネジメント	42	35	75	152	102	—	1.5	2.0
法学部								
法律	42	40	100	635	456	—	1.4	2.0
政治経済学部								
政治	42	37.5	61	461	283	—	1.6	2.1
経済	42	42.5	61	703	282	—	2.5	2.8
経営学部								
経営	42	42.5	78	744	266	—	2.8	3.7
国際学部								
国際	42	37.5	64	331	215	—	1.5	2.3
観光学部								
観光	42	40	75	424	206	—	2.1	2.5
情報通信学部								
情報通信	40	42.5	85	575	180	—	3.2	2.4
理学部								
数	41	42.5	28	225	130	—	1.7	2.3
情報数理	40	42.5	28	175	110	—	1.6	2.0
物理	40	40	28	216	157	—	1.4	1.7
化	40	37.5	28	247	190	—	1.3	1.6
情報理工学部								
情報科	40	45	35	330	103	—	3.2	4.1
コンピュータ応用工	39	42.5	35	426	163	—	2.6	3.8
情報メディア	40	47.5	35	551	61	—	9.0	5.0
建築都市学部								
建築	39	45	84	537	171	—	3.1	3.3
土木工	38	37.5	36	115	95	—	1.2	2.0

学部／学科／専攻	2024年度		2023年度実績					
	駿台予備学校	河合塾	募集人員	受験者数	合格者数	合格最低点	競争率	
	合格目標ライン	ボーダー偏差値					'23年	'22年
工学部								
航空宇宙／航空宇宙学	**43**	**37.5**	30	169	113	—	1.5	2.0
機械工	**39**	**37.5**	54	422	270	—	1.6	2.7
機械システム工	**37**	**37.5**	54	401	262	—	1.5	2.4
電気電子工	**39**	**37.5**	45	333	219	—	1.5	2.9
医工	**40**	**37.5**	29	123	78	—	1.6	1.4
生物工	**40**	**35**	36	76	51	—	1.5	1.6
応用化	**41**	**35**	36	169	131	—	1.3	2.5
医学部								
医	**55**	**65**	60	3,186	119	—	26.8	19.7
看護	**45**	**50**	50	411	161	—	2.6	3.4
海洋学部								
海洋理工／海洋理工学	**40**	**37.5**	42	184	107	—	1.7	1.6
／航海学	**42**	**47.5**	6	99	13	—	7.6	4.0
水産	**42**	**37.5**	42	288	138	—	2.1	1.9
海洋生物	**44**	**50**	30	632	100	—	6.3	3.5
人文学部								
人文	**41**	**37.5**	59	161	119	—	1.4	1.4
文理融合学部								
経営	**40**	**37.5**	20	50	28	—	1.8	2.6
地域社会	**40**	**37.5**	18	41	34	—	1.2	1.4
人間情報工	**36**	**35**	13	34	28	—	1.2	1.5
農学部								
農	**42**	**35**	28	171	117	—	1.5	1.6
動物科	**42**	**35**	28	157	113	—	1.4	1.5
食生命科	**41**	**37.5**	24	123	87	—	1.4	1.5
国際文化学部								
地域創造	**41**	**40**	20	43	30	—	1.4	3.0
国際コミュニケーション	**41**	**40**	20	63	46	—	1.4	1.9
生物学部								
生物	**41**	**37.5**	26	213	157	—	1.4	1.4
海洋生物科	**41**	**37.5**	26	245	162	—	1.5	2.3

- 駿台予備学校合格目標ラインは合格可能性80%に相当する駿台模試の偏差値です。
- 河合塾ボーダー偏差値は合格可能性50%に相当する河合塾全統模試の偏差値です。
- 競争率は受験者÷合格者の実質倍率

東京家政大学

（とうきょうかせい）

資料請求

問合せ先　アドミッションセンター　☎03-3961-5228

建学の精神

前身は，創設者である渡邉辰五郎が1881（明治14）年に，東京・湯島に開いた「和洋裁縫伝習所」。裁縫という専門性を持つことによる女性の「自主自律」をめざして開設され，多くの教え子たちが裁縫指導者として巣立ち，中には自ら学校を設立した卒業生も数多い。1949（昭和24）年の大学設置後は，時代の変化，社会が求める専門職の領域の広がりに敏感に対応し，学びを発展させながらも，一貫して受け継がれている「自主自律」の精神と，教育と衣食住を中心とした「女性の専門性を高める教育」で，卒業生の活躍の場も，多くの分野に広がっている。東京家政大学ではどの学部・学科においても，学びに即した専門性の高い，時代の変化に合った免許・資格が取得でき，「ひとの生（Life）を支える学」を身につけたスペシャリストを育成している。

- **板橋キャンパス**……〒173-8602　東京都板橋区加賀1-18-1
- **狭山キャンパス**……〒350-1398　埼玉県狭山市稲荷山2-15-1

基本データ

学生数▶女6,278名
専任教員数▶教授96名，准教授63名，講師43名
設置学部▶児童，栄養，家政，人文，健康科，子ども支援
併設教育機関▶大学院ー人間生活学総合（M・D。男女共学）　短期大学部（P.545参照）

就職・卒業後の進路

就職率 97.9%（就職者÷希望者×100）

●**就職支援**　「学生が主役」として，板橋キャンパスでは，1年次からキャリア形成に対する知識や就業意識を高める多彩なプログラムを提供。狭山キャンパスでは学科の特色を踏まえ，業界の理解を深めるプログラムが特徴。また，中高校長・管理栄養士・保育園園長・看護師など，さまざまな経歴と実践経験を持つ進路アドバイザーが在籍し，自身の経験も踏まえた進路指導を行い，学生一人ひとりが描くキャリアプランを実現させている。

●**資格取得支援**　座学での専門知識の学びに加え，資格・免許取得に向けた実技試験に役

進路指導者も必見
学生を伸ばす 面倒見

初年次教育	学修サポート
異なる学科の学生同士5名程度のグループで，「読むこと・書くこと・発言すること・傾聴すること・調べること」を重視する協同学習「スタートアップセミナー自主自律」を行い，本学で学ぶために必要な基礎を築いている	オフィスアワー制度やクラス担任制（1クラス40名程度）を導入し，学修面や学生生活を支えるとともに，各クラスにはSAも配置されている。また，教育支援センター（板橋）や学務課（狭山）も学生生活全般をサポート

オープンキャンパス（2023年度実績）　板橋Cで6・7・8・10・12月，狭山Cで6・7・8・9月に開催。大学概要・学科&入試説明，個別相談，模擬授業，キャンパスツアーなど。3月には両キャンパスで体験入学も実施。

立つ実験・実習の授業も豊富に用意し，トップレベルの国家試験合格率につなげている。

教員志望者向けには，教員ガイダンスや教員採用試験対策講座を実施し，サポート。

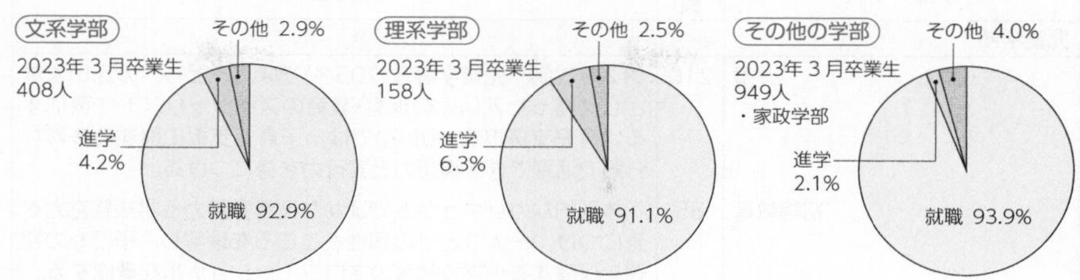

主なOG ▶［家政］飯田くにこ（美容家，kunistyle社長），内田亜希子（女優），細見佳代（スタイリスト），もあいかすみ（料理研究家），［人文］松尾和泉（NST新潟総合テレビアナウンサー）など。

国際化・留学　大学間 9 大学等

受入れ留学生数 ▶ ５名（2023年９月１日現在）

留学生の出身国 ▶ 中国，韓国，インドネシア。

外国人専任教員 ▶ 教授０名，准教授２名，講師２名（2023年５月１日現在）

外国人専任教員の出身国 ▶ 韓国，イギリスなど。

大学間交流協定 ▶ ９大学・機関（交換留学先０大学，2023年９月１日現在）

海外への留学生数 ▶ 渡航型24名・オンライン型４名／年（４カ国・地域，2022年度）

海外留学制度 ▶ 期間や目的に合わせた「語学研修（長期）」「語学研修（短期）」「語学・専門研修」「専門研修」「海外インターンシップ」という５種類の，35の海外研修プログラム（2023年度）のほか，オンラインで行う「Make a Differenceプログラム」も用意。コンソーシアムはUMAPに参加している。

学費・奨学金制度　給付型奨学金総額 年間約 5,416 万円

入学金 ▶ 260,000円

年間授業料（施設費等を除く）▶ 740,000円～（詳細は巻末資料参照）

年間奨学金総額 ▶ 54,155,000円

年間奨学金受給者数 ▶ 217人

主な奨学金制度 ▶「渡辺学園奨学金」「緑窓会奨学金」「後援会奨学金」など，渡辺学園関係奨学金を多数用意。このほか，「新入生成績優秀者奨学金制度」「在学生特待生奨学金制度」「細井愛子奨学金」といった授業料免除型の制度もあり，2022年度には111人を対象に総額で4,235万円を減免している。

保護者向けインフォメーション

- **オープンキャンパス**　通常のオープンキャンパス時に保護者向けの説明会を実施している。
- **リーフレット**　『保護者のためのリーフレット：選択肢がふえる東京家政大学』を発行。
- **成績確認**　成績表を郵送している。
- **教育・進路懇談会**　「教育・進路懇談会」や「保護者のための就職講演会」を６月に開催。
- **会報誌**　後援会（会員は保護者および教職員）があり，会報誌『GREEN LEAVES』を発行。
- **防災対策**　「大地震対応マニュアル」と「防災マニュアル」を入学時に配布（「大地震」の方は学内にも常設）。災害時の学生の安否は，アプリを利用して確認するようにしている。

インターンシップ科目	必修専門ゼミ	卒業論文	GPA制度の導入の有無および活用例	１年以内の退学率	標準年限での卒業率
児童･栄養･家政･人文で開講	全学部で１～４年次に実施。ただし，学科により開講年次は異なる	児童・家政（服飾除く）・健康科・子ども支援は卒業要件	学生への個別の学修指導，奨学金や授業料免除対象者の選定および退学勧告基準に活用。また，GPAに応じた履修上限単位数を設定	4%	91.9%

学部紹介

学部／学科	定員	特色
児童学部		
児童	210	▷２専攻制。児童学専攻(105名)では，子どもへの深いまなざしを持った乳幼児の保育・教育のスペシャリストを育成する。育児支援専攻(105名)では，子育て支援に関する多彩な分野で活躍できる構想力と実行力を身につける。
初等教育	85	▷体系的なカリキュラムで確かな授業実践力と学級経営力を身につけ，一人ひとりの個性とこころを理解し，子どもの発達を保障する小学校教育のプロフェッショナルを育成する。
●取得可能な資格…教職(小一種，幼一種)，司書，保育士など。 ●主な就職先………東京都ほか教育委員会，幼稚園教諭，保育士，LITALICOなど(旧学部体制実績)。		
栄養学部		
栄養	120	▷栄養についての専門知識を幅広く，深く学び，生活に密接する食について，栄養士を軸に幅広い分野で活躍し，新しい食の時代を切り開くスペシャリストを育成する。
管理栄養	160	▷医学的な分野まで深く学び，医療・福祉の現場からスポーツ関係まで幅広く人々の健康維持に貢献でき，食で未来の生活の質(QOL)をデザインする管理栄養士を育成する。
●取得可能な資格…教職(理・家，栄養)，栄養士，管理栄養士受験資格など。 ●主な就職先………東京都，エームサービス，グリーンハウスグループ，明治など(旧学部体制実績)。		
家政学部		
服飾美術	175	▷140年以上の歴史を持つ被服教育を基盤に被服に関する基礎教育や実技教育を実施し，家庭科教員をはじめ衣料管理士・学芸員など，アパレル・教育界に貢献できる人材を育成する。
環境共生	75	▷2024年度より，環境教育学科から名称変更。地球上で発生するあらゆる環境問題について総合的に考察し，生活に密着した諸課題を解決する力を養う。
造形表現	120	▷入学時は専門分野を絞らず，自由度の高いカリキュラムで多様な造形表現を体験し，自分の方向性を定めて専門性を深め，生活空間を美しく快適に創造する人材を育成する。
●取得可能な資格…教職(理・美・家)，学芸員など。 ●進路状況…………就職93.9%　進学2.1%（現児童学部・栄養学部を含む) ●主な就職先………日本航空，東日本旅客鉄道，キッコーマン食品，味の素，ルミネ，総務省など。		
人文学部		
英語コミュニケーション	120	▷文学や異文化コミュニケーション，言語学に関する知識を深めながらグローバルな視点，国際感覚，英語力を養い，国際社会で活躍できる人材を育成する。
心理カウンセリング	95	▷心理学とカウンセリングスキルを身につけ，さまざまな人生に寄り添える心理の専門家を育成する。
教育福祉	70	▷社会教育，社会福祉，心理の３つの分野から多角的に学び，多様な視点から社会的支援ができる専門家を育成する。
●取得可能な資格…教職(公・社・英，養護一種)，司書，学芸員，社会福祉士・精神保健福祉士受験資格など。 ●進路状況…………就職92.7%　進学3.6% ●主な就職先………東京都・埼玉県教育委員会，日本航空，三菱UFJ銀行，日本郵便，良品計画など。		

キャンパスアクセス [板橋キャンパス] JR埼京線―十条より徒歩５分／都営地下鉄三田線―新板橋より徒歩12分／JR京浜東北線―東十条より徒歩13分

健康科学部		
看護	100	▷看護職としてふさわしい人間性を養い，その上で高度な知識と技術，行動力と実践力を兼ね備え，職業的自律性を持った人材を育成する。
リハビリテーション	80	▷作業療法学専攻と理学療法学専攻（各40名）を設置。あらゆる年代の人がその人らしく生活できるよう支援できる，未来で輝くセラピストを育成する。

● 取得可能な資格…看護師・保健師・助産師・理学療法士・作業療法士受験資格。
● 進路状況…………就職91.1%　進学6.3%
● 主な就職先………武蔵野赤十字病院，恩賜財団済生会，埼玉医科大学，さいたま赤十字病院など。

子ども支援学部		
子ども支援	120	▷多様な支援を必要とする子どもを含む，すべての子どもの一人ひとりの可能性に気づき，広げられる保育者を育成する。

● 取得可能な資格…教職（幼一種，特別支援），保育士など。
● 進路状況…………就職93.2%　進学5.3%（旧子ども学部実績）
● 主な就職先………板橋区・台東区・江東区ほか公立保育士，心身障害児総合医療療育センターなど。

キャンパス

児童・栄養・家政・人文……［板橋キャンパス］東京都板橋区加賀1-18-1
健康科・子ども支援……［狭山キャンパス］埼玉県狭山市稲荷山2-15-1

2024年度入試要項（前年度実績）

●募集人員

学部／学科（専攻）	一般統一	一般1期	一般2期	共通利用型
▶児童　児童（児童学）	26	14	若干名	若干名
（育児支援）	24	10	若干名	若干名
児童教育	18	10	若干名	若干名
▶栄養　栄養	30	21	若干名	若干名
管理栄養	42	33	若干名	若干名
▶家政　服飾美術	45	20	2	若干名
環境共生	20	8	若干名	若干名
造形表現	学力20 実技5	15	学力・実技各若干名	若干名
▶人文　英語コミュニケーション	25	12	若干名	若干名
心理カウンセリング	24	12	若干名	若干名
教育福祉	20	12	若干名	若干名
▶健康科　看護	25	15	若干名	若干名
リハビリテーション（作業療法）	9	2	若干名	若干名
（理学療法）	13	3	若干名	若干名
▶子ども支援　子ども支援	17	8	若干名	若干名

※共通利用型は一般選抜（共通テスト利用型）。

▷一般選抜２期の管理栄養・心理カウンセリング・看護の３学科は共通テスト併用型。

▷一般選抜（共通テスト利用型）は，自己推薦書＋全体の学習成績の状況＋共通テスト１科目で判定する。なお，「高卒認定」「外国の学校修了」など全体の学習成績の状況（全体の評定平均値）が算出できない場合は，配点の50%で換算する。

▷共通テストの外国語（英語）は，素点を1/2（200×1/2）にする。

児童学部

一般選抜統一地区　**2科目**　①②**国・外・地歴・数・理**（100×2）▶「国総（古文・漢文を除く）・現文B」・「コミュ英Ⅰ・コミュ英Ⅱ」・日B・「数Ⅰ・数A」・「化基・生基から１」から２

一般選抜１期　**2科目**　①②**国・外・数**（100×2）▶「国総（古文・漢文を除く）・現文B」・「コミュ英Ⅰ・コミュ英Ⅱ」・「数Ⅰ・数A」から2

一般選抜２期　**2科目**　①**総合問題**（100）▶記述含む ②**全体の学習成績の状況**（5）

一般選抜（共通テスト利用型）　〈共通テスト科目〉　**1科目**　①**国・外・地歴・公民・数・理**（100）▶国（近代）・英（リスニングを含む）・世B・日B・地理B・現社・倫・政経・「倫・政経」・数Ⅰ・「数Ⅰ・数A」・数Ⅱ・「数Ⅱ・数B」・簿・情・「物基・化基・生基・地学基から２」・物・化・生・地学から１

〈個別試験科目〉 2科目 ①自己推薦書(10) ②全体の学習成績の状況(10)

栄養学部

一般選抜統一地区 【栄養学科】 2科目 ①②国・外・地歴・数・理(100×2) ▶「国総(古文・漢文を除く)・現文B」・「コミュ英Ⅰ・コミュ英Ⅱ」・日B・「数Ⅰ・数A」・「化基・生基から1」から2
【管理栄養学科】 2科目 ①②国・外・数・理(100×2) ▶「国総(古文・漢文を除く)・現文B」・「コミュ英Ⅰ・コミュ英Ⅱ」・「数Ⅰ・数A」・「化基・生基から1」から2
一般選抜1期 2科目 ①②国・外・数(100×2) ▶「国総(古文・漢文を除く)・現文B」・「コミュ英Ⅰ・コミュ英Ⅱ」・「数Ⅰ・数A」から2
一般選抜2期 【栄養学科】 2科目 ①総合問題(100) ▶記述含む ②全体の学習成績の状況(5)
一般選抜2期(共通テスト併用型) 【管理栄養学科】〈共通テスト科目〉 2科目 ①②国・外・「数・理」(100×2) ▶国(近代)・英(リスニングを含む)・「数Ⅰ・〈数Ⅰ・数A〉・数Ⅱ・〈数Ⅱ・数B〉・情・〈化基・生基〉・化・生から1」から2
〈個別試験科目〉 2科目 ①総合問題(100) ▶記述含む ②全体の学習成績の状況(5)
一般選抜(共通テスト利用型) 【栄養学科】〈共通テスト科目〉 1科目 ①国・外・地歴・公民・数・理(100) ▶国(近代)・英(リスニングを含む)・世B・日B・地理B・現社・倫・政経・「倫・政経」・数Ⅰ・「数Ⅰ・数A」・数Ⅱ・「数Ⅱ・数B」・情・「化基・生基」・化・生から1
〈個別試験科目〉 2科目 ①自己推薦書(10) ②全体の学習成績の状況(10)
【管理栄養学科】〈共通テスト科目〉 1科目 ①国・外・数・理(100) ▶国(近代)・英(リスニングを含む)・数Ⅰ・「数Ⅰ・数A」・数Ⅱ・「数Ⅱ・数B」・情・「化基・生基」・化・生から1
〈個別試験科目〉 2科目 ①自己推薦書(10) ②全体の学習成績の状況(10)

家政学部

一般選抜統一地区 【服飾美術学科・環境共生学科】 2科目 ①②国・外・地歴・数・理(100×2) ▶「国総(古文・漢文を除く)・現文B」・「コミュ英Ⅰ・コミュ英Ⅱ」・日B・「数Ⅰ・数A」・「化基・生基から1」から2
【造形表現学科〈学力試験〉】 2科目 ①②国・外・地歴・数・理(100×2) ▶「国総(古文・漢文を除く)・現文B」・「コミュ英Ⅰ・コミュ英Ⅱ」・日B・「数Ⅰ・数A」・「化基・生基から1」から2
【造形表現学科〈実技試験〉】 1科目 ①実技(100) ▶デッサン
※造形表現学科は学力試験または実技試験を出願時に選択すること。
一般選抜1期 2科目 ①②国・外・数(100×2) ▶「国総(古文・漢文を除く)・現文B」・「コミュ英Ⅰ・コミュ英Ⅱ」・「数Ⅰ・数A」から2
一般選抜2期 【服飾美術学科・環境共生学科】 2科目 ①総合問題(100) ▶記述含む ②全体の学習成績の状況(5)
【造形表現学科〈学力試験〉】 2科目 ①総合問題(100) ▶記述含む ②全体の学習成績の状況(5)
【造形表現学科〈実技試験〉】 2科目 ①デッサン(100) ②全体の学習成績の状況(5)
※造形表現学科は学力試験または実技試験を事前に選択すること。
一般選抜(共通テスト利用型) 【服飾美術学科・造形表現学科】〈共通テスト科目〉 1科目 ①国・外・地歴・公民・数・理(100) ▶国(近代)・英(リスニングを含む)・世B・日B・地理B・現社・倫・政経・「倫・政経」・数Ⅰ・「数Ⅰ・数A」・数Ⅱ・「数Ⅱ・数B」・簿・情・「物基・化基・生基・地学基から2」・物・化・生・地学から1
〈個別試験科目〉 2科目 ①自己推薦書(10) ②全体の学習成績の状況(10)
【環境共生学科】〈共通テスト科目〉 1科目 ①国・外・地歴・公民・数・理(100) ▶国(近代)・英(リスニングを含む)・世B・日B・地理B・現社・倫・政経・「倫・政経」・数Ⅰ・「数Ⅰ・数A」・数Ⅱ・「数Ⅱ・数B」・情・「物基・化基・生基・地学基から2」・物・化・生・地学から1
〈個別試験科目〉 2科目 ①自己推薦書(10) ②全体の学習成績の状況(10)

人文学部

一般選抜統一地区　【英語コミュニケーション学科】　2科目 ①②国・外・地歴・数・理(100×2)▶「国総(古文・漢文を除く)・現文B」・「コミュ英Ⅰ・コミュ英Ⅱ」・日B・「数Ⅰ・数A」・「化基・生基から1」から2

【心理カウンセリング学科・教育福祉学科】　2科目 ①②国・外・「地歴・数・理」(100×2)▶「国総(古文・漢文を除く)・現文B」・「コミュ英Ⅰ・コミュ英Ⅱ」・「日B・〈数Ⅰ・数A〉・化基・生基から1」から2

一般選抜1期　2科目 ①②国・外・数(100×2)▶「国総(古文・漢文を除く)・現文B」・「コミュ英Ⅰ・コミュ英Ⅱ」・「数Ⅰ・数A」から2

一般選抜2期　【英語コミュニケーション学科・教育福祉学科】　2科目 ①総合問題(100)▶記述含む　②全体の学習成績の状況(5)

一般選抜2期(共通テスト併用型)　【心理カウンセリング学科】〈共通テスト科目〉 2科目 ①②国・外・「地歴・公民・数・理」(100×2)▶国(近代)・英(リスニングを含む)・「世B・日B・地理B・現社・倫・政経・〈倫・政経〉・数Ⅰ・〈数Ⅰ・数A〉・数Ⅱ・〈数Ⅱ・数B〉・簿・情・〈物基・化基・生基・地学基から2〉・物・化・生・地学から1」から2

〈個別試験科目〉　2科目 ①総合問題(100)▶記述含む　②全体の学習成績の状況(5)

一般選抜(共通テスト利用型)　【英語コミュニケーション学科】〈共通テスト科目〉 1科目 ①国・外・地歴・公民・数・理(100)▶国(近代)・英(リスニングを含む)・独・仏・中・韓・世B・日B・地理B・現社・倫・政経・「倫・政経」・数Ⅰ・「数Ⅰ・数A」・数Ⅱ・「数Ⅱ・数B」・簿・情・「物基・化基・生基・地学基から2」・物・化・生・地学から1

〈個別試験科目〉　2科目 ①自己推薦書(10)　②全体の学習成績の状況(10)

【心理カウンセリング学科】〈共通テスト科目〉 1科目 ①国・外・地歴・数・理(100)▶国(近代)・英(リスニングを含む)・日B・「数Ⅰ・数A」・「化基・生基」から1

〈個別試験科目〉　2科目 ①自己推薦書(10)　②全体の学習成績の状況(10)

【教育福祉学科】〈共通テスト科目〉 1科目 ①国・外・地歴・公民・数・理(100)▶国(近代)・英(リスニングを含む)・世B・日B・地理B・現社・倫・政経・「倫・政経」・数Ⅰ・「数Ⅰ・数A」・数Ⅱ・「数Ⅱ・数B」・簿・情・「物基・化基・生基・地学基から2」・物・化・生・地学から1

〈個別試験科目〉　2科目 ①自己推薦書(10)　②全体の学習成績の状況(10)

健康科学部

一般選抜統一地区　【看護学科】　3科目 ①外(100)▶コミュ英Ⅰ・コミュ英Ⅱ　②③国・数・理(100×2)▶「国総(古文・漢文を除く)・現文B」・「数Ⅰ・数A」・「化基・生基から1」から2

【リハビリテーション学科】　2科目 ①②国・外・地歴・数・理(100×2)▶「国総(古文・漢文を除く)・現文B」・「コミュ英Ⅰ・コミュ英Ⅱ」・日B・「数Ⅰ・数A」・「化基・生基から1」から2

一般選抜1期　【看護学科】　3科目 ①国(100)▶「国総(古文・漢文を除く)・現文B」　②外(100)▶コミュ英Ⅰ・コミュ英Ⅱ　③数(100)▶数Ⅰ・数A

【リハビリテーション学科】　2科目 ①②国・外・数(100×2)▶「国総(古文・漢文を除く)・現文B」・「コミュ英Ⅰ・コミュ英Ⅱ」・「数Ⅰ・数A」から2

一般選抜2期(共通テスト併用型)　【看護学科】〈共通テスト科目〉 3科目 ①国(100)▶国(近代)　②外(100)▶英(リスニングを含む)　③数・理(100)▶数Ⅰ・「数Ⅰ・数A」・数Ⅱ・「数Ⅱ・数B」・情・「化基・生基」・化・生から1

〈個別試験科目〉　2科目 ①総合問題(100)▶記述含む　②全体の学習成績の状況(5)

一般選抜2期　【リハビリテーション学科】 2科目 ①総合問題(100)▶記述含む　②全体の学習成績の状況(5)

一般選抜(共通テスト利用型)　【看護学科】〈共通テスト科目〉 1科目 ①国・外・数・理(100)▶国(近代)・英(リスニングを含む)・数Ⅰ・「数Ⅰ・数A」・数Ⅱ・「数Ⅱ・数B」・情・「化基・生基」・化・生から1

〈個別試験科目〉　2科目 ①自己推薦書(10)

②全体の学習成績の状況(10)
【リハビリテーション学科】〈共通テスト科目〉 1科目 ①国・外・地歴・公民・数・理(100)▶国(近代)・英(リスニングを含む)・世B・日B・地理B・現社・倫・政経・「倫・政経」・数Ⅰ・「数Ⅰ・数A」・数Ⅱ・「数Ⅱ・数B」・簿・情・「物基・化基・生基・地学基から2」・物・化・生・地学から1
〈個別試験科目〉 2科目 ①自己推薦書(10) ②全体の学習成績の状況(10)

子ども支援学部

一般選抜統一地区 2科目 ①②国・外・地歴・数・理(100×2)▶「国総(古文・漢文を除く)・現文B」・「コミュ英Ⅰ・コミュ英Ⅱ」・日B・「数Ⅰ・数A」・「化基・生基から1」から2
一般選抜1期 2科目 ①②国・外・数(100×2)▶「国総(古文・漢文を除く)・現文B」・「コミュ英Ⅰ・コミュ英Ⅱ」・「数Ⅰ・数A」から2
一般選抜2期 2科目 ①総合問題(100)▶記述含む ②全体の学習成績の状況(5)
一般選抜(共通テスト利用型) 〈共通テスト科目〉 1科目 ①国・外・地歴・公民・数・理(100)▶国(近代)・英(リスニングを含む)・世B・日B・地理B・現社・倫・政経・「倫・政経」・数Ⅰ・「数Ⅰ・数A」・数Ⅱ・「数Ⅱ・数B」・簿・情・「物基・化基・生基・地学基から2」・物・化・生・地学から1
〈個別試験科目〉 2科目 ①自己推薦書(10) ②全体の学習成績の状況(10)

その他の選抜

共通テスト利用入試は児童学部20名，栄養学部39名，家政学部46名，人文学部42名，健康科学部22名，子ども支援学部6名を，グローアップ入試(公募制学校推薦型選抜)は児童学部43名，栄養学部53名，家政学部42名，人文学部36名，健康科学部24名，子ども支援学部10名を，英語外部試験利用入試(学校推薦型選抜公募推薦・併願制)は健康科学部5名，その他の学部各若干名を，渡邉辰五郎(自主自律) AO入試は児童学部70名，栄養学部10名，家政学部27名，人文学部23名，健康科学部22名，子ども支援学部16名を募集。ほかに学校推薦型選抜指定校方式，附属高校特別推薦入試，造形表現学科自己推薦型AO入試(42名)，英語コミュニケーション学科AO入試(5名)，子ども支援学科AO入試(12名)，学士入試，帰国子女入試，社会人入試，留学生入試を実施。

偏差値データ(2024年度)

●一般選抜統一地区

学部／学科／専攻	2024年度 駿台予備学校 合格目標ライン	2024年度 河合塾 ボーダー偏差値	2023年度 競争率
▶児童学部			
児童／児童学	42	45	4.7
／育児支援	42	42.5	1.7
初等教育	42	42.5	1.3
▶栄養学部			
栄養	43	50	2.2
管理栄養	44	55	4.3
▶家政学部			
服飾美術	39	40	1.4
環境共生	38	40	1.3
造形表現(学力)	38	47.5	3.0
▶人文学部			
英語コミュニケーション	40	42.5	1.2
心理カウンセリング	42	50	3.5
教育福祉	40	45	1.6
▶健康科学部			
看護	43	47.5	1.9
リハビリテーション／作業療法	41	42.5	1.1
／理学療法	42	45	1.4
▶子ども支援学部			
子ども支援	41	42.5	1.4

●駿台予備学校合格目標ラインは合格可能性80%に相当する駿台模試の偏差値です。
●河合塾ボーダー偏差値は合格可能性50%に相当する河合塾全統模試の偏差値です。
●競争率は受験者÷合格者の実質倍率

併設の教育機関／短期大学

東京家政大学短期大学部

問合せ先　アドミッションセンター
☎03-3961-5228
所在地　東京都板橋区加賀1-18-1

学生数▶女349名
教員数▶教授９名，准教授９名，講師３名

設置学科

●**保育科**（120）　学内外での実践経験を通して，子どもの豊かな成長と人格形成に貢献できる保育者を育成する。２年間で，幼稚園教諭二種免許状と保育士資格の取得が可能。

●**栄養科**（80）　栄養学，食品学，調理学の３つの領域を理論と実践からバランスよく学び，即戦力として活躍できる栄養のスペシャリストを育成する。

卒業後の進路

2023年３月卒業生▶129名
就職103名，大学編入学17名（うち他大学３名），その他９名

MEMO

東京経済大学

（とうきょうけいざい）

資料請求

問合せ先 入試課 ☎042-328-7747

建学の精神

東京経済大学の前身である大倉商業学校は，明治から大正期にかけて，貿易，建設，交通，観光をはじめ，わが国の基礎となる200以上の企業の設立に関わり，日本の近代産業を発展させた実業家・大倉喜八郎によって，1900（明治33）年に設立され，質の高い「実学教育」で定評があった。東経大はその伝統を生かし，「考え抜く実学。」を掲げ，「アカデミズムに裏打ちされた実学」を実践する大学，「社会科学の総合大学」として発展。建学の理念である，困難に出合ってもひるまずに，なお一層前に進む「進一層」の気概を持ち，「責任と信用」を重んじ，実践的な知力を身につけてグローバル社会で活躍する人材を育成するため，厳しいながらも人間味あふれる教育を通じて，学生たちの「考え抜く力」「就業力」，そして「人間力」を確実に向上させている。

●国分寺キャンパス……〒185-8502　東京都国分寺市南町1-7-34

基本データ

学生数▶6,739名（男4,731名，女2,008名）
専任教員数▶教授85名，准教授51名，講師25名
設置学部▶経済，経営，コミュニケーション，現代法，キャリアデザインプログラム
併設教育機関▶大学院─経済学・経営学・コミュニケーション学（以上M・D），現代法学（M）

就職・卒業後の進路

就職率 **95.8%**
就職者÷希望者×100

●**就職支援**　低年次からの就職支援に力を入れ，1年次の少人数ゼミの授業で行うキャリアガイダンス（1年生全員面談）をはじめ，2・3年次にも全員面談を実施するなど，学生たちに寄り添いながらサポート。また，卒業間近の3月まで合同企業説明会を開催し，社会に羽ばたく学生たちを応援している。

●**資格取得支援**　キャリア・サポートコースは，資格試験対策に定評のある専門学校との提携により，割安な受講料で学内ダブルスクールを実現。専門学校と同じ内容の全6コース25講座を学内で開講している（一部の講座を除く）。また，高度な資格取得などをめざすアドバンストプログラムも用意している。

進路指導者も必見 **学生を伸ばす 面倒見**

初年次教育	学修サポート
「歴史で知る東京経済大学」や大学生としてのベーシック力を養う「フレッシャーズ・セミナー a」「大学入門」「コンピュータ・リテラシー入門」などの科目のほか，「ゼミする東経大」を掲げているだけに，全員が「入門ゼミ」を履修	TA制度，オフィスアワー制度を全学部で導入しているほか，文書作成支援や学習面における個別指導や相談に応じる学習センターを設置。また，4月と9月の履修登録期間（修正期間）では，教員による学習相談会を行っている

オープンキャンパス（2023年度実績）　8月に夏季オープンキャンパスを開催したほか，4月に春季，6月に初夏，11月に秋季（葵祭同時開催）のミニオープンキャンパスも実施。高校生向けにショート講義のライブ配信も行った。

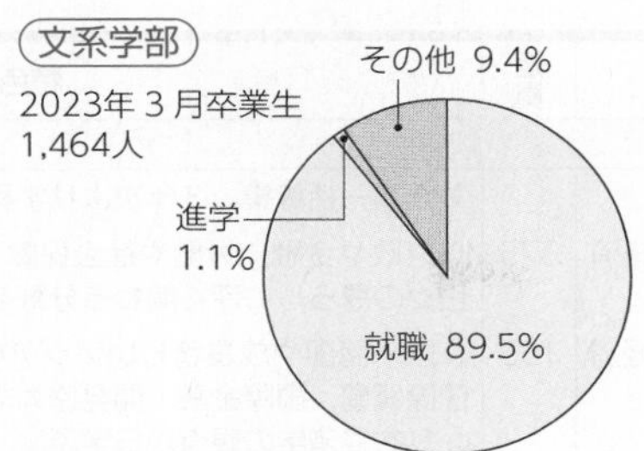

主なOB・OG▶［経済］河村宣行（不二家社長），［経済］永松文彦（セブン-イレブン・ジャパン社長），［経済］川田龍平・宮本周司（参議院議員），［経済］スガシカオ（歌手），［経営］川村エミコ（お笑い芸人）など。

国際化・留学　大学間 49 大学・部局間 31 大学

受入れ留学生数▶ 52名（2023年５月１日現在）

留学生の出身国・地域▶ 中国，ベトナム，台湾，マレーシア，インドネシアなど。

外国人専任教員▶ 教授５名，准教授３名，講師６名（2023年５月１日現在）

外国人専任教員の出身国▶ 中国，韓国，アメリカ，ロシア，ベトナムなど。

大学間交流協定▶ 49大学（交換留学先17大学，2023年９月13日現在）

部局間交流協定▶ 31大学（交換留学先３大学，2023年９月13日現在）

海外への留学生数▶ 渡航型84名・オンライン型５名／年（６カ国・地域，2022年度）

海外留学制度▶ 長期の協定校留学，インターンシップを含む約５カ月間の海外研修を行うグローバルキャリアプログラム，短期語学研修，海外ゼミ研修などを実施。コミュニケーション学部では，フィリピン語学・異文化理解・SDGs研修をオンラインで行っている。

学費・奨学金制度　給付型奨学金総額 年間 2,458 万円

入学金▶ 150,000円

年間授業料（施設費等を除く）**▶** 768,000円～（詳細は巻末資料参照）

年間奨学金総額▶ 24,580,000円

年間奨学金受給者数▶ 70人

主な奨学金制度▶ 学業成績が優秀で家計困難な２～４年次生が対象の「東京経済大学奨学金」「東京経済大学葵友会大学奨学金」，正課授業の成績優秀者に対する「学業成績優秀者表彰制度」などを設置。このほか，授業料減免型の制度もあり，2022年度には72人を対象に総額で約5,415万円を減免している。

保護者向けインフォメーション

● **入学イベント**　４月の入学式後に，新入生の父母・保証人懇談会を実施。

● **成績確認**　学修・成績表を郵送している。

● **父母の会**　父母の会があり，支部懇談会を開催するほか，10月頃に会員交流企画（音楽鑑賞等），11月に「親子で参加する就職ガイダンス」を実施。また,『父母の会ニュース』や『東京経済大学ガイドブック』も発行している。

● **防災対策**　「緊急時対応の手引」を電子ファイルで配布。災害時の学生の状況を把握する安否確認システムを導入している。

インターンシップ科目	必修専門ゼミ	卒業論文	GPA制度の導入の有無および活用例	１年以内の退学率	標準年限での卒業率
全学部で開講している	経済・経営で１年次，コミュニケーションで１～３年次，現代法で１・２年次に実施	コミュニケーション学部の卒業研究は卒業要件	奨学金や授業料免除対象者選定，留学候補者の選考，学生に対する個別の学修指導などに活用	1.4%	91.3%

学部紹介

学部／学科	定員	特色
経済学部		
		▶学部一括募集。3年次より学科選択。
経済	375	▷財政や金融，労働や社会保障，環境やコミュニティなど，日々の暮らしに深く関わる分野を経済学の観点から学ぶ。
国際経済	155	▷欧米諸国や成長著しいアジアの経済を深く学ぶとともに，国際貿易，国際金融，開発協力など，日本と世界の深いつながりを経済学の観点から学ぶ。
●**取得可能な資格**…教職（地歴・公・社）。　●**進路状況**…就職90.9%　進学0.6% ●**主な就職先**………みずほフィナンシャルグループ，小林製薬，ユニ・チャーム，アルビオンなど。		
経営学部		
		▶学部一括募集。2年次より学科選択。
経営	385	▷現代経営，経営情報，現代会計，ファイナンスの4コース。実社会における経営や組織運営の場を想定した知識の応用力，意思決定力，リーダーシップを養成する。
流通マーケティング	180	▷今はない市場をつくり出し，顧客や取引先，社会との良好な関係を構築するため，流通とマーケティングに関する専門知識と技術を習得する。
●**進路状況**…………就職87.2%　進学1.4% ●**主な就職先**………大成建設，清水建設，ハウス食品，総務省，YKK AP，横浜銀行，アキレスなど。		
コミュニケーション学部		
メディア社会	150	▷マスメディアやソーシャルメディアなど，個々のメディアの特徴を踏まえたリテラシーの向上をめざし，それを活用し，国際的な視野から考え，行動できる人材を育成する。
国際コミュニケーション	90	▷グローバル化が進む現代社会を，ヒト・モノ・コトが国境を越えて移動する「移動／モビリティ」の観点から考察するとともに，異文化に柔軟に対応する力と英語力を養う。
●**取得可能な資格**…教職（公・社・英）。　●**進路状況**…就職91.2%　進学0.8% ●**主な就職先**………JTB，不二家，三井食品，Sky，ゴールドウィン，加藤産業，東日本旅客鉄道など。		
現代法学部		
現代法	250	▷総合法，公共政策，ビジネス法，消費者法，環境法，福祉法の6つのプログラムを用意。公正で持続可能な共生社会をめざし，現代の諸問題の発見と解決に必須の法と政策を学ぶ。
●**取得可能な資格**…教職（公・社）。　●**進路状況**…就職90.2%　進学1.7% ●**主な就職先**………内閣府，埼玉県庁，群馬県庁，大成建設，大和証券，神奈川県信用保証協会など。		
キャリアデザインプログラム		
	(50)	▷4年間にわたり，キャリア形成に欠かせない自主性や積極性を育む体系的なキャリア教育を実施。併せて1年次に4学部の入門科目を学んだ上で，2年次以降は選択した学部に所属するとともに，「学部横断履修科目」で他学部の科目も受講でき，社会科学を幅広く学び，専門性を高めることが可能。

▶キャンパス

全学部……［国分寺キャンパス］東京都国分寺市南町1-7-34

キャンパスアクセス［国分寺キャンパス］JR中央線，西武国分寺線・多摩湖線―国分寺より徒歩12分

2024年度入試要項（前年度実績）

●募集人員

学部／学科	前期一般	後期一般	共通前期	共通中期	共通後期
▶経済　経済・国際経済	245	12	45	13	若干名
▶経営　経営・流通マーケティング	255	12	40	13	若干名
▶コミュニケーション　メディア社会	55	5	10	若干名	若干名
国際コミュニケーション	45	3	7	若干名	若干名
▶現代法　現代法	100	7	20	5	若干名
▶キャリアデザインプログラム	25	若干名	5	若干名	若干名

※経済学部と経営学部は学部一括募集。
※キャリアデザインプログラムの募集人員は，上記４学部の定員に含む。

▷一般選抜前期３教科型・ベスト２型と後期，共通テスト利用選抜前期は，指定された英語外部試験のスコアを利用することも可能。

全学部

一般選抜前期（３教科型・ベスト２型）　**3**科目　①**国**（100）▶国総（古文・漢文を除く）・現文Ｂ　②**外**（100）▶コミュ英Ⅰ・コミュ英Ⅱ・コミュ英Ⅲ・英表Ⅰ・英表Ⅱ　③**地歴・公民・数**（100）▶世Ｂ・日Ｂ・政経・「数Ⅰ・数Ⅱ・数Ａ」から１
※ベスト２型は３科目を受験し，高得点の２科目で判定する。
一般選抜前期（２教科型）　**2**科目　①②**国・外・数**（得意科目200・その他100）▶「国総（古文・漢文を除く）・現文Ｂ」・「コミュ英Ⅰ・コミュ英Ⅱ・コミュ英Ⅲ・英表Ⅰ・英表Ⅱ」・「数Ⅰ・数Ⅱ・数Ａ」から２
※得意科目として登録した１教科を200点とし，300点満点で判定する。
一般選抜後期　**2**科目　①**国**（100）▶国総（古文・漢文を除く）・現文Ｂ　②**外**（100）▶コミュ英Ⅰ・コミュ英Ⅱ・コミュ英Ⅲ・英表Ⅰ・英表Ⅱ
共通テスト利用選抜前期（２教科型）　**2**科目　①**国**（200）▶国（近代）　②**外**（200）▶英（リスニング〈50〉を含む）
［個別試験］ 行わない。
共通テスト利用選抜前期（３教科型）・中期（４科目型）・後期　**4〜3**科目　①**国**（200）▶国（近代）　②**外**（200）▶英（リスニング〈50〉を含む）　③④**地歴・公民・数・理**（前期・後期200，中期200×2）▶世Ｂ・日Ｂ・地理Ｂ・現社・倫・政経・「倫・政経」・数Ⅰ・「数Ⅰ・数Ａ」・数Ⅱ・「数Ⅱ・数Ｂ」・簿・情・「物基・化基・生基・地学基から２」・物・化・生・地学から前期と後期は１，中期は２
［個別試験］ 行わない。

その他の選抜

AO選抜，自己推薦選抜，指定校推薦選抜，全商協会特別推薦選抜，簿記資格取得者選抜，資格取得者選抜，スカラシップ選抜，スポーツ実績者選抜，スポーツ特別選抜，指定日本語学校外国人留学生推薦選抜，外国人留学生選抜。

偏差値データ（2024年度）

●一般選抜前期

学部／学科	2024年度 駿台予備学校 合格目標ライン	2024年度 河合塾 ボーダー偏差値	2023年度 競争率
▶経済学部			
（２教科）	40	47.5	2.9
（３教科）	40	45	2.5
▶経営学部			
（２教科）	40	50	2.9
（３教科）	40	47.5	2.3
▶コミュニケーション学部			
メディア社会（２教科）	40	47.5	2.5
（3教科）	40	47.5	2.8
国際コミュニケーション（2教科）	39	45	2.8
（3教科）	40	45	2.1
▶現代法学部			
現代法（２教科）	39	47.5	2.1
（３教科）	40	45	1.7
▶キャリアデザインプログラム			
（２教科）	38	47.5	2.7
（３教科）	39	45	2.0

●駿台予備学校合格目標ラインは合格可能性80％に相当する駿台模試の偏差値です。
●河合塾ボーダー偏差値は合格可能性50％に相当する河合塾全統模試の偏差値です。
●競争率は受験者÷合格者の実質倍率

東京工科大学

（とうきょうこうか）

資料請求

問合せ先 広報課 ☎0120-444-903（八王子C） ☎0120-444-925（蒲田C）

建学の精神

1986（昭和61）年に創設された東京工科大学は，「生活の質の向上，技術の発展と持続可能な社会に貢献する人材を育成する」を基本理念に掲げ，理系文系にとらわれない幅広い領域を擁する大学へと発展。社会の変化とそれに伴う課題を理解し，自分の力で課題解決できる人材の育成を目標に，社会で求められる力を育むための環境を整備している。広大なスケールを誇る未来型の八王子キャンパスでは，最新の設備を使ったさまざまな先端研究を，都心型の蒲田キャンパスにおいては，生活の質を高めるイノベーティブで先端的な研究を行うなど，未来を見据えた数々の先進的なプログラムや研究プロジェクトを展開。国際的な教養やICTリテラシー，実践的な専門知識・技術を身につけ，社会の変化に柔軟に対応できる人材を育成している。

- 八王子キャンパス…〒192-0982 東京都八王子市片倉町1404-1
- 蒲田キャンパス……〒144-8535 東京都大田区西蒲田5-23-22

基本データ

学生数▶7,605名（男4,911名，女2,694名）

専任教員数▶教授124名，准教授48名，講師54名

設置学部▶工，コンピュータサイエンス，メディア，応用生物，デザイン，医療保健

併設教育機関▶大学院―工学・〈バイオ・情報メディア〉（以上M・D），デザイン・医療技術学（以上M）

就職・卒業後の進路

就職率 **97.7**%
就職者÷希望者×100

● **就職支援** キャリアコーオプセンター（八王子）およびキャリアサポートセンター（蒲田）を設置し，早い時期から将来の希望を明確にして就職活動を行えるよう，キャリア支援は１年次からスタート。就職セミナーの開催，就職関連情報の提供，個別の模擬面接や履歴書の添削，個別相談など，就職活動の支援全般を行っている。また，センターのスタッフをはじめ，就職支援専任の教員である就職特任講師やキャリアアドバイザーなど，さまざまな就職の専門家からアドバイスを受けられる体制を整えている。

進路指導者も必見 学生を伸ばす 面倒見

初年次教育

実学的な基礎科目を教育する「教養学環」を設置し，社会人基礎力を養う「フレッシャーズゼミ」「日本語リテラシー」「医療科学の基礎」「情報リテラシー演習」「コンピュータリテラシー演習」「デジタルスキル」などの科目を開講

学修サポート

TA・SA制度，ピアサポート制度，オフィスアワー制度，専任教員が約15人の学生を担当するアドバイザー制度を導入。教養学環の教育と連携しながら，個別の質問に対してアドバイスや指導を行う学修支援センターも設置

オープンキャンパス（2023年度実績） 6・7・8月に両キャンパスで来場型オープンキャンパスを行ったほか，入試説明会＋見学会，プレ入試など，年間を通して，受験生の進路選択をサポートするさまざまなイベントを開催。

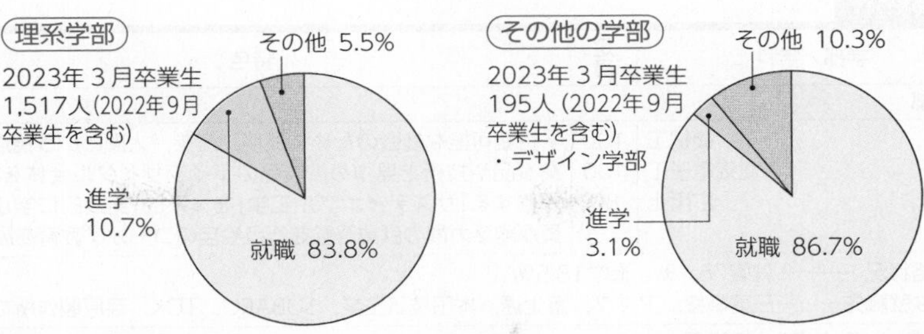

主なOB・OG▶［工］岡野茂春（ガイアスジャパン社長），［工］新妻実保子（ロボット研究者），［コンピュータサイエンス］田中静人（小説家），［メディア］やしろあずき（漫画家・実業家）など。

国際化・留学　大学間 13 大学等・部局間 35 大学等

受入れ留学生数▶104名（2023年５月１日現在）

留学生の出身国▶中国，韓国，マレーシア，アラブ首長国連邦，ベトナムなど。

外国人専任教員▶教授７名，准教授１名，講師１名（2023年５月１日現在）

外国人専任教員の出身国▶NA

大学間交流協定▶13大学・機関（交換留学先０大学，2023年９月13日現在）

部局間交流協定▶35大学・機関（交換留学先０大学，2023年９月13日現在）

海外への留学生数▶渡航型95名・オンライン型19名／年（５カ国・地域，2022年度）

海外留学制度▶異文化を体験し視野を広める海外研修（ロサンゼルス・シンガポール・韓国），イギリス語学研修，マレーシアインターンシップ研修，海外実習といった目的，期間の長短などに合わせた多彩なプログラムを用意。グローバル理工系人材の育成を目的とするGTIコンソーシアムにも参加している。

学費・奨学金制度　給付型奨学金総額 年間 9,543 万円

入学金▶250,000円～

年間授業料（施設費等を除く）▶1,326,000円～（詳細は巻末資料参照）

年間奨学金総額▶95,430,000円

年間奨学金受給者数▶75人

主な奨学金制度▶経済的に学業の継続が困難になった者を支援する「東京工科大学同窓会奨学金」などを設置。このほか，全学部において「奨学生入試」を実施し，合格者には年額130万円の奨学金を最長４年間支給。また，学費減免制度もあり，2022年度には20人を対象に総額で約590万円を減免している。

保護者向けインフォメーション

●**オープンキャンパス**　通常のオープンキャンパス時に，学長による保護者説明会を実施。

●**成績確認**　成績表を郵送するほか，必修科目で出席状況が芳しくない科目がある場合には，保護者に手紙を送付している。

●**学報**　『東京工科大学学報』を発行している。

●**保護者会**　成績不振者のうち，面談を希望する保護者を対象に春期・秋期保護者会を実施。

●**防災対策**　「東京工科大学 災害（大規模地震）対応マニュアル」を入学時に配布。災害時の学生の安否は，メールを利用して確認する。

インターンシップ科目	必修専門ゼミ	卒業論文	GPA制度の導入の有無および活用例	１年以内の退学率	標準年限での卒業率
八王子Cの4学部で開講している	全学部で３・４年次に実施	全学部で卒業要件	奨学金や授業料免除対象者の選定などに活用するほか，GPAに応じた履修上限単位数を設定している	2.8%	82.4%

学部紹介

学部／学科	定員	特色
工学部		
機械工 電気電子工 応用化	100 100 80	▶持続可能な社会のために環境，産業，人間という視点で工業製品や技術を見つめ，製品のライフサイクル全体を設計・評価する「サステイナブル工学」を体系的・実践的に学ぶ。全員が約２カ間の就業経験を行う独自のコーオプ教育を展開。
● 進路状況…………就職78.1%　進学18.5% ● 主な就職先………三菱電機，アマダ，富士通，本田技研工業，SUBARU，TDK，荏原製作所など。		
コンピュータサイエンス学部		
コンピュータサイエンス	290	▷先進情報(210名)と2024年度新設の社会情報(80名)の２専攻で，時代の先を見据えた新しいICT教育を実施。先進情報専攻に，情報基盤・人間情報・人工知能の３コースを新設。
● 進路状況…………就職83.5%　進学11.7% ● 主な就職先………LINEヤフー，任天堂，東日本旅客鉄道，日本電気，TOPPAN，富士ソフトなど。		
メディア学部		
メディア	290	▷メディアコンテンツ，メディア技術，メディア社会の３コース。確かな基礎＆先端技術でメディアの未来を拓く。
● 進路状況…………就職81.1%　進学7.8% ● 主な就職先………フロム・ソフトウェア，サイバーエージェント，USEN-NEXT HOLDINGSなど。		
応用生物学部		
応用生物	260	▷2024年度より，生命医療・地球環境・食品・化粧品の４コース制に改組。生物・生命の機能を未来社会に生かすため，最新の生命科学と最先端のバイオテクノロジーを追究する。
● 進路状況…………就職78.7%　進学16.3% ● 主な就職先………Mizkan，第一屋製パン，森永乳業，デンカ，キユーピー，イトーヨーカ堂など。		
デザイン学部		
デザイン	200	▷2024年度より，視覚・情報・工業・空間の４デザインコース制に改組。より良い社会を創造するためのデザインを学修し，柔軟な思考で暮らしを豊かにする提案力を育む。
● 進路状況…………就職86.7%　進学3.1% ● 主な就職先………赤ちゃん本舗，ANA関西空港，ソニーミュージックグループ，タカラトミーなど。		
医療保健学部		
看護 臨床工 リハビリテーション 臨床検査	80 80 160 80	▶医療の安全や最新の医療テクノロジーを理解し，チーム医療の最前線で自律と協働を実践できる高度医療専門職を育成する。国家試験合格後も視野に入れた手厚い医療専門教育を実践。リハビリテーション学科は理学療法学(80名)，作業療法学(40名)，言語聴覚学(40名)の３専攻。
● 取得可能な資格…教職(養護二種)，看護師・保健師(選抜制)・臨床検査技師・臨床工学技士・理学療法士・作業療法士・言語聴覚士受験資格など。 ● 進路状況…………就職94.1%　進学2.7% ● 主な就職先………ジョンソン・エンド・ジョンソン，東京医科歯科大学病院，東京都立病院機構など。		

▶キャンパス

工・コンピュータサイエンス・メディア・応用生物……［八王子キャンパス］東京都八王子市片倉町1404-1

デザイン・医療保健……［蒲田キャンパス］東京都大田区西蒲田5-23-22

キャンパスアクセス ［八王子キャンパス］JR中央線―八王子よりスクールバス10分／JR横浜線―八王子みなみ野よりスクールバス５分

2025年度入試要項（予告）

●募集人員

学部／学科（専攻）		一般A	一般B
▶工	機械工	20	5
	電気電子工	20	5
	応用化	18	4
▶コンピュータサイエンス	コンピュータサイエンス（先進情報）	38	13
	（社会情報）	15	5
▶メディア	メディア	53	18
▶応用生物	応用生物	50	15
▶デザイン	デザイン	42	5
▶医療保健	看護	21	5
	臨床工	21	5
	リハビリテーション（理学療法学）	21	5
	（作業療法学）	11	2
	（言語聴覚学）	8	2
	臨床検査	21	5

注）募集人員は2024年度の実績です。

▷学部・学科・専攻により，A・B・Cの３つのグループに分けて試験を実施。グループAは，工学部機械工学科・電気電子工学科とコンピュータサイエンス学部先進情報専攻。グループBは，工学部応用化学科，コンピュータサイエンス学部社会情報専攻，メディア学部，応用生物学部，デザイン学部，医療保健学部臨床工学科・臨床検査学科。グループCは，医療保健学部看護学科・リハビリテーション学科。

全学部

一般選抜Ａ日程・B日程　**【グループＡ・グループＢ・グループＣ】**　③科目　①②③**国・外・数・理**（100×3）▶「現国・言語（古文・漢文を除く）」・「英コミュⅠ・英コミュⅡ・英コミュⅢ・論表Ⅰ・論表Ⅱ・論表Ⅲ」・「グループＡ―数Ⅰ・数Ⅱ・数Ⅲ・数Ａ・数Ｂ（数列）・数Ｃ（ベク・平面），グループＢ―数Ⅰ・数Ⅱ・数Ａ・数Ｂ（数列）・数Ｃ（ベク），グループＣ―数Ⅰ・数Ａ」・「〈物基・物〉・〈化基・化〉・〈生基・生〉から１」から３

その他の選抜

共通テスト利用試験は工学部81名，コンピュータサイエンス学部82名，メディア学部82名，応用生物学部75名，デザイン学部41名，医療保健学部80名を募集。ほかに奨学生入試，総合型選抜（全学部AO入試，探究成果発表入試，メディア学部特別入試，言語聴覚学専攻特別入試），外国人留学生募集を実施。

注）募集人員は2024年度の実績です。

偏差値データ（2024年度）

●一般選抜Ａ日程

学部／学科（専攻）	2024年度 駿台予備学校 合格目標ライン	2024年度 河合塾 ボーダー偏差値	2023年度 競争率
▶工学部			
機械工	**43**	**40**	2.2
電気電子工	**42**	**40**	2.2
応用化	**42**	**40**	2.0
▶コンピュータサイエンス学部			
コンピュータサイエンス（先進情報）	**40**	**40**	8.0
（社会情報）	**40**	**40**	新
▶メディア学部			
メディア	**40**	**45**	9.7
▶応用生物学部			
応用生物	**41**	**40**	2.2
▶デザイン学部			
デザイン	**39**	**42.5**	4.5
▶医療保健学部			
看護	**42**	**45**	5.3
臨床工	**40**	**37.5**	3.4
リハビリテーション（理学療法学）	**42**	**42.5**	4.4
（作業療法学）	**41**	**40**	2.4
（言語聴覚学）	**41**	**42.5**	6.1
臨床検査	**41**	**42.5**	5.8

- 駿台予備学校合格目標ラインは合格可能性80％に相当する駿台模試の偏差値です。
- 河合塾ボーダー偏差値は合格可能性50％に相当する河合塾全統模試の偏差値です。
- 競争率は受験者÷合格者の実質倍率

東京国際大学

とうきょうこくさい

資料請求

問合せ先 入学センター ☎049-232-1116

建学の精神

「公徳心を体した真の国際人の養成」を建学の理念に，未来に向かって「大志」を掲げ，行動する「勇気」を持ち，「知性」を磨き，国際社会が求める人材を育成。ネイティブ教員による少人数対話型授業，全授業を英語で行うE-Track（英語学位プログラム）など，キャンパスにグローバル環境を創出している。また，東京国際大学アメリカにより，姉妹校ウィラメット大学（オレゴン州）への留学を支援するほか，交換留学を推進する世界的組織ISEPに加盟。多様な留学プログラムを展開し，個人の実力と目的に応じて留学期間や留学先を選択できる。2023年９月，池袋キャンパスを開設。サンシャインシティ隣接地に4,000人の学生を収容する都市型キャンパスはグローバル機能をさらに高め，100カ国を超える留学生とともに学ぶ。

- 池袋キャンパス…………〒170-0013　東京都豊島区東池袋4-42-31
- 川越第１キャンパス……〒350-1197　埼玉県川越市的場北1-13-1
- 川越第２キャンパス……〒350-1198　埼玉県川越市的場2509

基本データ

学生数▶6,769名（男4,634名，女2,135名）
専任教員数▶教授119名，准教授46名，講師85名
設置学部▶商，経済，言語コミュニケーション，国際関係，人間社会，医療健康
併設教育機関▶大学院―商学・経済学・臨床心理学（以上M・D），国際関係学（M）

就職・卒業後の進路

就職率 **99.1**％
就職者÷希望者×100

● **就職支援**　経験豊富な専門のコンサルタントが常駐する「就職支援デスク」を設置。個々の学生の希望をヒアリングし，特長や適性を生かして最適な企業の紹介・マッチングを行っている。また，「アスリート就職支援デスク」も設けられ，強化クラブなど，スポーツに取り組む学生の就職活動を支えている。

● **資格取得支援**　エクステンションセンターを設けて学内で講座を開講し，学生の各種資格取得をバックアップ。医療健康学部では理学療法士国家試験に向けて，模擬試験，特別補習など，合格に直結する国試対策を実施。

進路指導者も必見 学生を伸ばす 面倒見

初年次教育

他学部の学生や先輩とのコミュニケーションを通して，「どんな４年間を過ごすか」を考える「大学生活デザイン演習」や「ICT基礎」「初年次演習」といったTIUコア科目で文章表現力やICT，プレゼンなどのスキルを修得

学修サポート

全学部でTA制度，オフィスアワー制度を，医療健康学部で教員が学生約８人を担当するアドバイザー制度を導入。また，実践的な英語力が身につく英語教育の理想的な空間「TIU COMMONS」&「English PLAZA」を設置

オープンキャンパス（2023年度実績） ６・７・８月に川越第１キャンパスで５日間開催。学部紹介，体験授業，入試説明，キャンパスツアーなど。2024年３月20日に池袋キャンパス，24日に川越第１キャンパスでも実施。

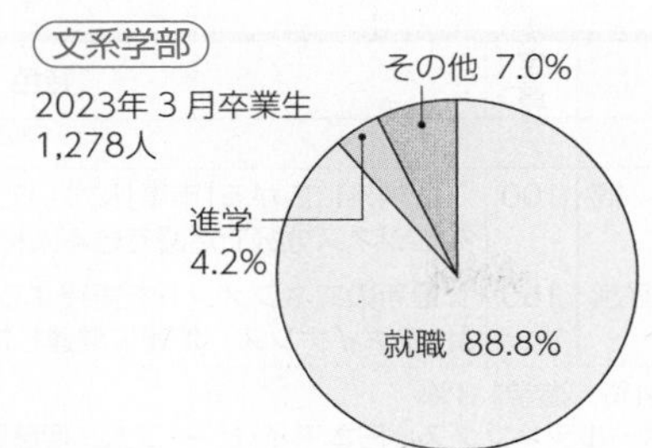

主なOB・OG▶［商］西見雄一郎（鷺宮製作所会長），［商］池田洋人（ALiNKインターネット社長），［商］吉田英男（神奈川県三浦市長），［商］横山秀夫（小説家），［商］宮本浩次（ロックミュージシャン）など。

国際化・留学

大学間 30 大学

受入れ留学生数▶1,590名（2023年５月１日現在）

留学生の出身国▶バングラデシュ，インドネシア，ベトナム，中国，ネパールなど。

外国人専任教員▶教授17名，准教授12名，講師50名（2023年５月１日現在）

外国人専任教員の出身国▶アメリカ，カナダ，インド，中国，韓国など。

大学間交流協定▶30大学（交換留学先29大学，2023年９月１日現在）

海外への留学生数▶渡航型85名・オンライン型１名／年（15カ国・地域，2022年度）

海外留学制度▶名門ウィラメット大学の一員として約１年間（または半期）にわたって学ぶASP（American Studies Program）には，1989年のプログラム開講以来，約3,300名の学生が参加。このほか，ISEP加盟大学への交換留学，協定校交換留学，セメスター語学留学，海外ゼミナール（短期留学），スポーツ留学など，多様な留学プログラムを用意。

学費・奨学金制度

奨学金・学費減免総額 年間約 7 億 9,068 万円

入学金▶250,000円

年間授業料（施設費等を除く）▶850,000円～（詳細は巻末資料参照）

年間奨学金・学費減免総額▶790,680,630円

年間奨学金受給者数▶1,635人

主な奨学金制度▶「特待生入試奨学金」や「イングリッシュ・トラック・プログラム奨学金」「東京国際大学修学支援奨学金」「スポーツ奨学金」など，授業料免除型の奨学金制度が充実。また，ASP留学や協定校交換留学などを対象にした国際交流奨学金制度を設け，学生の留学を強力にバックアップしている。

保護者向けインフォメーション

●**オープンキャンパス**　通常のオープンキャンパス時に保護者対象説明会を実施している。
●**広報紙**　保護者・卒業生・支援者と大学の絆である『東京国際大学 広報』を年３回発行。
●**成績確認**　成績表を郵送するほか，授業への出席状況も問い合わせに応じて提供している。
●**就職ガイドブック**　『保護者のための就職ガイドブック』を作成している。
●**防災対策**　ポータルサイトに「学生ガイドブック（学生生活編）」を格納。災害時の学生の安否も，ポータルサイトを利用して確認する。

インターンシップ科目	必修専門ゼミ	卒業論文	GPA制度の導入の有無および活用例	１年以内の退学率	標準年限での卒業率
文系学部で開講している	文系学部で１年次，医療健康学部で１～３年次に実施	医療健康学部は卒業要件	奨学金等対象者の選定・退学勧告・卒業判定基準，留学候補者選考，個別の学修指導のほか，GPAに応じた履修上限単位数の設定に活用	非公表	非公表

学部紹介

学部／学科	定員	特色
商学部		
商	100	▷国内外に広がる「市場」について専門的に学びながら，多様なビジネス分野で活躍できる人材を育成する。
経営	160	▷最新のマネジメントを実践するために必要となる経営，会計・ファイナンス，情報に関連した科目を中心に学ぶ。
● 進路状況…………就職95.4%　進学1.3% ● 主な就職先………ヤマダホールディングス，日本アイ・ビー・エム，伊藤園，東京ドームホテルなど。		
経済学部		
経済	515	▷〈現代経済専攻225名，ビジネスエコノミクス専攻290名〉ビジネスで活躍するための実践力を養う。
● 進路状況…………就職88.2%　進学5.6% ● 主な就職先………ヤオコー，本田技研工業，積水ハウス，武蔵野銀行，ディップ，テラスカイなど。		
言語コミュニケーション学部		
英語コミュニケーション	210	▷多角的に英語を学び，国際社会で自在にコミュニケーションを図ることができるグローバル人材を育成する。
● 取得可能な資格…教職（英）など。　● 進路状況…………就職85.2%　進学3.1% ● 主な就職先………英語教員，アパホテル，羽田エアポートエンタープライズ，第一生命保険など。		
国際関係学部		
国際関係	310	▷実際の現場に立ち，問題の本質を見つめながら，国際社会にチャレンジする知恵を深め，行動力を養う。
国際メディア	60	▷メディア，ツーリズム，コミュニケーションの３つを柱に，「人と人をつなぐ人材」を育成する。
● 進路状況…………就職84.2%　進学7.9% ● 主な就職先………マイナビ，アデコ，時事通信社，ベネッセコーポレーション，JTB商事など。		
人間社会学部		
福祉心理	45	▷福祉と心理の両面から子ども，高齢者，障がい者などを支援する専門性と総合力を併せ持つ人材を育成する。
人間スポーツ	245	▷健康の維持・増進への社会的ニーズに応え，幅広い世代・レベルに対応できる運動・スポーツ指導のエキスパートを育成。
スポーツ科	210	▷スポーツを多様な視点から科学的に探究し，第一線で活躍できるトップアスリートや指導者を育成する。
● 取得可能な資格…教職（保体）など。　● 進路状況…………就職91.6%　進学2.4% ● 主な就職先………教員，警察官，消防官，大成建設，県庁職員，鹿島アントラーズFC，美津濃など。		
医療健康学部		
理学療法	80	▷医療・福祉分野のみならず，健康増進・介護予防分野においても活躍できる理学療法士を育成する。
● 取得可能な資格…理学療法士受験資格など。 ● 主な就職先………2021年度開設のため卒業生はいない。		

▶キャンパス

商（データサイエンスコース・グローバルデータサイエンスコース）・経済・言語コミュニケーション・国際関係（国際関係）……［池袋キャンパス］東京都豊島区東池袋4-42-31
商・国際関係（国際メディア）・医療健康……［川越第１キャンパス］埼玉県川越市的場北1-13-1
人間社会……［川越第２キャンパス］埼玉県川越市的場2509

キャンパスアクセス ［池袋キャンパス］JR各線・東武東上線・西武池袋線・東京メトロ副都心線一池袋より徒歩12分／東京メトロ有楽町線一東池袋より徒歩４分／JR山手線一大塚より徒歩10分

2024年度入試要項（前年度実績）

●**募集人員**

学部／学科（専攻）	全学部Ⅰ〜Ⅲ期
▶商　商	30
経営	50
▶経済　経済（現代経済）	70
（ビジネスエコノミクス）	8
▶言語コミュニケーション　英語コミュニケーション	65
▶国際関係　国際関係	60
国際メディア	15
▶人間社会　福祉心理	10
人間スポーツ	60
スポーツ科	50
▶医療健康　理学療法	20

▷全学部統一入試全期において，東京都および埼玉県以外の受験生は，オンライン試験（在宅CBT方式）の受験も選択可能。

▷全学部統一入試全期において，指定された外部英語資格・検定試験の活用も可。本学の「英語」も受験した場合は，換算した得点と受験した英語の得点の高得点の方を採用する。

商学部・経済学部・言語コミュニケーション学部・国際関係学部・人間社会学部

全学部統一入試Ⅰ期・Ⅱ期・Ⅲ期（３教科方式）
③科目　①**国**（100）▶国総（現文）　②**外**（言語150・その他の学部100）▶コミュ英Ⅰ・コミュ英Ⅱ・コミュ英Ⅲ・英表Ⅰ・英表Ⅱ　③**地歴・公民・数・理**（100）▶世Ｂ・日Ｂ・政経・「数Ⅰ・数Ａ」・物基・化基・生基から１，ただし理は人間社会学部のみ選択可，また地歴・公民はⅠ期のみ選択可

全学部統一入試Ⅰ期・Ⅱ期・Ⅲ期（２教科方式）
②科目　①②**国・外・地歴・公民・数・理**（言語〈外200・他１科目100〉・その他の学部150×2）▶国総（現文）・「コミュ英Ⅰ・コミュ英Ⅱ・コミュ英Ⅲ・英表Ⅰ・英表Ⅱ」・世Ｂ・日Ｂ・政経・「数Ⅰ・数Ａ」・物基・化基・生基から商・経済・言語コミュニケーション・国際関係の４学部は外を含む２，人間社会学部は国・外のいずれかを含む２教科２科目，ただし理は人間社会学部のみ選択可，また地歴・公民はⅠ期のみ選択可

医療健康学部

全学部統一入試Ⅰ期・Ⅱ期・Ⅲ期　**③科目**　①**国・外**（150）▶国総（現文）・「コミュ英Ⅰ・コミュ英Ⅱ・コミュ英Ⅲ・英表Ⅰ・英表Ⅱ」から１　②**数・理**（150）▶「数Ⅰ・数Ａ」・物基・化基・生基から１　③**面接**（グループ面接）

その他の選抜

共通テスト利用入試は商学部80名，経済学部78名，言語コミュニケーション学部65名，国際関係学部75名，人間社会学部95名，医療健康学部20名を募集。ほかに公募制推薦入試，指定校制推薦入試，スポーツ推薦入試，公募制スポーツ推薦入試，吹奏楽団推薦入試，AO入試，資格者AO入試，グローバルコース入試，グローバルビジネスコース入試，グローバルデータサイエンスコース入試，データサイエンスコース入試，特待生入試，アメリカ留学（ASP）特待生入試，特定校特待生入試，E-Track入試，帰国生入試，社会人入試，外国人留学生入試を実施。

偏差値データ（2024年度）

●**全学部統一入試Ⅰ期**

学部／学科／専攻	2024年度 駿台予備学校 合格目標ライン	2024年度 河合塾 ボーダー偏差値	2023年度 競争率
▶商学部			
商	34	35	1.1
経営	34	35	1.1
▶経済学部			
経済／現代経済	34	35	1.2
／ビジネスエコノミクス	34	35	1.2
▶言語コミュニケーション学部			
英語コミュニケーション	39	35	1.0
▶国際関係学部			
国際関係	37	35	1.1
国際メディア	36	35	1.1
▶人間社会学部			
福祉心理	38	35	1.0
人間スポーツ	36	35	1.1
スポーツ科	37	35	1.1
▶医療健康学部			
理学療法	37	35	1.0

- 駿台予備学校合格目標ラインは合格可能性80％に相当する駿台模試の偏差値です。
- 河合塾ボーダー偏差値は合格可能性50％に相当する河合塾全統模試の偏差値です。
- 競争率は受験者÷合格者の実質倍率

キャンパスアクセス ［川越第１・第２キャンパス］ JR川越線―的場より徒歩10〜13分／東武東上線―霞ヶ関より徒歩5〜13分

東京慈恵会医科大学

（とうきょうじけいかいいか）

資料請求

問合せ先＞ 入試事務室　☎03-3433-1111（代）

建学の精神

源流は，脚気の原因について栄養欠陥説を提唱し，それによって日本海軍から脚気を撲滅した人として世界的に有名な高木兼寛によって1881（明治14）年に創立された「成医会講習所」に始まる。1875年から５年間，英国セント・トーマス病院医学校（現・ロンドン大学キングスコレッジ）で学んだ高木は，ナイチンゲールのチーム医療の考えに振れ，「医師と看護婦（師）は車の両輪のごとし」という信念に基づき，日本で最初の看護教育の場として「看護婦教習所」も設立。高木がめざした「医学的力量のみならず，人間的力量をも兼備した医師の養成」を凝縮した建学の精神「病気を診ずして病人を診よ」は，「病気を看ずして病人を看よ」として看護学教育にも取り入れられ，研究と医療を通じた社会貢献もこの精神のもとで行われている。

● 西新橋キャンパス…〒105-8461　東京都港区西新橋3-25-8
● 国領キャンパス……〒182-8570　東京都調布市国領町8-3-1

基本データ

学生数▶890名（男399名，女491名）
専任教員数▶教授196名，准教授103名，講師181名
設置学部▶医
併設教育機関▶大学院─医学（M・D）

就職・卒業後の進路

● **就職支援**　例年，本学の４つの附属病院（本院，葛飾医療センター，附属第三病院，附属柏病院）へ就職する者が多く，その他は保健師や養護教諭として就職，大学院や助産師学校への進学など，さまざまな進路先がある看護学科ではキャリア支援委員会を設け，進路決定を支援。学生の進路選択に役立つ情報を提供するとともに，進路に対する悩みや相談にも応じている。

● **資格取得支援**　2023年２月に実施された第117回医師国家試験の合格率は97.3%（新卒），第112回看護師国家試験では合格率100%を記録するなど，万全な国家試験対策で，毎年高い合格率を維持している。

進路指導者も必見　学生を伸ばす　面倒見

初年次教育

1年生は両学科生が共に国領キャンパスで学び，演習やディスカッション，共修科目を通し，医療者に必要な倫理観や知識，技術，態度などを養い，病を持つ人を共に支えていくためのパートナーシップの礎を築いている

学修サポート

TA制度，オフィスアワーを両学科で導入しているほか，何でも気軽に相談できる相談室も設置。また，看護学科では1・2年生までの間，5～6人の学生に対して1人の教員が学生生活アドバイザーとしてサポートしている

オープンキャンパス（2023年度実績）　医学科は西新橋キャンパスで８月９日・10日に，看護学科は国領キャンパスで８月６日・20日，10月29日(大学説明会のみ)に開催(医学科は事前申込不要，看護学科は事前申込制)。

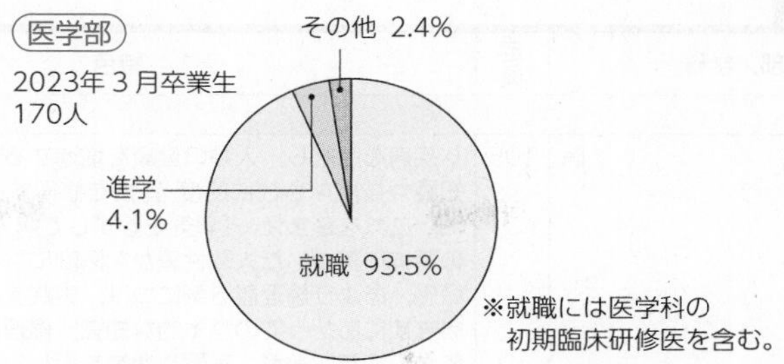

主なOB・OG▶［医］進藤奈邦子（WHO医務官），［医］中原英臣（西武学園医学技術専門学校東京校校長），［医］南雲吉則（ナグモクリニック総院長），［医］大坪寛子（厚生労働省健康・生活衛生局長）など。

国際化・留学　大学間 14 大学

受入れ留学生数▶０名（2023年５月１日現在）

外国人専任教員▶教授１名，准教授０名，講師０名（2023年５月１日現在）

外国人専任教員の出身国▶アメリカ。

大学間交流協定▶14大学（交換留学先14大学，2023年９月１日現在）

海外への留学生数▶渡航型３名／年（２カ国・地域，2022年度）

海外留学制度▶医学科の海外での臨床実習は，IELTSとTOEFLの成績および学業成績を考慮し選考。King's College London医学部をはじめ海外協定校14校へ派遣している。看護学科では，King's College Londonフローレンス・ナイチンゲール看護学部やシンガポール国立大学，国立台湾大学看護学部との交換留学制度，米国での英語研修など多くの機会を用意し，活発な国際交流活動を展開。

学費・奨学金制度

入学金▶医1,000,000円，看護500,000円

年間授業料（施設費等を除く）▶医2,500,000円，看護1,000,000円（詳細は巻末資料参照）

年間奨学金総額▶NA

年間奨学金受給者数▶NA

主な奨学金制度▶医学科の「東京慈恵会医科大学保護者会奨学金［給付］」は，学資に充当する50万円を毎年10名を限度として給付（原則として在学中１回のみ）。また，「特待生制度」は，入学時の成績上位入学者（医学科５名，看護学科２名）を対象に，授業料の全額を免除。２年生以上の場合は各学年の成績上位者（医学科５名，看護学科２名）を対象に，授業料の半額を免除している。

保護者向けインフォメーション

●**オープンキャンパス**　看護学科は，家族１名まで同伴可（2023年度）。

●**保護者会**　両学科に保護者会があり，総会や懇親会，学年別懇談会，新入生保護者説明会などを行っている。

●**相談窓口**　保護者からの相談は随時受け付けている。

●**防災対策**　入学時に「防災カード」（教職員・学生共通）を配布するほか，キャンパス内に常設。被災時の学生の安否は，メールを利用して確認するようにしている。

インターンシップ科目	必修専門ゼミ	卒業論文	GPA制度の導入の有無および活用例	１年以内の退学率	標準年限での卒業率
学外での実習を数多く実施	看護学科で４年間通してゼミ形式の小人数制教育を実施	看護学科は看護研究論文を作成	学外への成績評価表作成などに活用している	NA	96.7%（看護）92.7%（医）

東京　東京慈恵会医科大学

学部紹介

学部／学科	定員	特色
医学部		
医	105	▷疾病を克服し，人類の健康を増進するための医学の基本的知識や技能ならびに態度・習慣を修得することを教育の基本に，これを踏まえ，「病気を診ずして病人を診よ」という建学の精神に基づいた人間性豊かな医師になるための責任感，使命感，および倫理観を身につけ，実践することを重視。医師を志すにあたっての基本的な知識，倫理観，判断力を養う１年次の初年次教育，実習や授業を通して，人のメカニズムを学ぶ２・３年次の基礎医学教育，診断と治療の現場を学ぶ３～６年次の臨床医学教育といった６年一貫カリキュラムで，“最良の医師”を養成している。
看護	60	▷学祖・高木兼寛が残した「医師と看護婦（師）は車の両輪のごとし」の考えを反映し，1992年に看護学部ではなく，医学部の中に看護学科を開設。１学年定員60名の学生数に対して専任教員が40名という充実した環境の中，学生一人ひとりを大切にした教育を推進。医学科と合同のスタートアップ研修をはじめ，教養科目や臨床倫理演習などの共修科目を多く取り入れ，確かな看護実践能力を備え，質の高いチーム医療を実践できる看護師を育成している。

● **取得可能な資格**…医師・看護師・保健師（選択者のみ）受験資格。
● **進路状況**…………［医］初期臨床研修医96.4%　［看護］就職88.3%　進学11.7%
● **主な就職先**………［看護］東京慈恵会医科大学附属４病院，他病院・施設，保健師など。

▶キャンパス

医２～６年次………［西新橋キャンパス］ 東京都港区西新橋3-25-8
医１年次・看護……［国領キャンパス］ 東京都調布市国領町8-3-1

2024年度入試要項（前年度実績）

●募集人員

学部／学科		一般
▶医	医	105
	看護	60

※医学科では，募集人員のうち５名は地域への医療に貢献することを期待し，出身高校が属する各地域区分（東京，千葉，神奈川，埼玉以外）から１名を優先して合格とする。ただし，卒業後の進路を拘束するものではない。地域区分は以下の通り。
Ａ区分―北海道，青森，岩手，宮城，秋田，山形，福島。
Ｂ区分―茨城，栃木，群馬，新潟，富山，石川，福井，山梨，長野。
Ｃ区分―岐阜，静岡，愛知，三重，滋賀，京都，大阪，兵庫，奈良，和歌山。
Ｄ区分―鳥取，島根，岡山，広島，山口，徳島，香川，愛媛，高知。
Ｅ区分―福岡，佐賀，長崎，熊本，大分，宮崎，鹿児島，沖縄。
※看護学科は，学校推薦型選抜（指定校）若干名を含む。

▷看護学科の一般選抜において，英語資格・検定試験の本学科基準以上のスコア保持者は，外国語（英語）の入試が免除となり，そのスコアを外国語入学試験の点数として換算できる。ただし，スコアを提出した場合でも，願書出願時に希望すれば，当学科の英語試験も受験することが可能。この場合，点数の高い方が得点となる。各スコアは，出願締切日から遡って２年以内に受験したものを有効とする。採用する英語資格・検定試験は以下の通り。ケンブリッジ英検，英検（英検S-CBTも含む），GTEC CBT，GTEC 検定版（４技能），IELTS,

キャンパスアクセス［西新橋キャンパス］ 都営三田線―御成門より徒歩3分／JR，東京メトロ銀座線・都営浅草線―新橋より徒歩12分／東京メトロ日比谷線―神谷町より徒歩7分，虎ノ門ヒルズより徒歩９分

TEAP，TEAP CBT，TOEFL iBT。
▷医学科においては，英語資格・検定試験（ケンブリッジ英検，英検，GTEC，IELTS，TEAP，TOEFL iBT，TOEIC）の結果（４技能のスコア記載があるもの，合格したものに限る）の提出は任意。提出しないことで試験が不利になることはなく，調査書と併せて二次試験の参考にする。

医学部

一般選抜　**【医学科】〈一次試験〉** **4**科目　①**外**（100）▶コミュ英Ⅰ・コミュ英Ⅱ・コミュ英Ⅲ・英表Ⅰ・英表Ⅱ　②**数**（100）▶数Ⅰ・数Ⅱ・数Ⅲ・数A・数B（数列・ベク）　③④**理**（200）▶「物基・物」・「化基・化」・「生基・生」から２
〈二次試験〉 **3**科目　①**小論文**（25）▶複数名の評価者が５段階評価　②**面接**（30）▶MMI（Multiple Mini Interview）。６名の評価者がそれぞれ５段階評価　③**調査書等**（25）▶合議により３段階評価
※調査書等は，調査書，履修証明書などのこれまでの学業履歴がわかる参考書類。
※二次試験は一次試験の合格者のみ実施。
【看護学科】〈一次試験〉 **4**科目　①**国**（100）▶国総（古文・漢文を除く）・現文B　②**外**（100）▶コミュ英Ⅰ・コミュ英Ⅱ・コミュ英Ⅲ　③**数**（100）▶数Ⅰ・数A　④**理**（100）▶化基・生基から１
※全科目マークシートではなく，記述式による解答方法。
※化学，生物は偏差値換算した得点を利用。
〈二次試験〉 **1**科目　①**面接**
※二次試験は一次試験の合格者のみ実施。

その他の選抜

看護学科で学校推薦型選抜（指定校）を実施。

偏差値データ（2024年度）

●一般選抜

学部／学科	2024年度 駿台予備学校 合格目標ライン	2024年度 河合塾 ボーダー偏差値	2023年度 競争率
▶医学部			
医	**65**	**70**	7.5
看護	**45**	**50**	3.5

●駿台予備学校合格目標ラインは合格可能性80％に相当する駿台模試の偏差値です。
●河合塾ボーダー偏差値は合格可能性50％に相当する河合塾全統模試の偏差値です。
●競争率は受験者÷合格者の実質倍率

キャンパスアクセス　［国領キャンパス］京王線―国領より徒歩10分，調布よりバス10分／小田急線―狛江よりバス10分

東京女子大学

とうきょうじょし

資料請求

問合せ先 広報課 ☎03-5382-6476

建学の精神

北米プロテスタント６教派の援助を得て，1918（大正７）年，「キリスト教の精神をもって人格形成の基礎とし，リベラルアーツを柱とする女子高等教育を行う」という建学の精神のもと開学。「豊かな教養に基づく幅広い視野と高い専門性を身につけ，自立した女性を育てたい」という想いは変わることなく受け継がれ，卒業生は日本で，そして世界で活躍している。創立以来培ってきたキリスト教の精神に基づくリベラルアーツ教育の実績を基盤に，所属学科・専攻の枠を超えた横断的なカリキュラムを展開。文理合わせて広い学問分野をカバーする５学科11専攻（※2025年度より，６学科に再編予定）が１つのキャンパスに集まり，所属する専攻を超えて，他専攻の領域についても学ぶことができる理想的な学習環境を整えている。

● 東京女子大学キャンパス……〒167-8585　東京都杉並区善福寺2-6-1

基本データ

学生数▶女3,834名
専任教員数▶教授78名，准教授26名，講師10名

設置学部▶現代教養
併設教育機関▶大学院一人間科学・理学（以上M・D）

就職・卒業後の進路

就職率 99.2％
就職者÷希望者×100

●**就職支援**　自分の理想に合う生き方を見つけられるよう，年間150日にわたり多彩なプログラムを提供。３年次には，就職ガイダンス，OG座談会，個別企業研究セミナー・学内企業説明会，グループディスカッションや面接などのトレーニングを短期間で集中的に行う起死回生！ 面接対策２Daysなどを実施し，一人ひとりが自信を持って卒業できるよう全力でサポートしている。また，日本の大学初のVRを活用した就職支援動画も導入。

●**資格取得支援**　教職課程，学芸員課程のほか，日本語教育に携わる人材の育成に力を注ぎ，日本語教員養成課程を設置。カリキュラムは幅広い研究領域から構成され，課程修了者には卒業時に，「東京女子大学日本語教員養成課程修了証」を交付している。

進路指導者も必見 学生を伸ばす 面倒見

初年次教育
本学における学修の基盤となる基礎学力や学習方法を習得し，主体的な学びの姿勢を養う「1年次演習（基礎演習，人文学基礎演習，国際社会基礎演習など）」のほか，「キリスト教学入門Ⅰ」「DS・ICT入門Ⅰ・Ⅱ」などを開講

学修サポート
TA制度やオフィスアワー，専任教員が履修計画や進路について助言・指導を行うアドバイザー制度を導入。また，図書館に学習コンシェルジュが勤務しているほか，英語センターや教育・学習支援センターを設置

オープンキャンパス（2023年度実績） 7月・8月（２日間）・3月にオープンキャンパス，6月・12月にミニオープンキャンパスを開催。専攻紹介・模擬授業，学生広報スタッフ・教職員との個別相談，キャンパスツアーなど。

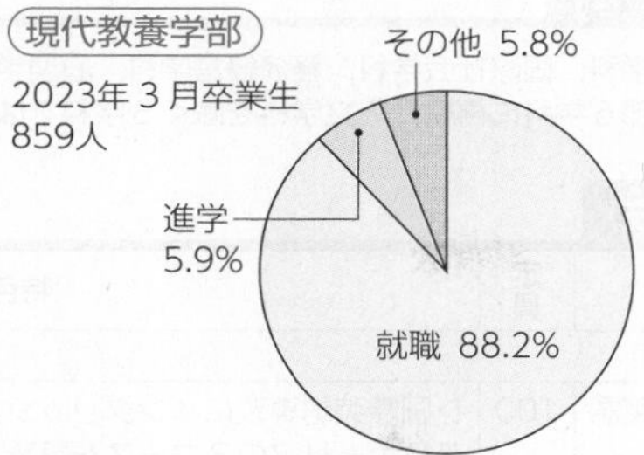

主なOG▶及川美紀（ポーラ社長），高樹のぶ子（小説家），髙際みゆき（東京都豊島区長），竹下景子（女優），佐藤真知子（日本テレビアナウンサー），森香澄（フリーアナウンサー），多部未華子（女優）など。

国際化・留学　大学間 31 大学・部局間 1 機関

受入れ留学生数▶46名（2023年５月１日現在）

留学生の出身国・地域▶韓国，中国，台湾，ベトナムなど。

外国人専任教員▶教授０名，准教授５名，講師５名（2023年５月１日現在）

外国人専任教員の出身国▶アメリカ，イギリス，カナダ，アイルランド，オーストラリア。

大学間交流協定▶31大学（交換留学先５大学，2023年９月１日現在）

部局間交流協定▶１機関（2023年９月１日現在）

海外への留学生数▶渡航型158名・オンライン型27名／年（７カ国・地域，2022年度）

海外留学制度▶協定校留学や認定校留学，長期休暇を利用した語学研修，ケンブリッジ教養講座，専任教員が企画するスタディ・ツアーのほか，Global Citizenship Programが2024年度からスタート。また，コンソーシアムはACUCAなどに参加している。

学費・奨学金制度　給付型奨学金総額 年間約 4,181 万円

入学金▶200,000円

年間授業料（施設費等を除く）▶786,000円（詳細は巻末資料参照）

年間奨学金総額▶41,811,906円

年間奨学金受給者数▶84人

主な奨学金制度▶経済支援の「東京女子大学給付奨学金」や入学前に募集を行う「東京女子大学予約型給付奨学金」「『挑戦する知性』奨学金」（受験生以外に，在学生を対象とした経済支援枠もあり）などの制度を設置。

保護者向けインフォメーション

● **オープンキャンパス**　通常のオープンキャンパス時に保護者向けガイダンスを実施している。

● **広報誌**　『VERA』を保証人に送付している。

● **成績通知**　単位僅少で進級・卒業ができない場合，保証人にその事実と併せて成績表を通知。

● **懇談会**　毎年９月に本学キャンパスにて，父母懇談会（学内）を開催。学外は，2023年度は金沢（６月），仙台（７月）で実施した。

● **防災対策**　震度５弱以上の地震が発生した場合，各自が登録したメールアドレスに安否確認メールが配信され，学生の安否状況を把握する。

● **学寮**　創立以来，構内に学生寮を配置。今も教育寮としての伝統を受け継いでいる。

インターンシップ科目	必修専門ゼミ	卒業論文	GPA制度の導入の有無および活用例	１年以内の退学率	標準年限での卒業率
コミュニティ構想専攻で開講	全学科で４年間にわたって実施（２・３年次は一部の専攻を除く）	全学科で卒業要件	奨学金対象者選定，留学候補者選考，個別の学修指導に活用。前年度GPA（3.0以上）により，登録単位数の上限を超えての履修可能	1.1%	88.7%

2025年度学部改組構想（予定）

● 1学部5学科体制を，人文学科，国際社会学科，経済経営学科，心理学科，社会コミュニケーション学科，情報数理科学科の1学部6学科に再編。人文学科を除く5学科では，コース制を導入する。

学部紹介（2024年2月現在）

学部／学科	定員	特色
現代教養学部		
国際英語	100	▷国際英語専攻にイングリッシュ・スタディーズ，英語教育，英語キャリアの3コースを設置。
人文	205	▷〈哲学専攻41名，日本文学専攻87名，歴史文化専攻77名〉古くから先人が積み重ねてきた知の遺産にヒントを得つつ，新たな時代の知に敏感に反応するしなやかさを身につける。
国際社会	284	▷〈国際関係専攻105名，経済学専攻71名，社会学専攻54名，コミュニティ構想専攻54名〉グローバルからローカルまで，あらゆる社会問題を解決に導くための力を育む。
心理・コミュニケーション	200	▷〈心理学専攻82名，コミュニケーション専攻118名〉科学的な方法論を用いて人間の真理に迫る。
数理科	71	▷2024年度より，数学・情報理学の2専攻を統合し，情報数理科学専攻を開設。情報科学，AI・データサイエンス，数理科学を横断的に学び，論理的な思考力を身につける。

● **取得可能な資格**…教職（国・地歴・公・社・数・情・英・宗），学芸員など。
● **進路状況**…………就職88.2%　進学5.9%
● **主な就職先**………りそなグループ，西村あさひ法律事務所，日本銀行，アクセンチュア，東京海上日動火災保険，三井住友信託銀行，伊藤忠商事，富士通，教員，公務員など。

キャンパス

現代教養……［東京女子大学キャンパス］東京都杉並区善福寺2-6-1

2025年度入試要項（予告）

●募集人員

学部／学科（専攻）	個別	英語外部	3教科共通	5科目共通
▶現代教養　国際英語	37	10	8	3
人文（哲学）	15	2	4	2
（日本文学）	30	9	9	4
（歴史文化）	29	6	8	3
国際社会（国際関係）	44	3	7	3
（経済学）	26	6	7	3
（社会学）	24	3	5	2
（コミュニティ構想）	21	5	6	2
心理・コミュニケーション（心理学）	33	5	8	4
（コミュニケーション）	44	10	13	6
数理科（情報数理科学）	35	4	4	6

注）募集人員は2024年度の実績です。
※上記以外に，一般選抜英語Speaking Test利用型（国際英語専攻のみ），一般選抜3月期（専攻特色型・国公立併願型）を実施する（募集人員は「その他の選抜」を参照）。
※一般選抜個別学力試験型の募集人員には，帰国生入試，社会人入試，外国人留学生入試，外国人留学生対象日本語学校指定校制推薦入試の各若干名を含む。

▷一般選抜英語外部検定試験利用型は，対象とする英語外部検定試験（英検〈従来型・S-CBT・S-Interview〉，TEAP〈RL，W，S。同一試験日のスコアのみ有効〉，TEAP CBT）の基準スコアを満たしていることを出願条件とする。

キャンパスアクセス　JR中央線・総武線—西荻窪より徒歩12分またはバス5分／JR中央線・総武線，京王井の頭線—吉祥寺よりバス10分／西武新宿線—上石神井よりバス15分・地蔵坂上下車徒歩5分

注）配点は編集時，未公表。最新の募集要項でご確認ください。

現代教養学部

一般選抜個別学力試験型・英語外部検定試験利用型　**【文系学科】**　**3〜2**科目　①**国**▶現国・言語（漢文を除く）・論国・文国・国表・古典（漢文を除く）　②**外**▶英コミュⅠ・英コミュⅡ・英コミュⅢ・論表Ⅰ・論表Ⅱ・論表Ⅲ　③**地歴・数**▶「歴総・世探」・「歴総・日探」・「数Ⅰ・数Ⅱ・数A・数B（数列）・数C（ベク）」から1

【理系学科】　**3〜2**科目　①**外**▶英コミュⅠ・英コミュⅡ・英コミュⅢ・論表Ⅰ・論表Ⅱ・論表Ⅲ　②**数**▶数Ⅰ・数Ⅱ・数A・数B（数列）・数C（ベク）　③**数・理**▶「数Ⅰ・数Ⅱ・数Ⅲ・数A・数B（数列）・数C（ベク・平面）」・「物基・物」・「化基・化」から1

※英語外部検定試験利用型は，英語を除く2科目を受験。

※数Aの「数学と人間の活動」は，整数の約数や倍数，ユークリッドの互除法や二進法，および平面や空間において点の位置を表す座標の考え方を出題範囲とする。

一般選抜共通テスト3教科型・5科目型　**【文系学科】**　**5〜3**科目　①**国**▶国（3教科型は近代・古文）　②**外**▶英（リスニングを含む）　③④⑤**地歴・公民・数・理・情**▶「歴総・世探」・「歴総・日探」・「地総・地探」・「地総・歴総・公から2」・「公・倫」・「公・政経」・「数Ⅰ・数A」・「数Ⅱ・数B・数C」・「物基・化基・生基・地学基から2」・物・化・生・地学・情Ⅰから3教科型は1，5科目型は「数Ⅰ・数A」を含む3

［個別試験］　行わない。

一般選抜共通テスト3教科型　**【理系学科】**　**4**科目　①**外**▶英（リスニングを含む）　②③**数**▶「数Ⅰ・数A」・「数Ⅱ・数B・数C」　④**理・情**▶「物基・化基・生基・地学基から2」・物・化・生・地学・情Ⅰから1

［個別試験］　行わない。

一般選抜共通テスト5科目型　**【理系学科】**　**5**科目　①**国**▶国　②**外**▶英（リスニングを含む）　③④**数**▶「数Ⅰ・数A」・「数Ⅱ・数B・数C」　⑤**地歴・公民・理・情**▶「歴総・世探」・「歴総・日探」・「地総・地探」・「地総・歴総・公から2」・「公・倫」・「公・政経」・「物基・化基・生基・地学基から2」・物・化・生・地学・情Ⅰから1

［個別試験］　行わない。

その他の選抜

一般選抜英語Speaking Test利用型は国際英語専攻4名を，一般選抜3月期（専攻特色型・国公立併願型）は，国際英語専攻6名，哲学専攻4名，日本文学専攻6名，歴史文化専攻5名，国際関係専攻14名，経済学専攻4名，社会学専攻3名，コミュニティ構想専攻3名，心理学専攻4名，コミュニケーション専攻6名，情報数理科学専攻6名を募集。ほかに学校推薦型選抜（指定校制），総合型選抜（知のかけはし入試），帰国生入試，社会人入試，外国人留学生入試，外国人留学生対象日本語学校指定校制推薦入試を実施。

注）募集人員は2024年度の実績です。

偏差値データ（2024年度）

●**一般選抜個別学力試験型**

学部／学科／専攻	2024年度 駿台予備学校 合格目標ライン	2024年度 河合塾 ボーダー偏差値	2023年度 競争率
▶現代教養学部			
国際英語	49	47.5	1.5
人文/哲学	49	50	1.9
／日本文学	50	50	1.9
／歴史文化	50	52.5	2.5
国際社会／国際関係	49	47.5	1.5
／経済学	48	47.5	1.6
／社会学	50	52.5	1.6
／コミュニティ構想	49	50	1.5
心理・コミュニケーション／心理学	49	52.5	2.0
／コミュニケーション	47	52.5	2.4
数理科	47	45	1.6

●駿台予備学校合格目標ラインは合格可能性80％に相当する駿台模試の偏差値です。
●河合塾ボーダー偏差値は合格可能性50％に相当する河合塾全統模試の偏差値です。
●競争率は受験者÷合格者の実質倍率

東京電機大学

（とうきょうでんきだいがく）

資料請求

問合せ先 入試センター　☎03-5284-5151

建学の精神

２人の青年技術者，廣田精一と扇本眞吉が1907（明治40）年に開設した「電機学校」が東京電機大学の始まり。技術を学ぼうとする人たちに広く門戸を開き，24（大正13）年にはNHKよりも早くラジオの実験放送を開始。日本初のテレビ公開実験も28（昭和３）年に実施するなど,「実学尊重」の建学の精神,「技術は人なり」の教育・研究理念を胸に刻み，時代の変化に柔軟に適応しながら，日本をはじめ世界で活躍する多くの技術者を世に輩出。社会がどれだけ目まぐるしく変化しても，ずっと変わらず受け継がれてきた「実学尊重」「技術は人なり」を体現するその挑戦に終わりはなく，DENDAIは，あらゆる先端技術の発展に尽力できる未来志向型の高度専門技術者を育成し，一人ひとりが快適に生活できる超スマート社会の実現に貢献していく。

- **東京千住キャンパス**……〒120-8551　東京都足立区千住旭町５番
- **埼玉鳩山キャンパス**……〒350-0394　埼玉県比企郡鳩山町石坂

基本データ

学生数▶9,118名（男7,849名，女1,269名）
専任教員数▶教授186名，准教授82名，講師38名
設置学部▶システムデザイン工，未来科，工，理工，工第二部（夜間部）
併設教育機関▶大学院―システムデザイン工学・未来科学・工学・理工学（以上M），先端科学技術（D）

就職・卒業後の進路

就職率 98.6％
就職者÷希望者×100

● **就職支援**　約1,500名の学生が参加する本学最大級のキャリア支援行事「卒業生による仕事研究セミナー」などの多種多様なサポートプログラムや充実したキャリア教育で，就職率の高さに加え，希望の進路に導く「質」の高い就職を実現。卒業生によるネットワーク「電機会」も強力にバックアップしている。

● **資格取得支援**　キャリアアップや希望する進路を実現するために役立つ資格・免許が数多く存在するだけに，二級建築士学科試験対策講座や難易度の高い資格試験合格者表彰制度を設けるなど，力強くサポートしている。

進路指導者も必見　学生を伸ばす　面倒見

初年次教育
入学後のキャンパスライフを有意義にするために，本学の特色を理解した上でものづくりの醍醐味などを知る「東京電機大学で学ぶ」や「アカデミックスキルズ」「情報リテラシー（数理・データサイエンス入門）」などを開講

学修サポート
全学部でTA・SA制度，オフィスアワー制度，教員アドバイザー制度を導入。また，授業でわからなかったところについて質問に答えたり，学習方法の相談に乗る「学習サポートセンター」を各キャンパスに設置している

オープンキャンパス（2023年度実績）　両キャンパスで６月と７月に開催（キャンパスにより日時は異なる。事前登録制）。学科・学系紹介，研究室公開，キャンパスツアー，入試対策など。11月に進学相談会を学園祭同時開催。

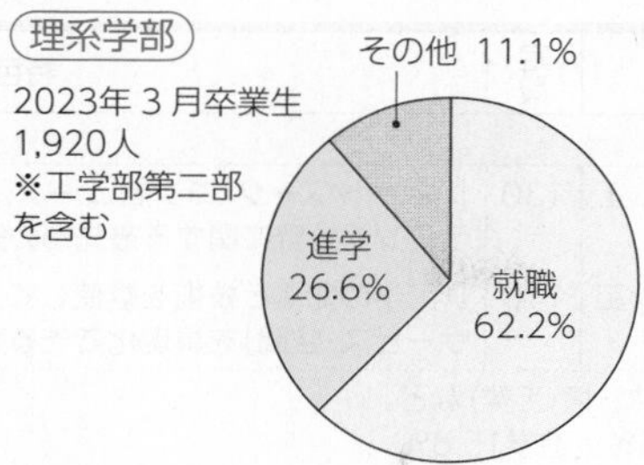

主なOB・OG▶［工］野澤宏（富士ソフト創業者），［工］濱田宏一（アンリツ社長），［工］守屋輝彦（神奈川県小田原市長），［理工］鯉沼久史（コーエーテクモゲームス社長），［理工］熊谷達也（小説家）など。

国際化・留学　大学間 **43** 大学等

受入れ留学生数▶101名（2023年５月１日現在）

留学生の出身国・地域▶中国，韓国，マレーシア，インドネシア，台湾など。

外国人専任教員▶教授０名，准教授１名，講師５名（2023年５月１日現在）

外国人専任教員の出身国▶イギリス，カナダなど。

大学間交流協定▶43大学・機関（交換留学先４大学，2023年９月１日現在）

海外への留学生数▶渡航型15名・オンライン型９名／年（３カ国・地域，2022年度）

海外留学制度▶協定校等への長期留学（１セメスターや１年間）と，夏季や春季休暇を利用した約３週間の短期留学・文化研修の２つのプログラムがあり，より多くの学生に海外留学の機会を提供できるよう，海外派遣支援奨学金（給付・貸与）を用意。毎年多くの学生が研修を通して，異文化体験やコミュニケーション能力の向上を図っている。

学費・奨学金制度　給付型奨学金総額 年間 **1,428** 万円

入学金▶250,000円（工第二部130,000円）

年間授業料（施設費等を除く）▶1,361,000円～（工第二部は履修単位制）（詳細は巻末資料参照）

年間奨学金総額▶14,280,000円

年間奨学金受給者数▶70人

主な奨学金制度▶人物・学業成績が優秀で，かつ学費支弁が困難な２～４年次生を対象とした「特別奨学金」や，「学生サポート給付奨学金」「エンジニアのたまご奨学金」などを設置。学費減免制度もあり，2022年度には87人を対象に総額で約2,623万円を減免。

保護者向けインフォメーション

●**ガイドブック**　『保護者のための就職ガイドブック』を発行している。

●**成績確認**　成績や授業の出席情報などがポータルサイト「DENDAI-UNIPA」で閲覧可能。

●**後援会**　父母・保証人を会員とする後援会があり，両キャンパスと全国各地で父母懇談会を開催。『学苑』や『父母のための東京電機大学ガイド』といった冊子も発行している。

●**相談窓口**　保護者専用の窓口を設置している。

●**防災対策**　「大地震対応マニュアル」を入学時に配布。災害時の学生の安否は，学内に設置されている在館管理システムの履歴をもとに確認する。

インターンシップ科目	必修専門ゼミ	卒業論文	GPA制度の導入の有無および活用例	１年以内の退学率	標準年限での卒業率
全学部で開講している	工学部第二部を除き実施	工第二部を除き卒業要件	学生に対する個別の学修指導や留学候補者選考，奨学金や授業料免除対象者の選定，進級判定，退学勧告，大学院入試選抜などに活用	0.85%	NA

学部紹介

学部／学科・学系	定員	特色
システムデザイン工学部		
情報システム工	130	▷ネットワーク・コンピュータ，データサイエンス，プログラミング分野に関する最先端の知識と技術を学ぶ。
デザイン工	110	▷工学の知識と技術を駆使して，グローバルな環境で「モノ・サービス・空間」を具現化できる実践力を養う。
●取得可能な資格…教職（数・技・情・工業）など。 ●進路状況…………就職76.5%　進学15.8% ●主な就職先………セガ，ソフトバンク，東京地下鉄，ニコン，日本ヒューレット・パッカードなど。		
未来科学部		
建築	130	▷安全で快適な建築・都市空間をつくることができる確かな実践力，豊かな表現力，卓越した先見性を持ったグローバルに活躍できる設計者・技術者・研究者を育成する。
情報メディア	110	▷メディア学とコンピュータサイエンスを複合的に学び，デザイン，表現，技術などの観点から包括的な理解を深める。
ロボット・メカトロニクス	110	▷関連理論の講義と演習，ロボット製作実習を通じて，イノベーティブなシステムを生み出せる技術者を育成する。
●取得可能な資格…教職（数・情・工業），1・2級建築士受験資格など。 ●進路状況…………就職49.2%　進学44.1% ●主な就職先………鹿島建設，清水建設，大林組，KDDI，サイバーエージェント，キヤノンなど。		
工学部		
電気電子工	120	▷電力・電気機器，電子情報システム，電子デバイスの3分野を学び，産業界で広く活躍できる技術者を育成する。
電子システム工	90	▷身近な製品の基礎となる電子・光・情報に関する技術を身につけた，社会に貢献できる人材を育成する。
応用化	80	▷環境に配慮しながら人類の生活が繁栄できる，安全・快適で持続可能な社会の構築について学ぶ。
機械工	110	▷基礎的知識の応用力と論理的思考力を養い，技術革新の激しい現代社会で先端を切り開ける機械工学技術者を育成。
先端機械工	100	▷機械工学に加え，情報，コンピュータ，光学，医用工学など先端工学を取り入れた授業・研究を展開。
情報通信工	110	▷コンピュータや通信システムのほか，音響・画像の信号処理技術まで習得できる幅広いカリキュラムを用意。
●取得可能な資格…教職（数・理・技・情・工業）など。 ●進路状況…………就職63.2%　進学27.0% ●主な就職先………東海旅客鉄道，日本電気，本田技研工業，商船三井，日産自動車，富士通など。		
理工学部		
理	100	▷数学，物理学，化学，数理情報学の4コース。数理や自然界の法則を探究し，論理的思考力を身につける。
生命科	80	▷分子生命科学，環境生命工学の2コース。本当の意味で人類のためになる社会やシステムを築く人材を育成する。
情報システムデザイン	180	▷コンピュータソフトウェア，情報システム，知能情報デザイン，アミューズメントデザインの4コース。複雑化・高度化する「情報学」について総合的に学ぶ。

キャンパスアクセス［東京千住キャンパス］JR常磐線，東武スカイツリーライン，東京メトロ日比谷線・千代田線，つくばエクスプレス―北千住より徒歩1分／京成本線―京成関屋から徒歩7分

学科	定員	特色
機械工	80	▷設計・解析，加工・制御の２コース。高度な専門技術と最先端工学に適応するエンジニアリング・センスを身につける。
電子情報・生体医工	80	▷NEW! '24年新設。電気電子工学分野と生体医工学分野における高度な専門知識を備えた技術者を養成する。
建築・都市環境	80	▷建築，都市環境の２コース。情報技術などを幅広く学び，「持続可能な社会」の構築に貢献できる技術者を育成する。

● **取得可能な資格**…教職（数・理・情・工業），測量士補，１・２級建築士受験資格など。
● **進路状況**…………就職63.3％　進学24.0％
● **主な就職先**………サイバーエージェント，スクウェア・エニックス，TOPPAN，LINEヤフーなど。

工学部第二部

学科	定員	特色
電気電子工	60	▶工学部を中心に，システムデザイン工学部，未来科学部の教授陣も授業を担当し，工学部とほぼ同じ内容が学べ，所属学科以外の科目や昼間開講の他学部の科目も履修可能。昼間は東京千住キャンパスの「学生職員」として働きながら，夜間は工学部第二部で学ぶ新社会人（高校新卒者）を対象とした総合型選抜（はたらく学生）を実施。
機械工	60	
情報通信工	60	

● **取得可能な資格**…教職（情・工業）など。　● **進路状況**…………就職61.3％　進学8.4％
● **主な就職先**………東日本旅客鉄道，東京ガス，本田技研工業，サイボウズ，セイコーエプソンなど。

▶キャンパス

システムデザイン工・未来科・工・工二部……［東京千住キャンパス］東京都足立区千住旭町５番
理工……［埼玉鳩山キャンパス］埼玉県比企郡鳩山町石坂

2025年度入試要項（予告）

●募集人員

学部／学科・学系	一般前期	一般前期英語	一般後期	一般後期英語	共通前期	共通後期
▶システムデザイン工 情報システム工	65	5	7	3	30	5
デザイン工	55	5	7	3	25	
▶未来科 建築	65	5	7	3	30	5
情報メディア	55	5	7	3	25	
ロボット・メカトロニクス	55	5	7	3	25	
▶工 電気電子工	60	5	7	3	25	7
電子システム工	40	5	7	3	20	
応用化	40	5	3	2	20	
機械工	55	5	7	3	25	
先端機械工	50	5	7	3	20	
情報通信工	55	5	7	3	25	
▶理工 理	55	5	12	3	15	7
生命科	35	5	7	3	20	
情報システムデザイン	70	5	17	3	45	
機械工	35	5	7	3	20	
電子情報・生体医工	35	5	7	3	20	
建築・都市環境	35	5	7	3	20	
▶工第二部 電気電子工	20				15	
機械工	20				15	
情報通信工	20				15	

注）募集人員は2024年度の実績です。
※上記以外に，システムデザイン工学部と未来科学部および理工学部の理学系，情報システムデザイン学系，電子情報・生体医工学系で一般選抜（情報系外部試験利用）を実施し，それぞれ若干名を募集する。
※一般前期・後期英語は一般選抜（前期・後期英語外部試験利用）。
※工学部第二部は一般選抜と共通テスト利用選抜を実施し，英語外部試験利用は行わない。

▷一般選抜では，前期・後期とも，３教科合計点選抜方式（英語外部試験利用と情報系外部試験利用，工学部第二部一般選抜は２教科合計点選抜方式）と，数学が100点満点の者を合格とする数学満点選抜方式（３教科受験必須，英語外部試験利用と情報系外部試験利用，工学部第二部一般選抜は２教科受験必須）の２つの方式で判定する。
▷一般選抜（前期・後期英語外部試験利用）で指定されている英語外部試験は以下の通り。英検（準２級以上を受検し，かつ４技能すべて受検すること。英検S-CBTも可），GTEC（４

キャンパスアクセス ［埼玉鳩山キャンパス］東武東上線一高坂よりスクールバス8分，北坂戸よりスクールバス10分／JR高崎線一鴻巣よりスクールバス40分，熊谷よりスクールバス45分技能版), TEAP (4技能版), TEAP CBT, TOEIC L&R+TOEIC S&W, Cambridge English (4技能CBTリンガスキルも可), IELTS。

▷一般選抜(情報系外部試験利用)の出願資格は,「基本情報技術者試験」または「応用情報技術者試験」に合格し,書類提出期間内に独立行政法人情報処理推進機構が発行する合格証明書(原本)を提出できる者。

▷共通テスト利用選抜において,英語の配点は,リーディング・リスニング各100点をリーディング150点,リスニング50点に換算する。

システムデザイン工学部・未来科学部・工学部

一般選抜(前期／前期・英語外部試験利用)
3~2科目 ①**外**(100)▶英コミュⅠ・英コミュⅡ・英コミュⅢ・論表Ⅰ・論表Ⅱ・論表Ⅲ ②**数**(100)▶数Ⅰ・数Ⅱ・数Ⅲ・数A・数B(数列)・数C(ベク・平面) ③**国・理**(100)▶「現国・言語(古文・漢文を除く)」・「物基・物」・「化基・化」から1,ただし工学部と未来科学部ロボット・メカトロニクス学科は国の選択不可

一般選抜(情報系外部試験利用) **【システムデザイン工学部・未来科学部】** **2**科目 ①**外**(100)▶英コミュⅠ・英コミュⅡ・英コミュⅢ・論表Ⅰ・論表Ⅱ・論表Ⅲ ②**数**(100)▶数Ⅰ・数Ⅱ・数Ⅲ・数A・数B(数列)・数C(ベク・平面)

一般選抜(後期／後期・英語外部試験利用)
3~2科目 ①**外**(100)▶英コミュⅠ・英コミュⅡ・英コミュⅢ・論表Ⅰ・論表Ⅱ・論表Ⅲ ②**数**(100)▶数Ⅰ・数Ⅱ・数Ⅲ・数A・数B(数列)・数C(ベク・平面) ③**理**(100)▶「物基・物」・「化基・化」から1

※英語外部試験利用は前期・後期とも,指定された英語外部試験のスコアまたは基準値を出願資格とし,英語の試験を免除して他の2科目で判定する。

共通テスト利用選抜前期・後期(3教科方式)
4科目 ①**外**(200)▶英(リスニングを含む) ②③**数**(100×2)▶「数Ⅰ・数A」・「数Ⅱ・数B・数C」 ④**理**(200)▶物・化・生から1

[個別試験] 行わない。

共通テスト利用選抜前期・後期(4教科方式〈国語・情報〉) **5**科目 ①**外**(200)▶英(リスニングを含む) ②③**数**(100×2)▶「数Ⅰ・数A」・「数Ⅱ・数B・数C」 ④**理**(100)▶物・化・生から1 ⑤**国・情**(100)▶[4教科方式(国語)]─国(近代),[4教科方式(情報)]─情Ⅰ

[個別試験] 行わない。

理工学部

一般選抜(前期／前期・英語外部試験利用)
【理学系／生命科学系／機械工学系／電子情報・生体医工学系／建築・都市環境学系】
3~2科目 ①**外**(100)▶英コミュⅠ・英コミュⅡ・英コミュⅢ・論表Ⅰ・論表Ⅱ・論表Ⅲ ②**数**(100)▶「数Ⅰ・数Ⅱ・数A・数B(数列)・数C(ベク)」・「数Ⅰ・数Ⅱ・数Ⅲ・数A・数B(数列)・数C(ベク・平面)」から1 ③**理**(100)▶「物基・物」・「化基・化」・「生基・生」から1,ただし生基・生は生命科学系のみ選択可

【情報システムデザイン学系】 **3~2**科目 ①**外**(100)▶英コミュⅠ・英コミュⅡ・英コミュⅢ・論表Ⅰ・論表Ⅱ・論表Ⅲ ②**数**(100)▶「数Ⅰ・数Ⅱ・数A・数B(数列)・数C(ベク)」・「数Ⅰ・数Ⅱ・数Ⅲ・数A・数B(数列)・数C(ベク・平面)」から1 ③**国・理**(100)▶「現国・言語(古文・漢文を除く)」・「物基・物」・「化基・化」から1

一般選抜(情報系外部試験利用) **【理学系／情報システムデザイン学系／電子情報・生体医工学系】** **2**科目 ①**外**(100)▶英コミュⅠ・英コミュⅡ・英コミュⅢ・論表Ⅰ・論表Ⅱ・論表Ⅲ ②**数**(100)▶数Ⅰ・数Ⅱ・数Ⅲ・数A・数B(数列)・数C(ベク・平面)

一般選抜(後期／後期・英語外部試験利用)
3~2科目 ①**外**(100)▶英コミュⅠ・英コミュⅡ・英コミュⅢ・論表Ⅰ・論表Ⅱ・論表Ⅲ ②**数**(100)▶「数Ⅰ・数Ⅱ・数A・数B(数列)・数C(ベク)」・「数Ⅰ・数Ⅱ・数Ⅲ・数A・数B(数列)・数C(ベク・平面)」から1 ③**理**(100)▶「物基・物」・「化基・化」から1

※英語外部試験利用前期・後期はいずれの学系も,指定された英語外部試験のスコアまたは基準値を出願資格とし,英語の試験を免除して他の2科目で判定する。

共通テスト利用選抜前期・後期(3教科方式)

4科目 ①外(200)▶英(リスニングを含む) ②③**数**(100×2)▶「数Ⅰ・数Ａ」・「数Ⅱ・数Ｂ・数Ｃ」 ④**理**(200)▶物・化・生から１
[個別試験] 行わない。
共通テスト利用選抜前期・後期（４教科方式〈国語・情報〉） **5科目** ①**外**(200)▶英(リスニングを含む) ②③**数**(100×2)▶「数Ⅰ・数Ａ」・「数Ⅱ・数Ｂ・数Ｃ」 ④**理**(100)▶物・化・生から１ ⑤**国・情**(100)▶［４教科方式(国語)］－国(近代)，［４教科方式(情報)］－情Ⅰ
[個別試験] 行わない。

工学部第二部

一般選抜 **2科目** ①**数**(100)▶数Ⅰ・数Ⅱ・数Ａ・数Ｂ(数列)・数Ｃ(ベク) ②**外・理**(100)▶「英コミュⅠ・英コミュⅡ・英コミュⅢ・論表Ⅰ・論表Ⅱ・論表Ⅲ」・「物基・物」から１
※英語の試験には，英和辞書または和英辞書(和英付き英和辞書を含む)のいずれか一冊の持ち込み可(電子辞書は不可)。
共通テスト利用選抜 **2科目** ①**数**(200)▶「数Ⅰ・数Ａ」・「数Ⅱ・数Ｂ・数Ｃ」から１ ②**国・外・理**(200)▶国(近代)・英(リスニングを含む)・「物基・化基」・物・化から１
[個別試験] 行わない。

その他の選抜

学校推薦型選抜(公募)および総合型選抜(AO)は各学科・学系(AOは工学部第二部を除く)若干名を募集。ほかに学校推薦型選抜(指定校)，総合型選抜(はたらく学生。工学部第二部)，社会人特別選抜(工学部第二部)，留学生特別選抜，外国政府派遣等留学生特別選抜を実施。
注)募集人員は2024年度の実績です。

偏差値データ (2024年度)

●一般選抜

学部／学科・学系	2024年度 駿台予備学校 合格目標ライン	2024年度 河合塾 ボーダー偏差値	2023年度 競争率
▶システムデザイン工学部			
情報システム工(前期)	44	55	8.8
(後期)	—	—	45.1
デザイン工(前期)	42	50	5.3
(後期)	—	—	12.7
▶未来科学部			
建築(前期)	43	55	8.7
(後期)	—	—	8.5
情報メディア(前期)	43	55	14.5
(後期)	—	—	28.5
ロボット・メカトロニクス(前期)	42	47.5	4.0
(後期)	—	—	8.6
▶工学部			
電気電子工(前期)	42	45	3.8
(後期)	—	—	13.3
電子システム工(前期)	41	45	3.4
(後期)	—	—	11.1
応用化(前期)	44	50	3.5
(後期)	—	—	13.1
機械工(前期)	44	47.5	3.2
(後期)	—	—	9.5
先端機械工(前期)	42	45	3.9
(後期)	—	—	6.3
情報通信工(前期)	46	52.5	9.1
(後期)	—	—	24.5
▶理工学部			
理(前期)	42	47.5	2.0
(後期)	—	—	3.8
生命科(前期)	43	47.5	2.4
(後期)	—	—	2.4
情報システムデザイン(前期)	44	50	3.3
(後期)	—	—	7.1
機械工(前期)	42	47.5	3.4
(後期)	—	—	4.2
電子情報・生体医工(前期)	42	45	新
(後期)	—	—	4.3
建築・都市環境(前期)	42	47.5	3.2
(後期)	—	—	6.4
▶工学部第二部			
電気電子工	33	45	1.9
機械工	33	45	1.6
情報通信工	33	45	4.6

●駿台予備学校合格目標ラインは合格可能性80%に相当する駿台模試の偏差値です。
●河合塾ボーダー偏差値は合格可能性50%に相当する河合塾全統模試の偏差値です。
●競争率は受験者÷合格者の実質倍率

東京都市大学

資料請求

問合せ先 入試センター ☎03-6809-7590

建学の精神

"工業教育の理想"を求める若者たちの熱意によって，1929（昭和４）年に創設された武蔵工業大学が，2009（平成21）年に東横学園女子短期大学と統合し，東京都市大学に名称変更。自動車，エネルギー，建築，情報といった理工学分野に加え，環境，IoT，メディア，医療，教育など，数多くの専門分野を網羅する総合大学として成長を重ね，未来の都市生活を創造し，かつその中でしなやかに能力を発揮できる専門性と実践力を養成する「都市の総合大学」として，たゆまぬ発展を続けている。2023年度にはデザイン・データ科学部を開設。「SD PBL」や「ひらめき・こと・もの・くらし・ひと」づくりプログラムといった特色ある教育プログラムも導入し，激動の時代に対応できる「新たな価値を生み出す人材」の育成に全力を注いでいる。

● 世田谷キャンパス…〒158-8557 東京都世田谷区玉堤1-28-1
● 横浜キャンパス……〒224-8551 神奈川県横浜市都筑区牛久保西3-3-1

基本データ

学生数▶7,144名（男5,186名，女1,958名）
専任教員数▶教授143名，准教授104名，講師38名
設置学部▶理工，建築都市デザイン，情報工，環境，メディア情報，デザイン・データ科，都市生活，人間科
併設教育機関▶大学院—総合理工学・環境情報学（以上M・D）

就職・卒業後の進路

就職率 **97.7**％
就職者÷希望者×100

●**就職支援** 90年にわたり日本の産業界を支えた実績と，学生一人ひとりの特性を考えたきめ細かなオーダーメイドの就職・キャリア支援により，「就職に強い東京都市大学」を実現。また，東急グループの一員でもあり，グループ企業と連携したインターンシップで，しっかりと仕事や社会を知ることができる。
●**資格取得支援** 学科の専門性に合わせた各種免許・資格を取得できるよう全面的にバックアップ。また，教職課程や学芸員課程を設置しているほか，公務員を志望する学生のために，緻密に組まれた対策講座を用意。

進路指導者も必見
学生を伸ばす 面倒見

初年次教育
専門分野に対する学びの心に灯をともす「SD PBL(1)」や「教養ゼミナール」「情報リテラシー演習」など，「大学における学び方」を理解するため，自校教育を含む初年次教育を実施する科目を配当している

学修サポート
全学部でTA・SA制度，クラス(平均35.82人)担任制，オフィスアワーを導入。また共通教育部に学習相談の場が設けられているほか，ラーニングコモンズではラーニングサポーター（学生）による学習相談も受け付けている

オープンキャンパス(2023年度実績) 4月に世田谷キャンパス，8月に両キャンパスで開催。大学・入試・各学部学科の詳細説明，研究室紹介，キャンパスツアーなど。学園祭期間中は両キャンパスで進学相談コーナーを開設。

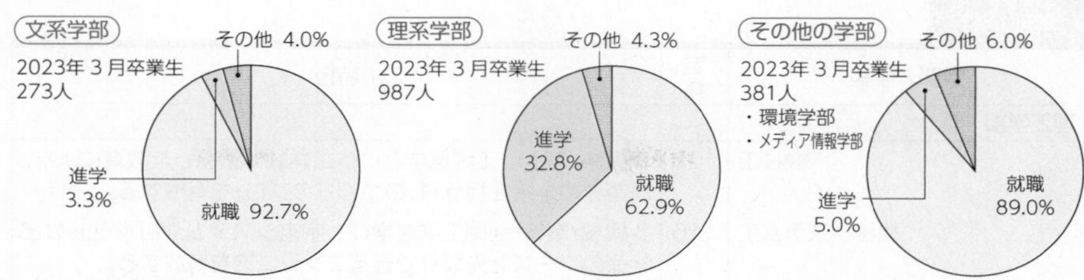

主なOB・OG▶［旧工］挽野元（アイロボットジャパン社長），［旧工］江幡哲也（オールアバウト創業者・社長），［旧知識工］冨樫晃己（AWA代表取締役CEO），［旧東横女短］井川遥（女優）など。

国際化・留学　大学間 46 大学等・部局間 4 大学

受入れ留学生数▶150名（2023年５月１日現在）

留学生の出身国・地域▶中国，韓国，インドネシア，ベトナム，台湾など。

外国人専任教員▶教授７名，准教授６名，講師３名（2023年９月１日現在）

外国人専任教員の出身国▶中国，韓国，ネパール，ドイツ，アメリカなど。

大学間交流協定▶46大学・機関（交換留学先18大学，2023年９月20日現在）

部局間交流協定▶４大学（交換留学先１大学，2023年９月20日現在）

海外への留学生数▶渡航型552名・オンライン型12名／年（７カ国・地域，2022年度）

海外留学制度▶「TAP」は100日間の語学準備講座を経て，４カ月間のオーストラリア留学に挑戦し，語学力と国際的な視野を身につけるプログラム。英語上級者のための上級プログラムとして，「ATAP」も用意している。このほか，交換留学プログラム（TEP）やアジア・大洋州５大学連合（AOFUA）プログラム，海外インターンシップなどを実施。

学費・奨学金制度　給付型奨学金総額 年間約 931 万円

入学金▶250,000円

年間授業料（施設費等を除く）▶1,212,000円～（詳細は巻末資料参照）

年間奨学金総額▶9,311,000円

年間奨学金受給者数▶64人

主な奨学金制度▶「五島育英基金奨学金」は，学業・人物ともに優秀で模範的な２年生以上の学生に年額10万円を給費。このほか，「東京都市大学黒澤敦・淑子奨学金」「桐華奨学基金」などの制度を設置。また，学費減免制度もあり，2022年度には168人を対象に総額で約9,961万円を減免している。

保護者向けインフォメーション

●**オープンキャンパス**　通常のオープンキャンパス時に保護者向けの説明会を実施している。

●**成績確認**　成績通知書を郵送するほか，１・２年次の保護者には，授業の出席状況の情報もポータルサイトで提供している。

●**連絡会**　保証人を会員とする後援会と大学との共催で９月を中心に，全国各地で「保証人対象 大学との連絡会」を開催し，大学の近況や学生生活，最新の就職情報などを説明している。後援会会誌『TCU-COM』も年２回刊行。

●**防災対策**　「安全の手引」「防災マニュアル」「緊急マニュアル」をポータルサイトに掲載。大規模災害時等に，学生の安否状況を簡易かつ迅速に把握する「Yahoo! 安否確認サービス」を導入している。

インターンシップ科目	必修専門ゼミ	卒業論文	GPA制度の導入の有無および活用例	１年以内の退学率	標準年限での卒業率
開講していない	全学部（2023年度開設のデザイン・データ科学部を除く）で３・４年次に実施	全学部で卒業要件	退学勧告基準や大学院入試の選抜基準，学生に対する個別の学修指導に活用するほか，GPAに応じた履修上限単位数を設定している	1.1%（全学年）	94.5%

学部紹介

学部／学科	定員	特色
理工学部		
機械工	120	▷実験，実習，工場見学といった体験を重視した教育により，産業界の未来を担う「ものづくりのプロ」を育成する。
機械システム工	110	▷機械・電気・制御工学を学び，宇宙システムやロボットなど社会のニーズを先取りできるエンジニアを育成する。
電気電子通信工	150	▷電気エネルギーの発生・輸送，有効活用を実験中心に学び，「環境にやさしい」エレクトロニクスの技術者を育成する。
医用工	60	▷「人にやさしい」医療と社会の創造に向けて，工学と医学の両方の知識・技術を有する新しいタイプの人材を育成する。
応用化	75	▷本学唯一の化学系学科。化学を使って新しい物質を「探す・つくる・利用する」ことのできる人材を育成する。
原子力安全工	45	▷実習や訓練を通し，原子力の理論と高度な技術を修得し，原子力の安全・安心を支える技術者を育成する。
自然科	60	▷素粒子から宇宙まで，自然科学の諸分野を実践で学び，豊かな知識と健全な判断力を持つ人材を育成する。学芸員としての進路も選択可能。
● **取得可能な資格**…教職(数・理・技・工業)，学芸員，臨床工学技士受験資格など。 ● **進路状況**…………就職61.5%　進学35.8%（旧工学部実績） ● **主な就職先**………東京電力ホールディングス，ミネベアミツミ，いすゞ自動車など(旧工学部実績)。		
建築都市デザイン学部		
建築	120	▷計画・設計，構造，環境・設備，材料・構法・生産の４領域から学修。カルチャー＆アートの素養も育む。
都市工	100	▷人・社会・自然が共生する都市環境の創造と，災害に強いまちづくりに貢献する使命感豊かなエンジニアを育成する。
● **取得可能な資格**…測量士補，１・２級建築士受験資格など。 ● **主な就職先**………大成建設，清水建設，AQ Group，東急建設，横浜市役所など(旧学部体制実績)。		
情報工学部		
情報科	100	▷充実した実験と演習で，ハードウェアとソフトウェア，メディア工学から制御技術まで，幅広く学ぶ。
知能情報工	80	▷AIや人間，社会，組織，ネットワークなどのさまざまな知能を活用し，データ分析力とICT活用力で，新しい価値を創造する先進的技術者を養成する。
● **取得可能な資格**…教職(数・情)など。 ● **進路状況**…………就職67.3%　進学23.7%（旧知識工学部実績） ● **主な就職先**………TOPPAN，日本電気，日本電気通信システム，富士通など(旧知識工学部実績)。		
環境学部		
環境創生	90	▷「生態」と「都市」の２つの視点から環境を学び，グローバル実社会で環境創生・保全に貢献する人材を育成する。
環境経営システム	90	▷環境基礎から最先端の環境経営・政策を学修し，社会と環境が抱える問題をシステム思考で解決に導く力を修得する。
● **取得可能な資格**…測量士補など。 ● **進路状況**…………就職87.3%　進学6.6% ● **主な就職先**………新日本空調，新菱冷熱工業，三井不動産ファシリティーズ，日立システムズなど。		

 キャンパスアクセス [世田谷キャンパス] 東急大井町線一尾山台より徒歩12分

メディア情報学部		
社会メディア	90	▷最新のメディア技術を駆使して，メディアとコンテンツについて学ぶ未来型の学科。多様なメディアの活用を実践。
情報システム	100	▷快適かつ安全に利用できるシステムを設計・構築する技術を実践的に学ぶ。ICTアセスメント力を強化。
● 取得可能な資格…教職（情）など。 ● 進路状況…………就職90.2%　進学3.7% ● 主な就職先………日本電気，メイテック，TOPPAN，Sky，日立製作所，アルファシステムズなど。		
デザイン・データ科学部		
デザイン・データ科	100	▷データに基づく分析力と創造力をかけ合わせ，社会にイノベーションをもたらす人材を育成する。実践的な専門知識のほかに，デザインや英語力，批判的・論理的思考力も修得。
● 主な就職先………2023年度開設のため卒業生はいない。		
都市生活学部		
都市生活	160	▷「ライフスタイル」「マネジメント」「デザイン」「しくみ」の４領域の学びから，都市生活で求められる街づくり，空間デザイン，文化・商業サービスなどの基礎と応用を修得する。
● 取得可能な資格…１・２級建築士受験資格など。 ● 進路状況…………就職92.2%　進学4.8% ● 主な就職先………清水総合開発，積水ハウス，髙松建設，東日本旅客鉄道，アクセンチュアなど。		
人間科学部		
人間科	100	▷児童学，人間総合科学の２コース。子育て支援体験や異文化理解体験などの「体験プログラム」を通して理論に裏付けられた実践力を養い，「人」を支援できる人材を育成する。
● 取得可能な資格…教職（幼一種），保育士など。 ● 進路状況…………就職93.4%　進学0.9% ● 主な就職先………世田谷区・港区・品川区ほか保育職，渋谷区社会福祉事業団，横浜市役所など。		

▶キャンパス

理工・建築都市デザイン・情報工・都市生活・人間科……［世田谷キャンパス］東京都世田谷区玉堤1-28-1

環境・メディア情報・〈デザイン・データ科〉……［横浜キャンパス］神奈川県横浜市都筑区牛久保西3-3-1

2024年度入試要項（前年度実績）

●募集人員

学部／学科		一般前期	探究型一般前期	一般中期	一般後期
▶理工	機械工	55	21	15	5
	機械システム工	52		13	4
	電気電子通信工	70		20	5
	医用工	26		7	2
	応用化	33		10	3
	原子力安全工	20		4	2
	自然科	25		10	3
▶建築都市デザイン	建築	51	—	14	4
	都市工	48	—	12	4
▶情報工	情報科	45	—	12	4
	知能情報工	37	—	10	3
▶環境	環境創生	38	—	10	3
	環境経営システム	38	—	10	3
▶メディア情報	社会メディア	41	—	10	2
	情報システム	43	—	10	4
▶デザイン・データ科	デザイン・データ科	35	—	10	2
▶都市生活	都市生活	52	—	23	7
▶人間科	人間科	27	—	3	2

※一般前期探究型は一般選抜〈前期理工系探究型〉で共通テスト併用。理工学部のみ実施する。

キャンパスアクセス［横浜キャンパス］横浜市営地下鉄ブルーライン一中川より徒歩５分

▷一般選抜前期・中期において，指定された英語外部試験の得点を基準に従い，英語の得点として換算し判定する英語外部試験利用を導入(出願時に事前登録)。なお，外部試験の得点を利用した場合でも，本学の英語試験を受験することができ，その場合は，どちらか高得点のものを英語の得点として採用する。

理工学部

一般選抜前期 5~3科目 ①**外**(100)▶コミュ英Ⅰ・コミュ英Ⅱ・コミュ英Ⅲ・英表Ⅰ・英表Ⅱ ②**数**(100)▶数Ⅰ・数Ⅱ・数Ⅲ・数A・数B(数列・ベク) ③④⑤**理**(100)▶「物基・物」・「化基・化」・「生基・生」から各3題計9題のうち3題を選択

一般選抜〈前期理工系探究型〉(共通テスト併用)**〈共通テスト科目〉** 3科目 ①②**数**(200)▶「数Ⅰ・数A」・「数Ⅱ・数B」 ③**国・外・地歴・公民・理**(200)▶国(近代)・英(リスニングを含む)・世A・世B・日A・日B・地理A・地理B・現社・倫・政経・「倫・政経」・物・化・生・地学から1 ※英語はリーディング140点，リスニング60点に換算する。

〈個別試験科目〉 1科目 ①**探究総合問題**(200)▶特定の教科・科目に限定されずに「思考力・判断力・表現力」を評価する総合問題(記述式を含む)

一般選抜中期 4~3科目 ①**外**(100)▶コミュ英Ⅰ・コミュ英Ⅱ・コミュ英Ⅲ・英表Ⅰ・英表Ⅱ ②**数**(100)▶数Ⅰ・数Ⅱ・数Ⅲ・数A・数B(数列・ベク) ③④**理**(100)▶「物基・物」・「化基・化」から各3題計6題のうち3題を選択

一般選抜後期 3~2科目 ①**数**(100)▶数Ⅰ・数Ⅱ・数Ⅲ・数A・数B(数列・ベク) ②③**外・理**(100)▶「コミュ英Ⅰ・コミュ英Ⅱ・コミュ英Ⅲ・英表Ⅰ・英表Ⅱ」・「〈物基・物〉・〈化基・化〉から各3問計6問のうち3題選択」から1

建築都市デザイン学部・情報工学部

一般選抜前期 5~3科目 ①**外**(100)▶コミュ英Ⅰ・コミュ英Ⅱ・コミュ英Ⅲ・英表Ⅰ・英表Ⅱ ②**数**(100)▶数Ⅰ・数Ⅱ・数Ⅲ・数A・数B(数列・ベク) ③④⑤**理**(100)▶「物基・物」・「化基・化」・「生基・生」から各3題計9題のうち3題を選択

一般選抜中期 4~3科目 ①**外**(100)▶コミュ英Ⅰ・コミュ英Ⅱ・コミュ英Ⅲ・英表Ⅰ・英表Ⅱ ②**数**(100)▶数Ⅰ・数Ⅱ・数Ⅲ・数A・数B(数列・ベク) ③④**理**(100)▶「物基・物」・「化基・化」から各3題計6題のうち3題を選択

一般選抜後期 3~2科目 ①**数**(100)▶数Ⅰ・数Ⅱ・数Ⅲ・数A・数B(数列・ベク) ②③**外・理**(100)▶「コミュ英Ⅰ・コミュ英Ⅱ・コミュ英Ⅲ・英表Ⅰ・英表Ⅱ」・「〈物基・物〉・〈化基・化〉から各3題計6問のうち3題選択」から1

環境学部／デザイン・データ科学部

一般選抜前期 5~3科目 ①**外**(100)▶コミュ英Ⅰ・コミュ英Ⅱ・コミュ英Ⅲ・英表Ⅰ・英表Ⅱ ②**国・数**(100)▶国総(現文)・「数Ⅰ・数Ⅱ・数A・数B(数列・ベク)」から1 ③④⑤**地歴・理**(100)▶世B・日B・「〈物基・物〉・〈化基・化〉・〈生基・生〉から各3題計9題のうち3題を選択」から1

一般選抜中期・後期 2科目 ①**外**(100)▶コミュ英Ⅰ・コミュ英Ⅱ・コミュ英Ⅲ・英表Ⅰ・英表Ⅱ ②**国・数**(100)▶国総(現文)・「数Ⅰ・数Ⅱ・数A・数B(数列・ベク)」から1

メディア情報学部

一般選抜前期 **【社会メディア学科】** 5~3科目 ①**外**(100)▶コミュ英Ⅰ・コミュ英Ⅱ・コミュ英Ⅲ・英表Ⅰ・英表Ⅱ ②**国・数**(100)▶国総(現文)・「数Ⅰ・数Ⅱ・数A・数B(数列・ベク)」から1 ③④⑤**地歴・理**(100)▶世B・日B・「〈物基・物〉・〈化基・化〉・〈生基・生〉から各3題計9題のうち3題を選択」から1

一般選抜前期・中期・後期 **【情報システム学科】** 2科目 ①**外**(100)▶コミュ英Ⅰ・コミュ英Ⅱ・コミュ英Ⅲ・英表Ⅰ・英表Ⅱ ②**数**(100)▶数Ⅰ・数Ⅱ・数A・数B(数列・ベク)

一般選抜中期・後期 **【社会メディア学科】** 2科目 ①**外**(100)▶コミュ英Ⅰ・コミュ英Ⅱ・コミュ英Ⅲ・英表Ⅰ・英表Ⅱ ②**国・数**(100)▶国総(現文)・「数Ⅰ・数Ⅱ・数A・数B(数列・ベク)」から1

都市生活学部

一般選抜前期 5~3科目 ①**外**(100)▶コミュ英Ⅰ・コミュ英Ⅱ・コミュ英Ⅲ・英表Ⅰ・英表

Ⅱ　②**国・数**（100）▶国総（現文）・「数Ⅰ・数Ⅱ・数A・数B（数列・ベク）」から1　③④⑤**地歴・理**（100）▶世B・日B・「〈物基・物〉・〈化基・化〉・〈生基・生〉から各3題計9題のうち3題を選択」から1

一般選抜中期・後期　**②科目**　①**外**（100）▶コミュ英Ⅰ・コミュ英Ⅱ・コミュ英Ⅲ・英表Ⅰ・英表Ⅱ　②**国・数**（100）▶国総（現文）・「数Ⅰ・数Ⅱ・数A・数B（数列・ベク）」から1

人間科学部

一般選抜前期・中期・後期　**②科目**　①**外**（100）▶コミュ英Ⅰ・コミュ英Ⅱ・コミュ英Ⅲ・英表Ⅰ・英表Ⅱ　②**国・数**（100）▶国総（現文）・「数Ⅰ・数Ⅱ・数A・数B（数列・ベク）」から1

その他の選抜

共通テスト利用入試は理工学部105名，建築都市デザイン学部41名，情報工学部33名，環境学部26名，メディア情報学部26名，デザイン・データ科学部13名，都市生活学部24名，人間科学部7名を，学校推薦型選抜（公募制）は理工学部7名，建築都市デザイン学部6名，情報工学部6名，環境学部10名，メディア情報学部10名，デザイン・データ科学部5名，都市生活学部12名，人間科学部10名を，総合型選抜は理工学部24名，建築都市デザイン学部6名，情報工学部6名，環境学部8名，メディア情報学部5名，デザイン・データ科学部10名，都市生活学部6名，人間科学部24名を募集。ほかに学校推薦型選抜（指定校制），国際バカロレア特別入試，帰国生徒特別入試，社会人特別入試，外国人留学生特別入試を実施。

偏差値データ（2024年度）

●一般選抜前期

学部／学科	2024年度 駿台予備学校 合格目標ライン	2024年度 河合塾 ボーダー偏差値	2023年度 競争率
▶理工学部			
機械工	45	47.5	3.9
機械システム工	44	50	3.1
電気電子通信工	44	50	3.7
医用工	43	47.5	2.5
応用化	46	52.5	3.5
原子力安全工	43	45	2.8
自然科	46	50	3.0
▶建築都市デザイン学部			
建築	46	52.5	6.5
都市工	43	47.5	3.1
▶情報工学部			
情報科	46	52.5	6.2
知能情報工	46	52.5	5.3
▶環境学部			
環境創生	43	47.5	1.5
環境経営システム	40	45	2.3
▶メディア情報学部			
社会メディア	42	52.5	3.2
情報システム	43	55	5.4
▶デザイン・データ科学部			
デザイン・データ科	44	52.5	3.7
▶都市生活学部			
都市生活	45	47.5	3.9
▶人間科学部			
人間科	44	47.5	1.8

- 駿台予備学校合格目標ラインは合格可能性80％に相当する駿台模試の偏差値です。
- 河合塾ボーダー偏差値は合格可能性50％に相当する河合塾全統模試の偏差値です。
- 競争率は受験者÷合格者の実質倍率

東京農業大学

とうきょうのうぎょう

資料請求

問合せ先 入学センター ☎03-5477-2226

建学の精神

近代農業の知識と技術を国内に定着させるためのリーダー育成という目標を掲げ，1891（明治24）年に，榎本武揚によって設立された私立育英黌農業科が，東京農業大学の始まり。榎本の想いを受け継ぎ，農業・関連産業と農村文化・社会の発展に寄与する人材育成をめざし，教育理念を「実学主義」においた初代学長・横井時敬が残した「人物を畑に還す」は普遍的な使命となり，「稲のことは稲にきけ，農業のことは農民にきけ」との言葉は，研究教育の精神的支柱として今もなお語り継がれ，飽くなき探究心を持ってフィールドに飛び出し，生命の不思議を五感で学ぶ実学主義を実践。東京農大の６学部23学科では，「人と生物と自然の調和により，豊かな社会をつくること」を使命に，総合農学で地球上のあらゆる難問に日々，挑んでいる。

- 世田谷キャンパス……………〒156-8502　東京都世田谷区桜丘1-1-1
- 厚木キャンパス………………〒243-0034　神奈川県厚木市船子1737
- 北海道オホーツクキャンパス…〒099-2493　北海道網走市八坂196

基本データ

学生数▶12,676名（男7,017名，女5,659名）
専任教員数▶教授215名，准教授104名，助教80名
設置学部▶農，応用生物科，生命科，地域環境科，国際食料情報，生物産業
併設教育機関▶大学院─農学・応用生物科学・生命科学・地域環境科学・国際食料農業科学・生物産業学（以上M・D）

就職・卒業後の進路

就職率 96.1%
就職者÷希望者×100

●**就職支援**　1，2年次から多様なプログラムで就職に関連する意識づけを行い，学部学科主催で開催される業界セミナー，所属する研究室で養う協調性やマナーなど，キャリアセンター，学科，研究室の三位一体で一人ひとりに向き合いサポート。就職活動時期に合わせたサポートスケジュールも組んでいる。
●**資格取得支援**　各学科で所定の科目を履修，単位を修得し，卒業すれば取得（受験）できるさまざまな資格以外に，教職課程と学術情

進路指導者も必見 学生を伸ばす 面倒見

初年次教育
「情報基礎」を全学部で行うほか，大学での学習，学生生活の過ごし方など，キャンパスライフを送る上で必要となる基礎知識の理解や，実験・実習・演習で実学の基礎を体験する「フレッシュマンセミナー」などを実施

学修サポート
TA制度を全学部で，さらに農・応用生物科・生命科・地域環境科・国際食料情報の５学部でSA制度を導入。また，教員が学生からの質問や相談に応じるオフィスアワーを設定している（全学部）

オープンキャンパス（2023年度実績）　世田谷と厚木キャンパスで８月５・６日，北海道オホーツクキャンパスで６月24日・７月22日・７月23日・８月26日に開催。８月21・22日には全キャンパスで，オンラインでも実施。

報課程（司書，学芸員）を設置し，各学科とキャリアセンターが資格取得を支援。

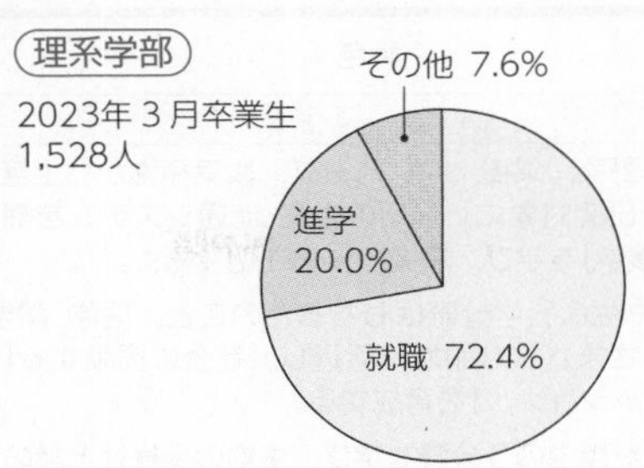

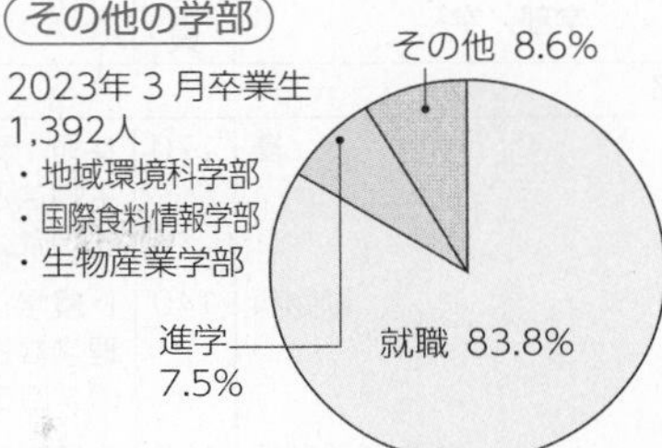

主なOB・OG ▶ ［農］大沢一彦（日本食研創業者・会長）・北村正平（静岡県藤枝市長）・吉川有美（参議院議員）・田中理恵子（埼玉県こども動物自然公園園長），［生物産業］周東佑京（プロ野球選手）など。

国際化・留学　大学間 44 大学

受入れ留学生数 ▶ 97名（2023年５月１日現在）

留学生の出身国・地域 ▶ 中国，インドネシア，マレーシア，韓国，台湾など。

外国人専任教員 ▶ 教授１名，准教授５名，助教６名（2023年５月１日現在）

外国人専任教員の出身国 ▶ 中国，韓国，インドネシア，フィリピン，カンボジアなど。

大学間交流協定 ▶ 44大学（交換留学先44大学，2023年５月１日現在）

海外への留学生数 ▶ 渡航型72名／年（13カ国・地域，2022年度）

海外留学制度 ▶ 長期交換留学や短期語学留学，農学を通じて世界の課題解決に貢献できる人材として成長するため，語学だけでなく，専門性を深める長期海外学修活動，短期海外実学研修などさまざまな実践的プログラムを用意している。コンソーシアムは３団体に参加。

学費・奨学金制度　学費減免総額 年間 1 億 5,624 万円

入学金 ▶ 270,000円

年間授業料（施設費等を除く）▶ 760,000円（詳細は巻末資料参照）

年間学費減免総額 ▶ 156,240,000円

年間学費減免制度利用者数 ▶ 318人

主な奨学金制度 ▶「特待生」は，１年次が一般選抜A日程の合格者を対象として，成績をもとに授業料の全額を，２年次以上は前年度までの学業成績と人物評価などを総合して選考され，半額を免除。また，「東京農業大学修学支援奨学金」があり，2022年度には32人を対象に総額で1,020万円を給付している。

保護者向けインフォメーション

● **成績確認**　成績表を郵送している。

● **教育後援会**　保証人・保護者を会員とする教育後援会があり，教育懇談会・地域懇談会，富士農場宿泊見学会などを実施している。

● **機関誌等**　教育後援会の機関誌『農大学報』や写真情報誌『グラフTUA』のほか，『オール農大TODAY』『保護者版キャリアサポートガイド』などを発行している。

● **防災対策**　『学生生活ハンドブック』を入学時に配布。災害時の学生の安否は，学生ポータルサイトなどを利用して確認する。

インターンシップ科目	必修専門ゼミ	卒業論文	GPA制度の導入の有無および活用例	１年以内の退学率	標準年限での卒業率
開講していない	全学部で３・４年次に実施	全学部で卒業要件	授業料免除対象者の選定基準，留学候補者の選考，学生に対する個別の学修指導のほか，一部の学部で大学院入試の選抜に活用	NA	NA

学部紹介

学部／学科	定員	特色
農学部		
農	170	▷稲，麦，野菜，果樹，花，ハーブ，観葉植物から土壌や微生物などを研究対象に，最新の生産・流通システムを網羅する「新しい農学」を学び，農業の未来を切り拓く。
動物科	140	▷農学・動物生命科学分野はもちろんのこと，医学・薬学・心理学など，さまざまな領域で活躍し，社会に貢献する「動物のプロフェッショナル」を育成する。
生物資源開発	125	▷植物・動物・昆虫の３分野を学び，生物の多様性と謎の解明や最新技術を用いた生物資源の可能性に挑む。これまでに国内外で，実に1,000種以上の新種の昆虫を発見。
デザイン農	123	▷幅広い農を学ぶことで得られる「農学を俯瞰的にとらえる能力」を発揮し，現代社会において複雑に入り組んだ課題に対して多角的な視野から新しい発想を導く人材を育成する。
● 取得可能な資格…教職（理・農），司書，学芸員など。 ● 進路状況…………就職75.0%　進学13.4% ● 主な就職先………カネコ種苗，サカタのタネ，キユーピー，不二家，伊藤忠食品，キーエンスなど。		
応用生物科学部		
農芸化	150	▷生活を豊かにするために，生物と化学の視点から生命・食料・環境の問題を解決する知識と技術を身につける。
醸造科	150	▷伝統的な醸造と発酵の持つ謎を科学的にひも解き微生物の新しい価値を見つけ，食品や医薬品の開発，エネルギー問題の解決へとつなげる醸造学のプロフェショナルを養成する。
食品安全健康	150	▷衛生面での安心・安全の検証と機能面を解析し，人の健康に貢献する「食品を正しく扱うエキスパート」を養成する。
栄養科	120	▷農学と医学を融合させた高い専門知識と技術を身につけ，健康増進や疾病予防につなげる管理栄養士を養成する。
● 取得可能な資格…教職（理・農，栄養），司書，学芸員，栄養士，管理栄養士受験資格など。 ● 進路状況…………就職80.8%　進学14.6% ● 主な就職先………伊藤園，カルビー，明治，山崎製パン，久光製薬，森永乳業，富士ソフトなど。		
生命科学部		
バイオサイエンス	150	▷最先端のバイオ技術を駆使して遺伝子の働きを解明し，医学・薬学・工学・生物に至る領域で人類の未来を創造する。
分子生命化	130	▷地球上のすべての物質を構成する原子・分子を化学的に追究し，生命や生態系の理解，新たな合成物の合成に取り組む。
分子微生物	130	▷目に見えない微生物の世界を先端科学で解明し，未知の微生物とその機能の発見，動植物との相互作用を研究する。
● 取得可能な資格…教職（理・農），司書，学芸員など。 ● 進路状況…………就職57.0%　進学36.6% ● 主な就職先………カルビー，キユーピー，森永乳業，カネコ種苗，三菱食品，イオンリテールなど。		
地域環境科学部		
森林総合科	130	▷森林の仕組みと機能を解明し，森林からの恩恵を安定的，効率的，持続的に享受する社会に寄与する人材を育成する。
生産環境工	130	▷スマート農業を支える革新的な技術開発と，持続可能な地域社会と地域生態系の確立に貢献する人材を育成する。

キャンパスアクセス ［世田谷キャンパス］小田急線－経堂より徒歩15分，千歳船橋より徒歩15分またはバス5分／東急田園都市線－用賀よりバス10分または徒歩20分

造園科	130	▷環境をデザインする自然と共生した緑豊かな空間づくりや環境保全に必要なエンジニアリング系の知識と技術を学ぶ。
地域創成科	100	▷環境・生態系・防災・暮らしから総合的に持続可能な地域を創生する，地域づくりを担うリーダーを育成する。

● **取得可能な資格**…教職（理・技・農），司書，学芸員，測量士補など。
● **進路状況**…………就職82.0%　進学8.9%
● **主な就職先**………エディオン，住友林業フォレストサービス，積水ハウス，大成建設，コメリなど。

国際食料情報学部

国際農業開発	150	▷自然科学や社会科学の両面から国際農業を研究し，広い視野を持った農業開発の国際的専門家としての資質を養う。
食料環境経済	190	▷「食」を取り巻く問題を抽出し，多様な社会科学をベースに最適解を見出し，より良い社会を実現する「食のディレクター」を育成する。
アグリビジネス	150	▷重要な産業であり続ける農林水産業・食料関連産業を「アグリビジネス」としてとらえ，グローバルな視点から学ぶ。
国際食農科	110	▷食農の伝統と新たな発展の可能性を総合的に学び，新たな食農文化を創造し，世界に向けて発信できる人材を育成する。

● **取得可能な資格**…教職（地歴・公・社・理・農），司書，学芸員など。
● **進路状況**…………就職84.0%　進学6.9%
● **主な就職先**………イオンリテール，セブン-イレブン・ジャパン，星野リゾート，カネコ種苗など。

生物産業学部

北方圏農	91	▷本物の生産現場と大自然の中で，陸圏の動植物についてリアルに学ぶ。エミュの飼育など，独自の研究も数多く展開。
海洋水産	91	▷水圏の生き物の謎とオホーツクの豊かさの神秘を解き明かし，世界の水産業の持続可能な発展に貢献できる人材を育成。
食香粧化	91	▷北海道の豊かな食糧資源・生物資源の機能性を明らかにし，食品や香り，化粧品の領域で健康と美を科学する。
自然資源経営	90	▷環境共生マネジメント力を身につけ，オホーツクの自然資源を生かした地域ビジネスから事業化する人材を育成する。

● **取得可能な資格**…教職（公・社・理・農），学芸員など。
● **進路状況**…………就職86.0%　進学6.7%
● **主な就職先**………横浜丸中青果，ロピア，よつ葉乳業，北海道フーズ，小川香料，味の素AGFなど。

▶キャンパス

応用生物科・生命科・地域環境科・国際食料情報……［世田谷キャンパス］東京都世田谷区桜丘1-1-1
農……［厚木キャンパス］神奈川県厚木市船子1737
生物産業……［北海道オホーツクキャンパス］北海道網走市八坂196

2025年度入試要項（予告）

●募集人員

学部／学科	一般A	一般B
▶**農**　農	80	8
動物科	63	7
生物資源開発	58	7
デザイン農	50	7
▶**応用生物科** 農芸化	91	5
醸造科	94	5
食品安全健康	86	5
栄養科	64	5
▶**生命科** バイオサイエンス	90	5
分子生命化	80	5

分子微生物	75	5
▶地域環境科 森林総合科	65	6
生産環境工	65	6
造園科	66	6
地域創成科	55	5
▶国際食料情報 国際農業開発	74	7
食料環境経済	90	10
アグリビジネス	76	8
国際食農科	53	5
▶生物産業 北方圏農	38	5
海洋水産	38	6
食香粧化	38	5
自然資源経営	40	5

注)募集人員は2024年度の実績です。

農学部

一般選抜A日程・B日程 **【農学科・生物資源開発学科】** 3科目 ①**外**(100)▶英コミュⅠ・英コミュⅡ・英コミュⅢ・論表Ⅰ・論表Ⅱ・論表Ⅲ ②**理**(100)▶「化基・化」・「生基・生」から1 ③**国・数**(100)▶現国・「数Ⅰ・数Ⅱ・数A・数B」から1

【動物科学科】 3科目 ①**外**(100)▶英コミュⅠ・英コミュⅡ・英コミュⅢ・論表Ⅰ・論表Ⅱ・論表Ⅲ ②**理**(100)▶「物基・物」・「化基・化」・「生基・生」から1 ③**国・数**(100)▶現国・「数Ⅰ・数Ⅱ・数A・数B」から1

【デザイン農学科】 3科目 ①**外**(100)▶英コミュⅠ・英コミュⅡ・英コミュⅢ・論表Ⅰ・論表Ⅱ・論表Ⅲ ②**国・数**(100)▶現国・「数Ⅰ・数Ⅱ・数A・数B」から1 ③**地歴・公民・理**(100)▶「歴総・世探」・「歴総・日探」・「地総・地探」・「公・政経」・「物基・物」・「化基・化」・「生基・生」から1

応用生物科学部

一般選抜A日程・B日程 **【農芸化学科・醸造科学科・栄養科学科】** 3科目 ①**外**(100)▶英コミュⅠ・英コミュⅡ・英コミュⅢ・論表Ⅰ・論表Ⅱ・論表Ⅲ ②**理**(100)▶「物基・物」・「化基・化」・「生基・生」から1 ③**国・数**(100)▶現国・「数Ⅰ・数Ⅱ・数A・数B」から1

【食品安全健康学科】 3科目 ①**外**(100)▶英コミュⅠ・英コミュⅡ・英コミュⅢ・論表Ⅰ・論表Ⅱ・論表Ⅲ ②**理**(100)▶「化基・化」・「生基・生」から1 ③**国・数**(100)▶現国・「数Ⅰ・数Ⅱ・数A・数B」から1

生命科学部

一般選抜A日程・B日程 3科目 ①**外**(100)▶英コミュⅠ・英コミュⅡ・英コミュⅢ・論表Ⅰ・論表Ⅱ・論表Ⅲ ②**理**(100)▶「物基・物」・「化基・化」・「生基・生」から1 ③**国・数**(100)▶現国・「数Ⅰ・数Ⅱ・数A・数B」から1

地域環境科学部

一般選抜A日程・B日程 3科目 ①**外**(100)▶英コミュⅠ・英コミュⅡ・英コミュⅢ・論表Ⅰ・論表Ⅱ・論表Ⅲ ②**国・数**(100)▶現国・「数Ⅰ・数Ⅱ・数A・数B」から1 ③**地歴・公民・理**(100)▶「歴総・世探」・「歴総・日探」・「地総・地探」・「公・政経」・「物基・物」・「化基・化」・「生基・生」から1

国際食料情報学部

一般選抜A日程・B日程 **【国際農業開発学科・アグリビジネス学科・国際食農科学科】** 3科目 ①**外**(100)▶英コミュⅠ・英コミュⅡ・英コミュⅢ・論表Ⅰ・論表Ⅱ・論表Ⅲ ②**国・数**(100)▶現国・「数Ⅰ・数Ⅱ・数A・数B」から1 ③**地歴・公民・理**(100)▶「歴総・世探」・「歴総・日探」・「地総・地探」・「公・政経」・「化基・化」・「生基・生」から1

【食料環境経済学科】 3科目 ①**外**(100)▶英コミュⅠ・英コミュⅡ・英コミュⅢ・論表Ⅰ・論表Ⅱ・論表Ⅲ ②**国・数**(100)▶現国・「数Ⅰ・数Ⅱ・数A・数B」から1 ③**地歴・公民・理**(100)▶「歴総・世探」・「歴総・日探」・「地総・地探」・「公・政経」・「物基・物」・「化基・化」・「生基・生」から1

生物産業学部

一般選抜A日程・B日程 **【北方圏農学科・食香粧化学科】** 3科目 ①**外**(100)▶英コミュⅠ・英コミュⅡ・英コミュⅢ・論表Ⅰ・論表Ⅱ・論表Ⅲ ②**国・数**(100)▶現国・「数Ⅰ・数Ⅱ・数A・数B」から1 ③**地歴・公民・理**(100)▶「歴

キャンパスアクセス [北海道オホーツクキャンパス] JR石北本線・釧網本線―網走よりバス30分

総・世探」・「歴総・日探」・「地総・地探」・「公・政経」・「物基・物」・「化基・化」・「生基・生」から1

【海洋水産学科】 3科目 ①**外**(100)▶英コミュⅠ・英コミュⅡ・英コミュⅢ・論表Ⅰ・論表Ⅱ・論表Ⅲ ②**理**(100)▶「物基・物」・「化基・化」・「生基・生」から1 ③**国・数**(100)▶現国・「数Ⅰ・数Ⅱ・数A・数B」から1

【自然資源経営学科】 3科目 ①**外**(100)▶英コミュⅠ・英コミュⅡ・英コミュⅢ・論表Ⅰ・論表Ⅱ・論表Ⅲ ②**国・数**(100)▶現国・「数Ⅰ・数Ⅱ・数A・数B」から1 ③**地歴・公民・理**(100)▶「歴総・世探」・「歴総・日探」・「地総・地探」・「公・政経」・「化基・化」・「生基・生」から1

その他の選抜

共通テスト利用選抜は農学部106名，応用生物科学部122名，生命科学部85名，地域環境科学部89名，国際食料情報学部113名，生物産業学部60名を募集。公募型一般学校推薦型選抜は農学部105名，応用生物科学部49名，生命科学部35名，地域環境科学部91名，国際食料情報学部67名，生物産業学部32名を募集。自己推薦型キャリアデザイン総合型選抜は農学部33名，応用生物科学部25名，生命科学部18名，地域環境科学部18名，国際食料情報学部64名を募集。自己推薦型高校で学んだ実践スキル総合型選抜は農学部26名，応用生物科学部８名，生命科学部６名，地域環境科学部10名，国際食料情報学部25名を募集。ほかに自己推薦型大自然に学ぶ北海道総合型選抜（生物産業学部80名），自己推薦型"私の夢"北海道総合型選抜（生物産業学部12名），自己推薦型東京農大ファミリー総合型選抜，特別選抜（指定校学校推薦型選抜，運動選手学校推薦型選抜，併設高校学校推薦型選抜，併設高校併願総合型選抜，併設高校運動選手学校推薦型選抜，外国人留学生指定日本語学校総合型選抜，技術練習生総合型選抜），帰国生選抜，社会人選抜，外国人選抜を実施。

注）募集人員は2024年度の実績です。

偏差値データ（2024年度）

●一般選抜A日程

学部／学科	2024年度 駿台予備学校 合格目標ライン	2024年度 河合塾 ボーダー偏差値	2023年度 競争率
▶農学部			
農	49	47.5	3.4
動物科	46	50	4.2
生物資源開発	46	50	4.0
デザイン農	43	45	2.5
▶応用生物科学部			
農芸化	48	50	4.4
醸造科	47	52.5	6.2
食品安全健康	45	50	5.2
栄養科	48	52.5	7.8
▶生命科学部			
バイオサイエンス	49	52.5	5.4
分子生命化	46	47.5	2.5
分子微生物	47	45	4.2
▶地域環境科学部			
森林総合科	44	45	3.3
生産環境工	42	42.5	2.2
造園科	43	42.5	4.9
地域創成科	44	42.5	3.0
▶国際食料情報学部			
国際農業開発	44	42.5	1.7
食料環境経済	43	42.5	2.4
アグリビジネス	43	42.5	5.7
国際食農科	42	47.5	11.4
▶生物産業学部			
北方圏農	43	40	1.2
海洋水産	41	42.5	1.5
食香粧化	44	40	1.3
自然資源経営	41	40	1.2

- 駿台予備学校合格目標ラインは合格可能性80%に相当する駿台模試の偏差値です。
- 河合塾ボーダー偏差値は合格可能性50%に相当する河合塾全統模試の偏差値です。なお，一般選抜A・B日程の偏差値です。
- 競争率は受験者÷合格者の実質倍率

東京薬科大学

とうきょうやっか

資料請求

問合せ先 入試センター ☎0120-50-1089

建学の精神

1880（明治13）年に東京薬舗学校として創設された，日本最古の私立薬学教育機関。医薬兼業の時代から「薬学」を独立させ，日本の薬学教育の礎を築いた学祖・藤田正方のパイオニア精神は今に受け継がれ，個性とチャレンジする姿勢を尊重する学風の中で，国内最大規模の薬科大学へと成長。「花咲け，薬学・生命科学」の建学の精神のもと，大学の理念である「ヒューマニズムの精神に基づいて，視野の広い，心豊かな人材を育成し，薬学並びに生命科学の領域にて，人類の福祉と世界の平和に貢献します。」を具現化する教育・研究環境を整備し，多くの卒業生が病院や薬局の薬剤師はもちろん，医薬品，化粧品，食品メーカーなどの企業や，国，地方公共団体など幅広いフィールドで活躍。未来を創るために，人々の生命や健康，暮らしを支えている。

●東京薬科大学キャンパス……〒192-0392 東京都八王子市堀之内1432-1

基本データ

学生数▶3,766名（男1,701名，女2,065名）
専任教員数▶教授60名，准教授48名，講師34名

設置学部▶薬，生命科
併設教育機関▶大学院―薬学・生命科学（以上M・D）

就職・卒業後の進路

就職率 99.0％
就職者÷希望者×100

●**就職支援** キャリアセンターでは就職支援のみならず，将来の生き方をデザインするためのキャリアサポートを，体系的なプログラムに基づき実施。入学して間もない低学年期，就職準備期，就職活動期の各段階に適した就活支援，個別相談，OB・OGを招いたイベントなどを開催している。また，相談員が常駐する資料室では，模擬面接・グループディスカッションが行えるほか，自己分析のサポート，進路相談をすることもできる。

●**資格取得支援** 日本最多の薬剤師輩出数を誇る薬学部では，国家試験合格レベル以上の実力が身につく強固な国家試験対策プログラムを実施。生命科学部では，第一種・第二種放射線取扱主任者や技術士（補）などの対策講座を開講し，資格取得をサポートしている。

進路指導者も必見 学生を伸ばす 面倒見

初年次教育
レポート・論文の書き方やプレゼン技法，ITの基礎技術，情報収集や資料整理の方法などの修得や，論理的思考や問題発見・解決能力の向上を図る初年次教育を実施

学修サポート
TA制度，1人の教員が4～10名の学生を3年次まで担当するアドバイザー制度を導入。また，各教員がオフィスアワーを設定している。さらに，講義の内容理解を深めたり，学習上の悩みを相談できる学習相談室も設置

オープンキャンパス（2023年度実績） 6月・7月・8月・3月にオープンキャンパス，7月・9月にミニオープンキャンパスを実施。学部紹介，模擬講義，入試説明，個別進学相談，キャンパス見学，学生フリートークなど。

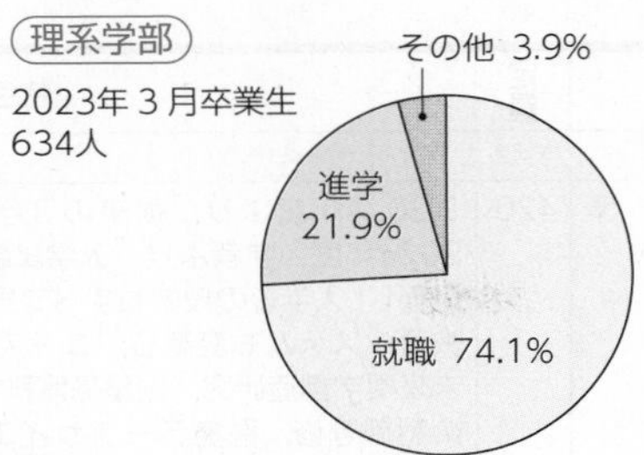

主なOB・OG▶［東京薬学専門学校］上原昭二（大正製薬名誉会長），［薬］宇野正晃（コスモス薬品創業者・会長），［薬］Ryo，大蔵（音楽グループ・ケツメイシメンバー），［薬］河内伸二（カワチ薬品社長）など。

国際化・留学

大学間 10 大学等・部局間 1 大学

受入れ留学生数▶９名（2023年５月１日現在）

留学生の出身国▶中国，韓国など。

外国人専任教員▶教授２名，准教授０名，助教０名（2023年５月１日現在）

外国人専任教員の出身国▶アメリカ，韓国。

大学間交流協定▶10大学・機関（交換留学先０大学，2023年９月22日現在）

部局間交流協定▶１大学（2023年９月22日現在）

海外への留学生数▶渡航型５名／年（2022年度）

海外留学制度▶世界で通用する人材育成のため，単なる語学研修ではなく，実際に病院や薬局など薬剤師が活躍する現場を訪れる「米国臨床薬学研修」，生命科学関連の企業や大学ラボなども訪問する「ESL／英語研修プログラム」などの海外特別研修を実施。

学費・奨学金制度

学費減免総額 年間 2,400 万円

入学金▶薬400,000円，生命科260,000円

年間授業料（施設費等を除く）▶薬1,340,000円，生命科1,110,000円（詳細は巻末資料参照）

年間学費減免総額▶24,000,000円

年間学費減免制度利用者数▶85人

主な奨学金制度▶「特待生制度（成績優秀者授業料等免除制度・チャレンジ制度）」は，対象入試の合格者のうち成績上位者に対し，薬学部は最長３年間の授業料全額を，生命科学部は入学年の授業料等を全額免除。２年次生以上の前年度成績優秀者には「東京薬科大学特別奨学生」が用意されている。また，給付型の奨学金制度もあり，2022年度には３人を対象に総額で24万円を給付している。

保護者向けインフォメーション

●**オープンキャンパス**　通常のオープンキャンパス時に保護者向けの説明会を実施している。

●**情報誌**　総合情報誌の『東薬ニュースレター（学内報）』を年４回発行するほか，小冊子の『東薬 7つの安心』も制作している。

●**成績確認**　成績通知書を郵送している。

●**父母懇談会**　毎年10月に両学部で父母懇談会を開催し，アドバイザー担当教員や卒論指導教員との個別面談などを実施している。

●**防災対策**　「CAMPUS LIFE」や「大地震対応マニュアル・安否報告書」を入学時に配布。災害時の学生の安否は，ポータルサイトを利用して確認するようにしている。

インターンシップ科目	必修専門ゼミ	卒業論文	GPA制度の導入の有無および活用例	１年以内の退学率	標準年限での卒業率
全学部で開講している	薬学部で６年間，生命科学部で１・４年次に実施	全学部で卒業要件	学生に対する個別の学修指導のほか，学部により，奨学金や授業料免除対象者の選定，大学院入試選抜，履修上限単位数の設定に活用	2.0%	93.3%（生命科）77.4%（薬）

学部紹介

学部／学科	定員	特色
薬学部		
薬	420	▷2024年度より，従来の３学科を薬学科に統一。また，2024年度入学者より，入学試験における男女別募集定員を撤廃し，入学後の授業もすべて男女共学で実施する。さらに，教育システムも変革し，コース／プログラム選択制を導入。未来薬学創造研究，創薬基盤科学研究，臨床薬剤師研修，感染制御専修，医療データサイエンスなど10以上のコース，20以上のプログラムが開講される予定。なお，全国の薬学部を設置している大学の中で最も多くの薬剤師を輩出しているだけに，令和５年に行われた第108回薬剤師国家試験でも397名が合格。９年連続で全国１位に輝いている。

● **取得可能な資格**…薬剤師受験資格など。
● **進路状況**…………就職94.4%　進学2.9%
● **主な就職先**………アステラス製薬，エーザイ，第一三共，武田薬品工業，東ソー，厚生労働省など。

学部／学科	定員	特色
生命科学部		
		▶学科を越えて学び，生命科学や社会のさまざまな分野でクリエイティブに活躍する人材を育成する，未来創薬人養成，アントレプレナー養成，グローバルキャリア，データサイエンスの４つのプログラムを設置。
分子生命科	70	▷創薬科学と生命を支えるしくみを学び，分子生物学や有機・分析化学，数理分野などを基盤とした最先端科学の研究を通して，創薬研究や疾患研究に貢献できる人材を育成する。
応用生命科	60	▷さまざまな生き物の遺伝子，ゲノム，生態を学び，環境・エネルギー・医療・食料に関する最先端バイオテクノロジーを研究し，健康で豊かな社会を創造する人材を育成する。
生命医科	90	▷難病・がんなどの病気のしくみや原因，免疫や再生医療を学び，生命科学と医療の現場をつなぐような新たな治療・診断法を開発し，人の命と健康に貢献できる人材を育成する。

● **取得可能な資格**…教職（理）など。
● **進路状況**…………就職36.5%　進学57.2%
● **主な就職先**………旭化成，大塚製薬，協和キリン，シミック，アサヒ飲料，伊藤ハム，富士通など。

▶キャンパス

全学部……［東京薬科大学キャンパス］ 東京都八王子市堀之内1432-1

2025年度入試要項（予告）

●募集人員

学部／学科	B方式	T方式	C方式	A方式
▶薬	130	40	―	30
▶生命科 分子生命科	13	8	5	Ⅰ7 Ⅱ4
応用生命科	12	7	3	Ⅰ5 Ⅱ3
生命医科	17	10	7	Ⅰ8 Ⅱ6

注）募集人員は2024年度の実績です。
※一般選抜Ｔ方式は薬・生命統一選抜，Ａ方式は共通テスト利用。

キャンパスアクセス ［東京薬科大学キャンパス］ JR中央線一豊田より大学直通バス８分／京王線一平山城址公園よりバス８分または徒歩18分／京王相模原線一京王堀之内よりバス８分

注）配点は編集時，未公表。最新の募集要項でご確認ください。

薬学部

一般選抜Ｂ方式　**3科目**　①**外**▶英コミュⅠ・英コミュⅡ・英コミュⅢ・論表Ⅰ・論表Ⅱ・論表Ⅲ　②**数**▶数Ⅰ・数Ⅱ・数Ａ・数Ｂ（数列）・数Ｃ（ベク）　③**理**▶化基・化

一般選抜Ｔ方式（薬・生命統一選抜）　**2科目**　①**数**▶数Ⅰ・数Ⅱ・数Ａ・数Ｂ（数列）・数Ｃ（ベク）　②**理**▶化基・化

一般選抜Ａ方式（共通テスト利用）　**4科目**　①**外**▶英（リスニングを含む）　②③**数**▶「数Ⅰ・数Ａ」・「数Ⅱ・数Ｂ・数Ｃ」　④**理**▶物・化・生から１

［個別試験］　行わない。

生命科学部

一般選抜Ｂ方式　**3科目**　①**外**▶英コミュⅠ・英コミュⅡ・英コミュⅢ・論表Ⅰ・論表Ⅱ・論表Ⅲ　②**数**▶「数Ⅰ・数Ⅱ・数Ａ・数Ｂ」必須，および選択問題として数Ⅲ，数Ｃを含む問題と含まない問題を１問用意　③**理**▶「物基・物」・「化基・化」・「生基・生」から１

一般選抜Ｔ方式（薬・生命統一選抜）　**2科目**　①**数**▶数Ⅰ・数Ⅱ・数Ａ・数Ｂ（数列）・数Ｃ（ベク）　②**理**▶「化基・化」・「生基・生」から１

一般選抜Ｃ方式　**2科目**　①**外**▶英コミュⅠ・英コミュⅡ・英コミュⅢ・論表Ⅰ・論表Ⅱ・論表Ⅲ　②**数**▶「数Ⅰ・数Ⅱ・数Ａ・数Ｂ」必須，および選択問題として数Ⅲ，数Ｃを含む問題と含まない問題を１問用意

一般選抜Ａ方式Ⅰ期（共通テスト利用）　**4〜3科目**　①**理**▶物・化・生から１　②③④**国・外・数・情**▶国（近代）・英（リスニングを含む）・「〈数Ⅰ・数Ａ〉・〈数Ⅱ・数Ｂ・数Ｃ〉」・情Ⅰから２

［個別試験］　行わない。

一般選抜Ａ方式Ⅱ期（共通テスト利用）　**2科目**　①**数**▶「数Ⅰ・数Ａ」・「数Ⅱ・数Ｂ・数Ｃ」から１　②**理**▶物・化・生から１

［個別試験］　行わない。

その他の選抜

学校推薦型選抜一般公募制は薬学部50名，分子生命科学科専願制８名・併願制10名，応用生命科学科専願制６名・併願制９名，生命医科学科専願制10名・併願制13名を，総合型選抜AOは薬学部50名，総合型選抜研究型・講義型AOは分子生命科学科６名，応用生命科学科６名，生命医科学科７名を募集。ほかにTOUYAKU修学支援特別選抜，学校推薦型選抜指定校制，帰国生徒特別選抜，社会人特別選抜を実施。

注）募集人員は2024年度の実績です。

偏差値データ（2024年度）

●一般選抜Ｂ方式・Ｔ方式

学部／学科	2024年度 駿台予備学校 合格目標ライン	2024年度 河合塾 ボーダー偏差値	2023年度 競争率
▶薬学部			
薬（Ｂ）	**46**	**50**	2.7
（Ｔ）	**45**	**50**	新
▶生命科学部			
分子生命科（Ｂ）	**47**	**47.5**	3.5
（Ｔ）	**46**	**47.5**	新
応用生命科（Ｂ）	**46**	**50**	2.9
（Ｔ）	**45**	**45**	新
生命医科（Ｂ）	**45**	**47.5**	3.7
（Ｔ）	**45**	**50**	新

- 駿台予備学校合格目標ラインは合格可能性80％に相当する駿台模試の偏差値です。
- 河合塾ボーダー偏差値は合格可能性50％に相当する河合塾全統模試の偏差値です。
- 競争率は，薬学部が2023年度一般選抜で実施した男子部・女子部のＢ方式Ⅰ期・Ⅱ期の，生命科学部はＢ方式Ⅰ期・Ⅱ期の受験者数÷合格者の実質倍率です。

東京理科大学

とうきょうりか

資料請求

問合せ先　入試センター　0120-188-139

建学の精神

1881（明治14）年に「東京物理学講習所」として創立された，わが国私学随一の理工系総合大学。「理学の普及を以て国運発展の基礎とする」を建学の精神とし，「自然・人間・社会とこれらの調和的発展のための科学と技術の創造」を教育研究理念として掲げ，真に実力を身につけた学生のみを卒業させるという「実力主義」を貫き通し，社会の発展に貢献する多くの優れた技術者，研究者および理数系教育者を輩出。創立140年を迎えた2021年に，あらゆる分野で活躍できるスペシャリティの高い，優れたインベンションとイノベーションを創出する理工人材を育成するために，学部・学科の再編計画をスタートさせ，2023年には，理工学部（＝創域理工学部）と先進工学部の２学部を再編。2025年には，薬学部の葛飾キャンパスへの移転が予定されている。

●キャンパス情報はP.592をご覧ください。

基本データ

学生数▶16,335名（男12,207名，女4,128名）

専任教員数▶教授334名，准教授173名，講師83名

設置学部▶理一部，工，薬，創域理工，先進工，経営，理二部

併設教育機関▶大学院（P.602参照）

就職・卒業後の進路

就職率 95.7％
就職者÷希望者×100

●**就職支援**　卒業後の進路選択を支援するために，各キャンパスのキャリアセンターが入学直後から４年間を通して多彩なキャリア形成プログラムを実施。学部３年次を対象とした就職活動支援では４月からの進路ガイダンスを皮切りに，10月から業界・職種研究セミナーが始まり，３月からは学内企業説明会を開催して，学生の進路選択を強力にサポート。

●**資格取得支援**　伝統的に国家公務員採用試験，地方公務員上級試験，薬剤師国家試験，教員採用試験，弁理士試験に強く，大学別合格者数では常に上位をキープ。それぞれの対策講座，模試，OB・OGによるガイダンスなど，万全なサポート体制を敷いている。

進路指導者も必見 学生を伸ばす 面倒見

初年次教育	学修サポート
「学修習慣の定着に関するセミナー」「創域特別講義」「薬学入門」「情報リテラシー」「データサイエンスの基礎１」「情報と職業」「ライティング＆プレゼンテーション」「ファーストステップセミナー」などの科目を各学部で実施	全学部でTA制度，オフィスアワー，さらに工・創域理工・経営でSA制度，理（一部・二部）・工・薬・創域理工で担任制度を導入。またインターナショナルラウンジや学習相談室，教育DX推進センターを設置し，学びをサポート

オープンキャンパス（2023年度実績）　8月9日（葛飾キャンパス）・10日（神楽坂キャンパス）・11日（野田キャンパス）に対面型とオンラインで実施（事前予約）。大学HPにオープンキャンパスのダイジェスト動画も公開。

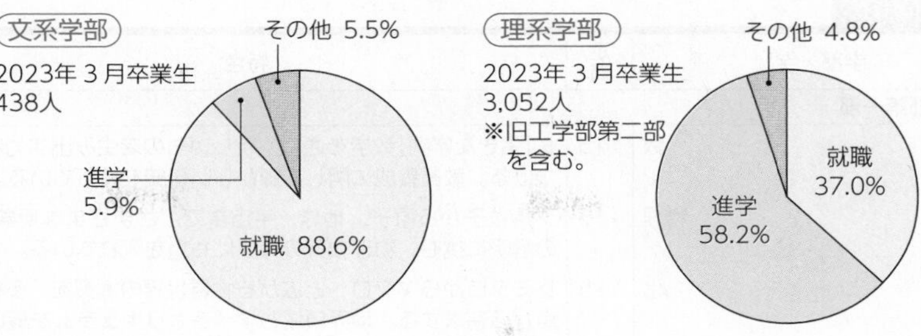

主なOB・OG▶［理］正垣泰彦（サイゼリヤ創業者），［工］長谷部佳宏（花王社長），［薬］青木宏憲（クスリのアオキ社長），［理工］北村友朗（DTS社長），［大学院］大村智（ノーベル生理学・医学賞受賞者）など。

国際化・留学　大学間 58 大学等・部局間 26 大学

受入れ留学生数▶667名（2023年５月１日現在）

留学生の出身国・地域▶中国，韓国，台湾，マレーシア，インドネシアなど。

外国人専任教員▶教授４名，准教授８名，講師10名（2023年５月１日現在）

外国人専任教員の出身国▶韓国，中国，アメリカ，イギリス，オーストラリアなど

大学間交流協定▶58大学・機関（交換留学先０大学，2023年８月22日現在）

部局間交流協定▶26大学（交換留学先１大学，2023年８月22日現在）

海外への留学生数▶渡航型71名・オンライン型177名／年（７カ国・地域，2022年度）

海外留学制度▶短期のサマー・スプリング語学研修やグローバル研修，長期のカリフォルニア大学１年留学プログラム，協定校等への派遣学生事業など，多彩な留学プログラムを展開。参加者（プログラムにより異なる）には渡航費，滞在費などの補助も行っている。

学費・奨学金制度

入学金▶300,000円（第二部150,000円）

年間授業料（施設費等を除く）▶754,000円（第二部670,000円～）～（詳細は巻末資料参照）

年間奨学金総額▶非公表

年間奨学金受給者数▶非公表

主な奨学金制度▶経済支援型の「新生のいぶき奨学金」や「家計急変奨学金」，学業伸長型の「乾坤の真理奨学金（学部生）」や「東京理科大学維持会冠奨学金」など，充実した学生生活を送ることができるよう，すべてが返済不要の給付型奨学金制度を設置。

保護者向けインフォメーション

●**成績確認**　成績表が送付されるため，成績や単位修得・授業への出席状況などが確認できる。

●**父母会**　「こうよう会（父母会）」を組織（全国46支部）し，全国各地で「父母懇談会」や「就職説明会」「講演会」などを開催。会報『浩洋』も年４回発行している。

●**相談窓口**　「よろず相談室」があり，学生のみならず，家族からの相談も受け付けている。

●**防災対策**　「地震発生時の対応マニュアル（学生用）」を大学HPおよびポータルサイトで公開。災害時の学生の安否は，アプリやSNS，メール，ポータルサイトを利用して確認するようにしている。

インターンシップ科目	必修専門ゼミ	卒業論文	GPA制度の導入の有無および活用例	１年以内の退学率	標準年限での卒業率
理一・創域（機械航空宇宙工）で開講	理一（化・応用化除く）３・４年次（３年次は数・応用数のみ），工・創域・先進４年次，薬４～６年次，経営２・３年次（２年次は国際のみ）で実施	理一部の化学科と応用化学科を除き卒業要件	個別の学修指導，奨学金等対象者の選定，留学候補者選考，大学院入試選抜，履修上限単位数の設定などに活用（学部により異なる）	2.5%	80.4%（４年制）79.5%（薬学科）

学部紹介

学部／学科	定員	特色
理学部第一部		
数	115	▷「生きた学問」数学を通し，新しいものを生み出す力を身につける。教員養成に関して輝かしい伝統を持っている。
物理	115	▷素粒子から原子，地球，宇宙まで，さまざまな現象・法則の解明に挑む。物理教員の育成にも力を入れている。
化	115	▷ミクロからマクロへと広がる物質世界の本質を，多様な視点から追求する。境界領域も学べるカリキュラムを編成。
応用数	120	▷数理データサイエンス，数理モデリング，知能数理を柱とした教育・研究を展開し，数理的・論理的思考力を養う。
応用化	120	▷社会のニーズに応える物質をつくり出すための最先端の研究・開発を行い，グローバルに活躍できる人材を育成する。
● 取得可能な資格…教職（数・理・情），測量士補。 ● 進路状況…………就職35.2%　進学59.0% ● 主な就職先………教員，日立製作所，野村総合研究所，富士通，キオクシア，SCSK，アクセンチュア，経済産業省，TOPPAN，本田技研工業など。		
工学部		
建築	110	▷建築学の計画・環境・構造を３つの柱に，人間と自然環境が共生する都市や建築を構築する技術者・設計者を育成する。
工業化	110	▷有機化学，無機化学，物理化学，化学工学の４つを教育・研究の柱に，化学に基づいた「ものづくり」に取り組む。
電気工	110	▷通信・情報，エネルギー・制御，材料・エレクトロニクスの各分野が学べ，実験や計算機を用いた演習を重視。
情報工	110	▷情報工学を幅広く学ぶカリキュラムで，情報を生かして社会課題を解決し，未来の仕組みをデザインする力を養う。
機械工	110	▷モノ作りに必要な機械工学（４力学＋設計製図）がすべて学べ，課題を発見し，解決する能力を養う。
● 取得可能な資格…１・２級建築士受験資格など。 ● 進路状況…………就職33.5%　進学63.8% ● 主な就職先………アクセンチュア，住友林業，三菱電機，竹中工務店，富士通，タカラスタンダード，日立製作所，パナソニック，清水建設，大和ハウス工業など。		
薬学部		
		▶2025年４月に，薬学部および薬学研究科を野田キャンパスから葛飾キャンパスへ移転する予定。
薬	100	▷６年制。医薬品開発の流れをカバーする教育と研究体制で，人類の健康と疾病克服に尽力する薬剤師を育成する。
生命創薬科	100	▷４年制。先端医療を支える知識と技能を習得し，人類の健康と福祉に貢献する国際的な視野を持つ創薬研究者を育成。
● 取得可能な資格…薬剤師受験資格（薬学科）。 ● 進路状況…………［薬］就職92.2%　進学3.9%　［生命創薬科］就職7.8%　進学91.1% ● 主な就職先………アインホールディングス，日本調剤，IQVIAサービシーズジャパン，中外製薬，大塚製薬，クオール，ツムラ，メディサイエンスプランニング，第一三共など。		

キャンパスアクセス［神楽坂キャンパス（神楽坂校舎）］JR総武線，東京メトロ有楽町線・東西線・南北線，都営地下鉄大江戸線一飯田橋より徒歩５分

創域理工学部		
数理科	90	▷純粋から応用まで幅広い分野の数学をカバー。入学時から専門分野(数学系，先端数理系)を学ぶ専門コースを設置。
先端物理	100	▷物理の専門知識を深めることに加え，関連分野にも精通することをめざし，問題分析力と解決能力を養う。
情報計算科	120	▷豊富な演習・実験を通して得た情報科学の広範かつ深い理解により，現代社会に氾濫する情報を分析し，問題解決につなげる力を養う。
生命生物科	110	▷動物・植物・微生物の生命現象を分子から個体・集団に至る多階層で解明し，生物科学の基礎と応用力を身につけた，世界で活躍できるバイオロジストを育成する。
建築	120	▷計画・設計系，構造系，環境系，材料・防災系の幅広い教育・研究分野を内包し，人々に夢を与えうる構想力を養う。
先端化	120	▷基礎学力の徹底と最新技術を修得し，環境調和・エネルギー変換・新機能に着目した先端ものづくりを実施。
電気電子情報工	150	▷電子・情報化社会を担う人材を育成する。入学時から学びたい分野(電気・制御システム系，エレクトロニクス・マテリアル系，情報・通信システム系)を選択できる専門コースを設置。
経営システム工	110	▷数学，情報工学，経営学など，「理系」と「文系」が融合した領域が，横断的に連携した教育・研究を展開。
機械航空宇宙工	130	▷応用力学と機械情報学を核とし，原子(ナノ)から航空，宇宙まで，幅広い分野で活躍できる基礎を学ぶ。
社会基盤工	110	▷構造・材料・地盤・水理・環境・情報・計画の主要専門分野を網羅した教育で，人々の生活を豊かにする人材を育成する。

- **取得可能な資格**…教職(数・理・情)，測量士補，1・2級建築士受験資格など。
- **進路状況**…………就職36.8%　進学60.1%（旧理工学部実績）
- **主な就職先**………教員，東京電力ホールディングス，清水建設，エヌ・ティ・ティ・データ，日立システムズ，エヌ・ティ・ティ・コムウェア，鹿島建設，日本総合研究所など。

先進工学部		
電子システム工	115	▷基礎科学から先進工学をデザイン思考でつなぎ，電子デバイス，ICT，知能制御，コンピュータなどを学ぶ。
マテリアル創成工	115	▷新素材，新機能，環境・エネルギー，航空・宇宙を学びのフィールドに，イノベーションを創出する材料工学を学ぶ。
生命システム工	115	▷分子生物工学，環境生物工学，メディカル生物工学を学びのフィールドに，生命の神秘を解明し，人類のQOL向上に寄与する人材を育成する。
物理工	115	現代物理の成果×テクノロジーで，今までにないイノベーションを創出する人材を育成する。
機能デザイン工	115	「ヒトのカラダを助ける」工学を実現するために，ナノメディスン，ロボティクス，デザイン思考の３つを柱に多角的にアプローチする。

- **進路状況**…………就職25.2%　進学72.6%
- **主な就職先**………NECソリューションイノベータ，SCSK，本田技研工業，コナミグループ，日立製作所，野村総合研究所，三菱重工業，全日本空輸，東日本電信電話など。

キャンパスアクセス ［神楽坂キャンパス（富士見校舎）］東京メトロ半蔵門線・東西線，都営地下鉄新宿線一九段下より徒歩８分／JR総武線，東京メトロ各線，都営地下鉄大江戸線一飯田橋より徒歩10分

経営学部		
経営	180	▷経営戦略，マーケティング，会計・ファイナンスの３分野。理論と実証を重視したカリキュラムで，企業活動全般を俯瞰できる経営のプロフェショナルを育成する。
ビジネスエコノミクス	180	▷データ解析，経済学・意思決定，金融工学を学びの柱とした先端的教育を実施。数理的解析力とデータ分析力を持つ企業意思決定のスペシャリストを育成する。
国際デザイン経営	120	▷これからの経営に必須となるデジタル技術に関する知識を培いながら，時代を切り拓くデザイン力を備え，創造性と国際性の豊かなイノベーションリーダーを育成する。

● **進路状況**…………就職88.6％　進学5.9％
● **主な就職先**………エヌ・ティ・ティ・データ，日本生命保険，みずほ証券，SCSK，富士通Japan，PwCコンサルティング，PwCアドバイザリー，日本アイ・ビー・エムなど。

理学部第二部		
数	120	▷純粋数学から応用数学まで幅広い数学が学べるカリキュラム。これまでに多くの教員を輩出し，教員養成に注力。
物理	120	▷基礎から高度な専門分野まで，物理学実験を通し，実験技術やレポート作成技法を基礎から徹底的に習得する。
化	120	▷化学の幅広い知識を吸収して物質の本質を探求し，社会のさまざまな場面で活躍できる人材を育成する。

● **取得可能な資格**…教職（数・理・情），測量士補。 ● **進路状況**……就職50.2％　進学33.3％
● **主な就職先**………教員，ニッセイ情報テクノロジー，富士ソフト，東日本旅客鉄道，コムチュア，サイゼリヤ，エヌ・ティ・ティ・ロジスコ，NECネッツエスアイ，TISなど。

▶キャンパス

理一部・工（建築学科夜間社会人コース）・理二部……［神楽坂キャンパス（神楽坂校舎）］東京都新宿区神楽坂1-3
経営（国際デザイン経営学科のみ２～４年次）……［神楽坂キャンパス（富士見校舎）］東京都千代田区富士見1-11-2
工・先進工……［葛飾キャンパス］東京都葛飾区新宿6-3-1
薬・創域理工……［野田キャンパス］千葉県野田市山崎2641　※薬学部は2025年度より葛飾キャンパスへ移転予定。
国際デザイン経営学科１年次……［北海道・長万部キャンパス］北海道山越郡長万部町字富野102-1

2025年度入試要項（予告）

●募集人員

学部／学科		一般B	一般C	一般A	一般S	グローバル	公募推薦	総合型
▶理第一部	数	46	9	19	—	5	12	—
	物理	46	9	19	—	5	12	—
	化	46	9	19	—	5	12	—
	応用数	49	10	20	—	5	12	—
	応用化	49	10	20	—	5	12	—
▶工	建築	46	10	16	—	5	8	3
	工業化	46	10	16	—	5	8	3
	電気工	46	10	16	—	5	8	3
	情報工	46	10	16	—	5	8	3
	機械工	46	10	16	—	5	8	3
▶薬	薬	40	10	15	—	5	10	—
	生命創薬科	40	10	15	—	5	10	—
▶創域理工	数理科	20	4	10	20	6	10	—
	先端物理	40	10	15	—	5	10	—
	情報計算科	49	10	20	—	5	12	—
	生命生物科	46	10	16	—	5	11	—
	建築	49	10	20	—	5	9	3
	先端化	49	10	20	—	5	9	3
	電気電子情報工	40	10	25	20	5	17	3
	経営システム工	46	10	16	—	5	8	3
	機械航空宇宙工	53	10	21	—	5	11	3

キャンパスアクセス ［葛飾キャンパス］JR常磐線（東京メトロ千代田線）─金町，京成金町線─京成金町より徒歩８分

	社会基盤工	46	10	16	―	5	8	3
▶先進工	電子システム工	46	9	19	―	5	9	3
	マテリアル創成工	46	9	19	―	5	9	3
	生命システム工	46	9	19	―	5	9	3
	物理工	46	9	19	―	5	9	3
	機能デザイン工	46	9	19	―	5	9	3
▶経営	経営	72	12	37	―	12	11	―
	ビジネスエコノミクス	73	15	37	―	8	11	―
	国際デザイン経営	32	5	20	―	15	24	―
▶理第二部	数	70	―	15	―	―	15	―
	物理	64	―	20	―	―	15	―
	化	69	―	15	―	―	15	―

注）募集人員は2024年度の実績です。
※一般選抜Ｂ方式は本学独自入試，Ｃ方式は共通テスト併用入試，Ａ方式は共通テスト利用入試，Ｓ方式は「専門コース」を対象とした本学独自入試。総合型選抜は女子のみが対象。

▷理学部第二部を除き，指定された英語の資格・検定試験のスコアを出願資格とした一般選抜グローバル方式入試を実施。出願資格となる英語の資格・検定試験のスコアは以下の通り。TEAP101以上，TEAP CBT130以上，GTEC CBTタイプおよびGTEC検定版260以上（GTECはアセスメント版は不可），英検（英検〈従来型〉，英検S-CBT，英検S-Interviewいずれも可）1400以上（CSEスコアで判定し，級・合否は問わない），ケンブリッジ英検（Linguaskillは不可）100以上，TOEIC320以上（TOEIC L&RおよびTOEIC S&Wの両方を受験すること。TOEIC S&Wのスコアは2.5倍にして合算。TOEIC L&R IPテストおよびTOEIC S&W IPテストのスコアは不可），IELTS（アカデミック・モジュール）4.0以上（Computer-delivered IELTSを含む），TOEFL iBT42以上（Test Dateスコアのみを出願資格として活用。TOEFL iBT Home EditionのスコアをTOEFL iBTのスコアとして利用可）。なお，すべて４技能の受験が必要で，2022年４月１日以降に受験したものであること。
注）対象とする英語の資格検定試験およびスコアは2024年度の情報です。
注）Ａ方式・Ｃ方式の共通テスト「英語」のリーディング・リスニングの配点は編集時，未公表。最新の募集要項でご確認ください。なお，学校推薦型選抜（公募制）と総合型選抜（女子）の選抜内容は，2024年度の実績です。

理学部第一部

一般選抜Ｂ方式入試　**【数学科・応用数学科】** ３科目　①**外**（100）▶英コミュⅠ・英コミュⅡ・英コミュⅢ・論表Ⅰ・論表Ⅱ・論表Ⅲ　②**数**（100）▶数Ⅰ・数Ⅱ・数Ⅲ・数Ａ（図形・場合）・数Ｂ（数列・推測）・数Ｃ（ベク・平面）　③**数**（100）▶数Ⅰ・数Ⅱ・数Ⅲ・数Ａ（図形・場合）・数Ｂ（数列・推測）・数Ｃ（ベク・平面）
【物理学科】 ３科目　①**外**（100）▶英コミュⅠ・英コミュⅡ・英コミュⅢ・論表Ⅰ・論表Ⅱ・論表Ⅲ　②**数**（100）▶数Ⅰ・数Ⅱ・数Ⅲ・数Ａ（図形・場合）・数Ｂ（数列・推測）・数Ｃ（ベク・平面）　③**理**（100）▶物基・物
【化学科・応用化学科】 ３科目　①**外**（100）▶英コミュⅠ・英コミュⅡ・英コミュⅢ・論表Ⅰ・論表Ⅱ・論表Ⅲ　②**数**（100）▶数Ⅰ・数Ⅱ・数Ⅲ・数Ａ（図形・場合）・数Ｂ（数列・推測）・数Ｃ（ベク・平面）　③**理**（150）▶化基・化
一般選抜Ｃ方式入試（共通テスト併用入試）
〈共通テスト科目〉 ２科目　①**国**（100）▶国　②**外**（100）▶英（リスニングを含む）・独・仏・中・韓から１
〈独自試験科目〉 ２科目　①**数**（150）▶数Ⅰ・数Ⅱ・数Ⅲ・数Ａ（図形・場合）・数Ｂ（数列・推測）・数Ｃ（ベク・平面）　②**理**（150）▶「物基・物」・「化基・化」・「生基・生」から１
※独自試験において，数学科は数学のみの受験も可。数学のみの受験者は数学の得点を２倍し，数学と理科の受験者は「数学＋理科の得点」と「数学の得点の２倍」のいずれか高得点で判定する。
一般選抜グローバル方式入試　**【数学科・応用数学科】** １科目　①**数**（300）▶数Ⅰ・数Ⅱ・数Ⅲ・数Ａ（図形・場合）・数Ｂ（数列・推測）・数Ｃ（ベク・平面）
【物理学科】 ２科目　①**数**（150）▶数Ⅰ・数Ⅱ・数Ⅲ・数Ａ（図形・場合）・数Ｂ（数列・推測）・数Ｃ（ベク・平面）　②**理**（150）▶物基・物
【化学科・応用化学科】 ２科目　①**数**（150）▶数Ⅰ・数Ⅱ・数Ⅲ・数Ａ（図形・場合）・数Ｂ（数列・推測）・数Ｃ（ベク・平面）　②**理**（150）▶化基・化
※いずれも指定された英語の資格・検定試験

のスコアを出願資格とするとともに，本学独自試験の得点に加算して判定する。

一般選抜Ａ方式入試（共通テスト利用入試） 5科目 ①外（200）▶英（リスニングを含む）・独・仏・中・韓から１ ②③数（100×2）▶「数Ⅰ・数Ａ」・「数Ⅱ・数Ｂ・数Ｃ」 ④理（200）▶物・化・生・地学から１ ⑤国・情（100）▶国・情Ⅰから１

［個別試験］ 行わない。

学校推薦型選抜（公募制） ［出願資格］ 第１志望，校長推薦，現役，外・数・理の学習成績の状況（評定平均値）の合計が12.0以上の入学確約者。ほかに，志望する学科の指定する科目をすべて履修していること。

［選考方法］ 書類審査，小論文，面接（志望理由等），口頭試問。

工学部

一般選抜Ｂ方式入試 【建築学科・電気工学科・情報工学科・機械工学科】 3科目 ①外（100）▶英コミュⅠ・英コミュⅡ・英コミュⅢ・論表Ⅰ・論表Ⅱ・論表Ⅲ ②数（100）▶数Ⅰ・数Ⅱ・数Ⅲ・数Ａ（図形・場合）・数Ｂ（数列・推測）・数Ｃ（ベク・平面） ③理（100）▶物基・物

【工業化学科】 3科目 ①外（100）▶英コミュⅠ・英コミュⅡ・英コミュⅢ・論表Ⅰ・論表Ⅱ・論表Ⅲ ②数（100）▶数Ⅰ・数Ⅱ・数Ⅲ・数Ａ（図形・場合）・数Ｂ（数列・推測）・数Ｃ（ベク・平面） ③理（100）▶化基・化

一般選抜Ｃ方式入試（共通テスト併用入試）

〈共通テスト科目〉 2科目 ①国（100）▶国 ②外（100）▶英（リスニングを含む）・独・仏・中・韓から１

〈独自試験科目〉 2科目 ①数（150）▶数Ⅰ・数Ⅱ・数Ⅲ・数Ａ（図形・場合）・数Ｂ（数列・推測）・数Ｃ（ベク・平面） ②理（150）▶「物基・物」・「化基・化」・「生基・生」から１

一般選抜グローバル方式入試 【建築学科・電気工学科・情報工学科・機械工学科】 2科目 ①数（150）▶数Ⅰ・数Ⅱ・数Ⅲ・数Ａ（図形・場合）・数Ｂ（数列・推測）・数Ｃ（ベク・平面） ②理（150）▶物基・物

【工業化学科】 2科目 ①数（150）▶数Ⅰ・数Ⅱ・数Ⅲ・数Ａ（図形・場合）・数Ｂ（数列・推測）・数Ｃ（ベク・平面） ②理（150）▶化基・化

※いずれも指定された英語の資格・検定試験のスコアを出願資格とするとともに，本学独自試験の得点に加算して判定する。

一般選抜Ａ方式入試（共通テスト利用入試） 5科目 ①外（200）▶英（リスニングを含む）・独・仏・中・韓から１ ②③数（100×2）▶「数Ⅰ・数Ａ」・「数Ⅱ・数Ｂ・数Ｃ」 ④理（200）▶物・化・生・地学から１ ⑤国・情（100）▶国・情Ⅰから１

［個別試験］ 行わない。

学校推薦型選抜（公募制） ［出願資格］ 第１志望，校長推薦，現役，外・数・理の学習成績の状況（評定平均値）の合計が12.0以上の入学確約者。ほかに，志望する学科の指定する科目をすべて履修していること。

［選考方法］ 書類審査，小論文，面接（志望理由等），口頭試問。

総合型選抜（女子） ［出願資格］ 第１志望，現役の女子で，数・理の学習成績の状況（評定平均値）がそれぞれ4.0以上ある入学確約者。ほかに，志望する学科の指定する科目をすべて履修していること。

［選考方法］ 書類審査，小論文，面接（志望理由等），口頭試問。

薬学部

一般選抜Ｂ方式入試 3科目 ①外（100）▶英コミュⅠ・英コミュⅡ・英コミュⅢ・論表Ⅰ・論表Ⅱ・論表Ⅲ ②数（100）▶数Ⅰ・数Ⅱ・数Ⅲ・数Ａ（図形・場合）・数Ｂ（数列・推測）・数Ｃ（ベク・平面） ③理（100）▶化基・化

一般選抜Ｃ方式入試（共通テスト併用入試）

〈共通テスト科目〉 2科目 ①国（100）▶国 ②外（100）▶英（リスニングを含む）・独・仏・中・韓から１

〈独自試験科目〉 2科目 ①数（150）▶数Ⅰ・数Ⅱ・数Ⅲ・数Ａ（図形・場合）・数Ｂ（数列・推測）・数Ｃ（ベク・平面） ②理（150）▶「物基・物」・「化基・化」・「生基・生」から１

一般選抜グローバル方式入試 2科目 ①数（150）▶数Ⅰ・数Ⅱ・数Ⅲ・数Ａ（図形・場合）・数Ｂ（数列・推測）・数Ｃ（ベク・平面） ②理（150）▶化基・化

※指定された英語の資格・検定試験のスコア

キャンパスアクセス ［北海道・長万部キャンパス］ JR函館本線・室蘭本線―長万部より徒歩15分または車5分

を出願資格とするとともに，本学独自試験の得点に加算して判定する。
一般選抜Ａ方式入試（共通テスト利用入試）⑤科目 ①外（200）▶英（リスニングを含む）・独・仏・中・韓から１ ②③数（100×2）▶「数Ⅰ・数Ａ」・「数Ⅱ・数Ｂ・数Ｃ」 ④理（200）▶物・化・生・地学から１ ⑤国・情（100）▶国・情Ⅰから１
［個別試験］ 行わない。
学校推薦型選抜（公募制） ［出願資格］ 第１志望，校長推薦，現役，外・数・理の学習成績の状況（評定平均値）の合計が12.0以上の入学確約者。ほかに，志望する学科の指定する科目をすべて履修していること。
［選考方法］ 書類審査，小論文，面接（志望理由等），口頭試問。

創域理工学部

一般選抜Ｂ方式入試 【数理科学科・情報計算科学科・生命生物科学科・経営システム工学科】 ③科目 ①外（100）▶英コミュⅠ・英コミュⅡ・英コミュⅢ・論表Ⅰ・論表Ⅱ・論表Ⅲ ②数（数理科学科200・その他の学科100）▶数Ⅰ・数Ⅱ・数Ⅲ・数Ａ（図形・場合）・数Ｂ（数列・推測）・数Ｃ（ベク・平面） ③理（100）▶「物基・物」・「化基・化」・「生基・生」から１
【先端物理学科・建築学科・電気電子情報工学科・機械航空宇宙工学科】 ③科目 ①外（100）▶英コミュⅠ・英コミュⅡ・英コミュⅢ・論表Ⅰ・論表Ⅱ・論表Ⅲ ②数（100）▶数Ⅰ・数Ⅱ・数Ⅲ・数Ａ（図形・場合）・数Ｂ（数列・推測）・数Ｃ（ベク・平面） ③理（100）▶物基・物
【先端化学科】 ③科目 ①外（100）▶英コミュⅠ・英コミュⅡ・英コミュⅢ・論表Ⅰ・論表Ⅱ・論表Ⅲ ②数（100）▶数Ⅰ・数Ⅱ・数Ⅲ・数Ａ（図形・場合）・数Ｂ（数列・推測）・数Ｃ（ベク・平面） ③理（100）▶化基・化
【社会基盤工学科】 ③科目 ①外（100）▶英コミュⅠ・英コミュⅡ・英コミュⅢ・論表Ⅰ・論表Ⅱ・論表Ⅲ ②数（100）▶数Ⅰ・数Ⅱ・数Ⅲ・数Ａ（図形・場合）・数Ｂ（数列・推測）・数Ｃ（ベク・平面） ③理（100）▶「物基・物」・「化基・化」から１
一般選抜Ｃ方式入試（共通テスト併用入試）
〈共通テスト科目〉 ②科目 ①国（100）▶国 ②外（100）▶英（リスニングを含む）・独・仏・中・韓から１
〈独自試験科目〉 ②科目 ①数（150）▶数Ⅰ・数Ⅱ・数Ⅲ・数Ａ（図形・場合）・数Ｂ（数列・推測）・数Ｃ（ベク・平面） ②理（150）▶「物基・物」・「化基・化」・「生基・生」から１
※独自試験において，数理科学科は数学のみの受験も可。数学のみの受験者は数学の得点を２倍し，数学と理科の受験者は「数学＋理科の得点」と「数学の得点の２倍」のいずれか高得点で判定する。
一般選抜Ｓ方式入試 【数理科学科】 ②科目 ①外（100）▶英コミュⅠ・英コミュⅡ・英コミュⅢ・論表Ⅰ・論表Ⅱ・論表Ⅲ ②数（300）▶数Ⅰ・数Ⅱ・数Ⅲ・数Ａ（図形・場合）・数Ｂ（数列・推測）・数Ｃ（ベク・平面）
【電気電子情報工学科】 ③科目 ①外（100）▶英コミュⅠ・英コミュⅡ・英コミュⅢ・論表Ⅰ・論表Ⅱ・論表Ⅲ ②数（100）▶数Ⅰ・数Ⅱ・数Ⅲ・数Ａ（図形・場合）・数Ｂ（数列・推測）・数Ｃ（ベク・平面） ③理（200）▶物基・物
一般選抜グローバル方式入試 【数理科学科】 ①科目 ①数（300）▶数Ⅰ・数Ⅱ・数Ⅲ・数Ａ（図形・場合）・数Ｂ（数列・推測）・数Ｃ（ベク・平面）
【先端物理学科・建築学科・電気電子情報工学科・機械航空宇宙工学科】 ②科目 ①数（150）▶数Ⅰ・数Ⅱ・数Ⅲ・数Ａ（図形・場合）・数Ｂ（数列・推測）・数Ｃ（ベク・平面） ②理（150）▶物基・物
【情報計算科学科・生命生物科学科・経営システム工学科】 ②科目 ①数（150）▶数Ⅰ・数Ⅱ・数Ⅲ・数Ａ（図形・場合）・数Ｂ（数列・推測）・数Ｃ（ベク・平面） ②理（150）▶「物基・物」・「化基・化」・「生基・生」から１
【先端化学科】 ②科目 ①数（150）▶数Ⅰ・数Ⅱ・数Ⅲ・数Ａ（図形・場合）・数Ｂ（数列・推測）・数Ｃ（ベク・平面） ②理（150）▶化基・化
【社会基盤工学科】 ②科目 ①数（150）▶数Ⅰ・数Ⅱ・数Ⅲ・数Ａ（図形・場合）・数Ｂ（数列・推測）・数Ｃ（ベク・平面） ②理（150）▶「物基・物」・「化基・化」から１
※いずれも指定された英語の資格・検定試験のスコアを出願資格とするとともに，本学独

自試験の得点に加算して判定する。
一般選抜A方式入試（共通テスト利用入試） **5科目** ①外(200)▶英(リスニングを含む)・独・仏・中・韓から1 ②③数(100×2)▶「数Ⅰ・数A」・「数Ⅱ・数B・数C」 ④理(200)▶物・化・生・地学から1 ⑤国・情(100)▶国・情Ⅰから1
[個別試験] 行わない。
学校推薦型選抜（公募制） **[出願資格]** 第1志望，校長推薦，現役，外・数・理の学習成績の状況（評定平均値）の合計が12.0以上の入学確約者。ほかに，志望する学科の指定する科目をすべて履修していること。
[選考方法] 書類審査，小論文，面接（志望理由等），口頭試問。
総合型選抜（女子） **[出願資格]** 第1志望，現役の女子で，数・理の学習成績の状況（評定平均値）がそれぞれ4.0以上ある入学確約者。ほかに，志望する学科の指定する科目をすべて履修していること。
[選考方法] 書類審査，小論文，面接（志望理由等），口頭試問。

先進工学部

一般選抜B方式入試 **【電子システム工学科・物理工学科】** **3科目** ①外(100)▶英コミュⅠ・英コミュⅡ・英コミュⅢ・論表Ⅰ・論表Ⅱ・論表Ⅲ ②数(100)▶数Ⅰ・数Ⅱ・数Ⅲ・数A(図形・場合)・数B(数列・推測)・数C(ベク・平面) ③理(100)▶物基・物
【マテリアル創生工学科】 **3科目** ①外(100)▶英コミュⅠ・英コミュⅡ・英コミュⅢ・論表Ⅰ・論表Ⅱ・論表Ⅲ ②数(100)▶数Ⅰ・数Ⅱ・数Ⅲ・数A(図形・場合)・数B(数列・推測)・数C(ベク・平面) ③理(100)▶「物基・物」・「化基・化」から1
【生命システム工学科・機能デザイン工学科】 **3科目** ①外(100)▶英コミュⅠ・英コミュⅡ・英コミュⅢ・論表Ⅰ・論表Ⅱ・論表Ⅲ ②数(100)▶数Ⅰ・数Ⅱ・数Ⅲ・数A(図形・場合)・数B(数列・推測)・数C(ベク・平面) ③理(100)▶「物基・物」・「化基・化」・「生基・生」から1
一般選抜C方式入試（共通テスト併用入試） **〈共通テスト科目〉** **2科目** ①国(100)▶国 ②外(100)▶英(リスニングを含む)・独・仏・中・韓から1
〈独自試験科目〉 **2科目** ①数(150)▶数Ⅰ・数Ⅱ・数Ⅲ・数A(図形・場合)・数B(数列・推測)・数C(ベク・平面) ②理(150)▶「物基・物」・「化基・化」・「生基・生」から1
一般選抜グローバル方式入試 **【電子システム工学科・物理工学科】** **2科目** ①数(150)▶数Ⅰ・数Ⅱ・数Ⅲ・数A(図形・場合)・数B(数列・推測)・数C(ベク・平面) ②理(150)▶物基・物
【マテリアル創成工学科】 **2科目** ①数(150)▶数Ⅰ・数Ⅱ・数Ⅲ・数A(図形・場合)・数B(数列・推測)・数C(ベク・平面) ②理(150)▶「物基・物」・「化基・化」から1
【生命システム工学科・機能デザイン工学科】 **2科目** ①数(150)▶数Ⅰ・数Ⅱ・数Ⅲ・数A(図形・場合)・数B(数列・推測)・数C(ベク・平面) ②理(150)▶「物基・物」・「化基・化」・「生基・生」から1
※いずれも指定された英語の資格・検定試験のスコアを出願資格とするとともに，本学独自試験の得点に加算して判定する。
一般選抜A方式入試（共通テスト利用入試） **5科目** ①外(200)▶英(リスニングを含む)・独・仏・中・韓から1 ②③数(100×2)▶「数Ⅰ・数A」・「数Ⅱ・数B・数C」 ④理(200)▶物・化・生・地学から1 ⑤国・情(100)▶国・情Ⅰから1
[個別試験] 行わない。
学校推薦型選抜（公募制） **[出願資格]** 第1志望，校長推薦，現役，外・数・理の学習成績の状況（評定平均値）の合計が12.0以上の入学確約者。ほかに，志望する学科の指定する科目をすべて履修していること。
[選考方法] 書類審査，小論文，面接（志望理由等），口頭試問。
総合型選抜（女子） **[出願資格]** 第1志望，現役の女子で，数・理の学習成績の状況（評定平均値）がそれぞれ4.0以上ある入学確約者。ほかに，志望する学科の指定する科目をすべて履修していること。
[選考方法] 書類審査，小論文，面接（志望理由等），口頭試問。

経営学部

一般選抜Ｂ方式入試　**【経営学科・国際デザイン経営学科】**　**3**科目　①**国**(100)▶現国・言語・論国　②**外**(経営100・国際200)▶英コミュⅠ・英コミュⅡ・英コミュⅢ・論表Ⅰ・論表Ⅱ・論表Ⅲ　③**数**(100)▶数Ⅰ・数Ⅱ・数Ａ(図形・場合)・数Ｂ(数列・推測)・数Ｃ(ベク)
※経営学科は高得点２科目の得点を1.5倍に換算し，計400点満点で判定する。
【ビジネスエコノミクス学科】　**3**科目　①**外**(100)▶英コミュⅠ・英コミュⅡ・英コミュⅢ・論表Ⅰ・論表Ⅱ・論表Ⅲ　②**数**(100)▶数Ⅰ・数Ⅱ・数Ａ(図形・場合)・数Ｂ(数列・推測)・数Ｃ(ベク)　③**国・数**(100)▶「現国・言語・論国」・「数Ⅰ・数Ⅱ・数Ⅲ・数Ａ(図形・場合)・数Ｂ(数列・推測)・数Ｃ(ベク・平面)」から１
一般選抜Ｃ方式入試(共通テスト併用入試)
〈共通テスト科目〉　**2**科目　①**国**(100)▶国　②**外**(100)▶英(リスニングを含む)・独・仏・中・韓から１
〈独自試験科目〉　**2**科目　①**数**(150)▶数Ⅰ・数Ⅱ・数Ⅲ・数Ａ・(図形・場合)・数Ｂ(数列・推測)・数Ｃ(ベク・平面)②**理**(150)▶「物基・物」・「化基・化」・「生基・生」から１
※独自試験において，数学のみの受験も可。数学のみの受験者は数学の得点を２倍し，数学と理科の受験者は「数学＋理科の得点」と「数学の得点の２倍」のいずれか高得点で判定する。
一般選抜グローバル方式入試　**1**科目　①**数**(300)▶数Ⅰ・数Ⅱ・数Ⅲ・数Ａ(図形・場合)・数Ｂ(数列・推測)・数Ｃ(ベク・平面)
※指定された英語の資格・検定試験のスコアを出願資格とするとともに，本学独自試験の得点に加算して判定する。
一般選抜Ａ方式入試(共通テスト利用入試)　**5**科目　①**国**(200)▶国　②**外**(200)▶英(リスニングを含む)・独・仏・中・韓から１　③④**数**(100×2)▶「数Ⅰ・数Ａ」・「数Ⅱ・数Ｂ・数Ｃ」　⑤**地歴・公民・理・情**(200)▶「歴総・世探」・「歴総・日探」・「地総・地探」・「地総・歴総・公から２」・「公・倫」・「公・政経」・物・化・生・地学・情Ⅰから１
[個別試験]　行わない。

学校推薦型選抜(公募制)　**[出願資格]**　第１志望，校長推薦，現役，国・外・数の学習成績の状況(評定平均値)の合計が12.0以上の入学確約者。ほかに，志望する学科の指定する科目をすべて履修していること。
[選考方法]　書類審査，小論文，面接(志望理由等)，口頭試問。

理学部第二部

一般選抜Ｂ方式入試　**【数学科】**　**3**科目　①**外**(100)▶英コミュⅠ・英コミュⅡ・英コミュⅢ・論表Ⅰ・論表Ⅱ・論表Ⅲ　②**数**(100)▶数Ⅰ・数Ⅱ・数Ⅲ・数Ａ(図形・場合)・数Ｂ(数列・推測)・数Ｃ(ベク・平面)　③**数**(100)▶数Ⅰ・数Ⅱ・数Ⅲ・数Ａ(図形・場合)・数Ｂ(数列・推測)・数Ｃ(ベク・平面)
【物理学科】　**3**科目　①**外**(100)▶英コミュⅠ・英コミュⅡ・英コミュⅢ・論表Ⅰ・論表Ⅱ・論表Ⅲ　②**数**(100)▶数Ⅰ・数Ⅱ・数Ⅲ・数Ａ(図形・場合)・数Ｂ(数列・推測)・数Ｃ(ベク・平面)　③**理**(100)▶物基・物
【化学科】　**3**科目　①**外**(100)▶英コミュⅠ・英コミュⅡ・英コミュⅢ・論表Ⅰ・論表Ⅱ・論表Ⅲ　②**数**(100)▶数Ⅰ・数Ⅱ・数Ⅲ・数Ａ(図形・場合)・数Ｂ(数列・推測)・数Ｃ(ベク・平面)　③**理**(150)▶化基・化
一般選抜Ａ方式入試(共通テスト利用入試)
【数学科】　**3**科目　①②**数**(200×2)▶「数Ⅰ・数Ａ」・「数Ⅱ・数Ｂ・数Ｃ」　③**国・外・理・情**(200)▶国・英(リスニングを含む)・独・仏・中・韓・物・化・生・地学・情Ⅰから１
[個別試験]　行わない。
【物理学科・化学科】　**4**科目　①**外**(200)▶英(リスニングを含む)・独・仏・中・韓から１　②**数**(100)▶数Ⅱ・数Ｂ・数Ｃ　③**理**(200)▶物・化・生・地学から１　④**数・情**(100)▶「数Ⅰ・数Ａ」・情Ⅰから１
[個別試験]　行わない。
学校推薦型選抜(公募制)　**[出願資格]**　第１志望，校長推薦または勤務先上司の推薦，高校卒業後３年以内の入学確約者。ほかに，志望する学科の指定する科目をすべて履修していること。ただし，出身高校に該当科目が設置されていない場合はその科目を免ずる。
[選考方法]　書類審査，小論文，面接(志望

理由等)，口頭試問。

その他の選抜

学校推薦型選抜(指定校制)，国際バカロレア入学者選抜，帰国生入学者選抜，社会人特別選抜，外国人留学生入試。

偏差値データ (2024年度)

●一般選抜B方式・S方式・グローバル方式

学部／学科／専攻	2024年度		2023年度実績					
	駿台予備学校	河合塾	募集人員	受験者数	合格者数	合格最低点	競争率	
	合格目標ライン	ボーダー偏差値					'23年	'22年
理学部第一部								
数(B)	**57**	**60**	46	910	256	203/300	3.6	3.4
(グローバル)	**56**	**60**	5	67	14	191/325	4.8	5.0
物理(B)	**58**	**62.5**	46	1,507	355	209/300	4.2	3.1
(グローバル)	**57**	**62.5**	5	88	8	234/325	11.0	4.1
化(B)	**55**	**60**	46	1,077	375	231/350	2.9	3.2
(グローバル)	**54**	**60**	5	65	14	238/325	4.6	3.2
応用数(B)	**55**	**60**	49	651	220	187/300	3.0	3.4
(グローバル)	**53**	**60**	5	80	14	201/325	5.7	5.6
応用化(B)	**56**	**60**	49	1,367	417	242/350	3.3	3.0
(グローバル)	**55**	**60**	5	81	17	244/325	4.8	3.9
工学部								
建築(B)	**56**	**60**	46	1,103	273	184/300	4.0	4.3
(グローバル)	**54**	**62.5**	5	76	11	214/325	6.9	4.8
工業化(B)	**52**	**57.5**	46	599	280	157/300	2.1	2.3
(グローバル)	**51**	**60**	5	46	15	232/325	3.1	3.1
電気工(B)	**55**	**60**	46	1,170	431	175/300	2.7	3.6
(グローバル)	**54**	**60**	5	41	11	199/325	3.7	6.3
情報工(B)	**58**	**62.5**	46	2,165	496	197/300	4.4	5.0
(グローバル)	**57**	**65**	5	112	16	236/325	7.0	6.7
機械工(B)	**56**	**60**	46	1,606	564	175/300	2.8	3.2
(グローバル)	**56**	**60**	5	91	33	187/325	2.8	5.1
薬学部								
薬(B)	**54**	**60**	40	876	292	179/300	3.0	3.7
(グローバル)	**54**	**60**	5	83	18	247/325	4.6	5.2
生命創薬科(B)	**53**	**60**	40	592	213	172/300	2.8	2.8
(グローバル)	**53**	**60**	5	74	13	238/325	5.7	3.2
創域理工学部								
数理科(B)	**52**	**57.5**	20	522	232	294/400	2.3	2.6
(S)	**51**	**57.5**	20	246	122	226/400	2.0	—
(グローバル)	**50**	**57.5**	6	57	25	163/325	2.3	4.2
先端物理(B)	**54**	**57.5**	40	767	327	204/300	2.3	2.2
(グローバル)	**53**	**57.5**	5	59	14	191/325	4.2	3.1

学部／学科／専攻	2024年度 駿台予備学校 合格目標ライン	2024年度 河合塾 ボーダー偏差値	2023年度実績 募集人員	受験者数	合格者数	合格最低点	競争率 '23年	競争率 '22年
情報計算科(B)	**55**	**57.5**	49	986	388	215/300	2.5	3.9
(グローバル)	**54**	**60**	5	66	13	233/325	5.1	8.4
生命生物科(B)	**54**	**57.5**	46	928	436	209/300	2.1	2.0
(グローバル)	**53**	**55**	5	96	25	215/325	3.8	3.5
建築(B)	**53**	**57.5**	49	768	239	203/300	3.2	4.5
(グローバル)	**52**	**57.5**	5	79	18	195/325	4.4	6.3
先端化(B)	**52**	**55**	49	661	329	172/300	2.0	2.3
(グローバル)	**51**	**55**	5	64	29	210/325	2.2	3.2
電気電子情報工(B)	**53**	**57.5**	40	1,167	503	198/300	2.3	3.2
(S)	**52**	**55**	20	253	111	259/400	2.3	—
(グローバル)	**52**	**57.5**	7	67	24	178/325	2.8	7.1
経営システム工(B)	**53**	**57.5**	46	862	308	214/300	2.8	2.7
(グローバル)	**52**	**55**	5	74	15	225/325	4.9	3.6
機械航空宇宙工(B)	**55**	**60**	53	1,155	430	206/300	2.7	3.2
(グローバル)	**54**	**60**	5	81	23	184/325	3.5	3.7
社会基盤工(B)	**52**	**55**	46	828	376	183/300	2.2	3.3
(グローバル)	**52**	**55**	5	65	19	218/325	3.4	5.7
先進工学部								
電子システム工(B)	**54**	**57.5**	46	1,137	361	201/300	3.1	3.3
(グローバル)	**53**	**57.5**	5	83	21	201/325	4.0	3.3
マテリアル創成工(B)	**54**	**57.5**	46	857	394	207/300	2.2	3.1
(グローバル)	**53**	**55**	5	68	23	214/325	3.0	4.8
生命システム工(B)	**55**	**57.5**	46	968	416	209/300	2.3	2.6
(グローバル)	**54**	**57.5**	5	81	20	215/325	4.1	6.3
物理工(B)	**54**	**57.5**	46	804	355	195/300	2.3	—
(グローバル)	**53**	**57.5**	5	54	15	188/325	3.6	—
機能デザイン工(B)	**52**	**55**	46	880	393	201/300	2.2	—
(グローバル)	**52**	**55**	5	87	11	243/325	7.9	—
経営学部								
経営(B)	**53**	**57.5**	72	1,036	370	261/400	2.8	3.2
(グローバル)	**51**	**57.5**	12	71	26	164/325	2.7	4.5
ビジネスエコノミクス(B)	**53**	**57.5**	73	1,198	305	200/300	3.9	3.4
(グローバル)	**50**	**57.5**	8	82	23	170/325	3.6	5.0
国際デザイン経営(B)	**51**	**55**	32	259	111	243/400	2.3	2.1
(グローバル)	**49**	**55**	15	88	43	139/325	2.0	1.8
理学部第二部								
数(B)	**40**	**42.5**	70	214	122	160/300	1.8	2.1
物理(B)	**43**	**40**	64	197	139	152/300	1.4	1.9
化(B)	**43**	**40**	69	173	151	100/300	1.1	1.2

●駿台予備学校合格目標ラインは合格可能性80%に相当する駿台模試の偏差値です。●競争率は受験者÷合格者の実質倍率
●河合塾ボーダー偏差値は合格可能性50%に相当する河合塾全統模試の偏差値です。
※一般B方式の合格最低点は，追加合格者を含む点数です。

● 一般選抜A方式(共通テスト利用入試)・C方式(共通テスト併用入試)

学部／学科／専攻	2024年度			2023年度実績				
	駿台予備学校	河合塾		募集人員	受験者数	合格者数	競争率	
	合格目標ライン	ボーダー得点率	ボーダー偏差値				'23年	'22年
理学部第一部								
数(A)	59	81%	—	19	392	154	2.5	2.0
(併用)	58	77%	57.5	9	85	26	3.3	4.1
物理(A)	58	83%	—	19	735	307	2.4	2.3
(併用)	58	76%	60	9	109	16	6.8	6.4
化(A)	55	77%	—	19	400	198	2.0	2.3
(併用)	53	76%	57.5	9	92	31	3.0	3.1
応用数(A)	56	78%	—	20	209	93	2.2	2.6
(併用)	55	75%	57.5	10	58	21	2.8	3.9
応用化(A)	57	78%	—	20	676	306	2.2	2.0
(併用)	56	77%	62.5	10	93	20	4.7	4.0
工学部								
建築(A)	57	82%	—	16	641	163	3.9	2.5
(併用)	56	79%	60	10	101	21	4.8	4.9
工業化(A)	53	77%	—	16	256	126	2.0	2.1
(併用)	51	76%	57.5	10	54	23	2.3	2.6
電気工(A)	55	79%	—	16	204	102	2.0	2.9
(併用)	53	76%	57.5	10	42	16	2.6	3.1
情報工(A)	59	83%	—	16	895	274	3.3	3.1
(併用)	56	80%	60	10	149	39	3.8	6.9
機械工(A)	57	78%	—	16	625	340	1.8	2.4
(併用)	56	77%	55	10	98	36	2.7	2.7
薬学部								
薬(A)	54	79%	—	15	717	244	2.9	3.0
(併用)	53	78%	60	10	79	23	3.4	6.8
生命創薬科(A)	53	81%	—	15	415	153	2.7	2.1
(併用)	52	77%	57.5	10	80	23	3.5	4.5
創域理工学部								
数理科(A)	52	76%	—	10	177	88	2.0	2.6
(併用)	50	70%	55	4	29	14	2.1	3.8
先端物理(A)	54	77%	—	15	302	151	2.0	2.1
(併用)	53	76%	57.5	10	44	22	2.0	4.0
情報計算科(A)	55	81%	—	20	344	168	2.0	3.0
(併用)	55	76%	55	10	73	17	4.3	4.6
生命生物科(A)	54	83%	—	16	493	183	2.7	2.7
(併用)	53	78%	57.5	10	100	36	2.8	4.6
建築(A)	54	76%	—	20	244	119	2.1	5.2
(併用)	52	74%	55	10	77	38	2.0	4.1
先端化(A)	52	77%	—	20	382	191	2.0	2.4
(併用)	51	76%	52.5	10	51	25	2.0	3.3
電気電子情報工(A)	53	78%	—	25	347	171	2.0	3.0

学部／学科／専攻	2024年度			2023年度実績				
	駿台予備学校	河合塾		募集人員	受験者数	合格者数	競争率	
	合格目標ライン	ボーダー得点率	ボーダー偏差値				'23年	'22年
(併用)	51	77%	57.5	10	55	19	2.9	5.9
経営システム工(A)	53	79%	—	16	259	91	2.8	2.6
(併用)	52	78%	55	10	58	21	2.8	2.6
機械航空宇宙工(A)	55	80%	—	21	530	241	2.2	2.5
(併用)	54	79%	52.5	10	84	33	2.5	4.2
社会基盤工(A)	53	75%	—	16	325	147	2.2	2.7
(併用)	52	70%	57.5	10	58	24	2.4	3.1
先進工学部								
電子システム工(A)	54	79%	—	19	456	165	2.8	2.0
(併用)	52	77%	55	9	61	18	3.4	4.0
マテリアル創成工(A)	55	78%	—	19	312	155	2.0	2.6
(併用)	53	76%	55	9	45	17	2.6	9.7
生命システム工(A)	56	80%	—	19	429	162	2.6	2.8
(併用)	54	73%	55	9	74	34	2.2	4.7
物理工(A)	54	82%	—	19	271	128	2.1	—
(併用)	53	78%	60	9	45	14	3.2	—
機能デザイン工(A)	52	76%	—	19	262	131	2.0	—
(併用)	52	76%	55	9	56	12	4.7	—
経営学部								
経営(A)	53	78%	—	37	707	235	3.0	2.5
(併用)	51	77%	57.5	12	50	25	2.0	3.7
ビジネスエコノミクス(A)	53	77%	—	37	297	141	2.1	3.0
(併用)	51	76%	55	15	64	30	2.1	3.1
国際デザイン経営(A)	51	76%	—	20	226	97	2.3	1.8
(併用)	50	75%	55	5	17	8	2.1	2.9
理学部第二部								
数(A)	41	66%	—	15	200	107	1.9	1.9
物理(A)	44	60%	—	20	139	106	1.3	1.9
化(A)	43	59%	—	15	215	152	1.4	1.1

- 駿台予備学校合格目標ラインは合格可能性80％に相当する駿台模試の偏差値です。
- 競争率は受験者÷合格者の実質倍率
- 河合塾ボーダー得点率は合格可能性50％に相当する共通テストの得点率です。
  また，ボーダー偏差値は合格可能性50％に相当する河合塾全統模試の偏差値です。

併設の教育機関　大学院

理学研究科

教員数▶113名
院生数▶723名
修士課程 ●数学専攻　代数学，幾何学，解析学，確率・統計の４部門で構成。どの分野にも求められる数学的な思考力を養う。
●物理学専攻　理化学研究所をはじめとする最新の設備と機能を有する研究所での研究指導などを可能にした連携大学院方式を実施。
●化学専攻　物質に関わる自然現象の真理を追究するための高度な知識を持った独創性豊かな研究者・技術者・教育者を育成する。
●応用数学専攻　統計科学，計算数学，情報数理の３つの専門分野で構成。これからの時代に数学で挑み，未来を拓く人材を育成する。
●科学教育専攻　科学教育を科学的知識・技能の教育・普及・啓発活動の推進へと発展させ，社会の各分野で貢献する人材を育成する。
博士後期課程 数学専攻，物理学専攻，化学専攻，応用数学専攻，科学教育専攻

工学研究科

教員数▶88名
院生数▶520名
修士課程 ●建築学専攻　専門領域を探求しつつ，地球全体の中での建築のあり方を見据えていくことのできる人材を育成する。
●工業化学専攻　化学の工業的・工学的見地から教育・研究を行い，持続的社会を構築するものづくりを実践できる人材を育成する。
●電気工学専攻　創造する力，ものを分析しデザインする力，発明能力を養うことを重視し，電気・電子・情報技術とその融合による最先端研究を展開。
●情報工学専攻　新しい時代にふさわしい創造性と国際性を備え，数理的手法および情報技術の活用能力を身につけた研究者・エンジニアを育成する。
●機械工学専攻　社会で求められる先端的研究に対応できる能力の開発と育成に努め，あらゆる産業を支える機械技術のプロフェッショナルを育成する。
博士後期課程 建築学専攻，工業化学専攻，電気工学専攻，情報工学専攻，機械工学専攻

薬学研究科

教員数▶48名
院生数▶214名
修士課程 ●薬科学専攻　“薬科学”により，近未来の医療を革新する人材を育成する，日本最大の学生数を誇る薬学研究者養成課程。
４年制博士課程 ●薬学専攻　優れた研究能力を有する薬剤師等の育成に重点を置いた医療薬学・臨床薬学に関する教育研究を展開。
博士後期課程 薬科学専攻

創域理工学研究科

教員数▶196名
院生数▶1,324名
修士課程 ●数理科学専攻　構造数理，空間数理，基幹解析，応用数理の４部門から構成。数学を通して社会の発展を支える。
●先端物理学専攻　純粋物理学から応用物理学まで幅広い分野を含んだ構成。自らの力で真理を追究できる研究者・技術者を育成する。
●情報計算科学専攻　今は存在しない新たな技術や新しい価値を創造し，情報科学の未来を切り拓くことのできる人材を育成する。
●生命生物科学専攻　生物科学の確かな基礎力と高い専門性に支えられた実力で，未来社会を牽引するバイオロジストを育成する。
●建築学専攻　社会の複合的な問題をとらえて分析し，建築的な視点から解決策を見出すことができるアクティブな人材を育成する。
●先端化学専攻　エネルギーとニューマテリアルをキーコンセプトに，科学と自然の持続的な調和をめざす研究開発に取り組む。
●電気電子情報工学専攻　持続可能な社会の実現に貢献する「電気電子情報工学」のエキスパートを育成する。

●経営システム工学専攻　経営工学の知識と技術をもとに，ソフトウェアとハードウェアの双方の観点からシステムをデザインするための技術を修得する。

●機械航空宇宙工学専攻　自然環境と人間とテクノロジーの調和をモットーに，原子から宇宙まで，これからのニーズに応えることのできる技術者・研究者を育成する。

●社会基盤工学専攻　文明社会の礎を築く社会基盤施設を計画・設計・施行・維持管理するプロフェッショナルを育成する。

●国際火災科学専攻　火災科学に関する多彩な授業，研究活動を通じて，総合的な火災リスク・被害抑制に資する知識を修得する。

博士後期課程　数理科学専攻，先端物理学専攻，情報計算科学専攻，生命生物科学専攻，建築学専攻，先端化学専攻，電気電子情報工学専攻，経営システム工学専攻，機械航空宇宙工学専攻，社会基盤工学専攻，国際火災科学専攻

先進工学研究科

教員数▶74名

院生数▶445名

修士課程　●電子システム工学専攻　世界を動かす電子工学の先端技術を深く学び，より高度な次世代インフラを構築する。

●マテリアル創成工学専攻　「使える工学・生きた工学」を学修し，イノベーションの創出につながる材料の高度な研究開発をめざす。

●生命システム工学専攻　生命の神秘を解明しながら，食や健康など，人類のより高度なQOL向上に貢献する人材を育成する。

●物理工学専攻　物理学の基礎を身につけ，その成果を広い分野において先端的な応用に結びつける視点を持った「理工両道」の研究者・技術者・教育者を育成する。

博士後期課程　電子システム工学専攻，マテリアル創成工学専攻，生命システム工学専攻，物理工学専攻

経営学研究科

教員数▶39名（経営学専攻）

院生数▶154名（うちMOT116名）

修士課程　●経営学専攻　理工系総合大学ならではの，理系・文系の壁を取り払ったフレキシブルな視点で経営学にアプローチ。

専門職学位課程　●技術経営専攻（MOT）　理学と工学が一体となった「科学技術」と「経営」の実践的融合を図った教育で，高度専門職業人を養成する社会人大学院。

博士後期課程　経営学専攻

生命科学研究科

教員数▶20名

院生数▶41名

修士課程　●生命科学専攻　高次生命科学の基礎医学，免疫学，神経科学，がん生物学などを中心にハイレベルな専門教育を展開。

博士後期課程　生命科学専攻

とうほう
東邦大学

資料請求

問合せ先 入試事務室 ☎03-5763-6598

建学の精神

「自然・生命・人間」を建学の精神とする自然科学系総合大学。前身は，医師である額田豊・晋の兄弟２人が，女性の理科系教育の向上と健全な人間性の育成を目標に，1925（大正14）年に開校した帝国女子医学専門学校。「豊かな人間性と均衡のとれた知識・技能を持った人材の育成」を教育理念に，医・薬・理・看護・健康科の５学部が「チーム医療演習」をはじめとする共通教育などを通して有機的に連携し，自然（人と科学技術の共生），生命（医療，薬物などを通じたいのち），人間（心身ともに支え合う人）を学びのテーマとして，３要素をバランスよく学修。2025年の創立100周年に向け，より魅力的なカリキュラムの構築に力を入れ，専門分野に精通する知識・技能とともに，幅広い視野と豊かな人間性を持った専門職業人，医療人を育成していく。

- **大森キャンパス**……［医］〒143-8540　東京都大田区大森西5-21-16
  ［看護］〒143-0015　東京都大田区大森西4-16-20
- **習志野キャンパス**…［薬・理・健康科］〒274-8510　千葉県船橋市三山2-2-1

基本データ

学生数▶4,844名（男2,083名，女2,761名）
専任教員数▶教授189名，准教授140名，講師177名
設置学部▶医，薬，理，看護，健康科
併設教育機関▶大学院―医学・薬学・理学・看護学（以上M・D）

就職・卒業後の進路

就職率 **99.6**％
就職者÷希望者×100

● **就職支援**　理学部では，学生一人ひとりの個性・適性に応じて，インターンシップをはじめとする多彩な就職支援プログラムを展開。キャリア形成を支援する充実の就職サポートで，毎年高い就職内定率を実現している。

● **資格取得支援**　看護学部では国家試験対策担当教員の配置，アドバイザー教員によるフォローなど，受験を手厚くバックアップ。健康科学部では１年次から教員が受験対策をサポート。理学部では１年次生の約６人に１人が登録する教員養成課程があり，充実の指導・サポート体制で優れた実績をあげている。

進路指導者も必見 学生を伸ばす 面倒見

初年次教育	学修サポート
教養教育科目で広い視野と人間としての総合力を養う理学部，多彩な教養科目を設置し，豊かな人間性を育成する看護学部，大学で学修するための基礎力と医療職をめざす者としての倫理を学ぶ健康科学部など全学部で実施	全学部でオフィスアワー，医・薬・理・看護でTA制度，さらに理でSA制度，看護・健康科でアドバイザー制度を導入。また薬学総合教育部門やクラス担任制を導入している学部では，担任が学生生活や学習を支援している

オープンキャンパス(2023年度実績)　医学部は８月，看護学部は６月と８月，薬・理・健康科の３学部は８月に合同開催。このほか，医学部で施設見学会，習志野キャンパスで春のキャンパス見学会や土曜見学会なども実施。

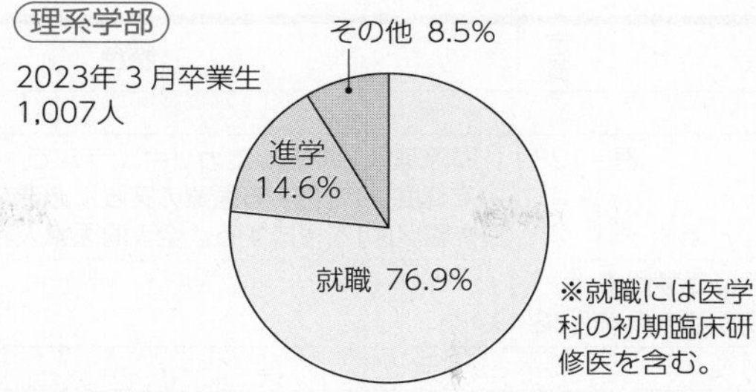

主なOB・OG▶［医］上野正彦（法医学者，元東京都監察医務院院長）・星北斗（参議院議員）・木村好珠（精神科医・産業医）・高橋怜奈（産婦人科医，元プロボクサー），［理］尾崎清明（鳥類学者）など。

国際化・留学　大学間 18 大学・部局間 16 大学等

受入れ留学生数▶２名（2023年５月１日現在）

留学生の出身地▶ベトナム，韓国。

外国人専任教員▶教授２名，准教授０名，講師２名（2023年５月１日現在）

外国人専任教員の出身国▶中国，韓国，アメリカ，スペイン。

大学間交流協定▶18大学（交換留学先０大学，2023年９月25日現在）

部局間交流協定▶16大学・機関（交換留学先０大学，2023年９月25日現在）

海外への留学生数▶渡航型42名／年（３カ国・地域，2022年度）

海外留学制度▶海外の協定校での選択制臨床実習も可能な医学部，海外実務実習がある薬学部，海外体験や学科に特化したプログラムが設けられている理学部，海外研修や夏期英語集中講座を実施している看護学部など，グローバルに活躍する人材の育成を見据えて，海外との学術交流に積極的に取り組んでいる。

学費・奨学金制度

入学金▶250,000円～

年間授業料（施設費等を除く）▶950,000円～（詳細は巻末資料参照）

年間奨学金総額▶NA

年間奨学金受給者数▶NA

主な奨学金制度▶「東邦大学理学部鶴風会（同窓会）給付奨学金」といった給付制のものから，学費減免型の「特待生制度」（全学部），「入学時の教育充実費減免制度」（薬），「授業料減免制度」（看護），「スカラシップ制度（初年度）」（理），「健康科学部入学時納付金の減免制度」などの制度を用意。

保護者向けインフォメーション

●**オープンキャンパス**　薬学部では通常のオープンキャンパス時に，「保護者のための説明会」を実施している。

●**成績確認**　医学部ではポータルサイトを利用して，定期試験の成績を開示している。

●**広報誌**　学校法人東邦大学「広報」を発行。

●**父母懇談会**　大学全体の父母懇談会（年１回）のほか，各学部でも懇談会を年２回実施。

●**防災対策**　習志野キャンパスで「防災マニュアル」を用意。大地震発生時に，メールを利用して安否を確認するサービスを導入している。

インターンシップ科目	必修専門ゼミ	卒業論文	GPA制度の導入の有無および活用例	１年以内の退学率	標準年限での卒業率
理学部で開講している	全学部で４年次に実施。ただし，理学部は物理・情報科・生命圏環境科学科のみ	理（化・生物・生物分子科）を除き卒業要件	奨学金や授業料免除対象者の選定基準，進級判定基準，退学勧告基準，卒業判定基準および学生に対する個別の学修指導に活用	1.9%	93.6%（4年制） 97.1%（６年制）

学部紹介

学部／学科	定員	特色
医学部		
医	123	▷国際基準に準拠したカリキュラムで，人生100年時代において高度・複雑化する医療の実践に必要な能力を養い，「より良き臨床医」を育成する。全人的医療人教育を推進。
●取得可能な資格…医師受験資格。 ●進路状況…………初期臨床研修医88.4％		
薬学部		
薬	245	▷６年制。他学部や付属病院と連携した授業を展開し，明日の医療に貢献する，心の温かい“くすりの専門家”を育成する。
●取得可能な資格…薬剤師受験資格など。 ●進路状況…………就職85.9％　進学1.5％ ●主な就職先………東邦大学医療センター，ファイザー，エーザイ，第一三共，昭和大学病院など。		
理学部		
化	80	▷講義・演習・実験の連携，豊富な実験科目を通して，自然科学の基幹となる「化学」を幅広く応用できる力を養う。
生物	80	▷生命科学系の実験実習やフィールド調査を含めた野外実習などで，分子から生態まで，生物の幅広い世界を探究する。
生物分子科	80	▷生命現象の不思議に化学の視点から挑み，医療・創薬・化学工業・分子育種など多彩な分野に貢献できる人材を育成する。
物理	70	▷物理ベーシック，物理エンジニアの２コース。自然界の基本法則を探究するスペシャリストを育成する。
情報科	100	▷数理知能科学，メディア生命科学の２コース。情報科学の最先端分野で活躍できる人材を育成する。
生命圏環境科	60	▷環境化学，環境生態学，地球科学，環境管理・創成科学の４コース。理学の力と社会科学の視点を融合させ，自然と社会を包括したより良い「生命圏」を探究する。
●取得可能な資格…教職（数・理・情），臨床検査技師受験資格など。 ●進路状況…………就職62.0％　進学29.6％ ●主な就職先………アマゾンジャパン，NTTドコモ，日本郵便，資生堂，太田胃散，全日本空輸など。		
看護学部		
看護	102	▷100年余の歴史と伝統を持つ看護教育で，高度な専門知識と豊かな人間性を備えた良き医療人を育成する。
●取得可能な資格…看護師受験資格。 ●進路状況…………就職93.8％　進学5.4％ ●主な就職先………東邦大学医療センター，NTT東日本関東病院，東京大学医学部附属病院など。		
健康科学部		
看護	60	▷人々の健康で幸せな生活を科学的に考え支援する次世代の看護学教育で，さまざまな分野に貢献できる医療人を育成。
●取得可能な資格…教職（養護二種），看護師・保健師（選抜制）受験資格など。 ●進路状況…………就職98.4％　進学1.6％ ●主な就職先………東邦大学医療センター，千葉大学医学部附属病院，千葉県がんセンターなど。		

▶キャンパス

医・看護……［大森キャンパス］医一東京都大田区大森西5-21-16／看護一東京都大田区大森西4-16-20
薬・理・健康科……［習志野キャンパス］千葉県船橋市三山2-2-1

キャンパスアクセス［大森キャンパス］JR京浜東北線一蒲田よりバス4分・東邦大学下車すぐ，大森よりバス15分・東邦大学下車すぐ／京急本線一梅屋敷より徒歩８分，大森町より徒歩10分

2024年度入試要項(前年度実績)

●募集人員

学部／学科		一般・一般A	一般B	一般C	一般・共通併用	共通・共通前期	共通後期
▶医	医	74	—	—	—	—	—
▶薬	薬	100	—	—	10	15	—
▶理	化	30	20	20	—	5	2
	生物	22	14		—	10	2
	生物分子科	20	15		—	12	2
	物理	18	16		—	12	2
	情報科	20	20		—	20	3
	生命圏環境科	17	14		—	3	2
▶看護	看護	55	—	—	—	—	—
▶健康科	看護	40		—	—	5	—

※医学部の募集人員には，一般入試(千葉県地域枠)２名，(新潟県地域枠)２名を含む。
※理学部の化・生物・生物分子科・物理学科の共通テスト利用入試前期および健康科学部の共通テスト利用入試には，それぞれ共通テスト利用入試前期＋(プラス)および共通テスト利用入試＋(プラス)の募集人員を含む。

▷理学部の化・生物・生物分子科・物理学科の共通テスト利用入試前期，および健康科学部の共通テスト利用入試において，通常の指定する科目・配点とは異なる科目・配点で受験することができる「＋(プラス試験)」の出願も可能。ただし，「＋」のみの出願は不可。

医学部

一般入試　〈１次試験〉 **5**科目　①**外**(150)▶コミュ英Ⅰ・コミュ英Ⅱ・コミュ英Ⅲ・英表Ⅰ・英表Ⅱ　②**数**(100)▶数Ⅰ・数Ⅱ・数Ⅲ・数A・数B(数列・ベク)　③④**理**(150)▶「物基・物」・「化基・化」・「生基・生」から２　⑤**基礎学力試験**(論理的思考能力・数理解析能力等)
※基礎学力試験は，２次試験合格者選抜時に使用する。
〈２次試験〉 **1**科目　①**面接**　※１次試験合格者のみに実施。

薬学部

一般入試　**3**科目　①**外**(100)▶コミュ英Ⅰ・コミュ英Ⅱ　②**数**(100)▶数Ⅰ・数Ⅱ・数A(場合)・数B(数列・ベク)　③**理**(100)▶化基・化

共通テスト利用入試　**3**科目　①**外**(100)▶英(リスニングを除く)　②**数**(100)▶数Ⅰ・「数Ⅰ・数A」・数Ⅱ・「数Ⅱ・数B」から１　③**理**(100)▶「物基・化基・生基・地学基から２」・物・化・生から１
[個別試験] 行わない。
※共通テスト利用入試の出願資格は，化基・化(普通科以外の学科は相当する科目)を履修している者。
一般入試(共通テスト併用)　※一般入試および共通テスト利用入試と同時出願した場合のみ出願でき，一般入試の化基・化(200)と共通テストの英・数(各100)の３科目，計400点で判定する。

理学部

一般入試(A)　**【化学科】** **3**科目　①**外**(100)▶コミュ英Ⅰ・コミュ英Ⅱ・英表Ⅰ　②**数**(100)▶数Ⅰ(数と式・図形と計量・二次関数)・数Ⅱ・数A・数B(数列・ベク)　③**理**(100)▶化基・化
【生物学科・生物分子科学科・物理学科・情報科学科・生命圏環境科学科】 **5～3**科目　①**外**(100・情報科150)▶コミュ英Ⅰ・コミュ英Ⅱ・英表Ⅰ　②**数**(100・情報科150)▶数Ⅰ(数と式・図形と計量・二次関数)・数Ⅱ・数A・数B(数列・ベク)　③④⑤**理**(100・情報科150)▶「物基・物」・「化基・化」・「生基・生」から各３問計９問から３問選択
※情報科学科は３教科を受験し，数学と高得点１教科の計２教科で判定する。
一般入試(B)　**【化学科】** **3**科目　①**数**(80)▶数Ⅰ(数と式・図形と計量・二次関数)・数Ⅱ・数A・数B(数列・ベク)　②**理**(140)▶化基・化　③**外・数**(80)▶「コミュ英Ⅰ・コミュ英Ⅱ・英表Ⅰ」・数Ⅲから１
【生物学科】 **5～3**科目　①**外**(150)▶コミュ英Ⅰ・コミュ英Ⅱ・英表Ⅰ　②**数**(150)▶数Ⅰ(数と式・図形と計量・二次関数)・数Ⅱ・数A・数B(数列・ベク)　③④⑤**理**(150)▶「物基・物」・「化基・化」・「生基・生」から各３問計９問から３問選択
※３教科を受験し，理科と高得点１教科の計２教科で判定する。
【生物分子科学科】 **5～3**科目　①**国・数**

(120) ▶国総(古文・漢文を除く)・「数Ⅰ(数と式・図形と計量・二次関数)・数Ⅱ・数A・数B(数列・ベク)」から1 ②**外・数**(120) ▶「コミュ英Ⅰ・コミュ英Ⅱ・英表Ⅰ」・数Ⅲから1 ③④⑤**理**(180) ▶「物基・物」・「化基・化」・「生基・生」から各3問計9問から3問選択

※3教科を受験し，理科と高得点1教科の計2教科で判定する。

【物理学科】 5~3科目 ①**数**(150) ▶数Ⅰ(数と式・図形と計量・二次関数)・数Ⅱ・数A・数B(数列・ベク) ②**外・数**(150) ▶「コミュ英Ⅰ・コミュ英Ⅱ・英表Ⅰ」・数Ⅲから1 ③④⑤**理**(150) ▶「物基・物」・「化基・化」・「生基・生」から各3問計9問から3問選択

※3教科を受験し，高得点2教科で判定する。

【情報科学科】 2科目 ①**数**(200) ▶数Ⅰ(数と式・図形と計量・二次関数)・数Ⅱ・数A・数B(数列・ベク) ②**外・数**(100) ▶「コミュ英Ⅰ・コミュ英Ⅱ・英表Ⅰ」・数Ⅲから1

【生命圏環境科学科】 5~3科目 ①**国・数**(80) ▶国総(古文・漢文を除く)・「数Ⅰ(数と式・図形と計量・二次関数)・数Ⅱ・数A・数B(数列・ベク)」から1 ②**外・数**(80) ▶「コミュ英Ⅰ・コミュ英Ⅱ・英表Ⅰ」・数Ⅲから1 ③④⑤**理**(140) ▶「物基・物」・「化基・化」・「生基・生」から各3問計9問から3問選択

一般入試(C) 2科目 ①**数**(100) ▶数Ⅰ(数と式・図形と計量・二次関数)・数Ⅱ・数A・数B(数列・ベク) ②**理**(100) ▶「物基・物」・「化基・化」・「生基・生」から1

共通テスト利用入試(前期・前期＋) **【化学科】** 3科目 ①**外**(200) ▶英 ②**数**(200) ▶数Ⅰ・「数Ⅰ・数A」・数Ⅱ・「数Ⅱ・数B」から1 ③**理**(200) ▶化

[個別試験] 行わない。

※「前期＋」は，理科(化学)と外国語・数学(英・数Ⅰ・「数Ⅰ・数A」・数Ⅱ・「数Ⅱ・数B」から1科目)の2科目計600点(各300点)で判定する。

【生物学科】 3科目 ①**外**(200) ▶英 ②**理**(200) ▶生 ③**数・理**(200) ▶数Ⅰ・「数Ⅰ・数A」・数Ⅱ・「数Ⅱ・数B」・「物基・化基・生基・地学基から2」・物・化・地学から1

[個別試験] 行わない。

※「前期＋」は，理科(物・化・生から1科目)と外国語・数学(英・数Ⅰ・「数Ⅰ・数A」・数Ⅱ・「数Ⅱ・数B」から1科目)の2科目計600点(各300点)で判定する。

【生物分子科学科】 2科目 ①**理**(400) ▶物・化・生から1 ②**国・外・数**(200) ▶国(近代)・英・数Ⅰ・「数Ⅰ・数A」・数Ⅱ・「数Ⅱ・数B」から1

[個別試験] 行わない。

※「前期＋」は，外国語，理科(物・化・生から1科目)，国語・数学(国・数Ⅰ・「数Ⅰ・数A」・数Ⅱ・「数Ⅱ・数B」から1科目)の3科目計600点(各200点)で判定する。

【物理学科】 3科目 ①②**数**(200×2) ▶「数Ⅰ・数A」・「数Ⅱ・数B」 ③**外・理**(200) ▶英・物・化・生・地学から1

※「前期＋」は，数学(数Ⅱ・数B) 300点，理科(物理)300点の2科目計600点で判定する。

【情報科学科】 2科目 ①②**外・数・理**(300×2) ▶英・「数Ⅰ・数A」・「数Ⅱ・数B」・「〈物基・化基・生基・地学基から2〉・物・化・生・地学から1」から2

[個別試験] 行わない。

※前期＋は実施しない。

【生命圏環境科学科】 3科目 ①**外**(200) ▶英 ②**国・地歴・公民・数**(200) ▶国(近代)・世A・世B・日A・日B・地理A・地理B・現社・倫・政経・「倫・政経」・数Ⅰ・「数Ⅰ・数A」・数Ⅱ・「数Ⅱ・数B」から1 ③**理**(200) ▶「物基・化基・生基・地学基から2」・物・化・生・地学から1

[個別試験] 行わない。

※前期＋は実施しない。

共通テスト利用入試(後期) **【化学科】** 3科目 ①**外**(150) ▶英 ②**数**(150) ▶数Ⅰ・「数Ⅰ・数A」・数Ⅱ・「数Ⅱ・数B」から1 ③**理**(300) ▶化

[個別試験] 行わない。

【生物学科】 2科目 ①**理**(300) ▶物・化・生から1 ②**外・数**(300) ▶英・数Ⅰ・「数Ⅰ・数A」・数Ⅱ・「数Ⅱ・数B」から1

[個別試験] 行わない。

【生物分子科学科】 2科目 ①**外**(300) ▶英 ②**理**(300) ▶物・化・生から1

[個別試験] 行わない。

【物理学科】 2科目 ①②**数・理**(300×2) ▶「数Ⅰ・数A」・「数Ⅱ・数B」・「物基・化基」・物・

化から２
［個別試験］ 行わない。
【情報科学科】 2科目 ①②数（300×2）▶「数Ⅰ・数Ａ」・「数Ⅱ・数Ｂ」
［個別試験］ 行わない。
【生命圏環境科学科】 2科目 ①②数・理（300×2）▶「数Ⅰ・数Ａ」・「数Ⅱ・数Ｂ」・物・化・生・地学から２
［個別試験］ 行わない。
※前期・後期とも，英語は，リスニングを受験した場合（未受験でも出願可）には，リーディングとリスニングの合計点と，リーディングを２倍した点のうち得点が高い方を採用する（共通テストの配点と異なる場合は，換算してその配点とする）。

看護学部

一般入試 〈１次試験〉 2科目 ①外（100）▶コミュ英Ⅰ・コミュ英Ⅱ・英表Ⅰ ②数・理（100）▶「数Ⅰ・数Ａ」・化基・生基から１
〈２次試験〉 1科目 ①個人面接 ※１次試験合格者のみに実施。

健康科学部

一般入試（Ａ） 4科目 ①国（100）▶国総（近代） ②外（100）▶コミュ英Ⅰ・コミュ英Ⅱ・英表Ⅰ ③数・理（100）▶「数Ⅰ・数Ａ」・化基・生基から１ ④面接（口頭試問を含む）
一般入試（Ｂ） 3科目 ①国・外（150）▶国総（近代）・「コミュ英Ⅰ・コミュ英Ⅱ・英表Ⅰ」から１ ②数・理（150）▶「数Ⅰ・数Ａ」・化基・生基から１ ③面接（口頭試問を含む）
共通テスト利用入試・共通テスト利用入試＋ 3科目 ①国（100）▶国（近代） ②外（100）▶英（リスニングを除く） ③数・理（150）▶数Ⅰ・「数Ⅰ・数Ａ」・数Ⅱ・「数Ⅱ・数Ｂ」・「物基・化基・生基から２」・化・生から１
※共通テスト利用入試＋は，国・外から１科目（200），数・理から１科目（150）の２科目計350点で判定する。
［個別試験］ 1科目 ①面接（口頭試問を含む）
※面接は，一般入試(A)，一般入試(B)，共通テスト利用入試，共通テスト利用入試+のうち複数を併願しても１回のみ実施。

特別選抜

推薦入試（公募制）は医学部９名（千葉県地域枠３名，新潟県地域枠６名），薬学部20名，理学部65名，看護学部37名，健康科学部５名（看護学部と理学部は指定校制を含む。薬学部は推薦入試〈公募併願制〉として実施）を，総合入試は医学部10名，薬学部25名，理学部84名，看護学部10名，健康科学部若干名（薬学部は専願制，理学部は専願型・併願可能型の合計）を募集。ほかに医学部一般入試（千葉県地域枠・新潟県地域枠），医学部推薦入試（付属校制），推薦入試（指定校制），同窓生子女入試，社会人入試を実施。

偏差値データ（2024年度）

●一般入試

学部／学科	2024年度 駿台予備学校 合格目標ライン	2024年度 河合塾 ボーダー偏差値	2023年度 競争率
▶医学部			
医	57	67.5	25.6
▶薬学部			
薬	47	50	3.9
▶理学部			
化（Ａ）	45	42.5	1.5
生物（Ａ）	46	45	2.1
生物分子科（Ａ）	46	42.5	1.7
物理（Ａ）	44	45	1.8
情報科（Ａ）	43	45	2.8
生命圏環境科（Ａ）	45	42.5	1.7
▶看護学部			
看護	44	45	2.4
▶健康科学部			
看護（Ａ）	44	42.5	2.4

- 駿台予備学校合格目標ラインは合格可能性80％に相当する駿台模試の偏差値です。なお，健康科学部は一般入試Ａ・Ｂの偏差値です。
- 河合塾ボーダー偏差値は合格可能性50％に相当する河合塾全統模試の偏差値です。
- 競争率は受験者÷合格者の実質倍率
- 医学科の競争率は受験者÷正規合格者。

私立大学 東 京

東洋大学

問合せ先 入試課 ☎03-3945-7272

建学の精神

いわゆる哲学者を養成するのではなく，哲学を通して知力を磨き，広く社会の中で活躍できる人材を育成することを教育目標に，哲学者・井上円了が1887（明治20）年に創立した「私立哲学館」が，東洋大学の始まり。時代や環境の変化に流されることなく物事の本質をとらえ，未来を切り拓く力を持った人材を育成するため，学校法人東洋大学中期計画「TOYO GRAND DESIGN 2020-2024」の下で行われてきた大規模な学部・学科再編とキャンパス移転が進み，2023年４月には赤羽台キャンパスに新校舎が完成し，新たに福祉社会デザイン学部と健康スポーツ科学部が誕生。2024年４月には朝霞キャンパスが整備され，生命科学部と食環境科学部が移転・改組されるなど，“他者のために自己を磨く”環境を整え，地球社会の明るい未来の実現に貢献していく。

●キャンパス情報はP.616をご覧ください。

基本データ

学生数▶30,213名（男17,653名，女12,560名）
専任教員数▶教授428名，准教授210名，講師69名，助教67名
設置学部▶文(＊)，経済(＊)，経営(＊)，法(＊)，社会(＊)，国際(＊)，国際観光，情報連携，福祉社会デザイン，健康スポーツ科，理工，総合情報，生命科，食環境科　＊第２部（イブニングコース）あり
併設教育機関▶大学院（P.616参照）

就職・卒業後の進路

就職率 98.0% ※第１部のみ
就職者÷希望者×100

● **就職支援**　哲学教育に基づき「主体的に考えて活動する力＝主活力」を育むことを目的として，学生の進路選択全般を支援。求人情報や就活お役立ち情報をはじめ，就職相談やカウンセリング情報など，進路選択，就職活動に関わる幅広いサポートを行い，一人ひとりの進路実現を後押ししている。

● **資格取得支援**　FP技能検定対策講座や宅地建物取引士講座などを開講。教員志望者向けには各キャンパスに教職支援室を設置し，試験対策だけでなく，採用に関する情報を提供するなど，トータルにサポートしている。

進路指導者も必見 学生を伸ばす 面倒見

初年次教育	学修サポート
各学部・学科でオリエンテーションやフレッシャーズ・キャンプ等を通じて，一体感や大学への帰属意識を醸成。また，学部・学科により「基礎ゼミ」などを開講し，レポート・論文の書き方や発表の技法などのスキルを修得	学習面における相談・指導や文書作成支援を行うラーニングサポートセンター，基礎教育連携センター，英語学習支援室，ランゲージセンター，学習支援室などを設置。全学部でTA制度，オフィスアワーも導入している

オープンキャンパス(2023年度実績)　８月18･19日に白山･赤羽台･川越･板倉(2023年度まで)の各キャンパスで同時開催(事前予約制)。入試制度のことから学部･学科での学び，キャンパスツアーなど各種プログラムを用意。

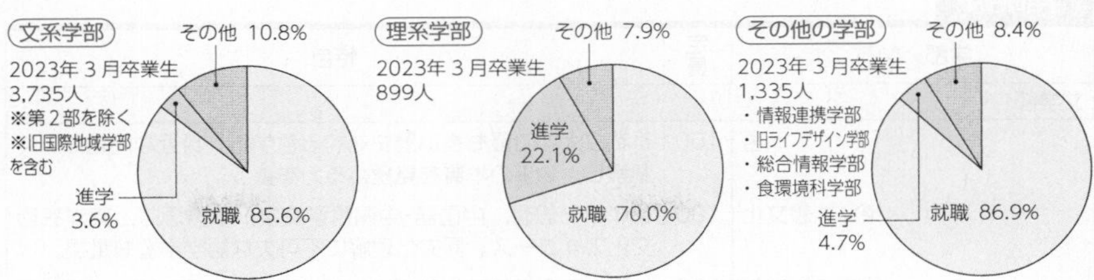

主なOB・OG ▶ ［法］片山健也（北海道ニセコ町長），［文］嶋田久作（俳優），［文］若林正恭（お笑い芸人「オードリー」），［文］フワちゃん（YouTuber），［旧国際地域］大橋悠依（五輪水泳金メダリスト）など。

国際化・留学　大学間 251 大学等・部局間 99 大学等

受入れ留学生数 ▶ 1,816名（2023年５月１日現在）
留学生の出身国 ▶ 中国，韓国，ベトナム，マレーシア，インドネシアなど。
外国人専任教員 ▶ 教授13名，准教授21名，講師40名（2023年５月１日現在）
外国人専任教員の出身国 ▶ NA
大学間交流協定 ▶ 251大学・機関（交換留学先155大学，2023年７月31日現在）
部局間交流協定 ▶ 99大学・機関（交換留学先29大学，2023年３月31日現在）
海外への留学生数 ▶ 渡航型957名・オンライン型202名／年（34カ国・地域，2022年度）
海外留学制度 ▶ 海外の大学で正規課程を履修する学部留学，語学体験と異文化体験を行う協定校語学留学（約３〜６カ月間）や語学セミナー（約１カ月間）のほか，共創体験型プログラム，海外インターンシップ・ボランティアなど多彩な制度を用意。ISEP，UMAPなど６つのコンソーシアムにも参加している。

学費・奨学金制度　給付型奨学金総額 年間約 2億7,650万円

入学金 ▶ 250,000円（第２部180,000円）〜
年間授業料（施設費等を除く）▶ 710,000円（第２部430,000円）〜（詳細は巻末資料参照）
年間奨学金総額 ▶ 276,495,500円
年間奨学金受給者数 ▶ 671人
主な奨学金制度 ▶「東洋大学経済的修学困難者奨学金『エール』」「東洋大学生計維持者逝去に伴う奨学金」「東洋大学学業成績優秀者奨学金」などの制度を設置。また，「独立自活支援奨学金」をはじめとする学費減免型の制度もあり，2022年度には974人を対象に総額で約３億3,282万円を減免している。

保護者向けインフォメーション

●**オープンキャンパス**　通常のオープンキャンパス時に保護者向けの説明も行っている。
●**成績確認**　成績表を保証人宛に送付している。
●**父母会**　保証人（または父母）で組織された「甫水会」があり，各支部で多彩な活動を行っている。甫水会報『東洋』もHPに掲載。
●**懇談会**　東洋大学懇談会を開催し，学部別懇談会では学部・学科説明および個別相談，地区別懇談会では大学の現状や就職支援体制を中心とした大学の取り組みについての説明を実施。
●**防災対策**　「大地震対応マニュアル」をHPに掲載。災害時の学生の安否は，アプリを利用して確認するようにしている。

インターンシップ科目	必修専門ゼミ	卒業論文	GPA制度の導入の有無および活用例	１年以内の退学率	標準年限での卒業率
全学部で開講している	学部・学科による	学部・学科による	奨学金や授業料免除対象者の選定，留学候補者の選考，学生に対する個別の学修指導，大学院入試の選抜基準などに活用	2.1%（第１部）	NA

学部紹介

学部／学科	定員	特色
文学部		
哲	100	▷私立大学で最も長い歴史を誇る哲学科。身近な問題を深く洞察し，物事の本質を見極める力を養う。
東洋思想文化	100	▷インド思想，中国語・中国哲学文学，仏教思想，東洋芸術文化の４コース。異文化理解に不可欠な語学学習も重視。
日本文学文化	133	▷日本の文学や文化をグローバルな視点から考察し理解を深め，その内容を世界に向けて発信できる人材を育成する。
英米文	133	▷英語を「文学」と「語学」の両面から学び，文学的・語学的読解力と，思考力，表現力を身につける。
史	133	▷過去の歴史的事実の中から人類の知恵をくみ取り，考察し，現代および未来に役立てる姿勢を持つ人材を育成する。
教育	150	▷〈人間発達専攻100名，初等教育専攻50名〉行動する豊かな「人間力」を養い，学校だけでなく，さまざまな場面で活躍できる「人と関わり，共感し，共に育つ」社会人を育成する。
国際文化コミュニケーション	100	▷多文化間の共生を図りながら多角的視野で自らを発信することを通じて，国際社会の発展に貢献できる人材を育成する。
● **取得可能な資格**…教職（国・地歴・公・社・書・英，小一種，特別支援），司書，司書教諭，学芸員など。 ● **進路状況**…………就職83.8％　進学4.0％ ● **主な就職先**………東京都ほか教育委員会，特別区(区役所)，マイナビ，サントリー，TOPPANなど。		
文学部第２部（イブニングコース）		
東洋思想文化	30	▷東洋文化圏に対して広い視野を育むとともに専門性の高い教育を実施し，豊かな教養と国際性を備えた人材を育成する。
日本文学文化	50	▷「世界から日本を見る」という新しい視点から創造性に満ちた教育と研究を実践。第１部の授業の聴講も可能。
教育	40	▷人や社会，文化に対する理解を深め，現代社会が直面する課題を主体的に解決する力と生涯学習基礎力を身につける。
● **取得可能な資格**…教職（国・地歴・公・社・書），司書，司書教諭など。 ● **進路状況**…………就職71.6％　進学3.7％		
経済学部		
経済	250	▷理論・実証・政策を重点に学びを深め，総合的な視点で現代の経済が抱える問題を理解し，解決できる人材を育成する。
国際経済	183	▷欧米やアジアの経済・社会事情，国際金融，貿易，国際開発などについて学びながら，国際的な経済理論を身につける。
総合政策	183	▷現代社会が直面する問題と課題について，自ら考え，問題を掘り下げ，それを解決するための実践的能力を身につける。
● **取得可能な資格**…教職（地歴・公・社・商業）など。 ● **進路状況**…………就職84.7％　進学3.4％ ● **主な就職先**………特別区(区役所)，アクセンチュア，東京海上日動火災保険，Apple Japanなど。		
経済学部第２部（イブニングコース）		
経済	150	▷第１部３学科の科目や他学部の専門科目も履修でき，さまざまな分野の幅広い知識から，論理的な判断力を養う。
● **取得可能な資格**…教職（地歴・公・社）など。 ● **進路状況**…………就職77.3％　進学1.6％		

キャンパスアクセス ［白山キャンパス］ 都営地下鉄三田線一白山より徒歩５分，千石より徒歩８分／東京メトロ南北線一本駒込より徒歩５分／東京メトロ千代田線一千駄木より徒歩15分

経営学部		
経営	316	▷企業を分析するのに必要な知識とスキルを養い，マネジメントのプロフェッショナルとして活躍する人材を育成する。
マーケティング	150	▷「売れる仕組み」をつくる「マーケティング」について，商品企画・開発，広告宣伝，流通を連携させて体系的に学ぶ。
会計ファイナンス	216	▷会計・ファイナンス分野の高い専門知識とスキルを身につけ，企業を科学的に分析し，お金の流れをマネジメントするプロフェッショナルを養成する。
● 取得可能な資格…教職(商業)など。　● 進路状況…………就職88.4%　進学3.0% ● 主な就職先………アマゾンジャパン，マルハニチロ，東京国税局，NTTドコモ，キーエンスなど。		
経営学部第２部(イブニングコース)		
経営	110	▷経営についての専門性を高め，企業の法務関連や経済学の領域も学び，幅広い視野と豊かな教養を備えた職業人を育成。
● 取得可能な資格…教職(商業)など。　● 進路状況…………就職78.0%　進学1.2%		
法学部		
法律	250	▷リーガルマインドを身につけ，現代社会が抱える問題を発見，分析し，法に基づいて解決することができる人材を養成。
企業法	250	▷法学に加えビジネスの知識も修得し，企業に関わる法的問題に迅速に対応し，組織を正しい方向に導く人材を養成。
● 取得可能な資格…教職(地歴・公・社)など。 ● 進路状況…………就職83.3%　進学3.2% ● 主な就職先………特別区(区役所)，警視庁，東京国税局，さいたま市役所，千葉県庁，集英社など。		
法学部第二部(イブニングコース)		
法律	120	▷効率的なカリキュラムで，社会で役立つバランスの取れた問題解決能力を養う。第一部法律学科の科目も一部履修可能。
● 取得可能な資格…教職(地歴・公・社)など。 ● 進路状況…………就職86.7%　進学1.9%		
社会学部		
社会	150	▷社会学の基礎理論をはじめ，環境，地域，労働，グローバル化，家族，教育，地理などさまざまな視点から学びを深め，現代社会の問題を解決するための広い視野を養う。
国際社会	150	▷現場体験型の学びを通じて，多文化共生を実践的に担うことのできる「地球市民(グローバル・シティズン)」を育成する。
メディアコミュニケーション	150	▷情報メディアの役割と特性を解明し，メディアと社会と個人の関係を探究する。加速度的に変化するマスメディアの世界を体験する「最先端メディア体感プロジェクト」を実施。
社会心理	150	▷「社会現象の心理学」と「人間関係の心理学」の両面から，科学的に現代社会の問題にアプローチする。
● 取得可能な資格…教職(地歴・公・社)，学芸員など。 ● 進路状況…………就職86.3%　進学3.6% ● 主な就職先………特別区(区役所)，ベネッセスタイルケア，警視庁，日本年金機構，マイナビなど。		
社会学部第二部(イブニングコース)		
社会	130	▷社会学の専門科目だけでなく，第１部４学科の基幹科目も総合的に学べ，多様な視点から「社会」を分析する。
● 取得可能な資格…教職(地歴・公・社)など。 ● 進路状況…………就職79.7%　進学2.0%		

キャンパスアクセス [赤羽台キャンパス] JR埼京線・京浜東北線・高崎線・宇都宮線―赤羽より徒歩8分／東京メトロ南北線，埼玉高速鉄道線―赤羽岩淵より徒歩12分

国際学部		
グローバル・イノベーション	100	▷グローバル社会のさまざまな領域のイノベーターとして活動するための知識と哲学，対話・行動力を身につける。
国際地域	210	▷国際地域専攻を設置。世界のさまざまな課題・問題を，世界的・地球的な視点と思考からとらえる力を身につける。

● 取得可能な資格…社会福祉主事任用資格など。
● 進路状況…………就職79.3％　進学7.2％
● 主な就職先………JALスカイ，小学館，ANAエアポートサービス，楽天グループ，日本航空など。

国際学部第２部（イブニングコース）		
国際地域	80	▷地域総合専攻を設置。社会の問題を客観的に把握・分析する能力を修得し，地域の発展に貢献できる人材を育成する。

● 進路状況…………就職69.0％　進学5.6％
● 主な就職先………(第２部全学部)特別区(区役所)，ベネッセスタイルケア，イオンリテール，埼玉県教育委員会，日本郵便，パイロットコーポレーション，電通，LINEヤフーなど。

国際観光学部		
国際観光	366	▷観光政策・ツーリズム，ホスピタリティ系の２つを柱に，観光産業・政策のエキスパートとして活躍する人材を育成。

● 取得可能な資格…社会福祉主事任用資格など。
● 進路状況…………就職92.2％　進学2.0％
● 主な就職先………JALスカイ，JTB，星野リゾート，ニトリホールディングス，ヤクルト本社など。

情報連携学部		
情報連携	300	▷コンピュータ・サイエンスを基盤とし，コンピュータ・システム，データサイエンス，ICT社会応用，ビジネス構築など，７つの科目群それぞれの専門分野の連携と融合により，組織や社会をDX化できる知恵を持った人材を育成する。

● 進路状況…………就職88.1％　進学3.7％
● 主な就職先………チームラボ，アクセンチュア，野村総合研究所，セイコーエプソン，富士通など。

福祉社会デザイン学部		
社会福祉	216	▷「共生社会」の実現に向け，社会福祉の学びに基づいて，支援の現場で求められる知識と実践的技能を身につける。
子ども支援	100	▷「子どものウェル・ビーイング」を支え，より良い地域社会づくりに貢献し，協働する専門職としての知識と技能を修得。
人間環境デザイン	160	▷多様な人々が暮らす社会，まち，住まい，生活の場の「ユニバーサルデザイン」について，ものづくりを通して学ぶ。

● 取得可能な資格…教職（工芸・工業，幼一種），保育士，介護福祉士・社会福祉士・精神保健福祉士・１級建築士・２級建築士受験資格など。
● 進路状況…………就職88.0％　進学3.0％（旧ライフデザイン学部実績）
● 主な就職先………特別区(区役所)，SOMPOケア，ルネサンスなど(旧ライフデザイン学部実績)。

健康スポーツ科学部		
健康スポーツ科	230	▷多様な視点でスポーツを学び，健康づくり，アスリートのパフォーマンス向上，QOL向上に貢献できる人材を育成する。
栄養科	100	▷食・栄養の観点からスポーツパフォーマンス向上や健康づくり，QOL向上に貢献する人材を育成する。

● 取得可能な資格…教職（保体・保健，養護一種）など。
● 主な就職先………2023年度開設のため卒業生はいない。

キャンパスアクセス ［川越キャンパス］ 東武東上線一鶴ヶ島より徒歩10分

理工学部		
機械工	180	▷「エンジニアリング（工学）」と「サイエンス（科学）」を並行して学び，産業基盤を担う技術者・研究者を育成する。
電気電子情報工	113	▷電気・電子・情報通信工学をベースに現代社会を支える技術について理解し，新しい技術を創造する技術者を育成する。
応用化	146	▷確かな基礎力と柔軟な応用力を身につけ，化学の力で社会に貢献する，実践的な研究者・技術者・教育者を育成する。
都市環境デザイン	113	▷人々が安全で快適に暮らせる空間づくりを学び，自然と調和した都市システムを生み出すスペシャリストを育成する。
建築	146	▷地域の歴史や文化，暮らしに根ざした「建築」を学び，建築と「まち」をトータルデザインできる人材を育成する。

● 取得可能な資格…教職（数・理・工業），測量士補，1・2級建築士受験資格など。
● 進路状況…………就職71.6%　進学22.4%
● 主な就職先………大和ハウス工業，東日本旅客鉄道，東京都庁，清水建設，山崎製パン，IHIなど。

総合情報学部		
総合情報	260	▷システム情報，心理・スポーツ情報，メディア文化の3コースで，情報をベースとした多様かつ実践的な文理融合の学びを展開。社会で役立つ豊富な資格取得が可能。

● 取得可能な資格…教職（情）など。
● 進路状況…………就職85.7%　進学6.1%
● 主な就職先………キヤノンITソリューションズ，NTTドコモ，バンダイナムコオンラインなど。

生命科学部		
		▶2024年度より，従来の生命科学部に，新たに旧理工学部生体医工学科を加えた3学科体制で，朝霞キャンパスに開設。
生命科	113	▷生命機能，環境科学の2コース。生命への理解を深め，社会と地球環境の持続的発展に応用できる知識や技術を養う。
生体医工	113	▷生体工学，医工学の2コース。生命科学を基盤とした生体の探究，生物学・医学と工学技術の融合により，人々の健康と生活を支える人材を育成する。
生物資源	113	▷2024年度より，応用生物科学科から名称変更。安全で豊かな生活に欠かせない「生物資源」である植物と微生物について深く学び，それらの活用について先端研究を展開。

● 取得可能な資格…教職（理）など。
● 進路状況…………就職64.1%　進学21.0%
● 主な就職先………キユーピー，茨城県教育委員会，高田製薬，ファンケル，ブルドックソースなど。

食環境科学部		
		▶2024年度より，板倉キャンパス（群馬県邑楽郡）から朝霞キャンパスへ移転。
食環境科	126	▷食をとりまく環境の現状について理解を深め，生きるを支える「次世代の食」を創造する力を身につける。
フードデータサイエンス	113	▷NEW! '24年新設。「フードシステム学」と「データサイエンス」との文理融合の学びで，食の未来を創造する「フードデータサイエンティスト」を育成する。
健康栄養	100	▷次世代社会の実現に，食に関するあらゆる分野を網羅的に扱う食環境科学領域から貢献できる管理栄養士を養成する。

キャンパスアクセス ［朝霞キャンパス］東武東上線―朝霞台より徒歩10分／JR武蔵野線―北朝霞より徒歩10分

- 取得可能な資格…教職(理，栄養)，栄養士，管理栄養士受験資格など。
- 進路状況…………就職83.3%　進学9.3%
- 主な就職先………ファミリーマート，ブルボン，日清医療食品，Mizkan，なとり，ホクトなど。

▶大学院

文学・社会学・法学・経営学・理工学・経済学・国際学・国際観光学・社会福祉学・生命科学・ライフデザイン学・総合情報学・食環境科学・情報連携学・健康スポーツ科学(以上M・D)

▶キャンパス

文・経済・経営・法・社会・国際・国際観光……［白山キャンパス］東京都文京区白山5-28-20
情報連携・福祉社会デザイン・健康スポーツ科……［赤羽台キャンパス］東京都北区赤羽台1-7-11
理工・総合情報……［川越キャンパス］埼玉県川越市鯨井2100
生命科・食環境科……［朝霞キャンパス］埼玉県朝霞市岡48-1

2024年度入試要項(前年度実績)

●募集人員

学部／学科(専攻)	一般前期	一般中期	一般後期	学校推薦	総合型
▶文　哲	3教34 4教4	7	6	9	自己9
東洋思想文化	3教39 4教3	3	6	5	自己10
日本文学文化	3教66 4教5	5	5	8	—
英米文	3教57 4教3	10	5	12	—
史	3教70 4教10	5	5	—	—
教育(人間発達)	3教31 4教3	10	5	10	AO5
(初等教育)	3教14 4教3	3	6	5	AO3
国際文化コミュニケーション	3教40 4教5	5	4	—	AO5
▶文第二部　東洋思想文化	8	3	5	3	自己3
日本文学文化	20	4	3	5	自己5
教育	13	4	4	5	自己5
▶経済　経済	3教83 4教20	15	20	—	自己5
国際経済	3教74 4教5	13	4	15	—
総合政策	3教69 4教3	10	5	5	AO10
▶経済第二部　経済	56	15	10	10	自己10
▶経営　経営	175	15	5	5	—
マーケティング	90	8	3	5	—
会計ファイナンス	95	10	10	10	—
▶経営第二部　経営	40	5	5	6	—
▶法　法律	3教105 4教5	17	10	10	—
企業法	3教100 4教5	10	10	10	—
▶法第二部　法律	40	10	5	20	自己15
▶社会　社会	3教54 4教10	10	5	—	自己10
国際社会	3教45 4教5	10	5	8	—
メディアコミュニケーション	3教54 4教10	10	5	—	—
社会心理	3教54 4教10	10	5	—	—
▶社会第二部　社会	45	10	5	10	自己10
▶国際　グローバル・イノベーション	30	3	3	—	AO8
国際地域	3教69 4教5	10	3	—	自己5 AO15
▶国際第二部　国際地域	31	5	3	5	自己3
▶国際観光　国際観光	3教130 4教15	12	5	5	AO40
▶情報連携　情報連携	3教133 4教6	18	25	—	AO30
▶福祉社会デザイン　社会福祉	3教70 4教10	10	5	15	自己15
子ども支援	3教40 4教5 多面的10	4	4	—	自己15

人間環境デザイン	3教60 4教5 実技10	10	10	3	自己15
▶健康スポーツ科 健康スポーツ科	3教90 4教10	10	5	—	自己15 AO10
栄養科	39	3	3	—	自己10
▶理工 機械工	98	5	5	5	—
電気電子情報工	60	5	5	—	—
応用化	72	9	5	5	—
都市環境デザイン	50	5	5	3	AO5
建築	68	4	4	—	AO10
▶総合情報 総合情報	3教105 4教5	16	5	6	自己3 AO6
▶生命科 生命科	52	5	5	5	自己5 AO5
生体医工	50	5	5	3	自己5
生物資源	52	5	5	5	自己5 AO5
▶食環境科 食環境科	62	5	5	5	自己5
フードデータサイエンス	55	4	4	5	自己5
健康栄養	57	4	4	—	自己5

※各学部・学科・専攻でそれぞれ均等配点や英語重視，国語重視，数学重視，理科重視などの方式を行い，方式ごとに募集人員を定めている。
※史学科の後期は，一般入試＋共通テスト利用入試を実施。
※次のように略しています。教科→教。多面的評価前期3科目入試→多面的。自己推薦入試→自己。AO型推薦入試→AO。

▷一般入試前期日程の全学部において，英語外部試験スコアを利用し，本学の基準に従い，英語科目の得点（100点，90点，80点）に換算する英語外部試験利用入試を導入。なお，外部試験のスコアを利用申請した場合でも，本学の英語科目を受験することができ，その場合は，どちらか高得点の結果を判定に採用する。利用可能な英語外部試験は以下の通り。英検（従来型を含む全方式），GTEC（4技能版）CBTタイプ，TEAP（4技能），IELTS。いずれも2022年4月以降に受験したものが有効で，英検は1級・準1級・2級のいずれかを受験（一次試験のみ，二次試験のみでも可）し，本学指定のスコアを取得していること（不合格でも可）。TEAPは同一試験日のスコア合計点のみ有効。IELTSはアカデミック・モジュールのみ対象。

文学部

一般入試前期・中期3教科（均等配点ほか） **3科目** ①国（100）▶国総（漢文を除く） ②**外**（100）▶コミュ英Ⅰ・コミュ英Ⅱ・コミュ英Ⅲ・英表Ⅰ・英表Ⅱ ③**地歴・公民・数**（100）▶世B・日B・地理B・政経・「数Ⅰ・数Ⅱ・数A」から1，ただし地理Bは前期のみ選択可
※教育学科初等教育専攻の前期は均等配点（英・国・数）および均等配点（英・国・地公）として実施し，前者は地歴・公民の，後者は数学の選択不可。
※哲・東洋思想文化（前期）・英米文・国際文化コミュニケーション（前期）の4学科と教育学科人間発達専攻（前期）が実施する英語重視は英語，日本文学文化学科（前期）と教育学科人間発達専攻（中期）が実施する国語重視は国語の得点を，それぞれ200点に換算し判定する。

一般入試前期4教科（均等配点） **4科目** ①**国**（100）▶国総（漢文を除く） ②**外**（100）▶コミュ英Ⅰ・コミュ英Ⅱ・コミュ英Ⅲ・英表Ⅰ・英表Ⅱ ③**数**（100）▶数Ⅰ・数Ⅱ・数A ④**地歴・公民**（100）▶世B・日B・地理B・政経から1

一般入試後期2教科（均等配点ほか） **【哲学科・東洋思想文化学科・日本文学文化学科・英米文学科・教育学科・国際文化コミュニケーション学科】** **2科目** ①**国**（100）▶国総（漢文を除く） ②**外**（100）▶コミュ英Ⅰ・コミュ英Ⅱ・コミュ英Ⅲ・英表Ⅰ・英表Ⅱ
※哲学科と東洋思想文化学科および教育学科初等教育専攻は均等配点（英・国）として実施。また日本文学文化学科は国語重視として実施し，国語の得点を150点に，国際文化コミュニケーション学科は英語重視として実施し，英語の得点を200点に換算し判定する。

一般入試後期2教科（均等配点〈英・筆記〉） **【哲学科・東洋思想文化学科・教育学科〈初等教育専攻〉】** **2科目** ①**外**（100）▶コミュ英Ⅰ・コミュ英Ⅱ・コミュ英Ⅲ・英表Ⅰ・英表Ⅱ ②**小論文**または**論文**（100）▶哲学科と東洋思想文化学科は論文，初等教育専攻は小論文

一般入試後期＋共通テスト利用入試 **【史学科】** 〈共通テスト科目〉 **1科目** ①地歴

東京 東洋大学

(100)▶世B・日Bから1
〈独自試験科目〉 2科目 ①国(100)▶国総(漢文を除く) ②外(100)▶コミュ英Ⅰ・コミュ英Ⅱ・コミュ英Ⅲ・英表Ⅰ・英表Ⅱ
学校推薦入試 **[出願資格]** 第1志望, 校長推薦, 現役, 入学確約者, 全体の学習成績の状況3.6以上のほか, 英米文学科は自身の英語能力を客観的に証明することができる者。
[選考方法] 書類審査, 面接のほか, 哲学科の論文型は論文, ディベート型はディベート(ある問題に対して, 賛成ないしは反対の立場から討論する形式), 東洋思想文化学科と日本文学文化学科, 英米文学科は小論文, 教育学科は総合問題。
自己推薦入試 **[出願資格]** 第1志望, 入学確約者。
[選考方法] 書類審査, 面接のほか, 哲学科の小論文型は小論文, ディベート型はディベート(形式は学校推薦入試と同じ), 東洋思想文化学科の小論文型は小論文, 漢文型は漢文。
AO型推薦入試 **[出願資格]** 第1志望, 入学確約者のほか, 国際文化コミュニケーション学科は指定された英語外部試験の基準を満たす者。
[選考方法] 書類審査, プレゼンテーション・質疑応答。

文学部第2部

一般入試前期3教科(均等配点)/前期・中期3教科ベスト2(均等配点) 3科目 ①国(100)▶国総(漢文を除く) ②外(100)▶コミュ英Ⅰ・コミュ英Ⅱ・コミュ英Ⅲ・英表Ⅰ・英表Ⅱ ③**地歴・公民・数**(100)▶世B・日B・地理B・政経・「数Ⅰ・数Ⅱ・数A」から1, ただし地理Bは前期のみ選択可
※前期3教科均等配点は日本文学文化学科と教育学科のみ実施。
※3教科ベスト2(均等配点)は3科目を受験し, 偏差値換算点の高い2科目で判定する。
一般入試後期2教科(均等配点ほか) 2科目 ①国(100)▶国総(漢文を除く) ②外(100)▶コミュ英Ⅰ・コミュ英Ⅱ・コミュ英Ⅲ・英表Ⅰ・英表Ⅱ
※東洋思想文化学科は均等配点(英・国)として実施。また日本文学文化学科は国語重視として実施し, 国語の得点を150点に換算し判定する。
一般入試後期2教科(均等配点〈英・筆記〉)
【東洋思想文化学科】 2科目 ①外(100)▶コミュ英Ⅰ・コミュ英Ⅱ・コミュ英Ⅲ・英表Ⅰ・英表Ⅱ ②**論文**(100)
学校推薦入試 **[出願資格]** 第1志望, 校長推薦, 現役, 入学確約者, 全体の学習成績の状況3.0以上。
[選考方法] 書類審査, 小論文, 面接。
自己推薦入試 **[出願資格]** 第1志望, 入学確約者。
[選考方法] 書類審査, 面接のほか, 東洋思想文化学科の小論文型は小論文, 漢文型は漢文, 日本文学文化学科と教育学科は小論文。

経済学部

一般入試前期・中期3教科(均等配点ほか) 3科目 ①国(100)▶国総(漢文を除く) ②外(100)▶コミュ英Ⅰ・コミュ英Ⅱ・コミュ英Ⅲ・英表Ⅰ・英表Ⅱ ③**地歴・公民・数**(100)▶世B・日B・地理B・政経・「数Ⅰ・数Ⅱ・数A」から1, ただし地理Bは前期のみ選択可
※経済学科の前期は均等配点(英・国・数)と均等配点(英・国・地公)および最高得点重視として実施し, (英・国・数)は地歴・公民の, (英・国・地公)は数学の選択不可。また, 最高得点重視は, 偏差値換算点の最も高い科目を2倍にして判定する。
※経済学科(中期)と総合政策学科が実施する数学重視は英・国・数の3科目を受験し, 数学の得点を150点に換算し判定する。
※国際経済学科と総合政策学科(前期)が実施する英語重視は, 英語の得点を150点に換算し判定する。
一般入試前期4教科(均等配点) 4科目 ①国(100)▶国総(漢文を除く) ②外(100)▶コミュ英Ⅰ・コミュ英Ⅱ・コミュ英Ⅲ・英表Ⅰ・英表Ⅱ ③**数**(100)▶数Ⅰ・数Ⅱ・数A ④**地歴・公民**(100)▶世B・日B・地理B・政経から1
一般入試後期2教科(均等配点) 2科目 ①国(100)▶国総(漢文を除く) ②外(100)▶コミュ英Ⅰ・コミュ英Ⅱ・コミュ英Ⅲ・英表Ⅰ・英表Ⅱ

※経済学科は均等配点（英・国）として実施。
一般入試後期２教科（均等配点〈英・数〉）【経済学科】 **2**科目 ①外（100）▶コミュ英Ⅰ・コミュ英Ⅱ・コミュ英Ⅲ・英表Ⅰ・英表Ⅱ ②数（100）▶数Ⅰ・数Ⅱ・数Ａ・数Ｂ（数列・ベク）
学校推薦入試 ［出願資格］ 第１志望，校長推薦，現役，入学確約者，全体の学習成績の状況3.6以上かつ指定された英語外部試験の基準を満たす者。
［選考方法］ 書類審査，小論文，面接。
自己推薦入試 ［出願資格］ 第１志望，入学確約者のほか，英語または数学の指定資格の要件を満たす者。
［選考方法］ 書類審査，面接（英語・数学に関する口頭試問を含む。集団面接となる場合あり）。
AO型推薦入試 ［出願資格］ 第１志望，入学確約者のほか，指定された英語外部試験の基準を満たす者。
［選考方法］ 書類審査，プレゼンテーション・質疑応答。

経済学部第２部

一般入試前期３教科（均等配点）／前期・中期３教科ベスト２（均等配点） **3**科目 ①国（100）▶国総（漢文を除く） ②外（100）▶コミュ英Ⅰ・コミュ英Ⅱ・コミュ英Ⅲ・英表Ⅰ・英表Ⅱ ③**地歴・公民・数**（100）▶世Ｂ・日Ｂ・地理Ｂ・政経・「数Ⅰ・数Ⅱ・数Ａ」から１，ただし地理Ｂは前期のみ選択可
※３教科ベスト２（均等配点）は３科目を受験し，偏差値換算点の高い２科目で判定する。
一般入試後期２教科（均等配点〈英・国〉） **2**科目 ①国（100）▶国総（漢文を除く） ②外（100）▶コミュ英Ⅰ・コミュ英Ⅱ・コミュ英Ⅲ・英表Ⅰ・英表Ⅱ
一般入試後期２教科（均等配点〈英・数〉） **2**科目 ①外（100）▶コミュ英Ⅰ・コミュ英Ⅱ・コミュ英Ⅲ・英表Ⅰ・英表Ⅱ ②数（100）▶数Ⅰ・数Ⅱ・数Ａ・数Ｂ（数列・ベク）
学校推薦入試 ［出願資格］ 第１志望，校長推薦，現役，入学確約者，全体の学習成績の状況3.0以上。
［選考方法］ 書類審査，小論文，面接。
自己推薦入試 ［出願資格］ 第１志望，入学確約者。
［選考方法］ 書類審査，小論文，面接（集団面接となる場合あり）。

経営学部

一般入試前期・中期３教科（均等配点ほか） **3**科目 ①国（100）▶国総（漢文を除く） ②外（100）▶コミュ英Ⅰ・コミュ英Ⅱ・コミュ英Ⅲ・英表Ⅰ・英表Ⅱ ③**地歴・公民・数**（100）▶世Ｂ・日Ｂ・地理Ｂ・政経・「数Ⅰ・数Ⅱ・数Ａ」から１，ただし地理Ｂは前期のみ選択可
※経営学科の前期は均等配点（英・国・数）と均等配点（英・国・地公）および英語重視として実施し，（英・国・数）は地歴・公民の，（英・国・地公）は数学の選択不可。また，英語重視は中期と，会計ファイナンス学科の前期も実施し，英語の得点を150点に換算し判定する。
※マーケティング学科（前期）と会計ファイナンス学科（中期）が実施する最高得点重視は，偏差値換算点の最も高い科目を２倍にして判定する。
※会計ファイナンス学科が前期に実施する数学重視は英・国・数の３科目を受験し，数学の得点を150点に換算し判定する。
※マーケティング学科が中期に実施する３教科ベスト２は３科目を受験し，偏差値換算点の高い２科目で判定する。
一般入試後期２教科（均等配点） **2**科目 ①国（100）▶国総（漢文を除く） ②外（100）▶コミュ英Ⅰ・コミュ英Ⅱ・コミュ英Ⅲ・英表Ⅰ・英表Ⅱ
※会計ファイナンス学科は均等配点（英・国）として実施。
一般入試後期（均等配点〈英・数〉） 【会計ファイナンス学科】 **2**科目 ①外（100）▶コミュ英Ⅰ・コミュ英Ⅱ・コミュ英Ⅲ・英表Ⅰ・英表Ⅱ ②数（100）▶数Ⅰ・数Ⅱ・数Ａ・数Ｂ（数列・ベク）
学校推薦入試 ［出願資格］ 第１志望，校長推薦，現役，入学確約者のほか，指定された英語外部試験の基準を満たし，経営学科は全体の学習成績の状況4.0以上で，国・地歴・公民または国・数の平均が4.3以上，マーケティング学科は全体4.0以上，会計ファイナンス学科は全体3.6以上の者。

[選考方法] 書類審査，小論文，面接。

経営学部第２部

一般入試前期３教科(均等配点)／前期・中期３教科ベスト２(均等配点) 3科目 ①国(100)▶国総(漢文を除く) ②外(100)▶コミュ英Ⅰ・コミュ英Ⅱ・コミュ英Ⅲ・英表Ⅰ・英表Ⅱ ③**地歴・公民・数**(100)▶世Ｂ・日Ｂ・地理Ｂ・政経・「数Ⅰ・数Ⅱ・数Ａ」から１，ただし地理Ｂは前期のみ選択可
※３教科ベスト２(均等配点)は３科目を受験し，偏差値換算点の高い２科目で判定する。
一般入試後期２教科(均等配点) 2科目 ①国(100)▶国総(漢文を除く) ②**外**(100)▶コミュ英Ⅰ・コミュ英Ⅱ・コミュ英Ⅲ・英表Ⅰ・英表Ⅱ
学校推薦入試 **[出願資格]** 第１志望，校長推薦，現役，入学確約者，全体の学習成績の状況3.5以上。
[選考方法] 書類審査，小論文，面接。

法学部

一般入試前期・中期３教科(均等配点ほか) 3科目 ①**国**(100)▶国総(漢文を除く) ②**外**(100)▶コミュ英Ⅰ・コミュ英Ⅱ・コミュ英Ⅲ・英表Ⅰ・英表Ⅱ ③**地歴・公民・数**(100)▶世Ｂ・日Ｂ・地理Ｂ・政経・「数Ⅰ・数Ⅱ・数Ａ」から１，ただし地理Ｂは前期のみ選択可
※前期に実施する国語重視は国語，英語重視は英語の得点を，それぞれ200点に換算し判定する。また，中期に実施する最高得点重視は，偏差値換算点の最も高い科目を２倍にして判定する。
一般入試前期４教科(均等配点) 4科目 ①**国**(100)▶国総(漢文を除く) ②**外**(100)▶コミュ英Ⅰ・コミュ英Ⅱ・コミュ英Ⅲ・英表Ⅰ・英表Ⅱ ③**数**(100)▶数Ⅰ・数Ⅱ・数Ａ ④**地歴・公民**(100)▶世Ｂ・日Ｂ・地理Ｂ・政経から１
一般入試後期２教科(均等配点) 2科目 ①**国**(100)▶国総(漢文を除く) ②**外**(100)▶コミュ英Ⅰ・コミュ英Ⅱ・コミュ英Ⅲ・英表Ⅰ・英表Ⅱ
学校推薦入試 **[出願資格]** 第１志望，校長推薦，現役，入学確約者，全体の学習成績の状況3.6以上。
[選考方法] 書類審査，小論文，面接。

法学部第２部

一般入試前期３教科(均等配点)・中期３教科ベスト２(均等配点) 3科目 ①**国**(100)▶国総(漢文を除く) ②**外**(100)▶コミュ英Ⅰ・コミュ英Ⅱ・コミュ英Ⅲ・英表Ⅰ・英表Ⅱ ③**地歴・公民・数**(100)▶世Ｂ・日Ｂ・地理Ｂ・政経・「数Ⅰ・数Ⅱ・数Ａ」から１，ただし地理Ｂは前期のみ選択可
※３教科ベスト２(均等配点)は３科目を受験し，偏差値換算点の高い２科目で判定する。
一般後期２教科(均等配点) 2科目 ①**国**(100)▶国総(漢文を除く) ②**外**(100)▶コミュ英Ⅰ・コミュ英Ⅱ・コミュ英Ⅲ・英表Ⅰ・英表Ⅱ
学校推薦入試 **[出願資格]** 第１志望，校長推薦，現役，入学確約者，全体の学習成績の状況3.0以上。
[選考方法] 書類審査，小論文，面接。
自己推薦入試 **[出願資格]** 第１志望，入学確約者。
[選考方法] 書類審査，小論文，面接。

社会学部

一般入試前期・中期３教科(均等配点ほか) 3科目 ①**国**(100)▶国総(漢文を除く) ②**外**(100)▶コミュ英Ⅰ・コミュ英Ⅱ・コミュ英Ⅲ・英表Ⅰ・英表Ⅱ ③**地歴・公民・数**(100)▶世Ｂ・日Ｂ・地理Ｂ・政経・「数Ⅰ・数Ⅱ・数Ａ」から１，ただし地理Ｂは前期のみ選択可
※国際社会学科が実施する英語重視は英語，社会学科とメディアコミュニケーション学科が中期に実施する国語重視は国語の得点を，それぞれ200点に換算し判定する。
一般入試前期４教科(均等配点) 4科目 ①**国**(100)▶国総(漢文を除く) ②**外**(100)▶コミュ英Ⅰ・コミュ英Ⅱ・コミュ英Ⅲ・英表Ⅰ・英表Ⅱ ③**数**(100)▶数Ⅰ・数Ⅱ・数Ａ ④**地歴・公民**(100)▶世Ｂ・日Ｂ・地理Ｂ・政経から１
一般入試中期３教科(均等配点〈数学重視〉)【社会心理学科】 3科目 ①**国**(100)▶国総(漢文を除く) ②**外**(100)▶コミュ英Ⅰ・コミュ英Ⅱ・コミュ英Ⅲ・英表Ⅰ・英表Ⅱ ③**数**

(200) ▶数Ⅰ・数Ⅱ・数A
一般入試後期2教科(均等配点) 2科目 ①国(100) ▶国総(漢文を除く) ②外(100) ▶コミュ英Ⅰ・コミュ英Ⅱ・コミュ英Ⅲ・英表Ⅰ・英表Ⅱ
学校推薦入試 **[出願資格]** 第1志望，校長推薦，現役，入学確約者，全体の学習成績の状況3.6以上，自身の英語能力を客観的に証明することのできる者。
[選考方法] 書類審査，小論文，面接。
自己推薦入試 **[出願資格]** 第1志望，入学確約者。
[選考方法] 書類審査による第一次選考の通過者を対象に，小論文，面接を行う。

社会学部第2部

一般入試前期・中期3教科(均等配点)／前期・中期3教科ベスト2(均等配点) 3科目 ①国(100) ▶国総(漢文を除く) ②外(100) ▶コミュ英Ⅰ・コミュ英Ⅱ・コミュ英Ⅲ・英表Ⅰ・英表Ⅱ ③**地歴・公民・数**(100) ▶世B・日B・地理B・政経・「数Ⅰ・数Ⅱ・数A」から1，ただし地理Bは前期のみ選択可
※3教科ベスト2(均等配点)は3科目を受験し，偏差値換算点の高い2科目で判定する。
一般入試後期2教科(均等配点) 2科目 ①国(100) ▶国総(漢文を除く) ②外(100) ▶コミュ英Ⅰ・コミュ英Ⅱ・コミュ英Ⅲ・英表Ⅰ・英表Ⅱ
学校推薦入試 **[出願資格]** 第1志望，校長推薦，入学確約者，全体の学習成績の状況3.0以上。
[選考方法] 書類審査，小論文，面接。
自己推薦入試 **[出願資格]** 第1志望，入学確約者。
[選考方法] 書類審査，小論文，面接。

国際学部

一般入試前期・中期3教科(均等配点ほか) 3科目 ①国(100) ▶国総(漢文を除く) ②外(100) ▶コミュ英Ⅰ・コミュ英Ⅱ・コミュ英Ⅲ・英表Ⅰ・英表Ⅱ ③**地歴・公民・数**(100) ▶世B・日B・地理B・政経・「数Ⅰ・数Ⅱ・数A」から1，ただし地理Bは前期のみ選択可
※英語重視は英語の得点を200点に換算し判定する(国際地域学科は中期のみ)。
一般入試前期4教科(均等配点) **【国際地域学科】** 4科目 ①国(100) ▶国総(漢文を除く) ②外(100) ▶コミュ英Ⅰ・コミュ英Ⅱ・コミュ英Ⅲ・英表Ⅰ・英表Ⅱ ③**数**(100) ▶数Ⅰ・数Ⅱ・数A ④**地歴・公民**(100) ▶世B・日B・地理B・政経から1
一般入試後期2教科(均等配点) **【グローバル・イノベーション学科】** 2科目 ①国(100) ▶国総(漢文を除く) ②外(100) ▶コミュ英Ⅰ・コミュ英Ⅱ・コミュ英Ⅲ・英表Ⅰ・英表Ⅱ
一般入試後期2教科(英語重視) **【国際地域学科】** 2科目 ①外(200) ▶コミュ英Ⅰ・コミュ英Ⅱ・コミュ英Ⅲ・英表Ⅰ・英表Ⅱ ②**国・数**(100) ▶国総(漢文を除く)・「数Ⅰ・数Ⅱ・数A・数B(数列・ベク)」から1
自己推薦入試 **[出願資格]** 第1志望，入学確約者，指定された英語外部試験の基準を満たす者。
[選考方法] 書類審査，総合問題(英語・数学等から構成)，面接。
AO型推薦入試 **[出願資格]** 第1志望，入学確約者のほか，グローバル・イノベーション学科は自身の英語能力を客観的に証明することができる者。国際地域学科はジャンル・セレクト入試のジャンルA(国際コミュニケーション型)のみ，英語の学習成績の状況4.2以上，または英検1980点以上など，指定された英語外部試験の基準を満たす者。
[選考方法] 書類審査のほか，グローバル・イノベーション学科は英語(提出された英語外部試験のスコアを本学基準に換算して採点)，プレゼンテーション・質疑応答。国際地域学科のWeb体験授業型はプレゼンテーション・質疑応答，ジャンル・セレクト入試は選択するジャンルに応じて，英語面接またはプレゼンテーション・質疑応答またはディスカッションを行う。

国際学部第2部

一般入試前期3教科(均等配点)／前期・中期3教科ベスト2(均等配点) 3科目 ①国(100) ▶国総(漢文を除く) ②外(100) ▶コミュ英Ⅰ・コミュ英Ⅱ・コミュ英Ⅲ・英表Ⅰ・英表Ⅱ ③**地歴・公民・数**(100) ▶世B・日B・地

理B・政経・「数Ⅰ・数Ⅱ・数A」から1，ただし地理Bは前期のみ選択可
※3教科ベスト2（均等配点）は3科目を受験し，偏差値換算点の高い2科目で判定する。
一般入試後期2教科（均等配点） **2科目** ①国(100)▶国総（漢文を除く） ②外(100)▶コミュ英Ⅰ・コミュ英Ⅱ・コミュ英Ⅲ・英表Ⅰ・英表Ⅱ
学校推薦入試 **［出願資格］** 第1志望，校長推薦，現役，入学確約者，全体の学習成績の状況3.4以上。
［選考方法］ 書類審査，面接。
自己推薦入試 **［出願資格］** 第1志望，入学確約者。
［選考方法］ 書類審査，小論文，面接。

国際観光学部

一般入試前期・中期3教科（均等配点ほか） **3科目** ①**国**(100)▶国総（漢文を除く） ②**外**(100)▶コミュ英Ⅰ・コミュ英Ⅱ・コミュ英Ⅲ・英表Ⅰ・英表Ⅱ ③**地歴・公民・数**(100)▶世B・日B・地理B・政経・「数Ⅰ・数Ⅱ・数A」から1，ただし地理Bは前期のみ選択可
※英語重視（前期）は英語，数学重視（中期）は英・国・数の3科目を受験し数学の得点を，それぞれ200点に換算し判定する。また，最高得点重視は，偏差値換算点の最も高い科目を2倍にして判定する。
一般入試前期4教科（均等配点） **4科目** ①**国**(100)▶国総（漢文を除く） ②**外**(100)▶コミュ英Ⅰ・コミュ英Ⅱ・コミュ英Ⅲ・英表Ⅰ・英表Ⅱ ③**数**(100)▶数Ⅰ・数Ⅱ・数A ④**地歴・公民**(100)▶世B・日B・地理B・政経から1
一般入試後期2教科（均等配点） **2科目** ①**国**(100)▶国総（漢文を除く） ②**外**(100)▶コミュ英Ⅰ・コミュ英Ⅱ・コミュ英Ⅲ・英表Ⅰ・英表Ⅱ
学校推薦入試 **［出願資格］** 第1志望，校長推薦，現役，入学確約者，全体の学習成績の状況3.6以上，自身の英語能力を客観的に証明することができる者。
［選考方法］ 書類審査，小論文，プレゼンテーション・質疑応答。
AO型推薦入試 **［出願資格］** 第1志望，入学確約者のほか，総合系（英語型）は指定された英語外部試験の基準を満たす者。
［選考方法］ 書類審査，小論文，プレゼンテーション・質疑応答。

情報連携学部

一般入試前期・中期3教科（均等配点〈文系〉ほか） **3科目** ①**国**(100)▶国総（漢文を除く） ②**外**(100)▶コミュ英Ⅰ・コミュ英Ⅱ・コミュ英Ⅲ・英表Ⅰ・英表Ⅱ ③**地歴・公民・数**(100)▶世B・日B・地理B・政経・「数Ⅰ・数Ⅱ・数A」から1，ただし地理Bは前期のみ選択可
※前期に実施する最高得点重視（文系）は3科目を受験し，偏差値換算点の最も高い科目を2倍にして判定する。
一般入試前期・中期3教科（均等配点〈英・国・数〉） **3科目** ①**国**(100)▶国総（漢文を除く） ②**外**(100)▶コミュ英Ⅰ・コミュ英Ⅱ・コミュ英Ⅲ・英表Ⅰ・英表Ⅱ ③**数**(100)▶数Ⅰ・数Ⅱ・数A
一般入試前期3教科（数学重視〈理系〉） **3科目** ①**外**(100)▶コミュ英Ⅰ・コミュ英Ⅱ・コミュ英Ⅲ・英表Ⅰ・英表Ⅱ ②**数**(200)▶「数Ⅰ・数Ⅱ・数A・数B（数列・ベク）」・「数Ⅰ・数Ⅱ・数Ⅲ・数A・数B（数列・ベク）」から1 ③**理**(100)▶「物基・物」・「化基・化」・「生基・生」から1
一般入試前期・中期3教科（均等配点〈理系〉ほか） **3科目** ①**外**(100)▶コミュ英Ⅰ・コミュ英Ⅱ・コミュ英Ⅲ・英表Ⅰ・英表Ⅱ ②**数**(100)▶「数Ⅰ・数Ⅱ・数A・数B（数列・ベク）」・「数Ⅰ・数Ⅱ・数Ⅲ・数A・数B（数列・ベク）」から1 ③**理**(100)▶「物基・物」・「化基・化」・「生基・生」から1，ただし生基・生は前期のみ選択可
※前期に実施する最高得点重視（理系）は3科目を受験し，偏差値換算点の最も高い科目を2倍にして判定する。
一般入試前期4教科（均等配点） **4科目** ①**国**(100)▶国総（漢文を除く） ②**外**(100)▶コミュ英Ⅰ・コミュ英Ⅱ・コミュ英Ⅲ・英表Ⅰ・英表Ⅱ ③**数**(100)▶数Ⅰ・数Ⅱ・数A ④**地歴・公民**(100)▶世B・日B・地理B・政経から1
一般入試後期2教科（均等配点〈理系〉）

2科目 ①外(100)▶コミュ英Ⅰ・コミュ英Ⅱ・コミュ英Ⅲ・英表Ⅰ・英表Ⅱ ②数(100)▶数Ⅰ・数Ⅱ・数A・数B(数列・ベク)

一般入試後期3教科(均等配点・情報連携学部独自問題) 3科目 ①外(100)▶情報連携のための英語 ②数(100)▶情報連携のための数学 ③情報(100)

一般入試後期2教科(均等配点〈数・情報〉＋面接・情報連携学部独自問題) 3科目 ①数(100)▶情報連携のための数学 ②情報(100) ③面接(100)

一般入試後期2教科(均等配点〈英・数〉＋面接・情報連携学部独自問題) 3科目 ①外(100)▶情報連携のための英語 ②数(100)▶情報連携のための数学 ③面接(100)

※情報連携学部独自問題の出題範囲は，以下の通り。

・情報連携のための英語―情報をテーマにした英語の文章の読解や，英語を使ったコミュニケーションのために必要な基礎的な英語力を問う問題(リスニングを除く)。

・情報連携のための数学―INIADでの学習を進めるために必要な「数Ⅰ・数Ⅱ・数A・数B(数列・ベク)」の内容を出題。

・情報―社会と情報・情報の科学の範囲内から出題。また，高校数学(Ⅰ・Ⅱ・A・B)の知識が必要な問題が出題されることがある。

AO型推薦入試 ［出願資格］ 第1志望，入学確約者，INIAD Admissions Officeによる事前適性審査を受験し，学部の定めた基準を満たす者のほか，コンピュータ・サイエンス型は自作ソフトウェアをGitHub上で公開していること。

［選考方法］ 書類審査のほか，コンピュータ・サイエンス型はプレゼンテーション・質疑応答，INIAD MOOCs型は面接。いずれも，事前適性審査の内容に関する確認を行う口頭試問を含む。

福祉社会デザイン学部

一般入試前期・中期3教科(均等配点ほか) 3科目 ①国(100)▶国総(漢文を除く) ②外(100)▶コミュ英Ⅰ・コミュ英Ⅱ・コミュ英Ⅲ・英表Ⅰ・英表Ⅱ ③地歴・公民・数(100)▶世B・日B・地理B・政経・「数Ⅰ・数Ⅱ・数A」から1，ただし地理Bは前期のみ選択可

※社会福祉学科と子ども支援学科(前期)が実施する国語重視は国語，社会福祉学科(前期)が実施する英語重視は英語の得点を，それぞれ200点に換算し判定する。

※人間環境デザイン学科の前期は，一般前期3教科(均等配点〈英・国・地公数〉)として実施。

一般入試前期3教科(均等配点〈英・数・理〉) 【人間環境デザイン学科】 3科目 ①外(100)▶コミュ英Ⅰ・コミュ英Ⅱ・コミュ英Ⅲ・英表Ⅰ・英表Ⅱ ②数(100)▶数Ⅰ・数Ⅱ・数A・数B(数列・ベク) ③理(100)▶「物基・物」・「化基・化」・「生基・生」から1

一般入試前期4教科(均等配点) 4科目 ①国(100)▶国総(漢文を除く) ②外(100)▶コミュ英Ⅰ・コミュ英Ⅱ・コミュ英Ⅲ・英表Ⅰ・英表Ⅱ ③数(100)▶数Ⅰ・数Ⅱ・数A ④地歴・公民(100)▶世B・日B・地理B・政経から1

一般入試後期2教科(均等配点) 【社会福祉学科・子ども支援学科】 2科目 ①国(100)▶国総(漢文を除く) ②外(100)▶コミュ英Ⅰ・コミュ英Ⅱ・コミュ英Ⅲ・英表Ⅰ・英表Ⅱ

【人間環境デザイン学科】 2科目 ①外(100)▶コミュ英Ⅰ・コミュ英Ⅱ・コミュ英Ⅲ・英表Ⅰ・英表Ⅱ ②国・数(100)▶国総(漢文を除く)・「数Ⅰ・数Ⅱ・数A・数B(数列・ベク)」から1

多面的評価入試(多面的評価前期3科目均等配点) 【子ども支援学科】 3科目 ①外(100)▶英語外部試験スコア ②小論文(100) ③グループディスカッション(100)

※多面的評価入試の出願資格は，自身の英語能力を客観的に証明することができる者。客観的な証明にあたっては，英検(従来型を含む全方式)，GTEC(4技能版)CBTタイプ，TEAP(4技能。同一試験日のスコア合計点のみ有効。TEAP CBTは対象外)，IELTS(4技能。アカデミック・モジュールのみを適用)のいずれかを用い，提出された英語外部試験のスコアを本学基準に換算して採点を行う。

実技入試(実技前期2科目均等配点) 【人間環境デザイン学科】 2科目 ①②「平面構成・解説文」・「立体構成・解説文」(100×2)

学校推薦入試 ［出願資格］ 第1志望，校長

推薦，現役，入学確約者，全体の学習成績の状況3.6以上。

［選考方法］ 書類審査，面接のほか，社会福祉学科は小論文，人間環境デザイン学科は実技（平面構成と解説文）。

自己推薦入試 ［出願資格］ 第１志望，入学確約者。

［選考方法］ 書類審査のほか，社会福祉学科は小論文，面接（口頭試問を含む）。子ども支援学科は小論文，グループディスカッション。人間環境デザイン学科は実技（平面構成と解説文），面接。

健康スポーツ科学部

一般入試前期・中期３教科（均等配点〈文系〉ほか） ③科目 ①国（100）▶国総（漢文を除く） ②外（100）▶コミュ英Ⅰ・コミュ英Ⅱ・コミュ英Ⅲ・英表Ⅰ・英表Ⅱ ③地歴・公民・数・理（100）▶世Ｂ・日Ｂ・地理Ｂ・政経・「数Ⅰ・数Ⅱ・数Ａ」から１，ただし地理Ｂは前期のみ選択可

※健康スポーツ科学科が前期に実施する英語重視は，英語の得点を200点に換算し判定する。

一般入試前期・中期３教科（均等配点〈理系〉） ③科目 ①外（100）▶コミュ英Ⅰ・コミュ英Ⅱ・コミュ英Ⅲ・英表Ⅰ・英表Ⅱ ②数（100）▶「数Ⅰ・数Ⅱ・数Ａ・数Ｂ（数列・ベク）」・「数Ⅰ・数Ⅱ・数Ⅲ・数Ａ・数Ｂ（数列・ベク）」から１ ③理（100）▶「物基・物」・「化基・化」・「生基・生」から１，ただし健康スポーツ科学科の中期は生基・生の選択不可，栄養科学科は前期のみ実施し，物基・物の選択不可

一般入試前期４教科（均等配点） 【健康スポーツ科学科】 ④科目 ①国（100）▶国総（漢文を除く） ②外（100）▶コミュ英Ⅰ・コミュ英Ⅱ・コミュ英Ⅲ・英表Ⅰ・英表Ⅱ ③数（100）▶数Ⅰ・数Ⅱ・数Ａ ④地歴・公民・理（100）▶世Ｂ・日Ｂ・地理Ｂ・政経・「生基・生」から１

一般入試後期２教科（均等配点） ②科目 ①外（100）▶コミュ英Ⅰ・コミュ英Ⅱ・コミュ英Ⅲ・英表Ⅰ・英表Ⅱ ②国・数（100）▶国総（漢文を除く）・「数Ⅰ・数Ⅱ・数Ａ・数Ｂ（数列・ベク）」から１

自己推薦入試 ［出願資格］ 第１志望，入学確約者。

［選考方法］ 書類審査，小論文，面接。ただし，栄養科学科理系型の面接は，化学もしくは生物に関する口頭試問を含む（いずれかを選択）。

AO型推薦入試 ［出願資格］ 第１志望，入学確約者のほか，義務教育修了後（または過去２年間）に，スポーツの分野で顕著な活躍をしたと自認する者。

［選考方法］ 書類審査，小論文，プレゼンテーション・質疑応答。

理工学部

一般入試前期３教科（均等配点ほか） 【機械工学科（１回目・２回目・３回目）・電気電子情報工学科（２回目）・応用化学科（１回目・３回目）・都市環境デザイン学科（１回目・２回目・３回目）】 ③科目 ①外（100）▶コミュ英Ⅰ・コミュ英Ⅱ・コミュ英Ⅲ・英表Ⅰ・英表Ⅱ ②数（100）▶「数Ⅰ・数Ⅱ・数Ａ・数Ｂ（数列・ベク）」・「数Ⅰ・数Ⅱ・数Ⅲ・数Ａ・数Ｂ（数列・ベク）」から１ ③理（100）▶「物基・物」・「化基・化」から１

※機械工学科と都市環境デザイン学科が実施する数学重視は数学，機械工学科と応用化学科が実施する理科重視は理科の得点を，それぞれ200点に換算し判定する。

【電気電子情報工学科（１回目・３回目）】 ③科目 ①外（100）▶コミュ英Ⅰ・コミュ英Ⅱ・コミュ英Ⅲ・英表Ⅰ・英表Ⅱ ②数（100）▶数Ⅰ・数Ⅱ・数Ⅲ・数Ａ・数Ｂ（数列・ベク） ③理（100）▶「物基・物」・「化基・化」から１

※数学重視は，数学の得点を200点に換算し判定する。

【応用化学科（２回目）】 ③科目 ①外（100）▶コミュ英Ⅰ・コミュ英Ⅱ・コミュ英Ⅲ・英表Ⅰ・英表Ⅱ ②数（100）▶「数Ⅰ・数Ⅱ・数Ａ・数Ｂ（数列・ベク）」・「数Ⅰ・数Ⅱ・数Ⅲ・数Ａ・数Ｂ（数列・ベク）」から１ ③理（100）▶化基・化

※理科重視は，理科の得点を200点に換算し判定する。

【建築学科（１回目・２回目・３回目）】 ③科目 ①外（100）▶コミュ英Ⅰ・コミュ英Ⅱ・コミュ英Ⅲ・英表Ⅰ・英表Ⅱ ②数（100）▶「数Ⅰ・数Ⅱ・数Ａ・数Ｂ（数列・ベク）」・「数Ⅰ・数Ⅱ・数

Ⅲ・数Ａ・数Ｂ（数列・ベク）」から１　③**理**（100）▶「物基・物」・「化基・化」・「生基・生」から１
※英語重視は英語，数学重視は数学，理科重視は理科の得点を，それぞれ200点に換算し判定する。
一般入試中期３教科（均等配点）　**3**科目　①**外**（100）▶コミュ英Ⅰ・コミュ英Ⅱ・コミュ英Ⅲ・英表Ⅰ・英表Ⅱ　②**数**（100）▶「数Ⅰ・数Ⅱ・数Ａ・数Ｂ（数列・ベク）」・「数Ⅰ・数Ⅱ・数Ⅲ・数Ａ・数Ｂ（数列・ベク）」から１　③**理**（100）▶「物基・物」・「化基・化」から１，ただし応用化学科は化基・化指定
一般入試後期２教科（均等配点）　**2**科目　①**外**（100）▶コミュ英Ⅰ・コミュ英Ⅱ・コミュ英Ⅲ・英表Ⅰ・英表Ⅱ　②**数**（100）▶数Ⅰ・数Ⅱ・数Ａ・数Ｂ（数列・ベク）
学校推薦入試　**［出願資格］**　第１志望，校長推薦，現役，入学確約者，全体の学習成績の状況3.6以上。
［選考方法］　書類審査のほか，機械工学科は総合問題（物理・数学の基礎的な知識を用いて解く問題と200字程度の小論文），面接。応用化学科と都市環境デザイン学科は小論文，面接（口頭試問を含む）。
AO型推薦入試　**［出願資格］**　第１志望，入学確約者。
［選考方法］　書類審査，課題発表・質疑応答，面接（都市環境デザイン学科は口頭試問を含む）。

総合情報学部

一般入試前期・中期３教科（均等配点〈文系〉ほか）　**3**科目　①**国**（100）▶国総（漢文を除く）②**外**（100）▶コミュ英Ⅰ・コミュ英Ⅱ・コミュ英Ⅲ・英表Ⅰ・英表Ⅱ　③**地歴・公民・数**（100）▶世Ｂ・日Ｂ・地理Ｂ・政経・「数Ⅰ・数Ⅱ・数Ａ」から１，ただし地理Ｂは前期のみ選択可
※英語重視（文系）は，英語の得点を200点に換算し判定する。
一般入試前期・中期３教科（均等配点〈理系〉ほか）　**3**科目　①**外**（100）▶コミュ英Ⅰ・コミュ英Ⅱ・コミュ英Ⅲ・英表Ⅰ・英表Ⅱ　②**数**（100）▶「数Ⅰ・数Ⅱ・数Ａ・数Ｂ（数列・ベク）」・「数Ⅰ・数Ⅱ・数Ⅲ・数Ａ・数Ｂ（数列・ベク）」から１　③**理**（100）▶「物基・物」・「化基・化」・「生基・生」から１，ただし生基・生は前期のみ選択可
※数学重視（理系）は，数学の得点を200点に換算し判定する。
一般入試前期４教科（均等配点〈文系〉）　**4**科目　①**国**（100）▶国総（漢文を除く）　②**外**（100）▶コミュ英Ⅰ・コミュ英Ⅱ・コミュ英Ⅲ・英表Ⅰ・英表Ⅱ　③**数**（100）▶数Ⅰ・数Ⅱ・数Ａ　④**地歴・公民**（100）▶世Ｂ・日Ｂ・地理Ｂ・政経から１
一般入試後期２教科（均等配点）　**2**科目　①**外**（100）▶コミュ英Ⅰ・コミュ英Ⅱ・コミュ英Ⅲ・英表Ⅰ・英表Ⅱ　②**国・数**（100）▶国総（漢文を除く）・「数Ⅰ・数Ⅱ・数Ａ・数Ｂ（数列・ベク）」から１
学校推薦入試　**［出願資格］**　第１志望，校長推薦，現役，入学確約者，全体の学習成績の状況3.6以上。
［選考方法］　書類審査，小論文，面接。
自己推薦入試　**［出願資格］**　第１志望，入学確約者のほか，日本情報オリンピック予選のＢランク以上，情報処理技術者試験センターが実施する試験の合格者など。
［選考方法］　書類審査，小論文，面接。
AO型推薦入試　**［出願資格］**　第１志望，入学確約者のほか，義務教育修了後（または過去２年間）にスポーツの分野で顕著な活躍をしたと自認する者。
［選考方法］　書類審査，プレゼンテーション・質疑応答。

生命科学部

一般入試前期３教科（均等配点ほか）　**【生命科学科（１回目）・生物資源学科（１回目）】**　**3**科目　①**外**（100）▶コミュ英Ⅰ・コミュ英Ⅱ・コミュ英Ⅲ・英表Ⅰ・英表Ⅱ　②**数**（100）▶数Ⅰ・数Ⅱ・数Ａ　③**国・理**（100）▶国総（漢文を除く）・「化基・化」・「生基・生」から１
※理科重視１回目は，国語を除く３科目を受験し，理科の得点を200点に換算し判定する。
【生体医工学科（１回目・３回目）】　**3**科目　①**外**（100）▶コミュ英Ⅰ・コミュ英Ⅱ・コミュ英Ⅲ・英表Ⅰ・英表Ⅱ　②**数**（100）▶「数Ⅰ・数Ⅱ・数Ａ・数Ｂ（数列・ベク）」・「数Ⅰ・数Ⅱ・数Ⅲ・

数A・数B(数列・ベク)」から1 ③理(100)▶「物基・物」・「化基・化」・「生基・生」から1
※理科重視1回目・3回目は，理科の得点を200点に換算し判定する。
【生命科学科(2回目)・生物資源学科(2回目)】 3科目 ①外(100)▶コミュ英Ⅰ・コミュ英Ⅱ・コミュ英Ⅲ・英表Ⅰ・英表Ⅱ ②国・数(100)▶国総(漢文を除く)・「数Ⅰ・数Ⅱ・数A・数B(数列・ベク)」から1 ③理(100)▶「物基・物」・「化基・化」・「生基・生」から1
※理科重視2回目は，理科の得点を200点に換算し判定する。
【生命科学科(3回目・4回目)・生体医工学科(2回目)・生物資源学科(3回目・4回目)】
3科目 ①外(100)▶コミュ英Ⅰ・コミュ英Ⅱ・コミュ英Ⅲ・英表Ⅰ・英表Ⅱ ②数(100)▶「数Ⅰ・数Ⅱ・数A・数B(数列・ベク)」・「数Ⅰ・数Ⅱ・数Ⅲ・数A・数B(数列・ベク)」から1，ただし生命科学科と生物資源学科は数Ⅰ・数Ⅱ・数A・数B指定 ③国・理(100)▶国総(漢文を除く)・「物基・物」・「化基・化」・「生基・生」から1
※生命科学科と生物資源学科の理科重視3・4回目，生体医工学科の理科重視2回目は国語を除く3科目を受験し，理科の得点を200点に換算し判定する。
一般入試中期3教科(均等配点)・3教科ベスト2(均等配点) 3科目 ①外(100)▶コミュ英Ⅰ・コミュ英Ⅱ・コミュ英Ⅲ・英表Ⅰ・英表Ⅱ ②数(100)▶「数Ⅰ・数Ⅱ・数A・数B(数列・ベク)」・「数Ⅰ・数Ⅱ・数Ⅲ・数A・数B(数列・ベク)」から1，ただし生命科学科と生物資源学科は数Ⅰ・数Ⅱ・数A・数B指定 ③国・理(100)▶国総(漢文を除く)・「物基・物」・「化基・化」から1
※3教科ベスト2(均等配点)は3科目を受験し，外国語とそれ以外で最も偏差値換算点の高い科目で判定する。ただし生体医工学科は3教科ベスト2を行わず，3教科(均等配点)は生体医工学科のみ実施
一般入試後期2教科(均等配点) 2科目 ①外(100)▶コミュ英Ⅰ・コミュ英Ⅱ・コミュ英Ⅲ・英表Ⅰ・英表Ⅱ ②国・数(100)▶国総(漢文を除く)・「数Ⅰ・数Ⅱ・数A・数B(数列・ベク)」から1，ただし生体医工学科は数指定

学校推薦入試 [出願資格] 第1志望，校長推薦，現役，入学確約者，全体の学習成績の状況3.6以上。
[選考方法] 書類審査，小論文，面接(口頭試問を含む)。
自己推薦入試 [出願資格] 第1志望，入学確約者。
[選考方法] 書類審査，小論文，面接(口頭試問を含む)。
AO型推薦入試 [出願資格] 第1志望，入学確約者。
[選考方法] 書類審査，プレゼンテーション・質疑応答，面接(口頭試問を含む)。

食環境科学部

一般入試前期3教科(均等配点〈文系〉)・中期3教科(均等配点) 3科目 ①国(100)▶国総(漢文を除く) ②外(100)▶コミュ英Ⅰ・コミュ英Ⅱ・コミュ英Ⅲ・英表Ⅰ・英表Ⅱ ③地歴・公民・数(100)▶世B・日B・地理B・政経・「数Ⅰ・数Ⅱ・数A」から1，ただし地理Bは前期のみ選択可
一般入試前期3教科(均等配点〈理系〉) 3科目 ①外(100)▶コミュ英Ⅰ・コミュ英Ⅱ・コミュ英Ⅲ・英表Ⅰ・英表Ⅱ ②数(100)▶「数Ⅰ・数Ⅱ・数A・数B(数列・ベク)」・「数Ⅰ・数Ⅱ・数Ⅲ・数A・数B(数列・ベク)」から1，ただし食環境科学科と健康栄養学科は数Ⅰ・数Ⅱ・数A・数B指定 ③理(100)▶「物基・物」・「化基・化」・「生基・生」から1，ただし物基・物はフードデータサイエンス学科のみ選択可
※食環境科学科と健康栄養学科が実施する理科重視は理科，フードデータサイエンス学科が実施する数学重視は数学の得点を，それぞれ200点に換算し判定する。
一般入試後期2教科(均等配点) 2科目 ①外(100)▶コミュ英Ⅰ・コミュ英Ⅱ・コミュ英Ⅲ・英表Ⅰ・英表Ⅱ ②国・数(100)▶国総(漢文を除く)・「数Ⅰ・数Ⅱ・数A・数B(数列・ベク)」から1
学校推薦入試 [出願資格] 第1志望，校長推薦，現役，入学確約者，全体の学習成績の状況3.6以上。
[選考方法] 書類審査，小論文，面接。
自己推薦入試 [出願資格] 第1志望，入学

確約者。
[選考方法]　書類審査，小論文，面接。

その他の選抜

共通テスト利用入試は文学部224名（うち第2部27名），経済学部167名（うち第2部29名），経営学部148名（うち第2部15名），法学部142名（うち第2部20名），社会学部121名（うち第2部18名），国際学部99名（うち第2部14名），国際観光学部63名，情報連携学部68名，福祉社会デザイン学部77名，健康スポーツ科学部60名，理工学部179名，総合情報学部79名，生命科学部75名，食環境科学部71名を，第2部・イブニングコース「独立自活」支援推薦入試は8名を募集。ほかに運動部優秀選手推薦入試，指定校推薦入試，附属高等学校推薦入試，協定校推薦入試，外国にルーツを持つ生徒対象入試，海外帰国生入試，国際バカロレアAO入試，社会人特別選抜入試，外国人留学生入試を実施。

偏差値データ（2024年度）

●一般入試前期

学部／学科／専攻	2024年度 駿台予備学校 合格目標ライン	2024年度 河合塾 ボーダー偏差値	2023年度実績 募集人員	志願者数	合格者数	合格最低点	競争率 '23年	競争率 '22年
文学部								
哲（3教科1回目）	45	57.5	18	234	56	172.6/300	4.2	4.0
（3教科2回目）		57.5	11	160	41	174.1/300	3.9	4.2
（3教科英語重視）	45	55	5	56	17	230.0/400	3.3	3.5
（4教科）	44	52.5	4	13	8	215.0/400	1.6	2.0
東洋思想文化（3教科1回目）	44	50	12	110	48	164.0/300	2.3	3.2
（3教科2回目）		50	10	75	26	161.0/300	2.9	3.4
（3教科3回目）		52.5	10	84	34	163.0/300	2.5	2.9
（3教科英語重視）	43	55	7	41	17	220.8/400	2.4	3.3
（4教科）	43	55	3	1	1	217.9/400	1.0	1.7
日本文学文化（3教科1回目）	44	55	14	176	47	170.1/300	3.7	4.3
（3教科2回目）		57.5	14	178	51	169.0/300	3.5	4.9
（3教科3回目）		55	21	246	55	169.3/300	4.5	4.2
（3教科国語重視1回目）	44	57.5	14	210	31	234.9/400	6.8	6.7
（3教科国語重視2回目）		57.5	3	132	28	234.9/400	4.7	6.4
（4教科）	43	55	5	12	8	204.9/400	1.5	2.0
英米文（3教科1回目）	44	55	15	138	48	162.7/300	2.9	—
（3教科2回目）		52.5	15	213	73	162.6/300	2.9	2.6
（3教科3回目）		55	20	193	68	164.3/300	2.8	2.6
（4教科）	43	52.5	5	3	2	187.6/400	1.5	—
（3教科英語重視1回目）	44	52.5	10	101	35	225.5/400	2.9	2.5
（3教科英語重視2回目）		57.5	5	73	22	226.8/400	3.3	2.9
史（3教科1回目）	47	55	20	298	103	168.2/300	2.9	3.5
（3教科2回目）		55	25	287	81	170.0/300	3.5	3.9
（3教科3回目）		55	25	363	126	167.7/300	2.9	3.4
（4教科1回目）	46	52.5	5	17	9	211.0/400	1.9	1.8
（4教科2回目）		55	5	20	11	206.3/400	1.8	1.6

学部／学科／専攻	2024年度		2023年度実績					
	駿台予備学校 合格目標ライン	河合塾 ボーダー偏差値	募集人員	志願者数	合格者数	合格最低点	競争率 '23年	競争率 '22年
教育/人間発達(３教科１回目)		50	9	164	57	162.8/300	2.9	—
(３教科２回目)	45	50	9	161	46	162.2/300	3.5	2.9
(３教科３回目)		50	12	188	54	162.1/300	3.5	2.9
(３教科英語重視)	45	50	4	44	15	219.6/400	2.9	2.0
(４教科)	45	52.5	5	9	5	202.6/400	1.8	1.8
/初等教育(３教科英・国・地公１回目)	46	57.5	8	209	22	178.6/300	9.5	4.3
(３教科英・国・地公２回目)		57.5	5	143	16	178.1/300	8.9	4.8
(３教科英・国・数１回目)	45	57.5	—	—	—	—	新	—
(３教科英・国・数２回目)		57.5	—	—	—	—	新	—
(４教科)	45	52.5	3	34	13	214.3/400	2.6	1.9
国際文化コミュニケーション(３教科１回目)		55	10	151	43	171.7/300	3.5	3.9
(３教科２回目)	44	55	10	120	38	171.1/300	3.2	3.4
(３教科３回目)		55	10	177	46	171.2/300	3.8	3.5
(３教科英語重視１回目)	44	55	5	86	25	230.9/400	3.4	3.4
(３教科英語重視２回目)		55	5	84	30	230.7/400	2.8	4.2
(４教科)	43	52.5	5	4	4	202.6/400	1.0	1.7
文学部第２部								
東洋思想文化(３教科ベスト２・１回目)		47.5	4	23	15	90.0/200	1.5	3.4
(３教科ベスト２・２回目)	33	47.5	—	—	—	—	新	—
(３教科ベスト２・３回目)		47.5	4	21	14	90.5/200	1.5	2.3
日本文学文化(３教科ベスト２・１回目)		47.5	5	34	15	97.8/200	2.3	3.8
(３教科ベスト２・２回目)	34	47.5	5	22	11	97.4/200	2.0	4.3
(３教科ベスト２・３回目)		47.5	5	19	7	99.5/200	2.7	5.3
(３教科)	34	50	5	12	5	137.7/300	2.4	—
教育(３教科ベスト２・１回目)		47.5	—	—	—	—	新	—
(３教科ベスト２・２回目)	34	47.5	4	29	19	86.3/200	1.5	1.7
(３教科ベスト２・３回目)		47.5	4	18	14	85.6/200	1.3	2.2
(３教科)	34	47.5	5	18	7	125.8/300	2.6	—
経済学部								
経済(３教科英・国・数１回目)		52.5	20	381	106	167.8/300	3.6	4.8
(３教科英・国・数２回目)	44	52.5	7	139	29	172.2/300	4.8	5.3
(３教科英・国・数３回目)		52.5	7	163	32	166.9/300	5.1	5.4
(３教科英・国・地公１回目)		55	20	603	85	174.5/300	7.1	11.9
(３教科英・国・地公２回目)	46	55	7	256	35	174.0/300	7.3	11.6
(３教科英・国・地公３回目)		55	7	193	28	174.1/300	6.9	13.5
(３教科最高得点重視１回目)		52.5	5	164	25	236.7/400	6.6	7.5
(３教科最高得点重視２回目)	45	55	5	90	15	241.6/400	6.0	7.4
(３教科最高得点重視３回目)		55	5	80	11	227.9/400	7.3	8.8
(４教科１回目)		50	10	105	53	201.5/400	2.0	2.1
(４教科２回目)	44	50	5	22	8	202.9/400	2.8	3.0
(４教科３回目)		50	5	27	10	200.0/400	2.7	3.2
国際経済(３教科１回目)	44	50	20	245	99	161.9/300	2.5	4.7

学部／学科／専攻	2024年度 駿台予備学校 合格目標ライン	2024年度 河合塾 ボーダー偏差値	2023年度実績 募集人員	志願者数	合格者数	合格最低点	競争率 '23年	競争率 '22年
（3教科2回目）	44	50	20	130	50	160.1/300	2.6	4.4
（3教科3回目）		52.5	15	209	66	160.1/300	3.2	4.3
（3教科英語重視1回目）	44	50	8	75	43	185.5/400	1.7	3.4
（3教科英語重視2回目）		50	8	52	24	184.0/400	2.2	3.5
（4教科）	43	47.5	5	10	8	190.2/400	1.3	1.8
総合政策（3教科1回目）	43	50	28	331	102	161.6/300	3.2	3.5
（3教科2回目）		50	18	221	88	161.3/300	2.5	3.1
（3教科3回目）		50	16	250	80	160.3/300	3.1	3.2
（3教科英語重視）	43	50	10	36	15	188.2/400	2.4	3.1
（3教科数学重視）	43	50	5	26	11	182.9/400	2.4	3.2
（4教科）	42	52.5	3	25	11	194.1/400	2.3	1.9
経済学部第2部								
経済（3教科ベスト2・1回目）	35	47.5	15	83	45	85.9/200	1.8	1.9
（3教科ベスト2・2回目）		47.5	15	84	43	86.5/200	2.0	2.1
（3教科1回目）	36	42.5	10	73	42	114.9/300	1.7	—
（3教科2回目）		42.5	10	60	35	122.7/300	1.7	2.1
経営学部								
経営（3教科英・国・地公1回目）	43	52.5	90	1,799	338	172.8/300	5.3	3.8
（3教科英・国・地公2回目）		55	25	665	110	174.2/300	6.0	4.1
（3教科英・国・地公3回目）		55	25	694	96	173.8/300	7.2	4.6
（3教科英・国・地公4回目）		55	30	947	143	174.0/300	6.6	4.9
（3教科英・国・数1回目）	43	52.5	—	—	—	—	新	—
（3教科英・国・数2回目）		55	—	—	—	—	新	—
（3教科英・国・数3回目）		55	—	—	—	—	新	—
（3教科英・国・数4回目）		55	—	—	—	—	新	—
（3教科英語重視）	43	55	—	—	—	—	新	—
マーケティング（3教科1回目）	43	55	45	452	84	170.0/300	5.4	4.8
（3教科2回目）		55	10	251	55	172.6/300	4.6	5.0
（3教科3回目）		52.5	10	255	40	170.0/300	6.4	5.7
（3教科4回目）		52.5	10	305	60	172.7/300	5.1	6.4
（3教科最高得点重視1回目）	43	55	5	160	31	231.2/400	5.2	4.1
（3教科最高得点重視2回目）		55	—	—	—	—	新	—
（3教科最高得点重視3回目）		57.5	5	148	28	228.4/400	5.3	4.0
（3教科最高得点重視4回目）		55	—	—	—	—	新	—
会計ファイナンス（3教科1回目）	43	50	25	344	83	166.0/300	4.1	3.9
（3教科2回目）		52.5	20	167	36	166.1/300	4.6	4.2
（3教科3回目）		50	20	212	54	166.8/300	3.9	4.5
（3教科英語重視1回目）	43	52.5	10	92	40	190.5/350	2.3	2.3
（3教科英語重視2回目）		52.5	10	71	28	190.0/350	2.5	2.1
（3教科数学重視1回目）	43	50	5	54	27	177.9/350	2.0	3.0
（3教科数学重視2回目）		50	5	40	14	171.4/350	2.9	3.2

学部／学科／専攻	2024年度 駿台予備学校 合格目標ライン	2024年度 河合塾 ボーダー偏差値	2023年度実績 募集人員	志願者数	合格者数	合格最低点	競争率 '23年	競争率 '22年
経営学部第２部								
経営（３教科ベスト２・１回目）	35	45	15	124	55	95.0/200	2.3	3.4
（３教科ベスト２・２回目）		45	—	—	—	—	新	—
（３教科ベスト２・３回目）		45	15	93	42	95.4/200	2.2	3.0
（３教科）	35	42.5	10	64	30	128.5/300	2.1	2.8
法学部								
法律（３教科１回目）	47	52.5	30	643	175	172.1/300	3.7	3.7
（３教科２回目）		52.5	30	394	107	167.9/300	3.7	3.7
（３教科３回目）		52.5	25	438	117	167.2/300	3.7	3.7
（３教科国語重視）	46	55	10	258	53	227.4/400	4.9	4.9
（３教科英語重視）	47	52.5	10	120	34	231.0/400	3.5	3.5
（４教科）	45	52.5	5	44	19	212.8/400	2.3	2.2
企業法（３教科１回目）	43	50	30	377	119	164.9/300	3.2	3.2
（３教科２回目）		50	30	277	92	163.1/300	3.0	2.9
（３教科３回目）		50	25	313	100	160.9/300	3.1	2.9
（３教科国語重視）	43	52.5	10	106	29	207.9/400	3.7	4.2
（３教科英語重視）	43	52.5	5	37	15	214.5/400	2.5	3.1
（４教科）	42	47.5	5	20	12	184.2/400	1.7	1.7
法学部第2部								
法律（３教科１回目）	36	45	20	109	78	120.1/300	1.4	1.7
（３教科２回目）		47.5	20	74	50	118.1/300	1.5	1.7
社会学部								
社会（３教科１回目）	46	55	23	539	107	173.8/300	5.0	5.2
（３教科２回目）		55	23	537	107	173.0/300	5.0	5.2
（３教科３回目）		57.5	18	441	89	172.6/300	5.0	5.2
（４教科１回目）	45	52.5	5	42	32	187.0/400	1.3	1.6
（４教科２回目）		52.5	5	33	25	191.0/400	1.3	1.5
国際社会（３教科１回目）	43	52.5	12	226	75	168.1/300	3.0	4.1
（３教科２回目）		52.5	12	142	47	166.7/300	3.0	4.1
（３教科３回目）		52.5	15	227	69	167.3/300	3.3	4.4
（３教科英語重視１回目）	43	52.5	3	70	30	229.0/400	2.3	3.0
（３教科英語重視２回目）		52.5	3	45	19	226.8/400	2.4	2.7
（３教科英語重視３回目）		52.5	3	63	27	225.9/400	2.3	2.7
（４教科）	44	50	5	19	16	175.7/400	1.2	1.2
メディアコミュニケーション（3教科１回目）	45	55	20	321	54	171.5/300	5.9	5.5
（３教科２回目）		52.5	15	235	41	172.1/300	5.7	5.6
（３教科３回目）		55	20	494	100	171.7/300	4.9	5.5
（４教科１回目）	44	50	5	32	19	191.1/400	1.7	1.4
（４教科２回目）		52.5	5	26	16	190.1/400	1.6	1.4
社会心理（３教科１回目）	45	57.5	20	346	59	173.3/300	5.9	7.2
（３教科２回目）		55	19	216	37	174.8/300	5.8	—
（３教科３回目）		57.5	20	484	83	175.3/300	5.8	7.1

学部／学科／専攻	2024年度 駿台予備学校 合格目標ライン	2024年度 河合塾 ボーダー偏差値	2023年度実績 募集人員	志願者数	合格者数	合格最低点	競争率 '23年	競争率 '22年
（４教科１回目）	44	50	5	24	9	218.0/400	2.7	2.7
（４教科２回目）		52.5	5	31	12	203.7/400	2.6	2.6
社会学部第２部								
社会（３教科ベスト２・１回目）	35	50	5	65	29	97.2/200	2.2	2.2
（３教科ベスト２・２回目）		50	5	37	16	95.9/200	2.3	2.2
（３教科ベスト２・３回目）		50	5	45	21	90.8/200	2.1	2.2
（３教科１回目）	35	45	10	63	31	138.3/300	2.0	2.2
（３教科２回目）		47.5	10	46	24	140.0/300	1.9	1.6
（３教科３回目）		47.5	10	57	29	136.3/300	2.0	1.9
国際学部								
グローバル・イノベーション（３教科１回目）	43	55	10	268	57	171.6/300	4.7	3.2
（３教科２回目）		55	—	—	—	—	新	—
（３教科３回目）		55	10	218	53	172.3/300	4.1	2.9
（３教科英語重視）	43	52.5	8	151	56	235.7/400	2.7	—
国際地域（３教科１回目）	44	50	16	311	86	166.9/300	3.6	2.5
（３教科２回目）		50	16	218	63	165.9/300	3.5	2.3
（３教科３回目）		52.5	16	275	83	167.0/300	3.3	2.4
（３教科４回目）		50	16	276	84	167.0/300	3.3	2.4
（４教科）	43	47.5	—	—	—	—	新	—
国際学部第２部								
国際地域（３教科ベスト２・１回目）	36	47.5	11	54	37	81.8/200	1.5	1.8
（３教科ベスト２・２回目）		47.5	—	—	—	—	新	—
（３教科ベスト２・３回目）		47.5	10	40	27	82.0/200	1.5	1.6
（３教科）	35	47.5	—	—	—	—	新	—
国際観光学部								
国際観光（３教科１回目）	43	52.5	30	363	100	168.1/300	3.6	2.9
（３教科２回目）		52.5	30	263	74	168.5/300	3.6	2.9
（３教科３回目）		50	35	400	110	168.1/300	3.6	2.9
（３教科４回目）		50	35	358	100	165.9/300	3.6	2.9
（３教科英語重視）	42	55	5	95	35	219.1/400	2.7	2.5
（３教科最高得点重視）	43	55	5	95	36	222.9/400	2.6	3.2
（４教科１回目）	42	52.5	5	15	11	183.0/400	1.4	1.3
（４教科２回目）		52.5	5	15	10	181.5/400	1.5	1.2
（４教科３回目）		50	5	14	10	183.5/400	1.4	—
情報連携学部								
情報連携（３教科文系１回目）	41	52.5	5	92	10	170.0/300	9.2	9.5
（３教科文系２回目）		52.5	5	74	13	171.5/300	5.7	7.4
（３教科理系１回目）	41	47.5	25	444	91	167.8/300	4.9	6.3
（３教科理系２回目）		47.5	20	227	49	161.9/300	4.6	6.7
（３教科理系３回目）		47.5	—	—	—	—	新	—
（３教科英・国・数１回目）	41	50	10	108	33	154.7/300	3.3	3.9
（３教科英・国・数２回目）		50	10	52	15	154.3/300	3.5	2.5

学部／学科／専攻	2024年度		2023年度実績					
	駿台予備学校	河合塾	募集人員	志願者数	合格者数	合格最低点	競争率	
	合格目標ライン	ボーダー偏差値					'23年	'22年
（3教科英・国・数3回目）	41	50	10	70	20	152.8/300	3.5	4.4
（3教科数学重視〈理系〉）	41	50	10	173	61	208.4/400	2.8	2.7
（3教科最高得点重視文系）	41	50	3	61	11	236.1/400	5.5	9.4
（3教科最高得点重視理系1回目）	41	50	12	287	73	223.8/400	3.9	3.1
（3教科最高得点重視理系2回目）		50	11	143	37	214.3/400	3.9	4.1
（4教科1回目）	40	47.5	5	54	12	201.6/400	4.5	2.0
（4教科2回目）		47.5	5	34	7	206.9/400	4.9	1.9
福祉社会デザイン学部								
社会福祉（3教科1回目）	44	47.5	15	113	69	147.5/300	1.6	3.6
（3教科2回目）		50	15	79	34	147.0/300	2.3	3.5
（3教科3回目）		47.5	15	134	73	148.8/300	1.8	3.6
（3教科4回目）		47.5	15	145	77	149.1/300	1.9	—
（3教科国語重視）	44	50	5	37	23	178.6/400	1.6	3.9
（3教科英語重視）	44	52.5	5	34	29	193.5/400	1.2	2.4
（4教科1回目）	43	50	—	—	—	—	新	—
（4教科2回目）		50	5	11	8	182.9/400	1.4	1.3
子ども支援（多面的評価3科目）	42	—	10	15	11	211.0/300＊	1.4	—
（3教科1回目）	43	50	10	103	27	166.0/300	3.8	3.4
（3教科2回目）		50	10	100	29	160.8/300	3.4	2.5
（3教科3回目）		47.5	10	122	34	161.1/300	3.6	2.9
（3教科国語重視1回目）	43	50	5	41	17	205.1/400	2.4	—
（3教科国語重視2回目）		50	—	—	—	—	新	—
（4教科）	42	50	5	13	7	202.6/400	1.9	—
人間環境デザイン（3教科英・数・理）	41	45	20	73	47	142.5/300	1.6	3.7
（3教科英・国・地公数1回目）	41	47.5	20	145	62	158.6/300	2.3	3.3
（3教科英・国・地公数2回目）		47.5	20	105	50	154.4/300	2.1	3.2
（4教科）	40	47.5	5	9	6	194.6/400	1.5	—
（実技）	39	—	10	16	12	115.0/200＊	1.3	1.4
健康スポーツ科学部								
健康スポーツ科（3教科文系1回目）	40	50	20	361	79	163.7/300	4.6	4.2
（3教科文系2回目）		50	20	258	61	161.7/300	4.2	3.7
（3教科文系3回目）		50	20	286	70	164.0/300	4.1	4.0
（3教科文系4回目）		50	20	244	55	162.7/300	4.4	4.2
（3教科理系1回目）	39	50	—	—	—	—	新	—
（3教科理系2回目）		50	—	—	—	—	新	—
（3教科英語重視1回目）	40	50	5	58	25	214.9/400	2.3	3.2
（3教科英語重視2回目）		50	5	46	21	213.5/400	2.2	3.3
（4教科）	39	47.5	10	38	19	195.2/400	2.0	2.0
栄養科（3教科文系1回目）	39	42.5	8	76	28	153.3/300	2.7	3.6
（3教科文系2回目）		42.5	8	48	17	148.6/300	2.8	2.6
（3教科文系3回目）		42.5	8	68	26	151.8/300	2.6	3.1
（3教科理系1回目）	39	45	5	24	14	146.4/300	1.7	—

学部／学科／専攻	2024年度 駿台予備学校 合格目標ライン	2024年度 河合塾 ボーダー偏差値	2023年度実績 募集人員	志願者数	合格者数	合格最低点	競争率 '23年	競争率 '22年
（３教科理系２回目）	39	45	5	13	9	141.5/300	1.4	—
（３教科理系３回目）		45	5	13	9	141.3/300	1.4	2.2
理工学部								
機械工（３教科１回目）	41	47.5	30	356	147	148.9/300	2.4	2.6
（３教科２回目）		47.5	24	130	51	150.7/300	2.5	2.9
（３教科３回目）		45	24	145	64	148.0/300	2.3	2.2
（３教科数学重視１回目）	41	45	8	113	62	195.0/400	1.8	—
（３教科数学重視２回目）		45	5	59	28	194.6/400	2.1	1.7
（３教科理科重視１回目）	41	45	8	53	27	197.2/400	2.0	2.1
（３教科理科重視２回目）		47.5	5	38	18	196.3/400	2.1	1.9
電気電子情報工（３教科１回目）	42	50	24	307	105	160.3/300	2.9	3.9
（３教科２回目）		50	19	147	38	160.7/300	3.9	4.6
（３教科３回目）		50	14	106	31	160.9/300	3.4	3.4
（３教科数学重視）	41	45	3	67	22	212.6/400	3.0	3.5
応用化（３教科１回目）	42	45	22	275	154	147.3/300	1.8	1.9
（３教科２回目）		45	22	130	73	147.8/300	1.8	1.8
（３教科３回目）		45	20	141	99	147.1/300	1.4	2.1
（３教科理科重視１回目）	42	47.5	—	—	—	—	新	—
（３教科理科重視２回目）		47.5	14	96	74	178.7/400	1.3	1.6
都市環境デザイン（３教科１回目）	40	45	18	284	147	150.0/300	1.9	2.1
（３教科２回目）		45	12	81	40	146.3/300	2.0	2.5
（３教科３回目）		45	15	75	35	141.0/300	2.1	2.7
（３教科数学重視）	40	47.5	5	44	21	195.1/400	2.1	2.4
建築（３教科１回目）	41	50	26	340	93	163.1/300	3.7	4.2
（３教科２回目）		52.5	15	168	39	166.6/300	4.3	4.2
（３教科３回目）		50	15	133	31	167.1/300	4.3	3.8
（３教科英語重視）	41	50	5	62	25	218.3/400	2.5	3.0
（３教科数学重視）	40	50	—	—	—	—	新	—
（３教科理科重視）	41	50	—	—	—	—	新	—
総合情報学部								
総合情報（３教科文系１回目）	40	50	15	122	28	161.7/300	4.4	5.8
（３教科文系２回目）		50	15	79	20	162.3/300	4.0	5.8
（３教科文系３回目）		50	15	111	23	162.2/300	4.8	5.7
（３教科英語重視文系）	40	50	5	31	7	220.0/400	4.4	5.6
（３教科理系１回目）	40	50	20	243	59	165.5/300	4.1	6.9
（３教科理系２回目）		50	15	101	22	161.1/300	4.6	6.9
（３教科理系３回目）		50	15	107	27	164.4/300	4.0	7.0
（３教科数学重視理系）	40	47.5	5	91	21	223.0/400	4.3	5.8
（４教科文系）	39	47.5	5	23	7	203.3/400	3.3	2.5
生命科学部								
生命科（３教科１回目）	43	45	8	178	57	158.6/300	3.1	2.4
（３教科２回目）		45	8	98	39	156.8/300	2.5	2.3

学部／学科／専攻	2024年度		2023年度実績					
	駿台予備学校	河合塾					競争率	
	合格目標ライン	ボーダー偏差値	募集人員	志願者数	合格者数	合格最低点	'23年	'22年
（3教科3回目）	43	47.5	8	69	24	153.5/300	2.9	1.9
（3教科4回目）		47.5	8	69	29	155.1/300	2.4	1.9
（3教科理科重視1回目）	42	47.5	5	91	36	206.9/400	2.5	1.5
（3教科理科重視2回目）		47.5	5	52	21	203.9/400	2.5	1.8
（3教科理科重視3回目）		47.5	5	32	15	203.3/400	2.1	1.7
（3教科理科重視4回目）		47.5	5	52	23	207.6/400	2.3	1.6
生体医工（3教科1回目）	40	45	14	107	80	132.5/300	1.3	1.8
（3教科2回目）		45	13	43	25	130.8/300	1.7	1.8
（3教科3回目）		45	13	43	29	132.7/300	1.5	1.8
（3教科理科重視1回目）	40	45	5	24	19	170.0/400	1.3	1.5
（3教科理科重視2回目）		45	—	—	—	—	新	—
（3教科理科重視3回目）		45	—	—	—	—	新	—
生物資源（3教科1回目）	40	47.5	9	110	48	152.4/300	2.3	1.8
（3教科2回目）		47.5	9	90	35	153.8/300	2.6	1.5
（3教科3回目）		47.5	9	48	17	148.0/300	2.8	2.3
（3教科4回目）		47.5	5	46	22	152.6/300	2.1	1.9
（3教科理科重視1回目）	40	47.5	5	40	16	189.1/400	2.5	1.6
（3教科理科重視2回目）		47.5	5	48	27	191.7/400	1.8	1.3
（3教科理科重視3回目）		47.5	5	33	15	199.9/400	2.2	1.6
（3教科理科重視4回目）		47.5	8	31	19	208.0/400	1.6	1.4
食環境科学部								
食環境科（3教科文系1回目）	40	47.5	7	94	27	156.1/300	3.5	3.8
（3教科文系2回目）		47.5	—	—	—	—	新	—
（3教科文系3回目）		47.5	7	64	18	152.0/300	3.6	3.2
（3教科文系4回目）		47.5	—	—	—	—	新	—
（3教科理系1回目）	40	47.5	7	85	26	156.9/300	3.3	2.6
（3教科理系2回目）		47.5	—	—	—	—	新	—
（3教科理系3回目）		47.5	5	31	8	147.6/300	3.9	2.8
（3教科理科重視1回目）	40	47.5	—	—	—	—	新	—
（3教科理科重視2回目）		47.5	—	—	—	—	新	—
フードデータサイエンス（3教科文系1回目）	41	47.5	—	—	—	—	新	—
（3教科文系2回目）		47.5	—	—	—	—	新	—
（3教科文系3回目）		47.5	—	—	—	—	新	—
（3教科文系4回目）		47.5	—	—	—	—	新	—
（3教科理系1回目）	41	47.5	—	—	—	—	新	—
（3教科理系2回目）		47.5	—	—	—	—	新	—
（3教科理系3回目）		47.5	—	—	—	—	新	—
（3教科数学重視1回目）	41	47.5	—	—	—	—	新	—
（3教科数学重視2回目）		47.5	—	—	—	—	新	—
健康栄養（3教科文系1回目）	42	45	9	67	20	153.3/300	3.4	6.2
（3教科文系2回目）		45	—	—	—	—	新	—
（3教科文系3回目）		45	9	43	12	150.7/300	3.6	5.3

学部／学科／専攻	2024年度 駿台予備学校 合格目標ライン	2024年度 河合塾 ボーダー偏差値	2023年度実績 募集人員	志願者数	合格者数	合格最低点	競争率 '23年	競争率 '22年
（３教科文系４回目）	42	45	8	48	13	148.0/300	3.7	—
（３教科理系１回目）	42	45	9	55	16	152.8/300	3.4	4.4
（３教科理系２回目）		45	—	—	—	—	新	—
（３教科理系３回目）		45	—	—	—	—	新	—
（３教科理科重視１回目）	42	45	5	29	14	198.9/400	2.1	2.0
（３教科理科重視２回目）		45	—	—	—	—	新	—
（３教科理科重視３回目）		45	—	—	—	—	新	—

●駿台予備学校合格目標ラインは合格可能性80%に相当する駿台模試の偏差値です。　●合格最低点は偏差値換算（＊を除く）
●河合塾ボーダー偏差値は合格可能性50%に相当する河合塾全統模試の偏差値です。
●競争率は受験者÷合格者の実質倍率。ただし2021年度の競争率は志願者÷合格者の志願倍率
※生命科学部生物資源学科の2023年度実績は，旧応用生物科学科に対応しています。

MEMO

二松学舎大学（にしょうがくしゃ）

資料請求

問合せ先＞ 入試課　☎03-3261-7423

建学の精神

二松学舎大学は1877（明治10）年，漢学者であり，明治法曹界の重鎮でもあった三島中洲が，「漢学塾二松学舎」を創立したことに始まる。日本という国が世界に開かれようとしている時代に，自国の文化を正しく理解し，母語を正しく表現することができる真の国際人の養成をめざすと同時に，断片的な知識だけではなく，物事を深耕する力を身につけることの大切さを説いた中洲の想いは，建学の精神である「己ヲ修メ人ヲ治メ一世ニ有用ナル人物ヲ養成ス」に込められ，二松学舎大学では，「国語力」の養成を教育理念として重要視。漢学塾の時代から，丁寧に学生を育てる校風は脈々と受け継がれており，学生に寄り添った教育を展開し，深い知識と広い視野を持ち，主体的に行動でき，社会のために行動できる人材を世に送り出していく。

- 九段キャンパス…〒102-8336　東京都千代田区三番町6-16
- 柏キャンパス……〒277-8585　千葉県柏市大井2590

基本データ

学生数▸ 3,064名（男1,600名，女1,464名）
専任教員数▸ 教授51名，准教授10名，講師12名
設置学部▸ 文，国際政治経済
併設教育機関▸ 大学院ー文学（M・D），国際日本学・国際政治経済学（以上M）

就職・卒業後の進路

就職率 **95.5**%（就職者÷希望者×100）

●**就職支援**　学内業界セミナーやインターンシップ，就職活動支援講座，公務員試験準備講座など，それぞれの志望や状況に合わせたさまざまなプログラムを数多く用意。1年次から始まる正課授業「キャリアデザイン」との連携，小規模大学ならではの強みを生かした親身で手厚い個別指導など，希望の進路実現に向けて強力にサポートしている

●**資格取得支援**　日本語検定やサービス介助士，秘書検定，MOSなど，就職に関してさまざまなシーンで活躍する資格を取得するための講座を開講。伝統と実績の教員養成をはじめ，図書館司書，学芸員をめざす学生のための課程も設置している。

進路指導者も必見 学生を伸ばす 面倒見

初年次教育	学修サポート
学習方法や大学生活等を充実させるためのヒントが詰まったテキストを使用して行う「基礎ゼミナール」のほか，自校教育科目の「二松学舎入門」，ICT教育科目の「ITリテラシー」などを開講	TA制度を導入しているほか，履修相談や学生生活を有意義に過ごすためのアドバイスが受けられるオフィスアワーを設定。また，専任教員が学生約50人（1・2年次を想定）を担当するアドバイザー制度も設けている

オープンキャンパス（2023年度実績） 6月，7月，8月（2回），11月，3月に開催（事前予約制。11月は予約を推奨）。学部・学科説明，入試制度説明，模擬授業，小論文対策講座，総合型選抜対策講座，キャンパスツアーなど。

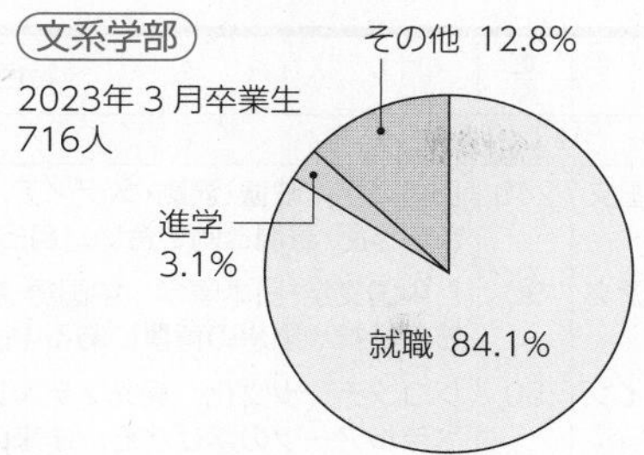

主なOB・OG▶［文］廣岡大介（オートウェーブ社長），［文］河野重陽（書道家），［文］古谷田奈月（小説家），［文］マシコタツロウ（作詞・作曲・編曲家，歌手），［文］チョー（声優），［大学院］石田ひかり（女優）など。

国際化・留学　大学間 38 大学等・部局間 5 大学

受入れ留学生数▶85名（2023年５月１日現在）

留学生の出身国・地域▶中国，台湾，韓国，ベトナム，アメリカなど。

外国人専任教員▶教授１名，准教授１名，講師０名（2023年５月１日現在）

外国人専任教員の出身国▶中国，フランス。

大学間交流協定▶38大学・機関（交換留学先10大学，2023年３月31日現在）

部局間交流協定▶５大学（交換留学先５大学，2023年３月31日現在）

海外への留学生数▶渡航型17名／年（３カ国・地域，2022年度）

海外留学制度▶春・夏休みを利用した約３週間の短期海外語学研修と，休学することなく４年間での卒業が可能な派遣留学（１年間）の，学びに合わせた２つのプログラムを実施。コンソーシアムはUMAPに参加している。

学費・奨学金制度　給付型奨学金総額 年間約 4,447 万円

入学金▶250,000円

年間授業料（施設費等を除く）▶796,000円（詳細は巻末資料参照）

年間奨学金総額▶44,465,000円

年間奨学金受給者数▶105人

主な奨学金制度▶一般選抜Ｓ方式（入試奨学生選抜型）の成績上位合格者より選抜する「入試奨学生」のほか，「二松学舎奨学生」，通算GPAの成績が最も優秀な卒業予定者対象の「中洲賞（特待生）」などの制度を設置。また，学費減免型の制度もあり，2022年度は１人が対象となっている（10万円を減免）。

保護者向けインフォメーション

●**パンフレット**　『受験プランを家族みんなで考えよう！』を発行。

●**成績確認**　保護者ポータルから，修得した授業科目の成績情報を参照することが可能。また，授業連絡や学内連絡などに利用するほか，相談なども行うことができる。

●**父母懇談会**　父母会があり，地区別父母懇談会を開催（2023年度は本学・水戸・松本）し，大学の現況報告や学生生活，就職などについて報告している。機関紙『父母会報』も発行。

●**防災対策**　「Campus Life」を入学時に配布。被災時の学生の安否は，メールやアプリ，SNSを利用して確認する。

インターンシップ科目	必修専門ゼミ	卒業論文	GPA制度の導入の有無および活用例	１年以内の退学率	標準年限での卒業率
開講していない	全学部で１～４年次に実施（１年次は基礎ゼミナール）	文学部は卒業要件	奨学金対象者の選定や退学勧告・大学院入試選抜基準，留学候補者選考，学生に対する個別の学修指導，履修上限単位数の設定に活用	1.7%	94.7%

学部紹介

学部／学科	定員	特色
文学部		
国文	240	▷国文学，映像・演劇・メディア，日本語学の３専攻。さまざまな作品・表現と向き合い，自ら発信することばを養う。
中国文	90	▷中国文学・日本漢学，中国語・韓国語，書道の３専攻。私たちの精神や思想の背景にある中国からの影響を知る。
都市文化デザイン	50	▷コンテンツ文化，観光メディア，国際日本学の３専攻。リベラルアーツの学びから，未来の自分をデザインする。
歴史文化	60	▷日本史，欧米・アジア史，思想・文化史の３専攻。歴史に学び，現在を知り，社会に発信する。
● **取得可能な資格**…教職（国・地歴・社・書・中，小二種），司書，司書教諭，学芸員など。 ● **進路状況**…………就職83.1％　進学3.7％ ● **主な就職先**………いちよし証券，バンダイナムコフィルムワークス，東武タウンソラマチなど。		
国際政治経済学部		
国際政治経済	160	▷国際政治，国際経済，法行政の３専攻。政治，経済，法律の基礎を幅広く学び，複合的な視点で世界を読み解く。
国際経営	80	▷国際経営専攻を設置。多彩なグループワークを実践し，アクティブ・ラーニングで実践的な力を身につける。
● **取得可能な資格**…教職（公・社，小二種），司書，司書教諭，学芸員など。 ● **進路状況**…………就職85.5％　進学1.9％ ● **主な就職先**………ニトリ，武蔵野銀行，東洋埠頭，富士ソフト，サンリオエンターテイメントなど。		

▶キャンパス

文・国際政治経済……［九段キャンパス］東京都千代田区三番町6-16
体育の授業など……［柏キャンパス］千葉県柏市大井2590

2024年度入試要項（前年度実績）

●募集人員

学部／学科	一般S	一般A	一般B	一般R	一般E	一般G	一般D
▶文 国文・中国文・都市文化デザイン・歴史文化	30	40	15	10	—	30	10
▶国際政治経済 国際政治経済・国際経営	30	20	15	—	10	—	10

※学部一括募集。
※一般選抜Ｓ方式は入試奨学生選抜型，Ａ方式は得意科目型，Ｂ方式は前期２科目型，Ｒ方式は小論文型，Ｅ方式は英語外部試験利用型，Ｇ方式は現代文重視型，Ｄ方式は後期１科目型。

文学部

一般選抜Ｓ方式 ③科目 ①**国**（100）▶「国総（近代）・現文Ｂ」・「国総・古典Ｂ（古文）」・「国総・古典Ｂ（漢文）」から１ ②**外**（100）▶コミュ英Ⅰ・コミュ英Ⅱ・コミュ英Ⅲ・英表Ⅰ・英表Ⅱ ③**地歴**（100）▶世Ｂ・日Ｂから１

一般選抜Ａ方式 ②科目 ①**国**（100）▶「国総（近代）・現文Ｂ」・「国総・古典Ｂ（古文）」・「国総・古典Ｂ（漢文）」から１ ②**外・地歴**（100）▶「コミュ英Ⅰ・コミュ英Ⅱ・コミュ英Ⅲ・英表Ⅰ・英表Ⅱ」・世Ｂ・日Ｂから１
※国語と選択科目の２科目のうち，高得点科目を２倍にして判定する。

一般選抜Ｂ方式 ②科目 ①**国**（50）▶国総（近代） ②**外**（50）▶コミュ英Ⅰ・コミュ英Ⅱ・コミュ英Ⅲ・英表Ⅰ・英表Ⅱ
※高得点科目を２倍にして判定する。

キャンパスアクセス［九段キャンパス］東京メトロ半蔵門線・東西線，都営新宿線―九段下より徒歩８分／JR総武線，東京メトロ各線，都営地下鉄各線―飯田橋・市ケ谷より徒歩15分

一般選抜Ｒ方式　②科目　①**小論文**(100)▶文章や図表等与えられた情報と，高校卒業レベルの知識を統合し，自身の考えを述べる形式 ②**国・外**(50)▶国総(近代)・「コミュ英Ⅰ・コミュ英Ⅱ・コミュ英Ⅲ・英表Ⅰ・英表Ⅱ」から1
※小論文を1.5倍，もしくは小論文と選択科目の合計点のうち，高い方を判定に利用する
一般選抜Ｇ方式　②科目　①**国**(100)▶国総(近代) ②**外・地歴**(50)▶「コミュ英Ⅰ・コミュ英Ⅱ・コミュ英Ⅲ・英表Ⅰ・英表Ⅱ」・世Ｂ・日Ｂから1
一般選抜Ｄ方式　①科目　①**国・外**(100)▶「国総(近代)・現文Ｂ」・「コミュ英Ⅰ・コミュ英Ⅱ・コミュ英Ⅲ・英表Ⅰ・英表Ⅱ」から1

国際政治経済学部

一般選抜Ｓ方式　③科目　①**国**(100)▶国総(近代)・現文Ｂ ②**外**(100)▶コミュ英Ⅰ・コミュ英Ⅱ・コミュ英Ⅲ・英表Ⅰ・英表Ⅱ ③**地歴・公民・数**(100)▶世Ｂ・日Ｂ・政経・「数Ⅰ・数Ａ」から1
一般選抜Ａ方式・Ｂ方式　②科目　①**国**(100)▶国総(近代)・現文Ｂ ②**外・地歴・公民・数**(A100・B50)▶「コミュ英Ⅰ・コミュ英Ⅱ・コミュ英Ⅲ・英表Ⅰ・英表Ⅱ」・世Ｂ・日Ｂ・政経・「数Ⅰ・数Ａ」から1
※Ａ方式は，②で受験した科目の得点を２倍にして判定する。
一般選抜Ｅ方式　③科目　①**国**(100)▶国総(近代)・現文Ｂ ②**外**(100)▶英語外部試験による換算 ③**調査書・主体性評価のためのチェックリストによる加点**(10)
※Ｅ方式に出願する場合は，指定された英語外部試験(英検，GTEC，TEAP，TEAP CBT，TOEIC（LR＆SW），TOEIC（L＆R），TOEIC Bridge (LR＆SW)，TOEIC Bridge (L＆R)，TOEFL iBT，IELTS，ケンブリッジ英検)の基準スコアのいずれかを満たしていることを条件とし，取得資格の程度により，70点～100点に換算し，英語の成績とみなす。
※調査書は，外国語の学習成績の状況の評定により加点する(１～５点)。また，主体性評価のためのチェックリストは，チェックリストの回答に基づき，最大５点を加点する。なお，加点の評価は非公開。
一般選抜Ｄ方式　①科目　①**国・外**(100)▶「国総(近代)・現文Ｂ」・「コミュ英Ⅰ・コミュ英Ⅱ・コミュ英Ⅲ・英表Ⅰ・英表Ⅱ」から1

その他の選抜

一般選抜Ｃ方式(共通テスト利用)は文学部15名，国際政治経済学部20名を，総合型選抜は文学部120名(うち中国文学科総合型10名)，国際政治経済学部50名を募集。ほかに学校推薦型選抜(指定校・提携校・附属校推薦)，海外教育経験者特別入試，社会人入試，外国人留学生特別入試を実施。

偏差値データ (2024年度)

●一般選抜

学部／学科	2024年度 駿台予備学校 合格目標ライン	2024年度 河合塾 ボーダー偏差値	2023年度 競争率
▶文学部			
国文(S)	46	52.5	2.5
中国文(S)		47.5	
都市文化デザイン(S)		47.5	
歴史文化(S)		50	
国文(A)	45	50	2.8
中国文(A)		50	
都市文化デザイン(A)		47.5	
歴史文化(A)		47.5	
国文(B)	45	52.5	2.8
中国文(B)		50	
都市文化デザイン(B)		47.5	
歴史文化(B)		50	
▶国際政治経済学部			
国際政治経済(S)	39	45	2.0
国際経営(S)		45	
国際政治経済(A)	38	47.5	2.4
国際経営(A)		47.5	
国際政治経済(B)	39	47.5	2.4
国際経営(B)		47.5	

● 駿台予備学校合格目標ラインは合格可能性80％に相当する駿台模試の偏差値です。
● 河合塾ボーダー偏差値は合格可能性50％に相当する河合塾全統模試の偏差値です。
● 競争率は受験者÷合格者の実質倍率

キャンパスアクセス [柏キャンパス] JR常磐線，東武野田線，東京メトロ千代田線―柏よりスクールバス20分

日本大学

資料請求

問合せ先 入学課 ☎03-5275-8001

建学の精神

人文・社会・自然科学のあらゆる分野を網羅する16学部86学科に通信教育部，短期大学部を擁する，国内最大のスケールを誇る総合大学。宮﨑道三郎や金子堅太郎など，若き法律学者など11名を「創立者」，彼らを全面的に支援した時の司法大臣・山田彰義を「学祖」とし，1889（明治22）年に「日本法律学校」として創立以来，常に世界的な視野と自主創造の精神で大学教育・研究をリードし続け，約125万人にも及ぶ卒業生は，政財界や芸術・文化・スポーツ界などで存在感を発揮。その成果ともいえる総合的な力を未来へ生かし続けるため，全学・学部・学科単位で毎年カリキュラムや授業の改革を図り，教育理念である「自主創造」を構成する「自ら学ぶ」「自ら考える」「自ら道をひらく」能力を身につけ，「日本大学マインド」を有する人材を育成している。

●キャンパス情報はP.647をご覧ください。

基本データ

学生数▶66,579名（男45,645名，女20,934名）

専任教員数▶教授1,037名，准教授599名，講師257名

設置学部▶法一部・二部，文理，経済，商，芸術，国際関係，危機管理，スポーツ科，理工，生産工，工，医，歯，松戸歯，生物資源科，薬

併設教育機関▶大学院（P.647参照），短期大学部（P.663参照），通信教育部（P.647参照）

就職・卒業後の進路

就　職　率 **97.0%**
就職者÷希望者×100　※医・歯・松戸歯を除く

●**就職支援**　全学で約80名の就職支援スタッフを配置し，大学本部と各学部との連携により強力な支援体制を整え，学部の垣根を超えた「合同企業研究会・就職セミナー」をはじめ，各学部で特色を生かした支援プログラムを数多く開催。また，日大出身の社長数は10年以上トップをキープ。頼もしい存在として，本学の就職支援に協力してくれている。

●**資格取得支援**　各学部で多彩な課外講座・コース科目・研究室などを設けているほか，経済学部や商学部など，学外の専門学校と提携して資格取得を支援している学部もある。

進路指導者も必見 学生を伸ばす 面倒見

初年次教育	学修サポート
「自主創造の基礎」では，学部を横断してグループワークを行う「日本大学ワールド・カフェ」を実施し，日大生として身につけるべき学修姿勢や修得すべきスタディスキルを涵養。各学部で「情報リテラシー」なども開講	全学部でオフィスアワー，学部によりTA・SA制度，教員アドバイザー制度を導入。文理で文書作成支援のグローバル教育研究センター，芸術・理工・生産工・生物資源科・薬で学習面の個別指導や相談に応じる施設などを設置

オープンキャンパス（2023年度実績） 各学部・キャンパスで独自に開催（詳細は大学および各学部のHPで確認）。毎年11月に，日本大学会館（東京都千代田区九段南）において，全学部対象の入試相談会も行っている。

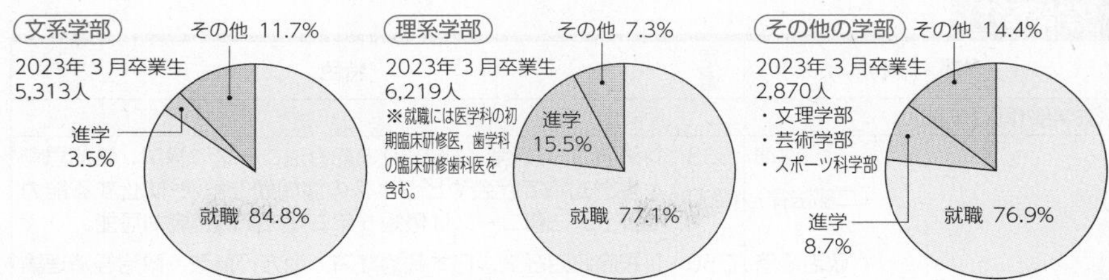

主なOB・OG▶［法］田中良和（グリー会長兼社長），［経済］松浦勝人（エイベックス会長），［芸術］青山剛昌（漫画家），［芸術］三谷幸喜（脚本家・演出家），［スポーツ科］北口榛花（陸上やり投選手）など。

国際化・留学　大学間 50 大学等・部局間 94 大学等

受入れ留学生数▶1,318名（2023年５月１日現在）

留学生の出身国・地域▶中国，韓国，台湾，インドネシア，ベトナム，マレーシアなど。

外国人専任教員▶教授27名，准教授23名，講師６名（2023年５月１日現在）

外国人専任教員の出身国▶NA

大学間交流協定▶50大学・機関（交換留学先30大学，2023年９月12日現在）

部局間交流協定▶94大学・機関（交換留学先27大学，2023年９月12日現在）

海外への留学生数▶渡航型73名・オンライン型38名／年（16カ国・地域，2022年度）

海外留学制度▶全学の学生対象の交換留学や短期海外研修のほか，各学部で特色を生かした留学・研修，実習やフィールドワークなどを展開。コンソーシアムはSAFに参加している。オーストラリアにニューカッスルキャンパスが竣工し，今後さらに，ニューカッスル大学との交流を活発化させていく予定。

学費・奨学金制度　給付型奨学金総額 年間約 5 億 7,941 万円

入学金▶260,000円（二部160,000円）～

年間授業料（施設費等を除く）▶800,000円（二部470,000円）～（詳細は巻末資料参照）

年間奨学金総額▶579,405,000円

年間奨学金受給者数▶1,943人

主な奨学金制度▶学業成績・人物ともに優秀な２年次生以上を対象にした「日本大学特待生」や「日本大学創立130周年記念奨学金」などのほか，学部独自の奨学金制度が設置され，その数は60種類を超えている。また，学費減免制度も用意されている（2022年度は１人を対象に100万円を減免）。

保護者向けインフォメーション

● **オープンキャンパス**　文理・経済・理工の３学部で，通常のオープンキャンパス時に保護者向けの説明会を実施している。

● **成績確認**　成績表を郵送（文理・芸術・危機管理・スポーツ科・理工・医・歯），Web閲覧（法・経済・生産工・松戸歯・生物資源科・薬）。商・国際関係・工は郵送およびWeb閲覧。

● **説明会**　法・経済・理工・生産工・工・医・歯・松戸歯・薬で保護者面談などを行うほか，法・文理・経済で就職ガイダンスを実施。また，生産工学部で「就職ガイドブック」，生物資源科学部で「就職支援センターNEWS」を発行。

● **保護者向けサイト**　生物資源科学部で開設。

● **防災対策**　災害時の学生の安否状況は，メールおよびポータルサイトを利用して確認する。

インターンシップ科目	必修専門ゼミ	卒業論文	GPA制度の導入の有無および活用例	１年以内の退学率	標準年限での卒業率
商・医・歯・松戸歯・薬を除き開講	文理・経済・芸術（写真・音楽・文芸・演劇・放送・デザイン）・危機管理・理工・生産工・工・歯・生物資源科・薬の10学部で実施	芸術・危機・理工・生産・工・生物・薬は必須。文理は学科による	学部・学科により，奨学金等対象者選定，進級・卒業判定，退学勧告，研究室入室・大学院入試選抜，留学候補者選考，学習指導などに活用	1.2%	92.0%（４年制）80.0%（６年制）

学部紹介

学部／学科	定員	特色
法学部（同第二部）		
法律 （二部法律）	533 (200)	▷法曹コース（第一部のみ）と総合法コースで構成。法的思考と専門知識で社会やビジネスの諸問題を解決・防止する能力を養う。法曹コースは最短５年で司法試験挑戦も可能。
政治経済	350	▷国際政治経済，日本政治経済，地方行財政，政治経済理論の４コース。政治，経済，法律などを総合的に学修し，複雑な社会での複眼的視野と行動力を体得する。
新聞	200	▷自由度の高いカリキュラムでジャーナリズムやメディアを体系的に学び，メディ業界で活躍できる人材を養成する。
経営法	200	▷ビジネス法，国際法務，知的財産の３コースの学びを通じて，社会で即戦力となるスキルと判断力を修得する。
公共政策	250	▷行政職課程と公安・自治体コース，公共・公益マネジメントコースを設置。公共を担う知識とスキル，実践力を修得する。
●取得可能な資格…教職（地歴・公・社）。 ●進路状況…………就職83.2%　進学3.8%（第二部を含む） ●主な就職先………清水建設，サイバーエージェント，富士通，東日本旅客鉄道，東京都特別区など。		
文理学部		
哲	88	▷哲学・倫理学・美学・宗教学の学びから，人間が抱き続ける根源的な問いを探究し，論理的思考力と生きる力を磨く。
史	133	▷歴史から社会や人間の営みを長期的かつ複眼的に理解する視点を育み，現代の課題を根源から考察する力を養う。
国文	133	▷日本文学・日本語学の２分野を軸に学び，言葉を通して時代や社会を見つめ直す。教員免許状取得を積極的にサポート。
中国語中国文化	70	▷大きく変動する国際情勢を見据え，中国語圏の文化・歴史・社会を多角的に学ぶ。中国語力をゼロから確実に修得。
英文	133	▷高い英語運用能力を身につけるとともに，英語圏の言語・文学・思想・文化などを学び，異文化への理解を深める。
ドイツ文	80	▷ドイツ語圏の文学・語学・文化を学び，世界へ広がる多角的な視野を身につける。実用的・実践的なドイツ語能力を修得。
社会	210	▷錯綜する現代社会の姿を的確にとらえる柔軟な知性と感性や，新時代を切り拓く構想力や企画力を養う。
社会福祉	60	▷社会福祉の現場に必要な知識・技術・福祉マインドを実践的に学び，これからの福祉社会を担う人材を育成する。
教育	120	▷身近にある「教育」という営みを原理的に考え，実践力を身につけ，多方面で活躍できる人材を育成する。
体育	200	▷中学・高校の保健体育教員やスポーツ指導者，研究者など，広く社会に貢献できる科学知・実践知を身につける。
心理	130	▷実践的な科目を重視したカリキュラムで，人の心を科学的に解明する手法を学ぶ。公認心理師コースを設置。
地理	80	▷自然環境や人々の暮らしから地域を知り，それぞれの課題を解決できる専門家を養成する。実践的な教育を推進。
地球科	80	▷先端技術で地球のメカニズムを解明し，自然環境と人間の未来を洞察する。豊富な演習・実験・実習で実践的に学ぶ。

キャンパスアクセス［法学部キャンパス］JR中央線・総武線，都営地下鉄三田線─水道橋より徒歩3～4分／都営地下鉄新宿線・三田線，東京メトロ半蔵門線─神保町より徒歩5分

数	73	▷専門的な科目から，応用数学や数学教育学まで幅広い分野を学び，社会で求められる思考力と応用力を修得する。
情報科	80	▷論理的思考力と自主性を身につけ，ITの力で次の未来を創造する人材を育成する。情報系資格の取得をバックアップ。
物理	70	▷科学の基礎となる物理学を学び，自然界を根本から理解する楽しさを知り，多様な分野に応用可能な基礎能力を養う。
生命科	70	▷多様な生命現象を分子から生態系のレベルまで幅広い視点から探究し，人や環境にやさしい社会の実現に貢献する。
化	90	▷資源，食料，環境など人類が抱える諸問題について化学の専門知識・技術を生かして解決策を見出す人材を育成する。

● **取得可能な資格**…教職（国・地歴・公・社・数・理・書・保体・情・英・独・中・宗，特別支援），司書，司書教諭，学芸員，測量士補，社会福祉士受験資格など。
● **進路状況**…………就職79.9%　進学8.5%
● **主な就職先**………東京電力ホールディングス，加賀電子，日本生命保険，東京都教育委員会など。

経済学部

経済	916	▷経済理論を学び，経済的現象を探究し，即戦力のビジネスパーソンを育成する。経済を英語で学ぶ国際コースを設置。
産業経営	450	▷産業の実態，企業戦略への理解を深め，組織運営に必要な実践的スキルを身につけた人材を育成する。
金融公共経済	200	▷経済活動をリアルタイムで実践的に学び，金融システム，公共政策の専門家を養成する。

● **取得可能な資格**…教職（地歴・公・社・商業）。
● **進路状況**…………就職84.3%　進学3.1%
● **主な就職先**………YKK，ソフトバンク，大塚商会，野村證券，キーエンス，ディップ，警視庁など。

商学部

商業	666	▷マーケティング，グローバル・ビジネス，金融エコノミーの3コース。変化が激しい市場環境の中で，即戦力として活躍できる実践力を養う。
経営	350	▷マネジメント，事業創造の2コース。組織の創設や運営を学び，ヒト，モノ，カネ，情報を管理する経営力を修得する。
会計	250	▷アカウンティング，会計専門職の2コース。実践的スキルと理論を身につけた会計部門のスペシャリストを養成する。

● **取得可能な資格**…教職（商業）。
● **進路状況**…………就職87.8%　進学2.5%
● **主な就職先**………紅忠スチール，伊藤園，時事通信社，グリー，三井住友銀行，東京国税局など。

芸術学部

写真	100	▷写真技術と芸術的教養・知識を身につけた，「写真」のプロフェッショナルを養成する。
映画	150	▷映像表現・理論，監督，撮影・録音，演技の4コースを設置し，それぞれの分野のスペシャリストを養成する。
美術	60	▷絵画，彫刻の2コース。人間の本質を探り，豊かな創造力で新しい芸術を創造する美術家を養成する。
音楽	90	▷作曲・理論，音楽教育，声楽，ピアノ，弦管打楽，情報音楽の6コースで，一流の音楽人を養成する。
文芸	120	▷“書くこと，発表すること”を中心とした表現活動を通して，主体的に文芸そのものを理解し，創造力と表現力を養う。

キャンパスアクセス ［文理学部キャンパス］ 京王線，東急世田谷線―下高井戸より徒歩8分／京王線―桜上水より徒歩8分

演劇	126	▷舞台構想，演技，舞台美術，舞踊の4コース。舞台創造の力で自らの道を切り拓くプロフェッショナルを養成する。
放送	120	▷テレビ制作，ラジオ制作，映像技術，音響技術，CM，脚本，アナウンスの7分野で表現者としてのスキルを身につける。
デザイン	100	▷確かなデザイン力はもちろん，豊かな感性と鋭い洞察力を持ったデザイナーを養成する。

● **取得可能な資格**…教職（国・音・美・工芸），司書，司書教諭，学芸員，1・2級建築士受験資格など。
● **進路状況**…………就職67.6%　進学9.1%
● **主な就職先**………ホリプロ，島村楽器，オリエンタルランド，ブシロード，共同テレビジョンなど。

国際関係学部

国際総合政策	383	▷国際実務に必要な知識とスキルを養い，世界を取り巻く課題に取り組む専門知識と行動力のある人材を養成する。
国際教養	283	▷外国語学部と同レベルの言語教育で，多文化共生社会で活躍できる人材を養成する。

● **取得可能な資格**…教職（英）。
● **進路状況**…………就職83.0%　進学4.6%
● **主な就職先**………羽田空港サービス，東海旅客鉄道，星野リゾート，静岡県庁，静岡市役所など。

危機管理学部

危機管理	300	▷国内外で起こる危機から社会を守る方法や制度を社会科学的視点で研究し，危機管理をリードする人材を育成する。

● **進路状況**…………就職88.6%　進学4.5%
● **主な就職先**………横河ブリッジ，ジブラルタ生命保険，綜合警備保障，警視庁，東京消防庁など。

スポーツ科学部

競技スポーツ	300	▷アスリート，スポーツサポートの2コース。競技スポーツを多様な視点から探究し，課題を解決に導く能力を養う。

● **進路状況**…………就職85.1%　進学8.4%
● **主な就職先**………味の素冷凍食品，第一生命保険，セントラルスポーツ，防衛省陸上自衛隊など。

理工学部

土木工	220	▷安全で豊かな社会環境を創造する理論と実践力を備えた土木技術者を養成する。卒業生の多くが土木・建設業界で活躍。
交通システム工	120	▷交通システム関連の先端技術を学び，交通の未来をつくるエンジニアを養成する。理工学部で唯一のJABEE認定学科。
建築	250	▷一級建築士をめざして，多彩な建築分野のスペシャリストのもと，「ものづくり」の楽しさや喜びを体感する。
海洋建築工	120	▷建築学の基礎知識の修得とともに，海洋・ウォーターフロントの環境への理解も深める。東京湾での海洋実習も実施。
まちづくり工	100	▷美しさ・楽しさ・安全安心を実現する，まちづくりの専門技術者を養成する。地区デザインなどを少人数で段階的に学ぶ。
機械工	160	▷講義とともに，豊富な実技科目を通して基礎工学を体験的に修得し，新たな価値を創造するエンジニアを養成する。
精密機械工	140	▷機械分野をベースに情報と電気・電子分野の知識・技術を修得し，システムに強いメカトロニクス技術者を養成する。
航空宇宙工	120	▷作って飛ばすをテーマに，体験を重視した実践的な学びで，航空宇宙分野に貢献する技術者を養成する。
電気工	160	▷電気分野（情報・通信・電子・電力）をすべて学び，技術革新とグローバル化に対応できる電気技術者を養成する。

キャンパスアクセス［経済学部キャンパス］JR中央線・総武線，都営地下鉄三田線―水道橋より徒歩3～4分／都営地下鉄新宿線・三田線，東京メトロ半蔵門線―神保町より徒歩5分

学科	定員	特色
電子工	100	▷次世代情報通信技術をハードウェア・ソフトウェアの両面から修得し，豊かな未来を創造する技術者を養成する。
応用情報工	100	▷情報処理，ネットワークシステム，組込みシステムの３分野を軸に学び，ソフトウェアのものづくりの楽しさを体感。
物質応用化	200	▷物質の性質や化学反応を学び，環境や生命に調和した新物質の創造と実用化への応用を見出す科学技術者を養成する。
物理	140	▷多彩な将来に対応する７つの履修モデルを参考に科目を選択し，論理的思考力と実験や観測，情報処理のスキルを養う。
数	100	▷純粋数学と情報数学を同時に学べるカリキュラムを用意。AIやIoTなど，これからの技術に対応する力も身につける。

● **取得可能な資格**…教職(数・理・技・情・工業)，学芸員，測量士補，１・２級建築士受験資格など。
● **進路状況**…………就職70.3%　進学24.3%
● **主な就職先**………本田技研工業，大林組，大和ハウス工業，日本アイ・ビー・エム，東京都庁など。

生産工学部

学科	定員	特色
機械工	198	▷自動車，航空宇宙，ロボット・機械創造の３コース。産業の基盤を支える，ものづくりのセンスと実践力を養う。
電気電子工	176	▷エネルギーシステム，eコミュニケーションの２コース。電気自動車や人工知能など，数多くの分野を学修する。
土木工	198	▷土木工学のあらゆる先端技術を駆使し，環境と調和した安全で快適な暮らしを支えるエンジニアを養成する。
建築工	198	▷一級建築士資格取得に必要な専門知識や多彩な領域を横断的かつ総合的に学び，協働して現場を動かす実践力を養う。
応用分子化	176	▷応用化学システム，国際化学技術者の２コース。化学と工学の力で未来を開く科学技術者を養成する。
マネジメント工	176	▷ビジネスマネジメント，経営システム，フードマネジメントの３コース。データサイエンスと経営スキルを併せ持つ次世代の技術者を養成する。
数理情報工	154	▷コンピュータサイエンス，シミュレーション・データサイエンス，メディアデザインの３コース。情報処理技術の理論と実務を学び，高度情報化社会に対応できる人材を育成する。
環境安全工	132	▷環境安全，環境エネルギーの２コース。持続発展可能な社会を構築する技術者を養成する。
創生デザイン	132	▷プロダクトデザイン，空間デザインの２コース。「ヒトとモノ」のことがわかるデザイナーを養成する。

● **取得可能な資格**…教職(数・理・情・工業)，測量士補，１・２級建築士受験資格など。
● **進路状況**…………就職79.3%　進学15.4%
● **主な就職先**………日本電気，SUBARU，日立製作所，セイコーエプソン，凸版印刷，千葉県庁など。

工学部

学科	定員	特色
		▶人の心と身体，地球に優しい生き方を支える「ロハス工学」を提唱し，「ロハス工学センタープロジェクト」を展開。
土木工	160	▷社会基盤デザイン，環境デザインの２コース。インフラ整備から環境保全まで，土木の幅広い分野を学修する。
建築	190	▷構造・材料系，計画・環境系の２領域で高い技術力と豊かな芸術性を身につけ，人々の安全で快適な暮らしを実現する。
機械工	180	▷実践的な学びで技術と創造力を養い，環境を考えたものづくりで社会を豊かにするエンジニアを養成する。

キャンパスアクセス ［商学部キャンパス］ 小田急線一祖師ヶ谷大蔵より徒歩12分，成城学園前よりバス５分

学科	定員	特色
電気電子工	180	▷電子情報通信，電気エネルギーの２コース。情報工学も重視した学びで，人と環境に役立つ技術で未来に貢献する。
生命応用化	130	▷応用化学，環境化学，生命化学の３分野を体系的・横断的に学び，社会に役立つ実践力を持った化学技術者を養成する。
情報工	190	▷情報システム，情報デザインの２コース。情報に関する知識・技術を総合的に学び，人と環境に優しい社会を実現する。

● 取得可能な資格…教職(数・理・技・情・工業)，測量士補，１級・２級建築士受験資格など。
● 進路状況…………就職79.3%　進学15.0%
● 主な就職先………鹿島建設，スズキ，東北電力，ニプロファーマ，中日本高速道路，福島県庁など。

医学部

学科	定員	特色
医	135	▷「高い人間力を有する医師」「学際的視野を持った研究者」「熱意ある教育者」を育成する。１～４年次まで一貫して国際基準に準拠した医学英語教育を行い，英語力を強化。

● 取得可能な資格…医師受験資格。
● 進路状況…………初期臨床研修医84.6%

歯学部

学科	定員	特色
歯	130	▷医学的歯学の専門知識を持ち，日本の歯科医療を牽引する医療人を育成する。新校舎が2022年から運用が始まり，充実の学修環境と最新設備で，教育・研究・臨床を融合。

● 取得可能な資格…歯科医師受験資格。
● 進路状況…………臨床研修歯科医67.4%

松戸歯学部

学科	定員	特色
歯	130	▷口腔の健康は全身の健康を支えるという「オーラルサイエンス(口腔科学)」の学びをもとに，人間性豊かな歯科医師を育成する。2024年に，新校舎の使用を開始予定。

● 取得可能な資格…歯科医師受験資格。
● 進路状況…………臨床研修歯科医74.2%

生物資源科学部

学科	定員	特色
バイオサイエンス	210	▷栄養・健康科学，発酵・ケミカルバイオロジー，微生物・植物の３コース。生命現象を先端的バイオテクノロジーで解明し，深刻化する社会問題を解決できる人材を育成する。
動物	136	▷分子から生態系まで“動物の謎”を解明し，自然環境や人間社会への対応を考え，実践できる人材を育成する。
海洋生物	146	▷海洋環境保全と持続的発展に不可欠な知識と技術を身につけ，海と人のくらしの調和を創造する人材を育成する。
森林	120	▷森林を多角的に研究し，森林の有効活用や自然環境の保全利用に関する課題に向き合う知識と技術を身につける。
環境	130	▷広い視野とグローバルな視点を備え，人と自然の共生環境を保全・修復・創造できる“確かな人材”を育成する。
アグリサイエンス	140	▷価値の高い植物・動物性食資源を生産し，安定的に供給するしくみの構築や消費者ニーズに対応する能力を養う。
食品開発	146	▷未来を見据えた食品の創造開発を通じて，持続可能な社会に貢献する人材を育成する。
食品ビジネス	146	▷食の世界を多様な視点から深く探究し，食品ビジネスの新たな担い手になるための企画力・プレゼン力を身につける。

 キャンパスアクセス ［芸術学部江古田キャンパス］ 西武池袋線―江古田より徒歩3分

学科	定員	特色
国際共生	146	▷生物資源と人との共生，生産国・利用国との国際共生を図り，生物資源を国際的にマネジメントできる人材を育成する。
獣医保健看護	80	▷付属の動物病院と連携した実習を通じ，獣医師と協働して動物の健康と福祉に貢献する愛玩動物看護師を育成する。
獣医	120	▷動物の健康維持・増進を図るとともに，人の健康と福祉に貢献できる獣医師を育成する。病気の診断・治療・予防，公衆衛生，野生動物の保護や環境保全など広い領域をカバー。

- **取得可能な資格**…教職（地歴・公・社・理・農・水産），学芸員，測量士補，獣医師・愛玩動物看護師受験資格など。
- **進路状況**…………就職80.7％　進学9.3％
- **主な就職先**………フィード・ワン，カネコ種苗，タカラバイオ，家畜改良センター，北海道庁など。

薬学部

学科	定員	特色
薬	244	▷６年制。医療人としての倫理観と高い専門性を備え，健康と医療の向上に貢献できる薬剤師を育成する。医学部や医学部附属看護専門学校との多職種連携教育を推進。

- **取得可能な資格**…薬剤師受験資格。
- **進路状況**…………就職94.6％　進学2.7％
- **主な就職先**………第一三共，イーピーエス，ウエルシア薬局，日本大学医学部附属板橋病院など。

▶大学院

法学・新聞学・文学・総合基礎科学・経済学・商学・芸術学・国際関係・理工学・生産工学・工学・生物資源科学・総合社会情報（通信制）（以上M・D），危機管理学，スポーツ科学（以上M），医学・歯学・松戸歯学・獣医学・薬学（以上D），法務（P）

▶通信教育部

法学部，文理学部，経済学部，商学部

▶キャンパス

法……［法学部キャンパス］東京都千代田区神田三崎町2-3-1
文理……［文理学部キャンパス］東京都世田谷区桜上水3-25-40
経済……［経済学部キャンパス］東京都千代田区神田三崎町1-3-2
商……［商学部キャンパス］東京都世田谷区砧5-2-1
芸術……［江古田キャンパス］東京都練馬区旭丘2-42-1
国際関係……［国際関係学部キャンパス］静岡県三島市文教町2-31-145（北口校舎は1-9-18）
危機管理・スポーツ科……［三軒茶屋キャンパス］東京都世田谷区下馬3-34-1
理工（交通システム工・海洋建築工・精密機械工・航空宇宙工・電子工・応用情報工１～４年次，その他の学科１年次）……［船橋キャンパス］千葉県船橋市習志野台7-24-1
理工（土木工・建築・まちづくり工・機械工・電気工・物質応用化・物理・数２～４年次）……［駿河台キャンパス］東京都千代田区神田駿河台1-8-14
生産工１年次……［実籾キャンパス］千葉県習志野市新栄2-11-1
生産工２～４年次……［津田沼キャンパス］千葉県習志野市泉町1-2-1
工……［工学部キャンパス］福島県郡山市田村町徳定字中河原１番地
医……［医学部キャンパス］東京都板橋区大谷口上町30-1
歯……［歯学部キャンパス］東京都千代田区神田駿河台1-8-13
松戸歯……［松戸歯学部キャンパス］千葉県松戸市栄町西2-870-1
生物資源科……［生物資源科学部キャンパス］神奈川県藤沢市亀井野1866
薬……［薬学部キャンパス］千葉県船橋市習志野台7-7-1

キャンパスアクセス［国際関係学部キャンパス］JR東海道新幹線・東海道本線，伊豆箱根鉄道―三島より徒歩10分（三島駅北口校舎は徒歩1分）

2025年度入試要項（予告）

●募集人員

学部／学科	一般A	一般N	一般C	一般CA	公募推薦	総合型
▶法 法律	1期140 2期35	1期63 2期10	3教30 4教5	—	—	10
政治経済	1期90 2期30	1期28 2期10	3教20 4教5	—	—	10
新聞	1期40 2期10	1期13 2期10	3教20 4教5	—	—	10
経営法	1期40 2期10	1期13 2期10	3教20 4教5	—	—	10
公共政策	1期60 2期10	1期23 2期10	3教20 4教5	—	—	10
▶法二部 法律	1期20 2期20 3期15	1期20 2期10	3教10 4教5	—	—	—
▶文 哲	1期22 2期3	1期3 2期2	1期9 2期2	—	—	5
史	1期59 2期3	1期3 2期2	1期6	—	—	3
国文	1期41 2期5	1期3 2期3	1期7	—	—	8
中国語中国文化	1期20 2期2	1期2 2期2	1期2	—	—	7
英文	1期43 2期5	1期3 2期2	1期5 2期3	—	—	6
ドイツ文	1期23 2期3	1期2 2期2	1期5	—	—	5
社会	1期92 2期3	1期3 2期2	1期13	—	—	—
社会福祉	1期18 2期2	1期2 2期2	1期3	—	—	5
教育	1期47 2期3	1期3 2期3	1期7	—	—	—
体育	1期65 2期2	1期3 2期2	1期5	—	—	23
心理	1期50 2期2	1期3 2期2	1期8	—	—	—
地理	1期30 2期3	1期2 2期2	1期5	—	—	3
地球科	1期28 2期4	1期2 2期1	1期2	—	—	3
数	1期25 2期5	1期2 2期2	1期6 2期2	—	—	—
情報科	1期33 2期6	1期3 2期2	1期8	—	—	2
物理	1期25 2期6	1期3 2期2	1期8 2期2	—	—	—
生命科	1期30 2期5	1期2 2期2	1期5 2期2	—	—	—
化	1期30 2期3	1期3 2期2	1期6	—	—	5
▶経済 経済	1期175 2期50	1期90 2期40	1期3教52 1期3科22 2期13	—	—	20
産業経営	1期60 2期30	1期40 2期25	1期3教25 1期3科14 2期4	—	—	20
金融公共経済	1期35 2期15	1期20 2期10	1期3教4 1期3科4 2期4	—	—	20
▶商 商業	1期140 2期65	1期60 2期10	1期41 2期5	—	14	15
経営	1期68 2期32	1期30 2期6	1期22 2期3	—	7	9
会計	1期52 2期23	1期20 2期4	1期17 2期2	—	6	6
▶芸術 写真	19	1期3 2期2	—	—	21	40
映画	40	1期8 2期4	—	—	18	35
美術	20	1期2 2期2	—	—	2	23
音楽	25	1期3 2期2	—	—	5	40
文芸	30	1期6 2期3	—	—	17	33
演劇	42	1期3 2期3	—	—	30	20
放送	54	1期10 2期2	—	—	5	15
デザイン	20	1期2 2期2	—	—	18	23
▶国際関係 国際総合政策	1期90 2期50 3期16	1期15	1期20 2期10	—	10	40

キャンパスアクセス ［三軒茶屋キャンパス（危機管理学部・スポーツ科学部）］ 東急田園都市線・世田谷線—三軒茶屋より徒歩10分／東急東横線—祐天寺よりバス10分

学部	学科						
	国際教養	1期70 2期40 3期14	1期10	1期15 2期5	—	5	25
▶危機管理	危機管理	105	1期15 2期10	—	—	—	25
▶スポーツ科	競技スポーツ	70	1期10 2期5	—	—	—	68
▶理工	土木工	30	1期22 2期5	1期35 2期2	—	—	15
	交通システム工	15	1期12 2期2	1期13 2期2	—	—	15
	建築	58	1期20 2期2	1期39 2期2	—	—	3
	海洋建築工	17	1期10 2期2	1期13 2期2	—	—	15
	まちづくり工	15	1期12 2期2	1期12 2期2	—	—	6
	機械工	30	1期11 2期2	1期28 2期2	—	—	6
	精密機械工	23	1期10 2期2	1期23 2期2	—	—	9
	航空宇宙工	22	1期8 2期2	1期20 2期2	—	—	5
	電気工	28	1期16 2期2	1期26 2期2	—	—	5
	電子工	15	1期8 2期3	1期15 2期2	—	—	6
	応用情報工	19	1期11 2期2	1期12 2期2	—	—	3
	物質応用化	37	1期17 2期3	1期30 2期2	—	—	10
	物理	22	1期12 2期2	1期24 2期2	—	—	7
	数	16	1期7 2期2	1期10 2期2	—	—	12
▶生産工	機械工	1期36 2期21	1期18 2期2	20	6	5	21
	電気電子工	1期33 2期19	1期16 2期2	18	4	4	18
	土木工	1期34 2期21	1期18 2期2	20	6	5	23
	建築工	1期36 2期21	1期18 2期2	20	6	5	21
	応用分子化	1期33 2期19	1期16 2期2	18	4	4	18
	マネジメント工	1期33 2期19	1期16 2期2	18	4	4	18
	数理情報工	1期29 2期17	1期14 2期2	16	3	4	17
	環境安全工	1期24 2期14	1期12 2期2	13	3	3	15
	創生デザイン	1期24 2期14	1期12 2期2	13	3	3	15
▶工	土木工	30	1期10 2期3	3教20 4教5	15	65	10
	建築	60	1期10 2期3	3教25 4教5	15		14
	機械工	50	1期10 2期3	3教25 4教5	15		15
	電気電子工	45	1期10 2期3	3教25 4教5	15		14
	生命応用化	30	1期10 2期3	3教15 4教5	15		8
	情報工	50	1期10 2期3	3教30 4教5	15		16
▶医	医	—	1期90 2期15		—	—	—
▶歯	歯	60	1期9 2期3	1期10 2期2	—	7	—
▶松戸歯	松戸歯	1期45 2期10	1期8 2期2	1期3 2期2	—	3	17
▶生物資源科	バイオサイエンス	1期60 2期20	1期8 2期7	—	—	10	15
	動物	1期40 2期13	1期5 2期5	—	—	7	10
	海洋生物	1期45 2期13	1期6 2期5	—	—	7	10
	森林	1期35 2期11	1期5 2期5	—	—	4	8
	環境	1期40 2期12	1期5 2期5	—	—	4	8
	アグリサイエンス	1期42 2期13	1期5 2期5	—	—	5	10
	食品開発	1期45 2期13	1期6 2期5	—	—	7	10
	食品ビジネス	1期45 2期13	1期6 2期5	—	—	7	10
	国際共生	1期45 2期13	1期6 2期5	—	—	7	10
	獣医保健看護	1期25 2期7	1期3 2期2	—	—	4	5

キャンパスアクセス ［理工学部船橋キャンパス］ 京葉高速線（東京メトロ東西線相互乗り入れ）一船橋日大前より徒歩1分

	獣医	1期47	1期5	—	—	13	—
		2期10	2期3				
▶薬	薬	95	1期12	8	—	20	—
			2期2				

注）募集人員は2024年度の実績です。
※一般Ａ方式は個別方式。一般N方式は全学統一方式。一般Ｃ方式は共通テスト利用方式。一般CA方式は共通テスト併用方式。
※次のように略しています。教科→教，科目→科。

注）配点は編集時，未公表。最新の募集要項でご確認ください。なお，各学部で実施している学校推薦型選抜（公募制），総合型選抜は2024年度の選抜実績です。

法学部・法学部第二部

一般選抜Ａ方式（第１期・第２期） **3科目** ①**国**▶現国・言語（漢文を除く） ②**外**▶英コミュⅠ・英コミュⅡ・英コミュⅢ・論表Ⅰ・論表Ⅱ・論表Ⅲ ③**地歴・公民・数**▶「歴総・世探」・「歴総・日探」・「公・政経」・「数Ⅰ・数Ⅱ・数Ａ・数Ｂ（数列）・数Ｃ（ベク）」から１

一般選抜N方式（第１期・第２期） **3科目** ①**国**▶現国・言語（漢文を除く） ②**外**▶英コミュⅠ・英コミュⅡ・英コミュⅢ・論表Ⅰ・論表Ⅱ・論表Ⅲ ③**地歴・公民・数**▶「歴総・世探」・「歴総・日探」・「地総・地探」・「公・政経」・「数Ⅰ・数Ⅱ・数Ａ（図形・場合）・数Ｂ（数列）・数Ｃ（ベク）」から１

一般選抜Ｃ方式（共通テスト利用方式）〈３教科型〉 **3科目** ①**国**▶国（漢文を除く） ②**外**▶英（リスニングを含む） ③**地歴・公民・数・理・情**▶「歴総・世探」・「歴総・日探」・「地総・地探」・「公・倫」・「公・政経」・「地総・歴総・公から２」・数Ⅰ・「数Ⅰ・数Ａ」・「数Ⅱ・数Ｂ・数Ｃ」・「物基・化基・生基・地学基から２」・物・化・生・地学・情Ⅰから１

[個別試験] 行わない。

一般選抜Ｃ方式（共通テスト利用方式）〈４教科型〉 **4科目** ①**国**▶国（漢文を除く） ②**外**▶英（リスニングを含む） ③④**地歴・公民・数・理・情**▶「歴総・世探」・「歴総・日探」・「地総・地探」・「公・倫」・「公・政経」・「地総・歴総・公から２」・数Ⅰ・「数Ⅰ・数Ａ」・「数Ⅱ・数Ｂ・数Ｃ」・「物基・化基・生基・地学基から２」・物・化・生・地学・情Ⅰから２教科２科目

[個別試験] 行わない。

総合型選抜 **[出願資格]** 入学確約者のほか，全体の学習成績の状況が3.5以上などの要件がある経営法学科など，各学科で定められた要件あり。

[選考方法] 書類審査通過者を対象に，第二次選考で筆記試験と口頭試問および面接を行う。なお，公共政策学科は，英検準１級以上などの要件に該当する者は，第一次選考ならびに第二次選考で加点する。

文理学部

一般選抜Ａ方式（人文系・社会系） **【哲学科・史学科・国文学科・中国語中国文化学科・英文学科・ドイツ文学科・社会学科・社会福祉学科・教育学科・体育学科・心理学科・地理学科】** **3科目** ①**国**▶現国・言語（現代の論理的な文章・文学的な文章必須，現代の論理的な文章・古典〈漢文を除く〉から１題選択。ただし，国文学科は古典を選択すること） ②**外**▶英コミュⅠ・英コミュⅡ・英コミュⅢ・論表Ⅰ・論表Ⅱ・論表Ⅲ ③**地歴・公民・数・情**▶「歴総・世探」・「歴総・日探」・「地総・地探」・「公・倫」・「公・政経」・「数Ⅰ・数Ⅱ・数A（図形・場合）・数B（数列）・数C（ベク）」・情Ⅰから１
※外部の英語資格・検定試験のスコアを所定の換算基準により，外国語の得点として利用することができることを検討中。

一般選抜Ａ方式（理学系） **【地球科学科・生命科学科・化学科】** **3科目** ①**外**▶英コミュⅠ・英コミュⅡ・英コミュⅢ・論表Ⅰ・論表Ⅱ・論表Ⅲ ②**数**▶「数Ⅰ・数Ⅱ・数Ａ（図形・場合）・数Ｂ（数列・推測）・数Ｃ（ベク・平面）」・「数Ⅰ・数Ⅱ・数Ⅲ・数Ａ（図形・場合）・数Ｂ（数列・推測）・数Ｃ（ベク・平面）」から１ ③**理・情**▶「物基・物」・「化基・化」・「生基・生」・「地学基・地学」・情Ⅰから１
※外部の英語資格・検定試験のスコアを所定の換算基準により，外国語の得点として利用することができることを検討中。

【数学科・情報科学科・物理学科】 **3科目** ①**外**▶英コミュⅠ・英コミュⅡ・英コミュⅢ・論表Ⅰ・論表Ⅱ・論表Ⅲ ②**数**▶数Ⅰ・数Ⅱ・数Ⅲ・数Ａ（図形・場合）・数Ｂ（数列・推測）・数Ｃ（ベ

キャンパスアクセス [理工学部駿河台キャンパス] JR中央線・総武線，東京メトロ丸ノ内線―御茶ノ水より徒歩3～5分／東京メトロ千代田線―新御茶ノ水より徒歩3分

ク・平面）　③理・情▶「物基・物」・「化基・化」・「生基・生」・「地学基・地学」・情Ⅰから１
※外部の英語資格・検定試験のスコアを所定の換算基準により，外国語の得点として利用することができることを検討中。
一般選抜Ｎ方式（第１期・第２期）　**【哲学科・史学科・国文学科・英文学科・ドイツ文学科・社会学科・社会福祉学科・教育学科】** ③科目　①**国**▶現国・言語（漢文を除く）　②**外**▶英コミュⅠ・英コミュⅡ・英コミュⅢ・論表Ⅰ・論表Ⅱ・論表Ⅲ　③**地歴・公民・数**▶「歴総・世探」・「歴総・日探」・「地総・地探」・「公・政経」・「数Ⅰ・数Ⅱ・数Ａ（図形・場合）・数Ｂ（数列）・数Ｃ（ベク）」から１
【中国語中国文化学科・体育学科・心理学科・地理学科】 ③科目　①**外**▶英コミュⅠ・英コミュⅡ・英コミュⅢ・論表Ⅰ・論表Ⅱ・論表Ⅲ　②**国・数**▶「現国・言語（漢文を除く）」・「数Ⅰ・数Ⅱ・数Ａ（図形・場合）・数Ｂ（数列）・数Ｃ（ベク）」・「数Ⅰ・数Ⅱ・数Ⅲ・数Ａ（図形・場合）・数Ｂ（数列）・数Ｃ（ベク・平面）」から１　③**地歴・公民・理**▶「歴総・世探」・「歴総・日探」・「地総・地探」・「公・政経」・「物基・物」・「化基・化」・「生基・生」から１
【地球科学科・数学科・情報科学科・物理学科・生命科学科・化学科】 ③科目　①**外**▶英コミュⅠ・英コミュⅡ・英コミュⅢ・論表Ⅰ・論表Ⅱ・論表Ⅲ　②**数**▶数Ⅰ・数Ⅱ・数Ⅲ・数Ａ（図形・場合）・数Ｂ（数列）・数Ｃ（ベク・平面）　③**理**▶「物基・物」・「化基・化」・「生基・生」から１
一般選抜Ｃ方式（共通テスト利用方式）　**【哲学科・史学科・国文学科・英文学科・ドイツ文学科・社会福祉学科・教育学科】** ③科目　①**国**▶国　②**外**▶英（リスニングを含む）　③**地歴・公民・数・理・情**▶「歴総・世探」・「歴総・日探」・「地総・地探」・「公・倫」・「公・政経」・「地総・歴総・公から２」・数Ⅰ・「数Ⅰ・数Ａ」・「数Ⅱ・数Ｂ・数Ｃ」・「物基・化基・生基・地学基から２」・物・化・生・地学・情Ⅰから１
［個別試験］ 行わない。
【中国語中国文化学科・体育学科・心理学科・地理学科】 ③科目　①**外**▶英（リスニングを含む）②**国・数**▶国（近代）・数Ⅰ・「数Ⅰ・数Ａ」・「数Ⅱ・数Ｂ・数Ｃ」から１　③**地歴・公民・理・情**▶「歴総・世探」・「歴総・日探」・「地総・地探」・「公・倫」・「公・政経」・「地総・歴総・公から２」・「物基・化基・生基・地学基から２」・物・化・生・地学・情Ⅰから１
［個別試験］ 行わない。
【社会学科】 ④科目　①**国**▶国　②**外**▶英（リスニングを含む）　③**情**▶情Ⅰ　④**地歴・公民・数・理**▶「歴総・世探」・「歴総・日探」・「地総・地探」・「公・倫」・「公・政経」・「地総・歴総・公から２」・数Ⅰ・「数Ⅰ・数Ａ」・「数Ⅱ・数Ｂ・数Ｃ」・「物基・化基・生基・地学基から２」・物・化・生・地学から１
［個別試験］ 行わない。
【地球科学科・生命科学科・化学科】 ③科目　①**外**▶英（リスニングを含む）　②**数**▶「数Ⅰ・数Ａ」・「数Ⅱ・数Ｂ・数Ｃ」から１　③**理・情**▶物・化・生・地学・情Ⅰから１
［個別試験］ 行わない。
【数学科・情報科学科・物理学科】 ④科目　①**外**▶英（リスニングを含む）　②③**数**▶「数Ⅰ・数Ａ」・「数Ⅱ・数Ｂ・数Ｃ」　④**理・情**▶物・化・生・地学・情Ⅰから１
［個別試験］ 行わない。
総合型選抜　**［出願資格］** 第１志望，入学確約者，エントリーシートを受付期間内に提出した者のほか，学科ごとに要件あり。
［選考方法］ 書類審査通過者を対象に，哲学科はレポートに基づくプレゼンテーション，面接。史学科はレポート，活動実績，プレゼンテーション，面接（口頭試問）。国文学科は日本文学ないし日本語学に関する小論文，口頭試問。中国語中国文化学科は出願時に提出されたレポート，論述試験，面接（口頭試問）。英文学科は小論文（英語によるエッセイ），口頭試問（日本語および英語）。ドイツ文学科のA出願はプレゼンテーション，面接（口頭試問），B出願はドイツ語能力確認テスト（筆記），面接（日本語およびドイツ語）。社会福祉学科はレポート，プレゼンテーション，グループ討議，面接。体育学科の第１期はレポート，適性検査（口頭試問），面接，第２期はレポート，プレゼンテーションおよび口頭試問，面接。地理学科はフィールドワークと調査報告書の作成，面接。地球科学科は小論文，口頭試問と面接。情報科学科はプログラミングに関する実技試験，面接（事前提出したア

キャンパスアクセス　［生産工学部実籾キャンパス］ JR総武線一津田沼よりバス20分／京成本線一実籾より徒歩10分

プリケーションに関するプレゼンテーションおよび口頭試問)。化学科は小論文，面接のほか，「実験操作に関する簡単な実技」を課す場合あり。

経済学部

一般選抜A方式(第1期・第2期)・N方式(第1期) 3科目 ①国▶現国・言語(漢文を除く) ②外▶英コミュⅠ・英コミュⅡ・英コミュⅢ・論表Ⅰ・論表Ⅱ・論表Ⅲ ③**地歴・公民・数**▶「歴総・世探」・「歴総・日探」・「地総・地探」・「公・政経」・「数Ⅰ・数Ⅱ・数A(図形・場合)・数B(数列)・数C(ベク)」から1
※A方式において，指定された外部の英語資格・検定試験のスコアを所定の換算基準により，外国語の得点として利用することも可能。
一般選抜N方式(第2期) 2科目 ①外▶英コミュⅠ・英コミュⅡ・英コミュⅢ・論表Ⅰ・論表Ⅱ・論表Ⅲ ②**国・数**▶「現国・言語(漢文を除く)」・「数Ⅰ・数Ⅱ・数A(図形・場合)・数B(数列)・数C(ベク)」から1
※経済学科国際コースを除く。
一般選抜C方式(共通テスト利用方式)〈第1期(3教科型)〉 3科目 ①国▶国 ②外▶英(リスニングを含む)・独・仏・中・韓から1，ただし経済学科国際コースは英必須 ③**地歴・公民・数・理・情**▶「歴総・世探」・「歴総・日探」・「地総・地探」・「公・倫」・「公・政経」・「地総・歴総・公から2」・数Ⅰ・「数Ⅰ・数A」・「数Ⅱ・数B・数C」・「物基・化基・生基・地学基から2」・物・化・生・地学・情Ⅰから1
[個別試験] 行わない。
一般選抜C方式(共通テスト利用方式)〈第1期(3科目数学得意型)〉 3科目 ①外▶英(リスニングを含む)・独・仏・中・韓から1，ただし経済学科国際コースは英必須 ②**数**▶数Ⅰ・「数Ⅰ・数A」から1 ③**国・数・理・情**▶国・「数Ⅱ・数B・数C」・「物基・化基・生基・地学基から2」・物・化・生・地学・情Ⅰから1
[個別試験] 行わない。
一般選抜C方式(共通テスト利用方式)〈第2期〉 2科目 ①外▶英(リスニングを含む)・独・仏から1 ②**国・地歴・公民・数・理・情**▶国・「歴総・世探」・「歴総・日探」・「地総・地探」・「公・倫」・「公・政経」・「地総・歴総・公から2」・数Ⅰ・「数Ⅰ・数A」・「数Ⅱ・数B・数C」・「物基・化基・生基・地学基から2」・物・化・生・地学・情Ⅰから1
[個別試験] 行わない。
※経済学科国際コースを除く。
総合型選抜 **[出願資格]** 第1志望，入学確約者のほか，プレゼン型は現役，全体の学習成績の状況が3.5以上。資格取得型は1浪まで，英検2級以上や日商簿記検定2級以上合格など，指定資格取得者。
[選考方法] プレゼン型は書類審査，小論文による第一次選考通過者を対象に，プレゼンテーション(研究発表)を行う。資格取得型は書類審査，小論文Aによる第一次選考通過者を対象に，小論文B，面接を行う。

商学部

一般選抜A方式(第1期・第2期)・N方式(第1期) 3科目 ①国▶現国・言語(漢文を除く) ②外▶英コミュⅠ・英コミュⅡ・英コミュⅢ・論表Ⅰ・論表Ⅱ・論表Ⅲ ③**地歴・公民・数**▶「歴総・世探」・「歴総・日探」・「地総・地探」・「公・政経」・「数Ⅰ・数Ⅱ・数A(図形・場合)・数B(数列)・数C(ベク)」から1
※A方式において，指定された外部の英語資格・検定試験のスコアを所定の換算基準により，外国語の得点として利用することも可能。
一般選抜N方式(第2期) 2科目 ①外▶英コミュⅠ・英コミュⅡ・英コミュⅢ・論表Ⅰ・論表Ⅱ・論表Ⅲ ②**国・地歴・公民・数**▶「現国・言語(漢文を除く)」・「歴総・世探」・「歴総・日探」・「地総・地探」・「公・政経」・「数Ⅰ・数Ⅱ・数A(図形・場合)・数B(数列)・数C(ベク)」から1
一般選抜C方式(共通テスト利用方式)〈第1期〉 3科目 ①国▶国(漢文を除く) ②外▶英(リスニングを含む) ③**地歴・公民・数・理・情**▶「歴総・世探」・「歴総・日探」・「地総・地探」・「公・倫」・「公・政経」・数Ⅰ・「数Ⅰ・数A」・「数Ⅱ・数B・数C」・「物基・化基・生基・地学基から2」・物・化・生・地学・情Ⅰから1
[個別試験] 行わない。
一般選抜C方式(共通テスト利用方式)〈第2期〉 2科目 ①外▶英(リスニングを含む) ②**国・地歴・公民・数・理・情**▶国(漢文を除く)・「歴総・世探」・「歴総・日探」・「地総・地探」・「公・

キャンパスアクセス [生産工学部津田沼キャンパス] JR総武線一津田沼よりバス15分／京成本線一京成大久保より徒歩10分

倫」・「公・政経」・数Ⅰ・「数Ⅰ・数Ａ」・「数Ⅱ・数Ｂ・数Ｃ」・「物基・化基・生基・地学基から２」・物・化・生・地学・情Ⅰから１
［個別試験］ 行わない。
学校推薦型選抜（公募制）　**［出願資格］** 校長推薦，入学確約者のほか，普通科等在学生は全体の学習成績の状況が3.8以上で，外国語（英語）が4.0以上か指定された英語資格・検定試験の要件を満たす者，あるいは生徒会長などを１年間務めた実績がある者。専門・総合学科在学生は全体および外国語（英語）の学習成績の状況が4.0以上で，日商簿記検定などの指定された検定試験に合格した者など。
［選考方法］ 書類審査，小論文，口頭試問。
総合型選抜　**［出願資格］** 入学確約者，全体の学習成績の状況が3.3以上の者。
［選考方法］ 書類審査，小論文による第一次選考の通過者を対象に，プレゼンテーション，面接を行う。

芸術学部

注）一般選抜Ｎ方式（専門試験併用型）の学科別専門試験は編集時，未公表のため，参考として，2024年度の一般選抜Ａ方式で実施した専門試験の内容を掲載しています。
一般選抜Ｎ方式（専門試験併用型）　**〈学力検査〉　【全学科】** 2科目 ①**国**▶現国・言語（漢文を除く）②**外**▶英コミュⅠ・英コミュⅡ・英コミュⅢ・論表Ⅰ・論表Ⅱ・論表Ⅲ
〈学科別専門試験〉【写真学科】 1科目 ①**面接**（200）　※Ａ４版の芸術学部面接票を１枚および写真学科面接資料２枚を記入する時間を設ける。
【映画学科】〈映像表現・理論コース／監督コース／撮影・録音コース〉 2科目 ①②**小論文・面接**（計150）
〈演技コース〉 2科目 ①②**実技**（基礎的な音声および身体表現）・**面接**（計150）
【美術学科】〈絵画コース・彫刻コース（彫刻専攻）〉 3科目 ①②③**実技・実技に関するレポート・面接**（計300）
※実技は，絵画コース（絵画専攻）は油彩・アクリル・木炭・鉛筆のいずれかを選択し，人物を描く。絵画コース（版画専攻）はデッサン（鉛筆・木炭のいずれかを選択し，静物を描く）。彫刻コース（彫刻専攻）はデッサン（鉛筆・木炭のいずれかを選択し，モノと空間を描く）。
〈彫刻コース（地域芸術専攻）〉 2科目 ①②**小論文・面接**（計300）
【音楽学科】〈作曲・理論コース（作曲専攻）／声楽コース／ピアノコース／弦管打楽コース〉 2科目 ①②**実技・面接**（計300）
※実技は，作曲・理論コース（作曲専攻）は作曲，和声または楽典，任意の器楽曲または声楽曲の演奏。声楽コースは声楽（声楽曲およびコールユーブンゲン），楽典，ピアノ。ピアノコースはピアノ，楽典。弦管打楽コースはそれぞれの専攻する弦楽器・管楽器または打楽器，楽典，ピアノ。
〈作曲・理論コース（理論専攻）〉 3科目 ①②③**小論文・実技・面接**（計300）▶実技は楽典，任意の器楽曲または声楽曲の演奏
〈音楽教育コース〉 3科目 ①②③**小論文・実技・面接**（計300）▶実技は楽典，ピアノ
〈情報音楽コース〉 2科目 ①②**口頭試問・面接**（計300）
※口頭試問の参考とするため，自身が演奏している映像をスマートフォン，タブレット端末，PC等で再生できるよう準備して持参。
【文芸学科】 1科目 ①**面接**（100）
※面接前に，自己アピールとして「これまで頑張ってきたこと」「これから成し遂げたいこと」「印象に残った本」等を記入する時間を設ける。
【演劇学科】〈舞台構想コース〉 2科目 ①②**作文・面接**（計200）
〈演技コース・舞台芸術コース・舞踊コース〉 2科目 ①②**実技・面接**（計200）
※実技は，演技コースは演技，音感・リズム感。舞台芸術コースはプレゼンテーション（面接の参考資料とするため，自分の芸術活動にちなんだポートフォリオ，あるいは石膏像デッサンおよび水彩画等を持参）。舞踊コースは日舞（日本舞踊曲または日本の伝統舞踊〈郷土芸能を含む〉の実演）または洋舞（リズム運動，舞踊的身体運動およびイメージ表現）のいずれかを選択（事前選択が必要）。
【放送学科】 2科目 ①②**作文・面接**（計200）
【デザイン学科】 2科目 ①②**実技**（鉛筆によるデッサンまたはデザインプレゼンテーショ

キャンパスアクセス ［工学部キャンパス］ JR東北新幹線・東北本線―郡山よりバス20分／JR東北本線―安積永盛より徒歩15分

ンのいずれかを選択)・**面接**(計300)
※実技科目は事前選択が必要。なお，面接の参考資料とするため，自作作品５点を持参すること。映像作品については，タブレット端末またはノートPC持参での発表は可。
一般選抜Ｎ方式(第１期・学力検査型) **【写真学科・音楽学科】** ②科目 ①**国**▶現国・言語(漢文を除く) ②**外**▶英コミュⅠ・英コミュⅡ・英コミュⅢ・論表Ⅰ・論表Ⅱ・論表Ⅲ
【映画学科・文芸学科・演劇学科・放送学科】 ③科目 ①**国**▶現国・言語(漢文を除く) ②**外**▶英コミュⅠ・英コミュⅡ・英コミュⅢ・論表Ⅰ・論表Ⅱ・論表Ⅲ ③**地歴・公民・数・理**▶「歴総・世探」・「歴総・日探」・「地総・地探」・「公・政経」・「数Ⅰ・数Ⅱ・数Ａ(図形・場合)・数Ｂ(数列)・数Ｃ(ベク)」・「物基・物」・「化基・化」・「生基・生」から１
【美術学科】 ②科目 ①②**外・「国・数」・「地歴・公民・数」・理**▶「英コミュⅠ・英コミュⅡ・英コミュⅢ・論表Ⅰ・論表Ⅱ・論表Ⅲ」・「〈現国・言語(漢文を除く)〉・〈数Ⅰ・数Ⅱ・数Ⅲ・数Ａ(図形・場合)・数Ｂ(数列)・数Ｃ(ベク・平面)〉から１」・「〈歴総・世探〉・〈歴総・日探〉・〈地総・地探〉・〈公・政経〉・〈数Ⅰ・数Ⅱ・数Ａ(図形・場合)・数Ｂ(数列)・数Ｃ(ベク)〉から１」・「〈物基・物〉・〈化基・化〉・〈生基・生〉から１」から２
【デザイン学科】 ③科目 ①**外**▶英コミュⅠ・英コミュⅡ・英コミュⅢ・論表Ⅰ・論表Ⅱ・論表Ⅲ ②③**「国・数」・「地歴・公民・数」・理**▶「〈現国・言語(漢文を除く)〉・〈数Ⅰ・数Ⅱ・数Ⅲ・数Ａ(図形・場合)・数Ｂ(数列)・数Ｃ(ベク・平面)〉から１」・「〈歴総・世探〉・〈歴総・日探〉・〈地総・地探〉・〈公・政経〉・〈数Ⅰ・数Ⅱ・数Ａ(図形・場合)・数Ｂ(数列)・数Ｃ(ベク)〉から１」・「〈物基・物〉・〈化基・化〉・〈生基・生〉から１」から２
一般選抜Ｎ方式(第２期) **【写真学科・美術学科・デザイン学科】** 第１期・学力検査型の美術学科と同じ
【映画学科・文芸学科・演劇学科・放送学科】 第１期・学力検査型と同じ
【音楽学科】 第１期・学力検査型と同じ
学校推薦型選抜(公募制) **[出願資格]** 校長推薦，現役，入学確約者のほか，全体の学習成績の状況が，写真学科は3.0以上の者，または「写真甲子園」ブロック予選に出場した選手で「写真甲子園」の推薦書がある2.7以上の者など。映画・演劇・デザインの３学科は全体の学習成績の状況が3.5以上，文芸学科は4.0以上，放送学科は3.8以上の者。美術学科は3.5以上の者，または美術・デザイン・造形に関する専門科目を24単位以上修得見込みの3.0以上の者。音楽学科は学校長が認めた音楽活動を行う4.0以上の者，または音楽の単位を６単位以上修得見込みの3.5以上の者。
[選考方法] 書類審査，面接のほか，学科・コース・専攻により，小論文(または作文)，実技，記述式の文章問題，プレゼンテーション，口頭試問などを行い，判定する。
総合型選抜 **[出願資格]** 入学確約者，エントリーを経て審査を通過した者。
[選考方法] 実技や小論文，作文，面接，口頭試問など学科ごとに定められた試験を行い，総合的に判定する。

国際関係学部

一般選抜Ａ方式(第１期・第２期) ③科目 ①**国**▶現国・言語(漢文を除く) ②**外**▶英コミュⅠ・英コミュⅡ・英コミュⅢ・論表Ⅰ・論表Ⅱ・論表Ⅲ ③**地歴・公民・数**▶「歴総・世探」・「歴総・日探」・「公・政経」・「数Ⅰ・数Ⅱ・数Ａ・数Ｂ(数列)・数Ｃ(ベク)」から１
一般選抜Ａ方式(第３期) ②科目 ①**国**▶現国・言語(漢文を除く) ②**外**▶英コミュⅠ・英コミュⅡ・英コミュⅢ・論表Ⅰ・論表Ⅱ・論表Ⅲ
一般選抜Ｎ方式(第１期) ③科目 ①**外**▶英コミュⅠ・英コミュⅡ・英コミュⅢ・論表Ⅰ・論表Ⅱ・論表Ⅲ ②③**「国・数」・「地歴・公民・数」・理**▶「〈現国・言語(漢文を除く)〉・〈数Ⅰ・数Ⅱ・数Ⅲ・数Ａ(図形・場合)・数Ｂ(数列)・数Ｃ(ベク・平面)〉から１」・「〈歴総・世探〉・〈歴総・日探〉・〈地総・地探〉・〈公・政経〉・〈数Ⅰ・数Ⅱ・数Ａ(図形・場合)・数Ｂ(数列)・数Ｃ(ベク)〉から１」・「〈物基・物〉・〈化基・化〉・〈生基・生〉から１」から２
一般選抜Ｃ方式(共通テスト利用方式)〈第１期〉 ③科目 ①**国**▶国 ②**外**▶英(リスニングを含む)・独・仏・中・韓から１ ③**地歴・公民・数・理・情**▶「歴総・世探」・「歴総・日探」・「地総・地探」・「公・倫」・「公・政経」・「地総・歴総・公

キャンパスアクセス [医学部キャンパス] 東武東上線―大山より徒歩15分／JR・私鉄・地下鉄各線―池袋よりバス20分

から２」・数Ⅰ・「数Ⅰ・数Ａ」・「数Ⅱ・数Ｂ・数Ｃ」・「物基・化基・生基・地学基から２」・物・化・生・地学・情Ⅰから１
［個別試験］ 行わない。
一般選抜Ｃ方式（共通テスト利用方式）〈第２期〉 **2科目** ①**外**▶英（リスニングを含む）・独・仏・中・韓から１ ②**国・地歴・公民・数・理・情**▶国・「歴総・世探」・「歴総・日探」・「地総・地探」・「公・倫」・「公・政経」・「地総・歴総・公から２」・数Ⅰ・「数Ⅰ・数Ａ」・「数Ⅱ・数Ｂ・数Ｃ」・「物基・化基・生基・地学基から２」・物・化・生・地学・情Ⅰから１
［個別試験］ 行わない。
学校推薦型選抜（公募制） **［出願資格］** 校長推薦，現役，入学確約者，全体の学習成績の状況が3.7以上のほか，英検準２級以上合格者またはGTEC（４技能）680点以上，あるいは外国語の学習成績の状況が4.0以上の者。
［選考方法］ 書類審査，小論文，面接。
総合型選抜 **［出願資格］** 第１志望のほか，海外経験・語学力活用，ディスカッション，文化・芸術・スポーツ等の３方式ごとに要件あり。
［選考方法］ 書類審査のほか，海外経験・語学力活用方式と文化・芸術・スポーツ等方式は小論文，面接。ディスカッション方式はグループディスカッション。

危機管理学部

一般選抜Ａ方式 **3科目** ①**国**▶現国・言語（漢文を除く） ②**外**▶英コミュⅠ・英コミュⅡ・英コミュⅢ・論表Ⅰ・論表Ⅱ・論表Ⅲ ③**地歴・公民・数**▶「歴総・世探」・「歴総・日探」・「地総・地探」・「公・政経」・「数Ⅰ・数Ⅱ・数Ａ（図形・場合）・数Ｂ（数列）・数Ｃ（ベク）」から１
一般選抜Ｎ方式（第１期・第２期） **2科目** ①**外**▶英コミュⅠ・英コミュⅡ・英コミュⅢ・論表Ⅰ・論表Ⅱ・論表Ⅲ ②**国・地歴・公民・数**▶「現国・言語（漢文を除く）」・「歴総・世探」・「歴総・日探」・「地総・地探」・「公・政経」・「数Ⅰ・数Ⅱ・数Ａ（図形・場合）・数Ｂ（数列）・数Ｃ（ベク）」から１
総合型選抜 **［出願資格］** 第１志望，入学確約者。
［選考方法］ 書類審査（課題レポートを含む）通過者を対象に，総合問題試験（読解と論述を含む），口頭試問および面接（課題レポートについてのプレゼンテーションを含む）を行う。

スポーツ科学部

一般選抜Ａ方式 **3科目** ①**国**▶現国・言語（漢文を除く） ②**外**▶英コミュⅠ・英コミュⅡ・英コミュⅢ・論表Ⅰ・論表Ⅱ・論表Ⅲ ③**地歴・公民・数**▶「歴総・世探」・「歴総・日探」・「地総・地探」・「公・政経」・「数Ⅰ・数Ⅱ・数Ａ（図形・場合）・数Ｂ（数列）・数Ｃ（ベク）」から１
一般選抜Ｎ方式（第１期・第２期） **2科目** ①**外**▶英コミュⅠ・英コミュⅡ・英コミュⅢ・論表Ⅰ・論表Ⅱ・論表Ⅲ ②**国・地歴・公民・数**▶「現国・言語（漢文を除く）」・「歴総・世探」・「歴総・日探」・「地総・地探」・「公・政経」・「数Ⅰ・数Ⅱ・数Ａ（図形・場合）・数Ｂ（数列）・数Ｃ（ベク）」から１
総合型選抜 **［出願資格］** 第１志望，入学確約者のほか，スポーツ活動あるいは運動選手の支援（マネージャー等）で顕著な活躍が認められた者など。
［選考方法］ 書類審査（スポーツ活動歴を含む）通過者を対象に，課題レポート，プレゼンテーション，口頭試問および面接を行う。

理工学部

一般選抜Ａ方式 **4～3科目** ①**外**▶英コミュⅠ・英コミュⅡ・英コミュⅢ・論表Ⅰ ②**数**▶数Ⅰ・数Ⅱ・数Ⅲ・数Ａ（図形・場合）・数Ｂ（数列）・数Ｃ（ベク・平面） ③④**理**▶「物基・物」・「化基・化」から各３題，計６題から３題選択
一般選抜Ｎ方式（第１期・第２期） **3科目** ①**外**▶英コミュⅠ・英コミュⅡ・英コミュⅢ・論表Ⅰ・論表Ⅱ・論表Ⅲ ②**数**▶数Ⅰ・数Ⅱ・数Ⅲ・数Ａ（図形・場合）・数Ｂ（数列）・数Ｃ（ベク・平面） ③**理**▶「物基・物」・「化基・化」・「生基・生」から１
一般選抜Ｃ方式（共通テスト利用方式）〈第１期〉 **【土木工学科・建築学科・機械工学科・航空宇宙工学科・電気工学科・電子工学科・応用情報工学科・物理学科】** **3科目** ①②**数**▶「数Ⅰ・数Ａ」・「数Ⅱ・数Ｂ・数Ｃ」 ③**外・理**▶英（リスニングを含む）・物・化から１

キャンパスアクセス ［歯学部キャンパス］ JR中央線・総武線，東京メトロ丸ノ内線一御茶ノ水より徒歩２～５分／東京メトロ千代田線一新御茶ノ水より徒歩２分

[個別試験] 行わない。
【交通システム工学科・海洋建築工学科・まちづくり工学科・精密機械工学科】 3〜2科目 ①②③**国・外・数・理**▶国・英（リスニングを含む）・「〈数Ⅰ・数A〉・〈数Ⅱ・数B・数C〉」・「物・化・生・地学から1」から2
[個別試験] 行わない。
【物質応用化学科】 3〜2科目 ①**理**▶物・化・生から1 ②③**外・数**▶英（リスニングを含む）・「〈数Ⅰ・数A〉・〈数Ⅱ・数B・数C〉」から1
[個別試験] 行わない。
【数学科】 3科目 ①**外**▶英（リスニングを含む） ②③**数**▶「数Ⅰ・数A」・「数Ⅱ・数B・数C」
[個別試験] 行わない。
一般選抜C方式（共通テスト利用方式）〈第2期〉 4科目 ①**外**▶英（リスニングを含む） ②③**数**▶「数Ⅰ・数A」・「数Ⅱ・数B・数C」 ④**理**▶［土木工学科・建築学科・機械工学科・電気工学科・電子工学科・応用情報工学科・物質応用化学科］一物・化から1，［交通システム工学科・海洋建築工学科・まちづくり工学科・精密機械工学科・数学科］一物・化・生・地学から1，［航空宇宙工学科・物理学科］一物
[個別試験] 行わない。
総合型選抜 **[出願資格]** 第1志望で，学科ごとに指定された要件を満たす者。
[選考方法] 各学科で，書類審査のほか，口頭試問や面接，口頭試問を含む面接，小論文，プレゼンテーション，数学や理科の試験などを行う。

生産工学部

注）一般選抜CA方式（共通テスト併用方式）の実施の有無は編集時，未定。最新の募集要項でご確認ください。
一般選抜A方式（第1期・第2期） **【機械工学科・電気電子工学科・建築工学科・数理情報工学科】** 3科目 ①**外**▶英コミュⅠ・英コミュⅡ・英コミュⅢ・論表Ⅰ・論表Ⅱ・論表Ⅲ ②**数**▶数Ⅰ・数Ⅱ・数Ⅲ・数A・数B（数列）・数C（ベク・平面） ③**理**▶「物基・物」・「化基・化」から1
【土木工学科・応用分子科学科】 3科目 ①**外**▶英コミュⅠ・英コミュⅡ・英コミュⅢ・論表Ⅰ・論表Ⅱ・論表Ⅲ ②**数**▶「数Ⅰ・数Ⅱ・数A・数B（数列）・数C（ベク）」・「数Ⅰ・数Ⅱ・数Ⅲ・数A・数B（数列）・数C（ベク・平面）」から1 ③**理**▶「物基・物」・「化基・化」・「生基・生」から1
【マネジメント工学科・環境安全工学科・創生デザイン学科】 3科目 ①**外**▶英コミュⅠ・英コミュⅡ・英コミュⅢ・論表Ⅰ・論表Ⅱ・論表Ⅲ ②**数**▶「数Ⅰ・数Ⅱ・数A・数B（数列）・数C（ベク）」・「数Ⅰ・数Ⅱ・数Ⅲ・数A・数B（数列）・数C（ベク・平面）」から1 ③**国・理**▶「現国・言語（古文・漢文を除く）」・「物基・物」・「化基・化」・「生基・生」から1
一般選抜N方式（第1期・第2期） **【機械工学科・電気電子工学科・建築工学科・数理情報工学科】** 3科目 ①**外**▶英コミュⅠ・英コミュⅡ・英コミュⅢ・論表Ⅰ・論表Ⅱ・論表Ⅲ ②**数**▶数Ⅰ・数Ⅱ・数Ⅲ・数A（図形・場合）・数B（数列）・数C（ベク・平面） ③**理**▶「物基・物」・「化基・化」から1
【応用分子科学科】 3科目 ①**外**▶英コミュⅠ・英コミュⅡ・英コミュⅢ・論表Ⅰ・論表Ⅱ・論表Ⅲ ②**数**▶「数Ⅰ・数Ⅱ・数A（図形・場合）・数B（数列）・数C（ベク）」・「数Ⅰ・数Ⅱ・数Ⅲ・数A（図形・場合）・数B（数列）・数C（ベク・平面）」から1 ③**理**▶「物基・物」・「化基・化」・「生基・生」から1
【土木工学科・マネジメント工学科・環境安全工学科・創生デザイン学科】 3科目 ①**外**▶英コミュⅠ・英コミュⅡ・英コミュⅢ・論表Ⅰ・論表Ⅱ・論表Ⅲ ②**数**▶「数Ⅰ・数Ⅱ・数A（図形・場合）・数B（数列）・数C（ベク）」・「数Ⅰ・数Ⅱ・数Ⅲ・数A（図形・場合）・数B（数列）・数C（ベク・平面）」から1 ③**国・理**▶「現国・言語（漢文を除く）」・「物基・物」・「化基・化」・「生基・生」から1
一般選抜C方式（共通テスト利用方式） **【機械工学科・電気電子工学科】** 3科目 ①**外**▶英（リスニングを含む） ②**数**▶数Ⅱ・数B・数C ③**理・情**▶「物基・化基」・物・化・情Ⅰから1
[個別試験] 行わない。
【土木工学科・建築工学科・応用分子化学科・マネジメント工学科・数理情報工学科・環境安全工学科・創生デザイン学科】 3科目 ①**外**▶

キャンパスアクセス ［松戸歯学部キャンパス］ JR常磐線，東京メトロ千代田線，新京成線一松戸よりバス15分

英（リスニングを含む）②数▶数Ⅰ・「数Ⅰ・数Ａ」・「数Ⅱ・数Ｂ・数Ｃ」から１ ③国・地歴・公民・理・情▶国（近代）・「歴総・世探」・「歴総・日探」・「地総・地探」・「公・倫」・「公・政経」・「地総・歴総・公から２」・「物基・化基・生基・地学基から２」・物・化・生・地学・情Ⅰから１
［個別試験］行わない。
一般選抜CA方式（共通テスト併用方式）【機械工学科・電気電子工学科】〈共通テスト科目〉 3科目 ①外▶英（リスニングを含む）②数▶数Ⅱ・数Ｂ・数Ｃ ③理・情▶「物基・化基」・物・化・情Ⅰから１
〈個別試験科目〉 2科目 ①面接 ②書類審査
【土木工学科・建築工学科・応用分子化学科・マネジメント工学科・数理情報工学科・環境安全工学科・創生デザイン学科】〈共通テスト科目〉 3科目 ①外▶英（リスニングを含む）②数▶数Ⅰ・「数Ⅰ・数Ａ」・「数Ⅱ・数Ｂ・数Ｃ」から１ ③国・地歴・公民・理・情▶国（近代）・「歴総・世探」・「歴総・日探」・「地総・地探」・「公・倫」・「公・政経」・「地総・歴総・公から２」・「物基・化基・生基・地学基から２」・物・化・生・地学・情Ⅰから１
〈個別試験科目〉 2科目 ①面接 ②書類審査
学校推薦型選抜（公募制）［出願資格］校長推薦，１浪まで，入学確約者。
［選考方法］書類審査，基礎学力検査（英・数），面接。
総合型選抜 ［出願資格］第１志望など。
［選考方法］書類審査，基礎学力検査（英・数）のほか，第１期は課題（口頭試問を含む），面接（口頭試問も実施），第２期は模擬授業，面接。

工学部

一般選抜Ａ方式 3科目 ①外▶英コミュⅠ・英コミュⅡ・論表Ⅰ ②数▶数Ⅰ・数Ⅱ・数Ａ（図形・場合）・数Ｂ（数列）・数Ｃ（ベク）③理▶「物基・物」・「化基・化」・「生基・生」から１
一般選抜Ｎ方式（第１期） 3科目 ①外▶英コミュⅠ・英コミュⅡ・英コミュⅢ・論表Ⅰ・論表Ⅱ・論表Ⅲ ②数▶数Ⅰ・数Ⅱ・数Ⅲ・数Ａ（図形・場合）・数Ｂ（数列）・数Ｃ（ベク・平面）③理▶「物基・物」・「化基・化」・「生基・生」から１
一般選抜Ｎ方式（第２期） 3科目 ①外▶英コミュⅠ・英コミュⅡ・英コミュⅢ・論表Ⅰ・論表Ⅱ・論表Ⅲ ②数▶「数Ⅰ・数Ⅱ・数Ａ（図形・場合）・数Ｂ（数列）・数Ｃ（ベク）」・「数Ⅰ・数Ⅱ・数Ⅲ・数Ａ（図形・場合）・数Ｂ（数列）・数Ｃ（ベク・平面）」から１ ③理▶「物基・物」・「化基・化」・「生基・生」から１
一般選抜Ｃ方式（共通テスト利用方式）〈３教科型〉 4科目 ①②数▶「数Ⅰ・〈数Ⅰ・数Ａ〉から１」・「数Ⅱ・数Ｂ・数Ｃ」③理▶「物基・化基・生基・地学基から２」・物・化・生・地学から１ ④国・外▶国・英（リスニングを含む）から１
［個別試験］行わない。
一般選抜Ｃ方式（共通テスト利用方式）〈４教科型〉 5科目 ①外▶英（リスニングを含む）②③数▶「数Ⅰ・〈数Ⅰ・数Ａ〉から１」・「数Ⅱ・数Ｂ・数Ｃ」④理▶「物基・化基・生基・地学基から２」・物・化・生・地学から１ ⑤国・地歴・公民▶国・「歴総・世探」・「歴総・日探」・「地総・地探」・「公・倫」・「公・政経」・「地総・歴総・公から２」から１
［個別試験］行わない。
一般選抜ＣＡ方式（共通テスト併用方式）〈共通テスト科目〉 1科目 ①国・外・理▶国・英（リスニングを含む）・「物基・化基・生基・地学基から２」・物・化・生・地学から１
〈個別試験科目〉 1科目 ①数▶数Ⅰ・数Ⅱ・数Ａ（図形・場合）・数Ｂ（数列）・数Ｃ（ベク）
学校推薦型選抜（公募制）［出願資格］校長推薦，１浪まで，全体の学習成績の状況が3.0以上。
［選考方法］書類審査，小論文，面接。
総合型選抜 ［出願資格］第１志望など。
［選考方法］書類審査，面接のほか，第１期はプレゼンテーション，口頭試問。第２期は事前レポート，模擬授業（課題解答を含む）。

医学部

一般選抜Ｎ方式（第１期・第２期）〈一次試験〉 4科目 ①外▶英コミュⅠ・英コミュⅡ・英コミュⅢ・論表Ⅰ・論表Ⅱ・論表Ⅲ ②数▶数Ⅰ・数Ⅱ・数Ⅲ・数Ａ（図形・場合）・数Ｂ（数列）・数Ｃ（ベク・平面）③④理▶「物基・物」・「化基・

化」・「生基・生」から2
〈二次試験〉 3科目 ①外▶英コミュⅠ・英コミュⅡ・英コミュⅢ・論表Ⅰ・論表Ⅱ・論表Ⅲ ②数▶数Ⅰ・数Ⅱ・数Ⅲ・数A（図形・場合）・数B（数列）・数C（ベク・平面） ③面接

歯学部

一般選抜A方式・N方式（第1期・第2期） 3科目 ①外▶英コミュⅠ・英コミュⅡ・英コミュⅢ・論表Ⅰ・論表Ⅱ・論表Ⅲ ②数▶数Ⅰ・数Ⅱ・数A（図形・場合）・数B（数列）・数C（ベク） ③理▶「物基・物」・「化基・化」・「生基・生」から1
一般選抜C方式（共通テスト利用方式）〈第1期〉 3科目 ①国▶国（近代） ②外▶英（リスニングを除く） ③理▶物・化・生から1
［個別試験］ 行わない。
一般選抜C方式（共通テスト利用方式）〈第2期〉 2科目 ①外▶英（リスニングを除く） ②理▶物・化・生から1
［個別試験］ 行わない。
学校推薦型選抜（公募制） ［出願資格］ 校長推薦，1浪まで，入学確約者。
［選考方法］ 書類審査，適性試験，小論文，面接。

松戸歯学部

一般選抜A方式（第1期・第2期） 2科目 ①外▶英コミュⅠ・英コミュⅡ・英コミュⅢ ②数・理▶「数Ⅰ・数Ⅱ」・「物基・物」・「化基・化」・「生基・生」から1
一般選抜N方式（第1期・第2期） 2科目 ①外▶英コミュⅠ・英コミュⅡ・英コミュⅢ・論表Ⅰ・論表Ⅱ・論表Ⅲ ②数・理▶「数Ⅰ・数Ⅱ・数A（図形・場合）・数B（数列）・数C（ベク）」・「物基・物」・「化基・化」・「生基・生」から1
一般選抜C方式（共通テスト利用方式）〈第1期〉 3科目 ①外▶英（リスニングを除く） ②数▶数Ⅰ・「数Ⅰ・数A」・「数Ⅱ・数B・数C」から1 ③理▶物・化・生から1
［個別試験］ 行わない。
一般選抜C方式（共通テスト利用方式）〈第2期〉 2科目 ①外▶英（リスニングを除く） ②国・数・理▶国（近代）・数Ⅰ・「数Ⅰ・数A」・「数Ⅱ・数B・数C」・「物基・化基・生基から2」・物・化・生から1
［個別試験］ 行わない。
学校推薦型選抜（公募制） ［出願資格］ 校長推薦，普通科・理数科（本学がこれに準じると認めた学科を含む）の現役，入学確約者。
［選考方法］ 書類審査，小論文，面接。
総合型選抜 ［出願資格］ 第1志望，入学確約者など。
［選考方法］ 書類審査，基礎学力検査，小論文，面接。

生物資源科学部

一般選抜A方式（第1期・第2期） 【バイオサイエンス学科・動物学科・海洋生物学科・森林学科・環境学科・アグリサイエンス学科・食品開発学科・獣医保健看護学科】 3科目 ①外▶英コミュⅠ・英コミュⅡ・英コミュⅢ・論表Ⅰ・論表Ⅱ・論表Ⅲ ②理▶「物基・物」・「化基・化」・「生基・生」から1 ③国・数▶「現国・言語（漢文を除く）」・「数Ⅰ・数Ⅱ・数A（図形・場合）・数B（数列）・数C（ベク）」から1
【食品ビジネス学科・国際共生学科】 3科目 ①外▶英コミュⅠ・英コミュⅡ・英コミュⅢ・論表Ⅰ・論表Ⅱ・論表Ⅲ ②③国・「地歴・公民」・数・理▶「現国・言語（漢文を除く）」・「〈歴総・世探〉・〈歴総・日探〉・〈地総・地探〉・〈公・政経〉から1」・「数Ⅰ・数Ⅱ・数A（図形・場合）・数B（数列）・数C（ベク）」・「〈物基・物〉・〈化基・化〉・〈生基・生〉から1」から2
【獣医学科】 3科目 ①外▶英コミュⅠ・英コミュⅡ・英コミュⅢ・論表Ⅰ・論表Ⅱ・論表Ⅲ ②数▶数Ⅰ・数Ⅱ・数A（図形・場合）・数B（数列）・数C（ベク） ③理▶「物基・物」・「化基・化」・「生基・生」から1
一般選抜N方式（第1期） 【バイオサイエンス学科・動物学科・海洋生物学科・森林学科・環境学科・アグリサイエンス学科・食品開発学科・獣医保健看護学科】 A方式と同じ
【食品ビジネス学科・国際共生学科】 3科目 ①外▶英コミュⅠ・英コミュⅡ・英コミュⅢ・論表Ⅰ・論表Ⅱ・論表Ⅲ ②③国・「地歴・公民・数」・理▶「現国・言語（漢文を除く）」・「〈歴総・世探〉・〈歴総・日探〉・〈地総・地探〉・〈公・政経〉・〈数Ⅰ・数Ⅱ・数A（図形・場合）・数B（数列）・数C（ベク）〉から1」・「〈物基・物〉・〈化基・化〉・

キャンパスアクセス ［薬学部キャンパス］ 京葉高速線（東京メトロ東西線相互相互乗り入れ）一船橋日大前より徒歩7分

〈生基・生〉から１」から２
【獣医学科】　Ａ方式と同じ
一般選抜Ｎ方式（第２期）　**【バイオサイエンス学科・動物学科・海洋生物学科・森林学科・環境学科・アグリサイエンス学科・食品開発学科・獣医保健看護学科】**　**２**科目　①**外**▶英コミュⅠ・英コミュⅡ・英コミュⅢ・論表Ⅰ・論表Ⅱ・論表Ⅲ　②**理**▶「物基・物」・「化基・化」・「生基・生」から１
【食品ビジネス学科・国際共生学科】　**２**科目　①**外**▶英コミュⅠ・英コミュⅡ・英コミュⅢ・論表Ⅰ・論表Ⅱ・論表Ⅲ　②**国・地歴・公民・数・理**▶「現国・言語（漢文を除く）」・「歴総・世探」・「歴総・日探」・「地総・地探」・「公・政経」・「数Ⅰ・数Ⅱ・数Ａ（図形・場合）・数Ｂ（数列）・数Ｃ（ベク）」・「物基・物」・「化基・化」・「生基・生」から１
【獣医学科】　Ａ方式・Ｎ方式第１期と同じ
学校推薦型選抜（公募制）　**［出願資格］**　第１志望，校長推薦，１浪まで。
［選考方法］　書類審査，確認テスト（国・英・数から２教科選択），面接。
総合型選抜　**［出願資格］**　第１志望，入学確約者など。
［選考方法］　書類審査による第一次選考通過者を対象に，各学科内容に関する実験・実習・演習（第一次選考に関する内容）とそれらに関連する発表，口述試問。学科により課される内容は異なる。

薬学部

一般選抜Ａ方式　**３**科目　①**外**▶英コミュⅠ・英コミュⅡ・英コミュⅢ・論表Ⅰ・論表Ⅱ・論表Ⅲ　②**数**▶数Ⅰ・数Ⅱ・数Ａ（図形・場合）・数Ｂ（数列）・数Ｃ（ベク）　③**理**▶化基・化
一般選抜Ｎ方式（第１期・第２期）　**３**科目　①**外**▶英コミュⅠ・英コミュⅡ・英コミュⅢ・論表Ⅰ・論表Ⅱ・論表Ⅲ　②**数**▶数Ⅰ・数Ⅱ・数Ａ（図形・場合）・数Ｂ（数列）・数Ｃ（ベク）　③**理**▶「化基・化」・「生基・生」から１
一般選抜Ｃ方式（共通テスト利用方式）　**４**科目　①**外**▶英（リスニングを含む）　②③**数**▶「数Ⅰ・数Ａ」・「数Ⅱ・数Ｂ・数Ｃ」　④**理**▶化
［個別試験］　行わない。
学校推薦型選抜（公募制）　**［出願資格］**　校長推薦，１浪まで，入学確約者，全体の学習成績の状況が3.5以上。
［選考方法］　書類審査，基礎学力検査（英語と化学），面接。

その他の選抜

医学部地域枠選抜，学校推薦型選抜（生産工学部事業継承者等公募制，指定校制，日本大学競技部），校友子女選抜，帰国生選抜，法学部第二部社会人選抜，外国人留学生選抜。

偏差値データ　（2024年度）

● 一般選抜Ａ方式　※医学部のみＮ方式

学部／学科	2024年度 駿台予備学校 合格目標ライン	2024年度 河合塾 ボーダー偏差値	2023年度実績 募集人員	受験者数	合格者数	合格最低点	競争率 '23年	競争率 '22年
法学部								
法律（Ａ１期）	**48**	**50**	140	1,301	442	164.00/300	2.9	2.9
政治経済（Ａ１期）	**47**	**50**	90	417	197	150.00/300	2.1	2.6
新聞（Ａ１期）	**45**	**47.5**	40	183	91	143.00/300	2.0	2.7
経営法（Ａ１期）	**45**	**47.5**	40	235	112	145.00/300	2.1	3.9
公共政策（Ａ１期）	**46**	**50**	60	288	110	157.00/300	2.6	2.8
法学部第二部								
法律（Ａ１期）	**36**	**40**	20	75	50	120.0/300	1.5	2.0

学部／学科	2024年度 駿台予備学校 合格目標ライン	2024年度 河合塾 ボーダー偏差値	2023年度実績 募集人員	受験者数	合格者数	合格最低点	競争率 '23年	競争率 '22年
文理学部								
哲(A１期)	43	52.5	22	316	129	169.9/300	2.4	2.0
史(A１期)	47	52.5	59	569	295	200.1/350	1.9	2.3
国文(A１期)	45	50	43	463	238	161.7/300	1.9	1.9
中国語中国文化(A１期)	42	50	20	101	58	150.1/300	1.7	3.1
英文(A１期)	47	50	43	475	294	158.0/300	1.6	1.9
ドイツ文(A１期)	42	45	23	275	145	150.1/300	1.9	1.5
社会(A１期)	46	50	92	1,056	498	165.3/300	2.1	2.7
社会福祉(A１期)	43	50	18	195	101	150.8/300	1.9	2.3
教育(A１期)	46	50	47	457	240	160.5/300	1.9	2.2
体育(A１期)	43	47.5	65	350	169	150.8/300	2.1	2.6
心理(A１期)	46	52.5	50	797	242	185.6/300	3.3	3.8
地理(A１期)	43	50	30	203	121	151.7/300	1.7	2.0
地球科(A１期)	44	45	28	246	138	219.2/400	1.8	2.8
数(A１期)	44	47.5	25	226	114	244.1/400	2.0	2.2
情報科(A１期)	43	47.5	33	323	126	214.8/350	2.6	3.5
物理(A１期)	42	47.5	25	135	96	240.2/500	1.4	1.4
生命科(A１期)	42	47.5	30	273	143	173.7/300	1.9	2.0
化(A１期)	45	47.5	30	204	126	214.6/400	1.6	1.6
経済学部								
経済(A１期)	46	50	175	3,545	1,438	159.01/300	2.5	2.5
産業経営(A１期)	44	50	60	673	261	160.14/300	2.6	2.4
金融公共経済(A１期)	44	47.5	35	248	98	157.10/300	2.5	2.3
商学部								
商業(A１期)	46	47.5	144	1,281	582	223.07/350	2.2	2.4
経営(A１期)	46	50	71	886	307	226.24/350	2.9	3.2
会計(A１期)	45	47.5	55	404	161	223.65/350	2.5	2.2
芸術学部								
写真(A)	41	45	19	39	25	245/400	1.6	1.4
映画/映像表現・理論(A)	43	50	55	88	32	224/350	2.8	2.7
／監督(A)				58	9	256/350	6.4	2.6
／撮影・録音(A)				48	18	213/350	2.7	3.4
／演技(A)				54	5	236/350	10.8	7.9
美術／絵画(A)	41	45	20	90	26	326~334/500	3.5	1.7
／彫刻(A)				18	12	326~330/500	1.5	1.0
音楽／作曲・理論(A)	41	50	20	10	2	428/500	5.0	1.0
／音楽教育(A)				4	4	309/500	1.0	1.1
／声楽(A)				5	4	311/500	1.3	1.0
／ピアノ(A)				8	6	322/500	1.3	1.0
／弦管打楽(A)				8	7	336/500	1.1	1.1
／情報音楽(A)				45	11	347/500	4.1	9.0
文芸(A)	42	50	30	139	51	191/300	2.7	3.0

学部／学科	2024年度 駿台予備学校 合格目標ライン	2024年度 河合塾 ボーダー偏差値	2023年度実績 募集人員	受験者数	合格者数	合格最低点	競争率 '23年	競争率 '22年
演劇／舞台構想(A)	42	52.5	42	64	26	247/400	2.5	2.1
／演技(A)				70	9	269/400	7.8	5.9
／舞台芸術(A)				2	2	266/400	1.0	1.3
／舞踊(A)				7	5	281/400	1.4	2.1
放送(A)	43	45	54	161	72	210/400	2.2	2.2
デザイン(A)	41	47.5	20	140	58	348/500	2.4	2.2
国際関係学部								
国際総合政策(A 1期)	46	40	100	119	101	130.3/300	1.2	1.4
国際教養(A 1期)	45	40	80	104	85	130.0/300	1.2	1.3
危機管理学部								
危機管理(A)	42	42.5	105	667	333	149.91/300	2.0	2.3
スポーツ科学部								
競技スポーツ(A)	41	40	70	376	232	144.00/300	1.6	1.7
理工学部								
土木工(A)	40	42.5	30	316	134	152.7/300	2.4	2.1
交通システム工(A)	43	42.5	15	127	45	158.0/300	2.8	1.9
建築(A)	46	52.5	58	1,220	214	222.0/300	5.7	4.3
海洋建築工(A)	42	50	15	137	25	204.7/300	5.5	3.7
まちづくり工(A)	43	47.5	15	182	27	212.3/300	6.7	4.0
機械工(A)	43	45	30	520	145	181.3/300	3.6	2.5
精密機械工(A)	43	42.5	23	288	107	161.0/300	2.7	1.9
航空宇宙工(A)	46	45	24	294	117	176.7/300	2.5	2.0
電気工(A)	42	45	28	453	102	181.3/300	4.4	1.7
電子工(A)	42	45	15	310	88	179.0/300	3.5	2.5
応用情報工(A)	46	50	18	590	87	221.3/300	6.8	6.5
物質応用化(A)	44	45	37	428	196	179.7/300	2.2	2.6
物理(A)	44	45	22	390	204	174.3/300	1.9	1.9
数(A)	45	50	16	326	68	208.3/300	4.8	4.3
生産工学部								
機械工(A 1期)	40	40	36	244	186	107.36/300	1.3	1.2
電気電子工(A 1期)	39	37.5	33	170	119	116.20/300	1.4	1.6
土木工(A 1期)	38	37.5	34	94	80	96.13/300	1.2	1.1
建築工(A 1期)	41	42.5	36	213	106	145.08/300	2.0	1.9
応用分子化(A 1期)	39	35	33	139	132	93.22/300	1.1	1.2
マネジメント工(A 1期)	39	42.5	33	126	106	114.02/300	1.2	1.3
数理情報工(A 1期)	40	42.5	29	248	105	148.20/300	2.4	2.5
環境安全工(A 1期)	38	40	24	73	60	120.29/300	1.2	1.4
創生デザイン(A 1期)	40	42.5	24	130	76	142.49/300	1.7	2.2
工学部								
土木工(A)	42	40	30	33	28	104.0~105.0/200	1.2	1.5
建築(A)	45	42.5	60	159	111	128.4/200	1.4	3.0
機械工(A)	43	40	50	174	138	100.0~100.6/200	1.3	1.4

学部／学科	2024年度		2023年度実績					
	駿台予備学校	河合塾					競争率	
	合格目標ライン	ボーダー偏差値	募集人員	受験者数	合格者数	合格最低点	'23年	'22年
電気電子工(A)	42	40	45	92	77	97.7~100.2/200	1.2	1.7
生命応用化(A)	42	40	30	91	78	101.2~101.5/200	1.2	1.1
情報工(A)	43	40	50	306	197	121.2~121.3/200	1.6	2.1
医学部								
医(N 1期)	55	65	90	1,651	221	344.86/580	7.5	7.8
歯学部								
歯(A)	45	47.5	57	251	162	222.0/380	1.5	1.8
松戸歯学部								
歯(A 1期)	43	BF	45	119	117	113/300	1.0	1.0
生物資源科学部								
バイオサイエンス(A 1期)	43	47.5	60	307	155	150.30/300	2.0	—
動物(A 1期)	43	45	40	218	132	140.13/300	1.7	—
海洋生物(A 1期)	43	50	45	363	100	163.13/300	3.6	—
森林(A 1期)	43	40	35	149	125	118.00/300	1.2	—
環境(A 1期)	42	40	40	169	113	130.94/300	1.5	—
アグリサイエンス(A 1期)	43	42.5	42	143	115	132.84/300	1.2	—
食品開発(A 1期)	43	45	45	231	102	150.43/300	2.3	—
食品ビジネス(A 1期)	43	45	45	127	78	145.87/300	1.6	1.9
国際共生(A 1期)	43	42.5	45	78	45	131.99/300	1.7	—
獣医保健看護(A 1期)	42	50	25	79	32	144.24/300	2.5	—
獣医(A 1期)	54	57.5	47	798	151	181.30/300	5.3	5.3
薬学部								
薬(A)	45	47.5	95	553	245	156.3/300	2.3	1.7

●駿台予備学校合格目標ラインは合格可能性80%に相当する駿台模試の偏差値です。 ●競争率は受験者÷合格者の実質倍率

●河合塾ボーダー偏差値は合格可能性50%に相当する河合塾全統模試の偏差値です。

※法・文理・経済・商・国際関係・危機管理・スポーツ科・生産工・工・医・歯・生物資源科・薬の13学部の合格最低点は，標準化得点で算出しています。その他は素点です。ただし，法学部は合格基準点を表示しています。

※合格者に第二志望合格者は含まれていません。

併設の教育機関　短期大学

日本大学短期大学部

問合せ先　入学課
☎03-5275-8001
所在地　[三島キャンパス]
静岡県三島市文教町2-31-145
[船橋キャンパス]
千葉県船橋市習志野台7-24-1

学生数▶650名（男369名，女281名）
教員数▶教授18名，准教授13名，講師２名

設置学科

●ビジネス教養学科（100，三島）ビジネスで役立つ広い教養と外国語運用能力，コミュニケーション能力などを身につける。４年制大学への編入学も強力にサポート。

●食物栄養学科（100，三島）食と栄養の専門知識・技術を身につけ，卒業と同時に栄養士資格を取得。

●建築・生活デザイン学科（110，船橋）建築・インテリアから都市・景観まで，技術と芸術が融合した生活空間を学ぶ。卒業生の約８割が４年制大学へ編入学。

●ものづくり・サイエンス総合学科（70，船橋）７つの理工系専門分野から主専攻を選び，少人数教育で知識・技術を着実に修得する。卒業生の約９割が４年制大学へ編入学。

卒業後の進路

2023年３月卒業生▶338名
就職69名，大学編入学227名（うち他大学16名），その他42名

私立大学　東 京

日本医科大学

問合せ先 アドミッションセンター　☎03-3822-2131（代）

建学の精神

1876（明治９）年創立の「済生学舎」を前身とする日本医科大学は，私立の医学教育機関の中で最も長い歴史を誇る。「済生救民（貧しく病で苦しむ人々を救う）」を建学の精神とし，黄熱病の研究で知られる野口英世や第二次世界大戦後にドイツでチフス治療に奔走した肥沼信次をはじめ，これまで１万人以上の医師・医学者を輩出。医師不足が顕著だった明治時代の一時期，日本の医師の半数以上を占めていたこともあった。これら多くの卒業生が，「己に克ち，広く人々のために尽くす」ことを意味する学是「克己殉公」を実践。今も校風として着実に受け継がれ，教育理念である「愛と研究心を有する質の高い医師と医学者の育成」のもと，これからも病気だけでなく患者さんやその家族の心も診て癒やすことのできる「真の医療人」を社会に送り出していく。

- 千駄木校舎……〒113-8602　東京都文京区千駄木1-1-5
- 武蔵境校舎……〒180-0023　東京都武蔵野市境南町1-7-1

基本データ

学生数▶757名（男421名，女336名）
専任教員数▶教授87名，准教授131名，講師145名
設置学部▶医
併設教育機関▶大学院—医学（D）

就職・卒業後の進路

就 職 率 **98.2％**
就職者÷希望者×100

● **就職支援**　卒前・卒後の一貫性ある医師養成実現に注力し，指導医—研修医—Student Drの屋根瓦式教育体制が充実。学生は先輩の背中を見て学び，研修医は学生を指導することで学びを深めることができる。

● **資格取得支援**　医師国家試験対策として，「学生アドバイザー制度」や「チューター制度」などで日常的に支援。６年次には，国家試験対策のための特別プログラムを設け，実習の合間に講義を受けられるカリキュラムを配置するなど国家試験合格をバックアップ。学生と教員が一体となって合格率の向上に取り組み，過去５年間の医師国家試験新卒受験者の平均合格率は96.5％となっている。

進路指導者も必見 学生を伸ばす 面倒見	初年次教育	学修サポート
	医師・医学者としての資質をより高めるため，学年を超えて継続して学ぶ，「医学基盤プログラム」「科学的探究」「行動科学」「医療情報科学・データサイエンス」「外国語教育」「社会医学」の６つの縦断型プログラムを導入	TA制度，オフィスアワー制度，１人の教員が学生８人を担当するアドバイザー制度を導入。また，各学年に担任１名と副担任２名を配置。日々進化する医学教育に対して，さまざまな学修支援などを行う医学教育センターも設置

オープンキャンパス（2023年度実績）　千駄木校舎において，８月10日と25日に，午前と午後の２部制で対面（来校）型オープンキャンパスを実施したほか，収録（WEB）型オープンキャンパスも開催（いずれも要予約）。

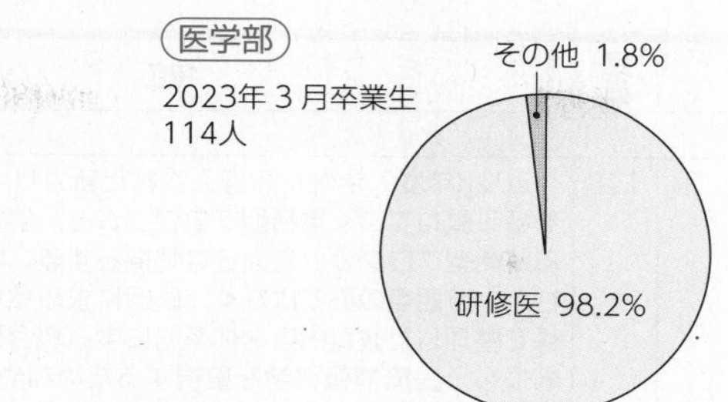

主なOB・OG ▶ トーマス・T・野口（南カリフォルニア大学法病理学名誉教授），大友康裕（災害医療センター病院長），神野正博（恵寿総合病院理事長），南砂（読売新聞東京本社常務取締役）など。

国際化・留学　大学間 10 大学等

受入れ留学生数 ▶ ０名（2023年９月１日現在）

外国人専任教員 ▶ 教授２名，准教授３名，講師６名（2023年５月１日現在）

外国人専任教員の出身国 ▶ 中国，アメリカ，韓国など。

大学間交流協定 ▶ 10大学・機関（交換留学先０大学，2023年９月１日現在）

海外への留学生数 ▶ オンライン型８名／年（１カ国・地域，2022年度）

海外留学制度 ▶ ６年次の選択臨床実習（クリニカル・クラークシップ）では，提携大学であるハワイ大学やジョージワシントン大学，南カリフォルニア大学などで実習を行うことも可能。このほか，東南アジア医学研究会によるタイやアジア諸国への医学留学，MESS（Medical English Speaking Society）と国際医学生連盟（IFMSA）によるヨーロッパ諸国との短期交換留学など，サークル活動を通した国際交流も充実。

学費・奨学金制度

入学金 ▶ 1,000,000円

年間授業料（施設費等を除く）▶ 2,500,000円（詳細は巻末資料参照）

年間奨学金総額 ▶ NA

年間奨学金受給者数 ▶ NA

主な奨学金制度 ▶ 一般入学者選抜には「特待生制度」が用意されており，一般選抜の成績上位者（前期35名，後期３名）を特待生とし，１年次の授業料（250万円）を免除。また，グローバル特別選抜の場合は成績上位者10名を特待生とし，１年次と２年次の授業料（500万円）を免除する。

保護者向けインフォメーション

● **成績確認**　成績表を郵送している。

● **個別面談**　年に１回，保護者と「担任・副担任」との個別面接を実施。また，保護者より希望があった場合には，担任との個別面談の機会を設けている。

● **父母会**　父母会（保護者を含む）を組織し，年に１回，親睦会を開催している。

● **防災対策**　入学時に配布する『学生便覧』に，「災害等への対策」を掲載。被災した際の学生の安否は，メールやポータルサイトを利用して確認するようにしている。

インターンシップ科目	必修専門ゼミ	卒業論文	GPA制度の導入の有無および活用例	１年以内の退学率	標準年限での卒業率
臨床実習を実施	SGL（Small Group Learning）や研究配属などを１～４年次に実施	卒業要件ではない	進級や卒業判定基準および学生に対する個別の学修指導に活用	0.8%	85%

学部紹介

学部／学科	定員	特色
医学部		
医	125	▷2023年度入学生から導入された新カリキュラムは，知識を積み重ねていく累積型プログラムと，学年を超えて継続する縦断型プログラムを大きな特徴とする。学問的知識の体系性という観点のみではなく，医師に求められる人材像との関係で整理した教育内容を体系的に学ぶ統合型カリキュラムへ転換し，医療情報科学を重視するためAIや数理・データサイエンス教育なども十分に盛り込んでいる。また，過密な講義スケジュールの軽減のために講義時間を３割程度削減，研究配属期間の延長などの個別化教育の拡充，高機能シミュレーターとICTを活用した遠隔PBL（課題解決型学習）など，ウィズ・ポストコロナ時代を見据えた教育改革を行った。

● 取得可能な資格…医師受験資格。
● 進路状況…………初期臨床研修医98.2%

▶キャンパス

医２～６年次………［千駄木校舎］ 東京都文京区千駄木1-1-5
医１年次……………［武蔵境校舎］ 東京都武蔵野市境南町1-7-1

2024年度入試要項（前年度実績）

●募集人員

学部／学科	前期	グローバル	後期
▶医 医	76	10	33

※募集人員のうち前期14名，後期６名は一般選抜地域枠として別枠方式で選抜し，次の奨学金制度を利用する者とする。なお，各都県が定める独自の出願要件については，各都県のホームページで必ず確認すること。
埼玉県医師育成奨学金（指定大学奨学金）制度（前期１名・後期１名）
千葉県医師修学資金貸付制度（前期４名・後期３名）
静岡県医学修学研修資金制度（前期３名・後期１名）
新潟県医師養成修学資金貸与制度（前期１名・後期１名）
東京都地域医療医師奨学金（特別貸与奨学金）制度（前期５名）
※「グローバル」は，一般入学者選抜の「グローバル特別選抜（前期）」で，共通テスト併用。受験するには，共通テストで「国語」を受験していなければならない。

▷グローバル特別選抜（前期）は，出願時に指定された英語民間試験の成績証明書（有効期限内。有効期限のないものは２年以内）の提出が必要。入学者の選抜は，英語民間試験のうち，いずれか１つの基準を満たす成績を取得している者の中から，学力試験により１次試験合格者を決定し，小論文と面接による２次試験の結果および調査書等を総合して，２次試験合格者を決定する。基準となる英語民間試験の成績は以下の通り。
ケンブリッジ英検150，英検準１級，GTEC CBT1,100，IELTS（アカデミックモジュール）5.0，TEAP280，TEAP CBT470，TOEFL iBT60。

医学部

一般選抜前期・後期・地域枠（前期・後期）
〈１次試験〉 ④科目 ①外（300）▶コミュ英Ⅰ・コミュ英Ⅱ・コミュ英Ⅲ・英表Ⅰ・英表Ⅱ ②数（300）▶数Ⅰ・数Ⅱ・数Ⅲ・数Ａ・数Ｂ（数列・ベク） ③④理（200×2）▶「物基・物」・「化基・化」・「生基・生」から２
※すべての出題科目において「知識・技能」「思考力・判断力・表現力」を評価するため，記述式問題も出題する。
〈２次試験〉 ②科目 ①小論文 ②面接
※２次試験は１次試験合格者を対象に実施する。

キャンパスアクセス［千駄木校舎］ 東京メトロ千代田線―千駄木・根津より徒歩８分／東京メトロ南北線―東大前・本駒込より徒歩８分／都営地下鉄三田線―白山より徒歩10分

※東京都地域枠は，大学の面接試験に加え，東京都の地域医療（小児医療，周産期医療，救急医療，へき地医療）に貢献したいという強い意志を確認するための面接も実施する。

グローバル特別選抜（前期）（共通テスト〈国語〉併用）〈共通テスト科目〉 1科目 ①国(200)▶国

〈個別試験科目〉〈１次試験〉 4科目 ①外(300)▶コミュ英Ⅰ・コミュ英Ⅱ・コミュ英Ⅲ・英表Ⅰ・英表Ⅱ ②数(300)▶数Ⅰ・数Ⅱ・数Ⅲ・数Ａ・数Ｂ（数列・ベク） ③④理(200×2)▶「物基・物」・「化基・化」・「生基・生」から2

※すべての出題科目において「知識・技能」「思考力・判断力・表現力」を評価するため，記述式問題も出題する。

※外国語については，英語民間試験の要件を満たすことによって総合的に４技能を評価する。

〈２次試験〉 2科目 ①小論文 ②面接

※２次試験は，共通テストと個別試験による１次試験の合格者を対象に実施する。

※一般選抜後期と地域枠後期の小論文および面接試験は，いわゆる学力の３要素をより多面的，総合的に評価するため，一般選抜前期・地域枠前期およびグローバル特別選抜（前期）より試験時間が長くなる。

その他の選抜

学校推薦型選抜（指定校）で６名を募集。

※指定校（早稲田大学高等学院，早稲田大学本庄高等学院，早稲田実業学校高等部）の３校から６名。詳細は指定校に通知。

偏差値データ（2024年度）

●一般選抜

学部／学科	2024年度 駿台予備学校 合格目標ライン	2024年度 河合塾 ボーダー偏差値	2023年度 競争率
▶医学部			
医（前期）	63	70	9.6
（後期）	—	—	52.1

●駿台予備学校合格目標ラインは合格可能性80％に相当する駿台模試の偏差値です。
●河合塾ボーダー偏差値は合格可能性50％に相当する河合塾全統模試の偏差値です。
●競争率は受験者÷正規合格者の実質倍率

MEMO

キャンパスアクセス［武蔵境校舎］JR中央線，西武多摩川線―武蔵境より徒歩２分

日本獣医生命科学大学

にほんじゅういせいめいかがく

資料請求

問合せ先〉入試課　☎0422-31-4151（代）

建学の精神

1881（明治14）年に開学した日本最初の私立獣医学校。以後，東京獣医学校，日本獣医学校と校名を変更しながら健全に成長を続け，日本獣医学校第４代校長には狂犬病ワクチンの開発に貢献した梅野信吉（私立獣医学校第１期生）がいる。1949（昭和24）年に日本獣医畜産大学として設立が認可され，2006（平成18）年に現校名に変更した。教育理念を「愛と科学の心を有する質の高い獣医師と専門職及び研究者の育成」と定め，「動物」「食」のスペシャリストを育成するために，すべての学科で，動物と触れ合う，自分たちの手で食品を作るといった実習を重視したカリキュラムを組んで「実学主義」を実践。動物と人をつなぎ，都市と地方をつなぐ，獣医・生命科学の情報発信拠点として，142年の伝統と向き合い，これからも優れた人材を輩出し続けていく。

- 第一校舎……〒180-8602　東京都武蔵野市境南町1-7-1
- 第二校舎……〒180-0022　東京都武蔵野市境2-27-5

基本データ

学生数▶1,518名（男488名，女1,030名）
専任教員数▶教授46名，准教授39名，講師26名
設置学部▶獣医，応用生命科
併設教育機関▶大学院―獣医生命科学（M・D）

就職・卒業後の進路

就職率 **97.2**%
就職者÷希望者×100

● **就職支援**　学生支援課では，常時専任の職員が，学生たちの卒業後の良質なキャリア形成のための相談・指導を行い，キャリア支援の取り組みでは，就職ガイダンスの充実したプログラム，学内企業セミナー，インターンシップ，OB・OG訪問の紹介など，豊富なサポート体制を整備。学生一人ひとりに合った個別面談を優先し，進路・就職指導に低学年からのキャリア教育を導入している。また，オンラインでの面談も並行して実施。

● **資格取得支援**　獣医師国家試験対策委員会を設け，独自の対策を行い，過去５年間の獣医師国家試験合格率は，平均90.9%と安定した合格率を維持。獣医保健看護学科では，国

進路指導者も必見
学生を伸ばす 面倒見

初年次教育	学修サポート
「初年次教育プログラム」により，レポート・論文の書き方，プレゼンテーション技法，ITの基礎技術，情報収集や資料整理の方法などを習得するとともに，論理的思考や問題発見・解決能力の向上を図っている	TA制度，所属学科の教員が各学年担任として２名，学生と一緒に過ごす学年担任制を導入。平日各曜日には，学部長や学科長ら大学首脳をはじめ，担任教員，学生相談室の先生たちなどと対話や面談を行う学生相談を実施

オープンキャンパス（2023年度実績）　５月に大学説明会，７月に入試説明会，８月（２日間）・10月・11月（大学祭同時開催）にオープンキャンパス（体験講義＆実習，研究室紹介，学科説明＆入試説明など）を開催。

家資格となった愛玩動物看護師の第１回国家試験で，2022年度卒業生（受験者）の合格率100％を達成。動物科学科では，実験動物一級技術者資格の合格者を17年連続で輩出。

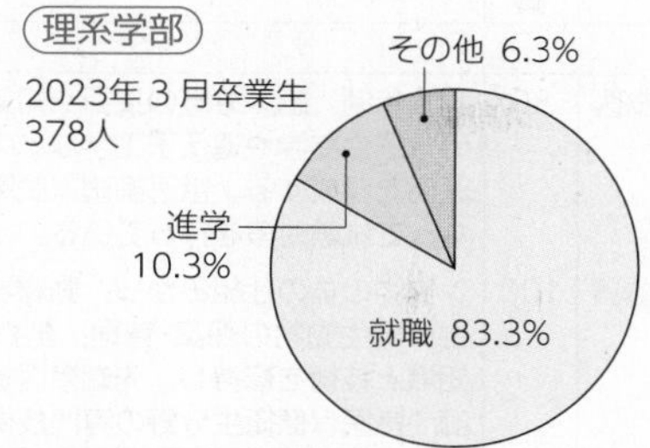

主なOB・OG ▶ ［旧日本獣医畜産大］豊岡武士（静岡県三島市長），岩野俊郎（獣医師・動物園「到津の森公園」名誉園長），斉藤崇史（JRA調教師），［応用生命科］伊藤圭祐（静岡県立大学准教授）など。

国際化・留学

大学間 **14** 大学

受入れ留学生数 ▶ １名（2023年５月１日現在）

留学生の出身国 ▶ 韓国。

大学間交流協定 ▶ 14大学（2023年５月１日現在）

海外への留学生数 ▶ 渡航型15名／年（2022年度）

海外留学制度 ▶ 獣医・獣医保健看護・動物科学科を対象とした野生動物保護活動などを中心とした体験型の学生実習，食品科学科対象の外国の食事情を自分自身の五感で味わう海外研修をオーストラリアで実施。また，タイで行う体験実習では，野生動物や食文化に関連した豊富な知識を得ることができる。

学費・奨学金制度

入学金 ▶ 250,000円

年間授業料（施設費等を除く）▶ 600,000円～（詳細は巻末資料参照）

年間奨学金総額 ▶ ０円

年間奨学金受給者数 ▶ ０人

主な奨学金制度 ▶ 給付と貸与の２種類がある「日本獣医生命科学大学奨学金」は，経済的に修学が著しく困難になった場合に選考を行い，授業料と実習費の半分を上限として支給。「入学特待生制度」は，一般選抜の成績上位者で入学した者を特待生として，入学年次の授業料全額を免除。「武蔵野賞」は各学科各年次で，学業成績が特に優秀で人物に優れた者を対して，翌年次の学費の一部を免除。

保護者向けインフォメーション

●**成績確認**　成績表を保護者に送付している。

●**後援会**　後援会があり，「大学懇談会・見学会」や「地方懇談会・親睦会」を開催し，大学の取り組み，学生の様子，成績，カリキュラム説明，就活担当職員による就職状況の説明などを行っている。会報誌『むさしの』も発行。

●**面談会**　10月に「保護者面談会」を開催し，前期終了時点での勉学状況の報告のほか，学業・学生生活全般に関する質問等に応じている。

●**防災対策**　入学時に配布する新入生向け冊子『CAMPUS INFORMATION』に防災情報を掲載。災害時の学生の安否は，ポータルサイトを利用して確認するようにしている。

インターンシップ科目	必修専門ゼミ	卒業論文	GPA制度の導入の有無および活用例	１年以内の退学率	標準年限での卒業率
応用生命科学部で開講	３・４年次に実施。ただし，獣医学科は３・４・６年次。３年次以降研究室に所属し，５年次は附属動物医療センターでの診療に参加	獣医学部と動物科学科は卒業要件	進級判定の基準，学生に対する個別の学修指導に活用するほか，GPAに応じた履修上限単位数を設定している	2.6%	93.1%（４年制）95.6%（獣医）

学部紹介

学部／学科	定員	特色
獣医学部		
獣医	80	▷６年制。臨床分野の技術や知識だけではなく，専門性の高い分子生物学や遺伝子工学などの先端医療にも対応できる獣医師を育成する。獣医師国家試験には，教員と学生が一丸となって試験対策を行っている。
獣医保健看護	100	▷動物の体の仕組みから，動物看護，公衆衛生，動物保健衛生，野生動物の保護・管理，動物のトレーニングまで幅広い知識と技術を修得し，先端獣医療に対応できる愛玩動物看護師や獣医保健衛生分野の専門技術者を育成する。
● 取得可能な資格…教職（理・農），学芸員，獣医師・愛玩動物看護師受験資格など。 ● 進路状況…………［獣医］就職76.0%　進学19.0%　［獣医保健看護］就職84.7%　進学8.2% ● 主な就職先………全国の動物病院，イオンペット，新日本科学，農林水産省，NOSAI北海道など。		
応用生命科学部		
動物科	100	▷動物科学の基礎・応用から動物関連企業の経営管理まで，幅広く動物に関する学びを追究し，「動物と社会と人の関わり」をさまざまな視点から解き明かす。
食品科	70	▷安全，栄養機能，おいしさを科学的に考察する力を習得し，食の安全を守り，人々の暮らしを支え，付加価値を生み出す「食」のスペシャリストを育成する。
● 取得可能な資格…教職（理・農），学芸員，実験動物一級技術者受験資格など。 ● 進路状況…………就職86.7%　進学6.7% ● 主な就職先………全国酪農業協同組合連合会，ミート・コンパニオン，亀谷万年堂，農林水産省など。		

▶キャンパス

全学部……［第一校舎］東京都武蔵野市境南町1-7-1／［第二校舎］東京都武蔵野市境2-27-5

2025年度入試要項（予告）

●募集人員

学部／学科		一般第1回	一般第2回	一般第3回	共通第1回	共通第2回
▶獣医	獣医	42	10	5	3科4 5科4	―
	獣医保健看護	48	5	2	5	―
▶応用生命科	動物科	25	3	3	5	若干名
	食品科	12	3	3	3	若干名

注）募集人員は2024年度の実績です。
※一般選抜第２回は共通テスト併用方式。
※次のように略しています。３教科・３科目方式→３科。４教科・５科目方式→５科。

注）配点は編集時，未公表。最新の募集要項でご確認ください。

獣医学部

一般選抜第１回・第３回（独自試験方式）【獣医学科】 **3**科目 ①外▶英コミュⅠ・英コミュⅡ・英コミュⅢ・論表Ⅰ ②数▶数Ⅰ・数Ⅱ・数Ａ・数Ｂ（数列）・数Ｃ（ベク） ③理▶「化基・化」・「生基・生」から１

【獣医保健看護学科】 **2**科目 ①外▶英コミュⅠ・英コミュⅡ・英コミュⅢ・論表Ⅰ ②数・理▶「数Ⅰ・数Ⅱ・数Ａ・数Ｂ（数列）・数Ｃ（ベク）」・「化基・化」・「生基・生」から１

一般選抜第２回（共通テスト併用方式）〈共通テスト科目〉 **3**科目 ①外▶英（リスニングを含む） ②③数▶「数Ⅰ・数Ａ」・「数Ⅱ・数Ｂ・数Ｃ」

〈独自試験科目〉 **1**科目 ①理▶「化基・化」・

「生基・生」から１ ※出願時に選択
共通テスト利用選抜 【獣医学科】〈３教科・４科目方式〉 ④科目 ①外▶英（リスニングを含む） ②③数▶「数Ⅰ・数Ａ」・「数Ⅱ・数Ｂ・数Ｃ」 ④理▶物・化・生から１
［個別試験］ 行わない。
【獣医学科】〈４教科・６科目方式〉 ⑥科目 ①国▶国（近代） ②外▶英（リスニングを含む） ③④数▶「数Ⅰ・数Ａ」・「数Ⅱ・数Ｂ・数Ｃ」 ⑤⑥理▶物・化・生から２
［個別試験］ 行わない。

応用生命科学部

一般選抜第１回・第３回（独自試験方式） 【動物科学科】 ②科目 ①外▶英コミュⅠ・英コミュⅡ・英コミュⅢ・論表Ⅰ ②数・理▶「数Ⅰ・数Ⅱ・数Ａ・数Ｂ（数列）・数Ｃ（ベク）」・「化基・化」・「生基・生」から１
【食品科学科】 ②科目 ①②外・数・理▶「英コミュⅠ・英コミュⅡ・英コミュⅢ・論表Ⅰ」・「数Ⅰ・数Ⅱ・数Ａ・数Ｂ（数列）・数Ｃ（ベク）」・「〈化基・化〉・〈生基・生〉から１」から２
一般選抜第２回（共通テスト併用方式） 〈共通テスト科目〉 ①科目 ①国・外・数▶国（近代）・英（リスニングを含む）・「数Ⅰ・数Ａ」・「数Ⅱ・数Ｂ・数Ｃ」から１
〈独自試験科目〉 ①科目 ①理▶「化基・化」・「生基・生」から１ ※出願時に選択

その他の選抜

学校推薦型選抜（一般公募推薦）は獣医学科15名，獣医保健看護学科40名，動物科学科34名，食品科学科26名を，総合型選抜は動物科学科30名，食品科学科23名を募集。ほかに学校推薦型選抜（普通科指定校推薦，専門〈職業〉学科・総合学科指定校推薦），獣医師後継者育成及び地域獣医療支援特別選抜，学士特別選抜，海外就学経験者（帰国生）及びIB取得者特別選抜，社会人特別選抜を実施。
注）募集人員は2024年度の実績です。

偏差値データ（2024年度）

●一般選抜（独自試験方式）

学部／学科／専攻	2024年度 駿台予備学校 合格目標ライン	2024年度 河合塾 ボーダー偏差値	2023年度 競争率
▶獣医学部			
獣医（第１回）	54	62.5	7.9
（第３回）	—		18.1
獣医保健看護（第１回）	46	47.5	2.6
（第３回）	—		3.9
▶応用生命科学部			
動物科（第１回）	45	BF	1.0
（第３回）	—		1.3
食品科（第１回）	43	BF	1.0
（第３回）	—		1.0

●駿台予備学校合格目標ラインは合格可能性80％に相当する駿台模試の偏差値です。
●河合塾ボーダー偏差値は合格可能性50％に相当する河合塾全統模試の偏差値です。
●競争率は受験者÷合格者の実質倍率

東京 日本獣医生命科学大学

キャンパスアクセス ［第二校舎］ JR中央線―武蔵境より徒歩７分

日本女子大学

にほんじょし

資料請求

問合せ先 入試課　☎03-5981-3786

建学の精神

日本女子大学は，20世紀幕開けの1901（明治34）年に“日本で最初の組織的な女子高等教育機関”として創立。以来，創立者・成瀬仁蔵の建学の精神を継承し，「信念徹底」「自発創生」「共同奉仕」の三綱領のもと，学生一人ひとりが自己の能力・関心に応じて自由に学び，自らが考える力を養成してきた。創立120周年を迎えた2021年４月，創立の地・目白キャンパスに家政・文・人間社会・理の４学部と大学院を統合。2023年に国際文化学部，2024年に建築デザイン学部を開設。さらに，2025年に食科学部（仮称）を設置予定（構想中）であり，私立の女子総合大学として，文理融合の多様な教育環境を推進。成瀬の教育方針である「自学自動」，すなわち自ら学び，自ら行動する学習姿勢を育む環境で，新しい明日を共に創る人材を育成している。

● 目白キャンパス……〒112-8681　東京都文京区目白台2-8-1

基本データ

学生数▶女6,197名
専任教員数▶教授132名，准教授56名，講師16名
設置学部▶家政，文，人間社会，理，国際文化，建築デザイン

併設教育機関▶大学院―文学・人間社会・理学（以上M・D），家政学・建築デザイン（以上M），人間生活学（D）　通信教育課程―家政学部

就職・卒業後の進路

就職率 99.1%
就職者÷希望者×100

● **就職支援**　JWUキャリア科目を柱に，「社会で自立した女性」をめざすためのプログラムを，１年次から段階的に提供。学内の機関が連携し，理想の将来像に近づくための生き方，働き方など，自らのキャリアをどう描くのかを，一人ひとりの「自己発見」と「自己実現」を通してきめ細かくサポートしている。

● **資格取得支援**　生涯学習センターで，公務員，秘書検定，日商簿記検定，FP技能検定，TOEIC L&Rテスト，IELTS，一級建築士，旅行業務取扱管理者，MOS試験など各種資格取得を後押しするキャリア支援講座を開講。

進路指導者も必見 学生を伸ばす 面倒見

初年次教育
本学の学生としての社会的責任を自覚し，自分の生き方，生かし方を深く見つめる必修科目「教養特別講義」や「ロジカル・シンキング入門」「クリティカル・シンキング入門」「基礎情報処理」「基礎演習」などを実施している

学修サポート
全学部でTA制度，オフィスアワー制度，１人の教員が約33.0人の学生を担当する教員アドバイザー制度を導入。また，図書館のラーニングコモンズでは，大学院生・学部学生によるラーニング・サポーターに学修相談が受けられる

オープンキャンパス（2024年度予定）　6月16日，8月3日・4日，9月8日に開催予定（いずれも要申込）。詳細については１カ月前を目途に大学HPで公開予定。ひと足早く３月30日にミニオープンキャンパスも実施。

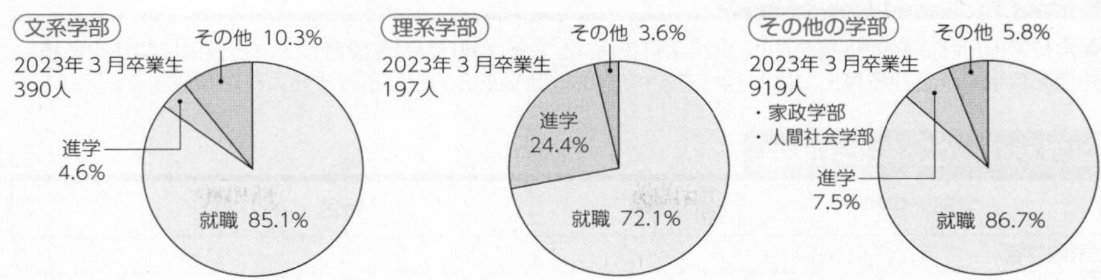

主なOG▶［家政］妹島和世（建築家），［文］平岩弓枝（小説家）・渡辺ミキ（ワタナベエンターテインメント社長）・大石静（脚本家）・高橋留美子（漫画家）・後呂有紗（日本テレビアナウンサー）など。

国際化・留学　大学間 19 大学・部局間 2 大学

受入れ留学生数▶19名（2023年５月１日現在）　※交換留学生等，非正規生含む。

留学生の出身国・地域▶中国，韓国，台湾，ベトナム，トルコなど。

外国人専任教員▶教授４名，准教授３名，助教２名（2023年９月１日現在）

外国人専任教員の出身国▶アメリカ，イギリス，韓国，中国など。

大学間交流協定▶19大学（交換留学先９大学，2023年５月１日現在）

部局間交流協定▶２大学（交換留学先１大学，2023年５月１日現在）

海外への留学生数▶渡航型215名・オンライン型34名／年（11カ国・地域，2022年度）

海外留学制度▶世界の名門大学で専門分野を学ぶ協定大学留学，志望する海外の大学で専門分野を学ぶ認定大学留学のほか，春や夏の長期休暇を利用して，短期間でも充実した体験ができる大学公認海外短期研修などを実施。短期研修では，語学や専門領域の学び，異文化体験を目的としたものなどバラエティに富んだ研修が世界各国で行われている。

学費・奨学金制度　給付型奨学金総額 年間約 2,074 万円

入学金▶200,000円

年間授業料（施設費等を除く）▶720,000円～（詳細は巻末資料参照）

年間奨学金総額▶20,737,260円（留学関係の奨学金を除く）

年間奨学金受給者数▶88人

主な奨学金制度▶経済的理由により修学に困難がある優れた学生に，それぞれ30万円を給付する「日本女子大学桜楓奨学金」や「日本女子大学泉会学業支援給付奨学金」などの制度を設置。また，「日本女子大学学業成績優秀賞・研究奨励賞」などの授業料減免の制度も用意されており，2022年度には56人を対象に総額で約1,942万円を減免している。

保護者向けインフォメーション

●**成績確認**　大学のWebを利用した教育ネットワークシステム（通称：JASMIN-Navi）にて，学生時間割表や成績（GPA値含む）を常時確認することが可能。

●**保護者会**　保護者と教職員等を会員とする泉会があり，５月に開催する定時総会後には学科別に分かれ，就職活動などに関する話も聞ける教員との懇談会も行っている。

●**防災対策**　「大地震対応マニュアル」を入学時に配布。災害時の学生の安否は，ポータルサイトを利用して確認するようにしている。

インターンシップ科目	必修専門ゼミ	卒業論文	GPA制度の導入の有無および活用例	１年以内の退学率	標準年限での卒業率
全学部で開講している	全学部で実施	全学部卒業要件	奨学金や授業料免除対象者の選定基準，退学勧告基準，留学候補者の選考，学生に対する個別の学修指導などに活用している	1.1%	93.4%

2025年度学部改組構想(予定)

● 食科学部(仮称)を開設(構想中)。食科学科(仮称)と栄養学科(仮称)を設置し，食と健康に関する多様な知識を科学的観点から身につけ，「食」ですべての人のWell-Beingに貢献する人材を育成する。

学部紹介(2024年2月現在)

学部／学科	定員	特色
家政学部		
児童	97	▷発達，創造・文化，社会・臨床領域を柱に学び，課題解決能力を実践的に備えた児童学のスペシャリストを育成する。
食物	81	▷〈食物学専攻31名，管理栄養士専攻50名〉「食」を科学的視点から追究するスペシャリストや管理栄養士を養成する。
被服	92	▷科学・文化的視点から被服のあり方をとらえ，人間生活の向上に役立つ被服を創造できる力を養う。
家政経済	85	▷経済学を基に家政学や社会科学の知識を取り入れながら，身近な暮らしの問題の解決方法を探り，分析する力を養う。
● 取得可能な資格…教職(公・社・家，幼一種，栄養)，司書，司書教諭，学芸員，保育士，栄養士，管理栄養士受験資格など。 ● 進路状況…………就職85.2%　進学8.7% ● 主な就職先………日本ハム，サントリー，国際協力銀行，日本銀行，ソニー，東京都庁，教員など。		
文学部		
日本文	134	▷日本語・日本文学への造詣が深い真の国際人となり，日本文化の伝統を守り，伝える担い手となる人材を養成する。
英文	146	▷英語力と異文化理解力を備え，国際的に活躍する人材を養成する。英語での卒業論文執筆は，全員必修。
史	97	▷日本史，東洋史，西洋史の3コース。歴史的な視点から現代社会を再認識し，未来を創造できる人材を養成する。
● 取得可能な資格…教職(国・地歴・社・英)，司書，司書教諭，学芸員など。 ● 進路状況…………就職85.1%　進学4.6% ● 主な就職先………東京海上日動火災保険，三菱UFJ銀行，JALスカイ，松竹，楽天グループなど。		
人間社会学部		
現代社会	97	▷現代社会を多角的な視点で分析し，社会にはらむ諸問題の解決法を構想できる実践的能力のある人材を養成する。
社会福祉	97	▷従来の枠組みにとらわれない広い視野から福祉を学び，「共生社会」を実現するための意欲と深い知力を養う。
教育	97	▷教育問題と現代社会の課題にアプローチできる人材を養成する。教員採用試験対策講座も充実。
心理	73	▷基礎心理学と人間関係(臨床)心理学を柱に学び，「こころ」に科学的・実践的にアプローチできる専門家を養成する。
● 取得可能な資格…教職(地歴・公・社，小一種)，司書，司書教諭，学芸員，社会福祉士受験資格など。 ● 進路状況…………就職88.2%　進学6.3% ● 主な就職先………カルビー，TOPPAN，星野リゾート，日本旅行，住友林業，積水化学工業など。		
理学部		
数物情報科	92	▷現代社会の基盤となる数学，物理学，情報科学を学び，実践力・想像力を携えた未来を拓く人材を養成する。

キャンパスアクセス [目白キャンパス] JR山手線—目白より徒歩15分またはバス5分／東京メトロ副都心線—雑司が谷より徒歩8分，有楽町線—護国寺より徒歩10分／都電荒川線—鬼子母神前より徒歩10分

化学生命科	97	▷化学と生物学の２分野を学びの対象に，自然科学に対する理解を深め，時代の要請に応えられる力を育む。
● 取得可能な資格…教職（数・理・情），司書，司書教諭，学芸員など。 ● 進路状況…………就職72.1％　進学24.4％ ● 主な就職先………日本アイ・ビー・エム，日本電気，富士通，三菱電機，PwCコンサルティングなど。		
国際文化学部		
国際文化	121	▷「脱教室・脱キャンパス型」の新しい学びで，「越境力」を育み，新たな文化を創造できる人材を養成する。
● 取得可能な資格…司書，学芸員など。 ● 主な就職先………2023年度開設のため卒業生はいない。		
建築デザイン学部		
建築デザイン	100	▷NEW!'24年新設。家政学部住居学科を改組。住居から都市空間まで広範な建築分野のデザイン・設計教育を展開。
● 取得可能な資格…司書，学芸員，１・２級建築士受験資格など。		

▶キャンパス

全学部……［目白キャンパス］東京都文京区目白台2-8-1

2025年度入試要項（予告）

●募集人員

学部／学科（専攻）		一般個別	英語外部	共通前期	共通後期
▶家政	児童	2教30 3教3	2	10	3
	食物（食物学）	2教16 3教2	1	2	—
	（管理栄養士）	2教30 3教2	1	4	—
	被服	2教38 3教3	3	7	3
	家政経済	2教45 3教4	2	5	3
▶文	日本文	50	2	10	3
	英文	70	8	10	5
	史	42	2	15	5
▶人間社会	現代社会	57	2	5	2
	社会福祉	47	2	4	3
	教育	40	2	5	3
	心理	38	2	3	3
▶理	数物情報科	2教33 3教5	3	13	3
	化学生命科	2教33 3教8	2	13	3
▶国際文化	国際文化	40	10	5	3
▶建築デザイン	建築デザイン	2教18 3教36	5	6	6

注）募集人員は2024年度の実績です。
※英語外部は一般選抜（英語外部試験利用型）。
※次のように略しています。教科→教。

▷一般選抜（英語外部試験利用型）は，指定された英語外部試験（英検〈CSE2.0〉，TEAP，TEAP CBT，GTEC，ケンブリッジ英検，IELTS〈アカデミック・モジュールに限る〉，TOEFL iBT）のスコアが出願要件を満たすことにより，個別選抜型３教科型入試のうち，外国語（英語）以外の２科目（児童学科は国・数指定）で受験が可能（３教科入試と同日に同じ問題を解答）。合否の判定は，入試教科（科目）の総合得点によって行うが，出願基準を満たし，かつ，加点基準を満たすスコアを保持している場合は，入試結果に加点する。
注）配点は編集時，未公表。最新の募集要項でご確認ください。なお，2025年度設置構想中の食科学部（仮称）の選抜情報も掲載しています。

家政学部

一般選抜（個別選抜型）３科目入試　【児童学科】　3科目　①国▶現国・言語（漢文を除く）②外▶英コミュⅠ・英コミュⅡ・英コミュⅢ・論表Ⅰ・論表Ⅱ・論表Ⅲ　③数・理▶「数Ⅰ・数

東京　日本女子大学

Ⅱ・数Ａ（図形・場合）・数Ｂ（数列）・数Ｃ（ベク）」・「物基・物」・「化基・化」・「生基・生」から1

【被服学科】 **3**科目 ①**外**▶英コミュⅠ・英コミュⅡ・英コミュⅢ・論表Ⅰ・論表Ⅱ・論表Ⅲ ②③**国・数・理**▶「現国・言語（漢文を除く）」・「数Ⅰ・数Ⅱ・数Ａ（図形・場合）・数Ｂ（数列）・数Ｃ（ベク）」・「物基・物」・「化基・化」・「生基・生」から２

【家政経済学科】 **3**科目 ①**国**▶現国・言語（漢文を除く） ②**外**▶英コミュⅠ・英コミュⅡ・英コミュⅢ・論表Ⅰ・論表Ⅱ・論表Ⅲ ③**数**▶数Ⅰ・数Ⅱ・数Ａ（図形・場合）・数Ｂ（数列）・数Ｃ（ベク）

一般選抜（個別選抜型）２科目入試 **【児童学科・家政経済学科】** **3**科目 ①**外**▶英コミュⅠ・英コミュⅡ・英コミュⅢ・論表Ⅰ・論表Ⅱ・論表Ⅲ ②**国・数**▶「現国・言語（漢文を除く）」・「数Ⅰ・数Ⅱ・数Ａ（図形・場合）・数Ｂ（数列）・数Ｃ（ベク）」から１

【被服学科】 **3**科目 ①**外**▶英コミュⅠ・英コミュⅡ・英コミュⅢ・論表Ⅰ・論表Ⅱ・論表Ⅲ ②**国・数・理**▶「現国・言語（漢文を除く）」・「数Ⅰ・数Ⅱ・数Ａ（図形・場合）・数Ｂ（数列）・数Ｃ（ベク）」・「物基・物」・「化基・化」・「生基・生」から１

一般選抜共通テスト利用型（前期５科目型）

【児童学科】 **5**科目 ①**国**▶国 ②**外**▶英（リスニングを含む） ③④⑤**地歴・公民・数・理**▶「歴総・世探」・「歴総・日探」・「地総・地探」・「公・倫」・「公・政経」・「地総・歴総・公から２」・数Ⅰ・「数Ⅰ・数Ａ」・「数Ⅱ・数Ｂ・数Ｃ」・「物基・化基・生基・地学基から２」・物・化・生・地学から３

[個別試験] 行わない。

【被服学科】 **5**科目 ①**国**▶国 ②**外**▶英（リスニングを含む）・仏から１ ③**数**▶「数Ⅰ・数Ａ」・「数Ⅱ・数Ｂ・数Ｃ」から１ ④⑤**地歴・公民・理・情**▶「歴総・世探」・「歴総・日探」・「公・倫」・「公・政経」・「地総・歴総・公から２」・物・化・生・情Ⅰから２

[個別試験] 行わない。

【家政経済学科】 **5**科目 ①**国**▶国 ②**外**▶英（リスニングを含む）・独・仏・中・韓から１ ③**地歴・公民**▶「歴総・世探」・「歴総・日探」・「地総・地探」・「公・倫」・「公・政経」・「地総・歴総・公から２」から１ ④**数**▶数Ⅰ・「数Ⅰ・数Ａ」・「数Ⅱ・数Ｂ・数Ｃ」から１ ⑤**理**▶「物基・化基・生基・地学基から２」・物・化・生・地学から１

[個別試験] 行わない。

一般選抜共通テスト利用型（前期３科目型）

【児童学科】 **3**科目 ①**国**▶国 ②**外**▶英（リスニングを含む） ③**地歴・公民・数・理**▶「歴総・世探」・「歴総・日探」・「地総・地探」・「公・倫」・「公・政経」・「地総・歴総・公から２」・数Ⅰ・「数Ⅰ・数Ａ」・「数Ⅱ・数Ｂ・数Ｃ」・「物基・化基・生基・地学基から２」・物・化・生・地学から１

[個別試験] 行わない。

【被服学科】 **3**科目 ①**外**▶英（リスニングを含む） ②**理**▶物・化・生から１ ③**国・数**▶国・「数Ⅰ・数Ａ」・「数Ⅱ・数Ｂ・数Ｃ」から１

[個別試験] 行わない。

【家政経済学科】 **3**科目 ①**国**▶国 ②**外**▶英（リスニングを含む）・独・仏・中・韓から１ ③**地歴・公民・数**▶「歴総・世探」・「歴総・日探」・「地総・地探」・「公・倫」・「公・政経」・「地総・歴総・公から２」・数Ⅰ・「数Ⅰ・数Ａ」・「数Ⅱ・数Ｂ・数Ｃ」から１

[個別試験] 行わない。

一般選抜共通テスト利用型（後期） **【児童学科・被服学科】** それぞれ前期３科目型と同じ

【家政経済学科】 **3**科目 ①**外**▶英（リスニングを含む）・独・仏・中・韓から１ ②③**国・地歴・公民・数**▶国・「〈歴総・世探〉・〈歴総・日探〉・〈地総・地探〉から１」・「〈公・倫〉・〈公・政経〉から１」・「地総・歴総・公から２」・「数Ⅰ・〈数Ⅰ・数Ａ〉・〈数Ⅱ・数Ｂ・数Ｃ〉から１」から２

[個別試験] 行わない。

文学部

一般選抜（個別選抜型）３科目入試 **3**科目 ①**国**▶現国・言語 ②**外**▶英コミュⅠ・英コミュⅡ・英コミュⅢ・論表Ⅰ・論表Ⅱ・論表Ⅲ ③**地歴**▶「歴総・世探」・「歴総・日探」から１

一般選抜共通テスト利用型（前期５科目型）

【日本文学科・英文学科】 **5**科目 ①**国**▶国 ②**外**▶英（リスニングを含む）・独・仏・中・韓から１，ただし英文学科は英指定 ③④**地歴・公民・理**▶「歴総・世探」・「歴総・日探」・「地総・地探」・「公・倫」・「公・政経」・「物基・化基・生基・地学基から２」・物・化・生・地学から２ ⑤**数**・

情▶数Ⅰ·「数Ⅰ·数A」·「数Ⅱ·数B·数C」·情Ⅰから1

[個別試験] 行わない。

【史学科】 5科目 ①国▶国 ②外▶英(リスニングを含む)·独·仏·中·韓から1 ③地歴·公民▶「歴総·世探」·「歴総·日探」·「地総·地探」·「公·倫」·「公·政経」·「地総·歴総·公から2」から1 ④数·情▶数Ⅰ·「数Ⅰ·数A」·「数Ⅱ·数B·数C」·情Ⅰから1 ⑤理▶「物基·化基·生基·地学基から2」·物·化·生·地学から1

[個別試験] 行わない。

一般選抜共通テスト利用型(前期3·4科目型)·(後期) 4~3科目 ①国▶国 ②外▶英(リスニングを含む)·独·仏·中·韓から1，ただし英文学科は英指定 ③④地歴·公民·数·理·情▶「歴総·世探」·「歴総·日探」·「地総·地探」·「公·倫」·「公·政経」·「地総·歴総·公から2」·数Ⅰ·「数Ⅰ·数A」·「数Ⅱ·数B·数C」·「物基·化基·生基·地学基から2」·物·化·生·地学·情Ⅰから日本文学科は前期2·後期1，英文学科と史学科は1，ただし史学科は「歴総·世探」または「歴総·日探」指定

[個別試験] 行わない。

人間社会学部・国際文化学部

一般選抜(個別選抜型) 3科目入試 3科目 ①国▶現国·言語(漢文を除く) ②外▶英コミュⅠ·英コミュⅡ·英コミュⅢ·論表Ⅰ·論表Ⅱ·論表Ⅲ ③地歴·数▶世探·日探·「数Ⅰ·数Ⅱ·数A(図形·場合)·数B(数列)·数C(ベク)」から1

一般選抜共通テスト利用型(前期5科目型)

【現代社会学科·教育学科】 5科目 ①国▶国 ②外▶英(リスニングを含む)·独·仏·中·韓から1 ③④⑤地歴·公民·数·理·情▶「歴総·世探」·「歴総·日探」·「地総·地探」·「公·倫」·「公·政経」·「地総·歴総·公から2」·数Ⅰ·「数Ⅰ·数A」·「数Ⅱ·数B·数C」·「物基·化基·生基·地学基から2」·物·化·生·地学·情Ⅰから3

[個別試験] 行わない。

【社会福祉学科】 5科目 ①国▶国 ②外▶英(リスニングを含む)·独·仏·中·韓から1 ③④地歴·公民▶「歴総·世探」·「歴総·日探」·「地総·地探」·「公·倫」·「公·政経」·「地総·歴総·公から2」から2 ⑤数·理▶数Ⅰ·「数Ⅰ·数A」·「数Ⅱ·数B·数C」·「物基·化基·生基·地学基から2」·物·化·生·地学から1

[個別試験] 行わない。

【心理学科】 5科目 ①外▶英(リスニングを含む) ②③④⑤国·「地歴·公民」·数·理·情▶国·「〈歴総·世探〉·〈歴総·日探〉·〈地総·地探〉·〈公·倫〉·〈公·政経〉·〈地総·歴総·公から2〉から1」·「数Ⅰ·〈数Ⅰ·数A〉·〈数Ⅱ·数B·数C〉から1」·「〈物基·化基·生基·地学基から2〉·物·化·生·地学から1」·情Ⅰから4

[個別試験] 行わない。

【国際文化学科】 5科目 ①国▶国 ②外▶英(リスニングを含む)·独·仏·中·韓から1 ③地歴·公民▶「歴総·世探」·「歴総·日探」·「地総·地探」·「公·倫」·「公·政経」·「地総·歴総·公から2」から1 ④数▶数Ⅰ·「数Ⅰ·数A」·「数Ⅱ·数B·数C」から1 ⑤理·情▶「物基·化基·生基·地学基から2」·物·化·生·地学·情Ⅰから1

[個別試験] 行わない。

一般選抜共通テスト利用型(前期3科目型)·(後期) 【現代社会学科·社会福祉学科·教育学科·国際文化学科】 3科目 ①国▶国 ②外▶英(リスニングを含む)·独·仏·中·韓から1 ③地歴·公民·数·理·情▶「歴総·世探」·「歴総·日探」·「地総·地探」·「公·倫」·「公·政経」·「地総·歴総·公から2」·数Ⅰ·「数Ⅰ·数A」·「数Ⅱ·数B·数C」·「物基·化基·生基·地学基から2」·物·化·生·地学·情Ⅰから1，ただし社会福祉学科は情の，国際文化学科は理·情の選択不可

[個別試験] 行わない。

【心理学科】 3科目 ①外▶英(リスニングを含む) ②③国·「地歴·公民」·数·理·情▶国·「〈歴総·世探〉·〈歴総·日探〉·〈地総·地探〉·〈公·倫〉·〈公·政経〉·〈地総·歴総·公から2〉から1」·「数Ⅰ·〈数Ⅰ·数A〉·〈数Ⅱ·数B·数C〉から1」·「〈物基·化基·生基·地学基から2〉·物·化·生·地学から1」·情Ⅰから2

[個別試験] 行わない。

理学部

一般選抜(個別選抜型) 3科目入試 【数物情

報科学科】 3科目 ①外▶英コミュⅠ・英コミュⅡ・英コミュⅢ・論表Ⅰ・論表Ⅱ・論表Ⅲ ②数▶数Ⅰ・数Ⅱ・数Ⅲ・数A（図形・場合）・数B（数列）・数C（ベク・平面） ③理▶「物基・物」・「化基・化」から1

【化学生命科学科】 3科目 ①外▶英コミュⅠ・英コミュⅡ・英コミュⅢ・論表Ⅰ・論表Ⅱ・論表Ⅲ ②③数・理▶「数Ⅰ・数Ⅱ・数Ⅲ・数A（図形・場合）・数B（数列）・数C（ベク・平面）」・「化基・化」・「生基・生」から2

一般選抜（個別選抜型）2科目入試 【数物情報科学科】 2科目 ①数▶数Ⅰ・数Ⅱ・数Ⅲ・数A（図形・場合）・数B（数列）・数C（ベク・平面） ②外・理▶「英コミュⅠ・英コミュⅡ・英コミュⅢ・論表Ⅰ・論表Ⅱ・論表Ⅲ」・「物基・物」・「化基・化」から1

【化学生命科学科】 2科目 ①外▶英コミュⅠ・英コミュⅡ・英コミュⅢ・論表Ⅰ・論表Ⅱ・論表Ⅲ ②数・理▶「数Ⅰ・数Ⅱ・数Ⅲ・数A（図形・場合）・数B（数列）・数C（ベク・平面）」・「化基・化」・「生基・生」から1

一般選抜共通テスト利用型（前期5科目型） 【数物情報科学科】 5科目 ①国▶国 ②外▶英（リスニングを含む） ③④数▶「数Ⅰ・数A」・「数Ⅱ・数B・数C」 ⑤理・情▶「物基・化基・生基・地学基から2」・物・化・生・地学・情Ⅰから1

[個別試験] 行わない。

【化学生命科学科】 5科目 ①外▶英（リスニングを含む） ②③国・数▶国・数Ⅰ・「数Ⅰ・数A」・「数Ⅱ・数B・数C」から2 ④⑤理・情▶「物基・化基・生基・地学基から2」・物・化・生・地学・情Ⅰから2

[個別試験] 行わない。

一般選抜共通テスト利用型（前期4科目型） 【数物情報科学科】 4科目 ①外▶英（リスニングを含む） ②③数▶「数Ⅰ・数A」・「数Ⅱ・数B・数C」 ④国・理・情▶国・「物基・化基・生基・地学基から2」・物・化・生・地学・情Ⅰから1

[個別試験] 行わない。

一般選抜共通テスト利用型（前期3科目型） 【化学生命科学科】 3科目 ①外▶英（リスニングを含む） ②理▶「物基・化基・生基・地学基から2」・物・化・生・地学から1 ③国・数▶国・数Ⅰ・「数Ⅰ・数A」・「数Ⅱ・数B・数C」から1

[個別試験] 行わない。

一般選抜共通テスト利用型（後期） 【数物情報科学科】 3科目 ①外▶英（リスニングを含む） ②③国・数・理・情▶国・「数Ⅰ・数A」・「数Ⅱ・数B・数C」・「物基・化基・生基・地学基から2」・物・化・地学・情Ⅰから2

[個別試験] 行わない。

【化学生命科学科】 前期3科目型と同じ

建築デザイン学部

一般選抜（個別選抜型）3科目入試・2科目入試 3〜2科目 ①外▶英コミュⅠ・英コミュⅡ・英コミュⅢ・論表Ⅰ・論表Ⅱ・論表Ⅲ ②③国・数・理▶「現国・言語（漢文を除く）」・「数Ⅰ・数Ⅱ・数A（図形・場合）・数B（数列）・数C（ベク）」・「物基・物」から3科目入試は2，2科目入試は1

一般選抜共通テスト利用型（前期5科目型） 5科目 ①国▶国 ②外▶英（リスニングを含む）・独・仏・中・韓から1 ③地歴・公民▶「歴総・世探」・「歴総・日探」・「地総・地探」・「公・倫」・「公・政経」・「地総・歴総・公から2」から1 ④数▶「数Ⅰ・数A」・「数Ⅱ・数B・数C」から1 ⑤理▶物・化・生・地学から1

[個別試験] 行わない。

一般選抜共通テスト利用型（前期3科目型） 3科目 ①外▶英（リスニングを含む）・独・仏・中・韓から1 ②③「国・地歴・公民」・数・理▶「国・〈歴総・世探〉・〈歴総・日探〉・〈地総・地探〉・〈公・倫〉・〈公・政経〉・〈地総・歴総・公から2〉から1」・「〈数Ⅰ・数A〉・〈数Ⅱ・数B・数C〉から1」・「物・化・生・地学から1」から2

[個別試験] 行わない。

一般選抜共通テスト利用型（後期） 2科目 ①②外・数・理▶「英（リスニングを含む）・独・仏・中・韓から1」・「〈数Ⅰ・数A〉・〈数Ⅱ・数B・数C〉から1」・「物・化・生・地学から1」から2

[個別試験] 行わない。

食科学部

一般選抜（個別選抜型）3科目入試・2科目入試 3〜2科目 ①外▶英コミュⅠ・英コミュⅡ・英コミュⅢ・論表Ⅰ・論表Ⅱ・論表Ⅲ ②③

数・理▶「数Ⅰ・数Ⅱ・数Ａ（図形・場合）・数Ｂ（数列）・数Ｃ（ベク）」・「化基・化」・「生基・生」から３科目入試は２，２科目入試は１

一般選抜共通テスト利用型（前期５科目型）

⑤科目　①**国**▶国　②**外**▶英（リスニングを含む）　③**数**▶「数Ⅰ・数Ａ」・「数Ⅱ・数Ｂ・数Ｃ」から１　④⑤**理**▶「物基・化基・生基・地学基から２」・物・化・生から２

［個別試験］行わない。

一般選抜共通テスト利用型（前期４科目型）

④科目　①**国**▶国　②**外**▶英（リスニングを含む）　③**数**▶「数Ⅰ・数Ａ」・「数Ⅱ・数Ｂ・数Ｃ」から１　④**理**▶「物基・化基・生基・地学基から２」・物・化・生から１

［個別試験］行わない。

その他の選抜

学校推薦型選抜（公募制）は家政学部９名，文学部14名，人間社会学部10名，理学部10名を，総合型選抜は家政学部36名，文学部35名，人間社会学部20名，理学部24名，国際文化学部25名，建築デザイン学部６名を募集。ほかに学校推薦型選抜（指定校制），社会人入試，外国人留学生入試を実施。

注）募集人員は2024年度の実績です。

偏差値データ（2024年度）

●一般選抜（個別選抜型）

学部／学科／専攻	2024年度 駿台予備学校 合格目標ライン	2024年度 河合塾 ボーダー偏差値	2023年度 競争率
▶家政学部			
児童	49	52.5	3.0
食物／食物学	50	57.5〜60	3.2
／管理栄養士	53〜54	60〜62.5	5.4
被服	47	50	2.8
家政経済	47	52.5	2.3
▶文学部			
日本文	50	52.5	1.9
英文	49	50	1.7
史	50	52.5	2.2
▶人間社会学部			
現代社会	48	55	2.2
社会福祉	48	50	2.0
教育	49	50	2.0
心理	50	55	3.1
▶理学部			
数物情報科	45〜46	45	2.0
化学生命科	47〜48	47.5〜50	2.7
▶国際文化学部			
国際文化	50	52.5	3.2
▶建築デザイン学部			
建築デザイン	48〜49	52.5〜57.5	新

●駿台予備学校合格目標ラインは合格可能性80％に相当する駿台模試の偏差値です。
●河合塾ボーダー偏差値は合格可能性50％に相当する河合塾全統模試の偏差値です。
●競争率は受験者÷合格者の実質倍率。なお，家政学部と理学部は２教科入試の実績です。

日本体育大学

にっぽんたいいく

資料請求

問合せ先 アドミッションセンター　☎03-5706-0910

建学の精神

1891（明治24）年に設立された「体育会」（翌年，「日本体育会」に改称）を淵源とする，アジア最古，世界最大の体育大学。創設以来，一貫して，スポーツを通じ，すべての人々の願いである“心身の健康”を育み，あわせて世界レベルの優秀な競技者・指導者の育成を追求し続けてきたことから，建学の精神である「體育富強之基（たいいくふきょうのもとい）」（体育は富国強兵の基本である）を今日では，「真に豊かで持続可能な社会の実現には，心身ともに健康で，体育スポーツの普及・発展を積極的に推進する人材の育成が不可欠である」と解釈し，スポーツサイエンスの幅広い領域を網羅する５学部9学科４領域２コース体制で教育・研究を展開。「身体にまつわる文化と科学の総合大学」として，日本だけでなく，世界の体育とスポーツ文化，そして国際平和に貢献している。

● 東京・世田谷キャンパス……〒158-8508　東京都世田谷区深沢7-1-1
● 横浜・健志台キャンパス……〒227-0033　神奈川県横浜市青葉区鴨志田町1221-1

基本データ

学生数▶7,536名（男4,698名，女2,838名）
専任教員数▶教授87名，准教授64名，講師１名，助教57名
設置学部▶体育，スポーツ文化，スポーツマネジメント，児童スポーツ教育，保健医療
併設教育機関▶大学院─体育学・教育学・保健医療学（以上M・D）

就職・卒業後の進路

就職率 98.3%（企業希望者の就職率）
就職者÷希望者×100

● **就職支援**　学生支援センターでは，キャリアカウンセラーがマンツーマンで対応し，一人ひとりの希望や適性に合ったキャリアデザインをサポート。また，学生たちが授業や実習，クラブ活動を通じて身につけた忍耐力や協調性，リーダーシップなどが社会で高く評価され，高い就職率につながっている。

● **資格取得支援**　学生支援センター，教職センターを中心に，他部署・教職員と連携して多様な免許・資格取得をサポート。2021年度よりMOS対策講座も実施している。教員をめざす学生を支援する教職センターでは，独自の特別プログラムで採用試験合格までを，教員養成のプロ集団が全力でバックアップ。

進路指導者も必見 学生を伸ばす 面倒見

初年次教育	学修サポート
歴史を振り返りながら，本学で学ぶ自覚と誇りを培う「日体大の歴史」（日体伝統実習を含む）や「情報処理」（情報機器の操作を含む）のほか，「スポーツ研究A」「国語表現Ⅰ」「基礎ゼミナール」「プレゼンテーション技法論」などを開講	TA・SA制度，オフィスアワー，アカデミックアドバイザー（学生約20人を担当）を導入。教員志望者が集い，グループ討議により問題解決の糸口を見出す日体教学舎，ネイティブ講師から英会話を学べるグローバルカフェを設置

オープンキャンパス（2023年度実績） 東京・世田谷キャンパスで６月・８月・12月・３月，横浜・健志台キャンパスで７月・９月に開催。大学紹介，入試説明会，体験授業，個別相談コーナー，キャンパスツアーなど。

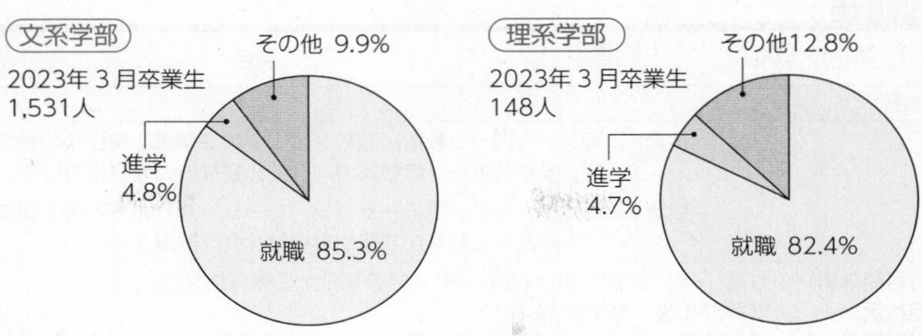

主なOB・OG▶［体育］中根一幸（衆議院議員），内村航平（体操・五輪金メダリスト），高木美帆（スピードスケート・五輪金メダリスト），［スポーツ文化］阿部一二三・阿部詩（柔道・五輪金メダリスト）など。

国際化・留学　大学間 27 大学

受入れ留学生数▶34名（2023年８月30日現在）

留学生の出身国▶中国，韓国，モンゴル，トンガ，マリなど。

外国人専任教員▶教授２名，准教授２名，助教４名（2023年８月30日現在）

外国人専任教員の出身国▶中国，韓国など。

大学間交流協定▶27大学（交換留学先14大学，2023年８月30日現在）

海外への留学生数▶０名／年（2022年度）

海外留学制度▶１年間休学して交流協定校で学ぶ交換留学，夏季・春季休暇中に行う短期留学および語学研修を実施。スポーツ国際学科では，タイ，ネパール，フィリピンの３カ国から学生が実習国を選択し，提携大学と連携しながら，現地の中学校・高校に赴き，英語で生徒にスポーツ指導を行う「スポーツ国際実習」の授業を実施している。

学費・奨学金制度　給付型奨学金総額 年間 1,365 万円

入学金▶300,000円

年間授業料（施設費等を除く）▶800,000円～（詳細は巻末資料参照）

年間奨学金総額▶13,650,000円

年間奨学金受給者数▶66人

主な奨学金制度▶「メイドー・MCS・長谷川奨学金」は課外活動等において，目標に向けて強い志を持って取り組んでいる者を対象に25万円を給付。このほか，「雄渾奨学金」を設置。また，学費納付者の負担軽減を図るための学費減免制度があり，2022年度には26人を対象に総額で590万円を減免している。

保護者向けインフォメーション

●**成績確認**　「NSSU Passport」で，学生の成績照会（成績や履修科目・単位数）や授業への出席状況，学生時間割表等の閲覧が可能。

●**保護者会**　全国を７ブロックに分け，全都道府県に48の地域支部（北海道は２支部）があり，各支部で保護者会総会を開催。また，『保護者会会報』も発行している。

●**就職セミナー**　希望制で，両キャンパスで見学会や就職セミナーを開催している。

●**相談窓口**　保護者専用の窓口を設置している。

●**防災対策**　「災害対応booklet」と「学生心得」を入学時に配布。災害時の学生の安否は，ポータルサイトを利用して確認する。

インターンシップ科目	必修専門ゼミ	卒業論文	GPA制度の導入の有無および活用例	１年以内の退学率	標準年限での卒業率
体育とスポーツマネで開講	全学部で３・４年次に実施	体育・児童スポーツ教育・保健医療は卒業要件	奨学金や授業料免除対象者の選定基準などに活用	0.9%	90.0%

学部紹介

学部／学科	定員	特色
体育学部		
体育	800	▷スポーツ教育，競技スポーツの２領域。青少年の健全な育成やスポーツの競技力向上に必要な能力を身につける。
健康	195	▷ヘルスプロモーション，ソーシャルサポートの２領域。心身ともに健やかで豊かな福祉社会を実現する。
●取得可能な資格…教職（保体，特別支援，養護一種），社会福祉士受験資格など。 ●進路状況…………就職84.0%　進学5.3% ●主な就職先………日鉄物産，USEN-NEXT HOLDINGS，大和ハウス工業，警視庁，教員など。		
スポーツ文化学部		
武道教育	90	▷日本固有の身体運動文化である「武道」「伝統芸能」の知識や技術を身につけ，国内外を問わずに指導できる能力を養う。
スポーツ国際	90	▷スポーツを通した国際協力・国際交流・開発援助を促進するための知識や技術を養う。スポーツ国際実習を実施。
●取得可能な資格…教職（保体）など。 ●進路状況…………就職83.2%　進学4.2% ●主な就職先………ファーストリテイリング，日本通運，イトーキ，日本スポーツ協会，教員など。		
スポーツマネジメント学部		
スポーツマネジメント	245	▷さまざまなスポーツ事業にビジネスチャンスを見つけ出し，スポーツを推進することができる人材を育成する。
スポーツライフマネジメント	110	▷さまざまなスポーツライフを理解し，スポーツの普及・拡大や健康づくりをマネジメントする能力を養う。
●取得可能な資格…教職（保体），社会教育主事任用資格など。 ●進路状況…………就職89.3%　進学3.3% ●主な就職先………アシックス，アサヒ飲料，セレスポ，サニーサイドアップ，リンナイ，教員など。		
児童スポーツ教育学部		
児童スポーツ教育	170	▷〈児童スポーツ教育コース120名，幼児教育保育コース50名〉乳幼児から児童生徒の教育・保育に関わり，子どもの健康と安心，豊かな社会づくりに貢献する人材を育成する。
●取得可能な資格…教職（保体，小一種，幼一種），保育士など。 ●進路状況…………就職88.5%　進学5.2% ●主な就職先………幼児活動研究会，JR東日本スポーツ，コナミスポーツ，日体幼稚園，教員など。		
保健医療学部		
整復医療	90	▷日体大だから実現できるスポーツと柔道整復の融合で，スポーツやトレーニングを熟知した柔道整復師を育成する。
救急医療	80	▷切迫した危機的状況下で，人命に関わる重責を担える総合的な実践力を持った救急救命士を育成する。
●取得可能な資格…救急救命士・柔道整復師受験資格など。 ●進路状況…………就職82.4%　進学4.7% ●主な就職先………サンキュー整骨院グループ，富士フイルムメディカル，関東労災病院，消防など。		

▶キャンパス

体育・スポーツ文化・児童スポーツ教育……［東京・世田谷キャンパス］東京都世田谷区深沢7-1-1
体育・スポーツマネジメント・保健医療……［横浜・健志台キャンパス］神奈川県横浜市青葉区鴨志田町1221-1

キャンパスアクセス ［東京・世田谷キャンパス］東急田園都市線一桜新町より徒歩15分またはバス5分／東急大井町線一等々力より徒歩25分またはバス10分

2024年度入試要項（前年度実績）

●募集人員

学部／学科（コース）	一般
▶体育　体育	90
健康	20
▶スポーツ文化　武道教育	2
スポーツ国際	20
▶スポーツマネジメント　スポーツマネジメント	30
スポーツライフマネジメント	18
▶児童スポーツ教育　児童スポーツ教育（児童スポーツ教育）	20
（幼児教育保育）	2
▶保健医療　整復医療	5
救急医療	4

※一般選抜はA・B・C日程（武道教育学科と幼児教育保育コースはB日程のみ）と共通テスト利用型を実施し，募集人員は全日程・方式の合計数。ただし，武道教育学科と幼児教育保育コースはB日程と共通テスト利用型で各1名を募集する。

全学部

一般選抜（A・B・C日程）　3~2科目　①国（100）▶国総（古典を除く）②外（100）▶英表Ⅰ・英表Ⅱ　③実技（動画提出）・面接▶［武道教育学科］一柔道・剣道・相撲・空手道・少林寺拳法・合気道・弓道・なぎなた・伝統芸能のうち各自が出願した種目の課題を動画で提出，［保健医療学部］一集団面接
※その他の学科は上記①②のみ。武道教育学科と幼児教育保育コースはB日程のみ実施。
一般選抜（共通テスト利用型）〈共通テスト科目〉　3科目　①国（100）▶国（近代）②外（100）▶英（リーディングのみ）③地歴・公民・数・理（100）▶世A・世B・日A・日B・地理A・地理B・現社・倫・政経・「倫・政経」・数Ⅰ・「数Ⅰ・数A」・数Ⅱ・「数Ⅱ・数B」・簿・情・「物基・化基・生基・地学基から2」・物・化・生・地学から1，ただし保健医療学部は地歴・公民の選択不可
〈個別試験科目〉　1科目　①実技（動画提出）・面接▶［武道教育学科］一柔道・剣道・相撲・空手道・少林寺拳法・合気道・弓道・なぎなた・伝統芸能のうち各自が出願した種目の課題を動画で提出，［保健医療学部］一面接
※その他の学科は個別試験を実施しない。

その他の選抜

学校推薦型選抜（一般・スポーツ・指定校）は体育学部482名，スポーツ文化学部85名，スポーツマネジメント学部177名（スポーツマネジメント推薦を含む），児童スポーツ教育学部85名，保健医療学部64名を，総合型選抜（トップアスリート型・課題探究型・プレゼンテーション型・運動適性型）は体育学部403名，スポーツ文化学部73名，スポーツマネジメント学部130名，児童スポーツ教育学部63名，保健医療学部97名を募集。ほかに英語外部資格選抜，飛び入学選抜，帰国生および国際バカロレア資格選抜，リカレント選抜，外国人留学選抜を実施。

偏差値データ（2024年度）

●一般選抜（共通テスト利用型を除く）

学部／学科／コース	2024年度 駿台予備学校 合格目標ライン	2024年度 河合塾 ボーダー偏差値	2023年度 競争率
▶体育学部			
体育	39	45	4.7
健康	39	40	1.5
▶スポーツ文化学部			
武道教育	35	40	1.3
スポーツ国際	37	40	2.6
▶スポーツマネジメント学部			
スポーツマネジメント	36	45	4.8
スポーツライフマネジメント	36	35	2.2
▶児童スポーツ教育学部			
児童スポーツ教育／児童	39	40	7.3
／幼児教育	39	37.5	17.0
▶保健医療学部			
整復医療	38	45	4.7
救急医療	38	37.5	34.0

●駿台予備学校合格目標ラインは合格可能性80％に相当する駿台模試の偏差値です。
●河合塾ボーダー偏差値は合格可能性50％に相当する河合塾全統模試の偏差値です。
●競争率は受験者÷合格者の実質倍率
※競争率は2023年度前期A日程の実績です。ただし，武道教育学科はB日程。

キャンパスアクセス［横浜・健志台キャンパス］東急田園都市線一青葉台よりバス15分

文京学院大学

ぶんきょうがくいん

文京学院

資料請求

問合せ先 入試広報センター　☎03-5684-4870（本郷C）　☎049-261-6488㈹（ふじみ野C）

建学の精神

「女性に自立の力を」――女性の社会進出が，まだままならなかった1924（大正13）年，創立者・島田依史子は常識を打ち破り，女性に身近だった裁縫を技能にまで高める教育を行って女性の自立を支えようと，文京学院の起源となる島田裁縫伝習所を開塾。以後，その精神を継承し，「女性」から「人間」へと視野を広げ，人間としての「自立と共生」を建学の精神として，活気あふれる教育を行ってきた。2024年には学院創立100周年を迎え，これからの時代を見据え，学びの環境をアップデート。「地球市民」「ストレスマネジメント」「永久サポート大学」「教育力日本一を目指して」の4つからなる「B'sビジョン」を掲げて，100年前も，これからも，若者が好きなことを見つけ，追究し，自信を持って社会に羽ばたける教育を行っていく。

● 本郷キャンパス………〒113-8668　東京都文京区向丘1-19-1
● ふじみ野キャンパス…〒356-8533　埼玉県ふじみ野市亀久保1196

基本データ

学生数▶4,401名（男1,780名，女2,621名）
専任教員数▶教授86名，准教授59名，助教27名
設置学部▶外国語，経営，人間，保健医療技術
併設教育機関▶大学院―外国語学・経営学・人間学・保健医療科学・看護学（以上M），福祉医療マネジメント（P）

就職・卒業後の進路

就職率 **98.8**%
就職者÷希望者×100

● **就職支援**　学生一人ひとりの就職活動をマンツーマンで行う担当制など，学生×教員×キャリアセンター職員が三位一体となって就職をバックアップ。保育，教育，福祉，医療分野の専門職をめざす学生にも，教職員が伴走し，専門職就職ガイダンスや専門職ジョブフェアを開催するなど，手厚く支援している。

● **資格取得支援**　各種国家試験，教員採用試験，公務員試験などの資格対策講座を随時開講し，資格取得を支援。試験対策合宿を行う学科もあるなど，国家試験対策には学科全体で取り組み，各分野で高い合格率を誇る。

進路指導者も必見 学生を伸ばす 面倒見

初年次教育

すべての学びの基礎となる「人間共生論」のほか，「基礎演習」「基礎ゼミナールⅠ・Ⅱ」「初年次教育・演習ab」「初年次セミナー」「初年次ラボ」「スタディスキル」「アカデミックライティング」「情報科学」などの科目を各学部で実施

学修サポート

TA・SA制度，オフィスアワー制度，クラスアドバイザー制度（学部により，教員1人が担当する学生数は異なる）を導入。学習サポートセンターや学習支援センター，学生支援センターで大学での学習・生活を多方面から支援

オープンキャンパス（2023年度実績） 5月・6月・7月・8月（3日間）・9月・3月に，本郷・ふじみ野両キャンパスで同時開催。このほか，9月に学校見学会，10月（2日間。大学祭同時開催）と12月に進学相談会も実施。

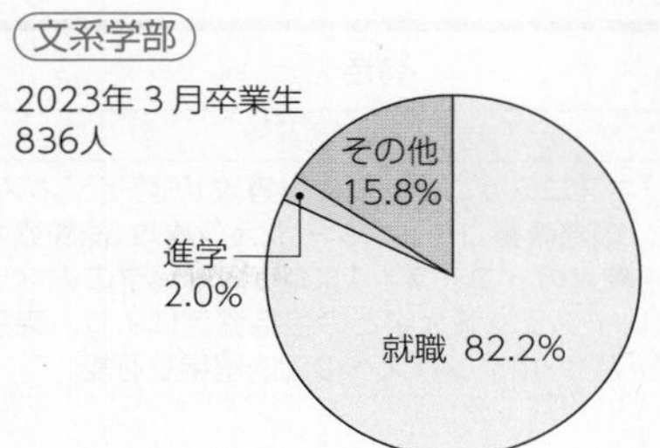

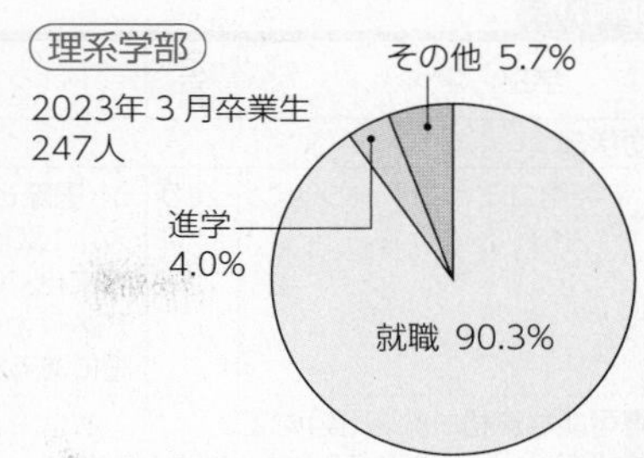

国際化・留学　大学間 41 大学・部局間 4 大学

受入れ留学生数▶14名（2023年６月16日現在）

留学生の出身国▶中国，モンゴル，インドネシアなど。

外国人専任教員▶教授４名，准教授４名，助教１名（2023年５月１日現在）

外国人専任教員の出身国▶アメリカ，イギリス，カナダ，ブラジル，韓国など。

大学間交流協定▶41大学（交換留学先14大学，2023年５月１日現在）

部局間交流協定▶４大学（交換留学先０大学，2023年５月１日現在）

海外への留学生数▶渡航型65名／年（５カ国・地域，2022年度）

海外留学制度▶提携大学で正規の授業を履修できる交換留学，休学せずに約半年間の語学研修に参加できる長期語学留学，春期・夏期休暇を利用した短期語学留学，海外短期フィールドワークなど，多彩なプログラムを用意。コンソーシアムはUMAPに参加している。

学費・奨学金制度　給付型奨学金総額 年間約 838 万円

入学金▶280,000円

年間授業料（施設費等を除く）▶876,000円～（詳細は巻末資料参照）

年間奨学金総額▶8,382,247円

年間奨学金受給者数▶55人

主な奨学金制度▶「B'sエデュケーション（教育支援奨学金）」や，入学試験におけるスカラシップ制度「スカラA・B・C」，「文京学院大学後援会卒業支援奨学金」など，学生の学びたい意欲を支援する制度を設置。学費減免制度もあり，2022年度には29人を対象に総額で約1,002万円を減免している。

保護者向けインフォメーション

- **公開授業**　学生が入学後に公開授業を実施。
- **成績確認**　成績通知表を郵送している。
- **学院紙**　学院紙『文京学院』をPDF化し，すべての記事を配信している。
- **後援会**　保護者を会員として構成する後援会があり，後援会総会などを開催している。
- **就職説明会**　３年次の保護者を対象にした就職説明会を，外国語・経営学部は６月，人間・保健医療技術学部は７月に開催。
- **相談窓口**　後援会のHPに問い合わせ先のメールアドレスを掲載（学部による）。
- **防災対策**　「防災マニュアル」や外国人向けの「地震防災マニュアル（文京区版，英語・中国語）」を作成。大災害に備えて，安否確認システム「ANPIC」を導入している。

インターンシップ科目	必修専門ゼミ	卒業論文	GPA制度の導入の有無および活用例	１年以内の退学率	標準年限での卒業率
外国語・経営・人間学部で開講	外国語学部と人間学部で３・４年次，保健医療技術学部で１～４年次に実施	経営学部と児童発達学科を除き卒業要件	奨学金等対象者選定，留学候補者選考，進級・卒業判定，退学勧告，大学院入試選抜，個別の学修指導，履修上限単位数の設定などに活用	3.7%	76.3%

学部紹介

学部／学科	定員	特色
外国語学部		
英語コミュニケーション	260	▷〈国際ビジネスコミュニケーション専攻(国際ビジネスコース) 130名，国際教養コミュニケーション専攻(国際協力・国際文化・英語教育の３コース) 130名〉海外留学のみならず，アメリカのレイクランド大学との包括協定により，東京・両国にあるジャパン・キャンパスへの国内留学も可能。
● 取得可能な資格…教職(英)など。 ● 進路状況…………就職78.9%　進学1.3% ● 主な就職先………東京都教育委員会，ハイデイ日高，大塚商会，警視庁，サンドラッグ，日伝など。		
経営学部		
経営コミュニケーション	130	▷企業のプロジェクトリーダーやマネジャー，財務や会計・人事といった領域で活躍するスペシャリストを育成する。
マーケティング・デザイン	130	▷ビジネスの現場で必要な知識や技術とともに，ビジュアルやデザインを生かした最新のマーケティングを学ぶ。
● 進路状況…………就職81.3%　進学1.7% ● 主な就職先………伊藤園，コジマ，足立区役所，サンドラッグ，東京消防庁，三菱総研DCSなど。		
人間学部		
コミュニケーション社会	60	▷学科ならではの「まちラボプロジェクト」で実践を通じて地域や企業・行政と連携して社会問題解決に挑戦し，人と人，人と地域をつなぐコミュニケーションの達人を育成する
児童発達	130	▷一人ひとりの個性を理解して，子どもの自主性を尊重する先生を育成する。国際こどもコースを開設。
人間福祉	110	▷ソーシャルワーク，福祉マネジメントの２コース。福祉の視点を持ったビジネスパーソンと，高い専門性を持つソーシャルワーカーを育成する。
心理	100	▷公認心理師，キャリア心理，心理サイエンスの３コース。日々の暮らしや社会をよりよくする心理学を科学的に学ぶ。
● 取得可能な資格…教職(小一種，幼一種)，保育士，介護福祉士・社会福祉士・精神保健福祉士受験資格，社会福祉主事任用資格など。 ● 進路状況…………就職84.7%　進学2.6% ● 主な就職先………東京都・埼玉県教育委員会，板橋・豊島区役所，入間東武福祉会，システナなど。		
保健医療技術学部		
理学療法	80	▷さまざまな領域で一歩先をいく理学療法士を育成する。教員自らが見学して厳選した全国250カ所の実習先を用意。
作業療法	40	▷乳幼児から高齢者まで寄り添う作業療法の４領域(身体・発達・精神・高齢期障害)を，経験豊富な専任教員から学ぶ。
臨床検査	80	▷検査のプロフェッショナルとして，高度化する医療を支え，生命を守る臨床検査技師を育成する。
看護	100	▷「人を尊重する態度」や「論理的に思考する力」「自ら学び取る姿勢」を修得し，実践できる看護師を育成する。
● 取得可能な資格…教職(養護二種)，看護師・保健師・臨床検査技師・理学療法士・作業療法士受験資格など。 ● 進路状況…………就職90.3%　進学4.0% ● 主な就職先………埼玉石心会病院，霞ヶ関南病院，圏央所沢病院，竹川病院，池上総合病院など。		

キャンパスアクセス [本郷キャンパス] 東京メトロ南北線一東大前より徒歩０分／都営地下鉄三田線一白山より徒歩10分／東京メトロ千代田線一根津より徒歩10分

▶キャンパス

外国語・経営・人間（コミュニケーション社会３・４年次，福祉マネジメントコース３・４年次）・保健医療技術（臨床検査・看護２～４年次）……［本郷キャンパス］東京都文京区向丘1-19-1

人間（児童発達・人間福祉〈福祉マネジメントコースは１・２年次〉・心理，コミュニケーション社会１・２年次）・保健医療（理学療法・作業療法，臨床検査・看護１年次）……［ふじみ野キャンパス］埼玉県ふじみ野市亀久保1196

2024年度入試要項（前年度実績）

●募集人員

学部／学科（専攻）	全学統一	一般Ⅰ期	一般Ⅱ期	一般Ⅲ期	共通テスト
▶外国語					
英語コミュニケーション（国際ビジネス）	30	30	10		若干名
（国際教養）	30	30	10		若干名
▶経営					
経営コミュニケーション	30	30	10		若干名
マーケティング・デザイン	30	30	10		若干名
▶人間					
コミュニケーション社会	10	15	5		若干名
児童発達	25	30	10		5
人間福祉	20	27	8		5
心理	17	25	8		5
▶保健医療技術					
理学療法	15	10	若干名		若干名
作業療法	5	5	若干名		若干名
臨床検査	20	20	若干名		若干名
看護	20	15	若干名		若干名

※一般選抜Ⅰ期の外国語・経営・人間の３学部はＡ日程・Ｂ日程を実施。
※共通テスト利用選抜は全学部がⅠ期・Ⅱ期・Ⅲ期を実施。

▷全学統一選抜と一般選抜において，指定された英語外部試験（英検〈CSEスコア〉，GTEC CBT，TOEFL iBT，TEAP4技能，IELTS）の基準を満たしている者は，その成績を証明する書類を提出した場合，英語試験の得点に換算して判定する英語外部試験利用制度を利用することも可能。ただし，本学の「英語」試験の受験は必須で，その場合，英語外部試験利用による得点と「英語」試験の得点のうち，より高得点のものを合否判定に採用する。

外国語学部

全学統一選抜　**2科目**　①国（100）▶国総（近代）　②外（150）▶コミュ英Ⅰ・コミュ英Ⅱ・英表Ⅰ

一般選抜Ⅰ期Ａ日程（２科目入試）・Ｂ日程　**2科目**　①外（Ａ150・Ｂ100）▶コミュ英Ⅰ・コミュ英Ⅱ・英表Ⅰ　②国・地歴（100）▶国総（近代）・世Ｂ・日Ｂから１
※Ｂ日程は，２科目のうち，高得点の科目を200点満点に換算し，合計300点満点で判定する。

一般選抜Ⅰ期Ａ日程（３科目入試）　**3科目**　①国（100）▶国総（近代）　②外（150）▶コミュ英Ⅰ・コミュ英Ⅱ・英表Ⅰ　③地歴（100）▶世Ｂ・日Ｂから１
※３科目を受験し，英語と高得点１科目で判定する。

一般選抜Ⅱ期　**2科目**　①国（100）▶国総（近代）　②外（150）▶コミュ英Ⅰ・コミュ英Ⅱ・英表Ⅰ

一般選抜Ⅲ期　**2科目**　①外（150）▶コミュ英Ⅰ・コミュ英Ⅱ・英表Ⅰ　②国・総合（100）▶国総（近代）・総合問題から１
※英語は一部記述式で実施。
※総合問題は資料や図表を読み解き，設問に解答。一部記述を含む。

共通テスト利用選抜Ⅰ期・Ⅱ期・Ⅲ期（２科目型判定）　**2科目**　①外（200）▶英（リスニング〈100〉を含む）　②国・地歴・公民・数・理（100）▶国（近代）・世Ａ・世Ｂ・日Ａ・日Ｂ・地理Ａ・地理Ｂ・現社・倫・政経・「倫・政経」・数Ⅰ・「数Ⅰ・数Ａ」・数Ⅱ・「数Ⅱ・数Ｂ」・簿・情・「物基・化基・生基・地学基から２」・物・化・生・地学から１

［個別試験］行わない。

共通テスト利用選抜Ⅰ期・Ⅱ期・Ⅲ期（３科目型判定）　**3科目**　①国（100）▶国（近代）　②

キャンパスアクセス　［ふじみ野キャンパス］東武東上線（東京メトロ有楽町線・副都心線乗り入れ）一ふじみ野よりスクールバス7分または東武バス９分

外(200)▶英(リスニング〈100〉を含む) ③**地歴・公民・数・理**(100)▶世A・世B・日A・日B・地理A・地理B・現社・倫・政経・「倫・政経」・数Ⅰ・「数Ⅰ・数A」・数Ⅱ・「数Ⅱ・数B」・簿・情・「物基・化基・生基・地学基から2」・物・化・生・地学から1
[個別試験] 行わない。

経営学部・人間学部

全学統一選抜 2科目 ①**外**(100)▶コミュ英Ⅰ・コミュ英Ⅱ・英表Ⅰ ②**国・数**(100)▶国総(近代)・「数Ⅰ・数A」から1
一般選抜Ⅰ期A日程(2科目入試) 2科目 ①**外**(100)▶コミュ英Ⅰ・コミュ英Ⅱ・英表Ⅰ ②**国・地歴・数**(100)▶国総(近代)・世B・日B・「数Ⅰ・数A」から1
一般選抜Ⅰ期A日程(3科目入試) 3科目 ①**国**(100)▶国総(近代) ②**外**(100)▶コミュ英Ⅰ・コミュ英Ⅱ・英表Ⅰ ③**地歴・数**(100)▶世B・日B・「数Ⅰ・数A」から1
※3科目を受験し，英語と高得点1科目で判定する。
一般選抜Ⅰ期B日程 2科目 ①②**国・外・地歴・数**(100×2)▶国総(近代)・「コミュ英Ⅰ・コミュ英Ⅱ・英表Ⅰ」・「世B・日Bから1」・「数Ⅰ・数A」から2
※2科目のうち，高得点の科目を200点満点に換算し，合計300点満点で判定する。
一般選抜Ⅱ期 2科目 ①**国**(100)▶国総(近代) ②**外**(100)▶コミュ英Ⅰ・コミュ英Ⅱ・英表Ⅰ
一般選抜Ⅲ期 2科目 ①**外**(100)▶コミュ英Ⅰ・コミュ英Ⅱ・英表Ⅰ ②**国・総合**(100)▶国総(近代)・総合問題から1
※英語は一部記述式で実施。
※総合問題は資料や図表を読み解き，設問に解答。一部記述を含む。
共通テスト利用選抜Ⅰ期・Ⅱ期・Ⅲ期(2科目型判定) 2科目 ①**外**(200)▶英(リスニング〈100〉を含む) ②**国・地歴・公民・数・理**(200)▶国(近代)・世A・世B・日A・日B・地理A・地理B・現社・倫・政経・「倫・政経」・数Ⅰ・「数Ⅰ・数A」・数Ⅱ・「数Ⅱ・数B」・簿・情・「物基・化基・生基・地学基から2」・物・化・生・地学から1
[個別試験] 行わない。
共通テスト利用選抜Ⅰ期・Ⅱ期・Ⅲ期(3科目型判定) 3科目 ①**国**(200)▶国(近代) ②**外**(200)▶英(リスニング〈100〉を含む) ③**地歴・公民・数・理**(200)▶世A・世B・日A・日B・地理A・地理B・現社・倫・政経・「倫・政経」・数Ⅰ・「数Ⅰ・数A」・数Ⅱ・「数Ⅱ・数B」・簿・情・「物基・化基・生基・地学基から2」・物・化・生・地学から1
[個別試験] 行わない。

保健医療技術学部

全学統一選抜 **【理学療法学科・作業療法学科・看護学科】** 3科目 ①**外**(100)▶コミュ英Ⅰ・コミュ英Ⅱ・英表Ⅰ ②**国・数・理**(100)▶国総(近代)・「数Ⅰ・数A」・「化基・化(物状・物変・無機・有機)」・「生基・生(生命・生殖・環境応答)」から1 ③**面接**(100)
※全学統一選抜において，看護学科が「国語」を選択する場合は，高校等で「化基・生基」「化基・化」「生基・生」のいずれかを履修し，修得している必要がある。修得状況については，調査書にて確認する。
【臨床検査学科】 3科目 ①**外**(100)▶コミュ英Ⅰ・コミュ英Ⅱ・英表Ⅰ ②**数・理**(100)▶「数Ⅰ・数A」・「化基・化(物状・物変・無機・有機)」・「生基・生(生命・生殖・環境応答)」から1 ③**面接**(100)
一般選抜Ⅰ期・Ⅱ期 **【理学療法学科・作業療法学科・看護学科】** 3科目 ①②**国・外・数・理**(100×2)▶国総(近代)・「コミュ英Ⅰ・コミュ英Ⅱ・英表Ⅰ」・「数Ⅰ・数A」・「化基・化(物状・物変・無機・有機)」・「生基・生(生命・生殖・環境応答)」から2 ③**面接**(100)
※Ⅰ期のみ，看護学科が「英語」と「国語」の2科目を選択する場合は，高校等で「化基・生基」「化基・化」「生基・生」のいずれかを履修し，修得している必要がある。修得状況については，調査書にて確認する。
【臨床検査学科】 3科目 ①**国・外**(100)▶国総(近代)・「コミュ英Ⅰ・コミュ英Ⅱ・英表Ⅰ」から1 ②**数・理**(100)▶「数Ⅰ・数A」・「化基・化(物状・物変・無機・有機)」・「生基・生(生命・生殖・環境応答)」から1 ③**面接**(100)
一般選抜Ⅲ期 **【理学療法学科・作業療法学**

科・看護学科】 3科目 ①②国・外・数・理・総合(100×2)▶国総(近代)・「コミュ英Ⅰ・コミュ英Ⅱ・英表Ⅰ」・「数Ⅰ・数Ａ」・「化基・化(物状・物変・無機・有機)」・「生基・生(生命・生殖・環境応答)」・総合問題から2 ③面接(100)

【臨床検査学科】 3科目 ①国・外・総合(100)▶国総(近代)・「コミュ英Ⅰ・コミュ英Ⅱ・英表Ⅰ」・総合問題から1 ②数・理(100)▶「数Ⅰ・数Ａ」・「化基・化(物状・物変・無機・有機)」・「生基・生(生命・生殖・環境応答)」から1 ③面接(100)

※全学科において，Ⅲ期の英語は一部記述式を含む。

※総合問題は資料や図表を読み解き，設問に解答。一部記述を含む。

共通テスト利用選抜Ⅰ期・Ⅱ期・Ⅲ期 【理学療法学科】 3科目 ①外(200)▶英(リスニング〈100〉を含む) ②数(100)▶数Ⅰ・「数Ⅰ・数Ａ」・数Ⅱ・「数Ⅱ・数Ｂ」から1 ③理(100)▶「物基・化基・生基から2」・物・化・生から1

［個別試験］ 行わない。

【作業療法学科・看護学科】 3科目 ①外(200)▶英(リスニング〈100〉を含む) ②国・数(100)▶国(近代)・数Ⅰ・「数Ⅰ・数Ａ」・数Ⅱ・「数Ⅱ・数Ｂ」から1 ③理(100)▶「物基・化基・生基から2」・物・化・生から1

［個別試験］ 行わない。

【臨床検査学科】 3科目 ①外(200)▶英(リスニング〈100〉を含む) ②数(100)▶数Ⅰ・「数Ⅰ・数Ａ」・数Ⅱ・「数Ⅱ・数Ｂ」から1 ③理(100)▶物・化・生から1

［個別試験］ 行わない。

その他の選抜

学校推薦型選抜(公募制〈専願制〉・併願制・指定校制，GCI公募制〈専願制〉)は外国語学部60名，経営学部80名，人間学部95名，保健医療技術学部90名を，総合型選抜(外国語学部と経営学部はGCI総合型選抜を含む)は外国語学部60名，経営学部40名，人間学部90名，保健医療技術学部100名を募集。ほかに帰国生徒選抜，社会人選抜，外国人留学生選抜，GCI外国人留学生選抜を実施。

偏差値データ（2024年度）

●一般選抜Ⅰ期

学部／学科／専攻	2024年度 駿台予備学校 合格目標ライン	2024年度 河合塾 ボーダー偏差値	2023年度 競争率
▶外国語学部			
英語／国際ビジネス	35	35	1.0
／国際教養	36	35	1.0
▶経営学部			
経営コミュニケーション	35	35	1.2
マーケティング・デザイン	34	35～37.5	1.4
▶人間学部			
コミュニケーション社会	34～35	35	1.1
児童発達	35	35	1.0
人間福祉	34	35	1.1
心理	37	37.5	1.3
▶保健医療技術学部			
理学療法	37	35	1.1
作業療法	36	37.5	1.0
臨床検査	35	BF	1.1
看護	36	40	1.7

- 駿台予備学校合格目標ラインは合格可能性80％に相当する駿台模試の偏差値です。
- 河合塾ボーダー偏差値は合格可能性50％に相当する河合塾全統模試の偏差値です。
- 競争率は2023年度全学統一入試と一般選抜Ⅰ・Ⅱ・Ⅲ期の受験者÷合格者の実質倍率

法政大学（ほうせい）

資料請求

問合せ先 入学センター ☎03-3264-9300

建学の精神

自由を求める気運が高まっていた1880（明治13）年に，金丸鉄，伊藤修，薩埵正邦ら若き法律家によって誕生した東京法学社を前身に，３つの世紀にわたり，「自由と進歩」の学風を受け継ぎ，幾多の人材を輩出。校歌に謳うよき師よき友が集い，人びとの権利を重んじ，多様性を認め合う「自由な学風」と，なにものにもとらわれることなく公正な社会の実現をめざす「進取の気象」を育み続け，地球社会の課題解決に貢献することこそを使命に「自由を生き抜く実践知」を磨き，社会に生かす学びを実践。キャリア支援においても，試験合格に向けた強力なサポートを行う公務員講座，「マスコミに強い法政大学」を生んだ自主マスコミ講座など，変化を恐れず，常に挑戦し続ける――いつの時代も歴史と伝統に甘えることなく，新たな改革に挑み続けている。

- 市ケ谷キャンパス…〒102-8160　東京都千代田区富士見2-17-1
- 多摩キャンパス……〒194-0298　東京都町田市相原町4342
- 小金井キャンパス…〒184-8584　東京都小金井市梶野町3-7-2

基本データ

学生数▶27,925名（男16,620名，女11,305名）
専任教員数▶教授581名，准教授116名，講師28名
設置学部▶法，文，経済，社会，経営，国際文化，人間環境，現代福祉，キャリアデザイン，GIS（グローバル教養），スポーツ健康，情報科，デザイン工，理工，生命科
併設教育機関▶大学院（P.707参照）　通信教育部一法学部，文学部，経済学部

就職・卒業後の進路

就職率 97.0%
就職者÷希望者×100

● **就職支援**　１年次からスタートするキャリア支援，経験豊富なスタッフによる個別相談，体験型の就職活動準備講座，充実のインターンシップ支援，卒業生による支援など，万全の体制で一人ひとりをバックアップ。

● **資格取得支援**　教員免許状の取得のための教職課程をはじめ，法曹や公認会計士などの難関資格から社会福祉士や建築士といった専

進路指導者も必見 学生を伸ばす 面倒見

初年次教育	学修サポート
各学部で「基礎ゼミ」や「基礎演習」「入門ゼミ」などを行い，論文・レポートの書き方，発表・討論の仕方など，大学生に必要な学習スキルを修得。市ケ谷キャンパスでは，情報リテラシー，プレゼンテーション，自校教育などの科目群を用意	全学部でTA制度，オフィスアワー制度を導入。また，学習ステーションを設置し，学生が学生を支援する「ピアサポート」を積極的に展開。さらに，留学生やネイティブスピーカーと交流できるグローバルラウンジを設置している

オープンキャンパス（2023年度実績） 小金井キャンパスで８月５日，多摩キャンパスで８月５・11日，市ヶ谷キャンパスで８月19～21日に開催。学部説明会，入試制度説明会，キャンパスツアー，模擬授業など。

門性の高い資格まで，多彩な資格取得を支援するプログラムを用意している。

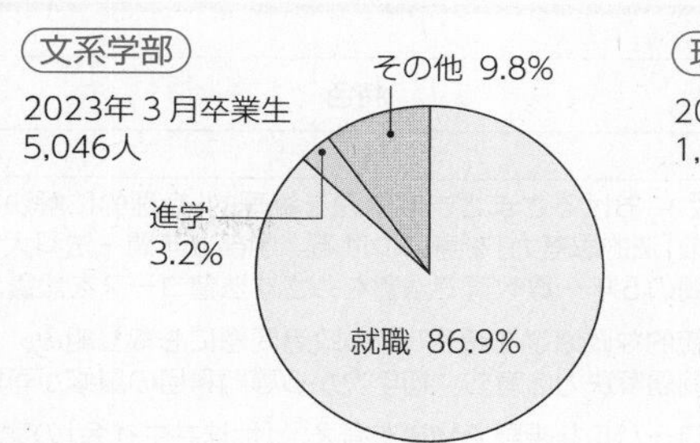

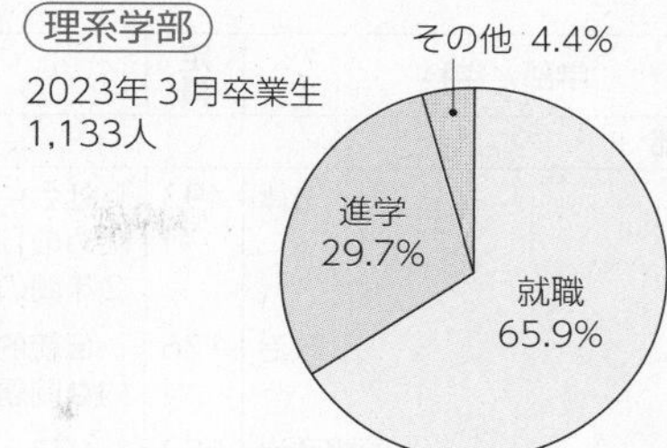

主なOB・OG ▶［法］菅義偉（第99代内閣総理大臣），［法］鈴木直道（北海道知事），［経済］吉田謙次（オリエンタルランド社長），［経済］門良一（加賀電子社長），［社会］鈴木奈穂子（NHKアナウンサー）など。

国際化・留学　大学間 265 大学等

受入れ留学生数 ▶786名（2023年５月１日現在）
留学生の出身国・地域 ▶中国，韓国，台湾，ドイツ，ベトナム，アメリカ，イギリスなど。
外国人専任教員 ▶教授37名，准教授19名，講師５名（2023年５月１日現在）
外国人専任教員の出身国 ▶中国，アメリカ，イギリス，韓国，オーストラリアなど。
大学間交流協定 ▶265大学・機関（交換留学先69大学，2023年２月１日現在）
海外への留学生数 ▶渡航型335名・オンライン型356名／年（2022年度）
海外留学制度 ▶選考に合格した全員に奨学金を支給する派遣留学，希望する大学へ私費留学する認定海外留学，夏季・春季休業期間を利用した短期語学研修，国際ボランティア・国際インターンシップのほか，14学部において，学部独自の留学・海外研修制度を実施。

学費・奨学金制度　給付型奨学金総額 年間約 2億 5,175 万円

入学金 ▶240,000円
年間授業料（施設費等を除く）▶831,000円～（詳細は巻末資料参照）
年間奨学金総額 ▶251,753,502円
年間奨学金受給者数 ▶1,079人
※奨学金総額および受給者数は2021年度の実績です。
主な奨学金制度 ▶各学部２～４年生の前年度成績上位者対象の「成績最優秀者奨学金」，学業成績が優れ，教育上経済的援助が必要な者を対象とした「新・法政大学100周年記念奨学金」，難関資格試験や国家公務員採用総合職試験合格者対象の「指定試験合格者奨励金」など，独自のサポート体制が充実。

保護者向けインフォメーション

●**成績確認**　前学期までの単位修得状況を表示した成績通知書を保護者宛に送付している。
●**広報誌**　広報誌『法政』を送付している。
●**後援会**　保護者で構成される後援会があり，夏期に地域支部の各会場で，秋期に大学の３キャンパスで父母懇談会を開催。また，『会員のための大学ガイドブック』も発行している。
●**防災対策**　「大地震対応マニュアル（帰宅支援マップ付）」を学生手帳に挟み込んで，全学生に配布。大災害時の学生の安否は，大学HPを利用して確認するようにしている。

インターンシップ科目	必修専門ゼミ	卒業論文	GPA制度の導入の有無および活用例	１年以内の退学率	標準年限での卒業率
経営学部と人間環境学部で開講	文学部，現代福祉学部，デザイン工学部，理工学部（航空操縦学専修を除く），生命科学部で実施（１年次の基礎演習・基礎ゼミ等は除く）	文学部と理系4学部（航空を除く），臨床心理学科は卒業要件	学部により，奨学金対象者の選定，留学候補者の選考，学生に対する個別の学修指導，大学院入試の選抜に活用	0.8%	NA

学部紹介

学部／学科	定員	特色
法学部		
法律	493	▷社会におけるさまざまな問題を論理的・合理的に解決するための「法的思考力」を身につける。学部３年間＋法科大学院２年間の５年一貫教育で法曹をめざす法曹コースを設置。
政治	176	▷伝統的な政治学を超え"今"の政治問題にも取り組み，実践的な問題解決力を育む。初年次から専門科目の履修が可能。
国際政治	152	▷グローバルな視野で物事を考え，「地球共生社会」の実現をめざす人材を育成する。英語教育が充実。
●取得可能な資格…教職（地歴・公・社），司書，司書教諭，学芸員など。 ●進路状況…………就職86.1%　進学5.2% ●主な就職先………東京国税局，富士通，警視庁，千葉県庁，キーエンス，パーソルプロセス＆テクノロジー，パーソルキャリア，三井住友信託銀行，横浜銀行，日本年金機構など。		
文学部		
哲	79	▷すべての「学問の源」である哲学の幅広い学問分野から多様な「ものの見方」を学び，人間にとっての価値を探求する。
日本文	191	▷文学，言語，文芸の３コース。一つ一つの「言葉」と向き合い，日本語でつむがれた心と文化を探る。
英文	129	▷英米の文学作品から異文化への感性と批評眼を養い，英語の歴史や言語の仕組みから体系的・科学的に考える力を培う。
史	102	▷日本史，東洋史，西洋史の３専攻。史資料を読み解き，多角的に研究し，未来を創造する「歴史を見る眼」を養う。
地理	101	▷科学的な視点からのアプローチで，自然現象と人間活動との関わりついて総合的に学ぶ。理科の教員免許も取得可能。
心理	68	▷認知と発達心理学を２本柱に基礎から応用までをバランスよく学び，個人や社会の問題を解決できる人材を育成する。
●取得可能な資格…教職（国・地歴・公・社・理・英），司書，司書教諭，学芸員，測量士補など。 ●進路状況…………就職83.3%　進学5.0% ●主な就職先………東京都庁，日本電気，東京都教員，千葉県教員，横浜銀行，損害保険ジャパン，明治安田生命保険，アデコ，川崎市役所，ANA成田エアポートサービスなど。		
経済学部		
		▶英語で経済学を学ぶIGESS（英語学位プログラム）を設置。
経済	492	▷経済学の知識から社会問題に至るまでを学び，論理的な思考法によって問題解決への道を模索できる人材を育成する。
国際経済	249	▷リアルタイムで変化・複雑化する世界経済を分析するため，英語と経済をグローバルにとらえるための知識習得を重視。
現代ビジネス	153	▷多様化する現代の企業活動や産業構造を経済学の視点から分析し，新時代のビジネスを創造する人材を育成する。
●取得可能な資格…教職（地歴・公・社・情），司書，司書教諭，学芸員など。 ●進路状況…………就職87.4%　進学1.9% ●主な就職先………リクルート，楽天グループ，千葉銀行，東京国税局，SCSK，富士通，キーエンス，三井住友信託銀行，かんぽ生命保険，レバレジーズ，ゆうちょ銀行，JTBなど。		

キャンパスアクセス［市ケ谷キャンパス］JR総武線，東京メトロ有楽町線・東西線・南北線，都営地下鉄新宿線・大江戸線一市ケ谷または飯田橋より徒歩６～７分

社会学部		
社会政策科	221	▷企業と社会，サステイナビリティ，グローバル市民社会の３コース。幅広い分野で政策提言ができる人材を育成する。
社会	323	▷人間・社会，地域・社会，文化・社会，国際・社会の４コース。理論と実戦で，現代社会を多角的にとらえる力を身につける。
メディア社会	215	▷メディア表現，メディア分析，メディア設計の３コース。現代のメディア環境に即応できる能力と先見性を磨く。

● 取得可能な資格…教職（地歴・公・社・情），司書，司書教諭，学芸員など。
● 進路状況…………就職89.9%　進学0.7%
● 主な就職先………ディップ，キーエンス，富士ソフト，神奈川県庁，富士通，リクルート，日本生命保険，TIS，あいおいニッセイ同和損害保険，DYM，国分グループ本社など。

経営学部		
		▶英語で経営学を学ぶGBP（英語学位プログラム）を設置。
経営	326	▷人材，組織，会計の３分野を深く学ぶことで，企業経営の基礎知識と実践的な技術を持つ即戦力を育成する。
経営戦略	237	▷国際経営戦略，経営史，経営分析の３領域。グローバル化する経営環境下で新たな戦略を打ち出す力を養う。
市場経営	218	▷マーケティング，ファイナンス，情報・技術の３分野。市場環境に柔軟に対応しながら新たな市場を創造する力を育む。

● 取得可能な資格…教職（公・社・商業），司書，司書教諭，学芸員など。
● 進路状況…………就職88.2%　進学2.0%
● 主な就職先………有限責任監査法人トーマツ，楽天グループ，トランスコスモス，かんぽ生命保険，電通デジタル，船井総合研究所，日本カストディ銀行，三井住友信託銀行など。

国際文化学部		
国際文化	254	▷異文化を理解するスキルを総合的に身につけ，円滑にコミュニケーションを図れる「国際社会人」を育成する。

● 取得可能な資格…教職（英・中），司書，司書教諭，学芸員など。
● 進路状況…………就職87.8%　進学3.3%
● 主な就職先………ジェーシービー，パーソルキャリア，トランスコスモス，三菱電機，日本政策金融公庫，オービックビジネスコンサルタント，ラディックス，JALスカイなど。

人間環境学部		
人間環境	343	▷多様な学問分野から総合的に，グローバルかつローカルに持続可能な社会を創造するための政策を追究する。英語学位プログラム「SCOPE」の科目を受講することも可能。

● 取得可能な資格…教職（地歴・公・社），司書，司書教諭，学芸員など。
● 進路状況…………就職85.5%　進学3.6%
● 主な就職先………東京国税局，SCSK，NECソリューションイノベータ，マイナビ，MS＆ADシステムズ，オリックス自動車，三菱UFJインフォメーションテクノロジーなど。

現代福祉学部		
福祉コミュニティ	150	▷社会福祉と地域づくりを結びつけて学ぶことで，現代社会の課題を解決する，地域社会のリーダーを養成する。
臨床心理	86	▷臨床心理学を学ぶとともに社会福祉やコミュニティマネジメントの知識も身につけ，幅広い視野と問題解決能力を養う。

● 取得可能な資格…教職（公・社），司書，司書教諭，学芸員，社会福祉士・精神保健福祉士受験資格など。
● 進路状況…………就職85.0%　進学6.4%
● 主な就職先………ベネッセスタイルケア，伊藤園，SOMPOケア，日本アイ・ビー・エムデジタルサービス，IMSグループ，ケアリッツ・アンド・パートナーズ，LITALICOなど。

キャンパスアクセス ［多摩キャンパス］京王線―めじろ台よりバス10分／JR中央線―西八王子よりバス22分／JR横浜線―相原よりバス13分

キャリアデザイン学部		
キャリアデザイン	300	▷自己のキャリアを主体的かつ豊かにデザインし，他者のキャリアデザインの支援もできる専門的知識やスキルを学ぶ。
●取得可能な資格…教職（地歴・公・社），司書，司書教諭，学芸員など。 ●進路状況…………就職91.8%　進学1.8% ●主な就職先………パーソルテンプスタッフ，パーソルキャリア，大塚商会，NTTドコモ，エヌ・ティ・ティ・データ，リクルート，キーエンス，インテック，エン・ジャパンなど。		
GIS（グローバル教養学部）		
グローバル教養	102	▷世界標準のカリキュラムで柔軟な発想と論理的思考力を育み，人類が抱える諸問題を，英語で学び，英語で考える。
●取得可能な資格…司書，学芸員など。　●進路状況…………就職81.1%　進学6.3% ●主な就職先………楽天グループ，パーソルプロセス＆テクノロジー，三井不動産リアルティ，TIS，三菱UFJ銀行，TOPPAN，ビジョン・コンサルティング，KDDI，ソニーなど。		
スポーツ健康学部		
スポーツ健康	185	▷ヘルスデザイン，スポーツビジネス，スポーツコーチングの３コース。スポーツ振興と健康づくりの専門家を育成する。
●取得可能な資格…教職（保体），司書，司書教諭，学芸員など。 ●進路状況…………就職84.1%　進学4.9% ●主な就職先………東京都教員，神奈川県教員，川崎市教育委員会，キーエンス，レバレジーズ，一条工務店，富士フイルムビジネスイノベーションジャパン，大樹生命保険など。		
情報科学部		
		▶コンピュータ基礎，情報システム，メディア科学の３コース。コース・研究室は両学科から自由に選択が可能。
コンピュータ科	80	▷ハードとソフトの両面から幅広い基礎知識とコンピュータ技術を身につけ，高度情報化社会を支える人材を育成する。
ディジタルメディア	80	▷社会が求めているメディアの情報処理技術を学び，コンピュータシステムに強いディジタルメディア人材を育成する。
●取得可能な資格…教職（情），司書，司書教諭，学芸員など。 ●進路状況…………就職82.0%　進学12.2% ●主な就職先………日本電気，NTTドコモ，日立システムズ，エヌ・ティ・ティ・コムウェア，ジェーシービー，AKKODiSコンサルティング，パーソルクロステクノロジーなど。		
デザイン工学部		
建築	135	▷建築の問題を幅広い観点からとらえ解決する「総合デザイン力」を備えた，明日の建築界を牽引する人材を育成する。
都市環境デザイン工	82	▷都市が抱える課題を確かな専門技術と豊かな感性で解決する，時代が求める都市環境をデザインできる人材を育成する。
システムデザイン	82	▷ものづくりから仕組みの構築に至るまで，新しい価値を備えたシステムを創造し，デザインする工学を総合的に学ぶ。
●取得可能な資格…司書，学芸員，測量士補，１・２級建築士受験資格など。 ●進路状況…………就職64.8%　進学30.3% ●主な就職先………ポラス，東京都庁，ニトリ，積水ハウス，大和ハウス工業，三井ホーム，富士通，NECネッツエスアイ，あとらす二十一，コクヨ，清水建設，中日本高速道路など。		
理工学部		
機械工	146	▷〈機械工学専修116名，航空操縦学専修30名〉機械工学専修は持続可能な社会構築に「ものづくり」の技術で貢献する人材を，航空操縦学専修は「機械工学に強いパイロット」と「飛べるエンジニア」を育成する。

キャンパスアクセス [小金井キャンパス] JR中央線一東小金井より徒歩15分またはバス５分

電気電子工	113	▷現代社会に不可欠な電気電子技術を学び，世界中の人々の暮らしを支える技術者・研究者を育成する。
応用情報工	113	▷現代社会の多様な問題に対処し，安全・安心な情報環境と新しい価値の創造に挑むエンジニアや研究者を育成する。
経営システム工	80	▷企業組織の中の問題を数理モデルで表現し，多様な解析手法を使って，問題に対する提言を行う力を養う。
創生科	113	▷理系・文系という枠を超えてあらゆる分野に切り込み，現代の諸問題に対峙できる「理系ジェネラリスト」を育成する。

● **取得可能な資格**…教職（数・理・情），司書，司書教諭，学芸員など。
● **進路状況**…………就職61.5%　進学34.1%
● **主な就職先**………日立システムズ，エヌ・ティ・ティ・コムウェア，日本航空，三菱電機，NECソリューションイノベータ，本田技研工業，大塚商会，日立ソリューションズなど。

生命科学部

生命機能	74	▷ゲノム，蛋白質，細胞をキーワードに，分子・原子レベルから生命の本質に迫り，地球と人類の未来を考える。
環境応用化	82	▷先端化学の知識で，持続可能な社会を創造するための基礎知識や，問題を化学的に解決するための応用技術を学ぶ。
応用植物科	80	▷植物の病気の仕組みを解明し，新しい診断や治療・予防ができる「植物のお医者さん」として必要な知性と経験を養う。

● **取得可能な資格**…教職（理），司書，司書教諭，学芸員など。
● **進路状況**…………就職67.8%　進学29.3%
● **主な就職先**………SCSK，東京都教員，テルモ，キユーピー，楽天グループ，富士ソフト，山崎製パン，デジタル・アドバタイジング・コンソーシアム，京セラ，農林水産省など。

▶キャンパス

法・文・経営・国際文化・人間環境・キャリアデザイン・GIS・デザイン工……［市ケ谷キャンパス］東京都千代田区富士見2-17-1
経済・社会・現代福祉・スポーツ健康……［多摩キャンパス］東京都町田市相原町4342
情報科・理工・生命科……［小金井キャンパス］東京都小金井市梶野町3-7-2

2025年度入試要項（予告）

●募集人員

学部／学科（専修）		一般T	英語	一般A	共通B	共通C	推薦
▶法	法律	45	5	198	35	10	—
	政治	20	5	54	20	5	—
	国際政治	14	5	57	15	5	自5
▶文	哲	10	—	40	8	3	—
	日本文	25	—	75	10	5	自15
	英文	12	2	63	10	3	—
	史	8	—	54	5	3	—
	地理	10	—	44	10	3	自10
	心理	8	—	31	5	2	—
▶経済	経済	33	—	227	27	8	自2
	国際経済	25	5	116	15	5	自6
	現代ビジネス	14	—	58	9	5	自2
▶社会	社会政策科	15	5	88	15	5	—
	社会	20	7	152	20	5	—
	メディア社会	15	5	93	15	5	—
▶経営	経営	30	8	152	20	8	—
	経営戦略	25	5	106	15	5	—
	市場経営	20	5	98	15	5	—
▶国際文化	国際文化	22	5	112	5	—	—
▶人間環境	人間環境	30	5	135	15	3	自20
▶現代福祉	福祉コミュニティ	14	2	60	7	2	—
	臨床心理	10	2	40	7	3	—
▶キャリアデザイン	キャリアデザイン	25	5	115	15	5	—
▶グローバル教養	グローバル教養	—	12	13	5	—	自40
▶スポーツ健康	スポーツ健康	22	5	72	15	5	自21
▶情報科	コンピュータ科	5	2	35	10	5	公5
	ディジタルメディア	5	2	35	10	5	公5
▶デザイン工	建築	15	2	63	17	3	—
	都市環境デザイン工	8	2	40	13	3	—

システムデザイン	8	2	40	13	3	—
▶理工 機械工(機械工学)	14	2	40	17	5	—
(航空操縦学)	—	—	—	25		自5
電気電子工	14	2	50	15	5	—
応用情報工	14	2	50	15	5	—
経営システム工	12	2	26	15	5	—
創生科	14	2	50	15	5	—
▶生命科 生命機能	5	1	36	7	3	—
環境応用化	8	1	40	12	3	—
応用植物科	5	2	40	12	3	—

注)募集人員は2024年度の実績です。
※機械工学科航空操縦学専修の入試は，共通テスト利用入試B・C方式とは異なる，共通テストを利用した独自の一般選抜として実施。
※グローバル教養学部の自己推薦入試は，春入学S基準で７名，春入学Ａ基準で33名を募集。このほか，秋入学入試で10名を募集する。
※スポーツ健康学部の自己推薦入試は，理数系７名，アスリート・トップアスリート系14名を募集する。
※次のように略しています。英語外部試験利用入試→英語。自己推薦入試(経済学部と国際政治学科は英語外部試験利用自己推薦入試)→自。公募推薦入試→公。

注)一般選抜(T日程・英語外部試験利用入試・Ａ方式)の配点は編集時，未公表。最新の募集要項でご確認ください。なお，推薦入試の選抜内容は2024年度選抜の実績です。

法学部

一般選抜Ｔ日程・英語外部試験利用入試 **2~1**科目 ①**外**▶英コミュⅠ・英コミュⅡ・英コミュⅢ・論表Ⅰ・論表Ⅱ・論表Ⅲ ②**国・数**▶「現国・言語(古文・漢文の独立問題は出題しない)」・「数Ⅰ・数Ⅱ・数Ａ(図形・場合)・数Ｂ(数列)・数Ｃ(ベク)」から１
※英語外部試験利用入試は，指定された英語外部試験の基準(スコア)を満たしていることを出願条件とし，英語の受験は必要なく，国語または数学の得点のみで判定する。
一般選抜Ａ方式 **3**科目 ①**国**▶現国・言語(漢文の独立問題は出題しない) ②**外**▶英コミュⅠ・英コミュⅡ・英コミュⅢ・論表Ⅰ・論表Ⅱ・論表Ⅲ ③**地歴・公民・数**▶「歴総・世探」・「歴総・日探」・「地総・地探」・「公・政経」・「数Ⅰ・数Ⅱ・数Ａ(図形・場合)・数Ｂ(数列)・数Ｃ(ベク)」から１
※公は主に政治・経済分野から出題する。
共通テスト利用入試Ｂ方式 **3**科目 ①**国**(100)▶国(法律学科と政治学科は近代・古文，国際政治学科は近代) ②**外**(法律・政治150，国際政治200)▶英(リスニング〈法律・政治30，国際政治40〉を含む)・独・仏・中・韓から１ ③**地歴・公民・数・理・情**(100)▶「歴総・世探」・「歴総・日探」・「地総・地探」・「地総・歴総・公から２」・「公・倫」・「公・政経」・「数Ⅰ・数Ａ」・「数Ⅱ・数Ｂ・数Ｃ」・「物基・化基・生基・地学基から２」・物・化・生・地学・情Ⅰから１
[個別試験] 行わない。
共通テスト利用入試Ｃ方式 **6**科目 ①**国**(200)▶国 ②**外**(200)▶英(リスニング〈40〉を含む)・独・仏・中・韓から１ ③**地歴・公民**(100)▶「歴総・世探」・「歴総・日探」・「地総・地探」・「地総・歴総・公から２」・「公・倫」・「公・政経」から１ ④⑤**数**(100×2)▶「数Ⅰ・数Ａ」・「数Ⅱ・数Ｂ・数Ｃ」 ⑥**理**(100)▶「物基・化基・生基・地学基から２」・物・化・生・地学から１
[個別試験] 行わない。
英語外部試験利用自己推薦入試 **【国際政治学科】** **[出願資格]** 指定された英語外部試験資格をいずれか１つ以上取得している者。
[選考方法] 書類審査(調査書，志望理由書等)通過者を対象に，オンライン面接を行う。

文学部

一般選抜Ｔ日程・英語外部試験利用入試 **【哲学科・英文学科・史学科・心理学科】** **2~1**科目 ①**外**▶英コミュⅠ・英コミュⅡ・英コミュⅢ・論表Ⅰ・論表Ⅱ・論表Ⅲ ②**国・数**▶「現国・言語(古文・漢文の独立問題は出題しない)」・「数Ⅰ・数Ⅱ・数Ａ(図形・場合)・数Ｂ(数列)・数Ｃ(ベク)」から１
※英文学科が実施する英語外部試験利用入試は，指定された英語外部試験の基準(スコア)を満たしていることを出願条件とし，英語の受験は必要なく，国語または数学の得点のみで判定する。
【日本文学科】 **2**科目 ①**国**▶現国・言語 ②小論文
【地理学科】 **2**科目 ①**外**▶英コミュⅠ・英コ

ミュⅡ・英コミュⅢ・論表Ⅰ・論表Ⅱ・論表Ⅲ　②**地歴**▶地総・地探

一般選抜Ａ方式　**3**科目　①**国**▶現国・言語（英文・地理・心理の３学科は漢文の独立問題は出題しない）②**外**▶英コミュⅠ・英コミュⅡ・英コミュⅢ・論表Ⅰ・論表Ⅱ・論表Ⅲ　③**地歴・公民・数**▶「歴総・世探」・「歴総・日探」・「地総・地探」・「公・政経」・「数Ⅰ・数Ⅱ・数Ａ（図形・場合）・数Ｂ（数列）・数Ｃ（ベク）」から１

※公は主に政治・経済分野から出題する。

共通テスト利用入試Ｂ方式　**【哲学科・日本文学科・心理学科】**　**3**科目　①**国**（100）▶国（哲学科は近代・古文，心理学科は近代）②**外**（100）▶英（リスニング〈20〉を含む）・独・仏・中・韓から１，ただし哲学科は英・独・仏から１，心理学科は英指定　③**地歴・公民・数・理・情**（100）▶「歴総・世探」・「歴総・日探」・「地総・地探」・「地総・歴総・公から２」・「公・倫」・「公・政経」・「数Ⅰ・数Ａ」・「数Ⅱ・数Ｂ・数Ｃ」・「物基・化基・生基・地学基から２」・物・化・生・地学・情Ⅰから１

［個別試験］　行わない。

【英文学科】　**3**科目　①**外**（100）▶英（リスニング〈20〉を含む）②③**国・「地歴・公民」・数・理・情**（100×2）▶国（近代）・「〈歴総・世探〉・〈歴総・日探〉・〈地総・地探〉・〈地総・歴総・公から２〉・〈公・倫〉・〈公・政経〉から１」・「〈数Ⅰ・数Ａ〉・〈数Ⅱ・数Ｂ・数Ｃ〉から１」・「〈物基・化基・生基・地学基から２〉・物・化・生・地学から１」・情Ⅰから２

［個別試験］　行わない。

【史学科】　**3**科目　①**国**（100）▶国　②**外**（100）▶英（リスニング〈20〉を含む）・独・仏・中・韓から１　③**地歴**（100）▶「歴総・世探」・「歴総・日探」から１

［個別試験］　行わない。

【地理学科】　**3**科目　①②**国・外・数**（100×2）▶国（近代）・「英（リスニング〈50〉を含む）・独・仏・中・韓から１」・「〈数Ⅰ・数Ａ〉・〈数Ⅱ・数Ｂ・数Ｃ〉から１」から２　③**地歴・理**（100）▶「地総・地探」・「物基・化基・生基・地学基から２」・地学から１

［個別試験］　行わない。

共通テスト利用入試Ｃ方式　**6**科目　①**国**（200）▶国　②**外**（200）▶英（リスニング〈40〉を含む）・独・仏・中・韓から１　③**地歴・公民**（100）▶「歴総・世探」・「歴総・日探」・「地総・地探」・「地総・歴総・公から２」・「公・倫」・「公・政経」から１　④⑤**数**（100×2）▶「数Ⅰ・数Ａ」・「数Ⅱ・数Ｂ・数Ｃ」　⑥**理**（100）▶「物基・化基・生基・地学基から２」・物・化・生・地学から１

［個別試験］　行わない。

自己推薦入試　**【日本文学科・地理学科】［出願資格］**　第１志望（地理学科は本学科で学ぶことを強く希望する者），入学確約者（日本文学科），現役のほか，日本文学科は全体の学習成績の状況が3.8以上，地理学科は全体4.0以上かつ地理Ａ・地理Ｂ・地学基礎・地学のいずれか4.5以上。

［選考方法］　書類審査（調査書，志望理由書）通過者を対象に，筆記試験（日本文学科は国語〈古文・漢文・小論文を含む〉，地理学科は地理Ｂ），面接を行う。

経済学部

一般選抜Ｔ日程・英語外部試験利用入試　**2〜1**科目　①**外**▶英コミュⅠ・英コミュⅡ・英コミュⅢ・論表Ⅰ・論表Ⅱ・論表Ⅲ　②**国・数**▶「現国・言語（古文・漢文の独立問題は出題しない）」・「数Ⅰ・数Ⅱ・数Ａ（図形・場合）・数Ｂ（数列）・数Ｃ（ベク）」から１

※国際経済学科が実施する英語外部試験利用入試は，指定された英語外部試験の基準（スコア）を満たしていることを出願条件とし，英語の受験は必要なく，国語または数学の得点のみで判定する。

一般選抜Ａ方式　**3**科目　①**国**▶現国・言語（古文・漢文の独立問題は出題しない）②**外**▶英コミュⅠ・英コミュⅡ・英コミュⅢ・論表Ⅰ・論表Ⅱ・論表Ⅲ　③**地歴・公民・数**▶「歴総・世探」・「歴総・日探」・「地総・地探」・「公・政経」・「数Ⅰ・数Ⅱ・数Ａ（図形・場合）・数Ｂ（数列）・数Ｃ（ベク）」から１

※公は主に政治・経済分野から出題する。

共通テスト利用入試Ｂ方式　**3**科目　①**国**（100）▶国（近代・古文）②**外**（150）▶英（リスニング〈75〉を含む）・独・仏・中・韓から１　③**地歴・公民・数・情**（100）▶「歴総・世探」・「歴総・日探」・「地総・地探」・「地総・歴総・公から

2」・「公・倫」・「公・政経」・「数Ⅰ・数A」・「数Ⅱ・数B・数C」・情Ⅰから1
[個別試験] 行わない。
共通テスト利用入試C方式 **6科目** ①国(200)▶国 ②**外**(200)▶英(リスニング〈40〉を含む)・独・仏・中・韓から1 ③**地歴・公民**(100)▶「歴総・世探」・「歴総・日探」・「地総・地探」・「地総・歴総・公から2」・「公・倫」・「公・政経」から1 ④⑤**数**(100×2)▶「数Ⅰ・数A」・「数Ⅱ・数B・数C」 ⑥**理**(100)▶「物基・化基・生基・地学基から2」・物・化・生・地学から1
[個別試験] 行わない。
英語外部試験利用自己推薦入試 **[出願資格]** 指定された英語外部試験資格をいずれか一つ以上取得していることなど。
[選考方法] 書類審査(調査書，志望理由書等)通過者を対象に，小論文，面接を行う。

社会学部

一般選抜T日程・英語外部試験利用入試 **2〜1科目** ①**外**▶英コミュⅠ・英コミュⅡ・英コミュⅢ・論表Ⅰ・論表Ⅱ・論表Ⅲ ②**国・数**▶「現国・言語(古文・漢文の独立問題は出題しない)」・「数Ⅰ・数Ⅱ・数A(図形・場合)・数B(数列)・数C(ベク)」から1
※英語外部試験利用入試は，指定された英語外部試験の基準(スコア)を満たしていることを出願条件とし，英語の受験は必要なく，国語または数学の得点のみで判定する。
一般選抜A方式 **3科目** ①**国**▶現国・言語(古文・漢文の独立問題は出題しない) ②**外**▶英コミュⅠ・英コミュⅡ・英コミュⅢ・論表Ⅰ・論表Ⅱ・論表Ⅲ ③**地歴・公民・数**▶「歴総・世探」・「歴総・日探」・「地総・地探」・「公・政経」・「数Ⅰ・数Ⅱ・数A(図形・場合)・数B(数列)・数C(ベク)」から1
※公は主に政治・経済分野から出題する。
共通テスト利用入試B方式 **3科目** ①国(100)▶国(近代) ②**外**(150)▶英(リスニング〈30〉を含む)・独・仏・中・韓から1 ③**地歴・公民・数・理・情**(100)▶「歴総・世探」・「歴総・日探」・「地総・地探」・「地総・歴総・公から2」・「公・倫」・「公・政経」・「数Ⅰ・数A」・「数Ⅱ・数B・数C」・「物基・化基・生基・地学基から2」・物・化・生・地学・情Ⅰから1
[個別試験] 行わない。
共通テスト利用入試C方式 **6科目** ①国(200)▶国 ②**外**(200)▶英(リスニング〈40〉を含む)・独・仏・中・韓から1 ③**地歴・公民**(100)▶「歴総・世探」・「歴総・日探」・「地総・地探」・「地総・歴総・公から2」・「公・倫」・「公・政経」から1 ④⑤**数**(100×2)▶「数Ⅰ・数A」・「数Ⅱ・数B・数C」 ⑥**理**(100)▶「物基・化基・生基・地学基から2」・物・化・生・地学から1
[個別試験] 行わない。

経営学部

一般選抜T日程・英語外部試験利用入試 **2〜1科目** ①**外**▶英コミュⅠ・英コミュⅡ・英コミュⅢ・論表Ⅰ・論表Ⅱ・論表Ⅲ ②**国・数**▶「現国・言語(古文・漢文の独立問題は出題しない)」・「数Ⅰ・数Ⅱ・数A(図形・場合)・数B(数列)・数C(ベク)」から1
※英語外部試験利用入試は，指定された英語外部試験の基準(スコア)を満たしていることを出願条件とし，英語の受験は必要なく，国語または数学の得点のみで判定する。
一般選抜A方式 **3科目** ①**国**▶現国・言語(漢文の独立問題は出題しない) ②**外**▶英コミュⅠ・英コミュⅡ・英コミュⅢ・論表Ⅰ・論表Ⅱ・論表Ⅲ ③**地歴・公民・数**▶「歴総・世探」・「歴総・日探」・「地総・地探」・「公・政経」・「数Ⅰ・数Ⅱ・数A(図形・場合)・数B(数列)・数C(ベク)」から1
※公は主に政治・経済分野から出題する。
共通テスト利用入試B方式 **3科目** ①国(100)▶国(近代・古文) ②**外**(150)▶英(リスニング〈30〉を含む)・独・仏から1 ③**地歴・公民・数・理・情**(100)▶「歴総・世探」・「歴総・日探」・「地総・地探」・「地総・歴総・公から2」・「公・倫」・「公・政経」・「数Ⅰ・数A」・「数Ⅱ・数B・数C」・「物基・化基・生基・地学基から2」・物・化・生・地学・情Ⅰから1
[個別試験] 行わない。
共通テスト利用入試C方式 **6科目** ①国(200)▶国 ②**外**(200)▶英(リスニング〈40〉を含む)・独・仏・中・韓から1 ③**地歴・公民**(100)▶「歴総・世探」・「歴総・日探」・「地

総・地探」・「地総・歴総・公から２」・「公・倫」・「公・政経」から１　④⑤**数**(100×2)▶「数Ⅰ・数Ａ」・「数Ⅱ・数Ｂ・数Ｃ」　⑥**理**(100)▶「物基・化基・生基・地学基から２」・物・化・生・地学から１
[個別試験] 行わない。

国際文化学部

一般選抜Ｔ日程・英語外部試験利用入試
2～1科目　①**外**▶英コミュⅠ・英コミュⅡ・英コミュⅢ・論表Ⅰ・論表Ⅱ・論表Ⅲ　②**国・数**▶「現国・言語(古文・漢文の独立問題は出題しない)」・「数Ⅰ・数Ⅱ・数Ａ(図形・場合)・数Ｂ(数列)・数Ｃ(ベク)」から１
※英語外部試験利用入試は，指定された英語外部試験の基準(スコア)を満たしていることを出願条件とし，英語の受験は必要なく，国語または数学の得点のみで判定する。
一般選抜Ａ方式　**3**科目　①**国**▶現国・言語(漢文の独立問題は出題しない)　②**外**▶英コミュⅠ・英コミュⅡ・英コミュⅢ・論表Ⅰ・論表Ⅱ・論表Ⅲ　③**地歴・公民・数**▶「歴総・世探」・「歴総・日探」・「地総・地探」・「公・政経」・「数Ⅰ・数Ⅱ・数Ａ(図形・場合)・数Ｂ(数列)・数Ｃ(ベク)」から１
※公は主に政治・経済分野から出題する。
共通テスト利用入試Ｂ方式　**3**科目　①**国**(100)▶国(近代・古文)　②**外**(150)▶英(リスニング〈75〉を含む)・独・仏・中・韓から１　③**地歴・公民・数・理・情**(100)▶「歴総・世探」・「歴総・日探」・「地総・地探」・「地総・歴総・公から２」・「公・倫」・「公・政経」・「数Ⅰ・数Ａ」・「数Ⅱ・数Ｂ・数Ｃ」・「物基・化基・生基・地学基から２」・物・化・生・地学・情Ⅰから１
[個別試験] 行わない。

人間環境学部

一般選抜Ｔ日程・英語外部試験利用入試
2～1科目　①**外**▶英コミュⅠ・英コミュⅡ・英コミュⅢ・論表Ⅰ・論表Ⅱ・論表Ⅲ　②**国・数**▶「現国・言語(古文・漢文の独立問題は出題しない)」・「数Ⅰ・数Ⅱ・数Ａ(図形・場合)・数Ｂ(数列)・数Ｃ(ベク)」から１
※英語外部試験利用入試は，指定された英語外部試験の基準(スコア)を満たしていることを出願条件とし，英語の受験は必要なく，国語または数学の得点のみで判定する。
一般選抜Ａ方式　**3**科目　①**国**▶現国・言語(漢文の独立問題は出題しない)　②**外**▶英コミュⅠ・英コミュⅡ・英コミュⅢ・論表Ⅰ・論表Ⅱ・論表Ⅲ　③**地歴・公民・数**▶「歴総・世探」・「歴総・日探」・「地総・地探」・「公・政経」・「数Ⅰ・数Ⅱ・数Ａ(図形・場合)・数Ｂ(数列)・数Ｃ(ベク)」から１
※公は主に政治・経済分野から出題する。
共通テスト利用入試Ｂ方式　**3**科目　①**外**(100)▶英(リスニング〈20〉を含む)・独・仏・中から１　②③**国・「地歴・公民」・数・理・情**(100×2)▶国(近代)・「〈歴総・世探〉・〈歴総・日探〉・〈地総・地探〉・〈地総・歴総・公から２〉・〈公・倫〉・〈公・政経〉から１」・「〈数Ⅰ・数Ａ〉・〈数Ⅱ・数Ｂ・数Ｃ〉から１」・「〈物基・化基・生基・地学基から２〉・物・化・生・地学から１」・情Ⅰから２
[個別試験] 行わない。
共通テスト利用入試Ｃ方式　**6**科目　①**国**(200)▶国　②**外**(200)▶英(リスニング〈40〉を含む)・独・仏・中・韓から１　③**地歴・公民**(100)▶「歴総・世探」・「歴総・日探」・「地総・地探」・「地総・歴総・公から２」・「公・倫」・「公・政経」から１　④⑤**数**(100×2)▶「数Ⅰ・数Ａ」・「数Ⅱ・数Ｂ・数Ｃ」　⑥**理**(100)▶「物基・化基・生基・地学基から２」・物・化・生・地学から１
[個別試験] 行わない。
自己推薦入試　**[出願資格]** 第１志望，入学確約者，現役，全体の学習成績の状況が3.5以上。
[選考方法] 書類審査(調査書，志望理由書)通過者を対象に，英語，小論文，面接を行う。

現代福祉学部

一般選抜Ｔ日程・英語外部試験利用入試
2～1科目　①**外**▶英コミュⅠ・英コミュⅡ・英コミュⅢ・論表Ⅰ・論表Ⅱ・論表Ⅲ　②**国・数**▶「現国・言語(古文・漢文の独立問題は出題しない)」・「数Ⅰ・数Ⅱ・数Ａ(図形・場合)・数Ｂ(数列)・数Ｃ(ベク)」から１
※英語外部試験利用入試は，指定された英語外部試験の基準(スコア)を満たしていること

を出願条件とし，英語の受験は必要なく，国語または数学の得点のみで判定する。
一般選抜Ａ方式 3科目 ①国▶現国・言語（古文・漢文の独立問題は出題しない） ②外▶英コミュⅠ・英コミュⅡ・英コミュⅢ・論表Ⅰ・論表Ⅱ・論表Ⅲ ③地歴・公民・数▶「歴総・世探」・「歴総・日探」・「地総・地探」・「公・政経」・「数Ⅰ・数Ⅱ・数Ａ（図形・場合）・数Ｂ（数列）・数Ｃ（ベク）」から１
※公は主に政治・経済分野から出題する。
共通テスト利用入試Ｂ方式 3科目 ①国（100）▶国（近代） ②外（100）▶英（リスニング〈20〉を含む） ③地歴・公民・数・理・情（100）▶「歴総・世探」・「歴総・日探」・「地総・地探」・「地総・歴総・公から２」・「公・倫」・「公・政経」・「数Ⅰ・数Ａ」・「数Ⅱ・数Ｂ・数Ｃ」・「物基・化基・生基・地学基から２」・物・化・生・地学・情Ⅰから１
［個別試験］ 行わない。
共通テスト利用入試Ｃ方式 6科目 ①国（200）▶国 ②外（200）▶英（リスニング〈40〉を含む）・独・仏・中・韓から１ ③地歴・公民（100）▶「歴総・世探」・「歴総・日探」・「地総・地探」・「地総・歴総・公から２」・「公・倫」・「公・政経」から１ ④⑤数（100×2）▶「数Ⅰ・数Ａ」・「数Ⅱ・数Ｂ・数Ｃ」 ⑥理（100）▶「物基・化基・生基・地学基から２」・物・化・生・地学から１
［個別試験］ 行わない。

キャリアデザイン学部

一般選抜Ｔ日程・英語外部試験利用入試 2〜1科目 ①外▶英コミュⅠ・英コミュⅡ・英コミュⅢ・論表Ⅰ・論表Ⅱ・論表Ⅲ ②国・数▶「現国・言語（古文・漢文の独立問題は出題しない）」・「数Ⅰ・数Ⅱ・数Ａ（図形・場合）・数Ｂ（数列）・数Ｃ（ベク）」から１
※英語外部試験利用入試は，指定された英語外部試験の基準（スコア）を満たしていることを出願条件とし，英語の受験は必要なく，国語または数学の得点のみで判定する。
一般選抜Ａ方式 3科目 ①国▶現国・言語（漢文の独立問題は出題しない） ②外▶英コミュⅠ・英コミュⅡ・英コミュⅢ・論表Ⅰ・論表Ⅱ・論表Ⅲ ③地歴・公民・数▶「歴総・世探」・「歴総・日探」・「地総・地探」・「公・政経」・「数Ⅰ・数Ⅱ・数Ａ（図形・場合）・数Ｂ（数列）・数Ｃ（ベク）」から１
※公は主に政治・経済分野から出題する。
共通テスト利用入試Ｂ方式 3科目 ①国（100）▶国（近代・古文） ②外（100）▶英（リスニング〈20〉を含む） ③地歴・公民・数・理・情（100）▶「歴総・世探」・「歴総・日探」・「地総・地探」・「地総・歴総・公から２」・「公・倫」・「公・政経」・「数Ⅰ・数Ａ」・「数Ⅱ・数Ｂ・数Ｃ」・「物基・化基・生基・地学基から２」・物・化・生・地学・情Ⅰから１
［個別試験］ 行わない。
共通テスト利用入試Ｃ方式 6科目 ①国（200）▶国 ②外（200）▶英（リスニング〈40〉を含む）・独・仏・中・韓から１ ③地歴・公民（100）▶「歴総・世探」・「歴総・日探」・「地総・地探」・「地総・歴総・公から２」・「公・倫」・「公・政経」から１ ④⑤数（100×2）▶「数Ⅰ・数Ａ」・「数Ⅱ・数Ｂ・数Ｃ」 ⑥理（100）▶「物基・化基・生基・地学基から２」・物・化・生・地学から１
［個別試験］ 行わない。

グローバル教養学部

一般選抜英語外部試験利用入試 1科目 ①国・数▶「現国・言語（古文・漢文の独立問題は出題しない）」・「数Ⅰ・数Ⅱ・数Ａ（図形・場合）・数Ｂ（数列）・数Ｃ（ベク）」から１
※指定された英語外部試験の基準（スコア）を満たしていることを出願条件とし，そのスコアを「英語」の得点に換算し，国語または数学の得点との合計で判定する。
一般選抜Ａ方式 2科目 ①国▶現国・言語（漢文の独立問題は出題しない） ②地歴・公民・数▶「歴総・世探」・「歴総・日探」・「地総・地探」・「公・政経」・「数Ⅰ・数Ⅱ・数Ａ（図形・場合）・数Ｂ（数列）・数Ｃ（ベク）」から１
※公は政治・経済分野から出題する。
※指定された英語外部試験の基準（スコア）を満たしていることを出願条件とし，そのスコアを「英語」の得点に換算し，国語と選択科目の得点との合計で判定する。
共通テスト利用入試Ｂ方式 2科目 ①国（100）▶国（近代・古文） ②地歴・公民・数

(100)▶「歴総・世探」・「歴総・日探」・「地総・地探」・「地総・歴総・公から２」・「公・倫」・「公・政経」・「数Ⅰ・数A」・「数Ⅱ・数B・数C」から１
[個別試験] 行わない。
※指定された英語外部試験の基準を満たしていることを出願資格とする。
自己推薦入試 **[出願資格]** GISで学ぶことを強く希望する者で，S基準はTOEFL iBT（Paper Editionを含む。Test Dateスコアのみ対象）90点以上，IELTS（Academic Module。IELTSコンピュータ版を含む）band7.0以上，Language Aに英語を選択し，IB Diplomaを取得または取得見込のいずれかを満たす者。A基準は英検，TOEFL iBT（Paper Editionを含む。Test Dateスコアのみ対象），IELTS（Academic Module。IELTSコンピュータ版を含む）のいずれかの英語外部試験スコアを提出すること。ただしスコア・級は問わない。
[選考方法] 書類審査（調査書，Personal Statement等）。ただし，対象者を指定して英語でのオンライン面接を行う場合あり。

スポーツ健康学部

一般選抜T日程・英語外部試験利用入試 **2～1**科目 ①**外**▶英コミュⅠ・英コミュⅡ・英コミュⅢ・論表Ⅰ・論表Ⅱ・論表Ⅲ ②**国・数**▶「現国・言語（古文・漢文の独立問題は出題しない）」・「数Ⅰ・数Ⅱ・数A（図形・場合）・数B（数列）・数C（ベク）」から１
※英語外部試験利用入試は，指定された英語外部試験の基準（スコア）を満たしていることを出願条件とし，英語の受験は必要なく，国語または数学の得点のみで判定する。
一般選抜A方式 **3**科目 ①**国**▶現国・言語（古文・漢文の独立問題は出題しない） ②**外**▶英コミュⅠ・英コミュⅡ・英コミュⅢ・論表Ⅰ・論表Ⅱ・論表Ⅲ ③**地歴・公民・数**▶「歴総・世探」・「歴総・日探」・「地総・地探」・「公・政経」・「数Ⅰ・数Ⅱ・数A（図形・場合）・数B（数列）・数C（ベク）」から１
※公は主に政治・経済分野から出題する。
共通テスト利用入試B方式 **3**科目 ①**外**(150)▶英（リスニング〈75〉を含む） ②**国・数**(100)▶国（近代）・「数Ⅰ・数A」・「数Ⅱ・数B・数C」から１ ③**地歴・公民・理・情**(100)▶「歴総・世探」・「歴総・日探」・「地総・地探」・「地総・歴総・公から２」・「公・倫」・「公・政経」・「物基・化基・生基・地学基から２」・物・化・生・地学・情Ⅰから１
[個別試験] 行わない。
共通テスト利用入試C方式 **6**科目 ①**国**(200)▶国 ②**外**(200)▶英（リスニング〈40〉を含む）・独・仏・中・韓から１ ③**地歴・公民**(100)▶「歴総・世探」・「歴総・日探」・「地総・地探」・「地総・歴総・公から２」・「公・倫」・「公・政経」から１ ④⑤**数**(100×2)▶「数Ⅰ・数A」・「数Ⅱ・数B・数C」 ⑥**理**(100)▶「物基・化基・生基・地学基から２」・物・化・生・地学から１
[個別試験] 行わない。
自己推薦入試 **[出願資格]** 理数系は現役，全体の学習成績の状況が4.0以上で，数学が4.0以上かつ物・化・生の１科目以上が4.0以上の者など。アスリート・トップアスリート系は専願，第１志望，入学確約者のほか，アスリートは全体の学習成績の状況が3.2以上かつ英語が3.0以上で，日本国内のスポーツ競技種目大会において，全国大会に出場した者など。トップアスリートは，国際大会への日本代表としての出場経験を有する者。
[選考方法] 書類審査（調査書，志望理由書など）通過者を対象に，筆記試験（理数系はスポーツ・健康領域に関する理数系の総合問題，アスリート・トップアスリート系はスポーツ・健康領域に関する小論文），面接を行う。上記に加え，理数系は理数系科目（数・物・化・生）の学習成績の状況も，アスリート・トップアスリート系は競技成績も評価する。

情報科学部

一般選抜T日程・英語外部試験利用入試 **2～1**科目 ①**外**▶英コミュⅠ・英コミュⅡ・英コミュⅢ・論表Ⅰ・論表Ⅱ・論表Ⅲ ②**数**▶数Ⅰ・数Ⅱ・数Ⅲ・数A（図形・場合）・数B（数列）・数C（ベク・平面）
※英語外部試験利用入試は，指定された英語外部試験の基準（スコア）を満たしていることを出願条件とし，英語の受験は必要なく，数

学の得点のみで判定する。
一般選抜A方式 3科目 ①外▶英コミュⅠ・英コミュⅡ・英コミュⅢ・論表Ⅰ・論表Ⅱ・論表Ⅲ ②数▶数Ⅰ・数Ⅱ・数Ⅲ・数A(図形・場合)・数B(数列)・数C(ベク・平面) ③理▶物基・物(運動・波・電気)
共通テスト利用入試B方式 3科目 ①外(200)▶英(リスニング〈40〉を含む) ②③数・理(100×2)▶「数Ⅰ・数A」・「数Ⅱ・数B・数C」 ④理・情(100)▶物・情Ⅰから1，ただしディジタルメディア学科は物指定
[個別試験] 行わない。
共通テスト利用入試C方式 6科目 ①国(200)▶国 ②外(200)▶英(リスニング〈40〉を含む)・独・仏・中・韓から1 ③地歴・公民(100)▶「歴総・世探」・「歴総・日探」・「地総・地探」・「地総・歴総・公から2」・「公・倫」・「公・政経」から1 ④⑤数(100×2)▶「数Ⅰ・数A」・「数Ⅱ・数B・数C」 ⑥理(100)▶物・化・生・地学から1
[個別試験] 行わない。
公募推薦入試 [出願資格] 本人をよく知る者の推薦，現役のほか，数Ⅰ，数Ⅱ，数Ⅲ，数A，数Bのすべてを修得済みまたは履修予定(履修中)であり，理科についてはディジタルメディア学科を第1希望として出願する場合は，物基および物を修得済みまたは履修予定(履修中)であること(出願時に第1・第2希望学科を必ず指定)。
[選考方法] 書類審査(推薦書，調査書，志望理由書等)通過者を対象に，数学の筆記試験，面接を行う。

デザイン工学部

一般選抜T日程・英語外部試験利用入試 2~1科目 ①外▶英コミュⅠ・英コミュⅡ・英コミュⅢ・論表Ⅰ・論表Ⅱ・論表Ⅲ ②数▶[建築学科・都市環境デザイン工学科] 一数Ⅰ・数Ⅱ・数Ⅲ・数A(図形・場合)・数B(数列)・数C(ベク・平面)，[システムデザイン学科] 一数Ⅰ・数Ⅱ・数A(図形・場合)・数B(数列)・数C(ベク)
※英語外部試験利用入試は，指定された英語外部試験の基準(スコア)を満たしていることを出願条件とし，英語の受験は必要なく，数学の得点のみで判定する。
一般選抜A方式 3科目 ①外▶英コミュⅠ・英コミュⅡ・英コミュⅢ・論表Ⅰ・論表Ⅱ・論表Ⅲ ②数▶[建築学科・都市環境デザイン工学科] 一数Ⅰ・数Ⅱ・数Ⅲ・数A(図形・場合)・数B(数列)・数C(ベク・平面)，[システムデザイン学科] 一数Ⅰ・数Ⅱ・数A(図形・場合)・数B(数列)・数C(ベク) ③理▶「物基・物(運動・波・電気)」・「化基・化」から1
※システムデザイン学科は3科目を受験し，高得点2科目で判定する。
共通テスト利用入試B方式 【建築学科】 4科目 ①外(200)▶英(リスニング〈100〉を含む) ②③数(100×2)▶「数Ⅰ・数A」・「数Ⅱ・数B・数C」 ④国・理(100)▶国(近代)・物・化・生・地学から1
[個別試験] 行わない。
【都市環境デザイン工学科】 4科目 ①国・外(200)▶国(近代)・英(リスニング〈100〉を含む)から1 ②③数(100×2)▶「数Ⅰ・数A」・「数Ⅱ・数B・数C」 ④理(200)▶物・化・生・地学から1
[個別試験] 行わない。
【システムデザイン学科】 3科目 ①②③国・外・数・理(100×3)▶国(近代)・英(リスニング〈50〉を含む)・「数Ⅰ・数A」・「数Ⅱ・数B・数C」・「物・化・生・地学から1」から3
[個別試験] 行わない。
共通テスト利用入試C方式 6科目 ①国(200)▶国 ②外(200)▶英(リスニング〈40〉を含む)・独・仏・中・韓から1 ③地歴・公民(100)▶「歴総・世探」・「歴総・日探」・「地総・地探」・「地総・歴総・公から2」・「公・倫」・「公・政経」から1 ④⑤数(100×2)▶「数Ⅰ・数A」・「数Ⅱ・数B・数C」 ⑥理(100)▶物・化・生・地学から1
[個別試験] 行わない。

理工学部

一般選抜T日程・英語外部試験利用入試 2~1科目 ①外▶英コミュⅠ・英コミュⅡ・英コミュⅢ・論表Ⅰ・論表Ⅱ・論表Ⅲ ②数▶数Ⅰ・数Ⅱ・数Ⅲ・数A(図形・場合)・数B(数列)・数C(ベク・平面)
※英語外部試験利用入試は，指定された英語

外部試験の基準（スコア）を満たしていることを出願条件とし，英語の受験は必要なく，数学の得点のみで判定する。

一般選抜Ａ方式　**3**科目　①**外**▶英コミュⅠ・英コミュⅡ・英コミュⅢ・論表Ⅰ・論表Ⅱ・論表Ⅲ　②**数**▶数Ⅰ・数Ⅱ・数Ⅲ・数Ａ（図形・場合）・数Ｂ（数列）・数Ｃ（ベク・平面）　③**理**▶「物基・物（運動・波・電気）」・「化基・化」から１

一般選抜　**【機械工学科〈航空操縦学専修〉】**
〈共通テスト科目〉　**4**科目　①**外**（100）▶英（リスニング〈25〉を含む）　②③**数**（100×2）▶「数Ⅰ・数Ａ」・「数Ⅱ・数Ｂ・数Ｃ」　④**国・理**（100）▶国（近代）・物・化・生・地学から１

〈個別試験科目〉　※共通テストの成績による第１次選考の通過者を対象に，書類審査（調査書，英語外部試験成績証明書），面接，操縦適性検査，航空身体検査を実施する。

※視力基準や指定された英語外部試験の資格を有する者などの出願要件あり。

共通テスト利用入試Ｂ方式　**4**科目　①**外**（100）▶英（リスニング〈25〉を含む）　②③**数**（100×2）▶「数Ⅰ・数Ａ」・「数Ⅱ・数Ｂ・数Ｃ」　④**理・情**（100）▶物・化・情Ⅰから１

［個別試験］　行わない。

共通テスト利用入試Ｃ方式　**6**科目　①**国**（200）▶国　②**外**（200）▶英（リスニング〈40〉を含む）・独・仏・中・韓から１　③**地歴・公民**（100）▶「歴総・世探」・「歴総・日探」・「地総・地探」・「地総・歴総・公から２」・「公・倫」・「公・政経」から１　④⑤**数**（100×2）▶「数Ⅰ・数Ａ」・「数Ⅱ・数Ｂ・数Ｃ」　⑥**理**（100）▶物・化・生・地学から１

［個別試験］　行わない。

自己推薦入試　**【機械工学科〈航空操縦学専修〉】［出願資格］**　全体の学習成績の状況が4.0以上のほか，数Ⅰ，数Ⅱ，物理を履修し，および指定された英語外部試験の基準を満たしている者のほか，視力などの基準あり。

［選考方法］　書類審査（調査書，志望理由書，英語外部試験証明書）通過者を対象に，面接，操縦適性検査，航空身体検査を行う。

生命科学部

一般選抜Ｔ日程・英語外部試験利用入試　**2～1**科目　①**外**▶英コミュⅠ・英コミュⅡ・英コミュⅢ・論表Ⅰ・論表Ⅱ・論表Ⅲ　②**数**▶数Ⅰ・数Ⅱ・数Ａ（図形・場合）・数Ｂ（数列）・数Ｃ（ベク）

※英語外部試験利用入試は，指定された英語外部試験の基準（スコア）を満たしていることを出願条件とし，英語の受験は必要なく，数学の得点のみで判定する。

一般選抜Ａ方式　**3**科目　①**外**▶英コミュⅠ・英コミュⅡ・英コミュⅢ・論表Ⅰ・論表Ⅱ・論表Ⅲ　②**数**▶［生命機能学科・応用植物科学科］─数Ⅰ・数Ⅱ・数Ａ（図形・場合）・数Ｂ（数列・ベク）・数Ｃ（ベク），［環境応用化学科］─数Ⅰ・数Ⅱ・数Ⅲ・数Ａ（図形・場合）・数Ｂ（数列）・数Ｃ（ベク・平面）　③**理**▶「物基・物（運動・波・電気）」・「化基・化」・「生基・生」から１

共通テスト利用入試Ｂ方式　**4**科目　①**外**（200）▶英（リスニング〈40〉を含む）　②③**数**（100×2）▶「数Ⅰ・数Ａ」・「数Ⅱ・数Ｂ・数Ｃ」　④**理**（200）▶物・化・生から１

［個別試験］　行わない。

共通テスト利用入試Ｃ方式　**6**科目　①**国**（200）▶国　②**外**（200）▶英（リスニング〈40〉を含む）・独・仏・中・韓から１　③**地歴・公民**（100）▶「歴総・世探」・「歴総・日探」・「地総・地探」・「地総・歴総・公から２」・「公・倫」・「公・政経」から１　④⑤**数**（100×2）▶「数Ⅰ・数Ａ」・「数Ⅱ・数Ｂ・数Ｃ」　⑥**理**（100）▶物・化・生・地学から１

［個別試験］　行わない。

その他の選抜

指定校推薦入試，スポーツ推薦入試，商業高校等推薦入試，商業学科等対象公募推薦入試，グローバル体験公募推薦入試，SA自己推薦入試，分野優秀者入試，まちづくりチャレンジ自己推薦入試，キャリア体験自己推薦入試，国際バカロレア利用自己推薦入試，GBP・SCOPE・IGESS英語学位プログラム秋学期入試，帰国生入試，キャリア体験社会人入試，社会人リフレッシュ・ステージ・プログラム入試，社会人入試，社会人推薦入試，外国人留学生入試。

偏差値データ (2024年度)

● 一般選抜A方式

学部／学科／専修	2024年度 駿台予備学校 合格目標ライン	2024年度 河合塾 ボーダー偏差値	2023年度実績 募集人員	受験者数	合格者数	合格最低点	競争率 '23年	競争率 '22年
法学部								
法律	**51**	**57.5**	198	2,448	622	224.9/350	3.9	5.7
政治	**50**	**57.5**	54	746	178	226.2/350	4.2	4.0
国際政治	**51**	**60**	66	714	230	253.8/400	3.1	3.2
文学部								
哲	**50**	**60**	40	382	116	186.2/300	3.3	3.8
日本文	**52**	**60**	75	1,050	252	187.3/300	4.2	4.0
英文	**51**	**57.5**	65	920	285	213.3/350	3.2	3.1
史	**54**	**57.5**	53	794	254	184.8/300	3.1	5.0
地理	**51**	**55**	44	488	136	212.1/350	3.6	3.1
心理	**52**	**62.5**	31	714	111	231.4/350	6.4	6.4
経済学部								
経済	**50**	**55**	227	3,593	990	216.9/350	3.6	5.0
国際経済	**49**	**52.5**	116	1,090	431	207.2/350	2.5	4.1
現代ビジネス	**48**	**55**	58	470	159	205.1/350	3.0	5.6
社会学部								
社会政策科	**49**	**57.5**	88	1,579	410	220.3/350	3.9	3.5
メディア社会	**48**	**57.5**	93	949	260	219.8/350	3.7	3.7
社会	**50**	**55**	152	2,506	569	223.9/350	4.4	4.0
経営学部								
経営	**51**	**57.5**	152	3,984	831	219.5/350	4.8	4.3
経営戦略	**49**	**57.5**	106	1,469	364	217.6/350	4.0	4.5
市場経営	**51**	**57.5**	98	1,684	379	223.3/350	4.4	4.3
国際文化学部								
国際文化	**52**	**60**	112	1,618	395	227.2/350	4.1	5.6
人間環境学部								
人間環境	**49**	**57.5**	135	2,059	488	211.3/350	4.2	3.9
現代福祉学部								
福祉コミュニティ	**47**	**55**	60	601	171	209.9/350	3.5	3.2
臨床心理	**49**	**57.5**	40	357	91	223.5/350	3.9	4.3
キャリアデザイン学部								
キャリアデザイン	**48**	**57.5**	115	1,909	368	227.2/350	5.2	6.3
グローバル教養学部								
グローバル教養	**53**	**57.5**	13	184	121	276.7/400	1.5	1.6
スポーツ健康学部								
スポーツ健康	**47**	**52.5**	73	958	274	207.9/350	3.5	5.2
情報科学部								
コンピュータ科	**47**	**55**	35	948	195	244.1/400	4.9	5.7

学部／学科／専修	2024年度		2023年度実績					
	駿台予備学校	河合塾	募集人員	受験者数	合格者数	合格最低点	競争率	
	合格目標ライン	ボーダー偏差値					'23年	'22年
ディジタルメディア	48	55	35	841	201	256.3/400	4.2	4.7
デザイン工学部								
建築	48	55	63	1,380	324	280.2/450	4.3	5.9
都市環境デザイン工	48	52.5	40	742	255	287.2/450	2.9	4.2
システムデザイン	50	60	40	908	127	225.3/300	7.1	5.2
理工学部								
機械工／機械工学	47	52.5	40	1,057	430	270.0/450	2.5	3.5
電気電子工	48	52.5	50	1,090	274	273.7/450	4.0	4.0
応用情報工	48	55	50	965	191	305.7/450	5.1	3.7
経営システム工	48	55	26	524	98	294.1/450	5.3	6.9
創生科	46	52.5	50	659	232	253.3/450	2.8	3.9
生命科学部								
生命機能	49	55	36	1,147	301	291.5/450	3.8	3.4
環境応用化	46	52.5	40	802	284	265.7/450	2.8	3.3
応用植物科	47	52.5	40	613	196	262.7/450	3.1	3.4

●駿台予備学校合格目標ラインは合格可能性80%に相当する駿台模試の偏差値です。 ●競争率は受験者÷合格者の実質倍率
●河合塾ボーダー偏差値は合格可能性50%に相当する河合塾全統模試の偏差値です。 ●合格最低点は得点調整後の点数です。

●共通テスト利用入試B方式

学部／学科／専修	2024年度			2023年度実績				
	駿台予備学校	河合塾		募集人員	受験者数	合格者数	競争率	
	合格目標ライン	ボーダー得点率	ボーダー偏差値				'23年	'22年
法学部								
法律	52	78%	—	35	1,083	331	3.3	4.6
政治	51	78%	—	20	232	72	3.2	5.8
国際政治	52	79%	—	10	303	100	3.0	5.3
文学部								
哲	50	78%	—	8	197	63	3.1	4.1
日本文	52	76%	—	10	296	77	3.8	5.4
英文	51	79%	—	10	342	87	3.9	3.9
史	54	77%	—	5	324	93	3.5	3.9
地理	51	81%	—	10	135	32	4.2	6.3
心理	52	82%	—	5	264	32	8.3	9.6
経済学部								
経済	50	76%	—	27	1,430	320	4.5	3.2
国際経済	50	76%	—	15	963	210	4.6	3.3
現代ビジネス	49	75%	—	9	234	67	3.5	4.7
社会学部								
社会政策科	50	77%	—	15	1,088	240	4.5	2.4
メディア社会	50	76%	—	15	506	152	3.3	3.6
社会	51	76%	—	20	623	188	3.3	3.3

学部／学科／専修	2024年度 駿台予備学校 合格目標ライン	2024年度 河合塾 ボーダー得点率	2024年度 河合塾 ボーダー偏差値	2023年度実績 募集人員	受験者数	合格者数	競争率 '23年	競争率 '22年
経営学部								
経営	51	80%	—	20	1,480	292	5.1	4.4
経営戦略	50	76%	—	15	328	100	3.3	5.3
市場経営	51	76%	—	15	431	145	3.0	4.8
国際文化学部								
国際文化	53	83%	—	5	583	94	6.2	6.4
人間環境学部								
人間環境	49	78%	—	15	907	230	3.9	4.4
現代福祉学部								
福祉コミュニティ	48	76%	—	7	320	76	4.2	5.6
臨床心理	49	77%	—	7	192	61	3.1	5.5
キャリアデザイン学部								
キャリアデザイン	49	78%	—	15	538	119	4.5	5.4
グローバル教養学部								
グローバル教養	53	76%	—	5	175	85	2.1	3.8
スポーツ健康学部								
スポーツ健康	47	76%	—	15	489	99	4.9	5.5
情報科学部								
コンピュータ科	47	79%	—	10	419	119	3.5	4.6
ディジタルメディア	48	75%	—	10	375	112	3.3	3.7
デザイン工学部								
建築	48	79%	—	17	820	191	4.3	4.5
都市環境デザイン工	48	77%	—	13	509	139	3.7	3.8
システムデザイン	50	83%	—	13	588	82	7.2	4.8
理工学部								
機械工／機械工学	48	76%	—	17	775	299	2.6	2.9
／航空操縦学	46	65%	—	25	92	26	3.5	4.5
電気電子工	48	79%	—	15	1,068	297	3.6	2.6
応用情報工	48	77%	—	15	637	205	3.1	3.0
経営システム工	48	77%	—	15	512	153	3.3	3.3
創生科	46	71%	—	15	412	176	2.3	3.7
生命科学部								
生命機能	49	72%	—	7	451	154	2.9	3.5
環境応用化	47	70%	—	12	463	180	2.6	3.5
応用植物科	47	70%	—	12	503	160	3.1	2.9

- 駿台予備学校合格目標ラインは合格可能性80%に相当する駿台模試の偏差値です。
- 競争率は受験者÷合格者の実質倍率
- 河合塾ボーダー得点率は合格可能性50%に相当する共通テストの得点率です。
  また，ボーダー偏差値は合格可能性50%に相当する河合塾全統模試の偏差値です。

併設の教育機関　大学院

人文科学研究科

教員数▶68名
院生数▶227名
修士課程▶●哲学専攻　哲学一般，さらに論理学，倫理学，美学・芸術学などを通じて，真善美など哲学知の根源を探究する。
●日本文学専攻　日本文学を中心に，豊かな教養と高度な研究能力を修得する。
●英文学専攻　少人数のゼミ方式の授業で，英米の文学・言語科学などの専門教育を実施。
●史学専攻　日本史（考古学・古代史・中世史・近世史・近現代史の５領域），東洋史，西洋史の３分野にわたる多彩な授業を展開。
●地理学専攻　世界の多様さ，自然環境の多様さ，人間社会の多様さを科学的に解明する。
●心理学専攻　実験・心理検査・面接・調査・統計など，心理学の研究法に関する技術を十分に習得できるようにカリキュラムを編成。
●国際日本学インスティテュート　心理学専攻を除く上記５専攻が共同で開設する，日本研究に特化した教育研究プログラム。
※心理学専攻（一部夜間開講）を除き，昼夜開講制。
博士後期課程▶哲学専攻，日本文学専攻，英文学専攻，史学専攻，地理学専攻，心理学専攻，国際日本学インスティテュート

国際文化研究科

教員数▶21名
院生数▶17名
修士課程▶●国際文化専攻　世界を，異文化間の理解と交流によって成立する「国際文化」としてとらえ研究する。昼夜開講制。
博士後期課程▶国際文化専攻

経済学研究科

教員数▶46名
院生数▶41名
修士課程▶●経済学専攻　博士論文研究基礎力審査を導入した世界標準のカリキュラムで，応用エコノミストを養成。昼夜開講制。
博士後期課程▶経済学専攻

法学研究科

教員数▶26名
院生数▶27名
修士課程▶●法律学専攻　物事を多様な観点から法的に分析し，説得力のある法理論に基づいて法制度設計を行う能力を養う。
博士後期課程▶法律学専攻

政治学研究科

教員数▶23名
院生数▶34名
修士課程▶●政治学専攻　今日の政治問題を規範論的な研究と具体的な現実政治に即した実証研究を行い解明する。一部夜間開講。
●国際政治学専攻　国際政治の本質を見極められる冷静な国際人を養成する。
博士後期課程▶政治学専攻

社会学研究科

教員数▶36名
院生数▶17名
修士課程▶●社会学専攻　昼間開講の社会学コース（市ヶ谷・多摩）と，夜間にも授業を行うメディアコース（市ヶ谷）を設置。
博士後期課程▶社会学専攻

経営学研究科

教員数▶46名
院生数▶89名
修士課程▶●経営学専攻　企業組織および企業の諸活動，企業とそれを取り巻く環境との関連を研究する。夜間コースは社会人対象。
博士後期課程▶経営学専攻

人間社会研究科

教員数▶27名
院生数▶56名
修士課程 ●福祉社会専攻　社会福祉やコミュニティマネジメントの専門知識と実践能力を修得する。昼夜開講制。
●臨床心理学専攻　実習現場を通して，理論と実践を学ぶ。修了後に公認心理師試験と臨床心理士試験（第一種指定校）の受験が可能。
博士後期課程 人間福祉専攻

政策創造研究科

教員数▶９名
院生数▶135名
修士課程 ●政策創造専攻　日本の活性化を担う政策デザイン能力を養い，新しい価値観を創出できる人材を育成する。夜間開講。
博士後期課程 政策創造専攻

公共政策研究科

教員数▶32名
院生数▶127名
修士課程 ●公共政策学専攻　公共政策分野における高度専門職業人や研究者的実務家を育成する。夜間開講。
●サステイナビリティ学専攻　世界が抱える複雑で長期的な問題にアプローチし，持続的な人間活動のあり方を探求する。夜間開講。
博士後期課程 公共政策学専攻，サステイナビリティ学専攻

キャリアデザイン学研究科

教員数▶18名
院生数▶41名
修士課程 ●キャリアデザイン学専攻　最先端のキャリアデザイン学を体系的に学べる日本で初めての大学院。夜間開講。

政治学研究科／公共政策研究科

教員数▶７名
修士課程 ●連帯社会インスティテュート　連帯による公益の実践をめざす組織等の活動を担いうる，政策構想力と実践力を兼ね備えた連帯社会を築く人材を育成する。夜間開講。

スポーツ健康学研究科

教員数▶20名
院生数▶33名
修士課程 ●スポーツ健康学専攻　ヘルスプロモーション，スポーツマネジメント，スポーツコーチングの３領域で教育研究を展開。
博士後期課程 スポーツ健康学専攻

情報科学研究科

教員数▶22名
院生数▶57名
修士課程 ●情報科学専攻　コンピュータ基礎，情報システム，メディア科学の３つの研究領域で，最先端の教育・研究体制を整備。
博士後期課程 情報科学専攻

デザイン工学研究科

教員数▶31名
院生数▶227名
修士課程 ●建築学専攻　専門知識と先端技術をベースに，学際的視点による建築と都市の総合デザインを追究する。
●都市環境デザイン工学専攻　「総合デザイン力」に根ざした広い視野と豊かな感性による，新しい時代の都市デザイン能力を養う。
●システムデザイン専攻　総合的なモノづくりやシステムづくりの創生プロセスを対象に，研究と教育を実施。
博士後期課程 建築学専攻，都市環境デザイン工学専攻，システムデザイン専攻

理工学研究科

教員数▶89名
院生数▶483名
修士課程 ●機械工学専攻　幅広い視野を持ち，21世紀の産業と市民社会の期待に応

え得る，技術のプロフェッショナルを育成。
●**電気電子工学専攻**　現代の科学技術を支える先端技術を，基礎から応用まで学ぶ。
●**応用情報工学専攻**　情報化社会の第一線を担う，高度な技術者・研究者を育成する。
●**システム理工学専攻**　創生科学系と経営システム系の学びを用意し，今までにないシステムを構築できる独創性のある人材を養成。
●**応用化学専攻**　最先端化学を学び，持続的社会構築に貢献できる人材を育成する。
●**生命機能学専攻**　理学と工学を融合した最先端の生命科学研究を展開。
博士後期課程　機械工学専攻，電気電子工学専攻，応用情報工学専攻，システム理工学専攻，応用化学専攻，生命機能学専攻

情報科学研究科／理工学研究科

修士課程　●**総合理工学インスティテュート（IIST）**　総合理工学を英語で学ぶ横断型大学院プログラム。
博士後期課程　総合理工学インスティテュート

法務研究科

教員数▶17名
院生数▶82名
専門職学位課程　●**法務専攻**　複雑化する現代社会の法律問題に柔軟かつ適切に対応できる，創造的応用力を持った法曹を養成する。

イノベーション・マネジメント研究科

教員数▶17名
院生数▶109名
専門職学位課程　●**イノベーション・マネジメント専攻**　ビジネスの変革を通して，社会に革新を起こす人材を育成する。「MBA特別プログラム」は１年間でMBA取得可。

武蔵大学

(むさし)

MUSASHI UNIVERSITY

資料請求

問合せ先 アドミッションセンター ☎03-5984-3715

建学の精神

「人間形成を根幹に，明日の新しい日本を担う，優れた人材を育てる」という理想のもと，1922（大正11）年に創立された，わが国初の私立七年制高等学校である旧制武蔵高等学校をルーツとする。創立時に掲げられた「建学の三理想（東西文化融合のわが民族理想を遂行し得べき人物，世界に雄飛するにたえる人物，自ら調べ自ら考える力ある人物）」は，100年を経た今も受け継がれ，激しく揺れ動く社会環境の中にあっても，褪せない価値を持ち続けている。この三理想に根ざし進化させてきた，世界の将来を見据えた少人数のゼミ，リベラルアーツ＆サイエンス教育，グローバル教育にさらに磨きをかけ，総合知・専門知・他者と協働する力・実践力をバランスよく身につけることで，課題解決に貢献する新しいグローバルリーダーを養成している。

●江古田キャンパス……〒176-8534　東京都練馬区豊玉上1-26-1

基本データ

学生数▶4,662名（男2,602名，女2,060名）
専任教員数▶教授89名，准教授20名，講師12名
設置学部▶経済，人文，社会，国際教養
併設教育機関▶大学院—経済学・人文科学（以上M・D）

就職・卒業後の進路

就職率 97.6%（就職者÷希望者×100）

●**就職支援**　キャリアコンサルタントによる個別面談を３年生全員と実施。面談を重ねながら，学生が自分で選択・決断していくプロセスを支援している。また，社会で活躍する卒業生が駆け付け，学生と交流を図る独自のプログラム「武蔵しごと塾」では，卒業生が語る仕事の本音や内定が決まった４年生から就職活動の具体的なアドバイスが直接聞けるため，これから就職活動を始める３年生にとって実践的な成長の機会となっている。

●**資格取得支援**　各分野の専門家を学内に招いて，簿記３級・２級，FP技能士３級，宅地建物取引士，国内旅行業務取扱管理者，ITパスポートなどの資格対策講座を，割安な料金で開講。経済・人文・社会の３学部には教職課程と学芸員課程を設置している。

進路指導者も必見 学生を伸ばす 面倒見

初年次教育
「教養ゼミナール」や少人数形式の授業などで，文献の読み方から，新聞や雑誌，インターネットでの資料の探し方，レポートの書き方，プレゼンテーションや討論の方法まで，大学での学びに必要な手法を身につけている

学修サポート
全学部でTA・SA制度，専任教員が学生40人を担当する指導教授制，オフィスアワーを導入。また，ダイバーシティセンターや学生相談室，外国語の学習サポートが受けられるMCV（Musashi Communication Village）を設置

オープンキャンパス（2023年度実績） 6月18日，7月29日，8月5・6日に開催（要事前予約）。大学紹介，学部・学科・専攻説明，入試説明，模擬授業，個別相談，キャンパスツアー，MCVでの英語のフリートーク体験など。

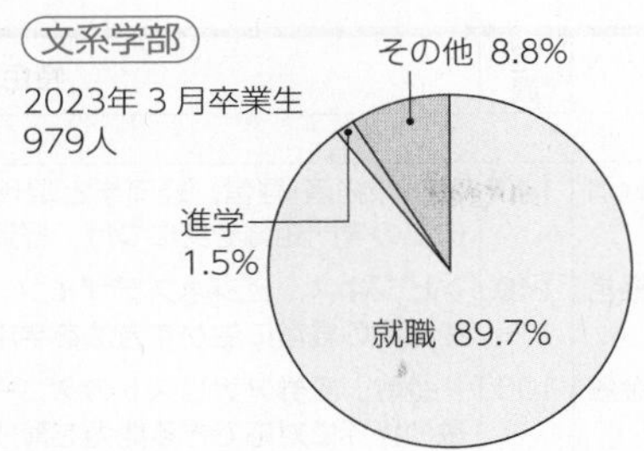

主なOB・OG▶［経済］工東正彦（ハウス食品会長），［経済］神田伯山（講談師），［人文］田口彩夏（北海道テレビ放送アナウンサー），［人文］横関大（小説家），［社会］三上延（小説家）など。

国際化・留学　大学間 34 大学

受入れ留学生数▶43名（2023年５月１日現在）

留学生の出身国▶中国，ドイツ，オランダ，ウクライナ，アメリカなど。

外国人専任教員▶教授４名，准教授５名，講師７名（2023年５月１日現在）

外国人専任教員の出身国▶アメリカ，イギリス，ブラジル，中国など。

大学間交流協定▶34大学（交換留学先25大学，2023年９月１日現在）

海外への留学生数▶渡航型155名・オンライン型24名／年（11カ国・地域，2022年度）

海外留学制度▶協定留学や夏季・春季休暇を利用して行う外国語現地実習，学生海外研修，グローバル・インターンシップ（GI）プログラムなどを用意し，実践的な語学力と異文化理解力を養う学びを支援。コンソーシアムは，UMAPとISEP，SAFに参加している。

学費・奨学金制度　給付型奨学金総額 年間約 6,398 万円

入学金▶240,000円

年間授業料（施設費等を除く）▶800,000円～（詳細は巻末資料参照）

年間奨学金総額▶63,984,945円

年間奨学金受給者数▶285人

主な奨学金制度▶規定の修得単位数を満たし，かつ成績・人物が優秀な２～４年次生対象の「武蔵大学特別奨学金」，経済支援の「武蔵大学給付奨学金」，留学支援の「武蔵大学学生国外留学奨学金」などの制度を設置。学費減免制度もあり，2022年度には378人を対象に総額で約２億321万円を減免している。

保護者向けインフォメーション

●**オープンキャンパス**　通常のオープンキャンパス時に，「保護者のための説明」を実施。

●**成績確認**　成績通知書を送付。履修科目と単位数などの情報は，問い合わせがあった場合に面談の場で提供している。

●**父母の会**　父母の会があり，１年部会や総会，地区別父母懇談会（2024年度は実施しない）などを開催。『父母の会会報』も発行している。

●**就職説明会**　公務員志望の学生の保護者向け説明会を５月に実施。

●**防災対策**　「大地震対応マニュアル」を入学時に配布するほか，電子データでも公開。災害時の学生の安否確認はポータルサイトを利用。

インターンシップ科目	必修専門ゼミ	卒業論文	GPA制度の導入の有無および活用例	１年以内の退学率	標準年限での卒業率
全学部で開講している	経済・人文・社会の３学部と国際教養学部グローバルスタディーズ専攻で1～4年次，国際教養学部経済経営学専攻で２～４年次に実施	人文・社会・国際教養学部は卒業要件	奨学金等対象者選定，留学候補者選考，退学勧告，学修指導，履修上限単位数設定，学部により大学院入試の学内推薦資格として活用	0.7%	85.4%

学部紹介

学部／学科	定員	特色
経済学部		
経済	140	▷国際経済・経営，経済学と現代経済の２コース。経済についての専門知識を身につけ，経済学的思考のセンスを磨く。
経営	140	▷ビジネス，ビジネスデザイン，企業会計の３コース。知識を実際の経営に生かす方法を学ぶ。
金融	100	▷金融，証券アナリストの２コース。多様化，国際化する金融の世界に対応できる能力を育成する。
●**取得可能な資格**…教職（地歴・公・社・商業），学芸員など。 ●**進路状況**…………就職91.8%　進学1.5% ●**主な就職先**………アクセンチュア，LINEヤフー，フジテレビジョン，清水建設，国土交通省など。		
人文学部		
英語英米文化	100	▷英語・英語教育，文学・芸術・メディア，歴史・社会・思想，交流文化・観光の４コース。英米文化を広く深く学ぶ。
ヨーロッパ文化	95	▷言語と文学，芸術と生活，歴史と思想，環境と社会の４コース。「ヨーロッパ」全体を学ぶ，全国的にも数少ない学科。
日本・東アジア文化	95	▷日本文化，東アジア文化，比較・交流文化の３コース。躍動する東アジアの視点から，日本文化を複眼的に学ぶ。
●**取得可能な資格**…教職（国・地歴・公・社・英），学芸員など。　●**進路状況**…就職86.2%　進学2.5% ●**主な就職先**………アマゾンジャパン，楽天グループ，スズキ，富士通，日本銀行，経済産業省など。		
社会学部		
社会	124	▷社会学の基礎から実践までを体系的に学び，物事を多角的にとらえる視野・思考を磨き，人に伝える力を身につける。
メディア社会	105	▷メディアが伝えるべき内容とその方法を学び，現代社会が抱える問題について考え，メディアを活用する力を養う。
●**取得可能な資格**…教職（地歴・公・社），学芸員など。　●**進路状況**…就職90.7%　進学0.4% ●**主な就職先**………マクロミル，時事通信社，ソフトバンク，久光製薬，森永製菓，大塚商会など。		
国際教養学部		
国際教養	100	▷〈経済経営学（EM）専攻55名，グローバルスタディーズ（GS）専攻45名〉EM専攻では，ロンドン大学の経済経営学士号の取得をめざす。GS専攻では，英語と異文化体験を通してグローバル社会を生きる力を育む。
●**主な就職先**………2022年度開設のため卒業生はいない。		

▶キャンパス

全学部……［江古田キャンパス］東京都練馬区豊玉上1-26-1

2025年度入試要項（予告）

●募集人員

学部／学科（専攻）		全学部統一	全学部グローバル	個別学部
▶経済	経済	18	2	40
	経営	18	2	40
	金融	13	2	25
▶人文	英語英米文化	13	4	31
	ヨーロッパ文化	13	4	31
	日本・東アジア文化	13	4	31
▶社会	社会	14	3	43
	メディア社会	12	3	36
▶国際教養	国際教養（経済経営学）	5	5	20
	（グローバルスタディーズ）	5	5	15

キャンパスアクセス ［江古田キャンパス］西武池袋線一江古田より徒歩6分／都営地下鉄大江戸線一新江古田より徒歩7分／東京メトロ副都心線・有楽町線一新桜台より徒歩5分

注）募集人員は2024年度の実績です。

注）配点は編集時，未公表。最新の募集要項でご確認ください。

全学部

一般方式（全学部統一型・全学部統一グローバル型・個別学部併願型）　**【経済学部・人文学部・社会学部・国際教養学部〈グローバルスタディーズ専攻〉】**　3～1科目　①②③**国・外・「地歴・公民・数」**▶「現国・言語（漢文を除く。古文は選択のみ）」・「英コミュⅠ・英コミュⅡ・英コミュⅢ・論表Ⅰ・論表Ⅱ・論表Ⅲ」・「世探・日探・政経・〈数Ⅰ・数Ⅱ・数A・数B（数列）・数C（ベク）〉から1」から個別学部併願型は3，全学部統一型は2，ただしグローバルスタディーズ専攻の全学部統一型は英を含む2

※全学部統一グローバル型は外国語を受験する必要がなく，指定された英語資格・検定試験（4技能）のスコアを得点化し，外国語以外で受験した1教科の得点との合計点で判定する（2教科を受験した場合は，高得点の1教科を合否判定に使用）。

【国際教養学部〈経済経営学専攻〉】　3～2科目

①**外**▶英コミュⅠ・英コミュⅡ・英コミュⅢ・論表Ⅰ・論表Ⅱ・論表Ⅲ　②**数学基礎**▶数Ⅰ（数と式，二次関数，データの分析）・数Ⅱ（いろいろな式，図形と方程式，指数関数・対数関係，微分・積分の考え）・数A（場合・数学と人間）・数B（数列・推測）　③**国・地歴・公民・数**▶「現国・言語（漢文を除く。古文は選択のみ）」・世探・日探・政経・「数Ⅰ・数Ⅱ・数A・数B（数列）・数C（ベク）〉」から1

※全学部統一グローバル型は外国語を受験する必要がなく，指定された英語資格・検定試験（4技能）のスコアを得点化し，必須の数学基礎と「国・地歴・公民・数」から1の計2教科の得点との合計点で判定する（選択科目で2教科を受験した場合は，高得点の1教科を合否判定に使用）。

その他の選抜

一般選抜共通テスト方式は経済学部86名，人文学部49名，社会学部42名，国際教養学部24名を，総合型選抜AO入試は経済学部45名，人文学部24名，社会学部6名，国際教養学部13名を募集。ほかに学校推薦型選抜指定校制推薦入学，帰国生徒対象入試，社会人入試，外国人学生特別入試を実施。

注）募集人員は2024年度の実績です。

偏差値データ（2024年度）

●一般方式入試

学部／学科／専攻	2024年度 駿台予備学校 合格目標ライン	2024年度 河合塾 ボーダー偏差値	2023年度 競争率
▶経済学部			
経済（統一型）	45	57.5	4.7
（個別）	45	55	4.6
経営（統一型）	45	57.5	5.1
（個別）	45	55	5.0
金融（統一型）	44	57.5	4.2
（個別）	45	55	3.5
▶人文学部			
英語英米文化（統一型）	46	55	3.2
（個別）	46	52.5	4.0
ヨーロッパ文化（統一型）	45	55	2.9
（個別）	45	52.5	2.1
日本・東アジア文化（統一型）	44	55	3.3
（個別）	45	55	4.5
▶社会学部			
社会（統一型）	46	57.5	5.4
（個別）	46	52.5	3.5
メディア社会（統一型）	45	57.5	4.7
（個別）	45	52.5	3.4
▶国際教養学部			
国際教養／経済経営学（統一型）	47	52.5	2.6
（個別）	46	52.5	2.9
／グローバルスタディーズ（統一型）	47	55	3.6
（個別）	47	55	4.4

- 駿台予備学校合格目標ラインは合格可能性80％に相当する駿台模試の偏差値です。
- 河合塾ボーダー偏差値は合格可能性50％に相当する河合塾全統模試の偏差値です。
- 競争率は受験者÷合格者の実質倍率

武蔵野(むさしの)大学

資料請求

問合せ先 入試センター ☎03-5530-7300

建学の精神

「仏教精神を根幹とした人格育成」を理想に掲げた国際的仏教学者として知られる高楠順次郎博士によって，1924（大正13）年に創立された武蔵野女子学院を前身に，65（昭和40）年に大学設立。2024年に創立100周年を迎え，世界初のウェルビーイング学部を新設し，13学部21学科13大学院研究科を擁する総合大学へと発展。「世界の幸せをカタチにする。」をスローガンに，未来の諸課題解決のために行動できる人材を育成している。全学共通基礎課程「武蔵野INITIAL」では，全学生が新たな未来社会に活躍できるメディアリテラシーやアカデミックスキルを身につけ，自己基礎力を養い，全学部必修の情報教育では，文・理問わず，プログラミングやAIなど情報活用スキルを学ぶなど，歴史と伝統を礎に，時代に先駆けた進化を続けていく。

- 有明キャンパス……〒135-8181　東京都江東区有明三丁目3番3号
- 武蔵野キャンパス…〒202-8585　東京都西東京市新町一丁目1番20号

基本データ

学生数▶9,986名（男4,380名，女5,606名）
専任教員数▶教授187名，准教授73名，講師70名
設置学部▶ウェルビーイング，工，データサイエンス，アントレプレナーシップ，法，経済，経営，グローバル，薬，看護，教育，文，人間科

併設教育機関▶大学院―文学・言語文化・法学・政治経済学・データサイエンス・人間社会・仏教学・工学・環境学・薬科学・看護学（以上M・D），経営学・教育学（以上M） 通信教育部―人間科学部，教育学部 大学院通信教育部―人間社会・仏教学・環境学（以上M）

就職・卒業後の進路

就職率 96.0%
就職者÷希望者×100

● **就職支援** 所属学科の教員とキャリアセンターが連携し，１年次から学生一人ひとりをサポートするほか，内定を得た４年生が，自身の経験をもとに後輩の相談に応じ，就職活動を後押し。また，データサイエンス・建築デザイン・薬・看護・人間科学科などでは，

進路指導者も必見 学生を伸ばす 面倒見

初年次教育

「仏教基礎」「データサイエンス基礎」「人工知能基礎」「SDGs基礎・発展」など多彩な科目を開講するほか，大学での探究学修に向かう基本姿勢などを身につける学外研修プログラム「フィールド・スタディーズ」を実施

学修サポート

TA・SA制度，専任教員が学生41人を担当し，学生の学修・生活面において適切な指導，助言を行うアドバイザー制度を全学部で導入。また教員がオフィスアワーを設け，学生からの授業内容に関する質問や相談に応じている

オープンキャンパス（2023年度実績） 6月と8月に来校型（キャンパスにより，開催日は異なる），11月3月にWeb型で開催（事前予約制）。大学・入試説明会，学科説明会，模擬授業，キャンパスツアー，学科企画，個別相談など。

学科独自の就職支援も行っている。

●**資格取得支援**　公務員試験対策講座や，旅行業務取扱管理者，ITパスポート試験対策などの講座を学内で開講。薬学科や看護学科では，国家試験合格に向けた充実のサポート体制で，毎年，高い合格実績を残している。

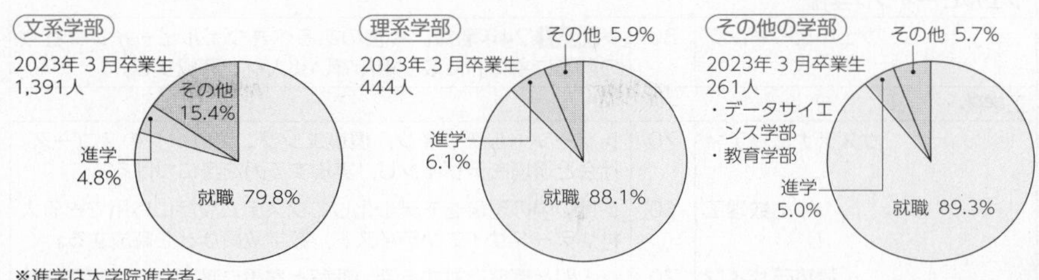

※進学は大学院進学者。

主なOB・OG▶［文］矢部嵩(小説家)，［文］乙葉(女優・タレント)，［人間科学］渡辺裕太(俳優・タレント)，［グローバル］石川恋(女優・モデル・タレント)，［旧政治経済］宮﨑雄基(PRUFF社長)など。

国際化・留学　大学間 104 大学・部局間 5 大学

受入れ留学生数▶820名（2023年９月20日現在）

留学生の出身国・地域▶中国（香港を含む)，韓国，ベトナム，台湾，バングラデシュなど。

外国人専任教員▶教授10名，准教授４名，講師４名（2023年９月１日現在）

外国人専任教員の出身国▶中国，韓国，アメリカ，タイ，イギリスなど。

大学間交流協定▶104大学（交換留学先70大学，2023年９月20日現在）

部局間交流協定▶５大学（交換留学先２大学，2023年９月20日現在）

海外への留学生数▶渡航型381名・オンライン型436名／年（４カ国・地域，2022年度）

海外留学制度▶協定留学や認定（SAP）留学，夏季・春季休暇を利用した短期語学研修，グローバルコミュニケーション学科全員留学，フィールド・スタディーズ基礎・発展など，大学を飛び出し，実践的に学ぶ活動を支援。コンソーシアムはUMAPに参加している。

学費・奨学金制度　給付型奨学金総額 年間約 3,527 万円

入学金▶180,000円

年間授業料(施設費等を除く)▶793,000円～(詳細は巻末資料参照)

年間奨学金総額▶35,266,462円

年間奨学金受給者数▶210人

主な奨学金制度▶「武蔵野大学沼田奨学金」「武蔵野大学家計奨学金」，１都３県以外の高校出身者を対象にした「武蔵野大学予約型奨学金『2050年のあなたへ。奨学金』」など，すべて給付制の奨学金制度を豊富に設置。学費減免制度もあり，2022年度には134人を対象に総額で約7,723万円を減免している。

保護者向けインフォメーション

●**成績確認**　成績通知書を保証人宛に送付している（１年生は年２回，２～６年生は１回)。

●**学報**　『武蔵野Journal』を発行している。

●**懇談会**　保護者懇談会を開催（2020～2023年度はWeb）し，各学科説明（学科の特長，学修，学生生活，就職について）を実施。2023年度は対面による個別面談を再開した。

●**防災対策**　災害時の学生の安否は，ポータルサイトを利用して確認するようにしている。

インターンシップ科目	必修専門ゼミ	卒業論文	GPA制度の導入の有無および活用例	１年以内の退学率	標準年限での卒業率
全学部で開講している	エ・データ３・４年次，アントレ２・３年次，法・経営・人間科２～４年次，ウェル・グロ・文１～４年次，薬５・６年次，看護４年次，教育１～３年次で実施	ウェル・エ・データ・グロ・薬・看護と法律・教育・人間科は卒業要件	学生への個別の学修指導，奨学金や授業料免除対象者選定，留学候補者選考，進級判定，卒業判定，履修上限単位数の設定などに活用	3.3%	83.4%（４年制）77.0%（薬）

学部紹介

学部／学科	定員	特色
ウェルビーイング学部		
ウェルビーイング	80	▷NEW! '24年新設。今後のあるべきウェルビーイング社会の創造に主体的に取り組んでいく人材を育成する。
工学部		
サステナビリティ	70	▷ソーシャルデザイン，環境エンジニアリングの２コース。社会と環境をデザインし，実現する力を身につける。
数理工	60	▷世の中の現象をモデル化してシステム設計に応用できる人材やデータサイエンティスト，数学教員などを育成する。
建築デザイン	70	▷人間と環境に対する深い理解と尊重に基づいて，建築で持続可能な未来を構想できる人材を育成する。
●取得可能な資格…教職(数)，1・2級建築士受験資格など。 ●進路状況…………就職79.4%　進学12.0% ●主な就職先………日立製作所，清水建設，大成建設，住友林業，東京電力ホールディングスなど。		
データサイエンス学部		
データサイエンス	90	▷人工知能(AI)とビックデータで，新たなビジネスを創出する次世代データサイエンティストを育成する。
●進路状況…………就職90.3%　進学8.1% ●主な就職先………ダイハツ工業，富士通，サイバーエージェント，サイボウズ，富士ソフトなど。		
アントレプレナーシップ学部		
アントレプレナーシップ	60	▷未知なるものに挑戦し，ゼロからイチを創り出せる実践者を育成する。１年次は全員が専用の学生寮で共に学ぶ。
●主な就職先………2021年度開設のため，卒業生はいない。		
法学部		
法律	190	▷ルールを創り，集団を幸福に導ける人材を育成する。企業法務から公務員，法律専門家まで幅広い進路に対応。
政治	100	▷民主主義の根幹を担う，政治と行政に携わる能力と技術を身につける。公務員をめざす学生を強力にサポート。
●取得可能な資格…司書など。　●進路状況…就職77.5%　進学5.9% ●主な就職先………三菱UFJ銀行，京葉銀行，野村證券，三井住友トラストクラブ，日本郵政など。		
経済学部		
経済	175	▷グローバルな視野で経済を学び，社会の発展に貢献する人材を育成する。統計的手法を学ぶ授業やゼミが充実。
●取得可能な資格…司書など。　●進路状況…就職82.6%　進学4.8% ●主な就職先………アサヒビール，ゆうちょ銀行，明治安田生命保険，東日本電信電話，花王など。		
経営学部		
経営	220	▷高い倫理観と広い視野を持ち，経営学と社会科学の知識と技能を備え，変転著しい現代に活躍できる人材を育成する。
会計ガバナンス	90	▷会計を中心に，税・金融・分析へと広がる総合的な学びを展開し，組織を支える会計リテラシーを持った人材を育成する。
●進路状況…………就職79.5%　進学4.2% ●主な就職先………タダノ，ワコール，良品計画，ソフトバンク，EY新日本有限責任監査法人など。		

キャンパスアクセス [有明キャンパス] りんかい線一国際展示場より徒歩7分／ゆりかもめ一東京ビッグサイトより徒歩6分

グローバル学部		
グローバルコミュニケーション	165	▷英語・中国語・日本語を駆使し，グローバル社会で活躍するトライリンガルを育成する。２年次に全員が留学を経験。
日本語コミュニケーション	80	▷３言語（英・中・日）の豊かなコミュニケーション力を持つトライリンガルをめざし，観光学の専門知識を身につける。
グローバルビジネス	55	▷独自の英語・中国語・日本語の３カ国語を使用したカリキュラムで，グローバルビジネスリーダーを育成する。
● **取得可能な資格**…司書など。 ● **進路状況**…就職72.6%　進学4.3% ● **主な就職先**………日本アイ・ビー・エム，楽天グループ，全日本空輸，オリエンタルランドなど。		
薬学部		
薬	145	▷６年制。少人数制で行う実践的な薬学教育で，高い倫理観と豊富な専門知識に深い科学力を備えた医療人を育成する。
● **取得可能な資格**…薬剤師受験資格など。 ● **進路状況**…………就職93.4%　進学3.6% ● **主な就職先**………ノバルティスファーマ，ブリストル・マイヤーズスクイブ，アステラス製薬など。		
看護学部		
看護	125	▷人々の心に寄り添える豊かな人間性と高い専門スキルを兼ね備えた看護職者を育成する。
● **取得可能な資格**…教職（養護一種），看護師・保健師受験資格など。 ● **進路状況**…………就職93.9%　進学0.8% ● **主な就職先**………国立がん研究センター中央病院，東京都済生会中央病院，慶應義塾大学病院など。		
教育学部		
教育	120	▷児童・生徒の好奇心を育み，豊かな人間性と高いコミュニケーション力を持った，教育のスペシャリストを育成する。
幼児教育	100	▷子どもと世界の幸せに貢献するクリエイティブな保育者を育成する。視野を広げる海外保育研修なども実施。
● **取得可能な資格**…教職（国・理・書・英，小一種，幼一種），司書教諭，保育士など。 ● **進路状況**…………就職88.9%　進学4.0% ● **主な就職先**………公立学校，公立幼稚園，私立幼稚園・保育園，児童福祉施設，地方自治体など。		
文学部		
日本文学文化	200	▷日本のことばや文学を総合的に学び，豊かな感性と思考力を養い，読解力・表現力・創造力・批評力を身につける。
● **取得可能な資格**…教職（国・書），司書，司書教諭など。 ● **進路状況**…就職80.2%　進学2.7% ● **主な就職先**………新潮社，KADOKAWA，タカラトミー，浅井企画，全日本空輸，大成建設など。		
人間科学部		
人間科	215	▷私たちが直面するさまざまな問題に向き合い解決する，総合的な人間力を身につける。公認心理師養成に対応。
社会福祉	145	▷“声なき声”に耳を傾け続けるソーシャルワーカーを育成する。社会福祉士国家試験合格を徹底サポート。
● **取得可能な資格**…司書，社会福祉士・精神保健福祉士受験資格など。 ● **進路状況**…………就職85.0%　進学6.1% ● **主な就職先**………富士ソフト，マイナビ，明治安田システム・テクノロジー，SOMPOケアなど。		

▶キャンパス

工（サステナビリティ・数理工）・データサイエンス・法・経済・経営・グローバル・看護・人間科（人間科）……［有明キャンパス］ 東京都江東区有明3-3-3

ウェルビーイング・工（建築デザイン）・アントレプレナーシップ・薬・教育・文・人間科（社会福祉）……［武蔵野キャンパス］ 東京都西東京市新町1-1-20

キャンパスアクセス ［武蔵野キャンパス］ JR中央線・京王井の頭線一吉祥寺よりバス15分／JR中央線一三鷹よりバス10分，武蔵境よりバス7分／西武新宿線一田無より徒歩15分

2024年度入試要項(前年度実績)

●募集人員

学部／学科	全学部統一	一般
▶ウェルビーイング ウェルビーイング	10	30
▶工 サステナビリティ	10	20
数理工	8	25
建築デザイン	10	25
▶データサイエンス データサイエンス	12	35
▶アントレプレナーシップ アントレプレナーシップ	5	10
▶法 法律	20	95
政治	13	45
▶経済 経済	20	80
▶経営 経営	20	95
会計ガバナンス	15	25

学部／学科	全学部統一	一般
▶グローバル グローバルコミュニケーション	20	45
日本語コミュニケーション	6	16
グローバルビジネス	5	10
▶薬 薬	45	40
▶看護 看護	20	45
▶教育 教育	15	50
幼児教育	10	38
▶文 日本文学文化	25	70
▶人間科学 人間科	25	85
社会福祉	20	70

※一般選抜としてA・B・C日程を実施。ただし，薬学部はB・C日程，工学部の数理工・建築デザインの２学科はB日程を行わない。

※一般選抜の募集人員には共通テスト併用型を含む。

▷全学部で英語外部検定のスコアが活用できる「英語外部検定活用方式」を導入。本学が指定する英語資格検定試験の基準スコアを満たしていれば，英語の得点をスコアに基づき換算し，筆記試験を免除する(試験当日の英語の筆記試験を受験した場合は，どちらか得点の高い方を採用)。

ウェルビーイング学部

全学部統一選抜 **2**科目 ①**外**(100)▶コミュ英Ⅰ・コミュ英Ⅱ・英表Ⅰ ②**国・地歴・公民・数・理・情**(100)▶国総(古文選択可，漢文を除く)・世B・日B・政経・「数Ⅰ・数A」・「数Ⅰ・数Ⅱ・数A・数B(数列・ベク)」・「物基・物」・「化基・化」・「生基・生」・「社会と情報・情報の科学」から１

一般選抜A日程(文系)・B日程 **3**科目 ①**国**(100)▶国総(古文選択可，漢文を除く) ②**外**(100)▶コミュ英Ⅰ・コミュ英Ⅱ・英表Ⅰ ③**地歴・公民・数・理**(100)▶世B・日B・政経・「数Ⅰ・数A」・「化基・化」・「生基・生」から１，ただし化基・化はB日程のみ選択可

一般選抜A日程(理系) **3**科目 ①**外**(100)▶コミュ英Ⅰ・コミュ英Ⅱ・英表Ⅰ ②**数**(100)▶数Ⅰ・数Ⅱ・数A・数B(数列・ベク) ③**理・情**(100)▶「物基・物」・「化基・化」・「社会と情報・情報の科学」から１

一般選抜C日程 **2**科目 ①②**外・「国・数」・「地歴・公民・数・理」**(100×2)▶「コミュ英Ⅰ・コミュ英Ⅱ・英表Ⅰ」・「国総(古文選択可，漢文を除く)・〈数Ⅰ・数Ⅱ・数A・数B(数列・ベク)〉から１」・「世B・日B・政経・〈数Ⅰ・数A〉・〈物基・物〉・〈化基・化〉・〈生基・生〉から１」から２

※数学２科目の選択は不可。

工学部

全学部統一選抜 **【サステナビリティ学科】** **2**科目 ①**外**(100)▶コミュ英Ⅰ・コミュ英Ⅱ・英表Ⅰ ②**国・地歴・公民・数・理・情**(100)▶国総(古文選択可，漢文を除く)・世B・日B・政経・「数Ⅰ・数A」・「数Ⅰ・数Ⅱ・数A・数B(数列・ベク)」・「物基・物」・「化基・化」・「生基・生」・「社会と情報・情報の科学」から１

【建築デザイン学科】 **3**科目 ①**外**(100)▶コミュ英Ⅰ・コミュ英Ⅱ・英表Ⅰ ②**国・数**(100)▶国総(古文選択可，漢文を除く)・「数Ⅰ・数Ⅱ・数A・数B(数列・ベク)」から１ ③**数・理・情**(100)▶「数Ⅰ・数A」・「物基・物」・「化基・化」・「生基・生」・「社会と情報・情報の科学」から１

※数学２科目の選択は不可。

【数理工学科】 **3**科目 ①**外**(100)▶コミュ英Ⅰ・コミュ英Ⅱ・英表Ⅰ ②**数**(200)▶数Ⅰ・数Ⅱ・数A・数B(数列・ベク)，ただし数Ⅲの選択可 ③**理・情**(100)▶「物基・物」・「化基・化」・「生基・生」・「社会と情報・情報の科学」から１

一般選抜A日程 **3**科目 ①**外**(100)▶コミュ英Ⅰ・コミュ英Ⅱ・英表Ⅰ ②**数**(サステナビリティ・建築100，数理200)▶数Ⅰ・数Ⅱ・数A・数B(数列・ベク)，ただし数理工学科は数Ⅲの選択可 ③**理・情**(100)▶「物基・物」・「化基・化」・「社会と情報・情報の科学」から１

一般選抜B日程 **【サステナビリティ学科】** **3**科目 ①**国**(100)▶国総(古文選択可，漢文

を除く）②**外**（100）▶コミュ英Ⅰ・コミュ英Ⅱ・英表Ⅰ ③**地歴・公民・数・理**（100）▶世Ｂ・日Ｂ・政経・「数Ⅰ・数Ａ」・「化基・化」・「生基・生」から１

一般選抜Ｃ日程　**【サステナビリティ学科・建築デザイン学科】** 2科目 ①②**外・「国・数」・「地歴・公民・数・理」**（100×2）▶「コミュ英Ⅰ・コミュ英Ⅱ・英表Ⅰ」・「国総（古文選択可．漢文を除く）・〈数Ⅰ・数Ⅱ・数Ａ・数Ｂ（数列・ベク）〉から１」・「世Ｂ・日Ｂ・政経・〈数Ⅰ・数Ａ〉・〈物基・物〉・〈化基・化〉・〈生基・生〉から１」から２，ただし地歴・公民はサステナビリティ学科のみ選択可

※数学２科目の選択は不可。

【数理工学科】 2科目 ①**数**（200）▶数Ⅰ・数Ⅱ・数Ａ・数Ｂ（数列・ベク） ②**外・理**（100）▶「コミュ英Ⅰ・コミュ英Ⅱ・英表Ⅰ」・「物基・物」・「化基・化」から１

データサイエンス学部

全学部統一選抜　3科目 ①**外**（100）▶コミュ英Ⅰ・コミュ英Ⅱ・英表Ⅰ ②**数**（200）▶数Ⅰ・数Ⅱ・数Ａ・数Ｂ（数列・ベク） ③**理・情**（100）▶「物基・物」・「化基・化」・「生基・生」・「社会と情報・情報の科学」から１

一般選抜Ａ日程（文系）・Ｂ日程　3科目 ①**国**（100）▶国総（古文選択可，漢文を除く） ②**外**（150）▶コミュ英Ⅰ・コミュ英Ⅱ・英表Ⅰ ③**地歴・公民・数・理**（100）▶世Ｂ・日Ｂ・政経・「数Ⅰ・数Ａ」・「化基・化」・「生基・生」から１，ただし化基・化はＢ日程のみ選択可

一般選抜Ａ日程（理系）　3科目 ①**外**（100）▶コミュ英Ⅰ・コミュ英Ⅱ・英表Ⅰ ②**数**（200）▶数Ⅰ・数Ⅱ・数Ａ・数Ｂ（数列・ベク） ③**理・情**（100）▶「物基・物」・「化基・化」・「社会と情報・情報の科学」から１

一般選抜Ｃ日程　3科目 ①**外**（100）▶コミュ英Ⅰ・コミュ英Ⅱ・英表Ⅰ ②**国・数**（100）▶国総（古文選択可，漢文を除く）・「数Ⅰ・数Ⅱ・数Ａ・数Ｂ（数列・ベク）」から１ ③**地歴・公民・数・理**（100）▶世Ｂ・日Ｂ・政経・「数Ⅰ・数Ａ」・「物基・物」・「化基・化」・「生基・生」から１

※数学２科目の選択は不可。

アントレプレナーシップ学部・法学部・経営学部・グローバル学部

全学部統一選抜　2科目 ①**外**（アントレプレナーシップ・法律・政治・経営・会計ガバナンス・日本語コミュニケーション150，グローバルコミュニケーション・グローバルビジネス200）▶コミュ英Ⅰ・コミュ英Ⅱ・英表Ⅰ ②**国・地歴・公民・数・情**（100）▶国総（古文選択可，漢文を除く）・世Ｂ・日Ｂ・政経・「数Ⅰ・数Ａ」・「社会と情報・情報の科学」から１

一般選抜Ａ日程・Ｂ日程　3科目 ①**国**（日本語コミュニケーション150・その他の学科100）▶国総（古文選択可，漢文を除く） ②**外**（グローバルコミュニケーション・グローバルビジネス200，その他の学科150）▶コミュ英Ⅰ・コミュ英Ⅱ・英表Ⅰ ③**地歴・公民・数**（100）▶世Ｂ・日Ｂ・政経・「数Ⅰ・数Ａ」から１

一般選抜Ｃ日程　2科目 ①②**国・外・「地歴・公民・数」**（グローバルコミュニケーション・日本語コミュニケーション〈外150・その他100〉，グローバルビジネス〈外200・その他100〉，その他の学科100×2）▶国総（古文選択可，漢文を除く）・「コミュ英Ⅰ・コミュ英Ⅱ・英表Ⅰ」・「世Ｂ・日Ｂ・政経・〈数Ⅰ・数Ａ〉から１」から２，ただしグローバル学部は外必須

経済学部

全学部統一選抜Ⅰ型　2科目 ①**外**（150）▶コミュ英Ⅰ・コミュ英Ⅱ・英表Ⅰ ②**国・地歴・公民・数・情**（100）▶国総（古文選択可，漢文を除く）・世Ｂ・日Ｂ・政経・「数Ⅰ・数Ａ」・「社会と情報・情報の科学」から１

全学部統一選抜Ⅱ型　2科目 ①**外**（150）▶コミュ英Ⅰ・コミュ英Ⅱ・英表Ⅰ ②**数**（100）▶数Ⅰ・数Ⅱ・数Ａ・数Ｂ（数列・ベク）

一般選抜Ａ日程・Ｂ日程　3科目 ①**国**（100）▶国総（古文選択可，漢文を除く） ②**外**（150）▶コミュ英Ⅰ・コミュ英Ⅱ・英表Ⅰ ③**地歴・公民・数**（100）▶世Ｂ・日Ｂ・政経・「数Ⅰ・数Ａ」から１

一般選抜Ｃ日程　2科目 ①②**外・「国・数」・「地歴・公民・数」**（100×2）▶「コミュ英Ⅰ・コミュ英Ⅱ・英表Ⅰ」・「国総（古文選択可．漢

文を除く）・〈数Ⅰ・数Ⅱ・数A・数B（数列・ベク)〉から1」・「世B・日B・政経・〈数Ⅰ・数A〉から1」から2
※数学2科目の選択は不可。

薬学部

全学部統一選抜・一般選抜A日程 **3科目** ①**外**(100)▶コミュ英Ⅰ・コミュ英Ⅱ・英表Ⅰ ②**数**(100)▶数Ⅰ・数Ⅱ・数A・数B（数列・ベク） ③**理**(100)▶化基・化

看護学部

全学部統一選抜 **2科目** ①**外**(100)▶コミュ英Ⅰ・コミュ英Ⅱ・英表Ⅰ ②**国・数・理**(100)▶国総（古文選択可，漢文を除く)・「数Ⅰ・数A」・「数Ⅰ・数Ⅱ・数A・数B（数列・ベク)」・「化基・化」・「生基・生」から1
一般選抜A日程 **3科目** ①**国**(100)▶国総（古文選択可，漢文を除く） ②**外**(100)▶コミュ英Ⅰ・コミュ英Ⅱ・英表Ⅰ ③**数・理**(100)▶「数Ⅰ・数A」・「生基・生」から1
一般選抜B日程・C日程 **3科目** ①**国**(100)▶国総（古文選択可，漢文を除く） ②**外**(100)▶コミュ英Ⅰ・コミュ英Ⅱ・英表Ⅰ ③**数・理**(100)▶「数Ⅰ・数A」・「化基・化」・「生基・生」から1

教育学部

全学部統一選抜 **2科目** ①**外**(教育150・幼児教育100)▶コミュ英Ⅰ・コミュ英Ⅱ・英表Ⅰ ②**国・地歴・公民・数・理・情**(100)▶国総（古文選択可，漢文を除く)・世B・日B・政経・「数Ⅰ・数A」・「数Ⅰ・数Ⅱ・数A・数B（数列・ベク)」・「物基・物」・「化基・化」・「生基・生」・「社会と情報・情報の科学」から1
一般選抜A日程（文系）・B日程 **3科目** ①**国**(100)▶国総（古文選択可，漢文を除く） ②**外**(教育150・幼児教育100)▶コミュ英Ⅰ・コミュ英Ⅱ・英表Ⅰ ③**地歴・公民・数・理**(100)▶世B・日B・政経・「数Ⅰ・数A」・「化基・化」・「生基・生」から1，ただし化基・化はB日程のみ選抜可
一般選抜A日程（理系） **【教育学科】** **3科目** ①**外**(100)▶コミュ英Ⅰ・コミュ英Ⅱ・英表Ⅰ ②**数**(100)▶数Ⅰ・数Ⅱ・数A・数B（数列・ベク） ③**理・情**(100)▶「物基・物」・「化基・化」・「社会と情報・情報の科学」から1
一般選抜C日程 **【教育学科】** **3科目** ①**外**(100)▶コミュ英Ⅰ・コミュ英Ⅱ・英表Ⅰ ②**国・数**(100)▶国総（古文選択可，漢文を除く)・「数Ⅰ・数Ⅱ・数A・数B（数列・ベク)」から1 ③**地歴・公民・数・理**(100)▶世B・日B・政経・「数Ⅰ・数A」・「物基・物」・「化基・化」・「生基・生」から1
※数学2科目の選択は不可。
【幼児教育学科】 **2科目** ①②**外・「国・数」・「地歴・公民・数・理」**(100×2)▶「コミュ英Ⅰ・コミュ英Ⅱ・英表Ⅰ」・「国総（古文選択可，漢文を除く)・〈数Ⅰ・数Ⅱ・数A・数B（数列・ベク)〉から1」・「世B・日B・政経・〈数Ⅰ・数A〉・〈物基・物〉・〈化基・化〉・〈生基・生〉から1」から2
※数学2科目の選択は不可。

文学部

全学部統一選抜・一般選抜C日程 **2科目** ①**国**(100)▶国総（古文選択可，漢文を除く） ②**外**(100)▶コミュ英Ⅰ・コミュ英Ⅱ・英表Ⅰ
一般選抜A日程・B日程 **3科目** ①**国**(A200・B100)▶国総（古文選択可，漢文を除く） ②**外**(100)▶コミュ英Ⅰ・コミュ英Ⅱ・英表Ⅰ ③**地歴・公民・数**(100)▶世B・日B・政経・「数Ⅰ・数A」から1

人間科学部

全学部統一選抜 **【人間科学科】** **2科目** ①**外**(150)▶コミュ英Ⅰ・コミュ英Ⅱ・英表Ⅰ ②**国・地歴・公民・数・理・情**(100)▶国総（古文選択可，漢文を除く)・世B・日B・政経・「数Ⅰ・数A」・「数Ⅰ・数Ⅱ・数A・数B（数列・ベク)」・「物基・物」・「化基・化」・「生基・生」・「社会と情報・情報の科学」から1
【社会福祉学科】 **2科目** ①**外**(100)▶コミュ英Ⅰ・コミュ英Ⅱ・英表Ⅰ ②**国・地歴・公民・数・情**(100)▶国総（古文選択可，漢文を除く)・世B・日B・政経・「数Ⅰ・数A」・「社会と情報・情報の数学」から1
一般選抜A日程 **【人間科学科】** **3科目** ①**国**(100)▶国総（古文選択可，漢文を除く） ②**外**(150)▶コミュ英Ⅰ・コミュ英Ⅱ・英表Ⅰ

③**地歴・公民・数・理**(100)▶世Ｂ・日Ｂ・政経・「数Ⅰ・数Ａ」・「生基・生」から１
【社会福祉学科】 **3科目** ①**国**(100)▶国総(古文選択可，漢文を除く) ②**外**(100)▶コミュ英Ⅰ・コミュ英Ⅱ・英表Ⅰ ③**地歴・公民・数**(100)▶世Ｂ・日Ｂ・政経・「数Ⅰ・数Ａ」から１

一般選抜Ｂ日程　**【人間科学科】** **3科目** ①**国**(100)▶国総(古文選択可，漢文を除く) ②**外**(150)▶コミュ英Ⅰ・コミュ英Ⅱ・英表Ⅰ ③**地歴・公民・数・理**(100)▶世Ｂ・日Ｂ・政経・「数Ⅰ・数Ａ」・「化基・化」・「生基・生」から１
【社会福祉学科】 Ａ日程と同じ

一般選抜Ｃ日程　**【人間科学科】** **2科目** ①②**外・「国・数」・「地歴・公民・数・理」**(100×2)▶「コミュ英Ⅰ・コミュ英Ⅱ・英表Ⅰ」・「国総(古文選択可. 漢文を除く)・〈数Ⅰ・数Ⅱ・数Ａ・数Ｂ(数列・ベク)〉から１」・「世Ｂ・日Ｂ・政経・〈数Ⅰ・数Ａ〉・〈物基・物〉・〈化基・化〉・〈生基・生〉から１」から２
※数学２科目の選択は不可。
【社会福祉学科】 **2科目** ①②**国・外・「地歴・公民・数」**(100×2)▶国総(古文選択可，漢文を除く)・「コミュ英Ⅰ・コミュ英Ⅱ・英表Ⅰ」・「世Ｂ・日Ｂ・政経・〈数Ⅰ・数Ａ〉から１」から２

その他の選抜

共通テスト利用選抜はウェルビーイング学部12名，工学部30名，データサイエンス学部13名，アントレプレナーシップ学部10名，法学部40名，経済学部25名，経営学部43名，グローバル学部30名，薬学部17名，看護学部17名，教育学部33名，文学部25名，人間科学部39名を募集。ほかに一般選抜共通テスト併用型，総合型選抜，ムサシノスカラシップ選抜，指定校学校推薦型選抜，系列校学校推薦型選抜，日本語学校指定校推薦選抜，同窓会推薦選抜，帰国生選抜，社会人選抜，外国人留学生選抜を実施。

偏差値データ（2024年度）

●一般選抜Ａ日程

学部／学科	2024年度 駿台予備学校 合格目標ライン	2024年度 河合塾 ボーダー偏差値	2023年度 競争率
▶ウェルビーイング学部			
ウェルビーイング	42	45	新
▶工学部			
サステナビリティ	42	37.5～42.5	2.6
数理工	42	40	4.7
建築デザイン	42	45	7.3
▶データサイエンス学部			
データサイエンス	41	45～47.5	9.5
▶アントレプレナーシップ学部			
アントレプレナーシップ	43	47.5	6.1
▶法学部			
法律	44	45	3.1
政治	44	42.5	3.7
▶経済学部			
経済	43	45	5.6
▶経営学部			
経営	43	45	6.4
会計ガバナンス	43	42.5	4.0
▶グローバル学部			
グローバルコミュニケーション	43	42.5	3.2
日本語コミュニケーション	43	45	2.8
グローバルビジネス	43	47.5	4.7
▶薬学部			
薬	46	47.5	7.0
▶看護学部			
看護	44	50	4.8
▶教育学部			
教育	45	50	4.3
幼児教育	45	42.5	3.5
▶文学部			
日本文学文化	43	50	4.0
▶人間科学部			
人間科	43	47.5	5.5
社会福祉	42	45	2.6

- 駿台予備学校合格目標ラインは合格可能性80％に相当する駿台模試の偏差値です。
- 河合塾ボーダー偏差値は合格可能性50％に相当する河合塾全統模試の偏差値です。なお，一般選抜Ａ・Ｂ日程の偏差値です(薬学部と数理工・建築デザイン学科はＡ日程)。
- 競争率は受験者÷合格者の実質倍率

明治大学（めいじ）

資料請求

問合せ先 入試広報事務室 ☎03-3296-4139

●キャンパス情報はP.726をご覧ください。

建学の精神

明治政府の命を受け，フランス法学を学んだ岸本辰雄，宮城浩蔵，矢代操の３人の若き法学者によって，1881（明治14）年に明治法律学校として創立。彼らの願いは「自由な社会の実現のため，近代市民社会を担う，聡明な若者を育てる」ことだった。「権利自由」「独立自治」という建学の精神は，"「個」を強くする大学。"という明治大学の教育理念へと着実に受け継がれ，多くの「個」を世に輩出。受験者数は国内トップクラスを誇り，卒業生は多方面で活躍している。2022年度から，Society5.0の実現を支える人材を育成するための数理・データサイエンス・AI教育がスタートするなど，これからも，自ら未来を切り拓く「前へ」の姿勢で，社会のあらゆる場面で他者との協働を進め，時代や世界を変革していく，強い「個」を育てていく。

基本データ

学生数▶32,261名（男21,173名，女11,088名）

専任教員数▶教授596名，准教授229名，講師117名

設置学部▶法，商，政治経済，経営，文，情報コミュニケーション，国際日本，理工，農，総合数理

併設教育機関▶大学院（P.737参照）

就職・卒業後の進路

就職率 96.3%（就職者÷希望者×100）

●**就職支援**　「リアルな声」を聞く機会の創出や，業界や仕事の理解を深めるイベント，各種ガイダンスの実施など，「個」に合わせたサポートを展開。高校の進路指導教諭が選ぶ「就職に力を入れている大学」ランキングで13年連続１位に選出されるなど，圧倒的な実績・サポートで「個」の将来を導いている。

●**資格取得支援**　「国家試験指導センター」では，法曹や公認会計士，国家公務員をめざす学生のために，法制研究所，経理研究所，行政研究所を設置し，難関資格取得や国家公務員採用試験合格をサポート。このほか，教職，司書，司書教諭，学芸員養成，社会教育主事の５つの課程を設けている。

進路指導者も必見 学生を伸ばす 面倒見

初年次教育

「明治大学の歴史」「図書館活用法」「ICT総合実践」「ICTリテラシー」「ICTベーシック」のほか，農学部の「農場実習」など，各学部で独自の初年次教育を実施。理工学部では学科ごとに「新入生の日」を設け，学びへのモチベーションなどを醸成

学修サポート

全学部でTA制度，さらに国際日本でSA制度，商・国際日本・理工（機械工・機械情報工・建築）・農でオフィスアワー制度，政治経済でアカデミック・アドバイザー制度を導入。学生相談室や学習支援室，学習支援コーナーなども設置している

オープンキャンパス（2023年度実績）　8月2・3日（駿河台・中野C），6・7日（生田C）に開催（事前参加登録）。明大生による本音トークライブ，キャンパスツアー，模擬授業，研究室・施設見学ツアー，個別相談など。

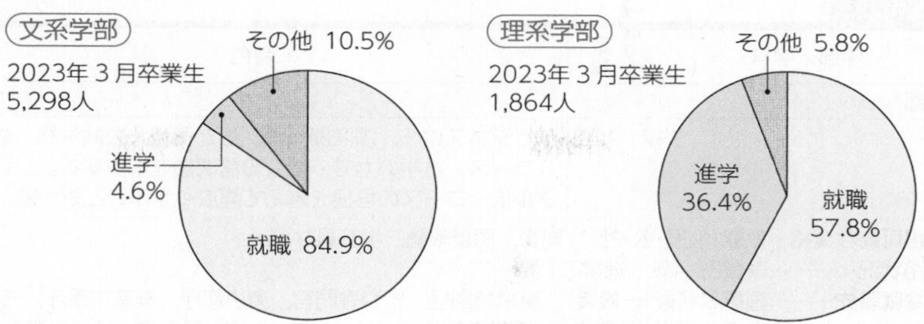

主なOB・OG▶［経営］岩永省一（りそな銀行社長），［経営］河合俊樹（東京エレクトロン社長），［文］松重豊（俳優），［文］安住紳一郎（TBSアナウンサー），［商］北川景子（女優），［理工］北野武（映画監督）など。

国際化・留学　大学間 278 大学等・部局間 134 大学等

受入れ留学生数▶1,197名（2023年５月１日現在）

留学生の出身国・地域▶中国，韓国，アメリカ，フランス，台湾など。

外国人専任教員▶教授40名，准教授13名，講師19名（2023年10月１日現在）

外国人専任教員の出身国▶中国，アメリカ，イギリス，韓国，ドイツなど。

大学間交流協定▶278大学・機関（交換留学先176大学，2023年７月31日現在）

部局間交流協定▶134大学・機関（交換留学先108大学，2023年７月31日現在）

海外への留学生▶渡航型1,144名・オンライン型124名／年（38カ国・地域，2022年度）

海外留学制度▶協定留学（交換型／授業料負担型）や認定留学，ダブル／デュアルディグリープログラム，短期海外研修など希望に合わせて国際感覚を磨く多彩な留学・研修プログラムを用意。コンソーシアムはJPN-COIL協議会，MJIIT，NAFSAに参加している。

学費・奨学金制度　給付型奨学金総額 年間約 8億2,446万円

入学金▶200,000円

年間授業料（施設費等を除く）▶891,000円～（詳細は巻末資料参照）

年間奨学金総額▶824,455,475円

年間奨学金受給者数▶2,443人

主な奨学金制度▶「明治大学給費奨学金」や「明治大学学業奨励給費奨学金」，一般選抜出願前に採用が決定する「明治大学給費奨学金『おゝ明治奨学金』」など，多彩な奨学金制度で学生をバックアップ。学費減免制度も用意されており，2022年度には75人を対象に総額で5,827万9,300円を減免している。

保護者向けインフォメーション

● **成績確認**　成績と履修登録情報が入った成績通知表を郵送している。

● **父母会**　「連合父母会」を組織し，「父母会総会」や「父母懇談会」「就職懇談会（10月，３年生の父母対象）」「父母交流会（11月下旬，キャンパス見学を含む）」などを開催している。また，小冊子『暁の鐘』をWebサイトで公開。

● **相談窓口**　学生と父母が利用できる「こころとからだの相談フリーダイヤル24」を設置。

● **防災対策**　「大規模地震発生時の避難マニュアル」「明治大学防災ガイド」などを大学HPに掲載。災害時の学生の安否は大学HPやSNS，ポータルサイトおよび電話を利用して確認する。

インターンシップ科目	必修専門ゼミ	卒業論文	GPA制度の導入の有無および活用例	１年以内の退学率	標準年限での卒業率
商・政治経済・文・理工・農で開講	法学部で３・４年次，文学部と総合数理学部で１～４年次（現象数理は1・3・4年次），理工学部で４年次に実施	文・理工・総合数理は卒業要件	奨学金等対象者の選定のほか，法学部で早期卒業制度基準，一部の学部で留学候補者選考，個別の学修指導，大学院入試の選抜に活用	1.2%（除籍を含む）	85.0%

学部紹介

学部／学科	定員	特色
法学部		
法律	920	▷ビジネスロー，国際関係法，法と情報，公共法務，法曹の5コース。法学の力で，社会の諸問題を解決する。フレキシブルに，コースの垣根を越えて幅広く学ぶことも可能。
● 取得可能な資格…教職（地歴・公・社），司書，司書教諭，学芸員など。 ● 進路状況…………就職83.4%　進学7.1% ● 主な就職先………国家公務員（一般職），東京特別区，国税専門官，東京都庁，神奈川県庁，三井住友信託銀行，千葉銀行，伊藤忠テクノソリューションズ，日本アイ・ビー・エムなど。		
商学部		
商	1,150	▷アプライド・エコノミクス，マーケティング，ファイナンス&インシュアランス，グローバル・ビジネス，マネジメント，アカウンティング，クリエイティブ・ビジネスの7コース。ビジネスの最前線で活躍できる専門知識と人間力を育む。
● 取得可能な資格…教職（地歴・公・社・商業），司書，司書教諭，学芸員など。 ● 進路状況…………就職89.6%　進学1.8% ● 主な就職先………NECソリューションイノベータ，楽天グループ，日本電気，東京特別区，三井住友信託銀行，NTTドコモ，キーエンス，ベイカレント・コンサルティングなど。		
政治経済学部		
		▶政治学・社会学，経済学，地域行政学，国際地域・文化論のゼミ指導型の4コースを設置。
政治	290	▷地域経済，国際経済，社会学，政治史，政治思想など幅広い学びを提供し，広い視野で政治をとらえる力を養う。
経済	695	▷さまざまな角度から経済学を学び，国際化の進む現代に求められる多面的思考と最適な選択肢を選び取る力を養う。
地域行政	165	▷人々が豊かに生きられる地域社会のつくり手になるため，多様で複雑な地域の課題解決に必要な力を身につける。
● 取得可能な資格…教職（地歴・公・社），司書，司書教諭，学芸員など。 ● 進路状況…………就職87.4%　進学4.2% ● 主な就職先………東京特別区，国家公務員（一般職），みずほフィナンシャルグループ，SMBC日興証券，東京都庁，三井住友信託銀行，楽天グループ，りそなグループなど。		
経営学部		
		▶学部一括で募集し，1年次に経営学の基礎をしっかりと学び全体像を把握。2年次より学科に所属する。
経営	745	▷不確実性の高い経営環境の中で，未来を読み解く力を備え，企業の経営の方向性を定めることができる人材を育成する。
会計		▷あらゆる組織の状況を詳細に把握できる会計の知識とスキルを武器に，多方面で活躍するスペシャリストを育成する。
公共経営		▷持続可能でかつウェルビーイングな社会の形成をめざし，公共組織のマネジメントを担う専門人材を育成する。
● 取得可能な資格…教職（地歴・公・社・商業），司書，司書教諭，学芸員など。 ● 進路状況…………就職83.3%　進学3.5% ● 主な就職先………みずほフィナンシャルグループ，デジタル・アドバタイジング・コンソーシアム，明治安田生命保険，アマゾンジャパン，EY新日本有限責任監査法人など。		

キャンパスアクセス [駿河台キャンパス] JR中央線・総武線，東京メトロ丸ノ内線―御茶ノ水より徒歩3分／東京メトロ千代田線―新御茶ノ水より徒歩5分／都営地下鉄各線，東京メトロ半蔵門線―神保町より徒歩5分

文学部		
		▶「人間学」を究め，人間を理解する力，異文化を理解する力を磨く。文学を多角的にとらえ，十分な専門知識と幅広い教養を身につけるために，他学科・専攻の科目も受講可能。
文	465	▷〈日本文学専攻120名，英米文学専攻120名，ドイツ文学専攻50名，フランス文学専攻50名，演劇学専攻55名，文芸メディア専攻70名〉
史学地理	290	▷〈日本史学専攻90名，アジア史専攻45名，西洋史学専攻55名，考古学専攻45名，地理学専攻55名〉
心理社会	155	▷〈臨床心理学専攻55名，現代社会学専攻55名，哲学専攻45名〉

- **取得可能な資格**…教職（国・地歴・公・社・英・独・仏），司書，司書教諭，学芸員など。
- **進路状況**…………就職78.8%　進学8.5%
- **主な就職先**………日本電気，SMBC日興証券，国家公務員（一般職），埼玉県教育委員会，東京都教育委員会，東京特別区，ヨドバシカメラ，イオンリテール，日本生命保険など。

情報コミュニケーション学部		
情報コミュニケーション	520	▷現代の情報社会を解き明かし，ひとつ先の未来を描ける，高度情報社会で活躍する創造的な人材を育成する。

- **取得可能な資格**…教職（公・社・情・英），司書，司書教諭，学芸員など。
- **進路状況**…………就職89.0%　進学2.2%
- **主な就職先**………東京特別区，電通デジタル，日本電気，楽天グループ，ADKホールディングス，コムチュア，メンバーズ，エヌ・ティ・ティ・データ，サイバーエージェントなど。

国際日本学部		
国際日本	400	▷日本と世界の文化・社会を幅広く学べるカリキュラムを用意し，世界を舞台に活躍できる人材を育成する。

- **取得可能な資格**…教職（地歴・公・社・英），司書，司書教諭，学芸員など。
- **進路状況**…………就職77.2%　進学4.4%
- **主な就職先**………楽天グループ，アクセンチュア，NTTドコモ，東京特別区，日本タタ・コンサルタンシー・サービシズ，丸井グループ，アマゾンジャパン，JTB，ニトリなど。

理工学部		
電気電子生命	236	▷〈電気電子工学専攻173名，生命理工学専攻63名〉「電気」と「生命」で未来を創出する。
機械工	138	▷ものづくりを担える総合能力を養成し，多岐にわたる工学分野で活躍する創造的技術者を育成する。
機械情報工	138	▷ハード×ソフトで技術イノベーションをめざし，新しいアイデアを具現化し，未来を切り開くエンジニアを育成する。
建築	173	▷人と自然が生きる"環境"を創造することをテーマに学ぶ。
応用化	127	▷「フラスコからコンピュータまで操れる人材の育成」をテーマに，実験科目に重点を置いたカリキュラムを構成。
情報科	127	▷情報科学の基礎，ソフトウェア，ハードウェア，応用について最先端の研究に取り組み，第２次IT革命を実現する。
数	63	▷21世紀を生き抜く武器となる，数理的思考法を養う。
物理	63	▷科学技術の基盤である物理学を，宇宙から遺伝子まで学ぶ。

- **取得可能な資格**…教職（数・理・情），司書，司書教諭，学芸員，測量士補，１級建築士受験資格など。
- **進路状況**…………就職48.6%　進学46.0%
- **主な就職先**………SCSK，日立製作所，三菱電機，NECソリューションイノベータ，大林組，いすゞ自動車，鹿島建設，TIS，野村総合研究所，富士通，キオクシア，小松製作所など。

キャンパスアクセス［和泉キャンパス］京王線・京王井の頭線―明大前より徒歩５分

農学部		
農	150	▷自然と調和を保つ高度文明社会の実現のため,「食料」と「環境」の分野で地域や国際社会で活躍する人材を養成する。
農芸化	150	▷生活に密着した食品や環境分野の問題を,バイオテクノロジーと最新のサイエンスによって解決することをめざす。
生命科	150	▷動植物や微生物の生命活動を分子レベルや遺伝子レベルで理解し,環境や食料問題などの解決をめざす。
食料環境政策	150	▷食料と環境をめぐる諸問題について,社会科学(経済・社会・政策・経営・会計・開発学など)の側面から総合的に考究する。

● 取得可能な資格…教職(地歴・公・社・理・農),司書,司書教諭,学芸員,測量士補など。
● 進路状況…………就職74.4% 進学20.0%
● 主な就職先………NECソリューションイノベータ,国家公務員(一般職),全国農業協同組合連合会本所,日本たばこ産業,TIS,東京都庁,日本食研グループ,三菱食品など。

総合数理学部		
現象数理	90	▷単に現象を解明するだけでなく,数理モデルを多様な分野に応用できる力とセンスを備えた人材を育成する。
先端メディアサイエンス	120	▷高度な情報技術に加え,社会や人間,文化など従来の理系分野の枠を越えた広い視野を身につけるカリキュラム編成。
ネットワークデザイン	90	▷環境エネルギー,情報通信,ビジネスをはじめ,現代社会のさまざまな分野に存在するネットワークを学ぶ。

● 取得可能な資格…教職(数・情),司書,司書教諭,学芸員など。
● 進路状況…………就職56.1% 進学36.0%
● 主な就職先………エヌ・ティ・ティ・コムウェア,日立製作所,NECソリューションイノベータ,富士通,SCSK,インターネットイニシアティブ,KDDI,TIS,LINEヤフーなど。

▶キャンパス

法・商・政治経済・経営・文・情報コミュニケーション3・4年次……[駿河台キャンパス] 東京都千代田区神田駿河台1-1
法・商・政治経済・経営・文・情報コミュニケーション1・2年次……[和泉キャンパス] 東京都杉並区永福1-9-1
理工・農……[生田キャンパス] 神奈川県川崎市多摩区東三田1-1-1
国際日本・総合数理……[中野キャンパス] 東京都中野区中野4-21-1

2025年度入試要項(予告)

●募集人員

学部/学科(専攻)		学部別	全学部	共通前期	共通後期	自己推薦	AO・公募
▶法	法律	315	115	3科60 4科40 5科40	—	—	—
▶商	商	学部別485 英語15	80	4科50 5科45 6科30	30	—	公40
▶政治経済	政治	105	20	3科8 7科15	—	—	—
	経済	290	50	3科15 7科50	—	—	—
	地域行政	70	20	7科12	—	—	—
▶経営	経営 会計 公共経営	学部別342 英語40	3科27 英語3	3科25 4科25	—	—	—
▶文	文(日本文学)	70	16	3科7 5科3	—	3	—
	(英米文学)	68	18	3科6 5科3	—	4	—
	(ドイツ文学)	23	7	3科3 5科2	—	2	—
	(フランス文学)	24	8	3科2 5科1	—	5	—

 キャンパスアクセス [生田キャンパス] 小田急線—生田より徒歩10分

(演劇学)	29	8	3科3 5科1	—	5	—
(文芸メディア)	43	7	3科5 5科2	—	3	—
史学地理(日本史学)	51	15	3科6 5科4	—	3	—
(アジア史)	20	6	3科3 5科2	—	2	—
(西洋史学)	32	8	3科4 5科1	—	2	—
(考古学)	24	7	3科4 5科1	—	2	—
(地理学)	27	11	3科4 5科1	—	2	—
心理社会(臨床心理学)	24	11	3科4 5科2	—	2	—
(現代社会学)	26	10	3科3 5科2	—	2	—
(哲学)	20	8	3科4 5科2	—	2	—
▶**情報コミュニケーション** 情報コミュニケーション	357	25	3科30 6科10	—	—	—
▶**国際日本** 国際日本	学部別130 英語100	3科10 英語18	3科20 5科10	—	6	—
▶**理工** 電気電子生命(電気電子工)	80	20	3教9 4教5	3	—	A7
(生命理工)	27	10	3教3 4教2	2	—	A2
機械工	75	12	3教5 4教7	—	—	—
機械情報工	66	17	3教6	3	—	A4
建築	88	19	4教12	2	—	A5
応用化	60	12	4教7	2	—	A4
情報科	65	12	3教7 4教7	2	—	—
数	32	10	4教6	2	—	—
物理	35	5	4教6	2	—	—
▶**農** 農	90	3科15 英語5	12	—	10	—
農芸化	84	3科15 英語5	12	—	10	—
生命科	92	3科10 英語5	15	—	10	—
食料環境政策	79	3科5 英語3	16	—	10	—
▶**総合数理** 現象数理	35	3科4 4科12 英語1	7	1	3	—
先端メディアサイエンス	51	3科2 4科15 英語2	10	1	5	—
ネットワークデザイン	27	4科26 英語1	4	1	—	—

注）募集人員は2024年度の実績です。
※経営学部は学部一括募集で，2年次より希望の学科に所属。
※次のように略しています。英語４技能試験利用（商）・英語４技能試験活用（経営・国際日本学部別）・英語４技能３科目（経営・国際日本・農学部全学部）・英語４技能４科目（総合数理）→英語，科目→科，教科→教，総合型選抜（公募制特別入試〈共通テスト利用〉）→公，総合型選抜（AO入試）→A。

法学部

学部別入試　**3**科目　①国（100）▶現国・言語（漢文の独立問題は出題しない）　②外（150）▶「英コミュⅠ・英コミュⅡ・英コミュⅢ・論表Ⅰ・論表Ⅱ・論表Ⅲ」・独・仏から１　③**地歴・公民**（100）▶「歴総・世探」・「歴総・日探」・「公・政経」から１

全学部統一入試　**3**科目　①国（100）▶現国・言語（漢文を除く）　②外（100）▶「英コミュⅠ・英コミュⅡ・英コミュⅢ・論表Ⅰ・論表Ⅱ・論表Ⅲ」・独・仏から１　③**地歴・公民・数・理**（100）▶「歴総・世探」・「歴総・日探」・「地総・地探」・「公・政経」・「数Ⅰ・数Ⅱ・数Ａ・数Ｂ（数列）・数Ｃ（ベク）」・「物基・物」・「化基・化」・「生基・生」から１

共通テスト利用入試前期（３科目方式・４科目方式）　**4〜3**科目　①国（200）▶国　②外（200）▶英（リスニング〈100〉を含む）・独・仏・中から１　③④**「地歴・公民」・「数・理・情」**（３科目100・４科目200×2）▶「〈歴総・世探〉・〈歴総・日探〉・〈地総・地探〉・〈公・倫〉・〈公・政経〉から１」・「〈数Ⅰ・数Ａ〉・〈数Ⅱ・数Ｂ・数Ｃ〉・〈物基・化基・生基・地学基から２〉・物・化・生・地学・情Ⅰから１」から３科目方式は１，４科目方式は２

[個別試験] 行わない。
共通テスト利用入試前期（5科目方式） 5科目 ①国(200)▶国 ②外(200)▶英(リスニング〈100〉を含む)・独・仏・中から1 ③数(200)▶「数Ⅰ・数A」・「数Ⅱ・数B・数C」から1 ④理(200)▶「物基・化基・生基・地学基から2」・物・化・生・地学から1 ⑤地歴・公民・情(200)▶「歴総・世探」・「歴総・日探」・「地総・地探」・「公・倫」・「公・政経」・情Ⅰから1
[個別試験] 行わない。

商学部

学部別入試（学部別方式・英語4技能試験利用方式） 3科目 ①国(学部別100・英語150)▶現国・言語（漢文の独立問題は出題しない） ②外(学部別150・英語300)▶「英コミュⅠ・英コミュⅡ・英コミュⅢ・論表Ⅰ・論表Ⅱ・論表Ⅲ」・独・仏から1，ただし英語4技能試験利用方式は英指定 ③地歴・公民・数(100)▶「歴総・世探」・「歴総・日探」・「地総・地探」・「公・政経」・「数Ⅰ・数Ⅱ・数A（図形・場合）・数B（数列）」から1
※英語4技能試験利用方式は，指定された英語4技能資格・検定試験のスコアを出願資格として利用する。
全学部統一入試 3科目 ①国(150)▶現国・言語（漢文を除く） ②外(200)▶「英コミュⅠ・英コミュⅡ・英コミュⅢ・論表Ⅰ・論表Ⅱ・論表Ⅲ」・独・仏から1 ③地歴・公民・数(100)▶「歴総・世探」・「歴総・日探」・「地総・地探」・「公・政経」・「数Ⅰ・数Ⅱ・数A・数B（数列）・数C（ベク）」から1
共通テスト利用入試前期（4科目方式・5科目方式）・後期（4科目方式） 5~4科目 ①国(200)▶国 ②外(200)▶英（リスニング〈80〉を含む）・独・仏・韓から1 ③数(200)▶「数Ⅰ・数A」・「数Ⅱ・数B・数C」から1 ④⑤地歴・公民・理・情（4科目200・5科目100×2）▶「歴総・世探」・「歴総・日探」・「地総・地探」・「公・倫」・「公・政経」・「物基・化基・生基・地学基から2」・物・化・生・地学・情Ⅰから4科目方式は1，5科目方式は2
[個別試験] 行わない。
共通テスト利用入試前期（6科目方式） 6科目 ①国(200)▶国 ②外(200)▶英（リスニング〈80〉を含む）・独・仏・韓から1 ③④数(100×2)▶「数Ⅰ・数A」・「数Ⅱ・数B・数C」 ⑤理(100)▶「物基・化基・生基・地学基から2」・物・化・生・地学から1 ⑤地歴・公民・情(100)▶「歴総・世探」・「歴総・日探」・「地総・地探」・「公・倫」・「公・政経」・情Ⅰから1
[個別試験] 行わない。
公募制特別入試（共通テスト利用） [出願資格] 「商業」「留学」「TOEFL利用」「国際バカロレア認定」の4部門で募集。現役のほか，各部門で出願資格あり。
[選考方法] 共通テスト（3教科3科目）の総合点のほか，「TOEFL利用」はTOEFL iBTテストスコアを加味して判定を行う。

政治経済学部

学部別入試 3科目 ①国(100)▶現国・言語（漢文の独立問題は出題しない） ②外(150)▶「英コミュⅠ・英コミュⅡ・英コミュⅢ・論表Ⅰ・論表Ⅱ・論表Ⅲ」・独・仏から1 ③地歴・公民・数(100)▶「歴総・世探」・「歴総・日探」・「地総・地探」・「公・政経」・「数Ⅰ・数Ⅱ・数A（図形・場合）・数B（数列）・数C（ベク）」から1
全学部統一入試 3科目 ①外(150)▶「英コミュⅠ・英コミュⅡ・英コミュⅢ・論表Ⅰ・論表Ⅱ・論表Ⅲ」・独・仏から1 ②国・数(100)▶「現国・言語（漢文を除く）」・「数Ⅰ・数Ⅱ・数Ⅲ・数A・数B（数列）・数C（ベク・平面）」から1 ③地歴・公民・数・理(100)▶「歴総・世探」・「歴総・日探」・「地総・地探」・「公・政経」・「数Ⅰ・数Ⅱ・数A・数B（数列）・数C（ベク）」・「物基・物」・「化基・化」・「生基・生」から1
共通テスト利用入試前期（3科目方式） 【政治学科・経済学科】 3科目 ①国(200)▶国 ②外(300)▶英（リスニングを含む）・独・仏・中から1 ※英語はリーディング・リスニング各100点の合計200点を300点に換算。③地歴・公民・数・理(200)▶「歴総・世探」・「歴総・日探」・「地総・地探」・「公・倫」・「公・政経」・「数Ⅰ・数A」・「数Ⅱ・数B・数C」・「物基・化基・生基・地学基から2」・物・化・生・地学から1
[個別試験] 行わない。
共通テスト利用入試前期（7科目方式） 7科目 ①国(200)▶国 ②外(200)▶英（リスニング〈100〉を含む）・独・仏・中から1 ③

④**数**(100×2) ▶「数Ⅰ・数Ａ」・「数Ⅱ・数Ｂ・数Ｃ」 ⑤**理**(100) ▶「物基・化基・生基・地学基から２」・物・化・生・地学から１ ⑥⑦**地歴・公民・情**(100×2) ▶「歴総・世探」・「歴総・日探」・「地総・地探」・「公・倫」・「公・政経」・情Ⅰから２
[個別試験]　行わない。

経営学部

学部別入試(学部別方式・英語４技能試験活用方式) **3~2**科目 ①**国**(100) ▶現国・言語(漢文を除く) ②**外**(150) ▶「英コミュⅠ・英コミュⅡ・英コミュⅢ・論表Ⅰ・論表Ⅱ・論表Ⅲ」・独・仏から１ ③**地歴・公民・数**(100) ▶「歴総・世探」・「歴総・日探」・「公・政経」・「数Ⅰ・数Ⅱ・数Ａ・数Ｂ(数列)・数Ｃ(ベク)」から１
※英語４技能試験活用方式は，指定された英語４技能資格・検定試験のスコアが所定の基準を満たす者のみ出願可能。外国語の試験は免除とし，スコアに応じた得点(20点または30点)を受験した２科目の合計得点に加算し，総合点で合否を判定する。
全学部統一入試(３科目方式・英語４技能３科目方式) **3~2**科目 ①**国**(100) ▶現国・言語(漢文を除く) ②**外**(150) ▶「英コミュⅠ・英コミュⅡ・英コミュⅢ・論表Ⅰ・論表Ⅱ・論表Ⅲ」・独・仏から１ ③**地歴・公民・数**(100) ▶「歴総・世探」・「歴総・日探」・「地総・地探」・「公・政経」・「数Ⅰ・数Ⅱ・数Ａ・数Ｂ(数列)・数Ｃ(ベク)」から１
※英語４技能３科目方式は，指定された英語４技能資格・検定試験のスコアが所定の基準を満たす者のみ出願可能。外国語の試験は免除とし，スコアに応じた得点を「英語」の得点(150点)として付与する。なお，外国語「英語」を受験した場合でも，その得点は利用しない。
共通テスト利用入試前期(３科目方式・４科目方式) **4~3**科目 ①**国**(200) ▶国 ②**外**(250) ▶英(リスニングを含む)・独・仏から１ ※共通テストの配点を250点に換算。③④**地歴・公民・数・理・情**(３科目150・４科目100×2) ▶「歴総・世探」・「歴総・日探」・「地総・地探」・「地総・歴総・公から２」・「公・倫」・「公・政経」・数Ⅰ・「数Ⅰ・数Ａ」・「数Ⅱ・数Ｂ・数Ｃ」・「物基・化基・生基・地学基から２」・物・化・生・地学・情Ⅰから３科目方式は１，４科目方式は２
[個別試験]　行わない。

文学部

学部別入試 **3**科目 ①**国**(100) ▶現国・言語・論国・文国・古典 ②**外**(100) ▶「英コミュⅠ・英コミュⅡ・英コミュⅢ・論表Ⅰ・論表Ⅱ・論表Ⅲ」・独・仏から１ ③**地歴**(100) ▶「歴総・世探」・「歴総・日探」・「地総・地探」から１
全学部統一入試 **3**科目 ①**国**(100) ▶現国・言語(漢文を除く) ②**外**(100) ▶「英コミュⅠ・英コミュⅡ・英コミュⅢ・論表Ⅰ・論表Ⅱ・論表Ⅲ」・独・仏から１ ③**地歴・公民・数・理**(100) ▶「歴総・世探」・「歴総・日探」・「地総・地探」・「公・政経」・「数Ⅰ・数Ⅱ・数Ａ・数Ｂ(数列)・数Ｃ(ベク)」・「物基・物」・「化基・化」・「生基・生」から１
共通テスト利用入試前期(３科目方式・５科目方式) **5~3**科目 ①**国**(200) ▶国 ②**外**(200) ▶英(リスニング〈100〉を含む)・独・仏・中・韓から１ ③④⑤**地歴・公民・数・理**(３科目200・５科目〈地歴200・その他の科目100×2〉) ▶「歴総・世探」・「歴総・日探」・「地総・地探」・「公・倫」・「公・政経」・数Ⅰ・「数Ⅰ・数Ａ」・「数Ⅱ・数Ｂ・数Ｃ」・「物基・化基・生基・地学基から２」・物・化・生・地学から３科目方式は１，５科目方式は地歴１科目を含む３(地歴は１科目のみ)，ただし数Ⅰは３科目方式のみ選択可
[個別試験]　行わない。
自己推薦特別入試　**[出願資格]**　第１志望，現役，全体の学習成績の状況が3.5以上，学内外の特定分野に優れた能力を発揮した者。ほかに専攻により地歴の履修要件，英語の学習成績の状況などの要件あり。
[選考方法]　書類審査通過者を対象に，小論文，口頭試問を行う。

情報コミュニケーション学部

学部別入試 **3**科目 ①**国**(100) ▶現国・言語(漢文を除く) ②**外**(100) ▶英コミュⅠ・英コミュⅡ・英コミュⅢ・論表Ⅰ・論表Ⅱ・論表Ⅲ ③**地歴・公民・数**(100) ▶「歴総・世探」・「歴総・

日探」・「公・政経」・「数Ⅰ・数Ⅱ・数A・数B（数列）・数C（ベク）」から1

全学部統一入試 **3科目** ①**外**（150）▶「英コミュⅠ・英コミュⅡ・英コミュⅢ・論表Ⅰ・論表Ⅱ・論表Ⅲ」・独・仏から1 ②③**国・数・「地歴・公民・理」**（100×2）▶「現国・言語（漢文を除く）」・「数Ⅰ・数Ⅱ・数A・数B（数列）・数C（ベク）」・「〈歴総・世探〉・〈歴総・日探〉・〈地総・地探〉・〈公・政経〉・〈物基・物〉・〈化基・化〉・〈生基・生〉から1」から2

共通テスト利用入試前期（3科目方式） **3科目** ①**外**（200）▶英（リスニングを含む）・独・仏・中・韓から1 ②**国・数**（200）▶国・「数Ⅰ・数A」・「数Ⅱ・数B・数C」から1 ③**地歴・公民・理・情**（200）▶「歴総・世探」・「歴総・日探」・「地総・地探」・「公・倫」・「公・政経」・「物基・化基・生基・地学基から2」・物・化・生・地学・情Ⅰから1

［個別試験］ 行わない。

共通テスト利用入試前期（6科目方式） **6科目** ①**国**（200）▶国 ②**外**（200）▶英（リスニングを含む）・独・仏・中・韓から1 ③④**数**（100×2）▶「数Ⅰ・数A」・「数Ⅱ・数B・数C」 ⑤⑥**地歴・公民・理・情**（100×2）▶「歴総・世探」・「歴総・日探」・「地総・地探」・「公・倫」・「公・政経」・「物基・化基・生基・地学基から2」・物・化・生・地学・情Ⅰから2

［個別試験］ 行わない。

※共通テストの英語は，「リーディングの配点100点を200点に換算した点数」または「リーディングの配点100点を160点に，リスニングの配点100点を40点に換算した換算合計点数」のいずれか高得点の成績を合否判定に利用する。

国際日本学部

学部別入試（2科目方式・英語4技能試験活用方式） **2～1科目** ①**国**（150）▶現国・言語（漢文の独立問題は出題しない） ②**外**（200）▶英コミュⅠ・英コミュⅡ・英コミュⅢ・論表Ⅰ・論表Ⅱ・論表Ⅲ

学部別入試（共通テスト併用型3科目方式・英語4技能試験活用方式）〈共通テスト科目〉 **1科目** ①**地歴**（100）▶「歴総・世探」・「歴総・日探」から1

〈個別試験科目〉 **2～1科目** ①**国**（150）▶現国・言語（漢文の独立問題は出題しない） ②**外**（200）▶英コミュⅠ・英コミュⅡ・英コミュⅢ・論表Ⅰ・論表Ⅱ・論表Ⅲ

※英語4技能試験活用方式は，指定された英語4技能資格・検定試験のスコアを出願資格として利用し，外国語の試験は実施しない。

全学部統一入試（3科目方式・英語4技能3科目方式） **3～2科目** ①**国**（100）▶現国・言語（漢文を除く） ②**外**（200）▶英コミュⅠ・英コミュⅡ・英コミュⅢ・論表Ⅰ・論表Ⅱ・論表Ⅲ ③**地歴・公民・数・理**（100）▶「歴総・世探」・「歴総・日探」・「地総・地探」・「公・政経」・「数Ⅰ・数Ⅱ・数A・数B（数列）・数C（ベク）」・「物基・物」・「化基・化」・「生基・生」から1

※英語4技能3科目方式は，指定された英語4技能資格・検定試験のスコアが所定の基準を満たす者のみ出願可能。外国語の試験は免除とし，スコアに応じた得点を「英語」の得点（200点）として付与する。なお，外国語を受験した場合でも，その得点は利用しない。

共通テスト利用入試前期（3科目方式・5科目方式） **5～3科目** ①**国**（200）▶国 ②**外**（200）▶英（リスニング〈100〉を含む） ③④⑤**地歴・公民・数・理・情**（3科目200・5科目200×3）▶「歴総・世探」・「歴総・日探」・「地総・地探」・「公・倫」・「公・政経」・「数Ⅰ・数A」・「数Ⅱ・数B・数C」・「物基・化基・生基・地学基から2」・物・化・生・地学・情Ⅰから3科目方式は1，5科目方式は「数Ⅰ・数A」を含む3

［個別試験］ 行わない。

自己推薦特別入試 **［出願資格］** 第1志望，指定された英語資格・検定試験の基準を満たす者のほか，全体の学習成績の状況が4.0以上などの要件あり。

［選考方法］ 書類審査通過者を対象に，小論文，口頭試問を行う。

理工学部

学部別入試 **4～3科目** ①**外**（120）▶「英コミュⅠ・英コミュⅡ・英コミュⅢ・論表Ⅰ・論表Ⅱ・論表Ⅲ」・独・仏から1 ②**数**（120）▶数Ⅰ・数Ⅱ・数Ⅲ・数A・数B（数列）・数C（ベク・平面） ③④**理**（120）▶「物基・物」・「化基・化」から各3題，計6題から3題選択

全学部統一入試　4科目　①外(100) ▶「英コミュⅠ・英コミュⅡ・英コミュⅢ・論表Ⅰ・論表Ⅱ・論表Ⅲ」・独・仏から1　②③数(100×2) ▶「数Ⅰ・数Ⅱ・数A・数B(数列)・数C(ベク)」・「数Ⅰ・数Ⅱ・数Ⅲ・数A・数B(数列)・数C(ベク・平面)」　④理(100) ▶ [機械工学科・物理学科] ―物基・物, [応用化学科] ―化基・化, [その他の学科] ―「物基・物」・「化基・化」・「生基・生」から1

共通テスト利用入試前期(3教科方式・4教科方式)・後期　5～4科目　①国(100) ▶ 国, ただし4教科方式のみ実施　②外(200) ▶ 英(リスニング〈100〉を含む)・独・仏から1　③④数(100×2) ▶「数Ⅰ・数A」・「数Ⅱ・数B・数C」　⑤理(3教科・後期200, 4教科100) ▶ 物・化・生・地学から1

※前期3教科方式と後期は国語を除く3教科で判定する。

[個別試験]　行わない。

アドミッションズ・オフィス(AO)入試　[出願資格]　機械情報工学科と建築学科, 応用化学科は全体の学習成績の状況および英・数・理の履修科目の要件あり。

[選考方法]　書類審査, 口頭試問(機械情報工学科は指定する実験についてのプレゼンテーションを含む)のほか, 電気電子生命学科は学力考査(英・数に関する基礎学力), 建築学科は成果物等, 造形による試験, プレゼンテーションを総合的に判断して合否を決定する。

農学部

学部別入試　【農学科・農芸化学科・生命科学科】　3科目　①外(150) ▶「英コミュⅠ・英コミュⅡ・英コミュⅢ・論表Ⅰ・論表Ⅱ・論表Ⅲ」・独・仏から1　②③国・数・理(150×2) ▶「現国・言語(漢文を除く)」・「数Ⅰ・数Ⅱ・数A・数B(数列)・数C(ベク)」・「化基・化」・「生基・生」から2

【食料環境政策学科】　3科目　①国(150) ▶ 現国・言語(漢文を除く)　②外(150) ▶「英コミュⅠ・英コミュⅡ・英コミュⅢ・論表Ⅰ・論表Ⅱ・論表Ⅲ」・独・仏から1　③地歴・公民・数・理(150) ▶「歴総・世探」・「歴総・日探」・「地総・地探」・「公・政経」・「数Ⅰ・数Ⅱ・数A・数B(数列)・数C(ベク)」・「化基・化」・「生基・生」から1

全学部統一入試(3科目方式・英語4技能3科目方式)　【農学科・農芸化学科・生命科学科】　3～2科目　①外(100) ▶「英コミュⅠ・英コミュⅡ・英コミュⅢ・論表Ⅰ・論表Ⅱ・論表Ⅲ」・独・仏から1　②理(100) ▶「物基・物」・「化基・化」・「生基・生」から1　③国・数(100) ▶「現国・言語(漢文を除く)」・「数Ⅰ・数Ⅱ・数A・数B(数列)・数C(ベク)」から1

【食料環境政策学科】　3～2科目　①外(100) ▶「英コミュⅠ・英コミュⅡ・英コミュⅢ・論表Ⅰ・論表Ⅱ・論表Ⅲ」・独・仏から1　②③国・数・「地歴・公民・理」(100×2) ▶「現国・言語(漢文を除く)」・「数Ⅰ・数Ⅱ・数A・数B(数列)・数C(ベク)」・「〈歴総・世探〉・〈歴総・日探〉・〈地総・地探〉・〈公・政経〉・〈物基・物〉・〈化基・化〉・〈生基・生〉から1」から2

※英語4技能3科目方式は, 指定された英語4技能資格・検定試験のスコアが所定の基準を満たす者のみ出願可能。外国語の試験は免除とし, スコアに応じた得点を「英語」の得点(100点)として付与する。なお, 外国語を受験した場合でも, その得点は利用しない。

共通テスト利用入試前期　4～3科目　①国(200) ▶ 国　②外(200) ▶ 英(リスニングを含む)・独・仏から1　※英語は, 農・農芸化・生命科の3学科はリーディング100点を150点, リスニング100点を50点にそれぞれ換算。食料環境政策学科は各100点。　③④地歴・公民・数・理(農・農芸化・生命科200×2, 食料環境政策200) ▶「歴総・世探」・「歴総・日探」・「地総・地探」・「公・倫」・「公・政経」・「数Ⅰ・数A」・「数Ⅱ・数B・数C」・物・化・生・地学から食料環境政策学科は1, 他の3学科は理科1科目を含む2(理科の2科目選択可), ただし地歴・公民は食料環境政策学科のみ選択可

[個別試験]　行わない。

自己推薦特別入試(公募制A)　[出願資格]　専願, 現役, 入学確約者のほか, 学科ごとに全体の学習成績の状況などの要件あり。帰国生を対象にした公募制Bも実施。

[選考方法]　書類審査通過者を対象に, 特別講義受講・特別講義に関する筆記試験・面接を行う。

総合数理学部

学部別入試 2科目 ①外(120)▶英コミュⅠ・英コミュⅡ・英コミュⅢ・論表Ⅰ・論表Ⅱ・論表Ⅲ ②数(200)▶数Ⅰ・数Ⅱ・数Ⅲ・数A・数B(数列)・数C(ベク・平面)

全学部統一入試(3科目方式) 【現象数理学科】 3科目 ①国(100)▶現国・言語(漢文を除く) ②外(100)▶英コミュⅠ・英コミュⅡ・英コミュⅢ・論表Ⅰ・論表Ⅱ・論表Ⅲ ②数(200)▶数Ⅰ・数Ⅱ・数Ⅲ・数A・数B(数列)・数C(ベク)

全学部統一入試(4科目方式・英語4技能4科目方式) 4科目 ①外(150)▶英コミュⅠ・英コミュⅡ・英コミュⅢ・論表Ⅰ・論表Ⅱ・論表Ⅲ ②③数(100×2)▶「数Ⅰ・数Ⅱ・数A・数B(数列)・数C(ベク)」・「数Ⅰ・数Ⅱ・数Ⅲ・数A・数B(数列)・数C(ベク・平面)」 ④理(150)▶「物基・物」・「化基・化」・「生基・生」から1

※英語4技能4科目方式は，指定された英語4技能資格・検定試験のスコアが所定の基準を満たす者のみ出願可能。外国語の試験は免除とし，スコアに応じた得点を「英語」の得点(50点)として付与する。なお，外国語を受験した場合でも，その得点は利用しない。

共通テスト利用入試前期・後期 5～4科目 ①国(100)▶国，ただし前期のみ実施 ②外(200)▶英(リスニング〈100〉を含む) ③④数(100×2)▶「数Ⅰ・数A」・「数Ⅱ・数B・数C」 ⑤理(100)▶物・化・生・地学から1

※後期は国語を除く3教科で判定する。

[個別試験] 行わない。

自己推薦特別入試 **[出願資格]** 第1志望のほか，現象数理学科は数・理の学習成績の状況および数学の履修要件あり。先端メディアサイエンス学科は，独自に考えたコンピュータプログラムを作成したことがあり，その内容を第三者に説明できること。

[選考方法] 書類審査通過者を対象に，数学に関するテスト，口頭試問のほか，先端メディアサイエンス学科は作成したコンピュータプログラムのプレゼンテーションも行う。

その他の選抜

学校推薦型選抜(指定校推薦入試，付属高校推薦入試)，総合型選抜(国際日本学部イングリッシュ・トラック入試，政治経済学部グローバル型特別入試，地域農業振興特別入試，公募制特別入試〈全商協会員校対象〉，スポーツ特別入試，海外就学者特別入試，社会人特別入試)，外国人留学生入試，UNHCR難民高等教育プログラム特別入試。

偏差値データ (2024年度)

●一般選抜

学部／学科／専攻	2024年度 駿台予備学校 合格目標ライン	2024年度 河合塾 ボーダー偏差値	2023年度実績 募集人員	受験者数	合格者数	合格最低点	競争率 '23年	競争率 '22年
法学部								
法律(学部別)	**55**	**60**	375	3,637	1,027	222/350	3.5	4.7
(全学部統一)	**57**	**62.5**	115	2,489	577	211/300	4.3	3.2
商学部								
商(学部別)	**53**	**60**	485	7,481	1,513	238/350	4.9	4.1
(学部別英語試験利用)	**53**	**60**	15	808	151	388/550	5.4	5.3
(全学部統一)	**54**	**62.5**	80	1,764	348	312/450	5.1	4.8
政治経済学部								
政治(学部別)	**57**	**62.5**	105	1,540	450	240/350	3.4	2.5

学部／学科／専攻	2024年度		2023年度実績					
	駿台予備学校	河合塾	募集人員	受験者数	合格者数	合格最低点	競争率	
	合格目標ライン	ボーダー偏差値					'23年	'22年
（全学部統一）	**57**	**62.5**	20	445	109	251/350	4.1	4.0
経済（学部別）	**55**	**60**	290	4,204	1,204	233/350	3.5	2.6
（全学部統一）	**57**	**60**	50	1,204	263	243/350	4.6	5.3
地域行政（学部別）	**53**	**60**	70	511	160	227/350	3.2	3.2
（全学部統一）	**53**	**60**	20	244	60	234/350	4.1	6.5
文学部								
文／日本文（学部別）	**54**	**60**	70	947	203	209/300	4.7	4.1
（全学部統一）	**55**	**62.5**	16	328	71	212/300	4.6	4.9
／英米文（学部別）	**55**	**57.5**	68	721	220	201/300	3.3	3.1
（全学部統一）	**56**	**60**	18	440	108	206/300	4.1	2.9
／ドイツ文（学部別）	**53**	**57.5**	23	283	87	196/300	3.3	3.8
（全学部統一）	**53**	**60**	7	108	30	209/300	3.6	4.7
／フランス文（学部別）	**53**	**57.5**	24	268	55	198/300	4.9	3.9
（全学部統一）	**54**	**60**	8	134	36	202/300	3.7	4.9
／演劇（学部別）	**53**	**60**	29	245	54	204/300	4.5	4.8
（全学部統一）	**54**	**60**	8	176	32	207/300	5.5	3.6
／文芸メディア（学部別）	**55**	**60**	43	639	123	213/300	5.2	4.5
（全学部統一）	**56**	**65**	7	320	58	218/300	5.5	4.3
史学地理／日本史（学部別）	**55**	**60**	51	610	154	211/300	4.0	5.0
（全学部統一）	**56**	**65**	15	292	68	211/300	4.3	4.0
／アジア史（学部別）	**52**	**57.5**	20	171	55	202/300	3.1	3.0
（全学部統一）	**53**	**60**	6	109	28	209/300	3.9	2.6
／西洋史（学部別）	**56**	**62.5**	32	409	93	211/300	4.4	3.9
（全学部統一）	**56**	**62.5**	8	200	64	214/300	3.1	4.0
／考古学（学部別）	**53**	**57.5**	24	220	64	200/300	3.4	3.8
（全学部統一）	**54**	**60**	7	93	19	205/300	4.9	4.3
／地理学（学部別）	**54**	**60**	27	229	68	200/300	3.4	3.8
（全学部統一）	**54**	**60**	11	136	40	205/300	3.4	5.8
心理社会／臨床心理（学部別）	**57**	**62.5**	24	528	61	216/300	8.7	5.7
（全学部統一）	**57**	**65**	11	324	41	218/300	7.9	4.8
／現代社会（学部別）	**54**	**62.5**	26	518	111	214/300	4.7	4.8
（全学部統一）	**55**	**62.5**	10	300	75	207/300	4.0	5.2
／哲学（学部別）	**53**	**62.5**	20	266	67	211/300	4.0	4.0
（全学部統一）	**54**	**62.5**	8	147	39	215/300	3.8	4.4
経営学部								
（学部一括募集）（学部別３科目）	**54**	**60**	342	7,165	1,772	211/350	4.0	3.7
（学部別英語試験活用）	**54**	**65**	40	309	68	128/230	4.5	3.4
（全学部統一）	**54**	**60**	27	1,343	134	258/350	10.0	5.0
（全学部統一英語）	**54**	**65**	3	605	48	310/350	12.6	7.8
情報コミュニケーション学部								
情報コミュニケーション（学部別）	**53**	**60**	372	4,741	1,005	203/300	4.7	4.4
（全学部統一）	**54**	**62.5**	25	1,260	170	250/350	7.4	7.6

学部／学科／専攻	2024年度 駿台予備学校 合格目標ライン	2024年度 河合塾 ボーダー偏差値	2023年度実績 募集人員	受験者数	合格者数	合格最低点	競争率 '23年	競争率 '22年
国際日本学部								
国際日本（学部別）	55	60	130	2,332	589	354/450	4.0	3.4
（学部別英語試験活用）	55	57.5	100	1,198	592	186/250	2.0	2.2
（全学部統一）	56	65	10	661	62	300/400	10.7	12.0
（全学部統一英語）	56	62.5	18	798	123	353/400	6.5	7.6
理工学部								
電気電子生命／電気電子工（学部別）	51	57.5	80	772	289	233/360	2.7	3.2
（全学部統一）	52	57.5	20	281	109	237/400	2.6	3.1
／生命理工（学部別）	53	55	27	331	120	243/360	2.8	2.3
（全学部統一）	54	57.5	10	188	71	249/400	2.6	2.6
機械工（学部別）	52	55	75	1,239	463	236/360	2.7	2.7
（全学部統一）	52	55	12	362	130	246/400	2.8	2.9
機械情報工（学部別）	53	57.5	66	799	250	245/360	3.2	2.4
（全学部統一）	53	57.5	17	320	113	250/400	2.8	2.8
建築（学部別）	52	60	88	1,447	332	257/360	4.4	4.9
（全学部統一）	53	60	19	447	110	269/400	4.1	4.8
応用化（学部別）	53	57.5	60	1,293	495	244/360	2.6	2.6
（全学部統一）	53	57.5	12	350	110	270/400	3.2	2.9
情報科（学部別）	54	60	65	1,752	374	259/360	4.7	4.3
（全学部統一）	54	62.5	12	585	107	284/400	5.5	6.3
数（学部別）	53	55	32	484	178	235/360	2.7	2.4
（全学部統一）	54	55	10	151	60	234/400	2.5	2.9
物理（学部別）	53	57.5	35	740	276	247/360	2.7	2.5
（全学部統一）	53	57.5	5	118	41	248/400	2.9	3.4
農学部								
農（学部別）	53	57.5	90	912	275	263/450	3.3	3.2
（全学部統一）	55	62.5	15	346	86	190/300	4.0	4.3
（全学部統一英語）	53	62.5	5	159	22	241/300	7.2	4.6
農芸化（学部別）	51	57.5	84	773	232	263/450	3.3	2.8
（全学部統一）	52	62.5	15	274	63	198/300	4.3	5.1
（全学部統一英語）	51	60	5	161	28	233/300	5.8	5.0
生命科（学部別）	52	60	92	1,123	304	268/450	3.7	3.0
（全学部統一）	53	62.5	10	358	69	196/300	5.2	5.4
（全学部統一英語）	52	62.5	5	153	21	241/300	7.3	6.4
食料環境政策（学部別）	53	57.5	79	1,008	217	300/450	4.6	4.7
（全学部統一）	54	62.5	5	210	32	208/300	6.6	7.0
（全学部統一英語）	53	62.5	3	163	24	241/300	6.8	8.6
総合数理学部								
現象数理（学部別）	47	60	35	554	95	228/320	5.8	5.9
（全学部統一3科目）	49	57.5	4	68	12	250/400	5.7	4.4
（全学部統一4科目）	49	57.5	12	194	58	303/500	3.3	3.0
（全学部統一英語）	48	57.5	1	61	15	291/400	4.1	3.6

学部／学科／専攻	2024年度 駿台予備学校 合格目標ライン	2024年度 河合塾 ボーダー偏差値	2023年度実績 募集人員	受験者数	合格者数	合格最低点	競争率 '23年	競争率 '22年
先端メディアサイエンス(学部別)	50	60	51	813	108	238/320	7.5	7.4
(全学部統一3科目)	50	62.5	3	55	4	287/400	13.8	10.6
(全学部統一4科目)	52	62.5	20	385	53	350/500	7.3	5.5
(全学部統一英語)	52	62.5	2	117	13	314/400	9.0	8.7
ネットワークデザイン(学部別)	49	60	28	416	31	235/320	13.4	7.5
(全学部統一4科目)	50	57.5	27	267	85	301/500	3.1	3.2
(全学部統一英語)	49	57.5	1	45	15	275/400	3.0	14.4

●駿台予備学校合格目標ラインは合格可能性80%に相当する駿台模試の偏差値です　●競争率は受験者÷合格者の実質倍率
●河合塾ボーダー偏差値は合格可能性50%に相当する河合塾全統模試の偏差値です。

●共通テスト利用入試

学部／学科／専攻	2024年度 駿台予備学校 合格目標ライン	2024年度 河合塾 ボーダー得点率	2024年度 河合塾 ボーダー偏差値	2023年度実績 募集人員	受験者数	合格者数	競争率 '23年	競争率 '22年
法学部								
法律(前期3科目)	57	80%	—	60	2,674	793	3.4	2.7
(前期4科目)	57	79%	—	40	740	323	2.3	2.2
(前期5科目)	57	75%	—	40	1,298	828	1.6	2.1
商学部								
商(前期4科目)	55	81%	—	50	700	197	3.6	3.6
(前期5科目)	55	80%	—	45	415	132	3.1	3.6
(前期6科目)	55	79%	—	30	839	293	2.9	3.3
(後期)	—	—	—	30	96	32	3.0	6.6
政治経済学部								
政治(前期3科目)	57	84%	—	8	233	52	4.5	6.4
(前期7科目)	57	77%	—	15	240	128	1.9	2.0
経済(前期3科目)	56	85%	—	15	582	88	6.6	9.7
(前期7科目)	56	78%	—	50	1,231	624	2.0	2.4
地域行政(前期7科目)	53	76%	—	12	87	45	1.9	3.0
文学部								
文／日本文(前期3科目)	54	83%	—	7	319	71	4.5	4.7
(前期5科目)	55	82%	—	3	89	24	3.7	3.3
／英米文(前期3科目)	56	82%	—	6	239	57	4.2	3.2
(前期5科目)	56	81%	—	3	45	16	2.8	2.3
／ドイツ文(前期3科目)	53	82%	—	3	95	22	4.3	3.2
(前期5科目)	53	77%	—	2	7	1	7.0	2.4
／フランス文(前期3科目)	54	82%	—	2	75	16	4.7	4.4
(前期5科目)	54	82%	—	1	5	3	1.7	2.4
／演劇(前期3科目)	53	82%	—	3	128	28	4.6	4.1
(前期5科目)	54	81%	—	1	11	4	2.8	2.6

学部／学科／専攻	2024年度			2023年度実績				
	駿台予備学校	河合塾						
	合格目標ライン	ボーダー得点率	ボーダー偏差値	募集人員	受験者数	合格者数	競争率	
							'23年	'22年
／文芸メディア(前期3科目)	55	84%	—	5	251	50	5.0	4.9
(前期5科目)	56	84%	—	2	44	13	3.4	2.7
史学地理／日本史(前期3科目)	56	82%	—	6	212	58	3.7	4.4
(前期5科目)	56	82%	—	4	75	24	3.1	3.2
／アジア史(前期3科目)	53	80%	—	3	112	24	4.7	1.9
(前期5科目)	54	78%	—	2	18	10	1.8	3.0
／西洋史(前期3科目)	55	84%	—	4	198	48	4.1	2.7
(前期5科目)	56	82%	—	1	42	7	6.0	2.6
／考古学(前期3科目)	54	80%	—	4	77	22	3.5	3.0
(前期5科目)	54	80%	—	1	18	8	2.3	3.2
／地理学(前期3科目)	53	80%	—	4	80	29	2.8	5.5
(前期5科目)	54	80%	—	1	58	18	3.2	4.5
心理社会／臨床心理(前期3科目)	56	84%	—	4	277	47	5.9	5.2
(前期5科目)	57	82%	—	2	60	13	4.6	4.0
／現代社会(前期3科目)	55	83%	—	3	239	61	3.9	3.3
(前期5科目)	56	82%	—	2	67	19	3.5	4.1
／哲学(前期3科目)	54	82%	—	4	164	49	3.3	3.6
(前期5科目)	54	81%	—	2	60	24	2.5	2.2
経営学部								
(学部一括募集) (前期3科目)	54	83%	—	25	1,780	291	6.1	4.1
(前期4科目)	54	82%	—	25	745	232	3.2	2.9
情報コミュニケーション学部								
情報コミュニケーション(前期3科目)	54	83%	—	30	1,235	216	5.7	4.5
(前期6科目)	55	77%	—	10	312	156	2.0	2.6
国際日本学部								
国際日本(前期3科目)	57	81%	—	20	953	285	3.3	4.1
(前期5科目)	57	77%	—	10	547	233	2.3	2.1
理工学部								
電気電子生命／電気電子工(前期3教科)	53	84%	—	9	539	193	2.8	3.7
(前期4教科)	53	83%	—	5	307	109	2.8	3.4
(後期)	—	—	—	3	48	24	2.0	2.9
／生命理工(前期3教科)	55	82%	—	3	216	93	2.3	3.7
(前期4教科)	55	80%	—	2	175	81	2.2	2.1
(後期)	—	—	—	2	34	13	2.6	3.0
機械工(前期3教科)	54	82%	—	5	605	219	2.8	3.3
(前期4教科)	53	80%	—	7	434	198	2.2	2.8
機械情報工(前期3教科)	53	83%	—	6	535	200	2.7	3.3
(後期)	—	—	—	3	31	14	2.2	4.5
建築(前期4教科)	53	84%	—	12	866	231	3.7	3.5
(後期)	—	—	—	2	44	12	3.7	2.6
応用化(前期4教科)	55	83%	—	7	768	257	3.0	2.9
(後期)	—	—	—	2	41	8	5.1	2.1

学部／学科／専攻	2024年度			2023年度実績				
	駿台予備学校	河合塾					競争率	
	合格目標ライン	ボーダー得点率	ボーダー偏差値	募集人員	受験者数	合格者数	'23年	'22年
情報科（前期3教科）	**56**	**85%**	—	7	897	290	3.1	3.6
（前期4教科）	**56**	**82%**	—	7	596	182	3.3	2.8
（後期）	—	—	—	2	57	8	7.1	3.5
数（前期4教科）	**55**	**80%**	—	6	294	137	2.1	2.2
（後期）	—	—	—	2	31	10	3.1	1.8
物理（前期4教科）	**55**	**83%**	—	6	477	192	2.5	2.5
（後期）	—	—	—	2	35	9	3.9	2.8
農学部								
農（前期）	**54**	**76%**	—	12	516	207	2.5	2.7
農芸化（前期）	**52**	**76%**	—	12	396	156	2.5	3.1
生命科（前期）	**53**	**77%**	—	15	674	268	2.5	2.7
食料環境政策（前期）	**53**	**77%**	—	16	388	128	3.0	4.4
総合数理学部								
現象数理（前期）	**50**	**84%**	—	7	217	72	3.0	3.1
（後期）	—	—	—	1	22	2	11.0	4.0
先端メディアサイエンス（前期）	**52**	**86%**	—	10	404	71	5.7	4.2
（後期）	—	—	—	1	43	5	8.6	5.5
ネットワークデザイン（前期）	**50**	**80%**	—	4	157	52	3.0	3.3
（後期）	—	—	—	1	37	2	18.5	1.9

●駿台予備学校合格目標ラインは合格可能性80％に相当する駿台模試の偏差値です。 ●競争率は受験者÷合格者の実質倍率
●河合塾ボーダー得点率は合格可能性50％に相当する共通テストの得点率です。
また，ボーダー偏差値は合格可能性50％に相当する河合塾全統模試の偏差値です。

併設の教育機関 大学院

法学研究科

教員数▶44名
院生数▶58名
博士前期課程 ●公法学専攻　実定法分野のみならず先端分野の多様な科目を修得させ，自立した法学研究者や高度専門職業人を養成。
●民事法学専攻　民法・商法等の実定法科目のみならず，先端分野・基礎法分野の多様な科目を修得する。
博士後期課程 公法学専攻，民事法学専攻

商学研究科

教員数▶40名
院生数▶68名
博士前期課程 ●商学専攻　経済，商業，経営，会計，金融・証券，保険，交通，貿易の８系列の学びで商学のパイオニアを養成。
博士後期課程 商学専攻

政治経済学研究科

教員数▶47名
院生数▶102名
博士前期課程 ●政治学専攻　特定分野のみならず，政治・社会現象全体に対する総合的視野と分析能力を養う。
●経済学専攻　特定分野のみならず，経済社会全体に対する総合的視野と分析能力を有した専門的な研究者や高度職業人を養成する。
博士後期課程 政治学専攻，経済学専攻

経営学研究科

教員数▶32名
院生数▶110名
博士前期課程▶ ●経営学専攻 企業や公的分野におけるトップマネジメントおよび経営関連分野における高度専門職業人を育成する。
博士後期課程▶ 経営学専攻

文学研究科

教員数▶96名
院生数▶209名
博士前期・修士課程▶ ●日本文学専攻 古典から現代までの日本文学全般を多様な視座から究明するとともに，統一的把握をめざす。
●英文学専攻 英文学，米文学，英語学，英語教職の４専修から構成。
●仏文学専攻 高度なフランス語運用力，フランス文化・思想・文学に関する広範な知識，繊細かつ大胆な国際感覚と実践力を養う。
●独文学専攻 ドイツの文化と社会についての理解を深め，日独の交流に役立つような人材を養成する。
●演劇学専攻 研究者養成に加え，劇作家，演出家，戯曲・演劇の歴史的・理論的著作の翻訳家，演劇制作者などをめざす人材を養成。
●文芸メディア専攻 「文芸というメディア」および「メディアとしての文芸」の視座から，文芸研究・メディア研究に取り組む。
●史学専攻 日本史学，アジア史，西洋史学，考古学の４専修を設置。
●地理学専攻 都市や村落，その複合体の地域構造を社会・文化・経済・産業・行政・自然条件などの観点から実証的に探究する。
●臨床人間学専攻 臨床心理学，現代社会学，教育学の３専修。
博士後期課程▶ 日本文学専攻，英文学専攻，仏文学専攻，独文学専攻，演劇学専攻，史学専攻，地理学専攻，臨床人間学専攻

理工学研究科

教員数▶136名
院生数▶889名
博士前期課程▶ ●電気工学専攻 電気電子生命の領域における高度な専門技術者，指導者を育成する。
●機械工学専攻 機械工学・機械システム工学などの幅広い分野で活躍する国際性豊かな技術者を育成する。
●建築・都市学専攻 科学・技術と自然・環境の投げかける問題に対応する建築学を構築し，建築をデザインできる人材を育成する。
●応用化学専攻 今後の自然科学の予測しがたい展開にも対応でき，化学および化学工業の将来を担う人材を育成する。
●情報科学専攻 新しい世界を切り開ける問題意識と技術力を持った人材を育成する。
●数学専攻 広い視野のもとに，数学を作り，使い，伝えることのできる知性と感性を養う。
●物理学専攻 根本原理に基づいて，現象を演繹的に理解しようとする物理学的思考ができる人材を育成する。
博士後期課程▶ 電気工学専攻，機械工学専攻，建築・都市学専攻，応用化学専攻，情報科学専攻，数学専攻，物理学専攻

農学研究科

教員数▶70名
院生数▶226名
博士前期課程▶ ●農芸化学専攻 食料や環境，生命に関する諸課題を克服し，人類の持続的生存を保証するために貢献する。
●農学専攻 広く農学に関与する動物，植物，環境を対象に教育・研究を展開する。
●農業経済学専攻 国内はもとより，広く世界の食料・農業・農村地域問題や環境・資源問題などの解決に貢献することをめざす。
●生命科学専攻 持続的生産，健康福祉，生命維持，生殖医療，共生と循環など，人間社会の維持・発展に貢献する人材を育成する。
博士後期課程▶ 農芸化学専攻，農学専攻，農業経済学専攻，生命科学専攻

情報コミュニケーション研究科

教員数▶26名
院生数▶39名

博士前期課程 ●情報コミュニケーション学専攻　高度情報社会における人間とコミュニケーションの態様を，学際的に探究する。
博士後期課程 情報コミュニケーション学専攻

教養デザイン研究科

教員数▶24名
院生数▶60名
博士前期課程 ●教養デザイン専攻　思想，文化，平和・環境の３つの領域研究コース。人類が直面する諸課題を包括的に探究する。
博士後期課程 教養デザイン専攻

先端数理科学研究科

教員数▶43名
院生数▶197名
博士前期課程 ●現象数理学専攻　高度で幅広い数理科学的素養を身につけ，数学と諸科学の掛け橋を構築する力を身につける。
●先端メディアサイエンス専攻　数理科学的なアプローチで，人に満足感や精神的豊かさを与える先端メディア技術を実現する。
●ネットワークデザイン専攻　持続可能な社会を実現するための基盤を支える高度かつ柔軟なネットワークシステムを立案・構築する。
博士後期課程 現象数理学専攻，先端メディアサイエンス専攻，ネットワークデザイン専攻

国際日本学研究科

教員数▶23名
院生数▶53名
博士前期課程 ●国際日本学専攻　日本の文化や社会システムを国際的な視点で理解し，自らの意思を的確に表現できる人材を育成。
博士後期課程 国際日本学専攻

グローバル・ガバナンス研究科

教員数▶12名
院生数▶５名
博士後期課程 ●グローバル・ガバナンス専攻　公共政策，国際開発政策，地域マネジメントの３プログラム。

法務研究科

教員数▶22名
院生数▶89名
専門職学位課程 ●法務専攻 「『個』を大切にし，人権を尊重する法曹」を養成する。2023年度の司法試験では29名が合格。

ガバナンス研究科

教員数▶15名
院生数▶128名
専門職学位課程 ●ガバナンス専攻　公共政策のプロフェッショナルを育成する。

グローバル・ビジネス研究科

教員数▶20名
院生数▶199名
専門職学位課程 ●グローバル・ビジネス専攻 「ビジネスの真髄がわかる」人材を育成する。MBA取得可。夜間開講。

会計専門職研究科

教員数▶12名
院生数▶199名
専門職学位課程 ●会計専門職専攻　会計専修，税務専修の２コース。公認会計士短答式試験の科目免除申請可。

明治学院大学

めいじがくいん

資料請求

問合せ先 入学インフォメーション　☎03-5421-5151

建学の精神

明治学院の淵源となる「ヘボン塾」を1863（文久３）年に開設し，幕末維新の日本に近代教育の礎を築いたアメリカ人宣教医師J.C.ヘボンは，人々に医療を施し，“ヘボン式ローマ字”を考案，和英・英和辞書『和英語林集成』を編纂して，聖書の日本語訳を完成させた。明治学院大学は，建学の精神「キリスト教による人格教育」のもと，日本と日本人に貢献してきた創設者ヘボンの生涯を貫く信念である“Do for Others（他者への貢献）”を教育理念として掲げ，その実現のために，正課カリキュラムに加え，グローバルマインドを育む国際交流，ボランティアスピリッツを身につける活動，自立へとつながるキャリアデザインなど，さまざまな形で学習や経験のできる機会を提供。2024年４月には，明治学院大学として初の理系学部「情報数理学部」を新設する。

- 白金キャンパス……〒108-8636　東京都港区白金台1-2-37
- 横浜キャンパス……〒244-8539　神奈川県横浜市戸塚区上倉田町1518

基本データ

学生数▶12,035名（男4,721名，女7,314名）
専任教員数▶教授177名，准教授83名，講師13名
設置学部▶文，経済，社会，法，国際，心理，情報数理
併設教育機関▶大学院―文学・経済学・社会学・国際学・心理学（以上M・D），法と経営学（M），法学（D）

就職・卒業後の進路

就職率 **96.6%**
就職者÷希望者×100

●**就職支援**　キャリアセンターが自己理解に関わる支援プログラムを重点的に設けるほか，課外講座として「就活ステップアップ講座」，人気職種や国際的な仕事をめざす学生向けの「MGキャリア講座」などを実施。キャリアコンサルタントの資格を持つ相談員を通年で配置し，個別相談体制の充実も図っている。
●**資格取得支援**　公務員試験や国家試験のための課外講座，経済・経営関係の資格取得支援講座，語学関係の資格支援講座などを開講。教員志望者には教職センターを設け，段階的なプログラムで採用試験対策を支援している。

進路指導者も必見 学生を伸ばす 面倒見

初年次教育
「コンピュータリテラシー」を必修科目とし，各学部・学科で「アカデミックリテラシー」「基礎演習」などを実施。また，入学時のオリエンテーションにおいて，自校教育や，学問や大学教育全般に対する動機づけを行っている

学修サポート
TA制度や学生同士が支え・学び合うピア・サポートを導入しているほか，オフィスアワーを全学的に設定。さらに心理学科では，学生約20人を担当する専任教員がクラスアドバイザーとして，履修指導や学修支援を実施

オープンキャンパス（2023年度実績）　両キャンパスで８月，３月に白金Cで開催。入試説明，学科ガイダンス・模擬授業，キャンパスツアーなど。７月には，出張オープンキャンパス「One Day Campus」を全国４地区で実施。

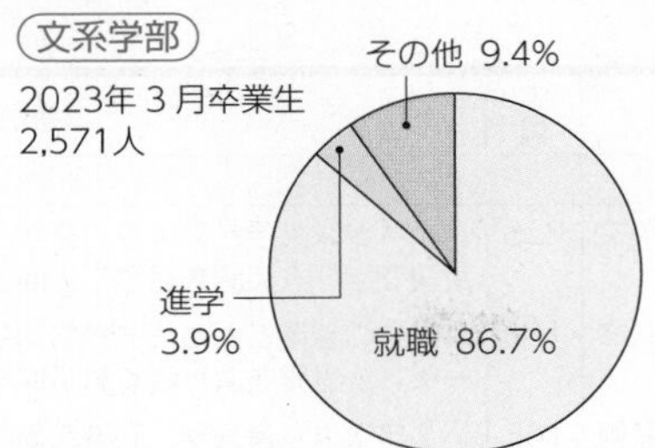

主なOB・OG ▶ [経済]重松理(ユナイテッドアローズ創業者), [社会]中島健人・永瀬廉(歌手・俳優), [法]宇野康秀(USEN-NEXT HOLDINGS社長), [国際]里見治紀(セガサミーホールディングス社長)など。

国際化・留学　大学間 72 大学・部局間 10 大学

受入れ留学生数 ▶ 189名（2023年５月１日現在）

留学生の出身国・地域 ▶ 中国，韓国，台湾，ベトナム，タイなど。

外国人専任教員 ▶ 教授12名，准教授14名，助教５名（2023年５月１日現在）

外国人専任教員の出身国 ▶ アメリカ，韓国，中国，イギリス，カナダなど。

大学間交流協定 ▶ 72大学（交換留学先54大学，2023年９月１日現在）

部局間交流協定 ▶ 10大学（交換留学先０大学，2023年９月１日現在）

海外への留学生数 ▶ 渡航型461名・オンライン型13名／年（17カ国・地域，2022年度）

海外留学制度 ▶ 気軽にトライできる短期留学をはじめ，長期留学（交換・派遣・認定），国際貢献インターンシップ，グローバルキャリアインターンシップなど，さまざまなプログラムを用意。コンソーシアムはACUCA（アジア・キリスト教大学協会）に参加している。

学費・奨学金制度　給付型奨学金総額 年間約 3億2,436万円

入学金 ▶ 200,000円

年間授業料（施設費等を除く）▶ 866,000円～（詳細は巻末資料参照）

年間奨学金総額 ▶ 324,355,400円

年間奨学金受給者数 ▶ 1,513人

主な奨学金制度 ▶ ２年次以上の各学年学科成績上位者対象の「明治学院大学学業優秀賞」，経済援助の「明治学院大学ヘボン給付奨学金」，留学支援の「明治学院大学認定留学（長期）奨学金」などの制度を設置。授業料減免型の制度もあり，2022年度には75人を対象に，総額で約3,269万円を減免している。

保護者向けインフォメーション

● **大学説明会**　毎月，高校生とその保護者を対象とする「オンライン大学説明会（大学紹介・入試説明）」を実施している。

● **広報誌**　『白金通信』を年４回発行している。

● **成績確認**　保証人用ポータルサイト「PORT HEPBURN」に，「履修・授業・成績」「就職」「奨学金」「学生生活」の情報を発信している。

● **懇談会**　保証人会を組織し，６月から９月にかけて，全国・地区別保証人懇談会を開催。会報誌『さん・サン』も発行している。

● **防災対策**　「大地震対応マニュアル」を入学時に配布。災害時の学生の状況を把握する「安否確認システム（ANPIC）」を導入している。

インターンシップ科目	必修専門ゼミ	卒業論文	GPA制度の導入の有無および活用例	１年以内の退学率	標準年限での卒業率
経済・社会・国際で開講	文学部で３・４年次，国際学部で１～４年次，心理学部で１・３・４年次に実施	フランス文学科と芸術学科および国際学部は卒業要件	奨学金対象者の選定・退学勧告・大学院入試選抜基準，留学候補者選考，個別の学修指導のほか，法学部では成績優秀者の選考に活用	0.9%	87.9%

学部紹介

学部／学科	定員	特色
文学部		
英文	225	▷イギリス文学，アメリカ文学，英語学の３コース。英語を英語で学び，英語を通じて人間と世界の関係を考察する。
フランス文	115	▷言語の習得とともに多様な切り口でフランス文化にアプローチし，世界をより鋭く感じ取るための新たな視点を養う。
芸術	165	▷２年次より音楽学，映像芸術学，美術史学，芸術メディア論，演劇身体表現，総合芸術学の６コースに分かれて学ぶ。
● 取得可能な資格…教職(英・仏)，学芸員など。　● 進路状況…………就職82.8%　進学3.2% ● 主な就職先………日本航空，帝国ホテル，P&Gジャパン，シャネル，小学館，文部科学省など。		
経済学部		
経済	325	▷世界を動かす経済の仕組みを理解し，分析できる人材を育成する。「実験経済学」の授業で経済学を体験し，実感。
経営	210	▷経営学，マーケティング，会計学をバランスよく体系的に学び，自ら問題を発見し解決できる人材を育成する。
国際経営	155	▷多言語および多様な地域で国際ビジネスを体感し，世界を相手にするマネジャーを育成する。
● 取得可能な資格…教職(地歴・公・社・商業)など。　● 進路状況…………就職90.0%　進学2.5% ● 主な就職先………エイベックス，ジェーシービー，資生堂，東京ドーム，TOPPAN，大成建設など。		
社会学部		
社会	245	▷文化とメディア，生命とアイデンティティ，環境とコミュニティの３コース。現場で社会調査の技と心を身につける。
社会福祉	245	▷将来に直結するソーシャルワーク，福祉開発の２コースで，新しい時代の社会福祉を学ぶ。
● 取得可能な資格…教職(地歴・公・社，特別支援)，社会福祉士・精神保健福祉士受験資格など。 ● 進路状況…………就職90.7%　進学1.1% ● 主な就職先………アサヒビール，キーエンス，清水建設，東海旅客鉄道，東日本電信電話など。		
法学部		
法律	200	▷リーガルマインドを発揮して，社会に貢献できる人材を育成する。140を超える専門科目を提供。
消費情報環境法	225	▷消費者法，企業活動法，環境法の科目群を用意し，実社会で直面する法律問題を，コンピュータ技術を活用して学ぶ。
グローバル法	65	▷法的解決能力，実践的コミュニケーション能力，柔軟な異文化理解力を修得し，世界と日本をつなぐ人材を育成する。
政治	155	▷問題の発見力，討論力，解決提案力を専門的に実践的に学び，“教養ある政治的市民”を育成する。
● 取得可能な資格…教職(地歴・公・社・情)など。　● 進路状況…………就職86.8%　進学4.9% ● 主な就職先………厚生労働省，森・濱田松本法律事務所，アクセンチュア，東宝，リクルートなど。		
国際学部		
国際	245	▷平和研究，環境問題，多文化社会，比較文化，国際・比較経済，比較法政の６専攻分野から興味関心に合わせて学ぶ。
国際キャリア	55	▷世界の学生が集う国際的環境のもと，21世紀の国際社会で輝く人材を育成する。原則的に全授業を英語で実施。

キャンパスアクセス [白金キャンパス] JR各線，京浜急行線―品川よりバス6分または徒歩17分／東京メトロ南北線，都営地下鉄三田線―白金台・白金高輪より徒歩7分／都営地下鉄浅草線―高輪台より徒歩7分

●取得可能な資格…教職(地歴・公・社)など。　●進路状況…………就職80.6%　進学5.4% ●主な就職先………アクセンチュア，アマゾンジャパン，兼松，楽天グループ，三菱自動車工業など。		
心理学部		
心理	175	▷"人と社会との関わりを重視した心理学"を特徴の一つに，心理学に基づく分析力・実践力のある人材を育成する。
教育発達	145	▷児童発達，特別支援，国際教育の３コース。子どものこころを理解し，こころの成長を支援できる人材を育成する。
●取得可能な資格…教職(公・社・英，小一種，幼一種，特別支援)，司書教諭など。 ●進路状況…………就職85.2%　進学8.9% ●主な就職先………松竹，富士通，マクニカ，みずほフィナンシャルグループ，三菱UFJ銀行など。		
情報数理学部		
情報数理	80	▷NEW!'24年新設。数理・量子情報，AI・データサイエンス，情報システム・セキュリティの３コース。高度ICTの利活用に必要な数理的理解と知識を身につける。

▶キャンパス

文・経済・社会・法・心理３～４年次……［白金キャンパス］東京都港区白金台1-2-37
国際・情報数理，文・経済・社会・法・心理１～２年次……［横浜キャンパス］神奈川県横浜市戸塚区上倉田町1518　※経済学部，社会学部，法学部および心理学科の２年次生(法学部は条件を満たした者)は白金キャンパスで専門科目の一部を履修できる。

2025年度入試要項(予告)

●募集人員

学部／学科		全学部	一般A	一般B
▶文	英文	25	3教・英語90	—
	フランス文	3教10・英語5	3教・英語55	—
	芸術	20	55	—
▶経済	経済	3教35・英語20	120	—
	経営	3教30・英語5	80	—
	国際経営	3教10・英語5	70	—
▶社会	社会	3教15・英語5	3教・英語120	—
	社会福祉	3教12・英語8	3教・英語65	10
▶法	法律	3教10・英語5	3教・英語110	10
	消費情報環境法	3教20・英語5	3教・英語85	15
	グローバル法	3教4・英語3	3教・英語27	4
	政治	3教5・英語5	3教・英語60	20
▶国際	国際	3教15・英語10	90	—
	国際キャリア	4	15	—
▶心理	心理	3教13・英語6	3教・英語50	—
	教育発達	3教25・英語5	3教・英語43	—
▶情報数理	情報数理	3教10・英語4	3教・英語34	—

※募集人員は2024年度の実績です。
※次のように略しています。教科→教。英語外部検定試験利用型→英語。

▷英語外部検定試験利用型は，英語外部検定試験において基準スコア(級)を満たすことにより，外国語(英語)の試験を免除する出願資格方式(全学部日程)と，基準スコア(級)に応じ，外国語(英語)の試験の得点に換算する得点換算方式(A日程)を実施。なお，A日程で本学の外国語(英語)を受験した場合は，試験当日の得点と換算値を比較し，高得点の方を合否判定に使用する。対象の英語外部検定試験は以下の通り。
出願資格方式は英検(S-CBT，S-Interview含む)，TEAP，GTEC〈検定版・CBTタイプ〉。
得点換算方式は英検(S-CBT，S-Interview含む)，TEAP，TEAP CBT，GTEC〈検定版・CBTタイプ〉，TOEFL iBT・TOEFL iBT Home Edition。
注)配点は編集時，未公表。最新の募集要項でご確認ください。なお，2024年度新設の情報数理学部に関しては，編集時に2025年度入試の情報は未公表のため，2024年度の入試内容を掲載しています。

文学部

一般入試全学部日程(３教科型・英語外部検定試験利用型)　3～2科目　①国▶現国・言語・論国・古典(漢文を除く)　②外▶「英コミュⅠ・

キャンパスアクセス［横浜キャンパス］JR東海道線・上野東京ライン・横須賀線・湘南新宿ライン，横浜市営地下鉄(ブルーライン)―戸塚よりバス12分／JR根岸線―本郷台よりバス7分

英コミュⅡ・英コミュⅢ・論表Ⅰ・論表Ⅱ・論表Ⅲ」・仏から1，ただし仏はフランス文学科のみ選択可 ③**地歴・公民・数**▶「歴総・世探」・「歴総・日探」・「地総・地探」・「公・政経」・「数Ⅰ・数Ⅱ・数A（図形・場合）・数B（数列）・数C（ベク）」から1

※英語外部検定試験利用型（出願資格方式）はフランス文学科のみ実施し，外国語の試験を免除。

一般入試A日程（3教科型・英語外部検定試験利用型） **3~2**科目 ①**国**▶現国・言語・論国・古典（漢文を除く） ②**外**▶「英コミュⅠ・英コミュⅡ・英コミュⅢ・論表Ⅰ・論表Ⅱ・論表Ⅲ」・仏・中から1，ただし仏・中はフランス文学科のみ選択可 ③**地歴・公民・数**▶「歴総・世探」・「歴総・日探」・「地総・地探」・「公・政経」・「数Ⅰ・数Ⅱ・数A（図形・場合）・数B（数列）・数C（ベク）」から1

※英文学科とフランス文学科が実施する英語外部検定試験利用型（得点換算方式）で，本学の英語を受験するか否かは，出願時に選択。

経済学部

一般入試全学部日程（3教科型・英語外部検定試験利用型） **3~2**科目 ①**国**▶現国・言語・論国・古典（漢文を除く） ②**外**▶英コミュⅠ・英コミュⅡ・英コミュⅢ・論表Ⅰ・論表Ⅱ・論表Ⅲ ③**地歴・公民・数**▶「歴総・世探」・「歴総・日探」・「地総・地探」・「公・政経」・「数Ⅰ・数Ⅱ・数A（図形・場合）・数B（数列）・数C（ベク）」から1

※英語外部検定試験利用型（出願資格方式）は，外国語の試験を免除。

一般入試A日程（3教科型） **3**科目 ①**国**▶現国・言語・論国・古典（漢文を除く） ②**外**▶「英コミュⅠ・英コミュⅡ・英コミュⅢ・論表Ⅰ・論表Ⅱ・論表Ⅲ」・仏・中から1，ただし仏は経済学科のみ選択可で，経営学科は英指定 ③**地歴・公民・数**▶「歴総・世探」・「歴総・日探」・「地総・地探」・「公・政経」・「数Ⅰ・数Ⅱ・数A（図形・場合）・数B（数列）・数C（ベク）」から1

社会学部

一般入試全学部日程（3教科型・英語外部検定試験利用型）・A日程（3教科型・英語外部検定試験利用型） **3~2**科目 ①**国**▶現国・言語・論国・古典（漢文を除く） ②**外**▶英コミュⅠ・英コミュⅡ・英コミュⅢ・論表Ⅰ・論表Ⅱ・論表Ⅲ ③**地歴・公民・数**▶「歴総・世探」・「歴総・日探」・「地総・地探」・「公・政経」・「数Ⅰ・数Ⅱ・数A（図形・場合）・数B（数列）・数C（ベク）」から1

※英語外部検定試験利用型（出願資格方式）は，外国語の試験を免除。英語外部検定試験利用型（得点換算方式）で，本学の英語を受験するか否かは，出願時に選択。

一般入試B日程 **【社会福祉学科】** **2**科目 ①**外**▶英コミュⅠ・英コミュⅡ・英コミュⅢ・論表Ⅰ・論表Ⅱ・論表Ⅲ ②**論文**

法学部

一般入試全学部日程（3教科型・英語外部検定試験利用型）・A日程（3教科型・英語外部検定試験利用型） **3~2**科目 ①**国**▶現国・言語・論国・古典（漢文を除く） ②**外**▶英コミュⅠ・英コミュⅡ・英コミュⅢ・論表Ⅰ・論表Ⅱ・論表Ⅲ ③**地歴・公民・数**▶「歴総・世探」・「歴総・日探」・「地総・地探」・「公・政経」・「数Ⅰ・数Ⅱ・数A（図形・場合）・数B（数列）・数C（ベク）」から1

※英語外部検定試験利用型（出願資格方式）は，外国語の試験を免除。英語外部検定試験利用型（得点換算方式）で，本学の英語を受験するか否かは，出願時に選択。

一般入試B日程 **【法律学科・消費情報環境法学科・グローバル法学科】** **2**科目 ①**外**▶英コミュⅠ・英コミュⅡ・英コミュⅢ・論表Ⅰ・論表Ⅱ・論表Ⅲ ②**論述重点**

【政治学科】 **2**科目 ①**外**▶英コミュⅠ・英コミュⅡ・英コミュⅢ・論表Ⅰ・論表Ⅱ・論表Ⅲ ②**講義理解力**

国際学部

一般入試全学部日程（3教科型・英語外部検定試験利用型）・A日程 **3~2**科目 ①**国**▶現国・言語・論国・古典（漢文を除く） ②**外**▶英コミュⅠ・英コミュⅡ・英コミュⅢ・論表Ⅰ・論表Ⅱ・論表Ⅲ ③**地歴・公民・数**▶「歴総・世探」・「歴総・日探」・「地総・地探」・「公・政経」・「数Ⅰ・数Ⅱ・数A（図形・場合）・数B（数列）・数C（ベ

ク)」から1
※全学部日程の英語外部検定試験利用型(出願資格方式)は国際学科のみ実施し，外国語の試験を免除。

心理学部

一般入試全学部日程(３教科型・英語外部検定試験利用型)・A日程(３教科型・英語外部検定試験利用型)　**3〜2**科目　①国▶現国・言語・論国・古典(漢文を除く)　②外▶英コミュⅠ・英コミュⅡ・英コミュⅢ・論表Ⅰ・論表Ⅱ・論表Ⅲ　③**地歴・公民・数**▶「歴総・世探」・「歴総・日探」・「地総・地探」・「公・政経」・「数Ⅰ・数Ⅱ・数A(図形・場合)・数B(数列)・数C(ベク)」から1
※英語外部検定試験利用型(出願資格方式)は，外国語の試験を免除。英語外部検定試験利用型(得点換算方式)で，本学の英語を受験するか否かは，出願時に選択。

情報数理学部

一般入試全学部日程(３教科型・英語外部検定試験利用型)・A日程(３教科型・英語外部検定試験利用型)　**3〜2**科目　①国(100)▶国総(古文・漢文を除く)・現文B　②**外**(100)▶コミュ英Ⅰ・コミュ英Ⅱ・コミュ英Ⅲ・英表Ⅰ・英表Ⅱ　③**数**(100)▶数Ⅰ・数Ⅱ・数A・数B(数列・ベク)
※英語外部検定試験利用型(出願資格方式)は，外国語の試験を免除。英語外部検定試験利用型(得点換算方式)で，本学の英語を受験するか否かは，出願時に選択。
※全学部日程は素点，A日程は３科目の素点をそれぞれ偏差値に換算して，３つの偏差値の合計により判定する。

その他の選抜

共通テスト利用入試は文学部55名，経済学部80名，社会学部40名，法学部74名，国際学部15名，心理学部37名，情報数理学部20名を募集。ほかに自己推薦AO入試，指定校推薦入試，系列校特別推薦入試，社会人入試，私費外国人留学生入試を実施。
注)募集人員は2024年度の実績です。

偏差値データ(2024年度)

●一般入試A日程（３教科型）

学部／学科	2024年度 駿台予備学校 合格目標ライン	2024年度 河合塾 ボーダー偏差値	2023年度 競争率
▶文学部			
英文	48	50	2.1
フランス文	45	47.5	2.0
芸術	46	55	3.2
▶経済学部			
経済	47	50	2.5
経営	47	52.5	3.0
国際経営	46	52.5	2.6
▶社会学部			
社会	47	55	2.3
社会福祉	47	50	2.0
▶法学部			
法律	48	55	3.3
消費情報環境法	45	52.5	2.8
グローバル法	46	47.5	2.0
政治	47	50	2.3
▶国際学部			
国際	48	50	2.0
国際キャリア	48	50	1.6
▶心理学部			
心理	47	57.5	5.7
教育発達	48	52.5	2.2
▶情報数理学部			
情報数理	46	52.5	新

●駿台予備学校合格目標ラインは合格可能性80%に相当する駿台模試の偏差値です。
●河合塾ボーダー偏差値は合格可能性50%に相当する河合塾全統模試の偏差値です。
●競争率は受験者÷合格者の実質倍率。英文学科，フランス文学科，法学部，心理学部は英語外部検定試験利用型を含む。

明星大学

めいせい

MEISEI UNIVERSITY

資料請求

問合せ先 アドミッションセンター ☎042-591-5793

建学の精神

明星学苑は1923（大正12）年に「明星実務学校」として多摩の地に誕生し，創立時に30人の生徒から始まった学校は，現在では，幼稚園から大学まで1万5千人以上が学ぶ総合学苑に成長している。その一翼を担う明星大学は，「和の精神のもと，世界に貢献する人を育成する」を建学の精神に，64（昭和39）年に開学した。ワンキャンパスに9学部12学科＋学環が集結し，垣根を越えた交流が日常的に広がる明星大学は，ダイナミックに分野を横断する学修「クロッシング」を行うには絶好の場であり，2023年には多彩な学びの空間「MEISEI HUB」も誕生。さらに，キャンパスから一歩踏み出し，地域の人と触れ合いながら，主体性を持って学ぶカリキュラムなど，明星大学だからこそ実現できる「交わり，広がる」新しい学びが続々と始まっている。

● 日野キャンパス……〒191-8506 東京都日野市程久保2-1-1

基本データ

学生数▶8,441名（男5,484名，女2,957名）

専任教員数▶教授217名，准教授69名，講師1名

設置学部・学環▶データサイエンス，理工，人文，経済，情報，教育，経営，デザイン，心理，建築

併設教育機関▶大学院一理工学・人文学・情報学・教育学・心理学（以上M・D），経済学（M） 通信教育課程一教育学部 通信制大学院一教育学（M・D）

就職・卒業後の進路

就職率 97.0%
就職者÷希望者×100

● **就職支援** 学生一人ひとりのストーリーを大事にし，その実現をめざすキャリア構築に向けて，就職斡旋（企業の採用最新情報を提供），就活指導（就職活動の基本を指導），プロジェクト（優良・難関企業就職を支援）を3つの柱に，主に民間企業就職サポートの見地から，全学生を全力でサポートしている。

● **資格取得支援** 教員免許状・保育士資格取得と採用において高い実績と伝統を誇り，教育インターンシップや校長等経験者による指導，教員採用試験対策など独自のサポートで，教職の道を志す学生を合格へと導いている。

進路指導者も必見 学生を伸ばす 面倒見

初年次教育

多様な学部・学科との混合クラスで行われ，個人学習やグループ学習を通じて，人と関わる力や考える力を身につけるとともに自分の強みを知り，その生かし方を探索することをめざした「学びとキャリア」（必修科目）を開講

学修サポート

全学部でTA制度とオフィスアワー，デザイン学部と心理学部で教員1人が約15人の学生を担当するアドバイザー制度を導入。また，全学的なリメディアル対応はないものの，学部により，必要に応じて授業外指導を実施

オープンキャンパス（2023年度実績） 5月，7月，8月，12月に開催（要事前予約）。大学説明会，入試説明会，学科イベント（学科紹介，模擬授業，施設紹介など），学科個別相談，キャンパスツアー，在学生個別相談など。

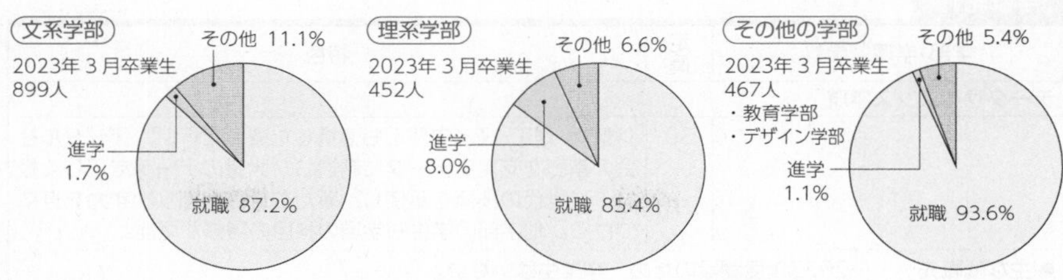

主なOB・OG▶［人文］高木幹夫（日能研代表取締役），［人文］浦沢直樹（漫画家），［人文］石川光久（アニメーションプロデューサー），［経済］松原聖弥（プロ野球選手），［理工］松井颯（プロ野球選手）など。

国際化・留学　大学間 36 大学・部局間 4 大学

受入れ留学生数▶25名（2023年5月1日現在）
留学生の出身国▶中国など。
外国人専任教員▶教授６名，准教授０名，講師０名（2023年５月１日現在）
外国人専任教員の出身国▶中国，韓国など。
大学間交流協定▶36大学（交換留学先９大学，2023年９月１日現在）
部局間交流協定▶４大学（交換留学先４大学，2023年９月１日現在）
海外への留学生数▶渡航型50名／年（10カ国・地域，2022年度）
海外留学制度▶長期留学（交換留学，認定留学）や，１～４週間のプログラムを春期・夏期に行う「海外語学研修」，海外で英語を使用してボランティアやインターンシップを経験する「海外インターンシップ」など，語学力向上だけでなく，異文化理解や国際的な就労体験などができる多様なプログラムを用意。

学費・奨学金制度　給付型奨学金総額 年間約 7,713 万円

入学金▶200,000円
年間授業料（施設費等を除く）▶740,000円～（詳細は巻末資料参照）
年間奨学金総額▶77,131,060円
年間奨学金受給者数▶304人
主な奨学金制度▶学業・人物ともに特に優れている２年生以上を対象にした「明星大学特待生奨学金」，一般選抜において成績上位で合格し，特待生奨学金制度の適用を受け，入学した者が対象の「明星大学特別奨学生奨学金」，学内の実務体験を伴う「明星大学勤労奨学金」など，多彩な制度を設置。学費減免制度もあり，2022年度には83人を対象に総額で約6,339万円を減免している。

保護者向けインフォメーション

●**オープンキャンパス**　通常のオープンキャンパス時に保護者向け説明会を実施している。
●**成績確認**　保護者ポータルサイト「勉天」で，学生の成績や修学状況などの閲覧が可能。
●**保護者会**　保護者で構成される団体の「育星会」があり，本学および全国各地区で地区懇談会を開催，体験教室なども行っている。また，会報が「勉天」で閲覧できるほか，機関誌『育星会』も制作・発送している。
●**就職セミナー**　「保護者のための就職セミナー」「学年別保護者説明会」「学科教員と保証人の個別面談会」など，多彩な催しを実施。
●**防災対策**　災害時の学生の状況を把握するために，緊急連絡網・安否確認システム「オクレンジャー」を導入している。

インターンシップ科目	必修専門ゼミ	卒業論文	GPA制度の導入の有無および活用例	１年以内の退学率	標準年限での卒業率
理工・人文・経済・教育・建築で開講	デザイン学部と建築学部を除く７学部で実施	全学部で卒業要件	奨学金や授業料免除対象者の選定や大学院入試の選抜基準，留学候補者の選考などに活用している	2.1%	80.5%

学部紹介

学部・学環／学科	定員	特色
データサイエンス学環		
	30	▷情報・理工・経済学部とも連携した教育を行い，デジタル社会の基礎を支えるデータに精通し，大量のデータを正しく扱い，次世代の技術を駆使し，新たな価値を創り出す力を身につける。他学部の学生も学環の科目の履修が可能。
● 主な就職先………2023年度開設のため，卒業生はいない。		
理工学部		
総合理工	270	▷物理学，化学・生命科学，機械工学，電気工学の４コース。DXやGXが主要トレンドとなるSociety5.0時代に活躍できる人材を育成する。
● 取得可能な資格…教職(数・理)など。 ● 進路状況…………就職83.6%　進学9.6% ● 主な就職先………東京航空計器，システナ，三愛オブリ，日産自動車，きんでん，ニデックなど。		
人文学部		
国際コミュニケーション	90	▷留学など体験重視のプログラムにより国際社会の実情を理解した上で，コミュニケーションできる能力を修得する。
日本文化	90	▷伝統文化から最新の文化まで幅広く学び，日本文化を正しく理解し，世界に向けて発信できる能力を身につける。
人間社会	80	▷人間関係や家族などの身近なことから国境を越えたグローバルなことまで，私たちが暮らす現代社会を幅広く探求する。
福祉実践	50	▷社会のニーズに応えた幅広い分野を複合的に学べるカリキュラムで，多文化共生社会を支える人材を育成する。
● 取得可能な資格…教職(国・公・社・英)，司書，司書教諭，学芸員，社会福祉士受験資格など。 ● 進路状況…………就職85.1%　進学0.0% ● 主な就職先………加賀電子，カインズ，日能研，ドン・キホーテ，SOMPOケア，東京都庁など。		
経済学部		
経済	250	▷ビジネス・金融会計，データ解析，公共・政策の３コース。経済社会の問題を解決するためのスキルを身につける。
● 取得可能な資格…教職(公・社)，司書。 ● 進路状況…………就職88.0%　進学2.5% ● 主な就職先………川崎市役所，かんぽ生命保険，コナミスポーツ，ヤマダホールディングスなど。		
情報学部		
情報	145	▷情報基盤から応用までの幅広い分野で社会に貢献できる人材を育成する。AI＆マルチメディア，データサイエンス，コンピュータ・サイエンス，フィジカルコンピューティングの４つの履修モデルを設置。
● 取得可能な資格…教職(数・情)。 ● 進路状況…………就職90.6%　進学3.4% ● 主な就職先………日立情報通信エンジニアリング，日本電気，アイネット，NTTデータNJKなど。		
教育学部		
教育	350	▷小学校教員，教科専門(国語・社会・数学・理科・音楽・美術・保健体育・英語)，特別支援教員，子ども臨床の４コース。「手塩にかける教育」と「体験教育」で，自ら考え，行動できる教育者や保育者を育成する。

キャンパスアクセス [日野キャンパス] 多摩モノレール―中央大学・明星大学直結／京王線―多摩動物公園より徒歩８分

● 取得可能な資格…教職(国・地歴・公・社・数・理・音・美・保体・英，小一種，幼一種，特別支援)，司書教諭，保育士など。 ● 進路状況…………就職94.4%　進学1.4% ● 主な就職先………東京都教育委員会，小学館集英社プロダクション，富士通，世田谷区役所など。		
経営学部		
経営	200	▷職業に直結する，スポーツ・エンターテインメントビジネス，地域ブランドマネジメント，観光・ブライダル，事業承継・イノベーター，金融・会計プロフェッション，戦略的キャリアデザインの６つのキャリアプログラムコースを設置。
● 進路状況…………就職92.6%　進学0.5% ● 主な就職先………あいおいニッセイ同和損害保険，ローソン，大塚商会，楽天銀行，コジマなど。		
デザイン学部		
デザイン	120	▷デザインの力と役割を理解して，自分と社会の可能性を広げる企画力と表現力を身につける。
● 進路状況…………就職91.2%　進学0.0% ● 主な就職先………TOPPANエッジ，博報堂プロダクツ，ニトリ，東北新社，アーネストワンなど。		
心理学部		
心理	120	▷人間科学，産業・社会，カウンセリング，発達支援の４つの履修モデルでカリキュラムを構成し，科学的思考と専門知識を修めて，心理学を広く社会で活用する人材を育成する。
● 取得可能な資格…司書など。 ● 進路状況…………就職82.2%　進学6.8% ● 主な就職先………ニトリ，国立病院機構，立川市役所，LITALICO，ツルハホールディングスなど。		
建築学部		
建築	135	▷時代や環境の変化に対応した安全，健康かつ快適な建築，住宅，都市空間を創出・提供できる人材を育成する。
● 取得可能な資格…測量士補，１・２級建築士受験資格など。 ● 主な就職先………大和ハウス工業，鉄建建設，安藤・間，淺沼組など(旧理工学部建築学系実績)。		

▶キャンパス

全学部・学環……［日野キャンパス］東京都日野市程久保2-1-1

2024年度入試要項(前年度実績)

●募集人員

学部・学環／学科		一般
▶データサイエンス		9
▶理工	総合理工	126
▶人文	国際コミュニケーション	10
	日本文化	18
	人間社会	14
	福祉実践	7
▶経済	経済	70
▶情報	情報	57
▶教育	教育	108
▶経営	経営	6
▶デザイン	デザイン	16
▶心理	心理	16
▶建築	建築	28

※一般選抜はⅠ期(４教科型・３教科型・２教科型・検定＋１教科型)，Ⅱ期(３教科型・２教科型)を実施。
※理工学部ではフレキシブル入学制度を導入。この制度では，出願時にコースを決めずに入学し，１年次で理工学基礎教育を受け，２年次進級時にコースを選択する。各コースとフレキシブル枠の併願も可。
※データサイエンス学環には学科組織はない。

▷一般選抜Ⅰ期(検定＋１教科型)は，指定された英語外部検定試験(英検，ケンブリッジ英検，GTEC，IELTS，TEAP，TEAP CBT，TOEFL iBT，TOEIC L&R/S&W）のCEFRレベルA2以上の結果を所持している者，あるいは実用数学技能検定２級以上を取得している者のいずれか，または両方を満たす者を出願資格とする。ただし，人文学部国際コミュニケーション学科に関しては，英語外部検定試験のみを出願資格とする。

データサイエンス学環・情報学部

一般選抜Ⅰ期（４教科型・３教科型・２教科型）・Ⅱ期（３教科型・２教科型） **4〜2**科目 ①**数**（100）▶「数Ⅰ・数Ａ」・「数Ⅰ・数Ⅱ・数Ａ・数Ｂ」・「数Ⅰ・数Ⅱ・数Ⅲ・数Ａ・数Ｂ」から１ ②③④**国・外・「地歴・公民・理」**（４教科型100×3・３教科型100×2・２教科型100）▶国総（古文・漢文を除く）・「コミュ英Ⅰ・コミュ英Ⅱ・英表Ⅰ」・「世Ｂ・日Ｂ・政経・〈物基・物〉・〈化基・化〉・〈生基・生〉から１」から４教科型は３，３教科型は２，２教科型は１

※３教科型は４教科から３教科以上を受験し，高偏差値３教科で，２教科型は２教科以上を受験し，高偏差値２教科で判定する。

一般選抜Ⅰ期（検定＋１教科型） **2〜1**科目 ①②**国・外・数・「地歴・公民・理」**（100）▶国総（古文・漢文を除く）・「コミュ英Ⅰ・コミュ英Ⅱ・英表Ⅰ」・「〈数Ⅰ・数Ａ〉・〈数Ⅰ・数Ⅱ・数Ａ・数Ｂ〉・〈数Ⅰ・数Ⅱ・数Ⅲ・数Ａ・数Ｂ〉から１」・「世Ｂ・日Ｂ・政経・〈物基・物〉・〈化基・化〉・〈生基・生〉から１」から２または１，ただし英語外部検定試験出願資格者は数学指定，実用数学技能検定出願資格者は数学の選択不可，両方を満たしている者は全科目受験可

※４教科から最大２教科を出願時に登録・受験し，高偏差値１教科で判定する

理工学部

一般選抜Ⅰ期（４教科型・３教科型）・Ⅱ期（３教科型） **4〜3**科目 ①**数**（100）▶「数Ⅰ・数Ⅱ・数Ａ・数Ｂ」・「数Ⅰ・数Ⅱ・数Ⅲ・数Ａ・数Ｂ」から１ ②③④**国・外・「地歴・公民・理」**（４教科型100×3・３教科型100×2）▶国総（古文・漢文を除く）・「コミュ英Ⅰ・コミュ英Ⅱ・英表Ⅰ」・「世Ｂ・日Ｂ・政経・〈物基・物〉・〈化基・化〉・〈生基・生〉から１」から４教科型は３，３教科型は２

※３教科型は４教科から３教科以上を受験し，高偏差値３教科で判定する。

一般選抜Ⅰ期（２教科型）・Ⅱ期（２教科型） **2**科目 ①②**外・数・理**（100）▶「コミュ英Ⅰ・コミュ英Ⅱ・英表Ⅰ」・「〈数Ⅰ・数Ⅱ・数Ａ・数Ｂ〉・〈数Ⅰ・数Ⅱ・数Ⅲ・数Ａ・数Ｂ〉から１」・「〈物基・物〉・〈化基・化〉・〈生基・生〉から１」から２

※３教科から２教科以上を受験し，高偏差値２教科で判定する。

一般選抜Ⅰ期（検定＋１教科型） **2〜1**科目 ①②**国・外・数・「地歴・公民・理」**（100）▶国総（古文・漢文を除く）・「コミュ英Ⅰ・コミュ英Ⅱ・英表Ⅰ」・「〈数Ⅰ・数Ａ〉・〈数Ⅰ・数Ⅱ・数Ａ・数Ｂ〉・〈数Ⅰ・数Ⅱ・数Ⅲ・数Ａ・数Ｂ〉から１」・「世Ｂ・日Ｂ・政経・〈物基・物〉・〈化基・化〉・〈生基・生〉から１」から２または１，ただし英語外部検定試験出願資格者は数学（数Ⅰ・数Ａの選択不可）または理科から１科目は受験すること，実用数学技能検定出願資格者は数学の選択不可，両方を満たしている者は全科目受験可

※４教科から最大２教科を出願時に登録・受験し，高偏差値１教科で判定する。

人文学部・経済学部・教育学部・経営学部・デザイン学部・心理学部・建築学部

一般選抜Ⅰ期（４教科型・３教科型・２教科型）・Ⅱ期（３教科型・２教科型） **4〜2**科目 ①②③④**国・外・数・「地歴・公民・理」**（４教科型100×４・３教科型100×３・２教科型100×2）▶国総（古文・漢文を除く）・「コミュ英Ⅰ・コミュ英Ⅱ・英表Ⅰ」・「〈数Ⅰ・数Ａ〉・〈数Ⅰ・数Ⅱ・数Ａ・数Ｂ〉・〈数Ⅰ・数Ⅱ・数Ⅲ・数Ａ・数Ｂ〉から１」・「世Ｂ・日Ｂ・政経・〈物基・物〉・〈化基・化〉・〈生基・生〉から１」から４教科型は４，３教科型は３，２教科型は２，ただし人文学部国際コミュニケーション学科はいずれの方式も外国語必須

※３教科型は４教科から３教科以上を受験し，高偏差値３教科で，２教科型は２教科以上を受験し，高偏差値２教科で判定する。

一般選抜Ⅰ期（検定＋１教科型） **2〜1**科目 ①②**国・外・数・「地歴・公民・理」**（100）▶国総

（古文・漢文を除く）・「コミュ英Ⅰ・コミュ英Ⅱ・英表Ⅰ」・「〈数Ⅰ・数Ａ〉・〈数Ⅰ・数Ⅱ・数Ａ・数Ｂ〉・〈数Ⅰ・数Ⅱ・数Ⅲ・数Ａ・数Ｂ〉から１」・「世Ｂ・日Ｂ・政経・〈物基・物〉・〈化基・化〉・〈生基・生〉から１」から２または１，ただし英語外部検定試験出願資格者は外国語の選択不可，実用数学技能検定出願資格者は数学の選択不可，両方を満たしている者は全科目受験可
※４教科から最大２教科を出願時に登録・受験し，高偏差値１教科で判定する。

その他の選抜

共通テスト利用選抜はデータサイエンス学環７名，理工学部40名，人文学部30名，経済学部15名，情報学部39名，教育学部65名，経営学部４名，デザイン学部16名，心理学部14名，建築学部17名を，総合型選抜（学びの探究入試，卒業生子女枠，スポーツ・文化活動優秀者枠，成績優秀者枠〈経営学科〉，有資格者枠〈国際コミュニケーション・経済・情報学科〉，事業承継予定者枠〈経営学科〉，商業科目履修者枠〈経営学科〉を含む）はデータサイエンス学環８名，理工学部36名，人文学部92名，経済学部75名，情報学部29名，教育学部116名，経営学部100名，デザイン学部46名，心理学部36名，建築学部45名を募集。ほかに学校推薦型選抜（指定校制），社会人特別選抜入試，外国人留学生特別選抜入試を実施。

偏差値データ（2024年度）

●一般選抜（全方式）

学部・学環／学科	2024年度		2023年度
	駿台予備学校	河合塾	
	合格目標ライン	ボーダー偏差値	競争率
▶データサイエンス学環			
	34〜35	42.5〜45	2.4
▶理工学部			
総合理工	34〜35	37.5〜47.5	2.0
▶人文学部			
国際コミュニケーション	34〜35	42.5〜47.5	1.2
日本文化	33〜34	42.5〜47.5	1.2
人間社会	34〜35	42.5〜47.5	1.2
福祉実践	32〜33	40〜47.5	1.2
▶経済学部			
経済	33〜34	40〜45	1.1
▶情報学部			
情報	32〜33	40〜45	2.3
▶教育学部			
教育	40〜41	45〜50	2.7
▶経営学部			
経営	33〜34	50〜52.5	8.6
▶デザイン学部			
デザイン	32〜33	40〜45	1.2
▶心理学部			
心理	35〜36	47.5〜52.5	2.5
▶建築学部			
建築	34〜35	42.5〜47.5	2.4

●駿台予備学校合格目標ラインは合格可能性80％に相当する駿台模試の偏差値です。なお，一般選抜前期Ａ方式の偏差値です。
●河合塾ボーダー偏差値は合格可能性50％に相当する河合塾全統模試の偏差値です。
●競争率は2023年度一般選抜全方式の受験者÷合格者の実質倍率
※データサイエンス学環には学科組織はない。

目白大学

（めじろ）

資料請求

問合せ先 入学センター ☎03-3952-5115

建学の精神

1923（大正12）年創設の研心学園を母体に，63（昭和38）年目白学園女子短期大学（現目白大学短期大学部），94（平成６）年大学開学。社会に対する貢献を意味する「主」，師と共にひたむきに学ぶ姿勢を表す「師」，家族をはじめ自分を支えてくれる人々への感謝の気持ちを表す「親」の，「主・師・親」を建学の精神とし，「育てて送り出す」を社会的使命に，“学びを将来にどう生かすか”を前提として各学科が独自のプログラムを展開。多彩な科目で幅広い教養や学ぶ姿勢・技法を身につけ，社会が求める人材育成を図る「新宿」，健康・医療を支えることのできる人間力を育てる「さいたま岩槻」の２つのキャンパスで，多様に変化する現代社会を生き抜く基盤を築き，一人ひとりの力を個性に応じて伸ばしていくことを重視した人材育成を行っている。

●新宿キャンパス……………〒161-8539 東京都新宿区中落合4-31-1
●さいたま岩槻キャンパス…〒339-8501 埼玉県さいたま市岩槻区浮谷320

基本データ

学生数▶5,538名（男1,950名，女3,588名）
専任教員数▶教授101名，准教授50名，講師70名
設置学部▶心理，人間，社会，メディア，経営，外国語，保健医療，看護

併設教育機関▶大学院―心理学（M・D），国際交流・経営学・生涯福祉・言語文化・看護学・リハビリテーション学（以上M） 短期大学部（P.757参照）

就職・卒業後の進路

就職率 97.6%
就職者÷希望者×100

●**就職支援**　1・2年次のキャリア教育から，就職活動が本格化する３・４年次にかけて，就職ガイダンス，各種対策講座など多彩なプログラムを実施。さいたま岩槻Cでは病院やリハビリテーションセンター，介護老人保健施設などの合同病院説明会を行っている。

●**資格取得支援**　さいたま岩槻Cでは，試験対策として学科ごとに学習方法を工夫し，教員が厳選した国家試験対策用問題を解くなど，実践的な指導を実施。経営学部では特別講座

進路指導者も必見 学生を伸ばす 面倒見

初年次教育	学修サポート
大学での学びにスムーズに移行し，学際的視点や幅広い教養の習得をめざす初年次セミナー「ベーシックセミナーⅠ・Ⅱ」や，情報リテラシーを基礎から応用まで段階的に学ぶ「情報活用演習Ⅰ」などを開講	全学部でTA制度（言語聴覚学科を除く）とオフィスアワー制度，また，文系学部（新宿C）でSA制度と専任教員が約20人の学生を担当し，履修内容や学生生活の指導・支援を行うクラス担任制度を導入している

オープンキャンパス（2023年度実績） 4月16日，6月11日（新宿C）・18日（さいたま岩槻C），7月9日（新宿C），8月5～7日（さいたま岩槻C）・6～7日（新宿C），9月3日に開催（事前予約制）。保護者の付き添いも可能。

を設置し，日商簿記検定やITパスポート，販売士など，資格取得を強力にバックアップ。

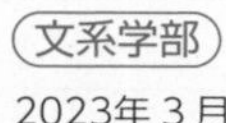

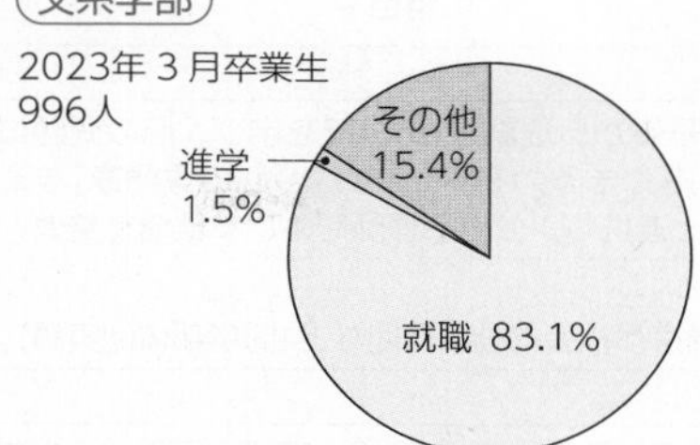

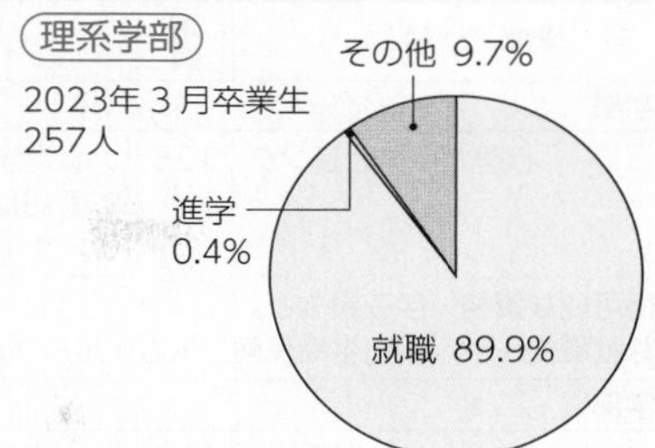

主なOB・OG▶［旧人文］猫ひろし（お笑いタレント），［外国語］香椎由宇（女優）など。

国際化・留学　大学間 44 大学・部局間 8 大学

受入れ留学生数▶38名（2023年５月１日現在）

留学生の出身国▶ベトナム，中国，韓国など。

外国人専任教員▶教授４名，准教授３名，講師９名（2023年５月１日現在）

外国人専任教員の出身国▶オーストラリア，アメリカ，中国，韓国など。

大学間交流協定▶44大学（2023年９月13日現在）

部局間交流協定▶８大学（交換留学先８大学，2023年９月13日現在）

海外への留学生数▶渡航型124名・オンライン型96名／年（７カ国・地域，2022年度）

海外留学制度▶協定留学や認定留学，短期留学，Action Englishのほか，外国語学部英米語学科のPower English，中国語学科の中国留学，韓国語学科の臨地研修など語学を学び，交流するためのサポートを数多く用意。渡航を伴う留学が中止となった場合，オンラインで参加可能なプログラムも提供している。

学費・奨学金制度　給付型奨学金総額 年間約 2,006 万円

入学金▶250,000円

年間授業料（施設費等を除く）▶795,600円～（詳細は巻末資料参照）

年間奨学金総額▶20,058,400円

年間奨学金受給者数▶54人

主な奨学金制度▶該当学期の学納金の一部を給付する「教育後援『桐光会』奨学金」（応急支援奨学金〈50万円以内〉，修学支援奨学金〈30万円以内〉），一般選抜Ａ日程の成績上位者および総合型・学校推薦型選抜入学予定者が特待生奨学金選考受験で対象となる「目白大学特待生奨学金」などの制度を設置。

保護者向けインフォメーション

●**成績確認**　成績表や講義への出席状況などを郵送（卒業延期通知は郵送のみ）するほか，Web閲覧（学食利用状況はWebのみ）も可能。

●**桐光会**　保護者によって結成された教育後援組織の「桐光会」があり，講演会などを開催。

●**就職説明会**　最新の就職活動事情を把握できるよう，毎年10月に，３年次の保護者向けの就職説明会を開催している。

●**防災対策**　地震などの災害時や緊急事態が発生した場合，学生の安否確認を目的として，安否確認システム「ANPIC」を導入している。

インターンシップ科目	必修専門ゼミ	卒業論文	GPA制度の導入の有無および活用例	１年以内の退学率	標準年限での卒業率
文系学部で開講している	保健医療学部を除き，実施している	心理カウンセリング・理学療法・作業療法学科を除き卒業要件	奨学金対象者の選定や退学勧告基準およびGPAに応じた履修上限単位数の設定に活用するほか，一部の学部で個別の学修指導に活用	3.1%	81.7%

学部紹介

学部／学科	定員	特色
心理学部		
心理カウンセリング	125	▷心理学の基礎から理論・方法までを学び，心の問題に対して適切に対応できる力を身につけた「心の専門家」を育成する。大学院と連携し，公認心理師をめざす環境を整備。

● 取得可能な資格…学芸員など。
● 主な就職先………朝日生命保険，IMSグループ，東京都社会福祉事業団など（旧学部体制実績）。

学部／学科	定員	特色
人間学部		
人間福祉	100	▷「人間と社会福祉の問題」を理論と実践の両面から幅広く学習し，現代社会の多様な課題に取り組む人材を育成する。
子ども	140	▷身につけた幅広い専門知識を生かし，保育のさまざまな場面で柔軟に対応できる，現場に強い保育者を育成する。
児童教育	50	▷現場経験豊富な教授が，一人ひとりの「現場力」を指導し，児童の豊かな学びを支えるスペシャリストを育成する。

● 取得可能な資格…教職（小一種，幼一種），学芸員，保育士，介護福祉士・社会福祉士・精神保健福祉士受験資格など。
● 進路状況…………就職84.2%　進学2.9%
● 主な就職先………各市町村教育委員会，フランスベッドホールディングス，住友不動産販売など。

学部／学科	定員	特色
社会学部		
社会情報	120	▷「社会の現場」を体験できる多彩な授業を通して，現代社会のさまざまな現象の課題解決力や価値創造力を養う。
地域社会	80	▷地域・ひとづくり，観光・まちづくりの２コース。学内外のさまざまな活動で課題の本質を探る力を身につける。

● 取得可能な資格…教職（地歴・公・社），学芸員など。　● 進路状況………就職85.3%　進学0.0%
● 主な就職先………パナソニック，日本生命保険，成城石井，埼玉縣信用金庫，そごう・西武など。

学部／学科	定員	特色
メディア学部		
メディア	140	▷メディア学の基礎理論と専門性を高める実践的な科目を組み合わせて学び，出版，サブカルチャー，イベント企画，Webデザイン，アプリ開発など，幅広く活躍する力を培う。

● 取得可能な資格…学芸員など。　● 進路状況…………就職82.9%　進学0.0%
● 主な就職先………TYO，映像センター，システムリサーチ，富士ソフト，明治安田生命保険など。

学部／学科	定員	特色
経営学部		
経営	130	▷経営管理，マーケティング，会計と財務の科目群の中からフレキシブルに学びを深め，経営理論に強い人材を育成する。

● 取得可能な資格…学芸員など。　● 進路状況…………就職88.5%　進学0.9%
● 主な就職先………LIXIL，パル，森ビルホスピタリティコーポレーション，トヨタL&F埼玉など。

学部／学科	定員	特色
外国語学部		
英米語	80	▷原則として全員が２年次の秋学期に英語圏に留学し，世界に通用する英語力を身につけるとともに国際感覚も磨く。
中国語	40	▷留学に向けて，１・２年次は最低週６コマの徹底した語学教育を実施し，実用的な中国語の習得や異文化理解力を養う。
韓国語	60	▷使える韓国語の習得と体験による異文化理解をめざし，原則として２年次から全員が１年間以上の韓国留学を経験。

キャンパスアクセス［新宿キャンパス］西武新宿線・都営地下鉄大江戸線―中井より徒歩８分／都営地下鉄大江戸線―落合南長崎より徒歩10分／東京メトロ東西線―落合より徒歩12分

日本語・日本語教育	40	▷外国人留学生と交流しながら日本の言語・文化を見つめ，日本の魅力を海外に発信できるスペシャリストを育成する。
● 取得可能な資格…教職(国・英・中)，学芸員など。 ● 進路状況…………就職75.7%　進学1.6% ● 主な就職先………日本ヒューレット・パッカード，星野リゾート・マネジメント，武蔵野銀行など。		
保健医療学部		
理学療法	85	▷豊富な臨床教育で，理学療法の専門知識に加え，チーム医療に欠かせない連携能力や患者さんに寄り添う姿勢を学ぶ。
作業療法	60	▷地域連携を重視したカリキュラムで，体と心の両面から生活を支え，相手の信頼に応えられる作業療法士を育成する。
言語聴覚	40	▷少人数制の授業と演習を通して，臨床力と会話力を備え，心理的サポートもできる言語聴覚士を育成する。
● 取得可能な資格…理学療法士・作業療法士・言語聴覚士受験資格。 ● 進路状況…………就職86.9%　進学0.0% ● 主な就職先………新久喜総合病院，蒲田リハビリテーション病院，筑波記念病院，順天堂医院など。		
看護学部		
看護	105	▷専門知識や技術だけでなく，患者さんに寄り添う心を育み，あらゆる環境で力を発揮できる看護師・保健師を養成する。
● 取得可能な資格…教職(養護二種)，看護師・保健師受験資格。 ● 進路状況…………就職93.3%　進学0.8% ● 主な就職先………国立病院機構埼玉病院・東埼玉病院，埼玉県立がんセンター，越谷市立病院など。		

▶キャンパス

心理・人間・社会・メディア・経営・外国語……［新宿キャンパス］東京都新宿区中落合4-31-1
保健医療・看護……［さいたま岩槻キャンパス］埼玉県さいたま市岩槻区浮谷320

2024年度入試要項(前年度実績)

●募集人員

学部／学科	全学部統一	一般A	一般B	一般C	共通A	共通英語	共通B·C
▶心理 心理カウンセリング	20	50	10	若干名	15	若干名	若干名
▶人間 人間福祉	20	30	5	若干名	5	若干名	若干名
子ども	15	40	5	若干名	5	若干名	若干名
児童教育	10	15	若干名	若干名	5	若干名	若干名
▶社会 社会情報	10	45	10	若干名	10	若干名	若干名
地域社会	10	30	5	若干名	5	若干名	若干名
▶メディア メディア	20	45	10	若干名	15	若干名	若干名
▶経営 経営	20	50	10	若干名	20	若干名	若干名
▶外国語 英米語	10	25	若干名	若干名	15	5	若干名
中国語	5	12	若干名	若干名	3	若干名	若干名
韓国語	10	20	若干名	若干名	5	若干名	若干名
日本語・日本語教育	5	10	若干名	若干名	3	若干名	若干名
▶保健医療 理学療法	12	25	若干名	若干名	3	若干名	若干名
作業療法	10	12	若干名	若干名	3	若干名	若干名
言語聴覚	5	7	若干名	若干名	3	若干名	若干名
▶看護 看護	15	30	5	若干名	5	若干名	若干名

※共通英語は共通テスト利用選抜外部英語検定試験併用方式。

▷共通テスト利用選抜外部英語検定試験併用方式は，各学科とも，共通テスト利用選抜Ａ日程の「英語」試験の代わりに，指定された外部英語検定試験のスコアをみなし得点換算表に基づいて換算し，判定する。

心理学部・人間学部・社会学部・メディア学部・経営学部

全学部統一選抜・一般選抜Ａ～Ｃ日程
2科目 ①国(100)▶国総(古文・漢文を除く)
②外(100)▶コミュ英Ⅰ・コミュ英Ⅱ・英表Ⅰ
共通テスト利用選抜Ａ日程 **【心理カウンセリング学科・児童教育学科・経営学科】**
4科目 ①国(100)▶国(近代) ②外(100)▶英(リスニングを含む) ③**地歴・公民・数・理**(100)▶世Ａ・世Ｂ・日Ａ・日Ｂ・地理Ａ・地理Ｂ・現社・倫・政経・「倫・政経」・「数Ⅰ・数Ａ」・

キャンパスアクセス ［さいたま岩槻キャンパス］東武野田線―岩槻よりスクールバス12分／JR武蔵野線―東川口よりバス23分／埼玉高速鉄道・東京メトロ南北線―浦和美園よりスクールバス15分

「数Ⅱ・数B」・簿・「物基・化基・生基・地学基から2」・物・化・生・地学から1，ただし簿は経営学科のみ選択可で，経営学科は理の選択不可
[個別試験] 行わない。
【人間福祉学科・子ども学科・社会情報学科】
2科目 ①国(100)▶国(近代) ②**外・地歴・公民・数**(100)▶英(リスニングを含む)・世A・世B・日A・日B・地理A・地理B・現社・倫・政経・「倫・政経」・「数Ⅰ・数A」・「数Ⅱ・数B」から1，ただし数は社会情報学科のみ選択可
[個別試験] 行わない。
【地域社会学科・メディア学科】 **2科目** ①外(100)▶英(リスニングを含む) ②**国・地歴・公民・数**(100)▶国(近代)・世A・世B・日A・日B・地理A・地理B・現社・倫・政経・「倫・政経」・「数Ⅰ・数A」・「数Ⅱ・数B」から1，ただし数はメディア学科のみ選択可
[個別試験] 行わない。
共通テスト利用選抜B・C日程 **2科目** ①②**国・外・地歴・公民・数・理**(100×2)▶国(近代)・「英(リスニングを含む)・独・仏・中・韓から1」・世A・世B・日A・日B・地理A・地理B・現社・倫・政経・「倫・政経」・「数Ⅰ・〈数Ⅰ・数A〉から1」・「数Ⅱ・〈数Ⅱ・数B〉・簿・情から1」・「物基・化基・生基・地学基から2」・物・化・生・地学から2
[個別試験] 行わない。
※共通テスト利用選抜における「英語」の配点比率は，リーディング:リスニング＝4:1とする。

外国語学部

全学部統一選抜・一般選抜A～C日程 **2科目** ①国(100)▶国総(古文・漢文を除く) ②**外**(100・英米語200)▶コミュ英Ⅰ・コミュ英Ⅱ・英表Ⅰ
共通テスト利用選抜A日程 **【英米語学科】**
3科目 ①国(100)▶国(近代) ②**外**(200)▶英(リスニングを含む) ③**地歴・公民**(100)▶世A・世B・日A・日B・地理A・地理B・現社・倫・政経・「倫・政経」から1
[個別試験] 行わない。
【中国語学科】 **2科目** ①②**国・外・地歴・公民**(100×2)▶国(近代)・「英(リスニングを含む)・中から1」・「世A・世B・日A・日B・地理A・地理Bから1」・「現社・倫・政経・〈倫・政経〉から1」から2
[個別試験] 行わない。
【韓国語学科／日本語・日本語教育学科】
2科目 ①国(100)▶国(近代) ②**外・地歴・公民**(100)▶英(リスニングを含む)・中・韓・世A・世B・日A・日B・地理A・地理B・現社・倫・政経・「倫・政経」から1，ただし中・地歴・公民は日本語・日本語教育学科のみ選択可
[個別試験] 行わない。
共通テスト利用選抜B・C日程 **2科目** ①②**国・外・地歴・公民・数・理**(英米語〈外200・その他100〉・その他の学科100×2)▶国(近代)・「英(リスニングを含む)・独・仏・中・韓から1，ただし英米語学科は英指定」・世A・世B・日A・日B・地理A・地理B・現社・倫・政経・「倫・政経」・「数Ⅰ・〈数Ⅰ・数A〉から1」・「数Ⅱ・〈数Ⅱ・数B〉・簿・情から1」・「物基・化基・生基・地学基から2」・物・化・生・地学から英米語学科は英を含む2，中国語学科と韓国語学科は2，日本語・日本語教育学科は国を含む2
[個別試験] 行わない。
※共通テスト利用選抜における「英語」の配点比率は，英米語学科はリーディング:リスニング＝3:1，その他の学科は4:1とする。

保健医療学部・看護学部

全学部統一選抜 **3科目** ①国(100)▶国総(古文・漢文を除く) ②**外**(100)▶コミュ英Ⅰ・コミュ英Ⅱ・英表Ⅰ ③**数・理**(100)▶「数Ⅰ・数A(図形のうち作図を除く)」・「生基・生」から1
一般選抜A日程 **3科目** ①②**国・外・数・理**(100×2)▶国総(古文・漢文を除く)・「コミュ英Ⅰ・コミュ英Ⅱ・英表Ⅰ」・「数Ⅰ・数A(図形のうち作図を除く)」・「生基・生」から2，ただし看護学部は英必須 ③**個別面接**
一般選抜B・C日程 **3科目** ①国(100)▶国総(古文・漢文を除く) ②**外**(100)▶コミュ英Ⅰ・コミュ英Ⅱ・英表Ⅰ ③**個別面接**
共通テスト利用選抜A～C日程 **3科目** ①②③**国・外・数・理**(100×3)▶国(近代)・英(リスニングを含む)・「数Ⅰ・数A」・「数Ⅱ・数B」・「物基・化基・生基から2」・物・化・生から

保健医療学部は３，看護学部は３教科３科目
［個別試験］ 行わない。
※共通テスト利用選抜における「英語」の配点比率は，リーディング:リスニング＝４：１とする。

その他の選抜

学校推薦型選抜（公募推薦・指定校推薦）は心理学部15名，人間学部50名，社会学部25名，メディア学部15名，経営学部15名，外国語学部30名，保健医療学部45名，看護学部30名を，総合型選抜は心理学部15名，人間学部85名，社会学部50名，メディア学部35名，経営学部15名，外国語学部57名，保健医療学部60名，看護学部20名を募集。ほかに社会人特別選抜，外国人留学生特別選抜を実施。

偏差値データ（2024年度）

●一般選抜Ａ日程

学部／学科	2024年度 駿台予備学校 合格目標ライン	2024年度 河合塾 ボーダー偏差値	2023年度 競争率
▶心理学部			
心理カウンセリング	35	42.5	2.0
▶人間学部			
人間福祉	33	35	1.1
子ども	34	40	1.5
児童教育	34	BF	1.0
▶社会学部			
社会情報	33	40	1.1
地域社会	32	40	1.5
▶メディア学部			
メディア	33	42.5	1.9
▶経営学部			
経営	33	35	1.2
▶外国語学部			
英米語	33	35	1.0
中国語	31	40	1.4
韓国語	32	47.5	14.3
日本語・日本語教育	32	40	1.1
▶保健医療学部			
理学療法	37	35	1.4
作業療法	36	37.5	1.0
言語聴覚	35	BF	1.0
▶看護学部			
看護	38	37.5	2.6

●駿台予備学校合格目標ラインは合格可能性80％に相当する駿台模試の偏差値です。
●河合塾ボーダー偏差値は合格可能性50％に相当する河合塾全統模試の偏差値です。
●競争率は受験者÷合格者の実質倍率

併設の教育機関　短期大学

目白大学短期大学部

問合せ先　入学センター
☎03-3952-5115
所在地　東京都新宿区中落合4-31-1

学生数▶女422名
教員数▶教授７名，准教授２名，講師10名

設置学科

●**ビジネス社会学科**（75）　興味・関心を進路につなげる「秘書・ファイナンシャル」「メディカル秘書」「ファッション・カフェビジネス」「観光・ホテル・ブライダルビジネス」の４つのフィールドを設置。
●**製菓学科**（55）　製菓衛生師，製菓実践の２コース。洋菓子，和菓子，パンの３つのジャンルを並行して学びながら自分の適性を見極めることが可能。
●**歯科衛生学科**（60）　３年制。３年間の段階的な学びを通して，専門科目だけでなくマナーや教養も身につけ，口腔保健の専門家として活躍するための土台を築く。

卒業後の進路

2023年３月卒業生▶179名
就職147名，大学編入学９名，その他23名

立教大学（りっきょう）

資料請求

問合せ先 入学センター ☎03-3985-2660

建学の精神

前身は，アメリカ聖公会から派遣された宣教師チャニング・ムーア・ウィリアムズが1874（明治7）年に創立した「立教学校 St.Paul's School」。西欧の伝統的リベラルアーツカレッジをモデルにした「キリスト教に基づく教育」のもと，「専門性に立つ教養人」を育成するため，専門という確かな軸を持った上で，さまざまな学びの分野に触れ，広く深い視野と多面的かつ柔軟なものの見方を養うことを重視した「RIKKYO Learning Style」を導入。150年にわたるリベラルアーツ教育をより深化させ，導入期教育の充実化，リーダーシップ教育，グローバル教育，データサイエンス教育，サービスラーニングをはじめとする社会連携教育の活性化などを柱に改革を進め，世界の見方を変え，未来を創造する力を養う刺激と可能性に満ちた学びを行っている。

- 池袋キャンパス……〒171-8501　東京都豊島区西池袋3-34-1
- 新座キャンパス……〒352-8558　埼玉県新座市北野1-2-26

基本データ

学生数▶19,467名（男8,348名，女11,119名）
専任教員数▶教授292名，准教授92名，講師84名
設置学部▶文，異文化コミュニケーション，経済，経営，理，社会，法，観光，コミュニティ福祉，現代心理，スポーツウエルネス，Global Liberal Arts Program
併設教育機関▶大学院（P.773参照）

就職・卒業後の進路

就職率 **97.5**%
就職者÷希望者×100

●**就職支援**　年次に応じた段階的支援を行うキャリアセンターの支援と，学部の専門性を生かした学部独自の支援の両軸で，学生のキャリア・就職活動をサポート。学生一人ひとりと向き合いながら，それぞれに適した進路へと導くことが結果的に総合的な「就職力」となり，高い就職実績に結びついている。

●**資格取得支援**　教職課程をはじめとする学校・社会教育講座のほか，「立教キャリアアップセミナー」では，外部専門機関と連携して各種講座を学内開催。各種資格取得や国家試験の合格をめざす学生を支援している。

進路指導者も必見 学生を伸ばす 面倒見

初年次教育

新入生全員を対象に，スチューデントスキル，スタディスキル，情報リテラシーなど学修の基礎を身につける科目群と，立大で学ぶことの意味を理解する科目群で構成される「立教ファーストタームプログラム」を実施

学修サポート

全学部でTA・SA制度，オフィスアワー制度，教員アドバイザー制度を導入。また，グローバルラウンジを設置し，留学生と交流できる場を提供。さらに，図書館ラーニングアドバイザーが学習面の指導や相談に応じている

オープンキャンパス（2023年度実績）　池袋キャンパスで8月3～5日（開催日により実施学部は異なる），新座キャンパスで8月7・8日に開催。大学・入試説明会，体験授業，学生によるトークライブ・キャンパスツアーなど。

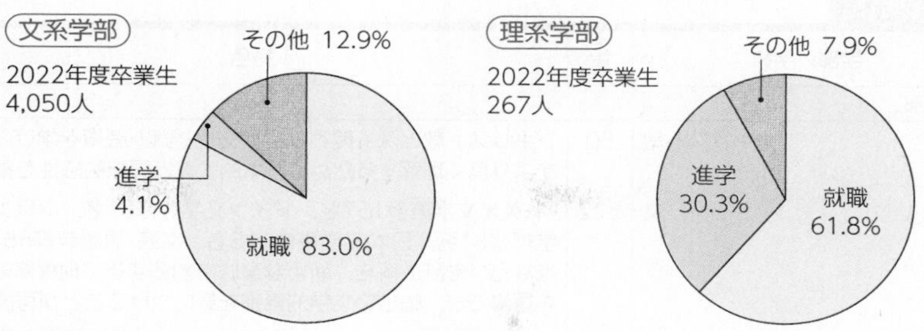

主なOB・OG▶［文］村山由佳（小説家），［文］周防正行（映画監督），［経済］木村研一（デロイトトーマツグループCEO），［経済］小林大吉郎（Meiji Seika ファルマ社長），［経済］西岸良平（漫画家）など。

国際化・留学　大学間 147 大学等・部局間 107 大学等

受入れ留学生数▶675名（2023年５月１日現在）

留学生の出身国・地域▶中国，韓国，アメリカ，フランス，香港など。

外国人専任教員▶教授20名，准教授24名，講師61名（2023年５月１日現在）

外国人専任教員の出身国▶アメリカ，イギリス，韓国，中国，オーストラリアなど。

大学間交流協定▶147大学・機関（交換留学先126大学，2023年５月20日現在）

部局間交流協定▶107大学・機関（交換留学先96大学，2023年５月20日現在）

海外への留学生数▶渡航型1,061名・オンライン型81名／年（35カ国・地域，2022年度）

海外留学制度▶１年間・半期の派遣留学や学費非免除留学プログラム，認定校留学制度，短期の語学研修，海外インターンシップなど，大学主催や学部独自の多彩なプログラムを展開。コンソーシアムはAALAU（アジアリベラルアーツ大学連合）に参加している。

学費・奨学金制度　給付型奨学金総額　年間 2 億 807 万円

入学金▶200,000円

年間授業料（施設費等を除く）▶1,171,000円～（詳細は巻末資料参照）

年間奨学金総額▶208,070,000円

年間奨学金受給者数▶621人

主な奨学金制度▶経済的理由で修学困難な学生対象の「立教大学学部給与奨学金」，学業活動支援の「立教大学学業奨励奨学金」，入学前予約型の「立教大学自由の学府奨学金」など，すべて給与型の奨学金制度を多数設置。

保護者向けインフォメーション

●**成績確認**　成績表（成績，単位修得状況を記載）を郵送するとともに，Web閲覧も可能。

●**教育懇談会**　教育懇談会（保護者会）を両キャンパスおよび全国各地で開催している。

●**広報誌**　在学生や卒業生の活躍など多彩なトピックを発信する季刊『立教』や『保護者のための大学案内』，受験生の保護者向けに『受験生を支える皆さまへ 立教大学のご案内』を発行。

●**防災対策**　「大地震対応マニュアル（防災のしおり）」を入学時に配布。携帯電話等のメールを活用し，大規模地震が発生した場合の安否確認など，緊急時の対応に備えた「緊急連絡システム」を運用している。

インターンシップ科目	必修専門ゼミ	卒業論文	GPA制度の導入の有無および活用例	１年以内の退学率	標準年限での卒業率
法と現代心理を除き開講	文（1～3年次），異文化（3･4年次），経済･観光（1年次），理（4年次），社会･コミュ（1･2年次），現代（1･3･4年次），スポーツ（1･2･4年次）で実施	異文化･理･社会･現代心理・スポーツウエルネスは卒業要件	奨学金や授業料免除対象者の選定，留学候補者の選考，学生に対する個別の学修指導のほか，一部の学部で大学院入試の選抜に活用	1%	82.2%

学部紹介

学部／学科	定員	特色
文学部		
キリスト教	50	▷キリスト教と深く関わり合う文化・思想・芸術を学び，世界をより良く理解するための基本的教養と国際的感性を養う。
文	522	▷〈英米文学専修157名，ドイツ文学専修81名，フランス文学専修81名，日本文学専修115名，文芸・思想専修88名〉多様な「文」を読み解き，新たな意味を創造する。他専修の科目も履修でき，幅広い文学的素養を身につけることが可能。
史	215	▷世界史学，日本史学，超域文化学の３専修。過去を通して未来を歩む力を身につける。他専修の科目も履修可能。
教育	101	▷教育学，初等教育の２専攻。人間を多角的に分析し，総合人間学として教育学を学ぶ。

● **取得可能な資格**…教職(国・地歴・公・社・英・独・仏・宗，小一種)，司書，学芸員など。
● **進路状況**…………就職81.4%　進学5.1%（GLAPを含む）
● **主な就職先**………東京都教員，東京都特別区，ニトリ，東京海上日動火災保険，TIS，かんぽ生命保険，ベネッセスタイルケア，埼玉県教員，国家公務員一般職など(GLAPを含む)。

学部／学科	定員	特色
異文化コミュニケーション学部		
異文化コミュニケーション	210	▷言語能力を磨きながら現場の理解を深めることで，多文化共生社会の諸問題に取り組む力を養う。専門科目を主に英語で受講する選抜コース「Dual Language Pathway」を設置。

● **取得可能な資格**…教職(英)，司書，学芸員など。
● **進路状況**…………就職73.1%　進学6.7%
● **主な就職先**………アマゾンジャパン，楽天グループ，野村證券，郵船ロジスティクス，シンプレクス，日本航空，川崎汽船，三井物産，丸紅，三菱重工業，トヨタ自動車など。

学部／学科	定員	特色
経済学部		
経済	332	▷「豊かで人間らしい生活の実現」を課題に，経済の実態を知り，それを動かす論理を解明する。
経済政策	176	▷政策の中心が国民である原則を踏まえ，経済システムが変容する時代に対応した政策立案ができる力を養う。
会計ファイナンス	176	▷実践的な知識を修得しながら，企業の経営状態や資金調達に関する問題を考え，自分の言葉で説明できる力を磨く。

● **取得可能な資格**…教職(地歴・公・社・商業)，司書，学芸員など。
● **進路状況**…………就職82.8%　進学3.4%
● **主な就職先**………みずほフィナンシャルグループ，三井住友信託銀行，三井住友海上火災保険，三井住友銀行，東京都特別区，りそなグループ，商工組合中央金庫，野村証券など。

学部／学科	定員	特色
経営学部		
経営	230	▷演習と講義の両輪で，現場で求められる高い実践力を身につける。「ビジネス・リーダーシップ・プログラム」を展開。
国際経営	155	▷段階的に英語コミュニケーション能力と専門知識を養う「バイリンガル・ビジネスリーダー・プログラム」を展開。

● **取得可能な資格**…司書，学芸員など。
● **進路状況**…………就職85.3%　進学3.7%
● **主な就職先**………アマゾンジャパン，三井住友銀行，アクセンチュア，楽天グループ，PwCコンサルティング／PwCアドバイザリー，デロイトトーマツコンサルティングなど。

キャンパスアクセス ［池袋キャンパス］JR山手線・埼京線・湘南新宿ライン，東武東上線，西武池袋線，東京メトロ丸ノ内線・有楽町線・副都心線―池袋より徒歩7分

理学部		
数	66	▷純粋数学と情報科学の両分野を学び，数学の先端の知識を深め，粘り強く考える力を養う。
物理	77	▷極小の素粒子から極大の宇宙までを研究対象に，自然科学の真の実力を育む。
化	77	▷「なぜ？」を感じて自ら考え，化学的要因を探究する姿勢を養う。体験から理解を深める実験の場が充実。
生命理	72	▷分子生物学，生物化学，分子細胞生物学の３つの立場から生命現象に迫り，未知の課題に応える力を身につける。

● **取得可能な資格**…教職（数・理・情），司書，学芸員など。
● **進路状況**…………就職61.8%　進学30.3%
● **主な就職先**………NECソリューションイノベータ，シンプレクス，りそなグループ，東京都教員，国家公務員一般職，みずほフィナンシャルグループ，エヌ・ティ・ティ・データなど。

社会学部		
		▶グローバルな視点を追求する「国際社会コース」を設置。
社会	173	▷現代社会が抱える諸問題に，実践的に関わる人材を育成する。社会学の幅広い領域を自由に横断しながら学ぶ。
現代文化	173	▷現代社会の文化現象を社会学の視点からより深くとらえ，多種多様な文化が共生する社会の構想力を養う。
メディア社会	173	▷メディアの光と影を知り，時代を分析・表現する力を培う。現場経験を持つ多彩な教員陣が指導。

● **取得可能な資格**…教職（公・社），司書，学芸員など。
● **進路状況**…………就職89.4%　進学1.9%
● **主な就職先**………東京都特別区，三菱UFJ銀行，アイレップ，日本放送協会，電通デジタル，横浜市役所，双日，デジタル・アドバタイジング・コンソーシアム，東京都庁など。

法学部		
法	360	▷国内法から国際法，公法から私法まで多岐にわたる分野の法律を学び，問題発見・解決能力と制度構築能力を養う。法曹をめざす学生をサポートする「法曹コース制度」を導入。
国際ビジネス法	115	▷国際的な企業買収や特許に関わる取引など最先端の企業法務に触れつつ，国際舞台で通用する法知識とセンスを磨く。英語のみで学位取得が可能な「グローバルコース」を設置。
政治	110	▷政治の仕組み，行政と政策，地方自治，環境などを幅広く学修し，情報分析力と問題を考え抜く思考力を身につける。

● **取得可能な資格**…教職（地歴・公・社），司書，学芸員など。
● **進路状況**…………就職80.1%　進学4.3%
● **主な就職先**………東京都特別区，国家公務員一般職，裁判所事務官一般職，みずほフィナンシャルグループ，りそなグループ，日立製作所，東京海上日動火災保険，富士通など。

観光学部		
観光	195	▷「観光関連産業の経営」「観光による地域活性化」の２つの視点で教育を構成し，新しい観光の姿を構想する力を養う。
交流文化	175	▷国内外における多様な体験型授業を通して，地域研究をベースに多文化への視点を養い，国際的な人材を育成する。

● **取得可能な資格**…教職（地歴・社），司書，学芸員など。
● **進路状況**…………就職85.5%　進学2.5%
● **主な就職先**………JTB，東武トップツアーズ，国家公務員一般職，JALスカイ，アパホテル，りそなグループ，東急ステイサービス，ANAX，クイック，富士通，伊藤忠商事など。

キャンパスアクセス ［新座キャンパス］東武東上線（東京メトロ有楽町線・副都心線相互乗り入れ）一志木より徒歩15分またはスクールバス7分／JR武蔵野線一新座より徒歩25分またはスクールバス10分

コミュニティ福祉学部		
コミュニティ政策	220	▷コミュニティ学，政策学の２専修。市民社会の力を引き出すコミュニティ政策をデザインする力を養う。
福祉	130	▷総合学としての社会福祉を学び，ソーシャルワーカーはもちろん，社会のあらゆる分野で活躍できる人材を養成する。

● 取得可能な資格…教職（公・社），司書，学芸員，社会福祉士受験資格など。
● 進路状況…………就職87.8％ 進学3.4％（旧スポーツウエルネス学科を含む）
● 主な就職先………東京都特別区，SOMPOケア，日本生命保険，ファーストリテイリング，みずほフィナンシャルグループ，東京海上日動火災保険，MS＆ADシステムズなど。

現代心理学部		
心理	143	▷基礎・応用・臨床の３つの心理学領域を軸に現代の人間の心について総合的に学修し，「人間とは何か」を問い直す力を育む。カリキュラムは，「公認心理師」受験資格取得に対応。
映像身体	176	▷現代の人間学を深く掘り下げ，映像表現と身体表現の背後に広がる人間の思考・表現行為を実践的な方法で解明する。

● 取得可能な資格…司書，学芸員など。
● 進路状況…………就職73.8％ 進学9.1％
● 主な就職先………オリエンタルランド，四季，博報堂プロダクツ，パーソルキャリア，日本航空，JCOM，富士通，システナ，山崎製パン，東京都庁，電通，博報堂，資生堂など。

スポーツウエルネス学部		
スポーツウエルネス	230	▷多様な切り口から身体科学，運動科学，社会科学などの知見を深め，ウエルネス社会の構築に寄与する人材を育成する。

● 取得可能な資格…教職（保体），司書，学芸員など。
● 主な就職先………2023年度開設のため卒業生はいない。

Global Liberal Arts Program（GLAP）		
	30	▷英語による科目で構成されたグローバル・リーダー育成のための学位コース。原則全員が１年間，海外の協定校へ留学する。国際コース選抜入試と指定校推薦入学で募集。

● 取得可能な資格…司書，学芸員など。

▶キャンパス

文・異文化コミュニケーション・経済・経営・理・社会・法・Global Liberal Arts Program……［池袋キャンパス］東京都豊島区西池袋3-34-1
観光・コミュニティ福祉・現代心理・スポーツウエルネス……［新座キャンパス］埼玉県新座市北野1-2-26

2025年度入試要項（予告）

●募集人員

学部／学科（専修）	一般	共通テスト	自由選抜
▶文 キリスト教	29	7	若干名
文（英米文学）	80	27	10
（ドイツ文学）	45	9	若干名
（フランス文学）	45	9	若干名
（日本文学）	71	15	若干名
（文芸・思想）	57	6	若干名
史	91	22	10
教育	63	9	若干名
▶異文化コミュニケーション 異文化コミュニケーション	95	13	A15 B 5
▶経済 経済	184	45	20
経済政策	95	25	
会計ファイナンス	95	25	
▶経営 経営	128	25	A40 B若干名
国際経営	78	20	
▶理 数	40	11	2
物理	45	14	2
化	47	10	4

	生命理	42	14	4
▶社会	社会	97	24	5
	現代文化	97	24	5
	メディア社会	97	24	5
▶法	法	183	32	8
	国際ビジネス法	40	7	
	政治	58	9	
▶観光	観光	125	20	5
	交流文化	100	20	5
▶コミュニティ福祉	コミュニティ政策	130	26	20
	福祉	76	17	8
▶現代心理	心理	63	23	10
	映像身体	82	31	20
▶スポーツウエルネス	スポーツウエルネス	108	30	30

注）募集人員は2024年度の実績です。

※経営学部の自由選抜入試Ａ方式の募集人員は，資格Ⅰ10名程度，資格Ⅱ10名程度，資格Ⅲ20名程度。

▷「一般選抜 一般入試」は，本学独自の試験問題２科目と，英語資格・検定試験の成績または共通テストの「英語」の成績を使って合否判定を行う制度で，両方を利用する場合は，どちらか高得点の方を採用する。全学部共通で５試験日（理学部は２試験日）を設定しているが，文学部については，本学独自の英語試験で受験できる試験日も設けている。なお，2024年度選抜においては，2022年１月以降に受験した英語資格・検定試験の４技能スコアを利用することができ，最低スコア基準の設定はなく，複数の資格・検定試験のスコアを提出することも可能。

利用できる英語資格・検定試験は以下の通り。ケンブリッジ英検（Linguaskillは公開受検のスコアのみ有効），英検（従来型，S-CBT，S-Interview），GTEC（CBTタイプ，検定版，アセスメント版），IELTS（Academic Module，コンピュータ版も有効），TEAP，TEAP CBT，TOEFL iBT（Test Date Scoresを有効とする）。

▷「一般選抜 一般入試」（文学部独自入試を除く）の文系学部の選択科目は，試験日（２月６・８・９・12・13日）によって受験できる科目が異なる。選択科目が受験できる試験日は以下の通り（2024年度の試験日です）。世Ｂ―２月６・８・12・13日。日Ｂ―２月８・９・12・13日。政経―２月12日。地理Ｂ―２月８日。数学（文系）―２月６日・９日。

▷「一般選抜 大学入学共通テスト利用入試」において，「外国語」科目は，英語資格・検定試験（一般入試と同じ）のスコアの利用可（任意）。ただし共通テストの「外国語」教科の受験は必須で，スコアを提出した場合，スコアを得点換算し，共通テストの「外国語」の得点といずれか高得点の方を合否判定に採用する。

▷共通テストの「英語」は，リーディング100・リスニング100の200点満点を，各学部学科・専修の配点に換算する。

注）自由選抜入試は2024年度の実績です。

文学部

一般入試（文学部独自入試） **3科目** ①国（200）▶現国・言語・論国・文国・古典 ②外（200）▶英コミュⅠ・英コミュⅡ・英コミュⅢ・論表Ⅰ・論表Ⅱ・論表Ⅲ ③**地歴**（史200，その他の学科・専修150）▶「歴総・世探」・「歴総・日探」から１

一般入試 **3科目** ①**国**（200）▶現国・言語（漢文を除く）・論国・文国・古典（漢文を除く） ②**外**（200）▶英語資格・検定試験のスコア，もしくは共通テスト「英語」のいずれか ③**地歴・数**（史200，その他の学科・専修150）▶「歴総・世探」・「歴総・日探」・「地総・地探」・「数Ⅰ・数Ⅱ・数Ａ・数Ｂ（数列）・数Ｃ（ベク）」から１

共通テスト利用入試（３科目型） **【史学科】** **3科目** ①**国**（200）▶国 ②**外**（200）▶英（リスニングを含む）・独・仏・中・韓から１ ③**地歴・公民・数・理・情**（200）▶「歴総・世探」・「歴総・日探」・「地総・地探」・「公・倫」・「公・政経」・「地総・歴総・公から２」・「数Ⅰ・数Ａ」・「数Ⅱ・数Ｂ・数Ｃ」・「物基・化基・生基・地学基から２」・物・化・生・地学・情Ⅰから１

［個別試験］ 行わない。

【その他の学科・専修】 **3科目** ①**国**（200）▶国 ②**外**（英米400，その他の学科・専修200）▶英（リスニングを含む）・独・仏・中・韓から１，ただし英米文学専修は英指定 ③**地歴・公民・数・理**（200）▶「歴総・世探」・「歴総・日探」・「地総・地探」・「公・倫」・「公・政経」・「地総・歴総・公から２」・「数Ⅰ・数Ａ」・「数Ⅱ・数Ｂ・数

東京　立教大学

C」・「物基・化基・生基・地学基から2」・物・化・生・地学から1
[個別試験] 行わない。
共通テスト利用入試（6科目型） **【キリスト教学科・文学科〈ドイツ文学専修／フランス文学専修／日本文学専修／文芸・思想専修〉・教育学科】** **6科目** ①**国**(200) ▶国 ②**外**(200) ▶英(リスニングを含む)・独・仏・中・韓から1 ③④⑤⑥**地歴・公民・数・理・情**(100×4) ▶「歴総・世探」・「歴総・日探」・「地総・地探」・「〈公・倫〉・〈公・政経〉から1」・「地総・歴総・公から2」・「数Ⅰ・数A」・「数Ⅱ・数B・数C」・「物基・化基・生基・地学基から2」・物・化・生・地学・情Ⅰから4
[個別試験] 行わない。
【文学科(英米文学専修)・史学科】 **6科目** ①**国**(200) ▶国 ②**外**(200) ▶英(リスニングを含む)・独・仏・中・韓から1，ただし英米文学専修は英指定 ③**地歴・公民**(英米100・史200) ▶「歴総・世探」・「歴総・日探」・「地総・地探」・「公・倫」・「公・政経」・「地総・歴総・公から2」から1 ④⑤⑥**地歴・公民・数・理・情**(100×3) ▶「歴総・世探」・「歴総・日探」・「地総・地探」・「〈公・倫〉・〈公・政経〉から1」・「地総・歴総・公から2」・「数Ⅰ・数A」・「数Ⅱ・数B・数C」・「物基・化基・生基・地学基から2」・物・化・生・地学・情Ⅰから3
※公民の2科目選択は不可。
[個別試験] 行わない。
※共通テストの「数Ⅱ・数B・数C」においては，数B(数列・推測)および数C(ベク・平面)の4項目のうち，3項目の内容の問題を選択して解答する。
自由選抜入試 **[出願資格]** キリスト教学科と史学科は全体の評定平均値が3.8以上，英米文学専修と教育学科は4.0以上，日本文学専修は全体の評定平均値が3.8以上かつ国語の評定平均値が4.0以上，文芸・思想専修は全体の評定平均値が3.8以上かつ国語の評定平均値が4.0以上および地歴・公民から合計6単位以上を修得し，その評定平均値が4.0以上の者。ほかに学科により，科目の履修要件や，指定された資格のいずれかに該当する者，指定された外国語の資格・検定試験のいずれかを受験し，スコア・級を提出できる者，指定された外国語の資格・検定試験で所定のスコア・級を取得している者などの要件あり。
[選考方法] 書類審査通過者（ドイツ文学専修とフランス文学専修は第1次選考は行わない）を対象に，面接試験のほか，英米文学専修は英作文，ドイツ文学専修とフランス文学専修は外国語総合（ドイツ語総合・フランス語総合から選択），教育学科は小論文を行う。

異文化コミュニケーション学部

一般入試 **3科目** ①**国**(200) ▶現国・言語(漢文を除く)・論国・文国・古典(漢文を除く) ②**外**(200) ▶英語資格・検定試験のスコア，もしくは共通テスト「英語」のいずれか ③**地歴・公民・数**(150) ▶「歴総・世探」・「歴総・日探」・「地総・地探」・「公・政経」・「数Ⅰ・数Ⅱ・数A・数B(数列)・数C(ベク)」から1
共通テスト利用入試（3科目型） **3科目** ①**国**(150) ▶国(近代・古文) ②**外**(200) ▶英(リスニングを含む) ③**地歴・公民・数・理・情**(100) ▶「歴総・世探」・「歴総・日探」・「地総・地探」・「公・倫」・「公・政経」・「地総・歴総・公から2」・「数Ⅰ・数A」・「数Ⅱ・数B・数C」・「物基・化基・生基・地学基から2」・物・化・生・地学・情Ⅰから1
[個別試験] 行わない。
共通テスト利用入試（6科目型） **6科目** ①**国**(200) ▶国 ②**外**(200) ▶英(リスニングを含む) ③**地歴・公民**(100) ▶「歴総・世探」・「歴総・日探」・「地総・地探」・「公・倫」・「公・政経」・「地総・歴総・公から2」から1 ④**数**(100) ▶数Ⅰ・数A ⑤**理**(100) ▶「物基・化基・生基・地学基から2」・物・化・生・地学から1 ⑥**地歴・公民・数・理・情**(100) ▶「歴総・世探」・「歴総・日探」・「地総・地探」・「公・倫」・「公・政経」・「地総・歴総・公から2」・「数Ⅱ・数B・数C」・「物基・化基・生基・地学基から2」・物・化・生・地学・情Ⅰから1
※公民の2科目選択は不可。
[個別試験] 行わない。
※共通テストの「数Ⅱ・数B・数C」においては，数B(数列・推測)および数C(ベク・平面)の4項目のうち，3項目の内容の問題を選択して解答する。
自由選抜入試 **[出願資格]** 方式Aは現役で，

指定された英語資格・検定試験のいずれかを受験し，スコアを提出できる者で，かつ指定された外国語の資格・検定試験で所定のスコア・級を取得している者。方式Ｂは１浪までの者で，定められたコース（通訳翻訳専門，英語教育専門，日本語教育専門，国際協力専門の４コース）ごとに指定されている英語資格・検定試験で所定のスコアを取得している者。

［選考方法］ 書類審査通過者を対象に，方式Ａは小論文，面接試験，方式Ｂは面接試験を行う。

経済学部

一般入試　**３科目**　①**国**（150）▶現国・言語（漢文を除く）・論国・文国・古典（漢文を除く）　②**外**（150）▶英語資格・検定試験のスコア，もしくは共通テスト「英語」のいずれか　③**地歴・公民・数**（100）▶「歴総・世探」・「歴総・日探」・「公・政経」・「数Ⅰ・数Ⅱ・数Ａ・数Ｂ（数列）・数Ｃ（ベク）」から１

共通テスト利用入試（３科目型）　**３科目**　①**国**（150）▶国（近代・古文）　②**外**（150）▶英（リスニングを含む）・独・仏・中・韓から１　③**地歴・公民・数・理・情**（100）▶「歴総・世探」・「歴総・日探」・「地総・地探」・「公・倫」・「公・政経」・「地総・歴総・公から２」・「数Ⅰ・数Ａ」・「数Ⅱ・数Ｂ・数Ｃ」・「物基・化基・生基・地学基から２」・物・化・生・地学・情Ⅰから１

［個別試験］ 行わない。

共通テスト利用入試（６科目型）　**６科目**　①**国**（200）▶国　②**外**（200）▶英（リスニングを含む）・独・仏・中・韓から１　③**地歴・公民**（100）▶「歴総・世探」・「歴総・日探」・「地総・地探」・「公・倫」・「公・政経」・「地総・歴総・公から２」から１　④⑤**数**（100×2）▶「数Ⅰ・数Ａ」・「数Ⅱ・数Ｂ・数Ｃ」　⑥**理・情**（100）▶「物基・化基・生基・地学基から２」・物・化・生・地学・情Ⅰから１

［個別試験］ 行わない。

※共通テストの「数Ⅱ・数Ｂ・数Ｃ」においては，数Ｂ（数列・推測）および数Ｃ（ベク・平面）の４項目のうち，３項目の内容の問題を選択して解答する。

自由選抜入試　**［出願資格］** 指定された英語資格・検定試験で所定のスコアを取得している者。

［選考方法］ 書類審査通過者を対象に，総合科目（主に現代の政治や経済に関する知識や関心，基礎的な数学的分析能力を問う），面接試験を行う。

経営学部

一般入試　**３科目**　①**国**（100）▶現国・言語（漢文を除く）・論国・文国・古典（漢文を除く）　②**外**（150）▶英語資格・検定試験のスコア，もしくは共通テスト「英語」のいずれか　③**地歴・公民・数**（100）▶「歴総・世探」・「歴総・日探」・「公・政経」・「数Ⅰ・数Ⅱ・数Ａ・数Ｂ（数列）・数Ｃ（ベク）」から１

共通テスト利用入試（３科目型）　**３科目**　①**国**（100）▶国（近代）　②**外**（200）▶英（リスニングを含む）　③**地歴・公民・数・情**（100）▶「歴総・世探」・「歴総・日探」・「地総・地探」・「公・倫」・「公・政経」・「地総・歴総・公から２」・「数Ⅰ・数Ａ」・「数Ⅱ・数Ｂ・数Ｃ」・情Ⅰから１

［個別試験］ 行わない。

共通テスト利用入試（６科目型）　**６科目**　①**国**（100）▶国（近代）　②**外**（200）▶英（リスニングを含む）　③**地歴・公民**（100）▶「歴総・世探」・「歴総・日探」・「地総・地探」・「公・倫」・「公・政経」・「地総・歴総・公から２」から１　④**数**（100）▶数Ⅰ・数Ａ　⑤⑥**地歴・公民・数・理・情**（100×2）▶「歴総・世探」・「歴総・日探」・「地総・地探」・「〈公・倫〉・〈公・政経〉から１」・「地総・歴総・公から２」・「数Ⅱ・数Ｂ・数Ｃ」・「物基・化基・生基・地学基から２」・物・化・生・地学・情Ⅰから１

※公民の２科目選択は不可。

［個別試験］ 行わない。

※共通テストの「数Ⅱ・数Ｂ・数Ｃ」においては，数Ｂ（数列・推測）および数Ｃ（ベク・平面）の４項目のうち，３項目の内容の問題を選択して解答する。

自由選抜入試　**［出願資格］** 方式Ａは現役で，全体の評定平均値が資格Ⅰについては3.8以上，資格Ⅱおよび資格Ⅲについては4.0以上の者。ほかに，資格Ⅰは高校在学中にスポーツの分野において，国際大会または全国大会で優秀な成績を収め，指定された英語資格・

検定試験のいずれかの成績を取得している者。資格Ⅱは高校在学中に文化・芸術やその他の課外活動，ボランティア活動などにおいて指導的役割を果たし，かつめざましい実績を挙げた者などで，指定された英語資格・検定試験のいずれかの成績を取得している者。資格Ⅲは指定された英語資格・検定試験のスコア取得者や，英語に関連する大会で極めて優秀な成績を収めた者のいずれかに該当する英語の能力に優れた者。方式Bは国際バカロレア資格を授与された1浪までの者で，指定された英語資格・検定試験のスコアを取得している者など。

[選考方法] 書類審査通過者を対象に，方式Aの資格Ⅰ・Ⅱは面接試験，方式Aの資格Ⅲと方式Bは小論文，面接試験を行う。

理学部

一般入試 **3科目** ①**外**(100)▶英語資格・検定試験のスコア，もしくは共通テスト「英語」のいずれか ②**数**(数200，物理150，化・生命理100)▶数Ⅰ・数Ⅱ・数Ⅲ・数A・数B・数C ③**理**(数100，物理・化・生命理150)▶[数学科・生命理学科] ー「物基・物」・「化基・化」・「生基・生」から1，[物理学科] ー物基・物，[化学科] ー化基・化

共通テスト利用入試(4科目型) **4科目** ①**外**(200)▶英(リスニングを含む)・独・仏・中・韓から1 ②③**数**(100×2)▶「数Ⅰ・数A」・「数Ⅱ・数B・数C」 ④**理**(200)▶[数学科・生命理学科] ー物・化・生から1，[物理学科] ー物，[化学科] ー化

[個別試験] 行わない。

共通テスト利用入試(6科目型) **【数学科・生命理学科】** **6科目** ①**国**(数200・生命理150)▶国(近代) ②**外**(200)▶英(リスニングを含む)・独・仏・中・韓から1 ③④**数**(100×2)▶「数Ⅰ・数A」・「数Ⅱ・数B・数C」 ⑤⑥**理・情**(100×2)▶物・化・生・情Ⅰから2

[個別試験] 行わない。

【物理学科・化学科】 **6科目** ①**国**(100)▶国(近代) ②**外**(200)▶英(リスニングを含む)・独・仏・中・韓から1 ③④**数**(100×2)▶「数Ⅰ・数A」・「数Ⅱ・数B・数C」 ⑤**理**(物理100・化200)▶[物理学科] ー物，[化学科] ー化 ⑥**理・情**(100)▶[物理学科] ー化・生・地学・情Ⅰから1，[化学科] ー物・生・地学・情Ⅰから1

[個別試験] 行わない。

※共通テストの「数Ⅱ・数B・数C」においては，数B(数列・推測)および数C(ベク・平面)の4項目のうち，3項目の内容の問題を選択して解答する。

自由選抜入試 **[出願資格]** 現役，全体の評定平均値3.8以上，数Ⅰ，数Ⅱ，数Ⅲ，数A，数Bを履修した者，指定された英語資格・検定試験のいずれかを受験し，スコアを提出できる者のほか，高校在学中に文化・芸術の分野やスポーツの分野で都道府県レベル以上の大会において上位の成績を収めた者，または日本数学オリンピックの予選に合格した者など，専攻分野の学業に役立つと思われる優れた実績を有する者，あるいは当該学科の指定科目を履修し，それらの評定平均値が4.5以上の者など。

[選考方法] 書類審査通過者を対象に，小論文，面接試験を行う。

社会学部

一般入試 **3科目** ①**国**(100)▶現国・言語(漢文を除く)・論国・文国・古典(漢文を除く) ②**外**(100)▶英語資格・検定試験のスコア，もしくは共通テスト「英語」のいずれか ③**地歴・公民・数**(100)▶「歴総・世探」・「歴総・日探」・「地総・地探」・「公・政経」・「数Ⅰ・数Ⅱ・数A・数B(数列)・数C(ベク)」から1

共通テスト利用入試(3科目型) **3科目** ①**国**(100)▶国(近代・古文) ②**外**(150)▶英(リスニングを含む)・独・仏・中・韓から1 ③**地歴・公民・数・理・情**(100)▶「歴総・世探」・「歴総・日探」・「地総・地探」・「公・倫」・「公・政経」・「地総・歴総・公から2」・「数Ⅰ・数A」・「数Ⅱ・数B・数C」・「物基・化基・生基・地学基から2」・物・化・生・地学・情Ⅰから1

[個別試験] 行わない。

共通テスト利用入試(6科目型) **6科目** ①**国**(200)▶国 ②**外**(200)▶英(リスニングを含む)・独・仏・中・韓から1 ③**地歴・公民**(100)▶「歴総・世探」・「歴総・日探」・「地総・地探」・「公・倫」・「公・政経」・「地総・歴総・公

から２」から１ ④**数**(100) ▶数Ⅰ・数Ａ ⑤**理**(100) ▶「物基・化基・生基・地学基から２」・物・化・生・地学から１ ⑥**地歴・公民・数・理・情**(100) ▶「歴総・世探」・「歴総・日探」・「地総・地探」・「公・倫」・「公・政経」・「地総・歴総・公から２」・「数Ⅱ・数Ｂ・数Ｃ」・「物基・化基・生基・地学基から２」・物・化・生・地学・情Ⅰから１

※公民の２科目選択は不可。

[個別試験] 行わない。

※共通テストの「数Ⅱ・数Ｂ・数Ｃ」においては，数Ｂ(数列・推測)および数Ｃ(ベク・平面)の４項目のうち，３項目の内容の問題を選択して解答する。

自由選抜入試 **[出願資格]** 指定された英語資格・検定試験のいずれかの成績を取得している者。

[選考方法] 書類審査(自由研究報告書を含む)通過者を対象に，小論文，面接試験(自由研究の口頭発表・質疑応答を含む)を行う。

法学部

一般入試 **3科目** ①**国**(200) ▶現国・言語(漢文を除く)・論国・文国・古典(漢文を除く) ②**外**(200) ▶英語資格・検定試験のスコア，もしくは共通テスト「英語」のいずれか ③**地歴・公民・数**(100) ▶「歴総・世探」・「歴総・日探」・「公・政経」・「数Ⅰ・数Ⅱ・数Ａ・数Ｂ(数列)・数Ｃ(ベク)」から１

共通テスト利用入試(３科目型) **3科目** ①**国**(150) ▶国(近代・古文) ②**外**(150) ▶英(リスニングを含む)・独・仏・中・韓から１ ③**地歴・公民・数・理**(100) ▶「歴総・世探」・「歴総・日探」・「地総・地探」・「公・倫」・「公・政経」・「地総・歴総・公から２」・「数Ⅰ・数Ａ」・「数Ⅱ・数Ｂ・数Ｃ」・「物基・化基・生基・地学基から２」・物・化・生・地学から１

[個別試験] 行わない。

共通テスト利用入試(６科目型) **6科目** ①**国**(200) ▶国(近代・古文) ②**外**(200) ▶英(リスニングを含む)・独・仏・中・韓から１ ③**地歴・公民**(100) ▶「歴総・世探」・「歴総・日探」・「地総・地探」・「公・倫」・「公・政経」・「地総・歴総・公から２」から１ ④**数**(100) ▶数Ⅰ・数Ａ ⑤**理**(100) ▶「物基・化基・生基・地学基から２」・物・化・生・地学から１ ⑥**地歴・公民・数・理・情**(100) ▶「歴総・世探」・「歴総・日探」・「地総・地探」・「公・倫」・「公・政経」・「地総・歴総・公から２」・「数Ⅱ・数Ｂ・数Ｃ」・「物基・化基・生基・地学基から２」・物・化・生・地学・情Ⅰから１

※公民の２科目選択は不可。

[個別試験] 行わない。

※共通テストの「数Ⅱ・数Ｂ・数Ｃ」においては，数Ｂ(数列・推測)および数Ｃ(ベク・平面)の４項目のうち，３項目の内容の問題を選択して解答する。

自由選抜入試 **[出願資格]** 現役，全体の評定平均値3.8以上，指定された英語資格・検定試験のいずれかを受験し，スコアを提出できる者。ほかに，高校在学中に学術・文化・芸術の分野やスポーツの分野で都道府県レベル以上の大会において上位の成績を収めた者など。

[選考方法] 書類審査通過者を対象に，面接試験を行う。

観光学部

一般入試 **3科目** ①**国**(200) ▶現国・言語(漢文を除く)・論国・文国・古典(漢文を除く) ②**外**(200) ▶英語資格・検定試験のスコア，もしくは共通テスト「英語」のいずれか ③**地歴・公民・数**(150) ▶「歴総・世探」・「歴総・日探」・「地総・地探」・「公・政経」・「数Ⅰ・数Ⅱ・数Ａ・数Ｂ(数列)・数Ｃ(ベク)」から１

共通テスト利用入試(３科目型) **3科目** ①**国**(200) ▶国(近代・古文) ②**外**(200) ▶英(リスニングを含む)・独・仏・中・韓から１ ③**地歴・公民・数・理・情**(100) ▶「歴総・世探」・「歴総・日探」・「地総・地探」・「公・倫」・「公・政経」・「地総・歴総・公から２」・「数Ⅰ・数Ａ」・「数Ⅱ・数Ｂ・数Ｃ」・「物基・化基・生基・地学基から２」・物・化・生・地学・情Ⅰから１

[個別試験] 行わない。

共通テスト利用入試(６科目型) **6科目** ①**国**(200) ▶国(近代・古文) ②**外**(200) ▶英(リスニングを含む)・独・仏・中・韓から１ ③**地歴・公民**(100) ▶「歴総・世探」・「歴総・日探」・「地総・地探」・「公・倫」・「公・政経」・「地総・歴総・公から２」から１ ④**数**(100) ▶数Ⅰ・数

Ａ ⑤⑥**地歴・公民・数・理・情**(100×2)▶「歴総・世探」・「歴総・日探」・「地総・地探」・「〈公・倫〉・〈公・政経〉から１」・「地総・歴総・公から２」・「数Ⅱ・数Ｂ・数Ｃ」・「物基・化基・生基・地学基から２」・物・化・生・地学・情Ⅰから２
※公民の２科目選択は不可。
[個別試験] 行わない。
※共通テストの「数Ⅱ・数Ｂ・数Ｃ」においては，数Ｂ(数列・推測)および数Ｃ(ベク・平面)の４項目のうち，３項目の内容の問題を選択して解答する。
自由選抜入試 **[出願資格]** 現役，全体の評定平均値が3.8以上，指定された英語資格・検定試験のいずれかの成績を取得している者で，観光関連産業の経営と観光による地域活性化のいずれかに関して，明確な問題意識または将来構想を持ち，それを解決または実現する強い意欲を持つ者などの４つの資格のいずれかに該当する者。
[選考方法] 書類審査(課題作文を含む)通過者を対象に，小論文，面接試験を行う。

コミュニティ福祉学部

一般入試 **3**科目 ①**国**(200)▶現国・言語(漢文を除く)・論国・文国・古典(漢文を除く) ②**外**(200)▶英語資格・検定試験のスコア，もしくは共通テスト「英語」のいずれか ③**地歴・公民・数**(100)▶「歴総・世探」・「歴総・日探」・「地総・地探」・「公・政経」・「数Ⅰ・数Ⅱ・数Ａ・数Ｂ(数列)・数Ｃ(ベク)」から１
共通テスト利用入試(３科目型) **3**科目 ①**国**(100)▶国(近代) ②**外**(150)▶英(リスニングを含む)・独・仏・中・韓から１ ③**地歴・公民・数・理・情**(100)▶「歴総・世探」・「歴総・日探」・「地総・地探」・「公・倫」・「公・政経」・「地総・歴総・公から２」・「数Ⅰ・数Ａ」・「数Ⅱ・数Ｂ・数Ｃ」・「物基・化基・生基・地学基から２」・物・化・生・地学・情Ⅰから１
[個別試験] 行わない。
共通テスト利用入試(６科目型) **6**科目 ①**国**(100)▶国(近代) ②**外**(200)▶英(リスニングを含む)・独・仏・中・韓から１ ③**地歴・公民**(100)▶「歴総・世探」・「歴総・日探」・「地総・地探」・「公・倫」・「公・政経」・「地総・歴総・公から２」から１ ④**数**(100)▶数Ⅰ・数Ａ ⑤**理**(100)▶「物基・化基・生基・地学基から２」・物・化・生・地学から１ ⑥**地歴・公民・数・理・情**(100)▶「歴総・世探」・「歴総・日探」・「地総・地探」・「公・倫」・「公・政経」・「地総・歴総・公から２」・「数Ⅱ・数Ｂ・数Ｃ」・「物基・化基・生基・地学基から２」・物・化・生・地学・情Ⅰから１
※公民の２科目選択は不可。
[個別試験] 行わない。
※共通テストの「数Ⅱ・数Ｂ・数Ｃ」においては，数Ｂ(数列・推測)および数Ｃ(ベク・平面)の４項目のうち，３項目の内容の問題を選択して解答する。
自由選抜入試 **[出願資格]** 現役，全体の評定平均値3.8以上，指定された英語資格・検定試験のいずれかを受験し，スコアを提出できる者のほか，資格Ⅰは高校在学中に，課外活動の各分野において主導的・指導的役割を果たし，優れた成果を挙げた者。資格Ⅱは指定された外国語の資格・検定試験で所定のスコア・級を取得するなど，語学の能力に優れた者。資格Ⅲは特別支援学校高等部(在籍３年以上)を卒業する者で，在学中に校内・校外活動において継続的・主体的なボランティア活動，障害者スポーツ大会，生徒会等で特筆すべき活動を行った者。
[選考方法] 書類審査通過者を対象に，面接試験(事前に提出したプレゼンテーション資料を用いた口頭発表，質疑応答)を行う。

現代心理学部

一般入試 **3**科目 ①**国**(150)▶現国・言語(漢文を除く)・論国・文国・古典(漢文を除く) ②**外**(150)▶英語資格・検定試験のスコア，もしくは共通テスト「英語」のいずれか ③**地歴・公民・数**(100)▶「歴総・世探」・「歴総・日探」・「地総・地探」・「公・政経」・「数Ⅰ・数Ⅱ・数Ａ・数Ｂ(数列)・数Ｃ(ベク)」から１
共通テスト利用入試(３科目型) **3**科目 ①**国**(150)▶国(近代・古文，ただし心理学科は近代のみ) ②**外**(200)▶英(リスニングを含む)・独・仏・中・韓から１，ただし心理学科は英指定 ③**地歴・公民・数・理・情**(100)▶「歴総・世探」・「歴総・日探」・「地総・地探」・「公・倫」・「公・政経」・「地総・歴総・公から２」・「数

Ⅰ・数A」・「数Ⅱ・数B・数C」・「物基・化基・生基・地学基から2」・物・化・生・地学・情Ⅰから1

［個別試験］ 行わない。

共通テスト利用入試（6科目型）　**【心理学科】** **6科目** ①**国**(200)▶国　②**外**(200)▶英(リスニングを含む)　③**地歴・公民**(100)▶「歴総・世探」・「歴総・日探」・「地総・地探」・「公・倫」・「公・政経」・「地総・歴総・公から2」から1　④⑤**数**(100×2)▶「数Ⅰ・数A」・「数Ⅱ・数B・数C」　⑥**理・情**(100)▶「物基・化基・生基・地学基から2」・物・化・生・地学・情Ⅰから1

［個別試験］ 行わない。

【映像身体学科】 **6科目** ①**国**(200)▶国　②**外**(200)▶英(リスニングを含む)・独・仏・中・韓から1　③**地歴・公民**(100)▶「歴総・世探」・「歴総・日探」・「地総・地探」・「公・倫」・「公・政経」・「地総・歴総・公から2」から1　④**数**(100)▶数Ⅰ・数A　⑤**理**(100)▶「物基・化基・生基・地学基から2」・物・化・生・地学から1　⑥**地歴・公民・数・理・情**(100)▶「歴総・世探」・「歴総・日探」・「地総・地探」・「公・倫」・「公・政経」・「地総・歴総・公から2」・「数Ⅱ・数B・数C」・「物基・化基・生基・地学基から2」・物・化・生・地学・情Ⅰから1

※公民の2科目選択は不可。

［個別試験］ 行わない。

※共通テストの「数Ⅱ・数B・数C」においては，数B(数列・推測)および数C(ベク・平面)の4項目のうち，3項目の内容の問題を選択して解答する。

自由選抜入試　**［出願資格］** 現役，全体の評定平均値3.5以上，指定された英語資格・検定試験のいずれかを受験し，スコアを提出できる者。ほかに，心理学科は心理学の学修に役立つと思われる優れた能力・実績・経験を有する者，または指定された英語資格・検定試験のいずれかの成績を取得している者など。映像身体学科においては，高校在学中に音楽，放送，映像，演劇，美術，文学，書道，弁論等の文化・芸術活動において，優れた実績を挙げた者など。

［選考方法］ 書類審査通過者を対象に，面接試験のほか，心理学科は小論文も行う。

スポーツウエルネス学部

一般入試　**3科目** ①**国**(100)▶現国・言語(漢文を除く)・論国・文国・古典(漢文を除く)　②**外**(150)▶英語資格・検定試験のスコア，もしくは共通テスト「英語」のいずれか　③**地歴・公民・数**(100)▶「歴総・世探」・「歴総・日探」・「地総・地探」・「公・政経」・「数Ⅰ・数Ⅱ・数A・数B(数列)・数C(ベク)」から1

共通テスト利用入試（3科目型）　**3科目** ①**国**(100)▶国(近代)　②**外**(150)▶英(リスニングを含む)・独・仏・中・韓から1　③**地歴・公民・数・理・情**(100)▶「歴総・世探」・「歴総・日探」・「地総・地探」・「公・倫」・「公・政経」・「地総・歴総・公から2」・「数Ⅰ・数A」・「数Ⅱ・数B・数C」・「物基・化基・生基・地学基から2」・物・化・生・地学・情Ⅰから1

［個別試験］ 行わない。

共通テスト利用入試（6科目型）　**6科目** ①**国**(100)▶国(近代)　②**外**(200)▶英(リスニングを含む)・独・仏・中・韓から1　③**地歴・公民**(100)▶「歴総・世探」・「歴総・日探」・「地総・地探」・「公・倫」・「公・政経」・「地総・歴総・公から2」から1　④**数**(100)▶数Ⅰ・数A　⑤**理**(100)▶「物基・化基・生基・地学基から2」・物・化・生・地学から1　⑥**地歴・公民・数・理・情**(100)▶「歴総・世探」・「歴総・日探」・「地総・地探」・「公・倫」・「公・政経」・「地総・歴総・公から2」・「数Ⅱ・数B・数C」・「物基・化基・生基・地学基から2」・物・化・生・地学・情Ⅰから1

※公民の2科目選択は不可。

［個別試験］ 行わない。

※共通テストの「数Ⅱ・数B・数C」においては，数B(数列・推測)および数C(ベク・平面)の4項目のうち，3項目の内容の問題を選択して解答する。

自由選抜入試　**［出願資格］** 1浪まで，全体の評定平均値3.5以上，指定された英語資格・検定試験のいずれかを受験し，スコアを提出できる者。ほかに，スポーツ分野や芸術分野で優秀な成績を収めた者，自然・環境分野で特別な実績を挙げた者，文系分野・理系分野やデータサイエンスの分野で全国または国際レベルの大会への出場経験を有する者など。

［選考方法］ 書類審査通過者を対象に，小論文，面接試験（個別面接・プレゼンテーション・グループディスカッションを２日間にわたって実施）を行う。

Global Liberal Arts Program

国際コース選抜入試 ［出願資格］ 指定された英語資格・検定試験のいずれかの成績を取得している者など。

［選考方法］ 書類審査通過者を対象に，小論文（英語による），面接試験を行う。

その他の選抜

国際コース選抜入試は上記Global Liberal Arts Programは12名を，異文化コミュニケーション学部×Dual Language Partwayは15名を，社会学部×国際社会コースは15名（各学科５名）を，法学部国際ビジネス法学科×グローバルコースは15名を募集（いずれも2024年度実績）。ほかに指定校推薦入学，アスリート選抜入試，帰国生入試，社会人入試，外国人留学生入試を実施。

偏差値データ （2024年度）

●一般入試

学部／学科／専修	2024年度 駿台予備学校 合格目標ライン	2024年度 河合塾 ボーダー偏差値	2023年度実績 募集人員	受験者数	合格者数	合格最低点	競争率 '23年	競争率 '22年
文学部								
キリスト教（全学部）	52	57.5	29	97	42	—	2.3	5.9
（個別）		60		51	22	—	2.3	5.6
文／英米文学（全学部）	56	60	80	1,062	303	—	3.5	3.9
（個別）		60		352	100	—	3.5	3.8
／ドイツ文学（全学部）	52	57.5	45	377	104	—	3.6	2.8
（個別）		60		180	54	—	3.3	2.4
／フランス文学（全学部）	52	57.5	45	458	105	—	4.4	2.9
（個別）		60		163	38	—	4.3	2.5
／日本文学（全学部）	55	60	71	682	175	—	3.9	3.4
（個別）		60		306	84	—	3.6	3.4
／文芸・思想（全学部）	55	62.5	57	700	167	—	4.2	6.2
（個別）		62.5		268	67	—	4.0	5.9
史（全学部）	57	60	91	866	246	—	3.5	4.5
（個別）		60		411	125	—	3.3	4.0
教育（全学部）	55	60	63	805	182	—	4.4	4.2
（個別）		60		305	84	—	3.6	3.9
異文化コミュニケーション学部								
異文化コミュニケーション	56	65	75	1,360	196	—	6.9	7.3
経済学部								
経済	53	60	184	3,004	954	—	3.1	2.9
経済政策	53	60	95	793	268	—	3.0	3.0
会計ファイナンス	52	60	95	789	267	—	3.0	2.9
経営学部								
経営	53	65	128	1,582	308	—	5.1	6.0
国際経営	54	62.5	78	789	235	—	3.4	4.4

学部／学科／専修	2024年度		2023年度実績					
	駿台予備学校	河合塾	募集人員	受験者数	合格者数	合格最低点	競争率	
	合格目標ライン	ボーダー偏差値					'23年	'22年
理学部								
数	**50**	**55**	40	537	187	—	2.9	3.6
物理	**51**	**57.5**	45	1,079	282	—	3.8	3.3
化	**50**	**57.5**	47	843	255	—	3.3	2.6
生命理	**51**	**57.5**	42	833	237	—	3.5	3.7
社会学部								
社会	**56**	**62.5**	97	1,774	418	—	4.2	3.8
現代文化	**54**	**62.5**	97	1,343	374	—	3.6	5.5
メディア社会	**54**	**62.5**	97	1,459	438	—	3.3	4.8
法学部								
法	**56**	**62.5**	183	1,825	778	—	2.3	3.8
国際ビジネス法	**56**	**62.5**	40	455	186	—	2.4	4.0
政治	**55**	**62.5**	58	532	244	—	2.2	3.6
観光学部								
観光	**52**	**57.5**	125	1,452	492	—	3.0	3.2
交流文化	**52**	**57.5**	100	964	410	—	2.4	3.3
コミュニティ福祉学部								
コミュニティ政策	**50**	**57.5**	134	1,253	394	—	3.2	2.9
福祉	**50**	**57.5**	76	633	189	—	3.3	2.8
現代心理学部								
心理	**55**	**62.5**	63	889	204	—	4.4	12.0
映像身体	**52**	**60**	82	979	241	—	4.1	8.6
スポーツウエルネス学部								
スポーツウエルネス	**49**	**55**	90	1,053	384	—	2.7	4.0

● 駿台予備学校合格目標ラインは合格可能性80％に相当する駿台模試の偏差値です。 ● 競争率は受験者÷合格者の実質倍率
● 河合塾ボーダー偏差値は合格可能性50％に相当する河合塾全統模試の偏差値です。

● 共通テスト利用入試

学部／学科／専修	2024年度			2023年度実績				
	駿台予備学校	河合塾		募集人員	志願者数	合格者数	競争率	
	合格目標ライン	ボーダー得点率	ボーダー偏差値				'23年	'22年
文学部								
キリスト教（3科目）	**52**	**74%**	—	7	40	20	2.0	3.0
（6科目）	**52**	**71%**	—		18	9	2.0	2.0
文／英米文（3科目）	**56**	**82%**	—	27	661	221	3.0	3.6
（6科目）	**56**	**77%**	—		110	56	2.0	2.7
／ドイツ文（3科目）	**52**	**79%**	—	9	443	90	4.9	2.0
（6科目）	**52**	**74%**	—		24	12	2.0	2.0
／フランス文（3科目）	**53**	**76%**	—	9	223	90	2.5	3.2
（6科目）	**52**	**72%**	—		35	17	2.1	2.5

学部／学科／専修	2024年度			2023年度実績				
	駿台予備学校	河合塾						
	合格目標ライン	ボーダー得点率	ボーダー偏差値	募集人員	志願者数	合格者数	競争率	
							'23年	'22年
／日本文（3科目）	56	82%	—	15	328	69	4.8	4.2
（6科目）	55	79%	—		132	46	2.9	2.7
／文芸・思想（3科目）	55	85%	—	6	293	46	6.4	6.8
（6科目）	55	81%	—		66	26	2.5	3.2
史（3科目）	56	80%	—	22	471	200	2.4	3.4
（6科目）	57	76%	—		107	54	2.0	2.6
教育（3科目）	55	81%	—	9	382	66	5.8	6.1
（6科目）	55	76%	—		141	60	2.4	3.7
異文化コミュニケーション学部								
異文化コミュニケーション（3科目）	56	87%	—	8	673	70	9.6	7.0
（6科目）	57	79%	—		142	49	2.9	2.9
経済学部								
経済（3科目）	53	80%	—	45	2,600	350	7.4	4.3
（6科目）	54	77%	—		924	362	2.6	2.2
経済政策（3科目）	53	78%	—	25	675	170	4.0	4.0
（6科目）	53	75%	—		245	99	2.5	2.0
会計ファイナンス（3科目）	53	78%	—	25	595	154	3.9	3.9
（6科目）	53	75%	—		181	80	2.3	2.0
経営学部								
経営（3科目）	54	89%	—	25	756	85	8.9	10.0
（6科目）	54	82%	—		240	60	4.0	3.8
国際経営（3科目）	55	87%	—	20	278	46	6.0	10.3
（6科目）	55	81%	—		115	38	3.0	3.1
理学部								
数（4科目）	51	76%	—	11	354	136	2.6	3.3
（6科目）	51	72%	—		196	95	2.1	1.7
物理（4科目）	51	83%	—	14	573	127	4.5	4.1
（6科目）	51	77%	—		461	139	3.3	1.9
化（4科目）	52	79%	—	10	354	90	3.9	5.6
（6科目）	51	75%	—		329	114	2.9	1.8
生命理（4科目）	52	82%	—	14	541	111	4.9	3.8
（6科目）	52	77%	—		620	127	4.9	1.7
社会学部								
社会（3科目）	56	84%	—	24	546	111	4.9	6.1
（6科目）	56	80%	—		295	113	2.6	2.3
現代文化（3科目）	55	80%	—	24	654	150	4.4	3.3
（6科目）	55	75%	—		254	100	2.5	2.0
メディア社会（3科目）	54	82%	—	24	779	135	5.8	5.3
（6科目）	54	74%	—		163	76	2.1	3.0
法学部								
法（3科目）	56	80%	—	32	910	394	2.3	4.0
（6科目）	57	76%	—		339	169	2.0	3.0

学部／学科／専修	2024年度			2023年度実績				
	駿台予備学校	河合塾		募集人員	志願者数	合格者数	競争率	
	合格目標ライン	ボーダー得点率	ボーダー偏差値				'23年	'22年
国際ビジネス法（３科目）	56	78%	—	7	265	111	2.4	7.0
（６科目）	56	75%	—		39	20	2.0	3.6
政治（３科目）	56	79%	—	9	298	131	2.3	4.4
（６科目）	56	75%	—		91	46	2.0	2.4
観光学部								
観光（３科目）	53	81%	—	20	730	83	8.8	7.1
（６科目）	53	76%	—		195	40	4.9	3.5
交流文化（３科目）	53	80%	—	20	288	102	2.8	8.1
（６科目）	53	75%	—		96	39	2.5	2.9
コミュニティ福祉学部								
コミュニティ政策（３科目）	50	77%	—	30	669	150	4.5	4.7
（６科目）	50	74%	—		53	27	2.0	2.9
福祉（３科目）	51	75%	—	17	426	110	3.9	3.8
（６科目）	51	72%	—		45	23	2.0	2.0
現代心理学部								
心理（３科目）	55	83%	—	23	465	80	5.8	4.6
（６科目）	56	77%	—		205	72	2.8	3.0
映像身体（３科目）	52	77%	—	31	524	127	4.1	4.9
（６科目）	52	72%	—		113	57	2.0	2.3
スポーツウエルネス学部								
スポーツウエルネス（３科目）	49	78%	—	30	576	120	4.8	8.5
（６科目）	49	74%	—		145	54	2.7	3.0

●駿台予備学校合格目標ラインは合格可能性80%に相当する駿台模試の偏差値です。　●競争率は志願者÷合格者の志願倍率
●河合塾ボーダー得点率は合格可能性50%に相当する共通テストの得点率です。
また，ボーダー偏差値は合格可能性50%に相当する河合塾全統模試の偏差値です。

併設の教育機関　大学院

キリスト教学研究科

教員数▶10名
院生数▶29名

博士前期課程▶ ●**キリスト教学専攻**　伝統的な学問分野だけでなく，フィールドスタディや教会音楽実技を含む多彩な科目を展開。

博士後期課程▶ キリスト教学専攻

文学研究科

教員数▶69名
院生数▶132名

博士前期課程▶ ●**日本文学専攻**　文学による自らの“世界”の創造をめざし，世界における日本文学の位置や役割を探求する。

●**英米文学専攻**　英米の詩，戯曲，小説，英語史・中世英語英文学，その他英語圏の文学など，広範な領域の授業科目を開設。

●**ドイツ文学専攻**　従来の文献学的伝統を踏まえながら，最先端のドイツ語圏文化研究を展開。ドイツの大学への留学支援が充実。

●**フランス文学専攻**　一歩踏み込んだフランス学を「知る」ためのプログラムを用意し，海外の研究者・研究機関と盛んな交流を展開。

●**史学専攻**　日本史，東洋史，西洋史を横断

して学び，私たち人間のいま，そして行く末も見つめるまなざしを持った人材を育成。
●超域文化学専攻　人文地理学，文化人類学，考古学，民俗学，地域研究の融合による実証的な研究・教育を実施。
●教育学専攻　人間にとっての根源的な問いである「教育とは何か」を探求し，新たな知見を提示する。
●比較文明学専攻　文学，哲学，表象文化論，文化批評など，人文学の基礎を踏まえつつ，多様な視野と知識を修得する。
博士後期課程　日本文学専攻，英米文学専攻，ドイツ文学専攻，フランス文学専攻，史学専攻，超域文化学専攻，教育学専攻，比較文明学専攻

異文化コミュニケーション研究科

教員数▶24名
院生数▶50名
博士前期課程　●異文化コミュニケーション専攻　多文化共生に寄与し，言葉と人と文化をつなぐ新たな異文化コミュニケーション学を構築する。
博士後期課程　異文化コミュニケーション専攻

経済学研究科

教員数▶43名
院生数▶57名
博士前期課程　●経済学専攻　グローバルに変化する経済現象を学問的に深く分析・考察できる専門家を養成。社会人コースも設置。
博士後期課程　経済学専攻

経営学研究科

教員数▶24名
院生数▶105名
博士前期課程　●経営学専攻　経営学の知識・理論を用いて，リーダーシップを発揮する人材を開発できる高度専門職業人を育成。
●国際経営学専攻　すべての講義・研究指導を英語で展開。海外の提携大学院の修士号も取得できるダブルディグリーコースも提供。
博士後期課程　経営学専攻

理学研究科

教員数▶50名
院生数▶130名
博士前期課程　●物理学専攻　極小の素粒子から極大の宇宙まで，現代物理学の最先端をいく研究を行い，未解決の問題解明に迫る。
●化学専攻　物質の性質や変化を体験し，化学の醍醐味を知る。理化学研究所などの連携大学院の研究室で研究を行うことも可能。
●数学専攻　純粋数学から応用数学にわたる現代数学を深く学ぶ。日本の私立大学で唯一，単独で数学の専門雑誌を編集・発行。
●生命理学専攻　分子生物学，生物化学，分子細胞生物学の３領域で構成。基礎を大切にしたアプローチで，生命の謎を解き明かす。
博士後期課程　物理学専攻，化学専攻，数学専攻，生命理学専攻

社会学研究科

教員数▶30名
院生数▶60名
博士前期課程　●社会学専攻　社会学と関連領域の研究を通して，現代社会の諸問題を発見・分析・提言できる人材を養成する。
博士後期課程　社会学専攻

法学研究科

教員数▶38名
院生数▶27名
博士前期課程　●法学政治学専攻　法学と政治学によって，社会と自己自身のあるべき姿を模索する。
博士後期課程　法学政治学専攻

観光学研究科

教員数▶20名
院生数▶33名
博士前期課程　●観光学専攻　観光に関す

る研究・調査を総合的に推進する能力を持った観光学のフロンティアに立つ人材を育成。

博士後期課程 観光学専攻

コミュニティ福祉学研究科

教員数▶22名
院生数▶21名

博士前期課程 ●コミュニティ福祉学専攻
「いのちの尊厳のために」を基本理念として，ソーシャルワーク研究，コミュニティ政策研究を展開。夜間開講科目も配置。

博士後期課程 コミュニティ福祉学専攻

現代心理学研究科

教員数▶32名
院生数▶50名

博士前期課程 ●心理学専攻　基礎的・応用的心理学領域の教育・研究を実践し，現代社会の心理学的問題にアプローチする。
●臨床心理学専攻　日本臨床心理士資格認定協会第１種指定および公認心理師養成大学院として，高度専門職業人を養成する。
●映像身体学専攻　他の大学院にはない斬新なコンセプトで，映像と身体をめぐる理論と実践を結びつけ，新しい人間学を構築する。

博士後期課程 心理学専攻，臨床心理学専攻，映像身体学専攻

スポーツウエルネス学研究科

教員数▶13名
院生数▶23名

博士前期課程 ●スポーツウエルネス学専攻　人間の可能性の追求と，誰もが快適で活力に満ちたウエルネス社会の実現に積極的に貢献する人材を育成する。

博士後期課程 スポーツウエルネス学専攻

ビジネスデザイン研究科

教員数▶21名
院生数▶218名

博士前期課程 ●ビジネスデザイン専攻
ビジネスをデザインする創造的人材を育成する。昼夜開講制。MBA取得可。

博士後期課程 ビジネスデザイン専攻

社会デザイン研究科

教員数▶13名
院生数▶106名

博士前期課程 ●社会デザイン学専攻
21世紀社会デザイン研究科から，2024年４月名称変更。21世紀社会の諸問題に取り組み，具体的な方法論を探究する。昼夜開講制。

博士後期課程 社会デザイン学専攻

人工知能科学研究科

教員数▶17名
院生数▶127名

修士課程 ●人工知能科学専攻　機械学習やディープラーニング（深層学習）を中心としたAI領域について学習・研究できるカリキュラムを設置。昼夜開講制。

立正大学（りっしょうだいがく）

資料請求

問合せ先 入試センター ☎03-3492-6649

建学の精神

1580（天正８）年に開設された日蓮宗の教育機関を源流に，1872（明治５）年，東京・芝二本榎に設立した「小教院」が，立正大学開校の起点。正しきを立て，人々の安穏と社会の恒久平和の実現を願うという立正精神を現代に受け継ぎ，建学の精神「真実・正義・和平」を実践する人物像である「『モラリスト×エキスパート』を育む。」を学園メッセージとして掲げ，社会への積極的な関わり合いの中で，人の喜びや悲しみを受け止め，それらをつなぎ，生かしながら社会に貢献できる「モラリスト×エキスパート」人材を育むため，文理融合，地域連携，国際交流を重視した実体験の学修の場を豊富に用意。150年を超える伝統と革新が融合する総合大学の複合的な学びの中で新たな可能性を見出す目を養い，自らの可能性の芽を開花させている。

- 品川キャンパス……〒141-8602　東京都品川区大崎4-2-16
- 熊谷キャンパス……〒360-0194　埼玉県熊谷市万吉1700

基本データ

学生数▶10,215名（男6,270名，女3,945名）
専任教員数▶教授167名，准教授70名，講師38名
設置学部▶心理，法，経営，経済，文，仏教，データサイエンス，地球環境科，社会福祉
併設教育機関▶大学院ー文学・心理学・経済学・地球環境科学・社会福祉学（以上M・D），法学・経営学（以上M）

就職・卒業後の進路

就職率 96.5%
就職者÷希望者×100

● **就職支援**　学生が卒業後の社会生活や職業生活を行う上で基盤となる知識や技能を，より効果的に修得できる体系的なキャリア支援を実施。2023年度秋より，オンラインOB／OG訪問ネットワークサービス「ビズリーチ・キャンパス」を他大学に先駆けて導入したほか，厳選した企業とコラボした少人数制の課題解決型インターンシップも行っている。

● **資格取得支援**　学部・学科で学んだ力をさらに伸ばす，幅広い分野の，特徴のある資格対策講座が数多く開講されており，興味のある資格にチャレンジすることが可能。

進路指導者も必見 学生を伸ばす 面倒見

初年次教育

立正大学の理念や教育目標を理解することからスタートし，ノートの取り方や文献の探し方，レポートの書き方など，大学での学びに必要な基礎的な技術を身につける「学修の基礎Ⅰ」や「情報処理の基礎」などの科目を開講

学修サポート

全学部でTA・SA制度，さらに地球環境科学部と社会福祉学部でアドバイザー制度（専任教員が学生約15人を担当）を導入。また学修はもちろん，将来のことや学生生活についても相談できるオフィスアワーを設けている

オープンキャンパス（2023年度実績） 来校型オープンキャンパスを６月18日・７月23日（品川・熊谷），８月19日（品川）・20日（熊谷）に開催（事前申込）。７月30日，９月３日，12月17日には，LIVE配信イベントも実施。

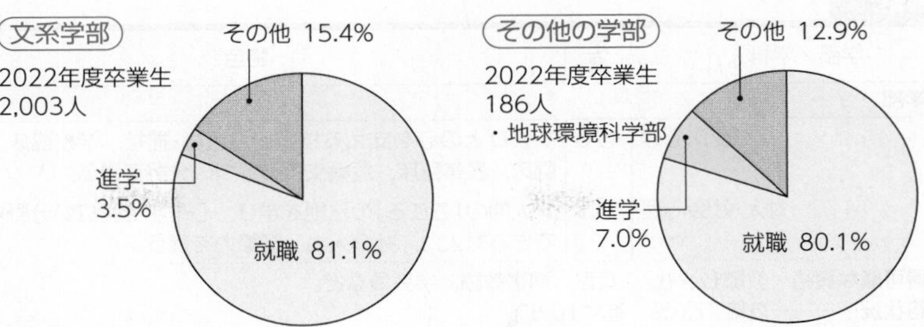

主なOB・OG▶［心理］月亭方正（落語家），［法］黒木優太（プロ野球選手），［経済］鳥越徹（鳥越製粉会長兼社長），［文］室賀栄助（八幡屋礒五郎社長），［文］井崎義治（流山市長），［社会福祉］徳重聡（俳優）など。

国際化・留学　大学間 40 大学等・部局間 32 大学等

受入れ留学生数▶70名（2023年5月1日現在）

留学生の出身国▶中国，韓国，南アフリカなど。

外国人専任教員▶教授３名，准教授５名，講師６名（2023年５月１日現在）

外国人専任教員の出身国▶アメリカ，カナダ，韓国，中国など。

大学間交流協定▶40大学・機関（交換留学先38大学，2023年５月１日現在）

部局間交流協定▶32大学・機関（交換留学先18大学，2023年５月１日現在）

海外への留学生数▶渡航型34名・オンライン型７名／年（10カ国・地域，2022年度）

海外留学制度▶グローバル化する社会で活躍できる人材の育成をめざし，海外協定大学への交換留学や語学留学，夏期・春期休暇に実施する語学研修，文化研修，海外ボランティア・インターンシップなど，世界に学び，世界と学ぶ多彩な国際交流メニューを用意。

学費・奨学金制度　給付型奨学金総額 年間約 1億 2,638万円

入学金▶288,000円

年間授業料（施設費等を除く）▶778,000円（詳細は巻末資料参照）

年間奨学金総額▶126,384,750円

年間奨学金受給者数▶296人

主な奨学金制度▶一般選抜R方式受験者を対象にした「立正大学チャレンジ奨学生」や「立正大学学部橘経済支援奨学生」「立正大学校友会成績優秀奨学生」「立正大学特別奨学生～TOP150～」などを設置。学費減免制度も用意されており，2022年度には41人を対象に総額で約908万円を減免している。

保護者向けインフォメーション

- **オープンキャンパス**　通常のオープンキャンパス時に「保護者説明会」を実施している。
- **公開授業**　学生が入学前に公開授業を実施。
- **成績確認**　成績通知表を郵送している。
- **懇談会**　毎年，全国各地で保護者懇談会を開催し，「保護者のための就職講座」などを実施。
- **保護者向け冊子**　『保護者のための就活読本』や『橘父兄会会報』を発行している。
- **防災対策**　『学生手帳』『学生生活ハンドブック』で防災対策を周知。災害時の学生の状況は独自の安否システムを利用して確認する。

インターンシップ科目	必修専門ゼミ	卒業論文	GPA制度の導入の有無および活用例	１年以内の退学率	標準年限での卒業率
全学部で開講している	心理・文・仏教・データサイエンス・地球環境科・社会福祉学部で実施	法・経営・経済・社会福祉（選択）を除き卒業要件	奨学金等対象者の選定基準，学生に対する個別の学修指導のほか，一部の学部で大学院入試の選抜基準，履修上限単位数の設定に活用	2.0%	84.4%

学部紹介

学部／学科	定員	特色
心理学部		
臨床心理	170	▷人びとの心を支える技術を，医療・福祉，学校臨床，発達臨床，産業臨床，危機支援の５つの分野で学ぶ。
対人・社会心理	115	▷人間の「こころ」の法則を学び，心理学を幅広い分野で応用できる対人力，社会人力，国際力を養う。
● 取得可能な資格…教職（公・社），司書，司書教諭，学芸員など。 ● 進路状況…………就職77.6%　進学10.8% ● 主な就職先………アズパートナーズ，東京国税庁，千葉県庁，エイブル，コペル，アパホテルなど。		
法学部		
法	340	▷社会公共，ビジネス法，特修の３コース。実社会に即応した体系的な学びにより，自ら考え，社会で生き抜く力を養う。
● 取得可能な資格…教職（地歴・公・社），司書，司書教諭，学芸員など。 ● 進路状況…………就職83.0%　進学0.0% ● 主な就職先………警視庁，千葉県警察本部，品川区役所，さいたま市役所，かんぽ生命保険など。		
経営学部		
経営	330	▷戦略経営，マーケティング，会計，情報システム学の４つの領域の生きた経営学を学び，「共創力」を身につける。
● 取得可能な資格…教職（商業），司書，司書教諭，学芸員など。 ● 進路状況…………就職87.1%　進学0.3% ● 主な就職先………リコージャパン，大塚商会，千葉信用金庫，住友不動産販売，一条工務店など。		
経済学部		
経済	400	▷経済学，国際，金融の３コース。実践的な経済学を学び，経済分野で“求められる人”となるための知識を修得する。
● 取得可能な資格…教職（地歴・公・社・商業），司書，司書教諭，学芸員など。 ● 進路状況…………就職83.4%　進学2.0% ● 主な就職先………システナ，京葉銀行，NECフィールディング，イオンリテール，ヤオコーなど。		
文学部		
哲	95	▷古今東西の哲学を学び，対話・議論を通して，自分自身や社会の課題を哲学の分野から徹底的に考察する。
史	155	▷日本史，東洋史，西洋史，考古学の４領域。史料・遺跡にじかに触れ，情報を読み解く力と伝える力を身につける。
社会	155	▷生きた知識と気づきを得られる実習・演習科目を通して，多角的に社会を分析する技術を学ぶ。
文	155	▷２コース制。日本語日本文学専攻コースでは，多彩な分野，学修法で日本文学を探究。英語英米文学専攻コースでは，英語圏の文学・文化を知り，英語で自在に表現する能力を養う。
● 取得可能な資格…教職（国・地歴・公・社・書・英），司書，司書教諭，学芸員など。 ● 進路状況…………就職72.7%　進学5.5% ● 主な就職先………東京国税局，IMSグループ，大崎コンピュータエンヂニアリング，オーケーなど。		
仏教学部		
仏教 宗	105	▶学部単位で募集し，３年次進級時に学科・コースを決定。仏教の叡智から，今を生きる教養と社会に貢献する力を身につける。仏教学科は思想・歴史，文化・芸術の２コース。宗学科は日本仏教，法華仏教の２コース。

キャンパスアクセス ［品川キャンパス］ JR山手線・湘南新宿ライン・埼京線，りんかい線―大崎より徒歩5分／JR山手線，都営地下鉄浅草線―五反田より徒歩5分／東急池上線―大崎広小路より徒歩1分

● 取得可能な資格…教職（地歴・公・社・宗），司書，司書教諭，学芸員など。 ● 進路状況…………就職72.0%　進学4.0% ● 主な就職先………寺院など，トヨタモビリティ東京，大和ライフネクスト，東京シティ青果など。		
データサイエンス学部		
データサイエンス	240	▷数理・情報・AIといった科目だけでなく，ビジネス・社会・観光・スポーツなどの応用科目も多数用意し，社会課題をデータに基づいて解決するデータサイエンティストを育成する。
● 取得可能な資格…教職（情），司書，司書教諭，学芸員など。 ● 主な就職先………2021年度開設のため卒業生はいない。		
地球環境科学部		
環境システム	115	▷生物・地球，気象・水文の２コース。自然環境を体系的に理解し，持続可能な社会の形成に貢献できる人材を育成する。
地理	115	▷人文・社会と自然が融合した領域の学びから，現代の地域問題と向き合うための総合的な知識・視野と技術を養う。
● 取得可能な資格…教職（地歴・社・理・情），司書，司書教諭，学芸員，測量士補など。 ● 進路状況…………就職80.1%　進学7.0% ● 主な就職先………国際航業，JR東日本ステーションサービス，日さく，アジア航測，秩父鉄道など。		
社会福祉学部		
社会福祉	175	▷ソーシャルワーク，教育福祉・社会デザインの２コース。人の「生きる力」を引き出す社会福祉のエキスパートを育成。
子ども教育福祉	100	▷教育・福祉・心理の３つの領域を総合的に学び，子どもの理解，福祉の視点を持った福祉と教育の専門家を育成する。
● 取得可能な資格…教職（公・社，小一種，幼一種，特別支援），司書，司書教諭，学芸員，保育士，社会福祉士・精神保健福祉士受験資格など。 ● 進路状況…………就職88.7%　進学2.2% ● 主な就職先………公私立保育園，特別支援学校・養護学校，小学校，東京都社会福祉事業団など。		

▶キャンパス

心理・法・経営・経済・文・仏教……［品川キャンパス］東京都品川区大崎4-2-16
データサイエンス・地球環境科・社会福祉……［熊谷キャンパス］埼玉県熊谷市万吉1700

2024年度入試要項（前年度実績）

●募集人員

学部／学科		R方式	2月前期	2月後期	3月
▶心理	臨床心理	10	65	10	5
	対人・社会心理	5	40	5	5
▶法	法	10	80	10	15
▶経営	経営	10	150	—	10
▶経済	経済	10	135	15	15
▶文	哲	7	33	5	3
	史	5	80	15	3
	社会	5	50	17	3
	文	6	55	10	10
▶仏教		8	26	5	5
▶データサイエンス	データサイエンス	10	65	10	10
▶地球環境科	環境システム	5	40	5	5
	地理	5	25	5	5
▶社会福祉	社会福祉	5	35	10	5
	子ども教育福祉	5	10	5	5

※仏教学部は学部一括募集。
※データサイエンス学部の一般選抜２月試験前期は，共通テスト併用型も実施。

▷一般選抜Ｒ方式において，出願時に指定の英語外部試験の結果を提出した者は，所定の等級またはスコアに応じた「みなし得点」と，本学の英語での得点（素点）を比較し，高得点を合否判定に使用する。

キャンパスアクセス［熊谷キャンパス］JR高崎線，新幹線，秩父鉄道一熊谷よりバス10分（在学生はバス料金無料）／東武東上線一森林公園よりバス12分（在学生はバス料金無料）

心理学部・法学部・経営学部・文学部・仏教学部・社会福祉学部

全学部一般選抜R方式　3科目　①国(60)▶国総(現文)　②外(100)▶コミュ英Ⅰ・コミュ英Ⅱ・コミュ英Ⅲ・英表Ⅰ・英表Ⅱ　③**地歴・公民**(60)▶世B・日B・地理B・政経から1
全学部一般選抜2月試験前期(2月3日・2月4日・2月5日)・2月試験後期・3月試験　3科目　①国(100)▶国総(現文必須，古文・漢文は選択のみ。ただし，2月4日と5日の日本語日本文学専攻コースと2月5日の史学科は現文必須，古文・漢文選択必須)　②**外**(100)▶コミュ英Ⅰ・コミュ英Ⅱ・コミュ英Ⅲ・英表Ⅰ・英表Ⅱ　③**地歴・公民**(100)▶世B・日B・地理B・政経から1
※心理学部全日程，経営学部2月前期，文学部社会学科・日本語日本文学専攻コースの2月4日と文学部の2月5日は3科目を受験し，3科目で判定。その他の日程はすべて3科目を受験し，高得点2科目で判定する(英語英米文学専攻コースのみ，英語を含む高得点2科目)。

経済学部

全学部一般選抜R方式　3科目　①国(60)▶国総(現文)　②**外**(100)▶コミュ英Ⅰ・コミュ英Ⅱ・コミュ英Ⅲ・英表Ⅰ・英表Ⅱ　③**地歴・公民**(60)▶世B・日B・地理B・政経から1
全学部一般選抜2月試験前期(2月3日)・2月試験後期・3月試験　3科目　①国(100)▶国総(現文必須，古文・漢文は選択のみ)　②**外**(100)▶コミュ英Ⅰ・コミュ英Ⅱ・コミュ英Ⅲ・英表Ⅰ・英表Ⅱ　③**地歴・公民**(100)▶世B・日B・地理B・政経から1
※いずれも3科目を受験し，経済学コースのみ，高得点2科目で判定する(国際コースと金融コースは3科目で判定)。
全学部一般選抜2月試験前期(地歴公民受験〈2月4日・2月5日〉)　2月3日と同じ
全学部一般選抜2月試験前期(数学受験〈2月4日・2月5日〉)　3科目　①国(100)▶国総(現文必須，古文・漢文は選択のみ)　②**外**(100)▶コミュ英Ⅰ・コミュ英Ⅱ・コミュ英Ⅲ・英表Ⅰ・英表Ⅱ　③**数**(100)▶数Ⅰ・数Ⅱ・数A・数B(確率を除く)
※地歴公民受験，数学受験とも，いずれも3科目を受験し，経済学コースは高得点2科目で判定する。また，2月4日のみ，国際コースは英語を含む高得点2科目で判定し，英語の判定点を2.0倍にして傾斜配点を行う(金融コースと2月5日の国際コースは3科目で判定)。

データサイエンス学部・地球環境科学部

全学部一般選抜R方式　**【データサイエンス学科・環境システム学科】**　3科目　①国(60)▶国総(現文)　②**外**(100)▶コミュ英Ⅰ・コミュ英Ⅱ・コミュ英Ⅲ・英表Ⅰ・英表Ⅱ　③**数**(60)▶数Ⅰ・数Ⅱ・数A・数B(確率を除く)から1
【地理学科】　3科目　①国(60)▶国総(現文)　②**外**(100)▶コミュ英Ⅰ・コミュ英Ⅱ・コミュ英Ⅲ・英表Ⅰ・英表Ⅱ　③**地歴・公民**(60)▶世B・日B・地理B・政経から1
全学部一般選抜2月試験前期(地歴公民受験〈2月3日・2月4日・2月5日〉)　**【データサイエンス学科・地理学科】**　3科目　①国(100)▶国総(現文必須，古文・漢文は選択のみ)　②**外**(100)▶コミュ英Ⅰ・コミュ英Ⅱ・コミュ英Ⅲ・英表Ⅰ・英表Ⅱ　③**地歴・公民**(100)▶世B・日B・地理B・政経から1
※2月5日は地理学科のみ実施。
※いずれも3科目を受験し，2月3日と4日の地理学科は高得点2科目で判定する。データサイエンス学科と地理学科2月5日は3科目で判定。
全学部一般選抜2月試験前期(理科受験〈2月3日・2月4日〉)　3科目　①**外**(100)▶コミュ英Ⅰ・コミュ英Ⅱ・コミュ英Ⅲ・英表Ⅰ・英表Ⅱ　②**理**(100)▶「物基・物(原子を除く)」・「化基・化」・「生基・生」・「地学基・地学」から1　③**国・数**(100)▶国総(現文必須，古文・漢文は選択のみ)・「数Ⅰ・数Ⅱ・数A・数B(確率を除く)」から1
※いずれも3科目を受験し，環境システム学科の2月4日とデータサイエンス学科は3科目，環境システム学科の2月3日と地理学科は高得点2科目で判定する。
全学部一般選抜2月試験前期(数学受験〈2月

4日・2月5日〉〉 **3科目** ①国(100)▶国総(現文必須，古文・漢文は選択のみ) ②外(100)▶コミュ英Ⅰ・コミュ英Ⅱ・コミュ英Ⅲ・英表Ⅰ・英表Ⅱ ③数(100)▶数Ⅰ・数Ⅱ・数A・数B(確率を除く)

※2月4日はデータサイエンス学科のみ実施。

※いずれも3科目を受験し，データサイエンス学科と地理学科は3科目，環境システム学科は高得点2科目で判定する(気象・水文コースは数学を含む高得点2科目)。

全学部一般選抜2月試験前期共通テスト併用型(2月3日・4日・5日) **【データサイエンス学科】〈共通テスト科目〉** **1科目** ①数(100)▶「数Ⅰ・数A」・「数Ⅱ・数B」から1 **〈個別試験科目〉** それぞれ各試験日に受験した各受験型の3科目(100×3)を判定に利用する

全学部一般選抜2月試験後期　2月試験前期(地歴公民受験)と同じ

※いずれも3科目を受験し，データサイエンス学科は3科目，環境システム学科と地理学科は高得点2科目で判定する。

全学部一般選抜3月試験(理科受験)　2月試験前期(理科受験)と同じ

※いずれも3科目を受験し，データサイエンス学科は3科目，環境システム学科と地理学科は高得点2科目で判定する。

全学部一般選抜3月試験(地歴公民受験)　**【地理学科】** 2月試験前期(地歴公民受験)と同じ

※3科目を受験し，高得点2科目で判定する。

その他の選抜

総合型選抜は心理学部14名，法学部40名，経営学部35名，経済学部40名，文学部56名，仏教学部25名，データサイエンス学部10名，地球環境科学部50名，社会福祉学部90名を募集。ほかに共通テスト利用選抜，公募制推薦選抜，指定校制推薦選抜，付属・準付属校対象推薦選抜，専門高校(学科)・総合学科生徒対象選抜，海外帰国生徒対象選抜，社会人対象選抜，外国人留学生対象選抜を実施。

偏差値データ（2024年度）

●全学部一般選抜2月試験前期

学部／学科／コース	2024年度 駿台予備学校 合格目標ライン	2024年度 河合塾 ボーダー偏差値	2023年度 競争率
▶心理学部			
臨床心理	44	50	3.7
対人・社会心理	44	47.5	4.3
▶法学部			
法	41	42.5	2.0
▶経営学部			
経営	39	40	1.7
▶経済学部			
経済／経済学	39	42.5	3.4
／国際		40	4.4
／金融		45	4.1
▶文学部			
哲	39	47.5	2.7
史	42	45	1.7
社会	40	45	2.2
文／日本語日本文学	41	45	1.4
／英語英米文学	40	45	1.3
▶仏教学部			
仏教	33	37.5	1.4
宗			
▶データサイエンス学部			
データサイエンス	39	35	1.3
▶地球環境科学部			
環境システム／生物・地球	39	37.5	1.1
／気象・水文		37.5	1.3
地理	38	37.5	1.7
▶社会福祉学部			
社会福祉／ソーシャルワーク	40	40	1.1
／教育福祉・社会デザイン		37.5	1.2
子ども教育福祉	40	37.5	1.1

●駿台予備学校合格目標ラインは合格可能性80％に相当する駿台模試の偏差値です。
●河合塾ボーダー偏差値は合格可能性50％に相当する河合塾全統模試の偏差値です。
●競争率は受験者÷合格者の実質倍率
※データサイエンス学部の競争率は共通テスト併用型を除く。

東京　立正大学

早稲田大学（わせだ）

資料請求

問合せ先 入学センター☎03-3203-4331

建学の精神

1882（明治15）年に，大隈重信によって創設された東京専門学校を前身とし，1902年早稲田大学と改称。“官学に匹敵する高等教育機関の育成”という創設者の理想は，「学問の独立」「学問の活用」「模範国民の造就」の三大教旨や，「進取の精神」「在野精神」「東西文明の調和」といった理念などにより支えられて現実のものとなり，“私学の雄”としてのゆるぎない地位を確立した。こうした伝統を基盤に，創立150周年を迎える2032年に向けて，「世界で輝くWASEDA」をめざし，世界へ貢献する大学であり続けるための「Waseda Vision 150」を策定。建学の理念を現代社会にふさわしい形で実現し，常に地球的視点を持って社会のさまざまな分野で困難な課題の解決に挑む，世界で通用するグローバルリーダーの育成に力を注いでいる。

- 早稲田キャンパス……〒169-8050 東京都新宿区西早稲田1-6-1
- 戸山キャンパス………〒162-8644 東京都新宿区戸山1-24-1
- 西早稲田キャンパス…〒169-8555 東京都新宿区大久保3-4-1
- 所沢キャンパス………〒359-1192 埼玉県所沢市三ヶ島2-579-15

基本データ

学生数▶38,776名（男23,415名，女15,361名）

専任教員数▶教授1,105名，准教授254名，講師193名

設置学部▶政治経済，法，教育，商，社会科学，国際教養，文化構想，文，基幹理工，創造理工，先進理工，人間科学，スポーツ科学

併設教育機関▶大学院（P.795参照） 通信教育課程—人間科学部eスクール

就職・卒業後の進路

就職率 **96.8**%（就職者÷希望者×100）

●**就職支援**　キャリアセンターでは，学生が社会の中で，また所属する組織の中で存在感のある人物として活躍する場を，自分の力で選べるようサポート。経験とノウハウと情報を持ったスタッフが，学生のキャリアや就職活動について，ともに考えて支援している。

●**資格取得支援**　2023年の司法試験合格者数は174名で全国４位，国家公務員総合職試

進路指導者も必見 学生を伸ばす 面倒見

初年次教育	学修サポート
すべての学問に求められる必須スキルとして，基盤教育に，「日本語のアカデミック・ライティング」「英語の発話とアカデミック・ライティング」「数学的思考」「データ科学」「情報科学」の5分野を揃え，身につけることを推奨	数学・統計・データ科学・情報の内容についてLA（Learning Assistant）が個別にサポートするMath and Stat Center，あらゆる学習・生活面に関してサポートする早稲田ポータルオフィス，文書作成を支援するライティングセンターなどを設置

オープンキャンパス（2023年度実績） 早稲田・戸山・西早稲田キャンパスで8月5・6日に開催（一部のプログラムを除き事前予約不要。人間科学部のみ，8月26日にオンラインでも実施）。7月に仙台・大阪・広島・福岡で出張OCも開催した。

験合格者数は96名で全国4位など，難関試験で毎年高い合格実績を誇っている。

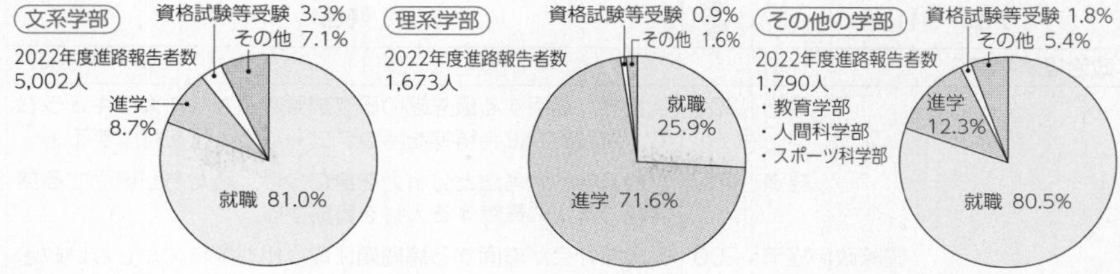

主なOB・OG▶［政治経済］柳井正（ファーストリテイリング会長兼社長），［法］石井敬太（伊藤忠商事社長），［旧理工］佐藤恒治（トヨタ自動車社長），［旧第一文］村上春樹（小説家），［旧第一文］堺雅人（俳優）など。

国際化・留学　大学間 586 大学等・部局間 616 大学等

受入れ留学生数▶2,653名（2023年５月１日現在）

留学生の出身国・地域▶中国，韓国，アメリカ，台湾，イギリスなど。

外国人専任教員▶教授57名，准教授48名，講師28名（2023年５月１日現在）

外国人専任教員の出身国▶アメリカ，中国，イギリス，韓国，ドイツなど。

大学間交流協定▶586大学・機関（交換留学先546大学，2023年６月１日現在）

部局間交流協定▶616大学・機関（交換留学先476大学，2023年６月１日現在）

海外への留学生数▶渡航型1,531名・オンライン型71名／年（63カ国・地域，2022年度）

海外留学制度▶留学の「はじめの１歩」に最適な短期留学プログラム，語学力が初級でも可能な交換留学のEX-Lプログラム，語学力向上のサポートが充実しているCS-Lプログラムのほか，CS（1S）・CS-R・EX-R・DDなど，多彩なニーズに応える留学プログラムを用意。コンソーシアムはAPRU，APAIE，VIU，U21，MIRAIなど11団体に参加。

学費・奨学金制度　給付型奨学金総額 年間約 8億8,907万円

入学金▶200,000円

年間授業料（施設費等を除く）▶1,040,000円～（詳細は巻末資料参照）

年間給付型奨学金総額▶889,073,500円

年間給付型奨学金受給者数▶2,065人

主な奨学金制度▶１都３県（東京・埼玉・千葉・神奈川）以外の受験生を対象とし，予定採用者数が1,200人の「めざせ！ 都の西北奨学金」や「大隈記念奨学金」「小野梓記念奨学金」など，約150種類の奨学金を用意。学費減免制度もあり，2022年度には131人を対象に総額で約8,771万円を減免している。

保護者向けインフォメーション

●**広報誌**　主に学部生保証人を対象に制作している『CAMPUS NOW』を年４回発行。

●**成績確認**　登録科目やそれらの成績評価，取得単位数などが記載された成績通知書を保証人等に送付。ただし，成績不振者の保護者等にのみ通知するという運用をとる学部もあり。

●**地域交流フォーラム**　全国各地で「地域交流フォーラム」を開催（2023年度は14地域）し，キャリア支援内容や就職をめざす学生を取りまく環境などについて説明している。

●**防災対策**　「キャンパスハンドブック」をポータルサイトに掲載。災害時の学生の安否は，アプリを利用して確認するようにしている。

インターンシップ科目	必修専門ゼミ	卒業論文	GPA制度の導入の有無および活用例	１年以内の退学率	標準年限での卒業率
全学部で開講している	学部による	学部・学科による	導入している	1.0%	80.0%

東京　早稲田大学

学部紹介

学部／学科・科	定員	特色
政治経済学部		
政治	300	▷世界に通用する最先端の研究成果を生かしたカリキュラムで，建設的な批判精神を持つグローバル人材を育成する。
経済	400	▷経済学的思考法と分析力を身につけ，私たちが直面する諸課題の解決に貢献する人材を育成する。
国際政治経済	200	▷国際社会が直面する諸問題に取り組む際に欠かせない政治学と経済学の双方を，深く専門的に学ぶ。
● 取得可能な資格…教職（地歴・公・社），司書，司書教諭，学芸員など。 ● 進路状況…………就職81.7%　進学9.6% ● 主な就職先………みずほフィナンシャルグループ，エヌ・ティ・ティ・データ，アクセンチュア，国家公務員総合職，アビームコンサルティング，楽天グループ，三井住友銀行など。		
法学部		
	740	▷国際化・情報化に伴い，価値観の多様化が進む社会で，時代の変化に対応し主体的に活動できる能力と，高度なリーガルマインド（法的思考・判断力）を持った人材を育成する。
● 取得可能な資格…教職（地歴・公・社），司書，司書教諭，学芸員など。 ● 進路状況…………就職77.5%　進学13.0% ● 主な就職先………東京都職員Ⅰ類，国家公務員総合職，国家公務員一般職，楽天グループ，みずほフィナンシャルグループ，富士通，三井住友信託銀行，日本政策金融公庫など。		
教育学部		
教育	210	▷教育学と初等教育学の２専攻。教育学専攻には教育学，生涯教育学，教育心理学の３専修を設置している。
国語国文	135	▷国語科教員の養成と，国語国文学の学識の高い，人間味豊かな人材を育成する。
英語英文	135	▷学術研究に必要な英語力と高いレベルの専門性を養い，グローバル化が進む社会で活躍できる人材を育成する。
社会	255	▷２専修制。地理歴史専修は地理も歴史も担当できる能力を持った幅の広い教員を，公共市民学専修は幅広い社会科学の知識を持って市民社会を支える人材を育成する。
理	80	▷２専修制。生物学専修では，生物学・生命科学領域の学識と実験技術を修得。地球科学専修は理工系の研究科に進学する学生も多く，学部・大学院一貫教育を実施。
数	75	▷現代数学の各分野にわたって幅広い学習を行い，優れた数学的素養を身につけた人材を養成する。
複合文化	70	▷文化現象をさまざまな角度から考察する方法を学び，実社会で求められる領域横断的で学際的な視野を身につける。
● 取得可能な資格…教職（国・地歴・公・社・数・理・情・英・独・仏・中・西，小一種，特別支援），司書，司書教諭，学芸員など。 ● 進路状況…………就職79.6%　進学12.4% ● 主な就職先………エヌ・ティ・ティ・データ，楽天グループ，国家公務員一般職，東京都職員Ⅰ類，ベイカレント・コンサルティング，東京海上日動火災保険，NTTドコモなど。		
商学部		
	900	▷実社会の企業の多岐にわたるビジネスを主な題材とすることで，現場に最も近い学びを展開し，グローバル・ビジネスの第一線を担う人材を育成する。

キャンパスアクセス［早稲田キャンパス］JR山手線，西武新宿線―高田馬場より徒歩20分またはバス・早大正門下車／東京メトロ東西線―早稲田より徒歩５分／都電荒川線―早稲田より徒歩５分

●取得可能な資格…教職（地歴・公・社・商業），司書，司書教諭，学芸員など。
●進路状況…………就職87.4％　進学4.0％
●主な就職先………エヌ・ティ・ティ・データ，EY新日本有限責任監査法人，ベイカレント・コンサルティング，楽天グループ，三菱UFJ銀行，ソフトバンク，野村総合研究所など。

社会科学部

学科	定員	特色
社会科学	630	▷複雑な社会問題を的確に把握・解明するとともに，既存の枠にとらわれない解決策立案能力を養い，社会全体のスキームを主体的に創造できるイノベーション人材を育成する。

●取得可能な資格…教職（地歴・公・社・情・商業），司書，司書教諭，学芸員など。
●進路状況…………就職83.5％　進学6.3％
●主な就職先………楽天グループ，東京都職員Ⅰ類，ベイカレント・コンサルティング，国家公務員一般職，東京海上日動火災保険，アクセンチュア，明治安田生命保険など。

国際教養学部

学科	定員	特色
国際教養	600	▷約50カ国・地域から学生が集まり，３人に１人は外国籍学生という学習環境で多様な文化や考え方に接して，「世界を生き抜く力」を育む。１年間の海外留学が必須。

●取得可能な資格…教職（英），司書，司書教諭，学芸員など。
●進路状況…………就職65.7％　進学13.2％
●主な就職先………アマゾンジャパン，楽天グループ，EYストラテジー・アンド・コンサルティング，リクルート，アクセンチュア，富士通，ベイカレント・コンサルティングなど。

文化構想学部

学科	定員	特色
文化構想	860	▷多元文化，複合文化，表象・メディア，文芸・ジャーナリズム，現代人間，社会構築の６つの論系の学びで，新しい文化の世界をダイナミックに構想できる人材を育成する。

●取得可能な資格…教職（国・地歴・公・社・英），司書，司書教諭，学芸員など。
●進路状況…………就職85.4％　進学5.0％
●主な就職先………国家公務員一般職，楽天グループ，エヌ・ティ・ティ・データ，東京海上日動火災保険，電通デジタル，富士通，PwCコンサルティング，ソフトバンクなど。

文学部

学科	定員	特色
文	660	▷哲学，東洋哲学，心理学，社会学，教育学，日本語日本文学，中国語中国文学，英文学，フランス語フランス文学，ドイツ語ドイツ文学，ロシア語ロシア文学，演劇映像，美術史，日本史，アジア史，西洋史，考古学，中東・イスラーム研究の18コースを展開し，学識豊かな人材を育成する。

●取得可能な資格…教職（国・地歴・公・社・英・独・仏・中・露），司書，司書教諭，学芸員など。
●進路状況…………就職75.7％　進学13.4％
●主な就職先………国家公務員一般職，エヌ・ティ・ティ・データ，ニトリ，日本放送協会，リクルート，特別区（東京23区）職員，コーエーテクモホールディングス，読売新聞社など。

基幹理工学部

学科	定員	特色
		▶入試の際には学系ごとに募集し，１年次に自分の関心や適性を見極めて，２年進級時に所属学系内から進級学科を選択。
数	55	▷「外の世界に開かれた」数学の最前線を学ぶ。
応用数理	70	▷現象を数学的に解明する創造的な研究者・技術者を育成。
機械科学・航空宇宙	140	▷未来の機械・航空宇宙産業を牽引する人材を育成する。
電子物理システム	80	▷物理を基礎とした電子と光の最先端技術を学ぶ。
情報理工	95	▷ICTで世界の科学技術の発展に貢献する人材を育成する。

キャンパスアクセス ［戸山キャンパス］JR山手線，西武新宿線―高田馬場より徒歩20分またはバス・早大正門行き・馬場下町下車／東京メトロ東西線―早稲田より徒歩3分／東京メトロ副都心線―西早稲田より徒歩12分

情報通信	95	▷スマートフォンやインターネットを支える情報通信技術を探求し，発展させ，グローバルに活躍できる人材を養成。
表現工	60	▷芸術表現と科学技術を融合する理工学の新領域を学ぶ。

● 取得可能な資格…教職（数・情），司書，司書教諭，学芸員など。
● 進路状況…………就職26.8%　進学70.9%
● 主な就職先………TOPPAN，ディー・エヌ・エー，三菱自動車工業，日鉄ソリューションズ，ソニー，NECソリューションイノベータ，日本航空，日本電気，アクセンチュアなど。

創造理工学部

		▶５学科を横断する「社会文化領域」を設置し，境界領域の研究にも取り組める体制を整備。
建築	160	▷人間生活の基礎を創る技術と芸術の総合を学ぶ。
総合機械工	160	▷理工学的センスと論理的思考力を身につける。
経営システム工	120	▷快適で信頼できる社会の経営をデザインする人材を育成。
社会環境工	90	▷環境と人間活動が調和した社会基盤の実現をめざす。
環境資源工	65	▷地球規模での資源の開発・利用・循環と環境保全をめざす。

● 取得可能な資格…教職（理），司書，司書教諭，学芸員，測量士補，１・２級建築士受験資格など。
● 進路状況…………就職30.1%　進学66.4%
● 主な就職先………エヌ・ティ・ティ・データ，デロイトトーマツファイナンシャルアドバイザリー，鹿島建設，清水建設，ベイカレント・コンサルティング，楽天グループなど。

先進理工学部

		▶自然科学を基礎として，物質・生命・システムをキーワードに，時代の最先端を行く新領域のテーマに取り組んでいる。
物理	50	▷素粒子・物質・生物・宇宙までの自然現象を解明する。
応用物理	90	▷物理学を駆使し，時代を切り拓く科学技術を創造する。
化学・生命化学	60	▷原子・分子レベルで見た先端的機能性物質を創造する。
応用化学	135	▷「役立つ化学」と「役立てる化学」のために，驚異に満ちた化学の世界を楽しみながら，最先端の研究を展開。
生命医科学	60	▷新しい「生命医科学」の世界を拓く研究者を育成する。
電気・情報生命工	145	▷最先端のテクノロジーを効率的に学べるカリキュラム。

● 取得可能な資格…教職（数・理），司書，司書教諭，学芸員など。
● 進路状況…………就職20.2%　進学78.5%
● 主な就職先………野村総合研究所，日本アイ・ビー・エム，富士通，アクセンチュア，SCSK，日立製作所，古河電気工業，ベイカレント・コンサルティング，リクルートなど。

人間科学部

		▶「人間」を軸に文理融合教育を展開し，異領域・異職種間のマネジメントや新しい実践をデザインする人材を育成する。
人間環境科学	200	▷人間と環境の関わりを，ダイナミックに探究する。
健康福祉科学	200	▷グローバル社会を担う，新たな健康福祉をデザインする。
人間情報科学	160	▷「情報」という視点から，人間に科学的にアプローチする。

● 取得可能な資格…教職（地歴・公・社・情・福・英），司書，司書教諭，学芸員，社会福祉士受験資格など。
● 進路状況…………就職79.5%　進学14.3%
● 主な就職先………富士通，エヌ・ティ・ティ・データ，楽天グループ，アビームコンサルティング，りそなグループ，コムチュア，伊藤忠テクノソリューションズ，NTTドコモなど。

キャンパスアクセス ［西早稲田キャンパス］ JR山手線，西武新宿線，東京メトロ東西線―高田馬場より徒歩15分／東京メトロ副都心線―西早稲田駅より直結

スポーツ科学部		
スポーツ科学	400	▷スポーツ医科学，健康スポーツ，トレーナー，スポーツコーチング，スポーツビジネス，スポーツ文化の6コース。グローバル化に対応すべく独自の「スポーツ英語」も開講。
● 取得可能な資格…教職（保体），司書，司書教諭，学芸員など。 ● 進路状況…………就職84.4％　進学8.9％ ● 主な就職先………リクルート，みずほフィナンシャルグループ，ベイカレント・コンサルティング，楽天グループ，キーエンス，三菱電機，ニトリ，アサヒビール，コムチュアなど。		

▶キャンパス

政治経済・法・教育・商・社会科学・国際教養……［早稲田キャンパス］東京都新宿区西早稲田1-6-1
文化構想・文……［戸山キャンパス］東京都新宿区戸山1-24-1
基幹理工・創造理工・先進理工……［西早稲田キャンパス］東京都新宿区大久保3-4-1
人間科学・スポーツ科学……［所沢キャンパス］埼玉県所沢市三ヶ島2-579-15

2025年度入試要項（予告）

●募集人員

学部／学科・科（専攻・専修）	一般	共通テスト	総合型
▶政治経済　政治	100	15	—
経済	140	25	—
国際政治経済	60	10	—
▶法	350	100	—
▶教育　教育（教育学）	A95・C20	—	—
（初等教育学）	A20・C 5	—	—
国語国文	A80・C15	—	—
英語英文	A80・C15	—	—
社会	A140・C25	—	—
理（生物学）	C15・D10	—	—
（地球科学）	B20・C 5	—	—
数	B45・C10	—	—
複合文化	A・B40・C10	—	—
▶商	地公390 数学150	—	—
▶社会科学　社会科学	総合270 数学100	30	自35
▶国際教養　国際教養	175	—	AO100
▶文化構想　文化構想	330 英語110 共通35	—	—
▶文　文	260 英語85 共通25	—	—
▶基幹理工　学系1	45	—	—
学系2	140	—	—
学系3	90	—	—
学系4	45	—	—
▶創造理工　建築	80	—	AO25
総合機械工	80	—	—
経営システム工	70	—	—
社会環境工	50	—	—
環境資源工	35	—	—
▶先進理工　物理	30	—	—
応用物理	55	—	—
化学・生命化学	35	—	—
応用化学	75	—	—
生命医科学	30	—	—
電気・情報生命工	75	—	—
▶人間科学 人間環境科学	国英80 数学40 数学15	5	若干名
健康福祉科学	国英80 数英40 数学15	5	若干名
人間情報科学	国英60 数英40 数学15	5	若干名
▶スポーツ科学 スポーツ科学	150	共通のみ20 競技歴75	—

※政治経済・国際教養・スポーツ科学部の一般選抜は共通テスト併用。教育学部は学科・科・専攻・専修により，A・B・C・D方式を実施し，C・D方式は共通テスト併用。商学部の地公は地歴・公民型，数学は数学型。社会科学部の総合は総合問題型，数学は数学型で，いずれも共通テスト併用。文化構想学部と文学部の一般選抜英語は英語4技能テスト利用方式，共通は共通テスト利用方式。人間科学部の国英は国英型，数英は数英型，数学は数学選抜方式で，いずれも共通テスト併用。
※基幹理工学部の学系に対応する学科は以下の通

り。学系１─数・応用数理, 学系２─応用数理・〈機械科学・航空宇宙〉・電子物理システム, 学系３─応用数理・情報理工・情報通信, 学系４─情報理工・情報通信・表現工。
※次のように略しています。自己推薦→自。

▷共通テストの英語は, リーディング・リスニング各100点の合計200点を各学部の配点に換算する。
注）社会科学部, 国際教養学部, 創造理工学部建築学科, 人間科学部が実施する総合型選抜の選抜内容は2024年度の実績です。最新の募集要項でご確認ください。

政治経済学部

一般選抜（共通テスト併用） **〈共通テスト科目〉** **4科目** ①**国**（25）▶国 ②**外**（25）▶英（リスニングを含む）・独・仏から１ ③**数**（25）▶数Ⅰ・数Ａ ④**地歴・公民・数・理・情**（25）▶「歴総・世探」・「歴総・日探」・「地総・地探」・「公・倫」・「公・政経」・「数Ⅱ・数Ｂ・数Ｃ」・「物基・化基・生基・地学基から２」・物・化・生・地学・情Ⅰから１
〈学部独自試験〉 **1科目** ①**総合問題**（100）▶日英両言語による長文を読み解いた上で解答する形式とし, 記述式解答を含む（英語４技能のうち,「書く」能力を問う問題も設ける）。
共通テスト利用入試 **6科目** ①**国**（200）▶国 ②**外**（200）▶英（リスニングを含む） ③④**数**（100×2）▶「数Ⅰ・数Ａ」・「数Ⅱ・数Ｂ・数Ｃ」 ⑤⑥**「地歴・公民」・理・情**（100×2）▶「〈歴総・世探〉・〈歴総・日探〉・〈地総・地探〉・〈公・倫〉・〈公・政経〉から１」・「〈物基・化基・生基・地学基から２〉・物・化・生・地学から１」・情Ⅰから２
［個別試験］ 行わない。

法学部

一般選抜 **3科目** ①**国**（50）▶現国・言語・論国・文国・古典 ②**外**（60）▶「英コミュⅠ・英コミュⅡ・英コミュⅢ・論表Ⅰ・論表Ⅱ・論表Ⅲ」・独・仏・中から１（独・仏・中を選択する場合は共通テストの当該科目を受験） ③**地歴・公民・数**（40）▶世探・日探・政経・「数Ⅰ・数Ⅱ・数Ａ・数Ｂ・数Ｃ」から１（数学を選択する場合は共通テストの「数Ⅰ・数Ａ」「数Ⅱ・数Ｂ・数Ｃ」を受験）
共通テスト利用入試 **6科目** ①**国**（200）▶国 ②**外**（200）▶英（リスニングを含む）・独・仏・中から１ ③**地歴・公民**（100）▶「歴総・世探」・「歴総・日探」・「地総・地探」・「公・倫」・「公・政経」から１ ④**数**（100）▶数Ⅰ・数Ａ ⑤**理**（100）▶「物基・化基・生基・地学基から２」・物・化・生・地学から１ ⑥**地歴・公民・数・理**（100）▶「歴総・世探」・「歴総・日探」・「地総・地探」・「公・倫」・「公・政経」・「数Ⅱ・数Ｂ・数Ｃ」・「物基・化基・生基・地学基から２」・物・化・生・地学から１, ただし必須科目で選択した科目を除く
［個別試験］ 行わない。

教育学部

一般選抜（Ａ方式） **【教育学科・国語国文学科・英語英文学科・社会科・複合文化学科】** **3科目** ①**国**（50）▶現国・言語・論国・文国・古典 ②**外**（50）▶「英コミュⅠ・英コミュⅡ・英コミュⅢ・論表Ⅰ・論表Ⅱ・論表Ⅲ」・独・仏から１（独・仏を選択する場合は共通テストの当該科目を受験), ただし英語英文学科は英指定 ③**地歴**（50）▶世探・日探・「地総・地探」から１
一般選抜（Ｂ方式） **【理学科〈地球科学専修〉・数学科・複合文化学科】** **3科目** ①**外**（50）▶「英コミュⅠ・英コミュⅡ・英コミュⅢ・論表Ⅰ・論表Ⅱ・論表Ⅲ」・独・仏から１（独・仏を選択する場合は共通テストの当該科目を受験） ②**数**（50）▶数Ⅰ・数Ⅱ・数Ⅲ・数Ａ・数Ｂ（数学と社会を除く）・数Ｃ（数学表現を除く） ③**理**（50）▶「物基・物」・「化基・化」から１
※一般選抜Ａ・Ｂ方式において, 国語国文学科の国語, 英語英文学科の英語, 複合文化学科の外国語の得点は調整後に1.5倍, 数学科の数学は2.0倍にして判定する。なお, 全教科で合格基準点を設置し, 国語国文学科の国語, 英語英文学科の英語, 数学科の数学に関しては上記に加え, それぞれの学科の全受験者の平均点を合格基準点としている。
一般選抜（Ｃ方式・共通テスト併用） **〈共通テスト科目〉** **7科目** ①**国**（20）▶国 ②**外**（20）▶英（リスニングを含む）・独・仏・中・韓から１, ただし英語英文学科は英指定 ③④

数(10×2)▶「数Ⅰ・数A」・「数Ⅱ・数B・数C」⑤⑥⑦**地歴・公民・理**(10×3)▶「歴総・世探」・「歴総・日探」・「地総・地探」・「公・倫」・「公・政経」・「物基・化基・生基・地学基から2」・物・化・生・地学から教育学科，国語国文学科，英語英文学科，社会科は地歴・公民から2および理から1，理学科と数学科は地歴・公民から1および理(基礎を付していない科目)から2，複合文化学科は地歴・公民から2および理から1，または地歴・公民から1および理から2の計3

〈個別試験科目〉【教育学科・社会科・複合文化学科】 1科目 ①**総合問題**(150)▶[教育学科]—資料を読み解いた上で，読解力・思考力・文章力ならびに教育への関心を問う問題，[社会科]—社会への関心を問い，日本語または英語の資料や図表を読み解いた上で解答する問題，[複合文化学科]—複数の資料を読み解いた上で，自分の考えを論理的に述べる論述問題

【国語国文学科】 1科目 ①**国**(150)▶現国・言語・論国・文国・古典　※読解力・思考力・文章力を問う問題(A方式とは異なる)

【英語英文学科】 1科目 ①**外**(150)▶英コミュⅠ・英コミュⅡ・英コミュⅢ・論表Ⅰ・論表Ⅱ・論表Ⅲ　※資料を読み解いた上で，日英両言語で解答する問題(A方式と一部共通の問題)

【理学科】 1科目 ①**理**(150)▶[生物学専修]—物理，化学，生物，地学からテーマを設定するが，特定の科目の細かい知識を持たずに解答が導き出せる問題とする。なお，問題によっては理系数学の基礎的な概念を把握していることが必要な場合もある，[地球科学専修]—物理，化学，生物，地学からテーマ設定を行い，科目にとらわれない自然科学的思考力を問う問題とする

【数学科】 1科目 ①**数**(150)▶数Ⅰ・数Ⅱ・数Ⅲ・数A・数B(数学と社会を除く)・数C(数学表現を除く)　※B方式と同一の問題。

一般選抜(D方式・共通テスト併用) **【理学科〈生物学専修〉】〈共通テスト科目〉** 5科目 ①**外**(30)▶英(リスニングを含む)・独・仏から1 ②③**数**(15×2)▶「数Ⅰ・数A」・「数Ⅱ・数B・数C」④⑤**理**(15×2)▶物・化・生・地学から2

〈個別試験科目〉 C方式と同じ

商学部

一般選抜(地歴・公民型) 3科目 ①**国**(60)▶現国・言語・論国・文国・古典 ②**外**(80)▶「英コミュⅠ・英コミュⅡ・英コミュⅢ・論表Ⅰ・論表Ⅱ・論表Ⅲ」・独・仏・中・韓から1(独・仏・中・韓を選択する場合は共通テストの当該科目を受験) ③**地歴・公民**(60)▶世探・日探・政経から1

一般選抜(数学型) 3科目 ①**国**(60)▶現国・言語・論国・文国・古典 ②**外**(60)▶「英コミュⅠ・英コミュⅡ・英コミュⅢ・論表Ⅰ・論表Ⅱ・論表Ⅲ」・独・仏・中・韓から1(独・仏・中・韓を選択する場合は共通テストの当該科目を受験) ③**数**(60)▶数Ⅰ・数Ⅱ・数A・数B(数学と社会を除く)・数C(ベク)

社会科学部

一般選抜(総合問題型・数学型〈共通テスト併用〉) **〈共通テスト科目〉** 3科目 ①**国**(40)▶国 ②**外**(40)▶英(リスニングを含む)・独・仏・中・韓から1 ③**地歴・公民・数・理**(40)▶「歴総・世探」・「歴総・日探」・「地総・地探」・「公・政経」・「数Ⅰ・数A」・「数Ⅱ・数B・数C」・物・化・生・地学から1

〈学部独自試験〉 2科目 ①**外**(60)▶英コミュⅠ・英コミュⅡ・英コミュⅢ・論表Ⅰ・論表Ⅱ・論表Ⅲ ②**総合問題・数**(60)▶[総合問題型]—社会における諸課題に関する文章を読み解き，論理的思考力および表現力を問う問題，[数学型]—数Ⅰ・数Ⅱ・数A・数B(数学と社会を除く)・数C(ベク)

共通テスト利用入試 6科目 ①**国**(100)▶国 ②**外**(125)▶英(リスニングを含む)・独・仏・中・韓から1 ③**地歴・公民**(100)▶「歴総・世探」・「歴総・日探」・「地総・地探」・「公・倫」・「公・政経」から1 ④**数**(100)▶数Ⅰ・数A ⑤**理**(100)▶「物基・化基・生基・地学基から2」・物・化・生・地学から1 ⑥**地歴・公民・数・理**(100)▶「歴総・世探」・「歴総・日探」・「地総・地探」・「公・倫」・「公・政経」・「数Ⅱ・数B・数C」・「物基・化基・生基・地学基から2」・物・化・生・地学から1，ただし必須科目で選択した

科目を除く
[個別試験]　行わない。
全国自己推薦入試　**[出願資格]**　1浪まで，全体の学習成績の状況が4.0以上，指定された英語外部試験の基準点を満たすスコアを提出できる者のほか，欠席日数が45日以内の学芸系またはスポーツ系クラブなどに所属し，優秀な成績を収めた者など。
[選考方法]　書類審査通過者を対象に，小論文，面接審査を行う。

国際教養学部

一般選抜（共通テスト併用）　**〈共通テスト科目〉**　**2科目**　①**国**（50）▶国　②**地歴・数・理・情**（50）▶「歴総・世探」・「歴総・日探」・「地総・地探」・「数Ⅰ・数Ａ」・「数Ⅱ・数Ｂ・数Ｃ」・物・化・生・地学・情Ⅰから1
〈学部独自試験〉　**2科目**　①**外**（80）▶英コミュⅠ・英コミュⅡ・英コミュⅢ・論表Ⅰ・論表Ⅱ・論表Ⅲ（Reading・Writing）　②**英語４技能テスト**（20・加点方式〈出願時に提出〉）
※英語４技能テスト結果の未提出による出願も可（加点０点）。利用可能な英語４技能テストは英検，TOEFL iBT，IELTS（Academic），GTEC（検定版，CBT）。
ＡＯ入学試験　**[選考方法]**　書類審査（志望理由書〈英語で記述〉，英語能力に関する試験結果など），筆記審査（Critical Writing，与えられた資料を理解し，分析した上で，自分の考えを表現する記述形式の審査）。

文化構想学部・文学部

一般選抜　**3科目**　①**国**（75）▶現国・言語・論国・文国・古典　②**外**（75）▶英コミュⅠ・英コミュⅡ・英コミュⅢ・論表Ⅰ・論表Ⅱ・論表Ⅲ　③**地歴**（50）▶世探・日探から1
一般選抜（英語４技能テスト利用方式）　**2科目**　①**国**（75）▶現国・言語・論国・文国・古典　②**地歴**（50）▶世探・日探から1
※出願時に提出する指定された英語４技能テスト（TEAP，TEAP CBT，IELTS〈Academic〉，英検，TOEFL iBT，ケンブリッジ英検，GTEC CBT）のいずれかにおいて基準点以上の者について，国語と地歴２教科の合計点により判定する。

一般選抜（共通テスト利用方式）　**〈共通テスト科目〉**　**1科目**　①**地歴・公民・数・理・情**（50）▶「地総・地探」・「公・倫」・「公・政経」・「数Ⅰ・数Ａ」・「数Ⅱ・数Ｂ・数Ｃ」・「物基・化基・生基・地学基から２」・物・化・生・地学・情Ⅰから1
〈個別試験科目〉　**2科目**　①**国**（75）▶現国・言語・論国・文国・古典　②**外**（75）▶英コミュⅠ・英コミュⅡ・英コミュⅢ・論表Ⅰ・論表Ⅱ・論表Ⅲ

基幹理工学部

一般選抜　**4科目**　①**外**（120）▶英コミュⅠ・英コミュⅡ・英コミュⅢ・論表Ⅰ・論表Ⅱ・論表Ⅲ　②**数**（120）▶数Ⅰ・数Ⅱ・数Ⅲ・数Ａ・数Ｂ（数学と社会を除く）・数Ｃ（数学表現を除く）　③④**理**（60×2）▶［学系１・４］―「物基・物」・「化基・化」・「生基・生」から２，［学系２・３］―「物基・物」・「化基・化」
※学系４では，指定する科目で特に優れた能力を示したと判定された者を合計点が合格最低点に達していなくても合格とする得意科目選考も実施。対象科目は英・数・物・化・生。
※各学系から進級できる学科は以下の通り。学系１―数学科，応用数理学科。学系２―応用数理学科，機械科学・航空宇宙学科，電子物理システム学科。学系３―応用数理学科，情報理工学科，情報通信学科。学系４―情報理工学科，情報通信学科，表現工学科。

創造理工学部

一般選抜　**5〜4科目**　①**外**（120）▶英コミュⅠ・英コミュⅡ・英コミュⅢ・論表Ⅰ・論表Ⅱ・論表Ⅲ　②**数**（120）▶数Ⅰ・数Ⅱ・数Ⅲ・数Ａ・数Ｂ（数学と社会を除く）・数Ｃ（数学表現を除く）　③④**理**（60×2）▶「物基・物」・「化基・化」　⑤**空間表現**（40）▶鉛筆デッサンなど，ただし建築学科のみ実施
※学科が指定する科目で特に優れた能力を示したと判定された者を合計点が合格最低点に達していなくても合格とする得意科目選考も実施。対象科目は，建築学科は英・数・空間表現。総合機械工学科と環境資源工学科は数・物・化。経営システム工学科と社会環境工学科は英・数・物・化。

早稲田建築AO入試（創成入試）　**【建築学科】**

［出願資格］　第１志望，数Ⅰ・数Ⅱ・数Ａ・数Ｂを履修し，かつ理科の合計取得単位数が10単位以上であること。

［選考方法］　書類審査通過者を対象に，鉛筆によるドローイングと文章による提案・表現，面接審査（「自己PR資料」を用いてのプレゼンテーションも認める）を行う。

先進理工学部

一般選抜　**4科目**　①**外**（120）▶英コミュⅠ・英コミュⅡ・英コミュⅢ・論表Ⅰ・論表Ⅱ・論表Ⅲ　②**数**（120）▶数Ⅰ・数Ⅱ・数Ⅲ・数Ａ・数Ｂ（数学と社会を除く）・数Ｃ（数学表現を除く）　③④**理**（物理・応用物理〈物80・化40〉，化学・生命化〈物40・化80〉，応用化〈物または生40・化80〉，生命医科／電気・情報生命工60×2）▶［物理学科／応用物理学科／化学・生命化学科］－「物基・物」・「化基・化」，［応用化学科］－「〈物基・物〉・〈化基・化〉」・「〈化基・化〉・〈生基・生〉」から１，［生命医科学科／電気・情報生命工学科］－「物基・物」・「化基・化」・「生基・生」から２

人間科学部

一般選抜（国英型・共通テスト併用）　**〈共通テスト科目〉**　**2科目**　①**国**（20）▶国　②**地歴・公民・数・理・情**（40）▶「歴総・世探」・「歴総・日探」・「地総・地探」・「公・倫」・「公・政経」・「数Ⅰ・数Ａ」・「数Ⅱ・数Ｂ・数Ｃ」・物・化・生・地学・情Ⅰから１

〈学部独自試験〉　**2科目**　①**国**（40）▶現国・言語・論国・文国・古典　②**外**（50）▶英コミュⅠ・英コミュⅡ・英コミュⅢ・論表Ⅰ・論表Ⅱ・論表Ⅲ

一般選抜（数英型・共通テスト併用）　**〈共通テスト科目〉**　**3科目**　①②**数**（10×2）▶「数Ⅰ・数Ａ」・「数Ⅱ・数Ｂ・数Ｃ」　②**国・地歴・公民・理・情**（40）▶国・「歴総・世探」・「歴総・日探」・「地総・地探」・「公・倫」・「公・政経」・物・化・生・地学・情Ⅰから１

〈学部独自試験〉　**2科目**　①**外**（50）▶英コミュⅠ・英コミュⅡ・英コミュⅢ・論表Ⅰ・論表Ⅱ・論表Ⅲ　②**数**（40）▶数Ⅰ・数Ⅱ・数Ⅲ・数Ａ・数Ｂ（数学と社会を除く）・数Ｃ（数学表現を除く）

一般選抜（数学選抜方式・共通テスト併用）　**6科目**　①**国**（20）▶国　②**外**（40）▶英（リスニングを含む）・独・仏・中・韓から１　③**地歴・公民**（20）▶「歴総・世探」・「歴総・日探」・「地総・地探」・「公・倫」・「公・政経」から１　④⑤**数**（20×2）▶「数Ⅰ・数Ａ」・「数Ⅱ・数Ｂ・数Ｃ」　⑥**理**（20）▶「物基・化基・生基・地学基から２」・物・化・生・地学から１

〈学部独自試験〉　**1科目**　①**数**（360）▶数Ⅰ・数Ⅱ・数Ⅲ・数Ａ・数Ｂ（数学と社会を除く）・数Ｃ（数学表現を除く），ただし設問の選択により，数Ⅲを除く範囲のみでの解答も可能

共通テスト利用入試　**6科目**　①**国**（100）▶国　②**外**（100）▶英（リスニングを含む）・独・仏・中・韓から１　③**地歴・公民**（100）▶「歴総・世探」・「歴総・日探」・「地総・地探」・「公・倫」・「公・政経」から１　④⑤**数**（50×2）▶「数Ⅰ・数Ａ」・「数Ⅱ・数Ｂ・数Ｃ」　⑥**理**（100）▶「物基・化基・生基・地学基から２」・物・化・生・地学から１

［個別試験］　行わない。

総合型選抜（FACT選抜入試）　**［出願資格］**　出願資格Ａは第１志望，１浪までのほか，全体の評定平均値が3.9以上で，国語および理科のそれぞれ３科目以上を履修（理科は物・化・生・地学から１科目以上の履修必須）し，国・理で履修したすべての科目を合わせた評定平均値が4.1以上の者。加えて，数Ⅰ，数Ⅱ，数Ａ，数Ｂをすべて履修している者。ほかに，学部の指定する外国語資格・検定試験のいずれか１つのスコア，結果を提出できる者，または国際バカロレア資格を取得見込みの者。出願資格Ｂは帰国生向け。

［選考方法］　書類審査（事前課題を含む）通過者を対象に，論述試験，面接試験を行う。

スポーツ科学部

一般選抜（共通テスト併用）　**〈共通テスト科目〉**　**2科目**　①**外**（100）▶英（リスニングを含む）　②**国・数**（100）▶国・「数Ⅰ・数Ａ」から１

〈学部独自試験〉　**1科目**　①**総合問題**（100）▶データの読み取りや小論文を含む

共通テスト利用入試（共通テストのみ方式）

4科目 ①**外**(100)▶英(リスニングを含む) ②③**数・理**(100×2)▶数Ⅰ・「数Ⅰ・数Ａ」・「数Ⅱ・数Ｂ・数Ｃ」・「物基・化基・生基・地学基から２」・物・化・生・地学から２ ④**国・地歴・公民・数・理・情**(100)▶国・「歴総・世探」・「歴総・日探」・「地総・地探」・「公・倫」・「公・政経」・数Ⅰ・「数Ⅰ・数Ａ」・「数Ⅱ・数Ｂ・数Ｃ」・「物基・化基・生基・地学基から２」・物・化・生・地学・情Ⅰから１，ただし必須科目で選択した科目を除く

[個別試験]　行わない。

共通テスト利用入試(共通テスト＋競技歴方式)　**〈共通テスト科目〉** **3科目** ①**外**(200)▶英(リスニングを含む) ②**国・数**(100)▶国・「数Ⅰ・数Ａ」から１ ③**国・地歴・公民・数・理・情**(100)▶国・「歴総・世探」・「歴総・日探」・「地総・地探」・「公・倫」・「公・政経」・数Ⅰ・「数Ⅰ・数Ａ」・「数Ⅱ・数Ｂ・数Ｃ」・「物基・化基・生基・地学基から２」・物・化・生・地学・情Ⅰから１，ただし必須科目で選択した科目を除く

〈個別試験科目〉 **1科目** ①**スポーツ競技歴調査書**(150)

その他の選抜

学校推薦型選抜(指定校推薦入試，地域探究・貢献入試〈北九州地域連携型推薦入試〉)，総合型選抜(地域探究・貢献入試，先進理工学部特別選抜入試，スポーツ科学部総合型選抜Ⅰ群〈トップアスリート入試〉・Ⅱ群〈アスリート選抜入試〉・Ⅲ群〈スポーツ自己推薦入試〉，「英語による学位取得プログラム」への入試〈政治経済学部，社会科学部，文化構想学部，基幹理工学部，創造理工学部〉)，政治経済学部グローバル(海外就学経験者)入試，帰国生入試，社会人入試，外国学生のための学部入試，人間科学部eスクール入試。

偏差値データ　(2024年度)

●一般選抜

学部／学科・科／専攻・専修	2024年度 駿台予備学校 合格目標ライン	河合塾 ボーダー得点率	河合塾 ボーダー偏差値	2023年度実績 募集人員	受験者数	合格者数	合格最低点	競争率 '23年	競争率 '22年
政治経済学部									
政治	62	85%	67.5	100	708	260	151.5/200	2.7	3.1
経済	62	87%	70	140	1,192	322	159.0/200	3.7	3.8
国際政治経済	63	85%	67.5	60	462	131	158.5/200	3.5	3.2
法学部									
	64	—	67.5	350	4,269	811	90.25/150	5.3	4.8
教育学部									
教育／教育学・教育(A)	58	—	65	95	867	119	93.682/150	7.3	6.6
／教育学・生涯教育(A)	58	—	65		655	114	90.002/150	5.7	11.5
／教育学・教育心理(A)	58	—	65		677	82	94.023/150	8.3	8.0
／教育学・教育(C)	58	85%	—	20	27	9	173.200/240	3.0	—
／教育学・生涯教育(C)	58	81%	—		20	10	155.700/240	2.1	—
／教育学・教育心理(C)	58	86%	—		15	6	167.000/240	2.5	—
／初等教育学(A)	56	—	65	20	590	40	92.795/150	14.8	10.2
(C)	56	82%	—	5	13	2	170.200/240	6.5	—
国語国文(A)	57	—	65	80	1,120	219	106.451/150	5.1	6.7
(C)	59	82%	65	15	60	17	185.500/240	3.5	—
英語英文(A)	58	—	65	80	1,520	328	107.858/150	4.6	5.1

学部／学科・科／専攻・専修	2024年度 駿台予備学校 合格目標ライン	河合塾 ボーダー得点率	河合塾 ボーダー偏差値	2023年度実績 募集人員	受験者数	合格者数	合格最低点	競争率 '23年	競争率 '22年
(C)	60	80%	65	15	66	32	168.200/240	2.1	—
社会／地理歴史(A)	58	—	65	140	1,827	217	97.546/150	8.4	6.8
／公共市民学(A)	56	—	65		1,686	281	94.899/150	6.0	6.3
／地理歴史(C)	59	83%	—	25	58	26	175.400/240	2.2	—
／公共市民学(C)	57	82%	—		51	20	182.000/240	2.6	—
理／生物学(C)	59	82%	65	15	129	76	148.000/240	1.7	—
(D)	59	84%	65	10	191	51	150.300/240	3.7	—
／地球科学(B)	56	—	62.5	20	597	103	89.272/150	5.8	5.3
(C)	57	86%	62.5	5	35	10	176.700/240	3.5	—
数(B)	56	—	62.5	45	806	151	122.042/150	5.3	4.6
(C)	57	85%	65	10	74	27	121.500/240	2.7	—
複合文化(A・B)	58	—	65	40	1,130	134	117.045/150	8.4	6.7
(C)	58	82%	—	10	41	22	163.700/240	1.9	—
商学部									
(地歴・公民型)	60	—	67.5	355	7,286	755	131.6/200	9.7	11.0
(数学型)	59	—	67.5	150	2,129	409	109.05/180	5.2	6.2
(英語４技能)	62	—	67.5	30	246	69	127/205	3.6	9.7
社会科学部									
社会科学	59	—	67.5	450	7,855	868	78.92/130	9.0	9.4
国際教養学部									
国際教養	65	81%	70	175	1,222	455	142.8/200	2.7	3.3
文化構想学部									
文化構想(一般)	60	—	67.5	370	7,049	839	131.7/200	8.4	8.9
(英語４技能)	59	—	65	70	2,622	355	85/125	7.4	7.8
(共通テスト＋一般)	61	93%	70	35	992	217	146/200	4.6	4.7
文学部									
文(一般)	61	—	67.5	340	7,110	988	129.8/200	7.2	8.1
(英語４技能)	60	—	67.5	50	2,339	332	85/125	7.0	7.7
(共通テスト＋一般)	62	94%	70	25	875	203	146/200	4.3	5.1
基幹理工学部									
学系Ⅰ	63	—	65	45	463	177	190/360	2.6	3.1
学系Ⅱ	63	—	65	210	2,796	640	206/360	4.4	3.7
学系Ⅲ	62	—	65	65	993	194	199/360	5.1	4.8
創造理工学部									
建築	58	—	65	80	697	169	196/400	4.1	4.1
総合機械工	58	—	62.5	80	909	267	179/360	3.4	3.4
経営システム工	58	—	65	70	584	154	191/360	3.8	3.9
社会環境工	59	—	65	50	452	129	184/360	3.5	3.1
環境資源工	59	—	62.5	35	259	90	180/360	2.9	3.6
先進理工学部									
物理	63	—	67.5	30	668	145	205/360	4.6	4.0
応用物理	62	—	65	55	517	131	188/360	3.9	3.0

学部／学科・科／専攻・専修	2024年度 駿台予備学校 合格目標ライン	河合塾 ボーダー得点率	河合塾 ボーダー偏差値	2023年度実績 募集人員	受験者数	合格者数	合格最低点	競争率 '23年	'22年
化学・生命化学	61	—	65	35	345	119	194/360	2.9	3.2
応用化学	61	—	65	75	962	325	195/360	3.0	4.1
生命医科学	63	—	67.5	30	637	170	196/360	3.7	4.0
電気・情報生命工	60	—	65	75	509	147	188/360	3.5	3.9
人間科学部									
人間環境科学（一般）	57〜58	—	62.5〜65	115	1,794	305	87.40/150	5.9	6.9
（共通テスト＋数学）	57	80%	65	15	161	66	276.7/500	2.4	2.6
健康福祉科学（一般）	54	—	62.5	125	1,865	298	85.72/150	6.3	6.6
（共通テスト＋数学）	55	79%	62.5	15	194	46	282.2/500	4.2	2.6
人間情報科学（一般）	55	—	62.5	100	1,761	236	86.92/150	7.5	6.8
（共通テスト＋数学）	56	80%	65	15	232	74	296.0/500	3.1	3.0
スポーツ科学部									
スポーツ科学	51	78%	—	150	804	327	159.9/250	2.5	2.7

●駿台予備学校合格目標ラインは合格可能性80%に相当する駿台模試の偏差値です。●競争率は受験者÷合格者の実質倍率
●河合塾ボーダー得点率は合格可能性50%に相当する共通テストの得点率です。また，ボーダー偏差値は合格可能性50%に相当する河合塾全統模試の偏差値です。
※合格最低点は得点調整後の点数です。 ※補欠合格者も含めた合格最低点です。

●共通テスト利用入試

学部／学科／専攻	2024年度 駿台予備学校 合格目標ライン	河合塾 ボーダー得点率	河合塾 ボーダー偏差値	2023年度実績 募集人員	志願者数	合格者数	競争率 '23年	'22年
政治経済学部								
政治	64	89%	—	15	358	103	3.5	3.5
経済	63	88%	—	25	1,632	467	3.5	2.9
国際政治経済	65	89%	—	10	353	111	3.2	3.5
法学部								
	64	88%	—	100	1,836	510	3.6	3.5
社会科学部								
社会科学	61	89%	—	50	1,329	355	3.7	3.7
人間科学部								
人間環境科学	59	86%	—	5	343	90	3.8	3.1
健康福祉科学	56	85%	—	5	366	92	4.0	2.6
人間情報科学	57	86%	—	5	387	92	4.2	2.8
スポーツ科学部								
スポーツ科学（共通のみ）	53	85%	—	50	455	92	4.9	4.4
（競技歴）	51	76%	—	50	270	143	1.9	2.8

●駿台予備学校合格目標ラインは合格可能性80%に相当する駿台模試の偏差値です。●競争率は志願者÷合格者の志願倍率
●河合塾ボーダー得点率は合格可能性50%に相当する共通テストの得点率です。
また，ボーダー偏差値は合格可能性50%に相当する河合塾全統模試の偏差値です。

併設の教育機関 大学院

政治学研究科

院生数▶184名

修士課程 ●政治学専攻　政治学，ジャーナリズム（1年制あり），グローバル公共政策（1年制あり）の3コースを設置。

博士後期課程 政治学専攻

経済学研究科

院生数▶198名

修士課程 ●経済学専攻　経済学，国際政治経済学の2コース。入学形態により，1年，1.5年修了制度あり。

博士後期課程 経済学専攻

法学研究科

院生数▶238名

修士課程 ●民事法学専攻　研究指導体制および学生の質・量における充実度を特長に，多数の法学研究者を輩出している。

●公法学専攻　憲法，行政法，刑法，刑事訴訟法，刑事政策，国際関係法（公法）などをテーマに，広い視野にわたる専門知識を修得。

●基礎法学専攻　人間の観念の所産である法と法以外の社会現象との関係を，法学的世界の外側から観察する視座を提供する。

●先端法学専攻　1年制。知的財産法LL.M.コース，現代アジア・リージョン法LL.M.コースを設け，グローバル活動能力を養成する。

博士後期課程 民事法学専攻，公法学専攻

文学研究科

院生数▶600名

修士課程 ●人文科学専攻　哲学，東洋哲学，心理学，社会学，教育学，日本語日本文学，英文学，フランス語フランス文学，ドイツ語ドイツ文学，ロシア語ロシア文化，中国語中国文学，演劇映像学，美術史学，日本史学，東洋史学，西洋史学，考古学，文化人類学，表象・メディア論，現代文芸，中東・イスラーム研究，国際日本学の22コースを開設。

博士後期課程 人文科学専攻

商学研究科

院生数▶198名

修士課程 ●商学専攻　経営管理，会計，産業・経済の3コース。活力ある事業を生み出す実業界のリーダーを養成する。

博士後期課程 商学専攻

基幹理工学研究科

院生数▶1,021名

修士課程 ●数学応用数理専攻　物事の根源的な構造・由来を見抜き，解析を行う数学的思考力を養う。

●機械科学・航空宇宙専攻　機械科学と航空宇宙工学分野において，基礎から応用・最先端までの研究や技術開発に挑戦する。

●電子物理システム学専攻　電子と光の科学技術を，どの分野においてもシステム化できる専門性を身につけた人材を育成する。

●情報理工・情報通信専攻　多様なICT技術や情報通信技術を習得し，世界の科学技術の発展に貢献できる優れた人材を育成する。

●表現工学専攻　科学技術と芸術表現の融合による，この学問領域ならではの表現形態を模索し，新たな学術領域を開拓する。

●材料科学専攻　ミクロ材料学からマクロ材料学までを扱い，材料学の先端的研究開発能力を持つ人材を育成する。

博士後期課程 数学応用数理専攻，機械科学・航空宇宙専攻，電子物理システム学専攻，情報理工・情報通信専攻，表現工学専攻，材料科学専攻

創造理工学研究科

院生数▶1,083名

修士課程 ●建築学専攻　建築芸術分野と

建築工学分野から構成。一棟の家の設計から都市デザインまで，多様な分野に挑戦。

●**総合機械工学専攻** 現代社会が抱える諸問題を解決していくための機械の設計原理，開発についてプロジェクト的研究を展開。

●**経営システム工学専攻** 最先端の研究と教育で，社会基盤となるシステムを設計・開発・改善・維持運用する技術を身につける。

●**経営デザイン専攻** 今後の事業経営に必要な先端技術を基礎とする新事業開発，経営環境の変化への素早い対応力・構築力を養う。

●**建設工学専攻** 安全で文化的な生活を送るために必要な社会基盤の整備や，自然と協調した生活を実現できる専門家を育成する。

●**地球・環境資源理工学専攻** 資源の持続的利用と地球環境に関する問題を発見し，解決する能力を養う。

博士後期課程 **建築学専攻，総合機械工学専攻，経営システム工学専攻，経営デザイン専攻，建設工学専攻，地球・環境資源理工学専攻**

先進理工学研究科

院生数▶1,095名

修士課程 ●**物理学及応用物理学専攻** 最新の物理学を駆使して時代を切り開き，科学技術を創造する人材を育成する。

●**化学・生命化学専攻** 化学力を使いこなす柔軟な思考力と豊かな創造力を養い，現代社会の安定と発展に貢献する人材を育成する。

●**応用化学専攻** 「役立つ化学」と「役立てる化学」をテーマに，新しい物質を新しい方法で創り出すことをめざす。

●**生命医科学専攻** 生命現象や疾病の解明，新しい医薬品・医療材料・診断方法の開発をめざし，独創的かつ実学的な研究を展開。

●**電気・情報生命専攻** 生命科学，環境エネルギー，ナノテクノロジー，情報通信を極めるだけでなく，融合したテーマにも挑戦。

●**生命理工学専攻** 多くの研究室が東京女子医科大学との研究教育連携施設「TWIns」にあり，研究がしやすい環境を整備。

●**ナノ理工学専攻** ナノ基礎物性，ナノケミストリー，ナノエレクトロニクスで構成され，物理・化学・電気の学際領域の人材を育成。

●**共同原子力専攻** 原子力のみならず，未来の新エネルギー創成実現を担う人材を育成。

5年一貫制博士課程 ●**先進理工学専攻** 科学技術分野においてグローバルに活躍する博士人材を育成する。

博士後期課程 **物理学及応用物理学専攻，化学・生命化学専攻，応用化学専攻，生命医科学専攻，電気・情報生命専攻，生命理工学専攻，ナノ理工学専攻，共同原子力専攻，共同先端生命医科学専攻，共同先進健康科学専攻**

教育学研究科

院生数▶301名

修士課程 ●**学校教育専攻** より高度な専門的力量を備えた初等・中等教育学校の教員養成・研修と生涯教育の専門家養成が使命。

●**国語教育専攻** 国語科教育，日本語学，国文学，中国古典文学の４分野を設定。

●**英語教育専攻** 英語科教育，英語科内容学（理論言語学・応用言語学），英文学・文化，米文学・文化の４分野を設定。

●**社会科教育専攻** 社会科教育，歴史学，地理学，政治学，経済学，社会学，メディア・コミュニケーション学の７分野を設定。

●**数学教育専攻** 数学教育学，解析学，代数学，幾何学，情報数学，トポロジー，確率論，応用解析学の８つの基本的分野を設定。

博士後期課程 **教育基礎学専攻，教科教育学専攻**

人間科学研究科

院生数▶344名

修士課程 ●**人間科学専攻** 現代的な諸問題を解決するため，人間を中心に置いた総合科学の形成をめざす。公認心理師に完全対応。日本臨床心理士資格認定協会第一種指定。

博士後期課程 **人間科学専攻**

社会科学研究科

院生数▶219名

修士課程 ●地球社会論専攻　グローバル市民社会，国際協力，現代日本学の３分野で，地球環境の問題を領域横断的に研究する。
●政策科学論専攻　変貌する現代社会の諸問題を，医療・福祉・社会連帯・企業・経営・流通などの具体的なテーマに即して研究する。
博士後期課程 地球社会論専攻，政策科学論専攻

スポーツ科学研究科

院生数▶345名
修士課程 ●スポーツ科学専攻　スポーツ科学に関わる最高度の研究成果が学習でき，幅広いスポーツ分野で活躍できる人材を育成。
博士後期課程 スポーツ科学専攻

国際コミュニケーション研究科

院生数▶193名
修士課程 ●国際コミュニケーション研究専攻　言語・文化・社会を情報伝達のネットワークとしてとらえ研究し，国際社会で活躍するグローバル人材を育成する。
博士後期課程 国際コミュニケーション研究専攻

アジア太平洋研究科

院生数▶392名
修士課程 ●国際関係学専攻（MAプログラム）アジア太平洋地域の諸問題を，グローバルかつ地域的な観点から学際的に研究・教育する。1.5年修了制度あり。
博士後期課程 国際関係学専攻（Ph.D.プログラム）

日本語教育研究科

院生数▶116名
修士課程 ●日本語教育学専攻　「理論と実践の統合」のカリキュラムにより，日本語教育の現場に密着した教育研究を展開。
博士後期課程 日本語教育学専攻

情報生産システム研究科

院生数▶516名
修士課程 ●情報生産システム工学専攻　アジアにおける知の発信拠点をめざし，世界を舞台に活躍できる高度な研究者・技術を育成する。北九州キャンパスで開講。
博士後期課程 情報生産システム工学専攻

環境・エネルギー研究科

院生数▶127名
修士課程 ●環境・エネルギー専攻　「知の創造・伝達・実現」に関するさまざまな活動を展開。学内外の文系学部生も多数入学。
博士後期課程 環境・エネルギー専攻

法務研究科

院生数▶403名
専門職学位課程 ●法務専攻　社会の変化を敏感に感じ，複雑で多様化した現代社会のニーズに即応して，さまざまな課題に敢然と挑戦し，新たな時代を切り拓く法曹を養成。

会計研究科

院生数▶234名
専門職学位課程 ●会計専攻　会計専門，アクチュアリー専門の２コース。１年制の高度専門コースも設置。昼夜開講制。

教育学研究科（教職大学院）

院生数▶42名
専門職学位課程 ●高度教職実践専攻　高度な理論と実践力を兼ね備えた学校教育のリーダーを養成する。

経営管理研究科（WBS）

院生数▶640名
専門職学位課程 ●経営管理専攻　２つの国際認証を取得した世界標準のビジネススクール。昼夜開講制。MBA取得可。

麻布大学

資料請求

問合せ先　入試広報課　☎042-769-2032

建学の精神

1890（明治23）年開設の東京獣医講習所を前身に，1950（昭和25）年に麻布獣医科大学として開学した自然科学系の大学。教育理念として，地球と共に生きる「地球共生系」を掲げ，「人，動物，環境」の未来を守り，地球環境や社会に貢献するため，教育・研究を実践。文部科学省の知識集約型社会を支える人材育成事業「出る杭を引き出す教育プログラム」に採択された「動物共生科学ジェネラリスト育成プログラム」は，全学科において，動物・食品・環境の各分野で研究プロジェクトを行い，専門コア力，広範展開力，実践力を養成。2022年度に行われた文部科学省による中間評価では，最高評価となる「S」を獲得した。2024年度からは，獣医学部に獣医保健看護学科を開設し，獣医療チームの要となる愛玩動物看護師の育成も始まっている。

● 麻布大学キャンパス……〒252-5201　神奈川県相模原市中央区淵野辺1-17-71

基本データ

学生数▶2,373名（男1,013名，女1,360名）
専任教員数▶教授51名，准教授33名，講師30名

設置学部▶獣医，生命・環境科
併設教育機関▶大学院─獣医学・環境保健学（以上M・D）

就職・卒業後の進路

就職率 **96.1**％
就職者÷希望者×100

● **就職支援**　キャリア支援課では，すべて低学年から参加可能な各種ガイダンスや就活講座など，将来に向けたさまざまなキャリア形成を支援。1都3県（東京・神奈川・千葉・埼玉）を除く道府県に就職を希望する学生には，就活に必要な経費の一部を助成している。

● **資格取得支援**　国家試験受験資格をはじめ，食品や環境，動物に関わるさまざまな資格の取得が可能。獣医学科では，獣医学系全教員の連携による総合的なカリキュラムを設定することにより，獣医師ライセンスの取得をサポート。国家試験の対策科目として，獣医保健看護学科で「総合動物看護学」，臨床検査技術学科で「総合臨床検査学」を開講するほか，e-learningを利用した試験対策や模擬試験，補講なども実施し，国家試験直前まで全

進路指導者も必見　学生を伸ばす　面倒見

初年次教育

学問や大学教育全体に対する動機づけをし，レポート・論文の書き方などを身につける「地球共生論」や，「獣医学概論」「スタディ・スキルズ」「コンピュータ演習」「フレッシャーズセミナー」「基礎ゼミ」などの科目を開講

学修サポート

全学部でTA制度，オフィスアワー，教員が約40人の学生を担当するクラス担任制を導入。教育推進センターを設置し，リメディアル授業やチューターによる指導を行うなど，学生一人ひとりにきめ細やかな学習指導を実施

オープンキャンパス（2023年度実績）　5月・6月・7月・8月・10月に大学主催オープンキャンパスを開催したほか，6月と8月に，学生が"学生の目線"で企画・運営した「学生プレゼンツ！ オープンキャンパス」も実施。

員合格に向けた対策を行っていく。教職課程では理科教員の育成にも力を入れている。

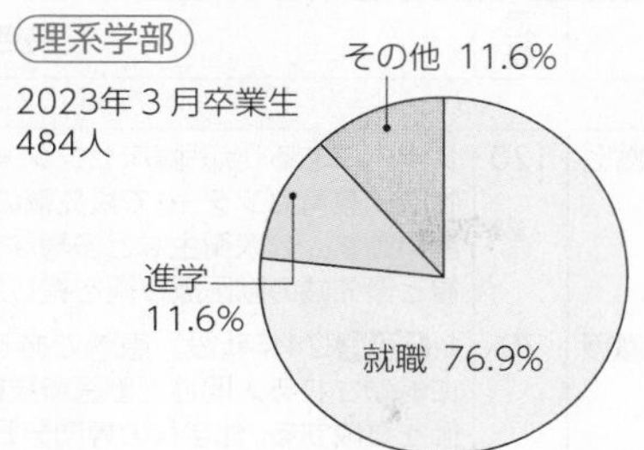

主なOB・OG ▶［獣医］古川隆弘（日本家庭教師センター学院学院長），［獣医］大竹正博・梅田智之（JRA調教師），［獣医］長谷部太（ウイルス学者），［獣医］梅川和実（漫画家），［獣医］野﨑まど（小説家）など。

国際化・留学

大学間 10 大学・部局間 5 大学

受入れ留学生数 ▶ ３名（2023年５月１日現在）

留学生の出身国 ▶ 韓国，中国。

外国人専任教員 ▶ 教授０名，准教授０名，講師１名（2023年５月１日現在）

外国人専任教員の出身国 ▶ イギリス。

大学間交流協定 ▶ 10大学（交換留学先７大学，2023年５月１日現在）

部局間交流協定 ▶ ５大学（交換留学先５大学，2023年５月１日現在）

海外への留学生数 ▶ ０名／年（2022年度）

海外留学制度 ▶ 夏季休業期間中の約２週間を利用して参加することができる海外研修プログラムがあり，参加した学生は，各国の獣医学臨床教育などを実体験すると同時に異文化に触れ，多くの貴重な経験を得て帰国している。また，生命・環境科学部生を対象に，オーストラリアでの語学研修も行っている。

学費・奨学金制度

給付型奨学金総額 年間 650 万円

入学金 ▶ 250,000円

年間授業料（施設費等を除く）▶ 1,050,000円～（詳細は巻末資料参照）

年間奨学金総額 ▶ 6,500,000円

年間奨学金受給者数 ▶ 65人

主な奨学金制度 ▶ 学業成績および人物が優秀な２～６年次の各学科３～４人の学生に対し，賞状・副賞と10万円を給付する「学業成績優秀者に対する奨学金」や，「越智賞」「古泉賞」「増井光子賞」などの表彰制度を設置。

保護者向けインフォメーション

●**成績確認**　履修状況を一覧表にした「単位履修一覧表」を10月末と３月末に，学費負担者宛に送付している。

●**父母会**　父母会を組織し，毎年開催する地区懇談会や個人面談では，成績や生活などについてクラス担任や所属研究室の教員から詳しく話を聞くこともできる。「父母会会報」も発行。

●**防災対策**　コンパクトな「大地震対応マニュアル」を入学時に配布。万が一，災害が起こった際に，メールやインターネットで在学生の安否情報を登録・確認できる「緊急連絡・安否確認システム」を導入している。在学生と家族間で伝言板としての利用も可能。

インターンシップ科目	必修専門ゼミ	卒業論文	GPA制度の導入の有無および活用例	１年以内の退学率	標準年限での卒業率
学科により開講	獣医学科で３～６年次，動物応用科学科で３・４年次に研究室に所属	獣医学部は卒業要件	卒業判定基準として活用するほか，GPAに応じた履修上限単位数を設定	3.6%	88.3%（４年制） 98.5%（６年制）

学部紹介&入試要項 偏差値データ

学部紹介

学部／学科	定員	特色
獣医学部		
獣医	120	▷学内にある「獣医臨床センター（附属動物病院）」や「産業動物臨床教育センター」で最先端の獣医療技術を培い，小動物，産業動物，公衆衛生など多様な分野で活躍できる，高い倫理観と最先端の獣医療技術を有した獣医師を育成する。
獣医保健看護	70	▷NEW! '24年新設。患者である小動物に寄り添い，飼い主に信頼される人間性と獣医療技術を兼ね備えた愛玩動物看護師を養成する。他学科の専門分野が学べる多くの機会を提供。
動物応用科	120	▷動物に関する生命科学を土台に，多様な分野について学びを深め，人と動物が関わるさまざまな分野で活躍できる，動物と生命に関する実践的ジェネラリストを育成する。
● **取得可能な資格**…教職（理・農），獣医師・愛玩動物看護師受験資格など。 ● **進路状況**…………就職74.0%　進学15.9% ● **主な就職先**………全国各地の動物病院，日本中央競馬会，キユーピー，農林水産省，環境省など。		
生命・環境科学部		
臨床検査技術	80	▷医療従事者として高い倫理観を持ち，チーム医療の一翼を担う，優れた臨床検査技師を養成する。実践力を養う臨床実習（臨地実習）は，全国の病院から希望の病院が選択できる。
食品生命科	40	▷食の「機能」「安全」と「データサイエンス」から自分の興味に応じて専門知識を深め，人が健康に生きるための土台となる「食」に携わり，社会に貢献できる人材を育成する。
環境科	60	▷生物学や化学を基盤に，身近な生活環境から将来の環境課題までを幅広く学び，持続可能な環境を支える技術と専門知識を学ぶ。多くの環境系資格の取得が可能なカリキュラム。
● **取得可能な資格**…教職（理），臨床検査技師受験資格など。 ● **進路状況**…………就職80.1%　進学6.6% ● **主な就職先**………全国各地の病院，アース環境サービス，紀文食品，富士薬品，山崎製パンなど。		

▶キャンパス

全学部…［麻布大学キャンパス］ 神奈川県相模原市中央区淵野辺1-17-71

2025年度入試要項（予告）

●募集人員

学部／学科		一般Ⅰ期	一般Ⅱ期	共通Ⅰ期	共通Ⅱ期
▶獣医	獣医	B62 F8	10	7	5
	獣医保健看護	25	5	5	5
	動物応用科	40	5	20	5
▶生命・環境科	臨床検査技術	35	5	5	5
	食品生命科	15	若干名	5	若干名
	環境科	25	若干名	5	若干名

※募集人員は2024年度の実績です。
※一般入試（第Ⅰ期）において，獣医学科はB・F日程，他の5学科はA・C・D・E・F日程を行う。

注）配点は編集時，未公表。最新の募集要項でご確認ください。

全学部

一般入試（第Ⅰ期・第Ⅱ期）〈3科目型〉【獣医学科】 3科目 ①外▶英コミュⅠ・英コミュⅡ・英コミュⅢ・論表Ⅰ・論表Ⅱ・論表Ⅲ ②数▶数Ⅰ・数Ⅱ・数A・数B（数列）・数C（ベク）③理▶「化基・化」・「生基・生」から1

一般入試（第Ⅰ期）〈3科目選択型〉【獣医学科】 3科目 ①②③外・数・理▶「英コミュⅠ・英コミュⅡ・英コミュⅢ・論表Ⅰ・論表Ⅱ・論表

Ⅲ」・「数Ⅰ・数Ⅱ・数Ａ」・「化基・化」・「生基・生」から３

一般入試（第Ⅰ期・第Ⅱ期）〈２科目選択型〉

【獣医保健看護学科・動物応用科学科・臨床検査技術学科・食品生命科学科・環境科学科】 ２科目 ①②外・数・理▶「英コミュⅠ・英コミュⅡ・英コミュⅢ・論表Ⅰ・論表Ⅱ・論表Ⅲ」・「数Ⅰ・数Ⅱ・数Ａ」・「化基・化」・「生基・生」から２

一般入試（第Ⅰ期）〈総合問題型〉 **【獣医保健看護学科・動物応用科学科・臨床検査技術学科・食品生命科学科・環境科学科】** １科目 ①②総合問題▶化学（化基・化），生物（生基・生），数学（数Ⅰ・数Ⅱ〈指数関数と対数関数のみ〉・数Ａ〈場合〉）および英語（英コミュⅠ・英コミュⅡ・論表Ⅰ）の基礎的な知識と理解を問う総合問題（問題は，例えば，共通テストに出題されたような課題文章に対する理解力，図表を読み解く力，基礎的な科学文章に対する理解力も問う）

共通テスト利用入試（第Ⅰ期・第Ⅱ期） **【獣医学科】** ４科目 ①外▶英（リスニングを含む） ②③数▶「数Ⅰ・数Ａ」・「数Ⅱ・数Ｂ・数Ｃ」 ④理▶「物基・化基・生基から２」・物・化・生から１

［個別試験］ 行わない。

【獣医保健看護学科・動物応用科学科】 ３科目 ①外▶英（リスニングを含む） ②数▶「数Ⅰ・数Ａ」・「数Ⅱ・数Ｂ・数Ｃ」から１ ③理▶「物基・化基・生基から２」・物・化・生から１

［個別試験］ 行わない。

【臨床検査技術学科・食品生命科学科・環境科学科】 ２科目 ①②外・数・理▶英（リーディング）・「〈数Ⅰ・数Ａ〉・〈数Ⅱ・数Ｂ・数Ｃ〉から１」・「〈物基・化基・生基・地学基から２〉・物・化・生・地学から１」から２

［個別試験］ 行わない。

その他の選抜

推薦入試（公募）は獣医学科28名，獣医保健看護学科15名，動物応用科学科25名，臨床検査技術学科20名，食品生命科学科10名，環境科学科10名を，総合型選抜入試は獣医保健看護学科15名，動物応用科学科25名，臨床検査技術学科10名，食品生命科学科10名，環境科学科20名を募集。ほかに獣医学科卒業生後継者特別入試，卒業生子女等特別入試，縁結び入試（島根県特別入試），地域枠産業動物獣医師育成特別入試，指定校推薦特別入試，麻布大学附属高等学校生特別入試，帰国生特別入試，社会人特別入試，学士特別入試，外国人特別入試を実施。

注）募集人員は2024年度の実績です。

偏差値データ（2024年度）

●一般入試（Ⅰ期）

学部／学科	2024年度 駿台予備学校 合格目標ライン	2024年度 河合塾 ボーダー偏差値	2023年度 競争率
▶獣医学部			
獣医	53	57.5～60	6.8
獣医保健看護	42	42.5	新
動物応用科	42	35	1.1
▶生命・環境科学部			
臨床検査技術	45	35	1.2
食品生命科	43	BF	1.0
環境科	42	BF	1.0

- 駿台予備学校合格目標ラインは合格可能性80％に相当する駿台模試の偏差値です。
- 河合塾ボーダー偏差値は合格可能性50％に相当する河合塾全統模試の偏差値です。
- 競争率は受験者÷合格者の実質倍率

※2023年度の競争率はⅠ期全体の実績です。

KU 神奈川(かながわ)大学

資料請求

問合せ先　入試センター　☎045-481-5857

建学の精神

「質実剛健・積極進取・中正堅実」を建学の精神として，1928（昭和３）年に創設された「横浜学院」を前身とする，全国有数の総合大学。「教育は人を造るにあり」という創立者・米田吉盛の想いは，今も熱く受け継がれ，「人をつくる大学」「成長支援第一主義」を掲げる神大だからこそ，例えば，創立間もない1933年から導入した給費生制度をはじめ，ほかにはないさまざまな体制を整え，あなたを応援。2021年に誕生したみなとみらいキャンパスでは，グローバル系３学部の学生が学び，さらに2023年には理工系５学部を含む計８学部が横浜キャンパスに集結するなど，学問の枠を超えた，人と人，知と知の出会いにより，あなたが「自分らしく生きる」確かな力を身につけ，未来への一歩を踏み出せるように，全力でサポートしている。

- 横浜キャンパス………………〒221-8686　神奈川県横浜市神奈川区六角橋3-27-1
- みなとみらいキャンパス……〒220-8739　神奈川県横浜市西区みなとみらい4-5-3

基本データ

学生数▶18,090名（男12,246名，女5,844名）
専任教員数▶教授268名，准教授149名，助教・助手94名
設置学部▶法，経済，経営，外国語，国際日本，人間科，理，工，建築，化学生命，情報
併設教育機関▶大学院─法学・経済学・経営学・人文学・人間科学・理学・工学・歴史民俗資料学（以上M・D）

就職・卒業後の進路

就職率 95.9％
就職者÷希望者×100

● **就職支援**　就活基礎講座やマナー講座などの基本的なものから，業界に特化したセミナー，就活ゼミ，業界研究フェア，合同企業説明会など，夢に近づくイベントや講座を多数開催。個性を生かせる就職を実現するため，キャリア教育は入学直後から行っている。

● **資格取得支援**　受講料もリーズナブルで，空き時間の有効利用がそのまま夢へとつながる，日商簿記検定，ITパスポート，行政書士，宅地建物取引士など，時代が求める約30の資格取得講座をオンラインで開講。教職，学芸員など４つの資格教育課程も設置。

進路指導者も必見 学生を伸ばす 面倒見

初年次教育
少人数の演習で，レポートの書き方やプレゼン手法・情報リテラシーなど，大学での基礎を学ぶ「FYS（ファースト・イヤー・セミナー）」を初年次ゼミナールとして実施。「教養データサイエンス」科目も開講している

学修サポート
TA・SA制度，オフィスアワー制度を全学部で導入。また，基礎学力の向上のため，英語，数学，文章表現について，高校で教員経験のある学習相談員が状況に応じて個別指導を行い，学びをサポートしている

オープンキャンパス（2023年度実績）　夏のオープンキャンパスを7・8月に全６日程で開催（両キャンパスで各３日程）。在学生によるキャンパスツアーやゼミ発表，研究室紹介，体験授業などおすすめイベントが盛りだくさん。

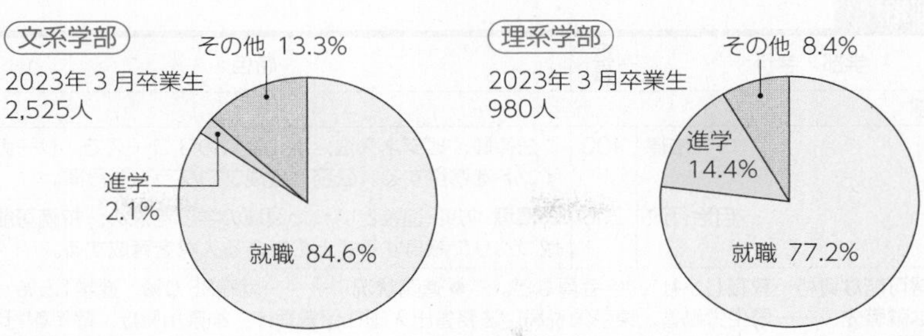

主なOB・OG▶［法］熊田裕通（衆議院議員），［経済］肥田幸春（FJネクスト社長），［経済］鈴木健吾（マラソン日本記録保持者），［人間科］伊東純也（プロサッカー選手），［工］粕谷智浩（千葉県袖ケ浦市長）など。

国際化・留学　大学間 191 大学・部局間 19 大学等

受入れ留学生数▶356名（2023年５月１日現在）

留学生の出身国・地域▶中国，韓国，台湾，ベトナム，マレーシアなど。

外国人専任教員▶教授15名，准教授18名，助教・助手14名（2023年５月１日現在）

外国人専任教員の出身国▶中国，アメリカ，韓国，スペインなど。

大学間交流協定▶191大学（交換留学先171大学，2023年９月１日現在）

部局間交流協定▶19大学・機関（交換留学先３大学，2023年９月１日現在）

海外への留学生数▶渡航型408名・オンライン型７名／年（27カ国・地域，2022年度）

海外留学制度▶派遣交換留学や夏季・春季の推薦語学研修，経営学部の中長期留学プログラムやSAプログラム，外国語学部のGEC・SEAプログラムなど，期間や費用，目的に合わせた多彩な制度を用意。世界の主要都市で海外インターンシップも実施している。

学費・奨学金制度　給付型奨学金総額 年間約 4億5,200万円

入学金▶200,000円

年間授業料（施設費等を除く）▶690,000円～（詳細は巻末資料参照）

年間奨学金総額▶451,999,330円

年間奨学金受給者数▶1,335人

主な奨学金制度▶給費生試験の成績によって採用を決める「給費生制度」は，４年間で最大880万円を給付。このほか，「予約型奨学金」「新入生奨学金」「修学支援奨学金」など充実の奨学金制度を揃えている。また授業料減免制度もあり，2022年度には339人を対象に総額で約9,143万円を減免している。

保護者向けインフォメーション

- **オープンキャンパス**　通常のオープンキャンパス時に保護者向けガイダンスを実施している。
- **成績確認**　学業成績通知表を送付するほか，当該学期における未履修者，留年・原級などの通知も行っている。
- **後援会**　父母等を会員とする後援会があり，「保護者説明・懇談会」を両キャンパスおよび全国各地で開催し，学修・就職活動・学生生活などについて説明している。会報も発行。
- **防災対策**　「大地震対応マニュアル―地震にそなえて―」を入学時に配布するほか，HPに公開（キャンパス内にも常設）。災害時の学生の安否は，ポータルサイトを利用して確認する。

インターンシップ科目	必修専門ゼミ	卒業論文	GPA制度の導入の有無および活用例	１年以内の退学率	標準年限での卒業率
全学部で開講している	経営で２～４年次，外国語･理･化学生命･情報で３･４年次，国際日本･人間科で１～４年次，工で１･３･４年次，建築で４年次に実施	法学部と経済学部を除き卒業要件	学生に対する個別の学修指導，奨学金対象者選定，留学候補者選考，退学勧告基準のほか，一部の学部で大学院入試選抜基準として活用	1.3%	80.7%

学部紹介

学部／学科	定員	特色
法学部		
法律	400	▷法律職，ビジネス法，現代社会の３コースで，リーガルマインドを修得する。公務員養成プログラムも設置。
自治行政	200	▷環境・防災・福祉といった領域の学びを深め，持続可能な地域づくりに献身することのできる人材を育成する。
● **取得可能な資格**…教職（公・社），学芸員など。　● **進路状況**…………就職85.0%　進学1.5% ● **主な就職先**………厚生労働省，東京国税局，法務省出入国在留管理庁，神奈川県庁，静岡銀行など。		
経済学部		
経済	650	▷〈現代経済専攻580名，経済分析専攻70名〉現代経済専攻では経済学的視点から，経済分析専攻では政策分析やデータ処理の視点から世の中の諸問題に挑む。
現代ビジネス	300	▷貿易・国際ビジネス，経営・マーケティング，企業・会計の３コース。マーケティングを重視したカリキュラムを編成。
● **取得可能な資格**…教職（地歴・公・社・商業），学芸員など。 ● **進路状況**…………就職87.0%　進学1.0% ● **主な就職先**………横浜銀行，湘南信用金庫，川崎市役所，大塚商会，富士ソフト，横浜冷凍など。		
経営学部		
国際経営	530	▷分野横断的な学びで，国際感覚と経営に必要なスキルを養成する。学部独自のプログラムによる海外留学を実施。
● **取得可能な資格**…教職（公・社），学芸員など。　● **進路状況**…………就職84.5%　進学2.2% ● **主な就職先**………平塚信用金庫，神奈川銀行，JALスカイ，イオンリテール，東急リバブルなど。		
外国語学部		
英語英文	200	▷IES（Integrated English Studies）プログラム（160名）とGEC（Global English Communication）プログラム（40名）を設置。GECプログラムは２年次に１学期間の留学を経験。
スペイン語	90	▷言語文化，地域文化の２コース。スペイン語圏の文化や歴史，社会や国際関係などに関する授業を数多く展開。
中国語	60	▷言語，社会文化の２コース。中国の社会や文化に精通し，日中の経済文化交流の場で力を発揮できる人材を育成する。
● **取得可能な資格**…教職（英・中），学芸員など。　● **進路状況**…………就職80.8%　進学2.5% ● **主な就職先**………みずほ銀行，伊藤園，楽天グループ，ANA成田エアポートサービス，桃屋など。		
国際日本学部		
国際文化交流	170	▷文化交流，観光文化，言語・メディア，国際日本学の４コース。外国語の実践的能力を鍛えながら，世界と日本の文化や歴史を研究し，文化を超えて伝えるスキルを身につける。
日本文化	60	▷日本語学，日本文学，文化・表象の３分野の学びを通して，多文化の共生に貢献できる人材を育成する。
歴史民俗	70	▷グローバルな視点から歴史，民俗，文化創生を学び，街おこしや地域振興のキーパーソンとなる人材を育成する。
● **取得可能な資格**…教職（国・地歴・社），学芸員など。 ● **主な就職先**………ツムラ，リゾートトラスト，ラルフローレン，ニトリなど（国際文化交流学科実績）。		

キャンパスアクセス ［横浜キャンパス］ 東急東横線一白楽または東白楽より徒歩13分／JR・私鉄・地下鉄各線一横浜よりバス14分／横浜市営地下鉄一片倉町よりバス6分

人間科学部		
人間科	300	▷心理発達，スポーツ健康，人間社会の３コース。こころ・からだ・社会を理解し，現代社会の問題を解決する力を養う。
● 取得可能な資格…教職（地歴・公・社・保体），学芸員など。 ● 進路状況…………就職81.6％　進学6.4％ ● 主な就職先………横浜市教育委員会，三菱食品，西日本旅客鉄道，日本発条，大和ハウス工業など。		
理学部		
理	275	▷６コース制。受験時に所属するコースを選択するが，他分野の科目も自由に履修可能。数学コース（40名）では，純粋数学も応用数学も学ぶことができる。物理コース（40名）では，力学，量子力学，電磁気学，熱・統計力学の物理学の４本柱を基礎からしっかり学ぶ。化学コース（70名）は実験・演習が充実。生物コース（70名）は，自然豊かな神奈川全体をフィールドとして学ぶ。地球環境科学コース（30名）は，地球の未来環境を考えるコース。総合理学コース（25名）では，理学のさまざまな分野を学ぶことが可能。
● 取得可能な資格…教職（数・理），学芸員など。 ● 進路状況…………就職76.2％　進学12.6％ ● 主な就職先………任天堂，本田技研工業，SMC，アマダ，テルモ，ハイマックス，Sky，CIJなど。		
工学部		
機械工	145	▷「機械技術と人間，社会，環境」との調和に配慮したモノづくりで，新時代を切り拓くスペシャリストを育成する。
電気電子情報工	145	▷「電気・電子・情報・通信」を総合的に学べる環境で，「夢の道具」「未来の道具」を生み出す次世代の技術者を育成する。
経営工	90	▷社会システムの課題解決を段階的に学び，「人，そして環境にもやさしい」社会をデザインする人材を育成する。
応用物理	60	▷宇宙観測とナノサイエンスの２つを大きなテーマに，先端的研究の過程で培われる技術を応用する力を身につける。
● 取得可能な資格…教職（数・理・情・工業），学芸員など。 ● 進路状況…………就職77.7％　進学15.2％ ● 主な就職先………スズキ，NTT東日本グループ，TOPPAN，中外製薬，山崎製パン，日産車体など。		
建築学部		
建築	200	▷建築学系（120名）と都市生活学系（80名）を設置し，構造，環境，デザイン，住生活創造，まち再生の５コース制を採用。暮らしの中にあるすべてを「建築」ととらえ，人々の暮らしをより豊かにするあらゆる建築の専門家を育成する。
● 取得可能な資格…教職（工業），学芸員，１・２級建築士受験資格など。 ● 主な就職先………鹿島建設，髙松建設，東日本旅客鉄道，横浜市役所など（旧工学部建築学科実績）。		
化学生命学部		
応用化	110	▷現代社会に役立つ化学技術を身につけ，安全で快適な生活や社会に貢献できる力を養う。
生命機能	80	▷生命現象や生体機能について生命科学の視点から学び，世の中に役立つ技術やモノづくりで人々の幸せに貢献する。
● 取得可能な資格…教職（理），学芸員など。 ● 主な就職先………2023年度開設のため卒業生はいない。		

キャンパスアクセス［みなとみらいキャンパス］みなとみらい線一新高島より徒歩4分，みなとみらいより徒歩6分／JR・私鉄・地下鉄一横浜より徒歩11分／JR京浜東北線・根岸線，横浜市営地下鉄一桜木町より徒歩12分

情報学部		
計算機科	80	▷世界標準の情報教育に準じたカリキュラムで「計算機科学」を身につけ，情報社会の中核で活躍できる人材を育成する。
システム数理	80	▷これからの共創社会の問題を発見・解決できる「システム」と「数理モデリング」に精通したスペシャリストを育成する。
先端情報領域プログラム	40	▷ビッグデータの利活用を通じて，社会に役立つプログラムやシステムを考えられる人材を育成する。

● 取得可能な資格…教職（数・情），学芸員など。
● 主な就職先………2023年度開設のため卒業生はいない。

▶キャンパス

法・経済・人間科・理・工・建築・化学生命・情報……［横浜キャンパス］ 神奈川県横浜市神奈川区六角橋3-27-1
経営・外国語・国際日本……［みなとみらいキャンパス］ 神奈川県横浜市西区みなとみらい4-5-3

2025年度入試要項（予告）

●募集人員

学部／学科（専攻・学系・コース）		前期A	前期B	前期C	後期
▶法	法律	160	—	15	20
	自治行政	80	—	10	10
▶経済	経済（現代経済）	230	—	10	30
	（経済分析）	25	3	3	3
	現代ビジネス	120	10	5	15
▶経営	国際経営	180	40	20	20
▶外国語	英語英文（IESプログラム）	52	12	6	8
	（GECプログラム）	14	3	—	—
	スペイン語	20	15	5	5
	中国語	20	—	5	4
▶国際日本	国際文化交流	55	7	7	7
	日本文化	23	3	3	3
	歴史民俗	23	4	4	3
▶人間科	人間科	105	—	15	15
▶理	理（数学）	8	3	3	3
	（物理）	8	3	3	3
	（化学）	15	8	3	3
	（生物）	13	10	3	3
	（地球環境科学）	5	2	2	2
	（総合理学）	5	2	2	2
▶工	機械工	35	5	5	10
	電気電子情報工	35	5	5	10
	経営工	20	3	3	6
	応用物理	12	4	5	4
▶建築	建築（建築）	33	—	8	5
	（都市生活）	24	—	5	3
▶化学生命	応用化	26	7	7	4
	生命機能	20	4	4	4
▶情報	計算機科	18	8	3	4
	システム数理	21	—	5	5
	先端情報領域プログラム	10	—	3	3

注）募集人員は2024年度の実績です。
※一般入試前期Ａ方式・後期は３科目型，Ｂ方式は得意科目型，Ｃ方式は共通テスト併用型。
※経済学科現代経済専攻の募集人員の内訳は前期Ａが地歴公民型180名・数学型50名，後期が地歴公民型23名・数学型７名。

▷共通テストの「英語」はリーディング・リスニング各100点で，一般前期Ｃ方式（共通テスト併用）では，200点満点を各学部学科・専攻・プログラム・学系・コースの配点に換算する。

法学部

一般入試前期Ａ方式・後期 **3科目** ①国(100) ▶現国・言語（漢文を除く） ②外(100) ▶英コミュⅠ・英コミュⅡ・論表Ⅰ ③地歴・公民(100) ▶世探・日探・「地総・地探」・政経から１，ただし前期Ａ方式２月７日は地総・地探の選択不可

一般入試前期Ｃ方式（共通テスト併用型）
〈共通テスト科目〉 **2科目** ①外(100) ▶英（リスニングを含む） ②国・数(100) ▶国（近代）・「数Ⅰ・数Ａ」・「数Ⅱ・数Ｂ・数Ｃ」から１
〈個別試験科目〉 **1科目** ①国・地歴・公民(100) ▶「現国・言語（漢文を除く）」・世探・日探・政経から１

経済学部

一般入試前期Ａ方式・後期　3科目　①国(100)▶現国・言語(漢文を除く)　②外(100)▶英コミュⅠ・英コミュⅡ・論表Ⅰ　③**地歴・公民・数**(100)▶世探・日探・「地総・地探」・政経・「数Ⅰ(データの分析を除く)・数Ⅱ・数Ａ(数学と人間を除く)」から１，ただし前期Ａ方式２月７日は地総・地探の選択不可，また経済学科経済分析専攻は数指定

一般入試前期Ｂ方式　**【経済学科〈経済分析専攻〉】**　2科目　①**数**(150)▶数Ⅰ(データの分析を除く)・数Ⅱ・数Ａ(数学と人間を除く)　②**国・外**(100)▶「現国・言語(漢文を除く)」・「英コミュⅠ・英コミュⅡ・論表Ⅰ」から１

【現代ビジネス学科】　2科目　①②**国・外・「地歴・公民・数」**(100×2)▶「現国・言語(漢文を除く)」・「英コミュⅠ・英コミュⅡ・論表Ⅰ」・「世探・日探・政経・〈数Ⅰ(データの分析を除く)・数Ⅱ・数Ａ(数学と人間を除く)〉から１」から２

一般入試前期Ｃ方式(共通テスト併用型)

【経済学科〈現代経済専攻〉・現代ビジネス学科】　**〈共通テスト科目〉**　2科目　①**外**(100)▶英(リスニングを含む)・独・仏・中・韓から１　②**国・理・情**(100)▶国(近代)・「物基・化基・生基・地学基から２」・物・化・生・地学・情Ⅰから１

〈個別試験科目〉　1科目　①**地歴・公民・数**(100)▶世探・日探・政経・「数Ⅰ(データの分析を除く)・数Ⅱ・数Ａ(数学と人間を除く)」から１

【経済学科〈経済分析専攻〉】　**〈共通テスト科目〉**　2科目　①**外**(100)▶英(リスニングを含む)・独・仏・中・韓から１　②**国・地歴・公民・理・情**(100)▶国(近代)・「歴総・世探」・「歴総・日探」・「地総・地探」・「公・倫」・「公・政経」・「地総・歴総・公から２」・「物基・化基・生基・地学基から２」・物・化・生・地学・情Ⅰから１

〈個別試験科目〉　1科目　①**数**(100)▶数Ⅰ(データの分析を除く)・数Ⅱ・数Ａ(数学と人間を除く)

経営学部

一般入試前期Ａ方式・後期　3科目　①国(100)▶現国・言語(漢文を除く)　②**外**(150)▶英コミュⅠ・英コミュⅡ・論表Ⅰ　③**地歴・公民・数**(100)▶世探・日探・「地総・地探」・政経・「数Ⅰ(データの分析を除く)・数Ⅱ・数Ａ(数学と人間を除く)」から１，ただし前期Ａ方式２月７日は地総・地探の選択不可

一般入試前期Ｂ方式　2科目　①②**国・外・「地歴・公民・数」**(100×2)▶「現国・言語(漢文を除く)」・「英コミュⅠ・英コミュⅡ・論表Ⅰ」・「世探・日探・政経・〈数Ⅰ(データの分析を除く)・数Ⅱ・数Ａ(数学と人間を除く)〉から１」から２

一般入試前期Ｃ方式(共通テスト併用型)

〈共通テスト科目〉　1科目　①**国・地歴・公民・数・理・情**(100)▶国(近代)・「歴総・世探」・「歴総・日探」・「地総・地探」・「公・倫」・「公・政経」・「地総・歴総・公から２」・数Ⅰ・「数Ⅰ・数Ａ」・「数Ⅱ・数Ｂ・数Ｃ」・「物基・化基・生基・地学基から２」・物・化・生・地学・情Ⅰから１

〈個別試験科目〉　1科目　①**外**(100)▶英コミュⅠ・英コミュⅡ・論表Ⅰ

外国語学部

一般入試前期Ａ方式・後期　3科目　①国(100)▶現国・言語(漢文を除く)　②**外**(英語英文・スペイン語150，中国語100)▶英コミュⅠ・英コミュⅡ・論表Ⅰ　③**地歴・公民**(100)▶世探・日探・「地総・地探」・政経から１，ただし前期Ａ方式２月７日は地総・地探の選択不可

一般入試前期Ｂ方式　**【英語英文学科〈ＩＥＳプログラム〉】**　2科目　①国(100)▶現国・言語(漢文を除く)　②**外**(300)▶英コミュⅠ・英コミュⅡ・論表Ⅰ

【スペイン語学科】　2科目　①**外**(150)▶英コミュⅠ・英コミュⅡ・論表Ⅰ　②**国・地歴・公民**(100)▶「現国・言語(漢文を除く)」・世探・日探・政経から１

一般入試前期Ｃ方式(共通テスト併用型)

【英語英文学科〈ＩＥＳプログラム〉・中国語学科】　**〈共通テスト科目〉**　2科目　①②**国・外・「地歴・公民」・数・理・情**(100×2)▶国(近代)・「英(リスニングを含む)・独・仏・中・韓から１」・「〈歴総・世探〉・〈歴総・日探〉・〈地総・地探〉・〈公・倫〉・〈公・政経〉・〈地総・歴総・公

から２〉から１」・「数Ⅰ・〈数Ⅰ・数A〉・〈数Ⅱ・数B・数C〉から１」・「〈物基・化基・生基・地学基から２〉・物・化・生・地学から１」・情Ⅰから２，ただし英語英文学科で外国語を選択する場合は英指定，また情は英語英文学科のみ選択可

〈個別試験科目〉 **1科目** ①**外**(英語英文150・中国語100) ▶英コミュⅠ・英コミュⅡ・論表Ⅰ

【スペイン語学科】〈共通テスト科目〉 **1科目** ①**国・外・地歴・公民・数・理**(100) ▶国(近代)・英(リスニングを含む)・「歴総・世探」・「歴総・日探」・「地総・地探」・「公・倫」・「公・政経」・「地総・歴総・公から２」・数Ⅰ・「数Ⅰ・数A」・「数Ⅱ・数B・数C」・「物基・化基・生基・地学基から２」・物・化・生・地学から１

〈個別試験科目〉 **1科目** ①**外**(150) ▶英コミュⅠ・英コミュⅡ・論表Ⅰ

国際日本学部

一般入試前期A方式・後期 **3科目** ①**国**(国際文化交流・歴史民俗100，日本文化150) ▶現国・言語(漢文を除く) ②**外**(国際文化交流150，日本文化・歴史民俗100) ▶英コミュⅠ・英コミュⅡ・論表Ⅰ ③**地歴・公民**(国際文化交流・日本文化100，歴史民俗150) ▶世探・日探・「地総・地探」・政経から１，ただし前期A方式２月７日は地総・地探の選択不可

一般入試前期B方式 **【国際文化交流学科】** **2科目** ①**外**(150) ▶英コミュⅠ・英コミュⅡ・論表Ⅰ ②**国・地歴・公民**(100) ▶「現国・言語(漢文を除く)」・世探・日探・政経から１

【日本文化学科】 **2科目** ①**国**(150) ▶現国・言語(漢文を除く) ②**地歴**(100) ▶日探

【歴史民俗学科】 **2科目** ①②**国・外・「地歴・公民」**(100×2) ▶「現国・言語(漢文を除く)」・「英コミュⅠ・英コミュⅡ・論表Ⅰ」・「世探・日探・政経から１」から２

一般入試前期C方式(共通テスト併用型)

【国際文化交流学科】〈共通テスト科目〉 **2科目** ①②**国・外・「地歴・公民」・数・理**(100×2) ▶国(近代)・英(リスニングを含む)・「〈歴総・世探〉・〈歴総・日探〉・〈地総・地探〉・〈公・倫〉・〈公・政経〉・〈地総・歴総・公から２〉から１」・「数Ⅰ・〈数Ⅰ・数A〉・〈数Ⅱ・数B・数C〉から１」・「〈物基・化基・生基・地学基から２〉・物・化・生・地学から１」から２

〈個別試験科目〉 **1科目** ①**外**(150) ▶英コミュⅠ・英コミュⅡ・論表Ⅰ

【日本文化学科】〈共通テスト科目〉 **2科目** ①**外**(100) ▶英(リスニングを含む)・独・仏・中・韓から１ ②**地歴・公民**(100) ▶「歴総・世探」・「歴総・日探」・「地総・地探」・「公・倫」・「公・政経」・「地総・歴総・公から２」から１

〈個別試験科目〉 **1科目** ①**国**(150) ▶現国・言語(漢文を除く)

【歴史民俗学科】〈共通テスト科目〉 **2科目** ①②**国・外・数・理**(100×2) ▶国・「英(リスニングを含む)・独・仏・中・韓から１」・「数Ⅰ・〈数Ⅰ・数A〉・〈数Ⅱ・数B・数C〉から１」・「〈物基・化基・生基・地学基から２〉・物・化・生・地学から１」から２

〈個別試験科目〉 **1科目** ①**地歴・公民**(100) ▶世探・日探・政経から１

人間科学部

一般入試前期A方式・後期 **3科目** ①**国**(100) ▶現国・言語(漢文を除く) ②**外**(100) ▶英コミュⅠ・英コミュⅡ・論表Ⅰ ③**地歴・公民・数**(100) ▶世探・日探・「地総・地探」・政経・「数Ⅰ(データの分析を除く)・数Ⅱ・数A(数学と人間を除く)」から１，ただし前期A方式２月７日は地総・地探の選択不可

一般入試前期C方式(共通テスト併用型)

〈共通テスト科目〉 **2科目** ①②**国・外・「地歴・公民」・数・理・情**(100×2) ▶国(近代)・「英(リスニングを含む)・独・仏・中・韓から１」・「〈歴総・世探〉・〈歴総・日探〉・〈地総・地探〉・〈公・倫〉・〈公・政経〉・〈地総・歴総・公から２〉から１」・「数Ⅰ・〈数Ⅰ・数A〉・〈数Ⅱ・数B・数C〉から１」・「〈物基・化基・生基・地学基から２〉・物・化・生・地学から１」・情Ⅰから２

〈個別試験科目〉 **1科目** ①**国・外**(100) ▶「現国・言語(漢文を除く)」・「英コミュⅠ・英コミュⅡ・論表Ⅰ」から１

理学部

一般入試前期A方式・後期 **【数学コース・物理コース・化学コース・地球環境科学コース・総合理学コース】** **3科目** ①**外**(100) ▶英コ

ミュⅠ・英コミュⅡ・論表Ⅰ ②**数**(150)▶数Ⅰ・数Ⅱ・数Ⅲ・数A・数B(数列)・数C(数学表現を除く) ③**理**(100)▶「物基・物」・「化基・化」・「生基・生」から1，ただし前期A方式2月7日は生基・生の選択不可

【生物コース】 **3**科目 ①**外**(100)▶英コミュⅠ・英コミュⅡ・論表Ⅰ ②**理**(100)▶「物基・物」・「化基・化」・「生基・生」から1，ただし前期A方式2月7日は生基・生の選択不可 ③**国・数**(100)▶「現国・言語(漢文を除く)」・「数Ⅰ・数Ⅱ・数A・数B(数列)・数C(ベク)」から1

一般入試前期B方式 **【数学コース・物理コース】** **2**科目 ①**数**(150)▶数Ⅰ・数Ⅱ・数Ⅲ・数A・数B(数列)・数C(数学表現を除く) ②**理**(数学100・物理150)▶[数学コース]―「物基・物」・「化基・化」・「生基・生」から1，[物理コース]―物基・物

【化学コース・生物コース・地球環境科学コース】 **2**科目 ①**理**(150)▶[化学コース]―化基・化，[生物コース]―生基・生，[地球環境科学コース]―「物基・物」・「化基・化」・「生基・生」・「地学基・地学」から1 ②**外・数**(100)▶「英コミュⅠ・英コミュⅡ・論表Ⅰ」・「数Ⅰ・数Ⅱ・数A・数B(数列)・数C(ベク)」から1

【総合理学コース】 **2**科目 ①②**外・理・「国・数」**(150×2)▶「英コミュⅠ・英コミュⅡ・論表Ⅰ」・「〈物基・物〉・〈化基・化〉・〈生基・生〉から1」・「〈現国・言語(漢文を除く)〉・〈数Ⅰ・数Ⅱ・数Ⅲ・数A・数B(数列)・数C(数学表現を除く)〉から1」から2，ただし外と国の組み合わせは不可

一般入試前期C方式(共通テスト併用型) **【数学コース・物理コース】〈共通テスト科目〉** **2**科目 ①**数**(100)▶「数Ⅰ・数A」・「数Ⅱ・数B・数C」から1 ②**外・理**(100)▶英(リスニングを含む)・物・化・生・地学から1

〈個別試験科目〉 **1**科目 ①**数・理**(150)▶「数Ⅰ・数Ⅱ・数Ⅲ・数A・数B(数列)・数C(数学表現を除く)」・「物基・物」から1

【化学コース・地球環境科学コース】〈共通テスト科目〉 **2**科目 ①**理**(100)▶物・化・生・地学から1 ②**外・数**(100)▶英(リスニングを含む)・「数Ⅰ・数A」・「数Ⅱ・数B・数C」から1

〈個別試験科目〉 **1**科目 ①**理**(100)▶[化学コース]―化基・化，[地球環境科学コース]―「物基・物」・「化基・化」・「生基・生」・「地学基・地学」から1

【生物コース】〈共通テスト科目〉 **2**科目 ①**外**(100)▶英(リスニングを含む) ②**国・数・理**(100)▶国(近代)・「数Ⅰ・数A」・「数Ⅱ・数B・数C」・物・化・生・地学から1

〈個別試験科目〉 **1**科目 ①**理**(150)▶生基・生

【総合理学コース】〈共通テスト科目〉 **2**科目 ①**外**(100)▶英(リスニングを含む) ②**数・理**(100)▶「数Ⅰ・数A」・「数Ⅱ・数B・数C」・「物基・化基・生基・地学基から2」・物・化・生・地学から1

〈個別試験科目〉 **1**科目 ①**数・理**(150)▶「数Ⅰ・数Ⅱ・数Ⅲ・数A・数B(数列)・数C(数学表現を除く)」・「物基・物」・「化基・化」・「生基・生」から1

工学部

一般入試前期A方式・後期 **3**科目 ①**外**(100)▶英コミュⅠ・英コミュⅡ・論表Ⅰ ②**数**(150)▶数Ⅰ・数Ⅱ・数Ⅲ・数A・数B(数列)・数C(数学表現を除く) ③**理**(100)▶「物基・物」・「化基・化」から1

一般入試前期B方式 **【機械工学科・電気電子情報工学科・経営工学科】** **2**科目 ①**数**(150)▶数Ⅰ・数Ⅱ・数Ⅲ・数A・数B(数列)・数C(数学表現を除く) ②**外・理**(100)▶「英コミュⅠ・英コミュⅡ・論表Ⅰ」・「物基・物」から1

【応用物理学科】 **2**科目 ①**数**(150)▶数Ⅰ・数Ⅱ・数Ⅲ・数A・数B(数列)・数C(数学表現を除く) ②**理**(150)▶物基・物

一般入試前期C方式(共通テスト併用型) **【機械工学科・電気電子情報工学科】〈共通テスト科目〉** **2**科目 ①②**国・外・理**(150×2)▶国(近代)・英(リスニングを含む)・「〈物基・化基〉・物・化から1」から2

〈個別試験科目〉 **1**科目 ①**数**(150)▶数Ⅰ・数Ⅱ・数Ⅲ・数A・数B(数列)・数C(数学表現を除く)

【経営工学科】〈共通テスト科目〉 **1**科目 ①**国・外・理**(150)▶国(近代)・英(リスニング

を含む)・「物基・化基・生基・地学基から2」・物・化・生・地学から1
〈個別試験科目〉 1科目 ①数(150)▶数Ⅰ・数Ⅱ・数Ⅲ・数A・数B(数列)・数C(数学表現を除く)
【応用物理学科】〈共通テスト科目〉 2科目 ①理(150)▶「物基・化基」・物・化から1 ②国・外・(150)▶国(近代)・英(リスニングを含む)から1
〈個別試験科目〉 1科目 ①数(150)▶数Ⅰ・数Ⅱ・数Ⅲ・数A・数B(数列)・数C(数学表現を除く)

建築学部

一般入試前期A方式・後期 【建築学系・都市生活学系(理系型)】 3科目 ①外(100)▶英コミュⅠ・英コミュⅡ・論表Ⅰ ②数(150)▶数Ⅰ・数Ⅱ・数Ⅲ・数A・数B(数列)・数C(数学表現を除く) ③理(100)▶「物基・物」・「化基・化」から1
【都市生活学系(文系型)】 3科目 ①国(100)▶現国・言語(漢文を除く) ②外(100)▶英コミュⅠ・英コミュⅡ・論表Ⅰ ③地歴・公民・数(100)▶世探・日探・「地総・地探」・政経・「数Ⅰ(データの分析を除く)・数Ⅱ・数A(数学と人間を除く)」から1，ただし前期A方式2月7日は地総・地探の選択不可
一般入試前期C方式(共通テスト併用型)
【建築学系・都市生活学系(理系型)】〈共通テスト科目〉 2科目 ①②国・外・理(150×2)▶国(近代)・英(リスニングを含む)・「〈物基・化基・生基・地学基から2〉・物・化・生・地学から1」から2
〈個別試験科目〉 1科目 ①数(150)▶数Ⅰ・数Ⅱ・数Ⅲ・数A・数B(数列)・数C(数学表現を除く)
【都市生活学系(文系型)】〈共通テスト科目〉 2科目 ①②国・外・理(150×2)▶国(近代)・英(リスニングを含む)・「〈物基・化基・生基・地学基から2〉・物・化・生・地学から1」から2
〈個別試験科目〉 1科目 ①地歴・公民(100)▶世探・日探・政経から1

化学生命学部

一般入試前期A方式・後期 3科目 ①外(100)▶英コミュⅠ・英コミュⅡ・論表Ⅰ ②理(100)▶「物基・物」・「化基・化」・「生基・生」から1，ただし前期A方式2月7日は生基・生の選択不可 ③国・数(100)▶「現国・言語(漢文を除く)」・「数Ⅰ・数Ⅱ・数A・数B(数列)・数C(ベク)」から1
一般入試前期B方式 2科目 ①理(100)▶[応用化学科] ―化基・化，[生命機能学科] ―「化基・化」・「生基・生」から1 ②国・外・数(100)▶「現国・言語(漢文を除く)」・「英コミュⅠ・英コミュⅡ・論表Ⅰ」・「数Ⅰ・数Ⅱ・数A・数B(数列)・数C(ベク)」から1
一般入試前期C方式(共通テスト併用型)
〈共通テスト科目〉 2科目 ①②国・外・数・理(100×2)▶国(近代)・英(リスニングを含む)・「〈数Ⅰ・数A〉・〈数Ⅱ・数B・数C〉から1」・「〈物基・化基・生基・地学基から2〉・物・化・生・地学から1」から2
〈個別試験科目〉 1科目 ①理(100)▶「化基・化」・「生基・生」から1

情報学部

一般入試前期A方式・後期 3科目 ①外(100)▶英コミュⅠ・英コミュⅡ・論表Ⅰ ②数(150)▶数Ⅰ・数Ⅱ・数Ⅲ・数A・数B(数列)・数C(数学表現を除く) ③理(100)▶[計算機科学科] ―「物基・物」・「化基・化」・「生基・生」から1，ただし前期A方式2月7日は生基・生の選択不可，[システム数理学科・先端情報領域プログラム] ―「物基・物」・「化基・化」から1
一般入試前期B方式 2科目 ①数(150)▶数Ⅰ・数Ⅱ・数A・数B(数列)・数C(ベク) ②外・理(100)▶「英コミュⅠ・英コミュⅡ・論表Ⅰ」・「物基・物」・「化基・化」・「生基・生」から1
一般入試前期C方式(共通テスト併用型)
【計算機科学科】〈共通テスト科目〉 1科目 ①国・外・理(100)▶国(近代)・英(リスニングを含む)・物・化・生・地学から1
〈個別試験科目〉 1科目 ①数(150)▶数Ⅰ・数Ⅱ・数Ⅲ・数A・数B(数列)・数C(数学表現

を除く）
【システム数理学科・先端情報領域プログラム】 1科目 ①国・理（100）▶国（近代）・「物基・化基」・物・化から1
〈個別試験科目〉 2科目 ①外（100）▶英コミュⅠ・英コミュⅡ・論表Ⅰ ②数（100）▶数Ⅰ・数Ⅱ・数A・数B（数列）・数C（ベク）

その他の選抜

共通テスト利用入試は法学部65名，経済学部126名，経営学部60名，外国語学部35名，国際日本学部35名，人間科学部36名，理学部32名，工学部54名，建築学部32名，化学生命学部23名，情報学部36名を，公募制自己推薦入試は法学部15名，経済学部20名，経営学部50名，外国語学部31名，国際日本学部21名，人間科学部20名，理学部21名，工学部35名（うち女子特別16名），建築学部13名，化学生命学部11名，情報学部15名を，給費生試験は法学部14名，経済学部22名，経営学部12名，外国語学部８名，国際日本学部７名，人間科学部７名，理学部６名，工学部10名，建築学部５名，化学生命学部４名，情報学部５名を募集。ほかに公募制スポーツ・音楽推薦入試，スポーツ重点強化部推薦入試，指定校制推薦入試，AO入試，卒業生子弟・子女入試，外国高等学校在学経験者（帰国生徒等）入試，社会人入試，外国人留学生入試を実施。
注）募集人員は2024年度の実績です。

偏差値データ（2024年度）

●一般入試前期A方式

学部／学科・専攻・プログラム・コース・学系	2024年度		2023年度
	駿台予備学校 合格目標ライン	河合塾 ボーダー偏差値	競争率
▶法学部			
法律	42	42.5	1.9
自治行政	41	40	1.6
▶経済学部			
経済／現代経済	40	42.5	2.0
／経済分析	40	40	2.0
現代ビジネス	40	45	2.3
▶経営学部			
国際経営	41	45	2.7
▶外国語学部			
英語英文／IES	43	47.5	2.7
／GEC	42	45	1.8
スペイン語	41	45	1.3
中国語	40	42.5	1.3
▶国際日本学部			
国際文化交流	42	47.5	1.7
日本文化	42	50	3.6
歴史民俗	43	50	1.9
▶人間科学部			
人間科	41	47.5	2.7
▶理学部			
理／数学	42	47.5	4.2
／物理	42	45	2.8
／化学	42	47.5	4.4
／生物	42	45	3.0
／地球環境科学	42	45	2.3
／総合理学	41	45	2.4
▶工学部			
機械工	41	45	4.8
電気電子情報工	41	45	3.4
経営工	40	42.5	2.3
応用物理	41	42.5	1.3
▶建築学部			
建築／建築	42	47.5	3.7
／都市生活（理系）	42	45	4.2
（文系）	42	47.5	4.4
▶化学生命学部			
応用化	41	47.5	2.5
生命機能	41	47.5	7.8
▶情報学部			
計算機科	42	47.5	5.3
システム数理	42	42.5	1.7
先端情報領域	42	45	3.3

- 駿台予備学校合格目標ラインは合格可能性80％に相当する駿台模試の偏差値です。
- 河合塾ボーダー偏差値は合格可能性50％に相当する河合塾全統模試の偏差値です。
- 競争率は受験者÷合格者の実質倍率

神奈川工科大学

かながわこうか

資料請求

問合せ先 入試課 ☎046-291-3000

建学の精神

神奈川工科大学の前身，幾徳工業高等専門学校は1963（昭和38）年，大洋漁業（現マルハニチロ）株式会社の経営者・中部謙吉により，優れた人材を産業界へ送り出すための教育機関として創立された。2023年には創立60周年を迎え，この間一貫して，すべては学生のために，と考える「学生本位主義」のもと，建学の理念の中核をなす「豊かな教養と幅広い視野を持ち，創造性に富んだ技術者を育てて科学技術立国に寄与する」ことを具現化すべく，大きく変化する時代の動きをとらえ，社会で活躍できる人材養成を実践してきた。2024年度には，時代の変化に柔軟に対応するため，工学部と情報学部を改組再編し，新たに３学部体制でスタート。すべての学生が成長できる学びのスタイルを構築し，教育内容，教育力のさらなる向上をめざしている。

● 神奈川工科大学キャンパス……〒243-0292　神奈川県厚木市下荻野1030

基本データ

学生数▶4,503名（男3,808名，女695名）
専任教員数▶教授119名，准教授44名，講師40名，助教14名
設置学部▶工，情報，健康医療科
併設教育機関▶大学院―工学（M・D）

就職・卒業後の進路

就職率 **98.5**%
就職者÷希望者×100

● **就職支援**　１年次から始まるキャリア教育を通して，将来の目標を見つけるためのキャリア意識を培い，その後，業界ごとの違いや多様な企業の活動を知り，具体的な企業探しや就職活動対策へと展開。多彩な対策講座や，本学学生の積極的な採用を考えている関係の深い企業が多数参加する合同企業説明会といったイベントを用意し，一人ひとりが目標を叶えるためのサポートを行っている。

● **資格取得支援**　ITエクステンションセンターでは，提携している資格講座配信会社によるオンラインでの資格取得講座を，神奈川工科大学生特別価格にて提供。また，教員をめざす学生には，教職教育センター支援室が全面的にバックアップ。さらに，公務員対策プログラムも１年次から実施している。

進路指導者も必見
学生を伸ばす 面倒見

初年次教育
大学での学び方や，より良い日々の送り方を知り，高校から大学へのスムーズな移行を図る「スタディスキル」，コンピュータとネットワーク，AI，データサイエンスなど，情報技術の基本スキルを学ぶ「情報・AIリテラシー」などの科目を開講

学修サポート
全学部でオフィスアワー制度，クラス担任制度（専任教員が学生15～20人を担当），さらに，工学部と情報学部でTA・SA（KAIT pia）制度を導入。論文などの文章指導や基礎科目の個別指導を行う基礎教育支援センターも設置

オープンキャンパス（2023年度実績）　全日程来場型で６月，７月，８月，３月に開催（事前予約制）。入試ポイント解説，キャンパスツアー，在学生トークコーナーなど。本厚木駅から無料シャトルバスを運行。

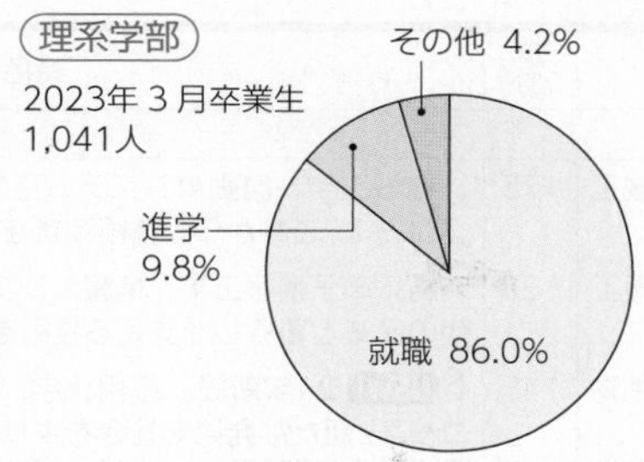

主なOB・OG▶［工］ゆうきりん（小説家），［工］水口大輔（エッチ・ケー・エス社長），［工］近藤洋介（シグマ光機社長），［工］平林克理（映画監督）など。

国際化・留学

大学間 **39** 大学

受入れ留学生数▶54名（2023年５月１日現在）

留学生の出身国▶NA

外国人専任教員▶教授１名，准教授０名，講師０名（2023年５月１日現在）

外国人専任教員の出身国▶NA

大学間交流協定▶39大学（交換留学先６大学，2023年５月１日現在）

海外への留学生数▶渡航型31名／年（2022年度）

海外留学制度▶夏休み期間中に実施される海外異文化研修プログラムは，学生からの要望をもとにつくられた海外研修プログラム。このほか，海外英語研修や海外専門分野研修，３年次後期の６カ月間，アメリカまたは台湾の協定大学で，語学とともに専門分野を学ぶ海外留学プログラムなど，将来のキャリアに生きる国際感覚を培う舞台を用意。

学費・奨学金制度

入学金▶200,000円

年間授業料（施設費等を除く）▶1,370,000円～（詳細は巻末資料参照）

年間奨学金総額▶NA

年間奨学金受給者数▶NA

主な奨学金制度▶2024年度から新設される「神奈川工科大学学部生給付奨学金（入学前予約型）」は，採用候補者となり，指定の入試に合格・入学し所定の手続きを経た場合に，年間60万円を原則４年間給付。

保護者向けインフォメーション

● **オープンキャンパス**　通常のオープンキャンパス時に，「保護者対象大学説明会」を実施している。

● **広報誌**　広報誌『KAIT』を大学HPに掲載。希望者には郵送もしている。

● **成績確認**　2022年度より，保護者ポータルサイトから，学業成績表（原簿）の閲覧が可能となっている。

● **父母説明会**　毎年４月に「新入生父母説明会」，５月に「地区別父母説明会」，９月に「在学生父母説明会」を開催し，説明会ではキャリア就職ガイダンスも行っている。

● **防災対策**　「キャンパスライフガイド」を入学時に配布。災害時の学生の安否は，ポータルサイトを利用して確認するようにしている。

インターンシップ科目	必修専門ゼミ	卒業論文	GPA制度の導入の有無および活用例	１年以内の退学率	標準年限での卒業率
工学部と情報学部で開講	全学部で３・４年次に実施	全学部で卒業要件	学生に対する個別の学修指導や退学勧告の基準として活用するほか，一部の学部で進級判定の基準としても活用している	3.1％	76.4％

学部紹介

学部／学科	定員	特色
工学部		
機械工	175	▷機械工学，自動車システム工学，環境・エネルギー工学の３コース。これからの技術革新を生き抜く技術者を育成する。
電気電子情報工	128	▷電気電子情報工学，情報エレクトロニクスの２コース。現代の産業と暮らしを支える技術を学ぶ。
応用化学生物	145	▷NEW! '24年新設。応用化学，応用バイオ，生命科学の３コース。新たな発見で社会をより豊かにする人材を育成する。
● 取得可能な資格…教職（数・理・技・工業）など。 ● 進路状況…………就職85.8%　進学11.5% ● 主な就職先………マツダ，きんでん，関電工，プレス工業，マルハニチロ物流，イカリ消毒など。		
情報学部		
情報工	170	▷「揺るぎない基礎力と柔軟な応用力」を身につけ，進化を続ける情報化社会を支えるプロフェッショナルを育成する。
情報ネットワーク・コミュニケーション	110	▷世界中の暮らしと産業をつなげる快適で安全なネットワークを創造するエンジニアを育成する。
情報メディア	180	▷工科系大学ならではの工学的な専門知識・技術とクリエイティブセンスを兼ね備えた次代の表現者を育成する。
情報システム	80	▷NEW! '24年新設。人々の生活や働き方を進化させる情報技術の新たな活用方式を探究する。
● 取得可能な資格…教職（情）など。　● 進路状況…就職84.9%　進学7.9% ● 主な就職先………富士ソフト，アルファシステムズ，シャープ，NTTドコモ，東日本旅客鉄道など。		
健康医療科学部		
看護	80	▷「看護のための人間工学」など工科系大学ならではの科目も用意され，高い看護実践力と豊かな感性を身につける。
管理栄養	40	▷工科大学の強みを生かしたカリキュラムなどで，科学的センスを身につけた管理栄養士を養成する。
臨床工	40	▷長年にわたり培われてきた工学教育のノウハウで，医学と工学の確かな知識を身につけた臨床工学技士を養成する。
● 取得可能な資格…教職（養護二種，栄養），栄養士，看護師・保健師・臨床工学技士・管理栄養士受験資格など。 ● 進路状況…………就職94.7%　進学2.6% ● 主な就職先………横浜市立みなと赤十字病院，聖マリアンナ医科大学病院，グリーンハウスなど。		

▶キャンパス

全学部……［神奈川工科大学キャンパス］神奈川県厚木市下荻野1030

2024年度入試要項（前年度実績）

●募集人員

学部／学科（コース）	一般A	一般B
▶工　機械工	64	8
電気電子情報工	41	6
応用化学生物	40	6
▶情報　情報工	65	4
情報ネットワーク・コミュニケーション	32	3
情報メディア	67	4
情報システム	24	4
▶健康医療科　看護	36	1
管理栄養	15	2
臨床工	14	2

 キャンパスアクセス［神奈川工科大学キャンパス］小田急線一本厚木よりバス17〜25分

工学部

一般Ａ日程・Ｂ日程入試　**【機械工学科・電気電子情報工学科】**　3科目　①**数**(100)▶数Ⅰ・数Ⅱ・数Ⅲ・数Ａ・数Ｂ(数列・ベク)　②**理**(100)▶「物基・物」・「化基・化」・「生基・生」から１，ただし機械工学科は生基・生の選択不可　③**国・外**(100)▶国総(現文)・「コミュ英Ⅰ・コミュ英Ⅱ・コミュ英Ⅲ・英表Ⅰ・英表Ⅱ」から１

【応用化学生物学科】　3科目　①②③**国・外・数・理**(100×3)▶国総(現文)・「コミュ英Ⅰ・コミュ英Ⅱ・コミュ英Ⅲ・英表Ⅰ・英表Ⅱ」・「数Ⅰ・数Ⅱ・数Ａ」・「〈物基・物〉・〈化基・化〉・〈生基・生〉から１」からＡ日程は理を含む３，Ｂ日程は外・理を含む３

情報学部

一般Ａ日程・Ｂ日程入試　3科目　①**数**(100)▶「数Ⅰ・数Ⅱ・数Ⅲ・数Ａ・数Ｂ(数列・ベク)」・「数Ⅰ・数Ⅱ・数Ａ」から１　②③**国・外・理**(100×2)▶国総(現文)・「コミュ英Ⅰ・コミュ英Ⅱ・コミュ英Ⅲ・英表Ⅰ・英表Ⅱ」・「〈物基・物〉・〈化基・化〉から１」から２

健康医療科学部

一般Ａ日程・Ｂ日程入試　**【看護学科】**　4科目　①**外**(100)▶コミュ英Ⅰ・コミュ英Ⅱ・コミュ英Ⅲ・英表Ⅰ・英表Ⅱ　②③**国・数・理**(100×2)▶国総(現文)・「数Ⅰ・数Ａ」・「〈化基・化〉・〈生基・生〉から１」から２　④**志望理由書**(著しく適性を欠く場合は，筆記試験の結果にかかわらず不合格にすることがある)

【管理栄養学科】　3科目　①**外**(100)▶コミュ英Ⅰ・コミュ英Ⅱ・コミュ英Ⅲ・英表Ⅰ・英表Ⅱ　②**理**(100)▶「物基・物」・「化基・化」・「生基・生」から１　③**国・数**(100)▶国総(現文)・「数Ⅰ・数Ⅱ・数Ａ」から１

【臨床工学科】　3科目　①**数**(100)▶「数Ⅰ・数Ⅱ・数Ⅲ・数Ａ・数Ｂ(数列・ベク)」・「数Ⅰ・数Ⅱ・数Ａ」から１　②**理**(100)▶「物基・物」・「化基・化」・「生基・生」から１　③**国・外**(100)▶国総(現文)・「コミュ英Ⅰ・コミュ英Ⅱ・コミュ英Ⅲ・英表Ⅰ・英表Ⅱ」から１

その他の選抜

共通テスト方式入試は工学部104名，情報学部140名，健康医療科学部43名を募集。ほかに学校推薦型選抜(一般公募制・理工系女子対象公募制・指定校制)，総合型選抜，外国人留学生試験を実施。

偏差値データ (2024年度)

●一般Ａ日程入試

学部／学科	2024年度 駿台予備学校 合格目標ライン	2024年度 河合塾 ボーダー偏差値	2023年度 競争率
▶工学部			
機械工	36	BF	1.1
電気電子情報工	35	BF	1.1
応用化学生物	37	35	新
▶情報学部			
情報工	38	35	1.9
情報ネットワーク・コミュニケーション	37	35	1.8
情報メディア	38	35	2.1
情報システム	37	35	新
▶健康医療科学部			
看護	39	35	1.2
管理栄養	39	BF	1.0
臨床工	37	35	1.1

- 駿台予備学校合格目標ラインは合格可能性80％に相当する駿台模試の偏差値です。
- 河合塾ボーダー偏差値は合格可能性50％に相当する河合塾全統模試の偏差値です。
- 競争率は受験者÷合格者の実質倍率

関東学院大学（かんとうがくいん）

資料請求

問合せ先　アドミッションズセンター　☎045-786-7019

建学の精神

源流は，1884（明治17）年10月６日に設立された「横浜バプテスト神学校」。関東学院では，この日を創立記念日としている。「キリスト教の精神に基づき，生涯をかけて教養を培う人間形成に努め，人のため，社会のため，人類のために尽くすことを通して己の人格を磨く」ことを教育方針とし，これを端的に表した校訓「人になれ 奉仕せよ」は，今日まで脈々と受け継がれ，教室での講義にとどまらず，社会に飛び出して，人々が直面するさまざまな課題を実体験する社会連携教育を実践。2023年には，さらにその連携を強化するために，社会連携教育の拠点となる「横浜・関内キャンパス」がオープン。知の拠点となる「横浜・金沢八景キャンパス」とも連携した先進的な教育を推進し，社会の課題に取り組む“明日を創る人”を育んでいる。

- 横浜・金沢八景キャンパス…〒236-8501　神奈川県横浜市金沢区六浦東1-50-1
- 横浜・関内キャンパス………〒231-0031　神奈川県横浜市中区万代町1-1
- 横浜・金沢文庫キャンパス…〒236-8502　神奈川県横浜市金沢区釜利谷南3-22-1

基本データ

学生数▶10,960名（男7,328名，女3,632名）
専任教員数▶教授171名，准教授97名，講師32名
設置学部▶国際文化，社会，経済，経営，法，理工，建築・環境，人間共生，栄養，教育，看護
併設教育機関▶大学院―文学・経済学・法学・工学（以上M・D），看護学（M）

就職・卒業後の進路

就職率 **96.3**％
就職者÷希望者×100

● **就職支援**　希望する進路の実現に向けて，１年次からキャリア形成を含め，総合的にサポート。特に３年次からは，就職ガイダンスやインターンシップ，学内合同企業説明会などを行うほか，個別の就職相談では，履歴書やエントリーシートの書き方，模擬面接など，一人ひとりの学生に合わせた支援を実施。

● **資格取得支援**　カリキュラムの中で取得できる教職，学芸員，図書館司書などの専門的な資格に加え，就職支援センターが各種の資格取得・公務員試験対策講座を用意。学生の資格取得を大いにサポートしている。

進路指導者も必見 学生を伸ばす 面倒見

初年次教育	学修サポート
「KGUキャリアデザイン入門」や「基礎ゼミナール」「フレッシャーズセミナー」などを開講し，大学の学修で必要な文章力，文献の検索方法，課題の発見，解決策の仮設の立て方，プレゼンテーションの方法などを丁寧に指導している	全学部でTA・SA制度，オフィスアワー，９学部（法・理工を除く）で10名前後の学生に１名の専任教員がつくアドバイザー制度を導入。また，基礎科目のサポートやレポート作成の基礎などを個別指導する学習支援塾を開講

オープンキャンパス（2023年度実績）　６月～９月に計７日間（９月は総合型・学校推薦型のための個別相談会）実施したほか，３月には春のオープンキャンパスを開催。毎年６月に「オープンキャンパスin那覇」も行っている。

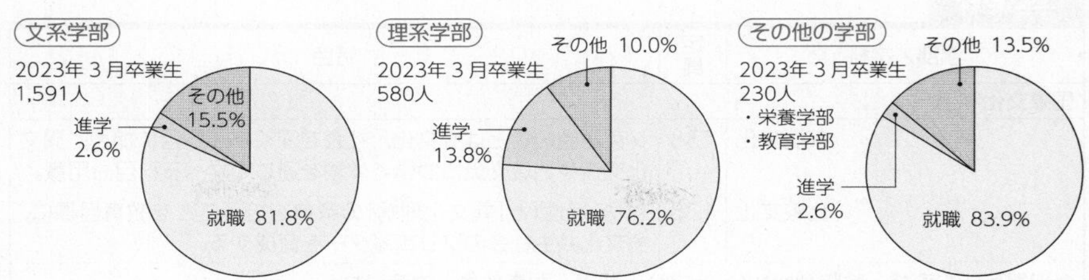

主なOB・OG ▶ ［経済］谷 真（すかいらーくホールディングス会長），［経済］小泉進次郎（衆議院議員），［経済］石塚英彦（お笑いタレント），［経済］稲垣啓太（ラグビー選手），［旧工］金田朋子（声優）など。

国際化・留学　大学間 66 大学等・部局間 9 大学

受入れ留学生数 ▶ 215名（2023年５月１日現在）

留学生の出身国・地域 ▶ 中国，ベトナム，韓国，台湾など。

外国人専任教員 ▶ 教授６名，准教授７名，講師２名（2023年９月１日現在）

外国人専任教員の出身国 ▶ アメリカ，カナダ，イギリス，韓国，中国など。

大学間交流協定 ▶ 66大学・機関（交換留学先15大学，2023年９月１日現在）

部局間交流協定 ▶ ９大学（交換留学先０大学，2023年９月１日現在）

海外への留学生数 ▶ 渡航型30名／年（４カ国・地域，2022年度）

海外留学制度 ▶ 交換・派遣・語学派遣の長期留学や，夏期・春期休業期間に実施する３～４週間の語学研修プログラムなど，海外で学ぶ機会を豊富に用意。卒業時に２つの大学の学位が取得できる「ダブルディグリー・プログラム」は，人間共生学部コミュニケーション学科の独自プログラム。

学費・奨学金制度　給付型奨学金総額 年間約 9,829 万円

入学金 ▶ 200,000円

年間授業料（施設費等を除く）▶ 795,000円～（詳細は巻末資料参照）

年間奨学金総額 ▶ 98,291,513円

年間奨学金受給者数 ▶ 252人

主な奨学金制度 ▶ 日本学生支援機構奨学金継続受給者のうち，学業・人物ともに優秀でありながら，経済的理由で修学困難な２年次生以上を対象とした「関東学院大学給付奨学金」や「関東学院大学兄弟姉妹給付奨学金」「関東学院大学特待生制度」などを設置。「スカラシップ制度」などの授業料減免制度もあり，2022年度には126人を対象に総額で約１億935万円を減免している。

保護者向けインフォメーション

● **成績確認**　成績表を郵送している。

● **情報誌**　『KGU REPORT』を発行している。

● **保証人懇談会**　６月から10月にかけて，全国７地区（2023年度）で保証人懇談会を開催し，全体説明会（大学の近況，学生生活・教務・就職に関する説明）や個別面談を実施。また，本学会場を含む３地区では「就職・キャリアに関する講演会」も同時開催している。

● **防災対策**　学生生活課LINEにより，防災情報などを配信。災害時の学生の安否は，アプリおよびメールを利用して確認する。

インターンシップ科目	必修専門ゼミ	卒業論文	GPA制度の導入の有無および活用例	１年以内の退学率	標準年限での卒業率
全学部で開講	教育学部で３・４年次，理工学部と建築・環境学部，看護学部で４年次に実施	理工と建築・環境，教育，看護は卒業要件	留学候補者の選考，奨学金や授業料免除対象者の選定のほか，一部の学部で大学院入試の選抜，学生に対する個別の学修指導に活用	1.4%	81.8%

学部紹介

学部／学科	定員	特色
国際文化学部		
英語文化	138	▷英語圏のことばや文化，社会を深く学ぶ科目に加え，異文化交流や地域交流について体験を通じて学べる科目も用意。
比較文化	138	▷「多様性」と「異文化理解」の精神を培うことを教育目標に，多文化共生社会のクリエイターを育成する。
●**取得可能な資格**…教職（地歴・公・社・英），司書，司書教諭，学芸員など。 ●**進路状況**…………就職75.4%　進学4.4% ●**主な就職先**………アイリスオーヤマ，アルファ，AIRDO，JALスカイ，神奈川県教育委員会など。		
社会学部		
現代社会	195	▷社会調査・ソーシャルワーク実習など現場での体験的な学修を重視し，多文化共生社会を支える「社会構創力」を養う。
●**取得可能な資格**…教職（地歴・公・社），司書，司書教諭，社会福祉士受験資格など。 ●**進路状況**…………就職83.4%　進学1.6% ●**主な就職先**………大和ハウス工業，日揮ホールディングス，東洋水産，横浜市社会福祉協議会など。		
経済学部		
経済	355	▷産業・金融，公共経済，国際経済の３コース。社会の動きを正しく判断する分析力を身につける。
●**取得可能な資格**…教職（地歴・公・社・商業），司書，司書教諭など。 ●**進路状況**…………就職83.6%　進学2.8% ●**主な就職先**………アイリスオーヤマ，日本発条，文化シヤッター，アイネット，富士ソフトなど。		
経営学部		
経営	380	▷ビジネスリーダーシップ，流通マーケティングの２コース。組織や会社経営の実践的なマネジメントの方法を探究する。
●**取得可能な資格**…司書など。　●**進路状況**……就職81.8%　進学1.9% ●**主な就職先**………立川ブラインド工業，本田技研工業，CIJ，東海旅客鉄道，リコージャパンなど。		
法学部		
法	240	▷司法，行政，企業の３コース。法のルールを社会の具体的な事例に即して学び，公正に物事を解決する思考力を鍛える。
地域創生	120	▷地域デザイン，地域安全の２コース。法学領域の知識や技能をベースに，地域創生の発想や実践力を養成する。
●**取得可能な資格**…司書など。　●**進路状況**…就職84.7%　進学2.1% ●**主な就職先**………財務省関東財務局，神奈川県庁，川崎市役所，警視庁，神奈川県警察本部など。		
理工学部		
理工	487	▷生命科学，数理・物理，応用化学，表面工学，先進機械，電気・電子，健康科学・テクノロジー，情報ネット・メディア，土木・都市防災の９コースを設置。
●**取得可能な資格**…教職（数・理・技・工業），司書，司書教諭，測量士補など。 ●**進路状況**…………就職73.7%　進学13.4% ●**主な就職先**………信州ハム，日産自動車，清水建設，国土交通省北陸地方整備局，横浜市役所など。		
建築・環境学部		
建築・環境	138	▷建築デザイン，建築エンジニアリング，環境共生デザイン，まちづくりデザイン，すまいデザインの５コース。発想力と技術を磨き，新たな空間と，人々の生活を創造する。

キャンパスアクセス ［横浜・金沢八景キャンパス］京浜急行本線，シーサイドライン一金沢八景より徒歩15分またはバス５分

● **取得可能な資格**…教職（工業），司書，司書教諭，1・2級建築士受験資格など。
● **進路状況**…………就職75.4％　進学20.2％
● **主な就職先**………戸田建設，大和ハウス工業，積水ハウス，三井住友建設，淺沼組，ダイダンなど。

人間共生学部

学科	定員	特色
コミュニケーション	148	▷現代社会に必要とされるコミュニケーション力を，メディア，ビジネス心理，グローバルの視点から学ぶ。
共生デザイン	95	▷横浜・湘南エリアをフィールドとしたプロジェクト科目を用意し，「問題解決する力＝デザイン力」を体験の中で学ぶ。

● **取得可能な資格**…司書，2級建築士受験資格など。　● **進路状況**…就職81.6％　進学3.1％
● **主な就職先**………東洋水産，飯田産業，東京ガス横浜中央エネルギー，一条工務店，有隣堂など。

栄養学部

学科	定員	特色
管理栄養	100	▷食と栄養の専門的な知識を学び，食べる人の立場になって考えることのできる人間性豊かな管理栄養士を育成する。

● **取得可能な資格**…教職（栄養），司書，栄養士，管理栄養士受験資格など。
● **進路状況**…………就職85.7％　進学0.0％
● **主な就職先**………富山大学附属病院，横須賀共済病院，IMSグループ，日清医療食品，LEOCなど。

教育学部

学科	定員	特色
こども発達	140	▷こどもの発達を見据えた幼保小連携プログラムで，教育・保育の課題に対応できる実践的な支援力を養う。

● **取得可能な資格**…教職（小一種，幼一種，特別支援），司書，司書教諭，保育士など。
● **進路状況**…………就職82.6％　進学4.5％
● **主な就職先**………神奈川県ほか公立小学校，横浜・川崎・横須賀市立小学校，各私立幼稚園など。

看護学部

学科	定員	特色
看護	80	▷医療の高度化や患者・家族のニーズの多様化，チーム医療の推進などに対応できる看護師を育成する。

● **取得可能な資格**…司書，看護師受験資格。　● **進路状況**…就職91.4％　進学5.7％。
● **主な就職先**………横須賀共済病院，横浜栄共済病院，平塚共済病院，横浜市立大学附属病院など。

▶キャンパス

国際文化・社会・経済・理工・〈建築・環境〉・人間共生（共生デザイン）・栄養・教育・看護……［横浜・金沢八景キャンパス］ 神奈川県横浜市金沢区六浦東1-50-1
経営・法・人間共生（コミュニケーション）……［横浜・関内キャンパス］ 神奈川県横浜市中区万代町1-1
課外活動（スポーツ拠点）……［横浜・金沢文庫キャンパス］ 神奈川県横浜市金沢区釜利谷南3-22-1

2025年度入試要項（予告）

●募集人員

学部／学科（コース）	前期全学部	前期（均等配点）	前期（科目重視）	前期（共通併用）	前期（英語外部）	中期（均等配点）	中期（共通併用）	後期・後期英語
▶国際文化 英語文化	10	24	4	3	5	5	2	6
比較文化	10	24	6	4	3	5	2	3
▶社会 現代社会	14	28	14	5	5	3	3	7
▶経済 経済	25	57	32	5	5	8	8	5
▶経営 経営	28	68	34	5	5	8	8	若干名
▶法 法	12	28	8	4	4	8	4	8
地域創生	6	12	4	2	2	4	3	4
▶理工 理工（生命科学）	5	7	5	2	3	6	若干名	若干名
（数理・物理）	2	5	3	2	3	4	若干名	若干名
（応用化学）	4	6	4	2	3	5	若干名	若干名
（表面工学）	3	4	2	若干名	若干名	2	若干名	若干名
（先進機械）	5	7	5	4	5	6	若干名	若干名
（電気・電子）	3	5	3	2	2	6	若干名	若干名
（健康科学・テクノロジー）	2	3	2	若干名	若干名	2	若干名	若干名
（情報ネット・メディア）	9	12	6	3	4	10	3	若干名
（土木・都市防災）	5	7	3	2	若干名	6	若干名	若干名
▶建築・環境 建築・環境	14	22	12	2	2	7	2	3
▶人間共生 コミュニケーション	8	18	4	2	3	9	3	若干名
共生デザイン	6	10	2	2	2	6	2	若干名
▶栄養 管理栄養	10	23	10	3	2	3	若干名	若干名

神奈川　関東学院大学

▶教育	こども発達	8	16	14	3	5	7	若干名	7
▶看護	看護	2	19	5	2	2	若干名	若干名	2

注）募集人員は2024年度の実績です。
※後期・後期英語は，後期２科目型と後期英語外部試験利用型を合わせた募集人員。

▷一般選抜前期・後期の英語外部試験利用型は，前期は３科目（均等配点）型，後期は２科目型の受験が必須で，それぞれ受験した「外国語（英語）」は３科目（均等配点）型および２科目型の合否判定に利用し，英語外部試験利用型は，指定された英語資格・検定試験のスコアを，CEFRによる換算得点（みなし得点）にして判定（前期は外国語以外の２科目の得点との合計，後期は外国語以外の１科目の得点との合計）する。

国際文化学部

一般選抜前期日程（全学部統一２科目型）　**2科目**　①**外**（英語文化200・比較文化100）▶英コミュⅠ・英コミュⅡ・論表Ⅰ　②**国・数**（100）▶「現国・言語（漢文を除く。古文は選択のみ）」・「数Ⅰ・数Ａ」から１
一般選抜前期日程（３科目〈均等配点・科目重視・英語外部試験利用〉型）　**3科目**　①**国**（100）▶現国・言語（漢文を除く。古文は選択のみ）　②**外**（100・英語文化の均等のみ200）▶英コミュⅠ・英コミュⅡ・論表Ⅰ　③**地歴・公民**（100）▶世探・日探・政経から１
※均等配点型の受験が必須で，科目重視型は最高得点の科目の得点を２倍にし，残りの２科目の得点との合計400点満点で判定する。
一般選抜前期日程（３科目〈共通テスト併用〉型）　**〈共通テスト科目〉**　**1科目**　①**国・数**（100）▶国（近代）・数Ⅰ・「数Ⅰ・数Ａ」から１
〈個別試験科目〉　３科目均等配点型の受験が必須で，外国語（英語英文200・比較文化100）と地歴・公民から１科目（100）の２科目を判定に利用する
一般選抜中期日程（均等配点型）　**3科目**　①**国**（100）▶現国・言語（古文・漢文を除く）　②**外**（英語文化200・比較文化100）▶英コミュⅠ・英コミュⅡ・論表Ⅰ　③**数**（100）▶数Ⅰ・数Ａ
一般選抜中期日程（共通テスト併用型）　**〈共通テスト科目〉**　**1科目**　①**地歴・公民**（100）▶「歴総・世探」・「歴総・日探」・「地総・地探」・「地総・歴総・公から２」・「公・倫」・「公・政経」から１
〈個別試験科目〉　均等配点型の国語（100）と外国語（英語文化200・比較文化100）の２科目を判定に利用する
一般選抜後期日程（２科目型・英語外部試験利用型）　**2科目**　①**外**（英語文化200・比較文化100）▶英コミュⅠ・英コミュⅡ・論表Ⅰ　②**国・数**（100）▶「現国・言語（古文・漢文を除く）」・「数Ⅰ・数Ａ」から１

社会学部・経済学部・経営学部・法学部・教育学部

一般選抜前期日程（全学部統一２科目型）　**2科目**　①**外**（100）▶英コミュⅠ・英コミュⅡ・論表Ⅰ　②**国・数**（100）▶「現国・言語（漢文を除く。古文は選択のみ）」・「数Ⅰ・数Ａ」から１
一般選抜前期日程（３科目〈均等配点・科目重視・英語外部試験利用〉型）　**3科目**　①**国**（100）▶現国・言語（漢文を除く。古文は選択のみ）　②**外**（100）▶英コミュⅠ・英コミュⅡ・論表Ⅰ　③**地歴・公民・数・理**（100）▶世探・日探・政経・「数Ⅰ・数Ａ」・「化基・生基」・「化基・化」・「生基・生」から１，ただし理は教育学部のみ選択可
※均等配点型の受験が必須で，科目重視型は最高得点の科目の得点を２倍にし，残りの２科目の得点との合計400点満点で判定する。
一般選抜前期日程（３科目〈共通テスト併用〉型）　**〈共通テスト科目〉**　**1科目**　①**国**（100）▶国（近代）
〈個別試験科目〉　３科目均等配点型の受験が必須で，外国語（100）と地歴・公民・数（教育学部は地歴・公民・数・理）から１科目（100）の２科目を判定に利用する
一般選抜中期日程（均等配点型）　**3科目**　①**国**（100）▶現国・言語（古文・漢文を除く）　②**外**（100）▶英コミュⅠ・英コミュⅡ・論表Ⅰ　③**数**（100）▶数Ⅰ・数Ａ
一般選抜中期日程（共通テスト併用型）　**〈共通テスト科目〉**　**1科目**　①**地歴・公民・数・理**（100）▶「歴総・世探」・「歴総・日探」・「地総・

キャンパスアクセス [横浜・金沢文庫キャンパス] 京浜急行本線―金沢文庫より京浜急行バス12分・終点下車徒歩２分

地探」・「地総・歴総・公から２」・「公・倫」・「公・政経」・「数Ⅰ・数Ａ」・「数Ⅱ・数Ｂ・数Ｃ」・「物基・化基・生基・地学基から２」・物・化・生・地学から１，ただし教育学部は数の選択不可
〈個別試験科目〉 均等配点型の国語（100）と外国語（100）の２科目を判定に利用する
一般選抜後期日程（２科目型・英語外部試験利用型） **2科目** ①**外**（100）▶英コミュⅠ・英コミュⅡ・論表Ⅰ ②**国・数**（100）▶「現国・言語（古文・漢文を除く）」・「数Ⅰ・数Ａ」から１，ただし教育学部は国指定

理工学部

一般選抜前期日程（全学部統一２科目型） **2科目** ①**外**（100）▶英コミュⅠ・英コミュⅡ・論表Ⅰ ②**国・数**（100）▶「現国・言語（漢文を除く。古文は選択のみ）」・「数Ⅰ・数Ａ」から１，ただし数理・物理コースは数指定
一般選抜前期日程（３科目〈均等配点・科目重視・英語外部試験利用〉型） **3科目** ①**外**（100）▶英コミュⅠ・英コミュⅡ・論表Ⅰ ②**理**（100）▶「化基・生基」・「物基・物」・「化基・化」・「生基・生」から１，ただし数理・物理コースは「物基・物」指定 ③**国・数**（100）▶「現国・言語（漢文を除く。古文は選択のみ）」・「数Ⅰ・数Ⅱ・数Ａ・数Ｂ（数列）・数Ｃ（ベク）」・「数Ⅰ・数Ⅱ・数Ⅲ・数Ａ・数Ｂ（数列）・数Ｃ（数学表現を除く）」から１，ただし国は生命科学コースのみ選択可。また，数理・物理コースは「数Ⅰ・数Ⅱ・数Ⅲ・数Ａ・数Ｂ・数Ｃ」指定
※均等配点型の受験が必須で，科目重視型は，数理・物理コースは数学または理科のいずれか高得点の科目の得点を，情報ネット・メディアコースは数学の得点を，その他のコースは最高得点の科目の得点を２倍にし，残りの２科目の得点との合計400点満点で判定する。
一般選抜前期日程（３科目〈共通テスト併用〉型） **〈共通テスト科目〉** **1科目** ①**国・数**（100）▶国（近代）・「数Ⅰ・数Ａ」・「数Ⅱ・数Ｂ・数Ｃ」から１，ただし国は生命科学コースのみ選択可。また，数理・物理コースは「数Ⅱ・数Ｂ・数Ｃ」指定
〈個別試験科目〉 ３科目均等配点型の受験が必須で，外国語（100）と理科（100）の２科目を判定に利用する
一般選抜中期日程（均等配点型） **3科目** ①**外**（100）▶英コミュⅠ・英コミュⅡ・論表Ⅰ ②**数**（100）▶数Ⅰ・数Ⅱ・数Ａ・数Ｂ（数列）・数Ｃ（ベク） ③**国・理**（100）▶「現国・言語（古文・漢文を除く）」・「物基・物」から１，ただし生命科学，応用化学，表面工学，健康科学・テクノロジーの４コースは国指定，数理・物理コースは理指定
一般選抜中期日程（共通テスト併用型） **〈共通テスト科目〉** **1科目** ①**理**（100）▶「物基・化基・生基・地学基から２」・物・化・生・地学から１，ただし数理・物理コースは物指定
〈個別試験科目〉 均等配点型の外国語（100）と数学（100）の２科目を判定に利用する
一般選抜後期日程（２科目型・英語外部試験利用型） **【生命科学コース／応用化学コース／表面工学コース／土木・都市防災コース】** **2科目** ①**外**（100）▶英コミュⅠ・英コミュⅡ・論表Ⅰ ②**国・数・理**（100）▶「現国・言語（古文・漢文を除く）」・「数Ⅰ・数Ａ」・「生基・生」から１，ただし「生基・生」は生命科学コースのみ選択可
【数理・物理コース／先進機械コース／電気・電子コース／健康科学・テクノロジーコース／情報ネット・メディアコース】 **2科目** ①**外**（100）▶英コミュⅠ・英コミュⅡ・論表Ⅰ ②**数**（100）▶「数Ⅰ・数Ⅱ・数Ａ・数Ｂ（数列）・数Ｃ（ベク）」・「数Ⅰ・数Ⅱ・数Ⅲ・数Ａ・数Ｂ（数列）・数Ｃ（数学表現を除く）」から１，ただし数理・物理コースは「数Ⅰ・数Ⅱ・数Ⅲ・数Ａ・数Ｂ・数Ｃ」指定

建築・環境学部

一般選抜前期日程（全学部統一２科目型） **2科目** ①**外**（100）▶英コミュⅠ・英コミュⅡ・論表Ⅰ ②**国・数**（100）▶「現国・言語（漢文を除く。古文は選択のみ）」・「数Ⅰ・数Ａ」から１
一般選抜前期日程（３科目〈均等配点・科目重視・英語外部試験利用〉型） **3科目** ①**外**（100）▶英コミュⅠ・英コミュⅡ・論表Ⅰ ②**国・数**（100）▶「現国・言語（漢文を除く。古文は選択のみ）」・「数Ⅰ・数Ⅱ・数Ａ・数Ｂ（数列）・数Ｃ（ベク）」・「数Ⅰ・数Ⅱ・数Ⅲ・数Ａ・数Ｂ（数列）・数Ｃ（数学表現を除く）」から１ ③**地歴・**

公民・数・理(100)▶世探・日探・政経・「数Ⅰ・数A」・「化基・生基」・「物基・物」・「化基・化」・「生基・生」から1
※数学の2科目選択は不可。
※均等配点型の受験が必須で，科目重視型は最高得点の科目の得点を2倍にし，残りの2科目の得点との合計400点満点で判定する。
一般選抜前期日程(3科目〈共通テスト併用〉型)〈共通テスト科目〉 1科目 ①国・数(100)▶国(近代)・「数Ⅱ・数B・数C」から1
〈個別試験科目〉 3科目均等配点型の受験が必須で，外国語(100)と地歴・公民・数・理から1科目(100)の2科目を判定に利用する
一般選抜中期日程(均等配点型) 3科目 ①国(100)▶現国・言語(古文・漢文を除く) ②外(100)▶英コミュⅠ・英コミュⅡ・論表Ⅰ ③数(100)▶「数Ⅰ・数A」・「数Ⅰ・数Ⅱ・数A・数B(数列)・数C(ベク)」から1
一般選抜中期日程(共通テスト併用型)〈共通テスト科目〉 1科目 ①理(100)▶「物基・化基・生基・地学基から2」・物・化・生・地学から1
〈個別試験科目〉 均等配点型の外国語(100)と数学(100)の2科目を判定に利用する
一般選抜後期日程(2科目型・英語外部試験利用型) 2科目 ①外(100)▶英コミュⅠ・英コミュⅡ・論表Ⅰ ②国・数(100)▶「現国・言語(古文・漢文を除く)」・「数Ⅰ・数Ⅱ・数A・数B(数列)・数C(ベク)」・「数Ⅰ・数Ⅱ・数Ⅲ・数A・数B(数列)・数C(数学表現を除く)」から1

人間共生学部

一般選抜前期日程(全学部統一2科目型) 2科目 ①外(100)▶英コミュⅠ・英コミュⅡ・論表Ⅰ ②国・数(100)▶「現国・言語(漢文を除く。古文は選択のみ)」・「数Ⅰ・数A」から1
一般選抜前期日程(3科目〈均等配点・科目重視・英語外部試験利用〉型) 【コミュニケーション学科】 3科目 ①国(100)▶現国・言語(漢文を除く。古文は選択のみ) ②外(100)▶英コミュⅠ・英コミュⅡ・論表Ⅰ ③地歴・公民・数・理(100)▶世探・日探・政経・「数Ⅰ・数A」・「化基・生基」・「物基・物」・「化基・化」・「生基・生」から1
【共生デザイン学科】 3科目 ①外(100)▶英コミュⅠ・英コミュⅡ・論表Ⅰ ②国・数(100)▶「現国・言語(漢文を除く。古文は選択のみ)」・「数Ⅰ・数Ⅱ・数A・数B(数列)・数C(ベク)」・「数Ⅰ・数Ⅱ・数Ⅲ・数A・数B(数列)・数C(数学表現を除く)」から1 ③地歴・公民・数・理(100)▶世探・日探・政経・「数Ⅰ・数A」・「化基・生基」・「物基・物」・「化基・化」・「生基・生」から1
※数学の2科目選択は不可。
※均等配点型の受験が必須で，科目重視型は，コミュニケーション学科は英語の得点を，共生デザイン学科は最高得点の科目の得点を2倍にし，残りの2科目の得点との合計400点満点で判定する。
一般選抜前期日程(3科目〈共通テスト併用〉型)〈共通テスト科目〉 1科目 ①国・数(100)▶国(近代)・「数Ⅱ・数B・数C」から1，ただしコミュニケーション学科は国指定
〈個別試験科目〉 3科目均等配点型の受験が必須で，外国語(100)と地歴・公民・数・理から1科目(100)の2科目を判定に利用する
一般選抜中期日程(均等配点型) 3科目 ①国(100)▶現国・言語(古文・漢文を除く) ②外(100)▶英コミュⅠ・英コミュⅡ・論表Ⅰ ③数(100)▶数Ⅰ・数A
一般選抜中期日程(共通テスト併用型)〈共通テスト科目〉 1科目 ①地歴・公民・理(100)▶「歴総・世探」・「歴総・日探」・「地総・地探」・「地総・歴総・公から2」・「公・倫」・「公・政経」・「物基・化基・生基・地学基から2」・物・化・生・地学から1，ただし理は共生デザイン学科のみ選択可
〈個別試験科目〉 均等配点型の国語(100)と外国語(100)の2科目を判定に利用する
一般選抜後期日程(2科目型・英語外部試験利用型) 2科目 ①外(100)▶英コミュⅠ・英コミュⅡ・論表Ⅰ ②国・数(100)▶「現国・言語(古文・漢文を除く)」・「数Ⅰ・数A」から1

栄養学部・看護学部

一般選抜前期日程(全学部統一2科目型) 2科目 ①外(100)▶英コミュⅠ・英コミュⅡ・論表Ⅰ ②国・数(100)▶「現国・言語(漢文

を除く。古文は選択のみ)」・「数Ⅰ・数A」から1
一般選抜前期日程(3科目〈均等配点・科目重視・英語外部試験利用〉型) 3科目 ①国(100)▶現国・言語(漢文を除く。古文は選択のみ) ②外(100)▶英コミュⅠ・英コミュⅡ・論表Ⅰ ③理(100)▶「化基・生基」・「化基・化」・「生基・生」から1
※均等配点型の受験が必須で，科目重視型は理科の得点を2倍にし，残りの2科目の得点との合計400点満点で判定する。
一般選抜前期日程(3科目〈共通テスト併用〉型) 〈共通テスト科目〉 1科目 ①国(100)▶国(近代)
〈個別試験科目〉 3科目均等配点型の受験が必須で，外国語(100)と理科(100)の2科目を判定に利用する
一般選抜中期日程(均等配点型) 3科目 ①国(100)▶現国・言語(古文・漢文を除く) ②外(100)▶英コミュⅠ・英コミュⅡ・論表Ⅰ ③数(100)▶数Ⅰ・数A
一般選抜中期日程(共通テスト併用型) 〈共通テスト科目〉 1科目 ①理(100)▶「化基・生基」・化・生から1
〈個別試験科目〉 均等配点型の国語(100)と外国語(100)の2科目を判定に利用する
一般選抜後期日程(2科目型・英語外部試験利用型) 2科目 ①外(100)▶英コミュⅠ・英コミュⅡ・論表Ⅰ ②理(100)▶生基・生

その他の選抜

共通テスト利用選抜は国際文化学部22名，社会学部20名，経済学部28名，経営学部35名，法学部43名，理工学部70名，建築・環境学部22名，人間共生学部24名，栄養学部8名，教育学部7名，看護学部2名を募集。ほかに学校推薦型選抜(指定校)，総合型選抜(9月募集／11月募集，オリーブ〈卒業生子女および孫対象〉，帰国生，社会人，外国人留学生)を実施。
注)募集人員は2024年度の実績です。

偏差値データ(2024年度)

●一般前期(3科目均等配点型)

学部／学科／コース	2024年度 駿台予備学校 合格目標ライン	2024年度 河合塾 ボーダー偏差値	2023年度 競争率
▶国際文化学部			
英語文化	36	37.5	1.1
比較文化	36	37.5	1.2
▶社会学部			
現代社会	36	37.5	1.7
▶経済学部			
経済	36	37.5	1.7
▶経営学部			
経営	36	42.5	3.6
▶法学部			
法	36	37.5	1.3
地域創生	36	37.5	1.4
▶理工学部			
理工／生命科学	37	37.5	1.5
／数理・物理	36	37.5	1.7
／応用化学	36	37.5	1.5
／表面工学	35	37.5	1.1
／先進機械	35	35	1.8
／電気・電子	35	35	2.2
／健康科学・テクノロジー	34	35	2.9
／情報ネット・メディア	35	37.5	2.3
／土木・都市防災	35	37.5	1.3
▶建築・環境学部			
建築・環境	36	40	2.3
▶人間共生学部			
コミュニケーション	36	37.5	2.2
共生デザイン	37	37.5	1.3
▶栄養学部			
管理栄養	40	37.5	3.3
▶教育学部			
こども発達	38	40	1.4
▶看護学部			
看護	41	40	1.4

- 駿台予備学校合格目標ラインは合格可能性80％に相当する駿台模試の偏差値です。なお，一般前期3科目型の偏差値です。
- 河合塾ボーダー偏差値は合格可能性50％に相当する河合塾全統模試の偏差値です。なお，一般前期3科目型の偏差値です。
- 競争率は受験者÷合格者の実質倍率

フェリス女学院大学

（じょがくいん）

資料請求

問合せ先　入試課　☎045-812-9183

建学の精神

アメリカ改革派教会の宣教師として，生涯を伝導と教育事業に捧げたメアリー・E.キダーによって，1870（明治３）年に創立された，日本初の近代的女子教育機関。キリスト教の信仰に基づく女子教育を行うことを建学の精神とし，女性が一人の人間として尊重され，社会の発展に寄与することを願ったキダーの思いは，「For Others」の教育理念とともに今日に至るまで揺らぐことなく守られ続け，多くの先輩たちが，社会や世界をより良いものとするために活躍。学部・学科を越えて受講できる開放科目制度や多彩な語学科目，興味や関心に応じた留学プログラムなど，自主的で自由度の高い学びを実現するための環境を整え，創立当初から変わらない「少人数教育」により，時代の先駆者となる「新しい時代を切り拓く女性」を育成し続けている。

- 緑園キャンパス……〒245-8650　神奈川県横浜市泉区緑園4-5-3
- 山手キャンパス……〒231-8651　神奈川県横浜市中区山手町37

基本データ

学生数▶女2,104名
専任教員数▶教授47名，准教授16名，講師８名，助教３名

設置学部▶文，国際交流，音楽
併設教育機関▶大学院―人文科学・国際交流（以上M・D），音楽（M）

就職・卒業後の進路

就職率 98.9%
就職者÷希望者×100

● **就職支援**　社会に向けて一歩を踏み出すために，自ら考え行動する力を身につけていくことを就職・キャリア形成支援の軸として，学生が自分自身を振り返り，自立に向けて課題に取り組むことができるように，１年次から４年次まで，ステップに応じた多彩な講座やセミナー，企業見学会などを開催。学生個々のニーズに対応しながら，適切かつ段階的なサポートを展開している。

● **資格取得支援**　教職課程では教職センターを中心に，教員をめざす学生の自主的な勉学を支援。日本語教員養成講座のカリキュラムは，台湾にある協定校でも実習を行い，実践的なスキルを身につけることができる。

進路指導者も必見　学生を伸ばす　面倒見

初年次教育
調査・研究の基礎や資料の探し方，レポートの書き方，口頭発表の仕方などのアカデミック・スキルを学ぶ「R&R（入門ゼミ）」（文），「導入演習」「研究入門」（国際交流），「基礎演習」（音楽）を必修科目として開講

学修サポート
文・国際交流でTA制度，全学部でSA制度，専任教員が学生33人を担当するアカデミック・アドバイザー制度を導入。また，全専任教員がオフィス・アワーを設定。言語センターや学修サポートセンターも設置している

オープンキャンパス（2023年度実績）　5月・6月・7月・8月・11月・12月・3月に実施（ミニOC含む）。ガイダンス（大学紹介，入試説明），授業体験，パフォーミング・アーツ科目体験，相談コーナー，キャンパスツアーなど。

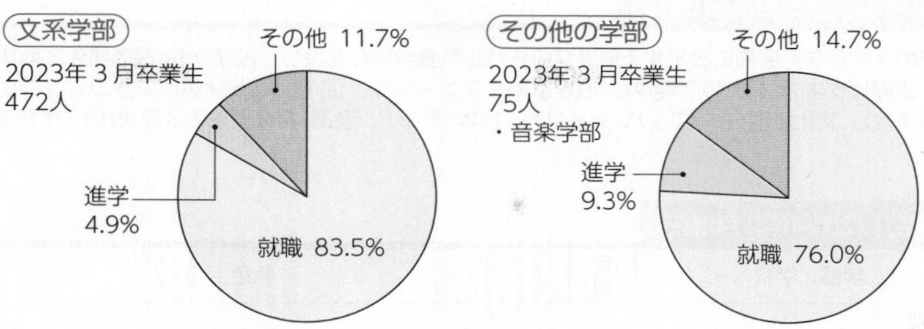

主なOG ▶［国際交流］堀場幸子（衆議院議員），［文］森由里子（作詞家），［文］大江麻理子（テレビ東京ニュースキャスター），［文］桐谷美玲（モデル，女優），［文］新木優子（モデル，女優）など。

国際化・留学　大学間 25 大学等

受入れ留学生数 ▶ 31名（2023年４月１日現在）

留学生の出身国 ▶ 中国，ベトナム，韓国，モンゴル，ミャンマーなど。

外国人専任教員 ▶ 教授４名，准教授２名，講師２名，助教１名（2023年５月１日現在）

外国人専任教員の出身国 ▶ アメリカ，中国，韓国，アルゼンチン，オーストラリアなど。

大学間交流協定 ▶ 25大学・機関（交換留学先25大学・機関，2023年４月１日現在）

海外への留学生数 ▶ 渡航型49名・オンライン型５名／年（10カ国・地域，2022年度）

海外留学制度 ▶ 協定校への交換留学，留学計画を自分でアレンジする認定留学，１学期間の語学留学のセメスター・アブロードといった長期から，夏休みまたは春休みに実施する短期研修，ELAP（英語圏への長期留学プレ体験），海外インターンシップなど，興味や目的に応じた留学プログラムを用意。ELAP参加者の多くがその後，長期留学を実現。

学費・奨学金制度　給付型奨学金総額 年間約 2,520 万円

入学金 ▶ 200,000円

年間授業料（施設費等を除く）▶ 825,000円～（詳細は巻末資料参照）

年間奨学金総額 ▶ 25,201,675円

年間奨学金受給者数 ▶ 106人

主な奨学金制度 ▶ 成績優秀者・自己研鑽に対する「入学者選抜成績優秀者奨学金」「奨学会自己研鑽給付奨学金」，経済支援の「経済支援給付奨学金」，音楽学部対象の「江口奨学金」などのほか，留学関連の制度も充実。学費減免制度もあり，2022年度には25人を対象に総額で約1,346万円を減免している。

保護者向けインフォメーション

●**オープンキャンパス**　ミニオープンキャンパス時に，保護者向け企画を実施（2023年度）。

●**情報提供**　学期ごとに，保証人に成績を通知（郵送）するほか，広報誌『キャンパスニュース「F」』も郵送している。

●**奨学会**　父母等保証人を会員とする「奨学会」があり，定時総会や懇談会を開催。『フェリス・ガイドブック』や『奨学会報』も発行している。

●**就職講演会**　２・３年次の父母等保証人を対象にした就職講演会を10月に開催。

●**防災対策**　「災害カード」をポータルサイトに掲載。災害時の学生の安否は，緊急連絡システムを利用して確認するようにしている。

インターンシップ科目	必修専門ゼミ	卒業論文	GPA制度の導入の有無および活用例	１年以内の退学率	標準年限での卒業率
全学部で開講している	全学部で４年間実施	文学部と音楽学部は卒業要件	奨学金等対象者の選定や退学勧告基準，留学候補者選考，学生に対する個別の学修指導のほか，GPAに応じた履修上限単位数を設定	2.5%	86.0%

2025年度学部改組構想（予定）

● 現行の３学部を発展的に改組する形でグローバル教養学部を開設し，国際社会（国際関係，地球社会・環境，国際ビジネス・観光の３専攻），心理コミュニケーション（心理，メディア，共生コミュニケーターの３専攻），文化表現（ヨーロッパ・アメリカ，日本・アジア，音楽・身体表現の３専攻）の３学科を設置。

学部紹介（2024年２月現在）

学部／学科	定員	特色
文学部		
英語英米文	90	▷英語力を磨くとともに，世界を舞台に活躍する上で欠かせないグローバルな発想と視野を身につける。
日本語日本文	90	▷日本語・日本文学・日本文化の３つを柱に学び，日本語の豊かな表現力を身につけ，社会に貢献できる人材を育成する。
コミュニケーション	90	▷多文化理解，共生コミュニケーション，表現とメディアの３領域を軸に，コミュニケーションを探究する。
● **取得可能な資格**…教職（国・英），日本語教員など。 ● **進路状況**…就職82.5%　進学4.7% ● **主な就職先**………日本航空，JALスカイ，マイナビ，デンカ，三菱UFJ銀行，日本生命保険など。		
国際交流学部		
国際交流	197	▷グローバル社会，国際地域文化，SDGs・ライフデザインの３つのプログラムを用意し，地球市民を育成する。
● **取得可能な資格**…教職（地歴・公・社），日本語教員など。 ● **進路状況**…就職84.8%　進学5.1% ● **主な就職先**………NTTデータルウィーブ，ANAエアポートサービス，サイバーエージェントなど。		
音楽学部		
音楽芸術	75	▷さまざまな角度から音楽を見つめ，音楽ビジネスやアートマネジメントなど，将来につながる実践力を深める。
● **取得可能な資格**…教職（音），日本語教員など。 ● **進路状況**…就職76.0%　進学9.3% ● **主な就職先**………大塚商会，山野楽器，横浜銀行，オリエンタルランド，神奈川県教育委員会など。		

キャンパス

文・国際交流，音楽１・２年次……［緑園キャンパス］ 神奈川県横浜市泉区緑園4-5-3
音楽３・４年次……［山手キャンパス］ 神奈川県横浜市中区山手町37

2024年度入試要項（前年度実績）

●募集人員

学部／学科		一般A	一般B	一般C
▶文	英語英米文	3科8・2科30	5	若干名
	日本語日本文	3科10・2科30	8	若干名
	コミュニケーション	3科10・2科28	8	若干名
▶国際交流	国際交流	3科30・2科50	17	若干名
▶音楽	音楽芸術	3科6・2科20	5	若干名

※次のように略しています。科目→科。

▷一般入試Ｂ日程で個別試験を受験しない者（英検・共通テストのみを利用して受験），およびＣ日程の英語英米文・コミュニケーション・国際交流の３学科受験者で個別試験を受験しない者（英検のみを利用して受験）は，試験会場への来場は不要。
▷一般入試において英検を判定に使用する場合は，本入試実施月から３年以内に受験したCSEスコアを有効とし，スコアに0.0413を乗じたものを得点とする。なお，受験した級の合格・不合格は問わない。

キャンパスアクセス ［緑園キャンパス］ 相鉄いずみ野線一緑園都市より徒歩3分／JR横須賀線一東戸塚よりバス15分・フェリス女学院下車徒歩1分

全学部

一般入試Ａ日程（３科目型・２科目型）【英語英米文学科】 3〜2科目 ①外（120）▶コミュ英Ⅰ・コミュ英Ⅱ・コミュ英Ⅲ・英表Ⅰ・英表Ⅱ ②③国・地歴・英検（３科目型90×2・２科目型80）▶「国総（古文・漢文を除く）・現文Ｂ」・「世Ｂ・日Ｂから１」・英検から３科目型は２，２科目型は１

【日本語日本文学科】 3〜2科目 ①国（120）▶国総（漢文を除く）・現文Ｂ・古典Ｂ（漢文を除く） ②③外・地歴・英検（３科目型90×2・２科目型80）▶「コミュ英Ⅰ・コミュ英Ⅱ・コミュ英Ⅲ・英表Ⅰ・英表Ⅱ」・「世Ｂ・日Ｂから１」・英検から３科目型は２，２科目型は１

【コミュニケーション学科・国際交流学科・音楽学科】 3〜2科目 ①②③国・外・地歴・英検（３科目型100×3・２科目型100×2）▶「国総（古文・漢文を除く）・現文Ｂ」・「コミュ英Ⅰ・コミュ英Ⅱ・コミュ英Ⅲ・英表Ⅰ・英表Ⅱ」・「世Ｂ・日Ｂから１」・英検から３科目型は３，２科目型は２

一般入試Ｂ日程（共通テスト利用可）【英語英米文学科・コミュニケーション学科・国際交流学科・音楽芸術学科】 2科目 ①②国・外・地歴・共通テスト・英検（100×2）▶「国総（古文・漢文を除く）・現文Ｂ」・「コミュ英Ⅰ・コミュ英Ⅱ・コミュ英Ⅲ・英表Ⅰ・英表Ⅱ」・「世Ｂ・日Ｂから１」・「（共通テスト）国（近代）・英（音楽芸術以外はリスニングを含む）・世Ｂ・日Ｂ・地理Ｂ・現社・倫・政経・〈倫・政経〉・数Ⅰ・〈数Ⅰ・数Ａ〉・数Ⅱ・〈数Ⅱ・数Ｂ〉・〈物基・化基・生基・地学基から２〉・物・化・生・地学から１」・英検から２

※共通テストの英語は共通テストの配点を当該配点に換算。

【日本語日本文学科】 2科目 ①国（100）▶国総（漢文を除く）・現文Ｂ・古典Ｂ（漢文を除く） ②外・地歴・共通テスト・英検（100）▶「コミュ英Ⅰ・コミュ英Ⅱ・コミュ英Ⅲ・英表Ⅰ・英表Ⅱ」・世Ｂ・日Ｂ・「（共通テスト）国・英（リスニングを除く）・世Ｂ・日Ｂ・地理Ｂ・現社・倫・政経・〈倫・政経〉・数Ⅰ・〈数Ⅰ・数Ａ〉・数Ⅱ・〈数Ⅱ・数Ｂ〉・〈物基・化基・生基・地学基から２〉・物・化・生・地学から１」・英検から１

一般入試Ｃ日程 【英語英米文学科・国際交流学科】 1科目 ①外・英検・小論文（100）▶「コミュ英Ⅰ・コミュ英Ⅱ・コミュ英Ⅲ・英表Ⅰ・英表Ⅱ」・英検・小論文から１

【日本語日本文学科】 1科目 ①国・小論文（100）▶「国総（漢文を除く）・現文Ｂ・古典Ｂ（漢文を除く）」・小論文から１

【コミュニケーション学科】 1科目 ①外・英検（100）▶「コミュ英Ⅰ・コミュ英Ⅱ・コミュ英Ⅲ・英表Ⅰ・英表Ⅱ」・英検から１

【音楽芸術学科】 2科目 ①小論文（200） ②面接（100）

その他の選抜

一般選抜共通テスト利用入試は文学部37名，国際交流学部25名，音楽学部12名を，総合型選抜は文学部96名，国際交流学部70名，音楽学部30名を募集（総合型選抜の募集人員は指定校推薦を含む）。ほかに指定校推薦入試，卒業生子女等入試，帰国生徒入試，社会人入試，留学生入試を実施。

偏差値データ（2024年度）

●一般入試Ａ日程

学部／学科	2024年度 駿台予備学校 合格目標ライン	2024年度 河合塾 ボーダー偏差値	2023年度 競争率
▶文学部			
英語英米文（２科目）	42	35	1.1
日本語日本文（２科目）	42	35	1.0
コミュニケーション（２科目）	43	35	1.0
▶国際交流学部			
国際交流（２科目）	43	35	1.0
▶音楽学部			
音楽芸術（２科目）	39	BF	1.0

● 駿台予備学校合格目標ラインは合格可能性80％に相当する駿台模試の偏差値です。
● 河合塾ボーダー偏差値は合格可能性50％に相当する河合塾全統模試の偏差値です。
● 競争率は受験者÷合格者の実質倍率

キャンパスアクセス ［山手キャンパス］ JR京浜東北（根岸）線―石川町より徒歩10分／みなとみらい線（東急東横線直通）―元町・中華街より徒歩10分

金沢工業大学（かなざわこうぎょう）

資料請求

問合せ先 入試センター ☎076-248-0365

建学の精神

「高邁な人間形成」「深遠な技術革新」「雄大な産学協同」を建学綱領に掲げ，1965（昭和40）年に開学。独自のカリキュラムである「プロジェクトデザイン」を中心とした学びのプログラムで「自ら考え行動する技術者」を育てることをめざし，学生自身が社会性のある課題を発見し解決策を提案する社会実装型の教育を通じて，これからの未来社会Society5.0をリードする人材育成に取り組んでいる。2022年度からはこれまでの「AI教育」に加えて「データサイエンス教育」が新たにスタート。データサイエンスの科目が全学科で必修となり，これからの社会においてDX（Digital Transformation）を推進するためのAI・データサイエンスの知識を身につけることができる。また，SDGsを社会実装型の研究と結びつけ，SDGs達成への貢献にも力を入れている。

● 扇が丘キャンパス……〒921-8501 石川県野々市市扇が丘7-1

基本データ

学生数▶6,218名（男5,382名，女836名）
専任教員数▶教授216名，准教授57名，講師43名
設置学部▶工，情報フロンティア，建築，バイオ・化
併設教育機関▶大学院―工学（M・D），心理科学・イノベーションマネジメント（以上M）

就職・卒業後の進路

就職率 **99.9**％
就職者÷希望者×100

●**就職支援**　就職内定率ほぼ100％を支える進路開発センターでは，キャリアカウンセラーの資格を持つスタッフが進路相談や面接などのノウハウをきめ細かく指導し，学生の就職活動をサポート。毎年２月からは，東京・大阪・名古屋・新潟・仙台・広島・岡山に向かう「就職活動支援バス」を運行し，就職活動に必要となる交通費を軽減している。

●**資格取得支援**　教員経験のある支援員が教職科目の内容はもちろん，採用試験に関する願書・小論文の添削や面接の練習などをサポートし，模擬授業を行える教室も備えた教職支援室を設置。近年，教員の現役合格者も純増し，教職志望で入学する学生も増えている。

進路指導者も必見 学生を伸ばす 面倒見

初年次教育	学修サポート
自ら学び主体的に活動する能力を養う「修学基礎」，問題発見から解決に至るために必要な基本スキルを身につける「プロジェクトデザイン入門」のほか，「データサイエンス入門・基礎Ⅰ・基礎Ⅱ・AI基礎・ICT入門」を開講	TA・SA制度，オフィスアワーを導入。また，日本語文書作成の支援をするライティングセンターやチューターの教員が学習面をサポートする数理工教育研究センター，基礎英語教育センター，学習支援デスクなどを設置

オープンキャンパス（2023年度実績） 春（4月）・夏（7月，２日間）・秋（10月）のオープンキャンパス（学科紹介，学科体験，学科質問・展示，入試説明会，キャンパス案内など）を開催したほか，８月にオンライン説明会を実施。

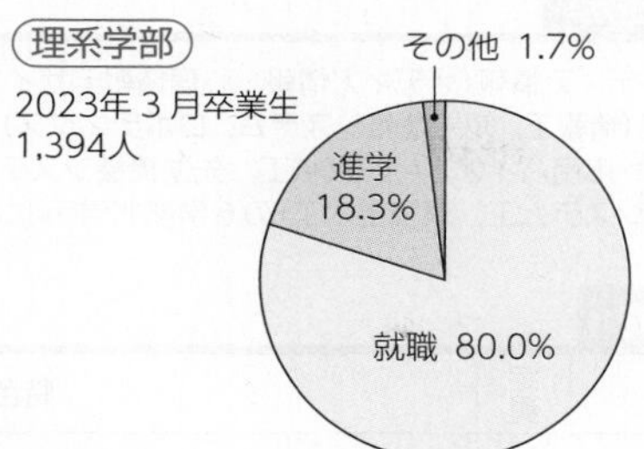

主なOB・OG▶［工］山田信彦（タクミナ会長），［工］黒田健宗（三光合成社長），［工］米田徹（新潟県糸魚川市長），［工］名高達男（俳優），［工］樋口啓太（醸燻酒類研究所共同創業者）など。

国際化・留学　大学間 27 大学等

受入れ留学生数▶６名（2023年５月１日現在）

留学生の出身国▶インドネシア，韓国，ベトナム，中国。

外国人専任教員▶教授２名，准教授３名，講師13名（2023年５月１日現在）

外国人専任教員の出身国▶アメリカ，オーストラリア，中国，韓国，ベトナムなど。

大学間交流協定▶27大学・機関（交換留学先４大学，2023年４月１日現在）

海外への留学生数▶渡航型33名・オンライン型４名／年（５カ国・地域，2022年度）

海外留学制度▶語学研修や実地研修などを含め，海外で問題発見・解決活動に取り組むラーニングエクスプレス，SDGsインターンシップなどの夏・春休みを利用したもののほか，海外コーオプ留学や交換留学を実施。コンソーシアムはCDIOとWACEに参加している。

学費・奨学金制度

入学金▶200,000円

年間授業料▶1,515,000円（詳細は巻末資料参照）

年間奨学金受給者数▶132人（2023年度入学生実績）

主な奨学金制度▶一般試験Ａと共通テスト利用Ａに同時出願した受験者などを対象とした「特別奨学生制度」には２種類あり，いずれも年額で，スカラーシップフェローは国立大学標準額との差額（１年次89万7,200円，２年次以降979,200円），スカラーシップメンバーは25万円が給付される。

保護者向けインフォメーション

●**オープンキャンパス**　通常のオープンキャンパス時に，「保護者説明会」「保護者のためのキャリア支援説明会・学生アパート説明会・キャンパスツアー」を実施している。

●**成績確認**　保護者ポータルサイトで，成績や出席状況，単位修得状況などの閲覧が可能。

●**保護者会**　保護者会の「拯友会」を組織し，全国各地で地区交流会を実施。『拯友会だより』も発行している。

●**防災対策**　「緊急事態への対応」が記載されている『キャンパスガイド』を入学時に配布するほか，ポータルサイトに「大地震対応ガイドブック」を掲載。災害発生時には安否確認メールが配信され，指定されたURLから安否情報，所在を回答してもらうようにしている。

インターンシップ科目	必修専門ゼミ	卒業論文	GPA制度の導入の有無および活用例	１年以内の退学率	標準年限での卒業率
全学部で開講している	全学部で３・４年次に実施	全学部卒業要件	奨学金対象者の選定基準，学生に対する個別の学修指導，大学院入試の選抜基準のほか，GPAに応じた履修上限単位数を設定している	NA	79.3%

2025年度学部改組構想（予定）

● 現行の４学部12学科を，メディア情報（メディア情報，心理情報デザイン），情報デザイン（経営情報，環境デザイン創成），情報理工（情報工，知能情報システム，ロボティクス），建築（建築デザイン，建築），バイオ・化（環境・応用化，生命・応用バイオ），工（機械工，先進機械システム工，航空宇宙工，電気エネルギーシステム工，電子情報システム工，環境土木工）の６学部17学科に改組（構想中）。

学部紹介（2024年２月現在）

学部／学科	定員	特色
工学部		
機械工	200	▷機械工学の知識と先端技術を身につけ，ものづくりに関するあらゆるジャンルで活躍できるエンジニアを育成する。
航空システム工	60	▷航空機要素技術，航空機統合技術を学びの領域に，航空機の飛ぶ仕組みから材料，安全運行までを学ぶ。
ロボティクス	100	▷ロボットをつくるために必要なロボット要素設計技術，計測・制御・知能情報化技術，システム統合化技術を柱に学ぶ。
電気電子工	220	▷すべての産業の基盤となる電気電子技術を幅広く学ぶ。
情報工	200	▷ICT社会を支え，人間や生活を豊かにする情報技術（AI，IoT，xR，データサイエンス）を学ぶ。
環境土木工	100	▷データサイエンスも活用したインフラのメンテナンスや修復の技術について，世界トップレベルの研究を実施。
● **取得可能な資格**…教職（数・情・工業），測量士補など。　● **進路状況**…就職77.5%　進学20.8%		
情報フロンティア学部		
メディア情報	120	▷情報テクノロジーとデザインを融合し，新たなメディアを創造する「企画力」「設計力」「開発力」を養う。
経営情報	60	▷企業経営に工学的手法を取り入れ，IoT，人工知能（AI），ビッグデータ時代に活躍できる人材を育成する。
心理科	60	▷心の動きを計測し，データ化して分析することで，商品企画・システム設計などに生かせる人材を育成する。
● **取得可能な資格**…教職（情・工業）など。　● **進路状況**…就職84.9%　進学11.6%		
建築学部		
建築	200	▷基礎となる建築の技術・文化を学び，新たな建築デザインや技術の創造にチャレンジする素養を身につける。
● **取得可能な資格**…教職（工業），１・２級建築士受験資格など。 ● **進路状況**…………就職87.0%　進学11.9%		
バイオ・化学部		
応用化	80	▷環境化学，エネルギー機能化学，バイオ・機能化学を学び，化学をどう使うと産業の役に立つかを実践的に考える。
応用バイオ	80	▷バイオ工学，脳科学，遺伝子工学のそれぞれの分野で，世の中に役立つ製品づくりや技術開発をめざす。
● **取得可能な資格**…教職（理・工業）など。　● **進路状況**…就職76.9%　進学23.1% ● **主な就職先**………（全学部）熊谷組，清水建設，スズキ，SUBARU，ソフトバンク，大和ハウス工業，TOTO，TOPPAN，西日本電信電話，本田技研工業，西日本旅客鉄道など。		

▶キャンパス

全学部…［扇が丘キャンパス］石川県野々市市扇が丘7−1

キャンパスアクセス ［扇が丘キャンパス］JR北陸本線一金沢よりバス30〜40分／北陸鉄道石川線一野々市工大前より徒歩10分

2024年度入試要項(前年度実績)

●募集人員

学部／学科		一般A	一般B	B・共通プラス	共通A	共通B	共通C
▶工	機械工	70	12	2	20	4	4
	航空システム工	21	3	1	6	1	1
	ロボティクス	35	5	1	10	2	2
	電気電子工	78	13	2	22	4	4
	情報工	70	12	2	20	4	4
	環境土木工	35	6	1	10	2	1
▶情報フロンティア	メディア情報	42	6	1	12	3	2
	経営情報	21	3	1	6	1	1
	心理科	21	3	1	6	1	1
▶建築	建築	70	12	2	20	4	4
▶バイオ・化	応用化	28	5	1	8	2	1
	応用バイオ	28	5	1	8	2	1

▷共通テストプラスと共通テスト利用A・Cの英語は，リーディングおよびリスニング(各100点満点)を各50点満点に換算する(共通テスト利用Bは素点)。

全学部

一般試験A・B　**3**科目　①**外**(100)▶コミュ英Ⅰ・コミュ英Ⅱ　②**数**(A100・B150)▶数Ⅰ・数Ⅱ・数A・数B(数列・ベク)　③**国・理**(100)▶「国総(古文・漢文を除く)・現文B」・「物基・物」・「化基・化」・「生基・生」から1，ただし「生基・生」はAのみ選択可

一般試験B・共通テストプラス　**〈共通テスト科目〉**　**3**科目　①②③**国・外・「地歴・公民」・数・理**(100×3)▶国(近代)・英(リスニングを含む)・「世A・世B・日A・日B・地理A・地理B・現社・倫・政経・〈倫・政経〉から1」・「数Ⅰ・〈数Ⅰ・数A〉・数Ⅱ・〈数Ⅱ・数B〉から1」・「物基・化基・生基・地学基から2」・物・化・生・地学から3

〈個別試験科目〉　一般試験Bの3科目を判定に利用する

共通テスト利用A・B　**5～4**科目　①**外**(A100・B200)▶英(リスニングを含む)　②③**数**(A50×2・B100×2)▶「数Ⅰ・〈数Ⅰ・数A〉から1」・「数Ⅱ・〈数Ⅱ・数B〉・情から1」　④⑤**国・「地歴・公民」・理**(A100・B100×2)▶国(近代)・「世A・世B・日A・日B・地理A・地理B・現社・倫・政経・〈倫・政経〉から1」・「物基・化基・生基・地学基から2」・物・化・生・地学からAは1，Bは2

[個別試験]　行わない。

共通テスト利用C　**3**科目　①②③**国・外・「地歴・公民」・数・理**(100×3)▶国(近代)・英(リスニングを含む)・「世A・世B・日A・日B・地理A・地理B・現社・倫・政経・〈倫・政経〉から1」・「数Ⅰ・〈数Ⅰ・数A〉・数Ⅱ・〈数Ⅱ・数B〉から1」・「物基・化基・生基・地学基から2」・物・化・生・地学から3

[個別試験]　行わない。

その他の選抜

推薦試験(公募制・指定校制)，自己推薦試験，目的志向型入学(AO入学)，専門高校特別選抜(公募制・指定校制)，社会人試験。

偏差値データ(2024年度)

●一般試験A

学部／学科	2024年度 駿台予備学校 合格目標ライン	2024年度 河合塾 ボーダー偏差値	2023年度 競争率
▶工学部			
機械工	40	40	1.2
航空システム工	40	37.5	1.2
ロボティクス	39	40	1.4
電気電子工	40	35	1.2
情報工	41	40	1.4
環境土木工	40	37.5	1.3
▶情報フロンティア学部			
メディア情報	38	40	1.6
経営情報	37	37.5	1.2
心理科	36	37.5	1.2
▶建築学部			
建築	42	40	1.4
▶バイオ・化学部			
応用化	41	37.5	1.2
応用バイオ	41	37.5	1.1

- 駿台予備学校合格目標ラインは合格可能性80%に相当する駿台模試の偏差値です。
- 河合塾ボーダー偏差値は合格可能性50%に相当する河合塾全統模試の偏差値です。
- 競争率は受験者÷合格者の実質倍率

常葉大学 TOKOHA UNIV.

常葉(とこは)大学

資料請求

問合せ先 入学センター（静岡草薙キャンパス） ☎054-263-1126

建学の精神

1980（昭和55）年に常葉学園大学教育学部からスタートし，2013（平成25）年４月に常葉学園大学，浜松大学，富士常葉大学の３大学を統合し，常葉大学として生まれ変わった静岡県内最大の私立総合大学。「より高きを目指して～ Learning for Life ～」という学校法人常葉学園の建学の精神を受け継ぎ掲げた「知徳兼備」「未来志向」「地域貢献」の３つの教育理念のもと，「Beyond the Limits」を合言葉に，自ら考え行動する力で自分自身を超えて，未来の国と地域に貢献できる人材の育成をめざした新しい学びを展開。県内の私立大学進学希望者のうち，およそ半分を占める常葉大学および常葉大学短期大学部の入学者は，教員，行政等の公務員，県内主要企業へ就職する卒業生も多く，未来を拓き，長年にわたって地域経済を支える人材を輩出し続けている。

- **静岡草薙キャンパス**…………〒422-8581　静岡県静岡市駿河区弥生町6-1
- **静岡瀬名キャンパス**…………〒420-0911　静岡県静岡市葵区瀬名1-22-1
- **静岡水落キャンパス**…………〒420-0831　静岡県静岡市葵区水落町1-30
- **浜松キャンパス**…………………〒431-2102　静岡県浜松市北区都田町1230

基本データ

学生数▶7,255名（男3,700名，女3,555名）
専任教員数▶教授123名，准教授108名，講師55名，助教20名
設置学部▶教育，外国語，経営，社会環境，保育，造形，法，健康科，健康プロデュース，保健医療
併設教育機関▶大学院―国際言語文化・環境防災・健康科学（以上M），学校教育（P，2024年４月より初等教育高度実践研究科から名称変更） 短期大学部（P.837参照）

就職・卒業後の進路

就職率 97.7％（就職者÷希望者×100）

● **就職支援**　キャリアサポートセンターでは，専門的な学びを未来の自分につなげるために，充実したキャリア支援プログラムによって，夢の実現をサポート。理想の教員になるため，その資質を伸ばし，幅広く支援する教職支援センターや，子どもと家庭を支える専門職へ

進路指導者も必見 学生を伸ばす 面倒見

初年次教育
「教養セミナー」「情報リテラシーⅠ・Ⅱ」などを全学部で実施するほか，「人間力セミナー」をはじめとして，教養教育やキャリア教育にも力を入れ，社会人に欠かせないコミュニケーション能力や問題解決能力を磨いている

学修サポート
全学部でオフィス・アワー制度，指導教員制度を導入。また，学修を進める上での戸惑いや困ったこと，学修における問題や不安など何でも気軽に相談できる基礎教育センターを設置している

オープンキャンパス（2023年度実績） 6月から11月にかけて，対面型オープンキャンパスを実施。学科紹介，模擬授業，キャンパスツアーなどを企画開催。10月（静岡水落C）・11月（静岡草薙C）は，大学祭と同時開催。

の道を支援する幼児教育支援センターも設置。

●**資格取得支援**　経営学部では，学部の授業に直結するものから実務的な内容のものまで各種資格取得支援講座を開設。医療系学科では過去問の把握や模擬試験などにより，国家試験合格をバックアップ。

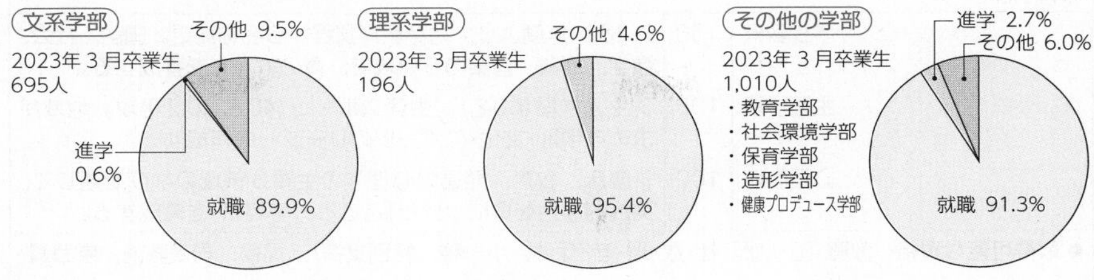

主なOB・OG▶［旧常葉学園大教育］長岡秀貴（NPO法人「侍学園スクオーラ・今人」理事長），［旧浜松大経営情報］りんたろー。（お笑い芸人「EXIT」），［旧富士常葉大流通経済］大畑大輔（アイ・テック社長）など。

国際化・留学　大学間 25 大学等・部局間 7 大学等

受入れ留学生数▶７名（2023年５月１日現在）

留学生の出身国▶中国，韓国，インドネシアなど。

外国人専任教員▶教授４名，准教授５名，講師１名（2023年５月１日現在）

外国人専任教員の出身国▶アメリカ，カナダ，中国，韓国など。

大学間交流協定▶25大学・機関（交換留学先０大学，2023年９月22日現在）

部局間交流協定▶７大学・機関（交換留学先０大学，2023年９月22日現在）

海外への留学生数▶渡航型60名／年（７カ国・地域，2022年度）

海外留学制度▶休学せず４年間で卒業可能な長期留学，春休みを利用したショート留学，夏・春休みの３～４週間，提携大学で実施する語学研修（オンラインコースあり）など，目標に合わせたプログラムを用意。留学をサポートする外国語学習支援センターを設置。

学費・奨学金制度

入学金▶240,000円

年間授業料（施設費等を含む）▶760,000円～（詳細は巻末資料参照）

年間奨学金総額▶NA

年間奨学金受給者数▶NA

主な奨学金制度▶「学業成績優秀奨学生」は，前年度の学業成績が優秀な２～４年次生を対象に年額30万円を給付（経済的条件あり）。このほか，学費減免として，「奨学生入試（奨学生Ａ・Ｂ）」「特別奨学生（一般入試前期日程，共通テスト利用入試前期日程）」などの制度を設置。

保護者向けインフォメーション

●**オープンキャンパス**　通常のオープンキャンパス時に父母等向けの説明会を実施している。

●**情報誌**　『常葉の樹』を年２回，『常葉だより』を年３回発行している。

●**成績確認**　成績や履修科目と単位数などの情報の閲覧が，ポータルサイト上で可能。

●**相談会**　９月に父母等相談会を開催。

●**就職ガイダンス**　４年生の父母等を対象にした就職ガイダンスを６月に実施。

インターンシップ科目	必修専門ゼミ	卒業論文	GPA制度の導入の有無および活用例	１年以内の退学率	標準年限での卒業率
保育・健康科・保健医療を除き開講	教育・社環・保育・保医・こども・心身３・４年次，英・柔道３年次，経営２～４年次，造形・看・栄養・鍼灸４年次，法２年次，グロ１・２年次で実施	外国語と法および健康鍼灸・健康柔道整復を除き卒業要件	奨学金や授業料免除対象者の選定基準やGPAに応じた履修上限単位数の設定のほか，一部の学部で留学候補者の選考などに活用	1.3%	90.7%

学部紹介

学部／学科・課程	定員	特色
教育学部		
学校教育	130	▷2024年度より，初等教育課程から名称変更。国語，社会，数学，理科，音楽の５専攻で，真の教育者を養成する。
生涯学習	100	▷生涯学習(60名)，生涯スポーツ(40名)の２専攻。地域が求める学習・文化・スポーツのリーダーを育成する。
心理教育	100	▷臨床，教育，発達の心理学の主要３領域の学びを通じて，実践的な力を身につけた「こころの専門家」を育成する。
● **取得可能な資格**…教職(国・地歴・社・数・理・音・保体，小一種，特別支援)，司書，司書教諭，学芸員など。 ● **進路状況**…………就職89.4%　進学5.9% ● **主な就職先**………公私立小中高教員，静岡県・市，静岡市消防局，静銀ビジネスクリエイトなど。		
外国語学部		
英米語	120	▷実践的英語力と国際感覚を備えた企業人や英語教員を養成する。段階的に語学力を高める重層的なプログラムを整備。
グローバルコミュニケーション	100	▷複数の言語や文化を学び，グローバル社会で活躍する国際派社会人を育成する。
● **取得可能な資格**…教職(英)。 ● **進路状況**…就職87.9%　進学0.0% ● **主な就職先**………公立中学校教員，静岡県，羽田空港国際旅客サービス，ヤマハ発動機，鈴与など。		
経営学部		
経営	345	▷地域で躍動するビジネスリーダーを育成する。浜松と静岡草薙の２つのキャンパスから選択して学ぶことができる。
● **取得可能な資格**…教職(商業)。 ● **進路状況**…………就職92.1%　進学0.7% ● **主な就職先**………静岡県，公立高校教員，静岡県警察，島田掛川信用金庫，鈴与商事，鈴与など。		
社会環境学部		
社会環境	120	▷環境・自然再生，防災・地域安全の２コース。環境・防災の知恵を，社会の安全に役立てる人材を育成する。
● **取得可能な資格**…教職(理)など。 ● **進路状況**…就職92.2%　進学0.0% ● **主な就職先**………静岡県警察，自衛隊，富士市消防本部，掛川市消防，静岡県森林組合連合会など。		
保育学部		
保育	160	▷保育心理学，子育て・療育支援，感性教育の３分野の学びを通して，幼児教育・保育のリーダーを育成する。
● **取得可能な資格**…教職(幼一種)，保育士。 ● **進路状況**…就職97.7%　進学0.0% ● **主な就職先**………公私立こども園・幼稚園・保育園，浜松市，鈴木学園，小学館アカデミーなど。		
造形学部		
造形	100	▷アート＆デザインの多様な知識や技術を学び，モノと豊かな体験を創造して，社会の中で活躍する専門家を育成する。
● **取得可能な資格**…教職(美・工芸)，学芸員など。 ● **進路状況**…就職90.4%　進学0.0% ● **主な就職先**………公立中学校教員，静岡セキスイハイムインテリア，静岡新聞社，東京地下鉄など。		
法学部		
法律	200	▷公共政策，法律総合の２コース。リーガルマインドを身につけて，社会に貢献できる企業人，公務員を育成する。
● **進路状況**…………就職88.8%　進学1.0% ● **主な就職先**………静岡県・市，静岡県警察，静岡銀行，静銀ティーエム証券，静岡県労働金庫など。		

 キャンパスアクセス ［静岡草薙キャンパス］ JR東海道本線一草薙より徒歩４分

健康科学部		
看護	80	▷高い専門性と豊かな人間性を持つ看護師を育成する。
静岡理学療法	60	▷医療・保健・福祉の現場で活躍できる理学療法士を育成。

● **取得可能な資格**…看護師・理学療法士受験資格。　● **進路状況**…………就職97.8%　進学0.0%
● **主な就職先**………静岡県立総合病院，静岡赤十字病院，藤枝市立総合病院，静岡市立静岡病院など。

健康プロデュース学部		
健康栄養	80	▷幅広いフィールドで活躍できる管理栄養士を育成する。
こども健康	50	▷豊かな感性と人間性を育む，子どもの健康を総合的に実現できる保育実践力を備えた専門職の保育者を育成する。
心身マネジメント	110	▷健康とスポーツを学び，心身を支える専門家を育成する。
健康鍼灸	30	▷健康，医療，スポーツ，美容，介護などで活躍できる，新しい時代の鍼灸師を育成する。
健康柔道整復	30	▷幅広い知識と豊かな人間性を持つ柔道整復師を育成する。

● **取得可能な資格**…教職(保体，幼一種，栄養)，保育士，栄養士，はり師・きゅう師・柔道整復師・管理栄養士受験資格など。
● **進路状況**…………就職89.5%　進学2.7%
● **主な就職先**………公立こども園・幼稚園・保育園，浜松市，聖隷福祉事業団，日清医療食品など。

保健医療学部		
理学療法	40	▶常に疑問を持ち，物事を論理的にとらえることができる理学療法士と，生活を科学的にとらえ，支援できるスキルを持った作業療法士を育成する。
作業療法	40	

● **取得可能な資格**…理学療法士・作業療法士受験資格など。　● **進路状況**…就職90.2%　進学0.0%
● **主な就職先**………聖隷福祉事業団，アールアンドオー，順天堂大学医学部附属静岡病院など。

▶キャンパス

教育・外国語・経営・社会環境・保育……［静岡草薙キャンパス］静岡県静岡市駿河区弥生町6-1
造形……［静岡瀬名キャンパス］静岡県静岡市葵区瀬名1-22-1
法・健康科……［静岡水落キャンパス］静岡県静岡市葵区水落町1-30
経営・健康プロデュース・保健医療……［浜松キャンパス］静岡県浜松市北区都田町1230

2024年度入試要項(前年度実績)

●募集人員

学部／学科・課程(専攻)		前期	後期
▶教育	学校教育	48	8
	生涯学習(生涯学習)	20	3
	(生涯スポーツ)	11	2
	心理教育	28	5
▶外国語	英米語	32	5
	グローバルコミュニケーション	30	5
▶経営	経営	92	18
▶社会環境	社会環境	37	3
▶保育	保育	50	6
▶造形	造形	34	6
▶法	法律	55	10
▶健康科	看護	18	3
	静岡理学療法	15	2
▶健康プロデュース	健康栄養	24	3
	こども健康	15	2
	心身マネジメント	35	5
	健康鍼灸	8	2
	健康柔道整復	8	2
▶保健医療	理学療法	10	2
	作業療法	10	2

教育学部

一般入試前期・後期　**3**科目　①国(100)▶国総(古文・漢文を除く)　②外(100)▶コミュ英Ⅰ・コミュ英Ⅱ・英表Ⅰ　③**地歴・公民・数・理・音楽実技**(100)▶世Ｂ・日Ｂ・政経・「数Ⅰ・数

キャンパスアクセス［静岡瀬名キャンパス］JR東海道本線一静岡よりバス25分・「西奈中学・常葉大学入口」下車徒歩5分，草薙よりバス15分・「西奈中学・常葉大学入口」下車徒歩5分

A」・「数Ⅰ・数Ⅱ・数A・数B（数列・ベク）」・「物基・化基・生基から2」・録画審査から1
※選択科目は，学校教育課程文系型は地歴・公民・数（数Ⅰ・数A），理系型は数（数Ⅰ・数Ⅱ・数A・数B）・理から選択。実技型は録画審査（ピアノ〈50〉＋声楽〈50〉を録画したDVDを出願時に提出）指定。生涯学習学科と心理教育学科は地歴・公民・数・理から選択。

外国語学部・保育学部・経営学部・社会環境学部・法学部

一般入試前期・後期（3教科型）　3科目　①国（100）▶国総（古文・漢文を除く）　②外（英米語200，その他の学部・学科100）▶コミュ英Ⅰ・コミュ英Ⅱ・英表Ⅰ　③**地歴・公民・数・理**（100）▶世B・日B・政経・「数Ⅰ・数A」・「数Ⅰ・数Ⅱ・数A・数B（数列・ベク）」・「物基・化基・生基から2」から1

一般入試前期・後期（2教科型）　**【外国語学部】**　2科目　①国（100）▶国総（古文・漢文を除く）　②外（英米語200，グローバル100）▶コミュ英Ⅰ・コミュ英Ⅱ・英表Ⅰ

【経営学部・社会環境学部】　2科目　①②**国・外・「地歴・公民・数・理」**（100×2）▶国総（古文・漢文を除く）・「コミュ英Ⅰ・コミュ英Ⅱ・英表Ⅰ」・「世B・日B・政経・〈数Ⅰ・数A〉・〈数Ⅰ・数Ⅱ・数A・数B（数列・ベク）〉・〈物基・化基・生基から2〉から1」から2
※保育学部と法学部は3教科型のみ実施。

造形学部

一般入試前期・後期（3教科型）　3科目　①国（100）▶国総（古文・漢文を除く）　②外（100）▶コミュ英Ⅰ・コミュ英Ⅱ・英表Ⅰ　③**地歴・公民・数・理・実技**（100）▶世B・日B・政経・「数Ⅰ・数A」・「数Ⅰ・数Ⅱ・数A・数B（数列・ベク）」・「物基・化基・生基から2」・鉛筆デッサンから1

一般入試前期・後期（2教科型）　2科目　①**国・外**（100）▶国総（古文・漢文を除く）・「コミュ英Ⅰ・コミュ英Ⅱ・英表Ⅰ」から1　②**地歴・公民・数・理・実技**（100）▶世B・日B・政経・「数Ⅰ・数A」・「数Ⅰ・数Ⅱ・数A・数B（数列・ベク）」・「物基・化基・生基から2」・鉛筆デッサンから1
※実技は静岡草薙キャンパスにおいて実施。

健康科学部

一般入試前期・後期　3科目　①外（100）▶コミュ英Ⅰ・コミュ英Ⅱ・英表Ⅰ　②③**国・数・理**（100×2）▶国総（古文・漢文を除く）・「〈数Ⅰ・数A〉・〈数Ⅰ・数Ⅱ・数A・数B（数列・ベク）〉から1」・「物基・化基・生基から2」から2

健康プロデュース学部・保健医療学部

一般入試前期・後期（3教科型・2教科型）
【健康栄養学科・理学療法学科・作業療法学科】
3～2科目　①②③**国・外・数・理**（3教科型100×3・2教科型100×2）▶国総（古文・漢文を除く）・「コミュ英Ⅰ・コミュ英Ⅱ・英表Ⅰ」・「〈数Ⅰ・数A〉・〈数Ⅰ・数Ⅱ・数A・数B（数列・ベク）〉から1」・「物基・化基・生基から2」から3教科型は3，2教科型は2，ただし健康栄養学科は3教科型のみ実施

【こども健康学科】〈3教科型〉　3科目　①国（100）▶国総（古文・漢文を除く）　②外（100）▶コミュ英Ⅰ・コミュ英Ⅱ・英表Ⅰ　③**地歴・公民・数・理**（100）▶世B・日B・政経・「数Ⅰ・数A」・「数Ⅰ・数Ⅱ・数A・数B（数列・ベク）」・「物基・化基・生基から2」から1

〈2教科型〉　2科目　①②**国・外・「地歴・公民・数・理」**（100×2）▶国総（古文・漢文を除く）・「コミュ英Ⅰ・コミュ英Ⅱ・英表Ⅰ」・「世B・日B・政経・〈数Ⅰ・数A〉・〈数Ⅰ・数Ⅱ・数A・数B（数列・ベク）〉・〈物基・化基・生基から2〉から1」から2

【心身マネジメント学科】〈3教科型〉　3科目　①外（100）▶コミュ英Ⅰ・コミュ英Ⅱ・英表Ⅰ　②③**国・数・「地歴・公民・理」**（100×2）▶国総（古文・漢文を除く）・「〈数Ⅰ・数A〉・〈数Ⅰ・数Ⅱ・数A・数B（数列・ベク）〉から1」・「世B・日B・政経・〈物基・化基・生基から2〉から1」から2

〈2教科型〉　2科目　①②**国・外・「地歴・公民・数・理」**（100×2）▶国総（古文・漢文を除く）・「コミュ英Ⅰ・コミュ英Ⅱ・英表Ⅰ」・「世B・日B・政経・〈数Ⅰ・数A〉・〈数Ⅰ・数Ⅱ・数A・数B（数列・ベク）〉・〈物基・化基・生基から2〉から1」から2

キャンパスアクセス　［静岡水落キャンパス］ JR東海道本線―静岡より徒歩15分／静岡鉄道―日吉町より徒歩5分または新静岡より徒歩10分

【健康鍼灸学科・健康柔道整復学科】〈３教科型・２教科型〉 3～2科目 ①国（100）▶国総（古文・漢文を除く） ②③外・数・「地歴・公民・理」（３教科型100×2・２教科型100）▶「コミュ英Ⅰ・コミュ英Ⅱ・英表Ⅰ」・「〈数Ⅰ・数Ａ〉・〈数Ⅰ・数Ⅱ・数Ａ・数Ｂ（数列・ベク）〉から１」・「世Ｂ・日Ｂ・政経・〈物基・化基・生基から２〉から１」から３教科型は２，２教科型は１

その他の選抜

共通テスト利用入試，共通テストプラス入試，一般推薦入試，スポーツ推薦入試，総合能力入試，奨学生入試，帰国生入試，社会人入試，外国人留学生入試。

偏差値データ（2024年度）

●一般入試前期（３教科型）

学部／学科・課程／専攻	2024年度 駿台予備学校 合格目標ライン	2024年度 河合塾 ボーダー偏差値	2023年度 競争率
▶教育学部			
学校教育	39～44	45	1.9
生涯学習／生涯学習	42	37.5	1.1
／生涯スポーツ	41	37.5	（同上）
心理教育	43	40	1.1
▶外国語学部			
英米語	37	35	1.1
グローバルコミュニケーション	36	35	1.1
▶経営学部			
経営	33	40	1.7
▶社会環境学部			
社会環境	33	40	1.3
▶保育学部			
保育	35	35	1.1
▶造形学部			
造形	35	35	1.1
▶法学部			
法律	36	37.5	1.0
▶健康科学部			
看護	40	40	1.6
静岡理学療法	39	40	1.8
▶健康プロデュース学部			
健康栄養	37	35	1.2
こども健康	36	BF	1.1
心身マネジメント	35	35	1.1
健康鍼灸	32	BF	1.1
健康柔道整復	32	35	1.3
▶保健医療学部			
理学療法	37	37.5	1.4
作業療法	35	35	1.1

●駿台予備学校合格目標ラインは合格可能性80％に相当する駿台模試の偏差値です。
●河合塾ボーダー偏差値は合格可能性50％に相当する河合塾全統模試の偏差値です。なお，一般入試前期・後期（３教科型）の偏差値です。
●競争率は一般入試前期の受験者÷合格者の実質倍率

併設の教育機関　短期大学

常葉大学短期大学部

問合せ先　入学センター　☎054-263-1126

所在地　静岡県静岡市駿河区弥生町6-1／静岡県静岡市葵区瀬名1-22-1（音楽科）

学生数▶427名（男31名，女396名）

教員数▶教授９名，准教授10名，講師６名

設置学科

●**日本語日本文学科**（65）　日本語と日本文学，日本の文化への理解を深め，未来に活用できる本物の日本語力を身につける。

●**保育科**（150）　子どもと一緒の生活を考え続ける情熱を持った感性豊かな保育者を養成する。

●**音楽科**（25）　作編曲，総合音楽，声楽，ピアノ，管弦打楽器の５専攻。演奏に重点を置く徹底した実技主義が特長。

卒業後の進路

2023年３月卒業生▶232名

就職202名，大学編入学０名，その他30名

キャンパスアクセス［浜松キャンパス］天竜浜名湖鉄道一常葉大学前より徒歩7分／JR東海道本線一浜松よりスクールバス40分または遠州鉄道バス45分

愛知大学（あいち）

AICHI UNIVERSITY

資料請求

問合せ先　入試課　☎052-937-8112・8113

建学の精神

1901（明治34）年に中国・上海に誕生した「東亜同文書院」をルーツ校に，1946（昭和21）年，「世界文化と平和への貢献」「国際的教養と視野をもった人材の育成」「地域社会への貢献」を建学の精神として開学。「愛知大学」という校名は単なる地名ではなく，「愛知」すなわち「知＝智を愛する」という言葉のうちに，創立者たちの「本学をして永遠に智を愛する者達の殿堂たらしめよ」との崇高な理想が込められ，この名称が選ばれた。愛知大学ではこれからも，ブランドスローガン「知を愛し，世界へ。」のもと，深い専門知識を基礎にして筋道を立てて考え抜く力，軽々と境界を飛び越えて人々とつながり，共に問題を解決する力、生きる上で欠かすことのできない総合的な能力を備え，明日の世界を切り開く——そんな力ある人材を育んでいく。

- 名古屋キャンパス…〒453-8777　愛知県名古屋市中村区平池町四丁目60-6
- 豊橋キャンパス……〒441-8522　愛知県豊橋市町畑町1-1
- 車道キャンパス……〒461-8641　愛知県名古屋市東区筒井二丁目10-31

基本データ

学生数▶9,565名（男5,086名，女4,479名）
専任教員数▶教授152名，准教授54名，助教23名
設置学部▶法，経済，経営，現代中国，国際コミュニケーション，文，地域政策
併設教育機関▶大学院―経済学・経営学・中国・文学（以上M・D），国際コミュニケーション（M），法学（D），法務（P）　短期大学（P.843参照）

就職・卒業後の進路

就職率 97.7％（就職者÷希望者×100）

● **就職支援**　キャリア支援センターでは卒業後につながるサポートとして，履歴書添削や採用面接対策，可能性と選択肢を広げるための各種ガイダンスや業界・企業セミナーなどを実施。また公務員をめざす学生には，キャリア開発講座室が公務員試験対策講座や各種イベントの実施などを通じて支援している。

● **資格取得支援**　職業に関する知識やスキル

進路指導者も必見　学生を伸ばす　面倒見

初年次教育	学修サポート
「入門演習」等でレポート・論文の書き方，情報収集や資料整理の方法，論理的思考力や問題発見・解決能力を修得するほか，「プレゼンテーション技術」「情報リテラシー入門」などの科目を開講している	全学部でTA・SA制度，オフィスアワー制度を導入。レポートや卒業論文の書き方講座なども行うラーニングコモンズや，アドバイザーによる履修相談，学習上の指導・助言などを行う学習・教育支援センターを設置

オープンキャンパス（2023年度実績）　豊橋キャンパスで7月9日，名古屋キャンパスで8月4・5日に開催（事前申込制。保護者同伴可）。学部説明会，模擬授業，入試説明会，キャンパスツアー，個別相談コーナーなど。

に直結する多くの資格講座を学内で開講。授業の空き時間を有効活用でき，専門講師による講義を格安で受講することができる。教員志望者には，教職課程センターがサポート。

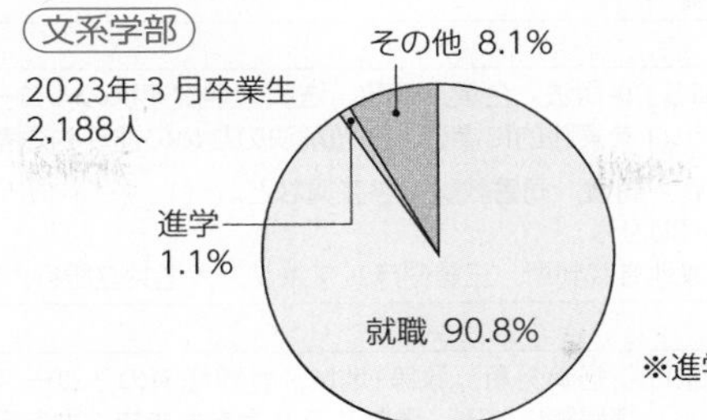

※進学は大学院進学者。

主なOB・OG ▶ [旧法経]北角浩一(日本一ソフトウェア創業者，会長)，[旧法経]宮島壽男(愛知県知多市長)，[旧法経]柘植芳文(参議院議員)，[経済]祖父江大輔(プロ野球選手)など。

国際化・留学　大学間 47 大学・部局間 31 大学等

受入れ留学生数 ▶ 159名（2023年５月１日現在）

留学生の出身国 ▶ 中国，韓国，ベトナム，フィリピン，マレーシアなど。

外国人専任教員 ▶ 教授12名，准教授３名，助教15名（2023年５月１日現在）

外国人専任教員の出身国・地域 ▶ 中国，韓国，イギリス，カナダ，アメリカ，香港など。

大学間交流協定 ▶ 47大学（交換留学先24大学，2023年９月14日現在）

部局間交流協定 ▶ 31大学・機関（2023年９月14日現在）

海外への留学生数 ▶ 渡航型148名・オンライン型145名／年（６カ国・地域，2022年度）

海外留学制度 ▶ 交換留学や認定留学，セメスター認定留学プログラム，春季・夏季休暇を利用した海外短期語学セミナー，現代中国学部の現地プログラムなど，“選べる”留学スタイルを多数用意。海外の教育拠点として，「愛知大学上海交流センター」を設置。

学費・奨学金制度　給付型奨学金総額 年間約 1 億 7,771 万円

入学金 ▶ 200,000円

年間授業料(施設費等を除く) ▶ 720,000円～(詳細は巻末資料参照)

年間奨学金総額 ▶ 177,711,647円

年間奨学金受給者数 ▶ 1,047人

主な奨学金制度 ▶ 指定の入試成績上位者対象の「愛知大学スカラシップ」，東海４県以外の国内高校出身者を支援する「知を愛する奨学金」のほか，修学支援，学業奨励，スポーツ支援，留学支援などの制度を多数設置。学費減免制度もあり，2022年度は187人を対象に総額で約3,950万円を減免している。

保護者向けインフォメーション

- **成績確認**　成績表を送付している。
- **機関誌**　『愛知大学通信』を発行している。
- **懇談会**　６月と11月に「父母教育懇談会」を開催し，就職状況の説明などを行っている。
- **相談会**　「受験生と保護者のための入試対策勉強会＆相談会」を８月と11月に開催。
- **防災対策**　「防災・災害対策対応マニュアル」を入学時に配布（学内にも常設）。災害時の学生の安否はポータルサイトを利用して確認する。

インターンシップ科目	必修専門ゼミ	卒業論文	GPA制度の導入の有無および活用例	１年以内の退学率	標準年限での卒業率
現代中国・地域政策学部で開講	経営・現代中国・英語・国際教養・人文社会・心理（３・４年次），会計（３年次），歴史地理・日本語日本文・地域政策（２～４年次）で実施	法・経済・経営の３学部を除き卒業要件	奨学金や授業料免除対象者の選定基準，留学候補者の選考，退学勧告の基準に活用	0.9%	88.6%

愛知　愛知大学

学部紹介

学部／学科	定員	特色
法学部		
法	315	▷司法，企業，行政，法科大学院連携の4コース。法の運用を実践的に学び，問題解決のための論理的思考力を養う。
● 取得可能な資格…教職(地歴・公・社)，司書，司書教諭，学芸員など。 ● 進路状況…………就職89.5%　進学0.9% ● 主な就職先………名古屋国税局，津地方裁判所，三重県庁，マキタ，大垣共立銀行，愛知海運など。		
経済学部		
経済	330	▷経済分析，政策・地域，世界経済の3コース。現代経済の諸問題に挑み，激動する社会を生き抜く力を身につける。
● 取得可能な資格…教職(地歴・公・社・商業)，司書，司書教諭，学芸員など。 ● 進路状況…………就職91.7%　進学1.9% ● 主な就職先………リンナイ，富士通，トヨタ自動車，日本銀行，経済産業省中部経済産業局など。		
経営学部		
経営	250	▷ビジネス・マネジメント，流通・マーケティング，情報システム，国際ビジネスの4コースを設置。
会計ファイナンス	125	▷アカウンティング，ファイナンス，ビジネスデザインの3コース。数多くの税理士や公認会計士を輩出。
● 取得可能な資格…教職(地歴・公・社・情・商業)，司書，司書教諭，学芸員など。 ● 進路状況…………就職93.2%　進学0.5% ● 主な就職先………住友理工，豊田合成，JTB，キングジム，大和ハウス工業，名古屋市役所など。		
現代中国学部		
現代中国	180	▷ビジネス，言語文化，国際関係の3コース。現地主義教育を展開し，現地の人々と協働する力を備えた人材を育成する。
● 取得可能な資格…教職(地歴・公・社・中)，司書，司書教諭，学芸員など。 ● 進路状況…………就職87.3%　進学1.5% ● 主な就職先………三井物産グローバルロジスティクス，ファーストリテイリング，農林水産省など。		
国際コミュニケーション学部		
英語	115	▷Language Studies，Business，Educationの3コース。世界の人々とわたり合える総合的な能力を養う。
国際教養	115	▷アメリカ研究，日本・アジア研究，ヨーロッパ研究の3コース。異文化を理解する豊かな感性と深い教養を身につける。
● 取得可能な資格…教職(地歴・公・社・英)，司書，司書教諭，学芸員など。 ● 進路状況…………就職90.8%　進学0.8% ● 主な就職先………TOPPAN，豊島，東海旅客鉄道，郵船ロジスティクス，財務省名古屋税関など。		
文学部		
人文社会	172	▷現代文化，社会学，欧米言語文化の3コース。人類固有の営みとそれらを支える言語を総合的にとらえて学ぶ。
歴史地理	70	▷日本史学，世界史学，地理学の3専攻。時間と空間の二軸から人間の営みをとらえて学び，次世代を生きる力を養う。
日本語日本文	48	▷「日本語」の歴史的成り立ちや特性について学び，それを起点として「日本文学」や「日本語表現」について探究する。
心理	55	▷理論を学ぶとともに，実験・実践を通して人間行動の謎を解き明かす。公認心理師の受験資格に必要な科目も開講。

キャンパスアクセス ［名古屋キャンパス］ JR・私鉄・地下鉄各線一名古屋より徒歩10分／あおなみ線一ささしまライブより歩行者デッキ直結／近鉄名古屋線一米野より徒歩5分

●取得可能な資格…教職(国・地歴・公・社・英)，司書，司書教諭，学芸員など。
●進路状況…………就職88.0%　進学1.9%
●主な就職先………愛知県教育委員会，スズキ，ヤマハ発動機，愛知県警察本部，豊橋市役所など。

地域政策学部		
地域政策	220	▷公共政策(60名)，経済産業(60名)，まちづくり・文化(45名)，健康・スポーツ(30名)，食農環境(25名)の5コース。「地域を見つめ，地域を活かす」をコンセプトに，持続可能なまちづくりに積極的に関われる人材を育成する。データ分析系科目をより充実させ，専門教育の柱の一つとしている。

●取得可能な資格…教職(地歴・公・社)，司書，司書教諭，学芸員など。
●進路状況…………就職94.0%　進学0.4%
●主な就職先………象印マホービン，河合楽器製作所，名古屋銀行，岡崎市役所，浜松市役所など。

▶キャンパス

法・経済・経営・現代中国・国際コミュニケーション……［名古屋キャンパス］愛知県名古屋市中村区平池町四丁目60-6
文・地域政策……［豊橋キャンパス］愛知県豊橋市町畑町1-1
入試課……［車道キャンパス］愛知県名古屋市東区筒井二丁目10-31

2025年度入試要項(予告)

●募集人員

学部／学科(コース)		前期	前期M	前期数学重視	共通プラス	後期
▶法	法	85	35	10	30	15
▶経済	経済	100	35	25	20	15
▶経営	経営	75	30	10	15	8
	会計ファイナンス	30	10	5	5	5
▶現代中国	現代中国	40	20	—	12	5
▶国際コミュニケーション	英語	30	16	—	8	3
	国際教養	33	17	—	10	4
▶文	人文社会(現代文化)	19	5	—	6	4
	(社会学)	16	4	—	5	2
	(欧米言語文化)	19	3	—	7	4
	歴史地理	20	9	—	7	4
	日本語日本文	16	5	—	5	2
	心理	15	5	3	5	3
▶地域政策	地域政策(公共政策)	20	10	—	4	3
	(経済産業)	18	12	—	5	2
	(まちづくり・文化)	14	7	—	3	2
	(健康・スポーツ)	8	3	—	1	1
	(食農環境)	6	3	3	2	1

注)募集人員は2024年度の実績です。

▷前期入試・M方式入試・後期入試において，指定された英語能力試験のスコア等を保持している場合は，外国語(英語)の得点に30点(上限)を加点し，判定する。ただし，本学独自試験「外国語(英語)」の得点率が70%以上の場合のみ，加点対象とし，加点後の上限は前期・M方式は150点，後期は100点とする。
▷共通テストの英語は200点満点を100点に換算する。

法学部・経済学部・経営学部・現代中国学部・国際コミュニケーション学部・文学部

一般選抜前期日程M方式入試・前期入試
3科目　①国(100)▶現国・言語・論国・古典(古文・漢文はいずれか選択)　②外(150)▶英コミュⅠ・英コミュⅡ・英コミュⅢ・論表Ⅰ・論表Ⅱ・論表Ⅲ　③地歴・公民・数(100)▶「歴総・世探」・「歴総・日探」・「地総・地探」・「公・政経」・「数Ⅰ・数Ⅱ・数A(図形・場合)」から1，ただし前期入試の「地総・地探」と「公・政経」は2月5日のみ選択可

一般選抜前期日程数学重視型入試　【法学部・経済学部・経営学部・文学部(心理学科)】
3科目　①国(100)▶現国・言語・論国・古典(古文・漢文はいずれか選択)　②外(100)▶英コミュⅠ・英コミュⅡ・英コミュⅢ・論表Ⅰ・論表Ⅱ・論表Ⅲ　③数(200)▶数Ⅰ・数Ⅱ・数A(図形・場合)

一般選抜前期日程共通テストプラス方式入試【法学部・現代中国学部】〈共通テスト科目〉

愛知　愛知大学

2科目 ①②**国・外・「地歴・公民」・数・理・情**(100×2)▶国(近代)・「英(リスニングを含む)・中から1」・「〈歴総・世探〉・〈歴総・日探〉・〈地総・地探〉・〈地総・歴総・公から2〉・〈公・倫〉・〈公・政経〉から1」・「数Ⅰ・〈数Ⅰ・数A〉・〈数Ⅱ・数B・数C〉から1」・「〈物基・化基・生基・地学基から2〉・物・化・生・地学から1」・情Ⅰから2，ただし独自試験で選択した教科を除き，中は現代中国学部のみ選択可

〈個別試験科目〉 前期入試と共通問題で出願時に1教科選択(100)

【経済学部】〈共通テスト科目〉 **2科目** ①②**国・外・数・「地歴・公民・理・情」**(100×2)▶国(近代)・英(リスニングを含む)・「数Ⅰ・〈数Ⅰ・数A〉・〈数Ⅱ・数B・数C〉から1」・「〈歴総・世探〉・〈歴総・日探〉・〈地総・地探〉・〈地総・歴総・公から2〉・〈公・倫〉・〈公・政経〉・〈物基・化基・生基・地学基から2〉・物・化・生・地学・情Ⅰから1」から2，ただし独自試験で選択した教科を除く

〈個別試験科目〉 前期入試と共通問題で出願時に1教科選択(100)

【経営学部・文学部】〈共通テスト科目〉 **2科目** ①**国・外**(100)▶国(経営学部は近代，文学部は近代および古文または漢文)・英(リスニングを含む)・独・仏・中から1，ただし独自試験で選択した教科を除き，独・仏・中は文学部のみ選択可 ②**地歴・公民・数・理・情**(100)▶「歴総・世探」・「歴総・日探」・「地総・地探」・「地総・歴総・公から2」・「公・倫」・「公・政経」・数Ⅰ・「数Ⅰ・数A」・「数Ⅱ・数B・数C」・「物基・化基・生基・地学基から2」・物・化・生・地学・情Ⅰから1，ただし独自試験で選択した教科を除く

〈個別試験科目〉 前期入試と共通問題で出願時に1教科選択(100)

【国際コミュニケーション学部】〈共通テスト科目〉 **2科目** ①**国**(100)▶国(近代) ②**地歴・公民・数・理・情**(100)▶「歴総・世探」・「歴総・日探」・「地総・地探」・「地総・歴総・公から2」・「公・倫」・「公・政経」・数Ⅰ・「数Ⅰ・数A」・「数Ⅱ・数B・数C」・「物基・化基・生基・地学基から2」・物・化・生・地学・情Ⅰから1，ただし独自試験で選択した教科を除く

〈個別試験科目〉 前期入試と共通問題で外国語必須(200点)

一般選抜後期日程後期入試 **3科目** ①**国**(100)▶現国・言語・論国(現文のみ) ②**外**(100)▶英コミュⅠ・英コミュⅡ・英コミュⅢ・論表Ⅰ・論表Ⅱ・論表Ⅲ ③**地歴・数**(100)▶「歴総・世探」・「歴総・日探」・「地総・地探」・「数Ⅰ・数Ⅱ・数A(図形・場合)」から1

地域政策学部

一般選抜前期日程M方式入試・前期入試 **3科目** ①**国**(100)▶現国・言語・論国・古典(古文・漢文はいずれか選択) ②**外**(150)▶英コミュⅠ・英コミュⅡ・英コミュⅢ・論表Ⅰ・論表Ⅱ・論表Ⅲ ③**地歴・公民・数**(100)▶「歴総・世探」・「歴総・日探」・「地総・地探」・「公・政経」・「数Ⅰ・数Ⅱ・数A(図形・場合)」から1，ただし前期入試の「地総・地探」と「公・政経」は2月5日のみ選択可

一般選抜前期日程数学重視型入試 **【食農環境コース】** **3科目** ①**国**(100)▶現国・言語・論国・古典(古文・漢文はいずれか選択) ②**外**(100)▶英コミュⅠ・英コミュⅡ・英コミュⅢ・論表Ⅰ・論表Ⅱ・論表Ⅲ ③**数**(200)▶数Ⅰ・数Ⅱ・数A(図形・場合)

一般選抜前期日程共通テストプラス方式入試 **【公共政策コース／経済産業コース／まちづくり・文化コース／健康・スポーツコース】〈共通テスト科目〉** **2科目** ①**国・外**(100)▶国(近代)・英(リスニングを含む)から1，ただし独自試験で選択した教科を除く ②**地歴・公民・数・理・情**(100)▶「歴総・世探」・「歴総・日探」・「地総・地探」・「地総・歴総・公から2」・「公・倫」・「公・政経」・数Ⅰ・「数Ⅰ・数A」・「数Ⅱ・数B・数C」・「物基・化基・生基・地学基から2」・物・化・生・地学・情Ⅰから1，ただし独自試験で選択した教科を除く

〈個別試験科目〉 前期入試と共通問題で出願時に1教科選択(100)

【食農環境コース】〈共通テスト科目〉 **2科目** ①②**数・理・「国・外・地歴・公民・情」**(100×2)▶「数Ⅰ・〈数Ⅰ・数A〉・〈数Ⅱ・数B・数C〉から1」・「〈物基・化基・生基・地学基から2〉・物・化・生・地学から1」・「国(近代)・英(リスニングを含む)・〈歴総・世探〉・〈歴総・日探〉・〈地総・地探〉・〈地総・歴総・公から2〉・〈公・倫〉・〈公・

 キャンパスアクセス [車道キャンパス] 地下鉄桜通線―車道より徒歩2分

政経〉・情Ⅰから１」から２，ただし独自試験で選択した教科を除く

〈個別試験科目〉 前期入試と共通問題で出願時に１教科選択(100)

一般選抜後期日程後期入試 **3科目** ①国(100)▶現国・言語・論国(現文のみ) ②外(100)▶英コミュⅠ・英コミュⅡ・英コミュⅢ・論表Ⅰ・論表Ⅱ・論表Ⅲ ③**地歴・数**(100)▶「歴総・世探」・「歴総・日探」・「地総・地探」・「数Ⅰ・数Ⅱ・数Ａ(図形・場合)」から１

その他の選抜

共通テスト利用入試は法学部54名，経済学部48名，経営学部35名，現代中国学部14名，国際コミュニケーション学部22名，文学部64名，地域政策学部27名を募集。ほかに公募制推薦入試(一般推薦，情報・簿記会計推薦)，指定校制推薦入試，スポーツ特別入試，現代中国学部グローバル人材特別入試，国際コミュニケーション学部英語学科特別入試，地域政策学部プレゼンテーション入試，海外帰国生選抜入試，社会人入試，外国人留学生入試を実施。
注）募集人員は2024年度の実績です。

偏差値データ (2024年度)

●一般前期入試

学部／学科／コース	2024年度 駿台予備学校 合格目標ライン	2024年度 河合塾 ボーダー偏差値	2023年度 競争率
▶法学部			
法	45	50	4.1
▶経済学部			
経済	43	50	3.8
▶経営学部			
経営	43	50	4.1
会計ファイナンス	41	45	4.1
▶現代中国学部			
現代中国	42	42.5	2.1
▶国際コミュニケーション学部			
英語	44	50	3.8
国際教養	43	50	3.0
▶文学部			
人文社会／現代文化	42	45	2.3
／社会学	43	47.5	2.7
／欧米言語文化	43	45	1.7
歴史地理	45	52.5	3.8
日本語日本文学	44	50	2.1
心理	44	47.5	2.5
▶地域政策学部			
地域政策／公共政策	43	47.5	3.1
／経済産業	42	45	2.9
／まちづくり・文化	43	47.5	2.5
／健康・スポーツ	41	45	2.0
／食農環境	42	45	2.0

●駿台予備学校合格目標ラインは合格可能性80％に相当する駿台模試の偏差値です。
●河合塾ボーダー偏差値は合格可能性50％に相当する河合塾全統模試の偏差値です。
●競争率は受験者÷合格者の実質倍率

併設の教育機関 短期大学

愛知大学短期大学部

問合せ先 入試課
☎052-937-8112・8113
所在地 愛知県豊橋市町畑町1-1

学生数▶女149名
教員数▶教授６名，准教授２名

設置学科

●**ライフデザイン総合学科**（100） 自分らしい生き方をデザインし，その実現に必要な能力を育成する。編入学支援も充実。

卒業後の進路

2023年３月卒業生▶77名
就職47名，大学編入学27名（うち他大学２名），その他３名

愛知学院大学（あいちがくいん）

資料請求

問合せ先 入試センター　☎0561-73-1111（代）

建学の精神

1876（明治９）年に曹洞宗専門学支校として創設されてから147年の歴史を有する，中部圏でもっとも伝統ある大学のひとつ。禅の思想を基とした「行学一体」の人格形成に努め，「報恩感謝」の生活ができる社会人の育成を建学の精神に，社会の変化に対応した教育研究活動を推進し，時代が求める人材の育成に取り組んでいる。2023年度には，スポーツ科学，養護教諭，言語聴覚士の３コースを有する健康科学科と管理栄養士を養成する管理栄養学科で構成される「健康をみんなで科学する部」健康科学部が誕生。10学部16学科と短期大学部，大学院９研究科を配した総合大学として，「環境」「学び」「社会とのつながり」の３つのステージでのクロスオーバー型教育を実践し，自分の可能性に挑戦し，協働の場で主体的に活躍できる人の育成をめざしている。

●キャンパス情報はP.847をご覧ください。

基本データ

学生数▶11,022名（男6,896名，女4,126名）
専任教員数▶教授186名，准教授103名，講師116名
設置学部▶文，心理，健康科，商，経営，経済，法，総合政策，薬，歯

併設教育機関▶大学院—文学・心身科学・商学・経営学・法学・総合政策（以上M・D），経済学（M），薬学・歯学（以上D）短期大学部（P.851参照）

就職・卒業後の進路

就職率 **98.2**%（薬・歯学部を除く）
就職者÷希望者×100

●**就職支援**　教職員とキャリアセンターや教職支援センターなどが連携し，学部・学科別，志望別にきめ細かにサポート。キャリアサポートは学科担当制で，いつも同じ人に相談でき，長い目で見た指導を実現。得意や興味を生かした進路へリードしている。

●**資格取得支援**　実績のある専門学校と提携し，リーズナブルな受講料を実現した70講座にも及ぶ資格取得対策講座を学内開講。薬学部では全員が国家試験に合格することをめざすため，６年次の７月から卒業試験を開始し，その後，国試対策に注力している。

進路指導者も必見 学生を伸ばす 面倒見

初年次教育	学修サポート
建学の精神を軸とした教養を修得し，自己を見つめ，「学ぶこと」「生きること」の意味を探求する「宗教学」，グループワークを通して大学で必要なスタディスキルを養う「教養セミナー」や「情報科学」などの科目を開講	TA制度，上級生が下級生の支援や相談に応じるピアサポートシステム，オフィスアワー制度，アドバイザー制度（1人の教員が約10～20人の学生を担当）を導入。幅広い学習相談に応じるための学習支援センターも設置

オープンキャンパス（2023年度実績）　6月，8月，9月・10月，3月に各キャンパスで開催（要予約）。模擬授業，体験実習，キャンパスツアーなど。12月には名城公園Cで，全学部全学科対象の入試対策講座も実施（要予約）。

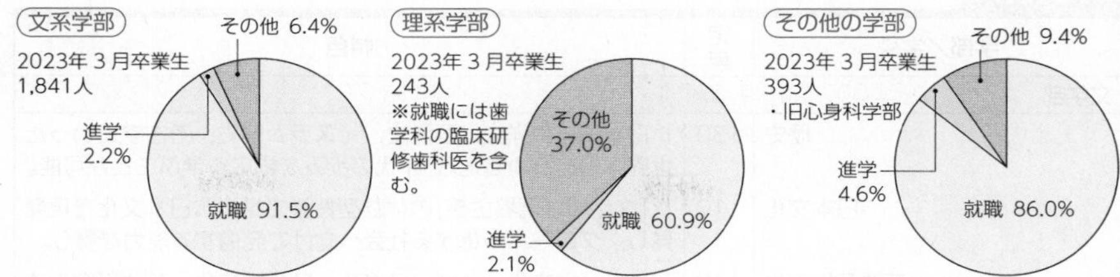

主なOB・OG▶［文］伊藤辰矢（愛知県常滑市長），［文］つぶやきシロー（お笑い芸人），［商］五嶋啓伸（コンビ副会長），［商］冨田英揮（ディップ社長兼CEO），［総合政策］源田壮亮（プロ野球選手）など。

国際化・留学　大学間 14 大学・部局間 17 大学

受入れ留学生数▶32名（2023年５月１日現在）

留学生の出身国・地域▶中国，韓国，台湾，ネパールなど。

外国人専任教員▶教授２名，准教授２名，講師９名（2023年５月１日現在）

外国人専任教員の出身国・地域▶中国，韓国，台湾，イギリス，アメリカなど。

大学間交流協定▶14大学（交換留学先８大学，2023年９月１日現在）

部局間交流協定▶17大学（交換留学先０大学，2023年９月１日現在）

海外への留学生数▶渡航型46名・オンライン型１名／年（６カ国・地域，2022年度）

海外留学制度▶海外語学研修やグローバル人材育成プログラムなどの短期留学，さらに学びを深めるための長期留学（交換・派遣・認定）を用意し，異文化体験を通して国際社会で生きていく力を養っている。コンソーシアムはJAFSA（国際教育交流協議会）に加入。

学費・奨学金制度　給付型奨学金総額 年間約 1億 1,419万円

入学金▶200,000円～

年間授業料（施設費等を除く）▶640,000円～（詳細は巻末資料参照）

年間奨学金総額▶114,185,000円

年間奨学金受給者数▶318人

主な奨学金制度▶学生の「学びたい」という気持ちを経済面から手厚く支援する「愛知学院大学応急奨学金」「愛知学院大学開学50周年記念奨学金」「愛知学院大学同窓会奨学金」といった奨学金制度のほか，初年度免除額が125万円以上にもなる「新入生特待生制度」をはじめとする「特待生制度」が充実。

保護者向けインフォメーション

● **オープンキャンパス**　通常のオープンキャンパス時に「保護者対象説明会」を実施している。

● **成績確認**　成績表を郵送（Web閲覧も可。出席状況に関しては依頼があれば，電話またはメールにて回答）。また，退学勧告者や成績不振等の保護者にはその旨を郵送で通知している。

● **広報誌**　『大学だより AG PRESS』や『保護者のための進学サポートBOOK』『学生生活サポートブック』を制作している。

● **後援会**　「親子入学」と称して後援会を組織し，後援会総会，保護者相談会，学部別懇談会などを開催。相談窓口も設置している。

● **防災対策**　アプリ内に防災情報を記載。災害時の学生の安否は，アプリおよびポータルサイトを利用して確認するようにしている。

インターンシップ科目	必修専門ゼミ	卒業論文	GPA制度の導入の有無および活用例	１年以内の退学率	標準年限での卒業率
薬学部と歯学部を除き開講	文・健康科・総合政策で３～４年次（歴史学科のみ２～４年次），薬で４～６年次に実施	文・健康（言語聴覚士コースを除く）・総合政策・薬は卒業要件	奨学金対象者選定，留学候補者選考，退学勧告基準，個別の学修指導のほか，学部により大学院入試選抜に活用	非公表	非公表

学部紹介

学部／学科	定員	特色
文学部		
歴史	130	▷日本史，東洋史，西洋史，イスラム圏史，考古学といった世界中のあらゆる地域・年代の歩みを幅広く学ぶことが可能。
日本文化	110	▷「文化探求現場主義」の体験型授業で身近な日本文化を再発見し，グローバル化する社会へ向けて発信する能力を養う。
英語英米文化	110	▷アメリカ文化，イギリス文化，英語圏文化，英語研究の４領域で，英語運用能力と異文化理解力を身につける。
グローバル英語	110	▷観光・航空，国際ビジネス，通訳・翻訳，英語教員資格の４つの履修モデルを用意し，４業界に結びつく教育が充実。
宗教文化	70	▷多様な視点から宗教を追究し，国際社会が抱える課題の本質に迫りながら世の中の「今」を読み解く。
●**取得可能な資格**…教職（国・地歴・公・社・書・英・宗），司書，司書教諭，学芸員など。 ●**進路状況**…………就職87.2%　進学4.2% ●**主な就職先**………スターツコーポレーション，ドリームスカイ名古屋，名古屋市教育委員会など。		
心理学部		
心理	160	▷心理学×データサイエンスで，次世代のイノベーションを支える知識・スキルを身につける。発達・統計・社会・認知・人格の，心理学のほぼ全領域を網羅。
●**取得可能な資格**…教職（公・社，特別支援）など。 ●**進路状況**…………就職80.0%　進学9.3%（旧心身科学部心理学科実績） ●**主な就職先**………キヤノンITソリューションズ，名古屋市役所（心理職）など（旧学部体制実績）。		
健康科学部		
健康科	180	▷スポーツ科学，養護教諭，言語聴覚士の３コース。専門性を深める学びで，健康のスペシャリストを養成する。
健康栄養	80	▷医学系の学修を重視したプログラムで，チーム医療の一員として活躍できる管理栄養士教育を実施。
●**取得可能な資格**…教職（保体・保健，養護一種，栄養），司書，司書教諭，栄養士，言語聴覚士・管理栄養士受験資格など。 ●**進路状況**…………就職89.3%　進学2.0%（旧心身科学部実績。心理学科を除く） ●**主な就職先**………国分グループ本社，日清医療食品，名古屋市立大学病院，愛知県養護教諭など。		
商学部		
商	250	▷流通・マーケティング，会計・金融，ビジネス情報の３コース。厳しいビジネス環境を生き抜く，産業界から強く求められる知識と技能を備えたビジネス・パーソンを養成する。
●**取得可能な資格**…教職（情・商業），司書，司書教諭など。 ●**進路状況**…………就職95.8%　進学0.4% ●**主な就職先**………名古屋国税局，津地方法務局，日本オープンシステムズ，東海東京証券など。		
経営学部		
経営	290	▷組織マネジメント，生産マーケティング，会計の３コース。ビジネスを疑似体験する科目や第一線で活躍する方々から現場について学び，自らが主体となって組織を動かす力を養う。
●**取得可能な資格**…教職（公・商業），司書，司書教諭など。 ●**進路状況**…………就職92.9%　進学2.4% ●**主な就職先**………東海旅客鉄道，ヤマハ発動機，野村證券，名古屋銀行，名古屋市消防局など。		

キャンパスアクセス ［日進キャンパス］地下鉄東山線一藤が丘よりバス10分／リニモ一長久手古戦場より無料シャトルバス7分

経済学部		
経済	270	▷現代の中部圏，日本，世界で起きている経済現象や経済問題の本質に迫り，「経済政策に強い社会人」を育成する。
● 取得可能な資格…教職（公），司書，司書教諭など。 ● 進路状況…………就職94.8%　進学1.5% ● 主な就職先………TOPPAN，アイシン，東陽，岡崎信用金庫，ディップ，岐阜県庁（行政職）など。		
法学部		
法律	190	▷対立する意見の両者の視点に立ち，公平な結論へと導くリーガルマインド（法的な思考力）を体験的に修得する。
現代社会法	105	▷現代社会の諸問題に真っ向から切り込み，偏りのない「法的観点」から見つめ，スムーズに解決する力を培う。
● 取得可能な資格…教職（公・社），司書，司書教諭など。 ● 進路状況…………就職91.2%　進学0.7% ● 主な就職先………富士フイルムビジネスイノベーションジャパン，伊藤園，愛知県警察本部など。		
総合政策学部		
総合政策	210	▷エビデンスに基づいたデータサイエンス・リテラシー教育や，実践的な社会参加を通じて，主体的に問題を発見し，解決に向けて取り組む人材を育成する。
● 取得可能な資格…教職（公・社・情），司書，司書教諭など。 ● 進路状況…………就職91.4%　進学2.0% ● 主な就職先………トヨタ自動車，Mizkan J plus Holdings，ディップ，名古屋市役所（行政職）など。		
薬学部		
医療薬	145	▷６年制。疾病，医薬品，薬物治療に関する専門知識の修得と，医療現場で必要な実務能力の体得によって，医療の未来を拓く「医療人たる薬剤師」を養成する。
● 取得可能な資格…薬剤師受験資格など。 ● 進路状況…………就職67.7%　進学3.9% ● 主な就職先………杏林製薬，日本イーライリリー，興和，スギヤマ薬品，名古屋市立大学病院など。		
歯学部		
歯	125	▷中部地区最大の歯学部附属病院で臨床実習などが行えるという恵まれた環境で，次代を担う歯科医師を育成する。
● 取得可能な資格…歯科医師受験資格。 ● 進路状況…………臨床研修歯科医53.4%		

▶キャンパス

文・心理・健康科・総合政策，薬１年次……［日進キャンパス］愛知県日進市岩崎町阿良池12
商・経営・経済・法……［名城公園キャンパス］愛知県名古屋市北区名城3-1-1
薬・歯……［楠元キャンパス］愛知県名古屋市千種区楠元町1-100
歯（臨床課程〈５・６年次〉）……［末盛キャンパス］愛知県名古屋市千種区末盛通2-11

2024年度入試要項（前年度実績）

●募集人員

学部／学科		一般前期A	一般前期B	一般前期M	一般中期	一般後期
▶文	歴史	40	10	4	7	4
	日本文化	30	6	5	5	3
	英語英米文化	32	6	4	4	3
	グローバル英語	32	8	4	3	3
	宗教文化	18	2	2	3	3
▶心理	心理	47	10	9	6	3
▶健康科	健康科	50	8	10	6	2
	健康栄養	24	3	—	2	2
▶商	商	73	15	5	10	5

▶経営	経営	100	20	20	10	15
▶経済	経済	95	15	20	10	5
▶法	法律	56	6	12	8	5
	現代社会法	31	3	7	4	3
▶総合政策	総合政策	55	8	8	10	5
▶薬	医療薬	60	—	—	8	3
▶歯	歯	50	—	—	5	3

▷一般選抜前期試験Aでは，指定された英語資格・検定試験の結果で基準以上のスコアを有している場合，外国語（英語）試験の得点（素点）を「満点」とする。ただし，本学が実施する英語の試験の受験は必須（前期試験Bにも適用）。

文学部

一般選抜前期試験A　3科目　①国(100)▶国総（漢文を除く）・国表・現文A・現文B　②外(100)▶コミュ英Ⅰ・コミュ英Ⅱ・英表Ⅰ　③地歴・公民・数(100)▶世B・日B・政経・「数Ⅰ・数Ⅱ・数A」から1

一般選抜前期試験B（傾斜配点方式）【歴史学科・日本文化学科・宗教文化学科】　2科目　①②国・外・「地歴・公民・数」(100×2)▶「国総（漢文を除く）・国表・現文A・現文B」・「コミュ英Ⅰ・コミュ英Ⅱ・英表Ⅰ」・「世B・日B・政経・〈数Ⅰ・数Ⅱ・数A〉から1」から2

【英語英米文化学科・グローバル英語学科】　2科目　①外(100)▶コミュ英Ⅰ・コミュ英Ⅱ・英表Ⅰ　②国・地歴・公民・数(100)▶「国総（漢文を除く）・国表・現文A・現文B」・世B・日B・政経・「数Ⅰ・数Ⅱ・数A」から1

※前期試験Bは前期試験Aの2科目の得点を利用するため，個別試験は実施せず，高得点の1科目を200点満点に換算して判定する（前期試験Aと同時出願必須）。

一般選抜前期試験M（オールマークシート方式）　3科目　①外(100)▶コミュ英Ⅰ・コミュ英Ⅱ・英表Ⅰ　②③国・地歴・公民・数(100×2)▶「国総（漢文を除く）・国表・現文A・現文B」・世B・日B・政経・「数Ⅰ・数Ⅱ・数A」から2

一般選抜中期試験（2科目型オールマークシート方式・傾斜配点方式）　2科目　①②国・外・地歴・公民・数(100×2)▶「国総（漢文を除く）・国表・現文A・現文B」・「コミュ英Ⅰ・コミュ英Ⅱ・英表Ⅰ」・世B・日B・政経・「数Ⅰ・数Ⅱ・数A」から2

※高得点の1科目を200点満点に換算して判定する。

一般選抜後期試験　2科目　①外(100)▶コミュ英Ⅰ・コミュ英Ⅱ・英表Ⅰ　②国・地歴・公民・数(100)▶「国総（漢文を除く）・国表・現文A・現文B」・世B・日B・政経・「数Ⅰ・数Ⅱ・数A」から1

心理学部・健康科学部

一般選抜前期試験A　**【心理学科・健康科学科】〈Ⅰ型（文系科目得意型）〉**　3科目　①国(100)▶国総（漢文を除く）・国表・現文A・現文B　②外(100)▶コミュ英Ⅰ・コミュ英Ⅱ・英表Ⅰ　③地歴・公民・数(100)▶世B・日B・政経・「数Ⅰ・数Ⅱ・数A」から1

〈Ⅱ型（理系科目得意型）〉　3科目　①外(100)▶コミュ英Ⅰ・コミュ英Ⅱ・英表Ⅰ　②③数・理(100×2)▶「数Ⅰ・数Ⅱ・数A」・化基・生基から2，ただし心理学科は数必須

※Ⅰ型，Ⅱ型はどちらでも選択可能。ただし，2月1日はⅠ型のみ実施する。

【健康栄養学科】〈2月1日〉　2科目　①国・外(100)▶「国総（漢文を除く）・国表・現文A・現文B」・「コミュ英Ⅰ・コミュ英Ⅱ・英表Ⅰ」から1　②地歴・公民・数(100)▶世B・日B・政経・「数Ⅰ・数Ⅱ・数A」から1

〈2月2日・3日・4日〉　2科目　①国・外(100)▶「国総（漢文を除く）・国表・現文A・現文B」・「コミュ英Ⅰ・コミュ英Ⅱ・英表Ⅰ」から1　②数・理(100)▶「数Ⅰ・数Ⅱ・数A」・化基・生基から1

※健康栄養学科で化基または生基を選択しない場合，出願資格として化基または生基を履修していることを条件とする。

一般選抜前期試験B（傾斜配点方式）**【心理学科・健康科学科】〈Ⅰ型（文系科目得意型）〉**　2科目　①②国・外・「地歴・公民・数」(100×2)▶「国総（漢文を除く）・国表・現文A・現文B」・「コミュ英Ⅰ・コミュ英Ⅱ・英表Ⅰ」・「世B・日B・政経・〈数Ⅰ・数Ⅱ・数A〉から1」から2

【心理学科】〈Ⅱ型（理系科目得意型）〉　2科目

①②**外・数・理**(100×2) ▶「コミュ英Ⅰ・コミュ英Ⅱ・英表Ⅰ」・「数Ⅰ・数Ⅱ・数A」・「化基・生基から1」から2
【健康科学科】〈Ⅱ型(理系科目得意型)〉
2科目 ①**外**(100) ▶コミュ英Ⅰ・コミュ英Ⅱ・英表Ⅰ ②**数・理**(100) ▶「数Ⅰ・数Ⅱ・数A」・化基・生基から1
※Ⅰ型，Ⅱ型はどちらでも選択可能。ただし，2月1日はⅠ型のみ実施する。
【健康栄養学科】〈2月1日〉 2科目 ①**数**(100) ▶数Ⅰ・数Ⅱ・数A ②**国・外**(100) ▶「国総(漢文を除く)・国表・現文A・現文B」・「コミュ英Ⅰ・コミュ英Ⅱ・英表Ⅰ」から1
〈2月2日・3日・4日〉 2科目 ①**国・外**(100) ▶「国総(漢文を除く)・国表・現文A・現文B」・「コミュ英Ⅰ・コミュ英Ⅱ・英表Ⅰ」から1 ②**数・理**(100) ▶「数Ⅰ・数Ⅱ・数A」・化基・生基から1
※前期試験Bは前期試験Aの2科目の得点を利用するため，個別試験は実施せず，高得点の1科目を200点満点に換算して判定する(前期試験Aと同時出願必須)。
※健康栄養学科で化基または生基を選択しない場合，出願資格として化基または生基を履修していることを条件とする。
一般選抜前期試験M(オールマークシート方式) **【心理学科・健康科学科】** 3科目 ①**外**(100) ▶コミュ英Ⅰ・コミュ英Ⅱ・英表Ⅰ ②③**国・地歴・公民・数**(100×2) ▶「国総(漢文を除く)・国表・現文A・現文B」・世B・日B・政経・「数Ⅰ・数Ⅱ・数A」から2
※健康栄養学科は実施しない。
一般選抜中期試験(2科目型オールマークシート方式・傾斜配点方式) 2科目 ①②**国・外・地歴・公民・数**(100×2) ▶「国総(漢文を除く)・国表・現文A・現文B」・「コミュ英Ⅰ・コミュ英Ⅱ・英表Ⅰ」・世B・日B・政経・「数Ⅰ・数Ⅱ・数A」から2
※高得点の1科目を200点満点に換算して判定する。
※健康栄養学科は，出願資格として化基または生基を履修していることを条件とする。
一般選抜後期試験 2科目 ①**外**(100) ▶コミュ英Ⅰ・コミュ英Ⅱ・英表Ⅰ ②**国・地歴・公民・数**(100) ▶「国総(漢文を除く)・国表・現文A・現文B」・世B・日B・政経・「数Ⅰ・数Ⅱ・数A」から1
※健康栄養学科は，出願資格として化基または生基を履修していることを条件とする。

商学部・法学部・総合政策学部

一般選抜前期試験A 3科目 ①**国**(100) ▶国総(漢文を除く)・国表・現文A・現文B ②**外**(100) ▶コミュ英Ⅰ・コミュ英Ⅱ・英表Ⅰ ③**地歴・公民・数**(100) ▶世B・日B・政経・「数Ⅰ・数Ⅱ・数A」から1
一般選抜前期試験B(傾斜配点方式) 2科目 ①②**国・外・「地歴・公民・数」**(100×2) ▶「国総(漢文を除く)・国表・現文A・現文B」・「コミュ英Ⅰ・コミュ英Ⅱ・英表Ⅰ」・「世B・日B・政経・〈数Ⅰ・数Ⅱ・数A〉から1」から2
※前期試験Bは前期試験Aの2科目の得点を利用するため，個別試験は実施せず，高得点の1科目を200点満点に換算して判定する(前期試験Aと同時出願必須)。
一般選抜前期試験M(オールマークシート方式) 3科目 ①**外**(100) ▶コミュ英Ⅰ・コミュ英Ⅱ・英表Ⅰ ②③**国・地歴・公民・数**(100×2) ▶「国総(漢文を除く)・国表・現文A・現文B」・世B・日B・政経・「数Ⅰ・数Ⅱ・数A」から2
一般選抜中期試験(2科目型オールマークシート方式・傾斜配点方式) 2科目 ①②**国・外・地歴・公民・数**(100×2) ▶「国総(漢文を除く)・国表・現文A・現文B」・「コミュ英Ⅰ・コミュ英Ⅱ・英表Ⅰ」・世B・日B・政経・「数Ⅰ・数Ⅱ・数A」から2
※高得点の1科目を200点満点に換算して判定する。
一般選抜後期試験 2科目 ①**外**(100) ▶コミュ英Ⅰ・コミュ英Ⅱ・英表Ⅰ ②**国・地歴・公民・数**(100) ▶「国総(漢文を除く)・国表・現文A・現文B」・世B・日B・政経・「数Ⅰ・数Ⅱ・数A」から1

経営学部

一般選抜前期試験A 3科目 ①**国**(100) ▶国総(漢文を除く)・国表・現文A・現文B ②**外**(100) ▶コミュ英Ⅰ・コミュ英Ⅱ・英表Ⅰ ③**地歴・公民・数**(100) ▶世B・日B・政経・「数

Ⅰ・数Ⅱ・数A」から1

一般選抜前期試験B（傾斜配点方式） 2科目 ①外(100) ▶コミュ英Ⅰ・コミュ英Ⅱ・英表Ⅰ ②**国・地歴・公民・数**(100) ▶「国総（漢文を除く）・国表・現文A・現文B」・世B・日B・政経・「数Ⅰ・数Ⅱ・数A」から1

※前期試験Bは前期試験Aの２科目の得点を利用するため，個別試験は実施せず，高得点の１科目を200点満点に換算して判定する（前期試験Aと同時出願必須）。

一般選抜前期試験M（オールマークシート方式） 3科目 ①**外**(100) ▶コミュ英Ⅰ・コミュ英Ⅱ・英表Ⅰ ②③**国・地歴・公民・数**(100×2) ▶「国総（漢文を除く）・国表・現文A・現文B」・世B・日B・政経・「数Ⅰ・数Ⅱ・数A」から2

一般選抜中期試験（２科目型オールマークシート方式・傾斜配点方式） 2科目 ①②**外・数・「国・地歴・公民」**(100×2) ▶「コミュ英Ⅰ・コミュ英Ⅱ・英表Ⅰ」・「数Ⅰ・数Ⅱ・数A」・「〈国総（漢文を除く）・国表・現文A・現文B〉・世B・日B・政経から1」から2

※高得点の１科目を200点満点に換算して判定する。

一般選抜後期試験 2科目 ①**外**(100) ▶コミュ英Ⅰ・コミュ英Ⅱ・英表Ⅰ ②**国・地歴・公民・数**(100) ▶「国総（漢文を除く）・国表・現文A・現文B」・世B・日B・政経・「数Ⅰ・数Ⅱ・数A」から1

経済学部

一般選抜前期試験A 3科目 ①**国**(100) ▶国総（漢文を除く）・国表・現文A・現文B ②**外**(100) ▶コミュ英Ⅰ・コミュ英Ⅱ・英表Ⅰ ③**地歴・公民・数**(100) ▶世B・日B・政経・「数Ⅰ・数Ⅱ・数A」から1

一般選抜前期試験B（傾斜配点方式） 2科目 ①②**国・外・「地歴・公民・数」**(100×2) ▶「国総（漢文を除く）・国表・現文A・現文B」・「コミュ英Ⅰ・コミュ英Ⅱ・英表Ⅰ」・「世B・日B・政経・〈数Ⅰ・数Ⅱ・数A〉から1」から2

※前期試験Bは前期試験Aの２科目の得点を利用するため，個別試験は実施せず，高得点の１科目を200点満点に換算して判定する（前期試験Aと同時出願必須）。

一般選抜前期試験M（オールマークシート方式） 3科目 ①**外**(100) ▶コミュ英Ⅰ・コミュ英Ⅱ・英表Ⅰ ②③**国・地歴・公民・数**(100×2) ▶「国総（漢文を除く）・国表・現文A・現文B」・世B・日B・政経・「数Ⅰ・数Ⅱ・数A」から2

一般選抜中期試験（２科目型オールマークシート方式・傾斜配点方式） 2科目 ①②**外・数・「国・地歴・公民」**(100×2) ▶「コミュ英Ⅰ・コミュ英Ⅱ・英表Ⅰ」・「数Ⅰ・数Ⅱ・数A」・「〈国総（漢文を除く）・国表・現文A・現文B〉・世B・日B・政経から1」から2

※高得点の１科目を200点満点に換算して判定する。

一般選抜後期試験 2科目 ①**外**(100) ▶コミュ英Ⅰ・コミュ英Ⅱ・英表Ⅰ ②**国・地歴・公民・数**(100) ▶「国総（漢文を除く）・国表・現文A・現文B」・世B・日B・政経・「数Ⅰ・数Ⅱ・数A」から1

薬学部

一般選抜前期試験A・中期試験（３科目型オールマークシート方式） 3科目 ①**外**(100) ▶コミュ英Ⅰ・コミュ英Ⅱ・英表Ⅰ ②③**数・理**(100×2) ▶「数Ⅰ・数Ⅱ・数A」・「物基・物」・「化基・化」・「生基・生」から2

一般選抜後期試験 2科目 ①②**数・理**(100×2) ▶「数Ⅰ・数Ⅱ・数A」・「物基・物」・「化基・化」・「生基・生」から2

歯学部

一般選抜前期試験A・中期試験（３科目型オールマークシート方式） 4科目 ①**外**(100) ▶コミュ英Ⅰ・コミュ英Ⅱ・英表Ⅰ ②③**数・理**(100×2) ▶「数Ⅰ・数Ⅱ・数A」・「物基・物」・「化基・化」・「生基・生」から2 ④**個人面接**

一般選抜後期試験 3科目 ①②**数・理**(100×2) ▶「数Ⅰ・数Ⅱ・数A」・「物基・物」・「化基・化」・「生基・生」から2 ③**個人面接**

その他の選抜

一般選抜共通テスト利用（共通テスト利用試験・共通テストプラス試験）は文学部75名，心理学部28名，健康科学部37名，商学部40名，経営学部55名，経済学部50名，法学部

51名，総合政策学部36名，薬学部22名，歯学部16名を，学校推薦型選抜公募制推薦入試は文学部80名，心理学部30名，健康科学部39名，商学部17名，経営学部20名，経済学部32名，法学部29名，総合政策学部18名，薬学部25名，歯学部25名を募集。ほかに学校推薦型選抜（専門学科推薦入試，指定校制推薦入試，スポーツ推薦入試），総合型選抜（AO入試，高大接続型入試，英語資格特別入試），帰国生徒入試，社会人入試，外国人留学生入試を実施。

偏差値データ（2024年度）

●一般選抜前期試験A

学部／学科	2024年度 駿台予備学校 合格目標ライン	2024年度 河合塾 ボーダー偏差値	2023年度 競争率
▶文学部			
歴史	**46**	**47.5**	2.9
日本文化	**43**	**42.5**	1.7
英語英米文化	**41**	**37.5**	1.4
グローバル英語	**44**	**37.5**	1.4
宗教文化	**34**	**42.5**	2.3
▶心理学部			
心理	**43～45**	**47.5**	5.6
▶健康科学部			
健康科	**42～44**	**45**	3.9
健康栄養	**43**	**42.5**	3.7
▶商学部			
商	**40**	**45**	4.2
▶経営学部			
経営	**41**	**45**	5.2
▶経済学部			
経済	**41**	**45**	4.0
▶法学部			
法律	**41**	**45**	2.8
現代社会法	**40**	**42.5**	3.1
▶総合政策学部			
総合政策	**40**	**42.5**	4.3
▶薬学部			
医療薬	**44**	**45**	2.1
▶歯学部			
歯	**47**	**37.5**	1.3

●駿台予備学校合格目標ラインは合格可能性80％に相当する駿台模試の偏差値です。
●河合塾ボーダー偏差値は合格可能性50％に相当する河合塾全統模試の偏差値です。
●競争率は受験者÷合格者の実質倍率

併設の教育機関 短期大学

愛知学院大学短期大学部

問合せ先 入試センター
☎0561-73-1111（代）

所在地 愛知県名古屋市千種区楠元町1-100（1年次）／愛知県名古屋市千種区末盛通2-11（2・3年次）

学生数▶女316名
教員数▶教授5名，准教授2名，講師3名

設置学科

●**歯科衛生学科**（女子100）　3年制。基礎から応用まで効率的に学べるカリキュラムを編成し，患者さんに寄り添う口腔ケアの専門家を育成する。歯学部附属病院での臨床実習で，より高度な専門的知識や技術を修得。

卒業後の進路

2023年3月卒業生▶103名
就職91名，その他12名（うち専攻科進学7名）

愛知淑徳大学（あいちしゅくとく）

資料請求

問合せ先 アドミッションセンター　☎052-781-7084

建学の精神

愛知淑徳学園は「十年先，二十年先に役立つ人材の育成」を教育目標に，愛知県で初となる私立高等女学校として，1905（明治38）年にその一歩を踏み出し，75（昭和50）年に大学を開学。創立20周年にあたって男女共学化を果たし，複数学部を擁する大学へと拡大していった。このような変化の中，多様な価値観との出合いを通して自分らしさを見出し，自らの可能性を広げる「違いを共に生きる」という大学理念を掲げ，学園創立以来の教育目標を継承し，学んで身につけた知識と技術を「経験・体験」を通して人生を生き抜く力に変える「教育」を実践。2024年４月に誕生した健康・医療系領域の４つの学科・専攻に続き，2025年４月には教育学部と建築学部の開設を予定するなど，次代を生き抜く力を育む大学へと一層進化・発展を続けている。

- 長久手キャンパス……〒480-1197　愛知県長久手市片平二丁目9
- 星が丘キャンパス……〒464-8671　愛知県名古屋市千種区桜が丘23

基本データ

学生数▶8,372名（男2,507名，女5,865名）
専任教員数▶教授153名，准教授53名，講師36名
設置学部▶文，人間情報，心理，創造表現，健康医療科，食健康科，福祉貢献，交流文化，ビジネス，グローバル・コミュニケーション
併設教育機関▶大学院―文化創造・心理医療科学・〈グローバルカルチャー・コミュニケーション〉・ビジネス（以上M・D），教育学・健康栄養科学（以上M）

就職・卒業後の進路

就職率 **97.6**%（就職者÷希望者×100）

● **就職支援**　キャリアセンターでは「キャリア教育」と「キャリア支援」の２つの軸でキャリア形成プログラムを展開。キャリア支援では，個人面談や各種ガイダンス・セミナーなどの多彩なプログラムを行い，すべての学生が自分らしく輝く道を進めるよう，経験豊富なスタッフが一丸となってサポート。

● **資格取得支援**　それぞれの分野のプロがサポートする「情報教育センター」「教職・司書・学芸員教育センター」「会計教育センター」

進路指導者も必見 学生を伸ばす 面倒見

初年次教育	学修サポート
「違いを共に生きる・ライフデザイン」「日本語表現Ⅰ」「コンピュータリテラシーⅠ」のほか，各学部で「基礎ゼミ」「基礎演習」「アカデミックスキルズ」「人間情報入門」「健康医療科学基礎演習」など独自の科目を開講	全学部で募集を行うTA制度を導入しているほか，アドバイザー教員がオフィスアワーを設け，学生が気軽に訪問し，相談しやすい環境を整備。文章作成に関する相談窓口として，ライティングサポートデスク（WSD）を開設

オープンキャンパス（2023年度実績） 来場型オープンキャンパスを６月11日，７月22・23日，９月17日に両キャンパスで同日開催（事前予約不要）。HPでWebオープンキャンパスも視聴可能。

を設置。キャリアセンターでも資格対策講座を設け，実用資格を数多くラインナップ。

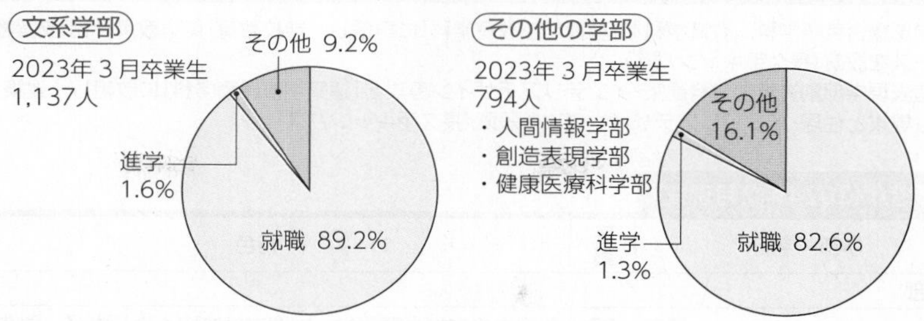

主なOB・OG▶［旧メディアプロデュース］麻貴早人（漫画家），［旧コミュニケーション］鈴木裕之（ヨーヨーパフォーマー），［旧現代社会］柳沢彩美（CBCテレビアナウンサー）など。

国際化・留学　大学間 48 大学等・部局間 21 大学

受入れ留学生数▶30名（2023年５月１日現在）

留学生の出身国▶中国，ドイツ，韓国，ベルギー，イギリスなど。

外国人専任教員▶教授７名，准教授４名，講師８名（2023年５月１日現在）

外国人専任教員の出身国▶アメリカ，中国，韓国など。

大学間交流協定▶48大学・機関（交換留学先45大学，2023年５月１日現在）

部局間交流協定▶21大学・機関（2023年４月１日現在）

海外への留学生数▶渡航型25名・オンライン型54名／年（６カ国・地域，2022年度）

海外留学制度▶交換留学や複数学位取得プログラム，単位修得留学，夏・春休みを利用して語学研修やインターンシップなどが経験できる短期研修プログラムといった，希望に合わせて選べる多彩な留学スタイルを用意。コンソーシアムはUMAPに参加している。

学費・奨学金制度　給付型奨学金総額 年間 1,805 万円

入学金▶200,000円

年間授業料（施設費等を除く）▶760,000円～（詳細は巻末資料参照）

年間奨学金総額▶18,050,000円

年間奨学金受給者数▶150人

主な奨学金制度▶「学部奨励給付奨学金」は学部３・４年生で特に学業成績優秀な者に年額10万円を給付（２年連続しての受給も可。学部からの推薦による）。また，「特別給付奨学金（緊急支援，災害支援，留学生支援）」などの制度も設置している。このほか，学費減免制度も用意（2022年度の対象は１人）。

保護者向けインフォメーション

●**オープンキャンパス**　通常のオープンキャンパス時に保護者ガイダンスを実施している。

●**成績確認**　成績通知書を送付している。

●**教育懇談会**　2023年６月に，全学年の保護者を対象にした後援会総会・教育懇談会，保護者向け就職セミナーなどを４年ぶりに開催。

●**後援会誌**　大学後援会誌『楓信』のほか，『愛知淑徳大学学生サポート』を発行。

●**防災対策**　新入生パックにて，「大地震対応マニュアル」を配布。災害時の学生の安否は，アプリ「安否の番人」を利用して確認する。

インターンシップ科目	必修専門ゼミ	卒業論文	GPA制度の導入の有無および活用例	１年以内の退学率	標準年限での卒業率
全学部で開講している	全学部必修（交流文化とグローバル・コミュニケーション学部および創作表現専攻は４年間。その他は学科・専攻により年次は異なる）	卒論・卒研・卒業プロジェクトなど，全学部で卒業要件	奨学金対象者の選定，留学候補者の選考，学生に対する個別の学修指導，大学院入試選抜，GPAに応じた履修上限単位数の設定に活用	0.7%	91.2%

2025年度学部改組構想（予定）

● 文学部総合英語学科，教育学科を「教育学部教育学科」に再編し，学校教育・英語教育・特別支援教育の３コースを設置（長久手キャンパス）。

● 創造表現学部創造表現学科建築・インテリアデザイン専攻を「建築学部建築学科」に改組し，建築・まちづくり専攻と住居・インテリアデザイン専攻を設置（長久手キャンパス）。

学部紹介（2024年２月現在）

学部／学科	定員	特色
文学部		
国文	95	▷日本の文学や国語学，中国文学を広く深く学び，創造的思考力を磨く。国語科教員志望者への実践科目が充実。
総合英語	100	▷幅広い分野で活躍できる力と確かな英語力を身につけた，次世代の英語教育を担う人材を育成する。
教育	100	▷実践を通して深い洞察力と柔軟な思考を養い，子どもが感じる「おもしろい！」を引き出せる人間性豊かな教員を養成。
● 取得可能な資格…教職（国・英，小一種，特別支援），司書，司書教諭，学芸員など。 ● 進路状況…………就職89.4%　進学1.8% ● 主な就職先………トヨタ自動車，愛知県教員，十六フィナンシャルグループ，積水ハウスなど。		
人間情報学部		
人間情報	200	▷〈感性工学専攻125名，データサイエンス専攻75名〉最新の情報学と人の心を分析する方法を学び，人々が快適に暮らせるAI時代の情報社会づくりに貢献できる人材を育成。
● 取得可能な資格…教職（数・情），司書，学芸員など。 ● 進路状況…………就職85.6%　進学1.0% ● 主な就職先………Sky，岡谷システム，トーエネック，三十三銀行，NTTデータ東海，NDSなど。		
心理学部		
心理	180	▷生理・認知，社会，発達，臨床の４領域から“人のこころ”にアプローチし，実社会で生かせる力を身につける。
● 進路状況…………就職82.1%　進学6.1% ● 主な就職先………たんぽぽ薬局，トヨタT&S建設，愛知銀行，大垣共立銀行，JA愛知厚生連など。		
創造表現学部		
創造表現	295	▷〈創作表現専攻95名，メディアプロデュース専攻130名，建築・インテリアデザイン専攻70名〉言語・メディア・建築など多様な表現領域から，自己表現力や創造力，情報発信力を身につけ，社会を豊かにする人材を育成する。
● 取得可能な資格…司書，学芸員，１・２級建築士受験資格など。 ● 進路状況…………就職74.5%　進学0.3% ● 主な就職先………SCSKサービスウェア，名古屋銀行，三協立山，高見，名古屋テレビ映像など。		
健康医療科学部		
医療貢献	160	▷言語聴覚学（40名），視覚科学（40名）の２専攻に，2024年度より，理学療法学専攻（40名）と臨床検査学専攻（40名）を新設。生涯健康社会の実現に貢献することを基本理念に，地域や医療機関などで活躍できる人材を育成する。
スポーツ・健康医科	130	▷〈スポーツ・健康科学専攻100名，救急救命学専攻30名〉心と身体の健康をめざす生涯健康社会のリーダーや，地域社会に貢献する救急救命士を養成する。

キャンパスアクセス ［長久手キャンパス］ 地下鉄東山線一本郷よりバス15分，藤が丘よりバス18分／地下鉄鶴舞線一赤池よりスクールバス20分／リニモ一長久手古戦場よりバス11分

● 取得可能な資格…教職（保体），臨床検査技師・救急救命士・理学療法士・言語聴覚士・視能訓練士受験資格など。 ● 進路状況…………就職88.9％　進学2.3％ ● 主な就職先………山崎製パン，トヨタ記念病院，愛知医科大学病院，八神製作所，名港海運など。		
食健康科学部		
健康栄養	80	▷2024年度より，健康医療科学部健康栄養学科から改組。医療・福祉など多分野で活躍できる管理栄養士を養成する。
食創造科	120	▷NEW! '24年新設。分析から食品開発まで実践的に学び，豊かな食文化や健康社会に貢献できる人材を育成する。
● 取得可能な資格…教職（栄養），学芸員，栄養士，管理栄養士受験資格など。		
福祉貢献学部		
福祉貢献	120	▷〈社会福祉専攻70名，子ども福祉専攻50名〉福祉マインドと，専門職としての実践力を備えた人材を育成する。
● 取得可能な資格…教職（幼一種），保育士，社会福祉士・精神保健福祉士受験資格など。 ● 進路状況…………就職95.1％　進学0.0％ ● 主な就職先………藤田医科大学病院，槌屋，愛知県庁，大府市役所，名古屋市社会福祉協議会など。		
交流文化学部		
交流文化	280	▷〈ランゲージ専攻120名，国際交流・観光専攻160名〉国籍や文化を超え，さまざまな価値観を認め合い，多文化の共生に貢献できる人材を育成する。
● 取得可能な資格…教職（地歴・社・英）など。 ● 進路状況…………就職91.0％　進学0.7％ ● 主な就職先………トヨタ自動車，日本航空，ヤマハ発動機，DMG森精機，JTB，名古屋市役所など。		
ビジネス学部		
ビジネス	230	▷経営学・商学・会計学・経済学を横断的・複合的に学び，ビジネスの世界で実践力を発揮する人材を育成する。
● 取得可能な資格…教職（商業）など。 ● 進路状況…………就職91.8％　進学0.0％ ● 主な就職先………三菱UFJ銀行，豊田自動織機，住友電気工業，村田製作所，伊勢湾海運など。		
グローバル・コミュニケーション学部		
グローバル・コミュニケーション	60	▷幅広い国際教養と英語対話力を備えた，人，地域，世界の架け橋となる人材を育成する。全員が海外留学を体験。
● 取得可能な資格…教職（英），司書，学芸員など。 ● 進路状況…………就職77.4％　進学0.0％ ● 主な就職先………日本航空，アイシン，興和，CKD，ドリームスカイ名古屋，岡崎信用金庫など。		

▶キャンパス

文・人間情報・心理・創造表現・健康医療科・食健康科・福祉貢献……［長久手キャンパス］愛知県長久手市片平二丁目9

交流文化・ビジネス・〈グローバル・コミュニケーション〉……［星が丘キャンパス］愛知県名古屋市千種区桜が丘23

キャンパスアクセス ［星が丘キャンパス］地下鉄東山線一星が丘より徒歩3分

2024年度入試要項(前年度実績)

●募集人員

学部/学科(専攻)	前期3教科	前期2教科	共通プラス	後期
▶文 国文	19	7	5	2
総合英語	18	6	6	2
教育	19	7	6	2
▶人間情報 人間情報(感性工学)	23	9	8	3
(データサイエンス)	14	5	4	2
▶心理 心理	36	15	12	5
▶創造表現 創造表現(創作表現)	19	6	5	2
(メディアプロデュース)	25	9	8	3
(建築・インテリアデザイン)	14	6	4	2
▶健康医療科 医療貢献(言語聴覚学)	7	3	2	1
(視覚科学)	7	3	2	1
(理学療法学)	7	3	2	1
(臨床検査学)	7	3	2	1
スポーツ・健康医科(スポーツ・健康科学)	16	7	6	3
(救急救命学)	5	3	2	1
▶食健康科 健康栄養	17	7	5	2
食創造科	18	7	7	3
▶福祉貢献 福祉貢献(社会福祉)	14	5	4	3
(子ども福祉)	10	3	3	2
▶交流文化 交流文化(ランゲージ)	23	10	8	4
(国際交流・観光)	32	12	11	5
▶ビジネス ビジネス	44	18	14	7
▶グローバル・コミュニケーション グローバル・コミュニケーション	12	4	3	2

※共通プラスは一般入試(共通テストプラス型)。

▷一般入試(前期3・2教科型,共通テストプラス型)において,指定された英語の資格・検定試験の基準スコア(CEFR B2以上)を満たし,スコア取得の証明書を提出した場合は,本学独自試験の「英語」の得点を満点とする。また,試験当日の「英語」を受験する必要はない。

文学部

一般入試(前期3教科型) **【国文学科・教育学科】** 3科目 ①国(100)▶国総・現文B・古典B(漢文を除く) ②**外**(100)▶コミュ英Ⅰ・コミュ英Ⅱ・英表Ⅰ・英表Ⅱ ③**地歴・数・理**(100)▶世B・日B・「数Ⅰ・数Ⅱ・数A」・化基・生基から1

【総合英語学科】 3科目 ①**外**(100)▶コミュ英Ⅰ・コミュ英Ⅱ・英表Ⅰ・英表Ⅱ ②③**国・数・「地歴・理」**(100×2)▶「国総・現文B・古典B(漢文を除く)」・「数Ⅰ・数Ⅱ・数A」・「世B・日B・化基・生基から1」から2

一般入試(前期2教科型) **【国文学科】** 2科目 ①**国**(100)▶国総・現文B・古典B(漢文を除く) ②**外・地歴・数・理**(100)▶「コミュ英Ⅰ・コミュ英Ⅱ・英表Ⅰ・英表Ⅱ」・世B・日B・「数Ⅰ・数Ⅱ・数A」・化基・生基から1

【総合英語学科】 2科目 ①**外**(100)▶コミュ英Ⅰ・コミュ英Ⅱ・英表Ⅰ・英表Ⅱ ②**国・地歴・数・理**(100)▶「国総・現文B・古典B(漢文を除く)」・世B・日B・「数Ⅰ・数Ⅱ・数A」・化基・生基から1

【教育学科】 2科目 ①②**国・外・数・「地歴・理」**(100×2)▶「国総・現文B・古典B(漢文を除く)」・「コミュ英Ⅰ・コミュ英Ⅱ・英表Ⅰ・英表Ⅱ」・「数Ⅰ・数Ⅱ・数A」・「世B・日B・化基・生基から1」から2

一般入試(共通テストプラス型) 〈共通テスト科目〉 2科目 ①②**国・外・「地歴・公民」・数・理**(100×2)▶国(総合英語学科と教育学科は近代のみ)・「英(リスニングを含む)・独・仏・中・韓から1,ただし総合英語学科は英語指定」・「世A・世B・日A・日B・地理A・地理B・現社・倫・政経・〈倫・政経〉から1」・「数Ⅰ・〈数Ⅰ・数A〉・数Ⅱ・〈数Ⅱ・数B〉から1」・「〈物基・化基・生基・地学基から2〉・物・化・生・地学から1」から2

※国文学科と教育学科の「英語」は,リーディング100点を80点,リスニング100点を20点にそれぞれ換算。総合英語学科は各100点の合計200点を100点に換算する。

〈個別試験科目〉 前期3教科型または2教科型で受験した科目の高得点1科目(100)を判定に利用する。ただし,国文学科は国語指定,

総合英語学科は英語指定
一般入試（後期）　**【国文学科】**　**1科目**　①国（100）▶国総・現文Ｂ・古典Ｂ（漢文を除く）
【総合英語学科】　**1科目**　①外（100）▶コミュ英Ⅰ・コミュ英Ⅱ・英表Ⅰ・英表Ⅱ
【教育学科】　**1科目**　①**国・外・数**（100）▶「国総・現文Ｂ・古典Ｂ（漢文を除く）」・「コミュ英Ⅰ・コミュ英Ⅱ・英表Ⅰ・英表Ⅱ」・「数Ⅰ・数Ⅱ・数Ａ」から１

人間情報学部・心理学部・健康医療科学部・福祉貢献学部・ビジネス学部

一般入試（前期３教科型・前期２教科型）**3〜2科目**　①②③**国・外・数・「地歴・理」**（３教科100×3・２教科100×2）▶「国総・現文Ｂ・古典Ｂ（漢文を除く）」・「コミュ英Ⅰ・コミュ英Ⅱ・英表Ⅰ・英表Ⅱ」・「数Ⅰ・数Ⅱ・数Ａ」・「世Ｂ・日Ｂ・化基・生基から１」から３教科型は３，２教科型は２
一般入試（共通テストプラス型）　**〈共通テスト科目〉**　**2科目**　①②**国・外・「地歴・公民」・数・理**（100×2）▶国（近代）・「英（リスニングを含む）・独・仏・中・韓から１」・「世Ａ・世Ｂ・日Ａ・日Ｂ・地理Ａ・地理Ｂ・現社・倫・政経・〈倫・政経〉から１」・「数Ⅰ・〈数Ⅰ・数Ａ〉・数Ⅱ・〈数Ⅱ・数Ｂ〉・簿から１」・「〈物基・化基・生基・地学基から２〉・物・化・生・地学から１」から２，ただし簿はビジネス学部のみ選択可
※「英語」はリーディング100点を80点，リスニング100点を20点にそれぞれ換算。
〈個別試験科目〉　前期３教科型または２教科型で受験した科目の高得点１科目（100）を判定に利用する
一般入試（後期）　**1科目**　①**国・外・数**（100）▶「国総・現文Ｂ・古典Ｂ（漢文を除く）」・「コミュ英Ⅰ・コミュ英Ⅱ・英表Ⅰ・英表Ⅱ」・「数Ⅰ・数Ⅱ・数Ａ」から１

創造表現学部

一般入試（前期３教科型）　**【創造表現学科〈創作表現専攻〉】**　**3科目**　①国（100）▶国総・現文Ｂ・古典Ｂ（漢文を除く）②③**外・数・「地歴・理」**（100×2）▶「コミュ英Ⅰ・コミュ英Ⅱ・英表Ⅰ・英表Ⅱ」・「数Ⅰ・数Ⅱ・数Ａ」・「世Ｂ・日Ｂ・化基・生基から１」から２
【創造表現学科〈メディアプロデュース専攻／建築・インテリアデザイン専攻〉】　**3科目**　①②③**国・外・数・「地歴・理」**（100×2）▶「国総・現文Ｂ・古典Ｂ（漢文を除く）」・「コミュ英Ⅰ・コミュ英Ⅱ・英表Ⅰ・英表Ⅱ」・「数Ⅰ・数Ⅱ・数Ａ」・「世Ｂ・日Ｂ・化基・生基から１」から３
一般入試（前期２教科型）　**2科目**　①②**国・外・数・「地歴・理」**（100×2）▶「国総・現文Ｂ・古典Ｂ（漢文を除く）」・「コミュ英Ⅰ・コミュ英Ⅱ・英表Ⅰ・英表Ⅱ」・「数Ⅰ・数Ⅱ・数Ａ」・「世Ｂ・日Ｂ・化基・生基から１」から２
一般入試（共通テストプラス型）　**〈共通テスト科目〉**　**2科目**　①②**国・外・「地歴・公民」・数・理**（100×2）▶国（近代）・「英（リスニングを含む）・独・仏・中・韓から１」・「世Ａ・世Ｂ・日Ａ・日Ｂ・地理Ａ・地理Ｂ・現社・倫・政経・〈倫・政経〉から１」・「数Ⅰ・〈数Ⅰ・数Ａ〉・数Ⅱ・〈数Ⅱ・数Ｂ〉から１」・「〈物基・化基・生基・地学基から２〉・物・化・生・地学から１」から２
※「英語」はリーディング100点を80点，リスニング100点を20点にそれぞれ換算。
〈個別試験科目〉　前期３教科型または２教科型で受験した科目の高得点１科目（100）を判定に利用する
一般入試（後期）　**1科目**　①**国・外・数**（100）▶「国総・現文Ｂ・古典Ｂ（漢文を除く）」・「コミュ英Ⅰ・コミュ英Ⅱ・英表Ⅰ・英表Ⅱ」・「数Ⅰ・数Ⅱ・数Ａ」から１

食健康科学部

一般入試（前期３教科型・前期２教科型）　**【健康栄養学科】**　**3〜2科目**　①**理**（100）▶化基・生基から１　②③**国・外・数**（３教科100×2・２教科100）▶「国総・現文Ｂ・古典Ｂ（漢文を除く）」・「コミュ英Ⅰ・コミュ英Ⅱ・英表Ⅰ・英表Ⅱ」・「数Ⅰ・数Ⅱ・数Ａ」から３教科型は２，２教科型は１
【食創造科学科】　**3〜2科目**　①②③**国・外・数・「地歴・理」**（３教科100×3・２教科100×2）▶「国総・現文Ｂ・古典Ｂ（漢文を除く）」・「コミュ英Ⅰ・コミュ英Ⅱ・英表Ⅰ・英表Ⅱ」・「数Ⅰ・数Ⅱ・数Ａ」・「世Ｂ・日Ｂ・化基・生基から１」から３教科型は３，２教科型は２
一般入試（共通テストプラス型）　**〈共通テスト科目〉**　**2科目**　①②**国・外・「地歴・公民」・**

数・理(100×2)▶国(近代)・「英(リスニングを含む)・独・仏・中・韓から1」・「世A・世B・日A・日B・地理A・地理B・現社・倫・政経・〈倫・政経〉から1」・「数Ⅰ・〈数Ⅰ・数A〉・数Ⅱ・〈数Ⅱ・数B〉から1」・「〈物基・化基・生基・地学基から2〉・物・化・生・地学から1」から2
※「英語」はリーディング100点を80点，リスニング100点を20点にそれぞれ換算。
〈個別試験科目〉 前期3教科型または2教科型で受験した科目の高得点1科目(100)を判定に利用する。ただし，健康栄養学科は理科指定
一般入試(後期) **1**科目 ①**国・外・数**(100)▶「国総・現文B・古典B(漢文を除く)」・「コミュ英Ⅰ・コミュ英Ⅱ・英表Ⅰ・英表Ⅱ」・「数Ⅰ・数Ⅱ・数A」から1

交流文化学部

一般入試(前期3教科型) **3**科目 ①**外**(100)▶コミュ英Ⅰ・コミュ英Ⅱ・英表Ⅰ・英表Ⅱ ②③**国・数・「地歴・理」**(100×2)▶「国総・現文B・古典B(漢文を除く)」・「数Ⅰ・数Ⅱ・数A」・「世B・日B・化基・生基から1」から2
一般入試(前期2教科型) **2**科目 ①②**国・外・数・「地歴・理」**(100×2)▶「国総・現文B・古典B(漢文を除く)」・「コミュ英Ⅰ・コミュ英Ⅱ・英表Ⅰ・英表Ⅱ」・「数Ⅰ・数Ⅱ・数A」・「世B・日B・化基・生基から1」から2
一般入試(共通テストプラス型) **〈共通テスト科目〉** **2**科目 ①②**国・外・「地歴・公民」・数・理**(100×2)▶国(近代)・「英(リスニングを含む)・独・仏・中・韓から1」・「世A・世B・日A・日B・地理A・地理B・現社・倫・政経・〈倫・政経〉から1」・「数Ⅰ・〈数Ⅰ・数A〉・数Ⅱ・〈数Ⅱ・数B〉から1」・「〈物基・化基・生基・地学基から2〉・物・化・生・地学から1」から2
※「英語」はリーディング100点を80点，リスニング100点を20点にそれぞれ換算。
〈個別試験科目〉 前期3教科型または2教科型で受験した科目の高得点1科目(100)を判定に利用する
一般入試(後期) **1**科目 ①**国・外・数**(100)▶「国総・現文B・古典B(漢文を除く)」・「コミュ英Ⅰ・コミュ英Ⅱ・英表Ⅰ・英表Ⅱ」・「数Ⅰ・数Ⅱ・数A」から1

グローバル・コミュニケーション学部

一般入試(前期3教科型・前期2教科型) **3～2**科目 ①**外**(100)▶コミュ英Ⅰ・コミュ英Ⅱ・英表Ⅰ・英表Ⅱ ②③**国・数・「地歴・理」**(3教科100×2・2教科100)▶「国総・現文B・古典B(漢文を除く)」・「数Ⅰ・数Ⅱ・数A」・「世B・日B・化基・生基から1」から3教科型は2，2教科型は1
一般入試(共通テストプラス型) **〈共通テスト科目〉** **2**科目 ①②**国・外・「地歴・公民」・数・理**(100×2)▶国(近代)・英(リスニングを含む)・「世A・世B・日A・日B・地理A・地理B・現社・倫・政経・〈倫・政経〉から1」・「数Ⅰ・〈数Ⅰ・数A〉・数Ⅱ・〈数Ⅱ・数B〉から1」・「〈物基・化基・生基・地学基から2〉・物・化・生・地学から1」から2
※「英語」はリーディング・リスニング各100点の合計200点を100点に換算。
〈個別試験科目〉 3科目型または2科目型で受験した英語の得点(100)を判定に利用する
一般入試(後期) **1**科目 ①**外**(100)▶コミュ英Ⅰ・コミュ英Ⅱ・英表Ⅰ・英表Ⅱ

その他の選抜

共通テスト利用入試は文学部32名，人間情報学部21名，心理学部20名，創造表現学部31名，健康医療科学部36名，食健康科学部19名，福祉貢献学部14名，交流文化学部21名，ビジネス学部21名，グローバル・コミュニケーション学部6名を，公募制推薦入試は文学部48名，人間情報学部38名，心理学部30名，創造表現学部49名，健康医療科学部51名，食健康科学部34名，福祉貢献学部22名，交流文化学部47名，ビジネス学部39名，グローバル・コミュニケーション学部10名を，総合型選抜学科・専攻適性入試は文学部48名，人間情報学部32名，心理学部29名，創造表現学部49名，健康医療科学部44名，食健康科学部32名，福祉貢献学部20名，交流文化学部45名，ビジネス学部37名，グローバル・コミュニケーション学部9名を募集。ほかに総合型選抜大学理念・違いを共に生きる入試，総合型選抜活動実績入試，特別選抜入試(海

外帰国生，社会人，外国人留学生）を実施。

偏差値データ（2024年度）

●一般入試前期３教科型

学部／学科／専攻	2024年度 駿台予備学校 合格目標ライン	2024年度 河合塾 ボーダー偏差値	2023年度 競争率
▶文学部			
国文	45	50	2.5
総合英語	46	40	1.1
教育	46	45	2.1
▶人間情報学部			
人間情報／感性工学	42	37.5	1.6
／データサイエンス	43	40	1.4
▶心理学部			
心理	46	47.5	2.6
▶創造表現学部			
創造表現／創作表現	42	37.5	1.4
／メディアプロデュース	43	42.5	1.8
／建築・インテリアデザイン	43	40	1.7
▶健康医療科学部			
医療貢献／言語聴覚学	42	40	1.3
／視覚科学	42	37.5	1.9
／理学療法学	44	50	新
／臨床検査学	43	50	新
スポーツ・健康医科／スポーツ・健康科学	44	42.5	2.5
／救急救命学	44	47.5	6.1
▶食健康科学部			
健康栄養	43	45	2.5
食創造科	43	42.5	新
▶福祉貢献学部			
福祉貢献／社会福祉	45	45	1.4
／子ども福祉	43	50	6.7
▶交流文化学部			
交流文化／ランゲージ	43	37.5	1.7
／国際交流・観光	43	37.5	1.3
▶ビジネス学部			
ビジネス	44	40	1.7
▶グローバル・コミュニケーション学部			
グローバル・コミュニケーション	45	42.5	1.2

●駿台予備学校合格目標ラインは合格可能性80％に相当する駿台模試の偏差値です。
●河合塾ボーダー偏差値は合格可能性50％に相当する河合塾全統模試の偏差値です。
●競争率は受験者÷合格者の実質倍率

中京大学（ちゅうきょう）

資料請求

問合せ先 入試センター ☎052-835-7170

建学の精神

1923（大正12）年開校の中京商業学校を前身に，2023年に創立100周年を迎えた学校法人梅村学園により，1954（昭和29）年に開学。校訓「真剣味」，建学の精神「学術とスポーツの真剣味の殿堂たれ」を実践する四大綱「1.ルールを守る 2.ベストを尽くす 3.チームワークをつくる 4.相手に敬意を持つ」に基づき，開学以来，「挑戦する大学」として時代の求める学びを提供するため，今日では10学部20学科という圧倒的なスケールを持つ総合大学へと成長。学生を主役に据えたキャンパスには，「真の成長」を遂げることができる挑戦の場（気づきの場・学びの場・実践の場）が用意され，「自ら考え，行動するしなやかな知識人」の育成をめざし，学生たちが存分に学んで確実に力をつけ，一人ひとりの「夢」を実現していけるよう，全力で支援している。

- **名古屋キャンパス**…〒466-8666　愛知県名古屋市昭和区八事本町101-2
- **豊田キャンパス**……〒470-0393　愛知県豊田市貝津町床立101

基本データ

学生数▶13,097名（男8,031名，女5,066名）
専任教員数▶教授193名，准教授86名，講師80名
設置学部▶国際，文，心理，法，経済，経営，総合政策，現代社会，工，スポーツ科

併設教育機関▶大学院―心理学・工学・スポーツ科学（以上M・D），人文社会科学（M），文学・社会学・法学・経済学・経営学（以上D）　※研究科を再編・統合し，2024年4月に人文社会科学研究科を設置。

就職・卒業後の進路

就職率 98.7%（就職者÷希望者×100）

●**就職支援**　低年次からの手厚い支援に加え，就職活動が本格化する時期には，合同説明会（Chukyo企業研究EXPO，業界研究セミナー等）を開催。少人数での模擬面接セミナーを行うなど，就職活動のさまざまな悩みにきめ細かく対応できる体制も整備されている。

●**資格取得支援**　社会で需要の高い資格取得をめざす講座をはじめ，東海地区ではトップレベルの合格者数を誇る公務員採用試験対策講座も多数開講。教職志望者には，低年次よ

進路指導者も必見 学生を伸ばす 面倒見

初年次教育
ITの基礎技術を修得する「ウェブ設計」「コンピュータ処理論」，大学で学習するために必要な基礎技能を養う「アカデミック・スキルズ」等の科目のほか，大学の歴史や現状，使命などを学ぶ「中京大学を知る」を開講

学修サポート
全学部でTA・SA制度，オフィス・アワーを導入。さらに，専任教員が約5～10人の学生を担当し，履修内容や学生生活の指導・助言を行う履修・学修アドバイザー制度やアカデミック・アドバイザー制度も設置

オープンキャンパス（2023年度実績）　7月15・16日に名古屋キャンパス，7月23日に豊田キャンパスで開催（事前予約制）。学部学科説明，模擬授業，学生生活のプレゼンテーション，スポーツ施設キャンパスツアーなど。

り支援ガイダンス・教員採用試験対策・学習会など，さまざまなサポートを行っている。

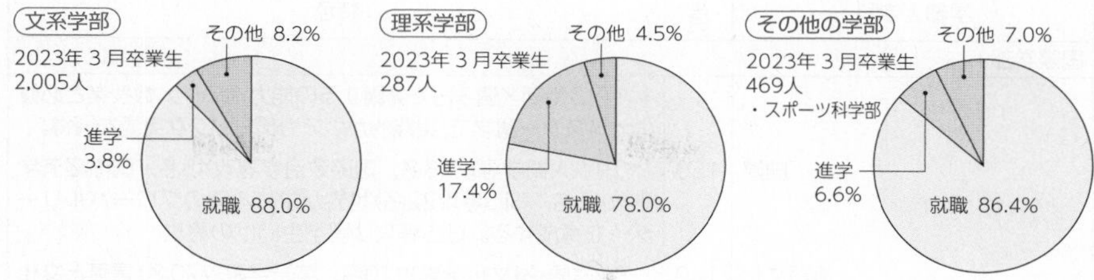

主なOB・OG▶［旧商］福家利一（日伝社長），［旧体育］原晋（青山学院大学陸上競技部監督），［旧体育］室伏広治（スポーツ庁長官，ハンマー投げ五輪金メダリスト），［旧体育］浅田真央（プロスケーター）など。

国際化・留学　大学間 22 大学・部局間 2 大学

受入れ留学生数▶90名（2023年５月１日現在）

留学生の出身国▶中国，韓国，ベトナム，ネパール，フィリピンなど。

外国人専任教員▶教授18名，准教授15名，講師６名（2023年５月１日現在）

外国人専任教員の出身国▶アメリカ，中国，韓国，カナダ，フランスなど。

大学間交流協定▶22大学（交換留学先18大学，2023年５月１日現在）

部局間交流協定▶２大学（交換留学先１大学，2023年５月１日現在）

海外への留学生数▶渡航型556名・オンライン型12名／年（４カ国・地域，2022年度）

海外留学制度▶個別協定校とISEP加盟校を合わせて約300校の中から留学先を選ぶことができる交換留学のほか，セメスター留学，海外短期研修（海外大学体験，海外語学研修，海外ビジネス研修，海外インターンシップ），ディズニー・インターンシッププログラムなど，学生の志向やニーズに応えるさまざまな海外留学・研修プログラムを用意している。

学費・奨学金制度　給付型奨学金総額 年間約 1 億 4,218 万円

入学金▶200,000円

年間授業料（施設費等を除く）▶805,000円（国際498,000円）～（詳細は巻末資料参照）

年間奨学金総額▶142,178,000円

年間奨学金受給者数▶218人

主な奨学金制度▶「入試成績優秀者給付奨学金」といった入試で決まるもののほか，「給付奨学金」「教育資金融資援助奨学金」「緊急支援奨学金」「災害支援奨学金」など，充実した経済支援奨学金制度を設置。また，学費減免制度があり，2022年度には127人を対象に総額で約3,016万円を減免している。

保護者向けインフォメーション

●**オープンキャンパス**　通常のオープンキャンパス時に保護者ガイダンスを実施している。

●**広報誌**　『中京大学広報 真剣味』を発行。

●**成績確認**　成績表を郵送している。

●**教育懇談会**　教育後援会を組織し，全国各地で教育懇談会を開催するほか，キャンパス見学会も実施。『教育後援会報』も発行している。

●**防災対策**　災害時の学生の安否は，メールおよびポータルサイトを利用して確認する。

インターンシップ科目	必修専門ゼミ	卒業論文	GPA制度の導入の有無および活用例	１年以内の退学率	標準年限での卒業率
全学部で開講している	国際学部で１・３・４年次，文・現代社会・工学部で２～４年次，心理・スポーツ科学部で３・４年次，経済・経営学部で１年次に実施	国際・文・心理・工・スポーツ科学部は卒業要件	奨学金対象者選定，留学候補者選考，個別の学修指導，教育奨励賞・成績優秀表彰者選出のほか，一部の学部で大学院入試選抜に活用	0.9%	87.9%

学部紹介

学部／学科	定員	特色
国際学部		
国際	150	▶1日3時間×週3日で開講するの能力別の少人数授業と必修のセメスター留学で，実践的かつアカデミックな英語を習得。 ▷〈国際人間学専攻38名，国際政治学専攻45名，国際経済学専攻45名，GLS専攻22名〉世界が求める真のグローバルリーダーを育成する。GLS専攻は留学生向けの専攻。
言語文化	140	▷〈複言語・複文化学専攻70名，英米学専攻70名〉言葉と文化の「多様性」と「普遍性」から“考える力”を養う。
● **取得可能な資格**…教職（英），司書，司書教諭，学芸員など。 ● **進路状況**…………就職88.0%　進学2.3%　※旧国際英語学部と旧国際教養学部の実績です。 ● **主な就職先**………トヨタ自動車，全日本空輸，興和，JICA青年海外協力隊など（旧学部体制実績）。		
文学部		
歴史文化	70	▷歴史文献の読解力向上の教育を行うほか，フィールドワークによる体験と発見を重視し，本格的な調査活動を展開。
日本文	68	▷歌舞伎などの観劇や文学作品の舞台となった場所でのフィールドワークも行い，重層的・多面的に日本文学を理解する。
言語表現	72	▷日本語を「聞く・読む・書く・話す」ための正しい技術を磨き，自己の考えを的確に表現し，創作・発信できる力を養う。
● **取得可能な資格**…教職（国・地歴・社・書），司書，司書教諭，学芸員など。 ● **進路状況**…………就職85.8%　進学5.1% ● **主な就職先**………愛知県教育委員会，愛知県庁，東海旅客鉄道，日本生命保険，住友電装など。		
心理学部		
心理	175	▷日本で初めて設置した心理学部として，心理学研究の中核となる「実験」「応用」「臨床」「発達」の４領域をカバー。公認心理師，臨床心理士のW取得をめざせるカリキュラム。
● **取得可能な資格**…教職（公・社），司書，司書教諭，学芸員など。 ● **進路状況**…………就職71.9%　進学18.0% ● **主な就職先**………愛知県庁，国税専門官，裁判所職員，東京海上日動火災保険，富士ソフトなど。		
法学部		
法律	320	▷最新の法学研究を通して社会に求められる応用力・就職力を鍛える「先端研究」と，第一線の現役実務家を講師に実践型の授業を展開する「法実践」の２つのプログラムを導入。
● **取得可能な資格**…教職（公・社），司書，司書教諭，学芸員など。 ● **進路状況**…………就職89.3%　進学3.1% ● **主な就職先**………キーエンス，国土交通省，厚生労働省，法務省，裁判所職員，名古屋市役所など。		
経済学部		
経済	320	▷経済分析，政策，国際経済の３分野。経済リーダーに求められるジェネリックスキルの修得と各業界のリーディング企業への就職をサポートする選抜制プログラム「EXP」を開講。
● **取得可能な資格**…教職（地歴・公・社・商業），司書，司書教諭，学芸員など。 ● **進路状況**…………就職90.2%　進学2.0% ● **主な就職先**………トヨタ自動車，国税専門官，名古屋鉄道，三井住友信託銀行，クリナップなど。		

 キャンパスアクセス ［名古屋キャンパス］ 地下鉄名城線・鶴舞線一八事駅直結

経営学部		
経営	325	▷企業・ストラテジー，組織・マネジメント，会計・ファイナンスの３分野を設定し，理論・知識を体系的に学ぶ。

- **取得可能な資格**…教職（地歴・公・社・商業），司書，司書教諭，学芸員など。
- **進路状況**…………就職92.0%　進学1.9%
- **主な就職先**………ニトリホールディングス，アマゾンジャパン，積水ハウス，三菱電機，JTBなど。

総合政策学部		
総合政策	220	▷公共政策，ビジネス戦略の２分野にめざす進路に応じた４つの履修モデルを用意。企業や公共機関で働く上で必要な能力を，実践を通じて身につける「社会人基礎力講座」を開講。

- **取得可能な資格**…教職（地歴・公・社），司書，司書教諭，学芸員など。
- **進路状況**…………就職90.0%　進学1.9%
- **主な就職先**………トヨタ自動車，シャープマーケティングジャパン，NTTドコモ，大同特殊鋼など。

現代社会学部		
現代社会	265	▷〈社会学専攻88名，コミュニティ学専攻88名，社会福祉学専攻45名，国際文化専攻44名〉フィールドワークやデータ分析を通じ，課題解決力を身につけ，現代社会における新たな人と人とのつながりの創造をめざす。

- **取得可能な資格**…教職（公・社），司書，司書教諭，学芸員，社会福祉士受験資格など。
- **進路状況**…………就職90.5%　進学1.2%
- **主な就職先**………日本年金機構，東海旅客鉄道，日本通運，リンナイ，中日新聞社，TOTOなど。

工学部		
機械システム工	86	▷体験型授業やプロジェクト研究を通じて，「ものづくり」の現場で即戦力として活躍できるエンジニアを養成する。
電気電子工	86	▷製作実習・プロジェクト研究へ挑戦し，急速に進化する電気電子産業の最前線で活躍できる知識と実践力を養う。
情報工	86	▷現実を科学的に分析，把握できるコンピュータ技術者や，AIやネットワーク分野の技術者を育成する。
メディア工	62	▷基礎となるデータサイエンス，AI，プログラミング，ウエブ技術のほか，CG，VR，MRなど多様なメディア技術を学ぶ。

- **取得可能な資格**…教職（工業）など。
- **進路状況**…………就職78.0%　進学17.4%
- **主な就職先**………アイシン，TDK，アイホン，ZOZO，日本アイ・ビー・エム，トヨタシステムズなど。

スポーツ科学部		
スポーツマネジメント	80	▷多岐にわたる領域からスポーツの可能性について学ぶことにより，活力に満ちた新しい社会のあり方を考察する。
スポーツ健康科	110	▷運動・スポーツ生理学をベースにした学びで，子どもから高齢者まで全世代の健康づくりを支える人材を育成する。
トレーナー	80	▷多様なスポーツの現場に立つことができる豊田キャンパスの環境を活用し，トレーナーとしての知識と実践力を習得。
スポーツ教育	160	▷教育現場で真に必要とされる保健体育科教員を育成。提携校の通信課程を履修することで小学校二種免許も取得可能。
競技スポーツ科	310	▷心・技・体を高めるためのメカニズムを理解した，国際的に活躍できるアスリートや競技スポーツ指導者を養成する。

- **取得可能な資格**…教職（保体），司書，司書教諭，学芸員など。
- **進路状況**…………就職86.4%　進学6.6%
- **主な就職先**………トヨタ自動車，愛知県教育委員会，本田技研工業，デンソー，日立製作所など。

キャンパスアクセス［豊田キャンパス］名鉄豊田線―浄水よりスクールバス10分／愛知環状鉄道―貝津より徒歩８分

キャンパス

国際・文・心理・法・経済・経営・総合政策・工(機械システム工・電気電子工) ……[名古屋キャンパス] 愛知県名古屋市昭和区八事本町101-2
現代社会・工(情報工・メディア工)・スポーツ科……[豊田キャンパス] 愛知県豊田市貝津町床立101

2024年度入試要項(前年度実績)

●募集人員

学部/学科(専攻)		前期A	前期M	共通併用前期	後期F
▶国際	国際(国際人間学)	6	3	2	2
	(国際政治学)	9	4	3	2
	(国際経済学)	8	4	3	2
	言語文化(複言語・複文化学)	14	6	4	3
	(英米学)	14	6	4	3
▶文	歴史文化	17	9	6	2
	日本文	16	9	5	2
	言語表現	16	8	5	2
▶心理	心理	48	15	10	5
▶法	法律	75	20	15	10
▶経済	経済	85	25	15	10
▶経営	経営	90	28	15	10
▶総合政策	総合政策	60	15	10	5
▶現代社会	現代社会(社会学)	20	5	4	2
	(コミュニティ学)	20	7	4	2
	(社会福祉学)	10	3	3	2
	(国際文化)	10	3	3	2
▶工	機械システム工	25	8	4	2
	電気電子工	25	8	4	2
	情報工	25	8	4	2
	メディア工	15	5	3	2
▶スポーツ科	スポーツマネジメント	13	4	3	2
	スポーツ健康科	16	5	3	2
	トレーナー	13	4	3	2
	スポーツ教育	22	12	3	2
	競技スポーツ科	13	4	3	2

※前期共通併用は，得意科目重視型共通テストプラス方式(英語重視型・国語重視型・数学重視型)。

▷一般選抜前期日程A方式(3教科型)において，指定されたCEFR B2以上の英語資格・検定試験のスコアを有する場合，外国語の得点を満点の100点として判定する。ただし，当日の外国語の試験は受験する必要がある。

▷共通テストの「英語」は，リーディング100点×2・リスニング100点の合計300点満点を100点満点に換算する。

国際学部

一般選抜前期日程A方式(3教科型)・M方式(3教科型) **3科目** ①**国**(100)▶国総・現文B・古典B(漢文は選択のみ) ②**外**(100)▶コミュ英Ⅰ・コミュ英Ⅱ・コミュ英Ⅲ・英表Ⅰ・英表Ⅱ ③**地歴・公民・数**(100)▶世B・日B・政経・「数Ⅰ・数Ⅱ・数A」から1，ただしM方式の公民は2月8日のみ実施

一般選抜前期日程A方式(2教科型)・M方式(2教科型) **2科目** ①**外**(200)▶コミュ英Ⅰ・コミュ英Ⅱ・コミュ英Ⅲ・英表Ⅰ・英表Ⅱ ②**国・地歴・公民・数**(100)▶「国総・現文B・古典B(漢文は選択のみ)」・世B・日B・政経・「数Ⅰ・数Ⅱ・数A」から1，ただしM方式の公民は2月8日のみ実施

一般選抜前期日程英語重視型共通テストプラス方式 〈共通テスト科目〉 **2科目** ①**外**(100)▶英(リスニングを含む) ②**国・地歴・公民・数・理**(100)▶国(近代)・世B・日B・地理B・現社・倫・政経・「倫・政経」・数Ⅰ・「数Ⅰ・数A」・数Ⅱ・「数Ⅱ・数B」・「物基・化基・生基・地学基から2」・物・化・生・地学から1
〈独自試験科目〉 A方式と共通問題を課し，外国語(200)の成績を利用する

一般選抜後期日程F方式 **2科目** ①**外**(100)▶コミュ英Ⅰ・コミュ英Ⅱ・コミュ英Ⅲ・英表Ⅰ・英表Ⅱ ②**国・数**(100)▶「国総(現文)・現文B」・「数Ⅰ・数Ⅱ・数A」から1

文学部

一般選抜前期日程A方式(3教科型)・M方式(3教科型) **3科目** ①**国**(100)▶国総・現文B・古典B(漢文は選択のみ) ②**外**(100)▶コミュ英Ⅰ・コミュ英Ⅱ・コミュ英Ⅲ・英表Ⅰ・英表Ⅱ ③**地歴・公民・数**(100)▶世B・日B・政経・「数Ⅰ・数Ⅱ・数A」から1，ただしM方式

の公民は２月８日のみ実施
一般選抜前期日程Ａ方式（２教科型）・M方式（２教科型）　２科目　①国（100）▶国総・現文Ｂ・古典Ｂ（漢文は選択のみ）　②外・地歴・公民・数（100）▶「コミュ英Ⅰ・コミュ英Ⅱ・コミュ英Ⅲ・英表Ⅰ・英表Ⅱ」・世Ｂ・日Ｂ・政経・「数Ⅰ・数Ⅱ・数Ａ」から１，ただしM方式の公民は２月８日のみ実施
※国語と選択科目のうち，高得点科目を２倍して300点満点で判定する。
一般選抜前期日程国語重視型共通テストプラス方式　〈共通テスト科目〉　２科目　①国（100）▶国　②外・地歴・公民・数・理（100）▶英（リスニングを含む）・世Ｂ・日Ｂ・地理Ｂ・現社・倫・政経・「倫・政経」・数Ⅰ・「数Ⅰ・数Ａ」・数Ⅱ・「数Ⅱ・数Ｂ」・「物基・化基・生基・地学基から２」・物・化・生・地学から１
〈独自試験科目〉　Ａ方式と共通問題を課し，国語（200）の成績を利用する
一般選抜後期日程Ｆ方式　２科目　①国（100）▶国総・現文Ｂ・古典Ｂ（漢文は選択のみ）　②外・数（100）▶「コミュ英Ⅰ・コミュ英Ⅱ・コミュ英Ⅲ・英表Ⅰ・英表Ⅱ」・「数Ⅰ・数Ⅱ・数Ａ」から１

心理学部・法学部・経営学部・総合政策学部・スポーツ科学部

一般選抜前期日程Ａ方式（３教科型）・M方式（３教科型）　３科目　①国（100）▶国総・現文Ｂ・古典Ｂ（漢文は選択のみ）　②外（100）▶コミュ英Ⅰ・コミュ英Ⅱ・コミュ英Ⅲ・英表Ⅰ・英表Ⅱ　③地歴・公民・数（100）▶世Ｂ・日Ｂ・政経・「数Ⅰ・数Ⅱ・数Ａ」から１，ただしM方式の公民は２月８日のみ実施
一般選抜前期日程Ａ方式（２教科型）・M方式（２教科型）　２科目　①外（100）▶コミュ英Ⅰ・コミュ英Ⅱ・コミュ英Ⅲ・英表Ⅰ・英表Ⅱ　②国・地歴・公民・数（100）▶「国総・現文Ｂ・古典Ｂ（漢文は選択のみ）」・世Ｂ・日Ｂ・政経・「数Ⅰ・数Ⅱ・数Ａ」から１，ただしM方式の公民は２月８日のみ実施
※外国語と選択科目のうち，高得点科目を２倍して300点満点で判定する。
一般選抜前期日程英語重視型共通テストプラス方式　〈共通テスト科目〉　２科目　①外（100）▶英（リスニングを含む）　②国・地歴・公民・数・理（100）▶国（近代）・世Ｂ・日Ｂ・地理Ｂ・現社・倫・政経・「倫・政経」・数Ⅰ・「数Ⅰ・数Ａ」・数Ⅱ・「数Ⅱ・数Ｂ」・「物基・化基・生基・地学基から２」・物・化・生・地学から１
〈独自試験科目〉　Ａ方式と共通問題を課し，外国語（200）の成績を利用する
一般選抜前期日程国語重視型共通テストプラス方式　〈共通テスト科目〉　２科目　①国（100）▶国（近代）　②外・地歴・公民・数・理（100）▶英（リスニングを含む）・世Ｂ・日Ｂ・地理Ｂ・現社・倫・政経・「倫・政経」・数Ⅰ・「数Ⅰ・数Ａ」・数Ⅱ・「数Ⅱ・数Ｂ」・「物基・化基・生基・地学基から２」・物・化・生・地学から１
〈独自試験科目〉　Ａ方式と共通問題を課し，国語（200）の成績を利用する
一般選抜前期日程数学重視型共通テストプラス方式　〈共通テスト科目〉　２科目　①数（100）▶数Ⅰ・「数Ⅰ・数Ａ」・数Ⅱ・「数Ⅱ・数Ｂ」から１　②国・外・地歴・公民・理（100）▶国（近代）・英（リスニングを含む）・世Ｂ・日Ｂ・地理Ｂ・現社・倫・政経・「倫・政経」・「物基・化基・生基・地学基から２」・物・化・生・地学から１
〈独自試験科目〉　Ａ方式と共通問題を課し，数学（200）の成績を利用する
一般選抜後期日程Ｆ方式　２科目　①外（100）▶コミュ英Ⅰ・コミュ英Ⅱ・コミュ英Ⅲ・英表Ⅰ・英表Ⅱ　②国・数（100）▶「国総（現文）・現文Ｂ」・「数Ⅰ・数Ⅱ・数Ａ」から１

経済学部

一般選抜前期日程Ａ方式（３教科型）・M方式（３教科型）　３科目　①国（100）▶国総・現文Ｂ・古典Ｂ（漢文は選択のみ）　②外（100）▶コミュ英Ⅰ・コミュ英Ⅱ・コミュ英Ⅲ・英表Ⅰ・英表Ⅱ　③地歴・公民・数（100）▶世Ｂ・日Ｂ・政経・「数Ⅰ・数Ⅱ・数Ａ」から１，ただしM方式の公民は２月８日のみ実施
一般選抜前期日程Ａ方式（２教科型）・M方式（２教科型）　２科目　①外（100）▶コミュ英Ⅰ・コミュ英Ⅱ・コミュ英Ⅲ・英表Ⅰ・英表Ⅱ　②国・地歴・公民・数（100）▶「国総・現文Ｂ・古典Ｂ（漢文は選択のみ）」・世Ｂ・日Ｂ・政経・「数Ⅰ・数Ⅱ・数Ａ」から１，ただしM方式の公民は２月８日のみ実施

※外国語と選択科目のうち，高得点科目を2倍して300点満点で判定する。
一般選抜前期日程英語重視型共通テストプラス方式 **〈共通テスト科目〉** **2科目** ①**外**(100)▶英(リスニングを含む) ②**国・地歴・公民・数・理**(100)▶国(近代)・世B・日B・地理B・現社・倫・政経・「倫・政経」・数Ⅰ・「数Ⅰ・数A」・数Ⅱ・「数Ⅱ・数B」・「物基・化基・生基・地学基から2」・物・化・生・地学から1
〈独自試験科目〉 A方式と共通問題を課し，外国語(200)の成績を利用する
一般選抜前期日程国語重視型共通テストプラス方式 **〈共通テスト科目〉** **2科目** ①**国**(100)▶国(近代) ②**外・地歴・公民・数・理**(100)▶英(リスニングを含む)・世B・日B・地理B・現社・倫・政経・「倫・政経」・数Ⅰ・「数Ⅰ・数A」・数Ⅱ・「数Ⅱ・数B」・「物基・化基・生基・地学基から2」・物・化・生・地学から1
〈独自試験科目〉 A方式と共通問題を課し，国語(200)の成績を利用する
一般選抜前期日程数学重視型共通テストプラス方式 **〈共通テスト科目〉** **2科目** ①**数**(100)▶数Ⅰ・「数Ⅰ・数A」・数Ⅱ・「数Ⅱ・数B」から1 ②**国・外・地歴・公民・理**(100)▶国(近代)・英(リスニングを含む)・世B・日B・地理B・現社・倫・政経・「倫・政経」・「物基・化基・生基・地学基から2」・物・化・生・地学から1
〈独自試験科目〉 A方式と共通問題を課し，数学(200)の成績を利用する
一般選抜後期日程F方式(文系2教科型) **2科目** ①**外**(100)▶コミュ英Ⅰ・コミュ英Ⅱ・コミュ英Ⅲ・英表Ⅰ・英表Ⅱ ②**国・数**(100)▶「国総(現文)・現文B」・「数Ⅰ・数Ⅱ・数A」から1
一般選抜後期日程F方式(理系2教科型) **2科目** ①**外**(100)▶コミュ英Ⅰ・コミュ英Ⅱ・コミュ英Ⅲ・英表Ⅰ・英表Ⅱ ②**数**(200)▶数Ⅰ・数Ⅱ・数Ⅲ・数A・数B(数列・ベク)

現代社会学部

一般選抜前期日程A方式(3教科型)・M方式(3教科型) **3科目** ①**国**(100)▶国総・現文B・古典B(漢文は選択のみ) ②**外**(100)▶コミュ英Ⅰ・コミュ英Ⅱ・コミュ英Ⅲ・英表Ⅰ・英表Ⅱ ③**地歴・公民・数**(100)▶世B・日B・政経・「数Ⅰ・数Ⅱ・数A」から1，ただしM方式の公民は2月8日のみ実施
一般選抜前期日程A方式(2教科型)・M方式(2教科型) **2科目** ①**外**(100)▶コミュ英Ⅰ・コミュ英Ⅱ・コミュ英Ⅲ・英表Ⅰ・英表Ⅱ ②**国・地歴・公民・数**(100)▶「国総・現文B・古典B(漢文は選択のみ)」・世B・日B・政経・「数Ⅰ・数Ⅱ・数A」から1，ただしM方式の公民は2月8日のみ実施
※外国語と選択科目のうち，高得点科目を2倍して300点満点で判定する。
一般選抜前期日程英語重視型共通テストプラス方式 **〈共通テスト科目〉** **2科目** ①**外**(100)▶英(リスニングを含む) ②**国・地歴・公民・数・理**(100)▶国(近代)・世B・日B・地理B・現社・倫・政経・「倫・政経」・数Ⅰ・「数Ⅰ・数A」・数Ⅱ・「数Ⅱ・数B」・「物基・化基・生基・地学基から2」・物・化・生・地学から1
〈独自試験科目〉 A方式と共通問題を課し，外国語(200)の成績を利用する
一般選抜前期日程国語重視型共通テストプラス方式 **〈共通テスト科目〉** **2科目** ①**国**(100)▶国(近代) ②**外・地歴・公民・数・理**(100)▶英(リスニングを含む)・世B・日B・地理B・現社・倫・政経・「倫・政経」・数Ⅰ・「数Ⅰ・数A」・数Ⅱ・「数Ⅱ・数B」・「物基・化基・生基・地学基から2」・物・化・生・地学から1
〈独自試験科目〉 A方式と共通問題を課し，国語(200)の成績を利用する
一般選抜前期日程数学重視型共通テストプラス方式 **〈共通テスト科目〉** **2科目** ①**数**(100)▶数Ⅰ・「数Ⅰ・数A」・数Ⅱ・「数Ⅱ・数B」から1 ②**国・外・地歴・公民・理**(100)▶国(近代)・英(リスニングを含む)・世B・日B・地理B・現社・倫・政経・「倫・政経」・「物基・化基・生基・地学基から2」・物・化・生・地学から1
〈独自試験科目〉 A方式と共通問題を課し，数学(200)の成績を利用する
一般選抜後期日程F方式 **〈全専攻〉** **2科目** ①**外**(100)▶コミュ英Ⅰ・コミュ英Ⅱ・コミュ英Ⅲ・英表Ⅰ・英表Ⅱ ②**国・数**(100)▶「国総(現文)・現文B」・「数Ⅰ・数Ⅱ・数A」から1
〈社会学専攻・コミュニティ学専攻・社会福祉学専攻〉 **2科目** ①**国**(100)▶国総(現文)・現文B ②**数**(100)▶数Ⅰ・数Ⅱ・数A

工学部

一般選抜前期日程Ａ方式（３教科型）・M方式（３教科型）　**3**科目　①**外**(100)▶コミュ英Ⅰ・コミュ英Ⅱ・コミュ英Ⅲ・英表Ⅰ・英表Ⅱ　②**数**(100)▶数Ⅰ・数Ⅱ・数Ⅲ・数Ａ・数Ｂ（数列・ベク）　③**理**(100)▶「物基・物」・「化基・化」から１，ただし化学は，Ａ方式は２月６日，M方式は２月８日のみ実施

一般選抜前期日程A方式（２教科型）・M方式（２教科型）　**2**科目　①**数**(100)▶数Ⅰ・数Ⅱ・数Ⅲ・数Ａ・数Ｂ（数列・ベク）　②**外・理**(100)▶「コミュ英Ⅰ・コミュ英Ⅱ・コミュ英Ⅲ・英表Ⅰ・英表Ⅱ」・「物基・物」・「化基・化」から１，ただし化学は，Ａ方式は２月６日，M方式は２月８日のみ実施

※数学と選択科目のうち，高得点科目を２倍して300点満点で判定する。

一般選抜前期日程数学重視型共通テストプラス方式　**〈共通テスト科目〉**　**3**科目　①②**数**(100)▶「数Ⅰ・数Ａ」・「〈数Ⅱ・数Ｂ〉・情から１」　③**外・理**(100)▶英（リスニングを含む）・物・化・生から１

〈独自試験科目〉　Ａ方式と共通問題を課し，数学(200)の成績を利用する

一般選抜後期日程Ｆ方式　**2**科目　①**外**(100)▶コミュ英Ⅰ・コミュ英Ⅱ・コミュ英Ⅲ・英表Ⅰ・英表Ⅱ　②**数**(200)▶数Ⅰ・数Ⅱ・数Ⅲ・数Ａ・数Ｂ（数列・ベク）

その他の選抜

一般選抜共通テスト利用方式は国際学部49名，文学部42名，心理学部34名，法学部55名，経済学部61名，経営学部66名，総合政策学部40名，現代社会学部52名，工学部61名，スポーツ科学部106名を募集。ほかに学校推薦型選抜（公募制一般推薦，専門高校特別推薦，一芸一能推薦，指定校推薦），総合型選抜（高大接続入試，グローバル特別入試，英語プレゼンテーション特別入試，スポーツ活動評価特別入試），特別選抜（帰国生徒入試，社会人入試，外国人留学生入試）を実施。

偏差値データ（2024年度）

●前期日程Ａ方式

学部／学科／専攻	2024年度		2023年度
	駿台予備学校 合格目標ライン	河合塾 ボーダー偏差値	競争率
▶国際学部			
国際／国際人間学	44〜45	47.5〜50	2.4
／国際政治学	45	50	2.2
／国際経済学	44	47.5〜50	3.0
言語文化／複言語・複文化学	44〜45	47.5	3.6
／英米学	44〜45	47.5〜50	2.6
▶文学部			
歴史文化	44	57.5	7.8
日本文	43	55〜57.5	5.9
言語表現	43	55〜57.5	6.2
▶心理学部			
心理	45	55〜57.5	6.8
▶法学部			
法律	44	52.5〜55	5.7
▶経済学部			
経済	42	52.5〜55	6.2
▶経営学部			
経営	42〜43	52.5〜55	8.0
▶総合政策学部			
総合政策	43	52.5	4.4
▶現代社会学部			
現代社会／社会学	43〜44	52.5	6.8
／コミュニティ学	42	47.5〜50	4.3
／社会福祉学	42〜43	50	5.1
／国際文化	42	47.5	2.7
▶工学部			
機械システム工	40	50	3.2
電気電子工	40	47.5〜50	2.8
情報工	40〜41	50〜52.5	3.6
メディア工	38〜39	45〜47.5	3.3
▶スポーツ科学部			
スポーツマネジメント	41〜42	50	6.2
スポーツ健康科	40〜41	50	7.7
トレーナー	40〜42	52.5	8.7
スポーツ教育	41〜42	52.5	7.9
競技スポーツ科	40〜41	50	4.2

- 駿台予備学校合格目標ラインは合格可能性80％に相当する駿台模試の偏差値です。
- 河合塾ボーダー偏差値は合格可能性50％に相当する河合塾全統模試の偏差値です。
- 競争率は志願者÷合格者の志願倍率

中部大学（ちゅうぶ）

資料請求

問合せ先　入学センター　☎0120-873941

建学の精神

８学部27学科４専攻が集結する文理融合のワンキャンパスで“広く深い智識の森”を形成し，建学の精神である「不言実行，あてになる人間」を育成する総合大学。未来の産業界にイノベーションを創出する理工学部が2023年に始動したのに続き，創立60周年を迎えた2024年には，次代の情報を科学するメディア情報社会学科が人文学部に開設。ワンキャンパスだからこそ可能な学部横断・学年横断の「SDGs学際専攻」，文系・理系問わず学べる「AI数理データサイエンスプログラム」，学部を横断して少人数・討論重視型の授業を行う「リベラルアーツ教育」など，「スペシャライズド・ジェネラリスト（専門性を備えた万能型人材）」になるための教育システムを提供し，これからの社会に不可欠な課題解決能力を身につけた，「あてになる人間」を育んでいる。

●春日井キャンパス……〒487-8501　愛知県春日井市松本町1200

基本データ

学生数▶10,969名（男7,804名，女3,165名）
専任教員数▶教授258名，准教授118名，講師63名
設置学部▶工，経営情報，国際関係，人文，応用生物，生命健康科，現代教育，理工
併設教育機関▶大学院―工学・経営情報学・国際人間学・応用生物学・生命健康科学（以上M・D），教育学（M）

就職・卒業後の進路

就職率 99.8%
就職者÷希望者×100

●**就職支援**　自分の将来について考え，社会人に必要な基礎を築く１・２年次，企業と社会に触れ，自身の意思を固める３年次，大学の支援を最大限活用し，志望企業への内定を勝ち取る４年次といった流れで就職支援プログラムを実施。年間を通じて約1,300社もの企業が参加（2022年度実績）し，毎年３人に１人が就職のきっかけをつかむ学内業界セミナーは，人気の学内イベント。

●**資格取得支援**　本学後援会から受講料の一部が補助され，一般の資格専門の学校などよりも安く受講できる資格・公務員試験対策講座を学内で開講。教員をめざす学生をサポートする教職課程センターも設置している。

進路指導者も必見　学生を伸ばす　面倒見

初年次教育	学修サポート
大学生としての勉学方法を知り，学生同士で学び合う姿勢を身につける「スタートアップセミナー」，情報や日本語運用能力の基礎を学ぶ「情報スキル入門」「日本語スキルA」，キャリア教育科目の「自己開拓A」などを開講	TA・SA制度，専任教員が約23.2人の学生を担当する指導教授制，オフィスアワーを導入しているほか，指導教授の研究室を気軽に訪問できる「P.S.H」（Professor and Student Hour）を設定している。また，学習支援室も設置

オープンキャンパス（2024年度予定）　学びの内容や施設を自分の目で見て，中部大学の雰囲気を肌で感じるオープンキャンパスを，春（6月2日），夏（8月2～4日），秋（9月29日）に開催。ほかに個別見学会なども実施予定。

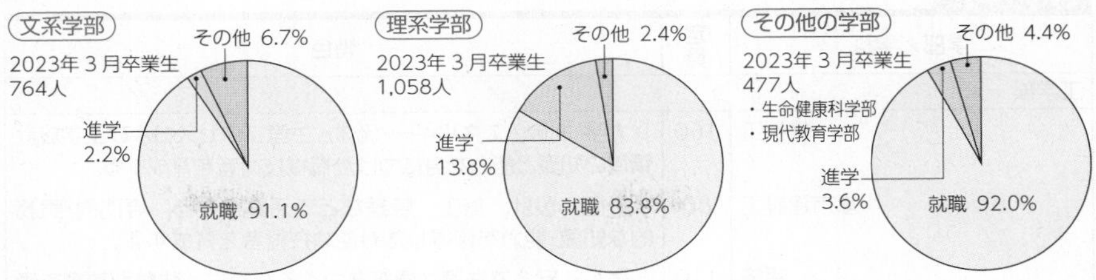

主なOB・OG▶［工］村上浩司（愛知県あま市長），［工］山田達也（建築家），［国際関係］墨谷渉（小説家），［国際関係］石川歩（プロ野球選手），［国際関係］奥野浩次（弓道写真家）など。

国際化・留学　大学間 35 大学等・部局間 24 大学等

受入れ留学生数▶30名（2023年５月１日現在）

留学生の出身国▶中国，ベトナム，韓国，ウズベキスタンなど。

外国人専任教員▶教授８名，准教授６名，講師８名（2023年５月１日現在）

外国人専任教員の出身国▶アメリカ，中国，韓国，ロシア，カナダなど。

大学間交流協定▶35大学・機関（交換留学先15大学，2023年９月19日現在）

部局間交流協定▶24大学・機関（交換留学先１大学，2023年９月19日現在）

海外への留学生数▶渡航型143名・オンライン型66名／年（８カ国・地域，2022年度）

海外留学制度▶アメリカのオハイオ大学とは50年の交流があり，長期研修の参加者は累計で1,600人を超えている。このほか，大邱大学校韓国語・韓国文化派遣留学，タイ・チュラロンコン大学派遣留学，メキシコ・グアナフアト大学スペイン語短期研修など，豊富なプログラムがあり，文理を問わず多くの学生が留学や海外研修を経験している。

学費・奨学金制度　給付型奨学金総額 年間 1億8,135万円

入学金▶280,000円

年間授業料（施設費等を除く）▶720,000円～（詳細は巻末資料参照）

年間奨学金総額▶181,350,000円

年間奨学金受給者数▶583人

主な奨学金制度▶学業・人物ともに優れている２年次以上を対象にした「中部大学育英奨学生」「中部大学同窓会育英奨学生」や，指定の入試合格者を対象にしている「特別奨学生」「選抜奨学生」などを設置。このほか，学費減免制度もあり，2022年度は60人を対象に総額で約2,025万円を減免している。

保護者向けインフォメーション

●**オープンキャンパス**　通常のオープンキャンパス時に「保護者説明会」を実施している。

●**成績確認**　成績表（履修成績状況表）を郵送している。

●**後援会**　学生の父母を会員とする後援会があり，大学会場（３・４年生の保護者対象６月，１・２年生の保護者対象11月）・地区会場（全学年対象９・10月）で「父母との集い」を開催。後援会会報『信頼』も発行している。

●**防災対策**　「安全の手引」を入学時に配布（公式アプリ内にデジタルブックもあり）。大規模災害に備え，緊急時に学生の安否を速やかに確認できる「安否確認通報システム」を導入。

インターンシップ科目	必修専門ゼミ	卒業論文	GPA制度の導入の有無および活用例	１年以内の退学率	標準年限での卒業率
全学部で開講（一部学科・専攻を除く）	工で３年次，経営情報で１・３・４年次，国際関係・理工で１～３年次，人文・生命健康科で４年間，応用生物で３・４年次に実施	全学部卒業要件	奨学金や授業料免除対象者の選定基準，留学候補者の選考，学生に対する個別の学修指導などに活用	1.3%	81.0%

愛知　中部大学

学部紹介

学部／学科	定員	特色
工学部		
機械工	160	▷力学・制御，エネルギー・流体，生産プロセスおよび工学設計領域の知識と能力を身につけた機械技術者を育成する。
都市建設工	80	▷計画，設計，施工，管理などで活躍できる，専門的・実務的な知識・能力を修得した有能な技術者を育成する。
建築	110	▷美しく安全で快適な建築をつくるために，体験型教育を通じて幅広い分野を学び，力のある一級建築士を育成する。
応用化	90	▷最先端の化学に触れ，基礎から専門に至る深い知識を修得し，幅広い分野に精通した科学技術者・研究者を育成する。
情報工	120	▷日々進化する情報化社会の最先端で活躍できる情報技術者を育成する。初年次から一貫したプログラミング教育を実施。
電気電子システム工	160	▷快適かつ持続可能な社会で必要とされる電気電子工学分野の知識・技能を身につけたエンジニアを育成する。
●取得可能な資格…教職（理・情・工業），測量士補，1・2級建築士受験資格など。 ●進路状況…………就職85.2%　進学12.5% ●主な就職先………トーエネック，三菱電機ビルソリューションズ，デンソーエレクトロニクスなど。		
経営情報学部		
経営総合	300	▷経営・情報・会計・経済・法律などの諸分野を幅広く理解し，あらゆる分野・業種の発展に貢献できる人材を育成する。
●取得可能な資格…教職（商業）など。 ●進路状況…………就職93.7%　進学1.0% ●主な就職先………日本ビジネスシステムズ，マイナビ，オーエスジー，スズケン，日本ガイシなど。		
国際関係学部		
国際	140	▷世界の文化・経済・政治・宗教などを幅広く学び，複眼的な視点や多面的な思考を身につけ，国際的に通用する行動力やコミュニケーション力を備えたグローバル人材を育成する。
●取得可能な資格…教職（地歴・公），司書，学芸員など。 ●進路状況…………就職85.3%　進学4.3% ●主な就職先………ルートインジャパン，光洋，中京銀行，パナソニックEWエンジニアリングなど。		
人文学部		
メディア情報社会	70	▷NEW! '24年新設。次代に残す価値のあるメディア情報を判断する視点を養い，適切に，新たな意味や価値を付与したコンテンツを提供する能力を身につけた人材を育成する。
日本語日本文化	80	▷日本語や日本文化を深く理解し，読解力，思考力，表現力の錬磨を通して，教養ある社会人を育成する。
英語英米文化	70	▷英語圏の社会・文化に対する深い知識と理解力を持ち，積極的に国際社会に参加できる「たくましい国際人」を育成する。
心理	90	▷心理学の基礎的な研究方法や技術を学び，こころの問題に対処できる力量を持った健全で成熟した社会人を育成する。
歴史地理	90	▷歴史的な経緯と地理的な視野の側面から，世界で起こっているあらゆる事象や問題について，より深く考察する。
●取得可能な資格…教職（国・地歴・公・社・英），司書，学芸員など。 ●進路状況…………就職90.9%　進学2.5% ●主な就職先………日本郵便，神奈川県教育委員会，十六銀行，伊勢湾海運，スタンレー電気など。		

キャンパスアクセス [春日井キャンパス] JR中央本線，愛知環状鉄道一高蔵寺よりバス10分／JR中央本線一神領よりバス10分

応用生物学部		
応用生物化	110	▷動物，植物，微生物の高次機能とその利用技術を学び，社会的ニーズが高いバイオ産業で活躍する人材を育成する。
環境生物科	110	▷農学・理学・工学・医学・薬学の各分野を融合させた新しい枠組みで環境生物科学を学び，環境保全に必要な力を養う。
食品栄養科	140	▷〈食品栄養科学専攻60名，管理栄養科学専攻80名〉バイオを知る食と栄養のエキスパートと，ひとの健康増進につながる栄養管理の支援ができる管理栄養士を育成する。

● **取得可能な資格**…教職（理・農・栄養），学芸員，栄養士，管理栄養士受験資格など。
● **進路状況**…………就職80.8％　進学16.7％
● **主な就職先**………アピ，フジパングループ本社，中日本ハイウェイ・エンジニアリング名古屋など。

生命健康科学部		
生命医科	60	▷医学と生命科学の基礎を広く学び，現代と未来の健康医療に関する諸課題の解決に貢献できる人材を育成する。
保健看護	100	▷多職種連携の中で看護の役割を発揮できる実践力を備えた，信頼される「看護師」「保健師」「養護教諭」を育成する。
理学療法	40	▷医療の高度専門化や高齢化など，複雑になる医療問題に対応できる専門性と豊かな人間性を備えた理学療法士を養成。
作業療法	40	▷障がいのある人が自分らしく生きることを，身体と精神の両面から支援できる作業療法士を養成する。
臨床工	40	▷医学の進歩，医療技術の高度化，病気の重度化・重複化などに対応できる医療機器のスペシャリストを育成する。
スポーツ保健医療	80	▷他学科とも連携し，救急救命士やスポーツ指導者として活躍する知識・技術を学ぶことで，実践的な専門家を育成する。

● **取得可能な資格**…教職（養護一種・二種），看護師・保健師・臨床検査技師・臨床工学技士・救急救命士・理学療法士・作業療法士受験資格など。
● **進路状況**…………就職90.0％　進学4.8％
● **主な就職先**………刈谷豊田総合病院，愛知医科大学病院，藤田医科大学病院，春日井市民病院など。

現代教育学部		
幼児教育	80	▷子ども・保護者に向き合い，社会の変化にも広く対応できる知識やスキル，実践力を身につけ，乳幼児期の人間形成を支援・指導するスペシャリストを養成する。
現代教育	80	▷２専攻制。現代教育専攻（60名）では，社会が求める多様な教育実践と教育支援活動を積極的に推進する人材を，中等教育国語数学専攻（20名）では，新学習指導要領に対応する新しい指導法を身につけたアクティブな教員を養成する。

● **取得可能な資格**…教職（国・数・理，小一種，幼一種，特別支援），保育士など。
● **進路状況**…………就職96.6％　進学0.7％
● **主な就職先**………保育士，教員（小学校・幼稚園・中学校・特別支援），名古屋手をつなぐ育成会など。

理工学部		
数理・物理サイエンス	40	▷数理科学・物理科学の専門的な知識と技術を身につけ，新しい時代の発展とイノベーションを担う「あてになる科学技術者」を養成する。
AIロボティクス	80	▷最新の人工知能（AI）技術を修得して，AIとロボットを統合したシステムを構築して社会のさまざまな場面で活用できる力を身につけ，人とロボットの共存社会を実現する。

宇宙航空	80	▷次世代の航空宇宙産業の発展に携わるために航空宇宙機の設計・開発・製造・利用の専門知識を身につける。航空宇宙関連企業の密集地という立地を生かし，現場での学びを重視。

● 取得可能な資格…教職(数・理)など。
● 主な就職先………2023年度開設のため卒業生はいない。

▶キャンパス

全学部…［春日井キャンパス］愛知県春日井市松本町1200

2024年度入試要項(前年度実績)

●募集人員

学部／学科(専攻)	前期A	前期B	前期AM	前期BM	後期
▶工　機械工	33	27	15	10	3
都市建設工	15	6	5	5	3
建築	21	8	7	7	3
応用化	18	12	5	5	3
情報工	24	19	8	8	3
電気電子システム工	33	27	15	10	3
▶経営情報　経営総合	57	33	22	17	5
▶国際関係　国際	24	8	8	8	3
▶人文　メディア情報社会	12	3	5	5	3
日本語日本文化	15	8	5	5	3
英語英米文化	12	3	3	3	2
心理	18	7	5	5	3
歴史地理	18	7	5	5	3
▶応用生物　応用生物化	21	12	10	10	2
環境生物科	21	12	10	10	2
食品栄養科(食品栄養科学)	9	5	3	3	2
(管理栄養科学)	15	16	5	5	2
▶生命健康科　生命医科	9	4	3	3	2
保健看護	18	7	7	7	2
理学療法	6	3	3	2	2
作業療法	6	3	2	2	2
臨床工	6	3	3	3	2
スポーツ保健医療	12	5	5	5	2
▶現代教育　幼児教育	15	11	4	5	2
現代教育(現代教育)	12	10	3	3	2
(中等教育国語数学)	3	2	2	2	1
▶理工　数理・物理サイエンス	9	6	3	3	2
AIロボティクス	15	12	7	7	3
宇宙航空	15	9	6	5	3

工学部・理工学部

一般選抜前期入試Ａ方式　3科目　①外(100)▶コミュ英Ⅰ・コミュ英Ⅱ・英表Ⅰ　②数(100)▶数Ⅰ・数Ⅱ・数Ⅲ・数Ａ(場合・図形)・数Ｂ(数列・ベク)　③理(100)▶「物基・物」・「化基・化」から1

一般選抜前期入試Ｂ方式　2科目　①数(100)▶数Ⅰ・数Ⅱ・数Ⅲ・数Ａ(場合・図形)・数Ｂ(数列・ベク)　②外・理(100)▶「コミュ英Ⅰ・コミュ英Ⅱ・英表Ⅰ」・「物基・物」・「化基・化」から1

一般選抜前期入試AM方式　3科目　①数(100)▶数Ⅰ・数Ⅱ・数Ⅲ・数Ａ(場合・図形)・数Ｂ(数列・ベク)　②③国・外・理(100×2)▶「国総(古文・漢文を除く)・現文Ｂ」・「コミュ英Ⅰ・コミュ英Ⅱ・英表Ⅰ」・「〈物基・物〉・〈化基・化〉から1」から2

一般選抜前期入試BM方式　2科目　①数(100)▶数Ⅰ・数Ⅱ・数Ⅲ・数Ａ(場合・図形)・数Ｂ(数列・ベク)　②国・外・理(100)▶「国総(古文・漢文を除く)・現文Ｂ」・「コミュ英Ⅰ・コミュ英Ⅱ・英表Ⅰ」・「物基・物」・「化基・化」から1

一般選抜後期入試　2科目　①数(100)▶数Ⅰ・数Ⅱ・数Ⅲ・数Ａ(場合・図形)・数Ｂ(数列・ベク)　②国・外(100)▶「国総(古文・漢文を除く)・現文Ｂ」・「コミュ英Ⅰ・コミュ英Ⅱ・英表Ⅰ」から1

経営情報学部

一般選抜前期入試Ａ方式　3科目　①国(100)▶国総(古文・漢文を除く)・現文Ｂ　②外(100)▶コミュ英Ⅰ・コミュ英Ⅱ・英表Ⅰ　③地歴・公民・数(100)▶世Ｂ・日Ｂ・地理Ｂ・政経・「数Ⅰ・数Ａ(場合・図形)」から1

一般選抜前期入試Ｂ方式　2科目　①②国・

外・「地歴・公民・数」（100×2）▶「国総（古文・漢文を除く）・現文Ｂ」・「コミュ英Ⅰ・コミュ英Ⅱ・英表Ⅰ」・「世Ｂ・日Ｂ・地理Ｂ・政経・〈数Ⅰ・数Ａ（場合・図形）〉から１」から２

一般選抜前期入試AM方式 3科目 ①②③**国・外・「地歴・公民」・数**（100×3）▶「国総（古文・漢文を除く）・現文Ｂ」・「コミュ英Ⅰ・コミュ英Ⅱ・英表Ⅰ」・「世Ｂ・日Ｂ・地理Ｂ・政経から１」・「〈数Ⅰ・数Ａ（場合・図形）〉・〈数Ⅰ・数Ⅱ・数Ⅲ・数Ａ（場合・図形）・数Ｂ（数列・ベク）〉から１」から３

一般選抜前期入試BM方式 2科目 ①②**国・外・「地歴・公民」・数**（100×2）▶「国総（古文・漢文を除く）・現文Ｂ」・「コミュ英Ⅰ・コミュ英Ⅱ・英表Ⅰ」・「世Ｂ・日Ｂ・地理Ｂ・政経から１」・「〈数Ⅰ・数Ａ（場合・図形）〉・〈数Ⅰ・数Ⅱ・数Ⅲ・数Ａ（場合・図形）・数Ｂ（数列・ベク）〉から１」から２

一般選抜後期入試 2科目 ①②**国・外・数**（100×2）▶「国総（古文・漢文を除く）・現文Ｂ」・「コミュ英Ⅰ・コミュ英Ⅱ・英表Ⅰ」・「数Ⅰ・数Ａ（場合・図形）」から２

国際関係学部

一般選抜前期入試Ａ方式 3科目 ①**国**（100）▶国総（古文・漢文を除く）・現文Ｂ ②**外**（100）▶コミュ英Ⅰ・コミュ英Ⅱ・英表Ⅰ ③**地歴・公民・数**（100）▶世Ｂ・日Ｂ・地理Ｂ・政経・「数Ⅰ・数Ａ（場合・図形）」から１

一般選抜前期入試Ｂ方式 2科目 ①**外**（100）▶コミュ英Ⅰ・コミュ英Ⅱ・英表Ⅰ ②**国・地歴・公民・数**（100）▶「国総（古文・漢文を除く）・現文Ｂ」・世Ｂ・日Ｂ・地理Ｂ・政経・「数Ⅰ・数Ａ（場合・図形）」から１

一般選抜前期入試AM方式 3科目 ①**外**（100）▶コミュ英Ⅰ・コミュ英Ⅱ・英表Ⅰ ②③**国・「地歴・公民」・数**（100×2）▶「国総（古文・漢文を除く）・現文Ｂ」・「世Ｂ・日Ｂ・地理Ｂ・政経から１」・「〈数Ⅰ・数Ａ（場合・図形）〉・〈数Ⅰ・数Ⅱ・数Ⅲ・数Ａ（場合・図形）・数Ｂ（数列・ベク）〉から１」から２

一般選抜前期入試BM方式 2科目 ①**外**（100）▶コミュ英Ⅰ・コミュ英Ⅱ・英表Ⅰ ②**国・地歴・公民・数**（100）▶「国総（古文・漢文を除く）・現文Ｂ」・世Ｂ・日Ｂ・地理Ｂ・政経・「数Ⅰ・数Ａ（場合・図形）」・「数Ⅰ・数Ⅱ・数Ⅲ・数Ａ（場合・図形）・数Ｂ（数列・ベク）」から１

一般選抜後期入試 2科目 ①**外**（100）▶コミュ英Ⅰ・コミュ英Ⅱ・英表Ⅰ ②**国・数**（100）▶「国総（古文・漢文を除く）・現文Ｂ」・「数Ⅰ・数Ａ（場合・図形）」から１

人文学部

一般選抜前期入試Ａ方式 3科目 ①**国**（100）▶国総（古文・漢文を除く）・現文Ｂ ②**外**（英語英米文化150・その他の学科100）▶コミュ英Ⅰ・コミュ英Ⅱ・英表Ⅰ ③**地歴・公民・数**（100）▶世Ｂ・日Ｂ・地理Ｂ・政経・「数Ⅰ・数Ａ（場合・図形）」から１

一般選抜前期入試Ｂ方式 **【メディア情報社会学科・日本語日本文化学科・心理学科・歴史地理学科】** 2科目 ①②**国・外・「地歴・公民・数」**（100×2）▶「国総（古文・漢文を除く）・現文Ｂ」・「コミュ英Ⅰ・コミュ英Ⅱ・英表Ⅰ」・「世Ｂ・日Ｂ・地理Ｂ・政経・〈数Ⅰ・数Ａ（場合・図形）〉から１」から２

【英語英米文化学科】 2科目 ①**外**（150）▶コミュ英Ⅰ・コミュ英Ⅱ・英表Ⅰ ②**国・地歴・公民・数**（100）▶「国総（古文・漢文を除く）・現文Ｂ」・世Ｂ・日Ｂ・地理Ｂ・政経・「数Ⅰ・数Ａ（場合・図形）」から１

一般選抜前期入試AM方式 **【メディア情報社会学科・日本語日本文化学科・心理学科・歴史地理学科】** 3科目 ①②③**国・外・「地歴・公民」・数**（100×3）▶「国総（古文・漢文を除く）・現文Ｂ」・「コミュ英Ⅰ・コミュ英Ⅱ・英表Ⅰ」・「世Ｂ・日Ｂ・地理Ｂ・政経から１」・「〈数Ⅰ・数Ａ（場合・図形）〉・〈数Ⅰ・数Ⅱ・数Ⅲ・数Ａ（場合・図形）・数Ｂ（数列・ベク）〉から１」から３

【英語英米文化学科】 3科目 ①**外**（150）▶コミュ英Ⅰ・コミュ英Ⅱ・英表Ⅰ ②③**国・「地歴・公民」・数**（100×2）▶「国総（古文・漢文を除く）・現文Ｂ」・「世Ｂ・日Ｂ・地理Ｂ・政経から１」・「〈数Ⅰ・数Ａ（場合・図形）〉・〈数Ⅰ・数Ⅱ・数Ⅲ・数Ａ（場合・図形）・数Ｂ（数列・ベク）〉から１」から２

一般選抜前期入試BM方式 **【メディア情報社会学科・日本語日本文化学科・心理学科・歴史地理学科】** 2科目 ①②**国・外・「地歴・公**

民」・数(100×2) ▶「国総(古文・漢文を除く)・現文B」・「コミュ英Ⅰ・コミュ英Ⅱ・英表Ⅰ」・「世B・日B・地理B・政経から1」・「〈数Ⅰ・数A(場合・図形)〉・〈数Ⅰ・数Ⅱ・数Ⅲ・数A(場合・図形)・数B(数列・ベク)〉から1」から2

【英語英米文化学科】 2科目 ①外(150) ▶コミュ英Ⅰ・コミュ英Ⅱ・英表Ⅰ ②**国・地歴・公民・数**(100) ▶「国総(古文・漢文を除く)・現文B」・世B・日B・地理B・政経・「数Ⅰ・数A(場合・図形)」・「数Ⅰ・数Ⅱ・数Ⅲ・数A(場合・図形)・数B(数列・ベク)」から1

一般選抜後期入試 **【メディア情報社会学科・日本語日本文化学科・心理学科・歴史地理学科】** 2科目 ①②**国・外・数**(100×2) ▶「国総(古文・漢文を除く)・現文B」・「コミュ英Ⅰ・コミュ英Ⅱ・英表Ⅰ」・「数Ⅰ・数A(場合・図形)」から2

【英語英米文化学科】 2科目 ①外(100) ▶コミュ英Ⅰ・コミュ英Ⅱ・英表Ⅰ ②**国・数**(100) ▶「国総(古文・漢文を除く)・現文B」・「数Ⅰ・数A(場合・図形)」から1

応用生物学部・生命健康科学部

一般選抜前期入試A方式 3科目 ①外(100) ▶コミュ英Ⅰ・コミュ英Ⅱ・英表Ⅰ ②**理**(100) ▶物基・化基・生基から1，ただし物基は生命健康科学部のみ選択可 ③**国・数**(100) ▶「国総(古文・漢文を除く)・現文B」・「数Ⅰ・数A(場合・図形)」から1

一般選抜前期入試B方式 2科目 ①②**外・理・「国・数」**(100×2) ▶「コミュ英Ⅰ・コミュ英Ⅱ・英表Ⅰ」・「物基・化基・生基から1」・「〈国総(古文・漢文を除く)・現文B〉・〈数Ⅰ・数A(場合・図形)〉から1」から2，ただし物基は生命健康科学部のみ選択可

一般選抜前期入試AM方式 3科目 ①②③**国・外・数・理**(100×3) ▶「国総(古文・漢文を除く)・現文B」・「コミュ英Ⅰ・コミュ英Ⅱ・英表Ⅰ」・「〈数Ⅰ・数A(場合・図形)〉・〈数Ⅰ・数Ⅱ・数Ⅲ・数A(場合・図形)・数B(数列・ベク)〉から1」・「〈物基・物〉・〈化基・化〉・物基・化基・生基から1」から3，ただし物基は生命健康科学部のみ選択可

一般選抜前期入試BM方式 2科目 ①②**国・外・数・理**(100×2) ▶「国総(古文・漢文を除く)・現文B」・「コミュ英Ⅰ・コミュ英Ⅱ・英表Ⅰ」・「〈数Ⅰ・数A(場合・図形)〉・〈数Ⅰ・数Ⅱ・数Ⅲ・数A(場合・図形)・数B(数列・ベク)〉から1」・「〈物基・物〉・〈化基・化〉・物基・化基・生基から1」から2，ただし物基は生命健康科学部のみ選択可

一般選抜後期入試 2科目 ①②**国・外・数**(100×2) ▶「国総(古文・漢文を除く)・現文B」・「コミュ英Ⅰ・コミュ英Ⅱ・英表Ⅰ」・「数Ⅰ・数A(場合・図形)」から2

現代教育学部

一般選抜前期入試A方式 **【幼児教育学科・現代教育学科〈現代教育専攻〉】** 3科目 ①外(100) ▶コミュ英Ⅰ・コミュ英Ⅱ・英表Ⅰ ②**国・数**(100) ▶「国総(古文・漢文を除く)・現文B」・「数Ⅰ・数A(場合・図形)」から1 ③**地歴・公民・理**(100) ▶世B・日B・地理B・政経・物基・化基・生基から1

【現代教育学科〈中等教育国語数学専攻〉】 3科目 ①外(100) ▶コミュ英Ⅰ・コミュ英Ⅱ・英表Ⅰ ②**国・数**(100) ▶「国総(古文・漢文を除く)・現文B」・「数Ⅰ・数Ⅱ・数Ⅲ・数A(場合・図形)・数B(数列・ベク)」から1 ③**地歴・公民・理**(100) ▶世B・日B・地理B・政経・物基・化基・生基から1

一般選抜前期入試B方式 **【幼児教育学科・現代教育学科〈現代教育専攻〉】** 2科目 ①②**外・「国・数」・「地歴・公民・理」**(100×2) ▶「コミュ英Ⅰ・コミュ英Ⅱ・英表Ⅰ」・「〈国総(古文・漢文を除く)・現文B〉・〈数Ⅰ・数A(場合・図形)〉から1」・「世B・日B・地理B・政経・物基・化基・生基から1」から2

【現代教育学科〈中等教育国語数学専攻〉】 2科目 ①②**外・「国・数」・「地歴・公民・理」**(100×2) ▶「コミュ英Ⅰ・コミュ英Ⅱ・英表Ⅰ」・「〈国総(古文・漢文を除く)・現文B〉・〈数Ⅰ・数Ⅱ・数Ⅲ・数A(場合・図形)・数B(数列・ベク)〉から1」・「世B・日B・地理B・政経・物基・化基・生基から1」から2

一般選抜前期入試AM方式 3科目 ①②③**国・外・数・「地歴・公民・理」**(100×3) ▶「国総(古文・漢文を除く)・現文B」・「コミュ英Ⅰ・コミュ英Ⅱ・英表Ⅰ」・「〈数Ⅰ・数A(場合・図

形)〉・〈数Ⅰ・数Ⅱ・数Ⅲ・数A(場合・図形)・数B(数列・ベク)〉から1」・「世B・日B・地理B・政経・〈物基・物〉・〈化基・化〉・物基・化基・生基から1」から3

一般選抜前期入試BM方式　2科目　①②国・外・数・「地歴・公民・理」(100×2)▶「国総(古文・漢文を除く)・現文B」・「コミュ英Ⅰ・コミュ英Ⅱ・英表Ⅰ」・「〈数Ⅰ・数A(場合・図形)〉・〈数Ⅰ・数Ⅱ・数Ⅲ・数A(場合・図形)・数B(数列・ベク)〉から1」・「世B・日B・地理B・政経・〈物基・物〉・〈化基・化〉・物基・化基・生基から1」から2

一般選抜後期入試　2科目　①②国・外・数(100×2)▶「国総(古文・漢文を除く)・現文B」・「コミュ英Ⅰ・コミュ英Ⅱ・英表Ⅰ」・「数Ⅰ・数A(場合・図形)」から2

その他の選抜

一般選抜共通テスト利用入試は工学部36名，経営情報学部６名，国際関係学部６名，人文学部30名，応用生物学部20名，生命健康科学部24名，現代教育学部９名，理工学部12名を，学校推薦型選抜一般推薦入試は工学部48名，経営情報学部33名，国際関係学部24名，人文学部40名，応用生物学部20名，生命健康科学部27名，現代教育学部７名，理工学部18名を，総合型選抜ポートフォリオ入試は工学部31名，総合情報学部15名，国際関係学部19名，人文学部40名，応用生物学部16名，生命健康科学部21名，現代教育学部４名，理工学部８名を募集。ほかに一般選抜共通テストプラス方式，学校推薦型選抜特技推薦入試・指定校推薦入試・併設校推薦入試，総合型選抜特別奨学生入試・同窓生推薦入試，海外帰国子女(海外就学経験者)特別選抜入試，社会人特別選抜入試，外国人留学生特別選抜入試を実施。

偏差値データ(2024年度)

●一般選抜前期入試Ａ方式

学部／学科／専攻	2024年度		2023年度
	駿台予備学校 合格目標ライン	河合塾 ボーダー偏差値	競争率
▶工学部			
機械工	37	42.5	3.7
都市建設工	36	37.5	2.6
建築	37	42.5	5.4
応用化	37	40	1.7
情報工	37	42.5	5.7
電気電子システム工	36	42.5	3.0
▶経営情報学部			
経営総合	35	42.5	2.1
▶国際関係学部			
国際	35	40	1.4
▶人文学部			
メディア情報社会	32	40	新
日本語日本文化	32	37.5	1.6
英語英米文化	33	35	1.1
心理	37	42.5	1.5
歴史地理	36	40	1.3
▶応用生物学部			
応用生物化	40	45	1.6
環境生物科	40	42.5	2.1
食品栄養科/食品栄養科学	38	40	1.5
／管理栄養科学	37	37.5	1.5
▶生命健康科学部			
生命医科	39	42.5	3.1
保健看護	40	50	3.5
理学療法	39	52.5	4.3
作業療法	38	42.5	3.2
臨床工	37	45	5.3
スポーツ保健医療	35	42.5	5.6
▶現代教育学部			
幼児教育	36	40	1.6
現代教育／現代教育	37	45	1.7
／中等教育国語数学	37	45	2.6
▶理工学部			
数理・物理サイエンス	36	45	3.1
AIロボティクス	36	42.5	4.5
宇宙航空	37	42.5	2.5

- 駿台予備学校合格目標ラインは合格可能性80%に相当する駿台模試の偏差値です。
- 河合塾ボーダー偏差値は合格可能性50%に相当する河合塾全統模試の偏差値です。
- 競争率は受験者÷合格者の実質倍率

南山大学（なんざん）

資料請求

問合せ先 入試課　☎052-832-3013

建学の精神

ドイツ人宣教師ヨゼフ・ライネルス神父が1932（昭和７）年に設立した南山中学校（旧制）を起源に，46年開設の南山外国語専門学校を前身とする，中部地区を含む西日本で唯一のカトリック系総合大学。建学の理念としている「キリスト教世界観に基づく学校教育を行う」に具体的な方向性を与えるために，「Hominis Dignitati（人間の尊厳のために）」という教育モットーを掲げ，ビジョン・キーフレーズ「個の力を，世界の力に。」のもと，個の力を伸ばし，世界の力を創造するための特色ある教育プログラムを導入。学部・学科の垣根を低くし，ユニバーサル受け入れ体制を整備したキャンパスで国境のない学びの場を実現し，周囲の人々と協調しながら目の前の課題に挑み，解決していける人材，豊かな国際力と専門性を併せ持った人材を育成している。

● 南山大学キャンパス…〒466-8673　愛知県名古屋市昭和区山里町18

基本データ

学生数▶9,410名（男4,338名，女5,072名）
専任教員数▶教授197名，准教授90名，講師54名
設置学部▶人文，外国語，経済，経営，法，総合政策，理工，国際教養
併設教育機関▶大学院―人間文化・国際地域文化・社会科学・法学・理工学（以上M・D），法務（P）

就職・卒業後の進路

就職率 **96.5**％
就職者÷希望者×100

● **就職支援**　「夢の実現」に向けて，キャリアサポートプログラム，キャリア教育・インターンシップ，就職支援プログラムの３つのステップで，１年次から段階的に学生を支援。特に，充実した就職支援プログラムは，卒業生や企業からも高い評価を得ていて，万全のバックアップ体制で，中部地区トップクラスの就職実績を誇っている。

● **資格取得支援**　法職特別課外講座，会計士講座のほか，「南山エクステンション・カレッジ」では，宅地建物取引士，簿記検定など，キャリアアップやスキルアップをめざす学生向け特別講座を割安で開講。また，教員志望の学生をサポートする教職センターも設置。

進路指導者も必見 学生を伸ばす 面倒見	初年次教育	学修サポート
	「基礎演習」（人文・経営・総合），「経済基礎演習」「データ処理入門」（経済），「大学入門」「ベーシック演習」（法），「情報倫理」（総合），「理工学基礎演習」（理工），「国際教養学入門」「学びの技法」「教養学演習」（国際）などの科目を開講	オフィスアワー，指導教員制度，人文・外国語・理工・国際教養でTA・SA制度，総合政策でSA制度を導入。保健センター（大学生生活支援室，学生相談室）や，国際教養学部に特化したGLSライティングセンターを設置

オープンキャンパス（2023年度実績） 大学開催型（7月15・16日）とオンライン開催型（8月1日）を実施。大学開催型の内容は，大学概要説明，学科・学部説明会，入試説明，模擬授業，キャンパスツアー，相談コーナーなど。

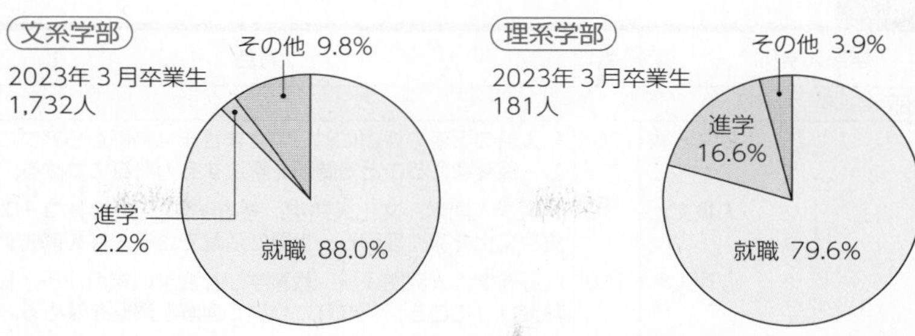

主なOB・OG▶［旧文］佐藤有美（愛知県長久手市長），［経済］藤森利雄（名港海運副会長），［経営］藤川政人（参議院議員），［経営］永田純夫（愛知県清須市長），［旧短大］大島真寿美（小説家）など。

国際化・留学　大学間 159 大学等・部局間 5 大学等

受入れ留学生数▶120名（2023年５月１日現在）

留学生の出身国▶中国，韓国，タイ，インドネシア，ベトナムなど。

外国人専任教員▶教授25名，准教授19名，講師24名（2023年５月１日現在）

外国人専任教員の出身国▶アメリカ，イギリス，韓国，インド，インドネシアなど。

大学間交流協定▶159大学・機関（交換留学先121大学，2023年９月１日現在）

部局間交流協定▶５大学・機関（交換留学先２大学，2023年９月１日現在）

海外への留学生数▶渡航型247名・オンライン型117名／年（26カ国・地域，2022年度）

海外留学制度▶交換・認定留学，休学留学など，各自の希望する留学を実現するための制度が充実。各学部でも，異文化研修，海外フィールドワーク，経済・ビジネス英語海外研修，海外法文化研修，政策研修，理工学海外研修，GLSフィールドワークなど，多彩な短期留学プログラムを用意。コンソーシアムはISEP，UMAP，ACUCAに参加している。

学費・奨学金制度　給付型奨学金総額 年間 3,750 万円

入学金▶250,000円

年間授業料（施設費等を除く）▶750,000円（詳細は巻末資料参照）

年間奨学金総額▶37,500,000円

年間奨学金受給者数▶134人

主な奨学金制度▶経済的な理由で修学困難な学生を対象とした「南山大学給付奨学金」「南山大学友の会給付奨学金」，学業成績や学術・文化・スポーツ優秀者対象の「南山大学奨励奨学金」など，さまざまな制度を設置。また，学費減免制度もあり，2022年度には160人を対象に総額で約7,240万円を減免している。

保護者向けインフォメーション

- **入試説明会**　「受験生と保護者のための入試説明会」を毎年秋に開催している（申込制）。
- **パンフレット**　受験生の保護者向けパンフレット『With』を発行している。
- **成績確認**　成績表を郵送（一部の学部学科）。
- **保護者の集い**　「保護者の集い」を毎年秋に開催し，就職状況などについて説明している。
- **防災対策**　災害時の学生の安否は，ポータルサイトを利用して確認するようにしている。

インターンシップ科目	必修専門ゼミ	卒業論文	GPA制度の導入の有無および活用例	１年以内の退学率	標準年限での卒業率
全学部で開講している	人文学部と経営学部で１～４年次，外国語・理工・国際教養学部で３・４年次，経済学部と総合政策学部で１・３・４年次に実施	法学部を除き卒業要件	奨学金対象者選定や留学候補者選考のほか，個別の学修指導（経営・法・理工・国際），退学勧告・被表彰者選出基準（経営）などに活用	0.9%	84.7%

学部紹介

学部／学科	定員	特色
人文学部		
キリスト教	20	▷人類の不変の課題に対してさまざまな側面からアプローチし，深く考えることで問題を解決する力を身につける。
人類文化	110	▷哲学人間学，文化人類学，考古学・文化史の３コース。歴史や文化を深く理解し，世界で活躍できる人材を育成する。
心理人間	110	▷心理学，人間関係論，教育学，社会学の視点から，「人間」「社会」「こころ」「学び」について理解と洞察を深める。
日本文化	100	▷日本文化・日本文学，日本語学・日本語教育の２コース。日本文化に関する幅広い教養と論理的な思考を身につけ，世界に向けて日本を語ることができる能力を身につける。
●取得可能な資格…教職(国・地歴・公・社・宗)，司書，司書教諭，学芸員など。 ●進路状況…………就職87.2%　進学3.4% ●主な就職先………マキタ，日本特殊陶業，三菱電機，住友電装，ブラザー工業，トヨタ自動車など。		
外国語学部		
英米	150	▷高度な英語力を身につけるとともに，英語圏の文化，社会，歴史について理解を深め，自分の考えを自分の言葉で伝える力を鍛える。英語で卒業論文を執筆。
スペイン・ラテンアメリカ	60	▷スペイン，ラテンアメリカの２専攻。高度なスペイン語運用能力を活用してスペイン語圏の社会や文化について学び，専門的な知識を身につける。ポルトガル語の学習も可能。
フランス	60	▷フランス文化，フランス社会の２専攻。変動する世界をフランスから読み解く批判的思考力を培う。２年次の海外フィールドワークでは，短期研修でフランスでの生活を体験。
ドイツ	60	▷ドイツ文化，ドイツ社会の２専攻。実践的なコミュニケーション能力の育成を中心としたドイツ語教育を実施。２年次に海外フィールドワークでドイツ語圏での言語研修に参加。
アジア	60	▷東アジア，東南アジアの２専攻。各地域の言語，文化，社会を専門的に学び，アジア地域を深く理解し，成長するアジアと日本をつなぐ人材を育成する。
●取得可能な資格…教職(英・独・仏・西・中)，司書，司書教諭，学芸員など。 ●進路状況…………就職89.0%　進学2.1% ●主な就職先………竹中工務店，住友理工，ヤクルト本社，キリンホールディングス，出光興産など。		
経済学部		
経済	275	▷経済分析の方法，政策，国際，歴史と思想の４つの専門領域を，関心に沿って体系的に学べるカリキュラムを構築。
●取得可能な資格…教職(公・社・商業)，司書，司書教諭，学芸員など。 ●進路状況…………就職92.1%　進学0.0% ●主な就職先………鹿島建設，井村屋グループ，TOPPAN，リンナイ，東京海上日動火災保険など。		
経営学部		
経営	270	▷高度情報化社会におけるビジネスシーンに対応する「情報の読み書き能力」を身につけることを重視した教育を展開。
●取得可能な資格…教職(商業)，司書，司書教諭，学芸員など。 ●進路状況…………就職91.0%　進学0.8% ●主な就職先………敷島製パン，大同特殊鋼，YKK AP，キーエンス，デンソー，LINEヤフーなど。		

キャンパスアクセス [南山大学キャンパス] 地下鉄名城線―八事日赤より徒歩８分／地下鉄鶴舞線―いりなかより徒歩15分

学科	定員	特色
法学部		
法律	275	▷卒業の進路に合わせた，法学一般，法律専修，司法特修の3コースを設置。論理的な思考力・表現力を備えた，社会のさまざまな領域で活躍できる人材を育成する。
● 取得可能な資格…教職（公・社），司書，司書教諭，学芸員など。 ● 進路状況…………就職84.2%　進学4.6% ● 主な就職先………アサヒビール，日本製鉄，イビデン，富士通，トヨタ車体，法務省民事局など。		
総合政策学部		
総合政策	275	▷国際政策，公共政策，環境政策の3コース。多様な視点から社会問題を解決に導く人材を育成する。
● 取得可能な資格…教職（地歴・公・社），司書，司書教諭，学芸員など。 ● 進路状況…………就職84.6%　進学1.9% ● 主な就職先………東建コーポレーション，パロマ，ジェイテクト，東邦ガス，東海旅客鉄道など。		
理工学部		
ソフトウェア工	70	▷ますますニーズの高まるソフトウェアのより良いあり方を考察し，その原理と技術を総合的かつ集中的に学ぶ。
データサイエンス	70	▷数学と情報科学の基礎の上に，ビッグデータの分析と機械学習などを活用して，多様な組織体において問題の発見から解決までの過程を支援できる人材を育成する。
電子情報工	65	▷最先端の電子情報工学を学び，IoTの実現に必要な情報通信機器・システムの開発・運用などで活躍できる人材を育成。
機械システム工	65	▷制御工学と機械工学に情報技術をブレンドして，知的機械システムの設計や開発ができる人材を育成する。
● 取得可能な資格…教職（数・情），司書，司書教諭，学芸員など。 ● 進路状況…………就職79.6%　進学16.6% ● 主な就職先………大成建設，京セラ，トヨタ紡織，アイシン，豊田合成，東海理化電機製作所など。		
国際教養学部		
国際教養	150	▷グローバル・スタディーズとサステイナビリティ・スタディーズを学びの柱に国際教養学を修得し，国際社会の諸問題を地球規模の視点から解決できる人材を育成する。
● 進路状況…………就職88.5%　進学2.3% ● 主な就職先………オークマ，キーエンス，ヤマハ発動機，中部電力パワーグリッド，双日など。		

▶キャンパス

全学部……［南山大学キャンパス］愛知県名古屋市昭和区山里町18

2025年度入試要項（予告）

●募集人員

学部／学科		一般	全学統一・個別	全学統一共通併用
▶人文	キリスト教	6	2	2
	人類文化	56	10	10
	心理人間	57	10	10
	日本文化	51	8	10
▶外国語	英米	65	10	10
	スペイン・ラテンアメリカ	25	5	4
	フランス	25	7	3
	ドイツ	24	7	4
	アジア	24	6	3
▶経済	経済	A方式100 B方式40	25	15
▶経営	経営	A方式95 B方式30	25	20
▶法	法律	135	27	18
▶総合政策	総合政策	108	24	14
▶理工	ソフトウェア工	27	8	4
	データサイエンス	27	8	4

愛知　南山大学

	電子情報工	24	8	4
	機械システム工	24	8	4
▶国際教養	国際教養	50	10	10

注）募集人員は2024年度の実績です。

▷全学統一入試において，以下のいずれかの基準以上の英語の資格・検定試験スコア等を保持し，出願期間内にスコア等を申請した場合は，「外国語」の得点を満点とする。スコア等は，「総合基準スコア」と，４つの技能（Reading，Listening，Writing，Speaking）における「各技能基準スコア」の両方を，１度の受験で満たした場合に採用する。
個別学力試験型の個別学力試験「外国語」・共通テスト併用型の個別学力試験「外国語」と共通テスト「外国語」を満点とする（以上，本学の個別学力試験「外国語」の受験は不要）―TOEFL iBT（総合92以上，各技能18以上），IELTS（総合6.5以上，各技能5.5以上），TEAP（総合360以上，各技能60以上）。
共通テスト併用型の共通テスト「外国語」を満点とする（本学の個別学力試験「外国語」の受験は要）―TOEFL iBT（総合72以上，各技能15以上），IELTS（総合5.5以上，各技能は設定なし），TEAP（総合309以上，各技能50以上），TEAP CBT（総合600以上，各技能100以上），GTEC CBT（総合1180以上，各技能175以上），ケンブリッジ英検（総合160以上，各技能は設定なし），英検（英検〈従来型〉，英検S-CBT，英検S-Interview）は（受験級２級以上，総合2300以上，各技能460以上）。
注）配点は編集時，未公表。最新の募集要項でご確認ください。

人文学部

一般入試　**【キリスト教学科・人類文化学科】** **3科目** ①**国**▶現国・言語・論国・文国・国表・古典（古文・漢文はいずれか選択）②**外**▶英コミュⅠ・英コミュⅡ・英コミュⅢ・論表Ⅰ・論表Ⅱ・論表Ⅲ　③**地歴**▶「歴総・世探」・「歴総・日探」から１
【心理人間学科・日本文化学科】 **3科目** ①**国**▶現国・言語・論国・文国・国表・古典（古文・漢文はいずれか選択）②**外**▶英コミュⅠ・英コミュⅡ・英コミュⅢ・論表Ⅰ・論表Ⅱ・論表Ⅲ　③**地歴・数**▶「歴総・世探」・「歴総・日探」・「数Ⅰ・数Ⅱ・数Ａ（図形・場合）」から１
全学統一入試（個別学力試験型）**3科目** ①**国**▶現国・言語・論国・文国・国表・古典（古文・漢文はいずれか選択）②**外**▶英コミュⅠ・英コミュⅡ・英コミュⅢ・論表Ⅰ・論表Ⅱ・論表Ⅲ　③**地歴・数**▶「歴総・世探」・「歴総・日探」・「数Ⅰ・数Ⅱ・数Ａ（図形・場合）」から１
全学統一入試（共通テスト併用型）**【キリスト教学科・人類文化学科・日本文化学科】〈共通テスト科目〉** **3科目** ①②③**国・外・地歴・公民・数・理**▶国・「英（リスニングを含む）・独・仏・中・韓から１」・「歴総・世探」・「歴総・日探」・「地総・地探」・「公・倫」・「公・政経」・数Ⅰ・「数Ⅰ・数Ａ」・「数Ⅱ・数Ｂ・数Ｃ」・「物基・化基・生基・地学基から２」・物・化・生・地学から３
〈個別試験科目〉 **2科目** ①**国**▶現国・言語・論国・文国・国表・古典（古文・漢文はいずれか選択）②**外**▶英コミュⅠ・英コミュⅡ・英コミュⅢ・論表Ⅰ・論表Ⅱ・論表Ⅲ
【心理人間学科】〈共通テスト科目〉 **3科目** ①②③**国・外・地歴・公民・数・理**▶国・「英（リスニングを含む）・独・仏・中・韓から１」・「歴総・世探」・「歴総・日探」・「地総・地探」・「公・倫」・「公・政経」・数Ⅰ・「数Ⅰ・数Ａ」・「数Ⅱ・数Ｂ・数Ｃ」・「物基・化基・生基・地学基から２」・物・化・生・地学から３
〈個別試験科目〉 **2科目** ①②**国・外・「地歴・数」**▶「現国・言語・論国・文国・国表・古典（古文・漢文はいずれか選択）」・「英コミュⅠ・英コミュⅡ・英コミュⅢ・論表Ⅰ・論表Ⅱ・論表Ⅲ」・「〈歴総・世探〉・〈歴総・日探〉・〈数Ⅰ・数Ⅱ・数Ａ（図形・場合）〉から１」から２

外国語学部

一般入試　**3科目** ①**国**▶現国・言語・論国・文国・国表・古典（古文・漢文はいずれか選択）②**外**▶英コミュⅠ・英コミュⅡ・英コミュⅢ・論表Ⅰ・論表Ⅱ・論表Ⅲ（加えてリスニングを課す）③**地歴・数**▶「歴総・世探」・「歴総・日探」・「数Ⅰ・数Ⅱ・数Ａ（図形・場合）」から１
全学統一入試（個別学力試験型）**3科目** ①**国**▶現国・言語・論国・文国・国表・古典（古文・漢文はいずれか選択）②**外**▶英コミュⅠ・英

コミュⅡ・英コミュⅢ・論表Ⅰ・論表Ⅱ・論表Ⅲ ③**地歴・数**▶「歴総・世探」・「歴総・日探」・「数Ⅰ・数Ⅱ・数A（図形・場合）」から1

全学統一入試（共通テスト併用型）〈**共通テスト科目**〉 2科目 ①**国・外**▶国・英（リスニングを含む）・独・仏・中・韓から1 ②**地歴・公民・数**▶「歴総・世探」・「歴総・日探」・「地総・地探」・「公・倫」・「公・政経」・数Ⅰ・「数Ⅰ・数A」・「数Ⅱ・数B・数C」から1

〈**個別試験科目**〉 2科目 ①**国**▶現国・言語・論国・文国・国表・古典（古文・漢文はいずれか選択） ②**外**▶英コミュⅠ・英コミュⅡ・英コミュⅢ・論表Ⅰ・論表Ⅱ・論表Ⅲ

経済学部・経営学部

一般入試A方式 3科目 ①**国**▶現国・言語・論国・文国・国表・古典（古文・漢文はいずれか選択） ②**外**▶英コミュⅠ・英コミュⅡ・英コミュⅢ・論表Ⅰ・論表Ⅱ・論表Ⅲ ③**地歴・数**▶「歴総・世探」・「歴総・日探」・「数Ⅰ・数Ⅱ・数A（図形・場合）」から1

一般入試B方式 2科目 ①**外**▶英コミュⅠ・英コミュⅡ・英コミュⅢ・論表Ⅰ・論表Ⅱ・論表Ⅲ ②**数**▶数Ⅰ・数Ⅱ・数A（図形・場合）・数B（数列）・数C（ベク）

全学統一入試（個別学力試験型） 3科目 ①**国**▶現国・言語・論国・文国・国表・古典（古文・漢文はいずれか選択） ②**外**▶英コミュⅠ・英コミュⅡ・英コミュⅢ・論表Ⅰ・論表Ⅱ・論表Ⅲ ③**地歴・数**▶「歴総・世探」・「歴総・日探」・「数Ⅰ・数Ⅱ・数A（図形・場合）」から1

全学統一入試（共通テスト併用型）〈**共通テスト科目**〉 2科目 ①②**外・数・「国・地歴・公民・数・理」**▶「英（リスニングを含む）・独・仏・中・韓から1」・「数Ⅰ・〈数Ⅰ・数A〉・〈数Ⅱ・数B・数C〉から1」・「国・〈歴総・世探〉・〈歴総・日探〉・〈地総・地探〉・〈公・倫〉・〈公・政経〉・〈物基・化基・生基・地学基から2〉・物・化・生・地学から1」から2

〈**個別試験科目（文系型）**〉 2科目 ①②**国・外・「地歴・数」**▶「現国・言語・論国・文国・国表・古典（古文・漢文はいずれか選択）」・「英コミュⅠ・英コミュⅡ・英コミュⅢ・論表Ⅰ・論表Ⅱ・論表Ⅲ」・「〈歴総・世探〉・〈歴総・日探〉・〈数Ⅰ・数Ⅱ・数A（図形・場合）〉から1」から2

〈**個別試験科目（理系型）**〉 2科目 ①**外**▶英コミュⅠ・英コミュⅡ・英コミュⅢ・論表Ⅰ・論表Ⅱ・論表Ⅲ ②**数**▶数Ⅰ・数Ⅱ・数Ⅲ・数A（図形・場合）・数B（数列）・数C（ベク・平面）

法学部

一般入試 3科目 ①**国**▶現国・言語・論国・文国・国表・古典（古文・漢文はいずれか選択） ②**外**▶英コミュⅠ・英コミュⅡ・英コミュⅢ・論表Ⅰ・論表Ⅱ・論表Ⅲ ③**地歴・数**▶「歴総・世探」・「歴総・日探」・「数Ⅰ・数Ⅱ・数A（図形・場合）」から1

全学統一入試（個別学力試験型） 3科目 ①**国**▶現国・言語・論国・文国・国表・古典（古文・漢文はいずれか選択） ②**外**▶英コミュⅠ・英コミュⅡ・英コミュⅢ・論表Ⅰ・論表Ⅱ・論表Ⅲ ③**地歴・数**▶「歴総・世探」・「歴総・日探」・「数Ⅰ・数Ⅱ・数A（図形・場合）」から1

全学統一入試（共通テスト併用型）〈**共通テスト科目**〉 2科目 ①②**国・外・「地歴・公民」・数・理**▶国・「英（リスニングを含む）・独・仏・中・韓から1」・「〈歴総・世探〉・〈歴総・日探〉・〈地総・地探〉・〈公・倫〉・〈公・政経〉から1」・「数Ⅰ・〈数Ⅰ・数A〉・〈数Ⅱ・数B・数C〉から1」・「〈物基・化基・生基・地学基から2〉・物・化・生・地学から1」から2

〈**個別試験科目（文系型）**〉 2科目 ①**外**▶英コミュⅠ・英コミュⅡ・英コミュⅢ・論表Ⅰ・論表Ⅱ・論表Ⅲ ②**国・地歴・数**▶「現国・言語・論国・文国・国表・古典（古文・漢文はいずれか選択）」・「歴総・世探」・「歴総・日探」・「数Ⅰ・数Ⅱ・数A（図形・場合）」から1

〈**個別試験科目（理系型）**〉 2科目 ①**外**▶英コミュⅠ・英コミュⅡ・英コミュⅢ・論表Ⅰ・論表Ⅱ・論表Ⅲ ②**数**▶数Ⅰ・数Ⅱ・数Ⅲ・数A（図形・場合）・数B（数列）・数C（ベク・平面）

総合政策学部

一般入試 3科目 ①**国**▶現国・言語・論国・文国・国表・古典（古文・漢文はいずれか選択） ②**外**▶英コミュⅠ・英コミュⅡ・英コミュⅢ・論表Ⅰ・論表Ⅱ・論表Ⅲ ③**地歴・数**▶「歴総・世探」・「歴総・日探」・「数Ⅰ・数Ⅱ・数A（図形・場合）」から1

全学統一入試（個別学力試験型） 3科目 ①

国▶現国・言語・論国・文国・国表・古典(古文・漢文はいずれか選択) ②外▶英コミュⅠ・英コミュⅡ・英コミュⅢ・論表Ⅰ・論表Ⅱ・論表Ⅲ ③地歴・数▶「歴総・世探」・「歴総・日探」・「数Ⅰ・数Ⅱ・数A(図形・場合)」から1

全学統一入試(共通テスト併用型) 〈共通テスト科目〉 2科目 ①国・外・数▶国・英(リスニングを含む)・独・仏・中・韓・数Ⅰ・「数Ⅰ・数A」・「数Ⅱ・数B・数C」から1 ②地歴・公民・理▶「歴総・世探」・「歴総・日探」・「地総・地探」・「公・倫」・「公・政経」・「物基・化基・生基・地学基から2」・物・化・生・地学から1

〈個別試験科目(文系型)〉 2科目 ①②国・外・「地歴・数」▶「現国・言語・論国・文国・国表・古典(古文・漢文はいずれか選択)」・「英コミュⅠ・英コミュⅡ・英コミュⅢ・論表Ⅰ・論表Ⅱ・論表Ⅲ」・「〈歴総・世探〉・〈歴総・日探〉・〈数Ⅰ・数Ⅱ・数A(図形・場合)〉から1」から2

〈個別試験科目(理系型)〉 2科目 ①外▶英コミュⅠ・英コミュⅡ・英コミュⅢ・論表Ⅰ・論表Ⅱ・論表Ⅲ ②数▶数Ⅰ・数Ⅱ・数Ⅲ・数A(図形・場合)・数B(数列)・数C(ベク・平面)

理工学部

一般入試 4〜3科目 ①外▶英コミュⅠ・英コミュⅡ・英コミュⅢ・論表Ⅰ・論表Ⅱ・論表Ⅲ ②数▶数Ⅰ・数Ⅱ・数Ⅲ・数A(図形・場合)・数B(数列)・数C(ベク・平面) ③④理▶「物基・物」・「化基・化」から大問毎にいずれか選択

※第1志望の学科に加えて，第2志望の学科を志願することも可能。第1志望の学科の合格基準点未満であっても，第2志望の学科の合格基準点以上の場合は，第2志望の学科に合格とする。

全学統一入試(個別学力試験型) 5〜3科目 ①外▶英コミュⅠ・英コミュⅡ・英コミュⅢ・論表Ⅰ・論表Ⅱ・論表Ⅲ ②数▶数Ⅰ・数Ⅱ・数Ⅲ・数A(図形・場合)・数B(数列)・数C(ベク・平面) ③④⑤理・情▶「物基・物」・「化基・化」・情Ⅰから大問毎にいずれか選択

全学統一入試(共通テスト併用型) 〈共通テスト科目〉 2科目 ①外▶英(リスニングを含む)・独・仏・中・韓から1 ②理▶「物基・化基・生基・地学基から2」・物・化から1

〈個別試験科目〉 1科目 ①数▶数Ⅰ・数Ⅱ・数Ⅲ・数A(図形・場合)・数B(数列)・数C(ベク・平面)

国際教養学部

一般入試 3科目 ①国▶現国・言語・論国・文国・国表・古典(古文・漢文はいずれか選択) ②外▶英コミュⅠ・英コミュⅡ・英コミュⅢ・論表Ⅰ・論表Ⅱ・論表Ⅲ ③地歴・数▶「歴総・世探」・「歴総・日探」・「数Ⅰ・数Ⅱ・数A(図形・場合)」から1

全学統一入試(個別学力試験型) 3科目 ①国▶現国・言語・論国・文国・国表・古典(古文・漢文はいずれか選択) ②外▶英コミュⅠ・英コミュⅡ・英コミュⅢ・論表Ⅰ・論表Ⅱ・論表Ⅲ ③地歴・数▶「歴総・世探」・「歴総・日探」・「数Ⅰ・数Ⅱ・数A(図形・場合)」から1

全学統一入試(共通テスト併用型) 〈共通テスト科目〉 3科目 ①国・外▶国・英(リスニングを含む)・独・仏・中・韓から1 ②③地歴・公民・数・理・情▶「歴総・世探」・「歴総・日探」・「地総・地探」・「公・倫」・「公・政経」・数Ⅰ・「数Ⅰ・数A」・「数Ⅱ・数B・数C」・「物基・化基・生基・地学基から2」・物・化・生・地学・情Ⅰから2

〈個別試験科目(文系型)〉 2科目 ①外▶英コミュⅠ・英コミュⅡ・英コミュⅢ・論表Ⅰ・論表Ⅱ・論表Ⅲ ②国・地歴・数▶「現国・言語・論国・文国・国表・古典(古文・漢文はいずれか選択)」・「歴総・世探」・「歴総・日探」・「数Ⅰ・数Ⅱ・数A(図形・場合)」から1

〈個別試験科目(理系型)〉 2科目 ①外▶英コミュⅠ・英コミュⅡ・英コミュⅢ・論表Ⅰ・論表Ⅱ・論表Ⅲ ②数▶数Ⅰ・数Ⅱ・数Ⅲ・数A(図形・場合)・数B(数列)・数C(ベク・平面)

その他の選抜

共通テスト利用入試は人文学部30名，外国語学部36名，経済学部20名，経営学部30名，法学部22名，総合政策学部19名，理工学部32名，国際教養学部5名を，総合型入試は外国語学部23名(資格・検定試験活用型)，総合政策学部10名(プレゼンテーション型)，国際教養学部15名(プレゼンテーション型12名，共通テスト利用型3名)を募集。ほかに学校推薦型選抜(長期留学経験者対象)，推

薦入学審査（指定校，学園内高等学校，特別協定校），特別入学審査（カトリック系高等学校等対象），外国高等学校卒業者等入学試験，社会人入学審査，外国人留学生入学審査（本学受験型・EJU利用型）を実施。
注）募集人員は2024年度の実績です。

偏差値データ（2024年度）

●一般入試

学部／学科	2024年度 駿台予備学校 合格目標ライン	2024年度 河合塾 ボーダー偏差値	2023年度 競争率
▶人文学部			
キリスト教	45	47.5	1.9
人類文化	49	52.5	2.0
心理人間	50	52.5	2.2
日本文化	50	52.5	2.1
▶外国語学部			
英米	52	55	2.9
スペイン・ラテンアメリカ	49	50	2.0
フランス	50	50	1.9
ドイツ	50	50	2.4
アジア	49	50	2.3
▶経済学部			
経済（A）	49	52.5	2.6
（B）	48	52.5	2.4
▶経営学部			
経営（A）	49	52.5	3.5
（B）	48	50	1.8
▶法学部			
法律	51	52.5	2.1
▶総合政策学部			
総合政策	49	52.5	3.0
▶理工学部			
ソフトウェア工	47	45	2.3
データサイエンス	48	45	2.2
電子情報工	48	45	1.9
機械システム工	48	45	2.3
▶国際教養			
国際教養	50	52.5	2.4

- 駿台予備学校合格目標ラインは合格可能性80％に相当する駿台模試の偏差値です。
- 河合塾ボーダー偏差値は合格可能性50％に相当する河合塾全統模試の偏差値です。
- 競争率は志願者÷合格者の志願倍率

名城大学

めいじょう

資料請求

問合せ先　入学センター　☎052-838-2018

建学の精神

1926（大正15）年に開設した名古屋高等理工科講習所を前身とし，現在では10学部23学科を有する中部地区有数の文理融合型の総合大学として多彩な学びを展開。教育，研究，社会貢献に邁進し，立学の精神である「穏健中正で実行力に富み，国家，社会の信頼に値する人材を育成する」ことで，実就職率では，13年連続で全国私大１位を達成。志願したい大学でも，６年連続で東海エリアNo.１に輝いている。開学100周年を迎える2026年の，さらにその先を見据え，将来ビジョン「中部から世界へ 創造型実学の名城大学」を策定。全学部生を対象とした「データサイエンス・AI入門」科目の導入や，多様な専門性に根ざしたグローバル人材を養成する「名城大学 国際化計画2026」も始動するなど，自分を磨こうと主体的に学び続ける学生を応援している。

- 天白キャンパス……………〒468-8502　愛知県名古屋市天白区塩釜口1-501
- 八事キャンパス……………〒468-8503　愛知県名古屋市天白区八事山150
- ナゴヤドーム前キャンパス…〒461-8534　愛知県名古屋市東区矢田南4-102-9

基本データ

学生数▶14,979名（男9,577名，女5,402名）
専任教員数▶教授277名，准教授150名，講師13名
設置学部▶法，経営，経済，外国語，人間，都市情報，情報工，理工，農，薬
併設教育機関▶大学院―法学・経営学・経済学・都市情報学・理工学・農学・総合学術（以上M・D），人間学（M），薬学（D），

就職・卒業後の進路

就職率 **99.4**％
就職者÷希望者×100

●就職支援　最大の特色は，１年次から実施される「指導担当制」による進路・就職支援。就職支援グループ職員を担任のような形で割り振り，４年間指導することで，圧倒的な就職力につなげている。また，U・I・Jターン希望者には，遠方で就職試験を受けた際の交通費を補助するサポート制度も用意。

●資格取得支援　公務員，法律，経営・会計，情報，語学，技術などの分野に関する本格的な資格講座をすべて学内で，予備校価格の半

進路指導者も必見 学生を伸ばす 面倒見

初年次教育	学修サポート
学問や大学教育全体に対する動機づけやレポート・論文の書き方，プレゼン技法，ITの基礎技術，情報収集や資料整理の方法，論理的思考や問題発見・解決能力の向上など，各学部で独自の初年次教育を実施	全学部でオフィスアワー制度，法・経営・経済・人間・都市情報・情報工・理工・農・薬でTA制度，都市情報・情報工・理工でSA制度，外国語・人間・都市情報・薬で教員アドバイザー制度を導入

オープンキャンパス（2023年度実績）　ナゴヤドーム前キャンパスで７月22日・23日，天白キャンパスと八事キャンパスで７月29日・30日に開催（事前入場予約制）。受験生はもちろん，高校１・２年生や保護者の参加も可。

額以下で開講。学部からの支援で受講料補助や奨学金の進呈制度も用意されている。

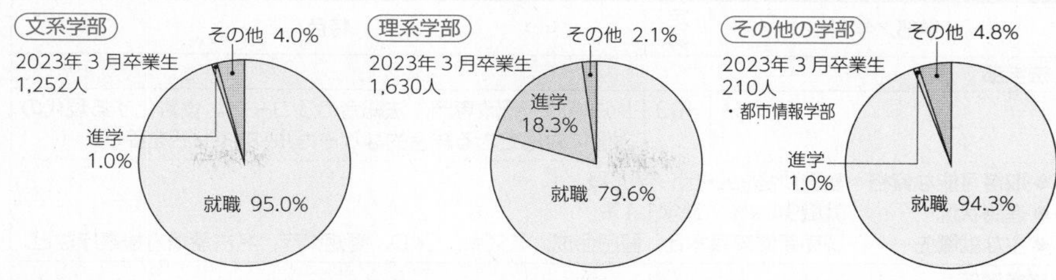

主なOB・OG▶［法］藤田恭嗣（メディアドゥ社長），［法］加世田梨花（陸上競技選手），［人間］栗林良吏（プロ野球選手），［理工］大澤和宏（名古屋テレビ塔社長），［薬］榊原栄一（スギ薬局会長）など。

国際化・留学　大学間 71 大学等・部局間 28 大学等

受入れ留学生数▶51名（2023年５月１日現在）

留学生の出身国・地域▶中国，台湾，アメリカ，ドイツ，ノルウェーなど。

外国人専任教員▶教授８名，准教授５名，講師５名（2023年４月１日現在）

外国人専任教員の出身国▶中国，韓国，オーストラリア，アメリカ，イギリスなど。

大学間交流協定▶71大学・機関（交換留学先29大学，2023年９月１日現在）

部局間交流協定▶28大学・機関（交換留学先４大学，2023年９月１日現在）

海外への留学生数▶渡航型317名・オンライン型52名／年（12カ国・地域，2022年度）

海外留学制度▶夏休み・春休みの長期休暇を利用した海外英語研修は，選び抜いた研修先と充実した奨学金制度が自慢の人気プログラム。このほか，交換留学，国際専門研修（海外派遣研修），オンライン英語留学プログラムのLIVE留学などがあり，外国語学部でセメスター留学，人間学部で特別留学を実施。コンソーシアムはUMAPに参加している。

学費・奨学金制度　給付型奨学金総額 年間約 1億2,370万円

入学金▶200,000円

年間授業料（施設費等を除く）▶665,000円～（詳細は巻末資料参照）

年間奨学金総額▶123,702,441円

年間奨学金受給者数▶504人

主な奨学金制度▶一般選抜A方式において，各学部成績上位で合格し，入学した者を対象に授業料年額の半額を給付する「入試成績優秀奨学生」のほか，「学業優秀奨励制度」「学業優秀奨学生」などの制度を設置。また学費減免制度もあり，2022年度には113人を対象に総額で約7,533万円を減免している。

保護者向けインフォメーション

●**オープンキャンパス**　通常のオープンキャンパス時に保護者向けの説明会を実施している。

●**成績確認**　成績一覧表を送付している。

●**懇談会**　各学部で父母懇談会を開催。学部ごとに後援会報なども発行している。

●**就職説明会**　８月に，１～３年次生の保護者のための就職説明会を開催している。

●**防災対策**　入学時に「大地震対応マニュアル」を配布。大規模災害等の発生時に学生の安否確認を迅速かつ確実に実施するため，「安否確認システム（ANPIC）」を導入している。

インターンシップ科目	必修専門ゼミ	卒業論文	GPA制度の導入の有無および活用例	１年以内の退学率	標準年限での卒業率
情報理工・薬と理工の一部の学科を除き開講	外国語・人間（１～４年次），都市情報・農（３・４年次），情報工・理工（４年次），薬（４～６年次）で実施	法・経営・経済学部を除き卒業要件	学部により，奨学金対象者選定，留学候補者選考，退学勧告，学生に対する学修指導，CPAに応じた履修上限単位数の設定などに活用	非公表	非公表

学部紹介

学部／学科	定員	特色
法学部		
法	400	▷法専門，行政専門，法総合の３コース。複雑化する現代の課題に対応できる総合的なリーガル・マインドを養う。
●取得可能な資格…教職（地歴・公・社），学芸員。 ●進路状況…………就職94.9%　進学1.1% ●主な就職先………読売新聞東京本社，豊田合成，スズキ，CKD，愛知県庁，名古屋地方検察庁など。		
経営学部		
経営	215	▷マネジメント，マーケティング，会計・ファイナンスの３コース。あらゆる組織や事業で生かせる視点と実践力を養う。
国際経営	95	▷国際経営と言語・文化が多様な視点で学べ，世界の舞台で活躍できるグローバル人材を育成。国際経営コースを設置。
●取得可能な資格…教職（商業），学芸員。 ●進路状況…………就職95.9%　進学0.7% ●主な就職先………雪印メグミルク，ユアサ商事，東京海上日動火災保険，百五銀行，村田機械など。		
経済学部		
経済	210	▷グローバルなフィールドで，経済学の理論をツールとして課題を解決し，社会を動かす人材を育成する。
産業社会	100	▷経済理論と実行力を兼ね備え，地域や産業に活力を与えられる人材を育成する。現場で学ぶフィールドワークを重視。
●取得可能な資格…教職（地歴・公・社・商業），学芸員。 ●進路状況…………就職96.7%　進学0.3% ●主な就職先………三菱UFJ銀行，東日本電信電話，アイリスオーヤマ，ジェイテクト，マキタなど。		
外国語学部		
国際英語	130	▷英語力，国際理解，協働力を養い，国境も分野も越えて共修・協働し，新たな価値を創り出す「世界人材」を育成する。
●取得可能な資格…教職（英），学芸員。 ●進路状況…………就職95.1%　進学0.0% ●主な就職先………トヨタ自動車，日本航空，東海旅客鉄道，ANA中部空港，住友理工，興和など。		
人間学部		
人間	220	▷心理系，社会・教育系，国際・コミュニケーション系の３領域の学びを通して，人間性豊かな実践的教養人を育成する。
●取得可能な資格…教職（地歴・公・社・英），学芸員。 ●進路状況…………就職91.1%　進学3.0% ●主な就職先………日本ガイシ，メイドー，住友林業，瀧定名古屋，ジェイアール東海高島屋など。		
都市情報学部		
都市情報	235	▷都市の今とこれからのまちづくりを，情報科学と社会科学の両面から探究し，地方創生に貢献できる人材を育成する。
●取得可能な資格…教職（公・情），学芸員。 ●進路状況…………就職94.3%　進学1.0% ●主な就職先………Mizkan，東海旅客鉄道，名古屋鉄道，ヤマザキマザック，日立システムズなど。		
情報工学部		
情報工	180	▷総合，先進プロジェクトの２コースと４プログラムを用意。多様な分野で活躍する次世代の情報エンジニアを育成する。

 キャンパスアクセス ［天白キャンパス］ 地下鉄鶴舞線一塩釜口より徒歩４分

● **取得可能な資格**…教職（情・工業），学芸員。
● **主な就職先**………KDDI，トヨタ紡績，NTTデータ東海，京セラなど（旧理工学部情報工学科実績）。

理工学部

数	90	▷あらゆる科学を下支えする数学の真の魅力を理解し，発信する力を養う。数学教員採用実績は県内トップクラス。
電気電子工	150	▷電気工学，電子システムの２コース。先端技術・現代産業の核心を担う電気電子のスペシャリストを育成する。
材料機能工	80	▷技術革新の原動力である"材料"を世界レベルの教育研究環境で学び，材料開発のスペシャリストを育成する。
応用化	70	▷資源エネルギー問題や環境問題の解決に原子・分子レベルで挑み，付加価値の高い材料を開発・研究する人材を育成。
機械工	125	▷幅広い領域の機械工学を基礎から体系的に学び，現代社会のニーズに応えるものづくりの実践力と知的体力を養う。
交通機械工	125	▷幅広い裾野を持つ交通機械工学を追究し，明日の人間社会に貢献する。実験・実習を重視した"実感教育"を推進。
メカトロニクス工	80	▷機械・電気・情報の基礎科目を幅広く学び，機械と電気電子が融合した工学を極めて，新時代のシステム開発に挑む。
社会基盤デザイン工	90	▷誰もが暮らしやすく，防災・減災や環境との調和にも配慮した社会基盤を形にできる技術者を育成する。
環境創造工	80	▷自然と人間の調和を図り，持続可能な社会につながる環境創造に取り組む人材を育成する。
建築	145	▷居住性や安全性を満たし，環境とも調和した建物をつくり，魅力的・創造的な空間を創出する建築士を育成する。

● **取得可能な資格**…教職（数・理・情・工業），学芸員，測量士補，１・２級建築士受験資格など。
● **進路状況**…………就職75.5%　進学22.5%
● **主な就職先**………デンソー，アイシン，三菱自動車工業，ブラザー工業，中部電力，富士通など。

農学部

生物資源	110	▷農と食の科学を多面的に学び，世界の食料生産と食品の安心・安全に貢献できる，農と食のスペシャリストを育成する。
応用生物化	110	▷生物や食品の機能を解明し，食と健康に役立つ新たな物質の発見や製品開発に貢献できる専門家・指導者を育成する。
生物環境科	110	▷生物と人と自然との調和を環境とその豊かさの保全という側面から探究し，持続可能な社会の実現を模索する。

● **取得可能な資格**…教職（理・農），学芸員など。
● **進路状況**…………就職77.4%　進学19.3%
● **主な就職先**………山崎製パン，マルサンアイ，井村屋グループ，名古屋植物防疫所，スズケンなど。

薬学部

薬	265	▷６年制。高齢社会の日本の医療を支える，臨床薬剤師や薬学研究者を育成する。米国で海外臨床薬学研修も実施。

● **取得可能な資格**…薬剤師受験資格など。
● **進路状況**…………就職97.4%　進学1.1%
● **主な就職先**………中外製薬，東和薬品，名古屋大学医学部附属病院，スギ薬局，愛知県庁など。

▶キャンパス

法・経営・経済・情報工・理工・農……［天白キャンパス］愛知県名古屋市天白区塩釜口1-501
薬……［八事キャンパス］愛知県名古屋市天白区八事山150
外国語・人間・都市情報……［ナゴヤドーム前キャンパス］愛知県名古屋市東区矢田南4-102-9

キャンパスアクセス ［八事キャンパス］地下鉄鶴舞線・名城線一八事より徒歩６分

2025年度入試要項（予告）

●募集人員

学部／学科		一般A	一般K	一般F	一般B	C前期	C後期
▶法	法	130	30	55	20	20	10
▶経営	経営	60	—	20	10	3教5 5教5	5
	国際経営	18	3	9	5	3教5 5教3	5
▶経済	経済	62	3	20	10	3教5 5教5	5
	産業社会	23	2	10	5	3教5 5教3	4
▶外国語	国際英語	30	5	10	10	3教5 5教5	5
▶人間	人間	78	5	25	10	3教7 5教5	5
▶都市情報	都市情報	60	5	20	15	30	10
▶情報工	情報工	50	15	25	15	8	2
▶理工	数	28	8	5	10	6	2
	電気電子工	50	20	20	5	5	2
	材料機能工	20	7	10	7	5	3
	応用化	20	8	8	8	4	2
	機械工	45	15	10	10	3	2
	交通機械工	35	15	15	10	5	2
	メカトロニクス工	25	7	10	5	3	2
	社会基盤デザイン工	25	10	10	5	5	2
	環境創造工	20	5	10	5	5	2
	建築	45	10	20	5	5	2
▶農	生物資源	30	10	20	10	7	3
	応用生物化	30	10	20	10	7	3
	生物環境科	30	10	20	10	7	3
▶薬	薬	100	—	40	30	8	2

注）募集人員は2024年度の実績です。
※F方式は共通テストプラス型，C方式は共通テスト利用型。
※C方式前期の都市情報学部は３教科３科目型と５教科５科目型が，情報工学部と理工学部は３教科４科目型と５教科６科目型があり，募集人員はそれぞれ両型式の合計。
※次のように略しています。3教科3科目型→3教，5教科5科目型→5教。

注）配点は編集時，未公表。最新の募集要項でご確認ください。
なお，2025年度入学者選抜から，一般選抜A・F・K方式において，英語外部試験利用制度を導入。対象学部は法・外国語・人間・都市情報・農・薬の６学部。対象となる英語外部試験はケンブリッジ英検，英検，GTEC，IELTS，TEAP，TEAP CBT，TOEFL iBTで，基準スコアはCEFR B2以上。基準スコアを満たす場合，法・人間・都市情報・農・薬の５学部は満点に換算して判定し，外国語試験を免除。外国語学部は外国語の得点に30点（上限）を加算する。

法学部・経営学部・経済学部・外国語学部・人間学部

一般選抜Ａ方式・Ｋ方式　**3科目**　①国▶現国・言語・論国・古典（漢文を除く）②**外**▶英コミュⅠ・英コミュⅡ・英コミュⅢ・論表Ⅰ・論表Ⅱ・論表Ⅲ　③**地歴・公民・数**▶世探・日探・政経・「数Ⅰ・数Ⅱ・数Ａ（図形・場合）」から１
※Ｋ方式は傾斜配点型。Ａ方式の出願必須。
一般選抜共通テストプラス型Ｆ方式　**〈共通テスト科目〉**　**3科目**　①②③**国・外・「地歴・公民」・数**▶国（近代・古典〈漢文を除く〉）・英（リスニングを含む）・「〈歴総・世探〉・〈歴総・日探〉・〈地総・地探〉・〈地総・歴総・公から２〉・〈公・倫〉・〈公・政経〉から１」・「数Ⅰ・〈数Ⅰ・数Ａ〉・〈数Ⅱ・数Ｂ・数Ｃ〉から１」から３，ただし外国語学部は英語必須
〈個別試験科目〉　**1科目**　①**国・外・地歴・公民・数**▶「現国・言語・論国・古典（漢文を除く）」・「英コミュⅠ・英コミュⅡ・英コミュⅢ・論表Ⅰ・論表Ⅱ・論表Ⅲ」・世探・日探・「数Ⅰ・数Ⅱ・数Ａ（図形・場合）」から１
一般選抜Ｂ方式　**2科目**　①**外**▶英コミュⅠ・英コミュⅡ・英コミュⅢ・論表Ⅰ・論表Ⅱ・論表Ⅲ　②**国・地歴・数**▶「現国・言語・論国・古典（漢文を除く）」・世探・日探・「数Ⅰ・数Ⅱ・数Ａ（図形・場合）」から１
一般選抜共通テスト利用型Ｃ方式前期・後期（３教科３科目型）　**【法学部・人間学部】**　**3科目**　①②③**国・外・「地歴・公民」・数**▶国（近代・古典〈漢文を除く〉）・英（リスニングを含む）・「〈歴総・世探〉・〈歴総・日探〉・〈地総・地

キャンパスアクセス［ナゴヤドーム前キャンパス］地下鉄名城線―ナゴヤドーム前矢田より徒歩3分／JR中央本線・名鉄瀬戸線―大曽根より徒歩10分／ゆとりーとライン―ナゴヤドーム前矢田より徒歩5分

探〉・〈地総・歴総・公から２〉・〈公・倫〉・〈公・政経〉から１」・「数Ⅰ・〈数Ⅰ・数Ａ〉・〈数Ⅱ・数Ｂ・数Ｃ〉から１」から３
[個別試験] 行わない。
【経営学部・経済学部・外国語学部】 **3**科目
①**国**▶国(近代・古典(漢文を除く) ②**外**▶英(リスニングを含む) ③**地歴・公民・数**▶「歴総・世探」・「歴総・日探」・「地総・地探」・「地総・歴総・公から２」・「公・倫」・「公・政経」・数Ⅰ・「数Ⅰ・数Ａ」・「数Ⅱ・数Ｂ・数Ｃ」から１
[個別試験] 行わない。
一般選抜共通テスト利用型Ｃ方式前期(５教科５科目型) **【経営学部・経済学部・外国語学部・人間学部】** **5**科目 ①**国**▶国(近代・古典(漢文を除く) ②**外**▶英(リスニングを含む) ③**地歴・公民**▶「歴総・世探」・「歴総・日探」・「地総・地探」・「地総・歴総・公から２」・「公・倫」・「公・政経」から１ ④**数**▶数Ⅰ・「数Ⅰ・数Ａ」・「数Ⅱ・数Ｂ・数Ｃ」から１ ⑤**理**▶「物基・化基・生基・地学基から２」・物・化・生・地学から１
[個別試験] 行わない。

都市情報学部

一般選抜Ａ方式・Ｋ方式 **4～3**科目 ①**外**▶英コミュⅠ・英コミュⅡ・英コミュⅢ・論表Ⅰ・論表Ⅱ・論表Ⅲ ②③**国・理**▶「現国・言語・論国・古典(漢文を除く)」・「〈物基・物〉・〈化基・化〉・〈生基・生〉から各２問計６問のうち２問を選択」から１ ④**地歴・公民・数**▶世探・日探・地探・政経・「数Ⅰ・数Ⅱ・数Ａ(図形・場合)」から１
※Ｋ方式は傾斜配点型。Ａ方式の出願必須。
一般選抜共通テストプラス型Ｆ方式 **〈共通テスト科目〉** **3**科目 ①②③**国・外・「地歴・公民」・数・理・情**▶国(近代・古典〈漢文を除く〉)・英(リスニングを含む)・「〈歴総・世探〉・〈歴総・日探〉・〈地総・地探〉・〈地総・歴総・公から２〉・〈公・倫〉・〈公・政経〉から１」・「数Ⅰ・〈数Ⅰ・数Ａ〉・〈数Ⅱ・数Ｂ・数Ｃ〉から１」・「〈物基・化基・生基・地学基から２〉・物・化・生・地学から１」・情Ⅰから３
〈個別試験科目〉 **2～1**科目 ①②**国・外・地歴・公民・数・理**▶「現国・言語・論国・古典(漢文を除く)」・「英コミュⅠ・英コミュⅡ・英コミュⅢ・論表Ⅰ・論表Ⅱ・論表Ⅲ」・世探・日探・地探・政経・「数Ⅰ・数Ⅱ・数Ａ(図形・場合)」・「〈物基・物〉・〈化基・化〉・〈生基・生〉から各２問計６問のうち２問を選択」から１
一般選抜Ｂ方式 **3～2**科目 ①②③**国・外・数・「地歴・理」**▶「現国・言語・論国・古典(漢文を除く)」・「英コミュⅠ・英コミュⅡ・英コミュⅢ・論表Ⅰ・論表Ⅱ・論表Ⅲ」・「数Ⅰ・数Ⅱ・数Ａ(図形・場合)」・「世探・日探・〈(物基・物)・(化基・化)・(生基・生)から各２問計６問のうち２問を選択〉から１」から２
一般選抜共通テスト利用型Ｃ方式前期・後期(３教科３科目型) **3**科目 ①②③**国・外・「地歴・公民」・数・理・情**▶国(近代・古典〈漢文を除く〉)・英(リスニングを含む)・「〈歴総・世探〉・〈歴総・日探〉・〈地総・地探〉・〈地総・歴総・公から２〉・〈公・倫〉・〈公・政経〉から１」・「数Ⅰ・〈数Ⅰ・数Ａ〉・〈数Ⅱ・数Ｂ・数Ｃ〉から１」・「〈物基・化基・生基・地学基から２〉・物・化・生・地学から１」・情Ⅰから３
[個別試験] 行わない。
一般選抜共通テスト利用型Ｃ方式前期(５教科５科目型) **5**科目 ①②③④⑤**国・外・「地歴・公民」・数・理・情**▶国(近代・古典〈漢文を除く〉)・英(リスニングを含む)・「〈歴総・世探〉・〈歴総・日探〉・〈地総・地探〉・〈地総・歴総・公から２〉・〈公・倫〉・〈公・政経〉から１」・「数Ⅰ・〈数Ⅰ・数Ａ〉・〈数Ⅱ・数Ｂ・数Ｃ〉から１」・「〈物基・化基・生基・地学基から２〉・物・化・生・地学から１」・情Ⅰから５
[個別試験] 行わない。

情報工学部・理工学部

一般選抜Ａ方式・Ｋ方式 **3**科目 ①**外**▶英コミュⅠ・英コミュⅡ・英コミュⅢ・論表Ⅰ・論表Ⅱ・論表Ⅲ ②**数**▶数Ⅰ・数Ⅱ・数Ⅲ・数Ａ(図形・場合)・数Ｂ(数列)・数Ｃ(ベク・平面) ③**理**▶「物基・物」・「化基・化」から１
※Ｋ方式は傾斜配点型。Ａ方式の出願必須。
一般選抜共通テストプラス型Ｆ方式 **〈共通テスト科目〉** **3**科目 ①**外**▶英(リスニングを含む) ②**数**▶「数Ⅰ・数Ａ」・「数Ⅱ・数Ｂ・数Ｃ」から１ ③**理**▶「物基・化基」・物・化から１
〈個別試験科目〉 **1**科目 ①**外・数・理**▶「英コミュⅠ・英コミュⅡ・英コミュⅢ・論表Ⅰ・論表Ⅱ・論表Ⅲ」・「数Ⅰ・数Ⅱ・数Ⅲ・数Ａ(図形・場

合)・数B(数列)・数C(ベク・平面)」・「物基・物」・「化基・化」から1，ただし数学科は数学必須
一般選抜B方式 4~3科目 ①外▶英コミュⅠ・英コミュⅡ・英コミュⅢ・論表Ⅰ・論表Ⅱ・論表Ⅲ ②数▶数Ⅰ・数Ⅱ・数Ⅲ・数A(図形・場合)・数B(数列)・数C(ベク・平面) ③④理▶「物基・物」・「化基・化」から定められた問題数を自由選択
一般選抜共通テスト利用型C方式前期・後期(3教科4科目型) 4科目 ①外▶英(リスニングを含む) ②③数▶「数Ⅰ・数A」・「数Ⅱ・数B・数C」 ④理▶「物基・化基」・物・化から1
[個別試験] 行わない。
一般選抜共通テスト利用型C方式前期(5教科6科目型) 6科目 ①外▶英(リスニングを含む) ②③数▶「数Ⅰ・数A」・「数Ⅱ・数B・数C」 ④理▶「物基・化基」・物・化から1 ⑤⑥国・「地歴・公民」・情▶国(近代・古典〈漢文を除く〉)・「〈歴総・世探〉・〈歴総・日探〉・〈地総・地探〉・〈地総・歴総・公から2〉・〈公・倫〉・〈公・政経〉から1」・情Ⅰから2
[個別試験] 行わない。

農学部

一般選抜A方式・K方式 3科目 ①外▶英コミュⅠ・英コミュⅡ・英コミュⅢ・論表Ⅰ・論表Ⅱ・論表Ⅲ ②理▶「物基・物」・「化基・化」・「生基・生」から1 ③国・数▶「現国・言語・論国・古典(漢文を除く)」・「数Ⅰ・数Ⅱ・数A(図形・場合)」から1
※K方式は傾斜配点型。A方式の出願必須。
一般選抜共通テストプラス型F方式 〈共通テスト科目〉 3科目 ①外▶英(リスニングを含む) ②理▶「物基・化基・生基から2」・物・化・生から1 ③国・数▶国(近代・古典〈漢文を除く〉)・数Ⅰ・「数Ⅰ・数A」・「数Ⅱ・数B・数C」から1
〈個別試験科目〉 1科目 ①国・外・数・理▶「現国・言語・論国・古典(漢文を除く)」・「英コミュⅠ・英コミュⅡ・英コミュⅢ・論表Ⅰ・論表Ⅱ・論表Ⅲ」・「数Ⅰ・数Ⅱ・数A(図形・場合)」・「物基・物」・「化基・化」・「生基・生」から1
一般選抜B方式 2科目 ①理▶「物基・物」・「化基・化」・「生基・生」から1 ②国・外▶「現国・言語・論国・古典(漢文を除く)」・「英コミュⅠ・英コミュⅡ・英コミュⅢ・論表Ⅰ・論表Ⅱ・論表Ⅲ」から1
一般選抜共通テスト利用型C方式前期 4科目 ①国▶国(近代・古典〈漢文を除く〉) ②外▶英(リスニングを含む) ③数▶数Ⅰ・「数Ⅰ・数A」・「数Ⅱ・数B・数C」から1 ④理▶「物基・化基・生基から2」・物・化・生から1
[個別試験] 行わない。
一般選抜共通テスト利用型C方式後期 2科目 ①国・外▶国(近代・古典〈漢文を除く〉)・英(リスニングを含む)から1 ②数・理▶数Ⅰ・「数Ⅰ・数A」・「数Ⅱ・数B・数C」・「物基・化基・生基から2」・物・化・生から1
[個別試験] 行わない。

薬学部

一般選抜A方式・K方式 3科目 ①外▶英コミュⅠ・英コミュⅡ・英コミュⅢ・論表Ⅰ・論表Ⅱ・論表Ⅲ ②数▶数Ⅰ・数Ⅱ・数A(図形・場合)・数B(数列)・数C(ベク) ③理▶化基・化
※K方式は傾斜配点型。A方式の出願必須。
一般選抜共通テストプラス型F方式 〈共通テスト科目〉 5科目 ①外▶英(リスニングを含む) ②③数▶「数Ⅰ・〈数Ⅰ・数A〉から1」・「数Ⅱ・数B・数C」 ④⑤理▶化必須，物・生から1
※数学は2科目を受験し，高得点の1科目を合否判定に採用する。
〈個別試験科目〉 3科目 ①外▶英コミュⅠ・英コミュⅡ・英コミュⅢ・論表Ⅰ・論表Ⅱ・論表Ⅲ ②数▶数Ⅰ・数Ⅱ・数A(図形・場合)・数B(数列)・数C(ベク) ③理▶化基・化
一般選抜B方式 2科目 ①理▶化基・化 ②外・数・理▶「英コミュⅠ・英コミュⅡ・英コミュⅢ・論表Ⅰ・論表Ⅱ・論表Ⅲ」・「数Ⅰ・数Ⅱ・数A(図形・場合)・数B(数列)・数C(ベク)」・「生基・生」から1
一般選抜共通テスト利用型C方式前期・後期 5科目 ①外▶英(リスニングを含む) ②③数▶「数Ⅰ・〈数Ⅰ・数A〉から1」・「数Ⅱ・数B・数C」 ④⑤理▶化必須，物・生から1
[個別試験] 行わない。

その他の選抜

学校推薦型選抜（公募制，専門高校等特別，指定校，附属高校，総合数理プログラム），総合型選抜（英語ディスカッション，プログラミング実績評価，スポーツ，チアリーダー），特別入試（簿記・会計，英語資格取得者，まちづくり，帰国子女・海外留学経験者，社会人，外国人留学生）。

偏差値データ（2024年度）

●一般選抜A方式

学部／学科	2024年度 駿台予備学校 合格目標ライン	2024年度 河合塾 ボーダー偏差値	2023年度 競争率
▶法学部			
法	42	45	2.1
▶経営学部			
経営	41	50	4.1
国際経営	41	50	4.2
▶経済学部			
経済	41	47.5	3.0
産業社会	39	45	2.1
▶外国語学部			
国際英語	43	47.5	2.9
▶人間学部			
人間	42	47.5	2.3
▶都市情報学部			
都市情報	38	47.5	3.5
▶情報工学部			
情報工	48	52.5	3.4
▶理工学部			
数	46	47.5	2.1
電気電子工	46	50	2.6
材料機能工	43	45	2.0
応用化	47	50	2.0
機械工	47	50	2.8
交通機械工	44	45	2.7
メカトロニクス工	45	47.5	3.0
社会基盤デザイン工	43	45	2.4
環境創造工	45	47.5	3.0
建築	46	50	3.6
▶農学部			
生物資源	48	52.5	2.5
応用生物化	48	52.5	3.4
生物環境科	47	50	2.6
▶薬学部			
薬	48	50	2.1

- 駿台予備学校合格目標ラインは合格可能性80％に相当する駿台模試の偏差値です。
- 河合塾ボーダー偏差値は合格可能性50％に相当する河合塾全統模試の偏差値です。
- 競争率は受験者÷合格者の実質倍率

京都産業大学

資料請求

問合せ先 入学センター ☎075-705-1437

● 京都産業大学キャンパス……〒603-8555 京都府京都市北区上賀茂本山

建学の精神

文系・理系10学部18学科の学生が１つのキャンパスに集結する，国内最大級を誇る“一拠点総合大学”。京都産業大学という名は，大学と産業界が手をむすぶ「産学連携」に由来する。1965（昭和40）年の設立時から，「学問を外に伝え，産業界との連携を進めていく」ことを使命とし，「産業」を冠した大学だからこそ，全国に先駆けてキャリア教育や進路・就職支援を充実させてきた。また，すべての学生がワンキャンパスに集う環境は，学生同士の刺激を促し，「前向きでバイタリティーのある人材を輩出する大学」としての特色を確かなものにした。こうしたあゆみを踏まえ，改めて「大学の使命は，将来の社会を担って立つ人材の育成にある」という建学の精神に立ち戻り，その特色を生かしながら，次世代を担う人材の育成に注力している。

基本データ

学生数▶15,323名（男10,051名，女5,272名）
専任教員数▶教授251名，准教授111名，講師50名
設置学部▶経済，経営，法，現代社会，国際関係，外国語，文化，理，情報理工，生命科

併設教育機関▶大学院―経済学・マネジメント・法学・理学・先端情報学・生命科学（以上M・D），現代社会学・外国語学（以上M）
通信教育課程大学院―経済学・京都文化学（以上M）

就職・卒業後の進路

就職率 97.7％
就職者÷希望者×100

●**就職支援**　産業界と連携・体系化した「キャリア教育」と，全国トップクラスのスタッフ数を誇り，専任スタッフが学生一人ひとりと面談し，希望の進路に合わせてアドバイスする進路・就職支援センター，先輩・卒業生がワンチームで支える「サポート体制」で，学生と企業のベストマッチングを実現。

●**資格取得支援**　教員免許状や，司書や学芸員といった資格の取得をバックアップ。人気の公務員講座など，会計や法律，情報処理など就職活動で役立つ資格講座も受講可能で，経験豊かな講師が，受講生の未来をサポート。

進路指導者も必見 学生を伸ばす 面倒見

初年次教育

「大学の歴史と京都産業大学」「自己発見と大学生活」「ファシリテーション入門」「日本語表現２」「データ・AIと社会」などのほか，学祖の生誕の地やゆかりの地を訪ねる「熊本・山鹿フィールド」など多彩な科目を開講

学修サポート

全学部でオフィスアワー，学部によりTA・SA制度，アドバイザー制度を導入。学習支援を行うラーニングコモンズ，グローバルコモンズを配置しているほか，情報理工学部では学生同士の学び合いの場「寺子屋」を展開

オープンキャンパス（2023年度実績）　魅力あふれる来場型ならではの各種プログラムを用意しているオープンキャンパスを６月～９月，３月に開催（事前申込）。2024年度の詳細は，大学公式HPの入試情報サイトで要確認。

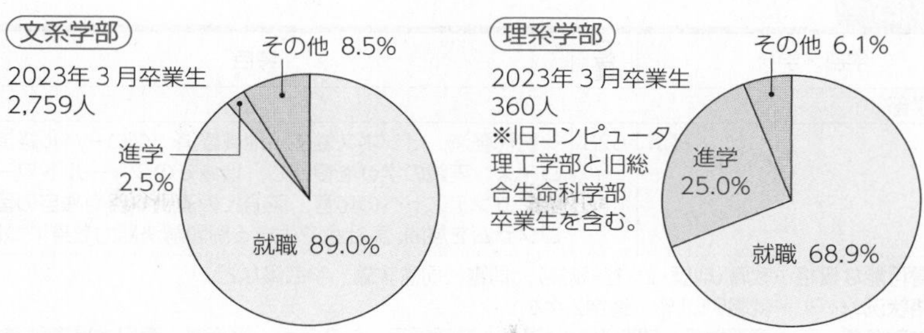

主なOB・OG▶［経済］木下博隆（旭松食品社長），［経営］伏見隆（枚方市長），［経営］平野佳寿（プロ野球選手），［経営］田中史朗（ラグビー選手），［法］毛籠勝弘（マツダ社長），［理］辻永順太（オムロン社長）など。

国際化・留学　大学間 87 大学等・部局間 7 大学等

受入れ留学生数▶196名（2023年５月１日現在）

留学生の出身国・地域▶中国，韓国，インドネシア，トンガ，ベトナム，香港など。

外国人専任教員▶教授15名，准教授10名，講師28名（2023年５月１日現在）

外国人専任教員の出身国▶アメリカ，韓国，中国，カナダ，イギリスなど。

大学間交流協定▶87大学・機関（交換留学先69大学，2023年９月１日現在）

部局間交流協定▶７大学・機関（交換留学先０大学，2023年９月１日現在）

海外への留学生数▶渡航型751名／年（23カ国・地域，2022年度）

海外留学制度▶すべての学生に対して留学を推奨し，交流協定校への交換・派遣留学，自身で希望する大学を選択する認定留学，長期休暇を利用した短期留学プログラム，海外インターンシップ，学部独自の留学など，自由度が魅力の多彩なプログラムを用意している。

学費・奨学金制度　給付型奨学金総額 年間約 8,650万円

入学金▶200,000円

年間授業料（施設費等を除く）▶745,000円～（詳細は巻末資料参照）

年間奨学金総額▶86,499,302円

年間奨学金受給者数▶679人

主な奨学金制度▶成績優秀者，「サギタリウス基金」による給付奨学金，課外活動参加者，海外留学者，海外インターンシップ履修者，経済的な支援を必要とする者，被災者などを対象とした独自の制度を数多く設置。学費減免制度もあり，2022年度には292人を対象に，総額で約8,158万円を減免している。

保護者向けインフォメーション

●**成績確認**　保護者宛に学業成績表を送付。

●**情報誌**　京産大の“今”と“これから”を紹介する『KSU Letter』を年１回発行。

●**教育懇談会**　本学および全国４会場で教育懇談会を開催し，進路・就職支援の取り組みを説明するほか，個別懇談を実施。また，現代社会学部では就職活動の情報支援を開始。

●**防災対策**　『地震対応ポケットマニュアル』を入学時に配布するほか，HPに掲載。災害時の安否は，学内の場合は安否確認シート，学外の場合はメールかはがきでの報告により確認。

インターンシップ科目	必修専門ゼミ	卒業論文	GPA制度の導入の有無および活用例	１年以内の退学率	標準年限での卒業率
全学部で開講している	現代社会と国際文化学科で２・３年次，国際関係で１～３年次，外国語で３年次，京都文化学科で４年間，理系学部で３・４年次に実施	理・情報理工・生命科学部は卒業要件	奨学金対象者，留学候補者，大学院入試，成績優秀者（国際関係）の選定や，退学勧告，個別の学修指導，CAP制度（文化）などに活用	1.4%	83.2%

学部紹介

学部／学科	定員	特色
経済学部		
経済	625	▷現代経済，ビジネス経済，地域経済，グローバル経済の4コース。実践の学びを重視し，地域でのフィールドワークや論文コンテストへの応募，英語との連携科目や独自の留学プログラムを展開。実社会で生きる問題解決能力を身につける。
● **取得可能な資格**…教職（地歴・公・社・商業），司書，司書教諭，学芸員など。 ● **進路状況**…………就職91.1%　進学2.4% ● **主な就職先**………京都銀行，関西みらい銀行，滋賀銀行，システナ，伊藤園，西日本旅客鉄道など。		
経営学部		
マネジメント	670	▷実際のケース分析や企業などと取り組む学びを重視し，経営者やマネジャーの思考・分析・企画力を身につける。近年はデジタルトランスフォーメーション（DX）に関わる科目で，マネジメントと最先端技術を融合する学びを展開。産業にイノベーションを起こす人材を育成・輩出していく。
● **取得可能な資格**…教職（商業），司書，司書教諭，学芸員など。 ● **進路状況**…………就職91.9%　進学1.2% ● **主な就職先**………京都銀行，一条工務店，大和ハウス工業，滋賀銀行，京都中央信用金庫など。		
法学部		
法律	410	▷法律総合，社会安全，政治・国際の3コース。ゼミなど実践の場で法を使いこなす力を身につけ，社会のさまざまな問題に対して公正な手続きで解決を図る力を養う。
法政策	185	▷地域公共コースを設置。安心・安全な社会を築くため，法学や政策学を学び，政策提言など新たなルールを生み出す力を養う。学外でのリサーチ科目など，現場で学ぶ科目も充実。
● **取得可能な資格**…教職（公・社），司書，司書教諭，学芸員など。 ● **進路状況**…………就職88.7%　進学3.0% ● **主な就職先**………大阪府警察本部，国家公務員一般職，国税専門官，京都銀行，日本年金機構など。		
現代社会学部		
現代社会	300	▷地域社会学，人間社会学，メディ社会学の3コース。社会学の基礎知識と調査手法を修得した上で，3つの専門コースから1つを選択。現代社会の課題を自ら発見し，社会改善へと実際に変えていく素養を身につける。
健康スポーツ社会	150	▷「社会学」＋「健康・スポーツ科学」で高齢化や地域活性化など現代社会の課題解決に挑む人材を育成する。健康・スポーツを科学的に追究するための高度な実験・実習設備が充実。
● **取得可能な資格**…教職（公・社・保体），司書，司書教諭，学芸員など。 ● **進路状況**…………就職89.7%　進学3.1% ● **主な就職先**………東北新社，京都銀行，大和ハウス工業，村田製作所，三菱電機，関西電力など。		
国際関係学部		
国際関係	200	▷世界を取り巻く変化や国際社会の諸問題について，政治・経済・共生などの幅広い学術的視点から分析し，その現象や実態について理解した国際社会の発展と平和に寄与できるグローバル人材を育成する。

キャンパスアクセス ［京都産業大学キャンパス］ 地下鉄烏丸線ー国際会館よりバス9分，北大路よりバス15分／叡山電車鞍馬線ー二軒茶屋より無料シャトルバス5分

● **取得可能な資格**…司書，学芸員など。
● **進路状況**…………就職94.3%　進学1.3%
● **主な就職先**………アクセンチュア，ANA大阪空港，近鉄エクスプレス，良品計画，ワコールなど。

外国語学部		
英語	120	▷英語，イングリッシュ・キャリアの２専攻。レベル別のきめ細かい指導や多彩な科目により，国際社会で役立つ実践的なコミュニケーション能力を獲得する。
ヨーロッパ言語	175	▷ドイツ語，フランス語，スペイン語，イタリア語，ロシア語，メディア・コミュニケーションの６専攻。言葉を通じて，ヨーロッパの歴史や文化を深く理解する。
アジア言語	130	▷中国語，韓国語，インドネシア語，日本語・コミュニケーションの４専攻。今や世界経済のけん引役であるアジアを広く学び，日本とアジアの懸け橋となる人材を育成する。

● **取得可能な資格**…教職（国・英・独・仏・中），司書，司書教諭，学芸員など。
● **進路状況**…………就職79.9%　進学3.8%
● **主な就職先**………ANA関西空港，積水ハウス，日本通運，大塚商会，シャープ，AOI Pro.など。

文化学部		
京都文化	150	▷３コース制。京都文化コースでは歴史，文化財，伝統工芸などを切り口に現代社会と融合する京都文化を探究。観光文化コースでは京都の伝統と文化を文化事象としての観光などのテーマから探究する。英語コミュニケーションコースでは京都の歴史や伝統産業などの魅力を世界へ伝える力を養う。
国際文化	170	▷総合文化，地域文化の２コース。歴史，思想，文学・芸術など，多様な視点を通して異文化理解を深めながら，複眼的な思考力を育成する。世界の文化を学ぶために不可欠な外国語教育も充実。

● **取得可能な資格**…教職（地歴・社・英），司書，司書教諭，学芸員など。
● **進路状況**…………就職86.7%　進学2.9%
● **主な就職先**………ジェイアール西日本ホテル開発，村田製作所，ニトリ，ナカバヤシ，美十など。

理学部		
数理科	55	▷数理科学を代数学系，幾何学系，解析学系，応用数学系の４分野を組み合わせて体系的に学修し，ビジネスをはじめ，さまざまな分野に応用の利く“生きた数学”を身につける。
物理科	40	▷量子物理の観点から自然界の現象に迫る能力と，物理学の力を駆使して現代社会の課題に立ち向かえる力を養う。
宇宙物理・気象	40	▷神山天文台を使用した観測や，JAXAをはじめとする研究機関と連携した最先端の研究も行い，宇宙の謎や地球・惑星を取り巻く問題の解明に挑む人材を育成する。

● **取得可能な資格**…教職（数・理・情），司書，司書教諭，学芸員など。
● **進路状況**…………就職63.3%　進学28.6%
● **主な就職先**………メイテック，大塚商会，村田製作所，メタウォーター，京都府教員委員会など。

情報理工学部		
情報理工	160	▷ネットワークシステム，情報セキュリティ，データサイエンス，ロボットインタラクション，コンピュータ基盤設計，組込みシステム，デジタルファブリケーション，脳科学，メディア処理技術，情報システムの10コース。情報科学を扱うプロフェッショナルとして活躍する人材を育成する。

- ●取得可能な資格…司書，学芸員など。
- ●進路状況…………就職82.0%　進学15.0%
- ●主な就職先………京セラ，SCSK，サイバーエージェント，ディー・エヌ・エー，富士ソフトなど。

生命科学部		
		▶産業生命科学科は，入学定員のうち文系入試として公募推薦入試総合評価型で4名，一般選抜前期（3科目型）で6名を受け入れる（2024年度）。
先端生命科	100	▷生命医科学，食料資源学，環境・生態学の3コースで生命科学の最先端に挑む学びを展開。実験動物1級技術者や食品衛生管理者の資格取得などをめざす副コースも選択可能。
産業生命科	50	▷医療と健康，食と農，環境と社会の3コース。社会のニーズと生命科学をむすび，生命科学の研究成果を活用できる人材を育成する。生命科学と社会科学を融合させた学びを展開。

- ●取得可能な資格…教職（理），司書，司書教諭，学芸員など。
- ●進路状況…………就職58.4%　進学37.2%
- ●主な就職先………新日本科学，タキイ種苗，大阪ガス，大塚製薬，山崎製パン，ヤクルト本社など。

▶キャンパス

全学部……［京都産業大学キャンパス］京都府京都市北区上賀茂本山

2024年度入試要項（前年度実績）

●募集人員

学部／学科		一般前期	一般中期	一般後期
▶経済	経済	217	52	32
▶経営	マネジメント	220	55	33
▶法	法律	143	31	20
	法政策	67	15	10
▶現代社会	現代社会	102	26	15
	健康スポーツ社会	48	12	7
▶国際関係	国際関係	68	17	9
▶外国語	英語	45	10	6
	ヨーロッパ言語	57	12	9
	アジア言語	40	10	8
▶文化	京都文化	50	12	6
	国際文化	53	14	9
▶理	数理科	19	5	2
	物理科	13	3	2
	宇宙物理・気象	13	3	2
▶情報理工	情報理工	57	13	7
▶生命科	先端生命科	33	8	5
	産業生命科	15	5	2

※一般選抜入試前期・中期日程の入試制度（スタンダード型・高得点科目重視型・共通テストプラス）ごとの募集人員については，それぞれの志願者数の割合によって配分する。

※外国語学部は全学科とも学科単位で募集する。ただし，ヨーロッパ言語学科とアジア言語学科は出願時に専攻の志望順位を確認し，合格発表時に合格した専攻を通知する。

※生命科学部産業生命科学科は，文系入試として一般選抜入試前期日程（3科目型）で6名を募集する。

予告）理学部と情報理工学部において，2025年度入試から，教科「情報」を組み込んだ一般選抜入試・情報プラス方式（仮称）を導入。現状の一般選抜前期日程のスタンダード2科目型の実施日に，現行の2科目型に加え，「情報」を含む3科目型でも合否判定する。

経済学部・経営学部・法学部・現代社会学部・国際関係学部・外国語学部・文化学部

一般選抜前期日程（スタンダード3科目型）・中期日程（スタンダード3科目型）　③科目

①国（100）▶国総・現文B・古典B（漢文を除く）　②外（100）▶コミュ英Ⅰ・コミュ英Ⅱ・コミュ英Ⅲ・英表Ⅰ・英表Ⅱ　③**地歴・公民・数**（100）▶世B・日B・「現社・政経」・「数Ⅰ・数Ⅱ・数A・数B（数列・ベク）」から1

※現社・政経はいずれの履修者でも解答可能な出題範囲とする。

※スタンダード3科目型で受験した科目のうち，高得点1科目の得点を自動的に2倍にし，

400点満点で判定する高得点科目重視３科目型との併願も可能（スタンダード３科目型への出願必須）。
一般選抜前期日程（スタンダード２科目型）
2科目 ①外（100）▶コミュ英Ⅰ・コミュ英Ⅱ・コミュ英Ⅲ・英表Ⅰ・英表Ⅱ ②**国・数**（100）▶「国総（古文・漢文を除く）・現文Ｂ」・「数Ⅰ・数Ⅱ・数Ａ・数Ｂ（数列・ベク）」から１
※スタンダード２科目型で受験した科目のうち，高得点１科目の得点を自動的に２倍にし，300点満点で判定する高得点科目重視２科目型との併願も可能（スタンダード２科目型への出願必須）。
一般選抜前期日程・中期日程（共通テストプラス）〈共通テスト科目〉 2科目 ①国（100）▶国（漢文を除く）②**地歴・公民・数・理**（100）▶世Ａ・世Ｂ・日Ａ・日Ｂ・地理Ａ・地理Ｂ・現社・倫・政経・「倫・政経」・数Ⅰ・「数Ⅰ・数Ａ」・数Ⅱ・「数Ⅱ・数Ｂ」・簿・情・「物基・化基・生基・地学基から２」・物・化・生・地学から１
〈個別試験科目〉 スタンダード３科目型（前期・中期）または２科目型（前期）で受験した英語（100）の得点を利用する
一般選抜後期日程 2科目 ①外（100）▶コミュ英Ⅰ・コミュ英Ⅱ・コミュ英Ⅲ・英表Ⅰ・英表Ⅱ ②**国・地歴・数**（100）▶「国総（古文・漢文を除く）・現文Ｂ」・世Ｂ・日Ｂ・「数Ⅰ・数Ⅱ・数Ａ・数Ｂ（数列・ベク）」から１

理学部

一般選抜前期日程（スタンダード３科目型）・中期日程（スタンダード３科目型）**【数理科学科・物理科学科】** 3科目 ①外（100）▶コミュ英Ⅰ・コミュ英Ⅱ・コミュ英Ⅲ・英表Ⅰ・英表Ⅱ ②**数**（100）▶数Ⅰ・数Ⅱ・数Ⅲ・数Ａ・数Ｂ（数列・ベク）③**理**（100）▶「物基・物」・「化基・化」から１
【宇宙物理・気象学科】 3科目 ①外（100）▶コミュ英Ⅰ・コミュ英Ⅱ・コミュ英Ⅲ・英表Ⅰ・英表Ⅱ ②**数**（100）▶数Ⅰ・数Ⅱ・数Ⅲ・数Ａ・数Ｂ（数列・ベク）③**理**（100）▶物基・物
※スタンダード３科目型で受験した科目のうち，高得点１科目の得点を自動的に２倍にし，400点満点で判定する高得点科目重視３科目型との併願も可能（スタンダード３科目型への出願必須）。
一般選抜前期日程（スタンダード２科目型）
2科目 ①外（100）▶コミュ英Ⅰ・コミュ英Ⅱ・コミュ英Ⅲ・英表Ⅰ・英表Ⅱ ②**数**（100）▶数Ⅰ・数Ⅱ・数Ⅲ・数Ａ・数Ｂ（数列・ベク）
※スタンダード２科目型で受験した科目のうち，高得点１科目の得点を自動的に２倍にし，300点満点で判定する高得点科目重視２科目型との併願も可能（スタンダード２科目型への出願必須）。
一般選抜前期日程・中期日程（共通テストプラス）**【数理科学科】〈共通テスト科目〉** 3科目 ①②**数**（100×2）▶「数Ⅰ・数Ａ」・「数Ⅱ・数Ｂ」③**理**（100）▶物・化・生から１
〈個別試験科目〉 スタンダード３科目型（前期・中期）または２科目型（前期）で受験した英語（100）の得点を利用する
【物理科学科】〈共通テスト科目〉 3科目 ①②**数**（50×2）▶「数Ⅰ・数Ａ」・「数Ⅱ・数Ｂ」③**理**（100）▶物・化から１
〈個別試験科目〉 スタンダード３科目型（前期・中期）または２科目型（前期）で受験した英語（100）の得点を利用する
【宇宙物理・気象学科】〈共通テスト科目〉 3科目 ①②**数**（50×2）▶「数Ⅰ・数Ａ」・「数Ⅱ・数Ｂ」③**理**（100）▶物
〈個別試験科目〉 スタンダード３科目型（前期・中期）または２科目型（前期）で受験した英語（100）の得点を利用する
一般選抜後期日程 2科目 ①外（100）▶コミュ英Ⅰ・コミュ英Ⅱ・コミュ英Ⅲ・英表Ⅰ・英表Ⅱ ②**数**（100）▶数Ⅰ・数Ⅱ・数Ⅲ・数Ａ・数Ｂ（数列・ベク）

情報理工学部

一般選抜前期日程（スタンダード３科目型）・中期日程（スタンダード３科目型） 3科目 ①外（100）▶コミュ英Ⅰ・コミュ英Ⅱ・コミュ英Ⅲ・英表Ⅰ・英表Ⅱ ②**数**（100）▶数Ⅰ・数Ⅱ・数Ⅲ・数Ａ・数Ｂ（数列・ベク）③**理**（100）▶「物基・物」・「化基・化」・「生基・生」から１
※スタンダード３科目型で受験した科目のうち，高得点１科目の得点を自動的に２倍にし，400点満点で判定する高得点科目重視３科目型との併願も可能（スタンダード３科目型へ

の出願必須）。
一般選抜前期日程（スタンダード２科目型） **2**科目 ①**外**(100)▶コミュ英Ⅰ・コミュ英Ⅱ・コミュ英Ⅲ・英表Ⅰ・英表Ⅱ ②**数**(100)▶数Ⅰ・数Ⅱ・数Ⅲ・数Ａ・数Ｂ（数列・ベク）
※スタンダード２科目型で受験した科目のうち，高得点１科目の得点を自動的に２倍にし，300点満点で判定する高得点科目重視２科目型との併願も可能（スタンダード２科目型への出願必須）。
一般選抜前期日程・中期日程（共通テストプラス） **〈共通テスト科目〉** **3**科目 ①②**数**(50×2)▶「数Ⅰ・数Ａ」・「数Ⅱ・数Ｂ」 ③**理**(100)▶物・化・生・地学から１
〈個別試験科目〉 スタンダード３科目型（前期・中期）または２科目型（前期）で受験した英語(100)の得点を利用する
一般選抜後期日程 **2**科目 ①**外**(100)▶コミュ英Ⅰ・コミュ英Ⅱ・コミュ英Ⅲ・英表Ⅰ・英表Ⅱ ②**数**(100)▶数Ⅰ・数Ⅱ・数Ⅲ・数Ａ・数Ｂ（数列・ベク）

生命科学部

一般選抜前期日程（スタンダード３科目型・文系科目） **【産業生命科学科】** **3**科目 ①**国**(100)▶国総・現文B・古典B（漢文を除く） ②**外**(100)▶コミュ英Ⅰ・コミュ英Ⅱ・コミュ英Ⅲ・英表Ⅰ・英表Ⅱ ③**地歴・公民・数**(100)▶世Ｂ・日Ｂ・「現社・政経」・「数Ⅰ・数Ⅱ・数Ａ・数Ｂ（数列・ベク）」から１
※数学は文系学部と同一問題を使用。
※現社・政経はいずれの履修者でも解答可能な出題範囲とする。
一般選抜前期日程（スタンダード３科目型・理系科目）・中期日程（スタンダード３科目型） **3**科目 ①**外**(100)▶コミュ英Ⅰ・コミュ英Ⅱ・コミュ英Ⅲ・英表Ⅰ・英表Ⅱ ②**数**(100)▶数Ⅰ・数Ⅱ・数Ａ・数Ｂ（数列・ベク） ③**理**(100)▶「物基・物」・「化基・化」・「生基・生」から１
※数学は文系学部と同一問題を使用。
※一般前期の産業生命科学科は，文系・理系のどちらかの科目を出願時に選択。
※スタンダード３科目型で受験した科目のうち，高得点１科目の得点を自動的に２倍にし，400点満点で判定する高得点科目重視３科目型との併願も可能（スタンダード３科目型への出願必須で，産業生命科学科は文系・理系の科目の受験者を分けて合否判定をする）。
一般選抜前期日程（スタンダード２科目型） **2**科目 ①**外**(100)▶コミュ英Ⅰ・コミュ英Ⅱ・コミュ英Ⅲ・英表Ⅰ・英表Ⅱ ②**数**(100)▶数Ⅰ・数Ⅱ・数Ａ・数Ｂ（数列・ベク）
※数学は文系学部と同一問題を使用。
※スタンダード２科目型で受験した科目のうち，高得点１科目の得点を自動的に２倍にし，300点満点で判定する高得点科目重視２科目型との併願も可能（スタンダード２科目型への出願必須）。
一般選抜前期日程（共通テストプラス） **【先端生命科学科】〈共通テスト科目〉** **2**科目 ①②**数・理**(100×2)▶「数Ⅰ・数Ａ」・「数Ⅱ・数Ｂ」・「物基・化基・生基・地学基から２」・物・化・生から２，ただし理科において同一名称を含む科目同士の選択は不可
〈個別試験科目〉 スタンダード３科目型または２科目型で受験した英語の得点(100)を利用する
【産業生命科学科】〈共通テスト科目〉 **2**科目 ①②**国・地歴・公民・数・理**(100×2)▶国（漢文を除く）・世Ａ・世Ｂ・日Ａ・日Ｂ・地理Ａ・地理Ｂ・現社・倫・政経・「倫・政経」・数Ⅰ・「数Ⅰ・数Ａ」・数Ⅱ・「数Ⅱ・数Ｂ」・簿・情・「物基・化基・生基・地学基から２」・物・化・生・地学から２，ただし地歴・公民・理科において同一名称を含む科目同士の選択は不可
〈個別試験科目〉 スタンダード３科目型または２科目型で受験した英語の得点(100)を利用する
一般選抜中期日程（共通テストプラス） **〈共通テスト科目〉** **2**科目 ①②**数・理**(100×2)▶「数Ⅰ・数Ａ」・「数Ⅱ・数Ｂ」・「物基・化基・生基・地学基から２」・物・化・生から２，ただし理科において同一名称を含む科目同士の選択は不可
〈個別試験科目〉 スタンダード３科目型で受験した英語の得点(100)を利用する
一般選抜後期日程 **2**科目 ①**外**(100)▶コミュ英Ⅰ・コミュ英Ⅱ・コミュ英Ⅲ・英表Ⅰ・英表Ⅱ ②**数**(100)▶数Ⅰ・数Ⅱ・数Ａ・数Ｂ（数

列・ベク）
※数学は文系学部と同一問題を使用。

その他の選抜

共通テスト利用入試は経済学部31名，経営学部34名，法学部31名，現代社会学部20名，国際関係学部10名，外国語学部38名，文化学部16名，理学部16名，情報理工学部10名，生命科学部16名を，学校推薦型選抜（公募推薦入試〈総合評価型・基礎評価型〉）は経済学部119名，経営学部128名，法学部113名，現代社会学部83名，国際関係学部55名，外国語学部117名，文化学部94名，理学部28名，情報理工学部39名，生命科学部34名を，総合型選抜（AO入試）は経済学部20名，法学部15名，国際関係学部７名，外国語学部18名，文化学部20名，理学部６名，情報理工学部６名，生命科学部６名を募集。ほかに学校推薦型選抜（専門学科等対象公募推薦入試，指定校推薦入試，スポーツ推薦入試），総合型選抜（マネジメント力選抜入試〈経営学部25名〉，次世代型リーダー選抜入試〈現代社会学部25名〉），帰国生徒入試，社会人入試，外国人留学生入試を実施。

偏差値データ（2024年度）

●一般選抜前期スタンダード３科目型

学部／学科	2024年度 駿台予備学校 合格目標ライン	2024年度 河合塾 ボーダー偏差値	2023年度 競争率
▶経済学部			
経済	44	45	2.4
▶経営学部			
マネジメント	43	45	2.5
▶法学部			
法律	44	45	2.2
法政策	43	45	2.4
▶現代社会学部			
現代社会	44	45	2.7
健康スポーツ社会	42	45	4.3
▶国際関係学部			
国際関係	44	45	2.0
▶外国語学部			
英語	46	45	2.0
ヨーロッパ言語	45	45	2.0
アジア言語	44	45	2.1
▶文化学部			
京都文化	44	45	2.4
国際文化	45	45	2.0
▶理学部			
数理科	42	45	2.4
物理科	41	45	2.0
宇宙物理・気象	43	47.5	4.3
▶情報理工学部			
情報理工	45	47.5	4.3
▶生命科学部			
先端生命科	43	45	2.9
産業生命科（理系）	42	45	2.8
（文系）	42	45	4.4

- 駿台予備学校合格目標ラインは合格可能性80％に相当する駿台模試の偏差値です。
- 河合塾ボーダー偏差値は合格可能性50％に相当する河合塾全統模試の偏差値です。なお，一般選抜前期・中期スタンダード３科目型の偏差値です。
- 競争率は受験者÷合格者の実質倍率

京都女子大学

資料請求

問合せ先　入試広報課　☎075-531-7054

建学の精神

京都女子大学の前身である京都女子高等専門学校は，仏教の平等思想に根ざして「男女平等」社会の実現を願い，女子大学設立に向けて行動した甲斐和里子，大谷籌子，九條武子の情熱と努力が基盤となって，1920（大正9）年に設立された。京都女子大学では創基から100年を期して，「ジェンダー平等の実現に貢献できる女性の養成」を教育理念に掲げ，ジェンダー科目やデータ・AIの科目を導入するとともに，2023年にデータサイエンス学部を開設し，2024年には既設学部の改革にも着手。"京女Spirits"を受け継ぎ，今なおジェンダー格差の大きい日本にあって，のびのびと自分らしく過ごせる環境を整え，ここで学び，夢を描き，新しい価値を創造する力を育むことで，日本社会の変革と経済の発展に大きく貢献する女性の育成に努めている。

● 東山キャンパス……〒605-8501　京都府京都市東山区今熊野北日吉町35番地

基本データ

学生数 ▶ 女6,016名
専任教員数 ▶ 教授133名，准教授49名，講師12名
設置学部 ▶ 文，発達教育，心理共生，家政，現代社会，法，データサイエンス
併設教育機関 ▶ 大学院─文学・発達教育学・家政学・現代社会（以上M・D），法学（M）

就職・卒業後の進路

就 職 率 **98.3**%
就職者÷希望者×100

● **就職支援**　進路・就職課では，就職活動に立ち向かう力や社会人として必要な力を身につけるため，継続的に行う進路指導・就職指導ガイダンスをはじめ，企業担当者を招いてのセミナーや講演などを豊富に開催。また，キャリアカウンセラーが常駐し，さまざまな相談に対応している（原則予約制）。

● **資格取得支援**　eラーニングを中心に，おすすめの資格取得等支援講座を40以上提供。公務員採用試験対策講座では，公務員の仕事や種類について理解を深め，段階に応じた勉強法を指導し，教職支援では教員経験のある特定教授と教職カウンセラーによる個別指導，教員採用選考試験対策講座等を通して支援。

進路指導者も必見 学生を伸ばす 面倒見

初年次教育

各学科の演習科目等に組み込み，総合的な調査・整理能力やプレゼンテーションスキルなどを段階的に育成するほか，ICTやデータサイエンス，AIの基礎を修得する情報教育を実施。多様なジェンダー科目も展開している

学修サポート

全学部でTA制度，オフィスアワー制度，専任教員が学生30～60人程度（学科により異なる）のクラスを担当するアドバイザー制度を導入。法学部では，上回生が新入生の学びを支援するピアサポート制度も導入している

オープンキャンパス（2023年度実績）　事前申込制で6月・7月・8月（4日間）・9月・11月・12月・3月に開催。大学紹介・入試ガイダンス，教員によるミニ講義，教員・在学生との懇談コーナー，キャンパスツアーなど。

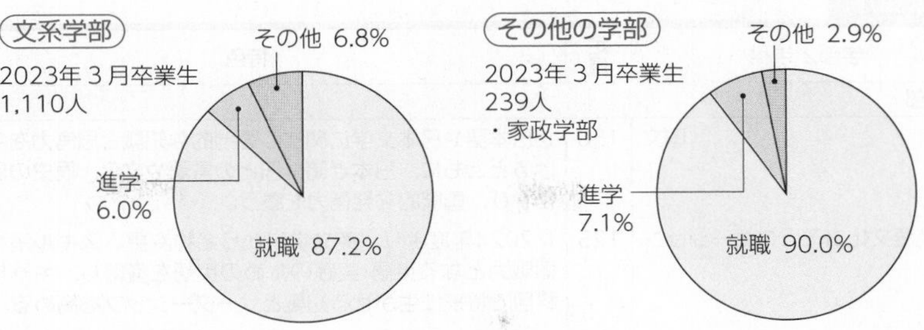

主なOG ▶［文］伊豆美沙子（福岡県宗像市長），［文］夏井いつき（俳人・エッセイスト），［現代社会］松本亜美（テレビ新潟放送網アナウンサー），［旧短大］江川悦子（メイクアップディメンションズ社長）など。

国際化・留学　大学間 57 大学等

受入れ留学生数 ▶ ３名（2023年５月１日現在）
留学生の出身国・地域 ▶ 中国，香港，韓国。
外国人専任教員 ▶ 教授５名，准教授５名，講師２名（2023年９月１日現在）
外国人専任教員の出身国 ▶ イギリス，カナダ，中国，アメリカ，オーストラリアなど。
大学間交流協定 ▶ 57大学・機関（交換留学先８大学，2023年５月１日現在）
海外への留学生数 ▶ 渡航型78名・オンライン型２名／年（４カ国・地域，2022年度）
海外留学制度 ▶ 協定大学への派遣留学・交換留学と，学生が希望する大学などの入学許可を受けた上で本学の許可を得て留学する認定留学の長期留学プログラム，語学研修をはじめ文化体験や名所訪問，小旅行を体験する海外語学研修講座のほか，英語文化コミュニケーション学科と現代社会学科では，学科の学びに沿った独自の留学プログラムを用意。

学費・奨学金制度　給付型奨学金総額 年間 5,225万円

入学金 ▶ 250,000円
年間授業料（施設費等を除く）▶ 780,000円〜（詳細は巻末資料参照）
年間奨学金総額 ▶ 52,250,000円
年間奨学金受給者数 ▶ 348人
主な奨学金制度 ▶ 経済的理由で学業を続けることが困難になった学生を対象とする「京都女子大学奨学金」は，面接を行い，人物・健康・成績・学費支弁の困難度などを検討した上で採用を決定。このほか，育友会からの寄付金を基金として運用している「京都女子大学育友会奨学金」，入学後１・２・３年目の各年度１年間の成績が特に優秀な学生を対象とする「成績優秀者奨学金制度」を設置。

保護者向けインフォメーション

●**オープンキャンパス**　通常のオープンキャンパス時に保護者向けガイダンスを行っている。
●**成績確認**　成績通知書を郵送している。
●**育友会**　保護者の組織である育友会では地区懇談会や会報の発行を通じ，大学のあり方や学生生活，就職問題などをさまざまな角度から考えるコミュニケーションの機会を設けている。
●**防災対策**　「防災カード」を挟み込んだ「学生手帳」を年度ごとに配布するほか，京都女子大学防災マニュアルを策定している。災害時の学生の安否確認は，ポータルサイトを利用。

インターンシップ科目	必修専門ゼミ	卒業論文	GPA制度の導入の有無および活用例	１年以内の退学率	標準年限での卒業率
全学部で開講している	全学部で実施	全学部で卒業要件	奨学金対象者の選定基準，退学勧告の基準，学生に対する個別の学修指導などに活用	1.1%	97%

京都　京都女子大学

学部紹介

学部／学科	定員	特色
文学部		
国文	130	▷日本語や日本文学に関する専門的な知識と思考力を身につけるとともに，日本と諸外国との言語や文化，歴史の関連性を学び，国際的な発信力を養う。
英語文化コミュニケーション	125	▷2024年度より，英文学科から名称変更。スキル系科目で即戦力となる英語・実践のための英語を獲得し，キャリア系科目で将来に生かせる知識とリーダーシップを高める。
史	130	▷１回生では日本と世界の歴史を横断的に学修し，２回生から日本史・東洋史・西洋史の各コースに分かれ，専門研究を深め，歴史から多様な視点を得て，未来に生きる力を養う。
● 取得可能な資格…教職(国・地歴・社・英)，司書，司書教諭，学芸員など。 ● 進路状況…………就職89.9%　進学2.8% ● 主な就職先………三井ダイレクト損害保険，島津製作所，JALスカイ大阪，LINEヤフーなど。		
発達教育学部		
教育	195	▷2024年度より，従来の３学科制から１学科制に改組。保育探究，教育探究，授業探究，生涯教育，インクルーシブ教育，音楽探究，児童文化の７プログラムの学びの領域を用意し，子どもから大人までの学びと育ちを支援する教員，保育士，企業人，行政職を育成する。
● 取得可能な資格…教職(音，小一種，幼一種，特別支援)，司書，司書教諭，保育士など。 ● 進路状況…………就職84.0%　進学10.3% ● 主な就職先………公私立小・中学校教員，公立特別支援学校教員，赤ちゃん本舗，村田製作所など。		
心理共生学部		
心理共生	155	▷NEW! '24年新設。心理，社会福祉，養護・保健の領域を横断的に学び，個々の「ウェルビーイング」の向上，誰もが生き生きとした人生を送ることができる共生社会を実現する。
● 取得可能な資格…教職(保健，養護一種)，司書，司書教諭，社会福祉士受験資格など。 ● 主な就職先………大阪市社会福祉局，ニトリ，日本生命保険など(旧発達教育学部心理学科実績)。		
家政学部		
食物栄養	120	▷食と栄養に対する深い知識で，“社会の健康”をリードする人材を育成する。４回生を対象に，管理栄養士国家試験の確実な合格をめざして，毎週１回の国家試験対策講座を実施。
生活造形	120	▷造形意匠，アパレル造形，空間造形について学び，理論と技術を修得する。文化的価値の高い建築物や美術工芸・着物文化など，京都ならではの実践的なデザイン活動の場が充実。
● 取得可能な資格…教職(家，栄養)，司書，司書教諭，学芸員，栄養士，管理栄養士・１級建築士・２級建築士受験資格など。 ● 進路状況…………就職90.0%　進学7.1% ● 主な就職先………ロッテ，日本食品分析センター，マルコメ，TASAKI，積水ハウス，SUBARUなど。		
現代社会学部		
現代社会	250	▷現代社会の諸問題を多角的に探究し，課題解決能力を身につける。文化・心理，家族・地域，経済・ビジネス，環境・公共，政治・国際関係の５コースを設置。

キャンパスアクセス [東山キャンパス] JR・近鉄・地下鉄一京都よりバス10分・東山七条下車徒歩5分／阪急一京都河原町からバス15分・東山七条下車徒歩5分／京阪一七条より徒歩15分

● 取得可能な資格…教職（公・社），司書，司書教諭，学芸員など。 ● 進路状況…………就職90.0％ 進学3.3％ ● 主な就職先………京セラ，四季，イシダ，任天堂，セコム，日本ハム，ワコール，村田製作所など。		
法学部		
法	120	▷女子大初かつ唯一の法学部として，女性の自立をめざした学びを展開し，より良い社会をつくる法的解決能力を備えたジェンダー・センシティブな人材を養成する。
● 取得可能な資格…教職（公・社），司書，司書教諭など。 ● 進路状況…………就職80.6％ 進学10.7％ ● 主な就職先………大阪府ほか職員，京都銀行，明治安田生命保険，ベリーベスト法律事務所など。		
データサイエンス学部		
データサイエンス	95	▷統計学，社会科学，情報学の３つの領域を組み合わせ，価値創造へとつながる文理融合のカリキュラムを導入し，ジェンダー平等に貢献できる教養を身につける。
● 取得可能な資格…教職（数・情），司書，司書教諭など。 ● 主な就職先………2023年度開設のため卒業生はいない。		

▶キャンパス

全学部……［東山キャンパス］京都府京都市東山区今熊野北日吉町35番地

2024年度入試要項（前年度実績）

●募集人員

学部／学科（専攻）		前期	後期
▶文	国文	43	4
	英語文化コミュニケーション	40	3
	史	43	3
▶発達教育	教育	68	5
▶心理共生	心理共生	54	4
▶家政	食物栄養	51	3
	生活造形	51	3
▶現代社会	現代社会	84	5
▶法	法	43	4
▶データサイエンス	データサイエンス	33	3

※一般選抜前期はＡ・Ｂ・Ｃ・Ｄ方式を実施。募集人員は各方式を合わせたもので，方式毎の受験者数に応じて募集人員を配分し，合否判定を行う。
※一般選抜前期Ｃ方式はＢ方式の得点と共通テストの得点を利用する共通テスト併用。
※一般選抜前期Ｄ方式はＢ方式の得点と英語外部試験のスコアを利用する入試。
※一般選抜後期は，家政学部食物栄養学科とデータサイエンス学部は共通テスト併用。

▷一般選抜前期Ｃ方式はＢ方式出願者のみ出願することができ，共通テスト利用型選抜を出願していなくても出願できる。
▷一般選抜前期Ｄ方式の出願はＢ方式を出願していること，本学が指定する英語外部試験（英検〈従来型・英検S-CBT・英検S-Interview〉，GTEC〈Advanced・Basic・Core・CBT〉のいずれか）のスコアを有していることを条件とする。英語外部試験の配点は100点満点でCEFRの対照表により換算する。
▷一般選抜前期Ｃ方式の共通テストの「英語」は，リーディング・リスニング各100点の200点満点を100点満点に換算する。

文学部

一般選抜前期Ａ方式 **【国文学科・史学科】**
③科目 ①国（100）▶国総・現文Ｂ・古典Ｂ（漢文は単独では出題しない） ②外（100）▶コミュ英Ⅰ・コミュ英Ⅱ・コミュ英Ⅲ・英表Ⅰ・英表Ⅱ ③地歴（100）▶世Ｂ・日Ｂから１
【英語文化コミュニケーション学科】 ②科目
①外（200）▶コミュ英Ⅰ・コミュ英Ⅱ・コミュ英Ⅲ・英表Ⅰ・英表Ⅱ ②国・地歴・数・理（100）▶「国総・現文Ｂ・古典Ｂ（漢文は単独では出題しない）」・世Ｂ・日Ｂ・「数Ⅰ・数Ⅱ・数Ａ・数Ｂ（数列・ベク），ただし数Ⅱ・数Ｂは選択のみ」・「化基・化（高分子を除く）」・「生基・生（生態・進化を除く）」から１

京都 京都女子大学

一般選抜前期Ｂ方式 **【国文学科】** **2科目** ①**国**(100)▶国総・現文Ｂ・古典Ｂ(漢文は単独では出題しない。ただし選択問題は必ず古典を選択すること) ②**外・地歴・数・理**(100)▶「コミュ英Ⅰ・コミュ英Ⅱ・コミュ英Ⅲ・英表Ⅰ・英表Ⅱ」・世Ｂ・日Ｂ・「数Ⅰ・数Ⅱ・数Ａ・数Ｂ(数列・ベク)，ただし数Ⅱ・数Ｂは選択のみ」・「化基・化(高分子を除く)」・「生基・生(生態・進化を除く)」から１

【英語文化コミュニケーション学科】 **2科目** ①**外**(100)▶コミュ英Ⅰ・コミュ英Ⅱ・コミュ英Ⅲ・英表Ⅰ・英表Ⅱ ②**国・地歴・数・理**(100)▶「国総・現文Ｂ・古典Ｂ(漢文は単独では出題しない。ただし古典は選択のみ)」・世Ｂ・日Ｂ・「数Ⅰ・数Ⅱ・数Ａ・数Ｂ(数列・ベク)，ただし数Ⅱ・数Ｂは選択のみ」・「化基・化(高分子を除く)」・「生基・生(生態・進化を除く)」から１

【史学科】 **2科目** ①②**地歴・「国・外・数・理」**(100×2)▶世Ｂ・日Ｂ・「〈国総・現文Ｂ・古典Ｂ(漢文は単独では出題しない。ただし古典は選択のみ)〉・〈コミュ英Ⅰ・コミュ英Ⅱ・コミュ英Ⅲ・英表Ⅰ・英表Ⅱ〉・〈数Ⅰ・数Ⅱ・数Ａ・数Ｂ(数列・ベク)，ただし数Ⅱ・数Ｂは選択のみ〉・〈化基・化(高分子を除く)〉・〈生基・生(生態・進化を除く)〉から１」から２

一般選抜前期Ｃ方式(共通テスト併用) **【国文学科】〈共通テスト科目〉** **2科目** ①**国・外・地歴・公民・数・理**(100×2)▶国・英(リスニングを含む)・世Ａ・世Ｂ・日Ａ・日Ｂ・地理Ａ・地理Ｂ・現社・倫・政経・「倫・政経」・数Ⅰ・「数Ⅰ・数Ａ」・数Ⅱ・「数Ⅱ・数Ｂ」・簿・情・「物基・化基・生基・地学基から２」・物・化・生・地学から２

〈個別試験科目〉 Ｂ方式の２科目の合計点を利用する

【英語文化コミュニケーション学科】〈共通テスト科目〉 **2科目** ①**国・外・地歴・公民・数・理**(100×2)▶国(近代)・英(リスニングを含む)・世Ａ・世Ｂ・日Ａ・日Ｂ・地理Ａ・地理Ｂ・現社・倫・政経・「倫・政経」・数Ⅰ・「数Ⅰ・数Ａ」・数Ⅱ・「数Ⅱ・数Ｂ」・簿・情・「物基・化基・生基・地学基から２」・物・化・生・地学から２

〈個別試験科目〉 Ｂ方式の２科目の合計点を利用する

【史学科】〈共通テスト科目〉 **2科目** ①**国・外・地歴・公民・数・理**(100×2)▶国・「英(リスニングを含む)・独・仏・中・韓から１」・世Ａ・世Ｂ・日Ａ・日Ｂ・地理Ａ・地理Ｂ・現社・倫・政経・「倫・政経」・数Ⅰ・「数Ⅰ・数Ａ」・数Ⅱ・「数Ⅱ・数Ｂ」・簿・情・「物基・化基・生基・地学基から２」・物・化・生・地学から２

〈個別試験科目〉 Ｂ方式の２科目の合計点を利用する

一般選抜前期Ｄ方式 ※Ｂ方式の得点(200)と英語外部試験のスコアの得点(100)の合計点(300)で選考する。

一般選抜後期 **2科目** ①**国**(国文200，英語文化コミュニケーション・史100)▶国総・現文Ｂ・古典Ｂ(漢文は単独では出題しない) ②**外**(国文・史100，英語文化コミュニケーション200)▶コミュ英Ⅰ・コミュ英Ⅱ・コミュ英Ⅲ・英表Ⅰ・英表Ⅱ

発達教育学部・心理共生学部

一般選抜前期Ａ方式 **3科目** ①**国**(100)▶国総・現文Ｂ・古典Ｂ(漢文は単独では出題しない) ②**外**(100)▶コミュ英Ⅰ・コミュ英Ⅱ・コミュ英Ⅲ・英表Ⅰ・英表Ⅱ ③**地歴・数・理**(100)▶世Ｂ・日Ｂ・「数Ⅰ・数Ⅱ・数Ａ・数Ｂ(数列・ベク)，ただし数Ⅱ・数Ｂは選択のみ」・「化基・化(高分子を除く)」・「生基・生(生態・進化を除く)」から１

一般選抜前期Ｂ方式 **2科目** ①②**国・外・地歴・数・理**(100×2)▶「国総・現文Ｂ・古典Ｂ(漢文は単独では出題しない。ただし古典は選択のみ)」・「コミュ英Ⅰ・コミュ英Ⅱ・コミュ英Ⅲ・英表Ⅰ・英表Ⅱ」・世Ｂ・日Ｂ・「数Ⅰ・数Ⅱ・数Ａ・数Ｂ(数列・ベク)，ただし数Ⅱ・数Ｂは選択のみ」・「化基・化(高分子を除く)」・「生基・生(生態・進化を除く)」から２

一般選抜前期Ｃ方式(共通テスト併用) **〈共通テスト科目〉** **2科目** ①②**国・外・地歴・公民・数・理**(100×2)▶国(近代)・英(リスニングを含む)・世Ａ・世Ｂ・日Ａ・日Ｂ・地理Ａ・地理Ｂ・現社・倫・政経・「倫・政経」・数Ⅰ・「数Ⅰ・数Ａ」・数Ⅱ・「数Ⅱ・数Ｂ」・簿・情・「物基・化基・生基・地学基から２」・物・化・生・地学から２

〈個別試験科目〉 Ｂ方式の２科目の合計点を利用する

一般選抜前期Ｄ方式 ※Ｂ方式の得点(200)

と英語外部試験のスコアの得点（100）の合計点（300）で選考する。

一般選抜後期　②科目　①国（100）▶国総・現文Ｂ・古典Ｂ（漢文は単独では出題しない）②外（100）▶コミュ英Ⅰ・コミュ英Ⅱ・コミュ英Ⅲ・英表Ⅰ・英表Ⅱ

家政学部

一般選抜前期Ａ方式　**【食物栄養学科】**　③科目　①**国**（100）▶国総・現文Ｂ・古典Ｂ（漢文は単独では出題しない）②**外**（100）▶コミュ英Ⅰ・コミュ英Ⅱ・コミュ英Ⅲ・英表Ⅰ・英表Ⅱ　③**理**（100）▶「化基・化（高分子を除く）」・「生基・生（生態・進化を除く）」から１

【生活造形学科】　③科目　①**国**（100）▶国総・現文Ｂ・古典Ｂ（漢文は単独では出題しない）②**外**（100）▶コミュ英Ⅰ・コミュ英Ⅱ・コミュ英Ⅲ・英表Ⅰ・英表Ⅱ　③**地歴・数・理**（100）▶世Ｂ・日Ｂ・「数Ⅰ・数Ⅱ・数Ａ・数Ｂ（数列・ベク），ただし数Ⅱ・数Ｂは選択のみ」・「化基・化（高分子を除く）」・「生基・生（生態・進化を除く）」から１

一般選抜前期Ｂ方式　**【食物栄養学科】**　②科目　①**理**（100）▶「化基・化（高分子を除く）」・「生基・生（生態・進化を除く）」から１　②**国・外・地歴・数**（100）▶「国総・現文Ｂ・古典Ｂ（漢文は単独では出題しない。ただし古典は選択のみ）」・「コミュ英Ⅰ・コミュ英Ⅱ・コミュ英Ⅲ・英表Ⅰ・英表Ⅱ」・世Ｂ・日Ｂ・「数Ⅰ・数Ⅱ・数Ａ・数Ｂ（数列・ベク），ただし数Ⅱ・数Ｂは選択のみ」から１

【生活造形学科】　②科目　①②**国・外・地歴・数・理**（100×2）▶「国総・現文Ｂ・古典Ｂ（漢文は単独では出題しない。ただし古典は選択のみ）」・「コミュ英Ⅰ・コミュ英Ⅱ・コミュ英Ⅲ・英表Ⅰ・英表Ⅱ」・世Ｂ・日Ｂ・「数Ⅰ・数Ⅱ・数Ａ・数Ｂ（数列・ベク），ただし数Ⅱ・数Ｂは選択のみ」・「化基・化（高分子を除く）」・「生基・生（生態・進化を除く）」から２

一般選抜前期Ｃ方式（共通テスト併用）**【食物栄養学科】〈共通テスト科目〉**　②科目　①②**国・外・地歴・公民・数・理**（100×2）▶国（近代）・英（リスニングを含む）・世Ａ・世Ｂ・日Ａ・日Ｂ・地理Ａ・地理Ｂ・現社・倫・政経・「倫・政経」・数Ⅰ・「数Ⅰ・数Ａ」・数Ⅱ・「数Ⅱ・数Ｂ」・簿・情・「化基・生基」・化・生から２

〈個別試験科目〉　Ｂ方式の２科目の合計点を利用する

【生活造形学科】〈共通テスト科目〉　②科目　①②**国・外・地歴・公民・数・理**（100×2）▶国（近代）・英（リスニングを含む）・世Ａ・世Ｂ・日Ａ・日Ｂ・地理Ａ・地理Ｂ・現社・倫・政経・「倫・政経」・数Ⅰ・「数Ⅰ・数Ａ」・数Ⅱ・「数Ⅱ・数Ｂ」・簿・情・「物基・化基・生基・地学基から２」・物・化・生・地学から２

〈個別試験科目〉　Ｂ方式の２科目の合計点を利用する

一般選抜前期Ｄ方式　※Ｂ方式の得点（200）と英語外部試験のスコアの得点（100）の合計点（300）で選考する。

一般選抜後期　**【生活造形学科】**　②科目　①**国**（100）▶国総・現文Ｂ・古典Ｂ（漢文は単独では出題しない）②**外**（100）▶コミュ英Ⅰ・コミュ英Ⅱ・コミュ英Ⅲ・英表Ⅰ・英表Ⅱ

一般選抜後期（共通テスト併用）**【食物栄養学科】〈共通テスト科目〉**　①科目　①**理**（100）▶「化基・生基」・化・生から１

〈個別試験科目〉　②科目　①**国**（100）▶国総・現文Ｂ・古典Ｂ（漢文は単独では出題しない）②**外**（100）▶コミュ英Ⅰ・コミュ英Ⅱ・コミュ英Ⅲ・英表Ⅰ・英表Ⅱ

現代社会学部

一般選抜前期Ａ方式　③科目　①**国**（100）▶国総・現文Ｂ・古典Ｂ（漢文は単独では出題しない）②**外**（100）▶コミュ英Ⅰ・コミュ英Ⅱ・コミュ英Ⅲ・英表Ⅰ・英表Ⅱ　③**地歴・数・理**（100）▶世Ｂ・日Ｂ・「数Ⅰ・数Ⅱ・数Ａ・数Ｂ（数列・ベク），ただし数Ⅱ・数Ｂは選択のみ」・「化基・化（高分子を除く）」・「生基・生（生態・進化を除く）」から１

一般選抜前期Ｂ方式　②科目　①②**国・外・地歴・数・理**（100×2）▶「国総・現文Ｂ・古典Ｂ（漢文は単独では出題しない。ただし古典は選択のみ）」・「コミュ英Ⅰ・コミュ英Ⅱ・コミュ英Ⅲ・英表Ⅰ・英表Ⅱ」・世Ｂ・日Ｂ・「数Ⅰ・数Ⅱ・数Ａ・数Ｂ（数列・ベク），ただし数Ⅱ・数Ｂは選択のみ」・「化基・化（高分子を除く）」・「生基・生（生態・進化を除く）」から２

一般選抜前期Ｃ方式（共通テスト併用）〈共

通テスト科目〉 2科目 ①②**国・外・地歴・公民・数・理**(100×2)▶国(近代)・「英(リスニングを含む)・独・仏・中・韓から1」・世A・世B・日A・日B・地理A・地理B・現社・倫・政経・「倫・政経」・数Ⅰ・「数Ⅰ・数A」・数Ⅱ・「数Ⅱ・数B」・簿・情・「物基・化基・生基・地学基から2」・物・化・生・地学から2

〈個別試験科目〉 B方式の2科目の合計点を利用する

一般選抜前期D方式 ※B方式の得点(200)と英語外部試験のスコアの得点(100)の合計点(300)で選考する。

一般選抜後期 2科目 ①**国**(100)▶国総・現文B・古典B(漢文は単独では出題しない) ②**外**(100)▶コミュ英Ⅰ・コミュ英Ⅱ・コミュ英Ⅲ・英表Ⅰ・英表Ⅱ

法学部

一般選抜前期A方式 3科目 ①**国**(100)▶国総・現文B・古典B(漢文は単独では出題しない) ②**外**(100)▶コミュ英Ⅰ・コミュ英Ⅱ・コミュ英Ⅲ・英表Ⅰ・英表Ⅱ ③**地歴・数・理**(100)▶世B・日B・「数Ⅰ・数Ⅱ・数A・数B(数列・ベク),ただし数Ⅱ・数Bは選択のみ」・「化基・化(高分子を除く)」・「生基・生(生態・進化を除く)」から1

一般選抜前期B方式 2科目 ①**外**(100)▶コミュ英Ⅰ・コミュ英Ⅱ・コミュ英Ⅲ・英表Ⅰ・英表Ⅱ ②**国・地歴・数・理**(100)▶「国総・現文B・古典B(漢文は単独では出題しない。ただし古典は選択のみ)」・世B・日B・「数Ⅰ・数Ⅱ・数A・数B(数列・ベク),ただし数Ⅱ・数Bは選択のみ」・「化基・化(高分子を除く)」・「生基・生(生態・進化を除く)」から1

一般選抜前期C方式(共通テスト併用) **〈共通テスト科目〉** 2科目 ①②**国・外・地歴・公民・数・理**(100×2)▶国(近代)・「英(リスニングを含む)・独・仏・中・韓から1」・世A・世B・日A・日B・地理A・地理B・現社・倫・政経・「倫・政経」・数Ⅰ・「数Ⅰ・数A」・数Ⅱ・「数Ⅱ・数B」・簿・情・「物基・化基・生基・地学基から2」・物・化・生・地学から2

〈個別試験科目〉 B方式の2科目の合計点を利用する

一般選抜前期D方式 ※B方式の得点(200)と英語外部試験のスコアの得点(100)の合計点(300)で選考する。

一般選抜後期 2科目 ①**国**(100)▶国総・現文B・古典B(漢文は単独では出題しない) ②**外**(100)▶コミュ英Ⅰ・コミュ英Ⅱ・コミュ英Ⅲ・英表Ⅰ・英表Ⅱ

データサイエンス学部

一般選抜前期A方式〈2科目型(数学重視型)〉 2科目 ①**数**(200)▶数Ⅰ・数Ⅱ・数A・数B(数列・ベク) ※選択問題では必ず数Ⅱ・数Bを選択すること。 ②**国・外**(100)▶「国総・現文B・古典B(漢文は単独では出題しない)」・「コミュ英Ⅰ・コミュ英Ⅱ・コミュ英Ⅲ・英表Ⅰ・英表Ⅱ」から1

一般選抜前期A方式〈3科目型(スタンダード型)〉 3科目 ①**国**(100)▶国総・現文B・古典B(漢文は単独では出題しない) ②**外**(100)▶コミュ英Ⅰ・コミュ英Ⅱ・コミュ英Ⅲ・英表Ⅰ・英表Ⅱ ③**数**(100)▶数Ⅰ・数Ⅱ・数A・数B(数列・ベク),ただし数Ⅱ・数Bは選択のみ

一般選抜前期B方式 2科目 ①**数**(100)▶数Ⅰ・数Ⅱ・数A・数B(数列・ベク) ※選択問題では必ず数Ⅱ・数Bを選択すること。②**国・外・地歴・理**(100)▶「国総・現文B・古典B(漢文は単独では出題しない。ただし古典は選択のみ)」・「コミュ英Ⅰ・コミュ英Ⅱ・コミュ英Ⅲ・英表Ⅰ・英表Ⅱ」・世B・日B・「化基・化(高分子を除く)」・「生基・生(生態・進化を除く)」から1

一般選抜前期C方式(共通テスト併用) **〈共通テスト科目〉** 2科目 ①②**国・外・地歴・公民・数・理**(100×2)▶国(近代)・英(リスニングを含む)・世A・世B・日A・日B・地理A・地理B・現社・倫・政経・「倫・政経」・「数Ⅰ・数A」・「数Ⅱ・数B」・「物基・化基・生基・地学基から2」・物・化・生・地学から2

〈個別試験科目〉 B方式の2科目の合計点を利用する

一般選抜前期D方式 ※B方式の得点(200)と英語外部試験のスコアの得点(100)の合計点(300)で選考する。

一般選抜後期(共通テスト併用) **〈共通テスト科目〉** 1科目 ①**数**(100)▶「数Ⅰ・数A」・

「数Ⅱ・数B」から1
〈個別試験科目〉 2科目 ①国(100)▶国総・現文B・古典B（漢文は単独では出題しない）②外(100)▶コミュ英Ⅰ・コミュ英Ⅱ・コミュ英Ⅲ・英表Ⅰ・英表Ⅱ

その他の選抜

共通テスト利用型選抜は文学部30名，発達教育学部12名，心理共生学部12名，家政学部16名，現代社会学部22名，法学部８名，データサイエンス学部７名を，公募型学校推薦選抜は文学部80名，発達教育学部40名，心理共生学部32名，家政学部48名，現代社会学部48名，法学部26名，データサイエンス学部20名を，総合型選抜は文学部31名，発達教育学部17名，心理共生学部13名，家政学部14名，現代社会学部20名，法学部５名，データサイエンス学部６名を募集。ほかに指定校推薦型選抜，京都女子高等学校推薦選抜，帰国子女入試，社会人特別選抜，外国人留学生入試を実施。

偏差値データ（2024年度）

●一般選抜前期Ａ方式

学部／学科／専攻	2024年度 駿台予備学校 合格目標ライン	2024年度 河合塾 ボーダー偏差値	2023年度 競争率
▶文学部			
国文	47	45	1.3
英語文化コミュニケーション	47	45	1.1
史	48	45	1.4
▶発達教育学部			
教育	48	47.5	2.1
▶心理共生学部			
心理共生	48	47.5	2.1
▶家政学部			
食物栄養	47	50	3.0
生活造形	47	47.5	2.6
▶現代社会学部			
現代社会	47	45	1.5
▶法学部			
法	48	45	1.4
▶データサイエンス学部			
データサイエンス	47〜48	47.5	1.7

●駿台予備学校合格目標ラインは合格可能性80%に相当する駿台模試の偏差値です。なお，データサイエンス学部は前期全体の偏差値です。
●河合塾ボーダー偏差値は合格可能性50%に相当する河合塾全統模試の偏差値です。
●競争率は受験者÷合格者の実質倍率
※発達教育学部教育学科の競争率は，2023年度選抜で実施された教育学科の教育学，養護・福祉教育学，音楽教育学の３専攻を合わせた実績です。
※心理共生学部の競争率は，2023年度選抜の発達教育学部心理学科の実績です。

同志社大学

(どうししゃ)

問合せ先 入学センター入学課 ☎075-251-3210

建学の精神

1875年に設立された同志社英学校を前身として，同志社大学が誕生。創立者・新島襄が掲げた「良心を手腕に運用する人物の養成」という建学の精神を実現するため，「キリスト教主義」「自由主義」「国際主義」の３つを教育理念とした「良心教育」を展開。キリスト教を徳育の基礎として自治自立の精神を涵養し，国際感覚豊かな人物を養成するという新島の思いは，148年に及ぶ歴史の中で受け継がれ，高い志を持った多くの人物を輩出している。５つの重要文化財を有する今出川校地は文系学部の教育拠点であり，理系や文理融合系が集まる京田辺校地は「関西文化学術研究都市」に位置し，最先端の実験設備・機器や情報教育設備が充実。すべての学部が一つの校地で４年間の学修を完結できる，体系的で一貫性のある教育体制を確立している。

●今出川校地……〒602-8580　京都府京都市上京区今出川通烏丸東入
●京田辺校地……〒610-0394　京都府京田辺市多々羅都谷1-3

基本データ

学生数▶26,166名（男14,798名，女11,368名）
専任教員数▶教授487名，准教授162名，助教・助手117名
設置学部▶神，文，社会，法，経済，商，政策，文化情報，理工，生命医科，スポーツ健康科，心理，グローバル・コミュニケーション，グローバル地域文化
併設教育機関▶大学院（P.923参照）

就職・卒業後の進路

就職率 98.8%
就職者÷希望者×100

●**就職支援**　1・2年次から職業観醸成のためのプログラムを展開。就職活動についても，綿密な年間スケジュールを組み，さまざまな催しを行い，一人ひとりの希望・特性にふさわしい就職実現をめざしてサポート。U・Iターン希望者やグローバルに活躍したい学生を対象にしたセミナーなども開催している。

●**資格取得支援**　裁判官，検察官，弁護士，公認会計士，税理士，中小企業診断士などの資格取得をめざす学生のために，課外講座を開設。また，教職志望者を支援する教員養成サポート室を，両校地に設けている。

進路指導者も必見 学生を伸ばす 面倒見

初年次教育	学修サポート
全学部でレポート・論文の書き方を学ぶほか，学部により，プレゼン技法，論理的思考や問題発見・解決能力の向上などを図る導入教育を実施。2022年度より「同志社データサイエンス・AI教育プログラム（DDASH）」を開設	TA制度（全学部），オフィスアワー（神・社会・法・商・理工・生命医科を除く），文（英文）・文化情報・理工・生命医科で「アドバイザークラス」（教員1人が約10人の学生を担当）を導入。ラーニング・コモンズを両校地に設置

オープンキャンパス（2023年度実績）　京田辺Cで７月29日・30日，今出川Cで８月５日・６日に開催（事前予約制）。大学紹介，学部・学科・コース紹介，入試説明，キャンパスツアー，個別相談，下宿・奨学金説明会など。

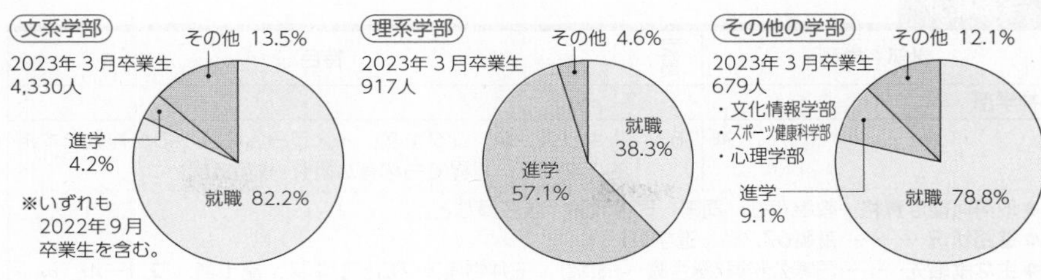

主なOB・OG ▶ ［神］内田誠（日産自動車社長），［文］魚谷雅彦（資生堂会長），［旧工］中島規巨（村田製作所社長），［商］カズレーザー（お笑いタレント），［スポーツ健康科］田中希実（陸上競技選手）など。

国際化・留学　大学間 214 大学等・部局間 187 大学等

受入れ留学生数 ▶ 735名（2023年５月１日現在）

留学生の出身国・地域 ▶ 韓国，中国，台湾，アメリカ，ベトナムなど。

外国人専任教員 ▶ 教授31名，准教授17名，助教・助手22名（2023年５月１日現在）

外国人専任教員の出身国 ▶ アメリカ，中国，韓国，カナダ，イギリスなど。

大学間交流協定 ▶ 214大学・機関（交換留学先176大学，2023年９月１日現在）

部局間交流協定 ▶ 187大学・機関（交換留学先79大学，2023年８月31日現在）

海外への留学生数 ▶ 渡航型535名・オンライン型45名／年（28カ国・地域，2022年度）

海外留学制度 ▶ サマー・スプリングプログラム，セメスタープログラム，EUキャンパスプログラム，外国協定大学派遣留学生制度など，短期から長期まで，目標やレベルに合わせた多彩なプログラムを実施。コンソーシアムはACUCA，T.I.M.E.，IAESTEに参加。

学費・奨学金制度　給付型奨学金総額 年間約 9,057 万円

入学金 ▶ 200,000円

年間授業料（施設費等を除く）▶ 763,000円～（詳細は巻末資料参照）

年間奨学金総額 ▶ 90,573,000円

年間奨学金受給者数 ▶ 298人

主な奨学金制度 ▶ 学生が安心して学業に専念できるよう，「同志社大学奨学金」「同志社大学修学特別支援奨学金」「同志社大学育英奨学金」「同志社大学寄付奨学金」など多種多様な奨学金制度で支援。また2022年度には，１人を対象に，大規模自然災害等による被災学生に対する授業料等減免を行った。

保護者向けインフォメーション

●**成績確認**　経済学部などで成績通知書を保護者に送付している（父母懇談会の案内通知に同封するグローバル地域文化学部など，学部によって取り扱いは異なる）。また，学食利用状況は，大学生協アプリから確認が可能。

●**懇談会**　文・法学部など，複数の学部で父母懇談会を開催（学部によって名称は異なる）。

●**就職セミナー**　商学部など，複数の学部で就職セミナーなどを開催（学部によって開催時期は異なる）。

●**防災対策**　災害等有事の際にけが人や安否不明者を速やかに把握するため，安否確認システムを導入している。

インターンシップ科目	必修専門ゼミ	卒業論文	GPA制度の導入の有無および活用例	１年以内の退学率	標準年限での卒業率
全学部で開講している	文・文化情報・グローバル系２学部で１～４年次，社会・スポーツ健康科・心理で３・４年次，理工・生命医科で４年次に実施	神・法・経済・商・政策学部を除き卒業要件	奨学金対象者選定，派遣留学選考のほか，学部により，卒業判定・大学院入試選抜基準，個別の学修指導，履修上限単位数設定に活用	1.1%	82.5%

学部紹介

学部／学科	定員	特色
神学部		
神	63	▷キリスト教，ユダヤ教，イスラームの3つの一神教を本格的に学べる，世界でも稀有な研究・教育機関。
● 取得可能な資格…教職（宗），司書，司書教諭，学芸員など。 ● 進路状況…………就職67.3%　進学10.2% ● 主な就職先………国家公務員（総合職・一般職），三井物産アグロビジネス，富士通，ワコール，みずほ証券，あいおいニッセイ同和損害保険，日本年金機構，日本放送協会など。		
文学部		
英文	315	▷英米文学・英米文化，英語学・英語教育の2つの専門分野を深く学び，世界に目を向けた真の国際人を育成する。
哲	70	▷人間と世界についての根本的な問題を探求し，時代と自分を見つめる確かな目と，状況を的確に判断する力を養う。
美学芸術	70	▷美学，芸術学，芸術史（美術史）という3つの視点から美と芸術を考察し，繊細かつ豊かな感性と知性を養う。
文化史	125	▷総合的な視野で歴史を考察することで現在の社会や自己を見つめ直し，人類が進むべき道を問い続ける人材を養成する。
国文	125	▷単に作品を読解し，文学史をひもとくだけでなく，今に続く日本文化への理解を深め，世界と対話できる人間力を培う。
● 取得可能な資格…教職（国・地歴・公・社・英），司書，司書教諭，学芸員など。 ● 進路状況…………就職75.5%　進学6.9% ● 主な就職先………教員（京都・大阪・兵庫・岐阜ほか），地方公務員（京都府・市，大阪市ほか），楽天グループ，関西電力，京セラ，アマゾンジャパン，阪急阪神ホールディングスなど。		
社会学部		
社会	90	▷さまざまな切り口で次々と現れる社会問題を探究し，人と社会の関係を幸せにする処方箋を考える。
社会福祉	98	▷歴史的な社会問題にも向き合い，グローバル化・少子高齢化にふさわしい福祉社会のあり方を探求する。
メディア	88	▷情報化社会で重要性を増すメディアが映し出す情報をさまざまな角度からとらえ，社会で生きる表現方法を追究する。
産業関係	87	▷生きていく上で不可欠な「働く」ことに迫り，人が幸せに働ける仕組みをプロデュースできる人材を育成する。
教育文化	79	▷多様な文化に適応した教育のあり方を探求し，世界の新しい教育の流れをリードする人材を育成する。
● 取得可能な資格…教職（地歴・公・社・福），司書，司書教諭，学芸員，社会福祉士・精神保健福祉士受験資格など。 ● 進路状況…………就職83.7%　進学2.2% ● 主な就職先………京都銀行，東京海上日動火災保険，京都府警察，りそなグループ，GMOアドパートナーズ，京都市教員，星野リゾートグループ，東海旅客鉄道，LITALICOなど。		
法学部		
法律	683	▷公務員，法曹，企業法務，基礎法学の4つの履修モデルを導入し，実社会で活用できる能力の修得をサポート。
政治	210	▷現代政治，歴史・思想，国際関係の3コース。国内外の政治を分析し，21世紀のあるべき姿を構想する力を養う。

 キャンパスアクセス ［今出川校地］ 地下鉄烏丸線─今出川より徒歩1分／叡山電鉄，京阪電鉄─出町柳より徒歩15分

●取得可能な資格…教職（地歴・公・社），司書，司書教諭，学芸員など。 ●進路状況…………就職75.0%　進学11.4% ●主な就職先………国家公務員，地方公務員，三井住友銀行，日本生命保険，ソフトバンク，パナソニック，アクセンチュア，伊藤忠商事，マツダ，日清食品ホールディングスなど。		
経済学部		
経済	893	▷日常のあらゆる事象を経済学的思考で分析する力を身につけ，広く社会のために行動できる自治自立の人材を育成する。
●取得可能な資格…教職（地歴・公・社），司書，司書教諭，学芸員など。 ●進路状況…………就職85.2%　進学1.5% ●主な就職先………三井住友信託銀行，みずほフィナンシャルグループ，TIS，NTTドコモ，西日本電信電話，積水ハウス，楽天グループ，リクルート，国家公務員（一般職）など。		
商学部		
商	893	▷商学総合，フレックス複合の２コース。自発的な問題発見能力と冷静な判断能力を兼ね備え，経済の変動が激しい現代社会でグローバルに活躍できる人材を育成する。
●取得可能な資格…教職（地歴・公・社・商業），司書，司書教諭，学芸員など。 ●進路状況…………就職87.3%　進学0.4% ●主な就職先………京都銀行，サイバーエージェント，住友生命保険，野村證券，Apple Japan，電通，EY新日本有限責任監査法人，村田製作所，GSユアサ，三菱UFJ銀行など。		
政策学部		
政策	420	▷政治，経済，法律，組織などさまざまな視点から現代社会の問題を発見し，「政策」を立案，実施・評価できる力を培う。
●取得可能な資格…教職（公・社），司書，司書教諭，学芸員など。 ●進路状況…………就職91.3%　進学1.5% ●主な就職先………国家公務員（一般職），京都中央信用金庫，日本政策金融公庫，明治安田生命保険，エヌ・ティ・ティ・コミュニケーションズ，全日本空輸，アクセンチュアなど。		
文化情報学部		
文化情報	294	▷文化現象をデータサイエンスによって分析・解析することで，これまでの手法では見えなかった事実を探っていく文理融合型の学部。
●取得可能な資格…教職（地歴・公・社・数・情），司書，司書教諭，学芸員など。 ●進路状況…………就職77.4%　進学11.0% ●主な就職先………アクセンチュア，エヌ・ティ・ティ・データ，京セラ，大和ハウス工業，トヨタ自動車，日本たばこ産業，野村総合研究所，三菱電機，山崎製パン，良品計画など。		
理工学部		
インテリジェント情報工	83	▷コンピュータをより知的にする技術を研究し，高度な情報処理技術を社会に具現化できる研究者・技術者を育成する。
情報システムデザイン	83	▷人とシステムをつなぎ，より新たな価値を創出する情報通信プラットホーム構築のための基礎技術を学ぶ。
電気工	80	▷インフラストラクチャ分野とパワーエレクトロニクス分野を中心に，社会を支える，安全で自然に優しい電気エネルギーのあり方と，その根幹技術を学ぶ。
電子工	86	▷光・電子デバイス分野と通信システム分野を中心に，未来の情報通信を切り拓く最先端のエレクトロニクス技術を学ぶ。
機械システム工	96	▷ものづくりを原点にして，最先端の車両や輸送機器，製造機器などを研究・開発する技術者・研究者を育成する。
機械理工	70	▷地球資源の有効利用や環境に優しい機械・機器を開発するため，理工学の視点から機械工学にアプローチして学ぶ。

キャンパスアクセス ［京田辺校地］JR学研都市線一同志社前より徒歩10分／近鉄京都線一興戸より徒歩15分，新田辺よりバス10分，三山木よりバス7分

学科	定員	内容
機能分子・生命化	83	▷産業の基礎となる機能性物質の化学と生命現象の化学を2本の柱として学び，新素材・バイオに「分子」の機能から迫る。
化学システム創成工	83	▷持続可能な社会を形成するためのニーズに応える新材料創製と商品開発ができる技術者・研究者を育成する。
環境システム	51	▷多様な環境問題の本質を追究し，人間と地球のよりよい明日のために具体的な解決策を提示できる専門家を養成する。
数理システム	41	▷数理科学（数学および数学を応用した学問）を活用して，社会に貢献できる人材を育成する。

● **取得可能な資格**…教職（数・理・情），司書，司書教諭，学芸員など。
● **進路状況**…………就職39.2%　進学56.8%
● **主な就職先**………エヌ・ティ・ティ・データ，パナソニック，関西電力，西日本旅客鉄道，日産自動車，ENEOS，帝人，明治，ソニー，ダイキン工業，三井住友信託銀行など。

生命医科学部

学科	定員	内容
医工	100	▷先端研究を通して，医学と工学の融合的な見地から“医工学”の可能性を探究し，最先端の「ものづくり」分野において社会に貢献できる技術者・研究者を育成する。
医情報	100	▷ヒトや生物の情報に関する知識と技術を幅広く学び，情報・電子・科学の新分野で，カラダを見守る技術を創生する。
医生命システム	65	▷ヒトが持つ高度な機能をあらゆる角度から探究し，病気の原因究明や治療，予防法，健康増進をめざした研究を展開。

● **取得可能な資格**…教職（数・理），司書，司書教諭，学芸員など。
● **進路状況**…………就職35.8%　進学58.0%
● **主な就職先**………川崎重工業，京セラ，旭化成，LIXIL，オリンパス，キヤノンメディカルシステムズ，島津製作所，パナソニック，ダイキン工業，武田薬品工業，塩野義製薬など。

スポーツ健康科学部

学科	定員	内容
スポーツ健康科	221	▷QOLの向上と健康や予防医学に対して多方面から科学的にアプローチし，健康とスポーツに貢献する人材を育成する。

● **取得可能な資格**…教職（保体），司書，司書教諭，学芸員など。
● **進路状況**…………就職85.3%　進学4.1%
● **主な就職先**………アシックスジャパン，美津濃，サントリーホールディングス，ヤクルト本社，パナソニック，NTTドコモ，博報堂，住友商事，野村證券，保健体育科教諭など。

心理学部

学科	定員	内容
心理	158	▷現代社会のあらゆる課題に対応するため，基礎研究力と応用力を兼ね備えた，人の心と行動に迫る人材を育成する。「公認心理師」ほか，資格取得サポートも充実。

● **取得可能な資格**…教職（公・社），司書，司書教諭，学芸員など。
● **進路状況**…………就職72.0%　進学12.6%
● **主な就職先**………国家公務員（総合職），法務省専門職員（矯正心理専門職），日本アイ・ビー・エム，明治安田生命保険，西松屋チェーン，ロート製薬，医療法人，社会福祉法人など。

グローバル・コミュニケーション学部

学科	定員	内容
グローバル・コミュニケーション	158	▷〈英語コース85名，中国語コース43名，日本語コース30名〉実践的な外国語運用能力とグローバル社会に関する広範囲な知識を身につける。英語・中国語コースは留学（Study Abroad）が必修。日本語コースは外国人留学生が対象。

● **取得可能な資格**…教職（英），司書，司書教諭，学芸員など。
● **進路状況**…………就職82.5%　進学1.5%
● **主な就職先**………トヨタ自動車，パナソニック，任天堂，サントリーホールディングス，楽天グループ，日本航空，星野リゾートグループ，テレビ朝日，アクセンチュアなど。

グローバル地域文化学部		
グローバル地域文化	190	▷〈ヨーロッパコース74名，アジア・太平洋コース63名，アメリカコース53名〉世界各地域の文化・歴史・課題を学際的に研究し，希望ある未来を構想する志を育む。

- **取得可能な資格**…教職（地歴・社），司書，司書教諭，学芸員など。
- **進路状況**…………就職84.2％　進学2.8％
- **主な就職先**………三菱電機，ローム，村田製作所，京セラ，味の素，三井物産，ニトリ，京都銀行，TIS，博報堂，楽天グループ，星野リゾートグループ，阪急電鉄，京都府など。

キャンパス

神・文・社会・法・経済・商・政策・グローバル地域文化……［今出川校地］京都府京都市上京区今出川通烏丸東入

文化情報・理工・生命医科・スポーツ健康科・心理・〈グローバル・コミュニケーション〉……［京田辺校地］京都府京田辺市多々羅都谷1-3

2025年度入試要項（予告）

●募集人員

学部／学科（コース）	一般	共通テスト	推薦	AO
▶神　神	31	2	公募14 自己6	—
▶文　英文	185	A25 B10	公募10	—
哲	48	3	—	—
美学芸術	49	3	公募6	—
文化史	76	5	—	—
国文	79	4	公募2	—
▶社会　社会	51	5	—	—
社会福祉	54	5	公募12 自己3	—
メディア	53	5	自己5	—
産業関係	47	5	自己5	—
教育文化	42	5	自己8	—
▶法　法律	380	20	自己15	—
政治	104	10	自己5	—
▶経済　経済	510	27	自己10	—
▶商　商（商学総合）	344	25	—	—
（フレックス複合）	75	—	—	10
▶政策　政策	204	3科30 4科5	—	—
▶文化情報　文化情報	130	A20 B10	公募10	15
▶理工　インテリジェント情報工	全学23 個別23	5	公募1	—
情報システムデザイン	全学23 個別23	5	公募1	—
電気工	全学27 個別27	5	公募1	—
電子工	全学29 個別29	5	公募1	—
機械システム工	全学37 個別32	2	公募1	—
機械理工	全学27 個別23	2	公募1	—
機能分子・生命化	全学26 個別27	5	公募1	—
化学システム創成工	全学26 個別27	5	公募1	—
環境システム	全学16 個別17	2	公募1	—
数理システム	全学11 個別13	2	公募1	—
▶生命医科　医工	全学30 個別36	5	—	—
医情報	全学30 個別36	3	—	2
医生命システム	全学17 個別24	2	—	—
▶スポーツ健康科　スポーツ健康科	90	3科5 5科10 スポ15	自己20	4
▶心理　心理	79	5	自己4	—
▶グローバル・コミュニケーション　グローバル・コミュニケーション（英語）	50	—	公募13	—
（中国語）	26	—	公募7	—
▶グローバル地域文化　グローバル地域文化（ヨーロッパ）	46	2	公募6 自己2	—

(アジア・太平洋)	37	2	公募6	—
			自己2	
(アメリカ)	31	2	公募5	—
			自己2	

注）募集人員は2024年度の実績です。
※一般選抜入試は全学部日程と学部個別日程があり，理工学部と生命医科学部を除き，募集人員は両日程の合計数。
※次のように略しています。科目→科。スポーツ競技力加点方式→スポ。

▷共通テストの「英語」は，リーディング・リスニング各100点をリーディングのみ200点の300点満点に換算し，本学の英語の配点に圧縮する（社会学部教育文化学科のみ，300点満点を，本学英語の配点500点満点に換算）。
注）推薦選抜入試と自己推薦入試，およびAO入試は2024年度入試の情報です。

神学部

一般選抜入試全学部日程・学部個別日程 **3科目** ①**国**(150)▶現国・言語・論国・文国・古典 ②**外**(200)▶英コミュⅠ・英コミュⅡ・英コミュⅢ・論表Ⅰ・論表Ⅱ・論表Ⅲ ③**地歴・公民・数**(150)▶世探・日探・政経・「数Ⅰ・数Ⅱ・数A・数B（数列）・数C（ベク）」から1
共通テスト利用入試 **1科目** ①**外**(200)▶英（リスニングを含む）
[個別試験] **1科目** ①**小論文**(200)
推薦選抜入試 **[出願資格]** 校長推薦，1浪までのほか，A区分はキリスト教会に所属する者，あるいはキリスト教主義高校の出身者で全体の学習成績の状況が3.5以上の者。B区分は，高校在学時に文化活動・スポーツ活動において優れた業績を修めた者などで全体の学習成績の状況が3.5以上の者（スポーツ活動の場合は3.0以上）。
[選考方法] 書類審査，小論文，面接。
自己推薦入試 **[出願資格]** 一神教を中心に宗教を専門的に深く学ぶことによって，将来の夢を実現したいという強い意志を持つ者。
[選考方法] 書類審査による第1次選考の通過者を対象に，口頭試問を行う。

文学部

一般選抜入試全学部日程・学部個別日程 **3科目** ①**国**(150)▶現国・言語・論国・文国・古典 ②**外**(200)▶英コミュⅠ・英コミュⅡ・英コミュⅢ・論表Ⅰ・論表Ⅱ・論表Ⅲ ③**地歴・公民・数**(150)▶世探・日探・政経・「数Ⅰ・数Ⅱ・数A・数B（数列）・数C（ベク）」から1
共通テスト利用入試 **【英文学科】〈A方式〉** **1科目** ①**外**(200)▶英（リスニングを含む）
[個別試験] **1科目** ①**口頭試問**(100)▶英語と日本語で行う
〈B方式〉 **3科目** ①**国**(200)▶国 ②**外**(200)▶英（リスニングを含む） ③**地歴・公民・数・理**(100)▶「歴総・世探」・「歴総・日探」・「地総・地探」・「公・倫」・「公・政経」・「地総・歴総・公から2」・数Ⅰ・「数Ⅰ・数A」・「数Ⅱ・数B・数C」・「物基・化基・生基・地学基から2」・物・化・生・地学から1
[個別試験] 行わない。
【哲学科】 **5科目** ①**国**(200)▶国 ②**外**(200)▶英（リスニングを含む） ③**地歴・公民**(100)▶「歴総・世探」・「歴総・日探」・「地総・地探」・「公・倫」・「公・政経」・「地総・歴総・公から2」から1 ④**数**(100)▶数Ⅰ・「数Ⅰ・数A」・「数Ⅱ・数B・数C」から1 ⑤**理**(100)▶「物基・化基・生基・地学基から2」・物・化・生・地学から1
[個別試験] 行わない。
【美学美術学科】 **3科目** ①**外**(200)▶英（リスニングを含む） ②③**国・「地歴・公民」・数・理**(200×2)▶国・「〈歴総・世探〉・〈歴総・日探〉・〈地総・地探〉・〈公・倫〉・〈公・政経〉・〈地総・歴総・公から2〉から1」・「数Ⅰ・〈数Ⅰ・数A〉・〈数Ⅱ・数B・数C〉から1」・「〈物基・化基・生基・地学基から2〉・物・化・生・地学から1」から2
[個別試験] 行わない。
【文化史学科】 **5科目** ①**国**(200)▶国 ②**外**(200)▶英（リスニングを含む） ③**地歴**(100)▶「歴総・世探」・「歴総・日探」・「地総・地探」から1 ④**地歴・公民・数・理**(100)▶「公・倫」・「公・政経」・「地総・歴総・公から2」・数Ⅰ・「数Ⅰ・数A」・「数Ⅱ・数B・数C」・「物基・化基・生基・地学基から2」・物・化・生・地学から1
[個別試験] 行わない。
【国文学科】 **3科目** ①②③**国・外・「地歴・公**

民」・数・理（200×3）▶国・「英（リスニングを含む）・独・仏・中・韓から１」・「〈歴総・世探〉・〈歴総・日探〉・〈地総・地探〉・〈公・倫〉・〈公・政経〉・〈地総・歴総・公から２〉から１」・「数Ⅰ・〈数Ⅰ・数Ａ〉・〈数Ⅱ・数Ｂ・数Ｃ〉から１」・「〈物基・化基・生基・地学基から２〉・物・化・生・地学から１」から３

［個別試験］行わない。

推薦選抜入試　［出願資格］校長推薦のほか，英文学科は全体の学習成績の状況が4.0以上かつ英語が4.1以上で，TOEIC L&RあるいはTOEFL iBTのスコア基準を満たしている者。美学芸術学科は外国語の学習成績の状況が4.0以上かつ国語か地歴のいずれか１科目が4.3以上，または英検２級以上や英語検定試験のスコア基準などの要件に該当する者。国文学科は伝統文化継承者特別入試として行い，これまでに伝統文化を継承し，将来にわたって継承・発展させることができるだけの技術と熱意を持つ者。

［選考方法］書類審査による第１次選考の通過者を対象に，論文，口頭試問を行う。

社会学部

一般選抜入試全学部日程・学部個別日程 3科目 ①国（150）▶現国・言語・論国・文国・古典 ②外（200）▶英コミュⅠ・英コミュⅡ・英コミュⅢ・論表Ⅰ・論表Ⅱ・論表Ⅲ ③地歴・公民・数（150）▶世探・日探・政経・「数Ⅰ・数Ⅱ・数Ａ・数Ｂ（数列）・数Ｃ（ベク）」から１

共通テスト利用入試　【社会学科】 4科目 ①国（200）▶国 ②外（200）▶英（リスニングを含む） ③地歴・公民（200）▶「歴総・世探」・「歴総・日探」・「地総・地探」・「公・倫」・「公・政経」・「地総・歴総・公から２」から１ ④数・情（200）▶「数Ⅰ・数Ａ」・「数Ⅱ・数Ｂ・数Ｃ」・情Ⅰから１

［個別試験］行わない。

【社会福祉学科】 3科目 ①②③国・外・「地歴・公民」・数・理・情（200×3）▶国・「英（リスニングを含む）・独・仏・中・韓から１」・「〈歴総・世探〉・〈歴総・日探〉・〈地総・地探〉・〈公・倫〉・〈公・政経〉・〈地総・歴総・公から２〉から１」・「数Ⅰ・〈数Ⅰ・数Ａ〉・〈数Ⅱ・数Ｂ・数Ｃ〉から１」・「〈物基・化基・生基・地学基から２〉・物・化・生・地学から１」・情Ⅰから３

［個別試験］ 1科目 ①小論文（200）

【メディア学科】 4科目 ①国（200）▶国 ②外（200）▶英（リスニングを含む） ③④「地歴・公民」・数・情（200×2）▶「〈歴総・世探〉・〈歴総・日探〉・〈地総・地探〉・〈公・倫〉・〈公・政経〉・〈地総・歴総・公から２〉から１」・「〈数Ⅰ・数Ａ〉・〈数Ⅱ・数Ｂ・数Ｃ〉から１」・情Ⅰから２

［個別試験］行わない。

【産業関係学科】 3科目 ①国（200）▶国 ②外（200）▶英（リスニングを含む） ③数（200）▶「数Ⅰ・数Ａ」・「数Ⅱ・数Ｂ・数Ｃ」から１

［個別試験］ 1科目 ①小論文（200）

【教育文化学科】 3科目 ①国（200）▶国 ②外（500）▶英（リスニングを含む） ③地歴・公民・数・理・情（100）▶「歴総・世探」・「歴総・日探」・「地総・地探」・「公・倫」・「公・政経」・「地総・歴総・公から２」・数Ⅰ・「数Ⅰ・数Ａ」・「数Ⅱ・数Ｂ・数Ｃ」・「物基・化基・生基・地学基から２」・物・化・生・地学・情Ⅰから１

［個別試験］行わない。

社会福祉学科推薦選抜入試　［出願資格］校長推薦，１浪までのほか，Ａ区分は高校（福祉に関する学科または総合学科）において福祉に関する科目を３科目18単位以上修得した者。Ｂ区分は高校在学中にボランティア活動，福祉活動等を継続して行い，積極的な役割を果たした者。Ｃ区分（キリスト教徒推薦選抜入試）は，所属教会等の推薦状，および自己の信仰告白を伴う証文を提出できるキリスト者である者。

［選考方法］書類審査，小論文，口頭試問。

自己推薦（スポーツ）入試　【社会福祉学科・メディア学科・産業関係学科】［出願資格］１浪までの全体の学習成績の状況が3.0以上の者で，高校在学中に各種競技スポーツにおいて全国大会や国際大会に出場し，入学後も体育会加盟の部において，スポーツ活動を継続する意志を持つ者など。

［選考方法］書類審査，小論文，口頭試問。

教育文化学科自己推薦入試　［出願資格］教育と文化に関するグローバル／ローカルな活動を積極的に行い，多文化共生社会における人間形成について考究し，今後もそのような活動を継続する意志を持ち，指定された英語検定試験を受験し，そのスコアカードまたは合格証明書により英語能力を証明することができる者。
[選考方法] 書類審査による第１次選考の通過者を対象に，小論文，口頭試問(プレゼンテーションを含む)を行う。

法学部

一般選抜入試全学部日程・学部個別日程
3科目 ①**国**(150)▶現国・言語・論国・文国・古典 ②**外**(200)▶英コミュⅠ・英コミュⅡ・英コミュⅢ・論表Ⅰ・論表Ⅱ・論表Ⅲ ③**地歴・公民・数**(150)▶世探・日探・政経・「数Ⅰ・数Ⅱ・数Ａ・数Ｂ(数列)・数Ｃ(ベク)」から１
共通テスト利用入試 **5科目** ①**国**(200)▶国 ②**外**(200)▶英(リスニングを含む)・独・仏・中・韓から１ ③④**数**(100×2)▶「数Ⅰ・〈数Ⅰ・数Ａ〉から１」・「数Ⅱ・数Ｂ・数Ｃ」 ⑤**地歴・公民・理**(100)▶「歴総・世探」・「歴総・日探」・「地総・地探」・「公・倫」・「公・政経」・「地総・歴総・公から２」・「物基・化基・生基・地学基から２」・物・化・生・地学から１
[個別試験] 行わない。
自己推薦入試 **[出願資格]** １浪までの全体の学習成績の状況が4.0以上の者で，指定された外国語検定試験の基準を満たしている者など。
[選考方法] 書類審査，小論文，面接。

経済学部

一般選抜入試全学部日程・学部個別日程
3科目 ①**国**(150)▶現国・言語・論国・文国・古典 ②**外**(200)▶英コミュⅠ・英コミュⅡ・英コミュⅢ・論表Ⅰ・論表Ⅱ・論表Ⅲ ③**地歴・公民・数**(150)▶世探・日探・政経・「数Ⅰ・数Ⅱ・数Ａ・数Ｂ(数列)・数Ｃ(ベク)」から１
共通テスト利用入試 **4科目** ①**国**(200)▶国 ②**外**(200)▶英(リスニングを含む) ③**数**(100)▶数Ⅰ・数Ａ ④**地歴・公民・数・理**(100)▶「歴総・世探」・「歴総・日探」・「地総・地探」・「公・倫」・「公・政経」・「数Ⅱ・数Ｂ・数Ｃ」・「物基・化基・生基・地学基から２」・物・化・生・地学から１
[個別試験] 行わない。
自己推薦入試 **[出願資格]** １浪までの全体の学習成績の状況が3.4以上の者で，指定された英語検定試験のいずれかを受験し，そのスコアカードまたは合格証明書により英語能力を証明できる，高校の課外活動などで優れた成績・業績を修めた者など。
[選考方法] 書類審査による第１次選考の通過者を対象に，小論文，面接を行う。

商学部

一般選抜入試全学部日程・学部個別日程
3科目 ①**国**(150)▶現国・言語・論国・文国・古典 ②**外**(200)▶英コミュⅠ・英コミュⅡ・英コミュⅢ・論表Ⅰ・論表Ⅱ・論表Ⅲ ③**地歴・公民・数**(150)▶世探・日探・政経・「数Ⅰ・数Ⅱ・数Ａ・数Ｂ(数列)・数Ｃ(ベク)」から１
共通テスト利用入試 **〈商学総合コース〉**
5科目 ①**国**(200)▶国 ②**外**(200)▶英(リスニングを含む)・独・仏・中・韓から１ ③④**数**(100×2)▶「数Ⅰ・〈数Ⅰ・数Ａ〉から１」・「数Ⅱ・数Ｂ・数Ｃ」 ⑤**地歴・公民・理**(100)▶「歴総・世探」・「歴総・日探」・「地総・地探」・「公・倫」・「公・政経」・「地総・歴総・公から２」・「物基・化基・生基・地学基から２」・物・化・生・地学から１
[個別試験] 行わない。
ＡＯ入試 **〈フレックス複合コース〉[出願資格]** 第１志望でTEAP（４技能），TOEFL iBT，IELTS（アカデミック・モジュール），TOEIC L&Rのいずれかのスコア基準を満たしている者。
[選考方法] 書類審査による第一次審査の通過者を対象に，小論文，面接(プレゼンテーションを含む)を行う。

政策学部

一般選抜入試全学部日程・学部個別日程
3科目 ①**国**(150)▶現国・言語・論国・文国・古典 ②**外**(200)▶英コミュⅠ・英コミュⅡ・英コミュⅢ・論表Ⅰ・論表Ⅱ・論表Ⅲ ③**地歴・公民・数**(150)▶世探・日探・政経・「数Ⅰ・数Ⅱ・数Ａ・数Ｂ(数列)・数Ｃ(ベク)」から１
共通テスト利用入試(３科目方式) **3科目** ①**国**(200)▶国 ②**外**(200)▶英(リスニング

を含む）③**地歴・公民・数**（200）▶「歴総・世探」・「歴総・日探」・「地総・地探」・「公・倫」・「公・政経」・「地総・歴総・公から２」・数Ⅰ・「数Ⅰ・数Ａ」・「数Ⅱ・数Ｂ・数Ｃ」から１

［個別試験］ 行わない。

共通テスト利用入試（４科目方式）　**4**科目　①**国**（200）▶国　②**外**（250）▶英（リスニングを含む）③**数**（100）▶数Ⅰ・「数Ⅰ・数Ａ」から１　④**地歴・公民・数・理・情**（100）▶「歴総・世探」・「歴総・日探」・「地総・地探」・「公・倫」・「公・政経」・「地総・歴総・公から２」・「数Ⅱ・数Ｂ・数Ｃ」・「物基・化基・生基・地学基から２」・物・化・生・地学・情Ⅰから１

［個別試験］ 行わない。

文化情報学部

一般選抜入試全学部日程（文系）・学部個別日程（文系型）　**3**科目　①**国**（150）▶現国・言語・論国・文国・古典　②**外**（200）▶英コミュⅠ・英コミュⅡ・英コミュⅢ・論表Ⅰ・論表Ⅱ・論表Ⅲ　③**地歴・公民・数**（150）▶世探・日探・政経・「数Ⅰ・数Ⅱ・数Ａ・数Ｂ（数列）・数Ｃ（ベク）」から１

一般選抜入試全学部日程（理系）・学部個別日程（理系型）　**3**科目　①**外**（200）▶英コミュⅠ・英コミュⅡ・英コミュⅢ・論表Ⅰ・論表Ⅱ・論表Ⅲ　②**数**（200）▶数Ⅰ・数Ⅱ・数Ⅲ・数Ａ・数Ｂ（数列）・数Ｃ（ベク・平面）③**理**（150）▶「物基・物」・「化基・化」・「生基・生」から１

共通テスト利用入試（Ａ方式）　**2**科目　①**国**（100）▶国　②**地歴・公民・理・情**（100）▶「歴総・世探」・「歴総・日探」・「地総・地探」・「公・倫」・「公・政経」・「地総・歴総・公から２」・「物基・化基・生基・地学基から２」・物・化・生・地学・情Ⅰから１

［個別試験］ **2**科目　①**外**（150）▶英コミュⅠ・英コミュⅡ・英コミュⅢ・論表Ⅰ・論表Ⅱ・論表Ⅲ　②**数**（150）▶数Ⅰ・数Ⅱ・数Ａ・数Ｂ（数列）・数Ｃ（ベク）

共通テスト利用入試（Ｂ方式）　**5**科目　①**国**（200）▶国　②**外**（200）▶英（リスニングを含む）③④**数**（100×2）▶「数Ⅰ・数Ａ」・「数Ⅱ・数Ｂ・数Ｃ」　⑤**地歴・公民・理・情**（100）▶「歴総・世探」・「歴総・日探」・「地総・地探」・「公・倫」・「公・政経」・「地総・歴総・公から２」・「物基・化基・生基・地学基から２」・物・化・生・地学・情Ⅰから１

［個別試験］ 行わない。

推薦選抜入試　**［出願資格］** 校長推薦，現役，国・英・数のいずれかの学習成績の状況が4.0以上で，高校の課外活動，社会活動，その他個人的研鑽などで優れた成果や業績を修めた者など。

［選考方法］ 書類審査，小論文，口頭試問。

ＡＯ入試　**［出願資格］** 第１志望で，自己アピールできるものを持ち，それを第三者に説明し，説得できる能力を有している，国・英・数のいずれかの学習成績の状況が4.0以上である者。

［選考方法］ 書類審査による第一次審査の通過者を対象に，面接（プレゼンテーションを含む）および口頭試問を行う。

理工学部

一般選抜入試全学部日程・学部個別日程　**3**科目　①**外**（全学200・個別100）▶英コミュⅠ・英コミュⅡ・英コミュⅢ・論表Ⅰ・論表Ⅱ・論表Ⅲ　②**数**（200）▶数Ⅰ・数Ⅱ・数Ⅲ・数Ａ・数Ｂ（数列）・数Ｃ（ベク・平面）③**理**（150）▶［機械システム工学科］一物基・物，［電気工学科・電子工学科・機械理工学科］一「物基・物」・「化基・化」から１，［インテリジェント情報工学科／情報システムデザイン学科／機能分子・生命化学科／化学システム創成工学科／環境システム学科／数理システム学科］一「物基・物」・「化基・化」・「生基・生」から１

共通テスト利用入試　**【インテリジェント情報工学科・情報システムデザイン学科】** **5**科目　①**外**（200）▶英（リスニングを含む）②③**数**（100×2）▶「数Ⅰ・〈数Ⅰ・数Ａ〉から１」・「数Ⅱ・数Ｂ・数Ｃ」　④⑤**理・情**（100×２）▶物・化・生・情Ⅰから２

［個別試験］ 行わない。

【電気工学科／電子工学科／機械システム工学科／機能分子・生命化学科／化学システム創成工学科／環境システム学科／数理システム学科】 **5**科目　①**外**（200）▶英（リスニングを含む）②③**数**（100×2）▶「数Ⅰ・〈数Ⅰ・数Ａ〉から１」・「数Ⅱ・数Ｂ・数Ｃ」　④⑤**理**（100×2）▶［電気工学科・電子工学科・機械

システム工学科］一物・化，［機能分子・生命化学科／化学システム創成工学科］一物・化・生から2，［環境システム学科・数理システム学科］一物・化・生・地学から2

［個別試験］ 行わない。

【機械理工学科】 **6科目** ①**国**(200) ▶国(近代) ②**外**(200) ▶英(リスニングを含む) ③④**数**(100×2) ▶「数Ⅰ・〈数Ⅰ・数A〉から1」・「数Ⅱ・数B・数C」 ⑤⑥**理**(100×2) ▶物・化

［個別試験］ 行わない。

推薦選抜入試 **［出願資格］** 校長推薦，工業および情報に関する学科，総合学科，または工業高校の現役，工業高専の第3学年を修了見込みの者で，全体の学習成績の状況が4.3以上かつ外国語全科目が4.3以上の者。なお，総合学科は工業または情報に関する教科・科目を20単位以上修得見込みであること。

［選考方法］ 書類審査，小論文，面接および口頭試問。

生命医科学部

一般選抜入試全学部日程・学部個別日程 **3科目** ①**外**(全学200・個別100) ▶英コミュⅠ・英コミュⅡ・英コミュⅢ・論表Ⅰ・論表Ⅱ・論表Ⅲ ②**数**(200) ▶数Ⅰ・数Ⅱ・数Ⅲ・数A・数B(数列)・数C(ベク・平面) ③**理**(200) ▶「物基・物」・「化基・化」・「生基・生」から1

共通テスト利用入試 **【医工学科・医生命システム学科】** **5科目** ①**外**(200) ▶英(リスニングを含む) ②③**数**(100×2) ▶「数Ⅰ・数A」・「数Ⅱ・数B・数C」 ④⑤**理**(100×2) ▶物・化・生から2

［個別試験］ 行わない。

【医情報学科】 **5科目** ①**外**(200) ▶英(リスニングを含む) ②③**数**(100×2) ▶「数Ⅰ・数A」・「数Ⅱ・数B・数C」 ④⑤**理・情**(100×2) ▶物・化・生・情Ⅰから2

［個別試験］ 行わない。

AO入試 **［出願資格］** 第1志望，現役，自己アピールできるものを持ち，それを第三者に説明し，説得できる能力を有する者で，数学・理科の履修要件を満たし，全体および外・数・理の指定科目の学習成績の状況がいずれも3.8以上(自己アピールできるものが学業成績の場合は4.3以上)である者。または，1浪以上および工業高専の第3学年を修了している者で，2023年1月に実施された共通テストを受験し，外・数・理の指定科目の成績が基準点を満たしている者。

［選考方法］ 書類審査による第一次審査の通過者を対象に，面接および口頭試問を行う。

スポーツ健康科学部

一般選抜入試全学部日程(文系)・学部個別日程(文系型) **3科目** ①**国**(150) ▶現国・言語・論国・文国・古典 ②**外**(200) ▶英コミュⅠ・英コミュⅡ・英コミュⅢ・論表Ⅰ・論表Ⅱ・論表Ⅲ ③**地歴・公民・数**(150) ▶世探・日探・政経・「数Ⅰ・数Ⅱ・数A・数B(数列)・数C(ベク)」から1

一般選抜入試全学部日程(理系)・学部個別日程(理系型) **3科目** ①**外**(200) ▶英コミュⅠ・英コミュⅡ・英コミュⅢ・論表Ⅰ・論表Ⅱ・論表Ⅲ ②**数**(150) ▶数Ⅰ・数Ⅱ・数Ⅲ・数A・数B(数列)・数C(ベク・平面) ③**理**(200) ▶「物基・物」・「化基・化」・「生基・生」から1

共通テスト利用入試(3科目方式・スポーツ競技力加点方式) **3科目** ①**外**(200) ▶英(リスニングを含む) ②③**国・「地歴・公民」・数・理・情**(100×2) ▶国・「〈歴総・世探〉・〈歴総・日探〉・〈地総・地探〉・〈公・倫〉・〈公・政経〉・〈地総・歴総・公から2〉から1」・「数Ⅰ・〈数Ⅰ・数A〉・〈数Ⅱ・数B・数C〉から1」・「〈物基・化基・生基・地学基から2〉・物・化・生・地学から1」・情Ⅰから2

［個別試験］ スポーツ競技力加点方式はスポーツ競技成績書による書類審査(200)を実施。3科目方式は行わない。

共通テスト利用入試(5科目方式) **5科目** ①**国**(100) ▶国 ②**外**(200) ▶英(リスニングを含む) ③④⑤**「地歴・公民」・数・理・情**(100×3) ▶「〈歴総・世探〉・〈歴総・日探〉・〈地総・地探〉・〈公・倫〉・〈公・政経〉・〈地総・歴総・公から2〉から1」・「数Ⅰ・〈数Ⅰ・数A〉・〈数Ⅱ・数B・数C〉から1」・「〈物基・化基・生基・地学基から2〉・物・化・生・地学から1」・情Ⅰから3

［個別試験］ 行わない。

自己推薦(スポーツ)入試 **［出願資格］** 1浪まで，全体の学習成績の状況が3.2以上のほか，各種競技スポーツで全国大会または国際大会に正選手として出場し，優秀な競技成績を有する者で，入学後も体育会加盟各部等において，当該競技種目のスポーツ活動を継続する意志を持つ者など。
[選考方法]　書類審査による第１次選考の通過者を対象に，小論文，面接を行う。
ＡＯ入試　**[出願資格]**　第１志望で，「する・観る・支える」のいずれかにおいて，スポーツに深く関わった経験や，スポーツ健康科学領域で学びたい研究テーマを持つ者。
[選考方法]　書類審査による第一次審査の通過者を対象に，小論文，面接（プレゼンテーションを含む）を行う。

心理学部

一般選抜入試全学部日程（文系）・学部個別日程　**3科目**　①**国**（150）▶現国・言語・論国・文国・古典　②**外**（200）▶英コミュⅠ・英コミュⅡ・英コミュⅢ・論表Ⅰ・論表Ⅱ・論表Ⅲ　③**地歴・公民・数**（150）▶世探・日探・政経・「数Ⅰ・数Ⅱ・数Ａ・数Ｂ（数列）・数Ｃ（ベク）」から１
一般選抜入試全学部日程（理系）　**3科目**　①**外**（200）▶英コミュⅠ・英コミュⅡ・英コミュⅢ・論表Ⅰ・論表Ⅱ・論表Ⅲ　②**数**（150）▶数Ⅰ・数Ⅱ・数Ⅲ・数Ａ・数Ｂ（数列）・数Ｃ（ベク・平面）　③**理**（200）▶「物基・物」・「化基・化」・「生基・生」から１
共通テスト利用入試　**3科目**　①**国**（200）▶国　②**外**（200）▶英（リスニングを含む）　③**地歴・公民・数・理**（200）▶「歴総・世探」・「歴総・日探」・「地総・地探」・「公・倫」・「公・政経」・「地総・歴総・公から２」・数Ⅰ・「数Ⅰ・数Ａ」・「数Ⅱ・数Ｂ・数Ｃ」・「物基・化基・生基・地学基から２」・物・化・生・地学から１
[個別試験]　行わない。
自己推薦入試　**[出願資格]**　高校の課外活動や社会活動，その他個人的研鑽に熱心に取り組んだ，指定された英語検定試験の基準を満たしている者など。
[選考方法]　書類審査による第１次選考の通過者を対象に，小論文（出題文は英語を含む場合あり），口頭試問を行う。

グローバル・コミュニケーション学部

一般選抜入試全学部日程・学部個別日程　**3科目**　①**国**（150）▶現国・言語・論国・文国・古典　②**外**（英語コース250・中国語コース200）▶英コミュⅠ・英コミュⅡ・英コミュⅢ・論表Ⅰ・論表Ⅱ・論表Ⅲ　③**地歴・公民・数**（150）▶世探・日探・政経・「数Ⅰ・数Ⅱ・数Ａ・数Ｂ（数列）・数Ｃ（ベク）」から１
共通テスト利用入試　**4科目**　①**国**（200）▶国　②**外**（200）▶英（リスニングを含む）　③**地歴・公民**（100）▶「歴総・世探」・「歴総・日探」・「地総・地探」・「公・倫」・「公・政経」・「地総・歴総・公から２」から１　④**数・理**（100）▶数Ⅰ・「数Ⅰ・数Ａ」・「数Ⅱ・数Ｂ・数Ｃ」・「物基・化基・生基・地学基から２」・物・化・生・地学から１
[個別試験]　行わない。
推薦選抜入試　**[出願資格]**　校長推薦のほか，英語コースは英検準１級以上やTOEIC L&R，TOEFL iBTのスコア基準の要件に該当する者など。中国語コースは全体の学習成績の状況が4.0以上かつ外国語が4.2以上，あるいは英検２級以上やTOEIC L&R，TOEFL iBTのスコア基準の要件に該当する者など。
[選考方法]　書類審査，小論文，口頭試問（英語コースは日本語と英語による）。

グローバル地域文化学部

一般選抜入試全学部日程・学部個別日程　**3科目**　①**国**（150）▶現国・言語・論国・文国・古典　②**外**（200）▶英コミュⅠ・英コミュⅡ・英コミュⅢ・論表Ⅰ・論表Ⅱ・論表Ⅲ　③**地歴・公民・数**（150）▶世探・日探・政経・「数Ⅰ・数Ⅱ・数Ａ・数Ｂ（数列）・数Ｃ（ベク）」から１
共通テスト利用入試　**4科目**　①**国**（200）▶国　②**外**（200）▶英（リスニングを含む）・独・仏・中・韓から１　③**地歴・公民**（100）▶「歴総・世探」・「歴総・日探」・「地総・地探」・「公・倫」・「公・政経」から１　④**数・理**（100）▶「数Ⅰ・数Ａ」・「数Ⅱ・数Ｂ・数Ｃ」・「物基・化基・生基・地学基から２」・物・化・生・地学から１
[個別試験]　行わない。
推薦選抜入試　**[出願資格]**　校長推薦，全体の学習成績の状況が3.5以上かつ教科「外国語」が4.1以上で，指定された外国語検定試

験のいずれかを受験し，そのスコアカードまたは合格証明書により外国語能力を証明できる者など。

［選考方法］ 書類審査による第１次選考の通過者を対象に，小論文，口頭試問を行う。

自己推薦（アスリート）入試 ［出願資格］ １浪までのほか，全体の学習成績の状況が3.0以上かつ教科「外国語」が4.0以上，高校在学中に各種競技スポーツにおいて全国大会に出場し，16位以内の成績を残した者，もしくはそれと同等以上の競技成績をあげた者で，入学後も体育会加盟の部において，スポーツ活動を継続する意志を持つ者。ほかに，指定された外国語検定試験のいずれかを受験し，そのスコアカードまたは合格証明書により外国語能力を証明できる者。

［選考方法］ 書類審査，小論文，口頭試問。

その他の選抜

推薦入試（指定校制，法人内諸学校，京都府立高校特別，スポーツ特別，アスリート選抜），海外修学経験者（帰国生）入試，国際教育インスティテュート入試，社会人特別選抜入試，外国人留学生入試。

偏差値データ （2024年度）

●一般選抜入試

学部／学科／コース	2024年度 駿台予備学校 合格目標ライン	2024年度 河合塾 ボーダー偏差値	2023年度実績 募集人員	受験者数	合格者数	合格最低点	競争率 '23年	競争率 '22年
神学部								
神（全学部）	**52**	**57.5**	31	85	23	365/500	3.7	3.1
（学部個別）	**52**	**55**		206	61	376/500	3.4	3.2
文学部								
英文（全学部）	**56**	**57.5**	185	530	216	357/500	2.5	2.4
（学部個別）	**57**	**57.5**		822	348	367/500	2.4	2.2
哲（全学部）	**57**	**60**	48	171	77	355/500	2.2	3.1
（学部個別）	**55**	**57.5**		256	107	365/500	2.4	2.9
美学芸術（全学部）	**55**	**57.5**	49	154	52	365/500	3.0	3.5
（学部個別）	**55**	**60**		231	71	372/500	3.3	2.9
文化史（全学部）	**58**	**60**	76	437	131	372/500	3.3	2.2
（学部個別）	**58**	**60**		569	165	381/500	3.4	2.3
国文（全学部）	**56**	**62.5**	79	295	101	361/500	2.9	3.5
（学部個別）	**57**	**62.5**		365	129	370/500	2.8	3.8
社会学部								
社会（全学部）	**57**	**62.5**	51	250	52	387/500	4.8	3.8
（学部個別）	**56**	**60**		853	164	395/500	5.2	3.8
社会福祉（全学部）	**54**	**57.5**	54	78	22	358/500	3.5	4.7
（学部個別）	**54**	**55**		350	141	359/500	2.5	3.8
メディア（全学部）	**56**	**60**	53	160	33	374/500	4.8	5.2
（学部個別）	**56**	**62.5**		433	114	380/500	3.8	4.5
産業関係（全学部）	**51**	**57.5**	47	72	10	373/500	7.2	6.4
（学部個別）	**51**	**57.5**		809	174	378/500	4.6	2.8
教育文化（全学部）	**54**	**60**	42	120	39	369/500	3.1	2.1
（学部個別）	**53**	**57.5**		362	99	375/500	3.7	2.3

学部／学科／コース	2024年度 駿台予備学校 合格目標ライン	2024年度 河合塾 ボーダー偏差値	2023年度実績 募集人員	受験者数	合格者数	合格最低点	競争率 '23年	競争率 '22年
法学部								
法律（全学部）	58	62.5	380	1,256	462	371/500	2.7	3.2
（学部個別）	57	60		2,014	744	357/500	2.7	3.2
政治（全学部）	56	60	104	197	77	375/500	2.6	2.9
（学部個別）	56	60		550	204	360/500	2.7	3.1
経済学部								
経済（全学部）	56	60	510	2,006	692	368/500	2.9	2.8
（学部個別）	55	60		3,423	1,158	357/500	3.0	2.9
商学部								
商/商学総合（全学部）	56	62.5	344	991	219	379/500	4.5	3.2
（学部個別）	55	60		2,513	547	394/500	4.6	3.2
/フレックス複合（全学部）	56	60	75	187	42	379/500	4.5	2.7
（学部個別）	55	62.5		408	111	394/500	3.7	3.0
政策学部								
政策（全学部）	54	57.5	204	411	188	383/550	2.2	3.1
（学部個別）	53	57.5		1,140	514	356/500	2.2	3.2
文化情報学部								
文化情報（全学部〈文系〉）	51	57.5	130	252	75	354/500	3.4	2.5
（全学部〈理系〉）	53	55		175	75	296/550	2.3	2.2
（学部個別〈文系〉）	52	57.5		404	148	360/500	2.7	3.0
（学部個別〈理系〉）	52	55		275	139	324/550	2.0	1.9
理工学部								
インテリジェント情報工（全学部）	58	62.5	23	593	227	332/550	2.6	2.8
（学部個別）	58	60	23	482	178	273/450	2.7	2.9
情報システムデザイン（全学部）	57	60	23	526	155	334/550	3.4	2.8
（学部個別）	55	60	23	583	191	272/450	3.1	2.2
電気工（全学部）	56	57.5	27	300	178	300/550	1.7	1.7
（学部個別）	54	57.5	27	196	103	240/450	1.9	2.0
電子工（全学部）	56	57.5	29	492	261	304/550	1.9	1.7
（学部個別）	56	60	29	389	191	257/450	2.0	2.1
機械システム工（全学部）	56	57.5	37	845	430	305/550	2.0	1.8
（学部個別）	55	57.5	32	721	302	258/450	2.4	2.1
機械理工（全学部）	56	57.5	27	453	251	300/550	1.8	1.7
（学部個別）	56	57.5	23	346	184	250/450	1.9	1.7
機能分子・生命化（全学部）	57	57.5	26	446	268	297/550	1.7	1.8
（学部個別）	56	55	27	459	248	241/450	1.9	2.0
化学システム創成工（全学部）	56	57.5	26	494	299	296/550	1.7	1.8
（学部個別）	54	55	27	441	252	248/450	1.8	1.8
環境システム（全学部）	56	60	16	396	183	315/550	2.2	2.3
（学部個別）	55	57.5	17	369	164	259/450	2.3	2.3
数理システム（全学部）	60	60	11	205	87	342/550	2.4	2.3
（学部個別）	59	57.5	13	218	113	260/450	1.9	2.0

学部／学科／コース	2024年度 駿台予備学校 合格目標ライン	2024年度 河合塾 ボーダー偏差値	2023年度実績 募集人員	受験者数	合格者数	合格最低点	競争率 '23年	競争率 '22年
生命医科学部								
医工(全学部)	55	57.5	30	274	157	311/600	1.7	1.9
(学部個別)	55	55	36	286	160	276/500	1.8	1.8
医情報(全学部)	53	55	30	256	108	320/600	2.4	1.9
(学部個別)	53	57.5	36	237	100	288/500	2.4	2.0
医生命システム(全学部)	57	60	17	476	184	350/600	2.6	2.4
(学部個別)	57	57.5	24	366	148	308/500	2.5	2.3
スポーツ健康科学部								
スポーツ健康科(全学部〈文系〉)	51	55	90	259	72	344/500	3.6	3.6
(全学部〈理系〉)	51	52.5		138	54	279/550	2.6	2.8
(学部個別〈文系〉)	51	55		348	97	349/500	3.6	3.4
(学部個別〈理系〉)	51	52.5		140	54	302/550	2.6	2.4
心理学部								
心理(全学部〈文系〉)	57	62.5	79	410	114	375/500	3.6	3.6
(全学部〈理系〉)	57	62.5		85	23	312/500	3.7	3.1
(学部個別)	57	62.5		576	164	393/500	3.5	3.4
グローバル・コミュニケーション学部								
グローバル・コミュニケーション/英語(全学部)	58	62.5	50	174	42	425/550	4.1	4.5
(学部個別)	58	60		321	88	414/550	3.6	4.1
/中国語(全学部)	54	57.5	26	58	27	359/500	2.1	2.3
(学部個別)	54	55		142	65	339/500	2.2	1.8
グローバル地域文化学部								
グローバル地域文化/ヨーロッパ(全学部)	59	62.5	46	241	66	391/500	3.7	2.9
(学部個別)	57	60		384	88	405/500	4.4	2.8
/アジア・太平洋(全学部)	55	60	37	131	33	377/500	4.0	2.7
(学部個別)	56	57.5		258	73	392/500	3.5	2.5
/アメリカ(全学部)	58	60	31	81	25	370/500	3.2	3.2
(学部個別)	56	57.5		160	62	384/500	2.6	3.2

- 駿台予備学校合格目標ラインは合格可能性80%に相当する駿台模試の偏差値です。
- 競争率は受験者÷合格者の実質倍率
- 河合塾ボーダー偏差値は合格可能性50%に相当する河合塾全統模試の偏差値です。

※合格者には追加合格者，第２志望合格者を含んでいません。
※合格最低点は得点調整後の点数です。

併設の教育機関／大学院

神学研究科

教員数▶９名
院生数▶40名
博士前期課程▶ ●神学専攻 宗教を批判的・学際的に分析することを通じて，幅広い人間理解と深い知的洞察力を身につける。
博士後期課程▶ 神学専攻

文学研究科

教員数▶57名
院生数▶88名
博士前期課程▶ ●哲学専攻 古典研究の基礎的資質と思想文化全般にわたる知識と洞察力，さらに発展的に新たな問題を主題化できる構想力を身につける。
●英文学・英語学専攻 グローバル社会に通用する専門知識，高度な実践的英語運用能力，学術的および学際的思考力・表現力・判断力を身につけた人材を養成する。
●文化史学専攻 過去における人間活動のあらゆる領域における事象を対象に，史料の分析にもとづく深い洞察と批判能力を養う。
●国文学専攻 日本文化についての豊かな専門的知識や知的洞察力を身につけ，学校教育，マスコミ・出版関係，専門研究等において活躍できる人材を養成する。
●美学芸術学専攻 美術館・博物館の学芸員や文化行政および民間での文化支援活動に関わる高度専門的職業人を養成する。
博士後期課程▶ 哲学専攻，英文学・英語学専攻，文化史学専攻，国文学専攻，美学芸術学専攻

社会学研究科

教員数▶39名
院生数▶102名
博士前期課程▶ ●社会福祉学専攻 1950年４月に日本初の社会福祉学専攻大学院修士課程として設置された歴史と伝統を有する。
●メディア学専攻 電子メディアを含む21世紀のメディアを研究対象とし，メディア状況の発展に寄与し，理論と実践の両面でリードできる教育・研究を推進。
●教育文化学専攻 多文化共生が現実のものとなっている現代社会における人間形成のあり方を，教育文化という視点から研究する。
●社会学専攻 生活世界，現代社会，国際社会・国際関係という３つの分野から重層的に社会学研究を深化させ，激動し錯綜する世界社会をリアルに理解・分析する。
●産業関係学専攻 雇用・労働現場に密着した職場，企業，社会レベルで事例研究と統計解析の能力を養い，実際的問題の分析と，それに対する解決の方法を研究する。
博士後期課程▶ 社会福祉学専攻，メディア学専攻，教育文化学専攻，社会学専攻，産業関係学専攻

法学研究科

教員数▶48名
院生数▶141名
博士前期課程▶ ●政治学専攻 国際関係・地域研究，政治過程，政治史・政治思想の科目を履修することにより，社会の諸問題に対する高度の考察・分析能力と実務能力を養う。
●私法学専攻 民法，商法，民事訴訟法，国際私法といった私法系の科目や，労働法，知的財産法，経済法などの現代的な科目を研究。
●公法学専攻 憲法，行政法，刑法，国際法といった公法系の科目や，法哲学，法社会学，法制史などの基礎法科目を研究。
博士後期課程▶ 政治学専攻，私法学専攻，公法学専攻

経済学研究科

教員数▶39名
院生数▶38名
博士前期課程▶ ●理論経済学専攻 経済学の根幹となる理論的領域の研究，および理

論・思想・歴史・地域研究領域の研究を実施。
●応用経済学専攻　公共経済・金融・経済政策などの応用領域の研究，および家族・文化・環境領域の研究を実施。
博士後期課程 経済政策専攻

商学研究科

教員数▶28名
院生数▶13名
博士前期課程 ●商学専攻　激変する不確実な産業社会を精緻に分析し，現実の諸問題に対処できる人材を育成する。
博士後期課程 商学専攻

総合政策科学研究科

教員数▶39名
院生数▶107名
博士前期課程 ●総合政策科学専攻　多様化・複雑化した現代社会の諸問題に対応できる「高度な専門知識と総合的な問題解決能力を備えた新時代のゼネラリスト」を育成する。
博士後期課程 総合政策科学専攻

文化情報学研究科

教員数▶20名
院生数▶50名
博士前期課程 ●文化情報学専攻　文化をデータサイエンス技術を用いて分析・解析し，新しい文化理解の方法論を構築する。
博士後期課程 文化情報学専攻

理工学研究科

教員数▶92名
院生数▶767名
博士前期課程 ●情報工学専攻　21世紀の社会基盤となる情報システムを開発するために必要となる，情報の処理と伝達に関する高度で幅広い知識を身につける。
●電気電子工学専攻　現代社会に不可欠な電気エネルギー・電子情報通信の基礎となる学問領域について，基礎・応用理論を学ぶ。
●機械工学専攻　高度な機械工学の知識を獲得し，実社会で臨機応変に運用できる技術者・研究者を養成する。
●応用化学専攻　系統的な講義，研究実験・実習を通して，機能性物質の創製に関連する科学技術の中核を担う人材を育成する。
●数理環境科学専攻　数理科学と環境科学について先端的な研究を展開し，環境問題に科学的・主体的に対処できる人材を育成する。
博士後期課程 情報工学専攻，電気電子工学専攻，機械工学専攻，応用化学専攻，数理環境科学専攻

生命医科学研究科

教員数▶30名
院生数▶251名
博士前期課程 ●医工学・医情報学専攻　ヒトや生物の優れた生体機能をヒントに，新たな技術を創造する，最先端エンジニアを育成する。
●医生命システム専攻　ヒトをひとつの生命システムととらえ，システム制御系の不調から生じるさまざまな疾病の解明と，その予防・治療方法の開発をめざす。
博士後期課程 医工学・医情報学専攻，医生命システム専攻

スポーツ健康科学研究科

教員数▶18名
院生数▶39名
博士前期課程 ●スポーツ健康科学専攻　トレーニング科学，健康科学，スポーツ社会学の３分野を基軸に，スポーツ健康科学のより高度な専門知識と卓越した理論を修得。
博士後期課程 スポーツ健康科学専攻

心理学研究科

教員数▶17名
院生数▶27名
博士前期課程 ●心理学専攻　心理学，臨床心理学の２コース。臨床心理学コースは日本臨床心理士資格認定協会第１種指定。

博士後期課程　心理学専攻

グローバル・スタディーズ研究科

教員数▶19名
院生数▶163名
博士前期課程　●グローバル・スタディーズ専攻　グローバルな課題に向き合い，人類が共生していく仕組みを構築する。在学生の約半数が外国人留学生。
博士後期課程　グローバル・スタディーズ専攻

脳科学研究科

教員数▶８名
院生数▶22名
５年一貫制博士課程　●発達加齢脳専攻　生命医科学研究科や理工学研究科，心理学研究科，神学研究科とも連携を図り，次世代の脳科学研究を支えていく人材を育成する。

司法研究科

教員数▶21名
院生数▶157名
専門職学位課程　●法務専攻　自主的に考え，行動することのできる「自治自立」の精神を持った法曹を養成する。

ビジネス研究科

教員数▶19名
院生数▶183名
専門職学位課程　●ビジネス専攻　企業や組織の成長を担えるビジネスリーダーを育成する。社会人が対象。MBA取得可。
修士課程　●グローバル経営研究専攻　世界各国の留学生と共に学び合いながら，国際ビジネスリーダーを育成する。MBA取得可。

同志社女子大学

資料請求

問合せ先 広報部高大連携課 ☎0774-65-8712

建学の精神

同志社の創立者である新島襄が有していたキリスト教主義の女子教育構想に基づき，その妻・八重と女性宣教師スタークウェザーによって，1876（明治９）年に開校した「女子塾」をルーツとする女子総合大学。「キリスト教主義」「国際主義」「リベラル・アーツ」の３つの教育理念を大切に継承し，Missionとして，同志社女子大学が育む女性像を「古きを大切にし，新しきを生きる。リベラル・アーツとともに品格と良心をもって，ゆたかな世界づくりに寄与する女性。」と定め，女性の可能性を広げる教育を，140年以上の長きにわたって展開。創立150周年を迎える2026年に向けて策定された将来構想「Vision150」では，「21世紀社会を女性の視点で『改良』できる人物の育成」を掲げ，品格と良心を持ち，自らの輝きで社会を照らす女性を育んでいる。

- 京田辺キャンパス……〒610-0395　京都府京田辺市興戸
- 今出川キャンパス……〒602-0893　京都府京都市上京区今出川通寺町西入

基本データ

学生数▶女6,346名
専任教員数▶教授109名，准教授48名，講師１名
設置学部▶学芸，現代社会，薬，看護，表象文化，生活科
併設教育機関▶大学院―文学・看護学（以上M・D），国際社会システム・生活科学（以上M），薬学（D）

就職・卒業後の進路

就職率 98.6%
就職者÷希望者×100

●**就職支援**　キャリア教育や各種セミナー，インターンシップなど，４年間を通じてさまざまな機会を提供することで，学生が自分らしい夢を描き，社会に羽ばたくまでの過程を支えるなど，就職活動の支援のみにとどまらない多角的なキャリサポートを実施。また，首都圏や出身地などで就職活動をする学生に対して，交通費の一部を補助している。

●**資格取得支援**　資格取得に向けたさまざまな課外講座を，授業の少ない時間帯や長期休暇中にキャンパス内で開講するほか，Webでも受講可能。難関資格や公務員採用試験に

進路指導者も必見 学生を伸ばす 面倒見

初年次教育	学修サポート
「基礎演習」や「入門科目」などで，文献の探し方，論文やレポートの作成の仕方，調査データや情報検索の方法など，大学での学修方法を指導。「キリスト教・同志社関係科目」で他者のために学び生きる精神を養っている	TA制度，ビッグシスター制度，オフィスアワー制度，１人の学科教員が1クラスの学生5～20人を担当するアドバイザー制度を導入。また，親身な指導で高い合格率を支えている国家試験対策室や教職課程センターを設置

オープンキャンパス（2023年度実績）　学科のことや学生生活のことなど，来場者により伝わるように，在学生による制作物や卒業論文の展示，教員や在学生との交流ができる学科ブースを設置し，両キャンパスで開催。

挑戦するための対策講座を，指定の専門学校で受講するコースも用意している。薬剤師・看護師・管理栄養士といった国家資格の取得に向けても充実したサポートを行っている。

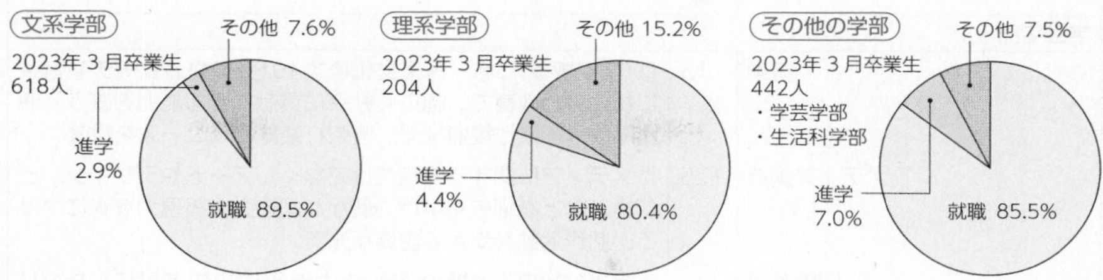

主なOG▶［学芸］鳥越碧（小説家），［学芸］キムラ緑子（女優），［学芸］中島めぐみ（関西テレビ放送アナウンサー），［表象文化］清水麻椰（毎日放送アナウンサー），［旧家政］白波瀬佐和子（東京大学教授）など。

国際化・留学　大学間 66 大学

受入れ留学生数▶43名（2023年５月１日現在）

留学生の出身国・地域▶中国，韓国，インドネシア，台湾など。

外国人専任教員▶教授３名，准教授７名，助教５名（2023年５月１日現在）

外国人専任教員の出身国・地域▶アメリカ，イギリス，中国，カナダ，台湾，韓国，ドイツ，コロンビアなど。

大学間交流協定▶66大学（交換留学先12大学，2023年５月１日現在）

海外への留学生数▶渡航型168名・オンライン型１名／年（11カ国・地域，2022年度）

海外留学制度▶セメスター語学留学，協定大学留学，海外大学認定留学といった中・長期から，短期留学（海外研修プログラム），日本語指導実習プログラム，海外インターンシップなど，一人ひとりの目的や希望期間に応える国際交流プログラムを用意。国際教養学科では全員が１年間，英語圏の大学に留学する。

学費・奨学金制度　給付型奨学金総額 年間約 3,381 万円

入学金▶260,000円

年間授業料（施設費等を除く）▶706,000円～（詳細は巻末資料参照）

年間奨学金総額▶33,808,400円

年間奨学金受給者数▶182人

主な奨学金制度▶正課の学びを経済面から支援する「同志社女子大学奨学金」「同志社女子大学サポーターズ募金“ぶどうの樹”奨学金」「同志社女子大学同窓会《Vineの会》奨学金」，経済的理由により修学困難な３・４年次生（薬学部は５・６年次生）を対象にした「新島八重記念奨学金」などを設置。

保護者向けインフォメーション

●**成績確認**　修得単位や累積GPAなども記載されている成績通知表を郵送している。
●**広報誌**　同志社女子大学通信『Vine』を在学生の父母等にもお届けしている。
●**栄光会**　父母等を会員とする栄光会があり，栄光会定期総会および保護者と大学側役職員との懇談会（2023年は６月・11月），同志社女子大学の集い（2023年は東京・岡山）などを開催し，就職説明会も行っている。
●**防災対策**　災害時の学生の安否は，メールを利用して確認するようにしている。

インターンシップ科目	必修専門ゼミ	卒業論文	GPA制度の導入の有無および活用例	１年以内の退学率	標準年限での卒業率
全学部で開講している	学芸学部と表象文化学部で１～４年次，現代社会学部，看護学部，生活科学部で１・３・４年次，薬学部で３～６年次に実施	全学部で卒業要件	奨学金対象者の選定基準，協定大学留学選考，大学院入試選抜基準および学生に対する個別の学修指導などに活用している	2.8%	89.0%（４年制）83.1%（薬）

学部紹介

学部／学科	定員	特色
学芸学部		
音楽	115	▷〈演奏専攻75名，音楽文化専攻40名〉アウトリーチや音楽に特化した教育で，幅広く社会に貢献できる能力を養う。演奏専攻は声楽，鍵盤楽器，管弦打楽器の３コースを設置。
メディア創造	125	▷メディアに関する知識だけでなく，アートやデザイン，ビジネスなどを幅広く学び，豊かな創造力と表現力を身につける。制作活動を支える設備が充実。
国際教養	85	▷全員参加の１年間の留学（１大学５名以内）を軸にしたカリキュラムで，高い英語運用能力と発信力を身につけ，グローバルな視点と教養を磨き，世界へ羽ばたく人材を育成する。
● 取得可能な資格…教職（音・情，小一種），司書，司書教諭，学芸員など。 ● 進路状況…………就職81.4%　進学9.5% ● 主な就職先………ベネッセスタイルケア，村田製作所，毎日放送，楽天グループ，日本航空など。		
現代社会学部		
社会システム	310	▷多文化共生，京都学・観光学，ライフデザイン，ビジネスマネジメント，公共政策と法の５コース。プロジェクト型の授業など，実践的な学びを通して課題発見・解決能力を育む。
現代こども	100	▷現代社会の中で，こどもを取り巻く諸問題を学際的に探究し，その解決をめざす力を養い，教育や保育を軸に，新しい社会をデザインする人材を育成する。
● 取得可能な資格…教職（地歴・公・社・英，小一種，幼一種），司書，司書教諭，学芸員，保育士など。 ● 進路状況…………就職92.5%　進学1.4% ● 主な就職先………公立小学校教員，アスクル，東京海上日動火災保険，南都銀行，ミキハウスなど。		
薬学部		
医療薬	125	▷６年制。チーム医療の一員としてはもちろん，健康管理のスペシャリストとしても活躍できる，豊かな人間性を備えた薬剤師を育成する。英語圏の大学での薬学研修も実施。
● 取得可能な資格…薬剤師受験資格など。 ● 進路状況…………就職74.8%　進学0.8% ● 主な就職先………京都市立病院機構，アイングループ，I&H，ウエルシア薬局，日本調剤など。		
看護学部		
看護	90	▷高度な専門性を持った心豊かな看護職者を育成する。専門領域ごとの実習室と，看護技術の基本を繰り返し練習できるプラクティカル・サポート・センターを整備。
● 取得可能な資格…教職（養護一種），看護師・保健師（選択制）受験資格。 ● 進路状況…………就職88.2%　進学9.4% ● 主な就職先………大阪公立大学医学部附属病院，京都大学医学部附属病院，大阪赤十字病院など。		
表象文化学部		
英語英文	150	▷英語を通じて，文学，文化，言語，コミュニケーションの４つの分野に専門的にアプローチする方法を学び，社会で通用する論理的かつ批判的な思考力を体得する。
日本語日本文	120	▷多彩なアプローチで文学・文化・言語を追究し，日本語をわかりやすく教え，多くの人に日本語日本文学の魅力を伝える技術を学び，世界に「日本」を発信する素養を育む。

キャンパスアクセス ［京田辺キャンパス］ JR学研都市線一同志社前より徒歩３分／近鉄京都線一興戸より徒歩10分，新田辺よりバス10分

● 取得可能な資格…教職（国・英），司書，司書教諭，学芸員など。 ● 進路状況…………就職85.2％　進学5.1％ ● 主な就職先………島津製作所，ソフトバンク，全日本空輸，イオンリテール，公立中高教員など。		
生活科学部		
人間生活	90	▷被服・住居・家族・地域・福祉など，座学と実学がコラボレーションした多角的な視点から「くらし」にアプローチし，「真に豊かな生活」を創造する専門性と感性を養う。
食物栄養科	140	▷〈食物科学専攻60名，管理栄養士専攻80名〉食物科学専攻では科学的かつ総合的に食を見つめ，管理栄養士専攻では栄養学を中心に実践力を育み，食の専門家を養成する。
● 取得可能な資格…教職（家，栄養），司書，司書教諭，学芸員，栄養士，管理栄養士受験資格など。 ● 進路状況…………就職90.0％　進学4.3％ ● 主な就職先………大和ハウス工業，日本生命保険，キユーピー，エームサービス，丸大食品など。		

▶キャンパス

学芸・現代社会・薬・看護……［京田辺キャンパス］京都府京田辺市興戸
表象文化・生活科……［今出川キャンパス］京都府京都市上京区今出川通寺町西入

2024年度入試要項（前年度実績）

●募集人員

学部／学科（専攻）	3教科前期	2教科前期	後期
▶学芸 音楽（演奏）	実技24		実技3
（音楽文化）	7	7	2
メディア創造	23	23	4
国際教養	12	12	3
▶現代社会 社会システム	60	60	10
現代こども	18	18	4
▶薬 医療薬	45	11	5
▶看護 看護	24	20	5
▶表象文化 英語英文	24	24	4
日本語日本文	20	20	4
▶生活科 人間生活	14	14	4
食物栄養科（食物科学）	18	4	3
（管理栄養士）	27	8	4

※一般前期2教科入試の医療薬学科と食物栄養科学科は共通テスト併用方式。
※次のように略しています。音楽実技方式→実技。

学芸学部

一般入試前期日程（3教科入試）　**【音楽学科〈音楽文化専攻〉・メディア創造学科・国際教養学科】** **3科目** ①**外**（音楽・メディア創造100，国際教養200）▶コミュ英Ⅰ・コミュ英Ⅱ・コミュ英Ⅲ・英表Ⅰ・英表Ⅱ　②**国・数**（100）▶「国総（漢文を除く）・現文B・古典B（漢文を除く）」・「数Ⅰ・数A」から1　③**地歴・公民**（100）▶世B・日B・現社から1

一般入試前期日程（2教科入試）　**【音楽学科〈音楽文化専攻〉・メディア創造学科・国際教養学科】** **2科目** ①**外**（音楽・メディア創造100，国際教養200）▶コミュ英Ⅰ・コミュ英Ⅱ・コミュ英Ⅲ・英表Ⅰ・英表Ⅱ　②**国・地歴・公民・数**（100）▶「国総（漢文を除く）・現文B・古典B（漢文を除く）」・世B・日B・現社・「数Ⅰ・数A」から1

一般入試前期日程（音楽実技方式）　**【音楽学科〈演奏専攻〉】** **4科目** ①**外**（50）▶コミュ英Ⅰ・コミュ英Ⅱ・コミュ英Ⅲ・英表Ⅰ・英表Ⅱ　②**楽典**（50）　③**コールユーブンゲン**（20）　④**専門実技**（200）

一般入試後期日程　**【音楽学科〈音楽文化専攻〉・メディア創造学科・国際教養学科】** **2科目** ①**国**（100）▶国総（漢文を除く）・現文B・古典B（漢文を除く）　②**外**（音楽・メディア創造100，国際教養200）▶コミュ英Ⅰ・コミュ英Ⅱ・コミュ英Ⅲ・英表Ⅰ・英表Ⅱ

一般入試後期日程（音楽実技方式）　**【音楽学科〈演奏専攻〉】** **2科目** ①**コールユーブンゲン**（20）　②**専門実技**（200）

キャンパスアクセス ［今出川キャンパス］地下鉄烏丸線一今出川より徒歩5分／京阪本線一出町柳より徒歩10分

現代社会学部

一般入試前期日程（３教科入試）３科目 ①外(100)▶コミュ英Ⅰ・コミュ英Ⅱ・コミュ英Ⅲ・英表Ⅰ・英表Ⅱ ②国・数(100)▶「国総(漢文を除く)・現文Ｂ・古典Ｂ(漢文を除く)」・「数Ⅰ・数Ａ」から１ ③地歴・公民(100)▶世Ｂ・日Ｂ・現社から１

一般入試前期日程（２教科入試）２科目 ①外(100)▶コミュ英Ⅰ・コミュ英Ⅱ・コミュ英Ⅲ・英表Ⅰ・英表Ⅱ ②国・地歴・公民・数(100)▶「国総(漢文を除く)・現文Ｂ・古典Ｂ(漢文を除く)」・世Ｂ・日Ｂ・現社・「数Ⅰ・数Ａ」から１

一般入試後期日程 ２科目 ①国(100)▶国総(漢文を除く)・現文Ｂ・古典Ｂ(漢文を除く) ②外(100)▶コミュ英Ⅰ・コミュ英Ⅱ・コミュ英Ⅲ・英表Ⅰ・英表Ⅱ

薬学部

一般入試前期日程（３教科入試）３科目 ①外(100)▶コミュ英Ⅰ・コミュ英Ⅱ・コミュ英Ⅲ・英表Ⅰ・英表Ⅱ ②数(100)▶数Ⅰ・数Ⅱ・数Ａ・数Ｂ(数列・ベク) ③理(200)▶化基・化(高分子を除く)

一般入試前期日程（共通テスト併用方式）〈共通テスト科目〉２科目 ①数(50)▶数Ⅱ・数Ｂ ②理(100)▶物・化・生から１
〈個別試験科目〉２科目 ①外(100)▶コミュ英Ⅰ・コミュ英Ⅱ・コミュ英Ⅲ・英表Ⅰ・英表Ⅱ ②数(50)▶数Ⅰ・数Ａ

一般入試後期日程 ２科目 ①外(100)▶コミュ英Ⅰ・コミュ英Ⅱ・コミュ英Ⅲ・英表Ⅰ・英表Ⅱ ②理(200)▶化基・化(高分子を除く)

看護学部

一般入試前期日程（３教科入試）３科目 ①外(100)▶コミュ英Ⅰ・コミュ英Ⅱ・コミュ英Ⅲ・英表Ⅰ・英表Ⅱ ②理(100)▶「化基・化(高分子を除く)」・「生基・生(生命・生殖・環境応答)」から１ ③国・数(100)▶「国総(現文のみ)・現文Ｂ」・「数Ⅰ・数Ａ」から１

一般入試前期日程（２教科入試）２科目 ①外(100)▶コミュ英Ⅰ・コミュ英Ⅱ・コミュ英Ⅲ・英表Ⅰ・英表Ⅱ ②国・数(100)▶「国総(現文のみ)・現文Ｂ」・「数Ⅰ・数Ａ」から１

一般入試後期日程 ２科目 ①外(100)▶コミュ英Ⅰ・コミュ英Ⅱ・コミュ英Ⅲ・英表Ⅰ・英表Ⅱ ②国・理(100)▶「国総(現文のみ)・現文Ｂ」・「化基・化(高分子を除く)」・「生基・生(生命・生殖・環境応答)」から１

表象文化学部

一般入試前期日程（３教科入試）【英語英文学科】３科目 ①外(200)▶コミュ英Ⅰ・コミュ英Ⅱ・コミュ英Ⅲ・英表Ⅰ・英表Ⅱ ②国・数(100)▶「国総(漢文を除く)・現文Ｂ・古典Ｂ(漢文を除く)」・「数Ⅰ・数Ａ」から１ ③地歴・公民(100)▶世Ｂ・日Ｂ・現社から１
【日本語日本文学科】３科目 ①国(100)▶国総(漢文を除く)・現文Ｂ・古典Ｂ(漢文を除く) ②外(100)▶コミュ英Ⅰ・コミュ英Ⅱ・コミュ英Ⅲ・英表Ⅰ・英表Ⅱ ③地歴・公民(100)▶世Ｂ・日Ｂ・現社から１

一般入試前期日程（２教科入試）【英語英文学科】２科目 ①外(200)▶コミュ英Ⅰ・コミュ英Ⅱ・コミュ英Ⅲ・英表Ⅰ・英表Ⅱ ②国・地歴・公民・数(100)▶「国総(漢文を除く)・現文Ｂ・古典Ｂ(漢文を除く)」・世Ｂ・日Ｂ・現社・「数Ⅰ・数Ａ」から１
【日本語日本文学科】２科目 ①国(100)▶国総(漢文を除く)・現文Ｂ・古典Ｂ(漢文を除く) ②外(100)▶コミュ英Ⅰ・コミュ英Ⅱ・コミュ英Ⅲ・英表Ⅰ・英表Ⅱ

一般入試後期日程 ２科目 ①国(100)▶国総(漢文を除く)・現文Ｂ・古典Ｂ(漢文を除く) ②外(英語英文200・日本語日本文100)▶コミュ英Ⅰ・コミュ英Ⅱ・コミュ英Ⅲ・英表Ⅰ・英表Ⅱ

生活科学部

一般入試前期日程（３教科入試）【人間生活学科】３科目 ①外(100)▶コミュ英Ⅰ・コミュ英Ⅱ・コミュ英Ⅲ・英表Ⅰ・英表Ⅱ ②国・数(100)▶「国総(漢文を除く)・現文Ｂ・古典Ｂ(漢文を除く)」・「数Ⅰ・数Ａ」から１ ③地歴・公民(100)▶世Ｂ・日Ｂ・現社から１
【食物栄養科学科】３科目 ①外(100)▶コミュ英Ⅰ・コミュ英Ⅱ・コミュ英Ⅲ・英表Ⅰ・英表Ⅱ ②理(150)▶「化基・化(高分子を除

く)」・「生基・生(生命・生殖・環境応答)」から1　③国・数(100) ▶「国総(漢文を除く)・現文Ｂ・古典Ｂ(漢文を除く)」・「数Ⅰ・数Ａ」から１

一般入試前期日程(２教科入試)　**【人間生活学科】** **2科目**　①外(100) ▶コミュ英Ⅰ・コミュ英Ⅱ・コミュ英Ⅲ・英表Ⅰ・英表Ⅱ　②国・地歴・公民・数(100) ▶「国総(漢文を除く)・現文Ｂ・古典Ｂ(漢文を除く)」・世Ｂ・日Ｂ・現社・「数Ⅰ・数Ａ」から１

一般入試前期日程(共通テスト併用方式)　**【食物栄養科学科】〈共通テスト科目〉** **1科目**　①理(150) ▶「化基・生基」・化・生から１

〈個別試験科目〉 **2科目**　①外(100) ▶コミュ英Ⅰ・コミュ英Ⅱ・コミュ英Ⅲ・英表Ⅰ・英表Ⅱ　②国・数(100) ▶「国総(漢文を除く)・現文Ｂ・古典Ｂ(漢文を除く)」・「数Ⅰ・数Ａ」から１

一般入試後期日程　**【人間生活学科】** **2科目**　①国(100) ▶国総(漢文を除く)・現文Ｂ・古典Ｂ(漢文を除く)　②外(100) ▶コミュ英Ⅰ・コミュ英Ⅱ・コミュ英Ⅲ・英表Ⅰ・英表Ⅱ

【食物栄養科学科】 **2科目**　①外(100) ▶コミュ英Ⅰ・コミュ英Ⅱ・コミュ英Ⅲ・英表Ⅰ・英表Ⅱ　②理(100) ▶「化基・化(高分子を除く)」・「生基・生(生命・生殖・環境応答)」から１

その他の選抜

共通テスト利用入試は学芸学部14名，現代社会学部27名，薬学部６名，看護学部８名，表象文化学部22名，生活科学部19名を，公募制推薦入試は学芸学部84名，現代社会学部122名，薬学部45名，看護学部24名，表象文化学部80名，生活科学部76名を，AO方式入学者選抜は学芸学部38名，現代社会学部24名，薬学部２名，看護学部２名，表象文化学部20名，生活科学部12名を募集。ほかに音楽学科実技推薦入試(34名)，国際教養学科推薦入試(６名)，指定校推薦入試，同窓・校友子女対象推薦入試，帰国生入試，社会人入試，外国人留学生入試を実施。

偏差値データ（2024年度）

●一般入試前期

学部／学科／専攻	2024年度 駿台予備学校 合格目標ライン	2024年度 河合塾 ボーダー偏差値	2023年度 競争率
▶学芸学部			
音楽／演奏(実技)	42	37.5	1.0
／音楽文化(３教科)	43	42.5	1.8
(２教科)	43	42.5	1.8
メディア創造(３教科)	46	47.5	2.5
(２教科)	46	52.5	2.8
国際教養(３教科)	47	42.5	1.2
(２教科)	47	42.5	1.1
▶現代社会学部			
社会システム(３教科)	46	45	1.6
(２教科)	46	47.5	1.8
現代こども(３教科)	46	45	2.0
(２教科)	46	47.5	2.0
▶薬学部			
医療薬(３教科)	45	45	2.0
▶看護学部			
看護(３教科)	49	52.5	3.0
(２教科)	47	55	5.0
▶表象文化学部			
英語英文(３教科)	47	42.5	1.3
(２教科)	47	42.5	1.5
日本語日本文(３教科)	46	45	2.1
(２教科)	46	45	2.8
▶生活科学部			
人間生活(３教科)	46	50	3.1
(２教科)	46	52.5	4.4
食物栄養科/食物科学(３教科)	47	45	2.4
／管理栄養士(３教科)	49	50	4.6

- 駿台予備学校合格目標ラインは合格可能性80％に相当する駿台模試の偏差値です。
- 河合塾ボーダー偏差値は合格可能性50％に相当する河合塾全統模試の偏差値です。
- 競争率は受験者÷合格者の実質倍率

佛教大学

資料請求

問合せ先 入学部入学課 ☎075-366-5550

建学の精神

浄土宗を開いた法然上人の思想の根幹に「還愚（げんぐ）」という考えがある。それは，本当の自分を認め，その自分が確かにできることを携えて，着実に未来へ歩んでいくことである。佛教大学は1868（明治元）年，知恩院山内の源光院に設置された仏教講究の機関に始まり，1912（明治45）年に専門学校令による「高等学院」として開学した。これまで一貫して，眼の前に起こる現実をしっかり見据え，自分のなすべきことをなす仏教精神を根底に，自分を大切にし，他者をも大切にできる人を100年以上にわたって社会に輩出してきた。本当の自分を認め，自分にできることに誇りを持って歩む姿が，周囲の人たちも巻き込んで明るい未来を形成することにつながる「還愚」の考えを身につけることができる４年間の学びの場が，佛教大学には用意されている。

- 紫野キャンパス……〒603-8301 京都府京都市北区紫野北花ノ坊町96
- 二条キャンパス……〒604-8418 京都府京都市中京区西ノ京東栂尾町７

基本データ

学生数▶6,127名（男3,170名，女2,957名）
専任教員数▶教授107名，准教授63名，講師46名
設置学部▶仏教，文，歴史，教育，社会，社会福祉，保健医療技術
併設教育機関▶大学院―文学・教育学・社会学・社会福祉学（以上M・D） 通信教育課程・通信教育課程大学院（P.935参照）

就職・卒業後の進路

就職率 99.0％
就職者÷希望者×100

● **就職支援**　キャリア・アドバイザーが学生個別の相談に対応するほか，就職活動支援サイト「求人検索NAVI」，その他各種就職支援講座，ガイダンス・セミナーなど，各学年や希望の進路に合わせたサポートを実施。
● **資格取得支援**　教職や資格取得をめざす学生のために「教職支援センター」「専門職キャリアサポートセンター」などを設置し，国家試験対策も万全に対応。2022年度実績で，教員免許状取得者（幼・小・中・高・特別支援）は延べ729名，資格取得者は社会福祉士や保育士を中心に述べ616名にものぼる。

進路指導者も必見 学生を伸ばす 面倒見

初年次教育
入学後すぐに新入生歓迎オリエンテーションを実施。授業では「専門学修のための日本語表現」「入門ゼミ」などで，大学で学ぶための基礎能力を養い，建学の理念に基づく「ブッダと法然」「佛教大学の理念と歴史」も開講

学修サポート
オフィスアワーを設けているほか，各学部に学生支援担当教員を配置。TA制度に関しては，申請のあった授業科目に対して選考。学生生活サポートとして，学生相談センターや障がい学生支援窓口，なんでも相談窓口を設置

オープンキャンパス（2024年度予定） 両キャンパスで，春期（3月20日，6月2日），夏期（7月14日，8月3・4日），冬期（12月22日）に同時開催するほか，9月29日に二条C，10月6日に紫野Cで秋期OCを実施。

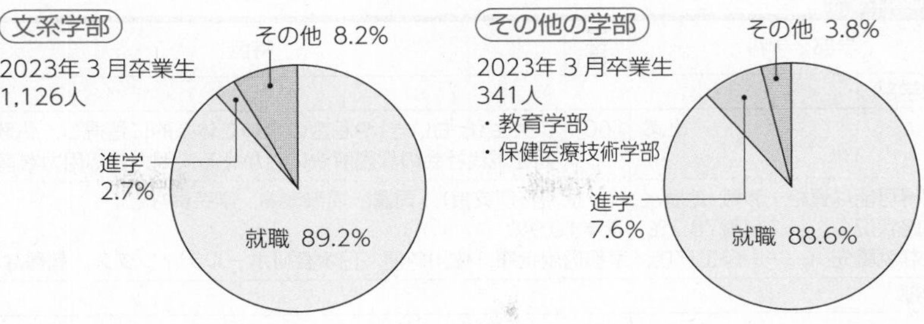

主なOB・OG▶［文］徳本達郎（ジャクエツ社長），［文］レッド吉田（お笑い芸人），［社会］小嶋達典（がんこフードサービス社長），［社会］大野雄大（プロ野球選手），［文（通信）］尼子騒兵衛（漫画家）など。

国際化・留学　　大学間 31 大学等

受入れ留学生数▶18名(2023年5月1日現在)
留学生の出身国・地域▶中国，韓国，香港。
外国人専任教員▶教授５名，准教授２名，講師７名（2023年５月１日現在）
外国人専任教員の出身国▶中国，韓国，アメリカなど。
大学間交流協定▶31大学・機関（交換留学先８大学，2023年５月１日現在）
海外への留学生数▶渡航型３名・オンライン型127名／年（５カ国・地域，2022年度）
海外留学制度▶アジアやアメリカの学術交流協定校を中心とした大学で１年間学ぶ交換留学・派遣留学は，全学部生が対象。春・夏の休暇を利用し，言語や現地の文化を学ぶ短期海外語学研修は，事前研修が充実しているため，海外初心者でも安心して参加することができる。中国学科と英米学科では，中国と英語圏の大学で全員参加の海外研修を実施。

学費・奨学金制度　　給付型奨学金総額 年間約 2,000 万円

入学金▶200,000円
年間授業料（施設費等を除く）▶870,000円～（詳細は巻末資料参照）
年間奨学金総額▶約20,000,000円
年間奨学金受給者数▶約100人
主な奨学金制度▶「佛教大学入学試験成績優秀者奨学金」は，一般選抜A日程（３科目型）に優秀な成績で合格した受験生を対象に，各学部の半期学費（授業料・設備費）相当額を最大４年間給付。このほか,「佛教大学奨学金」や「佛教大学育英奨学金」「佛教大学課外活動奨学金」などの制度を設置している。

保護者向けインフォメーション

- **オープンキャンパス**　通常のオープンキャンパス時に保護者対象説明会を実施している。
- **パンフレット**　「保護者のための大学選び」を発行している。
- **成績確認**　2022年度より開設した「保護者ポータルサイト」で，学生の単位修得状況や大学からのお知らせなどの閲覧が可能。
- **教育後援会**　保護者で組織される教育後援会があり，春学期と秋学期に教育懇談会を開催。会報『紫峰』も発行している。
- **相談窓口**　保護者からの相談は，学生支援部にて随時対応している。
- **防災対策**　「災害時ガイドブック」を学生ポータルサイト「B-net」に掲出。災害時の学生の安否も「B-net」を利用して確認する。

インターンシップ科目	必修専門ゼミ	卒業論文	GPA制度の導入の有無および活用例	１年以内の退学率	標準年限での卒業率
全学部で開講している	仏教・文・歴史・教育・社会で１・３・４年次，社会福祉・保健医療技術で１・４年次に実施	仏教・文・歴史・教育・社会は卒業要件	奨学金対象者の選定，留学候補者の選考，学生に対する個別の学修指導，免許・資格科目の履修要件など，さまざまな用途で活用	非公開	非公開

学部紹介

学部／学科	定員	特色
仏教学部		
仏教	60	▷共生（ともいき）や和合の精神を体系的に習得し，仏教の叡知を現代社会の課題解決に生かせる人間力と応用力を育む。
●取得可能な資格…教職（地歴・公・社・宗，特別支援），司書，司書教諭，学芸員など。 ●進路状況…………就職78.2%　進学10.9% ●主な就職先………一条工務店，京都信用金庫，佐川急便，日本食研ホールディングス，教員など。		
文学部		
日本文	120	▷本物の文献に触れる原典体験など，古典から近・現代までの文学作品を読み解くことで，多角的な視野を育成する。
中国	50	▷ネイティブ教員による中国語指導や留学プログラムなどを通し，実践的な中国語コミュニケーション能力を養う。
英米	70	▷英語圏での研修などで生きた英語を学ぶとともに異文化理解の能力を養い，グローバルに活躍できる英語力を磨く。
●取得可能な資格…教職（国・書・英・中，特別支援），司書，司書教諭，学芸員など。 ●進路状況…………就職87.1%　進学2.2% ●主な就職先………GSユアサ，リクルート，ANA関西空港，日本旅行，村田製作所，ユニクロなど。		
歴史学部		
歴史	110	▷日本史・東洋史・西洋史の３領域。史料を読み解き，未知の世界を探求し，これから起きる未来や新しい展開を予測する。
歴史文化	70	▷地域文化・民俗文化・芸術文化の３領域。有形・無形の史料を読み取り，過去から現代までに至る人間の営みを探究する。
●取得可能な資格…教職（地歴・公・社，特別支援），司書，司書教諭，学芸員など。 ●進路状況…………就職80.6%　進学5.6% ●主な就職先………JTB，ワコール，りそな銀行，エイベックス，京阪電気鉄道，富士ソフトなど。		
教育学部		
教育	130	▷初等教育，中等教育，特別支援教育，教育学の４つの領域を用意し，「感性と専門性に長けた教師」を育成する。
幼児教育	80	▷乳幼児の発達段階を理解した，現代の保育ニーズに応えられる幼稚園教諭，保育士を養成する。
臨床心理	80	▷医療・教育・福祉・司法・産業という５領域で学びを展開し，「心の専門家」として社会に貢献できる人材を育成する。
●取得可能な資格…教職（公・社・数，小一種，幼一種，特別支援），司書，司書教諭，学芸員，保育士など。 ●進路状況…………就職84.6%　進学10.8% ●主な就職先………進研アド，京都府・大阪府教員，大津市職員（保育士），アシックスジャパンなど。		
社会学部		
現代社会	200	▷文化・国際，共生・臨床社会，情報・メディアの３コース。現代社会の課題を分析し，解決できる力を身につける。
公共政策	120	▷地域政治，地域経済の２コース。地域社会の課題を解決できる人材を育成する。公務員養成プログラムを設置。
●取得可能な資格…教職（地歴・公・社・情，特別支援），司書，司書教諭，学芸員など。 ●進路状況…………就職92.7%　進学1.4% ●主な就職先………野村證券，三井住友銀行，西日本旅客鉄道，資生堂，ローム，京都府職員など。		

キャンパスアクセス ［紫野キャンパス］ 地下鉄烏丸線―北大路よりバス９分／JR山陰本線―円町よりバス12分／阪急京都線―大宮・西院よりバス20～22分／JR山陰本線・地下鉄東西線―二条よりバス17分

社会福祉学部		
社会福祉	220	▷実践経験豊かなスタッフによる基礎理論，政策・制度，保健医療，実習指導で「福祉マインド」を育て，多様性を理解し，社会に貢献できる人材を育成する。
● 取得可能な資格…教職（地歴・公・社・福，特別支援），司書，司書教諭，学芸員，保育士，社会福祉士・精神保健福祉士受験資格など。 ● 進路状況…………就職93.8%　進学1.4% ● 主な就職先………北海道旅客鉄道，全国労働者共済生活協同組合連合会，京都府職員（福祉職）など。		
保健医療技術学部		
理学療法	40	▷時代と地域社会の要請に基づく最新の理学療法に関する教育を展開し，専門知識と技術を身につけた人材を養成する。
作業療法	40	▷経験豊富な教員が基礎から手厚く指導し，チーム医療の一員として技能を発揮できる作業療法士を養成する。
看護	65	▷充実した設備や総合大学の利点を生かした教育で，全人的なケアができる確かな臨床実践力を持った看護職者を養成。
● 取得可能な資格…教職（養護二種），看護師・保健師・理学療法士・作業療法士受験資格など。 ● 進路状況…………就職93.8%　進学3.4% ● 主な就職先………京都大学医学部附属病院，国立がん研究センター中央病院，京都府保健師など。		

▶通信教育課程

仏教学部，文学部，歴史学部，教育学部，社会学部，社会福祉学部

▶通信教育課程大学院

文学（M・D），教育学・社会学・社会福祉学（以上M）

▶キャンパス

全学部……［紫野キャンパス］京都府京都市北区紫野北花ノ坊町96
保健医療技術……［二条キャンパス］京都府京都市中京区西ノ京東栂尾町７

2024年度入試要項（前年度実績）

●募集人員

学部／学科		一般A	一般B	共通前期	共通後期
▶仏教	仏教	15	2	2	1
▶文	日本文	38	3	3	1
	中国	13	2	2	1
	英米	20	2	2	1
▶歴史	歴史	35	2	4	1
	歴史文化	19	2	3	1
▶教育	教育	41	3	5	1
	幼児教育	24	2	3	1
	臨床心理	24	2	3	1
▶社会	現代社会	67	5	6	2
	公共政策	38	3	3	1
▶社会福祉	社会福祉	76	5	7	2
▶保健医療技術	理学療法	12	2	2	1
	作業療法	9	2	2	1
	看護	20	2	3	1

▷一般選抜Ａ日程では２科目型と３科目型を実施し，３科目型は出願時に希望すれば，「スタンダード３科目方式」以外に，高得点の１科目の得点を２倍し，その他の科目との合計400点満点で判定する「高得点科目重視方式」を追加して判定を受けることも可能。ただし，「高得点科目重視方式」のみでの受験はできない。

▷一般選抜Ｂ日程では，出願時に希望すれば，「スタンダード２科目方式」以外に，Ｂ日程の英語（100点）と選択〈国語または数学〉（100点）および共通テストの高得点１科目（100点）の点数を合計した３科目300点満点で判定する「共通テスト併用方式」を追加して判定を受けることも可能。ただし，「共通テスト併用方式」のみでの受験はできない。共通テストの，学部・学科ごとに指定された試験教科・科目は以下のとおり。

仏教・文（英米学科）・歴史・教育・社会・社会福祉学部は国・英・地歴・公民・数・理。

キャンパスアクセス［二条キャンパス］JR山陰本線・地下鉄東西線―二条より徒歩1分／阪急京都線―大宮より徒歩10分

文学部の日本文学科と中国学科は国・英・中・地歴・公民・数・理。
保健医療技術学部は国・英・数・理。
▷一般選抜Ｂ日程の共通テスト併用方式の英語は，リスニングを含めた200点満点を100点満点に換算して用い，リーディングとリスニングの配点比率を４：１として換算する。また，共通テスト利用選抜の英語は，リーディングとリスニングの配点比率を４：１として200点満点に換算する。
▷共通テスト利用選抜後期において，出願時に希望すれば，「英語民間試験方式」で判定を受けることも可能。共通テストの英語と，指定された英語民間試験（英検，GTEC，IELTS，TEAP，TEAP CBT，TOEFL iBT，ケンブリッジ英検）のみなし得点のうち，高得点のものを英語の得点として採用する。

仏教学部・文学部・歴史学部・教育学部・社会学部・社会福祉学部

一般選抜Ａ日程（２科目型）・Ｂ日程　**2科目**　①**外**（100）▶コミュ英Ⅰ・コミュ英Ⅱ・英表Ⅰ　②**国・数**（100）▶国総（古文・漢文を除く）・「数Ⅰ・数Ａ」から１
一般選抜Ａ日程（３科目型）　**【仏教学部・文学部・歴史学部・社会学部・社会福祉学部】**　**3科目**　①**国**（100）▶国総（古文は選択のみ。漢文を除く）　②**外**（100）▶コミュ英Ⅰ・コミュ英Ⅱ・英表Ⅰ　③**地歴・公民・数**（100）▶世Ｂ・日Ｂ・「現社・政経（共通分野）」・「数Ⅰ・数Ａ」から１
【教育学部】　**3科目**　①**国**（100）▶国総（古文は選択のみ。漢文を除く）　②**外**（100）▶コミュ英Ⅰ・コミュ英Ⅱ・英表Ⅰ　③**地歴・公民・数・理**（100）▶世Ｂ・日Ｂ・「現社・政経（共通分野）」・「数Ⅰ・数Ａ」・化基から１
共通テスト利用選抜前期　**【仏教学部・歴史学部・社会学部・社会福祉学部】**　**3科目**　①**国**（100）▶国（漢文を除く）　②**外**（200）▶英（リスニングを含む）　③**地歴・公民・数・理**（100）▶世Ａ・世Ｂ・日Ａ・日Ｂ・地理Ａ・地理Ｂ・現社・倫・政経・「倫・政経」・数Ⅰ・「数Ⅰ・数Ａ」・数Ⅱ・「数Ⅱ・数Ｂ」・簿・情・「物基・化基・生基・地学基から２」・物・化・生・地学から１
[個別試験]　行わない。
【文学部（日本文学科・中国学科）】　**3科目**　①**国**（100）▶国（漢文を除く）　②**外**（200）▶英（リスニングを含む）・中から１　③**地歴・公民・数・理**（100）▶世Ａ・世Ｂ・日Ａ・日Ｂ・地理Ａ・地理Ｂ・現社・倫・政経・「倫・政経」・数Ⅰ・「数Ⅰ・数Ａ」・数Ⅱ・「数Ⅱ・数Ｂ」・簿・情・「物基・化基・生基・地学基から２」・物・化・生・地学から１
[個別試験]　行わない。
【文学部（英米学科）】　**3科目**　①**国**（100）▶国（漢文を除く）　②**外**（200）▶英（リスニングを含む）　③**地歴・公民・数・理**（100）▶世Ａ・世Ｂ・日Ａ・日Ｂ・地理Ａ・地理Ｂ・現社・倫・政経・「倫・政経」・数Ⅰ・「数Ⅰ・数Ａ」・数Ⅱ・「数Ⅱ・数Ｂ」・簿・情・「物基・化基・生基・地学基から２」・物・化・生・地学から１
[個別試験]　行わない。
【教育学部】　**3科目**　①**外**（200）▶英（リスニングを含む）　②③**国・「地歴・公民」・数・理**（100×2）▶国（漢文を除く）・「世Ａ・世Ｂ・日Ａ・日Ｂ・地理Ａ・地理Ｂ・現社・倫・政経・〈倫・政経〉から１」・「数Ⅰ・〈数Ⅰ・数Ａ〉・数Ⅱ・〈数Ⅱ・数Ｂ〉・簿・情から１」・「〈物基・化基・生基・地学基から２〉・物・化・生・地学から１」から２
[個別試験]　行わない。
共通テスト利用選抜後期　**【仏教学部・歴史学部・教育学部・社会学部・社会福祉学部】**　**2科目**　①**国・外**（200）▶国（漢文を除く）・英（リスニングを含む）から１　②**地歴・公民・数・理**（100）▶世Ａ・世Ｂ・日Ａ・日Ｂ・地理Ａ・地理Ｂ・現社・倫・政経・「倫・政経」・数Ⅰ・「数Ⅰ・数Ａ」・数Ⅱ・「数Ⅱ・数Ｂ」・簿・情・「物基・化基・生基・地学基から２」・物・化・生・地学から１
[個別試験]　行わない。
【文学部（日本文学科・中国学科）】　**2科目**　①**国・外**（200）▶国（漢文を除く）・英（リスニングを含む）・中から１　②**地歴・公民・数・理**（100）▶世Ａ・世Ｂ・日Ａ・日Ｂ・地理Ａ・地理Ｂ・現社・倫・政経・「倫・政経」・数Ⅰ・「数Ⅰ・数Ａ」・数Ⅱ・「数Ⅱ・数Ｂ」・簿・情・「物基・化基・生基・地学基から２」・物・化・生・地学から１
[個別試験]　行わない。
【文学部（英米学科）】　**2科目**　①**外**（200）▶英（リスニングを含む）　②**地歴・公民・数・理**（100）▶世Ａ・世Ｂ・日Ａ・日Ｂ・地理Ａ・地理

Ｂ・現社・倫・政経・「倫・政経」・数Ⅰ・「数Ⅰ・数Ａ」・数Ⅱ・「数Ⅱ・数Ｂ」・簿・情・「物基・化基・生基・地学基から２」・物・化・生・地学から１
［個別試験］　行わない。

保健医療技術学部

一般選抜Ａ日程（２科目型）・Ｂ日程 ２科目
①外（100）▶コミュ英Ⅰ・コミュ英Ⅱ・英表Ⅰ
②国・数（100）▶国総（古文・漢文を除く）・「数Ⅰ・数Ａ」から１
一般選抜Ａ日程（３科目型） ３科目 ①国（100）▶国総（古文は選択のみ。漢文を除く）
②外（100）▶コミュ英Ⅰ・コミュ英Ⅱ・英表Ⅰ
③数・理（100）▶「数Ⅰ・数Ａ」・化基・生基から１
共通テスト利用選抜前期 ３科目 ①外（200）▶英（リスニングを含む） ②③国・数・理（100×2）▶国（漢文を除く）・「数Ⅰ・〈数Ⅰ・数Ａ〉・数Ⅱ・〈数Ⅱ・数Ｂ〉・簿・情から１」・「〈物基・化基・生基・地学基から２〉・物・化・生・地学から１」から２
［個別試験］　行わない。
共通テスト利用選抜後期 ２科目 ①外（200）▶英（リスニングを含む） ②国・数・理（100）▶国（漢文を除く）・数Ⅰ・「数Ⅰ・数Ａ」・数Ⅱ・「数Ⅱ・数Ｂ」・簿・情・「物基・化基・生基・地学基から２」・物・化・生・地学から１
［個別試験］　行わない。

その他の選抜

学校推薦型選抜（公募制）は仏教学部５名，文学部47名，歴史学部34名，教育学部56名，社会学部65名，社会福祉学部45名，保健医療技術学部28名を，総合型選抜（自己推薦制）は仏教学部10名，文学部32名，歴史学部23名，教育学部35名，社会学部35名，社会福祉学部20名，保健医療技術学部16名を募集。ほかに同窓・宗門後継者・課外活動・スポーツ強化枠・指定校MU・指定校高大連携選抜，帰国・外国人生徒選抜，社会人１年次選抜，留学生１年次選抜を実施。

偏差値データ（2024年度）

●一般選抜A日程（3科目型・スタンダード3科目方式）

学部／学科	2024年度 駿台予備学校 合格目標ライン	2024年度 河合塾 ボーダー偏差値	2023年度 競争率
▶仏教学部			
仏教	39	40	2.0
▶文学部			
日本文	41	40	1.8
中国	40	37.5	1.1
英米	41	37.5	1.3
▶歴史学部			
歴史	43	42.5	2.2
歴史文化	42	42.5	1.9
▶教育学部			
教育	46	50	6.2
幼児教育	46	47.5	10.6
臨床心理	45	45	4.1
▶社会学部			
現代社会	41	37.5	1.8
公共政策	40	37.5	1.5
▶社会福祉学部			
社会福祉	40	35	1.3
▶保健医療技術学部			
理学療法	46	47.5	10.3
作業療法	44	47.5	5.0
看護	45	47.5	3.7

- 駿台予備学校合格目標ラインは合格可能性80％に相当する駿台模試の偏差値です。
- 河合塾ボーダー偏差値は合格可能性50％に相当する河合塾全統模試の偏差値です。
- 競争率は受験者÷合格者の実質倍率

R
RITSUMEIKAN

立命館大学（りつめいかん）

問合せ先 入学センター ☎075-465-8351

建学の精神

立命館の歴史は，近代日本の代表的な政治家で，国際人であった西園寺公望が1869（明治２）年，新しい時代を担う若者を育てるため，私塾「立命館」を創始したことに始まる。その後，1900年，文部大臣時代の西園寺の秘書であった中川小十郎がその意志を引き継ぎ，立命館大学の前身となる「私立京都法政学校」を創立。そして，「世界に開かれた立命館」をめざし，特に1980年代半ば以降，日本の国際化をリードしてきた。グローバル化が進み，これまで経験したことのない地球規模の課題に直面している今，「自由と清新」の建学の精神と「平和と民主主義」の教学理念に基づき，「未来を信じ，未来に生きる」の精神を持って，確かな学力の上に，豊かな個性を花開かせ，正義と倫理を持った地球市民として活躍できる人間の育成に努めている。

- 衣笠キャンパス………………〒603-8577 京都府京都市北区等持院北町56-1
- 大阪いばらきキャンパス……〒567-8570 大阪府茨木市岩倉町2-150
- びわこ・くさつキャンパス…〒525-8577 滋賀県草津市野路東1-1-1

基本データ

学生数▶34,092名（男20,956名，女13,136名）
専任教員数▶教授817名，准教授261名，講師163名（特別契約教員等を含む）
設置学部▶法，産業社会，国際関係，文，経営，政策科，総合心理，グローバル教養，映像，情報理工，経済，スポーツ健康科，食マネジメント，理工，生命科，薬
併設教育機関▶大学院（P.959参照）

就職・卒業後の進路

就職率 **96.3**%
就職者÷希望者×100

●**就職支援**　キャリアセンターでは，就職活動に必要な力量を醸成するための支援企画を開催するとともに，各学部に担当スタッフを配置して，さまざまな業界や企業についての情報提供も積極的に実施。希望する進路の実現に向けて，総力を結集して支援している。
●**資格取得支援**　公務員試験（主に国家公務員採用総合職試験），公認会計士試験，司法

進路指導者も必見 学生を伸ばす 面倒見

初年次教育	学修サポート
レジュメの作り方，討論やプレゼンの方法，文献資料の探し方，グループ学習方法，レポート・小論文の執筆方法など大学で学ぶための主体的な姿勢や基礎力を身につける「基礎演習」「研究入門」「情報リテラシー」などを開講	TA・SA（ピア・サポート）制度，オフィスアワーを全学部で導入。また，レポート等作成支援窓口のライティング・サポート室や「自立した学習者」となるための「SSP（Student Success Program）」も設置している

オープンキャンパス（2023年度実績） 8月5・6日に３キャンパス同時開催（事前申込制）。大学・学部紹介，入試説明，キャンパスツアー，模擬授業，研究室公開など。このほか，キャンパス見学会を６月と９月に実施。

試験を難関試験として位置づけ，さまざまな支援を実施。資格講座では，会計・金融系，法律系，情報・パソコン系，その他ビジネス系の各資格を対象とした講座を開講している。

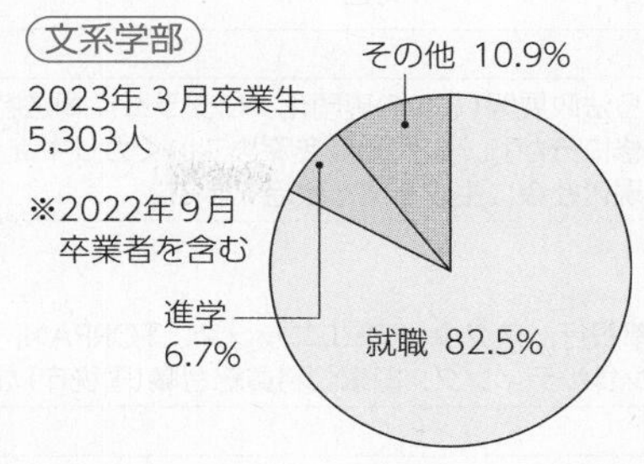

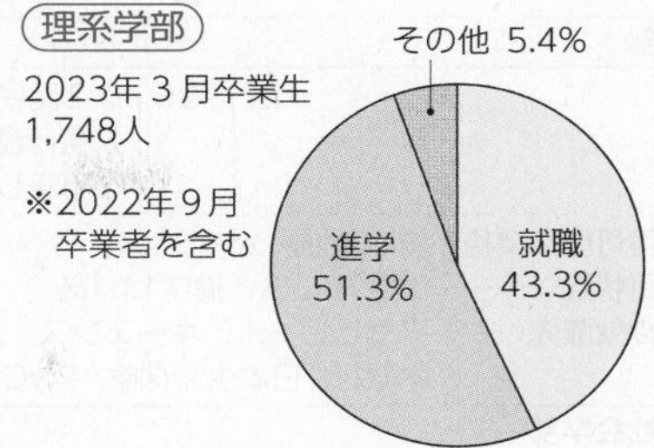

主なOB・OG▶［法］泉健太（衆議院議員），［産業社会］高橋茂雄（お笑いタレント），［産業社会］倉木麻衣（ミュージシャン），［文］千早茜（小説家），［経営］小林仁（ベネッセホールディングス社長）など。

国際化・留学　大学間 470 大学等

受入れ留学生数▶1,890名（2023年５月１日現在）

留学生の出身国・地域▶中国，韓国，インドネシア，台湾，アメリカなど。

外国人専任教員▶教授50名，准教授35名，講師60名（2023年５月１日現在）

外国人専任教員の出身国▶NA

大学間交流協定▶470大学・機関（交換留学先148大学・機関，2023年５月１日現在）

海外への留学生数▶渡航型686名・オンライン型123名／年（30カ国・地域，2022年度）

海外留学制度▶長期（立命館・UBCアカデミック・イマージョン・プログラム，交換留学，学部共同学位プログラムなど）から短期（異文化理解セミナー／現地で学ぶ初修語セミナー，海外スタディなど）まで，多様のニーズに応える留学プログラムを用意。コンソーシアムはAPSIAなどに参加している。

学費・奨学金制度

入学金▶200,000円

年間授業料（施設費等を除く）▶1,056,800円～（詳細は巻末資料参照）

年間奨学金総額▶NA

年間奨学金受給者数▶NA

主な奨学金制度▶「近畿圏外からの入学者を支援する奨学金」や経済支援型の「立命館大学家計急変学費減免」，成長支援型の「西園寺記念奨学金」など数多くの奨学金制度があり，全国トップレベルの実績を持っている。

保護者向けインフォメーション

● **説明会**　「親子のための大学・入試説明会」を全国各地で開催（保護者のみの参加も可）。

● **成績確認**　ウェブサイトを通じて春・秋学期成績を父母等に通知している。

● **後援会**　保護者を会員とした父母教育後援会があり，『父母教育後援会だより』も発刊。

● **１日キャンパス**　全国各地で「保護者のための１日キャンパス」を開催し，アカデミック講演会や就職活動相談会などを行っている。

● **相談窓口**　保護者専用の窓口を設置している。

● **防災対策**　大学HPに「防災ガイド」を公開。大規模災害時の学生の安否は，学修支援システム「manaba+R」を利用して確認する。

インターンシップ科目	必修専門ゼミ	卒業論文	GPA制度の導入の有無および活用例	１年以内の退学率	標準年限での卒業率
全学部で開講している	全学部で実施（開講年次は学部により異なる）	学部による	導入している	1.0%	81.4%（4年制）69.3%（薬学科）

学部紹介

学部／学科	定員	特色
法学部		
法	720	▷２回生から法政展開（６つの専門化プログラム），司法特修，公務行政特修に分かれ，専門知識を深めていくカリキュラムを用意し，現代社会に生きる法と政治を学ぶ。
● 取得可能な資格…教職（地歴・公・社）。 ● 進路状況…………就職76.3％　進学11.1％ ● 主な就職先………アサヒビール，キーエンス，京都銀行，スクウェア・エニックス，TOPPAN，日本銀行，日本生命保険，PwCコンサルティング，国家公務員総合職（国税庁）など。		
産業社会学部		
現代社会	810	▷〈現代社会専攻330名，メディア社会専攻180名，スポーツ社会専攻100名，子ども社会専攻50名，人間福祉専攻150名〉複雑多様化する現代社会の諸問題を解明し，その解決をめざす。各専攻が独自のカリキュラムを展開。
● 取得可能な資格…教職（地歴・公・社・保体，小一種，特別支援），社会福祉士受験資格など。 ● 進路状況…………就職88.6％　進学3.2％ ● 主な就職先………伊藤園，関西テレビ放送，サイバーエージェント，住友生命保険，セガ，東京海上日動火災保険，ニトリ，パナソニック，楽天グループ，国家公務員一般職など。		
国際関係学部		
国際関係	335	▷〈国際関係学専攻235名，グローバル・スタディーズ専攻100名〉国際社会の理解・課題解決に不可欠な「理論」「地域」「言語」を段階的に学び，グローバルに活躍できる力を養う。
アメリカン大学・立命館大学国際連携	25	▷両大学が連名で１つの学位を授与する，学士課程レベルとしては日本初の学科。両大学を行き来しながら学ぶ。
● 進路状況…………就職71.3％　進学10.2％ ● 主な就職先………アクセンチュア，アマゾンジャパン，エヌ・ティ・ティ・データ，日本航空，村田製作所，楽天グループ，国家公務員総合職（外務省・総務省・内閣府）など。		
文学部		
人文	1035	▷〈人間研究学域120名，日本文学研究学域125名，日本史研究学域140名，東アジア研究学域100名，国際文化学域220名，地域研究学域130名，国際コミュニケーション学域120名，言語コミュニケーション学域80名〉８学域に18専攻を設置。幅広い領域の学問を融合して，現代社会にふさわしいグローバル人文学を創り上げる。
● 取得可能な資格…教職（国・地歴・公・社・英），司書，司書教諭，学芸員，測量士補など。 ● 進路状況…………就職78.6％　進学8.5％ ● 主な就職先………ANA関西空港，関西電力，京セラ，ソフトバンク，大日本印刷，野村総合研究所，阪急阪神百貨店，星野リゾート，みずほフィナンシャルグループ，教員など。		
経営学部		
国際経営	145	▷経営学の基礎知識を備えながら，国際的な経営やビジネスを理解するための高度な外国語運用能力と国際理解力を修得する。英語で開講される経営学科目を豊富に設置。
経営	650	▷２回生から将来の目標に合わせて専門分野を系統的に学べるように，組織，戦略，マーケティング，会計・ファイナンスの４つのコースを設けている。

キャンパスアクセス [衣笠キャンパス] JR，近鉄京都線一京都よりバス30 ～ 42分／阪急京都線一西院よりバス13～15分／京阪本線一三条よりバス34～40分／JR山陰本線（嵯峨野線）一円町よりバス８～10分

● 進路状況…………就職86.8%　進学2.1% ● 主な就職先………アイリスオーヤマ，アクセンチュア，EY新日本有限責任監査法人，積水ハウス，日本M＆Ａセンター，博報堂，ファーストリテイリング，LINEヤフーなど。		
政策科学部		
政策科	410	▷〈政策科学専攻370名，Community and Regional Policy Studies（CRPS）専攻40名〉国際社会が直面する複雑な問題を複眼的・多角的な視野で調査・分析し，政策を提言できる人材を育成する。CRPSはカリキュラムのすべてを英語で実施。
● 進路状況…………就職86.2%　進学5.7% ● 主な就職先………国税専門官，財務専門官，国家公務員一般職（総務省），アクセンチュア，川崎重工業，JTB，島津製作所，日本アイ・ビー・エム，三菱UFJ信託銀行，ロームなど。		
総合心理学部		
総合心理	280	▷「人間」そのものを深く知り，社会のさまざまな課題を解決する力を身につける。認知・行動，発達・キャリア，社会・文化の３つのユニットを組み合わせて，科目を履修する。
● 進路状況…………就職73.8%　進学17.3% ● 主な就職先………あいおいニッセイ同和損害保険，沖電気工業，住友林業，ベネッセコーポレーション，村田機械，明治安田生命保険，ワコール，法務省専門職員（人間科学）など。		
グローバル教養学部		
グローバル教養	100	▷オーストラリア国立大学（ANU）と連携し，すべて英語による４年間の学びの成果として，両大学の学位を取得できるデュアル・ディグリー・プログラムを実現。
● 進路状況…………就職71.4%　進学14.3% ● 主な就職先………アマゾンジャパン，クボタ，テルモ，電通，プログリット。		
映像学部		
映像	240	▷映画芸術，ゲーム・エンターテインメント，クリエイティブ・テクノロジー，映像マネジメント，社会映像の５つの学びのゾーンを軸に，多様な映像分野を開拓する人材を育成する。
● 取得可能な資格…司書，学芸員。 ● 進路状況…………就職75.2%　進学7.2% ● 主な就職先………AOI Pro.，IMAGICAエンタテインメントメディアサービス，カプコン，サイバーエージェント，TBSアクト，日本中央競馬会，富士ソフト，ブシロードなど。		
情報理工学部		
情報理工	475	▷システムアーキテクト，セキュリティ・ネットワーク，社会システムデザイン，実世界情報，メディア情報，知能情報の６コース（計425名，１年次春学期中にコース選択）と，すべての授業を英語で学ぶISSE（Information Systems Science and Engineering）コース（50名）を設置。情報分野を取り巻く新たな社会状況に対応できる人材を育成する。
● 取得可能な資格…教職（情）など。 ● 進路状況…………就職43.0%　進学46.9% ● 主な就職先………アビームコンサルティング，エヌ・ティ・ティ・データ，オムロン，花王，シャープ，住友化学，デンソー，東洋紡，TOPPAN，パナソニック，村田製作所など。		
経済学部		
経済	760	▷〈国際専攻125名，経済専攻635名〉国際専攻では，「外国語＋経済学教育＋海外経験」で，世界で通用する国際人を，経済専攻では，「理論＋現実＋実践」で，現代社会の諸問題を解決する人材を育成する。

キャンパスアクセス ［大阪いばらきキャンパス］ JR東海道本線—茨木より徒歩５分／阪急京都線，大阪モノレール—南茨木より徒歩10分／大阪モノレール—宇野辺より徒歩７分

● 取得可能な資格…教職（地歴・公・社）。
● 進路状況…………就職87.6％ 進学3.6％
● 主な就職先………有限責任あずさ監査法人，キーエンス，豊田通商，西日本旅客鉄道，富士通，本田技研工業，三井住友信託銀行，三菱UFJ銀行，国家公務員総合職（総務省）など。

スポーツ健康科学部		
スポーツ健康科	235	▷スポーツサイエンス，健康運動科学，スポーツ教育学，スポーツマネジメントの４領域。「ヒト・ひと・人」を科学し，人々の健康，幸福な社会，平和な世界を創造する人材を育成。

● 取得可能な資格…教職（保体）など。
● 進路状況…………就職82.0％ 進学10.9％
● 主な就職先………アース製薬，大阪ガス，京セラ，キリンホールディングス，ゼビオ，ダイキン工業，TOTO，トヨタ自動車，西日本電信電話，ブルボン，リクルート，教員など。

食マネジメント学部		
食マネジメント	320	▷「フードマネジメント」「フードカルチャー」「フードテクノロジー」の３つの観点から「食」を多面的に学ぶ。

● 進路状況…………就職88.7％ 進学2.8％
● 主な就職先………味の素，イオンリテール，クスリのアオキ，国分グループ本社，小林製薬，サッポロビール，大和証券グループ，ニチレイフーズ，モロゾフ，山崎製パンなど。

理工学部		
数理科	97	▷〈数学コース45名，データサイエンスコース52名〉数学の研究・活用を通して，人類の福祉と発展に貢献する。
物理科	86	▷めまぐるしく変化し多極化する現代社会を生き抜くための，普遍的で強靭な知的基盤を修得する。
電気電子工	154	▷電気電子工学の技術の進化に寄与する，想像力豊かなグローバルリーダーを育成する。
電子情報工	102	▷エレクトロニクス，コンピュータ，情報通信の３つの分野のプロフェッショナルとして世界で活躍する人材を育成。
機械工	173	▷最先端のテクノロジーを学び，産業・工業のあらゆる分野で人間生活を支える実践的なスキルを修得する。
ロボティクス	90	▷人間支援技術の基礎をバランスよく学修し，幅広い領域で活躍するロボット開発に挑む。
環境都市工	166	▷環境問題の解決と社会基盤の防災を通して，持続可能な社会を構築する。
建築都市デザイン	91	▷美しく健全な国土の実現をめざし，建築と都市をデザインする能力を身につける。

● 取得可能な資格…教職（数・理・情・工業），測量士補，１・２級建築士受験資格など。
● 進路状況…………就職42.4％ 進学53.7％
● 主な就職先………日立製作所，エヌ・ティ・ティ・データ，関西電力，京セラ，トヨタ自動車，日本電気，パナソニック，三菱電機，大成建設，国家公務員総合職（国土交通省）など。

生命科学部		
応用化	111	▷現代化学の理論と技術を駆使して，現代的課題に原子・分子レベルからアプローチする。
生物工	86	▷バイオテクノロジーを通して，食料，資源・エネルギー，環境の諸問題に挑む。
生命情報	64	▷ゲノムから得られる情報を用いて生命現象を解明する。卒業研究では，新薬開発に向けた分子設計などの応用にも挑戦。

キャンパスアクセス ［びわこ・くさつキャンパス］ JR東海道本線―南草津よりバス20分／京阪本線―中書島よりバス35分

生命医科	64	▷基礎医学・予防医学を重視した医科学教育・研究を展開し，新しい疾病予防法，診断法，治療法などの開発に挑む。

● 取得可能な資格…教職(理)など。
● 進路状況…………就職34.3%　進学62.0%
● 主な就職先………カネカ，積水化学工業，トヨタ自動車，パナソニック，ライオン，日清食品ホールディングス，ニプロ，イーピーエス，キヤノンメディカルシステムズなど。

薬学部

薬	100	▷６年制。医療人として「薬を正しく使う」分野・領域を学び，医療現場で必要な研究マインドを持った薬剤師を育成。
創薬科	60	▷４年制。「薬を創る」分野・領域を深く学び，高度な専門知識と研究力を有し，企業や研究機関で活躍できる人材を育成。

● 取得可能な資格…薬剤師受験資格(薬)など。
● 進路状況…………[薬]就職88.6%　進学6.7%　[創薬科]就職20.8%　進学79.2%
● 主な就職先………大阪大学医学部附属病院，トヨタ記念病院，IQVIAサービシーズジャパン，大塚製薬，第一三共，キッセイ薬品工業，協和キリン，ヤクルト本社，スギ薬局など。

キャンパス

法・産業社会・国際関係・文……［衣笠キャンパス］京都府京都市北区等持院北町56-1
経営・政策科・総合心理・グローバル教養・映像・情報理工……［大阪いばらきキャンパス］大阪府茨木市岩倉町2-150
経済・スポーツ健康科・食マネジメント・理工・生命科・薬……［びわこ・くさつキャンパス］滋賀県草津市野路東1-1-1

2024年度入試要項(前年度実績)

●募集人員

学部／学科(専攻・学域・コース)	全学統一	学部個別	後期分割	IR／IS／英資	共通テスト併用	共通テスト方式	共通テスト後期	AO
▶法　法	200	70	20	—	40	120	10	—
▶産業社会 現代社会(現代社会)	133	19	15	—	23	26	2	18
(メディア社会)	75	10	7	—	13	16	2	8
(スポーツ社会)	35	5	3	—	4	8	2	5
(子ども社会)	20	3	2	—	2	3	2	2
(人間福祉)	47	9	3	—	8	6	2	11
▶国際関係 国際関係(国際関係学)	76	10	4	12	3	10	3	10
(グローバル・スタディーズ)	—	—	—	15	—	—	—	13
アメリカン大学・立命館大学国際連携	—	—	—	—	—	—	—	6
▶文 人文(人間研究)	44	11	4	—	5	11	2	5
(日本文学研究)	43	16	4	—	5	11	2	5
(日本史研究)	50	19	4	—	5	11	2	5
(東アジア研究)	31	12	4	—	4	8	2	10
(国際文化)	83	27	8	—	11	19	2	21
(地域研究)	45	18	4	—	5	11	2	9
(国際コミュニケーション)	37	16	4	—	4	9	2	11
(言語コミュニケーション)	24	10	4	—	2	5	2	5
▶経営　国際経営	41	8	2	—	2	14	若干名	17
経営	188	43	4	—	12 感性23	65	3	—
▶政策科　政策科	130	20	10	—	20	55	5	11
▶総合心理 総合心理	90	文系15 理系15	8	—	5	10	2	14
▶グローバル教養 グローバル教養	—	—	—	—	—	—	—	12
▶映像　映像	83	文系15 理15	3	—	11	15	1	25
▶情報理工 情報理工(ISSE)	—	—	—	5	—	—	—	10
(その他のコース)	174	18	15	—	23	53	3	—
▶経済　経済(国際)	40	—	5	—	5	—	—	10

(経済)	220	30	20	—	15	150	15	10
▶スポーツ健康科 スポーツ健康科	95	文系 8 / 理系 5	5	—	5	25	4	15
▶食マネジメント 食マネジメント	105	文系 20 / 理系 10	10	—	15	30	5	20
▶理工 数理科(数学)	14	8	2	—	1	5	1	5
(データサイエンス)	15	8	3	—	1	5	1	
物理科	29	14	5	—	2	10	1	10
電気電子工	63	21	8	—	2	15	1	6
電子情報工	41	14	5	—	2	10	1	3
機械工	76	25	8	—	2	15	1	6
ロボティクス	33	11	5	—	2	10	1	3
環境都市工	70	20	8	—	2	15	1	3
建築都市デザイン	41	13	5	—	2	10	1	—
▶生命科 応用化	41	15	4	—	3	11	2	3
生物工	30	12	3	—	2	9	2	2
生命情報	22	9	2	—	2	7	1	2
生命医科	22	9	2	—	2	7	1	2
▶薬 薬	16	14	3	28	—	5	若干名	4
創薬科	12	8	2	17	—	3		2

※IR/IS/薬学の「IS」は「共通テスト＋面接」ISSE方式で，情報理工学部のみ実施。IR方式は国際関係学部，薬学方式は薬学部で実施。
※次のように略しています。「経営学部で学ぶ感性＋共通テスト」方式→感性。理系１科目型→理。理系型３教科方式→理系。

▷一般選抜共通テスト方式，「共通テスト＋面接」ISSE方式において，英語外部資格試験スコア等保持者への「外国語(英語)」の特例措置があり，出願登録時に特例措置を希望し，以下のスコア等を証明する書類を提出した場合は，共通テストにおける「外国語(英語)」を満点に換算し，合否判定を行う。ただし，共通テストで「外国語(英語)」の受験は必要。
英検(CBT，S-CBTも可)準１級以上，TOEFL iBT (Test Dateスコアのみ) 72点以上，IELTS (Academic Module，CDIも可) Overall Band Score5.5以上，GTEC (オフィシャルスコアに限る) 1260点以上，TEAP (４技能) 334点以上。
▷共通テストの「英語」の配点は，リーディング100点満点を200点満点に，リスニング100点満点を50点満点に換算し，その上で下記①②の高得点となる方を自動的に採用する。ただし，「共通テスト＋面接」ISSE方式はリスニングの受験が必須で①を採用する。
①リーディングとリスニングの合計250点満点を200点に換算
②リーディングのみ200点満点(リスニングを受験しなかった場合を含む)

法学部

一般選抜全学統一方式・学部個別配点方式
3科目 ①**国**(全学100・個別150) ▶国総・現文Ｂ・古典Ｂ(漢文の独立問題は出題しない) ②**外**(全学120・個別150) ▶コミュ英Ⅰ・コミュ英Ⅱ・コミュ英Ⅲ・英表Ⅰ・英表Ⅱ ③**地歴・公民・数**(100) ▶世Ｂ・日Ｂ・地理Ｂ・政経・「数Ⅰ・数Ⅱ・数Ａ・数Ｂ(数列・ベク)」から１

一般選抜共通テスト併用方式 **〈共通テスト科目〉** **2科目** ①**国**(100) ▶国(近代) ②**地歴・公民・数**(100) ▶世Ｂ・日Ｂ・地理Ｂ・現社・倫・政経・「倫・政経」・「数Ⅰ・数Ａ」・「数Ⅱ・数Ｂ」から１
〈独自試験科目〉 **2科目** ①**国**(100) ▶国総(近代)・現文Ｂ ②**外**(100) ▶コミュ英Ⅰ・コミュ英Ⅱ・コミュ英Ⅲ・英表Ⅰ・英表Ⅱ

一般選抜後期分割方式(共通テスト併用３教科型) **〈共通テスト科目〉** **1科目** ①**地歴・公民・数**(100) ▶世Ｂ・日Ｂ・地理Ｂ・現社・倫・政経・「倫・政経」・「数Ⅰ・数Ａ」・「数Ⅱ・数Ｂ」から１
〈独自試験科目〉 **2科目** ①**国**(100) ▶国総(近代)・現文Ｂ ②**外**(100) ▶コミュ英Ⅰ・コミュ英Ⅱ・コミュ英Ⅲ・英表Ⅰ・英表Ⅱ

一般選抜共通テスト方式７科目型２月選考
7科目 ①**国**(200) ▶国(近代) ②**外**(200) ▶英・独・仏・中から１ ③④**数**(200) ▶「数Ⅰ・数Ａ」・「数Ⅱ・数Ｂ」 ⑤⑥⑦**地歴・公民・理**(100×3) ▶世Ｂ・日Ｂ・地理Ｂ・「現社・倫・政経・〈倫・政経〉から１」・「物基・化基・生基・地学基から２」・物・化・生・地学から３
[個別試験] 行わない。

一般選抜共通テスト方式５教科型２月選考・３月選考(後期型) **5科目** ①**国**(200) ▶国(近代) ②**外**(200) ▶英・独・仏・中から１ ③

④⑤**地歴・公民・数・理**(100×3) ▶世Ｂ・日Ｂ・地理Ｂ・「現社・倫・政経・〈倫・政経〉から１」・「〈数Ⅰ・数Ａ〉・〈数Ⅱ・数Ｂ〉から１」・「〈物基・化基・生基・地学基から２〉・物・化・生・地学から１」から３
[個別試験] 行わない。
一般選抜共通テスト方式３教科型２月選考・３月選考(後期型) **3**科目 ①**国**(200) ▶国(近代) ②**外**(200) ▶英・独・仏・中から１ ③**地歴・公民・数・理**(200) ▶世Ｂ・日Ｂ・地理Ｂ・現社・倫・政経・「倫・政経」・「数Ⅰ・数Ａ」・「数Ⅱ・数Ｂ」・「物基・化基・生基・地学基から２」・物・化・生・地学から１
[個別試験] 行わない。
一般選抜共通テスト方式４教科型３月選考(後期型) **4**科目 ①**国**(200) ▶国(近代) ②**外**(200) ▶英・独・仏・中から１ ③④**地歴・公民・数・理**(100×2) ▶世Ｂ・日Ｂ・地理Ｂ・「現社・倫・政経・〈倫・政経〉から１」・「〈数Ⅰ・数Ａ〉・〈数Ⅱ・数Ｂ〉から１」・「〈物基・化基・生基・地学基から２〉・物・化・生・地学から１」から２
[個別試験] 行わない。

産業社会学部

一般選抜全学統一方式・学部個別配点方式 **3**科目 ①**国**(全学100・個別150) ▶国総・現文Ｂ・古典Ｂ(漢文の独立問題は出題しない) ②**外**(全学120・個別150) ▶コミュ英Ⅰ・コミュ英Ⅱ・コミュ英Ⅲ・英表Ⅰ・英表Ⅱ ③**地歴・公民・数**(全学100・個別200) ▶世Ｂ・日Ｂ・地理Ｂ・政経・「数Ⅰ・数Ⅱ・数Ａ・数Ｂ(数列・ベク)」から１
一般選抜共通テスト併用方式 〈共通テスト科目〉 **2**科目 ①**国**(100) ▶国(近代) ②**地歴・公民・数**(100) ▶世Ｂ・日Ｂ・地理Ｂ・現社・倫・政経・「倫・政経」・「数Ⅰ・数Ａ」・「数Ⅱ・数Ｂ」・簿・情から１
〈独自試験科目〉 **2**科目 ①**国**(100) ▶国総(近代)・現文Ｂ ②**外**(100) ▶コミュ英Ⅰ・コミュ英Ⅱ・コミュ英Ⅲ・英表Ⅰ・英表Ⅱ
一般選抜後期分割方式 **2**科目 ①**国**(100) ▶国総(近代)・現文Ｂ ②**外**(120) ▶コミュ英Ⅰ・コミュ英Ⅱ・コミュ英Ⅲ・英表Ⅰ・英表Ⅱ
一般選抜共通テスト方式７科目型２月選考 **7**科目 ①**国**(200) ▶国(近代) ②**外**(200) ▶英・独・仏・中・韓から１ ③④⑤⑥⑦**地歴・公民・数・理**(100×5) ▶世Ｂ・日Ｂ・地理Ｂ・「現社・倫・政経・〈倫・政経〉から１」・「数Ⅰ・数Ａ」・「数Ⅱ・数Ｂ」・簿・情・「物基・化基・生基・地学基から２」・物・化・生・地学から５
[個別試験] 行わない。
一般選抜共通テスト方式５教科型２月選考・３月選考(後期型) **5**科目 ①**国**(200) ▶国(近代) ②**外**(200) ▶英・独・仏・中・韓から１ ③④⑤**地歴・公民・数・理**(100×3) ▶世Ｂ・日Ｂ・地理Ｂ・「現社・倫・政経・〈倫・政経〉から１」・「〈数Ⅰ・数Ａ〉・〈数Ⅱ・数Ｂ〉・簿・情から１」・「〈物基・化基・生基・地学基から２〉・物・化・生・地学から１」から３
[個別試験] 行わない。
一般選抜共通テスト方式３教科型２月選考・３月選考(後期型) **3**科目 ①**国**(200) ▶国(近代) ②**外**(200) ▶英・独・仏・中・韓から１ ③**地歴・公民・数・理**(100) ▶世Ｂ・日Ｂ・地理Ｂ・現社・倫・政経・「倫・政経」・「数Ⅰ・数Ａ」・「数Ⅱ・数Ｂ」・簿・情・「物基・化基・生基・地学基から２」・物・化・生・地学から１
[個別試験] 行わない。
一般選抜共通テスト方式４教科型３月選考(後期型) **4**科目 ①**国**(200) ▶国(近代) ②**外**(200) ▶英・独・仏・中・韓から１ ③④**地歴・公民・数・理**(100×2) ▶世Ｂ・日Ｂ・地理Ｂ・「現社・倫・政経・〈倫・政経〉から１」・「〈数Ⅰ・数Ａ〉・〈数Ⅱ・数Ｂ〉・簿・情から１」・「〈物基・化基・生基・地学基から２〉・物・化・生・地学から１」から２
[個別試験] 行わない。
ＡＯ選抜入試 **[出願資格]** 第１志望，全体の学習成績の状況が3.5以上。
[選考方法] 書類審査(課題論文を含む)，小論文による第１次選考通過者を対象に，個人面接を行う。

国際関係学部

一般選抜全学統一方式・学部個別配点方式 **3**科目 ①**国**(100) ▶国総・現文Ｂ・古典Ｂ(漢文の独立問題は出題しない) ②**外**(全学150・個別100) ▶コミュ英Ⅰ・コミュ英Ⅱ・コミュ英Ⅲ・英表Ⅰ・英表Ⅱ ③**地歴・公民・数**(100)

▶世Ｂ・日Ｂ・地理Ｂ・政経・「数Ⅰ・数Ⅱ・数Ａ・数Ｂ(数列・ベク)」から１
一般選抜IR方式(英語資格試験利用型) **2科目** ①②**外**(100×2)▶英語(コミュ英Ⅰ・コミュ英Ⅱ・コミュ英Ⅲ・英表Ⅰ・英表Ⅱ)・国際関係に関する英文読解(コミュ英Ⅰ・コミュ英Ⅱ・コミュ英Ⅲ・英表Ⅰ・英表Ⅱ)
※英検(CBT，S-CBTも可)２級以上，TOEFL iBT (Test Dateスコアのみ) 61点以上，IELTS (Academic Module，CDIも可) Overall Band Score4.5以上，GTEC (オフィシャルスコアに限る) 1050点以上，TEAP (４技能) 255点以上を出願基準とし，スコア等に応じて80点，90点，100点のいずれかに換算し，英語２科目の得点と併せて，合計300点で判定する。
一般選抜共通テスト併用方式 **〈共通テスト科目〉** **1科目** ①**地歴・公民・数**(100)▶世Ｂ・日Ｂ・地理Ｂ・現社・倫・政経・「倫・政経」・「数Ⅰ・数Ａ」・「数Ⅱ・数Ｂ」から１
〈独自試験科目〉 **2科目** ①**国**(100)▶国総(近代)・現文Ｂ ②**外**(150)▶コミュ英Ⅰ・コミュ英Ⅱ・コミュ英Ⅲ・英表Ⅰ・英表Ⅱ
一般選抜後期分割方式 **2科目** ①**国**(100)▶国総(近代)・現文Ｂ ②**外**(120)▶コミュ英Ⅰ・コミュ英Ⅱ・コミュ英Ⅲ・英表Ⅰ・英表Ⅱ
一般選抜共通テスト方式７科目型２月選考 **7科目** ①**国**(200)▶国 ②**外**(200)▶英・独・仏・中・韓から１ ③④⑤⑥⑦**地歴・公民・数・理**(100×5)▶世Ｂ・日Ｂ・地理Ｂ・「現社・倫・政経・〈倫・政経〉から１」・「数Ⅰ・数Ａ」・「数Ⅱ・数Ｂ」・「物基・化基・生基・地学基から２」・物・化・生・地学から５
[個別試験] 行わない。
一般選抜共通テスト方式５教科型２月選考・３月選考(後期型) **5科目** ①**国**(200)▶国(近代) ②**外**(200)▶英・独・仏・中・韓から１ ③④⑤**地歴・公民・数・理**(100×3)▶世Ｂ・日Ｂ・地理Ｂ・「現社・倫・政経・〈倫・政経〉から１」・「〈数Ⅰ・数Ａ〉・〈数Ⅱ・数Ｂ〉から１」・「〈物基・化基・生基・地学基から２〉・物・化・生・地学から１」から３
[個別試験] 行わない。
一般選抜共通テスト方式３教科型２月選考・３月選考(後期型) **3科目** ①**外**(200)▶英・独・仏・中・韓から１ ②③**国・地歴・公民・数・理**(200×2)▶国(近代)・世Ｂ・日Ｂ・地理Ｂ・「現社・倫・政経・〈倫・政経〉から１」・「〈数Ⅰ・数Ａ〉・〈数Ⅱ・数Ｂ〉から１」・「〈物基・化基・生基・地学基から２〉・物・化・生・地学から１」から２
[個別試験] 行わない。
一般選抜共通テスト方式４教科型３月選考(後期型) **4科目** ①**外**(200)▶英・独・仏・中・韓から１ ②③④**国・地歴・公民・数・理**(200×3)▶国(近代)・世Ｂ・日Ｂ・地理Ｂ・「現社・倫・政経・〈倫・政経〉から１」・「〈数Ⅰ・数Ａ〉・〈数Ⅱ・数Ｂ〉から１」・「〈物基・化基・生基・地学基から２〉・物・化・生・地学から１」から３
[個別試験] 行わない。
AO選抜入試 **[出願資格]** 第１志望，指定された英語外部資格試験の基準のうち，いずれかを出願時点で取得しており，証明書によってその級またはスコアを証明できる者。
[選考方法] 書類審査通過者を対象に，国際関係学専攻講義選抜方式は，与えられた資料と講義をもとにグループ・ディスカッションを行い，小論文を作成。グローバル・スタディーズ専攻総合評価方式とジョイント・ディグリー・プラグラム総合評価方式は，英語による個人面接を行う。

文学部

一般選抜全学統一方式・学部個別配点方式 **3科目** ①**国**(全学100・個別〈人間・日本文学・東アジア・言語200，その他の学域100〉)▶国総・現文Ｂ・古典Ｂ(漢文は選択のみ) ②**外**(全学〈国際文化・国際150，その他の学域120〉・個別〈国際200，その他の学域100〉)▶コミュ英Ⅰ・コミュ英Ⅱ・コミュ英Ⅲ・英表Ⅰ・英表Ⅱ ③**地歴・公民・数**(全学100・個別〈日本史・国際文化・地域200，その他の学域100〉)▶世Ｂ・日Ｂ・地理Ｂ・政経・「数Ⅰ・数Ⅱ・数Ａ・数Ｂ(数列・ベク)」から１
一般選抜共通テスト併用方式 **〈共通テスト科目〉** **2科目** ①**国**(30)▶国(古文・漢文) ②**地歴・公民・数・理**(100)▶世Ｂ・日Ｂ・地理Ｂ・現社・倫・政経・「倫・政経」・「数Ⅰ・数Ａ」・「数Ⅱ・数Ｂ」・「物基・化基・生基・地学基から

2」・物・化・生・地学から1
〈独自試験科目〉 2科目 ①国(70)▶国総(近代)・現文B ②外(100)▶コミュ英Ⅰ・コミュ英Ⅱ・コミュ英Ⅲ・英表Ⅰ・英表Ⅱ
一般選抜後期分割方式 2科目 ①国(100)▶国総(近代)・現文B ②外(120)▶コミュ英Ⅰ・コミュ英Ⅱ・コミュ英Ⅲ・英表Ⅰ・英表Ⅱ
一般選抜共通テスト方式7科目型2月選考 7科目 ①国(200)▶国 ②外(200)▶英・独・仏・中・韓から1 ③④⑤⑥⑦**地歴・公民・数・理**(100×5)▶世B・日B・地理B・「現社・倫・政経・〈倫・政経〉から1」・「数Ⅰ・数A」・「数Ⅱ・数B」・「物基・化基・生基・地学基から2」・物・化・生・地学から5
[個別試験] 行わない。
一般選抜共通テスト方式5教科型2月選考・3月選考(後期型) 5科目 ①国(200)▶国 ②外(200)▶英・独・仏・中・韓から1 ③④⑤**地歴・公民・数・理**(100×3)▶世B・日B・地理B・「現社・倫・政経・〈倫・政経〉から1」・「〈数Ⅰ・数A〉・〈数Ⅱ・数B〉から1」・「〈物基・化基・生基・地学基から2〉・物・化・生・地学から1」から3
[個別試験] 行わない。
一般選抜共通テスト方式3教科型2月選考・3月選考(後期型) 3科目 ①国(200)▶国 ②外(200)▶英・独・仏・中・韓から1 ③**地歴・公民・数・理**(200)▶世B・日B・地理B・現社・倫・政経・「倫・政経」・「数Ⅰ・数A」・「数Ⅱ・数B」・「物基・化基・生基・地学基から2」・物・化・生・地学から1
[個別試験] 行わない。
一般選抜共通テスト方式4教科型3月選考(後期型) 4科目 ①国(200)▶国 ②外(200)▶英・独・仏・中・韓から1 ③④**地歴・公民・数・理**(100×2)▶世B・日B・地理B・「現社・倫・政経・〈倫・政経〉から1」・「〈数Ⅰ・数A〉・〈数Ⅱ・数B〉から1」・「〈物基・化基・生基・地学基から2〉・物・化・生・地学から1」から2
[個別試験] 行わない。
AO選抜入試 **[出願資格]** 第1志望のほか，国際方式は指定された語学の外部資格試験の基準のうち，いずれかを出願時点で取得しており，証明書によってその級・スコア等を証明できる者。
[選考方法] 書類審査(人文学プロポーズ方式はプロポーザルシートを含む)通過者を対象に，国際方式は個人面接(基本的に日本語で行うが，東アジア研究学域は，面接中に，出願時に選択した言語〈中国語または朝鮮語〉の簡単な文章を読んで，それに関して各言語による質疑応答も行う)。人文学プロポーズ方式はプレゼンテーションおよび質疑応答と個人面接を行う。

経営学部

一般選抜全学統一方式・学部個別配点方式 3科目 ①国(100)▶国総・現文B・古典B(漢文の独立問題は出題しない) ②外(全学120・個別〈国際経営200・経営120〉)▶コミュ英Ⅰ・コミュ英Ⅱ・コミュ英Ⅲ・英表Ⅰ・英表Ⅱ ③**地歴・公民・数**(全学100・個別〈国際経営100・経営150〉)▶世B・日B・地理B・政経・「数Ⅰ・数Ⅱ・数A・数B(数列・ベク)」から1
一般選抜共通テスト併用方式 〈共通テスト科目〉 1科目 ①**地歴・公民・数・理**(100)▶世B・日B・地理B・現社・倫・政経・「倫・政経」・「数Ⅰ・数A」・「数Ⅱ・数B」・簿・「物基・化基・生基・地学基から2」・物・化・生・地学から1
〈独自試験科目〉 2科目 ①国(100)▶国総(近代)・現文B ②外(100)▶コミュ英Ⅰ・コミュ英Ⅱ・コミュ英Ⅲ・英表Ⅰ・英表Ⅱ
一般選抜後期分割方式 2科目 ①国(100)▶国総(近代)・現文B ②外(120)▶コミュ英Ⅰ・コミュ英Ⅱ・コミュ英Ⅲ・英表Ⅰ・英表Ⅱ
一般選抜「経営学部で学ぶ感性＋共通テスト」方式 〈共通テスト科目〉 3科目 ①外(200)▶英・独・仏・中から1 ②③**国・地歴・公民・数・理**(200×2)▶国(近代)・世B・日B・地理B・「現社・倫・政経・〈倫・政経〉から1」・「〈数Ⅰ・数A〉・〈数Ⅱ・数B〉・簿から1」・「〈物基・化基・生基・地学基から2〉・物・化・生・地学から1」から2
〈独自試験科目〉 1科目 ①「経営学部で学ぶ**感性」問題**(100)▶発想力・構想力・文章表現力等を通じ，「感性」を評価
※共通テストの得点率が65%(合計得点390点)以上であることが合格の必要条件。
一般選抜共通テスト方式7科目型2月選考

7科目 ①国(200)▶国(近代) ②外(200)▶英・独・仏・中から1 ③④数(100×2)▶「数Ⅰ・数A」・「〈数Ⅱ・数B〉・簿から1」 ⑤⑥⑦地歴・公民・理(100×3)▶世B・日B・地理B・「現社・倫・政経・〈倫・政経〉から1」・「物基・化基・生基・地学基から2」・物・化・生・地学から3
[個別試験] 行わない。
一般選抜共通テスト方式5教科型2月選考・3月選考(後期型) **5科目** ①国(200)▶国(近代) ②外(200)▶英・独・仏・中から1 ③④⑤地歴・公民・数・理(100×3)▶世B・日B・地理B・「現社・倫・政経・〈倫・政経〉から1」・「〈数Ⅰ・数A〉・〈数Ⅱ・数B〉・簿から1」・「〈物基・化基・生基・地学基から2〉・物・化・生・地学から1」から3
[個別試験] 行わない。
一般選抜共通テスト方式3教科型2月選考・3月選考(後期型) **【経営学科】** **3科目** ①外(200)▶英・独・仏・中から1 ②③国・地歴・公民・数・理(200×2)▶国(近代)・世B・日B・地理B・「現社・倫・政経・〈倫・政経〉から1」・「〈数Ⅰ・数A〉・〈数Ⅱ・数B〉・簿から1」・「〈物基・化基・生基・地学基から2〉・物・化・生・地学から1」から2
[個別試験] 行わない。
一般選抜共通テスト方式4教科型3月選考(後期型) **【経営学科】** **4科目** ①国(200)▶国(近代) ②外(200)▶英・独・仏・中から1 ③④地歴・公民・数・理(100×2)▶世B・日B・地理B・「現社・倫・政経・〈倫・政経〉から1」・「〈数Ⅰ・数A〉・〈数Ⅱ・数B〉・簿から1」・「〈物基・化基・生基・地学基から2〉・物・化・生・地学から1」から2
[個別試験] 行わない。
AO選抜入試 **[出願資格]** 第1志望，指定された英語外部資格試験の基準のうち，いずれかを出願時点で取得しており，証明書によってその級・スコアを証明できる者。
[選考方法] 書類審査通過者を対象に，個人面接(日本語と英語)を行う。

政策科学部

一般選抜全学統一方式・学部個別配点方式 **3科目** ①国(100)▶国総・現文B・古典B(漢文の独立問題は出題しない) ②外(全学120・個別100)▶コミュ英Ⅰ・コミュ英Ⅱ・コミュ英Ⅲ・英表Ⅰ・英表Ⅱ ③地歴・公民・数(全学100・個別150)▶世B・日B・地理B・政経・「数Ⅰ・数Ⅱ・数A・数B(数列・ベク)」から1
一般選抜共通テスト併用方式 **〈共通テスト科目〉** **1科目** ①地歴・公民・数・理(100)▶世B・日B・地理B・現社・倫・政経・「倫・政経」・「数Ⅰ・数A」・「数Ⅱ・数B」・「物基・化基・生基・地学基から2」・物・化・生・地学から1
〈独自試験科目〉 **2科目** ①国(100)▶国総(近代)・現文B ②外(100)▶コミュ英Ⅰ・コミュ英Ⅱ・コミュ英Ⅲ・英表Ⅰ・英表Ⅱ
一般選抜後期分割方式 **2科目** ①国(100)▶国総(近代)・現文B ②外(120)▶コミュ英Ⅰ・コミュ英Ⅱ・コミュ英Ⅲ・英表Ⅰ・英表Ⅱ
一般選抜共通テスト方式7科目型2月選考 **7科目** ①国(200)▶国(近代) ②外(200)▶英・独・仏・中・韓から1 ③④⑤⑥⑦地歴・公民・数・理(100×5)▶世B・日B・地理B・「現社・倫・政経・〈倫・政経〉から1」・「数Ⅰ・数A」・「数Ⅱ・数B」・「物基・化基・生基・地学基から2」・物・化・生・地学から5
[個別試験] 行わない。
一般選抜共通テスト方式5教科型2月選考・3月選考(後期型) **5科目** ①国(200)▶国(近代) ②外(200)▶英・独・仏・中・韓から1 ③④⑤地歴・公民・数・理(100×3)▶世B・日B・地理B・「現社・倫・政経・〈倫・政経〉から1」・「〈数Ⅰ・数A〉・〈数Ⅱ・数B〉から1」・「〈物基・化基・生基・地学基から2〉・物・化・生・地学から1」から3
[個別試験] 行わない。
一般選抜共通テスト方式3教科型2月選考・3月選考(後期型) **3科目** ①国(200)▶国(近代) ②外(200)▶英・独・仏・中・韓から1 ③地歴・公民・数・理(200)▶世B・日B・地理B・現社・倫・政経・「倫・政経」・「数Ⅰ・数A」・「数Ⅱ・数B」・「物基・化基・生基・地学基から2」・物・化・生・地学から1
[個別試験] 行わない。
一般選抜共通テスト方式4教科型3月選考(後期型) **4科目** ①国(200)▶国(近代) ②外(200)▶英・独・仏・中・韓から1 ③④地歴・公民・数・理(100×2)▶世B・日B・地理B・

「現社・倫・政経・〈倫・政経〉から１」・「〈数Ⅰ・数Ａ〉・〈数Ⅱ・数Ｂ〉から１」・「〈物基・化基・生基・地学基から２〉・物・化・生・地学から１」から２
[個別試験] 行わない。
AO選抜入試 **[出願資格]** 第１志望。
[選考方法] 書類審査および政策科学セミナーⅠ（講義に関するレポート）による第１次選考通過者を対象に，個人面接と政策科学セミナーⅡ（グループ・ディスカッション）を行う。

総合心理学部

一般選抜全学統一方式・学部個別配点方式文系型 **3科目** ①**国**（全学100・個別150）▶国総・現文Ｂ・古典Ｂ（漢文の独立問題は出題しない） ②**外**（全学120・個別150）▶コミュ英Ⅰ・コミュ英Ⅱ・コミュ英Ⅲ・英表Ⅰ・英表Ⅱ ③**地歴・公民・数**（100）▶世Ｂ・日Ｂ・地理Ｂ・政経・「数Ⅰ・数Ⅱ・数Ａ・数Ｂ（数列・ベク）」から１
一般選抜理系型３教科方式 **3科目** ①**外**（150）▶コミュ英Ⅰ・コミュ英Ⅱ・コミュ英Ⅲ・英表Ⅰ・英表Ⅱ ②**数**（150）▶数Ⅰ・数Ⅱ・数Ａ・数Ｂ（数列・ベク） ③**理**（100）▶「物基・物」・「化基・化」・「生基・生」から１
一般選抜共通テスト併用方式 **〈共通テスト科目〉** **1科目** ①**地歴・公民・数・理**（100）▶世Ｂ・日Ｂ・地理Ｂ・現社・倫・政経・「倫・政経」・「数Ⅰ・数Ａ」・「数Ⅱ・数Ｂ」・「物基・化基・生基・地学基から２」・物・化・生・地学から１
〈独自試験科目〉 **2科目** ①**国**（100）▶国総（近代）・現文Ｂ ②**外**（100）▶コミュ英Ⅰ・コミュ英Ⅱ・コミュ英Ⅲ・英表Ⅰ・英表Ⅱ
一般選抜後期分割方式 **2科目** ①**国**（100）▶国総（近代）・現文Ｂ ②**外**（120）▶コミュ英Ⅰ・コミュ英Ⅱ・コミュ英Ⅲ・英表Ⅰ・英表Ⅱ
一般選抜共通テスト方式７科目型２月選考 **7科目** ①**国**（200）▶国（近代） ②**外**（200）▶英・独・仏・中・韓から１ ③④**数**（200）▶「数Ⅰ・数Ａ」・「数Ⅱ・数Ｂ」 ⑤⑥⑦**地歴・公民・理**（100×3）▶世Ｂ・日Ｂ・地理Ｂ・「現社・倫・政経・〈倫・政経〉から１」・「物基・化基・生基・地学基から２」・物・化・生・地学から３
[個別試験] 行わない。
一般選抜共通テスト方式５教科型２月選考・３月選考（後期型） **5科目** ①**国**（200）▶国（近代） ②**外**（200）▶英・独・仏・中・韓から１ ③④⑤**地歴・公民・数・理**（100×3）▶世Ｂ・日Ｂ・地理Ｂ・「現社・倫・政経・〈倫・政経〉から１」・「数Ⅰ・数Ａ」・「数Ⅱ・数Ｂ」・「〈物基・化基・生基・地学基から２〉・物・化・生・地学から１」から３
[個別試験] 行わない。
一般選抜共通テスト方式３教科型２月選考・３月選考（後期型） **3科目** ①**国**（200）▶国（近代） ②**外**（200）▶英・独・仏・中・韓から１ ③**地歴・公民・数・理**（200）▶世Ｂ・日Ｂ・地理Ｂ・現社・倫・政経・「倫・政経」・「数Ⅰ・数Ａ」・「数Ⅱ・数Ｂ」・「物基・化基・生基・地学基から２」・物・化・生・地学から１
[個別試験] 行わない。
一般選抜共通テスト方式４教科型３月選考（後期型） **4科目** ①**国**（200）▶国（近代） ②**外**（200）▶英・独・仏・中・韓から１ ③④**地歴・公民・数・理**（100×2）▶世Ｂ・日Ｂ・地理Ｂ・「現社・倫・政経・〈倫・政経〉から１」・「数Ⅰ・数Ａ」・「数Ⅱ・数Ｂ」・「〈物基・化基・生基・地学基から２〉・物・化・生・地学から１」から２
[個別試験] 行わない。
AO選抜入試 **[出願資格]** 第１志望。
[選考方法] 書類審査（小論文を含む）通過者を対象に，課題論文，個人面接を行う。

グローバル教養学部

AO選抜入試 **[出願資格]** 第１志望，指定された英語外部資格試験の基準のうち，いずれかを出願時点で取得しており，証明書によってそのスコアを証明できる者。
[選考方法] 書類審査（英語によるエッセーを含む），英語による個人面接（オンライン，口頭試問を含む）を行う。

映像学部

一般選抜全学統一方式・学部個別配点方式文系型 **3科目** ①**国**（100）▶国総・現文Ｂ・古典Ｂ（漢文の独立問題は出題しない） ②**外**（全学120・個別100）▶コミュ英Ⅰ・コミュ英Ⅱ・コミュ英Ⅲ・英表Ⅰ・英表Ⅱ ③**地歴・公民・数**（全学100・個別150）▶世Ｂ・日Ｂ・地理Ｂ・政経・「数Ⅰ・数Ⅱ・数Ａ・数Ｂ（数列・ベク）」から

1
一般選抜学部個別配点方式理科1科目型 **3科目** ①**外**(150)▶コミュ英Ⅰ・コミュ英Ⅱ・コミュ英Ⅲ・英表Ⅰ・英表Ⅱ ②**数**(150)▶数Ⅰ・数Ⅱ・数Ⅲ・数A・数B(数列・ベク) ③**理**(100)▶「物基・物」・「化基・化」・「生基・生」から1

一般選抜共通テスト併用方式 **〈共通テスト科目〉** **1科目** ①**地歴・公民・数・理**(100)▶世B・日B・地理B・現社・倫・政経・「倫・政経」・「数Ⅰ・数A」・「数Ⅱ・数B」・情・「物基・化基・生基・地学基から2」・物・化・生・地学から1
〈独自試験科目〉 **2科目** ①**国**(100)▶国総(近代)・現文B ②**外**(100)▶コミュ英Ⅰ・コミュ英Ⅱ・コミュ英Ⅲ・英表Ⅰ・英表Ⅱ

一般選抜後期分割方式 **2科目** ①**国**(100)▶国総(近代)・現文B ②**外**(120)▶コミュ英Ⅰ・コミュ英Ⅱ・コミュ英Ⅲ・英表Ⅰ・英表Ⅱ

一般選抜共通テスト方式7科目型2月選考 **7科目** ①**国**(100)▶国(近代) ②**外**(200)▶英・独・仏・中・韓から1 ③**数**(100)▶数Ⅰ・数A ④⑤⑥⑦**地歴・公民・数・理**(100×4)▶世B・日B・地理B・現社・倫・政経・「倫・政経」・「数Ⅱ・数B」・情・「物基・化基・生基・地学基から2」・物・化・生・地学から4
[個別試験] 行わない。

一般選抜共通テスト方式5教科型2月選考・3月選考(後期型) **5科目** ①**外**(200)▶英・独・仏・中・韓から1 ②**数**(100)▶数Ⅰ・数A ③④⑤**国・地歴・公民・数・理**(100×3)▶国(近代)・世B・日B・地理B・「現社・倫・政経・〈倫・政経〉から1」・「数Ⅱ・数B」・情・「〈物基・化基・生基・地学基から2〉・物・化・生・地学から1」から3
[個別試験] 行わない。

一般選抜共通テスト方式3教科型2月選考・3月選考(後期型) **3科目** ①**外**(200)▶英・独・仏・中・韓から1 ②③**国・地歴・公民・数・理**(200×2)▶国(近代)・世B・日B・地理B・「現社・倫・政経・〈倫・政経〉から1」・「〈数Ⅰ・数A〉・〈数Ⅱ・数B〉・情から1」・「〈物基・化基・生基・地学基から2〉・物・化・生・地学から1」から2
[個別試験] 行わない。

一般選抜共通テスト方式4教科型3月選考(後期型) **4科目** ①**外**(200)▶英・独・仏・中・韓から1 ②③④**国・地歴・公民・数・理**(200×3)▶国(近代)・世B・日B・地理B・「現社・倫・政経・〈倫・政経〉から1」・「〈数Ⅰ・数A〉・〈数Ⅱ・数B〉・情から1」・「〈物基・化基・生基・地学基から2〉・物・化・生・地学から1」から3
[個別試験] 行わない。

AO選抜入試 **[出願資格]** 第1志望。
[選考方法] 書類審査(課題〈物語制作〉を含む)通過者を対象に,映像撮影型は大学が準備する簡便な機器での映像撮影およびその解説文章の作成,絵コンテ作画型は与えられた課題に対する絵コンテの作成をそれぞれ行い,プレゼンテーションおよび個人面接を実施。

情報理工学部

一般選抜全学統一方式・学部個別配点方式 **3科目** ①**外**(全学100・個別150)▶コミュ英Ⅰ・コミュ英Ⅱ・コミュ英Ⅲ・英表Ⅰ・英表Ⅱ ②**数**(全学100・個別150)▶数Ⅰ・数Ⅱ・数Ⅲ・数A・数B(数列・ベク) ③**理**(100)▶「物基・物」・「化基・化」・「生基・生」から1

一般選抜共通テスト併用方式 **〈共通テスト科目〉** **2〜1科目** ①②**国・数**(100)▶国(近代)・「〈数Ⅰ・数A〉・〈数Ⅱ・数B〉」から1
〈独自試験科目〉 **2科目** ①**外**(100)▶コミュ英Ⅰ・コミュ英Ⅱ・コミュ英Ⅲ・英表Ⅰ・英表Ⅱ ②**数**(200)▶数Ⅰ・数Ⅱ・数Ⅲ・数A・数B(数列・ベク)

一般選抜「共通テスト+面接」ISSE方式 **【ISSEコース】** **〈共通テスト科目〉** **3科目** ①**外**(200)▶英(リスニングを含む) ②③**数**(100)▶「数Ⅰ・数A」・「数Ⅱ・数B」
〈独自試験科目〉 **1科目** ①**面接**(100)▶英語によるオンライン面接
※共通テストにおいて,英語の得点率が80%以上かつ数学の得点率が70%以上,およびオンライン面接の得点率が60%以上であることが合格の必要条件。

一般選抜後期分割方式 **2科目** ①**数**(100)▶数Ⅰ・数Ⅱ・数Ⅲ・数A・数B(数列・ベク) ②**理**(100)▶「物基・物」・「化基・化」から1

一般選抜共通テスト方式7科目型2月選考 **7科目** ①**国**(100)▶国(近代) ②**外**(200)▶

英 ③④**数**(200) ▶「数Ⅰ・数A」・「数Ⅱ・数B」 ⑤**理**(200) ▶物・化・生から1 ⑥⑦**地歴・公民・理**(100×2) ▶世B・日B・地理B・「現社・倫・政経・〈倫・政経〉から1」・物・化・生から2，ただし上記の理科で採用された科目を除く

[個別試験] 行わない。

一般選抜共通テスト方式5教科型2月選考・3月選考(後期型) **6科目** ①**国**(100) ▶国(近代) ②**外**(200) ▶英 ③④**数**(200) ▶「数Ⅰ・数A」・「数Ⅱ・数B」 ⑤**理**(200) ▶物・化・生から1 ⑥**地歴・公民・理**(100) ▶世B・日B・地理B・現社・倫・政経・「倫・政経」・物・化・生から1，ただし上記の理科で採用された科目を除く

[個別試験] 行わない。

一般選抜共通テスト方式3教科型2月選考・3月選考(後期型) **4科目** ①**外**(200) ▶英 ②③**数**(200) ▶「数Ⅰ・数A」・「数Ⅱ・数B」 ④**理**(200) ▶物・化・生から1

[個別試験] 行わない。

一般選抜共通テスト方式4教科型3月選考(後期型) **5科目** ①**国**(100) ▶国(近代) ②**外**(200) ▶英 ③④**数**(200) ▶「数Ⅰ・数A」・「数Ⅱ・数B」 ⑤**理**(100) ▶物・化・生から1

[個別試験] 行わない。

AO選抜入試 **[出願資格]** 第1志望，指定された英語外部資格試験を受験し，証明書によってその級・スコアを証明できる者。

[選考方法] 書類審査(英語によるエッセーを含む)，個人面接(英語)を行い，総合的に評価する。

経済学部

一般選抜全学統一方式 **3科目** ①**国**(100) ▶国総・現文B・古典B(漢文の独立問題は出題しない) ②**外**(120) ▶コミュ英Ⅰ・コミュ英Ⅱ・コミュ英Ⅲ・英表Ⅰ・英表Ⅱ ③**地歴・公民・数**(100) ▶世B・日B・地理B・政経・「数Ⅰ・数Ⅱ・数A・数B(数列・ベク)」から1

一般選抜学部個別配点方式 **3科目** ①**国**(100) ▶国総・現文B・古典B(漢文の独立問題は出題しない) ②**外**(100) ▶コミュ英Ⅰ・コミュ英Ⅱ・コミュ英Ⅲ・英表Ⅰ・英表Ⅱ ③**数**(150) ▶数Ⅰ・数Ⅱ・数A・数B(数列・ベク)

一般選抜共通テスト併用方式 **〈共通テスト科目〉** **4科目** ①②**数**(100) ▶「数Ⅰ・数A」・「数Ⅱ・数B」 ③④**地歴・公民・理**(50×2) ▶世B・日B・地理B・「現社・倫・政経・〈倫・政経〉から1」・「〈物基・化基・生基・地学基から2〉・物・化・生・地学から1」から2

〈独自試験科目〉 **2科目** ①**国**(100) ▶国総(近代)・現文B ②**外**(100) ▶コミュ英Ⅰ・コミュ英Ⅱ・コミュ英Ⅲ・英表Ⅰ・英表Ⅱ

一般選抜後期分割方式(共通テスト併用3教科型) **〈共通テスト科目〉** **1科目** ①**地歴・公民・数・理**(100) ▶世B・日B・地理B・現社・倫・政経・「倫・政経」・「数Ⅰ・数A」・「数Ⅱ・数B」・「物基・化基・生基・地学基から2」・物・化・生・地学から1

〈独自試験科目〉 **2科目** ①**国**(100) ▶国総(近代)・現文B ②**外**(100) ▶コミュ英Ⅰ・コミュ英Ⅱ・コミュ英Ⅲ・英表Ⅰ・英表Ⅱ

一般選抜共通テスト方式7科目型2月選考 **7科目** ①**国**(200) ▶国 ②**外**(200) ▶英・独・仏・中から1 ③④**数**(200) ▶「数Ⅰ・数A」・「数Ⅱ・数B」 ⑤⑥⑦**地歴・公民・理**(100×3) ▶世B・日B・地理B・「現社・倫・政経・〈倫・政経〉から1」・「物基・化基・生基・地学基から2」・物・化・生・地学から3

[個別試験] 行わない。

一般選抜共通テスト方式5教科型2月選考・3月選考(後期型) **6科目** ①**国**(200) ▶国(近代) ②**外**(200) ▶英・独・仏・中から1 ③④**数**(200) ▶「数Ⅰ・数A」・「数Ⅱ・数B」 ⑤⑥**地歴・公民・理**(200×2) ▶世B・日B・地理B・「現社・倫・政経・〈倫・政経〉から1」・「〈物基・化基・生基・地学基から2〉・物・化・生・地学から1」から2

[個別試験] 行わない。

一般選抜共通テスト方式3教科型2月選考・3月選考(後期型) **3科目** ①**外**(200) ▶英・独・仏・中から1 ②③**国・地歴・公民・数・理**(200×2) ▶国(近代)・世B・日B・地理B・「現社・倫・政経・〈倫・政経〉から1」・「〈数Ⅰ・数A〉・〈数Ⅱ・数B〉から1」・「〈物基・化基・生基・地学基から2〉・物・化・生・地学から1」から2

[個別試験] 行わない。

一般選抜共通テスト方式4教科型3月選考(後期型) **5科目** ①**外**(200) ▶英・独・仏・中

から1 ②③数(200)▶「数Ⅰ・数A」・「数Ⅱ・数B」 ④⑤国・地歴・公民・理(100×2)▶国(近代)・世B・日B・地理B・「現社・倫・政経・〈倫・政経〉から1」・「〈物基・化基・生基・地学基から2〉・物・化・生・地学から1」から2

[個別試験] 行わない。

AO選抜入試 [出願資格] 第1志望のほか,英語重視方式は,指定された英語外部資格試験の基準のうち,いずれかを出願時点で取得しており,証明書によってその級・スコアを証明できる者。数学重視方式は,2023年度立命館大学UNITE Program (学部指定単元AI学習プログラム)にて,経済学部の修得認定試験に合格し,学習を修了した者。

[選考方法] 書類審査(志望理由書を含む)通過者を対象に,英語重視方式は個人面接(一部英語での質疑応答を行う),数学重視方式はプレゼンテーションと個人面接を行う。

スポーツ健康科学部

一般選抜全学統一方式・学部個別配点方式 3科目 ①国(全学100・個別150)▶国総・現文B・古典B(漢文の独立問題は出題しない) ②外(全学120・個別150)▶コミュ英Ⅰ・コミュ英Ⅱ・コミュ英Ⅲ・英表Ⅰ・英表Ⅱ ③地歴・公民・数(100)▶世B・日B・地理B・政経・「数Ⅰ・数Ⅱ・数A・数B(数列・ベク)」から1

一般選抜理系型3教科方式 3科目 ①外(150)▶コミュ英Ⅰ・コミュ英Ⅱ・コミュ英Ⅲ・英表Ⅰ・英表Ⅱ ②数(150)▶数Ⅰ・数Ⅱ・数A・数B(数列・ベク) ③理(100)▶「物基・物」・「化基・化」・「生基・生」から1

一般選抜共通テスト併用方式・後期分割方式(共通テスト併用3教科型) 〈共通テスト科目〉 1科目 ①地歴・公民・数・理(100)▶世B・日B・地理B・現社・倫・政経・「倫・政経」・「数Ⅰ・数A」・「数Ⅱ・数B」・「物基・化基・生基・地学基から2」・物・化・生・地学から1

〈独自試験科目〉 2科目 ①国(100)▶国総(近代)・現文B ②外(100)▶コミュ英Ⅰ・コミュ英Ⅱ・コミュ英Ⅲ・英表Ⅰ・英表Ⅱ

一般選抜共通テスト方式7科目型2月選考 7科目 ①国(200)▶国(近代) ②外(200)▶英・独・仏・中から1 ③④数(200)▶「数Ⅰ・数A」・「数Ⅱ・数B」 ⑤⑥⑦地歴・公民・理(100×3)▶世B・日B・地理B・「現社・倫・政経・〈倫・政経〉から1」・「物基・化基・生基・地学基から2」・物・化・生・地学から3

[個別試験] 行わない。

一般選抜共通テスト方式5教科型2月選考・3月選考(後期型) 5科目 ①国(200)▶国(近代) ②外(200)▶英・独・仏・中から1 ③④⑤地歴・公民・数・理(100×3)▶世B・日B・地理B・「現社・倫・政経・〈倫・政経〉から1」・「〈数Ⅰ・数A〉・〈数Ⅱ・数B〉から1」・「〈物基・化基・生基・地学基から2〉・物・化・生・地学から1」から3

[個別試験] 行わない。

一般選抜共通テスト方式3教科型2月選考・3月選考(後期型) 3科目 ①外(200)▶英・独・仏・中から1 ②③国・地歴・公民・数・理(200×2)▶国(近代)・世B・日B・地理B・「現社・倫・政経・〈倫・政経〉から1」・「〈数Ⅰ・数A〉・〈数Ⅱ・数B〉から1」・「〈物基・化基・生基・地学基から2〉・物・化・生・地学から1」から2

[個別試験] 行わない。

一般選抜共通テスト方式4教科型3月選考(後期型) 4科目 ①国(200)▶国(近代) ②外(200)▶英・独・仏・中から1 ③④地歴・公民・数・理(100×2)▶世B・日B・地理B・「現社・倫・政経・〈倫・政経〉から1」・「〈数Ⅰ・数A〉・〈数Ⅱ・数B〉から1」・「〈物基・化基・生基・地学基から2〉・物・化・生・地学から1」から2

[個別試験] 行わない。

AO選抜入試 [出願資格] 第1志望のほか,グローバル・アスレティックトレーニング型は,指定された英語外部資格試験の基準のうち,いずれかを出願時点で取得しており,証明書によってその級・スコアを証明できる者。教員熱望型は全体の学習成績の状況が3.5以上の者。数学的素養型は,2023年度立命館大学UNITE Program (学部指定単元AI学習プログラム)にて,スポーツ健康科学部の修得認定試験に合格し,学習を修了した者。

[選考方法] 書類審査通過者を対象に,プレゼンテーション用資料作成後(課題発見・解決型は選考前に作成した資料を当日用意),プレゼンテーションと個人面接を行う。

食マネジメント学部

一般選抜全学統一方式・学部個別配点方式　3科目　①国(100)▶国総・現文Ｂ・古典Ｂ(漢文の独立問題は出題しない)　②外(全学120・個別150)▶コミュ英Ⅰ・コミュ英Ⅱ・コミュ英Ⅲ・英表Ⅰ・英表Ⅱ　③地歴・公民・数(全学100・個別150)▶世Ｂ・日Ｂ・地理Ｂ・政経・「数Ⅰ・数Ⅱ・数Ａ・数Ｂ(数列・ベク)」から1

一般選抜理系型３教科方式　3科目　①外(120)▶コミュ英Ⅰ・コミュ英Ⅱ・コミュ英Ⅲ・英表Ⅰ・英表Ⅱ　②数(100)▶数Ⅰ・数Ⅱ・数Ａ・数Ｂ(数列・ベク)　③理(100)▶「物基・物」・「化基・化」・「生基・生」から1

一般選抜共通テスト併用方式　〈共通テスト科目〉　1科目　①地歴・公民・数(100)▶世Ｂ・日Ｂ・地理Ｂ・現社・倫・政経・「倫・政経」・「数Ⅰ・数Ａ」・「数Ⅱ・数Ｂ」から1

〈独自試験科目〉　2科目　①国(100)▶国総(近代)・現文Ｂ　②外(100)▶コミュ英Ⅰ・コミュ英Ⅱ・コミュ英Ⅲ・英表Ⅰ・英表Ⅱ

一般選抜後期分割方式　2科目　①国(100)▶国総(近代)・現文Ｂ　②外(100)▶コミュ英Ⅰ・コミュ英Ⅱ・コミュ英Ⅲ・英表Ⅰ・英表Ⅱ

一般選抜共通テスト方式７科目型２月選考　7科目　①国(200)▶国(近代)　②外(200)▶英・独・仏・中・韓から1　③④数(200)▶「数Ⅰ・数Ａ」・「数Ⅱ・数Ｂ」　⑤⑥⑦地歴・公民・理(100×3)▶世Ｂ・日Ｂ・地理Ｂ・「現社・倫・政経・〈倫・政経〉から1」・「物基・化基・生基・地学基から2」・物・化・生・地学から3

[個別試験]　行わない。

一般選抜共通テスト方式５教科型２月選考・３月選考(後期型)　5科目　①国(200)▶国(近代)　②外(200)▶英・独・仏・中・韓から1　③④⑤地歴・公民・数・理(100×3)▶世Ｂ・日Ｂ・地理Ｂ・「現社・倫・政経・〈倫・政経〉から1」・「〈数Ⅰ・数Ａ〉・〈数Ⅱ・数Ｂ〉から1」「〈物基・化基・生基・地学基から2〉・物・化・生・地学から1」から3

[個別試験]　行わない。

一般選抜共通テスト方式３教科型２月選考・３月選考(後期型)　3科目　①国(200)▶国(近代)　②外(200)▶英・独・仏・中・韓から1　③地歴・公民・数・理(200)▶世Ｂ・日Ｂ・地理Ｂ・現社・倫・政経・「倫・政経」・「数Ⅰ・数Ａ」・「数Ⅱ・数Ｂ」「物基・化基・生基・地学基から2」・物・化・生・地学から1

[個別試験]　行わない。

一般選抜共通テスト方式４教科型３月選考(後期型)　4科目　①国(200)▶国(近代)　②外(200)▶英・独・仏・中・韓から1　③④地歴・公民・数・理(100×2)▶世Ｂ・日Ｂ・地理Ｂ・「現社・倫・政経・〈倫・政経〉から1」・「〈数Ⅰ・数Ａ〉・〈数Ⅱ・数Ｂ〉から1」「〈物基・化基・生基・地学基から2〉・物・化・生・地学から1」から2

[個別試験]　行わない。

AO選抜入試　[出願資格]　プレゼンテーション方式課題論文型と基礎数学型を実施し，基礎数学型は，2023年度立命館大学UNITE Program（学部指定単元AI学習プログラム）にて，食マネジメント学部の修得認定試験に合格し，学習を修了した者。

[選考方法]　書類審査(課題論文を含む)通過者を対象に，プレゼンテーション，個人面接を行う。

理工学部

一般選抜全学統一方式　3科目　①外(100)▶コミュ英Ⅰ・コミュ英Ⅱ・コミュ英Ⅲ・英表Ⅰ・英表Ⅱ　②数(100)▶数Ⅰ・数Ⅱ・数Ⅲ・数Ａ・数Ｂ(数列・ベク)　③理(100)▶「物基・物」・「化基・化」から1，ただし物理科学科は物理必須

一般選抜学部個別配点方式理科１科目型　3科目　①外(100)▶コミュ英Ⅰ・コミュ英Ⅱ・コミュ英Ⅲ・英表Ⅰ・英表Ⅱ　②数(数理科200・物理科100・その他の学科150)▶数Ⅰ・数Ⅱ・数Ⅲ・数Ａ・数Ｂ(数列・ベク)　③理(数理科100・物理科200・その他の学科150)▶[数理科学科・環境都市工学科・建築都市デザイン学科]ー「物基・物」・「化基・化」から1，[その他の学科]ー物基・物

一般選抜学部個別配点方式理科２科目型　4科目　①外(100)▶コミュ英Ⅰ・コミュ英Ⅱ・コミュ英Ⅲ・英表Ⅰ・英表Ⅱ　②数(150)▶数Ⅰ・数Ⅱ・数Ⅲ・数Ａ・数Ｂ(数列・ベク)　③④理(200)▶[数理科学科]ー「物基・物」・「化基・化」・「生基・生」から2，[環境都市工学科・建

築都市デザイン学科] ― 「物基・物」必須，「化基・化」・「生基・生」から1，[その他の学科] ― 「物基・物」・「化基・化」

一般選抜共通テスト併用方式 〈共通テスト科目〉 3科目 ①②数(100) ▶「数Ⅰ・数A」・「数Ⅱ・数B」 ③理(100) ▶物・化から1，ただし物理科学科は物理必須

〈独自試験科目〉 2科目 ①外(100) コミュ英Ⅰ・コミュ英Ⅱ・コミュ英Ⅲ・英表Ⅰ・英表Ⅱ ②数(100) ▶数Ⅰ・数Ⅱ・数Ⅲ・数A・数B(数列・ベク)

一般選抜後期分割方式 2科目 ①数(100) ▶数Ⅰ・数Ⅱ・数Ⅲ・数A・数B(数列・ベク) ②理(100) ▶「物基・物」・「化基・化」から1，ただし物理科学科は物理必須

一般選抜共通テスト方式7科目型2月選考 7科目 ①国(100) ▶国(近代) ②外(100) ▶英・独・仏・中から1 ③地歴・公民(100) ▶世B・日B・地理B・現社・倫・政経・「倫・政経」から1 ④⑤数(200) ▶「数Ⅰ・数A」・「数Ⅱ・数B」 ⑥⑦理(物200・化100) ▶物・化

[個別試験] 行わない。

一般選抜共通テスト方式5教科型2月選考・3月選考(後期型) 6科目 ①国(100) ▶国(近代) ②外(100) ▶英・独・仏・中から1 ③④数(200) ▶「数Ⅰ・数A」・「数Ⅱ・数B」 ⑤理(200) ▶物・化から1，ただし物理科学科は物理必須 ⑥地歴・公民・理(100) ▶世B・日B・地理B・現社・倫・政経・「倫・政経」・物・化・生から1，ただし上記の理科で採用された科目を除く

[個別試験] 行わない。

一般選抜共通テスト方式3教科型2月選考・3月選考(後期型) 4科目 ①②数(200) ▶「数Ⅰ・数A」・「数Ⅱ・数B」 ③理(200) ▶物・化から1，ただし物理科学科は物理必須 ④国・外・地歴・公民(100) ▶国(近代)・英・独・仏・中・世B・日B・地理B・現社・倫・政経・「倫・政経」から1

[個別試験] 行わない。

一般選抜共通テスト方式4教科型3月選考(後期型) 5科目 ①国(100) ▶国(近代) ②外(100) ▶英・独・仏・中から1 ③④数(200) ▶「数Ⅰ・数A」・「数Ⅱ・数B」 ⑤理(100) ▶物・化から1，ただし物理科学科は物理必須

[個別試験] 行わない。

AO選抜入試 [出願資格] 第1志望，全体および数・理・英それぞれの学習成績の状況が3.0以上で，数Ⅰ・数Ⅱ・数Ⅲ・数A・数Bもしくは理数数学Ⅰ・理数数学Ⅱ・理数数学特論を履修，または実用数学技能検定準1級以上を取得した者，かつ物基・物または理数物理を履修した者。

[選考方法] 数学および物理に関するセミナー(数理科学科と物理科学科は数学に関するセミナー)を行い，その理解度を問う筆記試験と志望理由書による書類審査，面接(口頭試問〈ただし，面接は数理科学科と物理科学科のみ〉)を併せて総合的に判定する。

生命科学部

一般選抜全学統一方式・学部個別配点方式理科1科目型 3科目 ①外(100) ▶コミュ英Ⅰ・コミュ英Ⅱ・コミュ英Ⅲ・英表Ⅰ・英表Ⅱ ②数(100) ▶数Ⅰ・数Ⅱ・数Ⅲ・数A・数B(数列・ベク) ③理(全学100・個別150) ▶「物基・物」・「化基・化」・「生基・生」から1

一般選抜学部個別配点方式理科2科目型 4科目 ①外(100) ▶コミュ英Ⅰ・コミュ英Ⅱ・コミュ英Ⅲ・英表Ⅰ・英表Ⅱ ②数(100) ▶数Ⅰ・数Ⅱ・数Ⅲ・数A・数B(数列・ベク) ③④理(200) ▶「物基・物」・「化基・化」・「生基・生」から2

一般選抜共通テスト併用方式 〈共通テスト科目〉 3科目 ①②数(100) ▶「数Ⅰ・数A」・「数Ⅱ・数B」 ③理(100) ▶物・化・生から1

〈独自試験科目〉 2科目 ①外(100) ▶コミュ英Ⅰ・コミュ英Ⅱ・コミュ英Ⅲ・英表Ⅰ・英表Ⅱ ②数(100) ▶数Ⅰ・数Ⅱ・数Ⅲ・数A・数B(数列・ベク)

一般選抜後期分割方式 2科目 ①数(100) ▶数Ⅰ・数Ⅱ・数Ⅲ・数A・数B(数列・ベク) ②理(100) ▶「物基・物」・「化基・化」から1

一般選抜共通テスト方式7科目型2月選考 7科目 ①国(100) ▶国(近代) ②外(200) ▶英・独・仏・中から1 ③④数(200) ▶「数Ⅰ・数A」・「数Ⅱ・数B」 ⑤理(200) ▶物・化・生から1 ⑥⑦地歴・公民・理(100×2) ▶世B・日B・地理B・「現社・倫・政経・〈倫・政経〉から1」・物・化・生から2，ただし上記の理科で

採用された科目を除く
[個別試験] 行わない。
一般選抜共通テスト方式５教科型２月選考・３月選考（後期型）　**6科目**　①**国**（100）▶国（近代）　②**外**（200）▶英・独・仏・中から１　③④**数**（200）▶「数Ⅰ・数A」・「数Ⅱ・数B」　⑤**理**（200）▶物・化・生から１　⑥**地歴・公民・理**（100）▶世B・日B・地理B・現社・倫・政経・「倫・政経」・物・化・生から１，ただし上記の理科で採用された科目を除く
[個別試験] 行わない。
一般選抜共通テスト方式３教科型２月選考・３月選考（後期型）　**4科目**　①②**数**（200）▶「数Ⅰ・数A」・「数Ⅱ・数B」　③**理**（200）▶物・化・生から１　④**国・外・地歴・公民**（100）▶国（近代）・英・独・仏・中・世B・日B・地理B・現社・倫・政経・「倫・政経」から１
[個別試験] 行わない。
一般選抜共通テスト方式４教科型３月選考（後期型）　**5科目**　①**国**（100）▶国（近代）　②**外**（100）▶英・独・仏・中から１　③④**数**（200）▶「数Ⅰ・数A」・「数Ⅱ・数B」　⑤**理**（100）▶物・化・生から１
[個別試験] 行わない。
AO選抜入試　**[出願資格]**　第１志望，全体の学習成績の状況が3.5以上で，数Ⅰ・数Ⅱ・数Ⅲ・数A・数Bもしくは理数数学Ⅰ・理数数学Ⅱ・理数数学特論を履修（合計16単位以上），または実用数学技能検定準１級以上を取得した者，かつ物基・物または理数物理，化基・化または理数化学，生基・生または理数生物のうち２つ以上を履修（いずれも合計６単位以上）した者。
[選考方法]　書類審査（活動実績報告書を含む）のほか，プレゼンテーションと質疑応答を行い，総合的に評価する。

薬学部

一般選抜薬学方式　**3科目**　①**外**（100）▶コミュ英Ⅰ・コミュ英Ⅱ・コミュ英Ⅲ・英表Ⅰ・英表Ⅱ　②**数**（100）▶数Ⅰ・数Ⅱ・数A・数B（数列・ベク）　③**理**（100）▶「物基・物」・「化基・化」・「生基・生」から１
一般選抜全学統一方式・学部個別配点方式理科１科目型　**3科目**　①**外**（100）▶コミュ英Ⅰ・コミュ英Ⅱ・コミュ英Ⅲ・英表Ⅰ・英表Ⅱ　②**数**（100）▶数Ⅰ・数Ⅱ・数Ⅲ・数A・数B（数列・ベク）　③**理**（全学100・個別150）▶「物基・物」・「化基・化」・「生基・生」から１
一般選抜学部個別配点方式理科２科目型　**4科目**　①**外**（100）▶コミュ英Ⅰ・コミュ英Ⅱ・コミュ英Ⅲ・英表Ⅰ・英表Ⅱ　②**数**（100）▶数Ⅰ・数Ⅱ・数Ⅲ・数A・数B（数列・ベク）　③④**理**（200）▶「物基・物」・「化基・化」・「生基・生」から２
一般選抜後期分割方式　**2科目**　①**数**（100）▶数Ⅰ・数Ⅱ・数Ⅲ・数A・数B（数列・ベク）　②**理**（100）▶「物基・物」・「化基・化」から１
一般選抜共通テスト方式７科目型２月選考　**7科目**　①**国**（100）▶国（近代）　②**外**（200）▶英　③④**数**（200）▶「数Ⅰ・数A」・「数Ⅱ・数B」　⑤⑥**理**（150×2）▶物・化・生から２　⑦**地歴・公民**（100）▶世B・日B・地理B・現社・倫・政経・「倫・政経」から１
[個別試験] 行わない。
一般選抜共通テスト方式３教科型２月選考・３月選考（後期型）　**4科目**　①**外**（100）▶英　②③**数**（200）▶「数Ⅰ・数A」・「数Ⅱ・数B」　④**理**（200）▶物・化・生から１
[個別試験] 行わない。
AO選抜入試　**[出願資格]**　第１志望，2023年度立命館大学UNITE Program（学部指定単元AI学習プログラム）にて，薬学部の修得認定試験に合格し，学習を修了した者。
[選考方法]　書類審査通過者を対象に，小論文と個人面接を行う。

その他の選抜

文化・芸術活動に優れた者の特別選抜入試，スポーツ能力に優れた者の特別選抜入試，AO英語基準入試，推薦英語基準入試，学校推薦型選抜（指定校・協力校・提携校），帰国生徒（外国学校就学経験者）入試，外国人留学生入試。

偏差値データ（2024年度）

●一般選抜（全学統一方式・学部個別配点方式・IR方式・薬学方式）

学部／学科／専攻・学域・コース	2024年度 駿台予備学校 合格目標ライン	2024年度 河合塾 ボーダー偏差値	2023年度実績 募集人員	受験者数	合格者数	合格最低点	競争率 '23年	'22年
法学部								
法（全学統一）	**52**	**57.5**	200	3,121	972	207/320	3.2	2.4
（学部個別）	**51**	**57.5**	70	597	260	275/400	2.3	2.7
産業社会学部								
現代社会/現代社会（全学統一）	**49**	**52.5**	133	1,595	647	193/320	2.5	3.0
（学部個別）	**49**	**55**	19	258	119	319/500	2.2	3.8
／メディア社会（全学統一）	**48**	**52.5**	75	910	299	193/320	3.0	3.0
（学部個別）	**48**	**52.5**	10	139	79	300/500	1.8	3.5
／スポーツ社会（全学統一）	**47**	**52.5**	35	377	114	193/320	3.3	4.1
（学部個別）	**47**	**52.5**	5	56	29	300/500	1.9	4.6
／子ども社会（全学統一）	**49**	**55**	20	218	77	193/320	2.8	3.2
（学部個別）	**49**	**55**	3	40	25	300/500	1.6	5.1
／人間福祉（全学統一）	**49**	**52.5**	47	457	161	193/320	2.8	3.3
（学部個別）	**49**	**55**	9	56	35	300/500	1.6	6.3
国際関係学部								
国際関係/国際関係（全学統一）	**52**	**55**	76	924	419	230/350	2.2	2.6
（学部個別）	**53**	**55**	10	135	59	218/300	2.3	3.3
（IR方式）	**53**	**65**	12	218	82	226/300	2.7	4.1
／グローバル・スタディーズ（IR方式）	**54**	**65**	15	159	54	232/300	2.9	5.4
文学部								
人文／人間研究（全学統一）	**52**	**55**	44	425	169	201/320	2.5	3.0
（学部個別）	**52**	**57.5**	11	119	43	281/400	2.8	3.1
／日本文学研究（全学統一）	**52**	**57.5**	43	609	211	203/320	2.9	3.0
（学部個別）	**53**	**57.5**	16	236	79	295/400	3.0	3.1
／日本史研究（全学統一）	**53**	**57.5**	50	805	268	205/320	3.0	3.2
（学部個別）	**54**	**57.5**	19	297	96	295/400	3.1	3.3
／東アジア研究（全学統一）	**52**	**55**	31	232	91	200/320	2.5	2.8
（学部個別）	**52**	**55**	12	74	30	270/400	2.5	2.9
／国際文化（全学統一）	**52**	**55**	83	587	280	220/350	2.1	2.8
（学部個別）	**52**	**55**	27	173	81	278/400	2.1	2.8
／地域研究（全学統一）	**51**	**55**	45	368	135	200/320	2.7	2.1
（学部個別）	**52**	**57.5**	18	151	53	275/400	2.8	2.1
／国際コミュニケーション（全学統一）	**51**	**52.5**	37	470	233	212/350	2.0	2.2
（学部個別）	**51**	**55**	16	109	51	273/400	2.1	2.3
／言語コミュニケーション（全学統一）	**52**	**55**	22	189	60	208/320	3.2	3.1
（学部個別）	**52**	**55**	9	69	23	293/400	3.0	3.6
経営学部								
国際経営（全学統一）	**49**	**55**	41	1,211	367	207/320	3.3	3.1

学部／学科／専攻・学域・コース	2024年度		2023年度実績					
	駿台予備学校	河合塾	募集人員	受験者数	合格者数	合格最低点	競争率	
	合格目標ライン	ボーダー偏差値					'23年	'22年
（学部個別）	49	55	8	165	64	286/400	2.6	2.2
経営（全学統一）	51	55	185	3,695	1,078	208/320	3.4	3.2
（学部個別）	51	57.5	43	783	249	259/370	3.1	3.2
政策科学部								
政策科（全学統一）	50	52.5	130	1,587	651	195/320	2.4	2.5
（学部個別）	50	52.5	20	279	105	233/350	2.7	3.2
総合心理学部								
総合心理（全学統一）	53	57.5	90	1,328	407	210/320	3.3	3.3
（学部個別文系）	53	57.5	15	275	82	286/400	3.4	3.5
（理系型３教科）	53	55	15	104	50	270/400	2.1	3.3
映像学部								
映像（全学統一）	48	55	53	944	151	212/320	6.3	4.6
（学部個別文系）	48	55	6	207	32	251/350	6.5	5.3
（学部個別理科）	48	55	7	87	25	262/400	3.5	4.5
情報理工学部								
情報理工（全学統一）	50	55	174	2,459	807	207/300	3.0	2.7
（学部個別）	49	55	18	606	127	258/400	4.8	4.3
経済学部								
経済／国際（全学統一）	50	52.5	40	941	323	194/320	2.9	3.2
／経済（全学統一）	50	52.5	220	3,213	1,183	192/320	2.7	2.4
（学部個別）	49	52.5	30	355	130	233/350	2.7	2.8
スポーツ健康科学部								
スポーツ健康科（全学統一）	49	52.5	100	1,308	359	190/320	3.6	2.6
（学部個別文系）	49	52.5	8	205	47	268/400	4.4	3.0
（理系型３教科）	49	55	5	107	43	260/400	2.5	2.6
食マネジメント学部								
食マネジメント（全学統一）	50	52.5	105	941	278	196/320	3.4	3.5
（学部個別）	50	52.5	20	342	148	255/400	2.3	2.1
（理系型３教科）	51	52.5	10	142	52	219/320	2.7	3.0
理工学部								
数理科／数学（全学統一）	52	55	14	348	84	218/300	4.1	2.8
（学部個別理科１科目）	50	55	8	151	39	246/400	3.9	3.0
（学部個別理科２科目）	51	55		27	13	300/450	2.1	1.7
／データサイエンス（全学統一）	49	52.5	15	344	128	193/300	2.7	1.9
（学部個別理科１科目）	48	52.5	8	166	50	233/400	3.3	1.4
（学部個別理科２科目）	48	52.5		14	7	281/450	2.0	1.8
物理科（全学統一）	50	50	29	433	262	189/300	1.7	1.8
（学部個別理科１科目）	51	50	14	151	95	200/400	1.6	1.6
（学部個別理科２科目）	51	52.5		47	29	266/450	1.6	1.5
電気電子工（全学統一）	49	50	63	999	628	180/300	1.6	2.0
（学部個別理科１科目）	48	50	21	281	187	180/400	1.5	2.0
（学部個別理科２科目）	49	50		67	37	260/450	1.8	3.1

学部／学科／専攻・学域・コース	2024年度		2023年度実績					
	駿台予備学校 合格目標ライン	河合塾 ボーダー偏差値	募集人員	受験者数	合格者数	合格最低点	競争率 '23年	競争率 '22年
電子情報工(全学統一)	50	52.5	41	786	281	206/300	2.8	2.6
(学部個別理科１科目)	49	52.5	14	211	89	227/400	2.4	4.1
(学部個別理科２科目)	49	50		67	41	254/450	1.6	4.1
機械工(全学統一)	50	50	76	1,380	620	191/300	2.2	1.9
(学部個別理科１科目)	49	50	25	363	201	199/400	1.8	2.0
(学部個別理科２科目)	50	50		86	43	275/450	2.0	2.0
ロボティクス(全学統一)	49	50	33	994	466	184/300	2.1	1.8
(学部個別理科１科目)	49	50	11	277	146	195/400	1.9	1.8
(学部個別理科２科目)	48	50		43	20	269/450	2.2	1.7
環境都市工(全学統一)	48	50	70	875	475	187/300	1.8	2.0
(学部個別理科１科目)	48	50	20	261	178	180/400	1.5	2.1
(学部個別理科２科目)	49	50		47	27	246/450	1.7	1.9
建築都市デザイン(全学統一)	52	55	41	968	314	213/300	3.1	3.5
(学部個別理科１科目)	51	57.5	13	245	53	259/400	4.6	4.5
(学部個別理科２科目)	52	57.5		60	17	291/450	3.5	6.5
生命科学部								
応用化(全学統一)	49	52.5	41	1,093	539	195/300	2.0	1.9
(学部個別理科１科目)	50	52.5	15	246	99	194/350	2.5	2.5
(学部個別理科２科目)	49	52.5		143	83	223/400	1.7	1.3
生物工(全学統一)	49	52.5	30	765	365	192/300	2.1	1.9
(学部個別理科１科目)	50	52.5	12	205	70	196/350	2.9	2.6
(学部個別理科２科目)	49	52.5		101	60	219/400	1.7	1.6
生命情報(全学統一)	51	52.5	22	632	306	189/300	2.1	1.9
(学部個別理科１科目)	51	52.5	9	170	62	189/350	2.7	2.3
(学部個別理科２科目)	51	52.5		76	44	212/400	1.7	1.5
生命医科(全学統一)	52	52.5	22	595	248	199/300	2.4	2.1
(学部個別理科１科目)	52	52.5	9	114	49	186/350	2.3	3.0
(学部個別理科２科目)	51	52.5		57	25	223/400	2.3	1.6
薬学部								
薬(薬学方式)	53	57.5	28	504	283	195/300	1.8	2.2
(全学統一)	53	57.5	15	235	125	186/300	1.9	1.9
(学部個別理科１科目)	53	57.5	14	84	38	200/350	2.2	2.5
(学部個別理科２科目)	53	55		79	44	239/400	1.8	1.9
創薬科(薬学方式)	50	55	16	320	244	161/300	1.3	1.6
(全学統一)	52	55	10	150	103	158/300	1.5	1.4
(学部個別理科１科目)	50	55	8	28	13	199/350	2.2	2.7
(学部個別理科２科目)	52	55		21	15	237/400	1.4	1.4

●駿台予備学校合格目標ラインは合格可能性80%に相当する駿台模試の偏差値です。●競争率は受験者÷合格者の実質倍率
●河合塾ボーダー偏差値は合格可能性50%に相当する河合塾全統模試の偏差値です。

併設の教育機関／大学院

法学研究科

教員数▶60名
院生数▶65名
博士前期課程 ●法学専攻　研究，公務行政，リーガル・スペシャリスト，法政リサーチの４コース。希望の進路にあわせ，きめ細かく丁寧な研究指導を実施。
博士後期課程 法学専攻

社会学研究科

教員数▶94名
院生数▶109名
博士前期課程 ●応用社会学専攻　現代社会，人間福祉，スポーツ社会，メディア社会の４つの研究領域を設け，時には領域を横断しながら，専門性と実践力を磨く。
博士後期課程 応用社会学専攻

国際関係研究科

教員数▶44名
院生数▶200名
博士前期課程 ●国際関係学専攻　日本語と英語という学修言語で分かれる２つのプログラムで構成し，日本から見た世界を，世界から見た日本を視点にした研究を学ぶ。
博士後期課程 国際関係学専攻

文学研究科

教員数▶100名
院生数▶193名
博士前期課程 ●人文学専攻　哲学，教育人間学，日本文学・日本語学，中国文学・思想，英米文学，日本史学，東洋史学，ヨーロッパ・イスラーム史学，現代東アジア言語・文化学，英語圏文化，文化動態学の11専修。●行動文化情報学専攻　地理学・地域観光学，文化情報学，考古学・文化遺産の３専修。伝統的な人文学に加え，情報技術と人文学を融合させた新しい学問分野を展開。
博士後期課程 人文学専攻，行動文化情報学専攻

映像研究科

教員数▶19名
院生数▶22名
修士課程 ●映像専攻　映像文化への横断的思考を養い，プロデューサー・マインドを備えたビジュアル・ディレクターを育成する。

経営学研究科

教員数▶54名
院生数▶96名
博士前期課程 ●企業経営専攻　これからの企業経営の展開を視野に先進的で多面的な教育を行い，グローバル化する社会の中で組織のリーダーシップを発揮し得る人材を育成。
博士後期課程 企業経営専攻

政策科学研究科

教員数▶48名
院生数▶100名
博士前期課程 ●政策科学専攻　政策課題に応じたプロジェクト型の研究指導体制で，現代社会が直面する政策課題の理解と適切な解決策の創造に関する研究能力を養う。
博士後期課程 政策科学専攻

経済学研究科

教員数▶60名
院生数▶111名
博士前期課程 ●経済学専攻　経済理論・政策，地域経済・地域マネジメント，税理・財務，MPEDの４コース。経済学をベースとした「知のプロフェッショナル」を養成する。
博士後期課程 経済学専攻

スポーツ健康科学研究科

教員数▶24名
院生数▶106名
博士前期課程 ●スポーツ健康科学専攻 身体運動科学，スポーツ人文・社会科学の2領域。文理融合で「ヒト・ひと・人を科学する」ための学びを展開。
博士後期課程 スポーツ健康科学専攻

食マネジメント研究科

教員数▶27名
院生数▶48名
博士前期課程 ●食マネジメント専攻 経済学・経営学の専門的知見を用いて，食に関わる経済活動を研究し，実践的なマネジメント能力を備えた人材を育成する。
博士後期課程 食マネジメント専攻

理工学研究科

教員数▶168名
院生数▶933名
博士前期課程 ●基礎理工学専攻 数理科学，物理科学の2コース。多分野とも関連を持って発展する学問分野を研究する。
●電子システム専攻 電子システムコースを設置。エレクトロニクスや光工学，高性能かつ大規模な電子・情報システムなど，多岐にわたる電気電子工学領域を研究する。
●機械システム専攻 機械工学，ロボティクス，マイクロ機械の3コース。融合分野をも包括した教育・研究を行う。
●環境都市専攻 都市システム工学，環境システム工学，建築都市デザインの３コース。安全な社会生活を送るために解決すべき課題について教育・研究を行う。
博士後期課程 基礎理工学専攻，電子システム専攻，機械システム専攻，環境都市専攻

情報理工学研究科

教員数▶53名
院生数▶453名
博士前期課程 ●情報理工学専攻 計算機科学，人間情報科学の２コース。海外IT研修や海外インターンシッププログラムも展開し，国際舞台で活躍できる人材を育成する。
博士後期課程 情報理工学専攻

生命科学研究科

教員数▶37名
院生数▶346名
博士前期課程 ●生命科学専攻 応用化学，生物工学，生命情報学，生命医科学の4コース。薬学部と連携した，より幅広いライフサイエンス教育を実施。
博士後期課程 生命科学専攻

薬学研究科

教員数▶39名
院生数▶83名
博士前期課程 ●薬科学専攻 医薬品創製のプロセスを５つの分野に分類し，専門分野に応じた基盤的な知識および先端的な研究技術が取得できる教育・研究体制を整備。
４年制博士課程 ●薬学専攻 医療薬学と病態生理解析の２つの分野を設けて教育・研究を行い，高度化する医療において，先導的な役割を果たす人材を育成する。
博士後期課程 薬科学専攻

人間科学研究科

教員数▶42名
院生数▶231名
博士前期課程 ●人間科学専攻 心理学，臨床心理学，実践人間科学の３領域。「臨床心理士」の第１種指定大学院であり，「公認心理師」の認定プログラムにも対応。
博士後期課程 人間科学専攻

言語教育情報研究科

教員数▶18名
院生数▶76名
修士課程 ●言語教育情報専攻 言語学・

コミュニケーション表現学，英語教育学，日本語教育学の３コース。「言葉を探る・教える」に加え，「言葉でつなぐ」基盤を学ぶ。

先端総合学術研究科

教員数▶11名
院生数▶197名
5年一貫制博士課程 ●先端総合学術専攻　「核心としての倫理」を軸として，「公共」「生命」「共生」「表象」という4つのテーマ領域のもとで，先端的なテーマを総合的に研究し，研究者を養成する。

テクノロジー・マネジメント研究科

教員数▶11名
院生数▶154名
博士前期課程 ●テクノロジー・マネジメント専攻　技術基盤企業の組織やマーケティング，戦略経営，知的財産などに加えて技術経営に関わる分野も網羅したカリキュラム。
博士後期課程 テクノロジー・マネジメント専攻

法務研究科

教員数▶24名
院生数▶149名
専門職学位課程 ●法曹養成専攻　市民的な感覚を備えながら，地球的な規模で考え行動する「地球市民法曹」を養成する。苦手意識を持つ者も多い「訴訟法」分野を大幅強化。

経営管理研究科

教員数▶14名
院生数▶140名
専門職学位課程 ●経営管理専攻　対象者別のマネジメント，キャリア形成の２プログラムを設置し，ビジネスを創造するリーダーを育成する。MBA取得可。

教職研究科

教員数▶12名
院生数▶55名
専門職学位課程 ●実践教育専攻　急速に変化する社会の中で求められる高度な実践教育を行い，学校現場の課題に柔軟に対応できる，教員としての総合的な力を身につける。

龍谷大学（りゅうこく）

資料請求

問合せ先 入試部 ☎0570-017887

建学の精神

1639（寛永16）年に，西本願寺境内に設けられた教育施設「学寮」を始まりとする，わが国屈指の歴史を有する大学。以来，最高の教学環境を提供することをめざし，先進的な取り組みを続けてきたその進取の気風は今も昔も脈々と受け継がれ，戦後の研究の高度化推進事業，仏教系大学初の理工学部（現先端理工学部）ならびに農学部創設をはじめ，インターンシップ制度の拡充やカリキュラム改革など，教育体制の充実に注力。「世界中のあらゆる人々の無限の可能性」を追求するというスローガン「You.Unlimited」のもと，建学の精神である「浄土真宗の精神」に基づいた「平等」「自立」「内省」「感謝」「平和」の５つの心を身につけ，「真実を求め，真実に生き，真実を顕かにする」ことのできる「まごころある市民」を育成している。

- **深草キャンパス**……〒612-8577　京都府京都市伏見区深草塚本町67
- **大宮キャンパス**……〒600-8268　京都府京都市下京区七条通大宮東入大工町125番地の1
- **瀬田キャンパス**……〒520-2194　滋賀県大津市瀬田大江町横谷1番5

基本データ

学生数▶20,428名（男12,756名，女7,672名）

専任教員数▶教授334名，准教授146名，講師65名

設置学部▶心理，文，経済，経営，法，政策，国際，先端理工，社会，農

併設教育機関▶大学院一文学・法学・経済学・経営学・社会学・先端理工学・国際学・政策学・農学（以上M・D），実践真宗学（M）

就職・卒業後の進路

就職率 **94.8**%
就職者÷希望者×100

● **就職支援**　生涯を通して自分らしい生き方を実現するための力や考え方を早期から育むキャリア教育と，主体的な進路選択を多様なプログラムと個人面談でサポートする進路・就職支援を二本柱として支援。多様化する社会や就職環境の変化に柔軟に対応した，きめ細やかで丁寧な支援を提供し，一人ひとりの夢や目標の実現を全面的にバックアップ。

● **資格取得支援**　一生の仕事につながるスキルアップから専門資格まで，信頼と実績のあ

進路指導者も必見 学生を伸ばす 面倒見

初年次教育	学修サポート
本学の建学の精神を学ぶための必修科目「仏教の思想」のほか，「フレッシャーズゼミ」「基礎演習」「入門ゼミ」「入門演習」などを各学部で開講。「データサイエンス・AIリテラシープログラム」を全学的に展開	1989年に日本で初めて本格的に導入したTA制度やオフィスアワー制度を実施。ライティングチューターがレポートや卒論，発表レジュメなど“書くこと”にまつわるサポートを行うライティングサポートセンターを設置

オープンキャンパス（2024年度予定） 春のオープンキャンパス（深草C）を3月24日，夏のオープンキャンパス（3キャンパス）を８月３・４・24・25日，秋のオープンキャンパス（深草C）を９月22日に開催予定。

る有名予備校等による資格取得講座を，龍谷大生のための価格で提供。公務員講座など複数の講座では，対面とオンライン形態を自由に選択でき，時間や場所を気にせず受講可能。

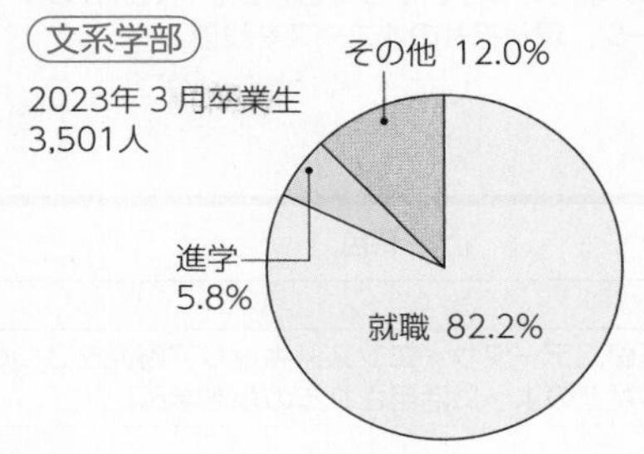

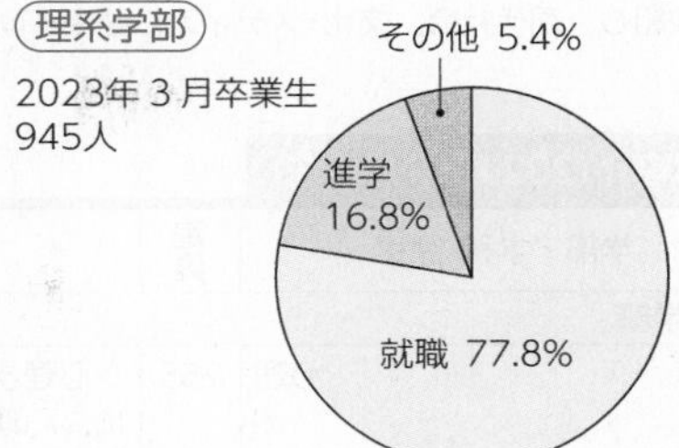

主なOB・OG▶［文］中西正樹（アミューズ社長），［文］つじあやの（ミュージシャン），［文］福島暢啓（毎日放送アナウンサー），［経済］高須光聖（放送作家），［経済］小林淳二（アシックス商事社長）など。

国際化・留学　大学間 214 大学等

受入れ留学生数▶426名（2023年５月１日現在）

留学生の出身国・地域▶中国，ベトナム，韓国，マレーシア，台湾など。

外国人専任教員▶教授21名，准教授６名，講師５名（2023年５月１日現在）

外国人専任教員の出身国▶NA

大学間交流協定▶214大学・機関（交換留学先137大学，2023年５月現在）

海外への留学生数▶529名／年（33カ国・地域，2022年度，オンライン研修を含む）

海外留学制度▶協定校から留学先を選択できる交換留学，海外拠点である龍谷大学バークレーセンターで展開されるRIP留学，教養教育科目である海外英語研修，短期海外派遣プログラム，自分で行き先と期間を決定し，大学の許可を得て留学する私費留学など，海外で学ぶ機会を豊富に用意している。

学費・奨学金制度

入学金▶260,000円～

年間授業料（施設費等を除く）▶801,000円～（詳細は巻末資料参照）

年間奨学金総額▶NA

年間奨学金受給者数▶922人

主な奨学金制度▶2022年度に367人が採用されている「アカデミック・スカラシップ奨学生（在学採用型）」は，２年次以降，優秀な成績を収めた者を対象に，年額20万円を給付。このほか，「家計奨学生」「家計急変奨学生」「優秀スポーツ選手奨学生」などがあり，経済的なサポートを充実させている。

保護者向けインフォメーション

●**成績確認**　「保護者ポータルサイト」から，学業成績表や履修状況を確認することができる。

●**保護者会**　保護者会組織の親和会があり，全国29会場で「全国保護者懇談会」を開催し，大学現況報告，個別相談またはグループ懇談（成績・就職・学生生活）などを行っている。また，『新和会だより』も年２回発行している。

●**就職支援ガイド**　『Career Pathways 保護者のための進路・就職支援ガイド』を発行。

●**防災対策**　災害時の学生の安否は，ポータルサイトを利用して確認する。

インターンシップ科目	必修専門ゼミ	卒業論文	GPA制度の導入の有無および活用例	１年以内の退学率	標準年限での卒業率
全学部で開講している	学部・学科により異なる	学部・学科により異なる	成績優秀者に対する奨学金の選考や派遣留学生の選考などに活用	NA	NA

2025年度学部改組構想（予定）

● 2025年４月に，社会学部が深草キャンパスへ移転。現行の３学科から総合社会学科（仮称）の１学科制に改組し，現代社会，文化・メディア，健康・スポーツ，現代福祉の４コースを設置。

学部紹介（2024年２月現在）

学部／学科・課程	定員	特色
心理学部		
心理	255	▷心理学基礎，データサイエンス，キャリア啓発を３つの柱に，心理学がどのように活用されるのかを学ぶ。
● 取得可能な資格…教職（公）など。 ● 主な就職先………スズキ，くら寿司，SOMPOケア，LITALICOなど（旧文学部臨床心理学科実績）。		
文学部		
真宗	145	▷教理史，教義学，教学史，伝道学の４コース。親鸞の教えを通じて，人間として“生きる”ことの真の意味を探究する。
仏教	118	▷アジアの仏教と文化，日本の仏教と文化の２コース。アジア地域に広まった仏教の思想と文化を幅広い視点から追究。
哲	148	▷〈哲学専攻74名，教育学専攻74名〉哲学専攻では論理的思考力を養う。教育学専攻では教育のあり方を多角的に追究。
歴史	267	▷〈日本史学専攻81名，東洋史学専攻74名，仏教史学専攻65名，文化遺産学専攻47名〉
日本語日本文	101	▷古典文学，近代文学，情報出版学，日本語学の４コース。多彩な授業を組み合わせて，複眼的な思考を鍛錬する。
英語英米文	101	▷英文学，米文学，英語学，英米文化の４コース。実践的な英語力を身につけ，言語学，文学，文化を専門的に学ぶ。
● 取得可能な資格…教職（国・地歴・公・社・英・宗），司書，司書教諭，学芸員など。 ● 進路状況…………就職77.8%　進学9.8% ● 主な就職先………日本コムシス，ブルボン，システナ，ワークマン，日本生命保険，ディップなど。		
経済学部		
		▶２学科一括で募集し，２年次後期から各学科に分属。
現代経済	600	▷経済動向の把握や客観的なデータ分析と計画，立案，提言の能力を修得し，問題解決を提案できる人材を育成する。
国際経済		▷国際経済，開発経済，経済史を中心に学び，世界の人々と協力しながら，迅速に問題解決ができる人材を育成する。
● 取得可能な資格…教職（地歴・公・社），司書，司書教諭など。 ● 進路状況…………就職82.6%　進学2.5% ● 主な就職先………積水ハウス，阪急電鉄，京都銀行，三井住友カード，ドコモCS関西，JTBなど。		
経営学部		
経営	519	▷経営，会計の２コース。ビジネスの現場で学ぶ実習教育を重視し，現代社会を生き抜く知恵を培う。
● 取得可能な資格…教職（地歴・公・社・商業），司書，司書教諭など。 ● 進路状況…………就職88.3%　進学1.5% ● 主な就職先………一条工務店，ザ・パック，村田製作所，ニトリ，関西みらい銀行，マイナビなど。		

キャンパスアクセス［深草キャンパス］ JR奈良線―稲荷より徒歩８分／京阪本線―龍谷大前深草より徒歩３分／京都市営地下鉄烏丸線―くいな橋より徒歩7分

法学部		
法律	445	▷司法，犯罪・刑罰と法，現代国家と法，国際政治と法，市民生活と法の５コースの学びから，リーガルマインドを養う。
● **取得可能な資格**…教職（地歴・公・社）など。　● **進路状況**…就職77.9%　進学6.7% ● **主な就職先**………アイリスオーヤマ，大塚商会，池田泉州銀行，TOHOシネマズ，京都府警察など。		
政策学部		
政策	308	▷政策構想，環境創造，地域公共人材の３コース。持続可能な社会の実現をめざし，地域の課題を多角的に学ぶ。
● **取得可能な資格**…教職（公・社）など。　● **進路状況**…就職83.8%　進学7.2% ● **主な就職先**………大和ハウス工業，近畿日本鉄道，京都信用金庫，日本年金機構，京都市役所など。		
国際学部		
国際文化	372	▷「世界を学び，私を知る」をキーワードに世界の多様な言語と文化を学び，多様な他者をつなぐ人材を育成する。
グローバルスタディーズ	135	▷世界で活躍するための知識と思考力，コミュニケーション能力，倫理観を身につける。１セメスター以上の留学が必修。
● **取得可能な資格**…教職（英），学芸員など。　● **進路状況**…………就職76.2%　進学9.2% ● **主な就職先**………ワコール，ANA関西空港，西日本旅客鉄道，三菱UFJ銀行，星野リゾートなど。		
先端理工学部		
		▶未来を支える先端技術を学ぶ６課程制。
数理・情報科学	103	▷課題を数学的・数量的に分析し解決する力や，IT社会に柔軟に対応し活躍できる力を備えた人材を育成する。
知能情報メディア	103	▷多様化・高度化するメディア時代に，人や環境にやさしい情報社会の実現や，情報産業の創造・発展に貢献する。
電子情報通信	103	▷電子・情報・通信を系統的に学修し，電子デバイス，情報システム，通信ネットワークなどの開発を推進する人材を育成。
機械工学・ロボティクス	113	▷機械工学・ロボティクスの幅広い知識・技術を修得し，それを実際に応用できる能力を身につけた人材を育成する。
応用化学	103	▷自然やモノづくりを理解し，化学的な問題や課題に対して応用化学の立場から持続可能な社会を築く人材を育成する。
環境生態工学	103	▷生態学に立脚した自然への理解と環境工学的な課題解決アプローチを学修し，環境問題を解決できる人材を育成する。
● **取得可能な資格**…教職（数・理・情・工業），学芸員など。 ● **進路状況**…………就職74.4%　進学20.0%（旧理工学部実績） ● **主な就職先**………きんでん，京セラ，ニデック，ヤクルト本社，関西電力など（旧理工学部実績）。		
社会学部		
社会	210	▷フィールドワークを重視した学修・研究活動を展開し，人間社会が抱える問題を解明する企画立案能力を養う。
コミュニティマネジメント	153	▷人が生き生きと暮らせる地域社会を元気にすることをめざし，住む人の視点に立つ，コミュニティリーダーを育成する。
現代福祉	195	▷福祉の知見を活用し，社会貢献ができる人材を育成する。「人を支える思いをかたちにする」現代福祉学の学びを提供。
● **取得可能な資格**…教職（地歴・公・社），社会福祉士・精神保健福祉士受験資格など。 ● **進路状況**…………就職90.3%　進学2.7% ● **主な就職先**………NECネッツエスアイ，大黒天物産，DTS，山善，医療法人・社会福祉法人など。		

キャンパスアクセス ［大宮キャンパス］ JR東海道本線・近鉄京都線—京都より徒歩10分／JR山陰本線（嵯峨野線）—梅小路京都西より徒歩10分／阪急京都線—大宮より徒歩20分またはバス５分

農学部		
生命科	90	▷最先端の生命科学の知識と技術を学び，「食」を支える「生命のしくみ」を理解し，幅広く応用できる人材を育成する。
農	134	▷環境に配慮した作物栽培の理論と技術を学び，食や農に関わる現場において高い問題解決能力を持つ人材を育成する。
食品栄養	80	▷人が健やかに生きるための「食」について学び，食べ物の生産から流通までを理解した管理栄養士を育成する。
食料農業システム	134	▷「食」や「農」を支える生産・流通の社会的なしくみを学び，食や農の問題を解決する糸口を考察する。

● 取得可能な資格…教職（理・農，栄養），学芸員，栄養士，管理栄養士受験資格など。
● 進路状況…………就職82.3%　進学12.5%
● 主な就職先………伊藤園，サンスター，山崎製パン，エームサービス，大阪北部農業協同組合など。

▶キャンパス

経済・経営・法・政策・国際，心理・文1・2年次……［深草キャンパス］京都府京都市伏見区深草塚本町67
心理・文3・4年次……［大宮キャンパス］京都府京都市下京区七条通大宮東入大工町125番地の1
先端理工・社会・農……［瀬田キャンパス］滋賀県大津市瀬田大江町横谷1番5
※社会学部は2025年4月に深草キャンパスへ移転。

2024年度入試要項（前年度実績）

●募集人員

学部／学科・課程（専攻）		前期	中期	後期
▶心理	心理	75	25	3
▶文	真宗	34	22	4
	仏教	28	17	3
	哲（哲学）	18	11	5
	（教育学）	17	10	5
	歴史（日本史学）	22	9	5
	（東洋史学）	16	11	3
	（仏教史学）	14	8	3
	（文化遺産学）	9	5	3
	日本語日本文	25	16	5
	英語英米文	25	16	5
▶経済	現代経済 国際経済	168	70	13
▶経営	経営	160	60	15
▶法	法律	140	60	19
▶政策	政策	92	41	11
▶国際	国際文化	89	43	11
	グローバルスタディーズ	25	15	2
▶先端理工	数理・情報科学	31	17	4
	知能情報メディア	31	17	4
	電子情報通信	31	17	4
	機械工学・ロボティクス	33	19	5
	応用化学	30	16	4
	環境生態工学	30	16	4
▶社会	社会	40	26	14
	コミュニティマネジメント	30	20	12
	現代福祉	44	13	13
▶農	生命科	理系型28	理系型12	理系型4
	農	理系型31	理系型20	理系型4
	食品栄養	理系型25	理系型13	理系型5
	食料農業システム	文系型22	文系型14	文系型2
		理系型10	理系型8	理系型2

※経済学部は2学科一括募集。
※全学部において，一般選抜入試前期・中期・後期の募集人員には共通テスト併用方式を含む。また，心理学部前期には共通テスト併用数学方式7名を，英語英米文学科前期には英語重視方式2名，共通テスト併用リスニング方式3名を，中期には英語重視方式2名，共通テスト併用外国語方式2名を，経済学部前期には共通テスト併用数学方式3名を，国際文化学科前期には英語重視方式5名，共通テスト併用リスニング方式7名を，中期には英語重視方式5名，共通テスト併用外国語方式8名を，グローバルスタディーズ学科前期には英語重視方式5名，共通テスト併用リスニング方式3名を，中期には英語重視方式2名，共通テスト併用外国語方式5名を，それぞれ含む。

▷共通テスト併用方式において，指定された英語資格検定試験のスコアが基準を満たせば，共通テスト「外国語（英語）」の得点に換算することも可能。ただし，その場合も共通テスト「外国語（英語）」の受験が必要で，得点の高い

キャンパスアクセス ［瀬田キャンパス］JR琵琶湖線―瀬田よりバス8分，大津よりバス20分／京阪本線―中書島よりバス30分

方を採用する。

心理学部・文学部・経済学部・経営学部・法学部・政策学部・社会学部

一般選抜入試前期日程・中期日程（スタンダード方式・高得点科目重視方式・英語重視方式）
3科目 ①**国**(100) ▶国総・現文B・古典B（いずれも漢文を除く） ②**外**(100・英語重視400) ▶コミュ英Ⅰ・コミュ英Ⅱ・コミュ英Ⅲ・英表Ⅰ・英表Ⅱ ③**地歴・公民・数**(100) ▶世B・日B・政経・「数Ⅰ・数Ⅱ・数A・数B（数列・ベク)」から1，ただし政経は前期日程のみ選択可
※高得点科目重視方式は，高得点1科目の得点を200点に換算して判定する。
※英語重視方式は文学部英語英米文学科のみ実施し，3科目を受験し，英語(400)と国語または選択科目のうち高得点1科目(100)の2科目の合計500点満点で判定する。
一般選抜入試前期日程（共通テスト併用2科目方式） **〈共通テスト科目〉** **2科目** ①② **国・外・「地歴・公民」・数・理**(100×2) ▶国（近代・古文または漢文)）・「英（リスニング〈20〉を含む）・独・仏・中・韓から1」・「世A・世B・日A・日B・地理A・地理B・現社・倫・政経・〈倫・政経〉から1」・「数Ⅰ・〈数Ⅰ・数A〉から1」・「数Ⅱ・〈数Ⅱ・数B〉・簿・情から1」・「物基・化基・生基・地学基から2」・「物・化・生・地学から1」から2
〈独自試験科目〉 一般選抜入試前期日程の3科目を受験し，高得点1科目(100)の得点を判定に利用する
一般選抜入試前期日程（共通テスト併用数学方式） **【心理学部・経済学部】〈共通テスト科目〉** **2科目** ①②**数**(100×2) ▶「数Ⅰ・〈数Ⅰ・数A〉から1」・「数Ⅱ・〈数Ⅱ・数B〉・簿・情から1」
〈独自試験科目〉 一般選抜入試前期日程の英語(50)と選択科目の数学(50)の2科目の得点を判定に利用する
一般選抜入試前期日程（共通テスト併用リスニング方式） **【文学部〈英語英米文学科〉】〈共通テスト科目〉** **1科目** ①**外**(100) ▶英（リスニング）
〈独自試験科目〉 一般選抜入試前期日程の英語(200)の得点を判定に利用する
一般選抜入試中期日程（共通テスト併用2科目方式） **〈共通テスト科目〉** **2科目** ①② **「地歴・公民」・数・理**(100×2) ▶「世A・世B・日A・日B・地理A・地理B・現社・倫・政経・〈倫・政経〉から1」・「数Ⅰ・〈数Ⅰ・数A〉から1」・「数Ⅱ・〈数Ⅱ・数B〉・簿・情から1」・「物基・化基・生基・地学基から2」・「物・化・生・地学から1」から2
〈独自試験科目〉 一般選抜入試中期日程の国語(100)と英語(100)の2科目の得点を判定に利用する
一般選抜入試中期日程（共通テスト併用3科目方式） **〈共通テスト科目〉** **3科目** ①②③ **国・外・「地歴・公民」・数・理**(100×3) ▶国（近代・古文または漢文）・「英（リスニング〈20〉を含む）・独・仏・中・韓から1」・「世A・世B・日A・日B・地理A・地理B・現社・倫・政経・〈倫・政経〉から1」・「数Ⅰ・〈数Ⅰ・数A〉から1」・「数Ⅱ・〈数Ⅱ・数B〉・簿・情から1」・「物基・化基・生基・地学基から2」・「物・化・生・地学から1」から3
〈独自試験科目〉 一般選抜入試中期日程の英語(100)の得点を判定に利用する
一般選抜入試中期日程（共通テスト併用外国語方式） **【文学部〈英語英米文学科〉】〈共通テスト科目〉** **1科目** ①**外**(100) ▶英（リスニング〈20〉）・独・仏・中・韓から1
〈独自試験科目〉 一般選抜入試中期日程の英語(200)の得点を判定に利用する
一般選抜入試後期日程（スタンダード方式・高得点科目重視方式） **2科目** ①**国**(100) ▶国総・現文B・古典B（いずれも漢文を除く） ②**外**(100) ▶コミュ英Ⅰ・コミュ英Ⅱ・コミュ英Ⅲ・英表Ⅰ・英表Ⅱ
※高得点科目重視方式は，高得点1科目の得点を200点に換算して判定する。
一般選抜入試後期日程（共通テスト併用1科目方式） **〈共通テスト科目〉** **1科目** ①**国・外・地歴・公民・数・理**(100) ▶国（近代・古文または漢文）・英（リスニング〈20〉を含む）・独・仏・中・韓・世A・世B・日A・日B・地理A・地理B・現社・倫・政経・「倫・政経」・数Ⅰ・「数Ⅰ・数A」・数Ⅱ・「数Ⅱ・数B」・簿・情・「物基・化基・生基・地学基から2」・物・化・生・地学から1

〈独自試験科目〉 一般選抜入試後期日程の国語と英語を受験し，高得点1科目(100)の得点を判定に利用する

国際学部

一般選抜入試前期日程・中期日程(スタンダード方式・高得点科目重視方式・英語重視方式) 3科目 ①国(100)▶国総・現文B・古典B(いずれも漢文を除く) ②外(100・英語重視400)▶コミュ英Ⅰ・コミュ英Ⅱ・コミュ英Ⅲ・英表Ⅰ・英表Ⅱ ③地歴・公民・数(100)▶世B・日B・政経・「数Ⅰ・数Ⅱ・数A・数B(数列・ベク)」から1，ただし政経は前期日程のみ選択可

※高得点科目重視方式は，高得点1科目の得点を200点に換算して判定する。

※英語重視方式は，3科目を受験し，英語(400)と国語または選択科目のうち高得点1科目(100)の2科目の合計500点満点で判定する。

一般選抜入試前期日程(共通テスト併用2科目方式) 〈共通テスト科目〉 2科目 ①②国・外・「地歴・公民」・数・理(100×2)▶国(近代・古文または漢文)・「英(リスニング〈20〉を含む)・独・仏・中・韓から1」・「世A・世B・日A・日B・地理A・地理B・現社・倫・政経・〈倫・政経〉から1」・「数Ⅰ・〈数Ⅰ・数A〉から1」・「数Ⅱ・〈数Ⅱ・数B〉・簿・情から1」・「物基・化基・生基・地学基から2」・「物・化・生・地学から1」から2

〈独自試験科目〉 一般選抜入試前期日程の3科目を受験し，高得点1科目(100)の得点を判定に利用する

一般選抜入試前期日程(共通テスト併用リスニング方式) 〈共通テスト科目〉 1科目 ①外(100)▶英(リスニング)

〈独自試験科目〉 一般選抜入試前期日程の英語(200)の得点を判定に利用する

一般選抜入試中期日程(共通テスト併用2科目方式) 〈共通テスト科目〉 2科目 ①②「地歴・公民」・数・理(100×2)▶「世A・世B・日A・日B・地理A・地理B・現社・倫・政経・〈倫・政経〉から1」・「数Ⅰ・〈数Ⅰ・数A〉から1」・「数Ⅱ・〈数Ⅱ・数B〉・簿・情から1」・「物基・化基・生基・地学基から2」・「物・化・生・地学から1」から2

〈独自試験科目〉 一般選抜入試中期日程の国語(100)と英語(100)の2科目の得点を判定に利用する

一般選抜入試中期日程(共通テスト併用3科目方式) 〈共通テスト科目〉 3科目 ①②③国・外・「地歴・公民」・数・理(100×3)▶国(近代・古文または漢文)・「英(リスニング〈20〉を含む)・独・仏・中・韓から1」・「世A・世B・日A・日B・地理A・地理B・現社・倫・政経・〈倫・政経〉から1」・「数Ⅰ・〈数Ⅰ・数A〉から1」・「数Ⅱ・〈数Ⅱ・数B〉・簿・情から1」・「物基・化基・生基・地学基から2」・「物・化・生・地学から1」から3

〈独自試験科目〉 一般選抜入試中期日程の英語(100)の得点を判定に利用する

一般選抜入試中期日程(共通テスト併用外国語方式) 〈共通テスト科目〉 1科目 ①外(100)▶英(リスニング〈20〉を含む)・独・仏・中・韓から1

〈独自試験科目〉 一般選抜入試中期日程の英語(200)の得点を判定に利用する

一般選抜入試後期日程(スタンダード方式・高得点科目重視方式) 2科目 ①国(100)▶国総・現文B・古典B(いずれも漢文を除く) ②外(100)▶コミュ英Ⅰ・コミュ英Ⅱ・コミュ英Ⅲ・英表Ⅰ・英表Ⅱ

※高得点科目重視方式は，高得点1科目の得点を200点に換算して判定する。

一般選抜入試後期日程(共通テスト併用1科目方式) 〈共通テスト科目〉 1科目 ①国・外・地歴・公民・数・理(100)▶国(近代・古文または漢文)・英(リスニング〈20〉を含む)・独・仏・中・韓・世A・世B・日A・日B・地理A・地理B・現社・倫・政経・「倫・政経」・数Ⅰ・「数Ⅰ・数A」・数Ⅱ・「数Ⅱ・数B」・簿・情・「物基・化基・生基・地学基から2」・物・化・生・地学から1

〈独自試験科目〉 一般選抜入試後期日程の国語と英語を受験し，高得点1科目(100)の得点を判定に利用する

先端理工学部

一般選抜入試前期日程・中期日程(スタンダード方式・高得点科目重視方式) 3科目 ①外(100)▶コミュ英Ⅰ・コミュ英Ⅱ・コミュ英

Ⅲ・英表Ⅰ・英表Ⅱ ②**数**(100)▶「数Ⅰ・数Ⅱ・数Ⅲ・数A・数B(数列・ベク)」・「数Ⅰ・数Ⅱ・数A・数B(数列・ベク)」から1，ただし数Ⅰ・数Ⅱ・数A・数Bは応用化学課程と環境生態工学課程のみ選択可 ③**理**(100)▶「物基・物」・「化基・化」・「生基・生」から1，ただし生基・生は環境生態工学課程のみ選択可
※高得点科目重視方式は，数学・理科のうち高得点1科目を200点に換算し判定する。
一般選抜入試前期日程(共通テスト併用理工2科目方式) **〈共通テスト科目〉** **2科目** ①**数**(100)▶「数Ⅰ・数A」・「数Ⅱ・数B」から1 ②**理**(100)▶物・化・生・地学から1
〈独自試験科目〉 一般選抜入試前期日程の英語(100)の得点を判定に利用する
一般選抜入試前期日程(共通テスト併用理工3科目方式) **〈共通テスト科目〉** **3科目** ①②③**数・理**(100×3)▶「数Ⅰ・数A」・「数Ⅱ・数B」・物・化・生・地学から3
〈独自試験科目〉 一般選抜入試前期日程の3科目(100×3)の得点を判定に利用する
一般選抜入試中期日程(共通テスト併用理工3科目方式) **〈共通テスト科目〉** **3科目** ①**外**(100)▶英(リスニング〈20〉を含む)・独・仏・中・韓から1 ②**数**(100)▶「数Ⅰ・数A」・「数Ⅱ・数B」から1 ③**理**(100)▶物・化・生・地学から1
〈独自試験科目〉 一般選抜入試中期日程の数学(100)と理科(100)の2科目の得点を判定に利用する
一般選抜入試後期日程(スタンダード方式・理系科目重視方式) **2科目** ①**外**(100)▶コミュ英Ⅰ・コミュ英Ⅱ・コミュ英Ⅲ・英表Ⅰ・英表Ⅱ ②**数・理**(100)▶「数Ⅰ・数Ⅱ・数Ⅲ・数A・数B(数列・ベク)」・「数Ⅰ・数Ⅱ・数A・数B(数列・ベク)」・「生基・生」から1，ただし数理・情報科学，知能情報メディア，電子情報通信，機械工学・ロボティクスの4課程は「数Ⅰ・数Ⅱ・数Ⅲ・数A・数B」指定で，「数Ⅰ・数Ⅱ・数A・数B」は応用化学課程と環境生態工学課程，「生基・生」は環境生態工学課程のみ選択可
※理系科目重視方式は，数学・理科のうち高得点1科目を200点に換算し判定する。
一般選抜入試後期日程(共通テスト併用理工2科目方式) **〈共通テスト科目〉** **2科目** ①**数**(100)▶「数Ⅰ・数A」・「数Ⅱ・数B」から1 ②**理**(100)▶物・化・生・地学から1
〈独自試験科目〉 一般選抜入試後期日程の英語(100)の得点を判定に利用する

農学部

一般選抜入試前期日程理系型・中期日程理系型(スタンダード方式・高得点科目重視方式) **3科目** ①**外**(100)▶コミュ英Ⅰ・コミュ英Ⅱ・コミュ英Ⅲ・英表Ⅰ・英表Ⅱ ②**理**(100)▶「物基・物」・「化基・化」・「生基・生」から1 ③**国・数**(100)▶「国総・現文B・古典B(いずれも漢文を除く)」・「数Ⅰ・数Ⅱ・数Ⅲ・数A・数B(数列・ベク)」・「数Ⅰ・数Ⅱ・数A・数B(数列・ベク)」から1
※高得点科目重視方式は，高得点1科目の得点を200点に換算し判定する。
一般選抜入試前期日程理系型・中期日程理系型(共通テスト併用農学2科目方式) **〈共通テスト科目〉** **2科目** ①②**国・外・数・理**(100×2)▶国(近代)・「英(リスニング〈20〉を含む)・独・仏・中・韓から1」・「数Ⅰ・〈数Ⅰ・数A〉から1」・「数Ⅱ・〈数Ⅱ・数B〉・簿・情から1」・「物基・化基・生基・地学基から2」・「物・化・生・地学から1」から2
〈独自試験科目〉 前期日程は，一般選抜入試前期日程理系型の英語(100)の得点を判定に利用する。中期日程は，一般選抜入試中期日程理系型の英語と理科の2科目を受験し，高得点1科目(100)の得点を判定に利用する。
一般選抜入試前期日程文系型・中期日程文系型(スタンダード方式・高得点科目重視方式) **【食料農業システム学科】** **3科目** ①**国**(100)▶国総・現文B・古典B(いずれも漢文を除く) ②**外**(100)▶コミュ英Ⅰ・コミュ英Ⅱ・コミュ英Ⅲ・英表Ⅰ・英表Ⅱ ③**地歴・公民・数**(100)▶世B・日B・政経・「数Ⅰ・数Ⅱ・数A・数B(数列・ベク)」から1，ただし政経は前期日程のみ選択可
※高得点科目重視方式は，高得点1科目の得点を200点に換算して判定する。
一般選抜入試前期日程文系型(共通テスト併用2科目方式) **【食料農業システム学科】** **〈共通テスト科目〉** **2科目** ①②**国・外・「地歴・公民」・数・理**(100×2)▶国(近代)・「英

(リスニング〈20〉を含む)・独・仏・中・韓から1」・「世A・世B・日A・日B・地理A・地理B・現社・倫・政経・〈倫・政経〉から1」・「数Ⅰ・〈数Ⅰ・数A〉から1」・「数Ⅱ・〈数Ⅱ・数B〉・簿・情から1」・「物基・化基・生基・地学基から2」・「物・化・生・地学から1」から2

〈独自試験科目〉 一般選抜入試前期日程文系型の3科目を受験し，高得点1科目(100)の得点を判定に利用する

一般選抜入試中期日程文系型(共通テスト併用2科目方式) **【食料農業システム学科】**

〈共通テスト科目〉 **2科目** ①②**「地歴・公民」・数・理**(100×2) ▶「世A・世B・日A・日B・地理A・地理B・現社・倫・政経・〈倫・政経〉から1」・「数Ⅰ・〈数Ⅰ・数A〉から1」・「数Ⅱ・〈数Ⅱ・数B〉・簿・情から1」・「物基・化基・生基・地学基から2」・「物・化・生・地学から1」から2

〈独自試験科目〉 一般選抜入試中期日程文系型の国語(100)と英語(100)の2科目の得点を判定に利用する

一般選抜入試中期日程文系型(共通テスト併用3科目方式) **【食料農業システム学科】**

〈共通テスト科目〉 **3科目** ①②③**国・外・「地歴・公民」・数・理**(100×3) ▶国(近代)・「英(リスニング〈20〉を含む)・独・仏・中・韓から1」・「世A・世B・日A・日B・地理A・地理B・現社・倫・政経・〈倫・政経〉から1」・「数Ⅰ・〈数Ⅰ・数A〉から1」・「数Ⅱ・〈数Ⅱ・数B〉・簿・情から1」・「物基・化基・生基・地学基から2」・「物・化・生・地学から1」から3

〈独自試験科目〉 一般選抜入試中期日程文系型の英語(100)の得点を判定に利用する

一般選抜入試後期日程理系型(スタンダード方式・高得点科目重視方式) **2科目** ①**外**(100) ▶コミュ英Ⅰ・コミュ英Ⅱ・コミュ英Ⅲ・英表Ⅰ・英表Ⅱ ②**数・理**(100) ▶「数Ⅰ・数Ⅱ・数Ⅲ・数A・数B(数列・ベク)」・「数Ⅰ・数Ⅱ・数A・数B(数列・ベク)」・「化基・化」・「生基・生」から1

※高得点科目重視方式は，高得点1科目の得点を200点に換算し判定する。

一般選抜入試後期日程理系型(共通テスト併用農学1科目方式) **〈共通テスト科目〉** **1科目** ①**国・外・数・理**(100) ▶国(近代)・英(リスニング〈20〉を含む)・独・仏・中・韓・数Ⅰ・「数Ⅰ・数A」・数Ⅱ・「数Ⅱ・数B」・簿・情・「物基・化基・生基・地学基から2」・物・化・生・地学から1

〈独自試験科目〉 一般選抜入試後期日程理系型の英語と理科の2科目を受験し，高得点1科目(100)の得点を判定に利用する

一般選抜入試後期日程文系型(スタンダード方式・高得点科目重視方式) **【食料農業システム学科】** **2科目** ①**国**(100) ▶国総・現文B・古典B(いずれも漢文を除く) ②**外**(100) ▶コミュ英Ⅰ・コミュ英Ⅱ・コミュ英Ⅲ・英表Ⅰ・英表Ⅱ

※高得点科目重視方式は，高得点1科目の得点を200点に換算して判定する。

一般選抜入試後期日程文系型(共通テスト併用1科目方式) **【食料農業システム学科】**

〈共通テスト科目〉 **1科目** ①**国・外・地歴・公民・数・理**(100) ▶国(近代)・英(リスニング〈20〉を含む)・独・仏・中・韓・世A・世B・日A・日B・地理A・地理B・現社・倫・政経・「倫・政経」・数Ⅰ・「数Ⅰ・数A」・数Ⅱ・「数Ⅱ・数B」・簿・情・「物基・化基・生基・地学基から2」・物・化・生・地学から1

〈独自試験科目〉 一般選抜入試後期日程文系型の国語と英語を受験し，高得点1科目(100)の得点を判定に利用する

その他の選抜

共通テスト利用入試は心理学部36名，文学部154名，経済学部65名，経営学部45名，法学部49名，政策学部31名，国際学部82名，先端理工学部66名，社会学部79名，農学部59名を，公募推薦入試(小論文型，〈専門高校，専門学科・総合学科対象〉)は心理学部33名，文学部84名，経済学部85名，経営学部69名，法学部66名，政策学部38名，国際学部69名，先端理工学部81名，社会学部116名，農学部73名を募集。ほかに指定校推薦入試，付属校推薦入試，教育連携校推薦入試，関係校推薦入試，総合型選抜入試(学部独自方式，検定試験利用型，英語型，スポーツ活動選抜，文化・芸術・社会活動選抜，伝道者推薦型)，社会人推薦入試，帰国生徒特別入試，中国引揚者等子女特別入試，外国人留学生入試を実

施。

偏差値データ（2024年度）

●一般選抜入試前期日程スタンダード方式

学部／学科・課程／専攻	2024年度		2023年度
	駿台予備学校 合格目標ライン	河合塾 ボーダー偏差値	競争率
▶心理学部			
心理	46	50	5.5
▶文学部			
真宗	39	40	1.3
仏教	39	40	1.8
哲／哲学	46	52.5	8.9
／教育学	46	47.5	4.6
歴史／日本史学	48	52.5	8.5
／東洋史学	47	50	3.1
／仏教史学	43	45	5.2
／文化遺産学	47	52.5	7.4
日本語日本文	49	52.5	6.2
英語英米文	47	45	2.4
▶経済学部			
（学部一括募集）	44	47.5	5.9
▶経営学部			
経営	45	50	6.3
▶法学部			
法律	46	50	5.0
▶政策学部			
政策	45	47.5	4.9
▶国際学部			
国際文化	46	45	3.5
グローバルスタディーズ	46	45	3.8
▶先端理工学部			
数理・情報科学	41	42.5	2.0
知能情報メディア	42	45	2.5
電子情報通信	42	45	2.3
機械工学・ロボティクス	42	42.5	2.0
応用化学	43	42.5	1.3
環境生態工学	40	42.5	1.4
▶社会学部			
社会	45	47.5	5.4
コミュニティマネジメント	44	45	6.8
現代福祉	44	45	2.4
▶農学部			
生命科（理系型）	43	42.5	1.5
農（理系型）	42	42.5	2.0
食品栄養（理系型）	42	42.5	2.6
食料農業システム（文系型）	40	40	2.3
（理系型）	40	40	2.3

- 駿台予備学校合格目標ラインは合格可能性80％に相当する駿台模試の偏差値です。
- 河合塾ボーダー偏差値は合格可能性50％に相当する河合塾全統模試の偏差値です。
- 競争率は受験者÷合格者の実質倍率

大阪経済大学（おおさかけいざい）

資料請求

問合せ先 入試部 ☎06-6328-2003

建学の精神

大阪経済大学の歴史は，1932（昭和7）年，前身である浪華高等商業の開設に始まる。創立100周年という節目を迎える2032年に向けて，これまでの歩みと，長きにわたり掲げてきた大学理念（建学の精神「自由と融和」，教学理念「人間的実学」）を見つめ直し，新たなミッションとして「生き続ける学びが創発となり，商都大阪から，社会に貢献する“人財”を輩出する」を策定。“自ら進んで学び取る力”を育む「ゼミの大経大」，企業や自治体と連携し，社会との関わりを実践的に学ぶ「社会とつながる大経大」といった特長をさらに進化させ，新学部の設置や，各学部における新しいプログラムを積極的に立ち上げるなど，あらゆる場所に「創発」が溢れる魅力的なキャンパスにすることで，さまざまな分野で活躍できる人材を輩出したいと考えている。

● 大隅キャンパス……〒533-8533 大阪府大阪市東淀川区大隅2-2-8

基本データ

学生数▶6,752名（男4,981名，女1,771名）
専任教員数▶教授80名，准教授61名，講師22名
設置学部▶経済，経営（第1部・第2部），情報社会，人間科，国際共創
併設教育機関▶大学院—経済学（M・D），経営学・経営情報・人間科学（以上M）

就職・卒業後の進路

就職率 **92.1**%
就職者÷希望者×100

●**就職支援** 4年間一貫したサポートで，段階的にキャリア形成と就業マインドを育成。特に3年次からは，マンツーマン指導（個別相談），就職ガイダンス，1泊2日の合宿を含む長期講座の大樟塾（おおくす）（就活塾）を実施するなど，学生自身が主体的に就職活動に取り組んでいけるよう，きめ細やかで丁寧な就職支援を行い，夢の発見と実現へ導いている。

●**資格取得支援** 大原出版株式会社（資格の大原）と連携して，例年，延べ1,700名が受講する，さまざまな分野の資格試験対策講座を運営。難関資格・試験をめざす学生には受講料の一部を給付する制度も設け，公認会計士や税理士などの合格者も輩出している。

進路指導者も必見 **学生を伸ばす 面倒見**

初年次教育	学修サポート
大学の学習スタイルを身につけるための科目として「基礎演習」「アカデミックスキル」「データ処理基礎」「情報実習」などを用意し，レポートの書き方やパソコンの活用法をはじめ，各学部の基礎やキャリア意識を高めている	学生アドバイザー，学生サポーターのほか，オフィスアワー，1人の教員が約20人の学生を担当するクラスアドバイザーなどの制度を全学部で導入。大学での学びをより充実させるための「教育・学習支援センター」も設置

オープンキャンパス（2023年度実績） 大学のリアルな雰囲気を感じるオープンキャンパスを7月16日，8月5日・6日・20日に開催したほか，5・6・9・10・12・3月にはキャンパス見学会も実施（いずれも事前予約制）。

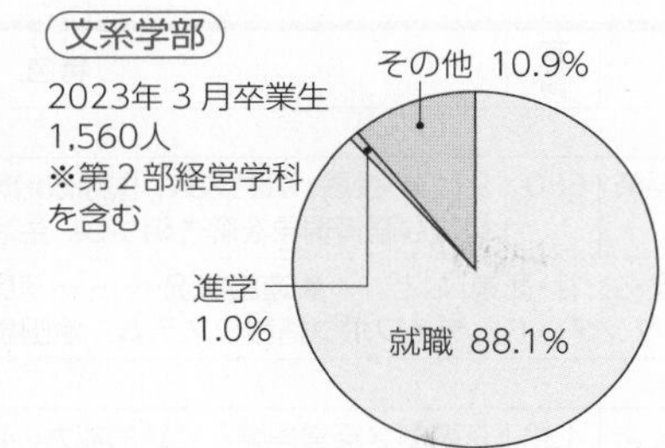

主なOB・OG ▶ ［経済］髙田明（ジャパネットたかた創業者），［経済］池野隆光（ウエルシアホールディングス会長），［経済］森田俊作（大和リース会長），［経済］小寺康久（西濃運輸社長）など。

国際化・留学　大学間 33 大学・部局間 1 大学

受入れ留学生数 ▶ 78名（2023年８月１日現在）

留学生の出身国・地域 ▶ 中国，ベトナム，台湾，韓国，マレーシアなど。

外国人専任教員 ▶ 教授５名，准教授２名，講師１名（2023年５月１日現在）

外国人専任教員の出身国 ▶ NA

大学間交流協定 ▶ 33大学（交換留学先16大学，2023年５月１日現在）

部局間交流協定 ▶ １大学（2023年５月１日現在）

海外への留学生数 ▶ 渡航型24名・オンライン型３名／年（５カ国・地域，2022年度）

海外留学制度 ▶ 海外協定校への派遣留学と，本学の認定を受けて学生交換協定に基づかない大学へ留学する認定留学は，いずれも休学することなく，４年間での卒業も可能。このほか，夏季・春季休暇を利用して約３～４週間，集中的に語学を学ぶ短期集中型の語学研修（英語・スペイン語・中国語）などを実施。

学費・奨学金制度　給付型奨学金総額 年間約 5,768 万円

入学金 ▶ 190,000円（第2部経営150,000円）

年間授業料（施設費等を除く）▶ 710,000円（第２部経営350,000円）（詳細は巻末資料参照）

年間奨学金総額 ▶ 57,681,481円

年間奨学金受給者数 ▶ 198人

主な奨学金制度 ▶ 一般選抜（前期）の成績優秀者を対象に秋学期授業料相当額を給付する「大阪経済大学入試成績優秀者特別奨学金」や「大阪経済大学大樟奨学金」「大阪経済大学遠隔地学生奨学金」などの制度を設置。

保護者向けインフォメーション

●**オープンキャンパス**　通常のオープンキャンパス時に保護者向けの説明会を実施している。

●**公開授業**　学部により，保護者参観制度や保護者聴講制度を設けている。

●**成績確認**　成績通知書を送付するほか，授業出席率が50％未満の場合も通知している。

●**広報誌**　大学広報誌の『SOUHATSU ～創発～』を発行している。

●**教育懇談会**　教育懇談会を開催し，進路支援の説明や就職懇談なども行っている。

●**防災対策**　「大地震防災マニュアル（兼安否確認カード）」をポータルサイトに掲載。被災時の学生の安否もポータルサイトで確認する。

インターンシップ科目	必修専門ゼミ	卒業論文	GPA制度の導入の有無および活用例	１年以内の退学率	標準年限での卒業率
全学部で開講している	経済学部で１年次，情報社会学部で４年次，人間科学部で１・４年次に実施	卒業要件ではない（全学部）	奨学金対象者の選定基準，学生に対する個別の学修指導に活用	0.9%	86%

学部紹介

学部／学科	定員	特色
経済学部		
経済	680	▷産業・金融，公共政策，国際政治経済，地域政策の４コース。複雑な経済現象を解き明かし，生活や社会を豊かにする。
● **取得可能な資格**…教職（地歴・公・社・商業）など。 ● **進路状況**…………就職85.9%　進学0.2% ● **主な就職先**………タカラスタンダード，ダイワボウ情報システム，池田泉州銀行，堺市役所など。		
経営学部		
第１部経営	430	▷高度な経営理論と実践的能力の習得を幅広く支援。時代の変化に対応し，的確な意思決定ができる人材を育成する。
第１部ビジネス法	200	▷法化社会に必須のビジネス法務能力を養成。法的なものの見方を備えたビジネスパーソンを育成する。
第２部経営	50	▷資格取得や職業能力育成に直結する科目が豊富。夕方開講のため，社会人学生も多く，密度の濃い授業を展開している。
● **取得可能な資格**…教職（公・社・商業）など。 ● **進路状況**…………［第１部］就職87.2%　進学0.9%　［第２部］就職88.9%　進学0.9% ● **主な就職先**………SMC，デザインアーク，マキタ，一条工務店，日本アクセス，大阪国税局など。		
情報社会学部		
情報社会	300	▷総合情報，社会学・現代ビジネスの２コース。データを使いこなし，社会課題を解決できる人材を育成する。
● **取得可能な資格**…教職（情・商業）など。 ● **進路状況**…………就職94.7%　進学0.4% ● **主な就職先**………アイエックス・ナレッジ，NECネクサソリューションズ，英和，NCS＆Aなど。		
人間科学部		
人間科	200	▷臨床心理学，スポーツ科学，社会ライフデザインの３コース。人間を知ることで不確実な社会を生き抜く力を養う。
● **取得可能な資格**…教職（公・社・保体）など。 ● **進路状況**…………就職88.1%　進学4.1% ● **主な就職先**………大阪府警察本部，リコージャパン，シャープマーケティングジャパン，東リなど。		
国際共創学部		
国際共創	120	▷NEW! '24年新設。多様な人々と協力・協働して，新しい未来を創り出していくために必要な能力を実践的に学ぶ。
● **取得可能な資格**…教職（英）など。		

▶キャンパス

全学部……［大隅キャンパス］大阪府大阪市東淀川区大隅2-2-8

2024年度入試要項（前年度実績）

●募集人員

学部／学科		前期A・B	前期C	後期D
▶経済	経済	280	40	30
▶経営	第1部経営	187	14	14
	第1部ビジネス法	72	5	10
	第2部経営	17	—	若干名
▶情報社会	情報社会	110	10	5
▶人間科	人間科	80	5	5
▶国際共創	国際共創	55	—	若干名

※前期C方式は共通テスト利用。

▷C方式（共通テスト利用）において，本学が指定する資格（日商簿記など）を保有もしくは外部検定試験等の得点・レベルに達している場合は，希望により共通テストの該当教科・科目の得点に換算し，合否判定を行う。

▷共通テストの「英語」はリーディング80点・

キャンパスアクセス ［大隅キャンパス］阪急京都線一上新庄より徒歩15分またはバス３分／大阪メトロ今里筋線一瑞光四丁目より徒歩２分

リスニング20点の100点満点に換算。

全学部

一般選抜前期A方式　**2科目**　①②**国・外・「地歴・公民」・数**(100×2)▶「国総(近代)・現文B」・「コミュ英Ⅰ・コミュ英Ⅱ・コミュ英Ⅲ・英表Ⅰ・英表Ⅱ」・「世B・日B・現社から1」・「数Ⅰ・数Ⅱ・数A」から2，ただし国際共創学部は外必須

一般選抜前期B方式(3教科型・ベスト2教科型)　**3科目**　①**国**(100)▶国総(漢文を除く)・現文B　②**外**(100)▶コミュ英Ⅰ・コミュ英Ⅱ・コミュ英Ⅲ・英表Ⅰ・英表Ⅱ　③**地歴・数**(100)▶世B・日B・「数Ⅰ・数Ⅱ・数A」から1

※B方式ベスト2教科型は，3教科型を受験し，高偏差値の2科目で判定する。ただし国際共創学部は外必須

一般選抜前期C方式(共通テスト利用)〈4教科型〉　**4科目**　①**国**(100)▶国(近代)　②**外**(100)▶英(リスニングを含む)　③④**「地歴・公民」・数・理**(100×2)▶「世A・世B・日A・日B・地理A・地理B・現社・倫・政経・〈倫・政経〉から1」・「数Ⅰ・〈数Ⅰ・数A〉・数Ⅱ・〈数Ⅱ・数B〉・簿・情から1」・「〈物基・化基・生基・地学基から2〉・物・化・生・地学から1」から2

[個別試験]　行わない。

一般選抜前期C方式(共通テスト利用)〈3教科型〉　**3科目**　①**外**(100)▶英(リスニングを含む)　②③**国・「地歴・公民」・数・理**(100×2)▶国(近代)・「世A・世B・日A・日B・地理A・地理B・現社・倫・政経・〈倫・政経〉から1」・「数Ⅰ・〈数Ⅰ・数A〉・数Ⅱ・〈数Ⅱ・数B〉・簿・情から1」・「〈物基・化基・生基・地学基から2〉・物・化・生・地学から1」から2

[個別試験]　行わない。

一般選抜前期C方式(共通テスト利用)〈ベスト2教科型〉　**2科目**　①②**国・外・「地歴・公民」・数・理**(100×2)▶国(近代)・英(リスニングを含む)・「世A・世B・日A・日B・地理A・地理B・現社・倫・政経・〈倫・政経〉から1」・「数Ⅰ・〈数Ⅰ・数A〉・数Ⅱ・〈数Ⅱ・数B〉・簿・情から1」・「〈物基・化基・生基・地学基から2〉・物・化・生・地学から1」から2

[個別試験]　行わない。

一般選抜後期D方式　**2科目**　①**外**(100)▶コミュ英Ⅰ・コミュ英Ⅱ・コミュ英Ⅲ・英表Ⅰ・英表Ⅱ　②**国・地歴・数**(100)▶「国総(近代)・現文B」・日B(近現代)・「数Ⅰ・数Ⅱ・数A」から1

その他の選抜

公募推薦入試は経済学部150名，第1部経営学科100名，第1部ビジネス法学科29名，第2部経営学科12名，情報社会学部67名，人間科学部35名，国際共創学部55名を募集。ほかに指定校推薦入試，総合型選抜(商工系資格評価型・スポーツ評価型，学部AO入試)，社会人入試，国際留学生入試を実施。

偏差値データ (2024年度)

●一般選抜前期(A方式・B方式3教科型)

学部／学科	2024年度 駿台予備学校 合格目標ライン	2024年度 河合塾 ボーダー偏差値	2023年度 競争率
▶経済学部			
経済(前期A)	42	42.5	3.9
(前期B 3教科)	42	42.5	2.9
▶経営学部			
第1部経営(前期A)	42	45	3.5
(前期B 3教科)	42	42.5	3.0
ビジネス法(前期A)	40	40	3.1
(前期B 3教科)	40	40	3.3
第2部経営(前期A)	33	42.5	4.3
(前期B 3教科)	33	42.5	2.7
▶情報社会学部			
情報社会(前期A)	40	42.5	3.2
(前期B 3教科)	40	42.5	2.9
▶人間科学部			
人間科(前期A)	39	45	4.1
(前期B 3教科)	39	45	3.4
▶国際共創学部			
国際共創(前期A)	40	45	新
(前期B 3教科)	41	42.5	新

- 駿台予備学校合格目標ラインは合格可能性80%に相当する駿台模試の偏差値です。
- 河合塾ボーダー偏差値は合格可能性50%に相当する河合塾全統模試の偏差値です。
- 競争率は受験者÷合格者の実質倍率

私立大学 大阪

大阪工業大学
（おおさかこうぎょう）

資料請求

問合せ先 入試部 ☎06-6954-4086

建学の精神

「世のため，人のため，地域のため，理論に裏付けられた実践的技術をもち，現場で活躍できる専門職業人を育成する」を建学の精神に，1949（昭和24）年に開設。前身校の創設から100年を超える歴史と伝統があり，一貫して時代や社会からの要請に応えるエキスパートの育成に力を注いでいる。学修活動の基軸としてPBL科目を全学部で導入するとともに，グローバル人材育成のために，さまざまな国際交流プログラムを展開。梅田キャンパスでは，工学的な知識・技術とデザイン思考をベースに，ユーザー視点でものづくりができるエンジニアを，情報科学部ではデータサイエンス学科をはじめ，５学科の学生がチームを組み，AIやIoTによるシステム開発を行うなど，学科を横断する学びで情報技術をつくり，駆使する人材を育成している。

- 大宮キャンパス……〒535-8585 大阪府大阪市旭区大宮5-16-1
- 梅田キャンパス……〒530-8568 大阪府大阪市北区茶屋町1-45
- 枚方キャンパス……〒573-0196 大阪府枚方市北山1-79-1

基本データ

学生数▶7,527名（男6,468名，女1,059名）
専任教員数▶教授159名，准教授85名，講師45名
設置学部▶工，ロボティクス＆デザイン工，情報科，知的財産
併設教育機関▶大学院―工学・ロボティクス＆デザイン工学・情報科学（以上M・D），知的財産（P）

就職・卒業後の進路

就職率 99.8%
就職者÷希望者×100

● **就職支援**　学科・研究室・キャリア支援部が三位一体となってサポートするのに加え，各学科に就職アドバイザーを配置し，学生と繰り返し面談することにより，実就職率は全国３位，関西の私立大学で14年連続１位を達成。有名企業400社の実就職率でも，関関同立に次いで５位に位置する。さらに，「THE世界大学ランキング2023」に昨年に引き続きランクインするなど，大工大の人材育成が，社会から高く評価されている。

進路指導者も必見 学生を伸ばす 面倒見

初年次教育

「基礎ゼミナール」「キャリアデザイン」「PBL科目」「基礎情報処理」「ICTリテラシー」などにより，スタディースキルやアカデミックスキル等を学び，受動的な学習態度から能動的で自立的な学修態度への転換を図っている

学修サポート

全学部でTA制度，オフィスアワーを導入。また，講義では，最大でも，担当教員が約10人の学生を指導。さらに，正課授業と密接に連携した基礎力向上講座を開講するとともに，個別学習指導も行う教育センターを設置

オープンキャンパス（2023年度実績） 7月・8月に夏のオープンキャンパス（キャンパスにより開催日は異なる），12月に冬のミニオープンキャンパス，春と秋に大学見学会を実施（ミニと見学会は３キャンパス同日開催）。

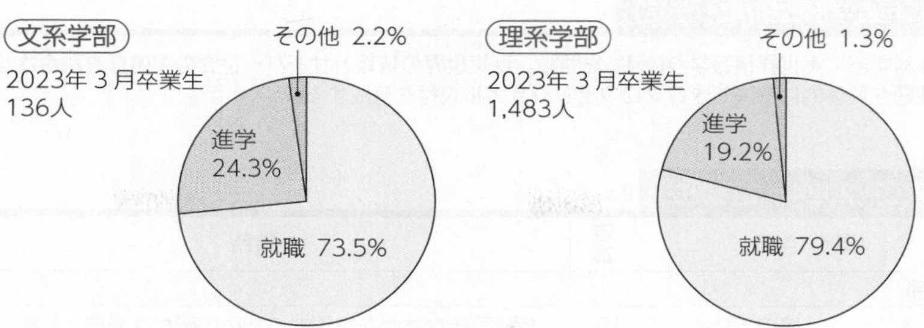

主なOB・OG▶［工］山口明夫（日本アイ・ビー・エム社長），［工］大倉昊（ノエビアホールディングス創業者・代表取締役会長），［工］菊本一高（栗本鐵工所社長），［工］谷甲州（小説家）など。

国際化・留学　大学間 72 大学・部局間 10 大学

受入れ留学生数▶49名（2023年10月１日現在）

留学生の出身国・地域▶中国，インドネシア，韓国，台湾，マレーシアなど。

外国人専任教員▶教授１名，准教授４名，講師６名（2023年５月１日現在）

外国人専任教員の出身国▶アメリカ，中国，イギリス，ベトナム，シンガポールなど。

大学間交流協定▶72大学（交換留学先20大学，2023年９月１日現在）

部局間交流協定▶10大学（交換留学先０大学，2023年９月１日現在）

海外への留学生数▶渡航型19名・オンライン型115名／年（９カ国・地域，2022年度）

海外留学制度▶海外協定校などの学生との混成チームでPBLに取り組む国際PBLプログラムや長期交換留学，語学研修・文化体験・海外研究支援などのプログラムを実施。コンソーシアムはUMAPと，海外でのインターンシップの機会を提供するIAESTEに加盟。

学費・奨学金制度　給付型奨学金総額 年間 7,300 万円

入学金▶250,000円

年間授業料（施設費等を除く）▶1,020,000円～（詳細は巻末資料参照）

年間奨学金総額▶73,000,000円

年間奨学金受給者数▶120人

主な奨学金制度▶２年次以上の学業成績・人物ともに優秀な者を対象に年間授業料の半額相当額を給付する「成績優秀奨学金・テラサキ奨学金」や，本学所定の入試成績優秀者を対象とした「入試選抜奨学金」「特待奨学金」を設置。2022年度の学費減免制度対象者は１人で146万円を減免している。

保護者向けインフォメーション

- **オープンキャンパス**　通常のオープンキャンパス時に保護者向けの説明会を実施している。
- **成績確認**　学業成績簿を郵送している。
- **教育懇談会**　後援会を組織し，10月から12月にかけて，主に西日本各地と３キャンパスで，修学状況や学業成績，学生生活，就職等について先生と個別に相談できる教育懇談会を開催。『後援会会報』も発行している。
- **防災対策**　「災害時行動マニュアル」を本学Webサイトに掲出。災害時の学生の状況は安否確認システム「ANPIS」を利用して把握する。

インターンシップ科目	必修専門ゼミ	卒業論文	GPA制度の導入の有無および活用例	１年以内の退学率	標準年限での卒業率
開講（情報科学部を除く）	工学部で４年次に卒業研究ゼミ，他の３学部で３年次に研究基礎演習，４年次に卒業研究ゼミを実施	全学部で卒業要件	奨学金や授業料免除対象者の選定や学生に対する個別の学修指導などに活用するほか，GPAに応じた履修上限単位数を設定	1.1%	81.6%

2025年度学部改組構想（予定）

● 情報科学部に実世界情報学科（仮称）を開設。現実世界の情報とサイバー世界のAI処理を融合させ，社会の課題を具体的に解決できるプロフェッショナル人材を育成する。

学部紹介（2024年２月現在）

学部／学科	定員	特色
工学部		
都市デザイン工	100	▷持続可能な社会を実現するための確かな知識と技術，志を持ち，都市空間をデザインできる技術者を育成する。
建築	150	▷実践的な建築教育を通して，業界の最前線で輝く人材を育成する。西日本トップクラスの一級建築士合格者を輩出。
機械工	140	▷研究開発・設計力の育成を加速させる「研究推進クラス」を開設し，宇宙工学から身近なメカまで，ものづくりを極める。
電気電子システム工	125	▷電気を中心にした最先端の学びで，現代社会の変化に対応し，未来を切り拓くことができる技術者を育成する。
電子情報システム工	110	▷ハード・ソフトの両面，そして通信における技術や知識を身につけ，超スマート社会で求められる人材を育成する。
応用化	130	▷グリーンケミストリーをキーワードに最先端研究に取り組み，地球環境の未来を考える化学技術者を育成する。
環境工	75	▷私たちの生活を支える環境技術を学び，行政やインフラなどの第一線で活躍する人材を養成する。
生命工	70	▷生命科学の分野だけでなく，基礎工学技術も修得した人材を輩出することで，持続可能な社会の実現に貢献する。
● 取得可能な資格…教職（数・理・技・情・工業），測量士補，１・２級建築士受験資格など。 ● 進路状況…………就職75.8%　進学23.2% ● 主な就職先………鹿島建設，大成建設，関西電力，大阪ガス，西日本旅客鉄道，SUBARUなど。		
ロボティクス＆デザイン工学部		
ロボット工	90	▷目まぐるしく変化する社会状況と，そのニーズに即対応できるロボットエンジニアを育成する。
システムデザイン工	90	▷ハードとソフトの知識と技術を駆使し，新たなものづくりや社会の課題の解決策を提案できる技術者を育成する。
空間デザイン	100	▷建築，プロダクトデザイン，インテリアデザイン，空間デザインの４系統で，豊かな生活を提案する力を養う。
● 取得可能な資格…教職（技・工業），１・２級建築士受験資格など。 ● 進路状況…………就職78.9%　進学18.1% ● 主な就職先………三菱電機，京セラ，神戸製鋼所，関西電力，三菱自動車工業，楽天グループなど。		
情報科学部		
データサイエンス	70	▷AIやアプリを活用し社会に貢献できる情報分析力を高め，ビッグデータから新たな価値を生み出す人材を育成する。
情報知能	90	▷従来の情報技術はもちろん，AIも自在に操ることができる高度ITエンジニアとして活躍できる人材を育成する。
情報システム	105	▷情報化の進展に伴う社会の課題を解決する，プログラミングスキルの高いシステムエンジニアを育成する。

キャンパスアクセス ［大宮キャンパス］ 大阪メトロ谷町線一千林大宮より徒歩12分／大阪メトロ今里筋線一太子橋今市より徒歩12分／京阪本線一千林より徒歩20分／JR一大阪よりバス25分

情報メディア	105	▷最先端のメディア処理技術（VR，AI）や，人間の行動特性理論を修得し，人にやさしいシステムを創造する。
ネットワークデザイン	90	▷高度情報化社会に欠かせない，サイバーセキュリティ技術で安心・便利な通信サービスを創り出せる人材を育成する。
● **取得可能な資格**…教職（数・情）など。　● **進路状況**…………就職87.7%　進学11.3% ● **主な就職先**………パナソニック，三菱電機，富士通，関西電力，SCSK，日立ソリューションズなど。		
知的財産学部		
知的財産	140	▷特許や商標などの専門知識を身につけたプロフェッショナルを育成する。弁理士試験への挑戦を強力にバックアップ。
● **進路状況**…………就職73.5%　進学24.3% ● **主な就職先**………NTTドコモ，リクルート，リンナイ，大和ハウス工業，タカラスタンダードなど。		

キャンパス

工・知的財産……［大宮キャンパス］大阪府大阪市旭区大宮5-16-1
ロボティクス＆デザイン工……［梅田キャンパス］大阪府大阪市北区茶屋町1-45
情報科……［枚方キャンパス］大阪府枚方市北山1-79-1

2024年度入試要項（前年度実績）

●募集人員

学部／学科		前期A・AC	前期B・BC	後期D・DC
▶工	都市デザイン工	28	13	6
	建築	42	20	10
	機械工	39	19	9
	電気電子システム工	35	17	8
	電子情報システム工	31	14	7
	応用化	36	17	8
	環境工	21	10	4
	生命工	20	10	4
▶ロボティクス＆デザイン工	ロボット工	25	12	5
	システムデザイン工	25	12	5
	空間デザイン	28	14	7
▶情報科	データサイエンス	20	9	3
	情報知能	25	12	5
	情報システム	29	15	7
	情報メディア	29	15	7
	ネットワークデザイン	25	12	5
▶知的財産	知的財産	37	18	9

※AC・BC・DC日程は共通テスト併用型。

▷共通テストの「英語」は，共通テストの配点を本学の配点に換算する。

工学部・ロボティクス&デザイン工学部

一般入試前期Ａ日程（均等配点方式）・Ｂ日程（高得点重視方式）　**3**科目　①外（150）▶コミュ英Ⅰ・コミュ英Ⅱ・コミュ英Ⅲ・英表Ⅰ・英表Ⅱ　②**数**（150）▶「数Ⅰ・数Ⅱ・数Ａ・数Ｂ（数列・ベク）」・「数Ⅰ・数Ⅱ・数Ⅲ・数Ａ・数Ｂ（数列・ベク）」から１，ただし「数Ⅰ・数Ⅱ・数Ａ・数Ｂ」は応用化・環境工・生命工・空間デザインの４学科のみ選択可　③**理**（150）▶「物基・物」・「化基・化」・「生基・生」から１，ただし「生基・生」は応用化・環境工・生命工・空間デザインの４学科のみ選択可
※Ｂ日程は，各教科150点満点で出題し，高得点教科から順に200点・150点・100点満点に換算する。

一般入試前期AC日程・BC日程（共通テスト併用型）〈共通テスト科目〉**3**科目　①**数**（150）▶数Ⅱ・数Ｂ　②**理**（150）▶物・化・生・地学から１　③**国・外**（150）▶国（近代）・英（リスニングを含む）から１
〈独自試験科目〉それぞれ前期Ａ日程・Ｂ日程と同じ（配点はともに150×3）

一般入試後期Ｄ日程　**3〜2**科目　①**外**（150）▶コミュ英Ⅰ・コミュ英Ⅱ・コミュ英Ⅲ・英表Ⅰ・英表Ⅱ　②**数**（150）▶「数Ⅰ・数Ⅱ・数Ａ・数Ｂ（数列・ベク）」・「数Ⅰ・数Ⅱ・数Ⅲ・数Ａ・数Ｂ（数列・ベク）」から１，ただし「数Ⅰ・数Ⅱ・数Ａ・数Ｂ」は応用化・環境工・生命工・空間デ

ザインの４学科のみ選択可 ③理(150)▶「物基・物」・「化基・化」から１
※高得点２教科方式で，高得点２教科で合否を判定する(２教科のみの受験も可)。
一般入試後期DC日程(共通テスト併用型)
〈共通テスト科目〉 前期AC・BC日程と同じ，ただし配点は100×3
〈独自試験科目〉後期Ｄ日程と同じ

情報科学部

一般入試前期Ａ日程(均等配点方式)・Ｂ日程(高得点重視方式) 【データサイエンス学科】〈文系型〉 3科目 ①外(150)▶コミュ英Ⅰ・コミュ英Ⅱ・コミュ英Ⅲ・英表Ⅰ・英表Ⅱ ②数(150)▶「数Ⅰ・数Ⅱ・数Ａ・数Ｂ(数列・ベク)」・「数Ⅰ・数Ⅱ・数Ⅲ・数Ａ・数Ｂ(数列・ベク)」から１ ③国・地歴(150)▶「国総・現文Ｂ(いずれも古文・漢文を除く)」・世Ｂ・日Ｂから１
【全学科】〈理系型〉 3科目 ①外(150)▶コミュ英Ⅰ・コミュ英Ⅱ・コミュ英Ⅲ・英表Ⅰ・英表Ⅱ ②数(150)▶「数Ⅰ・数Ⅱ・数Ａ・数Ｂ(数列・ベク)」・「数Ⅰ・数Ⅱ・数Ⅲ・数Ａ・数Ｂ(数列・ベク)」から１ ③理(150)▶「物基・物」・「化基・化」・「生基・生」から１
※Ｂ日程は，文系型・理系型とも各教科150点満点で出題し，高得点教科から順に200点・150点・100点満点に換算する。
※データサイエンス学科は，出願時に理系型または文系型のいずれかを選択。
一般入試前期ＡＣ日程・BC日程(共通テスト併用型) 【データサイエンス学科】〈共通テスト科目・文系型〉 3科目 ①②③国・外・「地歴・公民」・数・理(150×3)▶国(近代)・英(リスニングを含む)・「世Ａ・世Ｂ・日Ａ・日Ｂ・地理Ａ・地理Ｂ・現社・倫・政経・〈倫・政経〉から１」・「数Ⅰ・〈数Ⅰ・数Ａ〉・数Ⅱ・〈数Ⅱ・数Ｂ〉・情から１」・「〈物基・化基・生基・地学基から２〉・物・化・生・地学から１」から３
〈独自試験科目〉 それぞれ前期Ａ日程・B日程〈文系型〉と同じ(配点はともに150×3)
【全学科】〈共通テスト科目・理系型〉 3科目 ①数(150)▶数Ⅱ・数Ｂ ②理(150)▶物・化・生・地学から１ ③国・外(150)▶国(近代)・英(リスニングを含む)から１
〈独自試験科目〉 それぞれ前期Ａ日程・B日程〈理系型〉と同じ(配点はともに150×3)
一般入試後期Ｄ日程 【データサイエンス学科】〈文系型〉 3〜2科目 ①外(150)▶コミュ英Ⅰ・コミュ英Ⅱ・コミュ英Ⅲ・英表Ⅰ・英表Ⅱ ②数(150)▶「数Ⅰ・数Ⅱ・数Ａ・数Ｂ(数列・ベク)」・「数Ⅰ・数Ⅱ・数Ⅲ・数Ａ・数Ｂ(数列・ベク)」から１ ③国・地歴(150)▶「国総・現文Ｂ(いずれも古文・漢文を除く)」・世Ｂ・日Ｂから１
【全学科】〈理系型〉 3〜2科目 ①外(150)▶コミュ英Ⅰ・コミュ英Ⅱ・コミュ英Ⅲ・英表Ⅰ・英表Ⅱ ②数(150)▶「数Ⅰ・数Ⅱ・数Ａ・数Ｂ(数列・ベク)」・「数Ⅰ・数Ⅱ・数Ⅲ・数Ａ・数Ｂ(数列・ベク)」から１ ③理(150)▶「物基・物」・「化基・化」から１
※文系型・理系型とも高得点２教科方式で，高得点２教科で合否を判定する(２教科のみの受験も可)。
※データサイエンス学科は，出願時に理系型または文系型のいずれかを選択。
一般入試後期ＤＣ日程(共通テスト併用型) 【データサイエンス学科】〈共通テスト科目・文系型〉 2科目 ①②国・外・「地歴・公民」・数・理(150×2)▶国(近代)・英(リスニングを含む)・「世Ａ・世Ｂ・日Ａ・日Ｂ・地理Ａ・地理Ｂ・現社・倫・政経・〈倫・政経〉から１」・「数Ⅰ・〈数Ⅰ・数Ａ〉・数Ⅱ・〈数Ⅱ・数Ｂ〉・情から１」・「〈物基・化基・生基・地学基から２〉・物・化・生・地学から１」から２
〈独自試験科目〉後期Ｄ日程〈文系型〉と同じ
【全学科】〈共通テスト科目・理系型〉 前期AC・BC日程と同じ，ただし配点は100×3
〈独自試験科目〉後期Ｄ日程〈理系型〉と同じ

知的財産学部

一般入試前期Ａ日程 2科目 ①外(150)▶コミュ英Ⅰ・コミュ英Ⅱ・コミュ英Ⅲ・英表Ⅰ・英表Ⅱ ②国・地歴・数・理(150)▶「国総・現文Ｂ(いずれも古文・漢文を除く)」・世Ｂ・日Ｂ・「数Ⅰ・数Ⅱ・数Ａ・数Ｂ(数列・ベク)」・「数Ⅰ・数Ⅱ・数Ⅲ・数Ａ・数Ｂ(数列・ベク)」・「物基・物」・「化基・化」・「生基・生」から１
一般入試前期ＡＣ日程(共通テスト併用型)
〈共通テスト科目〉 2科目 ①②国・外・「地

 キャンパスアクセス [枚方キャンパス] JR学研都市線―長尾よりバス10分／京阪本線―樟葉よりバス30分

歴・公民」・数・理(150×2)▶国(近代)・英(リスニングを含む)・「世A・世B・日A・日B・地理A・地理B・現社・倫・政経・〈倫・政経〉から1」・「数Ⅰ・〈数Ⅰ・数A〉・数Ⅱ・〈数Ⅱ・数B〉・情から1」・「〈物基・化基・生基・地学基から2〉・物・化・生・地学から1」から2

〈独自試験科目〉　前期A日程と同じ

一般入試前期B日程(高得点重視方式)

3科目　①②③国・外・数・「地歴・理」(150×3)▶「国総・現文B(いずれも古文・漢文を除く)」・「コミュ英Ⅰ・コミュ英Ⅱ・コミュ英Ⅲ・英表Ⅰ・英表Ⅱ」・「〈数Ⅰ・数Ⅱ・数A・数B(数列・ベク)〉・〈数Ⅰ・数Ⅱ・数Ⅲ・数A・数B(数列・ベク)〉から1」・「世B・日B・〈物基・物〉・〈化基・化〉・〈生基・生〉から1」から3

※各教科150点満点で出題し，高得点教科から順に200点・150点・100点満点に換算する。

一般入試前期BC日程(共通テスト併用型)

〈共通テスト科目〉　3科目　①②③国・外・「地歴・公民」・数・理(150×3)▶国(近代)・英(リスニングを含む)・「世A・世B・日A・日B・地理A・地理B・現社・倫・政経・〈倫・政経〉から1」・「数Ⅰ・〈数Ⅰ・数A〉・数Ⅱ・〈数Ⅱ・数B〉・情から1」・「〈物基・化基・生基・地学基から2〉・物・化・生・地学から1」から3

〈独自試験科目〉　B日程と同じ(配点は150×3)

一般入試後期D日程　2科目　①外(150)▶コミュ英Ⅰ・コミュ英Ⅱ・コミュ英Ⅲ・英表Ⅰ・英表Ⅱ　②国・地歴・数・理(150)▶「国総・現文B(いずれも古文・漢文を除く)」・世B・日B・「数Ⅰ・数Ⅱ・数A・数B(数列・ベク)」・「数Ⅰ・数Ⅱ・数Ⅲ・数A・数B(数列・ベク)」・「物基・物」・「化基・化」から1

一般入試後期DC日程(共通テスト併用型)

〈共通テスト科目〉　2科目　①②国・外・「地歴・公民」・数・理(150×2)▶国(近代)・英(リスニングを含む)・「世A・世B・日A・日B・地理A・地理B・現社・倫・政経・〈倫・政経〉から1」・「数Ⅰ・〈数Ⅰ・数A〉・数Ⅱ・〈数Ⅱ・数B〉・情から1」・「〈物基・化基・生基・地学基から2〉・物・化・生・地学から1」から2

〈独自試験科目〉　後期D日程と同じ

その他の選抜

一般入試C日程(共通テスト利用型)は工学部56名，ロボティクス＆デザイン工学部18名，情報科学部29名，知的財産学部6名を，公募制推薦入試は工学部217名，ロボティクス＆デザイン工学部65名，情報科学部112名，知的財産学部22名を募集。ほかに普通科高校特別推薦入試，専門高校特別推薦入試，女子特別推薦入試，AO入試，帰国生徒入試，社会人入試，外国人留学生入試を実施。

偏差値データ(2024年度)

●一般入試前期A日程

学部／学科／専攻	2024年度 駿台予備学校 合格目標ライン	2024年度 河合塾 ボーダー偏差値	2023年度 競争率
▶工学部			
都市デザイン工	40	45	2.7
建築	42	47.5	7.4
機械工	42	42.5	3.1
電気電子システム工	40	42.5	3.1
電子情報システム工	41	42.5	2.2
応用化	41	42.5	1.9
環境工	39	42.5	2.8
生命工	41	45	2.6
▶ロボティクス&デザイン工学部			
ロボット工	41	45	3.4
システムデザイン工	41	42.5	3.0
空間デザイン	42	47.5	6.6
▶情報科学部			
データサイエンス	41	45〜47.5	4.2
情報知能	40	45	2.1
情報システム	41	47.5	6.6
情報メディア	40	47.5	2.3
ネットワークデザイン	40	42.5	1.4
▶知的財産学部			
知的財産	39	45	4.1

●駿台予備学校合格目標ラインは合格可能性80%に相当する駿台模試の偏差値です。

●河合塾ボーダー偏差値は合格可能性50%に相当する河合塾全統模試の偏差値です。

●競争率は受験者÷合格者の実質倍率

関西大学（かんさい）

問合せ先 入試センター 入試広報グループ ☎06-6368-1121（代）

建学の精神

1886（明治19）年に設立された「関西法律学校」を前身に，1922（大正11）年，大学に昇格。当時の総理事兼学長であった大阪財界の重鎮・山岡順太郎が提唱した，大学の教育・研究と実社会との相互作用を意味する「学の実化（じつげ）」を学是（理念）として掲げ，教育研究活動を展開し，不確実性の高まる社会の中で困難を克服し未来を切り拓こうとする強い意志と，多様性を尊重し新たな価値を創造することができる力を有する人材を育成している。また，社会の動きに合わせて，新たな学びや取り組みを積極的に取り入れることも特徴としており，AI・データサイエンス分野の科目をいち早く全学部生に開講しているほか，2025年の大阪・関西万博への出展も積極的に進めるなど，関西大学が作るImpactは，社会とつながり，さまざまな影響を与えている。

● キャンパス情報はP.986をご覧ください。

基本データ

学生数▶29,673名（男17,398名，女12,275名）

専任教員数▶教授563名，准教授161名，講師24名，助教15名

設置学部▶法，文，経済，商，社会，政策創造，外国語，人間健康，総合情報，社会安全，システム理工，環境都市工，化学生命工

併設教育機関▶大学院（P.1002参照）

就職・卒業後の進路

就職率 98.5%（就職者÷希望者×100）

● **就職支援**　キャリアセンターではさまざまな行事やプログラムを通して，キャリア形成，就職活動支援を１・２年次からバックアップ。あらゆる学生の相談に親身に対応するキャリアカウンセリングルームも用意している。また，全国各地から集う学生のために「U・Iターン就職ガイダンス」などを開催し，U・Iターン就職情報を積極的に提供している。

● **資格取得支援**　各種資格取得・難関国家試験に向けた講座のほか，英語のスキルアップ講座・デジタル関連講座・公務員をめざす学生に向けた就職関連の講座など，バラエティーに富んだ講座を開講。教職志望者のための「教職支援センター」も設置している。

進路指導者も必見 学生を伸ばす 面倒見

初年次教育	学修サポート
「スタディスキルゼミ」「入門演習」「導入ゼミ」「導入演習」「基礎からの情報処理」「IT実習」「Enjoy computing」等の科目を全学部で開講するほか，一部の学部で「日本の近現代史と関西大学-知の群像」「大学教育論」などを開講	TA・SA制度，オフィスアワー，さらに社会安全学部で教員1人が学生11人を担当するアドバイザー制度を導入。また，学生相談支援センター，日本語文章作成支援のライティングラボ，理工系学生のための学習支援室を設置

オープンキャンパス（2023年度実績）　千里山Cで６・８・３月，高槻C・高槻ミューズCで６・８月，堺Cで７・10月に実施。各学部イベント，入試説明会，キャンパスツアー，学生への質問コーナー，進学相談コーナーなど。

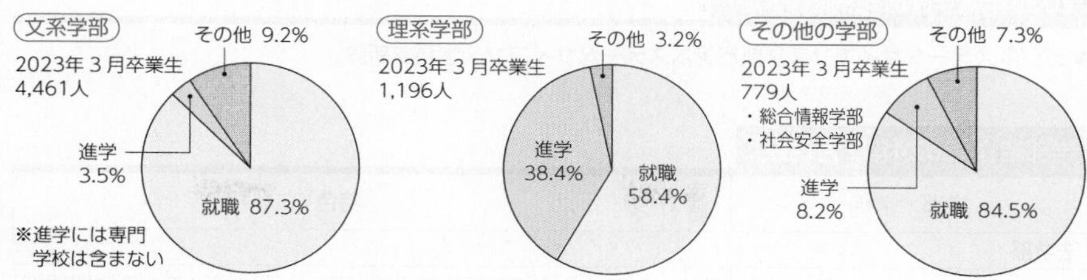

主なOB・OG▶［法］西加奈子（小説家），［文］山里亮太（お笑い芸人），［経済］宮根誠司（司会者），［商］豊留昭浩（明星食品社長），［商］池田嘉宏（岡三証券社長），［旧工］南部靖之（パソナグループ代表）など。

国際化・留学　大学間 207 大学等・部局間 51 大学等

受入れ留学生数▶544名（2023年５月１日現在）

留学生の出身国・地域▶中国，韓国，台湾，インドネシア，ベトナムなど。

外国人専任教員▶教授21名，准教授13名，講師15名，助教６名（2023年５月１日現在）

外国人専任教員の出身国▶アメリカ，韓国，中国，ニュージーランド，イギリスなど。

大学間交流協定▶207大学・機関（交換留学先144大学，2023年９月19日現在）

部局間交流協定▶51大学・機関（交換留学先５大学，2023年９月19日現在）

海外への留学生数▶渡航型547名・オンライン型83名／年（25カ国・地域，2022年度）

海外留学制度▶交換派遣留学や認定留学，短期の語学セミナー，スタディ・アブロード・プログラムといった学部独自の留学など，目標や外国語習熟度が異なるすべての学生に対応したグローバル環境を整備。コンソーシアムはUMAPやIAUなど４つの団体に参加。

学費・奨学金制度　給付型奨学金総額 年間 4億3,466万円

入学金▶260,000円

年間授業料（施設費等を除く）▶930,000円～（詳細は巻末資料参照）

年間奨学金総額▶434,660,000円

年間奨学金受給者数▶1,292人

主な奨学金制度▶新入生対象の「関西大学『学の実化』入学前予約採用型給付奨学金」「関西大学新入生給付奨学金」，２年次生以上対象の「関西大学学部給付奨学金」など，学びたい気持ちに応える充実のサポートを提供。

保護者向けインフォメーション

●**ガイドブック**　『みちしるべ』を入学年の４月に１年次生保護者へ送付している。

●**成績確認**　成績表や履修届，単位修得・科目履修状況を送付している。

●**教育後援会**　教育後援会を組織し，5,000人以上の保護者が参加する「総会」（例年５月）や「地方教育懇談会」（毎年15都市）を開催するほか，「飛鳥史学文学講座」も開講。また，会報『葦』の発行（年３回）や，保護者を含む一般の方を対象に，大学紹介動画も作成している。

●**就職説明懇談会**　１・３年次生は10月，２年次生は12月に，それぞれ父母対象の「就職説明懇談会」を開催している。

●**防災対策**　HPに『サバイバル必携／関大LIFE』を掲載。災害時の学生の状況は，安否確認シートやHP，アプリ，SNS，ポータルサイトを利用して確認するようにしている。

インターンシップ科目	必修専門ゼミ	卒業論文	GPA制度の導入の有無および活用例	１年以内の退学率	標準年限での卒業率
全学部で開講している	法・商1年次，文・社会・人間・社会安全・システム１～４年次，経済４年次，外国語１・３・４年次，総合・環境３・４年次，化学１・４年次で実施	法・経済・商・政策・外国語を除き卒業要件	学部により，奨学金対象者の選定基準，留学候補者の選考，学生に対する個別の学修指導，大学院入試の選抜基準として活用	0.5%	86.1%

2025年度学部改組構想（予定）

● ビジネスデータサイエンス学部ビジネスデータサイエンス学科を新設。

学部紹介（2024年２月現在）

学部／学科	定員	特色
法学部		
法学政治	715	▷実社会の諸問題や争いを公平・公正に解決できる専門知識と論理的思考，実践力を身につける。法曹，英語で発信する政治学，ビジネス法，公務員の４つのプログラムを開講。
● 取得可能な資格…教職（地歴・公・社），司書，司書教諭，学芸員など。 ● 進路状況…………就職82.3%　進学5.7% ● 主な就職先………関西みらい銀行，キヤノン，積水ハウス，東海旅客鉄道，阪和興業，富士通，ローム，国家公務員一般職，国税専門官，裁判所事務官一般職，大阪市職員など。		
文学部		
総合人文	770	▷英米文学英語学，英米文化，国語国文学，哲学倫理学，比較宗教学，芸術学美術史，ヨーロッパ文化，日本史・文化遺産学，世界史，地理学・地域環境学，教育文化，初等教育学，心理学，映像文化，文化共生学，アジア文化の16専修を設置。入学後の１年間は学びたい専門分野を見定め，２年次より各専修に所属。分属後も専修を横断して学ぶことが可能。
● 取得可能な資格…教職（国・地歴・公・社・英・独・仏・中，小一種），司書，司書教諭，学芸員など。 ● 進路状況…………就職83.4%　進学6.4% ● 主な就職先………兼松，JCOM，JTB，ダイハツ工業，大和ハウス工業，帝国データバンク，TOTO，日本航空，ミキハウスグループ，山崎製パン，大阪府教員，大阪市教員など。		
経済学部		
経済	726	▷経済政策，歴史・思想，産業・企業経済，国際経済の４コース。社会の諸問題を分析し，経済学が果たす役割を考察する。
● 取得可能な資格…教職（地歴・公・社），司書，司書教諭，学芸員など。 ● 進路状況…………就職89.6%　進学2.6% ● 主な就職先………オムロン，花王，関西電力，住友商事，日本通運，日本電気，日本生命保険，野村證券，阪急阪神百貨店，三井住友銀行，楽天グループ，京都府職員など。		
商学部		
商	726	▷流通，ファイナンス，国際ビジネス，マネジメント，会計の５専修で，グローバルかつ実践的な能力を身につける。
● 取得可能な資格…教職（地歴・公・社・商業），司書，司書教諭，学芸員など。 ● 進路状況…………就職87.3%　進学1.5% ● 主な就職先………アサヒビール，味の素，岩谷産業，オービック，有限責任監査法人トーマツ，任天堂，パナソニックグループ，山善，読売新聞東京本社，りそなグループなど。		
社会学部		
社会	792	▷社会で日々起きている問題や現象を適切に解決する能力やコミュニケーション能力を磨く。社会学，心理学，メディア，社会システムデザインの４専攻。他専攻の科目も履修可能。
● 取得可能な資格…教職（地歴・公・社），司書，司書教諭，学芸員など。 ● 進路状況…………就職88.9%　進学3.0% ● 主な就職先………京セラ，クボタ，サイバーエージェント，サントリー，全日本空輸，双日，野村総合研究所，毎日放送，村田製作所，LIXIL，大阪府職員，京都府職員など。		

　キャンパスアクセス　［千里山キャンパス］ 阪急千里線一関大前より徒歩すぐ

政策創造学部		
政策	250	▷国内外の社会問題を解決するための政策を柔軟かつ総合的に判断・提案する能力を養う。政治経済，地域経営の２専修。
国際アジア	100	▷政治，経済，法律の基礎を身につけ，激動する国際関係，国際経済を読み解く考える力と行動力＝考動力を養う。
● 取得可能な資格…教職（地歴・公・社），司書，司書教諭，学芸員など。 ● 進路状況…………就職92.6%　進学0.8% ● 主な就職先………NTTドコモ，オリエンタルランド，加藤産業，川崎重工業，京都銀行，JERA，商船三井，トヨタ自動車，日立製作所，兵庫県職員，大阪市職員など。		
外国語学部		
外国語	165	▷必須の１年間の留学などで外国語運用能力を徹底的に磨くとともに，異文化適応能力も身につけ，世界を視野に入れて活躍できる「外国語のプロフェッショナル」を育成する。
● 取得可能な資格…教職（英・中），司書，司書教諭，学芸員など。 ● 進路状況…………就職89.9%　進学5.1% ● 主な就職先………ANAエアポートサービス，JFE商事，シスメックス，スズキ，センコー，大丸松坂屋百貨店，蝶理，西日本鉄道，みずほ証券，リクルート，航空管制官など。		
人間健康学部		
人間健康	330	▷スポーツと健康，福祉と健康の２コース。健康に関する幅広い知識を学び，地域社会で実践できる力を身につける。
● 取得可能な資格…教職（保体），司書，司書教諭，学芸員，社会福祉士受験資格など。 ● 進路状況…………就職90.1%　進学2.5% ● 主な就職先………アルペン，江崎グリコ，デロイトトーマツコンサルティング，ナイキジャパン，三菱UFJ銀行，ミネベアミツミ，堺市職員，大阪府教員，大阪府警察官など。		
総合情報学部		
総合情報	500	▷文系・理系の枠組みにとらわれず，目まぐるしく変化する社会に対応する幅広い知識を，“情報”という視点から学ぶ。
● 取得可能な資格…教職（公・数・情），司書，司書教諭，学芸員など。 ● 進路状況…………就職79.4%　進学11.6% ● 主な就職先………SCSK，京セラコミュニケーションシステム，住友電気工業，大日本印刷，ダイワボウ情報システム，DMM.com，東映，西日本電信電話，博報堂プロダクツなど。		
社会安全学部		
安全マネジメント	275	▷安全・安心の観点から，私たちが生きる社会や人間，自然それぞれのフィールドを洞察し，課題解決のための方法を考えて実行できる能力を養う。
● 取得可能な資格…教職（公・社），司書，司書教諭，学芸員など。 ● 進路状況…………就職93.5%　進学2.2% ● 主な就職先………岩谷産業，キユーピー，近畿日本鉄道，西日本高速道路，日産自動車，能美防災，富士通Japan，三菱電機，安川電機，高槻市職員，大阪市消防吏員など。		
システム理工学部		
数	33	▷純粋数学から応用数学まで数学の幅広い知識を習得し，さまざまな事象に内在する本質を見抜く洞察力を養う。
物理・応用物理	66	▷基礎・計算物理，応用物理の２コース。物理学の基礎力を身につけて，さまざまな分野に生かす。
機械工	220	▷多種多様な機械装置に必要な物質的・エネルギー的・情報処理的機能の基本原理の理解と，応用技術を習得する。
電気電子情報工	182	▷電気電子工学，情報通信工学，応用情報工学の３コース。専門分野を海外で学ぶプログラムも編成している。

キャンパスアクセス ［高槻キャンパス］ JR京都線一摂津富田・高槻よりバス20分

● 取得可能な資格…教職（数・理・情・工業），司書，司書教諭，学芸員，測量士補など。
● 進路状況…………就職57.2%　進学39.0%
● 主な就職先………川崎重工業，関西電力，ソニーグループ，ダイキン工業，ダイハツ工業，トヨタ自動車，日本電気，パナソニックグループ，富士通，ローム，大阪府教員など。

環境都市工学部		
建築	105	▷計画，構造，環境の３分野を総合的に学び，自然環境と共生したより良い住環境・都市環境を探究し，創造に取り組む。
都市システム工	132	▷都市インフラ設計，社会システム計画の２コース。都市システムを計画・設計，維持管理するための知識と技術を習得。
エネルギー環境・化学工	88	▷エネルギーと環境を見据えた科目を配置し，「化学工学」に基づく実践的な知識・技術を身につける。

● 取得可能な資格…教職（数・理・情・工業），司書，司書教諭，学芸員，測量士補，１・２級建築士受験資格など。
● 進路状況…………就職71.3%　進学26.5%
● 主な就職先………SCSK，NTTドコモ，大林組，鹿島建設，関西電力，京セラ，五洋建設，竹中工務店，東海旅客鉄道，西日本旅客鉄道，日立製作所，明治，LIXILなど。

化学生命工学部		
化学・物質工	242	▷マテリアル科学，応用化学，バイオ分子化学の３コース。新物質や新素材を創成・開発し，科学技術の発展に貢献する。
生命・生物工	105	▷2024年度より，ライフサイエンス，バイオテクノロジーの２コースに改編。生命現象を，食品・化粧品・医薬品分野の研究開発などへ応用する能力を身につける。

● 取得可能な資格…教職（理・工業），司書，司書教諭，学芸員など。
● 進路状況…………就職48.3%　進学48.6%
● 主な就職先………アステラス製薬，クボタ，グンゼ，神戸製鋼所，サラヤ，住友化学，ダイハツ工業，日清製粉グループ本社，三菱重工業，村田製作所，ローム，大阪府教員など。

▶キャンパス

法・文・経済・商・社会・政策創造・外国語・システム理工・環境都市工・化学生命工……［千里山キャンパス］大阪府吹田市山手町3-3-35
総合情報……［高槻キャンパス］大阪府高槻市霊仙寺町2-1-1
社会安全……［高槻ミューズキャンパス］大阪府高槻市白梅町7-1
人間健康……［堺キャンパス］大阪府堺市堺区香ヶ丘町1-11-1

2024年度入試要項（前年度実績）

●募集人員

学部／学科		全学1	全学2	共通併用	共通前期	共通後期	公募推薦	AO
▶法	法学政治	3教270		30	50	15	—	25
		2教英語30	—	小論文10				
▶文	総合人文	3教350		25	45	10	—	10
		2教英語10	—					
▶経済	経済	3教315		26	24	10	—	5
		2教英語20	—	小論文5				
▶商	商	335		15	15	—	15	5
▶社会	社会	3教320		40	40	—	—	10
		—	3教同一60					
▶政策創造	政策・国際アジア	3教92 2教英語10	3教70	15	30	18	—	5
▶外国語	外国語	67	40	5	5	8	—	10
▶人間健康	人間健康	3教60 2教英語10	3教60	15	15	5	—	10
▶総合情報	総合情報	235		20	15	10	—	20

キャンパスアクセス［高槻ミューズキャンパス］JR京都線─高槻より徒歩7分／阪急京都線─高槻市より徒歩10分

▶**社会安全** 安全マネジメント	3教80 2教英語 5 / 2教数学 5 2教英数25		5	10	5	—	5
▶**システム理工** 数	105	3教95 理数47	55	20	7	2	10
物理・応用物理						4	
機械工						5	
電気電子情報工						4	
▶**環境都市工** 建築	60	3教52 理数30	30	18	7	—	8
都市システム工						6	
エネルギー環境・化学工						5	
▶**化学生命工** 化学・物質工	66	3教52 理数30	18	12	10	25	8
生命・生物工						5	

※上記以外に学部独自日程があり，総合情報学部のみ実施。募集人員は全学日程１・２に含む。
※文学部の初等教育学専修は，一般入試の３教科型（同一配点方式を除く）で入学定員50名のうち，30名の募集・選抜を専修単位で行い，入学後は１年次から初等教育学専修に所属。残りの20名については２年次進級時に分属する。
※次のように略しています。教科→教。英語外部試験利用方式→英語。同一配点方式→同一。

▷法・文・経済・政策創造・人間健康・社会安全の６学部が一般入試全学日程で，およびシステム理工学部が共通テスト利用入試後期で実施する英語外部試験利用方式は，以下の英語外部試験の基準を満たした者のみを対象とし，それぞれ本学の英語の試験および共通テストの英語の試験を実施せず，全学日程は国語と選択科目（地歴・公民・数から１）の２科目，システム理工学部の共通テスト利用入試後期は数学２科目と物理の３科目で判定する。使用する英語外部試験の基準は以下の通り。
Cambridge English B1 Preliminary（for Schoolsを含む）140点以上，英検（２級以上を受検）CSEスコア1950点以上（CBT, S-CBT, S-Interviewも対象），GTEC（４技能）AdvancedまたはCBT930点以上（OFFICIAL SCORE CERTIFICATEに限る），TOEIC Tests L&R550点以上かつS&W240点以上，IELTS 4.0以上（アカデミック・モジュールに限る），TEAP（Reading/Listening＋Writing＋Speaking）225点以上，TEAP CBT420点以上，TOEFL iBT42点以上。

法学部

一般入試全学日程（３教科型・英語外部試験利用方式・３教科型同一配点方式）**3〜2**科目
①**国**（150）▶国総・現文Ｂ・古典Ｂ（いずれも漢文を除く）②**外**（200・同一配点150）▶コミュ英Ⅰ・コミュ英Ⅱ・コミュ英Ⅲ・英表Ⅰ・英表Ⅱ ③**地歴・公民・数**（100・同一配点150）▶世Ｂ・日Ｂ・地理Ｂ・政経・「数Ⅰ・数Ⅱ・数Ａ・数Ｂ（数列・ベク）」から１
※英語外部試験利用方式は，英語を除く２科目で判定する。

共通テスト利用入試併用（英語+2科目）〈**共通テスト科目**〉**2**科目 ①**数**（100）▶数Ⅰ・数Ａ ②**国・地歴・公民・数・理**（100）▶国（近代）・世Ｂ・日Ｂ・地理Ｂ・現社・倫・政経・「倫・政経」・「数Ⅱ・数Ｂ」・「物基・化基・生基・地学基から２」・物・化・生・地学から１
〈**個別試験科目**〉**1**科目 ①**外**（200）▶コミュ英Ⅰ・コミュ英Ⅱ・コミュ英Ⅲ・英表Ⅰ・英表Ⅱ

共通テスト利用入試併用（小論文〈公民〉＋２科目）〈**共通テスト科目**〉**2**科目 ①**数**（150）▶数Ⅰ・数Ａ ②**国・外・数・理**（150）▶国（近代）・英（リスニングを含む）・「数Ⅱ・数Ｂ」・「物基・化基・生基・地学基から２」・物・化・生・地学から１
※共通テストの「英語」は，リーディング・リスニング各100点の合計200点満点を，リーディング150点・リスニング50点の合計200点満点に換算し，さらに150点満点に換算。
〈**個別試験科目**〉**1**科目 ①**小論文**（150）▶現社・政経を題材として出題する

共通テスト利用入試前期（３科目型）**3**科目
①**国**（100）▶国（近代）②**数**（100）▶数Ⅰ・数Ａ ③**外・地歴・公民・数・理**（100）▶英（リスニングを含む）・世Ｂ・日Ｂ・地理Ｂ・現社・倫・政経・「倫・政経」・「数Ⅱ・数Ｂ」・「物基・化基・生基・地学基から２」・物・化・生・地学から１
[個別試験] 行わない。

共通テスト利用入試前期（４科目型）**4**科目
①**国**（200）▶国 ②**外**（200）▶英（リスニングを含む）③④**「地歴・公民」・数・理**（200×2）▶「世Ｂ・日Ｂ・地理Ｂ・現社・倫・政経・〈倫・政経〉から１」・「〈数Ⅰ・数Ａ〉・〈数Ⅱ・数Ｂ〉から

大阪　関西大学

1」・「〈物基・化基・生基・地学基から2〉・物・化・生・地学から1」から2
[個別試験] 行わない。
共通テスト利用入試前期(6科目型) **6科目**
①**国**(200)▶国(近代) ②**外**(200)▶英(リスニングを含む) ③④**数**(100×2)▶「数Ⅰ・数A」・「数Ⅱ・数B」 ⑤**理**(100)▶「物基・化基・生基・地学基から2」・物・化・生・地学から1 ⑥**地歴・公民**(100)▶世B・日B・地理B・現社・倫・政経・「倫・政経」から1
[個別試験] 行わない。
共通テスト利用入試後期 **3科目** ①②③**国・外・「地歴・公民」・「数・理」**(200×3)▶国・「英(リスニングを含む)・独・仏・中・韓から1」・「世B・日B・地理B・現社・倫・政経・〈倫・政経〉から1」・「〈数Ⅰ・数A〉・〈数Ⅱ・数B〉・〈物基・化基・生基・地学基から2〉・物・化・生・地学から1」から3
※高得点科目を2倍の400点満点に換算し,合計800点満点で判定する。
[個別試験] 行わない。
※共通テストの「英語」は,リーディング・リスニング各100点の合計200点満点を,リーディング150点・リスニング50点の合計200点満点に換算。ただし,前期3科目型はさらに100点満点に換算。
AO入試 **[出願資格]** Ⅰ型(英語運用能力重視型)は,指定された英語外部試験の基準のうち,いずれかのグレードまたはスコアを有する者。
[選考方法] Ⅰ型,Ⅱ型(文献読解能力重視型),Ⅲ型(法曹志望者特化型)とも,書類審査(Ⅰ型は入学志望理由書,Ⅱ型は指定図書についての小論文〈任意テーマ〉,Ⅲ型は入学志望理由書と将来計画書を含む)による第1次選考の通過者を対象に面接(口頭試問を含む)を行うほか,Ⅰ型は英文資料の内容を理解する能力を問う問題,Ⅱ型は指定図書についての小論文(課題テーマ),Ⅲ型は長文読解・小論文(課題テーマ)を課し,総合的に評価する。

文学部

一般入試全学日程(3教科型・英語外部試験利用方式・3教科型同一配点方式) **3〜2科目**
①**国**(150)▶国総・現文B・古典B(いずれも漢文を除く) ②**外**(200・同一配点150)▶コミュ英Ⅰ・コミュ英Ⅱ・コミュ英Ⅲ・英表Ⅰ・英表Ⅱ ③**地歴・公民・数**(100・同一配点150)▶世B・日B・地理B・政経・「数Ⅰ・数Ⅱ・数A・数B(数列・ベク)」から1
※英語外部試験利用方式は,英語を除く2科目で判定する。
共通テスト利用入試併用2科目型(2月4日)**〈共通テスト科目〉** **2科目** ①**国**(200)▶国 ②**地歴・公民・数・理**(100)▶世B・日B・地理B・現社・倫・政経・「倫・政経」・「数Ⅰ・数A」・「数Ⅱ・数B」・「物基・化基・生基・地学基から2」・物・化・生・地学から1
〈個別試験科目〉 **1科目** ①**外**(300)▶コミュ英Ⅰ・コミュ英Ⅱ・コミュ英Ⅲ・英表Ⅰ・英表Ⅱ
共通テスト利用入試併用2科目型(2月5日・6日・7日)**〈共通テスト科目〉** **2科目** ①②**国・「地歴・公民」・数・理**(200×2)▶国・「世B・日B・地理B・現社・倫・政経・〈倫・政経〉から1」・「〈数Ⅰ・数A〉・〈数Ⅱ・数B〉から1」・「〈物基・化基・生基・地学基から2〉・物・化・生・地学から1」から2
〈個別試験科目〉 **1科目** ①**外**(150)▶コミュ英Ⅰ・コミュ英Ⅱ・コミュ英Ⅲ・英表Ⅰ・英表Ⅱ
共通テスト利用入試前期(英語外部試験重視方式)〈共通テスト併用〉**〈共通テスト科目〉** **2科目** ①**国**(100)▶国 ②**地歴・公民・数・理**(100)▶世B・日B・地理B・現社・倫・政経・「倫・政経」・「数Ⅰ・数A」・「数Ⅱ・数B」・「物基・化基・生基・地学基から2」・物・化・生・地学から1
〈個別試験科目〉 指定された英語外部試験の基準を満たした者のみを対象とし,スコアに応じて160点・180点・200点の3段階で200点満点に換算して判定する
共通テスト利用入試前期(3科目型)・後期 **3科目** ①②③**国・外・「地歴・公民」・「数・理」**(200×3)▶国・「英(リスニング〈100〉を含む)・独・仏・中・韓から1」・「世B・日B・地理B・現社・倫・政経・〈倫・政経〉から1」・「〈数Ⅰ・数A〉・〈数Ⅱ・数B〉・〈物基・化基・生基・地学基から2〉・物・化・生・地学から1」から3
※高得点科目を2倍の400点満点に換算し,

合計800点満点で判定する。
［個別試験］ 行わない。
共通テスト利用入試前期（４科目型） **4科目**
①**国**(200)▶国 ②**外**(200)▶英(リスニング〈100〉を含む)・独・仏・中・韓から１ ③**地歴・公民**(100)▶世Ｂ・日Ｂ・地理Ｂ・現社・倫・政経・「倫・政経」から１ ④**数・理**(100)▶「数Ⅰ・数Ａ」・「数Ⅱ・数Ｂ」・「物基・化基・生基・地学基から２」・物・化・生・地学から１
［個別試験］ 行わない。
共通テスト利用入試前期（６科目型） **6科目**
①**国**(200)▶国 ②**外**(200)▶英(リスニング〈100〉を含む)・独・仏・中・韓から１ ③④**数**(100×2)▶「数Ⅰ・数Ａ」・「数Ⅱ・数Ｂ」 ⑤**理**(100)▶「物基・化基・生基・地学基から２」・物・化・生・地学から１ ⑥**地歴・公民**(100)▶世Ｂ・日Ｂ・地理Ｂ・現社・倫・政経・「倫・政経」から１
［個別試験］ 行わない。
ＡＯ入試 **［出願資格］** 全体の評定平均値が3.5以上のほか，自己推薦型，外国語能力重視型，論文評価型の各要件を満たしている者。
［選考方法］ 書類審査(論文評価型は論文を含む)による第１次選考の通過者を対象に，面接(口頭試問を含む)のほか，自己推薦型と論文評価型は小論文，外国語能力重視型は選択した外国語の長文読解問題を行う。

経済学部

一般入試全学日程（３教科型・英語外部試験利用方式・３教科型同一配点方式） **3〜2科目**
①**国**(150)▶国総・現文Ｂ・古典Ｂ(いずれも漢文を除く) ②**外**(200・同一配点150)▶コミュ英Ⅰ・コミュ英Ⅱ・コミュ英Ⅲ・英表Ⅰ・英表Ⅱ ③**地歴・公民・数**(100・同一配点150)▶世Ｂ・日Ｂ・地理Ｂ・政経・「数Ⅰ・数Ⅱ・数Ａ・数Ｂ(数列・ベク)」から１
※英語外部試験利用方式は，英語を除く２科目で判定する。
共通テスト利用入試併用（英語＋２科目）
〈共通テスト科目〉 **2科目** ①**国**(200)▶国(近代) ②**地歴・公民・数・理**(100)▶世Ｂ・日Ｂ・地理Ｂ・現社・倫・政経・「倫・政経」・「数Ⅰ・数Ａ」・「数Ⅱ・数Ｂ」・「物基・化基・生基・地学基から２」・物・化・生・地学から１
〈個別試験科目〉 **1科目** ①**外**(300)▶コミュ英Ⅰ・コミュ英Ⅱ・コミュ英Ⅲ・英表Ⅰ・英表Ⅱ
共通テスト利用入試併用（小論文〈公民〉＋２科目） **〈共通テスト科目〉** **2科目** ①**数**(150)▶数Ⅰ・数Ａ ②**国・外・数・理**(150)▶国(近代)・英(リスニングを含む)・「数Ⅱ・数Ｂ」・「物基・化基・生基・地学基から２」・物・化・生・地学から１
※共通テストの「英語」は，リーディング・リスニング各100点の合計200点満点を，リーディング150点・リスニング50点の合計200点満点に換算し，さらに150点満点に換算。
〈個別試験科目〉 **1科目** ①**小論文**(150)▶現社・政経を題材として出題する
共通テスト利用入試前期（３科目型） **3科目**
①②③**国・外・「地歴・公民」・数・理**(200×3)▶国(近代)・「英(リスニングを含む)・独・仏・中・韓から１」・「世Ｂ・日Ｂ・地理Ｂ・現社・倫・政経・〈倫・政経〉から１」・「数Ⅰ・数Ａ」・「数Ⅱ・数Ｂ」・「〈物基・化基・生基・地学基から２〉・物・化・生・地学から１」から数(２科目選択可)を含む３
※高得点科目を２倍の400点満点に換算し，合計800点満点で判定する。
［個別試験］ 行わない。
共通テスト利用入試前期（４科目型） **4科目**
①**国**(200)▶国(近代) ②**外**(200)▶英(リスニングを含む)・独・仏・中・韓から１ ③**地歴・公民**(100)▶世Ｂ・日Ｂ・地理Ｂ・現社・倫・政経・「倫・政経」から１ ④**数・理**(100)▶「数Ⅰ・数Ａ」・「数Ⅱ・数Ｂ」・「物基・化基・生基・地学基から２」・物・化・生・地学から１
［個別試験］ 行わない。
共通テスト利用入試前期（６科目型） **6科目**
①**国**(200)▶国(近代) ②**外**(200)▶英(リスニングを含む)・独・仏・中・韓から１ ③④**数**(100×2)▶「数Ⅰ・数Ａ」・「数Ⅱ・数Ｂ」 ⑤**理**(100)▶「物基・化基・生基・地学基から２」・物・化・生・地学から１ ⑥**地歴・公民**(100)▶世Ｂ・日Ｂ・地理Ｂ・現社・倫・政経・「倫・政経」から１
［個別試験］ 行わない。
共通テスト利用入試後期 **3科目** ①②③**国・外・「地歴・公民」・「数・理」**(200×3)▶国(近

代）・「英（リスニングを含む）・独・仏・中・韓から1」・「世B・日B・地理B・現社・倫・政経・〈倫・政経〉から1」・「〈数Ⅰ・数A〉・〈数Ⅱ・数B〉・〈物基・化基・生基・地学基から2〉・物・化・生・地学から1」から3
※高得点科目を2倍の400点満点に換算し，合計800点満点で判定する。
［個別試験］ 行わない。
※共通テストの「英語」は，リーディング・リスニング各100点の合計200点満点を，リーディング150点・リスニング50点の合計200点満点に換算。
ＡＯ入試 **［出願資格］** 全体の評定平均値が3.5以上のほか，自己推薦型，グローバル・リーダー志向型，データサイエンティスト志向型の各要件を満たしている者。
［選考方法］ 書類審査による第1次選考の通過者を対象に，第2次選考日に作成する課題エッセイとそれを素材にして行う面接（口頭試問を含む）の評価を総合して判定する。

商学部

一般入試全学日程 **3科目** ①国（150）▶国総・現文B・古典B（いずれも漢文を除く） ②**外**（200）▶コミュ英Ⅰ・コミュ英Ⅱ・コミュ英Ⅲ・英表Ⅰ・英表Ⅱ ③**地歴・公民・数**（100）▶世B・日B・地理B・政経・「数Ⅰ・数Ⅱ・数A・数B（数列・ベク）」から1
共通テスト利用入試併用 **〈共通テスト科目〉** **2科目** ①**外**（200）▶英（リスニングを含む） ②**地歴・公民・数**（100）▶世B・日B・地理B・現社・倫・政経・「倫・政経」・「数Ⅰ・数A」・「数Ⅱ・数B」・簿・情から1
〈個別試験科目〉 **2科目** ①国（100）▶国総・現文B・古典B（いずれも漢文を除く） ②**外**（200）▶コミュ英Ⅰ・コミュ英Ⅱ・コミュ英Ⅲ・英表Ⅰ・英表Ⅱ
共通テスト利用入試前期 **3科目** ①国（200）▶国（近代） ②**外**（200）▶英（リスニングを含む） ③**地歴・公民・数・理**（200）▶世B・日B・地理B・現社・倫・政経・「倫・政経」・「数Ⅰ・数A」・「数Ⅱ・数B」・薄・「物基・化基・生基・地学基から2」・物・化・生・地学から1
［個別試験］ 行わない。
※共通テストの「英語」は，リーディング・リスニング各100点の合計200点満点を，リーディング150点・リスニング50点の合計200点満点に換算。
公募制推薦入試 **［出願資格］** 校長推薦，現役，全体の評定平均値4.0以上のほか，日商簿記検定2級以上または英検2級以上などの条件を満たしている者。
［選考方法］ 書類審査，小論文（Ⅰ・Ⅱ），面接（口頭試問を含む）。
ＡＯ入試 **［出願資格］** 1浪までの満23歳未満で，全体の評定平均値が3.5以上の者。ほかにビジネスプラン・コンペティションで優れた実績をあげた者，高度な資格を持つ者のいずれかの要件を満たしている者など。
［選考方法］ 書類審査による第1次選考の通過者を対象に，面接（口頭試問を含む）を行う。

社会学部

一般入試全学日程（3教科型・3教科型同一配点方式） **3科目** ①国（150）▶国総・現文B・古典B（いずれも漢文を除く） ②**外**（200・同一配点150）▶コミュ英Ⅰ・コミュ英Ⅱ・コミュ英Ⅲ・英表Ⅰ・英表Ⅱ ③**地歴・公民・数**（100・同一配点150）▶世B・日B・地理B・政経・「数Ⅰ・数Ⅱ・数A・数B（数列・ベク）」から1
共通テスト利用入試併用1科目型 **〈共通テスト科目〉** **1科目** ①**数・理**（200）▶「数Ⅰ・数A」・「数Ⅱ・数B」・「物基・化基・生基・地学基から2」・物・化・生・地学から1
〈個別試験科目〉 **1科目** ①**外**（200）▶コミュ英Ⅰ・コミュ英Ⅱ・コミュ英Ⅲ・英表Ⅰ・英表Ⅱ
共通テスト利用入試併用2科目型 **〈共通テスト科目〉** **2科目** ①国（150）▶国（漢文を除く） ②**地歴・公民・数・理**（100）▶世B・日B・地理B・現社・倫・政経・「倫・政経」・「数Ⅰ・数A」・「数Ⅱ・数B」・「物基・化基・生基・地学基から2」・物・化・生・地学から1
〈個別試験科目〉 **1科目** ①**外**（200）▶コミュ英Ⅰ・コミュ英Ⅱ・コミュ英Ⅲ・英表Ⅰ・英表Ⅱ
共通テスト利用入試前期 **3科目** ①**外**（200）▶英（リスニング〈100〉を含む） ②③**国・「地歴・公民」・数・理**（200×2）▶国（漢文を除く）・「世B・日B・地理B・現社・倫・政経・

〈倫・政経〉から１」・「〈数Ⅰ・数Ａ〉・〈数Ⅱ・数Ｂ〉から１」・「〈物基・化基・生基・地学基から２〉・物・化・生・地学から１」から２
［個別試験］ 行わない。
ＡＯ入試　**［出願資格］**　１浪までの学術・文化・芸術などで見るべき活動実績があり，それを証明する資料または推薦書を提出できる者など。ほかに社会学専攻は全体の評定平均値が4.0以上，心理学専攻は3.8以上かつ国・英・地歴・公民・数・理の評定平均値3.8以上，メディア専攻は全体の評定平均値が3.5以上，社会システムデザイン専攻は3.8以上の者。
［選考方法］ 書類審査（専攻別課題レポート〈心理学専攻を除く〉を含む）による第１次選考の通過者を対象に，全専攻で口頭試問を行うほか，メディア専攻のみ小論文も実施する。

政策創造学部

一般入試全学日程（３教科型・英語外部試験利用方式・３教科型同一配点方式）　**3～2科目**
①**国**（150）▶国総・現文Ｂ・古典Ｂ（いずれも漢文を除く）　②**外**（200・同一配点150）▶コミュ英Ⅰ・コミュ英Ⅱ・コミュ英Ⅲ・英表Ⅰ・英表Ⅱ　③**地歴・公民・数**（100・同一配点150）▶世Ｂ・日Ｂ・地理Ｂ・政経・「数Ⅰ・数Ⅱ・数Ａ・数Ｂ（数列・ベク）」から１
※英語外部試験利用方式は，英語を除く２科目で判定する。
共通テスト利用入試併用　**〈共通テスト科目〉**
2科目　①**国**（200）▶国　②**数・理**（200）▶「数Ⅰ・数Ａ」・「数Ⅱ・数Ｂ」・「物基・化基・生基・地学基から２」・物・化・生・地学から１
〈個別試験科目〉　**1科目**　①**外**（200）▶コミュ英Ⅰ・コミュ英Ⅱ・コミュ英Ⅲ・英表Ⅰ・英表Ⅱ
共通テスト利用入試前期（３科目型）　**3科目**
①②③**国・外・「地歴・公民」・「数・理」**（200×3）▶国・英（リスニングを含む）・「世Ｂ・日Ｂ・地理Ｂ・現社・倫・政経・〈倫・政経〉から１」・「〈数Ⅰ・数Ａ〉・〈数Ⅱ・数Ｂ〉・〈物基・化基・生基・地学基から２〉・物・化・生・地学から１」から３
※高得点科目を２倍の400点満点に換算し，合計800点満点で判定する。
［個別試験］ 行わない。
共通テスト利用入試前期（４科目型）　**4科目**
①**国**（200）▶国　②**外**（200）▶英（リスニングを含む）　③**地歴・公民**（100）▶世Ｂ・日Ｂ・地理Ｂ・現社・倫・政経・「倫・政経」から１　④**数・理**（100）▶「数Ⅰ・数Ａ」・「数Ⅱ・数Ｂ」・「物基・化基・生基・地学基から２」・物・化・生・地学から１
［個別試験］ 行わない。
共通テスト利用入試前期（６科目型）　**6科目**
①**国**（200）▶国　②**外**（200）▶英（リスニングを含む）　③④**数**（100×2）▶「数Ⅰ・数Ａ」・「数Ⅱ・数Ｂ」　⑤**理**（100）▶「物基・化基・生基・地学基から２」・物・化・生・地学から１　⑥**地歴・公民**（100）▶世Ｂ・日Ｂ・地理Ｂ・現社・倫・政経・「倫・政経」から１
［個別試験］ 行わない。
共通テスト利用入試後期　**4科目**　①②③④**国・外・地歴・公民・数・理**（200×4）▶国・英（リスニングを含む）・世Ｂ・日Ｂ・地理Ｂ・現社・倫・政経・「倫・政経」・「数Ⅰ・数Ａ」・「数Ⅱ・数Ｂ」・「物基・化基・生基・地学基から２」・物・化・生・地学から４
※高得点科目を２倍の400点満点に換算し，合計1000点満点で判定する。
［個別試験］ 行わない。
※共通テストの「英語」は，リーディング・リスニング各100点の合計200点満点を，リーディング150点・リスニング50点の合計200点満点に換算。
ＡＯ入試　**［出願資格］**　地域活動，国際活動，ビジネスリーダーの３つの志向型のうち，希望する志向型の基準を満たしている者。
［選考方法］ 書類審査（課題小論文を含む）による第１次選考の通過者を対象に，面接（口頭試問および課題小論文についての質疑を含む）を行う。

外国語学部

一般入試全学日程３教科型　**3科目**　①**国**（150）▶国総・現文Ｂ・古典Ｂ（いずれも漢文を除く）　②**外**（200）▶コミュ英Ⅰ・コミュ英Ⅱ・コミュ英Ⅲ・英表Ⅰ・英表Ⅱ　③**地歴・公民・数**（100）▶世Ｂ・日Ｂ・地理Ｂ・政経・「数Ⅰ・数Ⅱ・数Ａ・数Ｂ（数列・ベク）」から１
一般入試全学日程２教科型　**2科目**　①外

(150)▶コミュ英Ⅰ・コミュ英Ⅱ・コミュ英Ⅲ・英表Ⅰ・英表Ⅱ ②**国・地歴・公民・数**(100)▶「国総・現文B・古典B(いずれも漢文を除く)」・世B・日B・地理B・政経・「数Ⅰ・数Ⅱ・数A・数B(数列・ベク)」から1
※指定された英語外部試験の基準のスコア・グレードを有する者は，その換算得点と試験当日に受験した「外国語」の得点を比較し，高い方の得点を「外国語」の得点とする。
共通テスト利用入試併用 **〈共通テスト科目〉** **3科目** ①**外**(100)▶英(リスニングを含む)
※リーディング・リスニング各100点の合計200点満点を100点満点に換算。②③**国・「地歴・公民」・数**(100×2)▶国(近代)・「世B・日B・地理B・現社・倫・政経・〈倫・政経〉から1」・「〈数Ⅰ・数A〉・〈数Ⅱ・数B〉から1」から2
〈個別試験科目〉 **1科目** ①**外**(200)▶コミュ英Ⅰ・コミュ英Ⅱ・コミュ英Ⅲ・英表Ⅰ・英表Ⅱ
共通テスト利用入試前期 **4科目** ①**国**(100)▶国(近代) ②**外**(200)▶英(リスニング〈100〉を含む) ③④**「地歴・公民」・数・理**(100×2)▶「世B・日B・地理B・現社・倫・政経・〈倫・政経〉から1」・「〈数Ⅰ・数A〉・〈数Ⅱ・数B〉から1」・「〈物基・化基・生基・地学基から2〉・物・化・生・地学から1」から2
[個別試験] 行わない。
共通テスト利用入試後期 **3科目** ①**外**(200)▶英(リスニング〈100〉を含む) ②③**国・「地歴・公民」・数**(100×2)▶国・「世B・日B・地理B・現社・倫・政経・〈倫・政経〉から1」・「〈数Ⅰ・数A〉・〈数Ⅱ・数B〉から1」から2
[個別試験] 行わない。
AO入試 **[出願資格]** A(中国語)，B(クロス留学)，C(英語教員)の区分があり，現役，全体の評定平均値が3.8以上のほか，Aは国・英の評定平均値が4.0以上，B・Cは英語に関する科目が4.2以上で，指定の英語資格を有し証明する書類を提出できる者。
[選考方法] 書類審査(将来設計書およびAは課題レポートを含む)による第1次選考の通過者を対象に，課題エッセイ，面接(口頭試問を含む)を行う。なお，面接において，B・Cは英語でのやり取りを含む。

人間健康学部

一般入試全学日程(3教科型・英語外部試験利用方式・3教科型同一配点方式) **3~2科目** ①**国**(150)▶国総・現文B・古典B(いずれも漢文を除く) ②**外**(200・同一配点150)▶コミュ英Ⅰ・コミュ英Ⅱ・コミュ英Ⅲ・英表Ⅰ・英表Ⅱ ③**地歴・公民・数**(100・同一配点150)▶世B・日B・地理B・政経・「数Ⅰ・数Ⅱ・数A・数B(数列・ベク)」から1
※英語外部試験利用方式は，英語を除く2科目で判定する。
共通テスト利用入試併用1科目型 **〈共通テスト科目〉** **1科目** ①**国・外・地歴・公民・数・理**(200)▶国(近代)・英(リスニングを含む)・世B・日B・地理B・現社・倫・政経・「倫・政経」・「数Ⅰ・数A」・「数Ⅱ・数B」・「物基・化基・生基・地学基から2」・物・化・生・地学から1
〈個別試験科目〉 **2科目** ①**国**(200)▶国総・現文B・古典B(いずれも漢文を除く) ②**外**(200)▶コミュ英Ⅰ・コミュ英Ⅱ・コミュ英Ⅲ・英表Ⅰ・英表Ⅱ
共通テスト利用入試併用2科目型(2月4日) **〈共通テスト科目〉** **2科目** ①**国**(100)▶国(近代) ②**地歴・公民・数・理**(100)▶世B・日B・地理B・現社・倫・政経・「倫・政経」・「数Ⅰ・数A」・「数Ⅱ・数B」・「物基・化基・生基・地学基から2」・物・化・生・地学から1
〈個別試験科目〉 **1科目** ①**外**(200)▶コミュ英Ⅰ・コミュ英Ⅱ・コミュ英Ⅲ・英表Ⅰ・英表Ⅱ
共通テスト利用入試併用2科目型(2月6日・7日) **〈共通テスト科目〉** **2科目** ①②**国・外・地歴・公民・数・理**(100×2)▶国(近代)・英(リスニングを含む)・「世B・日B・地理Bから1」・「現社・倫・政経・〈倫・政経〉から1」・「〈数Ⅰ・数A〉・〈数Ⅱ・数B〉から1」・「〈物基・化基・生基・地学基から2〉・物・化・生・地学から1」から2
〈個別試験科目〉 **1科目** ①**国・外**(200)▶[2月6日]ー国総・現文B・古典B(いずれも漢文を除く)，[2月7日]ーコミュ英Ⅰ・コミュ英Ⅱ・コミュ英Ⅲ・英表Ⅰ・英表Ⅱ
共通テスト利用入試前期(3科目型)・後期 **3科目** ①②③**国・外・「地歴・公民」・「数・理」**

(200×3) ▶国(近代)・「英(リスニングを含む)・独・仏・中・韓から１」・「世Ｂ・日Ｂ・地理Ｂ・現社・倫・政経・〈倫・政経〉から１」・「〈数Ⅰ・数Ａ〉・〈数Ⅱ・数Ｂ〉・〈物基・化基・生基・地学基から２〉・物・化・生・地学から１」から３
※前期は高得点科目を２倍の400点満点に換算し，合計800点満点で判定する。
[個別試験] 行わない。
共通テスト利用入試前期（４科目型）**4**科目 ①**国**(200) ▶国 ②**外**(200) ▶英(リスニングを含む)・独・仏・中・韓から１ ③**地歴・公民**(100) ▶世Ｂ・日Ｂ・地理Ｂ・現社・倫・政経・「倫・政経」から１ ④**数・理**(100) ▶「数Ⅰ・数Ａ」・「数Ⅱ・数Ｂ」・「物基・化基・生基・地学基から２」・物・化・生・地学から１
[個別試験] 行わない。
※共通テストの「英語」は，リーディング・リスニング各100点の合計200点満点を，リーディング150点・リスニング50点の合計200点満点に換算。ただし，併用２科目型（２月６日・７日）はさらに100点満点に換算。
ＡＯ入試　**[出願資格]** 第１志望，全体の評定平均値が3.5以上の者で，これまでに特色ある活動を行ってきたことを踏まえ，第三者に説明およびアピールができる者。なお，取り組んできた特色ある活動を証明する資料または「活動報告書」を提出すること。
[選考方法] 書類審査による第１次選考の通過者を対象に，選考日当日に行う体験学習プログラムの内容を踏まえた筆記課題，面接（口頭試問を含む）を行う。

総合情報学部

一般入試全学日程（２教科型英数方式）・学部独自日程（２教科型英数方式）**2**科目 ①**外**(200・全学日程２月１日のみ175) ▶コミュ英Ⅰ・コミュ英Ⅱ・コミュ英Ⅲ・英表Ⅰ・英表Ⅱ ②**数**(200・全学日程２月１日のみ175) ▶数Ⅰ・数Ⅱ・数Ａ・数Ｂ（数列・ベク）
一般入試全学日程（２教科型英国方式）**2**科目 ①**国**(150) ▶国総・現文Ｂ・古典Ｂ（いずれも漢文を除く） ②**外**(200) ▶コミュ英Ⅰ・コミュ英Ⅱ・コミュ英Ⅲ・英表Ⅰ・英表Ⅱ
一般入試全学日程（２教科型国数方式）**2**科目 ①**国**(150) ▶国総・現文Ｂ・古典Ｂ（いずれも漢文を除く） ②**数**(200) ▶数Ⅰ・数Ⅱ・数Ａ・数Ｂ（数列・ベク）
一般入試全学日程（３教科型）**3**科目 ①**国**(150) ▶国総・現文Ｂ・古典Ｂ（いずれも漢文を除く） ②**外**(200) ▶コミュ英Ⅰ・コミュ英Ⅱ・コミュ英Ⅲ・英表Ⅰ・英表Ⅱ ③**地歴・公民・数**(100) ▶世Ｂ・日Ｂ・地理Ｂ・政経・「数Ⅰ・数Ⅱ・数Ａ・数Ｂ（数列・ベク）」から１
共通テスト利用入試併用２科目型 〈**共通テスト科目**〉 **2**科目 ①②**国・外・地歴・公民・数・理**(150×2) ▶国(近代)・英(リスニングを含む)・世Ｂ・日Ｂ・地理Ｂ・現社・倫・政経・「倫・政経」・「数Ⅰ・数Ａ」・「数Ⅱ・数Ｂ」・情・「物基・化基・生基・地学基から２」・物・化・生・地学から２
〈**個別試験科目**〉 **1**科目 ①**外・数**(200) ▶［２月１日］ーコミュ英Ⅰ・コミュ英Ⅱ・コミュ英Ⅲ・英表Ⅰ・英表Ⅱ，［２月４日］ー「コミュ英Ⅰ・コミュ英Ⅱ・コミュ英Ⅲ・英表Ⅰ・英表Ⅱ」・「数Ⅰ・数Ⅱ・数A・数B（数列・ベク）」から１
共通テスト利用入試前期４科目（総合）型 **4**科目 ①**国**(100) ▶国(近代) ②**外**(200) ▶英(リスニングを含む) ③**数**(100) ▶数Ⅰ・数Ａ ④**地歴・公民・数・理**(100) ▶世Ｂ・日Ｂ・地理Ｂ・現社・倫・政経・「倫・政経」・「数Ⅱ・数Ｂ」・情・「物基・化基・生基・地学基から２」・物・化・生・地学から１
[個別試験] 行わない。
共通テスト利用入試前期３科目（文系）型 **3**科目 ①**国**(200) ▶国 ②**外**(200) ▶英(リスニングを含む) ③**地歴・公民**(100) ▶世Ｂ・日Ｂ・地理Ｂ・現社・倫・政経・「倫・政経」から１
[個別試験] 行わない。
共通テスト利用入試前期４科目（理系）型 **4**科目 ①**外**(200) ▶英(リスニングを含む) ②③**数**(100×2) ▶「数Ⅰ・数Ａ」・「数Ⅱ・数Ｂ」 ④**理**(100) ▶「物基・化基・生基・地学基から２」・物・化・生・地学から１
[個別試験] 行わない。
共通テスト利用入試後期 **4**科目 ①②③④**国・外・地歴・公民・数・理**(200×4) ▶国(近代)・英(リスニングを含む)・世Ｂ・日Ｂ・地理Ｂ・現社・倫・政経・「倫・政経」・「数Ⅰ・数Ａ」・「数Ⅱ・数Ｂ」・情・「物基・化基・生基・地学基か

ら２」・物・化・生・地学から４
[個別試験] 行わない。
※共通テストの「英語」は，リーディング・リスニング各100点の合計200点満点を，リーディング150点・リスニング50点の合計200点満点に換算。ただし，併用２科目型はさらに150点満点に換算。
ＡＯ入試 [出願資格] １浪まで，全体の評定平均値が3.5以上のほか，活動実績評価型は高度な資格や技能を有し，高い評価を得ている者，または学術・文化・芸術・スポーツ活動などさまざまな分野において，研究，創作発表，コンクール，競技などの活動を通し，広く高い評価を得ている者などで，かつ実績を証明する資料を提出できる者。
[選考方法] 書類審査(情報リテラシー評価型は課題レポートを含む)による第１次選考の通過者を対象に，活動実績評価型は面接(口頭試問を含む)を，情報リテラシー評価型は情報リテラシーを問う課題についてパソコンで発表用資料を作成し，プレゼンテーション，グループディスカッションを行う。

社会安全学部

一般入試全学日程(３教科型・英語外部試験利用方式) 3~2科目 ①国(150)▶国総・現文Ｂ・古典Ｂ(いずれも漢文を除く) ②外(200)▶コミュ英Ⅰ・コミュ英Ⅱ・コミュ英Ⅲ・英表Ⅰ・英表Ⅱ ③**地歴・公民・数**(100)▶世Ｂ・日Ｂ・地理Ｂ・政経・「数Ⅰ・数Ⅱ・数Ａ・数Ｂ(数列・ベク)」から１
※英語外部試験利用方式は，英語を除く２科目で判定する。
一般入試全学日程(２教科型英数方式) 2科目 ①**外**(200)▶コミュ英Ⅰ・コミュ英Ⅱ・コミュ英Ⅲ・英表Ⅰ・英表Ⅱ ②**数**(150)▶数Ⅰ・数Ⅱ・数Ａ・数Ｂ(数列・ベク)
一般入試全学日程(２教科型英数方式〈数学重視〉) 2科目 ①**外**(100)▶コミュ英Ⅰ・コミュ英Ⅱ・コミュ英Ⅲ・英表Ⅰ・英表Ⅱ ②**数**(300)▶数Ⅰ・数Ⅱ・数Ⅲ・数Ａ・数Ｂ(数列・ベク)
共通テスト利用入試併用 〈共通テスト科目〉 3科目 ①②**数**(100×2)▶「数Ⅰ・数Ａ」・「数Ⅱ・数Ｂ」 ③**理**(100)▶「物基・化基・生基・地学基から２」・物・化・生・地学から１
〈個別試験科目〉 1科目 ①**外**(200)▶コミュ英Ⅰ・コミュ英Ⅱ・コミュ英Ⅲ・英表Ⅰ・英表Ⅱ
共通テスト利用入試前期(３科目型) 3科目 ①②**数**(100×2)▶「数Ⅰ・数Ａ」・「数Ⅱ・数Ｂ」 ③**理**(100)▶「物基・化基・生基・地学基から２」・物・化・生・地学から１
[個別試験] 行わない。
共通テスト利用入試前期(６科目型) 6科目 ①**国**(200)▶国 ②**外**(200)▶英(リスニングを含む)・独・仏・中・韓から１ ③④**数**(100×2)▶「数Ⅰ・数Ａ」・「数Ⅱ・数Ｂ」 ⑤**理**(100)▶「物基・化基・生基・地学基から２」・物・化・生・地学から１ ⑥**地歴・公民**(100)▶世Ｂ・日Ｂ・地理Ｂ・現社・倫・政経・「倫・政経」から１
[個別試験] 行わない。
共通テスト利用入試後期 2科目 ①②**外・数・理**(100×2)▶「英(リスニングを含む)・独・仏・中・韓から１」・「数Ⅰ・数Ａ」・「数Ⅱ・数Ｂ」・「物基・化基・生基・地学基から２」・物・化・生・地学から２
[個別試験] 行わない。
※共通テストの「英語」は，リーディング・リスニング各100点の合計200点満点を，前期６科目型はリーディング150点・リスニング50点の合計200点満点に換算。後期はさらに100点満点に換算。
ＡＯ入試 [出願資格] 第１志望，全体の評定平均値が3.5以上の者。
[選考方法] 入学志望理由書，プレゼンテーションで用いる説明資料の写し，調査書による第１次選考の通過者を対象に，小論文(統計資料および簡単な英文の読解に基づくもの)，面接(説明資料を用いたプレゼンテーション・口頭試問)に基づき，総合的に評価する。

システム理工学部

一般入試全学日程理科１科目選択方式 3科目 ①**外**(200)▶コミュ英Ⅰ・コミュ英Ⅱ・コミュ英Ⅲ・英表Ⅰ・英表Ⅱ ②**数**(200)▶数Ⅰ・数Ⅱ・数Ⅲ・数Ａ・数Ｂ(数列・ベク) ③**理**(150)▶「物基・物」・「化基・化」から１
一般入試全学日程理科設問選択方式(２科目型) 4科目 ①**外**(150)▶コミュ英Ⅰ・コミュ英Ⅱ・コミュ英Ⅲ・英表Ⅰ・英表Ⅱ ②**数**

(200) ▶数Ⅰ・数Ⅱ・数Ⅲ・数A・数B (数列・ベク) ③④理(200) ▶[数学科] 一「物基・物」・「化基・化」・「生基・生」から2科目を選択し, 各3問計6問から4問を選択, [その他の学科] 一「物基・物」・「化基・化」から各3問計6問から4問を選択

一般入試全学日程理科設問選択方式 4〜3科目 ①外(150) ▶コミュ英Ⅰ・コミュ英Ⅱ・コミュ英Ⅲ・英表Ⅰ・英表Ⅱ ②数(200) ▶数Ⅰ・数Ⅱ・数Ⅲ・数A・数B (数列・ベク) ③④理(200) ▶「物基・物」・「化基・化」から各3問計6問から3問を選択

一般入試全学日程理科設問選択方式(理数重視) 4〜3科目 ①外(100) ▶コミュ英Ⅰ・コミュ英Ⅱ・コミュ英Ⅲ・英表Ⅰ・英表Ⅱ ②数(225) ▶数Ⅰ・数Ⅱ・数Ⅲ・数A・数B (数列・ベク) ③④理(225) ▶「〈物基・物〉・〈化基・化〉」・「〈物基・物〉・〈生基・生〉」から選択し, 各3問計6問のうち, 物理2問必須で3問を選択

共通テスト利用入試併用(語学力重視方式)

【数学科】〈共通テスト科目〉 3科目 ①外(100) ▶英(リスニングを含む) ②③数(150×2) ▶「数Ⅰ・数A」・「数Ⅱ・数B」

〈個別試験科目〉 1科目 ①外(200) ▶コミュ英Ⅰ・コミュ英Ⅱ・コミュ英Ⅲ・英表Ⅰ・英表Ⅱ

【その他の学科】〈共通テスト科目〉 4科目 ①外(100) ▶英(リスニングを含む) ②③数(100×2) ▶「数Ⅰ・数A」・「数Ⅱ・数B」 ④理(200) ▶物

〈個別試験科目〉 1科目 ①外(200) ▶コミュ英Ⅰ・コミュ英Ⅱ・コミュ英Ⅲ・英表Ⅰ・英表Ⅱ

共通テスト利用入試併用(総合力重視方式)

【数学科】〈共通テスト科目〉 3科目 ①②数(100×2) ▶「数Ⅰ・数A」・「数Ⅱ・数B」 ③国・地歴・公民(200) ▶国(近代)・世B・日B・地理B・現社・倫・政経・「倫・政経」から1

〈個別試験科目〉 1科目 ①外(200) ▶コミュ英Ⅰ・コミュ英Ⅱ・コミュ英Ⅲ・英表Ⅰ・英表Ⅱ

【その他の学科】〈共通テスト科目〉 4科目 ①②数(100×2) ▶「数Ⅰ・数A」・「数Ⅱ・数B」 ③理(200) ▶物 ④国・地歴・公民(200) ▶国(近代)・世B・日B・地理B・現社・倫・政経・「倫・政経」から1

〈個別試験科目〉 1科目 ①外(200) ▶コミュ英Ⅰ・コミュ英Ⅱ・コミュ英Ⅲ・英表Ⅰ・英表Ⅱ

共通テスト利用入試併用(数学力／理科力重視方式) 〈共通テスト科目〉 4科目 ①外(100) ▶英(リスニングを含む) ②③数(50×2) ▶「数Ⅰ・数A」・「数Ⅱ・数B」 ④理(100) ▶物

〈個別試験科目〉 3〜1科目 ①②③数・理(200) ▶「数Ⅰ・数Ⅱ・数Ⅲ・数A・数B (数列・ベク)」・「〈(物基・物)・(化基・化)〉・〈(物基・物)・(生基・生)〉から選択し, 各3問計6問のうち, 物理2問必須で3問を解答」から2または1

※出願の際に数・理両方を選択するか, 数・理のどちらか一方の選択かの届け出が必要。数・理両方を選択した場合は, 高得点の教科を判定に使用する。

共通テスト利用入試前期 4科目 ①外(200) ▶英(リスニングを含む) ②③数(125×2) ▶「数Ⅰ・数A」・「数Ⅱ・数B」 ④理(250) ▶物

[個別試験] 行わない。

共通テスト利用入試後期英語外部試験利用方式 3科目 ①②数(200×2) ▶「数Ⅰ・数A」・「数Ⅱ・数B」 ③理(100) ▶物

※指定された英語外部試験の基準を満たした者のみ受験可。

共通テスト利用入試後期 【数学科】 3科目 ①外(100) ▶英(リスニングを含む) ②③数(100×2) ▶「数Ⅰ・数A」・「数Ⅱ・数B」

※高得点科目を2倍の200点満点に換算し, 合計400点満点で判定する。

[個別試験] 行わない。

【その他の学科】 4科目 ①外(100) ▶英(リスニングを含む) ②③数(100×2) ▶「数Ⅰ・数A」・「数Ⅱ・数B」 ④理(100) ▶物

※高得点科目を2倍の200点満点に換算し, 合計500点満点で判定する。

[個別試験] 行わない。

※共通テストの「英語」は, リーディング・リスニング各100点の合計200点満点を, リーディング150点・リスニング50点の合計200点満点に換算し, 併用と後期は, さらに100

点満点に換算。

公募制推薦入試 **[出願資格]** 専願，校長推薦，現役，入学確約者のほか，数学科は数学に関するすべての科目の評定平均値が4.5以上で，かつ国語に関するすべての科目の評定平均値が4.0以上（国・数の履修要件あり），物理・応用物理学科は英語，数学および理科に関する科目の評定平均値が3.5以上（英・数・理の履修要件あり），機械工学科と電気電子情報工学科は英語，数学および理科に関する科目の評定平均値が4.0以上（英・数・理の履修要件あり）の者。

[選考方法] 書類審査，面接（数学・理科に関する基礎学力を確認するための口頭試問を含む）のほか，数学科は筆記試験（数Ⅰ・数Ⅱ・数Ⅲ・数A・数B），その他の学科は総合問題（数学・理科に関する基礎学力の確認を含む）。

AO入試 **[出願資格]** 全体の評定平均値が3.5以上のほか，活動実績評価型は学術活動などの分野において活躍している者，または高度な資格や技能を有し，社会的に高い評価を得ている者で，かつこれを証明する資料を提出できる者。電気電子情報工学科のみ実施するデータサイエンス型は，データサイエンス，AI・IoTに関する深い知識とデータ分析手法やシステム開発に携わりたいという意欲を，自らのこれまでの学びに基づいて強く説明・アピールできる者，およびプログラミング言語を用いてデータ分析やソフトウェア制作を行った経験があり，自らのプログラミング技術を説明・アピールできる者。

[選考方法] 書類審査（活動実績評価型は活動報告書，データサイエンス型は課題レポートとソースコードを含む）による第1次選考の通過者を対象に，活動実績評価型は口頭試問を含む個人面接，データサイエンス型は課題レポートとソフトウェアのソースコードに関するパワーポイントを用いたプレゼンテーションと面接（口頭試問を含む）を行う。

環境都市工学部

一般入試全学日程理科1科目選択方式 **3科目** ①**外**（200）▶コミュ英Ⅰ・コミュ英Ⅱ・コミュ英Ⅲ・英表Ⅰ・英表Ⅱ ②**数**（200）▶数Ⅰ・数Ⅱ・数Ⅲ・数A・数B（数列・ベク） ③**理**（150）▶「物基・物」・「化基・化」から1

一般入試全学日程理科設問選択方式（2科目型）・理科設問選択方式・理科設問選択方式（理数重視） **4〜3科目** ①**外**（150・理数重視100）▶コミュ英Ⅰ・コミュ英Ⅱ・コミュ英Ⅲ・英表Ⅰ・英表Ⅱ ②**数**（200・理数重視225）▶数Ⅰ・数Ⅱ・数Ⅲ・数A・数B（数列・ベク） ③④**理**（200・理数重視225）▶「物基・物」・「化基・化」から設問選択方式2科目型は各3問計6問から4問を選択，設問選択方式と設問選択方式（理数重視）は各3問計6問から3問を選択

共通テスト利用入試併用（数学力重視方式）
〈共通テスト科目〉 **4科目** ①**外**（100）▶英（リスニングを含む） ②③**数**（50×2）▶「数Ⅰ・数A」・「数Ⅱ・数B」 ④**理**（100）▶物・化から1
〈個別試験科目〉 **1科目** ①**数**（200）▶数Ⅰ・数Ⅱ・数Ⅲ・数A・数B（数列・ベク）

共通テスト利用入試併用（語学力重視方式）
〈共通テスト科目〉 **5科目** ①**外**（100）▶英（リスニングを含む） ②③**数**（100×2）▶「数Ⅰ・数A」・「数Ⅱ・数B」 ④⑤**理**（100×2）▶［建築学科・都市システム工学科］一物必須，化・生から1，［エネルギー環境・化学工学科］一物・化
〈個別試験科目〉 **1科目** ①**外**（200）▶コミュ英Ⅰ・コミュ英Ⅱ・コミュ英Ⅲ・英表Ⅰ・英表Ⅱ

共通テスト利用入試併用（総合力重視方式）
〈共通テスト科目〉 **5科目** ①②**数**（100×2）▶「数Ⅰ・数A」・「数Ⅱ・数B」 ③④**理**（100×2）▶［建築学科・都市システム工学科］一物必須，化・生から1，［エネルギー環境・化学工学科］一物・化 ⑤**国・地歴・公民**（200）▶国（近代）・世B・日B・地理B・現社・倫・政経・「倫・政経」から1
〈個別試験科目〉 **1科目** ①**外**（200）▶コミュ英Ⅰ・コミュ英Ⅱ・コミュ英Ⅲ・英表Ⅰ・英表Ⅱ

共通テスト利用入試併用（数学力／理科力重視方式） **〈共通テスト科目〉** **4科目** ①**外**（100）▶英（リスニングを含む） ②③**数**（50×2）▶「数Ⅰ・数A」・「数Ⅱ・数B」 ④**理**（100）▶物・化から1
〈個別試験科目〉 **3〜1科目** ①②③**数・理**

(200) ▶「数Ⅰ・数Ⅱ・数Ⅲ・数A・数B (数列・ベク)」・「〈物基・物〉・〈化基・化〉から各３問計６問から３問を選択」から２または１
※出願の際に数・理両方を選択するか，数・理のどちらか一方の選択かの届け出が必要。数・理両方を選択した場合は，高得点の教科を判定に使用する。
共通テスト利用入試前期４科目(数学・理科)型　**4**科目　①②**数**(100×2) ▶「数Ⅰ・数A」・「数Ⅱ・数B」 ③④**理**(100×2) ▶［建築学科・都市システム工学科］ 一物必須，化・生から１，［エネルギー環境・化学工学科］ 一物・化
[個別試験] 行わない。
共通テスト利用入試前期４科目型　**4**科目
①**外**(100) ▶英(リスニングを含む) ②③**数**(100×2) ▶「数Ⅰ・数A」・「数Ⅱ・数B」 ④**理**(100) ▶［建築学科・都市システム工学科］ 一物，［エネルギー環境・化学工学科］ 一物・化から１
[個別試験] 行わない。
共通テスト利用入試後期　**4**科目　①**外**(建築・エネルギー100，都市システム200) ▶英(リスニングを含む) ②③**数**(100×２) ▶「数Ⅰ・数A」・「数Ⅱ・数B」 ④**理**(100) ▶［建築学科・都市システム工学科］ 一物，［エネルギー環境・化学工学科］ 一化
※建築学科は高得点科目を２倍の200点満点に換算し，合計500点満点で，エネルギー環境・化学工学科は数・理の３科目の中で，高得点科目を２倍の200点満点に換算し，合計500点満点で判定する。
[個別試験] 行わない。
※共通テストの「英語」は，リーディング・リスニング各100点の合計200点満点を，リーディング150点・リスニング50点の合計200点満点に換算し，併用と前期４科目型および後期の建築学科とエネルギー環境・化学工学科は，さらに100点満点に換算。
公募制推薦入試　**[出願資格]** 専願，校長推薦，現役，入学確約者のほか，都市システム工学科は英語，数学および理科に関する科目の評定平均値が4.0以上，エネルギー環境・化学工学科は英語，数学および理科に関する科目の評定平均値が3.5以上の者(いずれも英・数・理の履修要件あり)。
[選考方法] 書類審査，総合問題(数学・理科に関する基礎学力の確認を含む)，面接(数学・理科に関する基礎学力を確認するための口頭試問を含む)。
ＡＯ入試　**[出願資格]** 活動実績評価型は，自らが誇りを持って第三者に説明・アピールできる事柄を持つと思う者で，学術・文化・芸術活動などさまざまな分野において活躍している者，または高度な資格や技能を有し，社会的に高い評価を得ている者で，かつこれを証明する資料を提出できる者。SDGs型は，英・数・理の履修要件を満たし，SDGsに関する深い知識と，その手法を用いてまちづくりの課題解決，目標とする将来像の実現に携わりたいという意欲を，自らのこれまで学んだことに基づいて強く説明・アピールできる者など。なお，出願時にSDGsの17の目標から各学科が指定する１つ以上を選び，それらと出願資格を関連づけながら記述する課題レポートの提出が必要。
[選考方法] 書類審査(活動実績評価型は活動報告書，SDGs型は課題レポートを含む)による第１次選考の通過者を対象に，活動実績評価型は口頭試問を含む個人面接，SDGs型は課題レポートに関するパワーポイントを用いたプレゼンテーションと，それに対する面接(口頭試問を含む)を行う。

化学生命工学部

一般入試全学日程理科１科目選択方式
3科目　①**外**(200) ▶コミュ英Ⅰ・コミュ英Ⅱ・コミュ英Ⅲ・英表Ⅰ・英表Ⅱ ②**数**(200) ▶数Ⅰ・数Ⅱ・数Ⅲ・数A・数B (数列・ベク) ③**理**(150) ▶［化学・物質工学科］―「物基・物」・「化基・化」から１，［生命・生物工学科］ ―「物基・物」・「化基・化」・「生基・生」から１
一般入試全学日程理科設問選択方式(２科目型)　**4**科目　①**外**(150) ▶コミュ英Ⅰ・コミュ英Ⅱ・コミュ英Ⅲ・英表Ⅰ・英表Ⅱ ②**数**(200) ▶数Ⅰ・数Ⅱ・数Ⅲ・数A・数B (数列・ベク) ③④**理**(200) ▶［化学・物質工学科］―「物基・物」・「化基・化」から各３問計６問から４問を選択，［生命・生物工学科］ ―「物基・物」・「化基・化」・「生基・生」から２科目を選択し，各３問計６問から４問を選択

一般入試全学日程理科設問選択方式 **4~3**科目 ①外(150)▶コミュ英Ⅰ・コミュ英Ⅱ・コミュ英Ⅲ・英表Ⅰ・英表Ⅱ ②数(200)▶数Ⅰ・数Ⅱ・数Ⅲ・数A・数B(数列・ベク) ③④理(200)▶「物基・物」・「化基・化」から各3問計6問から3問を選択

一般入試全学日程理科設問選択方式(理数重視) **4~3**科目 ①外(100)▶コミュ英Ⅰ・コミュ英Ⅱ・コミュ英Ⅲ・英表Ⅰ・英表Ⅱ ②数(225)▶数Ⅰ・数Ⅱ・数Ⅲ・数A・数B(数列・ベク) ③④理(225)▶[化学・物質工学科]—「物基・物」・「化基・化」から各3問計6問から3問を選択,[生命・生物工学科] —「物基・物」・「化基・化」・「生基・生」から2科目を選択し,各3問計6問から3問を選択

共通テスト利用入試併用(語学力重視方式) 〈共通テスト科目〉 **5**科目 ①外(100)▶英(リスニングを含む) ②③数(100×2)▶「数Ⅰ・数A」・「数Ⅱ・数B」 ④⑤理(100×2)▶[化学・物質工学科] 一物・化,[生命・生物工学科] 一物・化・生から2

〈個別試験科目〉 **1**科目 ①外(200)▶コミュ英Ⅰ・コミュ英Ⅱ・コミュ英Ⅲ・英表Ⅰ・英表Ⅱ

共通テスト利用入試併用(総合力重視方式) 〈共通テスト科目〉 **5**科目 ①②数(100×2)▶「数Ⅰ・数A」・「数Ⅱ・数B」 ③④理(100×2)▶[化学・物質工学科] 一物・化,[生命・生物工学科] 一物・化・生から2 ⑤国・地歴・公民(200)▶国(近代)・世B・日B・地理B・現社・倫・政経・「倫・政経」から1

〈個別試験科目〉 **1**科目 ①外(200)▶コミュ英Ⅰ・コミュ英Ⅱ・コミュ英Ⅲ・英表Ⅰ・英表Ⅱ

共通テスト利用入試併用(数学力/理科力重視方式) 〈共通テスト科目〉 **4**科目 ①外(100)▶英(リスニングを含む) ②③数(50×2)▶「数Ⅰ・数A」・「数Ⅱ・数B」 ④理(100)▶[化学・物質工学科] 一物・化から1,[生命・生物工学科] 一物・化・生から1

〈個別試験科目〉 **3~1**科目 ①②③数・理(200)▶[化学・物質工学科] —「数Ⅰ・数Ⅱ・数Ⅲ・数A・数B(数列・ベク)」・「〈物基・物〉・〈化基・化〉から各3問計6問から3問を選択」から2または1,[生命・生物工学科] —「数Ⅰ・数Ⅱ・数Ⅲ・数A・数B(数列・ベク)」・「〈(物基・物)・(化基・化)・(生基・生)から2〉から各3問計6問から3問を選択」から2または1

※出願の際に数・理両方を選択するか,数・理のどちらか一方の選択かの届け出が必要。数・理両方を選択した場合は,高得点の教科を判定に使用する。

共通テスト利用入試前期 **6**科目 ①外(200)▶英(リスニングを含む) ②③数(100×2)▶「数Ⅰ・数A」・「数Ⅱ・数B」 ④⑤理(100×2)▶[化学・物質工学科] 一物・化,[生命・生物工学科] 一物・化・生から2 ⑥国・地歴・公民(100)▶国(近代)・世B・日B・地理B・現社・倫・政経・「倫・政経」から1

[個別試験] 行わない。

共通テスト利用入試後期 **4**科目 ①外(100)▶英(リスニングを含む) ②③数(100×2)▶「数Ⅰ・数A」・「数Ⅱ・数B」 ④理(200)▶[化学・物質工学科] 一物・化から1,[生命・生物工学科] 一物・化・生から1

[個別試験] 行わない。

※共通テストの「英語」は,リーディング・リスニング各100点の合計200点満点を,リーディング150点・リスニング50点の合計200点満点に換算し,併用と後期は,さらに100点満点に換算。

公募制推薦入試 **[出願資格]** 校長推薦,入学確約者,英語,数学および理科に関する科目の評定平均値が3.5以上(英・数・理の履修要件あり)のほか,化学・物質工学科の併願者は現役,専願者は1浪まで,生命・生物工学科は現役の専願者。

[選考方法] 書類審査,総合問題(数学・理科に関する基礎学力の確認を含む),面接(数学・理科に関する基礎学力を確認するための口頭試問を含む)。

AO入試 **[出願資格]** 活動実績評価型は,自らが誇りを持って第三者に説明・アピールできる事柄を持つと思う者で,学術活動などの分野において活躍している者,または高度な資格や技能を有し,社会的に高い評価を得ている者で,かつこれを証明する資料を提出できる者。関大メディカルポリマー(KUMP)型(化学・物質工学科のみ)は,英・数・理の履修要件を満たし,医療機器や医療用材料に関

する知識とその開発に携わりたいという意欲を，自らのこれまでの学びに基づいて強く説明・アピールできる者など。

［選考方法］　書類審査（活動実績評価型は活動報告書，関大メディカルポリマー型は課題レポートを含む）による第１次選考の通過者を対象に，活動実績評価型は口頭試問を含む個人面接，関大メディカルポリマー型は，セミナー受講後レポートを提出し，出願書類と提出されたレポートをもとに面接（口頭試問を含む）を行う。

その他の選抜

SF（スポーツ・フロンティア）入試，国際バカロレア入試，商学部全国商業高等学校長協会特別推薦入学，指定校推薦入試，帰国生徒入試，社会人入試，外国人学部留学生入試。

偏差値データ（2024年度）

●一般入試

学部／学科／専攻	2024年度 駿台予備学校 合格目標ライン	2024年度 河合塾 ボーダー偏差値	2023年度実績 募集人員	志願者数	合格者数	合格最低点	競争率 '23年	競争率 '22年
法学部								
法学政治（全学１・３教科型）	51	57.5	270	2,442	379	295~296/450	6.4	4.0
（全学２・３教科型）	50			1,028	178	293~296/450	5.8	3.3
（全学２・同一配点）	51	57.5		1,800	261	286~291/450	6.9	4.0
（全学１・英語外部試験利用）	51	60	30	931	154	158~164/250	6.0	3.5
文学部								
総合人文（全学１・３教科型）	52	55	350	2,420	630	276~287/450	3.8	4.0
（全学２・３教科型）	50			1,329	324	280~292/450	4.1	4.2
（全学２・同一配点）	51	57.5		1,718	340	280~292/450	5.1	4.6
（全学１・英語外部試験利用）	51	60	10	550	33	182~188/250	16.7	16.6
／初等教育（全学１・３教科型）	51	55	30	332	66	264~265/450	5.0	5.6
（全学２・３教科型）	51			294	73	262~272/450	4.0	4.8
経済学部								
経済（全学１・３教科型）	49	55	315	2,657	496	276/450	5.4	3.9
（全学２・３教科型）	49			1,024	206	274/450	5.0	4.9
（全学２・同一配点）	49	55		2,036	389	272/450	5.2	4.8
（全学１・英語外部試験利用）	49	57.5	20	666	137	150/250	4.9	5.4
商学部								
商（全学１）	50	55	335	2,872	662	277/450	4.3	4.8
（全学２）	49			2,736	609	277/450	4.5	4.1
社会学部								
社会／社会学（全学１・３教科型）	50	55	320	835	193	全学１ 269/450 全学２・３教科型 269/450 全学２・同一配点 282/450	4.3	4.0
（全学２・３教科型）	50			969	143		—	—
（全学２・同一配点）	49	57.5	60		46		—	—
／心理学（全学１・３教科型）	49	57.5	(320)	769	186		4.1	4.7
（全学２・３教科型）	49			1,018	169		—	—
（全学２・同一配点）	48	57.5	(60)		70		—	—

学部／学科／専攻	2024年度 駿台予備学校 合格目標ライン	2024年度 河合塾 ボーダー偏差値	2023年度実績 募集人員	志願者数	合格者数	合格最低点	競争率 '23年	競争率 '22年
／メディア（全学１・３教科型）	50	55	(320)	699	128	全学１ 269/450 全学２・３教科型 269/450 全学２・同一配点 282/450	5.5	5.4
（全学２・３教科型）	49			890	112		—	—
（全学２・同一配点）	49	57.5	(60)		48		—	—
／社会システムデザイン（全学1・3教科型）	48	52.5	(320)	223	200		1.1	1.1
（全学２・３教科型）	47			306	151		—	—
（全学２・同一配点）	47	57.5	(60)		57		—	—
政策創造学部								
政策（全学１・３教科型）	47	55	92	802	159	270~276/450	—	—
（全学１・英語外部試験利用）	46	57.5	10		38	152~157/250	—	—
（全学２・３教科型）	46	55	70	867	60	272~277/450	—	—
（全学２・同一配点）	47	57.5			146	264~272/450	—	—
国際アジア（全学１・３教科型）	47	55	(92)	359	86	269~280/450	—	—
（全学１・英語外部試験利用）	46	52.5	(10)		16	154~168/250	—	—
（全学２・３教科型）	47	55	(70)	361	59	274~276/450	—	—
（全学２・同一配点）	47	52.5			49	267~274/450	—	—
外国語学部								
外国語（全学１）	51	57.5	67	1,015	268	287~291/450	3.8	3.5
（全学２）	50	60	40	695	137	217~221/250	5.1	5.4
人間健康学部								
人間健康（全学１・３教科型）	45	55	60	991	173	254~259/450	5.7	6.6
（全学１・英語外部試験利用）	45	52.5	10	221	42	144/250	5.3	4.5
（全学２・３教科型）	46	55	60	532	107	254~259/450	5.0	5.6
（全学２・同一配点）	45	52.5		890	148	250~257/450	6.0	5.9
総合情報学部								
総合情報（全学１・３教科型）	47	55	235	3,963	640	258~268/450	5.0	4.9
（全学１・英国方式）	46	57.5				230/350		
（全学１・英数方式）	46	57.5				230/350・243/400		
（全学１・国数方式）	46	57.5				230/350		
（全学２・３教科型）	47	55				260~279/450		
（全学２・英数方式）	46	57.5				271/400		
（学部独自）	47	—				244/400		
社会安全学部								
安全マネジメント（全学1・3教科型）	46	52.5	80	1,062	164	253~257/450	6.5	6.2
（全学２・３教科型）	46			903	146	255~261/450	6.2	5.3
（全学１・英語外部試験利用）	45	52.5	5	138	22	147/250	6.3	6.3
（全学１・英数方式）	45	55	20	103	19	209/350	5.4	5.2
（全学２・英数方式）	44			217	41	208~209/350	5.3	6.4
（全学２・英数方式数学重視）	44	52.5	5	52	17	238/400	3.1	2.8
システム理工学部								
数（全学１・理科１科目）	47	52.5	105	169	63	309/550	2.7	2.9
（全学１・理科設問２科目型）	47	52.5				338/550		
（全学２・理科設問選択）	48	52.5	95	128	53	359/550	2.4	2.2

学部／学科／専攻	2024年度		2023年度実績					
	駿台予備学校	河合塾	募集人員	志願者数	合格者数	合格最低点	競争率	
	合格目標ライン	ボーダー偏差値					'23年	'22年
(全学２・理科設問選択理数重視)	48	55	47	108	50	319/550	2.2	—
物理・応用物理(全学1・理科1科目)	49	52.5	(105)	201	87	304/550	2.3	2.3
(全学１・理科設問２科目型)	48	52.5				332/550		
(全学２・理科設問選択)	48	52.5	(95)	183	82	354/550	2.2	2.5
(全学２・理科設問選択理数重視)	48	52.5	(47)	142	67	325/550	2.1	—
機械工(全学１・理科１科目)	48	50	(105)	945	360	307/550	2.6	2.2
(全学１・理科設問２科目型)	47	52.5				327/550		
(全学２・理科設問選択)	49	52.5	(95)	713	222	364/550	3.2	3.2
(全学２・理科設問選択理数重視)	49	52.5	(47)	553	206	318/550	2.7	—
電気電子情報工(全学1・理科1科目)	50	55	(105)	875	284	322/550	3.1	4.3
(全学１・理科設問２科目型)	49	50				352/550		
(全学２・理科設問選択)	50	52.5	(95)	739	207	377/550	3.6	5.0
(全学２・理科設問選択理数重視)	50	55	(47)	624	218	343/550	2.9	—
環境都市工学部								
建築(全学１・理科１科目)	50	55	67	581	141	352/550	4.1	4.0
(全学１・理科設問２科目型)	50	55				375/550		
(全学２・理科設問選択)	51	55	52	482	102	400/550	4.7	4.4
(全学２・理科設問選択理数重視)	50	55	30	404	88	372/550	4.6	—
都市システム工(全学1・理科1科目)	48	52.5	(67)	367	151	305/550	2.4	2.2
(全学１・理科設問２科目型)	47	52.5				340/550		
(全学２・理科設問選択)	48	52.5	(52)	348	155	355/550	2.2	2.4
(全学２・理科設問選択理数重視)	47	52.5	(30)	213	89	328/550	2.4	—
エネルギー環境・化学工(全学1・理科1科目)	48	52.5	(67)	201	105	286/550	1.9	2.3
(全学１・理科設問２科目型)	48	52.5				332/550		
(全学２・理科設問選択)	48	52.5	(52)	230	119	335/550	1.9	2.1
(全学２・理科設問選択理数重視)	48	52.5	(30)	91	62	301/550	1.5	—
化学生命工学部								
化学・物質工(全学1・理科1科目)	48	52.5	66	699	302	288/550	2.3	2.0
(全学１・理科設問２科目型)	48	52.5				325/550		
(全学２・理科設問選択)	47	52.5	52	644	302	340/550	2.1	1.9
(全学２・理科設問選択理数重視)	48	52.5	30	400	189	313/550	2.1	—
生命・生物工(全学１・理科１科目)	50	52.5	(66)	697	211	310/550	3.3	2.9
(全学１・理科設問２科目型)	49	52.5				339/550		
(全学２・理科設問選択)	49	52.5	(52)	360	90	365/550	4.0	3.0
(全学２・理科設問選択理数重視)	50	52.5	(30)	425	108	341/550	3.9	—

● 駿台予備学校合格目標ラインは合格可能性80%に相当する駿台模試の偏差値です。　● 競争率は志願者÷合格者の志願倍率

● 河合塾ボーダー偏差値は合格可能性50%に相当する河合塾全統模試の偏差値です。

※合格最低点は得点調整後の点数です（社会安全学部英数方式を除く）。

併設の教育機関 大学院

法学研究科

教員数▶51名
院生数▶57名
博士前期課程 ●法学・政治学専攻 法政研究，高度専門職業人養成，国際協働の３コースを設置し，柔軟で発展的な履修が可能なカリキュラムを用意。
博士後期課程 法学・政治学専攻

文学研究科

教員数▶80名
院生数▶180名
博士前期課程 ●総合人文学専攻 英米文学英語学，英米文化，国語国文学，哲学，芸術学美術史，日本史学，世界史学，ドイツ文学，フランス文学，地理学，教育学，文化共生学，映像文化の13専修。充実した教育指導とともに，学際的な研究体制を実現。
博士後期課程 総合人文学専攻

経済学研究科

教員数▶47名
院生数▶51名
博士前期課程 ●経済学専攻 多様な学生のニーズに応えるため，エコノミスト，パブリックポリシー，地域・国際，歴史・社会，企業・ファイナンスの５系科目群を用意。
博士後期課程 経済学専攻

商学研究科

教員数▶42名
院生数▶53名
博士前期課程 ●商学専攻 データサイエンティストや，税理士や企業の税務・財務部門で活躍する人材の育成を目的としたプログラムなどを設置し，高度専門職業人を養成。
博士後期課程 商学専攻

社会学研究科

教員数▶41名
院生数▶50名
博士前期課程 ●社会学専攻 社会学的分析力や社会調査リテラシーを身につけ，より高いレベルで実社会に貢献する人材や，社会学の研究職を養成する。
●社会システムデザイン専攻 社会学，経済学，経営学，技術論などの複合的な視点から，グローバル化し絶えず変化する複雑な現代社会のメカニズムを分析する。
●メディア専攻 2024年度より，マス・コミュニケーション学専攻から名称変更。現代社会で重要な役割を果たしているメディアの課題の多角的，本質的な理解をめざす。
博士後期課程 社会学専攻，社会システムデザイン専攻，メディア専攻

総合情報学研究科

教員数▶54名
院生数▶134名
博士前期課程 ●社会情報学専攻／知識情報学専攻 高度専門職業人に求められる広い視野に立った情報に関する理論を身につけ，各専攻分野に必要とされる調査・分析能力と情報技術を駆使する技能を備える“情報スペシャリスト”を養成する。昼夜開講制。
博士後期課程 総合情報学専攻

理工学研究科

教員数▶177名
院生数▶902名
博士前期課程 ●システム理工学専攻 国際的な舞台で次世代の産業界をリードできる人材や，技術社会システムの先端的研究課題を解明できる人材を養成する。
●環境都市工学専攻 地域の伝統や産業が今日の生活の中で機能できるようなスタイルを提案することによって，まちの活性化をもた

らすことに貢献する人材を育成する。
●化学生命工学専攻　物質・材料や生物を人間の創造力，構想力，実行力によって生活や産業，環境の場に生かし，それらをより良いものに改善するための技術を開発する。
博士後期課程 ▶ 総合理工学専攻

外国語教育学研究科

教員数▶40名
院生数▶91名
博士前期課程 ▶ ●外国語教育学専攻　外国語教育学，異文化コミュニケーション学，通訳翻訳学の３領域。昼夜開講制。
博士後期課程 ▶ 外国語教育学専攻

心理学研究科

教員数▶30名
院生数▶55名
博士前期課程 ▶ ●心理学専攻　認知・生理，社会・産業，発達・教育，健康・人格，計量・方法の５領域を基にした包括的な教育を展開。
●心理臨床学専攻　公認心理師の養成とともに，臨床心理学やその周辺領域の研究職をめざすために必要となるリサーチスキルの修得にも配慮した養成課程を開設。
博士後期課程 ▶ 心理学専攻

社会安全研究科

教員数▶29名
院生数▶30名
博士前期課程 ▶ ●防災・減災専攻　防災・減災対策や事故防災，危機管理について，複眼的・総合的なアプローチで探求し，理論や政策を創造する能力を育成する。
博士後期課程 ▶ 防災・減災専攻

東アジア文化研究科

教員数▶11名
院生数▶60名
博士前期課程 ▶ ●文化交渉学専攻　文化交流・交渉の多彩な姿を考察し，東アジア文化の国際的研究ハブになることをめざしている。
博士後期課程 ▶ 文化交渉学専攻

ガバナンス研究科

教員数▶24名
院生数▶26名
博士前期課程 ▶ ●ガバナンス専攻　公的な問題の発見・解決に向けて，政策を立案・実行できる「高度公共人材」を育成する。
博士後期課程 ▶ ガバナンス専攻

人間健康研究科

教員数▶13名
院生数▶40名
博士前期課程 ▶ ●人間健康専攻　ヘルスとスポーツの２つのプロモーションの観点から健康で幸せなくらしについて考え，人間の健康と健幸を推進する研究者を養成する。
博士後期課程 ▶ 人間健康専攻

法務研究科

教員数▶20名
院生数▶104名
専門職学位課程 ▶ ●法曹養成専攻　豊かな人間性を備え，現代社会の諸課題解決に挑む，世界を視野に入れて活躍できる法曹を養成。

会計研究科

教員数▶13名
院生数▶118名
専門職学位課程 ▶ ●会計人養成専攻　世界レベルで通用する，理論と実務に習熟した会計人を養成する。公認会計士短答式試験および税理士試験の科目免除申請可。

関西外国語大学（かんさいがいこくごだいがく）

資料請求

問合せ先　入試部　☎072-805-2850

建学の精神

終戦から３カ月後の1945（昭和20）年11月，「これからは世界中の人々が協力し合い，力を合わせて生きていく世の中にしたい」――そんな想いから生まれた関西外大は，創立以来一貫して「国際人の育成」と「実学教育」の実践に取り組み，時代に先駆けて推進してきた国際交流ネットワークは，現在，世界55カ国・地域の395大学に広がり，先進的な教育プログラムをベースに，「外国語で学ぶ」時代を切り開く，新しい学びを追求し，世界というステージで活躍できる人材を育んでいる。2024年４月には，高度で実践的な英語運用能力を身につけるとともに，日本語・日本語教育および日本文化・社会に関わる専門知識を修得する外国語学部「国際日本学科」がスタート。言語と文化，社会に精通した，「日本と世界をつなぐ」グローバル人材を育成する。

- 中宮キャンパス……………………………〒573-1001　大阪府枚方市中宮東之町16-1
- 御殿山キャンパス・グローバルタウン…〒573-1008　大阪府枚方市御殿山南町6-1

基本データ

学生数▶10,216名（男3,401名，女6,815名）
専任教員数▶教授121名，准教授81名，講師49名
設置学部▶国際共生，英語キャリア，外国語，英語国際
併設教育機関▶大学院―外国語学（M・D）短期大学部（P.1007参照）

就職・卒業後の進路

就職率 **94.7**％
就職者÷希望者×100

●**就職支援**　関連授業とキャリアセンターが行う就職支援との連携により，１年次における学生生活の計画作りから，就職活動の実践に至るまでを丁寧にサポート。留学生就職支援としては，留学前・後にガイダンスを行うほか，留学中のSkype面談も実施している。

●**資格取得支援**　旅行業務取扱管理者，通関士などの資格講座を，すべて学内で開講。また，教員をめざす学生を積極的にサポートする教職教育センターでは，３年次の早い段階から教員採用試験対策を行い，英語教員の輩出数は全国トップクラスを誇っている。

進路指導者も必見　学生を伸ばす　面倒見

初年次教育	学修サポート
「English Presentation and Discussion」や「リベラルアーツベーシック」「Essay Writing」「デジタルリテラシー」などの科目を全学部で，一部の学部で論理的思考力を養成する「数と論理」を開講している	TA制度，オフィスアワー制度，クラス担任制（1クラス約30人）を全学部で導入。留学生と「学・食・住」をともにする「GLOBAL COMMONS 結 -YUI-」や留学生と協働しながらプロジェクトを企画・運営する「IEP」を設置

オープンキャンパス（2024年度予定）　3月31日，5月3日，6月16日，7月27日，8月4日･24日，9月22日に実施。学部学科説明，体験授業，個別相談，キャンパスツアー，外大生との交流イベントなどを開催予定。

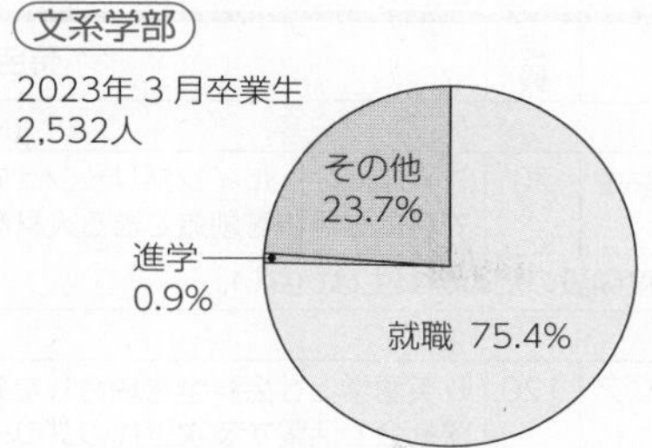

主なOB・OG ▶ ［外国語］竹内成和（H.U.グループホールディングス会長兼社長），［外国語］沙羅（ものまねタレント），［外国語］増田英彦（漫才師「ますだおかだ」，岡田圭右は短期大学部卒）など。

国際化・留学　大学間 395 大学

受入れ留学生数 ▶ 47名（2023年5月1日現在）

留学生の出身国・地域 ▶ 中国，韓国，台湾など。

外国人専任教員 ▶ 教授22名，准教授25名，講師・助教34名（2023年５月１日現在）

外国人専任教員の出身国 ▶ アメリカ，韓国，カナダ，スペイン，中国など。

大学間交流協定 ▶ 395大学（交換留学先328大学，2023年８月１日現在）

海外への留学生数 ▶ 渡航型1,204名・オンライン型72名／年（23カ国・地域，2022年度）

海外留学制度 ▶ 留学２年間を含む４年半で，本学と留学先大学の学位を取得する「ダブル・ディグリー留学」をはじめ，「大学・大学院学位留学」「２カ国留学」「専門留学」「リベラルアーツ留学」など，外国語「を」学ぶのではなく，外国語「で」専門分野を学修するワンランク上の留学プログラムが充実。定員のない手厚い給付型留学奨学金も用意している。コンソーシアムはISEPに参加。

学費・奨学金制度　給付型奨学金総額 年間約 1,489 万円

入学金 ▶ 250,000円

年間授業料（施設費等を除く）▶ 800,000円（詳細は巻末資料参照）

年間奨学金総額 ▶ 14,888,005円

年間奨学金受給者数 ▶ 213人

主な奨学金制度 ▶ 学業・人物ともに優れ，経済的な理由で修学が困難な２年次生以上を対象にした「関西外国語大学同窓会奨学金」や「関西外国語大学荒川化学・戸毛敏美奨学金」などの制度を設置。このほか学費減免制度も用意されており，2022年度には96人を対象に総額で約3,928万円を減免している。

保護者向けインフォメーション

- **オープンキャンパス**　通常のオープンキャンパス時に保護者向けの説明も行っている。
- **成績確認**　成績通知表のほか，奨学金手続に関する情報なども郵送している。
- **保護者懇談会**　２年次生（８月）と３年次生（７月）の保護者を対象にした進路・就職に関する懇談会を，毎年開催している。
- **相談窓口**　相談事があるときは随時対応。
- **防災対策**　「防災の手引き」をHPに掲載。災害時の学生の安否は，メールを利用して確認するようにしている。

インターンシップ科目	必修専門ゼミ	卒業論文	GPA制度の導入の有無および活用例	１年以内の退学率	標準年限での卒業率
開講していない	英語キャリア学部で２年次に実施	卒業要件ではない	奨学金や授業料免除対象者の選定基準，留学候補者の選考などに活用	2.7%	83.5%

学部紹介

学部／学科・コース	定員	特色
国際共生学部		
国際共生	70	▷4年間オールイングリッシュで学び，世界の人々と協働して新たな価値を創造できる人材を育成する。
● 主な就職先………2023年度開設のため卒業生はいない。		
英語キャリア学部		
英語キャリア	120	▷英語学と社会科学を融合した先進的なカリキュラムで，国際社会で活躍する次世代のグローバルリーダーを育成する。
(小学校教員コース)	50	▷小学校教員に必要な実践的指導力や，優れた英語力と国際感覚を養い，今の教育現場に求められる教員を育成する。
● 取得可能な資格…教職(英，小一種〈小学校教員コース〉)，司書，司書教諭など。 ● 進路状況…………就職77.7%　進学1.7% ● 主な就職先………NTN，キーエンス，ニプロ，久光製薬，DMG森精機，Apple Japan，教員など。		
外国語学部		
英米語	730	▷高度な英語力と「＋α」の専門知識を実践的に修得した次世代国際人を育成する。多彩な留学プログラムを用意。
英語・デジタルコミュニケーション	200	▷次世代国際人に求められる実践的な英語力とデジタルリテラシー，世界に通用する専門知識を養う。
国際日本	200	▷NEW! '24年新設。高度な英語運用能力を有し，日本語・日本文化に精通したグローバル人材を育成する。
スペイン語	250	▷スペイン語＋英語の２言語を「使いこなせる」レベルにアップさせ，イベロアメリカリベラル留学で専門知識を深める。
● 取得可能な資格…教職(英・西〈スペイン語学科〉)，司書，司書教諭。 ● 進路状況…………就職76.5%　進学0.9% ● 主な就職先………JALスカイ，ジェイエア，星野リゾート，JTB，富士ソフト，大阪府職員など。		
英語国際学部		
英語国際	700	▷21世紀型の学びをベースに，「英語＋中国語」「次代を切り開く力」を備えた，未来創造型グローバル人材を育成する。
● 取得可能な資格…教職(英)，司書，司書教諭。　● 進路状況…就職72.8%　進学0.6% ● 主な就職先………西日本旅客鉄道，日本マクドナルド，リゾートトラスト，ANA大阪空港など。		

キャンパス

全学部……［中宮キャンパス］大阪府枚方市中宮東之町16-1／［御殿山キャンパス・グローバルタウン］大阪府枚方市御殿山南町6-1

2024年度入試要項(前年度実績)

●募集人員

学部／学科(コース)		一般前期S方式	一般前期A方式	一般後期
▶国際共生	国際共生	6	26	2
▶英語キャリア	英語キャリア	10	45	2
	英語キャリア(小学校教員)	—	19	2
▶外国語	英米語	22	220	12
	英語・デジタルコミュニケーション	8	60	3
	国際日本	8	60	3
	スペイン語	11	75	4
▶英語国際	英語国際	20	200	11

※一般入試の募集人員には，特別型選抜(帰国生徒・社会人・グローバルチャレンジ・２カ年留年チャレンジ)を含む。

※一般入試前期A方式の募集人員には，一般入試共通テストプラス方式を含む。

 キャンパスアクセス［中宮キャンパス］京阪本線一枚方市よりバス８分

全学部

一般入試前期日程S方式 1科目 ①外(200)▶コミュ英Ⅰ・コミュ英Ⅱ・コミュ英Ⅲ・英表Ⅰ・英表Ⅱ
※外国語の得点に英語の資格・検定試験の級・スコアを最大20点加点し，合否判定を行う。ただし，上限は200点とし，英語の資格・検定試験を活用しなくても出願は可能。活用する資格・検定試験は以下の通り。2023年5月～12月に本学で受験したTOEFL ITP Test，TOEIC Listening and Reading Test（IPテスト），2023年1月～12月に本学以外で受験した英検(ただし，英検は対象期間なし)，TOEFL iBT Test，TOEIC Listening and Reading Test，IELTS（Academic Modules）。
一般入試前期日程A方式 2科目 ①国(100)▶国総(漢文を除く)・現文B ②外(200)▶コミュ英Ⅰ・コミュ英Ⅱ・コミュ英Ⅲ・英表Ⅰ・英表Ⅱ(リスニングを含む)
一般入試前期日程共通テストプラス方式
〈共通テスト科目〉 2科目 ①国(100)▶国 ②**地歴・公民・数・理**(100)▶世A・世B・日A・日B・地理A・地理B・現社・倫・政経・「倫・政経」・数Ⅰ・「数Ⅰ・数A」・数Ⅱ・「数Ⅱ・数B」・「物基・化基・生基・地学基から2」・物・化・生・地学から1
〈個別試験科目〉 一般入試前期日程A方式の英語の成績(100点に換算)を利用する
一般入試後期日程 1科目 ①外(200)▶コミュ英Ⅰ・コミュ英Ⅱ・コミュ英Ⅲ・英表Ⅰ・英表Ⅱ(リスニングを含む)

その他の選抜

公募制推薦入試(募集人員には指定校推薦入試，特技入試を含む)は国際共生学部31名，英語キャリア学部77名，外国語学部844名，英語国際学部450名を募集。ほかに共通テスト利用入試，特別型選抜(グローバルチャレンジ，2カ年留学チャレンジ，帰国生徒，社会人)を実施。

偏差値データ（2024年度）

●一般入試前期A方式

学部／学科／コース	2024年度 駿台予備学校 合格目標ライン	2024年度 河合塾 ボーダー偏差値	2023年度 競争率
▶国際共生学部			
国際共生	45	55	12.1
▶英語キャリア学部			
英語キャリア	46	52.5	3.1
英語キャリア/小学校教員	46	42.5	1.2
▶外国語学部			
英米語	46	47.5	2.0
英語・デジタルコミュニケーション	44	45	3.0
国際日本	44	45	新
スペイン語	45	42.5	1.2
▶英語国際学部			
英語国際	45	45	1.2

●駿台予備学校合格目標ラインは合格可能性80％に相当する駿台模試の偏差値です。
●河合塾ボーダー偏差値は合格可能性50％に相当する河合塾全統模試の偏差値です。
●競争率は受験者÷合格者の実質倍率

併設の教育機関　短期大学

関西外国語大学短期大学部

問合せ先　入試部
☎072-805-2850
所在地　大阪府枚方市中宮東之町16-1

学生数▶1,140名（男330名，女810名）
教員数▶教授21名，准教授14名，講師10名

設置学科

●**英米語学科**（550）　確かな英語力と豊かな人間力を養う。4年制大学への3年次編入学者数は全国でもトップクラス。
●**未来キャリア英語学科**（150）　2024年度新設。実用的な英語力と課題解決能力を身につけた職業人を育成する。

卒業後の進路

2023年3月卒業生▶761名
就職153名，大学編入学425名（うち他大学42名），その他183名

キャンパスアクセス ［御殿山キャンパス・グローバルタウン］ 京阪本線一枚方市よりバス5分

近畿(きんき)大学

問合せ先〉入学センター ☎06-6730-1124

建学の精神

“総合大学として多彩な学部を揃え，「実学教育」によって研究成果を社会に役立てる”という確固たる信念を持った創設者・世耕弘一によって，1949（昭和24）年，新学制により設立。理工学部と商学部（現・経済学部，経営学部）からスタートした近大は，その時代のニーズに合った学部を設置し，2022年には情報学部が新たに開設されるなど，日本最大級のスケールを誇る総合大学としてさらに発展。クロマグロの完全養殖に代表される世界をリードする研究の数々，文理の垣根を越えて社会の諸問題を解決に導くための学術拠点「ACADEMIC THEATER」をはじめとする充実した教育環境や施設など，社会に役立てる研究・教育が注目され，実学志向の大学の姿勢に共感が集まり，一般入試の延べ志願者数では10年連続日本一に輝いている。

● キャンパス情報はP.1013をご覧ください。

基本データ

学生数▶34,578名（男23,305名，女11,273名）

専任教員数▶教授581名，准教授392名，講師379名

設置学部▶情報，法，経済，経営，理工，建築，薬，文芸，総合社会，国際，農，医，生物理工，工，産業理工

併設教育機関▶大学院（P.1013参照），短期大学部（P.1029参照），通信教育部（P.1013参照）

就職・卒業後の進路

就職率 **97.2**%
就職者÷希望者×100

● **就職支援** キャリアセンターでは，将来の進路についての質問から就職活動時の履歴書などの相談や面接練習まで幅広く対応し，学生一人ひとりをサポート。内定を獲得した4年生による就職活動支援団体や，西日本地区の大学ではNo.1の社長数を誇る，全国約56万人の卒業生も全面的にバックアップ。

● **資格取得支援** 教員をめざす学生を徹底的にサポートするほか，旅行業務取扱管理者，宅地建物取引士，簿記，FP，秘書検定などの専門系からIT系，語学系の資格取得など，全学で80種類以上ものサポート体制を整備。

進路指導者も必見 学生を伸ばす 面倒見

初年次教育	学修サポート
「自校学習」「建学のこころ」「基礎ゼミ」「フレッシュマンゼミナール」「科学的思考演習」「情報処理基礎」「ICTリテラシー」「情報科学入門」「データリテラシー入門」「科学的問題解決法」「日本語の技法」などの科目を各学部で開講	全学部でオフィスアワー，11学部(法・経済・国際・医以外)でTA，情報でSA，法・経済・農を除きアドバイザー制度を導入。中央図書館学修サポートデスク，留学支援に特化したグローバルエデュケーションセンターを設置

オープンキャンパス（2024年度予定） 全学部を対象に東大阪キャンパスで行う西日本最大級のオープンキャンパスを，7月28日，8月24・25日，9月22日に開催予定。各キャンパスの日程は大学HPで要確認。

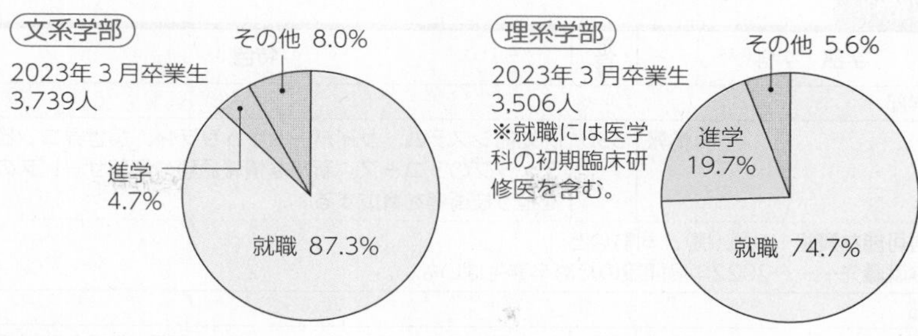

主なOB・OG▶［旧商経（現経営）］川端克宜（アース製薬社長），［旧商経（現経営）］中山哲也（トラスコ中山社長），［旧商経（現経営）］つんく♂（音楽プロデューサー），［文芸］せいや（お笑い芸人「霜降り明星」）など。

国際化・留学　大学間 232 大学等・部局間 57 大学

受入れ留学生数▶401名（2023年５月１日現在）

留学生の出身国・地域▶中国，韓国，台湾，マレーシア，モンゴルなど。

外国人専任教員▶教授16名，准教授24名，講師16名（2023年５月１日現在）

外国人専任教員の出身国▶アメリカ，韓国，中国，カナダ，イギリスなど。

大学間交流協定▶232大学・機関（交換留学先147大学，2023年９月12日現在）

部局間交流協定▶57大学（交換留学先１大学，2023年９月12日現在）

海外への留学生数▶渡航型847名・オンライン型21名／年（21カ国・地域，2022年度）

海外留学制度▶留学先で修得した単位の認定などのサポートがある交換・派遣留学や認定留学，夏期・春期休暇を利用した短期語学研修や海外キャリア研修（KIP），各学部の留学プログラムなど，短期から長期まで多様な留学プログラムを用意している。

学費・奨学金制度　給付型奨学金総額 年間 1億 2,630万円

入学金▶250,000円～

年間授業料（施設費等を除く）▶889,000円～（詳細は巻末資料参照）

年間奨学金総額▶126,300,000円

年間奨学金受給者数▶421人

主な奨学金制度▶「近畿大学給付奨学金」「入学前予約採用型給付奨学金」のほか，学費免除型の成績優秀者に対する特待生制度が充実。2022年度の学費減免総額は約15億7,944万円に上り，1,581人が対象となっている。

保護者向けインフォメーション

●**オープンキャンパス**　通常のオープンキャンパス時に講演など保護者向けのイベントを実施。

●**成績確認**　保護者用ポータルサイトから，成績や授業の出欠状況，時間割表等の照会が可能。

●**情報誌**　『KINDAI FAMILY』（保護者と大学をつなぐ情報誌）を年２回，送付している。

●**保護者懇談会**　「KINDAIフェア～保護者懇談会」を９・10月に全国各地で開催し，就職についての相談なども行っている。

●**相談窓口**　保護者専用の窓口を設置している。

●**防災対策**　「地震発生時避難行動ガイド」を，ポータルサイトを利用して配信。災害時の学生の安否確認も，ポータルサイトを利用する。

インターンシップ科目	必修専門ゼミ	卒業論文	GPA制度の導入の有無および活用例	１年以内の退学率	標準年限での卒業率
医学部以外の全学部で開講	情報・理工・文芸・農・産業理工１～４年次，法・総合社会・工１・３・４年次，経済・経営・建築・国際３・４年次，薬３～６年次，生物１・２年次で実施	経済学部と医学部を除き，卒業要件	個別学修指導，奨学金対象者選定，留学候補者選考のほか，一部の学部で履修上限単位数設定，法曹コースで早期卒業の要件などに活用	0.6%	86.6%（４年制）75.2%（６年制）

学部紹介

学部／学科	定員	特色
情報学部		
情報	330	▷知能システム，サイバーセキュリティ，実世界コンピューティングの３コース。新たな情報価値や情報サービスの創出を担う技術者を育成する。
● 取得可能な資格…教職（情），司書など。 ● 主な就職先………2022年度開設のため卒業生はいない。		
法学部		
法律	500	▷法曹，国際，行政の３コースに，犯罪・非行と法，経済生活と法，会計・税務と法，まちづくりと法の４専攻プログラムを設置。社会の問題解決策やルールづくりを実践的に学ぶ。
● 取得可能な資格…教職（地歴・公・社・英），司書など。 ● 進路状況…………就職83.7%　進学6.7% ● 主な就職先………大阪府警察，国税専門官，防衛省自衛隊，日本年金機構，大和ハウス工業など。		
経済学部		
経済	420	▷経済学，経済心理学の２コース。経済の将来を見通せる分析力を習得し，問題発見，問題解決能力の向上を図る。
国際経済	170	▷国際産業・金融，国際地域経済の２分野に分かれ，国際経済や国際金融について幅広く学修する。
総合経済政策	170	▷公共政策，企業戦略の２分野に分かれ，国や自治体の経済政策や企業の経営戦略を題材に，企画立案能力を養う。
● 取得可能な資格…教職（地歴・公・社・商業・英），司書など。 ● 進路状況…………就職90.9%　進学2.4% ● 主な就職先………積水ハウス，堺市役所，NECソリューションイノベータ，JTB，大阪府庁など。		
経営学部		
経営	585	▷企業経営，ITビジネス，スポーツマネジメントの３コース。リーダーシップやプレゼン能力を培う演習が充実。
商	405	▷マーケティング戦略，観光・サービス，貿易・ファイナンスの３コース。「顧客との関係」を理論的・実践的に学ぶ。
会計	175	▷優れた経営者や管理者に必須の会計スキルを学ぶ。入学時から公認会計士・税理士試験合格を積極的にサポート。
キャリア・マネジメント	175	▷自分自身のキャリア形成や，他者の能力を最大限に生かすための理論と実践のカリキュラムを編成。
● 取得可能な資格…教職（公・社・商業），司書など。 ● 進路状況…………就職88.0%　進学4.5% ● 主な就職先………大和ハウス工業，国税専門官，紀陽銀行，大阪府警察，アイリスオーヤマなど。		
理工学部		
理	225	▷〈数学コース70名，物理学コース70名，化学コース85名〉数学コースでは論理的思考力を養う。物理学コースでは未知なる原理を追究する。化学コースでは真の応用をめざした基礎化学を社会に広く生かせる人材を育成する。
生命科	95	▷ヒトに主体を置いて生命を総合的にとらえ，習得した知識や基礎技術を正しく応用できる人材を育成する。
応用化	130	▷物理・無機・有機・高分子化学はもとより，医学・薬学・農学・食品化学などの融合領域までをもフィールドに研究する。

キャンパスアクセス ［東大阪キャンパス］ 近鉄大阪線─長瀬より徒歩10分／近鉄奈良線─八戸ノ里より徒歩20分またはバス6分

機械工	200	▷機械工学，知能機械システムの２コース。「ものづくり」の中核を担う，次世代の科学技術をリードしていく人材を育成。
電気電子通信工	170	▷総合エレクトロニクス，電子情報通信の２コース。飛躍的な進歩を遂げるエレクトロニクス技術を幅広く学ぶ。
社会環境工	100	▷インフラなどの安全・安心な社会基盤の整備や維持管理を通して社会貢献ができる建設技術者を育成する。
エネルギー物質	120	▷エネルギーに関する広い視野と専門性を身につけ，エネルギー技術を通じてSDGsの達成に貢献する人材を育成する。

● **取得可能な資格**…教職（数・理・技・情・工業），司書，測量士補など。
● **進路状況**…………就職67.6%　進学29.1%
● **主な就職先**………三菱自動車工業，きんでん，大阪府教育委員会，山崎製パン，SCSK，Skyなど。

建築学部

建築	280	▷建築工学，建築デザイン，住宅建築，企画マネジメントの４専攻。使われ，愛され続ける建築を学ぶ。

● **取得可能な資格**…１・２級建築士受験資格など。
● **進路状況**…………就職79.6%　進学17.3%
● **主な就職先**………大和ハウス工業，長谷工コーポレーション，奥村組，積水ハウス，五洋建設など。

薬学部

医療薬	150	▷６年制。２つの総合病院を持つネットワークを生かした実務実習などを通して，地域医療に貢献できる薬剤師を育成。
創薬科	40	▷４年制。ゲノム創薬，再生医療などの最先端の研究，サプリメントや化粧品などの研究開発が行える人材を育成する。

● **取得可能な資格**…教職（理），薬剤師（医療薬学科）受験資格など。
● **進路状況**…………［医療薬］就職89.9%　進学2.2%　［創薬科］就職40.0%　進学60.0%
● **主な就職先**………ウエルシア薬局，アインファーマシーズ，近畿大学病院，アステラス製薬など。

文芸学部

文	180	▷〈日本文学専攻120名，英語英米文学専攻60名〉日本文学専攻は創作・評論，言語・文学の２コース。英語英米文学専攻では高度な英語力だけでなく，日本語力の強化も重視。
芸術	115	▷〈舞台芸術専攻50名，造形芸術専攻65名〉未来を切り開く豊かな表現力や発想力を身につける。
文化・歴史	140	▷日本史系，世界史系，現代文化・倫理系，文化資源学系の科目群から，興味に応じて自由に授業を選択することが可能。
文化デザイン	80	▷人間のさまざまな文化活動を社会につなげて生かすためのシステムを考え，創り，実践する知識と方法を学ぶ。

● **取得可能な資格**…教職（国・地歴・公・社・美・工芸・英），司書，学芸員など。
● **進路状況**…………就職85.0%　進学3.6%
● **主な就職先**………大阪府教育委員会，マイナビ，日本郵便，大阪市役所，明治安田生命保険など。

総合社会学部

総合社会	510	▷〈社会・マスメディア系専攻238名，心理系専攻136名，環境・まちづくり系専攻136名〉現代社会を多角的に考察し，柔軟な発想で問題解決をめざす。

● **取得可能な資格**…教職（地歴・公・社），司書など。
● **進路状況**…………就職87.6%　進学5.2%
● **主な就職先**………日本郵便，日本放送協会，防衛省自衛隊，兵庫県庁，YKK AP，朝日新聞社など。

キャンパスアクセス ［奈良キャンパス］ 近鉄奈良線一富雄よりバス10分

国際学部		
国際	500	▷〈グローバル専攻450名，東アジア専攻50名〉全員１年次からの海外留学で，ビジネスで使える語学を徹底的に身につける。東アジア専攻は中国語，韓国語の２コース(各25名)。

● 取得可能な資格…教職(英)。
● 進路状況…………就職84.8% 進学7.5%
● 主な就職先………大阪府警察，ANA関西空港，楽天グループ，大阪府教育委員会，豊田通商など。

農学部		
農業生産科	120	▷生物現象の探究，農産物の生産，アグリビジネスへの展開，先端農業への挑戦の４つの視点をもとに教育・研究を展開。
水産	120	▷体験型講義などを通して，幅広い分野を網羅した水産学のプロを養成する。世界に誇る研究を数多く展開。
応用生命化	120	▷生命，資源，食料，環境を柱に，機能性食品の開発，環境に優しい農薬の創製など，「役に立つ」研究を実施。
食品栄養	80	▷管理栄養士養成課程。臨床系科目を多く取り入れたカリキュラムを設定し，総合力のある管理栄養士を養成する。
環境管理	120	▷環境問題にさまざまな角度からアプローチし，世界を舞台に活躍できる環境マネジメント能力を持つ人材を育成する。
生物機能科	120	▷食料，医療，創薬，エネルギーなど人類が直面する問題の解決に向け，生物が持つさまざまな機能に着目し研究を展開。

● 取得可能な資格…教職(理・農・水産，栄養)，学芸員，栄養士，管理栄養士受験資格など。
● 進路状況…………就職74.2% 進学20.8%
● 主な就職先………農林水産省，奈良県庁，京都府庁，伊藤ハム，タキイ種苗，国土交通省など。

医学部		
医	112	▷関西私立の総合大学では唯一の医学部。２つの総合病院と連携した丁寧な指導で優秀な医師を育成する。

● 取得可能な資格…医師受験資格。
● 進路状況…………初期臨床研修医54.1%

生物理工学部		
生物工	90	▷植物や微生物を研究対象として，生き物が持つ優れた働きを食糧生産や環境保全などの問題解決に役立てる。
遺伝子工	90	▷遺伝子組換えや体外受精などの技術を習得し，医療・創薬・食物生産・環境保全の分野で活躍する人材を育成する。
食品安全工	90	▷「食の安全と機能」について，健康の維持・推進の観点から科学的に追及する人材を育成する。
生命情報工	80	▷生命や生体の機能をシステムとして理解するために高度な情報技術を学び，医療や福祉などへの応用をめざす。
人間環境デザイン工	80	▷21世紀の福祉・ユニバーサル社会のために，人や環境にやさしいものづくりを学ぶ。二級建築士受験資格が取得可能。
医用工	55	▷人工心肺や血液浄化装置，AIによる医療画像診断ソフト，先端医療機器の設計開発を担うエンジニアを育成する。

● 取得可能な資格…教職(数・理・情)，臨床工学技士・２級建築士受験資格など。
● 進路状況…………就職73.0% 進学22.1%
● 主な就職先………富士ソフト，和歌山県庁，近畿大学病院，TOPPAN，フジパングループ本社など。

キャンパスアクセス [大阪狭山キャンパス] 南海高野線一金剛よりバス15分／泉北高速鉄道一泉ケ丘よりバス15分

工学部		
化学生命工	75	▷化学・生命工学，環境・情報化学，医・食・住化学の３コース。全コースで情報技術を身につけるカリキュラムを配置。
機械工	100	▷機械設計，エネルギー機械の２コース。ものづくり産業で使われる機械を設計・開発できる技術者を育成する。
ロボティクス	75	▷ロボット設計，ロボット制御の２コース。ロボットの機構から設計，組立て，制御システムまでを幅広く学ぶ。
電子情報工	95	▷電気電子，情報通信の２コース。最新技術に対応できるエンジニアやICTスペシャリストを育成する。
情報	100	▷情報システム，情報メディアの２コース。両コースともに，データサイエンスや最適化技術も学ぶ。
建築	100	▷建築学，インテリアデザインの２コース。環境に配慮し，快適な空間を創造する建築士，インテリアプランナーを育成。
● 取得可能な資格…教職(数・理・技・情・工業)，１・２級建築士受験資格など。 ● 進路状況…………就職82.8%　進学14.7% ● 主な就職先………五洋建設，日本製鋼所，西日本旅客鉄道，ミネベアミツミ，富士通，マツダなど。		
産業理工学部		
生物環境化	65	▷バイオサイエンス，食品生物資源，エネルギー・環境の３コース。幅広い学びで諸分野のスペシャリストを育成する。
電気電子工	65	▷エネルギー・環境，情報通信，応用エレクトロニクスの３コース。暮らしに直結した基幹技術を基礎から応用まで学ぶ。
建築・デザイン	95	▷建築工学，建築・デザインの２コース。建築構造・生産・設計・環境，デザインなど，第一線で活躍するプロの指導も実施。
情報	75	▷情報エンジニアリング，メディア情報，データサイエンスの３コース。高度情報化社会を支えるエキスパートを育成。
経営ビジネス	120	▷経営マネジメント，グローバル経営の２コース。さまざまな組織をマネジメントできる能力を身につける。
● 取得可能な資格…教職(理・情・工業・商業)，１・２級建築士受験資格など。 ● 進路状況…………就職85.6%　進学7.7% ● 主な就職先………九電工，西日本旅客鉄道，積水ハウス，五洋建設，西日本電信電話，ニコンなど。		

▶大学院

法学・商学・経済学・総合理工学・薬学・農学・生物理工学・システム工学・産業理工学(以上M・D)，総合文化・実学社会起業イノベーション学位プログラム(以上M)，医学(D)

▶通信教育部

法学部，短期大学部商経科　※2025年４月に建築学部通信教育課程を開設。

▶キャンパス

情報・法・経済・経営・理工・建築・薬・文芸・総合社会・国際……［東大阪キャンパス］大阪府東大阪市小若江3-4-1
農……［奈良キャンパス］奈良県奈良市中町3327-204
医……［大阪狭山キャンパス］大阪府大阪狭山市大野東377-2
※医学部および近畿大学病院は2025年11月に大阪府堺市に移転予定。
生物理工……［和歌山キャンパス］和歌山県紀の川市西三谷930
工……［広島キャンパス］広島県東広島市高屋うめの辺１
産業理工……［福岡キャンパス］福岡県飯塚市柏の森11-6

キャンパスアクセス［和歌山キャンパス］JR阪和線一紀伊よりバス20分

2024年度入試要項（前年度実績）

●募集人員

学部／学科（専攻・コース）	一般前期A	一般前期B	一般後期	共通前期	共通中期	共通後期	共通併用A	共通併用B	共通併用後期	公募推薦	総合型
▶**情報** 情報	57	32	7	10	10	3	10	10	2	123	15
情報（情報学部独自）	23	18	6	—	—	—	—	—	—	19	—
▶**法** 法律	90	80	25	20	15	5	10	10	5	240	—
▶**経済** 経済	78	54	30	16	10	10	8	4	4	206	—
国際経済	28	22	11	8	6	5	4	2	2	82	—
総合経済政策	28	22	11	8	6	5	4	2	2	82	—
▶**経営** 経営	108	97	38	11	8	6	6	4	3	144	—
商	101	92	36	10	8	6	6	4	3	139	—
会計	44	40	12	6	5	5	4	2	2	55	—
キャリア・マネジメント	44	40	12	6	5	5	4	2	2	55	—
▶**理工** 理（数学）	17	13	6	3	2	2	2	2	2	21	—
（物理学）	17	13	6	3	2	2	2	2	2	21	—
（化学）	20	17	7	4	2	2	3	2	2	26	—
生命科	23	18	8	5	3	2	3	2	2	29	—
応用化	31	25	11	7	5	3	4	2	2	40	—
機械工	48	37	17	12	8	6	5	3	3	61	—
電気電子通信工	40	33	14	10	7	5	4	3	3	51	—
社会情報工	24	19	8	6	3	2	4	2	2	30	—
エネルギー物質	28	23	9	6	5	3	4	2	2	38	—
▶**建築** 建築	70	60	20	10	6	2	5	5	2	100	—
▶**薬** 医療薬	35	30	10	4	4	2	—	—	—	65	—
創薬科	8	6	4	2	2	1	—	—	—	17	—
▶**文芸** 文（日本文学）	26	24	7	8	2	2	3	2	—	46	20
（英語英米文学）	12	7	5	2	2	2	2	2	—	26	
芸術（舞台芸術）	13	6	2	2	1	1	1	—	—	24	
（造形芸術）	11	14	4	2	2	2	—	—	—	30	
文化・歴史	30	27	10	10	2	2	2	2	—	55	
文化デザイン	20	16	5	5	2	1	2	1	—	28	
▶**総合社会** 総合社会（社会・マスメディア系）	55	50	16	11	9	5	5	3	2	82	—
（心理系）	31	29	9	7	5	2	3	2	1	47	—
（環境・まちづくり系）	31	29	9	7	5	2	3	2	1	47	—
▶**国際** 国際（グローバル）	75	30	10	35	16	5	12	5	3	161	30
（グローバル（国際学部独自方式））	40	13	10	—	—	—	—	—	—	35	—
（東アジア・中国語）	7	4	2	2	1	1	—	—	—	8	—
（東アジア・韓国語）	7	4	2	2	1	1	—	—	—	8	—
▶**農** 農業生産科	27	23	8	6	4	2	5	4	2	39	—
水産	27	23	8	6	4	2	5	4	2	39	—
応用生命化	27	23	8	6	4	2	5	4	2	39	—

 キャンパスアクセス ［広島キャンパス］ JR山陽本線ー西高屋よりバス5分または徒歩20分

学部／学科(専攻・コース)	一般前期A	一般前期B	一般後期	共通前期	共通中期	共通後期	共通併用A	共通併用B	共通併用後期	公募推薦	総合型
食品栄養	18	16	5	4	3	2	4	2	2	24	—
環境管理	27	23	8	6	4	2	5	4	2	39	—
生物機能科	27	23	8	6	4	2	5	4	2	39	—
▶医　医	55	—	5	5	3	2	—	—	—	25	—
▶生物理工　生物工	20	11	5	11	6	4	3	1	1	28	—
遺伝子工	20	11	5	11	6	4	3	1	1	28	—
食品安全工	20	11	5	11	6	4	3	1	1	28	—
生命情報工	17	10	5	9	5	3	2	1	1	27	—
人間環境デザイン工	17	10	5	9	5	3	2	1	1	27	—
医用工	12	6	4	6	4	2	2	1	1	17	—
▶工　化学生命工	17	10	3	8	3	2	2	2	2	26	30
機械工	28	14	3	11	3	2	2	2	2	33	
ロボティクス	17	10	3	8	3	2	2	2	2	26	
電子情報工	27	13	3	10	3	2	2	2	2	31	
情報	28	14	3	11	3	2	2	2	2	33	
建築	28	14	3	11	3	2	2	2	2	33	
▶産業理工　生物環境化	12	10	3	8	6	2	2	2	—	20	10
電気電子工	12	10	3	8	6	2	2	2	—	20	10
建築・デザイン	17	12	4	10	10	3	2	2	—	35	10
情報	14	9	3	9	9	2	2	2	—	25	10
経営ビジネス	18	12	4	12	12	3	2	2	—	55	10

※文芸学部の総合型選抜(AO入試)を行う学科・専攻・コースは，日本文学専攻創作・評論コース，芸術学科，文化・歴史学科，文化デザイン学科。
※医学部は上記以外に，地域枠入試一般前期型で13名(大阪府３名，奈良県２名，和歌山県２名，静岡県６名)を，一般後期型で４名(静岡県)を募集する。

▷一般入試前期と一般公募推薦入試(いずれも医学部を除く)は，スタンダード方式以外に高得点科目の点数を２倍にして判定する高得点科目重視方式と併願可。
▷一般入試の国際学部と一般公募推薦入試(医学部および薬学部医療薬学科，文学部文学科日本文学専攻を除く)において，外部試験利用制度を導入。指定された英語の各種資格試験等の資格・スコアを「英語」の得点にみなして換算する。ただし，本学の「英語」の受験は必須で，高得点の方を採用し，判定する。
▷共通テストの英語はリーディング160点，リスニング40点の200点に換算し，改めて各学部の入試区分の点数に換算する。

情報学部

一般入試前期(Ａ日程・Ｂ日程〈英・数・理型〉) **3**科目 ①**外**(100) ▶コミュ英Ⅰ・コミュ英Ⅱ・コミュ英Ⅲ・英表Ⅰ・英表Ⅱ ②**数**(100) ▶[Ａ日程]一数Ⅰ・数Ⅱ・数Ⅲ・数Ａ・数Ｂ(数列・ベク)，[Ｂ日程] 一数Ⅰ・数Ⅱ・数Ａ・数Ｂ(数列・ベク) ③**理**(100) ▶「物基・物」・「化基・化」・「生基・生」から１

一般入試前期(Ａ日程・Ｂ日程〈英・国・数型〉)・後期 **3**科目 ①**国**(100) ▶国総・現文Ｂ・古典Ｂ(いずれも漢文を除く) ②**外**(100) ▶コミュ英Ⅰ・コミュ英Ⅱ・コミュ英Ⅲ・英表Ⅰ・英表Ⅱ ③**数**(100) ▶数Ⅰ・数Ⅱ・数Ａ・数Ｂ(数列・ベク)

※前期Ａ・Ｂ日程(両方式)において，併願のみ利用できる情報学部独自方式も実施。数学を300点に換算し，外国語と合わせて400点満点で判定する(３科目受験必須)。
※後期は３科目を受験し高得点２科目で判定。

キャンパスアクセス [福岡キャンパス] JR福北ゆたか線一新飯塚よりバス５分

また，情報学部独自方式は数学１科目(100)で判定する。
共通テスト利用方式(前期)〈３教科４科目型〉
４科目　①②**数**(100×2) ▶「数Ⅰ・数Ａ」・「〈数Ⅱ・数Ｂ〉・情から１」 ③④**国・外・「地歴・公民」・理**(100×2) ▶国(近代)・「英(リスニングを含む)・独・仏・中・韓から１」・「世Ａ・世Ｂ・日Ａ・日Ｂ・地理Ａ・地理Ｂ・現社・倫・政経・〈倫・政経〉から１」・「物・化・生から１」から２
[個別試験] 行わない。
共通テスト利用方式(前期)〈５教科６科目型〉
６科目　①**国**(100) ▶国(近代) ②**外**(100) ▶英(リスニングを含む)・独・仏・中・韓から１ ③④**数**(100×2) ▶「数Ⅰ・数Ａ」・「〈数Ⅱ・数Ｂ〉・情から１」 ⑤**理**(100) ▶物・化・生から１ ⑥**地歴・公民・理**(100) ▶世Ａ・世Ｂ・日Ａ・日Ｂ・地理Ａ・地理Ｂ・現社・倫・政経・「倫・政経」・物・化・生から１，ただし理科を選択する場合は⑤で採用された科目を除く
[個別試験] 行わない。
共通テスト利用方式(中期・後期)　**３～２**科目
①②③**国・外・「地歴・公民」・数・理**(中期100×3・後期100×2) ▶国(近代)・「英(リスニングを含む)・独・仏・中・韓から１」・「世Ａ・世Ｂ・日Ａ・日Ｂ・地理Ａ・地理Ｂ・現社・倫・政経・〈倫・政経〉から１」・「〈数Ⅰ・数Ａ〉・〈数Ⅱ・数Ｂ〉・情から１」・「物・化・生から１」から中期は３，後期は２
[個別試験] 行わない。
共通テスト併用方式(Ａ日程) **〈共通テスト科目〉** **４**科目　①②**数**(100×2) ▶「数Ⅰ・数Ａ」・「〈数Ⅱ・数Ｂ〉・情から１」 ③④**国・外・「地歴・公民」・理**(100×2) ▶国(近代)・「英(リスニングを含む)・独・仏・中・韓から１」・「世Ａ・世Ｂ・日Ａ・日Ｂ・地理Ａ・地理Ｂ・現社・倫・政経・〈倫・政経〉から１」・「物・化・生から１」から２
〈個別試験科目〉 一般入試前期Ａ日程の高得点１科目(100)を判定に利用する
共通テスト併用方式(Ｂ日程・後期) **〈共通テスト科目〉** **３～２**科目　①②③**国・外・「地歴・公民」・数・理**(Ｂ日程100×3・後期100×2) ▶国(近代)・「英(リスニングを含む)・独・仏・中・韓から１」・「世Ａ・世Ｂ・日Ａ・日Ｂ・地理Ａ・地理Ｂ・現社・倫・政経・〈倫・政経〉から１」・「〈数Ⅰ・数Ａ〉・〈数Ⅱ・数Ｂ〉・情から１」・「物・化・生から１」からＢ日程は３，後期は２
〈個別試験科目〉 Ｂ日程は一般入試前期Ｂ日程の，後期は一般入試後期の高得点１科目(100)をそれぞれ判定に利用する
一般公募推薦入試　**[出願資格]** 校長推薦，１浪まで。
[選考方法] 調査書，個別学力試験(英語・数学，ただし情報学部独自方式は数学１科目で判定)。
総合型選抜(ＡＯ入試)　**[出願資格]** 情報関連分野に強い関心を持っており，プログラム作成の経験をすでに積んでいる者，または情報関係コンテストに出場した経験がある者，あるいは情報関係の資格などを有し，それを証明するものを提出できる者。
[選考方法] 書類審査(未踏IT，未踏ジュニアの採択者は免除)通過者を対象に，オンラインでプレゼンテーション・口頭試問を行う(未踏IT，未踏ジュニアの採択者は面接のみ)。

法学部・経済学部・経営学部

一般入試前期(Ａ日程・Ｂ日程)・後期　**３**科目
①**国**(100) ▶国総・現文Ｂ・古典Ｂ(いずれも漢文を除く) ②**外**(100) ▶コミュ英Ⅰ・コミュ英Ⅱ・コミュ英Ⅲ・英表Ⅰ・英表Ⅱ ③**地歴・公民・数**(100) ▶世Ｂ・日Ｂ・地理Ｂ・政経・「数Ⅰ・数Ⅱ・数Ａ・数Ｂ(数列・ベク)」から１
※後期は３科目を受験し，高得点２科目で判定する。
共通テスト利用方式(前期)〈３教科３科目型〉
３科目　①**外**(150) ▶英(リスニングを含む)・独・仏・中・韓から１ ②③**国・地歴・公民・数・理**(100×2) ▶国(漢文を除く)・「世Ａ・世Ｂ・日Ａ・日Ｂ・地理Ａ・地理Ｂから１」・「現社・倫・政経・〈倫・政経〉から１」・「数Ⅰ・〈数Ⅰ・数Ａ〉・数Ⅱ・〈数Ⅱ・数Ｂ〉・簿・情から１」・「〈物基・化基・生基・地学基から２〉・物・化・生・地学から１」から２
[個別試験] 行わない。
共通テスト利用方式(前期)〈５教科７科目型〉
７科目　①**国**(150) ▶国(漢文を除く) ②**外**(200) ▶英(リスニングを含む)・独・仏・中・韓から１ ③④**地歴・公民**(100×2) ▶世Ａ・世Ｂ・日Ａ・日Ｂ・地理Ａ・地理Ｂ・現社・倫・政

経・「倫・政経」から2　⑤⑥**数**(100×2)▶数Ⅰ・「数Ⅰ・数A」・数Ⅱ・「数Ⅱ・数B」・簿・情から2　⑦**理**(100)▶「物基・化基・生基・地学基から2」・物・化・生・地学から1
[個別試験] 行わない。
共通テスト利用方式(中期・後期)【**法学部・経済学部**】 **3~2科目** ①②③**国・外・地歴・公民・数・理**(中期100×3・後期100×2)▶国(漢文を除く)・「英(リスニングを含む)・独・仏・中・韓から1」・世A・世B・日A・日B・地理A・地理B・現社・倫・政経・「倫・政経」・数Ⅰ・「数Ⅰ・数A」・数Ⅱ・「数Ⅱ・数B」・簿・情・「物基・化基・生基・地学基から2」・物・化・生・地学から中期は3，後期は2
[個別試験] 行わない。
共通テスト利用方式(中期)【**経営学部**】 **3科目** ①**国**(100)▶国(漢文を除く)　②**外**(150)▶英(リスニングを含む)・独・仏・中・韓から1　③**地歴・公民・数・理**(100)▶世A・世B・日A・日B・地理A・地理B・現社・倫・政経・「倫・政経」・数Ⅰ・「数Ⅰ・数A」・数Ⅱ・「数Ⅱ・数B」・簿・情・「物基・化基・生基・地学基から2」・物・化・生・地学から1
[個別試験] 行わない。
共通テスト利用方式(後期)【**経営学部**】法学部・経済学部と同じ
共通テスト併用方式(A日程・B日程・後期)**〈共通テスト科目〉** **2~1科目** ①②**国・外・地歴・公民・数・理**(A・B日程100×2，後期100)▶国(漢文を除く)・「英(リスニングを含む)・独・仏・中・韓から1」・世A・世B・日A・日B・地理A・地理B・現社・倫・政経・「倫・政経」・数Ⅰ・「数Ⅰ・数A」・数Ⅱ・「数Ⅱ・数B」・簿・情・「物基・化基・生基・地学基から2」・物・化・生・地学からA日程とB日程は2，後期は1
〈個別試験科目〉 A日程は一般入試前期A日程の，B日程は一般入試前期B日程の高得点1科目(150)をそれぞれ判定に利用し，後期は一般入試後期の高得点1科目(100)を判定に利用する。
一般公募推薦入試　**[出願資格]** 校長推薦，1浪まで。
[選考方法] 調査書，個別学力試験(国語・英語，経済学部は英語と国・数から1)。

理工学部

一般入試前期(A日程・B日程)・後期　**3科目**
①**外**(100)▶コミュ英Ⅰ・コミュ英Ⅱ・コミュ英Ⅲ・英表Ⅰ・英表Ⅱ　②**数**(100)▶「数Ⅰ・数Ⅱ・数A・数B(数列・ベク)」・「数Ⅰ・数Ⅱ・数Ⅲ・数A・数B(数列・ベク)」から1，ただし数Ⅰ・数Ⅱ・数A・数Bは理学科化学コースと生命科学科のみ選択可　③**理**(100)▶「物基・物」・「化基・化」・「生基・生」から1
※後期は3科目を受験し，高得点2科目で判定する。
共通テスト利用方式(前期)〈3教科3科目型〉
3科目 ①**数**(100)▶数Ⅱ・数B　②③**国・外・理**(100×2)▶国(近代)・英(リスニングを含む)・「物・化・生から1」から2
[個別試験] 行わない。
共通テスト利用方式(前期)〈5教科5科目型〉
5科目 ①**国**(100)▶国(近代)　②**外**(100)▶英(リスニングを含む)　③**数**(100)▶数Ⅱ・数B　④**地歴**(100)▶世A・世B・日A・日B・地理A・地理Bから1　⑤**理**(100)▶物・化・生から1
[個別試験] 行わない。
共通テスト利用方式(中期・後期)　**3~2科目**
①②③**国・外・数・理**(中期100×3・後期100×2)▶国(近代)・英(リスニングを含む)・「数Ⅰ・数A」・「数Ⅱ・数B」・物・化・生から中期は3，後期は2教科2科目
[個別試験] 行わない。
共通テスト併用方式(A日程)　**〈共通テスト科目〉** **3科目** ①**数**(100)▶数Ⅱ・数B　②③**国・外・理**(100×2)▶国(近代)・英(リスニングを含む)・「物・化・生から1」から2
〈個別試験科目〉 一般入試前期A日程の高得点2科目(150×2)を判定に利用する
共通テスト併用方式(B日程・後期)　**〈共通テスト科目〉** **2~1科目** ①②**国・外・数・理**(B日程100×2・後期100)▶国(近代)・英(リスニングを含む)・「数Ⅰ・数A」・「数Ⅱ・数B」・物・化・生からB日程は2，後期は1
〈個別試験科目〉 B日程は一般入試前期B日程の高得点2科目(100×2)を，後期は一般入試後期の高得点1科目(100)をそれぞれ判定に利用する

一般公募推薦入試 ［出願資格］ 校長推薦，1浪まで。
［選考方法］ 調査書，個別学力試験（英語のほか，理学科数学コースと機械工・電気電子通信工・社会環境工の3学科は数学，その他の学科・コースは数・理から1）。

建築学部

一般入試前期（A日程） 3科目 ①外（100）▶コミュ英Ⅰ・コミュ英Ⅱ・コミュ英Ⅲ・英表Ⅰ・英表Ⅱ ②数（100）▶「数Ⅰ・数Ⅱ・数A・数B（数列・ベク）」・「数Ⅰ・数Ⅱ・数Ⅲ・数A・数B（数列・ベク）」から1 ③理（100）▶「物基・物」・「化基・化」・「生基・生」から1
一般入試前期（B日程）・後期 3科目 ①外（100）▶コミュ英Ⅰ・コミュ英Ⅱ・コミュ英Ⅲ・英表Ⅰ・英表Ⅱ ②国・数（100）▶「国総・現文B・古典B（いずれも漢文を除く）」・「数Ⅰ・数Ⅱ・数A・数B（数列・ベク）」から1 ③地歴・理（100）▶世B・日B・地理B・「物基・物」・「化基・化」・「生基・生」から1
※後期は3科目を受験し，高得点2科目で判定する。
共通テスト利用方式（前期）〈3教科4科目型〉 4科目 ①②数（100×2）▶「数Ⅰ・数A」・「数Ⅱ・数B」 ③④国・外・理（100×2）▶国（近代）・英（リスニングを含む）・「物・化・生から1」から2
［個別試験］ 行わない。
共通テスト利用方式（前期）〈5教科7科目型〉 7科目 ①国（100）▶国（近代） ②外（100）▶英（リスニングを含む） ③地歴・公民（100）▶世A・世B・日A・日B・地理A・地理B・現社・倫・政経・「倫・政経」から1 ④⑤数（100×2）▶「数Ⅰ・数A」・「数Ⅱ・数B」 ⑥⑦理（100×2）▶物・化・生から2
［個別試験］ 行わない。
共通テスト利用方式（中期） 3科目 ①②③国・外・「地歴・公民」・数・理（100×3）▶国（近代）・英（リスニングを含む）・「世A・世B・日A・日B・地理A・地理B・現社・倫・政経・〈倫・政経〉から1」・「〈数Ⅰ・数A〉・〈数Ⅱ・数B〉から1」・「物・化・生から1」から3
［個別試験］ 行わない。
共通テスト利用方式（後期） 2科目 ①②国・外・数・理（100×2）▶国（近代）・英（リスニングを含む）・「〈数Ⅰ・数A〉・〈数Ⅱ・数B〉から1」・「物・化・生から1」から2
［個別試験］ 行わない。
共通テスト併用方式（A日程・B日程） 〈共通テスト科目〉 2科目 ①②国・外・地歴・公民・数・理（100×2）▶国（近代）・「英（リスニングを含む）・独・仏・中・韓から1」・世A・世B・日A・日B・地理A・地理B・現社・倫・政経・「倫・政経」・数Ⅰ・「数Ⅰ・数A」・数Ⅱ・「数Ⅱ・数B」・物・化・生・地学から2
〈個別試験科目〉 A日程は一般入試前期A日程の高得点2科目（100×2）を，B日程は一般入試前期B日程の高得点1科目（150）をそれぞれ判定に利用する
共通テスト併用方式（後期） 〈共通テスト科目〉 1科目 ①国・外・数・理（100）▶国（近代）・英（リスニングを含む）・数Ⅰ・「数Ⅰ・数A」・数Ⅱ・「数Ⅱ・数B」・物・化・生・地学から1
〈個別試験科目〉 一般入試後期の高得点1科目（100）を判定に利用する
一般公募推薦入試 ［出願資格］ 校長推薦，1浪まで。
［選考方法］ 調査書，個別学力試験（英語と国・数から1）。

薬学部

一般入試前期（A日程・B日程）・後期 3科目 ①外（100）▶コミュ英Ⅰ・コミュ英Ⅱ・コミュ英Ⅲ・英表Ⅰ・英表Ⅱ ②数（100）▶「数Ⅰ・数Ⅱ・数A・数B（数列・ベク）」・「数Ⅰ・数Ⅱ・数Ⅲ・数A・数B（数列・ベク）」から1，ただしB日程は数Ⅰ・数Ⅱ・数A・数B指定 ③理（100）▶「物基・物」・「化基・化」・「生基・生」から1
※後期は3科目を受験し，英語・数学の高得点科目と理科の2科目で判定する。
共通テスト利用方式（前期〈3教科3科目型〉・中期） 3科目 ①外（前期200・中期100）▶英（リスニングを含む） ②数（100）▶「数Ⅰ・数A」・「数Ⅱ・数B」から1 ③理（前期100・中期200）▶物・化・生から1
［個別試験］ 行わない。
共通テスト利用方式（前期）〈5教科7科目型〉 7科目 ①国（100）▶国（近代） ②外（100）▶英（リスニングを含む） ③地歴・公民（100）▶

世Ａ・世Ｂ・日Ａ・日Ｂ・地理Ａ・地理Ｂ・現社・倫・政経・「倫・政経」から１　④⑤**数**(100×2) ▶「数Ⅰ・数Ａ」・「数Ⅱ・数Ｂ」 ⑥⑦**理**(200×2) ▶物・化・生から２

[個別試験]　行わない。

共通テスト利用方式(後期)　**3科目**　①**外**(100) ▶英(リスニングを含む)　②**理**(100) ▶物・化・生から１　③**国・数**(100) ▶国(近代)・「数Ⅰ・数Ａ」・「数Ⅱ・数Ｂ」から１

[個別試験]　行わない。

一般公募推薦入試　**[出願資格]**　校長推薦，１浪まで。

[選考方法]　調査書，個別学力試験(英語・理科)。

文芸学部

一般入試前期(Ａ日程)　**3科目**　①**国**(100) ▶国総・現文Ｂ・古典Ｂ(いずれも漢文を除く)　②**外**(100) ▶コミュ英Ⅰ・コミュ英Ⅱ・コミュ英Ⅲ・英表Ⅰ・英表Ⅱ　③**地歴・公民・数**(100) ▶世Ｂ・日Ｂ・地理Ｂ・政経・「数Ⅰ・数Ⅱ・数Ａ・数Ｂ(数列・ベク)」から１

一般入試前期(Ｂ日程)・後期　**【文学科／文化・歴史学科／文化デザイン学科】**　前期Ａ日程と同じ。ただし，後期は３科目を受験し，高得点２科目で判定する

一般入試前期(Ｂ日程)　**【芸術学科〈舞台芸術専攻〉】**　**3科目**　①**国**(100) ▶国総・現文Ｂ・古典Ｂ(いずれも漢文を除く)　②**外**(100) ▶コミュ英Ⅰ・コミュ英Ⅱ・コミュ英Ⅲ・英表Ⅰ・英表Ⅱ　③**実技・小論文**(100) ▶実技(事前課題の作文は当日持参)・小論文から１

【芸術学科〈造形芸術専攻〉】　**3～1科目**　①②③**「国・外・〈地歴・公民・数〉」・実技**(100×3または300〈実技〉) ▶「〈国総・現文Ｂ・古典Ｂ(いずれも漢文を除く)〉・〈コミュ英Ⅰ・コミュ英Ⅱ・コミュ英Ⅲ・英表Ⅰ・英表Ⅱ〉・〈世Ｂ・日Ｂ・地理Ｂ・政経・(数Ⅰ・数Ⅱ・数Ａ・数Ｂ(数列・ベク))から１〉」・デッサンから１

一般入試後期　**【芸術学科〈舞台芸術専攻〉】**　前期Ａ日程と同じ。ただし，３科目を受験し，高得点２科目(100×2)で判定する

【芸術学科〈造形芸術専攻〉】　前期Ｂ日程と同じ。ただし，実技以外を選択する場合は３科目を受験し，高得点２科目(100×2)で判定する(実技の得点は200点)

共通テスト利用方式(前期)〈３教科３科目型〉　**3科目**　①**外**(150) ▶英(リスニングを含む)・独・仏・中・韓から１　②③**国・地歴・公民・数・理**(100×2) ▶国(近代，古文または漢文)・「世Ａ・世Ｂ・日Ａ・日Ｂ・地理Ａ・地理Ｂから１」・「現社・倫・政経・〈倫・政経〉から１」・「数Ⅰ・〈数Ⅰ・数Ａ〉・数Ⅱ・〈数Ⅱ・数Ｂ〉・簿・情から１」・「〈物基・化基・生基・地学基から２〉・物・化・生・地学から１」から２

[個別試験]　行わない。

共通テスト利用方式(前期)〈５教科７科目型〉　**7科目**　①**国**(150) ▶国(近代，古文または漢文)　②**外**(200) ▶英(リスニングを含む)・独・仏・中・韓から１　③④**地歴・公民**(100×2) ▶世Ａ・世Ｂ・日Ａ・日Ｂ・地理Ａ・地理Ｂ・現社・倫・政経・「倫・政経」から２　⑤⑥**数**(100×2) ▶数Ⅰ・「数Ⅰ・数Ａ」・数Ⅱ・「数Ⅱ・数Ｂ」・簿・情から２　⑦**理**(100) ▶「物基・化基・生基・地学基から２」・物・化・生・地学から１

[個別試験]　行わない。

共通テスト利用方式(中期・後期)　**3～2科目**　①②③**国・外・地歴・公民・数・理**(中期100×3・後期100×2) ▶国(近代，古文または漢文)・「英(リスニングを含む)・独・仏・中・韓から１」・世Ａ・世Ｂ・日Ａ・日Ｂ・地理Ａ・地理Ｂ・現社・倫・政経・「倫・政経」・数Ⅰ・「数Ⅰ・数Ａ」・数Ⅱ・「数Ⅱ・数Ｂ」・簿・情・「物基・化基・生基・地学基から２」・物・化・生・地学から中期は３，後期は２教科２科目

[個別試験]　行わない。

共通テスト併用方式(Ａ日程・Ｂ日程)　**〈共通テスト科目〉**　**2科目**　①②**国・外・地歴・公民・数・理**(100×2) ▶国(近代，古文または漢文)・「英(リスニングを含む)・独・仏・中・韓から１」・世Ａ・世Ｂ・日Ａ・日Ｂ・地理Ａ・地理Ｂ・現社・倫・政経・「倫・政経」・数Ⅰ・「数Ⅰ・数Ａ」・数Ⅱ・「数Ⅱ・数Ｂ」・簿・情・「物基・化基・生基・地学基から２」・物・化・生・地学から２

〈個別試験科目〉　Ａ日程は一般入試前期Ａ日程の，Ｂ日程は一般入試前期Ｂ日程の高得点１科目(150)をそれぞれ判定に利用する

一般公募推薦入試　**[出願資格]**　校長推薦，１浪まで。

[選考方法]　調査書，個別学力試験(文学科と

文化・歴史学科，文化デザイン学科は国語・英語，舞台芸術専攻は実技または小論文・面接，造形芸術専攻は国・英または実技）。
総合型選抜（ＡＯ入試）　**［出願資格］**　各学科・専攻・コースが求める条件に該当し，その実績を証明する資料や作品を提出できること。
［選考方法］ 書類審査通過者を対象に，創作・評論コースと舞台芸術専攻，文化・歴史学科は小論文，口頭試問。造形芸術専攻は実技（デッサン），口頭試問（第１次審査に提出したポートフォリオの中から現物を持参）。文化デザイン学科は自己アピールのプレゼンテーション（パワーポイントによるプレゼンテーション後，質疑応答・面接）。

総合社会学部

一般入試前期（Ａ日程・Ｂ日程）・後期　**3**科目　①**国**（100）▶国総・現文Ｂ・古典Ｂ（いずれも漢文を除く）　②**外**（100）▶コミュ英Ⅰ・コミュ英Ⅱ・コミュ英Ⅲ・英表Ⅰ・英表Ⅱ　③**地歴・公民・数**（100）▶世Ｂ・日Ｂ・地理Ｂ・政経・「数Ⅰ・数Ⅱ・数Ａ・数Ｂ（数列・ベク）」から1
※後期は３科目を受験し，高得点２科目で判定する。
共通テスト利用方式（前期（３教科３科目型）・後期）　**3~2**科目　①②③**国・外・地歴・公民・数・理**（前期100×3・後期100×2）▶国（漢文を除く）・「英（リスニングを含む）・独・仏・中・韓から１」・「世Ａ・世Ｂ・日Ａ・日Ｂ・地理Ａ・地理Ｂから１」・「現社・倫・政経・〈倫・政経〉から１」・「数Ⅰ・〈数Ⅰ・数Ａ〉・数Ⅱ・〈数Ⅱ・数Ｂ〉・簿・情から１」・「〈物基・化基・生基・地学基から２〉・物・化・生・地学から１」から前期は3，後期は2
［個別試験］ 行わない。
共通テスト利用方式（前期）〈５教科７科目型〉　**7**科目　①**国**（150）▶国（漢文を除く）　②**外**（200）▶英（リスニングを含む）・独・仏・中・韓から１　③④**地歴・公民**（100×2）▶世Ａ・世Ｂ・日Ａ・日Ｂ・地理Ａ・地理Ｂ・現社・倫・政経・「倫・政経」から２　⑤⑥**数**（100×2）▶数Ⅰ・「数Ⅰ・数Ａ」・数Ⅱ・「数Ⅱ・数Ｂ」・簿・情から２　⑦**理**（100）▶「物基・化基・生基・地学基から２」・物・化・生・地学から１
［個別試験］ 行わない。
共通テスト利用方式（中期）　**3**科目　①**外**（150）▶英（リスニングを含む）・独・仏・中・韓から１　②③**国・地歴・公民・数・理**（100×2）▶国（漢文を除く）・「世Ａ・世Ｂ・日Ａ・日Ｂ・地理Ａ・地理Ｂから１」・「現社・倫・政経・〈倫・政経〉から１」・「数Ⅰ・〈数Ⅰ・数Ａ〉・数Ⅱ・〈数Ⅱ・数Ｂ〉・簿・情から１」・「〈物基・化基・生基・地学基から２〉・物・化・生・地学から１」から２
［個別試験］ 行わない。
共通テスト併用方式（Ａ日程）　**〈共通テスト科目〉**　**2**科目　①②**国・外・地歴・公民・数・理**（100×2）▶国（漢文を除く）・「英（リスニングを含む）・独・仏・中・韓から１」・「世Ａ・世Ｂ・日Ａ・日Ｂ・地理Ａ・地理Ｂから１」・「現社・倫・政経・〈倫・政経〉から１」・「数Ⅰ・〈数Ⅰ・数Ａ〉・数Ⅱ・〈数Ⅱ・数Ｂ〉・簿・情から１」・「〈物基・化基・生基・地学基から２〉・物・化・生・地学から１」から２
〈個別試験科目〉　一般入試前期Ａ日程の高得点１科目（100）を判定に利用する
共通テスト併用方式（Ｂ日程・後期）　**〈共通テスト科目〉**　**1**科目　①**国・外・地歴・公民・数・理**（100）▶国（漢文を除く）・英（リスニングを含む）・独・仏・中・韓・世Ａ・世Ｂ・日Ａ・日Ｂ・地理Ａ・地理Ｂ・現社・倫・政経・「倫・政経」・数Ⅰ・「数Ⅰ・数Ａ」・数Ⅱ・「数Ⅱ・数Ｂ」・簿・情・「物基・化基・生基・地学基から２」・物・化・生・地学から１
〈個別試験科目〉　Ｂ日程は一般入試前期Ｂ日程の高得点２科目（100×2）を，後期は一般入試後期の高得点１科目（150）をそれぞれ判定に利用する
一般公募推薦入試　**［出願資格］**　校長推薦，１浪まで。
［選考方法］ 調査書，個別学力試験（英語と国・数から１）。

国際学部

一般入試前期（Ａ日程・Ｂ日程）・後期　**3**科目　①**国**（100）▶国総・現文Ｂ・古典Ｂ（いずれも漢文を除く）　②**外**（100）▶コミュ英Ⅰ・コミュ英Ⅱ・コミュ英Ⅲ・英表Ⅰ・英表Ⅱ　③**地歴・公民・数**（100）▶世Ｂ・日Ｂ・地理Ｂ・政経・「数Ⅰ・数Ⅱ・数Ａ・数Ｂ（数列・ベク）」から１
※後期は３科目を受験し，外国語と国語・選

択科目の高得点科目の２科目で判定する。
※グローバル専攻国際学部独自方式は，前期Ａ日程は外国語の得点を500点満点に換算し，国語と選択科目の高得点科目と併せて600点満点で，前期Ｂ日程と後期は外国語１科目(100)で判定する(３科目受験必須)。
※外部試験利用制度が利用できる判定方式は，前期Ａ日程はスタンダード方式と高得点科目重視方式および国際学部独自方式，Ｂ日程はスタンダード方式および高得点科目重視方式，後期は高得点判定方式のみ。
共通テスト利用方式(前期)〈１教科１科目型〉 **1科目** ①**外**(200)▶英(リスニングを含む)
[個別試験] 行わない。
共通テスト利用方式(前期)〈３教科３科目型〉 **3科目** ①**外**(200)▶英(リスニングを含む) ②③**国・地歴・公民・数・理**(100×2)▶国(漢文を除く)・「世Ａ・世Ｂ・日Ａ・日Ｂ・地理Ａ・地理Ｂから１」・「現社・倫・政経・〈倫・政経〉から１」・「数Ⅰ・〈数Ⅰ・数Ａ〉・数Ⅱ・〈数Ⅱ・数Ｂ〉・簿・情から１」・「〈物基・化基・生基・地学基から２〉・物・化・生・地学から１」から２
[個別試験] 行わない。
共通テスト利用方式(前期)〈５教科５科目型〉 **5科目** ①**国**(100)▶国(漢文を除く) ②**外**(200)▶英(リスニングを含む) ③**地歴・公民**(100)▶世Ａ・世Ｂ・日Ａ・日Ｂ・地理Ａ・地理Ｂ・現社・倫・政経・「倫・政経」から１ ④**数**(100)▶数Ⅰ・「数Ⅰ・数Ａ」・数Ⅱ・「数Ⅱ・数Ｂ」・簿・情から１ ⑤**理**(100)▶「物基・化基・生基・地学基から２」・物・化・生・地学から１
[個別試験] 行わない。
共通テスト利用方式(中期) **3科目** ①②③**国・外・地歴・公民・数・理**(100×3)▶国(漢文を除く)・英(リスニングを含む)・「世Ａ・世Ｂ・日Ａ・日Ｂ・地理Ａ・地理Ｂから１」・「現社・倫・政経・〈倫・政経〉から１」・「数Ⅰ・〈数Ⅰ・数Ａ〉・数Ⅱ・〈数Ⅱ・数Ｂ〉・簿・情から１」・「〈物基・化基・生基・地学基から２〉・物・化・生・地学から１」から３
[個別試験] 行わない。
共通テスト利用方式(後期) **2科目** ①**外**(200)▶英(リスニングを含む) ②③**国・地歴・公民・数・理**(100)▶国(漢文を除く)・世Ａ・世Ｂ・日Ａ・日Ｂ・地理Ａ・地理Ｂ・現社・倫・政経・「倫・政経」・数Ⅰ・「数Ⅰ・数Ａ」・数Ⅱ・「数Ⅱ・数Ｂ」・簿・情・「物基・化基・生基・地学基から２」・物・化・生・地学から１
[個別試験] 行わない。
共通テスト併用方式(Ａ日程・Ｂ日程) **【グローバル専攻】〈共通テスト科目〉** **2科目** ①**外**(200)▶英(リスニングを含む) ②**国・地歴・公民・数・理**(100)▶国(漢文を除く)・世Ａ・世Ｂ・日Ａ・日Ｂ・地理Ａ・地理Ｂ・現社・倫・政経・「倫・政経」・数Ⅰ・「数Ⅰ・数Ａ」・数Ⅱ・「数Ⅱ・数Ｂ」・簿・情・「物基・化基・生基・地学基から２」・物・化・生・地学から１
〈個別試験科目〉 Ａ日程は一般入試前期Ａ日程の，Ｂ日程は一般入試前期Ｂ日程の高得点１科目(100)をそれぞれ判定に利用する
共通テスト併用方式(後期) **【グローバル専攻】〈共通テスト科目〉** **1科目** ①**外**(200)▶英(リスニングを含む)
〈個別試験科目〉 一般入試後期の高得点１科目(100)を判定に利用する
一般公募推薦入試 **[出願資格]** 校長推薦，１浪まで。
[選考方法] 調査書，個別学力試験(国語・英語)。グローバル専攻国際学部独自方式は，外国語１科目で判定する。
総合型選抜(ＡＯ入試) **[出願資格]** 指定された外国語による資格試験において一定以上のスコアを有する者など。
[選考方法] 書類審査，日本語と英語による小論文，日本語と英語による口頭試問。

農学部

一般入試前期(Ａ日程・Ｂ日程)・後期 **【農業生産科学科・水産学科・環境管理学科・生物機能科学科】** **3科目** ①**外**(100)▶コミュ英Ⅰ・コミュ英Ⅱ・コミュ英Ⅲ・英表Ⅰ・英表Ⅱ ②**国・数**(100)▶「国総・現文Ｂ・古典Ｂ(いずれも漢文を除く)」・「数Ⅰ・数Ⅱ・数Ａ・数Ｂ(数列・ベク)」・「数Ⅰ・数Ⅱ・数Ⅲ・数Ａ・数Ｂ(数列・ベク)」から１ ③**地歴・理**(100)▶世Ｂ・日Ｂ・地理Ｂ・「物基・物」・「化基・化」・「生基・生」から１
※後期は３科目を受験し，高得点２科目で判定する。
【応用生命化学科・食品栄養学科】 **3科目** ①

外(100)▶コミュ英Ⅰ・コミュ英Ⅱ・コミュ英Ⅲ・英表Ⅰ・英表Ⅱ ②理(100)▶「物基・物」・「化基・化」・「生基・生」から1 ③国・数(100)▶「国総・現文B・古典B(いずれも漢文を除く)」・「数Ⅰ・数Ⅱ・数A・数B(数列・ベク)」・「数Ⅰ・数Ⅱ・数Ⅲ・数A・数B(数列・ベク)」から1
※後期は3科目を受験し，高得点2科目で判定する。
共通テスト利用方式(前期)〈3教科3科目型〉 3科目 ①外(100)▶英(リスニングを含む)・独・仏・中・韓から1 ②理(100)▶物・化・生・地学から1 ③国・数(100)▶国(近代)・数Ⅰ・「数Ⅰ・数A」・数Ⅱ・「数Ⅱ・数B」から1
[個別試験] 行わない。
共通テスト利用方式(前期)〈4教科4科目型〉 4科目 ①②③④国・外・地歴・数・理(100×4)▶国(近代)・「英(リスニングを含む)・独・仏・中・韓から1」・「世A・世B・日A・日B・地理A・地理Bから1」・「数Ⅰ・〈数Ⅰ・数A〉・数Ⅱ・〈数Ⅱ・数B〉から1」・「物・化・生・地学から1」から4
[個別試験] 行わない。
共通テスト利用方式(前期)〈5教科5科目型〉 5科目 ①国(100)▶国(近代) ②外(100)▶英(リスニングを含む)・独・仏・中・韓から1 ③地歴(100)▶世A・世B・日A・日B・地理A・地理Bから1 ④数(100)▶数Ⅰ・「数Ⅰ・数A」・数Ⅱ・「数Ⅱ・数B」から1 ⑤理(100)▶物・化・生・地学から1
[個別試験] 行わない。
共通テスト利用方式(中期) 2科目 ①理(100)▶物・化・生・地学から1 ②国・外・数(100)▶国(近代)・英(リスニングを含む)・数Ⅰ・「数Ⅰ・数A」・数Ⅱ・「数Ⅱ・数B」から1
[個別試験] 行わない。
共通テスト利用方式(後期) 2科目 ①②国・外・数・理(100×2)▶国(近代)・英(リスニングを含む)・「数Ⅰ・〈数Ⅰ・数A〉・数Ⅱ・〈数Ⅱ・数B〉から1」・「物・化・生・地学から1」から2
[個別試験] 行わない。
共通テスト併用方式(A日程・B日程) 〈共通テスト科目〉 2科目 ①②国・外・数・理(100×2)▶国(近代)・「英(リスニングを含む)・独・仏・中・韓から1」・「数Ⅰ・〈数Ⅰ・数A〉・数Ⅱ・〈数Ⅱ・数B〉から1」・「物・化・生・地学から1」から2
〈個別試験科目〉 A日程は一般入試前期A日程の高得点2科目(100×2)を，B日程は一般入試前期B日程の高得点1科目(150)を判定に利用する
共通テスト併用方式(後期) 〈共通テスト科目〉 1科目 ①国・外・数・理(100)▶国(近代)・英(リスニングを含む)・数Ⅰ・「数Ⅰ・数A」・数Ⅱ・「数Ⅱ・数B」・物・化・生・地学から1
〈個別試験科目〉 一般入試後期の高得点1科目(100)を判定に利用する
一般公募推薦入試 [出願資格] 校長推薦，1浪まで。
[選考方法] 調査書，個別学力試験(英語のほか，応用生命化学科と食品栄養学科は理科，その他の学科は国・理から1)。

医学部

一般入試前期(A日程)・後期 〈一次試験〉 4科目 ①外(100)▶コミュ英Ⅰ・コミュ英Ⅱ・コミュ英Ⅲ・英表Ⅰ・英表Ⅱ ②数(100)▶数Ⅰ・数Ⅱ・数A・数B(数列・ベク) ③④理(200)▶「物基・物」・「化基・化」・「生基・生」から2
〈二次試験〉 2科目 ①小論文 ②個人面接
※一次試験合格者のみ。
共通テスト利用方式(前期) 5科目 ①外(100)▶英(リスニングを含む) ②③数(100×2)▶「数Ⅰ・数A」・「数Ⅱ・数B」 ④⑤理(100×2)▶物・化・生から2
[個別試験] 2科目 ①小論文 ②個人面接
※共通テストによる一次試験合格者のみ。
共通テスト利用方式(中期) 4科目 ①外(100)▶英(リスニングを含む) ②国・数(100)▶国(近代)・「数Ⅰ・数A」から1 ③④理(100×2)▶物・化・生から2
[個別試験] 2科目 ①小論文 ②個人面接
※共通テストによる一次試験合格者のみ。
共通テスト利用方式(後期) 3科目 ①外(100)▶英(リスニングを含む) ②③国・数・理(100×2)▶国(近代)・「数Ⅰ・数A」・物・化・生から2
[個別試験] 2科目 ①小論文 ②個人面接
※共通テストによる一次試験合格者のみ。
※一般入試および共通テスト利用方式の小論

文と個人面接は段階評価。
一般公募推薦入試　**[出願資格]**　校長推薦，1浪まで。
[選考方法]　外・数・「物・化・生から1」による一次試験の通過者を対象に，小論文，面接を行い，調査書等と併せて総合的に判定する。

生物理工学部

一般入試前期(A日程・B日程)・後期　**3科目**　①**外**(100)▶コミュ英Ⅰ・コミュ英Ⅱ・コミュ英Ⅲ・英表Ⅰ・英表Ⅱ　②**理**(100)▶「物基・物」・「化基・化」・「生基・生」から1　③**国・数**(100)▶「国総・現文B・古典B(いずれも漢文を除く)」・「数Ⅰ・数Ⅱ・数A・数B(数列・ベク)」・「数Ⅰ・数Ⅱ・数Ⅲ・数A・数B(数列・ベク)」から1，ただしB日程は数Ⅰ・数Ⅱ・数Ⅲ・数A・数Bの選択不可
※後期は3科目を受験し，高得点2科目で判定する。
※前期B日程で，併願のみ利用できる生物理工学部独自方式は数・理の2科目で判定する(国語選択者は判定対象外)。
共通テスト利用方式(前期)〈2教科2科目型〉**2科目**　①**国・外**(100)▶国(近代)・英(リスニングを含む)から1　②**数・理**(100)▶数Ⅰ・「数Ⅰ・数A」・数Ⅱ・「数Ⅱ・数B」・物・化・生から1
[個別試験]　行わない。
共通テスト利用方式(前期)〈5教科5科目型〉**5科目**　①**国**(100)▶国(近代)　②**外**(100)▶英(リスニングを含む)　③**地歴・公民**(100)▶世A・世B・日A・日B・地理A・地理B・現社・倫・政経・「倫・政経」から1　④**数**(100)▶数Ⅰ・「数Ⅰ・数A」・数Ⅱ・「数Ⅱ・数B」から1　⑤**理**(100)▶物・化・生・地学から1
[個別試験]　行わない。
共通テスト利用方式(中期)　**3科目**　①**理**(100)▶物・化・生から1　②③**国・外・数**(100×2)▶国(近代)・英(リスニングを含む)・「数Ⅰ・〈数Ⅰ・数A〉・数Ⅱ・〈数Ⅱ・数B〉から1」から2
[個別試験]　行わない。
共通テスト利用方式(後期)　**2科目**　①②**国・外・数・理**(100×2)▶国(近代)・英(リスニングを含む)・「数Ⅰ・〈数Ⅰ・数A〉・数Ⅱ・〈数Ⅱ・数B〉から1」・「物・化・生から1」から2
[個別試験]　行わない。
共通テスト併用方式(A日程・B日程・後期)〈共通テスト科目〉**3〜1科目**　①②③**国・外・数・理**(A日程100×3・B日程100×2・後期100)▶国(近代)・英(リスニングを含む)・数Ⅰ・「数Ⅰ・数A」・数Ⅱ・「数Ⅱ・数B」・物・化・生からA日程は3，B日程は2，後期は1
〈個別試験科目〉A日程は一般入試前期A日程の3科目(100×3)を，B日程は一般入試前期B日程の高得点1科目(150)を，後期は一般入試後期の高得点1科目(100)をそれぞれ判定に利用する
一般公募推薦入試　**[出願資格]**　校長推薦，1浪まで。
[選考方法]　調査書，個別学力試験(英語と数・理から1，併願のみ利用できる生物理工学部独自方式は数・理のいずれか1科目で判定)。

工学部

一般入試前期(A日程)・後期　**3科目**　①**外**(100)▶コミュ英Ⅰ・コミュ英Ⅱ・コミュ英Ⅲ・英表Ⅰ・英表Ⅱ　②**理**(100)▶「物基・物」・「化基・化」・「生基・生」から1　③**国・数**(100)▶「国総・現文B・古典B(いずれも漢文を除く)」・「数Ⅰ・数Ⅱ・数A・数B(数列・ベク)」・「数Ⅰ・数Ⅱ・数Ⅲ・数A・数B(数列・ベク)」から1，ただし国は化学生命工学科の前期A日程のみ選択可
※後期は3科目を受験し，高得点2科目で判定する。
一般入試前期(B日程)　**【化学生命工学科】**　**3科目**　①**外**(100)▶コミュ英Ⅰ・コミュ英Ⅱ・コミュ英Ⅲ・英表Ⅰ・英表Ⅱ　②**理**(100)▶「物基・物」・「化基・化」・「生基・生」から1　③**国・数**(100)▶「国総・現文B・古典B(いずれも漢文を除く)」・「数Ⅰ・数Ⅱ・数A・数B(数列・ベク)」から1
【機械工学科・ロボティクス学科・電子情報工学科・情報学科】　**3科目**　①**外**(100)▶コミュ英Ⅰ・コミュ英Ⅱ・コミュ英Ⅲ・英表Ⅰ・英表Ⅱ　②**数**(100)▶数Ⅰ・数Ⅱ・数A・数B(数列・ベク)　③**理**(100)▶「物基・物」・「化基・化」・「生基・生」から1
【建築学科】　**3科目**　①**外**(100)▶コミュ英

Ⅰ・コミュ英Ⅱ・コミュ英Ⅲ・英表Ⅰ・英表Ⅱ ②**国・数**(100)▶「国総・現文B・古典B(いずれも漢文を除く)」・「数Ⅰ・数Ⅱ・数A・数B(数列・ベク)」から1 ③**地歴・理**(100)▶世B・日B・地理B・「物基・物」・「化基・化」・「生基・生」から1

共通テスト利用方式(前期)〈3教科3科目型〉 **3科目** ①②③**国・外・「地歴・公民」・数・理**(100×3)▶国(近代)・「英(リスニングを含む)・独・仏・中・韓から1」・「世A・世B・日A・日B・地理A・地理B・現社・倫・政経・〈倫・政経〉から1」・「数Ⅰ・〈数Ⅰ・数A〉・数Ⅱ・〈数Ⅱ・数B〉・簿・情から1」・「物・化・生・地学から1」から3

[個別試験] 行わない。

共通テスト利用方式(前期)〈5教科5科目型〉 **5科目** ①**国**(100)▶国(近代) ②**外**(100)▶英(リスニングを含む)・独・仏・中・韓から1 ③**地歴・公民**(100)▶世A・世B・日A・日B・地理A・地理B・現社・倫・政経・「倫・政経」から1 ④**数**(100)▶数Ⅰ・「数Ⅰ・数A」・数Ⅱ・「数Ⅱ・数B」・簿・情から1 ⑤**理**(100)▶物・化・生・地学から1

[個別試験] 行わない。

共通テスト利用方式(中期) **4科目** ①②③④**国・外・「地歴・公民」・数・理**(100×4)▶国(近代)・「英(リスニングを含む)・独・仏・中・韓から1」・「世A・世B・日A・日B・地理A・地理B・現社・倫・政経・〈倫・政経〉から1」・「数Ⅰ・〈数Ⅰ・数A〉・数Ⅱ・〈数Ⅱ・数B〉・簿・情から1」・「物・化・生・地学から1」から4

[個別試験] 行わない。

共通テスト利用方式(後期) **2科目** ①**数**(100)▶数Ⅰ・「数Ⅰ・数A」・数Ⅱ・「数Ⅱ・数B」・簿・情から1 ②**国・外・地歴・公民・理**(100)▶国(近代)・英(リスニングを含む)・独・仏・中・韓・世A・世B・日A・日B・地理A・地理B・現社・倫・政経・「倫・政経」・物・化・生・地学から1

[個別試験] 行わない。

共通テスト併用方式(A日程・B日程・後期) **〈共通テスト科目〉** **2~1科目** ①②**国・外・「地歴・公民」・数・理**(A日程・B日程100×2,後期100)▶国(近代)・「英(リスニングを含む)・独・仏・中・韓から1」・「世A・世B・日A・日B・地理A・地理B・現社・倫・政経・〈倫・政経〉から1」・「数Ⅰ・〈数Ⅰ・数A〉・数Ⅱ・〈数Ⅱ・数B〉・簿・情から1」・「物・化・生・地学から1」からA日程とB日程は2，後期は1

〈個別試験科目〉 A日程は一般入試前期A日程の高得点2科目(100×2)を，B日程は一般入試前期B日程の高得点1科目(100)を，後期は一般入試後期の高得点1科目(100)をそれぞれ判定に利用する

一般公募推薦入試 **[出願資格]** 校長推薦，1浪まで。

[選考方法] 調査書，個別学力試験(英語と数・理から1)。

総合型選抜(AO入試) **[出願資格]** 夢(希望)を持っていること，その実現のために，工学部で勉学することに強い意欲を持っていること，大学(各学科)で学修するために必要な基礎的能力を持っていること，国際的に活躍したい意欲を持っていることの条件のうち，3つ満たす者。

[選考方法] 書類審査，数学に関する模擬講義・数学に関する確認テスト・口頭試問(自己アピール等を含む)。

産業理工学部

一般入試前期(A日程・B日程)・後期 **3科目** ①**外**(100)▶コミュ英Ⅰ・コミュ英Ⅱ・コミュ英Ⅲ・英表Ⅰ・英表Ⅱ ②**国・数**(100)▶「国総・現文B・古典B(いずれも漢文を除く)」・「数Ⅰ・数Ⅱ・数A・数B(数列・ベク)」・「数Ⅰ・数Ⅱ・数Ⅲ・数A・数B(数列・ベク)」から1 ③**地歴・理**(100)▶世B・日B・地理B・「物基・物」・「化基・化」・「生基・生」から1

※後期は3科目を受験し，高得点2科目で判定する。

共通テスト利用方式(前期)〈3教科3科目型〉 **3科目** ①②③**国・外・「地歴・公民」・数・理**(100×3)▶国(近代)・「英(リスニングを含む)・独・仏・中・韓から1」・「世A・世B・日A・日B・地理A・地理B・現社・倫・政経・〈倫・政経〉から1」・「数Ⅰ・〈数Ⅰ・数A〉・数Ⅱ・〈数Ⅱ・数B〉・簿・情から1」・「物・化・生・地学から1」から3

[個別試験] 行わない。

共通テスト利用方式(前期)〈5教科5科目型〉

5科目 ①**国**(100)▶国(近代) ②**外**(100)▶英(リスニングを含む)・独・仏・中・韓から1 ③**地歴・公民**(100)▶世A・世B・日A・日B・地理A・地理B・現社・倫・政経・「倫・政経」から1 ④**数**(100)▶数Ⅰ・「数Ⅰ・数A」・数Ⅱ・「数Ⅱ・数B」・簿・情から1 ⑤**理**(100)▶物・化・生・地学から1

[個別試験]　行わない。

共通テスト利用方式(中期・後期)　**3～2**科目 ①**外**(100)▶英(リスニングを含む)・独・仏・中・韓から1 ②③**国・「地歴・公民」・数・理**(中期100×2・後期100)▶国(近代)・「世A・世B・日A・日B・地理A・地理B・現社・倫・政経・〈倫・政経〉から1」・「数Ⅰ・〈数Ⅰ・数A〉・数Ⅱ・〈数Ⅱ・数B〉・簿・情から1」・「物・化・生・地学から1」から中期は2，後期は1

[個別試験] 行わない。

共通テスト併用方式(A日程・B日程)　**〈共通テスト科目〉** **2**科目 ①②**国・外・地歴・公民・数・理**(100×2)▶国(近代)・「英(リスニングを含む)・独・仏・中・韓から1」・世A・世B・日A・日B・地理A・地理B・現社・倫・政経・「倫・政経」・数Ⅰ・「数Ⅰ・数A」・数Ⅱ・「数Ⅱ・数B」・簿・情・物・化・生・地学から2

〈個別試験科目〉　A日程は一般入試前期A日程の，B日程は一般入試前期B日程の高得点2科目(100×2)をそれぞれ判定に利用する

一般公募推薦入試　**[出願資格]**　校長推薦，1浪まで。

[選考方法] 調査書，個別学力試験(英語と国・数から1)。

総合型選抜(AO入試)　**[出願資格]**　現役，学習成績の状況が3.5以上の者。

[選考方法]　書類審査のほか，経営ビジネス学科は学力試験(英語)および課題に対するプレゼンテーション，その他の学科は学力試験(数学)および口頭試問を行う。

その他の選抜

医学部地域枠入試(一般前期型・後期型)，〈専門高校，専門学科・総合学科等を対象とする推薦入試〉，指定校推薦入試，スポーツ推薦入試，文化活動推薦入試，帰国生を対象とした入試，社会人入試，外国人留学生入試。

偏差値データ (2024年度)

●一般入試前期

学部／学科／専攻・コース	2024年度		2023年度実績					
	駿台予備学校	河合塾	募集人員	受験者数	合格者数	合格最低点	競争率	
	合格目標ライン	ボーダー偏差値					'23年	'22年
法学部								
法律(前期A)	**47**	**55**	90	3,271	480	188~191/300	6.8	4.0
(前期B)	**48**	**52.5**	90	1,451	166	187~196/300	8.7	4.5
経済学部								
経済(前期A)	**44**	**52.5**	78	4,395	836	178~180/300	5.3	4.8
(前期B)	**43**	**52.5**	54	1,555	69	200~202/300	22.5	30.9
国際経済(前期A)	**43**	**50**	28	2,043	370	177~179/300	5.5	3.7
(前期B)	**42**	**47.5**	22	853	74	178~183/300	11.5	8.2
総合経済政策(前期A)	**43**	**50**	28	2,179	351	174~179/300	6.2	4.4
(前期B)	**43**	**50**	22	973	70	181~189/300	13.9	13.3
経営学部								
経営(前期A)	**44**	**52.5**	108	3,750	420	192/300	8.9	5.9
(前期B)	**43**	**50**	97	2,092	122	192~199/300	17.1	6.5
商(前期A)	**44**	**50**	101	2,974	572	181~185/300	5.2	5.0

学部／学科／専攻・コース	2024年度		2023年度実績					
	駿台予備学校	河合塾					競争率	
	合格目標ライン	ボーダー偏差値	募集人員	受験者数	合格者数	合格最低点	'23年	'22年
(前期B)	43	50	92	2,113	218	184~194/300	9.7	3.6
会計(前期A)	43	50	44	1,441	193	180~182/300	7.5	4.9
(前期B)	43	50	40	926	114	176~188/300	8.1	3.9
キャリア・マネジメント(前期A)	42	50	44	2,281	277	182~187/300	8.2	4.7
(前期B)	41	47.5	40	1,370	207	175~184/300	6.6	4.9
理工学部								
理／数学(前期A)	45	50	17	577	191	168~170/300	3.0	3.1
(前期B)	44	47.5	13	216	68	162/300	3.2	4.0
／物理学(前期A)	44	45	17	663	267	158~160/300	2.5	2.1
(前期B)	43	45	13	333	79	164/300	4.2	2.5
／化学(前期A)	43	47.5	20	727	255	153~159/300	2.9	2.3
(前期B)	43	45	17	403	74	153~163/300	5.4	2.7
生命科(前期A)	45	50	23	1,088	164	181~183/300	6.6	3.4
(前期B)	45	50	18	570	68	169~182/300	8.4	3.8
応用化(前期A)	45	47.5	31	1,106	483	148~154/300	2.3	2.2
(前期B)	44	47.5	25	498	141	153~162/300	3.5	2.1
機械工(前期A)	44	50	48	2,112	582	166~167/300	3.6	3.4
(前期B)	44	47.5	37	957	290	153~154/300	3.3	5.2
電気電子通信工(前期A)	42	50	40	1,844	420	173~178/300	4.4	4.6
(前期B)	42	50	33	865	197	168~170/300	4.4	4.8
社会環境工(前期A)	42	47.5	24	761	275	155/300	2.8	3.4
(前期B)	41	47.5	19	425	81	164~174/300	5.2	2.2
エネルギー物質(前期A)	41	47.5	28	844	308	140~147/300	2.7	1.9
(前期B)	42	45	23	525	161	146~150/300	3.3	1.5
建築学部								
建築(前期A)	45	52.5	65	2,475	359	190~195/300	6.9	7.4
(前期B)	44	50	60	1,568	233	175~186/300	6.7	7.0
薬学部								
医療薬(前期A)	51	55	35	1,165	244	186~188/300	4.8	6.0
(前期B)	50	55	30	658	89	187~199/300	7.4	12.2
創薬科(前期A)	47	52.5	8	378	78	173/300	4.8	4.5
(前期B)	46	52.5	6	183	32	177~181/300	5.7	7.0
文芸学部								
文／日本文学〈創作・評論〉(前期A)	47	52.5	A26 B24	491	88	169~176/300	5.6	6.2
(前期B)	46	52.5		278	44	174~176/300	6.3	7.9
／日本文学〈言語・文学〉(前期A)	47	52.5		673	126	181/300	5.3	6.2
(前期B)	46	52.5		319	44	188~189/300	7.3	5.5
／英語英米文学(前期A)	45	52.5	12	534	115	183/300	4.6	3.6
(前期B)	44	50	7	288	83	165~180/300	3.5	2.5
芸術／舞台芸術(前期A)	41	50	13	231	67	165~172/300	3.4	3.6
(前期B)	40	47.5	6	26	12	156~172/300	2.2	1.9
／造形芸術(前期A)	41	47.5	11	91	20	210/300	4.6	2.3

学部／学科／専攻・コース	2024年度		2023年度実績					
	駿台予備学校	河合塾	募集人員	受験者数	合格者数	合格最低点	競争率	
	合格目標ライン	ボーダー偏差値					'23年	'22年
（前期B）	40〜41	47.5	14	207	53	163〜176/300	3.9	2.4
文化・歴史（前期A）	46	52.5	30	1,194	298	180〜182/300	4.0	4.2
（前期B）	45	50	27	555	104	183〜193/300	5.3	3.5
文化デザイン（前期A）	45	52.5	20	640	111	174〜176/300	5.8	6.9
（前期B）	44	50	16	347	56	171〜178/300	6.2	8.1
総合社会学部								
総合社会／社会・マスメディア（前期A）	43	52.5	55	1,922	337	181〜182/300	5.7	7.3
（前期B）	42	50	50	1,000	129	180〜186/300	7.8	9.5
／心理（前期A）	45	52.5	31	1,447	156	197/300	9.3	9.6
（前期B）	45	52.5	29	670	49	202〜207/300	13.7	11.8
／環境・まちづくり（前期A）	43	52.5	31	1,160	239	177〜179/300	4.9	6.8
（前期B）	42	50	29	550	97	172〜178/300	5.7	10.3
国際学部								
国際／グローバル（前期A）	45	50	75	1,321	345	187〜188/300	3.8	3.0
（前期Ａ国際学部独自）	45	50	40	220	49	487〜489/600	4.5	4.2
（前期B）	44	47.5	30	639	169	174〜178/300	3.8	2.0
（前期B国際学部独自）	43	47.5	13	192	50	60〜61/100	3.8	3.5
／東アジア・中国語（前期A）	44	47.5	7	127	46	162〜164/300	2.8	—
（前期B）	43	47.5	4	95	43	155〜168/300	2.2	—
／東アジア・韓国語（前期A）	44	50	7	216	30	181〜185/300	7.2	—
（前期B）	44	47.5	4	145	33	173〜177/300	4.4	—
情報学部								
情報（前期A英・数・理型）	47	57.5	57	2,152	188	197/300	11.4	11.9
（前期A英・国・数型）	47	57.5		873	71	188〜192/300	12.3	15.6
（前期Ａ英・数・理型情報学部独自）	47	57.5	23	534	43	259/400	12.4	12.8
（前期A英・国・数型情報学部独自）	47	57.5		240	25	284〜297/400	9.6	14.5
（前期B英・数・理型）	46	55	32	1,224	109	193〜199/300	11.2	9.5
（前期B英・国・数型）	47	55		476	42	187〜203/300	11.3	12.6
（前期B英・数・理型情報学部独自）	46	55	18	386	37	269〜280/400	10.4	9.6
（前期B英・国・数型情報学部独自）	47	55		150	14	274〜289/400	10.7	10.0
農学部								
農業生産科（前期A）	46	47.5	27	581	180	161〜163/300	3.2	3.4
（前期B）	45	47.5	23	301	81	152〜154/300	3.7	4.4
水産（前期A）	48	52.5	27	938	156	178〜179/300	6.0	4.6
（前期B）	47	52.5	23	408	27	178〜188/300	15.1	11.2
応用生命化（前期A）	49	50	27	718	222	161〜162/300	3.2	3.4
（前期B）	47	47.5	23	281	93	153〜155/300	3.0	5.4
食品栄養（前期A）	48	50	18	329	64	166〜169/300	5.1	5.5
（前期B）	47	50	16	159	42	154〜158/300	3.8	5.0
環境管理（前期A）	48	47.5	27	617	168	161〜162/300	3.7	3.8
（前期B）	46	45	23	261	82	150〜153/300	3.2	6.7
生物機能科（前期A）	46	47.5	27	491	156	154〜155/300	3.1	3.4

学部／学科／専攻・コース	2024年度 駿台予備学校 合格目標ライン	2024年度 河合塾 ボーダー偏差値	2023年度実績 募集人員	受験者数	合格者数	合格最低点	競争率 '23年	競争率 '22年
(前期B)	45	47.5	23	238	65	157/300	3.7	4.5
医学部								
医(前期A)	57	65	55	1,426	108	213/400	13.2	13.4
生物理工学部								
生物工(前期A)	45	40	20	281	203	140~141/300	1.4	2.0
(前期B)	44	42.5	11	98	59	135/300	1.7	4.8
遺伝子工(前期A)	43	42.5	20	333	149	148~149/300	2.2	1.4
(前期B)	42	42.5	11	113	54	137~138/300	2.1	3.1
食品安全工(前期A)	43	40	20	225	161	123~124/300	1.4	1.1
(前期B)	42	40	11	109	79	106~117/300	1.4	2.0
生命情報工(前期A)	43	40	17	210	99	135~145/300	2.1	1.5
(前期B)	42	40	10	101	41	130~133/300	2.5	2.3
人間環境デザイン工(前期A)	43	40	17	180	117	125~136/300	1.5	1.4
(前期B)	42	40	10	99	68	109~110/300	1.5	2.2
医用工(前期A)	45	42.5	12	172	77	148~153/300	2.2	1.7
(前期B)	44	42.5	6	69	43	129~133/300	1.6	2.8
工学部								
化学生命工(前期A)	43	42.5	17	330	258	120~121/300	1.3	1.3
(前期B)	42	42.5	10	93	44	144~150/300	2.1	1.5
機械工(前期A)	42	42.5	28	544	366	125/300	1.5	1.7
(前期B)	41	42.5	14	119	39	148/300	3.1	1.5
ロボティクス(前期A)	40	42.5	17	331	200	117~121/300	1.7	1.7
(前期B)	39	42.5	10	125	65	125/300	1.9	1.3
電子情報工(前期A)	43	45	27	555	327	133~135/300	1.7	2.1
(前期B)	42	45	13	152	35	173/300	4.3	2.6
情報(前期A)	41	47.5	28	593	293	160~164/300	2.0	4.3
(前期B)	41	47.5	14	171	57	170~173/300	3.0	5.6
建築(前期A)	43	47.5	28	561	187	160~163/300	3.0	3.4
(前期B)	42	47.5	14	147	53	169/300	2.8	2.8
産業理工学部								
生物環境化(前期A)	41	42.5	12	193	130	120~123/300	1.5	1.7
(前期B)	40	42.5	10	66	35	154~163/300	1.9	2.4
電気電子工(前期A)	40	42.5	12	183	113	124~129/300	1.6	2.0
(前期B)	40	42.5	10	89	52	117/300	1.7	2.7
建築・デザイン(前期A)	41	47.5	17	295	174	135/300	1.7	3.5
(前期B)	40	45	12	157	89	134~135/300	1.8	6.0
情報(前期A)	40	47.5	14	312	75	150~152/300	4.2	3.0
(前期B)	40	45	9	114	22	140~142/300	5.2	6.6
経営ビジネス(前期A)	39	40	18	251	135	129/300	1.9	2.2
(前期B)	39	40	12	153	85	136/300	1.8	3.6

●駿台予備学校合格目標ラインは合格可能性80%に相当する駿台模試の偏差値です。●競争率は受験者÷合格者の実質倍率

●河合塾ボーダー偏差値は合格可能性50%に相当する河合塾全統模試の偏差値です。

※合格最低点はスタンダード方式の数字です。

併設の教育機関／短期大学

近畿大学短期大学部

問合せ先　経営学部学生センター（短期大学部担当）
☎06-4307-3045
所在地　大阪府東大阪市小若江3-4-1

学生数▶187名（男99名，女88名）
教員数▶教授10名，准教授３名，講師１名

設置学科

●商経科（二部）（80）情報管理，秘書，英語コミュニケーションの３コース。２年間でビジネスに必要な知識と実務能力を効率的に修得する。就職や編入学を徹底サポート。

卒業後の進路

2023年３月卒業生▶86名
就職25名，進学51名（うち他大学13名），その他10名

MEMO

摂南大学

せつなん

SETSUDAI

資料請求

問合せ先 入試部 ☎072-839-9104

建学の精神

摂南大学をはじめ，大阪工業大学，広島国際大学，２高等学校・中学校を設置し，2022年10月に学園創立100周年を迎えた学校法人常翔学園により，1975（昭和50）年に開学。理論に裏付けられた実践的技術を有する人材の育成は，今につながる学園の建学の精神であり，工学部の１学部からスタートした摂南大学は，現在では文系・理系・医療系の多彩な学問を学べる総合大学へと発展。学生が当事者意識を持って，主体的・協働的に学ぶアクティブ・ラーニングや，所属する学科の主専攻のほかに，学部の垣根を越えて，特定のテーマに関連した科目群を体系的に学修する副専攻課程など，摂南大学独自のプログラムを用意し，人間力・実践力・総合力を養い，自らが課題を発見し，解決することができる「知的専門職業人の育成」に努めている。

● 寝屋川キャンパス…〒572-8508　大阪府寝屋川市池田中町17-8
● 枚方キャンパス……〒573-0101　大阪府枚方市長尾峠町45-1

基本データ

学生数▶10,019名（男6,696名，女3,323名）
専任教員数▶教授159名，准教授104名，講師79名
設置学部▶法，国際，経済，経営，現代社会，理工，薬，看護，農
併設教育機関▶大学院―理工学・農学（以上M・D），法学・国際言語文化・経済経営学・看護学（以上M），薬学（D）

就職・卒業後の進路

就職率 96.5%
就職者÷希望者×100

● **就職支援**　１年次から始まるキャリア教育により，将来の目標を具体化させ，学生の進路実現を徹底的にサポート。また，就職部・枚方事務室（就職係）では，学生の進路希望を把握した上で個別相談などのきめ細かい支援を行い，高い就職満足度を実現している。

● **資格取得支援**　国家資格をはじめ公務員対策講座や，プレゼンテーション能力・自己表現を学ぶキャリア講座など，豊富なラインナップでスキルアップを支援。さまざまな分野の資格が取得可能で，資格を生かす知識や考え方まで身につけることができる。

進路指導者も必見 学生を伸ばす 面倒見

初年次教育	学修サポート
「基礎演習」「基礎ゼミナール」「初年次ゼミ」などのほか，「大学教養入門」「データサイエンス基礎」などの科目を開講。大学での学び方を学び，大学生活の不安を解消し，意欲を高めるための「学修キックオフセミナー」も実施	TA・SA制度，オフィスアワー，指導担当教員制（学生10～20人を担当）を導入。教務課では，履修指導や授業内容等に関する質問などに応じるためのスチューデントアワーを設定している。また，ラーニングセンターも設置

オープンキャンパス（2023年度実績）　寝屋川キャンパスで７月，８月に，枚方キャンパスで６月，７月，３月に開催（当日自由参加制）。学部・学科ガイダンス，学部・学科ブース，入試説明会，模擬講義，施設見学など。

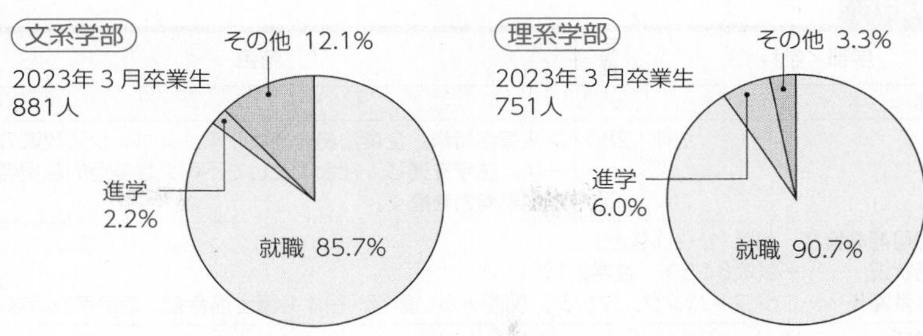

主なOB・OG▶［旧国際言語文化］羽渕淳（ニッセンホールディングス・ニッセン社長），［旧国際言語文化］坂田信一郎（中央自動車工業社長），［旧経営情報］澤井宏文（大阪府松原市長）など。

国際化・留学　大学間 19 大学・部局間 28 大学

受入れ留学生数▶66名（2023年５月１日現在）

留学生の出身国▶中国，インドネシア，ベトナム，韓国など。

外国人専任教員▶教授４名，准教授２名，講師４名（2023年５月１日現在）

外国人専任教員の出身国▶カナダ，アメリカ，オーストラリア，韓国，中国など。

大学間交流協定▶19大学（交換留学先13大学，2023年９月21日現在）

部局間交流協定▶28大学（交換留学先24大学，2023年９月21日現在）

海外への留学生▶渡航型７名・オンライン型43名／年（12カ国・地域，2022年度）

海外留学制度▶海外派遣プログラムには，初心者向けの異文化体験・語学研修プログラムの入門レベル，テーマを持ったグローバル・シチズンシッププログラムの中級レベル，海外の協定大学で学ぶ長期留学の上級レベルがあり，自分のレベルに応じて選択が可能。

学費・奨学金制度　給付型奨学金総額 年間約 8,853 万円

入学金▶250,000円（薬450,000円）

年間授業料（施設費等を除く）▶900,000円～（詳細は巻末資料参照）

年間奨学金総額▶88,529,900円

年間奨学金受給者数▶291人

主な奨学金制度▶対象入試の成績優秀者対象の「摂南大学特別奨学金」，学業・人物ともに優秀な２年次以上の学生対象の「摂南大学学業奨励スカラシップ」のほか，「摂南大学学園創立90周年記念奨学金」などの制度を設置。学費減免制度もあり，2022年度は１人に対して37万2,500円減免した。

保護者向けインフォメーション

●**オープンキャンパス**　通常のオープンキャンパス時に「保護者説明会」を実施している。

●**成績確認**　前期・後期の定期試験終了後に，成績表を郵送（前期の成績表には単位修得状況と一緒に，後期の履修科目と単位数も記載）。

●**教育懇談会**　父母や保証人を会員とする後援会があり，教育懇談会を年２回開催し，就職講演なども実施している。会報も発行。

●**防災対策**　コンパクトな「摂南大学災害時行動マニュアル」を用意。災害時の学生の状況は，安否確認システムを通じて把握する。

インターンシップ科目	必修専門ゼミ	卒業論文	GPA制度の導入の有無および活用例	１年以内の退学率	標準年限での卒業率
薬と看護を除き開講	全年次を通して全学部で実施	全学部で卒業要件	奨学金や授業料免除対象者の選定・卒業判定基準，学生に対する個別の学修指導に活用するほか，GPAに応じた履修上限単位数を設定	2.3%	82.0%（４年制）66.7%（薬）

大阪　摂南大学

学部紹介

学部／学科	定員	特色
法学部		
法律	280	▷法律学特修，企業法務，地域政策，スポーツ法政策の４コース。法学を通じ，社会人として不可欠な多角的な視点や論理的思考力を磨く。
● 取得可能な資格…教職（公・社）など。 ● 進路状況…………就職84.5%　進学2.1% ● 主な就職先………ソフトバンク，マツダ，関西みらい銀行，日本弁護士連合会，奈良市役所など。		
国際学部		
国際	250	▷相互の文化と多様性を理解し，課題解決に結びつけ，世界に発信していく「グローバルリテラシー」を身につける。
● 取得可能な資格…教職（英），学芸員など。 ● 進路状況…………就職83.8%　進学3.6%　※旧外国語学部の実績です。 ● 主な就職先………住友生命保険，ANA関西空港，楽天グループ，ニトリなど（旧外国語学部実績）。		
経済学部		
経済	280	▷国際経済，地域経済，観光経済の３コース。「いま，そこで起きている経済活動」を，ローカルとグローバルな視点で理解し，知識を実践に応用する力を養う。
● 取得可能な資格…教職（公・社）など。 ● 進路状況…………就職88.1%　進学0.5% ● 主な就職先………朝日生命保険，南都銀行，JTB，岡三証券，大阪府警察本部，大阪市役所など。		
経営学部		
経営	280	▷マネジメント，ICTビジネス，マーケティング，会計・ファイナンスの４コース。企業や自治体をはじめとした組織が抱える複雑な課題を解決する力を身につける。
● 取得可能な資格…教職（情・商業）など。 ● 進路状況…………就職86.2%　進学2.6% ● 主な就職先………ほけんの窓口グループ，USEN-NEXT HOLDINGS，富士ソフト，システナなど。		
現代社会学部		
現代社会	250	▷アクティブ・ラーニングやPBLを中心としたカリキュラム編成で理論と実践を繰り返し，現代の社会が抱える問題を発見し，解決に立ち向かう力を身につける。
● 取得可能な資格…教職（公・社）など。 ● 主な就職先………2023年度開設のため卒業生はいない。		
理工学部		
生命科	105	▷総合研究，先端研究，教育スペシャリストの３コース。生命現象を遺伝子レベルで研究し，医療に貢献する。
住環境デザイン	85	▷環境デザイン，空間デザイン，住環境デザイン総合の３コース。環境技術とデザイン適性を併せ持つ専門能力を養う。
建築	80	▷建築デザイン，建築工学，建築総合の３コース。国際水準の教育プログラムで，多彩な角度から建築学を学ぶ。
都市環境工	80	▷都市建設，環境計画，都市環境総合の３コース。充実した体験型授業で，地球環境まで配慮した都市づくりを追究する。
機械工	130	▷機械生産，機械工学総合の２コース。知識・技術の習得に加え，機械設計技術者など学科をあげて資格取得を支援。

キャンパスアクセス ［寝屋川キャンパス］ 京阪本線一寝屋川市よりバス11分／大阪メトロ谷町線，大阪モノレール一大日よりバス14分／JR京都線一茨木，阪急京都線一茨木市よりバス23～28分

電気電子工	105	▷電気系，情報系，電気・通信システム総合の３コース。知識と技術を社会に還元できる電気系・情報系技術を養う。

● 取得可能な資格…教職(数・理・工業)，測量士補，１・２級建築士受験資格など。
● 進路状況…………就職87.1％　進学9.2％
● 主な就職先………山崎製パン，大林組，大和ハウス工業，奥村組，関西電力，西日本旅客鉄道など。

薬学部

薬	220	▷６年制。創造的でチャレンジングなカリキュラムで，次代の薬剤師に必要な基礎と臨床を徹底的に学ぶ。

● 取得可能な資格…薬剤師受験資格など。
● 進路状況…………就職94.6％　進学2.0％
● 主な就職先………大阪府立病院機構，イーピーエス，大塚製薬，ウエルシア薬局，大阪府庁など。

看護学部

看護	100	▷地域医療と連携した教育体制を整え，これからの医療を担う人材を育成する。薬学部との連携で，薬の知識も習得。

● 取得可能な資格…教職(養護二種)，看護師・保健師(選択制)・助産師(選択制)受験資格など。
● 進路状況…………就職99.0％　進学0.0％
● 主な就職先………関西電力病院，大阪公立大学医学部附属病院，大阪赤十字病院，枚方市役所など。

農学部

農業生産	80	▷安全な作物の生産，安定した作物の供給，作物生産環境について深く学ぶとともに，新しい農作物を創成する力を養う。
応用生物科	80	▷農学，生命科学，情報科学を学びの３本柱として，食品・生命・環境に関わる分野で活躍できる人材を育成する。
食品栄養	80	▷管理栄養士養成課程。「農学」の学びを基盤として食のプロセスを体系的に学び，管理栄養士に必要な「食・栄養・健康・医療・食育」に関する専門的知識・技能・態度を身につける。
食農ビジネス	100	▷「食」と「農」をテーマに，経済やマーケティングなどの観点から，その仕組みや課題解決について基礎から実践まで学ぶ。

● 取得可能な資格…教職(理・農，栄養)，栄養士，管理栄養士受験資格など。
● 主な就職先………2020年度開設のため卒業生はいない。

▶キャンパス

法・国際・経済・経営・現代社会・理工……［寝屋川キャンパス］大阪府寝屋川市池田中町17-8
薬・看護・農……［枚方キャンパス］大阪府枚方市長尾峠町45-1

2024年度入試要項(前年度実績)

●募集人員

学部／学科		前期３科目型・３プラスC	前期２科目型	中期・中期プラスC	後期
▶法	法律	80	22	14	6
▶国際	国際	73	19	13	6
▶経済	経済	81	23	14	6
▶経営	経営	81	23	14	6
▶現代社会	現代社会	72	19	13	6
▶理工	生命科	26	9	5	3
	住環境デザイン	19	8	4	2
	建築	16	8	4	2
	都市環境工	16	8	4	2
	機械工	28	12	7	3
	電気電子工	26	9	5	3
▶薬	薬	77	—	21	5
▶看護	看護	30	9	5	2
▶農	農業生産	20	7	4	2
	応用生物科	20	7	4	2
	食品栄養	20	7	4	2
	食農ビジネス	27	9	5	2

※前期３プラスCは前期(３科目型)＋共通テスト方式，中期プラスCは中期＋共通テスト方式。

大阪　摂南大学

キャンパスアクセス ［枚方キャンパス］京阪本線一樟葉よりバス13分／JR学研都市線一松井山手よりバス10分

▷共通テストの「英語(リーディング・リスニング)」は，4：1の配点比率で取り扱う。

法学部・国際学部・経済学部・経営学部・現代社会学部

一般選抜前期日程(3科目型〈均等配点方式ほか〉) **3科目** ①国(150)▶国総(近代)・現文B ②外(150)▶コミュ英Ⅰ・コミュ英Ⅱ・コミュ英Ⅲ・英表Ⅰ・英表Ⅱ ③**地歴・公民・数**(150)▶世B・日B・「現社・政経(共通分野)」・「数Ⅰ・数Ⅱ・数A・数B(数列・ベク)」から1
※均等配点方式の出願が必須で，傾斜配点方式(英語200点，残り2科目のうち高得点科目150点，低得点科目100点)との併願可(同一学部・学科のみ)。2方式一括で合否判定を行う。

一般選抜前期日程(2科目型〈均等配点方式ほか〉)・中期日程〈均等配点方式ほか〉 **2科目** ①**外**(150)▶コミュ英Ⅰ・コミュ英Ⅱ・コミュ英Ⅲ・英表Ⅰ・英表Ⅱ ②**国・数**(150)▶「国総(近代)・現文B」・「数Ⅰ・数A」から1
※均等配点方式の出願が必須で，傾斜配点方式(前期は高得点科目200点，残りの1科目100点。中期は英語200点，残りの1科目100点)との併願可(同一学部・学科のみ)。2方式一括で合否判定を行う。

一般選抜前期日程(3科目型)＋共通テスト方式〈前期3プラスC〉・中期日程＋共通テスト方式〈中期プラスC〉 **〈共通テスト科目〉** **2科目** ①②**国・外・「地歴・公民」・数・理**(前期3プラスC250×2・中期プラスC200×2)▶国(近代)・「英(リスニングを含む)・独・仏・中・韓から1」・「世A・世B・日A・日B・地理A・地理B・現社・倫・政経・〈倫・政経〉から1」・「数Ⅰ・〈数Ⅰ・数A〉・数Ⅱ・〈数Ⅱ・数B〉・簿・情から1」・「〈物基・化基・生基・地学基から2〉・物・化・生・地学から1」から2
〈独自試験科目〉 それぞれ前期(3科目型〈450〉)・中期(300)の均等配点方式の成績を利用する

一般選抜後期日程 **【法学部・国際学部・経営学部】** **2科目** ①**国**(100)▶国総(近代)・現文B ②**外**(150)▶コミュ英Ⅰ・コミュ英Ⅱ・コミュ英Ⅲ・英表Ⅰ・英表Ⅱ
【経済学部・現代社会学部】 **2科目** ①**外**(150)▶コミュ英Ⅰ・コミュ英Ⅱ・コミュ英Ⅲ・英表Ⅰ・英表Ⅱ ②**国・数**(100)▶「国総(近代)・現文B」・「数Ⅰ・数A」から1

理工学部

一般選抜前期日程(3科目型〈均等配点方式ほか〉) **【生命科学科】** **3科目** ①**外**(150)▶コミュ英Ⅰ・コミュ英Ⅱ・コミュ英Ⅲ・英表Ⅰ・英表Ⅱ ②**数**(150)▶数Ⅰ・数Ⅱ・数A・数B(数列・ベク) ③**理**(150)▶「物基・物」・「化基・化」・「生基・生(生命・生殖・環境応答)」から1
※均等配点方式の出願が必須で，傾斜配点方式(理科200点，残り2科目のうち高得点科目150点，低得点科目100点)との併願可。2方式一括で合否判定を行う。
【住環境デザイン学科・建築学科・都市環境工学科】 **3科目** ①**外**(150)▶コミュ英Ⅰ・コミュ英Ⅱ・コミュ英Ⅲ・英表Ⅰ・英表Ⅱ ②**数**(150)▶数Ⅰ・数Ⅱ・数Ⅲ・数A・数B(数列・ベク) ③**国・理**(150)▶「国総(近代)・現文B」・「物基・物」・「化基・化」から1
【機械工学科・電気電子工学科】 **3科目** ①**外**(150)▶コミュ英Ⅰ・コミュ英Ⅱ・コミュ英Ⅲ・英表Ⅰ・英表Ⅱ ②**数**(150)▶数Ⅰ・数Ⅱ・数Ⅲ・数A・数B(数列・ベク) ③**理**(150)▶「物基・物」・「化基・化」から1
※住環境デザイン・建築・都市環境工・機械工・電気電子工の5学科は，均等配点方式の出願が必須で，傾斜配点方式(数学200点，残り2科目のうち高得点科目150点，低得点科目100点)との併願可(同一学科のみ)。2方式一括で合否判定を行う。

一般選抜前期日程(2科目型〈均等配点方式ほか〉) **【生命科学科】** **2科目** ①**外**(150)▶コミュ英Ⅰ・コミュ英Ⅱ・コミュ英Ⅲ・英表Ⅰ・英表Ⅱ ②**理**(150)▶「物基・物」・「化基・化」・「生基・生(生命・生殖・環境応答)」から1
【住環境デザイン学科(文系科目型)】 **2科目** ①**外**(150)▶コミュ英Ⅰ・コミュ英Ⅱ・コミュ英Ⅲ・英表Ⅰ・英表Ⅱ ②**数**(150)▶数Ⅰ・数A
【建築学科・都市環境工学科・機械工学科・電気電子工学科】〈1月20日試験〉 **2科目** ①**外**(150)▶コミュ英Ⅰ・コミュ英Ⅱ・コミュ英Ⅲ・英表Ⅰ・英表Ⅱ ②**数**(150)▶数Ⅰ・数Ⅱ・数A・数B(数列・ベク)

〈１月21日試験〉 ２科目 ①**数**(150)▶数Ⅰ・数Ⅱ・数Ａ・数Ｂ(数列・ベク) ②**理**(150)▶「物基・物」・「化基・化」から１
※均等配点方式の出願が必須で，傾斜配点方式(高得点科目200点，残りの１科目100点)との併願可(同一学科のみ)。２方式一括で合否判定を行う。
一般選抜中期日程〈均等配点方式・傾斜配点方式〉 **【生命科学科】** ２科目 ①**理**(均等150・傾斜200)▶「物基・物」・「化基・化」・「生基・生(生命・生殖・環境応答)」から１ ②**外・数**(均等150・傾斜100)▶「コミュ英Ⅰ・コミュ英Ⅱ・コミュ英Ⅲ・英表Ⅰ・英表Ⅱ」・「数Ⅰ・数Ⅱ・数Ａ・数Ｂ(数列・ベク)」から１
【住環境デザイン学科・建築学科・都市環境工学科・機械工学科・電気電子工学科】 ２科目 ①**数**(均等150・傾斜200)▶数Ⅰ・数Ⅱ・数Ａ・数Ｂ(数列・ベク) ②**外・理**(均等150・傾斜100)▶「コミュ英Ⅰ・コミュ英Ⅱ・コミュ英Ⅲ・英表Ⅰ・英表Ⅱ」・「物基・物」・「化基・化」から１
※均等配点方式の出願が必須で，傾斜配点方式との併願可(同一学科のみ)。２方式一括で合否判定を行う。
一般選抜前期日程(３科目型)＋共通テスト方式〈前期３プラスＣ〉・中期日程＋共通テスト方式〈中期プラスＣ〉 **〈共通テスト科目〉** ２科目 ①②**国・外・数・理**(前期３プラスＣ250×2・中期プラスＣ200×2)▶国(近代)・英(リスニングを含む)・「〈数Ⅰ・数A〉・〈数Ⅱ・数Ｂ〉から１」・「物・化・生・地学から１」から２，ただし生命科学科の理科は物・化・生から１
〈独自試験科目〉 それぞれ前期(３科目型〈450〉)・中期(300)の均等配点方式の成績を利用する
一般選抜後期日程 ２科目 ①**外**(100)▶コミュ英Ⅰ・コミュ英Ⅱ・コミュ英Ⅲ・英表Ⅰ・英表Ⅱ ②**数**(150)▶数Ⅰ・数Ⅱ・数Ａ・数Ｂ(数列・ベク)

薬学部

一般選抜前期日程(３科目型〈均等配点方式ほか〉) ３科目 ①**外**(150)▶コミュ英Ⅰ・コミュ英Ⅱ・コミュ英Ⅲ・英表Ⅰ・英表Ⅱ ②**数**(150)▶数Ⅰ・数Ⅱ・数Ａ・数Ｂ(数列・ベク) ③**理**(150)▶化基・化
※均等配点方式の出願が必須で，傾斜配点方式(理科200点，残り２科目のうち高得点科目150点，低得点科目100点)との併願可。２方式一括で合否判定を行う。
一般選抜中期日程〈均等配点方式・傾斜配点方式〉 ２科目 ①**外**(均等150・傾斜100)▶コミュ英Ⅰ・コミュ英Ⅱ・コミュ英Ⅲ・英表Ⅰ・英表Ⅱ ②**理**(均等150・傾斜200)▶化基・化
※均等配点方式の出願が必須で，傾斜配点方式との併願可。２方式一括で合否判定を行う。
一般選抜前期日程(３科目型)＋共通テスト方式〈前期３プラスＣ〉・中期日程＋共通テスト方式〈中期プラスＣ〉 **〈共通テスト科目〉** ２科目 ①②**国・外・数・理**(前期３プラスＣ250×2・中期プラスＣ200×2)▶国(近代)・英(リスニングを含む)・「〈数Ⅰ・数Ａ〉・〈数Ⅱ・数Ｂ〉から１」・「化・生から１」から２
〈独自試験方式〉 それぞれ前期(３科目型〈450〉)・中期(300)の均等配点方式の成績を利用する
一般選抜後期日程 ３科目 ①**外**(100)▶コミュ英Ⅰ・コミュ英Ⅱ・コミュ英Ⅲ・英表Ⅰ・英表Ⅱ ②**数**(100)▶数Ⅰ・数Ⅱ・数Ａ・数Ｂ(数列・ベク) ③**理**(150)▶化基・化

看護学部

一般選抜前期日程(３科目型〈均等配点方式ほか〉) ３科目 ①**国**(150)▶国総(近代)・現文Ｂ ②**外**(150)▶コミュ英Ⅰ・コミュ英Ⅱ・コミュ英Ⅲ・英表Ⅰ・英表Ⅱ ③**数・理**(150)▶「数Ⅰ・数Ａ」・「生基・生(生命・生殖・環境応答)」から１
※均等配点方式の出願が必須で，傾斜配点方式(数・理の高得点200点，国・外のうち高得点科目150点，低得点科目100点)との併願可。２方式一括で合否判定を行う。
一般選抜前期日程(２科目型〈均等配点方式ほか〉) ２科目 ①**外**(150)▶コミュ英Ⅰ・コミュ英Ⅱ・コミュ英Ⅲ・英表Ⅰ・英表Ⅱ ②**国・数・理**(150)▶「国総(近代)・現文Ｂ」・「数Ⅰ・数Ａ」・「生基・生(生命・生殖・環境応答)」から１
※均等配点方式の出願が必須で，傾斜配点方式(高得点科目200点，低得点科目100点)と

の併願可。２方式一括で合否判定を行う。
一般選抜中期日程〈均等配点方式・傾斜配点方式〉 **２科目** ①**外**(均等150・傾斜100)▶コミュ英Ⅰ・コミュ英Ⅱ・コミュ英Ⅲ・英表Ⅰ・英表Ⅱ ②**国・数・理**(均等150・傾斜200)▶「国総(近代)・現文Ｂ」・「数Ⅰ・数Ａ」・「生基・生(生命・生殖・環境応答)」から１
※均等配点方式の出願が必須で，傾斜配点方式との併願可。２方式一括で合否判定を行う。
一般選抜前期日程(３科目型)＋共通テスト方式〈前期３プラスＣ〉・中期日程＋共通テスト方式〈中期プラスＣ〉 **〈共通テスト科目〉** **２科目** ①②**国・外・数・理**(前期３プラスＣ250×2・中期プラスＣ200×2)▶国(近代)・英(リスニングを含む)・「〈数Ⅰ・数Ａ〉・〈数Ⅱ・数Ｂ〉から１」・「〈物基・化基・生基から２〉・物・化・生から１」から２
〈独自試験方式〉 それぞれ前期(３科目型〈450〉)・中期(300)の均等配点方式の成績を利用する
一般選抜後期日程 **２科目** ①**外**(150)▶コミュ英Ⅰ・コミュ英Ⅱ・コミュ英Ⅲ・英表Ⅰ・英表Ⅱ ②**国・数**(100)▶「国総(近代)・現文Ｂ」・「数Ⅰ・数Ａ」から１

農学部

一般選抜前期日程(３科目型〈均等配点方式ほか〉)〈理系科目型〉 **３科目** ①**外**(150)▶コミュ英Ⅰ・コミュ英Ⅱ・コミュ英Ⅲ・英表Ⅰ・英表Ⅱ ②**理**(150)▶「化基・化」・「生基・生(生命・生殖・環境応答)」から１ ③**国・数**(150)▶「国総(近代)・現文Ｂ」・「数Ⅰ・数Ⅱ・数Ａ・数Ｂ(数列・ベク)」から１
※均等配点方式の出願が必須で，傾斜配点方式(理科200点，残り２科目のうち高得点科目150点，低得点科目100点)との併願可。２方式一括で合否判定を行う。
〈文系科目型〉 **【食農ビジネス学科】** **３科目** ①**国**(150)▶国総(近代)・現文Ｂ ②**外**(150)▶コミュ英Ⅰ・コミュ英Ⅱ・コミュ英Ⅲ・英表Ⅰ・英表Ⅱ ③**地歴・公民・数**(150)▶世Ｂ・日Ｂ・「現社・政経(共通分野)」・「数Ⅰ・数Ⅱ・数Ａ・数Ｂ(数列・ベク)」から１
※均等配点方式の出願が必須で，傾斜配点方式(英語200点，残り２科目のうち高得点科目150点，低得点科目100点)との併願可。２方式一括で合否判定を行う。
一般選抜前期日程(２科目型〈均等配点方式ほか〉) **【農業生産学科・応用生物科学科・食品栄養学科】** **２科目** ①**外**(150)▶コミュ英Ⅰ・コミュ英Ⅱ・コミュ英Ⅲ・英表Ⅰ・英表Ⅱ ②**理**(150)▶「化基・化」・「生基・生(生命・生殖・環境応答)」から１
【食農ビジネス学科】 **２科目** ①**外**(150)▶コミュ英Ⅰ・コミュ英Ⅱ・コミュ英Ⅲ・英表Ⅰ・英表Ⅱ ②**国・数**(150)▶「国総(近代)・現文Ｂ」・「数Ⅰ・数Ａ」から１
※均等配点方式の出願が必須で，傾斜配点方式(高得点科目200点，低得点科目100点)との併願可。２方式一括で合否判定を行う。
一般選抜中期日程〈均等配点方式・傾斜配点方式〉 **【農業生産学科・応用生物科学科・食品栄養学科】** **２科目** ①**外**(均等150・傾斜100)▶コミュ英Ⅰ・コミュ英Ⅱ・コミュ英Ⅲ・英表Ⅰ・英表Ⅱ ②**理**(均等150・傾斜200)▶「化基・化」・「生基・生(生命・生殖・環境応答)」から１
【食農ビジネス学科】 **２科目** ①**外**(均等150・傾斜200)▶コミュ英Ⅰ・コミュ英Ⅱ・コミュ英Ⅲ・英表Ⅰ・英表Ⅱ ②**国・数**(均等150・傾斜100)▶「国総(近代)・現文Ｂ」・「数Ⅰ・数Ａ」から１
※均等配点方式の出願が必須で，傾斜配点方式との併願可(同一学科のみ)。２方式一括で合否判定を行う。
一般選抜前期日程(３科目型)＋共通テスト方式〈前期３プラスＣ〉〈理系科目型〉 **〈共通テスト科目〉** **２科目** ①②**国・外・数・理**(250×2)▶国(近代)・英(リスニングを含む)・「〈数Ⅰ・数Ａ〉・〈数Ⅱ・数Ｂ〉から１」・「物・化・生・地学から１」から２
〈独自試験科目〉 前期(３科目型〈450〉)の均等配点方式の成績を利用する
〈文系科目型〉 **【食農ビジネス学科】〈共通テスト科目〉** **２科目** ①②**国・外・「地歴・公民」・数・理**(250×2)▶国(近代)・「英(リスニングを含む)・独・仏・中・韓から１」・「世Ａ・世Ｂ・日Ａ・日Ｂ・地理Ａ・地理Ｂ・現社・倫・政経・〈倫・政経〉から１」・「数Ⅰ・〈数Ⅰ・数Ａ〉・数Ⅱ・〈数Ⅱ・数Ｂ〉・簿・情から１」・「〈物基・化基・生

基・地学基から２〉・物・化・生・地学から１」から２
〈独自試験科目〉　前期（３科目文系科目型〈450〉）の均等配点方式の成績を利用する
一般選抜中期日程＋共通テスト方式〈中期プラスＣ〉　**【農業生産学科・応用生物科学科・食品栄養学科】**　前期３プラスＣの理系科目型と同じ。ただし配点は200×２
〈独自試験科目〉　中期日程（300）の均等配点方式の成績を利用する
【食農ビジネス学科】　前期３プラスＣの文系科目型と同じ。ただし配点は200×２
〈独自試験科目〉　中期日程（300）の均等配点方式の成績を利用する
一般選抜後期日程　**【農業生産学科・応用生物科学科・食品栄養学科】**　**②科目**　①外（150）▶コミュ英Ⅰ・コミュ英Ⅱ・コミュ英Ⅲ・英表Ⅰ・英表Ⅱ　②数（100）▶数Ⅰ・数Ⅱ・数Ａ・数Ｂ（数列・ベク）
【食農ビジネス学科】　**②科目**　①外（150）▶コミュ英Ⅰ・コミュ英Ⅱ・コミュ英Ⅲ・英表Ⅰ・英表Ⅱ　②国・数（100）▶「国総（近代）・現文Ｂ」・「数Ⅰ・数Ａ」から１

その他の選抜

共通テスト利用入試は法学部18名，国際学部15名，経済学部18名，経営学部18名，現代社会学部15名，理工学部67名，薬学部18名，看護学部８名，農学部28名を，公募制推薦入試は法学部70名，国際学部76名，経済学部81名，経営学部81名，現代社会学部70名，理工学部170名，薬学部72名，看護学部33名，農学部97名を，AO入試は法学部12名，国際学部15名，経済学部16名，経営学部16名，現代社会学部25名，理工学部39名，薬学部15名，看護学部６名，農学部29名を募集。ほかに専門学科・総合学科出身者入試，課外活動優秀者入試，指定校推薦入試，帰国生徒入試，社会人入試，外国人留学生入試を実施。

偏差値データ（2024年度）

●一般選抜前期（３科目型）

学部／学科／専攻	2024年度 駿台予備学校 合格目標ライン	2024年度 河合塾 ボーダー偏差値	2023年度 競争率
▶法学部			
法律	42	40	1.8
▶国際学部			
国際	43	45	1.5
▶経済学部			
経済	40	42.5	2.3
▶経営学部			
経営	40	40	2.0
▶現代社会学部			
現代社会	40	42.5	2.3
▶理工学部			
生命科	40	42.5	1.6
住環境デザイン	37	40	2.7
建築	40	45	2.6
都市環境工	37	40	1.3
機械工	38	42.5	1.5
電気電子工	37	42.5	1.9
▶薬学部			
薬	43	45	2.7
▶看護学部			
看護	38	47.5	3.1
▶農学部			
農業生産	37	40	1.6
応用生物科	38	42.5	1.8
食品栄養	38	42.5	1.6
食農ビジネス（理系）	38	40	1.6
（文系）	38	40	1.3

●駿台予備学校合格目標ラインは合格可能性80％に相当する駿台模試の偏差値です。
●河合塾ボーダー偏差値は合格可能性50％に相当する河合塾全統模試の偏差値です。
●競争率は受験者÷合格者の実質倍率

大阪　摂南大学

私立大学 兵庫

関西学院大学

かんせいがくいん

資料請求

問合せ先 入学センター ☎0798-54-6135

建学の精神

国境や民族の壁を越えて世界への奉仕者として生きたアメリカ人宣教師，W.R.ランバスによって，1889（明治22）年に創立。キリスト教主義教育のもと，「勉学に励み，知識・技能を身につけ，それを用いて隣人・社会・世界のために奉仕し，人類の福祉のために奉仕する」人を育成するという使命は現在でも変わることなく，スクールモットーである“Mastery for Service”の意味する，紛争や飢餓，困難，環境破壊など現代社会が抱えるさまざまな課題に立ち向かい，その解決のために必要な力を養う教育がさらに進化。「AI活用人材育成プログラム」「アントレプレナー育成プログラム」「国連・国際機関等へのゲートウェイ」「KSC分野横断プログラム」など，特色ある豊富な教育プログラムが揃い，「“Mastery for Service”を体現する世界市民」を育成している。

- 西宮上ケ原キャンパス…〒662-8501 兵庫県西宮市上ケ原一番町1-155
- 西宮聖和キャンパス……〒662-0827 兵庫県西宮市岡田山7-54
- 神戸三田キャンパス……〒669-1330 兵庫県三田市学園上ケ原1番

基本データ

学生数▶24,314名(男12,067名，女12,247名)
専任教員数▶教授473名，准教授102名，講師101名
設置学部▶神，文，社会，法，経済，商，人間福祉，国際，教育，総合政策，理，工，生命環境，建築
併設教育機関▶大学院（P.1057参照） 短期大学（P.1059参照）

就職・卒業後の進路

就職率 99.7%
就職者÷希望者×100

● **就職支援**　就職活動を自らの人生を考える一つの機会ととらえ，低学年のキャリア教育を重視し，４年間にわたるプログラムを提供。各種ガイダンスの開催や個人面談，先輩学生による支援に加え，ICTを活用したサービスも行うなど，万全のサポート体制を整えた支援で，全国トップクラスの就職実績を誇る。

● **資格取得支援**　学生一人ひとりの進路や目標に合わせた各種資格取得講座・教職課程カリキュラムを編成。さらに，専門資格や各種

進路指導者も必見 学生を伸ばす 面倒見

初年次教育	学修サポート
関学生として “Mastery for Service” を理解する「『関学』学」や「読む・書く・話す・聴く」「リポート執筆の基礎」「プレゼンテーション」の３種類の科目を用意している「スタディスキルセミナー」などを全学科目として開講	TA・SA・LA（Learning Assistant）制度，オフィスアワー，アカデミックアドバイザー制度を導入。学術的な文章作成能力の修得を支援するライティングセンター，さまざまな悩みの相談に応じる学生支援相談室を設置

オープンキャンパス（2023年度実績） 西宮上ケ原Cと西宮聖和Cで８月５・６日，神戸三田Cで８月11日に来場型オープンキャンパスを開催（要予約）。現役関学生が自分の学部の魅力を語る企画は人気のプログラム。

検定，語学試験のスコアアップなどに向けた対策を行うエクステンションプログラムも，キャンパス内で数多く開講し，ダブルスクールすることなく資格取得が可能。

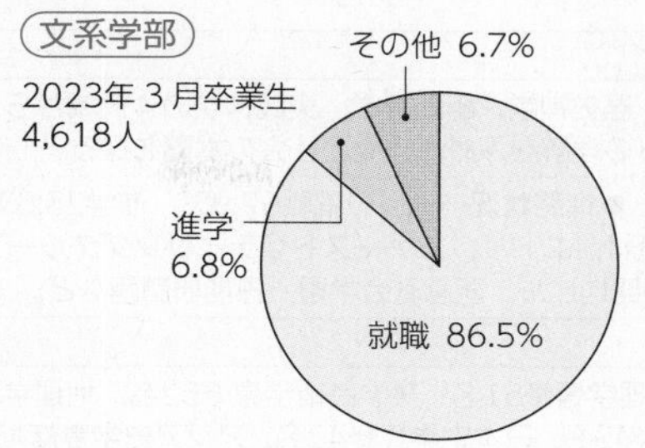

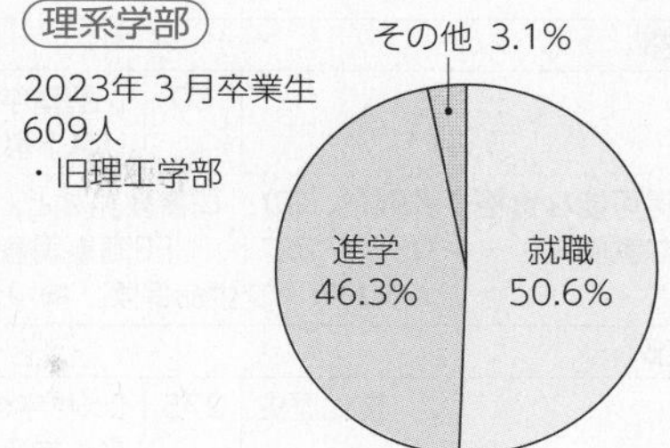

主なOB・OG ▶ ［社会］後藤禎一（富士フイルム社長），［社会］永島優美（フジテレビアナウンサー），［法］川畑文俊（旭化成ホームズ社長），［法］中田有（キーエンス社長），［法］近本光司（プロ野球選手）など。

国際化・留学　大学間 291 大学等・部局間 69 大学等

受入れ留学生数 ▶ 542名（2023年５月１日現在）　※学部に在籍する外国人学生数。

留学生の出身国 ▶ 中国，韓国，ベトナム，インドネシア，ミャンマーなど。

外国人専任教員 ▶ 教授24名，准教授17名，講師67名，助教１名（2023年５月１日現在）

外国人専任教員の出身国 ▶ NA

大学間交流協定 ▶ 291大学・機関（交換留学先213大学，2023年９月現在）

部局間交流協定 ▶ 69大学・機関（2023年９月現在）

海外への留学生数 ▶ 渡航型1,381名・オンライン型96名／年（27カ国・地域，2022年度）

海外留学制度 ▶ ダブルディグリー留学，交換留学，中期留学，外国語研修，国連ユースボランティア，国際社会貢献活動，海外フィールドワーク，海外インターンシップなど，目的別，レベル別に豊富な海外研修・留学プログラムを用意。コンソーシアムはACUCA，UMAPなど６団体に参加している。

学費・奨学金制度　給付型奨学金総額 年間約 3 億 597 万円

入学金 ▶ 200,000円

年間授業料（施設費等を除く）▶ 773,000円～（詳細は巻末資料参照）

年間奨学金総額 ▶ 約305,970,000円

年間奨学金受給者数 ▶ 1,091人（延べ人数）

※奨学金総額および受給者数は，2021年度の実績です。

主な奨学金制度 ▶「就学奨励奨学金」「経済支援奨学金」「産学合同育英奨学金」「ランバス支給奨学金」「クレセント奨学金」など，経済的支援，成績優秀者対象，課外活動支援のための奨学金制度を数多く設けている。

保護者向けインフォメーション

● **緊急情報確認**　在学生向けの緊急情報をポータルサイト「Kwic」で確認することができる。

● **成績確認**　保証人宛に成績通知書を送付。

● **教育懇談会**　学内および地区別に開催する教育懇談会で，教職員と学業成績，学生生活，就職活動や留学等についての相談が可能。また後援会を組織し，保護者交流会も実施。

● **防災対策**　災害時の学生の安否はポータルサイトやメール，大学HPを利用して確認する。

インターンシップ科目	必修専門ゼミ	卒業論文	GPA制度の導入の有無および活用例	１年以内の退学率	標準年限での卒業率
全学部で開講している	神・文・人間福祉・国際・教育・総合政策の６学部で３・４年次，社会学部で２年秋学期～４年次，理系４学部で４年次に実施	卒業要件ではない（全学部）	奨学金対象者の選定，留学候補者選考，学生に対する個別の学修指導，大学院入試選抜，GPAに応じた履修上限単位数設定などに活用	1.0%	85.2%

学部紹介

学部／学科・課程	定員	特色
神学部		
	30	▷聖書学，歴史神学，組織神学，実践神学の４領域から，キリスト教への理解を深め，人間と社会の本質を探る。
● 取得可能な資格…教職（公・宗），司書教諭など。　● 進路状況…………就職67.9%　進学25.0% ● 主な就職先………TIS，クラフト，JFE商事鋼管管材，ニトリ，ファーストリテイリンググループ，メットライフ生命保険，神戸新開地ビル，西宮教会学園，日能研関西など。		
文学部		
文化歴史	275	▷〈哲学倫理学専修51名，美学芸術学専修52名，地理学地域文化学専修43名，日本史学専修43名，アジア史学専修43名，西洋史学専修43名〉思想，芸術，文化，地域，歴史から，人間の存在の本質を解き明かす。
総合心理科	175	▷心理科学専修を設置。複雑な人間の心を探り，行動のメカニズムを解明する。国家資格の公認心理師取得にも対応。
文学言語	320	▷〈日本文学日本語学専修75名，英米文学英語学専修128名，フランス文学フランス語学専修64名，ドイツ文学ドイツ語学専修53名〉言語・文学の探究を通して，人間の存在の根幹を探究する。
● 取得可能な資格…教職（国・地歴・公・社・英・独・仏），司書教諭，学芸員など。 ● 進路状況…………就職83.5%　進学8.4% ● 主な就職先………兵庫県教育委員会，国家公務員，明治安田生命保険，きんでん，サイバーエージェント，システナ，マイナビ，みずほフィナンシャルグループ，国税専門官など。		
社会学部		
社会	650	▷現代社会学，データ社会学，フィールド社会学，フィールド文化学，メディア・コミュニケーション学，社会心理学の６専攻分野。多角的なアプローチで現代社会を読み解く。
● 取得可能な資格…教職（地歴・公・社），司書教諭，学芸員など。 ● 進路状況…………就職88.5%　進学4.8% ● 主な就職先………キーエンス，国家公務員，ニトリ，明治安田生命保険，パーソルキャリア，神戸市，国税専門官，神戸製鋼所，富士フイルム，楽天グループ，三井住友銀行など。		
法学部		
		▶司法・ビジネスコース（法律学科のみ選択可能）と，両学科で選択可能な特修（選抜制），グローバル法政，法政社会歴史，公共政策（経済学部連携）の４コースを設置。
法律	520	▷身近な事件・裁判例を学び，現代社会が抱える課題を解決し，より良い社会の実現に貢献できる人材を育成する。
政治	160	▷社会的課題を政治に関連づけて的確に理解・分析し，解決に導く方法を考え，実行する力を身につける。
● 取得可能な資格…教職（地歴・公・社・英），司書教諭など。 ● 進路状況…………就職82.3%　進学9.9% ● 主な就職先………国家公務員，国税専門官，日本生命保険，大阪市，兵庫県，西日本電信電話，楽天グループ，三井住友信託銀行，りそなグループ，東京海上日動火災保険など。		
経済学部		
	680	▷積み上げの学問である経済学の基礎科目を手厚く指導するとともに，新たに「課題解決型データ分析プログラム」を導入し，経済学を現実経済に応用する能力を養う。

キャンパスアクセス ［西宮上ケ原キャンパス］ 阪急今津線―甲東園・仁川より徒歩12分または甲東園よりバス5分

● **取得可能な資格**…教職（地歴・公・社・英），司書教諭など。　● **進路状況**…就職91.2％　進学3.5％
● **主な就職先**………キーエンス，三井住友銀行，りそなグループ，国税専門官，東京海上日動火災保険，みずほフィナンシャルグループ，大和ハウス工業，損害保険ジャパンなど。

商学部		
	650	▷経営，会計，マーケティング，ファイナンス，ビジネス情報，国際ビジネスの６コース。次代のビジネスを創造するトップランナーを育成する。

● **取得可能な資格**…教職（地歴・公・社・商業・英），司書教諭など。
● **進路状況**…………就職89.1％　進学5.6％
● **主な就職先**………有限責任あずさ監査法人，三井住友信託銀行，東京海上日動火災保険，積水ハウス，キーエンス，アイリスオーヤマ，EY新日本有限責任監査法人，富士通など。

人間福祉学部		
社会福祉	110	▷さまざまな困難を抱える社会的弱者に対し，最適な社会的支援を提案・実行できる福祉のスペシャリストを育成する。
社会起業	90	▷グローバルに，ローカルに，社会の課題を解決する「社会起業能力」を持った人材を育成する。
人間科	100	▷「こころ」と「身体」の両面から人間のあり方と自己実現への理解を深め，双方の健康向上に寄与できる人材を育成する。

● **取得可能な資格**…教職（公・保体），司書教諭，社会福祉士・精神保健福祉士受験資格など。
● **進路状況**…………就職88.1％　進学5.0％
● **主な就職先**………積水ハウス，阪急阪神百貨店，東京海上日動火災保険，伊藤ハム，ディップ，かんぽ生命保険，ベネッセスタイルケア，ネオキャリア，ワールドインテックなど。

国際学部		
国際	300	▷グローバル・北米・アジア・ヨーロッパの４地域研究と文化・言語，社会・ガバナンス，経済・経営の３領域を総合的に学ぶとともに，留学を経験し，グローバル対応力を育成する。

● **取得可能な資格**…教職（英），司書教諭など。　● **進路状況**…就職82.6％　進学10.0％
● **主な就職先**………楽天グループ，三菱電機，東京海上日動火災保険，アクセンチュア，パソナグループ，日立製作所，キンドリルジャパン，ビジョン・コンサルティングなど。

教育学部		
教育	350	▷〈幼児教育学コース140名，初等教育学コース140名，教育科学コース70名〉「子ども理解」を軸に，「国際共生」を学びの基礎としてとらえ，質の高い教育者を養成する。

● **取得可能な資格**…教職（地歴・公・社・英，小一種，幼一種，特別支援），保育士など。
● **進路状況**…………就職92.4％　進学2.5％
● **主な就職先**………兵庫県・神戸市・大阪市ほか教育委員会，大阪府豊能地区教職員人事協議会，三井住友信託銀行，サントリーホールディングス，ディップ，西日本高速道路など。

総合政策学部		
		▶学部一括で募集し，２年次より学科に所属する。
総合政策	495	▷課題を発見・解決できる総合的な視野と問題解決能力，政策立案能力を育み，「共生の社会」の構築をめざす。
メディア情報		▷情報技術や情報と社会のあり方を総合的に考えられる力と，情報技術を用いることができる力を育む科目群を設置。
都市政策		▷市民，企業，行政が協働できる都市空間の創造をめざし，地域で，世界で活躍できる人材を育成する。
国際政策		▷国連が掲げる「国際社会における平和構築」「国際発展と開発」「人権の擁護」を中心に国際政策の理論と実践を研究する。

キャンパスアクセス　［西宮聖和キャンパス］阪急今津線一門戸厄神より徒歩13分

●取得可能な資格…教職(公・社・情・英)，司書教諭など。 ●進路状況…………就職83.4％ 進学9.5％ ●主な就職先………大和ハウス工業，キーエンス，TOTO，三菱電機，ANAエアポートサービス，アデコ，国税専門官，国家公務員，富士ソフト，アクセンチュア，リクルートなど。		
理学部		
数理科	54	▷数学的手法を用いて，世の中の現象を読み解く。論理的思考のツールとして，コンピュータを使いこなす力も育成。
物理・宇宙	60	▷あらゆる現象を探究し，物理現象・宇宙の謎に迫る。
化	66	▷基本原理を探究し，化学の発展に貢献する人材を育成する。
●取得可能な資格…教職(数・理)，司書教諭など。 ●進路状況…………就職50.6％ 進学46.3％（旧理工学部実績） ●主な就職先………日本アイ・ビー・エム，楽天グループ，NECソリューションイノベータ，日本電気，TIS，富士通エフサス，兵庫県教育委員会，国家公務員など(旧理工学部実績)。		
工学部		
物質工学	55	▷「創エネ」「蓄エネ」「省エネ」の観点から物質科学をとらえ，エネルギー問題を解決することのできる人材を育成する。
電気電子応用工学	60	▷「電気エネルギー」を有効利用し，持続可能な新しいエネルギー社会の構築に貢献する次世代の人材を育成する。
情報工学	90	▷情報通信の発展のため，コンピュータやネットワークの技術だけでなく，AIや感性工学など多彩な教育と研究を展開。
知能・機械工学	60	▷人工知能と機械工学の両方に必須の数学的素養を学修し，未来をつくる技術を創出する知識と技術力を身につける。
●取得可能な資格…教職(数・理・情)，司書教諭など。 ●主な就職先………2021年度開設のため卒業生はいない。		
生命環境学部		
生物科	61	▷応用微生物学，植物昆虫科学，計算生物学の３専攻。地球上に生きるさまざまな生物について学び，その活用を考える。
生命医科	84	▷生命医科学(28名)，発生再生医科学(28名)，医工学(28名)の３専攻。生命科学の基礎から医学応用まで学ぶ。
環境応用化	83	▷化学的な視点から，地球規模での制約となる課題の解決に寄与し，環境問題に貢献できる人材を育成する。
●取得可能な資格…教職(理)，司書教諭など。 ●主な就職先………2021年度開設のため卒業生はいない。		
建築学部		
建築	132	▷「建てること」にとどまらない新たな建築学から現代社会における課題の解決策を研究し，グローバルな視野で建築と都市の未来を創造できる人材を育成する。
●取得可能な資格…１・２級建築士受験資格など。 ●主な就職先………2021年度開設のため卒業生はいない。		

▶キャンパス

神・文・社会・法・経済・商・人間福祉・国際……［西宮上ケ原キャンパス］兵庫県西宮市上ケ原一番町1-155
教育……［西宮聖和キャンパス］兵庫県西宮市岡田山7-54
総合政策・理・工・生命環境・建築……［神戸三田キャンパス］兵庫県三田市学園上ケ原1番

キャンパスアクセス［神戸三田キャンパス］JR宝塚線一新三田よりバス15分／神戸電鉄公園都市線一南ウッディタウンよりバス10分

2024年度入試要項(前年度実績)

●募集人員

学部／学科・課程(専修・専攻・コース)	全学部	学部個別	共通併用・英数	共通1月	共通3月	総合型
▶神	7	6	3	2	2	10
▶文 文化歴史(哲学倫理学)	12	11	3	3	2	若干名
(美学芸術学)	12	11	3	3	2	
(地理学地域文化学)	12	9	2	3	2	
(日本史学)	12	9	2	3	2	
(アジア史学)	12	9	2	3	2	
(西洋史学)	12	9	2	3	2	
総合心理科	44	38	8	15	3	
文学言語(日本文学日本語学)	18	18	4	5	2	
(英米文学英語学)	30	30	7	9	2	
(フランス文学フランス語学)	16	13	3	5	2	
(ドイツ文学ドイツ語学)	14	11	3	3	2	
▶社会 社会	160	140	30	60	10	—
▶法 法律	110	110	35	40	15	—
政治	35	35	15	20	5	—
▶経済	文系・理系140	120	65	40	22	10
▶商	135	130	50	45	10	15
▶人間福祉 社会福祉	22	20	17	15	3	4
社会起業	21	20	8	10	2	3
人間科	20	20	9	9	2	3
▶国際 国際	3科30 英1科20	35	25	20	5	5
▶教育 教育(幼児教育学)	29	20	5	10	2	20
(初等教育学)	37	27	10	20	3	10
(教育科学)	17	13	5	9	2	10
▶総合政策	文系・理系100	95	50	35	5	15
▶理 数理科	26	—	3	5	若干名	3
物理・宇宙	30	—	3	5	若干名	3
化	33	—	3	5	若干名	5
▶工 物質工学	26	—	3	5	若干名	5
電気電子応用工学	30	—	3	5	若干名	3
情報工学	47	—	4	5	若干名	5
知能・機械工学	30	—	3	5	若干名	3
▶生命環境 生物科	30	—	4	5	若干名	5
生命医科(生命医科学)	13	—	3	2	若干名	若干名
(発生再生医科学)	13	—	3	2	若干名	若干名
(医工学)	13	—	3	2	若干名	若干名
環境応用化	42	—	4	5	若干名	5
▶建築 建築	60	—	10	10	若干名	7

※共通テスト併用日程は共通テスト併用(英語)と共通テスト併用(数学)，英数日程は英語・数学の２科目で判定し，神学部と文学部は併用(英語)のみ，社会学部と教育学部は併用(英語)と併用(数学)を，法・経済・商・国際・総合政策の５学部は３方式，人間福祉学部は併用(英語)と英数日程，理・工・生命環境・建築の４学部は併用(数学)と英数日程を実施する。
※次のように略しています。共通テスト併用日程・英数日程→共通併用・英数。科目→科。英語１科目型→英１科。

▷文系10学部限定で，学部個別日程に傾斜配点型と均等配点型を導入。
▷共通テストの「英語」は，リーディング100点を160点，リスニング100点を40点に，それぞれ換算し200点とし，各学部の英語の配点に，さらに換算する。

神学部

一般入試全学部日程・学部個別日程　**3**科目　①**国**(200)▶国総・現文Ｂ・古典Ｂ(いずれも漢文を除く)　②**外**(200・個別傾斜250)▶コミュ英Ⅰ・コミュ英Ⅱ・コミュ英Ⅲ・英表Ⅰ・英表Ⅱ　③**地歴・数**(150・個別均等200)▶世Ｂ・日Ｂ・地理Ｂ・「数Ⅰ・数Ⅱ・数Ａ・数Ｂ(数列・ベク)」から１，ただし地理Ｂは全学部日程のみ選択可

一般入試共通テスト併用日程(英語)　〈共通テスト科目〉　**2**科目　①②**国・外・地歴・公民・数・理**(100×2)▶国(古典は古文・漢文いずれかの高得点を採用)・英(リスニングを含む)・世Ｂ・日Ｂ・地理Ｂ・現社・倫・政経・「倫・政経」・「数Ⅰ・数Ａ」・「数Ⅱ・数Ｂ」・「物基・化基・生基・地学基から２」・物・化・生・地学から２
〈独自試験科目〉　**1**科目　①**外**(200)▶コミュ英Ⅰ・コミュ英Ⅱ・コミュ英Ⅲ・英表Ⅰ・英表Ⅱ

共通テスト利用入試〈１月出願（７科目型）〉 **7科目** ①**国**（200）▶国　②**外**（200）▶英（リスニングを含む）・独・仏・中・韓から１　③④**数**（100×2）▶「数Ⅰ・数Ａ」・「〈数Ⅱ・数Ｂ〉・簿・情から１」　⑤⑥**地歴・公民**（100×2）▶世Ｂ・日Ｂ・地理Ｂ・現社・倫・政経・「倫・政経」から２　⑦**理**（100）▶「物基・化基・生基・地学基から２」・物・化・生・地学から１
[個別試験]　行わない。
共通テスト利用入試〈１月出願（５科目型）〉 **5科目** ①**国**（200）▶国　②**外**（200）▶英（リスニングを含む）　③**数**（100）▶数Ⅰ・「数Ⅰ・数Ａ」から１　④**地歴・公民**（100）▶世Ｂ・日Ｂ・地理Ｂ・現社・倫・政経・「倫・政経」から１　⑤**数・理**（100）▶数Ⅱ・「数Ⅱ・数Ｂ」・「物基・化基・生基・地学基から２」・物・化・生・地学から１
[個別試験]　行わない。
共通テスト利用入試〈１月出願（３科目型）・（３科目型〈英語資格・検定試験利用〉）〉 **3科目** ①**国**（３科目型200・英語利用100）▶国　②**外**（３科目型250・英語利用300）▶英（リスニングを含む）　③**地歴・公民・数**（３科目型200・英語利用100）▶世Ｂ・日Ｂ・地理Ｂ・現社・倫・政経・「倫・政経」・数Ⅰ・「数Ⅰ・数Ａ」・数Ⅱ・「数Ⅱ・数Ｂ」から１
[個別試験]　行わない。
※３科目型（英語資格・検定試験利用）は，指定された英語資格・検定試験（４技能）においてCEFR B1レベル以上のスコアを有していれば出願可能（合否判定に用いない）。
共通テスト利用入試〈３月出願〉 **4科目** ①**外**（250）▶英（リスニングを含む）　②③④**国・地歴・公民・数・理**（100×3）▶国・世Ｂ・日Ｂ・地理Ｂ・現社・倫・政経・「倫・政経」・数Ⅰ・「数Ⅰ・数Ａ」・数Ⅱ・「数Ⅱ・数Ｂ」・「物基・化基・生基・地学基から２」・物・化・生・地学から３
[個別試験]　行わない。
総合型選抜学部特色入試　**[出願資格]**　第１志望，キリスト者で，将来，伝道者またはクリスチャンワーカーとなる志を持つ，所属する教会から推薦を受けた入学確約者。
[選考方法]　書類審査，講義を受講後のリポート作成，面接審査（口頭試問含む）。

文学部

一般入試全学部日程・学部個別日程 **3科目** ①**国**（200・個別傾斜250）▶国総・現文Ｂ・古典Ｂ（全学部日程と個別均等はいずれも漢文を除き，個別傾斜は含む）　②**外**（200）▶コミュ英Ⅰ・コミュ英Ⅱ・コミュ英Ⅲ・英表Ⅰ・英表Ⅱ　③**地歴・数**（150・個別均等200）▶世Ｂ・日Ｂ・地理Ｂ・「数Ⅰ・数Ⅱ・数Ａ・数Ｂ（数列・ベク）」から１，ただし個別均等は地理Ｂの選択不可
一般入試共通テスト併用日程（英語）〈共通テスト科目〉 **2科目** ①②**国・外・地歴・公民・数・理**（100×2）▶国・「英（リスニングを含む）・独・仏・中・韓から１」・世Ｂ・日Ｂ・地理Ｂ・現社・倫・政経・「倫・政経」・「数Ⅰ・数Ａ」・「数Ⅱ・数Ｂ」・「物基・化基・生基・地学基から２」・物・化・生・地学から２
〈独自試験科目〉 **1科目** ①**外**（200）▶コミュ英Ⅰ・コミュ英Ⅱ・コミュ英Ⅲ・英表Ⅰ・英表Ⅱ
共通テスト利用入試〈１月出願（７科目型）〉 **7科目** ①**国**（200）▶国　②**外**（200）▶英（リスニングを含む）・独・仏・中・韓から１　③④**数**（100×2）▶「数Ⅰ・数Ａ」・「〈数Ⅱ・数Ｂ〉・簿・情から１」　⑤⑥**地歴・公民**（100×2）▶世Ｂ・日Ｂ・地理Ｂ・現社・倫・政経・「倫・政経」から２　⑦**理**（100）▶「物基・化基・生基・地学基から２」・物・化・生・地学から１
[個別試験]　行わない。
共通テスト利用入試〈１月出願（５科目型）〉 **5科目** ①**国**（200）▶国　②**外**（200）▶英（リスニングを含む）・独・仏・中・韓から１　③④**数**（100×2）▶「数Ⅰ・〈数Ⅰ・数Ａ〉から１」・「数Ⅱ・〈数Ⅱ・数Ｂ〉から１」　⑤**地歴・公民・理**（100）▶世Ｂ・日Ｂ・地理Ｂ・現社・倫・政経・「倫・政経」・「物基・化基・生基・地学基から２」・物・化・生・地学から１
[個別試験]　行わない。
共通テスト利用入試〈１月出願（３科目型）・（３科目型〈英語資格・検定試験利用〉）〉 **3科目** ①**国**（200）▶国　②**外**（３科目型200・英語利用300）▶英（リスニングを含む）　③**地歴・公民・数・理**（200）▶世Ｂ・日Ｂ・地理Ｂ・現社・倫・政経・「倫・政経」・数Ⅰ・「数Ⅰ・数Ａ」・

数Ⅱ・「数Ⅱ・数Ｂ」・「物基・化基・生基・地学基から２」・物・化・生・地学から１
[個別試験]　行わない。
※３科目型（英語資格・検定試験利用）は，指定された英語資格・検定試験（４技能）においてCEFR B1レベル以上のスコアを有していれば出願可能（合否判定に用いない）。
共通テスト利用入試〈３月出願〉 **4**科目 ①**外**（200）▶英（リスニングを含む） ②③④**国・地歴・公民・数・理**（100×3）▶国・世Ｂ・日Ｂ・地理Ｂ・現社・倫・政経・「倫・政経」・数Ⅰ・「数Ⅰ・数Ａ」・数Ⅱ・「数Ⅱ・数Ｂ」・「物基・化基・生基・地学基から２」・物・化・生・地学から３
[個別試験] 行わない。
総合型選抜学部特色入試　**[出願資格]**　第１志望，入学確約者のほか，指定された英語資格・検定試験（４技能）のスコアCEFR B1レベル以上を有する者。
[選考方法]　書類審査，筆記審査（英語論述審査，小論文）による第一次審査の通過者を対象に，面接審査（口頭試問含む）を行う。

社会学部

一般入試全学部日程・学部個別日程 **3**科目 ①**国**（200・個別傾斜100）▶国総・現文Ｂ・古典Ｂ（いずれも漢文を除く） ②**外**（200）▶コミュ英Ⅰ・コミュ英Ⅱ・コミュ英Ⅲ・英表Ⅰ・英表Ⅱ　③**地歴・数**（全学部150・個別傾斜300・個別均等200）▶世Ｂ・日Ｂ・地理Ｂ・「数Ⅰ・数Ⅱ・数Ａ・数Ｂ（数列・ベク）」から１，ただし地理Ｂは全学部日程のみ選択可
一般入試共通テスト併用日程（英語）〈**共通テスト科目**〉 **2**科目 ①②**国・外・地歴・公民・数・理**（100×2）▶国（古典は古文・漢文いずれかの高得点を採用）・英（リスニングを含む）・世Ｂ・日Ｂ・地理Ｂ・現社・倫・政経・「倫・政経」・「数Ⅰ・数Ａ」・「数Ⅱ・数Ｂ」・「物基・化基・生基・地学基から２」・物・化・生・地学から２
〈**独自試験科目**〉 **1**科目 ①**外**（200）▶コミュ英Ⅰ・コミュ英Ⅱ・コミュ英Ⅲ・英表Ⅰ・英表Ⅱ
一般入試共通テスト併用日程（数学）〈**共通テスト科目**〉 **2**科目 ①②**国・外・地歴・公民・数・理**（100×2）▶国（古典は古文・漢文いずれかの高得点を採用）・英（リスニングを含む）・世Ｂ・日Ｂ・地理Ｂ・現社・倫・政経・「倫・政経」・「数Ⅰ・数Ａ」・「数Ⅱ・数Ｂ」・「物基・化基・生基・地学基から２」・物・化・生・地学から２
〈**独自試験科目**〉 **1**科目 ①**数**（200）▶数Ⅰ・数Ⅱ・数Ａ・数Ｂ（数列・ベク）
共通テスト利用入試〈１月出願（７科目型）〉 **7**科目 ①**国**（200）▶国　②**外**（200）▶英（リスニングを含む）・独・仏・中・韓から１ ③④**数**（100×2）▶「数Ⅰ・数Ａ」・「〈数Ⅱ・数Ｂ〉・簿・情から１」 ⑤⑥**地歴・公民**（100×2）▶世Ｂ・日Ｂ・地理Ｂ・現社・倫・政経・「倫・政経」から２ ⑦**理**（100）▶「物基・化基・生基・地学基から２」・物・化・生・地学から１
[個別試験] 行わない。
共通テスト利用入試〈１月出願（５科目型）〉 **5**科目 ①**国**（100）▶国（古典は古文・漢文いずれかの高得点を採用） ②**外**（150）▶英（リスニングを含む） ③**数**（100）▶数Ⅰ・「数Ⅰ・数Ａ」から１ ④⑤**地歴・公民・数・理**（100×2）▶世Ｂ・日Ｂ・地理Ｂ・現社・倫・政経・「倫・政経」・数Ⅱ・「数Ⅱ・数Ｂ」・「物基・化基・生基・地学基から２」・物・化・生・地学から２
[個別試験] 行わない。
共通テスト利用入試〈１月出願（３科目型）・（３科目型〈英語資格・検定試験利用〉）〉 **3**科目 ①**国**（３科目型200・英語利用100）▶国（古典は古文・漢文いずれかの高得点を採用） ②**外**（３科目型250・英語利用300）▶英（リスニングを含む） ③**地歴・公民・数・理**（３科目型200・英語利用100）▶世Ｂ・日Ｂ・地理Ｂ・現社・倫・政経・「倫・政経」・数Ⅰ・「数Ⅰ・数Ａ」・数Ⅱ・「数Ⅱ・数Ｂ」・「物基・化基・生基・地学基から２」・物・化・生・地学から１
[個別試験]　行わない。
※３科目型（英語資格・検定試験利用）は，指定された英語資格・検定試験（４技能）においてCEFR B1レベル以上のスコアを有していれば出願可能（合否判定に用いない）。
共通テスト利用入試〈３月出願（４科目型・３科目型）〉 **4〜3**科目 ①**外**（４科目型150・３科目型100）▶英（リスニングを含む） ②③④**国・地歴・公民・数・理**（４科目型100×3・３科目型100×2）▶国（古典は古文・漢文いずれ

かの高得点を採用)・世Ｂ・日Ｂ・地理Ｂ・現社・倫・政経・「倫・政経」・数Ⅰ・「数Ⅰ・数Ａ」・数Ⅱ・「数Ⅱ・数Ｂ」・「物基・化基・生基・地学基から２」・物・化・生・地学から４科目型は３，３科目型は２
[個別試験] 行わない。

法学部

一般入試全学部日程・学部個別日程 **3科目** ①**国**(200・個別傾斜150) ▶国総・現文Ｂ・古典Ｂ(全学部日程と個別均等はいずれも漢文を除き，個別傾斜は含む) ②**外**(200・個別傾斜250) ▶コミュ英Ⅰ・コミュ英Ⅱ・コミュ英Ⅲ・英表Ⅰ・英表Ⅱ ③**地歴・数**(全学部150・個別200) ▶世Ｂ・日Ｂ・地理Ｂ・「数Ⅰ・数Ⅱ・数Ａ・数Ｂ(数列・ベク)」から１，ただし個別均等は地理Ｂの選択不可
一般入試英数日程 **2科目** ①**外**(200) ▶コミュ英Ⅰ・コミュ英Ⅱ・コミュ英Ⅲ・英表Ⅰ・英表Ⅱ ②**数**(200) ▶数Ⅰ・数Ⅱ・数Ａ・数Ｂ(数列・ベク)
一般入試共通テスト併用日程(英語) **〈共通テスト科目〉** **2科目** ①②**国・外・地歴・公民・数・理**(100×2) ▶国(古典は古文・漢文いずれかの高得点を採用)・英(リスニングを含む)・世Ｂ・日Ｂ・地理Ｂ・現社・倫・政経・「倫・政経」・「数Ⅰ・数Ａ」・「数Ⅱ・数Ｂ」・「物基・化基・生基・地学基から２」・物・化・生・地学から２
〈独自試験科目〉 **1科目** ①**外**(200) ▶コミュ英Ⅰ・コミュ英Ⅱ・コミュ英Ⅲ・英表Ⅰ・英表Ⅱ
一般入試共通テスト併用日程(数学) **〈共通テスト科目〉** **2科目** ①②**国・外・地歴・公民・数・理**(100×2) ▶国(古典は古文・漢文いずれかの高得点を採用)・英(リスニングを含む)・世Ｂ・日Ｂ・地理Ｂ・現社・倫・政経・「倫・政経」・「数Ⅰ・数Ａ」・「数Ⅱ・数Ｂ」・「物基・化基・生基・地学基から２」・物・化・生・地学から２
〈独自試験科目〉 **1科目** ①**数**(200) ▶数Ⅰ・数Ⅱ・数Ａ・数Ｂ(数列・ベク)
共通テスト利用入試〈１月出願(７科目型)〉 **7科目** ①**国**(200) ▶国 ②**外**(200) ▶英(リスニングを含む)・独・仏・中・韓から１ ③④**数**(100×2) ▶「数Ⅰ・数Ａ」・「〈数Ⅱ・数Ｂ〉・簿・情から１」 ⑤⑥**地歴・公民**(100×2) ▶世Ｂ・日Ｂ・地理Ｂ・現社・倫・政経・「倫・政経」から２ ⑦**理**(100) ▶「物基・化基・生基・地学基から２」・物・化・生・地学から１
[個別試験] 行わない。
共通テスト利用入試〈１月出願(５科目型)〉 **5科目** ①**国**(200) ▶国 ②**外**(200) ▶英(リスニングを含む) ③**数**(100) ▶数Ⅰ・「数Ⅰ・数Ａ」から１ ④**地歴・公民**(100) ▶世Ｂ・日Ｂ・地理Ｂ・現社・倫・政経・「倫・政経」から１ ⑤**数・理**(100) ▶数Ⅱ・「数Ⅱ・数Ｂ」・「物基・化基・生基・地学基から２」・物・化・生・地学から１
[個別試験] 行わない。
共通テスト利用入試〈１月出願(３科目型)・(３科目型〈英語資格・検定試験利用〉)〉 **3科目** ①**国**(３科目型200・英語利用100) ▶国 ②**外**(３科目型200・英語利用300) ▶英(リスニングを含む) ③**地歴・公民・数・理**(３科目型200・英語利用100) ▶世Ｂ・日Ｂ・地理Ｂ・現社・倫・政経・「倫・政経」・数Ⅰ・「数Ⅰ・数Ａ」・数Ⅱ・「数Ⅱ・数Ｂ」・「物基・化基・生基・地学基から２」・物・化・生・地学から１
[個別試験] 行わない。
※３科目型(英語資格・検定試験利用)は，指定された英語資格・検定試験(４技能)においてCEFR B1レベル以上のスコアを有していれば出願可能(合否判定に用いない)。
共通テスト利用入試〈３月出願(４科目型・３科目型)〉 **4〜3科目** ①**外**(200) ▶英(リスニングを含む) ②③④**国・地歴・公民・数・理**(４科目型100×3・３科目型200×2) ▶国・世Ｂ・日Ｂ・地理Ｂ・現社・倫・政経・「倫・政経」・数Ⅰ・「数Ⅰ・数Ａ」・数Ⅱ・「数Ⅱ・数Ｂ」・「物基・化基・生基・地学基から２」・物・化・生・地学から４科目型は３，３科目型は２
[個別試験] 行わない。

経済学部

一般入試全学部日程(理系型) **3科目** ①**外**(200) ▶コミュ英Ⅰ・コミュ英Ⅱ・コミュ英Ⅲ・英表Ⅰ・英表Ⅱ ②**数**(200) ▶数Ⅰ・数Ⅱ・数Ⅲ・数Ａ・数Ｂ(数列・ベク) ③**理**(150) ▶「物基・物」・「化基・化」・「生基・生」から１
一般入試全学部日程・学部個別日程 **3科目**

①国(200・個別傾斜100)▶国総・現文B・古典B(いずれも漢文を除く) ②外(200・個別傾斜300)▶コミュ英Ⅰ・コミュ英Ⅱ・コミュ英Ⅲ・英表Ⅰ・英表Ⅱ ③地歴・数(全学部150・個別200)▶世B・日B・地理B・「数Ⅰ・数Ⅱ・数A・数B(数列・ベク)」から1，ただし地理Bは全学部日程のみ選択可

一般入試英数日程 **2**科目 ①外(200)▶コミュ英Ⅰ・コミュ英Ⅱ・コミュ英Ⅲ・英表Ⅰ・英表Ⅱ ②数(200)▶数Ⅰ・数Ⅱ・数A・数B(数列・ベク)

一般入試共通テスト併用日程(英語) 〈共通テスト科目〉 **2**科目 ①国(150)▶国(古典は古文・漢文いずれかの高得点を採用) ②地歴・公民・数・理(100)▶世B・日B・地理B・現社・倫・政経・「倫・政経」・「数Ⅰ・数A」・「数Ⅱ・数B」・「物基・化基・生基・地学基から2」・物・化・生・地学から1

〈独自試験科目〉 **1**科目 ①外(200)▶コミュ英Ⅰ・コミュ英Ⅱ・コミュ英Ⅲ・英表Ⅰ・英表Ⅱ

一般入試共通テスト併用日程(数学) 〈共通テスト科目〉 **2**科目 ①外(150)▶英(リスニングを含む) ②国・地歴・公民・数・理(100)▶国(古典は古文・漢文いずれかの高得点を採用)・世B・日B・地理B・現社・倫・政経・「倫・政経」・「数Ⅰ・数A」・「数Ⅱ・数B」・「物基・化基・生基・地学基から2」・物・化・生・地学から1

〈独自試験科目〉 **1**科目 ①数(200)▶数Ⅰ・数Ⅱ・数A・数B(数列・ベク)

共通テスト利用入試〈1月出願(7科目型)〉 **7**科目 ①国(200)▶国 ②外(200)▶英(リスニングを含む)・独・仏・中・韓から1 ③④数(100×2)▶「数Ⅰ・数A」・「〈数Ⅱ・数B〉・簿・情から1」 ⑤⑥地歴・公民(100×2)▶世B・日B・地理B・現社・倫・政経・「倫・政経」から2 ⑦理(100)▶「物基・化基・生基・地学基から2」・物・化・生・地学から1

[個別試験] 行わない。

共通テスト利用入試〈1月出願(5科目型)〉 **5**科目 ①国(200)▶国(古典は古文・漢文いずれかの高得点を採用) ②外(200)▶英(リスニングを含む)・独・仏・中・韓から1 ③④数(100×2)▶「数Ⅰ・〈数Ⅰ・数A〉から1」・「数Ⅱ・〈数Ⅱ・数B〉から1」 ⑤地歴・公民・理(100)▶世A・世B・日A・日B・地理A・地理B・現社・倫・政経・「倫・政経」・「物基・化基・生基・地学基から2」・物・化・生・地学から1

[個別試験] 行わない。

共通テスト利用入試〈1月出願(3科目型)・(3科目型〈英語資格・検定試験利用〉)〉 **3**科目 ①国(3科目型200・英語利用100)▶国(古典は古文・漢文いずれかの高得点を採用) ②外(3科目型200・英語利用300)▶英(リスニングを含む) ③地歴・公民・数・理(3科目型200・英語利用100)▶世A・世B・日A・日B・地理A・地理B・現社・倫・政経・「倫・政経」・数Ⅰ・「数Ⅰ・数A」・数Ⅱ・「数Ⅱ・数B」・「物基・化基・生基・地学基から2」・物・化・生・地学から1

[個別試験] 行わない。

※3科目型(英語資格・検定試験利用)は，指定された英語資格・検定試験(4技能)においてCEFR B1レベル以上のスコアを有していれば出願可能(合否判定に用いない)。

共通テスト利用入試〈3月出願(4科目型・3科目型)〉 **4〜3**科目 ①外(4科目型200・3科目型100)▶英(リスニングを含む) ②③④国・地歴・公民・数・理(4科目型100×3・3科目型100×2)▶国(3科目型は古典は古文・漢文いずれかの高得点を採用)・世B・日B・地理B・現社・倫・政経・「倫・政経」・数Ⅰ・「数Ⅰ・数A」・数Ⅱ・「数Ⅱ・数B」・「物基・化基・生基・地学基から2」・物・化・生・地学から4科目型は3，3科目型は2

[個別試験] 行わない。

共通テスト利用入試〈3月出願(英数3科目型)〉 **3**科目 ①外(100)▶英(リスニングを含む) ②③数(100×2)▶「数Ⅰ・〈数Ⅰ・数A〉から1」・「数Ⅱ・〈数Ⅱ・数B〉から1」

[個別試験] 行わない。

総合型選抜学部特色入試 **[出願資格]** 第1志望，入学確約者のほか，数学全体の学習成績の状況が4.0以上，もしくは実用数学技能検定2級以上の合格者，および指定された英語資格・検定試験(4技能)のスコアCEFR B1レベル以上を有する者。

[選考方法] 書類審査，筆記審査(小論文)による第一次審査の通過者を対象に，面接審査

(口頭試問・プレゼンテーション含む)を行う。

商学部

一般入試全学部日程・学部個別日程 3科目 ①**国**(200・個別傾斜150)▶国総・現文B・古典B(全学部日程と個別均等はいずれも漢文を除き,個別傾斜は含む) ②**外**(200・個別傾斜300)▶コミュ英Ⅰ・コミュ英Ⅱ・コミュ英Ⅲ・英表Ⅰ・英表Ⅱ ③**地歴・数**(150・個別均等200)▶世B・日B・地理B・「数Ⅰ・数Ⅱ・数A・数B(数列・ベク)」から1,ただし個別均等は地理Bの選択不可

一般入試英数日程 2科目 ①**外**(200)▶コミュ英Ⅰ・コミュ英Ⅱ・コミュ英Ⅲ・英表Ⅰ・英表Ⅱ ②**数**(200)▶数Ⅰ・数Ⅱ・数A・数B(数列・ベク)

一般入試共通テスト併用日程(英語) 〈共通テスト科目〉 2科目 ①②**国・外・地歴・公民・数・理**(100×2)▶国(古典は古文・漢文いずれかの高得点を採用)・英(リスニングを含む)・世B・日B・地理B・現社・倫・政経・「倫・政経」・「数Ⅰ・数A」・「数Ⅱ・数B」・「物基・化基・生基・地学基から2」・物・化・生・地学から2

〈独自試験科目〉 1科目 ①**外**(200)▶コミュ英Ⅰ・コミュ英Ⅱ・コミュ英Ⅲ・英表Ⅰ・英表Ⅱ

一般入試共通テスト併用日程(数学) 〈共通テスト科目〉 2科目 ①②**国・外・地歴・公民・数・理**(100×2)▶国(古典は古文・漢文いずれかの高得点を採用)・英(リスニングを含む)・世B・日B・地理B・現社・倫・政経・「倫・政経」・「数Ⅰ・数A」・「数Ⅱ・数B」・「物基・化基・生基・地学基から2」・物・化・生・地学から2

〈独自試験科目〉 1科目 ②**数**(200)▶数Ⅰ・数Ⅱ・数A・数B(数列・ベク)

共通テスト利用入試〈1月出願(7科目型)〉 7科目 ①**国**(200)▶国 ②**外**(200)▶英(リスニングを含む)・独・仏・中・韓から1 ③④**数**(100×2)▶「数Ⅰ・数A」・「〈数Ⅱ・数B〉・簿・情から1」 ⑤⑥**地歴・公民**(100×2)▶世B・日B・地理B・現社・倫・政経・「倫・政経」から2 ⑦**理**(100)▶「物基・化基・生基・地学基から2」・物・化・生・地学から1

[個別試験] 行わない。

共通テスト利用入試〈1月出願(5科目型)〉 5科目 ①**国**(200)▶国(古典は古文・漢文いずれかの高得点を採用) ②**外**(250)▶英(リスニングを含む) ③④**数**(100×2)▶「数Ⅰ・〈数Ⅰ・数A〉から1」・「数Ⅱ・〈数Ⅱ・数B〉・簿・情から1」 ⑤**地歴・公民・理**(100)▶世A・世B・日A・日B・地理A・地理B・現社・倫・政経・「倫・政経」・「物基・化基・生基・地学基から2」・物・化・生・地学から1

[個別試験] 行わない。

共通テスト利用入試〈1月出願(3科目型)・(3科目型〈英語資格・検定試験利用〉)〉 3科目 ①**国**(3科目型200・英語利用100)▶国(古典は古文・漢文いずれかの高得点を採用) ②**外**(3科目型250・英語利用300)▶英(リスニングを含む) ③**地歴・公民・数・理**(3科目型200・英語利用100)▶世A・世B・日A・日B・地理A・地理B・現社・倫・政経・「倫・政経」・数Ⅰ・「数Ⅰ・数A」・数Ⅱ・「数Ⅱ・数B」・簿・情・「物基・化基・生基・地学基から2」・物・化・生・地学から1

[個別試験] 行わない。

※3科目型(英語資格・検定試験利用)は,指定された英語資格・検定試験(4技能)においてCEFR B1レベル以上のスコアを有していれば出願可能(合否判定に用いない)。

共通テスト利用入試〈3月出願(4科目型・3科目型)〉 4~3科目 ①**外**(4科目型250・3科目型100)▶英(リスニングを含む) ②③④**国・地歴・公民・数・理**(4科目型100×3・3科目型100×2)▶国・世B・日B・地理B・現社・倫・政経・「倫・政経」・数Ⅰ・「数Ⅰ・数A」・数Ⅱ・「数Ⅱ・数B」・「物基・化基・生基・地学基から2」・物・化・生・地学から4科目型は3,3科目型は2

[個別試験] 行わない。

共通テスト利用入試〈3月出願(英数3科目型)〉 3科目 ①**外**(100)▶英(リスニングを含む) ②③**数**(100×2)▶「数Ⅰ・〈数Ⅰ・数A〉から1」・「数Ⅱ・〈数Ⅱ・数B〉から1」

[個別試験] 行わない。

総合型選抜学部特色入試 **[出願資格]** 第1志望,入学確約者のほか,高度な資格を有する者,事業経営を志向する者,高等学校商業科等を卒業する者の区分ごとに要件あり。

[選考方法] 書類審査，小論文(事業経営を志向する者のみ)による第一次審査の通過者を対象に，面接審査(口頭試問〈事業経営を志向する者は口頭試問・プレゼンテーション〉含む)を行う。

人間福祉学部

一般入試全学部日程・学部個別日程 3科目 ①**国**(200)▶国総・現文B・古典B(いずれも漢文を除く) ②**外**(200)▶コミュ英Ⅰ・コミュ英Ⅱ・コミュ英Ⅲ・英表Ⅰ・英表Ⅱ ③**地歴・数**(全学部150・個別200)▶世B・日B・地理B・「数Ⅰ・数Ⅱ・数A・数B(数列・ベク)」から1，ただし地理Bは全学部日程のみ選択可

一般入試学部個別日程英語・国語型 2科目 ①**国**(150)▶国総・現文B・古典B(いずれも漢文を含む) ②**外**(200)▶コミュ英Ⅰ・コミュ英Ⅱ・コミュ英Ⅲ・英表Ⅰ・英表Ⅱ

一般入試英数日程 2科目 ①**外**(200)▶コミュ英Ⅰ・コミュ英Ⅱ・コミュ英Ⅲ・英表Ⅰ・英表Ⅱ ②**数**(150)▶数Ⅰ・数Ⅱ・数A・数B(数列・ベク)

一般入試共通テスト併用日程(英語) **〈共通テスト科目〉** 2科目 ①②**国・外・地歴・公民・数・理**(100×2)▶国(古典は古文・漢文いずれかの高得点を採用)・英(リスニングを含む)・世B・日B・地理B・現社・倫・政経・「倫・政経」・「数Ⅰ・数A」・「数Ⅱ・数B」・「物基・化基・生基・地学基から2」・物・化・生・地学から2

〈独自試験科目〉 1科目 ①**外**(200)▶コミュ英Ⅰ・コミュ英Ⅱ・コミュ英Ⅲ・英表Ⅰ・英表Ⅱ

共通テスト利用入試〈1月出願(7科目型)〉 7科目 ①**国**(200)▶国 ②**外**(200)▶英(リスニングを含む)・独・仏・中・韓から1 ③④**数**(100×2)▶「数Ⅰ・数A」・「〈数Ⅱ・数B〉・簿・情から1」 ⑤⑥**地歴・公民**(100×2)▶世B・日B・地理B・現社・倫・政経・「倫・政経」から2 ⑦**理**(100)▶「物基・化基・生基・地学基から2」・物・化・生・地学から1

[個別試験] 行わない。

共通テスト利用入試〈1月出願(5科目型)〉 5科目 ①**国**(200)▶国(古典は古文・漢文いずれかの高得点を採用) ②**外**(200)▶英(リスニングを含む) ③④**数**(100×2)▶「数Ⅰ・〈数Ⅰ・数A〉から1」・「数Ⅱ・〈数Ⅱ・数B〉・簿・情から1」 ⑤**地歴・公民・理**(100)▶世A・世B・日A・日B・地理A・地理B・現社・倫・政経・「倫・政経」・「物基・化基・生基・地学基から2」・物・化・生・地学から1

[個別試験] 行わない。

共通テスト利用入試〈1月出願(3科目型)・(3科目型〈英語資格・検定試験利用〉)〉 3科目 ①**国**(3科目型200・英語利用100)▶国(古典は古文・漢文いずれかの高得点を採用) ②**外**(3科目型200・英語利用300)▶英(リスニングを含む) ③**地歴・公民・数・理**(3科目型200・英語利用100)▶世A・世B・日A・日B・地理A・地理B・現社・倫・政経・「倫・政経」・数Ⅰ・「数Ⅰ・数A」・数Ⅱ・「数Ⅱ・数B」・簿・情・「物基・化基・生基・地学基から2」・物・化・生・地学から1

[個別試験] 行わない。

※3科目型(英語資格・検定試験利用)は，指定された英語資格・検定試験(4技能)においてCEFR B1レベル以上のスコアを有していれば出願可能(合否判定に用いない)。

共通テスト利用入試〈3月出願(4科目型・3科目型)〉 4～3科目 ①**外**(200)▶英(リスニングを含む) ②③④**国・地歴・公民・数・理**(4科目型100×3・3科目型200×2)▶国(3科目型は古典は古文・漢文いずれかの高得点を採用)・世B・日B・地理B・現社・倫・政経・「倫・政経」・数Ⅰ・「数Ⅰ・数A」・数Ⅱ・「数Ⅱ・数B」・簿・情・「物基・化基・生基・地学基から2」・物・化・生・地学から4科目型は3，3科目型は2

[個別試験] 行わない。

総合型選抜学部特色入試 **[出願資格]** 第1志望，入学確約者のほか，指定された英語資格・検定試験(4技能)のスコアCEFR B1レベル以上を有する者など。

[選考方法] 筆記審査(英語論述審査，小論文)による第一次審査の通過者を対象に，面接審査(個人面接・口頭試問含む)を行う。

国際学部

一般入試全学部日程英語1科目型 2科目 ①**外**(200)▶コミュ英Ⅰ・コミュ英Ⅱ・コミュ

英Ⅲ・英表Ⅰ・英表Ⅱ ②**外**(200)▶コミュ英Ⅰ・コミュ英Ⅱ・コミュ英Ⅲ・英表Ⅰ・英表Ⅱ
一般入試全学部日程３科目型・学部個別日程 **3**科目 ①**国**(200・個別傾斜150)▶国総・現文Ｂ・古典Ｂ(いずれも漢文を除く) ②**外**(200・個別傾斜300)▶コミュ英Ⅰ・コミュ英Ⅱ・コミュ英Ⅲ・英表Ⅰ・英表Ⅱ ③**地歴・数**(150・個別均等200)▶世Ｂ・日Ｂ・地理Ｂ・「数Ⅰ・数Ⅱ・数Ａ・数Ｂ(数列・ベク)」から１，ただし地理Ｂは全学部日程のみ選択可
一般入試英数日程 **2**科目 ①**外**(250)▶コミュ英Ⅰ・コミュ英Ⅱ・コミュ英Ⅲ・英表Ⅰ・英表Ⅱ ②**数**(150)▶数Ⅰ・数Ⅱ・数Ａ・数Ｂ(数列・ベク)
一般入試共通テスト併用日程(英語) **〈共通テスト科目〉** **2**科目 ①②**国・外・地歴・公民・数・理**(100×2)▶国(古典は古文・漢文いずれかの高得点を採用)・英(リスニングを含む)・世Ｂ・日Ｂ・地理Ｂ・現社・倫・政経・「倫・政経」・「数Ⅰ・数Ａ」・「数Ⅱ・数Ｂ」・「物基・化基・生基・地学基から２」・物・化・生・地学から２
〈独自試験科目〉 **1**科目 ①**外**(200)▶コミュ英Ⅰ・コミュ英Ⅱ・コミュ英Ⅲ・英表Ⅰ・英表Ⅱ
一般入試共通テスト併用日程(英語〈英語重視型〉) **〈共通テスト科目〉** **1**科目 ①**外**(100)▶英リスニング
〈独自試験科目〉 **1**科目 ①**外**(200)▶コミュ英Ⅰ・コミュ英Ⅱ・コミュ英Ⅲ・英表Ⅰ・英表Ⅱ
一般入試共通テスト併用日程(数学) **〈共通テスト科目〉** **2**科目 ①②**国・外・地歴・公民・数・理**(100×2)▶国(古典は古文・漢文いずれかの高得点を採用)・英(リスニングを含む)・世Ｂ・日Ｂ・地理Ｂ・現社・倫・政経・「倫・政経」・「数Ⅰ・数Ａ」・「数Ⅱ・数Ｂ」・「物基・化基・生基・地学基から２」・物・化・生・地学から２
〈独自試験科目〉 **1**科目 ①**数**(200)▶数Ⅰ・数Ⅱ・数Ａ・数Ｂ(数列・ベク)
共通テスト利用入試〈１月出願(７科目型)〉 **7**科目 ①**国**(200)▶国 ②**外**(200)▶英(リスニングを含む)・独・仏・中・韓から１ ③④**数**(100×2)▶「数Ⅰ・数Ａ」・「〈数Ⅱ・数Ｂ〉・簿・情から１」 ⑤⑥**地歴・公民**(100×2)▶世Ｂ・日Ｂ・地理Ｂ・現社・倫・政経・「倫・政経」から２ ⑦**理**(100)▶「物基・化基・生基・地学基から２」・物・化・生・地学から１
［個別試験］ 行わない。
共通テスト利用入試〈１月出願(５科目型)〉 **5**科目 ①**国**(200)▶国(古典は古文・漢文いずれかの高得点を採用) ②**外**(250)▶英(リスニングを含む)・中・韓から１ ③**数**(100)▶数Ⅰ・「数Ⅰ・数Ａ」から１ ④**地歴・公民**(100)▶世Ｂ・日Ｂ・地理Ｂ・現社・倫・政経・「倫・政経」から１ ⑤**数・理**(100)▶数Ⅱ・「数Ⅱ・数Ｂ」・「物基・化基・生基・地学基から２」・物・化・生・地学から１
［個別試験］ 行わない。
共通テスト利用入試〈１月出願(３科目型)・(３科目型〈英語資格・検定試験利用〉)〉 **3**科目 ①**国**(３科目型200・英語利用100)▶国(古典は古文・漢文いずれかの高得点を採用) ②**外**(３科目型250・英語利用300)▶英(リスニングを含む) ③**地歴・公民・数・理**(３科目型200・英語利用100)▶世Ｂ・日Ｂ・地理Ｂ・現社・倫・政経・「倫・政経」・数Ⅰ・「数Ⅰ・数Ａ」・数Ⅱ・「数Ⅱ・数Ｂ」・「物基・化基・生基・地学基から２」・物・化・生・地学から１
［個別試験］ 行わない。
※３科目型(英語資格・検定試験利用)は，指定された英語資格・検定試験(４技能)においてCEFR B1レベル以上のスコアを有していれば出願可能(合否判定に用いない)。
共通テスト利用入試〈３月出願(４科目型・３科目型)〉 **4〜3**科目 ①**外**(４科目型250・３科目型400)▶英(リスニングを含む) ②③④**国・地歴・公民・数・理**(４科目型100×3・３科目型100×2)▶国(古典は古文・漢文いずれかの高得点を採用)・世Ｂ・日Ｂ・地理Ｂ・現社・倫・政経・「倫・政経」・数Ⅰ・「数Ⅰ・数Ａ」・数Ⅱ・「数Ⅱ・数Ｂ」・「物基・化基・生基・地学基から２」・物・化・生・地学から４科目型は３，３科目型は２
［個別試験］ 行わない。
総合型選抜学部特色入試 **［出願資格］** 第１志望，入学確約者のほか，中国語・朝鮮語能力重視方式，文化・芸術活動方式のいずれかにおいて，掲げる条件すべてに該当する者。

［選考方法］　書類審査，筆記審査（英語論述審査，小論文）による第一次審査の通過者を対象に，面接審査（口頭試問含む）を行う。

教育学部

一般入試全学部日程（理系型）　**3科目**　①**外**（150）▶コミュ英Ⅰ・コミュ英Ⅱ・コミュ英Ⅲ・英表Ⅰ・英表Ⅱ　②**数**（150）▶数Ⅰ・数Ⅱ・数Ⅲ・数Ａ・数Ｂ（数列・ベク）　③**理**（150）▶「物基・物」・「化基・化」・「生基・生」から１

一般入試全学部日程・学部個別日程　**3科目**　①**国**（200・個別傾斜100）▶国総・現文Ｂ・古典Ｂ（いずれも漢文を除く）　②**外**（200・個別傾斜250）▶コミュ英Ⅰ・コミュ英Ⅱ・コミュ英Ⅲ・英表Ⅰ・英表Ⅱ　③**地歴・数**（全学部150・個別傾斜250・個別均等200）▶世Ｂ・日Ｂ・地理Ｂ・「数Ⅰ・数Ⅱ・数Ａ・数Ｂ（数列・ベク）」から１，ただし地理Ｂは全学部日程のみ選択可

一般入試共通テスト併用日程（英語）　**〈共通テスト科目〉**　**2科目**　①②**国・外・地歴・公民・数・理**（100×2）▶国（古典は古文・漢文いずれかの高得点を採用）・英（リスニングを含む）・世Ｂ・日Ｂ・地理Ｂ・現社・倫・政経・「倫・政経」・「数Ⅰ・数Ａ」・「数Ⅱ・数Ｂ」・「物基・化基・生基・地学基から２」・物・化・生・地学から２

〈独自試験科目〉　**1科目**　①**外**（200）▶コミュ英Ⅰ・コミュ英Ⅱ・コミュ英Ⅲ・英表Ⅰ・英表Ⅱ

一般入試共通テスト併用日程（数学）　**〈共通テスト科目〉**　**2科目**　①②**国・外・地歴・公民・数・理**（100×2）▶国（古典は古文・漢文いずれかの高得点を採用）・英（リスニングを含む）・世Ｂ・日Ｂ・地理Ｂ・現社・倫・政経・「倫・政経」・「数Ⅰ・数Ａ」・「数Ⅱ・数Ｂ」・「物基・化基・生基・地学基から２」・物・化・生・地学から２

〈独自試験科目〉　**1科目**　①**数**（200）▶数Ⅰ・数Ⅱ・数Ａ・数Ｂ（数列・ベク）

共通テスト利用入試〈１月出願（７科目型）〉　**7科目**　①**国**（200）▶国　②**外**（200）▶英（リスニングを含む）　③④**数**（100×2）▶「数Ⅰ・数Ａ」・「数Ⅱ・数Ｂ」　⑤⑥**地歴・公民**（100×2）▶世Ｂ・日Ｂ・地理Ｂ・現社・倫・政経・「倫・政経」から２　⑦**理**（100）▶「物基・化基・生基・地学基から２」・物・化・生・地学から１

［個別試験］　行わない。

共通テスト利用入試〈１月出願（５科目型）〉　**5科目**　①**国**（200）▶国　②**外**（200）▶英（リスニングを含む）　③**数**（100）▶数Ⅰ・「数Ⅰ・数Ａ」から１　④**地歴・公民**（100）▶世Ｂ・日Ｂ・地理Ｂ・現社・倫・政経・「倫・政経」から１　⑤**数・理**（100）▶数Ⅱ・「数Ⅱ・数Ｂ」・「物基・化基・生基・地学基から２」・物・化・生・地学から１

［個別試験］　行わない。

共通テスト利用入試〈１月出願（３科目型）・（３科目型〈英語資格・検定試験利用〉）〉　**3科目**　①**国**（３科目型200・英語利用100）▶国（古典は古文・漢文いずれかの高得点を採用）　②**外**（３科目型200・英語利用300）▶英（リスニングを含む）　③**地歴・公民・数・理**（３科目型200・英語利用100）▶世Ｂ・日Ｂ・地理Ｂ・現社・倫・政経・「倫・政経」・数Ⅰ・「数Ⅰ・数Ａ」・数Ⅱ・「数Ⅱ・数Ｂ」・「物基・化基・生基・地学基から２」・物・化・生・地学から１

［個別試験］　行わない。

※３科目型（英語資格・検定試験利用）は，指定された英語資格・検定試験（４技能）においてCEFR B1レベル以上のスコアを有していれば出願可能（合否判定に用いない）。

共通テスト利用入試〈３月出願〉　**4科目**　①**外**（200）▶英（リスニングを含む）　②③④**国・地歴・公民・数・理**（100×3）▶国・世Ｂ・日Ｂ・地理Ｂ・現社・倫・政経・「倫・政経」・数Ⅰ・「数Ⅰ・数Ａ」・数Ⅱ・「数Ⅱ・数Ｂ」・「物基・化基・生基・地学基から２」・物・化・生・地学から３

［個別試験］　行わない。

総合型選抜学部特色入試　**［出願資格］**　第１志望，入学確約者のほか，指定された英語資格・検定試験（４技能）のスコアCEFR B1レベル以上を有する者など。

［選考方法］　書類審査，筆記審査（英語論述審査，課題小論文審査）による第一次審査の通過者を対象に，面接審査（口頭試問・プレゼンテーション，グループディスカッション含む）を行う。

総合政策学部

一般入試全学部日程（理系型）　**3科目**　①**外**（200）▶コミュ英Ⅰ・コミュ英Ⅱ・コミュ英

Ⅲ・英表Ⅰ・英表Ⅱ　②**数**(150)▶数Ⅰ・数Ⅱ・数Ⅲ・数A・数B(数列・ベク)　③**理**(150)▶「物基・物」・「化基・化」・「生基・生」から1
一般入試全学部日程・学部個別日程　**3**科目　①**国**(200・個別傾斜100)▶国総・現文B・古典B(全学部日程と個別均等はいずれも漢文を除き，個別傾斜は含む)　②**外**(200・個別傾斜300)▶コミュ英Ⅰ・コミュ英Ⅱ・コミュ英Ⅲ・英表Ⅰ・英表Ⅱ　③**地歴・数**(全学部150・個別200)▶世B・日B・地理B・「数Ⅰ・数Ⅱ・数A・数B(数列・ベク)」から1，ただし個別均等は地理Bの選択不可
一般入試英数日程　**2**科目　①**外**(200)▶コミュ英Ⅰ・コミュ英Ⅱ・コミュ英Ⅲ・英表Ⅰ・英表Ⅱ　②**数**(200)▶数Ⅰ・数Ⅱ・数A・数B(数列・ベク)
一般入試共通テスト併用日程(英語)　**〈共通テスト科目〉**　**2**科目　①②**国・外・地歴・公民・数・理**(100×2)▶国(古典は古文・漢文いずれかの高得点を採用)・英(リスニングを含む)・世B・日B・地理B・現社・倫・政経・「倫・政経」・「数Ⅰ・数A」・「数Ⅱ・数B」・「物基・化基・生基・地学基から2」・物・化・生・地学から2
〈独自試験科目〉　**1**科目　①**外**(200)▶コミュ英Ⅰ・コミュ英Ⅱ・コミュ英Ⅲ・英表Ⅰ・英表Ⅱ
一般入試共通テスト併用日程(数学)　**〈共通テスト科目〉**　**2**科目　①②**国・外・地歴・公民・数・理**(100×2)▶国(古典は古文・漢文いずれかの高得点を採用)・英(リスニングを含む)・世B・日B・地理B・現社・倫・政経・「倫・政経」・「数Ⅰ・数A」・「数Ⅱ・数B」・「物基・化基・生基・地学基から2」・物・化・生・地学から2
〈独自試験科目〉　**1**科目　①**数**(200)▶数Ⅰ・数Ⅱ・数A・数B(数列・ベク)
共通テスト利用入試〈1月出願(7科目型)〉　**7**科目　①**国**(200)▶国　②**外**(200)▶英(リスニングを含む)・独・仏・中・韓から1　③④**数**(100×2)▶「数Ⅰ・数A」・「〈数Ⅱ・数B〉・簿・情から1」　⑤⑥**地歴・公民**(100×2)▶世B・日B・地理B・現社・倫・政経・「倫・政経」から2　⑦**理**(100)▶「物基・化基・生基・地学基から2」・物・化・生・地学から1
[個別試験]　行わない。
共通テスト利用入試〈1月出願(5科目型)〉　**5**科目　①**国**(200)▶国(古典は古文・漢文いずれかの高得点を採用)　②**外**(200)▶英(リスニングを含む)　③**数**(100)▶数Ⅰ・「数Ⅰ・数A」から1　④**地歴・公民**(100)▶世B・日B・地理B・現社・倫・政経・「倫・政経」から1　⑤**数・理**(100)▶数Ⅱ・「数Ⅱ・数B」・情・「物基・化基・生基・地学基から2」・物・化・生・地学から1
[個別試験]　行わない。
共通テスト利用入試〈1月出願(3科目英国型)・(3科目型〈英語資格・検定試験利用〉)〉　**3**科目　①**国**(200)▶国(古典は古文・漢文いずれかの高得点を採用)　②**外**(英国型200・英語利用450)▶英(リスニングを含む)　③**地歴・公民・数・理**(100)▶世B・日B・地理B・現社・倫・政経・「倫・政経」・「数Ⅰ・数A」・「数Ⅱ・数B」・情・「物基・化基・生基・地学基から2」・物・化・生・地学から1
[個別試験]　行わない。
※3科目型(英語資格・検定試験利用)は，指定された英語資格・検定試験(4技能)においてCEFR B1レベル以上のスコアを有していれば出願可能(合否判定に用いない)。
共通テスト利用入試〈1月出願(3科目英数型)〉　**3**科目　①**外**(200)▶英(リスニングを含む)　②**数**(200)▶数Ⅱ・数B　③**国・地歴・公民・数・理**(100)▶国(古典は古文・漢文いずれかの高得点を採用)・世B・日B・地理B・現社・倫・政経・「倫・政経」・「数Ⅰ・数A」・「物基・化基・生基・地学基から2」・物・化・生・地学から1
[個別試験]　行わない。
共通テスト利用入試〈3月出願〉　**4**科目　①**外**(200)▶英(リスニングを含む)　②③④**国・地歴・公民・数・理**(100×3)▶国・世B・日B・地理B・現社・倫・政経・「倫・政経」・数Ⅰ・「数Ⅰ・数A」・数Ⅱ・「数Ⅱ・数B」・「物基・化基・生基・地学基から2」・物・化・生・地学から3
[個別試験]　行わない。
総合型選抜学部特色入試　**[出願資格]**　第1志望，入学確約者のほか，指定された英語資格・検定試験(4技能)のスコアCEFR B1レベル以上を有する者など。
[選考方法]　書類審査，筆記審査(英語題材

論述方式，小論文）による第一次審査の通過者を対象に，面接審査（口頭試問・プレゼンテーション含む）を行う。

理学部・工学部・生命環境学部・建築学部

一般入試全学部日程（均等配点型）・（数学・理科重視型） 3科目 ①**外**（均等150・数理重視100）▶コミュ英Ⅰ・コミュ英Ⅱ・コミュ英Ⅲ・英表Ⅰ・英表Ⅱ ②**数**（均等150・数理重視200）▶数Ⅰ・数Ⅱ・数Ⅲ・数A・数B（数列・ベク） ③**理**（150）▶「物基・物」・「化基・化」・「生基・生」から1，ただし理学部の物理・宇宙学科と化学科は生物の選択不可

一般入試英数日程 2科目 ①**外**（200）▶コミュ英Ⅰ・コミュ英Ⅱ・コミュ英Ⅲ・英表Ⅰ・英表Ⅱ ②**数**（200）▶数Ⅰ・数Ⅱ・数Ⅲ・数A・数B（数列・ベク）

一般入試共通テスト併用日程（数学） **〈共通テスト科目〉** 2科目 ①②**国・外・数・理**（100×2）▶国（近代）・英（リスニングを含む）・「数Ⅰ・数A」・「数Ⅱ・数B」・物・化・生・地学から2，ただし理学部の物理・宇宙学科は物必須，化学科は化必須

〈独自試験科目〉 1科目 ①**数**（200）▶数Ⅰ・数Ⅱ・数Ⅲ・数A・数B（数列・ベク）

共通テスト利用入試〈1月出願（7科目型）〉 7科目 ①**国**（100）▶国（近代） ②**外**（200）▶英（リスニングを含む） ③**地歴・公民**（100）▶世B・日B・地理B・現社・倫・政経・「倫・政経」から1 ④⑤**数**（100×2）▶「数Ⅰ・数A」・「数Ⅱ・数B」 ⑥⑦**理**（100×2）▶物・化・生・地学から2，ただし理学部の物理・宇宙学科は物必須，化学科は物・化指定

[個別試験] 行わない。

共通テスト利用入試〈1月出願（5科目型〈理科2科目〉）〉 5科目 ①**外**（100）▶英（リスニングを含む） ②③**数**（理200×2，工・生命環境100×2，建築150×2）▶「数Ⅰ・数A」・「数Ⅱ・数B」 ④⑤**理**（100×2）▶物・化・生・地学から2，ただし理学部の物理・宇宙学科は物必須，化学科は物・化指定

[個別試験] 行わない。

共通テスト利用入試〈1月出願（5科目型〈理科1科目〉）〉 5科目 ①**外**（200）▶英（リスニングを含む） ②③**数**（100×2）▶「数Ⅰ・数A」・「数Ⅱ・数B」 ④**理**（200）▶物・化・生・地学から1，ただし理学部の物理・宇宙学科は物指定，化学科は化指定 ⑤**国・地歴・公民**（100）▶国（近代）・世B・日B・地理B・現社・倫・政経・「倫・政経」から1

[個別試験] 行わない。

共通テスト利用入試〈1月出願（5科目型〈英語資格・検定試験利用〉）〉 5科目 ①**外**（400・建築のみ250）▶英（リスニングを含む） ②③**数**（100×2・建築のみ75×2）▶「数Ⅰ・数A」・「数Ⅱ・数B」 ④⑤**理**（100×2・建築のみ50×2）▶物・化・生・地学から2，ただし理学部の物理・宇宙学科は物必須，化学科は物・化指定

[個別試験] 行わない。

※指定された英語資格・検定試験（4技能）においてCEFR B1レベル以上のスコアを有していれば出願可能（合否判定に用いない）。

共通テスト利用入試〈3月出願〉 4科目 ①**外**（100）▶英（リスニングを含む） ②③**数**（100×2）▶「数Ⅰ・数A」・「数Ⅱ・数B」 ④**理**（100）▶物・化・生・地学から1，ただし理学部の物理・宇宙学科は物指定，化学科は化指定

[個別試験] 行わない。

総合型選抜学部特色入試 **[出願資格]** 第1志望，入学確約者，数・理の履修要件のほか，理・工・生命環境の3学部は，全体の学習成績の状況が3.8以上で，指定された英語資格・検定試験（4技能）のスコアCEFR A2レベル以上を有する者など。

[選考方法] 理・工・生命環境の3学部は，書類審査，筆記審査（論述審査〈数・理〉）による第一次審査の通過者を対象に，面接審査（口頭試問含む）を，建築学部は，書類審査による第一次審査の通過者を対象に，実技審査（鉛筆によるドローイング），面接審査（口頭試問・プレゼンテーション含む）を行う。

その他の選抜

総合型選抜（探究評価型入試，グローバル入試〈国際的な活躍を志す者を対象とした入試，インターナショナル・バカロレア入試，帰国生徒入試〉，スポーツ選抜入試），外国人留学生入試。

偏差値データ

偏差値データ (2024年度)

●一般入試

学部／学科・課程／専修・専攻・コース	2024年度 駿台予備学校 合格目標ライン	2024年度 河合塾 ボーダー偏差値	2023年度実績 募集人員	受験者数	合格者数	合格最低点	競争率 '23年	競争率 '22年
神学部								
(全学部)	43	50	7	48	19	287.1/550	2.5	2.2
(学部個別)	43	50	6	65	34	262.9/500	1.9	1.8
文学部								
文化歴史/哲学倫理(全学部)	50	55	12	88	38	306.1/550	2.3	2.4
(学部個別)	50	55	10	51	25	312.0/500	2.0	2.0
/美学芸術(全学部)	51	55	12	124	28	338.2/550	4.4	3.1
(学部個別)	51	55	10	83	20	348.3/500	4.2	2.3
/地理学地域文化(全学部)	50	55	12	132	52	274.8/550	2.5	1.7
(学部個別)	50	55	8	101	37	293.3/500	2.7	1.2
/日本史(全学部)	53	55	12	196	75	312.7/550	2.6	2.2
(学部個別)	53	55	8	106	44	315.4/500	2.4	1.7
/アジア史(全学部)	50	55	12	79	23	275.9/550	3.4	3.4
(学部個別)	50	55	8	55	26	277.0/500	2.1	2.6
/西洋史(全学部)	51	55	12	124	69	287.1/550	1.8	3.3
(学部個別)	51	55	8	71	46	296.7/500	1.5	2.5
総合心理科(全学部)	52	55	44	368	193	287.0/550	1.9	2.9
(学部個別)	51	55	32	192	110	280.3/500	1.7	2.9
文学言語/日本文学(全学部)	51	55	18	219	82	304.0/550	2.7	3.0
(学部個別)	50	55	16	134	47	330.2/500	2.9	2.2
/英米文学(全学部)	52	55	30	408	189	302.4/550	2.2	2.0
(学部個別)	51	55	26	234	126	300.0/500	1.9	1.6
/フランス文学(全学部)	50	55	16	120	51	275.0/550	2.4	2.9
(学部個別)	49	55	12	79	50	268.0/500	1.6	2.2
/ドイツ文学(全学部)	50	55	14	187	81	279.9/550	2.3	2.0
(学部個別)	49	55	10	134	63	284.0/500	2.1	1.5
社会学部								
社会(全学部)	50	52.5	160	1,618	581	306.4/550	2.8	1.8
(学部個別)	50	52.5	130	1,088	433	321.0/500	2.5	2.3
法学部								
法律(全学部)	53	55	110	1,146	464	304.5/550	2.5	2.1
(学部個別)	52	55	110	895	417	269.8/500	2.1	2.9
(英数日程)	51	55	35	20	7	243.0/400	2.9	2.9
政治(全学部)	51	55	35	262	132	276.9/550	2.0	2.0
(学部個別)	51	55	35	425	184	259.6/500	2.3	2.4
(英数日程)	50	55	15	10	4	211.7/400	2.5	3.8

学部／学科・課程／専修・専攻・コース	2024年度		2023年度実績					
	駿台予備学校	河合塾	募集人員	受験者数	合格者数	合格最低点	競争率	
	合格目標ライン	ボーダー偏差値					'23年	'22年
経済学部								
(全学部文系)	50	55	140	1,710	835	284.2/550	2.0	1.8
(全学部理系)	49	55		205	102	302.3/550	2.0	1.7
(学部個別)	50〜51	55	120	986	426	317.9/500	2.3	1.8
(英数日程)	48	57.5	65	232	89	231.3/400	2.6	1.7
商学部								
(全学部)	52	55	135	1,462	513	309.0/550	2.8	2.7
(学部個別)	51	55	125	931	372	320.9/500	2.5	2.5
(英数日程)	50	55	50	101	44	219.0/400	2.3	2.3
人間福祉学部								
社会福祉(全学部)	50	52.5	22	175	77	299.0/550	2.3	2.8
(学部個別均等)	50	52.5	—	—	—	—	新	—
(学部個別・英国)	48	52.5	18	164	83	236.0/350	2.0	2.1
(英数日程)	49	52.5	15	10	3	191.0/350	3.3	2.3
社会起業(全学部)	50	52.5	21	201	66	307.5/550	3.0	2.5
(学部個別均等)	49	52.5	—	—	—	—	新	—
(学部個別・英国)	48	52.5	17	255	96	244.0/350	2.7	2.1
(英数日程)	48	52.5	8	6	1	188.0/350	6.0	5.0
人間科(全学部)	50	52.5	20	232	74	300.1/550	3.1	2.3
(学部個別均等)	50	52.5	—	—	—	—	新	—
(学部個別・英国)	48	55	16	209	83	235.0/350	2.5	2.1
(英数日程)	49	55	9	30	11	191.0/350	2.7	1.6
国際学部								
国際(全学部3科目)	54	62.5	30	287	47	361.6/550	6.1	6.3
(全学部英語)	53	70	20	137	22	334.0/400	6.2	8.8
(学部個別)	54	62.5	30	353	98	329.3/550	3.6	4.0
(英数日程)	53	62.5	25	34	13	270.0/400	2.6	2.5
教育学部								
教育/幼児教育(全学部文系)	50	55	29	214	129	261.2/550	1.7	2.9
(全学部理系)	50	55		5	3	228.2/450	1.7	1.5
(学部個別)	50	55	19	129	76	270.2/500	1.7	1.9
/初等教育(全学部文系)	52	52.5	37	444	201	284.1/550	2.2	3.0
(全学部理系)	52	55		33	16	225.5/450	2.1	1.9
(学部個別)	52	55	25	233	143	288.0/500	1.6	2.0
/教育科学(全学部文系)	51	55	17	222	126	284.0/550	1.8	2.4
(全学部理系)	51	55		21	13	226.5/450	1.6	2.3
(学部個別)	51	55	12	141	94	292.6/500	1.5	1.8
総合政策学部								
(全学部文系)	50	52.5	100	1,023	451	286.1/550	2.3	2.1
(全学部理系)	50	52.5		121	58	254.6/500	2.1	2.0
(学部個別)	50	52.5	90	1,160	464	216.4/400	2.5	2.2
(英数日程)	49	52.5	50	156	61	201.0/400	2.6	1.5

学部／学科・課程／専修・専攻・コース	2024年度		2023年度実績					
	駿台予備学校	河合塾	募集人員	受験者数	合格者数	合格最低点	競争率	
	合格目標ライン	ボーダー偏差値					'23年	'22年
理学部								
数理科（全学部均等）	49	52.5	26	172	99	215.8/450	1.7	2.3
（全学部数理重視）	49	52.5		212	135	215.5/450	1.6	2.3
（英数日程）	48	52.5	3	19	10	250.0/400	1.9	2.9
物理・宇宙（全学部均等）	50	52.5	30	336	154	250.2/450	2.2	2.7
（全学部数理重視）	50	52.5		330	136	250.4/450	2.4	2.7
（英数日程）	49	52.5	3	43	14	248.0/400	3.1	3.2
化（全学部均等）	49	50	33	325	174	221.4/450	1.9	1.7
（全学部数理重視）	49	50		288	156	221.1/450	1.8	1.9
（英数日程）	48	50	3	28	12	221.0/400	2.3	3.0
工学部								
物質工学（全学部均等）	49	50	26	199	107	207.1/450	1.9	1.6
（全学部数理重視）	49	50		183	113	205.9/450	1.6	1.8
（英数日程）	48	52.5	3	41	22	214.0/400	1.9	1.2
電気電子応用工学（全学部均等）	50	50	30	285	142	222.8/450	2.0	2.2
（全学部数理重視）	50	50		282	138	222.3/450	2.0	2.1
（英数日程）	48	52.5	3	35	15	223.0/400	2.3	1.9
情報工学（全学部均等）	51	52.5	47	398	160	253.5/450	2.5	3.1
（全学部数理重視）	51	55		390	158	253.6/450	2.5	3.0
（英数日程）	49	55	4	50	14	249.0/400	3.6	3.8
知能・機械工学（全学部均等）	51	52.5	30	323	114	257.5/450	2.8	2.3
（全学部数理重視）	51	52.5		311	88	258.7/450	3.5	2.3
（英数日程）	49	55	3	30	9	259.0/400	3.3	3.9
生命環境学部								
生物科（全学部均等）	49	50	30	364	145	249.7/450	2.5	2.2
（全学部数理重視）	49	55		198	72	250.4/450	2.8	2.4
（英数日程）	47	55	4	30	14	244.0/400	2.1	2.7
生命医科／生命医科学（全学部均等）	50	52.5	13	179	77	252.7/450	2.3	2.4
（全学部数理重視）	50	55		122	53	251.6/450	2.3	2.6
（英数日程）	48	55	3	14	5	245.0/400	2.8	2.8
／発生再生医科学（全学部均等）	49	52.5	13	51	31	211.5/450	1.6	2.7
（全学部数理重視）	49	52.5		46	28	211.6/450	1.6	2.1
（英数日程）	48	52.5	3	10	4	208.0/400	2.5	1.2
／医工学（全学部均等）	49	52.5	13	86	37	221.2/450	2.3	1.3
（全学部数理重視）	49	52.5		67	27	223.0/450	2.5	1.3
（英数日程）	48	52.5	3	12	6	229.0/400	2.0	2.0
環境応用化（全学部均等）	49	50	42	316	220	198.3/450	1.4	1.7
（全学部数理重視）	49	50		281	191	199.4/450	1.5	1.6
（英数日程）	48	55	4	31	23	187.0/400	1.3	1.6
建築学部								
建築（全学部均等）	50	52.5	60	685	235	239.0/450	2.9	2.0
（全学部数理重視）	50	55		583	209	239.4/450	2.8	2.0

学部／学科・課程／専修・専攻・コース	2024年度		2023年度実績					
	駿台予備学校	河合塾					競争率	
	合格目標ライン	ボーダー偏差値	募集人員	受験者数	合格者数	合格最低点	'23年	'22年
（英数日程）	49	52.5	10	117	40	243.0/400	2.9	1.9

●駿台予備学校合格目標ラインは合格可能性80％に相当する駿台模試の偏差値です。●競争率は受験者÷合格者の実質倍率
●河合塾ボーダー偏差値は合格可能性50％に相当する河合塾全統模試の偏差値です。
※合格最低点は得点調整後の点数です。

併設の教育機関　大学院

神学研究科

教員数▶８名（前期）
院生数▶17名
博士前期課程▶ ●神学専攻　社会とキリスト教界の発展に寄与する，高度な神学の専門家としての能力を磨く。
博士後期課程▶ 神学専攻

文学研究科

教員数▶67名（前期）
院生数▶86名
博士前期課程▶ ●文化歴史学専攻　哲学倫理学，美学芸術学，地理学地域文化学，日本史学，アジア史学，西洋史学の６領域を設定。
●総合心理科学専攻　心理科学，学校教育学の２領域を設定。
●文学言語学専攻　日本文学日本語学，英米文学英語学，フランス文学フランス語学，ドイツ文学ドイツ語学の４領域を設定。
博士後期課程▶ 文化歴史学専攻，総合心理科学専攻，文学言語学専攻

社会学研究科

教員数▶38名（前期）
院生数▶40名
博士前期課程▶ ●社会学専攻　現実社会の多様な課題を分析し，解決する力を育み，伸ばす。専門社会調査士の資格取得も可能。
博士後期課程▶ 社会学専攻

法学研究科

教員数▶38名（前期）
院生数▶30名
博士前期課程▶ ●法学・政治学専攻　アカデミック，エキスパートの２コースで，法律・政治の高度な研究者，専門家を育成する。
博士後期課程▶ 政治学専攻，基礎法学専攻，民刑事法学専攻

経済学研究科

教員数▶39名（前期）
院生数▶12名
博士前期課程▶ ●経済学専攻　国際的視野と多元的視点を持つ，時代のニーズに合った経済の専門家を育成する。
博士後期課程▶ 経済学専攻

商学研究科

教員数▶31名（前期）
院生数▶24名
博士前期課程▶ ●商学専攻　前期・後期の５年間一貫の研究職コースと，前期課程２年間の専門学識コースを設置。
博士後期課程▶ 商学専攻

理工学研究科

教員数▶86名（前期）
院生数▶561名
博士前期課程▶ ●数理科学専攻　研究領域は解析，代数，幾何，確率論，統計学，最適

化，非線形問題，数値解析など多岐に及ぶ。

●物理学専攻　自然界の法則や原理を探求し，宇宙の謎や新素材の創造，新しい技術の開発などについて研究を行う。

●先進エネルギーナノ工学専攻　自然環境保全と経済的成長を両立させ，さらに持続可能な次世代エネルギーのあり方を探究する。

●化学専攻　分析・物理化学系と無機・有機化学系で構成。理学的視点で「化学の基本原理の探究」をめざしている。

●環境・応用化学専攻　社会を支える環境に配慮した「未来のテクノロジー」を創出する。

●生命科学専攻　普遍的な生命現象の解明に加えて，まだ人類が手にしていないバイオテクノロジーの実現に向けた応用研究を展開。

●生命医化学専攻　ヒトの健康維持や疾病の治療に役立つ新たな発見，革新的技術の創出により「ライフイノベーション」に貢献する。

●情報科学専攻　情報通信の発展に貢献するため，コンピュータやネットワークの技術に関して教育と研究を展開。

●人間システム工学専攻　「人が快適に過ごせる環境をどのようにして創るか」をめざし，人を中心とした新しいシステムを開発する。

博士後期課程　数理科学専攻，物理学専攻，先進エネルギーナノ工学専攻，化学専攻，環境・応用化学専攻，生命科学専攻，生命医化学専攻，情報科学専攻，人間システム工学専攻

総合政策研究科

教員数▸46名（前期）

院生数▸34名

博士前期課程　●総合政策専攻　「現場」を重視した実践型教育を推進し，高度な政策分析能力，政策提言能力を磨く。

博士後期課程　総合政策専攻

人間福祉研究科

教員数▸23名（前期）

院生数▸23名

博士前期課程　●人間福祉専攻　人間福祉の諸領域で得た研究内容・成果を広く社会に発信し，社会に貢献する人材を育成する。

博士後期課程　人間福祉専攻

教育学研究科

教員数▸28名（前期）

院生数▸13名

博士前期課程　●教育学専攻　研究者養成，高度教育の2コース。「子ども理解」をベースに，現代社会の教育問題を解決する。

博士後期課程　教育学専攻

国際学研究科

教員数▸27名（前期）

院生数▸5名

博士前期課程　●国際学専攻　北米研究・アジア研究コースとグローバル研究コースを設置。国際的課題，地域の課題解決に貢献するスペシャリストを育成する。

博士後期課程　国際学専攻

言語コミュニケーション文化研究科

教員数▸36名（前期）

院生数▸50名

博士前期課程　●言語コミュニケーション文化専攻　「英語の関学」の伝統を継承し，言語コミュニケーションの発展に寄与する。

博士後期課程　言語コミュニケーション文化専攻

司法研究科

教員数▸19名

院生数▸88名

専門職学位課程　●法務専攻　「人権」「企業」「国際」「公務」に強い，法律の高度専門職業人を養成する。

経営戦略研究科

教員数▸54名（うち専門職37名）

院生数▸382名（うち専門職359名）

専門職学位課程　●経営戦略専攻（ビジネ

ススクール）社会人対象の企業経営戦略コースと，すべての授業を英語で行う国際経営コースを設置。MBA取得可。

●会計専門職専攻（アカウンティングスクール）国際的な水準で経済社会の発展に貢献する職業会計人を育成する。公認会計士短答式試験および税理士試験の科目免除申請可。

博士後期課程 ▶ 先端マネジメント専攻

併設の教育機関　短期大学

関西学院短期大学

※2024年４月１日より，聖和短期大学から名称変更し，共学化。

問合せ先　事務室入試・広報担当
☎0798-54-6504

所在地　兵庫県西宮市岡田山7-54

学生数 ▶ 女240名

教員数 ▶ 教授５名，准教授６名，講師２名

設置学科

●保育科（150）日本における保育者養成のパイオニア的存在として，質の高い保育者を輩出。

卒業後の進路

2023年３月卒業生 ▶ 114名

就職101名，大学編入学７名，その他６名

甲南大学（こうなん）

資料請求

問合せ先　アドミッションセンター　☎078-435-2319

建学の精神

経済人としてだけでなく，政治の世界でも活躍した平生釟三郎が，「人格の修養と健康の増進を重んじ，個性を尊重して各人の天賦の特性を伸張させる」を教育理念に掲げ，1919（大正8）年に設立した甲南中学校が，甲南学園の歴史の起点。この教育理念は，人文・自然・社会科学の８学部14学科１学環と大学院４研究科を擁する「ミディアムサイズの総合大学」へと発展したいまも脈々と受け継がれ，国際都市・神戸を拠点に，個々人の天賦の特性を引き出す「人物教育」を実践。専門教育を柱に全学共通教育を加え，個性に応じた彩り豊かな学びを提供するとともに，サークル活動やボランティアも経験を広げる教育の一環に位置づけた「人物教育のフレームワーク」で，あなたの持つ「天賦の才」を開花させ，無限大の可能性を引き出している。

●キャンパス情報はP.1063をご覧ください。

基本データ

学生数▶8,851名（男5,187名，女3,664名）
専任教員数▶教授189名，准教授51名，講師23名
設置学部・学環▶文，経済，法，経営，マネジメント創造，グローバル教養，理工，知能情報，フロンティアサイエンス
併設教育機関▶大学院―人文科学・社会科学・自然科学・フロンティアサイエンス（以上M・D）

就職・卒業後の進路

就職率 98.7%（就職者÷希望者×100）

●**就職支援**　進路決定の段階に合わせ，１年次から４年次まで継続してキャリアデザインを支援。また「OB・OG懇談会」をはじめ，オール甲南ネットワークで全面バックアップするほか，学生の個性や希望に合わせた充実の個別相談で一人ひとりを徹底サポート。

●**資格取得支援**　簿記，ファイナンシャル・プランニング，宅地建物取引士，秘書検定，旅行業務取扱管理者，公務員試験対策といった「キャリアアップ講座」を，リーズナブルな受講料で開講。教員をめざす学生には教職教育センターが手厚くサポートしている。

進路指導者も必見　学生を伸ばす　面倒見

初年次教育
学部融合でプロジェクト学習を行い，コミュニケーション能力や課題発見・問題解決能力，情報発信力を磨く「共通基礎演習」，情報に関する基礎的能力を身につける「IT基礎」のほか，「甲南大学と平生釟三郎」などを開講

学修サポート
オフィスアワー制度，教員アドバイザー制度のほか，文・経済・経営と理系３学部でTA制度，文・法・経営・マネジメント創造・フロンティアサイエンス学部でSA制度を導入。また，教育学習支援センターを設置している

オープンキャンパス（2024年度予定）　春期（４月７日），夏期（８月３日・４日），秋期（９月15日）のオープンキャンパスを，岡本・西宮・ポートアイランドの３キャンパスで同時開催予定（事前申込制）。詳細はHPで要確認。

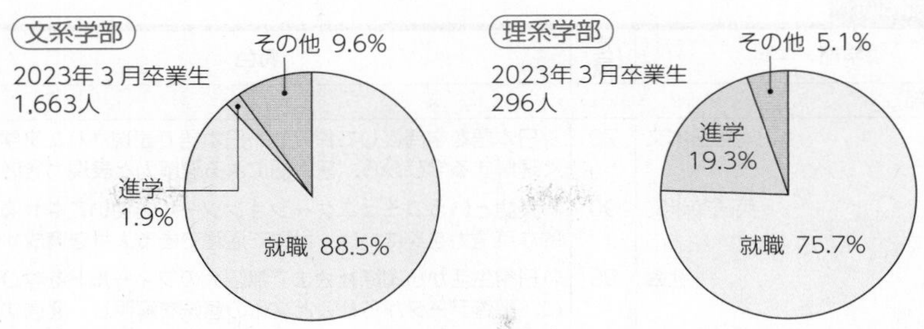

主なOB・OG▶［経済］大谷裕明（YKK社長），［経済］市川典男（象印マホービン社長），［経済］岡崎忠彦（ファミリア社長），［経営］黒田英邦（コクヨ社長），［経営］大吉洋平（毎日放送アナウンサー）など。

国際化・留学　　大学間 43 大学・部局間 6 大学

受入れ留学生数▶81名（2023年５月１日現在）

留学生の出身国・地域▶中国，韓国，アメリカ，カナダ，台湾など。

外国人専任教員▶教授９名，准教授２名，講師９名（2023年５月１日現在）

外国人専任教員の出身国▶アメリカ，カナダ，韓国，イギリス，オーストラリアなど。

大学間交流協定▶43大学（交換留学先23大学，2023年５月１日現在）

部局間交流協定▶６大学（交換留学先３大学，2023年５月１日現在）

海外への留学生数▶渡航型180名・オンライン型17名／年（2022年度）

海外留学制度▶夏期・春期休暇中に行う短期留学の「エリアスタディーズ」「海外語学講座」や，協定校留学（語学留学，語学＋学部留学，学部留学，ダブルディグリープログラム），認定校留学といった中長期留学など，一人ひとりのニーズにあった留学活動を支援。

学費・奨学金制度　　給付型奨学金総額 年間 5,871 万円

入学金▶250,000円

年間授業料（施設費等を除く）▶936,000円〜（詳細は巻末資料参照）

年間奨学金総額▶58,710,000円

年間奨学金受給者数▶114人

主な奨学金制度▶「甲南学園奨学金」「中川路奨学金」「甲南大学父母の会奨学金」などの経済支援型，入試出願時に申請する入学前予約型の「甲南大学“わがくるま星につなぐ”甲南の星奨学金」などの制度を設置。

保護者向けインフォメーション

- **オープンキャンパス**　通常のオープンキャンパス時に「保護者対象説明会」を実施している。
- **広報誌**　学園広報誌『Konan Today』を年２回発行し，在学生の保護者宛に送付している。
- **成績確認**　学修簿を保護者宛に郵送している。
- **教育懇談会**　岡本Cおよび地方会場で教育懇談会を開催し，大学の近況報告や学部懇談会，各学部教員による学修相談やキャリアセンター職員による就職相談などを実施している。
- **防災対策**　「災害対応ハンドブック」を入学時に配布するほか，キャンパス内にも常設。災害時の学生の安否は，ポータルサイトを利用して確認するようにしている。

インターンシップ科目	必修専門ゼミ	卒業論文	GPA制度の導入の有無および活用例	１年以内の退学率	標準年限での卒業率
全学部で開講している	全学部で１年次に実施	法・経済・経営学部と理工学部生物学科を除き卒業要件	学生に対する個別の学修指導，奨学金や授業料免除対象者の選定，留学候補者の選考のほか，一部の学部で大学院入試の選抜に活用	NA	NA

学部紹介

学部／学科	定員	特色
文学部		
日本語日本文	70	▷日本語を学問として探究し，日本語で表現された文学を深く理解する学びから，日本語による理解力と表現力を磨く。
英語英米文	90	▷英語というコミュニケーションツールを使いこなせる実践的な英語力を身につけ，世界で活躍できる人材を育成する。
社会	90	▷日常生活から国際社会まで無限大のフィールドを学びの場に，調査データから社会と文化の意味を解明し，発信する。
人間科	95	▷心理学，哲学，芸術学の知を関連づけながら，理論と実践の両面から「人間とは何か」を探究し，社会の諸問題を多角的にとらえ，柔軟に問題解決できる人材を育成する。
歴史文化	60	▷時代やエリアにとらわれず，時間の縦軸と地域・文化の横軸を交差させて，歴史，地理，民俗を立体的に幅広く学ぶ。博物館学芸員の資格取得も可能。
● 取得可能な資格…教職（国・地歴・公・社・英），司書，司書教諭，学芸員など。 ● 進路状況…………就職87.2%　進学3.9% ● 主な就職先………兵庫県庁，姫路信用金庫，池田泉州銀行，日本年金機構，兵庫県教育委員会など。		
経済学部		
経済	345	▷理論・情報，財政・金融，公共経済，国際経済，産業・企業，歴史・思想の６つの領域から世の中の成り立ちと仕組みを理解し，人を幸せに，社会を豊かにする方法を考察する。
● 取得可能な資格…教職（地歴・公・社），司書，司書教諭。 ● 進路状況…………就職89.1%　進学2.5% ● 主な就職先………ベネッセスタイルケア，日新信用金庫，積水ハウス，大阪国税局，兵庫県庁など。		
法学部		
法	330	▷社会の基盤となる法学と政治学を中心に，歴史学，経済学，社会学といった隣接分野も包括的に学ぶことで，幅広い教養と柔軟な思考力を身につける。
● 取得可能な資格…教職（地歴・公・社），司書，司書教諭。 ● 進路状況…………就職85.5%　進学1.2% ● 主な就職先………兵庫県警察本部，姫路信用金庫，日本年金機構，みなと銀行，大阪国税局など。		
経営学部		
経営	345	▷経営学，会計学，商学の３分野の学びから，企業経営を深く理解した，ビジネス社会のリーダーを育成する。実学に重点を置いたビジネス・リーダー養成プログラムを設置。
● 取得可能な資格…教職（公・社・商業），司書，司書教諭。 ● 進路状況…………就職91.8%　進学0.5% ● 主な就職先………明治安田生命保険，大和証券グループ，ソフトバンク，アイリスオーヤマなど。		
マネジメント創造学部		
マネジメント創造	170	▷予測不可能な現代社会を生き抜くために必要な課題解決力とグローバル力を育み，高い知性と人間性を持った「自ら考え行動する」人材を養成する。
● 進路状況…………就職89.3%　進学0.6% ● 主な就職先………JALスカイ大阪，村田製作所，三菱UFJ銀行，キーエンス，尼崎信用金庫など。		

キャンパスアクセス [岡本キャンパス] 阪急神戸線—岡本より徒歩10分／JR神戸線—摂津本山より徒歩12分

グローバル教養学環		
	25	▷NEW! '24年新設。世界基準で考え，行動できる，社会の第一線で活躍する人材を育成する。複数言語の運用能力を強化し，短期と中長期を組み合わせ，複数の言語圏へ留学。
理工学部		
物理	50	▷宇宙理学，物理工学，文理融合の３コース。物理法則という自然界の真理を理解し，さらに未来へと役立てる。
生物	45	▷基礎となる生命への理解を，遺伝子，タンパク質から細胞，個体，生態，進化に至る幅広い領域から深める。
機能分子化	60	▷次世代の機能性材料を開発し，エネルギーや資源，環境などの現代社会が抱える諸問題を解決する力を身につける。
● 取得可能な資格…教職（理），司書，司書教諭，学芸員など。 ● 進路状況…………就職70.3%　進学23.6% ● 主な就職先………システナ，ナガセケムテックス，TOYO TIRE，東和薬品，日本技術センターなど。		
知能情報学部		
知能情報	120	▷自動運転やロボットなど，現代のイノベーションを支える情報技術の基礎から応用までを身につけた，AI時代に求められる人材を育成する。
● 取得可能な資格…教職（数・情），司書，司書教諭。 ● 進路状況…………就職86.2%　進学10.3% ● 主な就職先………三菱電機ソフトウエア，さくらケーシーエス，SCSK，大塚商会，富士通など。		
フロンティアサイエンス学部		
生命化	45	▷ナノとバイオが融合したナノバイオテクノロジー（生命化学）で，生命，医療，食品，環境，創薬，新素材，エレクトロニクスなど幅広い分野への応用技術を研究する。
● 進路状況…………就職62.5%　進学31.3% ● 主な就職先………横河ソリューションサービス，富士フイルム和光純薬，日本電気，三井情報など。		

▶キャンパス

文・経済・法・経営・グローバル教養・理工・知能情報……［岡本キャンパス］兵庫県神戸市東灘区岡本8-9-1
マネジメント創造……［西宮キャンパス］兵庫県西宮市高松町8-33
フロンティアサイエンス……［ポートアイランドキャンパス］兵庫県神戸市中央区港島南町7-1-20

2024年度入試要項（前年度実績）

●募集人員

学部・学環／学科		一般前期	一般中期	一般後期
▶文	日本語日本文	3教34 2教4	3	—
	英語英米文	3教40 2教5	6	—
	社会	3教30 2教4	6	—
	人間科	3教40 2教4	6	—
	歴史文化	3教30 2教1	3	—
▶経済	経済	3教135 2教20	22	15
▶法	法	3教120 2教20	15	25
▶経営	経営	3教130 2教25	20	10
▶マネジメント創造	マネジメント創造	3教60 2教12	10	5

兵庫　甲南大学

キャンパスアクセス［西宮キャンパス］阪急神戸線―西宮北口より徒歩3分／JR神戸線―西宮よりバス5分または徒歩13分

▶グローバル教養	3教5	—	—
▶理工 物理	3教20	5	4
生物	3教25	6	—
機能分子化	3教20	10	4
▶知能情報 知能情報	3教42	10	—
	2教20		
▶フロンティアサイエンス 生命化	3教11	5	—
	2教11		

※全学部において，一般選抜前期・中期日程の募集人員には，外部英語試験活用方式を含む。さらに，理工学部の前期・中期日程には，物理学科と機能分子化学科は一般方式２教科判定方式の，生物学科は一般方式および外部英語試験活用方式２教科判定方式の募集人員を含む。また，フロンティアサイエンス学部の中期には，一般方式および外部英語試験活用方式２教科判定方式の募集人員を含む。
※次のように略しています。教科→教。

▷全学部で実施する一般選抜前期・中期日程外部英語試験活用方式は，指定された外部英語試験の英語能力基準(スコア)を満たしている者のみ出願が可能。
▷理工学部とフロンティアサイエンス学部で実施する２教科判定方式は，前期または中期日程の３教科型一般方式または外部英語試験活用方式への出願が必須のオプション入試。

文学部

一般選抜前期日程３教科型一般方式・外部英語試験活用方式 **3〜2**科目 ①**国**(200)▶国総(漢文を除く)・現文Ｂ・古典Ｂ(漢文を除く) ②**外**(200)▶コミュ英Ⅰ・コミュ英Ⅱ・コミュ英Ⅲ・英表Ⅰ・英表Ⅱ ③**地歴・数**(歴史文化200・その他の学科100)▶世Ｂ・日Ｂ・「数Ⅰ・数Ⅱ・数Ａ・数Ｂ(数列・ベク)」から１
※外部英語試験活用方式は，外部英語試験の得点などを外国語の得点(200)にみなし換算して判定する。
一般選抜前期日程２教科型一般方式・外部英語試験活用方式 **2〜1**科目 ①**国**(200)▶国総(漢文を除く)・現文Ｂ・古典Ｂ(漢文を除く) ②**外**(英語英米文300・その他の学科200)▶コミュ英Ⅰ・コミュ英Ⅱ・コミュ英Ⅲ・英表Ⅰ・英表Ⅱ
※外部英語試験活用方式は，外部英語試験の得点などを外国語の得点(英語英米文300・その他の学科200)にみなし換算して判定する。
一般選抜中期日程一般方式・外部英語試験活用方式 **3〜2**科目 ①**国**(歴史文化100・その他の学科200)▶国総(古文・漢文を除く)・現文Ｂ ②**外**(歴史文化100・その他の学科200)▶コミュ英Ⅰ・コミュ英Ⅱ・コミュ英Ⅲ・英表Ⅰ・英表Ⅱ ③**地歴・数**(日本語日本文・英語英米文・社会100，人間科・歴史文化200)▶世Ｂ・日Ｂ・地理Ｂ・「数Ⅰ・数Ⅱ・数Ａ・数Ｂ(数列・ベク)」から１
※外部英語試験活用方式は，外部英語試験の得点などを外国語の得点(歴史文化100・その他の学科200)にみなし換算して判定する。

経済学部

一般選抜前期日程３教科型一般方式・外部英語試験活用方式 **3〜2**科目 ①**国**(100)▶国総(漢文を除く)・現文Ｂ・古典Ｂ(漢文を除く) ②**外**(100)▶コミュ英Ⅰ・コミュ英Ⅱ・コミュ英Ⅲ・英表Ⅰ・英表Ⅱ ③**地歴・数**(100)▶世Ｂ・日Ｂ・「数Ⅰ・数Ⅱ・数Ａ・数Ｂ(数列・ベク)」から１
※外部英語試験活用方式は，外部英語試験の得点などを外国語の得点(100)にみなし換算して判定する。
一般選抜前期日程２教科型一般方式・外部英語試験活用方式 **2〜1**科目 ①**国**(100)▶国総(漢文を除く)・現文Ｂ・古典Ｂ(漢文を除く) ②**外**(200)▶コミュ英Ⅰ・コミュ英Ⅱ・コミュ英Ⅲ・英表Ⅰ・英表Ⅱ
※外部英語試験活用方式は，外部英語試験の得点などを外国語の得点(200)にみなし換算して判定する。
一般選抜中期日程一般方式・外部英語試験活用方式 **3〜2**科目 ①**国**(100)▶国総(古文・漢文を除く)・現文Ｂ ②**外**(100)▶コミュ英Ⅰ・コミュ英Ⅱ・コミュ英Ⅲ・英表Ⅰ・英表Ⅱ ③**地歴・数**(100)▶世Ｂ・日Ｂ・地理Ｂ・「数Ⅰ・数Ⅱ・数Ａ・数Ｂ(数列・ベク)」から１
※外部英語試験活用方式は，外部英語試験の得点などを外国語の得点(100)にみなし換算して判定する。
一般選抜後期日程 **1**科目 ①**外**(200)▶コミュ英Ⅰ・コミュ英Ⅱ・コミュ英Ⅲ・英表Ⅰ・英

キャンパスアクセス [ポートアイランドキャンパス] 神戸新交通ポートアイランド線(ポートライナー)―計算科学センターより徒歩４分

表Ⅱ

法学部

一般選抜前期日程３教科型一般方式・外部英語試験活用方式　3～2科目　①国(150)▶国総(漢文を除く)・現文Ｂ・古典Ｂ(漢文を除く)　②外(150)▶コミュ英Ⅰ・コミュ英Ⅱ・コミュ英Ⅲ・英表Ⅰ・英表Ⅱ　③**地歴・数**(100)▶世Ｂ・日Ｂ・｢数Ⅰ・数Ⅱ・数Ａ・数Ｂ(数列・ベク)｣から１

※外部英語試験活用方式は，外部英語試験の得点などを外国語の得点(150)にみなし換算して判定する。

一般選抜前期日程２教科型一般方式・外部英語試験活用方式　2～1科目　①国(200)▶国総(漢文を除く)・現文Ｂ・古典Ｂ(漢文を除く)　②外(200)▶コミュ英Ⅰ・コミュ英Ⅱ・コミュ英Ⅲ・英表Ⅰ・英表Ⅱ

※外部英語試験活用方式は，外部英語試験の得点などを外国語の得点(200)にみなし換算して判定する。

一般選抜中期日程一般方式・外部英語試験活用方式　3～2科目　①国(150)▶国総(古文・漢文を除く)・現文Ｂ　②外(150)▶コミュ英Ⅰ・コミュ英Ⅱ・コミュ英Ⅲ・英表Ⅰ・英表Ⅱ　③**地歴・数**(100)▶世Ｂ・日Ｂ・地理Ｂ・｢数Ⅰ・数Ⅱ・数Ａ・数Ｂ(数列・ベク)｣から１

※外部英語試験活用方式は，外部英語試験の得点などを外国語の得点(150)にみなし換算して判定する。

一般選抜後期日程　1科目　①外(200)▶コミュ英Ⅰ・コミュ英Ⅱ・コミュ英Ⅲ・英表Ⅰ・英表Ⅱ

経営学部

一般選抜前期日程３教科型一般方式・外部英語試験活用方式　3～2科目　①国(200)▶国総(漢文を除く)・現文Ｂ・古典Ｂ(漢文を除く)　②外(200)▶コミュ英Ⅰ・コミュ英Ⅱ・コミュ英Ⅲ・英表Ⅰ・英表Ⅱ　③**地歴・数**(100)▶世Ｂ・日Ｂ・｢数Ⅰ・数Ⅱ・数Ａ・数Ｂ(数列・ベク)｣から１

※外部英語試験活用方式は，外部英語試験の得点などを外国語の得点(200)にみなし換算して判定する。

一般選抜前期日程２教科型一般方式・外部英語試験活用方式　2～1科目　①国(100)▶国総(漢文を除く)・現文Ｂ・古典Ｂ(漢文を除く)　②外(100)▶コミュ英Ⅰ・コミュ英Ⅱ・コミュ英Ⅲ・英表Ⅰ・英表Ⅱ

※外部英語試験活用方式は，外部英語試験の得点などを外国語の得点(100)にみなし換算して判定する。

一般選抜中期日程一般方式・外部英語試験活用方式　3～2科目　①国(200)▶国総(古文・漢文を除く)・現文Ｂ　②外(200)▶コミュ英Ⅰ・コミュ英Ⅱ・コミュ英Ⅲ・英表Ⅰ・英表Ⅱ　③**地歴・数**(100)▶世Ｂ・日Ｂ・地理Ｂ・｢数Ⅰ・数Ⅱ・数Ａ・数Ｂ(数列・ベク)｣から１

※外部英語試験活用方式は，外部英語試験の得点などを外国語の得点(200)にみなし換算して判定する。

一般選抜後期日程　1科目　①外(200)▶コミュ英Ⅰ・コミュ英Ⅱ・コミュ英Ⅲ・英表Ⅰ・英表Ⅱ

マネジメント創造学部

一般選抜前期日程３教科型一般方式・外部英語試験活用方式　3～2科目　①国(100)▶国総(漢文を除く)・現文Ｂ・古典Ｂ(漢文を除く)　②外(200)▶コミュ英Ⅰ・コミュ英Ⅱ・コミュ英Ⅲ・英表Ⅰ・英表Ⅱ　③**地歴・数**(100)▶世Ｂ・日Ｂ・｢数Ⅰ・数Ⅱ・数Ａ・数Ｂ(数列・ベク)｣から１

※外部英語試験活用方式は，外部英語試験の得点などを外国語の得点(200)にみなし換算して判定する。

一般選抜前期日程２教科型一般方式・外部英語試験活用方式　2～1科目　①国(100)▶国総(漢文を除く)・現文Ｂ・古典Ｂ(漢文を除く)　②外(150)▶コミュ英Ⅰ・コミュ英Ⅱ・コミュ英Ⅲ・英表Ⅰ・英表Ⅱ

※外部英語試験活用方式は，外部英語試験の得点などを外国語の得点(150)にみなし換算して判定する。

一般選抜中期日程一般方式・外部英語試験活用方式　3～2科目　①国(100)▶国総(古文・漢文を除く)・現文Ｂ　②外(200)▶コミュ英Ⅰ・コミュ英Ⅱ・コミュ英Ⅲ・英表Ⅰ・英表Ⅱ　③**地歴・数**(100)▶世Ｂ・日Ｂ・地理Ｂ・｢数Ⅰ・

数Ⅱ・数A・数B（数列・ベク）」から1
※外部英語試験活用方式は，外部英語試験の得点などを外国語の得点（200）にみなし換算して判定する。
一般選抜後期日程 2科目 ①外（200）▶コミュ英Ⅰ・コミュ英Ⅱ・コミュ英Ⅲ・英表Ⅰ・英表Ⅱ ②面接（100）▶個人面接または集団面接

グローバル教養学環

一般選抜前期日程3教科型一般方式・外部英語試験活用方式 3〜2科目 ①国（100）▶国総（漢文を除く）・現文B・古典B（漢文を除く） ②外（200）▶コミュ英Ⅰ・コミュ英Ⅱ・コミュ英Ⅲ・英表Ⅰ・英表Ⅱ ③地歴・数（100）▶世B・日B・「数Ⅰ・数Ⅱ・数A・数B（数列・ベク）」から1
※外部英語試験活用方式は，外部英語試験の得点などを外国語の得点（200）にみなし換算して判定する。

理工学部

一般選抜前期日程3教科型・中期日程一般方式・外部英語試験活用方式 【物理学科】 3〜2科目 ①外（100）▶コミュ英Ⅰ・コミュ英Ⅱ・コミュ英Ⅲ・英表Ⅰ・英表Ⅱ ②数（100）▶数Ⅰ・数Ⅱ・数Ⅲ・数A・数B（数列・ベク） ③理（100）▶「物基・物」・「化基・化」・「生基・生」から1
※外部英語試験活用方式は，外部英語試験の得点などを外国語の得点（100）にみなし換算して判定する。
※3科目を受験し，数学と理科の2教科で判定する一般方式2教科判定方式（100×2）の併願可。ただし，2教科判定方式のみの出願不可。
【生物学科】 3〜2科目 ①外（100）▶コミュ英Ⅰ・コミュ英Ⅱ・コミュ英Ⅲ・英表Ⅰ・英表Ⅱ ②数（100）▶数Ⅰ・数Ⅱ・数A・数B（数列・ベク） ③理（100）▶「物基・物」・「化基・化」・「生基・生」から1
※外部英語試験活用方式は，外部英語試験の得点などを外国語の得点（100）にみなし換算して判定する。
※3科目を受験し，外国語と理科の2教科で判定する一般方式2教科判定方式（100×2），および外部英語試験活用方式で受験した数学と理科のうち，理科の得点（100）と外部英語試験のみなし得点（100）で判定する外部英語試験活用方式2教科判定方式の併願可。ただし，2教科判定方式のみの出願不可。
【機能分子化学科】 3科目 ①外（100）▶コミュ英Ⅰ・コミュ英Ⅱ・コミュ英Ⅲ・英表Ⅰ・英表Ⅱ ②数（100）▶「数Ⅰ・数Ⅱ・数Ⅲ・数A・数B（数列・ベク）」・「数Ⅰ・数Ⅱ・数A・数B（数列・ベク）」から1 ③理（100）▶「物基・物」・「化基・化」・「生基・生」から1
※外部英語試験活用方式は，外部英語試験の得点などを外国語の得点（100）にみなし換算して判定する。
※3科目を受験し，数学と理科の2教科で判定する一般方式2教科判定方式（100×2）の併願可。ただし，2教科判定方式のみの出願不可。
一般選抜後期日程 【物理学科】 2科目 ①外（100）▶コミュ英Ⅰ・コミュ英Ⅱ・コミュ英Ⅲ・英表Ⅰ・英表Ⅱ ②数（200）▶数Ⅰ・数Ⅱ・数Ⅲ・数A・数B（数列・ベク）
【機能分子化学科】 2科目 ①外（100）▶コミュ英Ⅰ・コミュ英Ⅱ・コミュ英Ⅲ・英表Ⅰ・英表Ⅱ ②小論文（100）▶化学の基礎学力と論理的思考力を試す

知能情報学部

一般選抜前期日程3教科型・中期日程一般方式・外部英語試験活用方式 3〜2科目 ①外（前期200・中期100）▶コミュ英Ⅰ・コミュ英Ⅱ・コミュ英Ⅲ・英表Ⅰ・英表Ⅱ ②数（前期200・中期150）▶「数Ⅰ・数Ⅱ・数Ⅲ・数A・数B（数列・ベク）」・「数Ⅰ・数Ⅱ・数A・数B（数列・ベク）」から1 ③理（100）▶「物基・物」・「化基・化」・「生基・生」から1
※外部英語試験活用方式は，外部英語試験の得点などを外国語の得点（前期200・中期100）にみなし換算して判定する。
一般選抜前期日程2教科型一般方式・外部英語試験活用方式 2〜1科目 ①外（100）▶コミュ英Ⅰ・コミュ英Ⅱ・コミュ英Ⅲ・英表Ⅰ・英表Ⅱ ②数（200）▶数Ⅰ・数Ⅱ・数Ⅲ・数A・数B（数列・ベク）

※外部英語試験活用方式は，外部英語試験の得点などを外国語の得点(100)にみなし換算して判定する。

フロンティアサイエンス学部

一般選抜前期日程３教科型・中期日程一般方式・外部英語試験活用方式　3〜2科目　①外(100)▶コミュ英Ⅰ・コミュ英Ⅱ・コミュ英Ⅲ・英表Ⅰ・英表Ⅱ　②数(100)▶「数Ⅰ・数Ⅱ・数Ⅲ・数Ａ・数Ｂ(数列・ベク)」・「数Ⅰ・数Ⅱ・数Ａ・数Ｂ(数列・ベク)」から１　③理(200)▶「物基・物」・「化基・化」・「生基・生」から１
※外部英語試験活用方式は，外部英語試験の得点などを外国語の得点(100)にみなし換算して判定する。
※中期日程において，３科目を受験し，外国語と数学のうち，高得点の１教科(100)と理科(200)の２教科で判定する一般方式2教科判定方式，および外部英語試験活用方式で受験した数学と理科のうち，理科の得点(200)と外部英語試験のみなし得点(100)で判定する外部英語試験活用方式２教科判定方式の併願可。ただし，２教科判定方式のみの出願不可。
一般選抜前期日程２教科型一般方式・外部英語試験活用方式　2〜1科目　①外(100)▶コミュ英Ⅰ・コミュ英Ⅱ・コミュ英Ⅲ・英表Ⅰ・英表Ⅱ　②理(200)▶「化基・化」・「生基・生」から１
※外部英語試験活用方式は，外部英語試験の得点などを外国語の得点(100)にみなし換算して判定する。

その他の選抜

一般選抜共通テスト併用型は文学部30名，経済学部20名，法学部35名，経営学部30名，マネジメント創造学部５名，理工学部18名，知能情報学部８名，フロンティアサイエンス学部２名を，一般選抜共通テスト利用型は文学部16名，経済学部13名，法学部20名，経営学部15名，マネジメント創造学部５名，理工学部８名，知能情報学部７名，フロンティアサイエンス学部２名を，総合型選抜公募制推薦入試は文学部49名，経済学部30名，法学部25名，経営学部45名，マネジメント創造学部45名，グローバル教養学環10名，理工学部26名，知能情報学部15名，フロンティアサイエンス学部12名を募集。ほかに経営学部高等学校商業科推薦入試，理工学部高等学校工業科推薦入試，スポーツ能力に優れた者の推薦入試，帰国生選抜入試，外国人留学生(正規留学生)入試を実施。

偏差値データ (2024年度)

●一般選抜前期日程３教科型一般方式

学部・学環／学科／コース	2024年度 駿台予備学校 合格目標ライン	2024年度 河合塾 ボーダー偏差値	2023年度 競争率
▶文学部			
日本語日本文	46	52.5	3.7
英語英米文	46	47.5	2.2
社会	45	47.5	3.8
人間科	46	47.5	2.7
歴史文化	45	52.5	4.2
▶経済学部			
経済	44	47.5	3.6
▶法学部			
法	45	47.5	2.7
▶経営学部			
経営	44	47.5	3.2
▶マネジメント創造学部			
マネジメント創造	43	47.5	5.5
▶グローバル教養学環			
	46	47.5	新
▶理工学部			
物理	43	42.5	1.5
生物	44	45	2.3
機能分子化	43	45	2.0
▶知能情報学部			
知能情報	42	47.5	3.4
▶フロンティアサイエンス学部			
生命化	46	47.5	2.5

- 駿台予備学校合格目標ラインは合格可能性80％に相当する駿台模試の偏差値です。
- 河合塾ボーダー偏差値は合格可能性50％に相当する河合塾全統模試の偏差値です。
- 競争率は2023年度一般選抜前期全体の受験者÷合格者の実質倍率

神戸学院大学（こうべがくいん）

資料請求

問合せ先 入学・高大接続センター　☎078-974-1972

建学の精神

「真理愛好・個性尊重」を建学の精神として，1966（昭和41）年に設立された，神戸市内で最大規模の文理融合型私立総合大学。2007年に掲げた大学憲章の中で，特に重要視している理念が「地域と繋がりながら教育を実行し，地域貢献ができる人材を輩出する」ということ。神戸学院大学では，学生が地域に出てボランティアを行うだけではなく，企業や地域の住民の方と一体となって問題を解決する取り組みやプロジェクトのメニューを豊富に用意。「子育てサロン『まなびー』」「ヴィッセル神戸パートナーシップ」「神戸市水上消防団港島分団大学部」「神戸マラソンのボランティア」など，自分の目で見て，触れて，感じるリアルな経験で個性を磨き，昨日とは違う，新しい自分を見つける――神戸学院大学がめざすのは「成長を実感できる大学」である。

- ポートアイランド第１キャンパス…〒650-8586　兵庫県神戸市中央区港島1-1-3
- ポートアイランド第２キャンパス…〒650-0045　兵庫県神戸市中央区港島1-3-11
- 有瀬キャンパス……………………〒651-2180　兵庫県神戸市西区伊川谷町有瀬518

基本データ

学生数▶11,248名（男6,814名，女4,434名）
専任教員数▶教授162名，准教授78名，講師61名
設置学部▶法，経済，経営，人文，心理，現代社会，グローバル・コミュニケーション，総合リハビリテーション，栄養，薬
併設教育機関▶大学院（P.1071参照）

就職・卒業後の進路

就職率 97.2％
就職者÷希望者×100

●**就職支援**　1・2年次対象就職ガイダンスやキャリア教育分野科目などにより，低年次から卒業後の進路を意識して主体的に学ぶ習慣づくりを支援。無料で利用可能なオンライン筆記試験対策ツール「神院SPI」も導入。

●**資格取得支援**　コンピュータ操作技能，英語力などの広く一般的に求められるスキルの修得やFP・簿記といった専門資格取得に向けての対策講座を多数開講。教職課程を設け，教員免許状取得もサポートしている。

進路指導者も必見 学生を伸ばす 面倒見

初年次教育
学部により，リテラシー領域として，「ICT実習Ⅰ・Ⅱ」「データ分析実習Ⅰ・Ⅱ」「情報処理実習C」「数的思考Ⅰ・Ⅱ」「文章表現Ⅰ・Ⅱ」などの科目を開講し，高校での学びを補い，専門性を高めるための基礎を磨いている

学修サポート
担任制やオフィスアワーのほか，TA制度（心理・現社・GCを除く），SA制度（法・薬）を導入。各学部の先輩学生が相談員となり，新入生からの相談事項（履修全般，大学生活，課外活動）に対応する「新入生なんでも案内」を実施

オープンキャンパス（2023年度実績）　ポートアイランド第１キャンパスで６月（薬のみ）・８月・９月（全学部），有瀬キャンパスで６月（薬を除く９学部）・８月に開催（事前申込制）。３月には両キャンパスで春の見学会も実施。

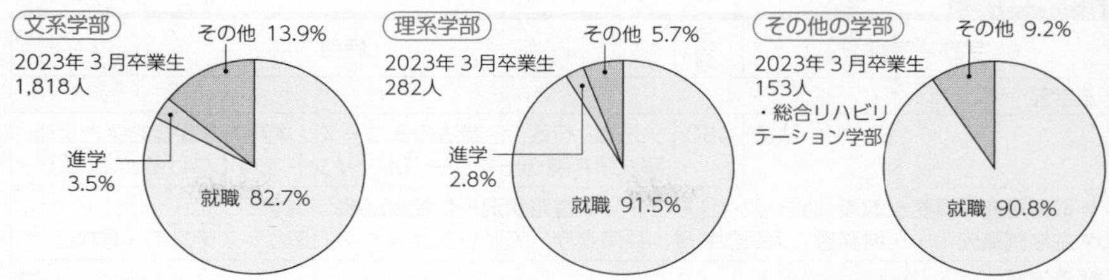

主なOB・OG▶［法］桑原理哲（東洋証券社長），［法］武井壮（元陸上競技選手，タレント），［経済］松永恭二（香川県丸亀市長），［経済］井上裕介（お笑い芸人），［経営］坂本花織（フィギュアスケート選手）など。

国際化・留学　大学間 61 大学等・部局間 15 大学等

受入れ留学生数▶171名（2023年５月１日現在）

留学生の出身国▶中国，ベトナム，インドネシア，韓国，バングラデシュなど。

外国人専任教員▶教授３名，准教授２名，講師３名（2023年５月１日現在）

外国人専任教員の出身国▶アメリカ，中国，イギリスなど。

大学間交流協定▶61大学・機関（交換留学先56大学，2023年６月１日現在）

部局間交流協定▶15大学・機関（交換留学先１大学，2023年６月１日現在）

海外への留学生数▶渡航型85名・オンライン型109名／年（10カ国・地域，2022年度）

海外留学制度▶交流協定校に半年から１年間留学する交換留学・派遣留学（学部・語学＋学部・語学の３留学プログラム），２週間から１カ月間の短期海外研修，グローバル・コミュニケーション学部セメスター留学などを実施。コンソーシアムは日露大学協会に参加。

学費・奨学金制度　給付型奨学金総額 年間 8,905 万円

入学金▶200,000円～

年間授業料（施設費等を除く）▶780,000円～（詳細は巻末資料参照）

年間奨学金総額▶89,050,000円

年間奨学金受給者数▶294人

主な奨学金制度▶「神戸学院大学支給奨学金」は，経済的理由により修学困難と認められる者を対象に36万円（年額）を支給。このほか，「神戸学院大学奨励金」「学校法人神戸学院溝口奨励金」などの制度を設置。学費減免制度もあり，2022年度は191人を対象に総額で約5,712万円を減免している。

保護者向けインフォメーション

●**オープンキャンパス**　通常のオープンキャンパス時に保護者対象説明を実施。Webオープンキャンパスでは「保護者の皆さまへ」を配信。

●**冊子**　『保護者パンフレット2023』を発行。

●**成績確認**　2023年度より，「保護者ポータル」の運用を開始し，成績照会等が可能。授業への出席状況は，希望者には郵送で通知している。

●**教育後援会**　総会や支部総会・教育懇談会，大学見学会（大学祭期間中）などを開催し，就職全体説明会も行っている。また，年３回，教育後援会会報も発行している。

●**防災対策**　「事象別危機管理マニュアル」が掲載されている『Student Diary』を入学時に配布。災害時の学生の安否は，SNSやメール，ポータルサイトを利用して確認する。

インターンシップ科目	必修専門ゼミ	卒業論文	GPA制度の導入の有無および活用例	１年以内の退学率	標準年限での卒業率
人文・心理・現代社会・GCで開講	人文・総合リハビリ（１～４年次），現代社会（２～４年次），GC中国語（３年次後期～４年次），栄養（４年次），薬（４～６年次）で実施	経済・人文・心理・現代社会・総合リハビリ・薬は卒業要件	奨学金等対象者選定や留学候補者選考のほか，学部により進級判定，大学院入試選抜，個別の学修指導，履修上限単位数の設定などに活用	１％	82.0%（４年制）60.2%（薬）

学部紹介

学部／学科	定員	特色
法学部		
法律	450	▷法職，行政，企業法の３コース。本質的な課題を突き止め，解決策を導き出すリーガルマインドを身につける。
● **取得可能な資格**…教職（地歴・公・社）など。 ● **進路状況**…就職86.9％ 進学2.3％ ● **主な就職先**………財務省，大阪国税局，兵庫県庁，アイリスオーヤマ，タカラスタンダードなど。		
経済学部		
経済	340	▷生活経済，企業経済，公共経済の３コース。社会の動きを読み解く経済学の視点を身につけ，激動の時代を切り拓く。
● **取得可能な資格**…教職（地歴・公・社），学芸員。 ● **進路状況**…就職83.4％ 進学1.3％ ● **主な就職先**………日本銀行，みなと銀行，尼崎信用金庫，丸三証券，兵庫県庁，積水ハウスなど。		
経営学部		
経営	340	▷〈経営・会計専攻290名，データサイエンス専攻50名〉現代の経営に学び，未来に挑むスキルを身につける。
● **取得可能な資格**…教職（公・社）。 ● **進路状況**…就職87.1％ 進学1.6％ ● **主な就職先**………有限責任監査法人トーマツ，TKC，帝国データバンク，日本テレビ放送網など。		
人文学部		
人文	300	▷人と社会を見つめ，AI時代を生き抜ける人材を育成する。興味に応じて幅広く学び，教員をめざすことも可能。
● **取得可能な資格**…教職（国・地歴・公・社・英），学芸員。 ● **進路状況**…就職75.4％ 進学4.7％ ● **主な就職先**………兵庫県教育委員会，兵庫県警察本部，西日本旅客鉄道，明治安田生命保険など。		
心理学部		
心理	150	▷多様な実体験を通して，社会の中で活用できる心理学の基礎知識を修得する。公認心理師の養成カリキュラムに対応。
● **取得可能な資格**…教職（公）など。 ● **進路状況**…就職66.1％ 進学13.4％ ● **主な就職先**………兵庫県中央こども家庭センター，播州信用金庫，トレジャー・ファクトリーなど。		
現代社会学部		
現代社会	130	▷市民と生活，仕事と産業，地域と文化の３つの学修領域から多角的に現代社会を読み解き，実践力を培う。
社会防災	90	▷市民，行政，社会貢献の視点で実践力を磨くプロジェクト型実習を行い，誰もが安心して暮らせる街を支える力を養う。
● **取得可能な資格**…教職（公・社）など。 ● **進路状況**…就職84.1％ 進学4.1％ ● **主な就職先**………東京都特別区，兵庫県警察本部，神戸市消防局，近畿日本鉄道，ファミリアなど。		
グローバル・コミュニケーション学部		
グローバル・コミュニケーション	180	▷〈英語コース120名，中国語コース30名，日本語コース30名〉高いコミュニケーション力で，国際化が進む世界をリードする人材を育成する。日本語コースは外国人留学生対象。
● **取得可能な資格**…教職（英）。 ● **進路状況**…就職85.8％ 進学3.6％ ● **主な就職先**………ANA関西空港，楽天グループ，帝国ホテル，大和ハウス工業，芦屋市役所など。		
総合リハビリテーション学部		
理学療法	40	▷運動に関する専門性の高い知識と技術を修得し，生活復帰をサポートする理学療法のスペシャリストを育成する。
作業療法	40	▷身体的だけでなく心へのアプローチにも努め，あらゆる作業を通して人々の生活機能の回復を支援する専門家を育成。

キャンパスアクセス ［ポートアイランド第１・第２キャンパス］ ポートライナー―みなとじまより徒歩６分／JR神戸線―三ノ宮より直通バス14分／JR神戸線―神戸より直通バス15分

社会リハビリテーション	90	▷社会福祉士，生活福祉デザインの２コース。人々のQOLの向上を支援するプロフェッショナルを育成する。
● **取得可能な資格**…教職（公・社・福），理学療法士・作業療法士・社会福祉士・精神保健福祉士受験資格など。 ● **進路状況**…………就職90.8%　進学0.0% ● **主な就職先**………神戸赤十字病院，兵庫県社会福祉事業団，国立病院機構姫路医療センターなど。		
栄養学部		
栄養	160	▷〈管理栄養学専攻95名，臨床検査学専攻65名〉「人生100年時代」を見据え，日本の健康寿命の延伸に欠かせない「食」と「医療」のスペシャリストを育成する。
● **取得可能な資格**…教職（栄養），栄養士，臨床検査技師・管理栄養士受験資格など。 ● **進路状況**…………就職84.4%　進学5.7% ● **主な就職先**………兵庫県庁病院局，大阪市民病院機構，エームサービス，LSIメディエンスなど。		
薬学部		
薬	250	▷６年制。神戸医療産業都市・ポートアイランドにある医療専門機関と活発に交流を重ね，「薬のプロ」を育成する。
● **取得可能な資格**…薬剤師受験資格など。　● **進路状況**…就職96.9%　進学0.6% ● **主な就職先**………キーエンス，日本イーライリリー，EAファーマ，あすか製薬，日本調剤など。		

▶大学院

法学・経済学・人間文化学・心理学・総合リハビリテーション学（以上M・D），栄養学（M），薬学・食品薬品総合科学（以上D）

▶キャンパス

法・経営・現代社会・〈グローバル・コミュニケーション〉・薬……［ポートアイランド第１・第２キャンパス］兵庫県神戸市中央区港島1-1-3（第２は港島1-3-11）

経済・人文・心理・総合リハビリテーション・栄養……［有瀬キャンパス］兵庫県神戸市西区伊川谷町有瀬518

2024年度入試要項（前年度実績）

●募集人員

学部／学科（コース・専攻）	一般前期	一般中期	一般後期
▶**法**　法律	85	65	25
▶**経済**　経済	75	60	20
▶**経営**　経営（経営・会計）	67	54	17
（データサイエンス）	13	11	3
▶**人文**　人文	80	35	20
▶**心理**　心理	38	18	10
▶**現代社会**　現代社会	29	17	11
社会防災	20	11	7
▶**グローバル・コミュニケーション**　グローバル・コミュニケーション（英語）	32	23	7
（中国語）	7	4	3
▶**総合リハビリテーション**　理学療法	10	8	2
作業療法	10	6	2
社会リハビリテーション	22	10	5
▶**栄養**　栄養（管理栄養学）	28	14	5
（臨床検査学）	18	10	3
▶**薬**　薬	60	45	10

※募集人員には共通テストプラス型を含む。ただし，後期は人文学部と心理学部のみ実施する。

法学部／経済学部／経営学部／人文学部／心理学部／現代社会学部／グローバル・コミュニケーション学部

一般入試前期日程（スタンダード型）　③科目

①**国**（150）▶国総・現文Ｂ・古典Ｂ（いずれも漢文を除く）②**外**（150）▶コミュ英Ⅰ・コミュ英Ⅱ・コミュ英Ⅲ・英表Ⅰ・英表Ⅱ　③**地歴・数**（150）▶世Ｂ・日Ｂ・「数Ⅰ・数Ⅱ・数Ａ」から１

※高得点科目の得点を２倍に換算して判定する高得点科目重視型および共通テストプラス型の併願可。

一般入試中期日程(スタンダード型)・後期日程(スタンダード型) 2科目 ①外(150)▶コミュ英Ⅰ・コミュ英Ⅱ・コミュ英Ⅲ・英表Ⅰ・英表Ⅱ ②国・数(150)▶「国総・現文B・古典B(いずれも漢文を除く)」・「数Ⅰ・数Ⅱ・数A」から1
※高得点科目の得点を2倍に換算して判定する高得点科目重視型(グローバル・コミュニケーション学科の後期のみ英語重視型として実施)および調査書(全体の学習成績の状況)を10倍(50点)した得点との合計点で判定する調査書併用型(後期のみ)および共通テストプラス型(後期は人文・心理学部のみ)の併願可。英語重視型は,英語を2倍に換算した点数と選択科目の合計点で判定する。

総合リハビリテーション学部

一般入試前期日程(スタンダード型) **【理学療法学科・作業療法学科】〈3科目型〉** 3科目 ①外(150)▶コミュ英Ⅰ・コミュ英Ⅱ・コミュ英Ⅲ・英表Ⅰ・英表Ⅱ ②数(150)▶数Ⅰ・数Ⅱ・数A ③国・理(150)▶「国総・現文B・古典B(いずれも漢文を除く)」・「化基・化(高分子を除く)」・「生基・生(生態・進化を除く)」から1
〈2科目型〉 2科目 ①②外・数・「国・理」(150×2)▶「コミュ英Ⅰ・コミュ英Ⅱ・コミュ英Ⅲ・英表Ⅰ・英表Ⅱ」・「数Ⅰ・数Ⅱ・数A」・「〈国総・現文B・古典B(いずれも漢文を除く)〉・〈化基・化(高分子を除く)〉・〈生基・生(生態・進化を除く)〉から1」から2
※3科目型・2科目型とも共通テストプラス型の併願可。
【社会リハビリテーション学科】 3科目 ①国(150)▶国総・現文B・古典B(いずれも漢文を除く) ②外(150)▶コミュ英Ⅰ・コミュ英Ⅱ・コミュ英Ⅲ・英表Ⅰ・英表Ⅱ ③地歴・数(150)▶世B・日B・「数Ⅰ・数Ⅱ・数A」から1
※社会リハビリテーション学科は,高得点科目の得点を2倍に換算して判定する高得点科目重視型および共通テストプラス型の併願可。
一般入試中期日程(スタンダード型) **【理学療法学科・作業療法学科】** 2科目 ①外(150)▶コミュ英Ⅰ・コミュ英Ⅱ・コミュ英Ⅲ・英表Ⅰ・英表Ⅱ ②国・数・理(150)▶「国総・現文B・古典B(いずれも漢文を除く)」・「数Ⅰ・数Ⅱ・数A」・「化基・化(高分子を除く)」・「生基・生(生態・進化を除く)」から1
【社会リハビリテーション学科】 2科目 ①外(150)▶コミュ英Ⅰ・コミュ英Ⅱ・コミュ英Ⅲ・英表Ⅰ・英表Ⅱ ②国・数(150)▶「国総・現文B・古典B(いずれも漢文を除く)」・「数Ⅰ・数Ⅱ・数A」から1
※3学科とも,高得点科目の得点を2倍に換算して判定する高得点科目重視型および共通テストプラス型の併願可。
一般入試後期日程(スタンダード型) **【理学療法学科】** 2科目 ①外(150)▶コミュ英Ⅰ・コミュ英Ⅱ・コミュ英Ⅲ・英表Ⅰ・英表Ⅱ ②理(150)▶「化基・化(高分子を除く)」・「生基・生(生態・進化を除く)」から1
【作業療法学科】 2科目 ①外(150)▶コミュ英Ⅰ・コミュ英Ⅱ・コミュ英Ⅲ・英表Ⅰ・英表Ⅱ ②国・理(150)▶「国総・現文B・古典B(いずれも漢文を除く)」・「化基・化(高分子を除く)」・「生基・生(生態・進化を除く)」から1
【社会リハビリテーション学科】 中期日程(スタンダード型)と同じ
※3学科とも,高得点科目の得点を2倍に換算して判定する高得点科目重視型および調査書(全体の学習成績の状況)を10倍(50点)した得点との合計点で判定する調査書併用型の併願可。

栄養学部

一般入試前期日程(スタンダード型) **〈3科目型〉** 3科目 ①外(150)▶コミュ英Ⅰ・コミュ英Ⅱ・コミュ英Ⅲ・英表Ⅰ・英表Ⅱ ②数(150)▶数Ⅰ・数Ⅱ・数A ③理(150)▶「化基・化(高分子を除く)」・「生基・生(生態・進化を除く)」から1
〈2科目型〉 2科目 ①外(150)▶コミュ英Ⅰ・コミュ英Ⅱ・コミュ英Ⅲ・英表Ⅰ・英表Ⅱ ②理(150)▶「化基・化(高分子を除く)」・「生基・生(生態・進化を除く)」から1
※3科目型・2科目型とも,高得点科目の得点を2倍に換算して判定する高得点科目重視型および共通テストプラス型の併願可。
一般入試中期日程(スタンダード型) 2科目 ①外(150)▶コミュ英Ⅰ・コミュ英Ⅱ・コミュ

英Ⅲ・英表Ⅰ・英表Ⅱ　②**国・数・理**(150)▶「国総・現文B・古典B(いずれも漢文を除く)」・「数Ⅰ・数Ⅱ・数A」・「化基・化(高分子を除く)」・「生基・生(生態・進化を除く)」から1
※高得点科目の得点を2倍に換算して判定する高得点科目重視型および共通テストプラス型の併願可。
一般入試後期日程(スタンダード型)　**2**科目
①**外**(150)▶コミュ英Ⅰ・コミュ英Ⅱ・コミュ英Ⅲ・英表Ⅰ・英表Ⅱ　②**理**(150)▶「化基・化(高分子を除く)」・「生基・生(生態・進化を除く)」から1
※高得点科目の得点を2倍に換算して判定する高得点科目重視型および調査書(全体の学習成績の状況)を10倍(50点)した得点との合計点で判定する調査書併用型の併願可。

薬学部

一般入試前期日程(スタンダード型)　**3**科目
①**外**(150)▶コミュ英Ⅰ・コミュ英Ⅱ・コミュ英Ⅲ・英表Ⅰ・英表Ⅱ　②**数**(150)▶数Ⅰ・数Ⅱ・数A　③**理**(150)▶化基・化
※化学を200点，英語を100点，数学150点で判定する化学重視型および共通テストプラス型の併願可。
一般入試中期日程(スタンダード型)　**3**科目
①**外**(150)▶コミュ英Ⅰ・コミュ英Ⅱ・コミュ英Ⅲ・英表Ⅰ・英表Ⅱ　②**理**(150)▶「化基・化」・「生基・生」から1　③**調査書**(50)▶全体の学習成績の状況を10倍する
※理科を250点に換算した点数と英語の合計点で判定する理科重視型および共通テストプラス型の併願可。
一般入試後期日程(スタンダード型)　**2**科目
①**外**(150)▶コミュ英Ⅰ・コミュ英Ⅱ・コミュ英Ⅲ・英表Ⅰ・英表Ⅱ　②**理**(150)▶化基・化
※化学を200点，英語を100点で判定する化学重視型および調査書(全体の学習成績の状況)を10倍(50点)した得点との合計点で判定する調査書併用型の併願可。

その他の選抜

公募制推薦入試は法学部80名，経済学部80名，経営学部70名，人文学部50名，心理学部30名，現代社会学部44名，グローバル・コミュニケーション学部29名，総合リハビリテーション学部36名，栄養学部43名，薬学部65名を募集。ほかに共通テスト利用入試，AO入試，理学療法学科・作業療法学科適性評価入試，指定校推薦入試，附属高等学校接続型入試，指定クラブ強化特別入試，帰国生入試，社会人入試，外国人留学生入試を実施。

偏差値データ(2024年度)

●一般入試前期日程

学部／学科／コース・専攻	2024年度 駿台予備学校 合格目標ライン	2024年度 河合塾 ボーダー偏差値	2023年度 競争率
▶法学部			
法律	40	37.5	1.5
▶経済学部			
経済	39	37.5	1.3
▶経営学部			
経営／経営・会計	39	40	2.8
／データサイエンス	39	40	2.4
▶人文学部			
人文	40	35	1.1
▶心理学部			
心理	42	42.5	3.3
▶現代社会学部			
現代社会	39	40	3.0
社会防災	38	35	1.3
▶グローバル・コミュニケーション学部			
グローバル・コミュニケーション／英語	39	35	1.2
／中国語	38	35	1.1
▶総合リハビリテーション学部			
理学療法	41	40	2.2
作業療法	39	40～42.5	1.2
社会リハビリテーション	40	BF	1.0
▶栄養学部			
栄養／管理栄養学	41	37.5	1.3
／臨床検査学	41	35～37.5	1.5
▶薬学部			
薬	43	37.5	1.5

- 駿台予備学校合格目標ラインは合格可能性80%に相当する駿台模試の偏差値です。
- 河合塾ボーダー偏差値は合格可能性50%に相当する河合塾全統模試の偏差値です。
- 競争率は一般入試前期全体(共通テストプラス型を除く)の受験者÷合格者の実質倍率

神戸女子大学（こうべじょし）

資料請求

問合せ先 入試広報課 ☎078-737-2329

建学の精神

1940（昭和15）年創立の学校法人行吉学園により設立された「神戸新装女学院」を原点として，66年に大学開学。創設者・行吉哉女（ゆきよしかなめ）の「学生一人ひとりを大切にする」という思いが教育の本質に脈々と受け継がれ，開学初期から「クラス担任制」を導入。専任教員１人に対する学生数が18.7人（2023年５月現在）と，一人ひとりに行き届いた指導ができ，主体性を持って学びに取り組む学生を細やかにサポートしている。2022年度からは，これからさらに必要とされる「自ら知識を求め，仮説を立て，検証し考え，判断する力」を涵養させるため，授業改革を実施。アクティブラーニングやICTの積極的な導入など，学生の学びへの意欲を引き出す「時代に対応する」授業を追求し，教育目標である「自立心・対話力・創造性」を持った人材を育成している。

● 須磨キャンパス……………………〒654-8585　兵庫県神戸市須磨区東須磨青山2-1
● ポートアイランドキャンパス…〒650-0046　兵庫県神戸市中央区港島中町4-7-2

基本データ

学生数▶女2,987名
専任教員数▶教授86名，准教授43名，講師31名
設置学部▶文，家政，健康福祉，看護，心理

併設教育機関▶大学院―文学・家政学・看護学（以上M・D），健康栄養学（M）　短期大学（P.1081参照）

就職・卒業後の進路

就職率 **98.0**％
就職者÷希望者×100

● **就職支援**　一人ひとりの就活データベースを構築し，進路決定までマンツーマンの進路指導を行うほか，マナーや就活を有利に進められる知識や考え方が身につく「プロに学ぶビジネススキル」「写真＆メイクアップ講座」「職種研究セミナー」など，本学オリジナルプログラムも開催している。また，県外出身者が多いため，各都道府県の就職支援担当者から直接話を聞くことができる「Uターン就職ガイダンス」を実施している。

● **資格取得支援**　万全の対策で，先生をめざす学生を応援する教職支援センターや，管理

進路指導者も必見 学生を伸ばす 面倒見

初年次教育	学修サポート
「基礎Ⅰ（マイライフ・マイキャリアⅠ）」「基礎Ⅳ（アカデミックスキルと日本語演習）」「情報A」などを開講し，理系や文系等の分野を横断して学び，課題発見，課題解決力を育む学習を基盤とした質の高い教養教育を実施	TA制度，オフィスアワー，1クラス約50人のクラス担任制を導入。また，定期的に開催されるミニ講座で基礎学力をアップさせ，苦手な教科がある人も，担当の教員に個別に相談できる学習支援センターを設置している

オープンキャンパス（2023年度実績） 6月・7月・8月（3回）・9月・12月・3月に両キャンパスで同時開催（事前登録制）。学校・学科紹介，体験授業，キャンパスツアー，入試対策講座，学科別個別相談，学生生活相談など。

栄養士養成・社会福祉士等国家試験支援・看護学部国家試験の各対策室を設置して資格取得を徹底サポート。資格サポートオフィスも多彩な資格講座を開講し，秘書検定やパソコン検定では，合格者の多さで検定を主催する協会から表彰されたほどの実績がある。

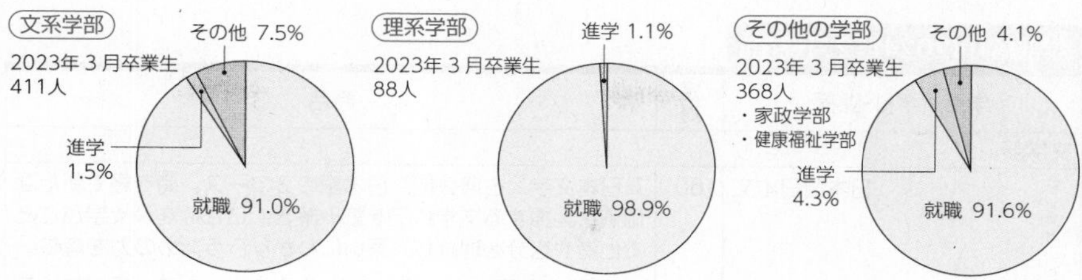

国際化・留学　大学間 **12** 大学

受入れ留学生数▶４名（2023年５月１日現在）

留学生の出身国・地域▶インドネシア，台湾，中国。

外国人専任教員▶教授０名，准教授１名，講師５名（2023年５月１日現在）

外国人専任教員の出身国▶NA

大学間交流協定▶12大学（交換留学先２大学，2023年９月１日現在）

海外への留学生数▶渡航型57名／年（４カ国・地域，2022年度）

海外留学制度▶研修中に滞在するセミナーハウスも用意されているハワイ大学での英語研修やセメスタープログラム，高麗大学校韓国語研修，静宜大学との交換留学や中国語研修，チェンマイ大学・サステーナビリティ・グローカル・プログラムなど，「世界」を学ぶ，充実の海外留学プログラムを用意。

学費・奨学金制度　給付型奨学金総額 年間約 **723** 万円

入学金▶200,000円

年間授業料（施設費等を除く）▶850,000円～（詳細は巻末資料参照）

年間奨学金総額▶7,226,600円

年間奨学金受給者数▶43人

主な奨学金制度▶「神女優秀者応援奨学金」には優秀者表彰型と奨学生応援型があり，優秀者表彰型は学業優秀，品行方正な２年次以上の学生を選考し，10万円を給付。このほか，「神女経済支援奨学金（家計急変型，災害支援型）」「神戸女子大学教育後援会育英奨学生奨学金」などの制度を設置している。

保護者向けインフォメーション

●**オープンキャンパス**　通常のオープンキャンパス時に保護者向けの説明会を実施している。

●**成績確認**　前学期までの成績（単位修得状況表）を，保証人宛にWebサイト（KISSシステム）にて通知している。

●**教育後援会**　保証人で構成する教育後援会があり，６月に総会，８・９月に地方教育懇談会（2023年は富山・松江・北九州の３会場），11月に本学教育懇談会を開催し，キャリアサポートセンターからの報告などを行っている。また，会報誌も発行している。

●**防災対策**　災害時の学生の安否は，KISSシステムを利用して確認するようにしている。

インターンシップ科目	必修専門ゼミ	卒業論文	GPA制度の導入の有無および活用例	１年以内の退学率	標準年限での卒業率
文学部で開講している	全学部で４年間実施	文・家政・健康福祉・心理学部は卒業要件	奨学金や授業料免除対象者の選定や退学勧告基準，留学候補者の選考および学生に対する個別の学修指導に活用	1.1%	95.9%

2025年度学部改組構想（予定）

● 教育学部教育学科（仮称）を須磨キャンパスに開設。

学部紹介（2024年２月現在）

学部／学科・課程	定員	特色
文学部		
日本語日本文	60	▷日本文学，古典芸能，日本語の３コース。時を経て新たな価値を発揮する文学作品を読み解き，ことばを深く学ぶことで他者や自分を理解し，互いにわかり合うための力を育む。
英語英米文	60	▷英語学・英語教育，英米文学・文化の２コース。言葉によるコミュニケーションの先にある相手を理解するための豊かな人間性と，社会に羽ばたくための生きた技術を身につける。
国際教養	60	▷幅広い国際教養と対話力，情報処理能力を養い，国際分野でリーダーシップを発揮する女性，世界平和や地球環境の未来のために協働する女性を育成する。
史	60	▷日本史，外国史，日本考古学・民俗学の３コース。先人たちが積み重ねてきた歴史をひも解き，未来を拓く。あらゆる時代・分野の専門家が揃い，包括的に歴史を学ぶことが可能。
教育	165	▷教育現場の現状や子どもの心の問題など，教育に関する幅広い知識を身につけることができる「幼児教育」「初等教育」「義務教育」の３コースを設置。
● 取得可能な資格…教職（国・地歴・社・英，小一種，幼一種），司書，司書教諭，学芸員，保育士など。 ● 進路状況…………就職91.0％　進学1.5％ ● 主な就職先………JALスカイ，ANA関西空港，みなと銀行，住友生命保険，兵庫県，神戸市など。		
家政学部		
家政	80	▷被服デザイン科学，住空間，生活マネジメント，家庭科教育の４つの履修モデルを用意。生活を多角的にとらえて学び，安心で快適な暮らしの創造に貢献できる人材を育成する。
管理栄養士養成	150	▷福祉，健康，医療，子ども，商品開発，行政など将来のフィールドを見すえた学びを通して，食の分野をリードする管理栄養士を育成する。100以上の学外実習施設を用意。
● 取得可能な資格…教職（家，栄養），司書，司書教諭，栄養士，管理栄養士受験資格など。 ● 進路状況…………就職91.5％　進学2.8％ ● 主な就職先………住友林業，大和ハウス工業，ニトリ，赤ちゃん本舗，山崎製パン，LEOCなど。		
健康福祉学部		
社会福祉	80	▷あなたの行動や言葉で誰かを笑顔にすることができる人材を育成する。社会福祉士受験資格を基本として，希望すれば精神保健福祉士もしくは介護福祉士の受験資格も取得可能。
健康スポーツ栄養	80	▷食に関する知識に加え，スポーツ医学・臨床医学や運動生理学などを学ぶとともに，体のしくみを科学的に理解して，エビデンスに基づく健康サポートができる力を養う。
● 取得可能な資格…教職（保体，栄養二種），栄養士，介護福祉士・社会福祉士・精神保健福祉士受験資格，社会福祉主事任用資格など。 ● 進路状況…………就職91.6％　進学6.5％ ● 主な就職先………兵庫県立の各病院，大阪府，兵庫県，楽天ヴィッセル神戸，雪印メグミルクなど。		

キャンパスアクセス ［須磨キャンパス］ 地下鉄西神・山手線一妙法寺よりバス15分・高倉台南口下車徒歩３分／JR山陽本線（神戸線）一須磨，山陽電鉄一山陽須磨よりバス15分・高倉台南口下車徒歩３分

看護学部		
看護	90	▷子どもから高齢者まで地域の人々に関心を向け，健康維持や病気予防，健康回復や苦痛緩和を支援するために，最新の看護知識と広い視野を身につけた看護の実践家を育成する。
● 取得可能な資格…教職（養護一種），看護師・保健師・助産師受験資格。 ● 進路状況…………就職98.9%　進学1.1% ● 主な就職先………京都大学医学部附属病院，大阪大学医学部附属病院，虎の門病院，神戸市など。		
心理学部		
心理	80	▷「臨床心理」「経営・消費者心理」「メディア心理」という３つのモデルで科学的な知識と実践的なスキルを身につけ，「こころの専門家」として活躍できる人材を育成する。
● 主な就職先………2022年度開設のため卒業生はいない。		

▶キャンパス

文・家政……［須磨キャンパス］兵庫県神戸市須磨区東須磨青山2-1
健康福祉・看護・心理……［ポートアイランドキャンパス］兵庫県神戸市中央区港島中町4-7-2

2024年度入試要項（前年度実績）

●募集人員

学部／学科・課程		一般前期	一般後期
▶文	日本語日本文	21	2
	英語英米文	21	2
	国際教養	21	2
	史	21	2
	教育	63	5
▶家政	家政	27	3
	管理栄養士養成	53	6
▶健康福祉	社会福祉	27	3
	健康スポーツ栄養	27	3
▶看護	看護	34	6
▶心理	心理	27	3

※一般入試前期はA・B・Cを実施し，Aはスタンダード型・得意科目重視型・英語外部検定試験利用型，BとCは３科目型・スタンダード型・得意科目重視型，一般入試後期はスタンダード型・得意科目重視型・英語外部検定試験利用型を行う。

文学部

一般入試前期A・B・C（スタンダード型・得意科目重視型）／一般入試後期（スタンダード型・得意科目重視型）　**【日本語日本文学科】** **2科目**　①国（100・得意科目重視型200）▶国総（漢文を除く）　②**外・地歴・数・理**（100）▶「コミュ英Ⅰ・コミュ英Ⅱ・英表Ⅰ」・世B・日B・「数Ⅰ・数A」・化基・「生基・生（生態・進化を除く）」から１，ただし世Bは前期A・Bのみ選択可

【英語英米文学科】 **2科目**　①**外**（100・得意科目重視型200）▶コミュ英Ⅰ・コミュ英Ⅱ・英表Ⅰ　②**国・地歴・数・理**（100）▶国総（漢文を除く）・世B・日B・「数Ⅰ・数A」・化基・「生基・生（生態・進化を除く）」から１，ただし世Bは前期A・Bのみ選択可

【国際教養学科・史学科】 **2科目**　①②**国・外・地歴・「数・理」**（100×2）▶国総（漢文を除く）・「コミュ英Ⅰ・コミュ英Ⅱ・英表Ⅰ」・世B・日B・「〈数Ⅰ・数A〉・化基・〈生基・生（生態・進化を除く）〉から１」から２，ただし世Bは前期A・Bのみ選択可

※得意科目重視型は高得点科目の点数を２倍し，計300点で判定する。

【教育学科】 **2科目**　①②**国・外・地歴・数・理**（100×2）▶国総（漢文を除く）・「コミュ英Ⅰ・コミュ英Ⅱ・英表Ⅰ」・「世B・日Bから１」・「数Ⅰ・数A」・化基・「生基・生（生態・進化を除く）」から２，ただし世Bは前期A・Bのみ選択可

※得意科目重視型は高得点科目の点数を２倍し，計300点で判定する。

一般入試前期B・C（３科目型）　**【日本語日本文学科】** **3科目**　①国（100）▶国総（漢文を除く）　②**外**（100）▶コミュ英Ⅰ・コミュ英Ⅱ・

英表Ⅰ ③**地歴・数・理**(100)▶世B・日B・「数Ⅰ・数A」・化基・「生基・生(生態・進化を除く)」から1，ただし世Bは前期Bのみ選択可
【英語英米文学科・国際教養学科・史学科】 3科目 ①**外**(100)▶コミュ英Ⅰ・コミュ英Ⅱ・英表Ⅰ ②③**国・地歴・「数・理」**(100×2)▶国総(漢文を除く)・世B・日B・「〈数Ⅰ・数A〉・化基・〈生基・生(生態・進化を除く)〉から1」から2，ただし世Bは前期Bのみ選択可
【教育学科】 3科目 ①**外**(100)▶コミュ英Ⅰ・コミュ英Ⅱ・英表Ⅰ ②③**国・地歴・数・理**(100×2)▶国総(漢文を除く)・「世B・日Bから1」・「数Ⅰ・数A」・化基・「生基・生(生態・進化を除く)」から2，ただし世Bは前期Bのみ選択可

一般入試前期A(英語外部検定試験利用型)・一般入試後期(英語外部検定試験利用型)
【日本語日本文学科】 3科目 ①**国**(100)▶国総(漢文を除く) ②**外・地歴・数・理**(100)▶「コミュ英Ⅰ・コミュ英Ⅱ・英表Ⅰ」・世B・日B・「数Ⅰ・数A」・化基・「生基・生(生態・進化を除く)」から1，ただし世Bは前期Aのみ選択可 ③**英語外部検定試験**(15)▶英検の級またはGTECのスコアを点数化
【英語英米文学科】 3科目 ①**外**(100)▶コミュ英Ⅰ・コミュ英Ⅱ・英表Ⅰ ②**国・地歴・数・理**(100)▶国総(漢文を除く)・世B・日B・「数Ⅰ・数A」・化基・「生基・生(生態・進化を除く)」から1，ただし世Bは前期Aのみ選択可 ③**英語外部検定試験**(15)▶英検の級またはGTECのスコアを点数化
【国際教養学科・史学科】 3科目 ①②**国・外・地歴・「数・理」**(100×2)▶国総(漢文を除く)・「コミュ英Ⅰ・コミュ英Ⅱ・英表Ⅰ」・世B・日B・「〈数Ⅰ・数A〉・化基・〈生基・生(生態・進化を除く)〉から1」から2，ただし世Bは前期Aのみ選択可 ③**英語外部検定試験**(15)▶英検の級またはGTECのスコアを点数化
【教育学科】 3科目 ①②**国・外・地歴・数・理**(100×2)▶国総(漢文を除く)・「コミュ英Ⅰ・コミュ英Ⅱ・英表Ⅰ」・世B・日B・「数Ⅰ・数A」・化基・「生基・生(生態・進化を除く)」から2，ただし世Bは前期Aのみ選択可 ③**英語外部検定試験**(15)▶英検の級またはGTECのスコアを点数化

※英語外部検定試験利用型は，前期Aまたは後期のスタンダード型を受験し，英検(英検CBT，英検S-CBTを含む)またはGTEC (CBTタイプおよび検定版)において，基準以上のスコアを満たしていることを出願資格とする。

家政学部

一般入試前期A・B・C(スタンダード型・得意科目重視型)／一般入試後期(スタンダード型・得意科目重視型) **【家政学科】** 2科目 ①②**国・外・地歴・数・理**(100×2)▶国総(漢文を除く)・「コミュ英Ⅰ・コミュ英Ⅱ・英表Ⅰ」・「世B・日Bから1」・「数Ⅰ・数A」・化基・「生基・生(生態・進化を除く)」から2，ただし世Bは前期A・Bのみ選択可
※得意科目重視型は高得点科目の点数を2倍し，計300点で判定する。
【管理栄養士養成課程】 2科目 ①②**外・理・「国・数」**(100×2，得意科目重視型は理1科目または英語200・その他の科目100)▶「コミュ英Ⅰ・コミュ英Ⅱ・英表Ⅰ」・化基・「生基・生(生態・進化を除く)」・「国総(漢文を除く)・〈数Ⅰ・数A〉から1」から2

一般入試前期B・C(3科目型) **【家政学科】** 3科目 ①**外**(100)▶コミュ英Ⅰ・コミュ英Ⅱ・英表Ⅰ ②③**国・地歴・数・理**(100×2)▶国総(漢文を除く)・「世B・日Bから1」・「数Ⅰ・数A」・化基・「生基・生(生態・進化を除く)」から2，ただし世Bは前期Bのみ選択可
【管理栄養士養成課程】 3科目 ①**外**(100)▶コミュ英Ⅰ・コミュ英Ⅱ・英表Ⅰ ②③**理・「国・数」**(100×2)▶化基・「生基・生(生態・進化を除く)」・「国総(漢文を除く)・〈数Ⅰ・数A〉から1」から2

一般入試前期A(英語外部検定試験利用型)・一般入試後期(英語外部検定試験利用型)
【家政学科】 3科目 ①②**国・外・地歴・数・理**(100×2)▶国総(漢文を除く)・「コミュ英Ⅰ・コミュ英Ⅱ・英表Ⅰ」・世B・日B・「数Ⅰ・数A」・化基・「生基・生(生態・進化を除く)」から2，ただし世Bは前期Aのみ選択可 ③**英語外部検定試験**(15)▶英検の級またはGTECのスコアを点数化
【管理栄養士養成課程】 3科目 ①②**外・理・「国・数」**(100×2)▶「コミュ英Ⅰ・コミュ英

Ⅱ・英表Ⅰ」・化基・「生基・生（生態・進化を除く）」・「国総（漢文を除く）・〈数Ⅰ・数Ａ〉から１」から２ ③**英語外部検定試験**（15）▶英検の級またはGTECのスコアを点数化
※英語外部検定試験利用型は，前期Ａまたは後期のスタンダード型を受験し，英検（英検CBT，英検S-CBTを含む）またはGTEC（CBTタイプおよび検定版）において，基準以上のスコアを満たしていることを出願資格とする。

健康福祉学部

一般入試前期Ａ・Ｂ・Ｃ（スタンダード型・得意科目重視型）／一般入試後期（スタンダード型・得意科目重視型） **【社会福祉学科】** **2**科目 ①②**国・外・地歴・数・理**（100×2）▶国総（漢文を除く）・「コミュ英Ⅰ・コミュ英Ⅱ・英表Ⅰ」・「世Ｂ・日Ｂから１」・「数Ⅰ・数Ａ」・化基・「生基・生（生態・進化を除く）」から２，ただし世Ｂは前期Ａ・Ｂのみ選択可
※得意科目重視型は高得点科目の点数を２倍し，計300点で判定する。
【健康スポーツ栄養学科】 **2**科目 ①②**国・外・数・理**（100×2）▶国総（漢文を除く）・「コミュ英Ⅰ・コミュ英Ⅱ・英表Ⅰ」・「数Ⅰ・数Ａ」・化基・「生基・生（生態・進化を除く）」から２
※得意科目重視型は高得点科目の点数を２倍し，計300点で判定する。
一般入試前期Ｂ・Ｃ（３科目型） **【社会福祉学科】** **3**科目 ①**外**（100）▶コミュ英Ⅰ・コミュ英Ⅱ・英表Ⅰ ②③**国・地歴・数・理**（100×2）▶国総（漢文を除く）・「世Ｂ・日Ｂから１」・「数Ⅰ・数Ａ」・化基・「生基・生（生態・進化を除く）」から２，ただし世Ｂは前期Ｂのみ選択可
【健康スポーツ栄養学科】 **3**科目 ①**外**（100）▶コミュ英Ⅰ・コミュ英Ⅱ・英表Ⅰ ②③**国・数・理**（100×2）▶国総（漢文を除く）・「数Ⅰ・数Ａ」・化基・「生基・生（生態・進化を除く）」から２
一般入試前期Ａ（英語外部検定試験利用型）・一般入試後期（英語外部検定試験利用型） **【社会福祉学科】** **3**科目 ①②**国・外・地歴・数・理**（100×2）▶国総（漢文を除く）・「コミュ英Ⅰ・コミュ英Ⅱ・英表Ⅰ」・世Ｂ・日Ｂ・「数Ⅰ・数Ａ」・化基・「生基・生（生態・進化を除く）」から２，ただし世Ｂは前期Ａのみ選択可 ③**英語外部検定試験**（15）▶英検の級またはGTECのスコアを点数化
【健康スポーツ栄養学科】 **3**科目 ①②**国・外・数・理**（100×2）▶国総（漢文を除く）・「コミュ英Ⅰ・コミュ英Ⅱ・英表Ⅰ」・「数Ⅰ・数Ａ」・化基・「生基・生（生態・進化を除く）」から２ ③**英語外部検定試験**（15）▶英検の級またはGTECのスコアを点数化
※英語外部検定試験利用型は，前期Ａまたは後期のスタンダード型を受験し，英検（英検CBT，英検S-CBTを含む）またはGTEC（CBTタイプおよび検定版）において，基準以上のスコアを満たしていることを出願資格とする。

看護学部

一般入試前期Ａ・Ｂ・Ｃ（スタンダード型・得意科目重視型）／一般入試後期（スタンダード型・得意科目重視型） **2**科目 ①②**国・外・数・理**（100×2）▶国総（漢文を除く）・「コミュ英Ⅰ・コミュ英Ⅱ・英表Ⅰ」・「数Ⅰ・数Ａ」・「化基・〈生基・生（生態・進化を除く）〉から１」から２
※得意科目重視型は高得点科目の点数を２倍し，計300点で判定する。
一般入試前期Ｂ・Ｃ（３科目型） **3**科目 ①**外**（100）▶コミュ英Ⅰ・コミュ英Ⅱ・英表Ⅰ ②③**国・数・理**（100×2）▶国総（漢文を除く）・「数Ⅰ・数Ａ」・「化基・〈生基・生（生態・進化を除く）〉から１」から２
一般入試前期Ａ（英語外部検定試験利用型）・一般入試後期（英語外部検定試験利用型） **3**科目 ①②**国・外・数・理**（100×2）▶国総（漢文を除く）・「コミュ英Ⅰ・コミュ英Ⅱ・英表Ⅰ」・「数Ⅰ・数Ａ」・「化基・〈生基・生（生態・進化を除く）〉から１」から２ ③**英語外部検定試験**（15）▶英検の級またはGTECのスコアを点数化
※英語外部検定試験利用型は，前期Ａまたは後期のスタンダード型を受験し，英検（英検CBT，英検S-CBTを含む）またはGTEC（CBTタイプおよび検定版）において，基準以上のスコアを満たしていることを出願資格とする。

心理学部

一般入試前期Ａ・Ｂ・Ｃ（スタンダード型・得意科目重視型）／一般入試後期（スタンダード

型・得意科目重視型） **2科目** ①②**国・外・地歴・数・理**（100×2）▶国総（漢文を除く）・「コミュ英Ⅰ・コミュ英Ⅱ・英表Ⅰ」・「世Ｂ・日Ｂから１」・「数Ⅰ・数Ａ」・化基・「生基・生（生態・進化を除く）」から２，ただし世Ｂは前期Ａ・Ｂのみ選択可

※得意科目重視型は高得点科目の点数を２倍し，計300点で判定する。

一般入試前期Ｂ（３科目型）・一般入試後期（３科目型） **3科目** ①**外**（100）▶コミュ英Ⅰ・コミュ英Ⅱ・英表Ⅰ ②③**国・地歴・数・理**（100×2）▶国総（漢文を除く）・「世Ｂ・日Ｂから１」・「数Ⅰ・数Ａ」・化基・「生基・生（生態・進化を除く）」から２，ただし世Ｂは前期Ｂのみ選択可

一般入試前期Ａ（英語外部検定試験利用型）・一般入試後期（英語外部検定試験利用型） **3～2科目** ①②**国・外・地歴・数・理**（100×2）▶国総（漢文を除く）・「コミュ英Ⅰ・コミュ英Ⅱ・英表Ⅰ」・世Ｂ・日Ｂ・「数Ⅰ・数Ａ」・化基・「生基・生（生態・進化を除く）」から２，ただし世Ｂは前期Ａのみ選択可 ③**英語外部検定試験**（15）▶英検の級またはGTECのスコアを点数化

※英語外部検定試験利用型は，前期Ａまたは後期のスタンダード型を受験し，英検（英検CBT，英検S-CBTを含む）またはGTEC（CBTタイプおよび検定版）において，基準以上のスコアを満たしていることを出願資格とする。

その他の選抜

共通テスト利用入試は文学部18名，家政学部９名，健康福祉学部６名，看護学部６名，心理学部３名を，公募制推薦入試は文学部168名，家政学部97名，健康福祉学部64名，看護学部44名，心理学部32名を，総合型選抜AO入試は文学部60名，家政学部35名，健康福祉学部30名，心理学部15名を募集。ほかに総合型選抜自己アピール入試，特別選抜（神女ファミリー入試，社会人入試）を実施。

偏差値データ（2024年度）

●一般入試前期Ａ

学部／学科・課程	2024年度 駿台予備学校 合格目標ライン	2024年度 河合塾 ボーダー偏差値	2023年度 競争率
▶文学部			
日本語日本文	**38**	**42.5**	2.5
英語英米文	**37**	**42.5**	3.6
国際教養	**37**	**42.5**	4.5
史	**36**	**42.5**	2.4
教育	**41**	**42.5**	2.6
▶家政学部			
家政	**40**	**40**	3.8
管理栄養士養成	**44**	**42.5**	2.3
▶健康福祉学部			
社会福祉	**38**	**42.5**	3.5
健康スポーツ栄養	**36**	**42.5**	5.9
▶看護学部			
看護	**43**	**52.5**	4.3
▶心理学部			
心理	**37**	**45**	3.6

●駿台予備学校合格目標ラインは合格可能性80％に相当する駿台模試の偏差値です。

●河合塾ボーダー偏差値は合格可能性50％に相当する河合塾全統模試の偏差値です。なお，前期Ａスタンダード型の偏差値です。

●競争率は受験者÷合格者の実質倍率

※2023年度の競争率は，2023年度の一般入試前期Ａで実施したスタンダード型・得意科目重視型・３科目型を合わせた競争率です。

併設の教育機関／短期大学

神戸女子短期大学

問合せ先　入試広報課
☎078-737-2329
所在地　兵庫県神戸市中央区港島中町4-7-2

学生数▶女243名
教員数▶教授12名，准教授７名，講師６名

設置学科

●**総合生活学科**（40）　衣・食・住をはじめ，情報，ビジネス，コミュニケーションといった人生を豊かにするさまざまな領域の学びを用意し，社会で自分らしく活躍できる自立した女性を育成する。

●**食物栄養学科**（40）　人々の健康を「食」の面からサポートする栄養と食育のスペシャリストを育成する。管理栄養士養成課程などへスムーズに編入できる「学園内編入制度」を設置。

●**幼児教育学科**（40）　子どもたちを笑顔にし，子どもたちの未来を育む「保育の専門家」を育成する。幼稚園教諭二種免許状と保育士資格のダブル取得が可能。９年連続就職率100%を達成。

卒業後の進路

2023年３月卒業生▶159名
就職136名，大学編入学16名（うち他大学10名），その他７名

武庫川女子大学

資料請求

問合せ先 入試センター ☎0798-45-3500

建学の精神

1939（昭和14）年の学院創立以来，立学の精神にうたわれる“高い知性，善美な情操，高雅な徳性”を兼ね備えた有為な女性を育成するための女子教育に取り組み，現在では，理系から文系，芸術，スポーツまで幅広く学べる12学部20学科を擁する日本で最大規模の女子総合大学へと発展。女性の活躍がより望まれる時代を迎えた今，個性輝く女性を社会へ送り出すことを使命に改革に乗り出し，全学的な「データリテラシー・AIの基礎」プログラムの導入，女性に特化した独自の基盤教育プログラム「MUKOJO未来教育プログラム SOAR」，女性活躍の場を広げる新学部新学科の開設など，「女子総合大学」であることを最大限に生かしながら進化し続け，「一生を描ききる女性力」を育む──武庫川女子学院，武庫川女子大学はさらなる頂に挑んでいる。

- 中央キャンパス………〒663-8558　兵庫県西宮市池開町6-46
- 浜甲子園キャンパス…〒663-8179　兵庫県西宮市甲子園九番町11-68
- 上甲子園キャンパス…〒663-8121　兵庫県西宮市戸崎町1-13

基本データ

学生数▶女9,245名
専任教員数▶教授199名，准教授86名，講師41名
設置学部▶文，教育，心理・社会福祉，健康・スポーツ科，生活環境，社会情報，食物栄養科，建築，音楽，薬，看護，経営
併設教育機関▶大学院─文学・臨床教育学・生活環境学・食物栄養科学・建築学・薬学・看護学（以上M・D），〈健康・スポーツ科学〉（M）　短期大学部（P.1091参照）

就職・卒業後の進路

就職率 **99.4**%
就職者÷希望者×100

● **就職支援**　一般企業・公務員就職をサポートする「キャリアセンター」と，教職関連の就職を支援する「学校教育センター」の２つの拠点で，学生一人ひとりの就職活動をバックアップ。東京駅前には首都圏での就職活動をサポートする「東京センター」も設置。

● **資格取得支援**　エクステンション講座として，約80の資格や検定試験対策講座を開講。

進路指導者も必見 学生を伸ばす 面倒見

初年次教育

全学科必修科目の「データリテラシー・AIの基礎」，レポート・論文の書き方やプレゼンテーション技法などを習得する「初期演習Ⅰ」のほか，一部の学部で，情報収集や資料整理の方法などを学ぶ「初期演習Ⅱ」も実施

学修サポート

TA制度，オフィスアワー，さらにクラス担任制を導入し，学業・生活に関する指導・助言などを行っている。また，英語のレポートなどの指導を行う「Writing Plaza」，授業や学生生活の相談に応じる学生サポート室等を設置

オープンキャンパス（2023年度実績）　中央キャンパスをメイン会場に，6月・7月・8月・9月に３キャンパスで同時開催（保護者も同伴で参加可）。学科説明，体験授業，入試対策講座，キャンパスツアー，相談コーナーなど。

キャンパス内で開講する対面型以外に，オンラインで学べる学習スタイルも選択できる。このほか，「教員・保育士採用選考試験対策特別講座」を開講し，合格をバックアップ。

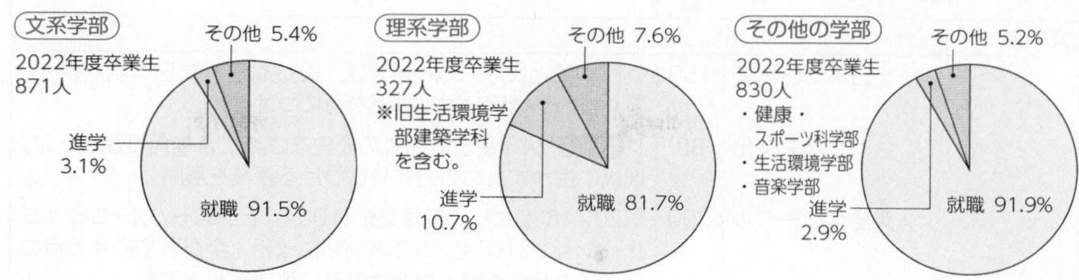

主なOG▶[旧家政]湊かなえ(小説家)，[文]高殿円(小説家)，[健康・スポーツ科]秦澄美鈴(陸上競技走幅跳選手)，[音楽]有華(シンガーソングライター)，[短大]九谷聡子(兵庫県明石市長)など。

国際化・留学　大学間 30 大学

受入れ留学生数▶2名(2023年5月1日現在)
留学生の出身国▶中国，ナイジェリア。
外国人専任教員▶教授2名，准教授2名，講師8名（2023年9月1日現在)
外国人専任教員の出身国▶中国，韓国，アメリカ，オーストラリア，カナダなど。
大学間交流協定▶30大学（交換留学先12大学，2023年6月26日現在)
海外への留学生数▶渡航型344名・オンライン型31名／年（4カ国・地域，2022年度)
海外留学制度▶アメリカ分校留学プログラムには，英語を学習し，アメリカの文化や社会を学ぶ以外に，それぞれ学科独自のプログラムを設けている。このほか，交換留学や春期オーストラリア英語留学，教育学部国際教育コースの国際教育フィールドワークといった学科独自の海外留学・海外研修など，豊富な留学プログラムを用意している。

学費・奨学金制度　給付型奨学金総額 年間約 2,717 万円

入学金▶200,000円
年間授業料(施設費等を除く)▶800,000円～(詳細は巻末資料参照)
年間奨学金総額▶27,170,800円
年間奨学金受給者数▶111人
主な奨学金制度▶「武庫川学院奨学」「武庫川学院創立80周年記念特別奨学」「武庫川学院鳴松会奨学」などの経済的に修学が困難な学生を支援する制度や，夢の実現に向かって，学びやスポーツを頑張る学生への支援制度を設置。学費減免制度もあり，2022年度には16人を対象に総額で240万円を減免。

保護者向けインフォメーション

●**ガイドブック**　『新入生の父母等の方へ』や『就職活動サポートガイド』を発行。HPでデジタルブック化もされている。
●**成績確認**　成績通知書を郵送している。
●**教育後援会**　父母等で構成される教育後援会主催の「地域別教育懇談会」を本学並びに全国各地で開催（8月・9月）し，教育の現状と取り組み（学生生活，授業等，就職状況）などについて説明している。また，情報誌の『教育後援会ニュース』も発行している。
●**防災対策**　「防災マニュアル」をHPに掲載。被災時の学生の安否は，HPやメールを利用して確認するようにしている。

インターンシップ科目	必修専門ゼミ	卒業論文	GPA制度の導入の有無および活用例	1年以内の退学率	標準年限での卒業率
文・健康・食物栄養で開講	建築・看護学部は4年次，その他の学部・学科は3・4年次に実施（薬学科は5・6年次)	全学部卒業要件	退学勧告基準，学生に対する個別の学修指導に活用するほか，一部の学部で累積GPAが基準値以上の学生に対して上限単位数を設定	1.0%	94.7%(4年制) 65.9%(薬学科)

兵庫　武庫川女子大学

学部紹介

学部／学科	定員	特色
文学部		
日本語日本文	150	▷日本語と文学・文化を学び，美しく整った日本語を話し，書く技術や情報スキルなどを身につける。
歴史文化	80	▷**NEW!** '24年新設。日本の歴史をさまざまな角度から学び，現代に生かすための力を身につける授業を展開。
英語グローバル	200	▷2024年度より，英語文化（100名）とグローバル・コミュニケーション（100名）の２専攻制に改組。全員参加の４カ月のアメリカ分校留学と専門性の高い英語教育を実施。
●取得可能な資格…教職（国・地歴・社・書・英），司書，司書教諭，学芸員など。 ●進路状況…………就職90.7％ 進学2.3％（旧文学部心理・社会福祉学科を除く） ●主な就職先………生活協同組合コープこうべ，尼崎信用金庫，ANA関西空港，兵庫県教員など。		
教育学部		
教育	240	▷幼児教育・保育，小学校教育，小学校・中学校教育，国際教育の４コースで，使命感を持った教員・保育士を養成する。
●取得可能な資格…教職（国・英，小一種，幼一種，特別支援），司書，司書教諭，保育士。 ●進路状況…………就職94.1％ 進学1.3％ ●主な就職先………公立学校教員（兵庫県，大阪府・市ほか），保育士（明石市ほか），日本生命保険など。		
心理・社会福祉学部		
心理	150	▷人の心理と行動を理解し，人の心に寄り添い，想像力と柔軟性を持って社会の課題に取り組む人材を育成する。
社会福祉	70	▷多様な価値観を理解し，より良い社会の創造や地域貢献・国際協力に携わるソーシャルワークのリーダーを育成する。
●取得可能な資格…司書，社会福祉士・精神保健福祉士受験資格など。 ●進路状況…………就職90.1％ 進学7.3％（旧文学部心理・社会福祉学科実績） ●主な就職先………大阪市社会福祉協議会，大阪府（社会福祉士），ケア21，鳥居薬品，日本銀行など。		
健康・スポーツ科学部		
健康・スポーツ科	180	▷最先端の健康・スポーツ科学を基にした理論と実践で，社会に貢献できる個性輝く指導者，保健体育科教員を養成する。
スポーツマネジメント	100	▷スポーツの専門知識や競技経験を生かし，スポーツビジネスの現場で活躍できるマネジメント人材を育成する。
●取得可能な資格…教職（保体），司書，司書教諭，学芸員など。 ●進路状況…………就職86.7％ 進学3.3％ ●主な就職先………イトマンスイミングスクール，公立学校教員，公務員（大阪府ほか警察）など。		
生活環境学部		
生活環境	165	▷私たちの生活を取り巻く衣服，生活用品やインテリア，住空間，建築物，街・都市との関係を総合的にとらえ，学ぶ。
●取得可能な資格…教職（家），司書，司書教諭，学芸員，１・２級建築士受験資格など。 ●進路状況…………就職93.9％ 進学3.1％ ●主な就職先………積水ハウス，大和ハウス工業，住友林業ホームテック，アイリスオーヤマなど。		
社会情報学部		
社会情報	180	▷２専攻制。情報メディア専攻（130名）ではメディアやマーケティングの視点からデータを，情報サイエンス専攻（50名）ではAI，プログラミングなど情報科学を学ぶ。

キャンパスアクセス ［中央キャンパス］ 阪神電鉄本線一鳴尾・武庫川女子大前より徒歩7分

● 取得可能な資格…教職(情)，司書，司書教諭，学芸員など。
● 進路状況…………就職95.7％ 進学0.6％（旧生活環境学部情報メディア学科実績）
● 主な就職先………伊藤忠テクノソリューションズ，NSD，ダイトロン，りそなデジタル・アイなど。

食物栄養科学部		
食物栄養	200	▷食と健康の“今”と“未来”を見据え，多様化，専門化する栄養のニーズに対応できる高度な知識と技術を修得する。
食創造科	80	▷産官学連携による就業体験などで実践力を磨き，次世代の食産業にイノベーションを起こす人材を育成する。

● 取得可能な資格…教職(栄養)，栄養士，管理栄養士受験資格など。
● 進路状況…………就職93.1％ 進学3.7％（旧生活環境学部食物栄養学科実績）
● 主な就職先………エームサービスジャパン，I&H，日清医療食品，あみだ池大黒，マルコメなど。

建築学部		
建築	45	▷一人に１台専用の「製図机とパソコン」を備えたスタジオなど，感性と技術を徹底的に磨く理想的なステージを用意。
景観建築	40	▷ランドスケープ学と建築学が融合した新たな学びで，自然と共生する社会に貢献できる建築・景観設計者を育成する。

● 取得可能な資格…測量士補，１・２級建築士受験資格など。
● 進路状況…………就職13.3％ 進学80.0％（旧生活環境学部建築学科実績）
● 主な就職先………大和ハウス工業，積水ハウス，三菱地所設計，飛島建設など(大学院を含む)。

音楽学部		
演奏	30	▷豊かな感性や人間性を育み，演奏家や教育者など社会人としての活躍をめざす。声楽，ピアノ，管弦楽器の３専修。
応用音楽	20	▷音楽のエキスパートとして，ピアノや声楽の演奏技術を身につけ，幅広い知識を学ぶ。音楽療法，音楽活用の２専修。

● 取得可能な資格…教職(音)，司書，司書教諭，学芸員，音楽療法士(補)受験資格など。
● 進路状況…………就職88.9％ 進学4.4％
● 主な就職先………公立学校教員(大阪・石川ほか)，南都銀行，みずほ証券ビジネスサービスなど。

薬学部		
薬	105	▷６年制。有償性インターンシップや自由自在のオンデマンド教育など独自のプログラムで，新時代の薬剤師を養成する。
健康生命薬科	60	▷４年制。基礎力・思考力・応用力を養いながら，美と健康のサイエンスを学び，社会に貢献できる薬科学者を養成する。

● 取得可能な資格…教職(理〈健康生命薬科学科〉)，司書，司書教諭，薬剤師受験資格(薬学科)など。
● 進路状況…………［薬］就職89.9％ 進学0.0％ ［健康生命薬科］就職69.4％ 進学22.2％
● 主な就職先………アインホールディングス，サンドラッグ，佐藤薬品工業，ニプロファーマなど。

看護学部		
看護	80	▷看護師育成に特化したカリキュラムで，さまざまな角度から支援を考え実践する「360°看護力」を持った人材を養成。

● 取得可能な資格…看護師受験資格。
● 進路状況…………就職94.4％ 進学4.2％
● 主な就職先………兵庫医科大学病院，神戸市立医療センター中央市民病院，関西電力病院など。

経営学部		
経営	200	▷経営に関する総合的な知識と実践力を持って，多様な価値観と生活様式の中で，自在に活躍できる女性を育成する。

● 主な就職先………2020年度開設のため卒業生はいない。

キャンパスアクセス ［浜甲子園キャンパス］ 阪神電鉄本線一甲子園より徒歩15分／JR東海道本線（神戸線）一甲子園口よりバス24分・甲子園九番町下車徒歩５分

▶キャンパス

文・教育・〈心理・社会福祉〉・〈健康・スポーツ科〉・生活環境・社会情報・食物栄養科・音楽・看護・経営……[中央キャンパス] 兵庫県西宮市池開町6-46
薬……[浜甲子園キャンパス] 兵庫県西宮市甲子園九番町11-68
建築……[上甲子園キャンパス] 兵庫県西宮市戸崎町1-13

2024年度入試要項(前年度実績)

●募集人員

学部／学科(専攻)	A(前期)3科目	A(前期)2科目	B(中期)	C(後期)
▶文　日本語日本文	同一20 傾斜15	20	同一12 傾斜8	3
歴史文化	同一10 傾斜7	10	同一6 傾斜4	2
英語グローバル(英語文化)	同一13 傾斜10	13	同一5 傾斜4	3
(グローバル・コミュニケーション)	同一13 傾斜10	13	同一5 傾斜4	3
▶教育　教育	同一35 傾斜25	35	同一10 傾斜7	5
▶心理・社会福祉　心理	同一20 傾斜15	15	同一12 傾斜8	3
社会福祉	同一7 傾斜5	7	同一3 傾斜2	1
▶健康・スポーツ科　健康・スポーツ科	同一14 傾斜9	10	同一7 傾斜4	3
スポーツマネジメント	同一8 傾斜4	6	同一4 傾斜3	2
▶生活環境　生活環境	同一25 傾斜15	20	同一10 傾斜6	3
▶社会情報　社会情報(情報メディア)	同一18 傾斜13	13	同一7 傾斜4	3
(情報サイエンス)	— —	10	同一5 傾斜3	3
▶食物栄養科　食物栄養	同一25 傾斜20	25	同一12 傾斜8	5
食創造科	同一10 傾斜8	12	同一5 傾斜3	2
▶建築　建築	同一9 傾斜6	—	同一3 傾斜3	2
景観建築	同一7 傾斜5	—	同一3 傾斜2	2
▶音楽　演奏	—	11	同一2	2
応用音楽	同一7	—	同一2	1
▶薬　薬	同一15 傾斜8	10	同一6 傾斜4	2
健康生命薬科	— —	10	同一4 傾斜2	2
▶看護　看護	同一15 傾斜10	8	同一5 傾斜3	3
▶経営　経営	同一30 傾斜20	30	同一10 傾斜7	5

※次のように略しています。同一配点方式(A)・同一配点型(B)→同一。傾斜配点方式(A)・傾斜配点型(B)→傾斜。

文学部

一般選抜A(前期)〈3科目型〉 **【日本語日本文学科・歴史文化学科】** ③科目 ①**国**(同一100・傾斜200)▶国総・現文B・古典B(いずれも漢文を除く) ②**外**(100)▶コミュ英Ⅰ・コミュ英Ⅱ・コミュ英Ⅲ・英表Ⅰ・英表Ⅱ ③**地歴・数・理**(100)▶世B・日B・「数Ⅰ・数A」・「数Ⅰ・数Ⅱ・数A・数B(数列・ベク)」・「化基・化(高分子を除く)」・「生基・生(生態・進化を除く)」から1

【英語グローバル学科】 ③科目 ①**外**(同一100・傾斜200)▶コミュ英Ⅰ・コミュ英Ⅱ・コミュ英Ⅲ・英表Ⅰ・英表Ⅱ ②③**国・「地歴・数」・理**(100×2)▶「〈国総(現文)・現文B〉・〈国総・現文B・古典B(いずれも漢文を除く)〉から1」・「世B・日B・〈数Ⅰ・数A〉・〈数Ⅰ・数Ⅱ・数A・数B(数列・ベク)〉から1」・「〈化基・化(高分子を除く)〉・〈生基・生(生態・進化を除く)〉から1」から2

一般選抜A(前期)・B(中期)〈2科目型〉 **【日本語日本文学科・歴史文化学科】** ②科目 ①**国**(A100・B〈同一100・傾斜200〉)▶国総・現文B・古典B(いずれも漢文を除く) ②**外・地歴・数・理**(100)▶「コミュ英Ⅰ・コミュ英Ⅱ・コミュ英Ⅲ・英表Ⅰ・英表Ⅱ」・世B・日B・「数Ⅰ・数A」・「数Ⅰ・数Ⅱ・数A・数B(数列・

キャンパスアクセス [上甲子園キャンパス] JR東海道本線(神戸線)一甲子園口より徒歩10分／阪神電鉄本線一甲子園よりバス6分・戸崎町下車徒歩3分

ベク)」・「化基・化(高分子を除く)」・「生基・生(生態・進化を除く)」から1

【英語グローバル学科】 2科目 ①外(A 100・B〈同一100・傾斜200〉)▶コミュ英Ⅰ・コミュ英Ⅱ・コミュ英Ⅲ・英表Ⅰ・英表Ⅱ ②国・地歴・理(100)▶「国総(現文)・現文B」・「国総・現文B・古典B(いずれも漢文を除く)」・世B・日B・「化基・化(高分子を除く)」・「生基・生(生能・進化を除く)」から1

一般選抜C(後期) 【日本語日本文学科・歴史文化学科】 2科目 ①国(100)▶国総(現文)・現文B ②外・数・理(100)▶「コミュ英Ⅰ・コミュ英Ⅱ・コミュ英Ⅲ・英表Ⅰ・英表Ⅱ」・「数Ⅰ・数Ⅱ・数A・数B(数列・ベク)」・「化基・化(高分子を除く)」・「生基・生(生態・進化を除く)」から1

【英語グローバル学科】 2科目 ①外(100)▶コミュ英Ⅰ・コミュ英Ⅱ・コミュ英Ⅲ・英表Ⅰ・英表Ⅱ ②国・数・理(100)▶「国総(現文)・現文B」・「数Ⅰ・数Ⅱ・数A・数B(数列・ベク)」・「化基・化(高分子を除く)」・「生基・生(生態・進化を除く)」から1

教育学部

一般選抜A(前期)〈3科目型〉 3科目 ①②③国・外・「地歴・数」・理(同一100×3・傾斜〈国または英200・選択科目100×2〉)▶「国総・現文B・古典B(いずれも漢文を除く)」・「コミュ英Ⅰ・コミュ英Ⅱ・コミュ英Ⅲ・英表Ⅰ・英表Ⅱ」・「世B・日B・〈数Ⅰ・数A〉・〈数Ⅰ・数Ⅱ・数A・数B(数列・ベク)〉から1」・「〈化基・化(高分子を除く)〉・〈生基・生(生態・進化を除く)〉から1」から3，ただし国・外のいずれか必須

一般選抜A(前期)〈2科目型〉 2科目 ①②国・外・「地歴・数」・理(100×2)▶「〈国総(現文)・現文B〉・〈国総・現文B・古典B(いずれも漢文を除く)〉から1」・「コミュ英Ⅰ・コミュ英Ⅱ・コミュ英Ⅲ・英表Ⅰ・英表Ⅱ」・「世B・日B・〈数Ⅰ・数A〉・〈数Ⅰ・数Ⅱ・数A・数B(数列・ベク)〉から1」・「〈化基・化(高分子を除く)〉・〈生基・生(生態・進化を除く)〉から1」から2

一般選抜B(中期) 2科目 ①②国・外・地歴・数・理(同一100×2・傾斜〈高得点科目200・低得点科目100〉)▶「〈国総(現文)・現文B〉・〈国総・現文B・古典B(いずれも漢文を除く)〉から1」・「コミュ英Ⅰ・コミュ英Ⅱ・コミュ英Ⅲ・英表Ⅰ・英表Ⅱ」・「世B・日Bから1」・「〈数Ⅰ・数A〉・〈数Ⅰ・数Ⅱ・数A・数B(数列・ベク)〉から1」・「〈化基・化(高分子を除く)〉・〈生基・生(生態・進化を除く)〉から1」から2

一般選抜C(後期) 2科目 ①②国・外・「数・理」(100×2)▶「国総(現文)・現文B」・「コミュ英Ⅰ・コミュ英Ⅱ・コミュ英Ⅲ・英表Ⅰ・英表Ⅱ」・「〈数Ⅰ・数Ⅱ・数A・数B(数列・ベク)〉・〈化基・化(高分子を除く)〉・〈生基・生(生態・進化を除く)〉から1」から2

心理・社会福祉学部／生活環境学部／社会情報学部／経営学部

一般選抜A日程(前期)〈3科目型〉 3科目 ①外(同一100)▶コミュ英Ⅰ・コミュ英Ⅱ・コミュ英Ⅲ・英表Ⅰ・英表Ⅱ ②③国・「地歴・数」・理(同一100×2)▶「〈国総(現文)・現文B〉・〈国総・現文B・古典B(いずれも漢文を除く)〉から1」・「世B・日B・〈数Ⅰ・数A〉・〈数Ⅰ・数Ⅱ・数A・数B(数列・ベク)〉から1」・「〈化基・化(高分子を除く)〉・〈生基・生(生態・進化を除く)〉から1」から2

※傾斜配点方式は高得点科目200点，低得点科目100点×2の400点満点で判定する。

※社会情報学部情報サイエンス専攻は3科目型を実施しない。

一般選抜A(前期)〈2科目型〉 2科目 ①②国・外・「地歴・数」・理(100×2)▶「〈国総(現文)・現文B〉・〈国総・現文B・古典B(いずれも漢文を除く)〉から1」・「コミュ英Ⅰ・コミュ英Ⅱ・コミュ英Ⅲ・英表Ⅰ・英表Ⅱ」・「世B・日B・〈数Ⅰ・数A〉・〈数Ⅰ・数Ⅱ・数A・数B(数列・ベク)〉から1」・「〈化基・化(高分子を除く)〉・〈生基・生(生態・進化を除く)〉から1」から2

一般選抜B(中期) 2科目 ①②国・外・地歴・数・理(同一100×2・傾斜〈高得点科目200・低得点科目100〉)▶「〈国総(現文)・現文B〉・〈国総・現文B・古典B(いずれも漢文を除く)〉から1」・「コミュ英Ⅰ・コミュ英Ⅱ・コミュ英Ⅲ・英表Ⅰ・英表Ⅱ」・世B・日B・「数Ⅰ・数A」・「数Ⅰ・数Ⅱ・数A・数B(数列・ベク)」・「化基・

化(高分子を除く)」・「生基・生(生態・進化を除く)」から2，ただし社会情報学部情報サイエンス専攻のみ数学2科目の選択可
一般選抜C(後期)　**【心理・社会福祉学部〈心理学科〉】** 2科目　①②**国・外・「数・理」**(100×2)▶「国総(現文)・現文B」・「コミュ英Ⅰ・コミュ英Ⅱ・コミュ英Ⅲ・英表Ⅰ・英表Ⅱ」・「〈数Ⅰ・数Ⅱ・数A・数B(数列・ベク)〉・〈化基・化(高分子を除く)〉・〈生基・生(生態・進化を除く)〉から1」から2
【心理・社会福祉学部〈社会福祉学科〉／生活環境学部／社会情報学部／経営学部】 2科目
①②**国・外・数・理**(100×2)▶「国総(現文)・現文B」・「コミュ英Ⅰ・コミュ英Ⅱ・コミュ英Ⅲ・英表Ⅰ・英表Ⅱ」・「数Ⅰ・数Ⅱ・数A・数B(数列・ベク)」・「化基・化(高分子を除く)」・「生基・生(生態・進化を除く)」から2，ただし生活環境学部および社会福祉学科のみ理科2科目の選択可

健康・スポーツ科学部

一般選抜A日程(前期)〈3科目型〉 3科目
①**外**(同一100)▶コミュ英Ⅰ・コミュ英Ⅱ・コミュ英Ⅲ・英表Ⅰ・英表Ⅱ　②③**国・「地歴・数」・理**(同一100×2)▶「〈国総(現文)・現文B〉・〈国総・現文B・古典B(いずれも漢文を除く)〉から1」・「世B・日B・〈数Ⅰ・数A〉・〈数Ⅰ・数Ⅱ・数A・数B(数列・ベク)〉・〈数Ⅰ・数Ⅱ・数Ⅲ・数A・数B(数列・ベク)〉から1」・「〈物基・物〉・〈化基・化(高分子を除く)〉・〈生基・生(生態・進化を除く)〉から1」から2
※傾斜配点方式は高得点科目200点，低得点科目100点×2の400点満点で判定する。
一般選抜A(前期)〈2科目型〉 2科目　①②**国・外・「地歴・数」・理**(100×2)▶「〈国総(現文)・現文B〉・〈国総・現文B・古典B(いずれも漢文を除く)〉から1」・「コミュ英Ⅰ・コミュ英Ⅱ・コミュ英Ⅲ・英表Ⅰ・英表Ⅱ」・「世B・日B・〈数Ⅰ・数A〉・〈数Ⅰ・数Ⅱ・数A・数B(数列・ベク)〉・〈数Ⅰ・数Ⅱ・数Ⅲ・数A・数B(数列・ベク)〉から1」・「〈物基・物〉・〈化基・化(高分子を除く)〉・〈生基・生(生態・進化を除く)〉から1」から2
一般選抜B(中期) 2科目　①②③**国・外・地歴・数・理**(同一100×2・傾斜〈高得点科目200・低得点科目100〉)▶「〈国総(現文)・現文B〉・〈国総・現文B・古典B(いずれも漢文を除く)〉から1」・「コミュ英Ⅰ・コミュ英Ⅱ・コミュ英Ⅲ・英表Ⅰ・英表Ⅱ」・世B・日B・「数Ⅰ・数A」・「数Ⅰ・数Ⅱ・数A・数B(数列・ベク)」・「化基・化(高分子を除く)」・「生基・生(生態・進化を除く)」から2
一般選抜C(後期) 2科目　①②**国・外・数・理**(100×2)▶「国総(現文)・現文B」・「コミュ英Ⅰ・コミュ英Ⅱ・コミュ英Ⅲ・英表Ⅰ・英表Ⅱ」・「数Ⅰ・数Ⅱ・数A・数B(数列・ベク)」・「化基・化(高分子を除く)」・「生基・生(生態・進化を除く)」から2

食物栄養科学部

一般選抜A(前期)〈3科目型〉 **【食物栄養学科】** 3科目　①**外**(100)▶コミュ英Ⅰ・コミュ英Ⅱ・コミュ英Ⅲ・英表Ⅰ・英表Ⅱ　②**理**(同一100・傾斜200)▶「化基・化(高分子を除く)」・「生基・生(生態・進化を除く)」から1　③**国・数**(100)▶「国総(現文)・現文B」・「国総・現文B・古典B(いずれも漢文を除く)」・「数Ⅰ・数A」・「数Ⅰ・数Ⅱ・数A・数B(数列・ベク)」から1
【食創造科学科】 3科目　①**外**(100)▶コミュ英Ⅰ・コミュ英Ⅱ・コミュ英Ⅲ・英表Ⅰ・英表Ⅱ　②③**数・理・「国・地歴」**(同一100×2・傾斜〈数・化または生〉の高得点200・その他100)▶「〈数Ⅰ・数A〉・〈数Ⅰ・数Ⅱ・数A・数B(数列・ベク)〉から1」・「〈化基・化(高分子を除く)〉・〈生基・生(生態・進化を除く)〉から1」・「〈国総(現文)・現文B〉・〈国総・現文B・古典B(いずれも漢文を除く)〉・世B・日Bから1」から2，ただし数と地歴の組み合わせ不可
一般選抜A(前期)〈2科目型〉 **【食物栄養学科】** 2科目　①**理**(100)▶「化基・化(高分子を除く)」・「生基・生(生態・進化を除く)」から1　②**国・外・数**(100)▶「国総(現文)・現文B」・「国総・現文B・古典B(いずれも漢文を除く)」・「コミュ英Ⅰ・コミュ英Ⅱ・コミュ英Ⅲ・英表Ⅰ・英表Ⅱ」・「数Ⅰ・数A」・「数Ⅰ・数Ⅱ・数A・数B(数列・ベク)」から1
【食創造科学科】 2科目　①②**数・理・「国・外・地歴」**(100×2)▶「〈数Ⅰ・数A〉・〈数Ⅰ・数

Ⅱ・数Ａ・数Ｂ（数列・ベク）〉から１」・「〈化基・化（高分子を除く）〉・〈生基・生（生態・進化を除く）〉から１」・「〈国総（現文）・現文Ｂ〉・〈国総・現文Ｂ・古典Ｂ（いずれも漢文を除く）〉・〈コミュ英Ⅰ・コミュ英Ⅱ・コミュ英Ⅲ・英表Ⅰ・英表Ⅱ〉・世Ｂ・日Ｂから１」から２，ただし数と地歴の組み合わせ不可

一般選抜Ｂ（中期） **【食物栄養学科】** **2**科目 ①②**理・「国・外・数」**（同一100×2・傾斜〈理の高得点科目200・その他の低得点科目100〉）▶「化基・化（高分子を除く）」・「生基・生（生態・進化を除く）」・「〈国総（現文）・現文Ｂ〉・〈国総・現文Ｂ・古典Ｂ（いずれも漢文を除く）〉・〈コミュ英Ⅰ・コミュ英Ⅱ・コミュ英Ⅲ・英表Ⅰ・英表Ⅱ〉・〈数Ⅰ・数Ａ〉・〈数Ⅰ・数Ⅱ・数Ａ・数Ｂ（数列・ベク）〉から１」から２

【食創造科学科】 **2**科目 ①②**数・理・「国・外・地歴」**（同一100×2・傾斜〈数または理の高得点科目200・その他の低得点科目100〉）▶「〈数Ⅰ・数Ａ〉・〈数Ⅰ・数Ⅱ・数Ａ・数Ｂ（数列・ベク）〉から１」・「化基・化（高分子を除く）」・「生基・生（生態・進化を除く）」・「〈国総（現文）・現文Ｂ〉・〈国総・現文Ｂ・古典Ｂ（いずれも漢文を除く）〉・〈コミュ英Ⅰ・コミュ英Ⅱ・コミュ英Ⅲ・英表Ⅰ・英表Ⅱ〉・世Ｂ・日Ｂから１」から２

一般選抜Ｃ（後期） **【食物栄養学科】** **2**科目 ①②**理・「国・外・数」**（100×2）▶「化基・化（高分子を除く）」・「生基・生（生態・進化を除く）」・「〈国総（現文）・現文Ｂ〉・〈コミュ英Ⅰ・コミュ英Ⅱ・コミュ英Ⅲ・英表Ⅰ・英表Ⅱ〉・〈数Ⅰ・数Ⅱ・数Ａ・数Ｂ（数列・ベク）〉から１」から２

【食創造科学科】 **2**科目 ①②**「国・外」・数・理**（100×2）▶「〈国総（現文）・現文Ｂ〉・〈コミュ英Ⅰ・コミュ英Ⅱ・コミュ英Ⅲ・英表Ⅰ・英表Ⅱ〉から１」・「数Ⅰ・数Ⅱ・数Ａ・数Ｂ（数列・ベク）」・「化基・化（高分子を除く）」・「生基・生（生態・進化を除く）」から２

建築学部

一般選抜Ａ（前期） **3**科目 ①**外**（100）▶コミュ英Ⅰ・コミュ英Ⅱ・コミュ英Ⅲ・英表Ⅰ・英表Ⅱ ②**数**（同一100・傾斜200）▶数Ⅰ・数Ⅱ・数Ⅲ・数Ａ・数Ｂ（数列・ベク） ③**理**（100）▶「物基・物」・「化基・化（高分子を除く）」・「生基・生（生態・進化を除く）」から１，ただし生基・生は景観建築学科のみ選択可

一般選抜Ｂ（中期） **2**科目 ①**数**（同一100）▶数Ⅰ・数Ⅱ・数Ａ・数Ｂ（数列・ベク） ②**国・外・理**（同一100）▶「国総（現文）・現文Ｂ」・「コミュ英Ⅰ・コミュ英Ⅱ・コミュ英Ⅲ・英表Ⅰ・英表Ⅱ」・「物基・物」・「化基・化（高分子を除く）」・「生基・生（生態・進化を除く）」から１，ただし生基・生は景観建築学科のみ選択可

※傾斜配点型は高得点科目200点，低得点科目100点の300点満点で判定する。

一般選抜Ｃ（後期） **2**科目 ①**数**（100）▶数Ⅰ・数Ⅱ・数Ａ・数Ｂ（数列・ベク） ②**国・外・理**（100）▶「国総（現文）・現文Ｂ」・「コミュ英Ⅰ・コミュ英Ⅱ・コミュ英Ⅲ・英表Ⅰ・英表Ⅱ」・「生基・生（生態・進化を除く）」から１，ただし生基・生は景観建築学科のみ選択可

音楽学部

一般選抜Ａ（前期）・Ｂ（中期） **【演奏学科】** **2**科目 ①**主専実技**（300） ②**楽典・聴音・副専ピアノ実技・国・外・地歴・数**（100）▶楽典・聴音・副専ピアノ実技（ピアノ専修を除く）・「国総（現文）・現文Ｂ」・「コミュ英Ⅰ・コミュ英Ⅱ・コミュ英Ⅲ・英表Ⅰ・英表Ⅱ」・世Ｂ・日Ｂ・「数Ⅰ・数Ａ」から１，ただし聴音はＡのみ実施

【応用音楽学科】 **3～2**科目 ①**実技**（100） ②③**「国・楽典」・「外・聴音」・「地歴・数」**（Ａ100×2・Ｂ100）▶「〈国総（現文）・現文Ｂ〉・楽典から１」・「〈コミュ英Ⅰ・コミュ英Ⅱ・コミュ英Ⅲ・英表Ⅰ・英表Ⅱ〉・聴音から１」・「世Ｂ・日Ｂ・〈数Ⅰ・数Ａ〉から１」からＡは２，Ｂは１，ただし聴音はＡのみ実施

一般選抜Ｃ（後期） **【演奏学科】** **2**科目 ①**主専実技**（300） ②**国・外・数**（100）▶「国総（現文）・現文Ｂ」・「コミュ英Ⅰ・コミュ英Ⅱ・コミュ英Ⅲ・英表Ⅰ・英表Ⅱ」・「数Ⅰ・数Ⅱ・数Ａ・数Ｂ（数列・ベク）」から１

【応用音楽学科】 **2**科目 ①**実技**（100） ②**国・外・数**（100）▶「国総（現文）・現文Ｂ」・「コミュ英Ⅰ・コミュ英Ⅱ・コミュ英Ⅲ・英表Ⅰ・英表Ⅱ」・「数Ⅰ・数Ⅱ・数Ａ・数Ｂ（数列・ベク）」から１

薬学部

一般選抜Ａ(前期)〈３科目型〉【薬学科】③科目 ①理(同一100・傾斜200)▶「化基・化(高分子を除く)」・「生基・生(生態・進化を除く)」から１ ②③国・外・数(100×2)▶「〈国総(現文)・現文Ｂ〉・〈国総・現文Ｂ・古典Ｂ(いずれも漢文を除く)〉から１」・「コミュ英Ⅰ・コミュ英Ⅱ・コミュ英Ⅲ・英表Ⅰ・英表Ⅱ」・「〈数Ⅰ・数Ａ〉・〈数Ⅰ・数Ⅱ・数Ａ・数Ｂ(数列・ベク)〉から１」から２

一般選抜Ａ(前期)〈２科目型〉 ②科目 ①理(100)▶「化基・化(高分子を除く)」・「生基・生(生態・進化を除く)」から１ ②国・外・数(100)▶「国総(現文)・現文B」・「国総・現文B・古典B(いずれも漢文を除く)」・「コミュ英Ⅰ・コミュ英Ⅱ・コミュ英Ⅲ・英表Ⅰ・英表Ⅱ」・「数Ⅰ・数A」・「数Ⅰ・数Ⅱ・数A・数B(数列・ベク)」から１

一般選抜Ｂ(中期) ②科目 ①②理・「国・外・数」(同一100×2・傾斜〈理の高得点科目200・その他の低得点科目100〉)▶「化基・化(高分子を除く)」・「生基・生(生態・進化を除く)」・「〈国総(現文)・現文Ｂ〉・〈国総・現文Ｂ・古典Ｂ(いずれも漢文を除く)〉・〈コミュ英Ⅰ・コミュ英Ⅱ・コミュ英Ⅲ・英表Ⅰ・英表Ⅱ〉・〈数Ⅰ・数Ａ〉・〈数Ⅰ・数Ⅱ・数Ａ・数Ｂ(数列・ベク)〉から１」から２

一般選抜Ｃ(後期) ②科目 ①②理・「国・外・数」(薬学科は化または生200・その他100, 健康生命薬科学科100×2)▶「化基・化(高分子を除く)」・「生基・生(生態・進化を除く)」・「〈国総(現文)・現文Ｂ〉・〈コミュ英Ⅰ・コミュ英Ⅱ・コミュ英Ⅲ・英表Ⅰ・英表Ⅱ〉・〈数Ⅰ・数Ⅱ・数Ａ・数Ｂ(数列・ベク)〉から１」から２

看護学部

一般選抜Ａ(前期)〈３科目型〉 ③科目 ①外(同一100)▶コミュ英Ⅰ・コミュ英Ⅱ・コミュ英Ⅲ・英表Ⅰ・英表Ⅱ ②③国・数・理(同一100×2)▶「〈国総(現文)・現文Ｂ〉・〈国総・現文Ｂ・古典Ｂ(いずれも漢文を除く)〉から１」・「〈数Ⅰ・数Ａ〉・〈数Ⅰ・数Ⅱ・数Ａ・数Ｂ(数列・ベク)〉から１」・「〈化基・化(高分子を除く)〉・〈生基・生(生態・進化を除く)〉から１」から２

※傾斜配点方式は高得点科目200点，低得点科目100点×2の400点満点で判定する。

一般選抜Ａ(前期)・Ｂ(中期)〈２科目型〉 ②科目 ①②③国・外・数・理(Ａ100×2・Ｂ〈同一100×2・傾斜(高得点科目200・低得点科目100)〉)▶「〈国総(現文)・現文Ｂ〉・〈国総・現文Ｂ・古典Ｂ(いずれも漢文を除く)〉から１」・「コミュ英Ⅰ・コミュ英Ⅱ・コミュ英Ⅲ・英表Ⅰ・英表Ⅱ」・「〈数Ⅰ・数Ａ〉・〈数Ⅰ・数Ⅱ・数Ａ・数Ｂ(数列・ベク)〉から１」・「化基・化(高分子を除く)」・「生基・生(生態・進化を除く)」から２

一般選抜Ｃ(後期) ②科目 ①②国・外・数・理(100×2)▶「国総(現文)・現文Ｂ」・「コミュ英Ⅰ・コミュ英Ⅱ・コミュ英Ⅲ・英表Ⅰ・英表Ⅱ」・「数Ⅰ・数Ⅱ・数Ａ・数Ｂ(数列・ベク)」・「化基・化(高分子を除く)」・「生基・生(生態・進化を除く)」から２

その他の選抜

一般選抜Ｄ(共通テスト利用型)は文学部19名，教育学部15名，心理・社会福祉学部７名，健康・スポーツ科学部６名，生活環境学部７名，社会情報学部９名，食物栄養科学部13名，建築学部６名，薬学部７名，看護学部５名，経営学部５名を，公募制推薦入試は文学部142名，教育学部68名，心理・社会福祉学部69名，健康・スポーツ科学部120名，生活環境学部51名，社会情報学部70名，食物栄養科学部104名，建築学部28名，音楽学部22名，薬学部58名，看護学部26名，経営学部53名を募集。ほかに指定校推薦入試，スポーツ推薦入試，演奏奨学生入試，MUKOJO未来教育総合型選抜入試を実施。

偏差値データ（2024年度）

●一般選抜Ａ（前期）

学部／学科／専攻	2024年度 駿台予備学校 合格目標ライン	2024年度 河合塾 ボーダー偏差値	2023年度 競争率
▶文学部			
日本語日本文（３科目）	46	42.5	1.7
（２科目）	45	45	2.0
歴史文化（３科目）	46	45	新
（２科目）	45	45	新
英語グローバル／英語文化(3科目)	46	40	新
（２科目）	45	45	新
／グローバル・コミュニケーション(3科目)	46	42.5	新
（２科目）	45	45	新
▶教育学部			
教育（３科目）	48	45	2.3
（２科目）	47	50	2.5
▶心理・社会福祉学部			
心理（３科目）	45	47.5	3.3
（２科目）	45	50	3.0
社会福祉（３科目）	45	47.5	3.2
（２科目）	44	47.5	3.9
▶健康・スポーツ科学部			
健康・スポーツ科（３科目）	44	42.5	1.5
（２科目）	44	42.5	2.0
スポーツマネジメント(3科目)	43	42.5	1.3
（２科目）	43	45	1.4
▶生活環境学部			
生活環境（３科目）	43	45	2.8
（２科目）	43	47.5	3.4
▶社会情報学部			
社会情報／情報メディア(3科目)	45	45	2.3
（２科目）	45	47.5	3.0
／情報サイエンス(2科目)	45	47.5	2.9
▶食物栄養科学部			
食物栄養（３科目）	45	45	2.5
（２科目）	45	47.5	3.1
食創造科（３科目）	45	40	1.3
（２科目）	45	42.5	1.4
▶建築学部			
建築（３科目）	44	45	2.9
景観建築（３科目）	43	42.5	1.4
▶音楽学部			
演奏（２科目）	36	BF	1.0
応用音楽（３科目）	36	35	1.3
▶薬学部			
薬（３科目）	43	47.5	1.8
（２科目）	43	50	2.0
健康生命薬科(2科目)	41	45	1.7
▶看護学部			
看護（３科目）	44	50	6.1
（２科目）	44	50	7.6
▶経営学部			
経営（３科目）	45	50	2.5
（２科目）	45	50	2.9

●駿台予備学校合格目標ラインは合格可能性80％に相当する駿台模試の偏差値です。
●河合塾ボーダー偏差値は合格可能性50％に相当する河合塾全統模試の偏差値です。なお，３科目型は同一配点方式の偏差値です。
●競争率は受験者÷合格者の実質倍率

併設の教育機関　短期大学

武庫川女子大学短期大学部

問合せ先　入試センター
☎0798-45-3500
所在地　兵庫県西宮市池開町6-46

学生数▶女585名
教員数▶教授18名，准教授14名，講師８名

設置学科

●**幼児教育学科**（50）　豊かな感性と創造的能力を備えた幼稚園教諭・保育士を養成。
●**食生活学科**（40）「食」と「健康」を総合的に理解した実践力のある栄養士を養成。
●**生活造形学科**（60）アパレル，インテリアの２コースで，本物のデザインを追究する。

卒業後の進路

2022年度卒業生▶341名
就職183名，大学編入学126名（うち他大学６名），その他32名

私立大学　福岡

西南学院大学（せいなんがくいん）

資料請求

問合せ先　入試課　☎092-823-3366

建学の精神

アメリカ人宣教師のC.K.ドージャーによって，1916（大正5）年に創立。創立者が臨終に際して言い残した“Seinan,Be True to Christ”（西南よ，キリストに忠実なれ）という言葉は，建学の精神として受け継がれ，この精神に基づいて，真理の探求および優れた人格の形成に励み，地域社会および国際社会に奉仕する創造的な人材を育てることを使命としている。そして，変わり続ける時代にあっても，創立以来変わらないキリストの精神に根ざした社会の本質的な課題をとらえた「主体性」を重視した学びにより，無数にある解から，新しい解へと導く「知の本質に迫る教育力」「世界で本質を学ぶ国際性」「自分の本質と向き合う就職力」を特長に，独自の教育を実践しながら，西南学院大学は「奉仕の精神」を持ち，社会に貢献する人材を送り続けている。

● 西南学院大学西新キャンパス……〒814-8511　福岡県福岡市早良区西新6-2-92

基本データ

学生数▶8,185名（男3,344名，女4,841名）

専任教員数▶教授146名，准教授52名，講師7名

設置学部▶神，外国語，商，経済，法，人間科，国際文化

併設教育機関▶大学院―法学・経営学・経済学・神学・人間科学・国際文化（以上M・D），外国語学（M），文学（D）

就職・卒業後の進路

就職率 **96.9**%
就職者÷希望者×100

● **就職支援**　1年次から始まる「キャリア形成支援プログラム」と3年次からの「就職支援プログラム」により，想い描くキャリア実現に向けて着実にステップアップできるプログラムを用意。就職課員はもちろん，キャリアアドバイザーに就職活動の不安や悩みをいつでも相談できる体制も整えている。

● **資格取得支援**　国家試験準備室があり，税理士や公認会計士の資格取得，法曹界や裁判所などの公務員，外交官，国連職員をめざす学生をサポート。社会連携課では，簿記や情報処理，通訳案内士など，各種実務に関連する幅広い資格の取得を支援する講座を開講している。また，語学検定資格対策も充実。

進路指導者も必見　学生を伸ばす　面倒見

初年次教育	学修サポート
キリスト教への知的理解を深める「キリスト教学」や「基礎演習」「スタディスキルⅠ（基礎・学びの基本）」「データリテラシー」などの科目を開講し，「読む・書く・話す・探す」といった学びの基礎やデータを活用する力を修得	全学部でTA・SA制度，オフィスアワーを導入。自律的な学修姿勢や態度を育み，大学での学修で必要とされるスタディスキルの土台を築くラーニングサポートセンターや高水準の語学教育を行う言語教育センターを設置

オープンキャンパス（2023年度実績）　8月5・6日に行ったほか，9月30日に秋のオープンキャンパスも開催（事前予約制）。大学・入試説明会，キャンパスツアー，在学生が語る7学部の学び，模擬講義，個別相談など。

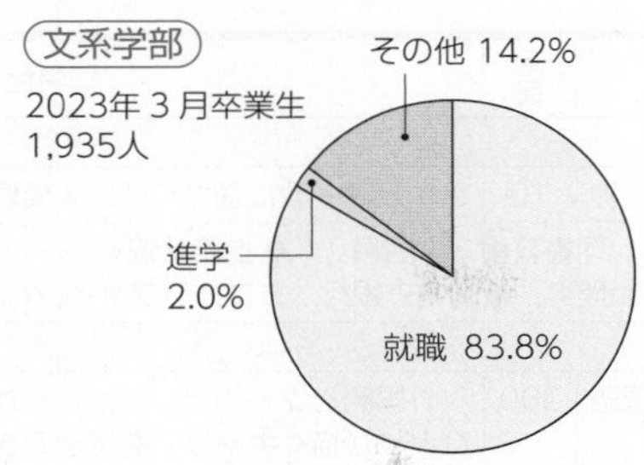

主なOB・OG▶［旧文］片渕茜（テレビ東京アナウンサー），［商］髙山善司（ゼンリン社長），［経済］佐藤泉（RKB毎日放送社長），［経済］東山彰良（小説家），［経済］尾崎里紗（日本テレビアナウンサー）など。

国際化・留学　大学間 102 大学・部局間 17 大学

受入れ留学生数▶64名（2023年４月17日現在）
留学生の出身国・地域▶中国，韓国，台湾，インドネシア，ブラジルなど。
外国人専任教員▶教授18名，准教授６名，講師２名（2023年５月１日現在）
外国人専任教員の出身国▶中国，アメリカ，韓国，イギリス，フランスなど。
大学間交流協定▶102大学（交換留学先88大学，2023年９月１日現在）
部局間交流協定▶17大学（交換留学先７大学，2023年９月１日現在）
海外への留学生数▶渡航型358名・オンライン型29名／年（31カ国・地域，2022年度）
海外留学制度▶交換留学生として海外の大学で学ぶ海外派遣留学制度，春季・夏季休暇を利用した約２～４週間の短期語学研修，海外で職業体験を行うキャリアアップ海外研修，認定留学など，多様な留学プログラムを用意。コンソーシアムはACUCA（アジア・キリスト教大学協会），日加戦略的留学生交流促進プログラムなど，３つの団体に参加している。

学費・奨学金制度　給付型奨学金総額 年間約 2,079 万円

入学金▶200,000円
年間授業料（施設費等を除く）▶750,000円（詳細は巻末資料参照）
年間奨学金総額▶20,793,582円
年間奨学金受給者数▶108人
主な奨学金制度▶「西南学院大学成績優秀者奨学金」「西南学院大学給付奨学金」「西南学院大学教職員による奨学金」などの制度のほか，学費減免制度もあり，2022年度には８人を対象に総額で928万を減免している。

保護者向けインフォメーション

● **オープンキャンパス**　通常のオープンキャンパス時に保護者対象説明会を実施している。
● **成績確認**　成績通知表を９月と３月下旬に，父母・保証人宛に送付している。
● **修学懇談会**　修学懇談会（対面）を９～10月に学部ごとに開催し，懇談会や個別相談会（学修状況，就職，留学など）を行っている。
● **防災対策**　防災マニュアルなどが記載されている「学生生活の手引き CAMPUS GUIDE」や「学生手帳」を入学時に配布。災害時の学生の安否はポータルサイトを利用して確認する。

インターンシップ科目	必修専門ゼミ	卒業論文	GPA制度の導入の有無および活用例	１年以内の退学率	標準年限での卒業率
商学部と経済学部で開講	外国語・経済学部で１・３年次，商・法学部で１年次，人間科学部（児童教育・心理）で３・４年次，国際文化学部で１～４年次に実施	神・人間科（児童教育・心理）・国際文化は卒業要件	学生に対する個別の学修指導，奨学金や授業料免除対象者の選定，留学候補者の選考，進級判定の基準，大学院入試の選抜などに活用	0.7%	84.5%

学部紹介

学部／学科	定員	特色
神学部		
神	10	▷キリスト教に基づく深い人間理解と幅広い教養を修得。
● 取得可能な資格…教職(宗)，司書教諭，学芸員。 ● 進路状況…………就職62.5% 進学12.5% ● 主な就職先………福岡地下街開発，福岡中央銀行，ココカラファインヘルスケア，福岡県警察など。		
外国語学部		
外国語	300	▷外国語をツールとして，これからの国際社会において一人ひとりが描くキャリアを実現できる力を養う。
● 取得可能な資格…教職(英・仏)，司書教諭，学芸員。 ● 進路状況…………就職83.5% 進学2.5% (旧文学部実績) ● 主な就職先………楽天グループ，TOTO，福岡銀行，外務省在外公館派遣員など(旧文学部実績)。		
商学部		
商	180	▷商学，会計学の２コース。あらゆるビジネスにおいて重要な「ヒト，モノ，カネ，情報」について体系的に学ぶ。
経営	180	▷経営学，経営情報学の２コース。企業経営に焦点を当てた学びを展開し，ビジネスリーダーに必要な力を養う。
● 取得可能な資格…教職(地歴・公・社・商業)，司書教諭，学芸員。 ● 進路状況…………就職86.4% 進学1.3% ● 主な就職先………西日本シティ銀行，かんぽ生命保険，JR博多シティ，九州電力，福岡市職員など。		
経済学部		
経済	240	▶講義科目で身につけた専門的知識や理論，データ分析手法を，現実社会での実践力に変える多くの演習科目や実習科目を設置し，社会を生き抜くプロフェッショナルな力を養う。
国際経済	120	
● 取得可能な資格…教職(地歴・公・社)，司書教諭，学芸員。 ● 進路状況…………就職82.7% 進学0.6% ● 主な就職先………TOPPAN，東京海上日動火災保険，西日本鉄道，三菱電機，JCOM，ニトリなど。		
法学部		
法律	315	▷日本国内の法律を中心に学び，リーガルマインド(法的思考)に基づく問題解決能力を身につける。
国際関係法	95	▷国際社会で起きるさまざまな問題を，法学と政治学の視点から研究・考察し，幅広い視野を身につける。
● 取得可能な資格…教職(地歴・公・社)，司書教諭，学芸員。 ● 進路状況…………就職81.0% 進学2.0% ● 主な就職先………ソフトバンク，伊藤園，九電工，三井住友海上火災保険，国家公務員一般職など。		
人間科学部		
児童教育	100	▷キリスト教の精神に基づく思いやりの心と豊かな感性を持った保育・教育のスペシャリストを育成する。
社会福祉	115	▷多様化する社会福祉の問題を解決へと導く力を養い，幅広い領域において活躍できる福祉のプロを育成する。
心理	120	▷人の心のメカニズムを理解し，社会での課題解決に役立つデータ分析スキルや援助方法を身につけた人材を育成する。
● 取得可能な資格…教職(公・福，小一種，幼一種)，司書教諭，学芸員，保育士，社会福祉士・精神保健福祉士受験資格など。 ● 進路状況…………就職86.7% 進学3.7% ● 主な就職先………マイナビ，楽天銀行，コスモス薬品，日本赤十字社，公立学校小学校教員など。		

 キャンパスアクセス [西南学院大学西新キャンパス] 福岡市地下鉄空港線一西新より徒歩5分

国際文化学部		
国際文化	180	▷日本文化，中国・アジア文化，アメリカ・太平洋文化，ヨーロッパ・地中海文化，比較文化，表象文化の６コース。実際に異文化に触れながら地域研究を進め，国際感覚を磨く。

● **取得可能な資格**…教職（地歴・公・社），司書教諭，学芸員など。
● **進路状況**…………就職83.2%　進学2.2%
● **主な就職先**………富士通，第一生命保険，ファーストリテイリング，積水ハウス，ゼンリンなど。

▶キャンパス

全学部……［西南学院大学西新キャンパス］ 福岡県福岡市早良区西新6-2-92

2025年度入試要項（予告）

●募集人員

学部／学科（専攻）		一般	英語	共通前期	共通後期	共通併用
▶神	神	4	1	—	—	—
▶外国語	外国語	95	20	20	10	15
▶商	商	75	7	7	3	7
	経営	75	7	7	3	7
▶経済	経済	120	6	15	8	13
	国際経済	46	6	10	5	6
▶法	法律	150	8	10	6	15
	国際関係法	31	6	3	3	5
▶人間科	児童教育	41	4	5	5	5
	社会福祉	50	4	8	3	3
	心理	60	4	6	2	4
▶国際文化	国際文化	91	5	10	3	10

注）募集人員は2024年度の実績です。
※一般入試はＡ日程とF日程を実施。
※英語は英語４技能利用型一般入試。

▷英語４技能利用型一般入試は，指定された英語の４技能を測定する資格・検定試験を受験し，本学が定める基準を満たした者を対象とする。一般入試Ａ・Ｆ日程で該当する試験日に，英語以外の国語および選択科目を受験し，その得点と本学が定めた英語４技能テストの加算レベルに応じた加算点の合計で合否を判定する。
▷一般・共通テスト併用型入試は，一般Ａ日程またはＦ日程で該当する試験日に出願し，３科目すべてを受験する者を対象とする。合否判定は，一般入試と共通テストのうち，それぞれ高得点の科目（一般入試２科目，共通テスト２科目〈法学部のみ３科目〉）を採用する（学部・学科によっては指定科目あり）。
▷共通テスト利用入試（前期・後期）において，指定された英語４技能を測定する資格・検定試験の基準スコアを満たす者は，「英語」の得点を満点に換算する。

神学部

一般入試Ａ日程・Ｆ日程　3科目　①国（100）▶現国・言語・論国・古典（いずれも漢文を除く）　②**外**（100）▶英コミュⅠ・英コミュⅡ・英コミュⅢ・論表Ⅰ・論表Ⅱ・論表Ⅲ　③**地歴・公民・数**（100）▶世探・日探・「地総・地探」・政経・「数Ⅰ・数Ⅱ・数Ａ（図形・場合）・数Ｂ（数列）・数Ｃ（ベク）」から１

外国語学部

一般入試Ａ日程・Ｆ日程　3科目　①国（100）▶現国・言語・論国・古典（いずれも漢文を除く）　②**外**（150）▶英コミュⅠ・英コミュⅡ・英コミュⅢ・論表Ⅰ・論表Ⅱ・論表Ⅲ　③**地歴・公民・数**（100）▶世探・日探・「地総・地探」・政経・「数Ⅰ・数Ⅱ・数Ａ（図形・場合）・数Ｂ（数列）・数Ｃ（ベク）」から１
共通テスト利用入試（前期）　4科目　①国（200）▶国　②**外**（200）▶英（リスニング〈100〉を含む）・仏から１　③**地歴・公民**（100）▶「歴総・世探」・「歴総・日探」・「地総・地探」・「公・倫」・「公・政経」・「地総・歴総・公から２」から１　④**数・理**（100）▶「数Ⅰ・数Ａ」・「数Ⅱ・数Ｂ・数Ｃ」・「物基・化基・生基・地学基から２」・物・化・生・地学から１
［個別試験］ 行わない。
共通テスト利用入試（後期）　3科目　①国（200）▶国　②**外**（200）▶英（リスニング〈100〉を含む）・仏から１　③**地歴・公民・数・**

福岡　西南学院大学

理(100)▶「歴総・世探」・「歴総・日探」・「地総・地探」・「公・倫」・「公・政経」・「地総・歴総・公から2」・「数Ⅰ・数A」・「数Ⅱ・数B・数C」・「物基・化基・生基・地学基から2」・物・化・生・地学から1
[個別試験] 行わない。

商学部・経済学部

一般入試A日程・F日程 **3科目** ①**国**(100)▶現国・言語・論国・古典(いずれも漢文を除く) ②**外**(100)▶英コミュⅠ・英コミュⅡ・英コミュⅢ・論表Ⅰ・論表Ⅱ・論表Ⅲ ③**地歴・公民・数**(100)▶世探・日探・「地総・地探」・政経・「数Ⅰ・数Ⅱ・数A(図形・場合)・数B(数列)・数C(ベク)」から1
共通テスト利用入試(前期) **4科目** ①**国**(200)▶国 ②**外**(200)▶英(リスニング〈100〉を含む) ③**地歴・公民**(100)▶「歴総・世探」・「歴総・日探」・「地総・地探」・「公・倫」・「公・政経」・「地総・歴総・公から2」から1 ④**数・情**(100)▶「数Ⅰ・数A」・「数Ⅱ・数B・数C」・情Ⅰから1，ただし情は商学部のみ選択可
[個別試験] 行わない。
共通テスト利用入試(後期) **3科目** ①**国**(200)▶国 ②**外**(200)▶英(リスニング〈100〉を含む) ③**地歴・公民・数・理・情**(100)▶「歴総・世探」・「歴総・日探」・「地総・地探」・「公・倫」・「公・政経」・「地総・歴総・公から2」・「数Ⅰ・数A」・「数Ⅱ・数B・数C」・「物基・化基・生基・地学基から2」・物・化・生・地学・情Ⅰから1
[個別試験] 行わない。

法学部

一般入試A日程・F日程 **3科目** ①**国**(100)▶現国・言語・論国・古典(いずれも漢文を除く) ②**外**(100)▶英コミュⅠ・英コミュⅡ・英コミュⅢ・論表Ⅰ・論表Ⅱ・論表Ⅲ ③**地歴・公民・数**(100)▶世探・日探・「地総・地探」・政経・「数Ⅰ・数Ⅱ・数A(図形・場合)・数B(数列)・数C(ベク)」から1
共通テスト利用入試(前期) **5科目** ①**国**(200)▶国 ②**外**(200)▶英(リスニング〈100〉を含む) ③**地歴・公民**(100)▶「歴総・世探」・「歴総・日探」・「地総・地探」・「公・倫」・「公・政経」・「地総・歴総・公から2」から1 ④⑤**数・理**(100×2)▶「数Ⅰ・数A」・「数Ⅱ・数B・数C」・「物基・化基・生基・地学基から2」・物・化・生・地学から2
[個別試験] 行わない。
共通テスト利用入試(後期) **3科目** ①**国**(200)▶国 ②**外**(200)▶英(リスニング〈100〉を含む) ③**地歴・公民・数・理**(100)▶「歴総・世探」・「歴総・日探」・「地総・地探」・「公・倫」・「公・政経」・「地総・歴総・公から2」・「数Ⅰ・数A」・「数Ⅱ・数B・数C」・「物基・化基・生基・地学基から2」・物・化・生・地学から1
[個別試験] 行わない。

人間科学部

一般入試A日程・F日程 **3科目** ①**国**(100)▶現国・言語・論国・古典(いずれも漢文を除く) ②**外**(100)▶英コミュⅠ・英コミュⅡ・英コミュⅢ・論表Ⅰ・論表Ⅱ・論表Ⅲ ③**地歴・公民・数**(100)▶世探・日探・「地総・地探」・政経・「数Ⅰ・数Ⅱ・数A(図形・場合)・数B(数列)・数C(ベク)」から1
共通テスト利用入試(前期) **【児童教育学科】** **6科目** ①**国**(200)▶国 ②**外**(200)▶英(リスニング〈100〉を含む) ③**地歴・公民**(100)▶「歴総・世探」・「歴総・日探」・「地総・地探」・「公・倫」・「公・政経」・「地総・歴総・公から2」から1 ④⑤**数**(100×2)▶「数Ⅰ・数A」・「数Ⅱ・数B・数C」 ⑥**理**(100)▶「物基・化基・生基・地学基から2」・物・化・生・地学から1
[個別試験] 行わない。
【社会福祉学科】 **4科目** ①**国**(200)▶国 ②**外**(200)▶英(リスニング〈100〉を含む) ③**地歴・公民**(100)▶「歴総・世探」・「歴総・日探」・「地総・地探」・「公・倫」・「公・政経」・「地総・歴総・公から2」から1 ④**数・理**(100)▶「数Ⅰ・数A」・「数Ⅱ・数B・数C」・「物基・化基・生基・地学基から2」・物・化・生・地学から1
[個別試験] 行わない。
【心理学科】 **4科目** ①**国**(200)▶国 ②**外**(200)▶英(リスニング〈100〉を含む) ③④**「地歴・公民」・数・理・情**(100×2)▶「〈歴総・世探〉・〈歴総・日探〉・〈地総・地探〉・〈公・倫〉・〈公・政経〉・〈地総・歴総・公から2〉から1」・

「数Ⅰ・数Ａ」・「数Ⅱ・数Ｂ・数Ｃ」・「〈物基・化基・生基・地学基から２〉・物・化・生・地学から１」・情Ⅰから２
[個別試験] 行わない。
共通テスト利用入試（後期）　**3**科目　①国(200)▶国　②**外**(200)▶英（リスニング〈100〉を含む）③**地歴・公民・数・理・情**(100)▶「歴総・世探」・「歴総・日探」・「地総・地探」・「公・倫」・「公・政経」・「地総・歴総・公から２」・「数Ⅰ・数Ａ」・「数Ⅱ・数Ｂ・数Ｃ」・「物基・化基・生基・地学基から２」・物・化・生・地学・情Ⅰから１，ただし情は心理学科のみ選択可
[個別試験] 行わない。

国際文化学部

一般入試Ａ日程・Ｆ日程　**3**科目　①**国**(100)▶現国・言語・論国・古典（いずれも漢文を除く）②**外**(100)▶英コミュⅠ・英コミュⅡ・英コミュⅢ・論表Ⅰ・論表Ⅱ・論表Ⅲ　③**地歴・公民・数**(100)▶世探・日探・「地総・地探」・政経・「数Ⅰ・数Ⅱ・数Ａ（図形・場合）・数Ｂ（数列）・数Ｃ（ベク）」から１
共通テスト利用入試（前期）　**4**科目　①国(200)▶国　②**外**(200)▶英（リスニング〈100〉を含む）③**地歴・公民**(200)▶「歴総・世探」・「歴総・日探」・「地総・地探」・「公・倫」・「公・政経」・「地総・歴総・公から２」から１　④**数・理**(100)▶「数Ⅰ・数Ａ」・「数Ⅱ・数Ｂ・数Ｃ」・「物基・化基・生基・地学基から２」・物・化・生・地学から１
[個別試験] 行わない。
共通テスト利用入試（後期）　**3**科目　①国(200)▶国　②**外**(200)▶英（リスニング〈100〉を含む）③**地歴・公民**(100)▶「歴総・世探」・「歴総・日探」・「地総・地探」・「公・倫」・「公・政経」・「地総・歴総・公から２」から１
[個別試験] 行わない。

その他の選抜

総合型入試は神学部１名，外国語学部30名，商学部14名，経済学部20名，法学部18名，人間科学部25名，国際文化学部８名を募集。ほかに指定校推薦入試，学部独自指定校推薦入試，西南学院高校・西南女学院高校推薦入試，国際バカロレア入試，帰国生入試，外国人入試を実施。
注）募集人員は2024年度の実績です。

偏差値データ（2024年度）

●一般入試（Ａ・Ｆ日程）

学部／学科／専攻	2024年度 駿台予備学校 合格目標ライン	2024年度 河合塾 ボーダー偏差値	2023年度 競争率
▶神学部			
神	45	47.5	4.3
▶外国語学部			
外国語	50	50	2.4
▶商学部			
商	48	50	4.0
経営	48	52.5	4.7
▶経済学部			
経済	49	52.5	3.7
国際経済	49	50	3.0
▶法学部			
法律	50	50	2.9
国際関係法	49	50	2.2
▶人間科学部			
児童教育	48	47.5	3.9
社会福祉	48	47.5	3.2
心理	50	52.5	4.1
▶国際文化学部			
国際文化	49	50	3.1

- 駿台予備学校合格目標ラインは合格可能性80％に相当する駿台模試の偏差値です。
- 河合塾ボーダー偏差値は合格可能性50％に相当する河合塾全統模試の偏差値です。
- 競争率は受験者÷合格者の実質倍率

福岡(ふくおか)大学

資料請求

問合せ先〉入学センター ☎092-871-6631（代）

建学の精神

「福岡PayPayドーム」のフィールド面積約45個分の広大なキャンパスに，９学部31学科，大学院10研究科34専攻の約２万人の学生が学ぶ西日本屈指の総合大学。1934（昭和９）年創立の福岡高等商業学校を前身に，49年に大学が設立された。「思想堅実 穏健中正 質実剛健 積極進取」の建学の精神に基づいた教育研究の理念（「人材教育」と「人間教育」の共存，「学部教育」と「総合教育」の共存，「地域性」と「国際性」の共存）と「Rise with Us」のスローガンのもと，個性や知識，志や想像力を持ち，どんな状況にも柔軟に対応できる「人らしき人」を育てる環境を整え，西日本随一の教育・研究・医療を提供。これまで送り出した約28万5,000人の卒業生たちは，社会の各界・各方面で活躍し，今日の地域社会・国際社会を力強く支えている。

● 七隈キャンパス………〒814-0180 福岡県福岡市城南区七隈8-19-1
● 七隈キャンパス（医）…〒814-0180 福岡県福岡市城南区七隈7-45-1

基本データ

学生数 ▶ 18,631名（男11,157名，女7,474名）
専任教員数 ▶ 教授388名，准教授200名，講師191名
設置学部 ▶ 人文，法，経済，商，商二部，理，工，医，薬，スポーツ科
併設教育機関 ▶ 大学院─人文科学・法学・経済学・商学・理学・工学・医学・薬学・スポーツ健康科学（以上M・D），法曹実務（P）

就職・卒業後の進路

就 職 率 96.6%
就職者÷希望者×100

● **就職支援**　社会人基礎力を段階的に身につけるため，講座やセミナーなどさまざまな就職支援行事を学年に応じて実施し，一人ひとりの自己実現をサポート。スケールメリットに加え，独自プログラムを行いつつ，公的機関とも連携を図り，就職支援を強化している。

● **資格取得支援**　公務員・教員採用試験対策講座，経営・会計・金融・法律の専門資格をめざす講座，ITスキルを高める講座など，多様なエクステンション講座を開講。学内講座だから実現できた安価な受講料，表彰（報奨金支給）制度等のフォローアップ体制も充実。

進路指導者も必見 学生を伸ばす 面倒見

初年次教育	学修サポート
全学部対象の「データサイエンス・AI入門」のほか，学修基盤科目として，「福岡大学を学ぶ・福岡大学でいかに学ぶか」「アカデミックスキルズゼミⅠ・Ⅱ」「基礎演習」「基礎ゼミ」「初年次演習」などを実施（学科により異なる）	全学部でオフィスアワー，法・理・工・医（医学科）でTA制度，人文（教育・臨床心理）・経済・商・スポーツ科でSA制度，人文・法・工・医・薬・スポーツ科で専任教員が約3～40人の学生を担当するアドバイザー制度を導入

オープンキャンパス（2023年度実績）　8月5日（理系学部）・6日（文系学部）に午前・午後の２部制で開催。模擬授業・公開実験，キャンパスツアー，個別相談コーナー，学部説明会，在学生リアルトーク，学食体験など。

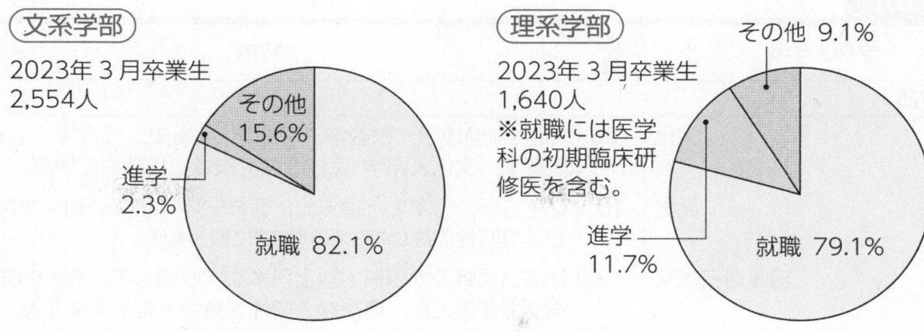

主なOB・OG▶［法］大曲昭恵（福岡県副知事），［法］生野陽子（フジテレビアナウンサー），［経済］井上晃夫（明電舎社長），［商］玉木伸弥（タマホーム社長），［スポーツ科］梅野隆太郎（プロ野球選手）など。

国際化・留学　大学間 86 大学等・部局間 17 大学

受入れ留学生数▶85名（2023年５月１日現在）

留学生の出身国・地域▶中国，韓国，ベトナム，台湾，インドネシアなど。

外国人専任教員▶教授19名，准教授６名，講師18名（2023年５月１日現在）

外国人専任教員の出身国▶中国，韓国，アメリカ，イギリス，オーストラリアなど。

大学間交流協定▶86大学・機関（交換留学先51大学，2023年３月31日現在）

部局間交流協定▶17大学（交換留学先４大学，2023年９月１日現在）

海外への留学生数▶渡航型20名／年（４カ国・地域，2022年度）

海外留学制度▶援助金が支給され，留学先大学での学費も不要な交換留学や，海外研修，海外語学研修，認定留学，学部独自の交換留学・短期派遣プログラムなど，“海外で学ぶ”プログラムを展開。異なる異文化や価値観に触れ，国際的な視野を育んでいる。

学費・奨学金制度　給付型奨学金総額 年間 2,260 万円

入学金▶190,000円（商二部60,000円）～

年間授業料（施設費等を除く）▶730,000円（商二部310,000円）～（詳細は巻末資料参照）

年間奨学金総額▶22,600,000円

年間奨学金受給者数▶60人

主な奨学金制度▶修学の意思・能力があるにもかかわらず，家計が急変し修学困難な学生を援助する「福岡大学未来サポート募金給費奨学金」や，「福岡大学課外活動給費奨学金」「商学部第二部奨学基金」などを設置。授業料等減免型の制度もあり，2022年度は26人を対象に総額で約1,369万円を減免している。

保護者向けインフォメーション

●**オープンキャンパス**　通常のオープンキャンパス時に保護者向け説明会を実施している。

●**成績確認**　学業成績および科目履修状況が記載された成績通知書を送付している。

●**懇談会**　父母懇談会を本学および地方会場で開催し，学部別説明会・全体説明会，就職・学生生活相談，個別面談などを実施している。

●**就職セミナー**　父母向けの「就職セミナー・質疑応答会」をオンラインで複数回開催。

●**防災対策**　災害時の学生の安否は，大学HPを利用して確認するようにしている。

インターンシップ科目	必修専門ゼミ	卒業論文	GPA制度の導入の有無および活用例	１年以内の退学率	標準年限での卒業率
人文・法・理・工学部で開講（学科による）	人文・スポーツ科で３・４年次，商二部で２・３年次，理・工（機械工除く）・看護で4年次，医学科で1～6年次，薬で1・4～6年次に実施	人文（歴史・日本語除く）・法・理・工・看護・薬・スポーツ科は卒業要件	早期卒業制度（法），病院採用選考推薦基準（看護）のほか，学部により奨学金等対象者選定，留学候補者選考，個別の学修指導に活用	1.7%	84.4%（４年制）77.0%（６年制）

福岡　福岡大学

学部紹介&入試要項

学部紹介

学部／学科	定員	特色
人文学部		
文化	100	▷哲学・倫理学，宗教学，芸術学・美術史，社会学，心理学，地理学，文化人類学・民俗学の７領域を横断的に学ぶ。
歴史	70	▷考古学，日本史，東洋史，西洋史の４専修。細やかな指導で，専門性の高い“考える歴史”に取り組む。
日本語日本文	70	▷広い視野で学ぶ日本語と日本文学を通して，専門的知識と洞察力を備えた，豊かな人間性を持つ人材を育成する。
教育・臨床心理	110	▷公認心理師，キャリアデザイン，学校教員の３つのトラックで，将来の進路に応じた学びを展開。
英語	90	▷言語・コミュニケーション，文化・文学の２コース。国際的な視野や異文化への理解力を持つ人材を育成する。
ドイツ語	50	▷確かな語学力と，他者との交渉に耐える思考と表現力を身につける。ヨーロッパ特別，ドイツ語圏の２コース。
フランス語	50	▷フランスを多面的に学び，言葉を武器に自由で個性的な生き方を追求する。ヨーロッパ特別，フランス語圏の２コース。
東アジア地域言語	65	▷中国，韓国の２コース。中韓を中心に東アジア地域をとらえた学びで，ボーダーレスに活躍できる人材を育成する。
●**取得可能な資格**…教職（国・地歴・公・社・英・独・仏・中・朝鮮），学芸員など。 ●**進路状況**…………就職76.3%　進学5.7% ●**主な就職先**………ゼンリン，楽天グループ，野村證券，法務省専門職員，航空管制官，教員など。		
法学部		
法律	430	▷法律総合，公共法務，総合政策の３コース。社会での活躍の土台となるリーガル・マインドを身につける。
経営法	200	▷企業法，国際の２コース。企業法務の知識を身につけた経営者や国際的なビジネスパーソンを育成する。
●**取得可能な資格**…教職（地歴・公・社）など。　●**進路状況**…就職82.4%　進学2.6% ●**主な就職先**………TOPPAN，九州電力，西日本旅客鉄道，りそな銀行，日本郵便，福岡県庁など。		
経済学部		
経済	460	▷実践経済分析，応用経済学，社会経済学の３コース。“生きた経済”を幅広く学び，現代社会を生き抜く能力を養う。
産業経済	200	▷社会調査・データの分析に基づいた実証と実践的な経済理論・情報リテラシーを備えたビジネスエキスパートを育成。
●**取得可能な資格**…教職（地歴・公・社・情）など。　●**進路状況**…就職85.0%　進学0.8% ●**主な就職先**………旭化成，西日本鉄道，三井住友銀行，西日本シティ銀行，日本生命保険など。		
商学部		
		▶商学部と同第二部に，在学中に公認会計士，税理士などの資格試験合格をめざす会計専門職プログラムを設置。
商	245	▷ゼミを核とした多様な科目群で，地域経済からグローバル社会まで，あらゆるステージで活躍できる人材を育成する。
経営	240	▷企業を経営と会計の２分野からアプローチし，「会計がわかる経営人」「経営がわかる会計人」を育成する。
貿易	180	▷実務につながるスキルを身につけ，世界を舞台に活躍できる人材を育成する。実践的なビジネス英語教育を実施。

 キャンパスアクセス ［七隈キャンパス］ 地下鉄七隈線一福大前よりすぐ／JR一博多よりバス35 ～ 40分

● **取得可能な資格**…教職（地歴・公・社・情・商業）など。 ● **進路状況**…就職86.6％ 進学0.9％
● **主な就職先**………TOTO，住友商事九州，セブン-イレブン・ジャパン，福岡銀行，福岡市役所など。

商学部第二部		
商	165	▷授業は原則として平日夕方以降の２コマ制で，昼間部と同等以上のカリキュラムを用意。昼間部の講義も履修可能。

● **取得可能な資格**…教職（地歴・公・社・情・商業）など。
● **進路状況**…………就職69.2％ 進学0.0％
● **主な就職先**………楽天銀行，損害保険ジャパン，九電工，アイリスオーヤマ，住友不動産販売など。

理学部		
		▶応用数学科に社会数理・情報インスティテュートを内設。
応用数	65	▷高度な数学を専門的に学び，社会や企業が求めている論理的な思考力と問題の本質を見極め，解決する力を身につける。
物理科	60	▷物理学を中心に広範な科学を学び，幅広い視点や思考法，問題解決能力を養い，社会の発展に貢献できる人材を育成。
化	65	▷最先端の装置・設備を用いた総合型学習の実験や実習を通じて，化学系研究開発職としての実践的スキルを身につける。
地球圏科	60	▷自然科学の基礎をもとに地球・大気・生物を専門的に学び，豊かな地球と生命の未来に貢献する人材を育成する。

● **取得可能な資格**…教職（数・理・情），学芸員など。
● **進路状況**…………就職68.5％ 進学20.3％
● **主な就職先**………日産自動車，西日本電信電話，三井ハイテック，高砂熱学工業，アジア航測など。

工学部		
機械工	110	▷あらゆる工業生産やものづくり技術の基礎から応用と実践までを学び，行動力のあるリーダーエンジニアを育成する。
電気工	110	▷SDGsに配慮した電気エネルギーの発生，輸送，利用をトータルで学び，現代社会に不可欠なエンジニアを育成する。
電子情報工	150	▷電子通信，情報，情報システムの３コース。電子から情報まで幅広い知識を備えた，ICT社会を支える技術者を育成。
化学システム工	110	▷化学工学，分子工学の２コース。新素材から環境装置までの研究開発・生産技術に求められる化学技術者を育成する。
社会デザイン工	110	▷技術や理論だけでなく，景観や環境問題にも配慮できる次代の社会基盤をデザインできるシビルエンジニアを育成。
建築	110	▷社会や人々のニーズ，自然環境との調和を踏まえた建築を計画・設計できる建築家や建築技術者を育成する。

● **取得可能な資格**…教職（情・工業），測量士補，１・２級建築士受験資格など。
● **進路状況**…………就職76.6％ 進学18.6％
● **主な就職先**………大成建設，清水建設，京セラ，富士通，カゴメ，旭化成，国家公務員一般職など。

医学部		
医	110	▷医の原点に立った高度な医療技術と問題解決能力を身につけ，「人を治療する」人として，質の高い医師を育成する。
看護	110	▷地域はもとより国際社会における医療に尽くし，人々の健康・幸福に貢献できる創造的な看護人材を育成する。

● **取得可能な資格**…教職（看，養護一種・二種），医師・看護師・保健師受験資格など。
● **進路状況**…………［医］初期臨床研修医91.1％ ［看護］就職96.4％ 進学3.6％
● **主な就職先**………［看護］福岡県・市教員，九州大学，久留米大学，福岡大学，福岡赤十字病院など。

薬学部		
薬	230	▷６年制。基礎的･臨床的な先端医療研究を土台とする６年制薬学教育で，医療人として信頼される薬剤師を養成する。

● 取得可能な資格…薬剤師受験資格など。 ● 進路状況…就職77.0% 進学1.3%
● 主な就職先………アステラス製薬，第一三共，サンドラッグ，日本調剤，福岡大学，福岡県庁など。

スポーツ科学部		
スポーツ科	225	▷スポーツ科学を学び，競技能力アップに応用し，ハイレベルなアスリートや指導者をめざす。
健康運動科	70	▷運動と健康に関する分野を科学的･実践的に学び，第一線で活躍する研究者や指導者を育成する。

● 取得可能な資格…教職（保体）など。 ● 進路状況…就職83.8% 進学4.8%
● 主な就職先………パナソニック，西日本新聞社，九州旅客鉄道，リコージャパン，福岡県教員など。

▶キャンパス

人文・法・経済・商・商二部・理・工・薬・スポーツ科……［七隈キャンパス］福岡県福岡市城南区七隈8-19-1
医……［七隈キャンパス］福岡県福岡市城南区七隈7-45-1

2024年度入試要項（前年度実績）

●募集人員

学部／学科		一般系統別	一般前期	前期・共通併用	一般後期
▶人文	文化	5	40	10	5
	歴史	5	30	8	2
	日本語日本文	4	30	8	2
	教育･臨床心理	5	45	10	3
	英語	7	42	7	3
	ドイツ語	3	20	4	2
	フランス語	3	20	4	2
	東アジア地域言語	3	29	3	3
▶法	法律	30	185	37	15
	経営法	17	85	13	7
▶経済	経済	25	225	25	12
	産業経済	10	90	10	6
▶商	商	23	110	20	7
	経営	16	110	20	7
	貿易	14	83	15	7
▶商第二部	商	15	85	—	15
▶理	応用数	3	38	2	2
	物理科	3	34	2	2
	化	5	37	2	2
	地球圏科	4	36	2	2
▶工	機械工	10	55	8	3
	電気工	10	55	8	3
	電子情報工	14	75	13	4
	化学システム工	10	55	8	3
	社会デザイン工	10	50	13	3
	建築	10	50	13	3
▶医	医	65	—	—	—
	看護	8	70	4	3
▶薬	薬	15	105	7	7
▶スポーツ科	スポーツ科	6	実技32 小論文10	5	5
	健康運動科	3	20	3	2

※一般選抜前期日程には帰国生徒選抜，社会人選抜，スポーツ科学部特別募集，学部留学生選抜の募集人員を含む。また，医学科は一般選抜系統別日程に学部留学生選抜の募集人員を含む。
※経営学科と商第二部の募集人員には，会計専門職プログラムとして，経営学科は一般選抜系統別日程で２名，前期日程で５名，後期日程で若干名を，商第二部は系統別日程および後期日程で各若干名を含む。
※応用数学科の募集人員には社会数理・情報インスティテュートとして，一般選抜前期日程11名，系統別日程・後期日程・共通テスト併用型各若干名を含む。
※一般選抜前期日程の募集人員のうち，理学部物理科学科は物理重視型として10名，化学科は化学重視型として10名，また薬学部は理科重視型として15名を募集する。

▷前期日程・共通テスト併用型において，指定された英語の資格・検定試験を活用する制度を導入。各種検定試験（４技能に限る）の成績を加点表に基づき，共通テストの英語の得点に加点。リーディングは160点満点に，リスニングは40点満点になるように換算した上で加点を行い，さらに各学部学科が定める配点に換算して判定に使用する。なお，加点の結果，満点(200点)を超える場合は満点を上限とする。
▷共通テストの「英語」は，リーディング160点・リスニング40点の4：1の配点比率に換算して判定に利用し，さらに各学部学科が定める配点に換算する。

人文学部

一般選抜系統別日程　3科目　①国(日本語200，文化・教育・ドイツ語・フランス語・東アジア150，歴史・英語100)▶国総(現文・古文)　②外(英語200，文化・教育・ドイツ語・フランス語・東アジア150，歴史・日本語100)▶コミュ英Ⅰ・コミュ英Ⅱ・コミュ英Ⅲ・英表Ⅰ・英表Ⅱ　③地歴・公民・数(100・歴史のみ200)▶世Ｂ・日Ｂ・地理Ｂ・政経・「数Ⅰ・数Ⅱ・数Ａ・数Ｂ(数列・ベク)」から１，ただし歴史学科は公民・数の選択不可
一般選抜前期日程　3科目　①国(100)▶国総(現文・古文)　②外(100)▶コミュ英Ⅰ・コミュ英Ⅱ・コミュ英Ⅲ・英表Ⅰ・英表Ⅱ　③地歴・公民・数(100)▶世Ｂ・日Ｂ・地理Ｂ・政経・「数Ⅰ・数Ⅱ・数Ａ」から１，ただし歴史学科は公民・数の選択不可
一般選抜前期日程・共通テスト併用型　**【文化学科】〈共通テスト科目〉**　2科目　①②国・外・「地歴・公民」・数・理(100×2)▶国・「英(リスニングを含む)・独・仏・中・韓から１」・「世Ｂ・日Ｂ・地理Ｂ・現社・倫・政経・〈倫・政経〉から１」・「〈数Ⅰ・数Ａ〉・数Ⅱ・〈数Ⅱ・数Ｂ〉・簿・情から１」・「〈物基・化基・生基・地学基から２〉・物・化・生・地学から１」から２
〈個別試験科目〉　一般選抜前期日程の３科目を受験し，高得点２科目(100×2)を判定に利用する
【歴史学科】〈共通テスト科目〉　2科目　①国・外(100)▶国・英(リスニングを含む)・独・仏・中・韓から１　②地歴・公民・数・理(100)▶世Ｂ・日Ｂ・地理Ｂ・現社・倫・政経・「倫・政経」・「数Ⅰ・数Ａ」・数Ⅱ・「数Ⅱ・数Ｂ」・簿・情・「物基・化基・生基・地学基から２」・物・化・生・地学から１
〈個別試験科目〉　一般選抜前期日程の３科目を受験し，国・外から高得点１科目(100)と選択科目(100)の２科目を判定に利用する
【英語学科】〈共通テスト科目〉　2科目　①外(100)▶英(リスニングを含む)　②国・地歴・公民・数・理(100)▶国・世Ｂ・日Ｂ・地理Ｂ・現社・倫・政経・「倫・政経」・「数Ⅰ・数Ａ」・数Ⅱ・「数Ⅱ・数Ｂ」・簿・情・「物基・化基・生基・地学基から２」・物・化・生・地学から１
〈個別試験科目〉　一般選抜前期日程の３科目を受験し，国・外の２科目(100×2)を判定に利用する
【その他の学科】〈共通テスト科目〉　2科目　①②国・外・「地歴・公民」・数・理(100×2)▶国・「英(リスニングを含む)・独・仏・中・韓から１」・「世Ｂ・日Ｂ・地理Ｂ・現社・倫・政経・〈倫・政経〉から１」・「〈数Ⅰ・数Ａ〉・数Ⅱ・〈数Ⅱ・数Ｂ〉・簿・情から１」・「〈物基・化基・生基・地学基から２〉・物・化・生・地学から１」から２，ただし教育・臨床心理学科の外国語は英語指定
〈個別試験科目〉　一般選抜前期日程の３科目を受験し，国・外の２科目(100×2)を判定に利用する
一般選抜後期日程　**【文化学科／教育・臨床心理学科】**　2科目　①②国・外・数(100×2)▶国総(現文・古文)・「コミュ英Ⅰ・コミュ英Ⅱ・コミュ英Ⅲ・英表Ⅰ・英表Ⅱ」・「数Ⅰ・数Ⅱ・数Ａ」から２
【歴史学科・東アジア地域言語学科】　2科目　①国(100)▶国総(現文・古文)　②外(100)▶コミュ英Ⅰ・コミュ英Ⅱ・コミュ英Ⅲ・英表Ⅰ・英表Ⅱ
【日本語日本文学科】　2科目　①国(120)▶国総(現文・古文)　②外・数(80)▶「コミュ英Ⅰ・コミュ英Ⅱ・コミュ英Ⅲ・英表Ⅰ・英表Ⅱ」・「数Ⅰ・数Ⅱ・数Ａ」から１
【英語学科・ドイツ語学科・フランス語学科】　2科目　①外(英語120，ドイツ語・フランス語100)▶コミュ英Ⅰ・コミュ英Ⅱ・コミュ英Ⅲ・英表Ⅰ・英表Ⅱ　②国・数(英語80，ドイツ語・フランス語100)▶国総(現文・古文)・「数Ⅰ・数Ⅱ・数Ａ」から１

法学部

一般選抜系統別日程 3科目 ①国(150)▶国総(現文・古文) ②外(法律150・経営法100)▶コミュ英Ⅰ・コミュ英Ⅱ・コミュ英Ⅲ・英表Ⅰ・英表Ⅱ ③**地歴・公民・数・簿**(法律100・経営法150)▶世B・日B・地理B・政経・「数Ⅰ・数Ⅱ・数A・数B(数列・ベク)」・簿から1

一般選抜前期日程 3科目 ①**国**(100)▶国総(現文・古文) ②**外**(100)▶コミュ英Ⅰ・コミュ英Ⅱ・コミュ英Ⅲ・英表Ⅰ・英表Ⅱ ③**地歴・公民・数・簿**(100)▶世B・日B・地理B・政経・「数Ⅰ・数Ⅱ・数A」・簿から1

一般選抜前期日程・共通テスト併用型 **〈共通テスト科目〉** 2科目 ①②**国・外・「地歴・公民」・数・理**(100×2)▶国・英(リスニングを含む)・「世B・日B・地理B・現社・倫・政経・〈倫・政経〉から1」・「〈数Ⅰ・数A〉・数Ⅱ・〈数Ⅱ・数B〉・簿・情から1」・「〈物基・化基・生基・地学基から2〉・物・化・生・地学から1」から2

〈個別試験科目〉 一般選抜前期日程の3科目を受験し，外国語(100)と国・選択科目から高得点1科目(100)の2科目を判定に利用する

一般選抜後期日程 2科目 ①②**国・外・数**(100×2)▶国総(現文・古文)・「コミュ英Ⅰ・コミュ英Ⅱ・コミュ英Ⅲ・英表Ⅰ・英表Ⅱ」・「数Ⅰ・数Ⅱ・数A」から2

経済学部

一般選抜系統別日程 3科目 ①**国**(100)▶国総(現文・古文) ②**外**(150)▶コミュ英Ⅰ・コミュ英Ⅱ・コミュ英Ⅲ・英表Ⅰ・英表Ⅱ ③**地歴・公民・数・簿**(150)▶世B・日B・地理B・政経・「数Ⅰ・数Ⅱ・数A・数B(数列・ベク)」・簿から1

一般選抜前期日程 3科目 ①**国**(100)▶国総(現文・古文) ②**外**(100)▶コミュ英Ⅰ・コミュ英Ⅱ・コミュ英Ⅲ・英表Ⅰ・英表Ⅱ ③**地歴・公民・数・簿**(100)▶世B・日B・地理B・政経・「数Ⅰ・数Ⅱ・数A」・簿から1

一般選抜前期日程・共通テスト併用型 **〈共通テスト科目〉** 2科目 ①②**国・外・「地歴・公民」・数・理**(100×2)▶国・英(リスニングを含む)・「世B・日B・地理B・現社・倫・政経・〈倫・政経〉から1」・「〈数Ⅰ・数A〉・数Ⅱ・〈数Ⅱ・数B〉・簿・情から1」・「〈物基・化基・生基・地学基から2〉・物・化・生・地学から1」から2，ただし簿・情は経済学科のみ選択可

〈個別試験科目〉 一般選抜前期日程の3科目を受験し，国・外の2科目(100×2)を判定に利用する

一般選抜後期日程 2科目 ①②**国・外・数**(100×2)▶国総(現文・古文)・「コミュ英Ⅰ・コミュ英Ⅱ・コミュ英Ⅲ・英表Ⅰ・英表Ⅱ」・「数Ⅰ・数Ⅱ・数A」から2

商学部・商学部第二部

一般選抜系統別日程 3科目 ①**国**(商・貿易100，経営・会計専門職／商二部150)▶国総(現文・古文) ②**外**(商・貿易150，経営・会計専門職／商二部100)▶コミュ英Ⅰ・コミュ英Ⅱ・コミュ英Ⅲ・英表Ⅰ・英表Ⅱ ③**地歴・公民・数・簿**(150)▶世B・日B・地理B・政経・「数Ⅰ・数Ⅱ・数A・数B(数列・ベク)」・簿から1

一般選抜前期日程 3科目 ①**国**(100)▶国総(現文・古文) ②**外**(100)▶コミュ英Ⅰ・コミュ英Ⅱ・コミュ英Ⅲ・英表Ⅰ・英表Ⅱ ③**地歴・公民・数・簿**(100)▶世B・日B・地理B・政経・「数Ⅰ・数Ⅱ・数A」・簿から1，ただし会計専門職プログラム(経営)は地歴・公民の選択不可

一般選抜前期日程・共通テスト併用型 **〈共通テスト科目〉** 2科目 ①②**国・外・「地歴・公民」・数・理**(100×2)▶国・英(リスニングを含む)・「世B・日B・地理B・現社・倫・政経・〈倫・政経〉から1」・「〈数Ⅰ・数A〉・数Ⅱ・〈数Ⅱ・数B〉・簿・情から1」・「〈物基・化基・生基・地学基から2〉・物・化・生・地学から1」から2

〈個別試験科目〉 一般選抜前期日程の3科目を受験し，国・外の2科目(100×2)を判定に利用する

※商学部第二部は実施しない。

一般選抜後期日程 2科目 ①②**国・外・「数・簿」**(100×2)▶国総(現文・古文)・「コミュ英Ⅰ・コミュ英Ⅱ・コミュ英Ⅲ・英表Ⅰ・英表Ⅱ」・「〈数Ⅰ・数Ⅱ・数A〉・簿から1」から2，

ただし会計専門職プログラムは「数または簿」を含む2

理学部

一般選抜系統別日程 3科目 ①外(100) ▶コミュ英Ⅰ・コミュ英Ⅱ・コミュ英Ⅲ・英表Ⅰ・英表Ⅱ ②**数**(応用数／社会数理・情報200, 物理科・化・地球圏科100) ▶数Ⅰ・数Ⅱ・数Ⅲ・数A・数B(数列・ベク) ③**理**(応用数／社会数理・情報100, 物理科・化・地球圏科200) ▶[応用数学科／社会数理・情報インスティテュート／地球圏科学科] ―「物基・物」・「化基・化」・「生基・生」・「地学基・地学」から1, [物理科学科] ―物基・物, [化学科] ―化基・化

一般選抜前期日程 **【応用数学科・物理科学科・化学科・地球圏科学科】** 3科目 ①**外**(100) ▶コミュ英Ⅰ・コミュ英Ⅱ・コミュ英Ⅲ・英表Ⅰ・英表Ⅱ ②**数**(100・応用数のみ130) ▶[応用数学科・物理科学科] ―数Ⅰ・数Ⅱ・数Ⅲ・数A・数B(数列・ベク), [化学科・地球圏科学科] ―数Ⅰ・数Ⅱ・数A・数B(数列・ベク) ③**理**(100・応用数のみ70) ▶[応用数学科・地球圏科学科]―「物基・物」・「化基・化」・「生基・生」・「地学基・地学」から1, [物理科学科] ―物基・物, [化学科] ―化基・化

※物理科学科の物理重視型, 化学科の化学重視型(それぞれ2月3日に実施)は, 理200点, 外・数各50点の300点満点で判定する。

【社会数理・情報インスティテュート】 3科目 ①**外**(100) ▶コミュ英Ⅰ・コミュ英Ⅱ・コミュ英Ⅲ・英表Ⅰ・英表Ⅱ ②**数**(100) ▶数Ⅰ・数Ⅱ・数A・数B(数列・ベク) ③**「国・理」**または**「地歴・公民・理」**(100) ▶(2月4日試験)国総(現文・古文)・「物基・物」・「化基・化」から1, (2月11日試験)世B・日B・地理B・政経・「物基・物」・「化基・化」・「生基・生」・「地学基・地学」から1

一般選抜前期日程・共通テスト併用型 **【応用数学科】〈共通テスト科目〉** 2科目 ①**数**(100) ▶「数Ⅰ・数A」・「数Ⅱ・数B」から1 ②**国・外・理**(100) ▶国(近代)・英(リスニングを含む)・物・化・生・地学から1

〈個別試験科目〉 一般選抜前期日程の3科目を受験し, 数(130)・理(70)の2科目を判定に利用する

【社会数理・情報インスティテュート】〈共通テスト科目〉 2科目 ①**数**(100) ▶「数Ⅰ・数A」・「数Ⅱ・数B」から1 ②**国・外・地歴・公民・理**(100) ▶国・英(リスニングを含む)・世B・日B・地理B・現社・倫・政経・「倫・政経」・物・化・生・地学から1

〈個別試験科目〉 一般選抜前期日程の3科目を受験し, 数学と選択科目(国・地歴・公民・理から1)の2科目(100×2)を判定に利用する

【物理科学科・化学科】〈共通テスト科目〉 2科目 ①②**国・外・数・理**(100×2) ▶国(近代)・英(リスニングを含む)・「〈数Ⅰ・数A〉・〈数Ⅱ・数B〉から1」・「物・化・生・地学から1」から2

〈個別試験科目〉 一般選抜前期日程(2月4日・11日試験)の3科目を受験し, 数・理の2科目(100×2)を判定に利用する

【地球圏科学科】〈共通テスト科目〉 3科目 ①**外**(100) ▶英(リスニングを含む) ②③**理**(50×2) ▶物・化・生・地学から2

〈個別試験科目〉 一般選抜前期日程の3科目を受験し, 数・理の2科目(100×2)を判定に利用する

一般選抜後期日程 2科目 ①**数**(100) ▶[応用数学科・物理科学科] ―数Ⅰ・数Ⅱ・数Ⅲ・数A・数B(数列・ベク), [社会数理・情報インスティテュート／化学科／地球圏科学科] ―数Ⅰ・数Ⅱ・数A・数B(数列・ベク) ②**国・外**(100) ▶国総(古文・漢文)・「コミュ英Ⅰ・コミュ英Ⅱ・コミュ英Ⅲ・英表Ⅰ・英表Ⅱ」から1, ただし物理科・化・地球圏科の3学科は外指定

工学部

一般選抜系統別日程 3科目 ①**外**(150) ▶コミュ英Ⅰ・コミュ英Ⅱ・コミュ英Ⅲ・英表Ⅰ・英表Ⅱ ②**数**(150) ▶数Ⅰ・数Ⅱ・数Ⅲ・数A・数B(数列・ベク) ③**理**(100) ▶[機械工学科] ―物基・物, [電気工学科・電子情報工学科・建築学科] ―「物基・物」・「化基・化」から1, [化学システム工学科] ―「物基・物」・「化基・化」・「生基・生」から1, [社会デザイン工学科] ―「物基・物」・「化基・化」・「生基・生」・「地学基・地学」から1

一般選抜前期日程 3科目 ①**外**(100) ▶コ

ミュ英Ⅰ・コミュ英Ⅱ・コミュ英Ⅲ・英表Ⅰ・英表Ⅱ ②**数**(100)▶数Ⅰ・数Ⅱ・数Ⅲ・数A・数B(数列・ベク) ③**理**(100)▶[機械工学科]―物基・物,[電気工学科・電子情報工学科・社会デザイン工学科・建築学科]―「物基・物」・「化基・化」から1,[化学システム工学科]―「物基・物」・「化基・化」・「生基・生」から1

一般選抜前期日程・共通テスト併用型 **〈共通テスト科目〉** 2科目 ①②**国・外・数・理**(100×2)▶国(近代)・英(リスニングを含む)・「〈数Ⅰ・数A〉・〈数Ⅱ・数B〉から1」・「物・化・生から1」から2,ただし電子情報工学科は外を含む2,また生物は化学システム工学科と社会デザイン工学科のみ選択可

〈個別試験科目〉 一般選抜前期日程の3科目を受験し,数・理の2科目(100×2)を判定に利用する

一般選抜後期日程 2科目 ①**数**(100)▶数Ⅰ・数Ⅱ・数Ⅲ・数A・数B(数列・ベク) ②**国・外**(100)▶国総(現文・古文)・「コミュ英Ⅰ・コミュ英Ⅱ・コミュ英Ⅲ・英表Ⅰ・英表Ⅱ」から1,ただし機械工学科と電気工学科は外指定

医学部

一般選抜系統別日程 **【医学科】〈一次選考〉** 4科目 ①**外**(100)▶コミュ英Ⅰ・コミュ英Ⅱ・コミュ英Ⅲ・英表Ⅰ・英表Ⅱ ②**数**(100)▶数Ⅰ・数Ⅱ・数Ⅲ・数A・数B(数列・ベク) ③④**理**(100×2)▶「物基・物」・「化基・化」・「生基・生」から2

〈二次選考〉 3科目 ①**小論文** ②**面接**(50) ③**調査書等**

※小論文・調査書等は面接評価に活用。小論文は一次選考日に実施。

【看護学科】 3科目 ①**外**(100)▶コミュ英Ⅰ・コミュ英Ⅱ・コミュ英Ⅲ・英表Ⅰ・英表Ⅱ ②**数**(100)▶数Ⅰ・数Ⅱ・数A・数B(数列・ベク) ③**理**(200)▶「化基・化」・「生基・生」から1

一般選抜前期日程 **【看護学科】** 3科目 ①**国**(100)▶国総(現文・古文) ②**外**(100)▶コミュ英Ⅰ・コミュ英Ⅱ・コミュ英Ⅲ・英表Ⅰ・英表Ⅱ ③**理**(100)▶「化基・化」・「生基・生」から1

一般選抜前期日程・共通テスト併用型 **【看護学科】〈共通テスト科目〉** 2科目 ①**外**(100)▶英(リスニングを含む) ②**数**(100)▶「数Ⅰ・数A」・数Ⅱ・「数Ⅱ・数B」から1

〈個別試験科目〉 一般選抜前期日程の3科目を受験し,国・理の2科目(100×2)を判定に利用する

一般選抜後期日程 **【看護学科】** 2科目 ①**国**(100)▶国総(現文・古文) ②**外**(100)▶コミュ英Ⅰ・コミュ英Ⅱ・コミュ英Ⅲ・英表Ⅰ・英表Ⅱ

薬学部

一般選抜系統別日程 3科目 ①**外**(100)▶コミュ英Ⅰ・コミュ英Ⅱ・コミュ英Ⅲ・英表Ⅰ・英表Ⅱ ②**数**(100)▶数Ⅰ・数Ⅱ・数A・数B(数列・ベク) ③**理**(200)▶「物基・物」・「化基・化」・「生基・生」から1

一般選抜前期日程 3科目 ①**外**(100)▶コミュ英Ⅰ・コミュ英Ⅱ・コミュ英Ⅲ・英表Ⅰ・英表Ⅱ ②**数**(100)▶(2月3日・11日試験)数Ⅰ・数Ⅱ・数A・数B(数列・ベク) ③または②③**理**(100または100×2)▶(2月3日・11日試験)「物基・物」・「化基・化」・「生基・生」から1,(2月5日試験・理科重視型)「物基・物」・「化基・化」・「生基・生」から2

一般選抜前期日程・共通テスト併用型 **〈共通テスト科目〉** 3科目 ①**数**(100)▶「数Ⅰ・数A」・「数Ⅱ・数B」から1 ②**理**(100)▶物・化・生から1 ③**国・外**(100)▶国(近代)・英(リスニングを含む)から1

〈個別試験科目〉 一般選抜前期日程(2月3日・11日試験)の3科目を受験し,数学(100)と外・理から高得点1科目(100)の2科目を判定に利用する

一般選抜後期日程 2科目 ①**外**(100)▶コミュ英Ⅰ・コミュ英Ⅱ・コミュ英Ⅲ・英表Ⅰ・英表Ⅱ ②**理**(100)▶化基・化

スポーツ科学部

一般選抜系統別日程 3科目 ①**国**(100)▶国総(現文・古文) ②**外**(100)▶コミュ英Ⅰ・コミュ英Ⅱ・コミュ英Ⅲ・英表Ⅰ・英表Ⅱ ③**地歴・公民・数**(100)▶世B・日B・地理B・政経・「数Ⅰ・数Ⅱ・数A・数B(数列・ベク)」から1

※最高得点科目を200点に換算し,合計400

点満点で判定する。

一般選抜前期日程　③科目　①国(100)▶国総(現文・古文)　②外(100)▶コミュ英Ⅰ・コミュ英Ⅱ・コミュ英Ⅲ・英表Ⅰ・英表Ⅱ　③**保健体育**(100)▶[スポーツ科学科]　一実技型は体育実技，小論文型は小論文(調査書を含む)，[健康運動科学科]　一小論文(調査書を含む)

一般選抜前期日程・共通テスト併用型〈共通テスト科目〉　②科目　①②**国・外・「地歴・公民」・数・理**(100×2)▶国(近代)・英(リスニングを含む)・「世B・日B・地理B・現社・倫・政経・〈倫・政経〉から1」・「数Ⅰ・〈数Ⅰ・数A〉・数Ⅱ・〈数Ⅱ・数B〉・簿・情から1」・「〈物基・化基・生基・地学基から2〉・物・化・生・地学から1」から2

〈個別試験科目〉　一般選抜前期日程の3科目を受験し，高得点の2科目(100×2)を判定に利用する

一般選抜後期日程　③科目　①**国**(100)▶国総(現文・古文)　②**外・数**(100)▶「コミュ英Ⅰ・コミュ英Ⅱ・コミュ英Ⅲ・英表Ⅰ・英表Ⅱ」・「数Ⅰ・数Ⅱ・数A」から1　③**調査書**(50)

その他の選抜

一般選抜共通テスト利用型，学校推薦型選抜(A方式推薦，地域枠推薦〈医学科のみ〉)，総合型選抜，アスリート特別選抜，スポーツ科学部特別募集，帰国生徒選抜，社会人選抜，学部留学生選抜。

偏差値データ(2024年度)

●一般選抜前期日程

学部／学科	2024年度 駿台予備学校 合格目標ライン	2024年度 河合塾 ボーダー偏差値	2023年度 競争率
▶人文学部			
文化	46	50	3.1
歴史	47	52.5	3.7
日本語日本文	47	50	2.5
教育・臨床心理	45	47.5	3.4
英語	48	47.5	3.0
ドイツ語	44	45	2.4
フランス語	45	45	2.5
東アジア地域言語	45	45	3.1
▶法学部			
法律	46	45	2.5
経営法	44	42.5	2.0
▶経済学部			
経済	45	47.5	2.5
産業経済	43	45	2.4
▶商学部			
商	44	47.5	3.4
経営	45	47.5	3.8
経営(会計専門職)	44	50	3.2
貿易	43	42.5	2.5
▶商学部第二部			
商	34	37.5	2.1
▶理学部			
応用数	45	42.5	1.9
応用数(社会数理)	43	50	3.0
物理科	42	42.5	1.8
(物理重視)	43	42.5	新
化	44	47.5	2.3
(化学重視)	44	45	新
地球圏科	43	45	2.6
▶工学部			
機械工	42	40	2.1
電気工	41	40	2.1
電子情報工	44	42.5	2.9
化学システム工	42	40	1.7
社会デザイン工	41	40	2.0
建築	43	45	3.0
▶医学部			
医(系統別)	55	62.5	14.2
看護	44	47.5	5.3
▶薬			
薬	49	52.5	3.1
薬(理科重視)	48	50	2.3
▶スポーツ科学部			
スポーツ科(実技型)	38	42.5	2.4
(小論文型)	38	42.5	3.1
健康運動科	38	42.5	2.7

- 駿台予備学校合格目標ラインは合格可能性80%に相当する駿台模試の偏差値です。
- 河合塾ボーダー偏差値は合格可能性50%に相当する河合塾全統模試の偏差値です。
- 競争率は受験者÷合格者の実質倍率

Shape your world APU Ritsumeikan Asia Pacific University

立命館アジア太平洋大学

資料請求

問合せ先 アドミッションズ・オフィス ☎0977-78-1120

建学の精神

「自由・平和・ヒューマニティ」「国際相互理解」「アジア太平洋の未来創造」を基本理念として，2000（平成12）年に開学。以来23年，開学時に掲げた「学生の50％を留学生に，出身国を50カ国・地域以上に，教員の50％を外国人に」という高い目標を達成するどころか，国際学生（留学生）を受け入れた国・地域は累計で163カ国に上り，現在も，在籍する学生のうち約半分は106カ国・地域から来た学生という他に類を見ない多文化環境の中で学ぶ，真のグローバル大学を実現。さらに，2030年に向けて，異なる文化と価値観の違いを認めて理解し合い，自由で平和な世界を築く「世界市民」を育成するため，「APUで学んだ人たちが世界を変える」というビジョンを掲げ，世界に誇れるグローバル・ラーニング・コミュニティの創成に向けて歩み続けている。

● APUキャンパス……〒874-8577　大分県別府市十文字原1-1

基本データ

学生数▶5,556名（男2,644名，女2,912名）※国際学生を含む

専任教員数▶教授70名，准教授44名，講師67名（嘱託講師を含む）

設置学部▶アジア太平洋，国際経営，サステイナビリティ観光

併設教育機関▶大学院―アジア太平洋（M・D），経営管理（M）

就職・卒業後の進路

就職率 **97.3**％
就職者÷希望者×100

● **就職支援**　学生の学内外での学びと活動を通して身につけた能力や経験をもとに，学生が自ら自立に向けて主体的に進路・就職先を選択していくプロセスを支援。正課では，キャリア教育科目やインターンシップなどを早い段階から提供するほか，キャリア・オフィスを中心に，就職に向けた実践的なガイダンス・セミナーや，起業・進学などの進路を考える機会を用意している。なかでも，企業説明会やグループ面談，個別面談，筆記試験など，採用に関する一連の流れをAPUキャンパスで行う「オンキャンパス・リクルーティング」は大きな柱となっており，これまでに多くの学生が就職内定につなげている。

進路指導者も必見 学生を伸ばす 面倒見

初年次教育
アカデミックスキルをはじめ，主体的・自律的・協働的に学ぶためのスキルやマインドセットを身につけることを目的とした「スチューデントサクセスワークショップ」や「情報リテラシー」などの科目を開講している

学修サポート
全学部でTA制度，オフィスアワーを導入。また，日英両語の文書作成スキル向上を個別指導する「ライティングセンター」，言語学習をサポートする「SALC」，数学や統計の授業や課題の学習を個別指導する「AMC」を設置

オープンキャンパス（2023年度実績） APUの魅力を体感できるイベントが盛りだくさんのオープンキャンパスを，7月15・16日，11月12日に開催（要事前申込）。4月2日と5月5・6日にはキャンパス見学会も実施。

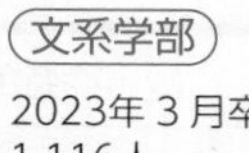

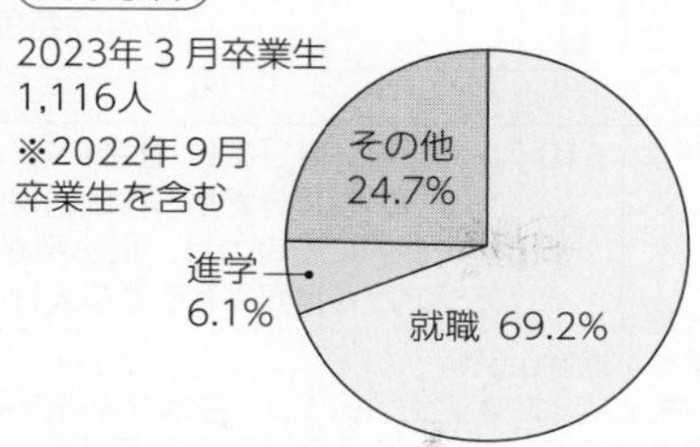

国際化・留学　大学間 486 大学・部局間 52 大学等

受入れ留学生数▶2,406名（2023年５月１日現在）

留学生の出身国▶韓国，インドネシア，中国，タイ，ベトナムなど。

外国人専任教員▶教授27名，准教授20名，講師・助教36名（2023年５月１日現在）

外国人専任教員の出身国▶アメリカ，韓国，オーストラリア，カナダ，中国など。

大学間交流協定▶486大学（交換留学先182大学，2023年５月１日現在）

部局間交流協定▶52大学・機関（交換留学先52大学・機関，2023年５月１日現在）

海外への留学生数▶渡航型511名・オンライン型19名（35カ国・地域，2022年度）

海外留学制度▶「交換留学」や異文化体験プログラムの「FIRST」「SECOND」，APUと留学先の２つの学位を取得する「ダブルディグリー・プログラム」，夏期・冬期休暇を利用した「AP言語イマージョン」，現地で調査・研究活動を行う「フィールド・スタディ」など，原寸大の「リアルな世界」に飛び出して学ぶことを推奨している。

学費・奨学金制度　給付型奨学金総額 年間 1,279 万円

入学金▶200,000円

年間授業料（施設費等を除く）▶1,300,000円（詳細は巻末資料参照）

年間奨学金総額▶12.790,000円

年間奨学金受給者数▶98人

主な奨学金制度▶入試成績優秀者を対象とした「国内学生優秀者育英奨学金」や「優秀学生奨励金」「自主活動奨励金」などの制度を設置。また，「国内学生授業料減免制度」や国際学生に対する授業料減免制度が充実しており，2022年度には2,490人を対象に総額で約16億4,665万円を減免している。

保護者向けインフォメーション

●**オープンキャンパス**　通常のオープンキャンパス時に保護者向け企画を実施している。

●**大学説明会**　「保護者のための大学説明会」を８月と12月にオンラインで実施。

●**成績確認**　学生の成績情報（成績一覧，単位修得状況，GPAなど）を，オンラインで閲覧できるシステムを導入している。

●**保護者会**　APU国内学生保護者会があり，定例懇談会や地域懇談会を開催。『APU国内学生保護者会のご案内』も年２回発行している。

●**防災対策**　「緊急災害対応ハンドブック」を作成。災害時の学生の安否は，メールおよびポータルサイトを利用して確認する。

インターンシップ科目	必修専門ゼミ	卒業論文	GPA制度の導入の有無および活用例	１年以内の退学率	標準年限での卒業率
全学部で開講している	実施していない	卒業要件ではない	学生に対する個別の学修指導，奨学金や授業料免除対象者の選定基準，留学候補者の選考，大学院入試の選抜基準などに活用している	1.5%	77.0%（休学しての留学等が多いため）

学部紹介

学部／学科	定員	特色
アジア太平洋学部		
アジア太平洋	510	▷「国際関係」「文化・社会・メディア」「グローバル経済」という３つの学修分野から複眼的視野を養い，異なる分野の学びを有機的に結びつけ，広い視野を持ち，柔軟な思考を鍛え，アジアから世界を牽引する人材を育成する。
● 進路状況…………就職68.7％　進学6.6％ ● 主な就職先………アクセンチュア，アマゾンジャパン，日本アイ・ビー・エム，楽天グループなど。		
国際経営学部		
国際経営	610	▷経営戦略・リーダーシップ，アントレプレナーシップ・オペレーションマネジメント，マーケティング，会計・ファイナンスの４つの学修分野を統合しながらビジネスを考え，応用・実践できる力を養う。
● 進路状況…………就職69.7％　進学5.6％ ● 主な就職先………キーエンス，JPモルガン証券，ソニー，豊田通商，ボッシュ，リクルートなど。		
サステイナビリティ観光学部		
サステイナビリティ観光	350	▷「循環型地域社会」や「観光による地域の開発・価値創造」に注目し，持続可能な社会づくりを研究する「サステイナビリティ学」と地域の経済・文化に影響を与える「観光」の両面から，21世紀の私たちにとっての不可避な課題に取り組む。
● 主な就職先………2023年度開設のため卒業生はいない。		

▶キャンパス

全学部……［APUキャンパス］ 大分県別府市十文字原1-1

2024年度入試要項（前年度実績）

●募集人員

学部／学科	前期	英語重視	後期	共通併用	共通+面接	共通テスト
▶アジア太平洋 アジア太平洋	35	20	8	20	2	2月35 3月(後期)5
▶国際経営 国際経営	25	15	8	15	2	2月30 3月(後期)5
▶サステイナビリティ観光 サステイナビリティ観光	20	10	8	10	2	2月30 3月(後期)5

▷共通テストの「英語」は，リーディング100点満点を140点満点に，リスニング100点満点を60点に換算した合計で200点満点として取り扱い，各入試方式では，当該の入試方式の配点に換算する。

全学部

一般選抜〈前期方式・英語重視方式〉 **3**科目 ①**国**（100）▶国総・現文Ｂ・古典Ｂ（漢文の独立問題は出題しない） ②**外**（前期120・英語重視150）▶コミュ英Ⅰ・コミュ英Ⅱ・コミュ英Ⅲ・英表Ⅰ・英表Ⅱ ③**地歴・公民・数**（100）▶世Ｂ・日Ｂ・地理Ｂ・政経・「数Ⅰ・数Ⅱ・数Ａ・数Ｂ（数列・ベク）」から１

※英語重視方式は３科目を受験し，英語と他の２科目のうち，高得点の科目の２教科で判定する。

※英語重視方式において，本学が定める英語外部資格試験のスコア等が一定基準に達している場合には，その換算点と独自試験の点数のいずれか高得点を採用し，合否判定を行う。

一般選抜〈後期方式〉 **2**科目 ①**国**（100）▶国総（近代）・現文Ｂ ②**外**（120）▶コミュ英Ⅰ・コミュ英Ⅱ・コミュ英Ⅲ・英表Ⅰ・英表Ⅱ

キャンパスアクセス ［APUキャンパス］ JR日豊本線—別府よりバス25～40分，亀川よりバス10分

一般選抜〈共通テスト併用方式〉 **〈共通テスト科目〉** 1科目 ①**国・外・地歴・公民・数・理**(100) ▶国・英(リスニングを含む)・独・仏・中・韓・世Ｂ・日Ｂ・地理Ｂ・現社・倫・政経・「倫・政経」・「数Ⅰ・数Ａ」・「数Ⅱ・数Ｂ」・「物基・化基・生基・地学基から２」・物・化・生・地学から１
〈個別試験科目〉 2科目 ①**国**(100) ▶国総(近代)・現文Ｂ ②**外**(100) ▶コミュ英Ⅰ・コミュ英Ⅱ・コミュ英Ⅲ・英表Ⅰ・英表Ⅱ
一般選抜〈共通テスト＋面接方式〉 **〈共通テスト科目〉** 3科目 ①**国**(100) ▶国 ②**外**(100) ▶英(リスニングを含む)・独・仏・中・韓から１ ③**地歴・公民・数・理**(100) ▶世Ｂ・日Ｂ・地理Ｂ・現社・倫・政経・「倫・政経」・「数Ⅰ・数Ａ」・「数Ⅱ・数Ｂ」・「物基・化基・生基・地学基から２」・物・化・生・地学から１
〈個別試験科目〉 1科目 ①**オンライン面接**(100)
※共通テストにおける得点率が60％（合計得点180点）以上であることが合格の必要条件。
共通テスト方式２月選考〈７科目型〉 7科目 ①**国**(200) ▶国 ②**外**(200) ▶英(リスニングを含む)・独・仏・中・韓から１ ③**数**(100) ▶数Ⅰ・数Ａ ④⑤⑥⑦**地歴・公民・数・理**(100×4) ▶世Ｂ・日Ｂ・地理Ｂ・「現社・倫・政経・〈倫・政経〉から１」・「数Ⅱ・数Ｂ」・「物基・化基・生基・地学基から２」・物・化・生・地学から４
[個別試験] 行わない。
共通テスト方式２月選考・３月選考(後期型)〈５科目型〉 5科目 ①**国**(200) ▶国 ②**外**(200) ▶英(リスニングを含む)・独・仏・中・韓から１ ③**数**(200) ▶数Ⅰ・数Ａ ④⑤**地歴・公民・数・理**(200×2) ▶世Ｂ・日Ｂ・地理Ｂ・「現社・倫・政経・〈倫・政経〉から１」・「数Ⅱ・数Ｂ」・「〈物基・化基・生基・地学基から２〉・物・化・生・地学から１」から２
[個別試験] 行わない。
共通テスト方式２月選考・３月選考(後期型)〈３教科型〉 3科目 ①**国**(150) ▶国 ②**外**(アジア太平洋・サステイナビリティ200，国際経営150) ▶英(リスニングを含む)・独・仏・中・韓から１ ③**地歴・公民・数・理**(アジア太平洋・サステイナビリティ150，国際経営200) ▶世Ｂ・日Ｂ・地理Ｂ・現社・倫・政経・「倫・政経」・「数Ⅰ・数Ａ」・「数Ⅱ・数Ｂ」・「物基・化基・生基・地学基から２」・物・化・生・地学から１
[個別試験] 行わない。
共通テスト方式３月選考(後期型)〈４科目型〉 4科目 ①**国**(200) ▶国 ②**外**(200) ▶英(リスニングを含む)・独・仏・中・韓から１ ③④**地歴・公民・数・理**(200×2) ▶世Ｂ・日Ｂ・地理Ｂ・「現社・倫・政経・〈倫・政経〉から１」・「〈数Ⅰ・数Ａ〉・〈数Ⅱ・数Ｂ〉から１」・「〈物基・化基・生基・地学基から２〉・物・化・生・地学から１」から２
[個別試験] 行わない。
※共通テスト方式，共通テスト併用方式，共通テスト＋面接方式において，本学が定める英語外部資格試験で基準以上のスコア・等級を持つ者は，特例措置として，共通テストにおける「外国語」の受験の有無に関わらず，同科目を満点として換算し，合否判定を行う。

その他の選抜

総合型選抜(総合評価方式，活動アピール方式)はアジア太平洋学部78名，国際経営学部75名，サステイナビリティ観光学部75名を募集。ほかに帰国生徒(海外就学経験者)選抜，国際バカロレア(IB)選抜を実施。

偏差値データ (2024年度)

●一般選抜（前期・英語）

学部／学科／専攻	2024年度 駿台予備学校 合格目標ライン	2024年度 河合塾 ボーダー偏差値	2023年度 競争率
▶アジア太平洋学部			
アジア太平洋(前期)	49	55	2.5
(英語重視)	49	52.5	1.1
▶国際経営学部			
国際経営(前期)	49	52.5	2.4
(英語重視)	49	52.5	1.3
▶サステイナビリティ観光学部			
サステイナビリティ観光(前期)	49	42.5	1.5
(英語重視)	49	42.5	1.1

●駿台予備学校合格目標ラインは合格可能性80％に相当する駿台模試の偏差値です。
●河合塾ボーダー偏差値は合格可能性50％に相当する河合塾全統模試の偏差値です。
●競争率は受験者÷合格者の実質倍率

国立大学

掲載59校

帯広畜産大学 …… 1114
北海道大学 …… 1118
弘前大学 …… 1134
岩手大学 …… 1140
東北大学 …… 1146
秋田大学 …… 1162
山形大学 …… 1166
福島大学 …… 1172
茨城大学 …… 1178
筑波大学 …… 1184
宇都宮大学 …… 1200
群馬大学 …… 1208
埼玉大学 …… 1214
千葉大学 …… 1224
お茶の水女子大学 …… 1240
電気通信大学 …… 1248
東京大学 …… 1252
東京医科歯科大学 …… 1264
東京外国語大学 …… 1268
東京海洋大学 …… 1274
東京学芸大学 …… 1280
東京工業大学 …… 1288
東京農工大学 …… 1296
一橋大学 …… 1302
横浜国立大学 …… 1310
新潟大学 …… 1320
富山大学 …… 1330
金沢大学 …… 1336
福井大学 …… 1344
山梨大学 …… 1348
信州大学 …… 1354
岐阜大学 …… 1366
静岡大学 …… 1372
名古屋大学 …… 1378
三重大学 …… 1390
滋賀大学 …… 1396
京都大学 …… 1402
京都工芸繊維大学 …… 1418
大阪大学 …… 1422
神戸大学 …… 1438
奈良女子大学 …… 1458
和歌山大学 …… 1464
鳥取大学 …… 1470
島根大学 …… 1474
岡山大学 …… 1480
広島大学 …… 1488
山口大学 …… 1502
徳島大学 …… 1508
香川大学 …… 1516
愛媛大学 …… 1522
高知大学 …… 1530
九州大学 …… 1536
佐賀大学 …… 1554
長崎大学 …… 1558
熊本大学 …… 1564
大分大学 …… 1572
宮崎大学 …… 1576
鹿児島大学 …… 1580
琉球大学 …… 1586

帯広畜産大学

（おびひろちくさん）

資料請求

問合せ先　入試課入学試験係　☎0155-49-5321

大学の理念

国立で唯一の農学系単科大学。日本の食料基地とも呼ばれる広大な十勝平野に立地。帯広高等獣医学校（1941年創立）が前身で，1949年に獣医学科・酪農学科からなる大学となった。「食を支え，くらしを守る」人材の育成を通じて，地域および国際社会への貢献をミッションに掲げる。獣医学分野と畜産学分野を融合した教育研究体制，国際通用力を持つ教育課程および食の安全確保のための教育システムの確立，さらに，海外大学との国際共同研究や教育交流，国際安全基準適応の実習環境の構築，企業との共同研究を通じた進路指導の強化を推進し，グローバル社会の要請に応えることのできる農学系人材の輩出を実践。2022年４月小樽商科大学，北見工業大学と法人統合し，北海道全体をキャンパスに教育・研究の連携を進めている。

● **帯広畜産大学キャンパス**…〒080-8555　北海道帯広市稲田町西２線11番地

基本データ

学生数▶1,139名（男450名，女689名）
専任教員数▶教授52名，准教授59名，講師２名
設置学部▶畜産
併設教育機関▶大学院一畜産科学（M・D），獣医学（D）

就職・卒業後の進路

就職率 **98.5**％
就職者÷希望者×100

● **就職支援**　各課程および別科の教員が就職支援室員となり，学生支援課就職支援係と連携しながら内定に至るまで支援する。就職ガイダンス，卒業生や企業の人事担当者を招いた講演会，学内合同企業研究会を開催するほか，個別の就職相談にも対応する。ガイダンスでは，エントリーシート・履歴書の書き方，面接対策，インターンシップ参加方法，グループディスカッション練習，公開模擬面接会など，実践的なテーマを幅広く扱う。毎月数回ハローワーク・ジョブカフェ職員による出張就職相談も実施（事前予約制）。また，畜産科学課程では社会人としての基礎力を養うための必修科目として「キャリア教育Ⅰ」を１年次後期に，「同Ⅱ」を２年次に開講し，就職活動の準備に向けた支援も行っている。

進路指導者も必見　学生を伸ばす　面倒見

初年次教育

新入生全員が参加する「全学農畜産実習」（共同獣医学課程では「農畜産演習」）で農畜産への幅広い興味や問題意識を育むほか，「情報処理基礎演習」などを開講

学修サポート

TA・SA制度，オフィスアワー制度を導入。また，学生約14人に1人の教員アドバイザーがつき，学生の指導・支援を行うほか，上級生チューターによる学習支援ピアサポートを実施

オープンキャンパス(2023年度実績)　７月29日にオープンキャンパスを開催(事前申込制)。施設見学・体験ツアー，ユニット展示ブース，相談コーナー，共同獣医学課程説明会，ミニ講義などを実施。

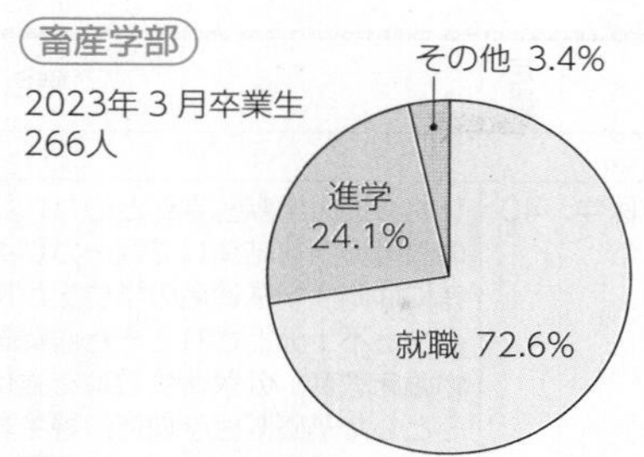

主なOB・OG ▶ ［畜産］有賀秀子（農芸化学者・本学名誉教授），［畜産］本間正義（経済学者），［旧獣医］河田雅圭（生物学者），［共同獣医］松井詩（モデル），［畜産］高野友和（調教師）など。

国際化・留学　大学間 26 大学等・部局間 13 大学等

受入れ留学生数 ▶ 3名（2023年5月1日現在）
留学生の出身国 ▶ 中国，韓国。
外国人専任教員 ▶ 教授２名，准教授３名（2023年９月１日現在）
外国人専任教員の出身国 ▶ アメリカ，中国，韓国，メキシコ，パラグアイなど。
大学間交流協定 ▶ 26大学・機関（交換留学先11大学，2023年４月１日現在）
部局間交流協定 ▶ 13大学・機関（交換留学先13大学2023年９月12日現在）
海外への留学生数 ▶ ０名／年（2022年度）
海外留学制度 ▶ 学生交流協定を締結している外国の大学への短期留学制度は，学部の３年次以上（共同獣医学課程は５年次以上），大学院生が対象で，期間は１学期〜１年以内。ほかに，JICA（国際協力機構）と連携し，青年海外協力隊員として学生・卒業生を派遣。2012年度からパラグアイ共和国東南端イタプア県において酪農技術向上を支援するボランティア派遣事業をJICAと協働で実施。活動期間が２年の長期（卒業生も対象），約１カ月の短期を組み合わせたプログラムでは，在学生は「海外フィールドワーク」の単位を取得できる。

学費・奨学金制度　給付型奨学金総額 年間 432 万円

入学金 ▶ 282,000円
年間授業料（施設費等を除く）▶ 535,800円
年間奨学金総額 ▶ 4,320,000円
年間奨学金受給者数 ▶ 12名
主な奨学金制度 ▶「帯広畜産大学基金奨学金」は，学業・人物ともに優れ，経済的理由で修学困難な学部生に月額３万円を１年間支給。給付人数は年度により変動。また，学費減免制度もあり，2022年度には72人を対象に総額で約1,554万円を減免している。

保護者向けインフォメーション

● **成績確認**　成績表や履修科目と単位数の情報を郵送している。
● **防災対策**　「災害対策マニュアル」のPDFファイルをHPに掲載。災害発生時には，事前登録したメールアドレスに安否確認メールを発信し，回答を得て学生の安否を確認する，大学独自の安否確認システムを導入。

インターンシップ科目	必修専門ゼミ	卒業論文	GPA制度の導入の有無および活用例	１年以内の退学率	標準年限での卒業率
開講している	畜産科学課程で３・４年次，共同獣医学課程で３〜６年次に実施	卒業要件	2年次のユニット選考，個別の学修指導に活用するほか，GPAに応じた履修上限単位数を設定	０％	87.3%（畜産）95.0%（獣医）

学部紹介

学部／課程	定員	特色
畜産学部		
共同獣医学	40	▷北海道大学獣医学部との「共同獣医学課程」として，両大学の教育資源を結集して同一カリキュラムで教育を実施。卒業者には両大学長連名の学位記が授与される。グローバルな視点から不十分とされてきた産業動物臨床教育，先端的伴侶動物臨床教育，公衆衛生教育を強化。さらに基礎生命科学を中心とした基礎獣医学教育，野生動物学，国際基準の実験動物に関する教育も充実させ，国際的・社会的に活躍する獣医師を育成する。2019年には欧州獣医学教育国際認証を取得し，欧米・アジア地域の獣医系大学との学術協定を促進，国際水準の獣医学教育を実践している。
畜産科学	210	▷２年次に，家畜生産科学，植物生産科学，農業環境工学，食品科学，環境生態学，農業経済学の６ユニットのいずれかに所属し，専門性を高める。「畜産」だけでなく，農業・農村の環境づくり，環境保全，動植物の生命科学，作物・飼料の栽培，農畜産業の経営，食品・食料の製造・流通・販売など，幅広い知識と技術を身につける。また，国際的視野を涵養するとともに卒業後の社会実践力を育成するために，より高度な専門知識を身につける「国際教育」「大学院進学」「動物医科学コース進学」「スマート農畜産業」の４プログラムを設置。国際的な活動や大学院進学をめざす学生をサポートする体制も整備している。

● 取得可能な資格…教職（理・農）〈畜産科学課程〉，学芸員，家畜人工授精師〈畜産科学課程家畜生産学ユニット〉，獣医師受験資格〈共同獣医学課程〉など。
● 進路状況…………就職72.6%　進学24.1%
● 主な就職先………農林水産省，全国農業協同組合連合会，北海道農業共済組合連合会，ホクレン農業協同組合連合会，北海道，日本中央競馬会，家畜改良事業団，よつ葉乳業など。

▶キャンパス

畜産学部…［帯広畜産大学キャンパス］ 北海道帯広市稲田町西２線11番地

2025年度入試要項（予告）

●募集人員

学部／課程		前期	後期
▶畜産	共同獣医学	30	10
	畜産科学	130	20

● ２段階選抜　実施しない

▷共通テストの英語はリスニングを含む。

畜産学部

前期　［共通テスト(660)］ 8科目 ①国(120) ②外(120・英〈R72＋L48〉)▶英・独・仏・中・韓から１ ③**地歴・公民**(80)▶「地総・歴総・公から２」・「地総・地探」・「歴総・日探」・「歴総・世探」・「公・倫」・「公・政経」から１ ④⑤**数**(60×2)▶「数Ⅰ・数Ａ」・「数Ⅱ・数Ｂ・数Ｃ」 ⑥⑦**理**(80×2)▶物・化・生・地学から２ ⑧**情報**(60)▶情Ⅰ

［個別学力検査(450)］ 1科目 ①**総合問題**(450)▶英（英コミュⅠ・英コミュⅡ・英コミュⅢ）必須，数（数Ⅰ・数Ⅱ・数Ａ〈図形・場合〉・数Ｂ〈数列・推測〉・数Ｃ〈ベク・平面〉）・物（物基・物）・化（化基・化）・生（生基・生）から２

後期　［共通テスト(660)］ 8科目 前期と同じ

［個別学力検査(400)］ 2科目 ①小論文

 キャンパスアクセス ［帯広畜産大学キャンパス］ JR根室本線一帯広よりバス30分

(200) ②面接(200)
※調査書を面接の参考資料として活用する。

その他の選抜

学校推薦型選抜は畜産科学課程Ａ推薦15名，Ｂ推薦40名，Ｃ推薦若干名，総合型選抜は畜産科学課程５名を募集。ほかに国際バカロレア(両課程)，帰国生選抜・社会人選抜・私費外国人留学生選抜(畜産科学課程)を実施。

偏差値データ (2024年度)

●一般選抜

学部／課程	2024年度 駿台予備学校 合格目標ライン	2024年度 河合塾 ボーダー得点率	2024年度 河合塾 ボーダー偏差値	'23年度 競争率
●前期				
▶畜産学部				
共同獣医学	59	78%	60	4.6
畜産科学	48	51%	47.5	1.9
●後期				
▶畜産学部				
共同獣医学	59	82%	—	7.7
畜産科学	48	59%	—	2.6

- 駿台予備学校合格目標ラインは合格可能性80％に相当する駿台模試の偏差値です。
- 河合塾ボーダー得点率は合格可能性50％に相当する共通テストの得点率です。また，ボーダー偏差値は合格可能性50％に相当する河合塾全統模試の偏差値です。
- 競争率は受験者÷合格者の実質倍率

MEMO

北海道大学

資料請求

問合せ先 アドミッションセンター ☎011-706-7484

大学の理念

1876（明治９）年にマサチューセッツ農科大学長W.S.クラーク博士を教頭に迎えて開校した札幌農学校が起源。同校は明治初期に最も早く設立された高等教育機関の一つとして創設された。その後，７帝国大学の一つとなり，現在では12学部，21の大学院を擁する日本有数の総合大学となっている。先人の教えを受け継ぎ，新たな時代を開拓し続ける「Be ambitious」の精神を培う教育・研究の基本となる４つのビジョン「フロンティア精神」「国際性の涵養」「全人教育」「実学の重視」を実行できる人材を育成する。197万人都市・札幌の中心部に位置するキャンパスは緑が豊富で，広さはおよそ東京ドーム38個分もある。自然と都市の調和がとれた，絶好の教育・研究環境を備える大学として，人類史的課題に応え得る世界水準の研究推進をめざす。

- **札幌キャンパス**…〒060-0808　北海道札幌市北区北8条西5丁目
- **函館キャンパス**…〒041-8611　北海道函館市港町3-1-1

基本データ

学生数▶11,164名（男7,912名，女3,252名）
専任教員数▶教授704名，准教授598名，講師130名

設置学部▶文，教育，法，経済，理，医，歯，薬，工，農，獣医，水産
併設教育機関▶大学院（P.1129参照）

就職・卒業後の進路

就職率 92.0%
就職者÷希望者×100

● **就職支援**　キャリアセンターが全学生を対象に支援する。インターンシップ支援をはじめ，企業研究セミナーの開催，履歴書・エントリーシート作成，模擬面接，内定取扱などの就職相談，対象者別ガイダンス・セミナーを実施（オンラインでも配信）。求人情報の提供，イベント予約には学内の就職支援システムを活用。最新情報は公式Twitterで発信。

● **公務員就職サポート**　試験や仕事概要についての相談，参考図書の貸し出し，官庁の情報・資料の提供，北大公務員OB情報の提供，総合職対策ガイダンス，二次試験対策会・面接対策会の開催など，国家公務員総合職などをめざす学生を支援する。

進路指導者も必見 学生を伸ばす 面倒見

初年次教育
勉学意欲を高める「北大での学び」や，大学生活への導入を図る「一般教養演習（フレッシュマンセミナー）」のほか，データサイエンスに関する基礎的な講義を開講

学修サポート
初年次のクラス担任制を導入するほか，各学部に学部相談員を配置し，修学設計に関する相談に応じている。また，TAによる数学・理科・レポート作成などの学習支援を行うラーニングサポート室を設置

オープンキャンパス（2023年度実績）　8月6・7日（一部の学部は５日）にオープンキャンパスを開催（事前申込制）。模擬講義や実習を体験する「高校生限定プログラム」と高校生以外も申込可能な「自由参加プログラム」を実施。

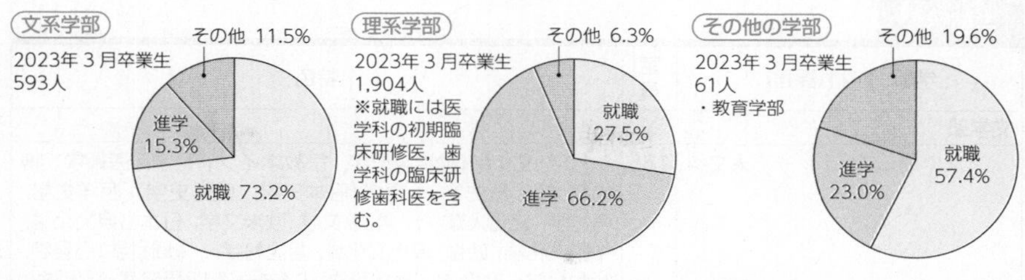

主なOB・OG▶［獣医］三浦雄一郎（スキーヤー・登山家），［理］毛利衛（宇宙飛行士・科学者），［理］澤口俊之（脳科学者）など。

国際化・留学　大学間 201 大学等・部局間 551 大学等

受入れ留学生数▶165名（2023年５月１日現在）

留学生の出身国・地域▶中国，韓国，台湾，インドネシア，インドなど。

大学間交流協定▶201大学・機関（交換留学先184大学，2023年４月１日現在）

部局間交流協定▶551大学・機関（2023年４月１日現在）

海外への留学生数▶渡航型194名・オンライン型134名／年（37カ国・地域，2022年度）

海外留学制度▶「交換留学」は交流協定大学（授業料不徴収）に派遣される１学期～１年未満の留学で，国際交流課が派遣前にオリエンテーションを実施，留学中もメールなどで授業や生活に関する相談に応じるとともに，危機管理に関する情報も提供している。「短期語学研修」は夏・春休みを利用した語学学習および異文化体験のプログラムで，英語，ドイツ語，ロシア語，スペイン語，中国語，韓国語のプログラムがあり，申請すれば単位認定も可能。このほか，一般教育演習として開講される「グローバル・キャリア・デザイン」や専門分野に関連した約２週間の「短期留学スペシャルプログラム」，２～６週間の「国際インターンシップ」など多彩なプログラムを実施している。

学費・奨学金制度

入学金▶282,000円

年間授業料（施設費等を除く）▶535,800円

主な奨学金制度▶ひとり親家庭で，経済的に困窮し就学に支障のある学部学生の修学を支援するために，月額４万円を標準修業年限まで給付する「きのとや奨学金」のほか，学業成績優秀かつ人格に優れた学生を称える独自の奨励金制度として「北海道大学新渡戸賞（奨励金３万円）」「北海道大学クラーク賞（奨励金５万円）」などを設置している。また，入学料免除（徴収猶予）や授業料免除を受けられる制度もある。

保護者向けインフォメーション

- **キャンパスビジット**　事前予約制のキャンパスツアーを実施。
- **広報誌**　学外向け広報誌「リテラポプリ」を発行。
- **防災対策**　大規模な災害が発生した場合は「安否確認システム」を利用して，学生の安否を確認する。登録したメールアドレスに大学から配信される安否確認メールに回答することによって安否の報告ができる。保護者のメールアドレスを登録しておくと，安否状況が保護者宛にもメールで自動通知される。

インターンシップ科目	必修専門ゼミ	卒業論文	GPA制度の導入の有無および活用例	１年以内の退学率	標準年限での卒業率
全学教育科目，工・農学部で開講	NA	NA	卒業認定基準として活用（歯・獣医学部を除く）	NA	NA

学部紹介

学部／学科(課程)	定員	特色
文学部		
人文科	185	▷哲学・文化学(哲学倫理学，宗教学インド哲学，芸術学，博物館学)，歴史学・人類学(日本史学，東洋史学，西洋史学，考古学，文化人類学)，言語・文学(欧米文学，日本古典文化論，中国文化論，映像・現代文化論，言語科学)，人間科学(心理学，行動科学，社会学，地域科学)の4コース18研究室。「人間とは何か」という普遍的な問いに，最先端の総合的なアプローチで答える。
● 取得可能な資格…教職(国・地歴・公・社・英)，学芸員など。 ● 進路状況…………就職71.6%　進学14.8% ● 主な就職先………ニトリ，札幌市，北海道，三井住友信託銀行，集英社，日本アイ・ビー・エムデジタルサービス，大成建設，中日新聞社，東日本旅客鉄道，文部科学省など。		
教育学部		
教育	50	▷人間の成長や発達を，人と人との関係性，人と社会との関係性の中で学際的にとらえ，「人間の科学」としての教育学を追究する。学ぶコースには４つの分野(教育基礎論分野，教育社会科学分野，教育心理学分野，健康体育学分野)がある。
● 取得可能な資格…教職(地歴・公・社・保体，特別支援)，学芸員など。 ● 進路状況…………就職57.4%　進学23.0% ● 主な就職先………札幌市教育委員会，SBI新生銀行，裁判所，住友林業，全国共済農業協同組合連合会，SOMPOケア，東芝，ニトリ，北海道教育委員会，明治安田生命保険など。		
法学部		
法学	200	▷法律の知識を前提とする専門職に就くことをめざすスペシャリスト養成コース「法専門職コース」と，法律の知識をベースに社会の多様な分野で活躍できるゼネラリストを養成する「総合法政コース」がある。成績優秀者は３年次修了時卒業で進学することも可能。
● 取得可能な資格…教職(地歴・公・社)。 ● 進路状況…………就職66.8%　進学22.0% ● 主な就職先………札幌市，NTTドコモ，財務省北海道財務局，総務省，日本政策金融公庫，富士通，東京海上日動火災保険，農林中央金庫，パナソニック，リクルートなど。		
経済学部		
		▶募集は学部で一括で行い，２年次後期に各学科に配属される。必修科目に指定されているゼミによる少人数教育が最大の特徴で，３～４年生の２年間一つのゼミに所属する。
経済	100	▷経済学科は，経済理論，経済思想，経済史，財政，金融，労働，環境，国際経済などの分析に基づく経済政策を研究。
経営	90	▷経営学科では，広い意味での経営現象を多面的かつ総合的に科学する。
● 取得可能な資格…教職(公・社・商業)。 ● 進路状況…………就職81.0%　進学9.3% ● 主な就職先………札幌市，北洋銀行，日本電気，ニトリ，日本生命保険，北海道電力，アクセンチュア，EYストラテジー・アンド・コンサルティング，SMBC日興証券など。		

キャンパスアクセス [札幌キャンパス] ＪＲ―札幌，地下鉄南北線―北12条・北18条・さっぽろ，地下鉄東豊線―北13条・さっぽろより徒歩４～15分 (同じ敷地でも広大なため異なる)

理学部		
数 物理 化 生物科 地球惑星科	50 35 75 80 60	▶①自然界の本質を見極め，その背景にある法則性を追求する目を養い，②新しい論理の構築や新事実の発見につながる独創性を磨き，③人類が直面する諸問題や技術革新に貢献できる基礎を身につけ，自然科学に基づく多角的な視点から物事を判断できる資質を育成する。生物科学科は生物学（40名），高分子機能学（40名）の２専修分野。

● **取得可能な資格**…教職（数・理），学芸員，測量士補など。
● **進路状況**…………就職14.6％　進学77.6％
● **主な就職先**………気象庁，北海道，オリックス銀行，JFEスチール，住友商事，双日，デロイトトーマツファイナンシャルアドバイザリー，日本生命保険，日立製作所など。

医学部		
医	107	▷入学から卒業までを医学教養，基礎医学，臨床医学，臨床実習と段階的な４コースに分けて確実に基本を身につける。豊かな国際性と，医学と医療を担う使命感，倫理観，幅広い人間性を備え，医学の進歩と医療の実践・発展に貢献する医師・医学研究者を育成する。
保健	180	▷〈看護学専攻（70名），放射線技術科学専攻（37名），検査技術科学専攻（37名），理学療法学専攻（18名），作業療法学専攻（18名）〉。医療現場で不可欠な，チーム医療を支えるスペシャリストを育成する。

● **取得可能な資格**…医師・看護師・診療放射線技師・臨床検査技師・理学療法士・作業療法士受験資格。
● **進路状況**…………［医］初期臨床研修医94.1％　就職0.8％　進学0.8％　［保健］就職54.1％　進学37.2％
● **主な就職先**………［保健］北海道大学病院，手稲渓仁会病院，札幌市，斗南病院，KKR札幌医療センター，札幌医科大学附属病院，札幌徳洲会病院，札幌山の上病院など。

歯学部		
歯	53	▷歯学・歯科医療に関する専門知識・技術を学び，医療従事者としての倫理，豊かな人間性，課題探究心を備えた歯科医師・歯学教育者・研究者を育成する。

● **取得可能な資格**…歯科医師受験資格。
● **進路状況**…………臨床研修歯科医77.6％

薬学部		
		▶学部で一括募集し，２年進級次に各学科に配属される。
薬科	50	▷４年制。生命科学および創薬科学分野で，国際的に活躍できる研究者・技術者を育成する。
薬	30	▷６年制。医療薬学・臨床薬学を習得し，医療の現場で問題発見・解決能力を発揮し，指導的な立場で活躍できる薬剤師・医療薬学研究者を養成する。

● **取得可能な資格**…教職（理），薬剤師受験資格（薬学科）。
● **進路状況**…………［薬科］就職4.3％　進学91.5％　［薬］就職82.8％　進学17.2％
● **主な就職先**………［薬科］ブルボンなど。［薬］アインホールディングス，医薬品医療機器総合機構，味の素，大塚製薬，小野薬品工業，タカラバイオなど。

工学部		
応用理工系	160	▷応用物理工学（50名），応用化学（70名），応用マテリアル工学（40名）の３コース。基礎科学の知見を深めて工学に応用し，21世紀の科学技術を支える人材を育てる。

キャンパスアクセス ［函館キャンパス］ ＪＲ一函館よりバス20分

情報エレクトロニクス	180	▷情報理工学(50名)，電気電子工学(40名)，生体情報(33名)，メディアネットワーク(30名)，電気制御システム(27名)の5コース。高度情報社会を支える研究・技術開発を担う人材を育成。
機械知能工	120	▷機械情報(60名)，機械システム(60名)の2コース。ロボット工学，医療・福祉工学，宇宙工学，エネルギー工学，プラズマ理工学，量子ビーム工学などの分野を研究。
環境社会工	210	▷社会基盤学(40名)，国土政策学(40名)，建築都市(45名)，環境工学(50名)，資源循環システム(35名)の5コース。環境との調和を保ちつつ，人間の生活・経済社会活動を支えるシステムの創生をめざす。

● **取得可能な資格**…教職(数・理・情・工業)，測量士補，1・2級建築士受験資格など。
● **進路状況**…………就職14.0%　進学81.7%
● **主な就職先**………札幌市，国土交通省，アイリスオーヤマ，大林組，日本製鉄，日本工営，北海道，北海道電力，楽天グループ，リクルートなど。

農学部

		▶学部で一括募集を行い，2年進級時に学科配属。
生物資源科	36	▷作物の生産，遺伝資源，園芸，緑地，生理・病理(菌とウイルス)，昆虫，動物，生物の保護・保全などの分野を学ぶ。
応用生命科	30	▷多様な生命現象を対象に，遺伝子や分子レベルで探求する先端研究を通し，第一線で活躍できる人材を育成。
生物機能化	35	▷土壌，微生物，植物，動物などを対象に化学的手法を用い，食料・健康・資源・エネルギー・環境課題の解決をめざす。
森林科	36	▷自然環境の保全，循環型の資源利用をめざし，マクロ(森林・樹木)からミクロ(細胞・分子)まで総合的に研究する。
畜産科	23	▷家畜生産の基礎理論，畜産物の加工技術，その機能性探索などを総合的に研究。
生物環境工	30	▷「生産と環境の調和」をめざし，環境保全型生物生産や自然エネルギー，環境修復，ICT技術などを総合的に取り扱う。
農業経済	25	▷多様な農業形態を再評価し，自然との共生が求められるなかで，新たな社会経済の枠組み作りを担う。

● **取得可能な資格**…教職(公・社・理・農)，学芸員，測量士補など。
● **進路状況**…………就職14.4%　進学77.5%
● **主な就職先**………農林水産省，北海道，環境省，トヨタ自動車，日清丸紅飼料，ニトリ，ホクレン農業協同組合連合会，マルハニチロ，よつ葉乳業，林野庁など。

獣医学部

共同獣医学	40	▷帯広畜産大学との共同課程。動物の医師，安全な動物性食品の供給，医薬品開発，野生動物保護，人獣共通感染症対策など，多様な要請に応えうる獣医師を育成する。

● **取得可能な資格**…獣医師受験資格。
● **進路状況**…………就職73.2%（臨床研修医を含む）　進学17.1%
● **主な就職先**………農林水産省，北海道農業共済組合，NECソリューションイノベータ，大塚製薬，全国農業協同組合連合会家畜衛生研究所，環境省，札幌総合動物病院など。

水産学部

		▶2年次に学科に分かれる。1～2年は札幌キャンパス，3～4年は函館キャンパスで学ぶ。

海洋生物科	54	▷海洋動物を中心に，水圏生物とその生息環境の保全・管理，資源の持続的活用のための基礎的事項と最新情報を学ぶ。
海洋資源科	53	▷水産資源を，海洋環境，資源定量化，生産手段，経済・情報など多角的に追求し，その管理，生産，利用を研究する。
増殖生命科	54	▷海洋生物の生命現象を解明し，それを魚介藻類の増養殖（食資源を増やすこと）などの分野に役立てる研究を行う。
資源機能化	54	▷魚類，貝類，軟体動物，海藻などの海洋生物資源を高度に利用するための基礎理論と先端技術を学ぶ。

● **取得可能な資格**…教職（理・水産），学芸員など。
● **進路状況**…………就職18.4％ 進学77.6％
● **主な就職先**………アクセンチュア，いなば食品，KDDI，国土交通省，テレビ朝日，トヨタ自動車，ニッスイ，マルハニチロ北日本，丸紅，リソナ銀行など。

▶キャンパス

文………………［札幌キャンパス］ 北海道札幌市北区北10条西7丁目
教育……………［札幌キャンパス］ 北海道札幌市北区北11条西7丁目
法・経済………［札幌キャンパス］ 北海道札幌市北区北9条西7丁目
理………………［札幌キャンパス］ 北海道札幌市北区北10条西8丁目
医（医学科）……［札幌キャンパス］ 北海道札幌市北区北15条西7丁目
（保健学科）…［札幌キャンパス］ 北海道札幌市北区北12条西5丁目
歯………………［札幌キャンパス］ 北海道札幌市北区北13条西7丁目
薬………………［札幌キャンパス］ 北海道札幌市北区北12条西6丁目
工………………［札幌キャンパス］ 北海道札幌市北区北13条西8丁目
農………………［札幌キャンパス］ 北海道札幌市北区北9条西9丁目
獣医……………［札幌キャンパス］ 北海道札幌市北区北18条西9丁目
水産……………［函館キャンパス］ 北海道函館市港町3–1–1 ※１・２年次は札幌キャンパス

2025年度入試要項（予告）

●募集人員

学部／学科（専攻）	前期	後期
▶総合入試 文系	95	—
理系［数学重点選抜群］	125	—
［物理重点選抜群］	225	—
［化学重点選抜群］	226	—
［生物重点選抜群］	169	—
［総合科学選抜群］	239	—
▶文	118	37
▶教育	20	10
▶法	140	40
▶経済	140	20
▶理 数	—	10
物理	—	3
化	—	20
生物科（生物学専修分野）	—	10
（高分子機能学専修分野）	—	2
地球惑星科	—	5
▶医 医	85	—
保健（看護学）	60	—
（放射線技術科学）	28	—
（検査技術科学）	25	—
（理学療法学）	13	—
（作業療法学）	10	—
▶歯	38	—
▶薬	—	24
▶工 応用理工系	—	29
情報エレクトロニクス	—	38
機械知能工	—	25
環境社会工	—	47
▶農	—	53
▶獣医	20	15
▶水産	105	50

※総合入試は，文系は系で，理系は選抜群単位で募集。総合入試合格者（国際総合入試を含む）の移行人数は以下の通り。文学部30，教育学部20，法学部20，経済学部30，理学部（数27，物理18，化学44，生物65，地球惑星50），医学部（医10，保健９），歯学部10，薬学部（薬科35，薬21），工学部（応用112，情報192，機械90，環

境154），農学部（生物資源27，応用生命23，生物機能26，森林27，畜産17，生物環境23，農業経済19），獣医学部5，水産学部各学科10。
※総合入試入学者（国際総合入試を含む）の学部の決定は第1年次終了時。所属学科の決定は理・医・薬・工・農・水産学部は第1年次終了時，経済学部は第2年次第1学期終了時。学部別入試入学者の所属学科の決定は薬・工・農・水産学部は第1年次終了時，経済学部は第2年次第1学期終了時。

● 2段階選抜
志願者が募集人員を大幅に上回った場合，共通テストの成績により以下の倍率で行う。ただし，工学部後期は行わない。前期一医学部（医）は3.5倍。総合（文系・理系）・文・教育・法・経済・水産学部は4倍。医学部（保健）は5倍。歯・獣医学部は6倍。後期一文・法・理・薬・農・獣医・水産学部は6倍。教育・経済は10倍。

注）募集人員および2段階選抜は2024年度の実績です。
▷共通テストの英語はリスニングを含む。
▷共通テストの情報の成績は配点しない。ただし，成績同点者がいる場合の順位決定には活用。
▷個別学力検査の英－英コミュⅠ・英コミュⅡ・英コミュⅢ・論表Ⅰ・論表Ⅱ・論表Ⅲ。

総合入試

前期 【文系】 ［共通テスト（300）］ 9科目 ①国（60） ②外（60・英〈R30＋L30〉）▶英・独・仏・中・韓から1 ③④地歴・公民（40×2）▶「地総・地探」・「歴総・日探」・「歴総・世探」・「〈公・倫〉・〈公・政経〉から1」から2 ⑤⑥数（30×2）▶「数Ⅰ・数A」・「数Ⅱ・数B・数C」 ⑦⑧理（20×2）▶物基・化基・生基・地学基から2 ⑨情▶情Ⅰ
［個別学力検査（450）］ 3科目 ①国（150）▶現国・言語・論国・文国 ②外（150）▶英・独・仏・中から1 ③地歴・数（150）▶「地総・地探」・「歴総・日探」・「歴総・世探」・「数Ⅰ・数Ⅱ・数A（図形・場合）・数B（数列）・数C（ベク）」から1
【理系】 ［共通テスト（300）］ 8科目 ①国（80） ②外（60・英〈R30＋L30〉）▶英・独・仏・中・韓から1 ③地歴・公民（40）▶「地総・地探」・「歴総・日探」・「歴総・世探」・「公・倫」・「公・政経」から1 ④⑤数（30×2）▶「数Ⅰ・数A」・「数Ⅱ・数B・数C」 ⑥⑦理（30×2）▶物・化・生・地学から2 ⑧情▶情Ⅰ
［個別学力検査（450）］ 〈数学重点選抜群〉 4科目 ①外（150）▶英・独・仏・中から1 ②数（200）▶数Ⅰ・数Ⅱ・数Ⅲ・数A（図形・場合）・数B（数列）・数C（ベク・平面） ③④理（50×2）▶「物基・物」・「化基・化」・「生基・生」・「地学基・地学」から2
〈物理重点・化学重点・生物重点選抜群〉 4科目 ①外（150）▶英・独・仏・中から1 ②数（150）▶数Ⅰ・数Ⅱ・数Ⅲ・数A（図形・場合）・数B（数列）・数C（ベク・平面） ③④理（必須100＋選択50）▶「物基・物」・「化基・化」・「生基・生」・「地学基・地学」から2，ただし物理重点は「物基・物」必須，化学重点は「化基・化」必須，生物重点は「生基・生」必須
〈総合科学選抜群〉 4科目 ①外（150）▶英・独・仏・中から1 ②数（150）▶数Ⅰ・数Ⅱ・数Ⅲ・数A（図形・場合）・数B（数列）・数C（ベク・平面） ③④理（75×2）▶「物基・物」・「化基・化」・「生基・生」・「地学基・地学」から2

文学部

前期 ［共通テスト（300）］ 9科目 ①国（60） ②外（60・英〈R30＋L30〉）▶英・独・仏・中・韓から1 ③④地歴・公民（40×2）▶「地総・地探」・「歴総・日探」・「歴総・世探」・「〈公・倫〉・〈公・政経〉から1」から2 ⑤⑥数（30×2）▶「数Ⅰ・数A」・「数Ⅱ・数B・数C」 ⑦⑧理（20×2）▶物基・化基・生基・地学基から2 ⑨情▶情Ⅰ
［個別学力検査（450）］ 3科目 ①国（150）▶現国・言語・論国・文国 ②外（150）▶英・独・仏・中から1 ③地歴・数（150）▶「地総・地探」・「歴総・日探」・「歴総・世探」・「数Ⅰ・数Ⅱ」から1
後期 ［共通テスト（300）］ 9科目 ①国（60） ②外（80・英〈R40＋L40〉）▶英・独・仏・中・韓から1 ③④地歴・公民（30×2）▶「地総・地探」・「歴総・日探」・「歴総・世探」・「公・倫」・「公・政経」から2 ⑤⑥数（30×2）▶「数Ⅰ・数A」・「数Ⅱ・数B・数C」 ⑦⑧理（20×2）▶物基・化基・生基・地学基から2 ⑨情▶情Ⅰ
［個別学力検査（200）］ 1科目 ①小論文（200）

教育学部

前期 ［共通テスト(300)］ 9科目 ①国(60) ②外(60・英〈R30＋L30〉)▶英・独・仏・中・韓から1 ③④地歴・公民(40×2)▶「地総・地探」・「歴総・日探」・「歴総・世探」・「〈公・倫〉・〈公・政経〉から1」から2 ⑤⑥数(30×2)▶「数Ⅰ・数A」・「数Ⅱ・数B・数C」 ⑦⑧理(20×2)▶物基・化基・生基・地学基から2 ⑨情▶情Ⅰ

［個別学力検査(450)］ 3科目 ①国(150)▶現国・言語・論国・文国 ②外(150)▶英・独・仏・中から1 ③数(150)▶数Ⅰ・数Ⅱ・数A(図形・場合)・数B(数列)・数C(ベク)

後期 ［共通テスト(300)］ 9科目 前期と同じ

［個別学力検査(300)］ 1科目 ①小論文(300)

法学部

前期 ［共通テスト(300)］ 9科目 ①国(60) ②外(60・英〈R30＋L30〉)▶英・独・仏・中・韓から1 ③④地歴・公民(40×2)▶「地総・地探」・「歴総・日探」・「歴総・世探」・「〈公・倫〉・〈公・政経〉から1」から2 ⑤⑥数(30×2)▶「数Ⅰ・数A」・「数Ⅱ・数B・数C」 ⑦⑧理(20×2)▶物基・化基・生基・地学基から2 ⑨情▶情Ⅰ

［個別学力検査(450)］ 3科目 ①国(150)▶現国・言語・論国・文国 ②外(150)▶英・独・仏・中から1 ③数(150)▶数Ⅰ・数Ⅱ・数A(図形・場合)・数B(数列)・数C(ベク)

後期 ［共通テスト(340)］ 9科目 ①国(80) ②外(80・英〈R40＋L40〉)▶英・独・仏・中・韓から1 ③④地歴・公民(30×2)▶「地総・地探」・「歴総・日探」・「歴総・世探」・「〈公・倫〉・〈公・政経〉から1」から2 ⑤⑥数(40×2)▶「数Ⅰ・数A」・「数Ⅱ・数B・数C」 ⑦⑧理(20×2)▶物基・化基・生基・地学基から2 ⑨情▶情Ⅰ

［個別学力検査(340)］ 1科目 ①小論文(340)

経済学部

前期 ［共通テスト(300)］ 9科目 ①国(60) ②外(60・英〈R30＋L30〉)▶英・独・仏・中・韓から1 ③④地歴・公民(40×2)▶「地総・地探」・「歴総・日探」・「歴総・世探」・「〈公・倫〉・〈公・政経〉から1」から2 ⑤⑥数(30×2)▶「数Ⅰ・数A」・「数Ⅱ・数B・数C」 ⑦⑧理(20×2)▶物基・化基・生基・地学基から2 ⑨情▶情Ⅰ

［個別学力検査(450)］ 3科目 ①国(150)▶現国・言語・論国・文国 ②外(150)▶英・独・仏・中から1 ③数(150)▶数Ⅰ・数Ⅱ・数A(図形・場合)・数B(数列)・数C(ベク)

後期 ［共通テスト(340)］ 9科目 ①国(80) ②外(80・英〈R40＋L40〉)▶英・独・仏・中・韓から1 ③④地歴・公民(30×2)▶「地総・地探」・「歴総・日探」・「歴総・世探」・「〈公・倫〉・〈公・政経〉から1」から2 ⑤⑥数(40×2)▶「数Ⅰ・数A」・「数Ⅱ・数B・数C」 ⑦⑧理(20×2)▶物基・化基・生基・地学基から2 ⑨情▶情Ⅰ

［個別学力検査(160)］ 1科目 ①小論文(160)

理学部

後期 ［共通テスト(300)］ 8科目 ①国(80) ②外(60・英〈R30＋L30〉)▶英・独・仏・中・韓から1 ③地歴・公民(40)▶「地総・地探」・「歴総・日探」・「歴総・世探」・「公・倫」・「公・政経」から1 ④⑤数(30×2)▶「数Ⅰ・数A」・「数Ⅱ・数B・数C」 ⑥⑦理(30×2)▶物・化・生・地学から2 ⑧情▶情Ⅰ

［個別学力検査(300)］ 【数学科】 2科目 ①数(200)▶数Ⅰ・数Ⅱ・数Ⅲ・数A(図形・場合)・数B(数列)・数C(ベク・平面) ②理(100)▶「物基・物」・「化基・化」・「生基・生」・「地学基・地学」から1

【物理学科】 2科目 ①数(100)▶数Ⅰ・数Ⅱ・数Ⅲ・数A(図形・場合)・数B(数列)・数C(ベク・平面) ②理(200)▶物基・物

【化学科】 2科目 ①②理(物100＋化200)▶「物基・物」・「化基・化」

【生物科学科〈生物学専修分野〉】 2科目 ①②理(生200＋他100)▶「生基・生」必須，「物基・物」・「化基・化」・「地学基・地学」から1

【生物科学科〈高分子機能学専修分野〉】 2科目 ①②数・理(150×2)▶「数Ⅰ・数Ⅱ・

数Ⅲ・数A（図形・場合）・数B（数列）・数C（ベク・平面）」・「物基・物」・「化基・化」・「生基・生」から2

【地球惑星科学科】 2科目 ①②**数・理**（150×2）▶「数Ⅰ・数Ⅱ・数Ⅲ・数A（図形・場合）・数B（数列）・数C（ベク・平面）」・「物基・物」・「化基・化」・「生基・生」・「地学基・地学」から2

医学部

前期 **【医学科】［共通テスト（300）］** 8科目 ①**国**（80） ②**外**（60・英〈R30＋L30〉）▶英・独・仏・中・韓から1 ③**地歴・公民**（40）▶「地総・地探」・「歴総・日探」・「歴総・世探」・「公・倫」・「公・政経」から1 ④⑤**数**（30×2）▶「数Ⅰ・数A」・「数Ⅱ・数B・数C」 ⑥⑦**理**（30×2）▶物・化・生から2 ⑧**情**▶情Ⅰ

［個別学力検査（525）］ 5科目 ①**外**（150）▶英・独・仏・中から1 ②**数**（150）▶数Ⅰ・数Ⅱ・数Ⅲ・数A（図形・場合）・数B（数列）・数C（ベク・平面） ③④**理**（75×2）▶「物基・物」必須，「化基・化」・「生基・生」から1 ⑤**面接**（75）

【保健学科】 ［共通テスト（300）］ 8科目 ①**国**（80） ②**外**（60・英〈R30＋L30〉）▶英・独・仏・中・韓から1 ③**地歴・公民**（40）▶「地総・地探」・「歴総・日探」・「歴総・世探」・「公・倫」・「公・政経」から1 ④⑤**数**（30×2）▶「数Ⅰ・数A」・「数Ⅱ・数B・数C」 ⑥⑦**理**（30×2）▶物・化・生・地学から2 ⑧**情**▶情Ⅰ

［個別学力検査（450）］ 〈看護・作業療法学専攻〉 4科目 ①**外**（150）▶英・独・仏・中から1 ②**数**（150）▶数Ⅰ・数Ⅱ・数A（図形・場合）・数B（数列）・数C（ベク） ③④**理**（75×2）▶「物基・物」・「化基・化」・「生基・生」から2，ただし看護学専攻は「生基・生」必須

〈放射線技術科・検査技術科・理学療法学専攻〉 4科目 ①**外**（150）▶英・独・仏・中から1 ②**数**（150）▶数Ⅰ・数Ⅱ・数Ⅲ・数A（図形・場合）・数B（数列）・数C（ベク・平面） ③④**理**（75×2）▶「物基・物」・「化基・化」・「生基・生」から2，ただし放射線技術科学専攻は「物基・物」，検査技術科学専攻は「化基・化」必須

歯学部

前期 **［共通テスト（300）］** 8科目 ①**国**（80） ②**外**（60・英〈R30＋L30〉）▶英・独・仏・中・韓から1 ③**地歴・公民**（40）▶「地総・地探」・「歴総・日探」・「歴総・世探」・「公・倫」・「公・政経」から1 ④⑤**数**（30×2）▶「数Ⅰ・数A」・「数Ⅱ・数B・数C」 ⑥⑦**理**（30×2）▶物・化・生・地学から2 ⑧**情**▶情Ⅰ

［個別学力検査（525）］ 5科目 ①**外**（150）▶英・独・仏・中から1 ②**数**（150）▶数Ⅰ・数Ⅱ・数Ⅲ・数A（図形・場合）・数B（数列）・数C（ベク・平面） ③④**理**（75×2）▶「物基・物」・「化基・化」・「生基・生」から2 ⑤**面接**（75）

薬学部

後期 **［共通テスト（450）］** 8科目 ①**国**（100） ②**外**（100・英〈R50＋L50〉）▶英・独・仏・中・韓から1 ③**地歴・公民**（50）▶「地総・地探」・「歴総・日探」・「歴総・世探」・「公・倫」・「公・政経」から1 ④⑤**数**（50×2）▶「数Ⅰ・数A」・「数Ⅱ・数B・数C」 ⑥⑦**理**（50×2）▶物・化・生・地学から2 ⑧**情**▶情Ⅰ

［個別学力検査（300）］ 2科目 ①②**理**（150×2）▶「物基・物」・「化基・化」・「生基・生」から2

工学部

後期 **［共通テスト（450）］** 8科目 ①**国**（100） ②**外**（100・英〈R50＋L50〉）▶英・独・仏・中・韓から1 ③**地歴・公民**（50）▶「地総・地探」・「歴総・日探」・「歴総・世探」・「公・倫」・「公・政経」から1 ④⑤**数**（50×2）▶「数Ⅰ・数A」・「数Ⅱ・数B・数C」 ⑥⑦**理**（50×2）▶物・化・生・地学から2 ⑧**情**▶情Ⅰ

［個別学力検査（300）］ 2科目 ①**数**（150）▶数Ⅰ・数Ⅱ・数Ⅲ・数A（図形・場合）・数B（数列）・数C（ベク・平面） ②**理**（150）▶「物基・物」・「化基・化」・「生基・生」から1，ただし情報エレクトロニクス学科と機械知能工学科は「物基・物」必須，環境社会工学科は「生基・生」の選択不可

農学部

後期 **［共通テスト（450）］** 8科目 ①**国**（100） ②**外**（100・英〈R50＋L50〉）▶英・独・仏・中・韓から1 ③**地歴・公民**（50）▶「地総・地探」・「歴総・日探」・「歴総・世探」・「公・倫」・「公・政経」から1 ④⑤**数**（50×2）▶「数Ⅰ・数

A」・「数Ⅱ・数Ｂ・数Ｃ」 ⑥⑦**理**(50×2) ▶物・化・生・地学から２ ⑧**情**▶情Ⅰ
[個別学力検査(300)] **2**科目 ①②**理**(150×2) ▶「物基・物」・「化基・化」・「生基・生」・「地学基・地学」から２

獣医学部

前期 **[共通テスト(300)]** **8**科目 ①国(80) ②**外**(60・英〈R30＋L30〉) ▶英・独・仏・中・韓から１ ③**地歴・公民**(40) ▶「地総・地探」・「歴総・日探」・「歴総・世探」・「公・倫」・「公・政経」から１ ④⑤**数**(30×2) ▶「数Ⅰ・数Ａ」・「数Ⅱ・数Ｂ・数Ｃ」 ⑥⑦**理**(30×2) ▶物・化・生・地学から２ ⑧**情**▶情Ⅰ
[個別学力検査(450)] **4**科目 ①**外**(150) ▶英・独・仏・中から１ ②**数**(150) ▶数Ⅰ・数Ⅱ・数Ⅲ・数Ａ(図形・場合)・数Ｂ(数列)・数Ｃ(ベク・平面) ③④**理**(75×2) ▶「物基・物」・「化基・化」・「生基・生」から２
後期 **[共通テスト(450)]** **8**科目 ①国(100) ②**外**(100・英〈R50＋L50〉) ▶英・独・仏・中・韓から１ ③**地歴・公民**(50) ▶「地総・地探」・「歴総・日探」・「歴総・世探」・「公・倫」・「公・政経」から１ ④⑤**数**(50×2) ▶「数Ⅰ・数Ａ」・「数Ⅱ・数Ｂ・数Ｃ」 ⑥⑦**理**(50×2) ▶物・化・生・地学から２ ⑧**情**▶情Ⅰ
[個別学力検査(500)] **3**科目 ①②**理**(150×2) ▶「物基・物」・「化基・化」・「生基・生」から２ ③**面接**(200)

水産学部

前期 **[共通テスト(300)]** **8**科目 ①国(80) ②**外**(60・英〈R30＋L30〉) ▶英・独・仏・中・韓から１ ③**地歴・公民**(40) ▶「地総・地探」・「歴総・日探」・「歴総・世探」・「公・倫」・「公・政経」から１ ④⑤**数**(30×2) ▶「数Ⅰ・数Ａ」・「数Ⅱ・数Ｂ・数Ｃ」 ⑥⑦**理**(30×2) ▶物・化・生・地学から２ ⑧**情**▶情Ⅰ
[個別学力検査(450)] **4**科目 ①**外**(150) ▶英・独・仏・中から１ ②**数**(150) ▶数Ⅰ・数Ⅱ・数Ⅲ・数Ａ(図形・場合)・数Ｂ(数列)・数Ｃ(ベク・平面) ③④**理**(75×2) ▶「物基・物」・「化基・化」・「生基・生」・「地学基・地学」から２
後期 **[共通テスト(450)]** **8**科目 ①国(100) ②**外**(100・英〈R50＋L50〉) ▶英・独・仏・中・韓から１ ③**地歴・公民**(50) ▶「地総・地探」・「歴総・日探」・「歴総・世探」・「公・倫」・「公・政経」から１ ④⑤**数**(50×2) ▶「数Ⅰ・数Ａ」・「数Ⅱ・数Ｂ・数Ｃ」 ⑥⑦**理**(50×2) ▶物・化・生・地学から２ ⑧**情**▶情Ⅰ
[個別学力検査(300)] **2**科目 ①②**理**(150×2) ▶「物基・物」・「化基・化」・「生基・生」・「地学基・地学」から２

その他の選抜

フロンティア入試Ⅰ(共通テストを課す)は理学部(地球惑星科学科５名)，医学部40名，歯学部５名，工学部(応用理工学系学科応用マテリアル工学コース４名，環境社会工学科社会基盤学コース４名)，水産学部20名，フロンティア入試Ⅱ(共通テストを課さない)は理学部(数学科13名，物理学科14名，化学科11名，生物科学科高分子機能学専修分野３名)，工学部(応用理工学系学科応用物理工学コース15名，機械知能工学科５名，環境社会工学科環境工学コース５名)，国際総合入試は総合入試15名を募集。ほかに帰国生選抜，私費外国人留学生入試を実施。
注)募集人員は2024年度の実績です。

偏差値データ（2024年度）

●一般選抜

＊共通テスト・個別計/満点

学部／学科・課程／コース	2024年度			2023年度実績					
	駿台予備学校	河合塾		募集人員	受験者数	合格者数	合格最低点＊	競争率	
	合格目標ライン	ボーダー得点率	ランク偏差値					'23年	'22年
●前期									
総合入試									
文系	59	76%	62.5	95	338	105	493.6/750	3.2	3.3
理系［数学重点選抜群］	54	74%	57.5	125	451	130	437.1/750	3.5	3.1
［物理重点選抜群］	55	74%	57.5	225	642	232	461.4/750	2.8	2.5
［化学重点選抜群］	56	74%	57.5	226	601	235	463/750	2.6	2.5
［生物重点選抜群］	55	74%	57.5	169	410	174	435.3/750	2.4	2.5
［総合科学選抜群］	55	75%	57.5	239	433	247	433/750	1.8	2.7
文学部									
	58	76%	62.5	118	326	123	491.9/750	2.7	3.0
教育学部									
	54	77%	60	20	55	21	448/750	2.6	2.9
法学部									
	55	74%	60	140	358	146	439.7/750	2.5	2.2
経済学部									
	55	74%	60	140	324	150	441.1/750	2.2	2.4
医学部									
医	68	84%	65	85	275	90	602/825	3.1	3.1
保健／看護学	51	61%	50	60	139	68	374.55/750	2.0	1.8
／放射線技術学	54	68%	52.5	28	80	36	407.4/750	2.2	1.9
／検査技術学	53	68%	52.5	25	103	36	411.1/750	2.9	1.8
／理学療法学	54	68%	52.5	13	31	16	392.95/750	1.9	2.5
／作業療法学	51	67%	52.5	10	70	18	393.65/750	3.9	1.5
歯学部									
	57	71%	57.5	38	136	43	496.45/825	3.2	3.0
獣医学部									
	64	86%	65	20	92	22	549.15/750	4.2	3.8
水産学部									
	51	71%	55	105	279	117	420.95/750	2.4	2.7
●後期									
文学部									
	50	81%	—	37	134	48	363.3/500	2.8	2.5
教育学部									
	56	79%	—	10	56	12	426.7/600	4.7	3.0
法学部									
	57	79%	—	40	220	47	452.1/680	4.7	2.8
経済学部									
	56	79%	—	20	74	24	391.4/500	3.1	4.1

学部／学科・課程／コース	2024年度 駿台予備学校 合格目標ライン	2024年度 河合塾 ボーダー得点率	2024年度 河合塾 ランク偏差値	2023年度実績 募集人員	受験者数	合格者数	合格最低点*	競争率 '23年	競争率 '22年
理学部									
数	**62**	**78%**	**65**	10	46	11	非開示/600	4.2	3.7
物理	**61**	**85%**	**65**	3	47	3	非開示/600	15.7	4.9
化	**60**	**81%**	**62.5**	20	81	20	471.3/600	4.1	2.5
生物科／生物学	**59**	**81%**	**60**	10	39	10	非開示/600	3.9	3.9
／高分子機能学	**59**	**80%**	**62.5**	2	15	4	非開示/600	3.8	4.5
地球惑星科	**58**	**83%**	**60**	5	36	10	非開示/600	3.6	4.8
薬学部									
	60	**82%**	**62.5**	24	156	32	596/750	4.9	4.6
工学部									
応用理工系	**60**	**82%**	**62.5**	29	141	39	548.5/750	3.6	2.6
情報エレクトロニクス	**60**	**85%**	**62.5**	38	178	42	566/750	4.2	2.4
機械知能工	**60**	**82%**	**60**	25	81	33	527/750	2.5	3.9
環境社会工	**59**	**80%**	**60**	47	155	61	524/750	2.5	2.7
農学部									
	61	**82%**	**62.5**	53	207	63	585/750	3.3	2.3
獣医学部									
	64	**86%**	**65**	15	62	15	700.5/950	4.1	4.8
水産学部									
	55	**75%**	**57.5**	50	166	62	512.5/750	2.7	2.9

● 駿台予備学校合格目標ラインは合格可能性80%に相当する駿台模試の偏差値です。 ●競争率は受験者÷合格者の実質倍率
● 河合塾ボーダー得点率は合格可能性50%に相当する共通テストの得点率です。
　また，ボーダー偏差値は合格可能性50%に相当する河合塾全統模試の偏差値です。
● 合格者10人以下。合格最低点は非開示
※合格最低点は傾斜配点後の点数です。

併設の教育機関　大学院

文学院

院生数▶412名　※文学研究科を含む

修士課程▶ ●**人文学専攻**　哲学宗教学，歴史学，文化多様性論，表現文化論，言語科学，スラブ・ユーラシア学，アイヌ・先住民学の7講座。多様な分野を網羅し，人文学を総合的かつ領域横断的に学修できる柔軟なカリキュラムとなっている。

●**人間科学専攻**　心理学，行動科学，社会学，地域科学の4講座。科学的アプローチに基づく人間科学研究の国際的拠点を生かした学びができる。

博士後期課程▶ 人文学専攻，人間科学専攻

法学研究科

院生数▶191名

修士課程▶ ●**法学政治学専攻**　高等教育・企業法務・ジャーナリズムなどにおいて知的職業人を志す者に，法学・政治学における「複眼的専門知」の修得へと導く。

専門職学位課程▶ ●**法律実務専攻**（法科大学院）３年課程と２年課程がある。実務法曹を養成する。研究者・教員のほか裁判官，検察官，弁護士など，現場で活躍している法曹も授業を担当する。

博士後期課程▶ 法学政治学専攻

経済学院

院生数▸160名　※経済学研究科を含む

修士課程 ▸ ●現代経済経営専攻　グローバル化と情報化により多様化する現代の経済・経営現象を，経済理論・制度論・歴史分析，情報技術活用などにより多面的に考察。博士コースと経済政策，経営管理（MBA）の2つの専修コースがある。

専門職学位課程 ▸ ●会計情報専攻（会計専門職大学院）国際会計基準（IAS/IFRS）や情報技術を積極的に活用し，高度な専門性，幅広い視野，高い倫理観を備えた会計スペシャリストを育成する。

博士後期課程 ▸ 現代経済経営専攻

医学院

院生数▸536名　※医学研究科を含む

修士課程 ▸ ●医科学専攻　医学以外の多様な知識を持つ人材に，医科学や社会医学を教育すべくすべての大学・学部の卒業生に門戸を開いている。医療関連領域の高度専門職業人を育成する「医科学コース」に加え，公衆衛生上の諸課題に対し，幅広い知識と高い技能を持って活躍する人材を育成する「公衆衛生学（2年）コース」，一定の実務経験者を対象に「公衆衛生学（1年）コース」がある。

4年制博士課程 ▸ ●医学専攻　将来の医学・生命科学領域研究者・教育者を養成する「基盤医学コース」，優れた臨床技術と研究能力を備えた臨床医などを養成する「臨床医学コース」，社会医学・予防医学的視点から地域や国際レベルの健康・安全へのニーズに応える人材を育成する「社会医学コース」の3コースを設定。

歯学院

院生数▸141名　※歯学研究科を含む

4年制博士課程 ▸ ●口腔医学専攻　歯学・口腔医学の研究者・教育者を養成する「基盤系口腔医学コース」と，研究マインドを持った高度な技術を有する専門医を養成する「先端臨床系口腔医学コース」がある。社会人入試を行い，地域社会に広く門戸を開く。

獣医学院

院生数▸52名

4年制博士課程 ▸ ●獣医学専攻　古くは世界で初めて人工癌発生に成功した市川厚一博士の研究から，最近ではケミカルハザード対策専門家養成コースの設置など，獣医学教育研究の中心的役割を果たしている。

情報科学院

院生数▸539名　※情報科学研究科を含む

修士課程 ▸ ●情報科学専攻　情報理工学，情報エレクトロニクス，生体情報工学，メディアネットワーク，システム情報科学の5コースを設置。これらの領域に広がる情報科学に関する基礎分野と専門分野における高度な知識を修得し，新しい知識の創造ができ，優れた実践力と研究開発力を持って国際的に活躍するイノベーションリーダー人材を育成する。

博士後期課程 ▸ 情報科学専攻

水産科学院

院生数▸303名

修士課程 ▸ ●海洋生物資源科学専攻　水産生物資源・生産環境に関するフィールドサイエンスと，生産し活用するためのインダストリアルサイエンスにおいて，卓越した研究能力と専門知識・技術を有する人材を育成。

●海洋応用生命科学専攻　海洋生物の生命機能の調節，生体機能の制御に関する原理，原則を分子，細胞，個体のレベルで解明し，増養殖，水産資源の持続的利用，食品機能開発，新規有用物質の利用などに応用する。

博士後期課程 ▸ 海洋生物資源科学専攻，海洋応用生命科学専攻

環境科学院

院生数▸495名

修士課程 ▸ ●環境起学専攻　環境科学を新

しい学問体系として起こす。あらゆる環境問題解決に向け，複数の学問領域を統合。

●地球圏科学専攻　「生物地球化学」「大気海洋物理学・気候力学」「雪氷・寒冷圏科学」の３コースからなる。地球温暖化などの課題に取り組む。

●生物圏科学専攻　陸域から海洋まで，分子・細胞レベルから群集レベルまで，「日本最大のフィールドサイエンスの拠点で」生態系のメカニズム解明をめざす。

●環境物質科学専攻　「化学」物質の分布や作用の調査，環境修復・保全のための新手法を研究し，「化学」の見地から環境問題の解決をめざす。

博士後期課程　環境起学専攻，地球圏科学専攻，生物圏科学専攻，環境物質科学専攻

理学院

院生数▶429名

修士課程　●数学専攻　純粋数学から応用数学にわたる幅広い分野で最先端の数学を高いレベルで身につけた国際的な人材を育成。

●物性物理学専攻　量子機能物質や凝縮系物質を主な対象に，実践的研究活動を行う。物性物理学の概念や物質観を身につけ，独創的発想や論理展開のできる人材育成をめざす。

●宇宙理学専攻　宇宙創成から生命誕生に至る諸過程の解明に取り組む。

●自然史科学専攻　地球や生物多様性を包括的に理解できる研究者および科学的成果の実像を伝えられる教養人の養成をめざす。

博士後期課程　数学専攻，物性物理学専攻，宇宙理学専攻，自然史科学専攻

農学院

院生数▶473名

修士課程　●農学専攻　「生物圏に立脚した生存基盤の確立を通して人類の持続的繁栄に貢献する」ことを目標に食料生産，環境，食品製造・流通・利用，それらを支える基礎生物科学を対象に基盤科学から実用技術化までの幅広い研究を展開。生産フロンティア，生命フロンティア，環境フロンティアの３コース体制で，より俯瞰的かつ多面的な教育研究を推進し，境界領域の充実と新領域の創成に挑戦する。

博士後期課程　農学専攻

生命科学院

院生数▶433名

修士課程　●生命科学専攻　生体分子の構造と機能を理解する「生命融合科学」，各種生命現象の共通原理と多様性を学ぶ「生命システム科学」，創薬・医療分野への応用展開について思考する「生命医薬科学」の３コース編成。

●ソフトマター専攻　生体分子からマテリアル応用まで次世代の生命科学を切り開く国際的人材を養成。

４年制博士課程　●臨床薬学専攻　医薬品および医薬情報管理に必要な高度な臨床薬学の知識と技術を習得するとともに，医療現場における臨床的課題を見つけ，調査・研究により論理的に解決する能力を有する人材の育成をめざす。

博士後期課程　生命科学専攻，ソフトマター専攻

教育学院

院生数▶203名

修士課程　●教育学専攻　学校教育論，生涯学習論，教育社会論，教育心理学，臨床心理学，健康教育論，身体教育論，多元文化教育論の８講座で構成。

博士後期課程　教育学専攻

国際広報メディア・観光学院

院生数▶196名

修士課程　●国際広報メディア・観光学専攻　国際広報メディア研究と観光創造研究の２コース体制を採用しつつ，これらのコースの融合を担保して，高度化と多言語化が進んだ情報メディア環境とグローバル化と多文化化が進んだ社会状況のもとで複雑化する問題群を解決できる「観光メディア人材」を育成。

博士後期課程 国際広報メディア・観光学専攻

保健科学院

院生数▶155名

修士課程 ●**保健科学専攻** 最新の知識・医療技術を修得した高度医療専門職・教育者・研究者を養成。「保健科学コース」は診療放射線技師，臨床検査技師，理学療法士，作業療法士などの医療技術者，「看護学コース」は看護師，保健師，助産師に対する人材育成を図る。

博士後期課程 保健科学専攻

工学院

院生数▶966名

修士課程 ●**応用物理学専攻** 物質中における光・音波・電子間の相互作用を極限技術を駆使して解明・制御する研究を行う。

●**材料科学専攻** 材料数理学による材料設計，ナノからマクロまでの材料製造法，環境システムとしてのエコプロセス，新規機能材料としての環境調和材料やエネルギー材料に至るまでの先端材料科学の専門教育を行う。

●**機械宇宙工学専攻** 機械知能工学に関する基礎的知識の上に，宇宙工学および先端機械工学に関する諸科目を修得。

●**人間機械システムデザイン専攻** 人間の行動・生活・健康を支援し，その自由度を最大限発揮させる人間機械システムの研究開発。

●**エネルギー環境システム専攻** 機械知能工学に関する基礎的知識の上に，エネルギーシステム工学や原子力工学など，エネルギーの高度利用技術の研究に取り組む。

●**量子理工学専攻** 量子ビームおよびプラズマを応用するナノ材料に関する理工学の体系的な教育・研究を行う。

●**環境フィールド工学専攻** 環境や災害に関わる諸問題の実態とその現象を把握するための各種野外調査，広域計測・評価，動態解析・数値シミュレーションなどの技術を学ぶ。

●**北方圏環境政策工学専攻** 北方圏における安全・快適な空間と環境の創生のため，システム工学的・社会経済的な手法を用いて課題の解明に取り組む。

●**建築都市空間デザイン専攻** 人間的で持続的な生活環境の実現へ向け，新しい建築都市空間の計画・デザインに関する「観・論・術」の開発をめざす。

●**空間性能システム専攻** 建築空間や地域空間に関わる問題提起・問題解決・計画などの能力を身につけ，環境共生に基づいた高度な思索能力を育成する。

●**環境創生工学専攻** 環境を保全し，水・大気・物質（廃棄物）の健全な循環と代謝，安全かつ快適な生活環境を創造し，持続型社会システムを構築する研究に取り組む。

●**環境循環システム専攻** 開発生産からリサイクル・廃棄処分まで，資源循環システムの専門性を持った技術者・研究者を育成する。

●**共同資源工学専攻** 九州大学との共同課程。両校のリソースを最大活用し，資源工学の専門知識に加え，俯瞰力，マネージメント・デザイン力，国際性を備えた人材を育成する。

博士後期課程 応用物理学専攻，材料科学専攻，機械宇宙工学専攻，人間機械システムデザイン専攻，エネルギー環境システム専攻，量子理工学専攻，環境フィールド工学専攻，北方圏環境政策工学専攻，建築都市空間デザイン専攻，空間性能システム専攻，環境創生工学専攻，環境循環システム専攻

総合化学院

院生数▶438名

修士課程 ●**総合化学専攻** 分子化学，物質化学，生物化学の3コースを設置。理学・工学双方の立場から化学を俯瞰し，化学分野の素養を身につけ，国際化，科学技術の高度化・学際化などに対応できる人材を育成する。

博士後期課程 総合化学専攻

公共政策学教育部

院生数▶64名

専門職学位課程 ●**公共政策学専攻（公共政策大学院）** 法学研究科，経済学院，工学院と連携し，時代の最先端を担う政策プロフ

ェッショナルを育成する。

医理工学院

院生数▶46名

修士課程 ●医理工学専攻　量子医理工学と分子医理工学の２コースを設置。医学，工学，保健学，生物学，理学関係などの異分野を融合した学修体制で研究開発における国際的人材育成を行う。

博士後期課程 医理工学専攻

国際感染症学院

院生数▶49名

４年制博士課程 ●感染症学専攻　感染症学に関する広い視野，柔軟な発想力および総合的な判断力を養い，感染症学の発展と感染症の制圧に寄与できる人材を育成する。

国際食資源学院

院生数▶61名

修士課程 ●国際食資源学専攻　地球規模で拡大するさまざまな食資源問題に対し，具体的な解決策を提示し実践できる国際的リーダーとなる人材を育成する。

博士後期課程 国際食資源学専攻

MEMO

弘前(ひろさき)大学

資料請求

問合せ先 学務部入試課 ☎0172-39-3122，3123

大学の理念

弘前高等学校・青森師範学校・青森青年師範学校・青森医学専門学校・弘前医科大学を母体に1949年に新制大学として発足した。理念は「広く知識を授け，深く専門の学芸を教授研究し，知的，道徳的及び応用的能力を展開させ，人類文化に貢献しうる教養見識を備えた人格者の育成」。人文社会科，教育，医，理工，農学生命科の５学部からなる総合大学。大学のスローガンである「世界に発信し，地域とともに創造する」を具現化すべく，イノベーションに貢献する理工学系・農学系人材の育成強化，教員養成の質的充実，大学院教育・研究の充実などにおいて，不断の改革を実行し，選ばれる地方大学をめざして前進を続けている。キャンパスは「お城とさくらとりんごのまち」弘前市中心部にあり，６つの大学を擁する学園都市にはアカデミックな雰囲気が溢れている。

- **文京町キャンパス**…〒036-8560　青森県弘前市文京町
- **本町キャンパス**……〒036-8562　青森県弘前市本町

基本データ

学生数▶5,962名（男3,337名，女2,625名）
専任教員数▶教授215名，准教授202名，講師76名
設置学部▶人文社会科，教育，医，理工，農学生命科

併設教育機関▶大学院―保健学・理工学（以上M・D），教育学（P），人文社会科学・地域共創科学・農学生命科学（以上M），医学・地域社会・岩手大学大学院連合農学（以上D）

就職・卒業後の進路

就職率 98.6%
就職者÷希望者×100

● **就職支援**　キャリア指導の経験・実績を積んできた専任スタッフが，時間をかけ，対話しながら適切なアドバイスに努めることをモットーに，学生一人ひとりの相談や問い合わせに応える。模擬面接やエントリーシートの書き方なな実践的な指導はもちろん，キャリア教育，志望分野別ガイダンス，企業説明会など多岐にわたる支援を行っている。

● **資格取得支援**　教職支援室を設置し，教職アドバイザーが小論文や願書，自己PRの添削をはじめ，個人・集団面接，グループディスカッションなど二次試験対策までサポート。

進路指導者も必見 学生を伸ばす 面倒見

初年次教育
レポート・論文の書き方，プレゼン技法，情報収集や資料整理の方法などを習得する「基礎ゼミナール」や論理的思考や問題発見・解決能力の向上を図る「地域学ゼミナール」のほか，「データサイエンス基礎」を開講

学修サポート
TA制度，オフィスアワー制度のほか，人文社会・医（医）・理工・農学生命で教員１人が学生約10人を担当する教員アドバイザー制度を導入。また，学習面の相談に応じる学生修学支援室や理工学部学生教育相談室を設置

オープンキャンパス（2023年度実績）　8月に現地対面方式で開催（一部事前申込制）。模擬講義や学部紹介，各種相談会など。オープンキャンパスで使用した動画はHPでその後も公開。

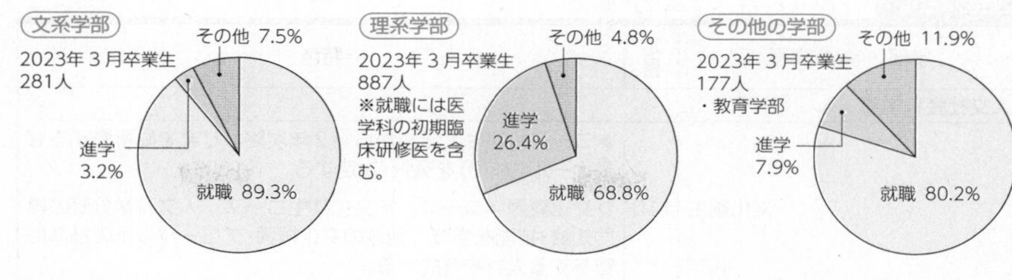

主なOB・OG▶［人文］櫻田宏（弘前市長），［教育］木野花（女優・演出家），［人文］安彦良和（漫画家・アニメーター），［旧農学］前野ウルド浩太郎（昆虫学者）など。

国際化・留学　大学間 60 大学等・部局間 44 大学等

受入れ留学生数▶28名（2023年５月１日現在）

留学生の出身国・地域▶中国，韓国，台湾，マレーシア，イタリアなど。

外国人専任教員▶教授６名，准教授８名，講師２名（2023年９月１日現在）

外国人専任教員の出身国▶韓国，中国，アメリカ，イギリス，タイなど。

大学間交流協定▶60大学・機関（交換留学先50大学，2023年５月１日現在）

部局間交流協定▶44大学・機関（2023年５月１日現在）

海外への留学生数▶渡航型33名・オンライン型25名／年（10カ国・地域，2022年度）

海外留学制度▶国際連携本部サポートオフィスが留学支援を行っている。協定校への交換留学は原則１年以内，学部により単位互換ができ，研修料・授業料が，不徴収となる。また，長期休暇を利用した語学研修や海外研修プログラム，短期海外研修および英語による修了報告などを必修とするグローバル人材育成プログラム「HIROSAKIはやぶさカレッジ」を実施。給付型や貸与型の奨学金制度も用意されている。また，北京言語大学主催やニューヨーク大学主催秋季講座など，オンラインプログラムも充実。

学費・奨学金制度　給付型奨学金総額 年間 670 万円

入学金▶282,000円

年間授業料（施設費等を除く）▶535,800円

年間奨学金総額▶6,700,000円

年間奨学金受給者数▶47名

主な奨学金制度▶修学支援を目的に20万円を給付する「岩谷元彰弘前大学育英基金」や，成績優秀かつ経済的な支援を要する青森県内出身者を対象に25万円を給付する「トヨペット未来の青森県応援事業奨学金」などを設置。このほか授業料免除制度があり，2022年度には延べ23人を対象に総額で約580万円を減免している。

保護者向けインフォメーション

●**成績確認**　全学部で成績表を，医学部医学科では履修科目と単位数の情報も保護者に郵送。

●**懇談会**　医学部保健学科と心理支援学科では，10月の総合文化祭期間中に保護者懇談会を開催するなど，各学部で実施。また，農学生命科学科では後援会会報も発行している。

●**防災対策**　「地震・火災・盗難・感染症対応マニュアル」をHPに掲載。学生が被災した際の安否を確認する「安否確認システム」を導入。

インターンシップ科目	必修専門ゼミ	卒業論文	GPA制度の導入の有無および活用例	１年以内の退学率	標準年限での卒業率
人文社会科・教育・農学生命科学部で開講	人文社会科・理工・農学生命科の３学部で３・４年次に実施	医学部医学科を除き卒業要件	奨学金等対象者の選定基準，留学候補者の選考のほか，一部の学部で個別の学修指導，大学院入試選抜基準，履修上限単位数の設定に活用	0.8%	90.7%（４年制）81.3%（６年制）

学部紹介&入試要項

学部紹介

学部／学科・課程	定員	特色
人文社会科学部		
		▶コース所属は2年次から。2年次終わりまでに所属するゼミナール(約70)を選択・決定する。
文化創生	110	▷文化資源学コース，多文化共生コース。人文科学分野の専門知識・技能を学び，地域の文化振興・グローバル化の推進に寄与する人材を育成する。
社会経営	155	▷経済法律コース，企業戦略コース，地域行動コース。社会科学分野の専門知識・技能を学び，現実の課題解決に役立つ実践力を身につける。
●取得可能な資格…教職(国・地歴・公・社・商業・英)，学芸員。 ●進路状況…………就職89.3%　進学3.2% ●主な就職先………国土交通省，厚生労働省，青森県職員，北海道職員，弘前市職員，札幌市職員，北海道警察，青森銀行，東奥日報社，青森放送，紅屋商事，ニトリなど。		
教育学部		
学校教育教員養成	140	▷初等中等教育専攻(小学校コース80名，中学校コース〈国語7名，社会7名，数学7名，理科7名，音楽3名，美術3名，保健体育5名，技術3名，家庭科3名，英語5名〉)，特別支援教育専攻10名。「教わる側」から「教える側」へ「専門力の充実」と「実践力の強化」から段階的にサポートし，地域から期待される教員を養成する。
養護教諭養成	20	▷専門職としての社会的責任を自覚し，その活動に必要な研究・研修を自ら進んで行える養護教諭を育成する。
●取得可能な資格…教職(国・地歴・公・社・数・理・音・美・保体・技・家・工業・英・保，小一種，幼一種，特別支援，養護一種)，学芸員など。 ●進路状況…………就職80.2%　進学7.9% ●主な就職先………公立学校教員(青森県，岩手県，秋田県，北海道，札幌市，横浜市，仙台市等)，財務省，青森県職員，岩手県職員，弘前市職員，日本学生支援機構など。		
医学部		
医	112	▷1年次から「臨床医学入門」で医療現場に入り患者との接し方を学び，2年次から講義・実習の「基礎医学」科目がスタート。3～4年次には系統ごとの「臨床医学科目」を集中的に履修し，5年次から附属病院で「臨床実習」を行い，6年次後期に総合試験を受け，国家試験に臨む。
保健	200	▷〈看護学専攻80名，放射線技術科学専攻40名，検査技術科学専攻40名，理学療法学専攻20名，作業療法学専攻20名〉医療・保健・福祉の現場で，今日不可欠となったチーム医療を担い・支える医療人を育成する。
心理支援科	10	▷保健医療，教育，福祉，司法・矯正などの各領域で活動する心理支援職としての責任感と倫理観を身につけ，現代における多様なこころの問題を理解し，適切な支援ができる実践力を養う。国家資格「公認心理師」の取得に向けて，'24年には保健学研究科に心理支援科学専攻を開設。

キャンパスアクセス [文京町キャンパス] 弘南鉄道一弘高下より徒歩約5分

● **取得可能な資格**…教職(看)，医師・看護師・保健師・助産師・診療放射線技師・臨床検査技師・理学療法士・作業療法士受験資格など。
● **進路状況**…………[医]初期臨床研修医90.8%　[保健]就職90.0%　進学8.5%
● **主な就職先**………[保健]弘前大学医学部附属病院，東北大学病院，北海道大学病院，岩手県立中央病院，八戸赤十字病院，青森県立中央病院，青森労災病院，八戸市職員など。

理工学部

学科	定員	特色
数物科	78	▷数理科学，物質宇宙物理学，応用計算科学の３コース。数学と物理を基軸に数理的および物理的な手法，柔軟な応用力，社会現象を計算科学的に処理できる能力を身につける。
物質創成化	52	▷有機・無機材料創成化学およびエネルギー・機能創成化学の２領域の選択科目が充実，将来のビジョンに沿った科目履修が可能。
地球環境防災	65	▷地球環境や自然災害などについて，多面的かつ柔軟に取り組める人材を育成する。
電子情報工	55	▷電子工学と情報工学の融合と応用をめざし，発展的分野における実践力を身につける。
機械科	80	▷機械工学に立脚し，その枠を超えた先端的な科学・技術の創出，幅広い産業分野に対応できる人材を育成する。２年次後期より知能システム，医用システムの２コースに分属。
自然エネルギー	30	▷人文社会科学や経済学と連携し，グローバルな視点から有効な資源を見極める人材を育成する。

● **取得可能な資格**…教職(数・理・情・工業)，学芸員。
● **進路状況**…………就職51.0%　進学43.4%
● **主な就職先**………国土交通省，気象庁，青森県職員，札幌市職員，青森県立公立学校，北海道公立学校，日本原燃，日本航空電子工業，日本マイクロニクス，メイテックなど。

農学生命科学部

学科	定員	特色
		▶国内で２校しかない，生物学科のある農学系学部の一つ。近接する領域を広い視野で学べる。コース所属は３年次から。
生物	40	▷基礎生物学コース，生態環境コース。北東北で唯一の生物学科。生物の仕組みおよび生物多様性や自然環境の管理と保全について探求する。
分子生命科	40	▷生命科学コース，応用生命コース。分子・細胞レベルで生命現象を解明し応用の可能性も探る。
食料資源	55	▷食料バイオテクノロジーコース，食品科学コース，食料生産環境コース。バイオテクノロジーを駆使して，環境負荷が少なく安心・安全な食料生産技術および食品の開発を行う。
国際園芸農	50	▷園芸農学コース，食農経済コース。世界で行われている農業生産領域や食と農業をめぐる課題を多面的・総合的・実学的・国際的に把握できる人材を育成。
地域環境工	30	▷農山村環境コース，農業土木コース。工学的な視点で地域づくりと農学的な視点で地域環境の整備・保全を考える。

● **取得可能な資格**…教職(理・農)，学芸員，測量士補，技術士補など。
● **進路状況**…………就職64.0%　進学31.8%
● **主な就職先**………厚生労働省，農林水産省，青森県職員，北海道職員，札幌市職員，北海道銀行，青森県産業技術センター，日新製薬，アウトソーシングテクノロジーなど。

キャンパスアクセス　[本町キャンパス]　弘南鉄道ー中央弘前より徒歩約7分

キャンパス

人文社会科・教育……［文京町キャンパス］青森県弘前市文京町１
理工・農学生命科……［文京町キャンパス］青森県弘前市文京町３
医（医学科）……………［本町キャンパス］青森県弘前市在府町５
医（保健学科・心理支援科学科）……［本町キャンパス］青森県弘前市本町66-1

2025年度入試要項（予告）

●募集人員

学部／学科・課程（専攻）		前期	後期
人文社会科	文化創成	60	15
	社会経営	国55/数35	20
教育	学校教育教員養成（初等中等教育/小学校）	35	20
	（初等中等教育/中学校国語）	7	－
	（初等中等教育/中学校社会）	7	－
	（初等中等教育/中学校数学）	7	－
	（初等中等教育/中学校理科）	7	－
	（初等中等教育/中学校家庭）	3	－
	（初等中等教育/中学校英語）	5	－
	（特別支援教育）	5	2
	養護教諭養成	14	－
医	医［青森県定着枠］	20	－
	医［一般枠］	50	－
	保健（看護学）	50	－
	（放射線技術科学）	20	－
	（検査技術科学）	20	－
	（理学療法学）	12	－
	（作業療法学）	10	－
	心理支援科	10	－
理工	数物科	数19/数理19	数6/理10
	物質創成化	26	10
	地球環境防災	30	15
	電子情報工	29	9
	機械科	36	20
	自然エネルギー	10	11
農学生命科	生物	23	5
	分子生命科	20	8
	食料資源	27	7
	国際園芸農	27	8
	地域環境工	16	5

※教育学部学校教育教員養成課程初等中等教育専攻中学校コース音楽専修，美術専修，保健体育専修，技術専修は総合型選抜Ⅰで募集。
※次のように略しています。国→国語選択，数→数学選択，数理→数学および理科選択，理→理科選択。

※医学部医学科の募集人員は予定。

●２段階選抜

医学部医学科で，志願者数が募集人員の8倍を超えた場合に行う。ただし，上記倍率を緩和することがある。

試験科目

デジタルブック ≫≫

偏差値データ（2024年度）

●一般選抜

学部／学科・課程／専攻	2024年度 駿台予備学校 合格目標ライン	河合塾 ボーダー得点率	河合塾 ボーダー偏差値	'23年度 競争率
●前期				
人文社会科学部				
文化創成	47	59%	47.5	2.0
社会経営［国語選択］	46	59%	47.5	2.2
社会経営［数学選択］	46	58%	47.5	1.8
教育学部				
学校／初等中等教育（小学校）	48	55%	45	1.5
（中学校国語）	48	55%	47.5	1.9
（中学校社会）	46	57%	47.5	1.8
（中学校数学）	47	55%	45	1.5
（中学校理科）	48	54%	45	2.0
（中学校技術）	46	50%	45	1.0
（中学校家庭）	46	55%	45	1.7
（中学校英語）	49	60%	50	1.4
／特別支援教育	47	54%	50	2.6
養護教諭養成	48	58%	47.5	2.0
医学部				
医［青森県定着枠］	60	77%	—	5.1
医［一般枠］	60	78%	—	5.8
保健／看護学	44	54%	45	1.2
／放射線技術科学	46	64%	47.5	3.0
／検査技術科学	46	62%	50	1.5
／理学療法学	47	60%	47.5	1.8

学部／学科・課程／専攻	2024年度			'23年度
	駿台予備学校	河合塾		競争率
	合格目標ライン	ボーダー得点率	ボーダー偏差値	
／作業療法学	45	57%	47.5	1.4
心理支援科	47	65%	52.5	1.8
▶理工学部				
数物科［数学選択］	45	56%	47.5	3.1
数物科［数学・理科選択］	45	57%	45	1.9
物質創成化	44	55%	42.5	1.6
地球環境防災	44	55%	42.5	1.6
電子情報工	45	59%	45	1.8
機械科	44	54%	45	1.7
自然エネルギー	44	55%	42.5	—
▶農学生命科学部				
生物	48	59%	47.5	1.9
分子生命科	48	60%	50	2.7
食料資源	47	56%	45	1.6
国際園芸農	47	55%	45	1.9
地域環境工	45	52%	45	1.7
●後期				
▶人文社会科学部				
文化創成	48	63%	—	3.1
社会経営	47	60%	—	3.2
▶教育学部				
学校/初等中等教育(小学校)	49	57%	—	1.5
▶理工学部				
数物科［数学選択］	47	67%	50	4.6
数物科［理科選択］	47	64%	50	1.8
物質創成化	46	63%	47.5	2.8
地球環境防災	46	60%	47.5	1.9
電子情報工	47	63%	47.5	2.2
機械科	46	60%	47.5	2.3
自然エネルギー	46	59%	42.5	1.3
▶農学生命科学部				
生物	49	67%	50	1.8
分子生命科	49	65%	50	2.5
食料資源	48	62%	47.5	1.3
国際園芸農	48	62%	47.5	3.5
地域環境工	46	58%	45	2.5

- 駿台予備学校合格目標ラインは合格可能性80%に相当する駿台模試の偏差値です。
- 河合塾ボーダー得点率は合格可能性50%に相当する共通テストの得点率です。また，ボーダー偏差値は合格可能性50%に相当する河合塾全統模試の偏差値です。
- 競争率は受験者÷合格者の実質倍率

岩手(いわて)大学

資料請求

問合せ先 学務部入試課 ☎019-621-6064

大学の理念

「世界がぜんたい幸福にならないうちは個人の幸福はあり得ない」という宮沢賢治の想いを受け継ぎ，誰一人取り残さない持続可能な社会の実現をめざし，予測不能な時代に対応できるレジリエントな人材を育成。教養教育と専門教育の調和を教育の基本とし，有為な人材を社会に輩出するための学問の教授に加え，「地域に関する学修」や学生主体のプログラム「Let's びぎんプロジェクト」「学内カンパニー」など，地域社会との関わりの中で学ぶことを含めた多様な学習環境を整備するとともに，学生が学びたいことが学べる教育カリキュラムを充実し，丁寧できめ細やかな学びのコーディネーションの実現に取り組んでいる。「地域の知の府」そして「知識創造の場」として，存在価値が社会に認められ今後も存在し続けるべく体制を強化している。

● 岩手大学キャンパス…〒020-8550 岩手県盛岡市上田3-18-8

基本データ

学生数▶4,553名（男2,719名，女1,834名）

専任教員数▶教授159名，准教授145名，講師5名

設置学部▶人文社会科，教育，理工，農

併設教育機関▶大学院―総合科学（M），教育学（P），理工学，獣医学，連合農学（以上D）

就職・卒業後の進路

就職率 95.6％

就職者÷希望者×100

● **就職支援**　キャリア教育グループが就職活動を支援するガイダンスをさまざまなテーマで実施，オンライン就活にも対応している。早い段階からキャリアを意識した大学生活が送れるように低年次向け「ココカラガイダンス」を開催するほか，インターンシップ支援も強化しており，研修先の探し方から申込手続，ビジネスマナー研究，インターンシップ選考対策まで幅広くサポート。また，国家資格を有するキャリアコンサルタントがキャリアに関するあらゆる相談はもちろん，書類添削や面接対策，将来の不安に対する漠然とした悩みなどにも気軽に応じている。

● **資格取得支援**　合格した先輩が学習相談や二次試験対策などを行う公務員試験対策講座のほか，TOEICや教員採用試験対策を開講。

進路指導者も必見 学生を伸ばす 面倒見

初年次教育

学問や大学教育全体に対する動機づけ，レポート・論文の書き方，プレゼン技法を習得する「基礎ゼミナール」，論理的思考や問題発見・解決能力の向上を図る「地域課題演習」のほか，「大学の歴史と現在」「情報基礎」を開講

学修サポート

全学部でTA制度，オフィスアワー制度を導入。さらに学修支援室を設置し，担当スタッフが学修上の相談に応じるほか，アカデミックライティング（日本語）などの講座を実施

オープンキャンパス(2023年度実績)　8月8日に「大学に興味を持つ高校生・受験生およびその保護者」と「高等学校等の進路指導教員」を対象に開催。学部・学科・コース説明，ミニ講義，研究室紹介，相談会などを実施。

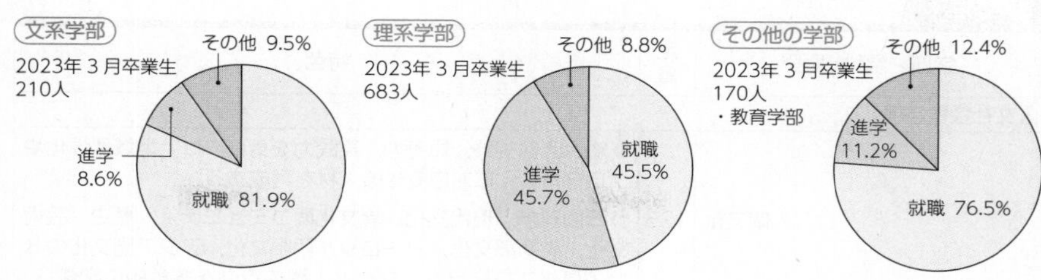

主なOB・OG ▶ ［旧工］吉澤和弘（NTTドコモ相談役），［教育］関向良子（アナウンサー）など。

国際化・留学　大学間 36 大学・部局間 25 大学

受入れ留学生数 ▶ 42名（2023年５月１日現在）

留学生の出身国 ▶ 中国，韓国，ベトナム，マレーシアなど。

外国人専任教員 ▶ 教授４名，准教授６名，講師１名（2023年５月１日現在）

外国人専任教員の出身国 ▶ 中国，アメリカ，韓国，イギリス，フランスなど。

大学間交流協定 ▶ 36大学（交換留学先27大学，2023年８月１日現在）

部局間交流協定 ▶ 25大学（交換留学先16大学，2023年８月１日現在）

海外への留学生数 ▶ 渡航型45名・オンライン型６名／年（2022年度）

海外留学制度 ▶ 国際教育センターのスタッフが一人ひとりの要望に合わせて留学を支援。大学に在籍したまま海外の協定校に留学できる「交換留学プログラム」（半年〜１年間）や，長期休暇を利用した「語学研修」「国際インターンシップ」（１週間〜１カ月）のほか，フィリピン（貧困），台湾（ビジネス）などで行われる「海外研修—世界から地域を考える」（約10日間）では，地域の課題に英語で取り組む。学内でも留学生と共修する授業や「国際合宿」などを実施。また，学内の仮想海外空間（global Village）でも語学学習活動や留学生との交流を推進している。コンソーシアムはUMAPに参加。

学費・奨学金制度　給付型奨学金総額 年間 420 万円

入学金 ▶ 282,000円

年間授業料（施設費等を除く）▶ 535,800円

年間奨学金総額 ▶ 4,200,000円

年間奨学金受給者数 ▶ 42人

主な奨学金制度 ▶ 岩手大学イーハトーヴ基金修学支援奨学金（年額10万円給付）のほか，学費減免制度もあり，2022年度には延べ113人に総額で約1,534万円を減免している。

保護者向けインフォメーション

- **成績確認**　成績表，履修科目と単位数を郵送。
- **公開授業**　人文社会学部で入学前・後に，農学部で入学後に保護者向け公開授業を実施。
- **保護者会**　教育学部と理工学部で保護者懇談会を，農学部では教育・進路懇談会を開催している。人文社会学部と教育学部では「後援会報」を発行している。
- **防災対策**　「学生生活の手引き」に地震避難マニュアルを掲載。学生が被災した際の安否はメールを利用して確認する。

インターンシップ科目	必修専門ゼミ	卒業論文	GPA制度の導入の有無および活用例	１年以内の退学率	標準年限での卒業率
理工・農学部で開講している	人文社会は３年次，教育・理工は４年次，農は３・４年次（共獣は５年次）に実施	全学部で卒業要件	学生に対する個別の学習指導に活用	0.5%	88.4%（４年制）88.6%（６年制）

学部紹介

学部／学科・課程	定員	特色
人文社会科学部		
		▶総合的な視野，思考力，実践力を身につけ，地域活性化やグローバル化に対応できる人材を育成する。
人間文化	125	▷行動科学，現代文化，異文化間コミュニティ，歴史，芸術文化，英語圏文化，ヨーロッパ語圏文化，アジア圏文化の８つの専修プログラム。文化と人間の行動を多角的に学修し，グローバル化を踏まえた地域社会の発展・向上に貢献できる人材を育成する。
地域政策	75	▷政策法務，企業法務，地域社会経済，地域社会連携，環境共生の５つの専修プログラム。持続可能な社会づくりに法・経済・環境分野の学修を軸としながら，総合的視点から取り組むことのできる人材を育成する。
● 取得可能な資格…教職(国・地歴・公・社・英)，学芸員など。 ● 進路状況…………就職81.9%　進学8.6% ● 主な就職先………岩手県，岩手銀行，盛岡市，薬王堂，青森労働局，七十七銀行，青森県，仙台市，北日本銀行，岩手労働局，宮城県，東北地方整備局，盛岡地方法務局など。		
教育学部		
学校教育教員養成	160	▷地域の教育ニーズに応え，教育の理論と実践力を兼ね備えた質の高い教員を養成。教員養成に特化した１課程４コース(小学校教育コース〈国語，社会，英語，音楽，美術，保健体育，教育学，心理学，特別支援教育，情報教育学〉，中学校教育コース〈国語，社会，英語，音楽，美術，保健体育〉，理数教育コース〈数学，理科〉，特別支援教育コース)により，未来を担う子どもたちを育てることを真剣に考える創造性豊かな人材を育成する。
● 取得可能な資格…教職(国・地歴・公・社・数・理・音・美・保体・技・英，小一種，特別支援)など。 ● 進路状況…………就職76.5%　進学11.2% ● 主な就職先………岩手県・宮城県・青森県・秋田県・福島県・仙台市・横浜市公立学校，盛岡市，岩手県など。		
理工学部		
		▶理学と工学の壁を越え，自然科学から実用技術までの融合的な教育・研究を行い，グローバル社会で主体的に活躍する人材を育成する。
化学・生命理工	90	▷化学，生命の２コース。化学と生命に関する基礎知識と両分野の技術開発に必要な基礎力，統合力，展開力を兼ね備えた人材を養成する。
物理・材料理工	80	▷「数理・物理コース」では，数理・物理科学，材料科学，材料工学に関する理工学の基礎を学び，「マテリアルコース」では，物質科学と材料工学の高い専門性を身につける。
システム創成工	270	▷電気電子通信，知能・メディア情報，機械科学，社会基盤・環境の４コース。電気・通信・情報・機械・環境などの要素を統合し，次世代科学技術を創出できる人材を養成する。

 キャンパスアクセス [岩手大学キャンパス] JR東北本線－盛岡よりバス10分，または徒歩25分

● **取得可能な資格**…教職（数・理・工業），技術士，測量士補など。
● **進路状況**…………就職37.6%　進学55.0%
● **主な就職先**………キオクシア岩手，盛岡市，東北電力，岩手県，東北地方整備局，仙台市，SCSKニアショアシステムズ，ジャパンセミコンダクター，盛岡セイコー工業など。

農学部

学科	定員	内容
植物生命科	40	▷植物および昆虫の生命現象と農学に関連する生命の機能を解明するための基礎知識を生物学や化学的な観点から学ぶ。
応用生物化	40	▷化学と分子生物学的手法を用い，微生物や動植物，食品の機能解明とその利用，食品の加工技術開発などを研究する。
森林科	30	▷日本技術者教育認定機構により認定されたJABEE教育プログラムをもとに森林資源の管理・利用，生態系の保全，災害対策などの知識・技術を身につけた人材を育成する。
食料生産環境	60	▷農村地域デザイン学，食産業システム学，水産システム学の３コース。食料生産と地域づくりを通した地域創生に貢献できる人材を育成する。
動物科	30	▷人と動物が共生する地域社会の創造や動物関連産業の発展，生命科学の発展に貢献できる国際的視野を持った人材を育成。
共同獣医	30	▷６年制。分子レベルから動物の疾患の診断治療まで，幅広い教養と専門性を備えた人材を育成する。

● **取得可能な資格**…教職（理・農），獣医師受験資格（共同獣医のみ）など。
● **進路状況**…………就職60.2%　進学28.6%
● **主な就職先**………岩手県，宮城県，秋田県，茨城県，新日本科学，東北地方整備局，全国農業協同組合連合会岩手県本部，東北農政局，林野庁，神奈川県，青森県，仙台市など。

キャンパス

全学部…［岩手大学キャンパス］岩手県盛岡市上田3-18-8

2025年度入試要項（予告）

●募集人員

学部／学科・課程（コース）		前期	後期
▶人文社会科	人間文化	63	22
	地域政策	43	12
▶教育	学校教育教員養成（小学校教育）	48	15
	（中学校教育／国語）	5	−
	（中学校教育／社会）	5	−
	（中学校教育／英語）	5	−
	（中学校教育／音楽）	3	−
	（中学校教育／美術）	2	−
	（中学校教育／保健体育）	3	−
	（理数教育／数学）	12	−
	（理数教育／理科）	10	−
	（特別支援教育）	5	2
▶理工	化学・生命理工（化学）	38	12
	（生命）	18	6
	物理・材料理工（数理・物理）	23	5
	（マテリアル）	31	10
	システム創成工（電気電子通信）	38	13
	（知能・メディア情報）	36	12
	（機械科学）	50	16
	（社会基盤・環境）	35	6
▶農	植物生命科	26	4
	応用生物化	32	3
	森林科	16	3
	食料生産環境（農村地域デザイン学） （食産業システム学）	26	4
	（水産システム学）	10	3
	動物科	20	3
	共同獣医	20	−

●２段階選抜　実施しない

試験科目

デジタルブック 

偏差値データ（2024年度）

●一般選抜

学部／学科・課程／コース	2024年度 駿台予備学校 合格目標ライン	河合塾 ボーダー得点率	河合塾 ボーダー偏差値	'23年度 競争率
●前期				
▶人文社会科学部				
人間文化	48	64%	50	1.8
地域政策	46	62%	47.5	1.9
▶教育学部				
学校教育／小学校教育	48	55%	45	1.3
／中学校教育（国語）	47	57%	47.5	1.2
（社会）	46	57%	50	1.8
（英語）	48	57%	50	1.0
（音楽）	42	54%	—	1.0
（美術）	42	52%	—	1.0
（保健体育）	43	52%	—	1.7
／理数教育（数学）	47	56%	47.5	1.1
（理科）	47	56%	45	1.1
／特別支援教育	45	54%	47.5	1.5
▶理工学部				
化学・生命理工／化学	44	58%	45	1.3
／生命	45	57%	45	1.9
物理・材料理工／数理・物理	44	56%	45	1.1
／マテリアル	44	55%	42.5	1.2
システム創成工／電気電子通信	44	56%	45	—
／知能・メディア情報	44	59%	45	1.3
／機械科学	44	54%	42.5	1.1
／社会基盤・環境	44	53%	42.5	1.0
▶農学部				
植物生命科	49	59%	50	1.6
応用生物化	50	61%	50	1.2
森林科	49	57%	45	1.8
食料生産環境／農村地域・食産業	48	55%	45	1.1
／水産システム学	49	55%	45	1.8
動物科	52	64%	52.5	1.5
共同獣医	58	73%	60	3.5
●後期				
▶人文社会科学部				
人間文化	49	73%	—	2.5
地域政策	47	71%	—	1.6
▶教育学部				
学校教育／小学校教育	49	61%	—	1.2
／特別支援教育	46	61%	—	1.5
▶理工学部				
化学・生命理工／化学	46	66%	47.5	1.3
／生命	47	65%	47.5	2.0
物理・材料理工／数理・物理	45	67%	47.5	2.7
／マテリアル	45	64%	47.5	1.2
システム創成工／電気電子通信	45	66%	50	1.1
／知能・メディア情報	45	66%	50	1.2
／機械科学	45	63%	45	1.1
／社会基盤・環境	45	64%	47.5	—
▶農学部				
植物生命科	48	66%	—	2.3
応用生物化	49	68%	—	1.7
森林科	48	65%	—	2.3
食料生産環境／農村地域・食産業	47	63%	—	2.5
／水産システム学	48	64%	—	2.7
動物科	51	72%	—	2.3

- 駿台予備学校合格目標ラインは合格可能性80％に相当する駿台模試の偏差値です。
- 河合塾ボーダー得点率は合格可能性50％に相当する共通テストの得点率です。また，ボーダー偏差値は合格可能性50％に相当する河合塾全統模試の偏差値です。
- 競争率は受験者÷合格者の実質倍率

MEMO

東北大学

資料請求

問合せ先 入試センター☎022-795-4800(一般入試)，4802(AO入試，特別選抜)

大学の理念

国内３番目の帝国大学として1907（明治40）年に創設された東北帝国大学が前身。以来115年の歴史を有するわが国屈指の総合大学。「研究第一」研究中心の大学，「門戸開放」誰でも受け入れる，「実学尊重」社会に役立つ知識技術を大切にする，を独自の理念に，世界最高水準の研究・教育を実践している。ノーベル賞や文化勲章受章者も多数輩出。2017年には指定国立大学法人の最初の３大学に指定されている。グローバル化の一層の進展や第４次産業革命の進行により、大学には既成概念の枠を超えた新たな社会価値の創造へ向けた大胆な挑戦が強く求められている。「教育・研究・社会との共創」の好循環をより高い次元で実現すべく，新青葉山キャンパスでは産学官金が結集して社会価値創造を行う「サイエンスパーク」の整備を進めている。

● キャンパス情報はＰ.1150をご覧ください。

基本データ

学生数▶10,644名（男7,746名，女2,898名）
専任教員数▶教授925名，准教授745名，講師199名
設置学部▶文，教育，法，経済，理，医，歯，薬，工，農
併設教育機関▶大学院（P.1157参照）

就職・卒業後の進路

就職率 **93.3**％
就職者÷希望者×100

●**就職支援**　キャリア支援センターが，年間を通じて，学生のニーズに対応した進路・就職の相談・支援を行う。全学教育ではキャリア教育科目を開講，キャリア就職フェアやインターンシップフェアを企画開催するほか，自己分析や業界研究などをテーマとしたセミナーや模擬面接などの実践的なワークショップ，個別相談を実施している。また，首都圏で就職活動をする学生が無料で利用できる「東京VIPラウンジ」を用意している。

●**大学院進学**　文・教育・法・経済の文系４学部と医学部保健学科では卒業生の10～40%，理・薬・工・農学部は80～90%が大学院に進学している。医学部医学科と歯学部は国家試験合格後に臨床研修へと進み，医師や研究者への道を歩む。

進路指導者も必見 学生を伸ばす 面倒見

初年次教育	学修サポート
大学での探求のあり方を涵養する「学問論」，それをベースにした研究・課題解決型の「学問論演習」や「情報とデータの基礎」「自然科学総合実験」「汎用的技能ワークショップ」，カレント・トピックス科目などを開講	全学部でTA・SA制度，オフィスアワー制度を導入。また，学生約14人に1人の教員アドバイザーを配置。学習支援センターでは先輩学生による学習支援やレポート作成のゼミを開講

オープンキャンパス(2023年度実績)　7月26･27日に各キャンパスで開催。学部案内，模擬講義，相談会，在学生との懇談会などを実施。当日の様子は一部ライブでも配信。

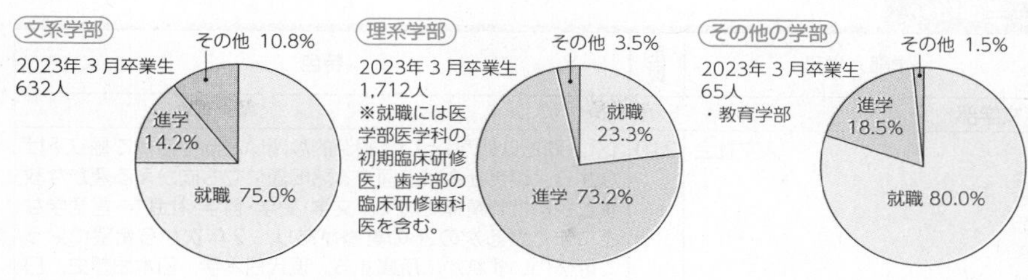

主なOB・OG ▶ ［工］田中耕一（島津製作所エグゼクティブ・リサーチフェロー，ノーベル化学賞受賞者），［工］小田和正（ミュージシャン），［法］伊坂幸太郎（小説家）など。

国際化・留学　大学間 244 大学等・部局間 467 大学等

受入れ留学生数 ▶ 422名（2023年５月１日現在）

留学生の出身国・地域 ▶ 中国，韓国，インドネシア，タイ，台湾など。

外国人専任教員 ▶ 教授13名，准教授20名，講師４名（2023年５月１日）

外国人専任教員の出身国 ▶ 中国，韓国，アメリカ，イタリアなど。

大学間交流協定 ▶ 244大学・機関（交換留学先198大学，2023年10月27日現在）

部局間交流協定 ▶ 467大学・機関（交換留学先268大学，2023年10月27日現在）

海外への留学生数 ▶ 渡航型303名・オンライン型38名／年（28カ国・地域，2022年度）

海外留学制度 ▶ 海外交流協定校に１学期～１年留学する交換留学制度をはじめ，学習目的や期間により選べるさまざまなプログラムを用意。グローバルラーニングセンターでは説明会の開催や留学先，留学スタイルなどの相談にも対応している。海外体験プログラムでは海外の大学などが主催する２週間以上のプログラムに本学での事前・事後研修を組み合わせて単位取得が可能。AO入試Ⅱ期などによる入学予定者対象の「入学前海外研修」も実施。また，オンラインプラットフォームを活用した短期研修プログラムや海外大学の講義履修なども提供している。コンソーシアムはAPRU，AEARUなど５つに参加している。

学費・奨学金制度　給付型奨学金総額 年間約 828 万円

入学金 ▶ 282,000円

年間授業料（施設費等を除く）▶ 535,800円

年間奨学金総額 ▶ 8,280,000円

年間奨学金受給者数 ▶ 23人

主な奨学金制度 ▶ 経済的支援を要する学業成績優秀な学部学生に月額３万円を１年間支給する「元気・前向き奨学金」や，東北大学基金「パラマウントベッド奨学金」などを設置。

保護者向けインフォメーション

●**就職ガイダンス**　在学生の保護者向けに，現在の就職活動の流れや卒業生の就職状況を説明するセミナーや「就職支援ガイド」の配布，キャリア支援センターの教員によるオンライン個別相談を実施。また，「保護者のための就活講座」のオンデマンド動画を在学生の保護者に限定し，通年公開している。

●**防災対策**　被災した際の学生の安否は，大学独自の「安否確認システム」を利用して確認。

インターンシップ科目	必修専門ゼミ	卒業論文	GPA制度の導入の有無および活用例	１年以内の退学率	標準年限での卒業率
全学部で開講している	教育・経済・理・薬・工・農学部で実施。開講年次は学部・学科により異なる	法・医（医学科）・歯学部を除き卒業要件	奨学金や授業料免除対象者の選定基準のほか，一部の学部で修得単位数の情報と併せて個別の学習指導や履修上限単位数設定に活用	0.5%	86.1%（４年制）85.6%（６年制）

学部紹介

学部／学科	定員	特色
文学部		
人文社会	210	▷「人間とは何か」という根源的な問いと向き合って掘り下げながら，現代社会が直面する諸問題に立ち向かえる豊かな教養と鋭い批判精神を磨く。文学・史学・哲学・社会学・言語学などにまたがる次の26の専修があり，２年次から希望に沿って専修のいずれかに所属する。現代日本学，日本思想史，日本語学，日本語教育学，日本文学，日本史，考古学，文化人類学，宗教学，インド学仏教史，中国文学，中国思想，東洋史，英文学，英語学，ドイツ文学，フランス文学，西洋史，哲学，倫理学，東洋・日本美術史，美学・西洋美術史，心理学，言語学，社会学，行動科学。
●取得可能な資格…教職（国・地歴・公・社・英・仏・宗），学芸員など。 ●進路状況…………就職66.8%　進学19.1% ●主な就職先………東北大学，宮城県庁，仙台市役所，厚生労働省，仙台国税局，伊藤忠商事，NTTドコモ，共同通信社，セコム，トーマツ，凸版印刷，楽天グループなど。		
教育学部		
教育科	70	▷教育について幅広い知識を獲得し，深い洞察力，教育を企画し実践していく力を身につける。教育という視座から社会・文化をとらえ，人を理解し，支援していくことを学ぶ。１年次の後期には「教育学コース」と「教育心理学コース」のいずれかを選択し，専門領域の知見を深める。
●取得可能な資格…教職（公・社），学芸員，社会教育主事任用資格など。 ●進路状況…………就職80.0%　進学18.5% ●主な就職先………教員（高等学校），防衛省，岩手県庁，仙台市役所，東日本電信電話，電通，野村不動産，三菱地所，NTTデータ，帝国データバンクなど。		
法学部		
法	160	▷法学・政治学に関わる正確な基礎知識を身につけ，鋭い正義感覚と幅広い視野から社会的諸問題を発見・分析し，その解決に努めることのできる「法政ジェネラリスト」を養成する。少人数の演習を１年次から履修できる。法曹コースと国際コースでは早期卒業制度を利用し，学部と法科大学院または修士課程を最短５年で修了することも可能。
●進路状況…………就職68.1%　進学20.9% ●主な就職先………岩手県庁，宮城県庁，仙台市役所，総務省，警察庁，仙台国税局，仙台高等裁判所，あずさ監査法人，大林組，東北電力，トヨタ自動車，富士通など。		
経済学部		
経済 経営	260	▶経済学と経営学の融合教育，少人数教育，大学院との連携教育，留学などの国際教育を実施し，グローバル・マインド，データ分析力および挑戦心を涵養。学科の所属は３年次に選ぶ演習専門科目（ゼミナール）によって決定。どちらの学科に所属しても履修できる科目は共通。
●進路状況…………就職85.2%　進学6.7% ●主な就職先………金融庁，東北経済産業局，アクセンチュア，国際協力銀行，JFEスチール，東京海上日動火災保険，丸紅，みずほフィナンシャルグループなど。		

キャンパスアクセス [片平キャンパス]仙台市地下鉄東西線一青葉通一番町より徒歩10分／JR東北本線・新幹線一仙台より徒歩15分

理学部		
		▶５つの系別に募集。２年次後期に学科やコースに所属する。
数（数学系）	45	▷３年次後期に「代数学」「幾何学」「解析学」「多様体論」「応用数理」のいずれかの講座の研究室に所属し研究に取り組む。
物理（物理系）	78	▷日本屈指の規模を持ち，素粒子と宇宙，原子核，物質の性質・構造や生物まで，現代物理学の主要な分野をカバー。
宇宙地球物理（物理系）	41	▷天文学コース（理論天文学，観測天文学）と地球物理学コース（固体地球系，流体地球系，太陽惑星空間系）に分かれ，専門分野の学習と研究に取り組む。
化（化学系）	70	▷３年次後期に「無機・分析化学」「有機化学」「物理化学」「境界領域化学」「先端理化学」の５つの基幹講座に組織される16の研究室からいずれか１つに分属し，研究に取り組む。
地圏環境科（地球科学系） 地球惑星物質科（地球科学系）	50	▷46億年の地球進化の過程や構造，変動史について研究する。２年次後期にいずれかの学科を選択。地圏環境科学科（定員30名）では「地圏進化学」「環境地理学」「環境動態論」，地球惑星物質科学科（定員20名）では「地球惑星物質科学」「比較固体惑星学」のいずれかの講座に所属し卒業研究に取り組む。
生物（生物系）	40	▷３年次後期に分子生物学，細胞生物学，発生学，脳神経科学，生態学，進化学など20近くの分野から研究室を選び，各分野の最先端の研究を行う。

● **取得可能な資格**…教職（地歴・社・数・理），学芸員，測量士補など。
● **進路状況**…………就職13.8%　進学81.9%
● **主な就職先**………教員（中学・高等学校），仙台市教育委員会，アウトソーシングテクノロジー，サイバーコム，三菱UFJモルガンスタンレー証券など。

医学部		
医	116	▷「研究第一」「実学尊重」を理念に，研究心を有する医療・医学研究リーダーを養成する。研究心を持って一生にわたって能動的に学習し続ける姿勢と学習法を体得する６年間の教育プログラムを設定。３年次の基礎医学修練や６年次の高次臨床修練では，海外の研究施設や大学病院などでも，研究や実習を行うことができる。
保健	144	▷〈看護学専攻70名，放射線技術科学専攻37名，検査技術科学専攻37名〉病める人の立場になって問題解決のできる倫理観と人間性を備え，国際的視野で行動でき，研究マインドを持った医療技術者や生命科学系の研究者を育成する。

● **取得可能な資格**…医師・看護師・助産師・診療放射線技師・臨床検査技師受験資格など。
● **進路状況**…………［医］初期臨床研修医93.1%　就職1.5%　［保健］就職59.0%　進学40.3%
● **主な就職先**………東北大学病院はじめ各地の病院，医療施設，行政機関など。

歯学部		
歯	53	▷自ら研究することで考究力を高める実習に加え，次代の歯科医療や医療倫理を学ぶ講座群をいち早く整備し，歯学の教育・研究，先端歯科医療を牽引する人材を育成。短期留学の機会を豊富に用意し，国際交流科目として単位化することで，国際性の涵養を推進している。

● **取得可能な資格**…歯科医師受験資格。
● **進路状況**…………臨床研修歯科医77.4%　進学1.9%
● **主な就職先**………東北大学病院はじめ各地の病院，医療施設，行政機関など。

キャンパスアクセス ［川内キャンパス］仙台市地下鉄東西線一川内駅直結／国際センターより徒歩5分

薬学部		
		▶学部で一括募集し，３年次後期に学科を選択。
創薬科	66	▷４年制。薬学研究者や医薬品開発者としての基礎を確立する。
薬	20	▷６年制。４年次後期に共用試験CBTとOSCEを実施，合格した学生だけがその後の実務実習，演習へと進み，薬剤師国家試験受験資格を得られる。

● 取得可能な資格…教職（理），薬剤師受験資格（薬学科）。
● 進路状況…………［薬］就職85.0％　進学10.0％　［創薬科］就職0.0％　進学100％
● 主な就職先………医薬品医療機器総合機構，山形大学医学部附属病院，アイセイ薬局，協和キリン，塩野義製薬，日清ファルマ，日本調剤など。

工学部		
		▶大学院博士課程前期までを見据えた６年間の学びで，世界トップクラスのエンジニアを育成する。２～３年次に各学科で設定されている各専門コースに配属される。
機械知能・航空工	247	▷機械システム，ファインメカニクス，航空宇宙，ロボティクス，量子サイエンス，エネルギー環境，機械・医工学の７コース。
電気情報物理工	263	▷電気工学，通信工学，電子工学，応用物理学，情報工学，バイオ・医工学の６コース。
化学・バイオ工	113	▷応用化学，化学工学，バイオ工学の３コース一体教育を行い，オールラウンドプレーヤーとなる人材を育成。
材料科学総合	113	▷金属フロンティア工学，知能デバイス材料学，材料システム工学，材料環境学の４コース。
建築・社会環境工	114	▷社会基盤デザイン，水環境デザイン，都市システム計画，都市・建築デザイン，都市・建築学の５コース。

● 取得可能な資格…教職（数・理・情），測量士補，１・２級建築士受験資格など。
● 進路状況…………就職8.6％　進学88.8％
● 主な就職先………東京都庁，仙台市役所，環境省，EPARKグルメ，SMBC日興証券，NTTドコモ，エリクソン・ジャパン，清水建設，東北電力，三菱重工業楽天グループなど。

農学部		
生物生産科	90	▶2年次に２学科６コースから志望するコースを選択する。４年次には研究室に所属して卒業研究に取り組む。生物生産科学科には「植物生命科学」「動物生命科学」「農業経済学」「海洋生物科学」の４コース，応用生物化学科には「生物化学」「生命化学」の２コースがある。
応用生物化	60	

● 取得可能な資格…教職（理・農）など。
● 進路状況…………就職13.2％　進学83.4％
● 主な就職先………宮城県庁，アース環境サービス，味の素冷凍食品，共同エンジニアリング，ゲンキー，損害保険ジャパン，日本気象協会，メビウス製薬など。

▶キャンパス

本部……［片平キャンパス］ 宮城県仙台市青葉区片平2丁目1-1
全学教育（１・２年次）…［川内北キャンパス］ 宮城県仙台市青葉区川内41
文・教育・法・経済……［川内南キャンパス］ 宮城県仙台市青葉区川内27-1
理・薬……［青葉山北キャンパス］ 宮城県仙台市青葉区荒巻字青葉6-3
工……［青葉山東キャンパス］ 宮城県仙台市青葉区荒巻字青葉6-6
医……［星陵キャンパス］ 宮城県仙台市青葉区星陵町2-1
歯……［星陵キャンパス］ 宮城県仙台市青葉区星陵町4-1
農……［青葉山新キャンパス］ 宮城県仙台市青葉区荒巻字青葉468-1

 キャンパスアクセス ［青葉山キャンパス］仙台市地下鉄東西線－青葉山駅直結

2025年度入試要項(予告)

●募集人員

学部／学科(専攻)		前期	後期	AO II期	AO III期
▶文		147	—	27	36
▶教育		49	—	14	7
▶法		112	—	24	24
▶経済	文系	147	25	—	58
	理系	10	10	—	10
▶理	数学系	27	8	10	—
	物理系	74	20	15	10
	化学系	40	13	5	12
	地球科学系	29	10	5	6
	生物系	26	4	6	4
▶医	医	77	—	15	12
	保健(看護学)	48	—	12	10
	(放射線技術科学)	25	—	4	8
	(検査技術科学)	25	—	4	8
▶歯		37	—	6	10
▶薬		56	—	—	24
▶工	機械知能・航空工	173	—	27	32
	電気情報物理工	184	—	39	40
	化学・バイオ工	79	—	17	17
	材料科学総合	79	—	17	17
	建築・社会環境工	80	—	18	16
▶農		105	—	23	22

●2段階選抜

志願者数が募集人員を大幅に上回った場合，共通テストの成績(素点)により以下の倍率で行う。前期─医・工学部は約3倍。文・経済(文系)は約3.5倍。教育・法・経済(理系)・理・歯・薬・農学部は約4倍。後期─経済(理系)・理学部は約10倍。経済学部(文系)は約14倍。

注)募集人員および2段階選抜は2024年度の実績です。

▷共通テストの英語はリスニングを含む。

注) AO入試II期は2024年度の実績です。

文学部

前期　[共通テスト(700)]　8科目　①国(100)　②**外**(100・英〈R75＋L25〉)▶英・独・仏・中・韓から1　③④**地歴・公民**(125×2)▶「地総・地探」・「歴総・日探」・「歴総・世探」・「〈公・倫〉・〈公・政経〉から1」から2　⑤⑥**数**(50×2)▶「数I・数A」・「数II・数B・数C」　⑦**理**(100)▶「物基・化基・生基・地学基から2」・物・化・生・地学から1　⑧**情**(50)▶情I

[個別学力検査(1300)]　3科目　①国(500)▶現国・言語・論国・文国・古典　②**外**(500)▶「英コミュI・英コミュII・英コミュIII・論表I・論表II・論表III」・独・仏から1　③**数**(300)▶数I・数II・数A・数B(数列)・数C(ベク)

AO入試II期　[共通テスト]　課さない。

[個別学力検査(1次500・2次600)]　3科目　①**書類審査**(100)　②**筆記試験**(400)　③**面接**(200)

※第1次選考─書類審査と筆記試験，第2次選考─面接と筆記試験を総合して判定。

AO入試III期　[共通テスト(950)]　8科目　①**国**(200)　②**外**(200・英〈R150＋L50〉)▶英・独・仏・中・韓から1　③④**地歴・公民**(100×2)▶「地総・地探」・「歴総・日探」・「歴総・世探」・「〈公・倫〉・〈公・政経〉から1」から2　⑤⑥**数**(100×2)▶「数I・数A」・「数II・数B・数C」　⑦**理**(100)▶「物基・化基・生基・地学基から2」・物・化・生・地学から1　⑧**情**(50)▶情I

[個別学力検査(350)]　2科目　①**書類審査**(100)　②**面接**(250)

※書類審査，共通テストの成績および面接の結果を総合して判定。ただし，共通テストの成績により第1次選考を行うことがある。

教育学部

前期　[共通テスト(950)]　8科目　①**国**(200)　②**外**(200・英〈R150＋L50〉)▶英・独・仏・中・韓から1　③④**地歴・公民**(100×2)▶「地総・地探」・「歴総・日探」・「歴総・世探」・「〈公・倫〉・〈公・政経〉から1」から2　⑤⑥**数**(100×2)▶「数I・数A」・「数II・数B・数C」　⑦**理**(100)▶「物基・化基・生基・地学基から2」・物・化・生・地学から1　⑧**情**(50)▶情I

[個別学力検査(1750)]　3科目　①**国**(650)▶現国・言語・論国・文国・古典　②**外**(650)▶「英コミュI・英コミュII・英コミュIII・論表I・論表II・論表III」・独・仏から1　③**数**(450)▶数I・数II・数A・数B(数列)・数

C(ベク)

AO入試Ⅱ期 [共通テスト] 課さない。

[個別学力検査(1次500・2次500)] 3科目 ①書類審査(100) ②筆記試験(400) ③面接(100)

※第1次選考—書類審査と筆記試験，第2次選考—面接と筆記試験を総合して判定。

AO入試Ⅲ期 [共通テスト(1150)] 8科目 ①国(200) ②外(400・英〈R300+L100〉)▶英・独・仏・中・韓から1 ③④地歴・公民(100×2)▶「地総・地探」・「歴総・日探」・「歴総・世探」・「〈公・倫〉・〈公・政経〉から1」から2 ⑤⑥数(100×2)▶「数Ⅰ・数A」・「数Ⅱ・数B・数C」 ⑦理(100)▶「物基・化基・生基・地学基から2」・物・化・生・地学から1 ⑧情(50)▶情Ⅰ

[個別学力検査(200)] 2科目 ①②面接(100×2)▶設問A(書類審査を含む)・設問B(課題論文)

※書類審査，共通テストの成績および設問ABの結果を総合して判定。

法学部

前期 [共通テスト(950)] 8科目 ①国(200) ②外(200・英〈R150+L50〉)▶英・独・仏・中・韓から1 ③④地歴・公民(100×2)▶「地総・地探」・「歴総・日探」・「歴総・世探」・「〈公・倫〉・〈公・政経〉から1」から2 ⑤⑥数(100×2)▶「数Ⅰ・数A」・「数Ⅱ・数B・数C」 ⑦理(100)▶「物基・化基・生基・地学基から2」・物・化・生・地学から1 ⑧情(50)▶情Ⅰ

[個別学力検査(1950)] 3科目 ①国(650)▶現国・言語・論国・文国・古典 ②外(650)▶英コミュⅠ・英コミュⅡ・英コミュⅢ・論表Ⅰ・論表Ⅱ・論表Ⅲ」・独・仏から1 ③数(650)▶数Ⅰ・数Ⅱ・数A・数B(数列)・数C(ベク)

AO入試Ⅱ期 [共通テスト] 課さない。

[個別学力検査(1次1000・2次1300)] 3科目 ①書類審査(100) ②筆記試験(900) ③面接(300)

※第1次選考—書類審査と筆記試験，第2次選考—面接と第1次選考の結果を総合して判定。

AO入試Ⅲ期 [共通テスト(950)] 8科目 前期と同じ

[個別学力検査(400)] 2科目 ①書類審査(100) ②面接(300)

※書類審査，共通テストの成績および面接の結果を総合して判定。

経済学部

前期 【文系】[共通テスト(1100)] 8科目 ①国(150) ②外(150・英〈R112.5+L37.5〉)▶英・独・仏・中・韓から1 ③④地歴・公民(225×2)▶「地総・地探」・「歴総・日探」・「歴総・世探」・「〈公・倫〉・〈公・政経〉から1」から2 ⑤⑥数(75×2)▶「数Ⅰ・数A」・「数Ⅱ・数B・数C」 ⑦理(150)▶「物基・化基・生基・地学基から2」・物・化・生・地学から1 ⑧情(50)▶情Ⅰ

[個別学力検査(1800)] 3科目 ①国(600)▶現国・言語・論国・文国・古典 ②外(600)▶英コミュⅠ・英コミュⅡ・英コミュⅢ・論表Ⅰ・論表Ⅱ・論表Ⅲ ③数(600)▶数Ⅰ・数Ⅱ・数A・数B(数列)・数C(ベク)

【理系】[共通テスト(1100)] 8科目 ①国(300) ②外(200・英〈R150+L50〉)▶英・独・仏・中・韓から1 ③地歴・公民(150)▶「地総・地探」・「歴総・日探」・「歴総・世探」・「公・倫」・「公・政経」から1 ④⑤数(100×2)▶「数Ⅰ・数A」・「数Ⅱ・数B・数C」 ⑥⑦理(100×2)▶物・化・生・地学から2 ⑧情(50)▶情Ⅰ

[個別学力検査(1800)] 4科目 ①外(600)▶英コミュⅠ・英コミュⅡ・英コミュⅢ・論表Ⅰ・論表Ⅱ・論表Ⅲ ②数(600)▶数Ⅰ・数Ⅱ・数Ⅲ・数A・数B(数列)・数C(ベク・平面) ③④理(300×2)▶「物基・物」・「化基・化」・「生基・生」・「地学基・地学」から2

後期 【文系】[共通テスト(300)] 8科目 ①国(200) ②外▶英・独・仏・中・韓から1 ③④地歴・公民(50×2)▶「地総・地探」・「歴総・日探」・「歴総・世探」・「〈公・倫〉・〈公・政経〉から1」から2 ⑤⑥数▶「数Ⅰ・数A」・「数Ⅱ・数B・数C」 ⑦理▶「物基・化基・生基・地学基から2」・物・化・生・地学から1 ⑧情▶情Ⅰ

※第1段階選抜の際は「国語」「外国語」「地歴・公民」「数学」「理科」「情報」を利用，入学者

選抜の際は「国語」「地歴・公民」を利用。
［個別学力検査(600)］ 2科目 ①外(300)▶英コミュⅠ・英コミュⅡ・英コミュⅢ・論表Ⅰ・論表Ⅱ・論表Ⅲ ②数(300)▶数Ⅰ・数Ⅱ・数A・数B(数列)・数C(ベク)
【理系】［共通テスト(450)］ 7~6科目 ①国(100) ②外(150〈R112.5+L37.5〉)▶英・独・仏・中・韓から1 ③地歴・公民(50)▶「地総・地探」・「歴総・日探」・「歴総・世探」・「公・倫」・「公・政経」から1 ④⑤数▶「数Ⅰ・数A」・「数Ⅱ・数B・数C」 ⑥⑦理(75×2)▶物・化・生・地学から2 ⑧情(50)▶情Ⅰ
※「数学」は第1段階選抜のみに利用。入学者選抜の際は「地歴・公民」「情報」のうち高得点の方を利用。
［個別学力検査(450)］ 2科目 ①数(350)▶数Ⅰ・数Ⅱ・数Ⅲ・数A・数B(数列)・数C(ベク・平面) ②面接(100)
AO入試Ⅲ期 【文系】［共通テスト(1400)］ 8科目 ①国(300) ②外(R225+L75)▶英 ③④地歴・公民(150×2)▶「地総・地探」・「歴総・日探」・「歴総・世探」・「〈公・倫〉・〈公・政経〉から1」から2 ⑤⑥数(150×2)▶「数Ⅰ・数A」・「数Ⅱ・数B・数C」 ⑦理(150)▶「物基・化基・生基・地学基から2」・物・化・生・地学から1 ⑧情(50)▶情Ⅰ
［個別学力検査(400)］ 1科目 ①面接(400)(書類審査を含む)
※書類審査，共通テストの成績および面接の結果を総合して判定。
【理系】［共通テスト(1400)］ 8科目 ①国(300) ②外(R225+L75)▶英 ③地歴・公民(125)▶「地総・地探」・「歴総・日探」・「歴総・世探」・「公・倫」・「公・政経」から1 ④⑤数(150×2)▶「数Ⅰ・数A」・「数Ⅱ・数B・数C」 ⑥⑦理(150×2)▶物・化・生・地学から2 ⑧情(75)▶情Ⅰ
［個別学力検査(400)］ 1科目 ①面接(400)(書類審査を含む)
※書類審査，共通テストの成績および面接の結果を総合して判定。

理学部

前期 ［共通テスト(750)］ 8科目 ①国(150) ②外(150・英〈R112.5+L37.5〉)▶英・独・仏・中・韓から1 ③地歴・公民(100)▶「地総・地探」・「歴総・日探」・「歴総・世探」・「公・倫」・「公・政経」から1 ④⑤数(75×2)▶「数Ⅰ・数A」・「数Ⅱ・数B・数C」 ⑥⑦理(75×2)▶物・化・生・地学から2 ⑧情(50)▶情Ⅰ
［個別学力検査(1600)］ 4科目 ①外(400)▶英コミュⅠ・英コミュⅡ・英コミュⅢ・論表Ⅰ・論表Ⅱ・論表Ⅲ ②数(600)▶数Ⅰ・数Ⅱ・数Ⅲ・数A・数B(数列)・数C(ベク・平面) ③④理(300×2)▶「物基・物」・「化基・化」・「生基・生」・「地学基・地学」から2
後期 ［共通テスト(300)］ 8科目 ①国(100) ②外(200・英〈R150+L50〉)▶英・独・仏・中・韓から1 ③地歴・公民▶「地総・地探」・「歴総・日探」・「歴総・世探」・「公・倫」・「公・政経」から1 ④⑤数▶「数Ⅰ・数A」・「数Ⅱ・数B・数C」 ⑥⑦理▶物・化・生・地学から2 ⑧情▶情Ⅰ
※第1段階選抜の際は「国語」「外国語」「地歴・公民」「数学」「理科」「情報」を利用，入学者選抜の際は「国語」「外国語」を利用。
［個別学力検査(800)］ 4科目 ①数(400)▶数Ⅰ・数Ⅱ・数Ⅲ・数A・数B(数列)・数C(ベク・平面) ②③理(200×2)▶「物基・物」・「化基・化」・「生基・生」・「地学基・地学」から2 ④面接 ※総合評価の参考とする
AO入試Ⅱ期 ［共通テスト］ 課さない。
［個別学力検査(1次200・2次300)］ 2科目 ①筆記試験(200) ②面接(100)(書類審査を含む)
※第1次選考一筆記試験，第2次選考一面接と筆記試験の結果を総合して判定。
AO入試Ⅲ期 ［共通テスト(950)］ 8科目 ①国(200) ②外(R150+L50)▶英 ③地歴・公民(100)▶「地総・地探」・「歴総・日探」・「歴総・世探」・「公・倫」・「公・政経」から1 ④⑤数(100×2)▶「数Ⅰ・数A」・「数Ⅱ・数B・数C」 ⑥⑦理(100×2)▶物・化・生・地学から2 ⑧情(50)▶情Ⅰ
［個別学力検査(200)］ 1科目 ①面接(200)(書類審査を含む)
※書類審査，共通テストの成績および面接の結果を総合して判定。

医学部

前期 【医学科】［共通テスト(550)］ 8科目 ①国(100) ②外(100・英〈R75＋L25〉)▶英・独・仏・中・韓から1 ③**地歴・公民**(100)▶「地総・地探」・「歴総・日探」・「歴総・世探」・「公・倫」・「公・政経」から1 ④⑤**数**(50×2)▶「数Ⅰ・数A」・「数Ⅱ・数B・数C」 ⑥⑦**理**(50×2)▶物・化・生から2 ⑧**情**(50)▶情Ⅰ

［個別学力検査(2200)］ 5科目 ①外(600)▶「英コミュⅠ・英コミュⅡ・英コミュⅢ・論表Ⅰ・論表Ⅱ・論表Ⅲ」・独・仏から1 ②**数**(600)▶数Ⅰ・数Ⅱ・数Ⅲ・数A・数B(数列)・数C(ベク・平面) ③④**理**(300×2)▶「物基・物」・「化基・化」・「生基・生」から2 ⑤**面接**(400)

【保健学科〈全専攻〉】［共通テスト(1050)］ 8科目 ①国(200) ②外(200・英〈R150＋L50〉)▶英・独・仏・中・韓から1 ③**地歴・公民**(200)▶「地総・地探」・「歴総・日探」・「歴総・世探」・「公・倫」・「公・政経」から1 ④⑤**数**(100×2)▶「数Ⅰ・数A」・「数Ⅱ・数B・数C」 ⑥⑦**理**(100×2)▶物・化・生から2 ⑧**情**(50)▶情Ⅰ

［個別学力検査(1650)］〈看護学専攻〉 5科目 ①外(450)▶英コミュⅠ・英コミュⅡ・英コミュⅢ・論表Ⅰ・論表Ⅱ・論表Ⅲ ②**数**(450)▶数Ⅰ・数Ⅱ・数A・数B(数列)・数C(ベク) ③④**理**(225×2)▶「物基・物」・「化基・化」・「生基・生」から2 ⑤**面接**(300)

〈放射線技術科学専攻・検査技術科学専攻〉 5科目 ①外(450)▶英コミュⅠ・英コミュⅡ・英コミュⅢ・論表Ⅰ・論表Ⅱ・論表Ⅲ ②**数**(450)▶数Ⅰ・数Ⅱ・数Ⅲ・数A・数B(数列)・数C(ベク・平面) ③④**理**(225×2)▶「物基・物」・「化基・化」・「生基・生」から2 ⑤**面接**(300)

AO入試Ⅱ期 【医学科】［共通テスト］ 課さない。

［個別学力検査(1次750・2次450)］ 3科目 ①**書類審査**(150) ②**筆記試験**(1次600・2次300) ③**面接**(150)

※第1次選考―書類審査と筆記試験，第2次選考―面接と筆記試験の結果を総合して判定。

【保健学科】［共通テスト］ 課さない。

［個別学力検査(1次550・2次400)］ 3科目 ①**書類審査**(150) ②**筆記試験**(1次400・2次200) ③**面接**(200)

※第1次選考―書類審査と筆記試験，第2次選考―面接と筆記試験の結果を総合して判定。

AO入試Ⅲ期 【医学科】［共通テスト(1150)］ 8科目 ①国(200) ②外(R150＋L50)▶英 ③**地歴・公民**(100)▶「地総・地探」・「歴総・日探」・「歴総・世探」・「公・倫」・「公・政経」から1 ④⑤**数**(100×2)▶「数Ⅰ・数A」・「数Ⅱ・数B・数C」 ⑥⑦**理**(200×2)▶物・化・生から2 ⑧**情**(50)▶情Ⅰ

［個別学力検査(560)］ 2科目 ①**筆記試験**(280) ②**面接**(280)(書類審査を含む)

※書類審査，共通テストの成績，筆記試験および面接の結果を総合して判定。

【保健学科】［共通テスト(1400)］ 8科目 ①国(300) ②外(R225＋L75)▶英 ③**地歴・公民**(150)▶「地総・地探」・「歴総・日探」・「歴総・世探」・「公・倫」・「公・政経」から1 ④⑤**数**(150×2)▶「数Ⅰ・数A」・「数Ⅱ・数B・数C」 ⑥⑦**理**(150×2)▶物・化・生から2 ⑧**情**(50)▶情Ⅰ

［個別学力検査(640)］ 2科目 ①**筆記試験**(320) ②**面接**(320)(書類審査を含む)

※書類審査，共通テストの成績，筆記試験および面接の結果を総合して判定。

歯学部

前期 ［共通テスト(950)］ 8科目 ①国(200) ②外(200・英〈R150＋L50〉)▶英・独・仏・中・韓から1 ③**地歴・公民**(100)▶「地総・地探」・「歴総・日探」・「歴総・世探」・「公・倫」・「公・政経」から1 ④⑤**数**(100×2)▶「数Ⅰ・数A」・「数Ⅱ・数B・数C」 ⑥⑦**理**(100×2)▶物・化・生から2 ⑧**情**(50)▶情Ⅰ

［個別学力検査(1800)］ 5科目 ①外(500)▶英コミュⅠ・英コミュⅡ・英コミュⅢ・論表Ⅰ・論表Ⅱ・論表Ⅲ ②**数**(500)▶数Ⅰ・数Ⅱ・数Ⅲ・数A・数B(数列)・数C(ベク・平面) ③④**理**(250×2)▶「物基・物」・「化基・化」・「生基・生」から2 ⑤**面接**(300)

AO入試Ⅱ期 ［共通テスト］ 課さない。

［個別学力検査(1次400・2次1000)］ 2科目 ①**筆記試験**(1次400・2次800) ②**面接**

(200)（書類審査を含む）
※第1次選考―筆記試験，第2次選考―面接と筆記試験の結果を総合して判定。

AO入試Ⅲ期 ［共通テスト(1850)］ 8科目 ①国(400) ②外(R300+L100)〉▶英 ③地歴・公民(200)▶「地総・地探」・「歴総・日探」・「歴総・世探」・「公・倫」・「公・政経」から1 ④⑤数(200×2)▶「数Ⅰ・数A」・「数Ⅱ・数B・数C」 ⑥⑦理(200×2)▶物・化・生から2 ⑧情(50)▶情Ⅰ
［個別学力検査(500)］ 1科目 ①面接(500)（書類審査を含む）
※書類審査，共通テストの成績および面接の結果を総合して判定。

薬学部

前期 ［共通テスト(950)］ 8科目 ①国(200) ②外(200・英〈R150+L50〉)▶英・独・仏・中・韓から1 ③地歴・公民(100)▶「地総・地探」・「歴総・日探」・「歴総・世探」・「公・倫」・「公・政経」から1 ④⑤数(100×2)▶「数Ⅰ・数A」・「数Ⅱ・数B・数C」 ⑥⑦理(100×2)▶物・化・生から2 ⑧情(50)▶情Ⅰ
［個別学力検査(2350)］ 4科目 ①外(650)▶英コミュⅠ・英コミュⅡ・英コミュⅢ・論表Ⅰ・論表Ⅱ・論表Ⅲ ②数(850)▶数Ⅰ・数Ⅱ・数Ⅲ・数A・数B(数列)・数C(ベク・平面) ③④理(425×2)▶「物基・物」・「化基・化」

AO入試Ⅲ期 ［共通テスト(1950)］ 8科目 ①国(200) ②外(R300+L100)▶英 ③地歴・公民(100)▶「地総・地探」・「歴総・日探」・「歴総・世探」・「公・倫」・「公・政経」から1 ④⑤数(300×2)▶「数Ⅰ・数A」・「数Ⅱ・数B・数C」 ⑥⑦理(300×2)▶物・化・生から2 ⑧情(50)▶情Ⅰ
［個別学力検査(200)］ 1科目 ①面接(200)（書類審査を含む）
※書類審査，共通テストの成績および面接の結果を総合して判定。

工学部

前期 ［共通テスト(950)］ 8科目 ①国(200) ②外(200・英〈R150+L50〉)▶英・独・仏・中・韓から1 ③地歴・公民(100)▶「地総・地探」・「歴総・日探」・「歴総・世探」・「公・倫」・「公・政経」から1 ④⑤数(100×2)▶「数Ⅰ・数A」・「数Ⅱ・数B・数C」 ⑥⑦理(100×2)▶物・化・生・地学から2 ⑧情(50)▶情Ⅰ
［個別学力検査(2000)］ 4科目 ①外(500)▶英コミュⅠ・英コミュⅡ・英コミュⅢ・論表Ⅰ・論表Ⅱ・論表Ⅲ ②数(750)▶数Ⅰ・数Ⅱ・数Ⅲ・数A・数B(数列)・数C(ベク・平面) ③④理(375×2)▶「物基・物」・「化基・化」

AO入試Ⅱ期 ［共通テスト］ 課さない。
［個別学力検査(1次450・2次600)］ 3科目 ①書類審査(150) ②筆記試験(300) ③面接(150)
※第1次選考―書類審査と筆記試験，第2次審査―面接と第1次選考の結果を総合して判定。

AO入試Ⅲ期 ［共通テスト(950)］ 8科目 ①国(200) ②外(R150+L50)▶英 ③地歴・公民(100)▶「地総・地探」・「歴総・日探」・「歴総・世探」・「公・倫」・「公・政経」から1 ④⑤数(100×2)▶「数Ⅰ・数A」・「数Ⅱ・数B・数C」 ⑥⑦理(100×2)▶物・化 ⑧情(50)▶情Ⅰ
［個別学力検査(300)］ 3科目 ①書類審査(100) ②筆記試験(100) ③面接(100)
※書類審査，共通テストの成績，筆記試験および面接の結果を総合して判定。

農学部

前期 ［共通テスト(950)］ 8科目 ①国(200) ②外(200・英〈R150+L50〉)▶英・独・仏・中・韓から1 ③地歴・公民(100)▶「地総・地探」・「歴総・日探」・「歴総・世探」・「公・倫」・「公・政経」から1 ④⑤数(100×2)▶「数Ⅰ・数A」・「数Ⅱ・数B・数C」 ⑥⑦理(100×2)▶物・化・生・地学から2 ⑧情(50)▶情Ⅰ
［個別学力検査(2100)］ 4科目 ①外(700)▶英コミュⅠ・英コミュⅡ・英コミュⅢ・論表Ⅰ・論表Ⅱ・論表Ⅲ ②数(700)▶数Ⅰ・数Ⅱ・数Ⅲ・数A・数B(数列)・数C(ベク・平面) ③④理(350×2)▶「物基・物」・「化基・化」・「生基・生」・「地学基・地学」から2

AO入試Ⅱ期 ［共通テスト］ 課さない。
［個別学力検査(1次400・2次1000)］ 3科目

①書類審査(300) ②筆記試験(400) ③面接(300)
※第1次選考―筆記試験，第2次選考―面接，書類審査および筆記試験の結果を総合して判定。

AO入試Ⅲ期 [共通テスト(950)] 8科目 ①国(200) ②外(R150＋L50)▶英 ③地歴・公民(100)▶「地総・地探」・「歴総・日探」・「歴総・世探」・「公・倫」・「公・政経」から1 ④⑤数(100×2)▶「数Ⅰ・数A」・「数Ⅱ・数B・数C」 ⑥⑦理(100×2)▶物・化・生・地学から2 ⑧情(50)▶情Ⅰ

[個別学力検査(300)] 1科目 ①面接(300)(書類審査を含む)
※書類審査，共通テストの成績および面接の結果を総合して判定。

その他の選抜

地域枠入試(医〈医〉)，科学オリンピック入試(理学部)，国際バカロレア入試(文・法・理・医〈医〉・薬・工・農学部)，帰国生徒入試(理・医〈医〉・工学部)，私費外国人留学生入試，グローバル入試(理〈化〉・工〈機械〉学部)，国際学士コース入試(理〈化〉・工〈機械〉・農学部)。

偏差値データ (2024年度)

●一般選抜

＊共通テスト・個別計/満点

学部／学科／専攻	2024年度 駿台予備学校 合格目標ライン	2024年度 河合塾 ボーダー得点率	2024年度 河合塾 ボーダー偏差値	2023年度実績 募集人員	受験者数	合格者数	合格最低点*	競争率 '23年	競争率 '22年
●前期									
文学部									
人文社会	55	74%	60	147	348	162	—	2.1	2.6
教育学部									
教育科	55	72%	60	49	163	53	—	3.1	2.4
法学部									
法	58	74%	60	112	285	123	—	2.3	2.5
経済学部									
文系	57	73%	60	147	360	163	—	2.2	6.0
理系	56	75%	60	10	32	13	—	2.5	3.1
理学部									
数学系	58	79%	60	27	79	30	—	2.6	3.0
物理系	58	79%	60	74	231	80	—	2.9	2.9
化学系	58	77%	60	40	88	43	—	2.0	2.1
地球科学系	55	76%	60	29	61	29	—	2.1	1.9
生物系	57	76%	60	26	54	26	—	2.1	2.5
医学部									
医	69	85%	67.5	77	237	85	—	2.8	3.0
保健／看護学	52	64%	52.5	48	100	49	—	2.0	2.4
放射線技術科学	53	70%	55	25	52	26	—	2.0	1.7
検査技術科学	53	71%	55	25	80	29	—	2.8	2.6
歯学部									
歯	57	71%	55	37	148	37	—	4.0	1.7
薬学部									
創薬科・薬	59	77%	57.5	56	179	61	—	2.9	2.8

学部／学科／専攻	2024年度			2023年度実績					
	駿台予備学校	河合塾						競争率	
	合格目標ライン	ボーダー得点率	ボーダー偏差値	募集人員	受験者数	合格者数	合格最低点*	'23年	'22年
工学部									
機械知能・航空工	57	78%	60	164	420	170	—	2.5	2.5
電気情報物理工	57	78%	60	170	495	175	—	2.8	3.0
化学・バイオ工	57	77%	57.5	79	149	86	—	1.7	2.5
材料科学総合	55	77%	57.5	79	147	81	—	1.8	2.2
建築・社会環境工	56	78%	57.5	75	177	78	—	2.3	2.4
農学部									
	56			105	354	111	—	3.2	2.3
●後期									
経済学部									
文系	60	80%	67.5	25	353	29	—	12.2	13.3
理系	59	81%	65	10	66	15		4.4	6.4
理学部									
数学系	64	87%	65	8	101	10	—	10.1	11.6
物理系	64	88%	67.5	20	272	26	—	10.5	13.9
化学系	62	86%	65	13	127	16	—	7.9	11.4
地球科学系	60	85%	67.5	10	46	14	—	3.3	6.7
生物系	61	85%	67.5	4	42	5	—	8.4	12.8

●駿台予備学校合格目標ラインは合格可能性80％に相当する駿台模試の偏差値です。●競争率は志願者÷合格者の志願倍率
●河合塾ボーダー得点率は合格可能性50％に相当する共通テストの得点率です。
また，ボーダー偏差値は合格可能性50％に相当する河合塾全統模試の偏差値です。
●医学部医学科，保健学科検査技術科学専攻の前期とは２段階選抜を実施。

併設の教育機関 大学院

文学研究科

教員数▶88名

院生数▶416名

博士前期課程 ●日本学専攻 現代日本学，日本思想史，日本語学，日本語教育学，日本文学，日本史，考古学，文化財科学（連携分野）の８専攻分野。

●広域文化学専攻 文化人類学，宗教学，死生学・実践宗教学，インド学仏教史，中国語学中国文学，中国思想中国哲学，東洋史，英文学，英語学，ドイツ語学ドイツ文学，フランス語学フランス文学，西洋史の12専攻分野。

●総合人間学専攻 哲学，倫理学，東洋・日本美術史，美学・西洋美術史，心理学，言語学，社会学，行動科学，計算人文社会学の９専攻分野。

博士後期課程 日本学専攻，広域文化学専攻，総合人間学専攻

教育学研究科

教員数▶42名

院生数▶177名（うち教育情報学教育部７名）

博士前期課程 ●総合教育科学専攻 生涯教育科学，教育政策科学，グローバル共生教育論，教育情報アセスメント，教育心理学，臨床心理学の６コース。

博士後期課程 総合教育科学専攻

法学研究科

教員数▶57名

院生数▶253名

博士前期課程 ●法政理論研究専攻 法学・政治学の領域における卓越した理論家に加え，分野横断的な関心を持ち実務にも通じ，国際性を備えた研究者を養成する。

専門職学位課程 ●総合法制専攻（法科大学院）現行法体系全体の構造を正確に理解し，具体的な問題について広い視野から多様な視点を設定する考察力，緻密で的確な論理展開力，高度なコミュニケーション力などを備えた法曹を養成する。

●公共法政策専攻（公共政策大学院）政策の根本に横たわる「公」とは何かを自ら考え，行動する姿勢を持った人材を育てる。

博士後期課程 法政理論研究専攻

経済学研究科

教員数▶60名

院生数▶256名

博士前期課程 ●経済経営学専攻 経済学・経営学の高度な総合的教育を行う。

専門職学位課程 ●会計専門職専攻（会計大学院）公認会計士等の会計専門職をめざす「公認会計士」，税理士試験の一部科目免除，博士後期課程進学を視野に入れた「会計リサーチ」，社会人のリカレント教育，高度な会計および周辺領域の知識の獲得をめざす「ビジネスアカウンティング」の３コースを設置。

博士後期課程 経済経営学専攻

理学研究科

教員数▶241名

院生数▶814名

博士前期課程 ●数学専攻 代数学，幾何学，解析学，基礎論など数学のさまざまな分野で活発な研究が行われ，世界をリードする実績を誇る。

●物理学専攻 現代物理学の最先端分野のほとんどをカバーし，大学院生も指導教員と協力して国際的に第一線の研究を行っている。

●天文学専攻 天文学のほとんどの分野をテーマに理論，数値シミュレーション，観測による総合的な研究を展開。独創的な観測装置の開発など，成果をあげている。

●地球物理学専攻 物理学を基礎に，固体地球，海洋，大気，超高層大気，電磁圏，そして惑星圏を研究する。

●化学専攻 生物化学，天然物化学，有機合成化学，有機金属化学，金属錯体化学，超分子化学，ナノ・バイオ分析化学，レーザー分光学，計算化学といった化学の主要分野を網羅している。

●地学専攻 地球を一つのシステムとして，起源，構造，進化の解明に取り組む。

博士後期課程 数学専攻，物理学専攻，天文学専攻，地球物理学専攻，化学専攻，地学専攻

医学系研究科

教員数▶284名

院生数▶946名

修士課程 ●医科学専攻 医薬系出身者だけでなく，医学を志す理系・文系出身者に最高レベルの医学教育・研究の場を提供する。

●公衆衛生学専攻 関連領域の研究と実践，ゲノム科学との融合，臨床研究などの集学的拠点をめざす。

博士前期課程 ●障害科学専攻 障害科学およびリハビリテーションに関する業務に従事するために必要な能力を備え、国際社会に貢献することができる人材を育成。

●保健学専攻 看護学・放射線技術科学・検査技術科学の３コース。研究者，教育者，高度医療専門職業人を養成する。

４年制博士課程 ●医科学専攻 広く医学領域の問題解決に挑戦する人材の育成をめざす。

博士後期課程 障害科学専攻，保健学専攻

歯学研究科

教員数▶87名

院生数▶200名

修士課程 ●歯科学専攻 歯科衛生士・歯科技工士，歯科医療機器の開発者，看護師，養護教諭，保健行政関係者などに，歯学・口腔科学の専門教育・研究の機会を提供。

４年制博士課程 ●歯科学専攻 先端的な

研究を推進することにより歯学の進歩・発展に寄与する。

薬学研究科

教員数▶66名
院生数▶196名
博士前期課程 ▶ ●分子薬科学専攻　分子制御化学，分子解析学，分子動態解析学，分子イメージング薬学の４講座。新規医薬品や生理活性物質の創製に寄与する。
●生命薬科学専攻　生命解析学，生命情報薬学の２講座。疾病の分子機構と医薬品の作用機構を解明する。
４年制博士課程 ▶ ●医療薬学専攻　医療薬学，病態分子薬学，医薬品評価学連携の３講座。新規薬物療法の開発と医薬品の安全性向上に取り組む。
博士後期課程 ▶ 分子薬科学専攻，生命薬科学専攻

工学研究科

教員数▶363名
院生数▶2,103名
博士前期課程 ▶ ●機械機能創成専攻　ものづくりを基本とした機械工学の基本技術や学術をベースに，機能システム学，エネルギー学の分野を中心に，高度専門教育を行う。
●ファインメカニクス専攻　ナノテクノロジーに基づき，原子レベルから機械材料の機能と性能を解明し，マイクロ・ナノ領域の機械構造を巧みに創成し，それらの制御方法を確立する研究を行う。
●ロボティクス専攻　人間共生ロボット，自律性の高いスマート機械システム，ロボティクスの概念を拡張したインテリジェントスペース，スマート社会，DNAで作られた分子レベルの部品で構成されるナノロボットに至るまで，未来のロボティクスを創る技術を研究。
●航空宇宙工学専攻　厳しい環境と独特の制約下における航空宇宙技術を究め，フロンティアを切り開く宇宙航空システムを創成する。
●量子エネルギー工学専攻　量子レベルの現象を応用（医療診断・新素材開発等）について学ぶ。さらに，原子核反応を有効利用している核分裂炉／核融合炉の原理・仕組みについて理解する。
●電気エネルギーシステム専攻　電気と磁気に関する物理現象を基礎に，電気エネルギーの発生・輸送・変換・利用・貯蔵システムについて最先端の教育研究に取り組む。
●通信工学専攻　八木・宇田アンテナなど東北大学が誇る通信工学の伝統分野。高度情報通信社会の発展に貢献する研究。
●電子工学専攻　電子材料・デバイスから映像システムやコンピュータシステムに至るまで，最先端の研究に取り組む。
●応用物理学専攻　エネルギー・環境・医療・バイオ・情報などの分野で望まれている画期的なデバイス・材料の研究に挑戦している。
●応用化学専攻　原子・分子レベルで物質構造を解析し，高機能物質・新素材の合成や高感度分析法の開発。資源・エネルギー化学，環境保全技術などに関する研究も行う。
●化学工学専攻　エネルギー有効利用のための燃焼技術，高度機能材料製造プロセス，バイオマス資源の高効率利用，超臨界状態を利用する新規物質製造プロセスなどの研究。
●バイオ工学専攻　生物の持つ精緻な機能を工学の立場からとらえ，人類に役立つ技術に発展させるための各種研究。
●金属フロンティア工学専攻　金属素材産業の最も基礎となる不純物の取り除き，溶融金属内の化学反応分析，材料特性の変化予測といった物理化学，材料組織学，結晶回折学，分析科学などを学ぶ。
●知能デバイス材料学専攻　物性が生まれる仕組みを理解し，電子・磁気・エネルギー変換デバイスなどの基礎と応用を学び，次世代を見通した機能性材料とデバイス技術の開発をめざす。
●材料システム工学専攻　工業製品の寿命と信頼性を高める高強度・高耐久性の新接合技術，繊維強化材料の設計・評価，非破壊で材料内部を可視化する計測技術などを開発。
●土木工学専攻　道路・鉄道・港湾空港・上下水道，自然共生型の水辺空間の創造，災害に強い街づくりなど，豊かで文化的な社会生活の基盤を創造する研究を行う。

●**都市・建築学専攻**　安全性，快適性，社会性，芸術性を備えた空間デザイン，建築の計画，設計，構造，室内環境などに関する研究。
●**技術社会システム専攻**　工学と技術に関わる現代社会の複雑な諸問題を系統立てて分析し，その解決策を総合的な視点から生み出す。
博士後期課程　**機械機能創成専攻，ファインメカニクス専攻，ロボティクス専攻，航空宇宙工学専攻，量子エネルギー工学専攻，電気エネルギーシステム専攻，通信工学専攻，電子工学専攻，応用物理学専攻，応用化学専攻，化学工学専攻，バイオ工学専攻，金属フロンティア工学専攻，知能デバイス材料学専攻，材料システム工学専攻，土木工学専攻，都市・建築学専攻，技術社会システム専攻**

農学研究科

教員数▶114名
院生数▶375名
博士前期課程　●**生物生産科学専攻**　2022年再編。植物生命科学，動物生命科学，水圏生産科学，農業経済学の４講座と栽培植物環境科学，沿岸フィールド生物生産学の２協力講座，家畜健康科学の寄付講座，縁辺深海生態系動態学，農業政策学の２連携講座で構成。
●**農芸化学専攻**　2022年再編。生物化学と食品天然物化学の２講座と発酵微生物の寄附講座，J-オイルミルズ油脂イノベーションの共同研究講座で構成。
博士後期課程　**生物生産科学専攻，農芸化学専攻**

国際文化研究科

教員数▶34名
院生数▶127名
博士前期課程　●**国際文化研究専攻**　世界の多様な地域文化，グローバル化する世界における共生可能な社会，言語の科学的研究の３領域で，学際的教育・研究を行う。
博士後期課程　**国際文化研究専攻**

情報科学研究科

教員数▶94名
院生数▶442名
博士前期課程　●**情報基礎科学専攻**　情報科学の本質を探る基礎理論，超並列計算，大規模高速ネットワークなどのための次世代の計算科学，また情報科学の幅広い可能性を探る数学と数理科学などを研究する。
●**システム情報科学専攻**　数学・自然科学・工学というさまざまな観点からのアプローチにより，複雑なシステムの解明，およびより良いシステムの構築をめざす。
●**人間社会情報科学専攻**　情報化による社会の変革を探り、人間と情報の関係をとらえる。
●**応用情報科学専攻**　多様な現実問題の解決に情報技術や統計科学手法を駆使して挑戦し，ハードおよびソフトの両面から応用情報科学の先進的教育・研究を推進。
博士後期課程　**情報基礎科学専攻，システム情報科学専攻，人間社会情報科学専攻，応用情報科学専攻**

生命科学研究科

教員数▶82名
院生数▶314名
博士前期課程　●**脳生命統御科学専攻**　こころと体を制御する「脳」を中心に，細胞集団が生命を統御する仕組みについて教育研究する。
●**生態発生適応科学専攻**　環境変動下における細胞･生物個体から生態系までの維持機構の解明をめざす。
●**分子化学生物学専攻**　分子が生命体内で働く仕組みから生命制御の方法を解明し，生命現象の本質的な理解に迫る。
博士後期課程　**脳生命統御科学専攻，生態発生適応科学専攻，分子化学生物学専攻**

環境科学研究科

教員数▶62名
院生数▶288名
博士前期課程　●**先進社会環境学専攻**　人類社会の存続を危うくする環境問題に対して

揺るぎない環境思想を基盤としたソリューション創出を行える人材（凸型人材）を育成。

● 先端環境創成学専攻　環境問題に対して先端的環境技術による対策を行える人材（国際的Ｔ型人材）を育成する。

博士後期課程 先進社会環境学専攻，先端創成学専攻

医工学研究科

教員数 ▶ 26名

院生数 ▶ 134名

博士前期課程 **● 医工学専攻**　医学・生物学と工学との融合領域で広い視野と深い知識を習得し，研究能力と高度技術を備えた人材を育成する。

博士後期課程 医工学専攻

MEMO

秋田大学

資料請求

問合せ先 入試課　☎018-889-2256

大学の理念

1910（明治43）年に，全国で唯一の鉱専として設立された秋田鉱専と，秋田師範，秋田青師を統合して1949（昭和24）年に発足。「学生第一」をモットーに学生一人ひとりの目標や学びのスタイルに寄り添うカリキュラムを整え，充実した制度と万全のサポート体制により，未来へ踏み出す力を育てる。秋田の地を軸に，世界を視野にした４つの学部を構える。その「誇り」の根源は──。教育文化学部においては，小中学生の学力日本一を支える教員の養成という実績。国際資源学部，理工学部においては，鉱山専門学校に始まり工学資源学部で発展させてきた，世界に誇れる研究成果と人材の育成，資源学分野での世界に例を見ない資源学の総合教育研究体制。医学部においては，世界に発信できる教育研究の成果と地域医療への貢献が挙げられる。

- 手形キャンパス……〒010-8502　秋田県秋田市手形学園町1-1
- 本道キャンパス……〒010-8543　秋田県秋田市本道1-1-1

基本データ

学生数▶4,324名（男2,690名，女1,634名）
専任教員数▶教授139名，准教授134名，講師84名
設置学部▶国際資源，教育文化，医，理工

併設教育機関▶大学院─国際資源学，医学系，理工学（以上M・D），教育学（M・P），先進ヘルスケア工学院（M）

就職・卒業後の進路

就職率 99.7%
就職者÷希望者×100

●**就職支援**　学生支援総合センターの学生支援・就職課就職推進担当が入学直後から卒業まで，就職活動やキャリア形成を支援。模擬面接や履歴書・エントリーシートの添削，各種就職相談に対応するほか，合同・個別の企業説明会や業界研究に関するイベントを実施。また学部１年生から参加可能な「就職ガイダンス」を年間約14回オンデマンドで配信し，就職活動のスケジュールに沿って「今，何をすべきか」を各回で学べる内容となっている。また，各学部で学科・コースの特性に沿った情報の提供および進路指導にあたる担当教員を配置し，教育文化学部では，教員採用試験対策講座「スタージュ」を開講。

進路指導者も必見 学生を伸ばす 面倒見

初年次教育
「情報処理」や「初年次ゼミ」を開講し，ITの基礎技術，学問や大学教育全体に対する動機づけ，論理的思考や問題発見・解決能力の向上を図るほか，一部の学部ではレポート・論文の書き方，プレゼン技法，情報収集や資料整理の方法を学ぶ

学修サポート
TA・オフィスアワー制度（医学科を除く），さらに保健学科ではクラス担任制を導入。理工学部では前・後期各１回教員が全学生と面談し，履修指導を実施。学習支援として，数学・化学・物理・英語の「質問教室」を開催

オープンキャンパス（2023年度実績）　7月29日に手形・本道両キャンパスで開催（事前登録制）。一部の企画はオンラインでの参加が可能。学部・学科紹介や研究紹介，入試ガイダンス等の動画はHPの特設サイトでも公開。

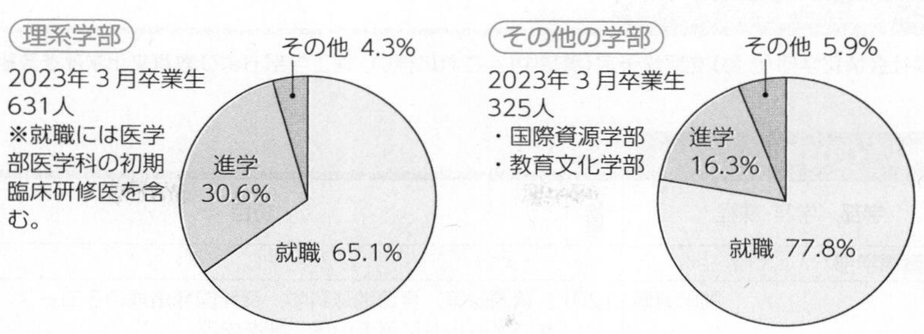

主なOB・OG▶［旧教育］藤田のぼる（児童文学研究者），［医］南木佳士（小説家・医師），［教育文化］遠田志帆（イラストレーター），［旧工学資源］阿部雅龍（冒険家）など。

国際化・留学　大学間 73 大学等・部局間 38 大学等

受入れ留学生数▶142名（2023年５月１日現在）

留学生の出身国▶中国，ベトナム，マレーシア，韓国，モンゴルなど。

外国人専任教員▶教授３名，准教授８名，講師４名（2023年５月１日現在）

外国人専任教員の出身国▶中国，アメリカ，韓国，フィリピン，ルーマニアなど。

大学間交流協定▶73大学・機関（交換留学先53大学，2023年５月１日現在）

部局間交流協定▶38大学・機関（交換留学先10大学，2023年５月１日現在）

海外への留学生数▶渡航型185名・オンライン型67名／年（28カ国・地域，2022年度）

海外留学制度▶交流協定に基づく派遣交換留学，海外短期研修，国際資源学部の海外資源フィールドワーク，英語力向上を目的に海外短期研修やTOEIC対策などを組み合わせたイングリッシュ・マラソンなどを実施。往路航空運賃の一部（アジア圏上限４万円，それ以外上限10万円）を支援する「秋田大学みらい創造基金学生海外派遣支援事業」もある。

学費・奨学金制度　給付型奨学金総額 年間 250 万円

入学金▶282,000円

年間授業料（施設費等を除く）▶535,800円

年間奨学金総額▶2,500,000円

年間奨学金受給者数▶28人

主な奨学金制度▶秋田大学みらい創造基金事業として経済的理由により入学料納付が困難な学部新入生に10万円（入学料免除許可者は５万円）を給付する「新入生育英奨学資金」や，成績優秀者を表彰し，10万円（予定）を給付する「学業奨励金」を設置。また，学費減免制度があり，2022年度には延べ227人を対象に総額約3,743万円を減免している。

保護者向けインフォメーション

●**成績確認**　成績表，履修科目と単位数の情報を保護者に郵送している。

●**会報誌**　全学向け広報誌「アプリーレ」のほか，国際資源学部「Campuslife」，理工学部「マインネット」，教育学部では後援会情報誌「ひだまり」を発行。

●**保護者会**　教育文化学部，保健学科で開催。

●**防災対策**　「震災対応ガイド」を総合防災訓練時に配布。ポータルサイトA-netにも掲載予定。被災した際の学生の安否は，ポータルサイトを利用して確認する。

インターンシップ科目	必修専門ゼミ	卒業論文	GPA制度の導入の有無および活用例	１年以内の退学率	標準年限での卒業率
教育文化・理工学部で開講している	教育文化学部は２～４年次，国際資源学部，理工学部は４年次に実施	全学部で卒業要件	学生に対する個別の学修指導のほか，保健学科では学生表彰者の推薦時の参考資料に活用	0.6%	87.4%（４年制）91.1%（6年制）

2025年度学部改組構想（予定）

● 人間社会情報学部（仮称）を新設予定（構想中）。これに伴い，理工学部および教育文化学部を改組予定。

学部紹介（2024年２月現在）

学部／学科・課程	定員	特色
国際資源学部		
国際資源	120	▷資源政策，資源地球科学，資源開発環境の３コース。世界をフィールドに資源の最先端を学ぶ。
● 取得可能な資格…測量士補（資源地球科学コース），ダム水路主任技術者など。 ● 進路状況…………就職60.5%　進学32.5% ● 主な就職先………一条工務店，岩谷産業，大林組，川崎地質，JERA，住友大阪セメントなど。		
教育文化学部		
学校教育	110	▷教育実践（45名），英語教育（10名），理数教育（20名），特別支援教育（15名），こども発達（20名）の５コース。
地域文化	100	▷地域社会，国際文化，心理実践の３コース制。
● 取得可能な資格…教職（国・地歴・公・社・数・理・音・美・保体・家・英，小一種，幼一種，特別支援），保育士など。 ● 進路状況…………就職87.2%　進学7.6% ● 主な就職先………公立学校教員，秋田県，仙台国税局，新潟県（保育士），秋田銀行など。		
医学部		
医	124	▷豊かな教養と人間性を体得し，健康と福祉に貢献できる国際的視野を備えた人材を育成。
保健	106	▷看護学（70名），理学療法学（18名），作業療法学（18名）の３専攻。多様な場での実習を通して実践力を高める。
● 取得可能な資格…医師・看護師・保健師・助産師・理学療法士・作業療法士受験資格など。 ● 進路状況…………［医］初期臨床研修医96.9%　［保健］就職95.2%　進学3.8% ● 主な就職先………秋田県（保健師），秋田大学医学部付属病院，JA秋田厚生連など。		
理工学部		
生命科	45	▷生命科学コース。生命の不思議を科学し，医薬品，バイオ，化学業界に貢献できる人材を育成。
物質科	110	▷応用化学コースと材料理工学コースの２コース制。先端機能材料や化学プロセスに携わる研究者・技術者を養成。
数理・電気電子情報	120	▷数理科学，電気電子工学，人間情報工学の３コース制。各分野をリードする多彩な人材を育成。
システムデザイン工	120	▷機械工学，土木環境工学の２コース制。新しいものづくりができる実践的な技術者を育てる。
● 取得可能な資格…教職（数・理・工），測量士補など。 ● 進路状況…………就職47.1%　進学47.4% ● 主な就職先………公立学校教員，秋田県，アイシン，エイデイケイ富士システム，TDKなど。		

▶キャンパス

国際資源・教育文化・理工……［手形キャンパス］ 秋田県秋田市手形学園町1-1
医……［本道キャンパス］ 秋田県秋田市本道1-1-1

キャンパスアクセス ［手形キャンパス］ JR一秋田より徒歩約15分またはバス約６分

2025年度入試要項(予告)

●募集人員

学部／学科・課程(専攻・コース)	前期	後期
▶国際資源　国際資源(資源政策)	20	7
(資源地球科学)	20	5
(資源開発環境)	24	7
▶教育文化 学校教育(教育実践)	24	8
(英語教育)	6	2
(理数教育)	9	3
(特別支援教育)	12	3
(子ども発達)	10	4
地域文化	58	10
▶医　医	55	24
保健(看護学)	30	5
(理学療法学)	8	2
(作業療法学)	6	3
▶理工　生命科(生命科学)	a15・b8	6
物質科(応用化学)	a32・b31	14
(材料理工学)		
数理・電気電子情報(数理科学)	a34・b24	18
(電気電子工学)		
(人間情報工学)		
システムデザイン工(機械工学)	a35・b26	17
(土木環境工学)		

※医学部医学科後期日程の24名は一般枠20名，地域枠４名。　※理工学部前期日程のａとｂでは共通テストと個別学力検査の配点が異なる。

●２段階選抜

医学部医学科で，志願者数が募集人員の前期５倍，後期一般枠，秋田県地域枠各10倍を超えた場合，共通テストの成績により行うことがある。

注)募集人員および２段階選抜は2024年度の実績です。

試験科目

デジタルブック ››› 

偏差値データ(2024年度)

●一般選抜

学部／学科・課程／専攻・コース	2024年度 駿台予備学校 合格目標ライン	河合塾 ボーダー得点率	河合塾 ランク偏差値	'23年度 競争率
●前期				
▶国際資源学部				
国際資源／資源政策	43	55%	45	2.2
／資源地球科学	44	55%	42.5	1.1
／資源開発環境	43	55%	42.5	1.1
▶教育文化学部				
学校教育／教育実践(教科)	47	59%	50	1.8
(音楽)	44	52%	47.5	
(美術)	42	52%	47.5	
(体育)	43	52%	47.5	
／英語	47	57%	50	1.0
／理数	47	57%	50	1.0
／特別支援	46	54%	47.5	3.8
／こども発達	48	57%	50	2.7
地域文化	45	57%	50	2.0
▶医学部				
医	60	80%	62.5	3.3
保健／看護学	45	53%	50	1.1
／理学療法学	48	57%	47.5	2.0
／作業療法学	46	53%	45	3.0
▶理工学部				
生命科a	43	55%	42.5	2.3
b	44	54%	45	
物質科a	43	53%	42.5	1.7
b	44	51%	45	
数理・電気電子情報a	43	53%	45	2.1
b	44	51%	47.5	
システムデザイン工a	43	53%	42.5	3.5
b	44	51%	45	
●後期				
▶国際資源学部				
国際資源／資源政策	44	62%	—	2.0
／資源地球科学	44	57%	—	1.0
／資源開発環境	44	57%	—	1.1
▶教育文化学部				
学校教育／教育実践(音楽)	46	60%	—	1.7
(美術)	44	57%	—	
(体育)	45	63%	—	
(小論文)	47	62%	—	
／英語	48	66%	55	1.0
／理数	48	65%	—	1.0
／特別支援	48	60%	—	2.2
／こども発達	49	60%	—	1.8
地域文化	46	60%	—	3.1
▶医学部				
医(一般枠)	62	85%	—	2.7
(地域枠)	62	83%	—	4.0
保健／看護学	45	58%	—	1.0
／理学療法学	48	64%	—	1.5
／作業療法学	46	57%	—	1.2
▶理工学部				
生命科	45	61%	47.5	3.1
物質科	46	57%	45	0.9
数理・電気電子情報	46	61%	45	2.9
システムデザイン工	46	59%	45	2.4

- 駿台予備学校合格目標ラインは合格可能性80％に相当する駿台模試の偏差値です。
- 河合塾ボーダー得点率は合格可能性50％に相当する共通テストの得点率です。また，ボーダー偏差値は合格可能性50％に相当する河合塾全統模試の偏差値です。
- 競争率は受験者÷合格者の実質倍率
- 医学部医学科(一般枠・地域枠)の後期は２段階選抜を実施。

キャンパスアクセス ［本道キャンパス］ JR―秋田よりバス約15分

山形大学

資料請求

問合せ先 入試課　☎023-628-4141

大学の理念

1910（明治43）年創立の米沢高専，1920（大正９）年創立の山形高校ほか山形師範・青師，米沢工専，山形農専を統合し，1949（昭和24）年に発足。「地域創生」「次世代形成」「多文化共生」を使命とし，「創造性及び豊かな人間性を有する人材を育成する」という教育理念に基づき，新時代に相応しい人間力を養い，知・徳・体の調和のとれた人材を社会に輩出することをめざしている。３年一貫の基盤共通教育は，「学問基盤力，実践・地域基盤力，国際基盤力」を育成することにより，学生一人ひとりが自立した一人の人間として社会を構築する人間力を養う。入学時～３年次までに３回の基盤力テストを実施することで，学生は自身の学習状況を客観的に把握でき，その結果に基づく，きめ細かな学習指導が可能となっている。

- 小白川キャンパス……〒990-8560　山形県山形市小白川町1-4-12
- 飯田キャンパス………〒990-9585　山形県山形市飯田西2-2-2
- 米沢キャンパス………〒992-8510　山形県米沢市城南4-3-16
- 鶴岡キャンパス………〒997-8555　山形県鶴岡市若葉町1-23

基本データ

学生数▶7,284名（男4,639名，女2,645名）
専任教員数▶教授273名，准教授216名，講師65名
設置学部▶人文社会科，地域教育文化，理，医，工，農
併設教育機関▶大学院－理工学・有機材料システム・医学系（以上M・D），社会文化創造・農学（以上M），教育実践（P）

就職・卒業後の進路

就職率 100%
就職者÷希望者×100

● **就職支援**　キャリア・就職支援を専門に行うキャリアサポートセンターを各キャンパスに設置し，学年や時期に応じた情報提供，各種就職セミナーはもちろん，マンツーマンでのキャリアカウンセリングの体制を整備している。また，１年次から履修できる「キャリアデザイン」「プレインターンシップ」「仕事の流儀」などを開講し，卒業生や社会人との懇談会「キャリアカフェ」，公務員講座ガイダンスなどを通して，キャリア形成力を育成。

進路指導者も必見 学生を伸ばす 面倒見

初年次教育
全学部で自校教育，学問や大学教育全般に対する動機づけ，レポート・論文の書き方，プレゼン技法，ITの基礎技術，情報収集や資料整理の方法，論理的思考や問題発見・解決能力の向上を図る初年次教育を実施

学修サポート
全学部でTA制度，オフィスアワー制度を導入し，学部・学科により異なるが学生1～52人につき1人の教員アドバイザーを配置。医学部では未進級者や成績不振者にメンター教員が一対一での指導を実施

オープンキャンパス（2023年度実績）　７～８月にかけて，各キャンパスごとに対面で開催（事前申込制）。学科説明会，模擬講義，個別相談などを実施。常時，オンデマンド配信で視聴できるコンテンツも用意。

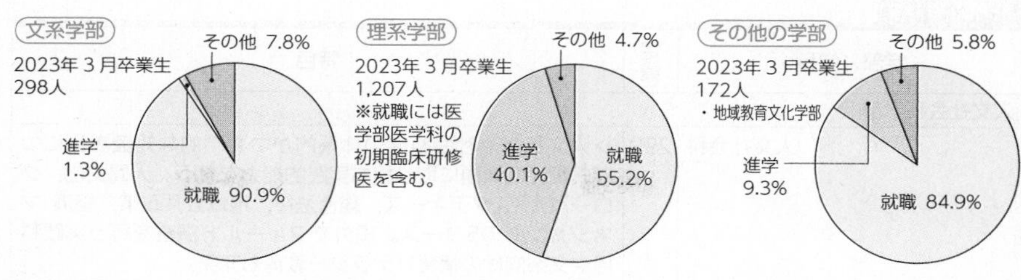

主なOB・OG▶［人文］内藤朝雄（社会学者），［工］麿秀晴（TOPPANホールディングス社長），［旧教育］佐藤賢一（小説家），［旧教育］冨樫義博（漫画家）など。

国際化・留学　大学間 89 大学等・部局間 80 大学等

受入れ留学生数▶162名（2023年５月１日現在）

留学生の出身国▶中国，韓国，マレーシア，インドネシア，台湾など。

外国人専任教員▶教授９名，准教授９名，講師６名（2023年９月１日現在）

外国人専任教員の出身国・地域▶中国，イギリス，台湾，韓国，アメリカなど。

大学間交流協定▶89大学・機関（交換留学先73大学，2023年９月１日現在）

部局間交流協定▶80大学・機関（交換留学先71大学，2023年９月１日現在）

海外への留学生数▶渡航型111名／年（16カ国・地域，2022年度）

海外留学制度▶学生交流協定校への半年または１年の短期派遣留学や，協定校が主催するサマープログラム，海外拠点のあるベトナム，インドネシア，モンゴルなどの各大学で約２週間～１カ月，現地学生に日本語を教えながら日本文化や山形大学を紹介する「学生大使」派遣プログラムなどがある。各学部においても海外協定校で１週間程度の短期派遣研修プログラムを実施，一部のプログラムは他学部からの応募も可能となっている。

学費・奨学金制度

入学金▶282,000円（工学部フレックスコース141,000円）

年間授業料（施設費等を除く）▶535,800円（工学部フレックスコース267,900円）

主な奨学金制度▶学業が優秀で，かつ経済的理由で進学が困難な学生を対象に入学料・授業を免除し，卒業まで奨学金を給付する「山形大学山澤進奨学金」や，「山形大学エリアキャンパスもがみ土田秀也奨学金」，「YU Do Best奨学金」などを設置。また，学費減免制度があり，2022年度は332人を対象に総額で約8,862万円を減免している。

保護者向けインフォメーション

●**パンフレット**　高校生の保護者向けに「東北の地方国立大学への誘い」を作成。

●**成績確認**　成績表，履修科目と単位数の情報を郵送。出席状況の問い合わせには適宜対応。

●**保護者会**　農学部で入学式当日に新入生保護者向け「父母等の会」を行うほか，人文社会・地域教育・理・工で保護者会を開催。理・医（看）・工・農学部では会報誌も発行。

●**防災対策**　「学生生活ハンドブック」に防災について記載。学生が被災した際の安否確認は，アプリやメール，SNSなどを利用。

インターンシップ科目	必修専門ゼミ	卒業論文	GPA制度の導入の有無および活用例	１年以内の退学率	標準年限での卒業率
医学部を除き開講している	人文社会科・地域教育文化・理・医（看護）・農学部は３・４年次，工学部は４年次に実施	医学部医学科を除き卒業要件	一部の学部で奨学金等対象者選定，留学候補者選考，研究室の配属基準，個別の学修指導，履修上限単位数の設定などに活用	1.5%	非公表

学部紹介

学部／学科	定員	特色
人文社会科学部		
人文社会科	290	▷人文科学や社会科学の体系的かつ専門的な知識を身につけ，現代の課題に取り組む実践的能力を養う。人間文化，グローバル・スタディーズ，総合法律，地域公共政策，経済・マネジメントの5コース。国外でフィールド調査を行う実践科目や文系向けの情報リテラシー教育も充実。
●**取得可能な資格**…教職（国・地歴・公・社・英），学芸員など。 ●**進路状況**…………就職90.9%　進学1.3% ●**主な就職先**………NTTデータ東北，アイリスオーヤマ，東京海上日動火災保険，ニトリ，日本政策金融公庫，山形新聞社，山形銀行，山形大学，警察庁，山形県，鶴岡市など。		
地域教育文化学部		
地域教育文化	175	▷児童教育コース（80名）と文化創生コース（95名）に人材育成機能を集約・重点化。地域において「地域とつながる子どもの育成」「安全かつ安心な生活」「文化的に豊かな人生」を支え，多様な人々・組織・団体をつなぎ地域の課題解決に取り組む人材を育成する。
●**取得可能な資格**…教職（国・地歴・社・数・理・音・美・保体・英，小一種，幼一種，特別支援），司書教諭，学芸員など。 ●**進路状況**…………就職84.9%　進学9.3% ●**主な就職先**………学校教員（山形県・北海道・仙台市），文部科学省，仙台家庭裁判所，山形県，山形市，山形銀行，第一生命保険，ベネッセスタイルケアなど。		
理学部		
理	210	▷２年次より専門分野を体系的に学ぶコースカリキュラムを，データサイエンス，数学，物理学，化学，生物学，地球科学の６つの中から選択。各自のスキルアップに沿って柔軟にデザインできるプログラムも用意されている。
●**取得可能な資格**…教職（数・理），学芸員など。 ●**進路状況**…………就職58.1%　進学36.3% ●**主な就職先**………東日本旅客鉄道，NTTデータ東北，いなば食品，協和キリン，七十七銀行，水資源機構，気象庁，山形県，山形市，寒河江市など。		
医学部		
医	113	▷広い視野を持ち，自ら学び，考え，創造し，それらを生涯にわたって発展させることのできる医師および医学研究者を養成する。東北初の重粒子線治療施設の稼働など，最先端の医療を学ぶ環境にも恵まれている。
看護	60	▷東北・北海道地区で最初につくられた４年制の看護学部。臨地実習において，学生が積極的に看護行為と知識や技術を結び付けられるStudent Nurse制度を導入。質の高い看護教育を提供している。
●**取得可能な資格**…医師・看護師・保健師・助産師受験資格など。 ●**進路状況**…………[医]初期臨床研修医92.4%　[看護]就職81.7%　進学18.3% ●**主な就職先**………[初期臨床研修先]山形大学医学部附属病院，山形県立中央病院など。 [看護]山形大学医学部附属病院，日本海総合病院，山形済生病院，山形県など。		

キャンパスアクセス [小白川キャンパス] JR奥羽線一山形よりバス約6分・〈山形南高前山大入口〉下車後徒歩約7分，徒歩約30分

工学部		
高分子・有機材料工	140	▷合成化学，光・電子材料，物性工学の3コース。教養と工学の基礎知識に加え，高分子・有機材料に関する専門知識を有し，技術開発における現状と問題点を解析・理解し，新しい取り組みに自発的に行動できる研究者・技術者を育成する。
化学・バイオ工	140	▷応用化学・化学工学，バイオ化学工学の２コース。人類が現在直面するエネルギー，環境，食糧，医療などの諸問題を解決するための学問を修得。
情報・エレクトロニクス	150	▷情報・知能，電気・電子通信の２コース。プログラマブルなシステム技術とそれを可能にする高度な電気電子デバイスや機器開発の分野で新しい領域を切り拓く。
機械システム工	140	▷構造・材料・デザイン，熱流体・エネルギー，ロボティクス・バイオニクスの３領域について，広範な知識や技術を実践的に取得させ，次世代の機械技術者・研究者を育成する。
建築・デザイン	30	▷工学とデザインとの融合による既存の技術にとらわれない都市建築空間を創造し，学際領域で新たな価値を生み出せる人材を育成する。
システム創成工	50	▷フレックスコース。１年次から米沢キャンパスで学ぶため，早期の研究室所属，専門基礎科目の少人数教育，入学後に専門分野を選択できるなどの特長的教育システムを構築。主として夜間に授業を行うが，昼間の授業も履修できる。

●**取得可能な資格**…教職（工業），１・２級建築士受験資格など。
●**進路状況**…………就職41.1％　進学54.6％
●**主な就職先**………アウトソーシングテクノロジー，いすゞ自動車，セコム工業，東北電力，竹中工務店，メイテック，山形航空電子，外務省，横浜税関，山形県警察など。

農学部		
食料生命環境	165	▷２年次にアグリサイエンス，バイオサイエンス，エコサイエンスの３つからコースを選択。３年次には将来を見据えて，基幹，国際展開，地域創生の３つから履修プログラムを選択し，専門性を追究する。

●**取得可能な資格**…測量士補など。
●**進路状況**…………就職70.7％　進学24.4％
●**主な就職先**………JA全農山形，東日本旅客鉄道，イオンリテール，越後製菓，住友林業，大正製薬，平田牧場，東北経済産業局，農林水産省，山形県，東京都特別区など。

キャンパス

人文社会科・地域教育文化・理……［小白川キャンパス］山形県山形市小白川町1-4-12
医……［飯田キャンパス］山形県山形市飯田西2-2-2
工……［米沢キャンパス］山形県米沢市城南4-3-16
農……［鶴岡キャンパス］山形県鶴岡市若葉町1-23

キャンパスアクセス ［飯田キャンパス］JR奥羽線―山形よりバス約15分
［鶴岡キャンパス］JR羽越線―鶴岡よりバス約4分，徒歩約15分

偏差値データ

2025年度入試要項(予告)

●募集人員

学部／学科(コース)	前期	後期
▶人文社会科 人文社会科(人間文化)	55	10
(グローバル・スタディーズ)	25	—
(総合法律)		
(地域公共政策)	115	15
(経済・マネジメント)		
▶地域教育文化 地域教育文化(児童教育)	48	12
(文化創生)	45	10
▶理 理	130	30
▶医 医	68	15
看護	35	5
▶工 高分子・有機材料工	83	10
化学・バイオ工(応用化学・化学工学)	41	10
(バイオ化学工学)	41	10
情報エレクトロニクス(情報・知能)	44	10
(電気・電子通信)	44	10
機械システム工	87	10
建築・デザイン	17	5
(フレックスコース)システム創成工	35	5
▶農 食料生命環境	95	25

※医学部医学科の前期は地域枠８名を含む。

●２段階選抜

医学部医学科で志願者数が募集人員を前期約５倍，後期約10倍を超えた場合に行う。

注)募集人員および２段階選抜は2024年度の実績です。

試験科目

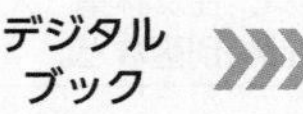

偏差値データ(2024年度)

●一般選抜

学部／学科／コース	2024年度 駿台予備学校 合格目標ライン	河合塾 ボーダー得点率	河合塾 ボーダー偏差値	'23年度 競争率
●前期				
▶人文社会科学部				
人文社会科／人間文化	46	65%	52.5	2.3
／グローバル・スタディーズ	47	65%	50	1.8
／総合法律・地域公共政策・経済・マネジメント	46	60%	50	1.9
▶地域教育文化学部				
地域教育文化／児童教育	46	56%	47.5	1.9
／文化創生	44	57%	50	2.4
▶理学部				
理	48	56%	47.5	1.8
▶医学部				
医(一般)	61	80%	65	4.8
医(地域枠)	61	80%	65	2.9
看護	45	56%	47.5	2.0
▶工学部				
高分子・有機材料工	43	56%	47.5	1.1
化学・バイオ工／応用化学・化学工学	45	54%	45	1.0
／バイオ化学工学	45	56%	45	1.0
情報・エレクトロニクス／情報・知能	44	57%	45	1.3
／電気・電子通信	43	56%	45	1.1
機械システム工	43	56%	45	2.2
建築・デザイン	45	60%	—	1.3
システム創成工	41	51%	40	1.7
▶農学部				
食料生命環境	46	53%	47.5	2.3
●後期				
▶人文社会科学部				
人文社会科／人間文化	47	70%	—	2.1
／総合法律・地域公共政策・経済・マネジメント	46	66%	—	1.6
▶地域教育文化学部				
地域教育文化／児童教育	47	60%	—	2.3
／文化創生	44	61%	—	3.7
▶理学部				
理	51	71%	—	6.6
▶医学部				
医	62	85%	—	6.7
看護	45	63%	—	2.4
▶工学部				
高分子・有機材料工	44	61%	—	1.0
化学・バイオ工／応用化学・化学工学	46	61%	—	1.2
／バイオ化学工学	46	61%	—	1.0
情報・エレクトロニクス／情報・知能	45	68%	—	1.3
／電気・電子通信	44	61%	—	1.0
機械システム工	44	61%	—	1.6
建築・デザイン	46	69%	—	1.4
システム創成工	42	55%	—	1.6
▶農学部				
食料生命環境	45	58%	—	8.4

- 駿台予備学校合格目標ラインは合格可能性80%に相当する駿台模試の偏差値です。
- 河合塾ボーダー得点率は合格可能性50%に相当する共通テストの得点率です。また，ボーダー偏差値は合格可能性50%に相当する河合塾全統模試の偏差値です。
- 競争率は受験者÷合格者の実質倍率

 キャンパスアクセス [米沢キャンパス] JR奥羽線一米沢よりバス約10〜15分

MEMO

福島大学

ふくしま

資料請求

問合せ先　入試課　☎024-548-8064

大学の理念

1949（昭和24）年，福島師範学校・福島青年師範学校・福島経済専門学校の３校を包括して，学芸と経済の２学部で開校。2004（平成16）年の国立大学法人化と同時期に理工学群を創設，2019（平成31）年には，農学群を設置し，３学群５学類の総合大学へと発展。「問題解決を基盤とした教育」を理念とし，「解のない問いにチャレンジできる人材」の育成を目標に掲げ，東日本大震災・原発事故被災地にある大学だからこそ実現できる取り組みを重視している。独自の学類制は細分化されたコース編成で専門性の強化とカリキュラムの柔軟性を両立。従来の学問領域の枠にとらわれず，学生が主体的に学んでいくことで，幅広い視野と豊かな創造力を持ち，グローバル化や地域社会の課題に応えられる「21世紀型」能力を備える学生の育成をめざす。

● **福島大学キャンパス**…〒960-1296　福島県福島市金谷川1番地

基本データ

学生数▶4,093名（男2,280名，女1,813名）
専任教員数▶教授165名，准教授95名，講師５名
設置学類▶人間発達文化，行政政策，経済経営，共生システム理工，食農
併設教育機関▶大学院―共生システム理工学（M・D），地域デザイン科学・食農科学（以上M），教職実践（P）

就職・卒業後の進路

就職率 98.2％
就職者÷希望者×100

● **就職支援**　1・2年次に「キャリア形成論」「キャリアモデル学習」「ワーキングスキル」を開講，キャリア教育を行う。キャリア支援課では，その学びを就職につなげるさまざまな事業を展開。年間約40件実施されるガイダンスでは業界研究，教員採用セミナー，インターンシップ対策，SPI説明会・Webテスト，エントリシート作成，面接・グループディスカッション対策などの講座を開講。専門のキャリア相談員が実践型就職ミニセミナーやゼミへの出張就職セミナー，個別の相談にも対応している。また，複数の企業を招いての業界研究セミナーや合同企業説明会，公務員合同業務説明会なども開催している。

進路指導者も必見 学生を伸ばす 面倒見	初年次教育	学修サポート
	「大学で学ぶ」でレポート・論文の書き方，情報収集や資料整理の方法，「スタートアップセミナー」でプレゼン技法，論理的思考や問題発見・解決能力の向上を図るほか，「情報リテラシー」を開講	全学群でTA制度，オフィスアワー制度，教員アドバイザー制度，一部の学部でSA制度を導入。また，ゼミ指導教員等が学生の相談に応じている

オープンキャンパス（2023年度実績）　7月15・16日に来場型で開催（事前申込制）。学類説明会，模擬講義，個別相談のほか，学類別に実習・ゼミ活動・施設・研究内容を紹介。Webオープンキャンパスも公開。

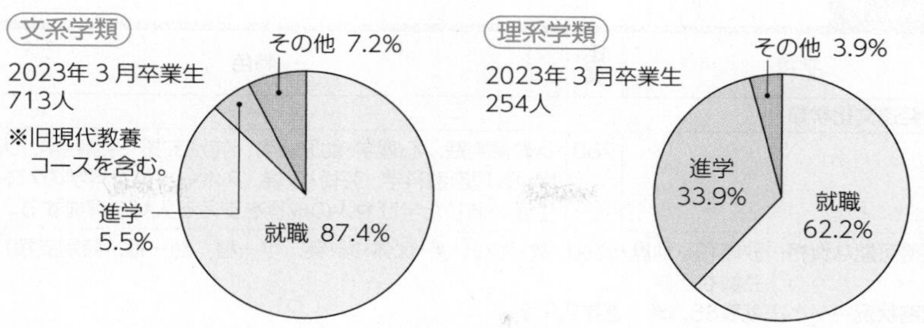

主なOB・OG ▶［旧教育］和合亮一（詩人），［旧行政社会］岩渕友（政治家），［旧行政社会］中村文則（作家），［旧教育］鳴沢真也（天文学者）など。

国際化・留学

大学間 57 大学等

受入れ留学生数 ▶63名（2023年５月１日現在）

留学生の出身国・地域 ▶中国，マレーシア，ベトナム，ドイツ，台湾など。

外国人専任教員 ▶教授６名，准教授２名（2023年９月１日現在）

外国人専任教員の出身国 ▶韓国，アメリカ，カナダ，中国，ドイツなど。

大学間交流協定 ▶57大学・機関（交換留学先35大学，2023年５月１日現在）

海外への留学生数 ▶渡航型44名（９カ国・地域，2022年度）

海外留学制度 ▶交流協定に基づき福島大学にのみ学費を納める半年～１年の交換留学，長期休暇を利用して行う韓国，中国，台湾，カナダ，ドイツでの語学研修，ウィニペグ大学の異文化交流演習，コロラド州立大学ではアメリカの放射線研究について学ぶフィールドワーク体験などのプログラムを実施。また，実際の現場で英語を使うことにより実用的な英語を身につけることを目的としたヒューストンでの海外インターンシップもある。

学費・奨学金制度

給付型奨学金総額 年間 240 万円

入学金 ▶282,000円（夜間主141,000円）

年間授業料（施設費等を除く）▶535,800円（夜間主267,900円）

年間奨学金総額 ▶2,400,000円

年間奨学金受給者数 ▶４人

主な奨学金制度 ▶２年次以上の学類生を対象に月額５万円を１年間支給する返還不要の「しのぶ育英奨学金」がある。また，学費減免制度があり，2022年度は242人を対象に総額で約4,427万円を減免している。

保護者向けインフォメーション

- **オープンキャンパス**　通常のオープンキャンパス時に保護者向けの説明会を実施。
- **成績確認**　成績表および履修科目と単位数の情報を郵送している。
- **就職ガイダンス**　２年次の10月に「保護者のための就職セミナー」を開催，就職活動環境や親の関わり方などについての説明を行っている。
- **防災対策**　入学時に配布する「学生便覧」に掲載。学生が被災した際の安否確認は，総合ポータルシステムLive Campusを利用。

インターンシップ科目	必修専門ゼミ	卒業論文	GPA制度の導入の有無および活用例	１年以内の退学率	標準年限での卒業率
一部の学類で開講している	全学類で，１～４年次に実施	全学類で卒業要件	全学類で奨学金や授業料免除対象者の選定基準のほか，一部の学類で進級判定の基準，個別の学修指導に活用	1.9%	90.4%

福島 福島大学

学部紹介

学類	定員	特色
人間発達文化学類		
	260	▷教育実践，心理学・幼児教育，特別支援・生活科学，人文科学，数理自然科学，芸術・表現，スポーツ健康科学の7コース。生涯を通じた学びや人の成長を支える人材を育成する。
● 取得可能な資格…教職(国・地歴・公・社・数・理・音・美・保体・家・英，小一種，幼一種，特別支援)，学芸員など。 ● 進路状況…………就職85.3%　進学9.9% ● 主な就職先………公立学校教員(福島県，茨城県，横浜市)，福島県，福島市，JTBなど。		
行政政策学類		
昼間	185	▷震災からの復興，コミュニティの再生といった地域が抱えるさまざまな課題に取り組み，持続可能な地域づくりに貢献できる人材を養成。法学，政治学，行政学を中心とした「地域政策と法」と社会学系の科目を基盤とした「地域社会と文化」の２コースを設置。
夜間主	20	▷夜間主でも「地域政策と法」「地域社会の文化」の２コースを設置。長期履修制度や放送大学の活用，昼間の受講など「学び」と「仕事」を両立させるための柔軟なカリキュラムが用意されている。
●取得可能な資格…教職(地歴・公・社)，学芸員など。　●進路状況………就職89.2%　進学2.7% ●主な就職先………福島地方法務局，福島県，日本通運，東邦銀行，関電工，日本通運など。		
経済経営学類		
	220	▷経済学，経営学の2コース。第４セメスター（２年次後期）から専門演習に所属し，それぞれの活動や研究を展開。その成果を卒論へとまとめていく。調査・分析スキルや外部組織と連携した演習，語学力の向上に特化したコース横断プログラム(グローバルEP)もある。
●取得可能な資格…教職(商業)など。　●進路状況………就職89.7%　進学2.3% ●主な就職先………福島労働局，福島県，日本食研，NTTドコモ，ニトリ，東日本旅客鉄道など。		
共生システム理工学類		
	160	▷理学・工学・人文社会科学を融合した学びにより，現代社会や地域の問題を「システム」的に解決できる実践的経験を持つ「理工」系人材を育成。数理・情報科学，経営システム，物理・システム工学，物質科学，エネルギー，生物環境，地球環境，社会計画，心理・生理の９コース。第３セメスター（2年次前期)からコースに所属する。
● 取得可能な資格…教職(数・理・技・情・工業)，学芸員など。 ● 進路状況…………就職60.9%　進学35.1% ● 主な就職先………ユアテック，セイコーNPC，東日本高速道路，バンダイ，福島放送，三菱プレシジョン，大和ハウス工業，富士通エフサス，筑波銀行，原子力規制庁，福島県など。		
食農学類		
	100	▷農学専門教育と農学実践型教育の2つの柱からなる農学教育により，実践的に農学を学び，食と農の課題に主体的・創造的に取り組む力を養う。第４セメスター(2年次後期)から，食品科学，農業生産学，生産環境学，農業経営学の4コースのいずれかに所属する。

 キャンパスアクセス [福島大学キャンパス] JR東北本線－金谷川より徒歩10分

●取得可能な資格…教職（理・農）など。　●進路状況………就職64.1％　進学32.0％
●主な就職先………ラキール，読売新聞社，JA全農，カインズ，日本ハム，渋谷レックス，EPARK，パスコ，国土交通省，農林水産省，福島県など。

キャンパス

全学部……［福島大学キャンパス］〒960-1296　福島県福島市金谷川1番地

2025年度入試要項（予告）

●募集人員

学類／コース		前期	後期
▶人間発達文化	教育実践	15	A系6
	心理学・幼児教育	20	
	特別支援・生活科学	12	
	芸術・表現	12	
	人文科学	60	B系6
	数理自然科学	15	
	スポーツ健康科学	20	
▶行政政策	［昼間］	108	35
▶経済経営		114	40
▶共生システム理工		70	42
▶食農		60	20

※行政政策学類［夜間主］は総合型選抜で募集。
※人間文化発達学類の後期はA系・B系の区分で募集。所属コースは合格した系の中の希望するコースに決定する。ただし，A系合格者で心理学・幼児教育コースを選択した者は，公認心理師カリキュラムは履修可能だが，保育士資格は取得不可。

●2段階選抜　実施しない
注）募集人員および2段階選抜は2024年度の実績です。

▷共通テストの英語はリスニングを含む。
▷共通テストの地歴・公民から2科目選択する場合，「公・倫」と「公・政経」の組み合わせ，および「地総・歴総・公から2」で選択した科目と同一科目名を含む組み合わせは不可。

人間発達文化学類

前期　**【教育実践コース／心理学・幼児教育コース／特別支援・生活科学コース／人文科学コース】［共通テスト(950)］** 8科目　①国(200)　②外(200・英〈R160＋L40〉)▶英・独・仏・中・韓から1　③④数(100×2)▶「数Ⅰ・〈数Ⅰ・数A〉から1」・「数Ⅱ・数B・数C」　⑤情(50)▶情Ⅰ　⑥⑦⑧「地歴・公民」・理(100×3)▶「地総・歴総・公から2」・「地総・地探」・「歴総・日探」・「歴総・世探」・「公・倫」・「公・政経」から1または2，「物基・化基・生基・地学基から2」・物・化・生・地学から1または2，計3

【教育実践コース／特別支援・生活科学コース】［個別学力検査(400)］ 1科目　①小論文(400)

【心理学・幼児教育コース】［個別学力検査(400)］ 1科目　①小論文・表現基礎検査(400)▶小論文・表現基礎検査から1 ※保育士資格取得希望者は表現基礎検査を，希望しない者は小論文を選択。

〈人文科学コース〉［個別学力検査(400)］ 1科目　①国・外・小論文(400)▶「現国・言語・論国・文国・古典」・「英コミュⅠ・英コミュⅡ・英コミュⅢ・論表Ⅰ・論表Ⅱ・論表Ⅲ」・小論文から1

【芸術・表現コース／スポーツ健康科学コース】［共通テスト(750)］ 6科目　①国(200)　②外(200・英〈R160＋L40〉)▶英・独・仏・中・韓から1　③地歴・公民(100)▶「地総・歴総・公から2」・「地総・地探」・「歴総・日探」・「歴総・世探」・「公・倫」・「公・政経」から1　④数(100)▶数Ⅰ・「数Ⅰ・数A」・「数Ⅱ・数B・数C」から1　⑤理(100)▶「物基・化基・生基・地学基から2」・物・化・生・地学から1　⑥情(50)▶情Ⅰ

［個別学力検査(500)］ 1科目　①実技(500)▶芸術・表現コースは実技検査（音楽）・実技検査（美術）から1，スポーツ健康科学コースは実技検査（スポーツ）

【数理自然科学コース】［共通テスト(1000)］ 8科目　①国(200)　②外(200・英〈R160＋L40〉)▶英・独・仏・中・韓から1　③④数(100×2)▶「数Ⅰ・〈数Ⅰ・数A〉から1」・「数Ⅱ・数B・数C」　⑤情(100)▶情Ⅰ　⑥⑦⑧「地歴・公民」・理(100×3)▶「地総・歴総・公から2」・「地総・地探」・「歴総・日探」・「歴総・世探」・「公・

倫」・「公・政経」から１または２，「物基・化基・生基・地学基から２」・物・化・生・地学から１または２，計３
[個別学力検査(400)] **1科目** ①**数**(400) ▶数Ⅰ・数Ⅱ・数Ⅲ・数Ａ・数Ｂ（数列）・数Ｃ（ベク）

後期 **【Ａ系・Ｂ系】[共通テスト(950)]** **8科目** ①**国**(200) ②**外**(200・英〈R160＋L40〉) ▶英・独・仏・中・韓から１ ③④**数**(100×2) ▶「数Ⅰ・〈数Ⅰ・数Ａ〉から１」・「数Ⅱ・数Ｂ・数Ｃ」 ⑤**情**(50) ▶情Ⅰ ⑥⑦⑧**「地歴・公民」・理**(100×3) ▶「地総・歴総・公から２」・「地総・地探」・「歴総・日探」・「歴総・世探」・「公・倫」・「公・政経」から１または２，「物基・化基・生基・地学基から２」・物・化・生・地学から１または２，計３
[個別学力検査(200)] **1科目** ①**小論文**(200)

行政政策学類

前期 **[共通テスト(650)]** **8科目** ①**国**(150) ②**外**(150・英〈R120＋L30〉) ▶英・独・仏・中・韓から１ ③**地歴**(75) ▶「地総・地探」・「歴総・日探」・「歴総・世探」から１ ④**公民**(75) ▶「公・倫」・「公・政経」から１ ⑤⑥**数**(50×2) ▶「数Ⅰ・数Ａ」・「数Ⅱ・数Ｂ・数Ｃ」 ⑦**理**(50) ▶「物基・化基・生基・地学基から２」・物・化・生・地学から１ ⑧**情**(50) ▶情Ⅰ
[個別学力検査(200)] **1科目** ①**小論文**(200)

後期 **[共通テスト(300)]** **8科目** ①**国**(100) ②**外**(100・英〈R80＋L20〉) ▶英・独・仏・中・韓から１ ③**地歴**(100) ▶「地総・地探」・「歴総・日探」・「歴総・世探」から１ ④**公民**(100) ▶「公・倫」・「公・政経」から１ ⑤⑥**数**(50×2) ▶「数Ⅰ・数Ａ」・「数Ⅱ・数Ｂ・数Ｃ」 ⑦**理**(100) ▶「物基・化基・生基・地学基から２」・物・化・生・地学から１ ⑧**情**(100) ▶情Ⅰ
※上記７教科８科目のうち高得点の３教科３科目の成績を利用。ただし，地歴・公民は第１解答科目（１教科１科目），数学は高得点の１科目を判定に用いる。
[個別学力検査(100)] **1科目** ①**小論文**(100)

経済経営学類

前期 **[共通テスト(1100)]** **8科目** ①**国**(200) ②**外**(200・英〈R160＋L40〉) ▶英・独・仏・中・韓から１ ③④**地歴・公民**(100×2) ▶「地総・地探」・「歴総・日探」・「歴総・世探」・「〈公・倫〉・〈公・政経〉から１」から２ ⑤⑥**数**(100×2) ▶「数Ⅰ・数Ａ」・「数Ⅱ・数Ｂ・数Ｃ」 ⑦**理**(100) ▶「物基・化基・生基・地学基から２」・物・化・生・地学から１ ⑧**情**(100) ▶情Ⅰ
※「地歴・公民」の２科目と，数学・情報（「数Ⅱ・数Ｂ・数Ｃ」と情Ⅰのうち高得点の１科目と「数Ⅰ・数Ａ」）の２科目の合計得点とを比較し，合計得点の高い２科目を２倍に配点。
[個別学力検査(400)] **1科目** ①**外・小論文**(400) ▶「英コミュⅠ・英コミュⅡ・英コミュⅢ・論表Ⅰ・論表Ⅱ・論表Ⅲ」・小論文から１

後期 **[共通テスト(900)]** **8科目** ①**国**(200) ②**外**(200・英〈R160＋L40〉) ▶英・独・仏・中・韓から１ ③④**地歴・公民**(100×2) ▶「地総・地探」・「歴総・日探」・「歴総・世探」・「〈公・倫〉・〈公・政経〉から１」から２ ⑤⑥**数**(100×2) ▶「数Ⅰ・数Ａ」・「数Ⅱ・数Ｂ・数Ｃ」 ⑦**理**(100) ▶「物基・化基・生基・地学基から２」・物・化・生・地学から１ ⑧**情**(100) ▶情Ⅰ
※「数Ⅱ・数Ｂ・数Ｃ」と「情Ⅰ」は高得点の１科目を利用。
[個別学力検査(200)] **1科目** ①**外・小論文**(200) ▶「英コミュⅠ・英コミュⅡ・英コミュⅢ・論表Ⅰ・論表Ⅱ・論表Ⅲ」・小論文から１

共生システム理工学類

前期 **[共通テスト(1100)]** **8科目** ①**国**(200) ②**外**(200・英〈R160＋L40〉) ▶英・独・仏・中・韓から１ ③**地歴・公民**(100) ▶「地総・歴総・公から２」・「地総・地探」・「歴総・日探」・「歴総・世探」・「公・倫」・「公・政経」から１ ④⑤**数**(150×2) ▶「数Ⅰ・数Ａ」・「数Ⅱ・数Ｂ・数Ｃ」 ⑥⑦**理**(100×2) ▶「物基・化基・生基・地学基から２」・物・化・生・地学から２ ⑧**情**(100) ▶情Ⅰ
[個別学力検査(600)] **2科目** ①②**数・理**(300×2) ▶数Ⅰ・数Ⅱ・数Ⅲ・数Ａ・数Ｂ・数

C・「物基・物」・「化基・化」・「生基・生」から２
後期　**［共通テスト（1200）］**　**8**科目　①**国**（200）　②**外**（200・英〈R160＋L40〉）▶英・独・仏・中・韓から１　③**地歴・公民**（100）▶「地総・歴総・公から２」・「地総・地探」・「歴総・日探」・「歴総・世探」・「公・倫」・「公・政経」から１　④⑤**数**（200×2）▶「数Ⅰ・数Ａ」・「数Ⅱ・数Ｂ・数Ｃ」　⑥⑦**理**（100×2）▶「物基・化基・生基・地学基から２」・物・化・生・地学から２　⑧**情**（100）▶情Ⅰ
［個別学力検査（300）］　**1**科目　①**面接**（300）

食農学類

前期　**［共通テスト（1000）］**　**8**科目　①**国**（200）　②**外**（200・英〈R160＋L40〉）▶英・独・仏・中・韓から１　③**地歴・公民**（100）▶「地総・歴総・公から２」・「地総・地探」・「歴総・日探」・「歴総・世探」・「公・倫」・「公・政経」から１　④⑤**数**（100×2）▶「数Ⅰ・数Ａ」・「数Ⅱ・数Ｂ・数Ｃ」　⑥⑦**理**（100×2）▶「物基・化基・生基・地学基から２」・物・化・生・地学から２　⑧**情**（100）▶情Ⅰ
［個別学力検査（400）］　**2**科目　①②**外・数・理**（200×2）▶「英コミュⅠ・英コミュⅡ・英コミュⅢ・論表Ⅰ・論表Ⅱ・論表Ⅲ」・「数Ⅰ・数Ⅱ・数Ａ・数Ｂ（数列）・数Ｃ（ベク）」・「物基・物」・「化基・化」・「生基・生」から２
後期　**［共通テスト（1000）］**　**8**科目　前期と同じ
［個別学力検査（100）］　**1**科目　①**ペーパーインタビュー**（100）

その他の選抜

学校推薦型選抜は人間発達文化学類74名，行政政策学類［昼間］42名，経済経営学類50名，共生システム理工学類23名を，総合型選抜は人間発達文化学類芸術・表現コース8名，スポーツ健康科学コース12名，行政政策学類［夜間主］20名，経済経営学類11名，共生システム理工学類25名，食農学類20名を募集。ほかに私費外国人留学生選抜を実施。
注）募集人員は2024年度の実績です。

偏差値データ（2024年度）

●一般選抜

学類／コース	2024年度 駿台予備学校 合格目標ライン	河合塾 ボーダー得点率	河合塾 ボーダー偏差値	'23年度 競争率
●前期				
▶**人間発達文化学類**				
教育実践	45	55%	—	1.7
心理学・幼児教育〈小論文〉	45	60%	—	2.1
〈表現基礎検査〉	47	55%	—	1.4
特別支援・生活科学	45	54%	—	1.1
芸術・表現〈音楽〉	43	50%	—	1.0
〈美術〉	43	50%	—	1.0
人文科学〈国語〉	46	59%	52.5	1.4
〈英語〉	46	59%	50	1.0
〈小論文〉	44	58%	—	1.3
数理自然科学	46	54%	45	1.0
スポーツ健康科学	43	54%	—	2.6
▶**行政政策学類**				
	44	59%	—	3.4
▶**経済経営学類**				
	43	58%	47.5	1.1
▶**共生システム理工学類**				
	44	56%	45	2.8
▶**食農学類**				
	46	52%	47.5	1.5
●後期				
▶**人間発達文化学類**				
〈A系〉	46	62%	—	2.4
〈B系〉	47	61%	—	1.9
▶**行政政策学類**				
	45	66%	—	2.8
▶**経済経営学類**				
	44	65%	47.5	1.0
▶**共生システム理工学類**				
	45	57%	47.5	4.1
▶**食農学類**				
	47	58%	50	2.0

- 駿台予備学校合格目標ラインは合格可能性80％に相当する駿台模試の偏差値です。
- 河合塾ボーダー得点率は合格可能性50％に相当する共通テストの得点率です。また，ボーダー偏差値は合格可能性50％に相当する河合塾全統模試の偏差値です。
- 競争率は受験者÷合格者の実質倍率

茨城大学（いばらき）

資料請求

問合せ先　学務部入学課入学試験グループ　☎029-228-8064・8066

大学の理念

「真理を探究し，豊かな人間性，高い倫理性と社会性をもった人間の育成と『知』の創造，蓄積，体系化および継承に努め（る）」が基本理念。1949年に，旧制水戸高等学校，茨城師範学校など４学校を包括し，文理・教育・工の３学部からなる新制大学として発足。地域社会に根差した教育・研究に取り組み，量子線科学や気候変動適応研究などの世界的な強みとなる分野を育んできた。産業や文化の大きな転換期を迎え，これからの社会で必要となる「世界の俯瞰的理解」「専門分野の学力」「課題解決能力・コミュニケーション力」「社会人としての姿勢」「地域活性化志向」の５つを，すべての学生が身につける力として掲げ，その教育の質を保障するシステムの構築を進めるなど不断の取り組みにより，地域の知の拠点としての機能向上を大学の使命としている。

- **水戸キャンパス**…〒310-8512　茨城県水戸市文京2-1-1
- **日立キャンパス**…〒316-8511　茨城県日立市中成沢町4-12-1
- **阿見キャンパス**…〒300-0393　茨城県稲敷郡阿見町中央3-21-1

基本データ

学生数▶6,750名（男4,238名，女2,512名）
専任教員数▶教授249名，准教授140名，講師51名
設置学部▶人文社会科，教育，理，工，農，地域未来共創学環
併設教育機関▶大学院―理工学（M・D），人文社会科学・農学（以上M），教育学（P），連合農学（D）

就職・卒業後の進路

就職率 92.1%
就職者÷希望者×100

● **就職支援**　キャリアセンターを中心に，全学年を対象としたガイダンス，個別相談を柱としたきめ細かなキャリア教育・就職支援を実施。キャリアセンターや工学部・農学部の就職相談コーナーでは，キャリアカウンセラー，企業の人事経験者が相談員となり，学生一人ひとりに合わせた進路や就職活動に関する相談，エントリーシート添削，模擬面接実施など幅広く対応している。就職活動中の学生に限らず，1・2年次でも気軽に相談できる。

進路指導者も必見　学生を伸ばす　面倒見

初年次教育
自校教育などの帰属意識を醸成する「茨城学」，学問や大学教育全体に対する動機づけ，レポート・論文の書き方，プレゼン技法，情報収集や資料整理の方法，論理的思考や問題発見・解決能力の向上を図る「大学入門ゼミ」や「情報リテラシー」を開講

学修サポート
全学部でTA・SA制度，オフィスアワー制度，学生担任制を導入。各学部や教育支援課，バリアフリー推進室などで学修サポートを実施しており，学部によっては学修相談室を設置

オープンキャンパス（2023年度実績）　7月に3キャンパスで同時に来場型オープンキャンパスを開催（一部コンテンツ事前登録制）。学部説明会，模擬授業，在学生によるミニキャンパスツアーや相談会などを実施。

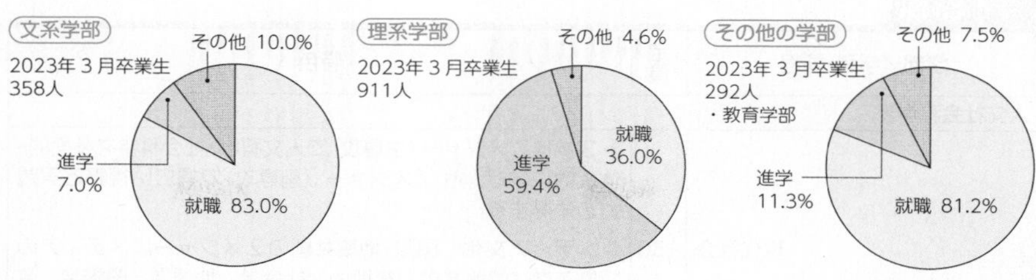

主なOB・OG▶［旧人文］渡部尚（東村山市長），［工］山海嘉之（サイバーダイン創業者兼CEO），［旧人文］高野史緒（作家），［教育］森花子（NHKアナウンサー），［工］梨衣名（モデル）など。

国際化・留学　大学間 42 大学等・部局間 34 大学等

受入れ留学生数▶38名（2023年５月１日現在）

留学生の出身国▶中国，マレーシア，韓国，インドネシア，ベトナムなど。

外国人専任教員▶教授３名，准教授４名（2023年５月１日現在）

外国人専任教員の出身国・地域▶中国，台湾，シンガポール，韓国，カナダなど。

大学間交流協定▶42大学・機関（交換留学先34大学，2023年６月14日現在）

部局間交流協定▶34大学・機関（交換留学先18大学，2023年６月14日現在）

海外への留学生数▶渡航型102名・オンライン型18名／年（10カ国・地域，2022年度）

海外留学制度▶語学やコミュニケーション力の向上，国際社会への視野拡大の機会として，学生交流協定校に半年または１年間留学する「交換留学」，ASEAN地域の協定校に１学期留学する国際共同教育プログラム「AIMS」のほか，長期休暇を利用した短期語学研修，インドネシア農村支援活動，ベトナム・日本語教育実習，海外インターンシップ，日本語教育プログラム演習，オンラインによる短期研修など多様なプログラムを実施。また，協定校派遣留学奨学金や，授業の一環として行う短期研修の旅費の一部を支援する制度も用意。

学費・奨学金制度　給付型奨学金総額 年間 40 万円

入学金▶282,000円

年間授業料（施設費等を除く）▶535,800円

年間奨学金総額▶400,000円

年間奨学金受給者数▶４人

主な奨学金制度▶「BYOD用PC購入支援奨学金」を設置。また，学業成績および人物が優秀な学生に対して授業料の一部を免除する「成績優秀学生授業料免除制度」をはじめとする学費減免制度では，2022年度は185人を対象に総額で約3,821万円を減免している。

保護者向けインフォメーション

●**説明会**　通常のオープンキャンパス時に保護者向けの説明会，相談会を開催。また，高等学校PTAの依頼に対して大学見学を実施。広報担当者による大学および入試概要の説明，キャンパス見学を行っている。

●**成績確認**　成績表および履修科目と単位数の情報を保護者に郵送している。

●**後援会**　各学部で後援会を組織し，総会を開催。「後援会会報」も発行している。

●**防災対策**　学生が被災した際の安否状況は，メールを利用して確認する。

インターンシップ科目	必修専門ゼミ	卒業論文	GPA制度の導入の有無および活用例	１年以内の退学率	標準年限での卒業率
全学部で開講している	全学部で実施（開講年次は学部により異なる）	全学部で卒業要件	奨学金や授業料免除対象者の選定基準，学生に対する個別の学修指導に活用するほか，GPAに応じた履修上限単位数を設定	0.8%	84.6%

学部紹介

学部／学科・課程	定員	特色
人文社会科学部		
		▶３学科７メジャー（主専攻）で人文科学・社会科学を多面的・体系的に学び，サブメジャー（副専攻）で幅広い視野と実践力を体得する。
現代社会	130	▷メディア文化，国際・地域共創の２メジャー。メディアの特質を学び情報発信力を鍛え，社会学，地理学，国際学，政治学などの手法を駆使し，内外の地域課題の解決力を模索する力を養う。
法律経済	120	▷法学，経済学・経営学の２メジャー。社会的諸課題を幅広い視野から考察し，解決に向けて積極的に取り組める力を身につける。
人間文化	110	▷文芸・思想，歴史・考古学，心理・人間科学の３メジャー。人間の深層を見抜き，より良い人生，より良い社会の構想を提案できる力を磨く。
●取得可能な資格…教職（国・地歴・公・社・英），学芸員など。 ●進路状況…………就職83.0%　進学7.0% ●主な就職先………みずほフィナンシャルグループ，常陽銀行，朝日生命保険，関彰商事，日本放送協会，マイナビ，東日本旅客鉄道，スターバックスコーヒージャパン，公務員など。		
教育学部		
学校教育教員養成	240	▷教育指導やいじめ・不登校，子ども理解や児童・生徒支援といった現代社会の教育課題への対応力を養う教育実践科学コース，小学校と共に取得する中学校の教員免許に対応した専門分野を深く学ぶ教科教育コース，小学校と特別支援学校の教員免許取得をめざす特別支援教育コースがある。各コースの定員は以下の通り。 教育実践科学コース26名，教科教育コース（国語選修26名，社会選修23名，英語選修16名，数学選修31名，理科選修24名，音楽選修13名，美術選修12名，保健体育選修18名，技術選修17名，家庭選修14名），特別支援教育コース20名
養護教諭養成	35	▷人間の心と体の問題を共感的に理解し，問題を解決できる保健の専門家を養成する。
●取得可能な資格…教職（国・地歴・公・社・数・理・音・美・書・保体・保健・技・家・情・工業・英，小一種，幼一種，特別支援，養護一種），司書教諭，学芸員など。 ●進路状況…………就職81.2%　進学11.3% ●主な就職先………教員（茨城県幼稚園・小学校・中学校・高等学校・小中一貫校・特別支援学校，福島県小学校，千葉県小学校，栃木県小学校）など。		
理学部		
理	205	▷数学・情報数理，物理学，化学，生物科学，地球環境科学，学際理学の１学科６コース制。各分野の専門知識だけでなく，幅広い知識と能力を身につけ，柔軟な思考力および問題解決の力を有する理学スペシャリストとして社会で活躍できる人材を育成する。
●取得可能な資格…教職（数・理・情），測量士補など。 ●進路状況…………就職42.3%　進学50.9% ●主な就職先………メイテック，NTTデータ東北，富士通，エフサス，日立システムズ，太陽誘電，AGC，キヤノン化成，常陽銀行，アクセンチュア，東日本旅客鉄道など。		

キャンパスアクセス［水戸キャンパス］JR常磐線—水戸よりバス約25分

工学部		
機械システム工	130	▷機械と情報技術が融合した，人と環境にやさしい機械とコンピュータ技術の融合分野を担う先端技術者を養成する。
電気電子システム工	125	▷IoT（モノのインターネット）で先端産業と社会の基盤を支える技術者を養成する。３・４年次に専門基礎知識を深化させるため，エネルギーシステムとエレクトロニクスシステムの２つの教育プログラムを配置。
物質科学工	110	▷環境・資源・エネルギー問題の解決に向けた，次世代の「材料・化学・生命」融合分野の開拓を担う技術者・研究者を養成する。
情報工	90	▷未来社会を創造するソフトウェア技術を持ち，情報インフラやシステムを構築・運用できる情報専門技術者を養成する。
都市システム工	60	▷災害に強く安全な都市，環境にやさしく快適なまち，これらの創造を担う高度な土木・建築融合技術者を養成する。

● **取得可能な資格**…教職（工業），電気通信主任技術者，測量士補，１・２級建築士受験資格など。
● **進路状況**…………就職24.2%　進学72.3%
● **主な就職先**………日立ハイテクソリューションズ，日立建機，日立システムズパワーサービス，スズキ，パナソニック，サーモス，トヨタ紡織，日本精工，東日本旅客鉄道など。

農学部		
		▶グローバルな視点で地域の持続的発展に挑む農学の力と心を学ぶ。
食生命科	80	▷さまざまな食料問題を解決するための能力や食品分野で国際的に活躍できる人材の育成をめざす。２年次から国際食産業科学コースとバイオサイエンスコースに分かれて学ぶ。
地域総合農	80	▷創生・発展につながる思考力と行動力を持った人材を育成する。２年次から農業科学コースと地域共生コースに分かれて学ぶ。

● **取得可能な資格**…教職（理・農），測量士補など。
● **進路状況**…………就職63.0%　進学31.8%
● **主な就職先**………日本食研ホールディングス，日本ハムファクトリー，森永乳業，よつ葉乳業，JAグループ，農業食品産業技術総合研究機構，日本農業新聞，カスミなど。

地域未来共創学環		
	40	▷NEW!'24年新設。企業や自治体等での就業体験を通して学ぶコーオプ教育を４年間履修し，「理論と実践の往還型の学修」を実践。ビジネスとデータサイエンスを中心とした分野・文理横断の学びから，地域課題の解決や，新たな価値創出に挑戦する実践的な人材を養成する。

▶キャンパス

人文社会科・教育・理・地域未来共創学環…［水戸キャンパス］茨城県水戸市文京2-1-1
工…［日立キャンパス］茨城県日立市中成沢町4-12-1
農…［阿見キャンパス］茨城県稲敷郡阿見町中央3-21-1

2025年度入試要項（予告）

●募集人員

学部／学科・課程（コース）		前期	後期
▶人文社会科	現代社会	65	40
	法律経済	65	35
	人間文化	65	25
▶教育	学校教育教員養成（教育実践科学）	14	4
	（教科教育・国語）	17	5
	（教科教育・社会）	13	5

キャンパスアクセス ［日立キャンパス］JR常磐線—日立よりバス約10分／JR常磐線—常陸多賀よりバス約10分

(教科教育・英語)	8	3
(教科教育・数学)	22	5
(教科教育・理科)	17	4
(教科教育・音楽)	6	4
(教科教育・美術)	5	3
(教科教育・保健体育)	8	5
(教科教育・技術)	9	5
(教科教育・家庭)	8	2
(特別支援教育)	12	5
養護教諭養成	17	10
▶理 理(数学・情報数理)	15	14
(物理学)	19	10
(化学)	19	10
(生物科学)	19	10
(地球環境科学)	19	10
(総合理学/旧学際理学)	20	10
▶工 機械システム工	70	40
電気電子システム工	75	38
物質科学工	60	35
情報工	55	20
都市システム工	30	17
▶農 食生命科	50	14
地域総合農(農業科学)	24	10
(地域共生)	28	
▶地域未来共創学環	数12	7
	外12	

※次のように略しています。数→数学選択，外→外国語選択。

● 2段階選抜　実施しない

注) 2段階選抜は2024年度の実績です。

試験科目

デジタルブック  

偏差値データ (2024年度)

●一般選抜

学部/学科・課程/コース	2024年度 駿台予備学校 合格目標ライン	2024年度 河合塾 ボーダー得点率	2024年度 河合塾 ボーダー偏差値	'23年度 競争率
●前期				
▶人文社会科学部				
現代社会	48	65%	50	2.0
法律経済	48	63%	47.5	1.6
人間文化	48	67%	47.5	1.9
▶教育学部				
学校教育教員養成/教育実践科学	47	57%	—	1.5
/教科教育・国語	48	60%	—	2.8
/教科教育・社会	47	64%	—	3.5
/教科教育・英語	49	60%	—	1.8
/教科教育・数学	47	58%	45	1.6
/教科教育・理科	47	62%	47.5	2.4
/教科教育・音楽	44	50%	—	2.8
/教科教育・美術	44	53%	—	1.5
/教科教育・保健体育	44	56%	—	3.0
/教科教育・技術	45	56%	—	1.5
/教科教育・家庭	45	60%	—	2.3
/特別支援教育	45	53%	—	1.8
養護教諭養成	47	59%	—	2.1
▶理学部				
理/数学・情報数理	49	59%	45	2.3
/物理学	48	57%	42.5	1.6
/化学	49	63%	45	1.4
/生物科学	49	61%	47.5	1.6
/地球環境科学	48	58%	47.5	1.5
/学際理学	48	57%	45	2.0
▶工学部				
機械システム工	45	54%	42.5	1.2
電気電子システム工	45	54%	42.5	1.1
物質科学工	46	60%	42.5	1.5
情報工	46	62%	45	1.7
都市システム工	45	60%	42.5	1.8
▶農学部				
食生命科	46	55%	45	2.2
地域総合農/農業科学	46	50%	45	1.5
地域共生	46	49%	42.5	1.7
▶地域未来共創学環				
〈数学選択〉	48	63%	50	新
〈外国語選択〉	48	63%	50	新

 キャンパスアクセス [阿見キャンパス] JR常磐線一土浦よりバス約20分

●後期				
▶人文社会科学部				
現代社会	49	67%	50	2.0
法律経済	49	67%	52.5	1.6
人間文化	49	71%	—	1.9
▶教育学部				
学校教育教員養成／教育実践科学	48	64%	—	1.4
／教科教育・国語	49	65%	—	3.0
／教科教育・社会	48	65%	—	4.1
／教科教育・英語	50	68%	—	3.0
／教科教育・数学	48	68%	—	2.2
／教科教育・理科	48	63%	—	3.0
／教科教育・音楽	45	53%	—	2.5
／教科教育・美術	45	54%	—	1.0
／教科教育・保健体育	45	62%	—	2.8
／教科教育・技術	46	62%	—	2.4
／教科教育・家庭	46	60%	—	1.2
／特別支援教育	46	65%	—	2.2
養護教諭養成	48	61%	—	1.5
▶理学部				
理／数学・情報数理	50	68%	52.5	2.6
／物理学	49	63%	45	1.2
／化学	50	68%	47.5	1.3
／生物科学	50	66%	52.5	3.1
／地球環境科学	49	69%	50	1.8
／学際理学	49	64%	52.5	2.7
▶工学部				
機械システム工	45	65%	42.5	1.1
電気電子システム工	45	63%	47.5	—
物質科学工	46	62%	45	1.3
情報工	46	66%	47.5	2.1
都市システム工	45	69%	47.5	3.5
▶農学部				
食生命科	47	56%	47.5	1.7
地域総合農／農業科学	47	60%	47.5	2.4
地域共生	47	62%	45	
▶地域未来共創学環				
	50	66%	—	新

- 駿台予備学校合格目標ラインは合格可能性80％に相当する駿台模試の偏差値です。
- 河合塾ボーダー得点率は合格可能性50％に相当する共通テストの得点率です。また，ボーダー偏差値は合格可能性50％に相当する河合塾全統模試の偏差値です。
- 競争率は受験者÷合格者の実質倍率

MEMO

筑波大学（つくば）

資料請求

問合せ先　教育推進部入試課　☎029-853-6007

大学の理念

1872年開学の師範学校を前身に，新しい教育・研究を担う新構想大学として1973年に開設。東京から45分の近距離にありながら，国内最大規模の広さと美しさを誇るキャンパスに多数の産官研究機関が集積し，国際性が日常化している学問文化の薫り高い国際都市，筑波サイエンス・シティの中核として，あらゆる面で「開かれた大学」として大学の国際化を先導するとともに，従来の考え方に捉われない「新しい大学の仕組み」を実現し時代の求める新たな学問分野を生み出していくことを基本理念に掲げる。IMAGINE THE FUTURE.のロゴのもと，知の創造とグローバル社会で国際的に活躍できる豊かな人間性を備えた人材育成を目標に，学修のみならず企業や留学など，学生の夢を叶える挑戦を支援し，多様な学生が安心して自己実現に挑める環境を構築。

● 筑波キャンパス…〒305-8577　茨城県つくば市天王台1-1-1

基本データ

学生数▶9,635名（男5,936名，女3,699名）
専任教員数▶教授551名，准教授544名，講師204名
設置学群▶人文・文化，社会・国際，人間，生命環境，理工，情報，医，体育専門，芸術専門
併設教育機関▶（P.1197参照）

就職・卒業後の進路

● **就職支援**　学生の学びとキャリアを関連づけていくためのさまざまなプログラムを実施。ヒューマンエンパワーメント推進局キャリア支援チームが「ファーストイヤー・セミナー」「キャリアデザイン入門」といったキャリア形成科目の開講，インターンシップや多様な職種に対応した就職ガイダンス，就職活動・進路に関する個別キャリア相談，ワークショップなどを通じて，自分自身について考えながら社会についての視野を広げ，将来に向けて具体的な準備を進めていけるようサポートしている。また，キャリア形成支援ツールとして，日々の活動や経験を記録できる「つくばキャリアポートフォリオ」を用意している。

進路指導者も必見　学生を伸ばす　面倒見

初年次教育	学修サポート
大学生活および学修に適応し，学修目標・動機を獲得する「学問への誘い」「ファーストイヤーセミナー」のほか，「情報リテラシー」「データサイエンス」などを開講	学生約20人に対して1人のクラス担任が，修学や学生生活について助言や相談に応じている。さらにアカデミックサポートセンターを設置し，総合学域群の学生を対象に履修計画・進路選択等を支援している

オープンキャンパス(2023年度実績)　7・8月に来場型×オンライン型のハイブリット形式で開催(各学類企画は事前予約制)。図書館・宿舎・研究施設見学は事前予約不要。女子中高生向けのサイエンスフォーラム企画展示も実施。

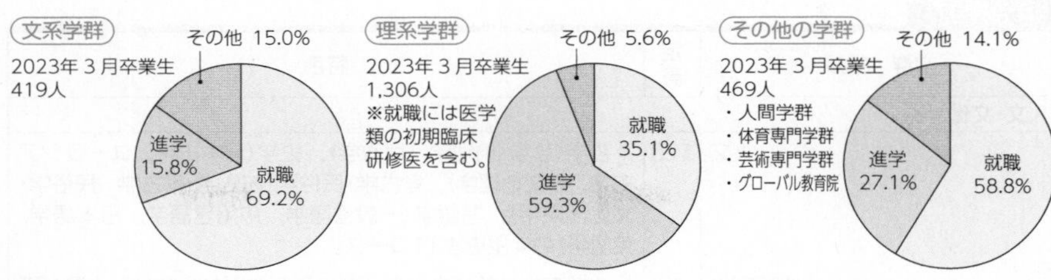

主なOB・OG▶［旧第二学群生物］長沼毅（生物学者），［旧第三学群情報］森川亮（実業家），［体育］中山雅史（サッカー解説者），［旧第一学群人文学類］大塚英志（作家）など。

国際化・留学　大学間 174 大学等・部局間 194 大学等

受入れ留学生数▶256名（2023年10月１日現在）

留学生の出身国・地域▶中国，韓国，ベトナム，台湾，アメリカなど。

外国人専任教員▶教授15名，准教授48名，講師１名（2023年５月１日現在）

外国人専任教員の出身国▶アメリカ，中国，韓国，イギリス，ロシアなど。

大学間交流協定▶174大学・機関（交換留学先168大学，2023年12月６日現在）

部局間交流協定▶194大学・機関（交換留学先169大学，2023年12月６日現在）

海外への留学生数▶渡航型440名／年（2022年度）

海外留学制度▶協定校への交換留学（１セメスターまたは１年），語学研修・専門的な講義の受講・海外での実施研修プログラムなどの短期海外研修（１週間～１カ月）を実施。また，Campus-in-Campusによる留学では，CiC協定校において授業料不徴収で「科目ジュークボックス」に登録された海外パートナー大学の授業科目を現地やオンラインで履修することができる。各種留学を支援する独自の奨学金「筑波大学海外留学支援事業（はばたけ！筑大生）」も用意している。コンソーシアムはAEARU，IAUなど４つに参加。

学費・奨学金制度

入学金▶282,000円

年間授業料（施設費等を除く）▶535,800円

主な奨学金制度▶筑波大学基金による奨学金制度「つくばスカラシップ」では，修学支援として医学群医学類国際的医学研究人養成コースに在学し，基礎研究者を志望する学生を対象とした国際的医学研究人養成コース支援（月額５万円）のほか，学習意欲の促進を目的に学業成績優秀者支援奨学金（10万円），大学院進学奨励奨学金（10万円），未就学児を養育する学生を対象とした育児支援（上限２万円），家計急変により修学困難となった学生を対象に20万円（事由を問わず１人につき１回）を支給する緊急支援などを設置。

保護者向けインフォメーション

- **成績確認**　成績表を保護者に郵送している。
- **防災対策**　「災害対策・危機管理」について大学HPに掲載。被災した際は，安否確認システム（ANPIC）により学生の安否を確認する。

インターンシップ科目	必修専門ゼミ	卒業論文	GPA制度の導入の有無および活用例	１年以内の退学率	標準年限での卒業率
一部の学群・学類で開講している	実施している	社会（法・政治・経済）・医・看護学類を除き卒業要件	奨学金等対象者の選定基準，留学候補者の選考，学生に対する個別の学修指導に活用	NA	NA

学部紹介

学群／学類	定員	特色
人文・文化学群		
人文	120	▷哲学（哲学・倫理学，宗教学），史学（日本史学，ユーラシア史学，歴史地理学），考古学・民俗学（先史学・考古学，民俗学・文化人類学），言語学（一般言語学，応用言語学，日本語学，英語学）の４主専攻11コース。
比較文化	80	▷地域文化と超域文化の２つの研究領野からなり，人類が築いてきたさまざまな文化を「学際性」と「現代性」の視点からとらえ，諸問題の解決に挑む。
日本語・日本文化	40	▷日本語・文化事象を総合的にとらえ，グローバルな視点で理解する力を養い，異言語・異文化を背景とする，次世代の人たちとの課題共有・解決をめざす文化の創造者を養成。
● **取得可能な資格**…教職（国・地歴・公・社・英），司書教諭，学芸員など。 ● **進路状況**…………就職69.8%　進学18.1% ● **主な就職先**………日本政策金融公庫，アクセンチュア，みずほフィナンシャル，朝日新聞社など。		
社会・国際学群		
社会	80	▷社会学，法学，政治学，経済学を総合的に学び，主専攻を２年次終了時に決定する。
国際総合	80	▷複雑化する国際的な諸課題の本質を見抜く洞察力と情報分析能力を身につけた，実践的な国際人を養成する。
● **取得可能な資格**…教職（公・英），司書教諭，学芸員など。 ● **進路状況**…………就職68.4%　進学12.8% ● **主な就職先**………三井住友信託銀行，第一生命保険，トーマツ，凸版印刷，丸紅，ソニーなど。		
人間学群		
教育	35	▷教育学と初等教育学の２コース制。教育学の専門的知識・技能を活用し，さまざまな分野で活躍できる人材を養成する。
心理	50	▷人間の心と行動を科学的・実証的に分析・理解する能力を身につけ，国際的にも通用する人材の育成をめざす。
障害科	35	▷教育・心理・福祉・医療などの領域を総合的に学び，共生社会の創造に貢献し得る国際的通用力も備えた人材を育てる。
● **取得可能な資格**…教職（地歴・公・社・福，小一種，特別支援），司書教諭，社会福祉士受験資格など。 ● **進路状況**…………就職55.7%　進学27.0% ● **主な就職先**………第一生命，野村證券，ベネッセスタイルケア，ソフトバンク，教員など。		
生命環境学群		
生物	80	▷生物界や生体機能，生命現象，生物学の研究方法や先端研究の意義を理解し，先端科学と社会の接点となる人材を育成。
生物資源	120	▷食料の安定供給ならびに環境と調和した生物資源の持続的な開発・保全利用について貢献できる人材の育成をめざす。
地球	50	▷地球の進化過程および地球環境の動態と人間システムについての総合的知識を学び，諸分野で国際的視野に立って活躍できる人材を養成。
● **取得可能な資格**…教職（地歴・理・技・農），司書教諭，学芸員，測量士補など。 ● **進路状況**…………就職20.1%　進学74.7% ● **主な就職先**………三菱UFJ銀行，花王，リクルート，伊藤忠エネクス，農林水産省，東京都庁など。		

 キャンパスアクセス［筑波キャンパス］ つくばエクスプレス―つくばよりバス約10 ～ 15分

理工学群		
数	40	▷純粋数学から応用数学までの現代数学の基礎について幅広く学び，数学的思考能力を身につける。
物理	60	▷多様に発展する現代物理学についての基礎と高度な専門知識を備え，真理を探究し，問題を解決する力を養う。
化	50	▷化学におけるさまざまな知識と理解に裏打ちされた柔軟な思考力を有し，国際的に活躍できる人材を育てる。
応用理工	120	▷最先端工学の基盤となる科学・技術を原理から理解し，さらに発展させることのできる技術者・研究者を養成。
工学システム	130	▷安心・安全で，快適・豊か，かつ持続可能な人間生活を工学面から支え，牽引できる技術者・研究者を養成。主専攻は知的・機能工学システム，エネルギー・メカニクスの２分野。
社会工	120	▷社会的諸問題を工学的・実践的・戦略的に分析するための文理融合型思考能力とデータ分析・活用能力を持ち，解決のためのシステムを設計できる能力を身につける。

● **取得可能な資格**…教職（数・理・情・工業），司書教諭，学芸員，測量士補，1・2級建築士受験資格など。
● **進路状況**…………就職16.5%　進学78.3%
● **主な就職先**………一条工務店，日本航空，DYM，アクセンチュア，セキ薬品，東京電力，楽天など。

情報学群		
情報科	80	▷情報の技術や原理を学ぶとともに，新技術開拓の進展・発展を担う人材を育成する。
情報メディア創成	50	▷基盤的技術分野と，多種多様な情報をコンテンツとして流通させる分野などで活躍できる技術者，研究者を育成。
知識情報・図書館	100	▷知識資源の形成，加工，流通，利用の発展に寄与できる専門家と，人間，社会，技術にわたる総合的視野や問題解決能力を持った職業人を養成する。

● **取得可能な資格**…教職（公・社・数・情），司書，司書教諭，学芸員など。
● **進路状況**…………就職42.9%　進学48.4%
● **主な就職先**………ヤフー，DeNA，ソニー，任天堂，ラクスル，丸紅，楽天，東京都立図書館など。

医学群		
医	134	▷人類の健康・福祉の増進に生涯貢献する強い意志と豊かな人間性を有する臨床医，研究者，行政者を育成する。
看護	70	▷人々のニーズに合った質の高い看護を提供し，チーム医療の一員として協働できる看護職を養成。
医療科	37	▷医科学領域の研究・教育を推進し，新技術の開発と実践に関わって高度専門医療を担う人材を育てる。

● **取得可能な資格**…教職（養護一種），医師・看護師・保健師・臨床検査技師受験資格など。
● **進路状況**…………［医］初期臨床研修医99.3%　進学0.7%　［看・医療］就職61.1%　進学32.7%
● **主な就職先**………筑波大学附属病院，東京労災病院，茨城県庁など（医学類除く）。

体育専門学群		
	240	▷幅広い教養と専門的知識をベースに，優れたスポーツパフォーマンスが発揮でき，科学的知識の探求に意欲を持ち，さらに創造的な実践に取り組むことのできる人材を養成する。

● **取得可能な資格**…教職（保体），司書教諭，学芸員など。
● **進路状況**…………就職62.5%　進学23.3%
● **主な就職先**………アルビレックス新潟，琉球フットボールクラブ，大和証券，ヤフー，教員など。

芸術専門学群		
	100	学際的·国際的な視野と確かな学力を持ち，かつ柔軟な発想力と豊かな表現力を備え，創造的活力に満ちた美術およびデザインの専門家を養成。

● 取得可能な資格…教職（美·工芸·書），司書教諭，学芸員，1·2級建築士受験資格など。
● 進路状況…………就職53.9%　進学35.3%
● 主な就職先………三井住友信託銀行，アズロッソ，ヤマハ発動機，くじら塾，カクダイなど。

グローバル教育院		
地球規模課題学位プログラム	若干名	▷10月入学で4年間の英語プログラム。1年次春学期は，国際基督教大学（ICU）でリベラルアーツ科目を履修。地球環境の変化や世界の人口·食糧問題など幅広い分野の知識を通して地球規模の課題を解決できる人材を育てる。

● 進路状況…………就職60.0%　進学40.0%
● 主な就職先………商社，製造業，コンサルティング，教育系の国内外の企業など。

キャンパス

全学群…［筑波キャンパス］茨城県つくば市天王台1-1-1

2025年度入試要項（予告）

●募集人員

学群／学類		前期 総合選抜	前期 学類·専門学群	後期	学校推薦型	総合型（AC）
人文·文化	人文	文系126 理系Ⅰ154 理系Ⅱ41 理系Ⅲ84	45	20	15	5
	比較文化		35	—	16	5
	日本語·日本文化		—	—	14	3
社会·国際	社会		40	—	16	—
	国際総合		36	—	20	—
人間	教育		20	3	7	—
	心理		26	4	12	—
	障害科		16	3	11	—
生命環境	生物		18	12	22	3
	生物資源		52	15	27	—
	地球		21	4	10	—
理工	数		20	—	8	—
	物理		20	8	14	—
	化		14	9	12	—
	応用理工		49	19	16	—
	工学システム		52	20	18	—
	社会工		60	12	12	—
情報	情報科		38	—	10	8
	情報メディア創成		20	—	8	4
	知識情報·図書館		—	10	40	5
医	医		44	—	44	—
	医（地域枠／全国）		＊		＊	
	医（地域枠／茨城）		＊		＊	
	看護		37	—	25	—
	医療科		12	—	10	—
体育専門			130	—	90	8
芸術専門			45	10	35	—

＊は未定。
※総合選抜は2年次から志望する学類·専門学群（体育専門学群は除く）に所属。各学類の受け入れ人数は以下の通り。人文·分化学群（人文30名，比較文化20名，日本語·日本文化20名），社会·国際学群（社会20名，国際総合20名），人間学群（教育3名，心理5名，障害科3名），生命環境学群（生物20名，生物資源20名，地球13名），理工学群（数10名，物理15名，化13名，応用理工30名，工学システム33名，社会工30名），情報学群（情報科20名，情報メディア創成15名，知識情報·図書館40名，医学群（医5名，看護5名，医療科10名），芸術専門学群5名。
※総合型選抜（AC）はアドミッションセンター入試。ほかに総合型選抜は，研究型人材入試（医学群医学類若干名），国際科学オリンピック特別入試（生命環境学群生物学類，理工学群物理学類·化学類，情報学群情報科学類·情報メディア創成学類の各学類若干名）を募集。
※グローバル教育院学士課程は地球規模課題学位プログラム（学士）入試で募集。

● 2段階選抜

志願者数が募集人員に対する下記の倍率を超えた場合に行う。ただし，人文·文化学群（人文）前·後期，生命環境学群（地球）前期，情報学群（知識情

報・図書館）後期，医学群医学類（地域枠）前期，芸術専門学群前期は実施しない。前期―医学群（医/一般）約2.5倍。体育専門学群約３倍。総合選抜（理系Ⅰ）・人間学群・医学群（看護・医療科）は約４倍。総合選抜（文系・理系Ⅱ・理系Ⅲ）・人文・文化学群（比較文化）・社会・国際学群（国際総合）・生命環境学群（生物・生物資源）・理工学群（数・化・応用理工・工学システム・社会工学）・情報学群は約５倍。社会・国際学群（社会）は７倍。理工学群（物理）は約10倍。後期―生物環境学群は約８倍。人間学群・理工学群・芸術専門学群は約10倍。
注）２段階選抜は2024年度の実績です。

▷共通テストの英語はリスニングを含む。
▷共通テストの地歴・公民から２科目選択する場合，「公・倫」と「公・政経」の組み合わせ，および「地総・歴総・公から２」で選択した科目と同一科目名を含む組み合わせは不可。

総合選抜

前期　［文系］［共通テスト（950）］ ⑧科目 ①国（200） ②外（200・英〈R160＋L40〉）▶英・独・仏・中・韓から１ ③④**地歴・公民**（100×2）▶「地総・歴総・公から２」・「地総・地探」・「歴総・日探」・「歴総・世探」・「公・倫」・「公・政経」から２ ⑤⑥**数**（100×2）▶「数Ⅰ・数A」・「数Ⅱ・数B・数C」 ⑦**理**（100）▶「物基・化基・生基・地学基から２」・物・化・生・地学から１ ⑧**情**（50）▶情Ⅰ

［個別学力検査（1500）］ ③科目 ①国（500）▶論国・文国・古典 ②**外**（500）▶「英コミュⅠ・英コミュⅡ・英コミュⅢ・論表Ⅰ・論表Ⅱ・論表Ⅲ」・独・仏・中から１ ③**地歴・公民・数**（500）▶地探・日探・世探・倫・「数Ⅰ・数Ⅱ・数A・数B（数列）・数C（ベク）」から１

［理系Ⅰ・Ⅱ・Ⅲ］［共通テスト（950）］ ⑧科目 ①国（200） ②**外**（200・英〈R160＋L40〉）▶英・独・仏・中・韓から１ ③**地歴・公民**（100）▶「地総・歴総・公から２」・「地総・地探」・「歴総・日探」・「歴総・世探」・「公・倫」・「公・政経」から１ ④⑤**数**（100×2）▶「数Ⅰ・数A」・「数Ⅱ・数B・数C」 ⑥⑦**理**（100×2）▶物・化・生・地学から２ ⑧**情**（50）▶情Ⅰ

［個別学力検査（1500）］［理系Ⅰ］ ④科目 ①**外**（500）▶「英コミュⅠ・英コミュⅡ・英コミュⅢ・論表Ⅰ・論表Ⅱ・論表Ⅲ」・独・仏・中から１ ②**数**（500）▶数Ⅰ・数Ⅱ・数Ⅲ・数A・数B（数列）・数C（ベク・平面） ③④**理**（250×2）▶「物基・物」必須，「化基・化」・「生基・生」・「地学基・地学」から１

［理系Ⅱ］ ④科目 ①**外**（500）▶「英コミュⅠ・英コミュⅡ・英コミュⅢ・論表Ⅰ・論表Ⅱ・論表Ⅲ」・独・仏・中から１ ②**数**（500）▶数Ⅰ・数Ⅱ・数Ⅲ・数A・数B（数列）・数C（ベク・平面） ③④**理**（250×2）▶「物基・物」・「化基・化」・「生基・生」・「地学基・地学」から２

［理系Ⅲ］ ④科目 ①**外**（500）▶「英コミュⅠ・英コミュⅡ・英コミュⅢ・論表Ⅰ・論表Ⅱ・論表Ⅲ」・独・仏・中から１ ②**数**（600）▶数Ⅰ・数Ⅱ・数Ⅲ・数A・数B（数列）・数C（ベク・平面） ③④**理**（200×2）▶「物基・物」・「化基・化」・「生基・生」・「地学基・地学」から2

人文・文化学群

前期　【人文学類】［共通テスト（950）］ ⑧科目 ①国（200） ②**外**（200・英〈R160＋L40〉）▶英・独・仏・中・韓から１ ③④**地歴・公民**（100×2）▶「地総・歴総・公から２」・「地総・地探」・「歴総・日探」・「歴総・世探」・「公・倫」・「公・政経」から２ ⑤⑥**数**（100×2）▶「数Ⅰ・数A」・「数Ⅱ・数B・数C」 ⑦**理**（100）▶「物基・化基・生基・地学基から２」・物・化・生・地学から１ ⑧**情**（50）▶情Ⅰ

［個別学力検査（1800）］ ③科目 ①国（600）▶論国・文国・古典 ②**外**（600）▶「英コミュⅠ・英コミュⅡ・英コミュⅢ・論表Ⅰ・論表Ⅱ・論表Ⅲ」・独・仏・中から１ ③**地歴・公民**（600）▶地探・日探・世探・倫から１

【比較文化学類】［共通テスト（630）］ ⑧科目 ①国（180） ②**外**（180・英〈R144＋L36〉）▶英・独・仏・中・韓から１ ③④**地歴・公民**（60×2）▶「地総・歴総・公から２」・「地総・地探」・「歴総・日探」・「歴総・世探」・「公・倫」・「公・政経」から２ ⑤⑥**数**（30×2）▶「数Ⅰ・数A」・「数Ⅱ・数B・数C」 ⑦**理**（60）▶「物基・化基・生基・地学基から２」・物・化・生・地学から１ ⑧**情**（30）▶情Ⅰ

［個別学力検査（1200）］ ③科目 ①国（400）▶論国・文国・古典 ②**外**（400）▶「英コミュⅠ・英コミュⅡ・英コミュⅢ・論表Ⅰ・論表Ⅱ・論表Ⅲ」・独・仏・中から１ ③**地歴・公民**（400）▶地探・日探・世探・倫から１

後期 【人文学類】[共通テスト(735)] 8科目 ①国(200) ②外(200・英〈R160+L40〉)▶英・独・仏・中・韓から1 ③④地歴・公民(100×2)▶「地総・歴総・公から2」・「地総・地探」・「歴総・日探」・「歴総・世探」・「公・倫」・「公・政経」から2 ⑤⑥数(25×2)▶「数Ⅰ・数A」・「数Ⅱ・数B・数C」 ⑦理(50)▶「物基・化基・生基・地学基から2」・物・化・生・地学から1 ⑧情(35)▶情Ⅰ

[個別学力検査(400)] 1科目 ①小論文(400)

学校推薦型 【全学類】[共通テスト] 課さない。

[個別学力検査] 2科目 ①小論文 ②面接

※書類審査，小論文および面接の結果を総合して判定。英語資格・検定試験でCEFRレベルB1相当以上のスコアを有する場合に総合評価に反映。

総合型(AC) 【全学類】[共通テスト] 課さない。

[個別学力検査] 1科目 ①面接・口述試験

※第1次選考─書類審査(自己推薦書・志望理由書を重視)，第2次選考─面接・口述試験，提出書類等の内容も含めて総合的に判定。

社会・国際学群

前期 【社会学類】[共通テスト(950)] 6科目 ①国(200) ②外(200・英〈R160+L40〉)▶英・独・仏・中・韓から1 ③地歴・公民(200)▶「地総・歴総・公から2」・「地総・地探」・「歴総・日探」・「歴総・世探」・「公・倫」・「公・政経」から1 ④数(200)▶数Ⅰ・「数Ⅰ・数A」・「数Ⅱ・数B・数C」から1 ⑤理(100)▶「物基・化基・生基・地学基から2」・物・化・生・地学から1 ⑥情(50)▶情Ⅰ

[個別学力検査(1600)] 2科目 ①外(800)▶英コミュⅠ・英コミュⅡ・英コミュⅢ・論表Ⅰ・論表Ⅱ・論表Ⅲ ②国・地歴・数(800)▶「論国・文国・古典」・地探・日探・世探・「数Ⅰ・数Ⅱ・数A・数B(数列)・数C(ベク)」から1

【国際総合学類】[共通テスト(1050)] 8科目 ①国(200) ②外(200・英〈R160+L40〉)▶英・独・仏・中・韓から1 ③④地歴・公民(200)▶「地総・歴総・公から2」・「地総・地探」・「歴総・日探」・「歴総・世探」・「公・倫」・「公・政経」から1 ⑤⑥数(100×2)▶「数Ⅰ・数A」・「数Ⅱ・数B・数C」 ⑦理(200)▶「物基・化基・生基・地学基から2」・物・化・生・地学から1 ⑧情(50)▶情Ⅰ

[個別学力検査(1600)] 2科目 ①外(800)▶「英コミュⅠ・英コミュⅡ・英コミュⅢ・論表Ⅰ・論表Ⅱ・論表Ⅲ」・独・仏・中から1 ②国・地歴・数・理(800)▶「論国・文国・古典」・地探・日探・世探・「数Ⅰ・数Ⅱ・数A・数B(数列)・数C(ベク)」・「物基・物」・「化基・化」・「生基・生」・「地学基・地学」から1

学校推薦型 【全学類】[共通テスト] 課さない。

[個別学力検査] 2科目 ①小論文 ②面接

※書類審査，小論文および面接の結果を総合して判定。英語資格・検定試験で社会学類はCEFRレベルB1相当以上，国際総合学類はB2相当以上のスコアを有する場合に総合評価に反映。

人間学群

前期 【教育学類】[共通テスト(530)] 7科目 ①国(100) ②外(100・英〈R80+L20〉)▶英・独・仏・中・韓から1 ③地歴・公民(100)▶「地総・歴総・公から2」・「地総・地探」・「歴総・日探」・「歴総・世探」・「公・倫」・「公・政経」から1 ④⑤数(50×2)▶「数Ⅰ・数A」・「数Ⅱ・数B・数C」 ⑥理(100)▶「物基・化基・生基・地学基から2」・物・化・生・地学から1 ⑦情(30)▶情Ⅰ

[個別学力検査(530)] 2科目 ①外(265)▶「英コミュⅠ・英コミュⅡ・英コミュⅢ・論表Ⅰ・論表Ⅱ・論表Ⅲ」・独・仏・中から1 ②国・地歴・公民・数・理(265)▶「論国・文国・古典」・地探・日探・世探・倫・「数Ⅰ・数Ⅱ・数Ⅲ・数A・数B(数列)・数C(ベク・平面)」・「物基・物」・「化基・化」・「生基・生」・「地学基・地学」から1

【心理学類・障害科学類】[共通テスト(530)] 7～6科目 ①国(100) ②外(R80+L20)▶英 ③地歴・公民(100)▶「地総・歴総・公から2」・「地総・地探」・「歴総・日探」・「歴総・世探」・「公・倫」・「公・政経」から1 ④⑤数(50×2)▶「数Ⅰ・数A」・「数Ⅱ・数B・数C」 ⑥理(100)▶「物基・化基・生基・地学基から2」・

物・化・生・地学から１ ⑦情(30)▶情Ⅰ
[個別学力検査(530)] 2科目 ①外(265)▶英コミュⅠ・英コミュⅡ・英コミュⅢ・論表Ⅰ・論表Ⅱ・論表Ⅲ ②国・地歴・公民・数・理(265)▶「論国・文国・古典」・地探・日探・世探・倫・「数Ⅰ・数Ⅱ・数Ⅲ・数Ａ・数Ｂ(数列)・数Ｃ(ベク・平面)」・「物基・物」・「化基・化」・「生基・生」・「地学基・地学」から１

後期 【教育学類】[共通テスト(530)] 7科目 前期と同じ
[個別学力検査(50)] 1科目 ①論述(50)

【心理学類・障害科学類】[共通テスト(530)] 7科目 前期と同じ
[個別学力検査(50)] 1科目 ①論述(50)

学校推薦型 【教育学類・障害科学類】[共通テスト] 課さない。
[個別学力検査] 2科目 ①小論文 ②面接
※書類審査，小論文および面接の結果を総合して判定。英語資格・検定試験でCEFRレベルＢ１相当以上のスコアを有する場合は総合評価に反映。

【心理学類】[共通テスト(530)] 7科目 ①国(100) ②外(R80＋L20)▶英 ③地歴・公民(100)▶「地総・歴総・公から２」・「地総・地探」・「歴総・日探」・「歴総・世探」・「公・倫」・「公・政経」から１ ④⑤数(50×2)▶「数Ⅰ・数Ａ」・「数Ⅱ・数Ｂ・数Ｃ」 ⑥理(100)▶「物基・化基・生基・地学基から２」・物・化・生・地学から１ ⑦情(30)▶情Ⅰ
[個別学力検査] 2科目 ①小論文 ②面接
※第１次選考―書類審査，小論文および面接により合格者を決定，英語資格・検定試験でCEFRレベルＢ１相当以上のスコアを有する場合は総合評価に反映。第２次選考―共通テストの結果を総合して判定。

生命環境学群

前期 【生物学類】[共通テスト(900)] 8科目 ①国(200) ②外(R152＋L38)▶英 ③地歴・公民(95)▶「地総・歴総・公から２」・「地総・地探」・「歴総・日探」・「歴総・世探」・「公・倫」・「公・政経」から１ ④⑤数(95×2)▶「数Ⅰ・数Ａ」・「数Ⅱ・数Ｂ・数Ｃ」 ⑥⑦理(95×2)▶物・化・生・地学から２ ⑧情(45)▶情Ⅰ
[個別学力検査(900)] 4科目 ①外(300)▶英コミュⅠ・英コミュⅡ・英コミュⅢ・論表Ⅰ・論表Ⅱ・論表Ⅲ ②数(300)▶数Ⅰ・数Ⅱ・数Ⅲ・数Ａ・数Ｂ(数列)・数Ｃ(ベク・平面) ③④理(150×2)▶「物基・物」・「化基・化」・「生基・生」・「地学基・地学」から２

【生物資源学類】[共通テスト(950)] 7科目 ①国(180) ②外(R144＋L36)▶英 ③地歴・公民(180)▶「地総・歴総・公から２」・「地総・地探」・「歴総・日探」・「歴総・世探」・「公・倫」・「公・政経」から１ ④⑤数(90×2)▶「数Ⅰ・数Ａ」・「数Ⅱ・数Ｂ・数Ｃ」 ⑥理(180)▶物・化・生・地学から１ ⑦情(50)▶情Ⅰ
[個別学力検査(900)] 4科目 ①外(300)▶英コミュⅠ・英コミュⅡ・英コミュⅢ・論表Ⅰ・論表Ⅱ・論表Ⅲ ②数(300)▶数Ⅰ・数Ⅱ・数Ⅲ・数Ａ・数Ｂ(数列)・数Ｃ(ベク・平面) ③④地歴・理(150×2)▶地探・「物基・物」・「化基・化」・「生基・生」・「地学基・地学」から２

【地球学類】[共通テスト(950)] 8科目 ①国(200) ②外(200・英〈R160＋L40〉)▶英・独・仏・中・韓から１ ③地歴・公民(100)▶「地総・歴総・公から２」・「地総・地探」・「歴総・日探」・「歴総・世探」・「公・倫」・「公・政経」から１ ④⑤数(100×2)▶「数Ⅰ・数Ａ」・「数Ⅱ・数Ｂ・数Ｃ」 ⑥⑦理(100×2)▶物・化・生・地学から２ ⑧情(50)▶情Ⅰ
[個別学力検査(1100)] 4科目 ①外(300)▶英コミュⅠ・英コミュⅡ・英コミュⅢ・論表Ⅰ・論表Ⅱ・論表Ⅲ ②数(400)▶数Ⅰ・数Ⅱ・数Ⅲ・数Ａ・数Ｂ(数列)・数Ｃ(ベク・平面) ③④地歴・理(200×2)▶地探・「物基・物」・「化基・化」・「生基・生」・「地学基・地学」から２

後期 【生物学類】[共通テスト(900)] 8科目 前期と同じ
[個別学力検査(600)] 1科目 ①面接(600)▶個別面接

【生物資源学類】[共通テスト(950)] 8科目 ①国(150) ②外(R120＋L30)▶英 ③④数(75×2)▶「数Ⅰ・数Ａ」・「数Ⅱ・数Ｂ・数Ｃ」 ⑤情(50)▶情Ⅰ ⑥⑦⑧「地歴・公民」・理(150×3)▶「〈地総・歴総・公から２〉・〈地総・地探〉・〈歴総・日探〉・〈歴総・世探〉・〈公・倫〉・〈公・政経〉から２」・「〈物基・化基・生基・地学基から２〉・物・化・生・地学から１」また

は「〈地総・歴総・公から2〉・〈地総・地探〉・〈歴総・日探〉・〈歴総・世探〉・〈公・倫〉・〈公・政経〉から1」・「物・化・生・地学から2」
[個別学力検査(600)] **1科目** ①**面接**(600)▶個別面接
【地球学類】 [共通テスト(850)] **8科目** ①**国**(100) ②**外**(R160+L40)▶英 ③**地歴・公民**(100)▶「地総・歴総・公から2」・「地総・地探」・「歴総・日探」・「歴総・世探」・「公・倫」・「公・政経」から1 ④⑤**数**(100×2)▶「数Ⅰ・数A」・「数Ⅱ・数B・数C」 ⑥⑦**理**(100×2)▶物・化・生・地学から2 ⑧**情**(50)▶情Ⅰ
[個別学力検査(400)] **1科目** ①**書類審査・面接**(400)▶志望の動機・個別面接
学校推薦型 **【全学類】[共通テスト]** 課さない。
[個別学力検査] **2科目** ①**小論文** ②**面接**
※書類審査，小論文および面接の結果を総合して判定。英語資格・検定試験でCEFRレベルB1相当以上のスコアを有する場合は総合評価に反映。
総合型(AC) **【生物学類】[共通テスト]** 課さない。
[個別学力検査] **1科目** ①**面接・口述試験**
※第1次選考─書類審査(自己推薦書・志望理由書を重視)，第2次選考─面接・口述試験，提出書類等の内容も含めて総合的に判定。

理工学群

前期 **【数学類・物理学類・化学類・応用理工学類・工学システム学類】[共通テスト(950)]** **8科目** ①**国**(200) ②**外**(200・英〈R160+L40〉)▶英・独・仏・中・韓から1 ③**地歴・公民**(100)▶「地総・歴総・公から2」・「地総・地探」・「歴総・日探」・「歴総・世探」・「公・倫」・「公・政経」から1 ④⑤**数**(100×2)▶「数Ⅰ・数A」・「数Ⅱ・数B・数C」 ⑥⑦**理**(100×2)▶物・化・生・地学から2 ⑧**情**(50)▶情Ⅰ
[個別学力検査(1500)] **【数学類・物理学類・工学システム学類】** **4科目** ①**外**(500)▶「英コミュⅠ・英コミュⅡ・英コミュⅢ・論表Ⅰ・論表Ⅱ・論表Ⅲ」・独・仏・中から1 ②**数**(500)▶数Ⅰ・数Ⅱ・数Ⅲ・数A・数B(数列)・数C(ベク・平面) ③④**理**(250×2)▶「物基・物」必須，「化基・化」・「生基・生」・「地学基・地学」から1
【化学類】 **4科目** ①**外**(500)▶「英コミュⅠ・英コミュⅡ・英コミュⅢ・論表Ⅰ・論表Ⅱ・論表Ⅲ」・独・仏・中から1 ②**数**(500)▶数Ⅰ・数Ⅱ・数Ⅲ・数A・数B(数列)・数C(ベク・平面) ③④**理**(250×2)▶「化基・化」必須，「物基・物」・「生基・生」・「地学基・地学」から1
【応用理工学類】 **4科目** ①**外**(500)▶「英コミュⅠ・英コミュⅡ・英コミュⅢ・論表Ⅰ・論表Ⅱ・論表Ⅲ」・独・仏から1 ②**数**(500)▶数Ⅰ・数Ⅱ・数Ⅲ・数A・数B(数列)・数C(ベク・平面) ③④**理**(250×2)▶「物基・物」必須，「化基・化」・「生基・生」・「地学基・地学」から1
【社会工学類】 [共通テスト(1050)] **7科目** ①**国**(200) ②**外**(200・英〈R160+L40〉)▶英・独・仏・中・韓から1 ③**地歴・公民**(200)▶「地総・歴総・公から2」・「地総・地探」・「歴総・日探」・「歴総・世探」・「公・倫」・「公・政経」から1 ④⑤**数**(100×2)▶「数Ⅰ・数A」・「数Ⅱ・数B・数C」 ⑥**理**(200)▶「物基・化基・生基・地学基から2」・物・化・生・地学から1 ⑦**情**(50)▶情Ⅰ
[個別学力検査(1000)] **2科目** ①**外**(500)▶「英コミュⅠ・英コミュⅡ・英コミュⅢ・論表Ⅰ・論表Ⅱ・論表Ⅲ」・独・仏から1 ②**数**(500)▶数Ⅰ・数Ⅱ・数Ⅲ・数A・数B(数列)・数C(ベク・平面)
後期 **【物理学類】[共通テスト(750)]** **8科目** ①**国**(100) ②**外**(150・英〈R120+L30〉)▶英・独・仏・中・韓から1 ③**地歴・公民**(50)▶「地総・歴総・公から2」・「地総・地探」・「歴総・日探」・「歴総・世探」・「公・倫」・「公・政経」から1 ④⑤**数**(100×2)▶「数Ⅰ・数A」・「数Ⅱ・数B・数C」 ⑥⑦**理**(100×2)▶物・化・生・地学から2 ⑧**情**(50)▶情Ⅰ
[個別学力検査(300)] **1科目** ①**小論文**(300)
【化学類・応用理工学類】[共通テスト(800)] **8科目** ①**国**(100) ②**外**(200・英〈R160+L40〉)▶英・独・仏・中・韓から1 ③**地歴・公民**(50)▶「地総・歴総・公から2」・「地総・地探」・「歴総・日探」・「歴総・世探」・「公・倫」・「公・政経」から1 ④⑤**数**(100×2)▶「数Ⅰ・数A」・「数Ⅱ・数B・数C」 ⑥⑦**理**(100×2)▶物・化・生・地学から2 ⑧**情**(50)▶情Ⅰ

【化学類】［個別学力検査(200)］ 1科目 ①面接(200)▶個別面接
【応用理工学類】［個別学力検査(300)］ 1科目 ①面接(300)▶個別面接
【工学システム学類】［共通テスト(525)］ 8科目 ①国(100) ②外(100・英〈R80＋L20〉)▶英・独・仏・中・韓から1 ③地歴・公民(50)▶「地総・歴総・公から2」・「地総・地探」・「歴総・日探」・「歴総・世探」・「公・倫」・「公・政経」から1 ④⑤数(75×2)▶「数Ⅰ・数A」・「数Ⅱ・数B・数C」 ⑥⑦理(50×2)▶物・化・生・地学から2 ⑧情(25)▶情Ⅰ
［個別学力検査(300)］ 1科目 ①面接(300)▶個別面接
【社会工学類】［共通テスト(1010)］ 7科目 ①国(160) ②外(320・英〈R256＋L64〉)▶英・独・仏・中・韓から1 ③地歴・公民(80)▶世A・世B・日A・日B・地理A・地理B・現社・倫・政経・「倫・政経」から1 ④⑤数(160×2)▶「数Ⅰ・数A」・「数Ⅱ・数B・数C」 ⑥理(80)▶「物基・化基・生基・地学基から2」・物・化・生・地学から1 ⑦情(50)▶情Ⅰ
［個別学力検査(400)］ 1科目 ①面接(400)▶個別面接
学校推薦型 【全学類】［共通テスト］ 課さない。
［個別学力検査］ 2科目 ①小論文 ②面接
※書類審査，小論文および面接の結果を総合して判定。英語資格・検定試験でCEFRレベルB1相当以上のスコアを有する場合は総合評価に反映。
総合型(国際科学オリンピック) 【物理学類・化学類】［共通テスト］ 課さない。
［個別学力検査］ 1科目 ①面接
※提出資料等の内容を含めて総合的に判定。

情報学群

前期 【情報科学類・情報メディア創成学類】［共通テスト(1000)］ 8科目 ①国(200) ②外(200・英〈R160＋L40〉)▶英・独・仏・中・韓から1 ③地歴・公民(100)▶「地総・歴総・公から2」・「地総・地探」・「歴総・日探」・「歴総・世探」・「公・倫」・「公・政経」から1 ④⑤数(100×2)▶「数Ⅰ・数A」・「数Ⅱ・数B・数C」 ⑥⑦理(100×2)▶物・化・生・地学から2 ⑧情(100)▶情Ⅰ
【情報科学類】［個別学力検査(1600)］ 4科目 ①外(400)▶「英コミュⅠ・英コミュⅡ・英コミュⅢ・論表Ⅰ・論表Ⅱ・論表Ⅲ」・独・仏・中から1 ②数(700)▶数Ⅰ・数Ⅱ・数Ⅲ・数A・数B(数列)・数C(ベク・平面) ③④理(250×2)▶「物基・物」・「化基・化」・「生基・生」・「地学基・地学」から2
【情報メディア創成学類】［個別学力検査(800)］ 2科目 ①外(400)▶「英コミュⅠ・英コミュⅡ・英コミュⅢ・論表Ⅰ・論表Ⅱ・論表Ⅲ」・独・仏・中から1 ②数(400)▶数Ⅰ・数Ⅱ・数Ⅲ・数A・数B(数列)・数C(ベク・平面)
後期 【知識情報・図書館学類】［共通テスト(1000)］ 8科目 ①国(200) ②外(200・英〈R160＋L40〉)▶英・独・仏・中・韓から1 ③④数(100×2)▶「数Ⅰ・数A」・「数Ⅱ・数B・数C」 ⑤情(100)▶情Ⅰ ⑥⑦⑧地歴・公民・理(100×3)▶「〈地総・歴総・公から2〉・〈地総・地探〉・〈歴総・日探〉・〈歴総・世探〉・〈公・倫〉・〈公・政経〉から2」・「〈物基・化基・生基・地学基から2〉・物・化・生・地学から1」または「〈地総・歴総・公から2〉・〈地総・地探〉・〈歴総・日探〉・〈歴総・世探〉・〈公・倫〉・〈公・政経〉から1」・「物・化・生・地学から2」
［個別学力検査(200)］ 1科目 ①小論文(200)
学校推薦型 【全学類】［共通テスト］ 課さない。
［個別学力検査］ 2科目 ①小論文 ②面接(知識情報・図書館学類はビブリオバトル)
※提出書類，小論文および面接(知識情報・図書館学類はビブリオバトル)の結果を総合して判定。英語資格・検定試験でCEFRレベルB1相当以上のスコアを有する場合は総合評価に反映。
総合型(AC) 【全学類】［共通テスト］ 課さない。
［個別学力検査］ 1科目 ①面接・口述試験
※第1次選考ー書類審査(自己推薦書・志望理由書を重視)，第2次選考ー面接・口述試験，提出書類等の内容も含めて総合的に判定。
総合型(国際科学オリンピック) 【情報科学類・情報メディア創成学類】［共通テスト］ 課さない。

［個別学力検査］ 1科目 ①面接
※提出資料等の内容も含めて総合的に判定。

医学群

前期 【医学類】［共通テスト(950)］ 8科目 ①国(200) ②外(200・英〈R160＋L40〉)▶英・独・仏・中・韓から1 ③地歴・公民(100)▶「地総・歴総・公から2」・「地総・地探」・「歴総・日探」・「歴総・世探」・「公・倫」・「公・政経」から1 ④⑤数(100×2)▶「数Ⅰ・数A」・「数Ⅱ・数B・数C」 ⑥⑦理(100×2)▶物・化・生から2 ⑧情(50)▶情Ⅰ
［個別学力検査(1400)］ 5科目 ①外(300)▶英コミュⅠ・英コミュⅡ・英コミュⅢ・論表Ⅰ・論表Ⅱ・論表Ⅲ ②数(300)▶数Ⅰ・数Ⅱ・数Ⅲ・数A・数B(数列)・数C(ベク・平面) ③④理(150×2)▶「物基・物」・「化基・化」・「生基・生」から2 ⑤適性試験(❶300＋❷200)▶適性試験❶(筆記)・適性試験❷(個別面接)
【看護学類】［共通テスト(950)］ 8科目 ①国(200) ②外(200・英〈R160＋L40〉)▶英・独・仏・中・韓から1 ③④数(100×2)▶「数Ⅰ・数A」・「数Ⅱ・数B・数C」 ⑤情(50)▶情Ⅰ ⑥⑦⑧「地歴・公民」・理(100×3)▶「〈地総・歴総・公から2〉・〈地総・地探〉・〈歴総・日探〉・〈歴総・世探〉・〈公・倫〉・〈公・政経〉から2」・「〈物基・化基・生基・地学基から2〉・物・化・生から1」または「〈地総・歴総・公から2〉・〈地総・地探〉・〈歴総・日探〉・〈歴総・世探〉・〈公・倫〉・〈公・政経〉から1」・「物・化・生から2」
［個別学力検査(800)］ 3科目 ①外(300)▶「英コミュⅠ・英コミュⅡ・英コミュⅢ・論表Ⅰ・論表Ⅱ・論表Ⅲ」・独・仏から1 ②国・理(200)▶「論国・文国(古文・漢文を除く)」・「物基・物」・「化基・化」・「生基・生」から1 ③面接(300)▶個別面接
【医療科学類】［共通テスト(950)］ 8科目 ①国(200) ②外(200・英〈R160＋L40〉)▶英・独・仏・中・韓から1 ③地歴・公民(100)▶「地総・歴総・公から2」・「地総・地探」・「歴総・日探」・「歴総・世探」・「公・倫」・「公・政経」から1 ④⑤数(100×2)▶「数Ⅰ・数A」・「数Ⅱ・数B・数C」 ⑥⑦理(100×2)▶物・化・生から2 ⑧情(50)▶情Ⅰ
［個別学力検査(800)］ 5科目 ①外(200)▶英コミュⅠ・英コミュⅡ・英コミュⅢ・論表Ⅰ・論表Ⅱ・論表Ⅲ ②数(200)▶数Ⅰ・数Ⅱ・数Ⅲ・数A・数B(数列)・数C(ベク・平面) ③④理(100×2)▶「物基・物」・「化基・化」・「生基・生」から2 ⑤面接(200)▶個別面接
学校推薦型 【全学類】［共通テスト］ 課さない。
［個別学力検査］【医学類】 2科目 ①小論文 ②適性試験▶適性試験❶(筆記)・適性試験❷(個別面接)
※書類審査，小論文および適性試験の結果を総合して判定。英語資格・検定試験でCEFR C1相当以上のスコアを有する場合は総合評価に反映。
【看護学類・医療科学類】 2科目 ①小論文 ②面接
※提出書類，小論文および面接の結果を総合して判定。英語資格・検定試験でCEFRレベルB1相当以上のスコアを有する場合は総合評価に反映。
総合型(研究型人材) 【医学類】［共通テスト(950)］ 8科目 ①国(200) ②外(200・英〈R160＋L40〉)▶英・独・仏・中・韓から1 ③地歴・公民(100)▶「地総・歴総・公から2」・「地総・地探」・「歴総・日探」・「歴総・世探」・「公・倫」・「公・政経」から1 ④⑤数(100×2)▶「数Ⅰ・数A」・「数Ⅱ・数B・数C」 ⑥⑦理(100×2)▶物・化・生から2 ⑧情(50)▶情Ⅰ
［個別学力検査］ 2科目 ①適性試験 ②面接・口述試験
※第1次選考―書類審査(研究レポート等)，第2次選考―適性試験および面接・口述試験，最終選考―共通テストの成績が原則として8割以上。

体育専門学群

前期 ［共通テスト(740)］ 6科目 ①国(200) ②外(200・英〈R160＋L40〉)▶英・独・仏・中・韓から1 ③地歴・公民(100)▶「地総・歴総・公から2」・「地総・地探」・「歴総・日探」・「歴総・世探」・「公・倫」・「公・政経」から1 ④数(100)▶数Ⅰ・「数Ⅰ・数A」・「数Ⅱ・数B・数C」から1 ⑤理(100)▶「物基・化基・生基・地学基から2」・物・化・生・地学から1

⑥情(40) ▶情Ⅰ
[個別学力検査(740)] 2科目 ①実技(640) ②論述試験(100)
学校推薦型 [共通テスト] 課さない。
[個別学力検査] 3科目 ①小論文 ②面接 ③実技
※提出書類，小論文，面接および実技の結果を総合して判定。英語資格・検定試験でCEFRレベルB1相当以上のスコアを有する場合は総合評価に反映。
総合型(AC) [共通テスト] 課さない。
[個別学力検査] 1科目 ①面接・口述試験
※第1次選考—書類審査(自己推薦書・志望理由書を重視)，第2次選考—面接・口述試験，提出書類等の内容も含めて総合的に判定。

芸術専門学群

前期 [共通テスト(730)] 6科目 ①国(200) ②外(200・英〈R160＋L40〉) ▶英・独・仏・中・韓から1 ③地歴・公民(100) ▶「地総・歴総・公から2」・「地総・地探」・「歴総・日探」・「歴総・世探」・「公・倫」・「公・政経」から1 ④数(100) ▶数Ⅰ・「数Ⅰ・数A」・「数Ⅱ・数B・数C」から1 ⑤理(100) ▶「物基・化基・生基・地学基から2」・物・化・生・地学から1 ⑥情(30) ▶情Ⅰ
[個別学力検査(730)] 1科目 ①実技(730) ▶「論述・鉛筆デッサンから1」・「論述(観賞)・論述(デザイン構想)・デッサン・平面構成・書から1」
後期 [共通テスト(510)] 4科目 ①国(200) ②外(200・英〈R160＋L40〉) ▶英・独・仏・中・韓から1 ③情(10) ▶情Ⅰ ④地歴・公民・数・理(100) ▶「地総・歴総・公から2」・「地総・地探」・「歴総・日探」・「歴総・世探」・「公・倫」・「公・政経」・数Ⅰ・「数Ⅰ・数A」・「数Ⅱ・数B・数C」・「物基・化基・生基・地学基から2」・物・化・生・地学から1
[個別学力検査(300)] 1科目 ①実技(300) ▶論述・鉛筆デッサンから1
学校推薦型 [共通テスト] 課さない。
[個別学力検査] 2科目 ①面接 ②実技
※提出書類，面接および実技の結果を総合して判定。英語資格・検定試験でCEFRレベルB1相当以上のスコアを有する場合は総合評価に反映。

その他の選抜

国際バカロレア特別入試，海外教育プログラム特別入試，外国学校経験者特別入試，学群英語コース特別入試，Japan-Expert(学士)プログラム特別入試，総合理工学位プログラム(学士)入試，地球規模課題学位プログラム(学士)入試などを実施。

偏差値データ (2024年度)

●一般選抜

＊共通テスト・個別計/満点

学群／学類	2024年度			2023年度実績					
	駿台予備学校	河合塾						競争率	
	合格目標ライン	ボーダー得点率	ボーダー偏差値	募集人員	受験者数	合格者数	合格最低点＊	'23年	'22年
●前期									
総合選抜									
文系	56	71%	62.5	128	353	140	1552/2400	2.5	3.0
理系Ⅰ	53	72%	55	154	327	158	1574/2400	2.1	2.7
理系Ⅱ	53	73%	57.5	41	176	44	1592/2400	4.0	2.7
理系Ⅲ	53	73%	60	90	317	94	1653/2400	3.4	2.9
人文・文化学群									
人文	57	76%	62.5	47	142	53	1758/2700	2.7	2.8
比較文化	57	78%	62.5	35	103	41	1199/1800	2.5	2.7

学群／学類	2024年度			2023年度実績					
	駿台予備学校	河合塾						競争率	
	合格目標ライン	ボーダー得点率	ボーダー偏差値	募集人員	受験者数	合格者数	合格最低点*	'23年	'22年
社会・国際学群									
社会	59	80%	67.5	40	222	50	958/1250	4.4	3.3
国際総合	58	78%	65	36	109	40	985/1300	2.7	3.3
人間学群									
教育	57	80%	62.5	22	65	24	728/1000	2.7	2.6
心理	59	82%	65	26	119	27	745/1000	4.4	4.1
障害科	57	76%	62.5	17	65	20	708/1000	3.3	3.8
生命環境学群									
生物	53	76%	57.5	15	56	15	1252/1800	3.7	2.6
生物資源	53	78%	55	52	133	56	1233/1800	2.4	1.9
地球	51	74%	57.5	21	54	22	1300/2000	2.5	2.4
理工学群									
数	53	75%	60	22	79	22	1624/2400	3.6	1.5
物理	54	76%	57.5	20	96	20	1748/2400	4.8	3.7
化	53	77%	57.5	14	35	15	1611/2400	2.3	2.7
応用理工	53	76%	57.5	49	133	52	1634/2400	2.6	2.6
工学システム	54	76%	57.5	55	159	57	1697/2400	2.8	2.8
社会工	52	75%	60	60	195	65	1492/2000	3.0	3.7
情報学群									
情報科	54	78%	57.5	42	141	45	1780/2500	3.1	2.5
情報メディア創成	53	81%	60	20	74	23	1270/1700	3.2	3.0
医学群									
医	66	83%	65	47	111	48	1790/2300	2.3	2.3
医（地域枠／全国）	66	82%	65	10	8	9	非開示/2300	0.9	6.0
医（地域枠／茨城）	65	82%	65	8	46	8	非開示/2300	5.8	3.6
看護	50	71%	57.5	40	103	40	1111/1700	2.6	2.0
医療科	52	70%	55	15	50	17	1117/1700	2.9	2.2
体育専門学群									
	49	70%	—	140	423	153	1038/1400	2.8	2.8
芸術専門学群									
	48	73%	—	50	138	52	985/1400	2.7	2.6
●後期									
人文・文化学群									
人文	58	83%	—	20	108	24	855/1100	4.5	5.7
人間学群									
教育	59	83%	—	3	10	4	非開示/550	2.5	3.0
心理	61	85%	—	4	28	5	非開示/550	5.6	5.8
障害科	58	78%	—	3	15	4	非開示/550	3.8	2.8
生命環境学群									
生物	56	80%	—	18	27	22	742/1100	1.2	1.5
生物資源	53	79%	—	15	54	16	741/1000	3.4	2.5

学群／学類	2024年度			2023年度実績					
	駿台予備学校	河合塾						競争率	
	合格目標ライン	ボーダー得点率	ボーダー偏差値	募集人員	受験者数	合格者数	合格最低点*	'23年	'22年
地球	53	78%	—	4	15	4	非開示/1200	3.8	3.3
理工学群									
物理	56	88%	—	10	44	13	非開示/1000	3.4	4.0
化	55	82%	—	10	32	14	非開示/950	2.3	1.3
応用理工	56	85%	—	22	48	29	854/1050	1.7	1.3
工学システム	56	84%	—	20	64	26	645/800	2.5	2.4
社会工	54	84%	—	15	58	16	1085/1360	3.6	4.6
情報学群									
知識情報・図書館	53	82%	—	10	32	13	846/1100	2.5	3.0
芸術専門学群									
	49	77%	—	5	19	6	非開示/600	3.2	3.8

●駿台予備学校合格目標ラインは合格可能性80%に相当する駿台模試の偏差値です。●競争率は受験者÷合格者の実質倍率
●河合塾ボーダー得点率は合格可能性50%に相当する共通テストの得点率です。
また，ボーダー偏差値は合格可能性50%に相当する河合塾全統模試の偏差値です。●合格者10人以下の合格最低点は非開示
●前期の体育専門学群，後期の芸術専門学群は２段階選抜を実施。

併設の教育機関　大学院

人文社会ビジネス科学学術院

教員数▶318名

院生数▶1,066名（人文社会科学研究科，ビジネス科学研究科を含む）

博士前期課程▶ ●**人文社会科学研究群**　人や社会の営み，人と社会の関係の考察・分析に係わる人文社会科学の基礎研究において優れた能力を有し，学問の進展や社会的要請の変化に応じて人類の知の継承に貢献し得る人材，またグローバル化の進展に伴う地球規模の課題や社会的課題に果敢に挑戦し，人間の存在や人と社会との関係の望ましいあり方を構想し得る独創性と柔軟性を併せもつ研究者・教育者，および高い専門性と実務能力を有する職業人を養成する。人文学，国際公共政策，国際日本研究の３学位プログラム。

●**ビジネス科学研究群**　社会人を主たる対象にして，社会やビジネスで求められる高度専門職業人として必要な深い学識と卓越した能力を持ち，現代社会や組織が直面する諸課題の背景を探求し，かつ実効性の高い解決策を策定・実行することによって，社会の持続可能な発展に寄与しうる高度専門職業人を養成する。法学，経営学の２学位プログラム。

専門職学位課程▶ ●**法曹専攻**　法律学全般について質の高い，司法実務に密着したオールラウンドな教育を行うことを基本とし，グローバルビジネス，知的財産法，経済法などの分野における最先端の授業科目をそろえ，高度に専門性を有する法曹の育成をめざす。

●**国際経営プロフェッショナル専攻**　国際社会や文化の多様性を理解し，変化するビジネス環境に適合した適切な行動を導くことができる知識・技能・資質をもった経営専門職，特に，経営に関するコア力量を持つビジネスマネジャー，国際対応力量に秀でたカントリーマネジャー，応用情報技能に秀でたプロジェクトマネジャーの３タイプのグローバルリーダーを養成する。

博士後期課程▶ 人文社会科学研究群，ビジネス科学研究群

理工情報生命学術院

教員数▶1,055名

院生数▶3,407名（数理物質科学研究科，システム情報工学研究科，生命環境科学研究科

を含む）

博士前期課程 ●数理物質科学研究群　数理物質科学の基礎とその科学技術への応用に関し，高度な教育研究指導によって，現代社会の急激な変化に的確に対応できる基礎から応用まで幅広い視野と優れた研究能力を養成する。数学，物理学，化学，応用理工学，国際マテリアルズイノベーションの５学位プログラム。

●システム情報工学研究群　システム・情報・社会が融合・複合する学際領域において，グローバルな俯瞰力と多様で柔軟な思考力を持ち，現実世界の複雑で困難な問題を解決する独創力・発想力を備えてリーダーシップを発揮する人材を養成する。社会工学，サービス工学，リスク・レジリエンス工学，情報理工，知能機能システム，構造エネルギー工学，ライフイノベーション（生物情報）の７学位プログラム。

●生命地球科学研究群　生命科学と地球科学，農学，環境科学に関する専門分野の深い知識と研究能力，研究技術を持ち，一方で，生命，人間，これらを取り巻く基盤である地球，自然，社会を幅広い視点でとらえ，独創的な発想で研究課題を発掘し，課題を解決する能力を養成する。生物学，生物資源科学，地球科学，環境科学，山岳科学，ライフイノベーション（食料革新），ライフイノベーション（環境制御），ライフイノベーション（生体分子材料）の８学位プログラム。

●国際連携持続環境科学専攻　熱帯アジア地域を主な対象に，水資源・水環境，水災害，生態系等の地球規模課題に対し，理学，農学，工学，社会科学等の専門的かつ俯瞰的な洞察力をもって問題解決並びに持続可能な社会の実現に寄与することのできる人材を育成する。

５年一貫制博士課程 システム情報工学研究群（エンパワーメント情報学位プログラム）

博士後期課程 数理物質科学研究群，システム情報工学研究群（社会工学，リスク・レジリエンス工学，情報理工，知能機能システム，構造エネルギー工学，ライフイノベーション（生物情報）の６学位プログラム），生命地球科学研究群（生物学，農学，生命農学，生命産業科学，地球科学，環境学，ライフイノベーション〈食料革新〉，ライフイノベーション〈環境制御〉，ライフイノベーション〈生体分子材料〉の９学位プログラム）

人間総合科学学術院

教員数▶675名
院生数▶2,469名（人間総合科学研究科，図書館情報メディア研究科を含む）

博士前期課程 ●人間総合科学研究群　人間の心身および諸活動に関する基礎から応用までの豊富かつ高度な教育研究を通して，固有の学問領域において高度でグローバルな視点に基づいた研究を計画実行でき，人間に関する幅広い知識を持ち優れた学際的な学術研究や国際的かつ学際的な教育研究環境を背景に異分野の先端的な融合が図れる優れた学術研究を計画実行できる研究者と大学教員，および複合的な視点から人間をとらえ，柔軟かつ適切な援助・支援を研究・設計して社会的ニーズに対応できる高度専門職業人を養成する。教育学，心理学，障害科学，カウンセリング，リハビリテーション科学，ニューロサイエンス，看護科学，体育学，スポーツ・オリンピック学，スポーツウェルネス学，芸術学，デザイン学，世界遺産学，情報学，ライフイノベーション（病態機構），ライフイノベーション（創薬開発）の16学位プログラム。

修士課程 ●人間総合科学研究群　フロンティア医科学，公衆衛生学の２学位プログラム。

●スポーツ国際開発学共同専攻　スポーツ・体育・健康に関する理論的・実践的な知識を英語によって学び，国際平和と友好，豊かな地域社会の創造に寄与できる人材を養成。

●国際連携食料健康科学専攻　人類が地球規模で直面する健康の維持・増進や食料の安全供給等の課題に対して，「医食同源」の理念に基づき，食料が健康に及ぼす影響を科学的に理解し，グローバル社会のニーズと研究開発を橋渡しすることのできる専門力と実践力を備えた国際的な高度専門職業人を養成する。

３年制博士課程 ●人間総合科学研究群　ヒューマン・ケア科学，パブリックヘルス，スポーツ医学，コーチング学の４学位プログララム。

●大学体育スポーツ高度化共同専攻　筑波大学と鹿屋体育大学との共同設置で運営。体育スポーツ現場の教育と研究の循環を効果的に行える，高等教育における学術的職業人としての高度な体育教員を養成する。

4年制博士課程　人間総合科学研究群（医学学位プログラム）

5年一貫制博士課程　人間総合科学研究群（ヒューマンバイオロジー学位プログラム）

博士後期課程　人間総合科学研究群（教育学，心理学，障害科学，カウンセリング科学，リハビリテーション科学，ニューロサイエンス，看護科学，体育科学，スポーツウェルネス学，芸術学，デザイン学，世界遺産学，情報学，ライフイノベーション〈病態機構〉，ライフイノベーション〈創薬開発〉）

グローバル教育院

院生数▶78名

5年一貫制博士課程　●ヒューマニクス学位プログラム　文部科学省採択の卓越大学院プログラム。生命医科学と理・工・情報学の両研究分野において，博士レベルの知識・技能と，これらを有機的に融合できる科学的専門力を持ち，これを社会に還元できる応用力を備えたリーダー人材を育成。

MEMO

宇都宮大学（うつのみや）

資料請求

問合せ先 アドミッションセンター　☎028-649-5112

大学の理念

「主体的に挑戦し（Challenge），時代の変化に対応して自らを変え（Change），広く社会に貢献する（Contribution）」の３Ｃ精神をモットーに，学生と教職員が一体となって進化を続ける大学をめざす。「人類の福祉の向上と世界の平和に貢献する」ことを理念とし，栃木県の多様で豊かなフィールドを生かした実践的な教育・研究で，社会の中核を担う人材の育成と知の創造・発信に注力。地域の知の拠点としての機能を一層強化するため，「活力ある持続可能な地域社会の形成」「グローバル化社会への対応」「イノベーション創出」を基本方針と定め，「行動的知性」を備え広く社会の発展に貢献する人材の育成，独創的な特色ある研究による新たな「知」の創造，地域やステークホルダーとの双方向性を高めた活動を積極的に進めている。

● **峰キャンパス**………〒321-8505　栃木県宇都宮市峰町350
● **陽東キャンパス**……〒321-8585　栃木県宇都宮市陽東7-1-2

基本データ

学生数▶4,069名（男2,405名，女1,664名）
専任教員数▶教授130名，准教授118名，講師５名
設置学部▶データサイエンス経営，地域デザイン科，国際，共同教育，工，農
併設教育機関▶大学院―地域創生科学（M・D），連合農学（D），教育学（P）

就職・卒業後の進路

就職率 100％
就職者÷希望者×100

● **就職支援**　学生自身の主体的なキャリア形成への支援を実践するキャリアセンターを設置。「キャリアデザイン」「起業の実際と理論（アントレプレナーシップ）」などのキャリア教育科目を開講するほか，各種ガイダンス，セミナーを実施。求人票の資料を自由に閲覧できるカフェや，キャリアアドバイザーによる進路相談室などを備え，「UU Career Navi（就職支援システム）」で学生に役立つ情報も発信。インターンシップでは従来の職場体験型のほか，地域企業が抱える課題に対して提案を行う課題発見・解決型も実施。

進路指導者も必見 学生を伸ばす 面倒見

初年次教育
学問や大学教育全体に対する動機づけ，レポート・論文の書き方，プレゼン技法，ITの基礎技術，情報収集や資料整理の方法，論理的思考や問題発見・解決能力の向上を図る「新入生セミナー」「データサイエンス入門」などを開講

学修サポート
全学部でTA制度，オフィスアワー制度，指導教員制度を導入。学生約30人に１人の教員アドバイザーがつき，学生の指導にあたっている

オープンキャンパス（2023年度実績）　夏・秋に両キャンパスで対面型オープンキャンパスを開催（事前申込制）。模擬授業や研究紹介，相談会など。７～10月にはオンライン型でリアルタイム・オンデマンドのプログラムを実施。

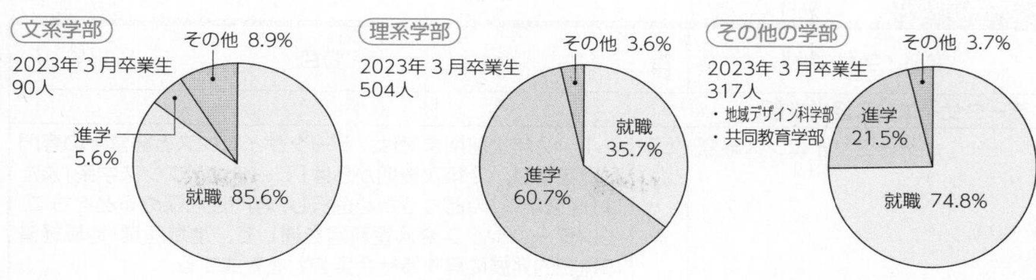

主なOB・OG▶［農］福士正博（経済学者・農学者），［工］白井俊之（ニトリホールディングス社長），［工］高砂淳二（写真家），［農］旭爪あかね（小説家）など。

国際化・留学　大学間 42 大学・部局間 43 大学

受入れ留学生数▶57名（2023年５月１日現在）

留学生の出身国▶マレーシア，中国，韓国，モンゴル，インドネシアなど。

外国人専任教員▶教授６名，准教授４名（2023年５月１日現在）

外国人専任教員の出身国▶アメリカ，中国，韓国，ペルー，ニュージーランドなど。

大学間交流協定▶42大学（交換留学先38大学，2023年９月11日現在）

部局間交流協定▶43大学（交換留学先28大学，2023年９月11日現在）

海外への留学生数▶渡航型156名・オンライン型17名／年（27カ国・地域，2022年度）

海外留学制度▶留学生・国際交流センターが留学や学内の国際交流をサポート。１学期または１年間，海外の協定校で学ぶ「交換留学」，春夏の長期休暇を利用してオーストラリアのサザンクロス大学，マレーシアのサラワク大学，カナダのカピラノ大学で英語を学ぶ「海外英語研修」，協力企業の海外事業所などで就労体験を行う「国際インターンシップ」を実施。また，国際学部でも「外国語臨地演習」などの短期語学研修を実施。

学費・奨学金制度　給付型奨学金総額 年間 1,200 万円

入学金▶282,000円

年間授業料（施設費等を除く）▶535,800円

年間奨学金総額▶12,000,000円

年間奨学金受給者数▶63人

主な奨学金制度▶高校３年生を対象に，入学後30万円を給付する「入学応援奨学金」や，ボランティアに注力する学生に月額3万円を1年間給付する「飯村チャレンジ奨学金」，スポーツ活動と学業を両立する学生を対象とした「関スポーツ奨学金」などを設置。また，学費減免制度があり，2022年度は77人を対象に総額で約1,337万円を減免している。

保護者向けインフォメーション

- **オープンキャンパス**　通常のオープンキャンパス時に保護者向けの説明会を実施している。
- **成績確認**　成績表を保護者に郵送している。
- **会報誌**　学外組織「学生後援会」が保護者向けの会報誌『学生後援会会報』を発行している。
- **保護者会**　保護者向けのキャンパス開放や学長・学部長からのメッセージ動画配信，専用フォームによる相談受付を行っている。
- **防災対策**　被災した際の学生の安否は，アプリを利用して確認する。

インターンシップ科目	必修専門ゼミ	卒業論文	GPA制度の導入の有無および活用例	１年以内の退学率	標準年限での卒業率
全学部で開講している	全学部で１～４年次に実施	全学部で卒業要件	奨学金等対象者の選定，留学候補者の選考，退学勧告・卒業判定の基準，個別の学修指導，履修上限単位の設定などに活用	0.5%	90.0%

学部紹介

学部／学科・課程	定員	特色
データサイエンス経営学部		
データサイエンス経営	55	▷1～2年次前期までは，データサイエンスと経営学の専門基礎を学び，２年次後期からは「データサイエンス学系」または「経営学系」のどちらかを選択し，専門性を深めるとともに，インターンシップや演習科目を通して，地域産業・地域経済の持続的発展に資する社会実装力を養成する。
地域デザイン科学部		
コミュニティデザイン	47	▷地域社会の成り立ちや課題を理解するために必要な幅広い教養を身につけるとともに，地域と連携して学習を深める。それぞれの専門分野を応用した地域デザイン能力を養い，21世紀の地域社会で活躍できる人材を育てる。
建築都市デザイン	47	▷建築学の基礎を学び，先端技術や建築をとりまく社会の構造変化を理解し，新たな地域デザインとしての建築のあり方を追究する。
社会基盤デザイン	37	▷最先端の土木工学と建築技術を学び，科学技術を融合して，安全で持続可能な社会基盤をデザインする人材を育成する。
● 取得可能な資格…測量士補，１・２級建築士受験資格など。 ● 進路状況…………就職57.7%　進学38.7% ● 主な就職先………各県庁・市役所，足利銀行，TKC，東日本旅客鉄道，積水ハウス，鹿島建設，清水建設，日本旅行，東京電力，大和ハウス工業，アイリスオーヤマなど。		
国際学部		
国際	84	▷学びの視点として「国際」「学際」「比較」の３つを重視している。「学際」とは，一つのテーマに対して，複数の学問分野を関連づけながら学ぶ研究のあり方。多文化共生のための体系的なカリキュラムを専門性を重視して編成している。1～２年次にコア科目，基礎科目，グローバル実践力基礎演習を学び，２年次から専門外国語とグローバル専門科目（アジア太平洋文化社会，欧米文化社会，日本文化社会，比較文化社会，言語・コミュニケーション，国際協力，国際共生の計7科目群）が始まる。3年次に専門演習・実験実習科目と卒業研究準備演習が開講され，4年次に卒業研究を行う。
● 取得可能な資格…教職（英）など。 ● 進路状況…………就職85.6%　進学5.6% ● 主な就職先………全日本空輸，日本航空，HIS，JTB，ニトリ，日本放送協会，星野リゾート，足利銀行，栃木銀行，楽天，ブルボン，毎日新聞社，各省庁・県庁・市役所など。		
共同教育学部		
学校教育教員養成	170	▷教員の資質能力向上への高まる要請に応えるため，全国初，群馬大学との共同教育学部を新設。双方の充実したスタッフが実施する幅広く深い内容の授業を，最新の双方向遠隔メディアシステムを用いて受けられる。１年次より分野混合クラスを編成し，異なる専門性をめざす学生による学び合いのなかから人間力を培い，確かな協働力のある教員を養成。
● 取得可能な資格…教職（国・地歴・公・社・数・理・音・美・工芸・保体・技・家・工業・英，小一種，幼一種，特別支援）など。 ● 進路状況…………就職88.6%　進学7.4% ● 主な就職先………教員（栃木県，埼玉県，茨城県，群馬県，千葉県ほか），各県庁・市役所など。		

 キャンパスアクセス ［峰キャンパス］［陽東キャンパス］いずれもJR宇都宮線－宇都宮よりバス15～20分

工学部		
基盤工	290	▷一括入試を行い，２年次より応用化学，機械システム工学，情報電子オプティクスの３コースに分属。専門的知識と統合した工学知と３Ｃ精神を基盤としてイノベーションを実現し，グローバル化した社会の発展に貢献するプロフェッショナルを養成する。

● 取得可能な資格…教職（工業），陸上・海上特殊無線技士など。
● 進路状況…………就職23.6%　進学73.2%
● 主な就職先………トヨタ自動車，本田技研工業，日産自動車，SUBARU，キヤノン，NEC，富士通，日本電信電話，東京電力，任天堂，資生堂，IHI，日清製粉，各県庁など。

農学部		
生物資源科	58	▷生物資源の機能解明と開発を通じて，生物資源の持続的生産と環境保全を図るための基本的・応用的な教育研究を行う。
応用生命化	30	▷生命の営みに関する事象を化学的な視点から解明し，生命・食品・環境の分野で問題解決に積極的に取り組む人材を養成。
農業環境工	30	▷環境と調和した持続可能な農業システム作りに取り組む。水土環境工学，食料生産システム工学の2コースに分かれ，各専門分野の技術者を育成する。
農業経済	33	▷身近で欠かせない食を供給する農業の持続的発展をめざし社会科学の視点から教育・研究を行う。
森林科	29	▷森林の育成・管理から生産物の加工利用までを基軸とし，野外実習を重視した総合的な研究を行う。

● 取得可能な資格…教職（理・農），測量士補など。　● 進路状況………就職55.8%　進学40.0%
● 主な就職先………アサヒビール，資生堂，花王，JA，カゴメ，キユーピー，山崎製パン，各省庁・県庁・市役所，教員，農林中央金庫，栃木銀行，レオン自動機，栃木カネカなど。

▶キャンパス

国際・共同教育・農…［峰キャンパス］栃木県宇都宮市峰町350
地域デザイン科・工…［陽東キャンパス］栃木県宇都宮市陽東7-1-2

2025年度入試要項（予告）

●募集人員

学部／学科・課程（系）		前期	後期
▶データサイエンス経営	データサイエンス経営	40	8
▶地域デザイン科	コミュニティデザイン	33	7
	建築都市デザイン	37	7
	社会基盤デザイン	25	7
▶国際	国際	38	—
▶共同教育	学校教育教員養成（教育人間科学／教育）	24	—
	（／教育心理）		
	（／特別支援教育）		
	（人文社会／国語）	35	—
	（／社会）		
	（／英語）		
	（自然科学／数学）	34	—
	（／理科）		
	（／技術）		
	（芸術・生活・健康／音楽）	25	—
	（／美術）		
	（／保健体育）		
	（／家政）		
▶工	基盤工（化学）	50	20
	（機械・情報電子）	167	
▶農	生物資源科	42	6
	応用生命化	20	3
	農業環境工	18	2
	農業経済	24	3
	森林科	22	—

●２段階選抜　実施しない

注）募集人員および２段階選抜は2024年度の実績です。

▷共通テストの英語はリスニングを含む。
▷共通テストの地歴・公民から2科目選択する場合，「公・倫」と「公・政経」の組み合わせ，および「地総・歴総・公から2」で選択した科目と同一科目名を含む組み合わせは不可。
▷共通テストの理科から2科目選択する場合，同一科目名を含む選択は不可。

データサイエンス経営学部

前期 ［共通テスト(1000)］ 8科目 ①国(200) ②外(200)▶英・独・仏・中・韓から1 ③④数(100×2)▶「数Ⅰ・数A」・「数Ⅱ・数B・数C」 ⑤情(100)▶情Ⅰ ⑥⑦⑧「地歴・公民」・理(100×3)▶「地総・歴総・公から2」・「地総・地探」・「歴総・日探」・「歴総・世探」・「公・倫」・「公・政経」から1または2，「物基・化基・生基・地学基から2」・物・化・生・地学から1または2，計3
［個別学力検査(400)］【文系型】 2科目 ①外(300)▶英コミュⅠ・英コミュⅡ・英コミュⅢ・論表Ⅰ・論表Ⅱ・論表Ⅲ ②数(100)▶数Ⅰ・数Ⅱ・数A(図形・場合)・数B(数列)・数C(ベク)
【理系型】 2科目 ①外(100)▶英コミュⅠ・英コミュⅡ・英コミュⅢ ②数(300)▶数Ⅰ・数Ⅱ・数Ⅲ・数A(図形・場合)・数B(数列)・数C(ベク・平面)
後期 ［共通テスト(1000)］ 8科目 前期と同じ
［個別学力検査(200)］ 1科目 ①面接(200)

地域デザイン科学部

前期 【コミュニティデザイン学科】［共通テスト(1000)］ 8科目 ①国(200) ②外(200)▶英・独・仏・中・韓から1 ③④数(100×2)▶「数Ⅰ・数Aから1」・「数Ⅱ・数B・数C」 ⑤情(100)▶情Ⅰ ⑥⑦⑧「地歴・公民」・理(100×3)▶「地総・歴総・公から2」・「地総・地探」・「歴総・日探」・「歴総・世探」・「公・倫」・「公・政経」から1または2，「物基・化基・生基・地学基から2」・物・化・生・地学から1または2，計3
［個別学力検査(400)］ 1科目 ①小論文(400)

【建築都市デザイン学科】［共通テスト(750)］ 8科目 ①国(150) ②外(150)▶英・独・仏・中・韓から1 ③地歴・公民(75)▶「地総・歴総・公から2」・「地総・地探」・「歴総・日探」・「歴総・世探」・「公・倫」・「公・政経」から1 ④⑤数(75×2)▶「数Ⅰ・数A」・「数Ⅱ・数B・数C」 ⑥⑦理(75×2)▶物・化・生・地学から2 ⑧情(75)▶情Ⅰ
［個別学力検査(300)］ 1科目 ①数(300)▶数Ⅰ・数Ⅱ・数Ⅲ・数A(図形・場合)・数B(数列)・数C(ベク・平面)
【社会基盤デザイン学科】［共通テスト(1100)］ 8科目 ①国(200) ②外(200)▶英・独・仏・中・韓から1 ③地歴・公民(100)▶「地総・歴総・公から2」・「地総・地探」・「歴総・日探」・「歴総・世探」・「公・倫」・「公・政経」から1 ④⑤数(100×2)▶「数Ⅰ・数A」・「数Ⅱ・数B・数C」 ⑥⑦理(必須200＋100)▶物必須，化・生・地学から1 ⑧情(100)▶情Ⅰ
［個別学力検査(500)］ 1科目 ①数・理(500)▶「数Ⅰ・数Ⅱ・数Ⅲ・数A(図形・場合)・数B(数列)・数C(ベク・平面)」・「物基・物」から1
後期 【コミュニティデザイン学科】［共通テスト(1000)］ 8科目 前期と同じ
［個別学力検査(300)］ 1科目 ①面接(300)
【建築都市デザイン学科】［共通テスト(750)］ 8科目 前期と同じ
［個別学力検査(100)］ 1科目 ①面接(100)
【社会基盤デザイン学科】［共通テスト(1200)］ 8科目 ①国(200) ②外(200)▶英・独・仏・中・韓から1 ③地歴・公民(100)▶「地総・歴総・公から2」・「地総・地探」・「歴総・日探」・「歴総・世探」・「公・倫」・「公・政経」から1 ④⑤数(150×2)▶「数Ⅰ・数A」・「数Ⅱ・数B・数C」 ⑥⑦理(必須200＋100)▶物必須，化・生・地学から1 ⑧情(100)▶情Ⅰ
［個別学力検査(300)］ 1科目 ①面接(300)

国際学部

前期 ［共通テスト(1100)］ 7科目 ①国(200) ②外(200)▶英・独・仏・中・韓から1 ③④地歴・公民(150×2)▶「地総・歴総・公か

ら2」・「地総・地探」・「歴総・日探」・「歴総・世探」・「公・倫」・「公・政経」から2 ⑤**数**(100)▶数Ⅰ・「数Ⅰ・数A」・「数Ⅱ・数B・数C」から1 ⑥**理**(100)▶「物基・化基・生基・地学基から2」・物・化・生・地学から1 ⑦**情**(100)▶情Ⅰ
※「数学」と「理科」はいずれか高得点の教科を2倍に配点。
[個別学力検査(800)] 2科目 ①**外**(400)▶英コミュⅠ・英コミュⅡ・英コミュⅢ・論表Ⅰ・論表Ⅱ・論表Ⅲ ②**小論文**(400)

共同教育学部

前期 【学校教育教員養成課程(教育人間科学系・人文社会系)】[共通テスト(900)] 7科目 ①国(200) ②**外**(200)▶英・独・仏・中・韓から1 ③④**地歴・公民**(100×2)▶「地総・歴総・公から2」・「地総・地探」・「歴総・日探」・「歴総・世探」・「公・倫」・「公・政経」から2 ⑤**数**(100)▶数Ⅰ・「数Ⅰ・数A」・「数Ⅱ・数B・数C」から1 ⑥**理**(100)▶「物基・化基・生基・地学基から2」・物・化・生・地学から1 ⑦**情**(100)▶情Ⅰ
[個別学力検査(400)] 2科目 ①**小論文**(300) ②**面接**(100)
【学校教育教員養成課程(自然科学系)】[共通テスト(1000)] 8科目 ①国(200) ②**外**(200)▶英・独・仏・中・韓から1 ③**地歴・公民**(100)▶「地総・歴総・公から2」・「地総・地探」・「歴総・日探」・「歴総・世探」・「公・倫」・「公・政経」から1 ④⑤**数**(100×2)▶「数Ⅰ・数A」・「数Ⅱ・数B・数C」 ⑥⑦**理**(100×2)▶物・化・生・地学から2 ⑧**情**(100)▶情Ⅰ
[個別学力検査(400)] 2科目 ①**小論文**(300) ②**面接**(100)
【学校教育教員養成課程(芸術・生活・健康系)】[共通テスト(800)] 6科目 ①国(200) ②**外**(200)▶英・独・仏・中・韓から1 ③**地歴・公民**(100)▶「地総・歴総・公から2」・「地総・地探」・「歴総・日探」・「歴総・世探」・「公・倫」・「公・政経」から1 ④**数**(100)▶数Ⅰ・「数Ⅰ・数A」・「数Ⅱ・数B・数C」から1 ⑤**理**(100)▶「物基・化基・生基・地学基から2」・物・化・生・地学から1 ⑥**情**(100)▶情Ⅰ
[個別学力検査(500)] 2科目 ①**実技・小論文**(400)▶音楽実技・美術実技・体育実技・小論文(家政)から1 ②**面接**(100)

工学部

前期 【化学系】[共通テスト(700)] 8科目 ①国(140) ②**外**(140)▶英・独・仏・中・韓から1 ③**地歴・公民**(70)「地総・歴総・公から2」・「地総・地探」・「歴総・日探」・「歴総・世探」・「公・倫」・「公・政経」から1 ④⑤**数**(70×2)▶「数Ⅰ・〈数Ⅰ・数A〉から1」・「数Ⅱ・数B・数C」 ⑥⑦**理**(70×2)▶物・化・生・地学から2 ⑧**情**(70)▶情Ⅰ
[個別学力検査(800)] 3科目 ①**外**(100)▶英コミュⅠ・英コミュⅡ・英コミュⅢ ②**数**(200)▶数Ⅰ・数Ⅱ・数Ⅲ・数A(図形・場合)・数B(数列)・数C(ベク・平面) ③**理**(500)▶「物基・物」・「化基・化」から1
【機械・情報電子系】[共通テスト(1000)] 8科目 ①国(200) ②**外**(200)▶英・独・仏・中・韓から1 ③**地歴・公民**(100)▶「地総・歴総・公から2」・「地総・地探」・「歴総・日探」・「歴総・世探」・「公・倫」・「公・政経」から1 ④⑤**数**(100×2)▶「数Ⅰ・〈数Ⅰ・数A〉から1」・「数Ⅱ・数B・数C」 ⑥⑦**理**(100×2)▶物・化・生・地学から2 ⑧**情**(100)▶情Ⅰ
[個別学力検査(500)] 3科目 ①**外**(100)▶英コミュⅠ・英コミュⅡ・英コミュⅢ ②**数**(200)▶数Ⅰ・数Ⅱ・数Ⅲ・数A(図形・場合)・数B(数列)・数C(ベク・平面) ③**理**(200)▶「物基・物」・「化基・化」から1
後期 [共通テスト(1000)] 8科目 ①国(200) ②**外**(200)▶英・独・仏・中・韓から1 ③**地歴・公民**(100)▶「地総・歴総・公から2」・「地総・地探」・「歴総・日探」・「歴総・世探」・「公・倫」・「公・政経」から1 ④⑤**数**(100×2)▶「数Ⅰ・〈数Ⅰ・数A〉から1」・「数Ⅱ・数B・数C」 ⑥⑦**理**(100×2)▶物・化・生・地学から2 ⑧**情**(100)▶情Ⅰ
[個別学力検査(200)] 1科目 ①**小論文**(200)

農学部

前期 【生物資源科学科】[共通テスト(1000)] 8科目 ①国(200) ②**外**(200)▶英・独・仏・中・韓から1 ③**地歴・公民**(100)

▶「地総・歴総・公から2」・「地総・地探」・「歴総・日探」・「歴総・世探」・「公・倫」・「公・政経」から1 ④⑤**数**(100×2)▶「数Ⅰ・〈数Ⅰ・数A〉から1」・「数Ⅱ・数B・数C」 ⑥⑦**理**(100×2)▶「物基・化基・生基・地学基から2」・物・化・生・地学から2 ⑧**情**(100)▶情Ⅰ

[個別学力検査(500)] **2科目** ①**外**(200)▶英コミュⅠ・英コミュⅡ・英コミュⅢ ②**数・理**(300)▶「数Ⅰ・数Ⅱ・数Ⅲ・数A(図形・場合)・数B(数列)・数C(ベク・平面)」・「化基・化」・「生基・生」から1

【応用生命化学科】 [共通テスト(1000)] **8科目** ①**国**(200) ②**外**(200)▶英・独・仏・中・韓から1 ③**地歴・公民**(100)▶「地総・歴総・公から2」・「地総・地探」・「歴総・日探」・「歴総・世探」・「公・倫」・「公・政経」から1 ④⑤**数**(100×2)▶「数Ⅰ・〈数Ⅰ・数A〉から1」・「数Ⅱ・数B・数C」 ⑥⑦**理**(100×2)▶物・化・生・地学から2 ⑧**情**(100)▶情Ⅰ

[個別学力検査(500)] **2科目** ①**外**(200)▶英コミュⅠ・英コミュⅡ・英コミュⅢ ②**理**(300)▶化基・化

【農業環境工学科】 [共通テスト(1000)] **8科目** ①**国**(200) ②**外**(200)▶英・独・仏・中・韓から1 ③**地歴・公民**(100)▶「地総・歴総・公から2」・「地総・地探」・「歴総・日探」・「歴総・世探」・「公・倫」・「公・政経」から1 ④⑤**数**(100×2)▶「数Ⅰ・〈数Ⅰ・数A〉から1」・「数Ⅱ・数B・数C」 ⑥⑦**理**(100×2)▶物・化・生・地学から2 ⑧**情**(100)▶情Ⅰ

[個別学力検査(500)] **2科目** ①**外**(200)▶英コミュⅠ・英コミュⅡ・英コミュⅢ ②**数**(300)▶数Ⅰ・数Ⅱ・数Ⅲ・数A(図形・場合)・数B(数列)・数C(ベク・平面)

【農業経済学科】 [共通テスト(1000)] **8科目** ①**国**(200) ②**外**(200)▶英・独・仏・中・韓から1 ③④**数**(100×2)▶「数Ⅰ・〈数Ⅰ・数A〉から1」・「数Ⅱ・数B・数C」 ⑤**情**(100)▶情Ⅰ ⑥⑦⑧**「地歴・公民」・理**(100×3)▶「地総・歴総・公から2」・「地総・地探」・「歴総・日探」・「歴総・世探」・「公・倫」・「公・政経」から1または2,「物基・化基・生基・地学基から2」・物・化・生・地学から1または2,計3

[個別学力検査(500)] **2科目** ①**外**(300)▶英コミュⅠ・英コミュⅡ・英コミュⅢ ②**数・小論文**(200)▶「数Ⅰ・数Ⅱ・数Ⅲ・数A(図形・場合)・数B(数列)・数C(ベク・平面)」・小論文から1

【森林科学科】 [共通テスト(1000)] **8科目** ①**国**(200) ②**外**(200)▶英 ③**地歴・公民**(100)▶「地総・歴総・公から2」・「地総・地探」・「歴総・日探」・「歴総・世探」・「公・倫」・「公・政経」から1 ④⑤**数**(100×2)▶「数Ⅰ・数A」・「数Ⅱ・数B・数C」 ⑥⑦**理**(100×2)▶物・化・生・地学から2 ⑧**情**(100)▶情Ⅰ

[個別学力検査(500)] **2科目** ①**外**(200)▶英コミュⅠ・英コミュⅡ・英コミュⅢ ②**数・理**(300)▶「数Ⅰ・数Ⅱ・数Ⅲ・数A(図形・場合)・数B(数列)・数C(ベク・平面)」・「物基・物」・「化基・化」・「生基・生」から1

後期 **【生物資源科学科】 [共通テスト(1100)]** **8科目** ①**国**(200) ②**外**(200)▶英・独・仏・中・韓から1 ③**地歴・公民**(100)▶「地総・歴総・公から2」・「地総・地探」・「歴総・日探」・「歴総・世探」・「公・倫」・「公・政経」から1 ④⑤**数**(100×2)▶「数Ⅰ・〈数Ⅰ・数A〉から1」・「数Ⅱ・数B・数C」 ⑥⑦**理**(150×2)▶「物基・化基・生基・地学基から2」・物・化・生・地学から2 ⑧**情**(100)▶情Ⅰ

[個別学力検査(100)] **1科目** ①**面接**(100)

【応用生命化学科】 [共通テスト(1100)] **8科目** ①**国**(200) ②**外**(200)▶英・独・仏・中・韓から1 ③**地歴・公民**(100)▶「地総・歴総・公から2」・「地総・地探」・「歴総・日探」・「歴総・世探」・「公・倫」・「公・政経」から1 ④⑤**数**(100×2)▶「数Ⅰ・〈数Ⅰ・数A〉から1」・「数Ⅱ・数B・数C」 ⑥⑦**理**(必須200+100)▶化必須,物・生・地学から1 ⑧**情**(100)▶情Ⅰ

[個別学力検査(100)] **1科目** ①**面接**(100)

【農業環境工学科】 [共通テスト(1000)] **8科目** ①**国**(100) ②**外**(100)▶英・独・仏・中・韓から1 ③**地歴・公民**(100)▶「地総・歴総・公から2」・「地総・地探」・「歴総・日探」・「歴総・世探」・「公・倫」・「公・政経」から1 ④⑤**数**(150×2)▶「数Ⅰ・〈数Ⅰ・数A〉から1」・「数Ⅱ・数B・数C」 ⑥⑦**理**(150×2)▶物・化・生・地学から2 ⑧**情**(100)▶情Ⅰ

[個別学力検査(100)] **1科目** ①**面接**(100)

【農業経済学科】 [共通テスト(1000)] **8科目** 前期と同じ

[個別学力検査(100)]　1科目　①面接(100)
【森林科学科】　[共通テスト(1000)]
8科目　前期と同じ
[個別学力検査(100)]　1科目　①面接(100)

その他の選抜

学校推薦型選抜，総合型選抜(一般・帰国生・社会人・外国人生徒)，私費外国人留学生選抜。

偏差値データ (2024年度)

●一般選抜

学部／学科・課程／系	2024年度 駿台予備学校 合格目標ライン	河合塾 ボーダー得点率	河合塾 ボーダー偏差値	'23年度 競争率
●前期				
▶データサイエンス経営学部				
データサイエンス経営	50	63%	50	新
▶地域デザイン科学部				
コミュニティデザイン	45	63%	—	2.3
建築都市デザイン	45	63%	47.5	2.8
社会基盤デザイン	44	54%	45	1.7
▶国際学部				
国際	51	64%	50	1.8
▶共同教育学部				
学校教育教員養成/教育人間科学(教育)	46	63%	—	1.7
(教育心理)		65%	—	
(特別支援教育)		60%	—	
／人文社会(国語)	48	65%	—	1.6
(社会)		62%	—	
(英語)		64%	—	
／自然科学(数学)	48	57%	—	1.2
(理科)		58%	—	
(技術)		59%	—	
／芸術・生活・健康(音楽)	43	57%	—	2.1
(美術)		59%	—	
(保健体育)		57%	—	
(家政)		59%	—	
▶工学部				
基盤工(化学系)	46	55%	42.5	1.6
(機械・情報電子系)	47	55%	42.5	
▶農学部				
生物資源科	48	61%	55	2.4
応用生命化	46	61%	47.5	2.0
農業環境工	46	57%	50	2.4
農業経済	47	58%	47.5	1.6
森林科	46	53%	47.5	1.6
●後期				
▶データサイエンス経営学部				
データサイエンス経営	53	66%	—	新
▶地域デザイン科学部				
コミュニティデザイン	46	66%	—	1.8
建築都市デザイン	46	68%	—	2.8
社会基盤デザイン	45	65%	—	2.4
▶工学部				
基盤工	46	62%	—	1.8
▶農学部				
生物資源科	49	65%	—	3.0
応用生命化	47	63%	—	7.3
農業環境工	47	59%	—	4.0
農業経済	48	66%	—	3.3

- 駿台予備学校合格目標ラインは合格可能性80%に相当する駿台模試の偏差値です。
- 河合塾ボーダー得点率は合格可能性50%に相当する共通テストの得点率です。また，ボーダー偏差値は合格可能性50%に相当する河合塾全統模試の偏差値です。
- 競争率は受験者÷合格者の実質倍率

群馬大学（ぐんま）

資料請求

問合せ先 学務部学生受入課 ☎027-220-7150

●キャンパス情報はP.1210をご覧ください。

大学の理念

1949（昭和24）年に新制国立大学として誕生した，北関東を代表する総合大学。東京から比較的近距離にありながら，勉学に集中できる自然豊かで落ち着いた環境が魅力である。2020年より高度な教員養成をめざし宇都宮大学と共同でスタートした共同教育学部，文理融合のデータサイエンス教育を拡充すべく2021年統合・新設された情報学部，県民の健康を支える医学部，未来社会の未知の分野へ挑戦する科学者・技術者を育てる理工学部の４つの学部があり，どの学部も地域と共に歩み，世界で活躍できる人材の育成に努めている。重粒子線医学センターをはじめ，次世代モビリティ社会実装研究センター，数理データ科学教育研究センター，食健康科学教育研究センターなどを開設し，世界をリードするトップレベルの研究が行われている。

基本データ

学生数▶5,035名
専任教員数▶教授214名，准教授197名，講師88名
設置学部▶共同教育，情報，医，理工
併設教育機関▶大学院一医学系・保健学・理工学府（以上M･D），教育学（P），情報学・パブリックヘルス学環・医理工レギュラトリーサイエンス学環（以上M）

就職・卒業後の進路

就職率 96.8%
就職者÷希望者×100

●**就職支援**　キャリアサポート室が学生一人ひとりの適性にあった進路決定ができるよう就職活動を支援している。１年次より学年に応じて，キャリア計画，キャリア設計を開講，インターンシップでは，希望する企業等へのマッチングおよび申請支援，事前説明会，実習講座・マナー教育，事後の体験報告会などを実施し，就業意識および学習意欲の向上を図っている。就職ガイダンスでは，就職活動の各段階に応じて，自己分析講座，企業研究講座，エントリーシート対策講座，面接講座などが開催され，低学年次から参加できる。また，各キャンパスではキャリアカウンセラーによる個別相談にも対応している。

進路指導者も必見 学生を伸ばす 面倒見

初年次教育	学修サポート
「学びのリテラシー」（教育・情報・理工），「データサイエンス」（教育・情報），「学びを構築する」（情報）を開講し，初年次教育を実施	全学部でTA制度，オフィスアワー制度，情報・理工学部で教員１人が学生約10人〈情報〉，15～50人〈理工〉を担当するクラス担任制度・メンター制度を導入。また，理工学部では先輩学生による学習支援を実施

オープンキャンパス（2023年度実績）　７～９月にかけて学部ごとに各キャンパスで対面型のオープンキャンパスを開催（事前予約制）。医学部保健学科ではオンライン型イベントも複数回実施。

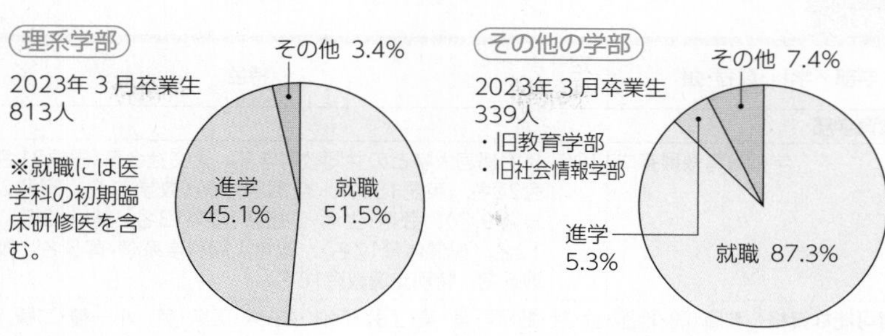

主なOB・OG ▶ [旧桐生工専]辻信太郎(サンリオ創業者)，[教育]星野富弘(画家，詩人)，[教育]宮川武(フィギュア作家)，[医]しゅんしゅんクリニックP(お笑い芸人)，[医]生方美久(脚本家)など。

国際化・留学　大学間 34 大学・部局間 82 大学等

受入れ留学生数 ▶ 78名（2023年５月１日現在）

留学生の出身国・地域 ▶ 中国，マレーシア，台湾，韓国，ベトナムなど。

外国人専任教員 ▶ 教授５名，准教授６名，講師３名（2023年９月１日現在）

外国人専任教員の出身国 ▶ アメリカ，中国，韓国，バングラデシュ。

大学間交流協定 ▶ 34大学（2023年５月１日現在）

部局間交流協定 ▶ 82大学・機関（2023年５月１日現在）

海外への留学生数 ▶ 渡航型35名・オンライン型78名／年（15カ国・地域，2022年度）

海外留学制度 ▶ 授業料相互不徴収の協定校に半年または１年派遣する交換留学制度，夏休みや春休みを利用して協定校が企画する１～４週間程度の短期研修（オーストラリア・スロベニア・台湾），ベトナムFPT大学国際インターンシップ研修などを実施するほか，各学部やグローバルフロンティアリーダー育成コースが企画するプログラムもある。また，大学独自の「グローバルチャレンジプログラム」ではオリジナルの留学計画を申請でき，採用されれば，奨学金や研修など手厚いサポートを受けられる。

学費・奨学金制度

入学金 ▶ 282,000円

年間授業料（施設費等を除く）▶ 535,800円

主な奨学金制度 ▶ 学業成績が優秀でありながら，経済的理由により入学料・授業料の納入が困難な場合，入学料・授業料の減免，徴収猶予や月割の分納を認める制度がある。

保護者向けインフォメーション

●**オープンキャンパス**　共同教育・医（保）・理工学部で通常のオープンキャンパス時に保護者向けの説明会を実施。

●**成績確認**　保護者に成績表(全学部)および履修科目と単位数の情報(共同教育学部)を郵送。

●**会報誌**　共同教育学部では日本の教育の動向や学部の近況を伝える「けやき通信」を年に１回発行。保護者にも提供している。

●**後援会**　情報・医学部で後援会総会を開催。

●**防災対策**　被災した際には，教務システム安否確認メールを利用して学生の安否を確認する。

インターンシップ科目	必修専門ゼミ	卒業論文	GPA制度の導入の有無および活用例	１年以内の退学率	標準年限での卒業率
共同教育・理工学部で開講している	共同教育は３・４年次（専攻による），情報は３年次，医(保)・理工は４年次に実施	医学部医学科を除き卒業要件	一部の学部で個別の学修指導などのほか，理工学部でプログラム配属，早期卒業制度の基準として活用	0.5%	90.0%(４年制) 79.8%(医学科)

学部紹介

学部／学科・課程・類	定員	特色
共同教育学部		
学校教育教員養成	190	▷宇都宮大学との共同教育学部。人文社会系〈国語21名，社会22名，英語15名〉，自然科学系〈数学21名，理科22名，技術９名〉，芸術・生活・健康系〈音楽13名，美術12名，家政12名，保健体育17名〉，教育人間科学系〈教育５名，教育心理５名，特別支援教育16名〉。
● **取得可能な資格**…教職（国・地歴・公・社・数・理・音・美・工芸・保体・技・家・工業・英，小一種・二種，幼一種・二種，特別支援），司書教諭，学芸員など。 ● **進路状況**…………就職87.1%　進学7.6%（旧教育学部実績） ● **主な就職先**………前橋市，高崎市，桐生市，伊勢崎市，群馬県，群馬県警察など（旧教育学部実績）。		
情報学部		
情報	170	▷2021年に既存の社会情報学部と理工学部電子情報理工学科情報科学コースを統合。情報を基軸とした分離横断型の教育により，Society5.0を支え，IoT，ビッグデータ，統計解析的手法等のスキルを持ち，人文科学，社会科学，自然科学の知識を有した人材を育成する。
● **進路状況**…………就職87.7%　進学0.9%（旧社会情報学部実績） ● **主な就職先**………群馬県，前橋市，高崎市，文部科学省，両毛システムズなど（旧社会情報学部実績）。		
医学部		
医	108	▷科学的知（Science）と倫理（Ethics），技能（Skill）を学び，臨床・研究・行政・教育の分野において世界で地域で活躍できる医師を育成。全国に先駆けて，医療の質・安全学の講座を開設し，医療安全教育・多職種連携教育の充実を図っている。
保健	160	▷〈看護学専攻80名，検査技術科学専攻40名，理学療法学専攻20名，作業療法学専攻20名〉。キャンパス内の附属病院を活用した実習環境や医学科との協調体制を整備し，全人的医療・チーム医療を担える人材を養成する。
● **取得可能な資格**…医師・看護師・保健師・助産師・臨床検査技師・理学療法士・作業療法士受験資格など。 ● **進路状況**…………［医］初期臨床研修医91.5%　進学0.8%　［保健］就職84.8%　進学12.0% ● **主な就職先**………群馬大学医学部附属病院，前橋赤十字病院，群馬県，高崎市など。		
理工学部		
		▶２年次より類別，２年次後期～３年次にプログラムを選択。
物質・環境	285	▷持続可能社会を支えるための基礎となる化学・生物・物理を融合した科学技術について学ぶ。応用化学，食品工学，材料科学，化学システム工学，土木環境の５プログラム。
電子・機械	185	▷Society5.0を支えるIoTやロボットなど物理・数学を基礎とした科学技術について学ぶ。機械，知能制御，電子情報通信の３プログラム。
● **取得可能な資格**…測量士補など。　● **進路状況**…就職31.6%　進学66.1% ● **主な就職先**………群馬県，高崎市，群馬県警察，東和銀行，SUBARU，東京エレクトロンなど。		

▶キャンパス

共同教育・情報，医・理工１年次……［荒牧キャンパス］ 群馬県前橋市荒牧町4-2
医……［昭和キャンパス］ 群馬県前橋市昭和町3-39-22
理工２～４年次……［桐生キャンパス］ 群馬県桐生市天神町1-5-1

キャンパスアクセス ［荒牧キャンパス］ JR両毛線一前橋よりバス28分

2025年度入試要項（予告）

●募集人員

学部／学科・課程・類（専攻）	前期	後期
▶共同教育 学校教育教員養成／人文社会系（国語）	14	2
（社会）	15	3
（英語）	10	—
／自然科学系（数学）	11	2
（理科）	16	3
（技術）	6	2
／芸術・生活・健康系（音楽）	9	2
（美術）	7	3
（家政）	9	3
（保健体育）	11	3
／教育人間科学系（教育）	3	—
（教育心理）	3	—
（特別支援教育）	8	3
▶情報　情報	96	24
▶医　医〔一般枠〕	65	—
医〔地域医療枠〕	6	—
保健学科（看護学）	33	17
（検査技術科学）	22	9
（理学療法学）	8	4
（作業療法学）	8	4
▶理工　物質・環境	162	28
電子・機械	105	18

情報学部情報学科の後期日程の募集人員24名は，概ね小論文重視型12名および大学入学共通テスト重視型12名。

● 2段階選抜

医学部医学科の一般枠と地域医療枠の志願者数の合計が、前期の募集人員の３倍を超えた場合に行うことがある。

注）募集人員および２段階選抜は2024年度の実績です。

▷共通テストの英語はリスニングを含む。
▷共通テストの地歴・公民から２科目選択する場合，「公・倫」と「公・政経」の組み合わせ，および「地総・歴総・公から２」で選択した科目と同一科目名を含む組み合わせは不可。
注）配点は編集時、未公表。最新の募集要項でご確認ください。

共同教育学部

前期　**【人文社会系・教育人間科学系】［共通テスト］** **7科目** ①国 ②外▶英・独・仏・中・韓から１ ③④**地歴・公民**▶「地総・歴総・公から２」・「地総・地探」・「歴総・日探」・「歴総・世探」・「公・倫」・「公・政経」から２ ⑤**数**▶数Ⅰ・「数Ⅰ・数Ａ」・「数Ⅱ・数Ｂ・数Ｃ」から１ ⑥**理**▶「物基・化基・生基・地学基から２」・物・化・生・地学から１ ⑦**情**▶情Ⅰ

［個別学力検査］ **2科目** ①小論文 ②面接

【自然科学系】［共通テスト］ **8科目** ①国 ②外▶英・独・仏・中・韓から１ ③**地歴・公民**▶「地総・歴総・公から２」・「地総・地探」・「歴総・日探」・「歴総・世探」・「公・倫」・「公・政経」から１ ④⑤**数**▶「数Ⅰ・数Ａ」・「数Ⅱ・数Ｂ・数Ｃ」 ⑥⑦**理**▶物・化・生・地学から２ ⑧**情**▶情Ⅰ

［個別学力検査］ **2科目** ①小論文 ②面接

【芸術・生活・健康系】［共通テスト］ **6科目** ①国 ②外▶英・独・仏・中・韓から1 ③**地歴・公民**▶「地総・歴総・公から２」・「地総・地探」・「歴総・日探」・「歴総・世探」・「公・倫」・「公・政経」から１ ④**数**▶数Ⅰ・「数Ⅰ・数Ａ」・「数Ⅱ・数Ｂ・数Ｃ」から１ ⑤**理**▶「物基・化基・生基・地学基から２」・物・化・生・地学から１ ⑥**情**▶情Ⅰ

〈音楽〉［個別学力検査］ **4科目** ①楽典に関する筆記試験 ②実技 ③小論文 ④面接

〈美術〉［個別学力検査］ **3科目** ①小論文 ②実技 ③面接

〈家政〉［個別学力検査］ **2科目** ①小論文 ②面接

〈保健体育〉［個別学力検査］ **3科目** ①小論文 ②実技 ③面接

後期　**【人文社会系〈国語・社会〉・教育人間科学系〈特別支援教育〉】［共通テスト］** **7科目** ①国 ②外▶英・独・仏・中・韓から１ ③④**地歴・公民**▶「地総・歴総・公から２」・「地総・地探」・「歴総・日探」・「歴総・世探」・「公・倫」・「公・政経」から２ ⑤**数**▶数Ⅰ・「数Ⅰ・数Ａ」・「数Ⅱ・数Ｂ・数Ｃ」から１ ⑥**理**▶「物基・化基・生基・地学基から２」・物・化・生・地学から１ ⑦**情**▶情Ⅰ

［個別学力検査］ **1科目** ①面接　※総合判

定の資料とする。
【自然科学系】［共通テスト］ 7科目 ①国 ②外▶英・独・仏・中・韓から1 ③**地歴・公民**▶「地総・歴総・公から2」・「地総・地探」・「歴総・日探」・「歴総・世探」・「公・倫」・「公・政経」から1 ④⑤**数**▶「数Ⅰ・数A」・「数Ⅱ・数B・数C」 ⑥**理**▶物・化・生・地学から1 ⑦**情**▶情Ⅰ
［個別学力検査］ 1科目 ①面接 ※総合判定の資料とする。
【芸術・生活・健康系〈音楽・美術〉】［共通テスト］ 6科目 ①国 ②**外**▶英・独・仏・中・韓から1 ③**地歴・公民**▶「地総・歴総・公から2」・「地総・地探」・「歴総・日探」・「歴総・世探」・「公・倫」・「公・政経」から1 ④**数**▶数Ⅰ・「数Ⅰ・数A」・「数Ⅱ・数B・数C」から1 ⑤**理**▶「物基・化基・生基・地学基から2」・物・化・生・地学から1 ⑥**情**▶情Ⅰ
［個別学力検査］ 2科目 ①実技 ②面接 ※総合判定の資料とする。
【芸術・生活・健康系〈家政・保健体育〉】［共通テスト］ 7科目 ①国 ②**外**▶英・独・仏・中・韓から1 ③④**地歴・公民**▶「地総・歴総・公から2」・「地総・地探」・「歴総・日探」・「歴総・世探」・「公・倫」・「公・政経」から2 ⑤**数**▶数Ⅰ・「数Ⅰ・数A」・「数Ⅱ・数B・数C」から1 ⑥**理**▶「物基・化基・生基・地学基から2」・物・化・生・地学から1 ⑦**情**▶情Ⅰ
〈家政〉［個別学力検査］ 1科目 ①面接 ※総合判定の資料とする
〈保健体育〉［個別学力検査］ 2科目 ①実技 ②面接 ※総合判定の資料とする。

情報学部

前期 **［共通テスト］** 8科目 ①国 ②**外**▶英・独・仏・中・韓から1 ③④**数**▶「数Ⅰ・〈数Ⅰ・数A〉から1」・「数Ⅱ・数B・数C」 ⑤**情**▶情Ⅰ ⑥⑦⑧**地歴・公民・理**▶「地総・歴総・公から2」・「地総・地探」・「歴総・日探」・「歴総・世探」・「公・倫」・「公・政経」から1または2，「物基・化基・生基・地学基から2」・物・化・生・地学から1または2，計3
［個別学力検査］ 2~1科目 ①②**外・数**▶「英コミュⅠ・英コミュⅡ・英コミュⅢ・論表Ⅰ・論表Ⅱ・論表Ⅲ」・「〈数Ⅰ・数Ⅱ・数A・数B（数列・推測）・数C（ベク）〉・〈数Ⅰ・数Ⅱ・数Ⅲ・数A・数B（数列・推測）・数C（ベク・平面）〉から1」から1または2
後期 **［共通テスト］** 8科目 前期と同じ
［個別学力検査］ 1科目 ①**小論文**▶文系型・理系型から1

医学部

前期 **【医学科】［共通テスト］** 8科目 ①国 ②**外**▶英・独・仏から1 ③**地歴・公民**▶「地総・地探」・「歴総・日探」・「歴総・世探」・「公・倫」・「公・政経」から1 ④⑤**数**▶「数Ⅰ・数A」・「数Ⅱ・数B・数C」 ⑥⑦**理**▶物・化・生から2 ⑧**情**▶情Ⅰ
［個別学力検査］ 5科目 ①**数**▶数Ⅰ・数Ⅱ・数Ⅲ・数A・数B（数列・推測）・数C（ベク・平面） ②③**理**▶「物基・物」・「化基・化」 ④**小論文** ⑤**面接**
【保健学科】［共通テスト］ 8科目 ①国 ②**外**▶英・独・仏・中・韓から1 ③**地歴・公民**▶「地総・歴総・公から2」・「地総・地探」・「歴総・日探」・「歴総・世探」・「公・倫」・「公・政経」から1 ④⑤**数**▶「数Ⅰ・数A」・「数Ⅱ・数B・数C」 ⑥⑦**理**▶物・化・生から2 ⑧**情**▶情Ⅰ
［個別学力検査］ 2科目 ①**小論文Ⅰ**▶英語の能力を問うことがある ②**小論文Ⅱ**▶理系の能力を問うことがある
後期 **【保健学科】［共通テスト］** 7科目 前期と同じ
［個別学力検査］ 2科目 ①**小論文Ⅰ**▶国語と英語の能力を問うことがある ②**小論文Ⅱ**▶理系の能力を問うことがある

理工学部

前期 **［共通テスト］** 8科目 ①国 ②**外**▶英 ③**地歴・公民**▶「地総・歴総・公から2」・「地総・地探」・「歴総・日探」・「歴総・世探」・「公・倫」・「公・政経」から1 ④⑤**数**▶「数Ⅰ・数A」・「数Ⅱ・数B・数C」 ⑥⑦**理**▶物・化・生・地学から2 ⑧**情**▶情Ⅰ
［個別学力検査】【物質・環境類】 3科目 ①**外**▶英コミュⅠ・英コミュⅡ・英コミュⅢ・論表Ⅰ・論表Ⅱ ②**数**▶「数Ⅰ・数Ⅱ・数A・数B（数列・推測）・数C（ベク）」・「数Ⅰ・数Ⅱ・数Ⅲ・数A・数B（数列・推測）・数C（ベク・平面）」から1 ③**理**▶「物基・物」・「化基・化」・「生基・生」

 キャンパスアクセス［桐生キャンパス］JR両毛線—桐生よりバス7分

から1
【電子・機械類】 3科目 ①外▶英コミュⅠ・英コミュⅡ・英コミュⅢ・論表Ⅰ・論表Ⅱ ②数▶数Ⅰ・数Ⅱ・数Ⅲ・数A・数B(数列・推測)・数C(ベク・平面) ③理▶「物基・物」・「化基・化」から1
後期 [共通テスト] 8科目 前期と同じ
[個別学力検査] 1科目 ①面接

その他の選抜

学校推薦型選抜は共同教育学部42名，情報学部50名，医学部92名，理工学部145名，総合型選抜は理工学部12名を募集。ほかに帰国生選抜，社会人選抜，私費外国人留学生選抜を実施。
注）募集人員は2024年度の実績です。

偏差値データ（2024年度）

●一般選抜

学部／学科・課程(系)・類／専攻	2024年度 駿台予備学校 合格目標ライン	2024年度 河合塾 ボーダー得点率	2024年度 河合塾 ボーダー偏差値	'23年度 競争率
●前期				
▶共同教育学部				
学校教育教員養成(人文社会系)／国語	48	63%	—	1.6
／社会	47	62%	—	1.5
／英語	50	66%	—	1.3
(自然科学系)／数学	48	58%	—	1.2
／理科	49	56%	—	1.9
／技術	45	50%	—	1.6
(芸術・生活・健康系)／音楽	44	50%	—	1.3
／美術	43	48%	—	1.5
／家政	45	58%	—	2.1
／保健体育	44	56%	—	2.9
(教育人間科学系)／教育	46	61%	—	1.5
／教育心理	48	65%	—	2.3
／特別支援教育	46	56%	—	1.7
▶情報学部				
情報	48	62%	50	2.3
▶医学部				
医〔一般枠〕	64	78%	62.5	2.5
医〔地域医療枠〕	64	78%	62.5	3.7
保健／看護学	47	56%	50	2.5
／検査技術科学	49	58%	47.5	1.7
／理学療法学	49	61%	50	3.6
／作業療法学	47	55%	50	3.1
▶理工学部				
物質・環境	46	53%	45	1.5
電子・機械	46	57%	42.5	1.5
●後期				
▶教育学部				
学校教育教員養成(人文社会系)／国語	49	66%	—	3.3
／社会	48	69%	—	3.3
(自然科学系)／数学	49	65%	—	2.5
／理科	50	64%	—	2.5
／技術	46	64%	—	3.0
(芸術・生活・健康系)／音楽	44	60%	—	新
／美術	44	60%	—	1.0
／家政	46	59%	—	1.7
／保健体育	45	67%	—	2.5
(教育人間科学系)／特別支援教育	47	57%	—	2.3
▶情報学部				
情報〈小論文重視型〉	48	66%	—	3.7
〈共通テスト重視型〉	49	69%	—	
▶医学部				
保健／看護学	48	60%	—	3.7
／検査技術科学	50	64%	—	2.5
／理学療法学	50	64%	—	7.5
／作業療法学	48	56%	—	1.6
▶理工学部				
物質・環境	46	60%	—	2.9
電子・機械	46	62%	—	2.8

- 駿台予備学校合格目標ラインは合格可能性80%に相当する駿台模試の偏差値です。
- 河合塾ボーダー得点率は合格可能性50%に相当する共通テストの得点率です。また，ボーダー偏差値は合格可能性50%に相当する河合塾全統模試の偏差値です。
- 競争率は受験者÷合格者の実質倍率
- 医学部医学科は2段階選抜を実施。

埼玉大学（さいたま）

資料請求

問合せ先 学務部入試課　☎048-858-3036

大学の理念

1921（大正10）年創立の浦和高校と，埼玉師範・青師を統合し，1949（昭和24）年に埼玉大学となる。「知の府としての普遍的な役割を果たす」「現代が抱える課題の解決を図る」「国際社会に貢献する」を基本方針とし，多くの取り組みを進めてきた。すべての学部がひとつのキャンパスにあるという利点を生かし，文系と理系の融合教育研究を進めると同時に，戦略的研究部門を含む全学から生み出される基礎および応用研究の成果を社会に発信，還元している。また，地域の課題解決をめざした新事業や先端産業の創出を支援するとともに，多様な課題解決型教育を実施し，地域との連携を強めている。2020年度からは総合的な異文化理解の涵養を目的に留学生と日本人学生が共同で生活するインターナショナルレジデンス（国際学生寮）の運用も開始。

● **埼玉大学キャンパス**…〒338-8570　埼玉県さいたま市桜区下大久保255

基本データ

学生数▶6,759名（男4,455名，女2,304名）
専任教員数▶教授197名，准教授159名，講師9名
設置学部▶教養，経済，教育，理，工

併設教育機関▶大学院―人文社会科学・理工学（以上M・D），教育学（P），連合学校教育学（D）

就職・卒業後の進路

就職率 96.2%
就職者÷希望者×100

● **就職支援**　キャリアセンターでは～Extend your strengths；長所をのばし力にかえる～をスローガンに，学生自らが自身の「長所」を発見し，それらを社会で活躍するための「力」に変え，そして強みとして将来に生かすキャリア形成のプロセスをサポート。社会人と学生が共通して受験できるアセスメントテスト「VAST」を開発し，結果を基にした実践的なセミナーや，オンラインで開催したセミナーを録画しアーカイブ発信する“埼大CAREER TV”，就活を終えた先輩学生がサポートする“CAREER BUDDY”など，学生が将来なりたい姿やありたい自分を設計・実現するキャリアデザインの支援をしている。

進路指導者も必見
学生を伸ばす 面倒見

初年次教育	学修サポート
「アカデミック・スキルズ」「経済情報リテラシー」「情報基礎」「データサイエンス入門」などを開講し，レポート・論文の書き方，プレゼン技法，情報収集・資料整理法を学ぶほか，論理的思考や問題発見・解決能力の向上を図る	全学部でTA・SA制度，オフィスアワー制度，さらに教養学部では教員1人が1年次生約17人を担当する教員アドバイザー制度を導入。また，レポート作成支援や英語のネイティブチェックなどを行うライブラリー・アシスタントを設置

オープンキャンパス（2023年度実績）　8月にオープンキャンパスを開催。事前申込制。各学部による専修・学科等説明会や模擬授業，個別相談，キャンパスツアーなど。一部の学部で動画配信も実施。

●**資格取得支援**　経済学部では，本試験を想定した公務員講座を学内にて実施。教育学部では，教員採用試験のための学内支援セミナーを開講し，論文や面接の指導をしている。

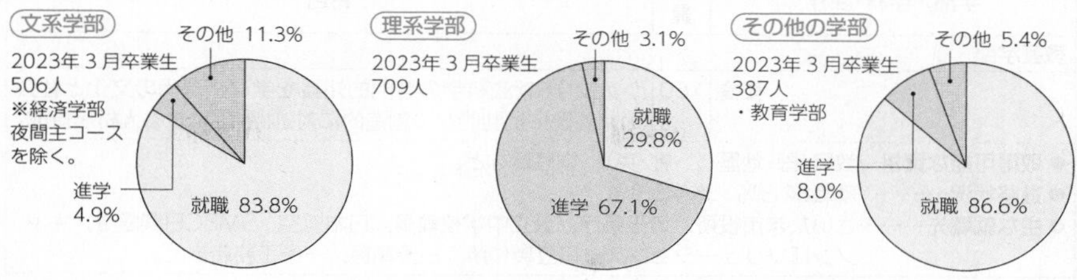

主なOB・OG▶［教養］賴髙英雄（蕨市長），［教養］石原壮一郎（コラムニスト），［教育］鳥羽亮（小説家），［理］梶田隆章（東京大学宇宙線研究所長，ノーベル物理学賞受賞者）など。

国際化・留学　大学間 117 大学・部局間 47 大学

受入れ留学生数▶187名（2023年５月１日現在）

留学生の出身国・地域▶中国，韓国，アメリカ，マレーシア，台湾など。

外国人専任教員▶教授12名，准教授９名，助教７名（2023年５月１日現在）

外国人専任教員の出身国▶中国，韓国，イギリス，フィンランド，タイなど。

大学間交流協定▶117大学（交換留学先95大学，2023年５月１日現在）

部局間交流協定▶47大学（交換留学先18大学，2023年５月１日現在）

海外への留学生数▶渡航型113名／年（22カ国・地域，2022年度）

海外留学制度▶交換留学は，大学間または部局間の交流協定締結校へ１年以内の期間で実施している。留学期間は，本学の在籍年数に算入されるほか，留学先の大学検定料・入学料および授業料は免除，取得単位は所属学部の審査を経て，本学の単位として認定される。協定校への派遣留学生を対象に，日本学生支援機構の奨学金のほか民間の奨学財団，県・市町村からの奨学金制度も用意されている。

学費・奨学金制度　給付型奨学金総額 年間 742 万円

入学金▶282,000円（夜間学部141,000円）

年間授業料（施設費等を除く）▶535,800円（夜間学部267,900円）

年間奨学金総額▶7,420,000円

年間奨学金受給者数▶71人

主な奨学金制度▶返済義務のない給付奨学金として埼玉大学基金奨学金「MARELLI奨学金」や「エネグローバル奨学金」，工学部環境社会デザイン学科２・３年次生を対象とする「高脇基礎工事奨学金」などを設置。また，学費減免制度もあり，2022年度には99人を対象に総額で約3,626万円を減免している。

保護者向けインフォメーション

●**成績確認**　成績表を保護者に郵送している。Webでも閲覧可能。

●**懇談会**　教養学部で父母等懇談会を開催し，就職・学業支援体制の説明や相談に対応している。会報「ニューズレター」も発行。理学部では「理学部だより」を発行している。

●**防災対策**　「地震対応マニュアル」を入学時に配布。学生が被災した際の安否確認は，埼玉大学安否確認システム（ANPIC）を利用。

インターンシップ科目	必修専門ゼミ	卒業論文	GPA制度の導入の有無および活用例	1年以内の退学率	標準年限での卒業率
全学部で開講している	経済（昼間）１～４年次，教育２～４年次，理（基礎化学科）４年次に実施	全学部で卒業要件	奨学金対象者等の選定，留学候補者の選考，履修上限単位数の設定のほか，一部の学部で成績優秀者の選考，個別の学修指導，進級・卒業判定基準などに活用	0.6%	85.5%

学部紹介

学部／学科・課程	定員	特色
教養学部		
教養	160	▷人文学・社会科学の専門的知識を学び，現代の文化と社会の諸課題に批判的かつ創造的に対処，展望できる人材を育成。
● 取得可能な資格…教職（国・地歴・公・社・英），学芸員など。 ● 進路状況…………就職81.3%　進学6.9% ● 主な就職先………さいたま市役所，埼玉県庁，公立中学校教員，日本航空，SMBC日興證券，キヤノンITソリューションズ，日立製作所，三菱電機，一条工務店など。		
経済学部		
経済	280	▷２年進級時に経済分析，国際ビジネスと社会発展，経営イノベーション，法と公共政策の４メジャーから１つを選択して所属。国際力の育成に特化したプログラムなども設定。
［夜間主］	15	▷「社会人の学び直し」のニーズに応え，長期履修制度により最長10年までの履修が可能。
● 取得可能な資格…学芸員など。 ● 進路状況…………就職85.5%　進学3.6%（夜間主を除く） ● 主な就職先………さいたま市役所，埼玉県庁，関東財務局，東京国税局，三井住友信託銀行，りそなホールディングス，東京海上日動火災保険，SUBARU，水戸証券など。		
教育学部		
学校教育教員養成	360	▷小学校（教育学，心理・教育実践学，言語文化［国語・英語］，社会，自然科学［算数・理科］，芸術［音楽・図画工作］，身体文化［体育］，生活創造［ものづくりと情報・家庭科］），中学校（言語文化［国語・英語］，社会，自然科学［数学・理科］，芸術［音楽・美術］，身体文化［保健体育］，生活創造［技術・家庭科］），乳幼児教育，特別支援教育の４コース制。
養護教諭養成	20	▷医学・看護学・教育学・養護学に関する科学的な基礎をもとに，子どもの健康課題や課題解決に向けた支援のあり方を学ぶ。
● 取得可能な資格…教職（国・地歴・公・社・数・理・音・美・保体・保健・技・家・英，小一種・二種，幼一種・二種，特別支援，養護一種），司書教諭，学芸員，保育士など。 ● 進路状況…………就職86.6%　進学8.0% ● 主な就職先………教員（小・中・高等・特別支援学校），養護教諭，保育士，埼玉県庁，長野県庁，さいたま市役所，みずほ証券，埼玉りそな銀行，KDDIなど。		
理学部		
数	40	▷自然現象や社会現象における数量や図形についての普遍的な法則や真理を追究する。
物理	40	▷素粒子・原子核から宇宙までを対象として，自然の成り立ちや自然が示す法則性を探究する。
基礎化	50	▷最先端の実験機器や理論を用い，新物質の生成を進める。
分子生物	40	▷分子レベルで生命現象を理解し，生命の仕組みを追求する。
生体制御	40	▷さまざまな生命現象の制御機構の解明をめざす。
● 取得可能な資格…教職（数・理），学芸員など。 ● 進路状況…………就職24.5%　進学71.7% ● 主な就職先………教員（中・高等学校），栃木県庁，東京都特別区，神奈川県庁，さいたま市役所，関東信越国税局，帝国ホテル，東急リバブル，タムロン，大和証券など。		

キャンパスアクセス［埼玉大学キャンパス］JR京浜東北線－北浦和よりバス約15分／JR埼京線－南与野よりバス約10分／東武東上線－志木よりバス約25分

工学部		
機械工学・システムデザイン	110	▷「材料と機械の力学」「設計と生産」「情報と制御」「エネルギーと流れ」を主軸に機械工学の専門知識を修得する。
電気電子物理工	110	▷制御システム・エネルギー・環境系，材料・デバイス・光応用，回路システム・情報通信の各専門分野を学ぶ。
情報工	80	▷時流の変化にも対応できる真の基礎学力と，素養に基づいた豊かな応用力を身につけた技術者・研究者の育成に注力。
応用化	90	▷化学技術や材料開発の分野で社会の発展に貢献するための「人材育成」と「材料＆技術開発」をめざす。
環境社会デザイン	100	▷土木工学の体系に地球科学の領域を加え，環境工学の分野を充実させた組織構成で，次世代を担う高度技術者を育成。

● **取得可能な資格**…学芸員，測量士補，１・２級建築士受験資格など。
● **進路状況**…………就職32.0％　進学65.2％
● **主な就職先**………東京都庁，埼玉県庁，大和ハウス工業，りそな銀行，日本政策金融公庫，キヤノン，東芝，東京メトロ都市開発，東日本高速道路，合田工務店など。

キャンパス

全学部…［埼玉大学キャンパス］埼玉県さいたま市桜区下大久保255

2025年度入試要項（予告）

●募集人員

学部／学科・課程（コース）		前期	後期
教養	教養	115	25
経済	経済	215	50
教育	学校教育教員養成（小学校／教育学）	29	—
	（／心理・教育実践学）	30	—
	（／言語文化・国語）	16	2
	（／言語文化・英語）	7	—
	（／社会）	25	—
	（／自然科学・算数）	14	—
	（／自然科学・理科）	18	—
	（／芸術・音楽）	8	—
	（／芸術・図画工作）	8	1
	（／身体文化・体育）	9	—
	（／生活創造・ものづくりと情報）	3	4
	（／生活創造・家庭科）	7	3
	（中学校／言語文化・国語）	6	—
	（／言語文化・英語）	7	—
	（／社会）	8	—
	（／自然科学・数学）	10	—
	（／自然科学・理科）	10	—
	（／芸術・音楽）	3	—
	（／芸術・美術）	2	1
	（／身体文化・保健体育）	3	—
	（／生活創造・技術）	3	3
	（／生活創造・家庭科）	3	—
	（乳幼児教育）	12	4
	（特別支援教育）	18	—
	養護教諭養成	15	—
理	数	20	20
	物理	10	30
	基礎化	15	30
	分子生物	22	18
	生体制御	24	10
工	機械工学・システムデザイン	50	60
	電気電子物理工	65	45
	情報工	40	35
	応用化	40	50
	環境社会デザイン	50	40

※経済学経済学科の前期は国際プログラム枠20名を含む。
※経済学部夜間主コースは社会人選抜で募集。

● **２段階選抜**　実施しない
注）募集人員および２段階選抜は2024年度の実績です。

▷共通テストの英語はリスニングを含む。
▷共通テストの地歴・公民から２科目選択する場合，「公・倫」と「公・政経」の組み合わせ，および「地総・歴総・公から２」で選択した科目と同一科目名を含む組み合わせは不可。

教養学部

前期　**[共通テスト(925)]**　9科目　①**国**(200)　②**外**(200・英〈R160＋L40〉)▶英・独・仏・中・韓から1　③④**地歴・公民**(100×2)▶「地総・地探」・「歴総・日探」・「歴総・世探」・「〈地総・歴総・公から2〉・〈公・倫〉・〈公・政経〉から1」から2　⑤⑥**数**(100×2)▶「数Ⅰ・数A」・「数Ⅱ・数B・数C」　⑦⑧**理**(50×2)▶「物基・化基・生基・地学基から2」または「物・化・生・地学から2」　⑨**情**(25)▶情Ⅰ
[個別学力検査(300)]　1科目　①**外**(300)▶英コミュⅠ・英コミュⅡ・英コミュⅢ・論表Ⅰ・論表Ⅱ・論表Ⅲ

後期　**[共通テスト(1025)]**　9科目　①**国**(200)　②**外**(300・英〈R240＋L60〉)▶英・独・仏・中・韓から1　③④**地歴・公民**(100×2)▶「地総・地探」・「歴総・日探」・「歴総・世探」・「〈地総・歴総・公から2〉・〈公・倫〉・〈公・政経〉から1」から2　⑤⑥**数**(100×2)▶「数Ⅰ・数A」・「数Ⅱ・数B・数C」　⑦⑧**理**(50×2)▶「物基・化基・生基・地学基から2」または「物・化・生・地学から2」　⑨**情**(25)▶情Ⅰ
[個別学力検査(200)]　1科目　①**小論文**(200)

経済学部

前期　**【一般選抜枠】[共通テスト(950)]**　8科目　①**国**(200)　②**外**(200・英〈R150＋L50〉)▶英・独・仏・中・韓から1　③④**地歴・公民**(100×2)▶「地総・地探」・「歴総・日探」・「歴総・世探」・「〈地総・歴総・公から2〉・〈公・倫〉・〈公・政経〉から1」から2　⑤⑥**数**(100×2)▶「数Ⅰ・数A」・「数Ⅱ・数B・数C」　⑦**理**(100)▶「物基・化基・生基・地学基から2」・物・化・生・地学から1　⑧**情**(50)▶情Ⅰ
[個別学力検査(500)]　2科目　①②**国・外・数**(250×2)▶「現国・論国」・「英コミュⅠ・英コミュⅡ・英コミュⅢ・論表Ⅰ・論表Ⅱ・論表Ⅲ」・「数Ⅰ・数Ⅱ・数A(図形・場合)・数B(数列)・数C(ベク)」から2
【国際プログラム枠】　**[共通テスト(600)]**　3科目　①**国**(200)　②**外**(R150＋L50)▶英　③**地歴・公民・数**(200・数〈100×2〉)▶「地総・地探」・「歴総・日探」・「歴総・世探」・「公・倫」・「公・政経」・「〈数Ⅰ・数A〉・〈数Ⅱ・数B・数C〉」から1　※複数科目受験の場合は高得点の1科目を採用
[個別学力検査(200)]　1科目　①**外**(200)▶英コミュⅠ・英コミュⅡ・英コミュⅢ・論表Ⅰ・論表Ⅱ・論表Ⅲ

後期　**[共通テスト(950)]**　8科目　①**国**(Ⅰ100・Ⅱ300)　②**外**(Ⅰ・Ⅱ350・英〈R262.5＋L87.5〉)▶英・独・仏・中・韓から1　③④**地歴・公民**(Ⅰ・Ⅱ50×2)▶「地総・地探」・「歴総・日探」・「歴総・世探」・「〈地総・歴総・公から2〉・〈公・倫〉・〈公・政経〉から1」から2　⑤⑥**数**(Ⅰ150×2・Ⅱ50×2)▶「数Ⅰ・数A」・「数Ⅱ・数B・数C」　⑦⑧**理**(Ⅰ・Ⅱ50)▶「物基・化基・生基・地学基から2」・物・化・生・地学から1
※ⅠとⅡの方式で採点し，高得点の方を採用。
[個別学力検査(300)]　1科目　①**小論文**(300)

教育学部

前期　**【学校教育教員養成課程〈小学校コース(教育学専修／心理・教育実践学専修／言語文化専修英語／芸術専修図画工作／身体文化専修)・中学校コース(言語文化専修英語／芸術専修美術／身体文化専修)・乳幼児教育コース・特別支援教育コース〉・養護教諭養成課程】**
[共通テスト(950)]　8科目　①**国**(200)　②**外**(200・英〈R160＋L40〉)▶英・独・仏・中・韓から1　③④**数**(100×2)▶「数Ⅰ・数A」・「数Ⅱ・数B・数C」　⑤**情**(50)▶情Ⅰ　⑥⑦⑧**「地歴・公民」・理**(100×3)▶「地総・地探」・「歴総・日探」・「歴総・世探」・「〈地総・歴総・公から2〉・〈公・倫〉・〈公・政経〉から1」から1または2，「物基・化基・生基・地学基から2」・物・化・生・地学から1または2，計3
[個別学力検査(500)]【学校教育教員養成課程〈小学校コース(教育学専修／心理・教育実践学専修／言語文化専修英語)・中学校コース(言語文化専修英語)・乳幼児教育コース・特別支援教育コース〉】　1科目　①**外**(500)▶英コミュⅠ・英コミュⅡ・英コミュⅢ・論表Ⅰ・論表Ⅱ・論表Ⅲ
【学校教育教員養成課程〈小学校コース(芸術専修図画工作)・中学校コース(芸術専修美術)〉】　1科目　①**実技**(500)

【学校教育教員養成課程〈小学校コース（身体文化専修）・中学校コース（身体文化専修）〉】 2科目 ①実技（450） ②面接（50）
【養護教諭養成課程】 1科目 ①面接（500）
【学校教育教員養成課程〈小学校コース（言語文化専修国語）・中学校コース（言語文化専修国語）〉】［共通テスト（950）］ 8科目 ①国（200） ②外（200・英〈R160＋L40〉）▶英・独・仏・中・韓から1 ③④地歴・公民（100×2）▶「地総・地探」・「歴総・日探」・「歴総・世探」・「〈地総・歴総・公から2〉・〈公・倫〉・〈公・政経〉から1」から2 ⑤⑥数（100×2）▶「数Ⅰ・数A」・「数Ⅱ・数B・数C」 ⑦理（100）▶「物基・化基・生基・地学基から2」・物・化・生・地学から1 ⑧情（50）▶情Ⅰ
［個別学力検査（500）］〈小学校コース（言語文化専修国語）〉 1科目 ①国（500）▶現国・言語・論国・古典
〈中学校コース（言語文化専修国語）〉 2科目 ①国（450）▶現国・言語・論国・古典 ②面接（50）
【学校教育教員養成課程〈小学校コース（社会専修）・中学校コース（社会専修）〉】［共通テスト（1150）］ 8科目 ①国（200） ②外（200・英〈R160＋L40〉）▶英・独・仏・中・韓から1 ③④地歴・公民（200×2）▶「地総・地探」・「歴総・日探」・「歴総・世探」・「公・倫」・「公・政経」から2 ⑤⑥数（100×2）▶「数Ⅰ・数A」・「数Ⅱ・数B・数C」 ⑦理（100）▶「物基・化基・生基・地学基から2」・物・化・生・地学から1 ⑧情（50）▶情Ⅰ
［個別学力検査（300）］ 1科目 ①小論文（300）
【学校教育教員養成課程〈小学校コース（自然科学専修算数・理科）・中学校コース（自然科学専修数学・理科）〉】［共通テスト（950）］ 8科目 ①国（200） ②外（200・英〈R160＋L40〉）▶英・独・仏・中・韓から1 ③地歴・公民（100）▶「地総・歴総・公から2」・「地総・地探」・「歴総・日探」・「歴総・世探」・「公・倫」・「公・政経」から1 ④⑤数（100×2）▶「数Ⅰ・数A」・「数Ⅱ・数B・数C」 ⑥⑦理（100×2）▶「物基・化基・生基・地学基から2」・物・化・生・地学から2 ⑧情（50）▶情Ⅰ
［個別学力検査（500）］〈小学校コース（自然科学専修算数）・中学校コース（自然科学専修数学）〉 1科目 ①数（500）▶数Ⅰ・数Ⅱ・数A（図形・場合）・数B（数列）・数C（ベク）
〈小学校コース（自然科学専修理科）・中学校コース（自然科学専修理科）〉 2科目 ①②理（500）▶「〈物基・物〉・〈化基・化〉・〈生基・生〉・〈地学基・地学〉から1」・「物基・化基・生基・地学基から1」，ただし同一科目名を含む選択は不可
【学校教育教員養成課程〈小学校コース（芸術専修音楽）・中学校コース（芸術専修音楽）〉】［共通テスト（700）］ 8科目 ①国（200） ②外（200・英〈R160＋L40〉）▶英・独・仏・中・韓から1 ③④数（50×2）▶「数Ⅰ・数A」・「数Ⅱ・数B・数C」 ⑤情（50）▶情Ⅰ ⑥⑦⑧「地歴・公民」・理（50×3）▶「地総・地探」・「歴総・日探」・「歴総・世探」・「〈地総・歴総・公から2〉・〈公・倫〉・〈公・政経〉から1」から1または2，「物基・化基・生基・地学基から2」・物・化・生・地学から1または2，計3
［個別学力検査（700）］ 1科目 ①実技（700）
【学校教育教員養成課程〈小学校コース（生活創造専修ものづくりと情報）・中学校コース（生活創造専修技術）〉】［共通テスト（700）］ 8科目 ①国（100） ②外（50・英〈R40＋L10〉）▶英・独・仏・中・韓から1 ③地歴・公民（100）▶「地総・歴総・公から2」・「地総・地探」・「歴総・日探」・「歴総・世探」・「公・倫」・「公・政経」から1 ④⑤数（100×2）▶「数Ⅰ・数A」・「数Ⅱ・数B・数C」 ⑥⑦理（100×2）▶「物基・化基・生基・地学基から2」・物・化・生・地学から2 ⑧情（50）▶情Ⅰ
［個別学力検査（700）］ 1科目 ①面接（700）
【学校教育教員養成課程〈小学校コース（生活創造専修家庭科）・中学校コース（生活創造専修家庭科）〉】［共通テスト（1150）］ 8科目 ①国（300） ②外（150・英〈R120＋L30〉）▶英・独・仏・中・韓から1 ③④数（100×2）▶「数Ⅰ・数A」・「数Ⅱ・数B・数C」 ⑤情（50）▶情Ⅰ ⑥⑦⑧「地歴・公民」・理（150×3）▶「地総・地探」・「歴総・日探」・「歴総・世探」・「〈地総・歴総・公から2〉・〈公・倫〉・〈公・政経〉から1」から1または2，「物基・化基・生基・地学基から2」・物・化・生・地学から1または2，計3

[個別学力検査(300)] 1科目 ①外(300) ▶英コミュⅠ・英コミュⅡ・英コミュⅢ・論表Ⅰ・論表Ⅱ・論表Ⅲ

後期 【学校教育教員養成課程〈小学校コース(言語文化専修国語)〉】[共通テスト(950)] 8科目 前期と同じ

[個別学力検査(500)] 1科目 ①面接(500)

【学校教育教員養成課程〈小学校コース(芸術専修図画工作)・中学校コース(芸術専修美術)・乳幼児教育コース〉】[共通テスト(950)] 8科目 前期と同じ

【学校教育教員養成課程〈小学校コース(芸術専修図画工作)・中学校コース(芸術専修美術)〉】[個別学力検査(500)] 1科目 ①面接(500)

【学校教育教員養成課程〈乳幼児教育コース〉】[個別学力検査] 課さない。

【学校教育教員養成課程〈小学校コース(生活創造専修ものづくりと情報)・中学校コース(生活創造専修技術)〉】[共通テスト(700)] 8科目 前期と同じ

[個別学力検査(700)] 1科目 ①面接(700)

【学校教育教員養成課程〈小学校コース(生活創造専修家庭科)〉】[共通テスト(1150)] 8科目 前期と同じ

[個別学力検査(300)] 1科目 ①面接(300)

理学部

前期 【数学科】[共通テスト(1050)] 8科目 ①国(200) ②外(200・英〈R160+L40〉) ▶英・独・仏・中・韓から1 ③地歴・公民(100) ▶「地総・歴総・公から2」・「地総・地探」・「歴総・日探」・「歴総・世探」・「公・倫」・「公・政経」から1 ④⑤数(150×2) ▶「数Ⅰ・数A」・「数Ⅱ・数B・数C」 ⑥⑦理(100×2) ▶物・化・生・地学から2 ⑧情(50) ▶情Ⅰ

[個別学力検査(1050)] 1科目 ①数(1000) ▶数Ⅰ・数Ⅱ・数Ⅲ・数A(図形・場合)・数B(数列)・数C(ベク・平面)

【物理学科】 [共通テスト(950)] 8科目 ①国(200) ②外(200・英〈R160+L40〉) ▶英・独・仏・中・韓から1 ③地歴・公民(100) ▶「地総・歴総・公から2」・「地総・地探」・「歴総・日探」・「歴総・世探」・「公・倫」・「公・政経」から1 ④⑤数(100×2) ▶「数Ⅰ・数A」・「数Ⅱ・数B・数C」 ⑥⑦理(100×2) ▶物必須,化・生・地学から1 ⑧情(50) ▶情Ⅰ

[個別学力検査] 課さない。

【基礎化学科】 [共通テスト(1510)] 8科目 ①国(200) ②外(200・英〈R160+L40〉) ▶英・独・仏・中・韓から1 ③地歴・公民(100) ▶「地総・歴総・公から2」・「地総・地探」・「歴総・日探」・「歴総・世探」・「公・倫」・「公・政経」から1 ④⑤数(200×2) ▶「数Ⅰ・数A」・「数Ⅱ・数B・数C」 ⑥⑦理(300×2) ▶化必須,物・生・地学から1 ⑧情(10) ▶情Ⅰ

[個別学力検査] 課さない。

【分子生物学科・生体制御学科】[共通テスト(1250)] 8科目 ①国(200) ②外(300・英〈R240+L60〉) ▶英・独・仏・中・韓から1 ③地歴・公民(100) ▶「地総・歴総・公から2」・「地総・地探」・「歴総・日探」・「歴総・世探」・「公・倫」・「公・政経」から1 ④⑤数(100×2) ▶「数Ⅰ・数A」・「数Ⅱ・数B・数C」 ⑥⑦理(200×2) ▶物・化・生・地学から2 ⑧情(50) ▶情Ⅰ

【分子生物学科】[個別学力検査(200)] 1科目 ①面接(200)

【生体制御学科】[個別学力検査(400)] 1科目 ①総合問題(400) ▶生物学を中心とした自然科学的内容

後期 【数学科】[共通テスト(1050)] 8科目 前期と同じ

[個別学力検査(1050)] 2科目 ①数(850) ▶数Ⅰ・数Ⅱ・数Ⅲ・数A(図形・場合)・数B(数列)・数C(ベク・平面) ②理(200) ▶「物基・物」・「化基・化」から1

【物理学科】 [共通テスト(950)] 8科目 前期と同じ

[個別学力検査(800)] 2科目 ①数(400) ▶数Ⅰ・数Ⅱ・数Ⅲ・数A(図形・場合)・数B(数列)・数C(ベク・平面) ②理(400) ▶物基・物

【基礎化学科】 [共通テスト(950)] 8科目 ①国(200) ②外(200・英〈R160+L40〉) ▶英・独・仏・中・韓から1 ③地歴・公民(100) ▶「地総・歴総・公から2」・「地総・地探」・「歴総・日探」・「歴総・世探」・「公・倫」・「公・政経」から1 ④⑤数(100×2) ▶「数Ⅰ・数A」・「数Ⅱ・数B・数C」 ⑥⑦理(100×2) ▶化必須,物・生・地学から1 ⑧情(50) ▶情Ⅰ

［個別学力検査(1600)］ 2科目 ①数(400)▶数Ⅰ・数Ⅱ・数Ⅲ・数A(図形・場合)・数B(数列)・数C(ベク・平面) ②理(1200)▶「物基・物」・「化基・化」から1

【分子生物学科】［共通テスト(1250)］ 8科目 前期と同じ

［個別学力検査(500)］ 2科目 ①数(200)▶数Ⅰ・数Ⅱ・数Ⅲ・数A(図形・場合)・数B(数列)・数C(ベク・平面) ②理(300)▶「物基・物」・「化基・化」・「生基・生」から1

【生体制御学科】［共通テスト(1550)］ 8科目 ①国(200) ②外(400・英〈R320＋L80〉)▶英・独・仏・中・韓から1 ③地歴・公民(100)▶「地総・歴総・公から2」・「地総・地探」・「歴総・日探」・「歴総・世探」・「公・倫」・「公・政経」から1 ④⑤数(200×2)▶「数Ⅰ・数A」・「数Ⅱ・数B・数C」 ⑥⑦理(200×2)▶物・化・生・地学から2 ⑧情(50)▶情Ⅰ

［個別学力検査(300)］ 1科目 ①総合問題(400)▶生物学を中心とした自然科学的内容

工学部

前期 【機械工学・システムデザイン学科・電気電子物理工学科・環境社会デザイン学科】［共通テスト(850)］ 8科目 ①国(100)▶国(近代以降の文章) ②外(200・英〈R160＋L40〉)▶英・独・仏・中・韓から1 ③地歴・公民(100)▶「地総・歴総・公から2」・「地総・地探」・「歴総・日探」・「歴総・世探」・「公・倫」・「公・政経」から1 ④⑤数(100×2)▶「数Ⅰ・数A」・「数Ⅱ・数B・数C」 ⑥⑦理(100×2)▶物必須，化・生・地学から1 ⑧情(50)▶情Ⅰ

【機械工学・システムデザイン学科・電気電子物理工学科】［個別学力検査(400)］ 2科目 ①数(300)▶数Ⅰ・数Ⅱ・数Ⅲ・数A(図形・場合)・数B(数列)・数C(ベク・平面) ②小論文(100)

【環境社会デザイン学科】［個別学力検査(300)］ 2科目 ①数(200)▶数Ⅰ・数Ⅱ・数Ⅲ・数A(図形・場合)・数B(数列)・数C(ベク・平面) ②小論文(100)

【情報工学科】［共通テスト(900)］ 8科目 ①国(100)▶国(近代以降の文章) ②外(200・英〈R160＋L40〉)▶英・独・仏・中・韓から1 ③地歴・公民(100)▶「地総・歴総・公から2」・「地総・地探」・「歴総・日探」・「歴総・世探」・「公・倫」・「公・政経」から1 ④⑤数(100×2)▶「数Ⅰ・数A」・「数Ⅱ・数B・数C」 ⑥⑦理(100×2)▶物・化・生・地学から2 ⑧情(100)▶情Ⅰ

［個別学力検査(400)］ 2科目 ①数(300)▶数Ⅰ・数Ⅱ・数Ⅲ・数A(図形・場合)・数B(数列)・数C(ベク・平面) ②小論文(100)

【応用化学科】［共通テスト(900)］ 8科目 ①国(100)▶国(近代以降の文章) ②外(200・英〈R160＋L40〉)▶英・独・仏・中・韓から1 ③地歴・公民(50)▶「地総・歴総・公から2」・「地総・地探」・「歴総・日探」・「歴総・世探」・「公・倫」・「公・政経」から1 ④⑤数(100×2)▶「数Ⅰ・数A」・「数Ⅱ・数B・数C」 ⑥⑦理(必須200＋100)▶化必須，物・生から1 ⑧情(50)▶情Ⅰ

［個別学力検査(400)］ 2科目 ①総合問題(300)▶化学に関する知識・理解力・論理的思考力・計算力，英語読解力など ②小論文(100)

後期 【機械工学・システムデザイン学科・電気電子物理工学科】［共通テスト(850)］ 8科目 前期と同じ

［個別学力検査(400)］ 2科目 ①数(200)▶数Ⅰ・数Ⅱ・数Ⅲ・数A(図形・場合)・数B(数列)・数C(ベク・平面) ②理(200)▶物基・物

【情報工学科】［共通テスト(900)］ 8科目 前期と同じ

［個別学力検査(600)］ 2科目 ①数(300)▶数Ⅰ・数Ⅱ・数Ⅲ・数A(図形・場合)・数B(数列)・数C(ベク・平面) ②理(300)▶物基・物

【応用化学科】［共通テスト(900)］ 8科目 前期と同じ

［個別学力検査(700)］ 2科目 ①数(100)▶数Ⅰ・数Ⅱ・数Ⅲ・数A(図形・場合)・数B(数列)・数C(ベク・平面) ②理(600)▶化基・化

【環境社会デザイン学科】［共通テスト(950)］ 8科目 ①国(100)▶国(近代以降の文章) ②外(300・英〈R240＋L60〉)▶英・独・仏・中・韓から1 ③地歴・公民(100)▶「地総・歴総・公から2」・「地総・地探」・「歴総・日探」・「歴総・世探」・「公・倫」・「公・政経」から1 ④⑤数(100×2)▶「数Ⅰ・数A」・「数Ⅱ・数B・数C」 ⑥⑦理(100×2)▶物必須，化・

生・地学から1 ⑧情(50)▶情Ⅰ
[個別学力検査(400)] ②科目 ①数(200)▶数Ⅰ・数Ⅱ・数Ⅲ・数A(図形・場合)・数B(数列)・数C(ベク・平面) ②理(200)▶物基・物

その他の選抜

総合型選抜，学校推薦型選抜(教育学部は全国枠と地域枠)，帰国生徒選抜，私費外国人留学生選抜。

偏差値データ (2024年度)

●一般選抜

学部／学科・課程／コース	2024年度 駿台予備学校 合格目標ライン	河合塾 ボーダー得点率	河合塾 ボーダー偏差値	'23年度 競争率
●前期				
▶教養学部				
教養	51	69%	52.5	2.1
▶経済学部				
経済(一般枠)	51	67%	55	2.3
(国際プログラム枠)	51	78%	—	2.1
▶教育学部				
学校教育教員養成／小学校(教育学)	50	62%	52.5	3.5
(心理・教育実践学)	50	63%	55	1.9
(言語文化／国語)	50	62%	52.5	3.1
(言語文化／英語)	50	62%	52.5	3.9
(社会)	50	66%	—	2.6
(自然科学／算数)	50	62%	55	2.8
(自然科学／理科)	50	60%	50	2.1
(芸術／音楽)	45	57%	—	1.0
(芸術／図画工作)	45	55%	—	1.0
(身体文化／体育)	45	56%	—	2.3
(生活創造／ものづくりと情報)	44	58%	—	1.3
(生活創造／家庭科)	45	57%	47.5	1.6
／中学校(言語文化／国語)	52	66%	52.5	1.8
(言語文化／英語)	52	64%	52.5	2.1
(社会)	52	72%	—	1.9
(自然科学／数学)	52	66%	57.5	3.4
(自然科学／理科)	52	66%	52.5	2.0
(芸術／音楽)	44	57%	—	1.0
(芸術／美術)	43	58%	—	1.4
(身体文化／保健体育)	44	56%	—	2.3
(生活創造／技術)	45	55%	—	1.5
(生活創造／家庭科)	45	61%	50	1.3
／乳幼児教育	50	63%	50	2.3
／特別支援教育	48	54%	47.5	1.2
養護教諭養成	50	53%	—	1.3
▶理学部				
数	52	68%	57.5	7.5
物理	51	68%	57.5	3.7
基礎化	51	73%	—	2.3
分子生物	52	66%	—	2.4
生体制御	54	65%	57.5	2.9
▶工学部				
機械工学・システムデザイン	49	68%	50	3.4
電気電子物理工	47	67%	50	2.2
情報工	48	70%	52.5	4.2
応用化	47	65%	50	2.0
環境社会デザイン	47	68%	50	1.7
●後期				
▶教養学部				
教養	52	72%	—	2.6
▶経済学部				
経済	52	74%	—	2.3
▶教育学部				
学校教育教員養成／小学校(言語文化／国語)	51	66%	—	新
(芸術／図画工作)	46	58%	—	新
(生活創造／ものづくりと情報)	44	60%	—	新
(生活創造／家庭科)	45	61%	—	新
／中学校(芸術／美術)	44	59%	—	新
(生活創造／技術)	46	58%	—	新
／乳幼児教育	50	67%	—	新
▶理学部				
数	53	72%	60	3.9
物理	52	73%	55	3.1
基礎化	54	67%	52.5	3.4
分子生物	53	69%	52.5	1.8
生体制御	56	72%	60	4.0
▶工学部				
機械工学・システムデザイン	51	74%	55	3.3
電気電子物理工	48	72%	52.5	2.8
情報工	49	75%	55	5.5
応用化	50	72%	57.5	3.1
環境社会デザイン	48	71%	52.5	2.0

- 駿台予備学校合格目標ラインは合格可能性80%に相当する駿台模試の偏差値です。
- 河合塾ボーダー得点率は合格可能性50%に相当する共通テストの得点率です。また，ボーダー偏差値は合格可能性50%に相当する河合塾全統模試の偏差値です。
- 競争率は受験者÷合格者の実質倍率

MEMO

CHIBA UNIVERSITY

千葉大学（ちばだいがく）

問合せ先 学務部入試課 ☎043-290-2183

大学の理念

教育理念は「つねに，より高きものをめざして」。約150年前に設立された千葉師範学校や拠金で設立された共立病院を前身とし，戦後５学部からなる新制千葉大学としてスタート。現在は11学部，18大学院を有する首都圏有数の総合大学。文理融合型の研究を推進するとともに，教養（普遍）の充実と教育活動の国際化を積極的に進めている。国際教養学部の設置や海外キャンパスの設置などにより，成果を上げつつあるグローバル人材育成戦略を拡大展開する「ENGINE」プランを2020年度に始動，全学生に海外留学を必修化する。国際社会で活躍できる次世代型人材の育成をはじめ，強みとなる独創的な研究分野への戦略的支援や次世代型イノベーションの創出により，「世界最高水準の教育研究機能を有する総合大学」として発展し続けている。

● キャンパス情報はP.1228をご覧ください。

基本データ

学生数 ▶ 10,338名（男6,231名，女4,107名）
専任教員数 ▶ 教授405名，准教授335名，講師121名，助教398名
設置学部 ▶ 国際教養，文，法政経，教育，理，工，情報・データサイエンス，園芸，医，薬，看護
併設教育機関 ▶ 大学院（P.1238参照）

就職・卒業後の進路

● **就職支援**　就職支援課がイベント開催，情報提供など年間を通して全面支援。就職への意識づけと，就職について考え，自己理解を深めるためのキャリア教育的なガイダンスをはじめ，自己PR術，公務員ガイダンスや業界研究セミナー，模擬面接講座などを年間を通して開催。専門のキャリアアドバイザーによる就職相談も実施。さらに，国家・地方公務員やU・Ｉターン希望者のためのコーナーを設置し，情報や資料を提供している。また，大学に寄せられた求人情報を学内・自宅を問わず検索・閲覧できるシステム「ユニキャリア（Unicareer）」を運用。就活セミナー予約・エントリーやキャリア相談予約もできる。

進路指導者も必見 学生を伸ばす 面倒見

初年次教育
学部を横断するカリキュラムを提供している普遍教育科目は，全学部生が西千葉キャンパスで受講。１年間に1,700科目以上の総合大学の特色を活かした多様な授業が開講されている

学修サポート
アカデミック・リンク・センターで学生が各自の興味・関心・学習ニーズにあわせて選択できる「スキル向上のための支援プログラム」を，講義・実習形式のセミナー，個別学習相談，オンライン教材などの多様な形式で提供し，学びの高度化を支援

オープンキャンパス（2023年度実績） 11月４日に西千葉キャンパスで「千葉大学オープンデイ」を対面型で開催。学生による所属学部での学びや留学体験，学生生活等の紹介・発表を中心としたプログラムを実施。

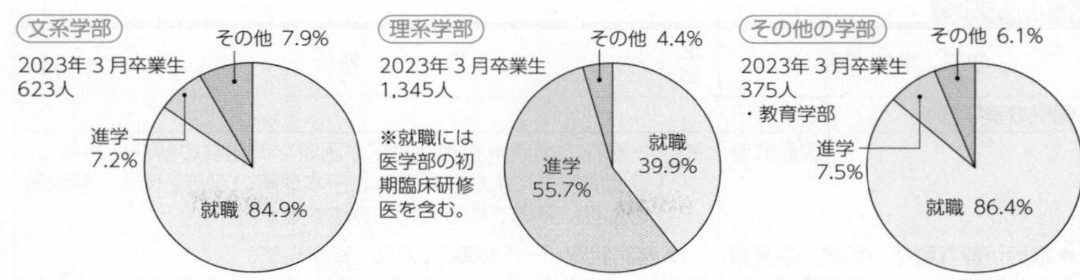

主なOB・OG▶［医］寺澤捷年（医師・和漢診療学創始者），［工］荒木経惟（写真家），［医］海堂尊（作家・医師），［工］岡田直樹（フジクラ社長），［文］大久保佳代子（お笑い芸人），［教育］辻村深月（作家）など。

国際化・留学　大学間 276 大学・部局間 214 大学等

受入れ留学生数▶145名（2022年度）
留学生の出身国▶中国，韓国，インドネシア，マレーシアなど。
大学間交流協定▶276大学（学生交流協定校229大学，2023年５月1日現在）
部局間交流協定▶214大学（学生交流協定校118大学，2023年５月１日現在）
海外への留学生数▶渡航型1,154名／年（44カ国・地域，2022年度）
海外留学制度▶グローバル人材育成プラン「ENGINE」に基づき全員留学が必修，代替措置としてのオンライン留学を含む多様な留学プログラムを提供している。海外交流協定校への「海外派遣留学プログラム」は１年以内の交換留学で，休学することなく留学することが可能。各種奨学金の推薦や留学助成金などの支援もある。また，「Skipwiseプログラム」では早期の入学や卒業といった制度を活用し，多様な修業年数に対応したプログラムを実施。コミュニケーションベースの英語学習とアジア各国の現地文化を体験する２週間程度の留学初心者向けBOOTプログラムをはじめ，英語によるワークショップ形式のグローバル・スタディ・プログラム，グローバルインターンシップ，ボランティアなども展開している。そのほか，語学の習得を主目的とした「海外語学研修」は長期休暇を利用して数週間から１カ月程度，寮生活やホームステイをしながら語学を学ぶプログラムで，対象言語は，英語・フランス語・中国語など。

学費・奨学金制度

入学金▶282,000円
年間授業料（施設費等を除く）▶642,960円
主な奨学金制度▶日本学生支援機構奨学金のほか、民間育英団体や地方公共財団の奨学金制度を申請することができる。大学独自の入学料・授業料免除制度もあり。

保護者向けインフォメーション

●**防災対策**　大学HPに「防災のしおり」を掲載している。学生が被災した際の安否は，安否確認システムなどを利用して確認する。
●**相談窓口**　在学生およびその保護者が利用できる「学生相談ホットライン（外部委託）」があり，相談員スタッフが健康・メンタルヘルスなどに関する相談にアドバイスをする。24時間電話対応可能。

インターンシップ科目	必修専門ゼミ	卒業論文	GPA制度の導入の有無および活用例	１年以内の退学率	標準年限での卒業率
NA	全学部で実施（開講年次は学部により異なる）	一部学部で卒業要件	奨学金や授業料免除などの選定に全学部で，留学・大学院入試に一部学部で活用	非公表	非公表

学部紹介

学部／学科・課程	定員	特色
国際教養学部		
国際教養	90	▷既存の学問単独では対応が困難な問題群の解決に寄与し，複合的視点により国際理解と日本理解の双方を備え，解決策を世界に発信できる人材を育成する。
●取得可能な資格…司書，学芸員。　●進路状況………就職89.0%　進学5.5% ●主な就職先………東京都庁，東京国税局，NTTドコモ，住友林業，テレビ東京，楽天グループなど。		
文学部		
人文	170	▷人文科学諸分野の専門性を深く修得し，隣接分野を含めた幅広い教養を身につけ，独創的発信力を持って社会に貢献することで自らの人生をより豊かなものにできる人材を育成する。行動科学，歴史学，日本・ユーラシア文化，国際言語文化学の４コース。
●取得可能な資格…教職(国・地歴・公・社・英)，司書，学芸員など。 ●進路状況…………就職80.5%　進学9.8% ●主な就職先………千葉銀行，千葉県庁，内閣府，雪印メグミルク，日本航空，帝国ホテルなど。		
法政経学部		
法政経	360	▷２年次進級時に法学，経済学，経営・会計学，政治学・政策学の各コースを希望により選択。社会の実態や仕組みの観察と分析，政策的処方箋づくりを地球的視野に立って行い，問題解決能力を発揮して時代をリードする指導的な人材を育てる。３年間での卒業が可能となる，経済学コース経済学特進プログラム(総合型選抜で募集)や，法学コースの法曹コース・プログラム(入学後に面接で選抜)も設置。
●取得可能な資格…司書，学芸員。　●進路状況………就職86.0%　進学6.4% ●主な就職先………東京都庁，東京高等裁判所，大和証券，日本銀行，楽天グループ，ヤフーなど。		
教育学部		
学校教員養成	380	▷次代のニーズと変化に対応できる指導的立場に立つ教員の育成をめざし，小学校，中学校，小中専門教科，英語教育，特別支援教育，乳幼児教育および養護教諭の７つのコースを編成し，教員養成を行う。
●取得可能な資格…教職(国・地歴・公・社・数・理・音・美・保体・保健・技・家・工業・英，小一種，幼一種，特別支援，養護一種)，保育士，司書，学芸員。 ●進路状況…………就職86.4%　進学7.5% ●主な就職先………学校教員，保育士，バンダイ，オープンハウス，近畿大学，日本学生支援機構など。		
理学部		
数学・情報数理	44	▷３年次に数学コースと情報数理学コースに分かれる。
物理	39	▷自然の構造を探り，基本法則を解明する。
化	39	▷物質の性質，構造，反応などの基本原理を追究する。
生物	39	▷「分子細胞生物学」「多様性生物学」の２教育研究領域。
地球科	39	▷地球表層科学，地球内部科学，環境リモートセンシングの３領域で構成。

キャンパスアクセス ［西千葉キャンパス］ JR総武線—西千葉より徒歩２分／京成千葉線—みどり台より徒歩７分

● 取得可能な資格…教職（数・理・情），司書，学芸員など。
● 進路状況…………就職23.6％　進学68.7％
● 主な就職先………学校教員，富士ソフト，オービック，日立製作所，アクセンチュア，気象庁など。

工学部		
総合工	540	▷工学部全体を１学科とし，専門分野ごとのコース制を採用。学生の希望，社会の要請，学問の進展などに即した専門分野の育成，横断的な教育内容に柔軟かつ機動的な調整と効率的な運営を進める。基幹的な分野として建築学，デザイン，機械工学，電気電子工学の４コース，将来的な成長の見込まれる複合・先端分野として，都市工学，医工学，物質科学，共生応用化学の４コースを設置。

● 取得可能な資格…教職（理），司書，学芸員，１・２級建築士受験資格など。
● 進路状況…………就職24.9％　進学70.9％
● 主な就職先………鹿島建設，SCSK，野村不動産，三菱電機，特許庁，キオクシア，東京都庁など。

情報・データサイエンス学部		
情報データサイエンス	100	▷NEW! '24年新設。工学部総合工学科情報工学コースを発展的に解消し，新学部を設立。データサイエンスの本質を理解し，社会的課題の解決に応用できる人材（実践的データサイエンティスト）および情報工学の専門性を備え，データサイエンスの実現と高度化に応用できる人材（データサイエンスとその周辺技術の高度化を担う人材）を養成。データサイエンス，情報工学の２コースを設置し，緊密な連携のもとで教育を実施。各コースへの配属は３年次。

● 取得可能な資格…教職（情）など（予定）。　● 進路状況………上記工学部参照。
● 主な就職先………NTT東日本，NTTデータ，野村総合研究所，アクセンチュアなど。（総合工学科情報工学コース実績）

園芸学部		
		▶教育プログラム制を採用しており，学科の枠で基礎的な力を養い，２年次後期に７つの教育プログラムから専攻を選択。時代に即応した知識を身につける。
園芸	64	▷「栽培・育種学」と「生物生産環境学」の２プログラム。国際競争力のある都市園芸産業の実現をめざし教育・研究を行う。
応用生命化	31	▷生物の機能，細胞構成物質，代謝生産物などの性質を総合的に学び，「応用生命化学プログラム」では生命分子化学分野および生物資源化学分野の教育・研究を行う。
緑地環境	66	▷「環境造園学」「緑地科学」「環境健康学」の３プログラムがある。緑地環境の仕組みの解明，保全技術，快適なランドスケープの創造・再生，自然環境の管理技術，環境に関する文化論，心身の健康の向上をめざした緑の利用などを研究。
食料資源経済	29	▷フードシステム学，資源環境経済学の２分野で構成される「食料資源経済学科プログラム」では自然科学的基礎知識をもとに，園芸に関連した経済学や経営学などの社会科学を習得。

● 取得可能な資格…教職（理・農），学芸員，二級建築士受験資格など。
● 進路状況…………就職51.3％　進学46.2％
● 主な就職先………農林水産省，サカタのタネ，住友林業緑化，楽天グループ，リクルートなど。

キャンパスアクセス ［亥鼻キャンパス］JR総武線一千葉，京成千葉線一京成千葉よりバス15分

医学部		
医	117	▷病気と治療を研究者の視点から科学的に考察する「基礎医学」と，さまざまな病気の原因や症状，診断，治療を講義と実習で学ぶ「臨床医学」の両方に注力。1年次から薬学部や看護学部，工学部の学生とともに学ぶIPE（専門職連携教育）や少人数によるチュートリアル教育など実践的かつ，きめ細やかな教育体制を整えている。研究医養成や英語に特化したプログラムも実施。
● 取得可能な資格…医師受験資格。 ● 進路状況………初期臨床研修医95.0%		
薬学部		
		▶一般選抜前期日程の入学生は3年次進級時に学科を選択。
薬	90	▷6年制。指導的な立場に立てる薬剤師，医薬品の開発職や治験協力者として医療の発展に貢献できる人材を養成する。
薬科		▷4年制。創薬や疾病の予防などに関わる研究に能力を発揮できる人材の育成を図る。
● 取得可能な資格…薬剤師受験資格（薬学科）。 ● 進路状況…………［薬］就職97.5%　［薬科］就職2.7%　進学94.6% ● 主な就職先………［薬］中外製薬，日本調剤，千葉大学医学部附属病院，協和キリン，厚生労働省など。		
看護学部		
看護	80	▷国立大学では唯一の学部。看護実践の根拠や専門職としての役割を明確にしながら社会の要請に積極的に応え，人類の健康・福祉に主体的に貢献できるナース・サイエンティストを育成する。海外の看護大学との学部間協定による留学も可能。
● 取得可能な資格…看護師・保健師・助産師受験資格。 ● 進路状況…………就職85.0%　進学11.3% ● 主な就職先………千葉大学医学部附属病院，東京大学医学部附属病院，虎の門病院，千葉県など。		

キャンパス

国際教養・文・法政経・教育・理・工……［西千葉キャンパス］千葉県千葉市稲毛区弥生町1-33
医・薬・看護……［亥鼻キャンパス］千葉県千葉市中央区亥鼻1-8-1
園芸……［松戸キャンパス］千葉県松戸市松戸648
［柏の葉キャンパス］千葉県柏市柏の葉6-2-1
［墨田サテライトキャンパス］東京都墨田区文花1-19-1

2025年度入試要項（予告）

●募集人員

学部／学科・課程（コース／分野等）		前期	後期	学校推薦	総合型
国際教養	国際教養	83	—	—	7
文	人文（行動科学）	49	15	9	—
	（歴史学）	23	3	5	—
	（日本・ユーラシア文化）	28	—	—	3
	（国際言語文化学）	25	—	10	—
法政経	法政経	290	65	—	5
教育	学校教員養成（小学校）	124	—	—	39
	（中学校／国語科教育）	6	—	—	2
	（／社会科教育）	5	—	—	2
	（／数学科教育）	8	—	—	2
	（／理科教育）	8	—	—	2
	（／技術科教育）	5	—	—	2
	（小中専門教科／音楽科教育）	10	—	—	5
	（／図画工作・美術科教育）	12	—	—	3
	（／保健体育科教育）	20	—	—	5
	（／家庭科教育）	10	—	—	5
	（英語教育）	25	—	—	10
	（特別支援教育）	17	—	—	8
	（乳幼児教育）	15	—	—	5
	（養護教諭）	20	—	—	5
理	数学・情報数理	29	15	—	—
	物理	23	12	—	4
	化	31	8	—	—

キャンパスアクセス［松戸キャンパス］JR常磐線，東京メトロ千代田線，新京成線—松戸より徒歩15分

	生物	29	10	—	—
	地球科	30	5	—	4
▶工	総合工学科（建築学）	50	19	—	—
	（都市工学）	30	12	—	—
	（デザイン）	44	—	—	20
	（機械工学）	55	19	—	—
	（医工学）	30	9	—	—
	（電気電子工学）	56	20	—	—
	（物質科学）	70	—	—	9
	（共生応用化学）	72	25	—	—
▶情報・データサイエンス		70	—	30	—
▶園芸	園芸	44	9	—	5
	応用生命化	20	7	—	4
	緑地環境	46	11	—	9
	食料資源経済	23	2	—	—
▶医	医〔一般枠〕	102	15	—	—
	〔千葉県地域枠〕	20	—	—	—
▶薬	薬	70	—	10	—
	薬科		10	—	—
▶看護	看護	49	—	24	—

※情報データサイエンス学部学校推薦型選抜の30名のうち，15名を女子枠とする。

● 2段階選抜

志願者数が募集人員に対し，法政経学部は前期3.5倍，後期13倍，医学部は前期3倍，後期7倍を超えた場合に行うことがある。
注）2段階選抜は2024年度の実績です。

▷共通テストの英語はリスニングを含む。
▷共通テストの地歴・公民から2科目選択する場合，「公・倫」と「公・政経」の組み合わせ，および「地総・歴総・公から2」で選択した科目と同一科目名を含む組み合わせは不可。
▷前期の個別学力検査「外国語」に外国語検定試験の成績を利用可（文学部人文学科日本・ユーラシア文化コース以外のコース，医学部を除く）。スコアに応じて，「外国語」の得点に満点を上限として所定の点数を加点。国際教養学部のみ満点にも換算でき，満点に換算した場合，「外国語」の試験は免除。

国際教養学部

前期　**［共通テスト(475)］**　**8科目**　①国(100)　②外(100・英〈R80＋L20〉)▶英・独・仏・中・韓から1　③④数(50×2)▶「数Ⅰ・数A」・「数Ⅱ・数B・数C」　⑤情(25)▶情Ⅰ　⑥⑦⑧「地歴・公民」・理(50×3)▶「〈地総・地探〉・〈歴総・日探〉・〈歴総・世探〉・〈公・倫〉・〈公・政経〉から2」・「〈物基・化基・生基・地学基から2〉・物・化・生・地学から1」または「〈地総・歴総・公から2〉・〈地総・地探〉・〈歴総・日探〉・〈歴総・世探〉・〈公・倫〉・〈公・政経〉から1」・「物・化・生・地学から2」

［個別学力検査(900)］　**3科目**　①外(300)▶英コミュⅠ・英コミュⅡ・英コミュⅢ　②国・理▶「現国・言語・論国・文国・国表・古典」・「物基・物」・「化基・化」・「生基・生」から1　③地歴・数(300)▶「歴総・日探」・「歴総・世探」・「数Ⅰ・数Ⅱ・数A・数B（数列）・数C（ベク）」から1

総合型　**［共通テスト］**　**8科目**　①国(200)　②外(200・英〈R80＋L20〉)▶英・独・仏・中・韓から1　③④数(100×2)▶「数Ⅰ・数A」・「数Ⅱ・数B・数C」　⑤情(100)▶情Ⅰ　⑥⑦⑧「地歴・公民」・理(100×3)▶「〈地総・地探〉・〈歴総・日探〉・〈歴総・世探〉・〈公・倫〉・〈公・政経〉から2」・「〈物基・化基・生基・地学基から2〉・物・化・生・地学から1」または「〈地総・歴総・公から2〉・〈地総・地探〉・〈歴総・日探〉・〈歴総・世探〉・〈公・倫〉・〈公・政経〉から1」・「物・化・生・地学から2」

［個別学力検査］　**2科目**　①課題論述　②面接

※書類審査，課題論述および面接の結果を総合して合格内定者を決定。さらに共通テストの総得点が70%に達した者を最終合格者とする。

文学部

前期　**【人文学科〈行動科学コース〉】［共通テスト(475)］**　**8科目**　①国(100)　②外(100・英〈R80＋L20〉)▶英・独・仏・中・韓から1　③④数(50×2)▶「数Ⅰ・数A」・「数Ⅱ・数B・数C」　⑤情(25)▶情Ⅰ　⑥⑦⑧「地歴・公民」・理(50×3)▶「〈地総・地探〉・〈歴総・日探〉・〈歴総・世探〉・〈公・倫〉・〈公・政経〉から2」・「〈物基・化基・生基・地学基から2〉・物・化・生・地学から1」または「〈地総・歴総・公から2〉・〈地総・地探〉・〈歴総・日探〉・〈歴総・世探〉・〈公・倫〉・〈公・政経〉から1」・「物・化・生・地学から2」

［個別学力検査(550)］　**3科目**　①国(200)

▶現国・言語・論国・文国・国表・古典 ②外(200)▶英コミュⅠ・英コミュⅡ・英コミュⅢ ③数(150)▶数Ⅰ・数Ⅱ・数A・数B(数列)・数C(ベク)

【人文学科〈歴史学コース／日本・ユーラシア文化コース／国際言語文化学コース〉】［共通テスト(475)］ 8科目 ①国(100) ②外(100・英〈R80＋L20〉)▶英・独・仏・中・韓から1 ③④地歴・公民(50×2)▶「地総・地探」・「歴総・日探」・「歴総・世探」・「公・倫」・「公・政経」から2 ⑤⑥数(50×2)▶「数Ⅰ・〈数Ⅰ・数A〉から1」・「数Ⅱ・数B・数C」 ⑦理(50)▶「物基・化基・生基・地学基から2」・物・化・生・地学から1 ⑧情(25)▶情Ⅰ

【人文学科〈歴史学コース〉】［個別学力検査(600)］ 3科目 ①国(200)▶現国・言語・論国・文国・国表・古典 ②外(200)▶英コミュⅠ・英コミュⅡ・英コミュⅢ ③地歴(200)▶「歴総・日探」・「歴総・世探」から1

【人文学科〈日本・ユーラシア文化コース〉】［個別学力検査(900)］ 3科目 ①国(300)▶現国・言語・論国・文国・国表・古典 ②外(300)▶英コミュⅠ・英コミュⅡ・英コミュⅢ ③地歴(300)▶「歴総・日探」・「歴総・世探」から1

【人文学科〈国際言語文化学コース〉】［個別学力検査(550)］ 3科目 ①国(200)▶現国・言語・論国・文国・国表・古典 ②外(200)▶英コミュⅠ・英コミュⅡ・英コミュⅢ ③地歴(150)▶「歴総・日探」・「歴総・世探」から1

後期 **【人文学科〈行動科学コース〉】［共通テスト(475)］** 8科目 ①国(120) ②外(120・英〈R96＋L24〉)▶英・独・仏・中・韓から1 ③④数(60×2)▶「数Ⅰ・数A」・「数Ⅱ・数B・数C」 ⑤情(25)▶情Ⅰ ⑥⑦⑧「地歴・公民」・理(30×3)▶「〈地総・地探〉・〈歴総・日探〉・〈歴総・世探〉・〈公・倫〉・〈公・政経〉から2」・「〈物基・化基・生基・地学基から2〉・物・化・生・地学から1」または「〈地総・歴総・公から2〉・〈地総・地探〉・〈歴総・日探〉・〈歴総・世探〉・〈公・倫〉・〈公・政経〉から1」・「物・化・生・地学から2」

［個別学力検査(400)］ 1科目 ①小論文(400)

【人文学科〈歴史学コース〉】［共通テスト(450)］ 8科目 前期と同じ

［個別学力検査(400)］ 2科目 ①小論文(300) ②面接(100)

学校推薦型 **【人文学科〈行動科学コース・歴史学コース・国際言語文化学コース〉】［共通テスト］** 課さない。

［個別学力検査］ 2科目 ①小論文 ②面接

※書類審査，小論文および面接の結果を総合して判定。

総合型 **【人文学科〈日本・ユーラシア文化コース〉】［共通テスト(1000)］** 8科目 ①国(200) ②外(200・英〈R100＋L100〉)▶英・独・仏・中・韓から1 ③④地歴・公民(100×2)▶「地総・地探」・「歴総・日探」・「歴総・世探」・「公・倫」・「公・政経」から2 ⑤⑥数(100×2)▶「数Ⅰ・〈数Ⅰ・数A〉から1」・「数Ⅱ・数B・数C」 ⑦理(100)▶「物基・化基・生基・地学基から2」・物・化・生・地学から1 ⑧情(100)▶情Ⅰ

［個別学力検査］ 2科目 ①課題論述 ②面接

※書類審査，課題論述および面接の結果を総合して合格内定者を決定。さらに共通テストの総得点が70％に達した者を最終合格者とする。

法政経学部

前期 **［共通テスト(475)］** 8科目 ①国(100) ②外(100・英〈R80＋L20〉)▶英・独・仏・中・韓から1 ③④地歴・公民(50×2)▶「地総・地探」・「歴総・日探」・「歴総・世探」・「公・倫」・「公・政経」から2 ⑤⑥数(50×2)▶「数Ⅰ・数A」・「数Ⅱ・数B・数C」 ⑦理(50)▶「物基・化基・生基・地学基から2」・物・化・生・地学から1 ⑧情(25)▶情Ⅰ

［個別学力検査(900)］ 3科目 ①国(300)▶現国・言語・論国・文国・国表・古典 ②外(300)▶英コミュⅠ・英コミュⅡ・英コミュⅢ ③数(300)▶数Ⅰ・数Ⅱ・数A・数B(数列)・数C(ベク)

後期 **［共通テスト(450)］** 8〜7科目 前期と同じ

［個別学力検査(400)］ 1科目 ①総合テスト(400)

総合型 **【法政経学科〈経済学コース経済学特進プログラム〉】［共通テスト(200)］** 2科目 ①②数(100×2)▶「数Ⅰ・数A」・「数Ⅱ・数

 キャンパスアクセス ［墨田サテライトキャンパス］ 東武亀戸線一小村井より徒歩5分／京成押上線，東京メトロ半蔵門線一押上より徒歩15分

B・数C」
［個別学力検査］ 1科目 ①面接
※書類審査および面接の結果を総合して合格内定者を決定。さらに共通テストの総得点が75%に達した者を最終合格者とする。

教育学部

前期 **【学校教員養成課程〈小学校コース・中学校コース（国語）・小中専門教科コース・英語教育コース・特別支援教育コース・乳幼児教育コース〉】** ［共通テスト（475）］ 8～7科目 ①**国**（100） ②**外**（100・英〈R80＋L20〉）▶英・独・仏・中・韓から1 ③④**数**（50×2）▶「数Ⅰ・〈数Ⅰ・数A〉から1」・「数Ⅱ・数B・数C」 ⑤**情**（25）▶情Ⅰ ⑥⑦⑧**「地歴・公民」・理**（50×3）▶「地総・歴総・公から2」・「地総・地探」・「歴総・日探」・「歴総・世探」・「公・倫」・「公・政経」から1または2，「物基・化基・生基・地学基から2」・物・化・生・地学から1または2，計3

［個別学力検査（1000）］**【学校教員養成課程〈小学校コース・特別支援教育コース〉】** 4科目 ①**国**（300）▶現国・言語・論国・文国・国表・古典 ②**外**（200）▶英コミュⅠ・英コミュⅡ・英コミュⅢ ③**数**（300）▶数Ⅰ・数Ⅱ・数A・数B（数列）・数C（ベク） ④**面接**（200）

【学校教員養成課程〈中学校コース（国語）・小中専門教科コース（家庭）・乳幼児教育コース〉】 4科目 ①**国**（300）▶現国・言語・論国・文国・国表・古典 ②**外**（200）▶英コミュⅠ・英コミュⅡ・英コミュⅢ ③**数**（300，国語科のみ200）▶数Ⅰ・数Ⅱ・数A・数B（数列）・数C（ベク） ④**専門適性検査**（200，国語科のみ300）

【学校教員養成課程〈小中専門教科コース（音楽／図画工作・美術／保健体育）〉】 4科目 ①**外**（200，音楽科のみ150）▶英コミュⅠ・英コミュⅡ・英コミュⅢ ②**国・数**（200，音楽科のみ150）▶「現国・言語・論国・文国・国表・古典」・「数Ⅰ・数Ⅱ・数A・数B（数列）・数C（ベク）」から1 ③**実技**（400，音楽科のみ500） ④**専門適性検査**（200）

【学校教員養成課程〈英語教育コース〉】 4科目 ①**外**（300）▶英コミュⅠ・英コミュⅡ・英コミュⅢ ②**ライティング**（200）▶論表Ⅰ・論表Ⅱ・論表Ⅲ ③**国・数**（300）▶「現国・言語・論国・文国・国表・古典」・「数Ⅰ・数Ⅱ・数A・数B（数列）・数C（ベク）」から1 ④**専門適性検査**（200）

【学校教員養成課程〈中学校コース（社会）〉】 ［共通テスト（475）］ 8科目 ①**国**（50） ②**外**（50・英〈R40＋L10〉）▶英・独・仏・中・韓から1 ③④**地歴・公民**（100×2）▶「地総・歴総・公から2」・「地総・地探」・「歴総・日探」・「歴総・世探」・「公・倫」・「公・政経」から2 ⑤⑥**数**（25×2）▶「数Ⅰ・〈数Ⅰ・数A〉から1」・「数Ⅱ・数B・数C」 ⑦**理**（100）▶「物基・化基・生基・地学基から2」・物・化・生・地学から1 ⑧**情**（25）▶情Ⅰ

［個別学力検査（1000）］ 4科目 ①**国**（300）▶現国・言語・論国・文国・国表・古典 ②**外**（200）▶英コミュⅠ・英コミュⅡ・英コミュⅢ ③**数**（200）▶数Ⅰ・数Ⅱ・数A・数B（数列）・数C（ベク） ④**専門適性検査**（300）

【学校教員養成課程〈中学校コース（数学／理科／技術）・養護教諭コース〉】 ［共通テスト（475）］ 8～7科目 ①**国**（100） ②**外**（100・英〈R80＋L20〉）▶英・独・仏・中・韓から1 ③**地歴・公民**（50）▶「地総・歴総・公から2」・「地総・地探」・「歴総・日探」・「歴総・世探」・「公・倫」・「公・政経」から1 ④/⑨⑤**数**（50×2）▶「数Ⅰ・〈数Ⅰ・数A〉から1」・「数Ⅱ・数B・数C」 ⑥⑦**理**（50×2）▶「物基・化基・生基・地学基から2」・物・化・生・地学から2 ⑧**情**（25）▶情Ⅰ

［個別学力検査（1000）］**【学校教員養成課程〈中学校コース（数学）〉】** 4科目 ①**外**（200）▶英コミュⅠ・英コミュⅡ・英コミュⅢ ②**数**（500）▶数Ⅰ・数Ⅱ・数Ⅲ・数A・数B（数列）・数C（ベク・平面） ③**理**（100）▶「物基・物」・「化基・化」・「生基・生」から1 ④**専門適性検査**（200）

【学校教員養成課程〈中学校コース（理科）〉】 5科目 ①**外**（200）▶英コミュⅠ・英コミュⅡ・英コミュⅢ ②**数**（200）▶数Ⅰ・数Ⅱ・数A・数B（数列）・数C（ベク） ③④**理**（200×2）▶「物基・物」・「化基・化」・「生基・生」・「地学基・地学」から2 ⑤**専門適性検査**（200）

【学校教員養成課程〈中学校コース（技術）〉】 4科目 ①**外**（150）▶英コミュⅠ・英コミュ

Ⅱ・英コミュⅢ ②**数**(200)▶数Ⅰ・数Ⅱ・数A・数B(数列)・数C(ベク) ③**理**(150)▶「物基・物」・「化基・化」・「生基・生」から1 ④**専門適性検査**(500)

【学校教員養成課程〈養護教諭コース〉】 **4**科目 ①**外**(300)▶英コミュⅠ・英コミュⅡ・英コミュⅢ ②**理**(300)▶「物基・物」・「化基・化」・「生基・生」から1 ③**保健体育**(300)▶保健 ④**面接**(100)

総合型 **【学校教員養成課程〈小学校コース・中学校コース(国語/社会/数学/理科)・小中専門教科コース・英語教育コース・独別支援教育コース・乳幼児教育コース・養護教諭コース〉】[共通テスト]** **3**科目 ①②③**国・外・「地歴・公民」・数・理**(100・英〈R80+L20〉×3)▶国・「英・独・仏・中・韓から1」・「〈地総・歴総・公から2〉・〈地総・地探〉・〈歴総・日探〉・〈歴総・世探〉・〈公・倫〉・〈公・政経〉から1」・「数Ⅰ・〈数Ⅰ・数A〉・〈数Ⅱ・数B・数C〉から1」・「〈物基・化基・生基・地学基から2〉・物・化・生・地学から1」から3

[個別学力検査]〈小学校コース・中学校コース(国語/社会/数学/理科)・小中専門教科コース・英語教育コース・特別支援教育コース・養護教諭コース〉 **2**科目 ①**適性検査** ②**面接**

※書類審査，適性検査および面接の結果を総合して合格内定者を決定。さらに共通テストの総得点が65%に達した合格内定者を最終合格者とする。

〈乳幼児教育コース〉 **1**科目 ①**面接**

※書類審査および面接の結果を総合して合格内定者を決定。さらに共通テストの総得点が65%に達した合格内定者を最終合格者とする。

【学校教員養成課程〈中学校コース(技術)・小中専門教科コース(家庭)〉】[共通テスト] 課さない。

[個別学力検査] **2**科目 ①**適性検査** ②**面接**

※書類審査，適性検査および面接の結果を総合して判定。

理学部

前期 **【数学・情報数理学科/生物学科/地球科学科】[共通テスト(475)]** **8**科目 ①**国**(100) ②**外**(100・英〈R80+L20〉)▶英・独・仏・中・韓から1 ③**地歴・公民**(50)▶「地総・歴総・公から2」・「地総・地探」・「歴総・日探」・「歴総・世探」・「公・倫」・「公・政経」から1 ④⑤**数**(50×2)▶「数Ⅰ・数A」・「数Ⅱ・数B・数C」 ⑥⑦**理**(50×2)▶物・化・生・地学から2 ⑧**情**(25)▶情Ⅰ

[個別学力検査(900)]【数学・情報数理学科】 **3**科目 ①**外**(150)▶英コミュⅠ・英コミュⅡ・英コミュⅢ ②**数**(600)▶数Ⅰ・数Ⅱ・数Ⅲ・数A・数B(数列)・数C(ベク・平面) ③**理**(150)▶「物基・物」・「化基・化」・「生基・生」・「地学基・地学」から1

【生物学科】 **4**科目 ①**外**(200)▶英コミュⅠ・英コミュⅡ・英コミュⅢ ②**数**(150)▶数Ⅰ・数Ⅱ・数Ⅲ・数A・数B(数列)・数C(ベク・平面) ③④**理**(必須350+選択200)▶「生基・生」必須，「物基・物」・「化基・化」から1

【地球科学科】 **4**科目 ①**外**(250)▶英コミュⅠ・英コミュⅡ・英コミュⅢ ②**数**(250)▶数Ⅰ・数Ⅱ・数Ⅲ・数A・数B(数列)・数C(ベク・平面) ③④**理**(200×2)▶「物基・物」・「化基・化」・「生基・生」・「地学基・地学」から2

【物理学科】[共通テスト(475)] **8**科目 ①**国**(100) ②**外**(100・英〈R80+L20〉)▶英・独・仏・中・韓から1 ③**地歴・公民**(50)▶「地総・歴総・公から2」・「地総・地探」・「歴総・日探」・「歴総・世探」・「公・倫」・「公・政経」から1 ④⑤**数**(50×2)▶「数Ⅰ・数A」・「数Ⅱ・数B・数C」 ⑥⑦**理**(50×2)▶物必須，化・生から1 ⑧**情**(25)▶情Ⅰ

[個別学力検査(900)] **4**科目 ①**外**(200)▶英コミュⅠ・英コミュⅡ・英コミュⅢ ②**数**(300)▶数Ⅰ・数Ⅱ・数Ⅲ・数A・数B(数列)・数C(ベク・平面) ③④**理**(物300+化100)▶「物基・物」・「化基・化」

【化学科】[共通テスト(450)] **8**科目 ①**国**(100) ②**外**(100・英〈R80+L20〉)▶英・独・仏・中・韓から1 ③**地歴・公民**(50)▶「地総・歴総・公から2」・「地総・地探」・「歴総・日探」・「歴総・世探」・「公・倫」・「公・政経」から1 ④⑤**数**(50×2)▶「数Ⅰ・数A」・「数Ⅱ・数B・数C」 ⑥⑦**理**(50×2)▶化必須，物・生・地学から1 ⑧**情**▶情Ⅰ

[個別学力検査(900)] **4**科目 ①**外**(200)

▶英コミュⅠ・英コミュⅡ・英コミュⅢ ②数(250)▶数Ⅰ・数Ⅱ・数Ⅲ・数A・数B(数列)・数C(ベク・平面) ③④理(必須300＋選択150)▶「化基・化」必須，「物基・物」・「生基・生」・「地学基・地学」から1

後期 【数学・情報数理学科／生物学科／地球科学科】[共通テスト(475)] 8科目 前期と同じ

【数学・情報数理学科】[個別学力検査(300)] 1科目 ①数(300)▶数Ⅰ・数Ⅱ・数Ⅲ・数A・数B(数列)・数C(ベク・平面)

【生物学科】[個別学力検査(450)] 1科目 ①理(450)▶生基・生

【地球科学科】[個別学力検査(300)] 1科目 ①理(300)▶地学基・地学

【物理学科】 [共通テスト(450)] 8科目 前期と同じ

[個別学力検査(300)] 1科目 ①総合テスト(300)

【化学科】 [共通テスト(450)] 8科目 前期と同じ

[個別学力検査(200)] 1科目 ①理(200)▶化基・化

総合型 【物理学科】[共通テスト]課さない。

[個別学力検査] 1科目 ①口頭試問

※第1次選抜―書類審査，第2次選抜―口頭試問の結果を総合して判定。

【地球科学科】[共通テスト] 課さない。

[個別学力検査] 2科目 ①総合テスト ②面接

※第1次選抜―書類審査，第2次選抜―総合テスト，第3次選抜―面接の結果を総合して判定。

工学部

前期 [共通テスト(475)] 8科目 ①国(100) ②外(100・英〈R80＋L20〉)▶英・独・仏・中・韓から1 ③地歴・公民(50)▶「地総・歴総・公から2」・「地総・地探」・「歴総・日探」・「歴総・世探」・「公・倫」・「公・政経」から1 ④⑤数(50×2)▶「数Ⅰ・数A」・「数Ⅱ・数B・数C」 ⑥⑦理(50×2)▶物・化 ⑧情(25)▶情Ⅰ

[個別学力検査(900)] 4科目 ①外(300)▶英コミュⅠ・英コミュⅡ・英コミュⅢ ②数(300)▶数Ⅰ・数Ⅱ・数Ⅲ・数A・数B(数列)・数C(ベク・平面) ③④理(300※)▶「物基・物」・「化基・化」※建築学・機械工学・医工学・電気電子工学コースは(物200＋化100)，都市工学・デザイン・物質科学コースは(150×2)，共生応用化学コースは(物100＋化200)

後期 【総合工学科〈建築学コース／都市工学コース／機械工学コース／医工学コース／電気電子工学コース／共生応用化学コース〉】[共通テスト(475)] 8科目 前期と同じ

[個別学力検査(700)]〈建築学コース・機械工学コース・電気電子工学コース〉】 2科目 ①数(400)▶数Ⅰ・数Ⅱ・数Ⅲ・数A・数B(数列)・数C(ベク・平面) ②理(300)▶物基・物

〈都市工学コース・医工学コース・共生応用化学コース〉 3科目 ①数(300)▶数Ⅰ・数Ⅱ・数Ⅲ・数A・数B(数列)・数C(ベク・平面) ②③理(200×2)▶「物基・物」・「化基・化」

総合型 【総合工学科〈デザインコース〉】[共通テスト(600)] 4科目 ①外(R160＋L40)▶英 ②③数(100×2)▶「数Ⅰ・数A」・「数Ⅱ・数B・数C」 ④国・地歴・公民・理(200)▶国・「地総・地探」・「歴総・日探」・「歴総・世探」・「公・倫」・「公・政経」・物・化・生・地学から1

[個別学力検査] 2科目 ①専門適性課題 ②面接

※第1次選抜―書類審査および専門適性課題，第2次選抜―面接，さらに共通テストの総得点が概ね70％に達した者を最終合格者とする。

【総合工学科〈物質科学コース〉】方式Ⅰ[共通テスト(850)] 6科目 ①外(200・英〈R160＋L40〉)▶英・独・仏・中・韓から1 ②③数(100×2)▶「数Ⅰ・数A」・「数Ⅱ・数B・数C」 ④⑤理(200×2)▶物・化 ⑥情(50)▶情Ⅰ

[個別学力検査] 1科目 ①面接▶研究成果の発表等

※第1次選抜―書類審査，第2次選抜―面接，さらに共通テストの総得点が70％に達した者を最終合格者とする。

方式Ⅱ[共通テスト] 課さない。

[個別学力検査] 1科目 ①面接▶研究成果の発表，口頭試問を含む

※書類審査，研究発表，面接および口頭試問の結果を総合して判定。

情報・データサイエンス学部

前期 ［共通テスト(475)］ 8科目 ①国(100) ②外(100・英〈R80＋L20〉)▶英・独・仏・中・韓から1 ③地歴・公民(50)▶「地総・歴総・公から2」・「地総・地探」・「歴総・日探」・「歴総・世探」・「公・倫」・「公・政経」から1 ④⑤数(50×2)▶「数Ⅰ・数A」・「数Ⅱ・数B・数C」 ⑥⑦理(50×2)▶物・化 ⑧情(25)▶情Ⅰ

［個別学力検査(900)］ 4科目 ①外(300)▶英コミュⅠ・英コミュⅡ・英コミュⅢ ②数(300)▶数Ⅰ・数Ⅱ・数Ⅲ・数A・数B(数列)・数C(ベク・平面) ③④理(物200＋化100)▶「物基・物」・「化基・化」

学校推薦型 ［共通テスト(650)］ 6科目 ①外(200・英〈R160＋L40〉)▶英・独・仏・中・韓から1 ②③数(100×2)▶「数Ⅰ・数A」・「数Ⅱ・数B・数C」 ④⑤理(100×2)▶物・化 ⑥情(50)▶情Ⅰ

※共通テストの「外国語 英語」受験者は外国語検定試験の利用可。満点を上限として所定の点数を加点。

［個別学力検査］ 1科目 ①面接▶口頭試問を含む

※書類審査および面接の結果を総合して合格内定者を決定。さらに共通テストの総得点が概ね70%に達した者を最終合格者とする。

園芸学部

前期 【園芸学科・応用生命化学科・緑地環境学科】［共通テスト(475)］ 8科目 ①国(100) ②外(100・英〈R80＋L20〉)▶英・独・仏・中・韓から1 ③地歴・公民(50)▶「地総・歴総・公から2」・「地総・地探」・「歴総・日探」・「歴総・世探」・「公・倫」・「公・政経」から1 ④⑤数(50×2)▶「数Ⅰ・数A」・「数Ⅱ・数B・数C」 ⑥⑦理(50×2)▶物・化・生・地学から2 ⑧情(25)▶情Ⅰ

［個別学力検査(900)］ 4科目 ①外(300)▶英コミュⅠ・英コミュⅡ・英コミュⅢ ②数(300)▶数Ⅰ・数Ⅱ・数Ⅲ・数A・数B(数列)・数C(ベク・平面) ③④理(150×2)▶「物基・物」・「化基・化」・「生基・生」から2

【食料資源経済学科】 ［共通テスト(475)］ 8科目 ①国(100) ②外(100・英〈R80＋L20〉)▶英・独・仏・中・韓から1 ③④数(50×2)▶「数Ⅰ・数A」・「数Ⅱ・数B・数C」 ⑤情(25)▶情Ⅰ ⑥⑦⑧地歴・公民・理(50×3)▶「〈地総・地探〉・〈歴総・日探〉・〈歴総・世探〉・〈公・倫〉・〈公・政経〉から2」・「〈物基・化基・生基・地学基から2〉・物・化・生・地学から1」または「〈地総・歴総・公から2〉・〈地総・地探〉・〈歴総・日探〉・〈歴総・世探〉・〈公・倫〉・〈公・政経〉から1」・「〈物基・化基・生基・地学基から2〉物・化・生・地学から2」

［個別学力検査(900)］ 2科目 ①外(450)▶英コミュⅠ・英コミュⅡ・英コミュⅢ ②数(450)▶数Ⅰ・数Ⅱ・数A・数B(数列)・数C(ベク)

後期 【園芸学科・応用生命化学科・緑地環境学科】［共通テスト(475)］ 7科目 前期と同じ

［個別学力検査(400)］【化学科】 2科目 ①②理(200×2)▶「物基・物」・「化基・化」・「生基・生」から2

【食料資源経済学科】 ［共通テスト(475)］ 8科目 ①国(100) ②外(100・英〈R80＋L20〉)▶英・独・仏・中・韓から1 ③地歴・公民(50)▶「地総・歴総・公から2」・「地総・地探」・「歴総・日探」・「歴総・世探」・「公・倫」・「公・政経」から1 ④⑤数(100)▶「数Ⅰ・数A」・「数Ⅱ・数B・数C」 ⑥⑦理(50×2)▶物・化・生・地学から2 ⑧情(25)▶情Ⅰ

［個別学力検査(400)］ 2科目 ①②理(200×2)▶「物基・物」・「化基・化」・「生基・生」から2

総合型 【園芸学科・応用生命化学科】［共通テスト(900)］ 7科目 ①国(200) ②外(200・英〈R160＋L40〉)▶英・独・仏・中・韓から1 ③地歴・公民(100)▶「地総・歴総・公から2」・「地総・地探」・「歴総・日探」・「歴総・世探」・「公・倫」・「公・政経」から1 ④⑤数(100×2)▶「数Ⅰ・数A」・「数Ⅱ・数B・数C」 ⑥⑦理(100×2)▶物・化・生・地学から2

［個別学力検査］ 1科目 ①面接

※第1次選抜―書類審査，第2次選抜―面接の結果を総合して合格内定者を決定。さらに

共通テストの総得点が概ね70％に達した者を最終合格者とする。

【緑地環境学科】［共通テスト(300)］ **2科目** ①**外**(100・英〈R80＋L20〉)▶英・独・仏・中・韓から1 ②③**国・「地歴・公民」・数・理**(100×2)▶国・「〈地総・歴総・公から2〉・〈地総・地探〉・〈歴総・日探〉・〈歴総・世探〉・〈公・倫〉・〈公・政経〉から1」・「〈数Ⅰ・数A〉・〈数Ⅱ・数B・数C〉から1」・「物・化・生・地学から1」から2

［個別学力検査］ **1科目** ①**面接**

※第1次選抜―書類審査，第2次選抜―面接の結果を総合して合格内定者を決定。さらに共通テストの総得点が概ね70％に達した者を最終合格者とする。

医学部

前期 **［共通テスト(475)］** **8科目** ①**国**(100) ②**外**(100・英〈R80＋L20〉)▶英・独・仏から1 ③**地歴・公民**(50)▶「地総・歴総・公から2」・「地総・地探」・「歴総・日探」・「歴総・世探」・「公・倫」・「公・政経」から1 ④⑤**数**(50×2)▶「数Ⅰ・数A」・「数Ⅱ・数B・数C」 ⑥⑦**理**(50×2)▶物・化・生から2 ⑧**情**(25)▶情Ⅰ

［個別学力検査(1000)］ **5科目** ①**外**(300)▶英コミュⅠ・英コミュⅡ・英コミュⅢ ②**数**(300)▶数Ⅰ・数Ⅱ・数Ⅲ・数A・数B(数列)・数C(ベク・平面) ③④**理**(150×2)▶「物基・物」・「化基・化」・「生基・生」から2 ⑤**面接**(100)

後期 **［共通テスト(475)］** **8科目** 前期と同じ

［個別学力検査(1000)］ **5科目** ①**外**(300)▶英コミュⅠ・英コミュⅡ・英コミュⅢ・論表Ⅰ・論表Ⅱ・論表Ⅲ ②**数**(300)▶数Ⅰ・数Ⅱ・数Ⅲ・数A・数B(数列)・数C(ベク・平面) ③④**理**(150×2)▶「物基・物」・「化基・化」・「生基・生」から2 ⑤**面接**(100)

薬学部

前期 **［共通テスト(475)］** **8科目** ①**国**(100) ②**外**(100・英〈R80＋L20〉)▶英・独・仏・中・韓から1 ③**地歴・公民**(50)▶「地総・歴総・公から2」・「地総・地探」・「歴総・日探」・「歴総・世探」・「公・倫」・「公・政経」から1 ④⑤**数**(50×2)▶「数Ⅰ・数A」・「数Ⅱ・数B・数C」 ⑥⑦**理**(50×2)▶物・化・生から2 ⑧**情**(25)▶情Ⅰ

［個別学力検査(900)］ **4科目** ①**外**(300)▶英コミュⅠ・英コミュⅡ・英コミュⅢ ②**数**(300)▶数Ⅰ・数Ⅱ・数Ⅲ・数A・数B(数列)・数C(ベク・平面) ③④**理**(150×2)▶「化基・化」必須，「物基・物」・「生基・生」から1

後期 **【薬科学科】［共通テスト(475)］** **8科目** ①**国**(100) ②**外**(100・英〈R80＋L20〉)▶英・独・仏・中・韓から1 ③**地歴・公民**(50)▶「地総・歴総・公から2」・「地総・地探」・「歴総・日探」・「歴総・世探」・「公・倫」・「公・政経」から1 ④⑤**数**(50×2)▶「数Ⅰ・数A」・「数Ⅱ・数B・数C」 ⑥⑦**理**(50×2)▶物・化・生から2 ⑧**情**(25)▶情Ⅰ

［個別学力検査(300)］ **2科目** ①②**理**(150×2)▶「化基・化」必須，「物基・物」・「生基・生」から1

学校推薦型 **【薬学科】［共通テスト］** **8科目** ①**国** ②**外**▶英・独・仏・中・韓から1 ③**地歴・公民**▶「地総・歴総・公から2」・「地総・地探」・「歴総・日探」・「歴総・世探」・「公・倫」・「公・政経」から1 ④⑤**数**▶「数Ⅰ・数A」・「数Ⅱ・数B・数C」 ⑥⑦**理**▶物・化・生から2 ⑧**情**▶情Ⅰ

［個別学力検査］ **1科目** ①**面接**

※書類審査，面接および共通テストの成績を総合して判定。

看護学部

前期 **［共通テスト(475)］** **8科目** ①**国**(100) ②**外**(100・英〈R80＋L20〉)▶英・独・仏・中・韓から1 ③**地歴・公民**(50)▶「地総・歴総・公から2」・「地総・地探」・「歴総・日探」・「歴総・世探」・「公・倫」・「公・政経」から1 ④⑤**数**(50×2)▶「数Ⅰ・数A」・「数Ⅱ・数B・数C」 ⑥⑦**理**(50×2)▶物・化・生から2 ⑧**情**(25)▶情Ⅰ

［個別学力検査(900)］ **4科目** ①**外**(300)▶英コミュⅠ・英コミュⅡ・英コミュⅢ ②③**理**(250×2)▶「物基・物」・「化基・化」・「生基・生」から2 ④**面接**(100)

学校推薦型 **［共通テスト(370)］** **6科目**

①国(100) ②外(100・英〈R80＋L20〉)▶英・独・仏から1 ③地歴・公民(50)▶「地総・歴総・公から2」・「地総・地探」・「歴総・日探」・「歴総・世探」・「公・倫」・「公・政経」から1 ④数(50)▶「数Ⅰ・数A」・「数Ⅱ・数B・数C」から1 ⑤理(50)▶物・化・生から1 ⑥情(20)▶情Ⅰ

[個別学力検査] **2科目** ①小論文 ②面接

※書類審査，小論文および面接の結果を総合して合格内定者を決定。さらに共通テストの総得点が概ね65％に達した者を最終合格者とする。

その他の選抜

園芸産業創発学プログラム選抜(園芸学部園芸学科，食料資源経済学科)，社会人選抜(文学部人文学科歴史学コース，看護学部)，先進科学プログラム(飛び入学)学生選抜，私費外国人留学生選抜。

偏差値データ (2024年度)

●一般選抜

＊共通テスト・個別計/満点

学部／学科・課程／コース	2024年度 駿台予備学校 合格目標ライン	2024年度 河合塾 ボーダー得点率	2024年度 河合塾 ボーダー偏差値	2023年度実績 募集人員	受験者数	合格者数	合格最低点＊	競争率 '23年	競争率 '22年
●前期									
国際教養学部									
国際教養	56	71%	60	83	283	103	919/1350	2.7	2.4
文学部									
人文／行動科学	54	71%	57.5	49	171	53	607/1000	3.2	3.5
／歴史学	55	72%	60	23	90	26	671/1050	3.5	3.5
／日本・ユーラシア文化	54	71%	60	28	95	35	792/1350	2.7	4.0
／国際言語文化学	55	71%	57.5	25	58	29	593/1000	2.0	2.5
法政経学部									
法政経	53	72%	57.5	295	884	327	735/1350	2.7	2.6
教育学部									
学校教員養成／小学校科	53	67%	50	124	274	141	700/1450	1.9	2.0
／中学校(国語科)	52	71%	55	6	14	7	非開示/1450	2.0	2.0
(社会科)	52	71%	55	5	19	7	非開示/1450	2.7	2.3
(数学科)	54	71%	57.5	8	37	9	非開示/1450	4.1	4.7
(理科科)	53	71%	55	8	23	12	792/1450	1.9	2.7
(技術科)	47	58%	50	5	8	5	非開示/1450	1.6	2.5
／小中専門教科(音楽科)	44	60%	50	10	10	9	非開示/1450	1.1	1.2
(図画工作・美術科)	44	60%	50	12	10	7	非開示/1450	1.4	1.2
(保健体育科)	45	63%	52.5	20	34	21	770/1450	1.6	1.6
(家庭科)	47	60%	50	12	23	13	685/1450	1.8	1.6
／英語教育	52	70%	57.5	30	48	32	874/1450	1.5	2.0
／特別支援教育	50	60%	52.5	23	57	28	660/1450	2.0	1.3
／乳幼児教育	53	64%	55	15	26	15	734/1450	1.7	2.7
／養護教諭	50	64%	55	20	34	21	698/1450	1.6	1.6
理学部									
数学・情報数理	55	73%	60	29	165	30	775/1350	5.5	6.1

学部／学科・課程／コース	駿台予備学校 合格目標ライン	河合塾 ボーダー得点率	河合塾 ボーダー偏差値	募集人員	受験者数	合格者数	合格最低点*	競争率 '23年	競争率 '22年
	2024年度			2023年度実績					
物理	54	72%	57.5	23	101	25	740/1350	4.0	4.4
化	54	72%	57.5	31	122	36	713/1350	3.4	3.3
生物	54	70%	57.5	29	129	31	744/1350	4.2	3.3
地球科	52	69%	55	30	101	33	638/1350	3.1	2.9
工学部									
総合工／建築学	53	73%	60	50	206	54	663/1350	3.8	4.0
／都市工学	52	72%	55	30	107	33	669/1350	3.2	3.1
／デザイン	52	71%	57.5	44	176	48	657/1350	3.7	4.0
／機械工学	53	72%	57.5	55	197	62	638/1350	3.2	3.2
／医工学	53	72%	57.5	30	103	35	654/1350	2.9	3.0
／電気電子工学	52	72%	57.5	56	234	60	680/1350	3.9	4.0
／物質科学	51	71%	55	70	214	87	584/1350	2.5	1.6
／共生応用化学	52	71%	57.5	72	147	80	598/1350	1.8	2.0
情報・データサイエンス学部									
	54	73%	57.5	49	245	66	676/1350	3.7	4.0
園芸学部									
園芸	49	67%	55	44	149	55	623/1350	2.7	2.9
応用生命化	50	73%	57.5	20	56	23	641/1350	2.4	3.1
緑地環境	49	65%	55	40	167	54	578/1350	3.1	3.0
食料資源経済	49	67%	57.5	17	106	25	737/1350	4.2	4.6
医学部									
医〔一般枠〕	68	86%	67.5	82	238	89	983/1450	2.7	2.6
〔地域枠〕	67	86%	67.5	20	48	20	856/1450	2.4	2.8
薬学部									
(学部一括募集)	59	78%	62.5	70	412	78	769/1350	5.3	4.8
看護学部									
看護	52	67%	52.5	49	153	61	705/1350	2.5	2.3
●後期									
文学部									
人文／行動科学	55	79%	—	15	89	17	564/850	5.2	3.8
／歴史学	55	79%	—	3	25	3	非開示/850	8.3	7.7
法政経学部									
法政経	58	79%	—	70	252	99	459/850	2.5	2.6
理学部									
数学・情報数理	60	80%	62.5	15	93	22	468/750	4.2	4.2
物理	58	79%	62.5	12	68	20	526/750	3.4	3.0
化	57	79%	62.5	8	49	13	490/650	3.8	3.3
生物	59	78%	62.5	10	88	15	633/900	5.9	4.7
地球科	53	78%	57.5	5	19	5	非開示/750	3.8	4.8
工学部									
総合工／建築学	55	79%	60	19	138	21	674/1150	6.6	5.6
／都市工学	54	78%	57.5	12	86	17	667/1150	5.1	6.4

学部／学科・課程／コース	2024年度			2023年度実績					
	駿台予備学校	河合塾		募集人員	受験者数	合格者数	合格最低点*	競争率	
	合格目標ライン	ボーダー得点率	ボーダー偏差値					'23年	'22年
／機械工学	55	78%	60	19	131	19	699/1150	6.9	5.6
／医工学	55	78%	60	9	55	9	非開示/1150	6.1	4.8
／電気電子工学	54	78%	60	20	143	22	718/1150	6.5	4.1
／共生応用化学	54	77%	60	25	109	30	634/1150	3.6	3.5
園芸学部									
園芸	51	72%	55	9	62	12	487/850	5.2	5.7
応用生命化	51	77%	57.5	7	37	12	526/850	3.1	5.4
緑地環境	50	69%	55	17	67	20	503/850	3.4	4.3
食料資源経済	50	72%	57.5	8	33	10	562/850	3.3	2.2
医学部									
医〔一般枠〕	71	89%	72.5	15	63	17	1138/1450	3.7	2.4
薬学部									
薬科	57	80%	62.5	10	83	13	526/750	6.4	6.7

●駿台予備学校合格目標ラインは合格可能性80%に相当する駿台模試の偏差値です。●競争率は受験者÷合格者の実質倍率
●河合塾ボーダー得点率は合格可能性50%に相当する共通テストの得点率です。
また，ボーダー偏差値は合格可能性50%に相当する河合塾全統模試の偏差値です。
●合格者10人以下は非開示
●医学部医学科〔一般枠〕の前期・後期は２段階選抜を実施。

併設の教育機関　大学院

人文公共学府

教員数▶教授67名，准教授33名
院生数▶175名（人文社会科学研究科を含む）
博士前期課程▶ ●**人文科学専攻**　基盤文化，多文化共生，教育・学修支援の３コース。
●**公共社会科学専攻**　公共学，経済・経営学，Economics in Englishの３コース。
博士後期課程▶ 人文公共学専攻

専門法務研究科（法科大学院）

教員数▶教授13名，准教授11名
院生数▶68名
専門職学位課程▶ ●**法務専攻**　修業年限が３年の未修者コースと，２年の既修者コース。１学年40名の定員に対して約20名の専任教員を配する少人数教育により，高度な専門知識と柔軟な思考力を修得した人間性豊かな法曹を養成する。

教育学研究科

教員数▶教授41名，准教授41名
院生数▶165名
修士課程▶ ●**学校教育学専攻**　教育発達支援，横断型授業づくり，言語・社会，理数・技術，芸術・体育の5つの系を置く。学際的なアプローチによって問題に的確に対応できる人材の育成をめざす。
専門職学位課程▶ ●**高度教職実践専攻**　実践的指導力やスクールマネジメント力を磨くとともに，専門的知識を体系的に学びリーダーとして活躍できる教員を養成する。
博士後期課程▶ 学校教育学専攻（東京学芸大学大学院連合学校教育学研究科）

融合理工学府

教員数▶教授93名，准教授102名
院生数▶1,675名（工学・融合科学研究科を

含む）

博士前期課程 ●数学情報科学専攻　数学・情報数理学，情報科学の２コース。

●地球環境科学専攻　地球科学，リモートセンシング，都市環境システムの３コース。

●先進理化学専攻　物理学，物質科学，化学，共生応用化学，生物学，量子生命科学の６コース。

●創成工学専攻　建築学，イメージング科学，デザインの３コース。

●基幹工学専攻　機械工学，医工学，電気電子工学の３コース。

博士後期課程 数学情報科学専攻，地球環境科学専攻，先進理化学専攻，創成工学専攻，基幹工学専攻

園芸学研究科

教員数▶教授29名，准教授18名
院生数▶304名

博士前期課程 ●環境園芸学専攻　園芸科学，ランドスケープ学，国際環境園芸学の３コース。アジアで最も伝統ある園芸とランドスケープに特化した教育・研究を行う。

博士後期課程 環境園芸学専攻

医学薬学府

教員数▶教授63名，准教授40名
院生数▶764名

修士課程 ●医科学専攻　高齢医学，環境健康科学，ゲノム医科学・再生医療分野や先端生命科学など多様な知識を備え，科学の社会的役割と責任を正しく理解できる人間性を持ち，国民のニーズに応え得る医学・医療系の人材を育成。

●総合薬品科学専攻　疾病の治療・診断に有効な医薬品の開発をめざし，有機化学，薬理学，生化学，製剤学などの幅広い知識を有する人材，環境健康科学分野で活躍できる人材を育成する。

４年制博士課程 ●先端医学薬学専攻　医学・薬学並びに関連分野において創造的，先端的研究活動を行うに必要な研究能力およびその基礎となる豊かな学識，全人的視野を有する医療従事者，生命科学研究者を育成する。

●先進予防医学共同専攻　千葉大学・金沢大学・長崎大学による３大学共同大学院。

博士後期課程 先端創薬科学専攻

看護学研究科

教員数▶教授19名，准教授11名
院生数▶157名

博士前期課程 ●看護学専攻　看護学コースは教育・研究者を，看護学実践コースは看護管理学・高度実践看護学・特定看護学の３プログラムで研究力とリーダーシップを備えた高度実践者・看護管理者を育成する。

博士後期課程 看護学専攻

総合国際学位プログラム

教員数数▶教授８名，准教授８名
院生数数▶９名

修士課程 ●総合国際学位プログラム　社会課題と学術知を結合する高度な能力を有する人材を育成する。人文公共学府と融合理工学府との緊密な連係および協力のもと，教育課程を実施。

データサイエンス学府

教員数▶教授15名，准教授18名（予定）

博士後期課程 ●情報・データサイエンス専攻　'24年新設。総合大学の幅広い専門分野との緊密な連携による従来の枠を超えた教育・研究を展開し，情報・データサイエンスの実践分野と先端分野が機動的に連携できる研究環境を構築。

お茶の水女子大学

資料請求

問合せ先 入試課 ☎03-5978-5151・5152

大学の理念

1875（明治８）年，現在の御茶ノ水駅近くに創設された東京女子師範学校が前身。グローバルに活躍できる女性リーダーの育成に力を入れており，学生の海外派遣・語学研修や英語で学ぶACTプログラム，英語によるサマープログラム(集中講義)などの取り組みを積極的に推進。また，従来の教養課程に代わる21世紀型文理融合リベラルアーツを導入し，学際的な視野でコミュニケーションを通じて問題解決ができる実践力を備えた人材を育成，専門教育にも複数プログラム選択履修制度を導入し，近年は数理・データサイエンスの教育の推進にも力を入れている。『学ぶ意欲のあるすべての女性にとって，真摯な夢の実現の場として存在する』の標語のもと，社会のニーズに機敏に対応しながら，有能な女性リーダーを多数各界に輩出し続けている。

● お茶の水女子大学キャンパス……〒112-8610　東京都文京区大塚2-1-1

基本データ

学生数▶女2,039名
専任教員数▶教授82名，准教授60名，講師29名

設置学部▶文教育，理，生活科，共創工
併設教育機関▶大学院一人間文化創成科学(M・D)

就職・卒業後の進路

就職率 98.2％
就職者÷希望者×100

● **就職支援**　学生・キャリア支援センターが，進路や就職に関する相談に通年で対応。就職ガイダンス・セミナーから，企業の担当者や卒業生との情報交換会，企業・官庁説明会，面接対策などの実践的な指導まで，さまざまなサポートを行っている。

● **資格取得支援**　消費生活アドバイザー，１・２級建築士，管理栄養士の受験資格を得るためのキャリア支援プログラムがある。

● **大学院生へのサポート**　女性が生涯にわたって学んでいけるよう，ベビールームや保育所，子どもと一緒に宿泊できる学内施設の整備など，学業・研究を円滑に行える環境を整えている。また，卒業生が科目等履修生や聴講生などとして入学する場合は，入学料が無料になる。

進路指導者も必見 学生を伸ばす 面倒見

初年次教育	学修サポート
「お茶の水女子大学論」で自校教育などの帰属意識の醸成，「ICTとコミュニケーションスキル」でプレン技法，「情報処理演習」でITの基礎技術，情報収集や資料整理の方法などを身につける	全学部でTA制度，オフィスアワー制度を導入。教学IR・教育開発・学修支援センターでは専門のスタッフが履修および学習相談に応じている

オープンキャンパス(2023年度実績) 7月に開催(事前申入制)。在学生によるキャンパスツアー，学長への質問コーナー，学科・コース・講座説明会や新フンボルト入試説明・合格者座談会などを実施。終了後も，特設サイトで動画を公開。

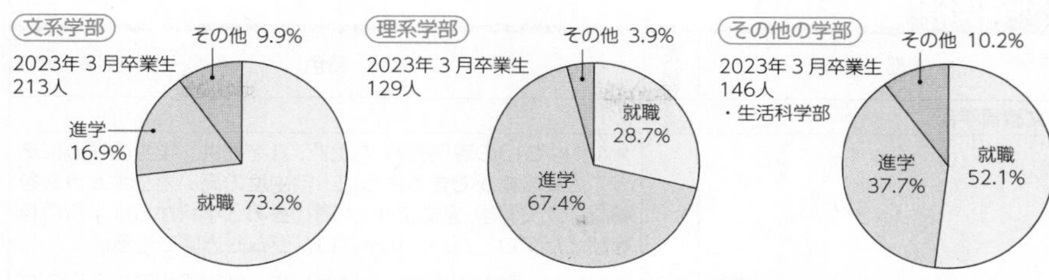

主なOB・OG ▶ ［文教育］柴門ふみ（漫画家，エッセイスト），［文教育］吉村美栄子（山形県知事），［理］黒田玲子（生物物理学者），［文教育］井上あさひ（NHKアナウンサー）など。

国際化・留学　大学間 86 大学・部局間 6 大学

受入れ留学生数 ▶ 74名（2023年５月１日現在）
留学生の出身国・地域 ▶ 中国，韓国，オーストラリア，台湾。
外国人専任教員 ▶ 教授２名，准教授４名，講師２名（2023年５月１日現在）
大学間交流協定 ▶ 86大学（交換留学先84大学，2023年８月１日現在）
部局間交流協定 ▶ ６大学（交換留学先６大学，2023年８月１日現在）
海外への留学生数 ▶ 渡航型108名・オンライン型41名／年（20カ国・地域，2022年度）
海外留学制度 ▶「交換留学」は，協定校へ１年以内で留学，原則として派遣先の授業料は免除され，取得した単位は卒業単位として認定される。「海外短期研修」は，休暇期間を利用して１～２カ月間，英語や多言語による授業，世界各国の研修生との交流，インターンシップなどの研修を実施。また，各学科主催の語学研修や，理系学生のための研修プログラムなどもある。できるだけ多くの学生が海外経験を積めるように，交換留学制度や短期研修プログラムの拡充，奨学金制度や単位互換制度の整備，短期留学に対応しやすい４学期制の導入などを進めている。国際教育センターが留学に関する個別相談対応，危機管理指導など，万全な支援体制を敷いている。

学費・奨学金制度

入学金 ▶ 282,000円
年間授業料（施設費等を除く）▶ 535,800円
主な奨学金制度 ▶「みがかずば奨学金（予約型）」は，入試出願前に高校経由で申請し，1・２年次に各30万円を支給。「学部生成績優秀者奨学金」は，１～２年次の成績・人物ともに優秀で，休学期間のない学部３年生に10万円を支給。ほかに，各学部より推薦された学部３年生を対象とする「桜蔭会奨学金」や海外留学を支援する「海外留学特別奨学金」，「創立140周年記念海外留学支援奨学基金」などがある。

保護者向けインフォメーション

● **説明会**　受験希望者とその保護者を対象に大学見学を実施。また，在学生の保護者を対象に留学に関する説明会を開催。
● **防災システム**　入学時に「災害時対応マニュアルポケット版」および「お茶の水女子大防災パンフレット」を配布。被災した際の学生の安否は，大学独自システム「ANPIC」を利用して確認する。

インターンシップ科目	必修専門ゼミ	卒業論文	GPA制度の導入の有無および活用例	１年以内の退学率	標準年限での卒業率
全学部で開講している	全学部で３・４年次に実施	全学部で卒業要件	奨学金や授業料免除対象者の選定基準，留学候補者の選考，学生に対する個別の学修指導に活用	1.6%	99.2%

学部紹介

学部／学科	定員	特色
文教育学部		
		▶4学科で13の専門教育プログラムを提供。学生の関心にそって広く学修ができるように，自由度の高いカリキュラムを編成。人文科学・言語文化・人間社会の３学科からは学科の枠を超えたグローバル文化学プログラムも志望できる。
人文科	50	▷哲学・倫理学・美術史，比較歴史学，地理環境学の３プログラム。
言語文化	73	▷日本語・日本文学，中国語圏言語文化，英語圏言語文化，仏語圏言語文化の４プログラム。
人間社会科	37	▷社会学，教育科学，子ども学の３プログラム。
芸術・表現行動	25	▷舞踊教育学専修，音楽表現専修の２プログラム。
● 取得可能な資格…教職（国・地歴・公・社・音・保体・英・中，小一種，幼一種），学芸員など。 ● 進路状況…………就職73.2%　進学16.9% ● 主な就職先………東京都庁，中央省庁，アクセンチュア，NTTドコモ，凸版印刷，オリエンタルランド，バンダイ，KPMGコンサルティング，アサヒビール，リクルートなど。		
理学部		
数	20	▷現代数学の基礎を学び数学的思考力を身につける。
物理	20	▷理論と実験，仮説と実証を積み重ね，真理を探究する。
化	20	▷物質をその原子・分子の結合と変化という視座から考察。
生物	24	▷微生物からヒトまで，多種多様な「生き物」の複雑で多様な生命現象を研究する。
情報科	36	▷女子大ならではのユニークな視点から日常生活に密着した情報科学を開拓する。
● 取得可能な資格…教職（数・理・情），学芸員など。 ● 進路状況…………就職28.7%　進学67.4% ● 主な就職先………SCSK，ヴァリューズ，日本マイクロソフト，PwCアドバイザリー，アクセンチュア，日本放送協会，日本電気，IHI，IBMなど。		
生活科学部		
食物栄養	36	▷「食と人を見つめるサイエンス」をキーワードに，科学的視点と実践力を身につけた食物栄養学の専門家を育成する。
人間生活	39	▷社会経済問題に取り組み，政策を提案する「生活社会科学」，文化事象を歴史と今日的視野で探求する「生活文化学」の２プログラム。
心理	26	▷「認知・生物系」「社会・福祉系」「医療・健康系」「発達・教育系」の４領域で理論と実践を段階的に学ぶ。
● 取得可能な資格…教職（家，栄養），学芸員，栄養士，管理栄養士・受験資格など。 ● 進路状況…………就職52.1%　進学37.7% ● 主な就職先………日鉄ソリューションズ，敷島製パン，ソニー生命保険，NTTデータ，東京都庁，朝日新聞社，日本銀行，LIXIL，インテージ，日立製作所など。		

キャンパスアクセス［お茶の水女子大学キャンパス］東京メトロ丸ノ内線―茗荷谷より徒歩７分／東京メトロ有楽町線―護国寺より徒歩８分

共創工学部		
人間環境工	26	▷NEW! '24年新設。人の健康と安全，住まいと建築のデザイン，都市の衛生と持続可能な環境，生活を支える材料などにおける新しい技術の実装・普及をめざす。
文化情報工	20	▷NEW! '24年新設。情報・工学技術を用いて，文学，言葉，芸術，歴史，地理，思想などに関する多種多様な情報をデジタル化し，分析を行い，新たな作品や価値を創出。
● 取得可能な資格…学芸員，1・2級建築士受験資格など。 ● 進路状況…………上記生活科学部参照。 ● 主な就職先………野村総合研究所，積水ハウス，URシステムズ，東日本電信電話，大和証券など(旧人間・環境科学科実績)。		

キャンパス

全学部……［お茶の水女子大学キャンパス］東京都文京区大塚2-1-1

2025年度入試要項(予告)

●募集人員

学部／学科(専修プログラム)		前期	後期
▶文教育	人文科	32	8
	言語文化	59	—
	人間社会科	22	5
	芸術・表現行動(舞踊教育学)	12	—
	(音楽表現)	5	2
▶理	数	14	3
	物理	14	3
	化	15	3
	生物	17	3
	情報科	21	8
▶生活科	食物栄養	31	3
	人間生活	32	—
	心理	23	—
▶共創工	人間環境工	19	5
	文化情報工	14	—

※高大連携特別選抜(附属高校からの学校推薦型選抜・共創工学部を除く3学部で定員10名)は前期に含む。

※文系学科における総合型選抜の募集人員(12名)は前期に含む。

● 2段階選抜

志願者数が募集人員を大幅に上回った場合，前期は募集人員の約6倍，後期は約10倍で行う。ただし，後期の理学部〈数・物理・化学科〉では実施しない。

注)募集人員および2段階選抜は2024年度の実績です。

▷共通テストの英語はリスニングを含む。

▷共通テストの地歴・公民から2科目選択する場合，「公・倫」と「公・政経」の組み合わせは不可。

文教育学部

前期 ［共通テスト400)］ **8**科目 ①国(200) ②**外**(200・英〈R100＋L100〉)▶英・独・仏・中・韓から1 ③④**地歴・公民**(100×2)▶「地総・地探」・「歴総・日探」・「歴総・世探」・「公・倫」・「公・政経」から2 ⑤⑥**数**(100×2)▶「数Ⅰ・数A」・「数Ⅱ・数B・数C」 ⑦**理**(100)▶「物基・化基・生基・地学基から2」・物・化・生・地学から1 ⑧**情**(50)▶情Ⅰ

※合計950点を400点に換算する

［個別学力検査(400)］【人文科学科・人間社会科学科】 **2**科目 ①**外**(200)▶英コミュⅠ・英コミュⅡ・英コミュⅢ ②**国・数**(200)▶「現国・言語・論国・古典」・「数Ⅰ・数Ⅱ・数A・数B(数列)・数C(ベク)」から1

【言語文化学科】 **2**科目 ①**国**(200)▶現国・言語・論国・古典 ②**外**(200)▶英コミュⅠ・英コミュⅡ・英コミュⅢ

【芸術・表現行動学科〈舞踊〉】 **3**科目 ①**外**(100)▶英コミュⅠ・英コミュⅡ・英コミュⅢ ②**国・数**(100)▶「現国・言語・論国・古典」・「数Ⅰ・数Ⅱ・数A・数B(数列)・数C(ベク)」から1 ③**実技**(200)

【芸術・表現行動学科〈音楽〉】 **3**科目 ①**外**(200)▶英コミュⅠ・英コミュⅡ・英コミュⅢ ②**国・数**(200)▶「現国・言語・論国・古典」・「数

Ⅰ・数Ⅱ・数A・数B（数列）・数C（ベク）」から1 ③**実技** ※実技検査科目（各100点満点）の平均点が60点未満もしくは50点未満の科目がある場合は不合格。

後期 **【人文科学科】［共通テスト(150)］** **3科目** ①②③④⑤**国・外・「地歴・公民・理」・数・情**(50・英〈R25＋L25〉×3) ▶国・「英・独・仏・中から1」・「〈地総・地探〉・〈歴総・日探〉・〈歴総・世探〉・〈公・倫〉・〈公・政経〉・〈物基・化基・生基・地学基から2〉・物・化・生・地学から1」・「〈数Ⅰ・数A〉・〈数Ⅱ・数B・数C〉」・情Ⅰから3

［個別学力検査(100)］ **1科目** ①**小論文**(100) ※英和辞典（電子式を除く）持込可

【人間社会科学科】 ［共通テスト(500)］ **8科目** ①**国**(100) ②**外**(100・英〈R50＋L50〉) ▶英・独・仏・中から1 ③④**地歴・公民**(50×2) ▶「地総・地探」・「歴総・日探」・「歴総・世探」・「公・倫」・「公・政経」から2 ⑤⑥**数**(50×2) ▶「数Ⅰ・数A」・「数Ⅱ・数B・数C」 ⑦**理**(50) ▶「物基・化基・生基・地学基から2」・物・化・生・地学から1 ⑧**情**(50) ▶情Ⅰ

［個別学力検査(100)］ **1科目** ①**小論文**(100)

【芸術・表現行動学科〈音楽〉】 ［共通テスト(400)］ **4科目** ①**国**(100) ②**外**(200・英〈R100＋L100〉) ▶英・独・仏・中から1 ③④**数**(50×2) ▶「数Ⅰ・数A」・「数Ⅱ・数B・数C」

［個別学力検査］ **1科目** ①**実技** ※実技検査科目（各100点満点）の平均点が60点未満もしくは50点未満の科目がある場合は不合格。

理学部

前期 **【数学科】［共通テスト(250)］** **8科目** ①**国**(50) ②**外**(50・英〈R25＋L25〉) ▶英・独・仏から1 ③**地歴・公民**(25) ▶「地総・歴総・公から2」・「地総・地探」・「歴総・日探」・「歴総・世探」・「公・倫」・「公・政経」から1 ④⑤**数**(25×2) ▶「数Ⅰ・数A」・「数Ⅱ・数B・数C」 ⑥⑦**理**(25×2) ▶物・化・生・地学から2 ⑧**情**(25) ▶情Ⅰ

［個別学力検査(500)］ **4科目** ①**外**(100) ▶英コミュⅠ・英コミュⅡ・英コミュⅢ ②③**数**(共通100＋専門200) ▶数Ⅰ・数Ⅱ・数Ⅲ・数A・数B（数列）・数C（ベク・平面） ④**理**(100) ▶「物基・物」・「化基・化」・「生基・生」から1

【物理学科】 ［共通テスト(275)］ **8科目** ①**国**(25) ②**外**(R50＋L50) ▶英 ③**地歴・公民**(25) ▶「地総・歴総・公から2」・「地総・地探」・「歴総・日探」・「歴総・世探」・「公・倫」・「公・政経」から1 ④⑤**数**(25×2) ▶「数Ⅰ・数A」・「数Ⅱ・数B・数C」 ⑥⑦**理**(25×2) ▶物必須，化・生・地学から1 ⑧**情**(25) ▶情Ⅰ

［個別学力検査(450)］ **4科目** ①**外**(50) ▶英コミュⅠ・英コミュⅡ・英コミュⅢ ②③**数**(共通100＋数学100) ▶数Ⅰ・数Ⅱ・数Ⅲ・数A・数B（数列）・数C（ベク・平面） ④**理**(200) ▶物基・物

【化学科】 ［共通テスト(500)］ **8科目** ①**国**(100) ②**外**(R50＋L50) ▶英 ③**地歴・公民**(50) ▶「地総・歴総・公から2」・「地総・地探」・「歴総・日探」・「歴総・世探」・「公・倫」・「公・政経」から1 ④⑤**数**(50×2) ▶「数Ⅰ・数A」・「数Ⅱ・数B・数C」 ⑥⑦**理**(50×2) ▶化必須，物・生・地学から1 ⑧**情**(50) ▶情Ⅰ

［個別学力検査(550)］ **4科目** ①**外**(100) ▶英コミュⅠ・英コミュⅡ・英コミュⅢ ②**数**(共通100) ▶数Ⅰ・数Ⅱ・数Ⅲ・数A・数B（数列）・数C（ベク・平面） ③④**理**(必須250＋選択100) ▶「化基・化」必須，「物基・物」・「生基・生」から1

【生物学科】 ［共通テスト(400)］ **8科目** ①**国**(50) ②**外**(100・英〈R50＋L50〉) ▶英・独・仏から1 ③**地歴・公民**(25) ▶「地総・歴総・公から2」・「地総・地探」・「歴総・日探」・「歴総・世探」・「公・倫」・「公・政経」から1 ④⑤**数**(50×2) ▶「数Ⅰ・数A」・「数Ⅱ・数B・数C」 ⑥⑦**理**(50×2) ▶生必須，物・化・地学から1 ⑧**情**(25) ▶情Ⅰ

［個別学力検査(500)］ **4科目** ①**外**(100) ▶英コミュⅠ・英コミュⅡ・英コミュⅢ ②**数**(共通100) ▶数Ⅰ・数Ⅱ・数Ⅲ・数A・数B（数列）・数C（ベク・平面） ③④**理**(必須200＋選択100) ▶「生基・生」必須，「物基・物」・「化基・化」から1

【情報科学科】 ［共通テスト(500)］ **8科目** ①**国**(100) ②**外**(100・英〈R50＋L50〉) ▶英・独・仏から1 ③**地歴・公民**(50) ▶「地総・歴総・公から2」・「地総・地探」・「歴総・日探」・

「歴総・世探」・「公・倫」・「公・政経」から1 ④⑤数(50×2)▶「数Ⅰ・数A」・「数Ⅱ・数B・数C」 ⑥⑦理(50×2)▶物・化・生・地学から2 ⑧情(50)▶情Ⅰ
[個別学力検査(500)] 4科目 ①外(100)▶英コミュⅠ・英コミュⅡ・英コミュⅢ ②数(共通200)▶数Ⅰ・数Ⅱ・数Ⅲ・数A・数B(数列)・数C(ベク・平面) ③④数・理(100×2)▶「数Ⅰ・数Ⅱ・数Ⅲ・数A・数B(数列)・数C(ベク・平面)」・「物基・物」・「化基・化」・「生基・生」から2
後期 【数学科】[共通テスト(500)] 5科目 ①外(50・英〈R25＋L25〉)▶英・独・仏から1 ②③数(200×2)▶「数Ⅰ・数A」・「数Ⅱ・数B・数C」 ④⑤理(25×2)▶物・化・生・地学から2
[個別学力検査] 課さない。
【物理学科】 [共通テスト(650)] 8科目 ①国(50) ②外(R50＋L50)▶英 ③地歴・公民(50)▶「地総・歴総・公から2」・「地総・地探」・「歴総・日探」・「歴総・世探」・「公・倫」・「公・政経」から1 ④⑤数(100×2)▶「数Ⅰ・数A」・「数Ⅱ・数B・数C」 ⑥⑦理(100×2)▶物必須，化・生・地学から1 ⑧情(50)▶情Ⅰ
[個別学力検査] 課さない。
【化学科】 [共通テスト(600)] 8科目 ①国(100) ②外(R50＋L50)▶英 ③地歴・公民(50)▶「地総・歴総・公から2」・「地総・地探」・「歴総・日探」・「歴総・世探」・「公・倫」・「公・政経」から1 ④⑤数(50×2)▶「数Ⅰ・数A」・「数Ⅱ・数B・数C」 ⑥⑦理(100×2)▶化必須，物・生・地学から1 ⑧情(50)▶情Ⅰ
[個別学力検査(150)] 1科目 ①論述試験(150)
【生物学科】 [共通テスト(300)] 8科目 ①国(25) ②外(50・英〈R25＋L25〉)▶英・独・仏から1 ③地歴・公民(25)▶「地総・歴総・公から2」・「地総・地探」・「歴総・日探」・「歴総・世探」・「公・倫」・「公・政経」から1 ④⑤数(25×2)▶「数Ⅰ・数A」・「数Ⅱ・数B・数C」 ⑥⑦理(62.5×2)▶生必須，物・化・地学から1 ⑧情(25)▶情Ⅰ
[個別学力検査(300)] 1科目 ①面接(300)▶口述試験を含む
【情報科学科】 [共通テスト(1000)] 7科目 ①国(100) ②外(200・英〈R100＋L100〉)▶英・独・仏から1 ③地歴・公民(50)▶「地総・歴総・公から2」・「地総・地探」・「歴総・日探」・「歴総・世探」・「公・倫」・「公・政経」から1 ④⑤数(200×2)▶「数Ⅰ・数A」・「数Ⅱ・数B・数C」 ⑥⑦理(100×2)▶物・化・生・地学から2 ⑧情(50)▶情Ⅰ
[個別学力検査(200)] 1科目 ①論述試験(200)

生活科学部

前期 【食物栄養学科】 [共通テスト(500)] 8科目 ①国(75) ②外(100・英〈R50＋L50〉)▶英・独・仏・中から1 ③地歴・公民(50)▶「地総・地探」・「歴総・日探」・「歴総・世探」・「公・倫」・「公・政経」から1 ④⑤数(50×2)▶「数Ⅰ・数A」・「数Ⅱ・数B・数C」 ⑥⑦理(75×2)▶物・化・生から2 ⑧情(25)▶情Ⅰ
[個別学力検査(500)] 3科目 ①外(200)▶英コミュⅠ・英コミュⅡ・英コミュⅢ ②数(200)▶数Ⅰ・数Ⅱ・数A・数B(数列)・数C(ベク) ③理(100)▶「物基・物」・「化基・化」・「生基・生」から1
【人間生活学科】 [共通テスト(500)] 8科目 ①国(100) ②外(100・英〈R50＋L50〉)▶英・独・仏・中から1 ③④地歴・公民(50×2)▶「地総・地探」・「歴総・日探」・「歴総・世探」・「公・倫」・「公・政経」から2 ⑤⑥数(50×2)▶「数Ⅰ・数A」・「数Ⅱ・数B・数C」 ⑦理(50)▶「物基・化基・生基・地学基から2」・物・化・生・地学から1 ⑧情(50)▶情Ⅰ
[個別学力検査(500)] 2科目 ①外(250)▶英コミュⅠ・英コミュⅡ・英コミュⅢ ②国・数(250)▶「現国・言語・論国・古典」・「数Ⅰ・数Ⅱ・数A・数B(数列)・数C(ベク)」から1
【心理学科】[共通テスト(500)] 7科目 ①国(100) ②外(100・英〈R50＋L50〉)▶英・独・仏・中から1 ③地歴・公民(50)▶「地総・歴総・公から2」・「地総・地探」・「歴総・日探」・「歴総・世探」・「公・倫」・「公・政経」から1 ④⑤数(50×2)▶「数Ⅰ・数A」・「数Ⅱ・数B・数C」 ⑥理(100)▶「物基・化基・生基・地学基から2」・物・化・生・地学から1 ⑦情(50)▶情Ⅰ

[個別学力検査(500)] 2科目 ①外(250)▶英コミュⅠ・英コミュⅡ・英コミュⅢ ②国・数(250)▶「現国・言語・論国・古典」・「数Ⅰ・数Ⅱ・数A・数B(数列)・数C(ベク)」から1

後期 【食物栄養学科】[共通テスト(700)] 7科目 ①国(50) ②外(200・英〈R100+L100〉)▶英・独・仏・中から1 ③地歴・公民(50)▶「地総・地探」・「歴総・日探」・「歴総・世探」・「公・倫」・「公・政経」から1 ④⑤数(100×2)▶「数Ⅰ・数A」・「数Ⅱ・数B・数C」 ⑥⑦理(100×2)▶物・化・生から2

[個別学力検査] 1科目 ①面接 ※ABC評価により合格判定の資料とする。

共創工学部

前期 【人間環境工学科】[共通テスト(500)] 8科目 ①国(100) ②外(100・英〈R50+L50〉)▶英・独・仏・中から1 ③地歴・公民(50)▶「地総・地探」・「歴総・日探」・「歴総・世探」・「公・倫」・「公・政経」から1 ④⑤数(50×2)▶「数Ⅰ・数A」・「数Ⅱ・数B・数C」 ⑥⑦理(50×2)▶物・化・生・地学から2 ⑧情(50)▶情Ⅰ

[個別学力検査(500)] 4科目 ①外(150)▶英コミュⅠ・英コミュⅡ・英コミュⅢ ②数(150)▶数Ⅰ・数Ⅱ・数A・数B(数列)・数C(ベク) ③④数・理(100×2)▶「数Ⅰ・数Ⅱ・数Ⅲ・数A・数B(数列)・数C(ベク・平面)」・「物基・物」・「化基・化」・「生基・生」から2

【文化情報工学科】[共通テスト(500)] 8科目 ①国(100) ②外(100・英〈R50+L50〉)▶英・独・仏・中・韓から1 ③④数(50×2)▶「数Ⅰ・数A」・「数Ⅱ・数B・数C」 ⑤情(50)▶情Ⅰ ⑥⑦⑧「地歴・公民」・理(50×3)▶「〈地総・地探〉・〈歴総・日探〉・〈歴総・世探〉・〈公・倫〉・〈公・政経〉から1」・「物・化・生・地学から2」または「〈地総・地探〉・〈歴総・日探〉・〈歴総・世探〉・〈公・倫〉・〈公・政経〉から2」・「〈物基・化基・生基・地学基から2〉・物・化・生・地学から1」

[個別学力検査(400)] 2科目 ①外(200)▶英コミュⅠ・英コミュⅡ・英コミュⅢ ②国・数(200)▶「現国・言語・論国・古典」・「数Ⅰ・数Ⅱ・数A・数B(数列)・数C(ベク)」から1

後期 【人間環境工学科】[共通テスト(800)] 8科目 ①国(50) ②外(200・英〈R100+L100〉)▶英・独・仏・中から1 ③地歴・公民(50)▶「地総・地探」・「歴総・日探」・「歴総・世探」・「公・倫」・「公・政経」から1 ④⑤数(100×2)▶「数Ⅰ・数A」・「数Ⅱ・数B・数C」 ⑥⑦理(100×2)▶物・化・生・地学から2 ⑧情(100)▶情Ⅰ

[個別学力検査] 1科目 ①面接

※ABC評価により合格判定の資料とする。

その他の選抜

学校推薦型選抜は文教育学部40名，生活科学部10名，総合型選抜(新フンボルト入試)は文系学科(文教育学部人文学科，言語文化学科，人間社会学科，生活科学部人間生活学科，心理学科，共創工学部文化情報工学科)12名，理学部19名，生活科学部食物栄養学科，共創工学部人間環境工学科各2名を募集。ほかに帰国生徒・外国学校出身者特別選抜，私費外国人留学生特別選抜を実施。

注)募集人員は2024年度の実績です。

偏差値データ（2024年度）

●一般選抜

学部／学科／専修	2024年度 駿台予備学校 合格目標ライン	2024年度 河合塾 ボーダー得点率	2024年度 河合塾 ボーダー偏差値	'23年度 競争率
●前期				
▶文教育学部				
人文科	57	75%	60	2.4
言語文化	56	75%	60	2.3
人間社会科	56	77%	65	2.7
／教育科学・子ども学コース	53	75%	62.5	（同上）
芸術・表現行動／舞踊教育学	51	68%	57.5	1.8
／音楽表現	52	68%	57.5	1.4
▶理学部				
数	54	70%	60	2.7
物理	54	70%	55	1.9
化	55	74%	57.5	2.4
生物	55	73%	57.5	2.8
情報科	55	74%	57.5	3.0
▶生活科学部				
食物栄養	57	76%	62.5	3.3
人間生活	59	74%	62.5	2.4
心理	57	77%	62.5	2.5
▶共創工学部				
人間環境工	56	76%	60	2.6
文化情報工	58	78%	65	新
●後期				
▶文教育学部				
人文科	61	87%	—	3.9
人間社会科	59	83%	—	3.8
／教育科学・子ども学コース	53	81%	—	（同上）
芸術・表現行動／音楽表現	53	70%	—	1.5
▶理学部				
数	58	84%	—	5.6
物理	57	83%	—	3.3
化	57	77%	—	1.7
生物	56	76%	—	2.9
情報科	56	80%	—	2.5
▶生活科学部				
食物栄養	59	81%	—	8.3
▶共創工学部				
人間環境工	58	79%	—	2.4

- 駿台予備学校合格目標ラインは合格可能性80％に相当する駿台模試の偏差値です。
- 河合塾ボーダー得点率は合格可能性50％に相当する共通テストの得点率です。また，ボーダー偏差値は合格可能性50％に相当する河合塾全統模試の偏差値です。
- 競争率は受験者÷合格者の実質倍率

UEC 電気通信大学

資料請求

問合せ先 入試課 ☎042-443-5103

大学の理念

1918（大正7）年創設の社団法人電信協会無線電信講習所が起源。1949（昭和24）年に新制「電気通信大学」として開学。「日本全国に開かれた大学を創ろう」との精神から，大学名に地名を含まない。時代の進展に合わせ専門分野を拡充，情報・電気・通信を中核としつつ，物理工学，材料科学，生命科学，光工学，エレクトロニクス，ロボティクス，機械工学，メディアなど広範な分野での教育・研究を行う。国がめざす未来社会の形として提唱されている「Society5.0」を本学では『イノベーションを生む機能を内包する「持続的自立進化＋多様な幸せ度最大化」社会』と定義し，その実現に向けて多様性，相互理解，イノベーションで表される「D.C.&I戦略」を策定。未来を創造する教育研究の一大拠点として挑戦を続けている。

● 電気通信大学キャンパス……〒182-8585　東京都調布市調布ヶ丘1-5-1

基本データ

学生数 ▸ 3,371名（男2,968名，女403名）
専任教員数 ▸ 教授135名，准教授123名，講師4名

設置学域 ▸ 情報理工
併設教育機関 ▸ 大学院－情報理工学（M・D）

就職・卒業後の進路

就職率 95.2%
就職者÷希望者×100

● **就職支援**　キャリア支援センター主催による年間を通じた就職ガイダンス，セミナー，各種対策講座の開催やキャリアカウンセラーによる学生への就職指導・個別相談対応など，学生一人ひとりの適性・専門性を生かした支援を行っている。ほかにも同窓会「目黒会」による就職支援もあり，分野別業界研究セミナーの開催やキャリア支援センターと同様に模擬面接・個別相談等実施しており活動内容は多岐にわたる。

● **大学院進学**　情報理工学域（学部）の卒業生のおよそ7割が大学院へ進み，そのうち9割以上が本学の情報理工学研究科へ進学する。博士前期課程を修了したのち，修士の学位を得て就職する学生が多いものの，修了者の1割程度の学生が博士後期課程に進学している。

進路指導者も必見 学生を伸ばす 面倒見

初年次教育

「コンピュータリテラシー」でITの基礎技術を学ぶほか，「キャリア教育基礎」で論理的思考や問題発見・解決能力の向上を図っている

学修サポート

TA・SA制度，オフィスアワー制度，教員1人が学生約30人を担当する教員アドバイザー制度を導入。また，学生支援センター（学生何でも相談室）を設置するほか，定期的に英語試験対策セミナーを実施

オープンキャンパス（2023年度実績） 夏と秋の2回オープンキャンパスをハイブリッド形式で開催。大学説明会や入試説明会などを行うほか，研究室の公開，施設見学，受験相談などを実施。

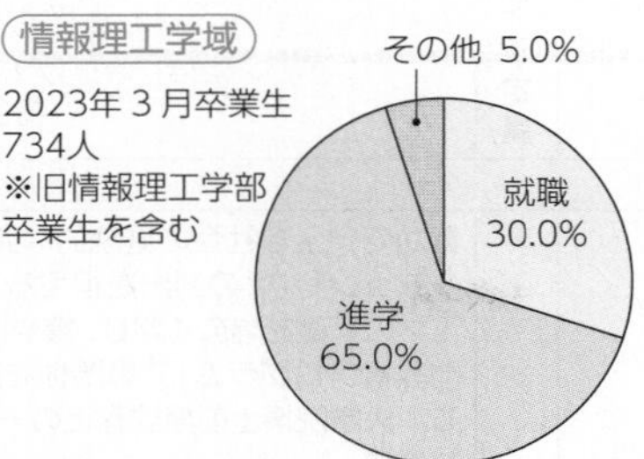

主なOB・OG▶［旧電気通信］飯島澄男（研究者），［旧電気通信］久夛良木健（プレイステーション開発者），［旧電気通信］東志保（Lily MedTech社長）

国際化・留学　大学間 61 大学等・部局間 1 大学

受入れ留学生数▶52名（2023年5月1日現在）
留学生の出身国▶中国，韓国，モンゴル，マレーシアなど。
外国人専任教員▶教授９名，准教授12名（2023年５月１日現在）
外国人専任教員の出身国▶中国，アメリカ。
大学間交流協定▶61大学・機関（交換留学先33大学，2023年５月１日現在）
部局間交流協定▶１大学（2023年５月１日現在）
海外への留学生数▶渡航型29名／年（６カ国・地域，2022年度）
海外留学制度▶「交換留学」は半年から１年の長期プログラム。留学先大学での正規授業履修や研究交流に重点を置く。「語学留学」は２～５週間の短期プログラムで，語学・文化研修や異文化での生活体験に重点を置く。また，海外の企業や政府機関などの協力を得て実施される国際インターンシップ，タイの大学でロボット・メカトロニクスなどに関する技術研修を行うサマープログラムなどもある。コンソーシアムはIOREMに参加している。

学費・奨学金制度　給付型奨学金総額 年間 1,180 万円

入学金▶282,000円（夜間主141,000円）
年間授業料（施設費等を除く）▶535,800円（夜間主267,900円）
年間奨学金総額▶11,800,000円
年間奨学金受給者数▶48名
主な奨学金制度▶成績優秀で学修意欲にあふれる学生への修学支援に年額20万円を給付する「UEC学域奨学金制度」や，学業の成果を評価し，年額50万円を給付する「UEC成績優秀者特待生制度」などを設置。また，学費減免制度があり，2022年度は96人を対象に総額で約1,889万円を減免している。

保護者向けインフォメーション

- **成績確認**　成績不振や進級審査不合格の通知を郵送している。
- **保護者会**　６月に新入生の保護者を対象とした「UEC FAMILY MEETING」を開催し，４年間の修学スケジュールや学生生活上の問題点など，保護者の理解を助ける情報を共有。11月には保護者向け就職ガイダンスを実施。また，学園活動後援会では後援会だよりを発行。
- **防災対策**　「地震対応マニュアル」を配布。学生が被災した際の安否は，独自の「安否確認システム」を使用して確認する。

インターンシップ科目	必修専門ゼミ	卒業論文	GPA制度の導入の有無および活用例	１年以内の退学率	標準年限での卒業率
開講している	４年次に実施	先端工学基礎課程（夜間主）を除き卒業要件	奨学金等対象者の選定，留学候補者の選考，大学院入試の選抜基準に活用するほか，GPAに応じた履修上限単位数を設定している	1.7%	76.1%

学部紹介

学域／類・課程	定員	特色
情報理工学域		
		豊かで安全な社会の継続的な発展を支える「総合コミュニケーション科学」の創出を担える人材を育成。１年次に情報理工学の基礎を幅広く学び，緩やかな括りである「類」，15の「専門教育プログラム」で専門性を高め４年次に研究室に所属する。大学院博士前期課程との一貫性に配慮したカリキュラムを編成。
Ⅰ類（情報系）	255	▷情報に関わる学問の基礎を広く学ぶ。２年次で情報に関わる分野全般に共通するコンピュータ，アルゴリズム，プログラムと専門分野の基礎を修得し，３年次からはメディア情報学，経営・社会情報学，情報数理工学，コンピュータサイエンス，デザイン思考・データサイエンスの５教育プログラムのいずれかで専門性を高める。
Ⅱ類（融合系）	235	▷融合の進む情報と理工において新たな学問領域に進むための基礎と，融合領域がめざましい発展を遂げる科学技術の最先端を学ぶ。２年次以降，セキュリティ情報学，情報通信工学，電子情報学，計測・制御システム，先端ロボティクスの５教育プログラムのいずれかで専門性を高める。
Ⅲ類（理工系）	230	▷これまでにない新しい機能を持つ物質やデバイスの創造とそのメカニズムの起源を探究するとともに人間と環境に調和するものづくりに貢献する学問分野。２年次後学期以降の専門分野を学ぶ教育プログラムは機械システム，電子工学，物理工学を土台に，光工学，化学生命工学も対象とする。
先端工学基礎（夜間主）	30	▷原則社会人を対象とし，平日の夜間と土曜日に開講だが，昼間の授業も一部履修可能。１・２年次でものづくりマインドを育成し，工学基礎を徹底して学び，３年次からは情報，メディア，通信，電子，機械，制御に関する専門科目を学ぶ。

● **取得可能な資格**…教職（数・理・情）など。
● **進路状況**…………就職30.0%　進学65.0%（旧情報理工学部実績を含む）
● **主な就職先**………NTTデータ，NTTコムウェア，富士通，NECソリューションイノベータ，メイテック，日本総合研究所，横河計測，任天堂，パナソニック，ソニーなど。

▶キャンパス

情報理工学域……［電気通信大学キャンパス］東京都調布市調布ヶ丘1-5-1

2025年度入試要項（予告）

●募集人員

学域／類		前期	後期
▶情報理工	Ⅰ類（情報系）	126	96
	Ⅱ類（融合系）	114	89
	Ⅲ類（理工系）	114	85

※前期・後期とも個別学力検査による優先合格者枠があり，個別学力検査の高得点者について，前期45名以内，後期30名以内を優先的に合格者とする。

※私費外国人留学生選抜の募集人員（若干名）は前期に含む。

※先端工学基礎課程（夜間主）は総合型選抜でのみ募集。

●２段階選抜

後期の入学志願者が募集人員の約８倍を超えた場合に行うことがある。

注）募集人員および２段階選抜は2024年度の実績です。

▷共通テストの英語はリスニングを含む。

キャンパスアクセス［電気通信大学キャンパス］京王線一調布より徒歩5分

情報理工学域

前期　**［共通テスト(500)］**　**8**科目　①国(100)　②**外**(100・英〈R75＋L25〉)▶英・独・仏・中・韓から1　③**地歴・公民**(50)▶「地総・地探」・「歴総・日探」・「歴総・世探」・「公・倫」・「公・政経」から1　④⑤**数**(50×2)▶「数Ⅰ・数A」・「数Ⅱ・数B・数C」　⑥⑦**理**(50×2)▶物・化・生・地学から2　⑧**情**(50)▶情Ⅰ

［個別学力検査(500)］　**4**科目　①**外**(100)▶英コミュⅠ・英コミュⅡ・英コミュⅢ・論表Ⅰ・論表Ⅱ・論表Ⅲ　②**数**(200)▶数Ⅰ・数Ⅱ・数Ⅲ・数A・数B(数列)・数C(ベク・平面)　③④**理・情**(100×2)▶「物基・物」・「化基・化」・情Ⅰから2

後期　**［共通テスト(350)］**　**8**科目　①国(50)　②**外**(50・英〈R37.5＋L12.5〉)▶英・独・仏・中・韓から1　③**地歴・公民**(50)▶「地総・地探」・「歴総・日探」・「歴総・世探」・「公・倫」・「公・政経」から1　④⑤**数**(25×2)▶「数Ⅰ・数A」・「数Ⅱ・数B・数C」　⑥⑦**理**(50×2)▶物・化・生・地学から2　⑧**情**(50)▶情Ⅰ

［個別学力検査(600)］　**4**科目　①**外**(100)▶英コミュⅠ・英コミュⅡ・英コミュⅢ・論表Ⅰ・論表Ⅱ・論表Ⅲ　②**数**(300)▶数Ⅰ・数Ⅱ・数Ⅲ・数A・数B(数列)・数C(ベク・平面)　③④**理**(物120＋化80)▶「物基・物」・「化基・化」

その他の選抜

学校推薦型選抜は類別，総合型選抜は類別と先端工学基礎課程(夜間主)で募集。Ⅰ類(情報系)の学校推薦型選抜および総合型選抜(昼)においてCBT (Computer Based Testing) を活用した科目「情報Ⅰ」を含む入学者選抜を導入予定。ほかに私費外国人留学生選抜を実施。

偏差値データ(2024年度)

●一般選抜

学域／類	2024年度 駿台予備学校 合格目標ライン	2024年度 河合塾 ボーダー得点率	2024年度 河合塾 ボーダー偏差値	'23年度 競争率
●前期				
▶情報理工学域				
Ⅰ類(情報系)	53	74%	57.5	3.7
Ⅱ類(融合系)	54	73%	55	3.0
Ⅲ類(理工系)	52	70%	55	2.2
●後期				
▶情報理工学域				
Ⅰ類(情報系)	54	76%	57.5	4.4
Ⅱ類(融合系)	55	75%	57.5	2.9
Ⅲ類(理工系)	53	74%	57.5	2.6

- 駿台予備学校合格目標ラインは合格可能性80％に相当する駿台模試の偏差値です。
- 河合塾ボーダー得点率は合格可能性50％に相当する共通テストの得点率です。また，ボーダー偏差値は合格可能性50％に相当する河合塾全統模試の偏差値です。
- 競争率は受験者÷合格者の実質倍率
- 合格者には第1志望類以外での合格を含む。
- 受験者，合格者には追試験の受験者・合格者を含みません。

東京大学（とうきょうだいがく）

資料請求

問合せ先 入試事務室 ☎03-5841-1222

大学の理念

1877（明治10）年，東京開成学校と東京医学校が合併し，日本で最初の国立大学として創設。1949（昭和24）年，学制改革により東京大学となった。現在は10学部，15の大学院研究科・教育部，11の附置研究所（先端科学技術研究センター含む），附属・研究施設などで構成され，本郷・駒場・柏の3キャンパスを中心に全国に展開。教育の国際化・実質化・高度化を推進し，初年次ゼミナールのブラッシュアップ，教養教育や分野横断型授業の一層の拡充，グローバルリーダー育成プログラムやトライリンガル・プログラムの実施など，日本を代表する大学として，存在価値をより高めるべく変化し続けている。各分野の最先端の学問に触れられる環境の中で，「自ら原理に立ち戻って考える力」「忍耐強く考え続ける力」「自ら新しい発想を生み出す力」の３つの基礎力を鍛錬し，「知のプロフェッショナル」を育成する。

- 本郷地区キャンパス……〒113-8654　東京都文京区本郷7-3-1
- 駒場地区キャンパス……〒153-8902　東京都目黒区駒場3-8-1
- 柏地区キャンパス………〒277-8581　千葉県柏市柏の葉5-1-5

基本データ

学生数▶13,974名（男11,044名，女2,930名）
専任教員数▶教授1,350名，准教授986名，講師297名
設置学部▶法・経済・文・教育・教養・工・理・農・薬・医
併設教育機関▶大学院（P.1259参照）

就職・卒業後の進路

● **就職支援**　各学部で就職支援を行うほか，その支援を補完する形でキャリアサポート室を設置し，就職情報の提供や，各種イベントを開催。１日で業界・企業理解と併せて，さまざまな企業のインターンシップ情報が得られる業界研究＆インターンシップセミナーをはじめ，OBOG座談会，幅広い業種の外資系企業を知ることができるグローバルキャリアフェア，大学限定の合同企業説明会，就職活動の時期に応じたキャリアガイダンスや各種ワークショップも実施。専任のキャリアアドバイザーが個別相談にも対応している。

進路指導者も必見 **学生を伸ばす 面倒見**

初年次教育
初年次ゼミナール文科・理科を開講し，初歩的な研究課題に取り組み，基礎的な学術スキルを身につける。また，学習成果をプレゼンテーションや小論文として発表することで，大学での能動的な学習への転換を図っている

学修サポート
教養学部では多くの授業でTAを配置。また，学生相談所を設置し，学習を支援する態勢を整えている。さらに，進学情報センターでは，進学選択や履修などについて，理系・文系の教員が相談に応じている

オープンキャンパス（2023年度実績）　８月に「高校生のための東京大学オープンキャンパス」をオンラインで開催。参加登録制（一部の企画は要事前申込）。説明会や模擬講義のライブ・録画映像配信や，バーチャル東大を公開。

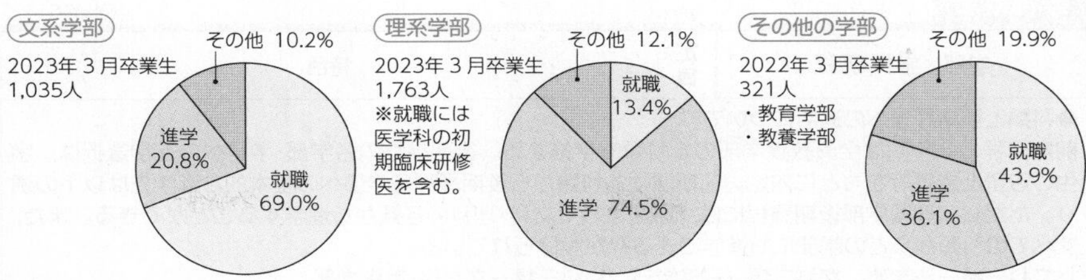

主なOB・OG▶［理］小柴昌俊（ノーベル物理学賞受賞者），［法］山田洋次（映画監督），［工］野口聡一（宇宙飛行士），［文］香川照之（俳優），［工］菊川怜（タレント），［農］桝太一（アナウンサー／科学者）など。

国際化・留学　大学間 161 大学等・部局間 393 大学等

受入れ留学生数▶447名（2023年５月１日現在）

留学生の出身国・地域▶中国，韓国，台湾，インド，ブラジル，イギリス，アメリカなど。

外国人専任教員▶教授39名，准教授58名，講師26名（2023年５月１日現在）

外国人専任教員の出身国▶中国，韓国，アメリカ，イギリス，フランスなど。

大学間交流協定▶161大学・機関（交換留学先103大学，2023年５月１日現在）

部局間交流協定▶393大学・機関（交換留学先290大学，2023年５月１日現在）

海外への留学生数▶渡航型164名／年（18カ国・地域，2023年５月１日現在）

海外留学制度▶グローバルキャンパス推進本部が留学の情報提供や問い合わせに対応。春の留学フェア，秋の留学説明会では学内外のプログラムを紹介，留学経験者に直接相談できる機会を提供している。協定校への「交換留学」（１学期～１年），カリフォルニア大学でアメリカ政治と国際関係などを学ぶUC派遣，短期留学にはIARUに加盟する世界トップレベルの11大学が開講する学生交流プログラムやグローバルリーダー育成海外プログラム（GLP-GEfIL），授業科目「国際研修」，企画から携われるボランティアや就労「体験活動プログラム」のほか，オンラインで提供されるプログラムもある。

学費・奨学金制度

入学金▶282,000円

年間授業料（施設費等を除く）▶535,800円

主な奨学金制度▶経済的な理由により修学困難な入学志望者に年額50万円を給付する「東京大学学部学生奨学金」や，入学後自宅外通学となる女子学生を対象に卒業まで年額60万円を給付する「さつき会奨学金」などを設置している。このほか，「ジュニアスタッフ制度」では大学の公的な活動業務に参画する学生に対して，奨励費を支給している。

保護者向けインフォメーション

●**懇談会**　在学生の父母や卒業生で東大駒場友の会を組織し，教養学部と共済で「新入生保護者と教養学部長の懇談会」を開催（2023年は対面・オンラインのハイブリッド）。友の会会報も年２回発行している。

●**防災対策**　「駒場Ｉキャンパス防災マニュアル」をHPに掲載。被災した際の学生の安否確認を行う「安否確認サービス」を導入。

インターンシップ科目	必修専門ゼミ	卒業論文	GPA制度の導入の有無および活用例	１年以内の退学率	標準年限での卒業率
NA	NA	NA	NA	NA	NA

学部紹介

学部／学科・課程	定員	特色
◆科類と後期課程への進学について 前期課程の２年間は全員教養学部の６科類で学修する。後期課程の各学部・学科への進学選択は，学生の志望と成績等をもとに内定。前期課程各科類から後期課程各学部への基本的な進学先は以下の通り。ただし，教養学部後期課程には，原則として文科・理科の各類から進学することができる。また，すべての科類からどの学部にも進学できる枠が設けられている。 ▷文科一類―法学部，文科二類―経済学部，文科三類―文学部・教育学部 ▷理科一類―工学部・理学部・薬学部・農学部・医学部，理科二類―農学部・薬学部・理学部・工学部・医学部，理科三類―医学部		
法学部		
	400	▷司法・行政・立法を多種多様な角度から学び，法的思考と政治学的識見の基礎を身につけた人材を輩出するための教育・研究を行う。第１類（法学総合コース），第２類（法律プロフェッション・コース），第３類（政治コース）を設置。また，法科大学院進学プログラム（法曹コース）では早期卒業制度を利用して入学から５年で大学院の修了も可能。
● **取得可能な資格**…教職（公）。 ● **進路状況**…………就職56.3%　進学26.4%		
経済学部		
		▶国内最高規模の経済学関係図書を有し，コンピュータ，データベースも充実。演習などの少人数教育を重視。
経済	170	▷財政，金融，産業，労働，国際経済などの広範な経済現象を，統計的，数理的，制度的，歴史的な分析手法により把握・分析する。
経営	100	▷企業の諸活動や経営組織での人間行動を多様な分析手法を用いて，把握・分析することをめざす。
金融	70	▷金融工学，マクロ金融政策，企業財務，企業会計などについてより深く学ぶ。
● **取得可能な資格**…教職（公）。 ● **進路状況**…………就職82.7%　進学12.5%		
文学部		
人文	350	▶哲学，中国思想文化学，インド哲学仏教学，倫理学，宗教学宗教史学，美学芸術学，イスラム学，日本史学，東洋史学，西洋史学，考古学，美術史学，言語学，日本語日本文学（国語学），日本語日本文学（国文学），中国語中国文学，インド語インド文学，英語英米文学，ドイツ語ドイツ文学，フランス語フランス文学，スラヴ語スラヴ文学，南欧語南欧文学，現代文芸論，西洋古典学，心理学，社会心理学，社会学の27専修課程。専修課程ごとに大学院まで接続する研究室がある。
● **取得可能な資格**…教職（国・地歴・公・社・英），学芸員など。 ● **進路状況**…………就職70.8%　進学22.4%		

キャンパスアクセス ［本郷キャンパス］東京メトロ丸ノ内線―本郷三丁目，千代田線―湯島・根津より徒歩８分，南北線―東大前より徒歩1分／都営地下鉄大江戸線―本郷三丁目より徒歩６分

教育学部		
総合教育科	95	▷基礎教育学，教育社会科学，心身発達科学の３専修に５コースを設定。基礎教育学コースでは，哲学・歴史・人間・臨床の視点から「教育とは何か」を考える。比較教育社会学コースでは，社会科学の手法で「社会現象，文化現象」として教育をとらえる。教育実践・政策学コースは，学校教育から生涯学習・教育行政など現場そのものを研究する。教育心理学コースは，「教育心理学」と「臨床心理学」の２領域を学び，人間の学習行動や認知活動とその発達など幅広く学ぶ。身体教育学コースでは，身体の構造・機能，脳の働き，心身の健康に関する考察，教育応用に取り組む。
● 取得可能な資格…教職（地歴・公・社・保体），司書，司書教諭，学芸員など。 ● 進路状況…………就職53.0%　進学14.0%		
教養学部		
		▶全学部に進学する学生の前期課程教育を担当するとともに，独自に専門教育を行う後期課程を擁する。英語による授業プログラムPEAKの後期課程「国際日本研究コース」「国際環境学コース」も設置され，要件を満たせば進学できる。
教養	65	▷超域文化科学，地域文化研究，総合社会科学の３分科に以下の18コースを設置する。文化人類学，表象文化論，比較文学比較芸術，現代思想，学際日本文化論，学際言語科学，言語態・テクスト文化論，イギリス研究，フランス研究，ドイツ研究，ロシア東欧研究，イタリア地中海研究，北アメリカ研究，ラテンアメリカ研究，アジア・日本研究，韓国朝鮮研究，相関社会科学，国際関係論。
学際科	25	▷科学技術論，地理・空間，総合情報学，広域システム，国際環境学の５つのコースに進化学を含めた６つのサブプログラムを設置。文理を問わず，多様な方法論を駆使して総合的な課題解決をめざす。
統合自然科	50	▷「数理自然」「物質基礎」「統合生命」「認知行動」「スポーツ科学」の５コースを設置し，自然科学の知を統合して，新たな分野を開拓できる人材を育成する。
● 取得可能な資格…教職（国・地歴・公・社・数・理・情・英）。 ● 進路状況…………就職39.3%　進学47.4%		
工学部		
		▶工学の専門性を深化させる講義だけでなく，自ら取り組む演習，課題解決型プロジェクト演習，インターンシップ，卒業研究などで学生の創造性を涵養する。
社会基盤	40	▷設計・技術戦略，政策・計画，国際プロジェクトの３コース。次代の環境創造を担う人材を育成する。
建築	60	▷住まいから都市までを築く創造力と，建築・都市の設計を行う人材を養成する。
都市工	50	▷都市環境工学，都市計画の２コース制。都市や環境の諸問題に対し，専門的な見地から解決するための方法論を探求。
機械工	85	▷機械工学を基盤に，新しい機械や機械システムの創造を通じて，安心安全で豊かな持続型社会の実現に貢献する。
機械情報工	40	▷機械とコンピュータの融合を追究。情報に形を与え，モノに命を吹き込むことのできる人材育成をめざす。

キャンパスアクセス [弥生キャンパス] 東京メトロ丸ノ内線一本郷三丁目より12分，千代田線一湯島・根津より徒歩８分，南北線一東大前より徒歩1分／都営地下鉄大江戸線一本郷三丁目より10分

航空宇宙工	52	▷航空宇宙システムと航空宇宙推進の２コース制。最先端技術だけでなく，異分野の知見を統合して価値を作り出す。
精密工	45	▷知的機械・バイオメディカル・生産科学の分野までを対象に，人と機械の未来をデザインする創造的なテーマに挑む。
電子情報工	40	▷情報，ネットワーク，メディアを中心に，電気電子工学科とともに，現代技術の中枢を担う情報・電気・電子の技術を最先端の応用へと展開していく学力と知識を養う。
電気電子工	75	▷1873年に世界初の電気系専門学科として誕生した歴史と伝統，フロンティア精神を大切にしながら，電磁気学・量子物理学を中心とした物理学を基盤に教育・研究を行う。
物理工	50	▷最先端の物理学から新しい学問と産業を拓く人材を育成。物性物理全般の基礎と応用を講義，実験，演習で学ぶ。
計数工	55	▷数理情報工学とシステム情報工学の２コース。新しい科学技術の創出に向けた「普遍的な原理・方法論」の構築をめざす。
マテリアル工	75	▷バイオマテリアル，環境・基盤マテリアル，ナノ・機能マテリアルの３コース。
応用化	55	▷独創性を重視し物質を自由にデザインすることで，人の役に立つ，新機能を生み出す。
化学システム工	50	▷化学を基盤に，システム的思考で具体的かつ現実的な課題解決を提示し，リアルタイムの社会貢献をめざす。
化学生命工	50	▷有機化学から生命工学までの「分子」を共通キーワードとする幅広いスペクトルの研究・教育を行う。
システム創成	116	▷環境・エネルギーシステム，システムデザイン＆マネジメント，知能社会システムの３コース。

● **取得可能な資格**…教職(数・情・工業)，１・２級建築士受験資格など。
● **進路状況**…………就職6.9%　進学85.7%

理学部

数	44	▷数学の定理・公式の「意味」を考え，背後に潜む「原理」や「真理」を理解し，自然界の摂理を解明する。
情報科	24	▷情報処理の根本原理を究明・新たな動作原理の計算機の設計など，計算機や情報そのものを研究対象とする。
物理	69	▷素粒子，宇宙，物性物理学など広範な分野を網羅し，理論と実験をそれぞれ中心とする各研究室を設置している。
天文	5	▷恒星や銀河，宇宙の仕組みを追究。少人数ならではのきめ細かい指導を行う。
地球惑星物理	32	▷物理学を軸に地球・惑星を対象として，大気海洋・個体地球・惑星宇宙のさまざまな現象を学ぶ。
地球惑星環境	19	▷地球や惑星の「環境」形成過程を実証的に解明。１週間程度のフィールドワークを国内はもとより海外でも行う。
化	44	▷物理・有機・無機・分析化学を基礎に，物質・生命世界を分子構造や分子集合体レベルで探索・創造・理解する。
生物化	15	▷生命現象の分子レベルでの理解を目標に，神経科学，体内時計，非翻訳RNA，構造生物学と創薬などの課題を扱う。
生物	18	▷多様な生物の生命活動や進化の法則の理解を目標に，直接，生物に触れられる野外実習に力を入れている。

 キャンパスアクセス ［駒場キャンパス］ 京王井の頭線―駒場東大前よりすぐ

生物情報科	10	▷実験と情報の双方のアプローチを修得し，生命をシステムとして理解するための研究に挑む。
● 取得可能な資格…教職（数・理・情）。 ● 進路状況…………就職5.7%　進学78.9%		
農学部		
応用生命科学 環境資源科学 獣医学	152 108 30	▶広大な敷地を誇るさまざまな附属施設で，フィールド体験学習の場を提供。食料，資源，環境とその中での植物，動物，微生物などの生物と人との関わり合いについて学び，地球環境の保全と社会の持続的な発展に貢献できる人材を育成。 ▷生命化学・工学，応用生物学，森林生物科学，水圏生物科学，動物生命システム科学，生物素材化学の６専修。 ▷緑地環境学，森林環境資源科学，木質構造科学，生物・環境工学，農業・資源経済学，フィールド科学，国際開発農学の７専修。 ▷獣医学の基礎科学と応用技術を習得し，動物の生命現象と病態を理解し，動物医療と公衆衛生に貢献する人材を育成。
● 取得可能な資格…教職（地歴・公・社・理・農），獣医師・１級建築士・２級建築士受験資格など。 ● 進路状況…………［応用・環境］就職21.6%　進学63.8%　［獣医］就職50.0%　進学30.0%		
薬学部		
薬科	72	▷４年制。創薬科学・基礎生命科学分野で活躍する人材養成に重点を置き，高度な能力を持った研究者の育成をめざす。
薬	8	▷６年制。高度で実践的な医療薬学の知識・技術を身につけた専門性の高い薬剤師資格を有する人材育成をめざす。
● 取得可能な資格…［薬］薬剤師受験資格。 ● 進路状況…………［薬科］就職5.2%　進学93.5%　［薬］就職62.5%　進学12.5%		
医学部		
医	110	▷患者さんを全人的に治療する医療人を育成し，ヒトの生命システムを解明するとともに新しい医学・医療を開拓する。ほとんどの実習は附属病院で行われるほか，基礎医学・臨床医学研究者を育成する試みとして，少人数のゼミ形式で行われる「MD研究者育成プログラム」（１学年約20～40名が参加）や，より早期に研究者への道を進むための「Ph.D.-M.D.コース」（医学部進学後２または３年間の修学後，直接博士課程の大学院に進学）なども設置されている。
健康総合科	40	▷環境生命科学，公共健康科学，看護科学の３専修。健康を軸に，幸福（ウェルビーイング）の向上に寄与する。
● 取得可能な資格…医師・看護師受験資格など。 ● 進路状況…………［医］初期臨床研修医60.2%　就職1.7%　進学2.5% ［健康総合科］就職25.0%　進学37.5%		

▶キャンパス

法・経済・文・教育・工・理・薬・医…［本郷キャンパス］東京都文京区本郷7-3-1
農…［弥生キャンパス］東京都文京区弥生1-1-1
教養…［駒場キャンパス］東京都目黒区駒場3-8-1

キャンパスアクセス ［柏地区キャンパス］つくばエクスプレス―柏の葉キャンパスよりバス10分または徒歩25分

2025年度入試要項（予告）

●募集人員

学部／科類・学科		前期	学校推薦型
▶教養	文科一類	401	—
	文科二類	353	
	文科三類	469	
	理科一類	1108	
	理科二類	532	
	理科三類	97	
▶法		—	10
▶経済		—	10
▶文		—	10
▶教育		—	5
▶教養		—	5
▶工		—	30
▶理		—	10
▶農		—	10
▶薬		—	5
▶医	医	—	3
	健康総合科	—	2

※学校推薦型選抜による入学者は，文科一～三類・理科一～三類の６つの科類のうち，志望学部が個別に指定する科類に分かれ，教養学部に所属して前期課程の学修を行う。前期課程修了後は，出願時に志望した学部・学科等へ進学。

●２段階選抜

前期は共通テストの成績により，各科類ごとに募集人員に対し次の倍率で行う。文科一類・二類・三類，理科三類は約3.0倍，理科一類は約2.5倍，理科二類は約3.5倍。
注）募集人員および２段階選抜は2024年度の実績です。

▷共通テストの英語はリスニングを含む。
▷個別学力検査の英語は聞き取り試験を行う。

全学部

前期 【文科一～三類】［共通テスト(110)］ **8**科目 ①国(200) ②外(200・英〈R140＋L60〉)▶英・独・仏・中・韓から１ ③④**地歴・公民**(100×2)▶「地総・地探」・「歴総・日探」・「歴総・世探」・「〈公・倫〉・〈公・政経〉から１」から２ ⑤⑥**数**(100×2)▶「数Ⅰ・数Ａ」・「数Ⅱ・数Ｂ・数Ｃ」 ⑦**理**(50×2)▶物基・化基・生基・地学基から２ ⑧**情**(100)▶情Ⅰ
※合計1000点満点を110点満点に換算する。
［個別学力検査(440)］ **5**科目 ①**国**(120)▶現国・言語・論国・文国・国表・古典 ②**外**(120)▶「英コミュⅠ・英コミュⅡ・英コミュⅢ・論表Ⅰ・論表Ⅱ・論表Ⅲ」・独・仏・中から１ ③④**地歴**(60×2)▶地探・日探・世探から２ ⑤**数**(80)▶数Ⅰ・数Ⅱ・数Ａ・数Ｂ（数列・推測）・数Ｃ（ベク）

【理科一～三類】［共通テスト(110)］ **8**科目 ①国(200) ②**外**(200・英〈R140＋L60〉)▶英・独・仏・中・韓から１ ③**地歴・公民**(100)▶「地総・地探」・「歴総・日探」・「歴総・世探」・「公・倫」・「公・政経」から１ ④⑤**数**(100×2)▶「数Ⅰ・数Ａ」・「数Ⅱ・数Ｂ・数Ｃ」 ⑥⑦**理**(100×2)▶物・化・生・地学から２ ⑧**情**(100)▶情Ⅰ
※合計1000点満点を110点満点に換算する。
［個別学力検査(440)］【理科一・二類】 **5**科目 ①**国**(80)▶現国・言語・論国・文国・国表・古典 ②**外**(120)▶「英コミュⅠ・英コミュⅡ・英コミュⅢ・論表Ⅰ・論表Ⅱ・論表Ⅲ」・独・仏・中から１ ③**数**(120)▶数Ⅰ・数Ⅱ・数Ⅲ・数Ａ・数Ｂ（数列・推測）・数Ｃ（ベク・平面） ④⑤**理**(60×2)▶「物基・物」・「化基・化」・「生基・生」・「地学基・地学」から２
【理科三類】 **6**科目 ①**国**(80)▶現国・言語・論国・文国・国表・古典 ②**外**(120)▶「英コミュⅠ・英コミュⅡ・英コミュⅢ・論表Ⅰ・論表Ⅱ・論表Ⅲ」・独・仏・中から１ ③**数**(120)▶数Ⅰ・数Ⅱ・数Ⅲ・数Ａ・数Ｂ（数列・推測）・数Ｃ（ベク・平面） ④⑤**理**(60×2)▶「物基・物」・「化基・化」・「生基・生」・「地学基・地学」から２ ⑥**面接** ※総合判定の判断資料とする。

学校推薦型 【法学部・経済学部・文学部】［共通テスト(1000)］ **9**科目 ①**国**(200) ②**外**(200・英〈R140＋L60〉)▶英・独・仏・中・韓から１ ③④**地歴・公民**(100×2)▶「地総・地探」・「歴総・日探」・「歴総・世探」・「〈公・倫〉・〈公・政経〉から１」から２ ⑤⑥**数**(100×2)▶「数Ⅰ・数Ａ」・「数Ⅱ・数Ｂ・数Ｃ」 ⑦⑧**理**(50×2)▶物基・化基・生基・地学基から２ ⑨**情**(100)▶情Ⅰ
［個別学力検査］ **1**科目 ①面接等
【教育学部・教養学部】［共通テスト(1000)］ **8**科目 ①**国**(200) ②**外**(200・英〈R140＋

L60〉）▶英・独・仏・中・韓から1　③④**数**（100×2）▶「数Ⅰ・数A」・「数Ⅱ・数B・数C」・簿・情から1　⑤**情**（100）▶情Ⅰ　⑥⑦⑧「**地歴・公民**」・**理**（100×3）▶「〈地総・地探〉・〈歴総・日探〉・〈歴総・世探〉・〈（公・倫）・（公・政経）から1〉から2」・「物基・化基・生基・地学基から2」または「〈地総・地探〉・〈歴総・日探〉・〈歴総・世探〉・〈公・倫〉・〈公・政経〉から1」・「物・化・生・地学から2」

【個別学力検査】 **1科目** ①面接等

【工学部・理学部・農学部・薬学部・医学部】［共通テスト（1000）］ **8科目** ①国（200）②外（200・英〈R140＋L60〉）▶英・独・仏・中・韓から1　③**地歴・公民**（100）▶「地総・地探」・「歴総・日探」・「歴総・世探」・「公・倫」・「公・政経」から1　④⑤**数**（100×2）▶「数Ⅰ・数A」・「数Ⅱ・数B・数C」　⑥⑦**理**（100×2）▶物・化・生・地学から2　⑧**情**（100）▶情Ⅰ

［個別学力検査］ **1科目** ①面接等

※第1次選考一書類審査，第2次選考一面接等，最終一書類審査，面接等および共通テストの成績（概ね8割以上の得点）を総合して判定。

その他の選抜

外国学校卒業学生特別選考，学部英語コース特別選考（教養学部）。

偏差値データ（2024年度）

●一般選抜

＊共通テスト・個別計/満点

学部／科類	2024年度 駿台予備学校 合格目標ライン	2024年度 河合塾 ボーダー得点率	2024年度 河合塾 ボーダー偏差値	2023年度実績 募集人員	受験者数	合格者数	合格最低点*	競争率 '23年	競争率 '22年
●前期									
教養学部									
文科一類	68	85%	67.5	401	1,188	406	343.9/550	2.9	2.9
文科二類	67	85%	67.5	353	1,045	358	342.4/550	2.9	2.9
文科三類	66	85%	67.5	469	1,392	471	340.3/550	3.0	3.0
理科一類	68	87%	67.5	1,108	2,730	1,118	315.0/550	2.4	2.4
理科二類	67	87%	67.5	532	1,845	547	313.0/550	3.4	3.4
理科三類	77	91%	72.5	97	288	97	357.7/550	3.0	3.4

●駿台予備学校合格目標ラインは合格可能性80%に相当する駿台模試の偏差値です。●競争率は受験者÷合格者の実質倍率
●河合塾ボーダー得点率は合格可能性50%に相当する共通テストの得点率です。
また，ボーダー偏差値は合格可能性50%に相当する河合塾全統模試の偏差値です。
●文科三類を除き2段階選抜を実施。

併設の教育機関　大学院

法学政治学研究科

院生数▶632名

修士課程 ●**総合法政専攻**　実定法（公法，民刑事法），基礎法学（外国法，法制史，法哲学，法社会学等），政治（政治学等）の3コース。法学・政治学の高度な学修をめざす。法学・政治学の研究者をはじめ，企業の法務担当者，公務員など専門的な研究成果を職業に生かすことを目的とする。2017年には先端ビジネスロープログラムを開始し，高度職業人の育成にも取り組んでいる。

専門職学位課程 ●**法曹養成専攻**　国民や国際社会，先端分野において活躍できる高レベルのスキルを持った法律家を生み出すことをめざす。

博士後期課程 総合法政専攻

東京　東京大学

公共政策学教育部

院生数▶305名

専門職学位課程 ●公共政策学専攻　国際的視野に立ち，政策立案・実施・評価に携わる政策実務家を育成。将来の希望に応じた，法政策，公共管理，国際公共政策，経済政策，国際プログラム（英語の授業のみで修了要件を満たすことが可能）の５コースを設置。

博士後期課程 国際公共政策学専攻

経済学研究科

院生数▶320名

修士課程 ●経済専攻　経済学，統計学，地域研究，経済史の４コース。国際的競争力・発信力を持つ人材を養成する。

●マネジメント専攻　経営学，数量ファイナンスの２コース。「現場の力」に根ざした企業経営を行えるビジネス・エリートを養成する。

博士後期課程 経済専攻，マネジメント専攻

人文社会系研究科

院生数▶722名

修士課程 ●基礎文化研究専攻　人間の思考・認識・感情・言語・表現・文物・制度についての根源的な理解をめざした研究を行う。

●日本文化研究専攻　日本社会の歴史，言葉による思想・心情表現について考究する。

●アジア文化研究専攻　アジアに起源する諸文化の伝播・交流・変容の諸相を把握し，多元的な視点から考察できる人材を養成。

●欧米系文化研究専攻　古代から現代にいたる欧米系文化の生成と展開について研究。

●社会文化研究専攻　人間と人間の相互作用の中から生まれる諸現象を研究対象とする。

●文化資源学研究専攻　文化資料体を学問研究と文化活動においての有用資源とするための高度専門職業人を養成。

●韓国朝鮮文化研究専攻　過去から現在までの韓国朝鮮文化と周辺地域との交流を研究。

博士後期課程 基礎文化研究専攻，日本文化研究専攻，アジア文化研究専攻，欧米系文化研究専攻，社会文化研究専攻，文化資源学研究専攻，韓国朝鮮文化研究専攻

教育学研究科

院生数▶471名

修士課程 ●総合教育科学専攻　基礎教育学，比較教育社会学，生涯学習基盤経営，大学経営・政策，教育心理学，臨床心理学，身体教育学の７コース。

●学校教育高度化専攻　教職開発，教育内容開発，学校開発政策の３コース。

博士後期課程 総合教育科学専攻，学校教育高度化専攻

総合文化研究科

院生数▶1,252名

修士課程 ●言語情報科学専攻　人間の知的活動の根幹，言語活動を多角的に考察する。

●超域文化科学専攻　国家や社会を超えてグローバル化した文化現象や，ジャンルを横断する文化的活動への有効なアプローチを探る。

●地域文化研究専攻　地域・ディシプリンの考究を深化させ，特殊・個別的なものから普遍性へと至る方法を模索する。

●国際社会科学専攻　国際関係論と相関社会科学の２コースから成り，国際化に伴うさまざまな現象を社会科学的に解明する。

●広域科学専攻　生命環境科学，相関基礎科学，広域システム科学の３系からなる。

●「人間の安全保障」プログラム　５専攻のいずれかに所属しつつ，そこを足場として「人間の安全保障」という新しい課題に取り組む。

●欧州研究プログラム　文系４専攻のいずれかに所属。日欧のかけ橋として社会のさまざまな方面で活躍する「市民的エリート」を養成する。

●多文化共生・統合人間学プログラム　統合人間学という21世紀型の新しい教養を修得し，多文化共生社会の実現に取り組む。

●国際人材養成プログラム　多様な価値観と多様な文化を持つ人々が重層的に交流する世界の実態と方向性を地域横断的に研究。英語

のみで修了可能。

●**国際環境学プログラム**　環境関連科学一般の幅広い枠組みを理解した上で，個別の深い課題に専門的に対処できる人材を育成する。英語のみで修了可能。

5年制博士課程　●**グローバル・スタディーズ・イニシアティヴ国際卓越大学院プログラム**　グローバル・スタディーズの主要4領域コミュニケーション，ヒストリー，ガバナンス，エシックスのいずれかを中心に，国際的な研究と教育の機会を最大限活用したカリキュラムのもとで研鑽を積む。

●**先進基礎科学推進国際卓越大学院教育プログラム**　基礎科学を牽引する高い研究能力と国際的・分野横断的問題に研究・展開する次世代型の卓越した人材を養成・輩出する。

博士後期課程　**言語情報科学専攻，超域文化科学専攻，地域文化研究専攻，国際社会科学専攻，広域科学専攻，「人間の安全保障」プログラム，日独共同大学院プログラム，多文化共生・総合人間学プログラム，国際人材養成プログラム，国際環境学プログラム**

学際情報学府

院生数▶459名

修士課程　●**学際情報学専攻**　社会情報学，文化・人間情報学，先端表現情報学，総合分析情報学，英語で教育を行うアジア情報社会コース，そして2018年に設置された臨床研究の実務能力と倫理観を有する生物統計家を育成する生物統計情報学の6コースで構成。各コースにはそれぞれの目標と領域があるが，多くの教員は複数のコースで学生を指導し，また学生は所属コース以外の科目も履修可能。

博士課程　学際情報学専攻

新領域創成科学研究科

院生数▶1,590名

修士課程　●**物質系専攻**　物質科学における教育・研究の拠点形成をめざすとともに，21世紀の基盤科学・技術の創成をめざす。

●**先端エネルギー工学専攻**　未来のエネルギー開拓と先端的利用についての研究を行う。

●**複雑理工学専攻**　複雑性を理学と工学を融合したアプローチによって解明し，新たなパラダイムを創成できる人材を養成。

●**先端生命科学専攻**　分子，細胞，個体，集団レベルにわたる，かつ，基礎から応用までを網羅する次世代生命科学を創出する。

●**メディカル情報生命専攻**　生命科学と情報科学の融合により生命医科学分野を牽引する人材を育成する。

●**自然環境学専攻**　陸域環境学，海洋環境学の２講座を設置。地球規模の環境問題の解決と新たな自然環境を創成する研究教育を行う。

●**海洋技術環境学専攻**　高度な専門性と国際性によって海洋関連政策の立案，産業振興，環境保全の実現に貢献できる人材を養成する。

●**環境システム学専攻**　環境システムモデルの構築と環境調和型社会の創成を推進する。

●**人間環境学専攻**　低炭素社会の実現と超高齢社会の課題解決に向けた研究を行う。

●**社会文化環境学専攻**　人文・空間・循環の３つの環境学講座に空間情報学講座を加えた４つのグループから構成。

●**国際協力学専攻**　国際社会が抱える諸課題に対し，専門的・学融合的に挑み，政策立案の構想力と実務能力を養成する。

●**サステイナビリティ学グローバルリーダー養成大学院プログラム**　持続可能な社会を実現できる国際的視野と実行力を養う。

博士後期課程　**物質系専攻，先端エネルギー工学専攻，複雑理工学専攻，先端生命科学専攻，メディカル情報生命専攻，自然環境学専攻，海洋技術環境学専攻，環境システム学専攻，人間環境学専攻，社会文化環境学専攻，国際協力学専攻，サステイナビリティ学グローバルリーダー養成大学院プログラム**

工学系研究科

院生数▶3,804名

修士課程　●**社会基盤学専攻**　人間・自然環境を再生し創造する個性豊かな人材を養成。

●**建築学専攻**　「住まいから都市まで築く創造力」と「建築・都市を設計」する力を養成。

●**都市工学専攻**　都市の未来を地球環境から人々の豊かな暮らしまで多様な視点で探求。

●**機械工学専攻** 領域を超えた総合的視点に立ってあらたな機械の創造をめざす。
●**精密工学専攻** 未到の精密領域へ臨むとともに，価値創造のための研究を行う。
●**航空宇宙工学専攻** 天空を開拓する情熱と知性を備えた人材を養成する。
●**電気系工学専攻** 新たな概念と先端科学技術を生むフロンティア精神を身につける。
●**物理工学専攻** 最先端の物理学から新しい学問と産業を切り拓いていく。
●**システム創成学専攻** 自然，社会と調和のとれた革新的システムの実現をめざす。
●**マテリアル工学専攻** 全工学に通じるマテリアルを基盤に教育・研究を行う。
●**応用化学専攻** 物質を自在にデザインし，新しい機能を創造する。
●**化学システム工学専攻** 化学を基盤にシステム的思考で永続的な社会の実現に貢献する。
●**化学生命工学専攻** 化学と生命のハイブリッド化による新たな物質と機能を創造。
●**原子力国際専攻** 国際的な展開を見せる原子力工学の研究・教育を推進する。
●**バイオエンジニアリング専攻** 物質・システムと生体との相互作用を解明・制御する。
●**技術経営戦略学専攻** 先端的科学技術を理解し，イノベーションを起こせる人材を養成。
専門職学位課程 ●**原子力専攻** 原子力産業界や安全規制行政において指導的役割を果たせる専門家を養成する。
博士後期課程 社会基盤学専攻，建築学専攻，都市工学専攻，機械工学専攻，精密工学専攻，航空宇宙工学専攻，電気系工学専攻，物理工学専攻，システム創成学専攻，マテリアル工学専攻，応用化学専攻，化学システム工学専攻，化学生命工学専攻，先端学際工学専攻，原子力国際専攻，バイオエンジニアリング専攻，技術経営戦略学専攻

情報理工学系研究科

院生数▶947名
修士課程 ●**コンピュータ科学専攻** 次世代情報科学技術のコンピュータ的側面の基礎を主な研究対象とする。
●**数理情報学専攻** 環境変化や技術革新に適応可能な数理情報モデルの構築と解析を行う。
●**システム情報学専攻** 情報学と物理学を駆使し，現象の解析を通じて新たな原理・方法論等を創出する。
●**電子情報学専攻** コンピュータ・情報処理技術の高度化と新技術創出をめざす。
●**知能機械情報学専攻** 自然や人間と調和する知的機械情報システムを創造的に構築する。
●**創造情報学専攻** 情報理工学における分野融合の中核として新たな情報分野を切り拓く。
博士後期課程 コンピュータ科学専攻，数理情報学専攻，システム情報学専攻，電子情報学専攻，知能機械情報学専攻，創造情報学専攻

理学系研究科

院生数▶1,519名
修士課程 ●**物理学専攻** 物理学のみならず科学の新たな地平線を切り拓く場所として存在することをめざす。
●**天文学専攻** 最新の地上望遠鏡や人工衛星の観測データなどを駆使し，多様な天体現象，宇宙の進化を解き明かす。
●**地球惑星科学専攻** 地球・惑星をキーワードに幅広い分野の研究を行う。
●**化学専攻** 壮大な物質世界や生命世界を分子レベルで探索・研究する。
●**生物科学専攻** ミクロな分子レベルの共通基盤から生物多様性を重視したマクロ生物科学までを広くカバーし研究する。
博士課程 物理学専攻，天文学専攻，地球惑星科学専攻，化学専攻，生物科学専攻

数理科学研究科

院生数▶164名
修士課程 ●**数理科学専攻** 数学・数理科学に関する体系的な知識と高度な研究能力を修得し，第一線で活躍できる研究者，国際的に活躍できる創意ある人材を養成する。
博士後期課程 数理科学専攻

農学生命科学研究科

院生数▶1,131名

修士課程 ●生産・環境生物学専攻　生命，環境，生物生産等の科学分野の知識を基礎に，食料・環境問題に対処できる人材を送り出す。
●応用生命化学専攻　化学・生物学を基盤に，生命現象解明と環境問題などの解決をめざす。
●応用生命工学専攻　日本の伝統的な発酵・醸造技術を源流に新領域との融合を研究。
●森林科学専攻　森林の自然の営みや持続的管理に関わる基礎的・応用的課題を解決する。
●水圏生物科学専攻　水圏生物の持続的利用と生態系保全に関する教育・研究を行う。
●農業・資源経済学専攻　農業，食料，資源，開発等の諸課題を分析・研究していく。
●生物・環境工学専攻　地球・自然環境保全と生物資源の持続的利用の課題に臨む。
●生物材料科学専攻　持続的環境共生社会の構築のため，基礎科学・応用技術を追究。
●農学国際専攻　人類の生存を支える食料生産と生物圏保全を基盤とした研究を行う。
●生圏システム学専攻　生態系の仕組みを解明し，人間社会と自然環境の調和をめざす。
●応用動物科学専攻　哺乳類を主対象とし，動物の生命現象を探求・研究する。

4年制博士課程 ●獣医学専攻　動物の生命現象の解明，病態の解明と克服，公衆衛生向上を担う人材の育成をめざす。

博士後期課程 生産・環境生物学専攻，応用生命化学専攻，応用生命工学専攻，森林科学専攻，水圏生物科学専攻，農業・資源経済学専攻，生物・環境工学専攻，生物材料科学専攻，農学国際専攻，生圏システム学専攻，応用動物科学専攻

薬学系研究科

院生数▶362名

修士課程 ●薬科学専攻　化学・物理・生物系など広範な薬学分野をリードする創薬科学研究者，基礎生命科学研究者を養成する。

4年制博士課程 ●薬学専攻　実践的な研究能力を有する優れた先導的薬剤師，医療行政従事者，創薬開発・研究者を養成する。

博士後期課程 薬科学専攻

医学系研究科

院生数▶1,102名

修士課程 ●健康科学・看護学専攻　発達支援・健康増進，疾病の予防と回復，支援環境整備に寄与する研究を推進。実践分野の向上を目的に保健師，看護師の２コースも設置。
●国際保健学専攻　環境，遺伝，感染症，保健計画などの分野で国際的研究を行う。
●医科学専攻　大学での学部・専攻を問わず，医学の基礎的分野の研究者・教育者を養成。

専門職学位課程 ●公共健康医学専攻　国民や地域住民，患者も含めた広範な人々の健康維持，増進，回復とQOLの改善において指導的，実践的役割を果たす人材を育成。

4年制博士課程 ●分子細胞生物学専攻　細胞生物学・解剖学，生化学・分子生物学の２講座と臨床ゲノム情報学，脂質医科学，がん細胞情報学の連携講座。
●機能生物学専攻　生理学と薬理学の２講座と脳機能動態学の連携講座。
●病因・病理学専攻　病理学，微生物学，免疫学の３講座と，腫瘍病理学，感染病態学，分子腫瘍学の連携講座がある。
●生体物理医学専攻　放射線医学，医用生体工学の２講座。
●脳神経医学専攻　基礎神経医学，統合脳医学，臨床神経精神医学の３講座と神経動態医科学，脳神経病態医学の連携講座。
●社会医学専攻　社会予防医学，法医学・医療情報経済学の２講座とがん政策科学，がん疫学，がんコミュニケーション学の連携講座。
●内科学専攻　器官病態内科学，生体防御腫瘍内科学，病態診断医学の３講座と分子糖尿病学の連携講座。
●生殖・発達・加齢医学専攻　産婦人科学，小児医学，加齢医学の３講座と成育政策科学，健康長寿医学の連携講座。
●外科学専攻　臓器病態外科学，感覚・運動機能医学，生体管理医学の３講座。

博士後期課程 健康科学・看護学専攻，国際保健学専攻

東京医科歯科大学

（とうきょういかしかだいがく）

資料請求

問合せ先 入試課学部入試係☎03-5803-5084

大学の理念

1928（昭和3）年に東京高等歯科医学校として設立，1946（昭和21）年に現校となる。医学・歯学・保健衛生・口腔保健からなる医歯学系総合大学として「知と癒しの匠を創造し，人々の幸福に貢献する」ことを理念とし，幅広い教養と豊かな人間性，高い倫理観，自ら考え解決する創造性と開拓力，国際性と指導力を備えた人材を育成するため，優秀な教員と最高の設備，そして世界水準のカリキュラムを構築。2022年指定国立大学法人の指定を受け，トータル・ヘルスケアを実現するイノベーションを生み出すべく，自由な発想，科学的正しさ，社会的インパクトのある研究を推進。2024年には東京工業大学と統合し，「東京科学大学（仮称）」を設立。医歯学，理工学に関する数々の実績と知を結集した「科学」の発展を担うべく，さらなる進化をめざす。

- 湯島キャンパス………〒113-8510　東京都文京区湯島1-5-45
- 国府台キャンパス……〒272-0827　千葉県市川市国府台2-8-30

基本データ

学生数▶1,466名（男586名，女880名）
専任教員数▶教授173名，准教授134名，講師136名
設置学部▶医，歯
併設教育機関▶大学院一医歯学総合（M・D）・保健衛生学（D）

就職・卒業後の進路

就職率 **99.1**％
就職者÷希望者×100

● **就職支援**　学生・女性支援センター学生支援室が学生生活全般にわたる支援活動の充実，男女共同参画・ダイバーシティ推進を担っており，就職支援も行っている。キャリアカウンセラーによる相談室を開設し，カウンセリングや各種セミナーを開催するなど持続的なキャリア形成を支援している。就職ガイダンス，業界研究会，面接実践講座，グループディスカッション講座などの学内就職支援イベントを企画するほか，学外就職支援イベントの情報，OB・OG情報の閲覧や紹介，就職活動体験談（採用試験の情報や，就職活動をすすめるためのアドバイス）の閲覧，企業情報の案内などを提供している。

進路指導者も必見 学生を伸ばす 面倒見

初年次教育
レポート・論文の書き方，プレゼン技法，ITの基礎技術，情報収集や資料整理の方法を学ぶほか，論理的思考や問題発見・解決能力の向上を図っている

学修サポート
全学部でTA制度，オフィスアワー制度を，さらに医学科では1人の教員が学生約12人を，歯学科では約15人を担当する教員アドバイザー制度を導入

オープンキャンパス（2023年度実績）　8月に湯島キャンパスで来学型・一部オンライン併用にてオープンキャンパスを開催（事前登録制）。学長講演，学部学科の説明，模擬授業，模擬実習などを実施。

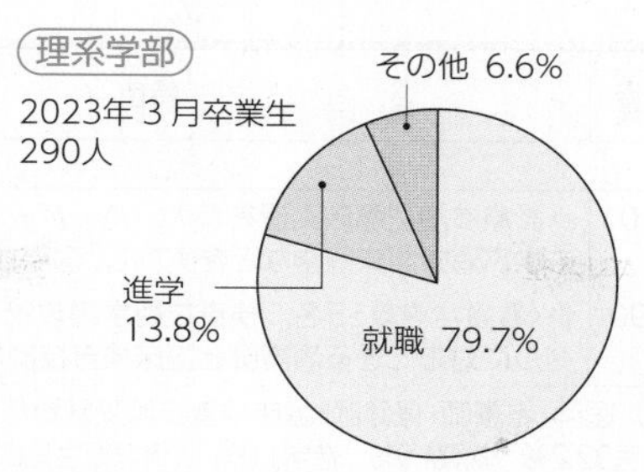

主なOB・OG ▶［医］鎌田實（医師・作家），［医］影山任佐（医学者・精神科医），［歯］飯田順一郎（歯科医師・歯学者），［歯］久光久（歯科医師・歯学者），［医］高階恵美子（衆議院議員）など。

国際化・留学　大学間 12 大学等・部局間 70 大学等

受入れ留学生数 ▶ 12名（2023年5月1日現在）
留学生の出身国 ▶ 中国，韓国など。
外国人専任教員 ▶教授１名，准教授２名（2023年５月１日現在）
外国人専任教員の出身国 ▶ アメリカ，中国。
大学間交流協定 ▶ 12大学・機関（交換留学先４大学，2023年９月７日現在）
部局間交流協定 ▶ 70大学・機関（交換留学先20大学，2023年９月７日現在）
海外への留学生数 ▶ 渡航型58名・オンライン型25名／年（11カ国・地域，2022年度）
海外留学制度 ▶ 医学部医学科４年次に授業の一環で設定されている約６カ月の学生海外基礎医学実習（プロジェクトセメスター）や長期臨床留学（ハーバードメディカルスクールなど），短期臨床実習（台湾大学など），歯学部歯学科４年次の約３カ月の研究コース「歯学科研究実習」のほか，全学科を対象に現地の医療制度や研究室の視察，臨床実習，学生交流を目的とした１週間〜３カ月の短期海外研修などを実施。成績優秀者には「学部学生海外研修奨励賞」も用意されている。

学費・奨学金制度　給付型奨学金総額 年間 159 万円

入学金 ▶ 282,000円
年間授業料（施設費等を除く）▶ 642,960円
年間奨学金総額 ▶ 1,590,000円
年間奨学金受給者数 ▶ ７人
主な奨学金制度 ▶ 研究者早期育成コース（MD—PhD，DDS—PhD）に進学する学生対象の奨学金や，学部学生対象の「修学支援基金」のほか，医学部生を対象に月額10万円を貸与（免除有）する「研究者養成コース進学生対象奨学金」などを設置。また，学費減免制度があり，2022年度は89人を対象に総額約2,010万円を減免している。

保護者向けインフォメーション

● **成績確認**　歯学科で成績表を郵送。医学科では留年した学生の再履科目等の情報を保護者に通知している。
● **保護者会**　保護者説明会を開催。
● **相談窓口**　学生・女性支援センターで学生が抱える問題について，保護者からの相談にも対応している。
● **防災対策**　入学時に「大規模地震ポケットマニュアル」や留学生向けに「文京区防災対策（外国語版）」を配布。被災した際の学生の安否は，大学独自の安否システムを利用して確認。

インターンシップ科目	必修専門ゼミ	卒業論文	GPA制度の導入の有無および活用例	1年以内の退学率	標準年限での卒業率
全学部で開講している	医学科は1・4年次，保健衛生学科は1・3・4年次，歯学科は1〜6年次，口腔保健学科は1〜4年次に実施	医・歯学科を除き卒業要件	一部の学部で奨学金や授業料免除対象者の選定基準，留学候補者の選考，卒業判定の基準として活用	1.1%	91.9%（4年制）87.7%（6年制）

学部紹介

学部／学科	定員	特色
医学部		
医	101	▷診療参加型臨床実習を導入。ハーバード大学の学生とともに学ぶ海外臨床留学などを実施し，国際性を磨く機会を創出。
保健衛生	90	▷〈看護学専攻55名，検査技術学専攻35名〉あらゆる健康レベルに対応できる看護師と臨床検査技師の育成をめざす。
● 取得可能な資格…教職（養護二種），医師・看護師・保健師・臨床検査技師受験資格など。 ● 進路状況…………［医］初期臨床研修医92.2%　就職1.9%　進学1.0%　［保健衛生］就職66.0%　進学34.0% ● 主な就職先………東京医科歯科大学病院，土浦協同病院，国立国際医療研究センター病院など。		
歯学部		
歯	53	▷国際的視野から歯科医学・医療の向上に貢献する。
口腔保健	32	▷〈口腔保健衛生学専攻22名，口腔保健工学専攻10名〉口腔保健の総合的・科学的研究を行い，その成果を社会に還元。
● 取得可能な資格…歯科医師・歯科衛生士・歯科技工士受験資格など。 ● 進路状況…………［歯］臨床研修歯科医78.3%　就職1.7%　［口腔保健］就職73.3%　進学20.0% ● 主な就職先………東京医科歯科大学病院，キヤノン電子，ジーシー，地方公務員など。		

▶キャンパス

医・歯……［湯島キャンパス］東京都文京区湯島1-5-45
教養部（全学部１年次）……［国府台キャンパス］千葉県市川市国府台2-8-30

2025年度入試要項（予告）

●募集人員

学部／学科（専攻）	前期	後期
▶医　医	69	10
保健衛生（看護学）	35	—
（検査技術学）	20	7
▶歯　歯	33	10
口腔保健（口腔保健衛生学）	20	—
（口腔保健工学）	8	—

●２段階選抜

前期の医学部医学科，歯学部歯学科は募集人員の約４倍，後期の医学科は約12倍，歯学科は約６倍で行う。
注）募集人員および２段階選抜は2024年度の実績です。

▷共通テストの英語はリスニングを含む。

医学部

前期　**【医学科・保健衛生学科〈検査技術学専攻〉】［共通テスト（医180・検720/1000）］** 8科目　①国（200）　②外（200・英〈R150＋L50〉）▶英・独・仏・中・韓から１　③**地歴・公民**（100）▶「地総・地探」・「歴総・日探」・「歴総・世探」・「公・倫」・「公・政経」から１　④⑤**数**（100×2）▶「数Ⅰ・数Ａ」・「数Ⅱ・数Ｂ・数Ｃ」　⑥⑦**理**（100×2）▶物・化・生から２　⑧**情**（100）▶情Ⅰ

［個別学力検査（360）］ 5科目　①**外**（120）▶英コミュⅠ・英コミュⅡ・英コミュⅢ・論表Ⅰ・論表Ⅱ・論表Ⅲ　②**数**（120）▶数Ⅰ・数Ⅱ・数Ⅲ・数Ａ・数Ｂ（数列）・数Ｃ（ベク・平面）　③④**理**（60×2）▶「物基・物」・「化基・化」・「生基・生」から２　⑤**面接**（総合評価）

【保健衛生学科〈看護学専攻〉】［共通テスト（560/900）］ 7科目　①国（200）　②外（200・英〈R150＋L50〉）▶英・独・仏・中・韓から１　③**地歴・公民**（100）▶「地総・歴総・公から２」・「地総・地探」・「歴総・日探」・「歴総・世探」・「公・倫」・「公・政経」から１　④⑤**数**（100×2）▶「数Ⅰ・数Ａ」・「数Ⅱ・数Ｂ・数Ｃ」　⑥**理**（100）▶「物基・化基・生基から２」または「物・化・生から２」　⑦**情**（100）▶情Ⅰ

［個別学力検査（300）］ 3科目　①**外**（120）▶英コミュⅠ・英コミュⅡ・英コミュⅢ・論表

キャンパスアクセス　［湯島キャンパス］JR中央線一御茶ノ水より徒歩約2分，東京メトロ丸ノ内線一御茶ノ水よりすぐ／東京メトロ千代田線一新御茶ノ水より徒歩約7分

Ⅰ・論表Ⅱ・論表Ⅲ ②小論文(180) ③面接(総合評価)

後期 【医学科・保健衛生学科〈検査技術学専攻〉】[共通テスト(500/900)] 7科目 ①国(200) ②外(200・英〈R150＋L50〉)▶英・独・仏・中・韓から1 ③④数(100×2)▶「数Ⅰ・数A」・「数Ⅱ・数B・数C」 ⑤⑥理(100×2)▶物・化・生から2 ⑦情(100)▶情Ⅰ

[個別学力検査(200)] 2科目 ①小論文(100) ②面接(100)

歯学部

前期 【歯学科】[共通テスト(180/1000)] 8科目 ①国(200) ②外(200・英〈R150＋L50〉)▶英・独・仏・中・韓から1 ③地歴・公民(100)▶「地総・地探」・「歴総・日探」・「歴総・世探」・「公・倫」・「公・政経」から1 ④⑤数(100×2)▶「数Ⅰ・数A」・「数Ⅱ・数B・数C」 ⑥⑦理(100×2)▶物・化・生から2 ⑧情(100)▶情Ⅰ

[個別学力検査(360)] 5科目 ①外(120)▶英コミュⅠ・英コミュⅡ・英コミュⅢ・論表Ⅰ・論表Ⅱ・論表Ⅲ ②数(120)▶数Ⅰ・数Ⅱ・数Ⅲ・数A・数B(数列)・数C(ベク・平面) ③④理(60×2)▶「物基・物」・「化基・化」・「生基・生」から2 ⑤面接(総合評価)

【口腔保健学科〈口腔保健衛生学専攻〉】[共通テスト(630/900)] 7科目 ①国(200) ②外(200・英〈R150＋L50〉)▶英・独・仏・中・韓から1 ③地歴・公民(100)▶「地総・歴総・公から2」・「地総・地探」・「歴総・日探」・「歴総・世探」・「公・倫」・「公・政経」から1 ④⑤数(100×2)▶「数Ⅰ・数A」・「数Ⅱ・数B・数C」 ⑥理(100)▶「物基・化基・生基から2」または「物・化・生から2」 ⑦情(100)▶情Ⅰ

[個別学力検査(300)] 3科目 ①外(120)▶英コミュⅠ・英コミュⅡ・英コミュⅢ・論表Ⅰ・論表Ⅱ・論表Ⅲ ②小論文(180) ③面接(総合評価)

【口腔保健学科〈口腔保健工学専攻〉】[共通テスト(640)] 7科目 ①国(140) ②外(180・英〈R135＋L45〉)▶英・独・仏・中・韓から1 ③地歴・公民(60)▶「地総・歴総・公から2」・「地総・地探」・「歴総・日探」・「歴総・世探」・「公・倫」・「公・政経」から1 ④⑤数(60×2)▶「数Ⅰ・数A」・「数Ⅱ・数B・数C」 ⑥理(80)▶「物基・化基・生基から2」または「物・化・生から2」 ⑦情(60)▶情Ⅰ

[個別学力検査(300)] 3科目 ①実技(100) ②小論文(100) ③面接(100)

後期 【歯学科】[共通テスト(500/900)] 7科目 ①国(200) ②外(200・英〈R150＋L50〉)▶英・独・仏・中・韓から1 ③④数(100×2)▶「数Ⅰ・数A」・「数Ⅱ・数B」 ⑤⑥理(100×2)▶物・化・生から2 ⑦情(100)▶情Ⅰ

[個別学力検査(200)] 2科目 ①小論文(100) ②面接(100)

その他の選抜

特別選抜Ⅰ(学校推薦型選抜，国際バカロレア選抜)，特別選抜Ⅱ(帰国生選抜)，私費外国人留学生特別選抜，地域特別枠推薦選抜(医学部医学科)。

偏差値データ(2024年度)

●一般選抜

学部／学科／専攻	2024年度 駿台予備学校 合格目標ライン	2024年度 河合塾 ボーダー得点率	2024年度 河合塾 ボーダー偏差値	'23年度 競争率
●前期				
▶医学部				
医	73	88%	70	3.5
保健衛生／看護学	54	75%	60	1.8
／検査技術学	54	69%	55	2.2
▶歯学部				
歯	59	75%	62.5	2.8
口腔保健／口腔保健衛生学	51	61%	50	1.5
／口腔保健工学	50	60%	—	1.7
●後期				
▶医学部				
医	74	92%	—	1.6
保健衛生／検査技術学	53	74%	—	4.4
▶歯学部				
歯	59	80%	—	1.3

● 駿台予備学校合格目標ラインは合格可能性80%に相当する駿台模試の偏差値です。
● 河合塾ボーダー得点率は合格可能性50%に相当する共通テストの得点率です。また，ボーダー偏差値は合格可能性50%に相当する河合塾全統模試の偏差値です。
● 競争率は受験者÷合格者の実質倍率
● 医学部医学科の前期・後期，歯学部歯学科の後期は2段階選抜を実施。

国立大学 東 京

東京外国語大学

(とうきょうがいこくご)

資料請求

問合せ先 学務部入試課 ☎042-330-5179

大学の理念

江戸末期に幕府が設けた洋学の研究機関「蕃書調所」に起源を発する日本を代表する外国語大学。古くは岡倉天心，二葉亭四迷，中原中也らもここで学んだ。教育の基本方針（グランドデザイン）は，「地球社会化時代の未来を拓く教育研究の拠点大学をめざす」。15地域28言語の教育体制を備えるほか，主専攻語以外で約50言語の授業を開講している。単に「外国語」を教えるだけでなく，世界の言語・文化・社会に関する複合的，横断的な研究教育を実践している。全学生に向けて英語の能力を高めるプログラムも用意されている。在学中に約８割の学生が留学を体験。高度な言語運用能力と地球社会化時代を生きるために必要な基礎的教養，専門知識を身につけ，国内外で言語間・文化間の架け橋となり，新たな価値観の創成に寄与する人材を養成する。

● 府中キャンパス…〒183-8534 東京都府中市朝日町3-11-1

基本データ

学生数▶3,684名（男1,266名，女2,418名）
専任教員数▶教授99名，准教授75名，講師49名

設置学部▶言語文化，国際社会，国際日本
併設教育機関▶大学院（P.1273参照）

就職・卒業後の進路

就職率 89.6%（就職者÷希望者×100）

● **就職支援** グローバル・キャリア・センターが中心となって，学生の主体的な進路選択，職業選択を支援するため，１・２年生から参加できる国内外のインターンシップやキャリアデザイン科目を多数用意し，キャリアを考える機会を提供するほか，各種ガイダンス，セミナー，ワークショップ，学内合同企業説明会，外交官等国家・地方公務員プログラムなど数多くのイベントを実施している。また，専任のキャリア・アドバイザーが進路選択，就職活動，面接対策などについての個別相談にも応じている。同窓会の「東京外語会」も，企業で活躍中のOB・OGを紹介するなど積極的な支援を実施している。小規模な大学ならではの学生一人ひとりに対するきめ細かいサービスが特徴。

進路指導者も必見 学生を伸ばす 面倒見

初年次教育

自校教育などの帰属意識を醸成する「歴史の中の日本を知る」，大学で学ぶための基礎的な技能や論理的思考方法，ITの基礎技術を修得する「基礎リテラシー」「基礎演習」「AI・データサイエンス」などの科目を開講

学修サポート

全学部でTA制度，オフィスアワー制度を導入。さらに，英語のライディング・サポートを行う英語学習支援センター，常駐の教員・大学院生スタッフが履修・学習支援を行うアカデミック・サポート・センターを設置

オープンキャンパス（2023年度実績） 7月30日に来場型（事前申込制），８月３日にオンライン型（一部予約制）でオープンキャンパスを開催。各学部，専攻言語，専攻地域等を紹介する動画ポータルサイトも公開。

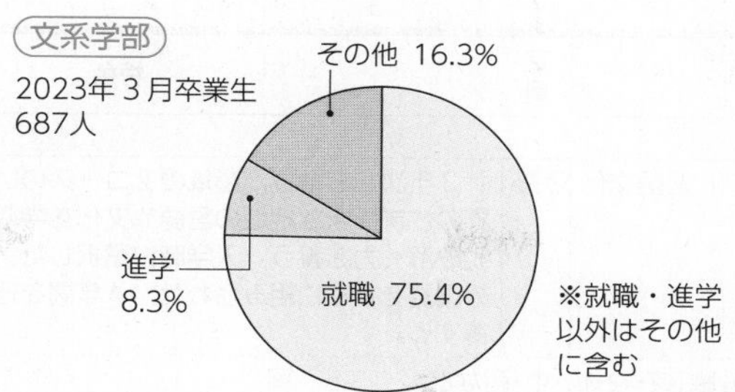

主なOB・OG ▶ [旧外国語] 芝田浩二（ANAホールディングス社長），[旧外国語] 島田雅彦（小説家），[旧外国語] 鈴木亮平（俳優），[旧外国語] 夏目三久（フリーアナウンサー）

国際化・留学　大学間 238 大学等・部局間 13 大学等

受入れ留学生数 ▶ 176名（2023年５月１日現在）

留学生の出身国 ▶ 中国，韓国，ブラジル，インドネシア，タイなど。

外国人専任教員 ▶ 教授９名，准教授22名，講師18名（2023年５月１日現在）

外国人専任教員の出身国 ▶ 韓国，中国，インド，アメリカ，カナダなど。

大学間交流協定 ▶ 238大学・機関（交換留学先181大学，2023年５月１日現在）

部局間交流協定 ▶ 13大学・機関（2023年５月１日現在）

海外への留学生数 ▶ 渡航型1,417名・オンライン型12名／年（75カ国・地域，2022年度）

海外留学制度 ▶ 協定校へ３カ月～１年留学する交換（派遣）留学は，留学先の授業料免除，単位認定可。英語圏の大学へ応募する場合，選考書類として英語能力試験（TOEFLやIELTS）のスコアの提出が必要。ショートビジット（短期留学）は，夏学期と冬学期に，交流協定校実施のサマースクールなどに参加するもので，単位も認定される。ほかに，協定校との共同教育や海外での学修体験を目的にしたスタディツアー「国連の活動とキャリア：国連見学」や，長期インターンシップなども実施。コンソーシアムはCAAS，GAFSU，HIPS，東アジア圏外国語大学，アジア外国研究系の５つに参加している。

学費・奨学金制度　給付型奨学金総額 年間 186 万円

入学金 ▶ 282,000円

年間授業料（施設費等を除く）▶ 535,800円

年間奨学金総額 ▶ 1,860,000円

年間奨学金受給者数 ▶ ６人

主な奨学金制度 ▶「国際教育支援基金」は派遣留学生に20万円を給付。また，学費減免制度があり，2022年度には185人を対象に総額で約2,768万円を減免している。

保護者向けインフォメーション

- **成績確認**　成績表を保護者に郵送している。
- **保護者会**　１年次生の保護者を対象に「保護者説明会」を開催し，大学の近況や学生支援体制について説明している。
- **防災対策**　被災した際の学生の安否は，メールを利用して確認する。

インターンシップ科目	必修専門ゼミ	卒業論文	GPA制度の導入の有無および活用例	１年以内の退学率	標準年限での卒業率
開講していない	全学部で３・４年次に実施	全学部で卒業要件	GPAに応じた履修上限単位数を設定するほか，４年次生の大学院課程早期履修要件として活用	0.4%	44.0%

学部紹介

学部／学科	定員	特色
言語文化学部		
言語文化	335	▷3年次から地域，超域の2コースのいずれかに所属し，世界のさまざまな地域の言語や文化を中心とする人間の営みを読み解く力を養う。入学時に選択した言語や英語，その他の外国語を多様に組み合わせ，4年間を通じて高いレベルで習得する。
● 取得可能な資格…教職（英・独・仏・中・西など）。 ● 進路状況…………就職76.9%　進学7.5% ● 主な就職先………楽天グループ，外務省，アクセンチュア，防衛省，東京都庁，JTBなど。		
国際社会学部		
国際社会	335	▷1～2年次は学部共通の「世界教養プログラム」で入学時に選択した地域とその地域言語に関わる基礎的な内容や教養科目を学び，基礎的な教養を身につける。2年次後半から「地域社会研究」「現代世界論」「国際関係」の3コースに分かれて，専門性を深める。
● 取得可能な資格…教職（地歴・社）。 ● 進路状況…………就職76.1%　進学8.5% ● 主な就職先………日本貿易振興機構（JETRO），アクセンチュア，日本タタ・コンサルタンシー・サービシズ，防衛省，外務省など。		
国際日本学部		
国際日本	75	▷世界各地からの留学生と共に日本を学び，日本の，その先を考える。授業の多くは，プロジェクト主体のアクティブ・ラーニング。共通言語は英語と日本語，それぞれの運用能力を高めながら，「自分が追求したい日本」をテーマに学ぶ。また，充実した短期や長期留学プログラムにより学びの場は海外にも広がっている。
● 取得可能な資格…教職（国）。 ● 進路状況…………就職61.2%　進学12.2% ● 主な就職先………三菱UFJ銀行，アンダーソン・毛利・友常法律事務所，パーソナルキャリアなど。		

▶キャンパス

全学部……［府中キャンパス］ 東京都府中市朝日町3-11-1

2025年度入試要項（予告）

●募集人員

学部／学科（言語・地域）		前期	後期
▶言語文化	言語文化（英語）	36	—
	（ドイツ語）	22	—
	（ポーランド語） （チェコ語）	12	—
	（フランス語）	22	—
	（イタリア語）	12	—
	（スペイン語）	25	—
	（ポルトガル語）	11	—
	（ロシア語）	21	—
	（ロシア語及びウズベク語） （モンゴル語）	9	—
	（中国語）	23	—
	（朝鮮語）	12	—
	（インドネシア語） （マレーシア語） （フィリピン語）	19	—
	（タイ語） （ラオス語） （ベトナム語） （カンボジア語） （ビルマ語）	23	—

キャンパスアクセス ［府中キャンパス］ 西武多摩川線—多磨より徒歩5分／京王線—飛田給よりバスで約7分

（ウルドゥー語） （ヒンディー語） （ベンガル語）	19	—
（アラビア語） （ペルシア語） （トルコ語）	24	—
▶国際社会　国際社会 （北西ヨーロッパ／北アメリカ）	20	5
（中央ヨーロッパ）	28	6
（西南ヨーロッパ）	27	8
（イベリア／ラテンアメリカ）	29	7
（ロシア）	17	3
（中央アジア）	13	
（東アジア）	30	7
（東南アジア第１）	15	4
（東南アジア第２）	22	4
（南アジア）	15	4
（中東）	19	5
（アフリカ）	10	3
（オセアニア）	9	—
▶国際日本　国際日本	35	—

●**2段階選抜**　実施しない
注）募集人員および２段階選抜は2024年度の実績です。

▷共通テストの英語はリスニングを含む。

言語文化学部

前期　**［共通テスト(500)］**　**7**科目　①国(100)　②**外**(150・英〈R75＋L75〉)▶英・独・仏・中・韓から１　③**地歴**(50)▶「地総・地探」・「歴総・日探」・「歴総・世探」から１　④⑤**数**(50×2)▶「数１・〈数Ⅰ・数Ａ〉から１」・「数Ⅱ・数Ｂ・数Ｃ」　⑥**情**(50)▶情Ⅰ　⑦**公民・理**(50)▶「公・倫」・「公・政経」・「物基・化基・生基・地学基から２」・物・化・生・地学から１
［個別学力検査(450)］　**2**科目　①**外**(250＋スピーキング50)▶英(リスニングを含む)・英語スピーキング　②**地歴**(150)▶歴総・「日探・世探から１」

国際社会学部

前期　**［共通テスト(500)］**　**7**科目　①国(100)　②**外**(150・英〈R75＋L75〉)▶英・独・仏・中・韓から１　③**地歴**(50)▶「地総・地探」・「歴総・日探」・「歴総・世探」から１　④⑤**数**(50×2)▶「数１・〈数Ⅰ・数Ａ〉から１」・「数Ⅱ・数Ｂ・数Ｃ」　⑥**情**(50)▶情Ⅰ　⑦**公民・理**(50)▶「公・倫」・「公・政経」・「物基・化基・生基・地学基から２」・物・化・生・地学から１
［個別学力検査(450)］　**2**科目　①**外**(250＋スピーキング50)▶英(リスニングを含む)・英語スピーキング　②**地歴**(150)▶歴総・「日探・世探から１」
後期　**［共通テスト(500)］**　**3**科目　①国(200)　②**外**(200・英〈R100＋L100〉)▶英・独・仏・中・韓から１　③**地歴・公民・数・情**(100)▶「地総・地探」・「歴総・日探」・「歴総・世探」・「公・倫」・「公・政経」・数Ⅰ・「数Ⅰ・数Ａ」・「数Ⅱ・数Ｂ・数Ｃ」・情Ⅰから１
［個別学力検査(200)］　**1**科目　①**小論文**(200)▶英語の課題文に日本語で解答

国際日本学部

前期　**［共通テスト(500)］**　**7**科目　①国(100)　②**外**(150・英〈R75＋L75〉)▶英・独・仏・中・韓から１　③**地歴**(50)▶「地総・地探」・「歴総・日探」・「歴総・世探」から１　④⑤**数**(50×2)▶「数１・〈数Ⅰ・数Ａ〉から１」・「数Ⅱ・数Ｂ・数Ｃ」　⑥**情**(50)▶情Ⅰ　⑦**公民・理**(50)▶「公・倫」・「公・政経」・「物基・化基・生基・地学基から２」・物・化・生・地学から１
［個別学力検査(450)］　**2**科目　①**外**(250＋スピーキング50)▶英(リスニングを含む)・英語スピーキング　②**地歴**(150)▶歴総・「日探・世探から１」

その他の選抜

帰国生等特別推薦選抜，国際日本学部は日本留学試験利用選抜，海外高校推薦選抜を実施。

偏差値データ (2024年度)

●一般選抜

＊共通テスト・個別計/満点

学部／学科／言語・地域	2024年度 駿台予備学校 合格目標ライン	2024年度 河合塾 ボーダー得点率	2024年度 河合塾 ボーダー偏差値	2023年度実績 募集人員	2023年度実績 受験者数	2023年度実績 合格者数	2023年度実績 合格最低点＊	競争率 '23年	競争率 '22年
●前期									
言語文化学部									
言語文化／英語	62	75%	65	36	70	38	604.8/850	1.8	1.6
／ドイツ語	60	73%	62.5	22	45	27	568.8/850	1.7	1.5
／ポーランド語・チェコ語	58	74%	62.5	12	33	13	578.8/850	2.5	2.0
／フランス語	60	75%	65	22	31	22	571.5/850	1.4	2.0
／イタリア語	60	72%	65	12	19	11	563.3/850	1.7	2.7
／スペイン語	61	75%	65	25	57	28	588.8/850	2.0	2.2
／ポルトガル語	59	72%	65	11	17	10	542.3/850	1.7	3.7
／ロシア語	59	74%	60	21	58	24	565.5/850	2.4	1.8
／ロシア語及びウズベク語・モンゴル語	55	71%	60	9	22	12	562.5/850	1.8	3.1
／中国語	58	72%	62.5	23	28	26	538/850	1.1	1.7
／朝鮮語	57	75%	65	12	21	12	566.5/850	1.8	3.1
／インドネシア語・マレーシア語・フィリピン語	57	73%	62.5	19	37	22	592.8/850	1.7	4.2
／タイ語・ラオス語・ベトナム語・カンボジア語・ビルマ語	56	72%	60	23	61	28	565/850	2.2	1.7
／ウルドゥー語・ヒンディー語・ベンガル語	56	69%	60	19	59	24	544/850	2.5	2.4
／アラビア語・ペルシア語・トルコ語	57	73%	60	24	46	28	557.5/850	1.6	1.9
国際社会学部									
国際社会／北西ヨーロッパ・北アメリカ	63	74%	65	20	28	26	557/850	1.1	1.9
／中央ヨーロッパ	62	73%	62.5	28	31	27	534.5/850	1.1	1.9
／西南ヨーロッパ	61	73%	65	27	53	35	606.3/850	1.5	1.6
／イベリア・ラテンアメリカ	62	71%	65	29	39	33	585.8/850	1.2	2.2
／ロシア	60	72%	60	17	29	20	556.8/850	1.5	1.7
／中央アジア	56	76%	65	13	20	14	554.8/850	1.4	3.4
／東アジア	58	74%	60	30	60	38	566.5/850	1.6	1.5
／東南アジア1	57	76%	65	15	17	15	562/850	1.1	2.0

学部／学科／言語・地域	2024年度			2023年度実績					
	駿台予備学校	河合塾		募集人員	受験者数	合格者数	合格最低点*	競争率	
	合格目標ライン	ボーダー得点率	ボーダー偏差値					'23年	'22年
／東南アジア2	56	72%	65	22	40	24	566/850	1.7	1.9
／南アジア	56	70%	62.5	15	31	19	547.5/850	1.6	2.7
／中東	58	73%	62.5	19	26	19	576.3/850	1.4	1.8
／アフリカ	58	72%	62.5	10	13	12	552.8/850	1.1	1.6
／オセアニア	60	78%	60	9	34	10	622.3/850	3.4	2.1
国際日本学部									
国際日本	59	75%	62.5	35	55	35	600.3/850	1.6	2.6
●後期									
国際社会学部									
国際社会／北西ヨーロッパ・北アメリカ	64	84%	—	5	18	8	574/700	2.3	6.5
／中央ヨーロッパ	63	89%	—	6	33	10	569/700	3.3	3.3
／西南ヨーロッパ	62	86%	—	8	30	10	542/700	3.0	4.3
／イベリア・ラテンアメリカ	63	85%	—	7	44	10	541/700	4.4	7.4
／ロシア・中央アジア	61	84%	—	3	32	4	—/700	8.0	3.8
／東アジア	59	84%	—	7	27	8	563/700	3.4	9.3
／東南アジア1	58	85%	—	4	15	5	509/700	3.0	7.0
／東南アジア2	57	83%	—	4	11	4	—/700	2.8	11.5
／南アジア	57	83%	—	4	16	5	530/700	3.2	6.9
／中東	59	84%	—	5	20	6	534/700	3.3	4.3
／アフリカ	59	83%	—	3	14	3	—/700	4.7	7.0

● 駿台予備学校合格目標ラインは合格可能性80%に相当する駿台模試の偏差値です。 ●競争率は受験者÷合格者の実質倍率
● 河合塾ボーダー得点率は合格可能性50%に相当する共通テストの得点率です。
また，ボーダー偏差値は合格可能性50%に相当する河合塾全統模試の偏差値です。
※合格最低点には追試験合格者のデータは含まれていません。

併設の教育機関　大学院

総合国際学研究科

教員数▶102名
院生数▶524名

博士前期課程▶ **●世界言語社会専攻**「言語文化」「国際社会」「Peace and Conflict Studies（10月入学）」の３コース。世界諸地域の言語・文化・社会や国際社会を，複合的・総合的にとらえる視点から研究し，地球社会化時代にふさわしい多言語グローバル人材を養成する。

●国際日本専攻「国際日本」「日本語教育リカレント（１年コース・10月入学）」の２コース。世界の諸言語の中での日本語・日本語教育，日本文化と日本社会を比較の視座を持って研究し，日本についての客観的な視座を持つ人材を養成する。

博士後期課程▶ **世界言語社会専攻，国際日本専攻，共同サステイナビリティ研究専攻**

東京海洋大学

とうきょうかいよう

資料請求

問合せ先 入試課入試第一係　☎03-5463-0510

大学の理念

海洋の研究・教育に特化した日本で唯一の“海洋の総合大学”。目標とする大学像は，「海洋分野において国際的に活躍する産官学のリーダーを輩出する世界最高水準の卓越した大学」。1875年設立の私立三菱商船学校を前身とする，東京商船大学と1888年設立の東京水産大学が，2003年に統合。それぞれ歴史を誇る両大学の伝統と個性・特徴を継承しつつ，海を知り，守り，利用するための研究・教育の中心拠点として時代の要請に応える新たな研究・教育分野を展開。ボローニャ・プロセス，ワシントン・アコードなどの国際的な基準を満たすカリキュラム，ポートフォリオの導入および教学IRの活用による学修状況の可視化，授業の英語化，国際交流の促進などに取り組みながら，国内外の海洋関連機関との連携を強化し，海洋の未来を担う人材を育成する。

- 品川キャンパス……〒108-8477　東京都港区港南4-5-7
- 越中島キャンパス…〒135-8533　東京都江東区越中島2-1-6

基本データ

学生数▶1,919名（男1,302名，女617名）

専任教員数▶教授124名，准教授78名，助教30名

設置学部▶海洋生命科，海洋工，海洋資源環境

併設教育機関▶大学院—海洋科学技術（M・D）　その他—海洋科学専攻科，乗船実習科

就職・卒業後の進路

就職率 **95.7**％
就職者÷希望者×100

●**就職支援**　キャリア支援センターと就職担当教員が就職を支援。就職ガイダンスや企業セミナーなどを開催し最新の企業情報を提供するほか，エントリーシート添削，面説練習など就職全般の個別相談にも対応。さらに，高度専門職業人や先端領域を切り拓く研究者を育成する大学院への進学指導も行っている。

●**資格取得支援**　海洋生命科学部および海洋資源環境学部の卒業生に対しては，1年課程の海洋科学専攻科を置いており，また，海事システム工学科，海洋電子機械工学科・機関システム工学コースの卒業生に対しては，6カ月課程の乗船実習科が置かれている。いずれも三級海技士（航海または機関）の第一種養

進路指導者も必見
学生を伸ばす 面倒見

初年次教育	学修サポート
レポート・論文の書き方，プレゼン技法，情報収集や資料整理の方法，論理的思考や問題発見・解決能力の向上を図る「日本語表現法」のほか，ITの基礎を学ぶ「情報リテラシー」を開講	全学部でTA制度，オフィスアワー制度のほか，学部学科ごとに複数名の教員が入学から卒業まで修学支援を行う学生支援教員制度を導入。さらに海洋工学部では，指導教員が修学に関する指導および助言を行っている

オープンキャンパス（2023年度実績） 夏と秋にオープンキャンパスを開催。学部毎に開催される対面イベント（夏は各キャンパス，秋は合同）や，Liveイベント，オンデマンド動画イベントを実施（事前登録制）。

成施設として国の登録を受けており，課程修了者は国家試験のうち筆記試験が免除される。

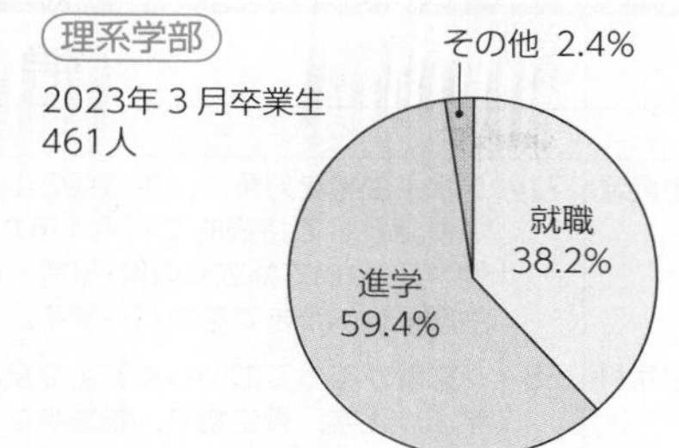

主なOB・OG ▶ ［旧東京水産大］小野寺五典（衆議院議員），［旧東京水産大］山名宏和（放送作家），［旧東京水産大］近藤隆史（漫画家）など。

国際化・留学

大学間 96 大学等・部局間 2 大学

受入れ留学生数 ▶ 32名（2023年5月1日現在）
留学生の出身国 ▶ 中国，韓国，ペルーなど。
外国人専任教員 ▶ 教授６名，准教授２名（2023年５月１日現在）
外国人専任教員の出身国 ▶ 中国，ブラジル，ブルガリア，ペルー，フランスなど。
大学間交流協定 ▶ 96大学・機関（交換留学先50大学，2023年９月１日）
部局間交流協定 ▶ ２大学（交換留学先２大学，2023年９月１日現在）
海外への留学生数 ▶ 渡航型50名・オンライン型12名／年（14カ国・地域，2022年度）
海外留学制度 ▶ 海外の協定締結校とは，共同研究やセミナーの開催といった学術交流を行っており，このうち学生交流の協定を結んでいる大学に最長１年の短期交換留学が可能。また，１カ月の実習型授業科目「海外派遣キャリア演習」では，派遣前のオリエンテーションや各種研修を含め，海外大学授業の聴講および研究活動参加，グローバル企業・研究所での現場体験，フィールドワークなどを実施。日中韓とASEAN ４大学の学生相互派遣事業OQEANOUS Plusプログラムもある。コンソーシアムはIAMUなど９団体に参加。

学費・奨学金制度

給付型奨学金総額 年間 220 万円

入学金 ▶ 282,000円
年間授業料（施設費等を除く）▶ 535,800円
年間奨学金総額 ▶ 2,200,000円
年間奨学金受給者数 ▶ 22名
主な奨学金制度 ▶「修学支援事業基金学資支給事業」では，日本学生支援機構給付型奨学金の対象外となった学生（若干名）を対象に10万円を支給。このほか，経済的に困窮している学生に最高25万円を給付する「経済支援給付制度」などを設置。また，学費減免制度があり，2022年度には延べ59人を対象に総額で約1,228万円を減免している。

保護者向けインフォメーション

- **成績確認**　成績表を保護者に郵送している。
- **父母懇談会**　各学部主催の父母懇談会を開催し，学部教育や学生支援の現状についての報告や質疑応答などを行っている。
- **防災対策**　「防災マニュアル」「大規模地震対応マニュアル」を配布し，HPで公開。被災した際の学生の安否は，アプリを利用して確認する。

インターンシップ科目	必修専門ゼミ	卒業論文	GPA制度の導入の有無および活用例	１年以内の退学率	標準年限での卒業率
全学部で開講している	海洋生命科学部で３・４年次，海洋資源環境学部で４年次に実施	全学部で卒業要件	導入している	0.4%	88.6%

学部紹介

学部／学科	定員	特色
海洋生命科学部		
海洋生物資源	71	▷水生生物を対象に，生態系の中での生物多様性を保全しつつ資源として持続的に利用するため，「生命科学」と「資源生物学」について幅広く教育・研究。遺伝子，細胞，個体，群れ，生態系レベルまでをカバーする。
食品生産科	58	▷栄養があっておいしく安全な食品を生産する理論と技術を学ぶ。化学，微生物学，物理学など多角的な視点から食品にアプローチ，また関連する微生物，化学物質，製造機器についての専門知識を持ち，食料，生命，環境への関心と社会の諸問題の解決に高い意欲を持つ人材を養成する。
海洋政策文化	41	▷海や人をめぐっておきていることを講義から知り，調査や実習を通して現場の事実を体験的に学び，得られた知見を議論によってさらに深めていくことによって，海洋をめぐるさまざまな課題を政策的に解決する実践力を身につける。
水産教員養成	(7)	▷水産・海洋系高等学校（水産高校）の教員を養成するコース。卒業要件を充たすことで，水産の教育職員免許状を取得できる。定員７名の内訳は，海洋生物資源学科，食品生産科学科に各３名，海洋政策文化学科に１名。
● **取得可能な資格**…教職（理・水産），学芸員，三級海技士（航海）など。 ● **進路状況**…………就職42.6%　進学56.3% ● **主な就職先**………水産庁，農林水産省，日本食品分析センター，東京都など。		
海洋工学部		
海事システム工	59	▷海事工学，船舶管理に関する教育・研究を通して，リーダーシップとグローバルな対応能力を持つ次世代の海事技術者を養成する。船舶職員をめざす学生には実践的な教育プログラムを用意。実習・実験演習を通して全人教育を行う。
海洋電子機械工	59	▷船舶機関・海洋関連機器を教材に知識と技術を修得するとともに，海事産業を含む幅広い分野で活躍できる力，高効率で安全なシステムを設計・管理する力を身につける。２年次までは教養科目や専門の基礎，大型船の実習を行い，３年次に機関システム工学コースと制御システム工学コースのいずれかを選ぶ。
流通情報工	42	▷「流通工学」「数理情報」「流通経営学」の３つのカリキュラムを融合させ，ロジスティクスに必要な輸送・保管の技術・方法，企業・経済の仕組み，商品の発注や品質の維持のための情報システム，環境問題などについて学ぶ。
● **取得可能な資格**…教職（工業・商船），三級海技士（航海・機関）など。 ● **進路状況**…………就職43.5%　進学52.5% ● **主な就職先**………日本物流，日本海事協会，日本海事検定協会，キヤノンマーケティングジャパン，東京電力ホールディングス，ジャパンマリンユナイテッド，飯野海運など。		
海洋資源環境学部		
海洋環境科	62	▷海洋および海洋生物に関わる基礎科学を総合的に学び，海洋環境・海洋生物の調査・解析・保全・利用のための科学と技術を発展させることを目的とする。専門科目では「海洋科学」「海洋生物学」のどちらかを重点的に学ぶ。

 キャンパスアクセス ［品川キャンパス］ JR・京浜急行―品川より徒歩10分

海洋資源エネルギー	43	▷環境保全を前提とし，海洋・エネルギー資源を含む海底の探査・利用・開発について，基礎科学・海洋工学などの視点から総合的に学ぶ。専門科目では「海洋開発学」「応用海洋工学」のどちらかを重点的に学ぶ。

● **取得可能な資格**…教職（理・水産），学芸員，三級海技士（航海）など。
● **進路状況**…………就職22.2%　進学75.9%
● **主な就職先**………石油資源開発，不動テトラ，伊那食品，大倉工業，三葉加工，千代田化工建設，K＆Oエナジーグループ，四国電力，東京パワーテクノロジーなど。

▶キャンパス

海洋生命科・海洋資源環境…［品川キャンパス］東京都港区港南4-5-7
海洋工…［越中島キャンパス］東京都江東区越中島2-1-6

2025年度入試要項（予告）

●募集人員

学部／学科		前期	後期
▶**海洋生命科**	海洋生物資源	42・㊌3	18
	食品生産科	30・㊌2	14
	海洋政策文化	21・㊌1	12
▶**海洋工**	海事システム工	36	14
	海洋電子機械工	34	14
	流通情報工	20	14
▶**海洋資源環境**	海洋環境科	37	14
	海洋資源エネルギー	27	11

※水産教員養成課程㊌は，海洋生命科学部前期日程６名，学校推薦型選抜１名で募集。
※商船教員養成コースは海洋工学部総合型選抜で募集。

●２段階選抜　実施しない
注）募集人員および2段階選抜は2024年度の実績です。

▷共通テストの英語はリスニングを含む。
▷共通テストの地歴・公民から２科目選択する場合，「公・倫」と「公・政経」の組み合わせ，および「地総・歴総・公から２」で選択した科目と同一科目名を含む組み合わせは不可。

海洋生命科学部

前期　**【海洋生物資源学科】［共通テスト(650)］** **8**科目　①**国**(100)　②**外**(150・英〈R100＋L50〉)▶英・独・仏・中・韓から１　③**地歴・公民**(50)▶「地総・歴総・公から２」・「地総・地探」・「歴総・日探」・「歴総・世探」・「公・倫」・「公・政経」から１　④⑤**数**(75×2)▶「数Ⅰ・数Ａ」・「数Ⅱ・数Ｂ・数Ｃ」　⑥⑦**理**(75×2)▶物・化・生・地学から２　⑧**情**(50)▶情Ⅰ

［個別学力検査(300)］ **2**科目　①**数**(150)▶数Ⅰ・数Ⅱ・数Ａ・数Ｂ(数列)・数Ｃ(ベク)　②**理**(150)▶「物基・物」・「化基・化」・「生基・生」から１

【食品生産科学科】［共通テスト(650)］ **8**科目　①**国**(100)　②**外**(250・英〈R200＋L50〉)▶英・独・仏・中・韓から１　③**地歴・公民**(50)▶「地総・歴総・公から２」・「地総・地探」・「歴総・日探」・「歴総・世探」・「公・倫」・「公・政経」から１　④⑤**数**(50×2)▶「数Ⅰ・数Ａ」・「数Ⅱ・数Ｂ・数Ｃ」　⑥⑦**理**(50×2)▶物・化・生・地学から２　⑧**情**(50)▶情Ⅰ

［個別学力検査(300)］ **2**科目　①**数**(150)▶数Ⅰ・数Ⅱ・数Ａ・数Ｂ(数列)・数Ｃ(ベク)　②**理**(150)▶「物基・物」・「化基・化」・「生基・生」から１

【海洋政策文化学科】［共通テスト(1000)］ **8**科目　①**国**(200)　②**外**(250・英〈R200＋L50〉)▶英・独・仏・中・韓から１　③④**数**(100×2)▶「数Ⅰ・数Ａ」・「数Ⅱ・数Ｂ・数Ｃ」　⑤**情**(50)▶情Ⅰ　⑥⑦⑧**地歴・公民・理**(100×3)▶「〈地総・歴総・公から２〉・〈地総・地探〉・〈歴総・日探〉・〈歴総・世探〉・〈公・倫〉・〈公・政経〉から１」・「物・化・生・地学から２」または「〈地総・歴総・公から２〉・〈地総・地探〉・〈歴総・日探〉・〈歴総・世探〉・〈公・倫〉・〈公・政経〉から２」・「〈物基・化基・生基・地学基から２〉・物・化・生・地学から１」

［個別学力検査(500)］ **2**科目　①**数・理**(200)▶「数Ⅰ・数Ⅱ・数Ａ・数Ｂ(数列)・数Ｃ(ベク)」・「物基・物」・「化基・化」・「生基・生」

から１ ②小論文(300)

後期 **【海洋生物資源学科】［共通テスト(600)］** **4科目** ①外(200・英〈R200×2/3＋200×1/3〉)▶英・独・仏・中・韓から１ ②③数(100×2)▶「数Ⅰ・数Ａ」・「数Ⅱ・数Ｂ・数Ｃ」 ④理(200)▶物・化・生から１

［個別学力検査(300)］ **1科目** ①小論文(300)

【食品生産科学科】［共通テスト(700)］ **5科目** ①外(200・英〈R160＋L40〉)▶英・独・仏・中・韓から１ ②③数(100×2)▶「数Ⅰ・数Ａ」・「数Ⅱ・数Ｂ・数Ｃ」 ④理(200)▶物・化・生から１ ⑤情(100)▶情Ⅰ

［個別学力検査(300)］ **1科目** ①小論文(300)

【海洋政策文化学科】［共通テスト(600)］ **3科目** ①外(200・英〈R160＋L40〉)▶英・独・仏・中・韓から１ ②国・数(200)▶国・「〈数Ⅰ・数Ａ〉・〈数Ⅱ・数Ｂ・数Ｃ〉」 ③地歴・公民・理(200)▶「地総・地探」・「歴総・日探」・「歴総・世探」・「公・倫」・「公・政経」・物・化・生・地学から１

［個別学力検査(300)］ **1科目** ①小論文(300)

海洋工学部

前期 **【海事システム工学科】［共通テスト(900)］** **8科目** ①国(200) ②外(100・英〈R80＋L20〉)▶英・独・仏・中・韓から１ ③地歴・公民(100)▶「地総・歴総・公から２」・「地総・地探」・「歴総・日探」・「歴総・世探」・「公・倫」・「公・政経」から１ ④⑤数(100×2)▶「数Ⅰ・数Ａ」・「数Ⅱ・数Ｂ・数Ｃ」 ⑥⑦理(100×2)▶物必須，化・生・地学から１ ⑧情(100)▶情Ⅰ

［個別学力検査(500)］ **2科目** ①外(200)▶英コミュⅠ・英コミュⅡ・英コミュⅢ・論表Ⅰ・論表Ⅱ・論表Ⅲ ②数(300)▶「数Ⅰ・数Ⅱ・数Ａ・数Ｂ(数列)・数Ｃ(ベク)」・「数Ⅰ・数Ⅱ・数Ⅲ・数Ａ・数Ｂ(数列)・数Ｃ(ベク・平面)」から１

【海洋電子機械工学科】［共通テスト(850)］ **8科目** ①国(100) ②外(200・英〈R160＋L40〉)▶英・独・仏・中・韓から１ ③地歴・公民(100)▶「地総・歴総・公から２」・「地総・地探」・「歴総・日探」・「歴総・世探」・「公・倫」・「公・政経」から１ ④⑤数(100×2)▶「数Ⅰ・数Ａ」・「数Ⅱ・数Ｂ・数Ｃ」 ⑥⑦理(100×2)▶物必須，化・生・地学から１ ⑧情(50)▶情Ⅰ

［個別学力検査(400)］ **2科目** ①外(100)▶英コミュⅠ・英コミュⅡ・英コミュⅢ・論表Ⅰ・論表Ⅱ・論表Ⅲ ②数(300)▶「数Ⅰ・数Ⅱ・数Ａ・数Ｂ(数列)・数Ｃ(ベク)」・「数Ⅰ・数Ⅱ・数Ⅲ・数Ａ・数Ｂ(数列)・数Ｃ(ベク・平面)」から１

【流通情報工学科】［共通テスト(750)］ **8科目** ①国(100) ②外(100・英〈R80＋L20〉)▶英・独・仏・中・韓から１ ③④数(100×2)▶「数Ⅰ・数Ａ」・「数Ⅱ・数Ｂ・数Ｃ」 ⑤情(50)▶情Ⅰ ⑥⑦⑧「地歴・公民」・理(100×3)▶「地総・歴総・公から２」・「地総・地探」・「歴総・日探」・「歴総・世探」・「公・倫」・「公・政経」から１または２，「物基・化基・生基・地学基から２」・物・化・生・地学から１または２，計３

［個別学力検査(300)］ **2科目** ①外(100)▶英コミュⅠ・英コミュⅡ・英コミュⅢ・論表Ⅰ・論表Ⅱ・論表Ⅲ ②数(200)▶「数Ⅰ・数Ⅱ・数Ａ・数Ｂ(数列)・数Ｃ(ベク)」・「数Ⅰ・数Ⅱ・数Ⅲ・数Ａ・数Ｂ(数列)・数Ｃ(ベク・平面)」から１

後期 **【海事システム工学科】［共通テスト(900)］** **5科目** ①外(200・英〈R160＋L40〉)▶英・独・仏・中・韓から１ ②③数(200×2)▶「数Ⅰ・数Ａ」・「数Ⅱ・数Ｂ・数Ｃ」 ④情(100)▶情Ⅰ ⑤国・地歴・公民・理(200)▶国・「地総・歴総・公から２」・「地総・地探」・「歴総・日探」・「歴総・世探」・「公・倫」・「公・政経」・物・化・生・地学から１

［個別学力検査(500)］ **2科目** ①外(200)▶英コミュⅠ・英コミュⅡ・英コミュⅢ・論表Ⅰ・論表Ⅱ・論表Ⅲ ②理(300)▶物基・物

【海洋電子機械工学科】［共通テスト(550)］ **6科目** ①外(200・英〈R160＋L40〉)▶英・独・仏・中・韓から１ ②③数(100×2)▶「数Ⅰ・数Ａ」・「数Ⅱ・数Ｂ・数Ｃ」 ④⑤理(50×2)▶物・化・生・地学から２ ⑥情(50)▶情Ⅰ

［個別学力検査(250)］ **2科目** ①外(50)▶英コミュⅠ・英コミュⅡ・英コミュⅢ・論表Ⅰ・論表Ⅱ・論表Ⅲ ②理(200)▶物基・物

【流通情報工学科】［共通テスト(800)］ 4科目 ①外(200・英〈R160＋L40〉)▶英・独・仏・中・韓から1 ②③数(200×2)▶「数Ⅰ・数A」・「数Ⅱ・数B・数C」 ④国・地歴・公民・理(200)▶国・「地総・歴総・公から2」・「地総・地探」・「歴総・日探」・「歴総・世探」・「公・倫」・「公・政経」・「物基・化基・生基・地学基から2」・物・化・生・地学から1

［個別学力検査(200)］ 1科目 ①外(200)▶英コミュⅠ・英コミュⅡ・英コミュⅢ・論表Ⅰ・論表Ⅱ・論表Ⅲ

海洋資源環境学部

前期 ［共通テスト(650)］ 8科目 ①国(100) ②外(250・英〈R200＋L50〉)▶英・独・仏・中・韓から1 ③地歴・公民(50)▶「地総・歴総・公から2」・「地総・地探」・「歴総・日探」・「歴総・世探」・「公・倫」・「公・政経」から1 ④⑤数(50×2)▶「数Ⅰ・数A」・「数Ⅱ・数B・数C」 ⑥⑦理(50×2)▶物・化・生・地学から2 ⑧情(50)▶情Ⅰ

［個別学力検査(500)］ 2科目 ①数(250)▶数Ⅰ・数Ⅱ・数A・数B(数列)・数C(ベク) ②理(250)▶「物基・物」・「化基・化」・「生基・生」から1

後期 ［共通テスト(700)］ 5科目 ①外(200・英〈R160＋L40〉)▶英・独・仏・中・韓から1 ②③数(100×2)▶「数Ⅰ・数A」・「数Ⅱ・数B・数C」 ④理(200)▶物・化・生・地学から1 ⑤情(50)▶情Ⅰ

［個別学力検査(300)］ 1科目 ①小論文(300)

その他の選抜

学校推薦型選抜(一般)は海洋生命科学部12名，海洋資源環境学部16名，総合型選抜(一般)は海洋生命科学部13名，海洋工学部20名を募集。ほかに学校推薦型選抜(専門学科・総合学科卒業生)，総合型選抜(専門学科・総合学科卒業生，帰国生・帰国子女，留学経験者，商船教育養成コース，社会人)，私費外国人留学生入試を実施。

注)募集人員は2024年度の実績です。

偏差値データ (2024年度)

●一般選抜

学部／学科	2024年度 駿台予備学校 合格目標ライン	2024年度 河合塾 ボーダー得点率	2024年度 河合塾 ランク偏差値	'23年度 競争率
●前期				
▶海洋生命科学部				
海洋生物資源	50	70%	55	4.2
食品生産科	50	69%	52.5	2.7
海洋政策文化	49	66%	50	1.5
▶海洋工学部				
海事システム工	45	62%	50	2.0
海洋電子機械工	45	62%	50	2.1
流通情報工	46	65%	50	3.6
▶海洋資源環境科学部				
海洋環境科	51	70%	52.5	4.2
海洋資源エネルギー	50	66%	52.5	3.4
●後期				
▶海洋生命科学部				
海洋生物資源	50	71%	—	5.4
食品生産科	50	71%	—	2.7
海洋政策文化	49	69%	—	5.1
▶海洋工学部				
海事システム工	46	71%	52.5	2.3
海洋電子機械工	47	70%	52.5	2.6
流通情報工	48	72%	50	2.0
▶海洋資源環境科学部				
海洋環境科	51	75%	—	2.9
海洋資源エネルギー	50	75%	—	2.1

- 駿台予備学校合格目標ラインは合格可能性80％に相当する駿台模試の偏差値です。
- 河合塾ボーダー得点率は合格可能性50％に相当する共通テストの得点率です。また，ボーダー偏差値は合格可能性50％に相当する河合塾全統模試の偏差値です。
- 競争率は受験者÷合格者の実質倍率

東京学芸大学（とうきょうがくげいだいがく）

資料請求

問合せ先　学務部入試課　☎042-329-7204

大学の理念

1949（昭和24）年に東京の４つの師範学校を母体として発足。教育学部のみの単科大学ながら，総合大学に匹敵する専攻の多さを誇る。高い知識と教養を備えた創造力・実践力に富む有為の教育者を養成することを目的とし，次世代育成教育を主導する全国拠点大学となるとともに，広く海外に教育の研究成果を発信する大学をめざしている。2022年より「令和の日本型学校教育」を担う教師の育成を先導し，教員養成の在り方自体を変換していくための牽引役としての役割を果たす大学として，文科省より「教員養成フラッグシップ大学」に指定。2023年度より，学校種別の４課程を１つの課程に再編し，社会変化に先導的に対応していく科目を中心にカリキュラムを編成。子供の発達・成長を俯瞰し，社会との協働的な学びを実現する力を養成する。

●**東京学芸大学キャンパス**…〒184-8501　東京都小金井市貫井北町4-1-1

基本データ

学生数▶4,408名（男1,884名，女2,524名）
専任教員数▶教授142名，准教授104名，講師28名
設置学部▶教育
併設教育機関▶大学院一教育学（M・P），連合学校教育学（D）

就職・卒業後の進路

就職率 **88.2**％
就職者÷希望者×100

●**就職支援**　将来のキャリアをデザインできるよう，学部各学年を対象にキャリア支援セミナーをはじめとした各種ガイダンスを通じて「学びと進路」について考える機会を提供しているほか，学生キャリア支援室において，さまざまな就職活動支援を実施している。指導教員や教員就職担当（学校長・教育委員会指導主事等経験者），企業・公務員就職担当の専門家による就職相談を行うほか，教員志望者対象の特別講座（通称「万ゼミ」）では教職経験豊かなOB・OGが講師となり，論文添削や面接，採用試験対策を実践的に指導。企業・公務員などを希望する学生には，自己分析や業界研究，企業・官公庁の各説明会，公務員試験対策支援，エントリーシートおよび面接の指導などを行っている。

進路指導者も必見　学生を伸ばす　面倒見

初年次教育

「入門セミナー」で自校教育，学問や大学教育全般に関する動機づけ，レポート・論文の書き方，プレゼン技法，情報収集や資料整理の方法，論理的思考や問題発見・解決能力の向上を図るほか，「AI時代の情報」を開講

学修サポート

TA・SA制度，オフィスアワー制度，さらに，専任教員が学生約18人を担当し，履修内容や学生生活の指導・支援を行う教員アドバイザー制度を導入

オープンキャンパス（2023年度実績）　7月22日に来場型のオープンキャンパスを開催（事前申込制）。各コースの概要紹介や教員による質疑応答を行う個別セッションのほか，模擬授業などの特別セッションを実施。

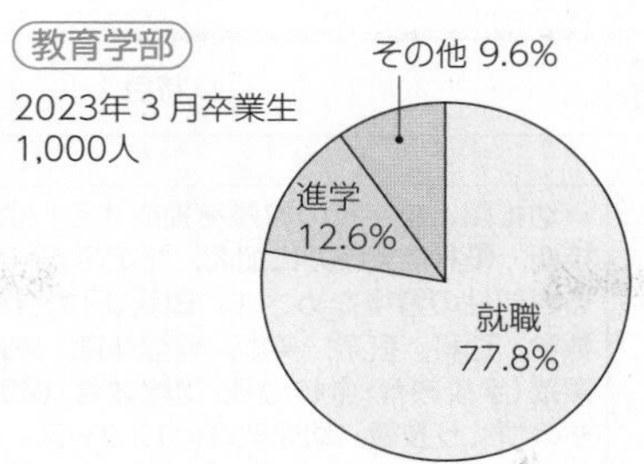

主なOB・OG▶篠田節子(作家)，押井守(映画監督)，栗山英樹(プロ野球監督)，米村でんじろう(サイエンスプロデューサー)など。

国際化・留学　大学間 61 大学等・部局間 6 大学

受入れ留学生数▶13名(2023年5月1日現在)

留学生の出身国・地域▶中国，台湾，韓国，ブラジル，ノルウェーなど。

外国人専任教員▶教授１名，准教授３名，講師４名（2023年５月１日現在)

外国人専任教員の出身国▶韓国，中国，イギリス，オーストリア，フランス，ドイツなど。

大学間交流協定▶61大学・機関（交換留学先50大学，2023年５月１日現在)

部局間交流協定▶６大学（交換留学先６大学，2023年５月１日現在)

海外への留学生数▶渡航型117名・オンライン型１名／年(14カ国・地域，2022年度)

海外留学制度▶毎年40~50名の学生が，学生交流協定締結校との１年以内の交換留学を行っているほか，夏季・春季の休暇を利用した協定校の短期プログラムをはじめ，教員養成系大学の授業見学・現地学生との交流を行うISSUPプロジェクト，コンソーシアムを形成する北京師範大学とソウル教育大学校や，東アジア・東南アジアの協定校で各国の教育・文化を学びながら，語学力の向上を図るキャンパス・アジア・プログラムなどを実施。また，海外の教育事情を実践的に学ぶグローバル教育演習，教育コラボレーション演習といった海外スタディツアーを含む授業もある。

学費・奨学金制度　給付型奨学金総額 年間 40 万円

入学金▶282,000円

年間授業料(施設費等を除く)▶535,800円

年間奨学金総額▶400,000円

年間奨学金受給者数▶４名

主な奨学金制度▶「学芸むさしの奨学金（緊急支援)」は，家計急変により，修学が困難になった学生を対象に，30万円または15万円を給付。このほか，経済的理由で納入期限までに納付困難かつ学業優秀な学生を対象とした入学料・授業料の免除・徴収猶予制度があり，2022年度には97人を対象に総額で約1,491万円を減免している。

保護者向けインフォメーション

● **成績確認**　成績不良者に対してのみ修得単位数の情報を保護者に郵送している。

● **防災対策**　入学時に「災害に備える」を配布。被災した際の学生の安否は，メールを利用して確認する。

インターンシップ科目	必修専門ゼミ	卒業論文	GPA制度の導入の有無および活用例	１年以内の退学率	標準年限での卒業率
開講している	３年次に実施	全課程で卒業要件	学生に対する個別の学修指導に活用	0.3%	86.1%

学部紹介

学部／課程〈専攻〉	定員	特色
教育学部		
学校教育教育養成〈初等教育（A類）〉	525	▷幼稚園と小学校の教員を養成する。全教科の幅広い知識・技能，優れた実践力に加え，特定の教科や横断的領域に関する専門性の習得をめざす。国語（日本語教育を含む），社会，数学，理科，音楽，美術，保健体育，家庭，英語，現代教育実践（学校教育・学校心理・国際教育・環境教育プログラム），ものづくり技術，幼児教育の12コース。
〈中等教育（B類）〉	250	▷中学校と高等学校の教員を養成する。各教科の高度な専門的内容を学ぶとともに，学校現場での各種課題に対応できる実践的指導力を身につける。国語，社会，数学，理科，音楽，美術，保健体育，家庭，技術，英語，書道，情報の12コース。
〈特別支援教育（C類）〉	40	▷特別支援教育全般とともに，聴覚障害，言語障害，知的発達障害，学習障害に関する高い専門性と優れた実践力を兼ね備えた教育者を養成する。聴覚障害・言語障害系と発達障害・学習障害系の2コース。
〈養護教育（D類）〉	10	▷子どもの健康課題に対し，こころとからだの両面から健康支援できる資質と能力を持つ養護教諭を養成するとともに，スクール・ヘルスケアを多角的に捉える視点とマネージメント能力を育む。
教育支援〈教育支援（E類）〉	185	▷教育の基礎知識と教育支援の専門知識，ならびに協働力・ネットワーク力・マネージメント力を習得することを通じて，学校現場と協働してさまざまな現代的教育課題の解決を支援する教育支援人材を養成する。生涯学習・文化遺産教育，カウンセリング，ソーシャルワーク，多文化共生教育，情報教育，表現教育，生涯スポーツの7コース制。

● 取得可能な資格…教職（国・地歴・公・社・数・理・音・美・工芸・書・保体・保健・技・家・情・工業・英，小一種，幼一種，特別支援，養護一種），司書，司書教諭，学芸員，保育士など。
● 進路状況…………就職77.8% 進学12.6%
● 主な就職先………教員，東京都庁，LITALICO，内田洋行，厚生労働省，ベネッセコーポレーション，パーソルプロセス&テクノロジー，ソフトバンク，警視庁，東京書籍など。

キャンパス

教育…［東京学芸大学キャンパス］ 東京都小金井市貫井北町4-1-1

2025年度入試要項（予告）

●募集人員

学部／課程／専攻・類（コース）	前期	後期
▶教育 学校教育教員養成／初等教育・A（国語）	50	10
（社会）	50	20
（数学）	50	15
（理科）	60	10
（音楽）	15	5
（美術）	15	—
（保健体育）	30	—
（家庭）	12	—
（英語）	8	—
（現代教育実践／学校教育）	15	5
（現代教育実践／学校心理）	15	—
（現代教育実践／国際教育）	12	—
（現代教育実践／環境教育）	17	—
（ものづくり技術）	7	—
（幼児教育）	16	—
／中等教育・B（国語）	15	—
（社会）	20	5
（数学）	20	5

キャンパスアクセス ［東京学芸大学キャンパス］ JR中央線一武蔵小金井よりバス約10分／JR中央線一国分寺より徒歩約20分

(理科)	35	5
(音楽)	15	—
(美術)	12	—
(保健体育)	12	—
(家庭)	8	—
(技術)	7	—
(英語)	8	—
(書道)	16	—
(情報)	15	—
／特別支援教育・C	32	—
／養護教育・D(養護教育)	6	—
教育支援／教育支援・E(生涯学習・文化遺産教育)	30	5
(カウンセリング)	13	—
(ソーシャルワーク)	18	—
(多文化共生教育)	30	10
(情報教育)	10	5
(表現教育)	15	—
(生涯スポーツ)	18	—

●**2段階選抜**　実施しない
注）2段階選抜は2024年度の実績です。

▷共通テストの英語はリスニングを含む。
▷共通テストの地歴・公民から２科目選択する場合，「公・倫」と「公・政経」の組み合わせ，および「地総・歴総・公から２」で選択した科目と同一科目名を含む組み合わせは不可。
▷共通テストの理科から２科目選択する場合，同一科目名を含む選択は不可。

教育学部

前期【A類〈国語／社会／家庭／英語／現代教育実践(学校教育・学校心理・国際教育)／幼児教育〉・B類〈国語／社会／家庭〉・E類〈生涯学習・文化遺産教育／カウンセリング／ソーシャルワーク〉】［共通テスト(1000)］ 8科目 ①国(200) ②外(200・英〈R100＋L100〉)▶英・独・仏・中・韓から１ ③④数(100×2)▶「数Ⅰ・数A」・「数Ⅱ・数B・数C」 ⑤情(100)▶情Ⅰ ⑥⑦⑧「地歴・公民」・理(100×3)▶「地総・歴総・公から２」・「地総・地探」・「歴総・日探」・「歴総・世探」・「公・倫」・「公・政経」から１または２,「物基・化基・生基・地学基から２」・物・化・生・地学から１または２，計３，ただし「歴総・日探」・「歴総・世探」の組み合わせを除き同一科目名を含む選択は不可

【A類〈国語〉】［個別学力検査(450)］ 2科目 ①国(400)▶現国・言語・論国・文国・国表・古典 ②小論文(50)

【A類〈社会〉・B類〈社会〉】［個別学力検査(330)］ 2科目 ①地歴・公民(300)▶「歴総・日探」・「歴総・世探」・地総・公から１ ②小論文(30)

【A類〈家庭／現代教育実践(学校教育)〉・B類〈家庭〉】［個別学力検査(300)］ 1科目 ①小論文(300)

【A類〈英語〉】［個別学力検査(500)］ 2科目 ①外(450)▶英コミュⅠ・英コミュⅡ・英コミュⅢ・論表Ⅰ・論表Ⅱ・論表Ⅲ(ディクテーションを含む) ②面接(50)▶英語によるものを含む

【A類〈現代教育実践(学校心理)〉】［個別学力検査(350)］ 1科目 ①面接(300)▶口頭試問を含む

【A類〈現代教育実践(国際教育)〉】［個別学力検査(450)］ 1科目 ①面接(450)

【A類〈幼児教育〉】［個別学力検査(500)］ 1科目 ①幼児教育課題及び面接(500)

【B類〈国語〉】［個別学力検査(1300)］ 2科目 ①国(1200)▶現国・言語・論国・文国・国表・古典 ②小論文(100)

【E類〈生涯学習・文化遺産教育／ソーシャルワーク〉】［個別学力検査(500)］ 1科目 ①小論文(500)

【E類〈カウンセリング〉】［個別学力検査(400)］ 1科目 ①面接(400)

【A類〈数学／理科〉・B類〈理科〉・D類】［共通テスト(1000)］ 8科目 ①国(200) ②外(200・英〈R100＋L100〉)▶英・独・仏・中・韓から１ ③地歴・公民(100)▶「地総・歴総・公から２」・「地総・地探」・「歴総・日探」・「歴総・世探」・「公・倫」・「公・政経」から１ ④⑤数(100×2)▶「数Ⅰ・数A」・「数Ⅱ・数B・数C」 ⑥⑦理(100×2)▶「物基・化基・生基・地学基から２」・物・化・生・地学から２，ただし同一科目名を含む選択は不可 ⑧情(100)▶情Ⅰ

【A類〈数学〉】［個別学力検査(500)］ 2科目 ①数(450)▶数Ⅰ・数Ⅱ・数Ⅲ・数A(図形・場合)・数B(数列・推測)・数C(ベク・

平面） ②小論文(50)
【A類〈理科〉】［個別学力検査(440)］ 3科目 ①②理(200×2) ▶「物基・化基・生基・地学基から1」・「〈物基・物〉・〈化基・化〉・〈生基・生〉・〈地学基・地学〉から1」，ただし同一科目名を含む選択は不可 ③小論文(40)
【B類〈理科〉】［個別学力検査(1100)］ 3科目 ①②理(500×2) ▶「物基・物」「化基・化」・「生基・生」・「地学基・地学」から2 ③小論文(100)
【D類】［個別学力検査(400)］ 2科目 ①小論文(300) ②面接(100)
【A類〈音楽／美術／保健体育〉・B類〈保健体育・書道〉・E類〈生涯スポーツ〉】［共通テスト(800)］ 6科目 ①国(200) ②外(200・英〈R100＋L100〉) ▶英・独・仏・中・韓から1 ③地歴・公民(100) ▶「地総・歴総・公から2」・「地総・地探」・「歴総・日探」・「歴総・世探」・「公・倫」・「公・政経」から1 ④数(100) ▶数Ⅰ・数A ⑤理(100) ▶「物基・化基・生基・地学基から2」・物・化・生・地学から1 ⑥情(100) ▶情Ⅰ
【A類〈音楽〉】［個別学力検査(440)］ 3科目 ①共通試験(150) ▶楽典・聴音・新曲視唱 ②音楽実技(250) ③面接(40)
【A類〈美術〉】［個別学力検査(385)］ 1科目 ①図工・美術実技(350) ②面接(35)
【A類〈保健体育〉・B類〈保健体育〉】［個別学力検査(400)］ 2科目 ①体育実技(200) ②面接(200)
【B類〈書道〉】［個別学力検査(1200)］ 3科目 ①国(400) ▶現国・言語・論国・文国・国表・古典 ②書道実技(600) ③小論文(200)
【E類〈生涯スポーツ〉】［個別学力検査(600)］ 2科目 ①書類審査(300) ②面接(300)
【A類〈現代教育実践(環境教育)〉・C類】［共通テスト(900)］ 7科目 ①国(200) ②外(200・英〈R100＋L100〉) ▶英・独・仏・中・韓から1 ③地歴・公民(100) ▶「地総・歴総・公から2」・「地総・地探」・「歴総・日探」・「歴総・世探」・「公・倫」・「公・政経」から1 ④⑤数(100×2) ▶「数Ⅰ・数A」・「数Ⅱ・数B・数C」 ⑥理(100) ▶「物基・化基・生基・地学基から2」・物・化・生・地学から1 ⑦情(100) ▶情Ⅰ
【A類〈現代教育実践(環境教育)〉】［個別学力検査(430)］ 2科目 ①地歴・公民・理(400) ▶「歴総・日探」・「歴総・世探」・地総・公・「物基・化基・生基・地学基から2」から1 ②小論文(30)
【C類】［個別学力検査(300)］ 2科目 ①小論文(150) ②面接(150)
【A類〈ものづくり技術〉・B類〈技術〉】［共通テスト(1150)］ 8科目 ①国(200) ②外(200・英〈R100＋L100〉) ▶英・独・仏・中・韓から1 ③地歴・公民(100) ▶「地総・歴総・公から2」・「地総・地探」・「歴総・日探」・「歴総・世探」・「公・倫」・「公・政経」から1 ④⑤数(150×2) ▶「数Ⅰ・数A」・「数Ⅱ・数B・数C」 ⑥⑦理(100×2) ▶「物基・化基・生基・地学基から2」・物・化・生・地学から2 ⑧情(150) ▶情Ⅰ
［個別学力検査(400)］ 1科目 ①面接(400) ▶口頭試問を含む
【B類〈数学〉】［共通テスト(1200)］ 8科目 ①国(200) ②外(200・英〈R100＋L100〉) ▶英・独・仏・中・韓から1 ③地歴・公民(100) ▶「地総・歴総・公から2」・「地総・地探」・「歴総・日探」・「歴総・世探」・「公・倫」・「公・政経」から1 ④⑤数(200×2) ▶「数Ⅰ・数A」・「数Ⅱ・数B・数C」 ⑥⑦理(100×2) ▶「物基・化基・生基・地学基から2」・物・化・生・地学から2 ⑧情(100) ▶情Ⅰ
［個別学力検査(1100)］ 2科目 ①数(1000) ▶数Ⅰ・数Ⅱ・数Ⅲ・数A(図形・場合)・数B(数列・推測)・数C(ベク・平面) ②小論文(100)
【B類〈音楽〉】［共通テスト(1000)］ 6科目 ①国(300) ②外(300・英〈R150＋L150〉) ▶英・独・仏・中・韓から1 ③情(100) ▶情Ⅰ ④⑤⑥地歴・公民・数・理(100×3) ▶「地総・歴総・公から2」・「地総・地探」・「歴総・日探」・「歴総・世探」・「公・倫」・「公・政経」・「数Ⅰ・数A」・「〈物基・化基・生基・地学基から2〉・物・化・生・地学から1」から3
［個別学力検査(1100)］ 3科目 ①共通試験(300) ▶楽典・聴音・新曲視唱 ②音楽実技(700) ③面接(100)
【B類〈美術〉】［共通テスト(800)］ 5科目

①国(200)　②外(200・英〈R100＋L100〉)▶英・独・仏・中・韓から1　③情(100)▶情Ⅰ　④⑤⑥**地歴・公民・数・理**(100×3)▶「地総・歴総・公から2」・「地総・地探」・「歴総・日探」・「歴総・世探」・「公・倫」・「公・政経」・「数Ⅰ・数A」・「〈物基・化基・生基・地学基から2〉・物・化・生・地学から1」から3

[個別学力検査(700)] 2科目 ①**美術実技**(500) ②**面接**(200)

【B類〈英語〉】[共通テスト(1100)] 8科目

①国(200)　②外(300・英〈R150＋L150〉)▶英・独・仏・中・韓から1　③④数(100×2)▶「数Ⅰ・数A」・「数Ⅱ・数B・数C」　⑤情(100)▶情Ⅰ　⑥⑦⑧**「地歴・公民」・理**(100×3)▶「地総・歴総・公から2」・「地総・地探」・「歴総・日探」・「歴総・世探」・「公・倫」・「公・政経」から1または2,「物基・化基・生基・地学基から2」・物・化・生・地学から1または2,計3,ただし「歴総・日探」・「歴総・世探」の組み合わせを除き同一科目名を含む選択は不可

[個別学力検査(550)] 2科目 ①**外**(500)▶英コミュⅠ・英コミュⅡ・英コミュⅢ・論表Ⅰ・論表Ⅱ・論表Ⅲ(ディクテーション含む)　②**面接**(50)

【B類〈情報〉・E類〈情報教育〉】[共通テスト(1100)] 8科目 ①国(200)　②外(200・英〈R100＋L100〉)▶英・独・仏・中・韓から1　③**地歴・公民**(100)▶「地総・歴総・公から2」・「地総・地探」・「歴総・日探」・「歴総・世探」・「公・倫」・「公・政経」から1　④⑤**数**(100×2)▶「数Ⅰ・数A」・「数Ⅱ・数B・数C」　⑥⑦**理**(100×2)▶「物基・化基・生基・地学基から2」・物・化・生・地学から2,ただし同一科目名を含む選択は不可　⑧**情**(200)▶情Ⅰ

【B〈情報〉】[個別学力検査(450)] 2科目

①**数**(400)▶数Ⅰ・数Ⅱ・数Ⅲ・数A(図形・場合)・数B(数列・推測)・数C(ベク・平面)　②**面接**(50)▶口頭試問を含む

【E類〈情報教育〉】[個別学力検査(550)] 2科目 ①**数**(500)▶数Ⅰ・数Ⅱ・数Ⅲ・数A(図形・場合)・数B(数列・推測)・数C(ベク・平面)　②**面接**(50)▶口頭試問を含む

【E類〈多文化共生教育〉】[共通テスト(1300)] 8科目 ①国(200)　②外(500・英〈R250＋L250〉)▶英・独・仏・中・韓から1　③④**数**(100×2)▶「数Ⅰ・数A」・「数Ⅱ・数B・数C」　⑤**情**(100)▶情Ⅰ　⑥⑦⑧**「地歴・公民」・理**(100×3)▶「地総・歴総・公から2」・「地総・地探」・「歴総・日探」・「歴総・世探」・「公・倫」・「公・政経」から1または2,「物基・化基・生基・地学基から2」・物・化・生・地学から1または2,計3,ただし「歴総・日探」・「歴総・世探」の組み合わせを除き同一科目名を含む選択は不可

[個別学力検査(500)] 1科目 ①**小論文**(500)

【E類〈表現教育〉】[共通テスト(1400)] 8科目 ①国(300)　②外(500・英〈R250＋L250〉)▶英・独・仏・中・韓から1　③④**数**(100×2)▶「数Ⅰ・数A」・「数Ⅱ・数B・数C」　⑤**情**(100)▶情Ⅰ　⑥⑦⑧**「地歴・公民」・理**(100×3)▶「地総・歴総・公から2」・「地総・地探」・「歴総・日探」・「歴総・世探」・「公・倫」・「公・政経」から1または2,「物基・化基・生基・地学基から2」・物・化・生・地学から1または2,計3

[個別学力検査(1400)] 1科目 ①**小論文**(1400)

後期　【A類〈国語〉】[共通テスト(1200)] 8科目 ①国(400)　②外(200・英〈R100＋L100〉)▶英・独・仏・中・韓から1　③④**数**(100×2)▶「数Ⅰ・数A」・「数Ⅱ・数B・数C」　⑤**情**(100)▶情Ⅰ　⑥⑦⑧**「地歴・公民」・理**(100×3)▶「地総・歴総・公から2」・「地総・地探」・「歴総・日探」・「歴総・世探」・「公・倫」・「公・政経」から1または2,「物基・化基・生基・地学基から2」・物・化・生・地学から1または2,計3,ただし「歴総・日探」・「歴総・世探」の組み合わせを除き同一科目名を含む選択は不可

[個別学力検査(450)] 1科目 ①**面接**(450)▶口頭試問を含む

【A類〈社会〉・B類〈社会〉】[共通テスト(1000)] 8科目 前期と同じ

[個別学力検査(300)] 1科目 ①**面接**(300)

【A類〈数学〉・B類〈数学〉】[共通テスト(1400)] 8科目 ①国(200)　②外(200・英〈R100＋L100〉)▶英・独・仏・中・韓から1　③**地歴・公民**(100)▶「地総・歴総・公から2」・

「地総・地探」・「歴総・日探」・「歴総・世探」・「公・倫」・「公・政経」から1 ④⑤数(300×2)▶「数Ⅰ・数A」・「数Ⅱ・数B・数C」 ⑥⑦理(100×2)▶「物基・化基・生基・地学基から2」・物・化・生・地学から2 ⑧情(100)▶情Ⅰ

[個別学力検査(350)] 1科目 ①面接(350)▶口頭試問を含む

【A類〈理科〉・B類〈理科〉】[共通テスト(1000)] 8科目 前期と同じ

[個別学力検査(400)] 1科目 ①面接(400)▶口頭試問を含む

【A類〈音楽〉】[共通テスト(800)] 6科目 前期と同じ

[個別学力検査(300)] 2科目 ①音楽実技(260) ②面接(40)

【A類〈現代教育実践(学校教育)〉・E類〈生涯学習・文化遺産教育〉】[共通テスト(1000)] 8科目 前期と同じ

【A類〈現代教育実践(学校教育)〉】[個別学力検査(300)] 1科目 ①面接(300)▶口頭試問を含む

【E類〈生涯学習・文化遺産教育〉】[個別学力検査(300)] 1科目 ①面接(300)

【E類〈多文化共生教育〉】[共通テスト(1300)] 8科目 前期と同じ

[個別学力検査(500)] 1科目 ①面接(500)

【E類〈情報教育〉】[共通テスト(1300)] 8科目 ①国(200) ②外(200・英〈R100+L100〉)▶英・独・仏・中・韓から1 ③地歴・公民(100)▶「地総・歴総・公から2」・「地総・地探」・「歴総・日探」・「歴総・世探」・「公・倫」・「公・政経」から1 ④⑤数(200×2)▶「数Ⅰ・数A」・「数Ⅱ・数B・数C」 ⑥⑦理(100×2)▶「物基・化基・生基・地学基から2」・物・化・生・地学から2 ⑧情(200)▶情Ⅰ

[個別学力検査(300)] 1科目 ①面接(300)▶口頭試問を含む

その他の選抜

学校推薦型選抜はA類〈国語・理科・美術・保健体育・家庭・英語・現代教育(心理・国際)・ものづくり技術・幼児教育〉76名，B類〈国語・理科・美術・保健体育・技術・英語・書道〉32名，C類8名，D類4名，E類〈カウンセリング・ソーシャルワーク・表現教育〉14名，総合型選抜はA類〈音楽・美術・現代教育(環境)・ものづくり技術〉12名，B類〈音楽・美術・保健体育・家庭・技術・情報〉20名，E類〈生涯スポーツ〉17名を募集。ほかに帰国生選抜，私費外国人留学生選抜，高大接続プログラム，国際バカロレア選抜を実施。

※E類生涯スポーツコースの「スーパーアスリート推薦選抜」は，令和7年度入学者選抜から廃止。

※令和7年度入学者選抜から一部の専攻・コース・プログラムにおいて総合型選抜を実施。

偏差値データ (2024年度)

●一般選抜

学部／課程／専攻(類)／コース	2024年度 駿台予備学校 合格目標ライン	河合塾 ボーダー得点率	河合塾 ボーダーランク	'23年度 競争率
●前期				
▶教育学部				
学校教育教員養成／初等教育(A類)／国語	53	66%	52.5	1.6
／社会	54	69%	57.5	1.9
／数学	51	66%	52.5	1.8
／理科	51	66%	50	1.4
／音楽	45	65%	—	1.4
／美術	44	61%	—	1.1
／保健体育	45	68%	—	2.2
／家庭	46	65%	—	1.4
／英語	56	72%	60	2.1
／現代教育実践(学校教育)	54	71%	—	1.5
(学校心理)	56	71%	—	3.2
(国際教育)	51	68%	—	1.2
(環境教育)	53	68%	52.5	2.2
／ものづくり技術	48	63%	—	2.6
／幼児教育	50	62%	—	2.4
／中等教育(B類)／国語	54	69%	57.5	2.5
／社会	56	74%	62.5	1.7
／数学	52	74%	57.5	2.4
／理科	52	69%	55	2.3
／音楽	46	72%	—	1.7
／美術	46	65%	—	1.5
／保健体育	46	70%	—	2.0
／家庭	47	66%	—	1.3
／技術	46	59%	—	1.7
／英語	56	73%	65	2.4

／書道	45	55%	50	1.9
／情報	49	59%	50	1.1
／特別支援教育(C類)	51	63%	—	1.7
／養護教育(D類)	50	66%	—	2.7
教育支援／教育支援(E類)／生涯学習・文化遺産教育	52	65%	—	2.5
／カウンセリング	50	74%	—	2.0
／ソーシャルワーク	49	66%	—	1.1
／多文化共生教育	53	66%	—	1.1
／情報教育	50	65%	50	1.8
／表現教育	49	68%	—	2.4
／生涯スポーツ	45	67%	—	2.6
●後期				
▶教育学部				
学校教育教員養成／初等教育(A類)／国語	54	72%	—	2.3
／社会	55	72%	—	2.0
／数学	52	68%	—	2.4
／理科	52	67%	—	1.1
／音楽	46	67%	—	1.3
／現代教育実践(学校教育)	55	72%	—	1.8
(学校心理)	57	72%	—	3.6
(環境教育)	54	69%	—	9.0
／中等教育(B類)／社会	57	74%	—	2.1
／数学	53	74%	—	2.3
／理科	53	70%	—	2.1
／音楽	47	73%	—	2.6
／情報	50	61%	—	1.4
／特別支援教育(C類)	52	68%	—	3.4
教育支援／教育支援(E類)／生涯学習・文化遺産教育	53	70%	—	3.3
／多文化共生教育	54	75%	—	1.8
／情報教育	51	67%	—	2.8

- 駿台予備学校合格目標ラインは合格可能性80％に相当する駿台模試の偏差値です。
- 河合塾ボーダー得点率は合格可能性50％に相当する共通テストの得点率です。また，ボーダー偏差値は合格可能性50％に相当する河合塾全統模試の偏差値です。
- 競争率は受験者÷合格者の実質倍率

東京工業大学

資料請求

問合せ先 学務部入試課 ☎03-5734-3990

大学の理念

1881年の創立以来，数多くの優れた研究者・技術者を世に送り出してきた，日本を代表する理工系総合大学である。常に新しい価値を生み出していく拠点として，「世界最高水準の研究の中で学生が自ら学び考える教育」を実践すべく，独自の教育カリキュラムを構築。日本初となる学部と大学院を統合した「学院」では，学士・修士・博士課程が継続的に学修しやすい教育プログラムが用意されており，学生は入学時から大学院までの出口を見通すことができ，自らの興味・関心に基づいて，複数の理工系専門分野，あるいは知的好奇心をかき立てる教養分野からさらに多様な選択・挑戦をすることが可能となっている。2024年度中に東京医科歯科大学と統合し，「東京科学大学（仮称）」を設立。両大学の尖った研究をさらに推進するとしている。

- 大岡山キャンパス………〒152-8550 東京都目黒区大岡山2-12-1
- すずかけ台キャンパス…〒226-8503 神奈川県横浜市緑区長津田町4259
- 田町キャンパス…………〒108-0023 東京都港区芝浦3-3-6

基本データ

学生数▶4,776名（男4,150名，女626名）
専任教員数▶教授376名，准教授316名，講師18名
設置学院▶理，工，物質理工，情報理工，生命理工，環境・社会理工
併設教育機関▶大学院（P.1293参照）

就職・卒業後の進路

就職率 85.9%
就職者÷希望者×100

●**就職支援**　学院・系の教職員が中心となって支援を行うほか，学生支援センターキャリア支援部門でも，就職相談全般に応じ，就職関係の知識やノウハウなどの情報提供，ガイダンスの開催などを行い，多様化したキャリア支援のニーズに対応している。自由に利用できる就職資料室のほか，独自の求人票検索システムには学外からもアクセス可能。豊富な内容のキャリアイベントも多数開催している。なお，学士課程学生の約85%は大学院修士課程に進学し，さらに修士課程学生のうち約15%は博士後期課程に進学している。

進路指導者も必見 学生を伸ばす 面倒見

初年次教育	学修サポート
学問や大学教育全体に対する動機づけ，ITの基礎技術などの初年次教育を行うほか，コミュニケーション・プレゼンテーションのスキルを高める少人数グループワーク演習「東工大立志プロジェクト」を開講	TA制度，1人の教員が学生約10～30名を担当する教員アドバイザー制度を導入。また，日本語，英語の文書作成を支援するライティングセンター，履修や学修の相談に応じる学修コンシェルジュなどを設置

オープンキャンパス（2023年度実績） 5月に生命理工学院のすずかけ台オープンキャンパス（事前申込不要），8月10日に大岡山で全学院のオープンキャンパスを開催，一部Zoomによるライブ配信（事前申込制）。

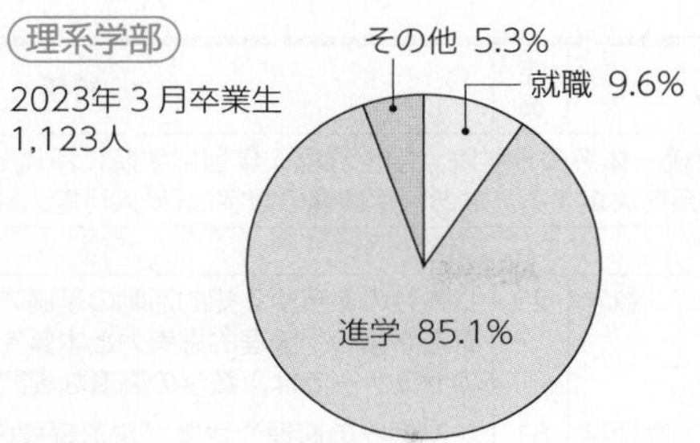

主なOB・OG▶［工］白川英樹（ノーベル化学賞受賞者），［理］菅直人（第94代内閣総理大臣），［工］塚本由晴（建築家），［工］山田純（芝浦工業大学学長）

国際化・留学　大学間 111 大学等・部局間 52 大学等

受入れ留学生数▶232名（2023年５月１日現在）

留学生の出身国▶中国，韓国，タイ，マレーシア，インドネシアなど。

外国人専任教員▶教授10名，准教授16名（2023年５月１日現在）

外国人専任教員の出身国▶中国，アメリカ，カナダ，フィリピン，韓国など。

大学間交流協定▶111大学・機関（交換留学先72大学，2023年５月１日現在）

部局間交流協定▶52大学・機関（交換留学先42大学，2023年５月１日現在）

海外への留学生数▶渡航型153名・オンライン型53名／年（16カ国・地域，2022年度）

海外留学制度▶協定校に１学期以上１年以内の期間で留学する派遣交換留学や，将来の長期留学を見据えたグローバル理工人育成コース超短期派遣や語学研修，協定校で講義・研究に参加するシーズンプログラム，ASEAN諸国の学生と企業訪問や討論を行うTokyo Tech-AYSEASなどの学術交流，専門分野の研修，専門科目履修・研究活動，インターンシップなど数多くのプログラムを実施。コンソーシアムは，ASPIREなど4団体に参加している。

学費・奨学金制度　給付型奨学金総額 年間 2,700 万円

入学金▶282,000円

年間授業料（施設費等を除く）▶635,400円

年間奨学金総額▶27,000,000円

年間奨学金受給者数▶45人

主な奨学金制度▶経済的支援が必要な学生を対象に女子学生枠・地方出身者枠・ファーストジェネレーション枠（両親が４年制大学を卒業していない）を設定した予約型の「大隅良典記念奨学金」や，在学生対象の「手島精一記念奨学金」「多田記念奨学金」などを設置。

保護者向けインフォメーション

● **説明会**　入学後に保護者への説明会を部局で行っている場合もある。また，受験生の保護者向け説明会も実施。

● **成績確認**　成績表を保護者に郵送している。

● **防災対策**　「大地震対応マニュアル」を入学時に配布し，HPでも公開。被災した際の学生の安否確認は，セコムの安否確認サービスおよび入学時に配布する安否確認票を利用する。

インターンシップ科目	必修専門ゼミ	卒業論文	GPA制度の導入の有無および活用例	１年以内の退学率	標準年限での卒業率
一部の学院で開講している	全学院で３・４年次に実施	全学院で卒業要件	学生に対する個別の学修指導に活用するほか，GPAに応じた履修上限単位数を設定している	0.5%	86.6%

学部紹介

学院／系	定員	特色
学士課程から大学院まで統一体系の６学院。学士課程１年目は学院に所属し，２年目に学生の志望，学業成績により所属する系を決定する。なお，定員欄の数字は「受入可能人数」。		
理学院		
数学	29	▷人類のあらゆる知的活動の基礎である数学の素養と専門分野を学修し，論理的思考力と本質を見抜く力を養う。少人数のセミナーでは，数学の高度な専門分野に触れられる。
物理学	61	▷自然界の原理やさまざまな現象の法則を発見，解明して，科学技術の発展に貢献し，最先端の研究を推進，時代の要請に的確に対応できる人材を育成する。
化学	44	▷原子から生命や宇宙までを対象として，自然界における化学現象の基本原理を学ぶとともに，社会に大きく貢献する先端的化学に貢献できる能力を身につける。
地球惑星科学	32	▷地球・惑星・宇宙の諸現象を理解するために必要な基本的学力を身につけ，地球の未来とそれに関わる人類の発展に貢献できる人材の養成をめざす。
●取得可能な資格…教職（数・理）　●進路状況………就職7.2%　進学87.8% ●主な就職先………エヌ・ティ・ティ・データ，日立製作所，PwCコンサルティング，キオクシア，クラレ，ソニー，トプコン，トヨタ自動車，日本電気，明治安田生命，TOTOなど。		
工学院		
機械	144	▷機械システムの動作を解析・統合し，新たな機械を創出するための知識を学修する。また，工学的諸課題を解決し，環境と人類との調和をなす革新的な機械システムを提案できる人材を養成することを目的とする。
システム制御	48	▷ロボットなどの先進の機械をはじめさまざまなシステムを操る理論を学び，それを生かした先進技術を研究する。柔軟な発想力と創造力で社会に貢献する人材を養成する。
電気電子	90	▷電気電子工学分野の基礎学力と応用能力を学び，しっかりとした基礎学力のもと，総合力を発揮し，将来の飛躍的な発展に適応できる，広い視野，創造力，独創性を兼ね備えた先駆的研究者，指導的技術者，教育者を養成。
情報通信	49	▷人に優しく，持続的な高度情報通信社会を支える基盤技術・応用システムに関する研究・教育を行い，国際的に活躍できる研究者・技術者を養成する。
経営工学	62	▷企業経営や経済システムを取り巻く社会の課題を科学的・工学的な視点からとらえ，「数理」「経済学」「経営管理」「管理技術」などのアプローチを駆使して解決する問題解決のプロを育成。
●取得可能な資格…教職（情・工）　●進路状況…………就職12.9%　進学84.1% ●主な就職先………パナソニック，日立製作所，ソニー，日産自動車，野村総合研究所，NTTドコモ，アクセンチュア，ファナック，東京ガス，富士通，本田技研工業など。		

 キャンパスアクセス ［大岡山キャンパス］ 東急大井町線・目黒線―大岡山より徒歩1分

物質理工学院		
材料	92	▷「金属材料」「有機材料」「無機材料」にわたる幅広い材料学の基礎的知識を修得するとともに，革新的工業材料を創出するための知恵と創造性を身につけ，産業界が求める材料学分野の先導的科学技術者となる人材を養成する。
応用化学	109	▷豊かな人間社会が発展的に永続するために必要不可欠な化学技術を開拓できる人材を育成する学修・教育目標を設定。21世紀の社会を担う科学技術者，研究者の育成を行うとともに，新たな産業と文明を拓く高度職業人の養成をめざす。
● 取得可能な資格…教職（理・工）　● 進路状況………就職5.6%　進学88.3% ● 主な就職先………日産自動車，マイクロンメモリジャパン，旭化成，日本製鉄，AGC，東芝など。		
情報理工学院		
数理・計算科学	37	▷情報処理を「計算」としてとらえるアプローチと，実際にそれを実行するコンピュータ・システムの設計方法を学び，専門知識に裏づけられた手法を駆使して課題を解決することにより，国際的に活躍できる人材を養成する。
情報工学	64	▷情報に関する体系化した理論から，ソフトウェア，ハードウェア，マルチメディア，人工知能，生命情報解析などの幅広い専門知識を修得し，世界を先導する研究者・技術者として活躍できる人材を養成する。
● 取得可能な資格…教職（数・情）　● 進路状況………就職10.1%　進学81.7% ● 主な就職先………ヤフー，楽天，Huawei Technologies，アクセンチュア，任天堂，LINEなど。		
生命理工学院		
生命理工学	164	▷ライフサイエンスとテクノロジーに関する幅広い専門的知識を学び，世界最高レベルの研究や開発を推進し，新たな科学技術を創造する能力を発揮できる，生命系理工学人材の育成をめざす。
● 取得可能な資格…教職（理）　● 進路状況………就職9.5%　進学86.5% ● 主な就職先………アステラス製薬，凸版印刷，アサヒビール，ライオン，旭化成，住友化学など。		
環境・社会理工学院		
建築学	62	▷デザイン意匠論，建築史，建築計画から建築構造，環境工学に至るまで建築学の最先端の学びを展開。国際的な視野に基づき環境・社会問題の解決に貢献できる設計者，技術者，研究者を養成する。
土木・環境工学	40	▷自然災害から人命や社会生活を守り，将来の世界の平和と繁栄のため，まちづくり，国づくりを担う学問。自然および地球環境の保全と活用を図り，良質の社会資本を合理的に形成，維持，管理できる人材を養成する。
融合理工学	45	▷理工学の知識を超域的に駆使して国際社会全体が抱える複合的問題を解決し，科学技術の新たな地平を拓く。単なる知識に留まらない社会における実践的な能力を修得する。
● 取得可能な資格…教職（工業），１・２級建築士受験資格。 ● 進路状況…………就職8.5%　進学82.4% ● 主な就職先………鹿島建設，大成建設，都市再生機構，国土交通省，NTTドコモ，三菱商事など。		

キャンパス

本部・全学院……［大岡山キャンパス］東京都目黒区大岡山2-12-1※学士課程学生のメインキャンパス
［すずかけ台キャンパス］神奈川県横浜市緑区長津田町4259
［田町キャンパス］東京都港区芝浦3-3-6

キャンパスアクセス［すずかけ台キャンパス］東急田園都市線一すずかけ台より徒歩５分

2025年度入試要項(予告)

●募集人員

学院／系	前期	学校推薦型	総合型
▶理	128	—	一般8/女子15
▶工	261	—	一般17/女子70
▶物質理工	138	—	一般20/女子20
▶情報理工	72	—	一般6/女子14
▶生命理工	105	一般15/女子15	一般15
▶環境・社会理工 A建築学	80	—	一般8/女子3
B土木・環境工学			一般6/女子3
C融合理工学			一般6/女子3

※学校型選抜および総合型選抜では，性別によらず出願できる一般枠，女性のみが出願できる女子枠を設定。

● 2段階選抜

前期の全学院志願者計が募集人員の４倍を超えた場合，共通テストの成績により行うことがある。

▷共通テストの英語はリスニングを含む。

全学院

前期 ［共通テスト(1000)］ 8科目 ①国(200) ②**外**(200・英〈R100＋L100〉)▶英・独・仏・中・韓から１ ③**地歴・公民**(100)▶「地総・地探」・「歴総・日探」・「歴総・世探」・「公・倫」・「公・政経」から１ ④⑤**数**(100×2)▶「数Ⅰ・数A」・「数Ⅱ・数B・数C」 ⑥⑦**理**(100×2)▶物・化・生・地学から２ ⑧**情**(100)▶情Ⅰ

［個別学力検査(750)］ 4科目 ①**外**(150)▶英コミュⅠ・英コミュⅡ・英コミュⅢ・論表Ⅰ・論表Ⅱ・論表Ⅲ ②**数**(300)▶数Ⅰ・数Ⅱ・数Ⅲ・数A（図形・場合）・数B（数列）・数C（ベク・平面） ③④**理**(150×2)▶「物基・物」・「化基・化」

学校推薦型 **【生命理工学院】〈一般枠・女子枠〉［共通テスト(1000)］** 8科目 前期と同じ

［個別学力検査］ 課さない。

※共通テストの成績，推薦書，調査書，志望理由書，学修計画書（女子枠のみ）の内容を総合して判定。

総合型 **【理学院】〈一般枠〉［共通テスト(1000)］** 8科目 前期と同じ

［個別学力検査(100)］ 1科目 ①**総合問題**(100)▶面接

〈女子枠〉［共通テスト(1000)］ 8科目 ①国(200) ②**外**(200・英〈R100＋L100〉)▶英・独・仏・中・韓から１ ③**地歴・公民**(100)▶「地総・地探」・「歴総・日探」・「歴総・世探」・「公・倫」・「公・政経」から１ ④⑤**数**(100×2)▶「数Ⅰ・数A」・「数Ⅱ・数B・数C」 ⑥⑦**理**(100×2)▶物・化・生 ⑧**情**(100)▶情Ⅰ

［個別学力検査(100)］ 1科目 ①**総合問題**(100)▶筆記（数Ⅲ・物・化，ただし物・化は共通テストの得点で代用）・面接

【工学院】〈一般枠〉［共通テスト(1300)］ 8科目 ①国(200) ②**外**(300・英〈R150＋L150〉)▶英・独・仏・中・韓から１ ③**地歴・公民**(100)▶「地総・地探」・「歴総・日探」・「歴総・世探」・「公・倫」・「公・政経」から１ ④⑤**数**(150×2)▶「数Ⅰ・数A」・「数Ⅱ・数B・数C」 ⑥⑦**理**(150×2)▶物必須，化・生・地学から１ ⑧**情**(100)▶情Ⅰ

［個別学力検査(100)］ 1科目 ①**総合問題**(100)▶面接

〈女子枠〉［共通テスト(1000)］ 8科目 前期と同じ

［個別学力検査(200)］ 2科目 ①**総合問題**(100)▶面接 ②**共通テスト**(100) ※1000点満点を100点満点に換算。

【物質理工学院】〈一般枠〉［共通テスト(1000)］ 8科目 前期と同じ

［個別学力検査(200)］ 2科目 ①**総合問題**(100)▶面接 ②**共通テスト**(100) ※1000点満点を100点満点に換算。

〈女子枠〉［共通テスト(1200)］ 8科目 ①国(200) ②**外**(300・英〈R150＋L150〉)▶英・独・仏・中・韓から１ ③**地歴・公民**(100)▶「地総・地探」・「歴総・日探」・「歴総・世探」・「公・倫」・「公・政経」から１ ④⑤**数**(100×2)▶「数Ⅰ・数A」・「数Ⅱ・数B・数C」 ⑥⑦**理**(150×2)▶物・化・生・地学から２ ⑧**情**(100)▶情Ⅰ

［個別学力検査(240)］ 2科目 ①**総合問題**(120)▶面接 ②**共通テスト**(120) ※1200点満点を120点満点に換算。

 キャンパスアクセス ［田町キャンパス］JR山手線・京浜東北線―田町より徒歩２分

【情報理工学院】〈一般枠・女子枠〉［共通テスト(1000)］ 8科目 前期と同じ
［個別学力検査(100)］ 1科目 ①総合問題(100)▶面接
【生命理工学院】〈一般枠〉［共通テスト(1000)］ 8科目 前期と同じ
［個別学力検査(150)］ 2科目 ①総合問題(100)▶筆記・面接 ②共通テスト(60)※外10＋数20＋理20＋情10に換算。
【環境・社会理工学院】〈一般枠・女子枠〉［共通テスト(1000)］ 8科目 前期と同じ
［個別学力検査(100)］ 1科目 ①総合問題(100)▶A造形課題，B面接(筆記を含む)，C面接
※第１段階選抜一共通テストおよび調査書等の出願書類，第２段階選抜一総合問題，共通テスト得点(工学院〈女子枠〉，物質理工学院〈一般枠・女子枠〉，生命理工学院〈一般枠〉)，および調査書等の提出書類を総合して判定。

その他の選抜

私費外国人留学生特別入試，国費外国人留学生優先配置入試。

偏差値データ（2024年度）

●一般選抜

＊個別学力検査／満点

学院	2024年度			2023年度実績					
	駿台予備学校	河合塾							
	合格目標ライン	ボーダー得点率	ボーダー偏差値	募集人員	受験者数	合格者数	合格最低点＊	競争率 '23年	競争率 '22年
●前期									
理	61	79%	65	143	650	149	383/750	4.4	4.0
工	61	80%	65	314	1256	319	380/750	3.9	3.8
物質理工	61	80%	65	160	337	165	363/750	2.0	2.3
情報理工	64	81%	65	86	753	89	445/750	8.5	8.2
生命理工	60	79%	65	135	246	145	357/750	1.7	1.8
環境・社会理工	60	80%	65	92	353	99	366/750	3.6	3.4

●駿台予備学校合格目標ラインは合格可能性80％に相当する駿台模試の偏差値です。●競争率は受験者÷合格者の実質倍率
●河合塾ボーダー得点率は合格可能性50％に相当する共通テストの得点率です。
また，ボーダー偏差値は合格可能性50％に相当する河合塾全統模試の偏差値です。
●全学院で２段階選抜を実施。

併設の教育機関　大学院

理学院

教員数▶86名
院生数▶489名

修士課程
●**数学コース**　現代数学の最先端の深い理解に基づき，新たな数学的概念の創出をめざす。
●**物理学コース**　素粒子から物質，宇宙まで自然界の基本的法則を追究する。
●**化学コース**　物質が関わる諸現象の本質を極め，新たな有用物質の創出を行える人材を育成する。
●**エネルギー・情報コース**　従来のエネルギーコースに情報科学を融合した新カリキュラムによる新しいコース。エネルギービッグデータを活用してエネルギーマテリアル/デバイス/システム/シナリオ等の研究・開発を行う。
●**地球惑星科学コース**　地球・惑星・宇宙の科学的研究を行い，地球生命の誕生・進化を最先端の科学で解き明かす。
●**地球生命コース**　分子・生命から地球・惑

星までの複合的問題に取り組み，環境･気候･水・資源等の地球規模課題の解決をめざす。

博士後期課程 数学コース，物理学コース，化学コース，エネルギーコース，地球惑星科学コース，地球生命コース

工学院

教員数▶140名
院生数▶1,660名

修士課程 ●機械コース　革新的な「ものつくり」の研究開発を通じ，人類の未来を豊かにする機械システムの創造に挑む。

●エネルギー・情報コース　理学院参照。

●エンジニアリングデザインコース　既存の科学・工学体系を俯瞰的に理解しながらも枠にとらわれずに，人類が抱えるさまざまな課題の解決に寄与し，社会で求められる新たな技術・価値・概念の創出に貢献できるエンジニアリングデザイン能力の涵養を目標とする。

●ライフエンジニアリングコース　ひとに関する自然科学，生命倫理，健康・医療の基礎，環境の基礎などをさまざまな理工系専門技術と融合し，ひとが持続的に発展できる生活基盤の構築とともに，未来に向けた新たな学問分野の創出をめざす。

●原子核工学コース　原子核エネルギー・放射線の利用，およびそれらを支える科学・工学を研究対象とした原子核工学を体系的に学修し，また研究に取り組むことで，これらの課題に答えを出していく。

●システム制御コース　高機能ロボット，次世代自動車，クリーンエネルギーなどのこれからの国づくりに欠かすことのできないシステムのモデリング・解析・開発・設計を行う基礎的能力を養う。

●電気電子コース　電力，通信，電子・光デバイス，集積回路・システム，材料物性を中心とする電気電子工学分野で世界最先端の研究を行いグローバルに活躍できる人材を育成。

●情報通信コース　情報通信工学分野の基盤技術の確立，応用情報通信システム実現に向けた新たな機能の創造により豊かな未来高度情報社会の実現に貢献する。

●経営工学コース　経営工学に関する基礎知識をもとに，数理・経済・経営管理・管理技術の各分野に関する最新の研究に基づいた先進的な知識・技術を体系的に学ぶ。

博士後期課程 機械コース，エネルギー・情報コース，エンジニアリングデザインコース，ライフエンジニアリングコース，原子核工学コース，システム制御コース，電気電子コース，情報通信コース，経営工学コース

物質理工学院

教員数▶92名
院生数▶1,026名

修士課程 ●材料コース　材料学に関する専門的学力を有し，論理的思考力と実践的問題解決力を身につけ，社会問題から抽出された課題を，科学技術的な背景のもとに深く理解し，解決できる優れた人材を養成する。

●エネルギー・情報コース　理学院参照。

●ライフエンジニアリングコース　工学院参照。

●原子核工学コース　工学院参照。

●応用化学コース　高度な専門知識を自在に活用し，専門技術を駆使することで，応用化学分野の問題を解決する能力を身につける。技術革新に果敢に挑戦し，新たな産業と文明を切り拓く高度職業人の養成をめざす。

博士後期課程 材料コース，エネルギー・情報コース，ライフエンジニアリングコース，原子核工学コース，応用化学コース

情報理工学院

教員数▶54名
院生数▶489名

修士課程 ●数理・計算科学コース　「数理科学」と「計算機科学」を両輪としたトップレベルの研究を行い，未来の情報化社会を発展させる基礎研究に挑戦し続ける。

●情報工学コース　処理形態の多様化と効率化，高信頼化などの要件を満たす高性能情報システムを開発していくために基幹となる領域を研究・教育の対象としている。

●エネルギー・情報コース　理学院参照。

●知能情報コース　情報理工学分野を広く俯

瞰し発展の方向を見据え，実世界の複雑な問題に対し複数のディシプリンを駆使して適切な問題解決を図り，社会の発展に寄与する高度な知能情報システムやサービスを構築できる人材を育てる。
●ライフエンジニアリングコース　工学院参照。
博士後期課程　数理・計算科学コース，情報科学コース，エネルギー・情報コース，知能情報コース，ライフエンジニアリング

生命理工学院

教員数▶62名
院生数▶581名
修士課程　●生命理工学コース　生命理工学分野を核とする幅広い卓越した専門知識を修得し，新たな科学技術を創造する高い倫理観を備えた，国際社会でリーダーシップを発揮できる理工系人材を養成する。
●ライフエンジニアリングコース　工学院参照。
●地球生命コース　理学院参照。
博士後期課程　生命理工学コース，ライフエンジニアリングコース，地球生命コース

環境・社会理工学院

教員数▶80名
院生数▶927名
博士課程　●建築学コース　建築意匠，建築史，建築計画，構造・材料，環境・設備，施工の特定分野をより深く学び体験する。
●都市・環境学コース　今日の都市・環境が直面する多様で複雑な問題を，豊かな発想力と最先端の技術力を持って解き明かしながら，未来の都市・環境を築く担い手を育成。
●エンジニアリングデザインコース　工学院参照。
●土木工学コース　環境調和型持続的未来社会の実現に寄与し得る，より総合性の高い学問分野への発展をめざし，それぞれの専門性を深めつつ，先端的・俯瞰的研究などを通じて，国際的に活躍できる人材を養成する。
●地球環境共創コース　地球規模の問題や都市・環境・資源・国際開発などの課題について，グローバルかつミクロな観点からとらえる研究を推進する。
●エネルギー・情報コース　理学院参照。
●原子核工学コース　工学院参照。
●社会・人間科学コース　科学技術が人間や社会に引き起こす問題の解決に邁進し，人と社会と科学技術の調和する未来を切り開くリーダーを育てる。
専門職学位課程　●技術経営　イノベーション創出のリーダーとして，科学・技術を活用，自ら理論を構築し，科学技術と経済社会システムの深い理解に根差した新たな社会的・経済的価値を創造する。
博士後期課程　建築学コース，エンジニアリングデザインコース，都市・環境学コース，土木工学コース，地球環境共創コース，エネルギー・情報コース，原子核工学コース，社会・人間科学コース，イノベーション科学コース

TAT 東京農工大学

（とうきょうのうこう）

資料請求

問合せ先 教学支援部入試企画課　☎042-367-5837

大学の理念

1874（明治７）年に設置された農事修学場を農学部の，蚕業試験掛を工学部の前身として持ち，1949（昭和24）年に両校を統合して大学となった。持続的発展が可能な社会の実現に向けて農学と工学および２つの融合領域での教育・研究を通じて，世界の平和と社会や自然環境に調和した科学技術の進展に貢献するとともに，その実現を担う人材育成と知の創造＝イノベーションに邁進することを基本理念とする。イノベーションを推進し，社会に還元し得る科学者・技術者を世に送り出す「教育・研究・社会貢献」を大学の使命とし，未来のために存在するべく「グローバル化」と「イノベーション創出」へ向けた取り組みを推進している。2024年に創基150周年を迎え，今後も豊かな未来社会のため，革新的・先端的研究大学としての進化・深化をめざす。

- 府中キャンパス………〒183-8509　東京都府中市幸町3-5-8
- 小金井キャンパス……〒184-8588　東京都小金井市中町2-24-16

基本データ

学生数▶3,760名（男2,404名，女1,356名）
専任教員数▶教授159名，准教授147名，講師27名
設置学部▶農，工

併設教育機関▶大学院―工学府（M・D・P），生物システム応用科学府，農学府（以上M・D），連合農学（D）

就職・卒業後の進路

就　職　率 **91.8**％
就職者÷希望者×100

● **就職支援**　大学院への進学率が高いため，大学院修了後に就職する学生が多いが，学部生の適性に応じた適切な進路選択ができるよう，進学・就職を支援している。進路・就職相談室は各キャンパスに設置され，就職担当教員はもちろん，豊富な経験と知識を有する相談員（キャリア・アドバイザー）を学外から招き，進路・就職に関するあらゆる事柄に対し相談に応じている。また，専門家によるガイダンスでは，大学院進学について，就職活動の進め方，公務員採用試験の詳細，面接の受け方など幅広いテーマが扱われている。

進路指導者も必見 学生を伸ばす 面倒見

初年次教育

「理系大学生のための表現技法」を開講し，レポート・論文の書き方，プレゼン技法，ITの基礎技術，情報収集や資料整理の方法，論理的思考や問題発見・解決能力の向上などの初年次教育を実施

学修サポート

両学部でTA制度，オフィスアワー制度，教員１人が学生約30人（農学部），24人（工学部）を担当する教員アドバイザー制度を導入。また，学習相談室を両キャンパスに設置し，学生の相談に応じている

オープンキャンパス（2023年度実績）　農学部は８月に対面・オンデマンドの学科説明会（後日録画配信），10・11月にキャンパスハイク，工学部は８・11月に来場・オンライン参加型でオープンキャンパスを開催。いずれも事前申込制。

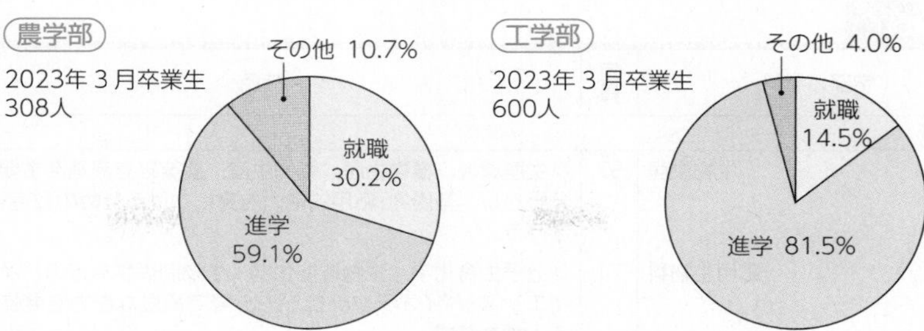

主なOB・OG▶［農］海野和男（昆虫写真家），［農］山元大輔（生物学者），［工］浜谷健司・［工］神田伸一郎（ハマカーン，お笑いタレント），［工］川谷絵音・［工］休日課長（ミュージシャン）など。

国際化・留学　大学間 143 大学等・部局間 17 大学等

受入れ留学生数▶42名（2023年5月1日現在）
留学生の出身国▶モンゴル，中国，マレーシア，韓国，メキシコなど。
外国人専任教員▶教授２名，准教授９名，講師４名（2023年５月１日現在）
外国人専任教員の出身国▶中国，アメリカ，韓国，インドネシア，オーストリアなど。
大学間交流協定▶143大学・機関（交換留学先107大学，2023年５月１日現在）
部局間交流協定▶17大学・機関（交換留学先13大学，2023年５月１日現在）
海外への留学生数▶渡航型87名／年（12カ国・地域，2022年度）
海外留学制度▶目的，語学力や専門に応じてさまざまな留学プログラムを用意。短期派遣の語学研修・文化交流・農業体験などのプログラムで語学力を向上させ，次に東南アジアをメインとする派遣先で現地の文化やビジネスを学ぶセメスター派遣，研究室に所属し本格的な研究に参加する研究留学や，海外の企業や大学で実際に技術開発や研究プロジェクトに携わるIAESTE国際インターンシップなどへとステップアップすることで，グローバルな研究活動を行う力を身につけることができる。コンソーシアムはAIMSプログラムに参加している。

学費・奨学金制度　給付型奨学金総額 年間 120 万円

入学金▶282,000円
年間授業料（施設費等を除く）▶642,960円
年間奨学金総額▶1,200,000円
年間奨学金受給者数▶１人
主な奨学金制度▶学業成績が優秀で経済的理由により修学困難な学部３年生以上を対象に，内部進学後の大学院卒業まで月額10万円を給付する「遠藤章奨学金」を設置。また，学費減免制度があり，2022年度には79人を対象に総額で約1,487万円を減免している。

保護者向けインフォメーション

●**成績確認**　成績表を保護者に郵送している。
●**広報誌**　「TAUT Express」を発行している。
●**保護者会**　全体と両学部の２部に分けてペアレンツデーを開催。修学や進学・就職について説明するほか，事前受付の質問に回答。
●**防災対策**　「安全マニュアル」を入学時に配布。被災した際は，アプリを利用して学生の安否を確認する。

インターンシップ科目	必修専門ゼミ	卒業論文	GPA制度の導入の有無および活用例	１年以内の退学率	標準年限での卒業率
学科により開講	農学部全学科と工学部機械システム工学科で１年次に実施している	農学部共同獣医学科，工学部全学科で卒業要件	奨学金等対象者の選定基準，留学候補者の選考，CAP制度の成績優秀者要件，早期卒業要件に活用	1.4%	87.5%(4年制) 89.7%(6年制)

学部紹介

学部／学科	定員	特色
農学部		
生物生産	57	▷生産環境，植物生産，動物生産，農業経営経済を主要教育分野とし，基礎的・応用的能力を身につけるための教育・研究を行う。
応用生物科	71	▷分子生命化学，生物機能化学，生物制御学などのバイオサイエンス・バイオテクノロジー分野で高度な能力を発揮できる人材を養成。
環境資源科	61	▷環境と資源の広範囲な問題を対象とした生物学，化学，物理学，地学を基礎として広い知識を習得する。
地域生態システム	76	▷生態系保全学，森林科学，農業環境工学，共生持続社会の４つの学びを通じて，人間と自然の調和を地域から地球的スケールで考える。
共同獣医	35	▷６年制。岩手大学と教育連携。動物の疾病の治療や予防，その研究を通じて高度獣医療の提供と人類の健康と食の安全，生命科学研究の発展に寄与できる人材を育成する。
● 取得可能な資格…教職(理・農)，学芸員，測量士補，獣医師受験資格など。 ● 進路状況…………就職30.2%　進学59.1% ● 主な就職先………農林水産省，東京都庁，埼玉県庁，動物先端医療センター，全国農業協同組合連合会，住友林業緑化，キリンホールディングス，ゼリア新薬，東洋紡など。		
工学部		
生命工	81	▷日本で初設置の学科。生命現象の仕組みを理解し，利用していくための工学技術を駆使して，遺伝子，タンパク質，細胞，個体など生物のさまざまな階層に応じた解析技術，研究手法を生み出し，生命の謎に迫る。
生体医用システム工	56	▷現代医療における計測・診断技術に必要な物理学や電子情報工学などを融合した形で体系的に学び，革新的な生体医用工学技術の研究開発を行える人材を養成する。
応用化	81	▷原子から高分子に至る幅広いスケールの化学物質の構造や機能を対象とし，さまざまな分野で活躍できる独創性や応用力を身につけた人材を育成する。
化学物理工	81	▷幅広い分野の専門家により，エネルギー，新素材から環境まで習得できるカリキュラムを整備。地球規模の課題を解決し，新産業を創出できる技術者を育成する。
機械システム工	102	▷機械力学，熱工学，流体力学，材料工学などの知識と技術を身につけ，2年次後期から「航空宇宙・機械科学」「ロボティクス・知能機械デザイン」の2コースに分かれる。
知能情報システム工	120	▷コンピュータの仕組みやプログラミングなどの電気電子工学，情報工学の基礎を確実に身につける。最新のデータ処理技術，人工知能技術についても学ぶ。
● 取得可能な資格…教職(数・理・情)，学芸員など。 ● 進路状況…………就職14.5%　進学81.5% ● 主な就職先………NTTデータ，京セラ，総務省，東京都庁，東日本電信電話，東日本旅客鉄道，本田技研工業，日本電気，島津製作所，日産自動車など。		

キャンパスアクセス［府中キャンパス］JR中央線一国分寺よりバス約10分／京王線一府中よりバス約7分／JR武蔵野線一北府中より徒歩約12分

▶キャンパス
本部…［本部］　東京都府中市晴見町3-8-1
農……［府中キャンパス］　東京都府中市幸町3-5-8
工……［小金井キャンパス］　東京都小金井市中町2-24-16

2025年度入試要項(予告)

●募集人員

学部／学科		前期	後期
▶農	生物生産	38	13
	応用生物科	47	16
	環境資源科	40	12
	地域生態システム	53	15
	共同獣医	25	6
▶工	生命工	42	25
	生体医用システム工	28	18
	応用化	42	36
	化学物理工	41	31
	機械システム工	52	37
	知能情報システム工	64	42

●２段階選抜　実施しない
注）２段階選抜は2024年度の実績です。

▷共通テストの英語はリスニングを含む。

農学部

前期　**【生物生産学科・応用生物科学科・環境資源科学科・地域生態システム学科】［共通テスト(950)］** 8科目　①国(200)　②外(200・英〈R130＋L70〉)▶英・独・仏・中・韓から１　③**地歴・公民**(100)▶「地総・歴総・公から２」・「地総・地探」・「歴総・日探」・「歴総・世探」・「公・倫」・「公・政経」から１　④⑤**数**(100×2)▶「数Ⅰ・数Ａ」・「数Ⅱ・数Ｂ・数Ｃ」　⑥⑦**理**(100×2)▶物・化・生・地学から２　⑧**情**(50)▶情Ⅰ
［個別学力検査(700)］ 4科目　①**外**(200)▶英コミュⅠ・英コミュⅡ・英コミュⅢ・論表Ⅰ・論表Ⅱ・論表Ⅲ　②**数**(200)▶数Ⅰ・数Ⅱ・数Ⅲ・数Ａ（図形・場合）・数Ｂ（数列）・数Ｃ（ベク・平面）　③④**理**(150×2)▶「物基・物」・「化基・化」・「生基・生」から２
【共同獣医学科】［共通テスト(950)］ 8科目　①国(200)　②外(200・英〈R130＋L70〉)▶英・独・仏・中・韓から１　③**地歴・公民**(100)▶「地総・歴総・公から２」・「地総・地探」・「歴総・日探」・「歴総・世探」・「公・倫」・「公・政経」から１　④⑤**数**(100×2)▶「数Ⅰ・数Ａ」・「数Ⅱ・数Ｂ・数Ｃ」　⑥⑦**理**(100×2)▶物・化・生から２　⑧**情**(50)▶情Ⅰ
［個別学力検査(700)］ 4科目　①**外**(200)▶英コミュⅠ・英コミュⅡ・英コミュⅢ・論表Ⅰ・論表Ⅱ・論表Ⅲ　②**数**(200)▶数Ⅰ・数Ⅱ・数Ⅲ・数Ａ（図形・場合）・数Ｂ（数列）・数Ｃ（ベク・平面）　③④**理**(150×2)▶「物基・物」・「化基・化」・「生基・生」から２
後期　**【生物生産学科・応用生物科学科・環境資源科学科・地域生態システム学科】［共通テスト(950)］** 8科目　前期と同じ
［個別学力検査(400)］ 1科目　①**外**(400)▶英コミュⅠ・英コミュⅡ・英コミュⅢ・論表Ⅰ・論表Ⅱ・論表Ⅲ
【共同獣医学科】［共通テスト(950)］ 8科目　前期と同じ
［個別学力検査(400)］ 1科目　①**外**(400)▶英コミュⅠ・英コミュⅡ・英コミュⅢ・論表Ⅰ・論表Ⅱ・論表Ⅲ

工学部

前期　**【生命工学科・応用化学科】［共通テスト(950)］** 8科目　①国(200)　②外(200・英〈R130＋L70〉)▶英・独・仏・中・韓から１　③**地歴・公民**(100)▶「地総・歴総・公から２」・「地総・地探」・「歴総・日探」・「歴総・世探」・「公・倫」・「公・政経」から１　④⑤**数**(100×2)▶「数Ⅰ・数Ａ」・「数Ⅱ・数Ｂ・数Ｃ」　⑥⑦**理**(100×2)▶物・化・生から２　⑧**情**(50)▶情Ⅰ
［個別学力検査(900)］ 4科目　①**外**(150)▶英コミュⅠ・英コミュⅡ・英コミュⅢ・論表Ⅰ・論表Ⅱ・論表Ⅲ　②**数**(350)▶数Ⅰ・数Ⅱ・数Ⅲ・数Ａ（図形・場合）・数Ｂ（数列）・数Ｃ（ベク・平面）　③④**理**(200×2)▶「物基・物」・「化基・化」・「生基・生」から２
【生体医用システム工学科・機械システム工学科・知能情報システム工学科】［共通テスト

(950)] 8科目 ①国(200) ②外(200・英〈R130+L70〉)▶英・独・仏・中・韓から1 ③地歴・公民(100)▶「地総・歴総・公から2」・「地総・地探」・「歴総・日探」・「歴総・世探」・「公・倫」・「公・政経」から1 ④⑤数(100×2)▶「数Ⅰ・数A」・「数Ⅱ・数B・数C」 ⑥⑦理(100×2)▶物必須，化・生・地学から1 ⑧情(50)▶情Ⅰ

[個別学力検査(900)] 4科目 ①外(150)▶英コミュⅠ・英コミュⅡ・英コミュⅢ・論表Ⅰ・論表Ⅱ・論表Ⅲ ②数(350)▶数Ⅰ・数Ⅱ・数Ⅲ・数A(図形・場合)・数B(数列)・数C(ベク・平面) ③④理(200×2)▶「物基・物」必須，「化基・化」・「生基・生」から1

【化学物理工学科】 [共通テスト(950)] 8科目 ①国(200) ②外(200・英〈R130+L70〉)▶英・独・仏・中・韓から1 ③地歴・公民(100)▶「地総・歴総・公から2」・「地総・地探」・「歴総・日探」・「歴総・世探」・「公・倫」・「公・政経」から1 ④⑤数(100×2)▶「数Ⅰ・数A」・「数Ⅱ・数B・数C」 ⑥⑦理(100×2)▶物・化 ⑧情(50)▶情Ⅰ

[個別学力検査(900)] 4科目 ①外(150)▶英コミュⅠ・英コミュⅡ・英コミュⅢ・論表Ⅰ・論表Ⅱ・論表Ⅲ ②数(350)▶数Ⅰ・数Ⅱ・数Ⅲ・数A(図形・場合)・数B(数列)・数C(ベク・平面) ③④理(200×2)▶「物基・物」・「化基・化」

後期 **【生命工学科・応用化学科】 [共通テスト(680)]** 8科目 ①国(100) ②外(100・英〈R65+L35〉)▶英・独・仏・中・韓から1 ③地歴・公民(50)▶「地総・歴総・公から2」・「地総・地探」・「歴総・日探」・「歴総・世探」・「公・倫」・「公・政経」から1 ④⑤数(100×2)▶「数Ⅰ・数A」・「数Ⅱ・数B・数C」 ⑥⑦理(100×2)▶物・化・生から2 ⑧情(30)▶情Ⅰ

[個別学力検査(650)] 3科目 ①外(200)▶英コミュⅠ・英コミュⅡ・英コミュⅢ・論表Ⅰ・論表Ⅱ・論表Ⅲ ②数(150)▶数Ⅰ・数Ⅱ・数Ⅲ・数A(図形・場合)・数B(数列)・数C(ベク・平面) ③理(300)▶「物基・物」・「化基・化」から1

【生体医用システム工学科・機械システム工学科・知能情報システム工学科】 [共通テスト(680)] 8科目 ①国(100) ②外(100・英〈R65+L35〉)▶英・独・仏・中・韓から1 ③地歴・公民(50)▶「地総・歴総・公から2」・「地総・地探」・「歴総・日探」・「歴総・世探」・「公・倫」・「公・政経」から1 ④⑤数(100×2)▶「数Ⅰ・数A」・「数Ⅱ・数B・数C」 ⑥⑦理(100×2)▶物必須，化・生・地学から1 ⑧情(30)▶情Ⅰ

[個別学力検査(650)] 3科目 ①外(200)▶英コミュⅠ・英コミュⅡ・英コミュⅢ・論表Ⅰ・論表Ⅱ・論表Ⅲ ②数(150)▶数Ⅰ・数Ⅱ・数Ⅲ・数A(図形・場合)・数B(数列)・数C(ベク・平面) ③理(300)▶物基・物

【化学物理工学科】 [共通テスト(680)] 8科目 ①国(100) ②外(100・英〈R65+L35〉)▶英・独・仏・中・韓から1 ③地歴・公民(50)▶「地総・歴総・公から2」・「地総・地探」・「歴総・日探」・「歴総・世探」・「公・倫」・「公・政経」から1 ④⑤数(100×2)▶「数Ⅰ・数A」・「数Ⅱ・数B・数C」 ⑥⑦理(100×2)▶物・化 ⑧情(30)▶情Ⅰ

[個別学力検査(650)] 3科目 ①外(200)▶英コミュⅠ・英コミュⅡ・英コミュⅢ・論表Ⅰ・論表Ⅱ・論表Ⅲ ②数(150)▶数Ⅰ・数Ⅱ・数Ⅲ・数A(図形・場合)・数B(数列)・数C(ベク・平面) ③理(300)▶「物基・物」・「化基・化」から1

その他の選抜

学校推薦型選抜は農学部32名(産業動物獣医師枠若干名)，工学部33名，総合型選抜〈ゼミナール入試〉は農学部環境資源科学科3名，〈SAIL入試〉は工学部生命工学科7名，生体医用システム工学科6名，化学物理工学科5名，機械システム工学科5名，知能情報システム工学科7名を募集。ほかに，社会人入試(農学部共同獣医学科，工学部を除く)，私費外国人留学生入試を実施。

偏差値データ（2024年度）

●一般選抜

学部／学科	2024年度 駿台予備学校 合格目標ライン	河合塾 ボーダー得点率	河合塾 ランク偏差値	'23年度 競争率
●前期				
▶農学部				
生物生産	53	71%	55	3.6
応用生物科	54	71%	55	2.8
環境資源科	53	68%	52.5	2.1
地域生態システム	53	67%	50	2.3
共同獣医	60	80%	60	4.7
▶工学部				
生命工	52	70%	55	3.2
生体医用システム工	50	70%	55	2.3
応用化	50	69%	55	3.1
化学物理工	50	68%	55	3.2
機械システム工	51	70%	52.5	2.3
知能情報システム工	51	71%	55	3.4
●後期				
▶農学部				
生物生産	55	75%	60	4.2
応用生物科	56	78%	62.5	3.1
環境資源科	55	77%	60	2.9
地域生態システム	55	74%	60	2.7
共同獣医	61	85%	67.5	8.1
▶工学部				
生命工	55	75%	57.5	4.2
生体医用システム工	54	74%	57.5	2.4
応用化	54	76%	57.5	2.5
化学物理工	54	74%	57.5	2.9
機械システム工	54	76%	57.5	2.6
知能情報システム工	55	74%	55	2.8

- 駿台予備学校合格目標ラインは合格可能性80%に相当する駿台模試の偏差値です。
- 河合塾ボーダー得点率は合格可能性50%に相当する共通テストの得点率です。また，ボーダー偏差値は合格可能性50%に相当する河合塾全統模試の偏差値です。
- 競争率は受験者÷合格者の実質倍率

一橋大学

資料請求

問合せ先 学務部入試課 ☎042-580-8150

大学の理念

1875（明治８）年創立。社会科学の総合大学として，リベラルな学風のもと，日本の政治経済社会の発展とその創造的推進者の育成に貢献してきた。研究教育理念は①充実した研究基盤を確立し，新しい社会科学の探究と創造の精神のもとに，独創性に富む知的，文化的資産を開発，蓄積し，広く公開する。②実務や政策，社会や文化との積極的な連携を通じて，日本及び世界に知的，実践的に貢献する。③豊かな教養と市民的公共性を備えた，構想力ある専門人，理性ある革新者，指導力ある政治経済人を育成する。人文科学を含む研究教育の水準は極めて高く，創立以来，国内・海外で活躍する多くの有為な人材を輩出している。自由で平和な政治経済社会の構築に資する知的，文化的資産を創造し，その指導的担い手を育成することを使命とする。

- 国立キャンパス………〒186-8601　東京都国立市中2-1
- 小平国際キャンパス…〒187-0045　東京都小平市学園西町1-29-1
- 千代田キャンパス（学術総合センター内）…〒101-8439　東京都千代田区一ツ橋2-1-2

基本データ

学生数▶4,335名（男3,111名，女1,224名）
専任教員数▶教授205名，准教授75名，講師80名

設置学部▶商，経済，法，社会，ソーシャル・データサイエンス
併設教育機関▶大学院（P.1308参照）

就職・卒業後の進路

就職率 **96.3**％
就職者÷希望者×100

● **就職支援**　キャリア支援室が，個別相談，就職総合ガイダンス，就職活動支援イベント，各種情報提供を行うほか，企業と学生のより良い就職マッチングを目的に設立した一橋大学キャリア・パートナーシップ・プロジェクトでは企業の協力を得て学内会社説明会や業界研究講座，OBOG交流会，就活継続学生スカウトプログラムなどを実施。また，インターンシップセミナーを開催し，キャリアアドバイザーによる解説，複数業界の企業による情報提供，業界やビジネスの特徴・動向，卒業生の活躍事例などを個別で紹介している。

進路指導者も必見
学生を伸ばす
面倒見

初年次教育	学修サポート
英語コミュニケーションスキルの向上を目的とした，習熟度別の英語科目「PACE」を全学部１年次必修としている	全学部でTA制度，オフィスアワー制度を導入している

オープンキャンパス（2023年度実績） 8月6・8・19日にオープンキャンパスを開催（事前申込制）。大学・学部紹介をオンライン企画で，キャンパスツアーや受験対策・入試制度などの各種相談を来場型企画で実施。

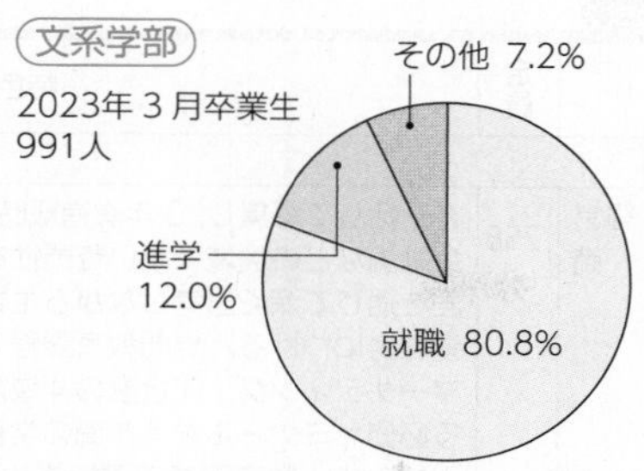

主なOB・OG▶［経済］竹中平蔵（経済学者），［商］三木谷浩史（楽天創業者），［商］倉田真由美（漫画家），［社会］三宅唱（映画監督），［社会］水野良樹（ミュージシャン）など。

国際化・留学

大学間 126大学等・部局間 72大学等

受入れ留学生数▶174名（2023年５月１日現在）

留学生の出身国・地域▶韓国，中国，台湾，ベトナムなど。

外国人専任教員▶教授６名，准教授３名，講師８名（2023年８月１日現在）

大学間交流協定▶126大学・機関（交換留学先92大学，2023年９月１日現在）

部局間交流協定▶72大学・機関（交換留学先14大学，2023年９月１日現在）

海外への留学生数▶渡航型293名・オンライン型53名／年（23カ国・地域，2022年度）

海外留学制度▶「グローバルリーダー育成海外留学制度」はハーバード大学，オックスフォード大学，ケンブリッジ大学，ロンドン・スクール・オブ・エコノミクスに半年〜１年程度派遣するもので，世界中から集まるグローバルリーダー候補生たちと切磋琢磨しながら，学ぶことができる。また，交流協定校に半年〜１年間交換留学する「海外派遣留学制度」や海外の大学が開講するサマースクール等（１〜２カ月程度）に参加する留学制度，約１カ月程度の短期海外研修，海外語学研修などを実施。奨学金制度を用意するなど，留学しやすい環境も整備している。コンソーシアムはSIGMAに参加している。

学費・奨学金制度

入学金▶282,000円

年間授業料（施設費等を除く）▶642,960円

主な奨学金制度▶学業成績が特に優秀な学部生に在学時には奨学金を給付し，卒業時に記念品を授与する「学業優秀学生奨学金」や，優秀かつ経済的困窮度の高い学生を対象とした「オデッセイコミュニケーションズ奨学金」「小林輝之助記念奨学金」などを設置。また，学費減免制度もあり，2022年度は200人を対象に総額で3,400万円を減免している。

保護者向けインフォメーション

● **保護者説明会**　令和５年度新入生の保護者を対象とした説明会を開催（来年度以降の開催は未定）。

● **防災対策**　「防災対策」を大学HPに掲載。学生が被災した際の安否は，独自システム「ANPIC」を利用して確認する。

インターンシップ科目	必修専門ゼミ	卒業論文	GPA制度の導入の有無および活用例	１年以内の退学率	標準年限での卒業率
全学部で開講している	全学部で３・４年次に，さらに商学部は１・２年次，社会学部は１年次にも実施	全学部で卒業要件	奨学金等の選定基準，留学候補者の選考，履修上限単位数の設定のほか，一部の学部で卒業判定基準，大学院入試の選抜基準に活用	0.8%	77.7%

学部紹介

学部／学科	定員	特色
商学部		
経営 商	258	▶一括して募集し，３年次進級時に学科配属。経営学・会計学・金融論などの領域で高い専門性を身につけるとともに，一生涯を通じて深く思考しながら生きていくのに不可欠な深い教養を身につける。専門教育課程では①経営学，②会計学，③マーケティング，④金融の４域が学修の中核となる。伝統ある必修ゼミナールを４年間の学部教育のすべての学年に取り入れ，少人数で密度の濃いきめ細かな教育を提供している。英語によるゼミナールや長期留学を通して国際性を涵養する「渋沢スカラープログラム」や情報学・人工知能科学・デザイン思考を学ぶ「データ・デザイン・プログラム」，「学部・修士５年一貫教育プログラム」なども用意されている。
● 進路状況…………就職85.2%　進学7.6% ● 主な就職先………あずさ監査法人，楽天グループ，大和証券，アクセンチュア，みずほフィナンシャルグループ，デロイトトーマツファイナンシャルアドバイザリーなど。		
経済学部		
経済	258	▷経済学に関する高度な知識と技術，実践的で専門的な能力を育てるため，授業科目を入門科目，基礎科目，発展科目に分け，積み上げ方式による教育を実施。意欲ある学生には大学院科目も開放している。学部在学中に大学院科目を履修し，学部４年のあと修士を１年間で修了する「５年一貫教育システム」もある。このシステムは「公共政策」「統計・ファイナンス」「地域研究」「医療経済」「一般」の５プログラムで構成され，金融機関，国連などの国際機関，官公庁，民間の研究機関やシンクタンクといった専門的な職業への就職を後押ししている。
● 取得可能な資格…教職(数)。 ● 進路状況…………就職84.4%　進学9.5% ● 主な就職先………大和証券，明治安田生命保険，楽天グループ，PwCコンサルティング，EYストラテジー・アンド・コンサルティング，三井住友信託銀行，日本航空，博報堂など。		
法学部		
法律	159	▷専門教育では，法学と国際関係を２つの柱に，法的な論理的思考力と優れた国際的感覚の涵養を図る。カリキュラムの自由度が高く，１年次から履修できる専門科目がある。弁護士などの法曹を志す学生は，学部２年次に「法曹コース」への登録を申請し，法科大学院を受験し最短５年で大学院まで修了することが可能となる。法曹コースを選択しない学生は，３年次進級時に「法学コース」か「国際関係コース」を選択，指定された部門の各専門領域科目を集中的に学習する。３年からの後期課程ではゼミナールが必修で，少人数教育を通じた高度で専門的な学修ができる。また，４年間の学士課程教育に加え，さらに高い専門性を身につけたい，特に優秀な学生に対し，５年間で学士号と修士号を取得できる「学部・大学院5年一貫プログラム」も提供。
● 進路状況…………就職65.2%　進学23.0% ● 主な就職先………東京都，三井住友信託銀行，国際協力銀行，楽天グループ，三井住友銀行，住友商事，三菱UFJ銀行，大和証券，警察庁，司法修習，電通など。		

キャンパスアクセス ［国立キャンパス］ JR中央線一国立より徒歩10分

社会学部		
社会	220	▷批判的能力や豊かな構想力，問題の分析・解決能力を兼ね備えた人材を育成するため，総合性，人間性，国際性などの基盤的能力と応用力ある専門的知識を身につける。研究分野は社会学研究，共生社会研究，歴史社会文化研究，超域社会研究の４つをベースに編成。卒業生は，ジャーナリズム，民間企業，政府・地方公共団体，NGOやNPO，研究教育機関などで広く活躍。
● 取得可能な資格…教職（地歴・公・社）など。 ● 進路状況…………就職83.1％　進学12.1％ ● 主な就職先………楽天グループ，EYストラテジー・アンド・コンサルティング，エヌ・ティ・ティ・データ，東京都，アクセンチュア，博報堂，日本放送協会など。		
ソーシャル・データサイエンス学部		
ソーシャル・データサイエンス	60	▷これまで社会科学が対象としてきた社会の諸領域に対しデータサイエンスの手法を本格的に活用することによって，新たな理論体系を構築したり，ビジネスの革新や社会課題の解決に対する方策を提案・実行できるソーシャル・データサイエンスのゼネラリストの養成をめざす。
● 進路状況…………2023年度開設のため卒業生はいない。		

キャンパス

全学部…［国立キャンパス］東京都国立市中2-1

2025年度入試要項（予告）

●募集人員

学部	前期	後期	学校推薦型
▶商	243	—	15
▶経済	185	58	15
▶法	149	—	10
▶社会	210	—	10
▶ソーシャル・データサイエンス	30	25	5

※一般前期（ソーシャル・データサイエンスを除く）には外国学校出身者入試の募集人員を含む。

●２段階選抜

志願者が各学部ごとの募集人員を前期約３倍，後期約６倍を超えた場合，共通テストの成績（素点）により行う。
注）募集人員および２段階選抜は2024年度の実績です。

▷共通テストの英語はリスニングを含む。

商学部

前期　**［共通テスト（300）］** **8**科目　①国（50）②**外**（50）▶英・独・仏・中・韓から１　③④**地歴・公民**（25×2）▶「地総・地探」・「歴総・日探」・「歴総・世探」・「〈公・倫〉・〈公・政経〉から1」から２　⑤⑥**数**（25×2）▶「数Ⅰ・数Ａ」・「数Ⅱ・数Ｂ・数Ｃ」　⑦**理**（50）▶「物基・化基・生基・地学基から２」・物・化・生・地学から１　⑧**情**（50）▶情Ⅰ

［個別学力検査（700）］ **4**科目　①**国**（110）▶現国・言語　②**外**（235）▶英コミュⅠ・英コミュⅡ・英コミュⅢ・論表Ⅰ・論表Ⅱ・論表Ⅲ　③**地歴**（125）▶「地総・地探」・「歴総・日探」・「歴総・世探」から１　④**数**（230）▶数Ⅰ・数Ⅱ・数Ａ・数Ｂ（数列）・数Ｃ（ベク）

学校推薦型　**［共通テスト（300）］** **8**科目　①国（50）②**外**（50）▶英・独・仏・中・韓から１　③④**地歴・公民**（25×2）▶「地総・地探」・「歴総・日探」・「歴総・世探」・「〈公・倫〉・〈公・政経〉から１」から２　⑤⑥**数**（25×2）▶「数Ⅰ・数Ａ」・「数Ⅱ・数Ｂ・数Ｃ」　⑦**理**（50）▶「物基・化基・生基・地学基から２」・物・化・生・地学から１　⑧**情**（50）▶情Ⅰ
※上記の指定科目を満たさない場合のみ，地歴・公民と理科について，地歴・公民から１科目，基礎を付さない理科から２科目の受験を認める。

東京　一橋大学

[個別学力検査(450)] 4科目 ①小論文(250) ②面接(150)▶口頭試問を含む ③推薦書・調査書(40) ④自己推薦書(10)

経済学部

前期 [共通テスト(210)] 8科目 ①国(35) ②外(35)▶英・独・仏・中・韓から1 ③④地歴・公民(17.5×2)▶「地総・地探」・「歴総・日探」・「歴総・世探」・「〈公・倫〉・〈公・政経〉から1」から2 ⑤⑥数(17.5×2)▶「数Ⅰ・数A」・「数Ⅱ・数B・数C」 ⑦理(35)▶「物基・化基・生基・地学基から2」・物・化・生・地学から1 ⑧情(35)▶情Ⅰ

[個別学力検査(790)] 4科目 ①国(110)▶現国・言語 ②外(260)▶英コミュⅠ・英コミュⅡ・英コミュⅢ・論表Ⅰ・論表Ⅱ・論表Ⅲ ③地歴(160)▶「地総・地探」・「歴総・日探」・「歴総・世探」から1 ④数(260)▶数Ⅰ・数Ⅱ・数A・数B(数列)・数C(ベク)

後期 [共通テスト(200)] 7科目 ①国(35) ②外(35)▶英・独・仏・中・韓から1 ③地歴・公民(35)▶「地総・地探」・「歴総・日探」・「歴総・世探」・「公・倫」・「公・政経」から1 ④⑤数(17.5×2)▶「数Ⅰ・数A」・「数Ⅱ・数B・数C」 ⑥理(30)▶「物基・化基・生基・地学基から2」・物・化・生・地学から1 ⑦情(30)▶情Ⅰ

[個別学力検査(800)] 2科目 ①外(400)▶英コミュⅠ・英コミュⅡ・英コミュⅢ・論表Ⅰ・論表Ⅱ・論表Ⅲ ②数(400)▶数Ⅰ・数Ⅱ・数Ⅲ・数A・数B(数列)・数C(ベク)

学校推薦型 [共通テスト(250)] 8科目 ①国(45) ②外(45)▶英・独・仏・中・韓から1 ③④地歴・公民(22.5×2)▶「地総・地探」・「歴総・日探」・「歴総・世探」・「〈公・倫〉・〈公・政経〉から1」から2 ⑤⑥数(22.5×2)▶「数Ⅰ・数A」・「数Ⅱ・数B・数C」 ⑦理(45)▶「物基・化基・生基・地学基から2」・物・化・生・地学から1 ⑧情(35)▶情Ⅰ

※上記の指定科目を満たさない場合のみ，地歴・公民と理科について，地歴・公民から1，基礎を付さない理科から2科目の受験を認める。

[個別学力検査(500)] 4科目 ①小論文(300) ②面接(150) ③推薦書・調査書(40) ④自己推薦書(10)

法学部

前期 [共通テスト(250)] 8科目 ①国(40) ②外(40)▶英・独・仏・中・韓から1 ③④地歴・公民(25×2)▶「地総・地探」・「歴総・日探」・「歴総・世探」・「〈公・倫〉・〈公・政経〉から1」から2 ⑤⑥数(25×2)▶「数Ⅰ・数A」・「数Ⅱ・数B・数C」 ⑦理(40)▶「物基・化基・生基・地学基から2」・物・化・生・地学から1 ⑧情(30)▶情Ⅰ

[個別学力検査(750)] 4科目 ①国(120)▶現国・言語 ②外(280)▶英コミュⅠ・英コミュⅡ・英コミュⅢ・論表Ⅰ・論表Ⅱ・論表Ⅲ ③地歴(170)▶「地総・地探」・「歴総・日探」・「歴総・世探」から1 ④数(180)▶数Ⅰ・数Ⅱ・数A・数B(数列)・数C(ベク)

学校推薦型 [共通テスト(250)] 8科目 ①国(40) ②外(40)▶英・独・仏・中・韓から1 ③④地歴・公民(25×2)▶「地総・地探」・「歴総・日探」・「歴総・世探」・「〈公・倫〉・〈公・政経〉から1」から2 ⑤⑥数(25×2)▶「数Ⅰ・数A」・「数Ⅱ・数B・数C」 ⑦理(40)▶「物基・化基・生基・地学基から2」・物・化・生・地学から1 ⑧情(30)▶情Ⅰ

※上記の指定科目を満たさない場合のみ，地歴・公民と理科について，地歴・公民から1，基礎を付さない理科から2科目の受験を認める。

[個別学力検査(500)] 4科目 ①小論文(300) ②面接(150) ③推薦書・調査書(40) ④自己推薦書(10)

社会学部

前期 [共通テスト(180)] 8科目 ①国(20) ②外(20)▶英・独・仏・中・韓から1 ③④地歴・公民(10×2)▶「地総・地探」・「歴総・日探」・「歴総・世探」・「〈公・倫〉・〈公・政経〉から1」から2 ⑤⑥数(10×2)▶「数Ⅰ・数A」・「数Ⅱ・数B・数C」 ⑦理(90)▶「物基・化基・生基・地学基から2」・物・化・生・地学から1 ⑧情(10)▶情Ⅰ

[個別学力検査(820)] 4科目 ①国(180)▶現国・言語 ②外(280)▶英コミュⅠ・英コミュⅡ・英コミュⅢ・論表Ⅰ・論表Ⅱ・論表Ⅲ

キャンパスアクセス [千代田キャンパス(学術総合センター内)] 東京メトロ半蔵門線―神保町より徒歩3分／東京メトロ東西線―竹橋より徒歩4分

③**地歴**(230) ▶「地総・地探」・「歴総・日探」・「歴総・世探」から１ ④**数**(130) ▶数Ⅰ・数Ⅱ・数Ａ・数Ｂ(数列)・数Ｃ(ベク)

学校推薦型 ［共通テスト(300)］ 8科目 ①国(50) ②外(50) ▶英・独・仏・中・韓から１ ③④**地歴・公民**(25×2) ▶「地総・地探」・「歴総・日探」・「歴総・世探」・「〈公・倫〉・〈公・政経〉から１」から２ ⑤⑥**数**(25×2) ▶「数Ⅰ・数Ａ」・「数Ⅱ・数Ｂ・数Ｃ」 ⑦**理**(50) ▶「物基・化基・生基・地学基から２」・物・化・生・地学から１ ⑧**情**(50) ▶情Ⅰ

※上記の指定科目を満たさない場合のみ，地歴・公民と理科について，地歴・公民から１，基礎を付さない理科から２科目の受験を認める。

［個別学力検査(450)］ 4科目 ①**小論文**(300) ②**面接**(120) ③**推薦書・調査書**(20) ④**自己推薦書**(10)

ソーシャル・データサイエンス学部

前期 ［共通テスト(250)］ 8科目 ①国(40) ②**外**(40・英〈R20＋L20〉) ▶英・独・仏・中・韓から１ ③④**数**(20×2) ▶「数Ⅰ・数Ａ」・「数Ⅱ・数Ｂ・数Ｃ」 ⑤**情**▶情Ⅰ ⑥⑦⑧**地歴・公民・理**(40×3) ▶「〈地総・地探〉・〈歴総・日探〉・〈歴総・世探〉・〈公・倫〉・〈公・政経〉から１」・「物・化・生・地学から２」または「〈地総・地探〉・〈歴総・日探〉・〈歴総・世探〉・〈(公・倫)・(公・政経)から１〉から２」・「〈物基・化基・生基・地学基から２〉・物・化・生・地学から１」

［個別学力検査(750)］ 4科目 ①**国**(100) ▶現国・言語 ②**外**(230) ▶英コミュⅠ・英コミュⅡ・英コミュⅢ・論表Ⅰ・論表Ⅱ・論表Ⅲ ③**数**(330) ▶数Ⅰ・数Ⅱ・数Ａ・数Ｂ(数列)・数Ｃ(ベク) ④**総合問題**(90)

後期 ［共通テスト(200)］ 7科目 ①国(35) ②**外**(35) ▶英・独・仏・中・韓から１ ③**地歴・公民**(30) ▶「地総・地探」・「歴総・日探」・「歴総・世探」・「公・倫」・「公・政経」から１ ④⑤**数**(17.5×2) ▶「数Ⅰ・数Ａ」・「数Ⅱ・数Ｂ・数Ｃ」 ⑥**理**(30) ▶「物基・化基・生基・地学基から２」・物・化・生・地学から１ ⑦**情**(30) ▶情Ⅰ

［個別学力検査(800)］ 2科目 ①**外**(300) ▶英コミュⅠ・英コミュⅡ・英コミュⅢ・論表Ⅰ・論表Ⅱ・論表Ⅲ ②**数**(500) ▶数Ⅰ・数Ⅱ・数Ⅲ・数Ａ・数Ｂ(数列)・数Ｃ(ベク)

学校推薦型 ［共通テスト(300)］ 8科目 ①国(50) ②**外**(50) ▶英・独・仏・中・韓から１ ③④**数**(25×2) ▶「数Ⅰ・数Ａ」・「数Ⅱ・数Ｂ・数Ｃ」 ⑤**情**(50) ▶情Ⅰ ⑥⑦⑧**地歴・公民・理**(〈25×2〉＋50) ▶「〈地総・地探〉・〈歴総・日探〉・〈歴総・世探〉・〈公・倫〉・〈公・政経〉から１」・「物・化・生・地学から２」または「〈地総・地探〉・〈歴総・日探〉・〈歴総・世探〉・〈(公・倫)・(公・政経)から１〉から２」・「〈物基・化基・生基・地学基から２〉・物・化・生・地学から１」

［個別学力検査(450)］ 4科目 ①**小論文**(250) ②**面接**(150) ③**推薦書・調査書**(40) ④**自己推薦書**(10)

その他の選抜

外国学校出身者選抜，私費外国人留学生選抜。

偏差値データ (2024年度)

●一般選抜

＊共通テスト・個別計/満点

学部／学科	2024年度			2023年度実績					
	駿台予備学校	河合塾		募集人員	受験者数	合格者数	合格最低点＊	競争率	
	合格目標ライン	ボーダー得点率	ボーダー偏差値					'23年	'22年
●前期									
商学部									
	63	81%	65	238	703	250	571/1000	2.8	2.8
経済学部									
経済	63	80%	65	180	534	193	570/1000	2.8	2.2
法学部									
法律	64	82%	67.5	144	406	159	592/1000	2.6	2.6
社会学部									
社会	63	85%	67.5	205	641	210	574/1000	3.1	—
ソーシャル・データサイエンス学部									
ソーシャル・データサイエンス	64	85%	67.5	30	93	37	640/1000	2.5	—
●後期									
経済学部									
経済	70	89%	72.5	58	214	65	610/1000	3.3	2.4
ソーシャル・データサイエンス学部									
ソーシャル・データサイエンス	70	91%	70	25	168	31	710/1000	5.4	—

●駿台予備学校合格目標ラインは合格可能性80%に相当する駿台模試の偏差値です。 ●競争率は受験者÷合格者の実質倍率
●河合塾ボーダー得点率は合格可能性50%に相当する共通テストの得点率です。また，ボーダー偏差値は合格可能性50%に相当する河合塾全統模試の偏差値です。
●法学部の前期を除き２段階選抜を実施。

併設の教育機関 大学院

(2018年４月より商学研究科と国際企業戦略研究科を統合し，経営管理研究科を設置。2017年以前の入学者は旧研究科に在籍)

経営管理研究科（HUB）

教員数▶教授51名，准教授21名，講師19名
院生数▶518名（旧商学研究科６名，旧国際企業戦略研究科24名を含む）

修士課程▶ ●**経営管理専攻** 研究者養成コースと経営学修士コース（MBA）で構成。研究者養成コースは深い学識を養い，専門分野における研究能力を培う。経営学修士コースには，「経営分析」「経営管理」「金融戦略・経営財務」の３プログラムを設置し，高度な専門性を要する職業に必要な能力を養い，体系的かつ理論的な知識に裏づけられた確固たる分析能力を持つ実務家を育成する。

専門職学位課程▶ ●**国際企業戦略専攻** 9月開始の英語によるカリキュラム。日本および海外企業の実務経験者を対象にビジネスのグローバルリーダーにふさわしい人材を育成。

博士後期課程▶ **経営管理専攻，国際企業戦略専攻**

経済学研究科

教員数▶教授29名，准教授14名，講師９名
院生数▶229名

修士課程▶ ●総合経済学専攻　研究者養成と修士専修の２コース。研究者養成コースは，後期課程への進学を前提とし，広い視野に立って精深な学識を養い，専攻分野における研究および応用の能力を培う。修士専修コースでは，「公共政策」「統計・ファイナンス」「地域研究」および「医療経済」の４分野で構成される専門職業人養成プログラムを設定，高度な専門性と分析能力を備えた専門職業人の育成をめざす。

博士後期課程▶ 総合経済学専攻

法学研究科

教員数▶教授40名，准教授14名，講師７名
院生数▶217名，法科大学院193名

修士課程▶ ●法学・国際関係専攻　法学と国際関係との融合が特徴。法学および国際関係論の分野で，将来，わが国のみならず世界をリードする優れた研究者を養成する。

●ビジネスロー専攻　社会人のための夜間大学院。ビジネスローの最先端を伝える実践的なカリキュラムを提供し，世界を舞台に活躍できる人材を養成する。

専門職学位課程▶ ●法務専攻（法科大学院）ビジネス法務に強く，国際的視野を持ち，豊かな人権感覚を備えた法律家の養成をめざす。

博士後期課程▶ 法学・国際関係専攻　ビジネスロー専攻

社会学研究科

教員数▶教授36名，准教授２名，講師13名
院生数▶343名

修士課程▶ ●総合社会科学専攻　各専門分野における学術探究とその総合的発展を担う意欲と創造性と研究能力を備えた人材の育成をめざす。

●地球社会研究専攻　問題に焦点をあてる，解決を志向する，西欧中心思想を脱する，という理念のもとで，地球規模の諸課題に対して創造的・実践的に取り組む人材を育成。

博士後期課程▶ 総合社会科学専攻，地球社会研究専攻

言語社会研究科

教員数▶教授12名，准教授２名，講師２名
院生数▶189名

修士課程▶ ●言語社会専攻　２つの部門に分かれている。第１部門（人文総合）では，伝統的な分野から先端的な分野まで人文学領域を広くカバーする。人文学の現在を考えると同時に学術の未来を開拓することを目的とする。第２部門（日本語教育学取得プログラム）は日本語教育の分野で国際的に活躍したい人のための修練の場を形成する。

博士後期課程▶ 言語社会専攻

国際・公共政策大学院

教員数▶教授12名，准教授６名，講師１名
院生数▶127名

専門職学位課程▶ ●国際・公共政策専攻　法律学・国際関係からのアプローチを主とする「国際・行政コース」と，経済学をベースとする「公共経済コース」の２コースからなる。法学，国際関係，経済学の高度な専門教育を行いつつ，学問分野や官民の垣根を越えて，現実の重要な政策の分析と評価ができる政策のプロを養成する。

ソーシャル・データサイエンス研究科

教員数▶教授８名，准教授10名
院生数▶22名

修士課程▶ ●ソーシャル・データサイエンス専攻　'23年新設。社会科学とデータサイエンスが融合するソーシャル・データサイエンスの学問分野において，最先端の知識を自ら活用し，新たな課題を発見し解決に導くことができるスペシャリストの養成をめざす。

横浜国立大学

よこはまこくりつ

資料請求

問合せ先 入試課 ☎045-339-3121

大学の理念

1949年に新制大学として発足した神奈川県で唯一の国立大学。文明開化発祥の地であり，発展し続ける国際都市・横浜の高等教育機関として，建学以来の理念「実践性，先進性，開放性，国際性」を継承し，「多様性」を重んじ，人文・社会・理工の多様な専門性を有する教員，約800人の留学生を含む１万人の学生がOne Campusに集う。その強みを生かし，常に世界水準の研究を育みつつ，先鋭的な知を統合して地域の諸課題に柔軟かつ機動的に対応し，新たな社会・経済システムの構築やイノベーションの創出・科学技術の発展に資する「知の統合型大学」として世界水準の研究大学をめざしている。キャンパスは横浜駅から約３キロ，緑豊かな丘の上，江戸末期の開港以来さまざまな物質や文化が諸外国との間で行き交った横浜港を一望できる。

●常盤台キャンパス…〒240-8501　神奈川県横浜市保土ケ谷区常盤台79-1

基本データ

学生数▶7,212名（男5,149名，女2,063名）
専任教員数▶教授266名，准教授182名，講師29名

設置学部▶教育，経済，経営，理工，都市科
併設教育機関▶大学院（P.1318参照）

就職・卒業後の進路

就職率 94.9％
就職者÷希望者×100

●**就職支援**　キャリアサポートルームおよび各学部・各大学院の担当係が就職担当教員と連携して就職活動全般を支援している。キャリアサポートルームでは，就職ガイダンス，企業研究セミナー，面接対策講座，企業説明会などを実施するほか，会社説明会情報や求人情報，OB・OG名簿検索，公務員関係資料・インターンシップ情報などを提供している。就活アプリやX（エックス）での情報発信や実施したガイダンス・セミナーの動画配信も行っている。また，各種企業経験者のOB・OGがキャリア・アドバイザーとして，個別相談ブースやオンラインで就職全般の相談に応じている（事前予約制）。教員をめざす学生には，教育学部主催で教員採用試験対策講座を開講している。

進路指導者も必見 学生を伸ばす 面倒見

初年次教育	学修サポート
「基礎演習」でレポート・論文の書き方，プレゼン技法，情報収集や資料整理の方法，論理的思考や問題発見・解決能力の向上を図るほか，「コンピューティング」でITの基礎技術を習得	全学部でTA・SA制度，教員１人が学生約27人を担当する教員アドバイザー制度を導入。さらに，教員（教育学部は全員）がオフィスアワーを設定。担当スタッフや専門教員による「なんでも相談室」も設置

オープンキャンパス（2023年度実績） 6月24・25日に完全予約制の来場型で，6～11月にかけて学部ごとにオンライン型で開催。リアルタイムイベントは要事前予約。イベント終了後も一部のコンテンツは大学HPより視聴可能。

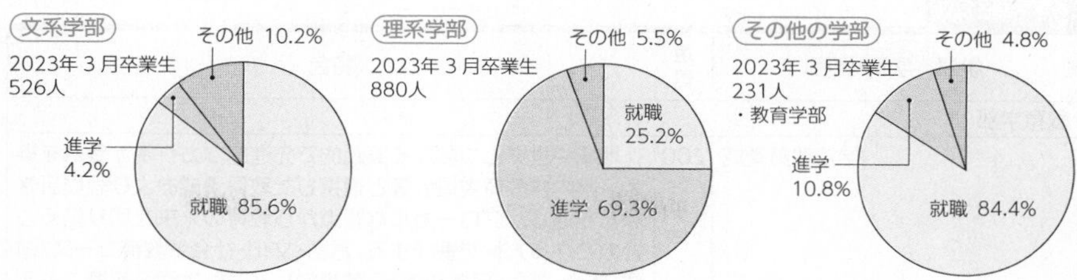

主なOB・OG▶［経済］鈴木国正（インテル日本法人社長），［旧工］西沢立衛（建築家），［経済］沢木耕太郎（作家），［旧教育人間科］眞鍋かをり（タレント）など。

国際化・留学　大学間 147 大学等・部局間 27 大学

受入れ留学生数▶175名（2023年５月１日現在）

留学生の出身国▶韓国，中国，マレーシア，インドネシア，ドイツなど。

外国人専任教員▶教授６名，准教授９名，講師１名（2023年５月１日現在）

外国人専任教員の出身国▶中国，アメリカ，韓国，ネパール，フィンランドなど。

大学間交流協定▶147大学・機関（交換留学先103大学，2023年５月１日現在）

部局間交流協定▶27大学（交換留学先18大学，2023年５月１日現在）

海外への留学生数▶渡航型34名／年（12カ国・地域，2022年度）

海外留学制度▶交換留学は，学生交流協定を結ぶ海外約40カ国の大学へ３カ月～１年以内留学する。派遣先大学への授業料は免除，審査を経て単位互換が認定され，奨学金制度も利用できる。短期プログラムには，YNUが実施する２～５週間程度の英語研修（大学の開講科目として単位取得可），協定校が主催するサマープログラム，各学部で実施しているプログラムなどがある。コンソーシアムはT.I.M.E. Associationに参加している。

学費・奨学金制度　給付型奨学金総額 年間 1,620 万円

入学金▶282,000円

年間授業料（施設費等を除く）▶535,800円

年間奨学金総額▶16,200,000円

年間奨学金受給者数▶39人

主な奨学金制度▶成績優秀かつ経済的理由により修学が困難な入学生を対象に15万円を給付する「新入生スタートアップ支援金」や，学部２年生に卒業まで月額５万円を給付する「YNU大澤奨学金」，母子父子家庭または両親のいない家庭の１年生女子を対象とした「YNU竹井准子記念奨学金」，経済・経営・都市科学部都市社会共生学科に在籍する２年生対象の「八幡ねじ・鈴木建吾奨学金」などの制度を設置。また，学費減免制度があり，2022年度には214人を対象に総額で約4,623万円を減免している。

保護者向けインフォメーション

- **成績確認**　保護者に成績表を郵送している。
- **会報誌**　「Close up YNU」を年１回発行。
- **保護者会**　保護者会を開催。工学部では各EPで教育や卒業後の進路などついて説明。
- **防災対策**　「大地震行動マニュアル」を入学時に配布し，HPにも掲載。災害時の学生の安否確認は独自の安否確認システムを利用する。

インターンシップ科目	必修専門ゼミ	卒業論文	GPA制度の導入の有無および活用例	１年以内の退学率	標準年限での卒業率
経済・経営・理工・都市科学部で開講	教育・理工・都市科学部で３・４年次に実施	全学部で卒業要件	全学部で奨学金等対象者の選定，卒業判定基準に，一部の学部で留学候補者の選考，進級・退学・大学院入試選抜基準，個別の学修指導，履修上限単位数の設定に活用	1.2%	82.6%

学部紹介

学部／学科・課程	定員	特色
教育学部		
学校教員養成	200	▷地域や世界とつながる実践的で先進的なカリキュラムを揃え，県内各教育委員会等と連携した教員養成および教員研修などを通じ，グローカルな視点から教育の未来を切り拓くことのできる人材を養成する。言語・文化・社会系教育コース（国語・社会・英語・日本語教育・教育学），自然・生活系教育コース（数学・理科・技術・家庭科），芸術・身体・発達支援系教育コース（音楽・美術・保健体育・心理学・特別支援教育）の３コース編成。
● 取得可能な資格…教職（国・地歴・公・社・数・理・音・美・書・保体・技・家・英，小一種，特別支援）。 ● 進路状況…………就職84.4%　進学10.8% ● 主な就職先………横浜市教員，神奈川県教員，東京都教員，相模原市教員，千葉県教員，岐阜県教員，川崎市教員，東京都庁，特許庁，富士通など。		
経済学部		
経済	258	▷初級レベルで経済学の基礎をバランスよく学び，中級レベルで「グローバル経済」「現代日本経済」「金融貿易分析」「経済数量分析」「法と経済社会」の５つの専門分野から自分の関心に合った分野を選択し，主体的に学び高い専門性を身につける。教育プログラムとして，世界で活躍するビジネス人材育成をめざし，海外学修を必修とする「Global Business and Economics EP（GBEEP-Econ）」，経済学の専門性と情報処理・統計分析能力を身につける「Data Science EP（DSEP-Econ）」と，法学・政治学をベースに経済・経営・データサイエンスの基礎を幅広く修得する「Lawcal Business Economics EP（LBEEP）」を設置。
● 進路状況…………就職85.1%　進学5.6% ● 主な就職先………東京都庁，EY新日本有限責任監査法人，楽天グループ，三菱UFJフィナンシャル・グループ，いすゞ自動車，日本生命保険，富士通，千葉銀行など。		
経営学部		
経営	297	▷グローバルな活動・競争の中でビジネスを位置づけられる「グローバルビジネス即応力」，ビジネスをめぐる課題に全体最適視点で定義しソリューションを提案できる「ビジネス統合分析力」，企業経営の観点から学際的な知を統合し，社会変革を実行できる「イノベーション力」の育成をめざす。一般，Global Business and Economics EP（GBEEP-Biz），Data Science EP（DSEP-Biz），社会人の４教育プログラムを設置。
● 進路状況…………就職85.9%　進学2.9% ● 主な就職先………EYストラテジー・アンド・コンサルティング，EY新日本有限責任監査法人，日立製作所，三菱電機，レイヤーズ・コンサルティング，本田技研工業など。		
理工学部		
機械・材料・海洋系	185	▷快適で安全な現代社会の根幹を支えるための研究・開発・設計・生産に携わる人材を養成。機械工学，材料工学，海洋空間のシステムデザインの3教育プログラム。
化学・生命系	187	▷実践的でグローバルな視点から，持続可能で豊かな社会を形成するための技術やシステムを創出できる人材を育成。化学，化学応用，バイオの3教育プログラム。

キャンパスアクセス［常盤台キャンパス］横浜市営地下鉄―三ツ沢上町より徒歩16分／相鉄線―羽沢横浜国大より徒歩15分／JR・私鉄・地下鉄各線―横浜よりバス15～25分（キャンパス乗り入れバス有）

数物・電子情報系	287	▷数理科学，物理工学，電子情報システム，情報工学の4教育プログラム。基礎科学から，情報・通信，電気・電子までカバー。

● 取得可能な資格…教職（数・理・情）。　● 進路状況…………就職17.0%　進学78.4%
● 主な就職先………富士通，リクルートホールディングス，三菱電機，ジャパンマリンユナイテッド，三菱自動車工業，本田技研工業，ブリヂストン，KDDIなど。

都市科学部

都市社会共生	74	▷人文社会学を中心にグローバル・ローカルにわたる幅広い知識と実践力を育み，世界に開かれた魅力的な都市の社会・文化を創出する。
建築	70	▷最先端の専門知識に加え，社会を俯瞰する視点を身につけ，実践的に都市環境・建築を創造する。
都市基盤	48	▷土木分野について，都市における課題を中心に防災・国際・環境などの幅広い領域を視野に入れた学びを展開する。
環境リスク共生	56	▷都市を取り巻く自然環境，社会環境を対象にリスクとの共生を実践し，都市の持続的発展に貢献できる実践力を育成。

● 取得可能な資格…教職（理），測量士補，１・２級建築士受験資格など。
● 進路状況…………就職48.9%　進学43.2%
● 主な就職先………鹿島建設，大林組，富士通，ゴールドクレスト，EYストラテジー・アンド・コンサルティング，東京電力ホールディングス，神奈川県庁，東京都庁など。

▶キャンパス

全学部……［常盤台キャンパス］神奈川県横浜市保土ケ谷区常盤台79-1

2025年度入試要項（予告）

●募集人員

学部／学科・課程（コース・EP）	前期	後期	総合型
▶教育 学校教員養成（言語・文化・社会系教育）	32	—	25
（自然・生活系教育）	29	—	
（芸術・身体・発達支援系教育／音楽）	7	—	
（／美術）	5	—	
（／保健体育）	7	—	
（／心理学）	8	—	
（／特別支援教育）	12	—	—
▶経済 経済（一般）	125	75	15
（DSEP）	10	10	—
（LBEEP）	10	5	—
▶経営 経営（一般）	148	78	—
（DSEP）	7	3	—
▶理工 機械・材料・海洋系（機械工学）	56	50	—
（材料工学）	18	16	8
（海洋空間のシステムデザイン）	17	8	10
化学・生命系	86	66	—
数物・電子情報系（数理科学）	20	15	—
（物理工学）	60	30	—
（電子情報システム）	60	38	—
（情報工学）	30	17	—
▶都市科 都市社会共生	30	10	26
建築	40	19	7
都市基盤	18	12	10
環境リスク共生	33	10	10

※DSEP：Data Science教育プログラム。LBEEP：Lawcal Business Economics教育プログラム。

● ２段階選抜

志願者数が募集人員に対して以下の倍率を超えた場合に行う。経済学部は前期約７倍，後期約15倍，経営学部，理工学部は前期約６倍，後期約８倍，都市科学部都市社会共生学科は後期約10倍。

▷共通テストの英語はリスニングを含む。
▷共通テストの地歴・公民から２科目選択する場合，「公・倫」と「公・政経」の組み合わせ，および「地総・歴総・公から２」で選択した科目と同一科目名を含む組み合わせは不可。

教育学部

前期　[共通テスト(1000)]　8科目　①国(200)　②外(200・英〈R160＋L40〉)▶英・独・仏・中・韓から1　③④数(100×2)▶「数Ⅰ・数A」・「数Ⅱ・数B・数C」　⑤情(100)▶情Ⅰ　⑥⑦⑧「地歴・公民」・理(100×3)▶「地総・地探」・「歴総・日探」・「歴総・世探」・「公・倫」・「公・政経」から1または2，「物基・化基・生基・地学基から2」・物・化・生・地学から1または2，計3

[個別学力検査(400)]　2科目　①小論文・実技(200)▶教育課題論文・音楽実技・美術実技・体育実技から1　②面接(200)▶調査書・自己推薦書の評価を含む

総合型選抜【学校教員養成課程〈言語・文化・社会系教育コース，自然・生活系教育コース，芸術・身体・発達支援系教育コース(音楽，美術，保健体育，心理学)〉】[共通テスト(1000)]　8科目　①国(200)　②外(200・英〈R160＋L40〉)▶英・独・仏・中・韓から1　③④数(100×2)▶「数Ⅰ・数A」・「数Ⅱ・数B・数C」　⑤情(100)▶情Ⅰ　⑥⑦⑧「地歴・公民」・理(100×3)▶「地総・地探」・「歴総・日探」・「歴総・世探」・「公・倫」・「公・政経」から1または2，「物基・化基・生基・地学基から2」・物・化・生・地学から1または2，計3

[個別学力検査]　2科目　①小論文 ②面接

※第1次選抜―書類審査(自己推薦書・調査書・課題レポート)，小論文，第2次選抜―面接，最終―共通テストの成績により判定。

経済学部

前期　[共通テスト(1000)]　8科目　①国(200)　②外(200・英〈R160＋L40〉)▶英・独・仏・中・韓から1　③④数(100×2)▶「数Ⅰ・数A」・「数Ⅱ・数B・数C」　⑤情(100)▶情Ⅰ　⑥⑦⑧「地歴・公民」・理(100×3)▶「〈地総・地探〉・〈歴総・日探〉・〈歴総・世探〉・〈公・倫〉・〈公・政経〉から2」・「〈物基・化基・生基・地学基から2〉・物・化・生・地学から1」または「〈地総・地探〉・〈歴総・日探〉・〈歴総・世探〉・〈公・倫〉・〈公・政経〉から1」・「物・化・生・地学から2」

[個別学力検査(800)]　2科目　①外(400)▶英コミュⅠ・英コミュⅡ・英コミュⅢ・論表Ⅰ・論表Ⅱ・論表Ⅲ　②数(400)▶数Ⅰ・数Ⅱ・数A(図形・場合)・数B(数列)・数C(ベク)

後期　[共通テスト(900)]　7科目　①国(200)　②外(200)▶英・独・仏・中・韓から1　③地歴・公民(100)▶「地総・地探」・「歴総・日探」・「歴総・世探」・「公・倫」・「公・政経」から1　④⑤数(100×2)▶「数Ⅰ・数A」・「数Ⅱ・数B・数C」　⑥理(100)▶「物基・化基・生基・地学基から2」・物・化・生・地学から1　⑦情(100)▶情Ⅰ

[個別学力検査(800)]　1科目　①外・数(800)▶「英コミュⅠ・英コミュⅡ・英コミュⅢ・論表Ⅰ・論表Ⅱ・論表Ⅲ」・「数Ⅰ・数Ⅱ・数A(図形・場合)・数B(数列)・数C(ベク)」から1，ただしDSEP志望者は「数学」必須

総合型選抜　[共通テスト(900)]　4科目　①国(200)　②外(300・英〈R240＋L60〉)▶英・独・仏・中・韓から1　③④数(200×2)▶「数Ⅰ・数A」・「数Ⅱ・数B・数C」

[個別学力検査]　1科目　①面接

※第1次選抜－志願者数が募集人員の2倍(30名)を超えた場合，書類審査(英語資格・検定試験のスコア)，第2次選抜－面接，最終－第2次選抜の成績および共通テストの成績により判定。

経営学部

前期　[共通テスト(900)]　7科目　①国(200)　②外(200・英〈R160＋L40〉)▶英・独・仏・中・韓から1　③地歴・公民(100)▶「地総・地探」・「歴総・日探」・「歴総・世探」・「公・倫」・「公・政経」から1　④⑤数(100×2)▶「数Ⅰ・数A」・「数Ⅱ・数B・数C」　⑥理(100)▶「物基・化基・生基・地学基から2」・物・化・生・地学から1　⑦情(100)▶情Ⅰ

[個別学力検査(450)]　1科目　①外・数(450)▶「英コミュⅠ・英コミュⅡ・英コミュⅢ・論表Ⅰ・論表Ⅱ・論表Ⅲ」・「数Ⅰ・数Ⅱ・数A(図形・場合)・数B(数列)・数C(ベク)」から1，ただしDSEP志望者は「数学」必須

後期　[共通テスト(450)]　7科目　①国(100)　②外(100・英〈R80＋L20〉)▶英・独・仏・中・韓から1　③地歴・公民(50)▶「地総・地探」・「歴総・日探」・「歴総・世探」・「公・倫」・

「公・政経」から1　④⑤**数**(50×2)▶「数Ⅰ・数A」・「数Ⅱ・数B」・簿・情から1　⑥**理**(50)▶「物基・化基・生基・地学基から2」・物・化・生・地学から1　⑦**情**(50)▶情Ⅰ
[個別学力検査(450)] **2科目**　①**外**(225)▶英コミュⅠ・英コミュⅡ・英コミュⅢ・論表Ⅰ・論表Ⅱ・論表Ⅲ　②**数**(225)▶数Ⅰ・数Ⅱ・数A(図形・場合)・数B(数列)・数C(ベク)

理工学部

前期　**[共通テスト(1000)]** **8科目**　①**国**(200)　②**外**(R160＋L40)▶英　③**地歴・公民**(100)▶「地総・地探」・「歴総・日探」・「歴総・世探」・「公・倫」・「公・政経」から1　④⑤**数**(100×2)▶「数Ⅰ・数A」・「数Ⅱ・数B・数C」　⑥⑦**理**(100×2)▶物・化，ただし化学・生命系学科は物・化・生から2　⑧**情**(100)▶情Ⅰ
[個別学力検査(1200)] **4科目**　①**外**(300)▶英コミュⅠ・英コミュⅡ・英コミュⅢ・論表Ⅰ・論表Ⅱ・論表Ⅲ　②**数**(450)▶数Ⅰ・数Ⅱ・数Ⅲ・数A(図形・場合)・数B(数列)・数C(ベク・平面)　③④**理**(225×2)▶「物基・物」・「化基・化」
後期　**[共通テスト(700)]** **8科目**　①**国**(100)　②**外**(R240＋L60)▶英　③**地歴・公民**(50)▶「地総・地探」・「歴総・日探」・「歴総・世探」・「公・倫」・「公・政経」から1　④⑤**数**(50×2)▶「数Ⅰ・数A」・「数Ⅱ・数B・数C」　⑥⑦**理**(50×2)▶物・化，ただし化学・生命系学科は物・化・生から2　⑧**情**(50)▶情Ⅰ
[個別学力検査(900)] **3科目**　①**数**(450)▶数Ⅰ・数Ⅱ・数Ⅲ・数A(図形・場合)・数B(数列)・数C(ベク・平面)　②③**理**(225×2)▶「物基・物」・「化基・化」
総合型選抜　**【機械・材料・海洋系学科(材料工学)】[共通テスト(600)]** **5科目**　①**外**(R160＋L40)▶英　②③**数**(100×2)▶「数Ⅰ・数A」・「数Ⅱ・数B・数C」　④⑤**理**(100×2)▶物・化
[個別学力検査] **1科目**　①**面接**▶口頭試問
※第1次選抜―書類審査(自己推薦書・調査書等)，第2次選抜―面接，最終―共通テストの成績により判定。
【機械・材料・海洋系学科(海洋空間のシステムデザイン)】[共通テスト(600)] **4科目**　①**国**(200)　②**外**(R160＋L40)▶英　③④**数**(100×2)▶「数Ⅰ・数A」・「数Ⅱ・数B・数C」
[個別学力検査] **1科目**　①**面接**▶口頭試問
※第1次選抜―書類審査(自己推薦書・調査書等)，第2次選抜―面接，最終―共通テストの成績により判定。

都市科学部

前期　**【都市社会共生学科】[共通テスト(900)]** **7科目**　①**国**(200)　②**外**(200・英〈R100＋L100〉)▶英・独・仏・中・韓から1　③④**数**(100×2)▶「数Ⅰ・数A」・「数Ⅱ・数B・数C」　⑤⑥⑦**「地歴・公民」・理・情**(100×3)▶「〈地総・地探〉・〈歴総・日探〉・〈歴総・世探〉から1」・「〈公・倫〉・〈公・政経〉から1」・「地総・歴総・公から2」から1または2，「物基・化基・生基・地学基から2」・物・化・生・地学から1または2，情Ⅰから計3，ただし同一科目名を含む選択は不可
[個別学力検査(500)] **1科目**　①**小論文**(500)
【建築学科・都市基盤学科】[共通テスト(1000)] **8科目**　①**国**(200)　②**外**(200・英〈R160＋L40〉)▶英・独・仏・中・韓から1　③**地歴・公民**(100)▶「地総・地探」・「歴総・日探」・「歴総・世探」・「公・倫」・「公・政経」から1　④⑤**数**(100×2)▶「数Ⅰ・数A」・「数Ⅱ・数B・数C」　⑥⑦**理**(100×2)▶物・化・生・地学から2　⑧**情**(100)▶情Ⅰ
[個別学力検査(1200)] **4科目**　①**外**(300)▶英コミュⅠ・英コミュⅡ・英コミュⅢ・論表Ⅰ・論表Ⅱ・論表Ⅲ　②**数**(450)▶数Ⅰ・数Ⅱ・数Ⅲ・数A(図形・場合)・数B(数列)・数C(ベク・平面)　③④**理**(225×2)▶「物基・物」・「化基・化」
【環境リスク共生学科】[共通テスト(1450)] **8科目**　①**国**(200)　②**外**(200・英〈R160＋L40〉)▶英・独・仏・中・韓から1　③**地歴・公民**(100)▶「地総・地探」・「歴総・日探」・「歴総・世探」・「公・倫」・「公・政経」から1　④⑤**数**(100×2)▶「数Ⅰ・数A」・「数Ⅱ・数B・数C」　⑥⑦**理**(325×2)▶物・化・生・地学から2　⑧**情**(100)▶情Ⅰ
[個別学力検査(750)] **2科目**　①**外**(300)▶英コミュⅠ・英コミュⅡ・英コミュⅢ・論表

Ⅰ・論表Ⅱ・論表Ⅲ　②**数**(450)▶数Ⅰ・数Ⅱ・数Ⅲ・数A(図形・場合)・数B(数列)・数C(ベク・平面)

後期　**【都市社会共生学科】［共通テスト(900)］** 7科目　前期と同じ

［個別学力検査(200)］ 1科目　①**面接**

【建築学科・都市基盤学科】［共通テスト(700)］ 8科目　①**国**(100)　②**外**(300・英〈R240＋L60〉)▶英・独・仏・中・韓から1　③**地歴・公民**(50)▶「地総・地探」・「歴総・日探」・「歴総・世探」・「公・倫」・「公・政経」から1　④⑤**数**(50×2)▶「数Ⅰ・数A」・「数Ⅱ・数B・数C」　⑥⑦**理**(50×2)▶物・化・生・地学から2　⑧**情**(50)▶情Ⅰ

［個別学力検査(900)］ 4科目　①**数**(450)▶数Ⅰ・数Ⅱ・数Ⅲ・数A(図形・場合)・数B(数列)・数C(ベク・平面)　②③**理**(225×2)▶「物基・物」・「化基・化」

【環境リスク共生学科】［共通テスト(1150)］ 8科目　①**国**(100)　②**外**(300・英〈R240＋L60〉)▶英・独・仏・中・韓から1　③**地歴・公民**(250)▶「地総・地探」・「歴総・日探」・「歴総・世探」・「公・倫」・「公・政経」から1　④⑤**数**(50×2)▶「数Ⅰ・数A」・「「数Ⅱ・数B・数C」　⑥⑦**理**(175×2)▶物・化・生・地学から2　⑧**情**(50)▶情Ⅰ

［個別学力検査(650)］ 2科目　①**数**(450)▶数Ⅰ・数Ⅱ・数Ⅲ・数A(図形・場合)・数B(数列)・数C(ベク・平面)　②**小論文**(200)

総合型選抜　**【都市社会共生学科】［共通テスト(700)］** 5科目　①**国**(200)　②**外**(200・英〈R100＋L100〉)▶英・独・仏・中・韓から1　③**地歴・公民**(100)▶「地総・地探」・「歴総・日探」・「歴総・世探」・「公・倫」・「公・政経」から1　④⑤**数・理・情**(100×2)▶「数Ⅰ・数A」必須，「数Ⅱ・数B・数C」・「物基・化基・生基・地学基から2」・物・化・生・地学・情Ⅰから1

［個別学力検査］ 2科目　①**面接**　②**文章実技**

※第1次選抜－書類審査(特色活動説明書・学習計画書・調査書等)，第2次選抜－面接・文章実技，最終－共通テストの成績により判定。

【建築学科】［共通テスト］　課さない。

［個別学力検査］ 2科目　①**実技**　②**面接**▶口頭試問

※第1次選抜－書類審査(自己推薦書・調査書等)・実技試験，第2次選抜(最終)－面接の結果により判定。

【都市基盤学科】［共通テスト(1000)］ 7科目　前期と同じ

［個別学力検査］ 1科目　①**面接**▶口頭試問

※第1次選抜－書類審査(自己推薦書・調査書等)，第2次選抜－面接，最終－第2次選抜の成績および共通テストの成績により判定。

【環境リスク共生学科】［共通テスト(1000)］ 8科目　①**国**(200)　②**外**(200・英〈R160＋L40〉)▶英・独・仏・中・韓から1　③④**数**(100×2)▶「数Ⅰ・数A」・「数Ⅱ・数B・数C」　⑤**情**(100)▶情Ⅰ　⑥⑦⑧**「地歴・公民」・理**(100×3)▶「〈地総・地探〉・〈歴総・日探〉・〈歴総・世探〉・〈公・倫〉・〈公・政経〉から2」・「〈物基・化基・生基・地学基から2〉・物・化・生・地学から1」または「〈地総・地探〉・〈歴総・日探〉・〈歴総・世探〉・〈公・倫〉・〈公・政経〉から1」・「物・化・生・地学から2」

［個別学力検査］ 1科目　①**面接**▶口頭試問

※第1次選抜－書類審査(自己推薦書・調査書等)，第2次選抜－面接，最終－第2次選抜の成績および共通テストの成績により判定。

その他の選抜

学校推薦型選抜は教育学部(地域12名，全国63名)，経営学部(一般49名)，理工学部化学生命系学科33名，数物・電子情報系学科(電子情報システム15名)を募集。ほかに帰国生徒選抜(教育学部・経営学部・都市科学部建築学科)，外国学校出身者選抜(経済学部)，社会人選抜(経営学部)，私費外国人留学生入試(教育学部，都市科学部都市社会共生学科を除く)，YOKOHAMAソクラテスプログラム(都市科学部都市社会共生学科)を実施。

偏差値データ (2024年度)

● 一般選抜

＊共通テスト・個別計/満点

学部／学科・課程／コース・EP	2024年度			2023年度実績					
	駿台予備学校	河合塾						競争率	
	合格目標ライン	ボーダー得点率	ボーダー偏差値	募集人員	受験者数	合格者数	合格最低点＊	'23年	'22年
●前期									
教育学部									
学校教員養成／言語・文化・社会系教育	50	73%	—	32	101	41	911.40/1300	2.5	1.6
／自然・生活系教育	49	69%	—	29	82	37	908.40/1300	2.2	1.9
／芸術・身体・発達支援系教育（音楽）	47	67%	—	7	10	7	655.60/1300	1.4	1.7
（美術）	46	63%	—	5	5	5	779.00/1300	1.0	1.5
（保健体育）	47	68%	—	7	15	9	904.80/1300	1.7	4.5
（心理学）	50	71%	—	8	36	10	878.80/1300	3.6	2.0
（特別支援教育）	48	66%	—	12	24	15	808.40/1300	1.6	1.3
経済学部									
経済（一般）	52	74%	62.5	125	780	162	1101.40/1700	4.8	1.6
（DSEP）	57	73%	60	10	59	11		5.4	1.8
（LBEEP）	57	73%	65	10	33	8		4.1	1.4
経営学部									
経営（一般）	54	77%	65	148	737	201	838.60/1200	3.7	3.5
（DSEP）	57	79%	62.5	7	58	10		5.8	3.1
理工学部									
機械・材料・海洋系／機械工学	53	75%	57.5	56	203	61	1281.20/2100	3.3	2.4
／材料工学	53	72%	55	18	62	21	1279.80/2100	3.0	0.9
／海洋空間のシステムデザイン	53	71%	57.5	17	71	19	1273.40/2100	3.7	2.3
化学・生命系／化学・化学応用	53	74%	57.5	71	214	75	1274.60/2100	2.9	2.9
／バイオ	53	74%	57.5	15	77	17	1319.80/2100	4.5	2.4
数物・電子情報系／数理科学	53	72%	57.5	20	60	27	1253.60/2100	2.2	2.2
／物理工学	53	75%	60	60	234	71	1272.80/2100	3.3	2.2
／電子情報システム	53	78%	57.5	63	195	80	1292.80/2100	2.4	2.4
／情報工学	54	76%	57.5	30	154	32	1379.60/2100	4.8	3.9
都市科学部									
都市社会共生	54	74%	—	33	83	33	985.50/1400	2.5	2.8
建築	55	80%	62.5	40	229	43	1435.20/2100	5.3	4.3
都市基盤	54	78%	57.5	18	32	25	1341.40/2100	1.3	1.0
環境リスク共生	53	74%	57.5	30	114	35	1266.80/2100	3.3	2.0
●後期									
経済学部									
経済（一般）	57	80%	67.5	75	666	119	1003.40/1600	5.6	3.2
（DSEP）	60	81%	67.5	10	74	10		7.4	2.5
（LBEEP）	58	76%	67.5	5	31	6		5.2	—
経営学部									
経営（一般）	56	79%	65	78	406	83	570.20/800	4.9	2.5
（DSEP）	60	80%	67.5	3	37	4		9.3	9.3

学部／学科・課程／コース・EP	2024年度			2023年度実績					
	駿台予備学校	河合塾						競争率	
	合格目標ライン	ボーダー得点率	ボーダー偏差値	募集人員	受験者数	合格者数	合格最低点*	'23年	'22年
理工学部									
機械・材料・海洋系／機械工学	55	80%	60	50	199	71	1094.10/1550	2.8	2.0
／材料工学	55	76%	60	16	31	23	1035.40/1550	1.3	1.9
／海洋空間のシステムデザイン	56	80%	60	8	33	11	1097.80/1550	3.0	3.1
化学・生命系／化学・化学応用	56	80%	57.5	56	128	69	946.60/1550	1.9	2.6
／バイオ	56	80%	60	10	66	14	1112.10/1550	4.7	3.1
数物・電子情報系／数理科学	55	79%	62.5	15	45	18	1100.20/1550	2.5	2.5
／物理工学	57	83%	62.5	30	124	33	1154.70/1550	3.8	2.7
／電子情報システム	57	79%	62.5	50	147	62	1123.20/1550	2.4	2.0
／情報工学	57	82%	62.5	17	163	28	1212.10/1550	5.8	5.1
都市科学部									
都市社会共生	55	76%	—	12	25	13	784.00/1100	1.9	6.5
建築	57	84%	65	19	147	24	1202.60/1550	6.1	7.7
都市基盤	55	81%	60	12	41	23	1103.70/1550	1.8	1.8
環境リスク	54	76%	57.5	10	39	12	1120.05/1750	3.3	1.4

- 駿台予備学校合格目標ラインは合格可能性80%に相当する駿台模試の偏差値です。
- 競争率は受験者÷合格者の実質倍率
- 河合塾ボーダー得点率は合格可能性50%に相当する共通テストの得点率です。
  また，ボーダー偏差値は合格可能性50%に相当する河合塾全統模試の偏差値です。
- 合格最低点は追試験受験・合格者を除く。

併設の教育機関 大学院

教育学研究科

教員数▶11名
院生数▶167名

修士課程▶ ●**教育支援専攻** 心理支援と日本語教育の２コースを設置。教育現場における理論とそれに基づいた実践を通して，多種多様な支援をする人材を育成する。

専門職学位課程▶ ●**高度教職実践専攻（教職大学院）** 学校や地域の教育活動におけるスクールリーダーを育成する「学校マネジメントプログラム」と，確かな学力の育成とそれを保障する授業改善や多様なニーズに適切に対応できる教員を養成する「教科教育・特別支援教育プログラム」の２プログラム。

博士後期課程▶ 学校教育学専攻（東京学芸大学大学院連合学校教育学研究科）

国際社会科学府

教員数▶97名
院生数▶278名

博士前期課程▶ ●**経済学専攻** コースワークと研究指導がより有機的に結びついた体系的な教育を実施し，幅広い専門知識を身につけたジェネラリストを養成する。

●**経営学専攻** グローバル・レベルで通用する経営学とその関連領域に精通し，ビジネスシーンでの問題解決能力を有する，国際的に活躍できる実践的スペシャリストを養成する。

●**国際経済法学専攻** 法学基本分野を軸に環境法学，国際経済法学や，政治学や開発協力分野についても高度な専門性を養い，国内外で活躍する人材を輩出する。

●**経営学専攻社会人専修コース（横浜ビジネススクール／ MBA）** 専門知識の深化と統合を追求した実践的教育プログラムを展開。

博士後期課程 経済学専攻，経営学専攻，国際経済法学専攻

理工学府

教員数▶127名
院生数▶913名
博士前期課程 ●機械・材料・海洋系工学専攻　基本原理の理解と応用のための理学的センスの教育および技術革新のグローバル化への適応力の育成を強化し，高度なシステムや高機能の材料を生み出す教育と研究を行う。
●化学・生命系理工学専攻　化学と生命を中心に据え，自然の真理追究，ものづくり・エネルギー・生命に関する課題に原理原則と情報を活用し総合的に対処できる国際的な視野をもつ人材を育成する。
●数物・電子情報系理工学専攻　数理科学，物理学，電気工学，電子工学，通信工学，情報工学，医療情報工学，応用物理学などの幅広い分野での教育・研究を通じ，グローバルに活躍できる創造的な人材を育成する。
博士後期課程 機械・材料・海洋系工学専攻，化学・生命系理工学専攻，数物・電子情報系理工学専攻

環境情報学府

教員数▶63名
院生数▶436名
博士前期課程 ●人工環境専攻　持続可能社会における安心・安全を確保するための先端的かつ実践的な工学的技術に加え，社会実装する上で解決すべき問題を探求できる人材を育成する。
●自然環境専攻　中長期的な生態系の持続可能性のみならず，地球史的な環境の変化に対する理解から地域住民との関わりまで視野に入れた知識と技術を修得した人材を育成する。
●情報環境専攻　先端的な情報技術や情報システムのセキュリティのみならず，大量の情報に向き合う人間の有り様に対する理解や数理的なデータ解析の方法にも精通した人材を育成する。
博士後期課程 人工環境専攻，自然環境専攻，情報環境専攻

都市イノベーション学府

教員数▶53名
院生数▶336名
博士前期課程 ●建築都市文化専攻　現代の都市をめぐる諸問題の知識を持ちつつ，新たな都市空間の未来を説得的に提案できる人材，文化芸術の力により都市のイノベーションを実践しうる人材を養成する。建築都市文化，建築都市デザイン（Y-GSA），横浜都市文化（Y-GSC）の3コースがある。
●都市地域社会専攻　国内外における地域の特性を社会・文化・歴史を含めて深く理解し，安全・安心な都市および国土の創造や再生，異なる地域の相互理解や交流に貢献できる人材を養成する。都市地域社会，国際基盤学（IGSI）の2コースがある。
博士後期課程 都市イノベーション専攻

先進実践学環

教員数▶173名
院生数▶75名
修士課程 ●コースや専攻という枠組みはなく，４つの大学院の授業を自由に組み合わせて履修。社会を構成する人間の理解と先進的なデータサイエンスの技法を基軸に，YNUの教育研究分野を融合して，Society 5.0における新たな価値とサービスの創出・普及を牽引する人材を養成する。研究テーマは応用AI，社会データサイエンス，リスク共生学，国際ガバナンス，成熟社会，人間力創生，横浜アーバニスト。

新潟大学

資料請求

問合せ先 学務部入試課 ☎025-262-6079

大学の理念

1949（昭和24）年，新潟医大，新潟高校，長岡工専，新潟県立農専，新潟第一・第二・青年師範を統合し，開学。「自律と創生」を基本理念とし，教育，研究，社会貢献を通じて地域・世界の発展に貢献することをめざす。各学部には教養教育と専門教育が融合した学生主体の「到達目標達成型」と「到達目標創生型」の学位プログラムを設定，社会の諸問題に的確に対応でき，課題解決のために広範に活躍できる人材を育成する。さらに，複数の専門領域を横断的に学べ，学生自身が学びをデザインできるオーダーメイド型の学修プログラムである「NICEプログラム」を用意。また，独自の取り組み「ダブルホーム」制度では，第一のホームである学部・学科・学年の枠を超えた第二のホームで教職員や地域と連携した課題プロジェクトを展開している。

- **五十嵐キャンパス**……〒950-2181　新潟県新潟市西区五十嵐2の町8050
- **旭町キャンパス**………〒951-8510，8518，8514　新潟県新潟市中央区旭町通1番町757，旭町通2番町746，学校町通2番町5274

基本データ

学生数▶9,992名（男6,168名，女3,824名）
専任教員数▶教授298名，准教授358名，講師68名
設置学部▶人文，教育，法，経済科，理，医，歯，工，農，創生
併設教育機関▶大学院―現代社会文化・自然科学・医歯学総合・保健学（以上M・D），教育実践学（P）

就職・卒業後の進路

就職率 98.8%
就職者÷希望者×100

● **就職支援**　各学部と教育基盤機構が連携して進路支援を行う。キャリア・就職支援オフィスでは，情報提供，進路相談，各種支援行事などを実施しているほか，専任のキャリアコンサルタントが個別相談を中心に，応募書類アドバイス，面接練習などにも対応。サポーターとして登録しているOB・OGに質問ができるネットワークシステム（CANシステム）も導入。また，専任教員による低学年向けキャリア意識形成科目の開講やインターンシップ事業など，学生自身の将来を見据えたキャリア形成に対するサポートも行っている。

進路指導者も必見 学生を伸ばす 面倒見

初年次教育
「スタディスキルズ」などを開講し，学問や大学教育全般に対する動機づけ，レポート・論文の書き方，プレゼン技法，ITの基礎技術，情報収集や資料整理の方法，論理的思考や問題発見・解決能力の向上などの初年次教育を実施

学修サポート
学部によらずTAが実験，実習等の教育補助を担当。法学部や経済学部，また教員によってオフィスアワーを設定しているほか，全学部で専任教員が学生の指導・相談に対応している。さらに学習支援相談ルームを設置している

オープンキャンパス（2023年度実績） 8月に対面型とWebオンライン・オンデマンド型のオープンキャンパスを開催（対面・オンラインは事前申込制）。学部説明会，模擬授業，入試個別相談会など。

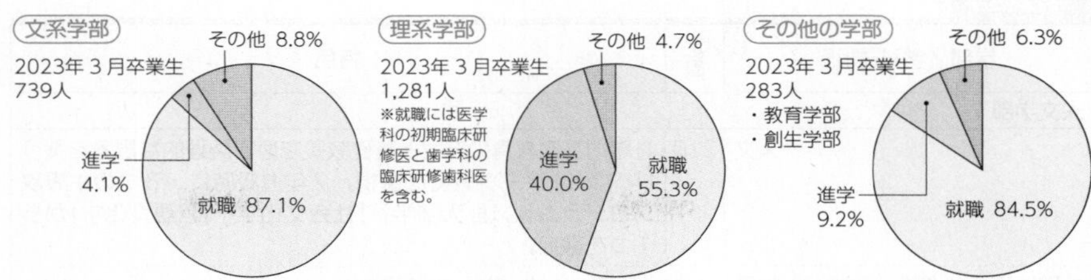

主なOB・OG ▶［旧法文］佐藤隆夫（新潟放送代表取締役社長），［人文］星野純子（モーグルソチオリンピック代表），［法］西村智奈美（衆議院議員），［理］鈴木厚人（岩手県立大学長）など。

国際化・留学　大学間 104 大学等・部局間 256 大学等

受入れ留学生数 ▶ 98名(2023年5月1日現在)
留学生の出身国・地域 ▶中国，マレーシア，韓国，台湾など。
外国人専任教員 ▶教授３名，准教授20名，講師１名（2023年５月１日現在）
外国人専任教員の出身国 ▶中国，インド，イギリス，韓国，アメリカなど。
大学間交流協定 ▶104大学・機関（交換留学先69大学，2023年９月19日現在）
部局間交流協定 ▶256大学・機関（交換留学先102大学，2023年９月19日現在）
海外への留学生数 ▶渡航型80名・オンライン型90名／年（17カ国〈オンラインの複数国プログラムを除く〉，2022年度）
海外留学制度 ▶より高い専門性に立脚したグローバル人材の育成を推進している。海外が初めてでも参加しやすい「ショートプログラム」（１～５週間程度）から，各学部での専門分野を学ぶ「専門分野プログラム」（１週間から数カ月），さらには本格的に外国語や専門分野を学ぶ「交換留学」（１学期間または２学期間）など，学生の状況に対応した段階的プログラムを用意。UMAPとAUN＋３の２つのコンソーシアムにも参加している。

学費・奨学金制度　給付型奨学金総額 年間 2,652 万円

入学金 ▶ 282,000円
年間授業料（施設費等を除く）▶ 535,800円
年間奨学金総額 ▶ 26,520,000円
年間奨学金受給者数 ▶ 147人
主な奨学金制度 ▶入学前に40万円（一時金）給付する「輝け未来！！新潟大学入学応援奨学金」，２年次以上で前年度の成績が各学部の上位者に年額10万円（2022年度実績）を支給する「新潟大学学業成績優秀者奨学金」や家計急変により修学の継続が困難な者に月額３万円を給付する「新潟大学修学応援特別奨学金」などがある。また，学費減免制度があり，2022年度には264人を対象に総額で約8,361万円を減免している。

保護者向けインフォメーション

- **成績確認**　保護者に成績表を郵送している。
- **保護者会**　各学部で保護者説明会や懇談会を開催。また，後援会会報等も発行している。
- **防災対策**　入学時に「危機管理マニュアル」を配布。被災した際の学生の安否確認は，大学の独自システム「ANPIC」を利用する。

インターンシップ科目	必修専門ゼミ	卒業論文	GPA制度の導入の有無および活用例	１年以内の退学率	標準年限での卒業率
法・工・創生学部で開講している	全学部で実施。学部・学科等によって開講年次は異なる	医・歯・創生学部を除き卒業要件	導入している	非公表	非公表

学部紹介

学部／学科・課程	定員	特色
人文学部		
人文	210	▷専門基礎教育の充実と基礎教養を磨き論理的な思考を養うリベラル・アーツ教育を重視。２年進級時に，３つの主専攻プログラム「心理・人間学」「社会文化学」「言語文化学」から１つを選択。
● 取得可能な資格…教職（国・地歴・公・社・情・英・仏・中・露），学芸員など。 ● 進路状況…………就職88.9%　進学4.7% ● 主な就職先………国税関東信越国税局，国土交通省北陸地方整備局，農林水産省東北農政局，新潟県，長野県，東京都中央区，新潟日報社，第四北越銀行，マイナビなど。		
教育学部		
学校教員養成	180	▷１年次の「入門教育実習」から４年一貫の教育実習を柱に実践力を備えた教員を養成する。学校教育コースは，学校教育学，教育心理学，特別支援教育の３専修。教科教育コースは，国語，社会科，英語，数学，理科，家庭科，技術科，音楽，美術，保健体育の10専修。
● 取得可能な資格…教職（国・地歴・公・社・数・理・音・美・保体・技・家・英，小一種，幼一種，特別支援）。 ● 進路状況…………就職85.5%　進学8.6% ● 主な就職先………教員（新潟県，新潟市，山形県，福島県，埼玉県，東京都ほか）など。		
法学部		
法	170	▷課題解決志向のカリキュラムを編成。学部を３年で卒業し，連携先の法科大学院に進学することで司法試験受験資格が得られる「法曹コース」も設定。
● 取得可能な資格…教職（公）。 ● 進路状況…………就職84.4%　進学6.5% ● 主な就職先………裁判所事務官，国税専門官，厚生労働省，原子力規制庁，厚生労働省関東信越厚生局，石川県，新潟市，仙台市，三菱UFJモルガン・スタンレー証券など。		
経済科学部		
総合経済	350	▷長年の伝統と蓄積をもとにした「経済学」「経営学」に，裾野を広げさまざまな立場の人と共修で学ぶ「学際日本学」「地域リーダー」の４プログラムから２年次に選択。
● 取得可能な資格…教職（商）。 ● 進路状況…………就職87.4%　進学2.2% ● 主な就職先………新潟県，山形県，新潟市，秋田県，群馬県，八十二銀行，デジタル・アドバタイジング・コンソーシアム，クスリのアオキ，厚生労働省など。		
理学部		
理	200	▷理学各分野を1学科にまとめ，1年次には共通ベーシック科目と共通コア科目を設置し，共通の素養を身につける。2年次1学期終了時点で，数学，物理学，化学，生物学，地質科学，自然環境科学，フィールド科学人材育成の7つのプログラムから主専攻プログラムを決定する。
● 取得可能な資格…教職（数・理），学芸員，測量士補など。 ● 進路状況…………就職43.1%　進学51.3% ● 主な就職先………教員，林野庁，京セラコミュニケーションシステム，セイコーエプソン，五藤光学研究所，日本赤十字社栃木県支部，鳥居薬品，国土防災技術など。		

 キャンパスアクセス［五十嵐キャンパス］ JR越後線一新潟大学前・内野より徒歩約15分

医学部		
医	140	▷グローバルな全人的医療に貢献し，生涯探求心を持ち続けることのできる専門医療人を養成する。
保健	160	▷看護学，放射線技術科学，検査技術科学の３専攻を設置。

● **取得可能な資格**…医師・看護師・保健師・助産師・診療放射線技師・臨床検査技師受験資格など。
● **進路状況**…………［医］初期臨床研修医95.3%　［保健］就職84.8%　進学9.1%
● **主な就職先**………［保健］日本赤十字社秋田赤十字病院，慶應義塾大学病院，東北大学病院，信州大学医学部附属病院，金沢大学附属病院，千葉大学医学部附属病院，新潟県など。

歯学部		
歯	40	▷人間性豊かな考える歯科医師を育てるため，自主性と創造性を重視した実践的教育を行う。
口腔生命福祉	20	▷「食べる」ことの視点から，生活の質の向上を追求する。

● **取得可能な資格**…歯科医師・歯科衛生士・社会福祉士受験資格など。
● **進路状況**…………［歯］臨床研修歯科医84.4%　［口腔生命福祉］就職95.8%　進学4.2%
● **主な就職先**………［口腔生命福祉］新潟県，富山大学附属病院，新潟大学医歯学総合病院など。

工学部		
工	530	▷1年次に工学教育における転換・導入教育を受けた後，力学分野，情報電子分野，化学材料分野，建築分野，融合領域分野に分かれて学び，2年次より機械システム工学，社会基盤工学，電子情報通信，知能情報システム，化学システム工学，材料科学，建築学，人間支援感性科学，協創経営の主専攻プログラムの教育を受ける。

● **取得可能な資格**…教職（工），測量士補，陸上／海上特殊無線技士，１・２級建築士受験資格など。
● **進路状況**…………就職37.6%　進学58.7%
● **主な就職先**………キヤノンイメージングシステムズ，シャープ，TDK，東北電力，中央高速道路，JERA，開発技建，東日本旅客鉄道，NTT東日本－関信越，富士通など。

農学部		
農	175	▷1学科体制で，多様化する社会の要請に柔軟に対応できる素養と国際的な視野を身につけた人材を育成する。入学後に学部共通基礎科目を履修し，農学の多様な分野の教育研究に触れてから応用生命科学，食品科学，生物資源科学，流域環境学，フィールド科学人材育成の５つの主専攻プログラムから1つを選択して学ぶ。

● **取得可能な資格**…教職（農），食品衛生管理者など。
● **進路状況**…………就職53.6%　進学42.5%
● **主な就職先**………農林水産省，林野庁，新潟県，柏崎農業協同組合，キユーピー，ハウス食品，越後製菓，ニプロ，新潟クボタ，ヤマハ発動機，ニトリなど。

創生学部		
創生学修	65	▷学生が自分で目標を設定し，４年間のゼミ／ラボ活動を主体に，人文・法・経済科学・理・工・農の６学部が提供する専門授業科目群から選択した専門領域で学修を深め，「課題発見・課題解決能力」を育成する。

● **進路状況**…………就職80.6%　進学11.3%
● **主な就職先**………新潟県，国立大学法人等職員，農林水産省関東農政局，秋田市，酒田市，日本経営，日立製作所，Works Human Intelligence，マツダなど。

キャンパスアクセス ［旭町キャンパス］ JR越後線一白山より徒歩約15分

▶キャンパス

人文・教育・法・経済科・理・工・農・創生……［五十嵐キャンパス］新潟県新潟市西区五十嵐２の町8050
医(医)……［旭町キャンパス］新潟県新潟市中央区旭町通１番町757
医(保健)……［旭町キャンパス］新潟県新潟市中央区旭町通２番町746
歯……［旭町キャンパス］新潟県新潟市中央区学校町通２番町5274

2025年度入試要項(予告)

●募集人員

学部／学科・課程／コース・専修・専攻・分野		前期	後期
▶人文	人文	140	40
▶教育	学校教員養成／学校教育・学校教育	9	—
	／学校教育・教育心理	9	—
	／学校教育・特別支援	8	—
	／教科教育・国語	14	—
	／教科教育・社会科	16	—
	／教科教育・英語	7	—
	／教科教育・数学	10	—
	／教科教育・理科	12	—
	／教科教育・家庭科	6	—
	／教科教育・技術科	7	—
	／教科教育・音楽	8	—
	／教科教育・美術	6	—
	／教科教育・保健体育	8	—
▶法	法	85	35
▶経済科	総合経済	180	80
▶理	理	理数85 理科25 野外15	30
▶医	医	80	—
	保健／看護学	46	6
	／放射線技術科学	23	5
	／検査技術科学	21	7
▶歯	歯	24	8
	口腔生命福祉	15	—
▶工	工／力学	共63個16	12
	／情報電子	共75個18	15
	／化学材料	共63個16	13
	／建築	共21個5	4
	／融合領域	共35・個8	6
▶農	農	111	30
▶創生	創生学修	45	—

※理学部の前期日程は理数重点，理科重点，野外科学志向の３つの選抜方法で募集する。
※工学部の前期日程は共通テスト重視型および個別学力検査重視型の２つの選抜方法で募集する。

●２段階選抜

医学部医学科は，入学志願者が募集人員の４倍を超えた場合に実施することがある。
注）２段階選抜は2024年度の実績です。

▷共通テストの英語はリスニングを含む。
▷共通テストの地歴・公民から２科目選択する場合，「公・倫」と「公・政経」の組み合わせ，および「地総・歴総・公から２」で選択した科目と同一科目名を含む組み合わせは不可。
△共通テストの理科から２科目選択する場合，同一科目名を含む選択は不可。

人文学部

前期 ［**共通テスト(500)**］ **⑧科目** ①**国**(100) ②**外**(100・英〈R80＋L20〉)▶英・独・仏・中・韓から１ ③④**地歴・公民**(50×2)▶「地総・歴総・公から２」・「地総・地探」・「歴総・日探」・「歴総・世探」・「公・倫」・「公・政経」から２，ただし「地総・地探」・「歴総・日探」・「歴総・世探」から１必須 ⑤⑥**数**(50×2)▶「数Ⅰ・〈数Ⅰ・数Ａ〉から１」・「数Ⅱ・数Ｂ・数Ｃ」 ⑦**理**(50)▶「物基・化基・生基・地学基から２」・物・化・生・地学から１ ⑧**情**(50)▶情Ⅰ

［**個別学力検査(500)**］ **③科目** ①**国**(200)▶現国・言語・論国・古典 ②**外**(200)▶「英コミュⅠ・英コミュⅡ・英コミュⅢ・論表Ⅰ・論表Ⅱ・論表Ⅲ」・独・仏から１ ③**地歴・数**(100)▶「地総・地探」・「歴総・日探」・「歴総・世探」・「数Ⅰ・数Ⅱ・数Ａ(図形・場合)・数Ｂ(数列)・数Ｃ(ベク)」から１

後期 ［**共通テスト(500)**］ **⑧科目** 前期と同じ

［**個別学力検査(200)**］ **①科目** ①**総合問題**(200)▶人間・社会・文化の諸問題についての英語の理解力・日本語の表現力

教育学部

前期　**【学校教員養成課程〈学校教育コース〉】**
[共通テスト(750)]　8科目　①**国**(150)　②**外**(150・英〈R120＋L30〉)▶英・独・仏・中・韓から１　③④**数**(75×2)▶「数Ⅰ・〈数Ⅰ・数Ａ〉から１」・「数Ⅱ・数Ｂ・数Ｃ」　⑤**情**(75)▶情Ⅰ　⑥⑦⑧**「地歴・公民」・理**(75×3)▶「地総・歴総・公から２」・「地総・地探」・「歴総・日探」・「歴総・世探」・「公・倫」・「公・政経」から１または２，「物基・化基・生基・地学基から２」・物・化・生・地学から１または２，計３
[個別学力検査(450)]　3科目　①②**国・外・数**(150×2)▶「現国・言語・論国・古典」・「英コミュⅠ・英コミュⅡ・英コミュⅢ・論表Ⅰ・論表Ⅱ・論表Ⅲ」・「数Ⅰ・数Ⅱ・数Ａ(図形・場合)・数Ｂ(数列)・数Ｃ(ベク)」から２　③**面接**(150)
【学校教員養成課程〈教科教育コース／国語・社会科・英語〉】　**[共通テスト(1200)]**　8科目　①**国**(150)　②**外**(150・英〈R120＋L30〉)▶英・独・仏・中・韓から１　③④**地歴・公民**(150×2)▶「地総・歴総・公から２」・「地総・地探」・「歴総・日探」・「歴総・世探」・「公・倫」・「公・政経」から２　⑤⑥**数**(150×2)▶「数Ⅰ・〈数Ⅰ・数Ａ〉から１」・「数Ⅱ・数Ｂ・数Ｃ」　⑦**理**(150)▶「物基・化基・生基・地学基から２」・物・化・生・地学から１　⑧**情**(150)▶情Ⅰ
[個別学力検査(850)]　3科目　①**国**(300)▶現国・言語・論国・古典　②**外**(300)▶英コミュⅠ・英コミュⅡ・英コミュⅢ・論表Ⅰ・論表Ⅱ・論表Ⅲ　※英語教育はリスニングテストを含む　③**面接**(250)
【学校教員養成課程〈教科教育コース／数学〉】
[共通テスト(800)]　8科目　①**国**(150)　②**外**(150・英〈R120＋L30〉)▶英・独・仏・中・韓から１　③**地歴・公民**(75)▶「地総・歴総・公から２」・「地総・地探」・「歴総・日探」・「歴総・世探」・「公・倫」・「公・政経」から１　④⑤**数**(100×2)▶「数Ⅰ・〈数Ⅰ・数Ａ〉から１」・「数Ⅱ・数Ｂ・数Ｃ」　⑥⑦**理**(75×2)▶「物基・化基・生基・地学基から２」・物・化・生・地学から２　⑧**情**(75)▶情Ⅰ
[個別学力検査(700)]　3科目　①**数**(250)▶数Ⅰ・数Ⅱ・数Ａ(図形・場合)・数Ｂ(数列)・数Ｃ(ベク)　②**外・理**(250)▶「英コミュⅠ・英コミュⅡ・英コミュⅢ・論表Ⅰ・論表Ⅱ・論表Ⅲ」・「物基・物」・「化基・化」・「生基・生」・「地学基・地学」から１　③**面接**(200)
【学校教員養成課程〈教科教育コース／理科〉】
[共通テスト(950)]　8科目　①**国**(150)　②**外**(150・英〈R120＋L30〉)▶英・独・仏・中・韓から１　③**地歴・公民**(150)▶「地総・歴総・公から２」・「地総・地探」・「歴総・日探」・「歴総・世探」・「公・倫」・「公・政経」から１　④⑤**数**(100×2)▶「数Ⅰ・〈数Ⅰ・数Ａ〉から１」・「数Ⅱ・数Ｂ・数Ｃ」　⑥⑦**理**(100×2)▶「物基・化基・生基・地学基から２」・物・化・生・地学から２　⑧**情**(100)▶情Ⅰ
[個別学力検査(700)]　3科目　①**理**(250)▶「物基・物」・「化基・化」・「生基・生」・「地学基・地学」から１　②**外・数**(250)▶「英コミュⅠ・英コミュⅡ・英コミュⅢ・論表Ⅰ・論表Ⅱ・論表Ⅲ」・「数Ⅰ・数Ⅱ・数Ａ(図形・場合)・数Ｂ(数列)・数Ｃ(ベク)」から１　③**面接**(200)
【学校教員養成課程〈教科教育コース／家庭科〉】　**[共通テスト(800)]**　7科目　①**国**(150)　②**外**(150・英〈R120＋L30〉)▶英・独・仏・中・韓から１　③**地歴・公民**(100)▶「地総・歴総・公から２」・「地総・地探」・「歴総・日探」・「歴総・世探」・「公・倫」・「公・政経」から１　④⑤**数**(75×2)▶「数Ⅰ・〈数Ⅰ・数Ａ〉から１」・「数Ⅱ・数Ｂ・数Ｃ」　⑥**理**(150)▶「物基・化基・生基・地学基から２」・物・化・生・地学から１　⑦**情**(100)▶情Ⅰ
[個別学力検査(450)]　3科目　①**数**(150)▶数Ⅰ・数Ⅱ・数Ａ(図形・場合)・数Ｂ(数列)・数Ｃ(ベク)　②**国・外**(150)▶「現国・言語・論国・古典」・「英コミュⅠ・英コミュⅡ・英コミュⅢ・論表Ⅰ・論表Ⅱ・論表Ⅲ」から１　③**面接**(150)
【学校教員養成課程〈教科教育コース／技術科〉】　**[共通テスト(1000)]**　8科目　①**国**(150)　②**外**(150・英〈R120＋L30〉)▶英・独・仏・中・韓から１　③**地歴・公民**(150)▶「地総・歴総・公から２」・「地総・地探」・「歴総・日探」・「歴総・世探」・「公・倫」・「公・政経」から１　④⑤**数**(100×2)▶「数Ⅰ・〈数Ⅰ・数Ａ〉から１」・「数Ⅱ・数Ｂ・数Ｃ」　⑥⑦**理**(100×2)▶「物基・化基・生基・地学基から２」・物・化・生・

地学から２ ⑧情(150)▶情Ⅰ
[個別学力検査(700)] 3科目 ①数(250)▶数Ⅰ・数Ⅱ・数Ａ(図形・場合)・数Ｂ(数列)・数Ｃ(ベク) ②理(250)▶「物基・物」・「化基・化」から１ ③面接(200)
【学校教員養成課程〈教科教育コース／音楽・美術〉】 [共通テスト(900)] 6科目 ①国(150) ②外(150・英〈R120＋L30〉)▶英・独・仏・中・韓から１ ③地歴・公民(150)▶「地総・歴総・公から２」・「地総・地探」・「歴総・日探」・「歴総・世探」・「公・倫」・「公・政経」から１ ④数(150)▶数Ⅰ・「数Ⅰ・数Ａ」・「数Ⅱ・数Ｂ・数Ｃ」から１ ⑤理(150)▶「物基・化基・生基・地学基から２」・物・化・生・地学から１ ⑥情(150)▶情Ⅰ
[個別学力検査(音1000・美800)] 2科目 ①実技(音800・美600) ②面接(200)
【学校教員養成課程〈教科教育コース／保健体育〉】[共通テスト(1000)] 8科目 ①国(200) ②外(200・英〈R160＋L40〉)▶英・独・仏・中・韓から１ ③④数(100×2)▶「数Ⅰ・〈数Ⅰ・数Ａ〉から１」・「数Ⅱ・数Ｂ・数Ｃ」 ⑤情(100)▶情Ⅰ ⑥⑦⑧「地歴・公民」・理(100×3)▶「地総・歴総・公から２」・「地総・地探」・「歴総・日探」・「歴総・世探」・「公・倫」・「公・政経」から１または２，「物基・化基・生基・地学基から２」・物・化・生・地学から１または２，計3
[個別学力検査(800)] 2科目 ①実技(600) ②面接(200)

法学部

前期 [共通テスト(600)] 8科目 ①国(100) ②外(100・英〈R80＋L20〉)▶英・独・仏から１ ③④地歴・公民(100×2)▶「地総・歴総・公から２」・「地総・地探」・「歴総・日探」・「歴総・世探」・「公・倫」・「公・政経」から２，ただし「地総・地探」・「歴総・日探」・「歴総・世探」から１必須 ⑤⑥数(50×2)▶「数Ⅰ・〈数Ⅰ・数Ａ〉から１」・「数Ⅱ・数Ｂ・数Ｃ」 ⑦理(50)▶「物基・化基・生基・地学基から２」・物・化・生・地学から１ ⑧情(50)▶情Ⅰ
[個別学力検査(450)] 2科目 ①外(300)▶「英コミュⅠ・英コミュⅡ・英コミュⅢ・論表Ⅰ・論表Ⅱ・論表Ⅲ」・独・仏から１ ②小論文(150)
後期 [共通テスト(850)] 8科目 ①国(150) ②外(250・英〈R200＋L50〉)▶英・独・仏から１ ③④地歴・公民(125×2)▶「地総・歴総・公から２」・「地総・地探」・「歴総・日探」・「歴総・世探」・「公・倫」・「公・政経」から２，ただし「地総・地探」・「歴総・日探」・「歴総・世探」から１必須 ⑤⑥数(50×2)▶「数Ⅰ・〈数Ⅰ・数Ａ〉から１」・「数Ⅱ・数Ｂ・数Ｃ」 ⑦理(50)▶「物基・化基・生基・地学基から２」・物・化・生・地学から１ ⑧情(50)▶情Ⅰ
[個別学力検査(200)] 1科目 ①小論文(200)

経済科学部

前期 [共通テスト(550)]【Ⅰ型】 8科目 ①国(100) ②外(100・英〈R80＋L20〉)▶英・独・仏・中・韓から１ ③④地歴・公民(50×2)▶「地総・歴総・公から２」・「地総・地探」・「歴総・日探」・「歴総・世探」・「公・倫」・「公・政経」から２，ただし「地総・地探」・「歴総・日探」・「歴総・世探」から１必須 ⑤⑥数(50×2)▶「数Ⅰ・数Ａ」・「数Ⅱ・数Ｂ・数Ｃ」 ⑦理(100)▶「物基・化基・生基・地学基から２」・物・化・生・地学から１ ⑧情(50)▶情Ⅰ
【Ⅱ型】 8科目 ①国(100) ②外(100・英〈R80＋L20〉)▶英・独・仏・中・韓から１ ③地歴・公民(100)▶「地総・歴総・公から２」・「地総・地探」・「歴総・日探」・「歴総・世探」・「公・倫」・「公・政経」から１ ④⑤数(50×2)▶「数Ⅰ・数Ａ」・「数Ⅱ・数Ｂ・数Ｃ」 ⑥⑦理(50×2)▶「物基・化基・生基・地学基から２」・物・化・生・地学から２ ⑧情(50)▶情Ⅰ
[個別学力検査(600)] 3科目 ①国(200)▶現国・論国 ②外(200)▶「英コミュⅠ・英コミュⅡ・英コミュⅢ・論表Ⅰ・論表Ⅱ・論表Ⅲ」・独・仏から１ ③数(200)▶数Ⅰ・数Ⅱ・数Ａ(図形・場合)・数Ｂ(数列)・数Ｃ(ベク)
後期 [共通テスト(550)]【Ⅰ型】 8科目 前期と同じ
【Ⅱ型】 8科目 前期と同じ
[個別学力検査] 課さない。

理学部

前期 【理数重点選抜・理科重点選抜】[共通

テスト(1000)] 8科目 ①国(200) ②外(200・英〈R160＋L40〉)▶英・独・仏・中・韓から1 ③**地歴・公民**(100)▶「地総・歴総・公から2」・「地総・地探」・「歴総・日探」・「歴総・世探」・「公・倫」・「公・政経」から1 ④⑤**数**(100×2)▶「数Ⅰ・数A」・「数Ⅱ・数B・数C」 ⑥⑦**理**(100×2)▶物・化・生・地学から2 ⑧**情**(100)▶情Ⅰ

【理数重点選抜】[個別学力検査(1000)] 3科目 ①**外**(200)▶英コミュⅠ・英コミュⅡ・英コミュⅢ・論表Ⅰ・論表Ⅱ・論表Ⅲ ②**数**(400)▶数Ⅰ・数Ⅱ・数Ⅲ・数A(図形・場合)・数B(数列)・数C(ベク・平面) ③**理**(400)▶「物基・物」・「化基・化」・「生基・生」・「地学基・地学」から1

【理科重点選抜】[個別学力検査(1000)] 3科目 ①**外**(200)▶英コミュⅠ・英コミュⅡ・英コミュⅢ・論表Ⅰ・論表Ⅱ・論表Ⅲ ②③**理**(400×2)▶「物基・物」・「化基・化」・「生基・生」・「地学基・地学」から2

【野外科学志向選抜】[共通テスト(1100)] 8科目 ①国(200) ②**外**(300・英〈R240＋L60〉)▶英・独・仏・中・韓から1 ③**地歴・公民**(100)▶「地総・歴総・公から2」・「地総・地探」・「歴総・日探」・「歴総・世探」・「公・倫」・「公・政経」から1 ④⑤**数**(100×2)▶「数Ⅰ・数A」・「数Ⅱ・数B・数C」 ⑥⑦**理**(100×2)▶物・化・生・地学から2 ⑧**情**(100)▶情Ⅰ

[個別学力検査(900)] 3科目 ①②**数・理**(300×2)▶「数Ⅰ・数Ⅱ・数Ⅲ・数A(図形・場合)・数B(数列)・数C(ベク・平面)」・「物基・物」・「化基・化」・「生基・生」・「地学基・地学」から2 ③**面接**(300)

後期 **[共通テスト(1200)]** 8科目 ①国(200) ②**外**(200・英〈R160＋L40〉)▶英・独・仏・中・韓から1 ③**地歴・公民**(100)▶「地総・歴総・公から2」・「地総・地探」・「歴総・日探」・「歴総・世探」・「公・倫」・「公・政経」から1 ④⑤**数**(150×2)▶「数Ⅰ・数A」・「数Ⅱ・数B・数C」 ⑥⑦**理**(150×2)▶物・化・生・地学から2 ⑧**情**(100)▶情Ⅰ

[個別学力検査] 1科目 ①**面接**(3段階評価)

医学部

前期 **【医学科】[共通テスト(800)]** 8科目 ①国(100) ②**外**(200・英〈R160＋L40〉)▶英・独・仏から1 ③**地歴・公民**(50)▶「地総・歴総・公から2」・「地総・地探」・「歴総・日探」・「歴総・世探」・「公・倫」・「公・政経」から1 ④⑤**数**(100×2)▶「数Ⅰ・数A」・「数Ⅱ・数B・数C」 ⑥⑦**理**(100×2)▶物・化・生から2 ⑧**情**(50)▶情Ⅰ

[個別学力検査(1200)] 5科目 ①**外**(400)▶英コミュⅠ・英コミュⅡ・英コミュⅢ・論表Ⅰ・論表Ⅱ・論表Ⅲ ②**数**(400)▶数Ⅰ・数Ⅱ・数Ⅲ・数A(図形・場合)・数B(数列)・数C(ベク・平面) ③④**理**(200×2)▶「物基・物」・「化基・化」・「生基・生」から2 ⑤**面接**(2段階評価)

【保健学科〈看護学専攻〉】[共通テスト(1000)] 8科目 ①国(200) ②**外**(200・英〈R160＋L40〉)▶英・独・仏・中・韓から1 ③**地歴・公民**(100)▶「地総・歴総・公から2」・「地総・地探」・「歴総・日探」・「歴総・世探」・「公・倫」・「公・政経」から1 ④⑤**数**(100×2)▶「数Ⅰ・〈数Ⅰ・数A〉から1」・「数Ⅱ・数B・数C」 ⑥⑦**理**(100×2)▶「物基・化基・生基・地基から2」・物・化・生・地学から2 ⑧**情**(100)▶情Ⅰ

[個別学力検査(400)] 2科目 ①国(200)▶現国・論国 ②**外**(200)▶英コミュⅠ・英コミュⅡ・英コミュⅢ・論表Ⅰ・論表Ⅱ・論表Ⅲ

【保健学科〈放射線技術科学専攻・検査技術科学専攻〉】[共通テスト(1000)] 8科目 ①国(200) ②**外**(200・英〈R160＋L40〉)▶英・独・仏・中・韓から1 ③**地歴・公民**(100)▶「地総・歴総・公から2」・「地総・地探」・「歴総・日探」・「歴総・世探」・「公・倫」・「公・政経」から1 ④⑤**数**(100×2)▶「数Ⅰ・数A」・「数Ⅱ・数B・数C」 ⑥⑦**理**(100×2)▶物・化・生から2 ⑧**情**(100)▶情Ⅰ

[個別学力検査(400)] 2科目 ①**外**(200)▶英コミュⅠ・英コミュⅡ・英コミュⅢ・論表Ⅰ・論表Ⅱ・論表Ⅲ ②**数**(200)▶数Ⅰ・数Ⅱ・数Ⅲ・数A(図形・場合)・数B(数列)・数C(ベク・平面)

後期 **【保健学科〈看護学専攻〉】[共通テスト(1000)]** 8科目 前期と同じ

[個別学力検査(300)] 1科目 ①**面接**(300)

【保健学科〈放射線技術科学専攻・検査技術科学専攻〉】[共通テスト(1000)] 8科目

前期と同じ
[個別学力検査(300)] 1科目 ①**面接**(300)

歯学部

前期 **【歯学科】[共通テスト(900)]** 8科目 ①**国**(200) ②**外**(200・英〈R160＋L40〉)▶英・独・仏から1 ③**地歴・公民**(50)▶「地総・歴総・公から2」・「地総・地探」・「歴総・日探」・「歴総・世探」・「公・倫」・「公・政経」から1 ④⑤**数**(100×2)▶「数Ⅰ・数A」・「数Ⅱ・数B・数C」 ⑥⑦**理**(100×2)▶物・化・生から2 ⑧**情**(50)▶情Ⅰ
[個別学力検査(1100)] 5科目 ①**外**(300)▶「英コミュⅠ・英コミュⅡ・英コミュⅢ・論表Ⅰ・論表Ⅱ・論表Ⅲ」・独・仏から1 ②**数**(300)▶数Ⅰ・数Ⅱ・数Ⅲ・数A(図形・場合)・数B(数列)・数C(ベク・平面) ③④**理**(150×2)▶「物基・物」・「化基・化」・「生基・生」から2 ⑤**面接**(200)
【口腔生命福祉学科】 [共通テスト(900)] 7科目 ①**国**(200) ②**外**(200・英〈R160＋L40〉)▶英・独・仏から1 ③**数**(100)▶数Ⅰ・数A ④**情**(50)▶情Ⅰ ⑤⑥⑦**地歴・公民・数・理**(100×3)▶「地総・歴総・公から2」・「地総・地探」・「歴総・日探」・「歴総・世探」・「公・倫」・「公・政経」・「数Ⅱ・数B・数C」・「物基・化基・生基から2」・物・化・生から3
[個別学力検査(500)] 2科目 ①**外**(300)▶英コミュⅠ・英コミュⅡ・英コミュⅢ・論表Ⅰ・論表Ⅱ・論表Ⅲ ②**面接**(200)
後期 **【歯学科】[共通テスト(900)]** 8科目 前期と同じ
[個別学力検査(200)] 1科目 ①**面接**(200)

工学部

前期 **【共通テスト重視型・個別学力試験重視型】[共通テスト(共900・個350)]** 8科目 ①**国**(共100・個25) ②**外**(共200・英〈R160＋L40〉・個50・英〈R40＋L10〉)▶英・独・仏・中・韓から1 ③**地歴・公民**(共100・個25)▶「地総・歴総・公から2」・「地総・地探」・「歴総・日探」・「歴総・世探」・「公・倫」・「公・政経」から1 ④⑤**数**(共100×2・個50×2)▶「数Ⅰ・数A」・「数Ⅱ・数B・数C」 ⑥⑦**理**(共100×2・個50×2)▶物・化・生・地学から2 ⑧**情**(共100・個50)▶情Ⅰ
[個別学力検査(500)] 3科目 ①**外**(100)▶英コミュⅠ・英コミュⅡ・英コミュⅢ・論表Ⅰ・論表Ⅱ・論表Ⅲ ②**数**(200)▶数Ⅰ・数Ⅱ・数Ⅲ・数A(図形・場合)・数B(数列)・数C(ベク・平面) ③**理**(200)▶「物基・物」・「化基・化」「生基・生」・「地学基・地学」から1
後期 **[共通テスト(900)]** 7科目 前期共通テスト重視型と同じ
[個別学力検査(100)] 1科目 ①**面接**(100)

農学部

前期 **[共通テスト(1000)]** 8科目 ①**国**(200) ②**外**(200・英〈R160＋L40〉)▶英・独・仏・中・韓から1 ③**地歴・公民**(100)▶「地総・歴総・公から2」・「地総・地探」・「歴総・日探」・「歴総・世探」・「公・倫」・「公・政経」から1 ④⑤**数**(100×2)▶「数Ⅰ・数A」・「数Ⅱ・数B・数C」 ⑥⑦**理**(100×2)▶物・化・生・地学から2 ⑧**情**(100)▶情Ⅰ
[個別学力検査(500)] 3科目 ①**外**(100)▶英コミュⅠ・英コミュⅡ・英コミュⅢ・論表Ⅰ・論表Ⅱ・論表Ⅲ ②③**数・理**(200×2)▶「数Ⅰ・数Ⅱ・数A(図形・場合)・数B(数列)・数C(ベク)」・「物基・物」・「化基・化」・「生基・生」・「地学基・地学」から2
後期 **[共通テスト(1000)]** 8科目 前期と同じ
[個別学力検査] 1科目 ①**面接**(5段階評価)

創生学部

前期 **[共通テスト(850)]〈理系型〉** 7科目 ①**国**(100) ②**外**(150・英〈R120＋L30〉)▶英・独・仏・中・韓から1 ③**地歴・公民**(100)▶「地総・歴総・公から2」・「地総・地探」・「歴総・日探」・「歴総・世探」・「公・倫」・「公・政経」から1 ④⑤**数**(100×2)▶「数Ⅰ・数A」・「数Ⅱ・数B・数C」 ⑥⑦**理**(100×2)▶物・化・生・地学から2 ⑧**情**(100)▶情Ⅰ
〈文系型〉 8科目 ①**国**(200) ②**外**(150・英〈R120＋L30〉)▶英・独・仏・中・韓から1 ③④**地歴・公民**(100×2)▶「地総・歴総・公から2」・「地総・地探」・「歴総・日探」・「歴総・世探」・「公・倫」・「公・政経」から2，ただし「地総・地探」・「歴総・日探」・「歴総・世探」から1必須

⑤⑥数(50×2)▶「数Ⅰ・〈数Ⅰ・数Ａ〉から１」・「数Ⅱ・数Ｂ・数Ｃ」 ⑦理(100)▶「物基・化基・生基・地学基から２」・物・化・生・地学から１ ⑧情(100)▶情Ⅰ

[個別学力検査(400)] 2科目 ①②国・外・数(200×2)▶「現国・論国」・「英コミュⅠ・英コミュⅡ・英コミュⅢ・論表Ⅰ・論表Ⅱ・論表Ⅲ」・「数Ⅰ・数Ⅱ・数Ａ(図形・場合)・数Ｂ(数列)・数Ｃ(ベク)」から２

その他の選抜

学校推薦型選抜は人文学部30名，教育学部60名，法学部50名，経済科学部60名，理学40名，医学部112名，歯学部13名，工学部103名，農学部34名，総合型選抜は経済科学部30名，理学部５名，工学部57名，創生学部20名を募集。ほかに帰国生徒特別選抜，社会人特別選抜を実施。

偏差値データ（2024年度）

●一般選抜

学部／学科・課程／コース・専修・専攻・分野	2024年度 駿台予備学校 合格目標ライン	2024年度 河合塾 ボーダー得点率	2024年度 河合塾 ボーダー偏差値	'23年度 競争率
●前期				
▶人文学部				
人文	50	64%	52.5	2.2
▶教育学部				
学校教員養成/学校・学校教育	47	59%	50	1.3
／学校・教育心理	48	60%	50	1.8
／学校・特別支援	46	54%	50	1.4
／教科・国語	45	54%	50	1.3
／教科・社会科	45	65%	47.5	1.7
／教科・英語	48	54%	47.5	2.1
／教科・数学	46	58%	47.5	1.8
／教科・理科	47	56%	50	3.3
／教科・家庭科	45	56%	47.5	3.4
／教科・技術科	45	50%	45	2.2
／教科・音楽	43	50%	—	1.3
／教科・美術	42	56%	—	1.6
／教科・保健体育	43	54%	—	2.1
▶法学部				
法	49	63%	50	1.8
▶経済科学部				
総合経済	47	61%	50	2.2
▶理学部				
理[理数重点]	50	58%	45	1.2
理[理科重点]	49	60%	45	1.4
理[野外科学志向]	49	56%	45	1.3
▶医学部				
医	66	81%	65	3.0
保健／看護学	47	57%	47.5	1.5
／放射線技術科学	48	63%	47.5	1.3
／検査技術科学	51	66%	52.5	4.7
▶歯学部				
歯	55	71%	52.5	2.5
口腔生命福祉	48	57%	42.5	1.5
▶工学部				
工[共通重視型]	46	60%	45	1.1
[個別重視型]	46	60%	50	3.9
▶農学部				
農	49	60%	47.5	1.4
▶創生				
創生学修	48	60%	47.5	1.4
●後期				
▶人文学部				
人文	51	68%	—	1.6
▶法学部				
法	50	71%	—	1.6
▶経済科学部				
総合経済	47	72%	—	5.0
▶理学部				
理	50	72%	—	1.6
▶医学部				
保健／看護学	48	66%	—	2.7
／放射線技術科学	49	67%	—	2.1
／検査技術科学	50	68%	—	6.8
▶歯学部				
歯	55	77%	—	4.4
▶工学部				
工	47	75%	—	1.3
▶農学部				
農	48	69%	—	1.2

- 駿台予備学校合格目標ラインは合格可能性80%に相当する駿台模試の偏差値です。
- 河合塾ボーダー得点率は合格可能性50%に相当する共通テストの得点率です。また，ボーダー偏差値は合格可能性50%に相当する河合塾全統模試の偏差値です。
- 競争率は受験者÷合格者の実質倍率
- 医学部医学科は２段階選抜を実施。

富山大学

資料請求

問合せ先 学務部入試課 ☎076-445-6100

大学の理念

「地域と世界に向かって開かれた大学として，人文社会科学，自然科学，生命科学を統合した特色ある国際水準の教育および研究を行い，人間尊重の精神を基本に高い使命感と想像力のある人材を養成し，地域と国際社会に貢献するとともに，科学，芸術文化，人間社会と自然環境との調和的発展に寄与する」ことを理念とし，新時代に適応し，活躍できる人材を育成する「おもしろい大学」をめざしている。2020年から１年生全員にデータサイエンス教育を必修化。2021年には，数理・データサイエンス・AI教育プログラムが文部科学省からリテラシーレベルとして認定されている。また，授業では教員と学生が双方向コミュニケーションを図るアクティブラーニングを推進するほか，学部横断型教育プログラムの導入，英語教育の拡充などにも取り組んでいる。

●キャンパス情報はP.1334をご覧ください。

基本データ

学生数▶7,917名（男4,777名，女3,140名）
専任教員数▶教授279名，准教授214名，講師92名
設置学部▶人文，教育，経済，理，医，薬，工，芸術文化，都市デザイン

併設教育機関▶大学院―人文社会芸術総合・持続可能社会創成学環（以上M），理工学・医薬理工学環・総合医薬学（以上M・D），教職実践開発（P）

就職・卒業後の進路

就職率 **98.3**%
就職者÷希望者×100

●**就職支援**　学生一人ひとりが，入学時から大学生活全体を通して，キャリアについて考えを深めていくことができるよう，さまざまな支援を行っている。就職・キャリアセンターでは，就職ガイダンスやインターンシップの情報提供・事前研修，企業研究，公務員業務説明会，教員採用セミナーなどを実施するほか，就職活動の進め方から履歴書・エントリーシートの添削まで，進路・就職に関する相談にも随時応じている。きめ細かな就職支援によって，学生本人が望む進路の実現をサポートし，毎年高い就職率を維持している。

進路指導者も必見 **学生を伸ばす 面倒見**

初年次教育
基礎ゼミナール（人文・教育），初年次教育（経済），数学序論・物理学入門・基礎化学セミナー・基礎生物学セミナー・環境科学入門（理），創造工学入門ゼミナール（工），地球環境セミナー・情報処理（都市）などのほか，医・看・薬は合同で「医療学入門」を開講

学修サポート
本学部でTA制度，オフィスアワー制度を導入。さらに，経済学部を除き教員アドバイザーを配置。工学部応用化学コースでは学習を支援する「Oh-Cafe」を行っている

オープンキャンパス（2023年度実績） 7・8月に対面にてオープンキャンパスを開催（事前申込制）。学部・学科・コース説明，研究紹介，模擬授業，入試相談会，保護者向け説明会などを取り混ぜて実施。

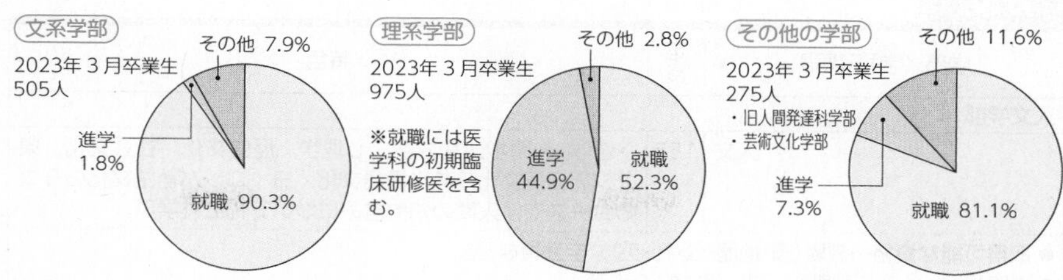

主なOB・OG▶［人文］栗林佐知（作家），［薬］高津聖志（免疫学者），［経済］中尾哲雄（実業家），［経済］奥出信行（実業家），［理］山元加津子（作家・教諭）など。

国際化・留学　大学間 42 大学等・部局間 97 大学等

受入れ留学生数▶60名（2023年５月１日現在）

留学生の出身国▶中国，ベトナム，マレーシア，パキスタン，オランダなど。

外国人専任教員▶教授７名，准教授10名，講師５名（2023年５月１日現在）

外国人専任教員の出身国▶韓国，中国，アメリカ，インド，カナダなど。

大学間交流協定▶42大学・機関（交換留学先29大学，2023年９月14日現在）

部局間交流協定▶97大学・機関（交換留学先25大学，2023年９月14日現在）

海外への留学生数▶渡航型117名・オンライン型12名／年（16カ国・地域，2022年度）

海外留学制度▶交流協定を結んでいる大学等への交換留学（最長１年間）のほか，夏季・春季休業中には約１カ月の短期派遣留学プログラムを実施しており，アメリカやニュージーランドの短期プログラムでは，語学研修に加え，現地学生との交流も行われ，例年多くの学生が参加している。また，１年次修了の３月にアジア圏の大学で学ぶ，学部１年次対象短期海外英語研修では，富山大学基金から参加費用の援助も受けられる。

学費・奨学金制度　給付型奨学金総額 年間 20 万円

入学金▶282,000円

年間授業料（施設費等を除く）▶535,800円

年間奨学金総額▶200,000円

年間奨学金受給者数▶２人

主な奨学金制度▶医学系学生を対象に10万円を給付する「西山敬人基金授業奨学金」や，薬学系学生を対象に10万円を給付する「斉藤正巳奨学金」などを設置。また，学費減免制度があり，2022年度には221人を対象に総額で約3,750万円を減免している。

保護者向けインフォメーション

●**オープンキャンパス**　通常のオープンキャンパス時に保護者向けの説明会を実施。

●**成績確認**　保護者に成績表を郵送している。

●**大学見学**　保護者向けに大学見学の受入対応を行っている。また，学部により保護者会を開催。

●**防災対策**　入学時に配布する「キャンパスガイド（Ⅳ災害発生の場合）」に掲載，「第一撃から生き残るためのサバイバルカード」は学内のみ閲覧可。学生が被災した際の安否確認は，独自システム「ANPIC」を利用。

インターンシップ科目	必修専門ゼミ	卒業論文	GPA制度の導入の有無および活用例	１年以内の退学率	標準年限での卒業率
人文・経済・理・工・芸術文化学部で開講	人文・工（応用化学は選択）１年次，教育・薬３年次，医（看）・芸術４年次，経済２～４年次，理・都市１・３・４年次に実施	医学科と都市デザイン学部の一部を除き，卒業要件	学生の学修意欲向上，学部・学科における適切な修学指導，学修支援に活用	0.9%	85.6%（4年制）88.9%（6年制）

学部紹介

学部／学科・課程	定員	特色
人文学部		
人文	188	▷哲学・人間学，言語学，心理学，歴史文化，社会文化，東アジア言語文化，英米言語文化，ヨーロッパ言語文化の８つのコースで，人間の知的営みについて幅広く学ぶ。
● 取得可能な資格…教職（国・地歴・公・社・英），学芸員など。 ● 進路状況…………就職86.7%　進学3.0% ● 主な就職先………三協立山，北日本新聞，北陸銀行，富山大学，富山県庁，警視庁など。		
教育学部		
共同教員養成	85	▷2022年度より人間発達科学部を改組し，学校教員養成機能の強化を図るため，金沢大学との共同課程を設置。小学校教諭と併せて最低２種類の教員免許が取得できるカリキュラムを編成。また，学科やコースではなく，１～４年生の十数人で構成されるユニットを活動単位として，多様な交流や学びを促進し，幅広い視野を養う。音学と美術の免許科目のうち，一定数は金沢大学で開講。
● 取得可能な資格…教職（国・地歴・公・社・数・理・音・美・保体・家・英，小一種，幼一種，特別支援），保育士など。 ● 進路状況…………就職89.5%　進学5.8%（旧人間発達科学部実績） ● 主な就職先………教員（小・中・高等学校，特別支援学校，幼稚園他）など。（旧人間発達学部実績）。		
経済学部		
経済経営	335	▷'24年改組。１年次に社会科学系とデータサイエンス系の入門科目を必修とし，２年次前期から明確な人材養成を目指した３つのプログラムに分属。自らのキャリアを見据えながら，専門科目に加え，プログラムの枠を超えて領域横断的に学ぶ。どのプログラムに所属してもデータサイエンスの素養を身につけるプログラムが用意されており，データを分析・活用しながらビジネス・社会課題を解決する実践的な能力を養成する。
● 取得可能な資格…社会調査士。 ● 進路状況…………就職92.1%　進学1.2% ● 主な就職先………北陸銀行，富山銀行，三協立山，クスリのアオキ，富山県庁，富山市役所など。		
理学部		
理	208	▷'24年改組。１学科に数学，数理情報学，物理学，化学，生物科学，自然環境科学の６プログラムを設置。１年次は理学の各分野やデータサイエンスの基礎共通科目を履修し，２年次より選択したプログラムの専門科目を履修，専門性を追究するとともに，分野の枠を超えた横断科目を学ぶことにより，幅広い学識を身につける。また，すべてのプログラムから選択可能な「国際コース」では，語学力と国際性を身につける教育を行い，国際的な視野で課題解決や情報発信できるグローバル人材を育成。
● 取得可能な資格…教職（数・理），学芸員，情報処理技術者など。 ● 進路状況…………就職44.1%　進学46.9% ● 主な就職先………リードケミカル，インテック，北陸銀行，八十二銀行，朝日印刷，PFUなど。		

キャンパスアクセス [五福キャンパス] JR北陸新幹線・高山本線一富山よりバス約20分

医学部		
医 看護	105 80	▶１年次に「医療学入門」，２年次に「和漢医薬学入門」を開講し，伝統的東洋医学の成果を盛り込むとともに先端的知識を身につける。国際的視野に立って，医学・医療の発展と社会的ニーズに対応できる人材を育成する。
● **取得可能な資格**…教職（養護二種），医師・看護師・保健師・助産師受験資格など。 ● **進路状況**…………[医]初期臨床研修医99.1％　[看護]就職97.6％　進学2.4％ ● **主な就職先**………[医]富山大学附属病院など（初期臨床研修医）。[看護]富山大学附属病院，富山赤十字病院，石川県立中央病院，富山県庁など。		
薬学部		
薬 創薬科	70 35	▶薬剤師養成を目的とする薬学科（６年制）と，創薬研究・技術者等の養成を目的とした創薬科学科（４年制）を併設。創薬科学科では「くすりの富山」の歴史に裏づけられた創薬を学べる授業も開講する。
● **取得可能な資格**…薬剤師受験資格（薬学科）。 ● **進路状況**…………[薬]就職93.7％　進学3.2％　[創薬]就職4.0％　進学96.0％ ● **主な就職先**………[薬]富山大学附属病院，アインホールディングス，新潟県庁，ツムラなど。		
工学部		
工	395	▷１学科５コース制，電気電子工学コース，知能情報工学コース，機械工学コース，生命工学コース，応用化学コースを置き，それぞれの分野において特色ある教育と研究を行う。１学科制により，これまで以上に自由度の高い教育プログラムが可能となり，社会のニーズに対応した「社会中核人材育成プログラム」の実施など，分野横断的に学ぶことができる体制を整備。出願時にコース選択を行うが，各コースの専門教育を開始する２年進級時にコース変更が可能。
● **取得可能な資格**…教職（工業）など。　● **進路状況**……就職34.8％　進学63.5％ ● **主な就職先**………関西電力，サンエツ金属，三協立山，清水建設，マキタ，YKKAP，国土交通省など。		
芸術文化学部		
芸術文化	110	▷美術，工芸，デザイン，建築，キュレーション，複合の主要６領域からなる専門教育から自在な組み合わせで履修できる。「オープンコース方式」により，学生個々に適した進路を絞り込んでいくことができる。
● **取得可能な資格**…学芸員，１・２級建築士受験資格など。　● **進路状況**……就職67.0％　進学9.7％ ● **主な就職先**………石友ホーム，宮越工芸，博報堂プロダクツ，ノリタケ，三重テレビ放送など。		
都市デザイン学部		
		▶自然科学と科学技術を基盤とし，社会科学的要素を融合した「自然災害の予測やリスク管理，社会基盤材料の開発，都市と交通の創造」に関する分野において国際水準の教育・研究を行う。クォーター制を採用し，留学，災害復興ボランティア，インターンシップなど学外活動がしやすい環境を整備。
地球システム科	40	▷地球の仕組みを学び，防災・減災社会の構築をめざす。
都市・交通デザイン	54	▷災害に強く安全・安心で美しい都市をデザインする。
材料デザイン工	65	▷原子レベルから巨大構造物まで広い視点で未来の基盤材料を研究開発する。
● **取得可能な資格**…教職（理・工業），測量士補，１・２級建築士受験資格など。 ● **進路状況**…………就職40.7％　進学57.9％ ● **主な就職先**………国土地理院，富山県庁，日本郵便，五洋建設，日本航空，三協立山，不二越など。		

キャンパスアクセス　[杉谷キャンパス]　JR北陸新幹線・高山本線―富山よりバス約30分

▶キャンパス

人文・教育・経済・理・工・都市デザイン・全学１年次……［五福キャンパス］富山県富山市五福3190
医・薬……［杉谷キャンパス］富山県富山市杉谷2630
芸術文化……［高岡キャンパス］富山県高岡市二上町180

2025年度入試要項（予告）

●募集人員

学部／学科・課程（コース）		前期	後期
▶人文	人文	125	33
▶教育	共同教員養成	62	10
▶経済	経済経営	229	30
▶理	理	Ⅰ118 Ⅱ16	Ⅰ37 Ⅱ13
▶医	医	70	—
	看護	50	10
▶薬	薬	35	5
	創薬科	29	3
▶工	工（電気電子工学）	Ⅰ50 Ⅱ20	12
	（知能情報工学）	Ⅰ56 Ⅱ21	11
	（機械工学）	Ⅰ50 Ⅱ15	15
	（生命工学）	Ⅰ36 Ⅱ2	10
	（応用化学）	Ⅰ35 Ⅱ3	10
▶芸術文化	芸術文化	a25 b30	a10 b10
▶都市デザイン	地球システム科	26	10
	都市・交通デザイン	24	15
	材料デザイン工	45	10

※理学部の募集区分〈Ⅰ〉は個別学力検査の科目ごとに募集人員を設定。前期は数学38名，数学・物理26名，数学・化学26名，数学・生物28名，後期は数学13名，物理8名，化学8名，生物8名。募集区分〈Ⅱ〉は英語資格検定試験の利用可，共通テストの外国語（英語）の点数として加点。個別学力検査の科目は数学または理科。
※工学部は工学科全体で募集を行う。表中の募集人員は各コースの受入予定者数（概ねの人数）。募集区分〈Ⅰ〉は共通テスト重視の配点による選抜，〈Ⅱ〉は個別学力検査重視の配点による選抜。

●２段階選抜

志願者数が募集人員に対して以下の倍率を超えた場合に行う。教育学部は後期約25倍，医学部医学科は前期約５倍。

注）２段階選抜は2024年度の実績です。

試験科目

デジタルブック  

偏差値データ（2024年度）

●一般選抜

学部／学科・課程／コース	2024年度 駿台予備学校 合格目標ライン	河合塾 ボーダー得点率	河合塾 ボーダー偏差値	'23年度 競争率
●前期				
▶人文学部				
人文	47	62%	52.5	3.0
▶教育学部				
共同教員養成	47	61%	52.5	2.3
▶経済学部				
経済経営	47	60%	50	1.9
▶理学部				
理〈Ⅰ〉（数学）	48	60%	52.5	2.4
（数学・物理）	46	60%	50	
（数学・化学）	47	60%	50	
（数学・生物）	50	60%	50	
〈Ⅱ〉	50	62%	55	
▶医学部				
医	64	79%	62.5	3.7
看護	46	60%	45	1.1
▶薬学部				
薬	53	75%	57.5	5.3
創薬科	51	69%	52.5	2.1
▶工学部				
工／電気電子工学（Ⅰ）	45	60%	45	1.5
（Ⅱ）	45	54%	50	3.7
／知能情報工学（Ⅰ）	45	60%	47.5	1.8
（Ⅱ）	45	57%	50	5.3
／機械工学（Ⅰ）	45	58%	45	1.5
（Ⅱ）	45	54%	50	3.3
／生命工学（Ⅰ）	45	58%	45	1.2
（Ⅱ）	45	52%	50	5.0
／応用化学（Ⅰ）	45	60%	45	1.1

 キャンパスアクセス［高岡キャンパス］あいの風とやま鉄道―高岡よりバス約20分

（Ⅱ）	45	52%	50	1.5
▶芸術文化学部				
芸術文化（a）	45	62%	—	2.0
（b）	45	65%	—	2.0
▶都市デザイン学部				
地球システム科	44	54%	45	1.3
都市・交通デザイン	45	55%	45	3.8
材料デザイン工〈Ⅰ〉	44	53%	45	1.3
〈Ⅱ〉	44	51%	47.5	2.0
●後期				
▶人文学部				
人文	48	70%	—	2.9
▶教育学部				
共同教員養成	48	66%	—	6.1
▶経済学部				
経済経営	48	64%	—	1.2
▶理学部				
理〈Ⅰ〉（数学）	49	68%	55	3.8
（物理）	47	68%	55	
（化学）	49	68%	55	
（生物）	51	68%	55	
〈Ⅱ〉	51	70%	55	
▶医学部				
看護	47	61%	—	1.2
▶薬学部				
薬	55	81%	—	6.3
創薬科	52	76%	—	3.2
▶工学部				
工／電気電子工学	47	65%	50	2.3
／知能情報工学	47	69%	52.5	5.2
／機械工学	47	65%	52.5	6.3
／生命工学	47	67%	—	1.2
／応用化学	47	66%	50	1.3
▶芸術文化学部				
芸術文化（a）	46	72%	—	4.8
（b）	46	72%	—	3.4
▶都市デザイン学部				
地球システム科	45	66%	50	5.7
都市・交通デザイン	46	64%	52.5	2.8
材料デザイン工	45	59%	50	5.2

- 駿台予備学校合格目標ラインは合格可能性80％に相当する駿台模試の偏差値です。
- 河合塾ボーダー得点率は合格可能性50％に相当する共通テストの得点率です。また，ボーダー偏差値は合格可能性50％に相当する河合塾全統模試の偏差値です。
- 競争率は受験者÷合格者の実質倍率
- 医学部医学科は２段階選抜を実施。

金沢(かなざわ)大学

資料請求

問合せ先 学生部入試課入学試験係 ☎076-264-5169，5177〜5179

大学の理念

1862（文久２）年創設の加賀藩彦三種痘所を源流とし，1949（昭和24）年に金沢医科大学，第四高等学校，金沢工業専門学校，石川師範学校などを母体として発足。大学憲章に「地域と世界に開かれた教育重視の研究大学」を掲げ，学生一人ひとりの目標に応じた自由な学びを提供。時代や社会のニーズに応えるべく組織の見直しを常に行い，2023年度にはスマート創成科学類を新設。世界と伍して卓越した教育研究を展開する大学をめざし，新領域・融合分野をはじめとした研究力の強化を推進するとともに，文部科学省スーパーグローバル大学創成支援（SGU）事業の採択校として，グローバル人材の育成ににも注力。学生が卒業までに身につけるべき能力として「金沢大学〈グローバル〉スタンダード」(KUGS）を定め，人間力を磨く教育制度を実践している。

- **角間キャンパス**……………………〒920-1192　石川県金沢市角間町
- **宝町・鶴間キャンパス宝町地区**……〒920-8640　石川県金沢市宝町13-1
- **宝町・鶴間キャンパス鶴間地区**……〒920-0942　石川県金沢市小立野5-11-80

基本データ

学生数▶7,855名（男4,774名，女3,081名）
専任教員数▶教授349名，准教授314名，講師66名
設置学域▶融合，人間社会，理工，医薬保健

併設教育機関▶大学院一人間社会環境・自然科学・医薬保健学総合・新学術創成（以上M・D），法学（M・P），先進予防医学（D），教職実践（P）

就職・卒業後の進路

就職率 98.5%
就職者÷希望者×100

●**就職支援**　入学時からさまざまなセミナーやイベントなどを実施し，将来設計や職業選択・就職への意識を啓発。単なるテクニックではなく，社会で活躍する上で必要となる基礎的な能力育成につながる指導を重視したキャリア形成・就職支援を行っている。また，公務員試験合格者がトップクラスであるだけでなく，学内の合同企業説明会には全国各地の有力企業が参加，北陸３県以外にもOB・OGの人脈が全国に広がっている。

進路指導者も必見 学生を伸ばす 面倒見

初年次教育	学修サポート
1年次必修の「大学・社会生活論」「データサイエンス基礎」「地域概論」「アカデミックスキル」「プレゼン・ディベート論」などで，スタディスキルズから消費者教育，キャリア教育の初歩，大学生としての教養までを講じている。e-ラーニングも活用	全学域でTA制度と教員アドバイザー制度を導入。日時限定の「なんでも相談室」でも，学生の相談に応じている

オープンキャンパス(2023年度実績)　5月の春季対面型キャンパスビジットでは入試・学類の最新情報紹介，模擬授業，研究室見学など。8月にはWebで各学類新作動画のオンデマンド配信や模擬授業リアルタイム配信，オンライン個別相談会など。

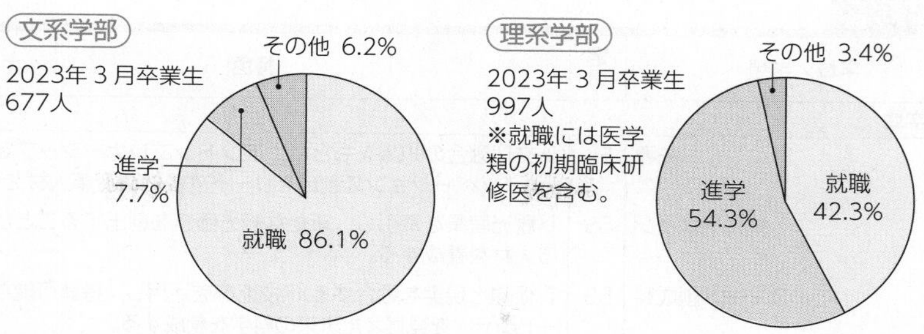

主なOB・OG ▶ ［旧医］岡田保典（医学研究者），［旧法］池田健三郎（経済評論家），［旧経済］出山知樹（アナウンサー），［旧文］米澤穂信（小説家）など。

国際化・留学　大学間 227 大学等・部局間 93 大学等

受入れ留学生数 ▶ 48名（2023年５月１日現在）

留学生の出身国 ▶ 中国，マレーシア，韓国，ブラジル，インドネシアなど。

外国人専任教員 ▶ 教授８名，准教授18名，講師２名（2023年５月１日現在）

外国人専任教員の出身国 ▶ 中国，韓国，ドイツ，アメリカ，イギリスなど。

大学間交流協定 ▶ 227大学・機関（交換留学先183大学，2023年５月１日現在）

部局間交流協定 ▶ 93大学・機関（交換留学先51大学，2023年５月１日現在）

海外への留学生数 ▶ 渡航型188名・オンライン型118名／年（32カ国・地域，2022年度）

海外留学制度 ▶ クォーター制を導入し，留学しやすい環境を整備，短期および長期の海外派遣留学を積極的に推進している。学内選考のうえ，交流協定校に半年〜１年間留学する派遣留学は，留学先の授業料支払いが不要で，留学期間が在学期間としてカウントされるメリットもある。１週間〜２カ月の短期研修では，初心者向けのファーストステッププログラムをはじめ，語学研修，インターンシップ，人間社会・理工学・医薬保健学域の専門実習などを実施。また，オンラインプログラムも提供している。コンソーシアムはUMAP，ASEAN University Networkに参加。

学費・奨学金制度　給付型奨学金総額 年間約 1,924万円

入学金 ▶ 282,000円

年間授業料（施設費等を除く）▶ 535,800円

年間奨学金総額 ▶ 19,238,000円

年間奨学金受給者数 ▶ 213人

主な奨学金制度 ▶ 英語能力試験「受験奨励奨学金」や留学支援の給付型奨学金などを設置。また，学費減免制度があり，2022年度は延べ183人を対象に総額で約3,054万円を減免。

保護者向けインフォメーション

●**成績確認**　成績表および履修科目と単位数の情報がWebで閲覧できる。

●**会報誌**　広報誌Acanthusを保護者に郵送。また，融合学域を除く各学類で同窓会誌を発行している。

●**懇談会**　入学者の父母との懇談会を開催。保健学類では全学年の保護者と教員の懇談会，医学類では「医王保護者の会」総会を年１回実施。

●**防災対策**　被災した際の学生の安否は，緊急時連絡システム「C-SIREN」を利用して確認する。

インターンシップ科目	必修専門ゼミ	卒業論文	GPA制度の導入の有無および活用例	１年以内の退学率	標準年限での卒業率
全学域で開講している	理工は２〜４年次，融合・人間社会・医薬保健は３・４年次に実施	学域・学類，所属ゼミなどにより異なる	奨学金等対象者の選定基準，留学候補者の選考，学類・コース等の配属，転学類・転専攻の出願，CAP解除要件などに活用	0.6%	84.1%（4年制）94.6%（6年制）

学部紹介

学域／学類	定員	特色
融合学域		
先導	55	▷文理融合の知識をもとに，アントレプレナーシップを醸成し，イノベーションの創成をリードする社会変革人材を育成。
観光デザイン	55	▷観光産業を牽引し，新たな観光価値を創出することができる人材を養成する。
スマート創成科	55	▷仮想と現実を融合するXR技術等を活用し，持続可能なスマートシティを見据えた未来の科学を創成する。
● **進路就職**…………先導学類は2021年度，観光デザイン学類は2022年度，スマート創成科学類は2023年度開設のため卒業生はいない。		
人間社会学域		
人文	138	▷心理学，現代社会・人間学，考古学・文化資源学，歴史学，日本・中国言語文化学，欧米言語文化学，言語科学の７プログラム。人文諸学の成果を学び人間性と幅広い視野を養う。
法	150	▷公共法政策，企業関係法，総合法学の３コース。法的思考によって問題の解決策を導き出せる人材の育成をめざす。
経済	131	▷エコノミクス，グローバル・マネジメントの２コース。専門知識を政策運営や企業経営で生かせる人材を育てる。
学校教育	85	▷富山大学と共同教員養成課程を開設し，現代の教育課題に的確に対応できる教師を養成する。
地域創造	83	▷地域課題と地域創造の２つの科目群にから核となるプログラムを選択的に学修し，目標に向かって主体的に取り組む。
国際	81	▷国際政治／同E，国際経済／同E，英語圏研究／同E，ヨーロッパ圏研究，アジア・日本研究，グローバルDEI，日本語教育の10プログラム（Eは英語で授業を実施）。
● **取得可能な資格**…教職（国・地歴・公・社・数・理・音・美・保体・家・英・中，小一種，幼一種，特別支援），学芸員など。 ● **進路状況**…………就職86.1％　進学7.7％ ● **主な就職先**………石川県庁，金沢市役所，富山県庁，福井県庁，福井市役所，北陸銀行など。		
理工学域		
数物科	78	▷数学，物理学，応用数理，計算科学の４プログラム制。自然現象の根本原理と数理の世界を追究する。
物質化	78	▷原子・分子から環境まで物質化学の探求を通じて科学的探究心と創造的能力を育む。
機械工	94	▷機械創造，機械数理，エネルギー機械の３コース。モノづくり工学で活躍できる機械技術者・研究者を養成。
フロンティア工	103	▷電子機械，機械，化学工学，電子情報の４つのコアプログラムと６つのフロンティアプログラムを組み合わせて履修。
電子情報通信	116	▷電気電子，情報通信の2コース。電気電子技術（EET）と情報通信技術（ICT）に基づき，新たな分野を開拓する。
地球社会基盤	94	▷地球惑星科学，土木防災，環境都市の3コース。人々の豊かな生活と安全・安心な都市・地域づくりをめざす。
生命理工	56	▷生物科学，海洋生物資源，バイオ工学の3コース。生命の原理を究め，生物の機能を利用する科学技術を学ぶ。

キャンパスアクセス ［角間キャンパス］ JR北陸本線一金沢よりバス約30 ～ 40分

<table>
<tr><td colspan="3">● 取得可能な資格…教職(数・理・情・工業)，学芸員，測量士補，1・2級建築士受験資格など。
● 進路状況…………就職21.5%　進学75.8%
● 主な就職先………コマニー，石川県庁，澁谷工業，インテック，金沢村田製作所，カチタスなど。</td></tr>
<tr><td colspan="3">医薬保健学域</td></tr>
<tr><td>医</td><td>112</td><td>▷医学研究や診療現場を積極的に体験し，患者中心の全人的医療が行える医師・医学者を養成する。</td></tr>
<tr><td>薬</td><td>65</td><td>▷6年制。健康や医療に関わる諸課題の解決に挑戦し，持続可能社会の実現に貢献する，薬剤師(薬専門人)を養成する。</td></tr>
<tr><td>医薬科</td><td>18</td><td>▷4年制。生命医科学と創薬科学の2コース制。医薬共通の基礎から各コースの専門性へのシームレスな学びで，次代の医薬科学研究に寄与する人材を養成する。</td></tr>
<tr><td>保健</td><td>189</td><td>▷看護学(79名)，放射線技術科学(40名)，検査技術科学(40名)，理学療法学(15名)，作業療法学(15名)の5専攻。人々の健康な生活を支える「保健学のプロ」を養成。</td></tr>
<tr><td colspan="3">● 取得可能な資格…医師・薬剤師・看護師・保健師・診療放射線技師・臨床検査技師・理学療法士・作業療法士受験資格など。
● 進路状況…………[医]初期臨床研修医89.4%　[薬]就職97.1%　進学2.9%　[医薬科]就職8.3%　進学91.7%(旧創薬科学類実績)　[保健]就職71.6%　進学26.0%
● 主な就職先………金沢大学附属病院，石川県庁，富山大学附属病院，ウエルシア薬局など。</td></tr>
</table>

▶キャンパス

融合・人間社会・理工・医薬保健(薬・医薬科)……[角間キャンパス] 石川県金沢市角間町
医薬保健(医)……[宝町・鶴間キャンパス宝町地区] 石川県金沢市宝町13-1
医薬保健(保健)……[宝町・鶴間キャンパス鶴間地区] 石川県金沢市小立野5-11-80

2025年度入試要項(予告)

●募集人員

学域／学類(専攻)		前期
▶融合	先導	文20・理20
	観光デザイン	文26・理14
	スマート創成科	文15・理27
▶人間社会	人文	117
	法	125
	経済	106
	学校教育	58
	地域創造	58
	国際	51
▶理工	数物科	64
	物質化	68
	機械工	3学類
	フロンティア工	一括
	電子情報通信	202
	地球社会基盤	75
	生命理工	45
▶医薬保健	医	82
	薬	53
	医薬科	18
	保健(看護学)	64
	(診療放射線技術学)	36
	(検査技術科学)	32
	(理学療法学)	10
	(作業療法学)	10
▶文系一括		72
▶理系一括		83

※保健学類の理学療法学専攻，作業療法学専攻は，2専攻併願で実施。
注)募集人員は2024年度の実績です。

●2段階選抜

医薬保健学域医学類は，志願者数が募集人員の3倍程度を超えた場合に行うことがある。

▷共通テストの英語はリスニングを含む。
▷全学域学類(一括を含む)において，一定以上のスコアを有する英語外部試験(ケンブリッジ英語検定〈リンガスキル含む〉，実用英語技能検定，GTEC〈CBT〉，GTEC検定版(Advanced)，IELTS，TEAP〈4技能またはCBT〉，TOEFL iBT〈Home Edition含む〉)

のスコア提出可。スコアは得点化し，共通テスト「英語」の得点と比較して高得点の方を利用。ただし，共通テスト「英語」の受験は必須。
▷共通テストの地歴・公民から２科目選択する場合，「公・倫」と「公・政経」の組み合わせ，および「地総・歴総・公から２」で選択した科目と同一科目名を含む組み合わせは不可。
▷共通テストの理科から２科目選択する場合，同一科目名を含む選択は不可。

融合学域

前期 ［文系傾斜］［共通テスト(950)］ 8科目 ①国(200) ②外(200・英〈R100＋L100〉)▶英・独・仏・中・韓から１ ③④**地歴・公民**(100×2)▶「地総・歴総・公から２」・「地総・地探」・「歴総・日探」・「歴総・世探」・「公・倫」・「公・政経」から２ ⑤⑥**数**(100×2)▶「数Ⅰ・数A」・「数Ⅱ・数B・数C」 ⑦**理**(100)▶「物基・化基・生基・地学基から２」・物・化・生・地学から１ ⑧**情**(50)▶情Ⅰ

【先導学類・観光デザイン学類】［個別学力検査(1700)］ 3科目 ①**外**(800)▶英コミュⅡ・英コミュⅢ・論表Ⅰ・論表Ⅱ・論表Ⅲ ②③**国・数・総合問題**(450×2)▶「現国・言語」・「数Ⅰ・数Ⅱ・数A・数B（数列）・数C（ベク）」・総合問題から２

【スマート創成科学類】［個別学力検査(1700)］ 3科目 ①**外**(800)▶英コミュⅡ・英コミュⅢ・論表Ⅰ・論表Ⅱ・論表Ⅲ ②**数**(450)▶数Ⅰ・数Ⅱ・数A・数B（数列）・数C（ベク） ③**国・総合問題**(450)▶「現国・言語」・総合問題から１

［理系傾斜］［共通テスト(950)］ 8科目 ①国(200) ②**外**(200・英〈R100＋L100〉)▶英・独・仏・中・韓から１ ③**地歴・公民**(100)▶「地総・歴総・公から２」・「地総・地探」・「歴総・日探」・「歴総・世探」・「公・倫」・「公・政経」から１ ④⑤**数**(100×2)▶「数Ⅰ・数A」・「数Ⅱ・数B・数C」 ⑥⑦**理**(100×2)▶・物・化・生・地学から２ ⑧**情**(50)▶情Ⅰ
［個別学力検査(1700)］ 3科目 ①**外**(400)▶英コミュⅡ・英コミュⅢ・論表Ⅰ・論表Ⅱ・論表Ⅲ ②**数**(800)▶数Ⅰ・数Ⅱ・数Ⅲ・数A・数B（数列・推測）・数C（ベク・平面） ③**理**(500)▶「物基・物」・「化基・化」・「生基・生」から１

人間社会学域

前期 **【人文学類】**［共通テスト(525)］ 8科目 ①**国**(100) ②**外**(100・英〈R50＋L50〉)▶英・独・仏・中・韓から１ ③④**地歴・公民**(75×2)▶「地総・歴総・公から２」・「地総・地探」・「歴総・日探」・「歴総・世探」・「公・倫」・「公・政経」から２ ⑤⑥**数**(50×2)▶「数Ⅰ・数A」・「数Ⅱ・数B・数C」 ⑦**理**(50)▶物基・化基・生基・地学基から２ ⑧**情**(25)▶情Ⅰ
［個別学力検査(800)］ 3科目 ①国(300)▶現国・言語 ②**外**(300)▶英コミュⅡ・英コミュⅢ・論表Ⅰ・論表Ⅱ・論表Ⅲ ③**総合問題**(200)

【法学類】［共通テスト(950)］ 8科目 ①国(200) ②**外**(200・英〈R100＋L100〉)▶英・独・仏・中・韓から１ ③④**地歴・公民**(100×2)▶「地総・歴総・公から２」・「地総・地探」・「歴総・日探」・「歴総・世探」・「公・倫」・「公・政経」から２ ⑤⑥**数**(100×2)▶「数Ⅰ・数A」・「数Ⅱ・数B・数C」 ⑦**理**(100)▶「物基・化基・生基・地学基から２」 ⑧**情**(50)▶情Ⅰ
［個別学力検査(1500)］ 3科目 ①国(500)▶現国・言語 ②**外**(500)▶英コミュⅡ・英コミュⅢ・論表Ⅰ・論表Ⅱ・論表Ⅲ ③**数**(500)▶数Ⅰ・数Ⅱ・数A・数B（数列）・数C（ベク）

【経済学類】［共通テスト(700)］ 8科目 ①国(100) ②**外**(100・英〈R50＋L50〉)▶英・独・仏・中・韓から１ ③④**地歴・公民**(100×2)▶「地総・歴総・公から２」・「地総・地探」・「歴総・日探」・「歴総・世探」・「公・倫」・「公・政経」から２ ⑤⑥**数**(50×2)▶「数Ⅰ・数A」・「数Ⅱ・数B・数C」 ⑦**理**(100)▶物基・化基・生基・地学基から２ ⑧**情**(100)▶情Ⅰ
［個別学力検査(1050)］ 3科目 ①国(350)▶現国・言語 ②**外**(350)▶英コミュⅡ・英コミュⅢ・論表Ⅰ・論表Ⅱ・論表Ⅲ ③**数**(350)▶数Ⅰ・数Ⅱ・数A・数B（数列）・数C（ベク）

【学校教育学類】［A］［共通テスト(400)］ 8～7科目 ①国(100) ②**外**(50・英〈R25＋L25〉)▶英・独・仏・中・韓から１ ③④**地歴・公民**(50×2)▶「地総・歴総・公から２」・「地総・

地探」・「歴総・日探」・「歴総・世探」・「公・倫」・「公・政経」から2 ⑤⑥**数**(25×2)▶「数Ⅰ・数A」・「数Ⅱ・数B・数C」 ⑦**理**(50)▶「物基・化基・生基・地学基から2」・物・化・生・地学から1 ⑧**情**(50)▶情Ⅰ

[個別学力検査(600)] 3科目 ①国(200)▶現国・言語 ②**外**(200)▶英コミュⅡ・英コミュⅢ・論表Ⅰ・論表Ⅱ・論表Ⅲ ③**数・理・総合問題**(200)▶「数Ⅰ・数Ⅱ・数A・数B(数列)・数C(ベク)」・「物基・物」・「化基・化」・「生基・生」・総合問題から1

[B] [共通テスト(400)] 8科目 ①国(100) ②**外**(50・英〈R25+L25〉)▶英・独・仏・中・韓から1 ③**地歴・公民**(50)▶「地総・歴総・公から2」・「地総・地探」・「歴総・日探」・「歴総・世探」・「公・倫」・「公・政経」から1 ④⑤**数**(25×2)▶「数Ⅰ・数A」・「数Ⅱ・数B・数C」 ⑥⑦**理**(50×2)▶「物基・化基・生基・地学基から2」・物・化・生・地学から2 ⑧**情**(50)▶情Ⅰ

[個別学力検査(600)] 3科目 ①**外**(200)▶英コミュⅡ・英コミュⅢ・論表Ⅰ・論表Ⅱ・論表Ⅲ ②**数**(200)▶数Ⅰ・数Ⅱ・数A・数B(数列)・数C(ベク) ③**国・理・総合問題**(200)▶「現国・言語」・「物基・物」・「化基・化」・「生基・生」・総合問題から1

【地域創造学類】[A] [共通テスト(400)] 8科目 ①国(40) ②**外**(30・英〈R15+L15〉)▶英・独・仏・中・韓から1 ③④**地歴・公民**(90×2)▶「地総・歴総・公から2」・「地総・地探」・「歴総・日探」・「歴総・世探」・「公・倫」・「公・政経」から2 ⑤⑥**数**(20×2)▶「数Ⅰ・数A」・「数Ⅱ・数B・数C」 ⑦**理**(90)▶「物基・化基・生基・地学基から2」・物・化・生・地学から1 ⑧**情**(20)▶情Ⅰ

[B] ①国(40) ②**外**(30・英〈R15+L15〉)▶英・独・仏・中・韓から1 ③**地歴・公民**(90)▶「地総・歴総・公から2」・「地総・地探」・「歴総・日探」・「歴総・世探」・「公・倫」・「公・政経」から1 ④⑤**数**(20×2)▶「数Ⅰ・数A」・「数Ⅱ・数B・数C」 ⑥⑦**理**(90×2)▶「物基・化基・生基・地学基から2」・物・化・生・地学から2 ⑧**情**(20)▶情Ⅰ

[個別学力検査(600)] 2科目 ①国(国傾300・数傾100)▶現国・言語 ②**外**(200)▶英コミュⅡ・英コミュⅢ・論表Ⅰ・論表Ⅱ・論表Ⅲ ③**数**(国傾100・数傾300)▶数Ⅰ・数Ⅱ・数A・数B(数列)・数C(ベク)
※国語傾斜または数学傾斜を選択。

【国際学類】 [共通テスト(1050)] 8科目 ①国(200) ②**外**(200・英〈R100+L100〉)▶英・独・仏・中・韓から1 ③④**地歴・公民**(150×2)▶「地総・歴総・公から2」・「地総・地探」・「歴総・日探」・「歴総・世探」・「公・倫」・「公・政経」から2 ⑤⑥**数**(100×2)▶「数Ⅰ・数A」・「数Ⅱ・数B・数C」 ⑦**理**(100)▶物基・化基・生基・地学基から2 ⑧**情**(50)▶情Ⅰ

[個別学力検査(1800)] 3科目 ①国(600)▶現国・言語 ②**外**(600)▶英コミュⅡ・英コミュⅢ・論表Ⅰ・論表Ⅱ・論表Ⅲ ③**数・総合問題**(600)▶「数Ⅰ・数Ⅱ・数A・数B(数列)・数C(ベク)」・総合問題から1

理工学域

前期 **【数物科学類】[共通テスト(950)]** 7科目 ①国(200) ②**外**(200・英〈R100+L100〉)▶英・独・仏・中・韓から1 ③**地歴・公民**(100)▶「地総・歴総・公から2」・「地総・地探」・「歴総・日探」・「歴総・世探」・「公・倫」・「公・政経」から1 ④⑤**数**(100×2)▶「数Ⅰ・数A」・「数Ⅱ・数B・数C」 ⑥⑦**理**(100×2)▶物・化・生・地学から2 ⑧**情**(50)▶情Ⅰ

[個別学力検査(1500)] 3科目 ①**外**(400)▶英コミュⅡ・英コミュⅢ・論表Ⅰ・論表Ⅱ・論表Ⅲ ②**数**(600)▶数Ⅰ・数Ⅱ・数Ⅲ・数A・数B(数列・推測)・数C(ベク・平面) ③**理**(500)▶「物基・物」・「化基・化」から1

【物質化学類・3学類一括(機械工学類・フロンティア工学類・電子情報通信学類)】 [共通テスト(950)] 8科目 ①国(200) ②**外**(200・英〈R100+L100〉)▶英・独・仏・中・韓から1 ③**地歴・公民**(100)▶「地総・歴総・公から2」・「地総・地探」・「歴総・日探」・「歴総・世探」・「公・倫」・「公・政経」から1 ④⑤**数**(100×2)▶「数Ⅰ・数A」・「数Ⅱ・数B・数C」 ⑥⑦**理**(100×2)▶物・化 ⑧**情**(50)▶情Ⅰ

【物質化学類】[個別学力検査(1500)] 3科目 ①**外**(500)▶英コミュⅡ・英コミュⅢ・論表Ⅰ・論表Ⅱ・論表Ⅲ ②**数**(500)▶数Ⅰ・数Ⅱ・数Ⅲ・数A・数B(数列・推測)・数C

(ベク・平面) ③理(500) ▶化基・化
【3学類一括】[個別学力検査(1500)] 3科目 ①外(450) ▶英コミュⅡ・英コミュⅢ・論表Ⅰ・論表Ⅱ・論表Ⅲ ②数(600) ▶数Ⅰ・数Ⅱ・数Ⅲ・数A・数B(数列・推測)・数C(ベク・平面) ③理(450) ▶物基・物
【地球社会基盤学類】 [共通テスト(950)] 8科目 ①国(200) ②外(200・英〈R100+L100〉) ▶英・独・仏・中・韓から1 ③地歴・公民(100) ▶「地総・歴総・公から2」・「地総・地探」・「歴総・日探」・「歴総・世探」・「公・倫」・「公・政経」から1 ④⑤数(100×2) ▶「数Ⅰ・数A」・「数Ⅱ・数B・数C」 ⑥⑦理(100×2) ▶物必須，化・生・地学から1 ⑧情(50) ▶情Ⅰ
[個別学力検査(1500)] 3科目 ①外(500) ▶英コミュⅡ・英コミュⅢ・論表Ⅰ・論表Ⅱ・論表Ⅲ ②数(500) ▶数Ⅰ・数Ⅱ・数Ⅲ・数A・数B(数列・推測)・数C(ベク・平面) ③理(500) ▶「物基・物」・「化基・化」・「生基・生」から1
【生命理工学類】 [共通テスト(950)] 8科目 ①国(200) ②外(200・英〈R100+L100〉) ▶英・独・仏・中・韓から1 ③地歴・公民(100) ▶「地総・歴総・公から2」・「地総・地探」・「歴総・日探」・「歴総・世探」・「公・倫」・「公・政経」から1 ④⑤数(100×2) ▶「数Ⅰ・数A」・「数Ⅱ・数B・数C」 ⑥⑦理(100×2) ▶物・化・生から2 ⑧情(50) ▶情Ⅰ
[個別学力検査(1500)] 3科目 ①外(500) ▶英コミュⅡ・英コミュⅢ・論表Ⅰ・論表Ⅱ・論表Ⅲ ②数(500) ▶数Ⅰ・数Ⅱ・数Ⅲ・数A・数B(数列・推測)・数C(ベク・平面) ③理(500) ▶「物基・物」・「化基・化」・「生基・生」から1

医薬保健学域

前期 【医学類】[共通テスト(950)] 8科目 ①国(200) ②外(200・英〈R100+L100〉) ▶英・独・仏・中・韓から1 ③地歴・公民(100) ▶「地総・歴総・公から2」・「地総・地探」・「歴総・日探」・「歴総・世探」・「公・倫」・「公・政経」から1 ④⑤数(100×2) ▶「数Ⅰ・数A」・「数Ⅱ・数B・数C」 ⑥⑦理(100×2) ▶物・化・生・地学から2 ⑧情(50) ▶情Ⅰ
[個別学力検査(2100)] 5科目 ①外(600) ▶英コミュⅡ・英コミュⅢ・論表Ⅰ・論表Ⅱ・論表Ⅲ ②数(600) ▶数Ⅰ・数Ⅱ・数A・数B(数列・推測)・数C(ベク・平面) ③④理(300×2) ▶「物基・物」・「化基・化」 ⑤口述試験(300)
【薬学類・医薬科学類】 [共通テスト(800)] 8科目 ①国(100) ②外(200・英〈R100+L100〉) ▶英・独・仏・中・韓から1 ③地歴・公民(50) ▶「地総・歴総・公から2」・「地総・地探」・「歴総・日探」・「歴総・世探」・「公・倫」・「公・政経」から1 ④⑤数(100×2) ▶「数Ⅰ・数A」・「数Ⅱ・数B・数C」 ⑥⑦理(100×2) ▶物・化 ⑧情(50) ▶情Ⅰ
[個別学力検査(1200)] 4科目 ①外(300) ▶英コミュⅡ・英コミュⅢ・論表Ⅰ・論表Ⅱ・論表Ⅲ ②数(300) ▶数Ⅰ・数Ⅱ・数Ⅲ・数A・数B(数列・推測)・数C(ベク・平面) ③④理(300×2) ▶「物基・物」・「化基・化」
【保健学類〈看護学専攻・検査技術科学専攻・理学療法学専攻・作業療法学専攻〉】 [共通テスト(950)] 8科目 ①国(200) ②外(200・英〈R100+L100〉) ▶英・独・仏・中・韓から1 ③地歴・公民(100) ▶「地総・歴総・公から2」・「地総・地探」・「歴総・日探」・「歴総・世探」・「公・倫」・「公・政経」から1 ④⑤数(100×2) ▶「数Ⅰ・数A」・「数Ⅱ・数B・数C」 ⑥⑦理(100×2) ▶物・化・生・地学から2 ⑧情(50) ▶情Ⅰ
〈看護学専攻〉 [個別学力検査(1500)] 3科目 ①外(600) ▶英コミュⅡ・英コミュⅢ・論表Ⅰ・論表Ⅱ・論表Ⅲ ②数(400) ▶数Ⅰ・数Ⅱ・数A・数B(数列)・数C(ベク) ③理(500) ▶「物基・物」・「化基・化」・「生基・生」から1
〈検査技術科学専攻〉 [個別学力検査(1600)] 4科目 ①外(400) ▶英コミュⅡ・英コミュⅢ・論表Ⅰ・論表Ⅱ・論表Ⅲ ②数(400) ▶数Ⅰ・数Ⅱ・数Ⅲ・数A・数B(数列・推測)・数C(ベク・平面) ③④理(400×2) ▶「物基・物」・「化基・化」・「生基・生」から2
〈理学療法学専攻・作業療法学専攻〉 [個別学力検査(1500)] 3科目 ①外(500) ▶英コミュⅡ・英コミュⅢ・論表Ⅰ・論表Ⅱ・論表Ⅲ ②③理(500×2) ▶「物基・物」・「化基・化」・「生基・生」から2

【保健学類〈診療放射線技術学専攻〉】［共通テスト(750)］ 8科目 ①国(50) ②外(200・英〈R100＋L100〉) ▶英・独・仏・中・韓から1 ③地歴・公民(50) ▶「地総・歴総・公から２」・「地総・地探」・「歴総・日探」・「歴総・世探」・「公・倫」・「公・政経」から1 ④⑤数(100×2) ▶「数Ⅰ・数A」・「数Ⅱ・数B・数C」 ⑥⑦理(100×2) ▶物・化・生・地学から2 ⑧情(50) ▶情Ⅰ

［個別学力検査(1200)］ 3科目 ①外(300) ▶英コミュⅡ・英コミュⅢ・論表Ⅰ・論表Ⅱ・論表Ⅲ ②数(450) ▶数Ⅰ・数Ⅱ・数Ⅲ・数A・数B (数列・推測)・数C (ベク・平面) ③理(450) ▶「物基・物」・「化基・化」から1

文系・理系一括

前期 【文系】［共通テスト(400)］ 3科目 ①外(R100＋L100) ▶英 ②③国・地歴・公民・数・理(100×2) ▶国・「〈地総・歴総・公から２〉・〈地総・地探〉・〈歴総・日探〉・〈歴総・世探〉から１」・「〈地総・歴総・公から２〉・〈公・倫〉・〈公・政経〉から１」・「〈数Ⅰ・数A〉・〈数Ⅱ・数B・数C〉」・「〈物基・化基・生基・地学基から２〉・物・化・生・地学から１」から２

［個別学力検査(600)］ 2科目 ①外(200) ▶英コミュⅡ・英コミュⅢ・論表Ⅰ・論表Ⅱ・論表Ⅲ ②総合問題(400)

【理系】［共通テスト(400)］ 3科目 ①外(R100＋L100) ▶英 ②③数(100×2) ▶「数Ⅰ・数A」・「数Ⅱ・数B・数C」

［個別学力検査(600)］ 1科目 ①理(600) ▶「物基・物」・「化基・化」から１

その他の選抜

KUGS特別入試(総合型選抜，学校推薦型選抜，デジタル人材選抜，英語総合選抜)，超然特別入試(A-lympiad選抜，超然文学選抜)，女子枠特別選抜(理工学域のみ)，薬学類・高大院接続入試(医薬保健学域・薬学類のみ)，在外留学生推薦入試(融合学域のみ)，社会人選抜(融合学域のみ)，帰国生徒選抜，国際バカロレア入試，私費外国人留学生入試。

偏差値データ (2024年度)

●一般選抜

学域／学類／専攻	2024年度 駿台予備学校 合格目標ライン	2024年度 河合塾 ボーダー得点率	2024年度 河合塾 ボーダー偏差値	'23年度 競争率
●前期				
▶融合				
先導(文系)	50	65%	52.5	1.3
(理系)	49	63%	52.5	1.0
観光デザイン(文系)	50	66%	52.5	1.4
(理系)	49	65%	52.5	2.0
スマート創成科(文系)	50	66%	52.5	1.5
(理系)	49	66%	52.5	2.2
▶人間社会学域				
人文	51	68%	52.5	1.8
法	52	66%	52.5	1.3
経済	51	67%	52.5	1.8
学校教育(A)	52	61%	50	1.3
(B)	52	60%	50	
地域創造	52	67%	52.5	2.0
国際	52	66%	52.5	1.7
▶理工学域				
数物科	50	66%	52.5	1.6
物質化	50	66%	52.5	1.7
理工3学類	49	67%	52.5	1.9
地球社会基盤	50	67%	52.5	1.4
生命理工	50	68%	52.5	1.5
▶医薬保健学域				
医	66	83%	65	2.5
薬	56	75%	57.5	2.8
医薬科	55	72%	52.5	2.0
保健／看護学	49	64%	50	1.6
／放射線技術科学	52	67%	52.5	3.1
／検査技術科学	52	68%	50	1.8
／理学療法学	52	66%	50	2.6
／作業療法学	52	65%	50	
▶文系一括				
	51	77%	57.5	2.8
▶理系一括				
	51	73%	57.5	5.1

- 駿台予備学校合格目標ラインは合格可能性80%に相当する駿台模試の偏差値です。
- 河合塾ボーダー得点率は合格可能性50%に相当する共通テストの得点率です。また，ボーダー偏差値は合格可能性50%に相当する河合塾全統模試の偏差値です。
- 競争率は受験者÷合格者の実質倍率
- 医薬保健学域医学類は２段階選抜を実施。
- 融合学域先導学類の理系傾斜の合格者は第２志望の合格者を含む。

ふくい
福井大学

資料請求

問合せ先　教育・工・国際地域学部 ☎0776-27-9927，医学部 ☎0776-61-8830

大学の理念

1873（明治６）年に創立した福井師範と，1923（大正12）年に福井高等工業学校として創立した福井工専および福井青師を包括して1949（昭和24）年に発足。その後，2003（平成15）年に福井医科大学と統合した。学生一人ひとりの力を最大限に引き出すきめ細やかな教育を行うとともに，グローバル化に対応し活躍できる人材の育成をめざしている。2023（令和５）年には学生就職率が国立大学の中で16年連続１位となっている。福井大学では，科学と技術に関する世界的水準での教育・研究を推進するとともに，高度専門職業人として地域および国際社会に貢献できる人材の育成を理念に掲げ，実践力に注力したきめ細やかな教育体制を整えることで学生の持つ潜在的能力を最大限に引き出し，実力を発揮できるための支援を行っている。

- 文京キャンパス……〒910-8507　福井県福井市文京3-9-1
- 松岡キャンパス……〒910-1193　福井県吉田郡永平寺町松岡下合月23-3
- 敦賀キャンパス……〒914-0055　福井県敦賀市鉄輪町1-3-33

基本データ

学生数▶4,022名（男2,739名，女1,283名）
専任教員数▶教授176名，准教授150名，講師79名
設置学部▶教育，医，工，国際地域

併設教育機関▶大学院─医学系・工学（以上M・D），連合教職開発・国際地域マネジメント（以上P）

就職・卒業後の進路

就 職 率 99.3％
就職者÷希望者×100

● **就職支援**　学生にとって満足度の高い就職を実現させるべく，全学的なキャリア支援体制を整備。キャリアセンターおよびキャリア支援課が，年間50回以上の就職ガイダンス，学内合同企業研究会，OB・OG参加業界企業研究会の開催，オリジナル就活手帳の発行，常駐するカウンセラーによる就職相談や面接練習など，学生全体をサポート。個別の進路相談や学生一人ひとりへの指導支援は各学部の就職担当教員が対応しており，教職連携した支援を行っている。また，教員採用試験や公務員試験などの各種対策講座も開講。

進路指導者も必見　学生を伸ばす　面倒見

初年次教育	学修サポート
自校教育，学問に対する動機づけ，レポート・論文の書き方，プレゼン技法，論理的思考や問題発見・解決能力の向上を図る「大学教育入門セミナー」「情報処理基礎」などを開講，工学部では数学や物理の補完学習も実施	TA制度（医学科を除く），SA制度（医学部を除く），オフィスアワー制度を導入。また，学生約10人に１人の教員アドバイザーがつき，学生の履修や学修の支援をしている

オープンキャンパス（2023年度実績）　８月に文京・松岡の両キャンパスでオープンキャンパスを開催（事前申込制）。学部・学科紹介，研究室紹介，体験授業，質疑応答など。10月にも工学部オープンキャンパスを実施。

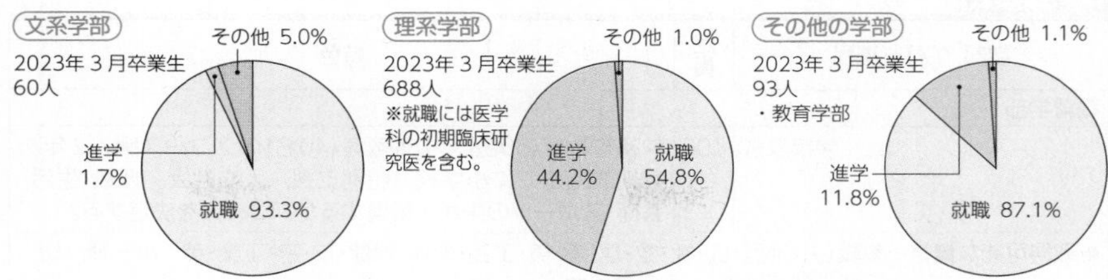

主なOB・OG▶［工］深澤義彦（鳥取市長），［工］土田ヒロミ（写真家），［教育］東洋一（古生物学者），［工］藤永賢一（ゲンキー社長）など。

国際化・留学　大学間 97 大学等・部局間 66 大学等

受入れ留学生数▶46名（2023年5月1日現在）

留学生の出身国▶マレーシア，中国，韓国，カンボジア，インドネシアなど。

外国人専任教員▶教授３名，准教授６名，講師６名（2023年５月１日現在）

外国人専任教員の出身国▶中国，アメリカ，フィリピン，イギリス，韓国など。

大学間交流協定▶97大学・機関（交換留学先86大学，2023年５月１日現在）

部局間交流協定▶66大学・機関（交換留学先33大学，2023年５月１日現在）

海外への留学生数▶渡航型99名・オンライン型５名／年（11カ国・地域，2022年度）

海外留学制度▶学術交流協定校やUMAP加盟大学への半年～１年間の交換留学では，授業料不徴収で専門科目の履修や課外活動への参加により幅広い知識や多角的な経験を得られる。１週間～３カ月程度の「短期海外研修プログラム」も年間50本程度実施しており，目的や関心，外国語や専門分野の学習段階，将来設計等に合わせて適切な時期に最適なプログラムを選択できるよう，レベル・内容別に分類・体系化して提供している。事前オリエンテーションや奨学金制度など支援も充実。

学費・奨学金制度　給付型奨学金総額 年間 160 万円

入学金▶282,000円

年間授業料（施設費等を除く）▶535,800円

年間奨学金総額▶1,600,000円

年間奨学金受給者数▶14人

主な奨学金制度▶入試前に申請し，合格し入学した場合30万円を給付する「福井大学基金予約型奨学金」，医学部医学科へ進学を希望し入学した者や在学生の経済支援を目的とした医学部同窓会白翁会の「國重奨学給付金（入学支援金予約型・修学支援金）」のほか，「福井大学生協奨学金」「修学支援奨学金」などを設置。

保護者向けインフォメーション

●**オープンキャンパス**　通常のオープンキャンパス時に保護者向けの説明会を実施している。
●**成績確認**　成績表を保護者に郵送している。
●**広報誌**　「ご家族のための就職活動ガイドブック」を発行している。
●**防災対策**　「災害発生時対応マニュアル（学生編）」を学生ポータル，大学HPにて周知。被災した際の学生の安否状況は，安否確認システム（ANPIC）を利用して確認する。

インターンシップ科目	必修専門ゼミ	卒業論文	GPA制度の導入の有無および活用例	１年以内の退学率	標準年限での卒業率
全学部で開講している	医学部で１年次，教育学部特別支援サブコースで３年次に実施	医学部医学科を除き卒業要件	全学部で奨学金対象者の選定基準，留学候補者の選考，一部の学部で学生に対する個別の学修指導，履修上限単位数の設定に活用	3.0%（医学部）0.3%（上記外）	看100% 医91.8% 他81.9%

学部紹介

学部／学科・課程	定員	特色
教育学部		
学校教育	100	▷初等教育(60名)，中等教育(40名)の２コース制。２年次前期開始までに小学校，特別支援，人文社会，理数・生活，芸術・スポーツの中から所属するサブコースを決定する。
●取得可能な資格…教職(国・地歴・公・社・数・理・音・美・工芸・保体・保健・技・家・工業・英，小一種，幼一種，特別支援)，司書教諭など。 ●進路状況…………就職87.1%　進学11.8% ●主な就職先………福井県公立学校教員，各種公務員など。		
医学部		
医	110	▷臨床を見据えた効果的なカリキュラムを編成。多職種と連携し行動する力や奉仕の精神を育む。
看護	60	▷多様化するニーズに応える専門的な看護力と実践力を修得。
●取得可能な資格…医師・看護師・保健師・助産師受験資格など。 ●進路状況…………[医]初期臨床研修医96.0%　[看護]就職96.8%　進学3.2% ●主な就職先………福井大学医学部附属病院，金沢大学医学部附属病院，京都大学医学部附属病院など。		
工学部		
機械・システム工	155	▷機械工学を中心にエネルギー，材料物性，ロボット，計算機など幅広い分野の知識を身につける。ロボティクス，機械工学，原子力安全工学の３コースを設定。
電気電子情報工	125	▷「電気・通信設備，情報セキュリティ技術」「デバイス技術や制御・伝送システム」などを体系的に学ぶ。電子物性工学，電気通信システム工学，情報工学の３コース制。
建築・都市環境工	60	▷地球環境や社会情勢の変化による新たなニーズに対応した教育・研究を進める。建築学，都市環境工学の２コース制。
物質・生命化	135	▷化学を中心として，材料系と生物系を融合した広い視野と確かな専門性を身につける。繊維・機能性材料工学，物質化学，バイオ・応用医工学の３コース制。
応用物理	50	▷物理学を基盤とし工学的実践応用教育を実施。基礎科学を工業技術に展開できる技術者を育成する。
●取得可能な資格…教職(理・工業)，測量士補，１・２級建築士受験資格など。 ●進路状況…………就職41.9%　進学57.5% ●主な就職先………セーレン，トヨタ紡織，アイシン，イビデン，永和住宅，シャープ，SCSK，トヨタ車体，デンソー，住友理工など。		
国際地域学部		
国際地域	60	▷地域や国際社会の抱える複雑な課題を探究し，課題解決のための実践的・総合的な能力を身につける。異文化理解教育，課題探求プロジェクト，文理融合型教育の３つを中心にカリキュラムを展開。
●進路状況…………就職93.3%　進学1.7% ●主な就職先………福井村田製作所，興和江守，福井コンピュータグループ，楽天グループ，エーザイ，キーエンス，凸版印刷など。		

キャンパスアクセス [文京キャンパス] JR北陸本線一福井よりバス約10分／えちぜん鉄道三国芦原線一福大前西福井

キャンパス

教育・工・国際地域……［文京キャンパス］ 福井県福井市文京3-9-1
医……［松岡キャンパス］ 福井県吉田郡永平寺町松岡下合月23-3
工（機械・システム工学科原子力安全工学コース）…［敦賀キャンパス］ 福井県敦賀市鉄輪町1-3-33

2025年度入試要項（予告）

●募集人員

学部／学科・課程（コース）		前期	後期
教育	学校教育（初等教育）〔文系型〕	13	統合型 9
	〔理系型〕	11	
	〔実技型（音楽）〕	2	
	〔実技型（体育）〕	2	
	（中等教育）〔文系型〕	8	統合型 4
	〔理系型〕	8	
	〔実技型（音楽）〕	1	
	〔実技型（体育）〕	3	
医	医	55	25
	看護	30	5
工	機械・システム工	75	30
	電気電子情報工	63	37
	建築・都市環境工	30	17
	物質・生命化	75	30
	応用物理	20	20
国際地域	国際地域	30	12

●２段階選抜

医学部医学科の志願者数が募集人員の前期約５倍，後期約７倍を超えた場合に行うことがある。

試験科目

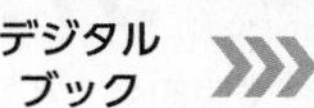

偏差値データ（2024年度）

●一般選抜

学部／学科・課程／選抜区分	2024年度 駿台予備学校 合格目標ライン	河合塾 ボーダー得点率	河合塾 ボーダー偏差値	'23年度 競争率
●前期				
教育学部				
学校教育／初等・文系型	48	58%	47.5	2.0
／中等・文系型	49	59%	50	
／初等・理系型	47	57%	50	1.3
／中等・理系型	48	57%	47.5	
／初等・実技型（音楽）	43	52%	—	1.3
／中等・実技型（音楽）	44	53%	—	
／初等・実技型（体育）	43	52%	—	2.3
／中等・実技型（体育）	44	53%	—	
医学部				
医	62	80%	62.5	2.8
看護	47	59%	—	1.3
工学部				
機械・システム工	43	57%	45	1.2
電気電子情報工	43	58%	45	1.2
建築・都市環境工	45	60%	47.5	1.9
物質・生命化	44	56%	45	1.0
応用物理	43	58%	45	1.3
国際地域学部				
国際地域	50	60%	50	1.3
●後期				
教育学部				
学校教育／初等・統合型	50	62%	—	2.5
／中等・統合型	50	64%	—	
医学部				
医	63	87%	—	2.0
看護	48	64%	—	1.3
工学部				
機械・システム工	45	66%	47.5	1.0
電気電子情報工	46	67%	50	1.1
建築・都市環境工	47	69%	50	1.3
物質・生命化	46	66%	47.5	1.0
応用物理	45	66%	47.5	1.3
国際地域学部				
国際地域	52	74%	—	1.2

- 駿台予備学校合格目標ラインは合格可能性80％に相当する駿台模試の偏差値です。
- 河合塾ボーダー得点率は合格可能性50％に相当する共通テストの得点率です。また，ボーダー偏差値は合格可能性50％に相当する河合塾全統模試の偏差値です。
- 競争率は受験者÷合格者の実質倍率
- 医学部医学科の後期は２段階選抜を実施。

キャンパスアクセス ［松岡キャンパス］ えちぜん鉄道勝山永平寺線—松岡よりバス約５分
［敦賀キャンパス］ JR北陸本線—敦賀より徒歩約３分

山梨大学（やまなし）

資料請求

問合せ先　入試課　☎055-220-8046

大学の理念

山梨高等工業学校のほか，山梨師範，青師を包括して1949（昭和24）年に大学となる。2002（平成14）年10月に山梨医科大学と統合。「地域の中核，世界の人材」をキャッチフレーズに，次世代の自動車に使用される燃料電池などのクリーンエネルギー研究や発生工学研究をはじめとする医工農融合研究，地域の産業を生かし，原料ブドウからワイン醸造まで一貫した教育・研究を行うワイン科学研究など，特色ある世界水準の教育・研究プロジェクトを行っている。また，山梨県立大学と共同で設立した「一般社団法人アライアンスやまなし」は全国初の「大学連携推進法人」に認定されており，156科目の連携開設科目を開講するほか，就職支援事業の共同実施や教養セミナーの相互開放を行うなど，さらなる「教育の質」向上を推進している。

- 甲府キャンパス………〒400-8510　山梨県甲府市武田4-4-37
- 医学部キャンパス……〒400-3898　山梨県中央市下河東1110

基本データ

学生数▶3,788名（男2,560名，女1,228名）
専任教員数▶教授195名，准教授161名，専任講師58名
設置学部▶教育，医，工，生命環境
併設教育機関▶大学院一医工農学総合教育部（M・D），教育学（P）

就職・卒業後の進路

就職率 **97.9**%
就職者÷希望者×100

●**就職支援**　各学部にコース・学科ごとの就職（進路）担当教員が配置され，学生のさまざまな支援に対応している。甲府キャンパスに設置されたキャリアセンターでは，就職に関する情報を提供するほか，面接対策講座，マナー講習会，学生一人ひとりの希望に応じた「企業就職ガイダンス」や「教員採用試験ガイダンス」，合同企業説明会，インターンシップのマッチング支援などを実施しており，これらの各種イベント開催については，大学独自のシステム「YINS-SSO」で確認できる。また，「キャリアアドバイザー制度」を設け，経験豊かなスタッフが一対一での助言・指導を行う，きめ細やかなサポートを行っている。

進路指導者も必見　学生を伸ばす　面倒見

初年次教育
「基礎ゼミ」「学部入門ゼミ」「共生科学入門」「データサイエンス入門」「情報科学入門及び実習」を開講するほか，医学科では倫理観とモチベーションの向上を目的に早期臨床現場体験実習や市中病院医師による事前学習を実施

学修サポート
全学部でTA制度，オフィスアワー制度，教員1人が学生約20人を担当する教員アドバイザー制度，生命環境学部ではSA制度を導入。また，学習相談に応じる「学生サポートセンター」や工学部の「共創学習室フィロス」を設置

オープンキャンパス（2023年度実績）　8月に対面型オープンキャンパスを開催，ただし医学部医学科はWebオンデマンド形式のみ。学科紹介や入試説明，個別相談，パネル展示，ミニ実験，研究室紹介などを実施。

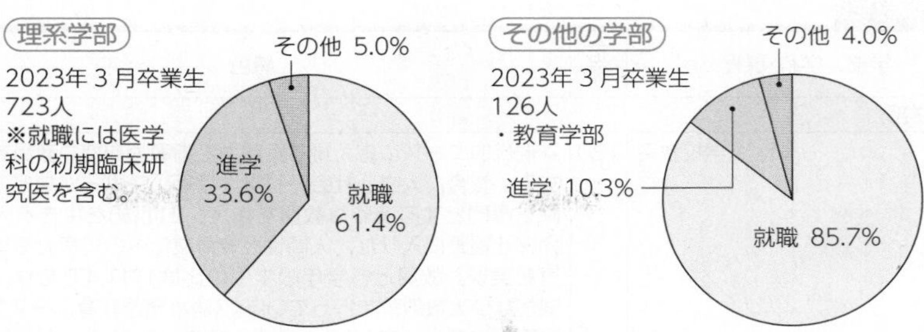

主なOB・OG ▶ [旧学芸]大村智(科学者，ノーベル生理学・医学賞受賞者)，[工]石黒浩(ロボット工学者，大阪大学特別教授)など。

国際化・留学　大学間 49 大学等・部局間 26 大学等

受入れ留学生数 ▶ 83名(2023年５月１日現在)

留学生の出身国 ▶ 中国，マレーシア，ベトナム，バングラデシュ，モンゴルなど。

外国人専任教員 ▶ 教授２名，准教授６名(2023年５月１日現在)

外国人専任教員の出身国 ▶ 中国，韓国，アメリカ，マレーシアなど。

大学間交流協定 ▶ 49大学・機関（交換留学先10大学，2023年５月１日現在)

部局間交流協定 ▶ 26大学・機関（交換留学先１大学，2023年５月１日現在)

海外への留学生数 ▶ 渡航型17名／オンライン型15名／年（７カ国・地域，2022年度)

海外留学制度 ▶ 交流協定校への「交換留学制度」（原則として１年間）を実施している。留学先での取得単位が認定される制度もある。また，夏季・春季休暇中には，語学・文化研修プログラム（ブリティッシュ・コロンビア大学，レスター大学)，語学・文化研修に海外インターンシップが組み合わされたプログラム(ケンタッキー大学，中杭州電子科技大学)などを実施。コンソーシアムはOENOVITI INTERNATIONAL（国際ブドウ・ワイン科学)，Campus Asia＋Cooperationに参加。

学費・奨学金制度　給付型奨学金総額 年間約 1,041 万円

入学金 ▶ 282,000円

年間授業料(施設費等を除く) ▶ 535,800円

年間奨学金総額 ▶ 10,414,800円

年間奨学金受給者 ▶ 52人

主な奨学金制度 ▶ 優秀な成績で合格した新入生に30万円を給付する「山梨大学大村智記念基金奨学金」や，修学支援事業経済的支援奨学金などを設置。また，学費減免制度があり，2022年度には96人を対象に総額で約1,869万円を減免している。

保護者向けインフォメーション

● **オープンキャンパス**　通常のオープンキャンパス時に保護者向けの説明会を実施している。

● **成績確認**　成績表および履修科目と単位数の情報を保護者に郵送している。

● **後援会**　各学部で後援会を組織し，総会を開催。医学部では後援会だよりを発行。

● **防災対策**　「学生のための危機管理マニュアル」を入学時に配布。被災した際の学生の安否はアプリやメールを利用して確認する。

インターンシップ科目	必修専門ゼミ	卒業論文	GPA制度の導入の有無および活用例	１年以内の退学率	標準年限での卒業率
教育・工・生命環境学部で開講している	医学部医学科を除く全学部で実施。ただし，開講年次は学部により異なる	医学部医学科を除き卒業要件	学業成績優秀者表彰，留学候補者の選考，履修上限単位数の設定のほか，一部の学部で奨学金等対象者の選定や大学院入試の選抜基準，個別の学修指導に活用	0.3%	88.6%（４年制）85.6%（６年制）

学部紹介

学部／学科・課程	定員	特色
教育学部		
学校教育	120	▷現代的ニーズに応え得る実践力と指導力を持つ教員を養成する。教育，人文，社会，科学，芸術，スポーツなどの諸学問を専門とする多彩な教員を揃え，21世紀を生きる人間の発達を視野に入れた，人間性と教育文化への洞察力を培う教育を実現。教員と各学年の学生の比は1対1.4であり，きめ細かな少人数教育を行っている。〈幼小発達教育コース13名，障害児教育コース18名，言語教育コース13名，生活社会教育コース20名，科学教育コース26名，芸術身体教育コース18名，山梨県小学校教員養成特別教育プログラム12名〉の6コース1プログラム制。
● 取得可能な資格…教職（国・地歴・公・社・数・理・音・美・書・保体・技・家・工業・英，小一種，幼一種，特別支援），司書教諭，学芸員など。 ● 進路状況…………就職85.7%　進学10.3% ● 主な就職先………教員（山梨県小学校・中学校・高等学校・特別支援学校・幼稚園，静岡県小学校），山梨県庁，甲府市役所など。		
医学部		
医	125	▷現代医療に貢献できる医療人，国際的に活躍できる優れた研究者を養成する。また，医学研究に興味を持つ学生を対象として「ライフサイエンスコース」を設置。基礎，臨床併せて10数講座の協力のもと研究方法論の基礎から，研究倫理，実験，学会発表，論文執筆まで一連のプロセスを体験することで研究者の芽を育てる。
看護	60	▷看護の高度な専門知識を修得し，深い人間愛と広い視野をもつ人間性豊かな看護専門職を育成。附属病院をはじめとする特定機能病院の高度実践から地域医療を支える施設や在宅療養での実習を通して，多様な場で求められるこれからの看護職に必要な知識と技術を身につける。
● 取得可能な資格…教職（養護二種），医師・看護師・保健師・助産師受験資格など。 ● 進路状況…………［医］初期臨床研修医90.1%　就職0.8% ［看護］就職93.5%　進学4.8% ● 主な就職先………山梨大学医学部付属病院，山梨県立中央病院，甲府共立病院，市立甲府病院，京都大学医学部附属病院など（研修医を含む）。		
工学部		
工	365	▷'24年に従来の7学科を1学科7コースへ再編。応用化学・土木環境工学・コンピュータ理工学・機械工学・メカトロニクス・電気電子工学コースのほか，クリーンエネルギー分野における燃料電池やエネルギー変換などの国内有数の研究実績を活用した，クリーンエネルギー化学コースを新設。1年次は入学したコースにより化学系・土木環境系・情報系・機械電気系の4クラスに分かれ，2年次から各コースに所属。総合工学枠は1年次は総合工学クラスに所属し，2年次から選択したコースに所属。これにより，学年進行に伴い基礎から専門に至る体系的な教育を行う。また，転コース等の制度により柔軟な進路選択にも対応。

 キャンパスアクセス ［甲府キャンパス］ JR中央本線一甲府よりバス約5分または徒歩約15分

● **取得可能な資格**…教職（数・理・情・工業），測量士補など。
● **進路状況**…………就職47.1％　進学49.2％
● **主な就職先**………山梨県庁，東海旅客鉄道，セイコーエプソン，NECプラットフォームズ，東芝キヤリア，スズキ，ファナック，東日本旅客鉄道，静岡県庁など。

生命環境学部

		▶大学で専門研究を進めるための基礎力を養う必修科目「生命環境基礎ゼミ」を１年次前期に開講。少人数のグループごとに研究テーマの設定，調査・実験・文献の収集調査，結果の分析，考察までを半年にわたり作業し，プレゼンテーション大会でその成果を発表する。
生命工	40	▷充実した実験実習により，実践的な知識と技術を修得し，高い創造力を持って未来のバイオ産業を担う人材を養成。また，医学・薬学の基礎知識にデータサイエンスのスキルを身につけた生命科学系専門職業人を養成する「バイオ・メディカルデータサイエンス特別コース（20名程度）」を設置。コースへの配属は希望や成績等に基づき，２年次進級時に実施。
地域食物科	37	▷資源・環境などの多角的な視点から安全な農作物の生産・食品製造に取り組める人材を養成する。教育モデルとして「ワイン科学特別コース（13名）」を設置。
環境科	30	▷人類の生存基盤である地球環境の理解を通じ，自然と共生した持続可能な社会の形成に貢献できる人材を養成。
地域社会システム	48	▷経済・経営・政治・法律などの社会学系の専門知識を学び，地域社会の発展をマネジメントする。「観光政策科学特別コース（13名）」を設置。

● **進路状況**…………就職58.8％　進学35.1％
● **主な就職先**………山梨県庁，山梨大学，甲府市役所，セイコー，エプソン，サントリー，東日本旅客鉄道，シャトレーゼ，静岡銀行，JTB，ヤフー，綜合警備保障，山崎製パンなど。

キャンパス

教育・工・生命環境……［甲府キャンパス］山梨県甲府市武田4-4-37
医……［医学部キャンパス］山梨県中央市下河東1110

2025年度入試要項（予告）

●募集人員

学部／学科・課程（コース）		前期	後期
▶教育	学校教育（幼少発達教育）	8	3
	（障害児教育）	10	4
	（言語教育）	7	2
	（生活社会教育）	11	3
	（科学教育）	14	4
	（芸術身体教育）	6	4
▶医	医	—	90
	看護	30	5
▶工	工（クリーンエネルギー化学）	18	—
	（応用化学）	18	—
	（土木環境工学）	30	—
	（コンピュータ理工学）	47	—
	（機械工学）	32	—
	（メカトロニクス）	29	—
	（電気電子工学）	29	—
	総合工学枠	10	30
▶生命環境	生命工	28	5
	地域食物科	30	5
	環境科	20	5
	地域社会システム	40	5

※教育学部学校教育課程の山梨県小学校教員養成特別教育プログラムは学校推薦型選抜で募集。
※生命環境学部のワイン科学特別コースのワイン科学特別コース13名は前期に含む。地域社会システム学科の観光政策科学特別コースは10名を前期，１名を後期に含む。
※医学部医学科は後期のみ実施。

山梨　山梨大学

● 2段階選抜

医学部医学科で，入学志願者が募集人員の約10倍を超えた場合に共通テストにより実施。

試験科目

デジタルブック ≫≫

偏差値データ（2024年度）

●一般選抜

学部／学科・課程／コース	2024年度 駿台予備学校 合格目標ライン	河合塾 ボーダー得点率	河合塾 ボーダー偏差値	'23年度 競争率
●前期				
▶教育学部				
学校教育／幼少発達教育	49	62%	47.5	1.6
／障害児教育	46	58%	45	2.2
／言語教育	47	62%	50	2.1
／生活社会教育	47	59%	45	2.2
／科学教育	48	61%	47.5	2.4
／芸術身体教育	45	55%	—	3.3
▶医学部				
看護	45	59%	—	2.3
▶工学部				
工／クリーンエネルギー化学	43	56%	45	新
／応用化学	43	60%	45	1.5
土木環境工学	43	59%	45	1.2
コンピュータ理工学	44	62%	47.5	1.7
／機械工学	43	61%	45	1.6
／メカトロニクス	43	60%	45	1.5
／電気電子工学	43	62%	45	2.4
総合工学枠	43	63%	45	新
▶生命環境学部				
生命工	45	60%	—	1.3
地域食物科	45	60%	—	1.3
ワイン科学特別コース	46	59%	—	1.3
環境科	45	60%	—	1.7
地域社会システム	45	63%	—	1.2
観光政策科学特別コース	45	62%	—	1.3
●後期				
▶教育学部				
学校教育／幼少発達教育	49	68%	—	1.7
／障害児教育	46	65%	—	4.0
／言語教育	48	68%	—	3.0
／生活社会教育	47	65%	—	3.0
／科学教育	48	68%	—	1.0
／芸術身体教育	45	65%	—	5.0
▶医学部				
医	68	86%	67.5	3.3
看護	46	65%	—	3.6
▶工学部				
総合工学枠	43	70%	—	新
▶生命環境学部				
生命工	46	68%	—	2.4
地域食物科	46	68%	—	2.2
環境科	46	68%	—	2.2
地域社会システム	46	68%	—	2.4

- 駿台予備学校合格目標ラインは合格可能性80％に相当する駿台模試の偏差値です。
- 河合塾ボーダー得点率は合格可能性50％に相当する共通テストの得点率です。また，ボーダー偏差値は合格可能性50％に相当する河合塾全統模試の偏差値です。
- 競争率は受験者÷合格者の実質倍率
- 医学部医学科は２段階選抜を実施。

MEMO

信州大学（しんしゅう）

資料請求

問合せ先 学務部入試課 ☎0263-37-3450

● キャンパス情報はP.1358をご覧ください。

大学の理念

松本高校，上田繊維専，松本医専，松本医大，長野工専，長野県立農専，長野師範・青師を統合し，1949（昭和24）年に開学した。自然環境および信州の歴史・文化・伝統を大切にし，人にやさしい社会をめざす。さらに総合大学として世界に通じる教育・研究を行い，自ら創造できる人材を育成し，地域・社会の発展に貢献する。先鋭領域融合研究群を中心に世界的な教育研究と研究拠点としての活動を行う。全学部の１年次（医学部医学科は２年次まで）においては松本キャンパスの全学教育機構に集い，共通教育科目を受講し，全学の教育力を結集して幅広い教養と基礎的能力を獲得するとともに，高度専門職業人の養成をめざしている。学生には，大学での学びの誇りと自信を胸に，グローバルな活躍を期待している。

基本データ

学生数▶8,805名（男5,718名，女3,087名）
専任教員数▶教授326名，准教授279名，講師80名
設置学部▶人文，教育，経法，理，医，工，農，繊維
併設教育機関▶大学院一総合人文社会科学・医学系・総合理工学（以上M），教育学（P），総合医理工学（D）

就職・卒業後の進路

就職率 98.6%
就職者÷希望者×100

● **就職支援**　松本キャンパスにキャリア教育・サポートセンターを設置し，就職活動支援とキャリア教育の充実を図っている。就職活動の各段階での悩みや不安には各キャンパスのキャリアコンサルタントが個別にサポート，履歴書・エントリーシートの添削，面接対策などにも対応している。学内で企業セミナー・合同企業説明会を開催するほか，就活マナー基礎講座やディスカッション対策講座など，学生の声および社会・経済状況により変わる企業の採用計画・動向を反映した就職ガイダンスを実施している。

● **資格取得支援**　大学生協が総合サポートする公務員試験の専門講座が用意されている。

進路指導者も必見 学生を伸ばす 面倒見

初年次教育	学修サポート
「新入生ゼミナール」「学術リテラシー」「データサイエンスリテラシー」などを開講するほか，人文学部ではアクティブラーニング，プレゼン大会を実施。また，医学部ではチーム医療を見据えた「合同新入生ゼミナール」を開講	TA制度，オフィスアワー制度（繊維を除く）のほか，理・工・農でSA制度，教育・理・医（医）・農で教員アドバイザー制度を導入。日本語文書作成を支援するライティングアドバイザーや，学習相談ができるラーニングアドバイザー，サイエンスラウンジを設置

オープンキャンパス（2023年度実績） 7・8月に「ミニOPEN CAMPUS in 松本」，7・8・10月にかけて各学部単位で行うオープンキャンパスを開催。いずれも対面式またはオンラインで実施（事前申込制）。

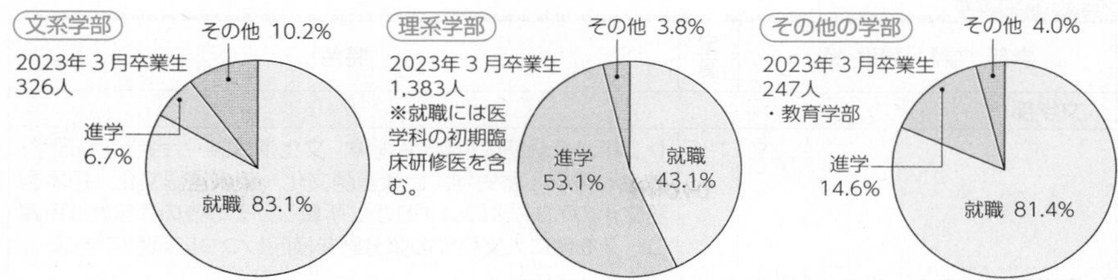

主なOB・OG ▶ ［医］菅谷昭（松本大学学長），［人文］猪瀬直樹（作家），［農］宮崎吾朗（アニメーション映画監督），［旧経済］佐藤二朗（俳優）［教育］小平奈緒（アスリート）など。

国際化・留学　大学間 113 大学・部局間 89 大学等

受入れ留学生数 ▶ 149名（2023年５月１日現在）

留学生の出身国 ▶ 韓国，中国，ベトナム，マレーシア，モンゴルなど。

外国人専任教員 ▶ 教授12名，准教授10名，講師４名（2023年９月１日現在）

外国人専任教員の出身国 ▶ 韓国，中国，イギリス，アメリカ，オーストラリアなど。

大学間交流協定 ▶ 113大学（交換留学先92大学，2023年５月１日現在）

部局間交流協定 ▶ 89大学・機関（交換留学先59大学，2023年５月１日現在）

海外への留学生数 ▶ 渡航型104名・オンライン型66名／年（20カ国・地域，2022年度）

海外留学制度 ▶「国際化推進プラン」に基づき，グローバル人材育成のためのさまざまな取り組みを実施。留学疑似体験として国内で実施する「イングリッシュキャンプ」，語学研修や各学部，協定校が主催する短期研修プログラム（数週間から２カ月程度），協定締結校への交換留学（最長１年間）など，個人の関心，ニーズに応じて選択できる。オンライン海外研修も企画・実施している。

学費・奨学金制度　給付型奨学金総額 年間 465 万円

入学金 ▶ 282,000円

年間授業料（施設費等を除く）▶ 535,800円

年間奨学金総額 ▶ 4,650,000円

年間奨学金受給者数 ▶ 21人

主な奨学金制度 ▶ 入学前に入学時に必要な学資の一部を奨学金として給付する「信州大学入学サポート奨学金」（１回限り40万円）などを設置。また，学費減免制度があり，2022年度には748人を対象に総額で約1億1,042万円を減免している。

保護者向けインフォメーション

● **オープンキャンパス**　経法学部ではオープンキャンパス時に保護者向け説明会を実施。

● **成績確認**　成績表（経法は成績不振学生のみ），履修科目と単位数の情報（教育・理・医・農・繊維），卒業要件（理）を保護者に郵送。生協の学食マネー利用者は利用状況のWeb閲覧が可能。

● **保護者会**　教育・理は保護者説明会，医学科は父母会総会，工・農は後援会総会，繊維は保護者会を開催。また，教育では保護者会が「尚学会報」を，工・農では「後援会報」を発行。

● **防災対策**　「安全の手引」「学生生活案内」を配布し，HPにも掲載。学生が被災した際の安否確認は，大学HPやメール，ポータルサイト，電話などを利用する。

インターンシップ科目	必修専門ゼミ	卒業論文	GPA制度の導入の有無および活用例	１年以内の退学率	標準年限での卒業率
経法・理・工・農・繊維学部で開講	教育2・3年次，経法2年次，理・医（保）4年次，工1年次，農3・4年次，繊維3年次に実施	経法・理の一部と医（医）を除き卒業要件	全学部で奨学金等対象者の選定，経法学部で専門科目の演習・実習等選抜やコース選択，一部の学部で留学候補者選考，学修指導，履修上限単位数の設定などに活用	0.8%	82.0%（4年制）94.2%（6年制）

学部紹介

学部／学科・課程・系	定員	特色
人文学部		
人文	155	▷２年次進級時に哲学・芸術論，文化情報論・社会学，心理学・社会心理学，歴史学，比較言語文化，英米言語文化，日本言語文化の7コースのいずれかに所属し，その後の３年間は所属コースを軸に人文科学の諸分野を横断しつつ広範囲に学ぶ。
● **取得可能な資格**…教職（国・地歴・公・社・英），学芸員など。 ● **進路状況**…………就職79.3%　進学9.6% ● **主な就職先**………地方公務員（市区町村・都道府県），国家公務員，八十二銀行，アベルコ，スターバックスコーヒージャパン，高見澤，清水銀行など。		
教育学部		
学校教育教員養成	240	▶１課程14コース。〈現代教育26名，野外教育10名，国語教育20名，英語教育16名，社会科教育23名，数学教育25名，理科教育25名，音楽教育14名，図画工作・美術教育12名，保健体育12名，ものづくり・技術教育12名，家庭科教育14名，特別支援教育20名，心理支援教育11名〉１年次は，全員が他学部の学生と一緒に共通教育科目を中心に学び，幅広い教養と基礎的学力を修得し，２年次からは「臨床の知」の理念のもと，教育キャンパスにて専門領域を学ぶ。
● **取得可能な資格**…教職（国・地歴・公・社・数・理・音・美・保体・技・家・英，小一種，幼一種，特別支援），司書教諭など。 ● **進路状況**…………就職81.4%　進学14.6% ● **主な就職先**………教員（小中高他），地方公務員（市区町村・都道府県），国家公務員，信州大学など。		
経法学部		
		▶応用経済学科では学士（経済学），総合法律学科では学士（法学）の取得が可能。
応用経済	100	▷最先端の経済学を基礎から応用まで学び，現代社会が抱えるさまざまな問題への対応策を論理的に検討できる人材を育成。３年進学時に経済・経営データ分析，公共経済，マネジメントの３コースに分かれ，専門性高い知識を習得する。
総合法律	80	▷実務に接続する法学を基礎から実践まで幅広く学ぶ。３年進級時に，出口（就職や資格取得）から設計された，環境法務，都市・行政法務，経済・企業法務の３コースから選択。コース専門科目を通じてそれぞれの進路で求められる能力を身につけ，実際に使いこなす実践能力を養う。
● **進路状況**…………就職85.9%　進学4.7% ● **主な就職先**………地方公務員（市区町村・都道府県），国家公務員，八十二銀行，長野県農業協同組合中央会，カチタス，クボタ，ニトリ，税理士法人成迫会計事務所など。		
理学部		
数	54	▷数学を中心に，物理学やコンピュータも含めて，数学と自然界の関わりを総合的に学ぶ。数理科学コースと自然情報学コースの２コース制。
理	151	▷専門分野についての深い知識を有するとともに，専門分野を越えた課題にも柔軟に対処できる人材を養成する。〈物理学コース34名，化学コース34名，地球学コース29名，生物学コース29名，物質循環学コース25名〉

 キャンパスアクセス ［松本キャンパス］ JR—松本よりバス約15分

● 取得可能な資格…教職（数・理），学芸員，測量士補など。
● 進路状況…………就職38.2％　進学57.8％
● 主な就職先………教員（中高他），国家公務員，地方公務員（市区町村・都道府県），ナガセ，八十二銀行，NTTビジネスソリューションズ，ソフトバンクなど。

医学部		
医	120	▷１年次から臨床体験実習を行うなど，６年一貫教育で医師に求められる知識や技能はもちろん，知的好奇心，豊かな人間性を養う。
保健	143	▷各職種の専門性を追求するだけなく，多様化する保健医療福祉に対応する連携教育を基礎教育から展開。〈看護学専攻70名，検査技術科学専攻37名，理学療法学専攻18名，作業療法学専攻18名〉

● 取得可能な資格…教職（養護二種），医師・看護師・臨床検査技師・理学療法士・作業療法士受験資格など。
● 進路状況…………［医］初期臨床研修医94.8％　［保健］就職87.3％　進学12.0％
● 主な就職先………［保健］信州大学医学部附属病院，地方公務員（市区町村・都道府県），相澤病院，千葉大学医学部附属病院，長野赤十字病院など。

工学部		
物質化	95	▷先進材料工学，分子工学，バイオ・プロセス工学の３プログラムを展開。化学を基礎とした先端的な材料・機能物質・バイオテクノロジー分野の教育研究を行う。
電子情報システム工	170	▷電気電子，通信システム，情報システムの３プログラム制。エレクトロニクス，コミュニケーション，コンピューティングについて基礎から応用までの一貫した教育研究を行う。
水環境・土木工	60	▷水環境と土木を２つの教育プログラムとして展開。土木と水の観点から未来を設計できる技術者を育成する。
機械システム工	100	▷機械工学をベースに環境機械，機械物理，精密知能機械の３プログラム。産業応用に広く対応したカリキュラムを編成し，柔軟な発想と創造性に富む機械系エンジニアを育成する。
建築	60	▷建築学，工芸デザインの２つのプログラム。建築，都市，地球全体から工芸，インテリアまでを俯瞰し，地域の文化や歴史を踏まえて未来を見通す視点を養う。

● 取得可能な資格…教職（数・理・情・工業），測量士補，１・２級建築士受験資格など。
● 進路状況…………就職31.2％　進学66.7％
● 主な就職先………地方公務員（都道府県・市区町村），新光電気工業，セイコーエプソン，国家公務員，一条工務店，西日本高速道路，エヌ・ティ・ティ・コムウェア，クボタなど。

農学部		
農学生命科	170	▷生命機能科学，動物資源生命科学，植物資源科学，森林・環境共生学の４コース。広大なフィールドを活用した教育・研究で，自然と人が共生する持続的社会を創造する。

● 取得可能な資格…教職（理・農），測量士補など。
● 進路状況…………就職48.9％　進学39.8％
● 主な就職先………地方公務員（都道府県・市区町村），国家公務員，タキイ種苗，テイコク，UCC上島珈琲，オイシックス・ラ・大地，サイバーエージェントなど。

繊維学部		
先進繊維・感性工	65	▷２年次から先進繊維工学，感性工学の２コースに分属。繊維の素材から製品評価まで幅広い製品開発の知識と技術を身につける。

キャンパスアクセス ［長野（教育）キャンパス］JR一長野よりバス約10分

機械・ロボット	60	▷２年次から機能機械学，バイオエンジニアリングの２コースに分属。生物の構造や機能を知り，機械やロボットの設計に生かす技術を学ぶ。
化学・材料	105	▷新しい有機・無機素材，ナノテクノロジーによる新素材，炭素繊維を利用した軽くて丈夫な複合材料，高性能環境浄化触媒，新世代高性能電池，機能性高分子，半導体材料，バイオマテリアルなどの先端的研究を行う。
応用生物科	50	▷農学や工学，環境科学の知識を駆使し，持続可能な社会の構築に有益な技術の開発をめざす。最新の昆虫科学や生体高分子などの生物繊維科学も学べる。

- 取得可能な資格…教職（理・工業）など。
- 進路状況…………就職15.6%　進学81.6%
- 主な就職先………オカムラ，コーセーインダストリーズ，ミネベアミツミ，教員（高校・中等学科），新光電気工業，地方公務員（都道府県），東洋紡，日産自動車など。

▶キャンパス

人文・経法・理・医・全学教育機構……［松本キャンパス］長野県松本市旭3-1-1
教育……［長野（教育）キャンパス］長野県長野市大字西長野6のロ
工……［長野（工学）キャンパス］長野県長野市若里4-17-1
農……［伊那キャンパス］長野県上伊那郡南箕輪村8304
繊維……［上田キャンパス］長野県上田市常田3-15-1

2025年度入試要項（予告）

●募集人員

学部／学科・課程（コース・専攻）		前期	後期
▶人文	人文	135	20
▶教育	学校教育教員養成（現代）	10	—
	（野外）	4	2
	（国語）	12	—
	（英語）	10	2
	（社会科）	14	3
	（数学）	18	3
	（理科）	15	6
	（音楽）	8	3
	（図画工作・美術）	6	3
	（保健体育）	7	2
	（ものづくり・技術）	6	4
	（家庭科）	11	3
	（特別支援）	12	5
	（心理支援）	7	—
▶経法	応用経済	60	—
	総合法律	60	—
▶理	数	24	30
	理（物理学）	20	14
	（化学）	17	17
	（地球学）	10	15
	（生物学）	15	14
	（物質循環学）	13	12
▶医	医	85	—
	保健（看護学）	45	5
	（検査技術科学）	27	5
	（理学療法学）	12	—
	（作業療法学）	11	2
▶工	物質化	70	17
	電子情報システム工	105	35
	水環境・土木工	38	14
	機械システム工	65	20
	建築	44	14
▶農	農学生命科（生命機能科学）	23	36
	（動物資源生命科学）	23	
	（植物資源科学）	23	
	（森林・環境共生学）	23	
▶繊維	先進繊維・感性工	27	12
	機械・ロボット	24	23
	化学・材料	53	29
	応用生物科	23	15

●２段階選抜

医学部医学科の志願者数が募集人員の４倍を超えた場合に行う。
注）２段階選抜は2024年度の実績です。-

キャンパスアクセス［長野（工学）キャンパス］JR―長野より徒歩約20分またはバス約5～8分
［伊那キャンパス］JR飯田線―伊那市よりバス約17分

▷共通テストの英語はリスニングを含む。
▷共通テストの地歴・公民から２科目選択する場合，「公・倫」と「公・政経」の組み合わせ，および「地総・歴総・公から２」で選択した科目と同一科目名を含む組み合わせは不可。
▷理学部では調査書の点数化は行わなず，「主体性を持ち多様な人々と協働しつつ学習する態度」の参考とする。

人文学部

前期　[共通テスト(500)]　4〜3科目　①外(200)▶英・独・仏・中・韓から１　②③**国**・「**数**・**情**」(200)▶国・「〈数Ⅰ・(数Ⅰ・数Ａ)から１〉・〈数Ⅱ・数Ｂ・数Ｃ〉・情Ⅰから２」から１　④**地歴・公民・理**(100)▶「地総・地探」・「歴総・日探」・「歴総・世探」・「公・倫」・「公・政経」・「物基・化基・生基・地学基から２」・物・化・生・地学から１

[個別学力検査(450)]　2科目　①**総合問題**(400)　②**調査書**(50)

後期　[共通テスト(450)]　7科目　①**国**(100)　②**外**(100)▶英・独・仏・中・韓から１　③④**地歴・公民**(50×2)▶「地総・地探」・「歴総・日探」・「歴総・世探」・「公・倫」・「公・政経」から２　⑤**数**(50)▶数Ⅰ・「数Ⅰ・数Ａ」・「数Ⅱ・数Ｂ・数Ｃ」から１　⑥**理**(50)▶「物基・化基・生基・地学基から２」・物・化・生・地学から１　⑦**情**(50)▶情Ⅰ

[個別学力検査(250)]　2科目　①**小論文**(200)　②**調査書**(50)

教育学部

前期　**【学校教育教員養成課程〈現代／数学／心理支援〉】**[共通テスト(900)]　7科目　①**国**(200)　②**外**(200)▶英　③**地歴・公民**(100)▶「地総・歴総・公から２」・「地総・地探」・「歴総・日探」・「歴総・世探」・「公・倫」・「公・政経」から１　④⑤**数**(100×2)▶「数Ⅰ・〈数Ⅰ・数Ａ〉から１」・「数Ⅱ・数Ｂ・数Ｃ」　⑥**理**(100)▶「物基・化基・生基・地学基から２」・物・化・生・地学から１　⑦**情**(100)▶情Ⅰ

【学校教育教員養成課程〈現代／心理支援〉】[個別学力検査(350)]　2科目　①**国・外・数**(300)▶「現国・言語・論国・文国・国表・古典」・「英コミュⅠ・英コミュⅡ・英コミュⅢ・論表Ⅰ・論表Ⅱ」・「数Ⅰ・数Ⅱ・数Ⅲ・数Ａ(図形・場合)・数Ｂ(数列)・数Ｃ(ベク・平面)」から１　②**面接・調査書**(50)▶口頭試問を含む，参考資料として調査書を活用

【学校教育教員養成課程〈数学〉】[個別学力検査(350)]　2科目　①**数**(300)▶数Ⅰ・数Ⅱ・数Ⅲ・数Ａ(図形・場合)・数Ｂ(数列)・数Ｃ(ベク・平面)　②**面接・調査書**(50)▶口頭試問を含む，参考資料として調査書を活用

【学校教育教員養成課程〈野外／国語／英語／音楽／図画工作・美術／保健体育／家庭科／特別支援〉】[共通テスト(850)]　7科目　①**国**(200)　②**外**(200)▶英　③**地歴・公民**(100)▶「地総・歴総・公から２」・「地総・地探」・「歴総・日探」・「歴総・世探」・「公・倫」・「公・政経」から１　④⑤**数**(100×2)▶「数Ⅰ・〈数Ⅰ・数Ａ〉から１」・「数Ⅱ・数Ｂ・数Ｃ」　⑥**理**(100)▶「物基・化基・生基・地学基から２」・物・化・生・地学から１　⑦**情**(50)▶情Ⅰ

【学校教育教員養成課程〈野外／音楽／保健体育〉】[個別学力検査(350)]　2科目　①**実技**(300)　②**面接・調査書**(50)▶口頭試問を含む，参考資料として調査書を活用

【学校教育教員養成課程〈国語〉】[個別学力検査(350)]　2科目　①**国**(300)▶現国・言語・論国・文国・国表・古典　②**面接・調査書**(50)▶プレゼンテーション・口頭試問を含む，参考資料として調査書を活用

【学校教育教員養成課程〈英語〉】[個別学力検査(350)]　2科目　①**外**(300)▶英コミュⅠ・英コミュⅡ・英コミュⅢ・論表Ⅰ・論表Ⅱ　②**面接・調査書**(50)▶口頭試問を含む，参考資料として調査書を活用

【学校教育教員養成課程〈図画工作・美術〉】[個別学力検査(350)]　2科目　①**実技・小論文**(300)▶実技(美術)・小論文から１　②**調査書等**(50)

【学校教育教員養成課程〈家庭科／特別支援〉】[個別学力検査(350)]　2科目　①**国・外・数**(300)▶「現国・言語・論国・文国・国表・古典」・「英コミュⅠ・英コミュⅡ・英コミュⅢ・論表Ⅰ・論表Ⅱ」・「数Ⅰ・数Ⅱ・数Ａ(図形・場合)・数Ｂ(数列)・数Ｃ(ベク・平面)」から１　②**面接・調査書**(50)▶口頭試問を含む，参考資料として調査書を活用

キャンパスアクセス　[上田キャンパス]　JR・しなの鉄道—上田よりバス約３分

【学校教育教員養成課程〈社会科〉】［共通テスト(950)］ 8科目 ①国(200) ②外(200) ▶英 ③④**地歴・公民**(100×2) ▶「地総・地探」・「歴総・日探」・「歴総・世探」・「公・倫」・「公・政経」から２ ⑤⑥**数**(100×2) ▶「数Ⅰ・〈数Ⅰ・数Ａ〉から１」・「数Ⅱ・数Ｂ・数Ｃ」 ⑦**理**(100) ▶「物基・化基・生基・地学基から２」・物・化・生・地学から１ ⑧**情**(50) ▶情Ⅰ
［個別学力検査(350)］ 3科目 ①**国・外**(150) ▶「現国・言語・論国・文国・国表・古典」・「英コミュⅠ・英コミュⅡ・英コミュⅢ・論表Ⅰ・論表Ⅱ」から１ ②**小論文**(150) ③**面接・調査書**(50) ▶口頭試問を含む，参考資料として調査書を活用

【学校教育教員養成課程〈理科〉】［共通テスト(1000)］ 8科目 ①国(200) ②外(200) ▶英 ③**地歴・公民**(100) ▶「地総・歴総・公から２」・「地総・地探」・「歴総・日探」・「歴総・世探」・「公・倫」・「公・政経」から１ ④⑤**数**(100×2) ▶「数Ⅰ・〈数Ⅰ・数Ａ〉から１」・「数Ⅱ・数Ｂ・数Ｃ」 ⑥⑦**理**(100×2) ▶物・化・生・地学から２ ⑧**情**(100) ▶情Ⅰ
［個別学力検査(350)］ 3〜2科目 ①**面接・調査書**(50) ▶口頭試問を含む，参考資料として調査書を活用 ②③**数・理**(300) ▶「数Ⅰ・数Ⅱ・数Ⅲ・数Ａ（図形・場合）・数Ｂ（数列）・数Ｃ（ベク・平面）」・「〈数Ⅰ・数Ⅱ・数Ａ（図形・場合）・数Ｂ（数列）・数Ｃ（ベク・平面）〉・〈物基・物〉・〈化基・化〉・〈生基・生〉・〈地学基・地学〉から２」から１

【学校教育教員養成課程〈ものづくり・技術〉】［共通テスト(1000)］ 8科目 ①国(200) ②**外**(200) ▶英 ③**地歴・公民**(100) ▶「地総・歴総・公から２」・「地総・地探」・「歴総・日探」・「歴総・世探」・「公・倫」・「公・政経」から１ ④⑤**数**(100×2) ▶「数Ⅰ・〈数Ⅰ・数Ａ〉から１」・「数Ⅱ・数Ｂ・数Ｃ」 ⑥⑦**理**(100×2) ▶「物基・化基・生基・地学基から２」・物・化・生・地学から２ ⑧**情**(100) ▶情Ⅰ
［個別学力検査(350)］ 3〜2科目 ①**面接・調査書**(50) ▶口頭試問を含む，参考資料として調査書を活用 ②③**数・理**(300) ▶「数Ⅰ・数Ⅱ・数Ⅲ・数Ａ（図形・場合）・数Ｂ（数列）・数Ｃ（ベク・平面）」・「〈数Ⅰ・数Ⅱ・数Ａ（図形・場合）・数Ｂ（数列）・数Ｃ（ベク・平面）〉・〈物基・物〉・〈化基・化〉・〈生基・生〉・〈地学基・地学〉から２」から１

後期 【学校教育教員養成課程〈野外／図画工作・美術／保健体育〉】［共通テスト(650)］ 5科目 ①国(200) ②**外**(200) ▶英 ③**情**(50) ▶情Ⅰ ④⑤「**地歴・公民**」・**数**・**理**(100×2) ▶「〈地総・歴総・公から２〉・〈地総・地探〉・〈歴総・日探〉・〈歴総・世探〉・〈公・倫〉・〈公・政経〉から１」・「〈数Ⅰ・（数Ⅰ・数Ａ）から１〉・〈数Ⅱ・数Ｂ・数Ｃ〉」・「〈物基・化基・生基・地学基から２〉・物・化・生・地学から１」から２

【学校教育教員養成課程〈野外／保健体育〉】［個別学力検査(300)］ 1科目 ①**実技・調査書**(300) ▶運動，参考資料として調査書を活用

【学校教育教員養成課程〈図画工作・美術〉】［個別学力検査(300)］ 1科目 ①**面接・調査書**(300) ▶口頭試問を含む，参考資料として調査書を活用

【学校教育教員養成課程〈英語〉】［共通テスト(850)］ 7科目 前期と同じ
［個別学力検査(300)］ 1科目 ①**面接・調査書**(300) ▶口頭試問を含む，参考資料として調査書を活用

【学校教育教員養成課程〈社会科〉】［共通テスト(650)］ 8科目 ①国(100) ②外(100) ▶英 ③④**地歴・公民**(100×2) ▶「地総・地探」・「歴総・日探」・「歴総・世探」・「公・倫」・「公・政経」から２ ⑤⑥**数**(50×2) ▶「数Ⅰ・〈数Ⅰ・数Ａ〉から１」・「数Ⅱ・数Ｂ・数Ｃ」 ⑦**理**(100) ▶「物基・化基・生基・地学基から２」・物・化・生・地学から１ ⑧**情**(50) ▶情Ⅰ
［個別学力検査(300)］ 1科目 ①**面接・調査書**(300) ▶口頭試問を含む，参考資料として調査書を活用

【学校教育教員養成課程〈数学〉】［共通テスト(700)］ 7科目 ①国(120) ②**外**(120) ▶英 ③**地歴・公民**(70) ▶「地総・歴総・公から２」・「地総・地探」・「歴総・日探」・「歴総・世探」・「公・倫」・「公・政経」から１ ④⑤**数**(85×2) ▶「地総・歴総・公から２」・「地総・地探」・「歴総・日探」・「歴総・世探」・「公・倫」・「公・政経」 ⑥**理**(120) ▶「物基・化基・生基・地学基から２」・物・化・生・地学から1 ⑦**情**(100) ▶情Ⅰ
［個別学力検査(300)］ 1科目 ①**面接・調査書**

書(300) ▶口頭試問を含む，参考資料として調査書を活用

【学校教育教員養成課程〈理科〉】 **[共通テスト(700)]** **7科目** ①**国**(50) ②**外**(100) ▶英 ③**地歴・公民**(50) ▶「地総・歴総・公から2」・「地総・地探」・「歴総・日探」・「歴総・世探」・「公・倫」・「公・政経」から1 ④⑤**数**(100×2) ▶「数Ⅰ・〈数Ⅰ・数A〉から1」・「数Ⅱ・数B・数C」 ⑥**理**(100) ▶物・化・生・地学から1 ⑦**情**(100) ▶情Ⅰ

[個別学力検査(300)] **1科目** ①**面接・調査書**(300) ▶口頭試問を含む，参考資料として調査書を活用

【学校教育教員養成課程〈音楽〉】 **[共通テスト(650)]** **4科目** ①**国**(200) ②**外**(200) ▶英 ③**情**(50) ▶情Ⅰ ④**地歴・公民・数・理**(200) ▶「〈地総・歴総・公から2〉・〈地総・地探〉・〈歴総・日探〉・〈歴総・世探〉・〈公・倫〉・〈公・政経〉から1」・「〈数Ⅰ・(数Ⅰ・数A)から1〉・〈数Ⅱ・数B・数C〉」・「〈物基・化基・生基・地学基から2〉・物・化・生・地学から1」から1

[個別学力検査(300)] **1科目** ①**実技・調査書**(300) ▶音楽，参考資料として調査書を活用

【学校教育教員養成課程〈ものづくり・技術〉】 **[共通テスト(700)]** **7科目** ①**国**(50) ②**外**(100) ▶英 ③**地歴・公民**(50) ▶「地総・歴総・公から2」・「地総・地探」・「歴総・日探」・「歴総・世探」・「公・倫」・「公・政経」から1 ④⑤**数**(100×2) ▶「数Ⅰ・〈数Ⅰ・数A〉から1」・「数Ⅱ・数B・数C」 ⑥**理**(200) ▶「物基・化基・生基・地学基から2」・物・化・生・地学から1 ⑦**情**(100) ▶情Ⅰ

[個別学力検査(300)] **1科目** ①**面接・調査書**(300) ▶口頭試問を含む，参考資料として調査書を活用

【学校教育教員養成課程〈家庭科／特別支援〉】 **[共通テスト(650)]** **7科目** ①**国**(150) ②**外**(150) ▶英 ③**地歴・公民**(75) ▶「地総・歴総・公から2」・「地総・地探」・「歴総・日探」・「歴総・世探」・「公・倫」・「公・政経」から1 ④⑤**数**(75×2) ▶「数Ⅰ・〈数Ⅰ・数A〉から1」・「数Ⅱ・数B・数C」 ⑥**理**(75) ▶「物基・化基・生基・地学基から2」・物・化・生・地学から1 ⑦**情**(50) ▶情Ⅰ

[個別学力検査(300)] **1科目** ①**面接・調査書**(300) ▶口頭試問を含む，参考資料として調査書を活用

【学校教育教員養成課程〈特別支援〉】 **[共通テスト(700)]** **7科目** ①**国**(150) ②**外**(150) ▶英 ③**地歴・公民**(100) ▶「地総・歴総・公から2」・「地総・地探」・「歴総・日探」・「歴総・世探」・「公・倫」・「公・政経」から1 ④⑤**数**(75×2) ▶「数Ⅰ・〈数Ⅰ・数A〉から1」・「数Ⅱ・数B・数C」 ⑥**理**(100) ▶「物基・化基・生基・地学基から2」・物・化・生・地学から1 ⑦**情**(50) ▶情Ⅰ

[個別学力検査(250)] **1科目** ①**面接・調査書**(250) ▶口頭試問を含む，参考資料として調査書を活用

経法学部

前期 **[共通テスト(900)]** **7科目** ①**国**(200) ②**外**(200) ▶英 ③④**数**(100×2) ▶「数Ⅰ・数A」・「数Ⅱ・数B・数C」 ⑤**情**(100) ▶情Ⅰ ⑥⑦**地歴・公民・理**(100×2) ▶「地総・地探」・「歴総・日探」・「歴総・世探」・「公・倫」・「公・政経」・物・化・生・地学から2

[個別学力検査(250)] **2科目** ①**国・外・数**(200) ▶「現国・現文・論国・文国・国表」・「英コミュⅠ・英コミュⅡ・英コミュⅢ・論表Ⅰ・論表Ⅱ・論表Ⅲ」・「数Ⅰ・数Ⅱ・数A(図形・場合)・数B(数列)・数C(ベク)」から1 ②**調査書**(50)

理学部

前期 **【数学科・理学科〈物質循環学コース〉】** **[共通テスト(925)]** **8科目** ①**国**(200) ②**外**(200) ▶英・独・仏・中・韓から1 ③**地歴・公民**(100) ▶「地総・歴総・公から2」・「地総・地探」・「歴総・日探」・「歴総・世探」・「公・倫」・「公・政経」から1 ④⑤**数**(100×2) ▶「数Ⅰ・数A」・「数Ⅱ・数B・数C」 ⑥⑦**理**(100×2) ▶物・化・生・地学から2 ⑧**情**(25) ▶情Ⅰ

【数学科】 **[個別学力検査(600)]** **2科目** ①**数**(600) ▶数Ⅰ・数Ⅱ・数Ⅲ・数A(図形・場合)・数B(数列)・数C(ベク・平面) ②**調査書**

【理学科〈物質循環学コース〉】 **[個別学力検査(600)]** **2科目** ①**理**(600) ▶「物基・物」・「化基・化」・「生基・生」から1 ②**調査書**

【理学科〈物理学コース〉】［共通テスト(925)］ 8科目 ①国(200) ②外(200)▶英・独・仏・中・韓から1 ③地歴・公民(100)▶「地総・歴総・公から2」・「地総・地探」・「歴総・日探」・「歴総・世探」・「公・倫」・「公・政経」から1 ④⑤数(100×2)▶「数Ⅰ・数A」・「数Ⅱ・数B・数C」 ⑥⑦理(100×2)▶物必須，化・生・地学から1 ⑧情(25)▶情Ⅰ

［個別学力検査(400)］ 2科目 ①理(400)▶物基・物 ②調査書

【理学科〈化学コース〉】［共通テスト(925)］ 8科目 ①国(200) ②外(200)▶英・独・仏・中・韓から1 ③地歴・公民(100)▶「地総・歴総・公から2」・「地総・地探」・「歴総・日探」・「歴総・世探」・「公・倫」・「公・政経」から1 ④⑤数(100×2)▶「数Ⅰ・数A」・「数Ⅱ・数B・数C」 ⑥⑦理(100×2)▶化必須，物・生・地学から1 ⑧情(25)▶情Ⅰ

［個別学力検査(400)］ 2科目 ①理(400)▶化基・化 ②調査書

【理学科〈地球学コース〉】［共通テスト(925)］ 8科目 ①国(200) ②外(200)▶英・独・仏・中・韓から1 ③地歴・公民(100)▶「地総・歴総・公から2」・「地総・地探」・「歴総・日探」・「歴総・世探」・「公・倫」・「公・政経」から1 ④⑤数(100×2)▶「数Ⅰ・数A」・「数Ⅱ・数B・数C」 ⑥⑦理(100×2)▶「物基・化基・生基・地学基から2」・物・化・生・地学から2 ⑧情(25)▶情Ⅰ

［個別学力検査(300)］ 1科目 ①面接・調査書(300)▶口頭試問，参考資料として調査書を活用

【理学科〈生物学コース〉】［共通テスト(925)］ 8科目 ①国(200) ②外(200)▶英・独・仏・中・韓から1 ③地歴・公民(100)▶「地総・歴総・公から2」・「地総・地探」・「歴総・日探」・「歴総・世探」・「公・倫」・「公・政経」から1 ④⑤数(100×2)▶「数Ⅰ・数A」・「数Ⅱ・数B・数C」 ⑥⑦理(100×2)▶生必須，物・化・地学から1 ⑧情(25)▶情Ⅰ

［個別学力検査(400)］ 2科目 ①理(400)▶生基・生 ②調査書

後期 **【数学科・理学科〈物質循環学コース〉】［共通テスト(925)］** 8科目 前期と同じ

【数学科】［個別学力検査(750)］ 3科目 ①数(500)▶数Ⅰ・数Ⅱ・数Ⅲ・数A(図形・場合)・数B(数列)・数C(ベク・平面) ②理(250)▶「物基・物」・「化基・化」・「生基・生」・「地学基・地学」から1 ③調査書

【理学科〈物質循環学コース〉】［個別学力検査(900)］ 3科目 ①数(450)▶数Ⅰ・数Ⅱ・数A(図形・場合)・数B(数列)・数C(ベク・平面) ②理(450)▶「物基・物」・「化基・化」・「生基・生」・「地学基・地学」から1 ③調査書

【理学科〈物理学コース〉】［共通テスト(925)］ 8科目 前期と同じ

［個別学力検査(500)］ 3科目 ①数(300)▶数Ⅰ・数Ⅱ・数Ⅲ・数A(図形・場合)・数B(数列)・数C(ベク・平面) ②理(200)▶「物基・物」・「化基・化」・「生基・生」・「地学基・地学」から1 ③調査書

【理学科〈化学コース〉】［共通テスト(925)］ 8科目 前期と同じ

［個別学力検査(700)］ 3科目 ①数(350)▶数Ⅰ・数Ⅱ・数Ⅲ・数A(図形・場合)・数B(数列)・数C(ベク・平面) ②理(350)▶「物基・物」・「化基・化」・「生基・生」・「地学基・地学」から1 ③調査書

【理学科〈地球学コース〉】［共通テスト(925)］ 8科目 前期と同じ

［個別学力検査(800)］ 3科目 ①数(300)▶数Ⅰ・数Ⅱ・数Ⅲ・数A(図形・場合)・数B(数列)・数C(ベク・平面) ②理(500)▶「物基・物」・「化基・化」・「生基・生」・「地学基・地学」から1 ③調査書

【理学科〈生物学コース〉】［共通テスト(925)］ 8科目 ①国(200) ②外(200)▶英・独・仏・中・韓から1 ③地歴・公民(100)▶「地総・歴総・公から2」・「地総・地探」・「歴総・日探」・「歴総・世探」・「公・倫」・「公・政経」から1 ④⑤数(100×2)▶「数Ⅰ・数A」・「数Ⅱ・数B・数C」 ⑥⑦理(100×2)▶物・化・生・地学から2 ⑧情(25)▶情Ⅰ

［個別学力検査(800)］ 3科目 ①数(200)▶数Ⅰ・数Ⅱ・数Ⅲ・数A(図形・場合)・数B(数列)・数C(ベク・平面) ②理(600)▶「物基・物」・「化基・化」・「生基・生」・「地学基・地学」から1 ③調査書

医学部

前期 【医学科／保健学科〈看護学専攻／検査技術科学専攻／理学療法学専攻〉】［共通テスト(500)］ 8科目 ①国(100) ②外(100) ▶英 ③地歴・公民(50) ▶「地総・歴総・公から2」・「地総・地探」・「歴総・日探」・「歴総・世探」・「公・倫」・「公・政経」から1 ④⑤数(50×2) ▶「数Ⅰ・数A」・「数Ⅱ・数B・数C」 ⑥⑦理(50×2) ▶物・化・生から2 ⑧情(50) ▶情Ⅰ

【医学科】［個別学力検査(600)］ 5科目 ①外(150) ▶英コミュⅠ・英コミュⅡ・英コミュⅢ・論表Ⅰ・論表Ⅱ・論表Ⅲ ②数(150) ▶数Ⅰ・数Ⅱ・数Ⅲ・数A(図形・場合)・数B(数列)・数C(ベク・平面) ③④理(75×2) ▶「物基・物」・「化基・化」「生基・生」から2 ⑤面接・調査書等(150) ▶参考資料として調査書を活用
※著しく評価が低い場合，不合格とすることがある。

【保健学科〈看護学専攻/検査技術科学専攻/理学療法学専攻〉】［個別学力検査(450)］ 3科目 ①外(200) ▶英コミュⅠ・英コミュⅡ・英コミュⅢ・論表Ⅰ・論表Ⅱ・論表Ⅲ ②数(200) ▶数Ⅰ・数Ⅱ・数A(図形・場合)・数B(数列)・数C(ベク) ③調査書(50)

【保健学科〈作業療法学専攻〉】［共通テスト(500)］ 7科目 ①国(100) ②外(100) ▶英 ③地歴・公民(50) ▶「地総・歴総・公から2」・「地総・地探」・「歴総・日探」・「歴総・世探」・「公・倫」・「公・政経」から1 ④⑤数(50×2) ▶「数Ⅰ・数A」・「数Ⅱ・数B・数C」 ⑥⑦理(100) ▶「物基・化基・生基から2」・物・化・生から1 ⑦情(50) ▶情Ⅰ

［個別学力検査(450)］ 3科目 ①外(200) ▶英コミュⅠ・英コミュⅡ・英コミュⅢ・論表Ⅰ・論表Ⅱ・論表Ⅲ ②数(200) ▶数Ⅰ・数Ⅱ・数A(図形・場合)・数B(数列)・数C(ベク・平面) ③調査書(50)

後期 【保健学科〈看護学専攻〉】［共通テスト(500)］ 8科目 前期と同じ

［個別学力検査(200)］ 1科目 ①面接・調査書(200) ▶参考資料として調査書を活用

【保健学科〈検査技術科学専攻〉】［共通テスト(850)］ 8科目 ①国(100) ②外(200) ▶英 ③地歴・公民(50) ▶「地総・歴総・公から2」・「地総・地探」・「歴総・日探」・「歴総・世探」・「公・倫」・「公・政経」から1 ④⑤数(100×2) ▶「数Ⅰ・数A」・「数Ⅱ・数B・数C」 ⑥⑦理(100×2) ▶物・化・生から2 ⑧情(100) ▶情Ⅰ

［個別学力検査(200)］ 1科目 ①面接・調査書(200) ▶参考資料として調査書を活用

【保健学科〈作業療法学専攻〉】［共通テスト］ 7科目 前期と同じ

［個別学力検査(200)］ 1科目 ①面接・調査書(200) ▶参考資料として調査書を活用

工学部

前期 ［共通テスト(700)］ 8科目 ①国(100) ②外(200) ▶英 ③地歴・公民(50) ▶「地総・歴総・公から2」・「地総・地探」・「歴総・日探」・「歴総・世探」・「公・倫」・「公・政経」から1 ④⑤数(75×2) ▶「数Ⅰ・数A」・「数Ⅱ・数B・数C」 ⑥⑦理(75×2) ▶物・化・生・地学から2 ⑧情(50) ▶情Ⅰ

［個別学力検査(590)］【物質化学科】 3科目 ①数(280) ▶数Ⅰ・数Ⅱ・数Ⅲ・数A(図形・場合)・数B(数列)・数C(ベク・平面) ②理(280) ▶「物基・物」・「化基・化」から1 ③調査書(30)

【電子情報システム学科／水環境・土木工学科／機械システム工学科／建築学科】 3科目 ①数(280) ▶数Ⅰ・数Ⅱ・数Ⅲ・数A(図形・場合)・数B(数列)・数C(ベク・平面) ②理(280) ▶物基・物 ③調査書(30)

後期 【物質化学科】［共通テスト(800)］ 8科目 ①国(100) ②外(200) ▶英 ③地歴・公民(50) ▶「地総・歴総・公から2」・「地総・地探」・「歴総・日探」・「歴総・世探」・「公・倫」・「公・政経」から1 ④⑤数(100×2) ▶「数Ⅰ・数A」・「数Ⅱ・数B・数C」 ⑥⑦理(100×2) ▶物・化・生・地学から2 ⑧情(50) ▶情Ⅰ

［個別学力検査(300)］ 2科目 ①理(280) ▶化基・化 ②調査書(20)

【電子情報システム工学科／水環境・土木工学科／機械システム工学科／建築学科】［共通テスト(800)］ 8科目 ①国(100) ②外(200) ▶英 ③地歴・公民(50) ▶「地総・歴総・公から2」・「地総・地探」・「歴総・日探」・「歴総・世探」・「公・倫」・「公・政経」から1 ④⑤数

(100×2)▶「数Ⅰ・数A」・「数Ⅱ・数B・数C」⑥⑦**理**(100×2)▶物必須，化・生から1 ⑧**情**(50)▶情Ⅰ

[個別学力検査(300)] 2科目 ①**数**(280)▶数Ⅰ・数Ⅱ・数Ⅲ・数A(図形・場合)・数B(数列)・数C(ベク・平面) ②**調査書**(20)

農学部

前期 **[共通テスト(900)]** 8科目 ①**国**(100) ②**外**(200)▶英 ③**地歴・公民**(100)▶「地総・歴総・公から2」・「地総・地探」・「歴総・日探」・「歴総・世探」・「公・倫」・「公・政経」から1 ④⑤**数**(100×2)▶「数Ⅰ・数A」・「数Ⅱ・数B・数C」 ⑥⑦**理**(100×2)▶物・化・生・地学から2 ⑧**情**(100)▶情Ⅰ

[個別学力検査(450)] 3科目 ①②**数・理**(200×2)▶「数Ⅰ・数Ⅱ・数A(図形・場合)・数B(数列)・数C(ベク)」・「物基・物」・「化基・化」・「生基・生」から2 ③**調査書**

後期 **[共通テスト(900)]** 8科目 前期と同じ

[個別学力検査(250)] 2科目 ①**理**(200)▶「化基・化」・「生基・生」から1 ②**調査書**(50)

繊維学部

前期 **[共通テスト(500)]** 8科目 ①**国**(200) ②**外**(200)▶英 ③**地歴・公民**(100)▶「地総・歴総・公から2」・「地総・地探」・「歴総・日探」・「歴総・世探」・「公・倫」・「公・政経」から1 ④⑤**数**(100×2)▶「数Ⅰ・数A」・「数Ⅱ・数B・数C」 ⑥⑦**理**(100×2)▶物・化・生から2 ⑧**情**(50)▶情Ⅰ

※合計950点満点を500点満点に換算する。

【先進繊維・感性工学科／機械・ロボット学科／化学・材料学科】[個別学力検査(415)] 3科目 ①**数**(200)▶数Ⅰ・数Ⅱ・数Ⅲ・数A(図形・場合)・数B(数列)・数C(ベク・平面) ②**理**(200)▶「物基・物」・「化基・化」・「生基・生」から1 ③**調査書**(15)

【応用生物科学科】[個別学力検査(415)] 3科目 ①②**理**(200×2)▶「物基・物」・「化基・化」・「生基・生」から2 ③**調査書**(15)

後期 **[共通テスト(800)]** 8科目 前期と同じ

※合計950点満点を800点満点に換算する。

[個別学力検査(415)] 3科目 ①**数**(200)▶数Ⅰ・数Ⅱ・数Ⅲ・数A(図形・場合)・数B(数列)・数C(ベク・平面) ②**理**(200)▶「物基・物」・「化基・化」・「生基・生」から1 ③**調査書**(15)

その他の選抜

学校推薦型選抜Ⅰは教育学部(図画・美術)，経法学部，工学部，農学部，繊維学部，学校推薦型選抜Ⅱは教育学部(図画・美術，ものづくり・技術，家庭科を除く)，経法学部，医学部，総合型選抜Ⅰは教育学部(現代，国語，ものづくり・技術，特別支援，心理支援)，工学部，総合型選抜Ⅱは理学部(地球学)で募集。ほかに帰国生徒選抜，社会人選抜，私費外国人留学生入試を実施。

偏差値データ (2024年度)

●一般選抜

学部／学科・課程／コース・専攻	2024年度 駿台予備学校 合格目標ライン	2024年度 河合塾 ボーダー得点率	2024年度 河合塾 ボーダー偏差値	'23年度 競争率
●前期				
▶人文学部				
人文	49	71%	—	2.1
▶教育学部				
学校教育教員養成／現代教育	49	62%	52.5	1.9
／野外教育	45	59%	—	3.6
／国語教育	49	62%	47.5	—
／英語教育	50	61%	50	1.1
／社会科教育	50	65%	50	1.1
／数学教育	48	62%	47.5	1.9
／理科教育	48	58%	47.5	1.4
／音楽教育	43	58%	—	1.5
／図画工作・美術教育	41	53%	—	1.5
／保健体育	44	61%	—	2.3
／ものづくり・技術教育	45	53%	47.5	1.4
／家庭科教育	45	58%	47.5	1.5
／特別支援教育	46	61%	50	1.7
／心理支援教育	50	67%	52.5	1.5
▶経法学部				
応用経済	50	65%	52.5	1.3
総合法律	50	66%	52.5	1.4
▶理学部				
数	49	63%	52.5	2.5

理／物理学	49	65%	52.5	2.1
／化学	49	63%	50	1.5
／地球学	46	65%	—	1.9
／生物学	51	67%	55	2.2
／物質循環学	45	59%	50	1.9
▶医学部				
医	65	80%	65	3.2
保健／看護学	48	59%	52.5	3.0
／検査技術科学	49	64%	55	3.5
／理学療法学	50	65%	55	3.7
／作業療法学	48	59%	50	2.3
▶工学部				
物質化	47	61%	50	1.8
電子情報システム工	45	65%	50	2.0
水環境・土木工	44	60%	47.5	1.3
機械システム工	44	63%	50	2.7
建築	46	68%	52.5	3.1
▶農学部				
農学生命科／生命機能科学	48	65%	47.5	1.5
／動物資源生命科学	49	62%	47.5	1.4
／植物資源科学	48	62%	47.5	1.3
／森林・環境共生学	48	66%	50	1.6
▶繊維学部				
先進繊維・感性工	48	63%	50	1.4
機械・ロボット工学	47	64%	50	1.5
化学・材料	48	61%	47.5	1.9
応用生物科	48	64%	50	1.9
●後期				
▶人文学部				
人文	50	75%	—	4.1
▶教育学部				
学校教育教員養成／現代教育	49	64%	—	3.0
／野外教育	46	62%	—	15.5
／国語教育	49	63%	—	2.5
／英語教育	50	63%	—	1.0
／社会科教育	49	67%	—	4.0
／数学教育	48	67%	—	2.3
／理科教育	48	60%	—	1.6
／音楽教育	43	63%	—	3.0
／図画工作・美術教育	41	58%	—	1.7
／保健体育	45	67%	—	3.0
／ものづくり・技術教育	45	57%	—	1.8
／家庭科教育	46	60%	—	2.3
／特別支援教育	47	62%	—	1.2
／心理支援教育	50	68%	—	2.0
▶理学部				
数	50	69%	52.5	1.8
理／物理学	50	71%	52.5	1.4
／化学	50	67%	52.5	2.1
／地球学	47	71%	52.5	2.1
／生物学	52	73%	55	2.3
／物質循環学	46	67%	52.5	2.0
▶医学部				
保健／看護	49	65%	—	2.2
／検査技術科学	50	73%	—	2.7
／作業療法学	49	68%	—	2.3
▶工学部				
物質化	48	73%	52.5	1.7
電子情報システム工	46	72%	50	1.7
水環境・土木工	45	68%	50	1.8
機械システム工	45	70%	50	1.6
建築	47	73%	55	3.3
▶農学部				
農学生命科	50	71%	55	2.6
▶繊維学部				
先進繊維・感性工	49	66%	50	3.1
機械・ロボット工学	49	67%	50	1.2
化学・材料	50	64%	50	2.0
応用生物科	49	67%	52.5	2.1

- 駿台予備学校合格目標ラインは合格可能性80%に相当する駿台模試の偏差値です。
- 河合塾ボーダー得点率は合格可能性50%に相当する共通テストの得点率です。また，ボーダー偏差値は合格可能性50%に相当する河合塾全統模試の偏差値です。
- 競争率は受験者÷合格者の実質倍率

岐阜(ぎふ)大学

資料請求

問合せ先 入試課 ☎058-293-2156・2157

●岐阜大学キャンパス……〒501-1193 岐阜県岐阜市柳戸1-1

大学の理念

岐阜農専，岐阜師範，青師を統合して1949（昭和24）年に発足。1964（昭和39）年に，岐阜県立医科大学を併合し医学部を設置した。岐阜市北西部に位置する自然に恵まれた64万平方メートルの広大な敷地内には，医学部附属病院やさまざまな教育研究，各種学生サポート施設が設置され，最先端の設備と充実した教育環境のもとで，バラエティに富む学問領域と，豊富な教授陣を有した多様な教育を展開。大学を「人が育つ場所」とし，「学び，究め，貢献する大学」の理念のもと「知の伝承と創造」を追求し続けている。2020年４月に名古屋大学と法人統合を行い，国立大学法人東海国立大学機構を創設。語学や数理・データサイエンス教育の拡充，糖鎖科学，航空宇宙生産技術，医療情報，農学分野で世界水準の研究を展開する拠点整備を推進している。

基本データ

学生数▶5,619名（男3,342名，女2,277名）

専任教員数▶教授243名，准教授225名，講師36名

設置学部▶教育，地域科，医，工，応用生物科，社会システム経営学環

併設教育機関▶大学院一医学系（M・D），教育学（M・P），地域科学・自然科学技術（以上M），工学・連合農学・共同獣医学・連合創薬医療情報（以上D）

就職・卒業後の進路

就職率 96.4%（就職者÷希望者×100）

●**就職支援**　就職支援室では，自己分析や業界・企業研究から履歴書・エントリーシートの書き方，就職マナーや面接対策まで就職活動全般についての就活支援ガイダンスを実施，続く就活セミナーでは，採用試験で広く実施されているグループディスカッションやグループ面接について実践形式の講座を開講。また，専任の相談員やスタッフが個別相談にも対応。各学部でも就職担当教員が相談対応や求人情報の提供を行ってる。そのほか，学生有志が企画・運営する合同企業説明会「学生企業展」を毎年開催している。

進路指導者も必見 学生を伸ばす 面倒見

初年次教育

「初年次セミナー」で学問や大学教育全体に対する動機づけ，レポート・論文の書き方，プレゼン技法，ITの基礎技術，情報収集や資料整理の方法を学ぶほか，論理的思考や問題発見・解決方法の向上を図っている

学修サポート

全学部でTA・SA制度，オフィスアワー制度を，教育・医・工・社会では教員1人が学生12～15人を担当する教員アドバイザー制度を導入。また，日本語・英語の文書作成を支援するアカデミック・コア，イングリッシュセンターを設置。アカデミック・コアでは学習相談，テスト対策にも対応

オープンキャンパス（2023年度実績）　8月8～10日に来場型のオープンキャンパスを開催。事前予約が必要な企画はHPにて申込。一部オンラインによる企画も実施。学部説明会や模擬講義，相談会，体験型イベントなど。

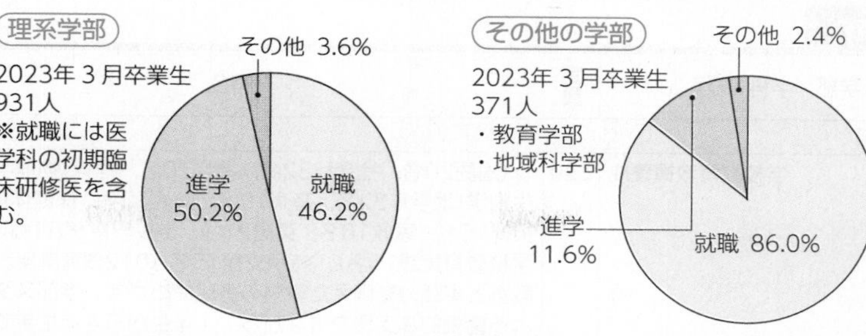

主なOB・OG▶［教育］森裕城（政治学者），［農］土川健之（日本中央競馬会第14代理事長），［教育］かわら長介（放送作家），［農］塩見美喜子（科学者）など。

国際化・留学　大学間 49 大学・部局間 63 大学

受入れ留学生数▶43名(2023年5月1日現在)

留学生の出身国▶中国，インドネシア，ベトナム，マレーシアなど。

外国人専任教員▶教授８名，准教授10名，講師１名，（2023年５月１日現在）

外国人専任教員の出身国▶中国，韓国，イギリス，マレーシア，ドイツ，フランスなど。

大学間交流協定▶49大学（交換留学先45大学，2023年9月1日現在）

部局間交流協定▶63大学（交換留学先37大学，2023年9月1日現在）

海外への留学生数▶渡航型112名／年（23カ国・地域，2022年度）

海外留学制度▶学術交流協定を締結している大学への語学力の向上，専門科目の単位取得を目的とした交換留学（原則１年以内，授業料等免除）や，その国の言語や文化を集中的に学ぶ短期派遣プログラムを実施。英語を第二言語として習得することを目的としたESLや科学英語と研究室体験を融合したESTサマースクール（カナダアルバータ大学），文化体験やワークショップ等を行うスプリングプログラム（インド工科大学グワハティ校）などがある。ほかにも各学部が主催するショートプログラム（２～３週間）やインターンシップなどが授業の一環として実施されている。

学費・奨学金制度　給付型奨学金総額 年間 912 万円

入学金▶282,000円

年間授業料（施設費等を除く）▶535,800円

年間奨学金総額▶9,120,000円

年間奨学金受給者数▶24人

主な奨学金制度▶人物および学業成績が優秀な学生に月額３万円を１年間給付する「岐阜大学応援奨学生」や，学業成績優秀な工学部または応用生物科学部の１年次生を対象に年額40万円を給付する「岐阜大学創立70周年記念アピ奨学金」などを設置。

保護者向けインフォメーション

- **公開授業**　応生・社会で入学後に実施。
- **成績表**　医学科２～５年生の成績表を郵送。
- **懇談会**　教育学部新入生保護者と各講座教員との懇談会，医学科GM総会，看護学科後援会，工・社会は保護者懇談会，応生は後援会交流会などを開催。会報誌として応生の「後援会だより」や「工学部ニュース」を発行。
- **防災対策**　入学時に「防災ガイド」を配布。被災した際の学生の安否は，大学独自の安否確認システムを利用して確認する。

インターンシップ科目	必修専門ゼミ	卒業論文	GPA制度の導入の有無および活用例	１年以内の退学率	標準年限での卒業率
教育・応生社会システムで開講している	地域２～4年次，応生・社会３・4（獣医５・6）年次，医(医)２年次，工，医（看）・教育（一部）４年次に実施	医学部医学科を除き卒業要件	各学部で奨学金等対象者選定基準，留学候補者選考，学修指導，研究室配属，学生表彰，助産師・保健師課程の選考，履修上限単位数の設定に活用	0.8%	89.3%(4年制) 87.2%(6年制)

学部紹介

学部／学科・課程	定員	特色
教育学部		
学校教育教員養成	220	▷〈国語20名，社会科32名，数学20名，理科（物理学・化学・生物学・地学）32名，音楽10名，美術10名，保健体育15名，技術10名，家政10名，英語21名，学校教育（教育心理10名，学校教育実践15名），特別支援15名〉の12教育講座。知性と教養と実践力を備えた教員の育成をめざす。学部スタッフによる継続的な支援を得ながら，1年生から4年生まで大学と学校現場を往還して学ぶACTプラン・プラスを実施。
● 取得可能な資格…教職（国・地歴・公・社・数・理・音・美・保体・技・家・情・工業・英，小一種，幼一種，特別支援），学芸員など。 ● 進路状況…………就職83.3%　進学14.3% ● 主な就職先………教員（岐阜県・愛知県・静岡県・名古屋市・滋賀県・大阪府公立学校），岐阜市，名古屋市，岐阜県，厚生労働省など。		
地域科学部		
		▶募集は学部単位で行い，2年次に所属学科を決定する。1年間の留学を含む国際教養プログラムには，両学科の学生が参加できる。
地域政策	50	▷自然環境を含んだ地域社会の構造的な把握と分析，政策形成能力の習得を関連づける教育研究により，持続可能な社会を展望しつつ，より良い地域社会の構築を提言できる人材の育成をめざす。
地域文化	50	▷人間社会における思想や文化的な表現，歴史的な経験や行動などの規範と原理を分析し人間社会に関する的確で深い洞察力を備え，社会が抱える多様な課題の解決を展望できる人材の育成をめざす。
● 進路状況…………就職92.0%　進学5.3% ● 主な就職先………岐阜市，愛知県，名古屋市，岐阜県，厚生労働省，十六銀行，スミセイ情報システム，岐阜信用金庫，土岐市など。		
医学部		
医	110	▷テュトーリアル教育やアクティブラーニングを導入し，医療・医学の専門職に必要な知識・技術・態度・判断力・問題解決能力および生涯学習する姿勢を養う。地域と世界の医療・医学の発展に貢献できる医師・医学研究者を育成。
看護	80	▷日々進歩する知識や技術を習得・発展させ，地域に即した保健医療活動の中心的役割を担う看護専門職を育成する。同一キャンパスの総合大学という強みを生かし，さまざまな専門性に基づいた教養教育により，豊かな人間性を支える基盤的能力の向上も図っている。
● 取得可能な資格…医師・看護師・保健師・助産師受験資格など。 ● 進路状況…………［医］初期臨床研修医94.2%　就職1.0%　［看護］就職92.4%，進学6.3% ● 主な就職先………［看護］岐阜大学医学部附属病院，名古屋市立大学附属病院，日本赤十字社など。		
工学部		
社会基盤工	60	▷自然と調和した地域創造のための技術や自然災害への防災技術の修得により安全で快適な暮らしづくりに貢献する人間性豊かで創造力に富んだ技術者を養成する。

キャンパスアクセス ［岐阜大学キャンパス］ JR東海道本線・名鉄一岐阜よりバス約35分

機械工	130	▷機械（80名）と知能機械（50名）の２コース。技術立国としての地位を支える創造力豊かな機械技術者を育成する。
化学・生命工	150	▷物質化学（85名）と生命化学（65名）の２コース。化学の視点で地球環境問題の解決や未来技術への研究開発に取り組み，新素材や医薬品，食品，環境・エネルギー技術の分野で活躍する技術者・研究者を育成する。
電気電子・情報工	170	▷電気電子（75名），情報（70名），応用物理（25名）の３コース。電気工学，電子工学，通信工学，情報工学および応用物理学関連の各分野の実務上の課題に向き合える，基礎能力と専門能力を身につける。
● 取得可能な資格…教職（数・工業），測量士補など。 ● 進路状況…………就職29.7%　進学67.3% ● 主な就職先………愛知県，名古屋市，国土交通省，アイシン，イビデン，メイテック，岐阜県，三菱エンジニアリング，中日本高速道路，豊田合成など。		
応用生物科学部		
応用生命科学	80	▷３年次から「分子生命科学コース」と「食品生命科学コース」に分かれ専門性の高い科目を体系的に学び，食品・医薬品・環境・健康などの生物産業（バイオ産業）の諸分野で活躍できる人材を育成する。
生産環境科学	80	▷持続可能な植物生産と食料の安全安定供給（応用植物科学コース），持続可能な家畜生産と多様な動物種の保全（応用動物科学コース），自然生態系と人間社会が調和した地域環境の創出（環境生態科学コース）に関わる知識と技能を教育し，生物生産および環境保全・修復に取り組める人材を養成。
共同獣医	30	▷鳥取大学農学部と共同で，より高度な獣医学教育を行い，動物の病気の発生原因，診断および治療に関する知識や技術の習得に加え，両大学での合宿式授業による体験学習，動物倫理やプレゼンテーション能力を養う少人数での基礎教育，両大学を結ぶ遠隔講義システムによる授業など発展的な教育が用意されている。
● 取得可能な資格…教職（理・農），測量士補，獣医師受験資格など。 ● 進路状況…………就職46.9%　進学47.4% ● 主な就職先………岐阜県，愛知県，名古屋市，アピ，イナリサーチ，ユニオン，全国農業協同組合連合会，農林水産省，揖斐川工業など。		
社会システム経営学環		
	30	▷経営を軸に，ビジネス・まちづくり・観光の３デザインプログラムを設定。学生30人に教員14名を配し，１年半のフィールドワークや往還型教育を導入。名古屋大学との連携を生かし，学部・大学横断的な学修を通して，地域社会に貢献できる人材を育成する。
● 主な就職先………2021年度開設のため卒業生はいない。		

▶キャンパス

全学部……［岐阜大学キャンパス］岐阜県岐阜市柳戸1-1

偏差値データ

2025年度入試要項(予告)

●募集人員

学部/学科・課程(講座・コース)	前期	後期
▶教育 学校教育教員養成(国語教育)	16	—
(社会科教育)	22	—
(数学教育)	16	—
(理科教育)	23	—
(音楽教育)	8	—
(美術教育)	6	—
(保健体育)	13	—
(技術教育)	8	—
(家政教育)	6	—
(英語教育)	17	—
(学校教育・教育心理)	7	—
(学校教育・学校教育実践)	10	—
(特別支援教育)	13	—
▶地域科 地域政策 地域文化	60	21
▶医 医	55	—
看護	42	20
▶工 社会基盤工(環境) (防災)	24	24
機械工(機械)	35	35
(知能機械)	22	21
化学・生命工(物質化学)	36	35
(生命化学)	30	27
電気電子・情報工(電気電子)	33	34
(情報)	32	28
(応用物理)	10	10
▶応用生物科 応用生命科学	57	10
生産環境科学	50	10
共同獣医	26	—
▶社会システム経営学環	15	—

●2段階選抜

医学部医学科で志願者数が募集人員の約3倍を超えた場合に行う。

注)募集人員および2段階選抜は2024年度の実績です。

試験科目

デジタルブック  

偏差値データ(2024年度)

●一般選抜

学部/学科・課程/講座・コース	2024年度 駿台予備学校 合格目標ライン	河合塾 ボーダー得点率	河合塾 ボーダー偏差値	'23年度 競争率
●前期				
▶教育学部				
学校教育教員養成/国語教育	49	60%	50	1.5
/社会科教育	48	62%	50	2.0
/数学教育	48	61%	50	1.9
/理科教育	48	56%	47.5	1.3
/音楽教育	45	54%	45	1.3
/美術教育	45	50%	—	1.0
/保健体育	46	58%	—	5.2
/技術教育	46	54%	47.5	2.4
/家政教育	46	53%	47.5	1.2
/英語教育	50	59%	52.5	2.0
/学校教育(教育心理)	50	63%	52.5	2.3
/学校教育(学校教育実践)	49	57%	52.5	1.9
/特別支援	47	50%	50	—
▶地域科学部				
	49	63%	55	2.6
▶医学部				
医	64	81%	65	7.8
看護	48	60%	50	2.5
▶工学部				
社会基盤工	47	64%	52.5	3.0
機械工/機械	48	63%	52.5	1.8
/知能機械	48	63%	52.5	4.0
化学・生命工/物質化学	48	61%	52.5	2.0
/生命化学	48	62%	50	2.7
電気電子・情報工/電気電子	48	62%	52.5	1.9
/情報	48	64%	52.5	2.9
/応用物理	47	63%	52.5	1.9
▶応用生命科学部				
応用生命科学	50	67%	52.5	2.1
生産環境科学	51	65%	52.5	1.7
共同獣医	59	77%	62.5	3.2
▶社会システム経営学環				
	50	60%	55	1.6
●後期				
▶地域科学部				
	50	68%	—	2.5
▶医学部				
看護	49	64%	—	3.0

▶工学部				
社会基盤工	48	67%	52.5	2.6
機械工／機械	49	72%	55	2.9
／知能機械	49	67%	55	2.9
化学·生命工／物質化学	49	68%	50	2.4
／生命化学	49	66%	52.5	2.9
電気電子·情報工／電気電子	49	67%	55	1.9
／情報	49	71%	55	4.2
／応用物理	48	69%	57.5	2.5
▶応用生命科学部				
応用生命科学	52	75%	57.5	4.3
生産環境科学	53	74%	60	2.6

- 駿台予備学校合格目標ラインは合格可能性80％に相当する駿台模試の偏差値です。
- 河合塾ボーダー得点率は合格可能性50%に相当する共通テストの得点率です。また，ボーダー偏差値は合格可能性50%に相当する河合塾全統模試の偏差値です。
- 競争率は受験者÷合格者の実質倍率
- 医学部医学科は２段階選抜を実施。

MEMO

静岡大学

資料請求

問合せ先 入試課 ☎054-238-4464・4465

大学の理念

1922（大正11）年創立の静岡高校と浜松高工のほか，静岡師範学校など５校を統合して1949（昭和24）年に発足。何事にもとらわれない自由な発想に基づき研究・研鑽するとともに，学生の才能を極限まで引き出す「自由啓発」と，地域社会の一員として自らを取り巻く自然と文化に敬愛の念を持ち，教育，研究，社会連携に積極的に取り組み平和で幸福な未来を創り上げる「未来創成」，この２つを人を育む大学の教育理念として掲げる。2023年４月には，地域創造学環で培ってきた教育成課を発展的に取り込みながら，未来社会を構想できる「共創型人材」の育成をめざし，グローバル共創学部を開設。７学部を有する総合大学として，質の高い教育と創造的な研究，国際連携を推進し，地域社会との連携・協働による課題解決に取り組んでいる。

- **静岡キャンパス**……〒422-8529　静岡県静岡市駿河区大谷836
- **浜松キャンパス**……〒432-8561　静岡県浜松市中央区城北3-5-1

基本データ

学生数▶8,447名（男5,775名，女2,672名）
専任教員数▶教授315名，准教授241名，講師47名
設置学部▶人文社会科，教育，情報，理，工，農，グローバル共創科
併設教育機関▶大学院—教育学（D・P），人文社会科学・総合科学技術・山岳流域（以上M），創造科学技術・光医工学・連合農学（以上D）

就職・卒業後の進路

就職率 95.6%
就職者÷希望者×100

●**就職支援**　４年間を通したキャリアデザインの観点から全学キャリアサポート委員会での方針のもと，指導教員や各学部の担当教員を中心に，専門・特性・状況に応じたきめ細かいサポートを実施。両キャンパスの就職支援室では，キャリアカウンセラーによる個別相談や，就職ガイダンス，求人紹介，就職関連情報の発信を行うほか，企業担当者を招いた「企業説明会」，公務員をめざす学生向けの「公務員対策講座」，企業から直接インターンシップ情報が得られる「インターンシップマッチング会」などの就活イベントを開催。

進路指導者も必見 学生を伸ばす 面倒見

初年次教育	学修サポート
「新入生セミナー」で自校教育，レポート・論文の書き方，プレゼン技法，情報収集や資料整理の方法，ハラスメント防止，防災，学生生活マナー，健康管理などを学ぶほか，「情報処理・データサイエンス演習」を開講	全学部でTA・SA制度，オフィスアワー制度，さらに人文社会科・工・グローバル共創科学部では教員１人が学生約15～30人を担当する教員アドバイザー制度を導入。また，大学教育センターで学習個別指導や相談にも応じている

オープンキャンパス（2023年度実績）　５月に対面とオンラインで春季オープンキャンパスを開催。夏季は７・８月に学部により対面・オンライン併用で実施。11月には浜松キャンパスで情報学部と工学部の秋季オープンキャンパスを開催。全て事前予約制。

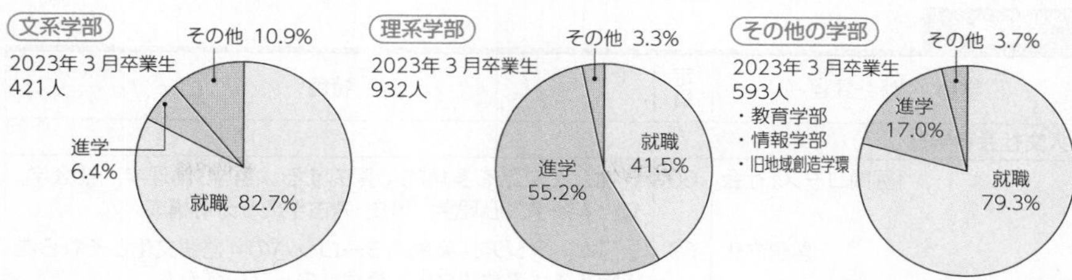

※就職未決定者はその他に含む。

主なOB・OG ▶ ［教育］清水眞砂子（翻訳家・児童文学研究者），［理］乾くるみ（作家），［旧人文］日色保（日本マクドナルド社長），［教育］加藤英明（爬虫類学者）など。

国際化・留学　大学間 63 大学等・部局間 49 大学等

受入れ留学生数 ▶ 141名（2023年５月１日現在）

留学生の出身国 ▶ インドネシア，中国，ベトナム，バングラデシュ，インドなど。

外国人専任教員 ▶ 教授15名，准教授10名，講師２名（2023年９月１日現在）

外国人専任教員の出身国・地域 ▶ 中国，韓国，アメリカ，フランス，台湾など。

大学間交流協定 ▶ 63大学・機関（交換留学先61大学，2023年5月１日現在）

部局間交流協定 ▶ 49大学・機関（交換留学先30大学，2023年５月１日現在）

海外への留学生数 ▶ 渡航型43名・オンライン型８名／年（14カ国・地域，2022年）

海外留学制度 ▶ 大学間交流協定に基づく，半年〜１年間の交換留学，外国語研修や文化体験を中心とした夏季・春季短期留学のほか，ネブラスカ大学で行われる集中英語研修ILUNO（８or16週間），アルバータ大学で英語研修（７or14週間）と学部の授業（１学期〜）を組み合わせたIVSPなどのプログラムを実施。国際連携推進機構が情報提供，支援などを行っている。コンソーシアムはUMAPに参加。

学費・奨学金制度　給付型奨学金総額 年間 703 万円

入学金 ▶ 282,000円（夜間主141,000円）

年間授業料（施設費等を除く）▶ 535,800円（夜間主267,900円）

年間奨学金総額 ▶ 7,030,000円

年間奨学金受給者数 ▶ 69人

主な奨学金制度 ▶ 修学を支援する「未来創成基金奨学金」や，年間20万円を給付する「人文社会科学部奨学金」などを設置。また，学費減免制度があり，2022年度には257人を対象に総額で約7,500万円を減免している。

保護者向けインフォメーション

● **成績確認**　成績表を保護者に郵送している。

● **会報誌**　情報学部で『JOY風』を発行。

● **保護者会**　教育学部は学生後援会大会，理学部は福利厚生会総会で入学式後に学部の紹介等を行っている。人文社会科・情報学部は保護者懇談会を開催。工学部は保護者会で学科説明を行うほか，個別相談会を実施。農学部では農学部援護会を組織し，学部の活動や実績を紹介する情報交換会などがある。

● **防災対策**　「防災ポケットマニュアル」を新入生セミナーなどで配布。学生が被災した際の安否は，安否情報システムANPICおよび，アプリ，メール，電話などを利用して確認する。

インターンシップ科目	必修専門ゼミ	卒業論文	GPA制度の導入の有無および活用例	１年以内の退学率	標準年限での卒業率
情報・理・工・農学部で開講	全学部で実施。開講年次は学部・学科により異なる	法学科と経済学科を除き卒業要件	奨学金等の選定基準，留学候補者の選考，成績優秀者表彰の選考，成績不良者の指導，インターンシップの推薦順位に活用するほか，GPAに応じた履修上限単位数を設定	0.8%	84.4%

学部紹介

学部／学科・課程	定員	特色
人文社会科学部		
[昼間コース]社会	60	▷社会と文化を多角的に探究する。哲学・倫理学，社会学，文化人類学，心理学，歴史・考古学の５分野構成。
言語文化	69	▷日本，アジア，英米，ヨーロッパの４言語文化とそれらを横断する比較言語文化，言語学の６プログラム。
法	84	▷４年一貫の少人数教育で，基礎から段階的に学びを深め，社会の問題を法的，政治的に解決できる人材を育てる。
経済	142	▷１～４年次のゼミナールを通じて，経済に起因する諸問題に立ち向かう解決力を養う。情報処理教育にも注力。
[夜間主コース]法 経済	30 30	▷社会人，勤労者のための大学教育を提供。昼間の専門科目も修得できるフレックスタイム制度や卒業までの期間を延長できる長期履修制度を整備している。
●**取得可能な資格**…教職(国・地歴・公・社・英)，学芸員など。 ●**進路状況**…………就職82.7%　進学6.4% ●**主な就職先**………静岡銀行，鈴与，日本経済新聞社，静岡大学，東京国税局，静岡県庁など。		
教育学部		
学校教育教員養成	260	▷〈発達教育学専攻(教育実践学専修，教育心理学専修，幼児教育専修)，初等学習開発学専攻，養護教育専攻，特別支援教育専攻，教科教育学専攻(国語，社会科，数学，理科，音楽，美術，保健体育，技術，家庭科，英語)〉
●**取得可能な資格**…教職(国・地歴・公・社・数・理・音・美・書・保体・保健・技・家・情・工業・英，小一種，幼一種，特別支援，養護一種)，学芸員，保育士など。 ●**進路状況**…………就職90.4%　進学8.6% ●**主な就職先**………教員，静岡県庁，静岡銀行，Z会，新潮社，マイナビなど。		
情報学部		
情報科	98	▷文・工双方の視点から「情報」を見つめ先端的な知識と技術を追求する。
情報社会	68	▷情報技術が社会に与える影響を理解し，情報社会の仕組みと諸問題を総合的に考察・分析する能力を育成する。
行動情報	69	▷情報サービスを創造的に設計，ビッグデータやリッチデータなどを分析するデータサイエンスを活用する能力を身につける。
●**取得可能な資格**…教職(情)，学芸員など。 ●**進路状況**…………就職63.7%　進学30.8% ●**主な就職先**………NTTドコモ，Sky，大塚商会，中日新聞社，中部電力，日本電気，富士通など。		
理学部		
数	35	▷自由な発想力と厳密な思考力で数学教育に新しい視点と視野をもたらし，教育界や産業界に貢献できる人材を育成。
物理	45	▷数学・基礎化学を中心とした幅広い演習科目で，物理学や数学的手法を身につけ，物事の本質を見極める力を養う。
化	45	▷実験を重視したカリキュラムで，社会の多様な分野で活躍できる生きた知識を身につける。
生物科	45	▷生命現象の原理，生物の多様性や環境適応を中心に，総合的な視点で遺伝子から個体群までを体系的に学ぶ。

 キャンパスアクセス [静岡キャンパス] JR東海道線一静岡よりバス約25分

地球科	45	▷フィールドワークの充実を通じて，地球について深く知り，環境問題の解決方法を探る。
創造理学（グローバル人材育成）	(15)	▷理学部一括募集。１年次は学科に所属せず，２年次進級時に学科を選択。学科の専門教育に加え，学外研究者の講演や海外大学との交流により国際的視点と科学英語力を養成。
● 取得可能な資格…教職（数・理），学芸員，測量士補など。 ● 進路状況…………就職47.7％　進学46.8％ ● 主な就職先………アイリスオーヤマ，宇宙技術開発，小糸製作所，鈴与商事，気象庁，教員など。		
工学部		
機械工	160	▷3年次から宇宙・環境，知能・材料，光電・精密の３コースを設定。機械技術者としての確かな基礎能力と社会に貢献する姿勢を身につけたエンジニアを育成する。
電気電子工	110	▷２年次から情報エレクトロニクス，エネルギー・電子制御の２コースに分かれ，各分野独自の専門的内容を学ぶ。
電子物質科	110	▷２年次から電子物理デバイス，材料エネルギー化学の２コースに分属。実践的教育により新規な学問領域や科学技術の進歩を牽引する力を養成する。
化学バイオ工	110	▷環境応用化学，バイオ応用工学の２コース制。化学をベースに工学的応用を加え，研究開発やシステム構築を行える人材を育成。
数理システム工	50	▷数理科学の手法や情報科学の基礎，リスク管理など環境科学分野の学習により，人と環境に配慮した最適なシステムを生み出せるエンジニアを育成。
● 取得可能な資格…教職（数）など。 ● 進路状況…………就職37.2％　進学61.1％ ● 主な就職先………アイシン，京セラ，セイコーエプソン，デンソーテン，ヤマハ発動機など。		
農学部		
生物資源科	105	▷生物生産技術と環境技術を融合した農学を究め，農林業と持続可能社会の未来を支える人材を育成する。
応用生命科	70	▷化学と生物学を基礎領域とし，バイオテクノロジーやライフサイエンス産業で活躍できる人材を育成する。
● 取得可能な資格…教職（理・農），測量士補，２級・木造建築士受験資格など。 ● 進路状況…………就職46.7％　進学47.8％ ● 主な就職先………LIXIL，アサヒ飲料，ヱスビー食品，カネコ種苗，静岡銀行，農林水産省など。		
グローバル共創科学部		
グローバル共創科	115	▷既存６学部の教育成果を融合し，横断型教育プログラム地域創造学環を発展的に吸収。多様な人々と協働し，人文社会科学から自然科学に至る広汎な知をつなぐことで，未来社会を構想・デザインできる共創型人材を育成する。国際地域共生学，生命圏循環共生学，総合人間科学の３コース制（予定）。
● 進路状況…………就職85.2％　進学3.7％（旧地域創造学環実績） ● 主な就職先………清水銀行，JTB，旭化成ホームズ，アルペン，清水銀行，鈴与，中部電力，ノエビア，野村総合研究所，静岡県庁，浜松市役所など（旧地域創造学環実績）。		

▶キャンパス

人文社会科・教育・理・農・グローバル共創科……［静岡キャンパス］静岡県静岡市駿河区大谷836
情報・工……［浜松キャンパス］静岡県浜松市中央区城北3-5-1

キャンパスアクセス［浜松キャンパス］JR東海道線―浜松よりバス約20分

偏差値データ

2025年度入試要項（予告）

●募集人員

学部／学科・課程（専攻／専修）	前期	後期
▶人文社会科（昼間コース）社会	40	8
言語文化	45	11
法	54	18
経済	95	15
▶教育 学校教育教員養成（発達教育学／教育実践学）	5	2
（／教育心理学）	6	—
（／幼児教育）	9	—
（初等学習開発学）	7	—
（養護教育）	4	2
（特別支援教育）	9	5
（教科教育学／国語教育）	18	3
（／社会科教育）	15	5
（／数学教育）	19	3
（／理科教育）	12	6
（／音楽教育）	9	—
（／美術教育）	7	3
（／保健体育教育）	11	—
（／技術教育）	8	—
（／家庭科教育）	5	3
（／英語教育）	12	—
▶情報 情報科	53	30
情報社会	40	20
行動情報	44	20
▶理 数	20	10
物理	20	18
化	20	17
生物科	20	20
地球科	27	10
創造理学（グローバル人材育成）	6	5
▶工 機械工	90	50
電気電子工	60	30
電子物質科	50	50
化学バイオ工	45	45
数理システム工	25	16
▶農 生物資源科	45	25
応用生命科	35	20
▶グローバル共創科 グローバル共創科	47	20

※人文社会科学部の夜間主コースは学校推薦型選抜と社会人選抜で募集。
※創造理学（グローバル人材育成）コースは理学部一括募集。各学科への配属は２年進級時。

●２段階選抜　実施しない
注）募集人員および２段階選抜は2024年度の実績です。

試験科目

デジタルブック  

偏差値データ（2024年度）

●一般選抜

学部／学科・課程／専攻（専修）	2024年度 駿台予備学校 合格目標ライン	河合塾 ボーダー得点率	河合塾 ボーダー偏差値	'23年度 競争率
●前期				
▶人文社会科学部				
社会	48	68%	52.5	1.8
言語文化	50	65%	50	1.5
法	49	66%	52.5	1.2
経済	48	64%	50	1.8
▶教育学部				
学校教育／発達教育学（教育実践学）	49	59%	52.5	4.7
（教育心理学）	50	60%	50	1.6
（幼児教育）	50	56%	50	2.0
／初等学習開発学	49	58%	50	4.3
／養護教育	49	62%	52.5	1.8
／特別支援教育	49	57%	47.5	1.8
／教科教育学（国語）	49	60%	50	1.3
（社会科）	48	61%	50	1.8
（数学）	49	60%	50	1.1
（理科）	49	57%	47.5	1.5
（音楽）	43	54%	—	1.8
（美術）	42	52%	—	1.1
（保健体育）	43	58%	—	2.1
（技術）	46	55%	47.5	2.1
（家庭科）	47	58%	50	2.5
（英語）	51	59%	50	1.4
▶情報学部				
情報科	47	67%	52.5	3.0
情報社会	47	63%	50	1.6
行動情報〈A〉	48	63%	50	1.3
行動情報〈B〉	48	63%	50	
▶理学部				
数	49	65%	52.5	3.0
物理	49	65%	50	2.8
化	49	64%	50	2.8

生物科	50	61%	50	4.3
地球科	49	60%	50	2.2
創造理学	48	63%	50	2.6
▶工学部				
機械工	47	63%	50	3.3
電気電子工	47	63%	50	2.8
電子物質科	47	60%	50	2.4
化学バイオ工	47	62%	50	2.1
数理システム工	47	61%	50	3.0
▶農学部				
生物資源	48	62%	50	2.7
応用生命科	49	65%	50	2.1
▶グローバル共創科学部				
グローバル共創科	49	62%	52.5	2.2
●後期				
▶人文社会科学部				
社会	49	72%	—	3.9
言語文化	51	70%	—	1.6
法	50	71%	—	1.5
経済	49	69%	—	4.5
▶教育学部				
学校教育/発達教育学(教育実践学)	50	65%	—	4.0
／養護教育	50	64%	—	3.0
／特別支援教育	50	59%	—	3.0
／教科教育学(国語)	50	65%	—	5.3
(社会科)	49	66%	—	4.2
(数学)	50	67%	52.5	3.3
(理科)	50	61%	—	1.5
(美術)	42	54%	—	4.7
(家庭科)	47	61%	—	4.7
▶情報学部				
情報科	48	72%	52.5	2.6
情報社会	48	67%	52.5	3.1
行動情報	48	67%	52.5	2.6
▶理学部				
数	51	71%	55	2.7
物理	51	71%	55	2.5
化	51	69%	52.5	2.2
生物科	52	67%	52.5	2.6
地球科	50	67%	—	2.7
創造理学	51	69%	52.5	2.6
▶工学部				
機械工	49	70%	52.5	3.7
電気電子工	49	68%	52.5	3.3
電子物質科	49	64%	50	1.7
化学バイオ工	49	65%	52.5	1.9
数理システム工	49	65%	52.5	3.3
▶農学部				
生物資源	50	66%	52.5	2.7
応用生命科	51	68%	52.5	2.4
▶グローバル共創科学部				
グローバル共創科	50	65%	52.5	1.6

- 駿台予備学校合格目標ラインは合格可能性80％に相当する駿台模試の偏差値です。
- 河合塾ボーダー得点率は合格可能性50％に相当する共通テストの得点率です。また，ボーダー偏差値は合格可能性50％に相当する河合塾全統模試の偏差値です。
- 競争率は受験者÷合格者の実質倍率

名古屋大学

資料請求

問合せ先 教育推進部入試課 ☎052-789-5765

大学の理念

1871（明治４）年に設立された尾張藩仮病院・仮医学校が源流。旧帝国大学。戦後の学制改革を経て，現在は９学部・13研究科を擁する総合大学。「自由闊達」な学風の伝統に誇りを持ち，創造的な研究活動の土壌となっている。21世紀に入りノーベル賞を受賞した６名が「名大」関係者であるのも無関係でないとされる。「勇気ある知識人」の育成を謳い，多文化共生社会を実行。2018年に「指定国立大学法人」を受け，2020年には岐阜大学と法人統合し「東海国立大学機構」を設立。それぞれの大学を一層発展させるとともに，地域創生への貢献と国際競争力の強化を進めている。さらに「アカデミック·セントラル構想」を掲げ，地域や企業との連携教育，サイバー空間での教育を推進し，「勇気をもって，共に未来を創る人材」の育成に力を注いでいる。

- **東山キャンパス**…〒464-8601　愛知県名古屋市千種区不老町
- **鶴舞キャンパス**…〒466-8550　愛知県名古屋市昭和区鶴舞町65
- **大幸キャンパス**…〒461-8673　愛知県名古屋市東区大幸南1-1-20

基本データ

学生数▶9,547名（男6,526名，女3,021名）
専任教員数▶教授600名，准教授494名，講師189名

設置学部▶文，教育，法，経済，情報，理，医，工，農
併設教育機関▶大学院（P.1387参照）

就職・卒業後の進路

就職率 96.4%
就職者÷希望者×100

● **就職支援**　キャリアサポートセンターが，学内イベント開催，求人情報の提供，資料の閲覧開示，メールマガジン発行など，通年でサポート。専属スタッフと相談員が常駐し，就職活動やキャリアに関する相談に応じるほか，グループディスカッションや自己分析のワークショップ，インターンシップ対策，就職ガイダンス，エントリーシートの書き方や面接・Web選考対策といった就活実践講座，企業研究セミナーなどを開催し，段階的に具体的な支援を行っている。公務員・教員をめざす学生に向けた講座・セミナーも実施。

進路指導者も必見 学生を伸ばす 面倒見

初年次教育

少人数のセミナー形式で読み・書き・話すの基本的スキルを習得し，知の探究プロセスと学問の面白さを学ぶ「基礎セミナー」のほか，「大学での学び」基礎論，「データ科学基礎（演習）」などの科目を開講

学修サポート

全学部でTA制度，文・法・経済・理・農でオフィスアワー制度，情報・理・医（医）・農で教員アドバイザー制度を導入。また，学生生活全般の相談に応じる学生相談センターを設置

オープンキャンパス(2023年度実績) 8月7･8日に対面型(一部オンライン)オープンキャンパスを開催(事前申込制)。学部企画のほか，入試相談，女子中高生理系進学推進セミナーなど。特設サイトの動画は，一部を除き12月末まで視聴可能。

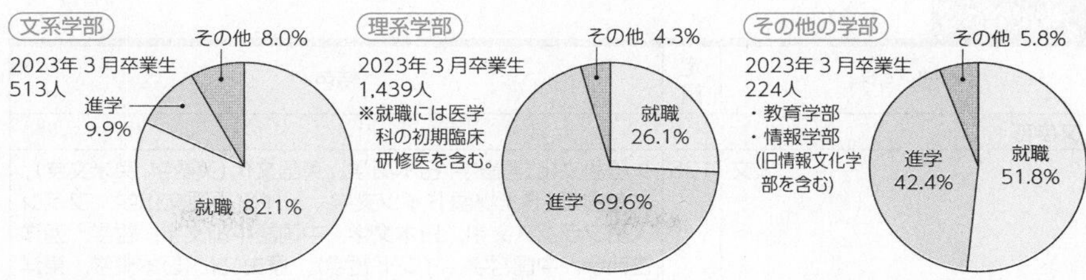

主なOB・OG▶［理］益川敏英(素粒子物理学)・［理］小林誠(素粒子物理学)・［工］天野浩(半導体工学)一以上ノーベル賞受賞者，［教育］堀田あけみ(小説家)，［経済］鈴木亜由子(長距離走選手)など。

国際化・留学　大学間 162 大学等・部局間 318 大学等

受入れ留学生数▶259名（2023年５月１日現在）

留学生の出身国▶中国，韓国，モンゴルなど。

外国人専任教員▶教授21名，准教授31名，講師17名（2023年５月１日）

外国人専任教員の出身国▶中国，韓国，フランス，ドイツ，アメリカなど。

大学間交流協定▶162大学・機関（交換留学先128大学，2023年５月１日現在）

部局間交流協定▶318大学・機関（交換留学先117大学，2023年５月１日現在）

海外への留学生数▶渡航型277名・オンライン型238名／年（37カ国・地域，2022年度）

海外留学制度▶「卒業までに学部生全員が留学」することを目標に多彩な取り組みを展開。交換留学プログラムは，協定校に１学期間または１年間留学し，自分の専門分野や興味のある分野の講義を現地の学生と共に学ぶ。授業料不徴収の取り決めにより留学先への授業料支払いが不要になる場合が多い。海外短期研修を含む全学教育科目では，学内学習に現地での専門講義の履修，調査，企業訪問などが組み合わされている。また，学部・研究科独自のプログラムやオンライン等を活用した「ｉ留学」も提供している。コンソーシアムはMIRAI，APRUなど５つに参加。

学費・奨学金制度　給付型奨学金総額 年間 3,156万円

入学金▶282,000円

年間授業料(施設費等を除く)▶535,800円

年間奨学金総額▶31,560,000円

年間奨学金受給者数▶30人

主な奨学金制度▶成績優秀でありながら経済的理由により修学が困難な学生（最終学年）に年額60万円を給付する「下駄の鼻緒奨学金」や工学部３年次生を対象に年額144万円を２年間給付する「ホシザキ奨学金」のほか，「エンカレッジメント奨学金」などを設置。

保護者向けインフォメーション

● **オープンキャンパス**　理学部で通常のオープンキャンパス時に保護者向け説明会を実施。

● **成績確認**　連帯保証人（保護者など）と本人の同意を得た場合に限り，成績表および履修科目と単位数の情報を郵送している。また，生協がミールプラン（食堂パス）の利用履歴を提供。

● **保護者会**　例年10月開催のホームカミングデイに学部単位で保護者向け説明会・懇談会を実施。

● **防災対策**　「防災ガイド［地震・風水害］」（和文・英文）を入学時（在学生は年度初め）に配布。学生が被災した際の安否は，安否確認システム（ANPIC）を利用して確認する。

インターンシップ科目	必修専門ゼミ	卒業論文	GPA制度の導入の有無および活用例	１年以内の退学率	標準年限での卒業率
教育・法・情報・工・農で開講	文２～４年次，経済・理（学科による）３・４年次，医（医）１・３年次，医（保）１・４年次，情報・農４年次に実施	法学部，医学部医学科を除き卒業要件	一部の学部で奨学金等対象者の選定基準，留学候補者の選考，個別の学修指導，大学院入試の選抜基準，履修上限単位数の設定のほか，理学部では成績優秀者の表彰基準に活用	0.5%	88.4%（４年制）97.2%（６年制）

愛知　名古屋大学

学部紹介

学部／学科	定員	特色
文学部		
人文	125	▷言語文化（言語学，日本語学），英語文化（英語学，英米文学），文献思想（ドイツ語ドイツ文学，ドイツ語圏文化学，フランス語フランス文学，日本文学，中国語中国文学，哲学，西洋古典学，中国哲学，インド哲学），歴史文化（日本史学，東洋史学，西洋史学，美学美術史学，考古学，文化人類学），環境行動（社会学，心理学，地理学）の5学繋22分野・専門。
●取得可能な資格…教職（国・地歴・公・社・英），学芸員。　●進路状況…就職80.1%　進学15.4% ●主な就職先………関西電力，日本生命保険，日立製作所，アクセンチュア，愛知労働局，愛知県など。		
教育学部		
人間発達科	65	▷人間の発達と，それを支える教育という文化の営みを科学的に追究し，新たな生き方や成熟社会の行方を探る。3年次から，生涯教育開発，学校教育情報，国際社会文化，心理社会行動，発達教育臨床の5コースに分属。
●取得可能な資格…教職（地歴・公・社・情），司書教諭，学芸員など。 ●進路状況…………就職77.8%　進学16.7% ●主な就職先………アクセンチュア，河合塾，トヨタ自動車，楽天グループ，愛知県，教員など。		
法学部		
法律・政治	150	▷創設以来，権力・権威から独立した研究・教育を貫く。自由・闊達・進取の気風のもと，教員一人当たりの学生数が1学年3名程度の少人数教育。学ぶ内容は「完全自由選択制」で，興味関心に沿った履修科目を選択できる。
●取得可能な資格…教職（公・社）。　●進路状況…就職74.8%　進学14.5% ●主な就職先………アマゾンジャパン，伊藤忠商事，大林組，日本放送協会，外務省，大阪税関など。		
経済学部		
		▶2年次に学科配属，3年次から少人数のゼミナールに所属。
経済	140	▷各種経済理論，経済政策研究，経済活動の背景を分析する経済史，社会思想史などからなる。
経営	65	▷企業の戦略組織，マーケティングなどを考究する経営学の諸分野および会計学の諸分野などからなる。
●取得可能な資格…教職（公・商業）。　●進路状況…就職88.5%　進学3.2% ●主な就職先………アサヒ飲料，大同生命保険，東海旅客鉄道，トヨタ紡織，あずさ監査法人など。		
情報学部		
自然情報	38	▷数理情報系，複雑システム系の2教育系に分かれて人類が直面する課題，深刻な問題の解決に貢献できる人材を育成。
人間・社会情報	38	▷社会情報系，心理・認知科学系の2教育系に分かれ「コミュニケーション」を変革し，新しい価値の創造を実現できる人材を育成する。
コンピュータ科	59	▷情報システム系，知能システム系の2つの教育系に分かれ情報科学技術を活用した新しい機器・システム・サービスなどの創出や価値を創造できる人材を育成する。
●取得可能な資格…教職（数・情）。 ●進路状況…………就職34.3%　進学59.7%（旧情報文化学部実績を含む） ●主な就職先………日立製作所，西日本電信電話，NTTドコモ，関西電力，集英社，電通，富士通など。		

キャンパスアクセス［東山キャンパス］地下鉄名城線一名古屋大学よりすぐ

理学部		
数理	55	▷基礎力と広い視野を重視した教育理念のもと，高度で奥行きの広い世界を構築する。
物理	90	▷自然界を貫く単純で普遍的な真理を追究する。
化	50	▷物質科学の分子レベルでの理解と新展開をめざす。
生命理	50	▷生命現象を遺伝子やタンパク質細胞などの働きから理解することをめざす。
地球惑星科	25	▷地球と惑星の起源と進化，現在の姿を明らかにする。
● **取得可能な資格**…教職（数・理），学芸員，測量士補。　● **進路状況**…就職18.3％　進学75.4％ ● **主な就職先**………アイシン，デンソー，鳥羽水族館，トヨタシステムズ，三菱UFJ銀行，教員など。		
医学部		
医	107	▷科学的論理性と倫理性・人間性に富み，豊かな創造力・独創性と使命感を持つ医学研究者・医療者を育てる。
保健	200	▷〈看護学専攻80名，放射線技術科学専攻40名，検査技術科学専攻40名，理学療法学専攻20名，作業療法学専攻20名〉
● **取得可能な資格**…医師・看護師・保健師・診療放射線技師・臨床検査技師・理学療法士・作業療法士受験資格。 ● **進路状況**…………［医］初期臨床研修医94.7％　［保健］就職67.7％　進学29.2％ ● **主な就職先**………［保健］名古屋大学医学部附属病院，名古屋セントラル病院，愛知県など。		
工学部		
化学生命工	99	▷物質の構造，性質，反応について，幅広い学問の基礎から応用までを体系的に涵養する教育・研究を行う。
物理工	83	▷物理学と数理科学を基礎に，先導的な教育・研究を行う。
マテリアル工	110	▷材料工学・化学工学を基軸に，環境・資源・エネルギーなどの社会的課題を克服する能力を涵養する教育・研究を行う。
電気電子情報工	118	▷持続可能で効率的な未来型社会を実現するための基盤となる学問分野の教育・研究を行う。
機械・航空宇宙工	150	▷数学や力学を中心に基礎力を養い，機械工学，航空宇宙工学，マイクロ・ナノ工学に展開する創造力・総合力を涵養。
エネルギー理工	40	▷持続的成長可能社会に整合するエネルギー・システムの実現をめざし，時代の先端を切り拓く教育・研究を行う。
環境土木・建築	80	▷良質な社会資本の構築と建築の創造をめざし，土木工学と建築学の基礎および応用を涵養する教育・研究を行う。
● **取得可能な資格**…測量士補，1・2級建築士受験資格など。　● **進路状況**…就職10.3％　進学86.0％ ● **主な就職先**………オムロン，大成建設，中部電力，三井物産，楽天グループ，国土交通省など。		
農学部		
生物環境科	35	▷生態系の仕組みを探り，環境と調和した生物資源の持続的利用をめざす。
資源生物科	55	▷生物の巧みな生存戦略を解明し，人類の食を支える。
応用生命科	80	▷バイオの力を駆使して人類の食と健康に貢献する途を探る。
● **取得可能な資格**…教職（理・農）など。　● **進路状況**…就職9.4％　進学86.5％ ● **主な就職先**………アピ，音更農業協同組合，九州電力，コメリ，大和証券，日本たばこ，林野庁など。		

▶キャンパス

文・教育・法・経済・情報・農・理・工……［東山キャンパス］愛知県名古屋市千種区不老町
医（医）……［鶴舞キャンパス］愛知県名古屋市昭和区鶴舞町65
医（保健）……［大幸キャンパス］愛知県名古屋市東区大幸南1-1-20

キャンパスアクセス ［鶴舞キャンパス］JR中央本線・地下鉄鶴舞線一鶴舞より徒歩3～8分

2025度入試要項(予告)

●募集人員

学部／学科(専攻)		前期	後期	学校推薦型	総合型
▶文		110	—	15	—
▶教育		55	—	10	—
▶法		105	—	45	—
▶経済		165	—	40	—
▶情報	自然情報	30	—	8	—
	人間・社会情報	30	—	8	—
	コンピュータ科	53	—	6	—
▶理	数理		—		3
	物理		—		9
	化	215	—	30	5
	生命理		—		5
	地球惑星科		—		3
▶医	医[一般枠]	85	5	12	—
	医[地域枠]	5	—	—	—
	保健(看護学)	45	—	35	—
	(放射線技術科学)	30	—	10	—
	(検査技術科学)	25	—	15	—
	(理学療法学)	13	—	7	—
	(作業療法学)	13	—	7	—
▶工	化学生命工	85	—	14	—
	物理工	75	—	8	—
	マテリアル工	99	—	11	—
	電気電子情報工	106	—	12	—
	機械・航空宇宙工	135	—	15	—
	エネルギー理工	34	—	6	—
	環境土木・建築	72	—	8	—
▶農	生物環境科	27	—	8	—
	資源生物科	43	—	12	—
	応用生命科	66	—	14	—

※工学部の学校推薦型選抜において，化学生命工学科，電気電子情報工学科およびエネルギー理工学科では募集人員の半数を女子枠とし，機械・航空宇宙工学科では５名を女子枠とする。環境土木・建築学科では募集人員の内訳を環境土木工学プログラム４名・建築学プログラム４名とする。

●２段階選抜

医学部医学科のみ前期は共通テストの成績が950点満点中600点以上の者を，後期は募集人員の12倍までの者を第１段階選抜の合格者とする。

▷共通テストの英語はリスニングを含む。

▷共通テストの地歴・公民から２科目選択する場合，「公・倫」と「公・政経」の組み合わせは不可。

▷共通テストの理科から２科目選択する場合，同一科目名を含む選択は不可。

文学部

前期　[共通テスト(950)]　8科目　①国(200)　②**外**(200・英〈R150＋L50〉)▶英・独・仏・中・韓から１　③④**地歴・公民**(100×2)▶「地総・地探」・「歴総・日探」・「歴総・世探」・「公・倫」・「公・政経」から２　⑤⑥**数**(100×2)▶「数Ⅰ・数Ａ」・「数Ⅱ・数Ｂ・数Ｃ」　⑦**理**(50×2)▶物基・化基・生基・地学基から２　⑧**情**(50)▶情Ⅰ

[個別学力検査(1200)]　4科目　①国(400)▶現国・言語・論国・文国・古典　②**外**(400)▶英コミュⅠ・英コミュⅡ・英コミュⅢ・論表Ⅰ・論表Ⅱ・論表Ⅲ　③**地歴**(200)▶「地総・地探」・「歴総・日探」・「歴総・世探」から１　④**数**(200)▶数Ⅰ・数Ⅱ・数Ａ・数Ｂ（数列）・数Ｃ（ベク）

学校推薦型　[共通テスト]　課さない。

[個別学力検査]　2科目　①**小論文**　②**面接**

※第１次選考―書類審査，第２次選考―小論文・面接の結果により判定。

教育学部

前期　[共通テスト(950)]　8科目　①国(200)　②**外**(200・英〈R150＋L50〉)▶英・独・仏・中・韓から１　③④**数**(100×2)▶「数Ⅰ・数Ａ」・「数Ⅱ・数Ｂ・数Ｃ」　⑤**情**(50)▶情Ⅰ　⑥⑦⑧**「地歴・公民」・理**(100×3)▶「地総・地探」・「歴総・日探」・「歴総・世探」・「公・倫」・「公・政経」から１または２，「物基・化基・生基・地学基から２」・物・化・生・地学から１または２，計３

[個別学力検査(1800)]　3科目　①国(600)▶現国・言語・論国・文国・古典　②**外**(600)▶英コミュⅠ・英コミュⅡ・英コミュⅢ・論表Ⅰ・論表Ⅱ・論表Ⅲ　③**数**(600)▶数Ⅰ・数Ⅱ・数Ａ・数Ｂ（数列）・数Ｃ（ベク）

学校推薦型　[共通テスト]　8科目　①国　②**外**▶英・独・仏・中・韓から１　③④**数**▶「数Ⅰ・

キャンパスアクセス [大幸キャンパス] 地下鉄名城線―ナゴヤドーム前矢田より徒歩５分

数Ａ」・「数Ⅱ・数Ｂ・数Ｃ」 ⑤**情**▶情Ⅰ ⑥⑦⑧**「地歴・公民」・理**▶「地総・地探」・「歴総・日探」・「歴総・世探」・「公・倫」・「公・政経」から１または２，「物基・化基・生基・地学基から２」・物・化・生・地学から１または２，計３

[個別学力検査] **2科目** ①**小論文** ②**面接**

※第１次選考―書類審査・共通テストの成績，第２次選考―小論文・面接の結果により判定。

法学部

前期 **[共通テスト(950)]** **8科目** ①**国**(200) ②**外**(200・英〈R150＋L50〉)▶英・独・仏・中・韓から１ ③④**地歴・公民**(100×2)▶「地総・地探」・「歴総・日探」・「歴総・世探」・「公・倫」・「公・政経」から２ ⑤⑥**数**(100×2)▶「数Ⅰ・数Ａ」・「数Ⅱ・数Ｂ・数Ｃ」 ⑦**理**(50×2)▶物基・化基・生基・地学基から２ ⑧**情**(50)▶情Ⅰ

[個別学力検査(600)] **3科目** ①**外**(200)▶英コミュⅠ・英コミュⅡ・英コミュⅢ・論表Ⅰ・論表Ⅱ・論表Ⅲ ②**数**(200)▶数Ⅰ・数Ⅱ・数Ａ・数Ｂ(数列)・数Ｃ(ベク) ③**小論文**(200)

学校推薦型 **[共通テスト]** **8科目** ①**国** ②**外**▶英・独・仏・中・韓から１ ③④**地歴・公民**▶「地総・地探」・「歴総・日探」・「歴総・世探」・「公・倫」・「公・政経」から２ ⑤⑥**数**▶「数Ⅰ・数Ａ」・「数Ⅱ・数Ｂ・数Ｃ」 ⑦**理**▶物基・化基・生基・地学基から２ ⑧**情**▶情Ⅰ

[個別学力検査] **0〜1科目** ①**面接**▶口頭試問 ※面接免除者には課さない。

※書類審査および共通テストの成績を総合し約30名の合格者(面接免除)を決定，また書類審査で面接選考の受験有資格者となった者に対し面接，書類審査および共通テストの成績を総合して約15名の合格者を決定。

経済学部

前期 **[共通テスト(950)]** **8科目** ①**国**(200) ②**外**(200・英〈R150＋L50〉)▶英・独・仏・中・韓から１ ③④**地歴・公民**(100×2)▶「地総・地探」・「歴総・日探」・「歴総・世探」・「公・倫」・「公・政経」から２ ⑤⑥**数**(100×2)▶「数Ⅰ・数Ａ」・「数Ⅱ・数Ｂ・数Ｃ」 ⑦**理**(50×2)▶物基・化基・生基・地学基から２ ⑧**情**(50)▶情Ⅰ

[個別学力検査(1500)] **3科目** ①**国**(500)▶現国・言語・論国・文国・古典 ②**外**(500)▶英コミュⅠ・英コミュⅡ・英コミュⅢ・論表Ⅰ・論表Ⅱ・論表Ⅲ ③**数**(500)▶数Ⅰ・数Ⅱ・数Ａ・数Ｂ(数列)・数Ｃ(ベク)

学校推薦型 **[共通テスト]** **8科目** ①**国** ②**外**▶英・独・仏・中・韓から１ ③④**地歴・公民**▶「地総・地探」・「歴総・日探」・「歴総・世探」・「公・倫」・「公・政経」から２ ⑤⑥**数**▶「数Ⅰ・数Ａ」・「数Ⅱ・数Ｂ・数Ｃ」 ⑦**理**▶物基・化基・生基・地学基から２ ⑧**情**▶情Ⅰ

[個別学力検査] **1科目** ①**面接**

※第１次選考―書類審査・共通テストの成績，第２次選考―面接の結果により判定。

情報学部

前期 **【自然情報学科】** **[共通テスト(950)]** **8科目** ①**国**(200) ②**外**(200・英〈R150＋L50〉)▶英・独・仏・中・韓から１ ③**地歴・公民**(100)▶「地総・地探」・「歴総・日探」・「歴総・世探」・「公・倫」・「公・政経」から１ ④⑤**数**(100×2)▶「数Ⅰ・数Ａ」・「数Ⅱ・数Ｂ・数Ｃ」 ⑥⑦**理**(100×2)▶物・化・生・地学から２ ⑧**情**(50)▶情Ⅰ

[個別学力検査(1100)] **3科目** ①**外**(400)▶英コミュⅠ・英コミュⅡ・英コミュⅢ・論表Ⅰ・論表Ⅱ・論表Ⅲ ②**数**(400)▶数Ⅰ・数Ⅱ・数Ⅲ・数Ａ・数Ｂ(数列)・数Ｃ(ベク・平面) ③**理**(300)▶「物基・物」・「化基・化」・「生基・生」・「地学基・地学」から１

【人間・社会情報学科】 **[共通テスト(950)]** **8科目** ①**国**(200) ②**外**(200・英〈R150＋L50〉)▶英・独・仏・中・韓から１ ③④**地歴・公民**(100×2)▶「地総・地探」・「歴総・日探」・「歴総・世探」・「公・倫」・「公・政経」から２ ⑤⑥**数**(100×2)▶「数Ⅰ・数Ａ」・「数Ⅱ・数Ｂ・数Ｃ」 ⑦**理**(50×2)▶物基・化基・生基・地学基から２ ⑧**情**(50)▶情Ⅰ

[個別学力検査(1100)] **2科目** ①**外**(700)▶英コミュⅠ・英コミュⅡ・英コミュⅢ・論表Ⅰ・論表Ⅱ・論表Ⅲ ②**地歴・数**(400)▶「地総・地探」・「歴総・日探」・「歴総・世探」・「数Ⅰ・数Ⅱ・数Ａ・数Ｂ(数列)・数Ｃ(ベク)」から１

【コンピュータ科学科】 **[共通テスト(950)]**

8科目 ①国(200) ②外(200・英〈R150＋L50〉)▶英・独・仏・中・韓から1 ③地歴・公民(100)▶「地総・地探」・「歴総・日探」・「歴総・世探」・「公・倫」・「公・政経」から1 ④⑤数(100×2)▶「数Ⅰ・数A」・「数Ⅱ・数B・数C」 ⑥⑦理(100×2)▶物必須，化・生・地学から1 ⑧情(50)▶情Ⅰ

[個別学力検査(1300)] 4科目 ①外(300)▶英コミュⅠ・英コミュⅡ・英コミュⅢ・論表Ⅰ・論表Ⅱ・論表Ⅲ ②数(500)▶数Ⅰ・数Ⅱ・数Ⅲ・数A・数B(数列)・数C(ベク・平面) ③④理(250×2)▶「物基・物」必須，「化基・化」・「生基・生」・「地学基・地学」から2

学校推薦型 【自然情報学科】[共通テスト] 8科目 ①国 ②外▶英・独・仏・中・韓から1 ③地歴・公民▶「地総・地探」・「歴総・日探」・「歴総・世探」・「公・倫」・「公・政経」から1 ④⑤数▶「数Ⅰ・数A」・「数Ⅱ・数B・数C」 ⑥⑦理▶物・化・生・地学から2 ⑧情▶情Ⅰ

[個別学力検査] 1科目 ①面接

【人間・社会情報学科】 [共通テスト] 8科目 ①国 ②外▶英・独・仏・中・韓から1 ③④地歴・公民▶「地総・地探」・「歴総・日探」・「歴総・世探」・「公・倫」・「公・政経」から2 ⑤⑥数▶「数Ⅰ・数A」・「数Ⅱ・数B・数C」 ⑦理▶物基・化基・生基・地学基から2 ⑧情▶情Ⅰ

[個別学力検査] 1科目 ①面接

【コンピュータ科学科】 [共通テスト] 8科目 ①国 ②外▶英・独・仏・中・韓から1 ③地歴・公民▶「地総・地探」・「歴総・日探」・「歴総・世探」・「公・倫」・「公・政経」から1 ④⑤数▶「数Ⅰ・数A」・「数Ⅱ・数B・数C」 ⑥⑦理▶物必須，化・生・地学から1 ⑧情▶情Ⅰ

[個別学力検査] 1科目 ①面接

※第1次選考―書類審査，共通テストの成績，第2次選考―面接の結果により判定。

理学部

前期 [共通テスト(900)] 8科目 ①国(300) ②外(250・英〈R187.5＋L62.5〉)▶英・独・仏・中・韓から1 ③地歴・公民(100)▶「地総・地探」・「歴総・日探」・「歴総・世探」・「公・倫」・「公・政経」から1 ④⑤数(50×2)▶「数Ⅰ・数A」・「数Ⅱ・数B・数C」 ⑥⑦理(50×2)▶物・化・生・地学から2 ⑧情(50)▶情Ⅰ

[個別学力検査(1500)] 5科目 ①外(300)▶英コミュⅠ・英コミュⅡ・英コミュⅢ・論表Ⅰ・論表Ⅱ・論表Ⅲ ②数(600)▶数Ⅰ・数Ⅱ・数Ⅲ・数A・数B(数列)・数C(ベク・平面) ③④理(300×2)▶「物基・物」・「化基・化」・「生基・生」・「地学基・地学」から2

学校推薦型 [共通テスト] 8科目 ①国 ②外▶英・独・仏・中・韓から1 ③地歴・公民▶「地総・地探」・「歴総・日探」・「歴総・世探」・「公・倫」・「公・政経」から1 ④⑤数▶「数Ⅰ・数A」・「数Ⅱ・数B・数C」 ⑥⑦理▶物・化・生・地学から2 ⑧情▶情Ⅰ

[個別学力検査] 課さない。

※書類審査および共通テストの成績を総合して判定。

総合型 【数理学科】[共通テスト(1000)] 5科目 ①外(100・英〈R75＋L25〉)▶英・独・仏・中・韓から1 ②③数(350×2)▶「数Ⅰ・数A」・「数Ⅱ・数B・数C」 ④⑤理(100×2)▶物・化・生・地学から2

[個別学力検査(700)] 1科目 ①面接(700)▶口頭試問を含む

※第1次選考―書類審査(500)，共通テスト(500に換算)，第2次選考―書類審査(150)，共通テスト(150に換算)，面接により判定。

【物理学科】[共通テスト(800)] 5科目 ①外(100・英〈R75＋L25〉)▶英・独・仏・中・韓から1 ②③数(150×2)▶「数Ⅰ・数A」・「数Ⅱ・数B・数C」 ④⑤理(物300＋選択100)▶物必須，化・生・地学から1

[個別学力検査(200)] 1科目 ①面接(200)▶口頭試問を含む

※第1次選考―書類審査(100)，共通テスト，第2次選考―書類審査(100)，共通テスト，面接により判定。

【化学科】[共通テスト] 課さない。

[個別学力検査(300)] 2科目 ①小論文(100) ②面接(200)▶口頭試問を含む

※第1次選考―書類審査(100)，第2次選考―書類審査(100)，小論文，第3次選考―小論文，面接により判定。

【生命理学科】[共通テスト] 課さない。

[個別学力検査(100)] 1科目 ①総合選考(100)▶小論文・面接

※第1次選考―書類審査(100)，第2次選考

一総合選考により判定。

【地球惑星科学科】［共通テスト(1000)］ 8科目 ①国(100) ②外(200・英〈R150＋L50〉)▶英・独・仏・中・韓から1 ③地歴・公民(50)▶「地総・地探」・「歴総・日探」・「歴総・世探」・「公・倫」・「公・政経」から1 ④⑤数(150×2)▶「数Ⅰ・数A」・「数Ⅱ・数B・数C」 ⑥⑦理(150×2)▶物・化・生・地学から2 ⑧情(50)▶情Ⅰ

［個別学力検査(200)］ 1科目 ①面接(200)▶口頭試問を含む

※第1次選考―書類審査(100)，共通テスト(300に換算)，第2次選考―書類審査(100)，共通テスト(300に換算)，面接により判定。

医学部

前期 ［共通テスト(950)］ 8科目 ①国(200) ②外(200・英〈R150＋L50〉)▶英・独・仏・中・韓から1 ③地歴・公民(100)▶「地総・地探」・「歴総・日探」・「歴総・世探」・「公・倫」・「公・政経」から1 ④⑤数(100×2)▶「数Ⅰ・数A」・「数Ⅱ・数B・数C」 ⑥⑦理(100×2)▶物・化・生から2 ⑧情(50)▶情Ⅰ

［個別学力検査(1800)］【医学科】 5科目 ①外(600)▶英コミュⅠ・英コミュⅡ・英コミュⅢ・論表Ⅰ・論表Ⅱ・論表Ⅲ ②数(600)▶数Ⅰ・数Ⅱ・数Ⅲ・数A・数B(数列)・数C(ベク・平面) ③④理(300×2)▶「物基・物」・「化基・化」・「生基・生」から2 ⑤面接

［個別学力検査(1650)］【保健学科】 5科目 ①国(150)▶現国・言語(古文・漢文を除く)・論国・文国 ②外(500)▶英コミュⅠ・英コミュⅡ・英コミュⅢ・論表Ⅰ・論表Ⅱ・論表Ⅲ ③数(500)▶数Ⅰ・数Ⅱ・数Ⅲ・数A・数B(数列)・数C(ベク・平面) ④⑤理(250×2)▶「物基・物」・「化基・化」・「生基・生」から2

後期 【医学科】［共通テスト(950)］ 8科目 前期と同じ

［個別学力検査］ 1科目 ①面接▶英文の課題に基づく口頭試問を含む

学校推薦型 ［共通テスト］ 8科目 ①国 ②外▶英・独・仏・中・韓から1 ③地歴・公民▶「地総・地探」・「歴総・日探」・「歴総・世探」・「公・倫」・「公・政経」から1 ④⑤数▶「数Ⅰ・数A」・「数Ⅱ・数B・数C」 ⑥⑦理▶物・化・生から2 ⑧情▶情Ⅰ

［個別学力検査］ 【医学科】 1科目 ①面接▶プレゼンテーション・口頭試問

※第1次選考―書類審査，共通テストの成績，第2次選考―面接の結果により判定。

【保健学科】 1科目 ①面接▶口頭試問

※第1次選考―書類審査，共通テストの成績，第2次選考―面接，書類審査および共通テストの成績により判定。

工学部

前期 ［共通テスト(635)］ 8科目 ①国(200) ②外(100・英〈R75＋L25〉)▶英・独・仏・中・韓から1 ③地歴・公民(100)▶「地総・地探」・「歴総・日探」・「歴総・世探」・「公・倫」・「公・政経」から1 ④⑤数(50×2)▶「数Ⅰ・数A」・「数Ⅱ・数B・数C」 ⑥⑦理(50×2)▶物・化 ⑧情(35)▶情Ⅰ

［個別学力検査(1300)］ 4科目 ①外(300)▶英コミュⅠ・英コミュⅡ・英コミュⅢ・論表Ⅰ・論表Ⅱ・論表Ⅲ ②数(500)▶数Ⅰ・数Ⅱ・数Ⅲ・数A・数B(数列)・数C(ベク・平面) ③④理(250×2)▶「物基・物」・「化基・化」

学校推薦型［共通テスト］ 7科目 ①国 ②外▶英・独・仏・中・韓から1 ③地歴・公民▶「地総・地探」・「歴総・日探」・「歴総・世探」・「公・倫」・「公・政経」から1 ④⑤数▶「数Ⅰ・数A」・「数Ⅱ・数B・数C」 ⑥⑦理▶物・化 ⑧情▶情Ⅰ

［個別学力検査］ 1科目 ①面接▶口頭試問

※第1次選考―書類審査・共通テストの成績，第2次選考―面接の結果により判定。

農学部

前期 ［共通テスト(950)］ 8科目 ①国(200) ②外(200・英〈R150＋L50〉)▶英・独・仏・中・韓から1 ③地歴・公民(100)▶「地総・地探」・「歴総・日探」・「歴総・世探」・「公・倫」・「公・政経」から1 ④⑤数(100×2)▶「数Ⅰ・数A」・「数Ⅱ・数B・数C」 ⑥⑦理(100×2)▶物・化・生・地学から2 ⑧情(50)▶情Ⅰ

［個別学力検査(1550)］ 5科目 ①国(150)▶現国・言語(古文・漢文を除く)・論国・文国 ②外(400)▶英コミュⅠ・英コミュⅡ・英コミュⅢ・論表Ⅰ・論表Ⅱ・論表Ⅲ ③数

(400) ▶数Ⅰ・数Ⅱ・数Ⅲ・数A・数B (数列)・数C (ベク・平面) ④⑤理 (300×2) ▶「物基・物」・「化基・化」・「生基・生」から2
学校推薦型 **[共通テスト]** 7科目 ①国 ②外▶英・独・仏・中・韓から1 ③地歴・公民▶英コミュⅠ・英コミュⅡ・英コミュⅢ・論表Ⅰ・論表Ⅱ・論表Ⅲから1 ④⑤数▶「数Ⅰ・数A」・「数Ⅱ・数B・数C」 ⑥⑦理▶物・化・生・地学から2 ⑧情▶情Ⅰ
[個別学力検査] 課さない。
※書類審査および共通テストの成績を総合して判定。

その他の選抜

私費外国人留学生入試，国際プログラム群学部学生入試(10月入学)。

偏差値データ (2024年度)

●一般選抜

＊共通テスト・個別計/満点

学部／学科／専攻	2024年度			2023年度実績					
	駿台予備学校	河合塾						競争率	
	合格目標ライン	ボーダー得点率	ボーダー偏差値	募集人員	受験者数	合格者数	合格最低点＊	'23年	'22年
●前期									
文学部									
人文	57	76%	62.5	110	217	110	1387/2100	2.0	2.1
教育学部									
人間発達科	58	74%	62.5	55	158	58	1768/2700	2.7	2.9
法学部									
法律・政治	58	75%	60	105	224	106	1023/1500	2.1	2.2
経済学部									
(学部一括募集)	57	74%	60	165	331	171	1561/2400	1.9	2.5
情報学部									
自然情報	56	79%	60	30	63	32	1267/2000	2.0	1.9
人間・社会情報	58	77%	62.5	30	101	38	1367/2000	2.7	2.5
コンピュータ科	57	80%	62.5	53	144	55	1486/2200	2.6	1.8
理学部									
(学部一括募集)	56	77%	60	220	497	223	1445/2350	2.2	2.3
医学部									
医[一般枠]	68	87%	67.5	85	204	89	1881/2550	2.3	1.4
医[地域枠]	68	87%	67.5	5	20	5	—	4.0	新
保健／看護学	52	66%	52.5	45	62	47	1312/2550	1.3	2.0
／放射線技術科学	54	70%	55	30	73	33	1351/2550	2.2	2.1
／検査技術科学	55	69%	55	25	62	26	1408/2550	2.4	3.2
／理学療法学	55	72%	55	13	28	11	1491/2550	2.5	1.9
／作業療法学	52	68%	50	13	31	18	1308/2550	1.7	1.3
工学部									
化学生命工	56	75%	57.5	90	149	90	1123/1900	1.7	2.0
物理工	56	76%	60	75	125	75	1160/1900	1.7	2.3
マテリアル工	56	75%	57.5	99	224	99	1154/1900	2.3	1.6
電気電子情報工	56	77%	60	106	279	106	1188/1900	2.6	3.3
機械・航空宇宙工	58	77%	60	135	351	137	1201/1900	2.6	2.5

エネルギー理工	55	75%	57.5	34	72	34	1171/1900	2.1	1.3
環境土木・建築	56	75%	57.5	72	168	73	1164/1900	2.3	2.4
農学部									
生物環境科	55	76%	57.5	27	54	28	1470/2450	1.9	1.6
資源生物科	55	76%	57.5	43	124	45	1503/2450	2.8	1.7
応用生命科	56	76%	57.5	66	142	67	1511/2450	2.1	2.6
●後期									
医学部									
医［一般枠］	70	93%	—	5	18	5	非開示	3.6	1.6

●駿台予備学校合格目標ラインは合格可能性80%に相当する駿台模試の偏差値です。●競争率は受験者÷合格者の実質倍率
●河合塾ボーダー得点率は合格可能性50%に相当する共通テストの得点率です。
　また，ボーダー偏差値は合格可能性50%に相当する河合塾全統模試の偏差値です。
●医学部医学科の前期・後期は２段階選抜を実施。
※工学部および農学部の合格最低点は高得点選抜を除く合格者の最低点です。

併設の教育機関　大学院

人文学研究科

教員数▶教授42名，准教授46名，講師２名
院生数▶435名
博士前期課程 ●人文学専攻　人文学の多様な領域を対象に，常に真摯に，そして革新的構想力をもってアプローチする。
博士後期課程 人文学専攻

教育発達科学研究科

教員数▶教授17名，准教授11名，講師２名
院生数▶239名
博士前期課程 ●教育科学専攻　生涯発達教育学講座，学校情報環境学講座，相関教育科学講座，高等教育学講座，生涯スポーツ科学講座からなる。
●心理発達科学専攻　心理社会行動科学講座，精神発達臨床科学講座，スポーツ行動科学講座からなる。
●高度専門職業人養成コース　生涯学習研究，心理開発研究，心理臨床研究の３コース。
博士後期課程 教育科学専攻，心理発達科学専攻

法学研究科

教員数▶教授41名，准教６名，講師16名
院生数▶285名（うち専門職学位課程131名）
博士前期課程 ●総合法政専攻　研究者養成コース，応用法政コース，国際法政コースがある。研究者や，高度の専門性を持ち社会の中枢を担う人材を養成する。
専門職学位課程 ●実務法曹養成専攻（法科大学院）自由な共生社会を支え，広い視野と国際的関心を持つ法曹を養成する。
博士後期課程 総合法政専攻

経済学研究科

教員数▶教授18名，准教授10名，講師６名
院生数▶158名
博士前期課程 ●社会経済システム専攻　経済学分野における最新の成果を修得した研究者および高度な専門的職業人を育成する。
●産業経営システム専攻　経営学分野の応用能力と研究能力を備える一流の研究者ならびに高度な専門的職業人を育成する。
●社会人コース　通算して満３年以上の社会経験を有する社会人を，専攻を問わず募集。通学可能な時間帯に講義・演習を行う。
博士後期課程 社会経済システム専攻，産業経営システム専攻

情報学研究科

教員数▶教授40名，准教授29名，講師４名
院生数▶511名
博士前期課程 ●**数理情報学専攻** 数理情報基礎論，数理情報モデル論の２講座。
●**複雑系科学専攻** 多自由度システム情報論，生命情報論，物質情報論，創発システム論，複雑系計算論，情報可視化論の６講座。
●**社会情報学専攻** 情報哲学，情報社会設計論，グローバルメディア論の３講座。
●**心理・認知科学専攻** 認知科学，心理学の２講座。
●**情報システム学専攻** 計算論，情報プラットフォーム論，ソフトウェア論，情報ネットワークシステム論の４講座。
●**知能システム学専攻** 基盤知能情報学，システム知能情報学，フィールド知能情報学の３講座。
博士後期課程 **数理情報学専攻，複雑系科学専攻，社会情報学専攻，心理・認知科学専攻，情報システム学専攻，知能システム学専攻**

理学研究科

教員数▶教授36名，准教授35名，講師30名
院生数▶569名
博士前期課程 ●**理学専攻** 2022年度より素粒子宇宙物理学，物質物理学，生命理学の３専攻を理学専攻に統合。既存の専攻領域を超えた融合的·学際的研究を推進する１専攻14コース体制を構築。
博士後期課程 **理学専攻，名古屋大学・エディンバラ大学国際連携理学専攻**

医学系研究科

教員数▶教授85名，准教授70名，講師61名
院生数▶942名
修士課程 ●**医科学専攻** 医学部以外の学部出身者に広く医学の基礎およびその応用法を体系的かつ集中的に教育。医学科と公衆衛生，医療行政（１年課程）の３コース。
博士前期課程 ●**総合保健学専攻** AI技術やデータサイエンスを駆使する先端情報医療学の拠点形成をめざす。先端情報医療学，包括ケアサイエンスの２領域。
博士課程 ●**総合医学専攻** 学部から大学院までシームレスな教育を行うMD・PhDコース，医科学研究者を育成する。
●**名古屋大学・アデレード大学国際連携総合医学専攻** ジョイントディグリープログラム。
●**名古屋大学・ルンド大学国際連携総合医学専攻** ジョイントディグリープログラム。
●**名古屋大学・フライブルグ大学国際連携総合医学専攻** ジョイントディグリープログラム。
博士後期課程 総合保健学専攻

工学研究科

教員数▶教授101名，准教授91名，講師21名
院生数▶1,794名
博士前期課程 ●**有機・高分子化学専攻** 小分子から巨大分子までの有機化合物の物性・合成と応用に関する知識を身につける。
●**応用物質化学専攻** 持続型社会を支える材料・物質の創製と応用を学ぶ。
●**生命分子工学専攻** 「いのち」の精緻な働きを工学的に利用する道を拓く。
●**応用物理学専攻** 物性物理学，材料科学，計算科学分野の先端的な課題を研究する。
●**物質科学専攻** 物理学と理工学を融合させた物質科学の新しい学問体系を学ぶ。
●**材料デザイン工学専攻** 理論・先端計測技術から，さまざまなマテリアルを作り上げる。
●**物質プロセス工学専攻** 先端プロセス技術をもとに，新物質・素材の創造に取り組む。
●**化学システム工学専攻** システムを視点に循環型社会の構築をマテリアルから実現する。
●**電気工学専攻** 電気エネルギーの材料創製，機器設計，システム運用の研究・開発。
●**電子工学専攻** 新機能デバイスや超低消費電力デバイス，ナノプロセス技術などを研究。
●**情報・通信工学専攻** 情報通信技術と膨大なデータを活用した情報システム技術の構築。
●**機械システム工学専攻** 機械工学を深化・統合して新しい機械システムを創造する。

●マイクロ・ナノ機械理工学専攻　機械工学のミクロからマクロまで，基盤的能力を養成。
●航空宇宙工学専攻　未踏技術の開発に挑戦する高度先端総合工学について学ぶ。
●エネルギー理工学専攻　エネルギー材料工学・量子工学・流体工学の３講座で構成。
●総合エネルギー工学専攻　核融合工学講座，エネルギーシステム工学講座，エネルギー安全工学講座で構成。
●土木工学専攻　質の高い社会インフラの形成を可能にする研究者・技術者を養成する。
博士後期課程　有機・高分子化学専攻，応用物質化学専攻，生命分子工学専攻，応用物理学専攻，物質科学専攻，材料デザイン工学専攻，物質プロセス工学専攻，化学システム工学専攻，電気工学専攻，電子工学専攻，情報・通信工学専攻，機械システム工学専攻，マイクロ・ナノ機械理工学専攻，航空宇宙工学専攻，エネルギー理工学専攻，総合エネルギー工学専攻，土木工学専攻

生命農学研究科

教員数▶教授37名，准教授38名，講師12名
院生数▶478名
博士前期課程　●森林・環境資源科学専攻　森林などの陸域生態系の保全と持続的かつ循環的な生物資源の生産・利用法を探究。
●植物生産科学専攻　多面的アプローチで植物機能を解明し，作物生産に応用する。
●動物科学専攻　動物の持つ多様な機能を解明し，食と健康の質的向上をめざす。
●応用生命科学専攻　生命機能の高次制御と高度利活用に向けた生物生産と生物関連産業への応用展開の基盤を築く。
博士後期課程　森林・環境資源科学専攻，植物生産科学専攻，動物科学専攻，応用生命科学専攻，名古屋大学・カセサート大学国際連携生命農学専攻，名古屋大学・西オーストラリア大学国際連携生命農学専攻

国際開発研究科

教員数▶教授10名，准教授10名
院生数▶208名
博士前期課程　●国際開発協力専攻　５つの専門教育プログラムに加え，社会人向けの１年制「グローバル企業人材育成特別課程」や国際機関への就職をめざす「グローバルリーダー・キャリアコース」を提供。
博士後期課程　国際開発協力専攻

多元数理科学研究科

教員数▶教授23名，准教授20名，講師２名
院生数▶181名
博士前期課程　●多元数理科学専攻　数理科学および関連する分野にある未解決の課題を見出し解決してゆく研究者を育成する。
博士後期課程　多元数理科学専攻

環境学研究科

教員数▶教授37名，准教授42名，講師９名
院生数▶448名
博士前期課程　●地球環境科学専攻　地球環境問題に関する科学的知識に基づき地球環境の観測・評価・診断ができる人材を育成。
●都市環境学専攻　自然環境，人工環境，人間環境の新たな関係を構築する。
●社会環境学専攻　人間と自然との共生をめざし，社会環境の様態と機能を研究する。
博士後期課程　地球環境科学専攻，都市環境学専攻，社会環境学専攻

創薬科学研究科

教員数▶教授６名，准教授３名
院生数▶99名
博士前期課程　●基盤創薬学専攻　多分野を融合した創薬科学の教育・研究を行う。
博士後期課程　基盤創薬学専攻

三重大学

資料請求

問合せ先 学務部入試チーム　☎059-231-9063

大学の理念

1921（大正10）年創立の三重高農と，1875（明治8）年創立の三重師範，青師を統合して1949（昭和24）年開設。1972（昭和47）年に三重県立大学を併合した。総合大学として，教育・研究の実績と伝統を踏まえ，地域に根ざし，世界に誇れる教育・研究に取り組み，人と自然の調和・共生の中で，社会との共創に向けて切磋琢磨することを理念とし，世界と繋がる地域共創活動に取り組み，地域社会を発展させる教育研究を推進。環境・SDGsや防災・減災に関するリテラシー，DX，AIの活用や数理データサイエンスなど，文理横断的に活動し続ける人材を育成。2022年度にはデータサイエンス学修プログラムが文科省の数理・データサイエンス・AI教育プログラム（リテラシーレベル）に認定されている。

- 上浜キャンパス…………〒514-8507　三重県津市栗真町屋町1577
- 上浜キャンパス（医）…〒514-8507　三重県津市江戸橋2-174

基本データ

学生数▶5,884名（男3,481名，女2,403名）
専任教員数▶教授250名，准教授199名，講師81名
設置学部▶人文，教育，医，工，生物資源

併設教育機関▶大学院―医学系・工学・生物資源学・地域イノベーション学（以上M・D），教育学（P），人文社会科学（M）

就職・卒業後の進路

就職率 97.6%
就職者÷希望者×100

●**就職支援**　キャリアセンターを設置し，1・2年次から主体的に進路選択ができるよう，全学的な立場から，キャリア教育，就職活動支援およびインターンシップを推進している。学生のキャリア形成と修学を支援するキャリア教育科目の開講をはじめ，就職ガイダンスやミニ講座，業界研究セミナー，学内企業説明会の開催，インターンシップの情報提供と事前・事後研修会の実施，教員やキャリア・カウンセラーによる個別の進路・就業相談など，個々のライフデザインに応じたキャリア形成の実現に向けた支援を行っている。

進路指導者も必見 学生を伸ばす 面倒見

初年次教育
全学必修科目「スタートアップPBLセミナー」でアカデミックスキル・スタディスキル，PBL型学習を自律的・能動的に進める学修力を習得するほか，「データサインエスⅠ・Ⅱ」などを開講

学修サポート
全学部でTA制度，人文・教育・生物資源でSA制度，人文・教育・工・生物資源でオフィスアワー制度，教育・医・工・生物資源で教員アドバイザー制度を導入。また，e-ポートフォリオを用いた学びのあしあとの会（学修サポート）を定期的に実施

オープンキャンパス（2023年度実績）　8月10日に来場型オープンキャンパスを開催（事前予約制）。学部・学科紹介や模擬授業，在学生による学生生活紹介，研究紹介展示，個別相談コーナーなどのほか，オンライン企画も実施。

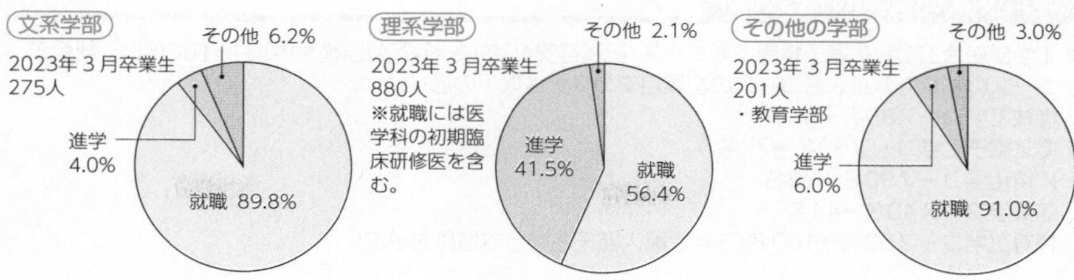

主なOB・OG ▶ ［教育］小川信治（画家），［工］永見大吾（お笑い芸人「カベポスター」）など。

国際化・留学　大学間 67 大学・部局間 44 大学

受入れ留学生数 ▶ 34名（2023年5月1日現在）

留学生の出身国 ▶ 韓国，中国，ベトナム，カンボジア，マレーシアなど。

外国人専任教員 ▶ 教授３名，准教授２名，講師２名（2023年５月１日現在）

外国人専任教員の出身国 ▶ 韓国，中国，アメリカ，フランス。

大学間交流協定 ▶ 67大学（交換留学先64大学，2023年４月１日現在）

部局間交流協定 ▶ 44大学（交換留学先33大学，2023年４月１日現在）

海外への留学生数 ▶ 渡航型85名・オンライン型３名／年（11カ国・地域，2022年度）

海外留学制度 ▶ 交換留学は協定校へ１年以内で派遣され，原則として授業料等は免除，単位が認定される場合もある。また，協定校へ１学期以上交換留学する学生を対象とした国際交流特別奨学金制度も用意されている。大学独自の「学生海外チャレンジ応援事業」は，学生が自らの学修達成を目標に留学計画を申請するもので，採用されれば最大50万円の支援が受けられる。海外短期研修では，タチ大学（マレーシア）やワイカト大学（ニュージーランド）での語学研修，ベトナム・フィールドスタディなどを実施。このほか，オンライン海外研修や学部プログラムもある。

学費・奨学金制度　給付型奨学金総額 年間約 445 万円

入学金 ▶ 282,000円

年間授業料（施設費等を除く）▶ 535,800円

年間奨学金総額 ▶ 4,450,500円

年間奨学金受給者数 ▶ 16人

主な奨学金制度 ▶ 生物資源学部の３年次の学生を対象に「渡邉文二奨学金」（年額48万円給付）のほか，医学部看護学科で，免許取得後，附属病院の看護師・助産師として勤務を希望する学生を対象とした奨学金制度や「工学部USJC奨学生」などを設置。ほかに学費減免制度もあり，2022年度には11人を対象に総額で約380万円を減免している。

保護者向けインフォメーション

- **オープンキャンパス**　通常のオープンキャンパス時に保護者向け説明会を実施している。
- **成績確認**　学部により成績表等を郵送するほか，出席状況に問題がある時のみ電話で連絡。
- **就職ガイダンス**　３年次の10月に開催。
- **保護者会**　学部により保護者会を開催し，情報交換や就活説明会などを実施。教育学部では会報も発行。生物資源学部では就学カウンセラーの電話番号・メールアドレスを公開。
- **防災対策**　学生が被災した際の安否は，安否確認システムを利用して確認する。

インターンシップ科目	必修専門ゼミ	卒業論文	GPA制度の導入の有無および活用例	１年以内の退学率	標準年限での卒業率
教育・医・工・生物資源で開講	全学部で１～４年次に実施。	医学部を除き卒業要件	一部の学部で学生の表彰基準，奨学金等対象者の選定基準，個別の学修指導に活用するほか，GPAに応じた履修上限単位数を設定	0.6%	88.0%（4年制）93.6%（6年制）

2025年度学部改組構想（予定）

● 工学部総合工学科に電子情報工学コース（配属目安40名）を新設予定（構想中）。それに伴い，総合工学コースの募集を停止。各コースの配属目安の変更は以下の通り。
・機械工学コース80名→85名
・電気電子工学コース90名→70名
・応用化学コース90名→96名
・建築学コース40名→44名
・情報工学コース60名→100名（3年次編入若干名を含む増員を予定）

学部紹介（2024年2月現在）

学部／学科・課程・コース	定員	特色
人文学部		
文化	92	▷2年次より日本研究，アジア・オセアニア研究，ヨーロッパ・地中海研究，アメリカ研究のいずれかを選択。異文化を理解できる豊かな教養と人間性を修得する。
法律経済	153	▷複雑で高度に専門化した現代社会に対する的確な判断力，対応力を身につける。3年次より所属するゼミに応じて，法政コース・現代経済コースへの所属や履修プログラムを決定する。
● 取得可能な資格…教職（国・地歴・公・社・英），司書，司書教諭，学芸員など。 ● 進路状況…………就職89.8%　進学4.0% ● 主な就職先………三重県庁，津市役所，愛知県庁，NTTデータ東海，名古屋国税局，名古屋市役所，百五銀行，あいおいニッセイ同和損害保険，日立システムズなど。		
教育学部		
学校教育教員養成	200	▷広い教養と高い専門性を持つ教育者を育成する。4つの附属学校園や隣接する学校園と連携して，1年次の必修科目である「教育実地研究基礎」をはじめ，4年間を通した系統的な学校現場体験および教育実習により教育実践力を身につける。13の専攻教育コース〈国語，社会科，数学，理科，音楽，美術，保健体育，技術・ものづくり，家政，英語，特別支援，幼児，学校（教育学専攻，教育心理学専攻）〉を設置。
● 取得可能な資格…教職（国・地歴・公・社・数・理・音・美・保体・技・家・情・工業・英，小一種，幼一種，特別支援），司書教諭，学芸員，保育士など。 ● 進路状況…………就職91.0%　進学6.0% ● 主な就職先………教員（三重県，愛知県，名古屋市，静岡県，大阪府），津市役所，名古屋市役所，松坂市役所，三重県庁，三重警察本部，鈴鹿市役所など。		
医学部		
医	125	▷優れた知識と技術，豊かな人間性を兼ね備えた医療人を育成する。問題解決型チュートリアル教育をはじめ，6年次に約半数が参加する海外臨床実習の実施や，6年間を通して地域の協力病院で学べる体制を整備。
看護	80	▷倫理観と責任感，協調性のある人間性と国際的感覚を持ち，地域医療・保健に貢献できる看護職者を育成する。
● 取得可能な資格…教職（養護二種），医師・看護師・保健師・助産師受験資格など。 ● 進路状況…………［医］初期臨床研修医97.6%　［看護］就職100%　進学0.0% ● 主な就職先………［看護］三重大学医学部附属病院，伊勢赤十字病院，藤田医科大学病院，三重県立総合医療センター，名古屋大学医学部附属病院，鈴鹿中央総合病院など。		

キャンパスアクセス ［上浜キャンパス］ 近鉄名古屋線一江戸橋より徒歩約15分／JR紀勢本線，近鉄名古屋線一津よりバス約10分

工学部		
総合工	400	▷１学科５コース制。機械工学(80名)，電気電子工学(90名)，応用化学(90名)，建築学(40名)，情報工学(60名)の5コースに加え，志望分野を検討中の学生には２年次以降に専門コースを選択できる総合工学コース(40名)を設置。専門分野の深い知識と同時に，工学に共通する幅広い知識および情報関連技術を有する人材を育成する。大学院への進学希望者には学部修士一貫コースを設定，３年次終了時に選抜を行う。学部修士一貫コースでは，卒業研究の代わりに長期インターンシップの履修が可能となる。
● 取得可能な資格…教職(工)，1・2級建築士受験資格など。 ● 進路状況…………就職36.0%　進学61.3% ● 主な就職先………住友電装，清水建設，矢作建設工業，キオクシア，トヨタ紡織，シンフォニアテクノロジー，ナブテスコ，デンソーテン，MTGなど。		

生物資源学部		
生物資源	260	▷2024年度より４学科を１学科に改組。１年次は生物資源総合科学(30名)・農林環境科学(110名)・海洋生物資源学(45名)・生命化学(75名)の４コース。生物資源総合科学コースは２年次より３コースのいずれかに所属し，専門性を深める。社会の要請や学生の希望に即した各専門分野の育成人数のバランスへの柔軟な対応と，分野横断型の教育研究の創出をめざす。
● 取得可能な資格…教職(理・農・水産)，学芸員，測量士補など。 ● 進路状況…………就職55.5%　進学42.6% ● 主な就職先………三重県庁，愛知県庁，岐阜県庁，教員(三重県)，キオクシア，農林水産省，東海農政局，アピ，愛知県経済農業協同組合連合会など。		

▶キャンパス

人文・教育・工・生物資源……［上浜キャンパス］三重県津市栗真町屋町1577
医……［上浜キャンパス］三重県津市江戸橋2-174

2025年度入試要項(予告)

●募集人員

学部／学科・課程(コース)	前期	後期
▶人文　文化	67	18
法律経済	100	33
▶教育　学校教育教員養成(国語／初)	11	3
(国語／中)	7	2
(社会科／初)	8	2
(社会科／中)	5	2
(数学／初)	11	—
(数学／中)	10	—
(理科／初)	10	—
(理科／中)	9	—
(音楽／初)	4	3
(音楽／中)	3	—
(美術／初)	6	—
(美術／中)	3	—
(保健体育／初)	6	3
(保健体育／中)	5	3
(技術・ものづくり／初)	5	—
(技術・ものづくり／中)	4	—
(家政／初)	5	—
(家政／中)	5	—
(英語／初)	6	—
(英語／中)	7	—
(特別支援)	11	7
(幼児)	10	—
(学校／教育学)	7	—
(学校／教育心理学)	7	—
▶医　医	75	10
看護	52	5
▶工　総合工(総合工学)	40	—
(機械工学)	45	15
(電気電子工学)	42	35
(応用化学)	40	40

三重

三重大学

(建築学)	30	10
(情報工学)	40	15
▶生物資源　生物資源(生物資源総合科学)	15	—
(農林環境科学)	53	28
(海洋生物資源学)	25	10
(生命化学)	41	10

●２段階選抜

医学部医学科で，志願者数が募集人数に対して前期５倍，後期15倍を超えた場合のみ行う。

試験科目

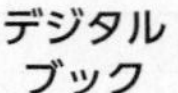

偏差値データ (2024年度)

●一般選抜

学部／学科・課程／講座・コース	2024年度 駿台予備学校 合格目標ライン	河合塾 ボーダー得点率	河合塾 ボーダー偏差値	'23年度 競争率
●前期				
▶人文学部				
文化	48	61%	55	1.8
法律経済	49	64%	52.5	2.9
▶教育学部				
学校教育教員養成／国語(初)	46	58%	50	2.8
(中)	47	60%	50	
／社会科(初)	45	59%	52.5	2.9
(中)	46	60%	52.5	
／数学(初)	46	57%	52.5	2.1
(中)	47	58%	52.5	
／理科(初)	46	57%	47.5	1.3
(中)	47	58%	47.5	
／音楽(初)	42	52%	—	1.6
(中)	43	56%	—	
／美術(初)	41	46%	—	2.1
(中)	42	47%	—	
／保健体育(初)	42	56%	—	2.2
(中)	43	59%	—	
／技術・ものづくり(初)	44	52%	47.5	1.8
(中)	44	54%	47.5	
／家政(初)	45	56%	50	2.2
(中)	45	56%	50	
／英語(初)	48	59%	52.5	2.2
(中)	49	60%	52.5	
／特別支援	47	59%	47.5	2.6
／幼児	49	59%	52.5	4.7
／学校(教育学)	48	58%	55	7.0
(教育心理学)	49	59%	52.5	4.1
▶医学部				
医(一般枠)	64	81%	65	4.1
(三重県地域枠)	64	81%	65	
看護	46	58%	47.5	1.5
▶工学部				
総合工(総合工学)	46	62%	50	2.1
(機械工学)	46	61%	50	1.6
(電気電子工学)	46	62%	50	3.1
(応用化学)	46	60%	47.5	1.4
(建築学)	47	67%	52.5	2.0
(情報工学)	47	64%	50	1.5
▶生物資源学部				
生物資源(生物資源総合科学)	48	63%	47.5	新
(農林環境科学)	48	60%	47.5	2.4
(海洋生物資源学)	49	66%	50	1.9
(生命化学)	48	61%	47.5	2.1
●後期				
▶人文学部				
文化	49	68%	—	1.8
法律経済	50	70%	—	2.5
▶教育学部				
学校教育教員養成／国語(初)	47	66%	—	6.2
(中)	48	68%	—	
／社会科(初)	46	66%	—	8.8
(中)	47	71%	—	
／音楽(初)	43	53%	—	2.5
／保健体育(初)	43	59%	—	5.8
(中)	44	62%	—	
／特別支援	48	60%	—	3.9
▶医学部				
医	67	88%	—	4.3
看護	47	62%	—	1.7
▶工学部				
総合工(機械工学)	48	69%	52.5	2.6
(電気電子工学)	48	70%	52.5	6.8
(応用化学)	48	67%	52.5	2.6
(建築学)	49	73%	—	4.3
(情報工学)	50	71%	55	1.9
▶生物資源学部				
生物資源(農林環境科学)	50	67%	52.5	2.3
(海洋生物資源学)	51	72%	55	3.3
(生命化学)	50	68%	55	2.8

- 駿台予備学校合格目標ラインは合格可能性80％に相当する駿台模試の偏差値です。
- 河合塾ボーダー得点率は合格可能性50％に相当する共通テストの得点率です。また，ボーダー偏差値は合格可能性50％に相当する河合塾全統模試の偏差値です。
- 競争率は受験者÷合格者の実質倍率
- 医学部医学科の後期は２段階選抜を実施。

MEMO

滋賀大学

SHIGA UNIVERSITY

資料請求

問合せ先 入試課入学試験係 ☎0749-27-1023

大学の理念

1922（大正11）年創立の彦根高商と，1875（明治8）年創立の滋賀師範・同青年師範を統合し，1949（昭和24）年に開学。琵琶湖をはじめ，数多くの史跡を擁する豊かな自然と，産業と文化を生み出してきた歴史を持つ学びの場で，師範学校時代から社会の激動の現場を見つめてきた教育学部と，経済界を動かす優秀な人材を輩出してきた経済学部を有し，学問の真髄を貫いてきた。2017年には「価値創造のための新たな科学」としてのデータサイエンスを活用すべく，日本初のデータサイエンス学部を新設し，全学においてデータ活用を推進，文理融合型の人材を育成する。歴史の中で形成された確かな基盤で育まれる教養や人格が夢を切り拓く原動力となって羽ばたいていった多くの学生に続き，「知の21世紀を切り拓く」ことを未来の学生に期待する。

- **彦根キャンパス**……〒522-8522　滋賀県彦根市馬場1-1-1
- **大津キャンパス**……〒520-0862　滋賀県大津市平津2-5-1

基本データ

学生数▶3,468名（男2,165名，女1,303名）
専任教員数▶教授114名，准教授67名，講師13名

設置学部▶教育，経済，データサイエンス
併設教育機関▶大学院―経済学・データサイエンス（以上M・D），教育学（P）

就職・卒業後の進路

就職率 96.4%
就職者÷希望者×100

● **就職支援**　教育学部では，独自の学生進路ファイルを運用し，入学直後から卒業までの面談やアンケート，オンライン調査による学生の進路意識や就職状況など個々の学生の状況を把握してサポートを行うほか，学部OBによる教職実践論を軸とした教職支援を展開。また，就職委員による個別の就職相談やキャリアカウンセラーによる面談も行っている。彦根キャンパスの就職支援室では，会社資料などの閲覧，各種情報提供のほか，専任教員による就職相談を実施。就職ガイダンスは各学部の特性に応じて彦根・大津の両キャンパスで開催されるが，「両キャンパス交流就職支援プログラム」も実施している。

進路指導者も必見 学生を伸ばす 面倒見

初年次教育
「大学入門セミナー」「DS（データサイエンス）入門」「プレゼンテーション論」「メディアツール活用法」「基礎データ分析」を開講し，初年次教育を実施

学修サポート
全学部でTA・SA制度，教員1人が学生約10～20人を担当する教員アドバイザー制度を導入。また，教育・経済学部ではオフィスアワーを設定し，教員が学生からの質問や相談に応じている

オープンキャンパス（2023年度実績） 教育学部は7月29日に大津キャンパス，経済学部とデータサイエンス学部は8月5日に彦根キャンパスで来場型オープンキャンパスを開催（事前申込制）。各研究科の大学院説明会も同日開催。

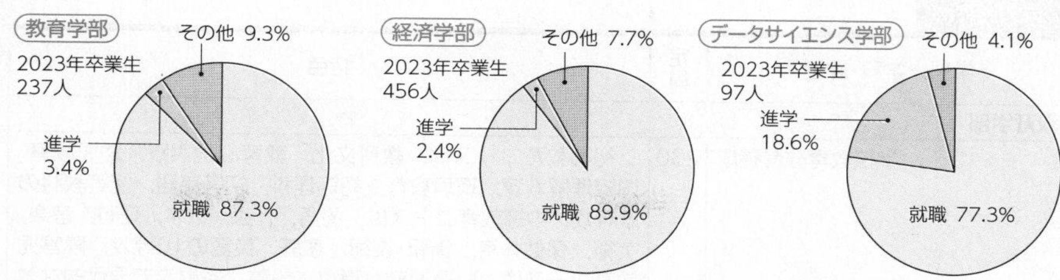

主なOB・OG▶［経済］玉井義臣（あしなが育英会創始者・会長），［経済］土井伸宏（京都フィナンシャルグループ社長），［経済］西田昌司（参議院議員），［教育］深尾昌峰（社会起業家・政策学者）など。

国際化・留学　大学間 36 大学・部局間 1 大学

受入れ留学生数▶94名（2023年５月１日現在）

留学生の出身国・地域▶中国，マレーシア，台湾，ベトナム，アメリカなど。

外国人専任教員▶教授３名，准教授１名，講師４名（2023年５月１日現在）

外国人専任教員の出身国・地域▶韓国，中国，イギリス，台湾，アメリカ。

大学間交流協定▶36大学（交換留学先24大学，2023年９月１日現在）

部局間交流協定▶１大学（2023年９月１日現在）

海外への留学生数▶渡航型103名／年（26カ国・地域，2022年度）

海外留学制度▶学生交流協定を締結した大学への「交換留学制度」や短期間に目的意識をもって異文化を体験できる「短期海外研修（アメリカ語学研修，オーストラリア研究，タイ・エコスタディ，韓国語・文化研修など）」を行っている。「交換留学制度」では留学先大学の授業料等が免除されるほか，留学期間（１年以内）は大学の修業年限・在籍期間に算入され，支援制度に採用された学生には奨学金が支給される。経済学部のグローバル・コースでも海外研修や自主企画海外体験，海外インターンシップなどを実施。

学費・奨学金制度

入学金▶282,000円（夜間主141,000円）

年間授業料（施設費等を除く）▶535,800円（夜間主267,900円）

主な奨学金制度▶家計急変などにより学資・生活費が必要な学生に20万円（無利子）を上限とする貸与型の「修学支援事業基金」や経済学部・データサイエンス学部後援会による「資格取得等報奨制度」を設置。学費減免制度もあり，2022年度には８人を対象に総額で803,700円を減免している。

保護者向けインフォメーション

●**成績確認**　成績表および履修科目と単位数の情報を保護者に郵送している。

●**会報誌**　教育学部は後援会だより「つるばみ」を発行。経済学部とデータサイエンス学部は共同で後援会を組織し，「後援会だより」を通じて，大学の行事や教育への取り組み，学生の課外活動や就職状況などの情報を提供している。

●**懇談会**　教育学部で保護者懇談会を開催。

●**防災対策**　学生が被災した際の安否確認は，大学HPを利用する。

インターンシップ科目	必修専門ゼミ	卒業論文	GPA制度の導入の有無および活用例	１年以内の退学率	標準年限での卒業率
教育・経済学部で開講している	経済・データサイエンス学部で３・４年次に実施している	経済学部夜間主コースを除き卒業要件	奨学金等対象者の選定基準，留学候補者の選考に活用するほか，GPAに応じた履修上限単位数を設定している	0.7%	82.1%

学部紹介

学部／学科・課程	定員	特色
教育学部		
学校教育教員養成	230	▷初等教育コースは，教育文化，教育心理実践，幼児教育，国際理解教育，環境教育，初等理科，初等英語，初等教科の８専攻，中等教育コースは，国語，社会，数学，理科，音楽，美術，保健体育，情報・技術，家庭，英語の10専攻，障害児教育コースは，障害児教育専攻を設置。各専攻で現代的な教育課題への対応力や教科の指導力を身につけ，多様な得意分野を持つ個性豊かな教育者の育成を図る。
●**取得可能な資格**…教職（国・地歴・公・社・数・理・音・美・書・保体・技・家・情・英，小一種，幼一種，特別支援），司書教諭など。 ●**進路状況**…………就職87.3％　進学3.4％ ●**主な就職先**………教員（小・中・高等・特別支援学校，幼保・こども園他），警視庁，滋賀県庁，草津市役所，滋賀銀行，成学社，さなるなど。		
経済学部		
総合経済［昼間主］ ［夜間主］	410 50	▷'23年再編。従来の５学科を総合経済学科に統合。分野を横断した独自のカリキュラムにより，Society5.0時代を牽引する力を育成する。国内初であるデータサイエンス学部と連携した学びによって，経済・ビジネスとデータサイエンス・AIの両方の素養を持った人材を育てる。教養と専門を幅広く学んだうえで，３年進級時に経済・経営・社会システムの３専攻からいずれかを選択。従来の特別プログラムをさらに拡充し，国際社会で活躍するための専門性を身につける「グローバル・コース」，データ活用のスペシャリストを育成る「データサイエンス・コース」を設置。
●**進路状況**…………就職89.9％　進学2.4％ ●**主な就職先**………大和ハウス工業，住友電気工業，キーエンス，大塚商会，スミセイ情報システム，阪急電鉄，コンドーテック，大垣共立銀行，日本政策金融公庫，滋賀県庁など。		
データサイエンス学部		
データサイエンス	100	▷データサイエンティストの養成に特化した日本初の学部。情報学・統計学を中心に，教養科目やさまざまな領域の専門家との交流，データ分析などに加え，プロジェクト型の科目を多く導入し，少人数教育によるきめ細やかな指導を行っている。
●**進路状況**…………就職77.3％　進学18.6％ ●**主な就職先**………滋賀銀行，ニトリホールディングス，デンソーテン，富士通，Sky，サイバーエージェント，京セラ，日本経済新聞社，日本航空，大和総研など。		

キャンパス

経済・データサイエンス……［彦根キャンパス］滋賀県彦根市馬場1-1-1
教育……［大津キャンパス］滋賀県大津市平津2-5-1

 キャンパスアクセス ［彦根キャンパス］JR東海道本線一彦根よりバス約10分，徒歩約25分

2025年度入試要項(予告)

●募集人員

学部／学科・課程	前期	後期
▶教育　学校教育教員養成[文系型]	71	24
[理系型]	39	
[面接型]	7	
[実技型・音楽]	5	
[実技型・美術]	5	
[実技型・保健体育]	7	
▶経済　総合経済(昼間主) [国・外]	86	75
[数・外]	86	75
(夜間主)	17	3
▶データサイエンス データサイエンス	50	20

※教育学部の前期[文系型・理系型]および後期では，所属コース・専攻・専修は受験型で決定するのではなく，１年次春学期終了時までに本人の希望と入学後の成績等により決定。なお，前期[面接型]は障害児教育コース，[実技型・音楽]は初等教育コース初等教科専攻音楽専修または中等教育コース音楽専攻，[実技型・美術]は初等教育コース初等教科専攻図画工作専修または中等教育コース美術専攻，[実技型・保健体育]は初等教育コース初等教科専攻体育専修または中等教育コース保健体育専攻に所属。初等教育コースもしくは中等教育コースのいずれに所属するかは，１年次春学期終了時までに本人の希望と入学後の成績等により決定。

※経済学部(昼間主コース)は個別学力検査の教科「国語・外国語」または「数学・外国語」の組み合わせで募集。

●２段階選抜

経済学部で志願者数が選択教科による募集人員の前期約10倍，後期約15倍を超えた場合に行うことがある。

注)募集人員および２段階選抜は2024年度の実績です。

▷共通テストの英語はリスニングを含む。

▷共通テストの地歴・公民から２科目選択する場合，「公・倫」と「公・政経」の組み合わせ，および「地総・歴総・公から２」で選択した科目と同一科目名を含む組み合わせは不可。

▷共通テストの理科から２科目選択する場合，同一科目名を含む選択は不可。

注)配点は編集時、未公表。最新の募集要項でご確認ください。

教育学部

前期　**【文系型】[共通テスト]** **8科目** ①国 ②外▶英・独・仏・中・韓から１ ③④**地歴・公民**▶「地総・歴総・公から２」・「地総・地探」・「歴総・日探」・「歴総・世探」・「公・倫」・「公・政経」から２ ⑤⑥**数**▶「数Ⅰ・数Ａ」・「数Ⅱ・数Ｂ・数Ｃ」 ⑦**理**▶「物基・化基・生基・地学基から２」・物・化・生・地学から１ ⑧**情**▶情Ⅰ

[個別学力検査] **2科目** ①国▶現国・言語 ②外▶英コミュⅠ・英コミュⅡ・英コミュⅢ・論表Ⅰ・論表Ⅱ・論表Ⅲ

【理系型】[共通テスト] **8科目** ①国 ②外▶英・独・仏・中・韓から１ ③**地歴・公民**▶「地総・歴総・公から２」・「地総・地探」・「歴総・日探」・「歴総・世探」・「公・倫」・「公・政経」から１ ④⑤**数**▶「数Ⅰ・数Ａ」・「数Ⅱ・数Ｂ・数Ｃ」 ⑥⑦**理**▶「物基・化基・生基・地学基から２」・物・化・生・地学から２ ⑧**情**▶情Ⅰ

[個別学力検査] **2科目** ①**外**▶英コミュⅠ・英コミュⅡ・英コミュⅢ・論表Ⅰ・論表Ⅱ・論表Ⅲ ②**数**▶数Ⅰ・数Ⅱ・数Ⅲ・数Ａ(図形・場合)・数Ｂ(数列・推測)・数Ｃ(ベク・平面)

【面接型・実技型(保健体育)】[共通テスト] **8科目** ①国 ②外▶英・独・仏・中・韓から１ ③④**数**▶「数Ⅰ・数Ａ」・「数Ⅱ・数Ｂ・数Ｃ」 ⑤**情**▶情Ⅰ ⑥⑦⑧**「地歴・公民」・理**▶「地総・歴総・公から２」・「地総・地探」・「歴総・日探」・「歴総・世探」・「公・倫」・「公・政経」から１または２，「物基・化基・生基・地学基から２」・物・化・生・地学から１または２，計３

[個別学力検査]【面接型】 **2科目** ①**外**▶英コミュⅠ・英コミュⅡ・英コミュⅢ・論表Ⅰ・論表Ⅱ・論表Ⅲ ②**グループ面接**

【実技型(保健体育)】 **2科目** ①**外**▶英コミュⅠ・英コミュⅡ・英コミュⅢ・論表Ⅰ・論表Ⅱ・論表Ⅲ ②**実技**

【実技型(音楽・美術)】[共通テスト] **7科目** ①国 ②外▶英・独・仏・中・韓から１ ③**地歴・公民**▶「地総・歴総・公から２」・「地総・地探」・「歴総・日探」・「歴総・世探」・「公・倫」・「公・政経」から１ ④⑤**数**▶「数Ⅰ・数Ａ」・「数Ⅱ・数Ｂ・数Ｃ」 ⑥**理**▶「物基・化基・生基・地学基から２」・物・化・生・地学から１ ⑦**情**▶情Ⅰ

[個別学力検査] **2科目** ①**外**▶英コミュⅠ・

英コミュⅡ・英コミュⅢ・論表Ⅰ・論表Ⅱ・論表Ⅲ ②実技
後期 ［共通テスト］ 8科目 ①国 ②外▶英・独・仏・中・韓から1 ③④数▶「数Ⅰ・数A」・「数Ⅱ・数B・数C」 ⑤情▶情Ⅰ ⑥⑦⑧「地歴・公民」・理▶「地総・歴総・公から2」・「地総・地探」・「歴総・日探」・「歴総・世探」・「公・倫」・「公・政経」から1または2，「物基・化基・生基・地学基から2」・物・化・生・地学から1または2，計3
［個別学力検査］ 1科目 ①小論文

経済学部

前期 【昼間主コース・夜間主コース】〈A方式〉［共通テスト］ 3科目 ①国 ②外▶英・独・仏・中・韓から1 ③地歴・公民・数・情▶「地総・歴総・公から2」・「地総・地探」・「歴総・日探」・「歴総・世探」・「公・倫」・「公・政経」・「数Ⅰ・数A」・「数Ⅱ・数B・数C」・情Ⅰから1
〈B方式〉 ［共通テスト］ 8科目 ①国 ②外▶英・独・仏・中・韓から1 ③④数▶「数Ⅰ・数A」・「数Ⅱ・数B・数C」 ⑤情▶情Ⅰ ⑥⑦⑧「地歴・公民」・理▶「地総・歴総・公から2」・「地総・地探」・「歴総・日探」・「歴総・世探」・「公・倫」・「公・政経」から1または2，「物基・化基・生基・地学基から2」・物・化・生・地学から1または2，計3
※A方式のみ，あるいはA方式・B方式の両方を適用し，総合順位により判定。
【昼間主コース】 ［個別学力検査］〈国語・外国語選択〉 2科目 ①国▶現国・言語（古文・漢文を除く） ②外▶英コミュⅠ・英コミュⅡ・英コミュⅢ・論表Ⅰ・論表Ⅱ・論表Ⅲ
〈数学・外国語選択〉 2科目 ①外▶英コミュⅠ・英コミュⅡ・英コミュⅢ・論表Ⅰ・論表Ⅱ・論表Ⅲ ②数▶数Ⅰ・数Ⅱ・数A（図形・場合）・数B（数列・推測）・数C（ベク）
【夜間主コース】 ［個別学力検査］ 課さない。
後期 【昼間主コース・夜間主コース】〈A方式〉［共通テスト］ 3科目 前期と同じ
〈B方式〉 ［共通テスト］ 8科目 前期と同じ
※A方式のみ，あるいはA方式・B方式の両方を適用し，総合順位により判定。
【昼間主コース】 ［個別学力検査］〈国語・外国語選択〉 2科目 ①国▶現国・言語（古文・漢文を除く） ②外▶英コミュⅠ・英コミュⅡ・英コミュⅢ・論表Ⅰ・論表Ⅱ・論表Ⅲ
〈数学・外国語選択〉 2科目 ①外▶英コミュⅠ・英コミュⅡ・英コミュⅢ・論表Ⅰ・論表Ⅱ・論表Ⅲ ②数▶数Ⅰ・数Ⅱ・数A（図形・場合）・数B（数列・推測）・数C（ベク）
【夜間主コース】 ［個別学力検査］ 課さない。

データサイエンス学部

前期 ［共通テスト］ 8科目 ①国 ②外▶英・独・仏・中・韓から1 ③④数▶「数Ⅰ・数A」必須，「数Ⅱ・数B」・簿・情から1 ⑤情▶情Ⅰ ⑥⑦⑧「地歴・公民」・理▶「地総・歴総・公から2」・「地総・地探」・「歴総・日探」・「歴総・世探」・「公・倫」・「公・政経」から1または2，「物基・化基・生基・地学基から2」・物・化・生・地学から1または2，計3
［個別学力検査］ 2科目 ①外▶英コミュⅠ・英コミュⅡ・英コミュⅢ・論表Ⅰ・論表Ⅱ・論表Ⅲ ②数▶数Ⅰ・数Ⅱ・数Ⅲ・数A（図形・場合）・数B（数列・推測）・数C（ベク・平面）
後期 ［共通テスト］ 8科目 前期と同じ
［個別学力検査］ 2科目 ①外▶英コミュⅠ・英コミュⅡ・英コミュⅢ・論表Ⅰ・論表Ⅱ・論表Ⅲ ②数▶数Ⅰ・数Ⅱ・数Ⅲ・数A（図形・場合）・数B（数列・推測）・数C（ベク・平面）

その他の選抜

学校推薦型選抜は教育学部51名，経済学部昼間主コース60名を，総合型選抜は教育学部21名，経済学部昼間主コース18名・夜間主コース30名，データサイエンス学部30名を募集。ほかに帰国生徒選抜，社会人選抜，私費外国人留学生選抜を実施。
※募集人員は2024年度の実績です。

偏差値データ（2024年度）

●一般選抜

学部／学科・課程	2024年度 駿台予備学校 合格目標ライン	2024年度 河合塾 ボーダー得点率	2024年度 河合塾 ボーダー偏差値	'23年度 競争率
●前期				
▶教育学部				
／学校教育［文系型］	45	61%	50	2.4
［理系型］	45	59%	50	2.0
［面接型］	44	59%	50	1.9
［実技型・音楽］	41	52%	45	1.0
［実技型・美術］	40	49%	45	1.5
［実技型・体育］	41	55%	47.5	4.1
▶経済学部				
総合経済(昼間主)［A方式国語・外国語］	48	72%	55	2.7
［B方式国語・外国語］	48	65%	52.5	
［A方式数学・外国語］	47	70%	55	1.7
［B方式数学・外国語］	47	65%	52.5	
(夜間主)［A方式］	44	64%	—	新
［B方式］	45	58%	—	新
▶データサイエンス学部				
データサイエンス	46	66%	52.5	2.7
●後期				
▶教育学部				
学校教育教員養成	47	62%	—	5.5
▶経済学部				
総合経済(昼間主)［A方式国語・外国語］	49	73%	55	2.2
［B方式国語・外国語］	49	69%	55	
［A方式数学・外国語］	48	72%	55	2.8
［B方式数学・外国語］	48	69%	55	
(夜間主)［A方式］	45	66%	—	新
［B方式］	46	60%	—	新
▶データサイエンス学部				
データサイエンス	47	72%	55	3.0

- 駿台予備学校合格目標ラインは合格可能性80%に相当する駿台模試の偏差値です。
- 河合塾ボーダー得点率は合格可能性50%に相当する共通テストの得点率です。また，ボーダー偏差値は合格可能性50%に相当する河合塾全統模試の偏差値です。
- 競争率は受験者÷合格者の実質倍率

京都大学

きょうと

資料請求

問合せ先　教育推進・学生支援部入試企画課　☎075-753-2521～2524

大学の理念

日本を代表し，世界に知られる総合大学。1897年の創立以来，伝統と文化を誇る京都の地で，時流に流されず，常に最前線の課題に挑戦し，教養人・国際人・世界的研究者を輩出し続けている。“自由の学風”で知られ，今も教育の基本理念に「対話を根幹とした自学自習」を掲げる。それが看板だけでないのは，学部一括の募集，独自の特色入試，選択科目の幅が広い，学科やコースの選択に制限が少ない，少人数のゼミでの授業形態を尊重する，などの事実に表れている。人文学，社会科学，自然科学の別を問わず研究のユニークさは群を抜いていて，霊長類研究やiPS細胞研究でも有名。その高度で独創的な研究は広く世界に知られており，ノーベル賞をはじめ，名だたる国際賞の受賞者も数多く輩出，幅広い分野で日本を代表する研究拠点となっている。

● 吉田キャンパス ……………〒606-8501　京都府京都市左京区吉田本町

基本データ

学生数▶12,770名（男9,908名，女2,862名）
専任教員数▶教授960名，准教授725名，講師182名

設置学部▶総合人間，文，教育，法，経済，理，医，薬，工，農
併設教育機関▶大学院（P.1413参照）

就職・卒業後の進路

● **就職支援**　民間企業への就職はもちろん，大学院への進学，公務員，企業など，数多くの選択肢の中から，一人ひとりが納得した進路を選択できるよう，さまざまな支援を行っている。キャリアサポートセンターが求人票やインターンシップ，卒業生名簿などの情報・資料を提供するほか，就職ガイダンス，採用担当者や卒業生を招いてのキャリアセミナー，公務員志望者向けセミナー，キャリアフォーラム（学内合同企業説明会）などを開催。また，就職相談室では個別に就職活動における悩みや不安などについてのアドバイスも行っている。東京地区における情報収集等の活動拠点として，東京オフィスを開設。

進路指導者も必見　学生を伸ばす　面倒見

初年次教育
少人数ゼミナール形式の「ILASセミナー」で問題を見つけ解決するという学問のプロセスや学びの技法を学ぶほか，「情報基礎」「情報基礎演習」を開講

学修サポート
学生相談センターや各学部独自の相談室を設置し，学業や進路，人間関係，学生生活の悩みなどの相談に応じている

オープンキャンパス（2023年度実績）　8月9・10日に来場型とオンライン双方向型の企画を併用開催（事前申込制）。学部・学科説明会や模擬講義，研究紹介，相談コーナー，女子高校生のための工学のススメ，Zoomを使用した個別相談など。

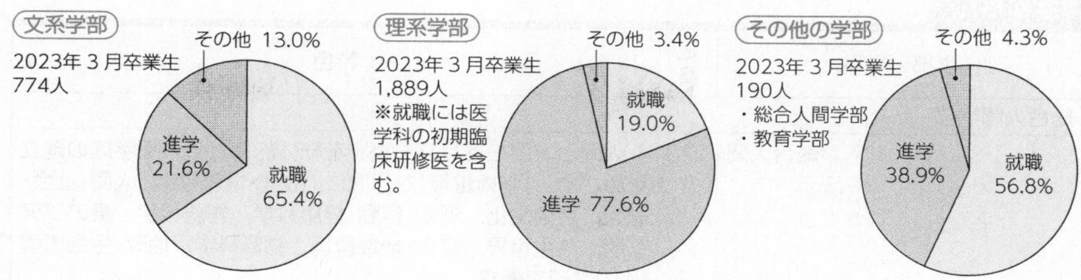

主なOB・OG▶［医］本庶佑（医学者・ノーベル医学・生理学賞受賞者），［文］上野千鶴子（社会学者），［文］鷲田清一（哲学者），［工］川上量生（実業家・ドワンゴ創業者），［総合人間］ヒャダイン（音楽家）など。

国際化・留学　大学間 200 大学等・部局間 723 協定

受入れ留学生数▶331名(2023年5月1日現在)
留学生の出身国・地域▶中国，韓国，インドネシア，台湾，タイ，ミャンマーなど。
外国人専任教員▶教授31名，准教授59名，講師37名，助教37名（2023年５月１日現在）
大学間交流協定▶182大学・３大学群・15機関（交換留学先152大学・１大学群，2023年４月１日現在）
部局間交流協定▶723協定（2023年４月１日現在）
海外への留学生数▶渡航型269名／年（34カ国・地域，2022年度）
海外留学制度▶交換留学は協定校に１学期〜１年間，留学する授業料非徴収のプログラム。３カ月未満の短期プログラムでは，語学研修や異文化交流・実地研修，リーダー育成・社会奉仕，インターンシップなどを提供している。Kingfisher Global Leadership Programは，将来国際的な活躍をめざす学生を対象とした短期プログラムで，米国ワシントンDCやサンフランシスコの国際機関や企業（世界銀行，NASA等）を訪問し、そこで働くプロフェッショナルによる講義やディスカッションに参加することができる。プログラムによっては，大学から費用助成や奨学金，単位認定が受けられる場合もある。コンソーシアムはAUN ASEAN+3UNet，USR Netwark，HeKKSaGOnに加盟している。

学費・奨学金制度

入学金▶282,000円
年間授業料(施設費等を除く)▶535,800円
主な奨学金制度▶科学・技術分野において独創的な夢を持つ意欲のある女子学生に120万円を限度に奨学金を給付する「京都大学久能賞」や，経済的に困窮している学生を対象とした「CF（Create the Future）プロジェクト奨学金」「京都大学修学支援基金給付奨学金」などを設置するほか，地方公共団体および民間団体奨学金も数多く用意されている。

保護者向けインフォメーション

●**懇談会**　法学部と農学部では入学式後に保護者懇談会を開催。学部のカリキュラム，就職，学生生活等について説明するほか，会報も発行している。
●**防災対策**　入学時に地震対応マニュアルを配布。学生が被災した際の安否確認は，大学独自の安否確認システムを利用する。

インターンシップ科目	必修専門ゼミ	卒業論文	GPA制度の導入の有無および活用例	１年以内の退学率	標準年限での卒業率
工学部で開講している	学部により異なる	法・医（医学科）学部を除き卒業要件	導入している	NA	83.5%

京都
京都大学

学部紹介

学部／学科	定員	特色
総合人間学部		
総合人間	120	▷人間と人間をとりまく世界を総体的にとらえる学問の確立をめざす。「学術越境」を理念に，数理・情報科学，人間・社会・思想，芸術文化，認知・行動・健康科学，言語科学，東アジア文明，共生世界，文化・地域環境，物質科学，地球・生命環境の10講座で構成。
● 取得可能な資格…教職（国・地歴・公・社・数・理・情・英），司書，学芸員。 ● 進路状況…………就職55.8%　進学39.2% ● 主な就職先………東日本旅客鉄道，楽天グループ，厚生労働省，住友生命保険，豊田通商など。		
文学部		
人文	220	▷根源的な人間理解をめざし，人類の思想や言語文化，歴史，行動，文化全般に関する諸学問を修める。哲学基礎文化学系，東洋文化学系，西洋文化学系，歴史基礎文化学系，行動・環境文化学系，基礎現代文化学系の６学系と，31の専修学問分野を設置。２年進級時に，３年次で専修に分属する準備として，６つの系いずれかに仮分属する。
● 取得可能な資格…教職（国・地歴・公・社・英），司書，司書教諭，学芸員，測量士補。 ● 進路状況…………就職56.1%　進学25.0% ● 主な就職先………国家・地方公務員，PwCコンサルティング，アマゾンジャパン，三井住友銀行など。		
教育学部		
教育科	60	▷現代の教育に関わる諸問題を学問的に探求し，より良い社会実現のための知と技法を開発し，その習得をめざす。３年次より，現代教育基礎学系，教育心理学系，相関教育システム論系の３系に分属する。
● 取得可能な資格…教職（地歴・公民・社，特別支援），司書，司書教諭，学芸員。 ● 進路状況…………就職58.6%　進学38.6% ● 主な就職先………ソニー生命保険，岐阜県教育委員会，ニトリ，帝人，京都大学，電通など。		
法学部		
	330	▷豊かな教養と法律学・政治学の基礎的知識の提供を使命とし，制度・組織の設計，運営を指導できる人材を育成。専門科目に必修科目を設けず，学生の自主性を尊重。法科大学院への早期進学が適う「法曹基礎プログラム」も用意。
● 取得可能な資格…教職（公・社）など。 ● 進路状況…………就職54.5%　進学30.2% ● 主な就職先………日本銀行，三菱UFJ銀行，日本生命保険，大阪瓦斯，KDDI，キーエンスなど。		
経済学部		
経済経営	240	▷経済学と経営学の関連性を重視した１学科制を採用。両者を総合的に学習し，幅広い知識と深い思考力を身につける。学士・修士５年プログラムの設定もある。創立以来，少人数演習による学生と教員の対話型学習を重視している。
● 進路状況…………就職86.6%　進学7.9% ● 主な就職先………三井住友銀行，大和証券，丸紅，アクセンチュア，リクルート，金融庁など。		

キャンパスアクセス ［吉田キャンパス］ JR東海道線一京都よりバス30～45分／京阪鴨東線一出町柳より徒歩10～20分

理学部		
理	311	▷自然科学の基礎体系を深く習得し，創造的に展開する能力，個々の知識を総合化し新たな知的価値を作り上げる能力を養成する。３年次から，数理科学系，物理科学系，地球惑星科学系，化学系，生物科学系の５学系に分属。要件を満たせば，３年次修了時に大学院進学も可能。。

● 取得可能な資格…教職（数・理），測量士補など　● 進路状況…就職13.6%　進学81.7%
● 主な就職先………トヨタ自動車，SNK，京セラ，東亞合成，リソー教育，トーマツ，SCSKなど。

医学部		
医	107	▷医療の第一線で活躍する優秀な臨床医，医療専門職とともに，次世代の医学を担う医学研究者，教育者を育成する。４年終了時に，大学院へ進学する「MD-PhDコース」も用意。
人間健康科	100	▷一般選抜は，学科一括で入学後１年半は，共通の医学・医療に関する基礎教育を受け，２年次後期から，ベースとなる医学・医療教育の拡充と各専門性を見極め，先端看護科学，先端リハビリテーション科学，総合医療科学の３コースに分かれる。

● 取得可能な資格…医師・看護師・保健師・臨床検査技師・理学療法士・作業療法士受験資格。
● 進路状況…………［医］初期臨床研修医88.6%　就職1.6%　進学1.6%
［人間健康科］就職41.2%　進学53.9%
● 主な就職先………［人間健康科］京都大学医学部附属病院など。

薬学部		
		▶学部一括で募集し，４年次進級時に所属学科を振分ける。
薬科	65	▷４年制。将来の医薬品の創製を担う創薬科学研究者，技術者の養成をめざす。
薬	15	▷６年制。高度な医療を担い，それを指導できる薬剤師や医療薬学研究者，技術者の育成をめざす。

● 取得可能な資格…［薬］薬剤師受験資格。
● 進路状況…………［薬科］就職3.1%　進学95.3%　［薬］就職73.1%　進学15.4%
● 主な就職先………［薬］京都大学医学部附属病院，アステラス製薬，塩野義製薬，第一三共など。

工学部		
地球工	185	▷土木工学，資源工学，環境工学の３コースに，すべての講義を英語で行う国際コースを設置。
建築	80	▷自然科学，人文・社会科学の広い分野にまたがる教科課程で，最もヒューマンな技術といえる建築を学ぶ。
物理工	235	▷機械システム学，材料科学，宇宙基礎工学，原子核工学，エネルギー応用工学の５コースを設置。
電気電子工	130	▷最先端の科学技術を理解し，さらなる発展を担うための知識と技術を広く身につける。
情報	90	▷１年次終了時に，数理工学，計算機科学の２コースに分属，高度情報化の進化にあわせ複雑なシステムの問題を解決。
理工化	235	▷化学に関連する分野を広く学ぶ。２年次後期より，創成化学，先端化学，化学プロセス工学の３コースに分属。

● 取得可能な資格…教職（数・理・情），測量士補，１・２級建築士受験資格など。
● 進路状況…………就職8.2%　進学89.4%
● 主な就職先………国土交通省，日本製鉄，関西電力，スクエアエニックス，東レ，楽天など。

農学部		
資源生物科	94	▷陸地や海洋に生育・生息する資源生物の生産性および品質の向上を，環境との調和を図りながら追求する。
応用生命科	47	▷生物資源の生産・加工・利用・保全の諸側面に含まれる化学的・生物学的原理の探求と，その応用に関する分野を学ぶ。
地域環境工	37	▷環境と調和した効率的な食料生産，環境・エネルギー問題の解決，環境共生型農村社会の創造をめざす。
食料・環境経済	32	▷有限な地球環境資源の保全と両立する持続可能な資源循環型社会のあり方について，学際的・総合的な研究・教育を行う。
森林科	57	▷自然保護と豊かな社会との共存に向けて，森林とそのバイオマス資源を対象とする教育・研究を行う。
食品生物科	33	▷食品研究を通じて生物・生命を理解し，人間にとってより良い食品の開発と効率的生産に寄与する技術の開発をめざす。
● 取得可能な資格…教職（理・農），測量士補など。　● 進路状況………就職20.2%　進学77.0%		
● 主な就職先………富士通，任天堂，伊藤忠商事，キーエンス，鹿島建設，三井住友銀行，東宝など。		

▶キャンパス

文・教育・法・経済・工……［吉田キャンパス］京都府京都市左京区吉田本町
総合人間……［吉田キャンパス］京都府京都市左京区吉田二本松町
理・農……［吉田キャンパス］京都府京都市左京区北白川追分町
医（医）……［吉田キャンパス］京都府京都市左京区吉田近衛町
医（人間健康科）……［吉田キャンパス］京都府京都市左京区聖護院川原町53
薬……［吉田キャンパス］京都府京都市左京区吉田下阿達町46-29

2025年度入試要項（予告）

●募集人員

学部／学科		前期	特色
▶総合人間		文系62 理系53	5
▶文		210	10
▶教育		文系44 理系10	6
▶法		310	20
▶経済		文系190 理系25	25
▶理		301	数理5 生物5
▶医	医	102	5
	人間健康科（先端看護科学）	70	20
	（先端リハビリテーション科学コース・理学）		5
	（先端リハビリテーション科学コース・作業）		5
▶薬	薬科	74	3
	薬		3
▶工	地球工	181	4
	建築	77	3
	物理工	230	5
	電気電子工	123	7
	情報	87	3
	理工化	225	10
▶農学部	資源生物科	91	3
	応用生命科	43	4
	地域環境工	34	3
	食料・環境経済	29	3
	森林科	50	7
	食品生物科	30	3

●２段階選抜

志願者数が募集人員を大幅に上回った場合，共通テストの得点により以下の倍率で行うことがある。ただし，医学部医学科は共通テストの得点が1000点満点中700点以上で募集人員の約３倍までとする。前期―総合人間・文・教育・法・経済・医（人間健康科）・薬・農学部は約3.5倍。理・工学部は約3.0倍。

▷共通テストの配点が＊印の教科は，２段階選抜実施時の第１段階選抜のための得点対象。
▷共通テストの英語はリスニングを含む。第１段階選抜においての配点は〈R150＋L50〉。

▷共通テストの地歴・公民から２科目選択する場合，「公・倫」と「公・政経」の組み合わせは不可。
▷個別学力検査の国語は現国・言語・論国・文国・古典。英－英コミュⅠ・英コミュⅡ・英コミュⅢ・論表Ⅰ・論表Ⅱ・論表Ⅲ。

総合人間学部

前期 〈文系〉［共通テスト(175)］ 8科目 ①国(＊) ②外(＊)▶英・独・仏・中・韓から１ ③④**地歴・公民**(25×2)▶「地総・地探」・「歴総・日探」・「歴総・世探」・「公・倫」・「公・政経」から２ ⑤⑥**数**(＊)▶「数Ⅰ・数Ａ」・「数Ⅱ・数Ｂ・数Ｃ」 ⑦**理**(100)▶「物基・化基・生基・地学基から２」・「物・化・生・地学から２」から１ ⑧**情**(25)▶情Ⅰ
［個別学力検査(650)］ 4科目 ①国(150) ②**外**(200)▶英・独・仏・中から１ ③**地歴**(100)▶地探・日探・世探から１ ④**数**(200)▶数Ⅰ・数Ⅱ・数Ａ・数Ｂ(数列)・数Ｃ(ベク)
〈理系〉［共通テスト(125)］ 7科目 ①国(＊) ②**外**(＊)▶英・独・仏・中・韓から１ ③**地歴・公民**(100)▶「地総・地探」・「歴総・日探」・「歴総・世探」・「公・倫」・「公・政経」から１ ④⑤**数**(＊)▶「数Ⅰ・数Ａ」・「数Ⅱ・数Ｂ・数Ｃ」 ⑥⑦**理**(＊)▶物・化・生・地学から２ ⑧**情**(25)▶情Ⅰ
［個別学力検査(700)］ 5科目 ①国(150) ②**外**(150)▶英・独・仏・中から１ ③**数**(200)▶数Ⅰ・数Ⅱ・数Ⅲ・数Ａ・数Ｂ(数列)・数Ｃ(ベク・平面) ④⑤**理**(100×2)▶「物基・物」・「化基・化」・「生基・生」・「地学基・地学」から２
特色 ［共通テスト(850)］ 8科目 ①国(200) ②**外**(200・英〈R150＋L50〉)▶英・独・仏・中・韓から１ ③**地歴・公民**(100)▶「地総・地探」・「歴総・日探」・「歴総・世探」・「公・倫」・「公・政経」から１ ④⑤**数**(100×2)▶「数Ⅰ・数Ａ」・「数Ⅱ・数Ｂ・数Ｃ」 ⑥⑦**理**(100)▶「物基・化基・生基・地学基から２」・「物・化・生・地学から２」から１ ⑧**情**(50)▶情Ⅰ
［個別学力検査(200)］ 2科目 ①②**能力測定考査**(100×2)▶文系総合問題・理系総合問題
※第１次選考―書類審査，第２次選考―能力測定考査，共通テストの成績(850点満点中概ね85％以上)を総合して判定。

文学部

前期 ［共通テスト(250)］ 8科目 ①国(50) ②**外**(50・英〈R37.5＋L12.5〉)▶英・独・仏・中・韓から１ ③④**地歴・公民**(25×2)▶「地総・地探」・「歴総・日探」・「歴総・世探」・「公・倫」・「公・政経」から２ ⑤⑥**数**(25×2)▶「数Ⅰ・数Ａ」・「数Ⅱ・数Ｂ・数Ｃ」 ⑦**理**(50)▶「物基・化基・生基・地学基から２」・「物・化・生・地学から２」から１ ⑧**情**(15)▶情Ⅰ
※合計265点満点を250点満点に換算。
［個別学力検査(500)］ 4科目 ①国(150) ②**外**(150)▶英・独・仏・中から１ ③**地歴**(100)▶地探・日探・世探から１ ④**数**(100)▶数Ⅰ・数Ⅱ・数Ａ・数Ｂ(数列)・数Ｃ(ベク)
特色 ［共通テスト(1000)］ 8科目 ①国(200) ②**外**(200・英〈R150＋L50〉)▶英・独・仏・中・韓から１ ③④**地歴・公民**(100×2)▶「地総・地探」・「歴総・日探」・「歴総・世探」・「公・倫」・「公・政経」から２ ⑤⑥**数**(100×2)▶「数Ⅰ・数Ａ」・「数Ⅱ・数Ｂ・数Ｃ」 ⑦**理**(100)▶「物基・化基・生基・地学基から２」・「物・化・生・地学から２」から１ ⑧**情**(100)▶情Ⅰ
［個別学力検査］ 2科目 ①**論述**(段階評価) ②**論文**(段階評価)
※第１次選考―書類審査，第２次選考―論述試験，論文試験，共通テストの成績(1000点満点中概ね840点以上)を総合して判定。

教育学部

前期 〈文系〉［共通テスト(265)］ 8科目 ①国(50) ②**外**(50・英〈R37.5＋L12.5〉)▶英・独・仏・中・韓から１ ③④**地歴・公民**(25×2)▶「地総・地探」・「歴総・日探」・「歴総・世探」・「公・倫」・「公・政経」から２ ⑤⑥**数**(25×2)▶「数Ⅰ・数Ａ」・「数Ⅱ・数Ｂ・数Ｃ」 ⑦**理**(50)▶「物基・化基・生基・地学基から２」・「物・化・生・地学から２」から１ ⑧**情**(15)▶情Ⅰ
［個別学力検査(650)］ 4科目 ①国(200) ②**外**(200)▶英・独・仏・中から１ ③**地歴**(100)▶地探・日探・世探から１ ④**数**(150)▶数Ⅰ・数Ⅱ・数Ａ・数Ｂ(数列)・数Ｃ(ベク)
〈理系〉［共通テスト(265)］ 7科目 ①国(50) ②**外**(50・英〈R37.5＋L12.5〉)▶英・

独・仏・中・韓から1　③**地歴・公民**(50)▶「地総・地探」・「歴総・日探」・「歴総・世探」・「公・倫」・「公・政経」から1　④⑤**数**(25×2)▶「数Ⅰ・数A」・「数Ⅱ・数B・数C」　⑥⑦**理**(25×2)▶物・化・生・地学から2　⑧**情**(15)▶情Ⅰ

[個別学力検査(650)] **4科目**　①国(150)　②**外**(200)▶英・独・仏・中から1　③**数**(200)▶数Ⅰ・数Ⅱ・数Ⅲ・数A・数B(数列)・数C(ベク・平面)　④**理**(100)▶「物基・物」・「化基・化」・「生基・生」・「地学基・地学」から1

特色　**[共通テスト(930)]** **8科目**　①国(200)　②**外**(200・英〈R150+L50〉)▶英・独・仏・中・韓から1　③④**数**(100×2)▶「数Ⅰ・数A」・「数Ⅱ・数B・数C」　⑤**情**(30)▶情Ⅰ　⑥⑦⑧「**地歴・公民」・理**(100×3)▶「〈地総・地探〉・〈歴総・日探〉・〈歴総・世探〉・〈公・倫〉・〈公・政経〉から2」・「物基(物)・化基(化)・生基(生)・地学基(地学)から2」または「〈地総・地探〉・〈歴総・日探〉・〈歴総・世探〉・〈公・倫〉・〈公・政経〉から1」・「物・化・生・地学から2」

[個別学力検査(200)] **2科目**　①**課題**(100)　②**口頭試問**(100)

※第1次選考―書類審査，第2次選考―課題，口頭試問，最終―共通テストの成績(930点満点中概ね80%以上)により判定。

法学部

前期　**[共通テスト(285)]** **8科目**　①国(200)　②**外**(200・英〈R150+L50〉)▶英・独・仏・中・韓から1　③④**地歴・公民**(100×2)▶「歴総・日探」・「歴総・世探」・「〈地総・地探〉・〈公・倫〉・〈公・政経〉から1」から2　⑤⑥**数**(100×2)▶「数Ⅰ・数A」・「数Ⅱ・数B・数C」　⑦**理**(100)▶「物基・化基・生基・地学基から2」・「物・化・生・地学から2」から1　⑧**情**(50)▶情Ⅰ

※合計950点満点を285点満点に換算する。

[個別学力検査(600)] **4科目**　①国(150)　②**外**(200)▶英・独・仏・中から1　③**地歴**(100)▶地探・日探・世探から1　④**数**(150)▶数Ⅰ・数Ⅱ・数A・数B(数列)・数C(ベク)

特色　**[共通テスト(950)]** **8科目**　①国(200)　②**外**(200・英〈R150+L50〉)▶英・独・仏・中・韓から1　③④**地歴・公民**(100×2)▶「歴総・日探」・「歴総・世探」・「〈地総・地探〉・〈公・倫〉・〈公・政経〉から1」から2　⑤⑥**数**(100×2)▶「数Ⅰ・数A」・「数Ⅱ・数B・数C」　⑦**理**(50×2)▶「物基・化基・生基・地学基から2」・「物・化・生・地学から2」から1　⑧**情**(50)▶情Ⅰ

[個別学力検査] **1科目**　①**小論文**

※第1次選考―書類審査，第2次選考―小論文，最終―共通テストの成績(950点満点中概ね80%以上)により判定。

経済学部

前期　〈文系〉**[共通テスト(300)]** **8科目**　①国(50)　②**外**(50・英〈R37.5+L12.5〉)▶英・独・仏・中・韓から1　③④**地歴・公民**(25×2)▶「地総・地探」・「歴総・日探」・「歴総・世探」・「公・倫」・「公・政経」から2　⑤⑥**数**(25×2)▶「数Ⅰ・数A」・「数Ⅱ・数B・数C」　⑦**理**(50)▶「物基・化基・生基・地学基から2」・「物・化・生・地学から2」から1　⑧**情**(50)▶情Ⅰ

[個別学力検査(550)] **4科目**　①国(150)　②**外**(150)▶英　③**地歴**(100)▶地探・日探・世探から1　④**数**(150)▶数Ⅰ・数Ⅱ・数A・数B(数列)・数C(ベク)

〈理系〉**[共通テスト(300)]** **7科目**　①国(50)　②**外**(50・英〈R37.5+L12.5〉)▶英・独・仏・中・韓から1　③**地歴・公民**(50)▶「地総・地探」・「歴総・日探」・「歴総・世探」・「公・倫」・「公・政経」から1　④⑤**数**(25×2)▶「数Ⅰ・数A」・「数Ⅱ・数B・数C」　⑥**理**(50)▶物・化・生・地学から1　⑦**情**(50)▶情Ⅰ

[個別学力検査(650)] **3科目**　①国(150)　②**外**(200)▶英　③**数**(300)▶数Ⅰ・数Ⅱ・数Ⅲ・数A・数B(数列)・数C(ベク・平面)

特色　〈文系型〉**[共通テスト(1000)]** **8科目**　①国(200)　②**外**(200・英〈R150+L50〉)▶英・独・仏・中・韓から1　③④**地歴・公民**(100×2)▶「地総・地探」・「歴総・日探」・「歴総・世探」・「公・倫」・「公・政経」から2　⑤⑥**数**(100×2)▶「数Ⅰ・数A」・「数Ⅱ・数B・数C」　⑦**理**(100)▶「物基・化基・生基・地学基から2」・「物・化・生・地学から2」から1　⑧**情**(100)▶情Ⅰ

[個別学力検査] **1科目**　①**書類審査**(段階評価)

※書類審査および共通テストの成績(1000点満点中概ね80%以上，地理歴史・公民のうち高得点の1科目と外国語の1科目について

はいずれも得点率が概ね90％以上）を総合して判定。
〈理系型〉［共通テスト(1000)］ 8科目 ①国(200) ②外(200・英〈R150＋L50〉)▶英・独・仏・中・韓から1 ③地歴・公民(100)▶「地総・地探」・「歴総・日探」・「歴総・世探」・「公・倫」・「公・政経」から1 ④⑤数(100×2)▶「数Ⅰ・数A」・「数Ⅱ・数B・数C」 ⑥⑦理(100×2)▶物・化・「生・地学から1」から2 ⑧情(100)▶情Ⅰ
［個別学力検査］ 1科目 ①書類審査（段階評価）
※書類審査および共通テストの成績（1000点満点中概ね80％以上，「数学Ⅰ・数学A」「数学Ⅱ・数学B・数C」の2科目と「理科」のうち高得点の1科目についてはいずれも得点率が概ね90％以上）を総合して判定。

理学部

前期　［共通テスト(250)］ 8科目 ①国(50) ②外(R37.5＋L12.5)▶英 ③地歴・公民(25)▶「地総・地探」・「歴総・日探」・「歴総・世探」・「公・倫」・「公・政経」から1 ④⑤数(25×2)▶「数Ⅰ・数A」・「数Ⅱ・数B・数C」 ⑥⑦理(25×2)▶物・化・生・地学から2 ⑧情(25)▶情Ⅰ
［個別学力検査(975)］ 5科目 ①国(150) ②外(225)▶英 ③数(300)▶数Ⅰ・数Ⅱ・数Ⅲ・数A・数B（数列）・数C（ベク・平面） ④⑤理(150×2)▶「物基・物」・「化基・化」・「生基・生」・「地学基・地学」から2
特色　［共通テスト(1000)］ 8科目 ①国(200) ②外(R150＋L50)▶英 ③地歴・公民(100)▶「地総・地探」・「歴総・日探」・「歴総・世探」・「公・倫」・「公・政経」から1 ④⑤数(100×2)▶「数Ⅰ・数A」・「数Ⅱ・数B・数C」 ⑥⑦理(100×2)▶物・化・生・地学から2，ただし生物科学入試は生必須 ⑧情(100)▶情Ⅰ
〈数理科学入試〉［個別学力検査(100)］ 2科目 ①数学に関する能力測定考査(80) ②口頭試問(20)
※第1次選考―書類審査，第2次選考―数学に関する能力測定考査，口頭試問，最終―共通テストの成績（1000点満点中概ね70％以上）により判定。
〈生物科学入試〉［個別学力検査(300)］ 1科目 ①口頭試問(300)
※第1次選考―書類審査，第2次選考―口頭試問，最終―口頭試問および共通テストの成績（1000点満点中概ね70％以上）により判定。

医学部

前期　［共通テスト(275)］ 7科目 ①国(50) ②外(50・英〈R37.5＋L12.5〉)▶英・独・仏・中・韓から1 ③地歴・公民(50)▶「地総・地探」・「歴総・日探」・「歴総・世探」・「公・倫」・「公・政経」から1 ④⑤数(25×2)▶「数Ⅰ・数A」・「数Ⅱ・数B・数C」 ⑥⑦理(25×2)▶物・化・生から2 ⑧情(25)▶情Ⅰ
【医学科】［個別学力検査(1000)］ 6科目 ①国(150) ②外(300)▶英・独・仏・中から1 ③数(250)▶数Ⅰ・数Ⅱ・数Ⅲ・数A・数B（数列）・数C（ベク・平面） ④⑤理(150×2)▶「物基・物」・「化基・化」・「生基・生」から2 ⑥面接
【人間健康科学科】［個別学力検査(750)］ 5科目 ①国(150) ②外(200)▶英 ③数(200)▶数Ⅰ・数Ⅱ・数Ⅲ・数A・数B（数列）・数C（ベク・平面） ④⑤理(100×2)▶「物基・物」・「化基・化」・「生基・生」から2
特色　【医学科】［共通テスト］ 8科目 ①国 ②外▶英・独・仏・中・韓から1 ③地歴・公民▶「地総・地探」・「歴総・日探」・「歴総・世探」・「公・倫」・「公・政経」から1 ④⑤数▶「数Ⅰ・数A」・「数Ⅱ・数B・数C」 ⑥⑦理▶物・化・生から2 ⑧情▶情Ⅰ
※判定には利用しないが，受験は必須。
［個別学力検査(400)］ 2科目 ①口頭試問(160) ②面接(240)
※第1次選考―書類審査，第2次選考―口頭試問および面接の成績により判定。
【人間健康科学科〈先端看護・先端リハ（作業）〉】［共通テスト(1000)］ 8科目 ①国(200) ②外(R150＋L50)▶英 ③④数(100×2)▶「数Ⅰ・数A」・「数Ⅱ・数B・数C」 ⑤情(100)▶情Ⅰ ⑥⑦⑧「地歴・公民」・理(100×3)▶「地総・地探」・「歴総・日探」・「歴総・世探」・「公・倫」・「公・政経」から1または2，「物基・化基・生基から2」・物・化・生から1または2，計3
［個別学力検査(200)］ 2科目 ①論文

京都　京都大学

(100) ②面接(100)
※第1次選考―書類審査，第2次選考―論文，面接および書類審査，最終―共通テストの成績(1000点満点中概ね75%以上)により決定。
【人間健康科学科〈先端リハ(理学)〉】［共通テスト(1000)］ 8科目 ①国(200) ②外(R150+L50)▶英 ③**地歴・公民**(100)▶「地総・地探」・「歴総・日探」・「歴総・世探」・「公・倫」・「公・政経」から1 ④⑤**数**(100×2)▶「数Ⅰ・数A」・「数Ⅱ・数B・数C」 ⑥⑦**理**(100×2)▶物・化・生から2 ⑧**情**(100)▶情Ⅰ
［個別学力検査(200)］ 2科目 ①論文(100) ②面接(100)
※第1次選考―書類審査，第2次選考―論文，面接および書類審査，最終―共通テストの成績(1000点満点中概ね75%以上)により決定。

薬学部

前期 ［共通テスト(220)］ 8科目 ①国(40) ②外(40・英〈R30+L10〉)▶英・独・仏・中・韓から1 ③**地歴・公民**(40)▶「地総・地探」・「歴総・日探」・「歴総・世探」・「公・倫」・「公・政経」から1 ④⑤**数**(20×2)▶「数Ⅰ・数A」・「数Ⅱ・数B・数C」 ⑥⑦**理**(20×2)▶物・化・生・地学から2 ⑧**情**(20)▶情Ⅰ
［個別学力検査(700)］ 5科目 ①国(100) ②外(200)▶英 ③**数**(200)▶数Ⅰ・数Ⅱ・数Ⅲ・数A・数B(数列)・数C(ベク・平面) ④⑤**理**(100×2)▶「物基・物」・「化基・化」・「生基・生」から2
特色 ［共通テスト(950)］ 8科目 ①国(200) ②外(R150+L50)▶英 ③**地歴・公民**(100)▶「地総・地探」・「歴総・日探」・「歴総・世探」・「公・倫」・「公・政経」から1 ④⑤**数**(100×2)▶「数Ⅰ・数A」・「数Ⅱ・数B・数C」 ⑥⑦**理**(100×2)▶物・化・生から2 ⑧**情**(50)▶情Ⅰ
［個別学力検査(400)］ 2科目 ①論文(200) ②面接(200)
※第1次選考―書類審査，第2次選考―論文，面接，最終―共通テストの成績(950点満点中概ね8割以上)により，第2次選考の成績順に判定。

工学部

前期 ［共通テスト(225)］ 8科目 ①国(25) ②外(50・英〈R25+L25〉)▶英・独・仏・中・韓から1 ③**地歴・公民**(50)▶「地総・地探」・「歴総・日探」・「歴総・世探」・「公・倫」・「公・政経」から1 ④⑤**数**(12.5×2)▶「数Ⅰ・数A」・「数Ⅱ・数B・数C」 ⑥⑦**理**(12.5×2)▶物必須，化・生から1 ⑧**情**(50)▶情Ⅰ
［個別学力検査(800)］ 5科目 ①国(100) ②外(200)▶英 ③**数**(250)▶数Ⅰ・数Ⅱ・数Ⅲ・数A・数B(数列)・数C(ベク・平面) ④⑤**理**(125×2)▶「物基・物」・「化基・化」
特色 **【地球工学科】**［共通テスト(1000)］ 8科目 ①国(200) ②外(200・英〈R100+L100〉)▶英・独・仏・中・韓から1 ③**地歴・公民**(100)▶「地総・地探」・「歴総・日探」・「歴総・世探」・「公・倫」・「公・政経」から1 ④⑤**数**(100×2)▶「数Ⅰ・数A」・「数Ⅱ・数B・数C」 ⑥⑦**理**(100×2)▶物・化・生から2 ⑧**情**(100)▶情Ⅰ
［個別学力検査］ 1科目 ①**書類審査**(段階評価)
※書類審査および共通テストの成績(1000点満点中概ね80%以上で，「数Ⅰ・数A」・「数Ⅱ・数B・数C」と選択した理科2科目の合計4科目のうち，すくなくとも2科目の得点率が概ね90%以上)を総合して判定。
【建築学科／物理工学科／電気電子工学科／理工化学科】［共通テスト(1000)］ 8科目 ①国(200) ②外(200・英〈R100+L100〉)▶英・独・仏・中・韓から1 ③**地歴・公民**(100)▶「地総・地探」・「歴総・日探」・「歴総・世探」・「公・倫」・「公・政経」から1 ④⑤**数**(100×2)▶「数Ⅰ・数A」・「数Ⅱ・数B・数C」 ⑥⑦**理**(100×2)▶物必須，化・生から1 ⑧**情**(100)▶情Ⅰ
［個別学力検査］ 1科目 ①**書類審査**(段階評価)
※書類審査および共通テストの成績を総合して判定。建築学科は共通テストが1000点満点中概ね80%以上，「数学Ⅰ・数学A」「数学Ⅱ・数学B・数C」の2科目の得点率が概ね90%以上。物理工学科は共通テストが1000点満点中概ね85%以上。電気電子工学科，理

工化学科は書類審査に重点を置き，段階評価「A」かつ共通テストが1000点満点中概ね80%以上。ただし，理工化学科は概ね80%に達しない科目がある場合は，不合格とすることがある。

【情報学科】［共通テスト(1000)］ 8科目 ①国(150) ②外(200・英〈R100＋L100〉)▶英・独・仏・中・韓から1 ③**地歴・公民**(100)▶「地総・地探」・「歴総・日探」・「歴総・世探」・「公・倫」・「公・政経」から1 ④⑤**数**(125×2)▶「数Ⅰ・数A」・「数Ⅱ・数B・数C」 ⑥⑦**理**(100×2)▶物必須，化・生から1 ⑧**情**(100)▶情Ⅰ

［個別学力検査(200)］ 1科目 ①**口頭試問**(200)

※第1次選考―書類審査，第2次選考―口頭試問，最終―共通テストの成績(1000点満点中概ね80%以上)により判定。

農学部

前期　**［共通テスト(350)］** 8科目 ①国(70) ②**外**(50・英〈R37.5＋L12.5〉)▶英・独・仏・中・韓から1 ③**地歴・公民**(100)▶「地総・地探」・「歴総・日探」・「歴総・世探」・「公・倫」・「公・政経」から1 ④⑤**数**(25×2)▶「数Ⅰ・数A」・「数Ⅱ・数B・数C」 ⑥⑦**理**(25×2)▶物・化・生・地学から2 ⑧**情**(30)▶情Ⅰ

［個別学力検査(700)］ 5科目 ①国(100) ②**外**(200)▶英・独・仏・中から1 ③**数**(200)▶数Ⅰ・数Ⅱ・数Ⅲ・数A・数B(数列)・数C(ベク・平面) ④⑤**理**(100×2)▶「物基・物」・「化基・化」・「生基・生」・「地学基・地学」から2

特色　**【資源生物科学科／食料・環境経済学科】［共通テスト(1000)］** 8科目 ①国(200) ②**外**(200・英〈R150＋L50〉)▶英・独・仏・中・韓から1 ③**地歴・公民**(100)▶「地総・地探」・「歴総・日探」・「歴総・世探」・「公・倫」・「公・政経」から1 ④⑤**数**(100×2)▶「数Ⅰ・数A」・「数Ⅱ・数B・数C」 ⑥⑦**理**(100×2)▶物・化・生・地学から2 ⑧**情**(100)▶情Ⅰ

［個別学力検査(200)］【資源生物科学科】 1科目 ①**面接**(200)

※第1次選考―書類審査，第2次選考―面接，最終―共通テストの成績(1000点満点中概ね800点以上)と第2次選考により判定。

【食料・環境経済学科】 1科目 ①**小論文**(200)

※第1次選考―書類審査，第2次選考―小論文，最終―共通テストの成績(1000点満点中概ね800点以上)により，第2次選考の成績順に判定。

【応用生命科学科】［共通テスト(1000)］ 8科目 ①国(200) ②**外**(200・英〈R150＋L50〉)▶英・独・仏・中・韓から1 ③**地歴**(100)▶「歴総・日探」・「歴総・世探」から1 ④⑤**数**(100×2)▶「数Ⅰ・数A」・「数Ⅱ・数B・数C」 ⑥⑦**理**(100×2)▶物・化・生から2 ⑧**情**(100)▶情Ⅰ

［個別学力検査(500)］ 2科目 ①**小論文**(250) ②**面接**(250)

※第1次選考―書類審査，第2次選考―小論文および面接，最終―共通テストの成績(1000点満点中700点以上)により，第2次選考の成績順に判定。

【地域環境工学科】［共通テスト(1000)］ 8科目 ①国(200) ②**外**(R150＋L50)▶英 ③**地歴・公民**(100)▶「地総・地探」・「歴総・日探」・「歴総・世探」・「公・倫」・「公・政経」から1 ④⑤**数**(100×2)▶「数Ⅰ・数A」・「数Ⅱ・数B・数C」 ⑥⑦**理**(100×2)▶物必須，化・生・地学から1 ⑧**情**(100)▶情Ⅰ

［個別学力検査(500)］ 2科目 ①**小論文**(250) ②**面接**(250)

※第1次選考―書類審査，第2次選考―小論文および面接，最終―共通テストの成績(1000点満点中概ね800点以上)により，第2次選考の成績順に判定。

【森林科学科】［共通テスト(1000)］ 8科目 ①国(200) ②**外**(R150＋L50)▶英 ③**地歴・公民**(100)▶「地総・地探」・「歴総・日探」・「歴総・世探」・「公・倫」・「公・政経」から1 ④⑤**数**(100×2)▶「数Ⅰ・数A」・「数Ⅱ・数B・数C」 ⑥⑦**理**(100×2)▶物・化・生・地学から2 ⑧**情**(100)▶情Ⅰ

［個別学力検査(300)］ 2科目 ①**小論文**(200) ②**面接**(100)

※第1次選考―書類審査，第2次選考―小論文および面接，最終―共通テストの成績(1000点満点中概ね800点以上)により，第2次選考の成績順に判定。

【食品生物科学科】［共通テスト(800)］ 7科目 ①国(200) ②地歴・公民(100)▶「地総・地探」・「歴総・日探」・「歴総・世探」・「公・倫」・「公・政経」から1 ③④数(100×2)▶「数Ⅰ・数A」・「数Ⅱ・数B・数C」 ⑤⑥理(100×2)▶物・化・生から2 ⑦情(100)▶情Ⅰ
［個別学力検査(100)］ 1科目 ①口頭試問(100)
※第1次選考一書類審査，第2次選考一口頭試問，最終一共通テストの成績(800点満点中概ね660点以上)により，第2次選考の成績順に判定。

その他の選抜

外国学校出身者のための選考(法・経済学部)，国際コースのための選考(工学部地球工学科)，私費外国人留学生特別選抜(工学部)を実施。

偏差値データ (2024年度)

●一般選抜

＊共通テスト・個別計/満点

学部／学科／コース	2024年度 駿台予備学校 合格目標ライン	2024年度 河合塾 ボーダー得点率	2024年度 河合塾 ボーダー偏差値	2023年度実績 募集人員	受験者数	合格者数	合格最低点＊	競争率 '23年	競争率 '22年
●前期									
総合人間学部									
総合人間(文系)	66	89%	67.5	63	212	64	534.83/800	3.3	3.0
(理系)	63	87%	65	53	184	54	485.50/800	3.4	3.4
文学部									
人文	64	83%	67.5	211	608	214	512.28/750	2.8	2.9
教育									
教育科(文系)	64	82%	67.5	49	143	49	593.83/900	2.9	3.3
(理系)	61	81%	65	10	34	10	561.50/900	3.4	3.4
法									
	65	83%	67.5	300	672	310	545.40/820	2.2	2.2
経済									
経済経営(文系)	65	84%	67.5	189	495	195	545.37/800	2.5	2.3
(理系)	63	84%	65	26	119	26	621.66/900	4.6	3.8
理学部									
	64	83%	65	301	768	305	795.75/1200	2.5	2.1
医学部									
医	76	89%	72.5	105	259	108	935.87/1250	2.4	2.3
人間健康科	59	77%	60	76	249	84	562.33/1000	3.0	2.3
薬学部									
	64	83%	65	76	193	79	626.58/950	2.4	2.5
工学部									
地球工	61	81%	62.5	172	2,468	174	625.25/1000	2.7	2.7
建築	63	83%	65	78		79	648.00/1000		
物理工	64	82%	65	230		231	648.45/1000		
電気電子工	63	82%	65	123		124	641.28/1000		
情報	65	84%	67.5	88		89	697.70/1000		
理工化	61	80%	62.5	222		223	613.08/1000		

学部／学科／コース	2024年度 駿台予備学校 合格目標ライン	2024年度 河合塾 ボーダー得点率	2024年度 河合塾 ボーダー偏差値	2023年度実績 募集人員	受験者数	合格者数	合格最低点*	競争率 '23年	競争率 '22年
農学部									
資源生物科	61	80%	65	94	741	94	679.78/1050	2.5	2.4
応用生命科	62	81%	65	45		45			
地域環境工	60	80%	62.5	36		36			
食料・環境経済	61	80%	62.5	29		29			
森林科	60	80%	62.5	51		53			
食品生物科	62	81%	65	33		34			
●後期									
法学部									
	67	87%	—	20	48	22		2.2	2.3

- 駿台予備学校合格目標ラインは合格可能性80%に相当する駿台模試の偏差値です。
- 競争率は受験者÷合格者の実質倍率
- 河合塾ボーダー得点率は合格可能性50%に相当する共通テストの得点率です。
また，ボーダー偏差値は合格可能性50%に相当する河合塾全統模試の偏差値です。
- 総合人間学部（文系・理系），教育学部（理系），経済学部（理系），理学部，医学部医学科の前期，法学部の後期は２段階選抜を実施。

併設の教育機関　大学院

文学研究科

教員数▶教授44名，准教授28名，講師６名
院生数▶469名

修士課程▶ **●文献文化学専攻**　東洋文化学系（５専修）では，日本，中国，インド，それぞれを中心とした３つの文化圏を研究対象に，文学，思想，文化の研究を行う。西洋文献文化学系（７専修）は，古代から現代に至るヨーロッパおよびアメリカの文学・思想・芸術・社会を研究する。

●思想文化学専攻　旧哲学科をもとにしており，哲学・宗教学講座と美学美術史講座に大別。哲学，西洋哲学史（古代・中世・近世），日本哲学史，倫理学，宗教学，キリスト教学，美学美術史の７専修がある。

●歴史文化学専攻　日本史学，東洋史学，西南アジア史学，西洋史学，考古学の５つの専修がある。人類社会の歩みを時間の流れに沿って跡づけ，考察する。

●行動文化学専攻　心理学，言語学，社会学，地理学の４専修からなる。人間が日常使う言語や，心の動き，社会の中での行動とそれを取り巻く地域そのものを研究の対象とする。

●現代文化学専攻　科学哲学科学史，メディア文化学，現代史学の３つの専修からなる。現代世界がどのように形成され，変化していくのかを研究する。

●京都大学・ハイデルベルク大学国際連携文化越境専攻　共同学位（ジョイント・ディグリー）プログラム。日本・ドイツに各２学期在学し，両大学の教員から共同指導を受ける。

博士後期課程▶ **文献文化学専攻，思想文化学専攻，歴史文化学専攻，行動文化学専攻，現代文化学専攻**

教育学研究科

教員数▶教授18名，准教授14名，講師１名
院生数▶177名

修士課程▶ **●教育学環専攻**　教育・人間科学，教育認知心理学，臨床心理学，教育社会学，連携教育学の５講座・９コースで構成。

博士後期課程▶ 教育学環専攻

法学研究科

教員数▶教授52名，准教授７名，講師２名

院生数▶460名（法科大学院355名を含む）
修士課程 ●法政理論専攻　法学政治学の精深な学識を習得し，創造的研究を行う「研究者養成コース」と企業法務を中心とした専門的職業を担う「先端法務コース」がある。
専門職学位課程 ●法曹養成専攻（法科大学院）理論と実務を架橋する高度な教育を通じて，法の精神が息づく自由で公正な社会の実現のため，さまざまな分野で指導的な役割を果たす創造力ある法曹を養成する。
博士後期課程 法政理論専攻

経済学研究科

教員数▶教授21名，准教授６名，講師９名
院生数▶258名
修士課程 ●経済学専攻　先端的な経済学や経営学の研究能力，専門的な経済分析能力，国際性と学際性を高めるプログラムを設定。「研究者養成」，「高度専門人材養成」，英語による「東アジア持続的経済発展研究コース」。
●国際連携グローバル経済・地域創造専攻　グラスゴー大学，バルセロナ大学との共同学位（ジョイント・ディグリー）課程，グローバル・リーダー人材を養成するプログラム。
博士後期課程 経済学専攻

理学研究科

教員数▶教授79名，准教授83名，講師８名
院生数▶1,083名
修士課程 ●数学・数理解析専攻　数学系と数理解析系の２つの系があり，次世代研究者および数学についての高度な専門知識を持って社会で活躍する人材の育成をめざす。
●物理学・宇宙物理学専攻　物理学第一分野[物性]，物理学第二分野［素粒子・原子核・宇宙]，宇宙物理学分野で構成。
●地球惑星科学専攻　地球物理学分野と地質学鉱物学分野からなる。
●化学専攻　化学教室，化学研究所，医生物学研究所，複合原子力科学研究所の化学に関係する26研究室と３つの客員講座で構成されている。
●生物科学専攻　動物学，植物学，生物物理学の３教室で構成されている。
博士後期課程 数学・数理解析専攻，物理学・宇宙物理学専攻，地球惑星科学専攻，化学専攻，生物科学専攻

医学研究科

教員数▶教授74名，准教授64名，講師52名
院生数▶1,170名（専門職学位課程79名を含む）
修士課程 ●医科学専攻　医学部以外の学部教育を受けた学生に対して，医科学分野の基礎知識習得と研究の基礎トレーニングを行い，優れた医科学研究者を育成する。
●人間健康科学系専攻　先端看護科学，先端リハビリテーション科学，総合医療科学の３コースにおいて，高度医療専門職および独創的かつ斬新的な教育者・研究者を養成。
専門職学位課程 ●社会健康医学系専攻　将来，保健・医療・福祉分野で専門職や教育研究職に就こうとする者が，「社会における人間」の健康に関わる問題を探知・評価・分析・解決するために必要な知識，技術，態度を身につけることを目的とする。
４年制博士課程 ●医学専攻　各専門分野における研修に加え，臨床医学，基礎医学，社会医学を横断する「大学院教育コース」を設置。医学研究をリードする人材を育成する。
●ゲノム医学国際連携専攻　カナダのマギル大学との国際共同学位（ジョイント・ディグリー）プログラム。
博士後期課程 医科学専攻，人間健康科学系専攻，社会健康医学専攻

薬学研究科

教員数▶教授12名，准教授14名，講師４名
院生数▶240名
修士課程 ●薬科学専攻　主として薬学部４年制学科の卒業生および創薬に興味を持つ理系学部の卒業生を対象に，基礎となる自然科学と薬学固有の学問を横断的に研究し，総合的な学問的素養と創造性を培う。
４年制博士課程 ●薬学専攻　主に薬学部６年制学科の卒業生を対象に，薬学関連の基

礎科学を基盤として，医療薬学および関連分野の基礎から応用に至る研究を行う。

5年一貫制博士課程 ●創発医薬科学専攻　長期展望（5年一貫）で，医薬科学を中心とする学問融合・未踏学際領域開拓による挑戦的研究に重点を置いた研究を実践する。

博士後期課程 薬科学専攻

工学研究科

教員数▶教授122名，准教授103名，講師32名

院生数▶2,039名

修士課程 ●社会基盤工学専攻　最先端技術の開発，地下資源の持続的な利用に重点を置き，安全・安心で環境と調和した潤いのある社会基盤整備の実現をめざす。

●都市社会工学専攻　都市活動を分析する技術や都市計画・交通計画などの計画技術，ライフラインや都市基盤を高度化する技術など都市システムの総合的なマネジメントを行うための方法論の確立をめざす。

●都市環境工学専攻　個別の生活空間から都市・地域，さらに地球規模に至る幅広い環境を研究対象とし，環境問題の解決に取り組む。

●建築学専攻　高度で複雑な機能を担う建築空間の実現をめざし，基礎的および先端的研究・教育を行うとともに，総合化のための理論的かつ創造的研究・教育，さらにその実践システムの研究・教育を行う。

●機械理工学専攻　マイクロからマクロにわたる広範な物理系を研究対象とし，生産システム，エネルギー，環境，生活，生命・生体・医療など，人間のための技術の進展を図る。

●マイクロエンジニアリング専攻　ナノからマイクロの領域における微小機械に関する先端分野の高度な研究能力を有する研究者・技術者を養成する。

●航空宇宙工学専攻　航空宇宙機の航行に関わる航空宇宙環境との相互作用，航空宇宙機の推進とエネルギー，航空宇宙機の材料・構造強度，航空宇宙機のシステム・制御などを研究対象とする。

●原子核工学専攻　最先端科学を切り開く量子テクノロジーを追究し，物質，エネルギー，生命，環境などへの工学的応用を展開して，循環型システムの構築をめざす。

●材料工学専攻　革新技術の発展においてパラダイムシフトを引き起こすような，構造材料，機能性材料の開発・実用化をめざした多岐にわたる基礎研究を行う。

●電気工学専攻　先端電気システム論，システム基礎論，生体医工学，電磁工学の4講座に2協力講座と1寄付講座からなり，電気工学に関する最先端のテーマを研究する。

●電子工学専攻　「光」と「電子」をキーワードとした新しい概念を提唱し，それに基づく革新的材料・デバイスの創製に関連する教育・研究を行う。

●材料化学専攻　無機材料，有機材料，高分子材料，ナノマテリアルを中心に，その構造と性質・反応性を解明しながら，新しい機能や性質を持った材料を化学的に設計し，その創製方法の確立をめざす。

●物質エネルギー化学専攻　物質およびエネルギーの高効率変換を実現する技術を創出し，資源の高効率循環を可能にするための研究を行う。

●分子工学専攻　新しい電子材料やエネルギー・情報関連材料などの開発のための基礎的研究を展開し，分子論的視野に立って，斬新な発想で基礎から応用への展開ができる研究者・技術者を育成。

●高分子化学専攻　光・電子・情報分野，高機能材料，再生医療，ナノテクノロジーなど，高分子の発展分野を支えるため，高分子の生成，反応，構造，物性，機能について基礎研究と教育を行う。

●合成・生物化学専攻　合成化学と生物化学との学際領域を密接な連携をもとに開拓し，総合精密化学としての創造性豊かな化学分野の確立をめざす。

●化学工学専攻　物質，材料，エネルギーを環境に優しく，効率よく生産する方法を提案し，人類に有用な機能を持つ物質および材料を化学的変換によって創出するための教育・研究を行う。

博士後期課程 社会基盤工学専攻，都市社会工学専攻，都市環境工学専攻，建築学専攻，機械理工学専攻，マイクロエンジニアリング

専攻，航空宇宙工学専攻，原子核工学専攻，材料工学専攻，電気工学専攻，電子工学専攻，材料化学専攻，物質エネルギー化学専攻，分子工学専攻，高分子化学専攻，合成・生物化学専攻，化学工学専攻

農学研究科

教員数▶教授65名，准教授55名，講師１名
院生数▶917名

修士課程▶ ●農学専攻　作物学，育種学，蔬菜花卉園芸学，果樹園芸学，雑草学，栽培システム学，品質設計開発学，品質評価学および植物生産管理学の９分野で構成。

●森林科学専攻　森林生態系の保全と活用，森林と人間の共生関係の構築，生物資源の高度利用をめざして研究・教育を行う。

●応用生命科学専攻　生命がどのような仕組みで生まれ維持されているのかを化学の視点から分子・細胞レベルで理解し，その成果をバイオテクノロジーとして利用することをめざして研究している。

●応用生物科学専攻　生物資源の生産・利用・加工の諸側面に含まれる生物学的・化学的原理の探究とその応用に関するさまざまな分野の研究と教育を行う。

●地域環境科学専攻　地域固有の自然のことわり・多様性を深く理解することにより環境問題の基礎原因を見い出し，問題解決に必要な生産活動・生活の在り方を確立する。

●生物資源経済学専攻　人類が直面している食料・環境・農業に関連する諸問題に，人文・社会科学的な研究手法を用いて取り組む。

●食品生物科学専攻　化学，生物学，物理学を基盤とし，ヒトを含む生命体における生命現象の解明を通じて，食品・食料に関わる諸問題の解決をめざす。

博士後期課程▶ 農学専攻，森林科学専攻，応用生命科学専攻，応用生物科学専攻，地域環境科学専攻，生物資源経済学専攻，食品生物科学専攻

人間・環境学研究科

教員数▶教授63名，准教授30名，講師３名
院生数▶640名

修士課程▶ ●人間環境学専攻　環境，自然，人間，文明，文化を対象とする幅広い学問分野の連携を通じて，人間と環境のあり方についての根源的な理解を深めるとともに，人間と環境のよりよい関係を構築するための新たな文明観，自然観の創出に役立つ学術研究を推進。

博士後期課程▶ 人間・環境学専攻

エネルギー科学研究科

教員数▶教授19名，准教授19名，講師１名
院生数▶382名

修士課程▶ ●エネルギー社会・環境科学専攻　環境と調和するエネルギー，社会システムを求めて，エネルギー問題を社会的，政治的，経済的，生体環境的側面から研究する。

●エネルギー基礎科学専攻　量子化学，物理化学，物質化学などの「化学」と，量子力学，電磁気学，統計力学，物性物理学，核物理学などの「物理学」を基盤にして，エネルギー問題解決に貢献するための基礎科学についての教育と研究を行う。

●エネルギー変換科学専攻　高効率クリーンエネルギーシステムの構築をめざし，各種エネルギーの発生，変換，制御，利用などに関する学理とその総合化について，理工学的立場から教育・研究を行う。

●エネルギー応用科学専攻　人類の持続的発展のための地球環境調和型プロセスの展開と，それを支えるエネルギー応用科学を確立する。

博士後期課程▶ エネルギー社会・環境科学専攻，エネルギー基礎科学専攻，エネルギー変換科学専攻，エネルギー応用科学専攻

アジア・アフリカ地域研究研究科

教員数▶教授16名，准教授７名
院生数▶156名

５年一貫制博士課程▶ ●東南アジア地域研究専攻　「生態環境論」「地域変動論」「総合地域論」の３つの研究指導分野からなる。

●アフリカ地域研究専攻　「生業生態論」「社会共生論」「アフリカ潜在力」の３つの研究

指導分野からなる。
●グローバル地域研究専攻　「平和共生・生存基盤論」「イスラーム世界論」「南アジア・インド洋世界論」の３つの研究指導分野からなる。

情報学研究科

教員数▶教授33名，准教授27名，講師５名
院生数▶673名
修士課程 ●情報学専攻　2023年４月に既存の６専攻を情報学の１専攻に統合。これまでの専攻は教育プログラムとしてコース化し，データ科学コースを新設。知能情報学・社会情報学・先端数理科学・数理工学・システム科学・通信情報システム・データ科学の７コースに改組。人間・社会と情報とのインターフェース，数理モデリング，情報システムというキーワードを３本の柱とする「広い意味での情報学」を発展させる研究者，ならびに質の高い専門的職業人を養成する。
博士後期課程 情報学専攻

生命科学研究科

教員数▶教授14名，准教授19名，講師４名
院生数▶266名
修士課程 ●統合生命科学専攻　遺伝子の継承性と細胞機能の特異性決定の基本機構，多細胞体構築の制御，１個の細胞からの完全なる個体を発生する細胞全能性，さらに発生した個体が多様な環境に適応する過程で獲得したシステムならびに生物の環境応答の分子機構の解明に関する教育と研究を行う。
●高次生命科学専攻　生命体の認知と情報統御，高次生命体の構築機構，ならびに種々の因子による細胞の増殖機構，免疫系の自己・非自己の認識機構等の生体の応答メカニズムの基本原理の解明に関する教育と研究を行う。
博士後期課程 統合生命科学専攻，高次生命科学専攻

総合生存学館（思修館）

教員数▶教授５名，准教授５名
院生数▶83名
５年一貫制博士課程 ●総合生存学専攻
グローバル問題やユニバーサル問題について，分野横断・文理融合アプローチを用いて，解決策を提言するだけでなく社会実装すべく実践的な研究に取り組む。

地球環境学舎

教員数▶教授18名，准教授14名，講師１名
院生数▶181名
修士課程 ●環境マネジメント専攻　地球環境問題を解決するために，実践的活動を行うことのできる知識と問題解決能力と国際的視点を持つ実務者，研究者を養成する。
博士後期課程 地球環境学専攻，環境マネジメント専攻

公共政策教育部(公共政策大学院)

教員数▶教授９名
院生数▶88名
専門職学位課程 ●公共政策専攻　公共部門が直面している諸課題に適切に対応しうる的確な判断力と柔軟な思考力を備え，さらに公共的な役割を担う強い倫理観を持った高度専門職業人を養成する。

経営管理教育部(経営管理大学院)

教員数▶教授15名，准教授３名，講師４名
院生数▶243名（専門職学位課程216名を含む）
専門職学位課程 ●経営管理専攻　MBA/専門職学位課程ではビジネス・リーダーシップなど４つの基幹プログラムに観光経営科学コース，1年半コース（ファイナンス・会計プログラム）を加えた日本語プログラム群と，英語のみで修了できる国際プログラム群に，京都大学―コーネル大学国際連携コースを用意。
博士後期課程 ●経営科学専攻　高度な実務経験を通して経営に関する問題意識を持った人を受け入れ，実務に根ざした研究を行う。

国立大学　京　都

京都工芸繊維大学

きょうとこうげいせんい

資料請求

問合せ先 入試課 ☎075-724-7164

大学の理念

1902（明治35）年開学の京都高等工藝学校および1899（明治32）年開設の京都蚕業講習所に端を発する120余年の歴史を持つ。この間，日本文化の源である京都の風土の中で培われた，〈知と美と技〉を探求する独自の学風を築きあげ，学問，芸術，文化，産業に貢献する幾多の人材を輩出してきた。21世紀においては，自主自律の大学運営により社会の負託に応えるため，地球時代で顕在化し直面している幾多の課題の解決法を探求し，未来の持続可能な世界を実現する使命を負っている。そのために，京都発の先鋭的な国際的工科系大学KYOTO Institute of Technologyとして，「ART×SCIENCE」「LOCAL×GLOBAL」「TRADITION×INNOVATION」を理念に掲げ，これまでにない新しい発想や価値の創造を実現に向けて挑戦し続けている。

- 松ヶ崎キャンパス…〒606-8585　京都府京都市左京区松ヶ崎橋上町1
- 福知山キャンパス…〒620-0886　京都府福知山市字堀3385

基本データ

学生数▶2,616名（男1,864名，女752名）
専任教員数▶教授105名，准教授92名，講師4名

設置学部▶工芸科
併設教育機関▶大学院―工芸科学（M・D）

就職・卒業後の進路

就職率 **86.6**％
就職者÷希望者×100

● **就職支援**　学生のニーズに応じたサポート体制と多彩なキャリア支援プログラムを用意。企業の人事経験者やハローワークの就職支援ナビゲーターなど，キャリアコンサルタント資格を有する相談員が，就職への不安，人生設計，面接，エントリーシートの書き方などの相談にきめ細かく対応。１年次に「キャリア教育基礎」が開講され，大学生活の送り方や進路などを考えるヒントが提供される。3年次には就職ガイダンスが実施され，後期からグループディスカッション研修や各種面接研修が開始される。また，就職活動の開始に向けて企業研究会，OB・OGとの交流会，合同企業説明会を開催している。

進路指導者も必見 学生を伸ばす 面倒見

初年次教育

自校教育などを行う「工芸科学基礎」をはじめ，「現代社会に学ぶ問う力・書く力」「リーダーシップ基礎Ⅰ～関係性を築く対話の技術」「情報セキュリティと情報倫理」などの科目を開講

学修サポート

TA・SA制度，オフィスアワー制度（英語学習のみ），教員1人が学生約25人を担当する教員アドバイザー制度を導入し，学生の履修や学修の支援をしている。また，学習面における個別指導や相談に応じる学生相談室を設置

オープンキャンパス（2023年度実績）　8月10・11日オープンキャンパスを開催（事前申込制）。現地で課程紹介＋研究室見学やダビンチ入試のグループディスカッション体験などを行うほか，オンデマンド配信の大学紹介，オンライン相談会を実施。

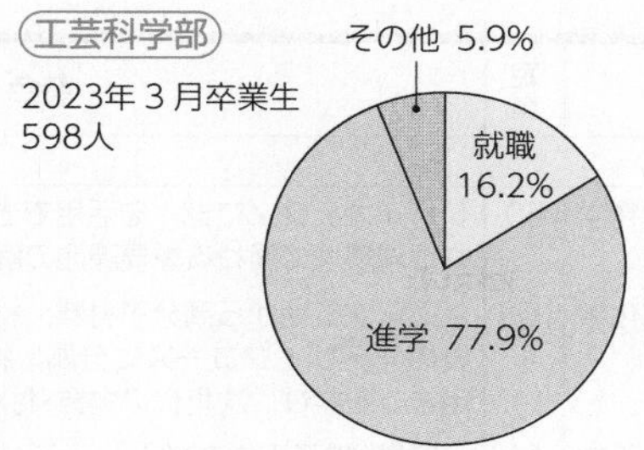

主なOB・OG▶有馬裕之（建築家），殿岡康永（ゲームクリエイター），前田育男（カーデザイナー），堀江康生（イエローハット社長），川合尊（日本特殊陶業社長），野村正樹（建築家）など。

国際化・留学

大学間 96 大学

受入れ留学生数▶56名（2023年５月１日現在）

留学生の出身国▶マレーシア，中国，モンゴル，韓国，インドネシアなど。

外国人専任教員▶教授４名，准教授２名（2023年５月１日現在）

外国人専任教員の出身国▶イタリア，イギリス，中国，フィリピン。

大学間交流協定▶96大学（交換留学先67大学，2023年９月１日現在）

海外への留学生数▶渡航型29名・オンライン型12名／年（７カ国・地域，2022年度）

海外留学制度▶大学附属の語学学校などで集中的に英語を学ぶ２～５週間程度の短期英語研修から１セメスター～１年間の交換留学や１年以内のグローバルインターンシップまでさまざまな留学プログラムを実施。KITグローバル人材育成プログラムによる奨学金も用意されている。海外留学希望者説明会の開催や，多言語な留学生を配置した渡航前の準備・学習，帰国後の語学力の維持などに活用できる場の提供など，充実したサポートで海外留学を後押ししている。コンソーシアムはOFGNとAUTEXの２団体に参加している。

学費・奨学金制度

入学金▶282,000円

年間授業料（施設費等を除く）▶535,800円

特待生制度▶学部２～４年次生を対象に，特に学業成績が優秀な学生の授業料（半期分）の全額を免除する「京都工芸繊維大学特待生制度」や，経済的理由により入学金・授業料の納入が困難である場合に徴収が猶予される制度などを設置している。

保護者向けインフォメーション

●**成績確認**　成績表および卒業要件単位数一覧表を保護者に郵送している。

●**懇談会**　12月に保護者を対象とした教育懇談会をオンラインで開催。教育方針および就職活動とキャリア支援について説明するとともに，履修・就職の状況などについて課程教員が個別に面談を行っている。

●**相談窓口**　保護者専用の相談窓口を設置している。

●**防災対策**　「災害時の対応マニュアル」を入学時に配布するほか，キャンパス内に常設。学生が被災した際の安否状況は，独自の安否確認システムを利用して確認する。

インターンシップ科目	必修専門ゼミ	卒業論文	GPA制度の導入の有無および活用例	１年以内の退学率	標準年限での卒業率
全学域で開講している	全学域で１・３・４年次に実施	全学域で卒業要件	コース分属，学生表彰，奨学金等の選定基準，個別の学修指導に活用するほか，GPAに応じた履修上限単位数を設定	1.7%	81.9%

学部紹介

学部／学域／課程	定員	特色
工芸科学部		
応用生物／応用生物学	50	▷バイオテクノロジーを活用できる人材を育成し，生物資源や地球環境に関わる重要課題の解明に迫る。
物質・材料科／応用化学	169	▷２年次後期から高分子材料，材料化学，分子化学，機能物質の４デザインコースに分属。物質・材料の成り立ちから応用までを学び，次世代の物質・材料を開発・探究する。
設計工／電子システム工学	61	▷電気・電子工学を軸とし，デバイス，通信，計測，エネルギー，制御など広く研究する。
／情報工学	61	▷ICTを扱う基礎としてのコンピュータ科学と，それを応用して新システムを創出するコンピュータ工学を学ぶ。
／機械工学	86	▷宇宙分野から航空機やロボット，さらには日用品まで，あらゆる分野の，ものづくりに必要な技術の開発・研究を行う。
デザイン科／デザイン・建築学	156	▷１年次後期より建築とデザインのコースに分属。豊富な実習・演習を通して，幅広い視野と実践力を身につける。
地域創生Tech Program	30	▷上記６課程のいずれかを３年次前期まで履修，後期からは地域課題解決型学習やインターンシップなどに取り組む。

- **取得可能な資格**…教職(数・理・情)，学芸員，１・２級建築士受験資格など。
- **進路状況**…………就職16.2%　進学77.9%
- **主な就職先**………ユニ・チャーム，気象庁，西日本旅客鉄道，オムロンソフトウェア，ソニー，カシオ計算機，清水建設，三菱電機，積水ハウス，日本航空など。

▶キャンパス

工芸科…［松ヶ崎キャンパス］ 京都府京都市左京区松ヶ崎橋上町1
地域創生Tech Program（３年次後期から）…［福知山キャンパス］ 京都府福知山市字堀3385

2025年度入試要項（予告）

●募集人員

学部／学域（課程）		前期
▶工芸科	応用生物（応用生物学）	30
	物質・材料科（応用化学）	115
	設計工（電子システム工学）	34
	（情報工学）	38
	（機械工学）	58
	デザイン科（デザイン・建築学）	105
	地域創生Tech Program	若干名

※各課程の前期募集人員は一般プログラム。
※前期日程では一般プログラムと地域創生Tech Programから志望するプログラムを選択して出願。第１志望で地域創生Tech Programを選択した志願者は，同一課程に限り，第２志望に一般プログラムを選択することが可能。
※一般プログラムと地域創生Tech Programの各課程で課す教科・科目等は同じ。

●**２段階選抜**　実施しない
注）２段階選抜は2024年度の実績です。

注）配点は編集時，未公表。最新の募集要項でご確認ください。

工芸科学部

前期　**【応用生物学域】［共通テスト］** **8科目** ①国 ②外▶英・独・仏・中・韓から１ ③**地歴・公民**▶「地総・歴総・公から２」・「地総・地探」・「歴総・日探」・「歴総・世探」・「公・倫」・「公・政経」から１ ④⑤**数**▶「数Ⅰ・数Ａ」・「数Ⅱ・数Ｂ・数Ｃ」 ⑥⑦**理**▶物・化・生・地学から２ ⑧**情**▶情Ⅰ

［個別学力検査］ **4科目** ①**外**▶英コミュⅠ・英コミュⅡ・英コミュⅢ・論表Ⅰ・論表Ⅱ・論表Ⅲ ②**数**▶数Ⅰ・数Ⅱ・数Ⅲ・数Ａ（図形・場合）・数Ｂ（数列）・数Ｃ（ベク・平面） ③④**理**▶「物

基・物」・「化基・化」・「生基・生」から２

【物質・材料科学域】　[共通テスト]　8科目
①国 ②**外**▶英・独・仏・中・韓から１　③**地歴・公民**▶「地総・歴総・公から２」・「地総・地探」・「歴総・日探」・「歴総・世探」・「公・倫」・「公・政経」から１　④⑤**数**▶「数Ⅰ・数Ａ」・「数Ⅱ・数Ｂ・数Ｃ」 ⑥⑦**理**▶物・化 ⑧**情**▶情Ⅰ

[個別学力検査]　3科目　①**外**▶英コミュⅠ・英コミュⅡ・英コミュⅢ・論表Ⅰ・論表Ⅱ・論表Ⅲ ②**数**▶数Ⅰ・数Ⅱ・数Ⅲ・数Ａ（図形・場合）・数Ｂ（数列）・数Ｃ（ベク・平面） ③**理**▶「物基・物」・「化基・化」から１

【設計工学域】　[共通テスト]　8科目　①国 ②**外**▶英・独・仏・中・韓から１ ③**地歴・公民**▶「地総・歴総・公から２」・「地総・地探」・「歴総・日探」・「歴総・世探」・「公・倫」・「公・政経」から１　④⑤**数**▶「数Ⅰ・数Ａ」・「数Ⅱ・数Ｂ・数Ｃ」 ⑥⑦**理**▶物必須，化・生・地学から１ ⑧**情**▶情Ⅰ

[個別学力検査]　3科目　①**外**▶英コミュⅠ・英コミュⅡ・英コミュⅢ・論表Ⅰ・論表Ⅱ・論表Ⅲ ②**数**▶数Ⅰ・数Ⅱ・数Ⅲ・数Ａ（図形・場合）・数Ｂ（数列）・数Ｃ（ベク・平面） ③**理**▶物基・物

【デザイン科学域】　[共通テスト]　8科目
①国 ②**外**▶英・独・仏・中・韓から１　③**地歴・公民**▶「地総・歴総・公から２」・「地総・地探」・「歴総・日探」・「歴総・世探」・「公・倫」・「公・政経」から１　④⑤**数**▶「数Ⅰ・数Ａ」・「数Ⅱ・数Ｂ・数Ｃ」 ⑥⑦**理**▶物・化・生・地学から2 ⑧**情**▶情Ⅰ

[個別学力検査]　3科目　①**外**▶英コミュⅠ・英コミュⅡ・英コミュⅢ・論表Ⅰ・論表Ⅱ・論表Ⅲ ②**数**▶数Ⅰ・数Ⅱ・数Ⅲ・数Ａ（図形・場合）・数Ｂ（数列）・数Ｃ（ベク・平面） ③**総合問題**▶提示されたデザイン・建築・ビジネス・テクノロジーに関する課題に対して，創造力，構成力，描画力およびそれらの総合力，並びに自分の考えをまとめる能力を評価

その他の選抜

学校推薦型選抜は一般プログラム114名・地域創生Tech Program７名，ダビンチ入試（総合型選抜）は一般プログラム67名・地域創生Tech Program15名を募集。ほかに，私費外国人留学生入試を実施。

偏差値データ（2024年度）

●一般選抜

学部／学域／課程	2024年度 駿台予備学校 合格目標ライン	2024年度 河合塾 ボーダー得点率	2024年度 河合塾 ボーダー偏差値	'23年度 競争率
●前期				
▶工芸科学部				
応用生物／応用生物学	50	68%	52.5	4.0
物質・材料科／応用化学	51	69%	55	2.3
設計工／電子システム工学	50	70%	55	3.2
／情報工学	51	72%	57.5	3.3
／機械工学	50	70%	55	3.4
デザイン科／デザイン・建築学	50	72%	55	3.0
●後期				
▶工芸科学部				
応用生物／応用生物学	52	79%	—	3.4
物質・材料科／応用化学	54	80%	57.5	2.6
設計工／電子システム工学	53	81%	57.5	5.1
／情報工学	54	81%	60	4.8
／機械工学	53	80%	57.5	5.8

- 駿台予備学校合格目標ラインは合格可能性80%に相当する駿台模試の偏差値です。
- 河合塾ボーダー得点率は合格可能性50%に相当する共通テストの得点率です。また，ボーダー偏差値は合格可能性50%に相当する河合塾全統模試の偏差値です。
- 競争率は受験者÷合格者の実質倍率

※前期の（応用化学課程）合格者数には，地域創生Tech Programの1名を含む。

大阪大学

おおさか

大阪大学 OSAKA UNIVERSITY

資料請求

問合せ先〉教育・学生支援部入試課　☎06-6879-7096

大学の理念

医師・蘭学者だった緒方洪庵が，1838（天保９）年に私塾として設立した「適塾」を原点とし，それとともに大坂町人がつくった「懐徳堂」の精神を受け継いで1931（昭和６）年に大阪帝国大学創設。1947（昭和22）年に大阪大学に改称し，2007（平成19）年に大阪外国語大学と統合した。自由と進取の精神と，時代の要請に応えるという熱意を基軸とし，「地域に生き世界に伸びる」をモットーに，学問の独立性と市民性を備えた世界水準の高度な教育研究を推進し，次代の社会を支え，有能な人材を社会に輩出。高度な専門性の獲得に加え，社会判断力としての「教養」，異なる文化的背景を持つ人と対話できる「国際性」，自由なイマジネーションと横断的なネットワークを構想する「デザイン力」を備えた人材を，時代を超えて育成し続けている。

- 吹田キャンパス……〒565-0871　大阪府吹田市山田丘1-1
- 豊中キャンパス……〒560-0043　大阪府豊中市待兼山町1
- 箕面キャンパス……〒562-0035　大阪府箕面市船場東3-5-10

基本データ

学生数▶14,986名（男9,831名，女5,155名）
専任教員数▶教授1,006名，准教授852名，講師316名

設置学部▶文，人間科，外国語，法，経済，理，医，歯，薬，工，基礎工
併設教育機関▶大学院（P.1435参照）

就職・卒業後の進路

●**就職支援**　キャリア教育と就職支援を両輪としたキャリア教育支援を行っている。基盤教養教育科目「現代キャリアデザイン論Ⅰ」では，進路・職業選択や人生設計に生かせる知識・技能・態度を身につける。就職支援の中心を担うキャリアセンターでは，就職活動の基本的な情報，模擬面接やグループワークなどの実践的なセミナーなど，年間を通してさまざまな就職・キャリアガイダンスを実施。また，豊中・吹田・箕面の各キャンパスに相談室があり，進路・就職に関するさまざまな悩みに，キャリアアドバイザーが無料で対応。就職・進学内定者がキャリアサポーターとして就活を支援する体制も整っている。

進路指導者も必見 学生を伸ばす 面倒見

初年次教育	学修サポート
少人数セミナー型の必修科目「学問への扉（マチカネゼミ）」を約250クラス開講。大学での学び方や研究に取り組む基本姿勢などを異分野の学生と共に身につける	TA・SA制度，オフィスアワー制度を導入。各図書館のラーニング・サポートデスクでは大学院生のラーニング・サポーターが学習相談に応じている。また，英語プレゼンテーションの個人指導や英文添削指導を行うアカデミック・イングリッシュ・サポートデスクを設置

オープンキャンパス（2023年度実績）　来場型とオンライン型を併用して各学部で開催，予約制と予約不要のプログラムを用意。人間科学部は６・８月，外国語学部は７・８月，薬学部は４・８月，その他の学部および入試課は８月に実施。

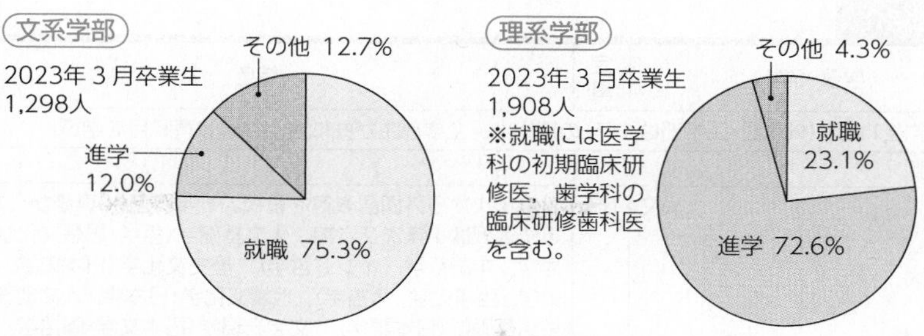

主なOB・OG ▶ ［理］盛田昭夫（ソニー創業者），［旧医専］手塚治虫（漫画家），［工］青野慶久（サイボウズ社長），［文］糸谷哲郎（将棋棋士），［医］久坂部羊（小説家，医師）など。

国際化・留学　大学間 152 大学等・部局間 633 大学等

受入れ留学生数 ▶ 332名（2023年５月１日現在）

留学生の出身国・地域 ▶ 中国，韓国，インドネシア，タイ，台湾など。

大学間交流協定 ▶ 152大学・機関（交換留学先127大学，2023年５月１日現在）

部局間交流協定 ▶ 633大学・機関（2023年５月１日現在）

海外への留学生数 ▶ 渡航型522名・オンライン型91名／年（50カ国・地域〈オンライン型は除く〉，2022年度）

海外留学制度 ▶ 毎年４月に新入生に向けた留学全般の内容を中心に「海外留学オリエンテーション」を，６～７月に「大学間交換留学オリエンテーション」を実施。大学に在学したまま交流協定校で学ぶ交換留学は１学期以上，１年未満の留学で，留学先で修得した単位のうち，所属学部で認められた単位は卒業要件単位に算入でき，各種奨学金も用意されている。このほか，大学が主催する夏季／春季休業期間中の語学研修，海外研修プログラム，ケニアインターンシップ，海外実習科目と大阪大学ASEANキャンパスでの学修を組み合わせたOsaka University International Certificate Programや，各学部で独自に実施されるプログラムなどがある。学内でも英語で行われる「国際交流科目」で外国人留学生と一緒に授業を受けたり，留学生チューターやボランティアとして支援・交流するほか，多言語カフェなども開催。

学費・奨学金制度

入学金 ▶ 282,000円

年間授業料（施設費等を除く）▶ 535,800円

主な奨学金制度 ▶ 経済的な理由により授業料納入が困難な学生を対象とした「大阪大学授業料免除等制度」や，海外留学を支援する「大阪大学交換留学奨学金」などを設置。また，理工系分野への女子の進学を応援する「入学支援金制度」では優秀な女子学生50名に20万円を支給。

保護者向けインフォメーション

● **家族懇談会**　法学部では４月に豊中キャンパスで「新入生ご家族懇談会」を開催。

● **防災対策**　HP上に「災害に備える」を掲載。災害発生時にはTwitterアカウント「@OU_emergency」を利用して情報を発信。

インターンシップ科目	必修専門ゼミ	卒業論文	GPA制度の導入の有無および活用例	１年以内の退学率	標準年限での卒業率
文・人間科・法・工・薬学部で開講している	NA	法・経済・医(医)・歯学部を除き卒業要件	学生に対する個別の学修指導に活用	NA	77.4%(4年制) 81.1%(6年制)

学部紹介

学部／学科	定員	特色
◆入学後１年半（外国語・工学部は１年）の期間は，全学部生が共に全学共通教育科目を学ぶ。		
文学部		
人文	165	▷１年次から外国語教育を重視。６学科目20専修からなり，専修選択は１年次２学期。人文基礎学（哲学・思想文化学，倫理学，中国哲学，インド哲学），歴史文化学（日本史学，東洋史学，西洋史学，考古学），地域文化学（日本学，人文地理学），言語基礎学（日本語学），文学表現学（日本文学・国語学，比較文学，中国文学，英米文学・英語学，ドイツ文学，フランス文学），芸術文化学（美学・文芸学，音楽学・演劇学，美術史学）。
● 取得可能な資格…教職（国・地歴・公・社・英・独・仏），学芸員。 ● 進路状況…………就職72.3%，進学18.2% ● 主な就職先………楽天グループ，厚生労働省，WAVE，讀賣テレビ放送，大阪大学，大阪府教育委員会，裁判所，三菱電機，西日本電信電話，大阪瓦斯，大阪府など（過去３年分）。		
人間科学部		
人間科	137	▷行動学，社会学，教育学，共生学の４学科目に２年次後半より分属。人文学・社会科学・自然科学を横断した視点から人間のさまざまな側面にアプローチする。
● 取得可能な資格…教職（地歴・公・社）など。 ● 進路状況…………就職67.3%　進学21.1% ● 主な就職先………三井住友銀行，西日本電信電話，裁判所，アクセンチュア，アビームコンサルティング，大和ハウス工業，住友商事，大阪府，関西電力など（過去３年分）。		
外国語学部		
外国語	580	▷国内屈指の言語教育専門機関として少人数制を基本とした徹底的な言語・文化教育を行い，言語・文化・外国のすべてに関するエキスパートを養成。全25専攻からなる。〈中国語37名，朝鮮語18名，モンゴル語18名，インドネシア語18名，フィリピン語18名，タイ語18名，ベトナム語18名，ビルマ語18名，ヒンディー語18名，ウルドゥー語18名，アラビア語24名，ペルシア語18名，トルコ語18名，スワヒリ語18名，ロシア語24名，ハンガリー語18名，デンマーク語18名，スウェーデン語18名，ドイツ語31名，英語60名，フランス語24名，イタリア語18名，スペイン語31名，ポルトガル語24名，日本語37名（うち８名は外国人留学生）※2025年度募集人員予定〉。
● 取得可能な資格…教職（国・英・独・仏・中・〈韓・朝〉・露ほか専攻外国語）。 ● 進路状況…………就職79.8%　進学8.0% ● 主な就職先………三井住友銀行，東京海上日動火災保険，アクセンチュア，三菱UFJ銀行，富士通，楽天グループ，ダイキン工業，ウィル，ニトリ，大阪大学など（過去３年分）。		
法学部		
		▶法曹界，経済界，学界，行政機関，NPOなどさまざまな社会分野で活躍できる「専門性と学識」「教養」「デザイン力」「国際性」を備えたスペシャリストを育成する。
法	170	▷実定法・基礎法・政治学の各系統での基本科目内容の充実に注力し，入門から応用まで，法学・政治学を無理なく学べるカリキュラムを編成している。

キャンパスアクセス ［吹田キャンパス］ 阪急千里線—北千里より徒歩約15～30分／大阪モノレール—阪大病院前より徒歩約5～20分

国際公共政策	80	▷平和維持や貧困削減，人権の向上など，地球的規模での公共政策の策定・実現に貢献できる人材を養成。外国語習得を奨励し総合的コミュニケーション能力を養い，国際的にリーダーシップをとれる能力も育む。

● 取得可能な資格…教職(公)。
● 進路状況…………就職67.1％　進学16.5％
● 主な就職先………神戸地方裁判所，三井住友銀行，大阪府，三菱UFJ銀行，アクセンチュア，日本生命保険，伊藤忠商事，関西電力，楽天グループ，国土交通省など。

経済学部

経済・経営	220	▷複雑な現代のグローバル経済を的確に読み解く知識・感性を磨く「経済学」と，企業経営の観点から経済事象をより実践的に考察する「経営学」の２つの専門分野を自由に選択できる体系的学習を少人数教育を重視したセミナー（ゼミ）形式で行う。卒業論文はないが，懸賞論文制度で学生から研究論文を募集し，優秀論文を表彰・賞金を授与している。

● 取得可能な資格…教職(公・社)。
● 進路状況…………就職81.2％　進学6.1％
● 主な就職先………三井住友銀行，関西電力，日本生命保険，三菱UFJ銀行，東京海上日動火災保険，大阪瓦斯，大和証券，楽天グループ，トーマツ，住友化学など(過去３年分)。

理学部

		▶大学発足時に創設された伝統ある学部。学部２年次から研究室等で研究ができる「理数オナープログラム」も設けている。
数	47	▷他大学にはない「実験数学」の講義を実施するほか，セミナー形式の授業も各年次に設置。少人数でのディスカッション形式で学び，他分野にも生かせる理論や概念を生み出す。
物理	76	▷物理の基本を身につけ，高度な実験や最先端の研究にも触れながら自然科学を広い視野から追究する。
化	77	▷自然科学の教養と化学の基礎の修得を重視。無機化学，物理化学，有機化学，高分子科学の４分野の基礎を体系的に学ぶとともに，化学実験の基礎技術や安全知識も身につける。
生物科	55	▷細胞生物学や生化学，分子生物学を学ぶ「生物科学コース」と，化学・物理学・数学の知識に基づき生命の仕組みを理解できる研究者の育成をめざす「生命理学コース」からなる。

● 取得可能な資格…教職(数・理)。
● 進路状況…………就職17.3％　進学77.3％
● 主な就職先………三菱電機，ダイキン工業，富士通，パナソニック，三菱ケミカル，日鉄ソリューションズ，日立製作所など(過去３年分。博士前期課程修了者を含む)。

医学部

医	97	▷２年次前半までの豊中キャンパスでの教養課程期間と同時に医学科カリキュラムも開始。１年次前期には「医学序説」の講義を実施してリサーチマインドを養い，２年次の秋以降，吹田キャンパスでの講義と実習がスタートする。また特別教育として，学科カリキュラム以外の時間を使って自由に参加できる「MD研究者育成プログラム」も設置している。
保健	160	▷〈看護学専攻80名，放射線技術科学専攻40名，検査技術科学専攻40名〉「チーム医療」を次代の要とし，看護師・医療技術者が医師と医療を行うための専門教育を行う。

キャンパスアクセス ［豊中キャンパス］阪急宝塚線一石橋阪大前より徒歩約15～25分／大阪モノレール一柴原阪大前より徒歩約7～15分

● 取得可能な資格…教職(養護一種),医師・看護師・診療放射線技師・臨床検査技師受験資格など。
● 進路状況…………[医]初期臨床研修医95.4% [保健]就職45.1% 進学48.8%
● 主な就職先………[保健]大阪大学医学部附属病院,大阪府立病院機構など。

歯学部		
歯	53	▷1951年,国立総合大学として初の歯学部として創設。6年一貫教育で口腔科学・口腔医療の最先端を学び,身体全体を科学の目でみる「オーラルヘルス」の専門家育成にも注力。

● 取得可能な資格…歯科医師受験資格。
● 進路状況…………臨床研修歯科医80.4%

薬学部		
薬	80	▷6年制。薬剤師養成教育と研究力の涵養を両輪として,薬学研究,医療,医薬品開発,医療保険行政などの分野におけるグローバル人材を輩出し,総合的なライフサイエンスの発展に貢献する。

● 取得可能な資格…薬剤師受験資格。
● 進路状況…………就職76.5% 進学14.7%
● 主な就職先………塩野義製薬,第一三共,大日本住友製薬,中外製薬,小野薬品工業,大阪大学医学部附属病院,大塚製薬など(過去3年分。博士課程前期修了者を含む)。

工学部		
		▶設立当初から「実学」を重視し,世界的に活躍する研究者を数多く輩出。学科目選択は講義受講後に決められる。学部3年次から大学院に進学できる「飛び級制度」も設けている。
応用自然科	217	▷応用化学,バイオテクノロジー,物理工学,応用物理学の4学科目があり,ナノレベルの実験・研究から新技術創成をめざす。
応用理工	248	▷2年次から機械工学とマテリアル生産科学の2分野科目に分かれる。世界最先端のモノづくりをめざす研究を行う。
電子情報工	162	▷2年次から電気電子工学(電気工学コース,量子情報エレクトロニクスコース)と情報通信工学(通信工学コース,情報システム工学コース)の4コースに分かれる。
環境・エネルギー工	75	▷地球規模の課題の解決と持続可能な文明の発展に資することができる優秀な技術者を育成する。
地球総合工	118	▷船舶海洋工学,社会基盤工学,建築工学の3つの学科目を通じ,人と環境を考えた社会インフラ構築をめざす。

● 取得可能な資格…教職(数・理・情・工業),測量士補,1・2級建築士受験資格など。
● 進路状況…………就職9.1% 進学88.3%
● 主な就職先………ダイキン工業,三菱電機,関西電力,クボタ,パナソニック,川崎重工業,小松製作所,住友電気工業など(過去3年分。博士課程前期修了者を含む)。

基礎工学部		
		▶工・理学部の枠を越えた科学と技術の融合による先端的研究を行う国立大学で唯一の学部。3年次から大学院に進学できる「飛び級制度」もある。2年次より各コースに分属。
電子物理科	99	▷エレクトロニクスと物性物理科学の2コース。電子と光を学び,新しい原理の創出と物質・材料の開拓,デバイスの開発をめざす。
化学応用科	84	▷合成化学と化学工学の2コース。社会発展に貢献できる物質やエネルギーの変換システム構築をめざす。

キャンパスアクセス [箕面キャンパス] 大阪モノレール—千里中央より徒歩約25分またはバス約8分/北大阪急行線—箕面船場阪大前より徒歩約5分

システム科	169	▷機械科学，知能システム学，生物工学の３コース。各分野の深化と学際融合領域の開拓と，人と技術の共生を追究する。
情報科	83	▷計算機科学，ソフトウェア科学，数理科学の３コース。世界を豊かにするICT分野を育てていける人材を育成。

●取得可能な資格…教職（数・理・情）。
●進路状況…………就職17.2%　進学79.1%
●主な就職先………パナソニック，ダイキン工業，三菱電機，川崎重工業，クボタ，ソニー，日立製作所，ヤフー，富士通など（過去３年分。博士課程前期修了者を含む）。

▶キャンパス

人間科・医・歯・薬・工…［吹田キャンパス］大阪府吹田市山田丘…人間科1-2，医（医）2-2，（保健）1-7，歯1-8，薬1-6，工2-1
全学教育・文・法・経済・理・基礎工…［豊中キャンパス］大阪府豊中市待兼山町…全学教育1-16，文1-5，法1-6，経済1-7，理1-1，基礎工1-3
外…［箕面キャンパス］大阪府箕面市船場東3-5-10

2025年度入試要項（予告）

●募集人員

学部／学科（専攻・コース）	前期	学校推薦型	総合型
▶文	135	—	30
▶人間科	115	—	15
▶外国語　外国語（中国語）	33	—	4
（朝鮮語）	16	—	2
（モンゴル語）	16	—	2
（インドネシア語）	16	—	2
（フィリピン語）	16	—	2
（タイ語）	16	—	2
（ベトナム語）	16	—	2
（ビルマ語）	16	—	2
（ヒンディー語）	16	—	2
（ウルドゥー語）	16	—	2
（アラビア語）	21	—	3
（ペルシア語）	16	—	2
（トルコ語）	16	—	2
（スワヒリ語）	16	—	2
（ロシア語）	21	—	3
（ハンガリー語）	16	—	2
（デンマーク語）	16	—	2
（スウェーデン語）	16	—	2
（ドイツ語）	27	—	4
（英語）	54	—	6
（フランス語）	21	—	3
（イタリア語）	16	—	2
（スペイン語）	27	—	4
（ポルトガル語）	21	—	3
（日本語）	26	—	3
▶法　法	153	—	17
国際公共政策	72	—	8
▶経済	198	—	22
▶理　数	42	—	挑5
物理工	66	—	挑10
化	69	—	研8
生物科（生物科学）	26	—	研4
（生命理学）	22	—	研3
▶医　医	92	5	—
保健（看護学）	70	10	—
（放射線技術科学）	34	6	—
（検査技術科学）	36	4	—
▶歯	48	5	—
▶薬	65	15	—
▶工　応用自然科	195	22	—
応用理工	223	25	—
電子情報工	145	17	—
環境・エネルギー工	67	8	—
地球総合工	106	12	—
▶基礎工　電子物理科	90	9	—
化学応用科	75	9	—
システム科	151	18	—
情報科	74	9	—

● 2段階選抜
志願者数が募集人員に対する所定の倍率を超えた場合，共通テストの成績により行う。前期一人間科学部は約2.4倍。外国語学部は約2.3倍。理・工学部は約３倍。基礎工学部は約2.9倍。薬学部は約2.5倍。医学部（医）は1000点満点中700点以上の者のうちから約３倍。

▷共通テストの英語はリスニングを含む。配点は〈R150＋L50〉の合計200点満点とし，各配点に換算。
▷共通テストの地歴・公民から２科目選択する場合，「公・倫」と「公・政経」の組み合わせは不可。
▷共通テストの理科から２科目選択する場合，同一科目名を含む選択は不可。

文学部

前期 ［共通テスト（260）］ **8**科目 ①国（50） ②**外**（50）▶英・独・仏・中・韓から１ ③④**地歴・公民**（30×2）▶「地総・地探」・「歴総・日探」・「歴総・世探」・「公・倫」・「公・政経」から２ ⑤⑥**数**（25×2）▶「数Ⅰ・数Ａ」・「数Ⅱ・数Ｂ・数Ｃ」 ⑦**理**（40）▶物基・化基・生基・地学基から２ ⑧**情**（10）▶情Ⅰ
［個別学力検査（400）］ **3**科目 ①国（150）▶現国・言語 ②**外**（150）▶英コミュⅠ・英コミュⅡ・英コミュⅢ・論表Ⅰ・論表Ⅱ・論表Ⅲ ③**地歴・数**（100）▶「地総・地探」・「歴総・日探」・「歴総・世探」・「数Ⅰ・数Ⅱ・数Ａ（図形・場合）・数Ｂ（数列）・数Ｃ（ベク）」から１
総合型 ［共通テスト（200）］ **8**科目 ①国（200） ②**外**（200）▶英・独・仏・中・韓から１ ③④**地歴・公民**（100×2）▶「地総・地探」・「歴総・日探」・「歴総・世探」・「公・倫」・「公・政経」から２ ⑤⑥**数**（100×2）▶「数Ⅰ・数Ａ」・「数Ⅱ・数Ｂ・数Ｃ」 ⑦**理**（100）▶物基・化基・生基・地学基から２ ⑧**情**（50）▶情Ⅰ
※配点合計950点満点を200点満点に換算。
［個別学力検査（300）］ **3**科目 ①**提出書類**（100） ②**小論文**（100） ③**面接**（100）
※第１次選考一提出書類（50）により募集人員の約２倍までを合格者とし，第２次選考一共通テストの成績（得点率概ね75％以上），提出書類，小論文，面接の結果を総合して判定。

人間科学部

前期 ［共通テスト（630）］ **8**科目 ①国（100） ②**外**（100）▶英・独・仏・中・韓から１ ③④**数**（50×2）▶「数Ⅰ・数Ａ」・「数Ⅱ・数Ｂ・数Ｃ」 ⑤**情**（30）▶情Ⅰ ⑥⑦⑧**「地歴・公民」・理**（100×3）▶「地総・地探」・「歴総・日探」・「歴総・世探」・「公・倫」・「公・政経」から１または２，「物基・化基・生基・地学基から２」・物・化・生・地学から１または２，計３
［個別学力検査（600）］ **3**科目 ①国（200）▶現国・言語 ②**外**（200）▶英コミュⅠ・英コミュⅡ・英コミュⅢ・論表Ⅰ・論表Ⅱ・論表Ⅲ ③**数**（200）▶数Ⅰ・数Ⅱ・数Ａ（図形・場合）・数Ｂ（数列）・数Ｃ（ベク）
総合型 ［共通テスト（105）］ **7**科目 ①国（20） ②**外**（20）▶英・独・仏・中・韓から１ ③**地歴・公民**（20）▶「地総・地探」・「歴総・日探」・「歴総・世探」・「公・倫」・「公・政経」から１ ④⑤**数**（10×2）▶「数Ⅰ・数Ａ」・「数Ⅱ・数Ｂ・数Ｃ」 ⑥**理**（20）▶「物基・化基・生基・地学基から２」・物・化・生・地学から１ ⑦**情**（5）▶情Ⅰ
［個別学力検査（100）］ **3**科目 ①**提出書類**（40） ②**小論文**（40） ③**面接**（20）
※第１次選考一提出書類により募集人員の約２倍までを合格者とし，第２次選考一大学共通テストの成績，提出書類，小論文，面接の結果を総合して判定。

外国語学部

前期 ［共通テスト（235）］ **8**科目 ①国（50） ②**外**（50）▶英・独・仏・中・韓から１ ③④**地歴・公民**（25×2）▶「地総・地探」・「歴総・日探」・「歴総・世探」・「公・倫」・「公・政経」から２ ⑤⑥**数**（25×2）▶「数Ⅰ・数Ａ」・「数Ⅱ・数Ｂ・数Ｃ」 ⑦**理**（25）▶物基・化基・生基・地学基から２ ⑧**情**（10）▶情Ⅰ
［個別学力検査（500）］ **3**科目 ①国（100）▶現国・言語 ②**外**（300）▶英コミュⅠ・英コミュⅡ・英コミュⅢ・論表Ⅰ・論表Ⅱ・論表Ⅲ ③**地歴・数**（100）▶「歴総・世探」・「数Ⅰ・数Ⅱ・数Ａ（図形・場合）・数Ｂ（数列）・数Ｃ（ベク）」から１
総合型 ［共通テスト（415）］ **8**科目 ①国（100） ②**外**（150）▶英・独・仏・中・韓から１

③④**地歴・公民**(40×2) ▶「地総・地探」・「歴総・日探」・「歴総・世探」・「公・倫」・「公・政経」から２ ⑤⑥**数**(25×2) ▶「数Ⅰ・数Ａ」・「数Ⅱ・数Ｂ・数Ｃ」 ⑦**理**(25) ▶物基・化基・生基・地学基から２ ⑧**情**(10) ▶情Ⅰ
[個別学力検査(500)] **3**科目 ①**提出書類**(150) ②**小論文**(200) ③**口頭試問**(150)
※第１次選考―提出書類により専攻毎に募集人員の約２倍までを合格者とし，第２次選考―共通テストの成績(得点率概ね75%以上かつ外国語の得点率概ね80%以上)，提出書類，小論文，口頭試問の結果を総合して判定。

法学部

前期 **[共通テスト(600)]** **8**科目 ①**国**(120) ②**外**(120) ▶英・独・仏から１ ③④**地歴・公民**(60×2) ▶「地総・地探」・「歴総・日探」・「歴総・世探」・「公・倫」・「公・政経」から２ ⑤⑥**数**(60×2) ▶「数Ⅰ・数Ａ」・「数Ⅱ・数Ｂ・数Ｃ」 ⑦**理**(80) ▶物基・化基・生基・地学基から２ ⑧**情**(40) ▶情Ⅰ
[個別学力検査] (600) **3**科目 ①**国**(200) ▶現国・言語 ②**外**(200) ▶英コミュⅠ・英コミュⅡ・英コミュⅢ・論表Ⅰ・論表Ⅱ・論表Ⅲ ③**数**(200) ▶数Ⅰ・数Ⅱ・数Ａ(図形・場合)・数Ｂ(数列)・数Ｃ(ベク)
総合型 **[共通テスト(160)]** **8**科目 ①**国**(120) ②**外**(120) ▶英・独・仏から１ ③④**地歴・公民**(60×2) ▶「地総・地探」・「歴総・日探」・「歴総・世探」・「公・倫」・「公・政経」から２ ⑤⑥**数**(60×2) ▶「数Ⅰ・数Ａ」・「数Ⅱ・数Ｂ・数Ｃ」 ⑦**理**(80) ▶物基・化基・生基・地学基から２ ⑧**情**(40) ▶情Ⅰ
※配点合計600点満点を160点満点に換算。
[個別学力検査(40)] **2**科目 ①**提出書類**(10) ②**面接**(30)
※第１次選考―提出書類，第２次選考―共通テストの成績(得点率概ね80%以上)，提出書類，面接の結果を総合して判定。

経済学部

前期 **[共通テスト(A540・B60・C300)]** **8**科目 ①**国**(A120・B14・C65) ②**外**(A120・B14・C65) ▶英・独・仏・中・韓から１ ③④**数**(A60×2・B7×2・C32.5×2) ▶「数Ⅰ・数Ａ」・「数Ⅱ・数Ｂ・数Ｃ」 ⑤**情**(A30・B3・C15) ▶情Ⅰ ⑥⑦⑧**「地歴・公民」・理**(A50×3・B5×3・C30×3) ▶「地総・地探」・「歴総・日探」・「歴総・世探」・「公・倫」・「公・政経」から１または２，「物基・化基・生基・地学基から２」・物・化・生・地学から１または２，計３
[個別学力検査(A60・B540・C300)] **3**科目 ①**国**(A20・B180・C100) ▶現国・言語 ②**外**(A20・B180・C100) ▶英コミュⅠ・英コミュⅡ・英コミュⅢ・論表Ⅰ・論表Ⅱ・論表Ⅲ ③**数**(A20・B180・C100) ▶数Ⅰ・数Ⅱ・数Ａ(図形・場合)・数Ｂ(数列)・数Ｃ(ベク)
総合型 **[共通テスト(100)]** **7**科目 ①**国**(A25・B10) ②**外**(10) ▶英・独・仏・中・韓から１ ③**地歴・公民**(A20・B10) ▶「地総・地探」・「歴総・日探」・「歴総・世探」・「公・倫」・「公・政経」から１ ④⑤**数**(A15×2・B22.5×2) ▶「数Ⅰ・数Ａ」・「数Ⅱ・数Ｂ・数Ｃ」 ⑥**理**(A10・B20) ▶物基・化基・生基・地学基から２ ⑦**情**(5) ▶情Ⅰ
※A・B２つの配点区分のうち，総合計の得点がより高い配点区分で合否判定を行う。
[個別学力検査(100)] **2**科目 ①**提出書類**(50) ②**面接**(50)
※第１次選考―提出書類により募集人員の約２倍までを合格者とし，第２次選考―共通テストの成績(得点率概ね80%以上)，提出書類，面接の結果を総合して判定。

理学部

前期 **[共通テスト(310)]** **8**科目 ①**国**(100) ②**外**(50) ▶英・独・仏・中・韓から１ ③**地歴・公民**(50) ▶「地総・地探」・「歴総・日探」・「歴総・世探」・「公・倫」・「公・政経」から１ ④⑤**数**(25×2) ▶「数Ⅰ・数Ａ」・「数Ⅱ・数Ｂ・数Ｃ」 ⑥⑦**理**(25×2) ▶物・化・生・地学から２ ⑧**情**(10) ▶情Ⅰ
[個別学力検査(700)] **4**科目 ①**外**(200) ▶英コミュⅠ・英コミュⅡ・英コミュⅢ・論表Ⅰ・論表Ⅱ・論表Ⅲ ②**数**(250) ▶数Ⅰ・数Ⅱ・数Ⅲ・数Ａ(図形・場合)・数Ｂ(数列)・数Ｃ(ベク・平面) ③④**理**(125×2) ▶「物基・物」・「化基・化」・「生基・生」から２，ただし，物理学科は「物基・物」必須，生物科学科(生命理学コース)は「物基・物」・「化基・化」必須

総合型 〈研究奨励型〉【化学科・生物科学科(生物科学・生命理学)】[共通テスト(100)] 8科目 ①国(200) ②外(200)▶英・独・仏・中・韓から1 ③地歴・公民(100)▶「地総・地探」・「歴総・日探」・「歴総・世探」・「公・倫」・「公・政経」から1 ④⑤数(100×2)▶「数Ⅰ・数A」・「数Ⅱ・数B・数C」 ⑥⑦理(100×2)▶物・化・生・地学から2 ⑧情(100)▶情Ⅰ
※配点合計1000点満点を100点満点に換算。
[個別学力検査(100)] 1科目 ①提出書類・口頭試問(100)
※第1次選考―提出書類,第2次選考―共通テストの成績,提出書類・口頭試問の結果を総合して判定。
〈挑戦型〉【数学科・物理学科】[共通テスト(100)] 7科目 ①国(200) ②外(200)▶英・独・仏・中・韓から1 ③地歴・公民(100)▶「地総・地探」・「歴総・日探」・「歴総・世探」・「公・倫」・「公・政経」から1 ④⑤数(100×2)▶「数Ⅰ・数A」・「数Ⅱ・数B・数C」 ⑥⑦理(100×2)▶物・化・生・地学から2 ⑧情(100)▶情Ⅰ
※配点合計1000点満点を100点満点に換算。
[個別学力検査(100)] 1科目 ①提出書類・小論文・口頭試問(100)
※第1次選考―提出書類,第2次選考―共通テストの成績(得点率概ね80%以上),提出書類・小論文・口頭試問の結果を総合して判定。

医学部

前期 【医学科】[共通テスト(500)] 8科目 ①国(100) ②外(100)▶英・独・仏・中・韓から1 ③地歴・公民(75)▶「地総・地探」・「歴総・日探」・「歴総・世探」・「公・倫」・「公・政経」から1 ④⑤数(50×2)▶「数Ⅰ・数A」・「数Ⅱ・数B・数C」 ⑥⑦理(50×2)▶物・化・生から2 ⑧情(25)▶情Ⅰ
[個別学力検査(1500)] 5科目 ①外(500)▶英コミュⅠ・英コミュⅡ・英コミュⅢ・論表Ⅰ・論表Ⅱ・論表Ⅲ ②数(500)▶数Ⅰ・数Ⅱ・数Ⅲ・数A(図形・場合)・数B(数列)・数C(ベク・平面) ③④理(250×2)▶「物基・物」・「化基・化」・「生基・生」から2 ⑤面接
【保健学科〈看護学専攻〉】[共通テスト(625)] 8科目 ①国(100) ②外(200)▶英・独・仏・中・韓から1 ③地歴・公民(100)▶「地総・地探」・「歴総・日探」・「歴総・世探」・「公・倫」・「公・政経」から1 ④⑤数(50×2)▶「数Ⅰ・数A」・「数Ⅱ・数B・数C」 ⑥⑦理(50×2)▶物・化・生・地学から2 ⑧情(25)▶情Ⅰ
[個別学力検査(400)] 3科目 ①外(200)▶英コミュⅠ・英コミュⅡ・英コミュⅢ・論表Ⅰ・論表Ⅱ・論表Ⅲ ②数(100)▶数Ⅰ・数Ⅱ・数A(図形・場合)・数B(数列)・数C(ベク) ③理(100)▶「物基・物」・「化基・化」・「生基・生」から1
【保健学科〈放射線技術科学専攻・検査技術科学専攻〉】[共通テスト(520)] 8科目 ①国(100) ②外(100)▶英・独・仏・中・韓から1 ③地歴・公民(100)▶「地総・地探」・「歴総・日探」・「歴総・世探」・「公・倫」・「公・政経」から1 ④⑤数(50×2)▶「数Ⅰ・数A」・「数Ⅱ・数B・数C」 ⑥⑦理(50×2)▶物・化・生・地学から2 ⑧情(20)▶情Ⅰ
[個別学力検査(675)] 4科目 ①外(225)▶英コミュⅠ・英コミュⅡ・英コミュⅢ・論表Ⅰ・論表Ⅱ・論表Ⅲ ②数(225)▶数Ⅰ・数Ⅱ・数Ⅲ・数A(図形・場合)・数B(数列)・数C(ベク・平面) ③④理(112.5×2)▶「物基・物」・「化基・化」・「生基・生」から2
学校推薦型 【医学科】[共通テスト(100)] 8科目 ①国(20) ②外(20)▶英・独・仏・中・韓から1 ③地歴・公民(15)▶「地総・地探」・「歴総・日探」・「歴総・世探」・「公・倫」・「公・政経」から1 ④⑤数(10×2)▶「数Ⅰ・数A」・「数Ⅱ・数B・数C」 ⑥⑦理(10×2)▶物・化・生から2 ⑧情(5)▶情Ⅰ
[個別学力検査(200)] 2科目 ①小論文(100) ②面接・提出書類(100)
※第1次選考―共通テストの成績(素点1000点満点中概ね80%以上)により上位約30名までを合格者とし,第2次選考―共通テスト,提出書類,小論文および面接の結果を総合して判定。
【保健学科〈看護学専攻〉】[共通テスト(1次940・2次100)] 8科目 ①国(1次200・2次20) ②外(1次200・2次20)▶英・独・仏・中・韓から1 ③地歴・公民(1次100・2次10)▶「地総・地探」・「歴総・日探」・「歴総・世探」・「公・倫」・「公・政経」から1 ④⑤数(1次100×2・

2次15×2）▶「数Ⅰ・数Ａ」・「数Ⅱ・数Ｂ・数Ｃ」 ⑥⑦**理**（1次100×2・2次10×2）▶物・化・生・地学から２ ⑧**情**（1次40・2次0）▶情Ⅰ

［個別学力検査（150）］ 2科目 ①**提出書類**（50） ②**口頭試問**（100）

※第１次選考―共通テストの成績，提出書類により募集人員の概ね５倍（原則20名）までを合格とし，第２次選考―提出書類，口頭試問，共通テストの成績を総合して判定。

【保健学科〈放射線技術科学専攻〉】 ［共通テスト（1次730・2次100）］ 7科目 ①**国**（1次100・2次15） ②**外**（1次100・2次25）▶英・独・仏・中・韓から１ ③**地歴・公民**（1次100・2次10）▶「地総・地探」・「歴総・日探」・「歴総・世探」・「公・倫」・「公・政経」から１ ④⑤**数**（1次100×2・2次12.5×2）▶「数Ⅰ・数Ａ」・「数Ⅱ・数Ｂ・数Ｃ」 ⑥⑦**理**（1次100×2・2次12.5×2）▶物・化・生・地学から２ ⑧**情**（1次30・2次0）▶情Ⅰ

［個別学力検査（100）］ 2科目 ①**提出書類**（50） ②**面接**（50）

※第１次選考―共通テストの成績，提出書類により募集人員の概ね５倍（原則20名）までを合格とし，第２次選考―提出書類，面接，共通テストの成績を総合して判定。

【保健学科〈検査技術科学専攻〉】 ［共通テスト（1次620・2次100）］ 8科目 ①**国**（1次100・2次0） ②**外**（1次100・2次0）▶英・独・仏・中・韓から１ ③**地歴・公民**（1次0・2次0）▶「地総・地探」・「歴総・日探」・「歴総・世探」・「公・倫」・「公・政経」から１ ④⑤**数**（1次100×2・2次25×2）▶「数Ⅰ・数Ａ」・「数Ⅱ・数Ｂ・数Ｃ」 ⑥⑦**理**（1次100×2・2次25×2）▶物・化・生・地学から２ ⑧**情**（1次20・2次0）▶情Ⅰ

［個別学力検査（150）］ 3科目 ①**提出書類**（50） ②**小論文**（50） ③**面接**（50）

※第１次選考―共通テストの成績，提出書類により募集人員の概ね５倍（原則20名）までを合格とし，第２次選考―提出書類，小論文，面接，共通テストの成績を総合して判定。

歯学部

前期 **［共通テスト（470）］ 8科目** ①**国**（100） ②**外**（100）▶英 ③**地歴・公民**（50）▶「地総・地探」・「歴総・日探」・「歴総・世探」・「公・倫」・「公・政経」から１ ④⑤**数**（50×2）▶「数Ⅰ・数Ａ」・「数Ⅱ・数Ｂ・数Ｃ」 ⑥⑦**理**（50×2）▶物・化・生から２ ⑧**情**（20）▶情Ⅰ

［個別学力検査（1200）］ 5科目 ①**外**（300）▶英コミュⅠ・英コミュⅡ・英コミュⅢ・論表Ⅰ・論表Ⅱ・論表Ⅲ ②**数**（300）▶数Ⅰ・数Ⅱ・数Ⅲ・数Ａ（図形・場合）・数Ｂ（数列）・数Ｃ（ベク・平面） ③④**理**（150×2）▶「物基・物」・「化基・化」・「生基・生」から２ ⑤**面接**（300）

学校推薦型 **［共通テスト（100）］ 4科目** ①②**数**（100×2）▶「数Ⅰ・数Ａ」・「数Ⅱ・数Ｂ・数Ｃ」 ③④**理**（100×2）▶物・化・生から２

※配点合計400点満点を100点満点に換算。

［個別学力検査（200）］ 1科目 ①**面接**（200）

※第１次選考―提出書類により募集人員の約３倍までを合格者とし，第２次選考―共通テストの成績（各教科の得点率概ね80％以上），面接の結果を総合して判定。

薬学部

前期 **［共通テスト（425）］ 8科目** ①**国**（100） ②**外**（50）▶英・独・仏・中・韓から１ ③**地歴・公民**（50）▶「地総・地探」・「歴総・日探」・「歴総・世探」・「公・倫」・「公・政経」から１ ④⑤**数**（50×2）▶「数Ⅰ・数Ａ」・「数Ⅱ・数Ｂ・数Ｃ」 ⑥⑦**理**（50×2）▶物・化・生から２ ⑧**情**（25）▶情Ⅰ

［個別学力検査（700）］ 6科目 ①**外**（150）▶英コミュⅠ・英コミュⅡ・英コミュⅢ・論表Ⅰ・論表Ⅱ・論表Ⅲ ②**数**（250）▶数Ⅰ・数Ⅱ・数Ⅲ・数Ａ（図形・場合）・数Ｂ（数列）・数Ｃ（ベク・平面） ③④**理**（125×2）▶「物基・物」・「化基・化」・「生基・生」から２ ⑤**小論文**（50） ⑥**面接**

学校推薦型 **［共通テスト（775）］ 8科目** ①**国**（150） ②**外**（150）▶英・独・仏・中・韓から１ ③**地歴・公民**（50）▶「地総・地探」・「歴総・日探」・「歴総・世探」・「公・倫」・「公・政経」から１ ④⑤**数**（100×2）▶「数Ⅰ・数Ａ」・「数Ⅱ・数Ｂ・数Ｃ」 ⑥⑦**理**（100×2）▶物・化・生

から2 ⑧**情**(25)▶情Ⅰ
[個別学力検査(200)] **2**科目 ①**小論文**(100) ②**面接**(150)
※第1次選考―募集人員の2倍を超えた場合は書類審査，共通テストの成績により行う，第2次選考―共通テストの成績，小論文，面接の結果を総合して判定。

工学部

前期 **[共通テスト(325)]** **8**科目 ①**国**(75) ②**外**(50)▶英・独・仏・中・韓から1 ③**地歴・公民**(50)▶「地総・地探」・「歴総・日探」・「歴総・世探」・「公・倫」・「公・政経」から1 ④⑤**数**(37.5×2)▶「数Ⅰ・数A」・「数Ⅱ・数B・数C」 ⑥⑦**理**(25×2)▶物・化・生・地学から2 ⑧**情**(25)▶情Ⅰ
[個別学力検査(700)] **4**科目 ①**外**(200)▶英コミュⅠ・英コミュⅡ・英コミュⅢ・論表Ⅰ・論表Ⅱ・論表Ⅲ ②**数**(250)▶数Ⅰ・数Ⅱ・数Ⅲ・数A(図形・場合)・数B(数列)・数C(ベク・平面) ③④**理**(125×2)▶「物基・物」必須，「化基・化」・「生基・生」から1
学校推薦型 **[共通テスト(1000)]** **8**科目 ①**国**(200) ②**外**(200)▶英・独・仏・中・韓から1 ③**地歴・公民**(100)▶「地総・地探」・「歴総・日探」・「歴総・世探」・「公・倫」・「公・政経」から1 ④⑤**数**(100×2)▶「数Ⅰ・数A」・「数Ⅱ・数B・数C」 ⑥⑦**理**(100×2)▶物・化・生・地学から2 ⑧**情**(100)▶情Ⅰ
[個別学力検査(100)] **1**科目 ①**面接・提出書類**(100)
※第1次選考―書類審査(募集人員の2倍を超えた学科のみ)，第2次選考―共通テストの成績(基礎学力の確認に利用)，面接・提出書類の結果を総合して判定。

基礎工学部

前期 **[共通テスト(325)]** **8**科目 ①**国**(75) ②**外**(150)▶英・独・仏・中・韓から1 ③**地歴・公民**(50)▶「地総・地探」・「歴総・日探」・「歴総・世探」・「公・倫」・「公・政経」から1 ④⑤**数**(37.5×2)▶「数Ⅰ・数A」・「数Ⅱ・数B・数C」 ⑥⑦**理**(25×2)▶物・化・生・地学から2 ⑧**情**(25)▶情Ⅰ
[個別学力検査(700)] **4**科目 ①**外**(200)▶英コミュⅠ・英コミュⅡ・英コミュⅢ・論表Ⅰ・論表Ⅱ・論表Ⅲ ②**数**(250)▶数Ⅰ・数Ⅱ・数Ⅲ・数A(図形・場合)・数B(数列)・数C(ベク・平面) ③④**理**(125×2)▶「物基・物」必須，「化基・化」・「生基・生」から1
学校推薦型 **[共通テスト(735)]** **7**科目 ①**国**(100) ②**外**(125)▶英・独・仏・中・韓から1 ③**地歴・公民**(75)▶「地総・地探」・「歴総・日探」・「歴総・世探」・「公・倫」・「公・政経」から1 ④⑤**数**(100×2)▶「数Ⅰ・数A」・「数Ⅱ・数B・数C」 ⑥⑦**理**(100×2)▶物必須，化・生から1 ⑧**情**(35)▶情Ⅰ
[個別学力検査] **1**科目 ①**口頭試問**
※第1次選考―提出書類，共通テストの成績により募集人員の約2倍までを合格者とし，第2次選考―提出書類，共通テストの成績，口頭試問の結果を総合して判定。

その他の選抜

帰国生徒特別入試(外国語・理〈生物科(生命理学)〉・医〈保健〉・工・基礎工学部)，私費外国人留学生特別入試，学部英語コース特別入試(人間科学部)，国際科学特別入試(理学部〈数・物理・化〉)，海外在住私費外国人留学生特別入試〈理学部を除く〉。

偏差値データ　(2024年度)

●一般選抜

＊共通テスト・個別計/満点

学部／学科／専攻・コース	2024年度			2023年度実績					
	駿台予備学校	河合塾						競争率	
	合格目標ライン	ボーダー得点率	ボーダー偏差値	募集人員	受験者数	合格者数	合格最低点＊	'23年	'22年
●前期									
文学部									
人文	61	78%	65	135	392	135	461.07/650	2.9	2.6
人間科学部									
人間科学	61	81%	65	115	232	117	872.00/1200	2.0	2.3
外国語学部									
外国語／中国語	57	72%	60	36	61	41	359.34/650	1.5	2.0
／朝鮮語	56	72%	60	16	48	17	390.16/650	2.8	2.4
／モンゴル語	55	69%	57.5	16	58	19	360.68/650	3.1	2.3
／インドネシア語	56	72%	60	10	10	10	197.01/650	1.0	1.8
／フィリピン語	55	69%	57.5	10	35	13	357.43/650	2.7	2.5
／タイ語	55	72%	60	13	37	16	368.43/650	2.3	1.7
／ベトナム語	55	72%	60	13	23	16	322.25/650	1.4	2.5
／ビルマ語	55	69%	57.5	16	35	19	317.53/650	1.8	2.3
／ヒンディー語	55	69%	57.5	16	53	19	355.75/650	2.8	1.8
／ウルドゥー語	55	69%	57.5	16	41	19	339.78/650	2.2	2.5
／アラビア語	56	72%	60	22	39	26	315.55/650	1.5	1.6
／ペルシア語	56	69%	57.5	16	38	19	324.32/650	2.0	1.8
／トルコ語	56	72%	60	16	31	19	342.00/650	1.6	2.5
／スワヒリ語	55	69%	57.5	16	40	19	341.16/650	2.1	1.9
／ロシア語	57	72%	60	22	40	27	320.07/650	1.5	1.7
／ハンガリー語	57	72%	60	13	33	16	349.25/650	2.1	2.3
／デンマーク語	57	72%	62.5	16	44	18	383.59/650	2.4	2.7
／スウェーデン語	58	72%	60	16	27	17	365.65/650	1.6	2.6
／ドイツ語	58	73%	62.5	30	70	35	374.05/650	2.0	1.8
／英語	60	74%	62.5	54	108	58	364.68/650	1.9	2.2
／フランス語	59	73%	62.5	22	47	24	371.49/650	2.0	1.9
／イタリア語	58	73%	62.5	16	28	19	349.39/650	1.5	1.7
／スペイン語	59	73%	62.5	31	69	36	354.49/650	1.9	1.8
／ポルトガル語	57	72%	60	26	92	31	344.95/650	3.0	2.2
／日本語	57	72%	60	27	48	29	334.96/650	1.7	2.0
法学部									
法	61	79%	65	153	430	162	656.00/900	2.7	2.3
国際公共政策	62	79%	65	72	115	71	624.75/900	1.6	2.0
経済学部									
経済・経営（A配点）	60	79%	65	198	607	200	494.60/600	3.0	3.0
（B配点）							433.50/600		
（C配点）							435.07/600		

学部／学科／専攻・コース	2024年度			2023年度実績					
	駿台予備学校	河合塾						競争率	
	合格目標ライン	ボーダー得点率	ボーダー偏差値	募集人員	受験者数	合格者数	合格最低点*	'23年	'22年
理学部									
数	**58**	**77%**	**62.5**	42	110	50	587.37/1000	2.2	2.7
物理	**58**	**77%**	**62.5**	66	160	74	572.12/1000	2.2	2.4
化	**58**	**77%**	**60**	69	169	73	568.00/1000	2.3	2.8
生物科／生物科学	**57**	**77%**	**62.5**	26	94	28	590.62/1000	3.4	2.9
／生命理学	**57**	**77%**	**60**	22	51	24	557.75/1000	2.1	1.8
医学部									
医	**73**	**88%**	**70**	92	223	94	1508.50/2000	2.4	2.4
保健／看護学	**54**	**71%**	**57.5**	72	105	75	634.60/1000	1.4	1.8
／放射線技術科学	**56**	**73%**	**57.5**	36	101	37	611.05/1100	2.7	2.9
／検査技術科学	**56**	**73%**	**57.5**	36	93	40	635.35/1100	2.3	2.1
歯学部									
歯	**59**	**75%**	**60**	48	100	50	983.50/1650	2.0	2.0
薬学部									
薬	**61**	**80%**	**62.5**	65	149	68	685.10/1100	2.2	2.2
工学部									
応用自然科	**57**	**78%**	**60**	195	403	195	569.62/1000	2.1	2.1
応用理工	**58**	**79%**	**60**	223	483	229	571.74/1000	2.1	2.3
電子情報工	**58**	**80%**	**62.5**	145	401	146	592.50/1000	2.7	3.0
環境・エネルギー工	**57**	**79%**	**60**	67	158	68	571.49/1000	2.3	2.2
地球総合工	**58**	**78%**	**60**	106	262	110	575.74/1000	2.4	2.1
基礎工学部									
電子物理科	**57**	**79%**	**62.5**	90	216	90	595.27/1000	2.4	1.7
化学応用科	**57**	**78%**	**62.5**	75	208	75	592.45/1000	2.8	1.7
システム科	**58**	**79%**	**62.5**	151	357	151	609.19/1000	2.4	1.9
情報科	**61**	**83%**	**65**	74	280	74	647.15/1000	3.8	3.1

- 駿台予備学校合格目標ラインは合格可能性80%に相当する駿台模試の偏差値です。
- 競争率は受験者÷合格者の実質倍率
- 河合塾ボーダー得点率は合格可能性50%に相当する共通テストの得点率です。
  また，ボーダー偏差値は合格可能性50%に相当する河合塾全統模試の偏差値です。
- 医学部医学科，薬学部は２段階選抜を実施。

併設の教育機関　大学院

人文学研究科

教員数▶237名
院生数▶685名（文学研究科・言語文化研究科を含む）
博士前期課程 ▶ ●人文学専攻　哲学，グローバルヒストリー・地理学，文学，比較・対象言語学の４コースで「人間とは何か」を探求する。
●言語文化学専攻　伝統的なディシプリンと新たな研究領域や研究方法論を融合し，言語と文化に関する高度な教養や情報活用能力を修得する。
●外国語専攻　24の言語とそれを基底とする文化一般について研究する。
●日本学専攻　日本語・日本文化についての幅広い知見を基礎としてグローバルに活躍できる実践力・応用力を養う。
●芸術学専攻　アート・メディア論，美学・文芸学，音楽学・演劇学，日本東洋美術史・西洋美術史の４コース。
博士後期課程 ▶ 人文学専攻，言語文化学専攻，外国語専攻，日本学専攻，芸術学専攻

人間科学研究科

教員数▶90名
院生数▶401名
博士前期課程 ▶ ●人間科学専攻　行動学，社会学・人間学，教育学，共生学の１専攻４学系編成。学内外の多様な組織との協働を通じて「産官学民による共創」を推進。
博士後期課程 ▶ 人間科学専攻

法学研究科

教員数▶37名
院生数▶121名
博士前期課程 ▶ ●法学・政治学専攻　多様な目的とニーズに応える総合法政プログラムを中心に，研究者養成に特化したプログラムや，知的財産法におけるプロフェッショナル人材の養成をめざすプログラムがある。
博士後期課程 ▶ 法学・政治学専攻

経済学研究科

教員数▶45名
院生数▶280名
博士前期課程 ▶ ●経済学専攻　経済学，応用経済，経済制度・事例分析の３コース。優れた経済研究者の育成をめざす。
●経営学系専攻　経営研究，ビジネスの２コース。
博士後期課程 ▶ 経済学専攻，経営学系専攻，政策専攻

理学研究科

教員数▶205名
院生数▶821名
博士前期課程 ▶ ●数学専攻　最前線の知識を身につけ，未解決問題に挑戦する。
●物理学専攻　独創性を重視した研究第一主義の伝統を誇る。
●化学専攻　化学教育に必要な分野を網羅し，国際的に高水準の研究を活発に展開する。
●生物科学専攻　生命の本質を理解するための世界最先端の科学研究を行う。
●高分子科学専攻　全国で唯一，理学研究科に所属する高分子関連の専攻。
●宇宙地球科学専攻　基礎物理を重視し，宇宙や惑星，地球内部や色々な極限状態で起こる自然現象を新手法を用いて解明する。
博士後期課程 ▶ 数学専攻，物理学専攻，化学専攻，生物科学専攻，高分子科学専攻，宇宙地球科学専攻

医学系研究科

教員数▶407名
院生数▶1,178名
修士課程 ▶ ●医科学専攻　最新知識を身につけ，自然科学や社会科学の方法論で，医学

や医学を取り巻く多様な諸問題に対処し解決できる人材を育成する。医科学，未来臨床科学，公衆衛生学，死因究明学の４コース。

博士前期課程 ●**保健学専攻** 保健・医療・福祉のさまざまな課題をリサーチマインドをもって探求，問題解決をデザインできる力を養う。保健師・助産師教育コースやがん看護の専門家コースもある。

４年制博士課程 ●**医学専攻** 世界の医学，医療および生命科学の発展への貢献をめざす。

博士後期課程 保健学専攻

歯学研究科

教員数▶83名
院生数▶162名

４年制博士課程 ●**口腔科学専攻** 国内外において，口の健康科学の発展と臨床歯科学の実践に先導的役割を持って臨める人材を育成する。

薬学研究科

教員数▶46名
院生数▶192名

博士前期課程 ●**創成薬学専攻** 創薬基礎研究に加え環境科学，レギュラトリーサイエンスの分野で活躍できる薬学研究者を育成。

４年制博士課程 ●**医療薬学専攻** 「創薬臨床力」を備えた世界をリードする先導的医療人を育成する。

博士後期課程 創成薬学専攻

工学研究科

教員数▶371名
院生数▶2,293名

博士前期課程 ●**生物工学専攻** バイオテクノロジーをベースに社会・産業界が直面する諸問題の解決に取り組む。

●**応用化学専攻** 分子創成化学と物質機能化学の２コース構成。原子，分子，ナノマテリアルに関わる次世代のシーズを創出する研究技術者を育成する。

●**物理学系専攻** 精密工学（物理工学）と応用物理学の２コース。自然界の現象を物理学に立脚して電子・原子・分子レベルから解明，制御，応用する研究を行う。

●**機械工学専攻** 機能構造学，熱流動態学，統合設計学，知能制御学の4部門で構成されている。

●**マテリアル生産科学専攻** 「もの」と「情報」の流れを有機的に結びつけ，材料の変遷を中心に「ものづくり」をとらえる技術者・研究者を養成する。

●**電気電子情報通信工学専攻** 電気工学，量子情報エレクトロニクス，情報通信工学，イノベーションデザイン，グローバルサイエンス＆エンジニアリング，エラスムス・ムンドゥスの６つの履修コースを設置。

●**環境エネルギー工学専攻** 持続可能な人類社会の文明を支える工学的な教育と研究を行う。環境工学とエネルギー量子工学の２つの履修コースがある。

●**地球総合工学専攻** 海洋空間，社会・生活基盤の保全・開発とともに地球・地域環境に配慮できる能力を総合的に養う。

●**ビジネスエンジニアリング専攻** 研究開発からビジネス展開に至るまでの専門的能力を擁する人材を育成する。

博士後期課程 生物工学専攻，応用化学専攻，物理学系専攻，機械工学専攻，マテリアル生産科学専攻，電気電子情報通信工学専攻，環境エネルギー工学専攻，地球総合工学専攻，ビジネスエンジニアリング専攻

基礎工学研究科

教員数▶172名
院生数▶817名

博士前期課程 ●**物質創成専攻** 物性物理工学，機能物質化学，化学工学，未来物質の４領域。

●**機能創成専攻** 非線形力学，機能デザイン，生体工学の３領域。

●**システム創成専攻** 電子光科学，システム科学，数理科学，社会システム数理の４領域。

博士後期課程 物質創成専攻，機能創成専攻，システム創成専攻

国際公共政策研究科

教員数▶28名
院生数▶129名
博士前期課程 ●国際公共政策専攻　現場感覚を持つ，世界を舞台に活躍する公共政策のプロフェッショナルの育成をめざす。
●比較公共政策専攻　公共政策課題に対して，法学・政治学・経済学を基盤に学際的視点から教育・研究を行う。
博士後期課程 国際公共政策専攻，比較公共政策専攻

情報科学研究科

教員数▶74名
院生数▶472名
修士課程 ●情報基礎数学専攻　数学の諸分野で情報に関わる研究を深化させるとともに，情報基礎を担う数学の新天地を開拓。
●情報数理学専攻　数理科学と応用物理学のアプローチで，新産業の創出基盤となる基礎的理論の研究・教育を行う。
●コンピュータサイエンス専攻　ハードからソフトにいたるコンピュータに関連する広い領域の研究を行う。
●情報システム工学専攻　情報システムの設計・実装を目的としたアルゴリズムや構成・評価検証等に関わる教育・研究を行う。
●情報ネットワーク学専攻　高度情報通信社会を形成する知的情報ネットワークを構築するための教育・研究を行う。
●マルチメディア工学専攻　情報通信ネットワークを介して提供されるメディア情報処理技術の学問体系の確立をめざす。
●バイオ情報工学専攻　情報工学の先端的知識と生物学に関する基礎知識を有機的に統合した学際領域における指導者的人材を育成。
博士後期課程 情報基礎数学専攻，情報数理学専攻，コンピュータサイエンス専攻，情報システム工学専攻，情報ネットワーク学専攻，マルチメディア工学専攻，バイオ情報工学専攻

生命機能研究科

教員数▶64名
院生数▶296名
5年一貫制博士課程 ●生命機能専攻　医学，生命科学，物理学，工学から多面的にアプローチした研究を行い，「生命体システム」を解明する。

高等司法研究科（法科大学院）

教員数▶20名
院生数▶209名
専門職学位課程 ●法務専攻　2年間（法学既修者）または3年間（法学未修者）のカリキュラムを通じて，司法試験に合格するだけでなく，多様な分野でグローバルに活躍できる新時代を法律家を養成。

連合小児発達学研究科

教員数▶15名
院生数▶81名
博士後期課程 ●小児発達学専攻　金沢大学，浜松医科大学，千葉大学，福井大学との連合大学院。多様で科学的な視点を持つ「子どものこころ」の専門家を育成する。

神戸大学

資料請求

問合せ先 学務部入試課 ☎078-803-5230

大学の理念

1902（明治35）年創立の神戸高等商業学校を起源とし，“旧三商大”のひとつ神戸商業大学を経て，戦後の1949年に新制神戸大学に。その際，国公私立を問わず日本の大学で初めての経営学部が設置された。現在10学部15大学院を擁する総合大学。「学理と実際の調和」を理念に掲げ，「真摯・自由・協同」の学風のもと，普遍的価値を有する「知」を創造し，人間性豊かな指導的人材を育成する。貿易都市・神戸の大学ならではの国際性の豊かさも特徴。各学部・大学院では70を超える国・地域からの留学生が在籍し，学術交流協定を締結している機関も世界64カ国・地域におよぶ。多様性，国際性，卓越性に富む教育に力を入れ，グローバル&インクルーシブな環境づくりに取り組み，「知と人を創る異分野共創研究教育グローバル拠点」として進化し続けている。

●キャンパス情報はP.1442をご覧ください。

基本データ

学生数▶11,411名（男7,368名，女4,043名）
専任教員数▶教授499名，准教授346名，講師97名

設置学部▶文，国際人間科，法，経済，経営，理，医，工，農，海洋政策科
併設教育機関▶大学院（P.1455参照）

就職・卒業後の進路

就職率 94.4%
就職者÷希望者×100

●**就職支援**　キャリアセンターが就職ガイダンス，各種セミナー，就職対策企画講座などを年間を通じて開催。資料の収集・閲覧・個人相談などにも応じており，専門的な知識・資格（CDA）を持つキャリアアドバイザーが進路・就職相談をはじめ，エントリーシート添削や模擬面接などの就職活動支援も行っている。１年生からのキャリア教育科目も実施。学内の各就職支援組織とも連携しながら支援活動を行っている。

●**キャリアセンター東京分室**　首都圏での情報収集や広報の拠点。卒業生との連携を図り，在学生の就職活動を支援できる幅広いネットワークを形成している。JR有楽町駅近くの東京交通会館ビル９階にあり，フロアは広く，卒業生スタッフが常駐して業務にあたっている。

進路指導者も必見 学生を伸ばす 面倒見

初年次教育	学修サポート
全学部の1年生を対象に「データサイエンス基礎学」を開講。数理・データサイエンス・AIの基礎教育から倫理・情報セキュリティまでを修得	TA・SA制度を導入。また，国際人間科学部ではグローバルスタディーズプログラムの専用オフィスを設置し，履修指導を行っている

オープンキャンパス（2023年度実績） 主として対面式キャンパス参加型でオープンキャンパスを開催（事前申込制）。学部・学科紹介，模擬講義，研究室紹介，キャンパスツアー，オンライン相談会など学部ごとにコンテンツを企画。

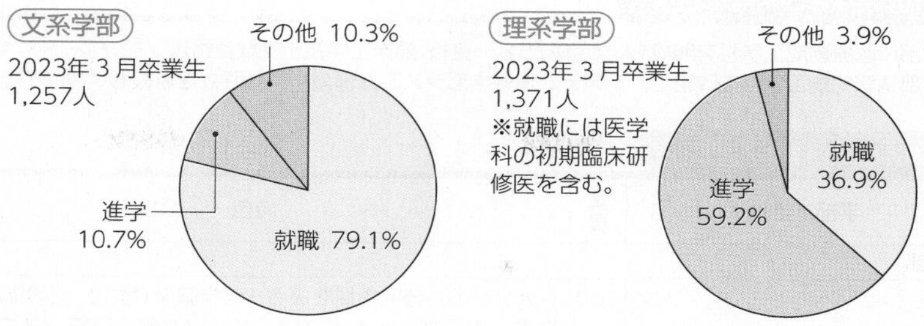

主なOB・OG▶［医］山中伸弥（ノーベル生理学・医学賞受賞者），［経営］森岡毅（マーケター・実業家），［工］福田和代（小説家），［法］安田真奈（映画監督・脚本家）など。

国際化・留学　大学間 172 大学等・部局間 228 大学等

受入れ留学生数▶251名(2023年5月1日現在)

留学生の出身国▶韓国，中国，マレーシア，ベトナム，ルーマニアなど。

外国人専任教員▶教授21名，准教授17名，講師４名（2023年５月１日現在）

外国人専任教員の出身国▶中国，韓国，アメリカ，フランス，ドイツなど。

大学間交流協定▶172大学・機関（2023年11月1日現在）

部局間交流協定▶228大学・機関（2023年11月1日現在）

海外への留学生数▶渡航型347名／年（2022年度）

海外留学制度▶協定大学と授業料不徴収による交換留学を行っている。期間は1学期間または1年間。留学先で修得した単位は所定の手続きを経て，神戸大学の単位として単位互換が可能。交換留学生のための奨学金制度もある。また，グローバルチャレンジプログラムや海外インターンシップ，外国語能力の向上と異文化理解の強化を目的としたワシントン大学の英語研修，オンライン協働学習に英語で取り組む国立台湾大学研修など多様なプログラムを企画・実施している。

学費・奨学金制度

入学金▶282,000円

年間授業料（施設費等を除く）▶535,800円

主な奨学金制度▶経済的支援を必要とする成績，人物とも優秀な新入生に年額15万円を給付する「神戸大学基金奨学金」や，法・経済・経営・工学部の学生を対象とした「レンゴー奨学金」のほか，経済・経営学部の学生が対象の「イー・ギャランティ奨学金」，国際人間科学部・法学部・経済学部・経営学部・工学部の学生が対象の「双日奨学金」，海事科学部の学生が対象の「近藤記念海事財団奨学金」などを設置している。

保護者向けインフォメーション

●**成績確認**　学部により成績表を保護者に郵送。
●**懇談会**　学部別懇談会を開催し，学部概要，学修プログラム，キャリア，就職支援などについて説明している。
●**防災対策**　『防災ポケットガイド』を入学時に配布。被災時の学生の安否確認は，「ANPIC」（神戸大学安否情報システム）を利用する。

インターンシップ科目	必修専門ゼミ	卒業論文	GPA制度の導入の有無および活用例	1年以内の退学率	標準年限での卒業率
全学部で開講	学部による	法・経済・医(医)・海洋（航海／機関）を除き卒業要件	導入している	NA	NA

兵庫　神戸大学

2025年度学部改組構想（予定）

●医学部に医療創成工学科を開設（入学定員25名，資格：臨床工学技士受験資格）。
●工学部情報知能工学科を改組し，システム情報学部システム情報学科（仮称）を新設（入学定員150名）。

学部紹介（2024年２月現在）

学部／学科	定員	特色
文学部		
人文	100	▷人文学の古典的領域を扱う一哲学講座（哲学），文学講座（国文学，中国文学，英米文学，ドイツ文学，フランス文学），史学講座（日本史学，東洋史学，西洋史学）。先端的学問領域を扱う一知識システム講座（心理学，言語学，芸術学），社会文化講座（社会学，美術史学，地理学）。以上５講座15専修で構成される。１年次末に所属専修を選択。
● 取得可能な資格…教職（国・地歴・公・社・英），学芸員など。 ● 進路状況…………就職73.1％　進学13.9％ ● 主な就職先………兵庫県庁，良品計画，楽天グループ，サンリオ，毎日放送，ロフトなど。		
国際人間科学部		
グローバル文化	140	▷地域文化系・異文化コミュニケーション系・現代文化システム系・言語情報コミュニケーション系の４つを教育研究の柱として，多文化状況や文化摩擦をめぐる課題に取り組む人材を養成する。
発達コミュニティ	100	▷発達基礎，コミュニティ形成の２教育研究分野。人間の発達とそれを支えるコミュニティの実現に取り組む人材を養成。
環境共生	80	▷環境基礎科学，環境形成科学の２教育研究分野。グローバル共生社会を支える環境を創り出す文理融合型人材を養成。
子ども教育	50	▷学校教育学，乳幼児教育学の２教育研究分野。グローバル共生社会に生きる次世代を育てる実践的教育人材を養成する。
● 取得可能な資格…教職（地歴・公・社・数・理・音・美・保体・家・英，小一種，幼一種，特別支援），学芸員など。 ● 進路状況…………就職77.2％　進学17.1％（旧国際文化学部・旧発達科学部を含む） ● 主な就職先………JCB，神戸新聞社，森永製菓，星野リゾート，日本航空，丸紅，神戸市役所など。		
法学部		
法律	180	▷法と政治を軸に，社会を倫理的に分析する能力を養う。進路目標に応じた司法，企業・行政，政治・国際の３コースを設置。３年次にコースを選択する。2020年度より「法科大学院進学プログラム（法曹コース）」を設置。法学部３年間＋法科大学院２年間の５年一貫教育で司法試験合格をめざす。
● 進路状況…………就職69.0％　進学15.5％ ● 主な就職先………厚生労働省大阪労働局，LITALICO，住友化学，大阪府庁福祉部など。		
経済学部		
経済	270	▷社会のさまざまな課題を経済学の視点から解明。徹底した少数教育でグローバルに活躍する人材を育成する。
● 進路状況…………就職82.7％　進学6.9％ ● 主な就職先………三井住友銀行，日立システムズ，オリックス，日本銀行，東京都庁，アクセンチュアなど。		

キャンパスアクセス ［六甲台第1キャンパス］ 阪急神戸線一六甲より徒歩15 ～ 25分／JR神戸線一六甲道よりバス15 ～ 20分

経営学部		
経営	260	▷日本初の経営学部として1949年に誕生。幅広い教養と高度な専門知識を身につけ，国際社会に通用する研究者やビジネスのプロフェッショナルを養成する。
● 進路状況…………就職87.3%　進学1.7% ● 主な就職先………積水ハウス，信金中央金庫，ハウス食品，東海旅客鉄道，ニトリなど。		
理学部		
数	28	▷自然科学，社会科学，人文科学など，あらゆる分野の基礎となる現代数学に迫り，発想力を養う。
物理	35	▷先端的研究への参加を通じて基礎科学への貢献と科学技術の進展に寄与するあくなき探究心を育む。
化	30	▷進化し続ける化学に社会や生活の視点から化学的発想や手法を駆使してさまざまな問題に取り組む。
生物	25	▷分子から生態系にいたる幅広い基礎生物学の研究に取り組み，複雑な生命システムの謎を解き明かす。
惑星	35	▷野外調査・観測・実験・理論的解析を駆使して，地球，惑星，太陽系の構造と進化を包括的な視野で探究する。
● 取得可能な資格…教職（数・理），学芸員など。　● 進路状況……就職18.6%　進学74.4% ● 主な就職先………宇宙技術開発，富士通，第一三共ヘルスケア，東レ，教員など。		
医学部		
医	112	▷高い倫理観を有し，高度な専門的知識・技術を身につけた医師の育成。探究心と創造性を有する科学者としての視点を持つ医師と，生命科学・医学研究者を育成する。
保健	160	▷〈看護学専攻80名，検査技術科学専攻40名，理学療法学専攻20名，作業療法学専攻20名〉医療・保健・福祉を通して，人類の幸福と社会福祉に貢献する高度な専門技術を備えた人材を育成する。
● 取得可能な資格…医師・看護師・臨床検査技師・理学療法士・作業療法士受験資格。 ● 進路状況…………［医］初期臨床研修医94.3%　就職1.0%　進学1.0% ［保健］就職62.1%　進学35.4% ● 主な就職先………［保健］神戸大学医学部附属病院，京都大学医学部附属病院など。		
工学部		
建築	93	▷芸術と科学・技術を融合させ，先端的な建築を創造する。
市民工	63	▷安全で環境に調和した都市・地域を創るエンジニアを育成。
電気電子工	93	▷産業と人の生活を支える，高度なテクノロジーを開発する。
機械工	103	▷最先端の技術で産業を支え，社会を変革する技術者を養成。
応用化	106	▷高機能な材料や新しいプロセスを開発する能力を養う。
情報知能工	107	▷高性能・高知能化された次世代の情報システムを構築する。
● 取得可能な資格…測量士補，1・2級建築士受験資格など。 ● 進路状況…………就職26.0%　進学70.8% ● 主な就職先………関西電力，鹿島建設，日本触媒，クボタ，阪急阪神ホールディングスなど。		
農学部		
食料環境システム	36	▷生産環境工学，食料環境経済学の２コース。工学的，社会科学的アプローチで食料環境システムを学ぶ。
資源生命科	55	▷応用動物学，応用植物学の２コース。食料生産や自然環境を支える動植物を深く学ぶ。

キャンパスアクセス ［六甲台第２キャンパス］ 阪急神戸線―六甲より徒歩15～25分／JR神戸線―六甲道よりバス15～20分

生命機能科	69	▷応用生命化学，応用機能生物学の２コース。農学の新境地を化学的，生物学的に開拓する。

● 取得可能な資格…測量士補，樹木医補など。 ● 進路状況………就職21.9% 進学74.6%
● 主な就職先………ロート製薬，大塚製薬，川崎重工業，ヱスビー食品，サントリーなど。

海洋政策科学部

海洋政策科	200	▶2021年より海事科学部を発展的に改組し，１学科制に改編。１年次の海洋リテラシー（海洋に関する広範な基礎教養）や実習を伴うアクティブ・ラーニングなどの学びを経て，「海洋基礎科学領域」「海洋応用科学領域」「海洋ガバナンス領域」「海技ライセンスコース（航海学領域/機関学領域）」から専門分野と副専門分野を選択。海の持つ多様な側面を包括的に理解するグローバルリーダーとエキスパートを育成する。

● 取得可能な資格…３級海技士受験資格（航海・機関）など。
● 進路状況…………就職45.8% 進学49.0%
● 主な就職先………日本郵船，京セラ，マツダ，商船三井，ダイキン工業，国土交通省など。

▶キャンパス

法・経済・経営……［六甲台第１キャンパス］ 兵庫県神戸市灘区六甲台町2-1
本部・文・理・工・農……［六甲台第２キャンパス］ 兵庫県神戸市灘区六甲台町1-1
国際人間科（グローバル）……［鶴甲第１キャンパス］ 兵庫県神戸市灘区鶴甲1-2-1
国際人間科（発達・環境・子ども）……［鶴甲第２キャンパス］ 兵庫県神戸市灘区鶴甲3-11
医（医学）……［楠キャンパス］ 兵庫県神戸市中央区楠町7-5-1
医（保健）……［名谷キャンパス］ 兵庫県神戸市須磨区友が丘7-10-2
海洋政策科……［深江キャンパス］ 兵庫県神戸市東灘区深江南町5-1-1

2025年度入試要項（予告）

●募集人員

学部／学科（専攻・コース）		前期	後期	学校推薦型	総合型	志特別
▶文	人文	77	20	—	—	3
▶国際人間科	グローバル文化	95	35	10	—	—
	発達コミュニティ	54	10	—	ア12 音12 美8 身4	— — — —
	環境共生	文23 理30	文8 理9	—	3	7
	子ども教育	39	11	—	—	—
▶法	法律	117	60	—	—	3
▶経済	経済	数30 英30 総160	—	50	—	—
▶経営	経営	220	—	40	—	—
▶理	数	21	7	—	—	—
	物理	25	10	—	—	—
	化	24	6	—	—	—
	生物	18	4	—	3	—
	惑星	25	8	—	2	—
▶医	医	92	—	10	10	—
	保健（看護学）	63	—	—	—	7
	（検査技術科学）	28	10	—	—	2
	（理学療法学）	15	3	—	—	2
	（作業療法学）	15	—	3	—	2
	医療創成工	25	—	—	—	—
▶工	建築	72	16	—	—	2
	市民工	47	11	—	—	2
	電気電子工	63	25	—	—	2
	機械工	68	30	—	—	2
	応用化	70	30	—	—	3
▶システム情報		110	20	15 （女子枠）	—	5
▶農	食料環境システム（生産環境）	20	5	—	—	2
	（食料環境）	5	2	—	—	2
	資源生命科（応用動物）	20	6	—	—	1
	（応用植物）	21	5	—	—	2
	生命機能科（応用生命）	29	7	—	—	1
	（応用機能）	21	8	—	—	3

 キャンパスアクセス ［鶴甲第1キャンパス］ 阪急神戸線―六甲より徒歩15～25分／JR神戸線―六甲道よりバス15～20分

▶海洋政策科	理115 文30	理 40	—	—	15

※次のように略しています。文科系→文，理科系→理，アクティブライフ受験→ア，音楽受験→音，美術受験→美，身体表現受験→身，数学選抜→数，英数選抜→英，総合選抜→総。海洋政策科学部の理系科目重視型→理，文系科目重視型→文。

● 2段階選抜

志願者数が学部・学科・受験区分毎の募集人員に対し，所定の倍率を超えた場合，共通テストの成績により以下の倍率で行うことがある。前期─医学部(医)は約３倍。文・国際人間科・法・経済・経営・理・工・農学部は約4.5倍。海洋政策科学部は約５倍。医学部(保健)は約６倍。後期─文・国際人間科・法・理・医(保健※作業療法学専攻を除く)・工・農・海洋政策科学部は約10倍。
注) ２段階選抜は2024年度の実績です。

▷共通テストの英語はリスニングを含む。
▷共通テストの地歴・公民から２科目選択する場合，「公・倫」と「公・政経」の組み合わせは不可。
▷個別学力検査の英－英コミュⅠ・英コミュⅡ・英コミュⅢ・論表Ⅰ・論表Ⅱ・論表Ⅲ

文学部

前期　[共通テスト(450)]　8科目　①国(100)　②外(100・英〈R80＋L20〉)▶英・独・仏・中から１　③④地歴・公民(50×2)▶「地総・地探」・「歴総・日探」・「歴総・世探」・「公・倫」・「公・政経」から２　⑤⑥数(32.5×2)▶「数Ⅰ・数Ａ」・「数Ⅱ・数Ｂ・数Ｃ」　⑦理(65)▶「物基・化基・生基・地学基から２」・物・化・生・地学から１　⑧情(20)▶情Ⅰ
[個別学力検査(350)]　3科目　①国(150)▶現国・言語・論国・文国・古典　②外(125)▶英　③数(75)▶数Ⅰ・数Ⅱ・数Ａ・数Ｂ(数列)・数Ｃ(ベク)
後期　[共通テスト(400)]　8科目　①国(100)　②外(100・英〈R80＋L20〉)▶英・独・仏・中から１　③④地歴・公民(50×2)▶「地総・地探」・「歴総・日探」・「歴総・世探」・「公・倫」・「公・政経」から２　⑤⑥数(22.5×2)▶「数Ⅰ・数Ａ」・「数Ⅱ・数Ｂ・数Ｃ」　⑦理(40)▶「物基・化基・生基・地学基から２」・物・化・生・地学から１　⑧情(15)▶情Ⅰ
[個別学力検査(400)]　2科目　①外(200)▶英　②小論文(200)
「志」特別　[共通テスト]　課さない。
[個別学力検査(800)]　5科目　①書類審査(100)　②模擬講義・レポート(文系)(200)　③総合問題(文系)(300)　④小論文(100)　⑤面接・口頭試問(100)
※第1次選抜─書類審査，模擬講義・レポート(文系)，総合問題(文系)，最終選抜─小論文，面接・口頭試問の結果を総合して判定。

国際人間科学部

前期　【グローバル文化学科】[共通テスト(400)]　8科目　①国(70)　②外(70・英〈R56＋L14〉)▶英・独・仏・中・韓から１　③④地歴・公民(55×2)▶「地総・地探」・「歴総・日探」・「歴総・世探」・「公・倫」・「公・政経」から２　⑤⑥数(30×2)▶「数Ⅰ・数Ａ」・「数Ⅱ・数Ｂ・数Ｃ」　⑦理(45)▶「物基・化基・生基・地学基から２」・物・化・生・地学から１　⑧情(45)▶情Ⅰ
[個別学力検査(400)]　3科目　①国(160)▶現国・言語・論国・文国・古典　②外(160)▶英　③数(80)▶数Ⅰ・数Ⅱ・数Ａ・数Ｂ(数列)・数Ｃ(ベク)
【発達コミュニティ学科・子ども教育学科】[共通テスト(425)]　8科目　①国(100)　②外(75・英〈R60＋L15〉)▶英・独・仏・中から１　③④数(37.5×2)▶「数Ⅰ・数Ａ」・「数Ⅱ・数Ｂ・数Ｃ」　⑤情(25)▶情Ⅰ　⑥⑦⑧地歴・公民・理(50×3)▶「〈地総・地探〉・〈歴総・日探〉・〈歴総・世探〉・〈公・倫〉・〈公・政経〉から２」・「物基・化基・生基・地学基から２」または「〈地総・地探〉・〈歴総・日探〉・〈歴総・世探〉・〈公・倫〉・〈公・政経〉から１」・「物・化・生・地学から２」
[個別学力検査(425)]　4〜3科目　①外(185)▶英　②数(80)▶数Ⅰ・数Ⅱ・数Ａ・数Ｂ(数列)・数Ｃ(ベク)　③④国・理(160)▶「現国・言語・論国・文国・古典」・「〈物基・物〉・〈化基・化〉・〈生基・生〉・〈地学基・地学〉から２」から１
【環境共生学科】〈文科系受験〉[共通テスト(500)]　8科目　①国(100)　②外(100・英〈R80＋L20〉)▶英・独・仏・中から１　③④地歴・公民(55×2)▶「地総・地探」・「歴総・日

兵庫　神戸大学

キャンパスアクセス　[鶴甲第2キャンパス]　阪急神戸線─六甲より徒歩15～25分／JR神戸線─六甲道よりバス15～20分

探」・「歴総・世探」・「公・倫」・「公・政経」から2 ⑤⑥数(57.5×2)▶「数Ⅰ・数A」・「数Ⅱ・数B・数C」 ⑦理(50)▶物基・化基・生基・地学基から2 ⑧情(25)▶情Ⅰ

[個別学力検査(500)] 3科目 ①国(165)▶現国・言語・論国・文国・古典 ②外(225)▶英 ③数(110)▶数Ⅰ・数Ⅱ・数A・数B(数列)・数C(ベク)

〈理科系受験〉 [共通テスト(500)] 8科目 ①国(100) ②外(100・英〈R80+L20〉)▶英・独・仏・中から1 ③地歴・公民(60)▶「地総・地探」・「歴総・日探」・「歴総・世探」・「公・倫」・「公・政経」から1 ④⑤数(57.5×2)▶「数Ⅰ・数A」・「数Ⅱ・数B・数C」 ⑥⑦理(50×2)▶物・化・生・地学から2 ⑧情(25)▶情Ⅰ

[個別学力検査(600)] 4科目 ①外(220)▶英 ②数(160)▶数Ⅰ・数Ⅱ・数Ⅲ・数A・数B(数列)・数C(ベク・平面) ③④理(110×2)▶「物基・物」・「化基・化」・「生基・生」・「地学基・地学」から2

後期 【グローバル文化学科】[共通テスト(400)] 8科目 前期と同じ

[個別学力検査(400)] 2科目 ①外(200)▶英 ②小論文(200)

【発達コミュニティ学科・子ども教育学科】[共通テスト(425)] 8科目 ①国(100) ②外(100・英〈R80+L20〉)▶英・独・仏・中から1 ③④数(25×2)▶「数Ⅰ・数A」・「数Ⅱ・数B・数C」 ⑤情(25)▶情Ⅰ ⑥⑦⑧地歴・公民・理(50×3)▶「〈地総・地探〉・〈歴総・日探〉・〈歴総・世探〉・〈公・倫〉・〈公・政経〉から2」・「物基・化基・生基・地学基から2」または「〈地総・地探〉・〈歴総・日探〉・〈歴総・世探〉・〈公・倫〉・〈公・政経〉から1」・「物・化・生・地学から2」

[個別学力検査(225)] 1科目 ①小論文(225)

【環境共生学科】〈文科系受験〉 [共通テスト(400)] 8科目 ①国(50) ②外(100・英〈R80+L20〉)▶英・独・仏・中から1 ③④地歴・公民(57.5×2)▶「地総・地探」・「歴総・日探」・「歴総・世探」・「公・倫」・「公・政経」から2 ⑤⑥数(30×2)▶「数Ⅰ・数A」・「数Ⅱ・数B・数C」 ⑦理(50)▶物基・化基・生基・地学基から2 ⑧情(25)▶情Ⅰ

[個別学力検査(300)] 1科目 ①小論文(300)

〈理科系受験〉 [共通テスト(400)] 8科目 ①国(50) ②外(100・英〈R80+L20〉)▶英・独・仏・中から1 ③地歴・公民(60)▶「地総・地探」・「歴総・日探」・「歴総・世探」・「公・倫」・「公・政経」から1 ④⑤数(32.5×2)▶「数Ⅰ・数A」・「数Ⅱ・数B・数C」 ⑥⑦理(50×2)▶物・化・生・地学から2 ⑧情(25)▶情Ⅰ

[個別学力検査(300)] 1科目 ①数(300)▶数Ⅰ・数Ⅱ・数Ⅲ・数A・数B(数列)・数C(ベク・平面)

学校推薦型 【グローバル文化学科】[共通テスト(400)] 8科目 ①国(90) ②外(50・英〈R40+L10〉)▶英・独・仏・中・韓から1 ③④地歴・公民(55×2)▶「地総・地探」・「歴総・日探」・「歴総・世探」・「公・倫」・「公・政経」から2 ⑤⑥数(35×2)▶「数Ⅰ・数A」・「数Ⅱ・数B・数C」 ⑦理(35)▶「物基・化基・生基・地学基から2」・物・化・生・地学から1 ⑧情(45)▶情Ⅰ

[個別学力検査(600)] 3科目 ①書類審査(50) ②TOEFL iBTまたはIELTS(400) ③面接・口頭試問(150)

※第1次選抜―書類審査, TOEFL iBTまたはIELTSスコア, 第2次選抜―面接・口頭試問, 第1次選抜の得点, 最終選抜―共通テストの成績(400点満点中280点以上)により判定。

総合型 【発達コミュニティ学科】〈アクティブライフ受験〉[共通テスト(425)] 7科目 ①国(100) ②外(100・英〈R80+L20〉)▶英・独・仏・中から1 ③地歴・公民(50)▶「地総・地探」・「歴総・日探」・「歴総・世探」・「公・倫」・「公・政経」から1 ④⑤数(50×2)▶「数Ⅰ・数A」・「数Ⅱ・数B・数C」 ⑥理(50)▶「物基・化基・生基・地学基から2」・物・化・生・地学から1 ⑦情(25)▶情Ⅰ

[個別学力検査(425)] 3科目 ①書類審査(100) ②プレゼンテーション(175) ③面接・口頭試問(150)

※第1次選抜―書類審査で募集人員の2倍を上限に合格者とし, 最終選抜―プレゼンテーション, 面接・口頭試問, 第1次選抜および共通テストの成績(425点満点中300点以上)

キャンパスアクセス [楠キャンパス] JR神戸線―神戸よりバス5分/神戸高速鉄道―高速神戸より徒歩15分/神戸市営地下鉄―大倉山より徒歩5分

を総合して判定。
〈表現領域受験〉［共通テスト(425)］ 7科目 ①国(90) ②外(100・英〈R80＋L20〉)▶英・独・仏・中から1 ③**地歴・公民**(60)▶「地総・地探」・「歴総・日探」・「歴総・世探」・「公・倫」・「公・政経」から1 ④⑤**数**(45×2)▶「数Ⅰ・数A」・「数Ⅱ・数B・数C」 ⑥**理**(60)▶「物基・化基・生基・地学基から2」・物・化・生・地学から1 ⑦**情**(25)▶情Ⅰ
［個別学力検査(425)］ 4科目 ①**書類審査**(55) ②**筆記試験**(105) ③**実技検査**(210) ④**面接・口頭試問**(55)
※第1次選抜―書類審査・筆記試験・実技検査で募集人員の2倍を上限に合格者とし，最終選抜―面接・口頭試問の結果に第1次選抜および共通テストの成績を総合して判定。
【環境共生学科】〈理数系科目受験〉［共通テスト(400)］ 4科目 ①②**数**(100×2)▶「数Ⅰ・数A」・「数Ⅱ・数B」 ③④**理**(100×2)▶物・化・生・地学から2
［個別学力検査(200)］ 2科目 ①**書類審査**(100) ②**面接・口頭試問**(100)
※第1次選抜―書類審査で募集人員の2倍程度を合格者とし，第2次選抜―面接・口頭試問，最終選抜―共通テストの成績(400点満点中320点以上)により判定。
「志」特別 【環境共生学科】［共通テスト］課さない。
［個別学力検査(700)］ 5科目 ①**書類審査**(100) ②**模擬講義・レポート(理系)**(150) ③**総合問題(理系)**(350) ④**研究能力審査**(100)▶ポスタープレゼンテーション・「面接・口頭試問」・総括レポート
※第1次選抜―書類審査，模擬講義・レポート(理系)，総合問題(理系)，最終選抜―研究能力審査の成績で判定。

法学部

前期 ［共通テスト(475)］ 8科目 ①国(100) ②**外**(100・英〈R80＋L20〉)▶英・独・仏・中・韓から1 ③④**地歴・公民**(50×2)▶「地総・地探」・「歴総・日探」・「歴総・世探」・「公・倫」・「公・政経」から2 ⑤⑥**数**(37.5×2)▶「数Ⅰ・数A」・「数Ⅱ・数B・数C」 ⑦**理**(50)▶「物基・化基・生基・地学基から2」・物・化・生・地学から1 ⑧**情**(50)▶情Ⅰ
［個別学力検査(375)］ 3科目 ①**国**(150)▶現国・言語・論国・文国・古典 ②**外**(150)▶英 ③**数**(75)▶数Ⅰ・数Ⅱ・数A・数B(数列)・数C(ベク)
後期 ［共通テスト(500)］ 8科目 ①国(100) ②**外**(100・英〈R80＋L20〉)▶英・独・仏・中・韓から1 ③④**地歴・公民**(50×2)▶「地総・地探」・「歴総・日探」・「歴総・世探」・「公・倫」・「公・政経」から2 ⑤⑥**数**(50×2)▶「数Ⅰ・数A」・「数Ⅱ・数B・数C」 ⑦**理**(50)▶「物基・化基・生基・地学基から2」・物・化・生・地学から1 ⑧**情**(50)▶情Ⅰ
［個別学力検査(250)］ 1科目 ①**小論文**(250)
「志」特別 ［共通テスト］ 課さない。
［個別学力検査(1000)］ 4科目 ①**書類審査**(200) ②**模擬講義・レポート(文系)**(200) ③**総合問題(文系)**(200) ④**面接・口頭試問**(400)
※第1次選抜―書類審査，模擬講義・レポート(文系)，総合問題(文系)，最終選抜―面接・口頭試問および第1次選抜の評価を総合して判定。

経済学部

前期 ［共通テスト(450)］ 8科目 ①国(100) ②**外**(R80＋L20)▶英 ③④**数**(50×2)▶「数Ⅰ・数A」・「数Ⅱ・数B・数C」 ⑤**情**(50)▶情Ⅰ ⑥⑦⑧**「地歴・公民」・理**(〈37.5×2〉＋25)▶「〈地総・地探〉・〈歴総・日探〉・〈歴総・世探〉・〈公・倫〉・〈公・政経〉から2」・「〈物基・化基・生基・地学基から2〉・物・化・生・地学から1」または「〈地総・地探〉・〈歴総・日探〉・〈歴総・世探〉・〈公・倫〉・〈公・政経〉から1」・「物・化・生・地学から2」
※「地歴・公民」と理科の配点は2科目受験した教科を37.5×2，1科目受験した教科を25とする。
［個別学力検査(450)］〈数学選抜〉 1科目 ①**数**(450)▶数Ⅰ・数Ⅱ・数A・数B(数列)・数C(ベク)
〈英数選抜〉 2科目 ①**外**(225)▶英 ②**数**(225)▶数Ⅰ・数Ⅱ・数A・数B(数列)・数C(ベク)

キャンパスアクセス ［名谷キャンパス］ 神戸市営地下鉄―名谷より徒歩15分

〈総合選抜〉 3科目 ①国(150)▶現国・言語・論国・文国・古典 ②外(150)▶英 ③数(150)▶数Ⅰ・数Ⅱ・数A・数B(数列)・数C(ベク)
※3つの受験区分から1つを選択し，受験した科目に応じて選抜。数学受験を選択した場合は「数学選抜」，英数受験を選択した場合は「英数選抜」「数学選抜」，総合受験を選択した場合は「総合選抜」・「英数選抜」・「数学選抜」において選抜の対象となる。

学校推薦型　[共通テスト(1000)] 8科目 ①国(200) ②外(R160＋L40)▶英 ③④数(100×2)▶「数Ⅰ・数A」・「数Ⅱ・数B・数C」 ⑤情(100)▶情Ⅰ ⑥⑦⑧「地歴・公民」・理(100×3)▶「〈地総・地探〉・〈歴総・日探〉・〈歴総・世探〉・〈公・倫〉・〈公・政経〉から2」・「〈物基・化基・生基・地学基から2〉・物・化・生・地学から1」または「〈地総・地探〉・〈歴総・日探〉・〈歴総・世探〉・〈公・倫〉・〈公・政経〉から1」・「物・化・生・地学から2」
[個別学力検査(240)] 1科目 ①書類審査(240)
※書類審査および共通テストの成績を総合して判定。

経営学部

前期　[共通テスト(400)] 8科目 ①国(75) ②外(R60＋L15)▶英 ③④地歴・公民(50×2)▶「地総・地探」・「歴総・日探」・「歴総・世探」・「公・倫」・「公・政経」から2 ⑤⑥数(37.5×2)▶「数Ⅰ・数A」・「数Ⅱ・数B・数C」 ⑦理(50)▶「物基・化基・生基・地学基から2」・物・化・生・地学から1 ⑧情(25)▶情Ⅰ
[個別学力検査(375)] 3科目 ①国(125)▶現国・言語・論国・文国・古典(漢文を除く) ②外(125)▶英 ③数(125)▶数Ⅰ・数Ⅱ・数A・数B(数列)・数C(ベク)

学校推薦型　[共通テスト(950)] 8科目 ①国(200) ②外(R160＋L40)▶英 ③④地歴・公民(100×2)▶「地総・地探」・「歴総・日探」・「歴総・世探」・「公・倫」・「公・政経」から2 ⑤⑥数(100×2)▶「数Ⅰ・数A」・「数Ⅱ・数B・数C」 ⑦理(100)▶「物基・化基・生基・地学基から2」・物・化・生・地学から1 ⑧情(50)▶情Ⅰ
[個別学力検査(100)] 1科目 ①書類審査(100)
※書類審査および共通テストの成績を総合して判定。

理学部

前期　【数学科】[共通テスト(360)] 8科目 ①国(125) ②外(75・英〈R60＋L15〉)▶英・独・仏・中・韓から1 ③地歴・公民(40)▶「地総・地探」・「歴総・日探」・「歴総・世探」・「公・倫」・「公・政経」から1 ④⑤数(30×2)▶「数Ⅰ・数A」・「数Ⅱ・数B・数C」 ⑥⑦理(25×2)▶物・化・生・地学から2 ⑧情(10)▶情Ⅰ
[個別学力検査(455)] 4科目 ①外(125)▶英 ②数(180)▶数Ⅰ・数Ⅱ・数Ⅲ・数A・数B(数列)・数C(ベク・平面) ③④理(75×2)▶「物基・物」・「化基・化」・「生基・生」・「地学基・地学」から2

【物理学科】 [共通テスト(430)] 8科目 ①国(75) ②外(100・英〈R80＋L20〉)▶英・独・仏・中・韓から1 ③地歴・公民(50)▶「地総・地探」・「歴総・日探」・「歴総・世探」・「公・倫」・「公・政経」から1 ④⑤数(50×2)▶「数Ⅰ・数A」・「数Ⅱ・数B・数C」 ⑥⑦理(50×2)▶物必須，化・生・地学から1 ⑧情(5)▶情Ⅰ
[個別学力検査(425)] 4科目 ①外(125)▶英 ②数(150)▶数Ⅰ・数Ⅱ・数Ⅲ・数A・数B(数列)・数C(ベク・平面) ③④理(75×2)▶「物基・物」必須，「化基・化」・「生基・生」・「地学基・地学」から1

【化学科】 [共通テスト(425)] 8科目 ①国(115) ②外(75・英〈R60＋L15〉)▶英・独・仏・中・韓から1 ③地歴・公民(75)▶「地総・地探」・「歴総・日探」・「歴総・世探」・「公・倫」・「公・政経」から1 ④⑤数(25×2)▶「数Ⅰ・数A」・「数Ⅱ・数B・数C」 ⑥⑦理(50×2)▶化必須，物・生・地学から1 ⑧情(10)▶情Ⅰ
[個別学力検査(425)] 4科目 ①外(125)▶英 ②数(150)▶数Ⅰ・数Ⅱ・数Ⅲ・数A・数B(数列)・数C(ベク・平面) ③④理(75×2)▶「化基・化」必須，「物基・物」・「生基・生」・「地学基・地学」から1

 キャンパスアクセス [深江キャンパス] 阪神電鉄―深江より徒歩10分／JR神戸線―甲南山手より徒歩20分

【生物学科】［共通テスト(450)］ 8科目 ①国(125) ②外(75・英〈R60＋L15〉)▶英・独・仏・中・韓から1 ③地歴・公民(75)▶「地総・地探」・「歴総・日探」・「歴総・世探」・「公・倫」・「公・政経」から1 ④⑤数(25×2)▶「数Ⅰ・数A」・「数Ⅱ・数B・数C」 ⑥⑦理(50×2)▶物・化・生・地学から2 ⑧情(25)▶情Ⅰ

［個別学力検査(425)］ 4科目 ①外(125)▶英 ②数(150)▶数Ⅰ・数Ⅱ・数Ⅲ・数A・数B(数列)・数C(ベク・平面) ③④理(75×2)▶「物基・物」・「化基・化」・「生基・生」・「地学基・地学」から2

【惑星学科】［共通テスト(450)］ 8科目 ①国(125) ②外(R60＋L15)▶英 ③地歴・公民(75)▶「地総・地探」・「歴総・日探」・「歴総・世探」・「公・倫」・「公・政経」から1 ④⑤数(25×2)▶「数Ⅰ・数A」・「数Ⅱ・数B・数C」 ⑥⑦理(50×2)▶物・化・生・地学から2 ⑧情(25)▶情Ⅰ

［個別学力検査(425)］ 4科目 ①外(125)▶英 ②数(150)▶数Ⅰ・数Ⅱ・数Ⅲ・数A・数B(数列)・数C(ベク・平面) ③④理(75×2)▶「物基・物」・「化基・化」・「生基・生」・「地学基・地学」から2

後期 【数学科】［共通テスト(510)］ 8科目 ①国(125) ②外(75・英〈R60＋L15〉)▶英・独・仏・中・韓から1 ③地歴・公民(40)▶「地総・地探」・「歴総・日探」・「歴総・世探」・「公・倫」・「公・政経」から1 ④⑤数(30×2)▶「数Ⅰ・数A」・「数Ⅱ・数B・数C」 ⑥⑦理(100×2)▶物・化・生・地学から2 ⑧情(10)▶情Ⅰ

［個別学力検査(305)］ 2科目 ①外(125)▶英 ②数(180)▶数Ⅰ・数Ⅱ・数Ⅲ・数A・数B(数列)・数C(ベク・平面)

【物理学科】［共通テスト(555)］ 8科目 ①国(60) ②外(R160＋L40)▶英 ③地歴・公民(40)▶「地総・地探」・「歴総・日探」・「歴総・世探」・「公・倫」・「公・政経」から1 ④⑤数(25×2)▶「数Ⅰ・数A」・「数Ⅱ・数B・数C」 ⑥⑦理(100×2)▶物必須，化・生・地学から1 ⑧情(5)▶情Ⅰ

［個別学力検査(550)］ 2科目 ①数(150)▶数Ⅰ・数Ⅱ・数Ⅲ・数A・数B(数列)・数C(ベク・平面) ②小論文(400)

【化学科】［共通テスト(500)］ 8科目 ①国(90) ②外(100・英〈R80＋L20〉)▶英・独・仏・中・韓から1 ③地歴・公民(50)▶「地総・地探」・「歴総・日探」・「歴総・世探」・「公・倫」・「公・政経」から1 ④⑤数(25×2)▶「数Ⅰ・数A」・「数Ⅱ・数B・数C」 ⑥⑦理(100×2)▶化必須，物・生・地学から1 ⑧情(10)▶情Ⅰ

［個別学力検査(250)］ 2科目 ①外(100)▶英 ②数(150)▶数Ⅰ・数Ⅱ・数Ⅲ・数A・数B(数列)・数C(ベク・平面)

【生物学科】［共通テスト(450)］ 8科目 前期と同じ

［個別学力検査(200)］ 2科目 ①外(100)▶英 ②数(100)▶数Ⅰ・数Ⅱ・数Ⅲ・数A・数B(数列)・数C(ベク・平面)

【惑星学科】［共通テスト(475)］ 8科目 ①国(50) ②外(R80＋L20)▶英 ③地歴・公民(50)▶「地総・地探」・「歴総・日探」・「歴総・世探」・「公・倫」・「公・政経」から1 ④⑤数(25×2)▶「数Ⅰ・数A」・「数Ⅱ・数B・数C」 ⑥⑦理(100×2)▶物・化・生・地学から2 ⑧情(25)▶情Ⅰ

［個別学力検査(250)］ 2科目 ①外(100)▶英 ②数(150)▶数Ⅰ・数Ⅱ・数Ⅲ・数A・数B(数列)・数C(ベク・平面)

総合型 【生物学科】［共通テスト(950)］ 8科目 ①国(200) ②外(R160＋L40)▶英 ③地歴・公民(100)▶「地総・地探」・「歴総・日探」・「歴総・世探」・「公・倫」・「公・政経」から1 ④⑤数(100×2)▶「数Ⅰ・数A」・「数Ⅱ・数B・数C」 ⑥⑦理(100×2)▶物・化・生・地学から2 ⑧情(50)▶情Ⅰ

［個別学力検査(600)］ 3科目 ①書類審査(100) ②小論文(300) ③面接・口頭試問(200)

※第1次選抜―書類審査，第2次選抜―小論文，面接・口頭試験，最終選抜―共通テストの成績により判定。

【惑星学科】［共通テスト(900)］ 7科目 ①国(200) ②外(R160＋L40)▶英 ③地歴・公民(100)▶「地総・地探」・「歴総・日探」・「歴総・世探」・「公・倫」・「公・政経」から1 ④⑤数(100×2)▶「数Ⅰ・数A」・「数Ⅱ・数B・数C」 ⑥⑦理(100×2)▶物・化・生・地学から2

[個別学力検査(600)] 3科目 ①書類審査(100) ②小論文(300) ③面接・口頭試問(200)
※第1次選抜―書類審査，第2次選抜―小論文，面接・口頭試問，最終審査―共通テストの成績により判定。

医学部

前期 【医学科】[共通テスト(380)] 8科目 ①国(80) ②外(80・英〈R64＋L16〉)▶英・独・仏・中・韓から1 ③地歴・公民(40)▶「地総・地探」・「歴総・日探」・「歴総・世探」・「公・倫」・「公・政経」から1 ④⑤数(40×2)▶「数Ⅰ・数A」・「数Ⅱ・数B・数C」 ⑥⑦理(40×2)▶物・化・生から2 ⑧情(20)▶情Ⅰ
[個別学力検査(480)] 5科目 ①外(160)▶英 ②数(160)▶数Ⅰ・数Ⅱ・数Ⅲ・数A・数B(数列)・数C(ベク・平面) ③④理(80×2)▶「物基・物」・「化基・化」・「生基・生」から2 ⑤面接
【保健学科〈看護学専攻〉】[共通テスト(470)] 8科目 ①国(100) ②外(100・英〈R80＋L20〉)▶英・独・仏・中・韓から1 ③④数(50×2)▶「数Ⅰ・数A」・「数Ⅱ・数B・数C」 ⑤情(20)▶情Ⅰ ⑥⑦⑧地歴・公民・理(50×3)▶「地総・地探」・「歴総・日探」・「歴総・世探」・「公・倫」・「公・政経」から1または2，物・化・生・地学から1または2，計3
[個別学力検査(350)] 4科目 ①外(150)▶英 ②数(100)▶数Ⅰ・数Ⅱ・数A・数B(数列)・数C(ベク) ③理(100)▶「物基・物」・「化基・化」・「生基・生」から1 ④面接
【保健学科〈検査技術科学専攻・理学療法学専攻〉】[共通テスト(470)] 8科目 ①国(100) ②外(100・英〈R80＋L20〉)▶英・独・仏・中・韓から1 ③地歴・公民(50)▶「地総・地探」・「歴総・日探」・「歴総・世探」・「公・倫」・「公・政経」から1 ④⑤数(50×2)▶「数Ⅰ・数A」・「数Ⅱ・数B・数C」 ⑥⑦理(50×2)▶物・化・生・地学から2 ⑧情(20)▶情Ⅰ
[個別学力検査(350)]【保健学科〈検査技術科学専攻〉】 3科目 ①外(150)▶英 ②数(100)▶数Ⅰ・数Ⅱ・数Ⅲ・数A・数B(数列)・数C(ベク・平面) ③理(100)▶「物基・物」・「化基・化」・「生基・生」から1
【保健学科〈理学療法学専攻〉】 3科目 ①外(150)▶英 ②数(100)▶数Ⅰ・数Ⅱ・数A・数B(数列)・数C(ベク) ③理(100)▶「物基・物」・「化基・化」・「生基・生」から1
【保健学科〈作業療法学専攻〉】[共通テスト(470)] 8科目 ①国(100) ②外(100・英〈R80＋L20〉)▶英・独・仏・中・韓から1 ③地歴・公民(50)▶「地総・地探」・「歴総・日探」・「歴総・世探」・「公・倫」・「公・政経」から1 ④⑤数(50×2)▶「数Ⅰ・数A」・「数Ⅱ・数B・数C」 ⑥⑦理(50×2)▶「物基・化基・生基・地学基から2」・物・化・生・地学から2，ただし，同一科目名を含む選択は不可 ⑧情(20)▶情Ⅰ
[個別学力検査(350)] 3科目 ①外(150)▶英 ②数(100)▶数Ⅰ・数Ⅱ・数A・数B(数列)・数C(ベク) ③理(100)▶「物基・物」・「化基・化」・「生基・生」から1
【医療創成工学科】[共通テスト(総380／理280)] 8科目 ①国(80) ②外(総80・英〈R64＋L16〉／理40・英〈R32＋L8〉)▶英・独・仏・中・韓から1 ③地歴・公民(40)▶「地総・地探」・「歴総・日探」・「歴総・世探」・「公・倫」・「公・政経」から1 ④⑤数(総40×2／理20×2)▶「数Ⅰ・数A」・「数Ⅱ・数B・数C」 ⑥⑦理(総40×2／理20×2)▶物・化・生から2 ⑧情(総20／理40)▶情Ⅰ
[個別学力検査(総480／理580)] 4科目 ①外(総160／理100)▶英 ②数(総160／理240)▶数Ⅰ・数Ⅱ・数Ⅲ・数A・数B(数列)・数C(ベク・平面) ③理(総80×2／理120×2)▶「物基・物」・「化基・化」・「生基・生」から2 ④面接
※総合型と理数型の2つの選抜方式で得点を算出し，高得点の方を採用。
後期 【保健学科〈検査技術科学専攻・理学療法学専攻〉】[共通テスト(420)] 8科目 ①国(100) ②外(50・英〈R40＋L10〉)▶英・独・仏・中・韓から1 ③地歴・公民(50)▶「地総・地探」・「歴総・日探」・「歴総・世探」・「公・倫」・「公・政経」から1 ④⑤数(50×2)▶「数Ⅰ・数A」・「数Ⅱ・数B・数C」 ⑥⑦理(50×2)▶物・化・生・地学から2 ⑧情(20)▶情Ⅰ
[個別学力検査(200)] 2科目 ①外(150)▶英 ②面接(50)

学校推薦型　【医学科】［共通テスト(825)］ 8科目 ①国(150) ②外(R160＋L40)▶英 ③地歴・公民(50)▶世Ｂ・日Ｂ・地理Ｂ・「倫・政経」から１ ④⑤数(100×2)▶「数Ⅰ・数Ａ」・「数Ⅱ・数Ｂ・数Ｃ」 ⑥⑦理(100×2)▶物・化・生から２ ⑧情(25)▶情Ⅰ
［個別学力検査(400)］ 2科目 ①書類審査(100) ②面接・口述試験(300)
※書類審査，面接・口述試験および共通テストの成績を総合して判定。ただし，出願者数が募集人員の約２倍を上回る場合は書類審査および共通テストの成績による第１次選抜を行う。
【保健学科〈作業療法学専攻〉】［共通テスト(300)］ 4科目 ①国(100) ②外(100・英〈R80＋L20〉)▶英・独・仏・中・韓から１ ③④数(50×2)▶「数Ⅰ・数Ａ」・「数Ⅱ・数Ｂ・数Ｃ」
［個別学力検査(200)］ 2科目 ①書類審査(100) ②面接・口頭試問(100)
※第１次選抜―書類審査，第２次選抜―面接・口頭試問，最終選抜―共通テストで判定。
総合型　【医学科】［共通テスト(825)］ 8科目 学校推薦型と同じ
［個別学力検査(100)］ 1科目 ①面接・口述試験(100)
※書類審査，面接・口述試験および共通テストの成績を総合して判定。ただし，出願者数が募集人員の約２倍を上回る場合は共通テストの成績による第１次選抜を行う。
「志」特別　【保健学科〈看護学専攻〉】［共通テスト］ 課さない。
［個別学力検査(900)］ 5科目 ①書類審査(100) ②模擬講義・レポート(理系)(150) ③総合問題(理系)(350) ④課題提示・発表資料作成・プレゼンテーション(150) ⑤面接(150)
※第１次選抜―書類審査，模擬講義・レポート(理系)，総合問題(理系)，最終選抜―課題提示・発表資料作成・プレゼンテーション，面接および第１次選抜の評価を総合して判定。
【保健学科〈検査技術科学専攻〉】［共通テスト］課さない。
［個別学力検査(1200)］ 5科目 ①書類審査(100) ②模擬講義・レポート(理系)(150) ③総合問題(理系)(350) ④課題提示・プレゼンテーション(400) ⑤面接(200)
※第１次選抜―書類審査，模擬講義・レポート(理系)，総合問題(理系)，最終選抜―課題提示・プレゼンテーション，面接および第１次選抜の評価を総合して判定。
【保健学科〈理学療法学専攻〉】［共通テスト］課さない。
［個別学力検査(1200)］ 4科目 ①書類審査(100) ②模擬講義・レポート(理系)(150) ③総合問題(理系)(350) ④面接(600)
※第１次選抜―書類審査，模擬講義・レポート(理系)，総合問題(理系)，最終選抜―面接および第１次選抜の評価を総合して判定。
【保健学科〈作業療法学専攻〉】［共通テスト］課さない。
［個別学力検査(1200)］ 5科目 ①書類審査(100) ②模擬講義・レポート(理系)(150) ③総合問題(理系)(350) ④模擬実習(300) ⑤面接(300)
※第１次選抜―書類審査，模擬講義・レポート(理系)，総合問題(理系)，最終選抜―模擬実習，面接および第１次選抜の評価を総合して判定。

工学部

前期　【建築学科】［共通テスト(450)］ 8科目 ①国(150) ②外(50・英〈R40＋L10〉)▶英・独・仏・中・韓から１ ③地歴・公民(100)▶「地総・地探」・「歴総・日探」・「歴総・世探」・「公・倫」・「公・政経」から１ ④⑤数(25×2)▶「数Ⅰ・数Ａ」・「数Ⅱ・数Ｂ・数Ｃ」 ⑥⑦理(25×2)▶物必須，化・生・地学から１ ⑧情(50)▶情Ⅰ
［個別学力検査(550)］ 4科目 ①外(150)▶英 ②数(200)▶数Ⅰ・数Ⅱ・数Ⅲ・数Ａ・数Ｂ(数列)・数Ｃ(ベク・平面) ③④理(100×2)▶「物基・物」・「化基・化」
【市民工学科・電気電子工学科・機械工学科・応用化学科】［共通テスト(350)］ 8科目 ①国(100) ②外(R40＋L10)▶英 ③地歴・公民(50)▶「地総・地探」・「歴総・日探」・「歴総・世探」・「公・倫」・「公・政経」から１ ④⑤数(25×2)▶「数Ⅰ・数Ａ」・「数Ⅱ・数Ｂ・数Ｃ」 ⑥⑦理(25×2)▶物・化 ⑧情(50)▶情Ⅰ
［個別学力検査(650)］ 4科目 ①外(150)

▶英 ②数(300)▶数Ⅰ・数Ⅱ・数Ⅲ・数A・数B(数列)・数C(ベク・平面) ③④理(100×2)▶「物基・物」・「化基・化」

後期 【建築学科】[共通テスト(750)] 8科目 ①国(150) ②外(200・英〈R160+L40〉)▶英・独・仏・中・韓から1 ③地歴・公民(100)▶「地総・地探」・「歴総・日探」・「歴総・世探」・「公・倫」・「公・政経」から1 ④⑤数(＊)▶「数Ⅰ・数A」・「数Ⅱ・数B・数C」 ⑥⑦理(125×2)▶物必須, 化・生・地学から1 ⑧情(50)▶情Ⅰ

＊配点なし。ただし, 受験は必須。2段階選抜実施時の第1段階選抜に利用。

[個別学力検査(250)] 1科目 ①数(250)▶数Ⅰ・数Ⅱ・数Ⅲ・数A・数B(数列)・数C(ベク・平面)

【市民工学科・電気電子工学科・機械工学科・応用化学科】[共通テスト(700)] 8科目 ①国(100) ②外(R160+L40)▶英 ③地歴・公民(50)▶「地総・地探」・「歴総・日探」・「歴総・世探」・「公・倫」・「公・政経」から1 ④⑤数(25×2)▶「数Ⅰ・数A」・「数Ⅱ・数B・数C」 ⑥⑦理(125×2)▶物・化 ⑧情(50)▶情Ⅰ

[個別学力検査(300)] 1科目 ①数(300)▶数Ⅰ・数Ⅱ・数Ⅲ・数A・数B(数列)・数C(ベク・平面)

「志」特別 【建築学科】[共通テスト] 課さない。

[個別学力検査(1000)] 5科目 ①書類審査(100) ②模擬講義・レポート(理系)(150) ③総合問題(理系)(350) ④小論文(200) ⑤面接・口頭試問(200)

※第1次選抜―書類審査, 模擬講義・レポート(理系), 総合問題(理系), 最終選抜―小論文, 面接・口頭試問および第1次選抜の評価を総合して判定。

【市民工学科】[共通テスト] 課さない。

[個別学力検査(1200)] 5科目 ①書類審査(100) ②模擬講義・レポート(理系)(150) ③総合問題(理系)(350) ④小論文(300) ⑤面接・口頭試問(300)

※第1次選抜―書類審査, 模擬講義・レポート(理系), 総合問題(理系), 最終選抜―小論文, 面接・口頭試問および第1次選抜の評価を総合して判定。

【電気電子工学科】[共通テスト] 課さない。

[個別学力検査(1200)] 4科目 ①書類審査(100) ②模擬講義・レポート(理系)(150) ③総合問題(理系)(350) ④プレゼンテーション・口頭試問(600)

※第1次選抜―書類審査, 模擬講義・レポート(理系), 総合問題(理系), 最終選抜―プレゼンテーション・口頭試問および第1次選抜の評価を総合して判定。

【機械工学科】[共通テスト] 課さない。

[個別学力検査(1200)] 6科目 ①書類審査(100) ②模擬講義・レポート(理系)(150) ③総合問題(理系)(350) ④総合問題(機械)(300) ⑤プレゼンテーション(100) ⑥面接・口頭試問(200)

※第1次選抜―書類審査, 模擬講義・レポート(理系), 総合問題(理系), 最終選抜―総合問題(機械), プレゼンテーション, 面接・口頭試問および第1次選抜の評価を総合して判定。

【応用化学科】[共通テスト] 課さない。

[個別学力検査(400)] 5科目 ①書類審査(20) ②模擬講義・レポート(理系)(40) ③総合問題(理系)(40) ④化学演習(200) ⑤口頭試問(100)

※第1次選抜―書類審査, 模擬講義・レポート(理系), 総合問題(理系), 最終選抜―化学演習, 口頭試問および第1次選抜の評価を総合して判定。

システム情報学部

前期 [共通テスト(300)] 8科目 ①国(50) ②外(50・英〈R40+L10〉)▶英・独・仏・中・韓から1 ③地歴・公民(50)▶「地総・地探」・「歴総・日探」・「歴総・世探」・「公・倫」・「公・政経」から1 ④⑤数(25×2)▶「数Ⅰ・数A」・「数Ⅱ・数B・数C」 ⑥⑦理(25×2)▶物・化 ⑧情(50)▶情Ⅰ

[個別学力検査(700)] 4科目 ①外(200)▶英 ②数(250)▶数Ⅰ・数Ⅱ・数Ⅲ・数A・数B(数列)・数C(ベク・平面) ③④理(125×2)▶「物基・物」・「化基・化」

後期 [共通テスト(600)] 8科目 ①国(50) ②外(R120+L30)▶英 ③地歴・公民(50)▶「地総・地探」・「歴総・日探」・「歴総・世探」・「公・倫」・「公・政経」から1 ④⑤数(25

×2）▶「数Ⅰ・数A」・「数Ⅱ・数B・数C」 ⑥⑦理（125×2）▶物・化 ⑧情（50）▶情Ⅰ
［個別学力検査（400）］ 1科目 ①数（400）▶数Ⅰ・数Ⅱ・数Ⅲ・数A・数B（数列）・数C（ベク・平面）
学校推薦型 ［共通テスト（300）］ 8科目 ①国（50） ②外（R40＋L10）▶英 ③地歴・公民（20）▶「地総・地探」・「歴総・日探」・「歴総・世探」・「公・倫」・「公・政経」から1 ④⑤数（40×2）▶「数Ⅰ・数A」・「数Ⅱ・数B・数C」 ⑥⑦理（40×2）▶物・化 ⑧情（20）▶情Ⅰ
［個別学力検査（200）］ 2科目 ①書類審査（100） ②面接（100）
※第１次選抜—書類審査，第２次選抜—面接，最終選抜—第１次選抜・第２次選抜の結果および共通テストの成績を総合して判定。
「志」特別 ［共通テスト］ 課さない。
［個別学力検査（1800）］ 5科目 ①書類審査（100） ②模擬講義・レポート（理系）（150） ③総合問題（理系）（350） ④総合問題（システム情報学）（600） ⑤面接・口頭試問（600）
※第１次選抜—書類審査，模擬講義・レポート（理系），総合問題（理系），最終選抜—総合問題（システム情報学），面接・口頭試問および第１次選抜の評価を総合して判定。

農学部

前期 ［共通テスト（450）］ 8科目 ①国（150） ②外（R40＋L10）▶英 ③地歴・公民（50）▶「地総・地探」・「歴総・日探」・「歴総・世探」・「公・倫」・「公・政経」から1 ④⑤数（25×2）▶「数Ⅰ・数A」・「数Ⅱ・数B・数C」 ⑥⑦理（50×2）▶物・化・生・地学から2 ⑧情（50）▶情Ⅰ
［個別学力検査（450）］ 4科目 ①外（150）▶英 ②数（150）▶数Ⅰ・数Ⅱ・数Ⅲ・数A・数B（数列）・数C（ベク・平面） ③④理（75×2）▶「物基・物」・「化基・化」・「生基・生」・「地学基・地学」から2
後期 ［共通テスト（600）］ 8科目 ①国（150） ②外（R60＋L15）▶英 ③地歴・公民（50）▶「地総・地探」・「歴総・日探」・「歴総・世探」・「公・倫」・「公・政経」から1 ④⑤数（37.5×2）▶「数Ⅰ・数A」・「数Ⅱ・数B・数C」 ⑥⑦理（100×2）▶物・化・生・地学から2 ⑧情（50）▶情Ⅰ
［個別学力検査（300）］ 2科目 ①外（150）▶英 ②数（150）▶数Ⅰ・数Ⅱ・数Ⅲ・数A・数B（数列）・数C（ベク・平面）
「志」特別 【食料環境システム学科〈生産環境工学コース〉】［共通テスト］ 課さない。
［個別学力検査（900）］ 4科目 ①書類審査（100） ②模擬講義・レポート（理系）（150） ③総合問題（理系）（350） ④面接・口頭試問（300）
※第１次選抜—書類審査，模擬講義・レポート（理系），総合問題（理系），最終選抜—面接・口頭試問および第１次選抜の評価を総合して判定。
【食料環境システム学科〈食料環境経済学コース〉】［共通テスト］ 課さない。
［個別学力検査（900）］ 4科目 ①書類審査（100） ②模擬講義・レポート（文系）（150） ③総合問題（文系）（350） ④面接・口頭試問（300）
※第１次選抜—書類審査，模擬講義・レポート（文系），総合問題（文系），最終選抜—面接・口頭試問および第１次選抜の評価を総合して判定。
【資源生命科学科〈応用動物学コース〉】［共通テスト］ 課さない。
［個別学力検査（900）］ 4科目 ①書類審査（100） ②模擬講義・レポート（理系）（150） ③総合問題（理系）（350） ④課題提示・プレゼンテーション・面接（300）
※第１次選抜—書類審査，模擬講義・レポート（理系），総合問題（理系），最終選抜—課題提示・プレゼンテーション・面接および第１次選抜の評価を総合して判定。
【資源生命科学科〈応用植物学コース〉】［共通テスト］ 課さない。
［個別学力検査（1000）］ 4科目 ①書類審査（100） ②模擬講義・レポート（理系）（150） ③総合問題（理系）（350） ④面接・口頭試問（400）
※第１次選抜—書類審査，模擬講義・レポート（理系），総合問題（理系），最終選抜—面接・口頭試問および第１次選抜の評価を総合して判定。
【生命機能科学科〈応用生命化学コース〉】［共

通テスト］　課さない。
［個別学力検査(900)］　4科目　①書類審査(100)　②模擬講義・レポート(理系)(150)　③総合問題(理系)(350)　④実技試験・面接・口頭試問(300)
※第１次選抜―書類審査，模擬講義・レポート(理系)，総合問題(理系)，最終選抜―実技試験・面接・口頭試問および第１次選抜の評価を総合して判定。

【生命機能科学科〈応用機能生物学コース〉】
［共通テスト］　課さない。
［個別学力検査(1000)］　4科目　①書類審査(100)　②模擬講義・レポート(理系)(150)　③総合問題(理系)(350)　④課題提示によるプレゼンテーション・面接・口頭試問(400)
※第１次選抜―書類審査，模擬講義・レポート(理系)，総合問題(理系)，最終選抜―課題提示によるプレゼンテーション・面接・口頭試問および第１次選抜の評価を総合して判定。

海洋政策科学部

前期　〈理系科目重視型〉［共通テスト(550)］
8科目　①国(125)　②外(100・英〈R80＋L20〉)▶英・独・仏・中・韓から１　③地歴・公民(75)▶「地総・地探」・「歴総・日探」・「歴総・世探」・「公・倫」・「公・政経」から１　④⑤数(50×2)▶「数Ⅰ・数Ａ」・「数Ⅱ・数Ｂ・数Ｃ」　⑥⑦理(50×2)▶物必須，化・生・地学から１　⑧情(50)▶情Ⅰ
［個別学力検査(500)］　4科目　①外(150)▶英　②数(150)▶数Ⅰ・数Ⅱ・数Ⅲ・数Ａ・数Ｂ(数列)・数Ｃ(ベク・平面)　③④理(100×2)▶「物基・物」必須，「化基・化」・「生基・生」・「地学基・地学」から１
〈文系科目重視型〉［共通テスト(550)］
7科目　①国(100)　②外(100・英〈R80＋L20〉)▶英・独・仏・中・韓から１　③地歴・公民(50×2)▶「地総・地探」・「歴総・日探」・「歴総・世探」・「公・倫」・「公・政経」から１　④⑤数(50×2)▶「数Ⅰ・数Ａ」・「数Ⅱ・数Ｂ・数Ｃ」　⑥理(100)▶「物基・化基・生基・地学基から２」・物・化・生・地学から１　⑦情(50)▶情Ⅰ
［個別学力検査(500)］　3科目　①国(150)▶現国・言語・論国・文国(古文・漢文を除く)　②外(200)▶英　③数(150)▶数Ⅰ・数Ⅱ・数Ａ・数Ｂ(数列)・数Ｃ(ベク)
後期　［共通テスト(650)］　8科目　①国(125)　②外(100・英〈R80＋L20〉)▶英・独・仏・中・韓から１　③地歴・公民(75)▶「地総・地探」・「歴総・日探」・「歴総・世探」・「公・倫」・「公・政経」から１　④⑤数(50×2)▶「数Ⅰ・数Ａ」・「数Ⅱ・数Ｂ・数Ｃ」　⑥⑦理(100×2)▶物必須，化・生・地学から１　⑧情(50)▶情Ⅰ
［個別学力検査(400)］　2科目　①外(200)▶英　②数(200)▶数Ⅰ・数Ⅱ・数Ⅲ・数Ａ・数Ｂ(数列)・数Ｃ(ベク・平面)
「志」特別　【海洋政策科学科(海洋基礎科学領域・海洋応用科学領域・海洋ガバナンス領域)／海技ライセンスコース(航海学領域・機関学領域)】［共通テスト］　課さない。
［個別学力検査(600)］〈理系科目重視型／文系科目重視型〉　4科目　①書類審査(50)　②模擬講義・レポート(理系／文系)(75)　③総合問題(理系／文系)(175)　④模擬実習・面接・口頭試問(300)
※第１次選抜―書類審査，模擬講義・レポート(理系または文系)，総合問題(理系または文系)，最終選抜―模擬実習・面接・口頭試問。

その他の選抜

社会人特別選抜(国際人間科〈発達コミュニティ・環境共生・子ども教育〉，私費外国人(留)学生特別選抜。

偏差値データ　（2024年度）

●一般選抜

＊共通テスト・個別計/満点

学部／学科／専攻	2024年度			2023年度実績					
	駿台予備学校	河合塾						競争率	
	合格目標ライン	ボーダー得点率	ボーダー偏差値	募集人員	受験者数	合格者数	合格最低点＊	'23年	'22年
●前期									
文学部									
人文	56	75%	62.5	77	161	82	535.575/800	2.0	3.0
国際人間科学部									
グローバル文化	57	76%	62.5	95	229	99	515.616/800	2.3	2.8
発達コミュニティ	56	76%	60	54	181	62	534.525/800	2.9	2.2
環境共生(文科系)	55	74%	60	23	47	25	582.733/900	1.9	2.2
(理科系)	54	77%	60	30	82	35	664.800/1000	2.3	1.8
子ども教育	56	74%	60	39	96	41	522.025/800	2.3	2.5
法学部									
法律	57	76%	62.5	117	294	118	538.650/800	2.5	3.0
経済学部									
経済(数学)	57	76%	62.5	30	34	32	656.416/800	1.1	1.8
(英数)	56	76%	62.5	30	37	32	595.416/800	1.2	1.3
(総合)	56	76%	60	160	701	171	534.391/800	4.1	3.1
経営学部									
経営(共通テスト優先)	57	76%	62.5	220	758	230	725.800/900	3.3	3.1
(個別優先)							218.400/350		
(共通テスト・個別総合)							477.816/725		
理学部									
数	54	73%	57.5	21	52	22	525.700/815	2.4	2.8
物理	54	75%	57.5	25	59	27	583.100/850	2.2	2.4
化	54	73%	57.5	24	46	26	540.000/850	1.8	2.6
生物	55	75%	55	18	54	20	559.075/850	2.7	2.2
惑星	53	74%	55	25	74	29	548.675/850	2.6	3.8
医学部									
医	68	87%	67.5	92	233	94	650.080/810	2.5	2.4
保健／看護学	52	67%	55	70	113	77	443.066/800	1.5	1.7
検査技術学	54	70%	55	28	59	30	487.400/800	2.0	2.1
理学療法学	55	69%	55	15	40	16	550.700/800	2.5	3.0
作業療法学	53	68%	55	15	35	18	447.133/800	1.9	1.6
工学部									
建築	54	77%	60	75	280	77	526.550/800	3.6	4.1
市民工	53	74%	57.5	49	197	49	509.116/800	4.0	4.1
電気電子工	53	75%	57.5	65	229	67	517.066/800	3.4	3.4
機械工	53	75%	57.5	88	295	89	505.620/800	3.3	2.9
応用化	53	73%	57.5	85	213	86	527.125/800	2.5	3.0
情報知能工	53	77%	60	90	347	94	531.283/800	3.7	3.6

学部／学科／専攻	2024年度 駿台予備学校 合格目標ライン	2024年度 河合塾 ボーダー得点率	2024年度 河合塾 ボーダー偏差値	2023年度実績 募集人員	受験者数	合格者数	合格最低点*	競争率 '23年	競争率 '22年
農学部									
食料環境／生産環境	54	72%	57.5	20	36	22	559.750/850	1.6	2.0
／食料環境	54	73%	57.5	5	17	9	非開示/850	1.9	2.9
資源生命科／応用動物	54	74%	57.5	20	35	21	562.400/850	1.7	2.2
／応用植物	55	72%	57.5	21	45	24	562.250/850	1.9	2.1
生命機能科／応用生命	55	74%	57.5	29	109	30	599.800/850	3.6	4.1
／応用機能	54	75%	57.5	21	48	21	575.150/850	2.3	2.3
海洋政策科学部									
海洋政策科(理系)	50	70%	55	115	273	140	583.250/1000	2.0	2.5
(文系)	51	73%	57.5	30	116	31	619.375/1000	3.7	2.0
●後期									
文学部									
人文	60	82%	67.5	20	113	24	559.250/800	4.7	4.7
国際人間科学部									
グローバル文化	58	80%	67.5	35	100	39	559.960/800	2.6	3.1
発達コミュニティ	57	80%	—	10	53	11	462.300/600	4.8	5.2
環境共生(文科系)	56	80%	—	8	24	8	非開示/600	3.0	6.6
(理科系)	55	80%	62.5	9	44	9	非開示/600	4.9	3.3
子ども教育	58	81%	—	11	25	11	430.650/600	2.3	4.4
法学部									
法律	59	83%	—	60	198	66	542.500/700	3.0	2.1
理学部									
数	58	82%	65	7	34	11	672.600/815	3.1	3.5
物理	58	86%	65	10	46	12	832.400/1100	3.8	3.5
化	58	84%	65	6	18	7	非開示/750	2.6	6.2
生物	58	84%	65	4	20	5	非開示/625	4.0	2.5
惑星	56	84%	65	8	43	10	非開示/700	4.3	2.8
医学部									
保健／看護学	54	72%	60	6	22	12	382.333/600	1.8	2.5
検査技術科学	55	74%	62.5	10	40	13	426.800/600	3.1	2.5
理学療法学	56	77%	60	3	11	4	非開示/600	2.8	3.5
工学部									
建築	59	84%	62.5	16	81	19	600.883/800	4.3	4.2
市民工	58	82%	62.5	12	72	16	584.890/800	4.5	5.0
電気電子工	58	83%	65	26	106	33	618.533/800	3.2	4.6
機械工	58	84%	65	13	104	20	616.720/800	5.2	5.2
応用化	58	82%	62.5	18	83	20	612.513/800	4.2	3.3
情報知能工	59	88%	65	15	98	17	650.200/800	5.8	6.3
農学部									
食料環境／生産環境	56	82%	60	5	24	6	非開示/850	4.0	4.2
／食料環境	56	81%	62.5	2	12	3	非開示/850	4.0	6.0
資源生命科／応用動物	56	79%	62.5	6	17	7	非開示/850	2.4	1.9

学部／学科／専攻	2024年度			2023年度実績					
	駿台予備学校	河合塾							
	合格目標ライン	ボーダー得点率	ボーダー偏差値	募集人員	受験者数	合格者数	合格最低点*	競争率	
								'23年	'22年
／応用植物	57	84%	60	5	17	6	非開示/850	2.8	2.9
生命機能科／応用生命	57	83%	60	7	57	8	非開示/850	7.1	7.3
／応用機能	56	80%	62.5	8	26	8	非開示/850	3.3	1.7
海洋政策科学部									
海洋政策科（理系）	55	82%	60	40	180	44	717.800/1000	4.1	3.4

●駿台予備学校合格目標ラインは合格可能性80%に相当する駿台模試の偏差値です。●競争率は受験者÷合格者の実質倍率
●河合塾ボーダー得点率は合格可能性50%に相当する共通テストの得点率です。
また，ボーダー偏差値は合格可能性50%に相当する河合塾全統模試の偏差値です。
●合格者10人以下の合格最低点は非開示

併設の教育機関　大学院

人文学研究科

教員数▶M55名，D54名
院生数▶184名
博士前期課程　●文化構造専攻　人間と社会に関する古典的な文献の原理論的研究という基礎的な方法を継承し，個々の文化現象の現代的意味を問うことのできる人材を養成。
●社会動態専攻　古典研究を踏まえて，フィールドワークを重視した社会文化の動態的分析能力を育成する。
博士後期課程　文化構造専攻，社会動態専攻

国際文化学研究科

教員数▶M72名，D63名
院生数▶171名
博士前期課程　●文化相関専攻　個別地域文化研究を踏まえ，異文化間の相互作用のあり方や特質を多角的に解明する。
●グローバル文化専攻　グローバル化による文化の現代的位相を解明する。
博士後期課程　文化相関専攻，グローバル文化専攻

人間発達環境学研究科

教員数▶M88名，D92名
院生数▶261名
博士前期課程　●人間発達専攻　心理系，行動系，教育系，表現系の４分野編成。さらに公認心理師の受験資格を取得できる「臨床心理学コース」と「発達支援１年履修コース」を設置。
●人間環境学専攻　人間の発達を促し，支え，助けるために，どのような環境を，どのように形成し，維持すればよいのかを解明する。
博士後期課程　人間発達専攻，人間環境学専攻

法学研究科

教員数▶M27名，D46名，P27名
院生数▶123名，法科大学院166名
博士前期課程　●法学政治学専攻　研究者養成，高度社会人養成，グローバル異分野共創の３つのプログラムを設置。伝統的な研究者養成と社会人として高度な専門的知識を身につけるなどの社会的ニーズに対応。
専門職学位課程　●実務法律専攻（法科大学院）高度な能力を身につけた職業法曹の養成を目的とする。併せて実定法の研究者の養成もめざす。
博士後期課程　法学政治学専攻

経済学研究科

教員数▶M47名，D47名
院生数▶210名
博士前期課程 ●経済学専攻　研究者および高度経済専門職業人の養成をめざす「総合コース」とグローバルビジネスリーダー育成をめざす「KIMAPコース」を設定。
博士後期課程 経済学専攻

経営学研究科

教員数▶M49名，D56名，P27名
院生数▶197名，社会人MBAプログラム139名
博士前期課程 ●経営学専攻　経営学・会計学・商学の特定の専攻分野において深い専門知識に精通し，独創的研究を行う人材を養成。
専門職学位課程 ●現代経営学専攻（社会人MBAプログラム）　実務経験のある社会人のための教育プログラム。学部レベルを超えたより高度な経営学に関する知識を働きながら身につける。
博士後期課程 経営学専攻

理学研究科

教員数▶M117名，D110名
院生数▶332名
博士前期課程 ●数学専攻　数学を総合的な学問としてとらえ，幅広い分野の教育を行うとともに，計算・論理的思考・抽象的思考に十分習熟するよう訓練することをめざす。
●物理学専攻　素粒子物理学と物性物理学の２つを教育・研究の柱とする。
●化学専攻　基礎分子物性化学と物質創製化学を二大柱として，その基礎的分野について一貫した教育を行う。
●生物学専攻　すべての生物に共通する生命の仕組みの解明と生物界の多様性の成り立ちの解明を２つの柱として，分子生物学から生態学まで広範な分野の専門教育を行う。
●惑星学専攻　基礎惑星学講座と新領域惑星学講座および連携講座からなり，地球や他の太陽系惑星の誕生と進化について研究を行う。
博士後期課程 数学専攻，物理学専攻，化学専攻，生物学専攻，惑星学専攻

医学研究科

教員数▶M70名，D284名
院生数▶557人
修士課程 ●バイオメディカルサイエンス専攻　バイオサイエンスと医学をドッキングさせたカリキュラムで，バイオメディカルサイエンスの基礎から応用までを学ぶ。
博士前期課程 ●医療創成工学専攻　'23年新設。複数学問領域から学生を受け入れ，「医療機器開発を主導することができる創造的開発人材」を医療現場に密着した実践の場において養成。
４年制博士課程 ●医科学専攻　人間性豊かで高い倫理観ならびに探求心と創造性を有する科学者としての視点を持つ医師・医学研究者を育成。
博士後期課程 医療創成工学専攻

保健学研究科

教員数▶M73名，D73名
院生数▶276人
博士前期課程 ●保健学専攻　人々の健康や生活を身体的，精神的，社会的，倫理的側面から総合的に科学する「総合保健医療」の創造と実践に取り組む。
博士後期課程 保健学専攻

工学研究科

教員数▶M126名，D140名
院生数▶764名
博士前期課程 ●建築学専攻　建築における「計画」「構造」「環境」のより高度な知識を習得し，現実的課題に対する解答を導き出す「空間デザイン」の能力を高める。
●市民工学専攻　自然・社会災害に対し安全な都市・地域の創造，自然と共生する都市・地域をめざした環境の保全と都市施設の維持管理・再生などを学ぶ。
●電気電子工学専攻　高度情報化社会におけ

るハードウェア，ソフトウェア技術の担い手となる，高度な専門知識と研究能力を兼ね備えた人材を養成する。

●機械工学専攻　専門基礎学力と基礎的研究開発能力を備え，将来社会のリーダーになるべき倫理観と国際感覚に富んだ人材を養成する。

●応用化学専攻　実験，原著論文の講読，討論などを通して幅広い分野の基礎的学識と，各専門分野における厳密な解析能力・周到な計画能力の向上を図る。

博士後期課程　建築学専攻，市民工学専攻，電気電子工学専攻，機械工学専攻，応用化学専攻

システム情報学研究科

教員数▶M37名，D39名
院生数▶231名

博士前期課程　●システム情報学専攻　'23年よりシステム科学・情報科学・計算科学の３専攻を１専攻に統合。これまで３専攻が有していたそれぞれの専門性を保持しつつ，関連研究分野が相互に刺激し合う融合的な教育研究環境を構築。新興領域や融合領域における価値創造に肝要となる複眼的視野を有する創造性豊かな人材を養成する。

博士後期課程　システム情報学専攻

農学研究科

教員数▶M88名，D87名
院生数▶319名

博士前期課程　●食料共生システム学専攻　食料の生産者と消費者が環境保全型持続社会を通して共生するための生産基盤構築から流通・消費に至る全プロセスの体系化を目的とした教育研究を行う。

●資源生命科学専攻　有用な動物，植物，微生物とそれらの相互関係，生物資源の管理・利用と食料の効率的で持続可能な生産技術の開発などに取り組んでいる。

●生命機能科学専攻　食と農に関わる生物の機能と現象を分子レベルから生態系まで多面的にとらえて解析する能力を持ち，生物とその機能の利用，開発，制御を通じて21世紀のバイオ社会を支える人材を育成する。

博士後期課程　食料共生システム学専攻，資源生命科学専攻，生命機能科学専攻

海事科学研究科

教員数▶M72名，D66名
院生数▶204名

博士前期課程　●海事科学専攻　グローバル輸送科学，海洋安全システム科学，マリンエンジニアリングの３コースを配置。海事に関連する社会・産業分野の発展および世界平和や地球環境の保全に貢献する人材を育成。

博士後期課程　海事科学専攻

国際協力研究科

教員数▶M28名，D28名
院生数▶198名

博士前期課程　●国際開発政策専攻・国際協力政策専攻・地域協力政策専攻　国際学，開発・経済，国際法・開発法学，政治・地域研究の４教育プログラムを設定し，学位取得に向けた体系的な教育・研究指導を行う。また，主に留学生を対象とした英語による開発政策特別コースやダブルディグリー・プログラムも展開している。

博士後期課程　国際開発政策専攻，国際協力政策専攻，地域協力政策専攻

科学技術イノベーション研究科

教員数▶M19名，D19名
院生数▶128名

博士前期課程　●科学技術イノベーション専攻　学際領域における先端科学技術の研究開発能力とともに，学術的研究成果の事業化移行プロセスをデザインできるアントレプレナーシップを兼ね備えた理系人材を育成する。

博士後期課程　●科学技術イノベーション専攻

奈良女子大学

資料請求

問合せ先 入試課 ☎0742-20-3353

大学の理念

1908（明治41）年に設置された奈良女子高等師範学校を前身とする。女子の最高教育機関として，広く知識を授けるとともに，専門の学術文化を教授・研究し，その能力を展開させるとともに，学術の理論および応用を教授・研究し，文化の進展に寄与することを目的とする。時代や社会の変化に柔軟に対応し，また，社会からの要請に応えるべく「男女共同参画社会をリードする人材の育成」「教養教育，基礎教育の充実と専門教育の高度化」「高度な基礎研究と学際研究の追求」「開かれた大学」の４つを基本理念と定め，歴史的遺産の宝庫でもある奈良市中心部に位置するキャンパスに，2022年新設の工学部を加えて文系理系がバランスよく配置された４学部と，高度な教育研究を担う大学院を配し，小規模ながらも個性ある教育・研究を推進している。

●奈良女子大学キャンパス……〒630-8506　奈良県奈良市北魚屋東町

基本データ

学生数▶女2,123名

専任教員数▶教授103名，准教授62名，講師10名

設置学部▶文，理，生活環境，工

併設教育機関▶大学院─人間文化総合科学（M・D）

就職・卒業後の進路

就職率 **97.1**％
就職者÷希望者×100

●**就職支援**　キャリア教育の一環として，将来設計についての基礎知識や情報収集能力・構想力を早期に身につけるための「キャリアプラン科目群」を開設。その授業と連動させた１・２年次生対象の「就活準備ガイダンス」のほか，就職活動を目前に控えた学部３年次生を対象として，年間100回を超える，企業説明会，就活対策講座，公務員・教員対策講座を開催するなどさまざまな支援を行っている。学内には「キャリアサポートルーム」が設置され，求人情報公開，各種セミナー，合同企業説明会，インターンシップに関する情報など活動に必要な情報が検索可能なほか，キャリアカウンセラー資格を持つアドバイザーがきめ細かいアドバイスや，各種スキルの指導にあたっている。

進路指導者も必見 学生を伸ばす 面倒見

初年次教育

自校教育などの帰属意識を醸成する「奈良女子大学入門」や，大学教育全般に対する動機づけ，レポート・論文の書き方，プレゼン技法，論理的思考や問題発見・解決能力の向上を図る「パサージュ」のほか，「情報処理入門」などを開講

学修サポート

全学部でTA制度，オフィスアワー制度，工学部を除きSA制度，さらに専任教員１人が学生（文20人，生12人，工３人）を担当し，履修や学生生活の指導・支援を行う教員アドバイザー制度を導入

オープンキャンパス（2023年度実績）　夏季と秋季にオープンキャンパスを開催（事前申込制）。８月５・６日は来場型で，７日と11月３日はオンライン相談会を実施。学園祭期間の11月２・３日には入試資料・相談コーナーを設置。

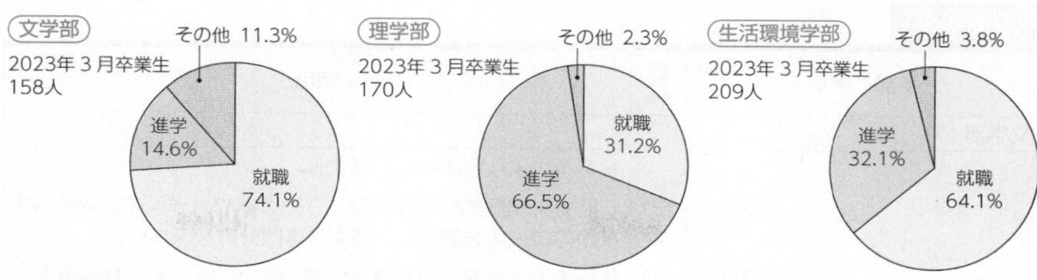

主なOB・OG▶［文］中瀬ゆかり（編集者），［理］黒川伊保子（エッセイスト），［旧家政］辛島美登里（シンガーソングライター），［文］今村涼子（気象予報士）など。

国際化・留学　大学間 **40** 大学等・部局間 **15** 大学等

受入れ留学生数▶79名（2023年5月1日現在）
留学生の出身国・地域▶中国，韓国，マレーシア，台湾，ベトナムなど。
外国人専任教員▶教授３名，准教授１名，講師１名（2023年５月１日現在）
外国人専任教員の出身国▶アメリカ，フランス，ドイツ，韓国。
大学間交流協定▶40大学・機関（交換留学先37大学，2023年９月１日現在）
部局間交流協定▶15大学・機関（交換留学先14大学，2023年９月１日現在）
海外への留学生数▶渡航型38名・オンライン型136名／年（17カ国・地域，2022年度）
海外留学制度▶協定大学への交換留学（１学期〜１年間）や短期海外研修（夏季，春季の休業期間中に１カ月程度）を実施。交換留学は留学先で授業料を支払う必要がなく，大学に在籍している扱いとなる。短期海外研修は，夏季は中国，フィリピン，春季はニュージーランド，タイ，アメリカで研修を行っている。研修では語学学習はもちろん，現地学生との交流や文化活動，慈善活動，インターンシップにも挑戦。また，個人で計画した海外での活動（留学，インターンシップ等）の中でキャリア形成に有益であると認められるものについて単位を認定する国際チャレンジ活動，留学準備や現地での学修・生活に関するアドバイスを行う留学サポーター制度などもある。

学費・奨学金制度　給付型奨学金総額 年間 **153** 万円

入学金▶282,000円
年間授業料（施設費等を除く）▶535,800円
年間奨学金総額▶1,530,000円
年間奨学金受給者数▶25人
主な奨学金制度▶特別な事情により経済的に困窮している２年次生以上の学部学生を対象に月額１万５千円給付する「廣岡奨学金」や，学業優秀者に授与される広部奨学金，同窓会による佐保会奨学金，育児奨学金などの制度を設置。このほか，学費減免制度もあり，2022年度には100人を対象に総額で約1,907万円を減免している。

保護者向けインフォメーション

●**成績確認**　理・工学部では成績表，履修科目と単位数の情報を保護者に郵送している。
●**保護者説明会**　新入生の保護者を対象に１年次の学修や生活面での不安や質問に教員が答える「新入生保護者説明会」を開催。
●**防災対策**　被災した際の学生の安否確認は，大学独自の災害時安否確認システムを利用。

インターンシップ科目	必修専門ゼミ	卒業論文	GPA制度の導入の有無および活用例	１年以内の退学率	標準年限での卒業率
文学部で開講している	文学部で3・4年次，生活環境学部で４年次，工学部で１・３・４年次に実施	理学部数物科学科を除き卒業要件	奨学金等対象者の選定，卒業判定基準，個別の学修指導，６年一貫教育プログラム特別奨学制度，大学院の先行履修生出願資格に活用	1.3%	89.9%

学部紹介

学部／学科	定員	特色
文学部		
		▶２年次より各学科に所属する。
人文社会	60	▷歴史学・地理学・社会学の３コース編成。３年進級時にいずれかのコースを選択し，個々の専門分野を深める。
言語文化	50	▷日本アジア言語文化学と，ヨーロッパ・アメリカ言語文化学の２コース。広い視野を持って世界を学ぶ。
人間科	40	▷教育学・人間学コース，心理学コースとが連携し人間について総合的に教育・研究する。幼稚園・小学校の教員を養成する子ども教育専修プログラムを設置。

● **取得可能な資格**…教職（国・地歴・公・社・書・英，小一種，幼一種），学芸員，司書教諭など。
● **進路状況**…………就職74.1％　進学14.3％
● **主な就職先**………関西電力，パナソニック，厚生労働省，日本放送協会，沖電気工業，思文閣出版，大阪税関など。

学部／学科	定員	特色
理学部		
数物科	57	▷１年次に基礎学習を行い２年次に数学コース，物理学コース，数物連携コースから選択。数学，物理学，情報科学を専門とする教員が連携して教育研究を行う。
化学生物環境	78	▷化学，生物科学，環境科学の３コース。１年次には全コースの基礎となる共通科目を履修。２年次にはコース変更も可能。化学コースは１～３年次で大学化学を学ぶための基礎固めを行い，４年次より物性物理・分子創成・生命機能・物質機能の４化学分野の研究室に配属。生物科学コースは分子細胞生物学，個体機能生物学，生態学の３分野を学び，ゲノムから生態系まで生命の全体像を究める。環境科学コースは地球環境科学，数理生命システム，環境化学，生物環境学の４分野の研究により，地球環境問題に取り組む。

● **取得可能な資格**…教職（数・理），学芸員，司書教諭など。
● **進路状況**…………就職31.2％　進学66.5％
● **主な就職先**………三菱電機，クボタ，アクセンチュア，野村総合研究所，鳥取県警察科学捜査研究所，西日本電信電話など。

学部／学科	定員	特色
生活環境学部		
食物栄養	35	▷分子レベルから生体まで，食と栄養のプロフェッショナルを養成。
心身健康	35	▷生活健康学，スポーツ健康科学，臨床心理学の3コース分かれて，心身の健康についての専門性を高める。
住環境	30	▷快適，安全で魅力的な住環境についての計画，設計，整備，管理方法を教育研究する。
文化情報	45	▷Society5.0の実現とSDGsの達成を教育の２本柱にした，生活文化学と生活情報通信科学の２コース構成。人文社会科学と情報通信技術を文理横断的に活用し，社会的課題解決と新たな価値を創出をめざす。

● **取得可能な資格**…教職（家・保体・情），栄養士，管理栄養士・１級建築士・２級建築士受験資格など。
● **進路状況**…………就職64.1％　進学32.1％
● **主な就職先**………カルビー，村田製作所，清水建設，日本銀行，家庭裁判所調査官補，ソフトバンク，日本電気など。

 キャンパスアクセス ［奈良女子大学キャンパス］近鉄－近鉄奈良より徒歩5分

工学部		
工	45	▷個人の主体性を生かした分野融合の学びから，社会が必要としている創造的エンジニアを育成する。専門課程は人間情報分野の生体医工学・情報と，環境デザイン分野の人間環境・材料工学で構成されるが，どれかに特化する必要はなく，個性に応じた学びとキャリア形成を可能する履修制度を設定。
● 取得可能な資格…学芸員，２級建築士受験資格など。 ● 主な就職先………2022年度開設のため，卒業生はいない。		

▶キャンパス

全学部…［奈良女子大学キャンパス］奈良県奈良市北魚屋東町

2025年度入試要項（予告）

●募集人員

学部／学科（コース）		前期	後期
▶文	人文社会	95	43
	言語文化		
	人間科		
▶理	数物科	32	18
	化学生物環境（化学）	22	11
	（生物科学）	21	
	（環境科学）	16	
▶生活環境	食物栄養	23	7
	心身健康	20	6
	住環境	21	4
	文化情報（生活文化学）	19	7
	（生活情報通信科学）	9	3
▶工	工	30	10

※文学部人間科学科（子ども教育専修プログラム）は学校推薦型選抜で募集。

●２段階選抜　実施しない

注）募集人員および２段階選抜は2024年度の実績です。

▷共通テストの英語はリスニングを含む。

▷共通テストの地歴・公民から２科目選択する場合，「公・倫」と「公・政経」の組み合わせ，および「地総・歴総・公から２」で選択した科目と同一科目名を含む組み合わせは不可。

文学部

前期　［共通テスト(520)］　8科目　①国(100)　②外(100・英〈R80＋L20〉)▶英・独・仏・中・韓から１　③④**地歴・公民**(50×2)▶「地総・地探」・「歴総・日探」・「歴総・世探」・「公・倫」・「公・政経」から２　⑤⑥**数**(50×2)▶「数Ⅰ・〈数Ⅰ・数Ａ〉から１」・「数Ⅱ・数Ｂ・数Ｃ」　⑦**理**(100)▶「物基・化基・生基・地学基から２」・物・化・生・地学から１　⑧**情**(20)▶情Ⅰ

［個別学力検査(400)］　2科目　①**国**(200)▶現国・言語・論国・文国・古典　②**外**(200)▶「英コミュⅠ・英コミュⅡ・英コミュⅢ・論表Ⅰ・論表Ⅱ・論表Ⅲ」・独・仏から１

後期　［共通テスト(400)］　7科目　①国(50)　②**外**(50・英〈R40＋L10〉)▶英・独・仏・中・韓から１　③④**地歴・公民**(100×2)▶「地総・地探」・「歴総・日探」・「歴総・世探」・「公・倫」・「公・政経」から２　⑤⑥**数**(25×2)▶「数Ⅰ・〈数Ⅰ・数Ａ〉から１」・「数Ⅱ・数Ｂ・数Ｃ」　⑦**理**(50)▶「物基・化基・生基・地学基から２」・物・化・生・地学から１

［個別学力検査(600)］　2科目　①**国**(300)▶現国・言語・論国・文国・古典　②**外**(300)▶「英コミュⅠ・英コミュⅡ・英コミュⅢ・論表Ⅰ・論表Ⅱ・論表Ⅲ」・独・仏から１

理学部

前期　【数物科学科】［共通テスト(850)］　8科目　①国(100)　②**外**(200・英〈R160＋L40〉)▶英・独・仏・中・韓から１　③**地歴・公民**(100)▶「地総・歴総・公から２」・「地総・地探」・「歴総・日探」・「歴総・世探」・「公・倫」・「公・政経」から１　④⑤**数**(100×2)▶「数Ⅰ・数Ａ」・「数Ⅱ・数Ｂ・数Ｃ」　⑥⑦**理**(100×2)▶物・化・生・地学から２　⑧**情**(50)▶情Ⅰ

［個別学力検査(500)］　4科目　①**外**(100)▶英コミュⅠ・英コミュⅡ・英コミュⅢ・論表Ⅰ・論表Ⅱ・論表Ⅲ　②**数**(200)▶数Ⅰ・数Ⅱ・数Ⅲ・数Ａ（図形・場合）・数Ｂ（数列）・数Ｃ（ベク・平面）　③④**理**(100×2)▶「物基・物」・「化

奈良　奈良女子大学

基・化」・「生基・生」から2
【化学生物環境学科】 [共通テスト(930)] 8科目 ①国(200) ②外(200・英〈R160+L40〉)▶英・独・仏・中・韓から1 ③**地歴・公民**(100)▶「地総・歴総・公から2」・「地総・地探」・「歴総・日探」・「歴総・世探」・「公・倫」・「公・政経」から1 ④⑤**数**(100×2)▶「数Ⅰ・数A」・「数Ⅱ・数B・数C」 ⑥⑦**理**(100×2)▶物・化・生・地学から2 ⑧**情**(30)▶情Ⅰ
[個別学力検査(600)] 4科目 ①**外**(150)▶英コミュⅠ・英コミュⅡ・英コミュⅢ・論表Ⅰ・論表Ⅱ・論表Ⅲ ②**数**(150)▶数Ⅰ・数Ⅱ・数Ⅲ・数A(図形・場合)・数B(数列)・数C(ベク・平面) ③④**理**(150×2)▶「物基・物」・「化基・化」・「生基・生」から2
後期 **【数物科学科】** [共通テスト(850)] 8科目 前期と同じ
[個別学力検査(300)] 1科目 ①**数・理**(300)▶「数Ⅰ・数Ⅱ・数Ⅲ・数A(図形・場合)・数B(数列)・数C(ベク・平面)」・「物基・物」から1
【化学生物環境学科】 [共通テスト(930)] 8科目 前期と同じ
[個別学力検査(400)] 2科目 ①**外**(200)▶英コミュⅠ・英コミュⅡ・英コミュⅢ・論表Ⅰ・論表Ⅱ・論表Ⅲ ②**数**(200)▶数Ⅰ・数Ⅱ・数Ⅲ・数A(図形・場合)・数B(数列)・数C(ベク・平面)

生活環境学部

前期 **【食物栄養学科】** [共通テスト(950)] 8科目 ①国(200) ②外(200・英〈R160+L40〉)▶英・独・仏・中・韓から1 ③④**数**(100×2)▶「数Ⅰ・〈数Ⅰ・数A〉から1」・「数Ⅱ・数B・数C」 ⑤**情**(50)▶情Ⅰ ⑥⑦⑧**「地歴・公民」・理**(100×3)▶「〈地総・地探〉・〈歴総・日探〉・〈歴総・世探〉・〈公・倫〉・〈公・政経〉から1」・「物・化・生から2」または「〈地総・地探〉・〈歴総・日探〉・〈歴総・世探〉・〈公・倫〉・〈公・政経〉から2」・「〈物基・化基・生基から2〉・物・化・生から1」
[個別学力検査(600)] 2科目 ①**外**(300)▶英コミュⅠ・英コミュⅡ・英コミュⅢ・論表Ⅰ・論表Ⅱ・論表Ⅲ ②**国・数・理**(300)▶「現国・言語・論国・文国・古典」・「数Ⅰ・数Ⅱ・数A(図形・場合)・数B(数列)・数C(ベク)」・「物基・物」・「化基・化」・「生基・生」から1
【心身健康学科・住環境学科・文化情報学科】 [共通テスト(950)] 8科目 ①国(200) ②外(200・英〈R160+L40〉)▶英・独・仏・中・韓から1 ③④**数**(100×2)▶「数Ⅰ・〈数Ⅰ・数A〉から1」・「数Ⅱ・数B・数C」 ⑤**情**(50)▶情Ⅰ ⑥⑦⑧**「地歴・公民」・理**(100×3)▶「〈地総・歴総・公から2〉・〈地総・地探〉・〈歴総・日探〉・〈歴総・世探〉・〈公・倫〉・〈公・政経〉から1」・「物・化・生・地学から2」または「〈地総・歴総・公から2〉・〈地総・地探〉・〈歴総・日探〉・〈歴総・世探〉・〈公・倫〉・〈公・政経〉から2」・「〈物基・化基・生基・地学基から2〉・物・化・生・地学から1」
[個別学力検査(600)] 2科目 ①**外**(300)▶英コミュⅠ・英コミュⅡ・英コミュⅢ・論表Ⅰ・論表Ⅱ・論表Ⅲ ②**国・数・理**(300)▶「現国・言語・論国・文国・古典」・「数Ⅰ・数Ⅱ・数A(図形・場合)・数B(数列)・数C(ベク)」・「物基・物」・「化基・化」・「生基・生」から1
後期 **【食物栄養学科】** [共通テスト(950)] 8科目 前期と同じ
[個別学力検査(100)] 1科目 ①**面接**(100)
【心身健康学科・住環境学科・文化情報学科】 [共通テスト(950)] 8科目 前期と同じ
[個別学力検査(100)] 1科目 ①**面接**(100)

工学部

前期 [共通テスト(950)] 8科目 ①国(200) ②外(200・英〈R160+L40〉)▶英・独・仏・中・韓から1 ③④**数**(100×2)▶「数Ⅰ・数A」・「数Ⅱ・数B・数C」,ただし「地歴・公民」1科目を選択した場合は「数Ⅰ・数A」必須 ⑤**情**(50)▶情Ⅰ ⑥⑦⑧**「地歴・公民」・理**(100×3)▶「〈地総・歴総・公から2〉・〈地総・地探〉・〈歴総・日探〉・〈歴総・世探〉・〈公・倫〉・〈公・政経〉から1」・「物・化・生・地学から2」または「〈地総・地探〉・〈歴総・日探〉・〈歴総・世探〉・〈公・倫〉・〈公・政経〉から2」・「〈物基・化基・生基・地学基から2〉・物・化・生・地学から1」
[個別学力検査(600)] 3科目 ①**外**(200)▶英コミュⅠ・英コミュⅡ・英コミュⅢ・論表Ⅰ・論表Ⅱ・論表Ⅲ ②**数**(200)▶数Ⅰ・数Ⅱ・

数Ⅲ・数A（図形・場合）・数B（数列）・数C（ベク・平面） ③理（200）▶「物基・物」・「化基・化」・「生基・生」から1

後期 ［共通テスト（950）］ 8科目 前期と同じ

［個別学力検査（200）］ 1科目 ①数（200）▶数Ⅰ・数Ⅱ・数Ⅲ・数A（図形・場合）・数B（数列）・数C（ベク・平面）

その他の選抜

学校推薦型選抜は文学部人間科学科（子ども教育専修プログラム）12名，理学部15名，生活環境学部26名，工学部５名，総合型選抜探究力入試「Q」は文学部12名以内，理学部10名以内，生活環境学部９名以内，工学部15名以内を募集。ほかに私費外国人留学生入試を実施。

注）募集人員は2024年度の実績です。

偏差値データ（2024年度）

●一般選抜

学部／学科／コース	2024年度 駿台予備学校 合格目標ライン	2024年度 河合塾 ボーダー得点率	2024年度 河合塾 ボーダー偏差値	'23年度 競争率
●前期				
▶文学部				
（学部一括募集）	52	68%	57.5	2.3
▶理学部				
数物科	48	63%	47.5	1.7
化学生物環境／化学	49	65%	50	1.9
／生物科学	50	65%	50	2.1
／環境科学	49	65%	50	—
▶生活環境学部				
食物栄養	54	67%	57.5	2.5
心身健康	53	66%	57.5	1.8
住環境	52	68%	57.5	3.2
文化情報／生活文化学	52	66%	57.5	1.6
／生活情報通信科学	53	66%	55	2.9
▶工学部				
工	48	68%	52.5	2.1
●後期				
▶文学部				
（学部一括募集）	55	74%	60	2.6
▶理学部				
数物科	50	68%	52.5	2.0
化学生物環境	51～52	70%	52.5	2.9
▶生活環境学部				
食物栄養	55	73%	—	4.6
心身健康	54	71%	—	2.0
住環境	53	73%	—	7.2
文化情報／生活文化学	53	70%	—	2.1
／生活情報通信科学	54	71%	—	1.8
▶工学部				
工	49	73%	55	3.9

- 駿台予備学校合格目標ラインは合格可能性80％に相当する駿台模試の偏差値です。
- 河合塾ボーダー得点率は合格可能性50％に相当する共通テストの得点率です。また，ボーダー偏差値は合格可能性50％に相当する河合塾全統模試の偏差値です。
- 競争率は受験者÷合格者の実質倍率

和歌山大学

わかやま

wakayama univ.

資料請求

問合せ先　入試課　☎073-457-7116

●栄谷キャンパス……〒640-8510　和歌山県和歌山市栄谷930

大学の理念

1922（大正11）年創立の和歌山高商と，1875（明治8）年創立の和歌山師範，青年師範などを統合し，1949（昭和24）年に発足。高野・熊野世界文化遺産という豊かな自然と歴史に包まれた和歌山，南大阪地域の学術文化の中心にある大学として，専門の学芸を研究・教育するとともに，知的・道徳的および応用能力を展開させることを目的に社会に貢献できる人材育成に努める。学生の主体的な学びを支援するPBL（プロジェクト型・課題解決型学習）制度クリエプロジェクトや，教育学部の「へき地・複式型教育実習」，経済学部やシステム工学部のさまざまな地域調査研究，観光学部の「LPP（地域連携プログラム）」などのプロジェクトに地域社会と共に取り組み，学生と教職員が共に学び，育ち，創る大学としての体制づくりを積極的に推進している。

基本データ

学生数▶3,939名（男2,599名，女1,340名）
専任教員数▶教授122名，准教授76名，講師15名
設置学部・学環▶教育，経済，システム工，観光，社会インフォマティクス
併設教育機関▶大学院—観光学（D・M・P），システム工学（M・D），経済学（M），教育学（P）

就職・卒業後の進路

就職率 99.4%
就職者÷希望者×100

●**就職支援**　キャリアセンターにおいて，全学生を対象に，キャリア教育・就職支援を行っている。PBL(プロジェクト型学習／課題解決型学習)とコーオプ型インターンシップ「実践力を養うためのプログラム」による就職力向上のためのキャリア教育事業と，1年生から参加できる業界・企業研究セミナーや公務員・業務研究セミナー，主に3年生を対象にした就職ガイダンス・企業説明会・模擬面接指導などのキャリア支援事業のほか，キャリアカウンセラーによる個別相談を実施し，学生が希望の進路を実現できるようきめ細かくサポート。また，各学部にもキャリア支援室を設置し，支援体制を構築している。

進路指導者も必見　学生を伸ばす　面倒見

初年次教育
「基礎演習」などを開講し，学問や大学教育全般に対する動機づけ，レポート・論文の書き方，プレゼン技法，情報収集や資料整理の方法を学ぶほか，論理的思考や問題発見・解決能力の向上を図っている

学修サポート
全学部でオフィスアワー制度，教育・経済・システム工・観光でTA制度，教育・システム工では専任教員が学生3～10人を担当する教員アドバイザー制度を導入。また，経済学部では文書作成や学習相談に応じる学習支援オフィスを設置

オープンキャンパス（2023年度実績）▶　7月に来場型でオープンキャンパスを開催（事前申込制）。学部・学科・コースや研究内容の紹介，模擬講義，相談・質疑応答，施設見学などを実施。

●**資格取得支援**　教育学部では，教職キャリア支援室を設置し，全員と個別面談を実施し採用試験まで継続して面接や小論文指導などを行う。また，学部卒業生による模擬面接や教員採用試験対策講座もあり教員をめざす学生をトータルにサポートしている。

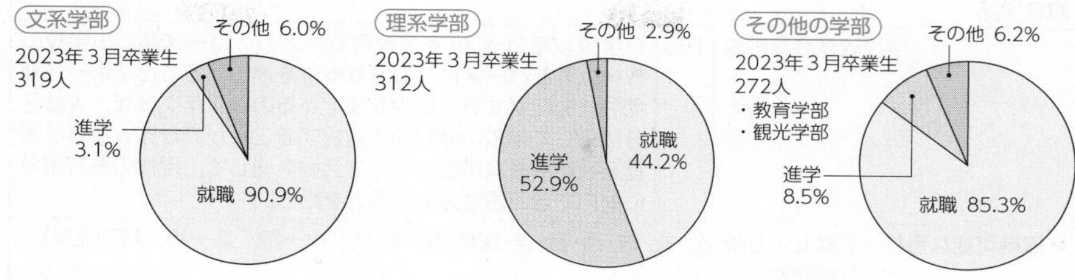

主なOB・OG▶［経済］高木邦夫（実業家，元ダイエー代表取締役社長），［経済］金銅重弘（チョーヤ梅酒社長），［経済］川田裕美（フリーアナウンサー）など。

国際化・留学　大学間 57 大学・部局間 1 大学

受入れ留学生数▶67名（2023年５月１日現在）
留学生の出身国▶中国，マレーシア，ベトナム，モンゴル，韓国など。
外国人専任教員▶教授２名，准教授３名，講師２名（2023年５月１日現在）
大学間交流協定▶57大学（交換留学先42大学，2023年５月１日現在）
部局間交流協定▶１大学（交換留学先１大学，2023年５月１日現在）
海外への留学生数▶渡航型46名／年（９カ国・地域，2022年度）
海外留学制度▶グローバルリーダーの育成をめざし，海外協定校との交換留学プログラムを実施。半年から１年間，大学に在籍したまま留学できるため，４年での卒業も可能。専攻分野の講義を受講する「学部留学」と現地の言語を学ぶ「語学留学」がある。また，教養科目「海外短期留学」「ASEANプログラム」として，オーストラリア，フランス，タイなどでフィールドワークを中心に事前・事後学習を通して語学力向上に加え，国際的視野を養う短期留学プログラムを開講。観光学部のGIP（海外研修）でも文化交流，インターンシップなど多彩なプログラムを用意している。

学費・奨学金制度

入学金▶282,000円
年間授業料（施設費等を除く）▶535,800円
主な奨学金制度▶学費負担者の失職や病気など特別な事情で修学が困難になった学生への「家計急変奨学金」があり，無利子で一時金を貸与している。また，学費減免制度があり，2022年度には107人を対象に総額で約1,632万円を減免している。

保護者向けインフォメーション

●**成績確認**　成績表，履修科目と単位数の情報を保護者に郵送している。
●**教育懇談会**　教育懇談会を開催し，教育方針や進路状況の説明，個別面談などを実施。
●**防災対策**　「留学生と日本人学生のやさしい日本語 防災ハンドブック」を大学HPに掲載。被災した際の学生の安否はメールおよびポータルサイトを利用して確認する。

インターンシップ科目	必修専門ゼミ	卒業論文	GPA制度の導入の有無および活用例	１年以内の退学率	標準年限での卒業率
全学部で開講している	経済学部で２～４年次，教育・観光学部で３・４年次，システム工学部で４年次に実施	全学部で卒業要件	授業料免除対象者の選定基準，留学候補者の選考，個別の学修指導に活用するほか，GPAに応じた履修上限単位を設定	0.5%	83.6%

学部紹介

学部・学環／学科・課程	定員	特色
教育学部		
学校教育教員養成	165	▷学校教育コース・支援教育コースの２コース制。小学校の教員免許をベースに，必要な単位を追加することにより各種免許状を取得する。専攻を決定するのは１年次後期，入試区分に応じて幅広い分野から選択することができる。多彩な実習系授業や教育ボランティア活動を通じて，現代の教育現場に対応できる思考力や実践力を培う。
● 取得可能な資格…教職（国・地歴・公・社・数・理・音・美・保体・技・家・英，小一種，幼一種，特別支援），学芸員など。 ● 進路状況…………就職84.4%，進学10.2% ● 主な就職先………教員（小学校・中学校・高等学校・特別支援学校・幼稚園），和歌山県庁，田辺市役所，和歌山新報社，大阪府庁，公文教育研究会など。		
経済学部		
経済	290	▷グローバル・ビジネス＆エコノミー，ビジネスデザイン，企業会計・税法，地域公共政策・公益事業，サステイナブル・エコノミーの５プログラム制。経済学，経営学，会計学，情報学，法学の５つの科目領域をクロスオーバーして履修する。さらにエキスパート・コースとして，飛び級制度で大学院進学が可能な専門教育ユニットを設置。
● 取得可能な資格…学芸員など。 ● 進路状況…………就職90.9%，進学3.1% ● 主な就職先………紀陽銀行，和歌山県庁，一条工務店，住友生命保険，大阪府庁，和歌山市役所，日本電気，Sky，ユアサ商事，りそな銀行など。		
システム工学部		
システム工	290	▷最先端の研究や世界の動向を見据え，３領域８メジャーで編成。応用理工学領域にロボティクス／電子物理工学／化学，環境デザイン学領域に環境科学／建築・ランドスケープ，情報学領域に情報システムデザイン／ネットワークコンピューティング／クロスリアリティ・情報デザインで構成。異なる領域の２つのメジャーで学ぶダブルメジャー制や博士課程前期までシームレスに学修する６年制を設定し，広範かつ柔軟な専門性を育む。
● 取得可能な資格…１・２級建築士受験資格など。 ● 進路状況…………就職44.2%　進学52.9% ● 主な就職先………和歌山県庁，大阪市役所，ソフトクリエイトHD，大林組，積水ハウス，ハカルプラス，NTTデータMSE，凸版印刷，トヨタ自動車，本州化学工業など。		
観光学部		
観光	115	▷１学科３コース制。観光経営，地域再生，観光文化の３コースの基本領域を学ぶ。主に英語による講義で履修できるグローバル・プログラムを導入し，グローバルな視野を持って活躍できる能力を養成する。
● 取得可能な資格…学芸員など。 ● 進路状況…………就職86.7%　進学5.7% ● 主な就職先………読売広告社，南海電鉄，和歌山市役所，わかやま市民生協，さが美，ジェイエア，東部トップツアーズ，日本放送協会，リゾートトラスト，JR西日本SC開発など。		

 キャンパスアクセス　［栄谷キャンパス］JR一和歌山よりバス約30分

社会インフォマティクス学環		
	30	▷社会に変革をもたらすための多様な知識に裏付けられたデータ利活用と，経済学部・システム工学部・観光学部が連携した文理融合型の教育課程で社会をインフォマティクス（情報技術で分析・把握し改革）する力を育成。
● 主な就職先………2023年度開設のため卒業生はいない。		

▶キャンパス

全学部…［栄谷キャンパス］ 和歌山県和歌山市栄谷930

2025年度入試要項（予告）

●募集人員

学部・学環／学科・課程	前期	後期
▶教育 学校教育教員養成（文科系）	42	15
（理科系）	30	10
（実技系・音楽または美術）	8	—
（実技系・保健体育）	10	—
▶経済 経済	170	80
▶システム工 システム工	160	100
▶観光 観光	60	—
▶社会インフォマティクス	20	—

● 2段階選抜　実施しない

注）募集人員および２段階選抜は2024年度の実績です。

▷共通テストの英語はリスニングを含む。
▷共通テストの地歴・公民から２科目選択する場合，「公・倫」と「公・政経」の組み合わせ，および「地総・歴総・公から２」で選択した科目と同一科目名を含む組み合わせは不可。
▷共通テストの理科から２科目選択する場合，同一科目名を含む選択は不可。
注）配点は編集時，未公表。最新の募集要項でご確認ください。

教育学部

前期　**【学校教育教員養成課程（文科系）】［共通テスト］** **8科目** ①国 ②**外**▶英・独・仏・中・韓から１ ③④**地歴・公民**▶「地総・歴総・公から２」・「地総・地探」・「歴総・日探」・「歴総・世探」・「公・倫」・「公・政経」から２ ⑤⑥**数**▶「数Ⅰ・数Ａ」・「数Ⅱ・数Ｂ・数Ｃ」 ⑦**理**▶「物基・化基・生基・地学基から２」・物・化・生・地学から１ ⑧**情**▶情Ⅰ
［個別学力検査］ **3科目** ①国▶現国・言語 ②**外**▶英コミュⅠ・英コミュⅡ・英コミュⅢ・論表Ⅰ・論表Ⅱ・論表Ⅲ ③**面接**

【学校教育教員養成課程（理科系）】［共通テスト］ **8科目** ①国 ②**外**▶英・独・仏・中・韓から１ ③**地歴・公民**▶「地総・歴総・公から２」・「地総・地探」・「歴総・日探」・「歴総・世探」・「公・倫」・「公・政経」から１ ④⑤**数**▶「数Ⅰ・数Ａ」・「数Ⅱ・数Ｂ・数Ｃ」 ⑥⑦**理**▶物・化・生・地学から２ ⑧**情**▶情Ⅰ
［個別学力検査］ **2科目** ①**外**▶英コミュⅠ・英コミュⅡ・英コミュⅢ・論表Ⅰ・論表Ⅱ・論表Ⅲ ②**数**▶数Ⅰ・数Ⅱ・数Ａ（図形・場合）・数Ｂ（数列）・数Ｃ（ベク） ③**面接**

【学校教育教員養成課程（実技系）】［共通テスト］ **8科目** ①国 ②**外**▶英・独・仏・中・韓から１ ③④**数**▶「数Ⅰ・数Ａ」必須，「数Ⅱ・数Ｂ」・簿・情から１ ⑤**情**▶情Ⅰ ⑥⑦⑧**地歴・公民・理**▶「地総・歴総・公から２」・「地総・地探」・「歴総・日探」・「歴総・世探」・「公・倫」・「公・政経」から１または２，「物基・化基・生基・地学基から２」・物・化・生・地学から１または２，計３
［個別学力検査］ **2科目** ①実技▶音楽・美術・保健体育から１ ②面接

後期　**【学校教育教員養成課程（文科系）】［共通テスト］** **8科目** ①国 ②**外**▶英・独・仏・中・韓から１ ③④**地歴・公民**▶「地総・歴総・公から２」・「地総・地探」・「歴総・日探」・「歴総・世探」・「公・倫」・「公・政経」から２ ⑤⑥**数**▶「数Ⅰ・数Ａ」・「数Ⅱ・数Ｂ・数Ｃ」 ⑦**理**▶「物基・化基・生基・地学基から２」・物・化・・生・地学から１ ⑧**情**▶情Ⅰ
［個別学力検査］ **1科目** ①面接

【学校教育教員養成課程（理科系）】［共通テスト］ **8科目** ①国 ②**外**▶英・独・仏・中・韓から１ ③**地歴・公民**▶「地総・歴総・公から

2」・「地総・地探」・「歴総・日探」・「歴総・世探」・「公・倫」・「公・政経」から1 ④⑤**数**▶「数Ⅰ・数A」・「数Ⅱ・数B・数C」 ⑥⑦**理**▶物・化・生・地学から2 ⑧**情**▶情Ⅰ

[個別学力検査] **1科目** ①**面接**

経済学部

前期 **[共通テスト]** **8科目** ①**国** ②**外**▶英・独・仏・中・韓から1 ③④**地歴・公民**▶「地総・地探」・「歴総・日探」・「歴総・世探」・「〈公・倫〉・〈公・政経〉から1」から2 ⑤⑥**数**▶「数Ⅰ・〈数Ⅰ・数A〉から1」・「数Ⅱ・数B・数C」 ⑦**理**▶「物基・化基・生基・地学基から2」・物・化・生・地学から1 ⑧**情**▶情Ⅰ

[個別学力検査] **2科目** ①**外**▶英コミュⅠ・英コミュⅡ・英コミュⅢ・論表Ⅰ・論表Ⅱ・論表Ⅲ ②**数**▶数Ⅰ・数Ⅱ・数A(図形・場合)・数B(数列)・数C(ベク)

後期 **[共通テスト]** **3科目** ①**外**▶英・独・仏・中・韓から1 ②③**国・地歴・公民・数・理・情**▶国・「地総・歴総・公から2」・「地総・地探」・「歴総・日探」・「歴総・世探」・「〈公・倫〉・〈公・政経〉から1」・「数Ⅰ・〈数Ⅰ・数A〉から1」・「数Ⅱ・数B・数C」・「〈物基・化基・生基・地学基から2〉・物・化・生・地学から1」・情Ⅰから2

[個別学力検査] **1科目** ①**小論文**

システム工学部

前期 **[共通テスト]** **8科目** ①**国** ②**外**▶英・独・仏・中・韓から1 ③**地歴・公民**▶「地総・歴総・公から2」・「地総・地探」・「歴総・日探」・「歴総・世探」・「公・倫」・「公・政経」から1 ④⑤**数**▶「数Ⅰ・〈数Ⅰ・数A〉から1」・「数Ⅱ・数B・数C」 ⑥⑦**理**▶物・化・生・地学から2 ⑧**情**▶情Ⅰ

[個別学力検査] **2科目** ①**外**▶英コミュⅠ・英コミュⅡ・英コミュⅢ・論表Ⅰ・論表Ⅱ・論表Ⅲ ②**数**▶数Ⅰ・数Ⅱ・数Ⅲ・数A(図形・場合)・数B(数列)・数C(ベク・平面)

後期 **[共通テスト]** **8科目** ①**国** ②**外**▶英・独・仏・中・韓から1 ③**地歴・公民**▶「地総・歴総・公から2」・「地総・地探」・「歴総・日探」・「歴総・世探」・「公・倫」・「公・政経」から1 ④⑤**数**▶「数Ⅰ・〈数Ⅰ・数A〉から1」・「数Ⅱ・数B・数C」 ⑥⑦**理**▶物・化・生・地学から2 ⑧**情**▶情Ⅰ

[個別学力検査] **1科目** ①**総合問題**▶「数Ⅰ・数Ⅱ・数Ⅲ・数A(図形・場合)・数B(数列)・数C(ベク・平面)」・「物基・物」・「化基・化」

観光学部

前期 **[共通テスト]** **8科目** ①**国** ②**外**▶英 ③④**地歴・公民**▶「地総・地探」・「歴総・日探」・「歴総・世探」・「公・倫」・「公・政経」から1 ⑤⑥**数**▶「数Ⅰ・〈数Ⅰ・数A〉から1」・「数Ⅱ・数B・数C」 ⑦**理**▶「物基・化基・生基・地学基から2」・物・化・生・地学から1 ⑧**情**▶情Ⅰ

[個別学力検査] **2科目** ①**外**▶英コミュⅠ・英コミュⅡ・英コミュⅢ・論表Ⅰ・論表Ⅱ・論表Ⅲ ②**国・数**▶「現国・言語」・「数Ⅰ・数Ⅱ・数A(図形・場合)・数B(数列)・数C(ベク)」から1

後期 **[共通テスト]** **8科目** ①**国** ②**外**▶英 ③④**地歴・公民**▶「地総・地探」・「歴総・日探」・「歴総・世探」・「公・倫」・「公・政経」から1 ⑤⑥**数**▶「数Ⅰ・〈数Ⅰ・数A〉から1」・「数Ⅱ・数B・数C」 ⑦**理**▶「物基・化基・生基・地学基から2」・物・化・生・地学から1 ⑧**情**▶情Ⅰ

[個別学力検査] 課さない。

社会インフォマティクス学環

前期 **[共通テスト]** **8科目** ①**国** ②**外**▶英・独・仏・中・韓から1 ③④**数**▶「数Ⅰ・〈数Ⅰ・数A〉から1」・「数Ⅱ・数B・数C」 ⑤**情**▶情Ⅰ ⑥⑦⑧**地歴・公民・理**▶「地総・歴総・公から2」・「地総・地探」・「歴総・日探」・「歴総・世探」・「公・倫」・「公・政経」から1または2,「物基・化基・生基・地学基から2」・物・化・生・地学から1または2,計3

[個別学力検査] **2科目** ①**外**▶英コミュⅠ・英コミュⅡ・英コミュⅢ・論表Ⅰ・論表Ⅱ・論表Ⅲ ②**数**▶数Ⅰ・数Ⅱ・数A(図形・場合)・数B(数列)・数C(ベク)

その他の選抜

学校推薦型選抜,学校推薦型選抜(きのくに教員希望枠),学校推薦型選抜(地域【南紀】推薦枠),学校推薦型選抜(スポーツ),学校推薦型選抜(簿記),総合型選抜,帰国生徒選抜,社会人選抜，私費外国人留学生選抜。

偏差値データ（2024年度）

●一般選抜

学部／学科・課程	2024年度 駿台予備学校 合格目標ライン	2024年度 河合塾 ボーダー得点率	2024年度 河合塾 ボーダー偏差値	'23年度 競争率
●前期				
▶教育学部				
学校教育／文科系	47	60%	47.5	2.2
／理科系	46	58%	47.5	1.6
／実技系(音楽・美術)	44	54%	—	1.1
(保健体育)	44	56%	—	2.3
▶経済学部				
経済	45	61%	50	2.3
▶システム工学部				
システム工	44	60%	50	2.2
▶観光学部				
観光	47	60%	—	2.1
▶社会インフォマティクス				
	47	62%	50	2.9
●後期				
▶教育学部				
学校教育／文科系	48	67%	—	3.0
／理科系	48	65%	—	1.9
▶経済学部				
経済	46	72%	—	4.2
▶システム工学部				
システム工	46	69%	52.5	2.1

- 駿台予備学校合格目標ラインは合格可能性80%に相当する駿台模試の偏差値です。
- 河合塾ボーダー得点率は合格可能性50%に相当する共通テストの得点率です。また，ボーダー偏差値は合格可能性50%に相当する河合塾全統模試の偏差値です。
- 競争率は受験者÷合格者の実質倍率

鳥取大学

（とっとりだいがく）

資料請求

問合せ先 入学センター（学生部入試課） ☎0857-31-5061

大学の理念

1949（昭和24）年に鳥取師範，鳥取青師，米子医大，米子医専，鳥取農専を包括して創立。前身校時代から現在まで，実学を重視して，人類が蓄積してきた知識を駆使し，地域社会への貢献を果たしながら，人類に有用な普遍的知識を見出して世界に発信し，平和な社会の建設と人材の育成や学術の進歩に寄与してきた。これまでに学士56,498名，修士10,853名，博士4,372名を社会に送り出し，地域に寄り添う姿勢を堅持するとともに世界を視野に入れた活動を行っている。基本理念に「知と実践の融合」を掲げ，その時代に必要な現代的教養と人間力を根底においた教育を展開している。これから将来を切り開いていく学生自身による自立した個性豊かな人間形成に対して，さまざまな支援を実践し，希望と活力に溢れる社会に貢献できる人材の育成に努めている。

- **鳥取キャンパス**……〒680-8550 鳥取県鳥取市湖山町南4-101
- **米子キャンパス**……〒683-8503 鳥取県米子市西町86

基本データ

学生数▶5,150名（男3,035名，女2,115名）
専任教員数▶教授210名，准教授179名，講師82名
設置学部▶地域，医，工，農

併設教育機関▶大学院─医学系（M・D），持続性社会創生科学（M），工学・連合農学・共同獣医学（以上D）

就職・卒業後の進路

就 職 率 **99.1**％
就職者÷希望者×100

●**就職支援**　キャリア形成を支援する全学的拠点として「キャリアセンター」を設置。学部や学科の専門教育科目と連携した多彩なキャリア教育科目を開講，１年次には卒業後の進路選択を視野に入れた「キャリア入門」を実施している。就職活動支援として，学内企業説明会や各種ガイダンス・セミナー，個別相談などを行うほか，インターンシップ先の紹介はもちろん，実習前後の指導など効果的な一貫型プログラムを開発・実施。また，就職活動シーズンに合わせて，鳥取～神戸・大阪間の高速バス代の一部を補助している。

進路指導者も必見 **学生を伸ばす 面倒見**

初年次教育	学修サポート
課題の発見・探求に必要な基礎知識・技法を学ぶ「大学入門ゼミ」，ITの基礎技術を習得する「情報リテラシ」のほか，リテラシーとしての「データサイエンス入門」を開講	全学部でオフィスアワー制度を導入するほか，各学部・学科（コース）ごとに学級教員（チューター教員）を配置し，学修や学生生活上の助言・指導を行っている

オープンキャンパス（2023年度実績） 7月に各キャンパスで学部ごとにオープンキャンパスを開催。医学科ではオンライン配信も実施。10・11月には秋のミニオープンキャンパスを各キャンパスで開催（定員制）。

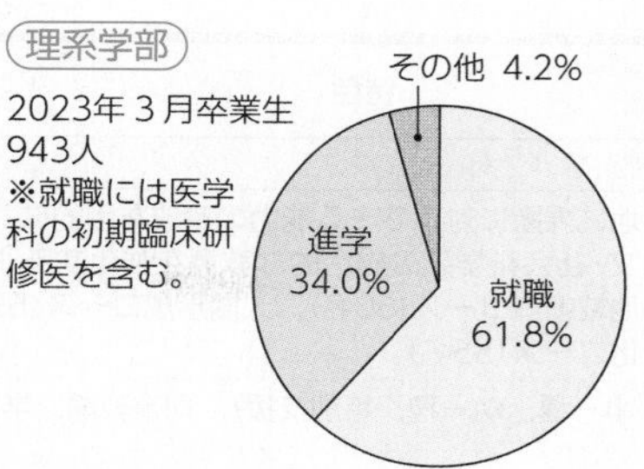

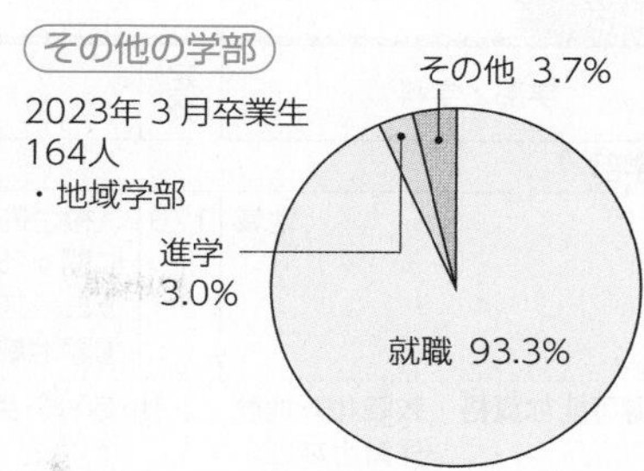

主なOB・OG▶［医］田中雄三（医学者・精神科医），［農］山根義久（獣医師，東京農工大学名誉教授），［農］小林裕和（生物学者），［工］高島秀行（GMOフィナンシャルホールディングス会長）など。

国際化・留学　大学間 78 大学等・部局間 18 大学等

受入れ留学生数▶ 43名（2023年5月1日現在）

留学生の出身国▶中国，韓国，マレーシア，台湾，メキシコなど。

大学間交流協定▶78大学・機関（交換留学先53大学・機関，2023年４月１日現在）

部局間交流協定▶18大学・機関（交換留学先11大学・機関，2023年４月１日現在）

海外への留学生数▶渡航型２名・オンライン型151名／年（７カ国・地域，2022年度）

海外留学制度▶海外協定校等に，交換留学生として派遣する長期留学制度，夏・春休みを利用した語学研修などさまざまな留学プログラムを提供。フィールドワーク・講義・語学教育を融合した海外教育実践プログラムをメキシコ（約２カ月）やウガンダ（約３週間）実施するほか，マレーシアのマラヤ大学では英語の実践能力を磨くファーストステップ英語・異文化研修など内容も充実。また，学部別プログラムには工学部が実施するアメリカ・ライス大学の研究インターンシップ（約２カ月～１年）や，地域学部の海外フィールド演習（１～２週間），医学部の臨床実習（約２週間）などがある。短期派遣でも奨学金が支給されるプログラムもある。

学費・奨学金制度

入学金▶ 282,000円

年間授業料（施設費等を除く）▶ 535,800円

主な奨学金制度▶成績優秀者を対象に10万円を給付する「鳥取大学優秀学生育成奨学金」や，学業成績が優秀でありながら，経済的理由により修学が困難な学生に３万円を給付する「とりりん奨学金」などを設置。また，経済的理由で授業料の納付が困難であり，学業優秀と認められる者に入学金および授業料を全額または半額免除する制度もある。

保護者向けインフォメーション

●**保護者会**　農学部では例年11月頃に保護者会を開催し，就職状況などの情報を提供。工学部では10月に保護者説明会を開催，保護者向けの就職活動講演会，各学科による学習支援体制，研究室配属，就職に関する説明や教員との面談などを行っている。

●**防災対策**　被災した際の学生の安否はメールを利用して確認する。

インターンシップ科目	必修専門ゼミ	卒業論文	GPA制度の導入の有無および活用例	１年以内の退学率	標準年限での卒業率
地域・工・農学部で開講している	地域学部で３年次に実施	医学科を除き卒業要件	奨学金や授業料免除対象者の選定基準，留学候補者の選考，学業優秀者の判定，研究室等配属に活用	NA	NA

学部紹介

学部／学科	定員	特色
地域学部		
地域	170	▷複合的な地域課題に対応できる能力の育成を目的に，地域に関する人文・社会科学系の総合的な教育を強化する１学科３コース。地域創造コース（60名），人間形成コース（55名），国際地域文化コース（55名）。
● **取得可能な資格**…教職（国・地歴・公・社・数・理・英，小一種，幼一種，特別支援），司書教諭，学芸員，保育士など。 ● **進路状況**…………就職93.3%　進学3.0% ● **主な就職先**………教員，山陰合同銀行，日本海テレビジョン放送，財務省，鳥取県，鳥取市など。		
医学部		
医	105	▷地域社会はもとより国際的に活躍・貢献できる創造性豊かな医師を養成。
生命科	40	▷生命現象の解明や人類の健康と福祉に貢献するため，医学の根本課題を理解してバイオサイエンスを学ぶ。卒業生の約８割が大学院に進学している。
保健	120	▷〈看護学専攻80名，検査技術科学専攻40名〉人々の健康に関する問題に幅広く取り組める看護師と，最先端の知識と技術を備えた臨床検査技師を育成する。
● **取得可能な資格**…医師・看護師・保健師・助産師・臨床検査技師受験資格など。 ● **進路状況**…………［医］初期臨床研修医94.9%　［生命・保健］就職69.1%　進学27.8% ● **主な就職先**………鳥取大学医学部附属病院，鳥取県立中央病院，協和発酵キリンなど。		
工学部		
機械物理系	115	▷機械工学，航空宇宙工学，ロボティクス，物理工学，医工学の５つの教育プログラムを設置。医工学プログラムは機械物理系・電気情報系・化学バイオ系の３学科に設置され，各学科の専門分野に加えて，医学分野の知識を学ぶ。
電気情報系	125	▷電気電子工学，コンピュータサイエンス，電子情報制御システム，医工学の４プログラム。
化学バイオ系	100	▷合成化学，材料化学，グリーンケミストリー，バイオサイエンス，バイオテクノロジー，医工学の６プログラム。
社会システム土木系	110	▷社会経営工学，土木工学の２つの教育プログラムで，社会を構成するさまざまな分野で活躍できる技術者を育成する。
● **取得可能な資格**…教職（数・理・情・工業），測量士補，１・２級建築士受験資格など。 ● **進路状況**…………就職51.3%　進学45.4% ● **主な就職先**………日産自動車，ダイハツ工業，西日本旅客鉄道，鹿島建設，鳥取県，教員など。		
農学部		
生命環境農	220	▷２年進級時に，国際乾燥地農学，里地里山環境管理学，植物菌類生産科学，農芸化学の４コースに分属。地域規模から地球規模までの広範な課題に対応できる人材を養成する。
共同獣医	35	▷「動物と社会の繋がり」「動物と人の健康と福祉」をキーワードに，命の専門家を養成する。
● **取得可能な資格**…教職（理・農），獣医師受験資格など。　● **進路状況**……就職61.9%　進学32.3% ● **主な就職先**………フジタ，日本振興，内山緑地建設，JAふじ伊豆，中国地方整備局，鳥取県など。		

 キャンパスアクセス ［鳥取キャンパス］ JR山陰本線—鳥取大学前より徒歩3分

▶キャンパス

地域・工・農…［鳥取キャンパス］鳥取県鳥取市湖山町南4-101
医…［米子キャンパス］鳥取県米子市西町86

2025年度入試要項（予告）

●募集人員

学部／学科（コース・専攻）		前期	後期
▶地域	地域（地域創造）	34	10
	（人間形成）	38	13
	（国際地域文化）	30	10
▶医	医	79	—
	生命科	30	5
	保健（看護学）	45	5
	（検査技術科学）	22	5
▶工	機械物理系	74	37
	電気情報系	77	31
	化学バイオ系	62	30
	社会システム土木系	81	18
▶農	生命環境農	110	20
	共同獣医	30	—

注）募集人員は2024年度の実績です。
※医学部医学科前期の募集人員79名の内訳は一般枠58名，鳥取県枠14名，兵庫県枠２名，島根県枠５名。
※医学部保健学科看護学専攻の前期の募集人員には鳥取県看護職員養成枠10名以内を含む。

●２段階選抜

前期の医学部医学科で，共通テストの成績（合計得点920点満点中613点以上）により行う。

試験科目

デジタルブック  

偏差値データ（2024年度）

●一般選抜

学部／学科／コース・専攻	2024年度 駿台予備学校 合格目標ライン	河合塾 ボーダー得点率	河合塾 ボーダー偏差値	'23年度 競争率
●前期				
▶地域学部				
地域／地域創造	44	60%	—	1.3
／人間形成	46	59%	47.5	1.8
／国際地域文化	45	62%	50	1.3
▶医学部				
医（一般枠）	63	80%	62.5	4.4
医（地域枠）	63	79%	62.5	（同上）
生命科	47	58%	50	2.5
保健／看護学	46	56%	47.5	1.1
／看護学（鳥取）	46	55%	47.5	（同上）
／検査技術科学	48	54%	50	1.3
▶工学部				
機械物理系	43	50%	45	1.5
電気情報系	43	51%	45	1.3
化学バイオ系	42	48%	45	1.1
社会システム土木系	42	50%	45	1.3
▶農学部				
生命環境農	49	52%	47.5	1.1
共同獣医	57	75%	60	5.2
●後期				
▶地域学部				
地域／地域創造	45	61%	—	1.7
／人間形成	47	60%	—	2.4
／国際地域文化	46	63%	—	1.1
▶医学部				
生命科	48	69%	—	3.9
保健／看護学	47	63%	—	1.6
／検査技術科学	48	62%	—	2.6
▶工学部				
機械物理系	45	57%	47.5	1.7
電気情報系	45	58%	47.5	1.7
化学バイオ系	44	54%	45	1.1
社会システム土木系	44	60%	45	2.0
▶農学部				
生命環境農	48	54%	—	1.8

●駿台予備学校合格目標ラインは合格可能性80％に相当する駿台模試の偏差値です。
●河合塾ボーダー得点率は合格可能性50％に相当する共通テストの得点率です。また，ボーダー偏差値は合格可能性50％に相当する河合塾全統模試の偏差値です。
●競争率は受験者÷合格者の実質倍率
●医学部医学科は２段階選抜を実施。
※受験者，合格者には追試験受験者・合格者を含みません。
※合格者には追加合格者を含みません。

キャンパスアクセス ［米子キャンパス］JR山陰本線一米子より徒歩約15分

島根大学

資料請求

問合せ先　教育・学生支援部　入試課　☎0852-32-6073

大学の理念

旧制松江高校，島根師範・青年師範を母体として1949（昭和24）年に発足，2003（平成15）年10月に，島根医科大学と統合。「島根から発信できる人材を育て，地域を活性化すること」を大学の使命と考え，大学憲章には「知と文化の拠点として培った伝統と精神を重んじ，『地域に根ざし，地域社会から世界に発信する個性輝く大学』をめざすとともに学生・教職員の協同のもと，学生が育ち，学生と共に育つ大学づくりを推進する」と謳う。来るべき超スマート社会（Society 5.0）に向け，グローバル教育や数理・データサイエンス教育等，現代高等教育課題に対応した教育を推進。また，海外留学・研修や島根県内各地のフィールド学習，PBL，インターンシップ等の実践教育も強化している。2023年４月には材料エネルギー学部を新設。

- 松江キャンパス……〒690-8504　島根県松江市西川津町1060
- 出雲キャンパス……〒693-8501　島根県出雲市塩冶町89-1

基本データ

学生数▶5,506名（男3,085名，女2,421名）
専任教員数▶教授207名，准教授181名，講師90名
設置学部▶法文，教育，人間科，医，総合理工，材料エネルギー，生物資源科
併設教育機関▶大学院一医学系・自然科学（M・D），教育学（P），人間社会科学（M）

就職・卒業後の進路

就職率 **97.3**％
就職者÷希望者×100

●**就職支援**　低年次からのキャリア教育と手厚い支援体制が特徴。キャリア教育では学生自身が自分の道筋を見つけ，就職・大学院進学も含めた目的を持って学生生活を送れるような支援を提供。インターンシップや限定セミナーを組み込んだ「キャリアデザインプログラム」も好評。就職支援では大学主催の合同会社説明会や業界研究会の開催，無料就活バスの運行，専門資格を持つスタッフによる個別就職相談など，きめ細かなサポート体制を整えている。また，各学部でも特色に応じた独自の就職セミナーや説明会を実施。

進路指導者も必見　学生を伸ばす　面倒見

初年次教育	学修サポート
全学部で「情報科学」を,各学部で「入門演習（法文）」「教育学部で学ぶこと」「人間科学入門セミナー」,「フレッシュマンセミナー（総合理工）」「材料エネルギー概論」「生命科学基礎セミナー」などを開講し，初年次教育を実施	全学部でオフィスアワー制度，教員１人が学生約10人～18人を担当する教員アドバイザー制度を導入。学部によりTAおよびSAが教育補助を担当するほか，履修や学習をサポートする制度も整備

オープンキャンパス（2023年度実績）　８月に学部ごとに来場型のオープンキャンパスを開催（事前申込制）。学部・専攻・コースの紹介など。HPでは学部紹介や附属施設案内，学生企画などの動画を配信。

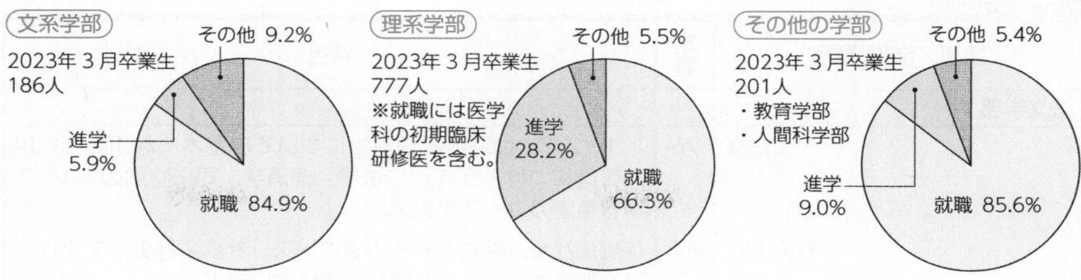

主なOB・OG ▶ ［法］阿多親市（SBテクノロジー社長CEO），藤原聡・松浦匡希（ミュージシャン）など。

国際化・留学　大学間 84 大学等・部局間 26 大学等

受入れ留学生数▶121名（2023年9月1日現在）
留学生の出身国▶中国，マレーシア，韓国，ポーランド，アメリカなど。
外国人専任教員▶教授４名，准教授７名，講師８名（2023年９月１日現在）
外国人専任教員の出身国・地域▶アメリカ，中国，台湾，イギリス，韓国など。
大学間交流協定▶84大学・機関（交換留学先60大学，2023年9月1日現在）
部局間交流協定▶26大学・機関（2023年9月1日現在）
海外への留学生数▶渡航型95名・オンライン型61名／年（17カ国・地域，2022年度）
海外留学制度▶学生交流に関する協定を締結している海外の大学との間で，留学希望の学生を６カ月から１年以内の期間，相互に派遣する「交換留学制度」により学生の交流を推進している。また，授業の一環として，フレックスタームや春・夏の休業の時期にアメリカ，カナダでの語学研修や，韓国，中国語圏などでの異文化研修，タイではグローカル課題解決型研修などを実施。ホームステイ，語学・文化講座の受講，現地学生との交流など内容も充実。留学期間に応じた奨学金制度もある。

学費・奨学金制度　給付型奨学金総額 年間 1,266 万円

入学金▶282,000円
年間授業料（施設費等を除く）**▶**535,800円
年間奨学金総額▶12,660,000円
年間奨学金受給者数▶124人
主な奨学金制度▶入学1年目の経済的負担の軽減を図るため，20万円を給付する「夢チャレンジ奨学金」や，所属する学部以外のキャンパスで研究を実施する学生を支援する「キャンパス間連携プログラム奨学金」などを設置。また，学費減免制度があり，2022年度には延べ107人を対象に総額で約2,447万円を減免している。

保護者向けインフォメーション

●**成績確認**　成績表（材料エネルギー・生物資源は評価別修得単位数の一覧）を保護者に郵送。
●**保護者会**　法文・人間科・医・総合理工学部では後援会を組織し，人間科・総合理工学部は会報誌を発行。生物資源科学部は保護者会を開催し，「生物資源学部だより」を発行。法文学部では指導教員との個別面談を実施。総合理工学部では保護者専用の相談窓口を設置。
●**防災対策**　「災害対応ぽけっとマニュアル」をキャンパス内に常設。災害時には，学務情報システムを利用して学生の安否を確認する。

インターンシップ科目	必修専門ゼミ	卒業論文	GPA制度の導入の有無および活用例	１年以内の退学率	標準年限での卒業率
全学部で開講している	法文(法)・総合理工1～4年次，人間科・医・材料エネルギー・物資源科3・4年次，法文(言)・教育4年次に実施	法経学科，医学科を除き卒業要件	GPAに応じた履修上限単位数を設定しているほか，一部の学部で学生に対する個別の学修指導，大学院早期履修資格者(法文学部)や教職大学院一貫プログラムの履修基準などに活用	0.4%	85.4%(4年制) 95.1%(6年制)

島根
島根大学

学部紹介

学部／学科・課程	定員	特色
法文学部		
法経	76	▷1・2年次は法学と経済学についての基本的な知識と応用力を身につけ，3年次に法学，経済学，司法特別の3コースから希望のコースを選択。
社会文化	47	▷現代社会，歴史と考古の2コース。社会，歴史，文化について調査や実習などを通じて体験的に学ぶ。
言語文化	52	▷東洋・西洋の言語文化について古代から現代まで幅広く学ぶ。2年次以降日本言語文化，中国言語文化，英米言語文化，ドイツ言語文化，フランス言語文化，哲学・芸術・文化交流の研究室から所属を選択する。
● 取得可能な資格…教職(国・地歴・公・社・英)，学芸員など。 ● 進路状況…………就職84.9%　進学5.9% ● 主な就職先………西日本旅客鉄道，タカラスタンダード，大和ハウス工業，JTB，明治安田生命保険，日本赤十字社，山陰合同銀行，厚生労働省，島根県庁，広島市役所など。		
教育学部		
学校教育	130	▷小学校と中学校の教員免許併有をめざす主専攻・副専攻制。小学校，特別支援，英語科，国語科，社会科，理科，数学科，保健体育科，音楽科，美術科の10教育専攻と，家庭科，技術科の2教育副専攻。さらに自由単位枠を用いた「免許プログラム」や，心理学と社会教育士の特別プログラムを設定。
● 取得可能な資格…教職(国・地歴・公・社・数・理・音・美・書・保体・技・家・工業・英，小一種，幼一種，特別支援)など。 ● 進路状況…………就職89.8%　進学8.6% ● 主な就職先………島根県公立学校，鳥取県公立学校，岡山県公立学校，広島県公立学校，四国旅客鉄道，三井住友信託銀行，松江地方法務局，島根県庁，鳥取県庁，広島市役所など。		
人間科学部		
人間科	80	▷人間存在に文理融合的にアプローチし，多様な視点に基づく人間理解を通じて，地域社会に実践的に関わることのできる人材を育成する。心理学，福祉社会，身体活動・健康科学の3コース制。1年後期から各コースへ配属。
● 取得可能な資格…認定心理士，社会福祉主事，社会福祉士・精神保健福祉士受験資格など。 ● 進路状況…………就職78.1%　進学9.6% ● 主な就職先………森永製菓，日本食研，三井住友海上火災保険，ローソンエンタテインメント，ニトリ，島根県社会福祉事業団，神戸税関，門司税関，島根県庁，千葉市役所など。		
医学部		
医	102	▷高い倫理観と豊かな教養を備え，科学的探究心を持つ医療人の育成をめざす。6年一貫の医学英語教育や海外実習により国際的な視野を養う。
看護	60	▷看護専門職としての基盤となる看護実践力の育成に力を注ぎ，さまざまな健康レベルの人々に適切な看護を提供できる知識と技術の修得をめざす。
● 取得可能な資格…教職(養護一種)，医師・看護師・保健師受験資格など。 ● 進路状況…………[医]初期臨床研修医90.6%　[看護]就職89.3%　進学8.9% ● 主な就職先………[看護]島根大学医学部附属病院，島根県立中央病院，松江市立病院，松江赤十字病院，東京大学医学部附属病院，島根県(保健師)，島根県公立学校(養護教諭)など。		

キャンパスアクセス [松江キャンパス] JR山陰本線―松江よりバス約15～20分

総合理工学部		
		▶将来の科学技術の発展をリードする優秀な研究者・技術者，及び将来の科学技術の発展を担う人材を育てる有能な教育者を育成するために，1～2年次から研究活動を始める「理工特別コース」を設置。
物理工	60	▷物質の基礎と応用を物理学の視点から学ぶ。2年次までは主に物理学の基礎科目を修得し，その後，物理学，電子デバイス工学の専門科目を履修する。
物質化	60	▷機能材料の開発・応用に強い「機能材料科学コース」，環境保全やグリーンエネルギーなどに関する知識，技術を生かす「環境化学コース」，幅広い分野で活躍できる「基礎化学コース」がある。
地球科	50	▷地球物質資源科学，地球環境科学，自然災害科学の3分野。基礎科学としての地質学，応用分野の資源，環境，災害科学を総合的に研究・教育している。
数理科	46	▷1年次には数学の基礎，2年次以降は代数学・幾何学・位相数学・解析学・複素解析学・統計科学・生物数学・現象数理・金融数学に関する専門科目を学ぶ。
知能情報デザイン	50	▷コンピュータサイエンス，プログラミング，情報数学を基盤に地元企業と提携した実践型授業を通し，情報分野の幅広い手法を体系的に学び，研究する。
機械・電気電子工	64	▷機械工学と電気電子工学を融合し，両分野の基礎科目を学習後，いずれかの分野もしくは両分野について専門的に学ぶ。
建築デザイン	40	▷高度な普遍的専門技術を身につけ，「安全で快適」「地域文化の継承と発展」「持続可能性（SDGs）」をキーワードに建築空間を創造できる人材を養成する。

● **取得可能な資格**…教職（数・理・情・工業），学芸員，測量士補，1・2級建築士受験資格など。
● **進路状況**…………就職60.1％　進学35.8％
● **主な就職先**………西日本旅客鉄道，NTT東日本，NTT西日本，マツダ，ヤマハ発動機，岡三証券，大塚製薬，三菱電機，関西電力，清水建設，積水ハウス，北陸総合通信局など。

材料エネルギー学部		
材料エネルギー	80	▷技術発展，エネルギー問題の解決に向け，AIやデータ解析も駆使したマテリアル・イノベーションの創出に貢献できる人材育成をめざす。

● **進路状況**…………2023年度開設のため卒業生はいない。

生物資源科学部		
生命科	70	▷多様な生物が示すさまざまな生命現象の基本的な理解と根本原理の解明をめざし，生物・化学産業に役立てる教育・研究を行う。細胞生物学，水圏・多様性生物学，生命機能化学，食生命科学の4コース。
農林生産	60	▷農林業生産における豊かな人間生活の実現をめざし，農産物および林産物に関する持続可能な生産技術と経営・経済についての教育・研究を行う。資源作物・畜産学，園芸植物科学，農業経済学，森林学の4コース。
環境共生科	70	▷土・水・生物などの資源と環境を適切に保全・管理しつつ持続的に利用する環境調和型社会の構築や実践に必要な専門知識や技術に関する科学・工学についての教育を行う。環境生物学，生態環境学，環境動態学，地域工学の4コース。

キャンパスアクセス ［出雲キャンパス］ JR山陰本線一出雲市よりバス約10分または徒歩約25分

- 取得可能な資格…教職（理・農），学芸員，測量士補など。
- 進路状況…………就職56.6％　進学36.6％
- 主な就職先………YKK AP，日本マクドナルド，名糖産業，山崎製パン，住友化学，商工組合中央金庫，マイナビ，全酪連，林野庁，中部地方整備局，植物防疫所など。

キャンパス

法文・教育・人間科・総合理工・材料エネルギー・生物資源科…［松江キャンパス］島根県松江市西川津町1060
医…［出雲キャンパス］島根県出雲市塩冶町89-1

2025年度入試要項（予告）

募集人員

学部／学科・課程（専攻）		前期	後期
法文	法経	27	19
	社会文化	19	9
	言語文化	23	8
教育	学校教育Ⅰ類	53	10
	Ⅱ類（保健体育科教育）	7	—
	（音楽科教育）	5	—
	（美術科教育）	3	—
人間科	人間科	40	8
医	医	58	—
	看護	32	10
総合理工	物理工	32	10
	物質化	30	8
	地球科	23	10
	数理科	20	9
	知能情報デザイン	21	9
	機械・電気電子工	34	11
	建築デザイン	21	4
材料エネルギー	材料エネルギー	40	8
生物資源科	生命科	40	6
	農林生産	31	5
	環境共生科	35	11

※医学部医学科の前期は県内定着枠３名を含む。

2段階選抜

医学部医学科の前期は志願者数が募集人員の約８倍，人間科学部人間科学科の後期は約16倍を越えた場合に行う。
注）募集人員および２段階選抜は2024年度の実績です。

試験科目

デジタルブック  

偏差値データ（2024年度）

一般選抜

学部／学科・課程／専攻等	2024年度 駿台予備学校 合格目標ライン	河合塾 ボーダー得点率	河合塾 ボーダー偏差値	'23年度 競争率
●前期				
法文学部				
法経	46	64%	52.5	2.2
社会文化	46	63%	50	1.6
言語文化	47	61%	47.5	1.3
教育学部				
学校教育Ⅰ類	47	55%	—	1.7
学校教育Ⅱ類／保健体育科	43	54%	—	1.9
音楽科	42	50%	—	1.0
美術科	41	51%	—	1.0
人間科学部				
人間科	47	61%	50	1.5
医学部				
医（一般枠）	60	78%	65	6.5
（県内定着枠）	60	78%	65	
看護	46	54%	—	1.0
総合理工学部				
物理工	43	52%	45	1.1
物質化	44	56%	45	1.3
地球科	45	54%	45	1.5
数理科	45	57%	45	1.7
知能情報デザイン	46	55%	45	1.2
機械・電気電子工	43	55%	42.5	1.1
建築デザイン	47	59%	47.5	2.0
材料エネルギー				
材料エネルギー	44	50%	42.5	1.5

▶生物資源科学部				
生命科	49	50%	47.5	1.0
農林生産	48	50%	47.5	1.0
環境共生科	48	52%	50	1.1
●後期				
▶法文学部				
法経	47	65%	—	2.3
社会文化	47	64%	—	1.8
言語文化	48	69%	—	1.8
▶教育学部				
学校教育Ⅰ類	48	56%	—	7.6
▶人間科学部				
人間科	48	70%	—	1.8
▶医学部				
看護	47	57%	—	1.0
▶総合理工学部				
物理工	44	59%	—	1.1
物質化	45	61%	—	2.0
地球科	46	58%	—	1.1
数理科	46	61%	47.5	1.8
知能情報デザイン	47	60%	—	1.6
機械・電気電子工	44	59%	—	1.8
建築デザイン	48	65%	—	1.9
▶材料エネルギー				
材料エネルギー	46	62%	—	2.1
▶生物資源科学部				
生命科	48	57%	—	1.0
農林生産	47	54%	—	1.0
環境共生科	47	57%	—	1.3

- 駿台予備学校合格目標ラインは合格可能性80％に相当する駿台模試の偏差値です。
- 河合塾ボーダー得点率は合格可能性50％に相当する共通テストの得点率です。また，ボーダー偏差値は合格可能性50％に相当する河合塾全統模試の偏差値です。
- 競争率は受験者÷合格者の実質倍率
- 医学部医学科は２段階選抜を実施。

※合格者には追加合格者を含みません。

MEMO

岡山大学（おかやまだいがく）

OKAYAMA UNIVERSITY

資料請求

問合せ先　学務部入試課　☎086-251-7192～7194

大学の理念

1870（明治３）年に岡山藩が設立した「岡山藩医学館」が起源。その後旧制岡山医科大学を経て，1949年に新制大学となった。現在，10学部１プログラム，７研究科，４研究所，大学病院，附属学校を備える全国屈指の総合大学。「高度な知の創成と的確な知の継承」を理念に掲げ，「人類社会の持続的進化のための新たなパラダイム構築」を目的とする岡山大学では，国連のSDGs（持続可能な開発目標）達成への取り組みを推進，学生が地域・企業・国際社会のグローバルな体験や課題発見と解決への道筋を学べるさまざまなプログラムを提供。2013年に文部科学省「研究強化促進事業」，2014年には「スーパーグローバル大学創成支援」に採択されるなど，わが国のグローバル化を牽引する大学として世界に通用する人材の養成をめざす。

- 津島キャンパス…〒700-8530　岡山県岡山市北区津島中1-1-1
- 鹿田キャンパス…〒700-8558　岡山県岡山市北区鹿田町2-5-1

基本データ

学生数▶10,121名（男5,773名，女4,348名）
専任教員数▶教授437名，准教授389名，講師118名
設置学部▶文，教育，法，経済，理，医，歯，薬，工，農，グローバル・ディスカバリー・プログラム
併設教育機関▶大学院―社会文化科学・保健学・環境生命自然科学・医歯薬学総合，ヘルスシステム統合科学（以上M・D），教育学（M・P），連合学校教育学（D），法務（P）

就職・卒業後の進路

就職率 95.9%（就職者÷希望者×100）

●**就職支援**　初年次キャリア教育から就職支援，在学中の正課外活動支援，卒業後のフォローアップまで，キャリア形成を総合的に支援。キャリアアドバイザーによる個別相談や就職ガイダンスをはじめ，インターンシップガイダンス，エントリーシート，グループディスカッションなどの各種対策講座，学生の企画・実施による就活支援セミナー，企業紹介セミナー，東京3DAYプレインターンシップ（企業訪問・卒業生との交流），OBOGフ

進路指導者も必見　学生を伸ばす　面倒見

初年次教育	学修サポート
「岡山大学入門講座」「キャリア形成基礎講座」「情報処理入門」「アカデミック・ライティング」を開講し，初年次教育を実施	全学部でTA・SA制度，オフィスアワー制度，教員アドバイザー制度（学生10～80人に教員1人）を導入し，学生の履修や学修の支援をしている

オープンキャンパス（2023年度実績）　8月に各学部で来学，ライブ配信または併用方式でオープンキャンパスを開催（事前申込制）。また，Webオープンキャンパス特設サイトでは模擬授業，入試・国際交流の情報や，施設の紹介などの動画を多数掲載。

オーラム，合同企業説明会などを開催。

● **資格取得支援** 公務員試験対策講座，教員試験対策セミナーなど，各種の資格試験対策講座を学内で開講。

文系学部
2023年３月卒業生
620人
就職 76.3%
進学 10.2%
その他 13.5%

理系学部
2023年３月卒業生
1,316人
※就職には医学部医学科の初期臨床研修医，歯学部の臨床研修歯科医を含む。
就職 46.6%
進学 48.7%
その他 4.7%

その他の学部
2023年３月卒業生
323人
・教育学部
・グローバル・ディスカバリー・プログラム
・旧マッチングプログラムコース
就職 78.9%
進学 13.0%
その他 8.1%

※進路未決定者はその他に含む。

主なOB・OG ▶ ［法］東川篤哉（小説家・推理作家），［経済］野志克仁（松山市長），［文］柚木道義（衆議院議員），［経済］山﨑夕貴（フジテレビアナウンサー）など。

国際化・留学 大学間 183 大学等・部局間 214 大学等

受入れ留学生数 ▶ 216名（2023年5月1日現在）

留学生の出身国 ▶ 中国，韓国，マレーシア，アメリカ，ベトナムなど。

外国人専任教員 ▶ 教授18名，准教授24名，講師４名（2023年５月１日現在）

外国人専任教員の出身国 ▶ 韓国，中国，アメリカ，イギリス，カナダなど。

大学間交流協定 ▶ 183大学・機関（交換留学先150大学，2023年５月１日）

部局間交流協定 ▶ 214大学・機関（交換留学先88大学，2023年５月１日）

海外への留学生数 ▶ 渡航型167名・オンライン型125名／年（26カ国・地域，2022年度）

海外留学制度 ▶ 岡山大学短期留学プログラム（EPOK）は全学部生を対象に58の協定大学に学生を派遣。中国と韓国の大学では語学を中心に，それ以外の大学では現地の学生や他国からの留学生と一緒に正規授業を履修する。留学先の取得単位は認定できる場合もある。また，１カ月程度の語学研修や短期海外研修，インターンシップのほか，各学部でも独自のプログラムを運営，医学部の医学研究インターンシップや工学部の海外短期研修（DIG），歯学部の国際交流演習（ODAPUS）は単位も認定される。コンソーシアムはASEAN+3UNet，UMAPに参加している。

学費・奨学金制度 給付型奨学金総額 年間約 697 万円

入学金 ▶ 282,000円（夜間主コース141,000円）

年間授業料（施設費等を除く）▶ 535,800円（夜間主コース267,900円）

年間奨学金総額 ▶ 6,968,200円

年間奨学金受給者数 ▶ 23人

主な奨学金制度 ▶ 海外留学を支援する「岡山大学海外派遣支援事業奨学生」や，海外インターンシップ，国際大会参加学生を対象とした「岡山大学Alumni（全学同窓会）グローバル人材自己啓発奨励事業」などを設置。また，学費減免制度があり，2022年度には227人を対象に総額で約9,006万円を減免している。

保護者向けインフォメーション

● **成績確認** 成績表を保護者に郵送している。学食利用状況はwebで閲覧できる。

● **防災対策** 「防災パンフレット」を大学HPに掲載。学生が被災した際の安否確認は大学独自の安否確認システム「ANPIC」を利用する。

インターンシップ科目	必修専門ゼミ	卒業論文	GPA制度の導入の有無および活用例	１年以内の退学率	標準年限での卒業率
法・教育・工学部で開講している	経済・歯は１～４年次，文・教育・法・理・医（保）・薬は３・４年次，医（医）は２年次，工・農は４年次に実施	法・経・医（医）・歯学部を除き卒業要件	奨学金等対象者の選定基準，留学候補者の選考，一部の学部で個別の学修指導に活用するほか，GPAに応じた履修上限単位数を設定	0.6%	86.4%（４年制）93.1%（６年制）

学部紹介

学部／学科・課程	定員	特色
文学部		
人文	175	▷哲学・芸術学，地理学・社会学・文化人類学・社会文化学，心理学，歴史学・考古学，言語文化学の５分野。
●**取得可能な資格**…教職（国・地歴・公・社・英），学芸員など。 ●**進路状況**…就職76.4% 進学14.6% ●**主な就職先**………岡山労働局，岡山県，日本生命保険，岡山大学，日本放送協会，山陽新聞社など。		
教育学部		
学校教育教員養成	250	▷〈小学校教育140名，中学校教育80名（科目別募集枠あり），特別支援教育15名，幼児教育15名〉
養護教諭養成	30	▷国立学校法人では中国・四国地区で唯一の養護教諭の専門課程。心とからだの健康管理，発達支援をする教員を養成。
●**取得可能な資格**…教職（国・地歴・公・社・数・理・音・美・工芸・保体・保健・技・家・英・工業，小一種，幼一種，特別支援，養護一種），司書教諭，保育士。 ●**進路状況**…………就職82.4% 進学11.1% ●**主な就職先**………公・私立学校教員，公・私立幼稚園職員・保育士，岡山県，中国四国農政局など。		
法学部		
法（昼間コース） （夜間主コース）	205 20	▷リーガルマインドを備え，グローバル社会で活躍できる人材を育成。
●**取得可能な資格**…教職（公）。 ●**進路状況**…………［昼間］就職78.1% 進学16.4% ［夜間主］就職61.1% 進学22.2% ●**主な就職先**………日本郵便，中国銀行，カチタス，ニトリ，岡山大学，岡山地方裁判所など。		
経済学部		
経済（昼間コース） （夜間主コース）	205 40	▷経済学，経営学，会計学を中心に学びを提供，理論と実践の融合を志向する。
●**取得可能な資格**…教職（商業）。 ●**進路状況**…………［昼間］就職78.8% 進学1.4% ［夜間主］就職58.3% 進学0.0% ●**主な就職先**………法務省，財務省，岡山県，日本銀行，岡三証券，三井住友銀行，リクルートなど。		
理学部		
数	20	▷数や空間をはじめとする現代数学の諸概念と，それらの調和があやなす美しい理論の体系を学ぶ。
物理	35	▷自然現象に潜む基本原理を探究。
化	30	▷物質を理解し，新たな機能を創造する。
生物	30	▷生命現象の多様性と共通性を多面的な視点から解析する。
地球科	25	▷高校で地学を履修していなくても基礎から学べるカリキュラム編成。地球科学の全般を網羅する教育スタッフ陣を配置。
●**取得可能な資格**…教職（数・理），学芸員など。 ●**進路状況**…就職34.2% 進学62.7% ●**主な就職先**………中国銀行，日立製作所，デンソーテクノ，日本工営，経済産業省，気象庁など。		
医学部		
医	109	▷医の倫理に徹し，科学的思考法と高度な医学的知識・技術を体得し，社会的信頼を得る臨床医・研究者を養成。
保健	160	▷健康増進，保健，医療のプロフェッショナルを育成する。
●**取得可能な資格**…医師・看護師・保健師・診療放射線技師・臨床検査技師受験資格。 ●**進路状況**…………［医］初期臨床研修医96.0% ［保健］就職79.6% 進学16.4% ●**主な就職先**………［保健］岡山大学病院，岡山済生会総合病院，倉敷中央病院，岡山県など。		

 キャンパスアクセス ［津島キャンパス］ JR一岡山よりバス約7～10分。JR津山線一法界院より徒歩約10分

歯学部		
歯	48	▷高度な歯科医療を提供，先端的な研究開発に取り組む。
● 取得可能な資格…歯科医師受験資格。　● 進路状況…………臨床研修歯科医69.1％		
薬学部		
薬	40	▷６年制。医療の一翼を担う薬剤師を育成。
創薬科	40	▷４年制。生命の仕組みと病気の原因を解明し，薬を創る研究者を育成する。
● 取得可能な資格…薬剤師受験資格（薬学科）。 ● 進路状況…………［薬］就職97.3％　進学2.7％　［創薬科］就職2.9％　進学91.4％ ● 主な就職先………［薬］岡山中央病院，川崎医科大学附属病院，ウエルシア薬局，第一三共など。		
工学部		
工	640	▷機械システム系，環境・社会基盤系，情報・電気・数理データサイエンス系，化学・生命系の４系10コースに加え，大学院と連携した６年一貫の情報工学先進コースを設置。
● 取得可能な資格…教職（数・情・工業），測量士補，１・２級建築士受験資格など。 ● 進路状況…………就職31.6％　進学65.6％（旧工学部・環境理工学部実績） ● 主な就職先………トヨタ自動車，川崎重工業，旭化成，ヤフーなど。（旧工学部・環境理工学部実績）		
農学部		
総合農業科	120	▷農芸化学・応用植物科学・応用動物科学・環境生態学の４コース。２年次にいずれかを選ぶ。
● 取得可能な資格…教職（理・農）など。　● 進路状況…就職36.1％　進学56.3％ ● 主な就職先………農林水産省，林野庁，岡山県，岡山県畜産協会，菊池酒造，カゴメ，エーザイなど。		
グローバル・ディスカバリー・プログラム		
	60	▷世界中から集まる留学生，帰国生などと一緒に学ぶ国際プログラム。グローバルに活躍できる人材を育成する。
● 進路状況…………就職56.8％　進学25.0％（旧マッチングプログラムコース実績を含む） ● 主な就職先………アイリスオーヤマ，イオン銀行，ハワイアン航空，星野リゾート，LINEなど。		

▶キャンパス

薬・農…［津島キャンパス］ 岡山県岡山市北区津島中1-1-1
グローバル・ディスカバリー・プログラム…［津島キャンパス］ 岡山県岡山市北区津島中2-1-1
文・教育・法・経・理・工…［津島キャンパス］ 岡山県岡山市北区津島中3-1-1
医・歯…［鹿田キャンパス］ 岡山県岡山市北区鹿田町2-5-1

2025年度入試要項（予告）

●募集人員

学部／学科・課程（専攻）		前期
▶文	人文	120
▶教育	学校教育教員養成（小学校）	88
	（中学校文系／国語・社会・家庭・英語）	11
	（中学校理系／数学・理科・技術・家庭）	9
	（中学校実技系／音楽・美術・保健体育）	6
	（特別支援）	10
	（幼児）	10
	養護教諭養成	14
▶法	法学（昼間）	152
	法学（夜間）	12
▶経済	経済（昼間）	143
	経済（夜間）	15
▶理	数	17
	物理	29
	化	26
	生物	23
	地球科	21
▶医	医	95
	保健（看護学）	53
	（放射線技術科学）	27
	（検査技術科学）	28
▶歯	歯	32
▶薬	薬	28
	創薬科	26

キャンパスアクセス ［鹿田キャンパス］ JR―岡山よりバス約15分

▶工	工(機械システム系)	(93)
	(環境・社会基盤系)	(57)
	(情報・電気・数理データサイエンス系)	(142)
	(化学・生命系)	(113)
	(情報工学先進)	40
▶農	総合農業科	82

注)募集人員は2024年度の実績です。
※工学部( )内は目安の人数。

●2段階選抜
志願者数が医学部医学科の募集人員に対し，約3倍を超えた場合に行う。

▷共通テストの英語はリスニングを含む
▷英語資格・検定試験の成績を利用可。CEFRレベルC2またはC1に該当する者は，共通テスト「外国語(英語)」および個別学力検査「外国語」の両方を満点とみなす。各学部の共通テスト「外国語」で「独・仏・中・韓」が認められている場合，共通テストで「外国語(独・仏・中・韓)」を受験していても「外国語(英語)」を受験したこととし，満点とする。また，個別学力検査「外国語」の受験は免除。
▷共通テストの理科から2科目選択する場合，同一科目名を含む選択は不可。
▷個別学力検査の英─英コミュⅠ・英コミュⅡ・英コミュⅢ・論表Ⅰ・論表Ⅱ・論表Ⅲ。

文学部

前期 ［共通テスト(775)］ 8科目 ①国(200) ②外(200・英〈R160＋L40〉)▶英・独・仏・中・韓から1 ③④地歴・公民(100×2)▶「地総・地探」・「歴総・日探」・「歴総・世探」・「〈公・倫〉・〈公・政経〉から1」から2 ⑤⑥数(50×2)▶「数Ⅰ・〈数Ⅰ・数A〉から1」・「数Ⅱ・数B・数C」 ⑦理科(50)▶「物基・化基・生基・地学基から2」・物・化・生・地学から1 ⑧情(25)▶情Ⅰ
［個別学力検査(400)］ 2科目 ①国(200)▶現国・言語・論国・文国・古典 ②外(200)▶英

教育学部

前期 【学校教育教員養成課程〈小学校教育専攻・中学校教育専攻文系/理系・特別支援教育専攻・幼児教育専攻〉・養護教諭養成課程】［共通テスト(950)］ 8科目 ①国(200) ②外(200・英〈R160＋L40〉)▶英・仏・独・中・韓から1 ③④数(100×2)▶「数Ⅰ・数A」・「数Ⅱ・数B・数C」 ⑤情(50)▶情Ⅰ ⑥⑦⑧「地歴・公民」・理(100×3)▶「地総・地探」・「歴総・日探」・「歴総・世探」・「〈公・倫〉・〈公・政経〉から1」から1または2，「物基・化基・生基・地学基から2」・物・化・生・地学から1または2，計3
【学校教育教員養成課程〈小学校教育専攻・特別支援教育専攻・幼児教育専攻〉】［個別学力検査(400)］ 2～1科目 ①②「外・数・〈国・理〉」・実技(200×2・実400)▶「英コミュⅠ・英コミュⅡ・英コミュⅢ・論表Ⅰ・論表Ⅱ・論表Ⅲ」・「〈数Ⅰ・数Ⅱ・数A・数B(数列)・数C(ベク)〉・〈数Ⅰ・数Ⅱ・数Ⅲ・数A・数B(数列)・数C(ベク・平面)〉から1」・「〈現国・言語・論国・文国・古典〉・〈物基・物〉・〈化基・化〉・〈生基・生〉から1」から2，または「音楽実技Ⅰ・音楽実技Ⅱ」・「美術実技Ⅰ・美術実技Ⅱ」「体育実技Ⅰ・体育実技Ⅱ」から1
【学校教育課程〈中学校教育専攻文系〉】［個別学力検査(400)］ 2科目 ①国(200)▶現国・言語・論国・文国・古典 ②外(200)▶英
【学校教育課程〈中学校教育専攻理系〉】［個別学力検査(400)］ 2科目 ①数(200)▶「数Ⅰ・数Ⅱ・数A・数B(数列)・数C(ベク)」・「数Ⅰ・数Ⅱ・数Ⅲ・数A・数B(数列)・数C(ベク・平面)」から1 ②理(200)▶「物基・物」・「化基・化」・「生基・生」から1
【養護教諭養成課程】［個別学力検査(400)］ 2科目 ①小論文(300) ②ペーパーインタビュー(100)
【学校教育教員養成課程〈中学校教育コース・実技系〉】［共通テスト(850)］ 8科目 ①国(200) ②外(200・英〈R160＋L40〉)▶英・仏・独・中・韓から1 ③④数(50×2)▶「数Ⅰ・数A」・「数Ⅱ・数B・数C」 ⑤情(50)▶情Ⅰ ⑥⑦⑧「地歴・公民」・理(100×3)▶「地総・地探」・「歴総・日探」・「歴総・世探」・「〈公・倫〉・〈公・政経〉から1」から1または2，「物基・化基・生基・地学基から2」・物・化・生・地学から1または2，計3
［個別学力検査(400)］ 1科目 ①実技(400)▶「音楽実技Ⅰ・音楽実技Ⅱ」・「美術実技Ⅰ・美

術実技Ⅱ」「体育実技Ⅰ・体育実技Ⅱ」から1

法学部

前期　**【法学科（昼間コース）】［共通テスト（925）］** 8科目　①国（200）　②外（200・英〈R160＋L40〉）▶英・独・仏・中・韓から1　③④**地歴・公民**（100×2）▶「地総・地探」・「歴総・日探」・「歴総・世探」・「〈公・倫〉・〈公・政経〉から1」から2　⑤⑥**数**（100×2）▶「数Ⅰ・数A」・「数Ⅱ・数B・数C」　⑦⑧**理科**（100）▶「物基・化基・生基・地学基から2」・物・化・生・地学から1　⑧**情**（25）▶情Ⅰ

［個別学力検査（800）］ 2科目　①国（400）▶現国・言語・論国・文国・古典　②外（400）▶英

【法学科（夜間主コース）】［共通テスト（625）］ 5科目　①国（200）　②外（200・英〈R160＋L40〉）▶英・独・仏・中・韓から1　③**情**（25）▶情Ⅰ　④⑤**「地歴・公民」・数**（100×2）▶「〈地総・地探〉・〈歴総・日探〉・〈歴総・世探〉・〈（公・倫）・（公・政経）から1〉から2」・「〈数Ⅰ・（数Ⅰ・数A）から1〉・〈数Ⅱ・数B・数C〉」から1

［個別学力検査（400）］ 2科目　①国（200）▶現国・言語・論国・文国・古典　②外（200）▶英

経済学部

前期　**【経済学科（昼間コース）】［共通テスト（925）］** 8科目　①国（200）　②外（200・英〈R160＋L40〉）▶英・独・仏・中・韓から1　③④**数**（100×2）▶「数Ⅰ・数A」・「数Ⅱ・数B・数C」　⑤**情**（25）▶情Ⅰ　⑥⑦⑧**「地歴・公民」・理**（100×3）▶「地総・地探」・「歴総・日探」・「歴総・世探」・「〈公・倫〉・〈公・政経〉から1」から1または2，「物基・化基・生基・地学基から2」・物・化・生・地学から1または2，計3

［個別学力検査（600）］ 2科目　①②**国・外・数**（300×2）▶「現国・言語・論国・文国・古典」・英・「数Ⅰ・数Ⅱ・数A・数B（数列）・数C（ベク）」から2

【経済学科（夜間主コース）】［共通テスト（625］ 5科目　①国（200）　②外（200・英〈R160＋L40〉）▶英・独・仏・中・韓から1　③**地歴・公民**（100）▶「地総・地探」・「歴総・日探」・「歴総・世探」・「公・倫」・「公・政経」から1　④**数**（100）▶数Ⅰ・「数Ⅰ・数A」・「数Ⅱ・数B・数C」から1　⑤**情**（25）▶情Ⅰ

［個別学力検査（200）］ 1科目　①**国・外・数**（200）▶「現国・言語・論国・文国・古典」・英・「数Ⅰ・数Ⅱ・数A・数B（数列）・数C（ベク）」から1

理学部

前期　**［共通テスト（950）］** 8科目　①国（200）　②外（200・英〈R160＋L40〉）▶英・独・仏・中・韓から1　③**地歴・公民**（100）▶「地総・歴総・公から2」・「地総・地探」・「歴総・日探」・「歴総・世探」・「公・倫」・「公・政経」から1　④⑤**数**（100×2）▶「数Ⅰ・数A」・「数Ⅱ・数B・数C」　⑥⑦**理**（100×2）▶物・化・生・地学から2　⑧**情**（50）▶情Ⅰ

［個別学力検査（1400）］【数学科】 4科目　①**外**（100）▶英　②**数**（900）▶数Ⅰ・数Ⅱ・数Ⅲ・数A・数B（数列）・数C（ベク・平面）　③④**理**（200×2）▶「物基・物」・「化基・化」・「生基・生」から2

【物理学科】 4科目　①**外**（200）▶英　②**数**（600）▶数Ⅰ・数Ⅱ・数Ⅲ・数A・数B（数列）・数C（ベク・平面）　③④**理**（必須400＋選択200）▶「物基・物」必須，「化基・化」・「生基・生」から1

【化学科】 4科目　①**外**（200）▶英　②**数**（400）▶数Ⅰ・数Ⅱ・数Ⅲ・数A・数B（数列）・数C（ベク・平面）　③④**理**（400×2）▶「化基・化」必須，「物基・物」・「生基・生」から1

【生物学科】 4科目　①**外**（300）▶英　②**数**（300）▶数Ⅰ・数Ⅱ・数Ⅲ・数A・数B（数列）・数C（ベク・平面）　③④**理**（400×2）▶「物基・物」・「化基・化」・「生基・生」から2

【地球科学科】 4科目　①**外**（400）▶英　②**数**（400）▶数Ⅰ・数Ⅱ・数Ⅲ・数A・数B（数列）・数C（ベク・平面）　③④**理**（300×2）▶「物基・物」・「化基・化」・「生基・生」から2

医学部

前期　**【医学科】［共通テスト（550）］** 8科目　①国（100）　②外（100・英〈R80＋L20〉）▶英・独・仏・中・韓から1　③**地歴・公民**（100）▶「地総・地探」・「歴総・日探」・「歴総・

世探」・「公・倫」・「公・政経」から1 ④⑤数(50×2)▶「数Ⅰ・数A」・「数Ⅱ・数B・数C」 ⑥⑦理(50×2)▶物・化・生から2 ⑧情(50)▶情Ⅰ

[個別学力検査(1100)] 5科目 ①外(400)▶英 ②数(400)▶数Ⅰ・数Ⅱ・数Ⅲ・数A・数B(数列)・数C(ベク・平面) ③④理(150×2)▶「物基・物」・「化基・化」・「生基・生」から2 ⑤面接(総合判定の資料)

【保健学科〈看護学専攻〉】 [共通テスト(775)]〈理系〉 8科目 ①国(100) ②外(R160+L40)▶英 ③地歴・公民(50)▶「地総・地探」・「歴総・日探」・「歴総・世探」・「公・倫」・「公・政経」から1 ④⑤数(100×2)▶「数Ⅰ・数A」・「数Ⅱ・数B・数C」 ⑥⑦理(100×2)▶物・化・生から2 ⑧情(25)▶情Ⅰ

〈文系〉 7科目 ①国(200) ②外(R160+L40)▶英 ③地歴・公民(100)▶「地総・地探」・「歴総・日探」・「歴総・世探」・「公・倫」・「公・政経」から1 ④⑤数(75×2)▶「数Ⅰ・数A」・「数Ⅱ・数B・数C」 ⑥理(100)▶物基・化基・生基・地学基から2 ⑦情(25)▶情Ⅰ

[個別学力検査(300)] 2科目 ①外(200)▶英 ②面接(100)※50点未満は不合格。

【保健学科〈放射線技術科学専攻〉】 [共通テスト(900)] 8科目 ①国(200) ②外(200・英〈R160+L40〉)▶英・独・仏・中・韓から1 ③地歴・公民(50)▶「地総・地探」・「歴総・日探」・「歴総・世探」・「公・倫」・「公・政経」から1 ④⑤数(100×2)▶「数Ⅰ・数A」・「数Ⅱ・数B・数C」 ⑥⑦理(100×2)▶物必須,化・生から1 ⑧情(50)▶情Ⅰ

[個別学力検査(600)] 5科目 ①外(200)▶英 ②数(200)▶数Ⅰ・数Ⅱ・数Ⅲ・数A・数B(数列)・数C(ベク・平面) ③④理(100×2)▶「物基・物」必須,「化基・化」・「生基・生」から1 ⑤面接(総合判定の資料)

【保健学科〈検査技術科学専攻〉】 [共通テスト(800)] 8科目 ①国(100) ②外(200・英〈R160+L40〉)▶英・独・仏・中・韓から1 ③地歴・公民(50)▶「地総・地探」・「歴総・日探」・「歴総・世探」・「公・倫」・「公・政経」から1 ④⑤数(100×2)▶「数Ⅰ・数A」・「数Ⅱ・数B・数C」 ⑥⑦理(100×2)▶物・化・生から2 ⑧情(50)▶情Ⅰ

[個別学力検査(400)] 4科目 ①外・数(200)▶英・「数Ⅰ・数Ⅱ・数Ⅲ・数A・数B(数列)・数C(ベク・平面)」から1 ②③理(100×2)▶「物基・物」・「化基・化」・「生基・生」から2 ④面接(総合判定の資料)

歯学部

前期 [共通テスト(930)] 8科目 ①国(200) ②外(200・英〈R160+L40〉)▶英・独・仏・中・韓から1 ③④数(100×2)▶「数Ⅰ・数A」・「数Ⅱ・数B・数C」 ⑤情(30)▶情Ⅰ ⑥⑦地歴・公民・理(100×3)▶「地総・地探」・「歴総・日探」・「歴総・世探」・「〈公・倫〉・〈公・政経〉から1」から1または2,物・化・生から1または2,計3

[個別学力検査(800)] 5科目 ①外(200)▶英 ②数(200)▶数Ⅰ・数Ⅱ・数Ⅲ・数A・数B(数列)・数C(ベク・平面) ③④理(100×2)▶「物基・物」・「化基・化」・「生基・生」から2 ⑤面接(200)※100点未満は不合格。

薬学部

前期 [共通テスト(950)] 8科目 ①国(200) ②外(200・英〈R160+L40〉)▶英・独・仏・中・韓から1 ③地歴・公民(100)▶「地総・歴総・公から2」・「地総・地探」・「歴総・日探」・「歴総・世探」・「公・倫」・「公・政経」から1 ④⑤数(100×2)▶「数Ⅰ・数A」・「数Ⅱ・数B・数C」 ⑥⑦理(100×2)▶化必須,物・生から1 ⑧情(50)▶情Ⅰ

[個別学力検査(800)] 5~4科目 ①外(200)▶英 ②数(200)▶数Ⅰ・数Ⅱ・数Ⅲ・数A・数B(数列)・数C(ベク・平面) ③④理(200×2)▶「化基・化」必須,「物基・物」・「生基・生」から1 ⑤面接(総合判定の資料)薬学科のみ

工学部

前期 [共通テスト(950)] 8科目 ①国(200) ②外(200・英〈R160+L40〉)▶英・独・仏・中・韓から1 ③地歴・公民(100)▶「地総・歴総・公から2」・「地総・地探」・「歴総・日探」・「歴総・世探」・「公・倫」・「公・政経」から1 ④⑤数(100×2)▶「数Ⅰ・数A」・「数Ⅱ・数B・数C」 ⑥⑦理(100×2)▶物・化・生か

ら2，ただし機械システム系および環境・社会基盤系の都市環境創成コースは物必須　⑧**情**(50)▶情Ⅰ

［個別学力検査(1300)］　**4**科目　①**外**(300)▶英　②**数**(500)▶数Ⅰ・数Ⅱ・数Ⅲ・数A・数B(数列)・数C(ベク・平面)　③④**理**(250×2)▶「物基・物」・「化基・化」・「生基・生」から2，ただし機械システム系および環境・社会基盤系の都市環境創成コースは「物基・物」必須

農学部

前期　**［共通テスト(475)］**　**8**科目　①**国**(100)　②**外**(100・英〈R80＋L20〉)▶英・独・仏・中・韓から1　③**地歴・公民**(50)▶「地総・歴総・公から2」・「地総・地探」・「歴総・日探」・「歴総・世探」・「公・倫」・「公・政経」から1　④⑤**数**(50×2)▶「数Ⅰ・数A」・「数Ⅱ・数B・数C」　⑥⑦**理**(50×2)▶物・化・生・地学から2　⑧**情**(25)▶情Ⅰ

［個別学力試験(600)］　**4**科目　①**外**(200)▶英　②**数**(200)▶数Ⅰ・数Ⅱ・数Ⅲ・数A・数B(数列)・数C(ベク・平面)　③④**理**(100×2)▶「物基・物」・「化基・化」・「生基・生」から2

その他の選抜

学校推薦型選抜，総合型選抜(共通テストを課すもの／グローバル・ディスカバリー・プログラムディスカバリー入試／国際入試)，国際バカロレア選抜，社会人選抜，私費外国人留学生選抜。

偏差値データ（2024年度）

●一般選抜

学部／学科・課程／専攻等	2024年度 駿台予備学校 合格目標ライン	2024年度 河合塾 ボーダー得点率	2024年度 河合塾 ボーダー偏差値	'23年度 競争率
●前期				
▶文学部				
人文	51	68%	55	1.2
▶教育学部				
学校教育教員養成／小学校	53	65%	52.5	1.7
／中学校・文系	51	71%	55	1.1
／中学校・理系	51	73%	55	1.2
／中学校・実技系	49	63%	—	2.3
／特別支援	51	62%	52.5	1.7
／幼児	53	69%	52.5	1.1
養護教諭養成	50	65%	—	2.1
▶法学部				
法学(昼間)	51	69%	55	1.4
法学(夜間)	46	62%	50	2.1
▶経済学部				
経済(昼間)	51	66%	55	1.6
経済(夜間)	43	61%	52.5	2.8
▶理学部				
数	52	67%	52.5	3.6
物理	51	67%	52.5	1.7
化	51	64%	50	1.4
生物	51	66%	50	2.2
地球科	50	61%	50	1.2
▶医学部				
医	67	84%	67.5	2.7
保健／看護学	49	66%	55	2.1
／放射線技術科学	51	67%	52.5	2.6
／検査技術科学	51	68%	52.5	2.4
▶歯学部				
歯	56	73%	55	2.0
▶薬学部				
薬	57	76%	57.5	2.9
創薬科	55	72%	55	1.3
▶工学部				
工／機械システム系	48	65%	50	1.8
／環境・社会基盤系	48	67%	50	2.1
／情報・電気・数理データサイエンス系	49	67%	52.5	1.9
／化学・生命系	48	64%	50	1.7
／情報工学先進	48	67%	52.5	新
▶農学部				
総合農業科	49	67%	52.5	2.4

- 駿台予備学校合格目標ラインは合格可能性80%に相当する駿台模試の偏差値です。
- 河合塾ボーダー得点率は合格可能性50%に相当する共通テストの得点率です。また，ボーダー偏差値は合格可能性50%に相当する河合塾全統模試の偏差値です。
- 競争率は受験者÷合格者の実質倍率

広島大学

ひろしま

資料請求

問合せ先　高大接続・入学センター　☎082-424-5696

大学の理念

1874（明治７）年創設の白島学校を嚆矢とし，広島高校，広島高等師範，広島文理科大学など９つの前身諸学校の歴史を受け継ぎ，1949（昭和24）年，新制広島大学として設立。平和を希求する精神，新たなる知の創造，豊かな人間性を培う教育，地域社会・国際社会との共存，絶えざる自己変革，の５つを理念として掲げ，自由で平和な国際社会の実現に貢献する「平和を希求しチャレンジする国際的教養人」を育成する。文部科学省の令和４年度世界トップレベル研究拠点プログラム（WPI）に採択された「持続可能性に寄与するキラルノット超物質国際研究所」の設置や，アリゾナ州立大学グローバル校の開校，新講義棟「凌雲棟」の開設など，世界トップレベルの教育研究拠点の構築，イノベーション創出に向けたさまざまな取り組みを進めている。

● キャンパス情報はP.1492をご覧ください。

基本データ

学生数▶10,612名（男6,505名，女4,107名）
専任教員数▶教授509名，准教授455名，講師87名
設置学部▶総合科，文，教育，法，経済，理，医，歯，薬，工，生物生産，情報科

併設教育機関▶大学院—人間社会科学（M・D・P），統合生命科学・医系科学・先進理工系科学・スマートソサイエティ実践科学（以上M・D）

就職・卒業後の進路

就職率 95.5%
就職者÷希望者×100

● **就職支援**　「早期」・「総合的」・「実践的」の３つのポイントから，キャリア支援を行っている。グローバルキャリアデザインセンターにて各学部との連携を図り，１年次からのキャリア教育やインターンシップ，講義・相談・ガイダンスの総合的な教育・指導の展開，民間企業での人事・採用・教育・海外業務経験のある教員やアドバイザーによるアドバイスなどのほか，産官学連携による実践プログラムの開発，各種ガイダンスやセミナー，就活支援ツアーを実施。企業や求人に関する資料・情報も提供している。

進路指導者も必見　学生を伸ばす面倒見

初年次教育

世界で活躍する各界のリーダーによる講演「世界に羽ばたく。教養の力」を大学教育入門の一環として実施。社会における新たな価値観創出や課題解決のための総合知を実践的に活用する場として「展開ゼミ」や，「教養ゼミ」「情報・科学入門」を開講

学修サポート

全学部でTA・SA制度，学科・コースごとに担当教員を複数配置するチューター制度，一部の学部でオフィスアワー制度を導入。また，ライティングセンターで日本語や英語の文書作成の指導を，教育学習支援センターでは履修や学習の支援をしている

オープンキャンパス（2023年度実績）　８月に各キャンパスでオープンキャンパスを開催（事前申込制）。学部紹介，模擬授業などを実施。大学HPでもオンラインコンテンツを配信。

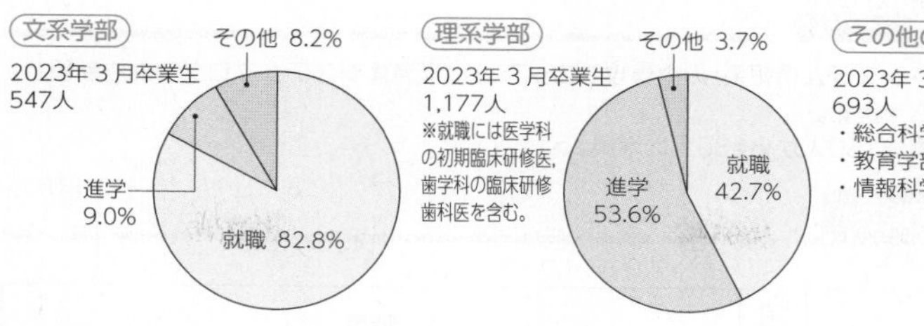

主なOB・OG▶［工］西田友是（工学者・CGパイオニア），［旧政経］遊川和彦（脚本家），［文］小山田浩子（作家），［工］三部敏宏（本田技研工業社長），［工］田中卓志（お笑い芸人「アンガールズ」）など。

国際化・留学　大学間 354 大学等・部局間 374 大学等

受入れ留学生数▶89名（2023年5月1日現在）

留学生の出身国▶中国，韓国，インドネシア，マレーシア，モンゴルなど。

外国人専任教員▶教授７名，助教33名，講師５名（2023年９月１日現在）

外国人専任教員の出身国▶中国，韓国，インド，アメリカ，ドイツなど。

大学間交流協定▶354大学・機関（交換留学先124大学，2023年５月１日現在）

部局間交流協定▶374大学・機関（交換留学先111大学，2023年５月１日現在）

海外への留学生数▶渡航型223名・オンライン型47名／年（33カ国・地域，2022年度）

海外留学制度▶海外の大学生とオンラインで交流しながら協働作業に取り組むe-STARTプログラムをはじめ，語学力向上をめざす短期海外研修START，現地の学生と同じ授業を受講し，専門的な内容を学ぶ交換留学HUSA，さらに実践的な力を身につけるために研究やインターンシップに参加するHU-GRIP，G.ecboなど，異なる渡航期間や内容のプログラムを数多く展開し，学生一人ひとりのニーズに応じた段階的な学びを設計。単位が取得できるプログラムも多数提供している。コンソーシアムはUMAP，SERU，INU，MIRAIなどに参加している。

学費・奨学金制度　給付型奨学金総額 年間約 1,807 万円

入学金▶282,000円（夜間主141,000円）

年間授業料（施設費等を除く）▶535,800円（夜間主267,900円）

年間奨学金総額▶18,074,400円

年間奨学金受給者数▶24人

主な奨学金制度▶学力優秀でありながら，経済的理由により修学困難な新入生に月額10万円を給付する「フェニックス奨学制度」や経済的に困窮している在学生に月額10万円を給付する「光り輝く奨学制度」などを設置。また，学費減免制度があり，2022年度は208人を対象に総額で約3,443万円を減免している。

保護者向けインフォメーション

●**成績確認**　成績表のほか，履修科目と単位数の情報を保護者に郵送している。

●**懇談会**　新入生・２年生の保護者を対象に「オンライン懇談会」を実施，教育・学生支援について説明。また，保護者向け「地域懇談会」を開催，教育の取組や学生生活，留学，就職・キャリア支援などを紹介。

●**防災対策**　学生が被災した際は，ダイレクトメール送信機能を使用して安否を確認する。

インターンシップ科目	必修専門ゼミ	卒業論文	GPA制度の導入の有無および活用例	１年以内の退学率	標準年限での卒業率
全学部で開講している	法学部を除き開講。開講年次は学部学科により異なる	法・経済・医（医）・歯（歯）学部を除き卒業要件	奨学金等対象者の選定基準，留学候補者の選考，個別の学修指導，一部の学部で大学院入試の選抜基準に活用するほか，GPAに応じた履修上限単位数を設定	0.8%	86.9%（4年制）83.1%（6年制）

2025年度学部改組構想（予定）

- 工学部第二類（電気電子・システム情報系）の主専攻プログラムに半導体システムプログラムを新設し，電子システムプログラムを廃止。
- 情報科学部の１年次定員を150人から180人に増員。

学部紹介（2024年２月現在）

学部／学科・類	定員	特色
総合科学部		
総合科	120	▷総合的知見と思考力を養うための教育研究を行う。２年次より，人間探究，自然探究，社会探究の３教育領域に分属。
国際共創	40	▷授業は英語で，留学生と共にグローバルな環境で学ぶ。多様なアプローチで文理融合型教育を行う。
● **取得可能な資格**…教職（地歴・公・数・理・英），学芸員など。 ● **進路状況**…………就職67.8％　進学24.0％ ● **主な就職先**………日本航空，広島銀行，キヤノン，トヨタ自動車，山崎製パン，大塚製薬など。		
文学部		
人文	130	▷哲学・思想文化学，歴史学，地理学・考古学・文化財学，日本・中国文学語学，欧米文学語学・言語学に，英語で学ぶHumanitiies in Englishを加えた６コースからなる。
● **取得可能な資格**…教職（国・地歴・公・社・英・独・仏），学芸員など。 ● **進路状況**…………就職80.6％　進学12.2％ ● **主な就職先**………中国電力，日本通運，野村マイクロ・サイエンス，JTB，紀伊国屋書店など。		
教育学部		
第一類（学校教育系）	137	▷初等と特別支援の２つの教育教員養成コース。
第二類（科学文化教育系）	82	▷自然系，数理系，技術・情報系，社会系の４コース。
第三類（言語文化教育系）	73	▷国語文化系，英語文化系，日本語教育系の３コース。
第四類（生涯活動教育系）	81	▷健康スポーツ系，人間生活系，音楽文化系，造形芸術系の４コース。
第五類（人間形成基礎系）	52	▷教育学系と心理学系の２コース。
● **取得可能な資格**…教職（国・地歴・公・社・数・理・音・美・保体・技・家・情・工業・英，小一種，幼一種，特別支援），司書教諭，学芸員など。 ● **進路状況**…………就職71.5％　進学18.9％ ● **主な就職先**………教員，山崎製パン，日本生命保険，AICエデュケーション，博報堂，広島県など。		
法学部		
法	170	▷〈昼間コース140名，夜間主コース30名〉昼間コースには２年次から公共政策，ビジネス法務，法曹養成の３プログラムを，夜間主コースには法政総合プロラムを設置。
● **取得可能な資格**…教職（公）。　● **進路状況**…就職77.2％　進学12.4％ ● **主な就職先**………広島銀行，今治造船，三菱UFJ銀行，日産自動車，広島ガス，ミルボンなど。		
経済学部		
経済	195	▷〈昼間コース150名，夜間主コース45名〉昼間は現代経済プログラム，夜間主には経済・経営統合プロラムを設置。
● **進路状況**…………就職89.3％　進学3.7％ ● **主な就職先**………中国電力，日本銀行，三井住友海上火災保険，山田＆パートナーズなど。		

キャンパスアクセス ［東広島キャンパス］ JR山陽本線一西条・八本松よりバス約20分

理学部		
数	47	▶数学，物理学，化学，生物科学，地球惑星システム学の５学科が密接に関連しながら「自然の真理」にアプローチ。理学分野の大部分をカバーする教育プログラムと，大学院との連続性を見据えたカリキュラムで基礎から最先端までを学ぶ。
物理科	66	
化	59	
生物科	34	
地球惑星システム	24	臨海実験所，宮島自然植物実験所，両生類研究施設，植物遺伝子保管実験施設など，附属施設も充実している。

● **取得可能な資格**…教職（数・理），学芸員，測量士補など。
● **進路状況**…………就職22.8%　進学72.4%
● **主な就職先**………クラブツーリズム，大和総研グループ，ダイキン工業，ヤフーなど。

医学部		
医	118	▷医療現場にふさわしい知識・技術・人間性を身につけた医師，教育者・研究者を育成する。
保健	120	▷〈看護学専攻60名，理学療法学専攻30名，作業療法学専攻30名〉科学的思考能力と倫理観を備えた専門職を養成する。

● **取得可能な資格**…教職（養護一種），医師・看護師・保健師・助産師・理学療法士・作業療法士受験資格。
● **進路状況**…………［医］初期臨床研修医94.7%　［保健］就職81.6%　進学15.2%
● **主な就職先**………［保健］広島大学病院，福岡リハビリテーション病院，鹿児島県教育委員会など。

歯学部		
歯	53	▷先端歯科医学の理論と実際を修得し，歯科医療をリードする臨床医と国際社会で活躍できる歯科医学の教育者・研究者を養成する。アジア諸国の歯学部学生を２～５年次まで招聘する国際歯学コースも設置。
口腔健康科	40	▷〈口腔保健学専攻20名，口腔工学専攻20名〉専門教育と併せて両学科の共通教育も実施，チーム医療への導入を図る。

● **取得可能な資格**…教職（養護一種），歯科医師・歯科衛生士・歯科技工士受験資格。
● **進路状況**…………［歯］臨床研修歯科医82.5%　［口腔健康科］就職73.0%　進学24.3%
● **主な就職先**………［口腔健康科］ジーシー，広島大学病院，サンスター，デンタルサポートなど。

薬学部		
薬	38	▷６年制。知識と研究能力を兼ね備えた薬剤師を育成。
薬科	22	▷４年制。世界的視野と高い研究マインドを持つ創薬研究者・技術者，医療開発者を育成。

● **取得可能な資格**…［薬科］教職（理），［薬］薬剤師。
● **進路状況**…………［薬］就職100%　［薬科］進学100%
● **主な就職先**………ツルハグループドラッグ＆ファーマシー西日本，総合メディカル，日本調剤など。

工学部		
		▶各類に複数の教育プログラムがあり，１年終了時に登録。
第一類	150	▷機械システム・輸送システム・材料加工・エネルギー変換の４プログラム編成。
第二類	90	▷電気システム情報・電子システムの２プログラム。
第三類	115	▷応用化学・生物工学・化学工学の３プログラム。
第四類	90	▷社会基盤環境工学・建築の２プログラム。

● **取得可能な資格**…教職（工業），測量士補，１・２級建築士受験資格など。
● **進路状況**…………就職21.1%　進学77.3%
● **主な就職先**………マイクロンメモリジャパン，マツダ，一条工務店，新来島どっく，クボタなど。

キャンパスアクセス ［霞キャンパス］ JR山陽本線一広島よりバス約15分

生物生産学部		
生物生産	90	▷水圏統合科学，応用動植物科学，食品科学，分子農学生命科学，国際生物生産学の5プログラム。

● **取得可能な資格**…教職（理），学芸員など。 ● **進路状況**…就職32.7％ 進学63.5％
● **主な就職先**………江ノ島電鉄，内田洋行，寿がきや食品，オタフクソース，山崎製パン，広島県など。

情報科学部		
情報科	150	▷データコンテンツの理解と問題解決，大規模データ処理技術を学ぶ。計算機科学・データ科学・知能科学の３プログラム。

● **取得可能な資格**…教職（数・情）。 ● **進路状況**…………就職38.4％ 進学60.3％
● **主な就職先**………マツダ，NECソリューションイノベータ，凸版印刷，サイボウズなど。

キャンパス

総合科・文・教育・経済（昼）・理・工・生物生産・情報科…［東広島キャンパス］広島県東広島市鏡山…総合科1-7-1，文1-2-3，教育1-1-1，法・経済1-2-1，理1-3-1，工・情報科1-4-1，生物生産1-4-4
医・歯・薬…［霞キャンパス］広島県広島市南区霞1-2-3
法（昼・夜）・経済（夜）…［東千田キャンパス］広島県広島市中区東千田町1-1-89

2025年度入試要項（予告）

●募集人員

学部／学科・類（専攻・コース）		前期	後期
総合科	総合科	84	18
	国際共創	20	—
文	人文	90	20
教育	第一（初等教育教員養成）	100	—
	（特別支援教育教員養成）	22	—
	第二（自然系）	17	4
	（数理系）	17	0
	（技術・情報系）	10	3
	（社会系）	13	3
	第三（国語文化系）	17	—
	（英語文化系）	15	—
	（日本語教育系）	23	—
	第四（健康スポーツ系）	16	7
	（人間生活系）	18	0
	（音楽文化系）	16	—
	（造形芸術系）	5	2
	第五（教育学系）	20	5
	（心理学系）	16	4
法	法（昼間）	110	25
	（夜間主）	10	5
経済	経済（昼間）	110	25
	（夜間主）	20	5
理	数	26	14
	物理	36	20
	化	39	10
	生物科	29	—
	地球惑星システム	15	4
医	医	90	—
	保健（看護学）	52	—
	（理学療法学）	27	—
	（作業療法学）	26	—
歯	歯	33	15
	口腔健康科（口腔保健学）	15	—
	（口腔工学）	12	5
薬	薬	33	—
	薬科	17	3
工	第一	122	8
	第二	80	8
	第三	80	10
	第四	72	6
	工学特別	45	—
生物生産	生物生産	65	10
情報科	情報科	115	15

※工学部工学特別コースは類を特定せずに試験を行い，１年次前期の成績と希望により，類を決定。

●２段階選抜

医学部医学科の前期において，志願倍率が５倍を超える場合には，共通テストの成績により実施することがある。
注）２段階選抜は2024年度の実績です。

▷共通テストの英語はリスニングを含む。
▷地歴・公民から２科目選択する場合，「公・

キャンパスアクセス ［東千田キャンパス］JR山陽本線─広島よりバス約15分／市内電車─日赤病院前より徒歩約３分

倫」と「公・政経」の組み合わせは不可。
▷英語外部検定試験の活用可。規定のスコア・等級ににより，共通テストの外国語「英語」(受験は必須)の得点を満点とみなして判定。

総合科学部

前期 【総合科学科】(文科系) [共通テスト(1000)] 8科目 ①国(200) ②外(200・英〈R100＋L100〉)▶英・独・仏・中・韓から1 ③④地歴・公民(100×2)▶「地総・地探」・「歴総・日探」・「歴総・世探」・「公・倫」・「公・政経」から2 ⑤⑥数(100×2)▶「数Ⅰ・数A」・「数Ⅱ・数B・数C」 ⑦理(100)▶「物基・化基・生基・地学基から2」・「物・化・生・地学から2」から1 ⑧情(100)▶情Ⅰ
[個別学力検査(1200)] 2科目 ①外(600)▶「英コミュⅠ・英コミュⅡ・英コミュⅢ・論表Ⅰ・論表Ⅱ・論表Ⅲ」・独・仏・中から1 ②小論文(600)
(理科系) [共通テスト(1000)] 8科目 ①国(200) ②外(200・英〈R100＋L100〉)▶英・独・仏・中・韓から1 ③地歴・公民(100)▶「地総・地探」・「歴総・日探」・「歴総・世探」・「公・倫」・「公・政経」から1 ④⑤数(100×2)▶「数Ⅰ・数A」・「数Ⅱ・数B・数C」 ⑥⑦理(100×2)▶物・化・生・地学から2 ⑧情(100)▶情Ⅰ
[個別学力検査(1200)] 3科目 ①数(400)▶数Ⅰ・数Ⅱ・数Ⅲ・数A(図形・場合)・数B(数列)・数C(ベク・平面) ②③理(400×2)▶「物基・物」・「化基・化」・「生基・生」・「地学基・地学」から2
【国際共創学科】(文科系) [共通テスト(1000)] 8科目 ①国(200) ②外(300・英〈R150＋L150〉)▶英・独・仏・中・韓から1 ③④地歴・公民(100×2)▶「地総・地探」・「歴総・日探」・「歴総・世探」・「公・倫」・「公・政経」から2 ⑤⑥数(50×2)▶「数Ⅰ・数A」・「数Ⅱ・数B・数C」 ⑦理(100)▶「物基・化基・生基・地学基から2」・「物・化・生・地学から2」から1 ⑧情(100)▶情Ⅰ
[個別学力検査(1200)] 2科目 ①国(400)▶現国・言語(近代以降の文章)・論国・文国(近代以降の文章) ②外(800)▶英コミュⅠ・英コミュⅡ・英コミュⅢ・論表Ⅰ・論表Ⅱ・論表Ⅲ
(理科系) [共通テスト(1000)] 8科目 ①国(100) ②外(300・英〈R150＋L150〉)▶英・独・仏・中・韓から1 ③地歴・公民(100)▶「地総・地探」・「歴総・日探」・「歴総・世探」・「公・倫」・「公・政経」から1 ④⑤数(100×2)▶「数Ⅰ・数A」・「数Ⅱ・数B・数C」 ⑥⑦理(100×2)▶物・化・生・地学から2 ⑧情(100)▶情Ⅰ
[個別学力検査(1200)] 2科目 ①外(600)▶英コミュⅠ・英コミュⅡ・英コミュⅢ・論表Ⅰ・論表Ⅱ・論表Ⅲ ②数(600)▶数Ⅰ・数Ⅱ・数Ⅲ・数A(図形・場合)・数B(数列)・数C(ベク・平面)
後期 【総合科学科】[共通テスト(1600)] 8科目 ①国(200) ②外(500・英〈R250＋L250〉)▶英・独・仏・中・韓から1 ③④数(250×2)▶「数Ⅰ・数A」・「数Ⅱ・数B・数C」 ⑤情▶情Ⅰ ⑥⑦⑧「地歴・公民」・理(100×3)▶「〈地総・地探〉・〈歴総・日探〉・〈歴総・世探〉・〈公・倫〉・〈公・政経〉から2」・「〈物基・化基・生基・地学基から2〉・物・化・生・地学から1」または「〈地総・地探〉・〈歴総・日探〉・〈歴総・世探〉・〈公・倫〉・〈公・政経〉から1」・「物・化・生・地学から2」
[個別学力検査(200)] 1科目 ①面接(200)

文学部

前期 [共通テスト(1200)] 8科目 ①国(200) ②外(200・英〈R100＋L100〉)▶英・独・仏・中・韓から1 ③④地歴・公民(200×2)▶「地総・地探」・「歴総・日探」・「歴総・世探」・「公・倫」・「公・政経」から2 ⑤⑥数(100×2)▶「数Ⅰ・数A」・「数Ⅱ・数B・数C」 ⑦理(100)▶「物基・化基・生基・地学基から2」・「物・化・生・地学から2」から1 ⑧情(100)▶情Ⅰ
[個別学力検査(800)] 2科目 ①国(400)▶現国・言語・論国・文国・古典 ②外(400)▶「英コミュⅠ・英コミュⅡ・英コミュⅢ・論表Ⅰ・論表Ⅱ・論表Ⅲ」・独・仏・中から1
後期 [共通テスト(1000)] 8科目 ①国(200) ②外(200・英〈R100＋L100〉)▶英・独・仏・中・韓から1 ③④地歴・公民(100×2)▶「地総・地探」・「歴総・日探」・「歴総・世

探」・「公・倫」・「公・政経」から2　⑤⑥数(100×2)▶「数Ⅰ・数A」・「数Ⅱ・数B・数C」　⑦理(100)▶「物基・化基・生基・地学基から2」・「物・化・生・地学から2」から1　⑧情(100)▶情Ⅰ

[個別学力検査(100)]　1科目　①面接(100)

教育学部

前期　【第一類】(文科系)[共通テスト(1000)]　8科目　①国(200)　②外(200・英〈R100＋L100〉)▶英・独・仏・中・韓から1　③④地歴・公民(100×2)▶「地総・地探」・「歴総・日探」・「歴総・世探」・「公・倫」・「公・政経」から2　⑤⑥数(100×2)▶「数Ⅰ・数A」・「数Ⅱ・数B・数C」　⑦理(100)▶「物基・化基・生基・地学基から2」・「物・化・生・地学から2」から1　⑧情(100)▶情Ⅰ

(理科系)[共通テスト(1000)]　8科目　①国(200)　②外(200・英〈R100＋L100〉)▶英・独・仏・中・韓から1　③地歴・公民(100)▶「地総・地探」・「歴総・日探」・「歴総・世探」・「公・倫」・「公・政経」から1　④⑤数(100×2)▶「数Ⅰ・数A」・「数Ⅱ・数B・数C」　⑥⑦理(100×2)▶物・化・生・地学から2　⑧情(100)▶情Ⅰ

[個別学力検査(800)]　2科目　①②国・外・数(400×2)▶「現国・言語・論国・文国・古典」・「〈英コミュⅠ・英コミュⅡ・英コミュⅢ・論表Ⅰ・論表Ⅱ・論表Ⅲ〉・独・仏・中から1」・「数Ⅰ・数Ⅱ・数A(図形・場合)・数B(数列)・数C(ベク)」から2

【第二類〈自然系コース・数理系コース・技術・情報系コース〉】[共通テスト(1000)]　8科目　①国(200)　②外(200・英〈R100＋L100〉)▶英・独・仏・中・韓から1　③地歴・公民(100)▶「地総・地探」・「歴総・日探」・「歴総・世探」・「公・倫」・「公・政経」から1　④⑤数(100×2)▶「数Ⅰ・数A」・「数Ⅱ・数B・数C」　⑥⑦理(100×2)▶物・化・生・地学から2　⑧情(100)▶情Ⅰ

[個別学力検査(800)]【第二類〈自然系コース〉】　3科目　①数(300)▶数Ⅰ・数Ⅱ・数Ⅲ・数A(図形・場合)・数B(数列)・数C(ベク・平面)　②③理(250×2)▶「物基・物」・「化基・化」・「生基・生」・「地学基・地学」から2

【第二類〈数理系コース〉】　2科目　①数(600)▶数Ⅰ・数Ⅱ・数Ⅲ・数A(図形・場合)・数B(数列)・数C(ベク・平面)　②理(200)▶「物基・物」・「化基・化」・「生基・生」・「地学基・地学」から1

【第二類〈技術・情報系コース〉】　2科目　①数(400)▶数Ⅰ・数Ⅱ・数A(図形・場合)・数B(数列)・数C(ベク)　②理(400)▶「物基・物」・「化基・化」・「生基・生」・「地学基・地学」から1

【第二類〈社会系コース〉・第三類・第四類〈人間生活系コース〉・第五類〈心理学系コース〉】[共通テスト(1000)]　8科目　①国(200)　②外(200・英〈R100＋L100〉)▶英・独・仏・中・韓から1　③④地歴・公民(100×2)▶「地総・地探」・「歴総・日探」・「歴総・世探」・「公・倫」・「公・政経」から2　⑤⑥数(100×2)▶「数Ⅰ・数A」・「数Ⅱ・数B・数C」　⑦理(100)▶「物基・化基・生基・地学基から2」・「物・化・生・地学から2」から1　⑧情(100)▶情Ⅰ

[個別学力検査(800)]【第二類〈社会系コース〉・第三類〈日本語教育系コース〉・第四類〈人間生活系コース〉・第五類〈心理学系コース〉】　2科目　①②国・外・数(400×2)▶「現国・言語・論国・文国・古典」・「〈英コミュⅠ・英コミュⅡ・英コミュⅢ・論表Ⅰ・論表Ⅱ・論表Ⅲ〉・独・仏・中から1」・「数Ⅰ・数Ⅱ・数A(図形・場合)・数B(数列)・数C(ベク)」から2

【第三類〈国語文化系コース〉】　2科目　①国(400)▶現国・言語・論国・文国・古典　②外・数(400)▶「英コミュⅠ・英コミュⅡ・英コミュⅢ・論表Ⅰ・論表Ⅱ・論表Ⅲ」・独・仏・中・「数Ⅰ・数Ⅱ・数A(図形・場合)・数B(数列)・数C(ベク)」から1

【第三類〈英語文科系コース〉】　2科目　①国(200)▶現国・言語・論国・文国・古典　②外(600)▶「英コミュⅠ・英コミュⅡ・英コミュⅢ・論表Ⅰ・論表Ⅱ・論表Ⅲ」・独・仏・中から1

【第四類〈健康スポーツ系コース・音楽文化系コース・造形芸術系コース〉】[共通テスト(800)]　6科目　①国(200)　②外(200・英〈R100＋L100〉)▶英・独・仏・中・韓から1　③地歴・公民(100)▶「地総・地探」・「歴総・日探」・「歴総・世探」・「公・倫」・「公・政経」から1　④数(100)▶「数Ⅰ・数A」・「数Ⅱ・数B・数C」から1　⑤理(100)▶「物基・化基・生基・

地学基から２」・「物・化・生・地学から２」から１ ⑥情（100）▶情Ⅰ
【第四類〈健康スポーツ系コース〉】［個別学力検査（400）］ 1科目 ①実技（400）
【第四類〈音楽文化系コース・造形芸術系コース〉】［個別学力検査（500）］ 1科目 ①実技（500）
【第五類〈教育学系コース〉】（文科系）［共通テスト（1600）］ 8科目 ①国（400） ②外（400・英〈R200＋L200〉）▶英・独・仏・中・韓から１ ③④地歴・公民（100×2）▶「地総・地探」・「歴総・日探」・「歴総・世探」・「公・倫」・「公・政経」から２ ⑤⑥数（200×2）▶「数Ⅰ・数Ａ」・「数Ⅱ・数Ｂ・数Ｃ」 ⑦理（100）▶「物基・化基・生基・地学基から２」・「物・化・生・地学から２」から１ ⑧情（100）▶情Ⅰ
（理科系）［共通テスト（1600）］ 8科目 ①国（400） ②外（400・英〈R200＋L200〉）▶英・独・仏・中・韓から１ ③地歴・公民（100）▶「地総・地探」・「歴総・日探」・「歴総・世探」・「公・倫」・「公・政経」から１ ④⑤数（200×2）▶「数Ⅰ・数Ａ」・「数Ⅱ・数Ｂ・数Ｃ」 ⑥⑦理（100×2）▶物・化・生・地学から２ ⑧情（100）▶情Ⅰ
［個別学力検査（800）］ 2科目 ①②国・外・数（400×2）▶「現国・言語・論国・文国・古典」・「〈英コミュⅠ・英コミュⅡ・英コミュⅢ・論表Ⅰ・論表Ⅱ・論表Ⅲ〉・独・仏・中から１」・「数Ⅰ・数Ⅱ・数Ａ（図形・場合）・数Ｂ（数列）・数Ｃ（ベク）」から２
後期 【第二類〈自然系コース・第五類〈教育学系コース（理系）〉］［共通テスト（900）］ 7科目 ①国（200） ②外（200・英〈R100＋L100〉）▶英・独・仏・中・韓から１ ③地歴・公民（100）▶「地総・地探」・「歴総・日探」・「歴総・世探」・「公・倫」・「公・政経」から１ ④⑤数（100×2）▶「数Ⅰ・数Ａ」・「数Ⅱ・数Ｂ・数Ｃ」 ⑥⑦理（100×2）▶物・化・生・地学から２
［個別学力検査（300）］【第二類〈自然系コース〉】 1科目 ①面接（300）
【第五類〈教育学系コース（理系）〉】 1科目 ①小論文（300）
【第二類〈技術・情報系コース〉】［共通テスト（800）］ 8科目 ①国（200） ②外（100・英〈R50＋L50〉）▶英・独・仏・中・韓から１ ③地歴・公民（100）▶「地総・地探」・「歴総・日探」・「歴総・世探」・「公・倫」・「公・政経」から１ ④⑤数（50×2）▶「数Ⅰ・数Ａ」・「数Ⅱ・数Ｂ・数Ｃ」 ⑥⑦理（100×2）▶物・化・生・地学から２ ⑧情（100）▶情Ⅰ
［個別学力検査（500）］ 1科目 ①面接（500）
【第二類〈社会系コース〉】［共通テスト（1000）］ 8科目 前期と同じ
［個別学力検査（300）］ 1科目 ①面接（300）
【第四類〈健康スポーツ系コース〉】［共通テスト（700）］ 5科目 ①国（200） ②外（200・英〈R100＋L100〉）▶英・独・仏・中・韓から１ ③地歴・公民（100）▶「地総・地探」・「歴総・日探」・「歴総・世探」・「公・倫」・「公・政経」から１ ④数（100）▶「数Ⅰ・数Ａ」・「数Ⅱ・数Ｂ・数Ｃ」から１ ⑤理（100）▶「物基・化基・生基・地学基から２」・「物・化・生・地学から２」から１
［個別学力検査（700）］ 2科目 ①小論文（100） ②書類審査（600）
【第四類〈造形芸術系コース〉】［共通テスト（800）］ 6科目 前期と同じ
［個別学力検査（800）］ 1科目 ①実技（800）
【第五類〈教育学系コース（文科系）・心理学系コース〉】［共通テスト（900）］ 7科目 ①国（200） ②外（200・英〈R100＋L100〉）▶英・独・仏・中・韓から１ ③④地歴・公民（100×2）▶「地総・地探」・「歴総・日探」・「歴総・世探」・「公・倫」・「公・政経」から２ ⑤⑥数（100×2）▶「数Ⅰ・数Ａ」・「数Ⅱ・数Ｂ・数Ｃ」 ⑦理（100）▶「物基・化基・生基・地学基から２」・「物・化・生・地学から２」から１
［個別学力検査（300）］ 1科目 ①小論文（300）

法学部

前期 ［共通テスト（900）］ 7科目 ①国（200） ②外（200・英〈R100＋L100〉）▶英・独・仏・中・韓から１ ③④地歴・公民（100×2）▶「地総・地探」・「歴総・日探」・「歴総・世探」・「公・倫」・「公・政経」から２ ⑤数（100）▶「数Ⅰ・数Ａ」・「数Ⅱ・数Ｂ・数Ｃ」から１ ⑥理（100）▶「物基・化基・生基・地学基から２」・

「物・化・生・地学から２」から１ ⑦情(100)▶情Ⅰ
【昼間コース】［個別学力検査(400)］ 2科目 ①国(200)▶現国・言語(近代以降の文章)・論国・文国(近代以降の文章) ②外(200)▶「英コミュⅠ・英コミュⅡ・英コミュⅢ・論表Ⅰ・論表Ⅱ・論表Ⅲ」・独・仏・中から１
【夜間コース】［個別学力検査(300)］ 1科目 ①国(300)▶現国・言語(近代以降の文章)・論国・文国(近代以降の文章)
後期 ［共通テスト(500)］ 3科目 ①国(200) ②外(200・英〈R100＋L100〉)▶英・独・仏・中・韓から１ ③地歴・公民・数(100)▶「地総・地探」・「歴総・日探」・「歴総・世探」・「公・倫」・「公・政経」・「数Ⅰ・数Ａ」・「数Ⅱ・数Ｂ・数Ｃ」から１
［個別学力検査(300)］ 1科目 ①総合問題(300)

経済学部

前期 ［共通テスト(1000)］ 8科目 ①国(200) ②外(200・英〈R100＋L100〉)▶英・独・仏・中・韓から１ ③④地歴・公民(100×2)▶「地総・地探」・「歴総・日探」・「歴総・世探」・「公・倫」・「公・政経」から２ ⑤⑥数(100×2)▶「数Ⅰ・数Ａ」・「数Ⅱ・数Ｂ・数Ｃ」 ⑦理(100)▶「物基・化基・生基・地学基から２」・「物・化・生・地学から２」から１ ⑧情(100)▶情Ⅰ
【昼間コース】［個別学力検査(800)］ 2科目 ①外(400)▶「英コミュⅠ・英コミュⅡ・英コミュⅢ・論表Ⅰ・論表Ⅱ・論表Ⅲ」・独・仏・中から１ ②数(400)▶数Ⅰ・数Ⅱ・数Ａ(図形・場合)・数Ｂ(数列)・数Ｃ(ベク)
【夜間コース】［個別学力検査(400)］ 1科目 ①外(400)▶「英コミュⅠ・英コミュⅡ・英コミュⅢ・論表Ⅰ・論表Ⅱ・論表Ⅲ」・独・仏・中から１
後期 【昼間コース】［共通テスト(2200)］ 7科目 ①国(文800・理100) ②外(600・英〈R300＋L300〉)▶英・独・仏・中・韓から１ ③④地歴・公民(文300×2・理50×2)▶「地総・地探」・「歴総・日探」・「歴総・世探」・「公・倫」・「公・政経」から２ ⑤⑥数(文50×2・理400×2)▶「数Ⅰ・数Ａ」・「数Ⅱ・数Ｂ・数Ｃ」 ⑦理(文100・理600)▶「物基・化基・生基・地学基から２」・「物・化・生・地学から２」から１
※文は文科系，理は理科系の配点。
［個別学力検査(400)］ 1科目 ①小論文(400)
【夜間コース】［共通テスト(1900)］ 7科目 ①国(400) ②外(400・英〈R200＋L200〉)▶英・独・仏・中・韓から１ ③④地歴・公民(200×2)▶「地総・地探」・「歴総・日探」・「歴総・世探」・「公・倫」・「公・政経」から２ ⑤⑥数(200×2)▶「数Ⅰ・数Ａ」・「数Ⅱ・数Ｂ・数Ｃ」 ⑦理(150×2)▶「物基・化基・生基・地学基から２」・「物・化・生・地学から２」から１
［個別学力検査(400)］ 1科目 ①小論文(400)

理学部

前期 ［共通テスト(1000)］ 7科目 ①国(200) ②外(200・英〈R100＋L100〉)▶英・独・仏・中・韓から１ ③地歴・公民(100)▶「地総・地探」・「歴総・日探」・「歴総・世探」・「公・倫」・「公・政経」から１ ④⑤数(100×2)▶「数Ⅰ・数Ａ」・「数Ⅱ・数Ｂ・数Ｃ」 ⑥⑦理(100×2)▶物・化・生・地学から２ ⑧情(100)▶情Ⅰ
［個別学力検査(1400)］【数学科】 4科目 ①外(350)▶「英コミュⅠ・英コミュⅡ・英コミュⅢ・論表Ⅰ・論表Ⅱ・論表Ⅲ」・独・仏・中から１ ②数(700)▶数Ⅰ・数Ⅱ・数Ⅲ・数Ａ(図形・場合)・数Ｂ(数列)・数Ｃ(ベク・平面) ③④理(175×2)▶「物基・物」・「化基・化」・「生基・生」・「地学基・地学」から２
【物理学科】 4科目 ①外(400)▶「英コミュⅠ・英コミュⅡ・英コミュⅢ・論表Ⅰ・論表Ⅱ・論表Ⅲ」・独・仏・中から１ ②数(500)▶数Ⅰ・数Ⅱ・数Ⅲ・数Ａ(図形・場合)・数Ｂ(数列)・数Ｃ(ベク・平面) ③④理(250×2)▶「物基・物」必須，「化基・化」・「生基・生」・「地学基・地学」から１
【化学科・生物科学科・地球惑星システム学科】 4科目 ①外(400)▶「英コミュⅠ・英コミュⅡ・英コミュⅢ・論表Ⅰ・論表Ⅱ・論表Ⅲ」・独・仏・中から１ ②数(400)▶数Ⅰ・数Ⅱ・数Ⅲ・数Ａ(図形・場合)・数Ｂ(数列)・数Ｃ(ベク・平面) ③④理(300×2)▶「物基・物」・「化基・化」・「生基・生」・「地学基・地学」から２，ただし化学科は「化基・化」必須

後期 【数学科】［共通テスト(500)］ 4科目 ①外(200・英〈R100＋L100〉)▶英・独・仏・中・韓から1 ②③数(100×2)▶「数Ⅰ・数Ａ」・「数Ⅱ・数Ｂ・数Ｃ」 ④理(100)▶物・化・生・地学から1
［個別学力検査(500)］ 1科目 ①数(500)▶数Ⅰ・数Ⅱ・数Ⅲ・数Ａ(図形・場合)・数Ｂ(数列)・数Ｃ(ベク・平面)
【物理学科】［共通テスト(600)］ 4科目 ①外(200・英〈R100＋L100〉)▶英・独・仏・中・韓から1 ②③数(100×2)▶「数Ⅰ・数Ａ」・「数Ⅱ・数Ｂ・数Ｃ」 ④理(200)▶物・化・生・地学から1
［個別学力検査(600)］ 1科目 ①総合問題(600)▶物理と数学を合わせた複合問題
【化学科・地球惑星システム学科】［共通テスト(600)］ 5科目 ①外(200・英〈R100＋L100〉)▶英・独・仏・中・韓から1 ②③数(100×2)▶「数Ⅰ・数Ａ」必須，「数Ⅱ・数Ｂ」・簿・情から1 ④⑤理(100×2)▶物・化・生・地学から2
［個別学力検査(200)］ 1科目 ①面接(200)

医学部

前期 【医学科】［共通テスト(1000)］ 8科目 ①国(200) ②外(200・英〈R100＋L100〉)▶英・独・仏・中・韓から1 ③地歴・公民(100)▶「地総・地探」・「歴総・日探」・「歴総・世探」・「公・倫」・「公・政経」から1 ④⑤数(100×2)▶「数Ⅰ・数Ａ」・「数Ⅱ・数Ｂ・数Ｃ」 ⑥⑦理(100×2)▶物・化・生から2 ⑧情(100)▶情Ⅰ
［個別学力検査(1800)］ 5科目 ①外(As300・Aem800・B600)▶英コミュⅠ・英コミュⅡ・英コミュⅢ・論表Ⅰ・論表Ⅱ・論表Ⅲ ②数(As300・Aem800・B600)▶数Ⅰ・数Ⅱ・数Ⅲ・数Ａ(図形・場合)・数Ｂ(数列)・数Ｃ(ベク・平面) ③④理(As600×2・Aem100×2・B300×2)▶「物基・物」・「化基・化」・「生基・生」から2 ⑤面接(段階評価)
※Ａsは理科重視型，Ａemは英語重視型，Ｂは一般型の配点。
【保健学科】(文科系)［共通テスト(1000)］ 8科目 ①国(200) ②外(200・英〈R100＋L100〉)▶英・独・仏・中・韓から1 ③④地歴・公民(100×2)▶「地総・地探」・「歴総・日探」・「歴総・世探」・「公・倫」・「公・政経」から2 ⑤⑥数(100×2)▶「数Ⅰ・数Ａ」・「数Ⅱ・数Ｂ・数Ｃ」 ⑦理(100)▶「物基・化基・生基から2」・「物・化・生から2」から1 ⑧情(100)▶情Ⅰ
［個別学力検査(800)］ 3~2科目 ①国(400)▶現国・言語(近代以降の文章)・論国・文国(近代以降の文章) ②外(400)▶「英コミュⅠ・英コミュⅡ・英コミュⅢ・論表Ⅰ・論表Ⅱ・論表Ⅲ」・独・仏・中から1 ③面接(段階評価)(理学療法学専攻・作業療法学専攻のみ)
(理科系)［共通テスト(1000)］ 8科目 ①国(200) ②外(200・英〈R100＋L100〉)▶英・独・仏・中・韓から1 ③地歴・公民(100)▶「地総・地探」・「歴総・日探」・「歴総・世探」・「公・倫」・「公・政経」から1 ④⑤数(100×2)▶「数Ⅰ・数Ａ」・「数Ⅱ・数Ｂ・数Ｃ」・簿・情から1 ⑥⑦理(100×2)▶物・化・生から2 ⑧情(100)▶情Ⅰ
［個別学力検査(800)］ 3~2科目 ①外(400)▶「英コミュⅠ・英コミュⅡ・英コミュⅢ・論表Ⅰ・論表Ⅱ・論表Ⅲ」・独・仏・中から1 ②数(400)▶数Ⅰ・数Ⅱ・数Ⅲ・数Ａ(図形・場合)・数Ｂ(数列)・数Ｃ(ベク・平面) ③面接(段階評価)(理学療法学専攻・作業療法学専攻のみ)

歯学部

前期 【歯学科】［共通テスト(1000)］ 8科目 ①国(200) ②外(200・英〈R100＋L100〉)▶英・独・仏・中・韓から1 ③地歴・公民(100)▶「地総・地探」・「歴総・日探」・「歴総・世探」・「公・倫」・「公・政経」から1 ④⑤数(100×2)▶「数Ⅰ・数Ａ」・「数Ⅱ・数Ｂ・数Ｃ」 ⑥⑦理(100×2)▶物・化・生から2 ⑧情(100)▶情Ⅰ
［個別学力検査(1200)］ 5科目 ①外(400)▶「英コミュⅠ・英コミュⅡ・英コミュⅢ・論表Ⅰ・論表Ⅱ・論表Ⅲ」・独・仏・中から1 ②数(400)▶数Ⅰ・数Ⅱ・数Ⅲ・数Ａ(図形・場合)・数Ｂ(数列)・数Ｃ(ベク・平面) ③④理(200×2)▶「物基・物」・「化基・化」・「生基・生」から2 ⑤面接(段階評価)
【口腔健康科学科〈口腔保健学専攻〉】［共通

テスト(900)] 7科目 ①国(200) ②外(200・英〈R100+L100〉)▶英・独・仏・中・韓から1 ③数(100)▶「数Ⅰ・数A」・「数Ⅱ・数B・数C」から1 ④情(100)▶情Ⅰ ⑤⑥⑦「地歴・公民」・理(100×3)▶「〈地総・地探〉・〈歴総・日探〉・〈歴総・世探〉・〈公・倫〉・〈公・政経〉から2」・「〈物基・化基・生基から2〉・物・化・生から1」または「〈地総・地探〉・〈歴総・日探〉・〈歴総・世探〉・〈公・倫〉・〈公・政経〉から1」・「物・化・生から2」

[個別学力検査(600)] 3科目 ①外(200)▶「英コミュⅠ・英コミュⅡ・英コミュⅢ・論表Ⅰ・論表Ⅱ・論表Ⅲ」・独・仏・中から1 ②国・数・理(200)▶「現国・言語(近代以降の文章)・論国・文国(近代以降の文章)」・「数Ⅰ・数Ⅱ・数A(図形・場合)・数B(数列)・数C(ベク)」・「物基・物」・「化基・化」・「生基・生」から1 ③面接(200)

【口腔健康科学科〈口腔工学専攻〉】[共通テスト(1000)] 8科目 ①国(200) ②外(200・英〈R100+L100〉)▶英・独・仏・中・韓から1 ③地歴・公民(100)▶「地総・地探」・「歴総・日探」・「歴総・世探」・「公・倫」・「公・政経」から1 ④⑤数(100×2)▶「数Ⅰ・数A」・「数Ⅱ・数B・数C」 ⑥⑦理(100×2)▶物・化・生から2 ⑧情(100)▶情Ⅰ

[個別学力検査(500)] 4科目 ①外(200)▶「英コミュⅠ・英コミュⅡ・英コミュⅢ・論表Ⅰ・論表Ⅱ・論表Ⅲ」・独・仏・中から1 ②数(200)▶数Ⅰ・数Ⅱ・数Ⅲ・数A(図形・場合)・数B(数列)・数C(ベク・平面) ③理(100)▶「物基・物」・「化基・化」・「生基・生」から1 ④面接(段階評価)

後期 【歯学科】[共通テスト(1000)] 8科目 前期と同じ

[個別学力検査(750)] 2科目 ①小論文(450) ②面接(300)

【口腔健康科学科〈口腔工学専攻〉】[共通テスト(900)] 7科目 ①国(200) ②外(200・英〈R100+L100〉)▶英・独・仏・中・韓から1 ③地歴・公民(100)▶「地総・地探」・「歴総・日探」・「歴総・世探」・「公・倫」・「公・政経」から1 ④⑤数(100×2)▶「数Ⅰ・数A」・「数Ⅱ・数B・数C」 ⑥⑦理(100×2)▶物・化・生から2

[個別学力検査(200)] 1科目 ①面接(200)

薬学部

前期 [共通テスト(1000)] 8科目 ①国(200) ②外(200・英〈R100+L100〉)▶英・独・仏・中・韓から1 ③地歴・公民(100)▶「地総・地探」・「歴総・日探」・「歴総・世探」・「公・倫」・「公・政経」から1 ④⑤数(100×2)▶「数Ⅰ・数A」・「数Ⅱ・数B・数C」 ⑥⑦理(100×2)▶化必須, 物・生から1 ⑧情(100)▶情Ⅰ

[個別学力検査(1200)] 4科目 ①外(400)▶「英コミュⅠ・英コミュⅡ・英コミュⅢ・論表Ⅰ・論表Ⅱ・論表Ⅲ」・独・仏・中から1 ②数(400)▶数Ⅰ・数Ⅱ・数Ⅲ・数A(図形・場合)・数B(数列)・数C(ベク・平面) ③④理(200×2)▶「化基・化」必須, 「物基・物」・「生基・生」から1

後期 【薬科学科】[共通テスト(1600)] 8科目 ①国(200) ②外(400・英〈R200+L200〉)▶英・独・仏・中・韓から1 ③地歴・公民(100)▶「地総・地探」・「歴総・日探」・「歴総・世探」・「公・倫」・「公・政経」から1 ④⑤数(200×2)▶「数Ⅰ・数A」・「数Ⅱ・数B・数C」 ⑥⑦理(200×2)▶化必須, 物・生から1 ⑧情(100)▶情Ⅰ

[個別学力検査(200)] 1科目 ①面接(200)

工学部

前期 【第一類】[共通テスト(1000)] 8科目 ①国(200) ②外(200・英〈R100+L100〉)▶英・独・仏・中・韓から1 ③地歴・公民(100)▶「地総・地探」・「歴総・日探」・「歴総・世探」・「公・倫」・「公・政経」から1 ④⑤数(100×2)▶「数Ⅰ・数A」・「数Ⅱ・数B・数C」 ⑥⑦理(100×2)▶物・化 ⑧情(100)▶情Ⅰ

[個別学力検査(1600)] 4科目 ①外(400)▶「英コミュⅠ・英コミュⅡ・英コミュⅢ・論表Ⅰ・論表Ⅱ・論表Ⅲ」・独・仏・中から1 ②数(600)▶数Ⅰ・数Ⅱ・数Ⅲ・数A(図形・場合)・数B(数列)・数C(ベク・平面) ③④理(300×2)▶「物基・物」・「化基・化」

【第二・四類・工学特別コース】[共通テスト(1000)] 8科目 ①国(200) ②外(200・英〈R100+L100〉)▶英・独・仏・中・韓から1

③地歴・公民(100) ▶「地総・地探」・「歴総・日探」・「歴総・世探」・「公・倫」・「公・政経」から1 ④⑤数(100×2) ▶「数Ⅰ・数A」・「数Ⅱ・数B・数C」 ⑥⑦理(100×2) ▶物・化・生・地学から2 ⑧情(100) ▶情Ⅰ

【第二類】 [個別学力検査(1500)] 4科目 ①外(500) ▶「英コミュⅠ・英コミュⅡ・英コミュⅢ・論表Ⅰ・論表Ⅱ・論表Ⅲ」・独・仏・中から1 ②数(500) ▶数Ⅰ・数Ⅱ・数Ⅲ・数A(図形・場合)・数B(数列)・数C(ベク・平面) ③④理(250×2) ▶「物基・物」・「化基・化」

【第四類】 [個別学力検査(1200)] 4科目 ①外(400) ▶「英コミュⅠ・英コミュⅡ・英コミュⅢ・論表Ⅰ・論表Ⅱ・論表Ⅲ」・独・仏・中から1 ②数(400) ▶数Ⅰ・数Ⅱ・数Ⅲ・数A(図形・場合)・数B(数列)・数C(ベク・平面) ③④理(200×2) ▶「物基・物」・「化基・化」

【工学特別コース】[個別学力検査(1500)] 4科目 ①外(500) ▶「英コミュⅠ・英コミュⅡ・英コミュⅢ・論表Ⅰ・論表Ⅱ・論表Ⅲ」・独・仏・中から1 ②数(500) ▶数Ⅰ・数Ⅱ・数Ⅲ・数A(図形・場合)・数B(数列)・数C(ベク・平面) ③④理(250×2) ▶「物基・物」・「化基・化」・「生基・生」から2

【第三類】[共通テスト(850)] 8科目 ①国(100) ②外(200・英〈R100＋L100〉) ▶英・独・仏・中・韓から1 ③地歴・公民(50) ▶「地総・地探」・「歴総・日探」・「歴総・世探」・「公・倫」・「公・政経」から1 ④⑤数(100×2) ▶「数Ⅰ・数A」・「数Ⅱ・数B・数C」 ⑥⑦理(100×2) ▶物・化・生・地学から2 ⑧情(100) ▶情Ⅰ

[個別学力検査(1200)] 4科目 ①外(400) ▶「英コミュⅠ・英コミュⅡ・英コミュⅢ・論表Ⅰ・論表Ⅱ・論表Ⅲ」・独・仏・中から1 ②数(400) ▶数Ⅰ・数Ⅱ・数Ⅲ・数A(図形・場合)・数B(数列)・数C(ベク・平面) ③④理(200×2) ▶「物基・物」・「化基・化」

後期 【第一類】[共通テスト(700)] 6科目 ①外(200・英〈R100＋L100〉) ▶英・独・仏・中・韓から1 ②③数(100×2) ▶「数Ⅰ・数A」・「数Ⅱ・数B・数C」 ④⑤理(100×2) ▶物・化 ⑥情(100) ▶情Ⅰ

[個別学力検査(100)] 1科目 ①面接(100)

【第二類】 [共通テスト(1300)] 6科目 ①国(100) ②外(400・英〈R200＋L200〉) ▶英・独・仏・中・韓から1 ③④数(200×2) ▶「数Ⅰ・数A」・「数Ⅱ・数B・数C」 ⑤⑥理(200×2) ▶物必須，化・生から1

[個別学力検査(100)] 1科目 ①面接(100)

【第三・四類】 [共通テスト(600)] 5科目 ①外(200・英〈R100＋L100〉) ▶英・独・仏・中・韓から1 ②③数(100×2) ▶「数Ⅰ・数A」・「数Ⅱ・数B・数C」 ④⑤理(100×2) ▶物必須，化・生から1

【第三類】[個別学力検査(50)] 1科目 ①面接(50)

【第四類】[個別学力検査(100)] 1科目 ①面接(100)

生物生産学部

前期 [共通テスト(1000)] 8科目 ①国(200) ②外(200・英〈R100＋L100〉) ▶英・独・仏・中・韓から1 ③地歴・公民(100) ▶「地総・地探」・「歴総・日探」・「歴総・世探」・「公・倫」・「公・政経」から1 ④⑤数(100×2) ▶「数Ⅰ・数A」・「数Ⅱ・数B・数C」 ⑥⑦理(100×2) ▶物・化・生・地学から2 ⑧情(100) ▶情Ⅰ

[個別学力検査(1000)] 4科目 ①外(200) ▶「英コミュⅠ・英コミュⅡ・英コミュⅢ・論表Ⅰ・論表Ⅱ・論表Ⅲ」・独・仏・中から1 ②数(200) ▶数Ⅰ・数Ⅱ・数Ⅲ・数A(図形・場合)・数B(数列)・数C(ベク・平面) ③④理(300×2) ▶「物基・物」・「化基・化」・「生基・生」・「地学基・地学」から2

後期 [共通テスト(1000)] 8科目 前期と同じ

[個別学力検査] 1科目 ①面接(段階評価)

情報科学部

前期 (A型) [共通テスト(1000)] 8科目 ①国(200) ②外(200・英〈R100＋L100〉) ▶英・独・仏・中・韓から1 ③④地歴・公民(100×2) ▶「地総・地探」・「歴総・日探」・「歴総・世探」・「公・倫」・「公・政経」から2 ⑤⑥数(100×2) ▶「数Ⅰ・数A」・「数Ⅱ・数B・数C」 ⑦理(100) ▶「物基・化基・生基・地学基から2」・「物・化・生・地学から2」から1 ⑧情(100) ▶情Ⅰ

［個別学力検査(1200)］ 2科目 ①外(400)▶「英コミュⅠ・英コミュⅡ・英コミュⅢ・論表Ⅰ・論表Ⅱ・論表Ⅲ」・独・仏・中から1 ②数(800)▶数Ⅰ・数Ⅱ・数A(図形・場合)・数B(数列)・数C(ベク)

(B型) ［共通テスト(1000)］ 8科目 ①国(200) ②外(200・英〈R100＋L100〉)▶英・独・仏・中・韓から1 ③地歴・公民(100)▶「地総・地探」・「歴総・日探」・「歴総・世探」・「公・倫」・「公・政経」から1 ④⑤数(100×2)▶「数Ⅰ・数A」・「数Ⅱ・数B・数C」 ⑥⑦理(100×2)▶物・化・生・地学から2 ⑧情(100)▶情Ⅰ

［個別学力検査(1200)］ 2科目 ①外(400)▶「英コミュⅠ・英コミュⅡ・英コミュⅢ・論表Ⅰ・論表Ⅱ・論表Ⅲ」・独・仏・中から1 ②数(800)▶数Ⅰ・数Ⅱ・数Ⅲ・数A(図形・場合)・数B(数列)・数C(ベク・平面)

後期 ［共通テスト(1600)］ 4科目 ①外(400・英〈R200＋L200〉)▶英・独・仏・中・韓から1 ②③数(400×2)▶「数Ⅰ・数A」・「数Ⅱ・数B・数C」 ④情(400)▶情Ⅰ

［個別学力検査(100)］ 2科目 ①面接(100)

その他の選抜

光り輝き入試(総合型選抜・学校推薦型選抜)，外国人留学生選抜。

偏差値データ(2024年度)

●一般選抜

学部／学科・類／専攻・コース	2024年度 駿台予備学校 合格目標ライン	河合塾 ボーダー得点率	河合塾 ボーダー偏差値	'23年度 競争率
●前期				
▶総合科学部				
総合科(文科系)	53	70%	57.5	2.0
(理科系)	52	68%	52.5	1.6
国際共創(文科系)	53	76%	55	1.6
(理科系)	52	69%	52.5	1.4
▶文学部				
人文	51	72%	57.5	1.5
▶教育学部				
第一類／初等教育(文科系)	54	67%	55	1.6
(理科系)				1.1
／特別支援(文科系)	50	63%	50	1.8
(理科系)				2.5
第二類／自然系	51	68%	52.5	1.8
／数理系	53	74%	55	2.0
／技術・情報系	51	64%	50	2.8
／社会系	51	71%	57.5	1.6
第三類／国語文化系	52	71%	57.5	2.4
／英語文化系	55	68%	52.5	1.5
／日本語教育系	53	64%	55	1.6
第四類／健康スポーツ系	51	65%	—	1.6
／人間生活系	49	63%	50	1.3
／音楽文化系	50	63%	—	1.5
／造形芸術系	47	65%	—	2.0
第五類／教育学系	53	68%	57.5	2.3
／心理学系	54	71%	57.5	1.8
▶法学部				
法／昼間	51	73%	57.5	1.8
／夜間主	46	63%	52.5	2.5
▶経済学部				
経済／昼間	50	68%	55	2.1
／夜間主	41	58%	47.5	1.9
▶理学部				
数	52	69%	55	1.8
物理	52	69%	52.5	1.5
化	52	67%	52.5	1.3
生物科	52	66%	52.5	2.6
地球惑星システム	50	67%	52.5	2.3
▶医学部				
医	67	83%	65	4.0
保健／看護学(文科系)	49	65%	52.5	1.5

（理科系）	49	64%	50	2.1
／理学療法学（文科系）	50	68%	52.5	1.8
（理科系）	50	68%	50	2.3
／作業療法学（文科系）	51	58%	50	1.4
（理科系）	51	58%	50	1.9
▶歯学部				
歯	57	72%	60	2.6
口腔健康科／口腔保健学	49	62%	47.5	1.5
／口腔工学	49	60%	45	1.5
▶薬学部				
薬	57	76%	60	3.3
薬科	54	70%	55	1.7
▶工学部				
第一類	50	67%	50	1.7
第二類	49	69%	52.5	2.1
第三類	48	66%	50	1.5
第四類	50	70%	52.5	1.8
工学特別	48	67%	52.5	4.4
▶生物生産学部				
生物生産	50	68%	50	2.1
▶情報科学部				
情報科（A型）	50	65%	55	2.1
（B型）	50	66%	52.5	1.6
●後期				
▶総合科学部				
総合科	54	78%	—	1.7
▶文学部				
人文	52	78%	—	2.0
▶教育学部				
第二類／自然系	52	73%	—	1.8
／数理系	55	79%	—	3.0
／技術・情報系	52	67%	—	2.7
／社会系	53	74%	—	2.2
第四類／健康スポーツ系	51	66%	—	4.5
／人間生活系	50	70%	—	3.2
／造形芸術系	47	67%	—	2.3
第五類／教育学系	54	77%	—	3.1
／心理学系	56	77%	—	3.0
▶法学部				
法／昼間	54	80%	—	2.6
／夜間主	45	73%	—	4.9
▶経済学部				
経済／昼間（文科系）	52	79%	—	2.3
（理科系）	〃	〃	〃	1.6
／夜間主	41	62%	—	1.5
▶理学部				
数	54	84%	62.5	4.0
物理	56	83%	60	2.2
化	54	80%	—	1.7
地球惑星システム	51	80%	—	1.8
▶歯学部				
歯	57	79%	—	7.9
口腔健康科／口腔工学	49	66%	—	2.9
▶薬学部				
薬科	55	77%	—	新
▶工学部				
第一類	51	81%	—	2.0
第二類	50	83%	—	2.9
第三類	50	79%	—	1.7
第四類	51	83%	—	2.1
▶生物生産学部				
生物生産	51	76%	—	4.5
▶情報科学部				
情報科	53	82%	—	1.6

- 駿台予備学校合格目標ラインは合格可能性80％に相当する駿台模試の偏差値です。
- 河合塾ボーダー得点率は合格可能性50％に相当する共通テストの得点率です。また，ボーダー偏差値は合格可能性50％に相当する河合塾全統模試の偏差値です。
- 競争率は受験者÷合格者の実質倍率

山口大学

やまぐち

資料請求

問合せ先 学生支援部入試課 ☎083-933-5153

大学の理念

1815（文化12）年，長州藩士・上田鳳陽が創設した「山口講堂」を起源とし，明治・大正期の学制を経て，1949（昭和24）年に新制大学となり，2015（平成27）年に創基200周年を迎えた。９学部８研究科に１万人以上の学生が在籍する総合大学として，「発見し・はぐくみ・かたちにする　知の広場」を理念に掲げ，地域の発展，日本そして世界の発展に寄与することをめざしている。緑豊かで伸び伸びとした開放的な雰囲気のキャンパスと設備の整った施設を有し，全国トップの知的財産教育，充実したデータサイエンス教育，英語教育の強化等によるグローバル人材の育成など特徴的な教育を展開している。学生生活をサポートするさまざまな制度や相談体制，多くの方々の寄付で設立された「山口大学基金」により，大学独自のきめ細かな修学支援を行っている。

●キャンパス情報はP.1506をご覧ください。

基本データ

学生数▶8,515名（男5,082名，女3,433名）

専任教員数▶教授292名，准教授239名，講師121名

設置学部▶人文，教育，経済，理，医，工，農，共同獣医，国際総合科

併設教育機関▶大学院―医学系・創成科学（以上M・D），教育学（M・P），人文科学・経済学（以上M），東アジア・共同獣医学（以上D），技術経営（P）

就職・卒業後の進路

就職率 90.6%（就職者÷希望者×100）

●就職支援　個別相談を重視し，一人ひとりの進路に合わせた支援を行う。キャリア形成を支援する必修科目「知の広場」や「キャリア教育」を開講するほか，各種セミナー・説明会を開催。就職支援室では就職関連の情報提供，「学生支援センター／就職NEWS」の配信，インターンシップ・1day学習会や学内業界・企業研究会の企画と実施，常駐する教職員が就職相談に応じるほか，就職アドバイザーを配置。また，大原学園グループ，山口大学生活協同組合と連携し，各種試験対策講座や資格取得対策講座も開講している。

進路指導者も必見 学生を伸ばす 面倒見

初年次教育

ITの基礎技術を学ぶ「データ科学と社会Ⅰ・Ⅱ」「情報セキュリティ・モラル」「情報リテラシー演習」などのほか，一部の学部で「基礎セミナー」「アカデミック・スキル入門」を開講し，学習および大学生活に必要なスキルを習得

学修サポート

全学部でTA･SA制度，オフィスアワー制度を，人文･医･工（一部）・農・共同獣医・国際総合学部では教員アドバイザー制度を導入。また，学修支援を行う教育支援センター，工学部サロン，学習相談室（理）などを設置

オープンキャンパス（2023年度実績）　来場型とオンライン型でオープンキャンパスを開催（事前申込制）。来場型は8/5〜7に各キャンパスで模擬講義，相談会などを実施。オンライン型は8/5〜31にオンデマンド動画を配信。

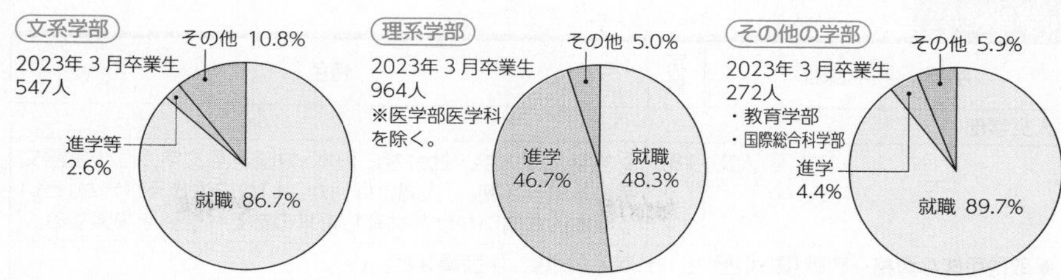

主なOB・OG▶［教育］平谷祐宏（尾道市長），［医］忽那賢志（医師・医学者），［農］山際大志郎（衆議院議員，獣医師），［人文］杉崎美香（フリーアナウンサー）など。

国際化・留学　大学間 106 大学等・部局間 65 大学等

受入れ留学生数▶212名（2023年５月１日現在）

留学生の出身国・地域▶中国，韓国，台湾，インドネシア，マレーシアなど。

外国人専任教員▶教授13名，准教授16名，講師７名（2023年５月１日現在）

外国人専任教員の出身国▶中国，韓国，アメリカ，タイなど。

大学間交流協定▶106大学・機関（交換留学先85大学，2023年５月１日現在）

部局間交流協定▶65大学・機関（交換留学先28大学，2023年５月１日現在）

海外への留学生数▶渡航型175名／年（22カ国・地域，2022年度）

海外留学制度▶交流協定を締結した協定校への交換留学（半年～１年）や海外短期語学研修プログラム（夏・春期休暇を利用，２～４週間）などを実施。短期語学研修でも，事前研修に参加すれば，単位認定される場合もある。ほかに，海外の協定校が夏休みに主催するサマープログラムがある。留学支援制度「はばたこう！山口から世界へ」では，選考を通過した学生の留学費用や留学に向けたIELTS・TOEFLの受験費用を支援している。

学費・奨学金制度　給付型奨学金総額 年間 2,322 万円

入学金▶282,000円

年間授業料（施設費等を除く）▶535,800円

年間奨学金総額▶23,220,000円

年間奨学金受給者数▶75人

主な奨学金制度▶学業成績優秀者を対象とした「特待生制度」，給付型の「七村奨学金」「経済学部柳上奨学金」「工学部常盤工業会奨学金」などを設置。また，学費減免制度があり，2022年度には271人を対象に総額で約6,513万円を減免している。

保護者向けインフォメーション

●**成績確認**　成績表および履修科目と単位数の情報，教育講演会資料を保護者に郵送している。

●**保護者会**　人文・教育・工・共同獣医で新入生保護者会，医・経済・国際総合科で保護者会，理・工・国際総合科では後援会組織による総会などを開催。工学部では学科により個人面談を実施。また，農学部広報誌「NOAH」，工「後援会だより」，理「サイエンスワールド」，医学科後援会会報などを発行。

●**防災対策**　「安全・衛生と健康のてびき」を入学時に配布し，学内限定HPに掲載。学生が被災した際の安否状況は，安否確認システム，メール，ポータルサイトを利用して確認する。

インターンシップ科目	必修専門ゼミ	卒業論文	GPA制度の導入の有無および活用例	１年以内の退学率	標準年限での卒業率
経済・理・工(一部)・農で開講	人文・教育・経済・理・農２～４年次，医（医）・工３年次，医（保）４年次，共働獣医４～６年次，国際総合１・３・４年次に実施	国際総合科学部を除き卒業要件	奨学金等対象者の選定，留学候補者の選考，一部の学部で特待生の選出（理・医），退学勧告基準，個別の学修指導に活用するほか，GPAに応じた履修上限単位数を設定	0.8%	83.5%（４年制）95.0%（６年制）

学部紹介

学部／学科・課程	定員	特色
人文学部		
人文	185	▷哲学，歴史学，社会学，日本・中国言語文学，欧米言語文学の5コース制。「人間とは何か，いかに生きるべきか」という根本的な問いかけを共有し将来のあるべき姿を模索する。
● 取得可能な資格…教職(国・地歴・公・社・英)，司書，学芸員など。 ● 進路状況…………就職84.6％　進学4.8％ ● 主な就職先………ダイワボウ情報システム，テレビ山口，財務省，山口大学，教員(広島県)，リコージャパン，SMBC日興証券，山口フィナンシャルグループ，農業協同組合など。		
教育学部		
学校教育教員養成	180	▷多様な指導法や研究アプローチの中で，総合的な思考・分析力や表現能力を養い，さまざまな分野に貢献できる人材を育成する。学生・大学教員・現職教員が協働して取り組む「ちゃぶ台プログラム」など独自の教職研修を実施。小学校教育コース(小学校総合40名，教育学10名，心理学10名，国際理解教育10名)，幼児教育・特別支援教育・情報教育各コース10名，教科教育コース(国語教育，社会科教育，数学教育各10名，理科教育13名，保健体育7名，音楽教育，美術教育，技術教育，家政教育，英語教育各6名)の5コース14選修。
● 取得可能な資格…教職(国・地歴・公・社・数・理・音・美・保体・技・家・情・英，小一種，幼一種，特別支援)など。 ● 進路状況…………就職88.2％　進学5.9％ ● 主な就職先………教員(山口県，広島県，福岡県，岡山県，島根県)など。		
経済学部		
		▶学部一括で募集し，2年次より学科・コースに配属。
経済	130	▷日本および世界の動きを理解するために必要な経済の枠組みを学び，実践的な経済人を育成する。
経営	165	▷企業行動で発生する諸課題を理解し，解明への道筋を考える基礎力を身につけ，社会に貢献できる人材を養成する。
観光政策	50	▷人や企業の活動を包括的に観察し，関連事象を経済・法律・文化・環境など多方面から分析できる人材を養成。
● 取得可能な資格…教職(公・商業)。　● 進路状況…就職87.7％　進学1.4％ ● 主な就職先………JTB，ニトリ，日本生命保険，ソフトバンク，三菱電機，中国電力，山口フィナンシャルグループ，広島銀行，みずほ銀行，山口県，広島県，福岡県，財務省など。		
理学部		
数理科	50	▷純粋数学，応用数学，情報数理などの基礎から応用までを網羅した幅広い研究を行う。
物理・情報科	60	▷履修コース制。2年次後期から物理学コースと情報科学コースに分かれ，より専門的内容を学ぶ。
化	40	▷化学の基礎を理解し，それを応用する能力を身につけた化学の専門家として社会で活躍できる人材を育成する。
生物	40	▷ミクロからマクロまでのさまざまな階層における生物学の基礎知識・概念，および生物学領域の実験手法や野外調査法の学修を行う。

 キャンパスアクセス ［吉田キャンパス］ JR山口線一湯田温泉より徒歩約25分

地球圏システム科	30	▷地域環境科学と環境物質科学の２コース。３年次から各コースに分かれて学ぶ。

● 取得可能な資格…教職（数・理・情），学芸員，測量士補など。
● 進路状況…………就職55.9%　進学36.4%
● 主な就職先………マツダ，イビデン，トレンドマイクロ，チタン工業，宇部情報システム，トクヤマ情報サービス，教員（山口県，広島県）など。

医学部

医	109	▷革新的な電子シラバスと臓器・系統別に編成した独自のコース・ユニット制カリキュラム。幅広い研究視野と豊かな人間性を養いながら，自発的学習能力を育成していく。
保健	120	▷看護学80名，検査技術科学40名の２専攻。国際的に活躍できる人材育成をめざす。医療英語などの教育にも注力する。

● 取得可能な資格…教職（養護二種），医師・看護師・保健師・助産師・臨床検査技師受験資格など。
● 進路状況…………［医］初期臨床研修医96.9%　［保健］就職91.5%　進学8.5%
● 主な就職先………［医］山口大学医学部附属病院，山口県立総合医療センター，徳山中央病院，関門医療センター，山口県済生会山口総合病院など（２名以上の研修先）。
［保健］山口大学医学部附属病院，九州大学病院，広島大学病院，山口県など。

工学部

機械工	90	▷２コース制。航空宇宙コースでは，航空宇宙や環境エネルギー関連の機械開発技術者をめざす。生体・ロボットコースでは，ロボットや医療・健康・生活関連支援システムの開発技術者を養成。
社会建設工	80	▷防災システム構築や，自然と調和した社会を実現するための環境保全技術分野に貢献できる技術を学ぶ。
応用化	90	▷薬分子の設計から細胞の遺伝子改変，エネルギー・環境材料，水素利活用，月面用建材まで幅広い専門技術を学ぶ。
電気電子工	80	▷材料・デバイス，通信・計測制御，電気エネルギーを３本柱とし，あらゆる分野に貢献できる優秀な人材を育てる。
知能情報工	80	▷情報基礎分野，情報知能分野，情報応用分野に関する幅広い知識を身につけた次世代のICTを開拓する人材を育成。
感性デザイン工	55	▷科学技術のアイデアをかたちにするデザイン実習や実験，演習などを通じて，人の行為が社会や自然環境におよぼす影響を理解し，社会のニーズに応えるエキスパートを養成。
循環環境工	55	▷分子レベルのミクロから地球規模のマクロまで物質の環境内での循環に着目し，専門知識を学ぶ。

● 取得可能な資格…教職（情・工業），技術士補，測量士補，１・２級建築士受験資格など。
● 進路状況…………就職32.5%　進学63.1%
● 主な就職先………大成建設，積水ハウス，マツダ，アルプス技研，NEXCO西日本，カシワバラコーポレーション，セントラル硝子，山口フィナンシャルグループ，国土交通省など。

農学部

生物資源環境科	50	▷食料を効率的かつ安全に生産し，生態環境の保全に配慮しながら農業を実践できる理論と技術を有する人材を養成。
生物機能科	50	▷化学と生物学の基礎，生命科学と環境科学の専門知識，バイオテクノロジーなどの技法を活用し，最新の生命科学を探究する。

● 取得可能な資格…教職（農）など。　● 進路状況…就職53.5%　進学39.4%
● 主な就職先………山口県，農林水産省，愛媛県，福岡県，厚生労働省，長崎県，山口県農業協同組合，霧島ホールディングス，水土里ネット山口，中特ホールディングスなど。

キャンパスアクセス　［小串キャンパス］JR宇部線一宇部新川より徒歩約10分

共同獣医学部		
共同獣医	30	▷鹿児島大学との共同学部。高度獣医療ならびに生命科学研究に貢献できる獣医師と獣医学研究者を養成する。

● 取得可能な資格…獣医師受験資格など。 ● 進路状況……就職80.6% 進学11.1%
● 主な就職先………中部飼料，エム・シー・アイ，山口県，山口市，国際協力機構（JICA），九州どうぶつ公園協会，山口県農業協同組合，ふくおか県酪農業協同組合，動物病院など。

国際総合科学部		
国際総合科	100	▷充実した英語教育や実践的学習プログラム，留学制度によりグローバルな人材を世界に送り出す（1年次夏期に1カ月間の海外語学研修，2～3年次には1年間の海外留学あり）。

● 進路状況…………就職92.9% 進学1.2%
● 主な就職先………熊本県，大分県，山口県，福岡出入国管理局，日本生命保険，ヤマハ発動機，ミネベアミツミ，ユニクロなど。

キャンパス

人文・教育・経済・理・農・共同獣医・国際総合科……［吉田キャンパス］山口県山口市吉田1677-1
医……［小串キャンパス］山口県宇部市南小串1-1-1
工……［常盤キャンパス］山口県宇部市常盤台2-16-1

2025年度入試要項（予告）

●募集人員

学部／学科・課程（専攻等）		前期	後期
人文	人文	115	33
教育	学校教育教員養成（小学校／小学校総合）	15	—
	（小学校／教育学）	8	—
	（小学校／心理学）	8	—
	（小学校／国際理解教育）	7	—
	（幼児教育）	7	—
	（特別支援教育）	7	—
	（情報教育）	8	—
	（教科教育／国語）	8	—
	（教科教育／社会科）	8	—
	（教科教育／数学）	8	—
	（教科教育／理科）	11	—
	（教科教育／音楽）	5	—
	（教科教育／美術）	5	—
	（教科教育／保健体育）	6	—
	（教科教育／技術）	5	—
	（教科教育／家政）	5	—
	（教科教育／英語）	5	—
経済	経済 経営 観光政策	181	56
理	数理科	35	10
	物理・情報科	33	17
	化	22	10
	生物	25	11
	地球圏システム科	15	7
医	医	55	10
	保健（看護学）	50	20
	（検査技術科学）	25	7
工	機械工	54	18
	社会建設工	45	17
	応用化	58	15
	電気電子工	48	16
	知能情報工	50	16
	感性デザイン工	34	14
	循環環境工	34	10
農	生物資源環境科	30	6
	共同生物機能科	31	9
共同獣医	共同獣医	21	6
国際総合科	国際総合科	80	10

● 2段階選抜

医学部医学科では，志願者数が募集人員に対して前期7倍，後期15倍を超えた場合に共通テストの成績により行うことがある。
注）2段階選抜は2024年度の実績です。

試験科目

デジタルブック ≫

キャンパスアクセス ［常盤キャンパス］JR宇部線一宇部新川または琴芝よりバス約5～12分

偏差値データ（2024年度）

●一般選抜

学部／学科・課程／専攻等	2024年度 駿台予備学校 合格目標ライン	河合塾 ボーダー得点率	河合塾 ボーダー偏差値	'23年度 競争率
●前期				
▶人文学部				
人文	47	63%	50	2.5
▶教育学部				
学校教育／小学校（小学校総合）	46	56%	—	5.6
（教育学）	49	57%	52.5	8.3
（心理学）	50	60%	52.5	2.8
（国際理解）	49	57%	50	2.5
／幼児教育	48	60%	47.5	1.7
／特別支援教育	45	58%	47.5	3.0
／情報教育	47	55%	47.5	2.1
／教科教育（国語）	48	59%	50	1.2
（社会科）	47	64%	50	1.9
（数学）	48	64%	50	2.1
（理科）	48	58%	47.5	1.7
（音楽）	45	54%	—	1.9
（美術）	43	50%	—	1.2
（保健体育）	45	54%	—	2.8
（技術）	46	56%	47.5	2.3
（家政）	46	55%	47.5	6.1
（英語）	50	58%	52.5	2.6
▶経済学部				
（学部一括募集）	48	56%	50	2.1
▶理学部				
数理科	48	52%	47.5	2.4
物理・情報科	48	58%	47.5	1.4
化	49	58%	47.5	1.3
生物	49	57%	47.5	1.9
地球圏システム科	49	56%	50	2.1
▶医学部				
医	64	79%	62.5	5.7
保健／看護学	46	60%	47.5	1.4
／検査技術科学	50	62%	52.5	4.0
▶工学部				
機械工	44	56%	42.5	2.0
社会建設工	44	55%	42.5	2.2
応用化	47	55%	47.5	1.9
電気電子工	44	56%	45	2.3
知能情報工	44	59%	42.5	2.0
感性デザイン工	44	58%	45	3.0
循環環境工	44	51%	42.5	1.5
▶農学部				
生物資源環境科	47	55%	47.5	1.9
生物機能科	48	56%	47.5	1.6
▶共同獣医学部				
共同獣医	58	77%	60	2.8
▶国際総合科学部				
国際総合科	48	56%	47.5	2.0
●後期				
▶人文学部				
人文	48	64%	—	3.2
▶経済学部				
（学部一括募集）	47	63%	—	1.9
▶理学部				
数理科	49	73%	55	6.4
物理・情報科	50	66%	50	2.0
化	50	65%	50	1.8
生物	50	71%	52.5	2.1
地球圏システム科	50	69%	—	2.4
▶医学部				
医（全国枠）	65	85%	—	3.1
医（地域枠）	65	85%	—	
保健／看護学	46	61%	—	1.3
／検査技術科学	49	69%	—	7.0
▶工学部				
機械工	45	62%	—	1.5
社会建設工	45	60%	—	4.3
応用化	48	63%	—	2.0
電気電子工	46	62%	—	4.3
知能情報工	46	65%	—	3.3
感性デザイン工	46	66%	—	2.6
循環環境工	46	60%	—	2.7
▶農学部				
生物資源環境科	48	56%	—	1.8
生物機能科	49	61%	—	2.2
▶共同獣医学部				
共同獣医	59	80%	—	6.9
▶国際総合科学部				
国際総合科	49	61%	—	3.1

- 駿台予備学校合格目標ラインは合格可能性80％に相当する駿台模試の偏差値です。
- 河合塾ボーダー得点率は合格可能性50％に相当する共通テストの得点率です。また，ボーダー偏差値は合格可能性50％に相当する河合塾全統模試の偏差値です。
- 競争率は受験者÷合格者の実質倍率
- 医学部医学科の後期は２段階選抜を実施。

徳島大学（とくしま）

資料請求

問合せ先　学務部入試課　☎088-656-7091

大学の理念

1922（大正11）年創立の徳島高工，徳島医専が昇格した徳島医大，徳島工専，徳島師範・青師などを統合し，1949（昭和24）年に開学。「自主と自律の精神に基づき，真理の探求と知の創造に努め，卓越した学術及び文化を継承し向上させ，世界に開かれた大学として，豊かで健全な未来社会の実現に貢献する」ことを理念とする。気候温暖な徳島市の中心部に2つのキャンパスを持つ総合大学であり，「地球視点で考え，徳島発で行動する」大学として世界との交流を進め，教育研究に関する成果や課題を学内外と共有することで知の融合反応を促進し，「深く輝く，未来を紡ぐ大学」をめざしている。2023年には理工学部と医学部および関連研究所による学部横断型の「医光／医工融合プログラム」を設置するなど，最先端の教育・研究を推進している。

● 本部……〒770-8501　徳島県徳島市新蔵町2-24

● 各学部のキャンパス情報はP.1511をご覧ください。

基本データ

学生数▶5,946名（男3,681名，女2,265名）

専任教員数▶教授241名，准教授201名，講師128名

設置学部▶総合科，医，歯，薬，理工（昼・夜），生物資源産業

併設教育機関▶大学院―医学・口腔科学・薬学・医科栄養学・保健科学・創成科学（以上M・D）

就職・卒業後の進路

就職率 98.6%（就職者÷希望者×100）

● **就職支援**　キャリア支援室がキャリアカウンセラーによる就職・進路相談や，求人情報，就職ガイダンス，企業説明会などの情報提供を行う。就職活動に対する心構えや活動方法をはじめ，エントリーシートの書き方や面接などの選考対策やセミナーを年間80回以上，公務員・教員採用試験関係説明会も20回以上開催している。また，キャリア教育プログラムでは１年次より関連プログラムを実施し，３年次夏期のインターンシップから就職活動本番へ向けて，学生の就業力を育成するためのキャリア教育支援体制を構築している。

進路指導者も必見　学生を伸ばす　面倒見

初年次教育

大学での学修において必要となる基礎（知識・技能・態度）と，能動的に学修するアクティブ・ラーナーへ変貌するための基礎力を修得するプログラム「SIH道場」や「情報科学入門」などを開講

学修サポート

全学部でTA，オフィスアワー制度を，さらに医（保）でSA制度，医・歯・薬・生物資源ではクラス担任制度を導入。また，学生サークル「学びサポート企画部」が教員と協力し，学習相談サービスや関連イベントを企画・運営

オープンキャンパス（2023年度実績）　8月に対面とオンラインでオープンキャンパスを開催（事前申込制）。学部・学科説明，研究室・実験室見学，相談会などを実施。また，HP上の特設サイトでは，動画を公開。

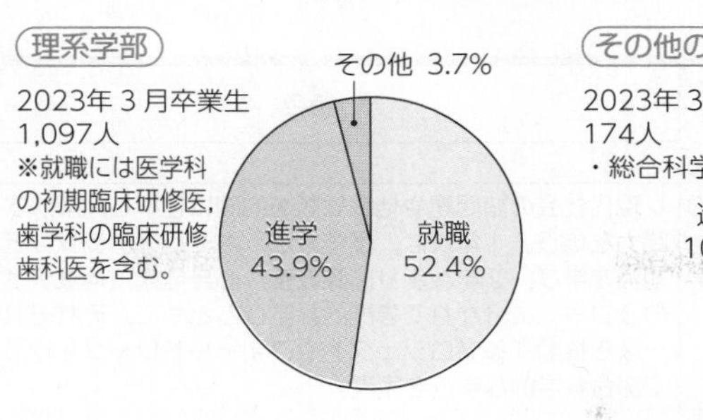

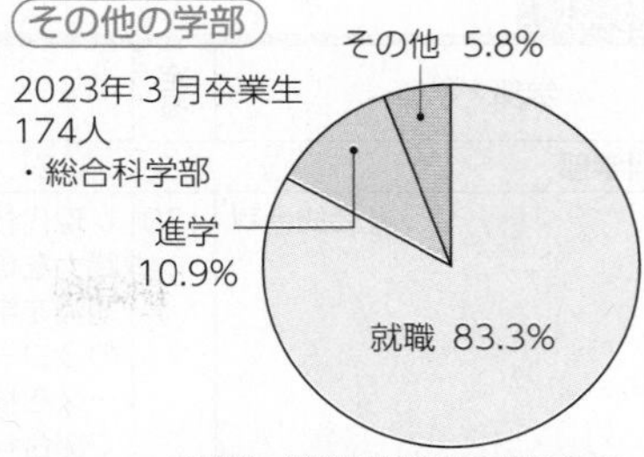

※就職・進学以外はその他に含む。

主なOB・OG▶［工］中村修二（カリフォルニア大学サンタバーバラ校教授，ノーベル物理学賞受賞），［医］田中啓二（東京都医学総合研究所理事長，文化功労者）など。

国際化・留学　大学間 39 大学等・部局間 51 大学等

受入れ留学生数▶27名（2023年5月1日現在）

留学生の出身国▶韓国，マレーシア，ベトナム，インドネシア，オーストラリアなど。

外国人教員数▶教授３名，准教授８名，講師２名（2023年９月１日現在）

外国人専任教員の出身国▶中国，ネパール，アメリカ，インド，ドイツなど。

大学間交流協定▶39大学・機関（交換留学先28大学，2023年５月１日現在）

部局間交流協定▶51大学・機関（交換留学先35大学，2023年５月１日現在）

海外への留学生数▶渡航型52名・オンライン型34名／年（14カ国・地域，2022年度）

海外留学制度▶学内のインターナショナルオフィスが国際教育支援，国際交流活動を担い，留学希望者のさまざまな相談にも対応している。海外の大学などで語学研修や文化体験を行う10日～１カ月程度の「短期留学」をはじめ，学生交換留学協定を締結している大学で授業等を履修する「交換留学」や，海外の大学や研究機関で研究を行う「研究留学」，企業等で実地の研修を行うインターンシップなど，学生のニーズに合わせたプログラムを用意。コロナ以降は，オンライン留学参加費用を支援している。総合科学部では，独自の短期留学・研修やセメスター留学なども実施。

学費・奨学金制度　給付型奨学金総額 年間 2,267 万円

入学金▶282,000円（夜間主141,000円）

年間授業料（施設費等を除く）▶535,800円（夜間主267,900円）

年間奨学金総額▶22,670,000円

年間奨学金受給者数▶79名

主な奨学金制度▶理工学部生を対象に１年次採用は年額45万円（継続条件を満たせば４年間），３年次採用は年額60万円（２年間）を給付する「日亜特別待遇奨学金」や，留学支援「アスパイア奨学金」などを設置。学費減免制度もあり，2022年度には延べ129人を対象に総額で約1,822万円を減免している。

保護者向けインフォメーション

●**成績確認**　成績表および留年通知を保証人に郵送。学食利用状況は大学生協より情報提供。

●**保護者会等**　学生後援会総会や保護者向け就職ガイダンス（３年次10月）を開催。

●**防災対策**　防災手帳を入学時に配布。被災した際の学生の安否は，徳島大学構成員安否確認メールを利用して確認する。

インターンシップ科目	必修専門ゼミ	卒業論文	GPA制度の導入の有無および活用例	1年以内の退学率	標準年限での卒業率
総合科・理工・生物資源産業で開講	歯3年次，医（放）・生物資源産業3・4年次，医（栄・看・検）4年次，薬3～6年次に実施	医学部医学科と歯学部歯学科を除き卒業要件	全学部で奨学金の選定基準，一部の学部で留学候補者の選考，個別の学修指導，履修上限単位数の設定に活用	0.8%	84.3%（4年制）80.5%（6年制）

学部紹介

学部／学科	定員	特色
総合科学部		
社会総合科	170	▷現代社会の諸問題や地域課題を的確に理解し，解決する実践力を培う。１年次は，調査方法，キャリアプランなど基礎知識を学び，２年次より国際教養，心身健康，地域デザインの３コースに分かれて専門的な学びとともに，それぞれのコースを横断するプロジェクトやフィールドワークを行うことで総合科学的な学びを実現。
● **取得可能な資格**…教職（国・地歴・公・社・美・保体・英），学芸員，社会調査士など。 ● **進路状況**…………就職83.3%　進学10.9% ● **主な就職先**………阿波銀行，バンダイナムコエンターテインメント，カネテツデリカフーズ，日亜化学工業，四国ガス，伊予銀行，徳島県庁，厚生労働省，東京特別区など。		
医学部		
医	112	▷医科学関連各分野と徳島大学病院を中心に，医学の発展に寄与することができる人材を育成。研究室配属や多種多様なシミュレータを用いた臨床技能トレーニング，国内外での学外臨床実習が充実。
医科栄養	50	▷国立大学医学部唯一の栄養学科。「食は生命の基盤である」ことを発信し，医療現場における栄養管理学の発展をめざしながら，臨床栄養管理を指導できる人材を養成する。
保健	124	▷〈看護学専攻70名，放射線技術科学専攻37名，検査技術科学専攻17名〉高度化・専門化する医療ニーズに応える医療人を育成。
● **取得可能な資格**…教職（養護一・二種），栄養士，医師・看護師・保健師・管理栄養士・診療放射線技師・臨床検査技師受験資格など。 ● **進路状況**…………[医]初期臨床研修医100%　[栄養]就職56.9%　進学41.2%　[保健]就職75.8%　進学18.0% ● **主な就職先**………[栄・保]タニタ，オハヨー乳業，徳島大学病院，徳島赤十字病院，神戸市立医療センター中央病院，日本赤十字社和歌山医療センター，徳島県職員など。		
歯学部		
歯	40	▷四国唯一の歯学部。一般教養から専門までの一貫教育を行い，医療人として必要な倫理を備えた人間性を持つ歯科医師を養成。
口腔保健	15	▷口腔保健および福祉の専門的立場から教育，研究，臨床における指導的役割を担う人材の養成をめざす。
● **取得可能な資格**…歯科医師・歯科衛生士・社会福祉士受験資格など。 ● **進路状況**…………[歯]臨床研修歯科医71.4%　[口腔]就職86.7%　進学13.3% ● **主な就職先**………[口腔保健]徳島県職員，徳島市職員，倉敷中央病院など。		
薬学部		
薬	80	▷６年制。薬剤師養成教育のみならず，薬の専門家として，薬物治療の中心的役割を担うだけでなく，地域医療・災害時医療に貢献するとともに，医療薬学の発展に寄与できる高い資質を有する人材の輩出をめざす。
● **取得可能な資格**…薬剤師受験資格。 ● **進路状況**…………就職97.4%（旧創薬学科（４年制）実績　就職0.0%　進学97.4%） ● **主な就職先**………アステラス製薬，大正製薬，大鵬薬品工業，日本調剤，徳島県職員，厚生労働省など。		

 キャンパスアクセス [常三島キャンパス] JR高徳線―徳島よりバス約5分

理工学部		
理工[昼間] [夜間主]	580 45	▷１学科に数理科学，自然科学，社会基盤デザイン，機械科学，応用化学システム，電気電子システム，知能情報，光システムの８コースに，2023年より光学(工学)と医学を発展的に融合させた学部等横断型の医光／医工融合プログラムを設置。理学と工学を学際融合的にとらえ，確かな自然科学基礎力の上に多面的な専門分野統合型教育の導入により俯瞰的な視野を有し，グローバルにイノベーションを創出できる高度専門職業人・研究者を育成する。各コースには４年制のカリキュラムと，学部および大学院博士前期課程を融合させた「６年一貫カリキュラム」を設置。
● 取得可能な資格…教職(数・理・情・工業)，測量士補，技術士補，技術士・１級建築士・２級建築士受験資格など。 ● 進路状況…………[昼間]就職37.5%　進学59.9%　[夜間主]就職51.2%　進学41.5%（旧工学部実績を含む） ● 主な就職先………一条工務店，本田技研工業，オハヨー乳業，西日本旅客鉄道，ソニーセミコンダクタソリューションズ，デンソーテン，三菱電機，クラレ，徳島県庁，教員など。		
生物資源産業学部		
生物資源産業	100	▷応用生命，食料科学，生物生産システムの３コースを設置。ライフ・フード・アグリとバイオを融合し，生物資源を活用した産業の創出をめざし，医食，農工，医工など多様な業種との連携を可能にし，これらを支える国際的な人材の育成する。各コースには，本人の希望と成績などにより2年前期に配属。
● 進路状況…………就職36.6%　進学60.4% ● 主な就職先………大阪ガス，カゴメ，丸大食品，久光製薬，大塚製薬，神戸天然物化学，徳島県職員など。		

▶キャンパス

総合科……［常三島キャンパス］徳島県徳島市南常三島町1-1
理工・生物資源産業……［常三島キャンパス］徳島県徳島市南常三島町2-1
医・歯……［蔵本キャンパス］徳島県徳島市蔵本町3-18-15
薬……［蔵本キャンパス］徳島県徳島市庄町1-78-1

2025年度入試要項(予告)

●募集人員

学部／学科(専攻・コース)		前期	後期
▶総合科	社会総合科	85	20
▶医	医	62	—
	医科栄養	25	—
	保健(看護学)	40	10
	(放射線技術科学)	21	8
	(検査技術科学)	12	—
▶歯	歯	24	6
	口腔保健	5	5
▶薬	薬	50	20
▶理工	理工(数理科学) (自然科学) (社会基盤デザイン) (機械科学) (応用化学システム) (電気電子システム) (知能情報) (光システム)	315	92
	(医光／医工融合)	15	—
	[夜間主]理工(社会基盤デザイン) (機械科学) (応用化学システム) (電気電子システム) (知能情報)	45	—
▶生物資源産業	生物資源産業	44	22

▷理工学部理工学科各コースの受入人員の目安は以下の通り。数理科学前期19・後期5，自然科学前期20・後期5，社会基盤デザイン前期41・後期12・夜間10，機械科学前期59・後期22・夜間10，応用化学システム前期37・後期15・夜間5，電気電子システム前期61・後期13・夜間10，知能情報前期40・後期10・夜間10，光システム前期23・後期10。

● **2段階選抜**
募集人員に対し，医学部医学科の前期は共通テストの成績が900点満点中600点以上で5倍まで，歯学部歯学科は前期8倍，後期25倍，薬学部薬学科は前期5倍，後期は共通テストの成績が750点満点中500点以上で10倍を超えた場合に，2段階選抜を実施することがある。

▷共通テストの英語はリスニングを含む。
▷共通テストの地歴・公民から2科目選択する場合，「公・倫」と「公・政経」の組み合わせ，および「地総・歴総・公から2」で選択した科目と同一科目名を含む組み合わせは不可。
▷共通テストの情報「情Ⅰ」は点数化せず，総合判定の参考とする。

総合科学部

前期 ［共通テスト(900)］ 8科目 ①国(200) ②**外**(❶❸200・❷300) ▶英・独・仏・中・韓から1 ③④**地歴・公民**(❶50×2・❷100×2・❸150×2) ▶「地総・地探」・「歴総・日探」・「歴総・世探」・「〈地総・歴総・公から2〉・〈公・倫〉・〈公・政経〉から1」から2 ⑤⑥**数**(❶150×2・❷❸50×2) ▶「数Ⅰ・〈数Ⅰ・数A〉から1」・「数Ⅱ・数B・数C」 ⑦**理**(100) ▶「物基・化基・生基・地学基から2」・物・化・生・地学から1 ⑧**情**▶情Ⅰ
※配点パターン❶～❸で高得点となるパターンを採用
［個別学力検査(400)］ 2科目 ①国(200) ▶現国・言語・論国・文国・古典 ②**外**(200) ▶英コミュⅠ・英コミュⅡ・英コミュⅢ・論表Ⅰ・論表Ⅱ

後期 ［共通テスト(900)］ 8科目 ①国(200) ②**外**(200) ▶英・独・仏・中・韓から1 ③④**地歴・公民**(100×2) ▶「地総・地探」・「歴総・日探」・「歴総・世探」・「〈地総・歴総・公から2〉・〈公・倫〉・〈公・政経〉から1」から2 ⑤⑥**数**(100×2) ▶「数Ⅰ・〈数Ⅰ・数A〉から1」・「数Ⅱ・数B・数C」 ⑦**理**(100) ▶「物基・化基・生基・地学基から2」・物・化・生・地学から1 ⑧**情**▶情Ⅰ
［個別学力検査(400)］ 1科目 ①**小論文**(400)

医学部

前期 【医学科】［共通テスト(900)］ 8科目 ①国(150) ②**外**(200) ▶英・独・仏・中・韓から1 ③**地歴・公民**(50) ▶「地総・歴総・公から2」・「地総・地探」・「歴総・日探」・「歴総・世探」・「公・倫」・「公・政経」から1 ④⑤**数**(100×2) ▶「数Ⅰ・数A」・「数Ⅱ・数B・数C」 ⑥⑦**理**(150×2) ▶物・化・生から2 ⑧**情**▶情Ⅰ
［個別学力検査(400)］ 3科目 ①**外**(200) ▶英コミュⅠ・英コミュⅡ・英コミュⅢ・論表Ⅰ・論表Ⅱ ②**数**(200) ▶数Ⅰ・数Ⅱ・数Ⅲ・数A(図形・場合)・数B(数列)・数C(ベク・平面) ③**面接**(総合判定) ▶集団面接
【医科栄養学科】［共通テスト(650)］ 7科目 ①国(100) ②**外**(100) ▶英・独・仏・中・韓から1 ③**地歴・公民**(50) ▶「地総・歴総・公から2」・「地総・地探」・「歴総・日探」・「歴総・世探」・「公・倫」・「公・政経」から1 ④⑤**数**(100×2) ▶「数Ⅰ・数A」・「数Ⅱ・数B・数C」 ⑥**理**(200) ▶「物基・化基・生基から2」・物・化・生から1 ⑦**情**▶情Ⅰ
［個別学力検査(400)］ 2科目 ①**外**(200) ▶英コミュⅠ・英コミュⅡ・英コミュⅢ・論表Ⅰ・論表Ⅱ ②**面接**(200) ▶個人面接
【保健学科〈看護学専攻〉】［共通テスト(700)］ 7科目 ①国(100) ②**外**(100) ▶英・独・仏・中・韓から1 ③**地歴・公民**(100) ▶「地総・歴総・公から2」・「地総・地探」・「歴総・日探」・「歴総・世探」・「公・倫」・「公・政経」から1 ④⑤**数**(100×2) ▶「数Ⅰ・〈数Ⅰ・数A〉から1」・「数Ⅱ・数B・数C」 ⑥**理**(200) ▶「生基必須，物基・化基から1」・「生必須，物・化から1」から1 ⑦**情**▶情Ⅰ
［個別学力検査(200)］ 2科目 ①**外**(200) ▶英コミュⅠ・英コミュⅡ・英コミュⅢ・論表Ⅰ・論表Ⅱ ②**面接**(総合判定) ▶集団面接
※いずれかの得点が一定水準以下の場合は，合計点にかかわらず不合格とする。

【保健学科〈放射線技術科学専攻〉】［共通テスト(800)］ 8科目 ①国(100) ②外(200)▶英・独・仏・中・韓から1 ③地歴・公民(100)▶「地総・歴総・公から2」・「地総・地探」・「歴総・日探」・「歴総・世探」・「公・倫」・「公・政経」から1 ④⑤数(100×2)▶「数Ⅰ・数A」・「数Ⅱ・数B・数C」 ⑥⑦理(100×2)▶物必須，「化基・生基」・化・生から1 ⑧情▶情Ⅰ

［個別学力検査(400)］ 3科目 ①数(200)▶数Ⅰ・数Ⅱ・数Ⅲ・数A(図形・場合)・数B(数列)・数C(ベク・平面) ②理(200)▶物基・物 ③面接(総合判定)▶集団面接

【保健学科〈検査技術科学専攻〉】［共通テスト(700)］ 7科目 ①国(100) ②外(100)▶英・独・仏・中・韓から1 ③地歴・公民(100)▶「地総・歴総・公から2」・「地総・地探」・「歴総・日探」・「歴総・世探」・「公・倫」・「公・政経」から1 ④⑤数(50×2)▶「数Ⅰ・数A」・「数Ⅱ・数B・数C」 ⑥⑦理(150×2)▶化必須，物・生から1 ⑧情▶情Ⅰ

［個別学力検査(400)］ 3科目 ①外(200)▶英コミュⅠ・英コミュⅡ・英コミュⅢ・論表Ⅰ・論表Ⅱ ②数(200)▶数Ⅰ・数Ⅱ・数Ⅲ・数A(図形・場合)・数B(数列)・数C(ベク・平面) ③書類審査(総合判定)▶志望理由書

後期　【保健学科〈看護学専攻〉】［共通テスト(200)］ 7科目 ①国(20) ②外(60)▶英・独・仏・中・韓から1 ③地歴・公民(20)▶「地総・歴総・公から2」・「地総・地探」・「歴総・日探」・「歴総・世探」・「公・倫」・「公・政経」から1 ④⑤数(20×2)▶「数Ⅰ・〈数Ⅰ・数A〉から1」・「数Ⅱ・数B・数C」 ⑥理(60)▶「生基必須，物基・化基から1」・「生必須，物・化から1」から1 ⑦情▶情Ⅰ

［個別学力検査(200)］ 2科目 ①小論文(100) ②集団討論・個人面接(100)

※いずれかの得点が一定水準以下の場合は，合計点にかかわらず不合格とする。

【保健学科〈放射線技術科学専攻〉】［共通テスト(750)］ 8科目 ①国(100) ②外(200)▶英・独・仏・中・韓から1 ③地歴・公民(50)▶「地総・歴総・公から2」・「地総・地探」・「歴総・日探」・「歴総・世探」・「公・倫」・「公・政経」から1 ④⑤数(100×2)▶「数Ⅰ・数A」・「数Ⅱ・数B・数C」 ⑥⑦理(100×2)▶物必須，「化基・生基」・化・生から1 ⑧情▶情Ⅰ

［個別学力検査(400)］ 2科目 ①小論文(200) ②面接(200)▶個人面接

歯学部

前期　【歯学科】［共通テスト(550)］ 8科目 ①国(100) ②外(100)▶英・独・仏・中・韓から1 ③地歴・公民(50)▶「地総・歴総・公から2」・「地総・地探」・「歴総・日探」・「歴総・世探」・「公・倫」・「公・政経」から1 ④⑤数(50×2)▶「数Ⅰ・数A」・「数Ⅱ・数B・数C」 ⑥⑦理(100×2)▶物・化・生から2 ⑧情▶情Ⅰ

［個別学力検査(500)］ 4科目 ①外(200)▶英コミュⅠ・英コミュⅡ・英コミュⅢ・論表Ⅰ・論表Ⅱ ②数(200)▶数Ⅰ・数Ⅱ・数Ⅲ・数A(図形・場合)・数B(数列)・数C(ベク・平面) ③理(100)▶「物基・物」・「化基・化」・「生基・生」から1 ④面接(総合判定)▶個人面接

【口腔保健学科】［共通テスト(450)］ 7科目 ①国(100) ②外(100)▶英・独・仏・中・韓から1 ③地歴・公民(50)▶「地総・歴総・公から2」・「地総・地探」・「歴総・日探」・「歴総・世探」・「公・倫」・「公・政経」から1 ④⑤数(50×2)▶「数Ⅰ・〈数Ⅰ・数A〉から1」・「数Ⅱ・数B・数C」 ⑥理(100)▶「物基・化基・生基から2」・「物・化・生から2」から1 ⑦情▶情Ⅰ

［個別学力検査(200)］ 2科目 ①外(200)▶英コミュⅠ・英コミュⅡ・英コミュⅢ・論表Ⅰ・論表Ⅱ ②面接(総合判定)▶個人面接

後期　【歯学科】［共通テスト(450)］ 8科目 ①国(100) ②外(100)▶英・独・仏・中・韓から1 ③地歴・公民(50)▶「地総・歴総・公から2」・「地総・地探」・「歴総・日探」・「歴総・世探」・「公・倫」・「公・政経」から1 ④⑤数(50×2)▶「数Ⅰ・数A」・「数Ⅱ・数B・数C」 ⑥⑦理(50×2)▶物・化・生から2 ⑧情▶情Ⅰ

［個別学力検査(200)］ 2科目 ①小論文(200) ②面接(総合判定)▶個人面接

【口腔保健学科】［共通テスト(450)］ 7科目 前期と同じ

［個別学力検査(150)］ 1科目 ①面接(150)▶個人面接

薬学部

前期 [共通テスト(600)] 8科目 ①国(100) ②外(200)▶英・独・仏・中・韓から1 ③地歴・公民(50)▶「地総・歴総・公から2」・「地総・地探」・「歴総・日探」・「歴総・世探」・「公・倫」・「公・政経」から1 ④⑤数(50×2)▶「数Ⅰ・数A」・「数Ⅱ・数B・数C」 ⑥⑦理(化100＋他50)▶化必須，物・生から1 ⑧情▶情Ⅰ
[個別学力検査(400)] 3科目 ①数(200)▶数Ⅰ・数Ⅱ・数Ⅲ・数A(図形・場合)・数B(数列)・数C(ベク・平面) ②理(200)▶化基・化 ③面接(総合判定)▶集団面接
後期 [共通テスト(750)] 8科目 ①国(100) ②外(200)▶英・独・仏・中・韓から1 ③地歴・公民(50)▶「地総・歴総・公から2」・「地総・地探」・「歴総・日探」・「歴総・世探」・「公・倫」・「公・政経」から1 ④⑤数(100×2)▶「数Ⅰ・数A」・「数Ⅱ・数B・数C」 ⑥⑦理(100×2)▶物・化・生から2 ⑧情▶情Ⅰ
[個別学力検査(400)] 3科目 ①理(400)▶化基・化 ②面接(総合判定)▶集団面接 ③書類審査(総合判定)▶志望理由書

理工学部

前期 [共通テスト(750)] 8科目 ①国(100) ②外(200)▶英・独・仏・中・韓から1 ③地歴・公民(50)▶「地総・歴総・公から2」・「地総・地探」・「歴総・日探」・「歴総・世探」・「公・倫」・「公・政経」から1 ④⑤数(100×2)▶「数Ⅰ・数A」・「数Ⅱ・数B・数C」 ⑥⑦理(100×2)▶物・化，ただし自然科学コースは物・化・生・地学から2 ⑧情▶情Ⅰ
【昼間】[個別学力検査(500)] 2科目 ①数(300)▶数Ⅰ・数Ⅱ・数Ⅲ・数A(図形・場合)・数B(数列)・数C(ベク・平面) ②理(200)▶「物基・物」・「化基・化」から1，ただし自然科学コースは「生基・生」も選択可
【夜間主】[個別学力検査(300)] 2科目 ①数(200)▶数Ⅰ・数Ⅱ・数Ⅲ・数A(図形・場合)・数B(数列)・数C(ベク・平面) ②理(100)▶「物基・物」・「化基・化」から1
後期 【昼間】[共通テスト(650)] 8科目 ①国(100) ②外(150)▶英・独・仏・中・韓から1 ③地歴・公民(50)▶「地総・歴総・公から2」・「地総・地探」・「歴総・日探」・「歴総・世探」・「公・倫」・「公・政経」から1 ④⑤数(75×2)▶「数Ⅰ・数A」・「数Ⅱ・数B・数C」 ⑥⑦理(100×2)▶物・化，ただし自然科学コースは物・化・生・地学から2 ⑧情▶情Ⅰ
[個別学力検査(375)] 2科目 ①数(350)▶数Ⅰ・数Ⅱ・数Ⅲ・数A(図形・場合)・数B(数列)・数C(ベク・平面) ②書類審査(25)▶志望調書

生物資源産業学部

前期 [共通テスト(650)] 8科目 ①国(100) ②外(200)▶英 ③地歴・公民(50)▶「地総・歴総・公から2」・「地総・地探」・「歴総・日探」・「歴総・世探」・「公・倫」・「公・政経」から1 ④⑤数(75×2)▶「数Ⅰ・数A」・「数Ⅱ・数B・数C」 ⑥⑦理(75×2)▶化必須，物・生から1 ⑧情▶情Ⅰ
[個別学力検査(350)] 2科目 ①理(200)▶化基・化 ②面接(150)▶集団面接
後期 [共通テスト(700)] 7科目 ①国(50) ②外(200)▶英 ③地歴・公民(50)▶「地総・歴総・公から2」・「地総・地探」・「歴総・日探」・「歴総・世探」・「公・倫」・「公・政経」から1 ④⑤数(100×2)▶「数Ⅰ・数A」・「数Ⅱ・数B・数C」 ⑥⑦理(100×2)▶化必須，物・生から1 ⑧情▶情Ⅰ
[個別学力検査(300)] 1科目 ①総合問題(300)▶「化基・化」を含む ※得点が一定水準以下の場合は不合格とする。

その他の選抜

学校推薦型選抜Ⅰ(共通テストを課さない)は総合科学部20名，医学部医科栄養学科12名，理工学部(昼間) 15名，(夜間)若干名，生物資源産業学部12名，学校推薦型選抜Ⅱ(共通テストを課す)は総合科学部45名，医学部83名，歯学部15名，薬学部10名，理工学部(昼間) 158名，生物資源産業学部22名，総合型選抜(共通テストを課す)は医学部医学科8名を募集。ほかに帰国生徒選抜，社会人選抜，私費外国人留学生選抜を実施。

偏差値データ（2024年度）

●一般選抜

学部／学科／専攻・コース	2024年度 駿台予備学校 合格目標ライン	河合塾 ボーダー得点率	河合塾 ボーダー偏差値	'23年度 競争率
●前期				
▶総合科学部				
社会総合科	45	60%	47.5	1.0
▶医学部				
医	62	81%	62.5	2.2
医科栄養	48	62%	47.5	1.4
保健／看護	46	57%	47.5	1.8
／放射線技術	48	63%	50	3.0
／検査技術	48	62%	50	1.8
▶歯学部				
歯	55	71%	55	5.3
口腔保健	48	54%	47.5	1.3
▶薬学部				
薬	54	74%	57.5	4.0
▶理工学部				
[昼間]理工／数理科学	45	56%	47.5	1.5
／自然科学	45	56%	47.5	
／社会基盤デザイン	45	55%	45	
／機械科学	45	55%	45	
／応用化学システム	45	55%	45	
／電気電子システム	45	55%	45	
／知能情報	45	59%	47.5	
／光システム	45	54%	45	
／医光/医工融合	47	57%	47.5	2.0
[夜間主]理工／社会基盤デザイン	41	51%	42.5	2.3
／機械科学	40	51%	42.5	
／応用化学システム	40	51%	42.5	
／電気電子システム	40	51%	42.5	
／知能情報	40	53%	42.5	
▶生物資源産業学部				
生物資源産業	44	55%	45	2.1
●後期				
▶総合科学部				
社会総合科	46	64%	—	1.0
▶医学部				
保健／看護	47	63%	—	3.6
／放射線技術	49	70%	—	4.1
▶歯学部				
歯	56	77%	—	7.2
口腔保健	49	61%	—	1.3
▶薬学部				
薬	56	78%	60	2.6
▶理工学部				
[昼間]理工／数理科学	47	65%	50	1.8
／自然科学	47	65%	50	
／社会基盤デザイン	47	64%	50	
／機械科学	47	63%	50	
／応用化学システム	47	64%	50	
／電気電子システム	47	64%	50	
／知能情報	47	67%	52.5	
／光システム	47	62%	50	
▶生物資源産業学部				
生物資源産業	45	62%	50	1.6

- 駿台予備学校合格目標ラインは合格可能性80%に相当する駿台模試の偏差値です。
- 河合塾ボーダー得点率は合格可能性50%に相当する共通テストの得点率です。また，ボーダー偏差値は合格可能性50%に相当する河合塾全統模試の偏差値です。
- 競争率は受験者÷合格者の実質倍率
- 医学部医学科の前期，歯学部歯学科，薬学部の後期は２段階選抜を実施。

香川(かがわ)大学

資料請求

問合せ先 入試グループまたは各学部学務係 ☎087-832-1182

大学の理念

1923（大正12）年創立の高松経専と，香川師範・青師を包括し，1949（昭和24）年に開学。2003（平成15）年10月に香川医科大学と統合した。「世界水準の教育研究活動により，創造的で人間性豊かな専門職業人・研究者を養成し，地域社会をリードするとともに共生社会の実現に貢献する」との理念を掲げ，文理６学部を擁する大学ならではの幅広い教養と深い専門知識・技術を養成する。学部の枠を超えてさまざまな分野を横断的かつ総合的に学習する自由参加型の「ネクストプログラム」や，学生自らがさまざまな活動を立案・企画実行する「香大生の夢チャレンジプロジェクト」を実施するほか，基盤教育として独自のDRI教育（デザイン思考・リスクマネジメント・インフォマティクス）を全学で展開，新たな価値を創造できる人材を育成する。

- 幸町キャンパス（本部）……〒760-8521　香川県高松市幸町1-1
- 各学部のキャンパス情報はP.1519をご覧ください。

基本データ

学生数▶5,629名（男3,092名，女2,537名）
専任教員数▶教授243名，准教授152名，講師292名
設置学部▶教育，法，経済，医，創造工，農
併設教育機関▶大学院―医学系（M・D），教育学・地域マネジメント（以上P），農学・創発科学（以上M），工学・愛媛大学大学院連合農学（以上D）

就職・卒業後の進路

就職率 **98.1**％
就職者÷希望者×100

●**就職支援**　１年次必修のキャリア科目「人生とキャリア」などを通じ，将来について学生と共に考えていくことに重点を置いている。学部独自の支援として，教員採用試験対策セミナー，公務員セミナー，学部に特化した企業説明会なども実施されている。「キャリア支援センター」では，キャリア教育の企画・サポートとともに，キャリアガイダンスや就職セミナーの実施，専門相談員による個別就職相談，インターンシップ制度の整備・斡旋，情報提供など，一人ひとりに応じたきめ細やかなサポートを行っている。

進路指導者も必見
学生を伸ばす 面倒見

初年次教育	学修サポート
「大学入門ゼミ」で自校教育，学問や大学教育全体に対する動機づけ，レポート・論文の書き方，プレゼン技法，情報収集や資料整理の方法，論理的思考や問題発見・解決能力の向上を図るほか，「情報リテラシー」を開講	TA・SA制度，オフィスアワー制度，専任教員が学生約19人を担当する教員アドバイザー制度を導入。また，基礎的科目（英・数・自然科学）や工学専門科目の学習相談に応じるピア・サポート制度を設けている

オープンキャンパス（2023年度実績）　８月に各学部で来場型のオープンキャンパスを開催。事前申込制。学部・学科等の説明，模擬講義，施設見学，入試個別相談，保護者向け説明会（事前申込不要）など。Web型・動画配信は１月まで。

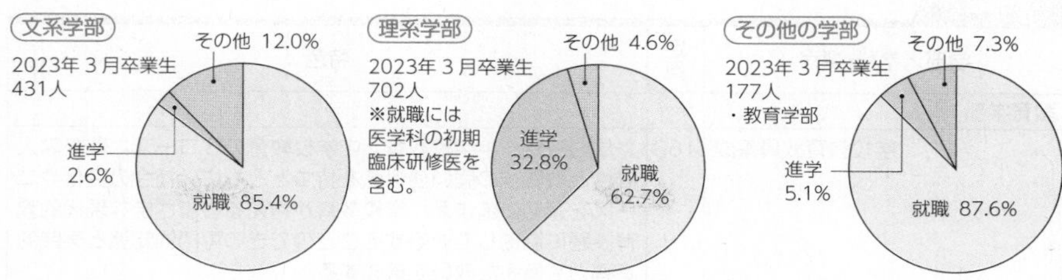

主なOB・OG▶［経済］真鍋康彦（高松琴平電気鉄道会長），［医］小野和哉（精神科医）など。

国際化・留学　大学間 59 大学・部局間 38 大学

受入れ留学生数▶38名（2023年5月1日現在）
留学生の出身国▶マレーシア，中国，韓国，ベトナムなど。
外国人専任教員▶教授９名，准教授７名（2023年５月１日現在）
外国人専任教員の出身国▶韓国，中国，イギリス，アイルランド，カナダなど。
大学間交流協定▶59大学（交換留学先49大学，2023年５月１日現在）
部局間交流協定▶38大学（交換留学先25大学，2023年５月１日現在）
海外への留学生数▶渡航型67名／年（13カ国・地域，2022年度）
海外留学制度▶学術交流協定への交換留学（EXPLORE）は１年を限度として授業の履修や研究指導などを受けられる留学生制度で留学先で授業料を支払う必要はなく，取得した単位の一部は単位認定も可能。このほか，長期休暇を利用した短期海外研修や，交流協定校訪問，日本とインドネシアの６大学の学生が両国の農山漁村に滞在して地域課題に取り組む約３週間の協働プログラム「SUIJI-海外SLP」，創造工学部と農学部では，海外の協定校を通して現地企業で行う国際インターンシップなどを実施。また，ネクストプログラムではグローバル人材の育成をめざし，語学力向上と在学中の留学（１年間）実現をサポート。コンソーシアムはUMAPや国際メカトロニクス研究教育機構（IOREM）など７つに参加している。

学費・奨学金制度

入学金▶282,000円（夜間主141,000円）
年間授業料（施設費等を除く）▶535,800円（夜間主267,900円）
主な奨学金制度▶経済的理由により修学困難な学生に40万円を給付する「修学支援奨学金」や「学業優秀特待生」などを設置。また，学費減免制度があり，2022年度には延べ236人を対象に総額で約4,233万円を減免している。

保護者向けインフォメーション

● **成績確認**　成績表および履修科目と単位数の情報を保護者に郵送している。学食利用状況はミールカード利用者に大学生協より提供。
● **保護者会**　学部により保証人説明会，後援会総会を開催。また，保護者向けに「後援会会報」「OLIVE通信」「TRINITY」を発行している。
● **防災対策**　「災害対策マニュアル」を学内サイトに掲載。学生が被災した際の安否確認は，メールや独自の安否確認システムを利用。

インターンシップ科目	必修専門ゼミ	卒業論文	GPA制度の導入の有無および活用例	１年以内の退学率	標準年限での卒業率
医学部を除き開講している	教育・法・医（心理）・創造工・農３・４年次，経済１～３年次に実施	法・経済（夜）・医（医・看）学部を除き卒業要件	奨学金等対象者の選定や成績優秀者表彰の基準，一部の学部で留学候補者の選考，個別の学修指導，履修上限単位数の設定などに活用	0.5%	88.2%（4年制）78.9%（6年制）

学部紹介

学部／学科・課程	定員	特色
教育学部		
学校教育教員養成	160	▷幼児教育，小学校教育，中学校教育の3コース。豊かな人間性と教職への強い使命感を持つとともに，社会の変化やニーズを適切に踏まえ，学校教育が抱えるさまざまな現代的教育課題に協働して対処することのできる専門的知識と実践的指導力を備えた教員を育成する。
● **取得可能な資格**…教職(国・地歴・公・社・数・理・音・美・書・保体・技・家・工業・英，小一種，幼一種，特別支援)，保育士など。 ● **進路状況**…………就職87.6%　進学5.1% ● **主な就職先**………教員(香川県，岡山県，愛媛県，徳島県，島根県，広島県，兵庫県，大阪府)，香川県庁，百十四銀行など。		
法学部		
(昼間主)法 (夜間主)法	150 10	▷将来の進路を意識した「法律職コース」「公共政策コース」「企業法務コース」の3コースを設置。ゼミナールを中心とした徹底した少人数教育と実践的カリキュラムで「社会を見る目」を養う。法科大学院進学をめざす学生向けに「法曹プログラム」を設置している。
● **取得可能な資格**…教職(公)。 ● **進路状況**…………就職79.6%　進学6.0% ● **主な就職先**………香川県庁，岡山県庁，香川県警察，徳島県庁，姫路市役所，岡山労働局，警視庁，高松国税局，高松市役所，高松地方検察庁など。		
経済学部		
(昼間主)経済 (夜間主)経済	240 10	▷「経済・政策分析」「会計・ファイナンス」「グローバル社会経済」「観光・地域振興」「経営・イノベーション」の5コースを設定。ゼミナール中心の少人数制教育やアクティブラーニング，インターンシップ，フィールドワーク科目の充実を図り，短期海外研修・留学の奨励，学生チャレンジプロジェクトへの支援などを通じて，経済・経営の専門的知識を生かしながら複眼的思考力や課題探求・解決力，コミュニケーション力などを養成する。また，夜間主コースにおいては，社会人学生の実務面からの需要(教育内容)に応えるために，総合経済コースで経済(経営)学に法学分野を加えたより広汎な教育課程とする。
● **取得可能な資格**…教職(商)。 ● **進路状況**…………就職89.0%　進学0.4% ● **主な就職先**………高松市役所，岡山市役所，岡山県庁，東京海上日動火災保険，香川県庁，阿波銀行，香川銀行，中国銀行，グローバルセンター，百十四銀行など。		
医学部		
医	109	▷入学後の早い時期に医療現場を体験し，医学へのモチベーションを持続させるカリキュラムを設定。高い専門性を兼ね備えた医師・医学研究者を育てる。
看護	60	▷看護師課程を基盤とし，養護教諭課程も選択できる。4年次には看護選択科目を開設し，高度医療に対応した看護実践能力を育成する。

 キャンパスアクセス [幸町キャンパス] JR高徳線一昭和町より徒歩約5分

臨床心理	20	▷保健医療，教育，福祉などの分野で活躍する心理援助職の養成を目的とし，公認心理師の資格取得にも対応した臨床心理学科を全国の国立大学で初めて設置。医学部に設置することにより，医学的知識や医療現場での体験を有する心理援助職を養成する。

● 取得可能な資格…教職（養護一種），医師・看護師受験資格など。
● 進路状況…………［医］初期臨床研修医94.7%　進学1.8%　［看護］就職85.9%　進学9.9%
［心理］就職11.1%　進学88.9%
● 主な就職先………［看護］香川大学医学部附属病院，岡山大学病院，香川県職員（保健師）など。
［心理］坂出市役所，西日本電信電話など。

創造工学部

創造工	330	▷新しい価値の創造を目的として，異分野との融合を図り学際的な教育研究を行うため，1学科制を採用し，恒常的に社会的ニーズが高い分野，そして近年，特にニーズが高まってきた分野を考慮し，「造形・メディアデザイン」「建築・都市環境」「防災・危機管理」「情報システム・セキュリティ」「人工知能・通信ネットワーク」「機械システム」「材料物質科学」の7つのコースを設置。デザイン思考とリスクマネジメントの能力を身につける次世代型工学系人材育成プログラムを展開。

● 取得可能な資格…教職（理・情・工業），測量士補，1・2級建築士受験資格など。
● 進路状況…………就職53.3%　進学40.2%
● 主な就職先………四電工，岡山市役所，ネットワンシステムズ，STNet，大林組，奥村組，鹿島建設，タツモ，中国地方整備局，三井住友建設など。

農学部

応用生物科	150	▷先端生命科学，アグリサイエンス，フィールド環境，バイオ分子化学，食品科学の５コースに２年次に分属し，高度な専門性を身につける。関連する教育研究施設も充実している。

● 取得可能な資格…教職（理・農）など。
● 進路状況…………就職55.5%　進学43.2%
● 主な就職先………香川県庁，山崎製パン，岡山県庁，WDB株式会社エウレカ社，ダイレックス，百十四銀行，農林水産消費安全技術センター，兵庫県庁，アドラボアグリなど。

▶キャンパス

教育・法・経済・創造工……［幸町キャンパス］ 香川県高松市幸町…教育・創造工1-1，法・経済2-1
医……［三木町医学部キャンパス］ 香川県木田郡三木町池戸1750-1
創造工……［林町キャンパス］ 香川県高松市林町2217-20
農……［三木町農学部キャンパス］ 香川県木田郡三木町池戸2393

2025年度入試要項（予告）

●募集人員

学部／学科・課程（コース）		前期	後期
▶教育	学校教育教員養成（幼児教育）	8	—
	（小学校教育）	55	13
	（中学校教育）	A14 B10 C4	7
▶法	（昼間）法	75	35
▶経済	（昼間）経済	110	35
▶医	医	79	—
	看護	35	—
	臨床心理	20	—
▶創造工	創造工（造形・メディアデザイン）	183（A165 B18）	55
	（建築・都市環境）		
	（防災・危機管理）		
	（情報システム・セキュリティ）		
	（人工知能・通信ネットワーク）		
	（機械システム）		
	（材料物質科学）		
▶農	応用生物科	90	10

キャンパスアクセス ［三木町医学部キャンパス］ ことでん長尾線一高田よりバス約5分または徒歩約25分

注）募集人員は2024年度の実績です。
※法学部および経済学部の夜間主コースは社会人選抜で募集。
※医学部医学科の前期は地域枠の９名を含む。
※創造工学部創造工学科の各コースの募集人員の目安は以下の通り。造形・メディアデザイン前期Ａ13・前期Ｂ12・後期５，建築・都市環境前期Ａ33・後期12，防災・危機管理前期Ａ７・前期Ｂ６・後期３，情報システム・セキュリティ前期Ａ22・後期５，人工知能・通信ネットワーク前期Ａ24・後期６，機械システム前期Ａ36・後期12，材料物質科学前期Ａ30・後期12。

●２段階選抜

志願者数が募集人員に対し，医学部医学科で，前期約４倍を超えた場合，医学部臨床心理学科で前期約５倍を超えた場合に，２段階選抜を実施。

試験科目

デジタルブック  

偏差値データ（2024年度）

●一般選抜

学部／学科／課程	2024年度 駿台予備学校 合格目標ライン	河合塾 ボーダー得点率	河合塾 ボーダー偏差値	'23年度 競争率
●前期				
▶教育学部				
学校教育／幼児教育	49	58%	50	1.8
／小学校教育	49	59%	50	
／中学校教育(A系)	50	61%	50	
／中学校教育(B系)	50	61%	50	
／中学校教育(C系)	50	60%	—	
▶法学部				
(昼間)法	49	63%	50	1.8
▶経済学部				
(昼間)経済	46	62%	50	1.1
▶医学部				
医(一般枠)	63	80%	62.5	3.2
(地域枠)	63	79%	62.5	
看護	46	58%	—	1.4
臨床心理	47	66%	52.5	2.1
▶創造工学部				
創造工(A)	45	56%	47.5	1.5
／造形・メディアデザイン(B)	45	55%	47.5	
／防災・危機管理(B)	45	55%	47.5	
▶農学部				
応用生物科	48	56%	47.5	1.7
●後期				
▶教育学部				
学校教育／小学校教育	49	65%	—	2.5
／中学校教育	50	67%	—	
▶法学部				
(昼間)法	48	67%	—	1.8
▶経済学部				
(昼間)経済	46	65%	—	1.0
▶創造工学部				
創造工	45	65%	—	1.5
▶農学部				
応用生物科	48	66%	—	6.7

●駿台予備学校合格目標ラインは合格可能性80%に相当する駿台模試の偏差値です。
●河合塾ボーダー得点率は合格可能性50%に相当する共通テストの得点率です。また，ボーダー偏差値は合格可能性50%に相当する河合塾全統模試の偏差値です。
●競争率は受験者÷合格者の実質倍率

MEMO

キャンパスアクセス［三木町農学部キャンパス］ことでん長尾線―農学部前より徒歩約２分

愛媛大学

資料請求

問合せ先 教育学生支援部入試課 ☎089-927-9172・9173

大学の理念

松山高校，愛媛師範・青師，新居浜高専を包括して1949（昭和24）年に発足。四国最大の総合大学として，「学生中心の大学」「地域とともに輝く大学」「世界とつながる大学」の実現をめざし，教育・研究・地域連携・国際連携に関して意欲的な取り組みを行う。入学から卒業までの過程で，学生個々人の人生に必要な能力の習得を教育面でのゴールととらえ，「知識や技能を適切に運用する能力」「論理的に思考し判断する能力」「多様な人とコミュニケーションする能力」「自立した個人として生きていく能力」「組織や社会の一員として生きていく能力」を「愛媛大学学生コンピテンシー」として掲げ，これらの能力を磨くためのあらゆる機会を提供し，地域の発展を牽引できる人材の育成とともに発展に導くための学術研究推進に努めている。

● キャンパス情報はP.1525をご覧ください。

基本データ

学生数▶7,934名（男4,656名，女3,278名）
専任教員数▶教授260名，准教授252名，講師81名
設置学部▶法文，教育，社会共創，理，医，工，農
併設教育機関▶大学院―理工学・医学系（以上M・D），教育学（M・P），人文社会科・農学・医農融合公衆衛生学環・地域レジリエンス学環（以上M），連合農学（D）

就職・卒業後の進路

就職率 98.4%
就職者÷希望者×100

● **就職支援**　低年次（1・2年次）を対象に「社会場面の適応」「職業意識の形成」「仕事理解」などをテーマとしたキャリア教育を実施するとともに，高年次（3・4年次）に対しては，「進路・就職支援」「インターンシップ活動」「社会に出る準備」など，より実践的なテーマでの各種支援プログラムを展開している。また，キャリアコンサルタントが個別で対応する進路・就職相談のほか，小集団体験型のセミナーや勉強会，大学生協と連携した公務員採用試験対策講座，教員採用試験対策講座，各資格取得講座を実施している。

進路指導者も必見 学生を伸ばす 面倒見

初年次教育	学修サポート
学問や大学教育全体に対する動機づけ，レポート・論文の書き方，プレゼン技法，ITの基礎技術，情報収集や資料整理の方法，論理的思考や問題発見・解決能力の向上を図る「新入生セミナー」や「情報リテラシー入門」などを開講	全学部でTA制度，オフィスアワー制度，教員アドバイザー制度（学生2～20人に教員1人）を導入。さらに，スタディ・ヘルプ・デスクでは大学院生のアドバイザーが学習相談に応じている

オープンキャンパス（2023年度実績）　8月に現地およびWebオープンキャンパスを開催。特設サイトは引き続き公開し，教育や研究を紹介する動画を配信。

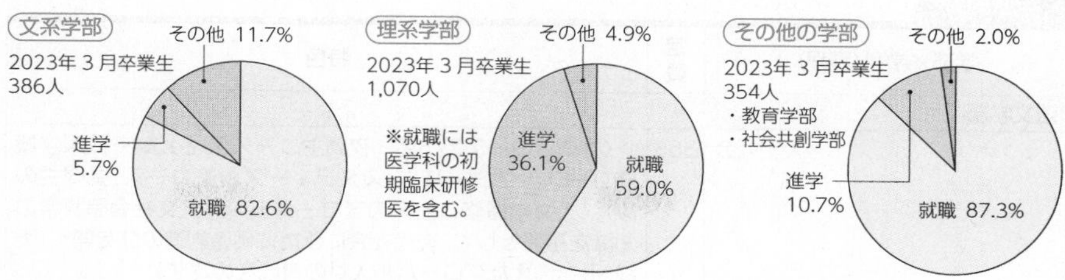

主なOB・OG ▶ ［農］中村佑（元伊予市長），［工］浮川和宣（ジャストシステム創業者）など。

国際化・留学　大学間 70 大学等・部局間 69 大学等

受入れ留学生数 ▶ 35名(2023年5月1日現在)
留学生の出身国・地域 ▶ 中国，韓国，マレーシア，台湾，フランスなど。
外国人専任教員 ▶ 教授13名，准教授14名，講師３名（2023年５月１日現在）
外国人専任教員の出身国 ▶ 中国，アメリカ，韓国，フィリピンなど。
大学間交流協定 ▶ 70大学・機関（交換留学先45大学，2023年５月１日現在）
部局間交流協定 ▶ 69大学・機関（交換留学先19大学，2023年５月１日現在）
海外への留学生数 ▶ 渡航型288名・オンライン型112名／年（37カ国・地域，2022年度）
海外留学制度 ▶ 各種短期派遣プログラム（１週間〜３カ月）を行っており，派遣先は主に協定校や大学関係機関。全学向けプログラムには短期語学・文化研修のほか英語学習集中プログラムなどがあり，専門的プログラムでは，海外技術者インターンシッププログラム（工学部），共同研究参加型プログラム（理・工・農学部），海外教育実習プログラム（法文・教育学部），フィールド調査（各学部）が実施されている。また，４カ月〜１年程度の協定校への交換留学などもある。コンソーシアムは国連アカデミックインパクトとSUIJIに参加している。

学費・奨学金制度　給付型奨学金総額 年間約 1,040 万円

入学金 ▶ 282,000円（夜間主141,000円）
年間授業料（施設費等を除く）▶ 535,800円(夜間主267,900円)
年間奨学金総額 ▶ 10,403,700円
年間奨学金受給者数 ▶ 35人
主な奨学金制度 ▶ 県内就職に意欲のある学部３（医学部は５）年次生に20万円を給付する「地域定着促進特別奨学金」や，愛媛大学「太陽石油奨学金」，「修学サポート奨学金」などを設置。また，学費減免制度があり，2022年度は20人を対象に総額で約1,072万円を減免している。

保護者向けインフォメーション

● **成績確認**　成績表等を保護者に郵送。
● **保護者会**　各学部で後援会を組織し，総会を開催。法文学部では総会の際に保護者向け就職セミナーを実施。また，社会共創学部では保護者説明会も開催している。
● **防災対策**　「災害対策マニュアル」をオンラインで周知するほか，冊子を配布。被災した際の学生の安否状況はアプリを利用して確認する。

インターンシップ科目	必修専門ゼミ	卒業論文	GPA制度の導入の有無および活用例	１年以内の退学率	標準年限での卒業率
教育・医学部を除き開講している	全学部で実施。１〜4年次に開講	医学部（医）を除き卒業要件	一部の学部で奨学金等対象者の選定，留学候補者の選定，学生表彰対象者の選出，進級・早期卒業・履修上限枠緩和の判定基準，個別の学習指導などに活用	0.7%	88.3%(4年制) 90.9%(6年制)

学部紹介

学部／学科(課程)	定員	特色
法文学部		
人文社会	365	▷〈昼間主コース275名，夜間主コース90名〉法学・政策学履修コース，グローバル・スタディーズ履修コース(昼間主のみ)，人文学履修コースの３コース編成。人文社会諸科学の知識を基盤として，現代社会に新たに価値創造の扉を開く「実践知」を備えたグローバル人材の育成をめざす。
● 取得可能な資格…教職(国・地歴・公・社・英)，学芸員など。 ● 進路状況…………就職82.6%　進学5.7% ● 主な就職先………愛媛県，伊予銀行，松山市，福山市，愛媛労働局，松山地方裁判所，広島県，愛媛大学，四国地方整備局，香川県，太陽石油，あわしま堂など。		
教育学部		
学校教育教員養成	160	▶教育発達実践コース(幼年教育サブコース・小学校教育サブコース・特別支援教育サブコース)と，初等中等教科コース(言語社会教育サブコース・科学教育サブコース・生活健康・芸術サブコース)の２つのコース構成。附属小学校園や地域の学校における多様な実習と理論を結びつけた充実したカリキュラムにより，豊かな人間性と優れた実践的指導力を兼ね備えた学校教員を養成する。
● 取得可能な資格…教職(国・地歴・公・社・数・理・音・美・書・保体・技・家・情・工業・英，小一種，幼一種，特別支援)，司書教諭，保育士など。 ● 進路状況…………就職79.4%　進学17.6% ● 主な就職先………教員(小・中・高等・特別支援学校)，幼稚園教諭，愛媛県，日本食研ホールディングス，富士通，伊予銀行，サイボウズなど。		
社会共創学部		
		▶文系・理系の専門知識を活用した学際的な思考力を有し，地域の人たちと協働しながら総合的な課題解決策を企画・立案できる課題解決思考力やサーバントリーダーシップなどの「社会共創力」を備えた人材を育成する。
産業マネジメント	70	▷産業マネジメント，事業創造の２コース。
産業イノベーション	25	▷海洋生産科学，紙産業，ものづくりの３コース。
環境デザイン	35	▷環境サステナビリティ，地域デザイン・防災の２コース。
地域資源マネジメント	50	▷農山漁村マネジメント，文化資源マネジメント，スポーツ健康マネジメントの３コース。
● 取得可能な資格…社会調査士など。　● 進路状況……就職94.6%　進学4.3% ● 主な就職先………伊予銀行，愛媛県，松山市，三浦工業，ヒカリ，愛媛銀行，四国電力，マルトモ，住友化学，三菱電機，今治造船，愛媛新聞社，東日本旅客鉄道など。		
理学部		
理	225	▷１学科５教育コース３履修プログラム。数学・数理情報，物理学，化学，生物学，地学の５教育コースカリキュラムを編成。教育コースごとの定員は設けず，２年進級時に各自の志向によりコース選択する経過選択型履修システムを採用している。標準，科学コミュニケーション，宇宙・地球・環境課題挑戦の３つの履修プログラムと組合せた学習を実施する。

 キャンパスアクセス [城北キャンパス] 伊予鉄道市内電車一赤十字病院前より徒歩約3分

● 取得可能な資格…教職（数・理），学芸員，測量士補など。 ● 進路状況…………就職50.2%　進学41.9% ● 主な就職先………三浦工業，日本電気，四国ガス，NECソリューションイノベータ，愛媛銀行，高松国税局，三菱電機ソフトウェア，教員（中・高等学校）など。		
医学部		
医	110	▷基礎・臨床医学の分野で独自の教育・研究を行うとともに早期から専門教育を開始し，分野の枠を越えた緊密な協力体制のもとよき医療人の養成をめざす。
看護	60	▷人の地域での暮らしを支える看護を牽引できる「未来の看護職リーダー」に必要な能力を身につける。
● 取得可能な資格…教職（養護一種），医師・看護師・保健師受験資格など。 ● 進路状況…………［医］初期臨床研修医95.5%　［看護］就職94.0%　進学4.5% ● 主な就職先………［看護］愛媛大学医学部附属病院，愛媛県内外の病院，保健所，保健センターなど。		
工学部		
工	500	▷刻々と変化する産業構造に柔軟に対応するために広範な知識を習得し，工業系基礎力と創造性を兼ね備えた理工系人材を育成する。特に地域の産業を発展させるために，社会人スキルを身につけた実践的技術者・研究者を育成する。機械工学，知能システム学，電気電子工学，コンピュータ科学，応用情報工学，材料デザイン工学，化学・生命科学，社会基礎工学，社会デザインの９コース。
● 取得可能な資格…教職（理・情・工業），測量士補など。 ● 進路状況…………就職49.6%　進学46.8% ● 主な就職先………三浦工業，松山市，四電工，マツダ，愛媛県，今治造船，中電技術コンサルタント，三菱電機，新来島どっく，大王製紙，大林組，三井住友銀行など。		
農学部		
		▶広範な総合学科である農学の知識と技術を理解し，地域社会や国際社会における食料，生命，環境に関する諸問題の解決に取り組む。各学科の中でも特に社会からの要請の高い分野について，大学院修士までの６年一貫教育の特別コースを設定し，リーダー的研究者，高度技術者として活躍できる高度人材の育成をめざしている。
食料生産	70	▷農業生産学・植物工場システム学・食料生産経営学の３コースと知能的食料生産科学特別コース。
生命機能	45	▷応用生命科学コースと健康機能栄養科学特別コース。
生物環境	55	▷森林資源学・地域環境工学・環境保全学の３コースと水環境再生科学特別コース。
● 取得可能な資格…教職（理・農），学芸員，測量士補など。 ● 進路状況…………就職59.3%　進学34.1% ● 主な就職先………住友林業，あわしま堂，タカキベーカリー，農林水産省，林野庁，愛媛県，広島県，山崎製パン，クボタ，ダイキン工業，イトマン，四国ガスなど。		

▶キャンパス

法文・教育・社会共創・理・工……［城北キャンパス］愛媛県松山市文京町3
医……［重信キャンパス］愛媛県東温市志津川454
農……［樽味キャンパス］愛媛県松山市樽味3-5-7

キャンパスアクセス ［重信キャンパス］伊予鉄道横河原線一愛大医学部南口より徒歩約5分

2025年度入試要項(予告)

●募集人員

学部／学科・課程(コース)		前期	後期
▶法文	人文社会[昼間主]	175	50
	[夜間主]	40	20
▶教育	学校教育(教育発達実践／幼年)	(6)	―
	(／特別支援)	(12)	―
	(／小学校)	(20)	10
	(初等中等教科／言語社会)	(25)	
	(／科学)	(20)	
	(／生活健康・芸術／家庭)	(6)	
	(／生活健康・芸術／体育・保健体育)	(6)	
	(／生活健康・芸術／音楽)	(2)	
	(／生活健康・芸術／図画工作・美術)	(2)	
▶社会共創	産業マネジメント	48	―
	産業イノベーション	12	―
	環境デザイン	25	―
	地域資源マネジメント(農山漁村)	5	―
	(文化資源)	7	―
	(スポーツ健康)	10	―
▶理	理(数学・数理情報)	160	A13 B10
	(物理学)		
	(化学)		
	(生物学)		
	(地学)		
▶医	医	55	―
	看護	33	―
▶工	工	理312 文理13	理82 文理6
	(デジタル情報人材育成特別プログラム)	15	10
▶農	食料生産	38	7
	生命機能	27	5
	生物環境	18	6

※教育学部の表中の( )の数は各サブコース，専攻の合格予定者数。
※理学部は受験科目別に募集を行い，２年進級時に教育コースを選択。
※工学部の理型入試による入学者は２年次開始時にコースへ配属。文理型入試による入学者は入学時から「社会デザインコース」所属となる。

● ２段階選抜

医学部医学科の前期で，志願者数が募集人員に対し約６倍を超えた場合に実施。
注) 募集人員および２段階選抜は2024年度の実績です。

▷共通テストの英語はリスニングを含む。
▷共通テストの地歴・公民から２科目選択する場合，「公・倫」と「公・政経」の組み合わせ，および「地総・歴総・公から２」で選択した科目と同一科目名を含む組み合わせは不可。
▷共通テストの理科から２科目選択する場合，同一科目名を含む選択は不可。
注) 配点は編集時，未公表。最新の募集要項でご確認ください。

法文学部

前期 【人文社会学科〈昼・夜〉】[共通テスト] **8科目** ①国 ②外▶英・独・仏・中・韓から１ ③④**地歴・公民**▶「地総・歴総・公から２」・「地総・地探」・「歴総・日探」・「歴総・世探」・「公・倫」・「公・政経」から２ ⑤**情**▶情Ⅰ ⑥⑦⑧**数・理**▶「数Ⅰ・〈数Ⅰ・数Ａ〉から１」・「数Ⅱ・数Ｂ・数Ｃ」・「物基・化基・生基・地学基から２」・物・化・生・地学から３

〈昼〉[個別学力検査] **3科目** ①国▶現国・言語・論国・古典 ②外▶英コミュⅠ・英コミュⅡ・英コミュⅢ ③**書類審査**▶調査書

〈夜〉[個別学力検査] **2科目** ①国▶現国・言語・論国・古典 ②**書類審査**▶調査書

後期 【人文社会学科〈昼・夜〉】[共通テスト] **3科目** ①国 ②外▶英・独・仏・中・韓から１ ③**地歴・公民・数・理・情**▶「地総・歴総・公から２」・「地総・地探」・「歴総・日探」・「歴総・世探」・「公・倫」・「公・政経」・数Ⅰ・「数Ⅰ・数Ａ」・「」・「物基・化基・生基・地学基から２」・物・化・生・地学・情Ⅰから１

[個別学力検査] **2科目** ①小論文 ②**書類審査**▶調査書

教育学部

前期 [共通テスト] **7科目** ①国 ②外▶英・独・仏・中・韓から１ ③**地歴・公民**▶「地総・歴総・公から２」・「地総・地探」・「歴総・日探」・「歴総・世探」・「公・倫」・「公・政経」から１ ④⑤**数**▶「数Ⅰ・数Ａ」・「数Ⅱ・数Ｂ・数Ｃ」 ⑥**理**▶「物基・化基・生基・地学基から２」・物・化・生・地学から１ ⑦**情**▶情Ⅰ

[個別学力検査] 【学校教育教員養成課程〈教育発達実践コース(幼年教育サブコース・特別支援サブコース)・初等中等教科コース(言語

社会教育サブコース・科学教育サブコース）〉】 2科目 ①国・外・数・理▶「現国・言語・論国・古典」・「英コミュⅠ・英コミュⅡ・英コミュⅢ・論表Ⅰ・論表Ⅱ・論表Ⅲ」・「数Ⅰ・数Ⅱ・数A（図形・場合）・数B（数列）・数C（ベク）」・「物基・物」・「化基・化」・「生基・生」・「地学基・地学」から1 ②集団面接▶書類審査（調査書・活動報告書）を含む

【学校教育教員養成課程〈教育発達実践コース（小学校教育サブコース）〉】 2科目 ①国・外・数・理・実技▶「現国・言語・論国・古典」・「英コミュⅠ・英コミュⅡ・英コミュⅢ・論表Ⅰ・論表Ⅱ・論表Ⅲ」・「数Ⅰ・数Ⅱ・数A（図形・場合）・数B（数列）・数C（ベク）」・「物基・物」・「化基・化」・「生基・生」・「地学基・地学」・グループワーク・体育実技・音楽実技・美術実技から1 ②集団面接▶書類審査（調査書・活動報告書）を含む

【学校教育教員養成課程〈初等中等教科コース（生活健康・芸術教育サブコース）〉】［家庭教科］ 2科目 ①グループワーク ②集団面接▶書類審査（調査書・活動報告書）を含む

［体育・保健体育教科］ 2科目 ①実技▶体育実技 ②集団面接▶書類審査（調査書・活動報告書）を含む

［音楽教科］ 2科目 ①実技▶音楽実技 ②集団面接▶書類審査（調査書・活動報告書）を含む

［図画工作・美術教科］ 2科目 ①実技▶美術実技 ②集団面接▶書類審査（調査書・活動報告書）を含む

後期 【学校教育教員養成課程〈教育発達実践コース（小学校教育サブコース）・初等中等教科コース〉】［共通テスト］ 8科目 ①国 ②外▶英・独・仏・中・韓から1 ③④数▶「数Ⅰ・数A」・「数Ⅱ・数B・数C」 ⑤情▶情Ⅰ ⑥⑦⑧「地歴・公民」・理▶「地総・歴総・公から2」・「地総・地探」・「歴総・日探」・「歴総・世探」・「公・倫」・「公・政経」から1または2，「物基・化基・生基・地学基から2」・物・化・生・地学から1または2，計3

［個別学力検査］ 1科目 ①集団面接▶書類審査（調査書・活動報告書）を含む

社会共創学部

【産業マネジメント学科・地域資源マネジメント学科】［共通テスト］ 8科目 ①国 ②外▶英・独・仏・中・韓から1 ③④地歴・公民▶「地総・歴総・公から2」・「地総・地探」・「歴総・日探」・「歴総・世探」・「公・倫」・「公・政経」から2 ⑤⑥数▶「数Ⅰ・〈数Ⅰ・数A〉から1」・「数Ⅱ・数B・数C」 ⑦理▶「物基・化基・生基・地学基から2」・物・化・生・地学から1 ⑧情▶情Ⅰ

［個別学力検査］【産業マネジメント学科】 2科目 ①総合問題 ②書類審査▶調査書

【地域資源マネジメント学科】 3科目 ①小論文 ②面接 ③書類審査▶調査書

【産業イノベーション学科・環境デザイン学科】［共通テスト］ 8科目 ①国 ②外▶英・独・仏・中・韓から1 ③地歴・公民▶「地総・歴総・公から2」・「地総・地探」・「歴総・日探」・「歴総・世探」・「公・倫」・「公・政経」から1 ④⑤数▶「数Ⅰ・〈数Ⅰ・数A〉から1」・「数Ⅱ・数B・数C」 ⑥⑦理▶「物基・化基・生基・地学基から2」・物・化・生・地学から2 ⑧情▶情Ⅰ

［個別学力検査］ 2科目 ①小論文 ②面接▶書類審査（調査書）を含む

理学部

前期 ［共通テスト］ 8科目 ①国 ②外▶英・独・仏・中・韓から1 ③地歴・公民▶「地総・歴総・公から2」・「地総・地探」・「歴総・日探」・「歴総・世探」・「公・倫」・「公・政経」から1 ④⑤数▶「数Ⅰ・数A」・「数Ⅱ・数B・数C」 ⑥⑦理▶物・化・生・地学から2 ⑧情▶情Ⅰ

［個別学力検査］【数学受験】 2科目 ①数▶数Ⅰ・数Ⅱ・数Ⅲ・数A（図形・場合）・数B（数列）・数C（ベク・平面） ②書類審査▶調査書

【物理受験】 2科目 ①理▶物基・物 ②書類審査▶調査書

【化学受験】 2科目 ①理▶化基・化 ②書類審査▶調査書

【生物受験】 2科目 ①理▶生基・生 ②書類審査▶調査書

【地学受験】 2科目 ①理▶地学基・地学 ②書類審査▶調査書

後期 ［共通テスト］ 7科目 ①国 ②外▶

英・独・仏・中・韓から1 ③**地歴・公民**▶「地総・歴総・公から2」・「地総・地探」・「歴総・日探」・「歴総・世探」・「公・倫」・「公・政経」から1 ④⑤**数**▶「数Ⅰ・数A」・「数Ⅱ・数B・数C」 ⑥⑦**理**▶物・化・生・地学から2 ⑧**情**▶情Ⅰ

[個別学力検査] 〈A(数学)〉 **2科目** ①**数**▶数Ⅰ・数Ⅱ・数Ⅲ・数A(図形・場合)・数B(数列)・数C(ベク・平面) ②**書類審査**▶調査書

〈B(面接)〉 **2科目** ①**面接**▶口頭試問を含む ②**書類審査**▶調査書

医学部

前期 **【医学科】** **[共通テスト]** **8科目** ①**国** ②**外**▶英・独・仏・中・韓から1 ③**地歴・公民**▶「地総・歴総・公から2」・「地総・地探」・「歴総・日探」・「歴総・世探」・「公・倫」・「公・政経」から1 ④⑤**数**▶「数Ⅰ・〈数Ⅰ・数A〉から1」・「数Ⅱ・数B・数C」 ⑥⑦**理**▶物・化・生・地学から2 ⑧**情**▶情Ⅰ

[個別学力検査] **5科目** ①**数**▶数Ⅰ・数Ⅱ・数Ⅲ・数A(図形・場合)・数B(数列)・数C(ベク・平面) ②③**理**▶「物基・物」・「化基・化」 ④**総合問題** ⑤**面接**▶書類審査(調査書)を含む

【看護学科】 **[共通テスト]** **8科目** ①**国** ②**外**▶英・独・仏・中・韓から1 ③④**数**▶「数Ⅰ・〈数Ⅰ・数A〉から1」・「数Ⅱ・数B・数C」 ⑤**情**▶情Ⅰ ⑥⑦⑧**「地歴・公民」・理**▶「地総・歴総・公から2」・「地総・地探」・「歴総・日探」・「歴総・世探」・「公・倫」・「公・政経」から1または2,「物基・化基・生基・地学基から2」・物・化・生・地学から1または2,計3

[個別学力検査] **2科目** ①**小論文** ②**面接**▶書類審査(調査書)を含む

工学部

注)デジタル情報人材育成プログラムの利用教科・科目は編集時,未公表。最新の募集要項でご確認ください。

前期 **【理型(社会デザインコースを除く)】** **[共通テスト]** **8科目** ①**国** ②**外**▶英・独・仏・中・韓から1 ③**地歴・公民**▶「地総・歴総・公から2」・「地総・地探」・「歴総・日探」・「歴総・世探」・「公・倫」・「公・政経」から1 ④⑤**数**▶「数Ⅰ・〈数Ⅰ・数A〉から1」・「数Ⅱ・数B・数C」 ⑥⑦**理**▶「物基・化基・生基・地学基から2」・物・化・生・地学から2 ⑧**情**▶情Ⅰ

[個別学力検査] **3科目** ①**数**▶数Ⅰ・数Ⅱ・数Ⅲ・数A(図形・場合)・数B(数列)・数C(ベク・平面) ②**理**▶「物基・物」・「化基・化」から1 ③**書類審査**▶調査書

【文理型〈社会デザインコース〉】 **[共通テスト]** **7科目** ①**国** ②**外**▶英・独・仏・中・韓から1 ③**地歴・公民**▶「地総・歴総・公から2」・「地総・地探」・「歴総・日探」・「歴総・世探」・「公・倫」・「公・政経」から1 ④⑤**数**▶「数Ⅰ・〈数Ⅰ・数A〉から1」・「数Ⅱ・数B・数C」 ⑥**理**▶「物基・化基・生基・地学基から2」・物・化・生・地学から1 ⑦**情**▶情Ⅰ

[個別学力検査] **3科目** ①**外**▶英コミュⅠ・英コミュⅡ・英コミュⅢ ②**数**▶数Ⅰ・数Ⅱ・数A(図形・場合)・数B(数列)・数C(ベク) ③**書類審査**▶調査書

後期 **【理型(社会デザインコースを除く)】** **[共通テスト]** **8科目** 前期と同じ

[個別学力検査] **2科目** ①**数**▶数Ⅰ・数Ⅱ・数Ⅲ・数A(図形・場合)・数B(数列)・数C(ベク・平面) ②**書類審査**▶調査書

【文理型〈社会デザインコース〉】 **[共通テスト]** **6〜4科目** ①②**数**▶「数Ⅰ・〈数Ⅰ・数A〉から1」・「数Ⅱ・数B・数C」 ③④⑤⑥**国・外・地歴・公民・理・情**▶国・「英・独・仏・中・韓から1」・「地総・歴総・公から2」・「地総・地探」・「歴総・日探」・「歴総・世探」・「公・倫」・「公・政経」・「物基・化基・生基・地学基から2」・物・化・生・地学・情Ⅰから2〜4科目

[個別学力検査] **2科目** ①**面接** ②**書類審査**▶調査書

農学部

前期 **[共通テスト]** **8科目** ①**国** ②**外**▶英・独・仏・中・韓から1 ③**地歴・公民**▶「地総・歴総・公から2」・「地総・地探」・「歴総・日探」・「歴総・世探」・「公・倫」・「公・政経」から1 ④⑤**数**▶「数Ⅰ・数A」・「数Ⅱ・数B・数C」 ⑥⑦**理**▶「物基・化基・生基・地学基から2」・物・化・生・地学から2 ⑧**情**▶情Ⅰ

[個別学力検査] **3科目** ①**数**▶数Ⅰ・数Ⅱ・数A(図形・場合)・数B(数列)・数C(ベク) ②**理**▶「物基・物」・「化基・化」・「生基・生」・「地学基・地学」から1 ③**書類審査**▶調査書

後期 ［共通テスト］ 8科目 前期と同じ
［個別学力検査］ 1科目 ①面接▶口頭試問・書類審査（調査書）を含む

その他の選抜

学校推薦型選抜Ⅰ（共通テストを課さない）は法文学部25名，理学部19名，工学部27名，農学部40名，学校推薦型選抜Ⅱ（共通テストを課す）は教育学部10名，理学部23名，医学部54名，工学部60名，総合型選抜Ⅰ（共通テストを課さない）は社会共創学部56名，総合型選抜Ⅱ（共通テストを課す）は法文学部45名，教育学部41名，社会共創学部産業マネジメント学科17名，医学部医学科10名，工学部デジタル情報人材育成特別プログラム５名，農学部19名を募集。ほかに社会人選抜，私費外国人留学生選抜などを実施。
注）募集人員は2024年度の実績です。

偏差値データ（2024年度）

●一般選抜

学部／学科・課程／コース	2024年度 駿台予備学校 合格目標ライン	河合塾 ボーダー得点率	河合塾 ボーダー偏差値	'23年度 競争率
●前期				
▶法文学部				
人文社会／昼	46	62%	50	1.7
／夜	43	55%	45	1.3
▶教育学部				
学校教育／教育発達実践(幼年)	49	63%	50	1.3
(特別支援)	46	55%	45	1.4
(小学校)	49	60%	50	1.3
／初等中等教科(言語社会)	49	55%	50	1.1
(科学)	49	63%	50	1.4
(生活健康・芸術)	47	55・57%	—	2.0
▶社会共創学部				
産業マネジメント	45	63%	—	1.6
産業イノベーション	46	56%	—	2.7
環境デザイン	46	62%	—	2.4
地域資源マネジメント／農山漁村	44	56%	—	1.5
／文化資源	44	60%	—	1.8
／スポーツ健康	45	65%	—	2.4
▶理学部				
数学受験	47	59%	47.5	1.6
物理受験	47	57%	47.5	1.6
化学受験	49	61%	47.5	1.3
生物受験	49	61%	47.5	1.9
地学受験	46	50%	47.5	2.0
▶医学部				
医	63	79%	65	3.7
看護	48	57%	—	1.1
▶工学部				
工(理型)	45	55%	45	1.5
／社会デザイン(文理型)	43	60%	45	2.1
デジタル情報人材育成プログラム	—	58%	45	新
▶農学部				
食料生産	47	57%	45	1.7
生命機能	47	60%	45	2.1
生物環境	47	57%	45	1.1
●後期				
▶法文学部				
人文社会／昼	47	71%	—	1.8
／夜	43	59%	—	1.9
▶教育学部				
学校教育／教育発達実践(小学校)	49	65%	—	3.8
／初等中等教科	49	65%	—	新
▶理学部				
A(数学)	50	68%	52.5	3.7
B(面接)	48	68%	—	2.5
▶工学部				
工(理型)	47	63%	47.5	2.0
／社会デザイン(文理型)	45	63%	—	1.8
デジタル情報人材育成プログラム	—	62%	—	新
▶農学部				
食料生産	48	65%	—	2.0
生命機能	48	65%	—	5.2
生物環境	48	65%	—	2.0

- 駿台予備学校合格目標ラインは合格可能性80％に相当する駿台模試の偏差値です。
- 河合塾ボーダー得点率は合格可能性50％に相当する共通テストの得点率です。また，ボーダー偏差値は合格可能性50％に相当する河合塾全統模試の偏差値です。
- 競争率は受験者÷合格者の実質倍率

高知大学（こうち）

資料請求

問合せ先 学務部入試課　☎088-844-8153

大学の理念

旧制高知高校，高知師範，高知青年師範を母体として1949（昭和24）年に開学し，2003（平成15）年に高知医科大学と統合した。現代のリーダー像とは，時代の先駆者として，社会が求める変革（課題）に，鋭く，いち早く気づくとともに，好機ととらえて自己改革・挑戦を行い，その成果を世に問う実行力と協働力を持つ若者であると考え，最も重要であるのが，問題解決能力とイノベーション創出力だとする。新しい“当たり前”を作り出すことに挑戦できる次世代の人材育成を目的に設立した「希望創発センター」や，地域と共に高度な地域志向の教育研究を実践することで，地域創造に貢献する「次世代地域創造センター」の開設など，さまざまな取り組みを通じて，高知という地域に軸足を置いたSuper Regional Universityをめざす。

- **朝倉キャンパス**……〒780-8520　高知県高知市曙町2-5-1
- **岡豊キャンパス**……〒783-8505　高知県南国市岡豊町小蓮
- **物部キャンパス**……〒783-8502　高知県南国市物部乙200

基本データ

学生数▶4,904名（男2,758名，女2,146名）
専任教員数▶教授205名，准教授134名，講師92名
設置学部▶人文社会科，教育，理工，医，農林海洋科，地域協働
併設教育機関▶大学院—総合人間自然科学（M・P・D），愛媛大学大学院連合農学（D）

就職・卒業後の進路

就職率 96.0%
就職者÷希望者×100

●**就職支援**　就職室の専門スタッフや各学部の就職委員，外部の就職相談員が連携して就職活動をサポート。さまざまな相談にも応じている。また，就職相談員は履歴書・応募書類・エントリーシートの添削や個人面接の練習などにも対応。就職室では求人などの情報提供をはじめ，就活支援ガイドブック「Ambition」の配布，就職支援ガイダンスの実施，企業説明会の開催，就職マッチング支援のほか，インターンシップ支援も行っている。

進路指導者も必見 学生を伸ばす 面倒見

初年次教育
「大学基礎論」「学問基礎論」「情報処理」「課題探求実践セミナー」などを必修とし，学習の目的や意義を明確にし，学習を進めるための基本的知識や技法を身につけ，自ら考え，表現し，問題を発見・探求できる基礎的能力を獲得する

学修サポート
全学部でTA・SA制度，オフィスアワー制度，教員アドバイザー制度（学生10人～25人に教員1人）を導入。また，学び創造センターでは，レポート作成支援のほか，学習面の個人指導や相談にも応じている

オープンキャンパス（2023年度実績）　8月に各キャンパスでオープンキャンパスを開催（事前申込制）。学部学科紹介，模擬講義，入試説明会，キャンパスツアー，学食体験など。

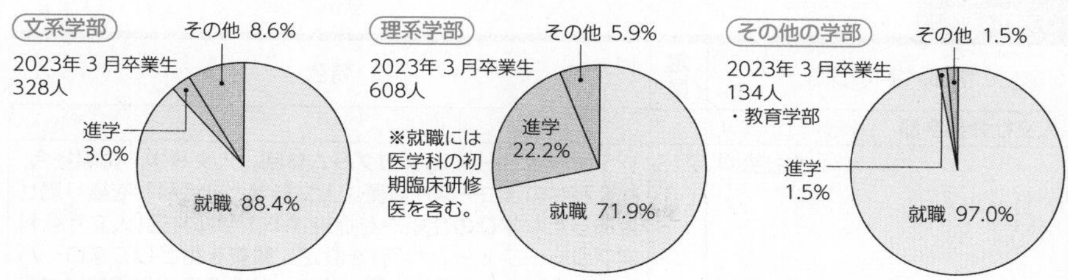

主なOB・OG ▶ [農]渡辺弘之(森林生態学者)，[農]北村総一朗(俳優)，[旧文理]上田和夫(ドイツ文学者)，[教育]梶原あや(漫画家)など。

国際化・留学　大学間 63 大学・部局間 33 大学

受入れ留学生数 ▶ 57名（2023年５月１日現在）

留学生の出身国・地域 ▶ 中国，台湾，マレーシア，韓国，インドネシアなど。

外国人専任教員 ▶ 教授５名，准教授３名，講師６名（2023年５月１日現在）

外国人専任教員の出身国 ▶ 非公表

大学間交流協定 ▶ 63大学（交換留学先49大学，2023年５月１日現在）

部局間交流協定 ▶ 33大学（交換留学先19大学，2023年５月１日現在）

海外への留学生数 ▶ 渡航型50名・オンライン型80名／年（12カ国・地域，2022年度）

海外留学制度 ▶ 協定校への交換留学（１学期または１年間）を実施。大学独自の奨学金制度も利用できる。グローバル教育支援センターでは，交換留学の情報提供や海外留学説明会を開催するほか，個別相談にも対応。長期休暇を利用して英語を学ぶ共通教育科目の「グローバルコミュニケーション」や「地方創成グローカル演習」をはじめ，人文社会科学部の「国際社会実習」，医学部の「ハワイ東海大学医学英語プログラム」，農林水産学部の「SUIJI海外サービスラーニングプログラム」など，各学部の特色を生かした短期プログラムも用意されている。

学費・奨学金制度　給付型奨学金総額 年間 639 万円

入学金 ▶ 282,000円

年間授業料(施設費等を除く) ▶ 535,800円

年間奨学金総額 ▶ 6,390,000円

年間奨学金受給者数 ▶ 21人

主な奨学金制度 ▶ 経済的理由により修学が困難な学生の修学を支援する給付型の「高知大学修学支援基金奨学金」や，医学部に在学する学費の支弁が困難な学生を対象とした「高知大学医学部岡豊奨学会奨学制度」，農林海洋科学部に在学し，将来林業の振興に貢献しようとする学術優秀な学生に対して支給する「高知大学池知奨学金」などを設置。また，学費減免制度があり，2022年度には185人を対象に総額で約3,032万円を減免している。

保護者向けインフォメーション

● **オープンキャンパス**　通常のオープンキャンパス時に保護者向けの説明会を実施。

● **成績確認**　成績表を保護者に郵送している。

● **防災対策**　地震発生時の行動マニュアルや，携帯メールを利用したリアルタイムでの安否確認システムを整備し，防災訓練や防災に向けた講演会を毎年実施している。

インターンシップ科目	必修専門ゼミ	卒業論文	GPA制度の導入の有無および活用例	１年以内の退学率	標準年限での卒業率
教育学部で開講している	実施していない	医学部医学科を除き卒業要件	一部の学部で奨学金や授業料免除対象者の選定基準，進級判定の基準，個別の学修指導に活用するほか，GPAに応じた履修上限単位数を設定している	0.2%	85.4%(4年制) 91.8%(6年制)

学部紹介

学部／学科・課程	定員	特色
人文社会科学部		
人文社会科	275	▷１学科３コース15プログラム体制。人文科学，国際社会，社会科学の３コースを設置。人文科学と社会科学を織り混ぜたあらたな学びの仕組みを提供する。学部共通「人文社会科学プラットフォーム科目」を設定。教養を軸としてグローバルかつローカルな課題に取り組み，社会の変化に柔軟に対応できるあらたな人材を養成する。
●取得可能な資格…教職(国・地歴・公・社・商・英)，学芸員など。 ●進路状況…………就職87.4%　進学3.1% ●主な就職先………高知労働局，高知県庁，高知市役所，積水ハウス，ブルボン，丸紅，ライオン事務器，四国銀行，第一生命保健，三菱地所プロパティマネジメントなど。		
教育学部		
学校教育教員養成	130	▷4年間一貫した実習系授業を設定し，子どもたちや教職員・地域の方々と関わりながら，教育に必要なコミュニケーション能力や実践的指導力を身につける。１課程14コース制(幼児教育コース，教育科学コース，国語・社会科・数学・理科・英語・技術・家庭科・音楽・美術・保健体育の各教育コース，特別支援教育コース，科学技術教育コース)。幼児教育コースは保育士養成を含む。
●取得可能な資格…教職(国・地歴・公・社・数・理・音・美・保体・技・家・英，小一種，幼一種，特別支援)，学芸員，保育士など。 ●進路状況…………就職97.0%　進学1.5% ●主な就職先………教員(高知県，愛媛県ほか)，高知市役所，高知県警察，高知市立保育園，日本食研ホールディングス，愛媛製紙，青葉出版，広島銀行，成学社など。		
理工学部		
数学物理	55	▷数学的思考法，自然の本質を，数学，物理科学の２コースに分かれて学ぶ。
情報科	30	▷コンピュータサイエンスの基礎から応用までを幅広く学ぶ。更なる高度情報化社会の確かな担い手となる人材を養成する。
生物科	45	▷地球生態系から分子レベルの現象まで，太古の地質時代から現在そして未来まで，幅広い時間的・空間的領域におよぶ生物の世界を包括的に扱う。
化学生命理工	70	▷環境・材料・生命などの分野において課題を解決できる能力を身につけ，持続可能社会の実現に挑む人材を育成する。
地球環境防災	40	▷地球構成要素の特性，自然現象や災害の発生・進行過程，災害に対する生命財産と構造物の保全や維持に関する教育・研究を行う。
●取得可能な資格…教職(数・理・情)，学芸員，測量士補など。 ●進路状況…………就職59.7%　進学33.5% ●主な就職先………高知県庁，高知市役所，大王製紙，ぜリア新薬工業，シャープ，スズキ，マツダ，かんでんエンジニアリング，下野新聞社，西日本高速道路，四国銀行，教員など。		
医学部		
医	110	▷地域および時代の要請に対して柔軟に応じうる高度な知識・技能を身につけた「心を診る医師」を養成する。

 キャンパスアクセス [朝倉キャンパス] JR土讃線一朝倉より徒歩約3分

看護	60	▷教養と専門知識を基盤に，こころに寄り添う感性と高い社会正義感を持って，人々の健康と生活を支える看護専門職を養成する。

● 取得可能な資格…教職（養護一・二種），医師・看護師・保健師受験資格など。
● 進路状況…………［医］初期臨床研修医97.6%　［看護］就職94.4%　進学5.6%
● 主な就職先………高知大学医学部附属病院，神戸大学医学部附属病院，倉敷中央病院など。

農林海洋科学部

農林資源科	135	▷生物生産フィールドに対する理解と生産物の高付加価値化に不可欠な化学的視点の両方を横断的に学ぶ。フィールド科学と農芸化学の２コース制。
海洋資源科	65	▷海洋生物生産学，海底資源環境学，海洋生命科学の３コース制。「海を知る・使う・護る」という視点を持って水産資源，海洋生命資源，鉱物・エネルギー資源について学ぶ。

● 取得可能な資格…教職（理・農・水産），測量士補など。
● 進路状況…………就職60.9%　進学29.7%
● 主な就職先………高知県庁，徳島県庁，岡山県庁，四国地方整備局，深田サルベージ建設，日本食研，来島高知重工，ニプロ，海外貨物検査，広島市植物公園，教員など。

地域協働学部

地域協働	60	▷地域力を学生の学びと成長に生かすとともに，学生力を地域再生と発展に生かす教育研究を推進し，「地域活性化の中核的拠点」としての役割を果たすことを目的とする産業振興を担う「地域協働型産業人材」を育成する。地域協働マネジメントに必要な地域理解力，企画立案力，協働実践力を学年ごとの積み上げ型教育プログラムで身につける。

● 取得可能な資格…社会調査士など。
● 進路状況…………就職92.4%　進学3.0%
● 主な就職先………愛媛県庁，高知市役所，日本建設，三菱電機，四国電力，高知放送，良品計画，日本政策公庫，損保ジャパン，日本年金機構，高知商工会議所など。

▶キャンパス

人文社会科・教育・理工・農林海洋科（１年）・地域協働……［朝倉キャンパス］高知県高知市曙町2-5-1
医……［岡豊キャンパス］高知県南国市岡豊町小蓮
農林海洋科（２～４年）……［物部キャンパス］高知県南国市物部乙200

2025年度入試要項（予告）

●募集人員

学部／学科・課程（コース）		前期	後期
▶人文社会科	人文社会科（人文科学）	64	10
	（国際社会）	38	10
	（社会科学）	A55 B10	—
▶教育	学校教育教員養成（幼児教育）	6	—
	（教育科学）	54	—
	（教科教育〈国語・社会科・数学・理科・英語・技術・家庭科〉）		—
	（教科教育〈音楽・美術〉）	7	—
	（教科教育〈保健体育〉）	6	—
	（特別支援）		—
	（科学技術）	5	—
▶理工	数学物理	数19 理15	2
	情報科	16	3
	生物科	29	5
	化学生命理工	48	8
	地球環境防災	19	5

学部	学科	前期	後期
▶医	医（一般枠）	55	—
	（地域枠）	5	—
	看護	27	6
▶農林海洋科	農林資源科（フィールド科学）	45	15
	（農芸化学）	35	5
	海洋資源科（海洋生物生産学）	18	
	（海底資源環境学）	9	7
	（海洋生命科学）	14	
▶地域協働	地域協働	35	—

● 2段階選抜

医学部医学科の前期において志願者数が募集人員の4倍を超えた場合，共通テストの成績により行う。

注）募集人員および2段階選抜は2024年度の実績です。

試験科目

デジタルブック  

偏差値データ（2024年度）

●一般選抜

学部／学科・課程／コース	2024年度 駿台予備学校 合格目標ライン	2024年度 河合塾 ボーダー得点率	2024年度 河合塾 ボーダー偏差値	'23年度 競争率
●前期				
▶人文社会科				
人文社会科／人文科学	46	58%	47.5	1.3
／国際社会	46	55%	—	1.0
／社会科学A	45	58%	—	2.2
／社会科学B	45	56%	—	1.3
▶教育学部				
学校教育教員養成／幼児教育	48	55%	45	1.5
／教育科学 ／教科教育 ／特別支援	45	56%	45	1.2
／音楽教育 ／美術教育	45	51%	—	1.0
／保健体育	47	54%	—	1.7
／科学技術	46	51%	42.5	1.0
▶理工学部				
数学物理（数学受験）	47	54%	45	1.8
（理科受験）	47	53%	45	1.1
情報科	47	55%	45	1.8
生物科	48	53%	45	2.0
化学生命理工	48	53%	45	1.6
地球環境防災	47	53%	45	1.8
▶医学部				
医（一般枠）	63	80%	62.5	3.2
（地域枠）	63	79%	62.5	3.0
看護	46	58%	—	1.6
▶農林海洋科学部				
農林資源科／フィールド科学	44	53%	45	1.9
／農芸化学	44	55%	—	1.8
海洋資源科／海洋生物生産学	44	58%	—	1.9
／海底資源環境学	47	52%	—	1.4
／海洋生命科学	47	56%	47.5	1.7
▶地域協働学部				
地域協働	44	56%	—	1.1
●後期				
▶人文社会科学部				
人文社会科／人文科学	47	70%	—	1.4
／国際社会	47	66%	—	1.0
▶理工学部				
数学物理	47	63%	—	1.4
情報科	47	63%	—	1.4
生物科	48	63%	—	1.0
化学生命理工	48	63%	—	2.6
地球環境防災	47	63%	—	1.5
▶医学部				
看護	47	64%	—	2.5
▶農林海洋科学部				
農林資源科／フィールド科学	44	58%	—	1.6
／農芸化学	45	58%	—	1.9
海洋資源科	46	64%	—	2.5

- 駿台予備学校合格目標ラインは合格可能性80％に相当する駿台模試の偏差値です。
- 河合塾ボーダー得点率は合格可能性50％に相当する共通テストの得点率です。また，ボーダー偏差値は合格可能性50％に相当する河合塾全統模試の偏差値です。
- 競争率は受験者÷合格者の実質倍率
- 医学部医学科は2段階選抜を実施。

MEMO

国立大学　福岡

九州大学（きゅうしゅう）

資料請求

問合せ先　学務部入試課　☎092-802-2004，2005

大学の理念

東京，京都，東北に次ぐ４番目の帝国大学として1911（明治44）年に創設された，わが国屈指の基幹総合大学。学生約１万9,000人（大学院生を含む），教職員約8,000人が在籍する「知」の巨大集団を形成している。「九州大学教育憲章」に掲げる教育の目的は「日本のさまざまな分野において指導的な役割を果たし，アジアをはじめ広く全世界で活躍する人材を輩出し，日本および世界の発展に貢献すること」。早くから国際化に取り組み，現在12学部のうち，工学部と農学部は英語のみで学位が取得できる「国際コース」を提供。多くの留学生を受け入れるとともに，海外で学べるプログラムを多数展開。伊都キャンパスを中心に日常生活を知的に満喫できる場を提供すべく，世界レベルの研究・教育拠点に相応しい環境を整備している。

- 伊都キャンパス……〒819-0395　福岡県福岡市西区元岡744
- 病院キャンパス……〒812-8582　福岡県福岡市東区馬出3-1-1
- 大橋キャンパス……〒815-8540　福岡県福岡市南区塩原4-9-1

基本データ

学生数▶11,707名（男8,228名，女3,479名）
専任教員数▶教授665名，准教授630名，講師132名

設置学部▶共創，文，教育，法，経済，理，医，歯，薬，工，芸術工，農
併設教育機関▶大学院（P.1550参照）

就職・卒業後の進路

就職率 94.3%（就職者÷希望者×100）

● **就職支援**　１・２年次のキャリアガイダンス，自己啓発プログラムを経て，インターンシップ支援や就職ガイダンスから，学内合同企業説明会，就活対策講座まで，キャリア形成に役立つイベントを数多く用意している。豊富な経験と専門的な知識を持った進路・就職アドバイザーによる就職相談も実施。

● **過半数が大学院へ**　学部を卒業して大学院へと進む学生は全学部平均で51.9%と過半数に上る。なかでも理系学部で著しく，工学部83.5%，理学部73.7%，農学部79.7%に達している（2023年５月１日現在）。

進路指導者も必見　学生を伸ばす　面倒見

初年次教育	学修サポート
学問や大学教育全般に対する動機づけ，レポート・論文の書き方，プレゼン技法，ITの基礎知識，情報収集や資料整理の方法，論理的思考や問題発見・解決能力の向上を図る初年次教育を実施	全学部でTA制度を導入。学部によりオフィスアワーを設定。さらに，履修・修学相談には各学部の学生相談教員が応じている

オープンキャンパス（2023年度実績）　８月に対面とオンラインを併用してオープンキャンパスを開催。学部・学科・研究紹介，模擬授業，個別相談会などを実施。特設サイトでも多くのコンテンツを配信。

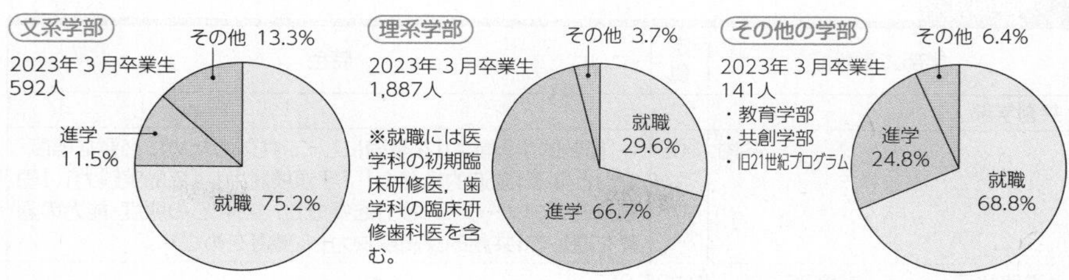

主なOB・OG▶［工］若田光一（宇宙飛行士），［文］山縣由美子（フリーキャスター），［工］重松象平（建築家），［法］吉村洋文（大阪府知事）など。

国際化・留学　大学間 169 大学等・部局間 254 大学等

受入れ留学生数▶404名（2023年５月１日現在）

留学生の出身国・地域▶中国，韓国，インドネシア，タイ，アメリカなど。

外国人専任教員▶教授23名，准教授59名，講師５名（2023年５月１日現在）

外国人専任教員の出身国▶中国，韓国，アメリカ，イギリスなど。

大学間交流協定▶169大学・機関（交換留学先140大学，2023年９月13日現在）

部局間交流協定▶254大学・機関（交換留学先149大学，2023年９月13日現在）

海外への留学生数▶渡航型286名・オンライン型149名／年（26カ国・地域，2022年度）

海外留学制度▶協定大学に１学期から1年留学する「交換留学プログラム」をはじめ，短期プログラムの語学研修やインターンシップ，フィールドワーク，海外大学主催のサマースクールなどのほか，学部学科独自の交換留学制度もある。留学支援として留学先大学や留学支援財団が提供する奨学金などに加え，大学独自の交換留学のための奨学金や渡航費支援などが豊富に用意されている。コンソーシアムはRENKEI，MIRAI，APRUに参加。

学費・奨学金制度　給付型奨学金総額 年間 8,419 万円

入学金▶282,000円

年間授業料（施設費等を除く）▶535,800円

年間奨学金総額▶84,190,000円

年間奨学金受給者数▶159人

主な奨学金制度▶経済的事情により修学が困難な学生が安心して学業に専念できるよう支援する「中本博雄修学支援奨学金」「市川節造奨学金」「九州大学修学支援奨学金」「利章奨学金」や，グローバル人材育成を目的に学修・研究活動を支援する「九州大学基幹教育奨励賞」「山川賞」など，いずれも返還不要の給付型奨学金を数多く設置。また，学費減免制度があり，2022年度には982人を対象に総額で約１億4,500万円を減免している。

保護者向けインフォメーション

●**成績確認**　成績表をWeb閲覧で確認できる。

●**懇談会**　工学部では11月の九大祭と同日に保護者のためのオープンキャンパスを開催，学部説明会や学科別施設見学，懇談会を実施。

●**防災対策**　入学時に配布する生活ハンドブックで防災について記載。被災時の学生の安否確認は，独自の安否確認システムを利用。

インターンシップ科目	必修専門ゼミ	卒業論文	GPA制度の導入の有無および活用例	１年以内の退学率	標準年限での卒業率
教育・工・芸術工・農学部で開講している	共創・経済は3・4年次，文は2～4年次，教育・医（保）・工・農は4年次，法は2・3年次，歯は2～6年次，薬は3年次，理は1～4年次に実施	法・経済・歯学部を除き卒業要件	法学部GVプログラム編入の判断基準，学部・学府一貫教育プログラムの出願要件，コース分け・研究室配属などに活用	0.5%	87.1%（４年制）74.9%（６年制）

福岡　九州大学

学部紹介

学部／学科	定員	特色
共創学部		
共創	105	▶「能動的学習能力」を基礎にして，共創のために必要な態度・能力となる「創造的構想力」「課題検討力」「協働実践力」「国際コミュニケーション力」を養成し，これらの態度・能力の涵養を通して「共創的課題解決力」の獲得をめざす。
●進路状況…………就職70.5%　進学25.0% ●主な就職先………日本アイ・ビー・エム，日本航空，楽天グループ，アクセンチュア，応研など。		
文学部		
人文	151	▷哲学コース（哲学・哲学史，倫理学，インド哲学史，中国哲学史，美学・美術史），歴史学コース（日本史学，東洋史学，朝鮮史学，考古学，西洋史学，イスラム文明学），文学コース（国語学・国文学，中国文学，英語学・英文学，独文学，仏文学），人間科学コース（言語学・応用言語学，地理学，心理学，社会学・地域福祉社会学，比較宗教学）。以上の４コース21専門分野に'18年度から外国語運用能力の育成を柱とする国際コースを設置。２年次よりコース・専門分野に所属するが，全分野の授業の履修が可能。
●取得可能な資格…教職（国・地歴・公・社・英・独・仏・中），学芸員など。 ●進路状況…………就職79.5%　進学11.8% ●主な就職先………西日本シティ銀行，九州電力，楽天グループ，九州大学，福岡市，山口県など。		
教育学部		
	46	▷教育学系は国際教育文化と教育社会計画，教育心理学系は人間行動と心理臨床の各２コースに分かれている。
●取得可能な資格…教職（地歴・公・社）など。　●進路状況…就職71.4%　進学22.4% ●主な就職先………教員，九州電力，アクセンチュア，英進館，西部ガス，福岡県，財務省など。		
法学部		
	189	▷基礎法学，公法・社会法学，民刑事法学，国際関係法学，政治学の５つの教育科目群で構成。少人数ゼミを重視し，活発な研究討論を通じて，論理的思考力，表現力を養う。
●取得可能な資格…教職（地歴・公・社）。　●進路状況…………就職64.6%　進学15.6% ●主な就職先………福岡銀行，オービック，日本生命，福岡県，法務局，福岡地方裁判所など。		
経済学部		
		▶経済学分野の専門性を備えた人材育成をめざす学部国際コース「グローバル・ディプロマプログラム（GProE）」を設置。
経済・経営	141	▷複雑化し多様化する現代経済社会が直面する諸問題に的確に対処し，その解決策を見出していける人材を養成する。
経済工	85	▷理論と分析ツールおよびその応用を一体的に学び，経済を総合的にとらえていく能力の修得をめざす。
●取得可能な資格…教職（公・社）。　●進路状況…就職80.8%　進学7.9% ●主な就職先………福岡銀行，九州電力，三井住友銀行，大和証券，西日本鉄道，住友生命など。		
理学部		
		▶2018年度から各学科に国際理学コースを設置。各学科に所属しつつ，英語による少人数教育を受け，国際性を養う。

 キャンパスアクセス ［伊都キャンパス］ JR筑肥線―九大学研都市よりバス15分

物理	55	▷物理学と情報理学の２コース。物理的なものの見方や考え方を学び，問題を発見・解決・議論・発表する能力を養う。
化	62	▷原子・分子レベルの理解に基づき創製した新物質の機能と性質を制御し，産業と地球環境との調和に貢献する。
地球惑星科	45	▷地球や太陽・惑星系に関する知識を学び，先端的な知識・手法を取り入れ，課題探求能力と問題解決能力を養う。
数	50	▷「数学語」を駆使し，純粋理論から科学や技術への応用まで，バランスのとれた研究・教育体制が充実している。
生物	46	▷分子，細胞，個体，生物集団の生命現象を研究する。基礎生物学の研究者や応用分野で活躍できる人材の養成をめざす。

● **取得可能な資格**…教職（数・理・情），学芸員，測量士補。　● **進路状況**…就職21.8%　進学73.7%
● **主な就職先**………応研，東京海上日動システムズ，日産自動車，英進館，気象庁，教員など。

医学部

医	105	▷医学に関する知識・技術の教育を基盤に，医の倫理に徹し，旺盛な探究心を有する医師や医科学研究者を育成する。
生命科	12	▷ヒトならびにさまざまな動物モデルを対象とした次世代の生命医科学研究と医学教育を担う人材を育成する。
保健	134	▷〈看護学専攻68名，放射線技術科学専攻33名，検査技術科学専攻33名〉全人的チーム医療に対応する人材を育成する。

● **取得可能な資格**…医師・看護師・保健師・診療放射線技師・臨床検査技師受験資格。
● **進路状況**…………[医]初期臨床研修医96.3%　[生・保]就職70.9%　進学27.8%
● **主な就職先**………九州大学病院，松山赤十字病院，飯塚病院，福岡市，大分県など。

歯学部

歯	53	▷歯科医師の養成に加え，歯科医療や歯科医学の教育・研究におけるリーダーを育成するカリキュラムを採用している。

● **取得可能な資格**…歯科医師受験資格。　● **進路状況**…臨床研修歯科医83.3%

薬学部

創薬科	49	▷４年制。「くすり」創りに関連する教育を強化し，医薬品の創製に関する基礎および応用研究者の教育を目的とする。
臨床薬	30	▷６年制。少数精鋭の教育により，医療者としての実践力を持った質の高い薬剤師養成を目的とする。

● **取得可能な資格**…[臨床薬]薬剤師受験資格など。　● **進路状況**…就職37.5%　進学60.0%
● **主な就職先**………九州大学病院，神戸大学医学部附属病院，九州医療センター，福岡県など。

工学部

		▶学部と大学院修士課程の6年一貫型カリキュラムを編成。
電気情報工	153	▷数学，物理学，情報学の基礎理論を理解し，新しい技術を開発。計算機工学，電子通信工学，電気電子工学の３コース。
材料工	53	▷物質を理解して原料を加工し，開発された材料の性質や機能を解明し、新たなモノ（材料）を創り出す。
応用化	72	▷機能物質化学と分子生命工学の２コース構成。持続可能な社会の構築に資する学問を追究。
化学工	38	▷環境・エネルギー，新規機能性材料，バイオテクノロジー・高度先進医療，生産プロセスに関する高度な専門能力を養成。
融合基礎工	57	▷工学と情報科学を基軸に広い視野と実践的な行動力を持ったAI時代のリーダーを創出。物質材料と機械電気の２コース。

キャンパスアクセス [病院キャンパス] 地下鉄箱崎線一馬出九大病院前より徒歩10分／JR鹿児島本線一吉塚より徒歩８分

機械工	135	▷制約された条件下で社会や自然への影響を考慮しながら機器やシステムを発想，設計，製作できる人材を育成。
航空宇宙工	29	▷さまざまな領域の原理を探求し，最先端の技術と英知を結集し，空と宇宙のフロンティアを切り拓く。
量子物理工	38	▷目に見えないミクロな物理現象の解明と応用で，人類社会の発展に貢献する技術者と研究者を育成。
船舶海洋工	34	▷造船技術の継承・発展を図る能力ならびに持続的な海洋開発を担い得る総合工学的な広い視野を持った人材を育成。
地球資源システム工	34	▷国際的に展開される地下資源の開発と供給，自然災害の防止技術や地球環境への負荷を軽減する技術を開発する。
土木工	77	▷社会基盤構造物の設計・施工に関する基礎知識から，環境保全，災害防止，持続的な都市創造の応用分野までを学ぶ。
建築	58	▷住宅から都市に至る人間の多様な生活に密着した空間を造り出す建築家や技術者，研究者を養成する。

● **取得可能な資格**…測量士補，1・2級建築士受験資格など。 ●**進路状況**…就職13.0% 進学83.5%
● **主な就職先**………今治造船，九州電力，川崎重工業，トヨタ自動車九州，国土交通省国土地理院など。

芸術工学部

芸術工学	187	▶1学科に環境設計，インダストリアルデザイン，未来構想デザイン，メディアデザイン，音響設計の5コースを設け，拡大，流動化するデザインの領域に柔軟に対応できる体制を整備。既存の教育・研究領域を横断できる人材を育成する。また，国際プログラムを設置し，2年次に留学に必要なスキルを身につけ，3年次に欧米やアジアの大学に留学し，世界最先端のデザインを学ぶ。

● **取得可能な資格**…1・2級建築士受験資格など。 ● **進路状況**……就職40.2% 進学55.4%
● **主な就職先**………セプテーニ・ホールディングス，福岡地所，大和ハウス工業，日本放送協会など。

農学部

生物資源環境	226	▷地球環境問題から人間社会まで，幅広い問題を扱う総合科学としての農学を学ぶ。生物資源生産科学，応用生物科学，地球森林科学，動物生産科学，国際の5コース。

● **取得可能な資格**…教職(理・農・水産)，学芸員，測量士補など。
● **進路状況**…………就職17.1% 進学79.7%
● **主な就職先**………福岡銀行，福岡地所，NTTデータ，カルビー，福岡県，福岡労働局，林野庁など。

▶キャンパス

共創・文・教育・法・経済・理・工・農……［伊都キャンパス］福岡県福岡市西区元岡744
医・歯・薬……［病院キャンパス］福岡県福岡市東区馬出3-1-1（1年次は伊都キャンパス）
芸術工……［大橋キャンパス］福岡県福岡市南区塩原4-9-1（1年次は伊都キャンパス）

2025年度入試要項(予告)

●募集人員

学部／学科(専攻)	前期	後期	総合型	学校推薦型
▶共創	65	—	20	10
▶文	119	22	10	—
▶教育	36	—	7	—
▶法	146	33	10	—
▶経済　経済・経営	93	26	22	—
経済工	66	19	—	—
▶理　物理	42	6	7	—
化	46	8	8	—
地球惑星科	32	6	7	—
数	43	—	7	—
生物	34	7	5	—
▶医　医	105	—	—	—
生命科	12	—	—	—

 キャンパスアクセス ［大橋キャンパス］西鉄天神大牟田線一西鉄大橋より徒歩5分

学部	学科	群				
	保健(看護学)		58	—	10	—
	(放射線技術科学)		27	—	6	—
	(検査技術科学)		27	—	6	—
▶歯			37	—	8	8
▶薬	創薬科		45	4	—	—
	臨床薬		26	4	—	—
▶工	電気情報工	Ⅰ群	98	17	8	—
	材料工				3	—
	応用化	Ⅱ群	123	21	4	—
	化学工				2	—
	融合基礎工(物質材料)				2	—
	(機械電気)				2	—
	機械工				7	—
	航空宇宙工	Ⅲ群	146	25	—	—
	量子物理工				2	—
	船舶海洋工				5	—
	地球資源システム工	Ⅳ群	92	16	2	—
	土木工				4	—
	建築	Ⅴ群	46	—	6	—
	〈学部一括〉	Ⅵ群	124	23	—	—
▶芸術工	芸術工(環境設計)		27	—	7	—
	(インダストリアルデザイン)		20	—	16	8
	(未来構想デザイン)		16	—	5	5
	(メディアデザイン)		22	—	22	—
	(音響設計)		29	—	5	—
	〈学科一括〉		5	—	—	—
▶農			170	22	24	—

● **2段階選抜**

志願者数が募集人員を大幅に上回った場合，以下の倍率で行う。前期―医(医)学部約2.5倍，薬(臨床薬)薬3倍，共創・文・教育・法・経済・理・医(保健)・工・芸術工・農学部は約4倍。医(生命科)・歯学部は約6倍。後期―文学部は約5倍。法・経済・農学部は約7倍。理・薬・工学部は約10倍。

▷共通テストの英語はリスニングを含む。
▷共通テストの地歴・公民から2科目選択する場合，「公・倫」と「公・政経」の組み合わせは不可。
▷個別学力検査の英－英コミュⅠ・英コミュⅡ・英コミュⅢ・論表Ⅰ・論表Ⅱ・論表Ⅲ。
注）共創学部，教育学部の総合型選抜は2024年度の実績です。

共創学部

前期　［共通テスト(525)］　**8**科目　①国(100)　②**外**(100・英〈R50＋L50〉)▶英・独・仏・中・韓から1　③④**数**(50×2)▶「数Ⅰ・数A」・「数Ⅱ・数B・数C」　⑤**情**(25)▶情Ⅰ　⑥⑦⑧**「地歴・公民」・理**(100×3×2/3)▶「地総・地探」・「歴総・日探」・「歴総・世探」・「公・倫」・「公・政経」から1または2，「物基・化基・生基・地学基から2」・物・化・生・地学から1または2，計3

［個別学力検査(1000)］　**3**科目　①**外**(400)▶英　②**数**(300)▶数Ⅰ・数Ⅱ・数A・数B(数列)・数C(ベク)　③**小論文**(300)

総合型　**［共通テスト］**　課さない。

［個別学力検査］　**5**科目　①**講義に関するレポート**　②**討論**　③**小論文**　④**面接**　⑤**書類審査**▶調査書・活動歴報告書・志望理由書

※第1次選抜―書類審査，第2次選抜―レポート，討論，小論文，面接の結果および書類審査の内容を総合して判定。

学校推薦型　**［共通テスト(170)］**　**5**科目　①国(50)　②外(R25＋L25)▶英　③④**数**(25×2)▶「数Ⅰ・数A」・「数Ⅱ・数B・数C」　⑤**情**(20)▶情Ⅰ

［個別学力検査(400)］　**2**科目　①**プレゼンテーション・面接**(100)　②**書類審査**(300)

※第1次選抜―推薦書と書類審査，第2次選抜―プレゼンテーション・面接の結果，共通テストの成績および第1次選抜の評価を総合して判定。

文学部

前期　［共通テスト(275)］　**8**科目　①国(50)　②**外**(50・英〈R25＋L25〉)▶英・独・仏・中・韓から1　③④**地歴・公民**(25×2)▶「地総・地探」・「歴総・日探」・「歴総・世探」・「公・倫」・「公・政経」から2　⑤⑥**数**(25×2)▶「数Ⅰ・数A」・「数Ⅱ・数B・数C」　⑦**理**(50)▶「物基・化基・生基・地学基から2」・「物・化・生・地学から2」から1　⑧**情**(25)▶情Ⅰ

［個別学力検査(500)］　**4**科目　①**国**(150)▶現国・言語・論国・文国・古典　②**外**(150)▶英・独・仏から1　③**地歴**(100)▶「地総・地探」・「歴総・日探」・「歴総・世探」から1　④**数**(100)▶数Ⅰ・数Ⅱ・数A・数B(数列)・数C(ベク)

後期　［共通テスト(285)］　**8**科目　①国(50)　②**外**(100・英〈R50＋L50〉)▶英・独・

仏・中・韓から1 ③④**地歴・公民**(25×2)▶「地総・地探」・「歴総・日探」・「歴総・世探」・「公・倫」・「公・政経」から2 ⑤⑥**数**(25×2)▶「数Ⅰ・数A」・「数Ⅱ・数B・数C」 ⑦**理**(25)▶「物基・化基・生基・地学基から2」・「物・化・生・地学から2」から1 ⑧**情**(10)▶情Ⅰ

[個別学力検査(250)] **1科目** ①**小論文**(250)

総合型 **[共通テスト(950)]** **8科目** ①**国**(200) ②**外**(200・英〈R100+L100〉)▶英・独・仏・中・韓から1 ③④**地歴・公民**(100×2)▶「地総・地探」・「歴総・日探」・「歴総・世探」・「公・倫」・「公・政経」から2 ⑤⑥**数**(100×2)▶「数Ⅰ・数A」・「数Ⅱ・数B・数C」 ⑦**理**(100)▶「物基・化基・生基・地学基から2」・「物・化・生・地学から2」から1 ⑧**情**(50)▶情Ⅰ

[個別学力検査(100)] **2科目** ①**小論文**(50) ②**面接**(50)

※第1次選抜─書類審査，第2次選抜─小論文，面接の結果および共通テスト(100点満点に換算)の成績を総合して判定。

教育学部

前期 **[共通テスト(475)]** **8科目** ①**国**(100) ②**外**(100・英〈R50+L50〉)▶英・独・仏・中・韓から1 ③④**地歴・公民**(50×2)▶「地総・地探」・「歴総・日探」・「歴総・世探」・「公・倫」・「公・政経」から2 ⑤⑥**数**(50×2)▶「数Ⅰ・数A」・「数Ⅱ・数B・数C」 ⑦**理**(50)▶「物基・化基・生基・地学基から2」・「物・化・生・地学から2」から1 ⑧**情**(25)▶情Ⅰ

[個別学力検査(600)] **3科目** ①**国**(200)▶現国・言語・論国・文国 ②**外**(200)▶英 ③**数**(200)▶数Ⅰ・数Ⅱ・数A・数B(数列)・数C(ベク)

総合型 **[共通テスト]** 課さない。

[個別学力検査] **4科目** ①**小論文** ②**プレゼンテーション** ③**面接** ④**書類審査**▶調査書

※第1次選抜─小論文，書類審査，第2次選抜─プレゼンテーション，面接および第1次選抜の評価を総合して判定。

法学部

前期 **[共通テスト(350)]** **8科目** ①**国**(50) ②**外**(50・英〈R25+L25〉)▶英・独・仏・中・韓から1 ③④**地歴・公民**(50×2)▶「地総・地探」・「歴総・日探」・「歴総・世探」・「公・倫」・「公・政経」から2 ⑤⑥**数**(25×2)▶「数Ⅰ・数A」・「数Ⅱ・数B・数C」 ⑦**理**(50)▶「物基・化基・生基・地学基から2」・「物・化・生・地学から2」から1 ⑧**情**(50)▶情Ⅰ

[個別学力検査(600)] **3科目** ①**国**(200)▶現国・言語・論国・文国 ②**外**(200)▶英 ③**数**(200)▶数Ⅰ・数Ⅱ・数A・数B(数列)・数C(ベク)

後期 **[共通テスト(450)]** **8科目** ①**国**(100) ②**外**(100・英〈R50+L50〉)▶英・独・仏・中・韓から1 ③④**地歴・公民**(50×2)▶「地総・地探」・「歴総・日探」・「歴総・世探」・「公・倫」・「公・政経」から2 ⑤⑥**数**(25×2)▶「数Ⅰ・数A」・「数Ⅱ・数B・数C」 ⑦**理**(50)▶「物基・化基・生基・地学基から2」・「物・化・生・地学から2」から1 ⑧**情**(50)▶情Ⅰ

[個別学力検査(250)] **1科目** ①**その他**(250)▶講義に関する理解度確認試験

総合型 **[共通テスト(450)]** **8科目** ①**国**(100) ②**外**(50・英〈R25+L25〉)▶英・独・仏・中・韓から1 ③④**地歴・公民**(50×2)▶「地総・地探」・「歴総・日探」・「歴総・世探」・「公・倫」・「公・政経」から2 ⑤⑥**数**(50×2)▶「数Ⅰ・数A」・「数Ⅱ・数B・数C」 ⑦**理**(50)▶「物基・化基・生基・地学基から2」・「物・化・生・地学から2」から1 ⑧**情**(50)▶情Ⅰ

[個別学力検査(400)] **2科目** ①**英語試験**(200) ②**面接**(200)

※第1次選抜─書類審査，第2次選抜─英語試験，面接の結果および共通テストの成績を総合して判定。

経済学部

前期 **【経済・経営学科】[共通テスト(475)]** **8科目** ①**国**(50) ②**外**(100・英〈R50+L50〉)▶英・独・仏・中・韓から1 ③④**地歴・公民**(100×2)▶「地総・地探」・「歴総・日探」・「歴総・世探」・「公・倫」・「公・政経」から2 ⑤⑥**数**(25×2)▶「数Ⅰ・数A」・「数Ⅱ・数B・数C」 ⑦**理**(50)▶「物基・化基・生基・地学基から2」・「物・化・生・地学から2」から1 ⑧**情**(25)▶情Ⅰ

[個別学力検査(600)] **3科目** ①**国**(200)▶現国・言語・論国・文国 ②**外**(200)▶英・独・

仏から１　③**数**(200)▶数Ⅰ・数Ⅱ・数Ａ・数Ｂ(数列)・数Ｃ(ベク)

【経済工学科】　[共通テスト(475)]　8科目　①**国**(100)　②**外**(100・英〈R50＋L50〉)▶英・独・仏・中・韓から１　③**地歴・公民**(50)▶「地総・地探」・「歴総・日探」・「歴総・世探」・「公・倫」・「公・政経」から１　④⑤**数**(50×2)▶「数Ⅰ・数Ａ」・「数Ⅱ・数Ｂ・数Ｃ」⑥⑦**理**(50×2)▶物・化・生・地学から２　⑧**情**(25)▶情Ⅰ

[個別学力検査(750)]　3科目　①**国**(150)▶現国・言語・論国・文国　②**外**(300)▶英・独・仏から１　③**数**(300)▶数Ⅰ・数Ⅱ・数Ⅲ・数Ａ・数Ｂ(数列)・数Ｃ(ベク・平面)

後期　【経済・経営学科】[共通テスト(200)]　7科目　①**国**(100)　②**外**(100・英〈R50＋L50〉)▶英・独・仏・中・韓から１　③**地歴・公民**(100)▶「地総・地探」・「歴総・日探」・「歴総・世探」・「公・倫」・「公・政経」から１　④⑤**数**(50×2)▶「数Ⅰ・数Ａ」・「数Ⅱ・数Ｂ・数Ｃ」　⑥**理**(100)▶「物基・化基・生基・地学基から２」・「物・化・生・地学から２」から１　⑦**情**(＊)▶情Ⅰ

※第１段階選抜では６教科７科目を利用し，入学者選抜の際には情報を除く各教科・科目の上位２教科２科目の成績を利用。

[個別学力検査(300)]　1科目　①**小論文**(300)

【経済工学科】　[共通テスト(300)]　7科目　①**国**(40)　②**外**(80・英〈R40＋L40〉)▶英・独・仏・中・韓から１　③**地歴・公民**(40)▶「地総・地探」・「歴総・日探」・「歴総・世探」・「公・倫」・「公・政経」から１　④⑤**数**(40×2)▶「数Ⅰ・数Ａ」・「数Ⅱ・数Ｂ・数Ｃ」⑥**理**(40)▶物・化・生・地学から１　⑦**情**(20)▶情Ⅰ

[個別学力検査(300)]　1科目　①**小論文**(300)

総合型　【経済・経営学科】[共通テスト(950)]　8科目　①**国**(200)　②**外**(200・英〈R100＋L100〉)▶英・独・仏・中・韓から１　③④**地歴・公民**(100×2)▶「地総・地探」・「歴総・日探」・「歴総・世探」・「公・倫」・「公・政経」から２　⑤⑥**数**(100×2)▶「数Ⅰ・数Ａ」・「数Ⅱ・数Ｂ・数Ｃ」　⑦**理**(100)▶「物基・化基・生基・地学基から２」・「物・化・生・地学から２」から１　⑧**情**(50)▶情Ⅰ

[個別学力検査(300)]　1科目　①**小論文**(300)　②**面接**(段階評価)

※第１次選抜―書類審査，第２次選抜―共通テストの成績，小論文，面接の成績を総合して判定。

理学部

前期　[共通テスト(475)]　8科目　①**国**(100)　②**外**(100・英〈R50＋L50〉)▶英・独・仏・中・韓から１　③**地歴・公民**(50)▶「地総・地探」・「歴総・日探」・「歴総・世探」・「公・倫」・「公・政経」から１　④⑤**数**(50×2)▶「数Ⅰ・数Ａ」・「数Ⅱ・数Ｂ・数Ｃ」　⑥⑦**理**(50×2)▶物・化・生・地学から２　⑧**情**(25)▶情Ⅰ

[個別学力検査(700)]　4科目　①**外**(200)▶英　②**数**(250)▶数Ⅰ・数Ⅱ・数Ⅲ・数Ａ・数Ｂ(数列)・数Ｃ(ベク・平面)　③④**理**(125×2)▶「物基・物」・「化基・化」・「生基・生」・「地学基・地学」から２

後期　【物理学科】[共通テスト(425)]　6科目　①**国**(50)　②**外**(50・英〈R25＋L25〉)▶英・独・仏・中・韓から１　③④**数**(75×2)▶「数Ⅰ・数Ａ」・「数Ⅱ・数Ｂ・数Ｃ」　⑤**理**(150)▶物　⑥**情**(25)▶情Ⅰ

[個別学力検査(100)]　1科目　①**面接**(100)

【化学科】　[共通テスト(725)]　8科目　①**国**(50)　②**外**(200・英〈R100＋L100〉)▶英・独・仏・中・韓から１　③**地歴・公民**(50)▶「地総・地探」・「歴総・日探」・「歴総・世探」・「公・倫」・「公・政経」から１　④⑤**数**(100×2)▶「数Ⅰ・数Ａ」・「数Ⅱ・数Ｂ・数Ｃ」　⑥⑦**理**(100×2)▶物・化・生・地学から２　⑧**情**(25)▶情Ⅰ

[個別学力検査(600)]　1科目　①**理**(600)▶化基・化

【地球惑星科学科・生物学科】　[共通テスト(325)]　6科目　①**外**(100・英〈R50＋L50〉)▶英・独・仏・中・韓から１　②③**数**(50×2)▶「数Ⅰ・数Ａ」・「数Ⅱ・数Ｂ・数Ｃ」④⑤**理**(50×2)▶物・化・生・地学から２　⑥**情**(25)▶情Ⅰ

[個別学力検査(100)]　1科目　①**面接**(100)

総合型　【物理学科】[共通テスト(950)]　8科目　①**国**(200)　②**外**(R100＋L100)▶英　③**地歴・公民**(100)▶「地総・地探」・「歴総・日探」・「歴総・世探」・「公・倫」・「公・政経」から１　④⑤**数**(100×2)▶「数Ⅰ・数Ａ」・「数Ⅱ・数Ｂ・数Ｃ」　⑥⑦**理**(100×2)▶物必須，化・生・地学から１　⑧**情**(50)▶情Ⅰ

[個別学力検査(200)]　2科目　①**課題探求**

試験(100) ②面接(100)
※第1次選抜—書類審査，第2次選抜—課題探究試験，面接の結果および共通テスト(100点満点に換算)の成績を総合して判定。

【化学科】 **[共通テスト(950)]** **8科目** ①国(200) ②外(200・英〈R100＋L100〉)▶英・独・仏・中・韓から1 ③地歴・公民(100)▶「地総・地探」・「歴総・日探」・「歴総・世探」・「公・倫」・「公・政経」から1 ④⑤数(100×2)▶「数Ⅰ・数A」・「数Ⅱ・数B・数C」 ⑥⑦理(100×2)▶化必須，物・生から1 ⑧情(50)▶情Ⅰ
[個別学力検査(100)] **1科目** ①面接(100)
※第1次選抜—書類審査，第2次選抜—面接の結果および共通テストの成績(100点満点に換算)を総合して判定。

【地球惑星科学科】 **[共通テスト(950)]** **8科目** ①国(200) ②外(R100＋L100)▶英 ③地歴・公民(100)▶「地総・地探」・「歴総・日探」・「歴総・世探」・「公・倫」・「公・政経」から1 ④⑤数(100×2)▶「数Ⅰ・数A」・「数Ⅱ・数B・数C」 ⑥⑦理(100×2)▶物・化・生・地学から2 ⑧情(50)▶情Ⅰ
[個別学力検査(100)] **1科目** ①小論文・面接(100)
※第1次選抜—書類審査，第2次選抜—小論文・面接の結果および共通テスト(200点満点に換算)の成績を総合して判定。

【数学科】 **[共通テスト(950)]** **8科目** ①国(200) ②外(R100＋L100)▶英 ③地歴・公民(100)▶「地総・地探」・「歴総・日探」・「歴総・世探」・「公・倫」・「公・政経」から1 ④⑤数(100×2)▶「数Ⅰ・数A」・「数Ⅱ・数B・数C」 ⑥⑦理(100×2)▶物必須，化・生から1 ⑧情(50)▶情Ⅰ
[個別学力検査] **2科目** ①課題探求試験 ②面接試問
※第1次選抜—書類審査，第2次選抜—課題探究試験の順位，面接試問成績の順位および共通テスト成績の順位を総合して判定。

【生物学科】 **[共通テスト(650)]** **6科目** ①外(200・英〈R100＋L100〉)▶英・独・仏・中・韓から1 ②③数(100×2)▶「数Ⅰ・数A」・「数Ⅱ・数B・数C」 ④⑤理(100×2)▶物・化・生・地学から2 ⑥情(50)▶情Ⅰ
[個別学力検査(400)] **2科目** ①面接(300) ②書類審査(100)
※第1次選抜—書類審査，第2次選抜—書類審査，面接の結果および共通テストの成績を総合して判定。

医学部

前期 **【医学科】** **[共通テスト(475)]** **8科目** ①国(100) ②外(100・英〈R50＋L50〉)▶英・独・仏・中・韓から1 ③地歴・公民(50)▶「地総・地探」・「歴総・日探」・「歴総・世探」・「公・倫」・「公・政経」から1 ④⑤数(50×2)▶「数Ⅰ・数A」・「数Ⅱ・数B・数C」 ⑥⑦理(50×2)▶物・化・生から2 ⑧情(25)▶情Ⅰ
[個別学力検査(700)] **5科目** ①外(200)▶英 ②数(250)▶数Ⅰ・数Ⅱ・数Ⅲ・数A・数B(数列)・数C(ベク・平面) ③④理(125×2)▶「物基・物」・「化基・化」 ⑤面接(総合判定の資料とする)

【生命科学科】 **[共通テスト(475)]** **8科目** ①国(100) ②外(100・英〈R50＋L50〉)▶英・独・仏・中・韓から1 ③地歴・公民(50)▶「地総・地探」・「歴総・日探」・「歴総・世探」・「公・倫」・「公・政経」から1 ④⑤数(50×2)▶「数Ⅰ・数A」・「数Ⅱ・数B・数C」 ⑥⑦理(50×2)▶物・化・生から2 ⑧情(25)▶情Ⅰ
[個別学力検査(800)] **5科目** ①外(200)▶英 ②数(250)▶数Ⅰ・数Ⅱ・数Ⅲ・数A・数B(数列)・数C(ベク・平面) ③④理(125×2)▶「物基・物」・「化基・化」・「生基・生」から2 ⑤面接(100)

【保健学科〈看護学専攻・検査技術科学専攻〉] **[共通テスト(475)]** **8科目** ①国(100) ②外(100・英〈R50＋L50〉)▶英・独・仏・中・韓から1 ③地歴・公民(50)▶「地総・地探」・「歴総・日探」・「歴総・世探」・「公・倫」・「公・政経」から1 ④⑤数(50×2)▶「数Ⅰ・数A」・「数Ⅱ・数B・数C」 ⑥⑦理(50×2)▶物・化・生・地学から2 ⑧情(25)▶情Ⅰ

【保健学科〈看護学専攻〉】 **[個別学力検査(400)]** **4科目** ①外(200)▶英 ②数(100)▶数Ⅰ・数Ⅱ・数A・数B(数列)・数C(ベク) ③④理(50×2)▶「物基・物」・「化基・化」・「生基・生」から2

【保健学科〈検査技術科学専攻〉】 **[個別学力検査(700)]** **4科目** ①外(200)▶英 ②数

(250) ▶数Ⅰ・数Ⅱ・数Ⅲ・数A・数B (数列)・数C (ベク・平面) ③④理(125×2) ▶「化基・化」必須,「物基・物」・「生基・生」から1

【保健学科〈放射線技術科学専攻〉】[共通テスト(500)] 8科目 ①国(100) ②外(100・英〈R50＋L50〉) ▶英・独・仏・中・韓から1 ③地歴・公民(50) ▶「地総・地探」・「歴総・日探」・「歴総・世探」・「公・倫」・「公・政経」から1 ④⑤数(50×2) ▶「数Ⅰ・数A」・「数Ⅱ・数B・数C」 ⑥⑦理(50×2) ▶物・化・生・地学から2 ⑧情(50) ▶情Ⅰ

[個別学力検査(700)] 4科目 ①外(200) ▶英 ②数(250) ▶数Ⅰ・数Ⅱ・数Ⅲ・数A・数B (数列)・数C (ベク・平面) ③④理(125×2) ▶「物基・物」必須,「化基・化」・「生基・生」から1

総合型 【保健学科〈看護学専攻〉】[共通テスト(375)] 7科目 ①国(50) ②外(100・英〈R50＋L50〉) ▶英・独・仏・中・韓から1 ③地歴・公民(50) ▶「地総・地探」・「歴総・日探」・「歴総・世探」・「公・倫」・「公・政経」から1 ④⑤数(50×2) ▶「数Ⅰ・数A」・「数Ⅱ・数B・数C」 ⑥理(50) ▶物・化・生・地学から1 ⑦情(25) ▶情Ⅰ

[個別学力検査(400)] 2科目 ①小論文(200) ②面接(200)

※第1次選抜―書類審査, 第2次選抜―小論文, 面接の結果および共通テストの成績を総合して判定。

【保健学科〈放射線技術科学専攻・検査技術科学専攻〉】[共通テスト(放450・検425)] 7科目 ①国(50) ②外(100・英〈R50＋L50〉) ▶英・独・仏・中・韓から1 ③地歴・公民(50) ▶「地総・地探」・「歴総・日探」・「歴総・世探」・「公・倫」・「公・政経」から1 ④⑤数(50×2) ▶「数Ⅰ・数A」・「数Ⅱ・数B・数C」 ⑥⑦理(50×2) ▶物・化・生・地学から2 ⑧情(放50・検25) ▶情Ⅰ

[個別学力検査(400)] 2科目 ①小論文(200) ②面接(200)

※第1次選抜―書類審査, 第2次選抜―小論文, 面接の結果および共通テストの成績を総合して判定。

歯学部

前期 [共通テスト(475)] 8科目 ①国(100) ②外(100・英〈R50＋L50〉) ▶英・独・仏・中・韓から1 ③地歴・公民(50) ▶「地総・地探」・「歴総・日探」・「歴総・世探」・「公・倫」・「公・政経」から1 ④⑤数(50×2) ▶「数Ⅰ・数A」・「数Ⅱ・数B・数C」 ⑥⑦理(50×2) ▶物・化・生から2 ⑧情(25) ▶情Ⅰ

[個別学力検査(700)] 5科目 ①外(200) ▶英 ②数(250) ▶数Ⅰ・数Ⅱ・数Ⅲ・数A・数B (数列)・数C (ベク・平面) ③④理(125×2) ▶「物基・物」・「化基・化」・「生基・生」から2 ⑤面接(総合判定の資料とする)

総合型 [共通テスト(575)] 8科目 ①国(100) ②外(200・英〈R100＋L100〉) ▶英・独・仏・中・韓から1 ③地歴・公民(50) ▶「地総・地探」・「歴総・日探」・「歴総・世探」・「公・倫」・「公・政経」から1 ④⑤数(50×2) ▶「数Ⅰ・数A」・「数Ⅱ・数B・数C」 ⑥⑦理(50×2) ▶物・化・生から2 ⑧情(25) ▶情Ⅰ

[個別学力検査] 3科目 ①課題講義に対するレポート ②書類審査 ③面接(総合評価の参考とする)

※第1次選抜―課題講義に対するレポート, 書類審査, 面接(課題講義レポートの終了後に行う), 第2次選抜―第1次選抜の評価点の合計と共通テストの成績を総合して判定。

学校推薦型 [共通テスト(575)] 8科目 ①国(100) ②外(200・英〈R100＋L100〉) ▶英・独・仏・中・韓から1 ③地歴・公民(50) ▶「地総・地探」・「歴総・日探」・「歴総・世探」・「公・倫」・「公・政経」から1 ④⑤数(50×2) ▶「数Ⅰ・数A」・「数Ⅱ・数B・数C」 ⑥⑦理(50×2) ▶物・化・生から2 ⑧情(25) ▶情Ⅰ

[個別学力検査(200)] 1科目 ①面接(200)

※第1次選抜―書類審査, 第2次選抜―面接の結果および共通テストの成績を総合して判定。

薬学部

前期 [共通テスト(500)] 8科目 ①国(100) ②外(100・英〈R50＋L50〉) ▶英・独・仏・中・韓から1 ③地歴・公民(50) ▶「地総・地探」・「歴総・日探」・「歴総・世探」・「公・倫」・「公・政経」から1 ④⑤数(50×2) ▶「数Ⅰ・数A」・「数Ⅱ・数B・数C」 ⑥⑦理(50×2) ▶化必須, 物・生から1 ⑧情(50) ▶情Ⅰ

[個別学力検査(700)] 4科目 ①外(200)▶英 ②数(250)▶数Ⅰ・数Ⅱ・数Ⅲ・数A・数B(数列)・数C(ベク・平面) ③④理(125×2)▶「物基・物」・「化基・化」・「生基・生」から2
後期 [共通テスト(700)] 8科目 ①国(100) ②外(200・英〈R100+L100〉)▶英・独・仏・中・韓から1 ③地歴・公民(50)▶「地総・地探」・「歴総・日探」・「歴総・世探」・「公・倫」・「公・政経」から1 ④⑤数(50×2)▶「数Ⅰ・数A」・「数Ⅱ・数B・数C」 ⑥⑦理(100×2)▶化必須, 物・生から1 ⑧情(50)▶情Ⅰ
[個別学力検査(150)] 1科目 ①面接(150)

工学部

前期 [共通テスト(520)] 8科目 ①国(100) ②外(100・英〈R50+L50〉)▶英・独・仏・中・韓から1 ③地歴・公民(50)▶「地総・地探」・「歴総・日探」・「歴総・世探」・「公・倫」・「公・政経」から1 ④⑤数(50×2)▶「数Ⅰ・数A」・「数Ⅱ・数B・数C」 ⑥⑦理(50×2)▶物・化 ⑧情(70)▶情Ⅰ
[個別学力検査(700)] 4科目 ①外(200)▶英 ②数(250)▶数Ⅰ・数Ⅱ・数Ⅲ・数A・数B(数列)・数C(ベク・平面) ③④理(125×2)▶「物基・物」・「化基・化」
後期 [共通テスト(520)] 8科目 前期と同じ
[個別学力検査(250)] 2科目 ①外(100)▶英 ②数(150)▶数Ⅰ・数Ⅱ・数Ⅲ・数A・数B(数列)・数C(ベク・平面)
総合型 【電気情報工学科】[共通テスト(950)] 7科目 ①国(50) ②外(100・英〈R50+L50〉)▶英・独・仏・中・韓から1 ③地歴・公民(50)▶「地総・地探」・「歴総・日探」・「歴総・世探」・「公・倫」・「公・政経」から1 ④⑤数(125×2)▶「数Ⅰ・数A」・「数Ⅱ・数B・数C」 ⑥⑦理(125×2)▶物・化 ⑧情(250)▶情Ⅰ
[個別学力検査(100)] 1科目 ①面接・実技(100)
※第1次選抜―書類審査, 第2次選抜―面接・実技および共通テストの成績(100点満点に換算)を総合して判定。
【材料工学科】[共通テスト(425)] 7科目 ①国(50) ②外(R50+L50)▶英 ③地歴・公民(25)▶「地総・地探」・「歴総・日探」・「歴総・世探」・「公・倫」・「公・政経」から1 ④⑤数(50×2)▶「数Ⅰ・数A」・「数Ⅱ・数B」 ⑥⑦理(50×2)▶物・化 ⑧情(50)▶情Ⅰ
[個別学力検査(100)] 1科目 ①面接(100)
※第1次選抜―書類審査, 第2次選抜―面接および共通テストの成績(100点満点に換算)を総合して判定。
【応用化学科】[共通テスト(450)] 8科目 ①国(50) ②外(100・英〈R50+L50〉)▶英・独・仏・中・韓から1 ③地歴・公民(50)▶「地総・地探」・「歴総・日探」・「歴総・世探」・「公・倫」・「公・政経」から1 ④⑤数(50×2)▶「数Ⅰ・数A」・「数Ⅱ・数B・数C」 ⑥⑦理(50×2)▶物・化 ⑧情(50)▶情Ⅰ
[個別学力検査(100)] 1科目 ①面接(100)
※第1次選抜―書類審査, 第2次選抜―面接および共通テストの成績(100点満点に換算)を総合して判定。
【化学工学科・地球資源システム工学科・土木工学科】[共通テスト(520)] 8科目 ①国(100) ②外(100・英〈R50+L50〉)▶英・独・仏・中・韓から1 ③地歴・公民(50)▶「地総・地探」・「歴総・日探」・「歴総・世探」・「公・倫」・「公・政経」から1 ④⑤数(50×2)▶「数Ⅰ・数A」・「数Ⅱ・数B・数C」 ⑥⑦理(50×2)▶物・化 ⑧情(70)▶情Ⅰ
【化学工学科・土木工学科】[個別学力検査(100)] 1科目 ①面接(100)
※第1次選抜―書類審査, 第2次選抜―面接および共通テストの成績(100点満点に換算)を総合して判定。
【地球資源システム工学科】[個別学力検査(200)] 2科目 ①課題探求試験(100) ②面接(100)
※第1次選抜―書類審査, 第2次選抜―課題探求試験, 面接および共通テストの成績(100点満点に換算)を総合して判定。
【融合基礎工学科〈物質材料コース・機械電気コース〉】[共通テスト(720)] 8科目 ①国(100) ②外(100・英〈R50+L50〉)▶英・独・仏・中・韓から1 ③地歴・公民(50)▶世B・日B・地理B・「倫・政経」から1 ④⑤数(100×2)▶「数Ⅰ・数A」・「数Ⅱ・数B」 ⑥⑦理(100×2)▶物・化 ⑧情(70)▶情Ⅰ
〈物質材料コース〉[個別学力検査(100)]

②科目 ①課題探求試験(70) ②面接(30)
※第１次選抜―書類審査，第２次選抜―課題探求試験，面接および共通テストの成績(100点満点に換算)を総合して判定。

〈機械電気コース〉［個別学力検査］ ①科目 ①面接(段階評価)
※第１次選抜―書類審査，第２次選抜―面接および共通テストの成績(100点満点に換算)を総合して判定。

【機械工学科】［共通テスト(820)］ ⑧科目 ①国(100) ②外(100・英〈R50＋L50〉)▶英・独・仏・中・韓から１ ③地歴・公民(50)▶「地総・地探」・「歴総・日探」・「歴総・世探」・「公・倫」・「公・政経」から１ ④⑤数(125×2)▶「数Ⅰ・数Ａ」・「数Ⅱ・数Ｂ・数Ｃ」 ⑥⑦理(125×2)▶物・化 ⑧情(70)▶情Ⅰ

［個別学力検査(100)］ ①科目 ①面接(100)
※第１次選抜―書類審査，第２次選抜―面接および共通テストの成績(100点満点に換算)を総合して判定。

【量子物理工学科】［共通テスト(720)］ ⑦科目 ①国(100) ②外(R50＋L50)▶英 ③地歴・公民(50)▶「地総・地探」・「歴総・日探」・「歴総・世探」・「公・倫」・「公・政経」から１ ④⑤数(100×2)▶「数Ⅰ・数Ａ」・「数Ⅱ・数Ｂ・数Ｃ」 ⑥⑦理(100×2)▶物・化 ⑧情(70)▶情Ⅰ

［個別学力検査(100)］ ①科目 ①面接(100)▶試問を含む
※第１次選抜―書類審査，第２次選抜―面接および共通テストの成績(100点満点に換算)を総合して判定。

【船舶海洋工学科】［共通テスト(525)］ ⑧科目 ①国(100) ②外(100・英〈R50＋L50〉)▶英・独・仏・中・韓から１ ③地歴・公民(100)▶「地総・地探」・「歴総・日探」・「歴総・世探」・「公・倫」・「公・政経」から１ ④⑤数(50×2)▶「数Ⅰ・数Ａ」・「数Ⅱ・数Ｂ・数Ｃ」 ⑥⑦理(50×2)▶物・化 ⑧情(25)▶情Ⅰ

［個別学力検査(100)］ ②科目 ①課題探求試験(40) ②面接(60)
※第１次選抜―書類審査，第２次選抜―課題探求試験，面接および共通テストの成績(100点満点に換算)を総合して判定。

【建築学科】［共通テスト(940)］ ⑦科目 ①国(200) ②外(200・英〈R100＋L100〉)▶英・独・仏・中・韓から１ ③地歴・公民(100)▶「地総・地探」・「歴総・日探」・「歴総・世探」・「公・倫」・「公・政経」から１ ④⑤数(100×2)▶「数Ⅰ・数Ａ」・「数Ⅱ・数Ｂ・数Ｃ」 ⑥理(100)▶物 ⑦情(140)▶情Ⅰ

［個別学力検査(300)］ ②科目 ①課題探求試験(300) ②面接(段階評価)
※第１次選抜―書類審査，第２次選抜―課題探求試験，面接および共通テストの成績(100点満点に換算)を総合して判定。

芸術工学部

前期 **【学科一括・全コース】［共通テスト(550)］** ⑧科目 ①国(100) ②外(100・英〈R50＋L50〉)▶英・独・仏・中・韓から１ ③地歴・公民(100)▶「地総・地探」・「歴総・日探」・「歴総・世探」・「公・倫」・「公・政経」から１ ④⑤数(50×2)▶「数Ⅰ・数Ａ」・「数Ⅱ・数Ｂ・数Ｃ」 ⑥⑦理(50×2)▶物・化・生・地学から２ ⑧情(50)▶情Ⅰ

［個別学力検査(750)］ 5〜4科目 ①外(250)▶英 ②数(250)▶数Ⅰ・数Ⅱ・数Ⅲ・数Ａ・数Ｂ(数列)・数Ｃ(ベク・平面) ③④理(125×2)▶「物基・物」必須，「化基・化」・「生基・生」から１，ただし未来構想デザインコースは「物基・物」・「化基・化」・「生基・生」から２ ⑤面接(総合判定の資料とする)※学科一括のみ

総合型 **【全コース】［共通テスト(550)］** ⑦科目 ①国(100) ②外(100・英〈R50＋L50〉)▶英・独・仏・中・韓から１ ③地歴・公民(100)▶「地総・地探」・「歴総・日探」・「歴総・世探」・「公・倫」・「公・政経」から１ ④⑤数(50×2)▶「数Ⅰ・数Ａ」・「数Ⅱ・数Ｂ・数Ｃ」 ⑥⑦理(50×2)▶物・化・生・地学から２ ⑧情(50)▶情Ⅰ

【環境設計コース】［個別学力検査(250)］ ①科目 ①実技(250)
※第１次選抜―書類審査，第２次選抜―実技および共通テストの成績を総合して判定。

【インダストリアルデザインコース・未来構想デザインコース】［個別学力検査(350)］ ①科目 ①実技(350)
※第１次選抜―書類審査，第２次選抜―実技および共通テストの成績を総合して判定。

【メディアデザインコース】［個別学力検査(300)］ 1科目 ①実技(300)
※第1次選抜―書類審査，第2次選抜―実技および共通テストの成績を総合して判定。
【音響設計コース】［個別学力検査(800)］ 2科目 ①小論文(400) ②面接(400) ▶実技を含む
※第1次選抜―書類審査，第2次選抜―小論文，面接の結果および共通テストの成績を総合して判定。
学校推薦型 【インダストリアルデザインコース・未来構想デザインコース】［共通テスト(550)］ 8科目 ①国(100) ②外(100・英〈R50＋L50〉) ▶英・独・仏・中・韓から1 ③地歴・公民(100) ▶「地総・地探」・「歴総・日探」・「歴総・世探」・「公・倫」・「公・政経」から1 ④⑤数(50×2) ▶「数Ⅰ・数A」・「数Ⅱ・数B・数C」 ⑥⑦理(50×2) ▶物・化・生・地学から2 ⑧情(50) ▶情Ⅰ
【インダストリアルデザインコース】［個別学力検査(300)］ 1科目 ①面接(300)
※第1次選抜―書類審査，第2次選抜―面接，共通テストの成績および書類審査の内容を総合して判定。
【未来構想デザインコース】
［個別学力検査(550)］ 2科目 ①小論文(275) ②面接(275)
※小論文，提出された書類に基づく面接および共通テストの成績を総合して判定。

農学部

前期 ［共通テスト(500)］ 8科目 ①国(100) ②外(100・英〈R50＋L50〉) ▶英・独・仏・中・韓から1 ③地歴・公民(50) ▶「地総・地探」・「歴総・日探」・「歴総・世探」・「公・倫」・「公・政経」から1 ④⑤数(50×2) ▶「数Ⅰ・数A」・「数Ⅱ・数B・数C」 ⑥⑦理(50×2) ▶物・化・生・地学から2 ⑧情(50) ▶情Ⅰ
［個別学力検査(750)］ 4科目 ①外(250) ▶英 ②数(250) ▶数Ⅰ・数Ⅱ・数Ⅲ・数A・数B(数列)・数C(ベク・平面) ③④理(125×2) ▶「物基・物」・「化基・化」・「生基・生」から2
後期 ［共通テスト(550)］ 8科目 ①国(50) ②外(100・英〈R50＋L50〉) ▶英・独・仏・中・韓から1 ③地歴・公民(50) ▶「地総・地探」・「歴総・日探」・「歴総・世探」・「公・倫」・「公・政経」から1 ④⑤数(75×2) ▶「数Ⅰ・数A」・「数Ⅱ・数B・数C」 ⑥⑦理(75×2) ▶物・化・生・地学から2 ⑧情(50) ▶情Ⅰ
［個別学力検査(300)］ 1科目 ①小論文(300)
総合型 ［共通テスト(450)］ 8科目 ①国(50) ②外(100・英〈R50＋L50〉) ▶英・独・仏・中・韓から1 ③地歴・公民(50) ▶「地総・地探」・「歴総・日探」・「歴総・世探」・「公・倫」・「公・政経」から1 ④⑤数(50×2) ▶「数Ⅰ・数A」・「数Ⅱ・数B・数C」 ⑥⑦理(50×2) ▶物・化・生・地学から2 ⑧情(50) ▶情Ⅰ
［個別学力検査(600)］ 2科目 ①小論文(300) ②面接(300)
※第1次選抜―書類審査，第2次選抜―小論文，面接の結果および共通テストの成績を総合して判定。

その他の選抜

国際コース入試，帰国生徒選抜，私費外国人留学生入試。

偏差値データ (2024年度)

●一般選抜

＊共通テスト・個別計/満点

学部／学科／専攻	2024年度			2023年度実績					
	駿台予備学校	河合塾							
	合格目標ライン	ボーダー得点率	ボーダー偏差値	募集人員	受験者数	合格者数	合格最低点＊	競争率 '23年	競争率 '22年
●前期									
共創学部									
	55	72%	62.5	65	180	69	943.8/1500	2.6	2.9

学部／学科／専攻	2024年度 駿台予備学校 合格目標ライン	2024年度 河合塾 ボーダー得点率	2024年度 河合塾 ボーダー偏差値	2023年度実績 募集人員	受験者数	合格者数	合格最低点*	競争率 '23年	競争率 '22年
文学部									
	56	73%	57.5	119	284	130	464.75/750	2.2	2.4
教育学部									
	56	72%	57.5	36	89	40	640/1050	2.2	2.2
法学部									
	57	73%	60	146	385	153	524.25/900	2.5	2.7
経済学部									
経済・経営	56	75%	60	93	249	116	637/1050	2.1	2.5
経済工	53	71%	57.5	66	162	69	644/1200	2.3	2.3
理学部									
物理	55	75%	57.5	42	97	46	664.5/1150	2.1	1.8
化	55	73%	55	46	108	52	653/1150	2.1	1.7
地球惑星科	54	74%	57.5	32	86	38	647/1150	2.3	2.1
数	56	73%	55	43	105	49	657/1150	2.1	1.7
生物	55	71%	57.5	34	87	38	646/1150	2.3	1.8
医学部									
医	69	87%	67.5	105	244	108	856.5/1150	2.3	2.4
生命科	57	72%	57.5	12	37	14	711/1250	2.6	1.9
保健／看護学	51	66%	52.5	58	117	62	476.6/850	1.9	1.5
／放射線技術科学	53	71%	52.5	27	71	29	604/1150	2.4	2.9
／検査技術科学	54	70%	52.5	27	84	30	592.5/1150	2.8	1.8
歯学部									
	58	72%	57.5	37	124	47	638/1150	2.6	2.5
薬学部									
創薬科	58	76%	60	45	112	48	695/1150	2.3	2.4
臨床薬	59	78%	60	26	89	28	770/1150	3.2	2.8
工学部									
Ⅰ群	55	77%	57.5	98	240	98	723.5/1150	2.4	2.4
Ⅱ群	53	74%	55	123	254	123	677/1150	2.1	1.4
Ⅲ群	55	75%	55	146	301	147	684/1150	2.0	2.0
Ⅳ群	53	73%	55	92	148	92	668/1150	1.6	1.6
Ⅴ群	55	76%	57.5	46	89	46	679/1150	1.9	2.3
Ⅵ群	53	75%	57.5	124	326	125	680/1150	2.6	2.2
芸術工学部									
芸術工学／環境設計	51	74%	55	24	66	26	708.25/1250	2.5	2.2
／インダストリアルデザイン	52	74%	57.5	20	79	22	723/1250	3.6	2.4
／未来構想デザイン	51	73%	55	10	15	12	665.5/1250	1.3	3.8
／メディアデザイン	55	76%	57.5	21	57	23	739.5/1250	2.5	3.8
／音響設計	56	80%	60	26	96	29	814.5/1250	3.3	3.3
学科一括	52	76%	57.5	20	75	22	748/1250	3.4	3.4
農									
	54	73%	55	170	342	180	679.75/1200	1.9	2.2

学部／学科／専攻	2024年度 駿台予備学校 合格目標ライン	河合塾 ボーダー得点率	河合塾 ボーダー偏差値	2023年度実績 募集人員	受験者数	合格者数	合格最低点*	競争率 '23年	'22年
●後期									
文学部									
	58	**76%**	—	22	68	29	374.75/525	2.3	2.8
法学部									
	58	**79%**	—	33	110	45	422.75/600	2.4	2.6
経済学部									
経済・経営	**57**	**89%**	—	26	86	36	317/500	2.4	3.4
経済工	**55**	**78%**	**57.5**	19	74	25	372.6/580	3.0	2.2
理学部									
物理	**58**	**87%**	—	6	20	7	非開示/500	2.9	2.9
化	**59**	**84%**	**65**	8	43	9	非開示/1300	4.8	4.1
地球惑星科	**56**	**84%**	—	6	20	7	非開示/400	2.9	2.4
生物	**57**	**84%**	—	7	18	7	非開示/400	2.6	1.4
薬学部									
創薬科	**59**	**79%**	**65**	4	22	4	非開示/750	5.5	4.5
臨床薬	**60**	**81%**	**65**	4	24	4	非開示/750	6.0	3.6
工学部									
Ⅰ群	**60**	**84%**	**65**	17	79	17	525/700	4.6	4.9
Ⅱ群	**57**	**81%**	**65**	21	59	21	494.5/700	2.8	3.2
Ⅲ群	**59**	**83%**	**65**	25	107	27	527/700	4.0	4.0
Ⅳ群	**57**	**81%**	**62.5**	16	54	16	494/700	3.4	3.1
Ⅵ群	**58**	**84%**	**65**	23	82	27	517/700	3.0	3.6
農学部									
	56	**79%**	—	22	84	31	582.75/800	2.7	2.4

- 駿台予備学校合格目標ラインは合格可能性80%に相当する駿台模試の偏差値です。
- 河合塾ボーダー得点率は合格可能性50%に相当する共通テストの得点率です。また，ボーダー偏差値は合格可能性50%に相当する河合塾全統模試の偏差値です。
- 医学部医学科の前期，理学部物理学科，薬学部臨床薬学科の後期は２段階選抜を実施。
- 競争率は受験者÷合格者の実質倍率
- 合格者10人以下の合格最低点は非開示
- 受験者には追試験受験者を含みません。

併設の教育機関 大学院

人文科学府

教員数▶46名

院生数▶155名

修士課程 ●**人文基礎専攻** 哲学・倫理学，東洋思想，芸術学の３分野。

●**歴史空間論専攻** 日本史学，アジア史学，広域文明史学，地理学の４分野。

●**言語・文学専攻** 日本・東洋文学，西洋文学，言語学の３分野。

博士後期課程 人文基礎専攻，歴史空間論専攻，言語・文学専攻

地球社会統合科学府

教員数▶50名（比較社会文化研究院）

院生数▶179名

修士課程 ●**地球社会統合科学専攻** 包括的地球科学，包括的生物環境科学，国際協調・安全構築，社会的多様性共存，言語・メディ

ア・コミュニケーション，包括的東アジア・日本研究の６コース。

博士後期課程 地球社会統合科学専攻

人間環境学府

教員数▶68名

院生数▶428名

修士課程 ●都市共生デザイン専攻 アーバンデザイン学，都市災害管理学の２コース。

●人間共生システム専攻 共生社会学，臨床心理学の２コース。

●行動システム専攻 心理学，健康・スポーツ科学の２コース。

●教育システム専攻 現代教育実践システム，総合人間形成システム，国際社会開発学の３コース。

●空間システム専攻 建築計画学，建築環境学，建築構造学の３コース。

専門職学位課程 ●実践臨床心理学専攻 臨床心理士や公認心理師，研究者など，高度な専門的理解と臨床実践力・研究力を備えた「こころの専門家」を養成。

博士後期課程 都市共生デザイン専攻，人間共生システム専攻，行動システム専攻，教育システム専攻，空間システム専攻

法学府

教員数▶63名

院生数▶99名

修士課程 ●法政理論専攻 研究者，専修（博士課程は高度専門職業人），国際（法律・政治）の３コースを設置。

博士後期課程 法政理論専攻

法務学府（法科大学院）

院生数▶108名

専門職学位課程 ●実務法学専攻 人間に対する温かい眼差しを持ち，自律した総合的判断を行い，権利を保護し救済を獲得でき，かつ社会正義を実現できる実務家を養成する。

経済学府

教員数▶56名

院生数▶255名

修士課程 ●経済工学専攻 経済システム解析，政策分析，数理情報の３講座。

●経済システム専攻 経済システムを「現代経済」「世界経済」「産業」「企業」という４つの側面から多面的，多層的，総合的に分析。

専門職学位課程 ●産業マネジメント専攻（ビジネススクール） 九州圏で最初の本格的なビジネス・スクール。世界に通用するビジネス・プロフェッショナルの育成をめざす。

博士後期課程 経済工学専攻，経済システム専攻

理学府

教員数▶138名

院生数▶405名

修士課程 ●物理学専攻 粒子宇宙論，粒子物理学，物性基礎論，量子物性，複雑物性の各講座からなる。

●化学専攻 無機・分析化学，物理化学，有機・生物化学，先導物質化学の４講座。

●地球惑星科学専攻 固体地球惑星科学，太陽惑星系物質科学，流体圏・宇宙圏科学，地球惑星博物学の各講座からなる。

博士後期課程 物理学専攻，化学専攻，地球惑星科学専攻

数理学府

教員数▶38名

院生数▶170名

修士課程 ●数理学専攻 現代数学の理論を探究する数理学コース，数学を背景に産業界で研究開発・企画運営を担う人材育成を行うMMAコースを設置。

博士後期課程 数理学専攻

システム生命科学府

院生数▶247名

5年一貫制博士課程 ●システム生命科学専攻　複数の分野にまたがった学際的な教育を行う大学院。生命科学に工学や情報学をも融合した新しいシステム生命科学をめざす。

医学系学府

教員数▶217名
院生数▶680名
修士課程 ●医科学専攻　4年制以上の大学卒業者を対象に，異なる専門領域の背景のもとで新たな視点に立った医学研究者，高度専門職業人を育成する。
●保健学専攻　看護学，医用量子線科学，検査技術科学の各講座からなる。
専門職学位課程 ●医療経営・管理学専攻　専門分化した医療技術を，人々が「安心・納得・一体感」を持って生活し人生を過ごせるよう統合・調整組織化できる高度な専門職業人を育成する。
4年制博士課程 ●医学専攻　先端医療に対応する，基礎医学研究，がん専門医師養成，臨床医学研究，国際教育研究（外国人留学生のみ）の4コース。
博士後期課程 保健学専攻

歯学府

教員数▶80名
院生数▶169名
修士課程 ●口腔科学専攻　基礎医学研究者養成，医療技術開発者養成，高度専門医療人養成，医療行政・教育機関指導者養成の4コース。
4年制博士課程 ●歯学専攻　口腔の機能改善と構築に幅広く貢献し，国際的にも活躍できる人材を育成する。取得学位は，博士(歯学，臨床歯学，学術）のいずれかとなる。

薬学府

教員数▶50名
院生数▶185名
修士課程 ●創薬科学専攻　医薬品の創製にかかわる生命科学，生体情報科学および医薬品化学の基礎的研究を推進。
4年制博士課程 ●臨床薬学専攻　創薬や医薬品の適正使用に関する研究などを通じて，高度な知識および技能を持った研究者，教育者を育成する。
博士後期課程 創薬科学専攻

工学府

教員数▶269名
院生数▶1,399名
修士課程 ●材料工学専攻　より細分化・高度化した専門知識と実践的な実験技術や最先端の技術開発を習得。
●応用化学専攻　工学部応用化学科における2コース（機能物質化学と分子生命工学）からそれぞれ接続する応用化学専攻機能物質化学と分子生命工学の2コースを設置。
●化学工学専攻　バイオテクノロジー，環境問題といった最新の課題に対応するカリキュラムと研究が行える環境，教員を配置。
●機械工学専攻　総合工学的な性格を増しつつある機械工学の幅広い専門知識と総合能力を身につけ，時代のニーズに応じた学際分野の基礎知識も有する技術者と研究者を養成。
●水素エネルギーシステム専攻　水素エネルギーに関わる科学，技術を一貫して学ぶことができる世界唯一の専攻。
●航空宇宙工学専攻　基礎工学理論の習熟と航空宇宙機開発特有のシステム工学の探究を通して，総合性，専門性，国際性を養う。
●量子物理工学専攻　エネルギー・環境に関する現象を，量子論を基礎とした微視的観点から明らかにするとともに，ミクロ現象とマクロ特性を繋ぐ学理を双方向から追究する。
●船舶海洋工学専攻　世界の造船技術の継承発展を図るとともに，新しい海洋利用産業を担う人材の育成を図る。
●地球資源システム工学専攻　エネルギー・鉱物資源の探査から開発・利用までの地下資源に関わる高度な専門教育を行う。
●共同資源工学専攻　北海道大学大学院工学院との共同課程，双方の大学のリソースを最大限活用して教育・研究を行う。

●土木工学専攻　高度専門知識を集積した技術力と柔軟な研究能力を備え，社会の指導的地位で活躍できる素養を養う。

博士後期課程　材料工学専攻，応用化学専攻，化学工学専攻，機械工学専攻，水素エネルギーシステム専攻，航空宇宙工学専攻，量子物理工学専攻，船舶海洋工学専攻，地球資源システム工学専攻，共同資源工学専攻，土木工学専攻

システム情報科学府

教員数▶107名
院生数▶572名

修士課程　●情報理工学専攻　情報アーキテクチャ・セキュリティ，データサイエンス，AI・ロボティクスの３コースを設置。

●電気電子工学専攻　情報デバイス・システムコース，エネルギーデバイス・システムコースを設置。

博士後期課程　情報学専攻，電気電子工学専攻

芸術工学府

教員数▶86名
院生数▶422名

修士課程　●芸術工学専攻　拡大するデザイン領域を包摂するストラテジックデザイン，環境設計，人間生活デザイン，未来共生デザイン，メディアデザイン，音響設計の６コースを設置。

修士課程　芸術工学専攻

総合理工学府

教員数▶61名
院生数▶657名

修士課程　●総合理工学専攻　物質，エネルギー，環境およびその融合分野における環境共生型科学技術に関する高度の専門知識と課題探求・解決能力を持ち，持続発展社会の構築のためにグローバルに活躍できる技術者や研究者を育成する。

博士後期課程　総合理工学専攻

生物資源環境科学府

教員数▶147名（農学研究院）
院生数▶693名

修士課程　●資源生物科学専攻　農業生物科学，動物・海洋生物科学の２コース。

●環境農学専攻　森林環境科学，生産環境科学，サスティナブル資源科学の３コース。

●農業資源経済学専攻　食料，農業，農村，環境に関する教育と研究を行う。

●生命機能科学専攻　生物機能分子化学，システム生物学，食料化学工学の３コース。

博士後期課程　資源生物科学専攻，環境農学専攻，農業資源経済学専攻，生命機能科学専攻

統合新領域学府

院生数▶128名

修士課程　●ユーザー感性スタディーズ専攻　感性を探求するとともに，活用しながら，異分野が連携して社会課題を解決し，個人と社会の満足（ウェルビーイング）を創造する。

●オートモーティブサイエンス専攻　新たなオートモーティブ社会を創造する，初の本格的な「自動車大学院」。

●ライブラリーサイエンス専攻　図書館情報学とアーカイブズ学（文書記録管理学）を基盤として，情報の管理と提供を可能とする「ライブラリー」を教育研究の対象とする。

博士後期課程　ユーザー感性スタディーズ専攻，オートモーティブサイエンス専攻，ライブラリーサイエンス専攻

佐賀大学

資料請求

問合せ先　学務部入試課　☎0952-28-8178

大学の理念

旧制の佐賀高等学校，佐賀師範学校，佐賀青年師範学校を包括し，文理学部，教育学部の２学部の新制大学として1949年に発足。2003年に佐賀医科大学，2016年には佐賀県立有田窯業大学校を統合。社会のニーズに対応するため，組織の改組，再編を進め，2019年には理工学部，農学部を改組。地域に根ざした教育研究拠点として，2017年肥前セラミック研究センターを設置，各学部が連携し，研究開発・人材育成を図るほか，地域活性化にも取り組んでいる。また，「グローバルな視野を持つ地（知）の拠点」をめざし，IT関係，ロボット工学，AIに関わるさまざまな企業や団体８社をキャンパス内に誘致。佐賀大学発ベンチャーとしてキャンパス内での起業支援も視野に入れ，学生の社会実装教育を推進している。

- **本庄キャンパス**……〒840-8502 佐賀県佐賀市本庄町1
- **鍋島キャンパス**……〒849-8501 佐賀県佐賀市鍋島5-1-1
- **有田キャンパス**……〒844-0013 佐賀県西松浦郡有田町大野乙2441-1

基本データ

学生数▶5,755名（男3,227名，女2,528名）
専任教員数▶教授195名，准教授189名，講師46名
設置学部▶教育，芸術地域デザイン，経済，医，理工，農
併設教育機関▶大学院―理工学（M・D），学校教育学（P），地域デザイン・農学・先進健康科学（以上M），医学系・連合農学（以上D）

就職・卒業後の進路

就職率 **99.1**％
就職者÷希望者×100

● **就職支援**　キャリアセンターが中心となり，キャリア教育・就職活動を支援している。キャリアデザイン，就職意識を啓発・促進するキャリア科目を必修とし，正課外でも「キャリア・アクセラレーションプログラム（企業と連携した実践的なプロジェクト）」を提供。本格的な就職活動をまえに，インターンシップ，自己分析，企業・業界研究方法などの就職ガイダンスを展開するほか，４年次には学内合同・個別会社説明会の開催や，公務員・

進路指導者も必見 学生を伸ばす 面倒見

初年次教育	学修サポート
「大学入門科目」で自校教育，学問に対する動機づけ，レポート・論文の書き方，プレゼン技法，論理的思考や問題発見・解決能力の向上を図るほか，「情報基礎概論」を開講	全学部でTA制度，オフィスアワー制度，専任教員１人が学生５～34人を担当する教員アドバイザー制度を導入している

オープンキャンパス(2023年度実績)　8月に対面型オープンキャンパスを開催(学部別プログラムは事前申込制)。学部学科説明会，模擬講義などを実施。また，特別サイト「Manabi Fes.」では大学紹介，入試説明などのコンテンツを公開。

教員採用対策などの実践的な講座も多数実施。　個別の進路・就職相談にも随意対応している。

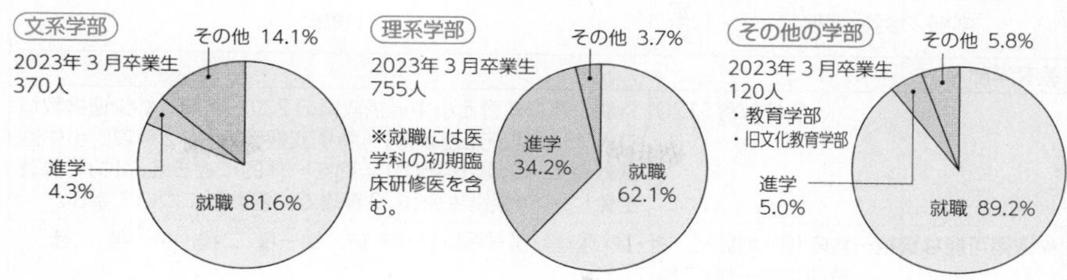

主なOB・OG▶［理工］森井昌克（工学者），中村寛治（ヒューマンセントリックス代表），［教育］森本梢子（漫画家），黒木晃平（プロサッカー選手）など。

国際化・留学　大学間 74 大学等・部局間 36 大学等

受入れ留学生数▶14名（2023年5月1日現在）
留学生の出身国▶マレーシア，韓国など。
外国人専任教員▶教授７名，准教授５名，講師１名（2023年９月25日現在）
外国人専任教員の出身国▶非公表
大学間交流協定▶74大学・機関（交換留学先72大学，2023年５月１日現在）
部局間交流協定▶36大学・機関（交換留学先22大学，2023年５月１日現在）
海外への留学生数▶渡航型46名・オンライン33名／年（13カ国・地域，2022年度）
海外留学制度▶協定校への最大１年間，大学の推薦を受けて派遣される交換留学は在学期間として認められる。単位互換には所属学部の認定が必要。長期休暇を利用したSUSAP（短期海外研修）は10日から１カ月程度の全学部の学生対象のプログラムで，単なる語学研修でなく各学生が持つ関心や伸ばしたいスキル，将来のビジョンに応じた選択ができる多彩なプログラムが用意されている。海外の学生との協働プロジェクトや交流，海外で活躍する佐賀県出身者との意見交換など，短期間であっても海外で異なる文化や価値観に触れながら国際的な視野を育むことができる。また，協定校主催のサマープログラム・ウィンタープログラムはオンラインでも実施。

学費・奨学金制度　給付型奨学金総額年間 1,740 万円

入学金▶282,000円
年間授業料（施設費等を除く）▶535,800円
年間奨学金総額▶17,400,000円
年間奨学金受給者数▶58人
主な奨学金制度▶成績優秀者を入学時に奨学生として採用し，一定の条件の下に在学期間中も給付を継続，学生の勉学意欲および修学環境の向上並びに本学学生の模範となるように優れた人材を育成することを目的とする給付型奨学金制度「かささぎ奨学金」を設置。

保護者向けインフォメーション

●**オープンキャンパス**　通常のオープンキャンパス時に保護者向けの説明会を開催。
●**成績確認**　成績表を保護者に郵送するほか，出席状況の問い合わせにも対応している。
●**防災対策**　「災害対策ノート」を入学時に配布。学生が被災した際の安否確認は，大学HP，教務システム（Live Campus）を利用する。

インターンシップ科目	必修専門ゼミ	卒業論文	GPA制度の導入の有無および活用例	１年以内の退学率	標準年限での卒業率
芸術地域デザイン・理工・農学部で開講	教育・芸術地域デザイン・医（看護）学部で４年次，経済学部で２～４年次に実施	経済・医（医）学部を除き卒業要件	一部の学部で留学候補者の選考，個別の学修指導に活用するほか，GPAに応じた履修上限単位数を設定している	1.8%	80.3%（４年制）89.6%（６年制）

学部紹介

学部／学科・課程	定員	特色
教育学部		
学校教育	120	▷幼少連携教育と小中連携教育の２コース制。幼少連携教育コースは「幼少発達教育」「特別支援教育」の２専攻。小中連携教育コースは小中の９年間を一体的にとらえ，「初等教育主免」「中等教育主免」の２専攻で，各教科について学ぶ。
● 取得可能な資格…教職（国・地歴・公・社・数・理・音・書・保体・技・家・英，幼一種・二種，小一種・二種，特別支援一種・二種）など。 ● 進路状況…………就職89.2%　進学5.0%（旧文化教育学部実績を含む） ● 主な就職先………教員（小学校，中学校，特別支援学校，高等学校），幼稚園教諭，佐賀県庁など。		
芸術地域デザイン学部		
芸術地域デザイン	110	▷芸術表現コース55名，地域デザインコース55名の２コースを設置。地域史，国際関係，考古学，地理学，都市デザイン，異文化コミュニケーションなどを学び，芸術を通して地域創生に貢献する人材を養成する。
● 取得可能な資格…教職（美・工芸），学芸員。　● 進路状況…………就職69.3%　進学12.3% ● 主な就職先………中学校教員，佐賀市役所など。		
経済学部		
経済 経営 経済法	110 80 70	▶経済学・経営学・法律学を柱として各学科で重点的に学ぶとともに，経済・経営・法律を総合的に学修する。変動する社会環境の課題を分析し，実践的な問題解決能力を身につける。
● 取得可能な資格…教職（商）。　● 進路状況…………就職87.1%　進学0.8% ● 主な就職先………佐賀県庁，福岡市役所，久留米市役所，西日本シティ銀行，富士通など。		
医学部		
医	103	▷１年次から医療入門や早期体験学習を導入し，医師としての心構えを身につけるためのカリキュラムを組み，さらに自己学習・自己評価が実践できるような仕組みを設けている。
看護	60	▷高い倫理観に基づき健康についての問題を包括的にとらえ，柔軟に解決する実践能力を持った看護職者を育成する。
● 取得可能な資格…教職（養護二種），医師・看護師・保健師・助産師受験資格など。 ● 進路状況…………［医］就職94.6%（初期臨床研修医を含む）［看護］就職94.7%　進学3.5% ● 主な就職先………佐賀大学医学部附属病院，佐賀県医療センター好生館，九州大学病院など。		
理工学部		
理工	480	▷１学科に数理サイエンス，データサイエンス，知能情報システム工学，情報ネットワーク工学，生命化学，応用化学，物理学，機械エネルギー工学，メカニカルデザイン，電気エネルギー工学，電子デバイス工学，都市基盤工学，建築環境デザインの13コース。２年次より分属。
● 取得可能な資格…教職（数・理・情・工業），測量士補，１・２級建築士受験資格など。 ● 進路状況…………就職49.3%　進学48.4% ● 主な就職先………教員（中学校，高等学校），佐賀県庁，九州電力，ファナック，福岡県庁など。		
農学部		
生物資源科	145	▷２年次に生物科学，生命機能科学，食資源環境科学，国際・地域マネジメントの４コースに分属。企業家精神や経営感覚に優れ，地域のリーダーとして活躍できる専門職業人を育成。

キャンパスアクセス ［本庄キャンパス］ JR長崎本線一佐賀よりバス約15分

● 取得可能な資格…教職（理・農），測量士補など。　● 進路状況…………就職63.1%　進学29.5%
● 主な就職先………佐賀県庁，福岡県庁，福岡市役所，スーパーモリナガ，伊藤ハムウエストなど。

キャンパス

教育・芸術地域デザイン・経済・理工・農……［本庄キャンパス］佐賀県佐賀市本庄町1
医……［鍋島キャンパス］佐賀県佐賀市鍋島5-1-1

2025年度入試要項（予告）

●募集人員

学部／学科・課程（コース）		前期	後期
教育	学校教育（幼少連携教育）	15	5
	（小中連携教育/初等）	41	12
	（小中連携教育/中等）	12	5
芸術地域デザイン	芸術地域デザイン（芸術表現）	27	8
	（地域デザイン）	25	15
経済	経済	70	20
	経営	30	20
	経済法	35	25
医	医	50	10
	看護	35	5
理工	理工	291	96
農	生物資源科	77	32

注）募集人員は2024年度の実績です。

● 2段階選抜

医学部医学科で入学志願者が募集人員を前期約5倍，後期約10倍を超えた場合に行う。

試験科目

デジタルブック

偏差値データ（2024年度）

●一般選抜

学部／学科・課程（コース）	2024年度 駿台予備学校 合格目標ライン	河合塾 ボーダー得点率	河合塾 ボーダー偏差値	'23年度 競争率
●前期				
教育学部				
学校教育／幼少連携	48	53%	50	2.6
／小中連携（初等）	47	53%	45	2.0
／小中連携（中等）	48	60%	47.5	1.7
芸術地域デザイン学部				
地域デザイン／芸術表現(3科目型)	42	56%	—	2.3
／芸術表現(4科目型)	41	56%	—	
／地域デザイン	42	60%	—	2.3
経済学部				
経済	45	60%	47.5	1.8
経営	45	60%	47.5	1.8
経済法	45	60%	47.5	1.9
医学部				
医	61	81%	62.5	3.5
看護	45	58%	—	1.8
理工学部				
理工	44	55%	45	2.0
農学部				
生物資源科	46	53%	45	2.2
●後期				
教育学部				
学校教育／幼少連携	49	59%	52.5	3.4
／小中連携（初等）	48	61%	47.5	1.7
（中等）	49	64%	50	1.5
芸術地域デザイン学部				
地域デザイン／芸術表現	42	63%	—	4.3
／地域デザイン	43	62%	47.5	2.0
経済学部				
経済	46	63%	—	1.4
経営	46	63%	—	2.1
経済法	46	63%	—	1.3
医学部				
医	62	86%	—	4.2
看護	46	65%	—	4.3
理工学部				
理工	47	62%	52.5	3.3
農学部				
生物資源科	49	60%	50	4.2

● 駿台予備学校合格目標ラインは合格可能性80%に相当する駿台模試の偏差値です。
● 河合塾ボーダー得点率は合格可能性50%に相当する共通テストの得点率です。また，ボーダー偏差値は合格可能性50%に相当する河合塾全統模試の偏差値です。
● 競争率は受験者÷合格者の実質倍率
● 医学部医学科の後期は2段階選抜を実施。

キャンパスアクセス［鍋島キャンパス］JR長崎本線一佐賀よりバス約25分
［有田キャンパス］JR佐世保線一有田より徒歩約15分

長崎大学

資料請求

問合せ先〉学生支援部入試課　☎095-819-2111

大学の理念

1857（安政4）年オランダ人医師ポンペ・ファン・メールデルフォールトによる日本初の医学伝習を創基とし，戦争被爆の体験を経て，1949（昭和24）年各種専門教育機関を統合し，５学部１研究所からなる新制大学として再構築。大学の理念として「長崎に根づく伝統的文化を継承しつつ，豊かな心を育み，地球の平和を支える科学を創造することによって，社会の調和的発展に貢献する」を掲げ，現在，10学部７研究科２研究所に大学病院を有する総合大学に発展。医学分野での実績を基盤としたグローバルヘルスの教育研究拠点の構築に加え，医療だけでは解決しない深刻な宗教・政治対立，気候変動，食料危機など地球規模の課題に立ち向かい，社会の持続的発展を可能とする「プラネタリーヘルス」へ貢献する大学としての進化を加速している。

●キャンパス情報はP.1562をご覧ください。

基本データ

学生数▶7,434名（男4,465名，女2,969名）
専任教員数▶教授304名，准教授301名，講師72名
設置学部▶多文化社会，教育，経済，医，歯，薬，情報データ科，工，環境科，水産

併設教育機関▶大学院―多文化社会学・経済学・工学・〈水産・環境科学総合〉・医歯薬学総合・〈熱帯医学・グローバルヘルス〉（以上M・D），プラネタリーヘルス学環（D），教育学（P）

就職・卒業後の進路

就職率 97.1％
就職者÷希望者×100

●**就職支援**　キャリアセンターがキャリア教育に加え，キャリア相談，就職支援プログラム，社会体験プログラム，情報提供の４つを中心に，総合的なキャリア形成を支援する。組織的なボランティア支援，インターンシップ，アントレプレナー育成など，課外での社会体験のための多様なチャンネルを提供することを重要なミッションの一つとしている。専門のキャリアカウンセラーによるキャリア相談を文教と片淵の両キャンパスで実施するほか，Webによるオンライン形式での相談にも対応している。

進路指導者も必見
学生を伸ばす 面倒見

初年次教育	学修サポート
自校教育，大学教育全般に対する動機づけ，レポート・論文の書き方，プレゼン技法，情報収集や資料整理の方法，論理的思考や問題発見，解決能力の向上を図る「初年次セミナー」，「情報基礎」を開講	全学部でTA・SA制度，オフィスアワー制度，さらに歯学部を除く９学部で教員アドバイザー制度（専任教員１人が学生１～20名を担当）を導入

オープンキャンパス（2023年度実績）　7月に各キャンパスで，8月には福岡県立城南高等学校で移動式のオープンキャンパスを開催（事前申込制）。学部説明，体験学習など。WEBではバーチャル・オープンキャンパスを公開。

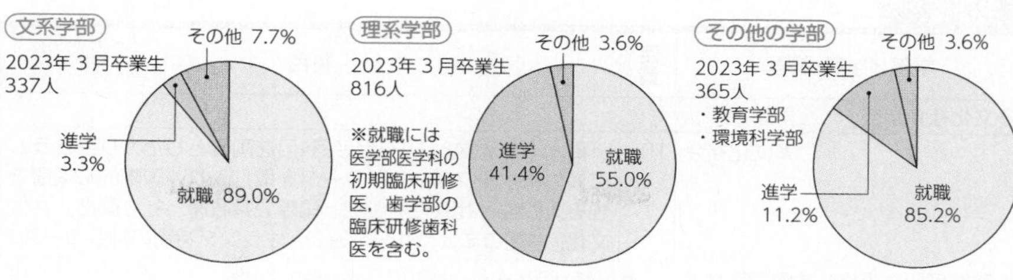

主なOB・OG▶［旧長崎医科］下村脩（生物学者・ノーベル化学賞受賞者），［医］秋野公造（医学博士・参議院議員），［教育］青来有一（小説家），［経］白川篤典（ヴィレッジヴァンガード社長）など。

国際化・留学　大学間 232 大学等・部局間 25 大学等

受入れ留学生数▶245名（2023年５月１日現在）

留学生の出身国・地域▶中国，韓国，オランダ，台湾，マレーシアなど。

外国人専任教員▶教授13名，准教授14名，講師１名（2023年５月１日現在）

外国人専任教員の出身国▶中国，韓国，ニュージーランド，ネパール，カナダなど。

大学間交流協定▶232大学・機関（交換留学先166大学，2023年９月１日現在）

部局間交流協定▶25大学・機関（交換留学先17大学，2023年９月１日現在）

海外への留学生数▶渡航型223名／年（28カ国・地域，2022年度）

海外留学制度▶学生交流に関する覚書を締結している協定校への交換留学（１年以内）や，春期休暇を利用した３～４週間の海外短期語学留学プログラム（英語，中国語，韓国語，フランス語，ドイツ語が学べる）を実施。一定の成績を修めた場合，単位の認定申請も可能。各学部でも独自の派遣プログラムがある。留学支援課が海外留学説明会を行うほか，質問・相談に応じている。コンソーシアムはASEAN+3 Unetに参加している。

学費・奨学金制度　給付型奨学金総額 年間 2,663 万円

入学金▶282,000円（夜間主141,000円）

年間授業料（施設費等を除く）▶535,800円（夜間主267,900円）

年間奨学金総額▶26,627,167円

年間奨学金受給者数▶104人

主な奨学金制度▶各学部の一般選抜前期日程の合格者上位20％以内で，長崎県内出身者および県外出身者の上位２名，合計４名の成績優秀な学生に30万円を給付する「入学時給付奨学金」などを設置。また，学費減免制度があり，2022年度には288人を対象に総額で約5,028万円を減免している。

保護者向けインフォメーション

● **オープンキャンパス**　学部により通常のオープンキャンパス時に保護者向けの説明会を実施している。

● **成績確認**　一部の学部で成績表を保護者に郵送している。

● **保護者会**　経済学部と水産学部で保護者説明会を開催し，教育学部では保護者向けの会報誌「たまぞの」，経済学部では「瓊林」を発行。

● **防災対策**　学生が被災した際の安否は，学務システム（NU-Web）の緊急連絡機能を使いメール配信で確認する。

インターンシップ科目	必修専門ゼミ	卒業論文	GPA制度の導入の有無および活用例	１年以内の退学率	標準年限での卒業率
多文化社会・経済・情報データ科・工・環境科学部で開講	多文化社会・経済・環境科２～４年次，教育１・３・４年次，医（医）１～４年次，薬３～６年次，医（保）・情報データ科・工・水産４年次に実施	医（医）・歯学部を除き卒業要件	奨学金等対象者の選定基準や個別の学修指導，早期卒業要件，所属コースや研究室の配属に活用するほか，一部の学部でGPAに応じた履修上限単位数を設定	0.8%	90.5%（4年制） 97.6%（6年制）

学部紹介

学部／学科・課程	定員	特色
多文化社会学部		
多文化社会	100	▷高水準の語学と人文社会系科目を両輪としたカリキュラムに海外留学やフィールドワークを取り入れ，国際的に活躍できる人間性と社会性を養成。国際公共政策，社会動態，共生文化，言語コミュニケーション，オランダ特別の計5コース。
●取得可能な資格…教職（英）など。　●進路状況………就職80.5%　進学7.8% ●主な就職先………淀川製鋼所，オー・アールー・ビー，鹿児島テレビ放送，日鉄テックスエンジ，日本政策金融公庫，南ホールディングス，九州電力，長崎県庁，佐賀労働局など。		
教育学部		
学校教育教員養成	180	▷小学校教育コース（離島・地域文化系，子ども理解系，教科授業開発系），中学校教育コース（文系〈国語・社会・英語〉，理系〈数学・理科〉，実技系〈保健体育〉），幼児教育コース，特別支援教育コース。多様な教育実習と教採特別講義の実施により今の時代の教育に求められる高い実践力を持ち，教育の現場をリードする人材を育成する。
●取得可能な資格…教職（国・地歴・公・社・数・理・音・美・保体・技・家・工業・英，小一種・二種，幼一種・二種，特別支援一種・二種），保育士など。 ●進路状況…………就職90.9%　進学6.5% ●主な就職先………教員（小学校，中学校，高等学校，特別支援学校），幼稚園教諭，保育士など。		
経済学部		
総合経済	295	▷経営・経済の2コース×国際デザイン・地域デザイン・社会イノベーションの3領域で6通りのカテゴリを用意。グローバルな視野を持って現代の経済・経営の諸課題を解決できる実践的エコノミストを育成する。
●取得可能な資格…教職（商）など。　●進路状況………就職91.5%　進学1.9% ●主な就職先………西日本技術開発，古河電気工業，九州電力，BlazeGames，十八親和銀行，SMBC日興証券，カチタス，EY新日本，いちき串木野市役所，九州公安調査局など。		
医学部		
医	115	▷1857（安政4）年からの歴史を持つ日本最古の医学部。長崎医学の伝統を学び，未来の医療を築く基礎力を身につける。
保健	106	▷看護学（70名），理学療法学（28名），作業療法学（18名）の3専攻。学科・専攻を越えた共修科目の充実により，チーム医療を意識した学びが可能。
●取得可能な資格…医師・看護師・理学療法士・作業療法士受験資格。 ●進路状況…………［医］初期臨床研修医93.5%　進学0.8%　［保健］就職72.2%　進学25.6% ●主な就職先………［保健］医療機関，老人福祉施設，障害福祉センターなど。		
歯学部		
歯	50	▷離島を含めた西九州地区の歯科医療中枢施設の役割も果たしている。最新の歯科医学・医療を取り入れた先進的なカリキュラムを特徴とし，QOLに重点を置いた人間的に深みのある歯科医療従事者の養成をめざす。
●取得可能な資格…歯科医師受験資格。 ●進路状況…………臨床研修歯科医78.8%　就職1.9% ●主な就職先………大学病院，病院歯科，歯科診療所など。		

キャンパスアクセス ［文教・片淵・坂本キャンパス］ いずれもJR一長崎よりバス・路面電車約10～20分

薬学部		
薬 薬科	40 40	▶「くすり」の専門家としての社会的使命を果たせる人材を養成。薬学科（6年制）では，「くすり」を正しく理解し，適正に利用できる薬剤師，薬科学科（4年制）では医薬品開発・生産等の分野で主導的な役割を果たせる人材を養成する。
● 取得可能な資格…薬剤師受験資格（薬学科）など。 ● 進路状況…………就職51.4％　進学45.9％ ● 主な就職先………［薬］長崎大学病院，済生会長崎病院，九州大学病院，富士薬品，アイン薬局，アステラス製薬，大鵬薬品工業，羊土社，長崎県庁など。		
情報データ科学部		
情報データ科	120	▷インフォメーションサイエンス，データサイエンスの2コース。これまでの工学部工学科情報工学コースを核にデータサイエンスの教育研究機能をプラス。人工知能を活用し，ITビジネスに精通した「インフォメーションサイエンティスト」，ビッグデータ解析や医療情報解析に精通した「データサイエンティスト」などの実践的な人財を育成する。
● 進路状況…………2020年度開設のため卒業生はいない（工学部進路状況参照）。 ● 主な就職先………NTTデータ，QTネット，三菱電機，京セラコミュニケーションシステム，長崎市役所など（旧工学部工学科情報工学コース実績）。		
工学部		
工	330	▷機械工学，電気電子工学，構造工学，社会環境デザイン工学，化学・物質工学の５コース。ものづくり現場から研究開発まで国際的に活躍できる創造的人材を育成。
● 取得可能な資格…教職（理・工業），測量士補，１・２級建築士受験資格など。 ● 進路状況…………就職37.6％　進学61.6％ ● 主な就職先………トヨタ自動車，日立製作所，住友林業，大和ハウス工業，九州電力，旭化成エンジニアリング，長崎県庁，長崎市役所，長崎税関，国土交通省など。		
環境科学部		
環境科	130	▷２年次より環境行政や地域社会を学ぶ文系の環境政策コースと，生態学や地球科学，工学的側面から環境をとらえる理系の環境保全設計の２コースに分かれる。「文理融合」の環境教育を掲げ，コース選択後も他コース科目の選択履修が可能。
● 取得可能な資格…教職（理）など。 ● 進路状況…………就職75.2％　進学19.5％ ● 主な就職先………クボタ環境サービス，太平洋セメント，大日本印刷，積水ハウス，久光製薬，キリンビール，十八親和銀行，リクルート，環境省，長崎県庁，福岡県庁など。		
水産学部		
水産	120	▷履修コースを改組。海の環境と資源について学ぶ水圏環境資源，海洋生物の特性と高度な利用・保存について学ぶ水圏生命科学，地域の持続可能性からプラネタリーヘルスまでグローカルな問題解決に分野横断的に取り組む海洋未来創成の３コース。海に囲まれた立地条件を生かし，附属練習船での航海実習など多数の実技・実習を取り入れて，海洋資源活用の可能性を探る。
● 取得可能な資格…教職（理・水産）など。　● 進路状況…………就職46.2％　進学49.1％ ● 主な就職先………農林水産省，国土交通省，長崎県庁，マルハニチロ，東海澱粉，川崎汽船，いであ，海の中道海洋生態科学館，全国漁業協同組合連合会，教員など。		

▶キャンパス

多文化社会・教育・薬・情報データ科・工・環境科・水産……［文教キャンパス］長崎県長崎市文教町1-14
経済……［片淵キャンパス］長崎県長崎市片淵4-2-1
医・歯……［坂本キャンパス］長崎県長崎市坂本…医(医)1-12-4，医(保健)・歯1-7-1

2025年度入試要項(予告)

●募集人員

学部／学科・課程(専攻等)	前期	後期
▶多文化社会 多文化社会(国際公共政策)	72	—
(社会動態)		
(共生文化)		
(言語コミュニケーション)		
(オランダ特別)	3	—
▶教育 学校教育教員養成(小学校)	71	—
(中学校/文系)	15	—
(中学校/理系)	14	—
(中学校/実技系)	5	—
(幼児教育)	10	—
(特別支援教育)	11	—
▶経済学部 総合経済	190	40
▶医学部 医	76	—
保健(看護学)	50	—
(理学療法学)	24	—
(作業療法学)	14	—
▶歯学部 歯	33	—
▶薬学部 薬	34	—
薬科	21	15
▶情報データ科学部 情報データ科	75	15
▶工学部 工	a160 b 50	53
▶環境科学部 環境科	文系40 理系40	文系10 理系10
▶水産学部 水産	60	30

●２段階選抜

医学部医学科，薬学部薬学科の前期は志願者数が募集人員の約５倍を超えた場合に第１段階選抜を行う。

試験科目

デジタルブック  

偏差値データ(2024年度)

●一般選抜

学部／学科・課程／専攻等	2024年度 駿台予備学校 合格目標ライン	河合塾 ボーダー得点率	河合塾 ボーダー偏差値	'23年度 競争率
●前期				
▶多文化社会学部				
多文化社会	51	65%	47.5	1.0
／オランダ	50	65%	50	1.0
▶教育学部				
学校教育／小学校	49	56%	47.5	1.4
／中学校(文系)	51	60%	50	1.7
(理系)	50	59%	47.5	1.4
(実技系)	45	57%	47.5	3.0
／幼児教育	50	54%	47.5	2.9
／特別支援教育	47	52%	47.5	1.8
▶経済学部				
総合経済	46	58%	45	1.5
▶医学部				
医	64	81%	65	3.3
保健／看護学	46	54%	45	1.5
／理学療法学	49	63%	50	2.7
／作業療法学	47	55%	45	2.0
▶歯学部				
歯	56	69%	55	2.3
▶薬学部				
薬	56	72%	57.5	4.8
薬科	54	64%	52.5	2.0
▶情報データ科学部				
情報データ科(A文系)	44	58%	42.5	1.2
(B理系)	44	58%	42.5	
▶工学部				
工〈a〉	47	58%	42.5	1.1
〈b〉	48	58%	42.5	5.0
▶環境科学部				
環境科(A文系)	46	58%	47.5	1.9
(B理系)	47	57%	45	1.4
▶水産学部				
水産	48	58%	47.5	2.2

●後期				
▶経済学部				
総合経済	47	66%	—	2.1
▶薬学部				
薬	56	78%	—	2.2
薬科	55	75%	—	2.2
▶情報データ科学部				
情報データ科(A文系)	46	61%	—	1.3
(B理系)	46	61%	—	
▶工学部				
工	48	60%	50	2.4
▶環境科学部				
環境科(A文系)	46	63%	—	1.6
(B理系)	47	61%	—	2.1
▶水産学部				
水産	48	62%	—	1.7

- 駿台予備学校合格目標ラインは合格可能性80％に相当する駿台模試の偏差値です。
- 河合塾ボーダー得点率は合格可能性50％に相当する共通テストの得点率です。また，ボーダー偏差値は合格可能性50％に相当する河合塾全統模試の偏差値です。
- 競争率は受験者÷合格者の実質倍率
- 多文化社会学部多文化社会学科（オランダ特別コースを除く）の前期，薬学部薬学科の後期は２段階選抜を実施。

MEMO

熊本大学（くまもと）

資料請求

問合せ先 学生支援部入試課 ☎096-342-2148

大学の理念

肥後細川藩の再春館に起源を発する熊本医大，熊本薬専，五高，熊本工専，熊本師範を統合し，1949（昭和24）年に発足。教育基本法及び学校教育法精神に則り，総合大学として知の創造，継承，発展に努め，知的，道徳的及び応用的能力を備えた人材を育成し，地域と国際社会に貢献することを目的とする。人材育成の重要性が高まるなか，文系理系を問わず全学生を対象とした数理・データサイエンス教育や高度な英語力，異文化理解力を持った国際対話のリテラシーを身につけられる教育により，デジタルトランスフォーメーション時代に対応し，SDGsの達成に貢献できるグローバル人材の育成を推進。また，国内外に開かれた大学をめざし，学内の重要文化財建造物を核とした知的資源を発信する「キャンパスミュージアム構想」にも取り組んでいる。

● キャンパス情報はP.1568をご覧ください。

基本データ

学生数▶7,600名（男4,444名，女3,156名）
専任教員数▶教授324名，准教授270名，講師63名
設置学部▶文，教育，法，理，医，薬，工，情報融合学環
併設教育機関▶大学院―社会文化科学教育部・自然科学教育部・医学教育部・保健学教育部・薬学教育部（以上M・D），教育学（P）

就職・卒業後の進路

就職率 97.5%
就職者÷希望者×100

● **就職支援**　学内のサポート機関「就職支援課」によって，「自ら動き自ら学ぶ自分軸を持つ熊大生の育成」をテーマに，就職・キャリア形成支援に取り組んでいる。活動は，本格的な就活スキルなどを伝える「就職準備講座」や就活を終えた学生が後輩へ知識を伝えることを目的に学生サークルを組織化した「Own Work Noteプロジェクト」，卒業生による仕事研究座談会などを実施する「先輩キャリア交流会」やインターンシップ全般のサポートなど多岐にわたる。また，登録制就活支援サイト「KUMA★NAVI」では，求人情報の検索・閲覧，ガイダンス・セミナー申込み，進路・就職相談の予約にも対応。

進路指導者も必見 学生を伸ばす 面倒見

初年次教育	学修サポート
全学必修の「肥後熊本学」で熊本の歴史，文化，社会，自然，環境，生命などを学問の視点から見つめ直し，自ら課題を見出し，考える姿勢を身につけるほか，ITの基礎技術，情報収集や資料整理の方法などの初年次教育を実施	全学部でオフィスアワー制度，さらに学部によりTA制度を導入。また，各地区や学部に各種相談員を配置し，学生の履修や学習の相談に応じている

オープンキャンパス（2023年度実績） 8月にオンライン企画と対面企画を併用してオープンキャンパスを開催。一部の学部は事前申込制。学部・学科説明，模擬授業，施設見学のほか，Zoom利用の個別相談などを実施。

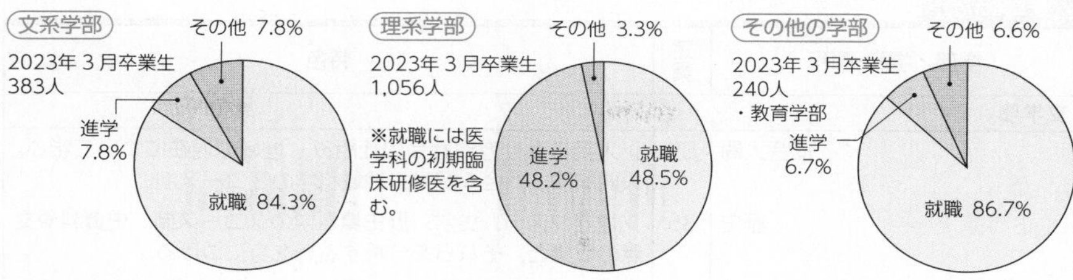

主なOB・OG▶［文］中村尚史（歴史学者），［文］三崎亜紀（小説家），［法］宮崎美子（女優・タレント）など。

国際化・留学　大学間 133 大学等・部局間 142 大学等

受入れ留学生数▶82名（2023年５月１日現在）

留学生の出身国▶中国，韓国，マレーシア，ドイツ，モンゴルなど。

外国人専任教員▶教授12名，准教授９名，講師１名（2023年９月１日現在）

外国人専任教員の出身国▶中国，韓国，アメリカ，フィリピン，カナダなど。

大学間交流協定▶133大学・機関（交換留学先106大学，2023年９月１日現在）

部局間交流協定▶142大学・機関（交換留学先77大学，2023年９月１日現在）

海外への留学生数▶渡航型63名（14カ国・地域，2022年度）

海外留学制度▶夏・春休みに協定校で語学研修に文化体験などを組み合わせた短期プログラムを実施。ホームステイや学生寮に滞在し，実践的な語学力を身につけるとともに，その国の文化や生活習慣などを直接体験できる。成績基準を満たせば，奨学金が給付される場合もある。協定校が主催するサマープログラムではプログラム費用が免除されることもある。また，半年～１年間，協定校で専門分野を学ぶ交換留学制度もある。国際交流課ではシリーズ説明会「留学のすすめ！」の開催や各種情報提供を行うほか，個別の相談にも応じている。コンソーシアムはANU＋3とUMAPに参加。

学費・奨学金制度

入学金▶282,000円

年間授業料（施設費等を除く）▶535,800円

主な奨学金制度▶日本学生支援機構，地方公共団体や民間育英団体の奨学金制度のほか，経済的理由により納付が困難な学生を対象とした入学料・授業料の免除・徴収猶予がある。

保護者向けインフォメーション

●**成績確認**　「保護者等Web」の運用し，学生に閲覧の許可を得た上で，保護者（父母）等が，授業の履修状況，出席管理システム（教育学部と医学部保健学科は未導入）と連携した出席状況，単位を修得した科目の成績状況などが，大学のウェブサイトからいつでも確認できるようになっている。

●**懇談会**　教育学部では教育学部後援会による「保護者懇談会」を開催し，学部の現状や学生の生活状況，就職状況・対策，教育実習などについて説明・質疑を実施している。

●**防災対策**　被災した場合には，大学HPを利用して学生の安否を確認する。

インターンシップ科目	必修専門ゼミ	卒業論文	GPA制度の導入の有無および活用例	１年以内の退学率	標準年限での卒業率
開講していない	医学部医学科を除き実施。開講年次は学部・学科により異なる	医・薬学部を除き卒業要件	奨学金や授業料免除対象者の選定基準として活用	非公表	非公表

学部紹介

学部／学科・課程	定員	特色
文学部		
総合人間	55	▷人間のあり方や社会の仕組み，地域の現在について学ぶ。人間科学，社会人間学，地域科学の３コース制。
歴史	35	▷世界システム史学，歴史資料学の２コース制。史資料や文献の収集と，それらを分析する力を身につける。
文	50	▷東アジア言語文学，欧米言語文学，多言語文化学の３コース。幅広い知識と分析力，言語能力，異文化理解力を養う。
コミュニケーション情報	30	▷コミュニケーション能力向上や，メディア運用能力を強化しながら，情報・グローバル社会を生き抜く人材を育成する。
● **取得可能な資格**…教職(国・地歴・公・社・英)，学芸員など。 ● **進路状況**…………就職83.7%　進学5.6% ● **主な就職先**………熊本県庁，熊本市役所，熊本大学，佐賀県庁，宮崎県庁，日本生命保険，肥後銀行，富士フイルムビジネスイノベーションジャパン，三菱電機，山崎製パンなど。		
教育学部		
学校教育教員養成	220	▶2022年度より初等・中等教育，特別支援教育，養護教育の３コースに改組。小・中一貫教育や小規模校での実技系の複数教科担当，特別支援学校での教科担当などの新たなニーズへの対応を整備。初等・中等教育コースは，小学校・国語・社会・数学・理科・英語・実技系〈音楽・美術・保健体育・技術・家庭〉の７専攻で募集。
● **取得可能な資格**…教職(国・地歴・公・社・数・理・音・美・保体・保健・技・家・工業・英，小一種，幼一種，特別支援，養護一種)，学芸員など。 ● **進路状況**…………就職86.7%　進学6.7% ● **主な就職先**………教員(小学校，中学校，特別支援学校，高等学校，幼稚園)，熊本市役所，英進館，熊本県庁，肥後銀行，大分県庁など。		
法学部		
法	200	▷法学・公共政策学，アドバンストリーダーの２コースを設置。充実した教育・研究を通じて，現代社会の諸問題を発見・分析・解決するための基礎的・実践的能力を養う。
● **進路状況**…………就職84.9%　進学9.8% ● **主な就職先**………熊本県庁，佐賀県庁，福岡県庁，熊本市役所，福岡労働局，大分県庁，福岡地方裁判所，長崎県庁，久留米市役所など。		
理学部		
理	190	▷１学科制で１・２年次に幅広い知識を取得しながら，担当教員(チューター)による履修計画，コース選択などのアドバイスを得て，自分の適性を見極め，３年次より数学，物理学，化学，地球環境科学，生物学の５コースから希望するコースに分属。
● **取得可能な資格**…教職(数・理)，学芸員など。 ● **進路状況**…………就職38.9%　進学58.0% ● **主な就職先**………教員(中学校，高等学校)，熊本県庁，熊本市役所，ソニーセミコンダクタマニュファクチャリング，長崎県庁，肥後銀行，気象庁，マイクロンメモリジャパンなど。		

 キャンパスアクセス［黒髪北・南キャンパス］ JR鹿児島本線—熊本よりバス約26分

医学部		
医	110	▷設立以来１万人以上の卒業生を輩出。医師としてふさわしい知識と技能，倫理観を備えた人材を育成する。基礎研究医養成をめざす「プレ柴三郎プログラム」では学部生から大学院の授業を受講することができる。
保健	144	▷人の生命や尊厳を尊び，高度な専門的知識・技術を修得し，チーム医療で広く社会貢献できる医療人を育成。〈看護学専攻70名，放射線技術科学専攻37名，検査技術科学専攻37名〉

● 取得可能な資格…医師・看護師・保健師・助産師・診療放射線技師・臨床検査技師受験資格など。
● 進路状況…………[医] 初期臨床研修医92.2%　[保健] 就職87.1%　進学10.2%
● 主な就職先………[保健] 熊本大学病院，済生会熊本病院，九州大学病院，高邦会高木病院，大牟田市立病院，熊本県庁，福田病院，熊本市役所，熊本医療センターなど。

薬学部		
薬	55	▷６年制。先進的な医療系薬学と衛生・社会系薬学を中心に修得し，高度な薬剤師の育成をめざす。
創薬・生命薬科	35	▷４年制。最先端の創薬科学や生命科学を学び，大学院との密接な体制での実験などを通じて創薬研究者を養成する。

● 取得可能な資格…薬剤師受験資格（薬学科）など。
● 進路状況…………就職55.3%　進学43.5%
● 主な就職先………日本調剤，ハートフェルト，アインホールディングス，アステラス製薬，関東労災病院，熊本県庁，日本イーライリリー，日本クレア，ノエビアなど。

工学部		
土木建築	118	▷土木工学，地域デザイン，建築学の３教育プログラム。魅力的で持続可能な社会，生活環境をデザインする。
機械数理工	101	▷機械工学，機械システム，数理工学の３教育プログラム。課題に対し数理工学的アプローチも可能な人材を育成。
情報電気工	112	▷電気工学，電子工学，情報工学の３教育プログラムで基礎理論や課題解決能力を身につける。
材料・応用化	122	▷応用生命化学，応用物質化学，物質材料工学の３教育プログラム。材料・生命・化学を融合し，人間社会と自然調和の発展をめざす。
半導体デバイス工学課程	20	▷NEW! '24年新設。半導体デバイスの製造・評価・開発に携わることのできる人材を育成する。博士前期課程と連携した６年一貫教育プログラムとして整備し，専門性の深化を図る。

● 取得可能な資格…教職（数・情・工業），測量士補，１・２級建築士受験資格など。
● 進路状況…………就職30.1%　進学67.0%
● 主な就職先………ソニーセミコンダクタマニュファクチャリング，Japan Advanced Semiconductor Manufacturing，大成建設，大分県庁，福岡市役所，京セラ，日本製鉄など。

情報融合学環		
	60	▷NEW! '24年新設。文理融合，実践的教育，学内連携，地域連携，大学間連携により，数理・データサイエンスの素養を身につけ，DX課題に対応することのできる人材を育成する。DS（データサイエンス）総合コースとDS半導体コースを設定。

キャンパスアクセス [本荘北・南キャンパス] JR鹿児島本線─熊本よりバス約８分

▶キャンパス

文・教育・法……………… [黒髪北キャンパス] 熊本県熊本市中央区黒髪2-40-1
理・工・情報融合学環…… [黒髪南キャンパス] 熊本県熊本市中央区黒髪2-39-1
医(医)…………………… [本荘北キャンパス] 熊本県熊本市中央区本荘1-1-1
医(保健)………………… [本荘南キャンパス] 熊本県熊本市中央区九品寺4-24-1
薬………………………… [大江キャンパス] 熊本県熊本市中央区大江本町5-1

2025年度入試要項(予告)

●募集人員

学部／学科・課程(専攻)		前期	後期
▶文	総合人間	38	8
	歴史	24	7
	文	35	5
	コミュニケーション情報	20	—
▶教育	学校教育教員養成／初等・中等教育(小学校)	80	—
	(国語)	7	—
	(社会)	7	—
	(数学)	10	—
	(理科)	5	—
	(英語)	6	—
	(実技系)	10	—
	／特別支援教育	14	—
	／養護教育	22	—
▶法	法	145	25
▶理	理	140	40
▶医	医	87	—
	保健(看護学)	50	—
	(放射線技術科学)	28	—
	(検査技術科学)	28	—
▶薬	薬	40	—
	創薬・生命薬科	25	—
▶工	土木建築	76	11
	機械数理工	70	10
	情報電気工	75	12
	材料・応用化	78	12
	半導体デバイス工学	15	—
▶情報融合学環		45	—

注)募集人員は2024年度の実績です。

●2段階選抜

医学部医学科，薬学部の志願者数が募集人員の前期で約4倍を超えた場合に行うことがある。

▷共通テストの英語はリスニングを含む。

▷共通テストの地歴・公民から2科目選択する場合，「公・倫」と「公・政経」の組み合わせは不可。

▷共通テストの理科から2科目選択する場合，同一科目名を含む選択は不可。

文学部

前期 ［共通テスト(500)］ 8科目 ①国(100) ②外(100・英〈R80＋L20〉)▶英・独・仏・中・韓から1 ③④**地歴・公民**(50×2)▶「地総・地探」・「歴総・日探」・「歴総・世探」・「〈公・倫〉・〈公・政経〉から1」から2 ⑤⑥**数**(50×2)▶「数Ⅰ・数A」・「数Ⅱ・数B・数C」 ⑦**理**(50)▶「物基・化基・生基・地学基から2」・物・化・生・地学から1 ⑧**情**(50)▶情Ⅰ

［個別学力検査(500)］ 3科目 ①国(200)▶現国・言語・論国・文国・古典 ②**外**(200)▶「英コミュⅠ・英コミュⅡ・英コミュⅢ・論表Ⅰ・論表Ⅱ・論表Ⅲ」・独・仏・中から1 ③**小論文**(100)

後期 【総合人間科学科・歴史学科・文学科】［共通テスト(500)］ 8科目 前期と同じ

【総合人間科学科】［個別学力検査(300)］ 1科目 ①**小論文**(300)

【歴史学科】［個別学力検査(400)］ 1科目 ①**小論文**(400)

【文学科】［個別学力検査(200)］ 1科目 ①**小論文**(200)

教育学部

前期 【学校教育教員養成課程〈初等・中等教育コース・特別支援教育コース・養護教育コース〉】［共通テスト(500)］ 8科目 ①国(100) ②**外**(100・英〈R80＋L20〉)▶英・独・仏・中・韓から1 ③④**数**(50×2)▶「数Ⅰ・数A」・「数Ⅱ・数B・数C」 ⑤**情**(50)▶情Ⅰ ⑥⑦⑧「**地歴・公民**」・**理**(50×3)▶「地総・地探」・「歴総・日探」・「歴総・世探」・「〈公・倫〉・〈公・

政経〉から１」から１または２，「物基・化基・生基・地学基から２」・物・化・生・地学から１または２，計３，ただし，初等・中等教育コース理科専攻は地歴・公民から１，理から２必須

【〈初等・中等教育コース(小学校専攻・社会専攻・実技系専攻)・特別支援教育コース〉】[個別学力検査(360)] **3科目** ①②**国・外・数**(150×2)▶「現国・言語・論国・文国・古典」・「英コミュⅠ・英コミュⅡ・英コミュⅢ・論表Ⅰ・論表Ⅱ・論表Ⅲ」・「数Ⅰ・数Ⅱ・数A・数B(数列)・数C(ベク)」から２ ③**面接**(60)

【〈初等・中等教育コース(国語専攻)〉】 **3科目** ①**国**(150)▶現国・言語・論国・文国・古典 ②**外・数**(150)▶「コミュ英Ⅰ・コミュ英Ⅱ・コミュ英Ⅲ・英表Ⅰ・英表Ⅱ」・「数Ⅰ・数Ⅱ・数A・数B(数列)・数C(ベク)」から１ ③**面接**(60)

【〈初等・中等教育コース(数学専攻・理科専攻)・養護教育コース〉】 **3科目** ①**数**(150)▶数Ⅰ・数Ⅱ・数A・数B(数列)・数C(ベク) ②**国・外**(150)▶「現国・言語・論国・文国・古典」・「英コミュⅠ・英コミュⅡ・英コミュⅢ・論表Ⅰ・論表Ⅱ・論表Ⅲ」から１ ③**面接**(60)

【〈初等・中等教育コース(英語専攻)〉】 **3科目** ①**外**(150)▶英コミュⅠ・英コミュⅡ・英コミュⅢ・論表Ⅰ・論表Ⅱ・論表Ⅲ ②**国・数**(150)▶「現国・言語・論国・文国・古典」・「数Ⅰ・数Ⅱ・数A・数B(数列)・数C(ベク)」から１ ③**面接**(60)

法学部

前期 **[共通テスト(500)]** **8科目** ①**国**(100) ②**外**(100・英〈R80＋L20〉)▶英・独・仏・中・韓から１ ③④**地歴・公民**(50×2)▶「地総・地探」・「歴総・日探」・「歴総・世探」・「〈公・倫〉・〈公・政経〉から１」から２ ⑤⑥**数**(50×2)▶「数Ⅰ・数A」・「数Ⅱ・数B・数C」 ⑦**理**(50)▶「物基・化基・生基・地学基から２」・物・化・生・地学から１ ⑧**情**(50)▶情Ⅰ

[個別学力検査(400)] **2科目** ①**国**(200)▶現国・言語・論国・文国・古典 ②**外**(200)▶英コミュⅠ・英コミュⅡ・英コミュⅢ・論表Ⅰ・論表Ⅱ・論表Ⅲ

後期 **[共通テスト(500)]** **8科目** 前期と同じ

[個別学力検査(400)] **1科目** ①**小論文**(400)

理学部

前期 **[共通テスト(470)]** **8科目** ①**国**(100) ②**外**(100・英〈R80＋L20〉)▶英・独・仏・中・韓から１ ③**地歴・公民**(50)▶「地総・地探」・「歴総・日探」・「歴総・世探」・「公・倫」・「公・政経」から１ ④⑤**数**(50×2)▶「数Ⅰ・数A」・「数Ⅱ・数B・数C」 ⑥⑦**理**(50×2)▶物・化・生・地学から２ ⑧**情**(20)▶情Ⅰ

[個別学力検査(500)] **4科目** ①**外**(100)▶英コミュⅠ・英コミュⅡ・英コミュⅢ・論表Ⅰ・論表Ⅱ・論表Ⅲ ②**数**(200)▶数Ⅰ・数Ⅱ・数Ⅲ・数A・数B(数列)・数C(ベク・平面) ③④**理**(100×2)▶「物基・物」・「化基・化」・「生基・生」・「地学基・地学」から２

後期 **[共通テスト(570)]** **8科目** ①**国**(100) ②**外**(200・英〈R160＋L40〉)▶英・独・仏・中・韓から１ ③**地歴・公民**(50)▶「地総・地探」・「歴総・日探」・「歴総・世探」・「公・倫」・「公・政経」から１ ④⑤**数**(50×2)▶「数Ⅰ・数A」・「数Ⅱ・数B・数C」 ⑥⑦**理**(50×2)▶物・化・生・地学から２ ⑧**情**(20)▶情Ⅰ

[個別学力検査(300)] **2科目** ①②**数・理**(150×2)▶「数Ⅰ・数Ⅱ・数Ⅲ・数A・数B(数列)・数C(ベク・平面)」・「物基・物」・「化基・化」・「生基・生」・「地学基・地学」から２

医学部

前期 **【医学科】[共通テスト(450)]** **8科目** ①**国**(100) ②**外**(100・英〈R80＋L20〉)▶英・独・仏・中・韓から１ ③**地歴・公民**(50)▶「地総・地探」・「歴総・日探」・「歴総・世探」・「公・倫」・「公・政経」から１ ④⑤**数**(25×2)▶「数Ⅰ・数A」・「数Ⅱ・数B・数C」 ⑥⑦**理**(50×2)▶物・化・生から２ ⑧**情**(50)▶情Ⅰ

[個別学力検査(800)] **5科目** ①**外**(200)▶英コミュⅠ・英コミュⅡ・英コミュⅢ・論表Ⅰ・論表Ⅱ・論表Ⅲ ②**数**(200)▶数Ⅰ・数Ⅱ・数Ⅲ・数A・数B(数列)・数C(ベク・平面) ③④**理**(100×2)▶「物基・物」・「化基・化」・「生基・生」から２ ⑤**面接**(200)

【保健学科〈看護学専攻〉】 [共通テスト(500)] 8科目 ①国(100) ②外(100・英〈R80+L20〉)▶英・独・仏・中・韓から1 ③地歴・公民(50)▶「地総・地探」・「歴総・日探」・「歴総・世探」・「公・倫」・「公・政経」から1 ④⑤数(50×2)▶「数Ⅰ・数A」・「数Ⅱ・数B・数C」 ⑥⑦理(50×2)▶物・化・生から2 ⑧情(50)▶情Ⅰ

[個別学力検査(500)] 3科目 ①国(100)▶現国・言語・論国・文国(古文・漢文を除く) ②外(200)▶英コミュⅠ・英コミュⅡ・英コミュⅢ・論表Ⅰ・論表Ⅱ・論表Ⅲ ③数(200)▶数Ⅰ・数Ⅱ・数A・数B(数列)・数C(ベク)

【保健学科〈放射線技術科学専攻〉】 [共通テスト(750)] 8科目 ①国(100) ②外(100・英〈R80+L20〉)▶英・独・仏・中・韓から1 ③地歴・公民(100)▶「地総・地探」・「歴総・日探」・「歴総・世探」・「公・倫」・「公・政経」から1 ④⑤数(100×2)▶「数Ⅰ・数A」・「数Ⅱ・数B・数C」 ⑥⑦理(100×2)▶物・化・生から2 ⑧情(50)▶情Ⅰ

[個別学力検査(300)] 3科目 ①外(100)▶英コミュⅠ・英コミュⅡ・英コミュⅢ・論表Ⅰ・論表Ⅱ・論表Ⅲ ②数(100)▶数Ⅰ・数Ⅱ・数Ⅲ・数A・数B(数列)・数C(ベク・平面) ③理(100)▶「物基・物」・「化基・化」・「生基・生」から1

【保健学科〈検査技術科学専攻〉】 [共通テスト(900)] 8科目 ①国(100) ②外(200・英〈R160+L40〉)▶英・独・仏・中・韓から1 ③地歴・公民(100)▶「地総・地探」・「歴総・日探」・「歴総・世探」・「公・倫」・「公・政経」から1 ④⑤数(100×2)▶「数Ⅰ・数A」・「数Ⅱ・数B・数C」 ⑥⑦理(100×2)▶物・化・生から2 ⑧情(100)▶情Ⅰ

[個別学力検査(800)] 5科目 ①外(200)▶英コミュⅠ・英コミュⅡ・英コミュⅢ・論表Ⅰ・論表Ⅱ・論表Ⅲ ②数(200)▶数Ⅰ・数Ⅱ・数Ⅲ・数A・数B(数列)・数C(ベク・平面) ③④理(100×2)▶「物基・物」・「化基・化」・「生基・生」から2 ⑤面接(200)

薬学部

前期 [共通テスト(550)] 8科目 ①国(100) ②外(150・英〈R120+L30〉)▶英・独・仏・中・韓から1 ③地歴・公民(50)▶英コミュⅠ・英コミュⅡ・英コミュⅢ・論表Ⅰ・論表Ⅱ・論表Ⅲから1 ④⑤数(50×2)▶「数Ⅰ・数A」・「数Ⅱ・数B・数C」 ⑥⑦理(50×2)▶化必須，物・生から1 ⑧情(50)▶情Ⅰ

[個別学力検査(850)] 5科目 ①外(150)▶英コミュⅠ・英コミュⅡ・英コミュⅢ・論表Ⅰ・論表Ⅱ・論表Ⅲ ②数(300)▶数Ⅰ・数Ⅱ・数Ⅲ・数A・数B(数列)・数C(ベク・平面) ③④理(150×2)▶「化基・化」必須，「物基・物」・「生基・生」から1 ⑤面接(100)

工学部

注)半導体デバイス工学課程の入試要項は編集時，未公表。最新の募集要項でご確認ください。

前期 [共通テスト(500)] 8科目 ①国(100) ②外(100・英〈R50+L50〉)▶英・独・仏・中・韓から1 ③地歴・公民(50)▶「地総・地探」・「歴総・日探」・「歴総・世探」・「公・倫」・「公・政経」から1 ④⑤数(50×2)▶「数Ⅰ・数A」・「数Ⅱ・数B・数C」 ⑥⑦理(50×2)▶物・化・生・地学から2 ⑧情(50)▶情Ⅰ

[個別学力検査(550)]【土木建築学科・機械数理工学科・情報電気工学科】 4科目 ①外(150)▶英コミュⅠ・英コミュⅡ・英コミュⅢ・論表Ⅰ・論表Ⅱ・論表Ⅲ ②数(200)▶数Ⅰ・数Ⅱ・数Ⅲ・数A・数B(数列)・数C(ベク・平面) ③④理(100×2)▶「物基・物」必須，「化基・化」・「生基・生」から1

【材料・応用化学科】 4科目 ①外(150)▶英コミュⅠ・英コミュⅡ・英コミュⅢ・論表Ⅰ・論表Ⅱ・論表Ⅲ ②数(200)▶数Ⅰ・数Ⅱ・数Ⅲ・数A・数B(数列)・数C(ベク・平面) ③④理(100×2)▶「化基・化」必須，「物基・物」・「生基・生」から1

後期 [共通テスト(1000)] 8科目 ①国(200) ②外(200・英〈R100+L100〉)▶英・独・仏・中・韓から1 ③地歴・公民(100)▶「地総・地探」・「歴総・日探」・「歴総・世探」・「公・倫」・「公・政経」から1 ④⑤数(100×2)▶「数Ⅰ・数A」・「数Ⅱ・数B・数C」 ⑥⑦理(100×2)▶物・化・生・地学から2 ⑧情(100)▶情Ⅰ

[個別学力検査(300)]【土木建築学科】

1科目 ①小論文(300)

【機械数理工学科／情報電気工学科／材料・応用化学科】 1科目 ①面接(300) ▶機械数理工学科は参考のため簡単な筆記試験を課す

情報融合学環

注)入試要項は編集時，未公表。最新の募集要項でご確認ください。

その他の選抜

総合型選抜(グローバルリーダーコース入試，帰国生徒入試，社会人対象)，学校推薦型選抜Ⅰ・Ⅱ，私費外国人留学生選抜。

偏差値データ(2024年度)

●一般選抜

学部／学科・課程／コース・専攻	2024年度 駿台予備学校 合格目標ライン	2024年度 河合塾 ボーダー得点率	2024年度 河合塾 ボーダー偏差値	'23年度 競争率
●前期				
▶文学部				
総合人間	51	66%	55	1.8
歴史	50	69%	52.5	2.0
文	51	63%	55	1.5
コミュニケーション情報	51	65%	52.5	1.8
▶教育学部				
学校教育教員養成／初等・中等教育(小学校)	49	62%	50	1.7
(国語)	48	65%	52.5	2.0
(社会)	48	66%	52.5	3.1
(数学)	49	64%	50	1.5
(理科)	48	61%	50	1.2
(英語)	51	66%	52.5	2.6
(実技系)	43〜46	58%	50	2.7
／特別支援教育	46	59%	50	1.6
／養護教育	48	59%	50	1.8
▶法学部				
法	50	65%	52.5	1.8
▶理学部				
理	50	61%	47.5	1.6
▶医学部				
医	65	82%	65	3.5
保健／看護学	48	59%	50	2.1
／放射線技術科学	49	70%	50	2.8
／検査技術科学	49	64%	47.5	1.3
▶薬学部				
薬	55	74%	57.5	4.1
創薬・生命薬科	52	67%	55	1.3
▶工学部				
土木建築	47	63%	45	1.4
機械数理工	47	63%	47.5	1.5
情報電気工	47	65%	47.5	1.8
材料・応用化	47	62%	47.5	1.2
半導体デバイス工学	47	64%	47.5	新
▶情報融合学環				
[文系型]	49	64%	50	新
[理系型]	50	64%	50	新
●後期				
▶文学部				
総合人間	52	72%	—	3.1
歴史	52	71%	57.5	2.7
文	52	72%	—	2.6
▶法学部				
法	51	74%	—	3.3
▶理学部				
理	52	70%	52.5	2.1
▶工学部				
土木建築	48	71%	—	1.8
機械数理工	48	73%	—	1.5
情報電気工	48	74%	—	2.2
材料・応用化	48	73%	—	1.1

- 駿台予備学校合格目標ラインは合格可能性80%に相当する駿台模試の偏差値です。
- 河合塾ボーダー得点率は合格可能性50%に相当する共通テストの得点率です。また，ボーダー偏差値は合格可能性50%に相当する河合塾全統模試の偏差値です。
- 競争率は受験者÷合格者の実質倍率

大分大学（おおいた）

OITA UNIVERSITY

資料請求

問合せ先 学生支援部入試課 ☎097-554-7006

大学の理念

1921（大正10）年創立の大分経専と，1874（明治７）年創立の師範学校伝習所を起源にもつ大分師範・青年師範を統合し，1949（昭和24）年に設立。その後，2003（平成15年）に大分医科大学と統合した。人間と社会と自然に関する教育と研究を通じて，豊かな創造性，社会性および人間性を備えた人材を育成するとともに，地域の発展ひいては国際社会の平和と発展に貢献し，人類福祉の向上と文化の創造に寄与することを理念とし，学生の教育・指導に情熱を注ぎ，世界的研究を推進し，持続可能な社会の核となる大学をめざす。2023年４月には医学部に，医学・医療の基盤を支え，イノベーション創出人材を育成する「先進医療科学科」を開設。世界の動向を見据え，これからのグローカル社会で活躍する人材育成，地域貢献を推進していく。

- 旦野原キャンパス…〒870-1192　大分県大分市大字旦野原700
- 挾間キャンパス……〒879-5593　大分県由布市挾間町医大ケ丘1-1

基本データ

学生数▶4,772名（男2,938名，女1,834名）
専任教員数▶教授176名，准教授151名，講師75名
設置学部▶教育，経済，医，理工，福祉健康科
併設教育機関▶大学院─経済学・医学系・工学（以上M・D），教育学（P），福祉健康科学（M）

就職・卒業後の進路

就職率 98.4%（就職者÷希望者×100）

●**就職支援**　キャリア支援室では，一般的な就職支援に留まらず，大学院進学や公務員試験対策，卒業後のキャリア形成を全面的にサポートしている。年間を通じて行うキャリア支援プログラム（年間25本）や公務員ガイダンス，業界研究セミナー，学内企業説明会，インターンシップの情報提供と関連セミナーの開催などに加え，キャリア教育科目の充実を図ることで，学生のキャリア意識を高めている。また，キャリア相談室を設置し，就職・進学相談全般に対応。キャリアアドバイザーが常駐し，個別の相談にも応じている。

進路指導者も必見 学生を伸ばす 面倒見

初年次教育
「大分大学入門」「基礎ゼミ」「導入セミナー」「情報処理入門」「情報リテラシーⅠ・Ⅱ」「データサイエンス入門」のほか，学部ごとの取り組み「アーリー・エクスポージャー」を開講し，初年次教育を実施

学修サポート
全学部でTA制度，オフィスアワー制度，教員１人が学生６〜35人を担当する教員アドバイザー制度，経済学部ではSA制度も導入。担当教員，学年指導教員，ゼミ教員等による相談支援のほか，ぴあルームを設置し，学習支援を実施

オープンキャンパス（2023年度実績） 7/28・29旦野原キャンパス，8/9挾間キャンパスとオンライン（7/31〜9/24）でオープンキャンパスを開催（一部事前申込制）。7/31〜8/4はWeb相談会も実施。

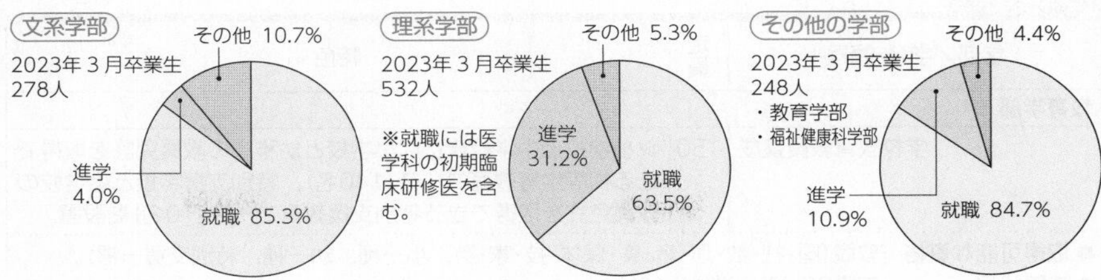

主なOB・OG▶［教育］林享（東海学園大学教授・水泳部監督），［旧大分医科］吉岡秀人（医師），［旧工］サンシャイン池崎（お笑い芸人）など。

国際化・留学　大学間 102 大学等・部局間 15 大学等

受入れ留学生数▶16名（2023年5月1日現在）
留学生の出身国▶中国，韓国，マレーシア，チュニジアなど。
外国人専任教員▶教授４名，准教授５名，講師１名（2023年５月１日現在）
大学間交流協定▶102大学・機関（交換留学先82大学，2023年８月31日現在）
部局間交流協定▶15大学・機関（交換留学先11大学，2023年８月31日現在）
海外への留学生数▶渡航型45名・オンライン１名／年（９カ国・地域，2022年度）
海外留学制度▶学生交流協定校への交換留学（1学期または1年）を実施している。修得単位は，各学部の規定を満たせば卒業単位として認定される。大学へ授業料を納めることにより，派遣先大学への入学料・授業料は不要。留学のための奨学金制度の利用も可能となっている。ほかに，長期休暇期間に協定校において短期集中で語学を学ぶとともに大学の寮で生活しながら留学先の文化を学ぶことができる短期語学研修や学生たちが訪問したい企業や団体について調べ，訪問依頼のメールを送ってアポイントを取った上で実際に訪問する実践型のミニトビタテ海外短期研修などを実施。

学費・奨学金制度　給付型奨学金総額 年間 540 万円

入学金▶282,000円
年間授業料（施設費等を除く）▶535,800円
年間奨学金総額▶5,400,000円
年間奨学金受給者▶９人
主な奨学金制度▶被災等による家計急変で経済的に修学が困難になった学生に上限10万円を給付する「学生支援特別給付奨学金」や経済学部の成績優秀者に対する奨学金の支給，国際ビジネスプログラム登録者の海外留学を援助する「久保奨学基金」などを設置。また，学費減免制度があり，2022年度には295人を対象に総額で約4,682万円を減免している。

保護者向けインフォメーション

- **成績確認**　学部により成績表および履修科目と単位数の情報を保護者に郵送している。
- **保護者会**　学部により保護者説明会，懇談会，後援会総会を開催するほか，11月に２・３年次生の保護者を対象とした就職・教務関係説明会と個人面談を実施。
- **防災対策**　「大地震対応ガイド」を大学HPに掲載。被災した際の学生の安否確認は，ANPIC（安否確認システム）を利用する。

インターンシップ科目	必修専門ゼミ	卒業論文	GPA制度の導入の有無および活用例	１年以内の退学率	標準年限での卒業率
経済・理工学部で開講している	全学部で実施，開講年次は学部により異なる	医学科を除き卒業要件	学部により履修上限単位数の緩和，卒業論文指導教員の決定，実習科目の履修要件，進級・退学勧告・卒業判定基準，個別の学修指導などに活用	0.3%	84.4%(4年制) 93.1%(6年制)

学部紹介

学部／学科・課程	定員	特色
教育学部		
学校教育教員養成	150	▷小学校と中学校または小学校と幼稚園の教員免許を取得できる初等中等教育コース（140名），特別支援学校と小学校の教員免許を取得できる特別支援教育コース（10名）を設置。
●取得可能な資格…教職（国・社・数・理・音・美・保体・技・家・英，小一種，幼一種，特別支援一種）。 ●進路状況…………就職90.3%　進学5.6% ●主な就職先………教員（小学校，中学校，高等学校，特別支援学校），幼稚園教諭など。		
経済学部		
総合経済	270	▷SDGsに対応しつつ，その先にある社会的課題にも対応できる力を育成するため，これまでの４学科体制から，経済・経営・地域研究の分野を融合した１学科とし，サステナビリティに対応する，経済分析・政策，IBP，会計，社会イノベーション，生活・仕事創造，地域経営・法の６コースへ改編。
●取得可能な資格…教職（公・商）。　●進路状況…就職85.3%　進学4.0% ●主な就職先………大分銀行，佐伯建設，森永食研，三和酒類，YKKAP，凸版印刷，日本通運など。		
医学部		
医	100	▷豊かな教養と人間性，高度の学識や生涯学習能力，国際的な視野を備えた全人的医療が可能な医師を育成。
看護	60	▷看護学の発展や保健・医療・福祉など地域医療の向上，国際社会へ貢献し得る人材を養成する。
先進医療科	35	▷生命健康科学と臨床医工学の２コース。臨床検査技師，臨床工学技士として医工学の発展をめざす。
●取得可能な資格…教職（養護二種），医師・看護師・保健師・臨床検査技師・臨床工学技士受験資格など。 ●進路状況…………［医］初期臨床研修医92.0%　［看護］就職95.1%　進学4.9% ●主な就職先………大分大学医学部附属病院，大分赤十字病院，大分県立病院，大分県保健師など。		
理工学部		
理工	395	▷数理科学，知能情報システム，DX人材育成基盤，物理学連携，電気エネルギー・電子工学，機械工学，知能機械システム，生命・物質化学，地域環境科学，建築学の10プログラム。
●取得可能な資格…教職（数・理・情・工業），１・２級建築士受験資格など。 ●進路状況…………就職49.2%　進学45.5%（旧工学部実績を含む） ●主な就職先………ダイハツ九州，デンケン，梅林建設，オーイーシー，大分県庁，スズキなど。		
福祉健康科学部		
福祉健康科	100	▷〈理学療法コース30名，社会福祉実践コース35名，心理学コース35名〉理学療法士，福祉専門職，心理専門職を養成。
●取得可能な資格…理学療法士・社会福祉士・精神保健福祉士受験資格など。 ●進路状況…………就職76.9%　進学18.3% ●主な就職先………別府リハビリテーションセンター，大分市社会福祉協議会，大分地方検察庁など。		

キャンパス

教育・経済・理工・福祉健康科……［旦野原キャンパス］大分県大分市大字旦野原700
医……［挾間キャンパス］大分県由布市挾間町医大ケ丘1-1

キャンパスアクセス　［旦野原キャンパス］JR豊肥本線一大分大学前より徒歩約５分

2025年度入試要項(予告)

●募集人員

学部／学科・課程(コース)		前期	後期
▶教育	学校教育教員養成(初等中等教育)	72	23
	(特別支援教育)	3	2
▶経済		120	65
▶医	医[一般枠]	55	—
	[地元出身者枠]	10	—
	看護	35	10
	先進医療科(生命健康科学)	15	5
	(臨床医工学)	11	4
▶理工	理工	267	56
▶福祉健康科	福祉健康科(理学療法)	22	3
	(社会福祉実践)	23	4
	(心理学)	27	—

注)募集人員は2024年度の実績です。
※理工学部の各プログラムの募集目安は以下の通り。数理科学前13，知能情報前37・後9，DX人材育成基盤前30・後10，物理学連携前10，電気エネルギー・電子工学前43・後9，機械工学前42・後10，知能機械システム前16・後5，生命・物質化学前35後5，地域環境科学前13，建築学前28・後8。

●２段階選抜

入学志願者が著しく多い場合，前期は医学部医学科・看護学科・先進医療科学科，福祉健康科学部各コース約３倍，後期は医学部看護学科・先進医療科学科約７倍，福祉健康科学部各コース約10倍で行う。

試験科目

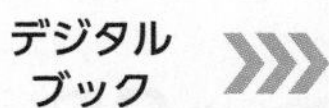

偏差値データ(2024年度)

●一般選抜

学部／学科・課程／コース	2024年度 駿台予備学校 合格目標ライン	2024年度 河合塾 ボーダー得点率	2024年度 河合塾 ボーダー偏差値	'23年度 競争率
●前期				
▶教育学部				
学校教育教員養成／初等中等教育	51	51%	47.5	1.3
／特別支援教育	49	50%	47.5	2.0
▶経済学部				
	48	56%	47.5	1.5
▶医学部				
医(一般枠)	63	80%	62.5	2.3
(地元出身枠)	62	78%	62.5	(2.3)
看護	45	54%	—	1.7
先進医療科／生命健康科学	46	62%	50	2.6
／臨床医工学	46	64%	47.5	2.3
▶理工学部				
理工／数理科学	44	54%	42.5	1.9
／知能情報システム	43	(54%)	(42.5)	(1.9)
／DX人材育成基盤	—	(54%)	(42.5)	(1.9)
／物理学連携	45	(54%)	(42.5)	(1.9)
／電気エネルギー・電子工学	41	(54%)	(42.5)	(1.9)
／機械工学	41	(54%)	(42.5)	(1.9)
／知能機械システム	42	(54%)	(42.5)	(1.9)
／生命・物質化学	43	(54%)	(42.5)	(1.9)
／地球環境科学	43	(54%)	(42.5)	(1.9)
／建築学	43	(54%)	(42.5)	(1.9)
▶福祉健康科学部				
福祉健康科／理学療法	47	57%	—	2.6
／社会福祉実践	46	51%	—	1.3
／心理学	48	56%	—	1.6
●後期				
▶教育学部				
学校教育教員養成／初等中等教育	50	54%	—	1.9
／特別支援教育	48	54%	—	1.5
▶経済学部				
	47	60%	—	1.8
▶医学部				
看護	46	60%	—	2.5
先進医療科／生命健康科学	46	66%	—	1.2
／臨床医工学	46	67%	—	1.8
▶理工学部				
理工／知能情報システム	45	59%	—	2.3
／DX人材育成基盤	—	(59%)	(—)	(2.3)
／電気エネルギー・電子工学	43	(59%)	(—)	(2.3)
／機械工学	43	(59%)	(—)	(2.3)
／知能機械システム	44	(59%)	(—)	(2.3)
／生命・物質化学	46	(59%)	(—)	(2.3)
／建築学	45	(59%)	(—)	(2.3)
▶福祉健康科学部				
福祉健康科／理学療法	48	62%	—	2.2
／社会福祉実践	47	60%	—	2.5

(括弧内の値は、表中で括弧により複数行にまとめて示された値)

- 駿台予備学校合格目標ラインは合格可能性80%に相当する駿台模試の偏差値です。
- 河合塾ボーダー得点率は合格可能性50%に相当する共通テストの得点率です。また，ボーダー偏差値は合格可能性50%に相当する河合塾全統模試の偏差値です。
- 競争率は受験者÷合格者の実質倍率
- 医学部医学科の前期，看護学科の後期，先進医療科学科の各コース，福祉健康科学部理学療法コースの前期・後期は２段階選抜を実施。

キャンパスアクセス　[狭間キャンパス]　JR日豊本線ー大分よりバス約40分

宮崎大学

資料請求

問合せ先 学び・学生支援機構入試課　☎0985-58-7138

大学の理念

宮崎農林専門学校，県立工専，宮崎師範・青師を統合し，1949（昭和24）年に開学，2003（平成15年）に宮崎医科大学と統合した。「世界を視野に地域から始めよう」のスローガンのもと，人間性・社会性・国際性を備えた専門職業人を養成するとともに，国際的に通用する研究活動を推進し，その成果を大学教育へ反映し，社会発展に役立てることを大学目標に掲げる。宮崎の創造をリードし，日本・世界に貢献できる大学として，持続可能な社会の構築，および地域共生社会の実現に向けて「未来Vision for 2040」を策定。「新たな社会に対応し，社会を積極的に支え，社会を改善できるリーダー人材」の輩出や，多様で卓越した知による「イノベーション創出」や「科学技術の発展」，地域共創による「新たな社会・経済システムの提案」に取り組む。

- 木花キャンパス……〒889-2192　宮崎県宮崎市学園木花台西1-1
- 清武キャンパス……〒889-1692　宮崎県宮崎市清武町木原5200

基本データ

学生数▶4,639名（男2,833名，女1,806名）
専任教員数▶教授210名，准教授185名，講師73名
設置学部▶教育，医，工，農，地域資源創成

併設教育機関▶大学院―医学獣医学総合（M・D），看護学・工学・農学・地域資源創成学（以上M），農学工学総合（D），教育学（P）

就職・卒業後の進路

就職率 **98.9**%
就職者÷希望者×100(医学部医学科除く)

●**就職支援**　「キャリア支援」「就職支援」の２つの支援体制のもと，就職・進路に関する専門的な知識を持ったアドバイザーが活動を行う学生に対応するとともに，さまざまなサポートを行っている。独自のキャリア支援として学生の積極的な企画・運営・実施能力を高める「とっても元気！宮大チャレンジプログラム」を実施。また，就職に対してのミスマッチを防ぐことを目的に複数の企業・官公庁によるインターンシップ合同説明会を開催するほか，さまざまな情報提供も行っている。就職支援では，面接対策やエントリーシート

進路指導者も必見　学生を伸ばす　面倒見

初年次教育
「大学教育入門セミナー」「情報・数量スキル」などを開講し，大学で学ぶための心構えや基本的な知識・技能，情報・データリテラシーを身につける

学修サポート
全学部でTA制度，オフィスアワー制度を導入。また，学生なんでも相談室を設置し，学生生活を送る上でのさまざまな問題について相談に応じている

オープンキャンパス(2023年度実績)　8月に各キャンパスで来校型オープンキャンパスを開催(事前申込制)。学部・学科等紹介，模擬講義・実験，研究室体験などのほか，宮崎大学音楽祭，保護者向け説明会，バスツアーも実施。

の書き方，業界研究などのセミナーやガイダンスを時期に応じて開催している。

理系学部

2023年３月卒業生
797人

※就職には医学科の初期臨床研修医を含む。

その他 3.3%
進学 34.0%
就職 62.7%

その他の学部

2023年３月卒業生
207人
・教育学部
・地域資源創成学部

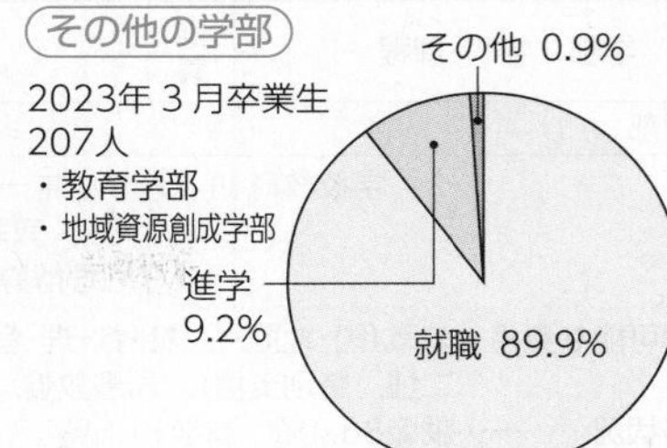

主なOB・OG▶ [旧宮崎医科大学] 西浦博（医学者），[教] 波多野睦美（メゾソプラノ歌手）など。

国際化・留学　大学間 91 大学等・部局間 53 大学等

受入れ留学生数▶ 37名（2023年5月1日現在）

留学生の出身国▶ タイ，中国，韓国，マレーシア，アメリカなど。

外国人専任教員▶ 教授４名，准教授６名，講師５名（2023年５月1日）

外国人専任教員の出身国▶ 中国，韓国，ミャンマー，アメリカなど。

大学間交流協定▶ 91大学・機関（交換留学先73大学，2023年５月１日現在）

部局間交流協定▶ 53大学・機関（交換留学先29大学，2023年５月１日現在）

海外への留学生数▶ 渡航型25名，オンライン型50名／年（８カ国・地域，2022年度）

海外留学制度▶ 交流協定校へ半年から１年間の交換留学（休学の必要がなく留学先の授業料は免除される）のほか，１週間～１カ月程度の短期プログラムをニュージーランドのオタゴ大学ランゲージセンター，釜山外国語大学校夏/春期韓国語短期研修，開南大学夏期中国語／英語・台湾文化研修などで実施。また，短期オンラインプログラムでも，韓国・中国・台湾等の大学と多く協定を締結しているため，英語だけでなく，韓国語や中国語などに特化したプログラムも用意している。

学費・奨学金制度　給付型奨学金総額 年間 677 万円

入学金▶ 282,000円

年間授業料（施設費等を除く）▶ 535,800円

年間奨学金総額▶ 6,770,000円

年間奨学金受給者数▶ 128人

主な奨学金制度▶ 宮崎大学「夢と希望の道標」奨学金は，２～６年次生を対象に10万円を給付する「成績優秀者奨学金」や，経済的理由により参加が困難な学生に対して10万円を限度に給付される「海外研修奨学金」などを設置している。また，学費減免制度があり，2022年度には179人を対象に総額で約3,128万円を減免している。

保護者向けインフォメーション

●**オープンキャンパス**　通常のオープンキャンパス時に保護者向けの説明会を開催。

●**成績確認**　成績表および履修科目と単位数の情報を保護者に郵送している。ミールカードの利用者は学食利用状況が確認できるようになっている。

●**防災対策**　「防災マニュアル」を大学HPにて公表。被災した場合には，安否確認システムを利用して学生の安否を確認する。

インターンシップ科目	必修専門ゼミ	卒業論文	GPA制度の導入の有無および活用例	１年以内の退学率	標準年限での卒業率
全学部で開講している	教育学部は１～４年次，医学部は１～６年次，農学部は３・４年次，地域資源創成学部は２・３年次に実施	医学部を除き卒業要件	奨学金等対象者の選定，個別の学修指導のほか，一部の学部で留学候補者の専攻，GPAに応じた履修上限単位数の設定に活用	0.7%	93.8%（4年制）84.5%（6年制）

学部紹介

学部／学科・課程	定員	特色
教育学部		
学校教育	140	▷小中一貫コース（小学校主免専攻70名，中学校主免専攻35名），教職実践基礎コース15名，発達支援教育コース（子ども理解専攻10名，特別支援教育専攻10名）の３コース制。
● **取得可能な資格**…教職（国・地歴・公・社・数・理・音・美・保体・技・家・工業・英，小一種・二種，幼一種・二種，特別支援），司書教諭，学芸員など。 ● **進路状況**…………就職88.4%　進学11.6% ● **主な就職先**………教員（宮崎県，福岡県，長崎県，鹿児島県，熊本県，大分県），宮崎市役所など。		
医学部		
医	100	▷宮崎の地域医療に貢献するとともに，国際的にも活躍できる人間性に優れた医師を育成する。
看護	60	▷看護による健康への支援を通して，保健医療に貢献できる看護師，保健師を養成する。
● **取得可能な資格**…教職（養護二種），医師・看護師・保健師受験資格など。 ● **進路状況**…………［医］初期臨床研修医95.7%　就職1.1%　［看護］就職91.8%　進学6.6% ● **主な就職先**………［看護］宮崎大学医学部附属病院，東京大学医学部附属病院，九州大学病院など。		
工学部		
工	370	▷ジェネラリティを持つスペシャリストの養成をめざして，１学科に時代のニーズに対応した専門分野の異なる６プログラムを設定。２年次から各プログラムに配属。
● **取得可能な資格**…教職（理・工業），測量士補など。　● **進路状況**…就職44.2%　進学54.6% ● **主な就職先**………宮崎県庁，ラピスセミコンダクタ，宮崎市役所，宮崎銀行，BCC，三桜電気工業など。		
農学部		
植物生産環境科	50	▷地球の生態系・自然環境と農業生産との調和を図るための環境保全型農業に関する教育と研究を行う。
森林緑地環境科	50	▷森林や農山村・都市・海岸域を含めた緑地の機能を探求し，農林業・自然環境・生活環境の調和をめざす。
応用生物科	55	▷バイオサイエンス分野の最先端技術を用いた生物の機能解明と活用，食品機能と利用法・安全性について探求する。
海洋生物環境	30	▷海洋を含む水圏環境について学ぶとともに，生物の多様性と利用・活用法を修得して国際社会に貢献できる人材を育成。
畜産草地科	50	▷野生動物・環境保全の場としての草地生態，遺伝資源利用，地球環境の保全，フードチェーンにおける衛生管理など幅広い分野を対象に研究を行う。
獣医	30	▷南九州の特色である産業動物獣医師の養成に力を入れ，人や動物の健康・福祉に貢献する獣医師を育成。
● **取得可能な資格**…教職（理・農・水産），学芸員，測量士補，獣医師受験資格など。 ● **進路状況**…………就職68.5%　進学25.3% ● **主な就職先**………宮崎県庁，大分県庁，農林水産省，全国酪農業協同組合連合会，サンホームなど。		
地域資源創成学部		
地域資源創成	90	▷２年次後期より地域産業創出，地域創造，企業マネジメントの３コースに分属。
● **進路状況**…………就職91.9%　進学5.8% ● **主な就職先**………宮崎市役所，宮崎県庁，宮崎銀行，宮崎山形屋，スチームシップなど。		

 キャンパスアクセス ［木花キャンパス］ JR日豊本線一宮崎よりバス約45分

▶キャンパス

教育・工・農・地域資源創成……［木花キャンパス］宮崎県宮崎市学園木花台西1-1
医……［清武キャンパス］宮崎県宮崎市清武町木原5200

2025年度入試要項（予告）

●募集人員

学部／学科・課程（コース）	前期	後期
▶教育　学校教育（小中一貫・小）	2/3型20 理系10	小論文 10
（小中一貫・中）	2/3型10 理系10	—
（教職実践基礎）	8	—
（発達支援教育・子ども理解）	7	—
（発達支援教育・特別支援教育）	7	—
▶医　医	45	15
看護	35	5
▶工　工	200	93
▶農　植物生産環境科	24	8
森林緑地環境科	20	10
応用生物科	26	9
海洋生物環境	12	8
畜産草地科	25	8
獣医	20	10
▶地域資源創成学部　地域資源創成	55	15

●２段階選抜

医学部医学科で志願者数が募集人員を大幅に上回った場合，原則として前期は約６倍，後期は約14倍で行うことがある。

試験科目

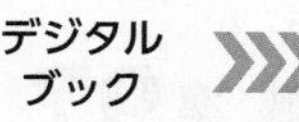

偏差値データ（2024年度）

●一般選抜

学部／学科・課程／コース	2024年度 駿台予備学校 合格目標ライン	2024年度 河合塾 ボーダー得点率	2024年度 河合塾 ボーダー偏差値	'23年度 競争率
●前期				
▶教育学部				
学校教育／小中一貫・小(2/3型)	50	52%	47.5	2.2
／小中一貫・小(理系)	50	51%	45	3.1
／小中一貫・中(2/3型)	51	53%	47.5	2.6
／小中一貫・中(理系)	50	53%	45	1.6
／教職実践基礎	49	51%	47.5	2.5
／発達支援教育・子ども理解	49	50%	45	1.4
／発達支援教育・特別支援教育	48	50%	45	3.0
▶医学部				
医	62	81%	62.5	4.5
看護	46	53%	—	2.0
▶工学部				
工	44	50%	42.5	1.7
▶農学部				
植物生産環境科	49	52%	47.5	1.8
森林緑地環境科	48	51%	45	2.7
応用生物科	51	55%	50	3.9
海洋生物環境	52	57%	50	4.7
畜産草地科	49	54%	47.5	2.2
獣医	59	73%	62.5	2.5
▶地域資源創成学部				
地域資源創成	47	53%	—	2.1
●後期				
▶教育学部				
学校教育／小中一貫・小	51	58%	—	7.5
▶医学部				
医	63	86%	67.5	3.8
看護	47	59%	—	2.3
▶工学部				
工	45	58%	50	2.7
▶農学部				
植物生産環境科	50	55%	50	2.5
森林緑地環境科	49	54%	47.5	2.9
応用生物科	52	61%	52.5	6.3
海洋生物環境	53	60%	52.5	2.8
畜産草地科	50	58%	50	3.3
獣医	61	81%	65	5.5
▶地域資源創成学部				
地域資源創成	48	59%	—	3.2

- 駿台予備学校合格目標ラインは合格可能性80%に相当する駿台模試の偏差値です。
- 河合塾ボーダー得点率は合格可能性50%に相当する共通テストの得点率です。また，ボーダー偏差値は合格可能性50%に相当する河合塾全統模試の偏差値です。
- 競争率は受験者÷合格者の実質倍率
- 医学部医学科の前期・後期は２段階選抜を実施。

鹿児島大学

かごしま

資料請求

問合せ先　学生部入試課　☎099-285-7355

大学の理念

1773年設立の藩学造士館から明治以降に設立された第七高等学校造士館をはじめ各種の高等専門学校を統合，1949（昭和24）年に新制国立鹿児島大学として発足。９学部と９大学院研究科を擁し，これまでに10万名を超える卒業生を輩出し，国内はもとより世界の各地で，人類の平和と繁栄ならびに福祉の向上のために大きな足跡を残す。地域特性を生かし，グローバルな視点を有する地域人材を育成。大学の強みと特色を生かした学術研究を推進し，地域特有の課題研究を促進する。地域ニーズに応じた社会人教育や地域連携の強化，社会貢献の取り組みも推進している。機能強化に向けた教育研究組織体制を整備し，学問の自由と多様性を堅持しつつ，自主自律と進取の精神を尊重し，地域と共に社会の発展に貢献する総合大学をめざす。

●郡元キャンパス………〒890-8580　鹿児島県鹿児島市郡元1-21-24
●各学部のキャンパス情報はP.1583をご覧ください。

基本データ

学生数▶8,574名（男5,060名，女3,514名）
専任教員数▶教授302名，准教授286名，講師103名）
設置学部▶法文，教育，理，医，歯，工，農，水産，共同獣医
併設教育機関▶大学院－人文社会科学・保健学・理工学・医歯学総合（以上M・D），農林水産学（M），教育学・臨床心理学（以上P），連合農学・共同獣医学（以上D）

就職・卒業後の進路

就職率 97.7％
就職者÷希望者×100

●**就職支援**　キャリア形成支援センターには専任スタッフと相談員が配置され，学生の相談に対応している。就職アドバイス（自己分析，業界・企業研究），履歴書やエントリーシートの書き方・添削，面接指導，模擬面接などを行うほか，全学就職支援事業として就職ガイダンスや就職支援講座，企業説明会および公務員・教員採用試験説明会などを企画・実施している。また，1年次から共通教育科目において「キャリアデザイン」を開講

進路指導者も必見　学生を伸ばす　面倒見

初年次教育
「初年次セミナー」「情報活用」などを開講し，大学教育全体に対する動機づけ，レポート・論文の書き方，プレゼン技法，ITの基礎技術，情報収集や資料整理の方法を学ぶほか，論理的思考や問題発見・解決能力の向上を図っている

学修サポート
TA制度，オフィスアワー制度を導入。また，学部によりクラス担任教員を配置し，修学および学生生活全般にわたり助言・指導を行っている

オープンキャンパス（2023年度実績）　8月にオープンキャンパスを対面とオンラインで同時開催（事前申込制）。学部学科紹介，体験講義，国際バカロレア生対象個別相談会などを実施。11月には秋季オープンキャンパスを開催。

し，就職情報会社や企業の人事OBのほか，さまざまな業界で活躍する方々を講師に迎えている。自らの適性や適応力を測る機会としてインターンシップへの参加を積極的に支援，専用の窓口を設置し，専門スタッフが情報提供，相談・申込などに対応している。

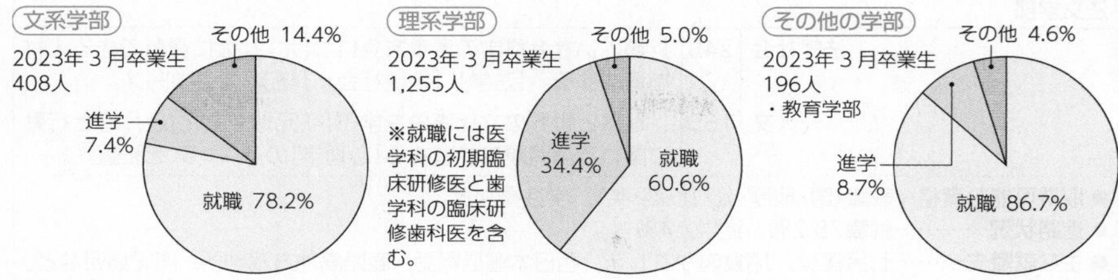

主なOB・OG▶［工］稲森和夫（京セラ・第二電電創業者），［教育］下野竜也（指揮者）など。

国際化・留学　大学間 94 大学等・部局間 81 大学等

受入れ留学生数▶368名（2023年５月１日現在）

留学生の出身国▶中国，韓国，ベトナム，バングラデシュ，インドネシアなど。

外国人専任教員▶教授５名，准教授10名，講師５名（2023年５月１日現在）

大学間交流協定▶94大学・機関（交換留学先85大学，2023年５月1日現在）

部局間交流協定▶81大学・機関（交換留学先51大学，2023年５月1日現在）

海外への留学生数▶渡航型157名・オンライン型11名／年（18カ国・地域，2022年度）

海外留学制度▶グローバルセンターが入学から卒業までの一貫した国際教育プログラムP-SEG Interactive（ピーセグ・インタラクティブ）を運営し，早期の海外研修を経て，留学や海外インターンシップへの挑戦を支援している。短期の海外研修は全22コース（2023年度予定）が開講されており，目的や学習課題，自身の関心に応じて訪問先を選べる。長期の派遣留学についての情報提供や相談・指導，奨学金も充実しており，多くの学生が海外での学びを実現させている。コンソーシアムはUMAPに参加している。

学費・奨学金制度　給付型奨学金総額 年間 125 万円

入学金▶282,000円

年間授業料（施設費等を除く）▶535,800円

年間奨学金総額▶1,250,000円

年間奨学金受給者数▶５人

主な奨学金制度▶県内離島地域の高等学校を卒業し現役で入学した学部生のうち，入学年度の前期分授業料免除を申請し，許可された学生に25万円を給付する「鹿児島大学離島高等学校出身者スタートアップ奨学金」などを設置。また，学費減免制度があり，2022年度には301人を対象に総額で約5,587万円を減免している。

保護者向けインフォメーション

●**オープンキャンパス**　通常のオープンキャンパス時に保護者向け説明会を実施している。

●**成績確認**　学生の同意を得られた場合に限り，成績表を保証人に郵送している。

●**防災対策**　被災した際の学生の安否は，大学のHPおよび安否情報システム（ANPIC）を利用して確認する。

インターンシップ科目	必修専門ゼミ	卒業論文	GPA制度の導入の有無および活用例	１年以内の退学率	標準年限での卒業率
工・農学部で開講している	学部・学科により異なる	法文（法経社会）・理（数理情報科学）・医（医）・歯を除き卒業要件	共通教育センター長賞の表彰，学生への個別の学修指導，履修上限単位数の設定などに活用	0.3%	81.4%（４年制）86.4%（６年制）

学部紹介

学部／学科・課程・コース	定員	特色
法文学部		
法経社会	245	▷幅広い社会科学の素養を身につけ，社会に貢献できる人材を育成する。「法学」「地域社会」「経済」の３コース。
人文	165	▷地域と世界の文化事象を学ぶ「多元地域文化」と，心と行動に関わる諸問題を学習する「心理学」の２コースを設置。
●**取得可能な資格**…教職（国・地歴・公・社・商・英），学芸員など。 ●**進路状況**…………就職78.2%　進学7.4% ●**主な就職先**………七呂建設，JA食肉かごしま，西日本電信電話，鹿児島地方裁判所，鹿児島県など。		
教育学部		
学校教育教員養成	190	▷３コース制。初等教育コース（112名）では，音楽，保健体育を除き，２年次に各教科や専門領域に分属。中等教育コース（63名）では，教科に対応した各分野に所属。特別支援教育コース（15名）では，小学校または中学校教諭免許を基礎に特別支援学校の教員に必要な障害児教育の専門課程を初年次から学ぶ。
●**取得可能な資格**…教職（国・地歴・公・社・数・理・音・美・書・保体・技・家・工業・英，小一種，幼一種，特別支援）など。 ●**進路状況**…………就職86.7%　進学8.7% ●**主な就職先**………教員（鹿児島県，宮崎県ほか），鹿児島大学，鹿児島銀行，鹿児島県など。		
理学部		
理	185	▷数理情報科学，物理・宇宙，化学，生物学，地球科学の５プログラム。科学技術の発展や社会状況に対応したカリキュラムを編成。括り枠の入学生は２年次にプログラムを選択。
●**取得可能な資格**…教職（数・理・情），測量士補など。　●**進路状況**……就職54.4%　進学41.3% ●**主な就職先**………積水ハウス，ニデック，SCSK，新日本科学，気象庁，鹿児島県，教員など。		
医学部		
医	110	▷人を尊重し，人と地域社会のため最善の医療を実践する優れた臨床医と科学的思考力を有し，医学・医療・社会の発展に貢献する医師・研究者を養成する。
保健	120	▷豊かな倫理性を背景に，科学的思考力と他者に対する想像力に富み，患者と地域社会に貢献できる思考力・判断力・積極的実行力を有する人材を育成する。「看護学」「理学療法学」「作業療法学」の３専攻。
●**取得可能な資格**…医師・看護師・理学療法士・作業療法士受験資格。 ●**進路状況**…………［医］初期臨床研修医95.3%　進学1.9%　［保健］就職85.1%　進学10.7% ●**主な就職先**………［保健］鹿児島大学病院，鹿児島市立病院，九州大学病院，鹿児島県など。		
歯学部		
歯	53	▷幅広い知識と良識ある人間性を兼ね備えた歯科医師，歯科医学教育者，研究者を育成することをめざす。
●**取得可能な資格**…歯科医師受験資格。　●**進路状況**…………臨床研修歯科医91.3%		
工学部		
先進工	385	▷機械工学，電気電子工学，海洋土木工学，化学工学，化学生命工学，情報・生体工学の６プログラムを設置。入学後にプログラムを選択できる括り枠制度を導入。

 キャンパスアクセス ［郡元キャンパス］ JR指宿枕崎線一郡元より徒歩約８～16分

建築	55	▷建築文化の遺産を継承し，地球環境の保全に配慮しながら現代の科学技術を総合的に利用して，建築空間と生活環境の創造に貢献できる人材を育成する。
●**取得可能な資格**…教職（工業），測量士補，１・２級建築士受験資格など。 ●**進路状況**…………就職40.5％　進学55.9％ ●**主な就職先**………大気社，東洋建設，京セラ，日立造船，TOTO，九州電力，鹿児島県，鹿児島市など。		
農学部		
農	163	▷これまでの３学科を統合し，１学科４プログラム（植物資源科学／環境共生科学／食品生命科学／農食産業・地域マネジメント）に改編。１年次では農学の全容を俯瞰する科目とキャリア教育科目を充実し，２年次から４プログラムに分かれて専門分野を学ぶ。分属後も資格や職種など将来像に合わせた科目選択が可能となるカリキュラムを導入。
国際食料資源学特別（農学系）	12	▷農学部と水産学部が共同で設置。特別コースコアカリキュラムや留学生との協働，海外研修などを通じ国際的な食料問題の解決に取り組む人材を育成する。
●**取得可能な資格**…教職（理・農）など。　●**進路状況**…就職69.0％　進学24.0％ ●**主な就職先**………九州林産，平松畜産，九電工，霧島酒造，南国殖産，農林水産省，植物防疫所など。		
水産学部		
水産	130	▷水産食料の安定供給を支えるための水産資源の持続的生産・利用・流通と海洋環境を考える水産人を養成する。１年次終了時に「水圏科学」「水産資源科学」「食品生命科学」「水産経済学」「水圏環境保全学」の５分野に分かれる。
国際食料資源学特別（水産学系）	10	▷水産学部と農学部が共同で設置。国際的な食料資源の持続生産と問題解決のための専門知識を修得する。
●**取得可能な資格**…教職（理・水産），学芸員など。　●**進路状況**…就職57.7％　進学35.2％ ●**主な就職先**………黒瀬水産，鹿児島鰻，東洋漁業，ヒガシマル，極洋，東京都，鹿児島県など。		
共同獣医学部		
共同獣医	30	▷山口大学との共同学部。人類と動物の共生環境社会を科学的に考究し，動物生命倫理を通じて命の尊厳を学び，豊かな人間社会の創生に貢献することをめざす。
畜産	30	▷NEW!'24年新設。家畜の福祉と衛生に配慮した持続可能な家畜生産から良質で安全な畜産物の安定供給に貢献できる人材を育成する。
●**取得可能な資格**…獣医師受験資格。　●**進路状況**…就職83.3％　進学6.7％ ●**主な就職先**………ジャパンファーム，大塚製薬工場，亀山動物医療センター，日本中央競馬会など。		

キャンパス

法文・教育・理・工・農・共同獣医，医・歯・水産１年次………［郡元キャンパス］鹿児島県鹿児島市郡元1-21-24

医・歯２年次以降……［桜ヶ丘キャンパス］鹿児島県鹿児島市桜ケ丘8-35-1

水産２年次以降………［下荒田キャンパス］鹿児島県鹿児島市下荒田4-50-20

キャンパスアクセス［桜ヶ丘キャンパス］JR指宿枕崎線─宇宿より徒歩約20分

2025年度入試要項（予告）

●募集人員

学部／学科・課程（コース・専攻）	前期		後期
▶法文　法経社会（法学）	70		8
（地域社会） （経済）	98		20
人文（多元地域文化）	80		10
（心理学）	30		—
▶教育 学校教育教員養成（初等教育／一般）	68		15
（中等教育／国語）	5		—
（／社会）	3		—
（／英語）	6		—
（／数学）	6		—
（／理科）	5		—
（／技術）	3		—
（／家政）	3		—
（／音楽）	5		—
（／美術）	3		—
（／保健体育）	6		—
（特別支援教育）	11		4
▶理　理（数理情報科学）	26		
（物理・宇宙）	25		
（化学）	25		13
（生物学）	21		
（地球科学）	14		
▶医　医	69		21
保健（看護学）	55		—
（理学療法学）	14		2
（作業療法学）	14		3
▶歯　歯	35		5
▶工　先進工（機械工学）	56	39	11
（電気電子工学）	47		13
（海洋土木工学）	30		3
（化学工学）	22		3
（化学生命工学）	31		6
（情報・生体工学）	48		10
建築	34		5
▶農 国際食料資源学特別（農学系サブコース）	9		—
農	82		20
▶水産 国際食料資源学特別（水産学系サブコース）	7		—
水産	60		60
▶共同獣医　共同獣医	a10 b10		2
畜産	14		5

●2段階選抜

医学部医学科で志願者数が募集人員を大幅に上回った場合，共通テストの成績（傾斜後の得点）により，前期は約5倍，後期は約10倍で行うことがある。

注）2段階選抜は2024年度の実績です。

試験科目

デジタルブック ≫≫

偏差値データ（2024年度）

●一般選抜

学部／学科・課程／コース・専攻等	2024年度 駿台予備学校 合格目標ライン	河合塾 ボーダー得点率	河合塾 ボーダー偏差値	'23年度 競争率
●前期				
▶法文学部				
法経社会／法学	49	63%	50	1.8
／地域社会 ／経済	46	59%	50	2.1
人文／多元地域文化	48	60%	50	1.4
／心理学	49	60%	52.5	2.3
▶教育学部				
学校教育教員養成／初等教育（一般）〈文系型〉	49	54%	50	1.8
〈理系型〉	49	53%	47.5	
／中等教育（国語）	48	55%	47.5	—
（社会）	47	58%	50	2.0
（英語）	49	54%	47.5	1.2
（数学）	49	54%	47.5	1.5
（理科）	48	52%	47.5	1.4
（技術）	46	52%	45	3.0
（家政）	46	52%	45	2.0
（音楽）	44	50%	—	1.0
（美術）	43	48%	—	1.0
（保健体育）	44	56%	—	2.2
／特別支援教育〈文系型〉	45	52%	47.5	1.5
〈理系型〉	45	54%	47.5	
▶理学部				
理／数理情報科学	47	55%	45	2.4

／物理・宇宙	49	54%	45	2.0
／化学	49	53%	45	1.9
／生物学	49	53%	45	3.2
／地球科学	48	54%	45	2.1
▶医学部				
医	64	81%	62.5	4.1
保健／看護学	46	53%	47.5	2.2
／理学療法学	49	61%	50	3.1
／作業療法学	48	53%	47.5	1.8
▶歯学部				
歯	55	69%	55	4.5
▶工学部				
先進工／機械工学	44	53%	42.5	1.2
／電気電子工学	44	53%	42.5	1.5
／海洋土木工学	43	54%	42.5	1.3
／化学工学	43	54%	45	1.3
／化学生命工学	44	54%	45	1.3
／情報・生体工学	45	57%	42.5	1.8
〈括り枠〉	44	54%	45	2.1
建築	46	57%	45	2.0
▶農学部				
農	47	53%	47.5	1.5
国際食料資源学特別(農)	48	56%	47.5	1.2
▶水産学部				
水産	46	56%	45	2.1
国際食料資源学特別(水産)	46	54%	47.5	1.0
▶共同獣医学部				
共同獣医 a	59	76%	60	9.3
b	59	72%	60	
畜産	60	54%	45	新
●後期				
▶法文学部				
法経社会／法学	50	76%	—	2.8
／地域社会	48	70%	—	1.9
／経済				
人文／多元地域文化	49	72%	—	2.6
▶教育学部				
学校教育教員養成／初等教育(一般)〈文系型〉	50	56%	—	2.8
〈理系型〉	50	55%	—	
／特別支援教育〈文系型〉	47	55%	—	2.2
〈理系型〉	47	55%	—	
▶理学部				
理	48	62%	—	2.7
▶医学部				
医	65	86%	—	2.0
保健／理学療法学	50	68%	—	4.5
／作業療法学	49	64%	—	1.4
▶歯学部				
歯	55	78%	—	6.5
▶工学部				
先進工／機械工学	46	64%	—	1.7
／電気電子工学	46	65%	—	3.2
／海洋土木工学	45	64%	—	2.3
／化学工学	45	65%	—	3.0
／化学生命工学	46	66%	—	1.3
／情報・生体工学	47	68%	—	3.5
建築	48	70%	—	7.0
▶農学部				
農	48	64%	—	3.6
▶水産学部				
水産	46	60%	—	1.8
▶共同獣医学部				
共同獣医	60	80%	—	4.3
畜産	60	58%	—	新

- 駿台予備学校合格目標ラインは合格可能性80%に相当する駿台模試の偏差値です。
- 河合塾ボーダー得点率は合格可能性50%に相当する共通テストの得点率です。また，ボーダー偏差値は合格可能性50%に相当する河合塾全統模試の偏差値です。
- 競争率は受験者÷合格者の実質倍率
- 医学部医学科の後期は２段階選抜を実施。

琉球大学

資料請求

問合せ先 学生部入試課 ☎098-895-8141・8142

大学の理念

「自由平等・寛容平和」を建学の精神に1950年開学。ミシガン州立大学の教授陣の協力を得て，「地域に根差し，地域のために」という米国の「ランドグラント大学」精神を受け継ぐ大学として発展。建学の精神を継承・発展させた「真理の探究」「地域・国際社会への貢献」「平和・共生の追求」を基本理念とする。地域との共生・協働によって「地域とともに豊かな未来社会をデザインする大学」であり，新しい学術領域である熱帯島嶼・海洋・医学研究の国際的な拠点として「アジア・太平洋地域の卓越した教育研究拠点となる大学」をめざす。国際的に通用する教育の質および学位の質を確保しつつ，諸学を往還する幅広い教養を基礎とし，高度な専門知識と課題探究能力を糧に世界で活躍・貢献できる人材を育成する。

- 千原キャンパス……〒903-0213 沖縄県中頭郡西原町字千原1
- 上原キャンパス……〒903-0215 沖縄県中頭郡西原町字上原207（2025年宜野湾市に移転）

基本データ

学生数▶6,990名（男4,225名，女2,765名）
専任教員数▶教授280名，准教授245名，講師74名
設置学部▶人文社会，国際地域創造，教育，理，医，工，農

併設教育機関▶大学院ー保健学・理工学・医学（以上M・D），地域共創・農学（以上M），人文社会科学・鹿児島大学大学院連合農学（以上D），法務・教育学（以上P）

就職・卒業後の進路

就職率 95.1%
就職者÷希望者×100

● **就職支援**　学生一人ひとりの目標に合わせた，きめ細やかな支援を行う「キャリア教育センター」を設置。初年次からのキャリア教育科目や，求人票・企業資料などの提供，全学生を対象とした就職ガイダンスの開催のほか，専任のアドバイザーによる履歴書やエントリーシートの添削，模擬面接，職業興味適性検査の実施など，さまざまなサポートを実施。また教員志望の学生に対して受講無料の「教員採用試験対策講座」を開講している。

進路指導者も必見 学生を伸ばす 面倒見

初年次教育	学修サポート
全学部で帰属意識の醸成，大学教育全般に対する動機づけ，一部の学部でレポート・論文の書き方，プレゼン技法，ITの基礎技術，情報収集や資料整理の方法，論理的思考や問題発見・解決能力の向上を図る	全学部でTA制度，オフィスアワー制度，教員アドバイザー制度を導入。図書館にラーニングサポートデスクを開設し，レポートの書き方や学修指導を実施

オープンキャンパス（2023年度実績） 7月に対面でオープンキャンパスを開催（事前申込制）。体験授業，デモンストレーション実験，在学生とのパネルディスカッションや懇談会，施設見学，展示コーナーなど。

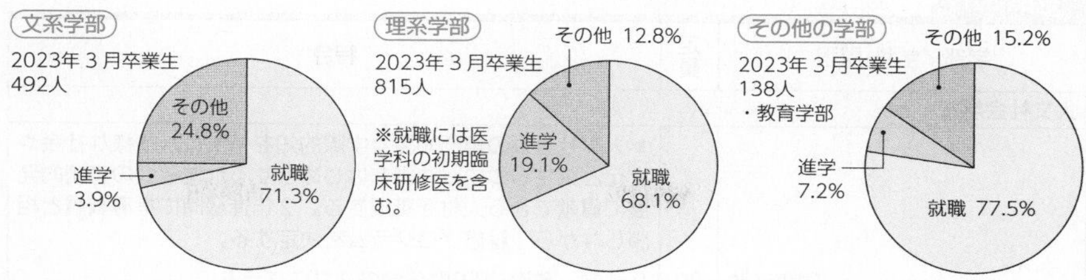

主なOB・OG ▶ [旧法文] 稲嶺 進（元名護市長），[旧法文] 目取真俊（小説家），[旧法文] 松本哲治（浦添市長），[農] 中江裕司（映画監督）など。

国際化・留学　大学間 94 大学等・部局間 42 大学等

受入れ留学生数 ▶ 66名（2023年5月1日現在）
留学生の出身国 ▶ 中国，韓国，ベトナム，マレーシア，ネパール，モンゴルなど。
外国人専任教員 ▶ 教授11名，准教授14名，講師２名（2023年５月１日現在）
外国人専任教員の出身国 ▶ アメリカ，中国，韓国，ドイツ，フランスなど。
大学間交流協定 ▶ 94大学・機関（交換留学先85大学，2023年９月１日現在）
部局間交流協定 ▶ 42大学・機関（交換留学先25大学，2023年９月１日現在）
海外への留学生数 ▶ 渡航型100名・オンライン型21名／年（18カ国・地域，2022年度）
海外留学制度 ▶ 学生交流協定校への留学を１年間以内（学期単位）の期間で実施。留学先の授業料は免除（琉球大学の授業料は納入）され，経済的支援として奨学金受給が可能。また，全学部対象の海外職場体験や海外文化研修，ビジネスマネジメントの講義とウォルトディズニーワールドでの就労体験を組み合わせた「バレンシア国際カレッジ・プログラム」，太平洋島嶼地域のSDGs達成に貢献できる人材育成を目的としたハワイ大学・グアム大学などとの海外交流プログラム，コンソーシアムISEPやUMAPによる交換留学のほか，医学部対象のラオスでの「医学生人材育成支援事業」など各学部の専門内容に関連したプログラムも用意されている。

学費・奨学金制度　給付型奨学金総額 年間 1,616万円

入学金 ▶ 282,000円（夜間学部141,000円）
年間授業料（施設費等を除く）▶ 535,800円（夜間学部267,900円）
年間奨学金総額 ▶ 16,160,000円
年間奨学金受給者数 ▶ 210人
主な奨学金制度 ▶ 経済的に困窮している学生に５万円を給付する「琉球大学修学支援基金学資金支援事業」を設置。また，学費減免制度があり，2022年度には441人を対象に総額で約6,478万円を減免している。

保護者向けインフォメーション

- **成績確認**　成績表を保護者に郵送している。ミールカード利用者の学食利用状況がWebで確認できる。
- **会報誌**　「NEWS LETTER」を発行している。
- **就職ガイダンス**　全年次の保護者を対象に12月に就職ガイダンスを開催している。
- **防災対策**　入学時に「安全衛生マニュアル」を配布。被災した際の学生の安否は，教務情報システムのメールを利用して確認する。

インターンシップ科目	必修専門ゼミ	卒業論文	GPA制度の導入の有無および活用例	１年以内の退学率	標準年限での卒業率
全学部で開講している	医学部を除き３・４年次に実施している	学部学科により異なる	全学部で奨学金等対象者の選定基準，留学候補者の選考，履修上限単位数の設定，一部の学部で進級判定，大学院入試の選抜基準，個別の学修指導に活用	1.1%	71.8%（４年制）93.8%（６年制）

学部紹介&入試要項

学部紹介

学部／学科・課程	定員	特色
人文社会学部		
		▶人文社会系の専門知識と学際的知を基盤に，多様な社会や文化と共生しつつ，沖縄をはじめとする地域社会の持続的発展に貢献できる人材を養成する。２年進級時に指導教員と相談しながら，履修プログラムを決定する。
国際法政	80	▷法学，政治・国際関係学の２プログラム。
人間社会	80	▷哲学，心理学，社会学の３プログラム。
琉球アジア文化	40	▷歴史・民俗学，言語学，文学の３プログラム。
● 取得可能な資格…教職(国・公)，学芸員など。 ● 進路状況…………就職69.3%　進学4.0%（旧法文学部実績を含む） ● 主な就職先………沖縄県庁，沖縄財務局，那覇市役所，琉球新報社，沖縄銀行，琉球銀行，野村證券，沖縄セルラー電話，富士通，JALスカイエアポート沖縄，日本航空など。		
国際地域創造		
		▶グローバルとローカルを併せ持つ視野によって，地域社会における現代的課題の解決や国内外の産業・文化の振興に寄与できる人材を育成する。学科単位で募集を行い，本人の希望と成績等に基づき，昼間主は２年次後期より，夜間主は２年次前期より各プログラムに配属する。
国際地域創造	345	▷[昼間主コース]観光地域デザイン(60名)，経営(60名)，経済学(65名)，国際言語文化(48名)，地域文化科学(32名)の５プログラム，[夜間主コース]経営(20名)，経済学(30名)，国際言語文化(30名)の３プログラム。
● 取得可能な資格…教職(地歴・社・英)，学芸員。 ● 進路状況…………就職72.7%　進学3.8%（旧観光産業科学部実績を含む） ● 主な就職先………沖縄県庁，沖縄県警察，那覇市役所，防衛省，楽天グループ，リクルート，沖縄銀行，大同火災海上保険，イオン琉球，ハイアットリージェンシー那覇など。		
教育学部		
学校教育教員養成	140	▷小学校教育コース・学校教育専攻(教育実践学専修・子ども教育開発専修)／教科教育専攻(国語・社会科・数学・理科・音楽・美術・保健体育・技術・生活科学・英語の各教育専修)，中学校教育コース・教科教育専攻(国語・社会科・数学・理科・音楽・美術・保健体育・技術・生活科学・英語の各教育専修)，特別支援教育コースの教育体制により沖縄の教育課題を克服し，特性を生かした学校教育を担う専門家を育成する。
● 取得可能な資格…教職(国・地歴・公・社・数・理・音・美・工芸・保体・技・家・工業・英，小一種，幼一種，特別支援)，司書教諭，学芸員など。 ● 進路状況…………就職77.5%　進学7.2% ● 主な就職先………教員，沖縄国税局，沖縄防衛局，開隆堂出版，オロク琉生保育園，にしばる保育園，日本テーマパーク開発，スターバックス コーヒー ジャパンなど。		
理学部		
数理科	40	▷現代社会を支える情報・科学技術の発展に寄与する数学の専門家を養成する。
物質地球科	65	▷物質・素粒子・宇宙から大気圏・水圏・岩石圏まで広範囲な物理・地学の専門を学ぶ。

 キャンパスアクセス [千原キャンパス] [上原キャンパス] いずれも那覇バスターミナルより路線バスで40～50分

海洋自然科	95	▷亜熱帯島嶼・海洋地域の特性を生かした教育により，人と自然の共生に寄与できる人材を育成する。
● 取得可能な資格…教職（数・理），学芸員，測量士補など。 ● 進路状況…………就職51.6%　進学24.5% ● 主な就職先………沖縄県庁，気象庁，沖縄国税事務所，沖縄地区税関，西日本電信電話，琉球銀行，トヨタテクニカルディベロップメント，日本クッカリー，教員，環境未来など。		
医学部		
医	112	▷基礎医学と臨床医学の基礎知識や技能を学ぶとともに，豊かな人間性を兼ね備えた「信頼される医師」を育む。
保健	60	▷看護学または検査技術学のいずれかのコースを選択。生命尊重の倫理観と科学的根拠に基づく実践力を持った研究・教育者をめざす。
● 取得可能な資格…教職（養護一種），医師・看護師・保健師・助産師・臨床検査技師受験資格など。 ● 進路状況…………[医] 初期臨床研修医99.2%　[保健] 就職78.0%　進学12.0% ● 主な就職先………[保健] 沖縄県保健所，沖縄県立病院，浦添総合病院，沖縄協同病院，国立病院機構，千葉大学医学部附属病院，名古屋市立大学，湘南鎌倉総合病院，北里大学病院など。		
工学部		
工	350	▷学際的なカリキュラム体系により，従来の枠にとらわれない幅広い視野，基礎学力と専門技術力，社会的ニーズに対応できる実践力を身につける。大学院博士前期課程を含む６年一貫教育グローバルエンジニアプログラムも設置し，国際的に貢献できる高度専門技術者を養成する。機械工学，エネルギー環境工学，電気システム工学，電子情報通信，社会基盤デザイン，建築学，知能情報の7コース。
● 取得可能な資格…教職（情・工業），技術士補，測量士補，１・２級建築士受験資格など。 ● 進路状況…………就職64.7%　進学23.4% ● 主な就職先………沖縄県庁，那覇市役所，沖縄セルラー電話，沖縄テレビ放送，コジマ，日立システムズエンジニアリング，沖電工，日本工営都市空間，積水ハウス，沖縄電力など。		
農学部		
亜熱帯地域農	35	▷国際的な視点で地域の農林畜産業の振興を促し，農業と地域社会の共生の仕組みを構築できる人材を育成。
亜熱帯農林環境科	35	▷生物多様性の価値を理解して，琉球弧や地球レベルの生態系保全に貢献できる人材を養成。
地域農業工	25	▷食糧資源・エネルギー・環境が調和した持続可能な低炭素型社会の構築をめざす。
亜熱帯生物資源科	45	▷生物機能開発学，食品機能科学，発酵・生命科学，健康栄養科学の４コース。
● 取得可能な資格…教職（農，栄養二種），樹木医補，測量士補，栄養士，管理栄養士受験資格など。 ● 進路状況…………就職65.9%　進学22.5% ● 主な就職先………沖縄県庁，沖縄県総合事務局農林水産部，林野庁，農林水産省植物防疫所，サンエー，亀田製菓，栃木県畜産協会，日本国土開発，北海道庁，沖縄銀行など。		

▶キャンパス

人文社会・国際地域創造・教育・理・工・農……［千原キャンパス］〒903-0213　沖縄県中頭郡西原町字千原1

医……［上原キャンパス］〒903-0215　沖縄県中頭郡西原町字上原207（2025年より宜野湾市西普天間地区に移転）

2025年度入試要項(予告)

●募集人員

学部／学科・課程(専攻等)	前期	後期
▶人文社会　国際法政	50	10
人間社会	41	18
琉球アジア文化	25	9
▶国際地域創造 国際地域創造[昼]（国際的思考系)	60	15
(論理的思考系)	90	20
(数学的思考系)	30	—
[夜]（国際的思考系)	20	5
(論理的思考系)	24	8
▶教育　学校教育(小学校／学校教育)	35	—
(小学校／教科教育)	25	—
(中学校／教科教育・国語)	4	—
(中学校／教科教育・社会科)	3	—
(中学校／教科教育・数学)	5	—
(中学校／教科教育・理科)	5	—
(中学校／教科教育・音楽)	3	—
(中学校／教科教育・美術)	3	—
(中学校／教科教育・保健体育)	3	—
(中学校／教科教育・技術)	2	—
(中学校／教科教育・生活科学)	3	—
(中学校／教科教育・英語)	2	—
(特別支援)	8	—
▶理　数理科	30	10
物質地球科(物理系)	28	7
(地球環境系)	19	3
海洋自然科(化学系)	27	10
(生物系)	37	10
▶医　医	70	25
保健	41	10
▶工　工	206	40
▶農　亜熱帯地域農	22	5
亜熱帯農林環境科	22	5
地域農業工	16	2
亜熱帯生物資源科	23	4
(健康栄養科学)	8	—

●２段階選抜

医学部医学科で志願者数が募集人員の前期約５倍，後期約10倍を超えた場合に行うことがある。
注）２段階選抜は2024年度の実績です。

試験科目

デジタルブック

偏差値データ（2024年度）

●一般選抜

学部／学科・課程／専攻等	2024年度 駿台予備学校 合格目標ライン	河合塾 ボーダー得点率	河合塾 ボーダー偏差値	'23年度 競争率
●前期				
▶人文社会学部				
国際法政	44	56%	45	1.9
人間社会	43	58%	—	1.9
琉球アジア文化	45	57%	—	2.6
▶国際地域創造学部				
国際地域創造[昼]（国際的思考)	44	58%	45	1.8
(論理的思考)	43	57%	—	1.4
(数学的思考)	44	58%	45	1.8
[夜]（国際的思考)	41	53%	42.5	2.7
(論理的思考)	40	53%	—	3.6
▶教育学部				
学校教育／小学校(学校教育)	44	52%	—	2.1
／小学校(教科教育)	42	55%	45	1.6
／中学校(教科教育・国語)	45	58%	47.5	2.5
／中学校(教科教育・社会科)	44	61%	—	4.0
／中学校(教科教育・数学)	45	55%	45	1.8
／中学校(教科教育・理科)	45	54%	45	2.0
／中学校(教科教育・音楽)	41	52%	—	1.0
／中学校(教科教育・美術)	39	49%	—	1.3
／中学校(教科教育・保健体育)	41	50%	—	4.0
／中学校(教科教育・技術)	42	50%	45	1.0
／中学校(教科教育・生活科学)	41	51%	—	4.0
／中学校(教科教育・英語)	46	57%	50	1.0
／特別支援	42	49%	—	1.5
▶理学部				
数理科	43	52%	45	1.6
物質地球科(物理系)	42	48%	42.5	1.2
(地球環境系)	42	49%	42.5	1.9
海洋自然科(化学系)	42	52%	42.5	1.7
(生物系)	44	54%	45	2.0
▶医学部				
医	61	80%	62.5	4.3
保健	47	58%	47.5	1.9

▶工学部				
工	41	48%	40	1.7
▶農学部				
亜熱帯地域農	45	49%	45	2.0
亜熱帯農林環境科	46	51%	45	2.6
地域農業工	44	48%	42.5	1.6
亜熱帯生物資源科	46	52%	45	1.9
／健康栄養科学	45	51%	45	1.9
●後期				
▶人文社会学部				
国際法政	43	62%	—	2.8
人間社会	44	61%	—	1.7
琉球アジア文化	46	60%	—	3.4
▶国際地域創造学部				
国際地域創造［昼］（国際的思考）	45	60%	—	1.8
（論理的思考）	44	59%	—	1.6
［夜］（国際的思考）	42	57%	—	3.7
（論理的思考）	41	56%	—	3.4
▶理学部				
数理科	45	57%	47.5	1.8
物質地球科（物理系）	43	58%	—	1.7
（地球環境系）	43	58%	—	8.5
海洋自然科（化学系）	43	59%	—	1.9
（生物系）	45	62%	—	1.5
▶医学部				
医	61	85%	—	2.5
保健	47	61%	—	1.8
▶工学部				
工	43	60%	—	3.7
▶農学部				
亜熱帯地域農	46	54%	—	1.8
亜熱帯農林環境科	47	55%	—	3.2
地域農業工	45	52%	—	1.3
亜熱帯生物資源科	47	58%	—	4.0

- 駿台予備学校合格目標ラインは合格可能性80％に相当する駿台模試の偏差値です。
- 河合塾ボーダー得点率は合格可能性50％に相当する共通テストの得点率です。また，ボーダー偏差値は合格可能性50％に相当する河合塾全統模試の偏差値です。
- 競争率は受験者÷合格者の実質倍率
- 医学部医学科の前期・後期は２段階選抜を実施。

公立大学

掲載 19 校

宮城大学……1594
国際教養大学……1598
高崎経済大学……1602
埼玉県立大学……1606
東京都立大学……1610
横浜市立大学……1626
都留文科大学……1634
静岡県立大学……1640
愛知県立大学……1644
名古屋市立大学……1648
滋賀県立大学……1656
京都府立大学……1660
大阪公立大学……1666
神戸市外国語大学……1686
兵庫県立大学……1690
県立広島大学……1694
北九州市立大学……1698
長崎県立大学……1704
熊本県立大学……1708

宮城大学

みやぎ

資料請求

問合せ先　アドミッションセンター　☎022-377-8333

大学の理念

1997（平成９）年に開学。1952（昭和27）年に県内初の高等教育施設として開学した宮城県立農業短期大学を2004（平成16）年に「食産業学部」として統合。「ホスピタリティとアメニティの究明と実現」をめざし，「高度な実学に基づき，豊かな人間性，高度な専門性及び確かな実践力を身につけ，グローバルな視点で地域社会の発展に貢献できる人材を育成するとともに，学術・文化の向上と豊かで活力のある地域社会の形成に寄与する」ことを大学の理念とする。2022年度から食資源開発学類を生物生産学類に改組し，加速する社会変化に柔軟に対応できるカリキュラムを導入。また，基盤教育においても更なる充実を図り，AIやデータサイエンスへの対応力の拡大や地域に根づいた人材育成を強化する新しいプログラムを展開している。

- **大和キャンパス**……〒981-3298　宮城県黒川郡大和町学苑1-1
- **太白キャンパス**……〒982-0215　宮城県仙台市太白区旗立2-2-1

基本データ

学生数▶1,828名（男569名，女1,259名）
専任教員数▶教授60名，准教授41名，講師13名

設置学群▶看護，事業構想，食産業
併設教育機関▶大学院ー看護学・事業構想学・食産業学（以上M・D）

就職・卒業後の進路

就職率 99.5%（就職者÷希望者×100）

● **就職支援**　各学群の特性に合った進路支援を実施。看護学群では，キャリアガイダンスを通して将来設定やその目標への取り組み方を指導するほか，「公務員セミナー」「養護教諭セミナー」の開催や，看護師や保健師の国家試験対策も含めた進路選択のサポート体制を構築。事業構想学群および食産業学群ではキャリア科目と連動した多様なインターンシップ・プログラムや，専門分野別のプログラムも実施。また，公募型インターンシップや学生向けビジネスコンテストなどの情報提供も積極的に行っている。キャリア開発室は両キャンパスに設置され，専門のキャリアカウンセラーが個別面談にも対応している。

進路指導者も必見 学生を伸ばす 面倒見

初年次教育	学修サポート
「地域フィールドワーク」で地域課題の発見とその解決に取り組み，主体的な学びに向けた動機づけを行うほか，「スタートアップセミナーⅠ・Ⅱ」「情報化社会と技術」を開講し，初年次教育を実施	全学部でTA・SA制度を導入。さらに教員のアドレスを公開し，いつでもアポイントがとれる体制となっている。また，スタートアップセミナーのクラス（20～30人）担当教員が学修サポートや相談に応じている

オープンキャンパス（2023年度実績）　７月にオープンキャンパスを開催（完全予約制）。学類の体験企画，学群ガイダンス，展示企画，キャンパスツアーなどを実施。入試説明や模擬講義の動画はHPの特設サイトで公開。

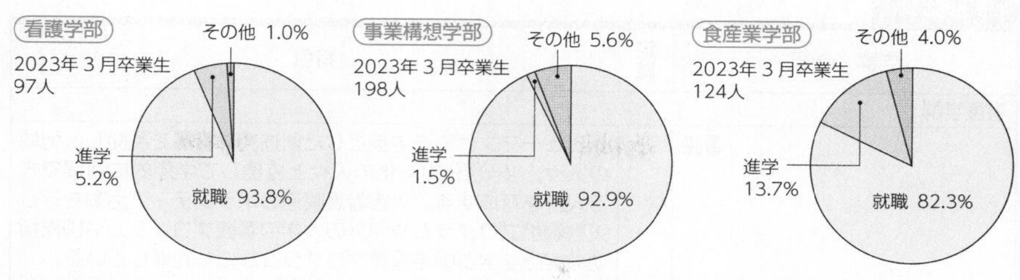

主なOB・OG ▶ ［事業構想］若新雄純（プロデューサー），［事業構想］佐藤崇弘（実業家・LITALICO創業者）

国際化・留学　大学間 11 大学・部局間 4 大学

受入れ留学生数 ▶ 13名（2023年５月１日現在）

留学生の出身国・地域 ▶ 中国，ベトナム，韓国，モンゴル，台湾など。

外国人専任教員 ▶ 教授２名，講師１名（2023年５月１日現在）

大学間交流協定 ▶ 11大学（交換留学先６大学，2023年５月１日現在）

部局間交流協定 ▶ ４大学（交換留学先２大学，2023年５月１日現在）

海外への留学生数 ▶ 渡航型21名オンライン型７名（２カ国・地域，2022年度）

海外留学制度 ▶ 協定締結校への海外留学や短期海外研修を実施し，学内のグローバルコモンズにおいて情報提供・留学相談のほか，国際交流の推進，外国語教育支援などさまざまなサポートを行っている。交換留学では，協定校であるアーカンソー大学フォートスミス校（米国）やトゥルク応用科学大学（フィンランド）などにおいて，１学期もしくは１年程度，専攻を生かした教育プログラムを履修。ほかに，約１カ月間，語学力向上とフィールドワークを通して多文化に触れる「海外フィールドワーク研修」，約２週間マレーシア，オーストラリア等の協定校において，英語・文化研修や現地企業訪問を行う短期研修「リアル・アジア」を実施。単なる英会話ではなく，英語を通して現地の社会経済状況を学修し，PBL（問題解決型学習）の手法も活用しながら実践的なプログラムを構築している。

学費・奨学金制度

入学金 ▶ 282,000円（県外564,000円）

年間授業料（施設費等を除く）▶ 535,800円

主な奨学金制度 ▶ 経済的理由により，本来の納付期限までに授業料の一括納付が困難な学生に対して，納付猶予または分割納付制度を設置している。

保護者向けインフォメーション

●**成績確認**　成績表および履修科目と単位数の情報を保護者に郵送している。

●**後援会**　後援会を組織し，大学と共催で「MYサポーターズデイ」を開催。キャリア開発支援や学修についての説明，学生による学びや生活についてのプレゼン，キャンパスツアーなどを実施。会員への情報提供として，年２回会報を発行し，送付している。

●**防災対策**　入学時に「大地震発生時の対応について」を配布・説明。被災した際の学生の安否は安否確認システム（メールを含む）を利用。

インターンシップ科目	必修専門ゼミ	卒業論文	GPA制度の導入の有無および活用例	１年以内の退学率	標準年限での卒業率
事業構想・食産業学群で開講している	看護学群は４年次，事業構想・食産業学群は３・４年次に実施	全学群で卒業要件	奨学金等対象者の選定基準，個別の学修指導のほか，事業構想・食産業学群で学類配属の選考に活用	NA	NA

学部紹介

学群／学類	定員	特色
看護学群		
看護	95	▷ヒューマンケアを中核とした創造的な看護を展開し，地域の人々，多分野・異文化の人々と協働して学際的に活躍できる人材を育成する。災害看護関連のボランティア活動を行う災害看護プログラムや海外の大学の看護プログラムや国際援助の実際を学ぶ国際看護プログラムなども開講している。
● 取得可能な資格…教職（養護一種），看護師・保健師受験資格など。 ● 進路状況…………就職93.8%　進学5.2% ● 主な就職先………東北大学病院，東北医科薬科大学病院，JCHO仙台病院，宮城県立こども病院，国立病院機構宮城病院，東北労災病院，宮城県，仙台市など。		
事業構想学群		
	200	▶地域の歴史，特性を踏まえ，新たな価値の創造，事業の計画・運営で地域の活性化をめざす。２年次より学類に配属。
事業プランニング	(60)	▷現実の社会で顕在化している諸問題を分析し，新たなビジネスモデルの構築と運営できる能力を育成する。「事業戦略」と「事業管理」の２コースを設定。
地域創生	(60)	▷社会課題解決に寄与する事業創造や地域政策の根拠を導く科学的分析手法を学び，ソーシャル・イノベーション創出の原動力となり，社会に貢献する人材を育てる。
価値創造デザイン	(80)	▷人間の感性や地域の資源に応じた新しい価値を創造できるサービス・生活環境・製品を探求創造する能力（価値創造デザイン力）を育成する。
● 取得可能な資格…１・２級建築士受験資格など。 ● 進路状況…………就職92.9%　進学1.5% ● 主な就職先………DMM.com，オリンパス，NTTデータ東北，国土交通省東北地方整備局，カメイ，イオン東北，富士ソフト，サイバーコム，大和ハウス工業など。		
食産業学群		
	125	▶食産業全般について広く学び，自分の関心や将来像に合わせて２年次に各学類に分属，専門性を深める。
生物生産	(62)	▷2022年度改組。バイオサイエンス，植物・動物・水圏生物の生産科学からIoTやAIを活用する生産環境情報，生産ビジネスまで，食の生産を網羅する多様な分野を広く，深く学び，生産のイノベーションで食の未来を創造する。
フードマネジメント	(63)	▷フードシステムの構築に必要なサイエンスとビジネスの両面の知識・技術を養い，科学的素養に基づきながら地域資源を活用し，国際的視点で食産業の課題解決をめざす。
● 進路状況…………就職82.3%　進学13.7% ● 主な就職先………UCCコーヒープロフェッショナル，ウェルハムフーズ，農林水産省，伊藤ハムデイリー，菓匠三全，白石食品工業，おてんとさんなど。		

▶キャンパス

看護・事業構想……［大和キャンパス］宮城県黒川郡大和町学苑1-1
食産業……［太白キャンパス］宮城県仙台市太白区旗立2-2-1

 キャンパスアクセス ［大和キャンパス］仙台市営地下鉄ー泉中央よりバス約30～35分

2025年度入試要項(予告)

●募集人員

学群／学類		前期	後期
▶看護	看護	48	10
▶事業構想	事業プランニング	100	20
	地域創生		
	価値創造デザイン		
▶食産業	生物生産	62	12
	フードマネジメント		

※事業構想学群，食産業学群は学群単位で募集，2年進級時に学類を決定する。

●２段階選抜　実施しない

注）募集人員および２段階選抜は2024年度の実績です。

試験科目

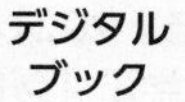

デジタルブック

偏差値データ（2024年度）

●一般選抜

学群／学類	2024年度 駿台予備学校 合格目標ライン	2024年度 河合塾 ボーダー得点率	2024年度 河合塾 ボーダー偏差値	'23年度 競争率
●前期				
▶看護学群				
看護	46	53%	45	2.4
▶事業構想学群				
(学群一括募集)	45	55%	45	1.8
▶食産業学群				
(学群一括募集)	46	51%	45	1.3
●後期				
▶看護学群				
看護	47	56%	47.5	5.3
▶事業構想学群				
(学群一括募集)	46	59%	47.5	3.1
▶食産業学群				
(学群一括募集)	48	55%	47.5	1.7

- 駿台予備学校合格目標ラインは合格可能性80%に相当する駿台模試の偏差値です。
- 河合塾ボーダー得点率は合格可能性50%に相当する共通テストの得点率です。また，ボーダー偏差値は合格可能性50%に相当する河合塾全統模試の偏差値です。
- 競争率は受験者÷合格者の実質倍率

キャンパスアクセス　［太白キャンパス］ 仙台市営地下鉄ー長町南よりバス約20分

国際教養大学

（こくさいきょうようだいがく）

資料請求

問合せ先　アドミッションズ・オフィス　☎018-886-5931

大学の理念

2004年設立。国境を越えて未来を切り拓ける力を育てようと,「国際教養（International Liberal Arts)」という新しい教学理念を掲げ,「英語をはじめとする外国語の卓越したコミュニケーション能力と豊かな教養，グローバルな視野を伴った専門知識を身につけた実践力のある人材を養成し，国際社会と地域社会に貢献する」ことを使命とする。英語に特化したユニークな教育が特徴で，教員の約半数が外国出身者，授業はすべて英語，１年間の海外留学の義務づけ，多数の留学生が集うキャンパスなど国際色に溢れている。１年次は全寮制も義務づけられる。2021年４月，科学と人間社会の接続性を学ぶ「グローバル・コネクティビティ領域」を新設し，科学技術・社会創造，持続可能性の分野を拡充。世界標準の国際教養教育は進化し続けている。

● AIUキャンパス…〒010-1292　秋田県秋田市雄和椿川字奥椿岱

基本データ

学生数▶864名（男269名，女595名）
専任教員数▶教授19名，准教授24名，講師５名

設置学部▶国際教養
併設教育機関▶大学院（P.1601参照）

就職・卒業後の進路

就職率 100％（就職者÷希望者×100）

●**就職支援**　キャリア開発センターが，キャリア・カウンセリング，インターンシップ，「仕事研究会」など多彩な進路選択支援を行っている。仕事研究会では，企業の人事採用担当者が各企業の強み，業界の動向，求められる人材像などを詳しく紹介。秋田にいても日本を代表する企業への就職に有利な，大都市の学生もうらやむ環境がある。国際的な視野と教養，語学力，留学経験を買われ，世界を舞台に事業を展開する企業などに就職する学生も少なくない。「キャリア・デザイン」を必修科目とし，１年次からキャリア意識を高めるキャリア教育を提供。アカデミック・キャリア支援センターでは，進学相談，ワークショップ，特別講演，講習会などを通じて，国内外の大学院などへの進学も支援している。

進路指導者も必見　学生を伸ばす　面倒見

初年次教育

「オリエンテーション」で自校教育，学問や大学教育全体に対する動機づけを行うほか，「英作文Ⅰ・Ⅱ」「図書館調査手法序論」「コンピューターリテラシー」などを開講し，初年次教育を実施

学修サポート

TA・SA制度，オフィスアワー制度，学生約14人に１人の専任教員が付き，学修指導・支援を行う教員アドバイザー制度を導入。また，アカデミック・ライティングなどの個別学修支援が受けられる学修達成センターを設置

オープンキャンパス（2023年度実績）　７月と９月に来場型とオンライン型を併用してオープンキャンパスを開催（事前申込制）。体験授業，キャンパスツアー，個別相談などのプログラムの実施。

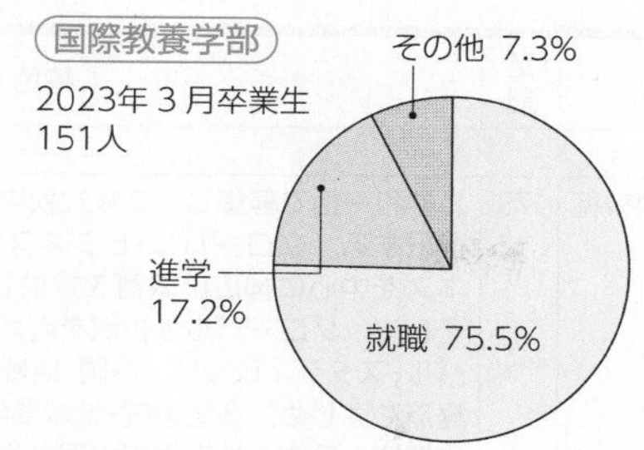

国際化・留学

大学間 204 大学

受入れ留学生数▶137名（2023年５月１日現在）

留学生の出身国・地域▶アメリカ，オーストラリア，台湾，イギリス，ロシアなど。

外国人専任教員▶教授７名，准教授８名，講師４名（2023年５月１日現在）

外国人専任教員の出身国▶アメリカ，オーストラリア，韓国，イギリス，カナダなど。

大学間交流協定▶204大学（交換留学先195大学，2023年５月１日現在）

海外への留学生数▶渡航型217名／年（34カ国・地域，2022年度）

海外留学制度▶１年間の留学が必修科目。単なる語学の修得ではなく，留学先大学で専門課程を学び単位を修得しながら，英語や第三言語の力を磨くが目的。通常２年次冬から３年次秋に出発。提携大学への交換留学の場合，１つの大学に１～３名程度の少人数派遣となる。留学先での授業料は，一部の大学を除き，国際教養大学に授業料を納めることで免除される。出発前にアカデミック・アドバイザーと相談し，興味のある分野や将来の夢を考慮しながら，留学先での履修科目を決定し，所定の成績を修めることで，卒業に必要な単位として認定され，４年間での卒業が可能となる。コンソーシアムはUMAPに参加している。

学費・奨学金制度

給付型奨学金総額 年間約 1,433 万円

入学金▶282,000円（県外者423,000円）

年間授業料（施設費等を除く）▶696,000円

年間奨学金総額▶14,326,450円

年間奨学金受給者数▶延べ183人

主な奨学金制度▶当該学期の翌学期に，大学が認める１年間の交換留学に出発する学生のうち成績優秀者を対象に，10万円を給付する「AIU留学時成績優秀者報奨奨学金」や，秋田県出身学生奨学金「わか杉奨学金」，県外出身学生奨学金「修学支援奨学金」，「AIUふきのとう特別奨学金」などを設置。このほか，大学独自の授業料の減免制度もある。

保護者向けインフォメーション

● **オープンキャンパス**　通常のオープンキャンパス時に保護者向けの説明会を実施。

● **成績確認**　成績表を保護者に郵送している。

● **保護者会**　例年，地域別懇談会を開催し，大学の近況報告や留学・就職情報などを説明している。保護者の会会報も発行している。

● **防災対策**　被災した際の学生の安否はポータルサイトを利用して確認する。

インターンシップ科目	必修専門ゼミ	卒業論文	GPA制度の導入の有無および活用例	１年以内の退学率	標準年限での卒業率
開講している	実施している	卒業要件	奨学金等対象者の選定，留学候補者の選考，進級判定・退学勧告・卒業判定の基準，個別の学修指導などに活用	4.5%	36.5%

学部紹介

学部／学科	定員	特色
国際教養学部		
国際教養	175	▷学科一括で募集し，２年次秋学期までにいずれかの領域を選択する。グローバル・ビジネス領域は，経済学およびビジネスを中心に幅広い教育を提供し，創造力，批判的思考力，そして，グローバルな視点を備えた人材を育成する。グローバル・スタディ領域は，各国・地域の歴史，文化，社会，政治，経済をはじめ，多国家間・地域間の関係，国際機関・国際組織の機能と役割，地球規模の現象や問題に関するさまざまな知識の蓄積と深化により，柔軟な考察・分析力を磨く。グローバル・コネクティビィティは，人，文化とコミュニケーションと最先端技術に関連する科目群を通して，両者における接続性（コネクティビティ）を学び，これからの社会創造を洞察する力を身につける。
● **取得可能な資格**…教職（英）。 ● **進路状況**…就職75.5％ 進学17.2％ ● **主な就職先**………PwCコンサルティング，三菱UFJ銀行，ソニー，トヨタ自動車，バンダイナムコエンターテインメント，ユニリーバ・ジャパン，伊藤忠商事，国土交通省など。		

▶キャンパス
国際教養……［AIUキャンパス］秋田県秋田市雄和椿川字奥椿岱

2025年度入試要項（予告）

●募集人員

学部／学科		一般A	一般B	一般C	学校推薦	総合型Ⅰ	総合型Ⅱ
▶国際教養	国際教養	55	40	5	35	10	5

※一般選抜は独自の日程で実施。
※一般選抜の不合格者のうち，成績上位者で，勉学意欲に満ち，入学を強く希望する者を「特別科目等履修生」として登録し，１年間の履修成績によって，次年度，編入学・転入学試験を経て，正規学生（２年次）となる制度（特別科目等履修生制度）がある。募集人員は若干名。

●２段階選抜　実施しない
注）募集人員および２段階選抜は2024年度の実績です。

▷共通テストの英語はリスニングを含む。
▷一般選抜Ａ・Ｂ・Ｃ日程において英語資格保持者への特例措置あり。TOEFL iBT®72点以上，TOEIC®L&R＋S&W1200点以上，英検準1級以上，GTEC CBT・Advanced1200点以上，TEAP 360点以上，TEAP CBT760点以上，ケンブリッジ英検176点以上，IELTSTMバンド6.5以上のスコアまたは等級で共通テストの英語（受験は必須）を満点とする。
注）学校推薦型，総合型選抜入試Ⅰ・Ⅱは2024年度の実績です。

国際教養学部

Ａ日程　**［共通テスト（550）］** **7科目** ①国（100） ②**外**（R80＋L20）▶英 ③④**地歴・公民**（100）▶「地総・歴総・公から２」・「地総・地探」・「歴総・日探」・「歴総・世探」・「公・倫」・「公・政経」から1 ⑤**数**（100）▶数Ⅰ・「数Ⅰ・数Ａ」・「数Ⅱ・数Ｂ・数Ｃ」から１ ⑥**理**（100）▶「物基・化基・生基・地学基から２」・物・化・生・地学から１ ⑦**情**（50）▶情Ⅰ
［個別学力検査（200）］ **2科目** ①国（100）▶現国・言語・論国・文国・国表（近代以降の文章） ②**外**（100）▶英コミュⅠ・英コミュⅡ・英コミュⅢ・論表Ⅰ・論表Ⅱ・論表Ⅲ

Ｂ日程　**［共通テスト（300）］** **3科目** ①**外**（R80＋L20）▶英 ②③**国・「地歴・公民」・数・理・情**（100×2）▶国・「〈地総・歴総・公から２〉・〈地総・地探〉・〈歴総・日探〉・〈歴総・世探〉・〈公・倫〉・〈公・政経〉から１」・「数Ⅰ・〈数Ⅰ・数Ａ〉・〈数Ⅱ・数Ｂ・数Ｃ〉から１」・「〈物基・化基・

生基・地学基から２〉・物・化・生・地学から１」・情Ⅰから２

[個別学力検査(200)]　2科目　①国(100)▶現国・言語・論国・文国・国表(近代以降の文章)　②外(100)▶英コミュⅠ・英コミュⅡ・英コミュⅢ・論表Ⅰ・論表Ⅱ・論表Ⅲ

C日程　[共通テスト(200)]　1科目　①外(R160＋L40)▶英

[個別学力検査(200)]　1科目　①英語小論文(200)

学校推薦型　[共通テスト]　課さない。

[個別学力検査]　2科目　①英語小論文　②面接(日本語および英語)

※書類審査，英語小論文および面接の結果を総合して判定。

総合型選抜入試Ⅰ(４月入学)　[共通テスト]　課さない。

[個別学力検査]　2科目　①英語小論文　②面接(日本語および英語)

※書類審査，英語小論文および面接の結果を総合して判定。

総合型選抜入試Ⅱ(９月入学)　[共通テスト]　課さない。

[個別学力検査]　2科目　①英語小論文　②面接(日本語および英語)

※書類審査，英語小論文および面接の結果を総合して判定。

その他の選抜

外国人留学生入試Ⅰ・Ⅱ，社会人入試，グローバル・セミナー入試，グローバル・ワークショップ入試，ギャップイヤー入試(９月入学)。

偏差値データ　(2024年度)

● 一般選抜

＊共通テスト・個別計/満点

学部	2024年度 駿台予備学校 合格目標ライン	2024年度 河合塾 ボーダー得点率	2024年度 河合塾 ボーダー偏差値	2023年度実績 募集人員	受験者数	合格者数	合格最低点＊	競争率 '23年	競争率 '22年
●A日程									
国際教養学部									
(学部一括募集)	61	80%	67.5	55	313	102	―	3.1	3.1
●B日程									
国際教養学部									
(学部一括募集)	59	88%	70	40	276	52	―	5.3	7.3
●C日程									
国際教養学部									
(学部一括募集)	60	98%	―	5	118	6	―	19.7	37.2

● 駿台予備学校合格目標ラインは合格可能性80%に相当する駿台模試の偏差値です。　● 競争率は受験者÷合格者の実質倍率

● 河合塾ボーダー得点率は合格可能性50%に相当する共通テストの得点率です。
また，ボーダー偏差値は合格可能性50%に相当する河合塾全統模試の偏差値です。

併設の教育機関　大学院

グローバル・コミュニケーション実践研究科

教員数▶９名
院生数▶77名

専門職学位課程　● グローバル・コミュニケーション実践専攻　日本語または英語による高度なコミュニケーションを行うための理論と実践に関わる知識と技能を身につけ，グローバル社会においてコミュニケーションの分野で活躍できる高度専門職業人を養成する。「英語教育実践領域」「日本語教育実践領域」「発信力実践領域」の３領域を設定。

高崎経済大学

資料請求

問合せ先 入試広報グループ入試チーム ☎027-344-6265

大学の理念

1952（昭和27）年，高崎市が創立した市立短期大学を1957（昭和32）年に市立大学として開設。東京から約100㎞に位置し，交通網も発達した恵まれた立地と，市街地の深い緑に囲まれた学習環境にあり，全国から学生が集い，卒業後のネットワークも日本各地に広まる数少ない全国型の公立大学として知られる。変化の時代を迎えた現代にあって，学生には新しい状況を正しく把握し，その理解に基づいて自らの行動を選択していく力を求め，その力の発揮を支える広い教養と深い専門知識を培うことを教育目的とする。また，グローバル化や情報化社会に対応したネットワーク環境やｅラーニングなど充実の設備とともに英語教育にも注力。さらに，地域社会の実態を直接学ぶゼミナール教育を重視し，「地域に根を張り，世界と交流する知の拠点」をめざしている。

● 高崎経済大学キャンパス……〒370-0801 群馬県高崎市上並榎町1300

基本データ

学生数▶4,054名
専任教員数▶教授55名，准教授46名，講師3名

設置学部▶経済，地域政策
併設教育機関▶大学院―経済・経営，地域政策（以上M・D）

就職・卒業後の進路

就 職 率 98.6%
就職者÷希望者×100

●**就職支援** 入学時からの体系的な支援の積み上げで，希望する未来にぐっと近づけるよう，「キャリア形成年次ピラミッド（キャリア支援指針）」を策定し，各学年に応じたさまざまな事業を展開している。キャリア支援センターにおいて，各種ガイダンス・講座の開催や，求人やインターンシップなどの情報提供を行い，就職活動を全方位でサポート。「公務員試験対策講座」や「エントリーシート対策講座」「SPI対策講座」「ビジネスマナー講座」「面接対策講座」など多種多様なセミナーが随時実施されている。また，県内外から多くの企業を集めて実施される「合同企業説明会」や，全国各地で活躍しているOB・OGの経営者・人事担当者が面接官として参加する「模擬面接」なども行われる。

進路指導者も必見 学生を伸ばす 面倒見

初年次教育
「日本語リテラシーⅠ・Ⅱ」「初年次ゼミ」で学問や大学教育全般に対する動機づけ，レポート・論文の書き方，プレゼン技法，論理的思考や問題発見・解決能力の向上を図るほか，「情報基礎Ⅰ」を開講

学修サポート
TA・SA制度を導入。さらに，地域政策学部ではオフィスアワーを設定。また，レポート・論文の作成指導など学修に関するさまざまな相談に応じるアクティブ・ラボを設置している

オープンキャンパス（2023年度実績） 7月16日と8月6日にオープンキャンパスを開催（事前予約制）。学部説明会，ゼミ活動体験コーナー，学生相談コーナー，キャンパスツアーなどを実施。

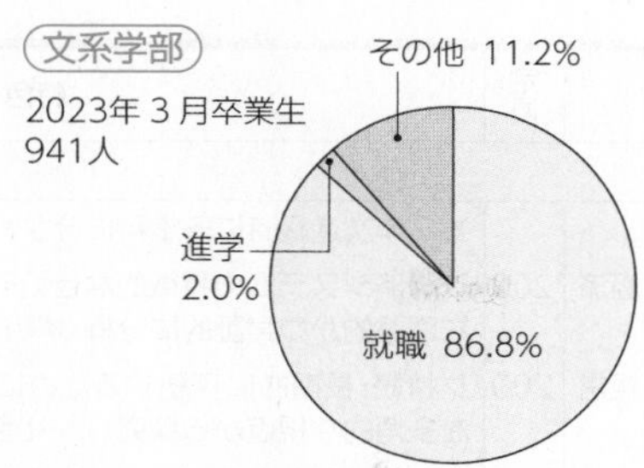

主なOB・OG▶［経済］原田凍谷（書道家），［経済］長尾裕（ヤマトホールディングス社長），［経済］茂木三枝（中小企業診断士），［経済］猿谷哲（ランスタッド社長）など。

国際化・留学

大学間 21 大学

受入れ留学生数▶60名（2023年５月１日現在）

留学生の出身国・地域▶中国，韓国，ベトナム，台湾，モンゴルなど。

外国人専任教員▶教授１名，准教授２名，講師１名（2023年５月１日現在）

外国人専任教員の出身国▶イギリス，カザフスタン，韓国，中国。

大学間交流協定▶21大学（交換留学先７大学，2023年５月１日現在）

海外への留学生数▶渡航型262名／年（19カ国・地域，2022年度）

海外留学制度▶協定校に，原則１年間または１学期間留学し正規授業を受講する交換留学や，外国語の習得を目的とした提携校プログラム（２週間～２カ月），国際学科の学生を対象に「海外語学研修（専門）」の単位取得を目的に大学指定の語学学校へ留学する短期語学研修（約３週間）などを実施。海外への長期・短期研修を行う学生は，要件を満たせば大学の助成制度や後援会・同窓会等の補助金が利用できる。個人またはゼミ教員企画の海外フィールドワーク・ボランティア・インターンシップなども助成金の支給対象となる。

学費・奨学金制度

入学金▶141,000円（市外者282,000円）

年間授業料（施設費等を除く）▶520,800円

主な奨学金制度▶家計が急変し就学が困難になった学生に10万円を給付する「高崎経済大学同窓会奨学金」や，体育会所属学生に奨学金を貸与し，卒業後群馬県内に就職した学生には貸与額の半額を免除する「糸井ホールディングススポーツ活動奨励奨学金」などを設置。学費減免制度もあり，2022年度には47人を対象に総額で約671万円を減免している。

保護者向けインフォメーション

●**成績確認**　成績表を保護者に郵送している。
●**会報誌**　「たかけい学報」を発行している。
●**後援会**　９～10月にかけて全国６カ所で後援会支部総会を開催。決算・予算報告や大学からの現況報告のほか，「学生の就職」をテーマに保護者向けセミナー，キャリア支援事業や就職情報会社による講演，OB・OGによる就職体験談，個別相談などを実施。
●**防災対策**　災害時に備えて食料などを計画的に備蓄している。

インターンシップ科目	必修専門ゼミ	卒業論文	GPA制度の導入の有無および活用例	１年以内の退学率	標準年限での卒業率
開講していない	全学部で２～４年次に実施	地域政策学部は卒業要件	奨学金や授業料免除対象者の選定基準として活用	0.7%	87.6%

学部紹介

学部／学科	定員	特色
経済学部		
		▶２年次進級時に各学科に分かれる。
経済	200	▷経済システムの特徴的な仕組みや構造，運動のあり方などを理論的かつ実証的に分析・解明。
経営	200	▷持続・長期的に存続するために企業経営に求められる要素を多角的な視点から探究し，社会に寄与する能力を養成。
国際	80	▷国際経済・経営に関する専門的知識を修得し，語学力に支えられたコミュニケーション力，異文化に対する理解力を培い，国内外で活躍できる人材を育成。
● **取得可能な資格**……教職(地歴・公・社・商)。 ● **進路状況**…………就職88.2%　進学1.2% ● **主な就職先**…………群馬県庁，高崎市役所，群馬銀号，静岡銀行，東和銀行，ニトリホールディングス，東日本旅客鉄道，ベイシアなど。		
地域政策学部		
		▶２年次前期中にゼミと所属学科を決定。
地域政策	150	▷都市，農村，国際，地域産業・地域経済，地域行政・地方政治の５領域。行政の立場・目線で地域問題の解決策を研究。
地域づくり	150	▷地域ビジネス・能力開発，地域環境，地域福祉，コミュニティ，地域文化の５領域で構成。地方分権や地域づくりに貢献する人材を養成。
観光政策	120	▷観光政策，観光経営，国際観光，地域振興の４領域。地域開発や観光経営を担う企画・立案能力に優れた人材を育成。
● **取得可能な資格**…教職(地歴・公・社)，学芸員，社会教育主事任用資格など。 ● **進路状況**…………就職85.3%　進学2.9% ● **主な就職先**………群馬県庁，日本年金機構，群馬銀行，高崎市役所，ヤマダホールディングス，足利銀行，アパホテル，しののめ信用金庫，東日本旅客鉄道，福島県庁など。		

▶キャンパス

全学部……［高崎経済大学キャンパス］群馬県高崎市上並榎町1300

2025年度入試要項(予告)

●募集人員

学部／学科		前期	中期	後期
▶ 経済	経済			
	経営	140	240	—
	国際			
▶ 地域政策	地域政策			
	地域づくり	200	—	100
	観光政策			

● **２段階選抜**　実施しない

▷共通テストの英語はリスニングを含む。

注)配点は編集時，未公表。最新の募集要項でご確認ください。

経済学部

前期　**［共通テスト］** **4科目**　①外▶英・独・仏・中・韓から１　②③④**国・「地歴・公民」・数・理・情**▶国・「〈地総・歴総・公から２〉・〈地総・地探〉・〈歴総・日探〉・〈歴総・世探〉・〈公・倫〉・〈公・政経〉から１」・「数Ⅰ・〈数Ⅰ・数Ａ〉・〈数Ⅱ・数Ｂ・数Ｃ〉から１」・「〈物基・化基・生基・地学基から２〉・物・化・生・地学から１」・情Ⅰから３

 キャンパスアクセス ［高崎経済大学キャンパス］JR高崎線―高崎よりバス約20分

［個別学力検査］ ②科目 ①②国・外・数▶「現国・言語・論国・古典」・「英コミュⅠ・英コミュⅡ・英コミュⅢ・論表Ⅰ・論表Ⅱ・論表Ⅲ」・「数Ⅰ・数Ⅱ・数Ａ（図形・場合）・数Ｂ（数列）・数Ｃ（ベク）」から２

中期 ［共通テスト］ ③科目 ①外▶英・独・仏・中・韓から１ ②③国・「地歴・公民」・数・理・情▶国・「〈地総・歴総・公から２〉・〈地総・地探〉・〈歴総・日探〉・〈歴総・世探〉・〈公・倫〉・〈公・政経〉から１」・「数Ⅰ・〈数Ⅰ・数Ａ〉・〈数Ⅱ・数Ｂ・数Ｃ〉から１」・「〈物基・化基・生基・地学基から２〉・物・化・生・地学から１」・情Ⅰから２

［個別学力検査］ ②科目 ①②国・外・「地歴・公民」・数▶「現国・言語・論国・古典」・「英コミュⅠ・英コミュⅡ・英コミュⅢ・論表Ⅰ・論表Ⅱ・論表Ⅲ」・「〈地総・地探〉・〈歴総・日探〉・〈歴総・世探〉・〈公・政経〉から１」・「数Ⅰ・数Ⅱ・数Ａ（図形・場合）・数Ｂ（数列）・数Ｃ（ベク）」から２

地域政策学部

前期 【５教科５科目】［共通テスト］ ⑤科目 ①外▶英・独・仏・中・韓から１ ②③④⑤国・「地歴・公民」・数・理・情▶国・「〈地総・歴総・公から２〉・〈地総・地探〉・〈歴総・日探〉・〈歴総・世探〉・〈公・倫〉・〈公・政経〉から１」・「数１・〈数Ⅰ・数Ａ〉・〈Ⅱ・数Ｂ・数Ｃ〉から１」・「〈物基・化基・生基・地学基から２〉・物・化・生・地学から１」・情Ⅰから４

【３教科３科目】 ［共通テスト］ ③科目 ①外▶英・独・仏・中・韓から１ ②③④国・「地歴・公民」・数・理・情▶国・「〈地総・歴総・公から２〉・〈地総・地探〉・〈歴総・日探〉・〈歴総・世探〉・〈公・倫〉・〈公・政経〉から１」・「数Ⅰ・〈数Ⅰ・数Ａ〉・〈数Ⅱ・数Ｂ・数Ｃ〉から１」・「〈物基・化基・生基・地学基から２〉・物・化・生・地学から１」・情Ⅰから２

［個別学力検査］ ②科目 ①小論文 ②地歴・公民・数▶〈地総・地探〉・〈歴総・日探〉・〈歴総・世探〉・〈公・政経〉・「数Ⅰ・数Ⅱ・数Ａ（図形・場合）・数Ｂ（数列）・数Ｃ（ベク）」から１

後期 【５教科５科目】［共通テスト］ ⑤科目 前期と同じ

【３教科３科目】［共通テスト］ ③科目 前期と同じ

［個別学力検査］ ①科目 ①小論文（300）

その他の選抜

学校推薦型選抜は経済学部100名，地域政策学部95名を募集。ほかに特別選抜（帰国生徒・社会人・私費外国人留学生）を実施。

注）募集人員は2024年度の実績です。

偏差値データ（2024年度）

●一般選抜

学部	2024年度 駿台予備学校 合格目標ライン	2024年度 河合塾 ボーダー得点率	2024年度 河合塾 ボーダー偏差値	'23年度 競争率
●前期				
▶経済学部				
（学部一括募集）	49	65%	52.5	3.3
▶地域政策学部				
学部一括募集（５教科５科目）	51	59%	50	2.6
（３教科３科目）	52	63%	52.5	
●中期				
▶経済学部				
（学部一括募集）	53	69%	55	3.0
●後期				
▶地域政策学部				
学部一括募集（5教科5科目）	53	62%	—	3.2
（3教科3科目）	52	65%	—	

- 駿台予備学校合格目標ラインは合格可能性80％に相当する駿台模試の偏差値です。
- 河合塾ボーダー得点率は合格可能性50％に相当する共通テストの得点率です。また，ボーダー偏差値は合格可能性50％に相当する河合塾全統模試の偏差値です。
- 競争率は受験者÷合格者の実質倍率

埼玉県立大学

さいたまけんりつ

資料請求

問合せ先 事務局教務・入試担当　☎048-973-4117

大学の理念

1999（平成11）年に保健医療福祉学部の１学部４学科を擁して開学。埼玉県立衛生短期大学を2006（平成18）年に再編統合し，2009（平成21）年には大学院を開設。学部大学院一貫の教育カリキュラムと基礎研究から臨床実践に至る広範な研究を推進。「陶冶，進取，創発」を基本理念に，保健医療福祉分野の専門職連携を通じて人々の健康と生活を統合的に支え共生社会に貢献できる人材の育成を目的とする。実践における多職種の連携・協働を習得するIPE（専門職連携教育）を重視し，異なる専門教育課程の学生が協働で行うIPW（専門職連携実践）実習を，埼玉県内の約160施設の協力で実施している。ガラス張りの外観，屋上緑化や吹き抜けの通路，各所に配されたアートなど，芸術性と機能性を兼ね備えたキャンパスが豊かな学習環境を創出。

● **埼玉県立大学キャンパス**……〒343-8540　埼玉県越谷市三野宮820

基本データ

学生数▶1,655名（男230名，女1,425名）
専任教員数▶教授51名，准教授79名，助教154名

設置学部▶保健医療福祉
併設教育機関▶大学院─保健医療福祉学（M・D）

就職・卒業後の進路

就職率 99.5%
就職者÷希望者×100

●**就職支援**　ほぼすべての学科・専攻で，卒業要件を満たすと国家試験受験資格が得られるため，それぞれの試験の特性にあわせて，各学科・専攻の教員が全面的に支援している。また，学生同士のグループワークを推進することによって，毎年高い合格率を誇っている。学科・専攻ごとの「進路支援プログラム」にそったサポートを行うほか，キャリアセンターでは，国家資格を有するキャリアカウンセラーが進路，病院・企業研究の進め方，公務員試験に関する相談，履歴書やエントリーシート，応募書類の書き方などの具体的な対策まで幅広く対応している。また，求人票やその他の就職情報の閲覧，就職関連図書の貸出や資料の配布はもちろん，就職活動スタートガイダンスをはじめ，卒業生との交流会，学

進路指導者も必見 学生を伸ばす 面倒見

初年次教育
学修活動の基礎となる知識と技能の修得を目的としたカリキュラム全体への導入を図る「スタートアップセミナー」を開講

学修サポート
全学科でTA制度，１人の専任教員が学生約10.3人を担当し，履修や学生生活の指導・支援を行う教員アドバイザー制度を導入

オープンキャンパス（2023年度実績）　来場型のオープンキャンパスを開催。6/11，8/5・6は全学科対象，7/16は理学療法学科・健康開発学科（口腔保健科学専攻），9月2日は社会福祉子ども学科（社会福祉学専攻）。

内就職説明会など各種説明会や試験対策講座を年間を通じて開催。学科・専攻ごとに特別な内容が盛り込まれ，希望の進路に沿った講座を提供，就職活動を行う３・４年生だけでなく，１年生から講座などに参加し，職業意識を高めることができる。オンライン面接用のパソコン・ウェブカメラ・マイク・リングライトを備えた個室も用意している。

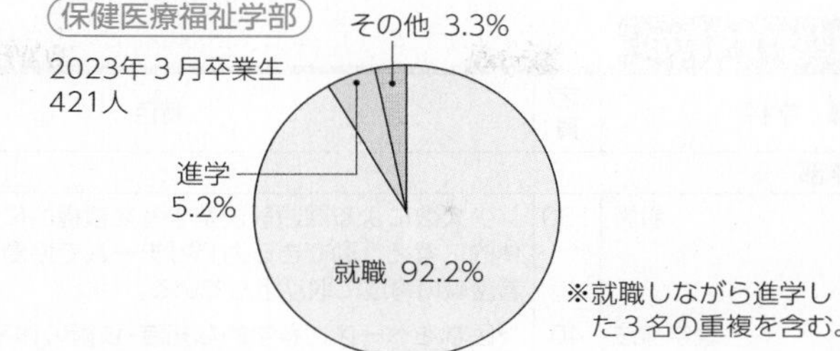

主なOB・OG ▶ 高階恵美子（衆議院議員）など。

国際化・留学　大学間 4 大学

受入れ留学生数 ▶ ０名（2023年５月１日現在）

大学間交流協定 ▶ ４大学（交換留学先１大学，2023年10月１日）

海外への留学生数 ▶ ０名／年（2022年度）

海外留学制度 ▶ 中国の山西医科大学，北京大学公衆衛生学院，香港理工大学，スイスのチューリヒアプライドサイエンス大学，オーストラリアのクイーンズランド大学（付属語学学校）との間で交換留学生の派遣・受入れを実施。2020 ～ 2022年度は新型コロナウイルス感染症のため派遣・受入れを停止。中断した国際交流事業の再開をめざし，海外協定校との連絡調整を行うとともに，学術交流協定校の拡充や，留学生・教員の相互派遣，共同研究の実施を推進し，留学生・研究者の海外からの受け入れおよび海外への派遣のための全学的な教育研究支援体制を整備している。

学費・奨学金制度

入学金 ▶ 211,500円（県外者423,000円）

年間授業料（施設費等を除く）▶ 621,000円

主な奨学金制度 ▶ 授業料・入学金の免除または減額と給付型奨学金の支給を併せて受けられる新制度「高等教育の修学支援新制度」の対象校となっている。また，申請要件の対象外となる学生には本学独自の学費サポートローンを用意している。

保護者向けインフォメーション

● **後援会**　後援会を組織し，活動内容会員向けの情報を後援会HPで公開している。また，例年，入学式後の新入生保護者歓迎交流会や総会・交流会などを開催している。

● **就職ガイダンス**　保護者向けに「就活サポート」のお願いを大学HPに掲載し，学修スケジュール・就職活動や昨今の就活市場についておよび，家庭内でのサポートの方法について説明している。

● **防災対策**　防災ハンドブックを入学時に配布。災害時の学生の安否は，メールやポータルサイトを利用して確認するようにしている。

インターンシップ科目	必修専門ゼミ	卒業論文	GPA制度の導入の有無および活用例	１年以内の退学率	標準年限での卒業率
開講していない	３・４年次に実施	全学科で卒業要件	全学科で進級・卒業判定の基準，学生に対する個別の学修指導に活用	3.7%	97.0%

2025年度学部改組構想（予定）

● 健康開発学科の健康行動科学専攻を「健康情報学専攻」に改称。保健医療情報に関する教育を強化する。養護教諭一種免許の取得を廃止し，大学院博士前期課程での養成にシフト（選修免許状を付与）。

学部紹介（2024年２月現在）

学部／学科	定員	特色
保健医療福祉学部		
看護	130	▷少人数による課題解決型学習を積極的に取り入れて，「主体的に考え行動できる力」や「チームで協働する力」を備えた看護職の育成に取り組んでいる。
理学療法	40	▷医学をベースに科学的な知識・技術の体系を学び，最先端の理学療法を提供できる医療人を，そしてその先の未来を創造するトップランナーを育成。
作業療法	40	▷科学的，分析的な思考能力と創造性および柔軟性を養い，生活を科学するエキスパートとして問題を解決できる能力と行動力および国際的な視野を備えた作業療法士を育成。
社会福祉子ども	70	▷社会福祉学専攻50名，福祉子ども学専攻20名。現状と課題を分析し，さまざまな現場において人々と共にその解決をめざすことのできる力を養う。
健康開発	115	▷健康情報を正しく解釈し発信する健康行動科学専攻45名，生命情報を分析し健康状態を科学的に解析する検査技術科学専攻40名，口腔から健康を推進する口腔保健科学専攻30名。

● **取得可能な資格**…教職（幼一種，養護一種），保育士，看護師・保健師・助産師・臨床検査技師・歯科衛生士・理学療法士・作業療法士・社会福祉士受験資格など。
● **進路状況**…………就職92.2%　進学5.2%
● **主な就職先**………埼玉県立がんセンター，埼玉県総合リハビリテーションセンター，JALスカイ，ライオン歯科衛生研究所，LITALICO，埼玉県（公務員・教員・保健師）など。

▶キャンパス

全学部……［埼玉県立大学キャンパス］　埼玉県越谷市三野宮820

2025年度入試要項（予告）

●募集人員

学部／学科（専攻）	前期
▶保健医療福祉　看護	65
理学療法	20
作業療法	22
社会福祉子ども（社会福祉学）	28
（福祉子ども学）	11
健康開発（健康情報学）	27
（検査技術科学）	20
（口腔保健科学）	17

● **2段階選抜**　実施しない

注）募集人員および２段階選抜は2024年度の実績です。

▷共通テストの英語はリスニングを含む。
▷共通テストの地歴・公民から２科目選択する場合，「公・倫」と「公・政経」の組み合わせ，および「地総・歴総・公から２」で選択した科目と同一科目名を含む組み合わせは不可。
▷個別学力検査の面接では，学修水準を満たしているかを確認する。

保健医療福祉学部

前期　【看護学科】［共通テスト（500）］
5科目　①国（100）　②外（R75＋L25）▶英

キャンパスアクセス ［埼玉県立大学キャンパス］ 東武スカイツリーライン－せんげん台よりバス５分または徒歩20分

③**地歴・公民・情**(100) ▶「地総・歴総・公から2」・「地総・地探」・「歴総・日探」・「歴総・世探」・「公・倫」・「公・政経」・情Ⅰから1 ④**数**(100) ▶「数Ⅰ・数A」・「数Ⅱ・数B・数C」から1 ⑤**理**(100) ▶「物基・化基・生基・地学基から2」・物・化・生・地学から1

[個別学力検査(100)] **2科目** ①**小論文**(100) ②**面接**

【理学療法学科】[共通テスト(500)] **5科目** ①**国**(100) ②**外**(R75＋L25) ▶英 ③**数**(100) ▶「数Ⅰ・数A」・「数Ⅱ・数B・数C」から1 ④⑤**「地歴・公民」・理・情**(100×2) ▶「地総・歴総・公から2」・「地総・地探」・「歴総・日探」・「歴総・世探」・「公・倫」・「公・政経」・「物基・化基・生基・地学基から2」・物・化・生・地学・情Ⅰから2，ただし理から1必須

[個別学力検査(100)] **2科目** ①**小論文**(100) ②**面接**

【作業療法学科・健康開発学科〈口腔保健学専攻〉】[共通テスト(500)] **5科目** ①**国**(100) ②**外**(R75＋L25) ▶英 ③**数**(100) ▶「数Ⅰ・数A」・「数Ⅱ・数B・数C」から1 ④⑤**「地歴・公民」・理科・情**(100×2) ▶「地総・歴総・公から2」・「地総・地探」・「〈歴総・日探〉・〈歴総・世探〉から1」・「公・倫」・「公・政経」・「物基・化基・生基・地学基から2」・物・化・生・地学・情Ⅰから2

[個別学力検査(100)] **2科目** ①**小論文**(100) ②**面接**

【社会福祉子ども学科】[共通テスト(500)] **5科目** ①**国**(100) ②**外**(R75＋L25) ▶英 ③**地歴・公民**(100) ▶「地総・歴総・公から2」・「地総・地探」・「歴総・日探」・「歴総・世探」・「公・倫」・「公・政経」から1 ④**数**(100) ▶「数Ⅰ・数A」・「数Ⅱ・数B・数C」から1 ⑤**理・情**(100) ▶「物基・化基・生基・地学基から2」・物・化・生・地学・情Ⅰから1

[個別学力検査(100)] **2科目** ①**小論文**(100) ②**面接**

【健康開発学科〈健康情報学専攻〉】[共通テスト(500)] **5科目** ①**国**(100) ②**外**(R75＋L25) ▶英 ③**数**(100) ▶「数Ⅰ・数A」・「数Ⅱ・数B・数C」から1 ④⑤**「地歴・公民」・理・情**(100×2) ▶「〈地総・歴総・公から2〉・〈地総・地探〉・〈歴総・日探〉・〈歴総・世探〉・〈公・倫〉・〈公・政経〉から1」・「〈物基・化基・生基・地学基から2〉・物・化・生・地学から1」・情Ⅰから2

[個別学力検査(100)] **2科目** ①**小論文**(100) ②**面接**

【健康開発学科〈検査技術科学専攻〉】[共通テスト(500)] **5科目** ①**国**(100) ②**外**(R75＋L25) ▶英 ③④**理**(100×2) ▶物・化・生・地学から2 ⑤**数・情**(100) ▶「数Ⅰ・数A」・「数Ⅱ・数B・数C」・情Ⅰから1

[個別学力検査(100)] **2科目** ①**小論文**(100) ②**面接**

その他の選抜

学校推薦型選抜は看護学科65名，理学療法学科20名，作業療法学科18名，社会福祉子ども学科31名，健康開発学科51名を募集。ほかに社会人特別選抜を実施。

注）募集人員は2024年度の実績です。

偏差値データ（2024年度）

●一般選抜

学部／学科／専攻	2024年度 駿台予備学校 合格目標ライン	2024年度 河合塾 ボーダー得点率	2024年度 河合塾 ボーダー偏差値	'23年度 競争率
●前期				
▶保健医療福祉学部				
看護	47	60%	—	2.7
理学療法	48	64%	—	2.5
作業療法	47	62%	—	1.6
社会福祉子ども／社会福祉学	47	63%	—	1.8
／福祉子ども学	47	61%	—	3.6
健康開発／健康行動科学	45	61%	—	2.0
／検査技術科学	48	61%	—	3.6
／口腔保健科学	44	61%	—	2.9

- 駿台予備学校合格目標ラインは合格可能性80%に相当する駿台模試の偏差値です。
- 河合塾ボーダー得点率は合格可能性50%に相当する共通テストの得点率です。また，ボーダー偏差値は合格可能性50%に相当する河合塾全統模試の偏差値です。
- 競争率は受験者÷合格者の実質倍率

東京都立大学

資料請求

問合せ先　アドミッション・センター（入試課）　☎042-677-1111（代）

大学の理念

2005（平成17）年４月に，都立の４つの大学「東京都立大学」「東京都立科学技術大学」「東京都立保健科学大学」「東京都立短期大学」を統合し，首都大学東京を開学。2018年７学部・７研究科に再編，2020年には大学名称を東京都立大学に変更。世界を代表する大都市東京が設置する唯一の総合大学として，「大都市における人間社会の理想像の追求」を使命に掲げる。「都市環境の向上」「ダイナミックな産業構造を持つ高度な知的社会の構築」「活力ある長寿社会の実現」をキーワードに，環境問題や超高齢化，所得格差の拡大など，現代社会が抱えるさまざまな課題を見据えた教育研究と，次代を担う人材の育成に取り組んでいる。中心となる南大沢キャンパスは東京ドーム９個分の敷地面積。周辺は緑豊かな広々とした環境で，地域住民にも開放されている。

- 南大沢キャンパス…〒192-0397　東京都八王子市南大沢1-1
- 日野キャンパス……〒191-0065　東京都日野市旭が丘6-6
- 荒川キャンパス……〒116-8551　東京都荒川区東尾久7-2-10

基本データ

学生数▶6,812名（男3,947名，女2,865名）
専任教員数▶教授283名，准教授223名，助教等139名
設置学部▶人文社会，法，経済経営，理，都市環境，システムデザイン，健康福祉
併設教育機関▶大学院（P.1624参照）

就職・卒業後の進路

就職率 96.4％
就職者÷希望者×100

●**就職支援**　１年次から履修できる全学共通科目「現場体験型インターンシップ」やキャリア形成ガイダンスなどによる早期のキャリア教育で主体的なキャリア形成意識を養成。就職活動支援では，キャリア支援課が就職ガイダンス，公務員試験対策，学内企業セミナー，各種実践講座，OBOG交流会などを実施するほか，キャリアカウンセラーやOBOGで企業経験のある就職相談員が，学生一人ひとりのキャリアについて，進路の方向性からエントリーシートの書き方，具体的な活動方法などの個別相談にも応じている。

進路指導者も必見　学生を伸ばす　面倒見

初年次教育	学修サポート
「基礎ゼミナール」「情報リテラシー実践」を開講し，レポート・論文の書き方，プレゼン技法，ITの基礎技術，情報収集や資料整理の方法，論理的思考や問題発見・解決能力の向上を図っている	全学部でTA・SA制度，システムデザイン学部を除きオフィスアワー制度，健康福祉学部では担任制を導入。また，理学部では大学院生のTAが授業等の質問に応じる理工数学相談室・Math Clinicを設置

オープンキャンパス（2023年度実績）　南大沢キャンパスで７・８月，日野・荒川キャンパスでは８月に来場型のオープンキャンパスを開催（事前申込制）。Webオープンキャンパスは７～８月の期間限定で公開。

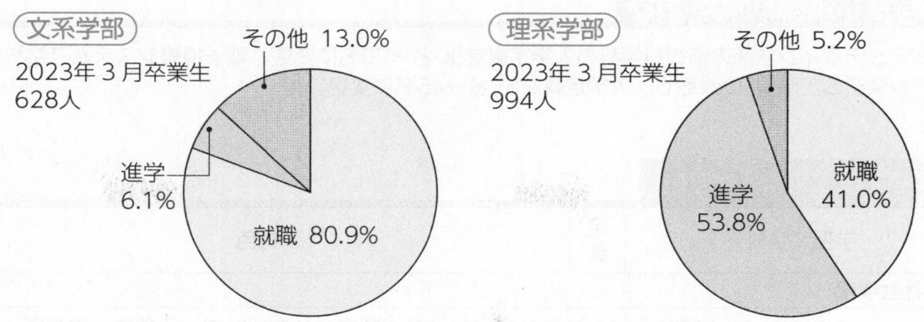

主なOB・OG▶［旧工］細野秀雄（材料科学者），［法］鎌田恭幸（鎌倉投信社長），［人文］寺尾紗穂（シンガーソングライター・エッセイスト），［経営］鷲見玲奈（フリーアナウンサー）など

国際化・留学　大学間 91 大学等・部局間 112 大学等

受入れ留学生数▶132名（2023年５月１日現在）

留学生の出身国▶中国，韓国，イギリス，フランス，ドイツなど。

外国人専任教員▶教授５名，准教授15名，助教11名（2023年５月１日現在）

外国人専任教員の出身国▶中国，韓国，アメリカ，フランス，カナダなど。

大学間交流協定▶91大学・機関（交換留学先61大学，2023年３月31日現在）

部局間交流協定▶112大学・機関（交換留学先７大学，2023年３月31日現在）

海外への留学生数▶渡航型136名／年（26カ国・地域，2022年度）

海外留学制度▶協定校に１年以内で留学し，正規の授業を受講する交換留学（留学先の授業料は免除）や派遣留学，長期休暇を利用して外国語コミュニケーション力を磨き，グローバル社会への適応力を養う海外短期研修を実施。そのほか，国際センターや学外の学術団体などによる海外でのインターンシッププログラム，大学院生・大学生・高専生のチームで課題に取り組む「グローバル・コミュニケーション・プログラム」，保健・医療に特化した健康福祉学部向けの海外プログラムなどもある。大学が実施するプログラムには中長期派遣学生を対象に渡航費（上限あり），月額６～10万円（地域により異なる）を給付する奨学金や短期派遣学生対象の「海外短期研修経済支援金」などの経済支援も用意。

学費・奨学金制度

入学金▶141,000円（都民以外282,000円）

年間授業料（施設費等を除く）▶520,800円

主な奨学金制度▶高等教育の修学支援新制度対象者に区分を問わず独自の上乗せの学費減免を実施。2022年度の実績は延べ756人を対象に総額約１億1,910万円を減免している。

保護者向けインフォメーション

●**成績確認**　成績表を保護者に郵送している。

●**説明会**　理学部の一部の学科で大学院進学に向けた保護者説明会を開催。

●**防災対策**　「南大沢キャンパス学生用災害時対応マニュアル」を入学時に配布。災害時の学生の状況は，安否確認システム「ANPIC」を利用して把握する。

インターンシップ科目	必修専門ゼミ	卒業論文	GPA制度の導入の有無および活用例	１年以内の退学率	標準年限での卒業率
全学部で開講している	人文社会・都市環境（建築を除く）で４年次，法（法曹養成）で２年次，健康福祉で２～４年次に実施	経済経営・都市環境（建築）・法学部を除き卒業要件	一部の学部で所属教室（分野）の決定，早期卒業・進級の判定基準，留学候補者の選考，個別の学修指導などに活用するほか，GPAに応じた履修上限単位数を設定	0.4%	85.6%

2025年度学部改組構想（予定）

● システムデザイン学部の情報科学科の入学定員を50名→90名に変更。電子情報システム工学科を「電機電子システム工学科」に改称し，入学定員を85名→45名に変更。

学部紹介（2024年２月現在）

学部／学科	定員	特色
人文社会学部		
人間社会	110	▷社会学，社会人類学，社会福祉学，心理学，教育学，言語科学，日本語教育学の７教室で多角的に人と社会を研究。
人文	90	▷哲学，歴史学・考古学，表象文化論，日本文化論，中国文化論，英語圏文化論，ドイツ語圏文化論，フランス語圏文化論の８教室編成で専門を究めつつ，横断的な学びを実現。
● 取得可能な資格…教職（国・地歴・公・社・英・中），学芸員，社会福祉士受験資格など。 ● 進路状況…………就職79.0%　進学10.3% ● 就職状況…………東京都特別区，東京都庁，法務省，かんぽ生命保険，京王エージェンシー，ニッセイ情報テクノロジー，星野リゾートマネジメントなど。		
法学部		
法	200	▷法律学，政治学の２コース制。少人数教育で，法的思考とよき社会人としての特性を備え，現代社会の諸問題に積極的に取り組む人材を育成。
● 進路状況…………就職75.1%　進学6.3% ● 就職状況…………東京都庁，東京都特別区，裁判所事務官，東京地方検察庁，アパグループ，かんぽ生命保険，商工組合中央金庫，東京都公立大学法人など。		
経済経営学部		
経済経営	200	▷経済学，経営学の２コース制。専門性の高い先進教育で市場と組織という２つの調整メカニズムを理解し，社会全体を望ましい姿に導く政策立案能力と問題解決能力を涵養。
● 進路状況…………就職87.6%　進学1.8% ● 就職状況…………東京都庁，東京都特別区，デロイトトーマツアクト，八十二銀行，アビームコンサルティング，NTTコミュニケーションズ，岡谷鋼機，キーエンスなど。		
理学部		
数理科	45	▷数学の楽しさを体感しつつ，代数・幾何・解析・応用数理の４分野を体系的に学ぶ。
物理	47	▷普遍的な原理や法則から客観的・論理的に構成される物理学的な考え方を身につける。
化	48	▷元素や分子のレベルで自然を理解し，物質の性質や変化，循環などを探求する専門家を育成。
生命科	60	▷基礎生物学・生命科学のさまざまな分野を学び，「研究する力」を身につける。英語課程ではすべて英語による履修も可能。
● 取得可能な資格…教職（数・理），学芸員など。 ● 進路状況…………就職26.3%　進学67.5% ● 就職状況…………川崎市役所，いすゞ自動車，大広，東京電力ホールディングス，日清オイリオグループ，日立製作所，富士ソフト，教員（東京都，神奈川県）など。		

 キャンパスアクセス ［南大沢キャンパス］ 京王相模原線―南大沢より徒歩５分

都市環境学部		
地理環境	30	▷人，地球，環境の相互関係を，フィールドワークや地理情報システムを活用して解き明かす。
都市基盤環境	50	▷「社会基盤」「環境システム」「安全防災」の３分野で総合的な視野と素養を備えた人材を育成する。
建築	50	▷東京が抱える課題として，既存の建築資産を活用した都市づくりに積極的に取り組んでいる。
環境応用化	60	▷地球環境に調和した物質や材料を創造するなど，応用化学，材料化学に関する教育と研究を行う。
観光科	30	▷地域の環境や文化の保全，資源の適正利用，地域の魅力・価値・経済の向上など地域づくりを担える人材を育成。
都市政策科	35	▷環境の維持・向上，高齢化・健康・福祉，産業の発展，防災・復興，多様な人々との共生など複雑な都市課題の創造的解決を図るプランニング力を養う。

- **取得可能な資格**…教職（地歴・社・理），学芸員，測量士補，１・２級建築士受験資格など。
- **進路状況**…………就職41.4%　進学52.9%
- **主な就職先**………東京都庁，関東地方整備局，京王電鉄，ジェーシービー，全国農業協同組合連合会，大和総研，都市再生機構など。

システムデザイン学部		
情報科	50	▷プログラミングと数理・論理的思考により社会的価値を創出し，国際的に活躍できるエンジニアを育成する。
電子情報システム工	85	▷情報ネットワーク，通信，エネルギー情報の３つを教育・研究体系の主要な柱に，情報システム，電気通信システムの２コースを設置。
機械システム工	90	▷知能機械，生体機械の２コースに２年次後期より分属。新たな機械システムを創出できる創造性豊かな人材を育成。
航空宇宙システム工	45	▷航空機・ロケット・人工衛星といった航空宇宙システムの設計・製造を通して人類社会での利活用を探求する。
インダストリアルアート	50	▷プロダクト系とメディア系分野が共存する学科として，多彩なデザイン領域と工学領域を横断的に学ぶ。

- **取得可能な資格**…教職（情），学芸員など。
- **進路状況**…………就職24.3%　進学70.0%
- **主な就職先**………富士通，NTTデータ，デジタル庁，東京都庁，キヤノン，TOTO，日本航空，日本電気，日野自動車など。

健康福祉学部		
看護	80	▷総合大学の利点を生かした，一般教養や基盤科目が充実。豊かな人間性，社会性を身につけた看護師を育てる。
理学療法	35	▷状況に柔軟に適応できる「臨床実践能力」を備えた理学療法士を育成する。
作業療法	40	▷密度の濃い実践的なカリキュラムと充実した設備で作業療法士として自立して活躍できる実力を身につける。
放射線	40	▷大学院教育と連携し，先端医療にも即応できる高度放射線専門職を育成する。

- **取得可能な資格**…看護師・保健師・診療放射線技師・理学療法士・作業療法士受験資格。
- **進路状況**…………就職81.9%　進学15.7%
- **主な就職先**………東京都立病院機構，国立国際医療研究センター病院，虎の門病院，逸生会大橋病院，慶應義塾大学病院など。

キャンパスアクセス　［日野キャンパス］ JR中央線―豊田よりバス・旭が丘中央公園下車徒歩5分，または徒歩20分

▶キャンパス

人文社会，法，経済経営，理，都市環境，システムデザイン１・２年次，健康福祉１年次……［南大沢キャンパス］東京都八王子市南大沢1-1
システムデザイン３・４年次……［日野キャンパス］東京都日野市旭が丘6-6
健康福祉２～４年次……［荒川キャンパス］東京都荒川区東尾久7-2-10

2025年度入試要項（予告）

●募集人員

学部／学科		前期	後期	一般推薦	総合型選抜
▶人文社会	人間社会	70	5	10	2
	人文	48	5	5	2
▶法	法	150	15	—	—
▶経済経営	経済経営	一般100 数理20	20	—	5
▶理	数理科	25	10	6	—
	物理	24	12	5	若
	化	28	10	5	若
	生命科	20	10	6	19
▶都市環境	地理環境	17	5	3	5
	都市基盤環境	26	8	5	2
	建築	27	8	5	2
	環境応用化	25	9	8	7
	観光科	18	7	3	2
	都市政策科	文系20 理系10	5	—	若
▶システムデザイン	情報科	40	14	15	5
	電機電子システム工	26	9	4	—
	機械システム工	40	19	15	—
	航空宇宙システム工	26	8	—	—
	インダストリアルアート	30	8	11	—
▶健康福祉	看護	35	4	31	1
	理学療法	20	4	10	1
	作業療法	15	3	15	2
	放射線	22	5	7	—

※総合型選抜の各入試方式の募集人員は以下の通り。ゼミナール―理学部生命科学科15名，都市環境学部地理環境学科３～４名，健康福祉学部看護学科１名，理学療法学科１名，作業療法学科２名。科学オリンピック―理学部物理・化・生命科学科，都市環境学部地理環境・システムデザイン学部情報科学科各若干名，都市環境学部環境応用化学科2名。グローバル人材育成―人文社会学部人間社会・人文学科各２名，経済経営学部５名，都市環境学部地理環境学科１～２名，都市基盤環境・建築・観光科学科各２名，環境応用化学科１名，都市政策科学科若干名，システムデザイン学部情報科学科若干名。SAT/ACT方式―理学部生命科学科２名，IB方式―理学部生命科学科２名，研究室探検―都市環境学部環境応用化学科４名。情報Ⅰ・Ⅱ利用（仮）―システムデザイン学部情報科学科５名。

● ２段階選抜

募集人員に対し，共通テストの成績により，前期は人文社会学部，法学部，経済経営学部，理学部，都市環境学部，システムデザイン学部は各学科および入試区分の約６倍，健康福祉学部は各学科の約５倍，後期は健康福祉学部で各学科の30倍，その他の学部は各学科の約14倍で行う。

▷共通テストの英語はリスニングを含む。
▷外部英語検定試験を個別学力検査に利用。対象学科は都市環境学部地理環境学科，都市基盤環境学科，環境応用化学科，システムデザイン学部情報科学科，航空宇宙システム工学科，インダストリアルアート学科の前期・後期，健康福祉学部全学科の前期。共通テストでも「外国語」（受験は必須）の得点と外部英語検定試験の換算得点いずれか高得点を利用。
▷個別学力検査の英―英コミュⅠ・英コミュⅡ・英コミュⅢ・論表Ⅰ・論表Ⅱ・論表Ⅲ。

人文社会学部

前期　**［共通テスト（850）］**　**７**科目　①国（100）　②**外**（300・英〈R240＋L60〉）▶英・独・仏・中・韓から１　③**理**（100）▶「物基・化基・生基・地学基から２」・物・化・生・地学から１　④**情**（50）▶情Ⅰ　⑤⑥⑦**「地歴・公民」・数**（100×3）▶「地総・地探」・「歴総・日探」・「歴総・世探」・「〈公・倫〉・〈公・政経〉から１」から１または２「数Ⅰ・数Ａ」・「数Ⅱ・数Ｂ・数Ｃ」から１または２，計３
［個別学力検査（460）］　**４**科目　①**国**（150）▶現国・言語・論国・古典　②**地歴・数**（200）▶「地総・地探」・「歴総・日探」・「歴総・世探」・「数Ⅰ・数Ⅱ・数Ａ・数Ｂ（数列）・数Ｃ（ベク）」から

キャンパスアクセス［荒川キャンパス］都電荒川線―熊野前より徒歩3分／日暮里・舎人ライナー―熊野前より徒歩3分

1　③**小論文**(100)　④**書類審査**(10)▶調査書等

後期　[共通テスト(1050)]　8科目　①国(200)　②**外**(300・英〈R240＋L60〉)▶英・独・仏・中・韓から1　③④**地歴・公民**(100×2)▶「地総・地探」・「歴総・日探」・「歴総・世探」・「〈公・倫〉・〈公・政経〉から1」から2　⑤⑥**数**(100×2)▶「数Ⅰ・数A」・「数Ⅱ・数B・数C」　⑦**理**(100)▶「物基・化基・生基・地学基から2」・物・化・生・地学から1　⑧**情**(50)▶情Ⅰ

[個別学力検査(210)]　2科目　①**小論文**(200)　②**書類審査**(10)▶調査書等

学校推薦型(一般推薦)　[共通テスト]　7科目　前期と同じ

【人間社会学科】[個別学力検査]　3科目　①**小論文**　②**面接**▶口頭試問を含む　③**書類審査**▶調査書・推薦書・志望理由書

※第1次選考—書類審査，第2次選考—小論文，面接および共通テストの成績。

【人文学科】[個別学力検査]　2科目　①**面接**▶口頭試問を含む　②**書類審査**▶調査書・推薦書・志望理由書・外部外国語検定試験スコア

※第1次選考—書類審査，第2次選考—面接。共通テストは入学後の参考とするため受験は必須。

総合型(グローバル人材育成入試)　[共通テスト]　7科目　前期と同じ

[個別学力検査]　3科目　①**小論文**▶**日本語による解答**　②**面接**▶**口頭試問を含む**　③**書類審査**▶**調査書・志望理由書**

※第1次選抜—書類審査，第2次選抜—小論文，面接および共通テストの成績。

法学部

前期　[共通テスト(600)]　3科目　①国(200)　②**外**(200・英〈R160＋L40〉)▶英・独・仏・中から1　③**地歴・数**(200)▶「地総・地探」・「歴総・日探」・「歴総・世探」・「数Ⅰ・数A」・「数Ⅱ・数B・数C」から1

[個別学力検査(460)]　4科目　①国(150)▶現国・言語・論国・古典　②**外**(150)▶英　③**地歴・数**(150)▶「地総・地探」・「歴総・日探」・「歴総・世探」・「数Ⅰ・数Ⅱ・数A・数B(数列)・数C(ベク)」から1　④**書類審査**(10)▶調査書等

後期　[共通テスト(525)]　8科目　①国(100)　②**外**(150・英〈R120＋L30〉)▶英・独・仏・中から1　③④**地歴・公民**(50×2)▶「地総・地探」・「歴総・日探」・「歴総・世探」・「〈公・倫〉・〈公・政経〉から1」から2　⑤⑥**数**(50×2)▶「数Ⅰ・数A」・「数Ⅱ・数B・数C」　⑦**理**(50)▶「物基・化基・生基・地学基から2」・物・化・生・地学から1　⑧**情**(25)▶情Ⅰ

[個別学力検査(210)]　2科目　①**小論文**(200)　②**書類審査**(10)▶調査書等

経済経営学部

前期　〈一般区分〉[共通テスト(500)]　8科目　①国(100)　②**外**(100・英〈R80＋L20〉)▶英・独・仏・中から1　③④**地歴・公民**(50×2)▶「地総・地探」・「歴総・日探」・「歴総・世探」・「〈公・倫〉・〈公・政経〉から1」から2　⑤⑥**数**(50×2)▶「数Ⅰ・数A」・「数Ⅱ・数B・数C」　⑦**理**(50)▶「物基・化基・生基・地学基から2」・物・化・生・地学から1　⑧**情**(50)▶情Ⅰ

[個別学力検査(410)]　4科目　①国(150)▶現国・言語・論国・古典　②**外**(100)▶英　③**地歴・数**(150)▶「地総・地探」・「歴総・日探」・「歴総・世探」・「数Ⅰ・数Ⅱ・数A・数B(数列)・数C(ベク)」から1　④**書類審査**(10)▶調査書等

〈数理区分〉[共通テスト(550)]　6科目　①国(100)　②**外**(100・英〈R80＋L20〉)▶英・独・仏・中から1　③**地歴・公民**(100)▶「地総・地探」・「歴総・日探」・「歴総・世探」・「公・倫」・「公・政経」から1　④⑤**数**(50×2)▶「数Ⅰ・数A」・「数Ⅱ・数B・数C」　⑥**理**(100)▶物・化・生・地学から1　⑦**情**(50)▶情Ⅰ

[個別学力検査(410)]　3科目　①**外**(100)▶英　②**数**(300)▶数Ⅰ・数Ⅱ・数Ⅲ・数A・数B(数列)・数C(ベク・平面)　②**書類審査**(10)▶調査書等

後期　[共通テスト(1200)]　8科目　①国(200)　②**外**(200・英〈R160＋L40〉)▶英・独・仏・中から1　③④**地歴・公民**(100×2)▶「地総・地探」・「歴総・日探」・「歴総・世探」・「〈公・倫〉・〈公・政経〉から1」から2　⑤⑥**数**(200×2)▶「数Ⅰ・数A」・「数Ⅱ・数B・数C」

⑦理(100)▶「物基・化基・生基・地学基から2」・物・化・生・地学から1 ⑧情(100)▶情Ⅰ
[個別学力検査(160)] 2科目 ①小論文(150) ②書類審査(10)▶調査書等
総合型(グローバル人材育成入試) [共通テスト]〈一般区分〉 8科目 または
〈数理区分〉 6科目 前期と同じ
[個別学力検査] 3科目 ①小論文▶英語による解答 ②面接▶口頭試問を含む ③書類審査▶調査書・志望理由書
※第1次選抜―書類審査，第2次選抜―小論文，面接。共通テストは入学後の参考とするため受験は必須。

理学部

前期 【数理科学科・化学科・生命科学科】[共通テスト(500)] 8科目 ①国(100) ②外(100・英〈R80+L20〉)▶英・独・仏・中・韓から1 ③地歴・公民(100)▶「地総・歴総・公から2」・「地総・地探」・「歴総・日探」・「歴総・世探」・「公・倫」・「公・政経」から1 ④⑤数(50×2)▶「数Ⅰ・数A」・「数Ⅱ・数B・数C」 ⑥⑦理(50×2)▶物・化・生・地学から2 ⑧情(50)▶情Ⅰ
【数理科学科】[個別学力検査(605)] 3科目 ①数(400)▶数Ⅰ・数Ⅱ・数Ⅲ・数A・数B(数列)・数C(ベク・平面) ②理(200)▶「物基・物」・「化基・化」・「生基・生」・「地学基・地学」から1 ③書類審査(5)▶調査書等
【化学科】[個別学力検査(805)] 5科目 ①外(200)▶英 ②数(200)▶数Ⅰ・数Ⅱ・数Ⅲ・数A・数B(数列)・数C(ベク・平面) ③④理(200×2)▶「化基・化」必須，「物基・物」・「生基・生」・「地学基・地学」から1 ⑤書類審査(5)▶調査書等
【生命科学科】[個別学力検査(805)] 5科目 ①外(200)▶英 ②数(200)▶数Ⅰ・数Ⅱ・数Ⅲ・数A・数B(数列)・数C(ベク・平面) ③④理(200×2)▶「物基・物」・「化基・化」・「生基・生」・「地学基・地学」から2 ⑤書類審査(5)▶調査書等
【物理学科】[共通テスト(600)] 8科目 ①国(100) ②外(200・英〈R160+L40〉)▶英・独・仏・中・韓から1 ③地歴・公民(100)▶「地総・歴総・公から2」・「地総・地探」・「歴総・日探」・「歴総・世探」・「公・倫」・「公・政経」から1 ④⑤数(50×2)▶「数Ⅰ・数A」・「数Ⅱ・B・数C」 ⑥⑦理(50×2)▶物必須，化・生・地学から1 ⑧情(50)▶情Ⅰ
[個別学力検査(605)] 4科目 ①数(200)▶数Ⅰ・数Ⅱ・数Ⅲ・数A・数B(数列)・数C(ベク・平面) ②③理(200×2)▶「物基・物」必須，「化基・化」・「生基・生」・「地学基・地学」から1 ④書類審査(5)▶調査書等
後期 [共通テスト(800)] 8科目 ①国(100) ②外(200・英〈R160+L40〉)▶英・独・仏・中・韓から1 ③地歴・公民(50)▶「地総・歴総・公から2」・「地総・地探」・「歴総・日探」・「歴総・世探」・「公・倫」・「公・政経」から1 ④⑤数(100×2)▶「数Ⅰ・数A」・「数Ⅱ・数B・数C」 ⑥⑦理(100×2)▶物・化・生・地学から2，ただし物理学科は物必須 ⑧情(50)▶情Ⅰ
[個別学力検査(405)]【数理科学科】 2科目 ①数(400)▶数Ⅰ・数Ⅱ・数Ⅲ・数A・数B(数列)・数C(ベク・平面) ②書類審査(5)▶調査書等
【物理学科】 2科目 ①理(400)▶物基・物 ②書類審査(5)▶調査書等
【化学科】 4科目 ①数(100)▶数Ⅰ・数Ⅱ・数Ⅲ・数A・数B(数列)・数C(ベク・平面) ②③理(化200+物100)▶「物基・物」・「化基・化」 ④書類審査(5)▶調査書等
【生命科学科】 2科目 ①小論文(400) ②書類審査(5)▶調査書等
学校推薦型(一般推薦) 【数理科学科・物理学科・化学科・生命科学科】[共通テスト] 課さない。
[個別学力検査] 3科目 ①小論文 ②面接▶口頭試問を含む ③書類審査
※第1次選考―書類審査，第2次選考―面接および小論文。生命科学科は探究活動，研究活動，部活動，行事，生徒会活動等において自発的に中心的役割を果たした経験を重視する。
総合型(ゼミナール入試) 【生命科学科】[共通テスト] 課さない。
[個別学力検査] 3科目 ①研究発表ゼミナールの履修成績 ②面接▶口頭試問を含む ③書類審査▶調査書・志望理由書

総合型（科学オリンピック入試） **【物理学科・化学科・生命科学科】［共通テスト］** 課さない。
［個別学力検査］ **2科目** ①**面接**▶口頭試問を含む ②**書類審査**▶出願書類・調査書・志望理由書
総合型（SAT/ACT・IB入試） **【生命科学科】**
［共通テスト］ 課さない。
［個別学力検査］ **1科目** ①**面接**▶英語または日本語による面接（口頭試問を含む）
※第1次選抜一〈SAT/ACT方式〉①SAT Reasoning TestまたはACT（+Optional Writing Test）のスコア，②TOEFL iBTまたはIELTSのスコア，③Essay form，〈ＩＢ方式〉①国際バカロレア最終試験のスコア（見込み点を含む）②Essay form，第2次選抜一〈SAT/ACT方式・IB方式〉面接。

都市環境学部

前期 **【地理環境学科】［共通テスト（550）］**
8科目 ①**国**（100） ②**外**（150・英〈R100＋L50〉）▶英・独・仏・中から1 ③**地歴・公民**（50）▶「地総・歴総・公から2」・「地総・地探」・「歴総・日探」・「歴総・世探」・「公・倫」・「公・政経」から1 ④⑤**数**（50×2）▶「数Ⅰ・数Ａ」・「数Ⅱ・数Ｂ・数Ｃ」 ⑥⑦**理**（50×2）▶物・化・生・地学から2 ⑧**情**（50）▶情Ⅰ
［個別学力検査（555）］ **6科目** ①**外**（50）▶英 ②**数**（150）▶数Ⅰ・数Ⅱ・数Ⅲ・数Ａ・数Ｂ（数列）・数Ｃ（ベク・平面） ③④**地歴・理**（150×2）▶「〈地総・地探〉・〈地学基・地学〉から1」・「物基・物」・「化基・化」・「生基・生」から2 ⑤**書類審査**（5）▶調査書等 ⑥**外部英語検定試験**（50）
【都市基盤環境学科】［共通テスト（1000）］
7科目 ①**国**（150） ②**外**（150・英〈R75＋L75〉）▶英・独・仏・中から1 ③④**数**（150×2）▶「数Ⅰ・数Ａ」・「数Ⅱ・数Ｂ・数Ｃ」 ⑤⑥**理**（150×2）▶物・化 ⑦**情**（100）▶情Ⅰ
［個別学力検査（650）］ **5科目** ①**外**（100）▶英 ②**数**（200）▶数Ⅰ・数Ⅱ・数Ⅲ・数Ａ・数Ｂ（数列）・数Ｃ（ベク・平面） ③**理**（200）▶「物基・物」・「化基・化」から1 ④**書類審査**（50）▶調査書等 ⑤**外部英語検定試験**（100）
【建築学科】［共通テスト（500）］ **6科目**
①**国**（100） ②**外**（150・英〈R100＋L50〉）▶英・独・仏・中から1 ③④**数**（50×2）▶「数Ⅰ・数Ａ」・「数Ⅱ・数Ｂ・数Ｃ」 ⑤**理**（100）▶物・化から1 ⑥**情**（50）▶情Ⅰ
［個別学力検査（555）］ **5科目** ①**外**（100）▶英 ②**数**（200）▶数Ⅰ・数Ⅱ・数Ⅲ・数Ａ・数Ｂ（数列）・数Ｃ（ベク・平面） ③**理**（200）▶物基・物 ④**書類審査**（5）▶調査書等 ⑤**外部英語検定試験**（50）
【環境応用化学科】［共通テスト（450）］
7科目 ①**国**（70） ②**外**（150・英〈R120＋L30〉）▶英・独・仏・中から1 ③④**数**（50×2）▶「数Ⅰ・数Ａ」・「数Ⅱ・数Ｂ・数Ｃ」 ⑤⑥**理**（50×2）▶物・化・生・地学から2 ⑦**情**（30）▶情Ⅰ
［個別学力検査（550）］ **5科目** ①**外**（50）▶英 ②**数**（150）▶数Ⅰ・数Ⅱ・数Ⅲ・数Ａ・数Ｂ（数列）・数Ｃ（ベク・平面） ③**理**（300）▶「物基・物」・「化基・化」から1 ④**書類審査**（20）▶調査書等 ⑤**外部英語検定試験**（30）
【観光科学科】［共通テスト（650）］ **8科目**
①**国**（100） ②**外**（R150・100）▶英 ③**地歴・公民**（50）▶「地総・歴総・公から2」・「地総・地探」・「歴総・日探」・「歴総・世探」・「公・倫」・「公・政経」から1 ④⑤**数**（50×2）▶「数Ⅰ・数Ａ」・「数Ⅱ・数Ｂ・数Ｃ」 ⑥⑦**理**（50×2）▶物・化・生・地学から2 ⑧**情**（50）▶情Ⅰ
［個別学力検査（620）］ **4科目** ①**外**（200）▶英 ②**数**（200）▶数Ⅰ・数Ⅱ・数Ⅲ・数Ａ・数Ｂ（数列）・数Ｃ（ベク・平面） ③**地歴・理**（200）▶「地総・地探」・「物基・物」・「化基・化」・「生基・生」・「地学基・地学」から1 ④**書類審査**（20）▶調査書等
【都市政策科学科】〈文系〉［共通テスト（550）］
8科目 ①**国**（100） ②**外**（150・英〈R100＋L50〉）▶英・独・仏・中から1 ③④**地歴・公民**（50×2）▶「地総・地探」・「歴総・日探」・「歴総・世探」・「〈公・倫〉・〈公・政経〉から1」から2 ⑤⑥**数**（50×2）▶「数Ⅰ・数Ａ」・「数Ⅱ・数Ｂ・数Ｃ」 ⑦**理**（50）▶「物基・化基・生基・地学基から2」・物・化・生・地学から1 ⑧**情**（50）▶情Ⅰ
［個別学力検査（405）］ **4科目** ①**国**（150）▶現国・言語・論国・古典 ②**外**（100）▶英 ③**地歴・数**（150）▶「地総・地探」・「歴総・日探」・「歴総・世探」・「数Ⅰ・数Ⅱ・数Ａ・数Ｂ（数列）・

数C(ベク)」から1 ④書類審査(5)▶調査書等
〈理系〉[共通テスト(550)] 8科目 ①国(100) ②外(150・英〈R100+L50〉)▶英・独・仏・中から1 ③地歴・公民(50)▶「地総・歴総・公から2」・「地総・地探」・「歴総・日探」・「歴総・世探」・「公・倫」・「公・政経」から1 ④⑤数(50×2)▶「数Ⅰ・数A」・「数Ⅱ・数B・数C」 ⑥⑦理(50×2)▶物・化・生・地学から2 ⑧情(50)▶情Ⅰ
[個別学力検査(405)] 4科目 ①外(100)▶英 ②数(200)▶数Ⅰ・数Ⅱ・数Ⅲ・数A・数B(数列)・数C(ベク・平面) ③地歴・理(100)▶「地総・地探」・「物基・物」・「化基・化」・「生基・生」・「地学基・地学」から1 ④書類審査(5)▶調査書等
後期 【地理環境学科】[共通テスト(700)] 8科目 ①国(100) ②外(150・英〈R100+L50〉)▶英・独・仏・中から1 ③地歴・公民(100)▶「地総・歴総・公から2」・「地総・地探」・「歴総・日探」・「歴総・世探」・「公・倫」・「公・政経」から1 ④⑤数(50×2)▶「数Ⅰ・数A」・「数Ⅱ・数B・数C」 ⑥⑦理(100×2)▶物・化・生・地学から2 ⑧情(50)▶情Ⅰ
[個別学力検査(355)] 3科目 ①小論文(300) ②書類審査(5)▶調査書等 ③外部英語検定試験(50)
【都市基盤環境学科】 [共通テスト(630)] 7科目 ①国(100) ②外(80・英〈R40+L40〉)▶英・独・仏・中から1 ③④数(100×2)▶「数Ⅰ・数A」・「数Ⅱ・数B・数C」 ⑤⑥理(100×2)▶物・化 ⑦情(50)▶情Ⅰ
[個別学力検査(240)] 3科目 ①数(200)▶数Ⅰ・数Ⅱ・数Ⅲ・数A・数B(数列)・数C(ベク・平面) ②書類審査(20)▶調査書等 ③外部英語検定試験(20)
【建築学科】 [共通テスト(450)] 6科目 ①国(100) ②外(100・英〈R50+L50〉)▶英・独・仏・中から1 ③④数(50×2)▶「数Ⅰ・数A」・「数Ⅱ・数B・数C」 ⑤理(100)▶物・化から1 ⑥情(50)▶情Ⅰ
[個別学力検査(655)] 4科目 ①数(300)▶数Ⅰ・数Ⅱ・数Ⅲ・数A・数B(数列)・数C(ベク・平面) ②理(300)▶物基・物 ③書類審査(5)▶調査書等 ④外部英語検定試験(50)
【環境応用化学科】 [共通テスト(600)] 7科目 ①国(50) ②外(150・英〈R120+L30〉)▶英・独・仏・中から1 ③④数(100×2)▶「数Ⅰ・数A」・「数Ⅱ・数B・数C」 ⑤⑥理(75×2)▶物・化・生・地学から2 ⑦情(50)▶情Ⅰ
[個別学力検査(400)] 3科目 ①理(350)▶化基・化 ②書類審査(20)▶調査書等 ③外部英語検定試験(30)
【観光科学科】[共通テスト(550)] 7科目 ①国(100) ②外(R150+L50)▶英 ③地歴・公民(50)▶「地総・歴総・公から2」・「地総・地探」・「歴総・日探」・「歴総・世探」・「公・倫」・「公・政経」から1 ④⑤数(50×2)▶「数Ⅰ・数A」・「数Ⅱ・数B・数C」 ⑥理(50)▶物・化・生・地学から1 ⑦情(50)▶情Ⅰ
[個別学力検査(520)] 2科目 ①小論文(500) ②書類審査(20)▶調査書等
【都市政策科学科】[共通テスト(1100)] 8科目 ①国(200) ②外(300・英〈R200+L100〉)▶英・独・仏・中から1 ③④地歴・公民(100×2)▶「地総・地探」・「歴総・日探」・「歴総・世探」・「〈公・倫〉・〈公・政経〉から1」から2 ⑤⑥数(100×2)▶「数Ⅰ・数A」・「数Ⅱ・数B・数C」 ⑦理(100)▶「物基・化基・生基・地学基から2」・物・化・生・地学から1 ⑧情(100)▶情Ⅰ
[個別学力検査(305)] 2科目 ①小論文(300) ②書類審査(5)▶調査書等
学校推薦型(一般推薦) 【地理環境学科・都市基盤環境学科・建築学科・観光科学科】[共通テスト] 課さない。
[個別学力検査] 3科目 ①小論文 ②面接▶口頭試問を含む ③書類審査▶調査書・推薦書・志望理由書
※第1次選考―書類審査，第2次選考―小論文および面接。
【環境応用化学科】 [共通テスト] 7科目 前期と同じ
[個別学力検査] 3科目 ①小論文 ②面接▶口頭試問を含む ③書類審査▶調査書・推薦書・志望理由書・活動報告書
※第1次選考―書類審査，第2次選考―小論文および面接。共通テストは入学後の参考とするため受験は必須。

総合型(ゼミナール入試) 【地理環境学科】［共通テスト］ 課さない。
［個別学力検査］ 3科目 ①ゼミナールの履修成績 ②面接▶口頭試問を含む ③書類審査▶調査書・志望理由書
第１次選抜—書類審査，第２次選抜—ゼミナール履修成績および面接。

総合型(科学オリンピック入試) 【地理環境学科】［共通テスト］ 課さない。
［個別学力検査］ 3科目 ①小論文 ②面接▶口頭試問を含む ③書類審査▶出願書類・調査書・志望理由書

【環境応用化学科】 ［共通テスト］ 7科目 前期と同じ
［個別学力検査］ 3科目 ①小論文 ②面接▶口頭試問を含む ③書類審査▶出願書類・調査書・志望理由書
※共通テストは入学後の参考とするため受験は必須。

総合型(グローバル人材育成入試) 【地理環境学科・都市基盤環境学科・建築学科・観光科学科】［共通テスト］ 課さない。
［個別学力検査］ 3科目 ①小論文 ②面接▶口頭試問を含む ③書類審査▶調査書・志望理由書
※第１次選抜—書類審査，第２次選抜—小論文および面接。

【環境応用化学科】 ［共通テスト］ 7科目 前期と同じ
［個別学力検査］ 3科目 ①小論文 ②面接▶口頭試問を含む ③書類審査▶調査書・志望理由書
第１次選抜—書類審査，第２次選抜—小論文および面接。共通テストは入学後の参考とするため受験は必須。

【都市政策科学科】［共通テスト］〈文系〉8科目 または〈理系〉8科目 前期と同じ
［個別学力検査］ 3科目 ①小論文 ②面接▶口頭試問を含む ③書類審査▶調査書・志望理由書
第１次選抜—書類審査，第２次選抜—小論文および面接。共通テストは，入学後の参考とするため受験は必須。

総合型(研究室探検入試) 【環境応用化学科】［共通テスト］ 6科目 前期と同じ。
［個別学力検査］ 3科目 ①小論文 ②グループ討論またはプレゼンテーション ③書類審査▶調査書・志望理由書
※第１次選抜—書類審査，第２次選抜—研究室探検を受けての小論文，グループ討論またはプレゼンテーション。共通テストは入学後の参考とするため受験は必須。

システムデザイン学部

前期 【情報科学科】［共通テスト(450)］ 7科目 ①国(100) ②外(R80＋L20)▶英 ③地歴・公民(50)▶「地総・歴総・公から２」・「地総・地探」・「歴総・日探」・「歴総・世探」・「公・倫」・「公・政経」から１ ④⑤数(50×2)▶「数Ⅰ・数Ａ」・「数Ⅱ・数Ｂ・数Ｃ」 ⑥理(50)▶物・化・生から１ ⑦情(50)▶情Ⅰ
［個別学力検査(610)］ 5科目 ①外(100)▶英 ②数(200)▶数Ⅰ・数Ⅱ・数Ⅲ・数Ａ・数Ｂ(数列)・数Ｃ(ベク・平面) ③理(200)▶「物基・物」・「化基・化」・「生基・生」から１ ④書類審査(10)▶調査書等 ⑤外部英語検定試験(100)

【電機電子システム工学科】［共通テスト(600)］ 8科目 ①国(100) ②外(R160＋L40)▶英 ③地歴・公民(50)▶「地総・歴総・公から２」・「地総・地探」・「歴総・日探」・「歴総・世探」・「公・倫」・「公・政経」から１ ④⑤数(50×2)▶「数Ⅰ・数Ａ」・「数Ⅱ・数Ｂ・数Ｃ」 ⑥⑦理(50×2)▶物必須，化・生・地学から１ ⑧情(50)▶情Ⅰ
［個別学力検査(510)］ 3科目 ①数(250)▶数Ⅰ・数Ⅱ・数Ⅲ・数Ａ・数Ｂ(数列)・数Ｃ(ベク・平面) ②理(250)▶物基・物 ③書類審査(10)▶調査書等

【機械システム工学科】［共通テスト(500)］ 8科目 ①国(100) ②外(R80＋L20)▶英 ③地歴・公民(50)▶「地総・歴総・公から２」・「地総・地探」・「歴総・日探」・「歴総・世探」・「公・倫」・「公・政経」から１ ④⑤数(50×2)▶「数Ⅰ・数Ａ」・「数Ⅱ・数Ｂ・数Ｃ」 ⑥⑦理(50×2)▶物必須，化・生から１ ⑧情(50)▶情Ⅰ
［個別学力検査(610)］ 4科目 ①外(200)▶英 ②数(200)▶数Ⅰ・数Ⅱ・数Ⅲ・数Ａ・数Ｂ(数列)・数Ｃ(ベク・平面) ③理(200)▶物基・物 ④書類審査(10)▶調査書等

【航空宇宙システム工学科】［共通テスト(500)］ 8科目 ①国(100) ②外(R60＋L40)▶英 ③地歴・公民(50)▶「地総・歴総・公から2」・「地総・地探」・「歴総・日探」・「歴総・世探」・「公・倫」・「公・政経」から1 ④⑤数(50×2)▶「数Ⅰ・数A」・「数Ⅱ・数B・数C」 ⑥⑦理(50×2)▶物・化・生・地学から1 ⑧情(50)▶情Ⅰ

［個別学力検査(755)］ 5科目 ①外(150)▶英 ②数(250)▶数Ⅰ・数Ⅱ・数Ⅲ・数A・数B(数列)・数C(ベク・平面) ③理(250)▶物基・物 ④書類審査(5)▶調査書等 ⑤外部英語検定試験(100)

【インダストリアルアート学科】［共通テスト(450)］ 6科目 ①国(100) ②外(R75＋L25)▶英 ③④数(50×2)▶「数Ⅰ・数A」・「数Ⅱ・数B・数C」 ⑤理(100)▶物・化・生から1 ⑥情(50)▶情Ⅰ

［個別学力検査(510)］ 5科目 ①外(50)▶英 ②数(200)▶数Ⅰ・数Ⅱ・数Ⅲ・数A・数B(数列)・数C(ベク・平面) ③造形表現(200) ④書類審査(10)▶調査書等 ④外部英語検定試験(50)

後期 【情報科学科】［共通テスト(450)］ 7科目 前期と同じ

［個別学力検査(260)］ 3科目 ①数(200)▶数Ⅰ・数Ⅱ・数Ⅲ・数A・数B(数列)・数C(ベク・平面) ②書類審査(10)▶調査書等 ③外部英語検定試験(50)

【電機電子システム工学科】［共通テスト(500)］ 8科目 ①国(100) ②外(R80＋L20)▶英 ③地歴・公民(50)▶「地総・歴総・公から2」・「地総・地探」・「歴総・日探」・「歴総・世探」・「公・倫」・「公・政経」から1 ④⑤数(50×2)▶「数Ⅰ・数A」・「数Ⅱ・数B・数C」 ⑥⑦理(50×2)▶物必須，化・生・地学から1 ⑧情(50)▶情Ⅰ

［個別学力検査(260)］ 2科目 ①数(250)▶数Ⅰ・数Ⅱ・数Ⅲ・数A・数B(数列)・数C(ベク・平面) ②書類審査(10)▶調査書等

【機械システム工学科】［共通テスト(500)］ 8科目 前期と同じ

［個別学力検査(310)］ 2科目 ①数(300)▶数Ⅰ・数Ⅱ・数Ⅲ・数A・数B(数列)・数C(ベク・平面) ②書類審査(10)▶調査書等

【航空宇宙システム工学科】［共通テスト(550)］ 8科目 ①国(100) ②外(R60＋L40)▶英 ③地歴・公民(50)▶「地総・歴総・公から2」・「地総・地探」・「歴総・日探」・「歴総・世探」・「公・倫」・「公・政経」から1 ④⑤数(50×2)▶「数Ⅰ・数A」・「数Ⅱ・数B・数C」 ⑥⑦理(必須100＋選択50)▶物必須，化・生・地学から1 ⑧情(50)▶情Ⅰ

［個別学力検査(403)］ 3科目 ①数(300)▶数Ⅰ・数Ⅱ・数Ⅲ・数A・数B(数列)・数C(ベク・平面) ②書類審査(3)▶調査書等 ③外部英語検定試験(100)

【インダストリアルアート学科】［共通テスト(450)］ 6科目 前期と同じ

［個別学力検査(255)］ 4科目 ①数(100)▶数Ⅰ・数Ⅱ・数Ⅲ・数A・数B(数列)・数C(ベク・平面) ②造形表現(100) ③書類審査(5)▶調査書等 ④外部英語検定試験(50)

学校推薦型(一般推薦) 【情報科学科・電機電子システム工学科・機械システム工学科・インダストリアルアート学科】［共通テスト］ 課さない。

［個別学力検査］ 4科目 ①小論文 ②面接 ③口頭試問 ④書類審査▶調査書・推薦書・志望理由書

※第1次選考─書類審査，第2次選考─小論文，面接および口頭試問。

総合型(科学オリンピック入試) 【情報科学科】［共通テスト］ 課さない。

［個別学力検査］ 2科目 ①面接▶口頭試問を含む ②書類審査▶出願書類・調査書・志望理由書

総合型(グローバル人材育成入試) 【情報科学科】［共通テスト］ 4科目 ①②数▶「数Ⅰ・数A」・「数Ⅱ・数B・数C」 ③理▶物・化・生から1 ④情▶情Ⅰ

［個別学力検査］ 2科目 ①面接 ②書類審査▶調査書・志望理由書

※第1次選抜─書類審査，第2次選抜─面接および共通テスト成績。

総合型(情報Ⅰ・Ⅱ利用入試)(仮) 【情報科学科】［共通テスト］ 5科目 ①外▶英 ②③数▶「数Ⅰ・数A」・「数Ⅱ・数B・数C」 ④理▶物 ⑤情▶情Ⅰ

［個別学力検査］ 2科目 ①面接▶口頭試問

を含む ②**書類審査**▶調査書・志望理由書
※第１次選抜―書類審査，第２次選抜―面接および共通テストの成績。

健康福祉学部

前期 **【看護学科】［共通テスト(750)］** ⑦科目 ①**国**(100) ②**外**(R100＋L100)▶英 ③④**数**(100×2)▶「数Ⅰ・数Ａ」・「数Ⅱ・数Ｂ・数Ｃ」 ⑤**情**(50)▶情Ⅰ ⑥⑦「**地歴・公民」・理**(100×2)▶「〈地総・歴総・公から２〉・〈地総・地探〉・〈歴総・日探〉・〈歴総・世探〉・〈公・倫〉・〈公・政経〉から１」・「物基・化基・生基から２」・物・化・生から２
［個別学力検査(103)］ ③科目 ①**面接**(50)▶口頭試問を含む ②**書類審査**(3)▶調査書等 ③**外部英語検定試験**(50)
【理学療法学科】［共通テスト(700)］ ⑦科目 ①**国**(100) ②**外**(R75＋L75)▶英 ③④**数**(100×2)▶「数Ⅰ・数Ａ」・「数Ⅱ・数Ｂ・数Ｃ」 ⑤**情**(50)▶情Ⅰ ⑥⑦「**地歴・公民」・理**(100×2)▶「〈地総・歴総・公から２〉・〈地総・地探〉・〈歴総・日探〉・〈歴総・世探〉・〈公・倫〉・〈公・政経〉から１」・「物基・化基・生基から２」・物・化・生から２
［個別学力検査(160)］ ③科目 ①**面接**(100)▶口頭試問を含む ②**書類審査**(10)▶調査書等 ③**外部英語検定試験**(50)
【作業療法学科】［共通テスト(790)］ ⑦科目 ①**国**(150) ②**外**(R100＋L100)▶英 ③④**数**(100×2)▶「数Ⅰ・数Ａ」・「数Ⅱ・数Ｂ・数Ｃ」 ⑤**情**(40)▶情Ⅰ ⑥⑦⑧「**地歴・公民」・理**(100×2)▶「〈地総・歴総・公から２〉・〈地総・地探〉・〈歴総・日探〉・〈歴総・世探〉・〈公・倫〉・〈公・政経〉から１」・「物基・化基・生基から２」・物・化・生から２
［個別学力検査(208)］ ③科目 ①**面接**(150)▶口頭試問を含む ②**書類審査**(8)▶調査書等 ③**外部英語検定試験**(50)
【放射線学科】［共通テスト(700)］ ⑦科目 ①**国**(100) ②**外**(R100＋L50)▶英 ③④**数**(100×2)▶「数Ⅰ・数Ａ」・「数Ⅱ・数Ｂ・数Ｃ」 ⑤⑥**理**(100×2)▶物・化・生から２ ⑦**情**(50)▶情Ⅰ
［個別学力検査(310)］ ④科目 ①**数**(100)▶数Ⅰ・数Ⅱ・数Ⅲ・数Ａ・数Ｂ(数列)・数Ｃ(ベク・平面) ②**面接**(150)▶口頭試問を含む ③**書類審査**(10)▶調査書等 ④**外部英語検定試験**(50)
後期 **【看護学科】［共通テスト(550)］** ⑦科目 ①**国**(100) ②**外**(R100＋L100)▶英 ③④**数**(50×2)▶「数Ⅰ・数Ａ」・「数Ⅱ・数Ｂ・数Ｃ」 ⑤⑥**理**(50×2)▶「物基・化基・生基から２」・物・化・生から２ ⑦**情**(50)▶情Ⅰ
［個別学力検査(105)］ ②科目 ①**面接**(100)▶口頭試問を含む ②**書類審査**(5)▶調査書等
【理学療法学科】［共通テスト(500)］ ⑤科目 ①**外**(R75＋L75)▶英 ②③**数**(100×2)▶「数Ⅰ・数Ａ」・「数Ⅱ・数Ｂ・数Ｃ」 ④**理**(100)▶物・化・生から１ ⑤**情**(50)▶情Ⅰ
［個別学力検査(110)］ ②科目 ①**面接**(100)▶口頭試問を含む ②**書類審査**(10)▶調査書等
【作業療法学科】［共通テスト(560)］ ⑤科目 ①**外**(110×2)▶英 ②③**数**(100×2)▶「数Ⅰ・数Ａ」・「数Ⅱ・数Ｂ・数Ｃ」 ④**理**(100)▶「物基・化基・生基から２」・物・化・生から１ ⑤**情**(40)▶情Ⅰ
［個別学力検査(126)］ ②科目 ①**面接**(120)▶口頭試問を含む ②**書類審査**(6)▶調査書等
【放射線学科】［共通テスト(750)］ ⑦科目 ①**国**(100) ②**外**(R160＋L40)▶英 ③④**数**(100×2)▶「数Ⅰ・数Ａ」・「数Ⅱ・数Ｂ・数Ｃ」 ⑤⑥**理**(100×2)▶物・化・生から２ ⑦**情**(50)▶情Ⅰ
［個別学力検査(155)］ ②科目 ①**面接**(150)▶口頭試問を含む ②**書類審査**(5)▶調査書等
学校推薦型(一般推薦) **【看護学科】［共通テスト］** 課さない。
［個別学力検査］ ③科目 ①**小論文** ②**面接**▶口頭試問を含む ③**書類審査**▶調査書・推薦書・志望理由書
※第１次選考―書類審査(調査書の国・数・外〈英〉の学習成績の状況)，第２次選考―書類審査，小論文および面接。
【理学療法学科】［共通テスト］ ⑦科目 前期と同じ
［個別学力検査］ ③科目 ①**小論文** ②**面接**▶

口頭試問を含む ③書類審査▶調査書・推薦書・志望理由書
※第1次選考—書類審査(調査書の国・数・外〈英〉の学習成績の状況),第2次選考—書類審査,小論文および面接。共通テストは入学後の参考とするため受験は必須。
【作業療法学科】[共通テスト] 課さない。
[個別学力検査] 3科目 ①小論文 ②面接▶口頭試問を含む ③書類審査▶調査書・推薦書・志望理由書
※第1次選考—書類審査(調査書の「全体の学習成績の状況」),第2次選考—書類審査,小論文および面接。
【放射線学科】[共通テスト] 7科目 前期と同じ
[個別学力検査] 3科目 ①小論文 ②面接▶口頭試問を含む ③書類審査▶調査書・推薦書・志望理由書
※第1次選考—書類審査(調査書の国・数・理・外〈英〉の学習成績の状況),第2次選考—書類審査,小論文および面接。共通テストは入学後の参考とするため受験は必須。
総合型(ゼミナール入試) 【看護学科・理学療法学科・作業療法学科】[共通テスト] 課さない。
[個別学力検査] 3科目 ①ゼミナール(レポート) ②面接▶口頭試問を含む ③書類審査▶外部英語検定試験のスコア・調査書・志望理由書
※第1次選抜—書類審査,第2次選抜—ゼミナール受講後のレポートおよび面接。

その他の選抜

学校推薦型選抜(指定校推薦,高校特定型特別推薦,都立工科高校等特別推薦),チャレンジ入試(法学部),特別選抜(社会人,帰国子女〈中国引揚者等子女を含む〉,私費外国人留学生)。

偏差値データ (2024年度)

●一般選抜

＊共通テスト・個別計/満点

学部/学科	2024年度 駿台予備学校 合格目標ライン	2024年度 河合塾 ボーダー得点率	2024年度 河合塾 ボーダー偏差値	2023年度実績 募集人員	志願者数	合格者数	合格最低点＊	競争率 '23年	競争率 '22年
●前期									
人文社会学部									
人間社会	55	73%	60	70	261	88	860.3/1260	3.0	3.5
人文	54	72%	57.5	48	181	74	856.8/1260	2.4	2.7
法学部									
法	54	78%	60	150	1036	333	744.15/1060	3.1	3.3
経済経営学部									
経済経営(一般)	53	71%	60	100	390	125	708.5/1110	3.1	3.5
(数理)	53	72%	57.5	20	147	26	794.75/1110	5.7	4.4
理学部									
数理科	52	72%	55	25	103	32	716.3/1155	3.2	4.5
物理	52	71%	55	24	102	28	773.7/1155	3.6	3.4
化	52	69%	55	28	143	31	744.7/1155	4.6	3.8
生命科	51	70%	55	20	67	26	707.9/1155	2.6	4.2
都市環境学部									
地理環境	50	71%	55	17	60	19	696/1070	3.2	3.5
都市基盤環境	50	72%	55	26	108	36	1072.5/1500	3.0	2.6

学部／学科	2024年度			2023年度実績					
	駿台予備学校	河合塾		募集人員	志願者数	合格者数	合格最低点*	競争率	
	合格目標ライン	ボーダー得点率	ボーダー偏差値					'23年	'22年
建築	52	76%	57.5	27	208	33	777/1020	6.3	7.2
環境応用化	50	70%	55	25	123	35	650.8/1000	3.5	3.7
観光科	50	72%	55	18	66	21	662.5/1020	3.1	2.0
都市政策科(文系)	51	75%	57.5	20	89	22	657.5/970	4.0	2.0
(理系)	50	75%	55	10	31	11	691.5/1020	2.8	1.6
システムデザイン学部									
情報科	49	75%	57.5	22	188	27	680.55/935	7.0	5.4
電子情報システム工	48	70%	55	49	191	55	699.9/1060	3.5	3.9
機械システム工	48	71%	55	40	207	60	705.9/1060	3.5	3.6
航空宇宙システム工	51	72%	55	26	123	35	708.3/1060	3.5	3.8
インダストリアルアート	49	73%	55	30	116	32	657.7/910	3.6	3.5
健康福祉学部									
看護	47	67%	—	35	94	47	477.9/753	2.0	2.2
理学療法	52	70%	—	20	62	20	568.5/810	3.1	3.5
作業療法	49	67%	—	15	38	22	589.6/878	1.7	2.2
放射線	49	70%	55	22	96	25	683.7/960	3.8	3.5
●後期									
人文社会学部									
人間社会	56	82%	—	5	87	5	非公開/1210	17.4	22.0
人文	55	85%	—	5	55	5	非公開/1010	11.0	8.6
法学部									
法	55	78%	—	15	157	15	517.5/710	10.5	14.3
経済経営学部									
経済経営	54	74%	—	20	190	20	940.3/1260	9.5	5.9
理学部									
数理科	54	81%	60	10	117	10	非公開/1155	11.7	5.8
物理	54	82%	60	12	114	15	813.2/1155	7.6	10.7
化	54	78%	57.5	10	106	14	809.9/1155	7.6	5.9
生命科	53	76%	—	10	50	12	656.8/1155	4.2	7.0
都市環境学部									
地理環境	51	76%	—	5	37	6	非公開/1070	6.2	6.2
都市基盤環境	52	77%	57.5	8	96	11	637/820	8.7	7.1
建築	54	82%	60	8	190	8	非公開/1070	23.8	16.7
環境応用化	52	76%	60	9	68	11	686.43/1000	6.2	7.6
観光科	52	76%	—	7	115	12	818/1020	9.6	5.1
都市政策科	52	76%	—	5	110	7	非公開/1320	15.7	4.1
システムデザイン学部									
情報科	52	83%	57.5	10	162	11	495.4/660	14.7	10.5
電子情報システム工	51	77%	57.5	17	129	21	496.1/710	6.1	6.7
機械システム工	51	77%	57.5	19	183	23	550.8/760	8.0	6.7
航空宇宙システム工	55	80%	60	8	114	9	非公開/860	12.7	7.1
インダストリアルアート	52	80%	55	8	127	10	非公開/610	12.7	8.2

学部／学科	2024年度			2023年度実績					
	駿台予備学校	河合塾						競争率	
	合格目標ライン	ボーダー得点率	ボーダー偏差値	募集人員	志願者数	合格者数	合格最低点*	'23年	'22年
健康福祉学部									
看護	48	74%	—	4	74	4	非公開/605	18.5	14.3
理学療法	53	75%	—	4	41	4	非公開/510	10.3	8.0
作業療法	50	73%	—	3	24	3	非公開/646	8.0	16.8
放射線	50	73%	—	5	87	6	非公開/855	14.5	15.4

- 駿台予備学校合格目標ラインは合格可能性80%に相当する駿台模試の偏差値です。
- 競争率は志願者÷合格者の志願倍率
- 河合塾ボーダー得点率は合格可能性50%に相当する共通テストの得点率です。
  また，ボーダー偏差値は合格可能性50%に相当する河合塾全統模試の偏差値です。
- 合格者10人以下の合格最低点は非開示
- 人文社会学部人間社会学科の後期，法学部の前期，経済経営学部〈数理区分〉の前期，都市環境学部建築学科の前期・後期，観光科学科と都市政策科学科の後期，システムデザイン学部情報科学科の前期・後期，航空宇宙システム工学科とインダストリアルアートの後期は２段階選抜を実施。

併設の教育機関　大学院

人文科学研究科

教員数▶82名
院生数▶200名

博士前期課程 ●社会行動学専攻　「社会学」「社会人類学」「社会福祉学」の３分野。現代社会の構造と動態を多角的かつ理論的にとらえ，現実の社会問題への還元を追求する。

●人間科学専攻　「心理学」「臨床心理学」「教育学」「言語科学」「日本語教育学」の５分野。各分野の理論的，実践的研究・教育を行う。

●文化基礎論専攻　「哲学」「歴史・考古学」「表象文化論」の３分野。欧米・アジア・日本の古代から現代に至る幅広い範囲を総合的に理解し，人文学の基礎的知見の修得をめざす。

●文化関係論専攻　「日本・中国文化論」「欧米文化論」の２分野，日本文学，中国文学，英文学，ドイツ文学，フランス文学の５教室からなる。

博士後期課程　社会行動学専攻，人間科学専攻，文化基礎論専攻，文化関係論専攻

法学政治学研究科

教員数▶33名
院生数▶111名

博士前期課程 ●法学政治学専攻　「法律学」「政治学」の２分野。各分野の高度な専門能力と幅広い視野を備えた人材の育成をめざす。

専門職学位課程 ●法曹養成専攻（法科大学院）法学既修者向けの「２年履修課程」と，法学未修者および社会人向けの「３年履修課程」がある。

博士後期課程　法学政治学専攻

経営学研究科

教員数▶26名
院生数▶141名

博士前期課程 ●経営学専攻　経営学プログラム（MBA），経済学プログラム（MEc），ファイナンスプログラム（MF）の３プログラムを展開。

博士後期課程　経営学専攻

理学研究科

教員数▶77名
院生数▶418名

博士前期課程 ●数理科学専攻　代数・幾何・解析・応用数理の各分野の体系的理論の習熟と課題解決型テーマの相互展開と融合をめざして，現代数理科学の最先端研究へ誘う。

●物理学専攻　「素核宇宙理論」「物性基礎理論」「素粒子・原子・宇宙実験」「物性物理」

の４つの研究グループ体制で，素粒子から宇宙までの広範な系を対象に，研究・教育する。

●**化学専攻**　無機・分析化学，有機・生物化学，物理化学の３分野からなる。高度な専門知識を身につけ，同時に専門を越える判断能力を持つ化学研究者・技術者を育てる。

●**生命科学専攻**　遺伝子，細胞，集団，種，生態系など生命科学の広範な分野を対象に，動物，植物，微生物などの生物材料を用いて，基盤的，先端的双方の研究が可能。

博士後期課程　数理科学専攻，物理学専攻，化学専攻，生命科学専攻

都市環境科学研究科

教員数▶65名

院生数▶435名

博士前期課程　●都市環境科学専攻／地理環境学域　地形・地質学，気候学，地理情報学，環境地理学，都市・人文地理学の５研究室からなる。

都市基盤環境学域　「社会基盤」「環境システム」「安全防災」の３つの観点から，都市基盤環境学について体系的に研究。

建築学域　安全・快適・魅力的で環境負荷の少ない建築都市空間の創出，建築物の諸問題に対する広範囲な研究など，建築的問題を解決する能力と高い専門性を養う。

環境応用化学域　有限な地球資源やエネルギーのもとで人類や社会の持続的発展に必要となる化学を指向し，貢献できる人材を育成。

観光科学域　地理学や生態学の理学的方法，都市・交通工学の工学的方法，実践的まちづくり手法，ITツールといった情報学などにより，「観光」に多面的にアプローチする。

都市政策科学域　安全・安心・快適な都市のあり方を，空間・制度・社会などの面から解明・考究し，持続可能な都市づくりを実践。

博士後期課程　都市環境科学専攻

システムデザイン研究科

教員数▶78名

院生数▶664名

博士前期課程　●システムデザイン専攻／**情報科学域**　技術革新を続ける情報技術の環境を，より完成度の高い次元のシステムにデザインする。

電子情報システム工学域　「情報ネットワークシステム」「通信システム」「エネルギー情報システム」の３領域で体系化。

機械システム工学域　「機械創成領域」「知能機械領域」「生体機械領域」の３領域で研究教育を行う。

航空宇宙システム工学域　航空機・宇宙機の要素技術やシステム設計技術，ならびに航空宇宙工学の研究・教育を行う。

インダストリアルアート学域　新しいアプローチ，コンセプト，枠組みのデザインを創造・研究し，時代を先導できるクリエイターの育成をめざす。

博士後期課程　システムデザイン専攻

人間健康科学研究科

教員数▶51名

院生数▶265名

博士前期課程　●人間健康科学専攻／看護科学域　大都市で生活する人々と地域の健康をテーマに多様な専門分野で研究を行うほか，専門看護師コース（小児看護）を設置。

理学療法科学域　運動障害分析，身体機能回復，地域の３理学療法学分野と徒手理学療法学コースを設置。

作業療法科学域　障害論と実践的知見に基づく作業療法の探求と新たな知見により社会に貢献できる人材を育成する。

放射線科学域　専門知識と科学的思考を備え，専門領域と他領域の研究成果を理解・統合し，先端医療技術を開発できる人材を育成する。

フロンティアヘルスサイエンス学域　先端基礎科学的領域の高度な研究者・教育者，広い学識と高度な研究能力を有する実践的専門家を養成する。

ヘルスプロモーションサイエンス学域　「適応科学」「行動科学」の２分野。心身の健康増進に関わる諸問題に，スポーツ科学，生命科学，認知科学等の観点から，新たな健康科学を創造・推進するための高度専門家を育成。

博士後期課程　人間健康科学専攻

よこはましりつ
横浜市立大学

資料請求

問合せ先　アドミッションズセンター　☎045-787-2055

大学の理念

1928年に横浜市立横浜商業専門学校として創設。49年に横浜市立医学専門学校と合わせて新制大学となった。大学の基本方針は教育重視，学生中心，地域貢献。2018年４月にはデータサイエンス学部を新設，文部科学省の採択事業となった「文理融合・実課題解決型データサイエンティスト育成（Yokohama D-STEP)」を開講し，産学官連携のもとで実践的に人材育成を推進。2019年４月には国際総合科学部を再編し，新たに国際教養学部，国際商学部，理学部を設置。５学部５研究科となる。共通教養科目と英語教育を重視し，医学部の学生も含めて１年次は同じキャンパスで知的な基礎学力を磨く。開国・開港の地，横浜にふさわしく，学風は開放的で国際性，進取性に富む。個性と実践力のある数多くの優れた人材を輩出している。

- **金沢八景キャンパス**…〒236-0027　神奈川県横浜市金沢区瀬戸22-2
- **福浦キャンパス**………〒236-0004　神奈川県横浜市金沢区福浦3-9
- **鶴見キャンパス**………〒230-0045　神奈川県横浜市鶴見区末広町1-7-29
- **舞岡キャンパス**………〒244-0813　神奈川県横浜市戸塚区舞岡町641-12

基本データ

学生数▶4,232名（男1,718名，女2,514名）
専任教員数▶教授139名，准教授159名，講師100名
設置学部▶国際教養，国際商，理，データサイエンス，医
併設教育機関▶大学院（P.1632参照）

就職・卒業後の進路

就職率 98.7％
就職者÷希望者×100

●**就職支援**　キャリア支援センターが中心となり，学生一人ひとりのキャリア目標を達成するため，入学から卒業までさまざまな支援を実施。専門のキャリア・コンサルタントが進路や就職活動に関する個別相談を行うほか，キャリア・オリエンテーションやインターンシップ説明会，就職ガイダンス，業界研究入門，合同企業セミナーなど，年間約100回の学内イベントを開催。また，首都圏以外での就職を希望する学生の支援を強化するため，「就職支援パートナーシップ制度」に参加，全国13大学と連携して情報を提供している。

進路指導者も必見 学生を伸ばす 面倒見

初年次教育	学修サポート
全学部で「教養ゼミ」「情報リテラシー」を開講し，レポート・論文の書き方，プレゼン技法，ITの基礎技術，情報収集・資料整理方法，論理的思考や問題点発見・解決能力の向上などを図っている	全学部でオフィスアワー制度，医学部を除きTA・SA制度（看護学科はTAのみあり），また医学部では教員１人が学生10人（医学科），30人（看護学科）を担当する教員アドバイザー制度を導入

オープンキャンパス（2023年度実績）　3月と12月のミニオープンキャンパスでは，第１部はオンラインで学部・学科解説と質疑応答，第２部は総合型選抜の受験予定者限定で対面ワークショップを実施。8月には学部・学科毎にオンラインで開催。

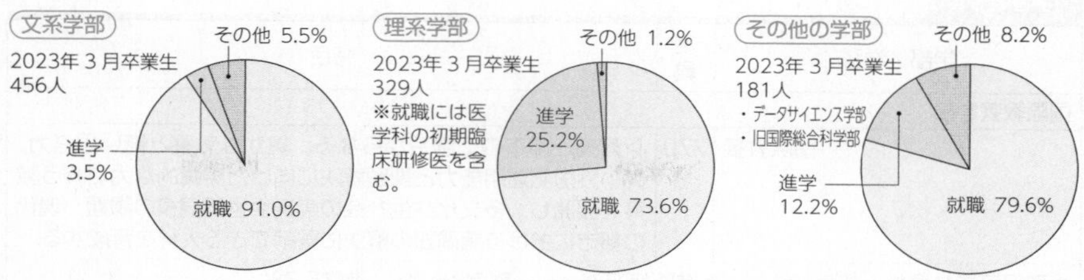

主なOB・OG ▶ [旧商]久田宗弘(DCMホールディングス会長)，[医]関野吉晴(医師・探検家)，[旧文理]馳星周(小説家)，[旧商]平井堅(歌手)，[旧文理]末次由紀(漫画家)

国際化・留学　大学間 75 大学・部局間 26 大学等

受入れ留学生数 ▶ 81名(2023年5月1日現在)
留学生の出身国・地域 ▶ 中国，韓国，イタリア，アメリカ，台湾など。
外国人専任教員 ▶ 教授９名，准教授２名(2023年５月１日現在)
外国人専任教員の出身国 ▶ 韓国，アメリカ，中国，イタリア，ポーランドなど。
大学間交流協定 ▶ 75大学（交換留学先45大学，2023年８月８日現在)
部局間交流協定 ▶ 26大学・機関（交換留学先８大学，2023年８月８日現在)
海外への留学生数 ▶ 渡航型293名・オンライン型82名／年（24カ国・地域，2022年度)
海外留学制度 ▶ 夏季・春季休暇を利用した短期留学をはじめ，協定校において半年～１年間，専門分野を学修する交換留学，授業の一環として実施される海外フィールドワークなどさまざまなプログラムを実施。国際教養・国際商・理・データサイエンス学部では２年次の第２クォーターを海外研修の推奨期間として設定。また，医学部では医学科の臨床研修や研究実習，看護学科のハワイ大学フィールドワーク，海外での卒業研究など，独自プログラムも展開。2009年に創設したアカデミックコンソーシアム（IACSC）でもグローバルな研究・教育を推進している。

学費・奨学金制度　給付型奨学金総額 年間 150 万円

入学金 ▶ 141,000円（市外282,000円)
年間授業料(施設費等を除く) ▶ 557,400円(医学科を除く)，573,000円（医学科)
年間奨学金総額 ▶ 1,500,000円
年間奨学金受給者数 ▶ ６人
主な奨学金制度 ▶ 国際商学部の成績優秀者各年次２名に25万円を給付する「伊藤雅俊奨学金制度」や「成績優秀者特待生制度」を設置。また，学費減免制度があり，2022年度には68人を対象に総額で約1,917万円を減免。

保護者向けインフォメーション

- **成績確認**　成績表および履修科目と単位数の情報をWebで閲覧できる（看護学科を除く)。
- **保護者説明会**　金沢八景・福浦の両キャンパスで保護者説明会を開催。学生生活・留学・就職支援についての説明，個別相談を実施。
- **就職ガイダンス**　学生の年次を問わず保護者向けの就職ガイダンスを９月に開催。
- **防災対策**　「大地震対応マニュアル」を学生ポータルサイトに掲載。災害時の学生の状況は，緊急連絡網・安否確認システム「オクレンジャー」を利用して把握する。

インターンシップ科目	必修専門ゼミ	卒業論文	GPA制度の導入の有無および活用例	１年以内の退学率	標準年限での卒業率
医学部を除き開講している	国際教養・国際商で２～４年次，理・データサイエンスで３・４年次に実施	医学部医学科を除き卒業要件	留学候補者の選考（全学部)，成績優秀者の表彰（医学科)，退学勧告の基準（看護学科）のほか，医学科を除き奨学金等対象者の選定基準，個別の学修指導に活用	3.5%	82.8%（４年制）91.1%（６年制)

学部紹介

学部／学科	定員	特色
国際教養学部		
国際教養	270	▷教養と都市の２学系からなる。豊かな教養と高い思考力，高い外国語運用能力と課題解決に向けた実践的な力を養う教育を展開し，多文化共生社会の実現や世界規模の課題，現代の都市における諸問題の解決に貢献できる人材を育成する。
● **取得可能な資格**…教職（英）。 ● **進路状況**…………就職86.7％ 進学5.3％ ● **主な就職先**………横浜市役所，外務省，神奈川県庁，藤沢市役所，東京都特別区，三井不動産リアルティ，横浜岡田屋，エムスリーキャリア，本田技研工業，日産自動車など。		
国際商学部		
国際商	260	▷経営学・経済学を中心とする学問専門性に基づき，現実の国際的な労働・製品・金融市場の動向を踏まえた社会経済活動を学び，既成概念にとらわれない課題発見力と企画立案力，確かな英語力，数理的理解力やデータ分析力を生かした文理融合的思考力を養う。
● **進路状況**…………就職95.2％ 進学1.7％ ● **主な就職先**………横浜市役所，横浜銀行，日立システムズ，クボタ，オープンハウスグループ，野村総合研究所，東京都特別区，インテージ，NTTファイナンスなど。		
理学部		
理	120	▷自然科学の基礎を学び，物質科学の概念を踏まえて細胞・固体スケールの生命現象をとらえることができる，生命現象を原子・分子スケールで起こる物質科学としてとらえることのできる人材を育成する。
● **取得可能な資格**…教職（理）。 ● **進路状況**…………就職32.5％ 進学66.7％ ● **主な就職先**………神奈川県教育委員会，富士通，京セラ，長谷工コーポレーション，NTTドコモ，ライオン，Sky，日本電気，三菱商事パッケージングなど。		
データサイエンス学部		
データサイエンス	60	▷データを読み解くために必要な数理や統計の基礎的知識をはじめ，社会で不可欠なコミュニケーション力やイノベーションを起す発想力，次世代に通用するビジネス力を養成。
● **進路状況**…………就職69.1％ 進学27.9％ ● **主な就職先**………三菱電機インフォメーションネットワーク，日立システムズ，SCSK，マイナビ，エクサ，日本アイ・ビー・エム，全日本空輸，日立ソリューションズなど。		
医学部		
医	90	▷大学院・附属病院と連携し，創造的研究を推進。豊かな人間性と深い知性を有し，時代の変化にも適切に対応できる優れた実践能力とリサーチマインドを持った人材を育成する。
看護	100	▷倫理観，創造性，国際性を備え，他者の苦しみや痛み，喜びも理解できる豊かな人間力を持ち，人々の健康や生活の質の向上に貢献し，高度先端医療を担う看護師を養成。
● **取得可能な資格**…医師・看護師・保健師受験資格。 ● **進路状況**…………［医］初期臨床研修医96.9％ ［看護］就職99.1％ 進学0.9％ ● **主な就職先**………［看護］横浜市立大学附属病院，横浜市立大学附属市民総合医療センター，東京都特別区，横浜市役所，神奈川県立がんセンター，国立成育医療研究センターなど。		

キャンパスアクセス ［金沢八景キャンパス］ 京浜急行━金沢八景より徒歩5分／シーサイドライン━金沢八景より徒歩5分

キャンパス

国際教養，国際商，理，データサイエンス，医１年次……［金沢八景キャンパス］神奈川県横浜市金沢区瀬戸22−2
医２～６年次……［福浦キャンパス］神奈川県横浜市金沢区福浦3−9
理（生命医科学分野）……［鶴見キャンパス］神奈川県横浜市鶴見区末広町1−7−29
理（生命環境分野）……［舞岡キャンパス］神奈川県横浜市戸塚区舞岡町641−12

2025年度入試要項（予告）

●募集人員

学部／学科		前期	後期	学校推薦型	総合型
▶国際教養	国際教養	A100 B50	—	30	25
▶国際商	国際商	A130 B60	—	15	5
▶理	理	A45 B20	10	10	若
▶データサイエンス	データサイエンス	40	5	—	5
▶医	医（一般枠）	58	—	—	—
	（地域医療枠）	9	—	県内10 県外6	—
	（神奈川県指定診療科枠）	3	—	県内3 県外2	—
	看護	A40 B15	—	5	—

●２段階選抜

前期は医学部医学科で共通テストの成績が原則として合計750点以上，および志願倍率約３倍により行う。後期は理学部で志願者数が募集人員の約10倍，データサイエンス学部で約20倍を超えた場合に行う。
注）２段階選抜は2024年度の実績です。

▷共通テストの国語は古文・漢文を含む。ただし，理学部の後期およびデータサイエンス学部の前期・後期では国語全体または「近代以降の文章」のうち，得点率の高い方の成績を採用。
▷共通テストの英語はリスニングを含む。
▷共通テストの地歴・公民から２科目選択する場合，「公・倫」と「公・政経」の組み合わせ，および「地総・歴総・公から２」で選択した科目と同一科目名を含む組み合わせは不可。
▷個別学力検査の英―英コミュⅠ・英コミュⅡ・英コミュⅢ・論表Ⅰ・論表Ⅱ・論表Ⅲ。

国際教養学部

前期　〈Ａ方式〉［共通テスト（1000）］　**8**科目　①国（200）　②外（300）▶英　③④**地歴・公民**（100×2）▶「地総・歴総・公から２」・「地総・地探」・「歴総・日探」・「歴総・世探」・「公・倫」・「公・政経」から２　⑤⑥**数**（100×2）▶「数Ⅰ・数Ａ」・「数Ⅱ・数Ｂ・数Ｃ」　⑦**理**（50）▶「物基・化基・生基・地学基から２」・物・化・生・地学から１　⑧**情**（50）▶情Ⅰ
〈Ｂ方式〉　［共通テスト（700）］　**3**科目　①外（300）▶英　②③**国・「地歴・公民」・数・情**（200×2）▶国・「〈地総・歴総・公から２〉・〈地総・地探〉・〈歴総・日探〉・〈歴総・世探〉・〈公・倫〉・〈公・政経〉から１」・「〈数Ⅰ・数Ａ〉・〈数Ⅱ・数Ｂ・数Ｃ〉から１」・情Ⅰから２　※高得点２教科または受験した２教科
〈Ａ方式・Ｂ方式〉［個別学力検査（500）］　**2**科目　①**外**（300）▶英　②**小論文**（200）
学校推薦型　［共通テスト（1000）］　**8～7**科目　①国（200）　②外（300）▶英　③④**地歴・公民**（100×2）▶「地総・歴総・公から２」・「地総・地探」・「歴総・日探」・「歴総・世探」・「公・倫」・「公・政経」から２　⑤⑥**数**（100×2）▶「数Ⅰ・数Ａ」・「数Ⅱ・数Ｂ・数Ｃ」　⑦**理**（50）▶「物基・化基・生基・地学基から２」・物・化・生・地学から１　⑧**情**（50）▶情Ⅰ
［個別学力検査］　課さない。
※書類審査および共通テストの成績を総合して判定。
総合型　［共通テスト］　課さない。
［個別学力検査］　**2**科目　①**面接**▶プレゼンテーション〈発表〉・質疑等　②**書類審査**▶プレゼンテーション概要・「英語資格・調査書等」
※第１次選考―書類審査，第２次選考―第１次選考の評価および面接の結果を総合して判定。

キャンパスアクセス［福浦キャンパス］シーサイドライン―市大医学部より徒歩1分

国際商学部

前期 〈A方式〉[共通テスト(1000)] 8科目 ①国(200) ②外(300)▶英 ③④地歴・公民(100×2)▶「地総・歴総・公から2」・「地総・地探」・「歴総・日探」・「歴総・世探」・「公・倫」・「公・政経」から2 ⑤⑥数(100×2)▶「数Ⅰ・数A」・「数Ⅱ・数B・数C」 ⑦理(50)▶「物基・化基・生基・地学基から2」・物・化・生・地学から1 ⑧情(50)▶情Ⅰ

〈B方式〉 [共通テスト(700)] 3科目 ①外(300)▶英 ②③国・「地歴・公民」・数・情(200×2)▶国・「〈地総・歴総・公から2〉・〈地総・地探〉・〈歴総・日探〉・〈歴総・世探〉・〈公・倫〉・〈公・政経〉から1」・「〈数Ⅰ・数A〉・〈数Ⅱ・数B・数C〉から1」・情Ⅰから2 ※高得点2教科または受験した2教科

〈A方式・B方式〉[個別学力検査(500)] 2科目 ①外(300)▶英 ②小論文(200)

学校推薦型 [共通テスト(1000)] 8科目 ①国(200) ②外(300)▶英 ③④地歴・公民(100×2)▶「地総・歴総・公から2」・「地総・地探」・「歴総・日探」・「歴総・世探」・「公・倫」・「公・政経」から2 ⑤⑥数(100×2)▶「数Ⅰ・数A」・「数Ⅱ・数B・数C」 ⑦理(50)▶「物基・化基・生基・地学基から2」・物・化・生・地学から1 ⑧情(50)▶情Ⅰ

[個別学力検査] 課さない。

※書類審査および共通テストの成績を総合して判定。

総合型 [共通テスト] 課さない。

[個別学力検査] 2科目 ①面接▶プレゼンテーション〈発表〉・質疑等 ②書類審査▶プレゼンテーション概要・「英語資格・調査書等」

※第1次選考―書類審査，第2次選考―第1次選考の評価および面接の結果を総合して判定。

理学部

前期 〈A方式〉[共通テスト(1000)] 7科目 ①国(200) ②外(300)▶英 ③地歴・公民(50)▶「地総・歴総・公から2」・「地総・地探」・「歴総・日探」・「歴総・世探」・「公・倫」・「公・政経」から1 ④⑤数(100×2)▶「数Ⅰ・数A」・「数Ⅱ・数B・数C」 ⑥⑦理(100×2)▶物・化・生から2 ⑧情(50)▶情Ⅰ

〈B方式〉[共通テスト(1000)] 5科目 ①外(300)▶英 ②③数(200×2)▶「数Ⅰ・数A」・「数Ⅱ・数B・数C」 ④⑤理(150×2)▶物・化・生から2

〈A方式・B方式〉[個別学力検査(1100)] 4科目 ①外(200)▶英 ②数(300)▶数Ⅰ・数Ⅱ・数Ⅲ・数A(図形・場合)・数B(数列)・数C(ベク・平面) ③④理(300×2)▶「物基・物」・「化基・化」・「生基・生」から2

後期 [共通テスト(1050)] 8科目 ①国(50) ②外(200)▶英 ③地歴・公民(50)▶「地総・歴総・公から2」・「地総・地探」・「歴総・日探」・「歴総・世探」・「公・倫」・「公・政経」から1 ④⑤数(150×2)▶「数Ⅰ・数A」・「数Ⅱ・数B・数C」 ⑥⑦理(200×2)▶物・化・生から2 ⑧情(50)▶情Ⅰ

[個別学力検査(200)] 1科目 ①面接(200)

学校推薦型 [共通テスト(1000)] 7科目 ①国(200) ②外(300)▶英 ③地歴・公民(50)▶「地総・歴総・公から2」・「地総・地探」・「歴総・日探」・「歴総・世探」・「公・倫」・「公・政経」から1 ④⑤数(100×2)▶「数Ⅰ・数A」・「数Ⅱ・数B・数C」 ⑥⑦理(100×2)▶物・化・生から2 ⑧情(50)▶情Ⅰ

[個別学力検査] 課さない。

※書類審査および共通テストの成績を総合して判定。

総合型 [共通テスト] 課さない。

[個別学力検査(200)] 2科目 ①面接▶プレゼンテーション〈発表〉・質疑等 ②書類審査▶プレゼンテーション概要・「英語資格・調査書等」

※第1次選考―書類審査，第2次選考―第1次選考の評価および面接の結果を総合して判定。

データサイエンス学部

前期 [共通テスト(1100)] 7科目 ①国(200) ②外(300)▶英 ③④数(150×2)▶「数Ⅰ・数A」・「数Ⅱ・数B・数C」 ⑤情(100)▶情Ⅰ ⑥⑦地歴・公民・理(100×2)▶「地総・歴総・公から2」・「地総・地探」・「歴総・日探」・「歴総・世探」・「公・倫」・「公・政経」・「物基・化基・生基・地学基から2」・物・化・生・地学から2

[個別学力検査(900)] 3科目 ①外(200)

キャンパスアクセス [鶴見キャンパス] JR鶴見線―鶴見小野から徒歩15分／JR京浜東北線―鶴見・京浜急行―京急鶴見からバス約15分

▶英 ②数(400)▶「数Ⅰ・数Ⅱ・数A(図形・場合)・数B(数列)・数C(ベク)」必須，「数Ⅰ・数Ⅱ・数Ⅲ・数A(図形・場合)・数B(数列・推測)・数C(ベク・平面)」から3題出題し，うち1題選択 ③総合問題(300)

後期 [共通テスト(1300)] 7〜6科目 ①国(200) ②外(400)▶英 ③④数(200×2)▶「数Ⅰ・数A」・「数Ⅱ・数B・数C」 ⑤情(100)▶情Ⅰ ⑥⑦地歴・公民・理(100×2)▶「地総・歴総・公から2」・「地総・地探」・「歴総・日探」・「歴総・世探」・「公・倫」・「公・政経」・「物基・化基・生基・地学基から2」・物・化・生・地学から2

[個別学力検査(200)] 1科目 ①面接(200)

総合型 [共通テスト(700)] 7科目 ①国(100)※国語全体または近代のうち得点率の高い方を採用。②外(200)▶英 ③④数(100×2)▶「数Ⅰ・数A」・「数Ⅱ・数B・数C」 ⑤情(100)▶情Ⅰ ⑥⑦地歴・公民・理(50×2)▶「地総・歴総・公から2」・「地総・地探」・「歴総・日探」・「歴総・世探」・「公・倫」・「公・政経」・「物基・化基・生基・地学基から2」・物・化・生・地学から2

[個別学力検査] 2科目 ①面接▶プレゼンテーション〈発表〉・質疑等 ②書類審査▶プレゼンテーション概要・「英語資格・調査書等」

※第1次選考―書類審査，第2次選考―面接，第3次選考―共通テストの成績。

医学部

前期 【医学科】[共通テスト(1000)] 8科目 ①国(200) ②外(300)▶英 ③地歴・公民(50)▶「地総・歴総・公から2」・「地総・地探」・「歴総・日探」・「歴総・世探」・「公・倫」・「公・政経」から1 ④⑤数(100×2)▶「数Ⅰ・数A」・「数Ⅱ・数B・数C」 ⑥⑦理(100×2)▶物・化・生から2 ⑧情(50)▶情Ⅰ

[個別学力検査(1400)] 6科目 ①外(400)▶英 ②数(400)▶数Ⅰ・数Ⅱ・数Ⅲ・数A(図形・場合)・数B(数列)・数C(ベク・平面) ③④理(300×2)▶「物基・物」・「化基・化」・「生基・生」から2 ⑤小論文(段階評価) ⑥面接(段階評価)

【看護学科】〈A方式〉[共通テスト(1000)] 6科目 ①国(200) ②外(400)▶英 ③地歴・公民(100)▶「地総・歴総・公から2」・「地総・地探」・「歴総・日探」・「歴総・世探」・「公・倫」・「公・政経」から1 ④理(100)▶「物基・化基・生基から2」・物・化・生から1 ⑤⑥数・情(100×2)▶「数Ⅰ・数A」・「数Ⅱ・数B・数C」・情Ⅰから2

〈B方式〉[共通テスト(700)] 3科目 ①外(300)▶英 ②理(200)▶「物基・化基・生基・地学基から2」・物・化・生・地学から1 ③国・地歴・公民・数・情(200)▶国・「地総・歴総・公から2」・「地総・地探」・「歴総・日探」・「歴総・世探」・「公・倫」・「公・政経」・「数Ⅰ・数A」・「数Ⅱ・数B・数C」・情Ⅰから1

〈A方式・B方式〉[個別学力検査(300)] 2科目 ①論文(300) ②面接(段階評価)

学校推薦型 【医学科】[共通テスト(1000)] 8科目 ①国(200) ②外(300)▶英 ③地歴・公民(50)▶「地総・歴総・公から2」・「地総・地探」・「歴総・日探」・「歴総・世探」・「公・倫」・「公・政経」から1 ④⑤数(100×2)▶「数Ⅰ・数A」・「数Ⅱ・数B・数C」 ⑥⑦理(100×2)▶物・化・生から2 ⑧情(50)▶情Ⅰ

[個別学力検査(1000)] 1科目 ①面接(1000)

※第1次選考―全体の評定平均値，英語資格点および出願書類(出願者が「県内高校区分」で概ね25名，「県外高校区分」で概ね15名を超えた場合のみ)，第2次選考―面接，第3次選考―面接および共通テストの成績を総合して判定。ただし，共通テストの成績が一般選抜前期の第1段階選抜合格者の平均点よりも低い者は，合計点の順位にかかわらず不合格とする。

【看護学科】[共通テスト(500)] 7〜6科目 ①国(100) ②外(200)▶英 ③地歴・公民(50)▶「地総・歴総・公から2」・「地総・地探」・「歴総・日探」・「歴総・世探」・「公・倫」・「公・政経」から1 ④理(50)▶「物基・化基・生基から2」・物・化・生から1 ⑤⑥数・情(50×2)▶「数Ⅰ・数A」・「数Ⅱ・数B・数C」・情Ⅰから2

[個別学力検査(200)] 1科目 ①面接(200)

※第1次選考―全体の評定平均値と英語資格点(出願者が約8倍を超えた場合のみ)，第2次選考―面接，第3次選考―面接および共通テストの成績を総合して判定。

キャンパスアクセス [舞岡キャンパス] 横浜市営地下鉄―舞岡より徒歩10分

その他の選抜

指定校制学校推薦型選抜（医学部〈医〉を除く），海外帰国生特別選抜，国際バカロレア特別選抜，外国人留学生特別選抜，社会人特別選抜，科学オリンピック特別選抜（国際商学部，理学部，データサイエンス学部）。

偏差値データ（2024年度）

● 一般選抜

＊共通テスト・個別計／満点

学部／学科	2024年度			2023年度実績					
	駿台予備学校	河合塾		募集人員	受験者数	合格者数	合格最低点*	競争率	
	合格目標ライン	ボーダー得点率	ボーダー偏差値					'23年	'22年
●前期									
国際教養学部									
国際教養Ａ方式	52	69%	57.5	105	366	131	912/1500	2.8	2.5
Ｂ方式	53	80%	62.5	55	481	58	800.6/1200	8.3	9.2
国際商学部									
国際商Ａ方式	50	67%	55	130	366	177	883.6/1500	2.1	2.1
Ｂ方式	51	81%	62.5	60	489	60	806/1200	8.2	8.1
理学部									
理Ａ方式	51	65%	50	45	171	50	1197.25/2100	3.4	2.8
Ｂ方式	53	72%	52.5	25	177	20	1359.45/2100	8.9	3
データサイエンス学部									
データサイエンス	52	78%	57.5	40	196	44	1396.85/2000	4.5	3.9
医学部									
医（一般枠）	68	86%	67.5	69	183	73	1685.8/2400	2.5	2.2
医（地域医療枠）	67	86%	67.5						
医（神奈川県指定診療科枠）	67	86%	67.5						
看護	48	65%	—	55	75	56	716/1300	1.3	1.7
●後期									
理学部									
理	53	81%	—	10	19	10	885.4/1200	1.9	新
データサイエンス学部									
データサイエンス	53	80%	—	5	26	7	1164.5/1500	3.7	5.6

- 駿台予備学校合格目標ラインは合格可能性80%に相当する駿台模試の偏差値です。
- 河合塾ボーダー得点率は合格可能性50%に相当する共通テストの得点率です。
また，ボーダー偏差値は合格可能性50%に相当する河合塾全統模試の偏差値です。
- 競争率は受験者÷合格者の実質倍率
- 医学部医学科は２段階選抜を実施。

※国際教養学部と国際商学部・理学部のＢ方式の受験者数にはＡ方式の者も重複して含まれる。

併設の教育機関 大学院

都市社会文化研究科

教員数▶34名

院生数▶68名

博士前期課程 ● 都市社会文化専攻 都市社会文化研究科基盤的分野と応用的領域の両

面に対応できる多分野融合型の教育研究システムを備えている。都市・社会・文化を主要な研究領域とし，人間や国際社会に対する深い理解に基づく，現代都市社会の問題解決と新たな理念の創出をめざしている。

博士後期課程 都市社会文化専攻

国際マネジメント研究科

教員数▶25名
院生数▶43名

博士前期課程 ●国際マネジメント専攻
企業の海外展開において必要となる知識を体系的に学ぶ「グローバル・ビジネス系」と，既に海外展開を行っている企業が経営の停滞を打破するための問題解決方法を学ぶ「マネジメント・ソリューション系」を設置。産学連携教育プログラムの提供やインターンシップ，フィールドワークの単位も認定している。

博士後期課程 国際マネジメント専攻

生命ナノシステム科学研究科

教員数▶40名
院生数▶134名

博士前期課程 ●物質システム科学専攻
電子・原子・分子の視点から，実験科学と計算科学に基づき，生命現象を含めた物質システムを解明する。

●生命環境システム科学専攻　ゲノム生物学を基盤に，動物・植物・微生物の生体分子の構造と機能を解明。生体分子のネットワークとしての代謝，細胞，個体，生態系をシステムズ生物学の視点から明らかにする。

博士後期課程 物質システム科学専攻，生命環境システム科学専攻

生命医科学研究科

教員数▶23名
院生数▶121名

博士前期課程 ●生命医科学専攻　ポストゲノム時代に対応できる研究開発能力を持った人材を育成するため，既存の物理学・化学・生理学・遺伝学・情報科学をより一層総合化し，細胞生物学を含む先端医科学研究に応用展開できる教育体制を構築。隣接する理化学研究所横浜キャンパスをはじめ，産業技術総合研究所，国立医薬品食品衛生研究所とも連携して教育を行う。

博士後期課程 生命医科学専攻

データサイエンス研究科

教員数▶18名
院生数▶95名

博士前期課程 ●データサイエンス専攻
PBLを中心とした「実践的データサイエンス演習」を通して，データサイエンス力の涵養をめざす。

●ヘルスデータサイエンス専攻　ヘルス領域の専門性をベースに，データサイエンスの知見を有し，データを解析して新たな価値を創造できる専門人材を育成する。

博士後期課程 データサイエンス専攻，ヘルスデータサイエンス専攻

医学研究科

教員数▶431名
院生数▶505名

修士課程 ●医科学専攻　生体や疾病の仕組みを，個体から細胞，分子の各レベルにおいて明らかにするとともに，ヒトを含む生体をシステムとしてとらえ，生命科学，医学，医療分野の発展に貢献できる人材を育成する。

博士前期課程 ●看護学専攻　保健医療福祉および看護サービスを受ける利用者の生命，人権，ニーズを尊重し，専門性に立脚した質の高い看護を追究・提供できる人材を育成。

4年制博士課程 ●医科学専攻　高いレベルの医学研究を行う実力を身につける。

博士後期課程 看護学専攻

都留文科大学

つるぶんか

資料請求

問合せ先 入試室　☎0554-43-4341

大学の理念

富士山の麓に位置し，豊かな自然に囲まれた約70年の歴史を持つ公立大学。社会有為の人材を育成する楽しみを詠んだ「菁莪育才（せいがいくさい）」の言葉を学訓とし，人文・社会・自然の全領域にわたる「人間探求」の大学として歩みを進めてきた。2017年に国際教育学科，2018年には教養学部を開設。教育プログラム「国際バカロレア」教員養成機関の認可を受けるなど，「教員養成系大学」としてのブランド力を基盤として，時代に適合した教育・研究・地域貢献について一層の進展と個性化を図りつつ，従来の学科をリフレッシュして，現状および将来により適応した学部，学科編成に努めている。選ばれる大学として発展し続けるため，「地域で学ぶ」「グローバル」「教員養成力」をキーワードに掲げ，さらなる飛躍をめざしている。

● 都留文科大学キャンパス……〒402-8555　山梨県都留市田原3-8-1

基本データ

学生数 ▶ 3,410名（男1,226名，女2,184名）
専任教員数 ▶ 教授67名，准教授26名，講師12名
設置学部 ▶ 文，教養
併設教育機関 ▶ 大学院―文学（M）

就職・卒業後の進路

就職率 97.4%
就職者÷希望者×100

● 就職支援　学内のキャリア支援センターを拠点とし，さまざまな就職活動支援のほか，豊富な資料と整備されたインターネット環境でタイムリーな情報を提供している。学生一人ひとりが自分の進む方向を正確に認識し，的確な進路決定ができるよう，１年次から就職オリエンテーションを実施し，その後はガイダンスや専門アドバイザーによるカウンセリング，各種説明会などで段階的にキャリア形成が行えるよう指導するほか，インターンシップを共通教育科目のカリキュラムとして組み込み，さまざまな職場へ学生を派遣している。また，教員・公務員・一般企業の志望分野別に試験対策講座や模擬試験を実施，さらにそれぞれの志望分野で，経験豊富なアドバイザーが，個別面談にも常時対応している。

進路指導者も必見 学生を伸ばす 面倒見

初年次教育
「アカデミック・スキルズ」を開講し，学習スキル，論理的・批判的な文献やデータの読み方，論文・レポートの書き方や文献引用・利用方法，情報リテラシー，発表方法，研究倫理などを学び，学びの動機付けとなる問題意識も養う

学修サポート
TA制度，オフィスアワー制度を導入。また，教務相談員（教員経験者）が学生の履修指導や学修サポートの個別対応を行う学生サポート室や，専門スタッフが外国語学修を支援する語学教育センターを設置

オープンキャンパス（2023年度実績） 5・8月に来場型とオンライン型のオープンキャンパスを開催（事前申込制）。学科説明会，特別講義に加え，学生によるキャンパスツアー，学食体験，留学制度やキャリ支援についての説明，個別相談などを実施。

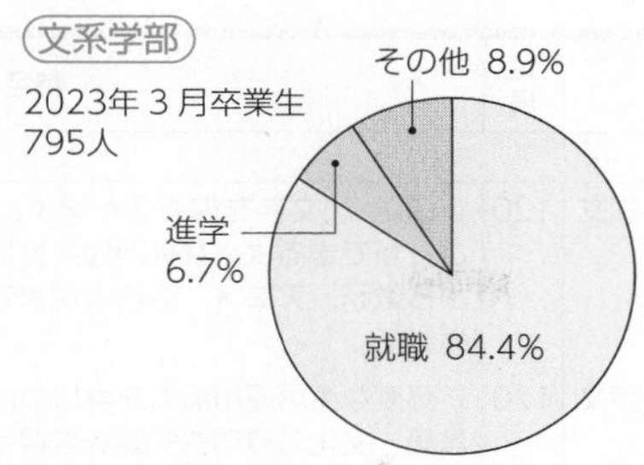

主なOB・OG▶［文］湊秋作（やまねミュージアム館長），［文］北澤晃（教育学者），［文］上杉隆（ジャーナリスト），［文］西炯子（漫画家），［文］斉藤貴美子（声優）など。

国際化・留学　大学間 27 大学・部局間 1 大学

受入れ留学生数▶41名（2023年９月20日）

留学生の出身国・地域▶中国，韓国，台湾，フィリピン，マレーシアなど。

外国人専任教員▶教授２名，准教授２名，講師２名（2023年５月１日現在）

外国人専任教員の出身国▶カナダ，スウェーデン，イギリス，北朝鮮，中国など。

大学間交流協定▶27大学（交換留学先22大学，2023年９月20日現在）

部局間交流協定▶１大学（交換留学先１大学，2023年９月20日）

海外への留学生数▶渡航型202名・オンライン型３名／年（16カ国・地域，2022年度）

海外留学制度▶国際交流センターが情報提供，留学相談，学術交流促進の窓口となっており，現地の学生や留学生らと講義に参加し，単位認定も得られる交換留学や，英語研修が中心の協定校留学，短期語学研修，小学校教師をめざす学生向けの教師教育プログラムなどを実施。給付型の「グローバル教育奨学金」や，国外で一定期間の活動を行う学生に審査を経て給付される「遊学奨励金」など，支援も充実。

学費・奨学金制度　給付型奨学金総額 年間約 3,560万円

入学金▶141,000円（市外出身者282,000円）

年間授業料（施設費等を除く）▶535,800円

年間奨学金総額▶35,606,000円

年間奨学金受給者数▶321人

主な奨学金制度▶給付型奨学金として「新入生スタートアップ奨学金」（各学科募集定員の入試成績上位者73名程度が対象。５万円），「成績優秀者奨学金」（２～４年次の各学科１名の成績最優秀者に10万円，各学科４名の成績優秀者に５万円）があるほか，授業料減免制度があり，2022年度には31人を対象に総額で約1,341万円を減免している。

保護者向けインフォメーション

- **オープンキャンパス**　通常のオープンキャンパス時に保護者向け説明会を実施している。
- **成績確認**　成績表および履修科目と単位数の情報を保護者に郵送している。
- **就職支援**　２年生の保護者に「保護者向け就職支援ガイド」を送付している。
- **防災対策**　被災した際の学生の安否状況は，ポータルサイトを利用して確認する。

インターンシップ科目	必修専門ゼミ	卒業論文	GPA制度の導入の有無および活用例	１年以内の退学率	標準年限での卒業率
全学部で開講している	全学部で３・４年次に実施	卒業要件	企業や教員採用の大学推薦選考基準，奨学金等対象者の選定基準，個別の学修指導に活用するほか，GPAに応じた履修上限単位数を設定	6.2%	83.3%

学部紹介

学部／学科	定員	特色
文学部		
国文	120	▷国語・国文学を広く深く学ぶとともに，国語科教育を担うことができるような専門性を身につける。研究対象は万葉集から漱石，アニメ，広告表現まで，文学を通して日本文化を極める。
英文	120	▷高度な英語運用能力を身につけるとともに，英語圏の文学，言語，文化の専門的知識を修得した真の国際人を養成。英語による講義やプレゼンスキルの育成など，将来のキャリアを見据えたグローバル・キャリア・プログラムを設置。
●取得可能な資格…教職（国・地歴・公・社・英，小一種），司書，司書教諭，学芸員など。 ●進路状況…………就職78.4%　進学7.6% ●主な就職先………楽天グループ，イオンリテール，ANAエアポートサービス，静岡銀行，羽田空港サービス，ファーストリテイリング，明治安田生命，山梨中央銀行など。		
教養学部		
学校教育	180	▷初等教育を基盤として，小中一貫教育へ対応できる教師としての資質・専門的な力を身につける。２年次より自身の関心に応じて12の系から専攻コースを選択。専門分野を深く学ぶとともに，地域との連携による豊富な現場体験，海外研修プログラムも実施。
地域社会	150	▷地域的視点と国際的視点の両面から地域課題を的確にとらえ，日本や世界の各地でより良い地域の形成に貢献できる人材を育成する。３年次に「地域経営」「公共政策」「環境社会」「教育文化」の４コースから１つを選択。
比較文化	120	▷比較という視点で世界各地の文化を探究する。スタディー・ツアー（現地調査）の実施や英語力の養成に注力し，留学やワーキングホリデーを活用した海外での活動も奨励。
国際教育	40	▷国際バカロレア教育（IB）に対応したカリキュラムを開設し，世界に通用する教育者の育成，全人的な教育を通じて，日本文化を基盤とした創造性を地域から世界へさまざまな分野で生かすことのできるクリエイティブリーダーの育成をめざす。
●取得可能な資格…教職（国・地歴・公・社・数・理・英，小一種，特別支援），国際バカロレア教員認定証など。 ●進路状況…………就職91.7%　進学5.6% ●就職状況…………教員，かんぽ生命，テレビ山梨，リクルート，日本赤十字社，日本生命保険，シチズンファインデバイス，ハイランドリゾート，日本マクドナルド，モンベルなど。		

▶キャンパス

文・教養……［都留文科大学キャンパス］　山梨県都留市田原3-8-1

 キャンパスアクセス ［都留文科大学キャンパス］ 富士急行線一都留文科大学前より徒歩約５分

2025年度入試要項(予告)

●募集人員

学部／学科		前期	中期
▶文	国文	20	50
	英文	20	5科目15 3科目15
▶教養	学校教育	25	5科目36 3科目30
	地域社会	25	48
	比較文化	23	37
	国際教育	10	11

●２段階選抜　実施しない
注）２段階選抜は2024年度の実績です。

文学部

前期　【国文学科】［共通テスト(500)］ 3科目 ①国(300) ②外(100)▶英・独・仏・中・韓から１ ③地歴・公民・数・理・情(100)▶「地総・地探」・「歴総・日探」・「歴総・世探」・「公・倫」・「公・政経」・数Ⅰ・「数Ⅰ・数Ａ」・「数Ⅱ・数Ｂ・数Ｃ」・「物基・化基・生基・地学基から２」・物・化・生・地学・情Ⅰから１
［個別学力検査］課さない。
【英文学科】［共通テスト(500)］ 3科目 ①外(300)▶英 ②③国・「地歴・公民」・数・理・情(100×2)▶国・「〈地総・歴総・公から２〉・〈地総・地探〉・〈歴総・日探〉・〈歴総・世探〉・〈公・倫〉・〈公・政経〉から１」・「数Ⅰ・〈数Ⅰ・数Ａ〉・〈数Ⅱ・数Ｂ・数Ｃ〉から１」・「〈物基・化基・生基・地学基から２〉・物・化・生・地学から１」・情Ⅰから２
［個別学力検査］課さない。
中期　【国文学科】［共通テスト(500)］ 3科目 ①国(200) ②外(200)▶英・独・仏・中・韓から１ ③地歴・公民・数・理・情(100)▶「地総・地探」・「歴総・日探」・「歴総・世探」・「公・倫」・「公・政経」・数Ⅰ・「数Ⅰ・数Ａ」・「数Ⅱ・数Ｂ・数Ｃ」・「物基・化基・生基・地学基から２」・物・化・生・地学・情Ⅰから１
［個別学力検査(300)］ 1科目 ①国(300)▶現国・言語・論国・文国・古典
【英文学科】〈５科目型〉［共通テスト(600)］ 5科目 ①外(200)▶英 ②③④⑤国・「地歴・公民」・数・理・情(100×4)▶国・「地総・歴総・公から２」・「地総・地探」・「歴総・日探」・「歴総・世探」・「公・倫」・「公・政経」・「数Ⅰ・〈数Ⅰ・数Ａ〉・〈数Ⅱ・数Ｂ・数Ｃ〉から１」・「〈物基・化基・生基・地学基から２〉・物・化・生・地学から１」・情Ⅰから４
〈３科目型〉［共通テスト(400)］ 3科目 ①外(200)▶英 ②③国・「地歴・公民」・数・理・情(100×2)▶国・「〈地総・歴総・公から２〉・〈地総・地探〉・〈歴総・日探〉・〈歴総・世探〉・〈公・倫〉・〈公・政経〉から１」・「数Ⅰ・〈数Ⅰ・数Ａ〉・〈数Ⅱ・数Ｂ・数Ｃ〉から１」・「〈物基・化基・生基・地学基から２〉・物・化・生・地学から１」・情Ⅰから２
［個別学力検査(200)］ 1科目 ①外(200)▶英コミュⅠ・英コミュⅡ・論表Ⅰ

教養学部

前期　【学校教育学科】［共通テスト(600)］ 3科目 ①②③国・外・「地歴・公民」・数・理・情(200×3)▶国・「英・独・仏・中・韓から１」・「〈地総・地探〉・〈歴総・日探〉・〈歴総・世探〉・〈公・倫〉・〈公・政経〉から１」・「数Ⅰ・〈数Ⅰ・数Ａ〉・〈数Ⅱ・数Ｂ・数Ｃ〉から１」・「〈物基・化基・生基・地学基から２〉・物・化・生・地学から１」・情Ⅰから３，ただし国・数から１必須
［個別学力検査］課さない。
【地域社会学科】［共通テスト(500)］ 4〜3科目 ①外(150)▶英・独・仏・中・韓から１ ②③国・地歴・公民・数・理・情(必須200＋選択150)▶国・「地総・歴総・公から２」・「地総・地探」・「歴総・日探」・「歴総・世探」・「公・倫」・「公・政経」・「数Ⅰ・〈数Ⅰ・数Ａ〉・〈数Ⅱ・数Ｂ・数Ｃ〉から１」・「〈物基・化基・生基・地学基から２〉・物・化・生・地学から１」・情Ⅰから２，ただし地歴・公民から１必須
［個別学力検査］課さない。
【比較文化学科】［共通テスト(600)］ 3科目 ①外(200)▶英・独・仏・中・韓から１ ②③国・地歴・公民・数・理・情(200×2)▶国・「地総・歴総・公から２」・「地総・地探」・「歴総・日探」・「歴総・世探」・「公・倫」・「公・政経」・「数Ⅰ・〈数Ⅰ・数Ａ〉・〈数Ⅱ・数Ｂ・数Ｃ〉から１」・「〈物基・

化基・生基・地学基から2〉・物・化・生・地学から1」・情Ⅰから2，ただし地歴・公民から1必須

[個別学力検査] 課さない。

【国際教育学科】[共通テスト(500)] 3科目 ①国(100) ②外(300)▶英 ③地歴・公民・数・理・情(100)▶「地総・地探」・「歴総・日探」・「歴総・世探」・「公・倫」・「公・政経」・数Ⅰ・「数Ⅰ・数A」・「数Ⅱ・数B・数C」・「物基・化基・生基・地学基から2」・物・化・生・地学・情Ⅰから1

[個別学力検査] 課さない。

中期 【学校教育学科】〈5科目型〉[共通テスト(1000)] 5科目 ①②③④⑤国・外・「地歴・公民」・数・理・情(200×5)▶国・「英・独・仏・中・韓から1」・「〈地総・地探〉・〈歴総・日探〉・〈歴総・世探〉・〈公・倫〉・〈公・政経〉から1」・「数Ⅰ・〈数Ⅰ・数A〉・〈数Ⅱ・数B・数C〉から1」・「〈物基・化基・生基・地学基から2〉・物・化・生・地学から1」・情Ⅰから5

〈3科目型〉[共通テスト(600)] 3科目 前期と同じ

[個別学力検査(200)] 1科目 ①小論文(200)

【地域社会学科】[共通テスト(400)] 3科目 ①外(100)▶英・独・仏・中・韓から1 ②地歴・公民(150)▶「地総・歴総・公から2」・「地総・地探」・「歴総・日探」・「歴総・世探」・「公・倫」・「公・政経」から1 ③④国・数・理・情(150)▶国・数Ⅰ・「数Ⅰ・数A」・「数Ⅱ・数B・数C」・「物基・化基・生基・地学基から2」・物・化・生・地学・情Ⅰから1

[個別学力検査(300)] 1科目 ①小論文(300)

【比較文化学科】[共通テスト(300)] 3科目 ①外(100)▶英・独・仏・中・韓から1 ②③国・地歴・公民・数・理・情(100×2)▶国・「地総・歴総・公から2」・「地総・地探」・「歴総・日探」・「歴総・世探」・「公・倫」・「公・政経」・「数Ⅰ・〈数Ⅰ・数A〉・〈数Ⅱ・数B・数C〉から1」・「〈物基・化基・生基・地学基から2〉・物・化・生・地学から1」・情Ⅰから2，ただし地歴・公民から1必須

[個別学力検査(300)] 1科目 ①外(300)▶英コミュⅠ・英コミュⅡ・論表Ⅰ

【国際教育学科】[共通テスト(400)] 3科目 ①国(100) ②外(200)▶英 ③地歴・公民・数・理・情(100)▶「地総・地探」・「歴総・日探」・「歴総・世探」・「公・倫」・「公・政経」・数Ⅰ・「数Ⅰ・数A」・「数Ⅱ・数B・数C」・「物基・化基・生基・地学基から2」・物・化・生・地学・情Ⅰから1

[個別学力検査(300)] 1科目 ①外(300)▶英コミュⅠ・英コミュⅡ・論表Ⅰ

その他の選抜

学校推薦型選抜(一般)は国文学科50名(全38・県10・市2)，英文学科35名(全27・県7・市1)，学校教育学科60名(全40・県16・市4)，地域社会学科55名(全35・県17・市3)，比較文化学科42名(全32・県8・市2)，国際教育学科19名(全15・県3・市1)，共通テスト利用学校推薦型選抜は学校教育学科15名，地域社会学科10名，比較文化学科18名，国際教育学科若干名，学校推薦型選抜(IB)は国際教育学科若干名，総合型選抜は英文学科35名，国際教育学科若干名，学校教育学科14名(音楽系・図画工作系・体育系・自然環境科学系)，地域社会学科12名を募集。ほかに私費外国人留学生試験を実施。

偏差値データ(2024年度)

●一般選抜

学部／学科	2024年度 駿台予備学校 合格目標ライン	2024年度 河合塾 ボーダー得点率	2024年度 河合塾 ボーダー偏差値	'23年度 競争率
●前期				
▶文学部				
国文	49	74%	—	1.7
英文(5科目)	49	68%	—	1.4
(3科目)	50	74%	—	
▶教養学部				
学校教育	47	66%	—	1.7
地域社会	46	66%	—	1.3
比較文化	48	68%	—	1.4
国際教育	50	68%	—	1.2
●中期				
▶文学部				
国文	55	75%	55	1.7
英文(5科目)	53	70%	55	1.7
(3科目)	54	76%	57.5	

▶教養学部				
学校教育（５科目）	50	65%	—	2.8
（３科目）	49	68%	—	
地域社会	49	71%	—	1.6
比較文化	51	70%	52.5	2.2
国際教育	53	72%	—	1.5

- 駿台予備学校合格目標ラインは合格可能性80%に相当する駿台模試の偏差値です。
- 河合塾ボーダー得点率は合格可能性50%に相当する共通テストの得点率です。また，ボーダー偏差値は合格可能性50%に相当する河合塾全統模試の偏差値です。
- 競争率は受験者÷合格者の実質倍率

MEMO

静岡県立大学

（しずおかけんりつ）

資料請求

問合せ先 学生部入試室 ☎054-264-5007

大学の理念

静岡薬科大学と静岡女子大学，静岡女子短期大学を改組統合し，1987年に開学。大学の理念に，地域社会と協働する広く県民に開かれた大学をめざすことを掲げる。静岡の魅力を学ぶ「しずおか学」や地域づくりに関する授業を開講するほか，コミュニティー・ワーク力を備えた学生へ「静岡県立大学コミュニティフェロー」の称号を授与するなど，地域の未来を担う人材を育成する。また，上智大学およびお茶の水女子大学との３大学共同による，オンライン国際協働学習を活用したアメリカ10大学との交流事業も展開するなど，グローバル人材の育成も進めている。2019年11月には「静岡県立大学SDGｓ宣言」を発表し，「誰一人取り残さない」社会の実現に向け，人材の育成や知の探求を通じ，地域をつくり，地域をむすび，未来へつなぐことをめざす。

- 草薙キャンパス……〒422-8526 静岡県静岡市駿河区谷田52-1
- 小鹿キャンパス……〒422-8021 静岡県静岡市駿河区小鹿2-2-1

基本データ

学生数 ▶ 2,903名（男1,077名，女1,826名）
専任教員数 ▶ 教授98名，准教授66名，講師36名
設置学部 ▶ 薬，食品栄養科，国際関係，経営情報，看護

併設教育機関 ▶ 大学院─薬食生命科学総合学府・経営情報イノベーション・看護学（以上M・D），国際関係学（M） 短期大学（P.1643参照）

就職・卒業後の進路

就職率 99.2％（就職者÷希望者×100）

● **就職支援** キャリア支援センターにおいて，学生が自らのキャリアを主体的，自律的に選択・決定していく能力を身につけるためのサポートを実施。低学年次から「キャリア形成概論Ⅰ・Ⅱ」を開講するほか，キャリア形成に関わる各種講演会，シンポジウム，セミナーの開催，インターンシップ参加の推進など学生の自主的な取り組みとの連携・支援を図っている。また，学生の企画・編集によるキャリア支援情報誌『&YOU（アンド ユー）』

進路指導者も必見 学生を伸ばす 面倒見

初年次教育	学修サポート
リテラシーとスタディ・スキルを身につける「情報処理実習」「情検索実習」「ライティング基礎」などを開講	薬・食品栄養科・看護学部でTA制度，全学部で教員1人が学生約5～20人を担当する教員アドバイザー制度を導入し，履修指導や学修支援を行っている

オープンキャンパス（2023年度実績） 8月7～10日にオープンキャンパスを実地開催（事前申込制）。学部ごとに学部紹介，入試説明，模擬講義，個別相談会などを実施。各学部の動画オープンキャンパスも公開。

も発行。就職活動期間には，企業概要や採用方法などを企業が説明する「個別企業説明会」や「公務員試験対策講座」などを実施するほか，専門アドバイザーが自己PR法，応募書類の添削など，個別相談できめ細かく対応している。

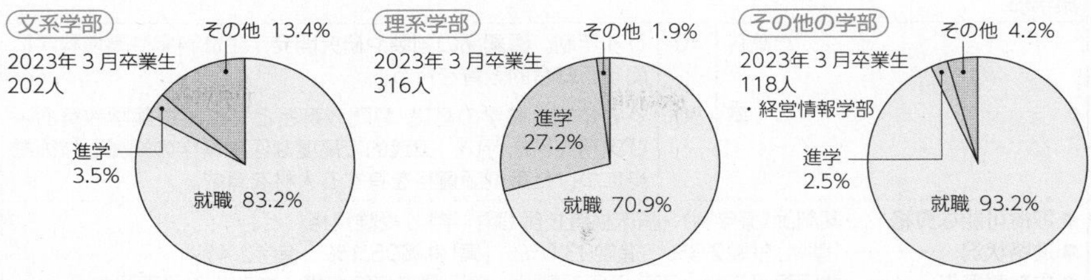

主なOB・OG ▶ ［旧静岡薬科大学］若林敬二（静岡県立大学食品環境研究センター長・大学院特任教授），［旧静岡女子大］渡辺美輪（川柳家），［国際関係］浅野正紀（NHKアナウンサー）など。

国際化・留学　大学間 28 大学・部局間 18 大学等

受入れ留学生数 ▶ 46名（2023年5月1日現在）
留学生の出身国 ▶ 中国，ベトナム，インドネシア，マレーシア，韓国など。
外国人専任教員 ▶ 教授２名，准教授５名（2023年９月１日現在）
外国人専任教員の出身国 ▶ アメリカ，カナダ，ドイツ，タイ，中国など。
大学間交流協定 ▶ 28大学（交換留学先７大学，2023年９月６日現在）
部局間交流協定 ▶ 18大学・機関（2023年４月１日現在）
海外への留学生数 ▶ 渡航型13名／年（８カ国・地域，2022年度）
海外留学制度 ▶ 世界各国の大学・研究機関と締結した学術交流協定校への交換留学，派遣留学，語学研修などを実施している。語学研修では，夏や春の長期休暇を利用して英語やフランス語，中国語などを学ぶ。語学の勉強だけでなく，貴重な海外体験もできる。また，オンラインを活用した国際的な双方向教育「COIL」プログラムに参加し，アメリカをはじめ各国大学との連携を強化している。

学費・奨学金制度　給付型奨学金総額 年間 1,068 万円

入学金 ▶ 141,000円（県外者366,600円）
年間授業料（施設費等を除く）**▶** 535,800円
年間奨学金総額 ▶ 10,680,000円
年間奨学金受給者数 ▶ 15人
主な奨学金制度 ▶ 学部２年次生を対象とした「成績優秀者学修奨励費」などを設置するほか，地元企業等による返済義務のない奨学金制度も用意されている。また，学費減免制度があり，2022年度は43人を対象に総額で約1,018万円を減免している。

保護者向けインフォメーション

● **成績確認**　成績表，履修科目と単位数の情報がWebで閲覧できる。
● **防災対策**　「防災マニュアル」を大学HPに掲載，学生便覧にも地震対策について記載。災害時の学生の安否確認は，安否情報システムを利用する。

インターンシップ科目	必修専門ゼミ	卒業論文	GPA制度の導入の有無および活用例	１年以内の退学率	標準年限での卒業率
食品栄養科学部で開講している	全学部で３・４（５・６）年次に実施	全学部で卒業要件	導入している	3.5%	84.2%（4年制）96.4%（6年制）

学部紹介

学部／学科	定員	特色
薬学部		
薬科	40	▷４年制。医薬品の創製や研究開発，生命科学や環境科学に関する総合的教育を行う。
薬	80	▷６年制。薬学の基礎・専門教育とともに医療薬学教育および実務実習を行い，実践的で高度な医療薬学の知識と技術を身につけた薬剤師資格を有する人材を育成。
● **取得可能な資格**……薬剤師（薬学科）・臨床検査技師（薬科学科）受験資格など。 ● **進路状況**……………［薬科］就職2.3％　進学93.0％　［薬］就職95.1％　進学2.4％ ● **主な就職先**…………武田薬品工業，アステラス製薬，静岡県立病院機構，ウエルシア薬局など。		
食品栄養科学部		
食品生命科	25	▷化学，物理学，生物学，英語などの基礎科目と食品に関連した生命科学，工学を中心とした専門科目を幅広く学び，食品の先端的技術開発をめざす。
栄養生命科	25	▷栄養素の体内利用と機能について基礎から応用，実践と段階的な学びで，生命科学を理解した実践能力の高い管理栄養士を育成する。
環境生命科	20	▷環境科学と生命科学を基盤に食と人の健康に関わる環境分野で活躍できる人材を育成する。
● **取得可能な資格**…教職（理・栄養），栄養士，管理栄養士受験資格など。 ● **進路状況**…………就職45.6％　進学54.4％ ● **主な就職先**………静岡県，静岡市，カルビー，はごろもフーズ，三井化学，資生堂など。		
国際関係学部		
国際関係	60	▷ボーダレス化と多様化が進む世界の諸問題に多角的にアプローチ。国際公共政策・国際開発・共生社会の３プログラム。
国際言語文化	120	▷言語と文化の理解を通してグローバルな相互理解をめざし，異なった文化を持つ人たちと「共生」していく能力を養う。
● **取得可能な資格**…教職（国・英）など。　● **進路状況**…………就職83.2％　進学3.5％ ● **主な就職先**………静岡県，静岡市，静岡県教育委員会，楽天，集英社，鈴与，静岡銀行など。		
経営情報学部		
経営情報	125	▷経営，総合政策，データサイエンス，観光マネジメントの融合と専門性により，イノベーションを担う人材を育成。
● **取得可能な資格**…教職（数・情・商）など。　● **進路状況**…………就職93.2％　進学2.5％ ● **主な就職先**………静岡銀行，静岡県，静岡市，法務省，野村證券，富士通，トーマツなど。		
看護学部		
看護	120	▷県内の保健医療福祉施設での実習などの学びを通して，科学的な探究心と豊かな人間性を備えた人材の育成をめざす。
● **取得可能な資格**…教職（養護二種），看護師・保健師受験資格など。 ● **進路状況**…………就職92.7％　進学5.7％ ● **主な就職先**………静岡県立病院機構，静岡県立静岡がんセンター，静岡赤十字病院，静岡県など。		

▶キャンパス

全学部……［草薙キャンパス］ 静岡県静岡市駿河区谷田52–1
看護……［小鹿キャンパス］ 静岡県静岡市駿河区小鹿2–2–1　※草薙キャンパスとの２キャンパス制

キャンパスアクセス ［草薙キャンパス］ JR東海道線一草薙，静岡鉄道一草薙・県立美術館前より徒歩15分

2025年度入試要項（予告）

●募集人員

学部／学科		中・前期	後期
▶薬	薬科	26	—
	薬	54	—
▶食品栄養科	食品生命科	18	—
	栄養生命科	15	3
	環境生命科	12	4
▶国際関係	国際関係	42	—
	国際言語文化	84	—
▶経営情報	経営情報	75	10
▶看護	看護	85	5

●２段階選抜

志願者数が，各学科の募集人員に対し，薬学部16倍（中期），経営情報学部５倍（後期），看護学部４倍（前期）を超えた場合に行うことがある。

試験科目

デジタルブック ≫≫

偏差値データ（2024年度）

●一般選抜

学部／学科	2024年度 駿台予備学校 合格目標ライン	河合塾 ボーダー得点率	河合塾 ボーダー偏差値	'23年度 競争率
●前期				
▶食品栄養科学部				
食品生命科	47	59%	47.5	1.7
栄養生命科	47	62%	47.5	2.3
環境生命科	46	55%	45	2.3
▶国際関係学部				
国際関係	50	67%	50	1.7
国際言語文化	50	67%	50	1.9
▶経営情報学部				
経営情報	48	62%	50	2.6
▶看護学部				
看護	46	56%	—	1.4
●中期				
▶薬学部				
薬科	53	73%	57.5	4.6
薬	56	75%	60	6.5
●後期				
▶食品栄養科学部				
食品生命科	48	61%	—	2.7
栄養生命科	48	66%	—	4.0
環境生命科	47	63%	—	3.2
▶経営情報学部				
経営情報	49	70%	—	2.0
▶看護学部				
看護	47	60%	—	3.0

- 駿台予備学校合格目標ラインは合格可能性80％に相当する駿台模試の偏差値です。
- 河合塾ボーダー得点率は合格可能性50％に相当する共通テストの得点率です。また，ボーダー偏差値は合格可能性50％に相当する河合塾全統模試の偏差値です。
- 競争率は受験者÷合格者の実質倍率

併設の教育機関　短期大学

静岡県立大学　短期大学部

問合せ先　入試担当
☎054-202-2610
所在地　静岡県静岡市駿河区小鹿2-2-1

学生数▶266名（男11名，女255名）
教員数▶教授11名，准教授11名，講師９名

設置学科

●**歯科衛生学科**（40）　人びとの生涯にわたる健康づくりを支援する歯科衛生士を育成。
●**社会福祉学科**（70）　保育・福祉の感性豊かな専門家の育成をめざす社会福祉専攻と人を温かく包み込む介護の専門家を育成する介護福祉専攻の2専攻制。
●**こども学科**（30）　こどもの健やかな育ちを保障する人間性豊かな保育者を育成する。

2023年度入試結果

1.5倍（受験者235名，合格者153名）

卒業後の進路

2023年３月卒業生▶108名
就職101名，進学０名，その他７名

キャンパスアクセス　[小鹿キャンパス]（短期大学部）JR東海道線一東静岡，静岡鉄道一柚木より徒歩20分

愛知県立大学

（あいちけんりつ）

資料請求

問合せ先 入試課 ☎0561-76-8813

大学の理念

2009（平成21）年４月に，愛知県立大学と愛知県立看護大学が統合して新たにスタート。「知的探究心を持つ研究者と学生が啓発し合いながら『知の拠点』を目指す」「良質の研究・教育を行い，地域・国際社会に還元する」「人間社会における人々や文化の共生を含む『成熟した共生社会』の実現を目指す」との３つの理念を掲げ，教育・指導体制の充実を図っている。また，「いのちの学びと探求」というテーマを掲げて，文系・理系・看護の５つの学部が連携して研究し，その成果を教育に反映することをめざしている。グローバル化が進みながら，自国主義が広がる時代だからこそ，日本・世界の諸地域の人々と顔の見える交流を密にする，「人をつなぎ，愛知・世界を結ぶ」ことを積極的に推進し，より良い社会の創造に貢献できる人材育成をめざしている。

- 長久手キャンパス………〒480-1198　愛知県長久手市茨ケ廻間1522番3
- 守山キャンパス…………〒463-8502　愛知県名古屋市守山区上志段味東谷
- サテライトキャンパス…〒450-0002　愛知県名古屋市中村区名駅4-4-38　愛知県産業労働センター

基本データ

学生数▶3,224名（男912名，女2,312名）
専任教員数▶教授88名，准教授80名，講師28名
設置学部▶外国語，日本文化，教育福祉，看護，情報科
併設教育機関▶大学院─国際文化・人間発達学・看護学・情報科学（以上M・D）

就職・卒業後の進路

就職率 **99.3**％
就職者÷希望者×100

● **就職支援**　長久手キャンパスのキャリア支援室では，キャリアセミナー，民間企業・官公庁説明会，業界研究会，OB・OG交流会など，年間を通じて数多くの就職ガイダンスを開催。就職・進学・留学など多様な進路選択を支援するとともに，専門相談員による個別相談などきめ細やかなサポートも実施している。また，守山キャンパスでは看護学部生向けの求人，病院見学，インターンシップ，大学院進学などの情報提供や，就職説明会，

進路指導者も必見 学生を伸ばす 面倒見

初年次教育	学修サポート
全学部で「情報リテラシー」「データサイエンスへの招待」を開講し，ITの基礎技術，情報収集や資料整理の方法，論理的思考や問題発見・解決能力の向上を図るほか，一部の学部でレポート・論文の書き方，プレゼン技法なども学ぶ	全学部でTA・SA制度，オフィスアワー制度を導入し，学生からの質問や相談に応じている

オープンキャンパス（2023年度実績）　8月にオープンキャンパスを開催（看護学部のみ，一部のプログラムでオンライン同時配信）。学科・専攻紹介，模擬授業，学科・専攻個別相談，留学説明，相談コーナーなどを実施。

国家試験対策講座，卒業生による相談会などを開催している。

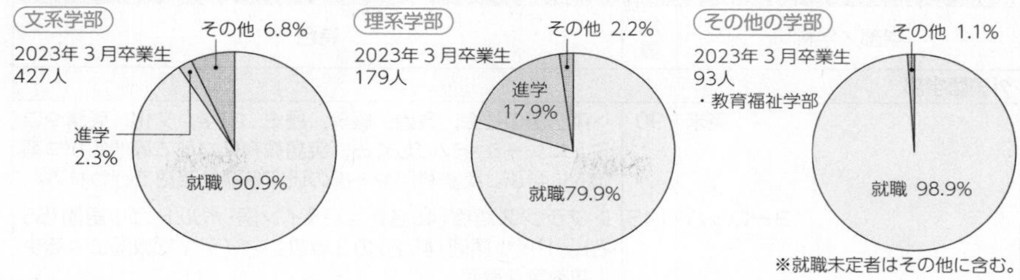

※就職未定者はその他に含む。

主なOB・OG▶［外国語］西本甲介（ミスミグループ会長），［外国語］小島環（小説家）など。

国際化・留学　大学間 53 大学・部局間 2 大学

受入れ留学生数▶９名（2023年5月1日現在）
留学生の出身国▶中国，韓国など。
外国人専任教員▶教授２名，准教授10名，講師７名（2023年５月１日現在）
外国人専任教員の出身国▶イギリス，アメリカ，フランス，スペイン，中国など。
大学間交流協定▶53大学（交換留学先35大学，2023年９月１日現在）
部局間交流協定▶２大学（交換留学先２大学，2023年９月１日現在）
海外への留学生数▶渡航型186名／年（22カ国・地域，2022年度）
海外留学制度▶留学支援室を設置し，多彩な国際教育プログラムを国内外の学生に提供しているほか，留学についての相談に応えている。毎年300人以上（全学生の約10％）が在籍中に北南米，アジア・オセアニア，欧州などへ数週間～１年間留学している。協定校への留学には，交換留学や派遣留学，長期休暇を利用した語学研修中心のショートプログラムのほか，専門領域を学ぶプログラムなどがある。また，iCoToBa（多言語学習センター）では，留学に必要な語学力の養成と留学する地域に関する文化や習慣等についての理解を深めるための，英語，フランス語，スペイン語，ドイツ語，中国語の留学前準備講座を開講している。コンソーシアムはUMAPに参加している。

学費・奨学金制度　給付型奨学金総額 年間約 157 万円

入学金▶282,000円
年間授業料▶535,800円
年間奨学金総額▶1,572,000円
年間奨学金受給者数▶８人
主な奨学金制度▶学生個人による国内外での自主的活動を奨励する「はばたけ県大生」奨学制度（国外研究上限25万円，国内研究上限15万円）がある。また，大学独自の学費減免制度もあり，2022年度は36人を対象に総額で約912万円を減免している。

保護者向けインフォメーション

●**オープンキャンパス**　通常のオープンキャンパス時に保護者向け説明会を実施している。
●**成績確認**　履修科目と単位数の情報を成績不振者の保護者に郵送している。
●**保護者会**　一部の学部・学科で新入生の保護者向けに保護者説明会を実施。
●**防災対策**　「災害時対応マニュアル」を入学時に配布し，キャンパス内にも常設。被災した際の学生の安否確認は，ポータルサイトを利用。

インターンシップ科目	必修専門ゼミ	卒業論文	GPA制度の導入の有無および活用例	１年以内の退学率	標準年限での卒業率
全学部で開講している	全学部で３・４年次に実施	外国語学部中国学科（翻訳・通訳コース）を除き卒業要件	奨学金，授業料免除対象の選定基準や留学者候補の選考などに活用	0.3%	78.2%

学部紹介

学部／学科	定員	特色
外国語学部		
英米	90	▷英語圏の社会，政治，経済，歴史，文学，文化，英語やコミュニケーションのしくみ，英語教育について専門的かつ系統的に学ぶ。英語科目や一部の研究各論は英語で行われる。
ヨーロッパ	145	▷フランス語圏(45名)，スペイン語・ポルトガル語圏(55名)，ドイツ語圏(45名)の３専攻。ネイティブ教員による少人数教育を徹底。
中国	50	▷高度な中国語運用能力と中国語圏・アジア諸地域に関する異文化理解能力と国際的判断力を発揮できる人材を育成。
国際関係	55	▷個々の国家や社会の特徴をミクロな視点から観察し，それらの関係をマクロな視点から考察する。
● 取得可能な資格…教職(英・独・仏・スペイン・中)，司書教諭など。 ● 進路状況…………就職91.8%　進学1.8% ● 主な就職先………トヨタ自動車，デンソー，スズキ，ブラザー工業，住友電装，日本電気，三菱電機，凸版印刷，東日本旅客鉄道，三菱UFJ銀行，東海財務局など。		
日本文化学部		
国語国文	50	▷国語学・国文学・漢文学を対象に，言語・文学・思想から「日本文化」の本質を探究する。
歴史文化	50	▷日本の歴史・文化・社会を学び，将来を展望する力を養う。
● 取得可能な資格…教職(国・地歴・社)，学芸員，司書教諭など。 ● 進路状況…………就職87.5%　進学4.2% ● 主な就職先………豊田自動織機，愛三工業，近畿日本鉄道，NTTコミュニケーションズ，ジェイアール東海髙島屋，興和，愛知県商工会連合会，東海北陸厚生局，愛知県など。		
教育福祉学部		
教育発達	40	▷小学校(15名)，保育幼児(25名)の２教育コース。子どもの発達とその援助に関する専門的力量を持つ人材を育成。
社会福祉	50	▷対人援助から政策立案や活動実践までに必要な，ソーシャルワークの理論と方法を学ぶ。
● 取得可能な資格…教職(公，小一種，幼一種)，保育士，社会福祉士・精神保健福祉士受験資格など。 ● 進路状況…………就職98.9%　進学0.0% ● 主な就職先………トヨタ自動車，住友電装，葵第二幼稚園，ひまわり幼稚園，愛厚昭和荘保育園，名古屋市社会福祉協議会，中部国際医療センター，愛知県，名古屋市，豊田市など。		
看護学部		
看護	90	▷保健医療福祉システム全体で看護の調整的役割を果たし，国際社会で健康の保持・増進に寄与できる能力を養う。
● 取得可能な資格…看護師受験資格。　● 進路状況…………就職89.0%　進学8.5% ● 主な就職先………愛知県医療療育総合センター，愛知県がんセンター病院，あいち小児保健医療総合センター，名古屋大学医学部附属病院，藤田医科大学病院，名城病院など。		
情報科学部		
情報科	90	▷情報システム，シミュレーション科学，知能メディア，ロボティクスの4コースに3年次から分属し専門性を深める。
● 取得可能な資格…教職(数・情)，司書教諭。　● 進路状況…………就職72.2%　進学25.8% ● 主な就職先………豊田自動織機，アイシン，日本ガイシ，愛三工業，ノリタケカンパニーリミテド，SCSK，インテック，トヨタシステムズ，Sky，チームラボなど。		

キャンパスアクセス ［長久手キャンパス］ リニモ（東部丘陵線） －愛・地球博記念公園より徒歩約3分
［守山キャンパス］ ＪＲ中央本線・愛知環状鉄道－高蔵寺よりスクールバスで約8分

キャンパス

外国語・日本文化・教育福祉・情報科……［長久手キャンパス］ 愛知県長久手市茨ケ廻間1522番3
看護……［守山キャンパス］ 愛知県名古屋市守山区上志段味東谷

2025年度入試要項（予告）

●募集人員

学部／学科（専攻・コース）		前期	後期
外国語	英米	66	3
	ヨーロッパ（フランス語圏）	33	3
	（スペイン語圏）	（32）	（3）
	（ポルトガル語圏）	（8）	（1）
	（ドイツ語圏）	33	3
	中国	38	3
	国際関係	42	3
日本文化	国語国文	42	3
	歴史文化	40	5
教育福祉	教育発達（小学校教育）	（12）	（1）
	（保育幼児教育）	（22）	（1）
	社会福祉	42	3
看護	看護	45	5
情報科	情報科	54	18

※スペイン語・ポルトガル語圏専攻および教育発達学科の募集人員は学科専攻単位で，( )内は合格予定者数。

●２段階選抜

前期は全学部の学科および専攻の募集人員の８倍，後期は情報科学部のみ８倍を超えた場合に行うことがある。
注）募集人員および２段階選抜は2024年度の実績です。

試験科目

デジタルブック

偏差値データ（2024年度）

●一般選抜

学部／学科／専攻	2024年度 駿台予備学校 合格目標ライン	2024年度 河合塾 ボーダー得点率	2024年度 河合塾 ボーダー偏差値	'23年度 競争率
●前期				
外国語学部				
英米	51	65%	52.5	1.6
ヨーロッパ／フランス語圏	50	62%	52.5	3.1
／スペイン語圏	50	62%	52.5	2.4
／ポルトガル語圏	51	59%	47.5	1.5
／ドイツ語圏	49	61%	50	1.7
中国	49	59%	47.5	1.3
国際関係	49	64%	52.5	2.2
日本文化学部				
国語国文	49	66%	55	2.5
歴史文化	48	67%	52.5	2.3
教育福祉学部				
教育発達／小学校教育	49	61%	50	3.5
／保育幼児教育	49	61%	50	2.0
社会福祉	48	64%	52.5	2.1
看護学部				
看護	46	60%	52.5	3.6
情報科学部				
情報科	46	65%	52.5	2.4
●後期				
外国語学部				
英米	52	83%	—	11.3
ヨーロッパ／フランス語圏	51	79%	—	8.0
／スペイン語圏	51	80%	—	8.3
／ポルトガル語圏	51	77%	—	10.0
／ドイツ語圏	50	79%	—	10.3
中国	50	77%	—	8.0
国際関係	50	80%	—	17.3
日本文化学部				
国語国文	50	75%	—	16.0
歴史文化	49	78%	—	8.3
教育福祉学部				
教育発達／小学校教育	50	69%	—	5.0
／保育幼児教育	50	67%	—	26.0
社会福祉	49	71%	—	14.3
看護学部				
看護	47	67%	—	4.0
情報科学部				
情報科	46	70%	—	1.8

- 駿台予備学校合格目標ラインは合格可能性80%に相当する駿台模試の偏差値です。
- 河合塾ボーダー得点率は合格可能性50%に相当する共通テストの得点率です。また，ボーダー偏差値は合格可能性50%に相当する河合塾全統模試の偏差値です。
- 競争率は受験者÷合格者の実質倍率

キャンパスアクセス［サテライトキャンパス］ ＪＲ・地下鉄・名鉄・近鉄－名古屋より徒歩約５分

名古屋市立大学

（なごやしりつ）

資料請求

問合せ先 学生課入試係　☎052-853-8020

大学の理念

名古屋女子医科大学と，名古屋薬科大学を統合して1950（昭和25）年に発足。医・薬・看の医療系３学部の設置を大きな特徴とし，３学部の連携により高度先進医療を市民に提供し，先端的な研究成果を世に発信してきた。地域の人々が参加できる公開講座の開講，サイエンスカフェ，高大連携授業の実施などにより，地域の活性化に協力しながら，教育・研究活動のさらなる充実・向上をめざし，国内13大学と連携協定を締結し，共同研究を推進するなど，その成果を地域社会に還元している。2023年にはデータサイエンス学部を新設し，８学部７研究科を擁する総合大学として研究や人材育成において世界でトップレベルの大学になることを将来の方向性として描き，すべての市民や学生が愛情の持てる大学をめざして，より良い環境づくりを推進している。

- **桜山キャンパス（本部）**……〒467-8601　愛知県名古屋市瑞穂区瑞穂町字川澄１
- 各学部のキャンパス情報はP.1651をご覧ください。

基本データ

学生数▶4,120名（男1,835名，女2,285名）
専任教員数▶教授209名，准教授176名，講師143名
設置学部▶医，薬，経済，人文社会，芸術工，看護，総合生命理，データサイエンス
併設教育機関▶大学院―医学・薬学・経済学・人間文化・芸術工学・看護学・理学（以上M・D）

就職・卒業後の進路

就職率 97.9%
就職者÷希望者×100

● **就職支援**　初年次より将来の働き方や生き方について探索し，自己への理解を深めていくことを目的に各種学習や体験などを通じた支援を実践している。滝子キャンパス学生会館のキャリア支援センターには，キャリア支援専門員２名が常駐し，キャリア形成や就職活動についてのアドバイス・相談に対応。また，就職関連書籍の充実を図り，情報の発信拠点として整備されている。就職活動においては，各種ガイダンスやセミナーのほか，「学内企業説明会」「OB・OG座談会」などを開催し，必要な情報を提供している。

進路指導者も必見 学生を伸ばす 面倒見

初年次教育
大学での学びの本質や課題解決の取り組みの意義や醍醐味，能動的学びの姿勢を学ぶ「NCUラーニング・コンパス」「SDGsを考える」のほか，「情報リテラシー」「データサイエンス・リテラシー」を開講

学修サポート
医学部を除きTA制度，オフィスアワー制度を，さらに薬・経済・看護・データサイエンスでは教員１人が学生1～20名を担当する教員アドバイザー制度を導入

オープンキャンパス（2023年度実績） 学部ごとに春と秋の２回オープンキャンパスを開催（事前申込制）。一部の学部は対面とオンライン併用で実施。人文社会学部と看護学部の秋はオンデマンド配信のみ。

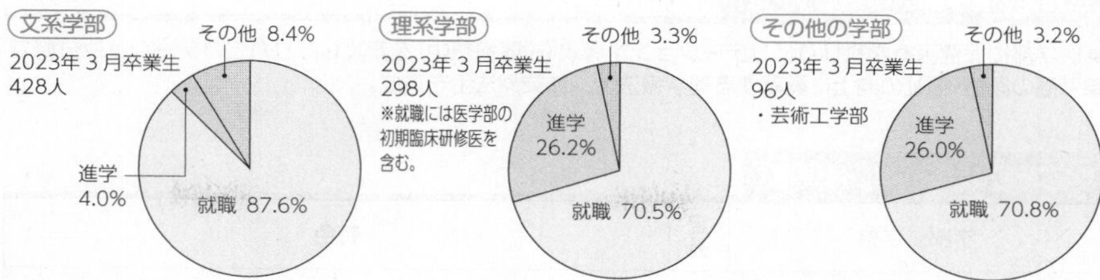

国際化・留学　大学間 55 大学・部局間 20 大学

受入れ留学生数▶39名（2023年５月１日現在　※正規学部生）

留学生の出身国・地域▶中国，韓国，台湾，タイ，ベトナムなど。

外国人専任教員▶教授２名，准教授５名，講師７名（2023年５月１日現在）

外国人専任教員の出身国▶韓国，アメリカ，イギリスなど。

大学間交流協定▶55大学（交換留学先26大学，2023年５月１日現在）

部局間交流協定▶20大学（交換留学先４大学，2023年５月１日現在）

海外への留学生数▶渡航型58名・オンライン型２名／年（12カ国・地域，2022年度）

海外留学制度▶協定校への交換・派遣留学，短期研修など多様な留学プログラムを実施。語学力向上，異文化生活体験を留学目的としたものから，医学・薬学の臨床研修や看護学部の韓国・ハルリム大学短期看護研修，人文社会学部国際文化学科の日本語TA奨学生制度，芸術工学部のイタリア・トリノ工科大学への留学など，専門分野に密接に関連したプログラムもある。また，バレンシア（ディズニー）国際カレッジプログラムや，環境・国際分野での人材育成を視野に入れた，国連機関へのインターシップ派遣にも力を入れている。学内の国際交流センターにおいて，留学相談，語学教育などの支援を行っている。

学費・奨学金制度　給付型奨学金総額 年間 1,476 万円

入学金▶232,000円（市外332,000円）

年間授業料（施設費等を除く）▶535,800円

年間奨学金総額▶14,760,000円

年間奨学金受給者数▶95人

主な奨学金制度▶経済的に修学困難な新入生に５万円を支給する「名市大生スタート支援奨学金」や，MD-PhDコース医学部生を対象に10万円を授与する「川久保学生奨学金」，看護学部の「田坂学生奨学基金（修学支援奨学金・就職支援奨学金）」などを設置。

保護者向けインフォメーション

●**オープンキャンパス**　学部により通常のオープンキャンパス時に保護者向け説明会を実施。

●**成績確認**　成績表を保護者に郵送している。ただし，一部の学部では留年した学生等が対象。原級留置者の保証人にも通知を郵送している。

●**会報誌**　保護者向け会報誌「創新」を発行。

●**保護者会**　医・薬・芸術工・看護・総合生命理・データサイエンス学部では入学式後に保護者説明会を開催。教育方針やキャリア支援体制についての説明，質疑応答などを行っている。

●**防災対策**　入学時に「ポケット防災」を配布。被災した際の学生の安否は学部によりメールまたはポータルサイトを利用して確認する。

インターンシップ科目	必修専門ゼミ	卒業論文	GPA制度の導入の有無および活用例	１年以内の退学率	標準年限での卒業率
人文社会・芸術工学部で開講している	医３年次，薬(薬)４～６年次，薬(生命)・看護・総合生命３・４年次，経済・人文社会１～４年次，芸術工４年次に実施	医・経済学部を除き卒業要件	一部の学部で奨学金等対象者の選定，留学候補者の選考，学生に対する個別の学修指導，大学院入試の選抜基準，履修上限単位数の設定に活用	1.8%	87.6%（４年制）81.0%（６年制）

2025年度学部改組構想（予定）

● 医学部に保健医療学科リハビリテーション学専攻（設置構想中）を新設し，リハビリテーション分野で東海圏の医療・福祉の向上に貢献する理学療法士，作業療法士を育成。

学部紹介（2024年２月現在）

学部／学科	定員	特色
医学部		
医	97	▷人間味にあふれ，深い医学知識と技術を備えた医師を養成。疾病と社会環境，生活環境との関連性についても学ぶ。
● 取得可能な資格…医師受験資格。 ● 進路状況…………初期臨床研修医97.5％ ● 主な就職先………名古屋市立大学病院，豊川市民病院，名古屋市立大学医学部附属西部医療センター，日本赤十字社愛知医療センター名古屋第二病院，一宮市立市民病院など。		
薬学部		
薬	65	▷６年制。医薬品と薬物療法に関わる医療科学を総合的に学び，医療におけるさまざまな分野に貢献できる人材を育成。
生命薬科	50	▷４年制。創薬生命科学の基礎から先端まで幅広く学び，それを基盤とした医薬品の開発研究や，生命科学と医療発展に寄与できる人材を養成する。
● 取得可能な資格…薬剤師受験資格（薬学科）。 ● 進路状況…………［薬］就職87.5％　進学7.1％　［生命薬科］就職0.0％　進学97.5％ ● 主な就職先………［薬］日本調剤，中外製薬，I&H，ウエルシア薬局，スギ薬局，日本新薬など。		
経済学部		
		▶より専門性を高めるための少人数ゼミを実施。３年次に所属ゼミを選択する。
公共政策	265	▷経済構造の分析を重視し，知識・理論を実際の制度分析や政策立案に応用する能力を養う。
マネジメントシステム		▷事例研究・産学連携教育を通じて，起業家精神や国際感覚を有し，主体的に問題を発見・解決できる人材を育成する。
会計ファイナンス		▷基礎知識や問題解決能力を養うカリキュラムを通じて，グローバルな視野を持った高度な専門職業人を養成。
● 進路状況…………就職87.2％　進学3.4％ ● 主な就職先………名古屋市，一宮市，愛知県，オービック，トヨタシステムズ，名古屋国税局，愛知銀行，アビームシステムズ，デンソーなど。		
人文社会学部		
心理教育	64	▷他者・自己の理解とともに他者との関係を探求する科学の眼とあたたかな人間観を持ち，多様性を理解し生涯発達の支援・次世代育成に取り組む人材を育成。
現代社会	70	▷都市と政策，社会と理論，福祉と地域の３領域・コースから教育・研究を行い，社会問題を的確に認識して調査・分析能力を高め，持続可能な社会の実現に貢献できる人材を養成。
国際文化	71	▷日本文化，グローバル文化，言語・異文化コミュニケーションの３つを中心に学び，文化的多様性や共生社会の実現のために国際的に活躍できる人材を育てる。

 キャンパスアクセス ［桜山キャンパス］ 地下鉄桜通線一桜山よりすぐ

●取得可能な資格…教職（地歴・公・社・英，幼一種），保育士，社会福祉士受験資格など。 ●進路状況…………就職88.1％　進学4.6％ ●主な就職先………名古屋市，愛知県，NECソリューションイノベータ，愛知県教育委員会，豊橋市，東京海上日動火災保険など。		
芸術工学部		
情報環境デザイン	30	▷情報通信技術の基礎から応用，インターフェースデザインや映像・音響デザインの理論と制作実践を学び，情報・メディアデザイン分野の先端で活躍する人材を育成する。
産業イノベーションデザイン	30	▷表現力や造形力など，自分の考えや感情を表現する力と，物理学，心理学など，自然現象や心の内面を科学的にとらえ，芸術工学としてデザインや情報工学に実践的に応用する。
建築都市デザイン	40	▷安心して豊かに市民生活ができる建築，都市を対象としたデザイン理論と技術を習得するため，意匠・計画，構造・材料，環境・設備，都市・地域について深く学ぶ。
●取得可能な資格…1・2級建築士受験資格など。 ●進路状況…………就職70.8％　進学26.0％ ●主な就職先………カシオ計算機，コーエーテクモゲームス，アイリスオーヤマ，サイバーエージェント，トヨタ車体，任天堂，メニコンなど。		
看護学部		
看護	120	▷看護学はもちろん，医学や心理学，疫学などを学び，医学部，薬学部と構成したチームでの地域参加型学習を取り入れ，看護職者，さらに看護の教育者，研究者，管理者を育成。
●取得可能な資格…教職（養護二種），看護師・保健師（選択制）受験資格。 ●進路状況…………就職88.5％　進学6.4％ ●主な就職先………名古屋市立大学病院，名古屋市，トヨタ自動車トヨタ記念病院など。		
総合生命理学部		
総合生命理	43	▷生命科学を中心に，化学，物理学を含む自然科学全般および数学，情報科学の基礎を十分に学修させた上で，各専門分野の教育研究を行うことで，既存の学問領域を超えた柔軟な思考ができる人材を育成する。
●取得可能な資格…教職（理）。 ●進路状況…………就職30.2％　進学69.8％ ●主な就職先………名古屋市，愛知中部水道企業団，アビームシステムズ，カゴメなど。		
データサイエンス学部		
データサイエンス	80	▷統計学やAIなどの情報技術を横断的に活用し，社会のさまざまな分野に存在する多様で膨大なデータから有益かつ新たな知見を引き出すことを通じて，各分野における課題にアプローチする。
●進路状況…………2023年度開設のため卒業生はいない。		

▶キャンパス

医・看護……［桜山キャンパス］愛知県名古屋市瑞穂区瑞穂町字川澄１
経済・人文社会・総合生命理・データサイエンス……［滝子キャンパス］愛知県名古屋市瑞穂区瑞穂町字山の畑１
薬……［田辺通キャンパス］愛知県名古屋市瑞穂区田辺通3-1
芸術工……［北千種キャンパス］愛知県名古屋市千種区北千種2-1-10

キャンパスアクセス［滝子キャンパス］地下鉄桜通線一桜山より徒歩約10分

2025年度入試要項(予告)

●募集人員

学部／学科		前期	中期	後期
▶医	医	60	—	—
	保険医療学科	40	—	—
▶薬	薬	—	44	—
	生命薬科	—	38	—
▶経済	公共政策 マネジメントシステム 会計ファイナンス	140	—	70
▶人文社会	心理教育	42	—	12
	現代社会	49	—	8
	国際文化	45	—	12
▶芸術工	情報環境デザイン	16	—	10
	産業イノベーションデザイン	16	—	10
	建築都市デザイン	24	—	12
▶看護	看護	60	—	—
▶総合生命理	総合生命理	—	—	40
▶データサイエンス	データサイエンス	50	—	—

※経済学部の後期の募集人員はEコース(英語選択), Mコース(数学選択)各25名, コースにかかわらず共通テストの成績上位20名の合計。

●2段階選抜

医学部は共通テストの成績, 600点満点中概ね71%以上の者を対象に募集人員の約3倍を第1段階選抜の合格者とする。
注) 2段階選抜は2024年度の実績です。

▷共通テストの英語はリスニングを含む。
▷共通テストの地歴・公民から2科目選択する場合,「公・倫」と「公・政経」の組み合わせ, および「地総・歴総・公から2」で選択した科目と同一科目名を含む組み合わせは不可。
▷共通テストの理科から2科目選択する場合, 同一科目名を含む選択は不可。

医学部

前期【医学科】[共通テスト(600)] 8科目 ①国(125) ②外(125・英〈R100+L25〉)▶英・独・仏・中・韓から1 ③地歴・公民(75)▶「地総・歴総・公から2」・「地総・地探」・「歴総・日探」・「歴総・世探」・「公・倫」・「公・政経」から1 ④⑤数(62.5×2)▶「数Ⅰ・数A」・「数Ⅱ・数B・数C」 ⑥⑦理(50×2)▶物・化 ⑧情(50)▶情Ⅰ

[個別学力検査(1200)] 5科目 ①外(300)▶英コミュⅠ・英コミュⅡ・英コミュⅢ・論表Ⅰ・論表Ⅱ・論表Ⅲ ②数(300)▶数Ⅰ・数Ⅱ・数Ⅲ・数A・数B(数列)・数C(ベク・平面) ③④理(200×2)▶「物基・物」・「化基・化」 ⑤面接(200)

【保健医療学科】[共通テスト(850)] 7科目 ①国(200) ②外(R160+L40)▶英 ③地歴・公民(100)▶「地総・歴総・公から2」・「地総・地探」・「歴総・日探」・「歴総・世探」・「公・倫」・「公・政経」から1 ④⑤数(100×2)▶「数Ⅰ・数A」・「数Ⅱ・数B・数C」 ⑥理(100)▶「物基・化基・生基から2」・物・化・生から1 ⑦情(50)▶情Ⅰ

[個別学力検査(400)] 2科目 ①外(200)▶英コミュⅠ・英コミュⅡ・英コミュⅢ・論表Ⅰ・論表Ⅱ・論表Ⅲ ②数(200)▶数Ⅰ・数Ⅱ・数A・数B(数列)・数C(ベク)

薬学部

中期 [共通テスト(525)] 8科目 ①国(100) ②外(100・英〈R80+L20〉)▶英・独・仏・中・韓から1 ③地歴・公民(100)▶「地総・歴総・公から2」・「地総・地探」・「歴総・日探」・「歴総・世探」・「公・倫」・「公・政経」から1 ④⑤数(50×2)▶「数Ⅰ・数A」・「数Ⅱ・数B・数C」 ⑥⑦理(50×2)▶物・化・生・地学から2 ⑧情(25)▶情Ⅰ

[個別学力検査(600)] 3科目 ①外(200)▶英コミュⅠ・英コミュⅡ・英コミュⅢ・論表Ⅰ・論表Ⅱ・論表Ⅲ ②数(200)▶数Ⅰ・数Ⅱ・数Ⅲ・数A・数B(数列)・数C(ベク・平面) ③理(200)▶化基・化

経済学部

前期 [共通テスト(400)] 5科目 ①国(100) ②外(100・英〈R80+L20〉)▶英・独・仏・中・韓から1 ③④数(50×2)▶「数Ⅰ・数A」・「数Ⅱ・数B・数C」 ⑤地歴・公民・理・情(100)▶「地総・歴総・公から2」・「地総・地探」・「歴総・日探」・「歴総・世探」・「公・倫」・「公・政経」・「物基・化基・生基・地学基から2」・物・化・生・地学・情Ⅰから1

[個別学力検査(400)] 2科目 ①外(200)▶英コミュⅠ・英コミュⅡ・英コミュⅢ・論表

Ⅰ・論表Ⅱ・論表Ⅲ ②**数**(200)▶数Ⅰ・数Ⅱ・数A・数B(数列)・数C(ベク)
後期 **[共通テスト(400)]** 5科目 前期と同じ
[個別学力検査(400)]〈Eコース〉 1科目 ①**外**(400)▶英コミュⅠ・英コミュⅡ・英コミュⅢ・論表Ⅰ・論表Ⅱ・論表Ⅲ
〈Mコース〉 1科目 ①**数**(400)▶数Ⅰ・数Ⅱ・数A・数B(数列)・数C(ベク)

人文社会学部

前期 **【心理教育学科】[共通テスト(500)]** 6科目 ①**国**(100) ②**外**(100・英〈R80＋L20〉)▶英・独・仏・中・韓から1 ③**数**(100)▶数Ⅰ・数A ④**情**(40)▶情Ⅰ ⑤⑥**地歴・公民・理**(80×2)▶「地総・歴総・公から2」・「地総・地探」・「歴総・日探」・「歴総・世探」・「公・倫」・「公・政経」・「〈物基・化基・生基・地学基から2〉・物・化・生・地学から1」から2
[個別学力検査(400)] 2科目 ①**国**(200)▶現国・言語・論国・文国・古典 ②**外**(200)▶英コミュⅠ・英コミュⅡ・英コミュⅢ・論表Ⅰ・論表Ⅱ・論表Ⅲ
【現代社会学科】[共通テスト(500)] 5科目 ①**国**(100) ②**外**(100・英R80＋L20)▶英・独・仏・中・韓から1 ③**数**(100)▶数Ⅰ・数A ④⑤**地歴・公民・理・情**(100×2)▶「地総・地探」・「歴総・日探」・「歴総・世探」・「公・倫」・「公・政経」・「〈物基・化基・生基・地学基から2〉・物・化・生・地学から1」・情Ⅰから2
[個別学力検査(400)] 2科目 ①**国**(200)▶現国・言語・論国・文国・古典 ②**外**(200)▶英コミュⅠ・英コミュⅡ・英コミュⅢ・論表Ⅰ・論表Ⅱ・論表Ⅲ
【国際文化学科】[共通テスト(550)] 6科目 ①**国**(100) ②**外**(100・英〈R80＋L20〉)▶英・独・仏・中・韓から1 ③**数**(100)▶数Ⅰ・「数Ⅰ・数A」から1 ④**情**(50)▶情Ⅰ ⑤⑥**地歴・公民・理**(100×2)▶「地総・地探」・「歴総・日探」・「歴総・世探」・「公・倫」・「公・政経」・「〈物基・化基・生基・地学基から2〉・物・化・生・地学から1」から2
[個別学力検査(500)] 2科目 ①**国**(250)▶現国・言語・論国・文国・古典 ②**外**(250)▶英コミュⅠ・英コミュⅡ・英コミュⅢ・論表Ⅰ・論表Ⅱ・論表Ⅲ
後期 **【心理教育学科】[共通テスト(500)]** 6科目 前期と同じ
[個別学力検査(200)] 1科目 ①**小論文**(200)
【現代社会学科】[共通テスト(500)] 5科目 前期と同じ
[個別学力検査(200)] 1科目 ①**小論文**(200)
【国際文化学科】[共通テスト(550)] 6科目 前期と同じ
[個別学力検査(250)] 1科目 ①**小論文**(250)

芸術工学部

前期 **【情報環境デザイン学科】[共通テスト(750)]** 7科目 ①**国**(100) ②**外**(R160＋L40)▶英 ③**地歴・公民**(100)▶「地総・歴総・公から2」・「地総・地探」・「歴総・日探」・「歴総・世探」・「公・倫」・「公・政経」から1 ④⑤**数**(100×2)▶「数Ⅰ・数A」・「数Ⅱ・数B・数C」 ⑥**理**(100)▶物・化・生・地学から1 ⑦**情**(50)▶情Ⅰ
[個別学力検査(500)] 3科目 ①**外**(200)▶英コミュⅠ・英コミュⅡ・英コミュⅢ・論表Ⅰ・論表Ⅱ・論表Ⅲ ②**数**(200)▶数Ⅰ・数Ⅱ・数Ⅲ・数A・数B(数列)・数C(ベク・平面) ③**実技・小論文**(100)▶実技・小論文から1
【産業イノベーション学科】[共通テスト(850)] 7科目 ①**国**(200) ②**外**(R160＋L40)▶英 ③**地歴・公民**(100)▶「地総・歴総・公から2」・「地総・地探」・「歴総・日探」・「歴総・世探」・「公・倫」・「公・政経」から1 ④⑤**数**(100×2)▶「数Ⅰ・数A」・「数Ⅱ・数B・数C」 ⑥**理**(100)▶物・化・生・地学から1 ⑦**情**(50)▶情Ⅰ
[個別学力検査(300)] 3科目 ①**外**(100)▶英コミュⅠ・英コミュⅡ・英コミュⅢ・論表Ⅰ・論表Ⅱ・論表Ⅲ ②**数**(100)▶数Ⅰ・数Ⅱ・数Ⅲ・数A・数B(数列)・数C(ベク・平面) ③**実技**(100)
【建築都市デザイン学科】[共通テスト(500)] 8科目 ①**国**(100) ②**外**(R80＋L20)▶英 ③**地歴・公民**(50)▶「地総・歴総・公から2」・「地総・地探」・「歴総・日探」・「歴総・

キャンパスアクセス [北千種キャンパス] 地下鉄名城線ーナゴヤドーム前矢田より徒歩約10分

世探」・「公・倫」・「公・政経」から1 ④⑤**数**(50×2) ▶「数Ⅰ・数A」・「数Ⅱ・数B・数C」 ⑥⑦**理**(50×2) ▶物・化・生・地学から2 ⑧**情**(50) ▶情Ⅰ
[個別学力検査(400)] 2科目 ①**外**(200) ▶英コミュⅠ・英コミュⅡ・英コミュⅢ・論表Ⅰ・論表Ⅱ・論表Ⅲ ②**数**(200) ▶数Ⅰ・数Ⅱ・数Ⅲ・数A・数B(数列)・数C(ベク・平面)

後期 **【情報環境デザイン学科・産業イノベーションデザイン学科】[共通テスト(650)]** 5科目 ①**国**(200) ②**外**(R160+L40) ▶英 ③④**数**(100×2) ▶「数Ⅰ・〈数Ⅰ・数A〉から1」・「数Ⅱ・数B・数C」 ⑤**情**(50) ▶情Ⅰ
【情報環境デザイン学科】[個別学力検査(400)] 1科目 ①**実技**(400)
【産業イノベーション学科】[個別学力検査(600)] 1科目 ①**実技**(600)
【建築都市デザイン学科】[共通テスト(425)] 5科目 ①**国**(100) ②**外**(R80+L20) ▶英 ③**地歴・公民**(50) ▶「地総・歴総・公から2」・「地総・地探」・「歴総・日探」・「歴総・世探」・「公・倫」・「公・政経」から1 ④⑤**数**(50×2) ▶「数Ⅰ・〈数Ⅰ・数A〉から1」・「数Ⅱ・数B・数C」 ⑥**理**(50) ▶物・化・生・地学から1 ⑦**情**(25) ▶情Ⅰ
[個別学力検査(200)] 1科目 ①**実技・小論文**(200) ▶実技・小論文から1

看護学部

前期 **[共通テスト(950)]** 8科目 ①**国**(200) ②**外**(R160+L40) ▶英 ③④**数**(100×2) ▶「数Ⅰ・数A」・「数Ⅱ・数B・数C」 ⑤**情**(50) ▶情Ⅰ ⑥⑦⑧**「地歴・公民」・理**(100×3) ▶「地総・歴総・公から2」・「地総・地探」・「歴総・日探」・「歴総・世探」・「公・倫」・「公・政経」から1または2,「物基・化基・生基・地学基から2」・物・化・生・地学から1または2,計3
[個別学力検査(500)] 3科目 ①**外**(200) ▶英コミュⅠ・英コミュⅡ・英コミュⅢ・論表Ⅰ・論表Ⅱ・論表Ⅲ ②**小論文**(150) ③**面接**(150)

総合生命理学部

後期 **[共通テスト(550)]** 8科目 ①**国**(100) ②**外**(R120+L30) ▶英 ③**地歴・公民**(50) ▶「地総・歴総・公から2」・「地総・地探」・「歴総・日探」・「歴総・世探」・「公・倫」・「公・政経」から1 ④⑤**数**(50×2) ▶「数Ⅰ・数A」・「数Ⅱ・数B・数C」 ⑥⑦**理**(50×2) ▶物・化・生・地学から2 ⑧**情**(50) ▶情Ⅰ
[個別学力検査(500)] 3科目 ①**数**(200) ▶数Ⅰ・数Ⅱ・数Ⅲ・数A・数B(数列)・数C(ベク・平面) ②**理**(200) ▶「物基・物」・「化基・化」・「生基・生」から1 ③**小論文**(100)

データサイエンス学部

前期 **[共通テスト(850)]** 6科目 ①**国**(200) ②**外**(200・英〈R160+L40〉) ▶英・独・仏・中・韓から1 ③**地歴・公民**(100) ▶「地総・歴総・公から2」・「地総・地探」・「歴総・日探」・「歴総・世探」・「公・倫」・「公・政経」から1 ④⑤**数**(100×2) ▶「数Ⅰ・数A」・「数Ⅱ・数B・数C」 ⑥**理**(100) ▶物・化・生・地学から1 ⑦**情**(50) ▶情Ⅰ
[個別学力検査(600)] 2科目 ①**外**(200) ▶英コミュⅠ・英コミュⅡ・英コミュⅢ・論表Ⅰ・論表Ⅱ・論表Ⅲ ②**数**(400) ▶数Ⅰ・数Ⅱ・数Ⅲ・数A・数B(数列)・数C(ベク・平面)

その他の選抜

学校推薦型選抜(共通テストを課す)は医学部医学科37名(名古屋市高大接続型3名,中部圏活躍型27名,地域枠7名)・保健医療学科32名,薬学部23名,経済学部45名,人文社会学部11名(名古屋市高大接続型),芸術工学部12名,看護学部55名,総合生命理学部3名(連携指定校型1名,名古屋市高大接続型2名),データサイエンス学部30名(名古屋市高大接続型3名を含む)を募集。学校推薦型選抜(共通テストを課さない)は医学部保健医療学科8名,薬学部10名,経済学部10名,人文社会学部21名を募集。ほかに,私費外国人留学生選抜,帰国生徒・外国学校出身者選抜を実施。

偏差値データ（2024年度）

●一般選抜

学部／学科	2024年度 駿台予備学校 合格目標ライン	2024年度 河合塾 ボーダー得点率	2024年度 河合塾 ボーダー偏差値	'23年度 競争率
●前期				
▶医学部				
医	65	83%	65	2.7
▶経済学部				
	53	72%	57.5	3.1
▶人文学部				
心理教育	51	71%	57.5	2.5
現代社会	51	72%	57.5	3.1
国際文化	52	73%	57.5	1.8
▶芸術工学部				
情報環境デザイン（実技）	44	68%	50	4.3
（小論文）	44	70%	52.5	3.7
産業イノベーションデザイン	44	66%	50	2.1
建築都市デザイン	46	70%	55	4.0
▶看護学部				
看護	48	61%	50	1.0
▶データサイエンス学部				
データサイエンス	53	70%	55	2.1
●中期				
▶薬学部				
薬	62	80%	62.5	6.3
生命薬科	60	77%	60	5.3
●後期				
▶経済学部				
Eコース（英語）	54	76%	65	4.0
Mコース（数学）	57	78%	65	4.1
▶人文学部				
心理教育	52	79%	—	3.4
現代社会	52	76%	—	5.1
国際文化	53	77%	—	2.2
▶芸術工学部				
情報環境デザイン	45	65%	—	1.8
産業イノベーションデザイン	45	67%	—	3.6
建築都市（実技）	47	73%	—	8.0
（小論文）	47	72%	—	3.6
▶総合生命理学部				
総合生命理	50	75%	57.5	2.6

- 駿台予備学校合格目標ラインは合格可能性80%に相当する駿台模試の偏差値です。
- 河合塾ボーダー得点率は合格可能性50%に相当する共通テストの得点率です。また，ボーダー偏差値は合格可能性50%に相当する河合塾全統模試の偏差値です。

- 競争率は受験者÷合格者の実質倍率
- 医学部医学科は2段階選抜を実施。

滋賀県立大学

資料請求

問合せ先 教務課入試室 ☎0749-28-8217

● 滋賀県立大学キャンパス……〒522-8533 滋賀県彦根市八坂町2500

大学の理念

1950（昭和25）年開設の滋賀県立短期大学を発展拡充させ，1995（平成7）年に開学。「キャンパスは琵琶湖。テキストは人間。」をモットーとし，自然，歴史，文化に恵まれたフィールドで，人々との交流をもとに学び，知と実践力を備えた「人が育つ」大学づくりをめざす。全学共通科目に「人間学」を取り入れ，人間という存在について考え，将来あらたな問題や視点を発見する能力を個々人の個性にしたがって身につけることを目標とする。各学部で実習を重視し，環境科学部「環境フィールドワーク」や人間文化学部「琵琶湖文化論実習」のほか，地域課題に取り組む「近江楽士」「近江楽座」など，全学部において，地域や社会とのつながりの中で学ぶカリキュラムを豊富に展開。主体的な学びの実現のため，今後も取り組みを推進していく。

基本データ

学生数▶2,571名（男1,241名，女1,330名）
専任教員数▶教授75名，准教授69名，講師59名
設置学部▶環境科，工，人間文化，人間看護
併設教育機関▶大学院—環境科学・工学・人間文化学（以上M・D），人間看護学（M）

就職・卒業後の進路

就職率 98.2%
就職者÷希望者×100

● **就職支援**　学生の主体的・自律的な生き方を支援するため，さまざまな取り組みを行っている。キャリアデザイン室では，求人票，会社案内，卒業生の就活報告書の閲覧や，就職関係図書の貸出を行うほか，常駐の就職相談員が就職活動全般の相談に随時対応している。最新の求人情報は就職支援システム「県大ポータルあすぽ（USPo)」によりいつでもどこでも閲覧が可能。また，キャリア教育の一環として，インターンシップの支援も行っている。就職活動時期には，活動の進め方を紹介した「就職応援ブック」を配布。就職活動の進捗に合わせ，自己分析・業界研究・筆記試験対策・面接対策などの就職セミナーや，合同企業説明会を開催している。また，公務員試験対策講座も年間を通して実施している。

進路指導者も必見 学生を伸ばす 面倒見

初年次教育	学修サポート
全学部でプレゼン技法，ITの基礎技術，情報収集や資料整理の方法，論理的思考や問題発見・解決能力の向上を図る「地域共生論」「情報リテラシー」「情報科学概論」，一部の学部でレポート・論文の書き方を学ぶ「人間探求学」を開講	全学部でTA・SA制度，オフィスアワー制度，教員アドバイザー制度を導入し，学生の履修や学修の支援をしている

オープンキャンパス（2023年度実績） 7月に対面（来場型）オープンキャンパスを学部ごとに開催。一部のプログラムは事前予約制。大学紹介，入試説明，施設見学，個別相談など。

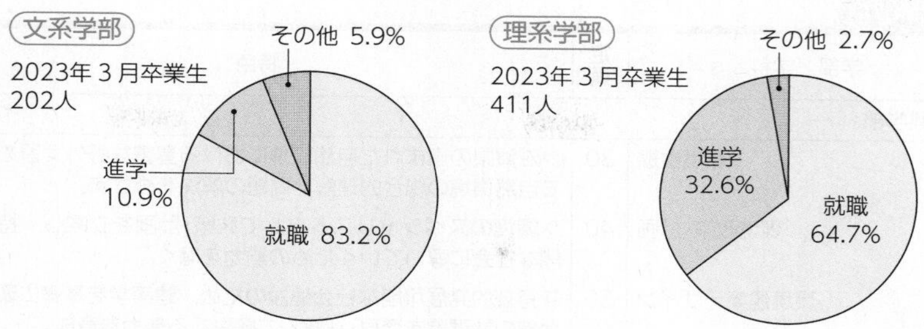

主なOB・OG ▶ 上田堯世（建築家），堂垣園江（小説家），高橋靖子（女優）など。 ※旧短期大学卒業

国際化・留学

大学間 41 大学等・部局間 9 大学

受入れ留学生数 ▶ 55名(2023年5月1日現在)
留学生の出身国 ▶ 中国，韓国，ベトナム，バングラデシュ，オーストラリアなど。
外国人専任教員 ▶ 教授４名，准教授２名，講師２名（2023年５月１日現在）
外国人専任教員の出身国 ▶ 中国，アメリカ，イギリス，スペインなど。
大学間交流協定 ▶ 41大学・機関（交換留学先25大学，2023年４月１日現在）
部局間交流協定 ▶ ９大学（2023年４月１日現在）
海外への留学生数 ▶ 渡航型57名（11カ国・地域，2022年度）
海外留学制度 ▶ 交流協定校への交換留学（半年〜１年間）や，認定留学（提携大学以外で学長が認定した大学等への留学で単位認定や助成金等の対象となる）のほか，国際コミュニケーション学科独自の制度としての派遣留学（３カ月〜１年間。留学先への授業料支払い義務があり助成金等の対象となる），人間学科目では３週間の海外研修「異文化理解Ａ（アメリカ）・Ｂ（アジア・オセアニア）」などを実施。国際コミュニケーション学科の学生は，個人で参加した短期海外研修にも，期間・内容に応じて「海外留学」の単位を申請できる。

学費・奨学金制度

入学金 ▶ 282,000円（県外423,000円）
年間授業料（施設費等除く）▶ 535,800円
主な奨学金制度 ▶ 海外留学を支援する「留学助成金」「短期海外研修助成金」を設置。また，正規の修業年限を超えて卒業する場合は留学期間中の授業料減免にも対応。2022年度の学費減免制度では，16人を対象に総額で約438万円を減免している。

保護者向けインフォメーション

●**成績確認** 成績表，履修科目と単位数の情報を保護者に郵送している。
●**会報誌** 『後援会会報 はっさか』を発行。
●**就職ガイダンス** 10月に全学年次の保護者を対象とした就職説明会を開催し，就職活動の状況や就職支援についての説明を行っている。説明会終了後に就職および学業等に関して学科担当教員に相談できる「学科別個別相談会」（事前に質問票を提出した参加者のみ対象）を実施。
●**防災対策** 防災については学生便覧の一部に記載。学生が被災した際の安否確認は，メールおよびポータルサイトを利用する。

インターンシップ科目	必修専門ゼミ	卒業論文	GPA制度の導入の有無および活用例	１年以内の退学率	標準年限での卒業率
全学部で開講している	全学部で２年次に実施	全学部で卒業要件	奨学金や授業料免除対象者の選定基準，学生に対する個別の学修指導，GPAに応じた履修上限単位数を設定するほか，一部の学部で留学候補者の選考に活用	0.6%	88.2%

学部紹介

学部／学科	定員	特色
環境科学部		
環境生態	30	▷滋賀県の恵まれた自然環境における豊富な野外実習を通して自然環境の総合的理解と問題の解決をめざす。
環境政策・計画	40	▷環境のスペシャリストとして政策・計画を立案し，持続可能な社会に導いていくための能力を磨く。
環境建築デザイン	50	▷持続的発展可能な社会建設のため，建築学を基礎に環境や地域の諸課題を発見・理解して解決する能力を育成。
生物資源管理	60	▷生物資源の管理・活用に関する知識と技術を学び，農林水産業の発展と循環型社会の形成をめざす。
●取得可能な資格…教職（公・理・農），学芸員，１・２級建築士受験資格など。 ●進路状況…………就職73.9%　進学22.7% ●主な就職先………滋賀県，京都府，国土交通省近畿地方整備局，一条工務店，タキイ種苗，田辺工業，京都市，積水ハウス，西日本旅客鉄道，京都銀行など。		
工学部		
材料化	50	▷金属・セラミックスなど無機材料から高分子・バイオなど有機材料まで，幅広い材料・化学の基礎と応用を学ぶ。
機械システム工	50	▷機械の構成原理・原則を数理的に理解するとともに，目的に応じて材料を選択し，機械の設計と製作を担うシステムインテグレータとしての技術者・研究者を養成。
電子システム工	50	▷電気・電子・情報工学分野での高度な技術と知識を身につけ，世界的に通用する創造力豊かな技術者，研究者を育成。
●取得可能な資格…教職（理・情・工業）など。　●進路状況…………就職44.5%　進学53.0% ●主な就職先………イビデン，日産自動車，小松製作所，日本電気硝子，ダイハツディーゼル，ローム，日立造船，象印マホービン，関西電力，滋賀県など。		
人間文化学部		
地域文化	60	▷環琵琶湖地域を中心とした日本および東アジアの過去と現在の諸問題を学び，未来の地域のあり方について研究する。
生活デザイン	30	▷住居，道具，服飾のデザインの理論と実践を学び，身近な生活環境を観察・分析して問題を発見・解決する。
生活栄養	30	▷「栄養・健康・人間」をキーワードに研究教育を行い，栄養を通した真に健康で豊かな生活を考える。
人間関係	30	▷少人数でのインタラクティブな実習・演習を通して，人間関係について心理学・教育学・社会学を中心に教育・研究を行う。
国際コミュニケーション	50	▷グローバル化する現代社会において，広く活躍できる見識と英語を中心に複数の外国語運用能力を備えた人材を育成。
●取得可能な資格…教職（地歴・公・社・家・英，栄養），栄養士，管理栄養士・２級建築士受験資格など。 ●進路状況…………就職83.2%　進学10.9% ●主な就職先………LEOC，村田製作所，滋賀県，平和堂，防衛省航空自衛隊，滋賀県警察本部，岐阜県，京都中央信用金庫，長浜市，I&Hなど。		
人間看護学部		
人間看護	70	▷「生活者としての人間」について総合理解の基盤に立ち，QOL確保に向けたケアを行える看護スペシャリストを養成。

キャンパスアクセス ［滋賀県立大学キャンパス］ JR東海道本線—南彦根よりバス約15分／彦根よりバス約25分

● **取得可能な資格**…教職（養護一種），看護師・保健師受験資格など。
● **進路状況**…………就職88.7%　進学9.9%
● **主な就職先**………滋賀医科大学医学部附属病院，滋賀県，京都大学医学部附属病院，滋賀県立総合病院，大阪医科薬科大学病院，彦根市立病院，岐阜県，京都市など。

▶キャンパス

全学部……［滋賀県立大学キャンパス］滋賀県彦根市八坂町2500

2025年度入試要項（予告）

●募集人員

学部／学科		前期	後期
▶環境科	環境生態	11	10
	環境政策・計画	16	12
	環境建築デザイン	25	15
	生物資源管理	30	18
▶工	材料化	20	20
	機械システム工	25	15
	電子システム工	25	15
▶人間文化	地域文化	30	18
	生活デザイン	15	9
	生活栄養	15	9
	人間関係	15	9
	国際コミュニケーション	25	15
▶人間看護	人間看護	30	10

●２段階選抜　実施しない

注）募集人員および２段階選抜は2024年度の実績です。

試験科目

デジタルブック

偏差値データ（2024年度）

●一般選抜

学部／学科	2024年度 駿台予備学校 合格目標ライン	2024年度 河合塾 ボーダー得点率	2024年度 河合塾 ボーダー偏差値	'23年度 競争率
●前期				
▶環境科学部				
環境生態	**45**	60%	**47.5**	3.4
環境政策・計画	**46**	60%	**47.5**	2.5
環境建築デザイン	**47**	61%	**47.5**	3.7
生物資源管理	**46**	55%	**45**	1.7
▶工学部				
材料化	**44**	55%	**45**	2.3
機械システム工	**45**	58%	**47.5**	2.2
電子システム工	**45**	58%	**47.5**	1.5
▶人間文化学部				
地域文化	**45**	66%	**50**	1.8
生活デザイン	**46**	66%	**52.5**	4.5
生活栄養	**48**	61%	**50**	4.5
人間関係	**47**	64%	**52.5**	3.5
国際コミュニケーション	**49**	66%	**52.5**	2.5
▶人間看護学部				
人間看護	**45**	62%	**50**	3.1
●後期				
▶環境科学部				
環境生態	**47**	62%	**47.5**	2.0
環境政策・計画	**47**	63%	—	1.7
環境建築デザイン	**47**	62%	—	2.1
生物資源管理	**48**	61%	**47.5**	2.0
▶工学部				
材料化	**45**	60%	**47.5**	1.4
機械システム工	**47**	63%	**50**	2.7
電子システム工	**46**	67%	**50**	1.8
▶人間文化学部				
地域文化	**46**	68%	—	1.6
生活デザイン	**47**	67%	—	4.7
生活栄養	**51**	63%	**50**	3.7
人間関係	**48**	72%	—	2.0
国際コミュニケーション	**50**	68%	—	2.7
▶人間看護学部				
人間看護	**45**	63%	—	5.3

● 駿台予備学校合格目標ラインは合格可能性80%に相当する駿台模試の偏差値です。
● 河合塾ボーダー得点率は合格可能性50%に相当する共通テストの得点率です。また，ボーダー偏差値は合格可能性50%に相当する河合塾全統模試の偏差値です。
● 競争率は受験者÷合格者の実質倍率

京都府立大学（きょうとふりつ）

資料請求

問合せ先 学務課入試係 ☎075-703-5144

大学の理念

1895（明治28）年に創立された京都府簡易農学校に源を発し，京都府立農林専門学校と，京都府立女子専門学校を母体として，1949（昭和24）年西京大学を開学，1959（昭和34）年に現校名に改称。2008（平成20）年４月，公立大学法人としての再出発に際して，学問の府としての歴史的・社会的使命を認識するとともに，京都府民に支えられる府民のための大学であることを自覚し，京都に根ざした魅力的で個性ある京都府立大学の創造に向けて，新たな飛躍をめざす。2017年リニューアルした京都府立京都学・歴彩館に文学部を移転し，京都工芸繊維大学と京都府立医科大学との教養教育共同化を進めるなど教育環境を整備。2024年には理系を３学部に増設し，文理融合の５学部12学科へ再編。和食文化学科の理系的教育研究要素を強化している。

● 下鴨キャンパス……〒606-8522 京都府京都市左京区下鴨半木町1-5

基本データ

学生数▶2,003名（男766名，女1,237名）
専任教員数▶教授71名，准教授65名，講師16名

設置学部▶文，公共政策，農学食科，生命理工情報，環境科
併設教育機関▶大学院—文学・公共政策学・生命環境科学（以上M・D）

就職・卒業後の進路

就職率 97.8%（就職者÷希望者×100）

● 就職支援　キャリアサポートセンターが，学生のキャリアデザインにとって必要な知識や情報を提供し，助言や指導を行う。キャリアカウンセラーによる個別相談に力を入れ，進路選択に関する相談やエントリーシートの添削，面接指導から内定についての相談まで，個別にきめ細かく対応する。企業・業界への理解を深める「合同企業研究会」を開催し，企業の採用担当者や公務員，団体職員と直接接することができる機会を数多く提供するほか，就活講座，インターンシップ支援などを実施。また，公務員・教職志望者向けの支援も手厚く，入門セミナー，集団討論対策，模擬授業指導，教職教養支援講座なども開講。

進路指導者も必見 学生を伸ばす 面倒見

初年次教育
少人数クラスの「新入生ゼミナール」で大学学習の基本的技術を身につけ，情報収集・資料整理の方法，論理的思考や問題発見・解決能力の向上を図るほか，「情報処理基礎演習」を開講

学修サポート
全学部でTA制度を導入。また，一部の学科を除く全学部でオフィスアワーを設定し，学生からの質問や相談に応じている

オープンキャンパス(2023年度実績) 7月に来場型(一部Webプログラム)でオープンキャンパスを開催(事前申込制)。学部・学科ガイダンス，模擬授業，個別相談会などを実施。

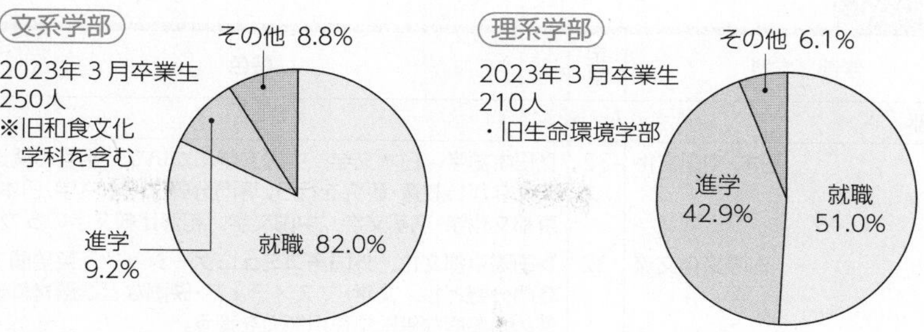

主なOB・OG▶高田直樹（登山家），［旧文家政］宮内謙（ソフトバンク会長），［文］青木朋（漫画家），［文］森岡浩之（作家）など。

国際化・留学　大学間 14 大学等・部局間 8 大学等

受入れ留学生数▶６名（2023年５月１日現在）

留学生の出身国▶中国，ベトナムなど。

外国人専任教員▶教授２名，准教授２名（2023年５月１日現在）

外国人専任教員の出身国▶ブラジル，イギリス，アメリカ，オランダ。

大学間交流協定▶14大学・機関（2023年５月１日現在）

部局間交流協定▶８大学・機関（2023年５月１日現在）

海外への留学生数▶渡航型42名／年（３カ国・地域，2022年度）

海外留学制度▶協定校の漢城大学校（韓国ソウル）や義守大学（台湾）への交換留学プログラムをはじめ，２週間から１カ月程度の夏期・春期短期研修などを実施。全学生対象の「短期中国語学・文化研修プログラム」では中国語の学習はもとより，兵馬俑や華清池などでのフィールド研修，太極拳や書道・中国絵などの文化体験も充実している。文学部の「世界遺産都市研修Ⅰ」では，オーストラリアのマッコーリー大学で約１カ月にわたる語学・文化研修のほか，現地学生に向けて京都の文化に関するプレゼンテーションを行う。また，レーゲンスブルク大学（ドイツ）サマーコースは「世界遺産都市研修Ⅱ」の一環として全学のドイツ語受講者に開かれており，さらに文学部の学生には１カ月のドイツ語集中授業の後，通常の授業を受講する５カ月の中期研修プログラムがあり，取得した単位が読み替えられ，半年留学しても４年間での卒業が可能。

学費・奨学金制度

入学金▶169,200円（府外282,000円）

年間授業料（施設費等除く）▶535,800円

主な奨学金制度▶所定の条件下で，学生の経済生活を援助するための「生活資金貸付制度」を設定，限度額10万円（5,000円単位，貸付期間在学中）を無利息で貸与。このほか，学費減免制度があり，2022年度には82人を対象に総額で約1,987万円を減免している。

保護者向けインフォメーション

●**会報誌**　保護者向け会報誌「緑風通信」を発行。

●**防災対策**　被災時の学生の安否は，メールを利用して確認する。

インターンシップ科目	必修専門ゼミ	卒業論文	GPA制度の導入の有無および活用例	１年以内の退学率	標準年限での卒業率
全学部で開講している	全学部で１・４年次に実施	全学部で卒業要件	全学部でGPAに応じた履修上限単位数を設定している	1.1%	88.1%

学部紹介

学部／学科	定員	特色
文学部		
日本・中国文化	32	▷日本語学，日本文学，中国文学について，相互の関連を踏まえながら教育・研究を行う。専門分野は日本文学，日本語学，京都文化学・京都文学，中国文学，和漢比較文学の５つ。
国際文化交流	32	▷国際京都文化，外国語コミュニケーション，英語圏文化を専門分野とし，文学・マスメディア・映画などを題材に理解を深め，高度な外国語運用能力を養う。
歴史	43	▷文献や資史料の調査・収集能力，読解力，分析能力をきたえ，集めたデータから，新しい歴史像を描く能力を養う。
● **取得可能な資格**…教職（国・地歴・社・英），学芸員など。 ● **進路状況**…………就職73.1％　進学13.1％（旧和食文化学科実績を含む） ● **主な就職先**………京都府，京都市，京都府教育委員会，村田製作所，京都銀行，日本電子など。		
公共政策学部		
公共政策	52	▷福祉社会の実現を目的として，法学・経済学・政治学をはじめとする社会科学の諸分野から公共政策のあり方についての教育研究を行う。
福祉社会	52	▷社会福祉学，社会学，教育学，心理学を学問領域とし，これらの問題意識・方法・成果に学びながら，福祉社会の具体像とそれに至るための課題を明らかにしていく。
● **取得可能な資格**…教職（公・社・福），社会福祉士・精神保健福祉士受験資格など。 ● **進路状況**…………就職94.3％　進学3.8％ ● **主な就職先**………大阪税関，文部科学省，国土交通省大阪航空局，裁判所，京都府，京都市など。		
農学食科学部		
農学生命科	50	▷「ゲノムから生産・流通まで」を網羅する生命科学と農業科学の最先端で活躍できる人材を育成する。
栄養科	25	▷食と健康のスペシャリストとして，人々の「健康増進」と「食の安全」に貢献できる人材を養成する。
和食文化科	30	▷文化，歴史を通じて和食を探究するとともに，人文・社会・自然科学が連携した和食の新たな領域を拓く学びを提供。
● **取得可能な資格**…教職（理・農・栄養），学芸員，栄養士，管理栄養士受験資格など。 ● **進路状況**…………就職51.0％　進学42.9％（旧生命環境学部実績） ● **主な就職先**………タキイ種苗，タカラバイオ，伊藤ハム，ニトリ，京都府，京都市など。		
生命理工情報学部		
生命化	32	▷**NEW!**'24年新設。生命現象と生命環境を分子レベルで理解し，科学の進歩と社会の科学的課題の解決への貢献をめざす。
理工情報	27	▷**NEW!**'24年新設。情報科学を基盤に自然科学，数理科学を網羅した教育で，データサイエンスに強い理工系プロフェッショナルを育成。
● **取得可能な資格**…教職（理・情），学芸員など。　● **進路状況**…………上記参照 ● **主な就職先**………宝ホールディングス，イシダ，りそな銀行，Sky，オムロンソフトウェアなど。		
環境科学部		
森林科	36	▷実際の森林での体験を重視し，実験・実習科目を多く取り入れ，森林学から林産学にわたる森林科学の広い領域をカバーしたカリキュラムを編成。

キャンパスアクセス ［下鴨キャンパス］ 地下鉄烏丸線一北山より徒歩10分

環境デザイン	43	▷住居・建築学を基礎に，環境配慮型生活，インテリア，生活文化，ランドスケープなど幅広く学ぶために，住居・建築，インテリア・生活デザインの２コースを設置。

● **取得可能な資格**…教職（理・農），学芸員，１級・２級建築士受験資格など。
● **進路状況**…………就職51.0％　進学42.9％（旧生命環境学部実績）
● **主な就職先**………国土防災技術，京セラ，住友林業，長谷工設計，林野庁，外務省，京都市など。

▶キャンパス

全学部……［下鴨キャンパス］京都府京都市左京区下鴨半木町1-5

2025年度入試要項（予告）

●**募集人員**

学部／学科		前期	後期
▶文	日本・中国文	19	4
	国際文化交流	14	5
	歴史	25	5
▶公共政策	公共政策	30	7
	福祉社会	30	7
▶農学食科	農学生命科	28	7
	栄養科	20	—
	和食文化科	20	—
▶生命理工情報	生命化	20	3
	理工情報	19	—
▶環境科	森林科	20	5
	環境デザイン	30	—

※農学食科学部和食文化科学科の前期の募集人員の内訳はＡ（文系）10名，Ｂ（理系）10名とする。

●**２段階選抜**　実施しない

▷共通テストの英語はリスニングを含む。
▷個別学力検査の英―英コミュⅠ・英コミュⅡ・英コミュⅢ・論表Ⅰ・論表Ⅱ・論表Ⅲ。

文学部

前期　【日本・中国文化学科／国際文化交流学科】［共通テスト（600）］ 5科目 ①国（200）②外（200・英〈R160＋L40〉）▶英・独・仏・中・韓から１　③地歴・公民（100）▶「地総・歴総・公から２」・「地総・地探」・「歴総・日探」・「歴総・世探」・「公・倫」・「公・政経」から１　④数（50）▶数Ⅰ・「数Ⅰ・数Ａ」・「数Ⅱ・数Ｂ・数Ｃ」から１　⑤理（50）▶「物基・化基・生基・地学基から２」・物・化・生・地学から１

［個別学力検査（800）］ 3科目 ①国（日本400・国際200）▶現国・言語・論国・文国・古典　②外（日本200・国際400）▶英　③地歴（200）▶「歴総・日探」・「歴総・世探」から１

【歴史学科】［共通テスト（700）］ 5科目 ①国（200）②外（200・英〈R160＋L40〉）▶英・独・仏・中・韓から１　③地歴（200）▶「地総・歴総・公から２」・「地総・地探」・「歴総・日探」・「歴総・世探」・「公・倫」・「公・政経」から１　④数（50）▶数Ⅰ・「数Ⅰ・数Ａ」・「数Ⅱ・数Ｂ・数Ｃ」から１　⑤理（50）▶「物基・化基・生基・地学基から２」・物・化・生・地学から１

［個別学力検査（800）］ 3科目 ①国（200）▶現国・言語・論国・文国・古典　②外（200）▶英　③地歴（400）▶「歴総・日探」・「歴総・世探」から１

後期　【日本・中国文化学科】［共通テスト（500）］ 3科目 ①国（200）②外（200・英〈R160＋L40〉）▶英・独・仏・中・韓から１　③地歴・公民（100）▶「地総・歴総・公から２」・「地総・地探」・「歴総・日探」・「歴総・世探」・「公・倫」・「公・政経」から１

［個別学力検査（300）］ 1科目 ①国（300）▶現国・言語・論国・文国・古典

【欧米言語文化学科】［共通テスト（350）］ 3科目 ①国（100）②外（200・英〈R160＋L40〉）▶英・独・仏・中・韓から１　③地歴・公民（50）▶「地総・歴総・公から２」・「地総・地探」・「歴総・日探」・「歴総・世探」・「公・倫」・「公・政経」から１

［個別学力検査（300）］ 1科目 ①外（300）▶英

【歴史学科】［共通テスト（600）］ 3科目 ①国（200）②外（200・英〈R160＋L40〉）▶英・独・仏・中・韓から１　③地歴（200）▶「地総・地探」・「歴総・日探」・「歴総・世探」から１

［個別学力検査（200）］ 1科目 ①地歴（200）▶「歴総・日探」・「歴総・世探」から１

公共政策学部

前期　[共通テスト(600)]　5科目　①国(100)　②外(100・英〈R80＋L20〉)▶英・独・仏・中・韓から1　③地歴・公民(200)▶「地総・歴総・公から2」・「地総・地探」・「歴総・日探」・「歴総・世探」・「公・倫」・「公・政経」から1　④数(100)▶数Ⅰ・「数Ⅰ・数A」・「数Ⅱ・数B・数C」から1　⑤理(100)▶「物基・化基・生基・地学基から2」・物・化・生・地学から1

[個別学力検査(400)]　2科目　①国(200)▶現国・言語・論国・文国・古典　②外(200)▶英

後期　[共通テスト(600)]　5科目　前期と同じ

[個別学力検査(400)]　1科目　①小論文(400)

農学食料学部

前期　【農学生命科学科】[共通テスト(1000)]　8科目　①国(200)　②外(R160＋L40)▶英　③地歴・公民(100)▶「地総・歴総・公から2」・「地総・地探」・「歴総・日探」・「歴総・世探」・「公・倫」・「公・政経」から1　④⑤数(100×2)▶「数Ⅰ・数A」・「数Ⅱ・数B・数C」　⑥⑦理(100×2)▶物・化・生・地学から2　⑧情(100)▶情Ⅰ

[個別学力検査(500)]　3科目　①外(200)▶英　②③理(150×2)▶「物基・物」・「化基・化」・「生基・生」から2

【栄養科学科】[共通テスト(1000)]　8科目　①国(200)　②外(R160＋L40)▶英　③地歴・公民(100)▶「地総・歴総・公から2」・「地総・地探」・「歴総・日探」・「歴総・世探」・「公・倫」・「公・政経」から1　④⑤数(100×2)▶「数Ⅰ・数A」・「数Ⅱ・数B・数C」　⑥⑦理(100×2)▶物・化・生から2　⑧情(100)▶情Ⅰ

[個別学力検査(600)]　3科目　①外(200)▶英　②③理(200×2)▶「物基・物」・「化基・化」・「生基・生」から2

【和食文化科学科】[共通テスト(750)]　6科目　①国(200)　②外(200・英R160＋L40)▶英・独・仏・中・韓から1　③地歴・公民(100)▶「地総・歴総・公から2」・「地総・地探」・「歴総・日探」・「歴総・世探」・「公・倫」・「公・政経」から1　④数(100)▶数Ⅰ・「数Ⅰ・数A」・「数Ⅱ・数B・数C」から1　⑤理(100)▶「物基・化基・生基・地学基から2」・物・化・生・地学から1　⑥情(50)▶情Ⅰ

[個別学力検査(600)]　3科目　〈A〉①国(200)▶現国・言語・論国・文国・古典　②外(200)▶英　③地歴(200)▶「歴総・日探」・「歴総・世探」から1

〈B〉①外(200)▶英　②③理(200×2)▶「物基・物」・「化基・化」・「生基・生」から2

後期　【農学生命科学科】[共通テスト(600)]　5科目　①外(R160＋L40)▶英　②③数(100×2)▶「数Ⅰ・数A」・「数Ⅱ・数B・数C」　④⑤理(100×2)▶物・化・生・地学から2

[個別学力検査]　課さない。

生命理工情報学部

前期　【生命化学科】[共通テスト(1000)]　8科目　①国(200)　②外(R160＋L40)▶英　③地歴・公民(100)▶「地総・歴総・公から2」・「地総・地探」・「歴総・日探」・「歴総・世探」・「公・倫」・「公・政経」から1　④⑤数(100×2)▶「数Ⅰ・数A」・「数Ⅱ・数B・数C」　⑥⑦理(100×2)▶物・化・生・地学から2　⑧情(100)▶情Ⅰ

[個別学力検査(820)]　5科目　①外(200)▶英　②数(200)▶数Ⅰ・数Ⅱ・数A・数B・数C(ベク)　③④理(200×2)▶「物基・物」・「化基・化」・「生基・生」から2　⑤書類審査(20)▶調査書

【理工情報学科】[共通テスト(600)]　7科目　①国(100)　②外(R160＋L40)▶英　③地歴・公民(100)▶「地総・歴総・公から2」・「地総・地探」・「歴総・日探」・「歴総・世探」・「公・倫」・「公・政経」から1　④⑤理(50×2)▶物・化・生・地学から2　⑥⑦数・情(50×2)▶「数Ⅰ・数A」必須，「数Ⅱ・数B・数C」・情Ⅰから1

[個別学力検査(800)]　3科目　①数(400)▶数Ⅰ・数Ⅱ・数Ⅲ・数A・数B・数C　②③理(200×2)▶「物基・物」・「化基・化」・「生基・生」から2

後期　【生命化学科】[共通テスト(1100)]　7科目　①国(200)　②外(R160＋L40)▶英　③④数(150×2)▶「数Ⅰ・数A」・「数Ⅱ・数

B・数C」 ⑤⑥**理**(150×2) ▶物・化・生・地学から2 ⑦**情**(100) ▶情Ⅰ
[個別学力検査(20)] **1科目** ①書類審査(20) ▶調査書

環境科学部

前期 **【森林科学科】[共通テスト(1000)]** **7科目** ①**国**(200) ②**外**(R240+L60) ▶英 ③**地歴・公民**(100) ▶「地総・歴総・公から2」・「地総・地探」・「歴総・日探」・「歴総・世探」・「公・倫」・「公・政経」から1 ④⑤**数**(100×2) ▶「数Ⅰ・数A」・「数Ⅱ・数B・数C」 ⑥⑦**理**(100×2) ▶物・化・生・地学から2
[個別学力検査(500)] **3科目** ①**数**(200) ▶数Ⅰ・数Ⅱ・数A・数B・数C(ベク) ②③**理**(150×2) ▶「物基・物」・「化基・化」・「生基・生」から2
【環境デザイン学科】[共通テスト(700)] **6科目** ①**国**(200) ②**外**(R80+L20) ▶英 ③**地歴・公民**(100) ▶「地総・歴総・公から2」・「地総・地探」・「歴総・日探」・「歴総・世探」・「公・倫」・「公・政経」から1 ④⑤**数**(100×2) ▶「数Ⅰ・数A」・「数Ⅱ・数B・数C」 ⑥**理**(100) ▶物・化・生・地学から1
[個別学力検査(400)] **2科目** ①**外**(200) ▶英 ②**理**(200 ▶「物基・物」・「化基・化」・「生基・生」から1
後期 **【森林科学科】[共通テスト(900)]** **7科目** ①**国**(200) ②**外**(R160+L40) ▶英 ③**地歴・公民**(100) ▶「地総・歴総・公から2」・「地総・地探」・「歴総・日探」・「歴総・世探」・「公・倫」・「公・政経」から1 ④⑤**数**(100×2) ▶「数Ⅰ・数A」・「数Ⅱ・数B・数C」 ⑥⑦**理**(100×2) ▶物・化・生・地学から2
[個別学力検査] 課さない。

その他の選抜

学校推薦型選抜は，文学部35名，公共政策部30名，農学食科学部35名，生命理工情報学部17名，環境科学部24名を募集。

偏差値データ (2024年度)

●一般選抜

学部／学科	2024年度 駿台予備学校 合格目標ライン	河合塾 ボーダー得点率	河合塾 ボーダー偏差値	'23年度 競争率
●前期				
▶文学部				
日本・中国文	54	73%	60	2.5
国際文化交流	55	73%	60	2.5
歴史	59	79%	62.5	3.1
▶公共政策学部				
公共政策	50	73%	57.5	2.4
福祉社会	50	69%	55	2.8
▶農学食科学部				
農学生命科	49	67%	52.5	2.6
栄養科	49	67%	55	2.3
和食文化科A	55	69%	55	2.7
B	54	69%	55	(A・B計)
▶生命理工情報学部				
生命化	51	67%	52.5	2.9
理工情報	49	65%	52.5	4.8
▶環境科学部				
森材料	48	65%	50	1.8
環境デザイン	49	68%	52.5	4.9
●後期				
▶文学部				
日本・中国文	54	81%	62.5	4.3
欧米言語文化	55	81%	62.5	3.6
歴史	60	83%	65	9.2
▶公共政策学部				
公共政策	52	77%	—	3.6
福祉社会	52	75%	—	3.7
▶農学食科学部				
農学生命科	50	78%	—	5.1
▶生命理工情報学部				
生命化	51	76%	—	12.8
▶環境科学部				
森林科	49	76%	—	5.2

- 駿台予備学校合格目標ラインは合格可能性80%に相当する駿台模試の偏差値です。
- 河合塾ボーダー得点率は合格可能性50%に相当する共通テストの得点率です。また，ボーダー偏差値は合格可能性50%に相当する河合塾全統模試の偏差値です。
- 競争率は受験者÷合格者の実質倍率

大阪公立大学（おおさかこうりつ）

資料請求

問合せ先 入試課 （杉本キャンパス）☎06-6605-2141，（中百舌鳥キャンパス）☎072-254-9117

● キャンパス情報はP.1670をご覧ください。

大学の理念

2022年4月，大阪市立大学と大阪府立大学を母体に新大学が開学。1880年創立の大阪商業講習所，1883年創立の獣医学講習所を源流に，商都大阪としての発展を経て，大阪から日本・世界の成長を牽引する大学創りをめざす。両校で培ってきた質の高い教育を継承し，時代のニーズに応える12学部・学域と大学院15研究科を擁する，学生数約1万6千人の全国最大規模の公立総合大学となる。規模を拡大しつつ，これまで同様，学生と教職員の自由闊達な環境で教育を行い，グローバルに活躍できる高度人材を育成。大学という枠を超えた「知の拠点」として人や社会，都市，世界を結びつけ，社会の持続的な発展をリードするために，ダイナミックに変化を続ける社会をとらえ，今を生きる「知」をそして新たな未来に描く「知」を発信し続ける。

基本データ

学生数 ▶ 12,393名（男7,584名，女4,809名）
※大阪市立大学と大阪府立大学の在学部生を含む。

専任教員数 ▶ 教授567名，准教授500名，講師226名

設置学部・学域 ▶ 現代システム科，文，法，経済，商，理，工，農，獣医，医，看護，生活科

併設教育機関 ▶ 大学院（P.1683参照）

就職・卒業後の進路

就職率 96.4%（市大） 98.8%（府大）
就職者÷希望者×100

● **就職支援**　杉本キャンパスと中百舌鳥キャンパスにある学生課キャリア支援室が，教員と連携，協力して就職・キャリア支援に取り組んでいる。学生の主体的な進路選択を支援するため，1年次から就職意識を啓発するセミナーを実施。また，これまで両校で築いてきた企業との協力関係を生かし，インターンシップ支援，企業・官公庁の人事担当者やOB・OGを学内に招き，講演や説明会を開催。３年次からの就職ガイダンスでは就職活動への意識を高めるのはもちろん，企業・業界研究，エントリーシートでの自己表現方法，ビジネスマナー，面接やディスカッション指導など就職後にも役立つ実践的な力を身につける。

進路指導者も必見 学生を伸ばす 面倒見

初年次教育

1年次全学生必修の「初年次ゼミナール」を導入し，約200のテーマから受講ゼミを選び，1つのテーマについての議論に自発的に参加するこで「大学でこそ」の学びに必要な「能動的な学びの姿勢」を身につける

学修サポート

全学部でTA・SA制度，オフィスアワー制度を，現代システム・文・商・理・農・獣医・看護では教員アドバイザー制度を導入。また，日本語の文章作成支援や学習指導・相談に応じる教育学修支援室を設置

オープンキャンパス（2023年度実績） 8月に各キャンパスでオープンキャンパスを開催（事前申込制）。一部オンラインでも実施。学部・学科紹介，模擬授業，施設見学，個別相談など。特設サイトでは動画を公開。

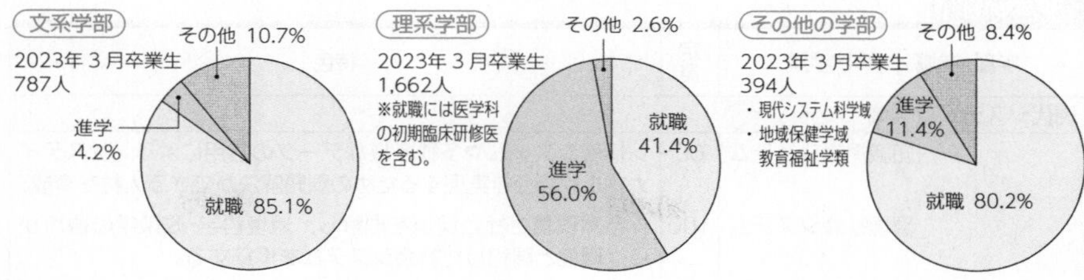

主なOB・OG▶［旧市大］相良暁（小野薬品工業社長），藤沢久美（経済評論家），［旧府大］東野圭吾（小説家），山崎亮（ランドスケープデザイナー）など。

国際化・留学　大学間 160 大学等・部局間 82 大学等

受入れ留学生数▶33名（2023年5月1日現在）
留学生の出身国▶中国，韓国など。
外国人専任教員▶教授11名，准教授19名，講師５名（2023年５月１日現在）
外国人専任教員の出身国▶中国，韓国，アメリカ，イギリス，インドなど。
大学間交流協定▶160大学・機関（交換留学先24大学，2023年９月１日現在）
部局間交流協定▶82大学・機関（交換留学先１大学，2023年９月１日現在）
海外への留学生数▶渡航型191名・オンライン型16名／年（16カ国・地域，2022年度）
海外留学制度▶世界中に広がる独自のネットワークを生かした国際交流プログラムを提供。語学能力や目的に合わせ，ステップアップしながら海外経験を積むことができる。海外スタディーツアー，海外インターンシップでは，SDGsを視野にいれたプログラムを展開。語学研修先は，オックスフォード大学など多数用意している。短期から長期の各種海外留学を支援する，さまざまな奨学金や助成制度も整備し，学外奨学金への申請もサポートする。コンソーシアムはUMAPと国連アカデミックインパクトに参加している。

学費・奨学金制度　給付型奨学金総額 年間 678 万円

入学金▶282,000円（府外382,000円）
年間授業料（施設費等を除く）▶535,800円
年間奨学金総額▶6,780,000円
年間奨学金受給者数▶27人
主な奨学金制度▶世界に貢献する人材の育成をめざし，学業，人物ともに優秀な学生に年額30万円を給付する「グローバルリーダー育成奨学金」や，経済的理由により修学が困難な学生を対象とした「河村孝夫記念奨学金」「有恒会奨学金」などを設置。また，学費減免制度もあり，2022年度には65人を対象に総額で約1,536万円を減免している。

保護者向けインフォメーション

● **成績確認**　2024年より成績照会システムを導入。最新の履修状況がWebで閲覧できる。
● **保護者会**　5月に杉本キャンパス，6月に中百舌鳥キャンパスで新入生保護者懇談会を開催。就職・キャリア支援についての講演や，学部別に学科の特色などについて説明。また，保護者交流企画としてキャンパスツアーや会報誌「保護者交流だより」を発行。
● **防災対策**　「防災マニュアル」を学生生活ガイドブック，ポータルサイトに掲載。災害時の学生の状況は，「安否確認システム」で把握する。

インターンシップ科目	必修専門ゼミ	卒業論文	GPA制度の導入の有無および活用例	１年以内の退学率	標準年限での卒業率
現代システム・工・農・獣医で開講している	経済・商学部を除き実施	法・商・医(医)学部を除き卒業要件	奨学金等対象者の選定基準，留学候補者の選考，履修上限単位数の設定のほか，学部により卒業判定基準，個別の学修指導，大学院出願資格などに活用	1.4%	87.3%/83.2%(市大) 85.4%/90.7%(府大) (4年制/6年制)

学部紹介

学部・学域／学科・学類	定員	特色
現代システム科学域		
知識情報システム	60	▷情報システムや多種多様なデータの活用により，サステイナブルな社会を実現するための課題解決ができる人材を育成。
環境社会システム	100	▷自然環境と社会環境を理解し，環境哲学・政策学の観点から，環境と調和した社会システムを構築する。
教育福祉	55	▷福祉系，子ども家庭系，および教育系を融合した学びを展開。多様性と共生する社会の実現をめざす。
心理	45	▷心に起因する問題に焦点を当て，心理学と関連分野の専門的知識，技能，システム的思考を発揮し，課題解決を図る。
●取得可能な資格…教職(公・社・情)，保育士など。 ●進路状況…………就職80.2%　進学11.4%（地域保健学域教育福祉学類実績を含む） ●主な就職先………大阪市，堺市，三井住友信託銀行，キーエンス，日本生命保険，クボタ，東レなど。		
文学部		
		▶２年次に４学科・15コースから選択。人間・社会・文化に対する論理的思考を高め，人間の本質に迫る。
哲学歴史	32	▷哲学，日本史，世界史の３コース。
人間行動	56	▷社会学，心理学，教育学，地理学の４コース。
言語文化	43	▷国語国文学，中国語中国文学，英米言語文化，ドイツ語圏言語文化，フランス語圏言語文化の５コース。
文化構想	29	▷文化創造を社会的実践に結びつけて学ぶ。表現文化，アジア文化，文化資源の３コース。
●取得可能な資格…教職(国・地歴・公・社・英・独・仏・中)，学芸員など。 ●進路状況…………就職83.3%　進学6.0% ●主な就職先………大阪府教育委員会，アクセンチュア，日本政策金融公庫，楽天グループなど。		
法学部		
法	180	▷基礎法学，公法，私法，社会法，国際関係法・外国法，政治・行政学の６つの専門分野を学び，リーガルマインドを身につける。キャリア・デザインを見据えた司法，行政，企業・国際の３履修コースを設置。
●取得可能な資格…教職(公・社)など。　●進路状況……就職78.5%　進学7.4% ●主な就職先………大阪市，大阪地方検察庁，大阪地方裁判所，大阪府，大阪労働局，京セラなど。		
経済学部		
経済	295	▷演習科目による少人数教育を重視。英語による講義やデータサイエンス教育，関心に合わせて選べる７つのプログラムを設定し，批判的な思考力と解決策を構想する力を育む。
●取得可能な資格…教職(公・社)など。　●進路状況……就職91.7%　進学0.9% ●主な就職先………関西電力，大阪国税局，りそな銀行，伊藤忠商事，江崎グリコ，SCSKなど。		
商学部		
		▶２年次後期より２学科に分属。
商	195	▷経営・商学・会計を広く専門的に学習。企業や社会が直面する課題や問題を自ら発見，分析，解決する能力を養う。
公共経営	75	▷社会性と地域性をキーワードに非営利組織，公的機関，地域企業などについて重点的に学ぶ。

キャンパスアクセス ［杉本キャンパス］ JR阪和線一杉本町より徒歩約5分／地下鉄御堂筋線一あびこより徒歩約15分

● **取得可能な資格**…教職（商）など。　● **進路状況**……就職85.0%　進学3.8%
● **主な就職先**………大阪市，オービック，ジェーシービー，トーマツ，日立製作所，花王，任天堂など。

理学部		
数	40	▷純粋理論から応用まで幅広くかつより機能的に数学を学ぶ。
物理	76	▷観測，実験，理論的考察を通じて，物理学の理解を深める。
化	85	▷自然科学におけるあらゆる現象を化学的視点からとらえる。
生物	40	▷生命現象を幅広い分野で学ぶ最先端の教育と研究を行う。
地球	24	▷地球環境の把握と未来予測に貢献できる人材を育成。
生物化	34	▷生体システムを分子論的に追究。疾病の機序解明や予防・治療法の確立，創薬などの基礎研究を進める。

● **取得可能な資格**…教職（数・理），測量士補など。　● **進路状況**……就職29.9%　進学68.7%
● **主な就職先**………アース製薬，キヤノンITソリューションズ，京都市，近畿地方整備局，東洋紡など。

工学部		
航空宇宙工	38	▷航空宇宙の専門分野を極め，航空宇宙工学および先端的工学分野で活躍する人材を育成する。
海洋システム工	33	▷地球システムの要素である海洋と，海で行われる人間・社会活動との関わり方を探求する。
機械工	128	▷人・環境と共存・共生する機械技術，機械システムを確立する。
建築	34	▷芸術・学術・技術に立脚した「総合建築教育」を特色とし，建築から都市まで幅広く学修する。
都市	50	▷都市デザイン，環境創生，安全防災の３つの専門領域を軸に，総合技術に関する多面的なカリキュラムを提供する。
電子物理工	108	▷電子物理工学の両輪をなす電子物性と電子材料に関する17の研究領域を展開。
情報工	77	▷国際的な視野で最先端の情報科学分野の教育・研究を行う。
電気電子システム工	65	▷電気電子系の幅広い専門知識を持ち，人と環境に優しい持続可能な未来社会を担う人材を養成する。
応用化	70	▷化学の教育・研究を通して，原子・分子レベルから物質の機能と反応を理解できる研究者を育成する。
化学工	38	▷医薬品，食品，日用品，電子機器などをつくるために必要な化学・生物反応に関わるプロセスを学ぶ。
マテリアル工	43	▷無機・有機－無機ハイブリッド・金属材料などのマテリアルの合成・加工・評価・応用について研究する。
化学バイオ工	57	▷化学・食品・医療・材料・環境・エネルギー分野で基幹をなす化学と生命科学を系統的に学ぶ。

● **取得可能な資格**…教職（理・工業），測量士補，１・２級建築士受験資格など。
● **進路状況**…………就職17.1%　進学80.0%（工学域実績を含む）
● **主な就職先**………［工学部］大阪市，ダイキン工業，IHI，大阪市高速電気軌道，大林組など。
［工学域］三菱電機，日立造船，竹中工務店，アクセンチュアなど。

農学部		
応用生物科	50	▷遺伝子レベルの最先端生物学，アグリサイエンス，データ科学を融合した研究・教育を行う。
生命機能化	50	▷生命現象を化学により明らかにして，イノベーションを生み出す専門職業人を育成する。

キャンパスアクセス ［中百舌鳥キャンパス］ 地下鉄御堂筋線―なかもずより徒歩約13分／南海高野線―白鷺より徒歩約7分，中百舌鳥より徒歩約13分

緑地環境科	50	▷良好な緑地環境の保全・創出をめざして，緑地学や農業工学，生態学や環境学などから多角的にアプローチ。

● 取得可能な資格…教職（理・農），測量士補など。
● 進路状況…………就職30.4%　進学68.1%（生命環境科学域〈獣医学類を除く〉実績）
● 主な進路状況……大阪府，大阪市，堺市，和歌山県，敷島製パンなど（生命環境科学域実績）。

獣医学部

獣医	40	▷関西唯一の獣医学教育機関として，近畿圏内の動物診療機関や自治体と連携することにより，獣医師が活躍する現場を体験する参加型教育を提供。

● 取得可能な資格…獣医師受験資格など。
● 進路状況…………就職85.4%　進学4.9%（生命環境科学域獣医学類実績）
● 主な進路状況……香川県農業共済組合，日本動物医療センター，第一三共，農林水産省など。

医学部

医	90	▷医学の最先端の知識と技術を修得し，人に寄り添い，ニーズに的確に対応できる全人的な医療人を育成する。
リハビリテーション	50	▷理学療法学専攻（25名），作業療法学専攻（25名）。最新の知見に基づく医学科との合同教育や相互研究を通して，エビデンスに立脚したリハビリテーション教育を推進。

● 取得可能な資格…医師・理学療法士・作業療法士受験資格など。
● 進路状況…………［医］初期臨床研修医95.9%　［リハ］就職75.9%　進学22.9%（地域保健学域総合リハビリテーション学類実績）
● 主な就職先………［リハ］国立病院機構近畿グループ，関西リハビリテーション病院など。

看護学部

看護	160	▷多様なキャリアパスを志向し，看護の対象や他職種と看護の価値を創造する共創的看護を提供できる実践力と，ケアと科学を融合できる創造力を持つ看護人材を育成する。

● 取得可能な資格…教職（養護一種），看護師受験資格など。
● 進路状況…………就職94.7%　進学4.1%（医学部看護学科・地域保健学域看護学類実績）
● 主な進路状況……大阪公立大学医学部附属病院，関西医科大学附属病院，大阪府立病院機構など。

生活科学部

食栄養	65	▷バイオサイエンスを通じて健全な食生活を学び，食と栄養に関する基礎的・実践的な知識を持つ専門家を育成。
居住環境	43	▷居住空間を取り巻く生活機器やインテリア，建築，まちづくりに至るまで，構築環境の企画・デザインを行う。
人間福祉	45	▷人間のウェルビーイングの観点から，臨床心理学的・社会福祉学的支援のあり方，地域・社会のあり方など具体的な解決策を導き出す。

● 取得可能な資格…教職（家・栄養），栄養士，社会福祉士・管理栄養士・１級建築士・２級建築士受験資格など。
● 進路状況…………就職68.5%　進学26.8%
● 主な就職先………大阪市，大和ハウス工業，積水ハウス，大阪府，鹿島建設，キユーピーなど。

▶キャンパス

文・法・経済・商・理・工（一部）・生活科……［杉本キャンパス］　大阪府大阪市住吉区杉本3-3-138
現代システム科・理（一部）・工・農……［中百舌鳥キャンパス］ 大阪府堺市中区学園町1-1
医（医）・看護……［阿倍野キャンパス］　大阪府大阪市阿倍野区旭町1-4-3
看護・医（リハ）・生活科（食栄養）……［羽曳野キャンパス］ 大阪府羽曳野市はびきの3-7-30
獣医……［りんくうキャンパス］ 大阪府泉佐野市りんくう往来北1-58
文・医（リハ）・生活科（食栄養）……［森之宮キャンパス］ 大阪府大阪市城東区森之宮（2025年開設予定）

キャンパスアクセス ［阿倍野キャンパス］ JR大阪環状線・地下鉄御堂筋線一天王寺／近鉄南大阪線一大阪阿部野橋より徒歩約10分

※獣医学部，看護学部の１年次は中百舌鳥キャンパス，獣医学部の１年次後期はりんくうキャンパスで週１日。看護学部は２年次以降は阿倍野キャンパス
※医学部医学科の１年次は杉本キャンパスを基本とし，阿倍野キャンパスで前期週２日，後期週３日
※医学部リハビリテーション学科の１年次は杉本キャンパスを基本とし，羽曳野キャンパス週２日程度，かつ阿倍野キャンパス週１日程度。２年次以降は森之宮キャンパス
※生活科学部食栄養学科の１年次は杉本キャンパス，２年次は杉本キャンパスか羽曳野キャンパスのいずれかに配属され，羽曳野キャンパス配属の場合，前期は杉本キャンパスで週１日，後期は全員が森之宮キャンパス

2025年度入試要項（予告）

●募集人員

学部・学域／学科・学類(専攻)	前期	中期	後期	学校推薦型	総合型
▶現代システム科 知識情報システム	40	—		＊10	—
環境社会システム	＊50 ＊20	—	35	20	—
教育福祉	30	—		9	6
心理	＊30	—		5	—
▶文	125	—	30	—	—
▶法 法	155	—	25	—	—
▶経済 経済	185	—	＊50	＊60	—
▶商	198	—	18	＊40	—
▶理 数	30	—	10	—	—
物理	52	—	17	7	—
化	60	—	13	12	—
生物	23	—	8	9	—
地球	16	—	4	4	—
生物化	23	—	6	5	—
▶工 航空宇宙工	8	30	—	—	—
海洋システム工	10	19	—	—	4
機械工	49	76	—	3	—
建築	21	6	—	—	—
都市	35	10	—	1	4
電子物理工	33	72	—	3	—
情報工	24	53	—	—	—
電気電子システム工	21	44	—	—	—
応用化	15	52	—	3	—
化学工	8	30	—	—	—
マテリアル工	10	30	—	3	—
化学バイオ工	35	20	—	2	—
▶農 応用生物科	30	—	10	10	—
生命機能化	30	—	10	10	—
緑地環境科	30	—	10	10	—
▶獣医 獣医	35	—	—	5	—
▶医 医	80	—	—	10	5
リハビリテーション(理学療法学)	15	—	2	8	—
(作業療法学)	15	—	2	8	—
▶看護 看護	85	—	20	55	—
▶生活科 食栄養	＊45	—	—	＊20	—
居住環境	34	—	—	9	—
人間福祉	30	—	—	15	—

注）募集人員は2024年度の実績です。
※医学部医学科前期は大阪府指定医療枠５名を含む。
※＊は受験区分有。前期―環境社会システム学類：英・国型30／理・数型20，心理学類：英・国型20／理・数型10，学域単位：英・数型5／英・国型5／英・小論型5／理・数型5，食栄養学科：均等型20／理数重点型25，後期―経済学部：高得点選抜35／ユニーク選抜15，学校推薦型―知識情報システム学類：文系型5／理系型5，経済学部：英語重点型38／数学重点型22，商学部：英語重点型25／数学重点型15，食栄養学科：均等型10／理数重点型10。
※工学部都市学科および医学部医学科の学校推薦型選抜は大阪府内の地域限定。

●２段階選抜

志願者数が募集人員に対して，以下の倍率を超えた場合に実施することがある。ただし，医学部(医)は共通テストの成績が1000点満点中700点以上(素点を用いる)の者を第１段階選抜合格者とする。後期の経済学部，商学部，農学部緑地環境科学科では実施しない。前期―現代システム科・文・法・経済・商・理・工・農・獣医・医(リハ)・看護・生活科学部は６倍。中期―工学部は12倍。後期―法学部は11倍，現代システム科・文・理・農(応用生物・生命機能)・医(リハ)・看護学部は17倍。

▷共通テストの英語はリスニングを含む。
▷共通テストの地歴・公民から２科目選択する場合，「公・倫」と「公・政経」の組み合わせ，および「地総・歴総・公から２」で選択した科目と同一科目名を含む組み合わせは不可。
▷個別学力検査の英―英コミュⅠ・英コミュⅡ・英コミュⅢ・論表Ⅰ・論表Ⅱ・論表Ⅲ。

キャンパスアクセス［羽曳野キャンパス］近鉄南大阪線―藤井寺または古市よりバス約10分，府立医療センターより徒歩約10分

現代システム科学域

前期 【知識情報システム学類】［共通テスト(500)］ 8科目 ①国(100) ②外(100・英〈R75＋L25〉)▶英・独・仏・中・韓から1 ③地歴・公民(50)▶「地総・歴総・公から2」・「地総・地探」・「歴総・日探」・「歴総・世探」・「公・倫」・「公・政経」から1 ④⑤数(50×2)▶「数Ⅰ・数A」・「数Ⅱ・数B・数C」 ⑥⑦理(50×2)▶物・化・生・地学から2 ⑧情(50)▶情Ⅰ
［個別学力検査(450)］ 2科目 ①外(200)▶英 ②数(250)▶数Ⅰ・数Ⅱ・数Ⅲ・数A・数B(数列)・数C(ベク・平面)
【環境社会システム学類〈英・国型〉・学域単位〈英・国型／英・小論文型〉】［共通テスト(475)］ 8科目 ①国(100) ②外(100・英〈R75＋L25〉)▶英・独・仏・中・韓から1 ③④地歴・公民(100)▶「〈地総・地探〉・〈歴総・日探〉・〈歴総・世探〉から1」・「〈公・倫〉・〈公・政経〉・〈地総・歴総・公から2〉から1」 ⑤⑥数(50×2)▶「数Ⅰ・数A」・「数Ⅱ・数B・数C」 ⑦理(50)▶「物基・化基・生基・地学基から2」・物・化・生・地学から1 ⑧情(25)▶情Ⅰ
［個別学力検査(400)］〈英・国型〉 2科目 ①国(200)▶現国・言語・論国・文国 ②外(200)▶英
〈英・小論文型〉 2科目 ①外(200)▶英 ②小論文(200)
【環境社会システム学類〈理・数型〉・学域単位〈理・数型〉】［共通テスト(425)］ 7科目 ①国(100) ②外(100・英〈R75＋L25〉)▶英・独・仏・中・韓から1 ③地歴・公民(50)▶「地総・歴総・公から2」・「地総・地探」・「歴総・日探」・「歴総・世探」・「公・倫」・「公・政経」から1 ④⑤数(50×2)▶「数Ⅰ・数A」・「数Ⅱ・数B・数C」 ⑥理(50)▶「物基・化基・生基・地学基から2」・物・化・生・地学から1 ⑦情(25)▶情Ⅰ
［個別学力検査(400)］ 2科目 ①数(200)▶数Ⅰ・数Ⅱ・数A・数B(数列)・数C(ベク) ②理(200)▶「物基・物」・「化基・化」・「生基・生」・「地学基・地学」から1
【教育福祉学類】［共通テスト(475)］ 7科目 ①国(100) ②外(100・英〈R75＋L25〉)▶英・独・仏・中・韓から1 ③④地歴・公民(100)▶「〈地総・地探〉・〈歴総・日探〉・〈歴総・世探〉から1」・「〈公・倫〉・〈公・政経〉・〈地総・歴総・公から2〉から1」 ⑤数(100)▶数Ⅰ・「数Ⅰ・数A」から1 ⑥理(50)▶「物基・化基・生基・地学基から2」・物・化・生・地学から1 ⑦情(25)▶情Ⅰ
［個別学力検査(400)］ 2科目 ①外(200)▶英 ②小論文(200)
【心理学類〈英・国型／理・数型〉】［共通テスト(410)］ 7科目 ①国(100) ②外(100・英〈R75＋L25〉)▶英・独・仏・中・韓から1 ③地歴・公民(50)▶「地総・歴総・公から2」・「地総・地探」・「歴総・日探」・「歴総・世探」・「公・倫」・「公・政経」から1 ④⑤数(50×2)▶「数Ⅰ・数A」・「数Ⅱ・数B・数C」 ⑥理(50)▶「物基・化基・生基・地学基から2」・物・化・生・地学から1 ⑦情(10)▶情Ⅰ
［個別学力検査(400)］〈英・国型〉 2科目 ①国(200)▶現国・言語・論国・文国 ②外(200)▶英
〈理・数型〉 2科目 ①数(200)▶数Ⅰ・数Ⅱ・数A・数B(数列)・数C(ベク) ②理(200)▶「物基・物」・「化基・化」・「生基・生」・「地学基・地学」から1
【学域単位〈英・数型〉】［共通テスト(475)］ 8科目 ①国(100) ②外(100・英〈R75＋L25〉)▶英・独・仏・中・韓から1 ③地歴・公民(50)▶「地総・歴総・公から2」・「地総・地探」・「歴総・日探」・「歴総・世探」・「公・倫」・「公・政経」から1 ④⑤数(50×2)▶「数Ⅰ・数A」・「数Ⅱ・数B・数C」 ⑥⑦理(50×2)▶物・化・生・地学から2 ⑧情(25)▶情Ⅰ
［個別学力検査(450)］ 2科目 ①外(200)▶英 ②数(250)▶数Ⅰ・数Ⅱ・数Ⅲ・数A・数B(数列)・数C(ベク・平面)
後期 【学域単位】［共通テスト(850)］ 7科目 ①国(200) ②外(200・英〈R150＋L50〉)▶英・独・仏・中・韓から1 ③④数(100×2)▶「数Ⅰ・数A」・「数Ⅱ・数B・数C」 ⑤情(50)▶情Ⅰ ⑥⑦地歴・公民・理(100×2)▶「地総・歴総・公から2」・「地総・地探」・「歴総・日探」・「歴総・世探」・「公・倫」・「公・政経」・物・化・生・地学から2
［個別学力検査(100)］ 1科目 ①面接(100)

 キャンパスアクセス ［りんくうキャンパス］ JR関西空港線・南海空港線ーりんくうタウンより徒歩約6分

学校推薦型　【知識情報システム学類】〈文系型〉［共通テスト(1100)］ 6科目 ①国(200) ②外(R300＋L100)▶英 ③地歴・公民(100)▶「地総・歴総・公から2」・「地総・地探」・「歴総・日探」・「歴総・世探」・「公・倫」・「公・政経」から1 ④⑤数(150×2)▶「数Ⅰ・数A」・「数Ⅱ・数B・数C」 ⑥情(100)▶情Ⅰ
〈理系型〉［共通テスト(1200)］ 7科目 ①国(200) ②外(R225＋L75)▶英 ③④数(150×2)▶「数Ⅰ・数A」・「数Ⅱ・数B・数C」 ⑤⑥理(100×2)▶物・化・生・地学から2 ⑦情(200)▶情Ⅰ
［個別学力検査(250)］ 1科目 ①面接(250)
※共通テスト，面接および書類審査(調査書・推薦書)を総合して判定。
【環境社会システム学類・心理学類】［共通テスト］ 課さない。
［個別学力検査(250)］ 2科目 ①小論文(150) ②面接(100)
※小論文，面接および書類審査(調査書・推薦書)を総合して判定。
【教育福祉学類】［共通テスト］ 課さない。
［個別学力検査(300)］ 2科目 ①小論文(200) ②面接(100)
※小論文，面接および書類審査(調査書・推薦書)を総合して判定。
総合型　【教育福祉学類】［共通テスト］ 課さない。
［個別学力検査(300)］ 2科目 ①小論文(200) ②面接(100)
※小論文，面接および書類審査(志望理由書・自己評価書・学習計画書)を総合して判定。

文学部

前期　［共通テスト(475)］ 8科目 ①国(100) ②外(100・英〈R75＋L25〉)▶英・独・仏・中・韓から1 ③④地歴・公民(50×2)▶「地総・地探」・「歴総・日探」・「歴総・世探」・「〈地総・歴総・公から2〉・〈公・倫〉・〈公・政経〉から1」から2 ⑤⑥数(50×2)▶「数Ⅰ・数A」・「数Ⅱ・数B・数C」 ⑦理(50)▶「物基・化基・生基・地学基から2」・物・化・生・地学から1 ⑧情(25)▶情Ⅰ
［個別学力検査(400)］ 2科目 ①国(200)▶現国・言語・論国・文国・古典 ②外(200)▶英
後期　［共通テスト(475)］ 8科目 前期と同じ
［個別学力検査(400)］ 1科目 ①小論文(400)

法学部

前期　［共通テスト(950)］ 8科目 ①国(200) ②外(200・英〈R150＋L50〉)▶英・独・仏・中・韓から1 ③④地歴・公民(100×2)▶「地総・地探」・「歴総・日探」・「歴総・世探」・「〈地総・歴総・公から2〉・〈公・倫〉・〈公・政経〉から1」から2 ⑤⑥数(100×2)▶「数Ⅰ・数A」・「数Ⅱ・数B・数C」 ⑦理(100)▶「物基・化基・生基・地学基から2」・物・化・生・地学から1 ⑧情(50)▶情Ⅰ
［個別学力検査(600)］ 2科目 ①国(300)▶現国・言語・論国・文国 ②外(300)▶英
後期　［共通テスト(190)］ 8科目 ①国(40) ②外(40・英〈R30＋L10〉)▶英・独・仏・中・韓から1 ③④地歴・公民(20×2)▶「地総・地探」・「歴総・日探」・「歴総・世探」・「〈地総・歴総・公から2〉・〈公・倫〉・〈公・政経〉から1」から2 ⑤⑥数(20×2)▶「数Ⅰ・数A」・「数Ⅱ・数B・数C」 ⑦理(20)▶「物基・化基・生基・地学基から2」・物・化・生・地学から1 ⑧情(10)▶情Ⅰ
［個別学力検査(300)］ 1科目 ①小論文(300)

経済学部

前期　［共通テスト(475)］ 8科目 ①国(100) ②外(100・英〈R75＋L25〉)▶英・独・仏・中・韓から1 ③④地歴・公民(50×2)▶「地総・地探」・「歴総・日探」・「歴総・世探」・「〈地総・歴総・公から2〉・〈公・倫〉・〈公・政経〉から1」から2 ⑤⑥数(50×2)▶「数Ⅰ・数A」・「数Ⅱ・数B・数C」 ⑦理(50)▶「物基・化基・生基・地学基から2」・物・化・生・地学から1 ⑧情(25)▶情Ⅰ
［個別学力検査(450)］ 3科目 ①国(150)▶現国・言語・論国・文国 ②外(150)▶英 ③数(150)▶数Ⅰ・数Ⅱ・数A・数B(数列)・数C(ベク)

後期 【高得点選抜・ユニーク選抜】［共通テスト(475)］ 8科目 前期と同じ
［個別学力検査］ 課さない。
※ユニーク選抜は共通テスト，自己推薦書，特別活動要覧等により選抜。
学校推薦型 ［共通テスト(850)］ 6科目
〈英語重点型〉 ①国(200) ②外(R225＋L75)▶英 ③地歴・公民(100)▶「地総・歴総・公から2」・「地総・地探」・「歴総・日探」・「歴総・世探」・「公・倫」・「公・政経」から1 ④⑤数(100×2)▶「数Ⅰ・数A」・「数Ⅱ・数B・数C」 ⑥情(50)▶情Ⅰ
〈数学重点型〉 ①国(200) ②外(R150＋L50)▶英 ③地歴・公民(100)▶「地総・歴総・公から2」・「地総・地探」・「歴総・日探」・「歴総・世探」・「公・倫」・「公・政経」から1 ④⑤数(150×2)▶「数Ⅰ・数A」・「数Ⅱ・数B・数C」 ⑥情(50)▶情Ⅰ
［個別学力検査］ 課さない。
※共通テストおよび書類審査(調査書・推薦書・活動報告書)を総合して判定。

商学部

前期 ［共通テスト(525)］ 8科目 ①国(100) ②外(150・英〈R112.5＋L37.5〉)▶英・独・仏・中・韓から1 ③④地歴・公民(50×2)▶「地総・地探」・「歴総・日探」・「歴総・世探」・「〈地総・歴総・公から2〉・〈公・倫〉・〈公・政経〉から1」から2 ⑤⑥数(50×2)▶「数Ⅰ・数A」・「数Ⅱ・数B・数C」 ⑦理(50)▶「物基・化基・生基・地学基から2」・物・化・生・地学から1 ⑧情(25)▶情Ⅰ
［個別学力検査(500)］ 3科目 ①国(160)▶現国・言語・論国・文国 ②外(170)▶英 ③数(170)▶数Ⅰ・数Ⅱ・数A・数B(数列)・数C(ベク)
後期 ［共通テスト(600)］ 4科目 ①国(200) ②外(200・英〈R150＋L50〉)▶英・独・仏・中・韓から1 ③④数(100×2)▶「数Ⅰ・数A」・「数Ⅱ・数B・数C」
［個別学力検査］ 課さない。
学校推薦型 ［共通テスト(850)］ 6科目
〈英語重点型〉 ①国(200) ②外(R225＋L75)▶英 ③地歴・公民(100)▶「地総・歴総・公から2」・「地総・地探」・「歴総・日探」・「歴総・世探」・「公・倫」・「公・政経」から1 ④⑤数(100×2)▶「数Ⅰ・数A」・「数Ⅱ・数B・数C」 ⑥情(50)▶情Ⅰ
〈数学重点型〉 ①国(200) ②外(R150＋L50)▶英 ③地歴・公民(100)▶「地総・歴総・公から2」・「地総・地探」・「歴総・日探」・「歴総・世探」・「公・倫」・「公・政経」から1 ④⑤数(150×2)▶「数Ⅰ・数A」・「数Ⅱ・数B・数C」 ⑥情(50)▶情Ⅰ
［個別学力検査］ 課さない。
※共通テストおよび書類審査(調査書・推薦書・活動報告書)を総合して判定。

理学部

前期 ［共通テスト(475)］ 8科目 ①国(100) ②外(100・英〈R75＋L25〉)▶英・独・仏・中・韓から1 ③地歴・公民(50)▶「地総・歴総・公から2」・「地総・地探」・「歴総・日探」・「歴総・世探」・「公・倫」・「公・政経」から1 ④⑤数(50×2)▶「数Ⅰ・数A」・「数Ⅱ・数B・数C」 ⑥⑦理(50×2)▶物・化・生・地学から2 ⑧情(25)▶情Ⅰ
［個別学力検査(500)］ 4科目 ①外(100)▶英 ②数(200)▶数Ⅰ・数Ⅱ・数Ⅲ・数A・数B(数列)・数C(ベク・平面) ③④理(100×2)▶「物基・物」・「化基・化」・「生基・生」・「地学基・地学」から2，ただし物理学科は「物基・物」必須，化学科は「物基・物」・「化基・化」必須
後期 【数学科】［共通テスト(525)］ 4科目 ①外(300・英〈R225＋L75〉)▶英・独・仏・中・韓から1 ②③数(100×2)▶「数Ⅰ・数A」・「数Ⅱ・数B・数C」 ④情(25)▶情Ⅰ
［個別学力検査(500)］ 1科目 ①数(500)▶数Ⅰ・数Ⅱ・数Ⅲ・数A・数B(数列)・数C(ベク・平面)
【物理学科】 ［共通テスト(400)］ 5科目 ①外(200・英〈R150＋L50〉)▶英・独・仏・中・韓から1 ②③数(50×2)▶「数Ⅰ・数A」・「数Ⅱ・数B・数C」 ④⑤理(50×2)▶物必須，化・生・地学から1
［個別学力検査(400)］ 2科目 ①数(100)▶数Ⅰ・数Ⅱ・数Ⅲ・数A・数B(数列)・数C(ベク・平面) ②理(300)▶物基・物

【化学科】［共通テスト(730)］ 7科目 ①国(100) ②外(100・英〈R75＋L25〉)▶英・独・仏・中・韓から1 ③④数(100×2)▶「数Ⅰ・数A」・「数Ⅱ・数B・数C」 ⑤⑥理(150×2)▶物・化 ⑦情(30)▶情Ⅰ

［個別学力検査(300)］ 1科目 ①外(300)▶英(化学を含む内容を問う)

【生物学科】［共通テスト(600)］ 4科目 ①外(200・英〈R150＋L50〉)▶英・独・仏・中・韓から1 ②③数(100×2)▶「数Ⅰ・数A」・「数Ⅱ・数B・数C」 ④理(200)▶物・化・生・地学から1

［個別学力検査(400)］ 1科目 ①理(400)▶生基・生

【地球学科】［共通テスト(625)］ 8科目 ①国(50) ②外(150・英〈R112.5＋L37.5〉)▶英・独・仏・中・韓から1 ③地歴・公民(50)▶「地総・歴総・公から2」・「地総・地探」・「歴総・日探」・「歴総・世探」・「公・倫」・「公・政経」から1 ④⑤数(75×2)▶「数Ⅰ・数A」・「数Ⅱ・数B・数C」 ⑥⑦理(100×2)▶物・化・生・地学から2 ⑧情(25)▶情Ⅰ

［個別学力検査(300)］ 1科目 ①口述試験(300)

【生物化学科】［共通テスト(850)］ 7科目 ①国(100) ②外(200・英〈R150＋L50〉)▶英・独・仏・中・韓から1 ③④数(50×2)▶「数Ⅰ・数A」・「数Ⅱ・数B・数C」 ⑤⑥理(200×2)▶物・化・生・地学から2 ⑦情(50)▶情Ⅰ

［個別学力検査(200)］ 1科目 ①口述試験(200)▶「化基・化」・「生基・生」の内容を含む

学校推薦型 【物理学科】［共通テスト(475)］ 8科目 ①国(100) ②外(100・英〈R75＋L25〉)▶英・独・仏・中・韓から1 ③地歴・公民(50)▶「地総・歴総・公から2」・「地総・地探」・「歴総・日探」・「歴総・世探」・「公・倫」・「公・政経」から1 ④⑤数(50×2)▶「数Ⅰ・数A」・「数Ⅱ・数B・数C」 ⑥⑦理(50×2)▶物必須，化・生・地学から1 ⑧情(25)▶情Ⅰ

［個別学力検査(450)］ 3科目 ①小論文(200) ②口述試験(200) ③書類審査(50)▶調査書・推薦書・志望理由書

※第1次選考―共通テスト，書類審査，第2次選考―共通テスト，小論文，口述試験を総合して判定。

【化学科】［共通テスト(580)］ 7科目 ①国(100) ②外(150・英〈R112.5＋L37.5〉)▶英・独・仏・中・韓から1 ③④数(50×2)▶「数Ⅰ・数A」・「数Ⅱ・数B・数C」 ⑤⑥理(100×2)▶物・化 ⑦情(30)▶情Ⅰ

［個別学力検査(300)］ 2科目 ①口述試験(200) ②書類審査(100)▶調査書・推薦書・志望理由書

※第1次選考―共通テスト，書類審査，第2次選考―共通テスト，書類審査，口述試験を総合して判定。

【生物学科】［共通テスト(575)］ 7科目 ①国(75) ②外(100・英〈R75＋L25〉)▶英・独・仏・中・韓から1 ③④数(37.5×2)▶「数Ⅰ・数A」・「数Ⅱ・数B・数C」 ⑤⑥理(150×2)▶生必須，物・化・地学から1 ⑦情(25)▶情Ⅰ

［個別学力検査(300)］ 2科目 ①口述試験(200) ②書類審査(100)▶調査書・推薦書・志望理由書

※第1次選考―共通テスト，書類審査，第2次選考―共通テスト，書類審査，口述試験を総合して判定。

【地球学科】［共通テスト(625)］ 8科目 ①国(50) ②外(150・英〈R112.5＋L37.5〉)▶英・独・仏・中・韓から1 ③地歴・公民(50)▶「地総・歴総・公から2」・「地総・地探」・「歴総・日探」・「歴総・世探」・「公・倫」・「公・政経」から1 ④⑤数(75×2)▶「数Ⅰ・数A」・「数Ⅱ・数B・数C」 ⑥⑦理(100×2)▶物・化・生・地学から2 ⑧情(25)▶情Ⅰ

［個別学力検査(400)］ 2科目 ①口述試験(250) ②書類審査(150)▶調査書・推薦書・志望理由書

※第1次選考―共通テスト，書類審査，第2次選考―共通テスト，書類審査，口述試験を総合して判定。

【生物化学科】［共通テスト(975)］ 8科目 ①国(100) ②外(200・英〈R150＋L50〉)▶英・独・仏・中・韓から1 ③地歴・公民(50)▶「地総・歴総・公から2」・「地総・地探」・「歴総・日探」・「歴総・世探」・「公・倫」・「公・政経」から1 ④⑤数(150×2)▶「数Ⅰ・数A」・「数Ⅱ・数B・数C」 ⑥⑦理(150×2)▶物・化・生・地学から2 ⑧情(25)▶情Ⅰ

[個別学力検査(550)] 2科目 ①口述試験(300) ②書類審査(250) ▶調査書・推薦書・志望理由書

※第1次選考―共通テスト，書類審査，第2次選考―共通テスト，書類審査，口述試験を総合して判定。

工学部

前期 [共通テスト(620)] 8科目 ①国(140) ②外(140・英〈R105＋L35〉) ▶英・独・仏・中・韓から1 ③地歴・公民(60) ▶「地総・歴総・公から2」・「地総・地探」・「歴総・日探」・「歴総・世探」・「公・倫」・「公・政経」から1 ④⑤数(65×2) ▶「数Ⅰ・数A」・「数Ⅱ・数B・数C」 ⑥⑦理(65×2) ▶物・化・生から2 ⑧情(20) ▶情Ⅰ

[個別学力検査(600)] 4科目 ①外(150) ▶英 ②数(250) ▶数Ⅰ・数Ⅱ・数Ⅲ・数A・数B(数列)・数C(ベク・平面) ③④理(100×2) ▶「物基・物」・「化基・化」

中期 [共通テスト(310)] 8科目 ①国(60) ②外(60・英〈R45＋L15〉) ▶英・独・仏・中・韓から1 ③地歴・公民(30) ▶「地総・歴総・公から2」・「地総・地探」・「歴総・日探」・「歴総・世探」・「公・倫」・「公・政経」から1 ④⑤数(37.5×2) ▶「数Ⅰ・数A」・「数Ⅱ・数B・数C」 ⑥⑦理(37.5×2) ▶物・化・生から2 ⑧情(10) ▶情Ⅰ

[個別学力検査(600)] 4科目 ①外(120) ▶英 ②数(240) ▶数Ⅰ・数Ⅱ・数Ⅲ・数A・数B(数列)・数C(ベク・平面) ③④理(120×2) ▶「物基・物」・「化基・化」

学校推薦型 【機械工学科】[共通テスト(620)] 8科目 ①国(140) ②外(140・英〈R105＋L35〉) ▶英・独・仏・中・韓から1 ③地歴・公民(60) ▶「地総・歴総・公から2」・「地総・地探」・「歴総・日探」・「歴総・世探」・「公・倫」・「公・政経」から1 ④⑤数(65×2) ▶「数Ⅰ・数A」・「数Ⅱ・数B・数C」 ⑥⑦理(65×2) ▶物・化 ⑧情(20) ▶情Ⅰ

[個別学力検査(400)] 3科目 ①小論文(100) ②口述試験・面接(100) ③書類審査(200) ▶調査書・推薦書・志望理由書

※共通テスト，小論文，口述試験・面接，書類審査を総合して判定。

【都市学科】[共通テスト] 課さない。

[個別学力検査(200)] 3科目 ①小論文(50) ②口述試験・面接(50) ③書類審査(100) ▶調査書・推薦書

※小論文，口述試験・面接および書類審査を総合して判定。

【電子物理工学科】[共通テスト(620)] 8科目 前期と同じ

[個別学力検査(500)] 2科目 ①口述試験・面接(400) ②書類審査(100) ▶調査書・推薦書

※第1次選考―共通テスト，書類審査，第2次選考―共通テスト，口述試験・面接を総合して判定。

【応用化学科】[共通テスト]課さない。

[個別学力検査(250)] 2科目 ①小論文(150) ②口述試験・面接(100)

※小論文，口述試験・面接および書類審査(調査書・推薦書)を総合して判定。

【マテリアル工学科】[共通テスト(420)] 7科目 ①国(100) ②外(100・英〈R75＋L25〉) ▶英・独・仏・中・韓から1 ③④数(50×2) ▶「数Ⅰ・数A」・「数Ⅱ・数B・数C」 ⑤⑥理(50×2) ▶物・化 ⑦情(20) ▶情Ⅰ

[個別学力検査(400)] 2科目 ①口述試験・面接(300) ②書類審査(100) ▶調査書・推薦書・志望理由書

※共通テスト，口述試験・面接，書類審査を総合して判定。

【化学バイオ工学科】[共通テスト(720)] 8科目 ①国(60) ②外(200・英〈R150＋L50〉) ▶英・独・仏・中・韓から1 ③地歴・公民(40) ▶「地総・歴総・公から2」・「地総・地探」・「歴総・日探」・「歴総・世探」・「公・倫」・「公・政経」から1 ④⑤数(100×2) ▶「数Ⅰ・数A」・「数Ⅱ・数B・数C」 ⑥⑦理(100×2) ▶化必須，物・生から1 ⑧情(20) ▶情Ⅰ

[個別学力検査(400)] 2科目 ①口述試験・面接(200) ②書類審査(小論文100＋他100) ▶小論文(出願時に提出)・調査書・推薦書

※共通テスト，口述試験・面接，書類審査を総合して判定。

総合型 【海洋システム工学科】[共通テスト]課さない。

［個別学力検査(700)］ 3科目 ①口述試験(400) ②面接(200) ③英検(100)
※第１次選考―書類審査(調査書・志望理由書・自己アピール書)，第２次選考―適性検査，口述試験，面接および英検を総合して判定。

【都市学科】 ［共通テスト］ 8科目 ①国 ②外(R:Lは3:1とする)▶英 ③地歴・公民▶「地総・歴総・公から２」・「地総・地探」・「歴総・日探」・「歴総・世探」・「公・倫」・「公・政経」から１ ④⑤数▶「数Ⅰ・数A」・「数Ⅱ・数B・数C」 ⑥⑦理▶物・化・生から２ ⑧情▶情Ⅰ
［個別学力検査(1000)］ 1科目 ①口述試験(1000)
※第１次選考―口述試験，書類審査(調査書・志望理由書・自己アピール書)，第２次選考―共通テストにより判定。

農学部

前期　［共通テスト(475)］ 8科目 ①国(100) ②外(100・英〈R75＋L25〉)▶英・独・仏・中・韓から１ ③地歴・公民(50)▶「地総・歴総・公から２」・「地総・地探」・「歴総・日探」・「歴総・世探」・「公・倫」・「公・政経」から１ ④⑤数(50×2)▶「数Ⅰ・数A」・「数Ⅱ・数B・数C」 ⑥⑦理(50×2)▶物・化・生から２，ただし緑地環境科学科は地学も選択可 ⑧情(25)▶情Ⅰ
［個別学力検査(600)］ 4科目 ①外(100)▶英 ②数(200)▶数Ⅰ・数Ⅱ・数Ⅲ・数A・数B(数列)・数C(ベク・平面) ③④理(150×2)▶「物基・物」・「化基・化」・「生基・生」から２

後期　【応用生物科学科】［共通テスト(725)］ 8科目 ①国(100) ②外(R75＋L25)▶英 ③地歴・公民(100)▶「地総・歴総・公から２」・「地総・地探」・「歴総・日探」・「歴総・世探」・「公・倫」・「公・政経」から１ ④⑤数(100×2)▶「数Ⅰ・数A」・「数Ⅱ・数B・数C」 ⑥⑦理(100×2)▶物・化・生から２ ⑧情(25)▶情Ⅰ
［個別学力検査(200)］ 1科目 ①小論文(200)

【生命機能学科】［共通テスト(750)］ 8科目 ①国(100) ②外(R75＋L25)▶英 ③地歴・公民(100)▶「地総・歴総・公から２」・「地総・地探」・「歴総・日探」・「歴総・世探」・「公・倫」・「公・政経」から１ ④⑤数(100×2)▶「数Ⅰ・数A」・「数Ⅱ・数B・数C」 ⑥⑦理(100×2)▶物・化・生から２ ⑧情(50)▶情Ⅰ
［個別学力検査(200)］ 1科目 ①小論文(200)

【緑地環境科学科】 ［共通テスト(750)］ 7科目 ①国(100) ②外(R150＋L50)▶英 ③④数(100×2)▶「数Ⅰ・数A」・「数Ⅱ・数B・数C」 ⑤⑥理(100×2)▶物・化・生・地学から２ ⑦情(25)▶情Ⅰ
［個別学力検査］課さない。

学校推薦型　【応用生物科学科】［共通テスト(825)］ 8科目 ①国(100) ②外(R150＋L50)▶英 ③地歴・公民(100)▶「地総・歴総・公から２」・「地総・地探」・「歴総・日探」・「歴総・世探」・「公・倫」・「公・政経」から１ ④⑤数(100×2)▶「数Ⅰ・数A」・「数Ⅱ・数B・数C」 ⑥⑦理(100×2)▶物・化・生から２ ⑧情(25)▶情Ⅰ
［個別学力検査(200)］ 1科目 ①書類審査(200)▶調査書・推薦書・志望理由書・活動報告書
※共通テスト，書類審査を総合して判定。

【生命機能学科】［共通テスト(850)］ 8科目 ①国(100) ②外(R150＋L50)▶英 ③地歴・公民(100)▶「地総・歴総・公から２」・「地総・地探」・「歴総・日探」・「歴総・世探」・「公・倫」・「公・政経」から１ ④⑤数(100×2)▶「数Ⅰ・数A」・「数Ⅱ・数B・数C」 ⑥⑦理(100×2)▶物・化・生から２ ⑧情(50)▶情Ⅰ
［個別学力検査(200)］ 1科目 ①書類審査(200)▶調査書・推薦書・志望理由書・活動報告書
※共通テスト，書類審査を総合して判定。

【緑地環境科学科】［共通テスト(750)］ 8科目 ①国(100) ②外(R75＋L25)▶英 ③地歴・公民(100)▶「地総・歴総・公から２」・「地総・地探」・「歴総・日探」・「歴総・世探」・「公・倫」・「公・政経」から１ ④⑤数(100×2)▶「数Ⅰ・数A」・「数Ⅱ・数B・数C」 ⑥⑦理(100×2)▶物・化・生・地学から２ ⑧情(50)▶情Ⅰ
［個別学力検査(300)］ 3科目 ①小論文(100) ②面接(100) ③書類審査(100)▶調

査書・推薦書・活動報告書
※共通テスト，小論文，面接，書類審査を総合して判定。

獣医学部

前期 ［共通テスト(850)］ 8科目 ①国(200) ②外(200・英〈R150＋L50〉)▶英・独・仏・中・韓から1 ③地歴・公民(100)▶「地総・歴総・公から2」・「地総・地探」・「歴総・日探」・「歴総・世探」・「公・倫」・「公・政経」から1 ④⑤数(100×2)▶「数Ⅰ・数A」・「数Ⅱ・数B・数C」 ⑥⑦理(50×2)▶物・化・生・地学から2 ⑧情(50)▶情Ⅰ
［個別学力検査(700)］ 4科目 ①外(200)▶英 ②数(200)▶数Ⅰ・数Ⅱ・数Ⅲ・数A・数B(数列)・数C(ベク・平面) ③④理(150×2)▶「物基・物」・「化基・化」・「生基・生」から2
学校推薦型 ［共通テスト(190)］ 8科目 ①国(40) ②外(R30＋L10)▶英 ③地歴・公民(20)▶「地総・歴総・公から2」・「地総・地探」・「歴総・日探」・「歴総・世探」・「公・倫」・「公・政経」から1 ④⑤数(20×2)▶「数Ⅰ・数A」・「数Ⅱ・数B・数C」 ⑥⑦理(20×2)▶物・化・生・地学から2 ⑧情(10)▶情Ⅰ
［個別学力検査(200)］ 3科目 ①小論文(50) ②面接(100) ③書類審査(50)▶調査書・推薦書・志望理由書・活動報告書・英検等
※共通テスト，小論文，面接，書類審査を総合して判定。

医学部

前期 【医学科】［共通テスト(675)］ 8科目 ①国(100) ②外(100・英〈R75＋L25〉)▶英・独・仏・中・韓から1 ③地歴・公民(50)▶「地総・歴総・公から2」・「地総・地探」・「歴総・日探」・「歴総・世探」・「公・倫」・「公・政経」から1 ④⑤数(100×2)▶「数Ⅰ・数A」・「数Ⅱ・数B・数C」 ⑥⑦理(100×2)▶物・化・生から2 ⑧情(25)▶情Ⅰ
［個別学力検査(900)］ 5科目 ①外(300)▶英 ②数(300)▶数Ⅰ・数Ⅱ・数Ⅲ・数A・数B(数列)・数C(ベク・平面) ③④理(150×2)▶「物基・物」・「化基・化」・「生基・生」から2 ⑤面接
【リハビリテーション学科】［共通テスト(850)］ 7科目 ①国(200) ②外(200・英〈R150＋L50〉)▶英・独・仏・中・韓から1 ③地歴・公民(100)▶「地総・地探」・「歴総・日探」・「歴総・世探」・「公・倫」・「公・政経」から1 ④⑤数(100×2)▶「数Ⅰ・数A」・「数Ⅱ・数B・数C」 ⑥理(100)▶「物基・化基・生基から2」・物・化・生から1 ⑦情(50)▶情Ⅰ
［個別学力検査(400)］ 2科目 ①外(100)▶英 ②面接(300)
後期 【リハビリテーション学科〈理学療法学専攻〉】［共通テスト(750)］ 6科目 ①国(200) ②外(100・英〈R75＋L25〉)▶英・独・仏・中・韓から1 ③④数(100×2)▶「数Ⅰ・数A」・「数Ⅱ・数B・数C」 ⑤理(200)▶「物基・化基・生基から2」・物・化・生から1 ⑥情(50)▶情Ⅰ
［個別学力検査(300)］ 1科目 ①面接(300)
【リハビリテーション学科〈作業療法学専攻〉】
［共通テスト(650)］ 5科目 ①国(200) ②外(200・英〈R150＋L50〉)▶英・独・仏・中・韓から1 ③④数(100×2)▶「数Ⅰ・数A」・「数Ⅱ・数B・数C」 ⑤情(50)▶情Ⅰ
［個別学力検査(300)］ 1科目 ①面接(300)
学校推薦型 【医学科】［共通テスト(825)］ 8科目 ①国(150) ②外(R150＋L50)▶英 ③地歴・公民(50)▶「地総・歴総・公から2」・「地総・地探」・「歴総・日探」・「歴総・世探」・「公・倫」・「公・政経」から1 ④⑤数(100×2)▶「数Ⅰ・数A」・「数Ⅱ・数B・数C」 ⑥⑦理(100×2)▶物・化・生から2 ⑧情(25)▶情Ⅰ
［個別学力検査(200)］ 2科目 ①小論文・面接(100) ②書類審査(100)▶調査書・推薦書・志望理由書・活動報告書
※共通テスト，小論文，面接，書類審査を総合して判定。
【リハビリテーション学科〈理学療法学専攻〉】
［共通テスト(750)］ 6科目 ①国(200) ②外(R150＋L50)▶英 ③④数(100×2)▶「数Ⅰ・数A」・「数Ⅱ・数B・数C」 ⑤情(50)▶情Ⅰ ⑥地歴・公民・理(100)▶「地総・歴総・公から2」・「地総・地探」・「歴総・日探」・「歴総・世探」・「公・倫」・「公・政経」・「物基・化基・生基から2」・物・化・生から1
［個別学力検査(300)］ 1科目 ①面接(300)
※共通テスト，面接，書類審査(調査書・推薦

書・志望理由書）を総合して判定。
【リハビリテーション学科〈作業療法学専攻〉】
［共通テスト（650）］ 5科目 ①国（200） ②外（R150＋L50）▶英 ③④数（100×2）▶「数Ⅰ・数A」・「数Ⅱ・数B・数C」 ⑤情（50）▶情Ⅰ
［個別学力検査（300）］ 1科目 ①面接（300）
※共通テスト，面接，書類審査（調査書・推薦書・志望理由書）を総合して判定。
総合型 【医学科】［共通テスト（825）］ 8科目 ①国（150） ②外（R150＋L50）▶英 ③地歴・公民（50）▶「地総・歴総・公から2」・「地総・地探」・「歴総・日探」・「歴総・世探」・「公・倫」・「公・政経」から1 ④⑤数（100×2）▶「数Ⅰ・数A」・「数Ⅱ・数B・数C」 ⑥⑦理（100×2）▶物・化・生から2 ⑧情（25）▶情Ⅰ
［個別学力検査（200）］ 3科目 ①口述試験（100） ②面接（合否判定） ②書類審査（100）▶調査書・志望者評価書・活動報告書・自己PR書
※共通テスト，口述試験，面接，書類審査を総合して判定。

看護学部

前期 ［共通テスト（950）］ 7科目 ①国（200） ②外（200・英〈R150＋L50〉）▶英・独・仏・中・韓から1 ③地歴・公民（100）▶「地総・歴総・公から2」・「地総・地探」・「歴総・日探」・「歴総・世探」・「公・倫」・「公・政経」から1 ④⑤数（100×2）▶「数Ⅰ・〈数Ⅰ・数A〉から1」・「数Ⅱ・数B・数C」 ⑥理（200）▶「物基・化基・生基から2」・物・化・生から1 ⑦情（50）▶情Ⅰ
［個別学力検査（400）］ 2科目 ①外（200）▶英 ②国・数（200）▶「現国・言語・論国・文国」・「数Ⅰ・数Ⅱ・数A・数B（数列）・数C（ベク）」から1
後期 ［共通テスト（950）］ 7科目 ①国（200） ②外（200・英〈R150＋L50〉）▶英・独・仏・中・韓から1 ③地歴・公民（100）▶「地総・歴総・公から2」・「地総・地探」・「歴総・日探」・「歴総・世探」・「公・倫」・「公・政経」から1 ④⑤数（100×2）▶「数Ⅰ・数A」・「数Ⅱ・数B・数C」 ⑥理（200）▶物・化・生から1 ⑦情（50）▶情Ⅰ
［個別学力検査（50）］ 1科目 ①面接（50）
学校推薦型 ［共通テスト（475）］ 7科目 ①国（100） ②外（100・英〈R75＋L25〉）▶英・独・仏・中・韓から1 ③地歴・公民（50）▶「地総・歴総・公から2」・「地総・地探」・「歴総・日探」・「歴総・世探」・「公・倫」・「公・政経」から1 ④⑤数（50×2）▶「数Ⅰ・〈数Ⅰ・数A〉から1」・「数Ⅱ・数B・数C」 ⑥理（100）▶「物基・化基・生基から2」・物・化・生から1 ⑦情（25）▶情Ⅰ
［個別学力検査（100）］ 1科目 ①書類審査（100）▶調査書・推薦書・志望理由書
※共通テスト，書類審査を総合して判定。

生活科学部

前期 【食栄養学科】［共通テスト（525）］ 8科目 ①国（100） ②外（100・英〈R75＋L25〉）▶英・独・仏・中・韓から1 ③地歴・公民（100）▶「地総・歴総・公から2」・「地総・地探」・「歴総・日探」・「歴総・世探」・「公・倫」・「公・政経」から1 ④⑤数（50×2）▶「数Ⅰ・数A」・「数Ⅱ・数B・数C」 ⑥⑦理（50×2）▶物・化・生から2 ⑧情（25）▶情Ⅰ
［個別学力検査（450）］ 3科目 ①外（均150・理100）▶英 ②数（均150・理175）▶数Ⅰ・数Ⅱ・数A・数B（数列）・数C（ベク） ③理（均150・理175）▶「物基・物」・「化基・化」・「生基・生」から1
※配点は受験区分の均等型と理数重点型。
【居住環境学科・人間福祉学科】 ［共通テスト（525）］ 7科目 ①国（100） ②外（100・英〈R75＋L25〉）▶英・独・仏・中・韓から1 ③地歴・公民（100）▶「地総・歴総・公から2」・「地総・地探」・「歴総・日探」・「歴総・世探」・「公・倫」・「公・政経」から1 ④⑤数（50×2）▶「数Ⅰ・数A」・「数Ⅱ・数B・数C」 ⑥理（100）▶「物基・化基・生基・地学基から2」・物・化・生・地学から1 ⑦情（25）▶情Ⅰ
［個別学力検査（300）］【居住環境学科】 2科目 ①外（150）▶英 ②数（150）▶数Ⅰ・数Ⅱ・数A・数B（数列）・数C（ベク）
【人間福祉学科】 2科目 ①外（150）▶英 ②国・数（150）▶「現国・言語・論国・文国」・「数Ⅰ・数Ⅱ・数A・数B（数列）・数C（ベク）」から1
学校推薦型 【食栄養学科】［共通テスト

(525)] 8科目 〈均等型〉 ①国(100) ②外(R75+L25)▶英 ③地歴・公民(100)▶「地総・歴総・公から2」・「地総・地探」・「歴総・日探」・「歴総・世探」・「公・倫」・「公・政経」から1 ④⑤数(50×2)▶「数Ⅰ・数A」・「数Ⅱ・数B・数C」 ⑥⑦理(50×2)▶物・化・生から2 ⑧情(25)▶情Ⅰ
〈理数重点型〉 ①国(50) ②外(R75+L25)▶英 ③地歴・公民(50)▶「地総・歴総・公から2」・「地総・地探」・「歴総・日探」・「歴総・世探」・「公・倫」・「公・政経」から1 ④⑤数(75×2)▶「数Ⅰ・数A」・「数Ⅱ・数B・数C」 ⑥⑦理(75×2)▶物・化・生から2 ⑧情(25)▶情Ⅰ
[個別学力検査(100)] 2科目 ①書類審査(100)▶調査書・推薦書・志望理由書 ②口述試験(合否判定)
※第1次選考―共通テスト，書類審査，第2次選考―口述試験により判定。
【居住環境学科】[共通テスト(425)] 7科目 ①国(50) ②外(R75+L25)▶英 ③地歴・公民(50)▶「地総・歴総・公から2」・「地総・地探」・「歴総・日探」・「歴総・世探」・「公・倫」・「公・政経」から1 ④⑤数(50×2)▶「数Ⅰ・数A」・「数Ⅱ・数B・数C」 ⑥理(100)▶「物基・化基・生基・地学基から2」・物・化・生・地学から1 ⑦情(25)▶情Ⅰ
[個別学力検査(100)] 2科目 ①書類審査(100)▶調査書・推薦書・志望理由書 ②口述試験(合否判定)
※第1次選考―共通テスト，書類審査，第2次選考―口述試験により判定。
【人間福祉学科】[共通テスト(425)] 7科目 ①国(100) ②外(R75+L25)▶英 ③地歴・公民(50)▶「地総・歴総・公から2」・「地総・地探」・「歴総・日探」・「歴総・世探」・「公・倫」・「公・政経」から1 ④⑤数(50×2)▶「数Ⅰ・数A」・「数Ⅱ・数B・数C」 ⑥理(50)▶「物基・化基・生基・地学基から2」・物・化・生・地学から1 ⑦情(25)▶情Ⅰ
[個別学力検査(100)] 2科目 ①書類審査(100)▶調査書・推薦書・志望理由書 ②口述試験(合否判定)
※第1次選考―共通テスト，書類審査，第2次選考―口述試験により判定。

その他の選抜

学校推薦型選抜(商業科等対象)は商学部8名，(指定校推薦)工学部建築学科7名を募集。ほかに専門学科・総合学科卒業生選抜などを実施。

偏差値データ (2024年度)

●一般選抜

＊共通テスト・個別計/満点

学部・学域	2024年度 駿台予備学校 合格目標ライン	2024年度 河合塾 ボーダー得点率	2024年度 河合塾 ボーダー偏差値	2023年度実績 募集人員	受験者数	合格者数	合格最低点＊	競争率 '23年	競争率 '22年
●前期									
現代システム科学域									
知識情報システム	49	68%	55	40	129	41	523.25/900	3.1	2.8
環境社会システム[英・国型]	50	68%	57.5	30	70	31	554.25/850	2.3	4.4
[理・数型]	50	68%	57.5	20	79	21	481.00/800	3.8	2.9
教育福祉	49	66%	55	30	64	32	547.25/850	2.0	2.7
心理[英・国型]	50	73%	57.5	20	118	20	558.00/800	5.9	4.5
[理・数型]	51	71%	57.5	10	49	10	532.75/800	4.9	4.8
学域[英・数型]	50	69%	55	5	10	5	非公開/900	2.0	2.4
[英・国型]	51	68%	55	5	34	5	非公開/850	6.8	7.0
[英・小論文型]	49	70%	55	5	10	5	非公開/850	2.0	4.6

学部・学域	2024年度			2023年度実績					
	駿台予備学校	河合塾		募集人員	受験者数	合格者数	合格最低点*	競争率	
	合格目標ライン	ボーダー得点率	ボーダー偏差値					'23年	'22年
［理・数型］	50	74%	55	5	23	5	非公開/800	4.6	4.0
文学部									
	54	73%	60	125	436	130	585.50/850	3.4	2.8
法学部									
	54	73%	60	155	518	161	1,039.00/1,500	3.2	2.1
経済学部									
	53	72%	57.5	185	489	193	529.75/900	2.5	1.6
商学部									
	54	72%	57.5	198	517	210	603.35/1,000	2.5	1.5
理学部									
数	53	69%	52.5	30	534	33	530.50/950	2.5	2.0
物理	52	69%	52.5	52		55	529.50/950		
化	52	70%	55	60		60	523.25/950		
生物	52	70%	52.5	23		23	523.00/950		
地球	51	70%	52.5	16		17	520.00/950		
生物化	52	71%	55	23		26	527.50/950		
工学部									
航空宇宙工	56	75%	57.5	8	720	8	784.95/1,200	2.7	3.0
海洋システム工	51	71%	52.5	10		10	724.15/1,200		
機械工	54	74%	55	49		49	737.25/1,200		
建築	54	75%	57.5	21		21	751.80/1,200		
都市	54	73%	55	35		36	725.75/1,200		
電子物理工	53	72%	55	33		34	714.05/1,200		
情報工	56	76%	57.5	24		24	783.80/1,200		
電気電子システム工	53	74%	55	21		21	765.40/1,200		
応用化	52	72%	55	15		15	730.85/1,200		
化学工	52	72%	55	8		8	724.75/1,200		
マテリアル工	51	72%	55	10		10	718.30/1,200		
化学バイオ工	51	72%	55	35		35	710.35/1,200		
農学部									
応用生物科	52	69%	55	30	135	34	580.50/1,050	4.0	3.1
生命機能化	53	71%	55	30	111	33	606.50/1,050	3.4	3.1
緑地環境科	50	68%	55	30	71	34	552.75/1,050	2.1	2.0
獣医学部									
	59	78%	60	35	99	35	931.50/1,500	2.8	3.1
医学部									
医	68	86%	65	80	216	80	1,080.25/1,450	2.7	1.5
リハビリ／理学療法学	49	69%	52.5	15	64	16	878.00/1,200	4.0	2.8
／作業療法学	48	65%	50	15	34	16	821.50/1,200	2.1	2.2
看護学部									
	50	65%	55	85	247	89	774.00/1,300	2.8	1.6

学部・学域	2024年度			2023年度実績					
	駿台予備学校	河合塾		募集人員	受験者数	合格者数	合格最低点*	競争率	
	合格目標ライン	ボーダー得点率	ボーダー偏差値					'23年	'22年
生活科学部									
食栄養［均等型］	53	70%	57.5	20	62	22	585.00/950	2.8	3.2
［理数型］	54	69%	57.5	25	73	26	571.75/950	2.8	2.7
居住環境	52	72%	57.5	34	115	35	512.50/800	3.3	3.1
人間福祉	51	72%	57.5	30	72	32	530.25/800	2.3	2.7
●中期									
工学部									
航空宇宙工	63	81%	62.5	30	4,535	48	653.01/900	5.6	6.1
海洋システム工	56	78%	57.5	19		41	625.69/900		
機械工	57	80%	60	76		171	618.49/900		
建築	57	82%	62.5	6		10	715.91/900		
都市	58	79%	62.5	10		17	669.98/900		
電子物理工	58	78%	62.5	72		156	625.05/900		
情報工	61	80%	62.5	53		82	671.49/900		
電気電子システム工	58	79%	62.5	44		68	643.67/900		
応用化	57	79%	60	52		81	633.13/900		
化学工	57	78%	60	30		51	612.61/900		
マテリアル工	57	78%	60	30		55	609.28/900		
化学バイオ工	56	78%	60	20		34	624.86/900		
●後期									
現代システム科学域									
	52	78%	—	35	90	35	689.00/900	2.6	3.2
文学部									
	55	79%	—	30	164	33	658.50/850	5.0	4.8
法学部									
	55	79%	—	25	108	28	336.00/480	3.9	4.9
経済学部									
経済［高得点］	57	80%	—	35	198	47	351.00/450	4.2	4.4
［ユニーク］	53	75%	—	15	82	19	279.75/450	4.3	3.5
商学部									
	57	82%	—	18	224	19	496.00/600	11.8	3.9
理学部									
数	59	82%	62.5	10	85	14	709.50/1,000	6.1	5.3
物理	59	82%	62.5	17	103	21	611.50/800	4.9	7.8
化	57	82%	62.5	13	56	20	705.25/1,000	2.8	1.5
生物	59	83%	62.5	8	67	11	780.50/1,000	6.1	5.5
地球	52	78%	—	4	19	5	非公開/900	3.8	3.0
生物化	57	82%	—	6	15	6	706.50/1,000	2.5	1.2
農学部									
応用生物科	52	75%	—	10	79	11	686.75/900	7.2	1.8
生命機能化	53	79%	—	10	41	11	694.00/900	3.7	1.7
緑地環境科	50	75%	—	10	86	10	583.00/700	8.6	3.9

学部・学域	2024年度			2023年度実績					
	駿台予備学校	河合塾							
	合格目標ライン	ボーダー得点率	ボーダー偏差値	募集人員	受験者数	合格者数	合格最低点*	競争率	
								'23年	'22年
医学部									
リハビリ／理学療法学	50	73%	—	2	24	4	非公開/1,000	6.0	5.3
／作業療法学	49	72%	—	2	22	6	非公開/900	3.7	6.5
看護学部									
看護	52	70%	—	20	90	27	616.50/950	3.3	1.4

- 駿台予備学校合格目標ラインは合格可能性80％に相当する駿台模試の偏差値です。
- 河合塾ボーダー得点率は合格可能性50％に相当する共通テストの得点率です。また，ボーダー偏差値は合格可能性50％に相当する河合塾全統模試の偏差値です。
- 競争率は受験者÷合格者の実質倍率
- 医学部医学科の前期，工学部の中期，法学部の後期は２段階選抜を実施。

※理学部前期，工学部前期，中期については，第２志望，第３志望学科での合格者成績を含んでいる。
※医学部医学科の成績は大阪府指定医療枠を除いた点数としている。

併設の教育機関 大学院

（カッコ内の院生数は，統合前の大阪市立大学大学院と大阪府立大学大学院の研究科に属する大学院生の人数）

現代システム科学研究科

教員数▶67名
院生数▶88名（府大人間社会システム科学研究科47名）

博士前期課程 ●**現代システム科学専攻** 現代社会を俯瞰的に捉える視点を持ち，自らの専門的な研究を深化させるとともに，高度なシステム的思考力と領域横断的応用力を養う。

博士後期課程 現代システム科学専攻

文学研究科

教員数▶64名
院生数▶98名（市大44名）

博士前期課程 ●**哲学歴史学専攻** 社会と文化の構造，発展を明らかにし，人間のあり方を歴史と文化のなかに追求する。哲学，日本史学，東洋史学，西洋史学の４専修を設置。

●**人間行動学専攻** 実証的なデータに基づく人間行動や社会現象を分析し，理論化する。社会学，心理学，教育学，地理学の４専修。

●**言語文化学専攻** 文化現象の全領域を言語を通じて解明。国語国文学，中国語中国文学，英語英米文学，ドイツ語圏言語文化学，フランス語圏言語文化学，言語応用学の６専修。

●**文化構想学専攻** 文化への深い理解力と分析力を養う。表現文化学，アジア文化学，文化資源学の３専修。

博士後期課程 哲学歴史学専攻，人間行動学専攻，言語文化学専攻，文化構想学専攻

法学研究科

教員数▶34名
院生数▶55名（市大25名）

博士前期課程 ●**法学政治学専攻** 法学・政治学の研究者をめざす「理論研究プログラム」と，公務員や法専門家，高度職業人を養成する「課題展開プログラム」で構成。

専門職学位課程 ●**法曹養成専攻**（法科大学院）大阪市の市域に設置される唯一のロースクールとして，大都市特有の法的問題に即応できる高度な法的能力を備えた，真のプロフェッションとしての法曹の養成。

博士後期課程 法学政治学専攻

経済学研究科

教員数▶44名
院生数▶56名（市大５名，府大18名）

博士前期課程 ●経済学専攻　経済学に関する最先端の専門知識と分析能力を備え，国際的エコノミストとして活躍できる人材を育成。

博士後期課程 経済学専攻

経営学研究科

教員数▶40名

院生数▶51名（市大19名）

博士前期課程 ●グローバルビジネス専攻　ビジネス社会における新たな動向について学際的・総合的に考察する。アジアに特化した「アジア・ビジネス研究プログラム」も設置。

博士後期課程 グローバルビジネス専攻

都市経営研究科

教員数▶13名

院生数▶112名（市大33名）

博士前期課程 ●都市経営専攻　都市政策・地域経済，都市行政，都市ビジネス，医療・福祉イノベーション経営の４コース／領域を設定し，都市が抱える諸課題の解決をめざす。

博士後期課程 都市経営専攻

情報学研究科

教員数▶54名

院生数▶218名

博士前期課程 ●基幹情報学専攻　人間の持つ認識や理解などの知的な能力を，コンピュータ上で実現するための知識と技能を習得する。

●学際情報学専攻　情報や知識を整理し，問題の分析・解決に必要な情報システムのデザイン能力およびマネジメント能力を養う。

博士後期課程 基幹情報学専攻，学際情報学専攻

理学研究科

教員数▶186名

院生数▶462名（市大26名，府大12名）

博士前期課程 ●数学専攻　知ることへの憧れ，考えることの楽しさ，問題解決の喜びを 大切にした教育を行う。

●物理学専攻　物理学の高度化と発展に対応できる人材を養成。基礎物理学，宇宙・高エネルギー物理学，物性物理学の3大講座がある。

●化学専攻　高度な化学研究を実践し，分子に秘められた無限の可能性を自らの手で探求・開拓する。

●生物学専攻　生物を分子・細胞から生態系に至る幅広い階層で解析し，生物の進化・多様性の本質および生命現象の普遍性を探求。

●地球学専攻　地球の形成と進化を現在の地球の環境とその変遷史から解析する。地球環境学，地球進化学の２分野で構成。

●生物化学専攻　疾病の発症メカニズムの解明，疾病の予防方法の確立，創薬などに向けた最先端研究に取り組む。

博士後期課程 数学専攻，物理学専攻，化学専攻，生物学専攻，地球学専攻

工学研究科

教員数▶254名

院生数▶1,148名（市大26名，府大61名）

博士前期課程 ●航空宇宙海洋系専攻　航空宇宙工学分野と海洋システム工学分野の基盤的技術の有機的な連携により，総合工学分野の先端的教育研究を行う。

●機械系専攻　材料からシステム，環境，エネルギーまで，原子・分子レベルのナノ・マイクロスケールから社会のマクロスケールまで多角的，俯瞰的な視点で認識・考察。

●都市系専攻　計画系，環境系，構造系における技術力，実践力および応用力を身に付け，「持続可能な成熟都市」の実現をめざす。

●電子物理系専攻　電子物理工学の発展を支える両輪となる電子物性と電子材料の専門知識を持ち，エレクトロニクス・デバイスの開発や技術の融合など高度な価値創造を行える能力を身に付ける。

●電気電子系専攻　電気電子システム工学分野の専門知識を持ち，広範なシステム設計能力と情報活用能力を備えた人材を養成する。

●**物質化学生命系専攻**　応用化学，化学工学，マテリアル工学，化学バイオ工学の４分野の有機的連携により，物質科学をベースとした新物質，新機能の創出を推進。
●**量子放射線系専攻**　量子放射線の性質や特性について幅広い基礎学力を修得し，安全で有効に社会へ活用できる人材を育成。
博士後期課程　航空宇宙海洋系専攻，機械系専攻，都市系専攻，電子物理系専攻，電気電子系専攻，物質化学生命系専攻，量子放射線系専攻

農学研究科

教員数▶67名
院生数▶218名（府大生命環境科学研究科53名）
博士前期課程　●**応用生物科学専攻**　主に植物を対象とし，食糧や資源・有用物質の生産・確保，環境保全などに生物科学を活用し，持続可能な社会の構築への貢献をめざす。
●**生命機能化学専攻**　あらゆる生物の生命現象を分子，細胞レベルで理解し，得られた知見を人類社会の発展に活かす。
●**緑地環境科学専攻**　大気，水，土，生物と人間活動との関わりによって形成される緑地環境の課題について，学際的に取り組む。
博士後期課程　応用生物科学専攻，生命機能化学専攻，緑地環境科学専攻

獣医学研究科

教員数▶43名
院生数▶11名
博士課程　●**獣医学専攻**　総合的な先端動物科学分野を担い，高度・先端獣医療，動物の構造と機能の解明，食の安全や感染症予防，そして高度・先端獣医療に貢献する人材を養成。

医学研究科

教員数▶252名
院生数▶145名（市大138名）
修士課程　●**医科学専攻**　高度な最先端の医学知識や技術を修得する医師以外の医療職者，研究者，企業人を育成する。
４年制博士課程　●**基礎医科学専攻**　解剖学や生理学，病理学などを通じて人体の構造や病態の仕組みといった医学の基盤を研究する。
●**臨床医科学専攻**　実際の患者への診断や治療を専門領域とする研究を目的とする。

リハビリテーション学研究科

教員数▶22名
院生数▶49名（府大総合リハビリテーション学研究科26名）
博士前期課程　●**リハビリテーション学専攻**　理学療法学と作業療法学の２領域を設置し，健康維持・増進，疾病や障がいの予防から治療，回復，社会復帰・参加に至る新しいリハビリテーション学の確立をめざす。
博士後期課程　リハビリテーション学専攻

看護学研究科

教員数▶66名
院生数▶91名（市大９名，府大26名）
博士前期課程　●**看護学専攻**　研究者としての基盤を学修する修士論文コースと高度実践看護者を養成する実践看護研究コースを設定。修士論文コースでは2023年度入学生から助産師養成課程，2025年度からは保健師養成課程を開設予定。
博士後期課程　看護学専攻

生活科学研究科

教員数▶55名
院生数▶156名（市大36名）
博士前期課程　●**生活科学専攻**　食栄養学，居住環境学，総合福祉・臨床心理学の３学術専門分野で先端的な教育研究を行う。
博士後期課程　生活科学専攻

神戸市外国語大学

（こうべしがいこくごだいがく）

資料請求

問合せ先 学生支援・教育グループ　☎078-794-8134

大学の理念

外国語ならびに国際文化に関する理論・実際を研究し，広い国際的視野を備えた人材育成をめざすことを学則とし，1946（昭和21）年の開学以来，外国語，国際社会，国際文化に関する専門教育を行う。大学の理念として，ビジネス・外交・教育・研究など社会のさまざまな分野で国際的視野を持って活躍できる「行動する国際人」を育成することを掲げる。神戸市外国語大学の考える「行動する国際人」とは，複数の領域に秀でた複眼的思考力を持った人物であり，複雑化・多様化する国際社会において能動的に行動し，他者を理解し他者と協調できる人物を指す。そのために，専攻外国語とその背後に広がる文化と社会に通じていること，および体系的な学問習得に裏打ちされた洞察力と論理的思考力を持つこと，その両方を備えた人材を育成することを目標とする。

● 神戸市外国語大学キャンパス……〒651-2187　兵庫県神戸市西区学園東町9-1

基本データ

学生数 ▶ 2,100名（男687名，女1,413名）
専任教員数 ▶ 教授41名，准教授30名，講師7名

設置学部 ▶ 外国語，外国語第２部（夜間）
併設教育機関 ▶ 大学院—外国語学（M・D）

就職・卒業後の進路

就　職　率 **98.8**%
就職者÷希望者×100

● **就職支援**　学内のキャリアサポートセンターが，就職関連の各種セミナーの実施，国内外のインターンシッププログラムの紹介，個別面談による就職指導など，細やかな支援を行っている。就職および進路について早期からの意識づけを促すために，１年次から共通科目「キャリアデザイン」やインターンシップ，低学年向けセミナーを実施。また，企業の採用活動の時期を勘案して，「業界研究講座」「学内企業説明会」を開催するほか，就職活動の進め方やエントリーシートの書き方などの基礎から，英語面接対策講座や特定業種の志望者向けセミナーまで徹底サポート。

● **資格取得支援**　教職サロンを開設し，情報提供や模擬授業，教員採用試験対策セミナーを実施するほか，学生主体の教職勉強会を開催。

進路指導者も必見　学生を伸ばす　面倒見

初年次教育	学修サポート
「初年次研修」により，学問や大学教育全体に対する動機づけ，レポート・論文の書き方，ITの基礎技術，情報収集や資料整理の方法を修得	TA制度，オフィスアワー制度を導入し，学生からの質問や相談に応じている

オープンキャンパス（2023年度実績） 8/11・19に４年ぶりとなる大規模対面オープンキャンパスを開催。8/1～31はWebでも配信。大学説明のほか，キャンパスツアーや外大生と話そうコーナー，「ガイダイトーク」ステージなどを実施。

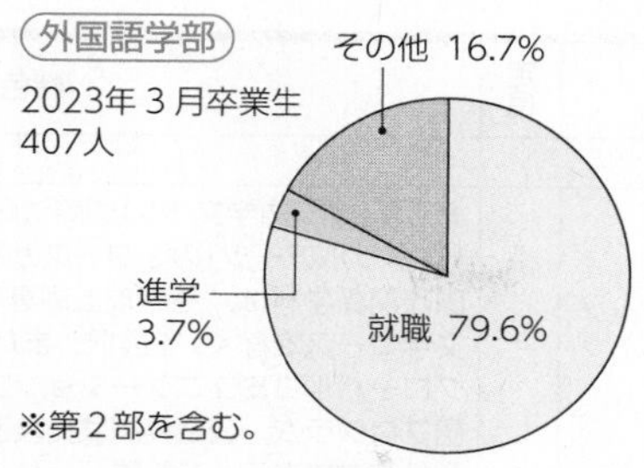

主なOB・OG▶河合香織（ノンフィクション作家），松浦真也（タレント），吉井智津（翻訳家），水野晶子（フリーアナウンサー）など。

国際化・留学　大学間 51 大学等

受入れ留学生数▶０名(2023年５月１日現在※正規学部生)

外国人専任教員▶教授８名，准教授６名，講師１名（2022年５月１日現在)

外国人専任教員の出身国▶アメリカ，イギリス，中国，スペイン，カナダなど。

大学間交流協定▶51大学・機関（交換留学先25大学，2023年５月１日現在)

海外への留学生数▶渡航型285名・オンライン型12名／年（23カ国・地域，2022年度)

海外留学制度▶協定校への交換留学，認定留学（ともに半年～１年）のほか，秋・冬季の約３カ月間のスペイン語圏派遣留学，夏・春季休暇中における各国への短期派遣留学（３～６週間）などの海外派遣留学制度を用意し，留学を積極的にサポート。国際交流センターでは，プログラム別の留学説明会や相談会，セミナーなどの開催をはじめ，留学費補助制度による留学費用の補助や奨学金選考，４年間での卒業が可能となる単位認定制度の整備などを実施。また，海外派遣留学制度を利用せず，休学して私的に留学する学生も多く，留学前後の成績を通算するなど，円滑な留学ができるように支援している。

学費・奨学金制度　給付型奨学金総額 年間 622 万円

入学金▶282,000円（市外423,000円）［第２部］141,000円（市外211,500円)

年間授業料（施設費等を除く）▶535,800円(第２部267,900円)

年間奨学金総額▶6,220,000円

年間奨学金受給者▶42人

主な奨学金制度▶海外派遣留学制度で留学する学生を対象とした「派遣留学補助制度」「楠ヶ丘留学補助制度」のほか，OBの寄付による「荻野スカラシップ」では，留学支援奨学金として留学先大学の授業料（相当額上限150万円)，準備金（100万円）を支給。また，学費減免制度があり，2022年度には74人を対象に総額で約1,112円を減免している。

保護者向けインフォメーション

●**広報紙**　学生と保護者向けに「神戸市外大だより」を年に数回発行している。

●**防災対策**　被災時の学生の安否確認はメールおよびポータルサイトを利用する。

インターンシップ科目	必修専門ゼミ	卒業論文	GPA制度の導入の有無および活用例	１年以内の退学率	標準年限での卒業率
全学科で開講している	全学科で３・４年次に実施している	卒業要件ではない	奨学金や授業料免除対象者の選定基準として活用	0.6%	41.3%

学部紹介

学部／学科	定員	特色
外国語学部		
		▶２年次に「語学文学」「国際法政」「経済経営」「多文化共生」「リベラルアーツ」の５コースから１コースを選択。ただし，国際関係学科は，主専攻と副専攻として２つのコース（語学文学コースを除く）を選択。また，英語運用能力を強化するグローバルコミュニケーションプログラム（選抜制），対照言語プログラム，公務員試験受験者に有用な知見を提供する行政外交プロフラムを設置。
英米	140	▷高度な英語の運用能力を養成しながら，英語圏の言語・文学・文化・社会に関する専門知識の習得をめざす。
ロシア	40	▷ロシア語圏の文化への理解を踏まえ，総合的なロシア語運用能力の向上をめざす。
中国	50	▷毎年中国の大学から交換教員を招聘し，少人数授業でリスニングと発音指導に力を入れ，「使える中国語」を修得する。
イスパニア	40	▷ネイティブの専任教員からシャワーのように浴びるイスパニア語と，実践本位のカリキュラムで高い語学力を養う。
国際関係	80	▷国際社会で通用する英語を習得し，国際情勢や外国の政治・経済・文化を理解して行動する国際人の資質を身につける。
● 取得可能な資格…教職（英・露・中・イスパニア），司書，司書教諭など。 ● 進路状況…………就職82.6%　進学4.2% ● 主な就職先………パナソニック，キーエンス，IHI，関西電力，カゴメ，野村證券，日本マイクロソフト，国土交通省，神戸市役所，国際協力機構，時事通信社，ニトリなど。		
外国語学部第２部		
英米	80	▷「英語圏文化文学」「英語学・英語研究」「法経商」の３コースから選択。英米学科と同様の充実したカリキュラムを実施。
● 取得可能な資格…教職（英），司書，司書教諭など。 ● 進路状況…………就職65.8%　進学1.4% ● 主な就職先………日本ヒューレット・パッカード，ソフトバンク，楽天グループ，三井住友銀行，NTN，小松製作所，大阪国税局，神戸市役所，ロイヤルホテルなど。		

▶キャンパス

全学部…［神戸市外国語大学キャンパス］兵庫県神戸市西区学園東町9-1

2025年度入試要項（予告）

●募集人員

学部／学科		前期	後期
▶外国語	英米	91	20
	ロシア	26	5
	中国	33	8
	イスパニア	26	7
	国際関係	49	10
▶外国語第２	英米	41	14

● 2段階選抜　実施しない

▷共通テストの英語はリスニングを含む。
▷共通テストの地歴・公民から２科目選択する場合，「公・倫」と「公・政経」の組み合わせ，および「地総・歴総・公から２」で選択した科目と同一科目名を含む組み合わせは不可。
▷共通テストの理科から２科目選択する場合，同一科目名を含む選択は不可。

 キャンパスアクセス［神戸市外国語大学キャンパス］神戸市営地下鉄・西神山手線－学園都市より徒歩3分

外国語学部

前期　[共通テスト(450)]　**5**科目　①国(100)　②**外**(100・英〈R80＋L20〉)▶英・独・仏・中・韓から1ただし，英米・国際関係学科は英必須　③**情**(50)▶情Ⅰ　④⑤**地歴・公民・数・理**(100×2)▶「地総・歴総・公から2」・「地総・地探」・「歴総・日探」・「歴総・世探」・「公・倫」・「公・政経」・数Ⅰ・「数Ⅰ・数A」・「数Ⅱ・数B・数C」・「物基・化基・生基・地学基から2」・物・化・生・地学から2

[個別学力検査(400)]【英米学科・ロシア学科・中国学科・イスパニア学科】　**2**科目　①**外**(300)▶英コミュⅠ・英コミュⅡ・英コミュⅢ・論表Ⅰ・論表Ⅱ・論表Ⅲ(リスニングを含む)　②**国・地歴・公民**(100)▶現国・世探・政経から1

【国際関係学科】　**2**科目　①**外**(250)▶英コミュⅠ・英コミュⅡ・英コミュⅢ・論表Ⅰ・論表Ⅱ・論表Ⅲ(リスニングを含む)　②**国・地歴・公民**(150)▶現国・世探・政経から1

後期　[共通テスト(550)]　**5**科目　①国(100)　②**外**(200・英〈R160＋L40〉)▶英・独・仏・中・韓から1ただし，英米・国際関係学科は英必須　③**情**(50)▶情Ⅰ　④⑤**地歴・公民・数・理**(100×2)▶「地総・歴総・公から2」・「地総・地探」・「歴総・日探」・「歴総・世探」・「公・倫」・「公・政経」・数Ⅰ・「数Ⅰ・数A」・「数Ⅱ・数B・数C」・「物基・化基・生基・地学基から2」・物・化・生・地学から2

[個別学力検査]　課さない。

外国語学部第2部

前期　[共通テスト(450)]　**5**科目　①国(100)　②**外**(R80＋L20)▶英　③**情**(50)▶情Ⅰ　④⑤**地歴・公民・数・理**(100×2)▶「地総・歴総・公から2」・「地総・地探」・「歴総・日探」・「歴総・世探」・「公・倫」・「公・政経」・数Ⅰ・「数Ⅰ・数A」・「数Ⅱ・数B・数C」・「物基・化基・生基・地学基から2」・物・化・生・地学から2

[個別学力検査(400)]　**2**科目　①**外**(300)▶英コミュⅠ・英コミュⅡ・英コミュⅢ・論表Ⅰ・論表Ⅱ・論表Ⅲ(リスニングを含む)　②**国・地歴・公民**(100)▶現国・世探・政経から1

後期　[共通テスト(550)]　**5**科目　①国(100)　②**外**(R160＋L40)▶英　③**情**(50)▶情Ⅰ　④⑤**地歴・公民・数・理**(100×2)▶「地総・歴総・公から2」・「地総・地探」・「歴総・日探」・「歴総・世探」・「公・倫」・「公・政経」・数Ⅰ・「数Ⅰ・数A」・「数Ⅱ・数B・数C」・「物基・化基・生基・地学基から2」・物・化・生・地学から2

[個別学力検査]　課さない。

その他の選抜

学校推薦型選抜(全国枠・神戸市内枠)，総合型選抜，社会人特別選抜，帰国子女特別選抜，外国人留学生特別選抜を実施。

偏差値データ(2024年度)

●一般選抜

学部／学科	2024年度 駿台予備学校 合格目標ライン	2024年度 河合塾 ボーダー得点率	2024年度 河合塾 ボーダー偏差値	'23年度 競争率
●前期				
▶外国語学部				
英米	57	75%	60	2.2
ロシア	55	74%	57.5	2.2
中国	55	74%	57.5	2.5
イスパニア	56	75%	57.5	2.4
国際関係	56	75%	60	2.8
▶外国語学部第2部				
英米	50	65%	55	2.9
●後期				
▶外国語学部				
英米	56	78%	—	1.8
ロシア	54	76%	—	1.8
中国	54	76%	—	1.7
イスパニア	55	76%	—	3.4
国際関係	55	78%	—	3.2
▶外国語学部第2部				
英米	48	70%	—	2.5

- 駿台予備学校合格目標ラインは合格可能性80%に相当する駿台模試の偏差値です。
- 河合塾ボーダー得点率は合格可能性50%に相当する共通テストの得点率です。また，ボーダー偏差値は合格可能性50%に相当する河合塾全統模試の偏差値です。
- 競争率は受験者÷合格者の実質倍率

兵庫県立大学
（ひょうごけんりつ）

資料請求

問合せ先 教育企画課 ☎078-794-6647

大学の理念

1929（昭和４）年創立の神戸商科大学，単科大学として伝統と実績を誇る姫路工業大学，兵庫県立看護大学を統合し，2004年（平成16）年に開学。全県に広がる９つのキャンパスに，６学部，９大学院研究科，５附置研究所，附属中学・高等学校を擁する利点を生かし，異分野融合の推進など，「新しい知の創造」をめざすとともに，大型放射光施設「SPring-8」やスーパーコンピューター「富岳」など，国や県の世界最先端の研究施設と連携した，多様で特色ある先進的な教育研究を展開する。2019（平成31）年には，グローバル化やIT化に伴う，社会ニーズを踏まえ，国際商経学部と社会情報科学部を開設。学生ファーストをモットーに，世界や地域で活躍できる高度な専門能力と幅広い教養を備えた人間性豊かな次代を担う人材を育成する。

●キャンパス情報はP.1693をご覧ください。

基本データ

学生数▶5,435名（男3,089名，女2,346名）
専任教員数▶教授238名，准教授169名，講師31名
設置学部▶国際商経，社会情報科，工，理，環境人間，看護
併設教育機関▶大学院─社会科学（M･P･D），情報科学・工学・理学・環境人間学・看護学・地域資源マネジメント・減災復興政策（以上M・D），緑環境景観マネジメント（P）

就職・卒業後の進路

就職率 99.0%
就職者÷希望者×100

●**就職支援**　各キャンパスに設置されたキャリアセンターが，学生からの個別相談，キャリアガイダンスや各種就職対策講座，業界研究，合同企業説明会の開催，就職関連情報（求人・企業情報，インターンシップ情報，OBOG情報）の提供など，各キャンパスの特性に応じたさまざまな就職支援に取り組んでいる。また，各同窓会と連携し，業種・職種ごとのOB・OG交流会を開催するほか，企業と学生とのマッチングを行う専用サイトを運営。神戸市内にある同窓会のサロンでは一定期間，キャリアセンターのサテライトオフィスを開

進路指導者も必見 学生を伸ばす 面倒見

初年次教育	学修サポート
「自主自律支援科目」「グローバル時代のアカデミックスキル」「教養科目（人間性の基礎教育科目）」と「ひょうご県大特色科目」で構成された全学共通教育で初年次教育を実施	全学部でTA・SA制度，オフィスアワー制度，教員アドバイザー制度を導入し，学生の履修や学修の支援を行っている

オープンキャンパス（2023年度実績）　８月に学部ごとのオープンキャンパスを対面形式で開催（プログラムにより要予約）。学部紹介，模擬授業，キャンパスツアー，研究室紹介，個別相談会などを実施。

設し，就活中の学生や卒業生等に対する専門の講師による相談会なども実施している。

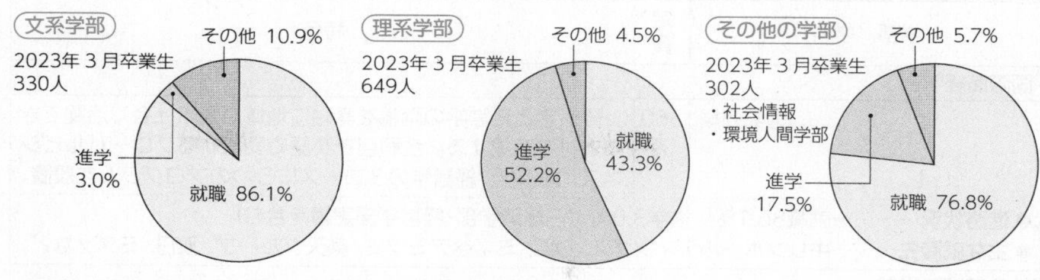

主なOB・OG▶［旧神戸商科］山元文明（四国銀行会長），町田徹（ジャーナリスト），［旧姫路工業］國井総一郎（ノーリツ会長），石田雅昭（エスペック会長），［旧経済］八木菜緒（BS11アナウンサー）など。

国際化・留学　大学間 40 大学・部局間 21 大学等

受入れ留学生数▶174名（2023年５月１日現在）

留学生の出身国・地域▶タイ，ベトナム，インドネシア，台湾，マレーシアなど。

外国人専任教員▶教授８名，准教授５名，講師２名（2023年５月１日現在）

外国人専任教員の出身国▶中国，韓国，アメリカ，エジプト，ベトナムなど。

大学間交流協定▶40大学（交換留学先34大学，2023年９月１日現在）

部局間交流協定▶21大学・機関（交換留学先７大学，2023年９月１日現在）

海外への留学生数▶渡航型147名／年間（10カ国・地域，2022年度）

海外留学制度▶協定校に長期留学できる「交換留学」，その国の文化や生活を体験しながら語学力を向上させる「語学研修」「短期研修」など，多彩なプログラムを用意。また，グローバルリーダー教育プログラムでも海外短期研修や海外実務体験を実施。コンソーシアムHUMAPの加盟大学への留学に対しては，奨学金が支給される場合もある。年に２回留学フェアを開催し，プログラムの紹介や応募方法の説明を行うほか，説明会終了後には個別相談会も実施。また，国際交流機構のスタッフも常時，情報提供や相談に応じている。

学費・奨学金制度　給付型奨学金総額 年間 663 万円

入学金▶282,000円（県外423,000円）

年間授業料▶535,800円

年間奨学金総額▶6,630,000円

年間奨学金受給者数▶73人

主な奨学金制度▶各学部・学科・コースの成績最優秀者に15万円，成績優秀者に3万円を支給する学生飛躍基金「成績最優秀者奨学金」などを設置。このほか学費減免制度があり，2022年度には延べ594人を対象に総額で約１億332万円を減免している。

保護者向けインフォメーション

● **オープンキャンパス**　通常のオープンキャンパス時に保護者向けの説明会を実施している。

● **成績確認**　成績表がWEBで閲覧できる。

● **保護者会**　各キャンパスで保護者向けの「ウェルカムキャンパス」を開催。就職支援の取り組みや状況についても説明している。

● **防災対策**　被災した際の学生の安否はメールやポータルサイトを利用して確認する。

インターンシップ科目	必修専門ゼミ	卒業論文	GPA制度の導入の有無および活用例	１年以内の退学率	標準年限での卒業率
環境人間学部で開講している	全学部で実施（開講年次は学部により異なる）	全学部で卒業要件	奨学金や授業料免除対象者の選定基準のほか，一部の学部で留学候補者の選考，個別の学修指導に活用	1.1%	88.8%

学部紹介

学部／学科	定員	特色
国際商経学部		
国際商経	360	▷経済学と経営学の両輪を基軸に地域や国際社会で活躍できる人材を育成する。全科目を英語で受講するグローバルビジネス，経済学，経営学の３コースに５つのプログラムを設置。
● 進路状況…………就職86.1%　進学3.0%（旧経済学部・経営学部実績を含む） ● 主な就職先………キリンホールディングス，DIC，ミネベアミツミ，楽天グループ，双日，ミズノなど。		
社会情報科学部		
社会情報科	100	▷いわゆるビッグデータから，確率や統計などの科学的な手法を用いて「価値ある情報」を導き出す，データサイエンスの各種スキルを学ぶ。
● 進路状況…………就職53.4%　進学42.0 ● 主な就職先………西日本電信電話，NTTドコモ，日本電気，システム情報，ANAシステムズなど。		
工学部		
電気電子情報工	126	▷電気工学，電子情報工学の２コース。最先端科学技術に対応し，応用，展開できる視野の広い人材を育成。
機械・材料工	126	▷機械工学，材料工学の２コース。長期的な視野に立って，環境にも配慮したモノづくりができる技術者を育成。
応用化学工	100	▷応用化学，化学工学の２コース。新物質探索からプロセスデザインまで，モノの基礎から工業化までを見通す力を養う。
● 取得可能な資格…教職（数・理・工業）など。　● 進路状況…………就職37.0%　進学57.3% ● 主な就職先………東京エレクトロン，三菱電機，シスメックス，川崎重工業など（大学院を含む）。		
理学部		
物質科	90	▷物性基礎，物性，物質の３コース。原子，分子の微視的な観点から，物質の性質を理解するための基礎を身につける。
生命科	85	▷生体物性，生体分子，細胞の３コース。生命現象への深い理解と洞察力を養うため，物理や化学などの基礎から高度な専門科目まで無理なく履修できるようカリキュラムを編成。
● 取得可能な資格…教職（数・理）など。　● 進路状況…………就職23.3%　進学73.3% ● 主な就職先………富士通Japan，ミネベアミツミ，JAXA，富士ソフト，資生堂など（大学院を含む）。		
環境人間学部		
環境人間	205	▷新しい時代の人間の暮らしと，それを支える環境のあり方を探求する。入学時に専門を決める食環境栄養課程を除き，２年次に人間形成系，国際文化系，社会デザイン系，環境デザイン系の４つから専門を選択。
● 取得可能な資格…教職（保体・栄養），栄養士，管理栄養士・１級建築士・２級建築士受験資格など。 ● 進路状況…………就職86.4%　進学7.5% ● 主な就職先………竹中工務店，大和ハウス工業，積水ハウス，西日本高速道路，日本郵便など。		
看護学部		
看護	105	▷人の生活に焦点を当てた実習カリキュラムで看護の役割を理解する。全員が看護師と保健師の受験資格を取得。
● 取得可能な資格…教職（養護一種・二種），看護師・保健師・助産師受験資格など。 ● 進路状況…………就職97.2%　進学0.9% ● 主な就職先………神戸市立医療センター中央市民病院，兵庫県立尼崎総合医療センターなど。		

キャンパスアクセス [神戸商科キャンパス] 神戸市営地下鉄西神・山手線一学園都市より徒歩10分
[姫路工学キャンパス] JR山陽本線，山陽電鉄一姫路よりバス25分

キャンパス

本部・国際商経・社会情報・看護１年次……［神戸商科キャンパス］兵庫県神戸市西区学園西町8-2-1
工・理１年次・環境人間１年次……［姫路工学キャンパス］兵庫県姫路市書写2167
理……［播磨理学キャンパス］兵庫県赤穂郡上郡町光都3-2-1
環境人間……［姫路環境人間キャンパス］兵庫県姫路市新在家本町1-1-12
看護……［明石看護キャンパス］兵庫県明石市北王子町13-71

2025年度入試要項（予告）

●募集人員

学部／学科（コース・課程）	前期	中期	後期
▶国際商経 国際商経（経済学・経営学）	180	—	40
（グローバルビジネス）	25	—	—
▶社会情報科	60	20	—
▶工　電気電子情報工	43	—	50
機械・材料工	43	—	50
応用化学工	34	—	40
▶理　物質科	—	70	—
生命科	—	65	—
▶環境人間　環境人間	80	—	20
（食環境栄養）	35	—	—
▶看護	59	—	11

●２段階選抜

志願者数が募集人員に対し，国際商経学部は前期４倍，社会情報科学部は中期15倍，理学部は中期14倍を超えた場合に実施することがある。
注）２段階選抜は2024年度の実績です。

試験科目

デジタルブック

偏差値データ（2024年度）

●一般選抜

学部／学科／コース・課程	2024年度 駿台予備学校 合格目標ライン	河合塾 ボーダー得点率	河合塾 ボーダー偏差値	'23年度 競争率
●前期				
▶国際商経学部				
国際商経／経済学・経営学	46	65%	55	2.5
／ビジネスグローバル	47	64%	52.5	2.1
▶社会情報科学部				
社会情報科	48	65%	50	3.1
▶工学部				
電気電子情報工	44	59%	47.5	1.8
機械・材料工	44	58%	47.5	2.0
応用化学工	45	58%	47.5	1.6
▶環境人間学部				
環境人間	46	65%	52.5	3.0
／食環境栄養	47	64%	52.5	2.8
▶看護学部				
看護	46	63%	—	2.2
●中期				
▶社会情報科学部				
社会情報科	49	73%	52.5	5.6
▶理学部				
物質科	50	65%	50	2.3
生命科	52	65%	52.5	2.7
●後期				
▶国際商経学部				
国際商経／経済学・経営学	48	71%	57.5	4.0
▶工学部				
電気電子情報工	46	67%	47.5	2.4
機械・材料工	46	66%	47.5	2.3
応用化学工	47	66%	47.5	1.3
▶環境人間学部				
環境人間	47	69%	—	6.5
▶看護学部				
看護	47	66%	—	4.6

- 駿台予備学校合格目標ラインは合格可能性80％に相当する駿台模試の偏差値です。
- 河合塾ボーダー得点率は合格可能性50％に相当する共通テストの得点率です。また，ボーダー偏差値は合格可能性50％に相当する河合塾全統模試の偏差値です。
- 競争率は受験者÷合格者の実質倍率

キャンパスアクセス［播磨理学キャンパス］JR山陽本線―相生よりバス30分［姫路環境人間キャンパス］JR山陽本線，山陽電鉄―姫路よりバス10分［明石看護キャンパス］JR山陽本線，山陽電鉄―明石よりバス6分

県立広島大学

（けんりつひろしまだいがく）

資料請求

問合せ先　本部事務部教学課入試担当　☎082-251-9540

大学の理念

1920（大正９）年に設置された県立広島高等女学校の専攻科を源流とする県立広島女子大学に広島県立大学，県立保健福祉大学の３校を統合し，2005（平成17）年開学。2020（令和２）年建学100周年を迎え，より地域に貢献する「知」の創造・応用・蓄積を図り，「地域に根ざした，県民から信頼される大学」をめざして，新たに３学部体制へと再編。教育・研究・地域貢献を３本の柱とした大学運営を基本理念としながら，「地域・ひろしま」を学びのフィールドとして最大限に活用し，「主体的に考え，課題解決に向けて行動できる実践力，多様性を尊重する国際感覚や豊かなコミュニケーション能力を備え，幅広い教養と高度な専門性に基づいて，高い志とたゆまぬ向上心を持って地域や国際社会で活躍できる人材の育成」を教育の目標に掲げ，生涯学び続ける自律的な学修者として地域創生に貢献できる「課題探究型地域創生人材」を育成する。

●キャンパス情報はP.1696をご覧ください。

基本データ

学生数▶2,263名（男728名，女1,535名）
専任教員数▶教授99名，准教授66名，講師23名

設置学部▶地域創生，生物資源科，保健福祉
併設教育機関▶大学院一総合学術（M・D），経営管理（P）

就職・卒業後の進路

就職率 **95.6**％
就職者÷希望者×100

●**就職支援**　キャリア教育とキャリア形成支援事業で構成される「学生支援型キャリア教育プログラム」を実践。正課のキャリア教育では社会で必要となる能力について概説し，グローバル商品企画をテーマとしたグループワークによる企画立案，インターンシップなどを行う。正課外のキャリア形成支援では，キャリア形成意識を醸成するための講演会や企業見学のほか，就職ガイダンス，キャリアアドバイザーによる相談，業界研究会，企業と学生の合同就職懇談会などを実施。オンラインを活用した企業の採用活動にも柔軟に対応し，Web面接への対策など，学生の就職活動を積極的に支援している。また，公務員

進路指導者も必見　学生を伸ばす　面倒見

初年次教育

自校教育などの帰属意識を醸成する「ひろしま理解」，レポート・論文の書き方，情報収集や資料整理の方法を学ぶ「大学基礎セミナー」のほか，「プレゼンテーション演習」「ICTリテラシー」「アカデミック・ライディング」を開講

学修サポート

全学部でTA・SA制度，オフィスアワー制度を導入。また，学生約20人（学科・コースにより異なる）に1人の教員アドバイザーがつき，学生の履修や学修の支援を行っている

オープンキャンパス（2023年度実績）　８月に各キャンパスで来場型と一部オンライン型でオープンキャンパスを開催（事前申込制）。模擬授業，相談会などを実施。HPでもオンデマンド配信の特設ページを公開。

採用試験対策講座や就職試験筆記対策（SPI等）講座，各種資格取得講座なども開講。

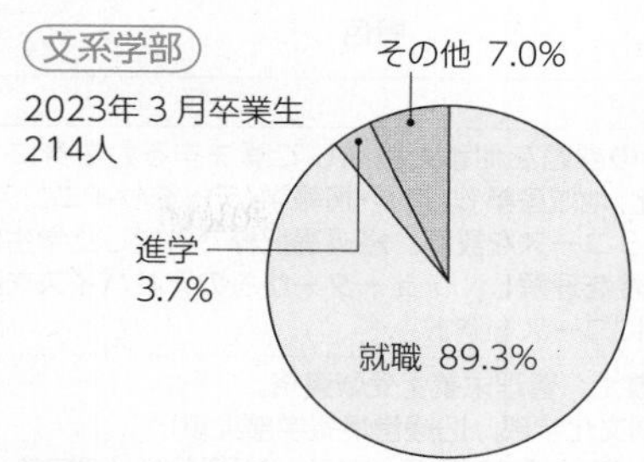

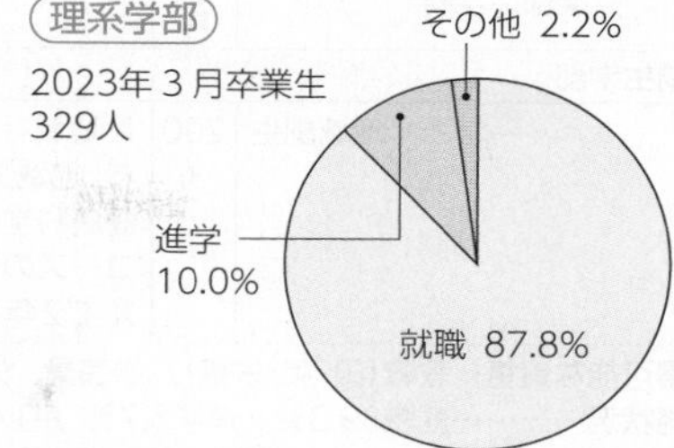

主なOB・OG ▶ [旧広島農業短期] 大竹美喜（実業家），[旧県立広島女子] 吉田幸（中国放送）など。

国際化・留学　大学間 43 大学・部局間 8 大学

受入れ留学生数 ▶ 89名(2023年5月1日現在)
留学生の出身国 ▶ 中国，韓国，インドネシア，マレーシア，アイルランドなど。
外国人専任教員 ▶ 教授６名，准教授１名，講師１名（2023年５月１日現在）
外国人専任教員の出身国 ▶ 韓国，中国，アメリカなど。
大学間交流協定 ▶ 43大学（交換留学先37大学，2023年９月１日現在）
部局間交流協定 ▶ ８大学（交換留学先１大学，2023年９月１日現在）
海外への留学生数 ▶ 渡航型50名／年（９カ国・地域，2022年度）
海外留学制度 ▶ 長期留学では，大学に在籍のまま１年以内留学する交換留学（授業料は県立広島大学にのみ納付，留学先の大学では正規課程が受講できる）と協定校留学（授業料は協定校にのみ納入）があり，いずれも履修した科目の一部は審査を経て本学単位として認定される。また，協定校などで開催される短期海外研修では，夏期・春期休暇を利用して語学学習や異文化理解のためのプログラムを語学力のレベル別に実施，プログラムにより奨学金も支給される。さらに，申請条件を満たせば，「海外研修（２単位）」として単位も認定される。

学費・奨学金制度　給付型奨学金総額 年間 787 万円

入学金 ▶ 282,000円（県外394,800円）
年間授業料（施設費等を除く）▶ 535,800円
年間奨学金総額 ▶ 7,875,000円
年間奨学金受給者数 ▶ 50人
主な奨学金制度 ▶ 協定校へ留学する学生を対象に，学内審査後，留学期間中月額5～7.5万円を支給する「県立広島大学交換留学生等支援奨学金」（返還不要）を設置。また，学費減免制度があり，2022年度には57人を対象に総額で約1,393万円を減免している。

保護者向けインフォメーション

- **オープンキャンパス**　通常のオープンキャンパス時に保護者向けの説明会を実施している。
- **成績確認**　成績表を保護者に郵送している。
- **後援会**　後援会を組織し，６月に総会を開催。事業報告のほか，保護者向け就職ガイダンスや学部・学科別に教員と保護者の懇談会を実施。
- **災害対策**　「防災マニュアル」をポータルサイト，HPに掲載。被災した際の学生の安否はポータルサイトを利用して確認する。

インターンシップ科目	必修専門ゼミ	卒業論文	GPA制度の導入の有無および活用例	１年以内の退学率	標準年限での卒業率
全学部で開講している	全学部で３・４年次に実施	全学部で卒業要件	奨学金や授業料免除対象者の選定基準，学生に対する個別の修学指導に活用	1.2%	90.4%

学部紹介

学部／学科	定員	特色
地域創生学部		
地域創生	200	▷地域社会の課題を他者と協働して解決する力を身につける。地域文化，地域産業（経営学・情報学〈データサイエンス〉），健康科学の３コースを設置。経過選択枠で入学した学生は各コースの特性を理解し，チューターからのアドバイスを踏まえて２年次にコースを選択。
● 取得可能な資格…教職（国・英・栄養），学芸員，栄養士，管理栄養士受験資格。 ● 進路状況…………就職89.3％　進学3.7％（旧人間文化学部，旧経営情報学部実績） ● 主な就職先………シェラトングランドホテル広島，マツダロジスティクス，NTTテクノクロス，アヲハタ，広島県など（旧人間文化学部，旧経営情報学部実績）。		
生物資源科学部		
地域資源開発	40	▷「農」と「食」の実践的な技術や知識，経営の専門知識を身につけ，６次産業化や農商工連携による地域社会の活性化を牽引できる人材を育成する。
生命環境	100	▷生命科学，環境科学の２コース制。ライフサイエンスやバイオテクノロジーなど人々の生存に関わる分野の専門知識・技術を用いて，社会の課題を解決できる能力を修得し，地域の活性化や良好な生存環境の保全・持続可能な社会の発展などに役立つ科学を探究する。
● 取得可能な資格…教職（理・農）など。 ● 進路状況…………就職80.0％　進学17.2％（旧生命環境学部実績） ● 主な就職先………伊藤ハム，中電工，三島食品，アンデルセン，池田糖化工業，ゼリア新薬工業，ウィメンズクリニック，広島県，広島市など（旧生命環境学部実績）。		
保健福祉学部		
保健福祉	190	▷１学科５コース（看護学，理学療法学，作業療法学，コミュニケーション障害学，人間福祉学）編成。医療ニーズの多様化や急激な少子高齢化を背景としたチーム医療福祉の推進に対応すべく，これからの保健医療福祉人材に必要な多職種連携に関する知識・姿勢や，地域包括ケアシステムを発展させるための実践力を身につける。コース選択枠入学生は，１年次前期終了時に所属コースを選択。
● 取得可能な資格…教職（養護一種），看護師・保健師・理学療法士・作業療法士・言語聴覚士・社会福祉士・精神保健福祉士受験資格。 ● 進路状況…………就職94.0％　進学4.3％ ● 主な就職先………県立広島病院，広島市立病院機構，広島総合病院，アマノリハビリテーション病院，福山リハビリテーション病院，広島市，和歌山県など。		

キャンパス

地域創生……［広島キャンパス］広島県広島市南区宇品東1-1-71
生物資源科……［庄原キャンパス］広島県庄原市七塚町5562
保健福祉……［三原キャンパス］広島県三原市学園町1-1

キャンパスアクセス ［広島キャンパス］広島電鉄一県病院前より徒歩約7分
［庄原キャンパス］JR芸備線一備後庄原よりスクールバス約23分

2025年度入試要項（予告）

●募集人員

学部／学科（コース）		前期	後期
▶地域創生	地域創生（地域文化）	32	16
	（地域産業）〈経営志向枠〉	24	
	〈応用情報志向枠〉	19	
	（健康科学）	20	—
▶生物資源科	地域資源開発	14	—
	生命環境（生命科学）	23	20
	（環境科学）	23	
▶保健福祉	保健福祉（看護学）	31	6
	（理学療法学）	15	3
	（作業療法学）	15	3
	（コミュニケーション障害学）	15	3
	（人間福祉学）	21	3
	〈コース選択〉	6	—

●２段階選抜　実施しない

注）２段階選抜は2024年度の実績です。

試験科目

デジタルブック

偏差値データ（2024年度）

●一般選抜

学部／学科／コース	2024年度 駿台予備学校 合格目標ライン	河合塾 ボーダー得点率	河合塾 ボーダー偏差値	'23年度 競争率
●前期				
▶地域創生学部				
地域創生／地域文化	47	70%	—	1.7
／地域産業〈経営〉	44	64%	—	2.9
〈応用情報〉	46	57%	47.5	1.7
／健康科学	48	60%	47.5	1.7
▶生物資源科学部				
地域資源開発	46	47%	—	1.1
生命環境／生命科学	45	50%	42.5	2.2
／環境科学	45	49%	42.5	1.1
▶保健福祉学部				
保健福祉／看護学	45	57%	—	2.1
／理学療法学	47	62%	—	2.6
／作業療法学	46	60%	—	2.2
／コミュニケーション障害学	47	62%	—	2.1
／人間福祉学	46	61%	—	1.1
コース選択〈コース一括〉	46	64%	—	5.2
●後期				
▶地域創生学部				
地域創生／地域文化／地域産業	47	66%	—	2.2
▶生物資源科学部				
生命環境	48	56%	47.5	2.3
▶保健福祉学部				
保健福祉／看護学	46	65%	—	2.7
／理学療法学	48	69%	—	7.0
／作業療法学	47	63%	—	4.3
／コミュニケーション障害学	48	66%	—	3.7
／人間福祉学	47	62%	—	1.0

- 駿台予備学校合格目標ラインは合格可能性80％に相当する駿台模試の偏差値です。
- 河合塾ボーダー得点率は合格可能性50％に相当する共通テストの得点率です。また，ボーダー偏差値は合格可能性50％に相当する河合塾全統模試の偏差値です。
- 競争率は受験者÷合格者の実質倍率

キャンパスアクセス　［三原キャンパス］ JR山陽本線－三原よりバス約15分

公立大学　福岡

北九州市立大学

資料請求

問合せ先　広報入試課入学試験係　☎093-964-4022

大学の理念

1946（昭和21）年創立，1953（昭和28）年に北九州大学となり，2001（平成13）年現校名に改称「産業技術の蓄積，アジアとの交流の歴史および環境問題への取り組みなど北九州地域の特性を活かし，開拓精神溢れる人材の育成と，地域に立脚した高度で国際的な学術研究拠点の形成を図り，地域産業，文化，社会の発展，魅力の創出に寄与するとともに人類および社会の発展に貢献する」ことを理念とし，地域や時代のニーズに応えながら発展を続けている。また，アクティブラーニング等教育方法の改善，リカレント教育の推進，データサイエンス・AI教育プログラムの導入を図るとともに，入試制度の見直し，グローバル人材の育成，インターンシップ促進，就職率の維持・向上など，入試から就職まで一貫した教育システムを構築している。

- 北方キャンパス…………〒802-8577　福岡県北九州市小倉南区北方4-2-1
- ひびきのキャンパス……〒808-0135　福岡県北九州市若松区ひびきの1-1

基本データ

学生数▶6,153名（男2,869名，女3,284名）
専任教員数▶教授149名，准教授99名，講師11名
設置学部・学群▶外国語，経済，文，法，地域創生，国際環境工
併設教育機関▶大学院―社会システム・国際環境工学（以上M・D），法学（M），マネジメント（P）

就職・卒業後の進路

就職率 99.3%
就職者÷希望者×100

● **就職支援**　キャリアセンターがさまざまな情報の提供や相談・アドバイスを行う。３～４年次を対象に各種ガイダンスや講座を開催するとともに，１年次からキャリア形成科目の開講，学内インターンシップとして「合同企業研究会」の企画・参加企業の選定・出展交渉・運営を行う学生主体の実践プロジェクト，キャリアカウンセラーによる就職相談，地元航空会社と連携した「エアライン特別講座」などを実施。「公務員研究室」では公務員試験に向けた学習指導から応募書類の添削，面接対策まで一貫した支援を行っている。

進路指導者も必見 学生を伸ばす 面倒見

初年次教育	学修サポート
アカデミック・スキルズⅠ（全学部），入門演習（外），比較文化入門（文），法学基礎演習（法），指導的実習（地域），環境問題特別講義・事例研究（工）で初年次教育を実施	全学部でTA・SA制度，オフィスアワー制度を導入し，学生の履修や学修の支援をしている

オープンキャンパス（2023年度実績）　7月に各キャンパスでオープンキャンパスを開催。事前申込制。教員による学部・学科説明や模擬授業のほか，学生による企画イベントを実施。

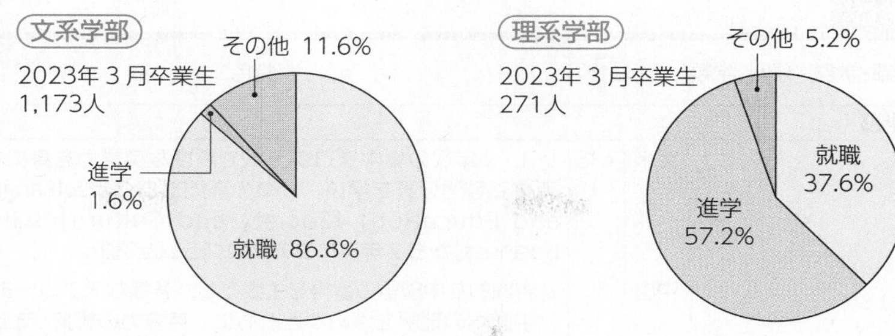

主なOB・OG ▶［法］山本甲士（小説家），［旧商］立石泰則（ノンフィクション作家）など。

国際化・留学　大学間 45 大学等・部局間 72 大学等

受入れ留学生数 ▶ 70名（2023年５月１日現在）

留学生の出身国・地域 ▶ 中国，韓国，ベトナム，台湾，マレーシアなど。

外国人専任教員 ▶ 教授15名，准教授16名，講師１名（2023年５月１日現在）

外国人専任教員の出身国 ▶ 中国，韓国，アメリカ，イギリス，オーストラリアなど。

大学間交流協定 ▶ 45大学・機関（交換留学先19大学，2023年３月31日現在）

部局間交流協定 ▶ 72大学・機関（2023年９月15日現在）

海外への留学生数 ▶ 渡航型178名・オンライン型11名／年（12カ国・地域，2022年度）

海外留学制度 ▶ 協定校への交換留学（約１年間），派遣留学（半年または１年間），語学研修プログラム（夏・春期休暇を利用），海外インターンシップなどを実施。国際教育交流センターが留学相談会の開催や情報提供，個別相談に対応するほか，基盤教育科目「世界での学び方」や教員引率型海外体験プログラム講座を開講し，留学意識の向上，長期留学等へのステップアップを図っている。コンソーシアムはUMAPに参加している。

学費・奨学金制度　給付型奨学金総額 年間 1,304 万円

入学金 ▶ 282,000円（市外423,000円）

年間授業料（施設費等を除く）▶ 535,800円

年間奨学金総額 ▶ 13,042,200円

年間奨学金受給者数 ▶ 131人

主な奨学金制度 ▶ 成績優秀で経済的理由により修学困難な学生に月額25,000円を１年間給付する「北九州市立大学同窓会奨学金」や，大学奨学補助金，国際交流基金奨学補助金を設置。また，学費減免制度の2022年度実績は43人を対象に総額で約1,116万円を減免。

保護者向けインフォメーション

- **成績確認**　成績表がWebで閲覧できる。
- **保護者会**　例年，学部別の保護者懇談会や大学公式留学プログラム説明会を開催。
- **就職ガイダンス**　6・11月に在学生の保護者向け「就職説明会」を開催。また，11月に開催される学内合同企業研究会でも保護者を対象に企業の人事や就職情報会社に個別に相談できる機会を設けている。
- **防災対策**　「安全・安心ハンドブック」を入学時に配布し，キャンパス内にも常設。被災時の学生の安否確認はメールや電話を利用する。

インターンシップ科目	必修専門ゼミ	卒業論文	GPA制度の導入の有無および活用例	１年以内の退学率	標準年限での卒業率
外国語・経済・地域・国際で開講	外国語（国）・経済１～４年次，外国語（英・中）・文３・４年次，法１・４年次，地域２～４年次，国際環境工４年次に実施	外国語（中），法（法）学部を除き卒業要件	成績優秀者表彰制度の学生選考，奨学金等対象者の選定，留学候補者の選考，学部により進級・退学・卒業判定の基準，個別の学修指導，履修上限単位数の設定に活用	0.5%	83.3%

学部紹介

学部・学群／学科・学類	定員	特色
外国語学部		
英米	135	▷１・２年次の集中プログラムで高度な英語力を身につけ，英語で専門分野を学ぶ。３つの専門プログラム「Language and Education」「Society and Culture」「Global Business」から２年次にコアプログラムを選択。
中国	50	▷実践的な中国語の習得を主眼とし，多様なアプローチにより中国への理解を深めるとともに，英語力の維持・向上を同時に行うことでグローバル時代を生きる力を養う。
国際関係	80	▷国際社会の諸課題を政治・歴史・社会・経済学などの学際的な視点から分析・対処法を研究し，アメリカ，東アジアへの理解を深め，英語とともに中国語または朝鮮語を習得。
● **取得可能な資格**…教職（公・社・英・中）など。 ● **進路状況**…………就職84.1%　進学3.0% ● **主な就職先**………JALスカイ九州，日本貿易振興機構，ANA福岡空港，九州旅客鉄道，良品計画，ファーストリテイリング，門司税関，日本マクドナルドなど。		
経済学部		
経済	142	▷２年次より「応用経済学系」と「地域・産業系」に分かれた専門科目を学び，豊かな教養を身につけ，経済学の高度専門知識を有した理論・実践を統合できる人材の育成をめざす。
経営情報	142	▷幅広い教養を身につけ，経営学を理解し，会計学や情報科学の手法も駆使することで，企業経営をデザインできる人材を育成する。
● **進路状況**…………就職88.3%　進学0.4% ● **主な就職先**………九州電力，西日本シティ銀行，ヤマエ久野，野村證券，住友生命保険，安川メカトレック，タカギ，トーケン，福岡労働局，ゼリア新薬工業，吉川工業など。		
文学部		
比較文化	142	▷日本文化を見据え，異文化を正しく理解し，世界を視野に入れて活躍できる国際人を育成する。
人間関係	80	▷人間関係および人間と社会や自然との関係を読み解き，真の意味での人間の健康的な生活のあり方を探求する。
● **取得可能な資格**…教職（国・公・社・英），学芸員など。 ● **進路状況**…………就職86.1%　進学1.3% ● **主な就職先**………日本トランスオーシャン航空，シャボン玉石けん，法務省，福岡県教育委員会，マイナビ，北九州市社会福祉協議会，セキスイハイム九州，南国交通など。		
法学部		
法律	177	▷基礎法系，公法・刑事法系，民・商事法系，社会法・国際法系の４つを段階的に学べるカリキュラムを設定し，法的思考を駆使して，複雑化した社会に新たな秩序を与えることのできる人材を養成。
政策科	76	▷都市計画・まちづくり，環境や社会保障などの各分野の問題を解決するための政策分析・立案能力を育成する。
● **取得可能な資格**…教職（公・社）など。 ● **進路状況**…………就職85.9%　進学2.3% ● **主な就職先**………都市再生機構，広島県庁，福岡県庁，九州厚生局，北九州市役所，日本生命保険，福岡労働局，内閣府沖縄総合事務局，宮崎地方裁判所，広島銀行，マツダなど。		

キャンパスアクセス　［北方キャンパス］ 北九州モノレール一競馬場前（北九州市立大学前）より徒歩約3分

地域創生学群		
地域創生	120	▷１年次からの実習を経て，２年次から地域マネジメント，スポーツ・福祉の２履修コース制を導入。現場の理解に基づく地域の再生と創造をめざし，そのための知識・理論・実践力を身につけ，地域社会のマネジメント力を体得する。

- **取得可能な資格**…社会福祉士受験資格など。
- **進路状況**…………就職92.4%　進学0.8%
- **主な就職先**………九電工，日本郵便，アイリスオーヤマ，十八親和銀行，三井不動産ホテルマネジメント，三菱電機，東京労働局，宮崎太陽銀行，シロ，北九州市福祉事業団など。

国際環境工学部		
環境化学工	45	▷化学に関する基礎学力と実践力を身につけ，物質変換を含む物質の流れを制御することにより，物質の生産，エネルギー・資源循環，環境改善を実現する人材を養成。
機械システム工	45	▷環境に配慮したものづくりで「豊かな社会」と「持続可能な社会」の両立に貢献できる人材を養成する。
情報システム工	70	▷人工知能やロボット制御，画像処理，センサー技術など，最先端の情報技術を学ぶ。
建築デザイン	50	▷省資源・低環境負荷のための建築・地域システム創造のため，資源・エネルギーやエコロジーに関わる研究分野と実践領域を統合し，望ましい環境共生を追求する。
環境生命工	45	▷生物や生態系を活用して新しい材料や技術を提案できるとともに，マネジメント手法や環境管理手法を身につける。

- **取得可能な資格**…１・２級建築士受験資格など。
- **進路状況**…………就職37.6%　進学57.2%
- **主な就職先**………九州電力，三菱自動車工業，QTnet，大林組，JA全農，シャボン玉石けん，山九，フューチャー，大和ハウス工業，TOTOアクアテクノなど。

キャンパス

外国語・経済・文・法・地域創生…［北方キャンパス］福岡県北九州市小倉南区北方4-2-1
国際環境工…［ひびきのキャンパス］福岡県北九州市若松区ひびきの1-1

2025年度入試要項（予告）

●募集人員

学部・学群／学科・学類		前期	後期
▶外国語	英米	76	12
	中国	45	5
	国際関係	45	5
▶経済		英62 数62	20
▶文	比較文化	70	10
	人間関係	40	10
▶法	法律	103	15
	政策科	42	10
▶地域創生	地域創生	40	―
▶国際環境工	環境化学工	A15 B10	15
	機械システム工	25	15
	情報システム工	42	20
	建築デザイン	34	10
	環境生命工	20	20

●**２段階選抜**　実施しない

試験科目

デジタルブック ≫

キャンパスアクセス ［ひびきのキャンパス］JR鹿児島本線―折尾よりバス約20分

偏差値データ（2024年度）

●一般選抜

学部・学群／学科・学類	2024年度 駿台予備学校 合格目標ライン	河合塾 ボーダー得点率	河合塾 ボーダー偏差値	'23年度 競争率
●前期				
▶外国語学部				
英米	51	65%	52.5	1.8
中国	49	60%	50	1.7
国際関係	50	60%	50	1.3
▶経済学部				
経済（外国語選択）	46	60%	52.5	1.9
（数学選択）	48	60%	50	2.3
経営情報（外国語選択）	46	60%	47.5	1.6
（数学選択）	48	60%	50	2.1
▶文学部				
比較文化	46	61%	45	1.5
人間関係	46	61%	—	1.8
▶法学部				
法律	45	63%	—	1.8
政策科	45	62%	—	3.6
▶地域創生学群				
地域創生	42	63%	—	5.1
▶国際環境工学部				
環境化学工（A方式）	42	47%	42.5	1.3
（B方式）	42	50%	42.5	（A方式と合わせて1.3）
機械システム工	43	54%	42.5	1.6
情報システム工	42	55%	45	2.1
建築デザイン	44	54%	45	2.1
環境生命工	42	50%	42.5	2.4
●後期				
▶外国語学部				
英米	52	73%	—	1.2
中国	49	60%	—	1.3
国際関係	49	72%	—	1.8
▶経済学部				
経済	47	67%	—	6.3
経営情報	47	66%	—	3.4
▶文学部				
比較文化	47	69%	—	2.9
人間関係	47	63%	—	2.1
▶法学部				
法律	46	69%	—	2.1
政策科	46	64%	—	6.6
▶国際環境工学部				
環境化学工	43	53%	47.5	1.7
機械システム工	44	59%	47.5	2.8
情報システム工	43	61%	50	3.0
建築デザイン	45	61%	—	2.6
環境生命工	43	57%	47.5	2.3

●駿台予備学校合格目標ラインは合格可能性80%に相当する駿台模試の偏差値です。
●河合塾ボーダー得点率は合格可能性50%に相当する共通テストの得点率です。また，ボーダー偏差値は合格可能性50%に相当する河合塾全統模試の偏差値です。
●競争率は受験者÷合格者の実質倍率

MEMO

長崎県立大学

資料請求

問合せ先 学生支援課 学生グループ ☎0956-47-5703（佐世保校），095-813-5065（シーボルト校）

大学の理念

2008（平成20）年長崎県立大学と県立長崎シーボルト大学が統合し，新「長崎県立大学」が開学。地域経済の発展と県民の健康・生活・文化の向上を図る学術文化の中心としての役割を担うべく，「人間を尊重し平和を希求する精神を備えた創造性豊かな人材の育成」「長崎に根ざした新たな知の創造」「大学の総合力に基づく地域社会および国際社会への貢献」を使命としている。この使命を達成するために，高度な専門的知識の教授と，幅広い教養教育を展開。長崎県の地理的特徴である多くの「しま」を第三のキャンパスとし，学生が主体的に設定した課題解決のために「しま」に出かけ，調査・フィールドワークを行うことを通じて地域に貢献すると同時に自らを鍛える「しまなび」プログラムなど，新しい試みにも取り組んでいる。

- 佐世保校…………〒858-8580 長崎県佐世保市川下町123
- シーボルト校……〒851-2195 長崎県西彼杵郡長与町まなび野1-1-1

基本データ

学生数▶3,025名（男1,551名，女1,474名）
専任教員数▶教授75名，准教授41名，講師34名
設置学部▶経営，地域創造，国際社会，情報システム，看護栄養
併設教育機関▶大学院－地域創生（M・D）

就職・卒業後の進路

就職率 **99.5**％
就職者÷希望者×100

● **就職支援** 佐世保校とシーボルト校のそれぞれに就職支援の窓口を設置。専門の相談員が常駐し，一人ひとりの進路や悩み事に真摯に対応している。就職活動のノウハウを解説する「就職ガイダンス」，筆記試験対策や面接対策などの各種セミナー，業界や企業を知るための「業界セミナー」や「企業説明会」を学内で実施するほか，実際に働く現場において見学会やインターンシップ，OB・OGの就職体験を聞く機会なども提供している。また，個別の面接対策やエントリーシートの添削なども行っている。１年次から利用できる就職支援システム「Sun-Career」では，キャリア相談やイベント・セミナーの実施予

進路指導者も必見 学生を伸ばす 面倒見

初年次教育	学修サポート
レポート・論文の書き方，プレゼン技法，ITの基礎技術，情報収集や資料整理の方法を学ぶほか，自校教育，学問や大学教育全体に対する動機づけ，論理的思考や問題発見・解決能力の向上を図る初年次教育を実施	全学部でTA制度，オフィスアワー制度，全学教育科目の一部および情報システム学部でSA制度を導入し，学生の履修や学修の支援をしている

オープンキャンパス（2023年度実績） 7月に来場型のオープンキャンパスを開催。事前予約制。学部・学科ガイダンス，模擬授業，個別相談，学生による大学紹介などを実施。

定や参加予約，求人情報やインターンシップ情報，先輩の就活体験談の閲覧などに，自宅のパソコンやスマートフォンからもアクセスできる。３年次には就職活動のノウハウが満載の大学オリジナル「就活手帳」を配布するなど手厚い支援を行っている。

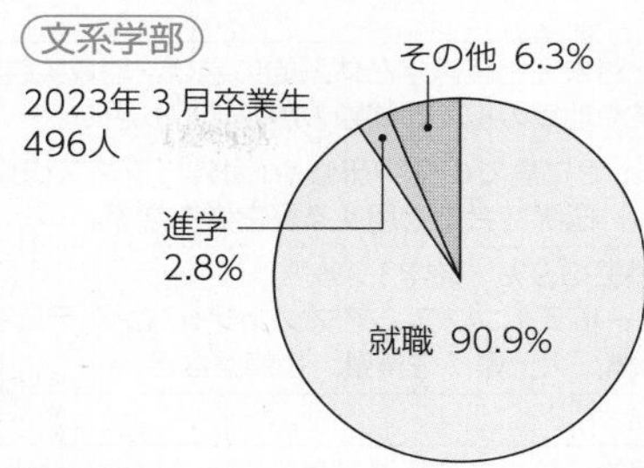

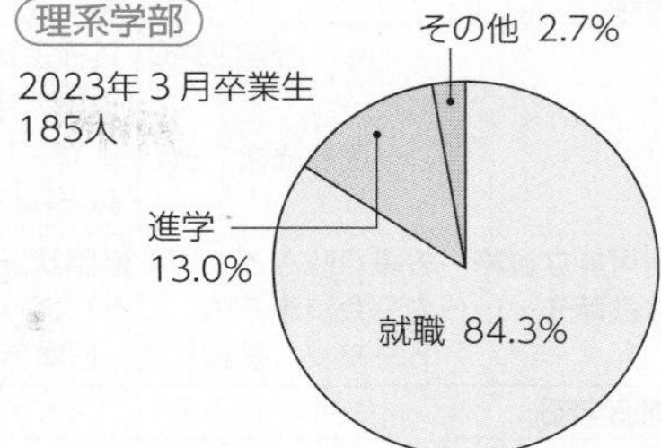

主なOB・OG ▶ ［旧長崎県立国経大］斎藤眞一（南日本銀行会長），井上眞（大塚製薬社長）など。

国際化・留学　大学間 13 大学・部局間 5 大学

受入れ留学生数 ▶ 13名（2023年5月1日現在）
留学生の出身国・地域 ▶ 中国，ベトナム，台湾，韓国など。
外国人専任教員 ▶ 教授６名，准教授２名，講師10名（2023年５月１日月現在）
外国人専任教員の出身国 ▶ 中国，韓国，イギリス，カナダ，アルバニア共和国など。
大学間交流協定 ▶ 13大学（交換留学先13大学，2023年９月５日現在）
部局間交流協定 ▶ ５大学（交換留学先１大学，2023年９月５日現在）
海外への留学生数 ▶ オンライン型17名／年（７カ国・地域，2022年度）
海外留学制度 ▶ 国際交流協定を締結している世界各国の大学への長期留学が可能な交換留学や，夏休み・春休み期間を利用した３週間から１カ月の海外語学研修など，国際交流のプログラムを豊富に用意している。多くの学生が交換留学や語学研修などに参加し，語学力や広い視野を身につけている。また，佐世保米海軍基地内大学（ネイビーカレッジ）の一つであるメリーランド大学との大学提携・交流協定に基づき長崎で大学に通いながら，アメリカの大学への留学が体験でき，英語力強化プログラムやメリーランド大学の正規の授業を履修することもできる。

学費・奨学金制度

入学金 ▶ 176,500円（県外353,000円）
年間授業料（施設費等を除く）▶ 535,800円
主な奨学金制度 ▶ 学業成績が優秀で，家庭の経済事情や不測の災害などにより，授業料の納付が極めて困難な学生に対し，授業料の全額または半額を減免する学費減免制度がある。

保護者向けインフォメーション

- **成績確認**　成績表や履修科目と単位数の情報がWebで閲覧できる。
- **就職ガイダンス**　７月に後援会入会者を対象に保護者向け就職ガイダンスを開催。
- **防災対策**　「災害対策ハンドブック」を入学時にメールで配布。被災した際の学生の安否はメールで確認する。また，防災講座や防災キャンプを実施し，防災意識の啓発を図っている。

インターンシップ科目	必修専門ゼミ	卒業論文	GPA制度の導入の有無および活用例	１年以内の退学率	標準年限での卒業率
看護栄養学部を除き開講している	全学部で３・４年次に実施	全学部で卒業要件	奨学金や授業料免除対象者の選定基準，学生に対する個別の学修指導に活用	0.7%	89.0%

学部紹介

学部／学科	定員	特色
経営学部		
経営	140	▷社会変化を踏まえた経営学を体系的に学び，地域実践科目で個別の企業や地域の抱える課題の解決に取り組む。
国際経営	60	▷フィリピン・セブ島での語学研修や「海外ビジネス研修」を必修科目とし，国際社会で通用する経営学を学ぶ。
●**取得可能な資格**…教職(商)など。 ●**進路状況**…就職90.9% 進学3.2% ●**主な就職先**………内田会計事務所，ジャパネットホールディングス，アマゾンジャパン，デロイトトーマツ，長崎税関，日本年金機構，大分県，佐賀県，長崎県など。		
地域創造学部		
公共政策	120	▷地域を多角的に分析する手法を身につけ，地域社会の現状と理論的背景から地域の課題を考察し，解決する力を養う。
実践経済	130	▷経済の専門知識と，地域独自の経済の動き・企業の仕組みを学び，地域経済の課題を理解し，地域経済の活性化・発展に貢献できる能力を身につける。
●**取得可能な資格**…教職(地歴・公・社)など。 ●**進路状況**…就職91.9% 進学2.0% ●**主な就職先**………長崎大学，JTB，ゆうちょ銀行，SCSK，大塚製薬，広島銀行，佐世保地方総監部，熊本県，長崎県，長崎県警察，佐世保市，鹿児島地方裁判所など。		
国際社会学部		
国際社会	60	▷洗練された国際感覚とメディア発信力を養う。「海外語学研修」や「企業インターンシップ」を必修化し，メディア関連の専門科目を用意。
●**取得可能な資格**…教職(公・社)など。 ●**進路状況**…就職86.9% 進学4.9% ●**主な就職先**………大島造船所，オリックス生命保険，長崎新聞社，西日本鉄道，ジェイエア，大分地方裁判所，国税専門官，長崎県など。		
情報システム学部		
情報システム	40	▷プログラミングやネットワーク構築など，情報システムの開発に必要な専門知識・技術を基礎から学び，IT業界で幅広く活躍できる人材を育成する。
情報セキュリティ	80	▷情報セキュリティに関する知識・技術について深く学び，情報セキュリティのプロとしての高い専門性と実践力を身につける。
●**進路状況**…………就職81.7% 進学13.4% ●**主な就職先**………SCSKニアショアシステムズ，協和電気工業，京セラコミュニケーションシステム，住友電装，NTTデータMHIシステムズ，セイノー情報サービスなど。		
看護栄養学部		
看護	60	▷講義と実習により専門的な知識と高度な看護実践力を修得。看護の現場でリーダーシップを発揮し，指導的立場になれる看護師を育成する。
栄養健康	40	▷栄養学や健康科学の専門家として，社会に貢献できるスキルを修得する。少人数のグループ実習や臨地実習を通して病院や各種施設の現場で必要な実践力を身につける。
●**取得可能な資格**…教職(養護一種・栄養)，栄養士，看護師・管理栄養士受験資格など。 ●**進路状況**…………就職86.4% 進学12.6% ●**主な就職先**………諫早総合病院，熊本大学病院，長崎県教育委員会，日清医療食品，双葉産業など。		

 キャンパスアクセス [佐世保校] 松浦鉄道―大学より徒歩約5分

▶キャンパス

経営・地域創造…［佐世保校］長崎県佐世保市川下町123

国際社会・情報システム・看護栄養…［シーボルト校］長崎県西彼杵郡長与町まなび野1-1-1

2025年度入試要項（予告）

●募集人員

学部／学科		前期	後期
▶経営	経営	70	15
	国際経営	30	10
▶地域創造	公共政策	英40 数20	30
	実践経済	英40 数25	20
▶国際社会	国際社会	30	6
▶情報システム	情報システム	20	8
	情報セキュリティ	40	20
▶看護栄養	看護	38	6
	栄養健康	24	6

●２段階選抜　実施しない

注）募集人員および２段階選抜は2024年度の実績です。

試験科目

デジタルブック ≫≫ 

偏差値データ（2024年度）

●一般選抜

学部／学科	2024年度 駿台予備学校 合格目標ライン	河合塾 ボーダー得点率	河合塾 ボーダー偏差値	'23年度 競争率
●前期				
▶経営学部				
経営	44	52%	45	1.4
国際経営	46	53%	45	1.7
▶地域創造学部				
公共政策（英語）	44	52%	42.5	3.4
（数学）	45	52%	42.5	3.4
実践経済（英語）	44	48%	42.5	2.4
（数学）	46	48%	45	1.9
▶国際社会学部				
国際社会	48	54%	45	1.3
▶情報システム学部				
情報システム	45	58%	47.5	3.5
情報セキュリティ	44	55%	42.5	2.9
▶看護栄養学部				
看護	45	51%	47.5	2.9
栄養健康	45	50%	42.5	1.6
●後期				
▶経営学部				
経営	44	56%	—	4.0
国際経営	46	58%	50	2.1
▶地域創造学部				
公共政策	45	56%	47.5	3.7
実践経済	45	54%	—	1.7
▶国際社会学部				
国際社会	50	60%	50	3.2
▶情報システム学部				
情報システム	46	62%	50	7.2
情報セキュリティ	45	60%	45	3.8
▶看護栄養学部				
看護	46	55%	50	7.0
栄養健康	46	50%	45	1.4

- 駿台予備学校合格目標ラインは合格可能性80％に相当する駿台模試の偏差値です。
- 河合塾ボーダー得点率は合格可能性50％に相当する共通テストの得点率です。また，ボーダー偏差値は合格可能性50％に相当する河合塾全統模試の偏差値です。
- 競争率は受験者÷合格者の実質倍率

キャンパスアクセス［シーボルト校］JR長崎本線一長与より徒歩約20分

熊本県立大学

資料請求

問合せ先〉 教務入試課入試班 ☎096-321-6610

大学の理念

1947（昭和22）年創立の熊本県立女子専門学校が1949（昭和24）年に熊本女子大学を開学，1994（平成６）年熊本県立大学と改称，男女共学となる。2006（平成18）年の公立大学法人化を機に「地域に生き，世界に伸びる」をスローガンとし，「地域実学主義」に基づく教育と研究を実践。熊本の自然や文化，社会に対する理解に立ち，専門の枠を超え，自ら課題を認識・発見し，“地域づくりのキーパーソン”として地域の人々と協働し課題の解決に取り組む人材「もやいすと」を育成する。船を繋ぐという意味の「もやう」から，人と自然と地域社会の関係再構築をめざす。熊本と地域を学ぶ「新熊本学」，フィールドワークの積極的採用，地域の課題に卒論で取り組む研究制度など，地域に根ざした「知の拠点」としての取り組みを強化している。

● **熊本県立大学キャンパス**……〒862-8502 熊本県熊本市東区月出3-1-100

基本データ

学生数▶2,108名（男815名，女1,293名）
専任教員数▶教授45名，准教授39名，講師１名

設置学部▶文，環境共生，総合管理
併設教育機関▶大学院―文学・環境共生学・アドミニストレーション（以上M・D）

就職・卒業後の進路

就職率 96.4%
就職者÷希望者×100

● **就職支援**　キャリアセンターではセミナーやガイダンスの開催，インターンシップ・就職情報の提供はもちろん，専任の就職アドバイザーが就職相談から企業情報の収集の仕方，自己PRや志望動機を中心とした履歴書の書き方，応募する企業に焦点を合わせた面接や入退室のマナーに至るまで，親身になって支援している。また，進路が決定している４年生も自身の経験を踏まえ，就職活動や進路の相談に応じている。学生一人ひとりが大学生活全体を通して，自分自身の将来のキャリアについて考えを深めていくことができるように，大学での学習内容やさまざまな活動記録を蓄積する「キャリアフォリオ（学修履歴の記録）」を活用した主体的なキャリアデザインを推進するほか，専門業者や外部講師によ

進路指導者も必見 学生を伸ばす 面倒見

初年次教育	学修サポート
「プレゼミナール」でレポート・論文の書き方，プレゼン技法，情報収集や資料整理の方法，「情報処理入門」ではITの基礎技術，情報モラルやセキュリティについても学ぶ	オフィスアワー制度を導入し，学習や進路など学生の相談に応じている。電子メールでの相談にも対応。また，Grobal Loungeで英語のチュータリングを実施している

オープンキャンパス（2023年度実績） ７月に来場型オープンキャンパスを開催。定員制・事前申込制。学部・学科・専攻紹介，模擬講義，学内ツアー，施設見学，ゼミ体験など。Webオープンキャンパスも公開。

る公務員試験など各種資格試験対策講座を学内で開講している。

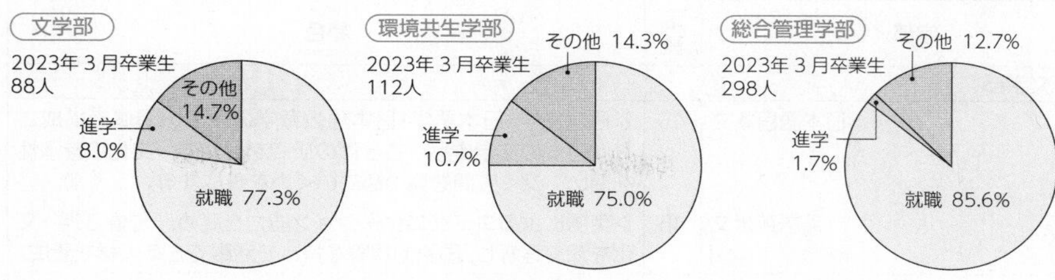

主なOB・OG ▶［文］高瀬千図（作家），武田双龍（書道家），吉住（お笑い芸人）など。

国際化・留学　大学間 14 大学等

受入れ留学生数 ▶２名（2023年５月１日現在）

留学生の出身国 ▶韓国

大学間交流協定 ▶14大学・機関（交換留学先２大学，2023年５月１日現在）

海外への留学生数 ▶NA

海外留学制度 ▶学生交流協定校である韓国・祥明大學校には10カ月間，アメリカ・モンタナ州立大学ビリングス校には９カ月間，単位交換および授業料相互不徴収の留学制度で交換留学を実施。また，短期語学研修として，祥明大學校に８日間，モンタナ州立大学ビリングス校に１カ月ホームステイをしながら，語学学習と文化体験を目的とした研修団を派遣し，両大学からは学生の受け入れもあり，交流を深めている。もやいすとグローバル育成プログラムの参加学生には，海外インターンシップやボランティアなどを行う専用科目も用意されている。国際教育交流センターが，留学や奨学金制度の説明会を実施するほか，海外の大学での授業や生活についてのアドバイスなどを行う「留学対策講座」を開講している。また，派遣される交換留学生については「短期派遣留学支援奨学金」を，文学部英語英米文学科の一定期間以上の留学・研修を行う学生に「小辻梅子奨学金」を用意し，学生が安心して海外の大学等で学ぶことができるよう支援している。

学費・奨学金制度

入学金 ▶207,000円（県外414,000円）

年間授業料（施設費等を除く） ▶535,800円

主な奨学金制度 ▶学業成績・人物ともに優秀でありながら，経済的理由から修学が困難な学生に「同窓会紫苑会奨学金」は年額20万円を給付。また，一定の成績を修め，かつ経済的理由により授業料の納付が困難な場合，申請により授業料が減免される制度もある。

保護者向けインフォメーション

● **後援会**　後援会を組織し，総会や就職に関する講演会を開催。「講演会だより」も発行している。

● **防災対策**　防災・減災に係わる資材等の収集や，緊急時対応マニュアル等，防災に関するハード面・ソフト面の整備を進め，災害発生時に備えている。被災した際の学生の安否は安否情報システムを利用して確認する。

インターンシップ科目	必修専門ゼミ	卒業論文	GPA制度の導入の有無および活用例	１年以内の退学率	標準年限での卒業率
共通科目群で開講している	全学部で実施，開講年次は学科により異なる	全学部で卒業要件	成績優秀者の表彰基準，担当教員による個別の学修指導に活用	NA	NA

学部紹介

学部／学科	定員	特色
文学部		
日本語日本文	45	▷日本文学・日本語学・日本語教育学の３つの領域で構成され，日本の文学作品やことばの研究を通して，文化の継承性を問い，深く人間を見つめていく力を養成する。
英語英米文	45	▷英語によるコミュニケーション能力を高め，言語・文学・文化を深く理解し，国際的視野を持って活躍できる人材を養成。
●取得可能な資格…教職(国・英)など ●進路状況…………就職77.3%　進学8.0% ●主な就職先………熊本銀行，JTB，第一生命保険，イオン九州，楽天グループ，星野リゾートマネジメント，熊本大学，熊本労働局，熊本県，熊本市など。		
環境共生学部		
環境共生	110	▷環境資源学専攻(30名)，居住環境学専攻(40名)，食健康環境学専攻(40名)。環境に関わる諸課題を総合的にとらえ，自然環境を保全しつつ，持続的に利用し，地域住民の快適で健康な生活を確保する方策を追求し，地域の発展と人間福祉の向上をめざし，自然環境と人間活動との共生のあり方について教育・研究する。環境共生をベースに各専攻の垣根を低くして，高度な専門性を確保しつつも，特定の専門分野にとらわれずに柔軟性と高い意欲を備えた人材を育成する。
●取得可能な資格…教職(理・家・農・栄養)，栄養士，管理栄養士・１級建築士・２級建築士受験資格など。 ●進路状況…………就職75.0%　進学10.7% ●主な就職先………再春館製薬，アウトソーシングテクノロジー，九電工，住友林業緑化，積水ハウス，資生堂，アヲハタ，熊本大学病院，日本食品検査，熊本県など。		
総合管理学部		
総合管理	280	▷多様化，複雑化してきた社会の諸問題を，総合的にとらえ，解決していくため，社会学，行政学，社会福祉学，経営学，情報学などを統合・体系化した総合管理(アドミニストレーション)学を専門的に教育・研究する。
●取得可能な資格…教職(公・社・商・情)など。 ●進路状況…………就職85.6%　進学1.7% ●主な就職先………熊本銀行，NTTデータ，あいおいニッセイ同和損保険，愛媛新聞，鹿児島大学，九州農政局，熊本県，熊本市など。		

▶キャンパス

全学部……［熊本県立大学キャンパス］熊本県熊本市東区月出3-1-100

キャンパスアクセス ［熊本県立大学キャンパス］JR豊肥本線一水前寺よりバス約20分

2025年度入試要項(予告)

●募集人員

学部／学科(専攻)		前期	後期
文	日本語日本文	30	10
	英語英米文	28	10
環境共生	環境共生(環境資源学)	15	12
	(居住環境学)	20	12
	(食健康環境学)	28	8
総合管理	総合管理	A方式30 B方式60	A方式40 B方式50

●２段階選抜　実施しない

注)募集人員および２段階選抜は2024年度の実績です。

試験科目

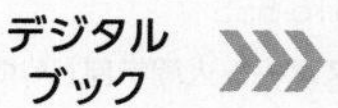

偏差値データ(2024年度)

●一般選抜

学部／学科／専攻	2024年度 駿台予備学校 合格目標ライン	河合塾 ボーダー得点率	河合塾 ボーダー偏差値	'23年度 競争率
●前期				
文学部				
日本語日本文	49	62%	52.5	2.3
英語英米文	48	59%	50	1.5
環境共生学部				
環境共生／環境資源学	45	55%	45	1.9
／居住環境学	45	54%	45	2.0
／食健康環境学	45	52%	45	1.4
総合管理				
総合管理(Ａ方式)	45	58%	—	2.5
(Ｂ方式)	45	60%	—	2.0
●後期				
文学部				
日本語日本文	48	64%	—	2.2
英語英米文	49	62%	50	1.5
環境共生学部				
環境共生／環境資源学	46	56%	50	2.7
／居住環境学	46	59%	—	2.4
／食健康環境学	48	54%	—	2.2
総合管理				
総合管理(Ａ方式)	46	59%	—	1.7
(Ｂ方式)	46	62%	—	1.5

- 駿台予備学校合格目標ラインは合格可能性80％に相当する駿台模試の偏差値です。
- 河合塾ボーダー得点率は合格可能性50％に相当する共通テストの得点率です。また，ボーダー偏差値は合格可能性50％に相当する河合塾全統模試の偏差値です。
- 競争率は受験者÷合格者の実質倍率

その他の大学一覧

本文で紹介できなかった大学を一覧にしました。詳細は各大学にお問合せください。

私立大学

北海道

育英館大学　●情報メディア学部(情報メディア)
本部　〒097-0013　北海道稚内市若葉台1-2290-28　問合せ先　入試キャリア支援課 ☎0162-32-7511

札幌大学　●地域共創学群
本部　〒062-8520　北海道札幌市豊平区西岡3条7-3-1　問合せ先　入学センター 📞0120-15-3201

札幌大谷大学　●芸術学部(音楽／美術)　●社会学部(地域社会)
本部　〒065-8567　北海道札幌市東区北16条東9-1-1　問合せ先　入試広報課 ☎011-742-1643

札幌学院大学　●心理学部(臨床心理)　●人文学部(人間科／英語英米文／こども発達)　●法学部(法律)
●経済経営学部(経済／経営)
本部　〒069-8555　北海道江別市文京台11　問合せ先　広報入試課 📞0120-816-555

札幌国際大学　●人文学部(国際教養／心理)　●観光学部(観光ビジネス)　●スポーツ人間学部(スポーツビジネス／スポーツ指導)
本部　〒004-8602　北海道札幌市清田区清田4条1-4-1　問合せ先　アドミッションセンター ☎011-8.81-8861

札幌保健医療大学　●保健医療学部(看護／栄養)
本部　〒007-0894　北海道札幌市東区中沼西4条2-1-15　問合せ先　進路支援課 ☎011-792-3350

星槎道都大学　●経営学部(経営)　●社会福祉学部(社会福祉)　●美術学部(デザイン／建築)
本部　〒061-1196　北海道北広島市中の沢149　問合せ先　入試広報課 📞0120-870205

天使大学　●看護栄養学部(看護／栄養)
本部　〒065-0013　北海道札幌市東区北13条東3-1-30　問合せ先　入試･広報室 ☎011-741-1052

日本医療大学　●保健医療学部(看護／リハビリテーション／診療放射線／臨床検査／臨床工)
●総合福祉学部(介護福祉マネジメント／ソーシャルワーク)
本部　〒062-0053　北海道札幌市豊平区月寒東3条11-1-50
問合せ先　募集グループ ☎011-351-6111

日本赤十字北海道看護大学　●看護学部(看護)
本部　〒090-0011　北海道北見市曙町664-1　問合せ先　入試課 ☎0157-66-3311(代)

函館大学　●商学部(商)
本部　〒042-0955　北海道函館市高丘町51-1　問合せ先　入試課 📞0120-00-1172

藤女子大学　●文学部(英語文化／日本語･日本文／文化総合)　●人間生活学部(人間生活／食物栄養／子ども教育)
本部　〒001-0016　北海道札幌市北区北16条西2丁目　問合せ先　入試課 ☎011-736-5959

北翔大学　●生涯スポーツ学部(スポーツ教育／健康福祉)　●教育文化学部(教育／芸術／心理カウンセリング)
本部　〒069-8511　北海道江別市文京台23　問合せ先　アドミッションセンター ☎011-387-3906

北星学園大学　●文学部(英文／心理･応用コミュニケーション)　●経済学部(経済／経営情報／経済法)
●社会福祉学部(社会福祉／心理)
本部　〒004-8631　北海道札幌市厚別区大谷地西2-3-1　問合せ先　入試課 ☎011-891-2731(代)

北洋大学　●国際文化学部(キャリア創造)
本部　〒059-1266　北海道苫小牧市錦西町3-2-1　問合せ先　入試係 ☎0144-61-3111

北海商科大学　●商学部(商／観光産業)
本部　〒062-8607　北海道札幌市豊平区豊平6条6-10　問合せ先　入試･広報センター 📞0120-733-066

北海道医療大学　●薬学部(薬)　●歯学部(歯)　●看護福祉学部(看護／福祉マネジメント)　●心理科学部(臨床心理)　●リハビリテーション科学部(理学療法／作業療法／言語聴覚療法)　●医療技術学部(臨床検査)

本部 〒061-0293　北海道石狩郡当別町金沢1757　問合せ先 入試広報課 ☎0120-068-222

北海道科学大学　●**工学部**(機械工／情報工／電気電子工／建築／都市環境)　●**薬学部**(薬)　●**保健医療学部**(看護／理学療法／義肢装具／臨床工／診療放射線)　●**未来デザイン学部**(メディアデザイン／人間社会)
本部 〒006-8585　北海道札幌市手稲区前田7条15-4-1　問合せ先 入試課 ☎0120-248-059

北海道情報大学　●**経営情報学部**(先端経営／システム情報)　●**医療情報学部**(医療情報)　●**情報メディア学部**(情報メディア)
本部 〒069-8585　北海道江別市西野幌59-2　問合せ先 入試課 ☎011-385-4425

北海道千歳リハビリテーション大学　●**健康科学部**(リハビリテーション)
本部 〒066-0055　北海道千歳市里美2-10　問合せ先 入試広報室 ☎0123-28-5331(代)

北海道文教大学　●**人間科学部**(健康栄養／こども発達／地域未来)　●**国際学部**(国際教養／国際コミュニケーション)　●**医療保健科学部**(看護／リハビリテーション)
本部 〒061-1449　北海道恵庭市黄金中央5-196-1　問合せ先 入試広報課 ☎0120-240-552

北海道武蔵女子大学　●**経営学部**(経営)
本部 〒001-0022　北海道札幌市北区北22条西13丁目　問合せ先 入試広報課 ☎011-726-3141(代)

酪農学園大学　●**農食環境学群**(循環農／食と健康／環境共生)　●**獣医学群**(獣医／獣医保健看護)
本部 〒069-8501　北海道江別市文京台緑町582　問合せ先 入試広報センター ☎0120-771-663

青森

青森大学　●**総合経営学部**(経営)　●**社会学部**(社会)　●**ソフトウェア情報学部**(ソフトウェア情報)　●**薬学部**(薬)
本部 〒030-0943　青森県青森市幸畑2-3-1　問合せ先 入試課 ☎017-728-0102

青森中央学院大学　●**経営法学部**(経営法)　●**看護学部**(看護)
本部 〒030-0132　青森県青森市横内字神田12-1　問合せ先 入試広報センター ☎017-728-0496

柴田学園大学　●**生活創生学部**(健康栄養／こども発達／フードマネジメント)
本部 〒036-8530　青森県弘前市清原1-1-16　問合せ先 学務課 ☎0172-33-2289(代)

八戸学院大学　●**地域経営学部**(地域経営)　●**健康医療学部**(人間健康／看護)
本部 〒031-8588　青森県八戸市美保野13-98　問合せ先 キャリア支援課 ☎0178-30-1700

八戸工業大学　●**工学部**(工)　●**感性デザイン学部**(感性デザイン)
本部 〒031-8501 青森県八戸市大字妙字大開88-1　問合せ先 入試部 ☎0120-850-276

弘前医療福祉大学　●**保健学部**(看護／医療技術)
本部 〒036-8102　青森県弘前市小比内3-18-1　問合せ先 入試課 ☎0172-27-1001(代)

弘前学院大学　●**文学部**(英語・英米文／日本語・日本文)　●**社会福祉学部**(社会福祉)　●**看護学部**(看護)
本部 〒036-8577　青森県弘前市稔町13-1　問合せ先 アドミッションセンター ☎0172-34-5211(代)

岩手

岩手医科大学　●**医学部**(医)　●**歯学部**(歯)　●**薬学部**(薬)　●**看護学部**(看護)
本部 〒028-3694　岩手県紫波郡矢巾町医大通1-1-1　問合せ先 入試・キャリア支援課 ☎019-651-5110(代)

岩手保健医療大学　●**看護学部**(看護)
本部 〒020-0045　岩手県盛岡市盛岡駅西通1-6-30　問合せ先 学務課入試・広報係 ☎019-606-7030

富士大学　●**経済学部**(経済／経営法)
本部 〒025-8501　岩手県花巻市下根子450-3　問合せ先 入試部 ☎0198-23-7974

盛岡大学　●**文学部**(英語文化／日本文／社会文化／児童教育)　●**栄養科学部**(栄養科)
本部 〒020-0694　岩手県滝沢市砂込808　問合せ先 入試センター ☎019-688-5560

宮城

石巻専修大学　●**理工学部**(生物科／機械工／情報電子工)　●**経営学部**(経営／情報マネジメント)　●**人間学部**(人間文化／人間教育)
本部 〒986-8580　宮城県石巻市南境新水戸1　問合せ先 事務課入試・広報担当 ☎0225-22-7717

尚絅学院大学　●**人文社会学群**(人文社会)　●**心理・教育学群**(心理／子ども／学校教育)　●**健康栄養学群**(健康栄養)
本部 〒981-1295　宮城県名取市ゆりが丘4-10-1　問合せ先 入試課 ☎022-381-3311

仙台大学　●**体育学部**(体育／健康福祉／スポーツ栄養／スポーツ情報マスメディア／現代武道／子ども運動教育)
本部 〒989-1693　宮城県柴田郡柴田町船岡南2-2-18　問合せ先 入試課 ☎0224-55-1017

仙台青葉学院大学 ●看護学部（看護） ●リハビリテーション学部（リハビリテーション）
本部 〒984-0022 宮城県仙台市若林区五橋3-5-75 問合せ先 入試センター ☎0120-918-880

仙台白百合女子大学 ●人間学部（子ども教育／心理福祉／健康栄養／グローバル・スタディーズ）
本部 〒981-3107 宮城県仙台市泉区本田町6-1 問合せ先 入試広報課 ☎022-374-5014

東北医科薬科大学 ●医学部（医） ●薬学部（薬／生命薬科）
本部 〒981-8558 宮城県仙台市青葉区小松島4-4-1 問合せ先 入試課 ☎022-234-4181（代）

東北工業大学 ●工学部（電気電子工／情報通信工／都市マネジメント／環境応用化） ●建築学部（建築） ●ライフデザイン学部（産業デザイン／生活デザイン／経営コミュニケーション）
本部 〒982-8577 宮城県仙台市太白区八木山香澄町35-1 問合せ先 入試広報課 ☎022-305-3111

東北生活文化大学 ●家政学部（家政） ●美術学部（美術表現）
本部 〒981-8585 宮城県仙台市泉区虹の丘1-18-2 問合せ先 入試課 ☎0120-20-7521

東北福祉大学 ●総合福祉学部（社会福祉／福祉心理／福祉行政） ●総合マネジメント学部（産業福祉マネジメント／情報福祉マネジメント） ●教育学部（教育） ●健康科学部（保健看護／リハビリテーション／医療経営管理）
本部 〒981-8522 宮城県仙台市青葉区国見1-8-1 問合せ先 入学センター ☎022-717-3312

東北文化学園大学 ●現代社会学部（現代社会） ●経営法学部（経営法） ●工学部（知能情報システム／建築環境／臨床工） ●医療福祉学部（リハビリテーション／看護）
本部 〒981-8551 宮城県仙台市青葉区国見6-45-1 問合せ先 アドミッションセンター ☎022-233-3374

宮城学院女子大学 ●現代ビジネス学部（現代ビジネス） ●教育学部（教育） ●生活科学部（食品栄養／生活文化デザイン） ●学芸学部（日本文／英文／人間文化／心理行動科／音楽）
本部 〒981-8557 宮城県仙台市青葉区桜ケ丘9-1-1 問合せ先 入試広報課 ☎022-279-5837

秋田

秋田看護福祉大学 ●看護福祉学部（看護／医療福祉）
本部 〒017-0046 秋田県大館市清水2-3-4 問合せ先 教務課入試係 ☎0186-43-6510

日本赤十字秋田看護大学 ●看護学部（看護）
本部 〒010-1493 秋田県秋田市上北手猿田苗代沢17-3 問合せ先 入試・広報課 ☎018-829-3759

ノースアジア大学 ●経済学部（経済） ●法学部（法律／国際）
本部 〒010-8515 秋田県秋田市下北手桜守沢46-1 問合せ先 教務課 ☎018-836-1342

山形

電動モビリティシステム専門職大学 ●電気自動車システム工学部（電気自動車システム工）
本部 〒999-0602 山形県西置賜郡飯豊町大字萩生1725-2 問合せ先 学務課教務係 ☎0238-88-7377

東北芸術工科大学 ●芸術学部（文化財保存修復／歴史遺産／美術／工芸デザイン／文芸） ●デザイン工学部（プロダクトデザイン／建築・環境デザイン／グラフィックデザイン／映像／企画構想／コミュニティデザイン）
本部 〒990-9530 山形県山形市上桜田3-4-5 問合せ先 入試広報課 ☎0120-27-8160

東北公益文科大学 ●公益学部（公益）
本部 〒998-8580 山形県酒田市飯森山3-5-1 問合せ先 入試事務室 ☎0234-41-1118

東北文教大学 ●人間科学部（子ども教育／人間関係）
本部 〒990-2316 山形県山形市片谷地515 問合せ先 入試広報センター ☎023-688-2296

福島

医療創生大学 ●薬学部（薬） ●看護学部（看護） ●健康医療科学部（作業療法／理学療法） ●心理学部（臨床心理） ●国際看護（看護）
本部 〒970-8551 福島県いわき市中央台飯野5-5-1 問合せ先 企画課 ☎0120-295110

奥羽大学 ●歯学部（歯） ●薬学部（薬）
本部 〒963-8611 福島県郡山市富田町三角堂31-1
問合せ先 学事部入試係 ☎024-932-9005・9055（歯） ☎024-932-8995・9006（薬）

郡山女子大学 ●家政学部（生活科／食物栄養）
本部 〒963-8503 福島県郡山市開成3-25-2 問合せ先 入学事務・広報部 ☎024-932-4848（代）

東日本国際大学 ●経済経営学部（経済経営） ●健康福祉学部（社会福祉）
本部 〒970-8023 福島県いわき市平鎌田字寿金沢37 問合せ先 入試広報課 ☎0246-35-0002

福島学院大学 ●福祉学部（福祉心理／こども） ●マネジメント学部（地域マネジメント）
本部 〒960-0181 福島県福島市宮代乳児池1-1 問合せ先 入学広報課 ☎024-553-3253

茨 城

アール医療専門職大学 ●リハビリテーション学部(理学療法／作業療法)
本部 〒300-0032 茨城県土浦市湖北2-10-35 問合せ先 入試広報課 ☎029-824-7611

茨城キリスト教大学 ●文学部(現代英語／児童教育／文化交流) ●生活科学部(心理福祉／食物健康科) ●看護学部(看護) ●経営学部(経営) ●未来教養学環
本部 〒319-1295 茨城県日立市大みか町6-11-1 問合せ先 入試広報部 ☎0294-54-3212

つくば国際大学 ●医療保健学部(理学療法／看護／保健栄養／診療放射線／臨床検査／医療技術)
本部 〒300-0051 茨城県土浦市真鍋6-20-1 問合せ先 総務課入試係 ☎029-826-6000(代)

常磐大学 ●人間科学部(心理／教育／現代社会／コミュニケーション／健康栄養) ●総合政策学部(経営／法律行政／総合政策) ●看護学部(看護)
本部 〒310-8585 茨城県水戸市見和1-430-1 問合せ先 アドミッションセンター ☎029-232-2504

日本ウェルネススポーツ大学 ●スポーツプロモーション学部(スポーツプロモーション)
本部 〒300-1622 茨城県北相馬郡利根町布川1377 問合せ先 入試センター ☎0297-68-6787

日本国際学園大学 ●経営情報学部(ビジネスデザイン)
本部 〒305-0031 茨城県つくば市吾妻3-1 問合せ先 広報課入試担当 ☎029-858-4811(代)

栃 木

足利大学 ●工学部(創生工) ●看護学部(看護)
本部 〒326-8558 栃木県足利市大前町268-1 問合せ先 アドミッションセンター 0120-62-9980

宇都宮共和大学 ●シティライフ学部(シティライフ) ●子ども生活学部(子ども生活)
本部 〒320-0811 栃木県宇都宮市大通り1-3-18 問合せ先 入試係 ☎028-650-6611(代)

作新学院大学 ●経営学部(経営／スポーツマネジメント) ●人間文化学部(発達教育／心理コミュニケーション)
本部 〒321-3295 栃木県宇都宮市竹下町908 問合せ先 入試課 ☎028-670-3655

自治医科大学 ●医学部(医) ●看護学部(看護)
本部 〒329-0498 栃木県下野市薬師寺3311-1
問合せ先 学事課入試広報係 ☎0285-58-7045(医) 看護学務課 ☎0285-58-7447

獨協医科大学 ●医学部(医) ●看護学部(看護)
本部 〒321-0293 栃木県下都賀郡壬生町北小林880 問合せ先 入試課 ☎0282-87-2108

白鷗大学 ●経営学部(経営) ●法学部(法律) ●教育学部(発達科)
本部 〒323-8586 栃木県小山市駅東通り2-2-2 問合せ先 入試部 0120-890-001

文星芸術大学 ●美術学部(美術)
本部 〒320-0058 栃木県宇都宮市上戸祭4-8-15 問合せ先 教務課入試係 ☎028-625-6888(代)

群 馬

育英大学 ●教育学部(教育)
本部 〒370-0011 群馬県高崎市京目町1656-1 問合せ先 入試広報課 0120-86-1981

関東学園大学 ●経済学部(経済／経営)
本部 〒373-8515 群馬県太田市藤阿久町200 問合せ先 広報室 ☎0276-32-7915

共愛学園前橋国際大学 ●国際社会学部(国際社会)
本部 〒379-2192 群馬県前橋市小屋原町1154-4 問合せ先 アドミッションセンター 0120-5931-37

桐生大学 ●医療保健学部(看護／栄養)
本部 〒379-2392 群馬県みどり市笠懸町阿佐美606-7 問合せ先 入試広報課 ☎0277-48-9107

群馬医療福祉大学 ●社会福祉学部(社会福祉) ●看護学部(看護) ●リハビリテーション学部(リハビリテーション) ●医療技術学部(医療技術)
本部 〒371-0823 群馬県前橋市川曲町191-1 問合せ先 入試広報センター 0120-870-294

群馬パース大学 ●看護学部(看護) ●リハビリテーション学部(理学療法／作業療法／言語聴覚) ●医療技術学部(検査技術／放射線／臨床工)
本部 〒370-0006 群馬県高崎市問屋町1-7-1 問合せ先 入試広報課 ☎027-365-3370

上武大学 ●ビジネス情報学部(国際ビジネス／スポーツ健康マネジメント) ●看護学部(看護)
本部 〒372-8588 群馬県伊勢崎市戸谷塚町634-1 問合せ先 入学センター 0120-41-0509

高崎健康福祉大学 ●健康福祉学部(医療情報／社会福祉／健康栄養) ●薬学部(薬) ●保健医療学部(看護／理学療法) ●人間発達学部(子ども教育) ●農学部(生物生産)

本部 〒370-0033　群馬県高崎市中大類町37-1　問合せ先 入試広報センター ☎027-352-1290(代)

高崎商科大学 ●商学部(経営／会計)
本部 〒370-1214　群馬県高崎市根小屋町741　問合せ先 広報・入試室 ☎027-347-3379

東京福祉大学 ●社会福祉学部(社会福祉) ●保育児童学部(保育児童) ●心理学部(心理) ●教育学部(教育)
本部 〒372-0831　群馬県伊勢崎市山王町2020-1　問合せ先 入学課 ☎0270-20-3673

埼 玉

浦和大学 ●こども学部(こども／学校教育) ●社会学部(総合福祉／現代社会)
本部 〒336-0974　埼玉県さいたま市緑区大崎3551　問合せ先 入試広報課 ☎048-878-5536

共栄大学 ●教育学部(教育) ●国際経営学部(国際経営)
本部 〒344-0051　埼玉県春日部市内牧4158　問合せ先 学務部入試課 ☎048-755-2490

埼玉医科大学 ●医学部(医) ●保健医療学部(看護／臨床検査／臨床工／理学療法)
本部 〒350-0495　埼玉県入間郡毛呂山町毛呂本郷38
問合せ先 入試課 ☎049-295-1000(医)　入試事務室 ☎042-984-4801(保健医療)

埼玉学園大学 ●人間学部(人間文化／心理／子ども発達) ●経済経営学部(経済経営)
本部 〒333-0831　埼玉県川口市木曽呂1510　問合せ先 入試広報課 ☎0120-359-259

埼玉工業大学 ●工学部(機械工／生命環境化／情報システム) ●人間社会学部(情報社会／心理)
本部 〒369-0293　埼玉県深谷市普済寺1690　問合せ先 入試課 ☎0120-604-606

十文字学園女子大学 ●人間生活学部(健康栄養／食物栄養／食品開発／人間福祉) ●教育人文学部(幼児教育／児童教育／心理／文芸文化) ●社会情報デザイン学部(社会情報デザイン)
本部 〒352-8510　埼玉県新座市菅沢2-1-28　問合せ先 学生募集部 ☎0120-8164-10

尚美学園大学 ●芸術情報学部(情報表現／音楽表現／音楽応用／舞台表現) ●総合政策学部(総合政策) ●スポーツマネジメント学部(スポーツマネジメント)
本部 〒350-1110　埼玉県川越市豊田町1-1-1　問合せ先 入試・広報課 ☎0120-80-0082

駿河台大学 ●法学部(法律) ●経済経営学部(経済経営) ●メディア情報学部(メディア情報) ●スポーツ科学部(スポーツ科) ●心理学部(心理)
本部 〒357-8555　埼玉県飯能市阿須698　問合せ先 入試広報部 ☎042-972-1124

聖学院大学 ●政治経済学部(政治経済) ●人文学部(欧米文化／日本文化／子ども教育) ●心理福祉学部(心理福祉)
本部 〒362-8585　埼玉県上尾市戸崎1-1　問合せ先 アドミッションセンター ☎048-725-6191

西武文理大学 ●サービス経営学部(サービス経営／健康福祉マネジメント) ●看護学部(看護)
本部 〒350-1336　埼玉県狭山市柏原新田311-1　問合せ先 入試広報課 ☎04-2954-7575

東都大学 ●ヒューマンケア学部(看護) ●管理栄養学部(管理栄養) ●幕張ヒューマンケア学部(看護／理学療法／臨床工／健康科) ●沼津ヒューマンケア学部(看護)
本部 〒366-0052　埼玉県深谷市上柴町西4-2-11
問合せ先 入試広報室 ☎048-574-2500（深谷キャンパス） ☎043-274-1917（幕張キャンパス） ☎055-922-6688(沼津キャンパス)

東邦音楽大学 ●音楽学部(音楽)
キャンパス 〒350-0015　埼玉県川越市今泉84　※事務本部は〒112-0012　東京都文京区大塚4-46-9
問合せ先 事務本部入学者選抜担当 ☎03-3946-9667

日本医療科学大学 ●保健医療学部(診療放射線／リハビリテーション／看護／臨床工／臨床検査)
本部 〒350-0435　埼玉県入間郡毛呂山町下川原1276　問合せ先 入試課 ☎049-230-5000

日本工業大学 ●基幹工学部(機械工／電気電子通信工／応用化) ●先進工学部(ロボティクス／情報メディア工／データサイエンス) ●建築学部(建築)
本部 〒345-8501　埼玉県南埼玉郡宮代町学園台4-1　問合せ先 入試課 ☎0120-250-267

日本保健医療大学 ●保健医療学部(看護／理学療法)
本部 〒340-0113　埼玉県幸手市幸手1961-2　問合せ先 広報課 ☎0480-40-4849

日本薬科大学 ●薬学部(薬／医療ビジネス薬科)
本部 〒362-0806　埼玉県北足立郡伊奈町小室10281　問合せ先 アドミッションオフィス ☎0120-71-2293

人間総合科学大学 ●人間科学部(ヘルスフードサイエンス／健康栄養／心身健康科) ●保健医療学部(看護／リハビリテーション)
本部 〒339-8539　埼玉県さいたま市岩槻区馬込1288　問合せ先 アドミッションセンター ☎048-749-6120

平成国際大学　●法学部（法）　●スポーツ健康学部（スポーツ健康）
本部　〒347-8504　埼玉県加須市水深大立野2000　問合せ先　入試係 ☎0480-66-2277

武蔵野学院大学　●国際コミュニケーション学部（国際コミュニケーション）
本部　〒350-1328　埼玉県狭山市広瀬台3-26-1　問合せ先　教務部入試係 ☎04-2954-6131

ものつくり大学　●技能工芸学部（情報メカトロニクス／建設）
本部　〒361-0038　埼玉県行田市前谷333　問合せ先　入試課 ☎048-564-3816

千葉

愛国学園大学　●人間文化学部（人間文化）
本部　〒284-0005　千葉県四街道市四街道1532　問合せ先　アドミッションセンター ☎043-424-4410

植草学園大学　●発達教育学部（発達支援教育）　●保健医療学部（リハビリテーション）
本部　〒264-0007　千葉県千葉市若葉区小倉町1639-3　問合せ先　入試・広報課 ☎043-239-2600

江戸川大学　●社会学部（人間心理／現代社会／経営社会）　●メディアコミュニケーション学部（マス・コミュニケーション／情報文化／こどもコミュニケーション）
本部　〒270-0198　千葉県流山市駒木474　問合せ先　入学課 ☎0120-440-661

開智国際大学　●教育学部（教育）　●国際教養学部（国際教養）
本部　〒277-0005　千葉県柏市柏1225-6　問合せ先　アドミッションセンター ☎04-7167-8655（代）

亀田医療大学　●看護学部（看護）
本部　〒296-0001　千葉県鴨川市横渚462　問合せ先　学務課 ☎04-7099-1211

川村学園女子大学　●文学部（国際英語／史／心理／日本文化）　●教育学部（幼児教育／児童教育）　●生活創造学部（生活文化／観光文化）
本部　〒270-1138　千葉県我孫子市下ヶ戸1133　問合せ先　事務部入試広報 ☎04-7183-0114

敬愛大学　●経済学部（経済／経営）　●国際学部（国際）　●教育学部（こども教育）
本部　〒263-8588　千葉県千葉市稲毛区穴川1-5-21　問合せ先　アドミッションセンター ☎0120-878-070

国際武道大学　●体育学部（武道／体育）
本部　〒299-5295　千葉県勝浦市新官841　問合せ先　入試・広報センター ☎0120-654-210

三育学院大学　●看護学部（看護）
本部　〒298-0297　千葉県夷隅郡大多喜町久我原1500　問合せ先　入試広報課 ☎03-3393-7810

秀明大学　●学校教師学部（中等教育教員養成）　●看護学部（看護）　●総合経営学部（企業経営）　●英語情報マネジメント学部（英語情報マネジメント）　●観光ビジネス学部（観光ビジネス）
本部　〒276-0003　千葉県八千代市大学町1-1　問合せ先　入試室 ☎047-488-2331

城西国際大学　●国際人文学部（国際文化／国際交流）　●観光学部（観光）　●経営情報学部（総合経営）　●メディア学部（メディア情報）　●薬学部（医療薬）　●福祉総合学部（福祉総合／理学療法）　●看護学部（看護）
本部　〒283-8555　千葉県東金市求名１番地　問合せ先　入試課 ☎0475-55-8855

清和大学　●法学部（法律）
本部　〒292-8555　千葉県木更津市東太田3-4-5　問合せ先　入試広報センター ☎0438-30-5566

千葉科学大学　●薬学部（薬）　●危機管理学部（危機管理／保健医療／航空技術危機管理／動物危機管理）　●看護学部（看護）
本部　〒288-0025　千葉県銚子市潮見町3　問合せ先　入試広報部 ☎0120-919-126

千葉経済大学　●経済学部（経済／経営）
本部　〒263-0021　千葉県千葉市稲毛区轟町3-59-5　問合せ先　入試広報センター ☎043-253-5524

千葉商科大学　●商経学部（商／経済／経営）　●政策情報学部（政策情報）　●サービス創造学部（サービス創造）　●人間社会学部（人間社会）　●国際教養学部（国際教養）
本部　〒272-8512　千葉県市川市国府台1-3-1　問合せ先　入学センター ☎047-373-9701

中央学院大学　●商学部（商）　●法学部（法）　●現代教養学部（現代教養）
本部　〒270-1196　千葉県我孫子市久寺家451　問合せ先　入試広報課 ☎04-7183-6516

東京基督教大学　●神学部（総合神）
本部　〒270-1347　千葉県印西市内野3-301-5　問合せ先　大学入試担当 ☎0476-46-1

東京情報大学　●総合情報学部（総合情報）　●看護学部（看護）
本部　〒265-8501　千葉県千葉市若葉区御成台4-1　問合せ先　入試・広報課 ☎043-236-1408

明海大学　●外国語学部（日本語／英米語／中国語）　●経済学部（経済）　●不動産学部（不動産）

●ホスピタリティ・ツーリズム学部(ホスピタリティ・ツーリズム) ●保健医療学部(口腔保健) ●歯学部(歯)
本部 〒279-8550 千葉県浦安市明海1
問合せ先 入試事務室 ☎047-355-5116(浦安キャンパス) ☎049-279-2852(歯)

了徳寺大学 ●健康科学部(理学療法/整復医療・トレーナー/看護)
本部 〒279-8567 千葉県浦安市明海5-8-1 問合せ先 入試課 ☎047-382-2111(代)

和洋女子大学 ●人文学部(日本文学文化/心理/こども発達) ●国際学部(英語コミュニケーション/国際)
●家政学部(服飾造形/健康栄養/家政福祉) ●看護学部(看護)
本部 〒272-8533 千葉県市川市国府台2-3-1 問合せ先 入試・広報センター ☎047-371-1127

東京

跡見学園女子大学 ●文学部(人文/現代文化表現/コミュニケーション文化) ●マネジメント学部(マネジメント/生活環境マネジメント) ●観光コミュニティ学部(観光デザイン/まちづくり) ●心理学部(臨床心理)
本部 〒112-8687 東京都文京区大塚1-5-2 問合せ先 入試課 ☎048-478-3338

嘉悦大学 ●経営経済学部(経営経済)
本部 〒187-8578 東京都小平市花小金井南町2-8-4 問合せ先 アドミッションセンター 0120-970-800

国立音楽大学 ●音楽学部(演奏・創作/音楽文化教育)
本部 〒190-8520 東京都立川市柏町5-5-1 問合せ先 入試センター ☎042-535-9536

国際ファッション専門職大学 ●国際ファッション学部(ファッションクリエイション/ファッションビジネス/大阪ファッションクリエイション・ビジネス/名古屋ファッションクリエイション・ビジネス)
本部 〒160-0023 東京都新宿区西新宿1-7-3
問合せ先 アドミッションセンター 東京 ☎03-3344-8000 大阪 ☎06-6347-5111 名古屋 ☎052-551-0008

こども教育宝仙大学 ●こども教育学部(幼児教育)
本部 〒164-8631 東京都中野区中央2-33-26 問合せ先 入学センター ☎03-3365-0267

駒沢女子大学 ●人間総合学群(人間文化/観光文化/心理/住空間デザイン) ●人間健康学部(健康栄養)
●看護学部(看護)
本部 〒206-8511 東京都稲城市坂浜238 問合せ先 入試センター ☎042-350-7110

情報経営イノベーション専門職大学 ●情報経営イノベーション学部(情報経営イノベーション)
本部 〒131-0044 東京都墨田区文花1-18-13 問合せ先 アドミッションユニット入試担当 ☎03-5655-1555

昭和薬科大学 ●薬学部(薬)
本部 〒194-8543 東京都町田市東玉川学園3-3165 問合せ先 入試課 ☎042-721-1511(代)

白梅学園大学 ●子ども学部(子ども/家族・地域支援/子ども心理/教育)
本部 〒187-8570 東京都小平市小川町1-830 問合せ先 入学センター ☎042-346-5618

杉野服飾大学 ●服飾学部(服飾/服飾表現/服飾文化)
本部 〒141-8652 東京都品川区上大崎4-6-19 問合せ先 入試広報課 ☎03-3491-8152

聖路加国際大学 ●看護学部(看護)
本部 〒104-0044 東京都中央区明石町10-1 問合せ先 入試事務課 ☎03-5550-2347

創価大学 ●経済学部(経済) ●経営学部(経営) ●法学部(法律) ●文学部(人間) ●教育学部(教育/児童教育) ●国際教養学部(国際教養) ●理工学部(情報システム工/共生創造理工) ●看護学部(看護)
本部 〒192-8577 東京都八王子市丹木町1-236 問合せ先 アドミッションズセンター ☎042-691-4617

高千穂大学 ●商学部(商) ●経営学部(経営) ●人間科学部(人間科)
本部 〒168-8508 東京都杉並区大宮2-19-1 問合せ先 入試課 0120-012-816

多摩大学 ●経営情報学部(経営情報/事業構想) ●グローバルスタディーズ学部(グローバルスタディーズ)
本部 〒206-0022 東京都多摩市聖ヶ丘4-1-1
問合せ先 入試課 ☎042-337-7119(経営情報) ☎0466-83-7911(グローバルスタディーズ)

多摩美術大学 ●美術学部(絵画/彫刻/工芸/グラフィックデザイン/生産デザイン/建築・環境デザイン/情報デザイン/芸術/統合デザイン/演劇舞踊デザイン)
本部 〒158-8558 東京都世田谷区上野毛3-15-34 問合せ先 教務部入試課 ☎042-679-5602

デジタルハリウッド大学 ●デジタルコミュニケーション学部(デジタルコンテンツ)
本部 〒101-0062 東京都千代田区神田駿河台4-6 御茶ノ水ソラシティ アカデミア3F
問合せ先 入試事務局 0120-823-422

東京有明医療大学 ●保健医療学部(鍼灸/柔道整復) ●看護学部(看護)

本部 〒135-0063　東京都江東区有明2-9-1　問合せ先 アドミッションセンター ☎03-6703-7000(代)

東京医科大学 ●医学部(医／看護)
本部 〒160-8402　東京都新宿区新宿6-1-1　問合せ先 アドミッションセンター ☎03-3351-6141(代)

東京医療学院大学 ●保健医療学部(看護／リハビリテーション)
本部 〒206-0033　東京都多摩市落合4-11　問合せ先 入試・広報室 ☎042-400-0834

東京医療保健大学 ●医療保健学部(看護／医療栄養／医療情報) ●東が丘看護学部(看護) ●立川看護学部(看護) ●千葉看護学部(看護) ●和歌山看護学部(看護)
本部 〒141-8648　東京都品川区東五反田4-1-17　問合せ先 入試広報部 ☎03-5779-5071

東京音楽大学 ●音楽学部(音楽)
キャンパス 〒171-8540　東京都豊島区南池袋3-4-5　※法人本部は〒153-8622　東京都目黒区上目黒1-9-1
問合せ先 入試課 ☎03-6455-2754

東京家政学院大学 ●現代生活学部(現代家政／生活デザイン／食物／児童) ●人間栄養学部(人間栄養)
本部 〒194-0292　東京都町田市相原町2600　問合せ先 アドミッションオフィス ☎042-782-9411

東京工芸大学 ●工学部(工) ●芸術学部(写真／映像／デザイン／インタラクティブメディア／アニメーション／ゲーム／マンガ)
本部 〒164-8678　東京都中野区本町2-9-5　問合せ先 入試課 ☎046-242-9520(工)　☎03-5371-2676(芸術)

東京国際工科専門職大学 ●工科学部(情報工／デジタルエンタテインメント)
本部 〒160-0023　東京都新宿区西新宿1-7-3　問合せ先 アドミッションセンター ☎03-3344-5555

東京歯科大学 ●歯学部(歯)
本部 〒101-0061　東京都千代田区神田三崎町2-9-18　問合せ先 教務課 ☎03-6380-9528

東京純心大学 ●看護学部(看護)
本部 〒192-0011　東京都八王子市滝山町2-600　問合せ先 入試課 ☎0120-13-0326

東京情報デザイン専門職大学 ●情報デザイン学部(情報デザイン)
本部 〒132-0034　東京都江戸川区小松川2-7-1　問合せ先 入試広報部 ☎03-5875-3117

東京女子医科大学 ●医学部(医) ●看護学部(看護)
本部 〒162-8666　東京都新宿区河田町8-1　問合せ先 学務課 ☎03-3353-8112(代)

東京女子体育大学 ●体育学部(体育)
本部 〒186-8668　東京都国立市富士見台4-30-1　問合せ先 入試課 ☎042-505-7334

東京神学大学 ●神学部(神)
本部 〒181-0015　東京都三鷹市大沢3-10-30　問合せ先 教務課入試係 ☎0422-32-4185

東京聖栄大学 ●健康栄養学部(管理栄養／食品)
本部 〒124-8530　東京都葛飾区西新小岩1-4-6　問合せ先 入試・広報課 ☎03-3692-0238

東京成徳大学 ●国際学部(国際) ●応用心理学部(臨床心理／健康・スポーツ心理) ●子ども学部(子ども) ●経営学部(経営)
本部 〒114-0033　東京都北区十条台1-7-13　問合せ先 入試広報課 ☎0120-711-267

東京造形大学 ●造形学部(デザイン／美術)
本部 〒192-0992　東京都八王子市宇津貫町1556　問合せ先 進路支援課 ☎042-637-8716

東京通信大学 ●情報マネジメント学部(情報マネジメント) ●人間福祉学部(人間福祉)
本部 〒160-0023　東京都新宿区西新宿1-7-3　問合せ先 入学相談室 ☎03-3344-2222

東京富士大学 ●経営学部(経営／イベントプロデュース)
本部 〒161-8556　東京都新宿区下落合1-7-7　問合せ先 入試広報課 ☎03-3368-0351

東京保健医療専門職大学 ●リハビリテーション学部(理学療法／作業療法)
本部 〒135-0043　東京都江東区塩浜2-22-10　問合せ先 入試広報部 ☎03-6659-8623

東京未来大学 ●こども心理学部(こども心理) ●モチベーション行動科学部(モチベーション行動科)
本部 〒120-0023　東京都足立区千住曙町34-12　問合せ先 入試係 ☎0800-888-5070

桐朋学園大学 ●音楽学部(音楽)
本部 〒182-8510　東京都調布市若葉町1-41-1　問合せ先 教務チーム入試係 ☎03-3307-4122

東洋学園大学 ●グローバル・コミュニケーション学部(グローバル・コミュニケーション／英語コミュニケーション) ●人間科学部(人間科) ●現代経営学部(現代経営)
本部 〒113－0033　東京都文京区本郷1-26-3　問合せ先 入試室 ☎0120-104-108

日本歯科大学 ●**生命歯学部**(生命歯) ●**新潟生命歯学部**(生命歯)
本部 〒102-8159 東京都千代田区富士見1-9-20
問合せ先 入試課 ☎03-3261-8400(生命歯) ☎025-267-1500(新潟生命歯)

日本社会事業大学 ●**社会福祉学部**(福祉計画/福祉援助)
本部 〒204-8555 東京都清瀬市竹丘3-1-30 問合せ先 入試広報課 ☎042-496-3080

日本女子体育大学 ●**体育学部**(スポーツ科/ダンス/健康スポーツ/子ども運動)
本部 〒157-8565 東京都世田谷区北烏山8-19-1 問合せ先 入試・広報課 ☎03-3300-2250

日本赤十字看護大学 ●**看護学部**(看護) ●**さいたま看護学部**(看護)
本部 〒150-0012 東京都渋谷区広尾4-1-3 問合せ先 入学課入試係 ☎03-3409-0950

日本文化大学 ●**法学部**(法)
本部 〒192-0986 東京都八王子市片倉町977 問合せ先 入学準備課 ☎042-636-5211(代)

ビジネス・ブレークスルー大学 ●**経営学部**(グローバル経営/デジタルビジネスデザイン)
本部 〒102-0084 東京都千代田区二番町3 麹町スクエア1階 問合せ先 入学センター 0120-970-021

文化学園大学 ●**服装学部**(ファッションクリエイション/ファッション社会) ●**造形学部**(デザイン・造形/建築・インテリア) ●**国際文化学部**(国際文化・観光/国際ファッション文化)
本部 〒151-8523 東京都渋谷区代々木3-22-1 問合せ先 入試広報課 ☎03-3299-2311

星薬科大学 ●**薬学部**(薬/創薬科)
本部 〒142-8501 東京都品川区荏原2-4-41 問合せ先 アドミッションオフィス ☎03-5498-5821

武蔵野音楽大学 ●**音楽学部**(演奏/音楽総合)
本部 〒176-8521 東京都練馬区羽沢1-13-1 問合せ先 入学者選抜事務室 ☎03-3992-1119

武蔵野美術大学 ●**造形学部**(日本画/油絵/彫刻/視覚伝達デザイン/工芸工業デザイン/空間演出デザイン/建築/基礎デザイン/芸術文化/デザイン情報) ●**造形構想学部**(クリエイティブイノベーション/映像)
本部 〒187-8505 東京都小平市小川町1-736 問合せ先 入学センター ☎042-342-6995

明治薬科大学 ●**薬学部**(薬/生命創薬科)
本部 〒204-8588 東京都清瀬市野塩2-522-1 問合せ先 入試課 ☎042-495-5061

ヤマザキ動物看護大学 ●**動物看護学部**(動物看護/動物人間関係)
本部 〒192-0364 東京都八王子市南大沢4-7-2 問合せ先 入試広報部 ☎042-689-5254

ルーテル学院大学 ●**総合人間学部**(人間福祉心理)
本部 〒181-0015 東京都三鷹市大沢3-10-20 問合せ先 入試事務局 ☎0422-32-2949

和光大学 ●**現代人間学部**(心理教育/人間科) ●**表現学部**(総合文化/芸術) ●**経済経営学部**(経済/経営)
本部 〒195-8585 東京都町田市金井ケ丘5-1-1 問合せ先 入試広報室 ☎044-988-1434

神奈川

神奈川歯科大学 ●**歯学部**(歯)
本部 〒238-8580 神奈川県横須賀市稲岡町82 問合せ先 教学部入試係 ☎046-822-9580

鎌倉女子大学 ●**家政学部**(家政保健/管理栄養) ●**児童学部**(児童/子ども心理) ●**教育学部**(教育)
本部 〒247-8512 神奈川県鎌倉市大船6-1-3 問合せ先 入試・広報センター ☎0467-44-2117

グローバルBiz専門職大学 ●**グローバルビジネス学部**(グローバルビジネス)
本部 〒210-0007 神奈川県川崎市川崎区駅前本町22-1 問合せ先 入試企画室 0120-713-109

相模女子大学 ●**学芸学部**(日本語日本文/英語文化コミュニケーション/子ども教育/メディア情報/生活デザイン) ●**人間社会学部**(社会マネジメント/人間心理) ●**栄養科学部**(健康栄養/管理栄養)
本部 〒252-0383 神奈川県相模原市南区文京2-1-1 問合せ先 入試課 0120-816-332

松蔭大学 ●**経営文化学部**(ビジネスマネジメント/経営法) ●**コミュニケーション文化学部**(異文化コミュニケーション/日本文化コミュニケーション/生活心理/子ども) ●**観光メディア文化学部**(観光文化/メディア情報文化) ●**看護学部**(看護)
本部 〒243-0124 神奈川県厚木市森の里若宮9-1 問合せ先 入試課 ☎046-247-1511(代)

湘南医療大学 ●**保健医療学部**(看護/リハビリテーション) ●**薬学部**(医療薬)
本部 〒244-0806 神奈川県横浜市戸塚区上品濃16-48 問合せ先 入試事務室 ☎045-821-0115

湘南鎌倉医療大学 ●**看護学部**(看護)
本部 〒247-0066 神奈川県鎌倉市山崎1195-3 問合せ先 管理部入試担当 ☎0467-38-3106

湘南工科大学 ●**情報学部**(情報) ●**工学部**(機械工/電気電子工/総合デザイン/人間環境)

本部 〒251-8511　神奈川県藤沢市辻堂西海岸1-1-25　問合せ先 入試課 ☎0466-30-0200

昭和音楽大学 ●音楽学部(音楽芸術表現／音楽芸術運営)
本部 〒215-8558　神奈川県川崎市麻生区上麻生1-11-1　問合せ先 入試広報室 ☎0120-86-6606

女子美術大学 ●芸術学部(美術／デザイン・工芸／アート・デザイン表現／共創デザイン)
キャンパス 〒252-8538　神奈川県相模原市南区麻溝台1900　※法人本部は〒166-8538　東京都杉並区和田1-49-8　問合せ先 入試センター ☎042-778-6123

星槎大学 ●共生科学部(共生科)
本部 〒227-8522　神奈川県横浜市青葉区さつきが丘8-80　問合せ先 横浜事務局 ☎0120-82-2686

聖マリアンナ医科大学 ●医学部(医)
本部 〒216-8511　神奈川県川崎市宮前区菅生2-16-1　問合せ先 入試課 ☎044-977-9552

洗足学園音楽大学 ●音楽学部(音楽)
本部 〒213-8580　神奈川県川崎市高津区久本2-3-1　問合せ先 入試センター ☎044-856-2955

鶴見大学 ●歯学部(歯) ●文学部(日本文／英語英米文／文化財／ドキュメンテーション)
本部 〒230-8501　神奈川県横浜市鶴見区鶴見2-1-3　問合せ先 入試センター ☎045-580-8219・8220

田園調布学園大学 ●人間福祉学部(社会福祉／共生社会) ●子ども未来学部(子ども未来) ●人間科学部(心理)
本部 〒215-8542　神奈川県川崎市麻生区東百合丘3-4-1　問合せ先 入試・広報課 ☎044-966-6800

桐蔭横浜大学 ●法学部(法律) ●医用工学部(生命医工／臨床工) ●スポーツ科学部(スポーツ教育／スポーツ健康科) ●現代教養学環
本部 〒225-8503　神奈川県横浜市青葉区鉄町1614　問合せ先 入試・広報センター ☎045-974-5423

東洋英和女学院大学 ●人間科学部(人間科／保育子ども) ●国際社会学部(国際社会／国際コミュニケーション)
本部 〒226-0015　神奈川県横浜市緑区三保町32　問合せ先 入試広報課 ☎045-922-5512

日本映画大学 ●映画学部(映画)
本部 〒215-0004　神奈川県川崎市麻生区万福寺1-16-30　問合せ先 入試事務室 ☎044-951-2511(代)

ビューティ＆ウェルネス専門職大学 ●ビューティ＆ウェルネス学部(ビューティ＆ウェルネス)
本部 〒224-0012　神奈川県横浜市都筑区牛久保3-9-3　問合せ先 入試広報課 ☎0120-732-151

八洲学園大学 ●生涯学習学部(生涯学習)
本部 〒220-0021　神奈川県横浜市西区桜木町7-42　問合せ先 入学支援相談センター ☎045-410-0515

横浜商科大学 ●商学部(商／観光マネジメント／経営情報)
本部 〒230-8577　神奈川県横浜市鶴見区東寺尾4-11-1　問合せ先 アドミッション・広報部 ☎045-583-9043

横浜創英大学 ●看護学部(看護) ●こども教育学部(幼児教育)
本部 〒226-0015　神奈川県横浜市緑区三保町1　問合せ先 企画入試課 ☎045-922-6105

横浜美術大学 ●美術学部(美術・デザイン)
本部 〒227-0033　神奈川県横浜市青葉区鴨志田町1204　問合せ先 入試係 ☎045-963-4070

横浜薬科大学 ●薬学部(健康薬／漢方薬／臨床薬／薬科)
本部 〒245-0066　神奈川県横浜市戸塚区俣野町601　問合せ先 入試広報課 ☎045-859-1310

新 潟

開志専門職大学 ●事業創造学部(事業創造) ●情報学部(情報) ●アニメ・マンガ学部(アニメ・マンガ)
本部 〒950-0914　新潟県新潟市中央区紫竹山6-3-5　問合せ先 入試事務室 ☎025-250-0203

敬和学園大学 ●人文学部(国際文化／英語文化コミュニケーション／共生社会)
本部 〒957-8585　新潟県新発田市富塚1270　問合せ先 広報入試課 ☎0120-26-3637

長岡大学 ●経済経営学部(経済経営)
本部 〒940-0828　新潟県長岡市御山町80-8　問合せ先 入学課 ☎0120-248-556

長岡崇徳大学 ●看護学部(看護)
本部 〒940-2135　新潟県長岡市深沢町2278-8　問合せ先 入試・広報課 ☎0258-46-6666

新潟医療福祉大学 ●リハビリテーション学部(理学療法／作業療法／言語聴覚／義肢装具自立支援／鍼灸健康) ●医療技術学部(臨床技術／視機能科／救急救命／診療放射線) ●健康科学部(健康栄養／健康スポーツ) ●看護学部(看護) ●心理・福祉学部(心理健康／社会福祉) ●医療経営管理学部(医療情報管理)
本部 〒950-3198　新潟県新潟市北区島見町1398　問合せ先 入試事務室 ☎025-257-4459

新潟経営大学 ●**経営情報学部**(経営情報／スポーツマネジメント)
本部 〒959-1321 新潟県加茂市希望ケ丘2909-2 問合せ先 入試広報課 ☎0120-57-7720

新潟工科大学 ●**工学部**(工)
本部 〒945-1195 新潟県柏崎市藤橋1719 問合せ先 入試広報課 ☎0120-8188-40

新潟国際情報大学 ●**国際学部**(国際文化) ●**経営情報学部**(経営／情報システム)
本部 〒950-2292 新潟県新潟市西区みずき野3-1-1 問合せ先 入試課 ☎025-264-3777

新潟産業大学 ●**経済学部**(経済経営／文化経済)
本部 〒945-1393 新潟県柏崎市軽井川4730 問合せ先 入試課 ☎0120-787-124

新潟食料農業大学 ●**食料産業学部**(食料産業)
本部 〒950-3197 新潟県新潟市北区島見町940 問合せ先 入試事務室 ☎0254-28-9840

新潟青陵大学 ●**看護学部**(看護) ●**福祉心理子ども学部**(社会福祉／臨床心理／子ども発達)
本部 〒951-8121 新潟県新潟市中央区水道町1-5939 問合せ先 入試広報課 ☎025-368-7411

新潟薬科大学 ●**薬学部**(薬) ●**応用生命科学部**(応用生命科／生命産業ビジネス) ●**医療技術学部**(臨床検査) ●**看護学部**(看護)
本部 〒956-8603 新潟県新潟市秋葉区東島265-1 問合せ先 入試課 ☎0120-2189-50

新潟リハビリテーション大学 ●**医療学部**(リハビリテーション)
本部 〒958-0053 新潟県村上市上の山2-16 問合せ先 入試広報担当 ☎0254-56-8290

富山

高岡法科大学 ●**法学部**(法)
本部 〒939-1193 富山県高岡市戸出石代307-3 問合せ先 入試課 ☎0766-63-3388

富山国際大学 ●**現代社会学部**(現代社会) ●**子ども育成学部**(子ども育成)
本部 〒930-1292 富山県富山市東黒牧65-1 問合せ先 入試センター ☎076-483-8001

石川

金沢医科大学 ●**医学部**(医) ●**看護学部**(看護)
本部 〒920-0293 石川県河北郡内灘町大学1-1 問合せ先 入学センター ☎076-218-8063

金沢学院大学 ●**経済学部**(経済／経営) ●**文学部**(文) ●**教育学部**(教育) ●**芸術学部**(芸術) ●**栄養学部**(栄養) ●**スポーツ科学部**(スポーツ科) ●**情報工学部**(情報工)
本部 〒920-1392 石川県金沢市末町10 問合せ先 入試広報部 ☎076-229-8833

かなざわ食マネジメント専門職大学 ●**フードサービスマネジメント学部**(フードサービスマネジメント)
本部 〒924-0011 石川県白山市横江町5250 問合せ先 入試事務局 ☎0120-5931-13

金沢星稜大学 ●**経済学部**(経済／経営／地域システム) ●**人間科学部**(スポーツ／こども) ●**人文学部**(国際文化)
本部 〒920-8620 石川県金沢市御所町丑10-1 問合せ先 入学課 ☎076-253-3922

金城大学 ●**人間社会科学部**(社会福祉／子ども教育保育) ●**医療健康学部**(理学療法／作業療法) ●**看護学部**(看護) ●**総合経済学部**(総合経済)
本部 〒924-8511 石川県白山市笠間町1200 問合せ先 入試広報部 ☎076-276-5175

北陸大学 ●**薬学部**(薬) ●**医療保健学部**(医療技術／理学療法) ●**経済経営学部**(経済／マネジメント) ●**国際コミュニケーション学部**(国際コミュニケーション／心理社会)
本部 〒920-1180 石川県金沢市太陽が丘1-1 問合せ先 アドミッションセンター ☎076-229-2840

北陸学院大学 ●**教育学部**(幼児教育／初等中等教育) ●**社会学部**(社会) ●**健康科学部**(栄養)
本部 〒920-1396 石川県金沢市三小牛町イ11 問合せ先 アドミッションセンター ☎076-280-3855

福井

仁愛大学 ●**人間学部**(心理／コミュニケーション) ●**人間生活学部**(健康栄養／子ども教育)
本部 〒915-8586 福井県越前市大手町3-1-1 問合せ先 入学・広報センター ☎0120-27-2363

福井医療大学 ●**保健医療学部**(リハビリテーション／看護)
本部 〒910-3190 福井県福井市江上町55-13-1 問合せ先 入学広報室 ☎0776-59-2207

福井工業大学 ●**工学部**(電気電子情報工／機械工／建築土木工／原子力技術応用工) ●**環境学部**(環境食品応用化／デザイン) ●**経営情報学部**(経営情報) ●**スポーツ健康科学部**(スポーツ健康科)
本部 〒910-8505 福井県福井市学園3-6-1 問合せ先 入試広報課 ☎0120-291-780

山梨

健康科学大学 ●健康科学部（リハビリテーション／人間コミュニケーション） ●看護学部（看護）
本部 〒401-0380 山梨県南都留郡富士河口湖町小立7187 問合せ先 入試学生課 ☎0555-83-5231

身延山大学 ●仏教学部（仏教）
本部 〒409-2597 山梨県南巨摩郡身延町身延3567 問合せ先 大学事務室入試担当 ☎0556-62-0107（代）

山梨英和大学 ●人間文化学部（人間文化）
本部 〒400-8555 山梨県甲府市横根町888 問合せ先 入試・広報部 ☎055-223-6022

山梨学院大学 ●法学部（法） ●経営学部（経営） ●健康栄養学部（管理栄養） ●国際リベラルアーツ学部（国際リベラルアーツ） ●スポーツ科学部（スポーツ科）
本部 〒400-8575 山梨県甲府市酒折2-4-5 問合せ先 入試センター ☎055-224-1234

長野

佐久大学 ●看護学部（看護） ●人間福祉学部（人間福祉）
本部 〒385-0022 長野県佐久市岩村田2384 問合せ先 入試広報課 ☎0267-68-6680

清泉女学院大学 ●人間学部（心理コミュニケーション／文化） ●看護学部（看護）
本部 〒381-0085 長野県長野市上野2-120-8 問合せ先 入試広報部 ☎026-295-1310

長野保健医療大学 ●保健科学部（リハビリテーション） ●看護学部（看護）
本部 〒381-2227 長野県長野市川中島町今井原11-1 問合せ先 入試センター ☎026-283-6111

松本大学 ●総合経営学部（総合経営／観光ホスピタリティ） ●人間健康学部（健康栄養／スポーツ健康） ●教育学部（学校教育）
本部 〒390-1295 長野県松本市新村2095-1 問合せ先 入試広報室 📞0120-507-200

松本看護大学 ●看護学部（看護）
本部 〒399-0033 長野県松本市笹賀3118 問合せ先 入試広報室 ☎0263-58-4417

松本歯科大学 ●歯学部（歯）
本部 〒399-0781 長野県塩尻市広丘郷原1780 問合せ先 入試広報室 ☎0263-54-3210

岐阜

朝日大学 ●法学部（法） ●経営学部（経営） ●歯学部（歯） ●保健医療学部（看護／健康スポーツ科）
本部 〒501-0296 岐阜県瑞穂市穂積1851 問合せ先 入試広報課 ☎058-329-1088

岐阜医療科学大学 ●保健科学部（臨床検査／放射線技術） ●看護学部（看護） ●薬学部（薬）
本部 〒501-3892 岐阜県関市市平賀字長峰795-1 問合せ先 入試広報課 📞0120-23-4186

岐阜協立大学 ●経済学部（経済／公共政策） ●経営学部（経営情報／スポーツ経営） ●看護学部（看護）
本部 〒503-8550 岐阜県大垣市北方町5-50 問合せ先 入試広報課 ☎0584-77-3510

岐阜聖徳学園大学 ●教育学部（学校教育） ●外国語学部（外国語） ●経済情報学部（経済情報） ●看護学部（看護）
本部 〒501-6194 岐阜県岐阜市柳津町高桑西1-1 問合せ先 入学広報課 ☎058-278-0727

岐阜女子大学 ●家政学部（健康栄養／生活科） ●文化創造学部（文化創造）
本部 〒501-2592 岐阜県岐阜市太郎丸80 問合せ先 企画広報部 📞0120-661184

岐阜保健大学 ●看護学部（看護） ●リハビリテーション学部（理学療法／作業療法）
本部 〒500-8281 岐阜県岐阜市東鶉2-92 問合せ先 入試・広報部 ☎058-274-5001

中京学院大学 ●看護学部（看護） ●経営学部（経営）
本部 〒509-9195 岐阜県中津川市千旦林1-104
問合せ先 アドミッションセンター事務部 ☎0572-68-4555

中部学院大学 ●人間福祉学部（人間福祉） ●教育学部（子ども教育） ●看護リハビリテーション学部（理学療法／看護） ●スポーツ健康科学部（スポーツ健康科）
本部 〒501-3993 岐阜県関市桐ケ丘2-1 問合せ先 入試広報課 ☎0575-24-2213

東海学院大学 ●人間関係学部（心理／子ども発達） ●健康福祉学部（管理栄養／総合福祉）
本部 〒504-8511 岐阜県各務原市那加桐野町5-68 問合せ先 入学試験課 📞0120-373-072

静岡

静岡英和学院大学 ●人間社会学部（人間社会／コミュニティ福祉）
本部 〒422-8545 静岡県静岡市駿河区池田1769 問合せ先 入試センター ☎054-261-9322

静岡産業大学 ●**経営学部**(経営/心理経営) ●**スポーツ科学部**(スポーツ科)
本部 〒426-8668 静岡県藤枝市駿河台4-1-1 問合せ先 入試課 ☎054-647-0362

静岡福祉大学 ●**社会福祉学部**(福祉心理/健康福祉) ●**子ども学部**(子ども)
本部 〒425-8611 静岡県焼津市本中根549-1 問合せ先 入試広報課 ☎054-623-7451

静岡理工科大学 ●**理工学部**(機械工/電気電子工/物質生命科/建築/土木工) ●**情報学部**(コンピュータシステム/情報デザイン)
本部 〒437-8555 静岡県袋井市豊沢2200-2 問合せ先 入試広報推進課 ☎0538-45-0115

聖隷クリストファー大学 ●**看護学部**(看護) ●**リハビリテーション学部**(理学療法/作業療法/言語聴覚) ●**社会福祉学部**(社会福祉) ●**国際教育学部**(こども教育)
本部 〒433-8558 静岡県浜松市北区三方原町3453 問合せ先 入試・広報センター ☎053-439-1401

浜松学院大学 ●**現代コミュニケーション学部**(地域共創/子どもコミュニケーション)
本部 〒432-8012 静岡県浜松市中区布橋3-2-3 問合せ先 入試・広報グループ ☎053-450-7117

愛知

愛知医科大学 ●**医学部**(医) ●**看護学部**(看護)
本部 〒480-1195 愛知県長久手市岩作雁又1-1
問合せ先 医学部事務部入試課 ☎0561-61-5315 看護学部学生支援課入試係 ☎0561-61-5412

愛知医療学院大学 ●**リハビリテーション学部**(リハビリテーション)
本部 〒452-0931 愛知県清須市一場519 問合せ先 入学企画運営・広報課 ☎052-409-3311(代)

愛知学泉大学 ●**家政学部**(ライフスタイル/管理栄養/こどもの生活)
本部 〒444-8520 愛知県岡崎市舳越町上川成28 問合せ先 学生募集室 ☎0564-34-1215

愛知工科大学 ●**工学部**(機械システム工/電子ロボット工/情報メディア)
本部 〒443-0047 愛知県蒲郡市西迫町馬乗50-2 問合せ先 入試広報センター ☎0533-68-1135

愛知工業大学 ●**工学部**(電気/応用化/機械/社会基盤/建築) ●**経営学部**(経営) ●**情報科学部**(情報科)
本部 〒470-0392 愛知県豊田市八草町八千草1247 問合せ先 入試広報課 📞0120-188-651

愛知産業大学 ●**造形学部**(建築/スマートデザイン) ●**経営学部**(総合経営)
本部 〒444-0005 愛知県岡崎市岡町原山12-5 問合せ先 入試広報課 ☎0564-48-4804

愛知東邦大学 ●**経営学部**(地域ビジネス/国際ビジネス) ●**人間健康学部**(人間健康) ●**教育学部**(子ども発達)
本部 〒465-8515 愛知県名古屋市名東区平和が丘3-11 問合せ先 入試広報課 ☎052-782-1600

愛知文教大学 ●**人文学部**(人文)
本部 〒485-8565 愛知県小牧市大草5969-3 問合せ先 入試広報センター ☎0568-78-2211(代)

愛知みずほ大学 ●**人間科学部**(心身健康科)
本部 〒467-0867 愛知県名古屋市瑞穂区春敲町2-13 問合せ先 入試広報室 ☎052-882-1123

一宮研伸大学 ●**看護学部**(看護)
本部 〒491-0063 愛知県一宮市常願通5-4-1 問合せ先 入試広報室 ☎0586-28-8110

桜花学園大学 ●**保育学部**(保育/国際教養こども) ●**国際学部**(国際)
本部 〒470-1193 愛知県豊明市栄町武侍48 問合せ先 入試広報課 ☎0562-97-6311

岡崎女子大学 ●**子ども教育学部**(子ども教育)
本部 〒444-0015 愛知県岡崎市中町1-8-4 問合せ先 入試広報課 📞0120-35-1018

金城学院大学 ●**文学部**(日本語日本文化/英語英米文化/外国語コミュニケーション/音楽芸術) ●**生活環境学部**(生活マネジメント/環境デザイン/食環境栄養) ●**国際情報学部**(国際情報) ●**人間科学部**(現代子ども教育/多元心理/コミュニティ福祉) ●**薬学部**(薬) ●**看護学部**(看護)
本部 〒463-8521 愛知県名古屋市守山区大森2-1723 問合せ先 入試広報部 📞0120-331791

至学館大学 ●**健康科学部**(体育科/健康スポーツ科/栄養科/こども健康・教育)
本部 〒474-8651 愛知県大府市横根町名高山55 問合せ先 入試・広報課 ☎0562-46-8861

修文大学 ●**健康栄養学部**(管理栄養) ●**看護学部**(看護) ●**医療科学部**(臨床検査)
本部 〒491-0938 愛知県一宮市日光町6 問合せ先 広報入試課 📞0120-138158

椙山女学園大学 ●**生活科学部**(管理栄養/生活環境デザイン) ●**外国語学部**(英語英米/国際教養) ●**人間関係学部**(人間共生/心理) ●**情報社会学部**(情報デザイン/現代社会) ●**現代マネジメント学部**(現代マネジメント) ●**教育学部**(子ども発達) ●**看護学部**(看護)
本部 〒464-8662 愛知県名古屋市千種区星が丘元町17-3 問合せ先 入学センター 📞0120-244-887

星城大学 ●経営学部(経営) ●リハビリテーション学部(リハビリテーション)
本部 〒476-8588 愛知県東海市富貴ノ台2-172 問合せ先 入試広報課 ☎0120-601-009

大同大学 ●工学部(機械工/機械システム工/電気電子工) ●建築学部(建築) ●情報学部(情報システム/情報デザイン/総合情報)
本部 〒457-8530 愛知県名古屋市南区滝春町10-3 問合せ先 入試・広報室 ☎052-612-6117

東海学園大学 ●経営学部(経営) ●人文学部(人文) ●心理学部(心理) ●教育学部(教育) ●スポーツ健康科学部(スポーツ健康科) ●健康栄養学部(健康栄養)
本部 〒470-0207 愛知県みよし市福谷町西ノ洞21-233 問合せ先 入試広報課 ☎052-801-1204

同朋大学 ●社会福祉学部(社会福祉) ●文学部(人文/仏教)
本部 〒453-8540 愛知県名古屋市中村区稲葉地町7-1 問合せ先 入試・広報センター ☎052-411-1247

豊田工業大学 ●工学部(先端工学基礎)
本部 〒468-8511 愛知県名古屋市天白区久方2-12-1 問合せ先 入学試験事務室 ☎0120-3749-72

豊橋創造大学 ●保健医療学部(理学療法/看護) ●経営学部(経営)
本部 〒440-8511 愛知県豊橋市牛川町松下20-1 問合せ先 入試センター ☎0532-54-9725

名古屋音楽大学 ●音楽学部(音楽)
本部 〒453-8540 愛知県名古屋市中村区稲葉地町7-1 問合せ先 入試・広報センター ☎052-411-1545

名古屋外国語大学 ●外国語学部(英米語/フランス語/中国語) ●世界教養学部(世界教養/国際日本) ●世界共生学部(世界共生) ●現代国際学部(現代英語/国際教養/グローバルビジネス)
本部 〒470-0197 愛知県日進市岩崎町竹ノ山57 問合せ先 入試課 ☎0561-75-1748

名古屋学院大学 ●経済学部(経済) ●現代社会学部(現代社会) ●商学部(商) ●経営学部(データ経営) ●法学部(法) ●外国語学部(英米語) ●国際文化学部(国際文化) ●スポーツ健康学部(スポーツ健康) ●リハビリテーション学部(理学療法)
本部 〒456-8612 愛知県名古屋市熱田区熱田西町1-25 問合せ先 入学センター ☎052-678-4088

名古屋学芸大学 ●管理栄養学部(管理栄養) ●ヒューマンケア学部(子どもケア) ●メディア造形学部(映像メディア/デザイン/ファッション造形) ●看護学部(看護)
本部 〒470-0196 愛知県日進市岩崎町竹ノ山57 問合せ先 入試課 ☎0561-75-1745

名古屋経済大学 ●経済学部(現代経済) ●経営学部(経営) ●法学部(ビジネス法) ●人間生活科学部(管理栄養/教育保育)
本部 〒484-8504 愛知県犬山市内久保61-1 問合せ先 広報センター ☎0568-67-0624

名古屋芸術大学 ●芸術学部(芸術) ●教育学部(子ども)
本部 〒481-8503 愛知県北名古屋市熊之庄吉井281 問合せ先 広報部学生募集チーム ☎0568-24-0318

名古屋国際工科専門職大学 ●工科学部(情報工/デジタルエンタテインメント)
本部 〒450-0002 愛知県名古屋市中村区名駅4-27-1 問合せ先 アドミッションセンター ☎052-561-2001

名古屋産業大学 ●現代ビジネス学部(現代ビジネス/経営専門職)
本部 〒488-8711 愛知県尾張旭市新居町山の田3255-5 問合せ先 入試広報室 ☎0120-546-160

名古屋商科大学 ●経営管理課程 ●経済学部(経済/総合政策) ●経営学部(経営/経営情報) ●商学部(マーケティング/会計) ●国際学部(国際/英語)
本部 〒470-0193 愛知県日進市米野木町三ヶ峯4-4 問合せ先 入試広報 ☎0120-41-3006

名古屋女子大学 ●健康科学部(健康栄養/看護) ●医療科学部(理学療法/作業療法) ●家政学部(生活環境) ●児童教育学部(児童教育)
本部 〒467-8610 愛知県名古屋市瑞穂区汐路町3-40 問合せ先 入試広報課 ☎0120-758-206

名古屋造形大学 ●造形学部(造形)
本部 〒462-8545 愛知県名古屋市北区名城2-4-1 問合せ先 入試・広報センター ☎052-908-1630(代)

名古屋文理大学 ●健康生活学部(健康栄養/フードビジネス) ●情報メディア学部(情報メディア)
本部 〒492-8520 愛知県稲沢市稲沢町前田365 問合せ先 入試広報課 ☎0587-23-2400(代)

名古屋柳城女子大学 ●こども学部(こども)
本部 〒466-0034 愛知県名古屋市昭和区明月町2-54
問合せ先 アドミッションセンター ☎052-848-8281

日本赤十字豊田看護大学 ●看護学部(看護)
本部 〒471-8565 愛知県豊田市白山町七曲12-33 問合せ先 企画・地域交流課 ☎0565-36-5228

その他の大学一覧

日本福祉大学 ●**社会福祉学部**(社会福祉) ●**教育・心理学部**(子ども発達/心理) ●**スポーツ科学部**(スポーツ科) ●**健康科学部**(リハビリテーション/福祉工) ●**経済学部**(経済) ●**国際学部**(国際) ●**看護学部**(看護)
本部 〒470-3295 愛知県知多郡美浜町奥田会下前35-6 **問合せ先** 入学広報課 ☎0569-87-2212

人間環境大学 ●**心理学部**(心理/犯罪心理) ●**環境科学部**(フィールド生態/環境データサイエンス) ●**総合心理学部**(総合心理/総合犯罪心理) ●**看護学部**(看護) ●**松山看護学部**(看護)
本部 〒444-3505 愛知県岡崎市本宿町上三本松6-2 **問合せ先** 入試・広報部 0120-48-7812

藤田医科大学 ●**医学部**(医) ●**医療科学部**(医療検査/放射線) ●**保健衛生学部**(看護/リハビリテーション)
本部 〒470-1192 愛知県豊明市沓掛町田楽ヶ窪1-98
問合せ先 入試係 ☎0562-93-2493(医) ☎0562-93-9959(医療科・保健衛生)

三重

皇學館大学 ●**文学部**(神道/国文/国史/コミュニケーション) ●**教育学部**(教育) ●**現代日本社会学部**(現代日本社会)
本部 〒516-8555 三重県伊勢市神田久志本町1704 **問合せ先** 学生支援部入試担当 ☎0596-22-6316

鈴鹿大学 ●**国際地域学部**(国際地域) ●**こども教育学部**(こども教育)
本部 〒510-0298 三重県鈴鹿市郡山町663-222 **問合せ先** 入試広報課 0120-919-593

鈴鹿医療科学大学 ●**保健衛生学部**(放射線技術科/医療栄養/臨床検査/リハビリテーション/医療福祉/鍼灸サイエンス/救急救命) ●**医用工学部**(臨床工/医療健康データサイエンス) ●**薬学部**(薬) ●**看護学部**(看護)
本部 〒510-0293 三重県鈴鹿市岸岡町1001-1 **問合せ先** 入学課 ☎059-383-9591

四日市大学 ●**総合政策学部**(総合政策) ●**環境情報学部**(環境情報)
本部 〒512-8512 三重県四日市市萱生町1200 **問合せ先** 入試広報室 ☎059-365-6711

四日市看護医療大学 ●**看護医療学部**(看護/臨床検査)
本部 〒512-8045 三重県四日市市萱生町1200 **問合せ先** 入試広報室 ☎059-340-0707

滋賀

成安造形大学 ●**芸術学部**(芸術)
本部 〒520-0248 滋賀県大津市仰木の里東4-3-1 **問合せ先** 入学広報センター ☎077-574-2119

聖泉大学 ●**看護学部**(看護)
本部 〒521-1123 滋賀県彦根市肥田町720 **問合せ先** アドミッション室 ☎0749-43-7511

長浜バイオ大学 ●**バイオサイエンス学部**(フロンティアバイオサイエンス/バイオデータサイエンス/アニマルバイオサイエンス)
本部 〒526-0829 滋賀県長浜市田村町1266 **問合せ先** 入試係 ☎0749-64-8100(代)

びわこ学院大学 ●**教育福祉学部**(子ども/スポーツ教育)
本部 〒527-8533 滋賀県東近江市布施町29 **問合せ先** 入学センター ☎0748-35-0006

びわこ成蹊スポーツ大学 ●**スポーツ学部**(スポーツ)
本部 〒520-0503 滋賀県大津市北比良1204 **問合せ先** 入試部入試課 ☎077-596-8425

びわこリハビリテーション専門職大学 ●**リハビリテーション学部**(理学療法/作業療法/言語聴覚療法)
本部 〒527-0145 滋賀県東近江市北坂町967 **問合せ先** 入試広報グループ ☎0749-46-2311

京都

大谷大学 ●**文学部**(真宗/仏教/哲/歴史/文) ●**社会学部**(現代社会/コミュニティデザイン) ●**教育学部**(教育) ●**国際学部**(国際文化)
本部 〒603-8143 京都府京都市北区小山上総町 **問合せ先** 入学センター ☎075-411-8114

京都医療科学大学 ●**医療科学部**(放射線技術)
本部 〒622-0041 京都府南丹市園部町小山東町今北1-3 **問合せ先** 事務(入試担当) ☎0771-63-0186

京都外国語大学 ●**外国語学部**(英米語/スペイン語/フランス語/ドイツ語/ブラジルポルトガル語/中国語/日本語/イタリア語/ロシア語) ●**国際貢献学部**(グローバルスタディーズ/グローバル観光)
本部 〒615-8558 京都府京都市右京区西院笠目町6 **問合せ先** 入試広報部 ☎075-322-6035

京都華頂大学 ●**現代生活学部**(生活情報/こども生活/食物栄養)
本部 〒605-0062 京都府京都市東山区林下町3-456 **問合せ先** 入学広報課 ☎075-551-1211

京都看護大学 ●**看護学部**(看護)
本部 〒604-8845 京都府京都市中京区壬生東高田町1-21 **問合せ先** 入試課 ☎075-311-0123

京都芸術大学 ●**芸術学部**(美術工芸/キャラクターデザイン/情報デザイン/プロダクトデザイン/空間演出

デザイン／環境デザイン／映画／舞台芸術／文芸表現／こども芸術）
本部 〒606-8271 京都府京都市左京区北白川瓜生山2-116
問合せ先 アドミッション・オフィス ☎0120-591-200

京都光華女子大学 ●看護福祉リハビリテーション学部（福祉リハビリテーション／看護） ●健康科学部（健康栄養／心理） ●キャリア形成学部（キャリア形成） ●こども教育学部（こども教育） ●人間健康学群
本部 〒615-0882 京都府京都市右京区西京極葛野町38 問合せ先 入学・広報センター ☎075-312-1899

京都精華大学 ●国際文化学部（人文／グローバルスタディーズ） ●メディア表現学部（メディア表現） ●芸術学部（造形） ●デザイン学部（イラスト／ビジュアルデザイン／プロダクトデザイン／建築） ●マンガ学部（マンガ／アニメーション）
本部 〒606-8588 京都府京都市左京区岩倉木野町137 問合せ先 入学グループ ☎075-702-5100

京都先端科学大学 ●経済経営学部（経済／経営） ●人文学部（心理／歴史文化） ●バイオ環境学部（バイオサイエンス／バイオ環境デザイン／食農） ●健康医療学部（看護／言語聴覚／健康スポーツ） ●工学部（機械電気システム工）
本部 〒615-8577 京都府京都市右京区山ノ内五反田町18 問合せ先 入学センター ☎075-406-9270

京都橘大学 ●国際英語学部（国際英語） ●文学部（日本語日本文／歴史／歴史遺産） ●発達教育学部（児童教育） ●総合心理学部（総合心理） ●経済学部（経済） ●経営学部（経営） ●工学部（情報工／建築デザイン） ●看護学部（看護） ●健康科学部（理学療法／作業療法／救急救命／臨床検査）
本部 〒607-8175 京都府京都市山科区大宅山田町34 問合せ先 入学課 ☎075-574-4116

京都ノートルダム女子大学 ●国際言語文化学部（英語英文／国際日本文化） ●現代人間学部（生活環境／心理／こども教育） ●社会情報課程
本部 〒606-0847 京都府京都市左京区下鴨南野々神町1 問合せ先 入試・広報課 ☎075-706-3747

京都美術工芸大学 ●建築学部（建築） ●芸術学部（デザイン・工芸）
本部 〒605-0991 京都府京都市東山区川端通七条上ル 問合せ先 入試・広報課 ☎0120-33-3372

京都文教大学 ●総合社会学部（総合社会／実践社会） ●臨床心理学部（臨床心理） ●こども教育学部（こども教育）
本部 〒611-0041 京都府宇治市槇島町千足80 問合せ先 入試広報課 ☎0774-25-2488

京都薬科大学 ●薬学部（薬）
本部 〒607-8414 京都府京都市山科区御陵中内町5 問合せ先 入試課 ☎075-595-4678

嵯峨美術大学 ●芸術学部（造形／デザイン）
本部 〒616-8362 京都府京都市右京区嵯峨五島町1 問合せ先 入学広報グループ ☎075-864-7878

種智院大学 ●人文学部（仏教／社会福祉）
本部 〒612-8156 京都府京都市伏見区向島西定請70 問合せ先 教務課入試担当 ☎075-604-5600（代）

花園大学 ●文学部（仏教／日本史／日本文） ●社会福祉学部（社会福祉／臨床心理／児童福祉）
本部 〒604-8456 京都府京都市中京区西ノ京壺ノ内町8-1 問合せ先 入試課 ☎075-277-1331

平安女学院大学 ●国際観光学部（国際観光） ●子ども教育学部（子ども教育）
本部 〒602-8029 京都府京都市上京区武衛陣町221 問合せ先 入学センター ☎075-414-8108

明治国際医療大学 ●看護学部（看護） ●保健医療学部（救急救命／柔道整復） ●鍼灸学部（鍼灸）
本部 〒629-0392 京都府南丹市日吉町 問合せ先 入試事務室 ☎0771-72-1188

大 阪

藍野大学 ●医療保健学部（看護／理学療法／作業療法／臨床工）
本部 〒567-0012 大阪府茨木市東太田4-5-4 問合せ先 入試広報グループ ☎072-627-1766

追手門学院大学 ●文学部（人文） ●国際学部（国際） ●心理学部（心理） ●社会学部（社会） ●法学部（法律） ●経済学部（経済） ●経営学部（経営） ●地域創造学部（地域創造）
本部 〒567-8502 大阪府茨木市西安威2-1-15 問合せ先 入試課 ☎072-641-9644

大阪青山大学 ●健康科学部（健康栄養） ●子ども教育学部（子ども教育） ●看護学部（看護）
本部 〒562-8580 大阪府箕面市新稲2-11-1 問合せ先 入試部 ☎072-723-4480

大阪医科薬科大学 ●医学部（医） ●薬学部（薬） ●看護学部（看護）
本部 〒569-8686 大阪府高槻市大学町2-7 問合せ先 アドミッションセンター ☎072-684-7117

大阪大谷大学 ●薬学部（薬） ●文学部（日本語日本文／歴史文化） ●教育学部（教育） ●人間社会学部（人間社会／心理・福祉／スポーツ健康）
本部 〒584-8540 大阪府富田林市錦織北3-11-1 問合せ先 入試対策課 ☎0721-24-1031

大阪音楽大学 ●音楽学部（音楽）
本部 〒561-8555 大阪府豊中市庄内幸町1-1-8 問合せ先 入試センター ☎0120-414-015

大阪学院大学 ●商学部（商） ●経営学部（経営／ホスピタリティ経営） ●経済学部（経済） ●法学部（法） ●外国語学部（英語） ●国際学部（国際） ●情報学部（情報）
本部 〒564-8511 大阪府吹田市岸部南2-36-1 問合せ先 入試広報課 ☎06-6381-8434（代）

大阪河﨑リハビリテーション大学 ●リハビリテーション学部（リハビリテーション）
本部 〒597-0104 大阪府貝塚市水間158 問合せ先 アドミッション・オフィス ☎072-446-7400

大阪観光大学 ●観光学部（観光） ●国際交流学部（国際交流）
本部 〒590-0493 大阪府泉南郡熊取町大久保南5-3-1 問合せ先 入試広報課 ☎072-453-8222

大阪経済法科大学 ●経済学部（経済） ●経営学部（経営） ●国際学部（国際） ●法学部（法律）
本部 〒581-8511 大阪府八尾市楽音寺6-10 問合せ先 入試課 ☎072-943-7760

大阪芸術大学 ●芸術学部（アートサイエンス／美術／デザイン／工芸／写真／建築／映像／キャラクター造形／文芸／放送／芸術計画／舞台芸術／音楽／演奏／初等芸術教育）
本部 〒585-8555 大阪府南河内郡河南町東山469 問合せ先 入試課 ☎0721-93-6583

大阪国際大学 ●経営経済学部（経営／経済） ●人間科学部（心理コミュニケーション／人間健康科／スポーツ行動） ●国際教養学部（国際コミュニケーション／国際観光）
本部 〒570-8555 大阪府守口市藤田町6-21-57 問合せ先 入試・広報部 ☎06-6907-4310

大阪国際工科専門職大学 ●工科学部（情報工／デジタルエンタテインメント）
本部 〒530-0001 大阪府大阪市北区梅田3-3-1 問合せ先 アドミッションセンター ☎06-6347-0111

大阪産業大学 ●国際学部（国際） ●スポーツ健康学部（スポーツ健康） ●経営学部（経営／商） ●経済学部（経済／国際経済） ●デザイン工学部（情報システム／建築・環境デザイン／環境理工） ●工学部（機械工／交通機械工／都市創造工／電気電子情報工）
本部 〒574-8530 大阪府大東市中垣内3-1-1 問合せ先 入試センター ☎072-875-3001（代）

大阪歯科大学 ●歯学部（歯） ●医療保健学部（口腔保健／口腔工） ●看護学部（看護）
本部 〒573-1121 大阪府枚方市楠葉花園町8-1 問合せ先 アドミッションセンター ☎072-864-5511

大阪樟蔭女子大学 ●学芸学部（国文／国際英語／心理／ライフプランニング／化粧ファッション） ●児童教育学部（児童教育） ●健康栄養学部（健康栄養）
本部 〒577-8550 大阪府東大阪市菱屋西4-2-26 問合せ先 樟蔭学園入試広報課 ☎06-6723-8274

大阪商業大学 ●経済学部（経済） ●総合経営学部（経営／商） ●公共学部（公共）
本部 〒577-8505 大阪府東大阪市御厨栄町4-1-10 問合せ先 広報入試課 ☎06-6787-2424

大阪女学院大学 ●国際・英語学部（国際・英語）
本部 〒540-0004 大阪府大阪市中央区玉造2-26-54 問合せ先 アドミッションセンター ☎06-6761-9369

大阪信愛学院大学 ●教育学部（教育） ●看護学部（看護）
本部 〒536-8585 大阪府大阪市城東区古市2-7-30 問合せ先 入試広報課 ☎06-6939-4391（代）

大阪成蹊大学 ●経営学部（経営／スポーツマネジメント） ●国際観光学部（国際観光） ●教育学部（教育） ●芸術学部（造形芸術） ●データサイエンス学部（データサイエンス） ●看護学部（看護）
本部 〒533-0007 大阪府大阪市東淀川区相川3-10-62 問合せ先 広報統括本部 ☎06-6829-2554

大阪総合保育大学 ●児童保育学部（児童保育／乳児保育）
本部 〒546-0013 大阪府大阪市東住吉区湯里6-4-26 問合せ先 入試広報課 ☎06-6702-7603

大阪体育大学 ●スポーツ科学部（スポーツ科） ●教育学部（教育）
本部 〒590-0496 大阪府泉南郡熊取町朝代台1-1 問合せ先 入試部 ☎072-453-7070

大阪電気通信大学 ●工学部（電気電子工／電子機械工／機械工／基礎理工） ●情報通信工学部（情報工／通信工） ●建築・デザイン学部（建築・デザイン） ●医療健康科学部（医療科／理学療法／健康スポーツ科） ●総合情報学部（デジタルゲーム／ゲーム&メディア／情報）
本部 〒572-8530 大阪府寝屋川市初町18-8 問合せ先 入試部 ☎072-813-7374

大阪人間科学大学 ●人間科学部（社会創造／社会福祉／医療福祉／子ども教育） ●心理学部（心理） ●保健医療学部（理学療法／作業療法／言語聴覚）
本部 〒566-8501 大阪府摂津市正雀1-4-1 問合せ先 入試広報センター ☎06-6318-2020

大阪物療大学 ●保健医療学部（診療放射線技術）
本部 〒593-8324 大阪府堺市西区鳳東町4-410-5 問合せ先 入試課 ☎072-260-0096

大阪保健医療大学 ●保健医療学部(リハビリテーション)
本部 〒530-0043 大阪府大阪市北区天満1-9-27 問合せ先 事務局 ☎0120-581-834

大阪行岡医療大学 ●医療学部(理学療法)
本部 〒567-0801 大阪府茨木市総持寺1-1-41 問合せ先 入試事務局 ☎072-621-0881(代)

関西医科大学 ●医学部(医) ●看護学部(看護) ●リハビリテーション学部(理学療法/作業療法)
本部 〒573-1010 大阪府枚方市新町2-5-1 問合せ先 入試センター ☎072-804-0101(代)

関西医療大学 ●保健看護学部(保健看護) ●保健医療学部(理学療法/作業療法/臨床検査/はり灸・スポーツトレーナー/ヘルスプロモーション整復)
本部 〒590-0482 大阪府泉南郡熊取町若葉2-11-1 問合せ先 入試・広報課 ☎072-453-8284

関西福祉科学大学 ●社会福祉学部(福祉創造) ●心理科学部(心理科) ●健康福祉学部(健康科/福祉栄養) ●保健医療学部(リハビリテーション) ●教育学部(教育)
本部 〒582-0026 大阪府柏原市旭ケ丘3-11-1 問合せ先 入試広報部 ☎072-978-0676

滋慶医療科学大学 ●医療科学部(臨床工)
本部 〒532-0003 大阪府大阪市淀川区宮原1-2-8 問合せ先 入試事務局 ☎06-6394-1617

四條畷学園大学 ●リハビリテーション学部(リハビリテーション) ●看護学部(看護)
本部 〒547-0011 大阪府大東市北条5-11-10
問合せ先 リハビリテーション学部事務室 ☎0120-86-7810 看護学部事務室 ☎0120-11-2623

四天王寺大学 ●文学部(日本/国際コミュニケーション) ●社会学部(社会/人間福祉) ●教育学部(教育) ●経営学部(経営) ●看護学部(看護)
本部 〒583-8501 大阪府羽曳野市学園前3-2-1 問合せ先 入試・広報課 ☎072-956-3183

千里金蘭大学 ●栄養学部(栄養) ●教育学部(教育) ●看護学部(看護)
本部 〒565-0873 大阪府吹田市藤白台5-25-1 問合せ先 アドミッションセンター ☎06-6872-0721

相愛大学 ●音楽学部(音楽) ●人文学部(人文) ●人間発達学部(子ども教育/管理栄養)
本部 〒559-0033 大阪府大阪市住之江区南港中4-4-1 問合せ先 入試課 ☎06-6612-5905

太成学院大学 ●看護学部(看護) ●人間学部(子ども発達/健康スポーツ/心理カウンセリング) ●経営学部(現代ビジネス)
本部 〒587-8555 大阪府堺市美原区平尾1060-1 問合せ先 入試課 ☎0120-623-732

宝塚大学 ●看護学部(看護) ●東京メディア芸術学部(メディア芸術)
本部 〒530-0012 大阪府大阪市北区芝田1-13-16
問合せ先 入試課 ☎0120-580-007(看護) ☎0120-627-837(東京メディア芸術)

帝塚山学院大学 ●リベラルアーツ学部(リベラルアーツ) ●総合心理学部(総合心理) ●食環境学部(食イノベーション/管理栄養)
本部 〒590-0113 大阪府堺市南区晴美台4-2-2 問合せ先 アドミッションセンター ☎072-290-0652

常磐会学園大学 ●国際こども教育学部(国際こども教育)
本部 〒547-0021 大阪府大阪市平野区喜連東1-4-12 問合せ先 入試広報課 ☎06-4302-8881

梅花女子大学 ●文化表現学部(情報メディア/日本文化/国際英語) ●心理こども学部(こども教育/心理) ●食文化学部(食文化/管理栄養) ●看護保健学部(看護/口腔保健)
本部 〒567-8578 大阪府茨木市宿久庄2-19-5 問合せ先 入試センター ☎072-643-6566

羽衣国際大学 ●現代社会学部(現代社会/放送・メディア映像) ●人間生活学部(人間生活/食物栄養)
本部 〒592-8344 大阪府堺市西区浜寺南町1-89-1 問合せ先 入試広報課 ☎072-265-7200

阪南大学 ●国際学部(国際コミュニケーション/国際観光) ●経済学部(経済) ●経営学部(経営) ●総合情報学部(総合情報)
本部 〒580-8502 大阪府松原市天美東5-4-33 問合せ先 入試広報課 ☎072-332-1224(代)

東大阪大学 ●こども学部(こども/国際教養こども)
本部 〒577-8567 大阪府東大阪市西堤学園町3-1-1 問合せ先 入試広報部 ☎06-6782-2884

桃山学院大学 ●ビジネスデザイン学部(ビジネスデザイン) ●経済学部(経済) ●経営学部(経営) ●社会学部(社会/ソーシャルデザイン) ●国際教養学部(英語・国際文化) ●法学部(法律)
本部 〒594-1198 大阪府和泉市まなび野1-1 問合せ先 入試課 ☎0725-54-3245

桃山学院教育大学 ●人間教育学部(人間教育)
本部 〒590-0114 大阪府堺市南区槇塚台4-5-1 問合せ先 入試センター ☎072-247-5605

森ノ宮医療大学 ●看護学部(看護) ●総合リハビリテーション学部(理学療法/作業療法/言語聴覚)
●医療技術学部(臨床検査/臨床工/診療放射線/鍼灸)
本部 〒559-8611 大阪府大阪市住之江区南港北1-26-16 問合せ先 入試課 0120-68-8908

大和大学 ●情報学部(情報) ●社会学部(社会) ●理工学部(理工) ●政治経済学部(政治・政策/経済経営/グローバルビジネス) ●教育学部(教育) ●保健医療学部(看護/総合リハビリテーション)
本部 〒564-0082 大阪府吹田市片山町2-5-1 問合せ先 入試広報本部 ☎06-6155-8025

兵庫

芦屋大学 ●臨床教育学部(教育/児童教育) ●経営教育学部(経営教育)
本部 〒659-8511 兵庫県芦屋市六麓荘町13-22 問合せ先 入試広報部 0120-898-046

大手前大学 ●国際日本学部(国際日本) ●建築&芸術学部(建築&芸術) ●現代社会学部(現代社会)
●経営学部(経営) ●健康栄養学部(管理栄養) ●国際看護学部(看護)
本部 〒662-8552 兵庫県西宮市御茶家所町6-42 問合せ先 アドミッションズオフィス ☎0798-36-2532

関西看護医療大学 ●看護学部(看護)
本部 〒656-2131 兵庫県淡路市志筑1456-4 問合せ先 事務局入試係 ☎0799-60-1200

関西国際大学 ●国際コミュニケーション学部(グローバルコミュニケーション/観光) ●社会学部(社会)
●心理学部(心理) ●教育学部(教育福祉) ●経営学部(経営) ●保健医療学部(看護)
本部 〒673-0521 兵庫県三木市志染町青山1-18 問合せ先 入試課 ☎078-341-1615

関西福祉大学 ●社会福祉学部(社会福祉) ●教育学部(児童教育/保健教育) ●看護学部(看護)
本部 〒678-0255 兵庫県赤穂市新田380-3 問合せ先 入試センター ☎0791-46-2500

甲子園大学 ●栄養学部(栄養/食創造) ●心理(現代応用心理)
本部 〒665-0006 兵庫県宝塚市紅葉ガ丘10-1 問合せ先 入試センター事務室 ☎0797-87-2493

甲南女子大学 ●文学部(日本語日本文化/メディア表現) ●国際学部(国際英語/多文化コミュニケーション) ●人間科学部(心理/総合子ども/文化社会/生活環境) ●看護リハビリテーション学部(看護/理学療法)
●医療栄養学部(医療栄養)
本部 〒658-0001 兵庫県神戸市東灘区森北町6-2-23 問合せ先 入試課 ☎078-431-0499

神戸医療未来大学 ●健康スポーツ学部(健康スポーツコミュニケーション) ●人間社会学部(未来社会/経営データビジネス)
本部 〒679-2217 兵庫県神崎郡福崎町高岡1966-5 問合せ先 アドミッションオフィス 0120-155-123

神戸芸術工科大学 ●芸術工学部(建築・環境デザイン/生産・工芸デザイン/ビジュアルデザイン/メディア芸術)
本部 〒651-2196 兵庫県神戸市西区学園西町8-1-1 問合せ先 広報入試課 0120-514-103

神戸国際大学 ●経済学部(経済経営/国際文化ビジネス・観光) ●リハビリテーション学部(理学療法)
本部 〒658-0032 兵庫県神戸市東灘区向洋町中9-1-6 問合せ先 入試センター ☎078-845-3131

神戸松蔭女子学院大学 ●文学部(英語/日本語日本文化) ●人間科学部(心理/都市生活/食物栄養/ファッション・ハウジングデザイン) ●教育学部(教育)
本部 〒657-0015 兵庫県神戸市灘区篠原伯母野山町1-2-1 問合せ先 入試・広報課 ☎078-882-6123

神戸女学院大学 ●国際学部(英語/グローバル・スタディーズ) ●文学部(総合文化) ●心理学部(心理)
●人間科学部(環境・バイオサイエンス) ●音楽学部(音楽)
本部 〒662-8505 兵庫県西宮市岡田山4-1 問合せ先 入学センター・広報室 ☎0798-51-8543

神戸親和大学 ●文学部(国際文化/心理) ●教育学部(教育/スポーツ教育)
本部 〒651-1111 兵庫県神戸市北区鈴蘭台北町7-13-1
問合せ先 アドミッションセンター ☎078-591-5229

神戸常盤大学 ●保健科学部(医療検査/看護/診療放射線/口腔保健) ●教育学部(こども教育)
本部 〒653-0838 兵庫県神戸市長田区大谷町2-6-2 問合せ先 入試広報課 ☎078-611-1833

神戸薬科大学 ●薬学部(薬)
本部 〒658-8558 兵庫県神戸市東灘区本山北町4-19-1 問合せ先 入試課 ☎078-441-7691

園田学園女子大学 ●人間健康学部(総合健康/人間看護/食物栄養) ●人間教育学部(児童教育)
●経営学部(ビジネス)
本部 〒661-8520 兵庫県尼崎市南塚口町7-29-1 問合せ先 入試広報部入試課 ☎06-6429-9254

宝塚医療大学 ●保健医療学部(理学療法/柔道整復/鍼灸/口腔保健) ●和歌山保健医療学部(リハビリテーション/看護) ●観光学部(観光)

本部 〒666-0162 兵庫県宝塚市花屋敷緑ガ丘1 **問合せ先** 入試課 ☎072-736-8600

姫路大学 ●**看護学部**(看護) ●**教育学部**(こども未来)
本部 〒671-0101 兵庫県姫路市大塩町2042-2 **問合せ先** 入学・キャリアセンター ☎079-247-7306

姫路獨協大学 ●**医療保健学部**(理学療法／作業療法／言語聴覚療法／臨床工) ●**薬学部**(医療薬) ●**看護学部**(看護) ●**人間社会学群**(産業経営)
本部 〒670-8524 兵庫県姫路市上大野7-2-1 **問合せ先** 入試センター ☎079-223-6515

兵庫大学 ●**現代ビジネス学部**(現代ビジネス) ●**健康科学部**(栄養マネジメント／健康システム) ●**教育学部**(教育) ●**看護学部**(看護) ●**生涯福祉学部**(社会福祉)
本部 〒675-0195 兵庫県加古川市平岡町新在家2301 **問合せ先** 入学課 ☎079-427-1116

兵庫医科大学 ●**医学部**(医) ●**薬学部**(医療薬) ●**看護学部**(看護) ●**リハビリテーション学部**(理学療法／作業療法)
本部 〒663-8501 兵庫県西宮市武庫川町1-1
問合せ先 入試センター ☎0798-45-6162 (医) ☎078-304-3030(薬・看護・リハビリテーション)

流通科学大学 ●**商学部**(マーケティング／経営) ●**経済学部**(経済／経済情報) ●**人間社会学部**(心理社会／観光／人間健康)
本部 〒651-2188 兵庫県神戸市西区学園西町3-1 **問合せ先** 入試部 ☎078-794-2231

奈良

畿央大学 ●**健康科学部**(理学療法／看護医療／健康栄養／人間環境デザイン) ●**教育学部**(現代教育)
本部 〒635-0832 奈良県北葛城郡広陵町馬見中4-2-2 **問合せ先** 入学センター ☎0745-54-1603

帝塚山大学 ●**文学部**(日本文化) ●**経済経営学部**(経済経営) ●**法学部**(法) ●**心理学部**(心理) ●**現代生活学部**(食物栄養／居住空間デザイン) ●**教育学部**(こども教育)
本部 〒631-8501 奈良県奈良市帝塚山7-1-1 **問合せ先** 入試広報課 ☎0742-48-8821

天理大学 ●**人文学部**(宗教／国文学国語／歴史文化／心理／社会教育／社会福祉) ●**国際学部**(韓国・朝鮮語／中国語／英米語／外国語／国際文化／日本) ●**体育学部**(体育) ●**医療学部**(看護／臨床検査)
本部 〒632-8510 奈良県天理市杣之内町1050 **問合せ先** 入学課 ☎0743-62-2164

奈良大学 ●**文学部**(国文／史／地理／文化財) ●**社会学部**(心理／総合社会)
本部 〒631-8502 奈良県奈良市山陵町1500 **問合せ先** 入学センター ☎0742-41-9502

奈良学園大学 ●**人間教育学部**(人間教育) ●**保健医療学部**(看護／リハビリテーション)
本部 〒631-8524 奈良県奈良市中登美ヶ丘3-15-1 **問合せ先** 入試広報課 ☎0742-93-9958

和歌山

高野山大学 ●**文学部**(密教／教育)
本部 〒648-0280 和歌山県伊都郡高野町高野山385 **問合せ先** 総務課 ☎0736-56-2921

和歌山信愛大学 ●**教育学部**(子ども教育)
本部 〒640-8022 和歌山県和歌山市住吉町1 **問合せ先** アドミッション・オフィス ☎073-488-3120

和歌山リハビリテーション専門職大学 ●**健康科学部**(リハビリテーション)
本部 〒640-8222 和歌山県和歌山市湊本町3-1 **問合せ先** 入試担当 ☎073-435-4888

鳥取

鳥取看護大学 ●**看護学部**(看護)
本部 〒682-8555 鳥取県倉吉市福庭854 **問合せ先** 入試広報課 ☎0858-26-9171

岡山

岡山医療専門職大学 ●**健康科学部**(理学療法／作業療法)
本部 〒700-0913 岡山県岡山市北区大供3-2-18 **問合せ先** 入試事務局 ☎086-233-8020

岡山学院大学 ●**人間生活学部**(食物栄養)
本部 〒710-8511 岡山県倉敷市有城787 **問合せ先** 入試事務室 ☎086-428-2651

岡山商科大学 ●**法学部**(法) ●**経済学部**(経済) ●**経営学部**(経営／商)
本部 〒700-8601 岡山県岡山市北区津島京町2-10-1 **問合せ先** 入試課 ☎086-256-6652

岡山理科大学 ●**理学部**(応用数／基礎理／物理／化／動物／臨床生命科) ●**工学部**(機械システム工／電気電子システム／情報工／応用化／建築／生命医療工) ●**情報理工学部**(情報理工) ●**生命科学部**(生物科) ●**生物地球学部**(生物地球) ●**教育学部**(初等教育／中等教育) ●**経営学部**(経営) ●**獣医学部**(獣医／獣医保健看護) ●アクティブラーナーズコース

本部 〒700-0005 岡山県岡山市北区理大町1-1 問合せ先 入試広報部 ☎0800-888-1124

川崎医科大学 ●医学部(医)
本部 〒701-0192 岡山県倉敷市松島577 問合せ先 教務課入試係 ☎086-464-1012

川崎医療福祉大学 ●医療福祉学部(医療福祉/臨床心理/子ども医療福祉) ●保健看護学部(保健看護) ●リハビリテーション学部(理学療法/作業療法/言語聴覚療法/視能療法) ●医療技術学部(臨床検査/診療放射線技術/臨床工/臨床栄養/健康体育) ●医療福祉マネジメント学部(医療福祉経営/医療情報/医療秘書/医療福祉デザイン)
本部 〒701-0193 岡山県倉敷市松島288 問合せ先 川崎学園アドミッションセンター ☎086-464-1064

環太平洋大学 ●次世代教育学部(教育経営/こども発達) ●体育学部(体育/競技スポーツ科/健康科) ●経済経営学部(現代経営)
本部 〒709-0863 岡山県岡山市東区瀬戸町観音寺721 問合せ先 入試室 ☎086-908-0362

吉備国際大学 ●社会科学部(経営社会/スポーツ社会) ●看護学部(看護) ●人間科学部(人間科) ●農学部(地域創成農/海洋水産生物) ●外国語学部(外国) ●アニメーション文化学部(アニメーション文化)
本部 〒716-8508 岡山県高梁市伊賀町8 問合せ先 入試広報室 ☎0120-25-9944

倉敷芸術科学大学 ●芸術学部(芸術) ●生命科学部(生命科/生命医科/動物生命科/健康科)
本部 〒712-8505 岡山県倉敷市連島町西之浦2640 問合せ先 入試広報部 ☎086-440-1112

くらしき作陽大学 ●音楽学部(音楽) ●食文化学部(栄養/現代食文化) ●子ども教育学部(子ども教育)
本部 〒710-0292 岡山県倉敷市玉島長尾3515 問合せ先 入試広報室 ☎0120-911-394

山陽学園大学 ●総合人間学部(言語文化/ビジネス心理) ●地域マネジメント学部(地域マネジメント) ●看護学部(看護)
本部 〒703-8501 岡山県岡山市中区平井1-14-1 問合せ先 入試部 ☎086-272-4024

就実大学 ●人文科学部(表現文化/実践英語/総合歴史) ●教育学部(初等教育/教育心理) ●経営学部(経営) ●薬学部(薬)
本部 〒703-8516 岡山県岡山市中区西川原1-6-1 問合せ先 入試課 ☎086-271-8118

中国学園大学 ●現代生活学部(人間栄養) ●子ども学部(子ども) ●国際教養学部(国際教養)
本部 〒701-0197 岡山県岡山市北区庭瀬83 問合せ先 入試広報部 ☎086-293-0541

ノートルダム清心女子大学 ●文学部(英語英文/日本語日本文/現代社会) ●人間生活学部(人間生活/児童/食品栄養) ●国際文化学部(国際文化) ●情報デザイン学部(情報デザイン)
本部 〒700-8516 岡山県岡山市北区伊福町2-16-9 問合せ先 入試広報部 ☎086-255-5585

美作大学 ●生活科学部(食物/児童/社会福祉)
本部 〒708-8511 岡山県津山市北園町50 問合せ先 学生募集広報室 ☎0868-22-5570

広島

エリザベト音楽大学 ●音楽学部(音楽文化/演奏)
本部 〒730-0016 広島県広島市中区幟町4-15 問合せ先 企画・広報 ☎082-225-8009

日本赤十字広島看護大学 ●看護学部(看護)
本部 〒738-0052 広島県廿日市市阿品台東1-2 問合せ先 入試課 ☎0829-20-2860

比治山大学 ●現代文化学部(言語文化/マスコミュニケーション/社会臨床心理/子ども発達教育) ●健康栄養学部(管理栄養)
本部 〒732-8509 広島県広島市東区牛田新町4-1-1 問合せ先 入試広報課 ☎082-229-0150

広島経済大学 ●経済学部(経済) ●経営学部(経営/スポーツ経営) ●メディアビジネス学部(ビジネス情報/メディアビジネス)
本部 〒731-0192 広島県広島市安佐南区祇園5-37-1 問合せ先 入試広報センター ☎082-871-1313

広島工業大学 ●工学部(電子情報工/電気システム工/機械システム工/知能機械工/環境土木工/建築工) ●情報学部(情報工/情報コミュニケーション) ●環境学部(建築デザイン/地球環境) ●生命学部(生体医工/食品生命科)
本部 〒731-5193 広島県広島市佐伯区三宅2-1-1 問合せ先 教学支援部 ☎0120-165215

広島国際大学 ●保健医療学部(診療放射線/医療技術/救急救命) ●総合リハビリテーション学部(リハビリテーション) ●健康スポーツ学部(健康スポーツ) ●健康科学部(心理/医療栄養/医療経営/社会) ●看護学部(看護) ●薬学部(薬)
本部 〒739-2695 広島県東広島市黒瀬学園台555-36 問合せ先 入試センター ☎0823-70-4500

広島修道大学 ●**商学部**(商／経営) ●**人文学部**(社会／教育／英語英文) ●**法学部**(法律) ●**経済科学部**(現代経済／経済情報) ●**人間環境学部**(人間環境) ●**健康科学部**(心理／健康栄養) ●**国際コミュニティ学部**(国際政治／地域行政)
本部 〒731-3195 広島県広島市安佐南区大塚東1-1-1 **問合せ先** 入学センター ☎082-830-1100

広島女学院大学 ●**人文学部**(国際英語／日本文化) ●**人間生活学部**(生活デザイン／管理栄養／児童教育)
本部 732-0063 広島県広島市東区牛田東4-13-1 **問合せ先** 入試・広報課 ☎082-228-8365

広島都市学園大学 ●**健康科学部**(看護／リハビリテーション) ●**子ども教育学部**(子ども教育)
本部 〒734-0014 広島県広島市南区宇品西5-13-18 **問合せ先** 入試・広報課 ☎082-250-1133(代)

広島文化学園大学 ●**看護学部**(看護) ●**学芸学部**(子ども／音楽) ●**人間健康学部**(スポーツ健康福祉)
本部 〒737-0182 広島県呉市郷原学びの丘1-1-1
問合せ先 入試室 ☎0823-74-6000(看護) ☎082-239-5171(学芸) ☎082-884-1001(人間健康)

広島文教大学 ●**教育学部**(教育) ●**人間科学部**(人間福祉／心理／人間栄養／グローバルコミュニケーション)
本部 〒731-0295 広島県広島市安佐北区可部東1-2-1 **問合せ先** 入試広報課 ☎082-814-9996

福山大学 ●**経済学部**(経済／国際経済／税務会計) ●**人間文化学部**(人間文化／心理／メディア・映像) ●**工学部**(電気電子工／建築／情報工／機械システム工) ●**生命工学部**(生物工／健康栄養科／海洋生物科) ●**薬学部**(薬)
本部 〒729-0292 広島県福山市学園町1番地三蔵 **問合せ先** 入試広報室 ☎084-936-0521

福山平成大学 ●**経営学部**(経営) ●**福祉健康学部**(福祉／こども／健康スポーツ科) ●**看護学部**(看護)
本部 〒720-0001 広島県福山市御幸町上岩成正戸117-1 **問合せ先** 入試室 ☎084-972-8200

安田女子大学 ●**文学部**(日本文／書道／英語英米文) ●**教育学部**(児童教育) ●**心理学部**(現代心理／ビジネス心理) ●**現代ビジネス学部**(現代ビジネス／国際観光ビジネス／公共経営) ●**家政学部**(生活デザイン／管理栄養／造形デザイン) ●**薬学部**(薬) ●**看護学部**(看護)
本部 〒731-0153 広島県広島市安佐南区安東6-13-1 **問合せ先** 入試広報課 ☎082-878-8557

山口

宇部フロンティア大学 ●**看護学部**(看護) ●**心理学部**(心理)
本部 〒755-0805 山口県宇部市文京台2-1-1 **問合せ先** 入試広報課 ☎0120-38-0507

至誠館大学 ●**現代社会学部**(現代社会)
本部 〒758-8585 山口県萩市椿東浦田5000 **問合せ先** 学務課入試担当 ☎0838-24-4012

東亜大学 ●**人間科学部**(心理臨床・子ども／国際交流／スポーツ健康) ●**医療学部**(医療工／健康栄養) ●**芸術学部**(アート・デザイン／トータルビューティ)
本部 〒751-8503 山口県下関市一の宮学園町2-1 **問合せ先** 広報・入試室 ☎083-257-5151

梅光学院大学 ●**国際学部**(国際言語文化) ●**子ども学部**(子ども未来)
本部 〒750-8511 山口県下関市向洋町1-1-1 **問合せ先** 大学事務局入試担当 ☎083-227-1010

山口学芸大学 ●**教育学部**(教育)
本部 〒754-0032 山口県山口市小郡みらい町1-7-1 **問合せ先** 入試広報課 ☎083-972-3288

徳島

四国大学 ●**文学部**(日本文／書道文化／国際文化) ●**経営情報学部**(経営情報／メディア情報) ●**生活科学部**(人間生活科／健康栄養／児童) ●**看護学部**(看護)
本部 〒771-1192 徳島県徳島市応神町古川字戎子野123-1 **問合せ先** 入試課 ☎088-665-9908

徳島文理大学 ●**薬学部**(薬) ●**人間生活学部**(食物栄養／児童／心理／メディアデザイン／建築デザイン／人間生活) ●**保健福祉学部**(口腔保健／理学療法／看護／人間福祉／診療放射線／臨床工) ●**総合政策学部**(総合政策) ●**音楽学部**(音楽) ●**香川薬学部**(薬) ●**理工学部**(ナノ物質工／機械創造工／電子情報工) ●**文学部**(文化財／日本文／英語英米文化)
本部 〒770-8514 徳島県徳島市山城町西浜傍示180 **問合せ先** 入試広報部 ☎0120-60-2455

香川

四国学院大学 ●**文学部**(人文) ●**社会福祉学部**(社会福祉) ●**社会学部**(カルチュラル・マネジメント)
本部 〒765-8505 香川県善通寺市文京町3-2-1 **問合せ先** 入試課 ☎0120-459-433

高松大学 ●**発達科学部**(子ども発達) ●**経営学部**(経営)
本部 〒761-0194 香川県高松市春日町960 **問合せ先** 入学センター ☎0120-78-5920

愛媛

聖カタリナ大学 ●人間健康福祉学部(社会福祉／人間社会／健康スポーツ) ●看護学部(看護)
本部 〒799-2456 愛媛県松山市北条660 問合せ先 入試課 ☎0120-24-4424

松山大学 ●経済学部(経済) ●経営学部(経営) ●人文学部(英語英米文／社会) ●法学部(法) ●薬学部(医療薬)
本部 〒790-8578 愛媛県松山市文京町4-2 問合せ先 入学広報課 ☎0120-459514

松山東雲女子大学 ●人文科学部(心理子ども)
本部 〒790-8531 愛媛県松山市桑原3-2-1 問合せ先 入試課 ☎0120-874044

高知

高知学園大学 ●健康科学部(管理栄養／臨床検査)
本部 〒780-0955 高知県高知市旭天神町292-26 問合せ先 学生支援課 ☎088-840-1664

高知健康科学大学 ●健康科学部(リハビリテーション)
本部 〒781-5103 高知県高知市大津乙2500-2 問合せ先 入学試験事務局 ☎088-866-6119

高知リハビリテーション専門職大学 ●リハビリテーション学部(リハビリテーション)
本部 〒781-1102 高知県土佐市高岡町乙1139-3 問合せ先 学生課 ☎088-850-2311

福岡

九州栄養福祉大学 ●食物栄養学部(食物栄養) ●リハビリテーション学部(理学療法／作業療法)
本部 〒803-8511 福岡県北九州市小倉北区下到津5-1-1 問合せ先 教務課入試係 ☎093-561-2060

九州共立大学 ●経済学部(経済・経営／地域創造) ●スポーツ学部(スポーツ／こどもスポーツ教育)
本部 〒807-8585 福岡県北九州市八幡西区自由ケ丘1-8 問合せ先 入試広報課 ☎093-693-3305

九州国際大学 ●法学部(法律) ●現代ビジネス学部(地域経済／国際社会)
本部 〒805-8512 福岡県北九州市八幡東区平野1-6-1 問合せ先 入試・広報室 ☎093-671-8916

九州産業大学 ●国際文化学部(国際文化／日本文化) ●人間科学部(臨床心理／子ども教育／スポーツ健康科) ●経済学部(経済) ●商学部(経営・流通) ●地域共創学部(観光／地域づくり) ●理工学部(情報科／機械工／電気工) ●生命科学部(生命科) ●建築都市工学部(建築／住居・インテリア／都市デザイン工) ●芸術学部(芸術表現／写真・映像メディア／ビジュアルデザイン／生活環境デザイン／ソーシャルデザイン)
本部 〒813-8503 福岡県福岡市東区松香台2-3-1 問合せ先 入試課 ☎092-673-5550

九州情報大学 ●経営情報学部(経営情報／情報ネットワーク)
本部 〒818-0117 福岡県太宰府市宰府6-3-1 問合せ先 入試広報課 ☎092-928-4000

九州女子大学 ●家政学部(生活デザイン／栄養) ●人間科学部(児童・幼児教育／心理・文化)
本部 〒807-8586 福岡県北九州市八幡西区自由ケ丘1-1 問合せ先 入試広報課 ☎093-693-3277

久留米大学 ●文学部(心理／情報社会／国際文化／社会福祉) ●人間健康学部(総合子ども／スポーツ医科) ●法学部(法律／国際政治) ●経済学部(経済／文化経済) ●商学部(商) ●医学部(医／看護／医療検査)
本部 〒830-0011 福岡県久留米市旭町67 問合せ先 入試課 ☎0942-44-2160

久留米工業大学 ●工学部(機械システム工／交通機械工／建築・設備工／情報ネットワーク工／教育創造工)
本部 〒830-0052 福岡県久留米市上津町2228-66 問合せ先 入試課 ☎0942-65-3488

サイバー大学 ●IT総合学部(IT総合)
本部 〒813-0017 福岡県福岡市東区香椎照葉3-2-1 問合せ先 入試係 ☎0120-948-318

産業医科大学 ●医学部(医) ●産業保健学部(看護／産業衛生科)
本部 〒807-8555 福岡県北九州市八幡西区医生ヶ丘1-1
問合せ先 入試事務室 ☎093-691-7295(医) ☎093-691-7380(産業保健)

純真学園大学 ●保健医療学部(看護／放射線技術科／検査科／医療工)
本部 〒815-8510 福岡県福岡市南区筑紫丘1-1-1 問合せ先 入試広報係 ☎0120-186-451

西南女学院大学 ●保健福祉学部(看護／福祉／栄養) ●人文学部(英語／観光文化)
本部 〒803-0835 福岡県北九州市小倉北区井堀1-3-5 問合せ先 入試課 ☎093-583-5123

聖マリア学院大学 ●看護学部(看護)
本部 〒830-8558 福岡県久留米市津福本町422 問合せ先 入試事務室 ☎0942-35-7271(代)

第一薬科大学 ●薬学部(薬／漢方薬／薬科) ●看護学部(看護)
本部 〒815-8511 福岡県福岡市南区玉川町22-1 問合せ先 入試事務室 ☎0120-542-737

筑紫女学園大学 ●文学部(日本語・日本文／英語／アジア文化) ●人間科学部(人間科) ●現代社会学部(現代社会)
本部 〒818-0192 福岡県太宰府市石坂2-12-1 問合せ先 連携推進部入試・広報班 ☎092-925-3591

中村学園大学 ●栄養科学部(栄養科／フード・マネジメント) ●教育学部(児童幼児教育) ●流通科学部(流通科)
本部 〒814-0198 福岡県福岡市城南区別府5-7-1 問合せ先 入試広報部 ☎092-851-6762

西日本工業大学 ●工学部(総合システム工) ●デザイン学部(建築／情報デザイン)
本部 〒800-0394 福岡県京都郡苅田町新津1-11 問合せ先 入試広報課 ☎0930-23-1591

日本経済大学 ●経済学部(経済／商／健康スポーツ経営) ●経営学部(経営／グローバルビジネス／芸創プロデュース)
本部 〒818-0197 福岡県太宰府市五条3-11-25 問合せ先 入試室 ☎092-921-9811

日本赤十字九州国際看護大学 ●看護学部(看護)
本部 〒811-4157 福岡県宗像市アスティ1-1 問合せ先 入試広報課 ☎0940-35-7008

福岡看護大学 ●看護学部(看護)
本部 〒814-0193 福岡県福岡市早良区田村2-15-1 問合せ先 学生・入試課 ☎092-801-0486

福岡工業大学 ●工学部(電子情報工／生命環境化／知能機械工／電気工) ●情報工学部(情報工／情報通信工／情報システム工／情報マネジメント) ●社会環境学部(社会環境)
本部 〒811-0295 福岡県福岡市東区和白東3-30-1 問合せ先 入試課 ☎092-606-0634

福岡国際医療福祉大学 ●看護学部(看護) ●医療学部(理学療法／作業療法／言語聴覚／視能訓練／診療放射線)
本部 〒814-0001 福岡県福岡市早良区百道浜3-6-40 問合せ先 入試・広報課 ☎0120-05-5931

福岡歯科大学 ●口腔歯学部(口腔歯)
本部 〒814-0193 福岡県福岡市早良区田村2-15-1 問合せ先 学務課入試係 ☎092-801-1885

福岡女学院大学 ●人文学部(現代文化／言語芸術／メディア・コミュニケーション) ●人間関係学部(心理／子ども発達) ●国際キャリア学部(国際英語／国際キャリア)
本部 〒811-1313 福岡県福岡市南区日佐3-42-1 問合せ先 入試広報課 ☎092-575-2970

福岡女学院看護大学 ●看護学部(看護)
本部 〒811-3113 福岡県古賀市千鳥1-1-7 問合せ先 入試広報係 ☎092-943-4174(代)

令和健康科学大学 ●看護学部(看護) ●リハビリテーション学部(理学療法／作業療法)
本部 〒811-0213 福岡県福岡市東区和白丘2-1-12 問合せ先 入試・広報係 ☎092-607-6728

佐賀

西九州大学 ●健康栄養学部(健康栄養) ●健康福祉学部(社会福祉／スポーツ健康福祉) ●リハビリテーション学部(リハビリテーション) ●子ども学部(子ども／心理カウンセリング) ●看護学部(看護) ●デジタル社会共創学環
本部 〒842-8585 佐賀県神埼市神埼町尾崎4490-9 問合せ先 入試広報課 ☎0952-37-9207

長崎

活水女子大学 ●国際文化学部(国際文化) ●健康生活学部(食生活健康／生活デザイン／子ども) ●看護学部(看護)
本部 〒850-8515 長崎県長崎市東山手町1-50 問合せ先 入試課 ☎095-820-6015

鎮西学院大学 ●総合社会学部(多文化コミュニケーション／社会福祉／経済政策)
本部 〒854-0082 長崎県諫早市西栄田町1212-1 問合せ先 入試広報課 ☎0957-26-0044

長崎外国語大学 ●外国語学部(現代英語／国際コミュニケーション)
本部 〒852-8065 長崎県長崎市横尾3-15-1 問合せ先 入試広報課 ☎0120-427-001

長崎国際大学 ●人間社会学部(国際観光／社会福祉) ●健康管理学部(健康栄養) ●薬学部(薬)
本部 〒859-3298 長崎県佐世保市ハウステンボス町2825-7
問合せ先 入試・募集センター ☎0956-39-2020(代)

長崎純心大学 ●人文学部(言語文化情報／福祉・心理／こども教育保育)
本部 〒852-8558 長崎県長崎市三ツ山町235 問合せ先 入試広報課 ☎095-846-0084(代)

長崎総合科学大学 ●工学部(工) ●総合情報学部(総合情報)
本部 〒851-0193 長崎県長崎市網場町536 問合せ先 入試広報課 ☎0120-801-253

熊　本

九州看護福祉大学　●看護福祉学部（看護／社会福祉／リハビリテーション／鍼灸スポーツ／口腔保健）
本部　〒865-0062　熊本県玉名市富尾888　問合せ先　入試広報課 ☎0968-75-1850

九州ルーテル学院大学　●人文学部（人文／心理臨床）
本部　〒860-8520　熊本県熊本市中央区黒髪3-12-16　問合せ先　入試課 ☎096-343-2095

熊本学園大学　●商学部（商／ホスピタリティ・マネジメント）　●経済学部（経済／リーガルエコノミクス）　●外国語学部（英米／東アジア）　●社会福祉学部（第一部社会福祉／第二部社会福祉／子ども家庭福祉／ライフ・ウェルネス）
本部　〒862-8680　熊本県熊本市中央区大江2-5-1　問合せ先　入試課 ☎0120-62-4095

熊本保健科学大学　●保健科学部（医学検査／看護／リハビリテーション）
本部　〒861-5598　熊本県熊本市北区和泉町325　問合せ先　入試・広報課 ☎096-275-2215

尚絅大学　●現代文化学部（文化コミュニケーション）　●生活科学部（栄養科）　●こども教育学部（こども教育）
本部　〒862-8678　熊本県熊本市中央区九品寺2-6-78　問合せ先　入試センター ☎096-273-6300

崇城大学　●工学部（機械工／ナノサイエンス／建築／宇宙航空システム工）　●情報学部（情報）　●生物生命学部（生物生命）　●芸術学部（美術／デザイン）　●薬学部（薬）
本部　〒860-0082　熊本県熊本市西区池田4-22-1　問合せ先　入試課 ☎096-326-6810

平成音楽大学　●音楽学部（音楽／未来創造）
本部　〒861-3295　熊本県上益城郡御船町滝川1658　問合せ先　入試広報課 ☎096-282-0506（代）

大　分

日本文理大学　●工学部（機械電気工／建築／航空宇宙工／情報メディア）　●経営経済学部（経営経済）　●保健医療学部（保健医療）
本部　〒870-0397　大分県大分市一木1727　問合せ先　アドミッションオフィス担当 ☎0120-097-593

別府大学　●文学部（国際言語・文化／史学・文化財／人間関係）　●国際経営学部（国際経営）　●食物栄養科学部（食物栄養／発酵食品）
本部　〒874-8501　大分県別府市北石垣82　問合せ先　入試広報課 ☎0977-66-9666

宮　崎

九州医療科学大学　●社会福祉学部（スポーツ健康福祉）　●臨床心理学部（臨床心理）　●薬学部（薬／動物生命薬科）　●生命医科学部（生命医科）
本部　〒882-8508　宮崎県延岡市吉野町1714-1　問合せ先　入試広報室 ☎0120-24-2447

南九州大学　●環境園芸学部（環境園芸）　●人間発達学部（子ども教育）　●健康栄養学部（管理栄養／食品開発科）
本部　〒880-0032　宮崎県宮崎市霧島5-1-2　問合せ先　入試広報課 ☎0120-3739-20

宮崎国際大学　●国際教養学部（比較文化）　●教育学部（児童教育）
本部　〒889-1605　宮崎県宮崎市清武町加納丙1405　問合せ先　入試広報部 ☎0120-85-5931

宮崎産業経営大学　●法学部（法律）　●経営学部（経営）
本部　〒880-0931　宮崎県宮崎市古城町丸尾100　問合せ先　入試広報課 ☎0985-52-3139

鹿児島

鹿児島国際大学　●経済学部（経済／経営）　●福祉社会学部（社会福祉／児童）　●国際文化学部（国際文化／音楽）　●看護学部（看護）
本部　〒891-0197　鹿児島県鹿児島市坂之上8-34-1　問合せ先　入試・広報課 ☎099-261-3211（代）

鹿児島純心大学　●人間教育学部（教育・心理）　●看護栄養学部（看護／健康栄養）
本部　〒895-0011　鹿児島県薩摩川内市天辰町2365　問合せ先　入試広報課 ☎0996-23-5311（代）

志學館大学　●人間関係学部（心理臨床／人間文化）　●法学部（法律／法ビジネス）
本部　〒890-8504　鹿児島県鹿児島市紫原1-59-1　問合せ先　入試広報課 ☎099-812-8508

第一工科大学　●航空工学部（航空工）　●工学部（情報・AI・データサイエンス／機械システム工／環境エンジニアリング／建築デザイン）
本部　〒899-4395　鹿児島県霧島市国分中央1-10-2
問合せ先　入試課 ☎0120-580-640（鹿児島キャンパス）　☎0120-353-178（東京上野キャンパス）

沖　縄

沖縄大学　●経法商学部（経法商）　●人文学部（国際コミュニケーション／福祉文化／こども文化）　●健康栄養学部（管理栄養）

本部 〒902-8521　沖縄県那覇市国場555　問合せ先 入試広報室 ☎098-832-3270

沖縄キリスト教学院大学 ●人文学部（英語コミュニケーション）
本部 〒903-0207　沖縄県中頭郡西原町字翁長777　問合せ先 入試課 ☎098-945-9782

沖縄国際大学 ●法学部（法律／地域行政） ●経済学部（経済／地域環境政策） ●産業情報学部（企業システム／産業情報） ●総合文化学部（日本文化／英米言語文化／社会文化／人間福祉）
本部 〒901-2701　沖縄県宜野湾市宜野湾2-6-1　問合せ先 入試センター ☎098-893-8945

国立大学

北海道

旭川医科大学 ●医学部（医／看護）
本部 〒078-8510　北海道旭川市緑が丘東2条1-1-1　問合せ先 事務局入試課 ☎0166-68-2214

小樽商科大学 ●商学部（経済／商／企業法／社会情報）
本部 〒047-8501　北海道小樽市緑3-5-21　問合せ先 入試室 ☎0134-27-5254

北見工業大学 ●工学部（地球環境工／地域未来デザイン工）
本部 〒090-8507　北海道北見市公園町165　問合せ先 教務課入学試験係 ☎0157-26-9167

北海道教育大学 ●教育学部（教員養成／国際地域／芸術・スポーツ文化）
本部 〒002-8501　北海道札幌市北区あいの里5条3-1-3
問合せ先 入試課 ☎011-778-0324（札幌校） 教育支援グループ ☎0166-59-1225（旭川校） ☎0154-44-3230（釧路校） ☎0138-44-4370（函館校） ☎0126-32-1348（岩見沢校）

室蘭工業大学 ●理工学部［昼間コース］（創造工／システム理化） ●理工学部［夜間主コース］（創造工）
本部 〒050-8585　北海道室蘭市水元町27-1　問合せ先 入試戦略課 ☎0143-46-5162

宮城

宮城教育大学 ●教育学部（学校教育教員養成）
本部 〒980-0845　宮城県仙台市青葉区荒巻字青葉149　問合せ先 入試課入試実施係 ☎022-214-3334

茨城

筑波技術大学 ●産業技術学部（産業情報／総合デザイン） ●保健科学部（保健／情報システム）
本部 〒305-8520　茨城県つくば市天久保4-3-15
問合せ先 聴覚障害系支援課教務係 ☎029-858-9328・9329（産業技術） 視覚障害系支援課教務係 ☎029-858-9507～9（保健科）

東京

東京藝術大学 ●美術学部（絵画／彫刻／工芸／デザイン／建築／先端芸術表現／芸術） ●音楽学部（作曲／声楽／器楽／指揮／邦楽／楽理／音楽環境創造）
本部 〒110-8714　東京都台東区上野公園12-8　問合せ先 学生課入学試験係 ☎050-5525-2075

新潟

上越教育大学 ●学校教育学部（初等教育教員養成）
本部 〒943-8512　新潟県上越市山屋敷町1　問合せ先 入試課 ☎025-521-3294

長岡技術科学大学 ●工学部（工学）
本部 〒940-2188　新潟県長岡市上富岡町1603-1　問合せ先 入試課 ☎0258-47-9271・9273

静岡

浜松医科大学 ●医学部（医／看護）
本部 〒431-3192　静岡県浜松市東区半田山1-20-1　問合せ先 入試課入学試験係 ☎053-435-2205

愛知

愛知教育大学 ●教育学部（学校教員養成／教育支援専門職養成）
本部 〒448-8542　愛知県刈谷市井ケ谷町広沢1　問合せ先 入試課 ☎0566-26-2202

豊橋技術科学大学 ●工学部（機械工学／電気・電子情報工学／情報・知能工学／応用化学・生命工学／建築・都市システム学）
本部 〒441-8580　愛知県豊橋市天伯町雲雀ヶ丘1-1　問合せ先 入試課 ☎0532-44-6581

名古屋工業大学 ●工学部（高度工学教育〈生命・応用化／物理工／電気・機械工／情報工／社会工〉／創造工学教育／基幹工学教育［夜間主］）
本部 〒466-8555 愛知県名古屋市昭和区御器所町 問合せ先 入試課 ☎052-735-5083

滋賀

滋賀医科大学 ●医学部（医／看護）
本部 〒520-2192 滋賀県大津市瀬田月輪町 問合せ先 入試課入学試験係 ☎077-548-2071

京都

京都教育大学 ●教育学部（学校教育教員養成）
本部 〒612-8522 京都府京都市伏見区深草藤森町1 問合せ先 入試課入試グループ ☎075-644-8161

大阪

大阪教育大学 ●教育学部（学校教育教員養成／養護教諭養成／教育協働）
本部 〒582-8582 大阪府柏原市旭ケ丘4-698-1 問合せ先 入試課 ☎072-978-3324

兵庫

兵庫教育大学 ●学校教育学部（学校教育教員養成）
本部 〒673-1494 兵庫県加東市下久米942-1 問合せ先 入試課 ☎0795-44-2067

奈良

奈良教育大学 ●教育学部（学校教育教員養成）
本部 〒630-8528 奈良県奈良市高畑町 問合せ先 入試課 ☎0742-27-9126

徳島

鳴門教育大学 ●学校教育学部（学校教育教員養成）
本部 〒772-8502 徳島県鳴門市鳴門町高島字中島748 問合せ先 入試課 ☎088-687-6133

福岡

九州工業大学 ●工学部（建設社会工／機械知能工／宇宙システム工／電気電子工／応用化／マテリアル工）●情報工学部（知能情報工／情報・通信工／知的システム工／物理情報工／生命化学情報工）
本部 〒804-8550 福岡県北九州市戸畑区仙水町1-1 問合せ先 入試課入試係 ☎093-884-3056

福岡教育大学 ●教育学部（初等教育教員養成／中等教育教員養成／特別支援教育教員養成）
本部 〒811-4192 福岡県宗像市赤間文教町1-1 問合せ先 入試課 ☎0940-35-1235

鹿児島

鹿屋体育大学 ●体育学部（スポーツ総合／武道）
本部 〒891-2393 鹿児島県鹿屋市白水町1 問合せ先 教務課入試係 ☎0994-46-4869

公立大学

北海道

旭川市立大学 ●経済学部（経営経済） ●保健福祉学部（コミュニティ福祉／保健看護）
本部 〒079-8501 北海道旭川市永山3条23-1-9 問合せ先 入試広報課 0120-48-3124

釧路公立大学 ●経済学部（経済／経営）
本部 〒085-8585 北海道釧路市芦野4-1-1 問合せ先 学生課 ☎0154-37-5091

公立千歳科学技術大学 ●理工学部（応用化学生物／電子光工／情報システム工）
本部 〒066-8655 北海道千歳市美々758-65 問合せ先 入試広報課 ☎0123-27-6011

公立はこだて未来大学 ●システム情報科学部（情報アーキテクチャ／複雑系知能）
本部 〒041-8655 北海道函館市亀田中野町116-2 問合せ先 教務課入試・学生募集担当 ☎0138-34-6444

札幌医科大学 ●医学部（医） ●保健医療学部（看護／理学療法／作業療法）
本部 〒060-8556 北海道札幌市中央区南1条西17丁目 問合せ先 学務課入試係 ☎011-611-2111（代）

札幌市立大学 ●デザイン学部（デザイン） ●看護学部（看護）
本部 〒005-0864 北海道札幌市南区芸術の森1丁目 問合せ先 学生課入試担当 ☎011-592-2371

名寄市立大学 ●保健福祉学部（栄養／看護／社会福祉／社会保育）

本部 〒096-8641 北海道名寄市西4条北8丁目1 問合せ先 教務課広報入試係 ☎01654-2-4194

青 森

青森県立保健大学 ●健康科学部(看護/理学療法/社会福祉/栄養)

本部 〒030-8505 青森県青森市大字浜館字間瀬58-1 問合せ先 教務学生課 ☎017-765-2061

青森公立大学 ●経営経済学部(経営/経済/地域みらい)

本部 〒030-0196 青森県青森市合子沢字山崎153-4

問合せ先 教務学事グループ入試・就職チーム ☎017-764-1601・1602

岩 手

岩手県立大学 ●看護学部(看護) ●社会福祉学部(社会福祉/人間福祉) ●ソフトウェア情報学部(ソフトウェア情報) ●総合政策学部(総合政策)

本部 〒020-0693 岩手県滝沢市巣子152-52 問合せ先 教育支援室入試グループ ☎019-694-2014

秋 田

秋田県立大学 ●システム科学技術学部(機械工/知能メカトロニクス/情報工/建築環境システム/経営システム工) ●生物資源科学部(応用生物科/生物生産科/生物環境科/アグリビジネス)

本部 〒010-0195 秋田県秋田市下新城中野字街道端西241-438

問合せ先 アドミッションチーム ☎0184-27-2100(システム科学技術) ☎018-872-1535(生物資源科)

秋田公立美術大学 ●美術学部(美術)

本部 〒010-1632 秋田県秋田市新屋大川町12-3 問合せ先 事務局学生課 ☎018-888-8105

山 形

東北農林専門職大学 ●農林業経営学部(農業経営/森林業経営)

本部 〒996-0052 山形県新庄市大字角沢1366

問合せ先 山形県農林水産部専門職大学整備推進課 ☎023-630-2480

山形県立保健医療大学 ●保健医療学部(看護/理学療法/作業療法)

本部 〒990-2212 山形県山形市上柳260 問合せ先 教務学生課 ☎023-686-6688

山形県立米沢栄養大学 ●健康栄養学部(健康栄養)

本部 〒992-0025 山形県米沢市通町6-15-1 問合せ先 教務学生課 ☎0238-22-7340

福 島

会津大学 ●コンピュータ理工学部(コンピュータ理工)

本部 〒965-8580 福島県会津若松市一箕町鶴賀 問合せ先 学生課学生募集係 ☎0242-37-2723

福島県立医科大学 ●医学部(医) ●看護学部(看護) ●保健科学部(理学療法/作業療法/診療放射線科/臨床検査)

本部 〒960-1295 福島県福島市光が丘1番地 問合せ先 教育研修支援課入試係(医・看護) ☎024-547-1093 保健科学部事務室入試・企画係 ☎024-581-5508

茨 城

茨城県立医療大学 ●保健医療学部(看護/理学療法/作業療法/放射線技術科)

本部 〒300-0394 茨城県稲敷郡阿見町阿見4669-2 問合せ先 教務課 ☎029-840-2108

群 馬

群馬県立県民健康科学大学 ●看護学部(看護) ●診療放射線学部(診療放射線)

本部 〒371-0052 群馬県前橋市上沖町323-1 問合せ先 事務局教務係 ☎027-235-1211(代)

群馬県立女子大学 ●文学部(国文/英米文化/美学美術史/文化情報) ●国際コミュニケーション学部(英語コミュニケーション/国際ビジネス)

本部 〒370-1193 群馬県佐波郡玉村町上之手1395-1 問合せ先 事務局教務係 ☎0270-65-8511(代)

前橋工科大学 ●工学部(建築・都市・環境工/情報・生命工)

本部 〒371-0816 群馬県前橋市上佐鳥町460-1 問合せ先 学務課入試係 ☎027-265-7361

千 葉

千葉県立保健医療大学 ●健康科学部(看護/栄養/歯科衛生/リハビリテーション)

本部 〒261-0014 千葉県千葉市美浜区若葉2-10-1 問合せ先 学生支援課 ☎043-296-2000(代)

神奈川

神奈川県立保健福祉大学 ●保健福祉学部(看護/栄養/社会福祉/リハビリテーション)

本部 〒238-8522 神奈川県横須賀市平成町1-10-1 問合せ先 学部入試担当 ☎046-828-2511

川崎市立看護大学 ●看護学部(看護)

本部 〒212-0054 神奈川県川崎市幸区小倉4-30-1 問合せ先 総務学生課 ☎044-587-3502

新潟

三条市立大学 ●工学部(技術・経営工)

本部 〒955-0091 新潟県三条市上須頃5002-5 問合せ先 入試担当 ☎0256-47-5121

長岡造形大学 ●造形学部(デザイン／美術・工芸／建築・環境デザイン)

本部 〒940-2088 新潟県長岡市千秋4-197 問合せ先 入試広報課 ☎0258-21-3331

新潟県立大学 ●国際地域学部(国際地域) ●人間生活学部(子ども／健康栄養) ●国際経済学部(国際経済)

本部 〒950-8680 新潟県新潟市東区海老ケ瀬471 問合せ先 入試課 ☎025-270-1311

新潟県立看護大学 ●看護学部(看護)

本部 〒943-0147 新潟県上越市新南町240 問合せ先 教務学生課教務係 ☎025-526-2811(代)

富山

富山県立大学 ●工学部(機械システム工／電気電子工／環境・社会基盤工／生物工／医薬品工) ●情報工学部(データサイエンス／情報システム／知能ロボット工) ●看護学部(看護)

本部 〒939-0398 富山県射水市黒河5180

問合せ先 工学部・情報工学部教務課学生募集係 ☎0766-56-7500(代) 看護学部教務学生課入試・学生募集グループ ☎076-464-5410(代)

石川

石川県立大学 ●生物資源環境学部(生産科／環境科／食品科)

本部 〒921-8836 石川県野々市市末松1-308 問合せ先 教務学生課 ☎076-227-7408

石川県立看護大学 ●看護学部(看護)

本部 〒929-1210 石川県かほく市学園台1-1 問合せ先 教務学生課入試事務担当 ☎076-281-8302

金沢美術工芸大学 ●美術工芸学部(美術／デザイン／工芸)

本部 〒920-8656 石川県金沢市小立野2-40-1 問合せ先 事務局 ☎076-262-3531(代)

公立小松大学 ●生産システム科学部(生産システム科) ●保健医療学部(看護／臨床工) ●国際文化交流学部(国際文化交流)

本部 〒923-8511 石川県小松市四丁町ヌ1-3 問合せ先 学生課入試係 ☎0761-23-6610

福井

敦賀市立看護大学 ●看護学部(看護)

本部 〒914-0814 福井県敦賀市木崎78号2-1 問合せ先 教務学生課 ☎0770-20-5540

福井県立大学 ●経済学部(経済／経営) ●生物資源学部(生物資源／創造農) ●海洋生物資源学部(海洋生物資源／先端増養殖科) ●看護福祉学部(看護／社会福祉)

本部 〒910-1195 福井県吉田郡永平寺町松岡兼定島4-1-1

問合せ先 入学試験本部(入試企画室) ☎0776-68-8297

山梨

山梨県立大学 ●国際政策学部(総合政策／国際コミュニケーション) ●人間福祉学部(福祉コミュニティ／人間形成) ●看護学部(看護)

本部 〒400-0035 山梨県甲府市飯田2-40-1 問合せ先 アドミッションズ・センター ☎055-253-8901

長野

公立諏訪東京理科大学 ●工学部(情報応用工／機械電気工)

本部 〒391-0292 長野県茅野市豊平5000-1 問合せ先 総務課入試・広報係 ☎0266-73-1244

長野大学 ●社会福祉学部(社会福祉) ●環境ツーリズム学部(環境ツーリズム) ●企業情報学部(企業情報)

本部 〒386-1298 長野県上田市下之郷658-1 問合せ先 教育グループ広報入試担当 ☎0268-39-0020

長野県看護大学 ●看護学部(看護)

本部 〒399-4117 長野県駒ヶ根市赤穂1694 問合せ先 事務局教務・学生課 ☎0265-81-5100(代)

長野県立大学 ●グローバルマネジメント学部(グローバルマネジメント) ●健康発達学部(食健康／こども)

本部 〒380-8525 長野県長野市三輪8-49-7 問合せ先 学務課入試・広報室 ☎026-462-1489

岐阜

岐阜県立看護大学　●**看護学部**（看護）
本部　〒501-6295　岐阜県羽島市江吉良町3047-1　問合せ先　学務課入試担当 ☎058-397-2300（代）

岐阜薬科大学　●**薬学部**（薬）
本部　〒501-1196　岐阜県岐阜市大学西1-25-4　問合せ先　教務厚生課 ☎058-230-8100（代）

静岡

静岡県立農林環境専門職大学　●**生産環境経営学部**（生産環境経営）
本部　〒438-8577　静岡県磐田市富丘678-1　問合せ先　学生課 ☎0538-31-7905

静岡文化芸術大学　●**文化政策学部**（国際文化／文化政策／芸術文化）　●**デザイン学部**（デザイン）
本部　〒430-8533　静岡県浜松市中区中央2-1-1　問合せ先　入試室 ☎053-457-6401

愛知

愛知県立芸術大学　●**美術学部**（美術／デザイン・工芸）　●**音楽学部**（音楽）
本部　〒480-1194　愛知県長久手市岩作三ケ峯1-114　問合せ先　入試課 ☎0561-76-2603

三重

三重県立看護大学　●**看護学部**（看護）
本部　〒514-0116　三重県津市夢が丘1-1-1　問合せ先　教務学生課 ☎059-233-5602

京都

京都市立芸術大学　●**美術学部**（美術／デザイン／工芸／総合芸術）　●**音楽学部**（音楽）
本部　〒610-1197　京都府京都市西京区大枝沓掛町13-6　問合せ先　連携推進課入試担当 ☎075-334-2238

京都府立医科大学　●**医学部**（医／看護）
本部　〒602-8566　京都府京都市上京区河原町通広小路上ル梶井町465
問合せ先　教育支援課入試係 ☎075-251-5167

福知山公立大学　●**地域経営学部**（地域経営／医療福祉経営）　●**情報学部**（情報）
本部　〒620-0886　京都府福知山市字堀3370　問合せ先　入試係 ☎0773-24-7100

兵庫

神戸市看護大学　●**看護学部**（看護）
本部　〒651-2103　兵庫県神戸市西区学園西町3-4　問合せ先　教務学生課 ☎078-794-8085

芸術文化観光専門職大学　●**芸術文化・観光学部**（芸術文化・観光）
本部　〒668-0044　兵庫県豊岡市山王町7-52　問合せ先　教育企画課 ☎0796-34-8125

奈良

奈良県立大学　●**地域創造学部**（地域創造）
本部　〒630-8258　奈良県奈良市船橋町10　問合せ先　教務・学生課 ☎0742-93-5261

奈良県立医科大学　●**医学部**（医／看護）
本部　〒634-8521　奈良県橿原市四条町840　問合せ先　教育支援課 ☎0744-29-8805（医）・8917（看護）

和歌山

和歌山県立医科大学　●**医学部**（医）　●**保健看護学部**（保健看護）　●**薬学部**（薬）
本部　〒641-8509　和歌山県和歌山市紀三井寺811-1
問合せ先　医学部学生課入試学務班 ☎073-441-0702　保健看護学部事務室 ☎073-446-6700　薬学部事務室 ☎073-488-1843

鳥取

公立鳥取環境大学　●**環境学部**（環境）　●**経営学部**（経営）
本部　〒689-1111　鳥取県鳥取市若葉台北1-1-1　問合せ先　入試広報課 ☎0857-38-6720

島根

島根県立大学　●**国際関係学部**（国際関係）　●**地域政策学部**（地域政策）　●**看護栄養学部**（看護／健康栄養）　●**人間文化学部**（保育教育／地域文化）
本部　〒697-0016　島根県浜田市野原町2433-2
問合せ先　浜田キャンパスアドミッション室 ☎0855-24-2203　出雲キャンパス教務・入試係 ☎0853-20-0215　松江キャンパス学務課 ☎0852-20-0236

岡山

岡山県立大学 ●保健福祉学部（看護／栄養／現代福祉／子ども） ●情報工学部（情報通信工／情報システム工／人間情報工） ●デザイン学部（ビジュアルデザイン／工芸工業デザイン／建築）
本部 〒719-1197 岡山県総社市窪木111 問合せ先 教学課入試班 ☎0866-94-9161

新見公立大学 ●健康科学部（健康保育／看護／地域福祉）
本部 〒718-8585 岡山県新見市西方1263-2 問合せ先 学生課入試係 ☎0867-72-0634（代）

広島

叡啓大学 ●ソーシャルシステムデザイン学部（ソーシャルシステムデザイン）
本部 〒730-0016 広島県広島市中区幟町1-5 問合せ先 教学課入試・広報係 ☎082-225-6224

尾道市立大学 ●経済情報学部（経済情報） ●芸術文化学部（日本文／美術）
本部 〒722-8506 広島県尾道市久山田町1600-2 問合せ先 入学試験実施本部 ☎0848-22-8381

広島市立大学 ●国際学部（国際） ●情報科学部（情報工／知能工／システム工／医用情報科） ●芸術学部（美術／デザイン工芸）
本部 〒731-3194 広島県広島市安佐南区大塚東3-4-1 問合せ先 アドミッションセンター ☎082-830-1503

福山市立大学 ●教育学部（児童教育） ●都市経営学部（都市経営）
本部 〒721-0964 広島県福山市港町2-19-1 問合せ先 入学試験実施本部 ☎084-999-1113

山口

山陽小野田市立山口東京理科大学 ●工学部（機械工／電気工／応用化／数理情報科／医薬工） ●薬学部（薬）
本部 〒756-0884 山口県山陽小野田市大学通1-1-1 問合せ先 入試広報課 ☎0836-88-4505

下関市立大学 ●経済学部（経済／国際商／公共マネジメント） ●データサイエンス学部（データサイエンス）
本部 〒751-8510 山口県下関市大学町2-1-1 問合せ先 入試部入試課 ☎083-254-8611

周南公立大学 ●経済経営学部（経済経営） ●情報科学部（情報課） ●人間健康科学部（スポーツ健康科／看護／福祉）
本部 〒745-8566 山口県周南市学園台843-4-2 問合せ先 入試課 ☎0834-28-5302

山口県立大学 ●国際文化学部（国際文化／文化創造） ●社会福祉学部（社会福祉） ●看護栄養学部（看護／栄養）
本部 〒753-8502 山口県山口市桜畠3-2-1 問合せ先 学生部入試部門 ☎083-929-6503

香川

香川県立保健医療大学 ●保健医療学部（看護／臨床検査）
本部 〒761-0123 香川県高松市牟礼町原281-1 問合せ先 事務局教務・学生担当 ☎087-870-1212（代）

愛媛

愛媛県立医療技術大学 ●保健科学部（看護／臨床検査）
本部 〒791-2101 愛媛県伊予郡砥部町高尾田543 問合せ先 教務学生グループ ☎089-958-2111（代）

高知

高知県立大学 ●文化学部（文化） ●看護学部（看護） ●社会福祉学部（社会福祉） ●健康栄養学部（健康栄養）
本部 〒781-8515 高知県高知市池2751-1 問合せ先 入試課 ☎088-847-8789

高知工科大学 ●システム工学群 ●理工学群 ●情報学群 ●経済・マネジメント学群 ●データ＆イノベーション学群
本部 〒782-8502 高知県香美市土佐山田町宮ノ口185 問合せ先 入試課 ☎0887-57-2222

福岡

九州歯科大学 ●歯学部（歯／口腔保健）
本部 〒803-8580 福岡県北九州市小倉北区真鶴2-6-1 問合せ先 学務部学生課 ☎093-582-1131（代）

福岡県立大学 ●人間社会学部（公共社会／社会福祉／人間形成） ●看護学部（看護）
本部 〒825-8585 福岡県田川市伊田4395 問合せ先 アドミッション・オフィス ☎0947-42-2118（代）

福岡女子大学 ●国際文理学部（国際教養／環境科／食・健康）
本部 〒813-8529 福岡県福岡市東区香住ヶ丘1-1-1 問合せ先 アドミッションセンター ☎092-692-3100

大分

大分県立看護科学大学 ●看護学部（看護）
本部 〒870-1201 大分県大分市廻栖野2944-9 問合せ先 教務学生グループ ☎097-586-4303

宮崎

宮崎県立看護大学　●看護学部（看護）

本部　〒880-0929　宮崎県宮崎市まなび野3-5-1　問合せ先　総務課入試担当　☎0985-59-7705

宮崎公立大学　●人文学部（国際文化）

本部　〒880-8520　宮崎県宮崎市船塚1-1-2　問合せ先　学務課入試広報係　☎0985-20-2212

沖縄

沖縄県立看護大学　●看護学部（看護）

本部　〒902-8513　沖縄県那覇市与儀1-24-1　問合せ先　学務課　☎098-833-8800（代）

沖縄県立芸術大学　●美術工芸学部（美術／デザイン工芸）　●音楽学部（音楽）

本部　〒903-8602　沖縄県那覇市首里当蔵町1-4　問合せ先　教務学生課　☎098-882-5080

名桜大学　●国際学部（国際文化／国際観光産業）　●人間健康学部（スポーツ健康／看護／健康情報）

本部　〒905-8585　沖縄県名護市字為又1220-1　問合せ先　入試・広報課　☎0980-51-1056

文部科学省所管外大学校

埼玉

防衛医科大学校　●医学教育部（医／看護）

本部　〒359-8513　埼玉県所沢市並木3-2　問合せ先　事務部入学試験室　☎04-2995-1211（代）

千葉

気象大学校　●大学部

本部　〒277-0852　千葉県柏市旭町7-4-81　問合せ先　総務課　☎04-7144-7185（代）

東京

国立看護大学校　●看護学部（看護）

本部　〒204-8575　東京都清瀬市梅園1-2-1　問合せ先　学務課（看護学部入試担当）　☎042-495-2211（代）

職業能力開発総合大学校　●総合課程（機械／電気／電子情報／建築）

本部　〒187-0035　東京都小平市小川西町2-32-1　問合せ先　学生課　☎042-346-7127

神奈川

防衛大学校　●人文・社会科学専攻　●理工学専攻

本部　〒239-8686　神奈川県横須賀市走水1-10-20　問合せ先　入学試験課　☎046-841-3810（代）

広島

海上保安大学校　●本科

本部　〒737-8512　広島県呉市若葉町5-1　問合せ先　総務課　☎0823-21-4961（代）

山口

水産大学校　●本科（水産流通経営／海洋生産管理／海洋機械工／食品科／生物生産）

本部　〒759-6595　山口県下関市永田本町2-7-1　問合せ先　学生部教務課　☎083-286-5371

放送大学

千葉

放送大学　●教養学部（教養）

本部　〒261-8586　千葉県千葉市美浜区若葉2-11　問合せ先　学務部学生課　☎043-276-5111

2024年度 学 費 一 覧

2024 年度入学生の学費を各大学の募集要項等をもとに一覧にしました。私立・国立・公立に分け，北から南へ，同一都道府県内では 50 音順に並べてあります。

年間授業料と施設費等その他費用は，1 年次の総額です。また，施設費等その他費用は，おおむね施設費・実験実習費・学友会費などを含んでいます。ただし，その他費用は大学ごとに項目名や納入時期が異なることが多いため，特別なものは注釈に記載しています。

2024 年 1 月末日時点で詳細が未定の場合は，注釈に 2023 年度の内容であることを記載しました。（単位：円）

私立大学

大学	学部（学科・専攻・コース等）	入学金（A）	年間授業料（B）	施設費等その他費用（C）	初年度納入額（A＋B＋C）	入学手続時最少納入額
北海学園	経済・経営・法	200,000	872,000	132,000	1,204,000	718,000
	人文	200,000	896,000	132,000	1,228,000	730,000
	工	200,000	1,140,000	212,000	1,552,000	892,000
	経済・経営・法２部	100,000	436,000	73,000	609,000	371,000
	人文２部	100,000	448,000	73,000	621,000	377,000
東北学院	文（英文・総合人文・歴史）	270,000	780,000	259,500	1,309,500	804,500
	（教育）	270,000	874,000	299,500	1,443,500	871,500
	経済・経営・法	270,000	780,000	259,500	1,309,500	804,500
	工	270,000	1,078,000	379,500	1,727,500	1,013,500
	地域総合・人間科・国際	270,000	874,000	299,500	1,443,500	871,500
	情報	270,000	874,000	369,500	1,513,500	906,500
流通経済	経済・共創社会・流通情報・法	260,000	830,000	306,300	1,396,300	868,300
	スポーツ健康科	260,000	830,000	457,660	1,547,660	944,660
国際医療福祉	保健医療（看護・放射線）	300,000	900,000	410,000	1,610,000	1,135,000
	（その他の学科）	300,000	900,000	400,000	1,600,000	1,125,000
	医療福祉／赤坂心理・医療福祉	200,000	700,000	160,000	1,060,000	695,000
	薬・成田薬・福岡薬	300,000	1,100,000	350,000	1,750,000	1,175,000
	医	1,500,000	1,900,000	1,100,000	4,500,000	3,250,000
	成田看護	300,000	900,000	410,000	1,610,000	1,135,000
	成田保健医療（放射線・医学検査）	300,000	900,000	410,000	1,610,000	1,135,000
	（その他の学科）	300,000	900,000	400,000	1,600,000	1,125,000
	小田原保健医療（看護）	300,000	900,000	410,000	1,610,000	1,135,000
	（理学療法・作業療法）	300,000	900,000	400,000	1,600,000	1,125,000
	福岡保健医療（看護）	300,000	900,000	210,000	1,410,000	930,000
	（その他の学科）	300,000	900,000	250,000	1,450,000	975,000
※他に教育後援会費 45,000 円						
城西	経済・現代政策・経営	270,000	700,000	347,000	1,317,000	683,000
	理（数）	270,000	880,000	347,000	1,497,000	773,000
	（化）	300,000	963,000	465,000	1,728,000	844,500
	薬（薬）	300,000	1,460,000	574,000	2,334,000	1,093,000
	（薬科）	300,000	1,260,000	549,000	2,109,000	993,000
	（医療栄養）	300,000	1,380,000	369,000	2,049,000	1,053,000
女子栄養	栄養（実践栄養）	275,000	880,000	932,500	2,087,500	1,255,000
	（保健栄養〈栄養科学〉）	275,000	880,000	926,500	2,081,500	1,249,000
	（保健栄養〈保健養護〉）	275,000	880,000	862,000	2,017,000	1,205,500
	（食文化栄養）	261,000	817,000	895,500	1,973,500	1,183,500
獨協	全学部	190,000	840,000	322,800	1,352,800	786,800

大学	学部（学科・専攻・コース等）	入学金（A）	年間授業料（B）	施設費等その他費用（C）	初年度納入額（A＋B＋C）	入学手続時最少納入額
文教	教育	280,000	847,000	270,000	1,397,000	973,500
	人間科・情報・国際・経営	280,000	772,000	270,000	1,322,000	936,000
	文（外国語）	280,000	772,000	430,000	1,482,000	1,016,000
	（その他の学科）	280,000	772,000	270,000	1,322,000	936,000
	健康栄養	280,000	842,000	400,000	1,522,000	1,036,000
神田外語	外国語	200,000	980,000	265,000	1,445,000	835,000
	グローバル・リベラルアーツ	200,000	1,160,000	265,000	1,625,000	925,000
淑徳	総合福祉・コミュニティ政策	200,000	800,000	461,230	1,461,230	861,230
	看護栄養（看護）	200,000	1,050,000	664,320	1,914,320	1,089,320
	（栄養）	200,000	800,000	611,230	1,611,230	936,230
	教育・地域創生・経営・人文	200,000	800,000	461,160	1,461,160	861,160
聖徳	教育（昼間主）	250,000	680,000	863,660	1,793,660	974,660
	（夜間主）	240,000	550,000	477,760	1,267,760	705,760
	心理・福祉	250,000	680,000	858,660	1,788,660	959,660
	文	250,000	680,000	867,660	1,797,660	963,660
	人間栄養	250,000	790,000	936,200	1,976,200	1,072,200
	看護	300,000	1,100,000	997,000	2,397,000	1,318,000
	音楽	300,000	1,100,000	972,660	2,372,660	1,288,660
千葉工業	全学部	250,000	1,390,000	34,500	1,674,500	968,250
麗澤	国際・外国語・経済・経営	260,000	830,000	360,000	1,450,000	885,000
	工	260,000	1,090,000	360,000	1,710,000	1,015,000
青山学院	文（英米文）	200,000	833,000	375,200	1,408,200	819,100
	（フランス文・日本文）	200,000	833,000	376,000	1,409,000	819,500
	（史・比較芸術）	200,000	833,000	377,000	1,410,000	820,000
	教育人間科（教育）	200,000	833,000	381,000	1,414,000	822,000
	（心理）	200,000	833,000	397,000	1,430,000	830,000
	経済	200,000	833,000	382,000	1,415,000	822,500
	法・経営	200,000	833,000	388,000	1,421,000	825,500
	国際政治経済	200,000	843,000	408,000	1,451,000	840,500
	総合文化政策	200,000	833,000	398,000	1,431,000	830,500
	理工	200,000	1,181,000	537,000	1,918,000	1,074,000
	社会情報・地球社会共生	200,000	1,007,000	463,000	1,670,000	950,000
	コミュニティ人間科	200,000	917,000	453,000	1,570,000	900,000
亜細亜	経営・経済・法	230,000	760,000	291,000	1,281,000	771,000
	国際関係・都市創造	230,000	800,000	291,000	1,321,000	791,000
桜美林	リベラルアーツ／グローバル・コミュニケーション／ビジネスマネジメント	100,000	914,000	350,000	1,364,000	732,000
	健康福祉	100,000	1,034,000	350,000	1,484,000	792,000
	芸術文化	100,000	1,114,000	350,000	1,564,000	832,000
	教育探究科	100,000	980,000	350,000	1,430,000	765,000
	航空・マネジメント〈フライト〉	100,000	1,204,000	1,550,000	2,854,000	1,477,000
	〈その他のコース〉	100,000	1,204,000	350,000	1,654,000	877,000
	※航空・マネジメント学群フライト・オペレーションコースは上記のほか，FAA（米国連邦航空局）・JCAB（国土交通省航空局）ライセンス取得のための訓練費として約17,000,000円が必要。その他のコース（航空管制・整備管理・空港マネジメント）も別途海外研修費用（約1,300,000円）が必要					
大妻女子	家政（被服）	250,000	775,000	465,250	1,490,250	887,750
	（食物〈食物学〉）	250,000	775,000	480,750	1,505,750	895,500
	（食物〈管理栄養士〉）	250,000	775,000	493,250	1,518,250	901,750
	（児童・ライフデザイン）	250,000	765,000	455,250	1,470,250	877,750
	文・人間関係・比較文化	250,000	745,000	455,250	1,450,250	867,750
	社会情報	250,000	755,000	465,250	1,470,250	877,750
学習院	法	200,000	796,000	324,300	1,320,300	982,300
	経済	200,000	796,000	321,800	1,317,800	979,800
	文（心理・教育）	200,000	870,000	353,800	1,423,800	1,048,800

大学	学部（学科・専攻・コース等）	入学金（A）	年間授業料（B）	施設費等その他費用（C）	初年度納入額（A＋B＋C）	入学手続時最少納入額
	（その他の学科）	200,000	870,000	323,800	1,393,800	1,018,800
	理（物理・化・生命科）	200,000	1,209,000	461,800	1,870,800	1,326,300
	（数）	200,000	1,209,000	381,800	1,790,800	1,246,300
	国際社会	200,000	1,035,000	321,800	1,556,800	1,099,300
※授業料には在籍料120,000円を含む						
学習院女子	国際文化交流	200,000	965,000	243,800	1,408,800	986,300
※授業料には在籍料120,000円を含む						
北里	未来工	250,000	950,000	450,000	1,650,000	950,000
	理（物理・化）	200,000	1,012,500	450,000	1,662,500	931,250
	（生物科）	200,000	1,062,500	450,000	1,712,500	956,250
	獣医（獣医）	300,000	1,500,000	530,000	2,330,000	1,315,000
	（その他の学科）	250,000	830,000	270,000	1,350,000	800,000
	海洋生命科	300,000	900,000	200,000	1,400,000	850,000
	薬（薬）	400,000	1,100,000	850,000	2,350,000	1,375,000
	（生命創薬科）	400,000	850,000	820,000	2,070,000	1,235,000
	医	1,500,000	3,000,000	4,500,000	9,000,000	5,250,000
	看護	400,000	1,200,000	300,000	1,900,000	1,150,000
	医療衛生	300,000	950,000	550,000	1,800,000	1,050,000
	健康科（看護）	300,000	1,300,000	200,000	1,800,000	1,050,000
	（医療検査）	300,000	1,200,000	200,000	1,700,000	1,000,000
※他に諸会費（医328,000円，その他の学部114,000円）						
共立女子	家政（被服・児童）	150,000	760,000	450,000	1,360,000	755,000
	（食物栄養〈食物学〉）	150,000	780,000	450,000	1,380,000	765,000
	（食物栄養〈管理栄養士〉）	150,000	780,000	460,000	1,390,000	770,000
	文芸	150,000	680,000	390,000	1,220,000	685,000
	国際	150,000	720,000	390,000	1,260,000	705,000
	看護	150,000	1,230,000	470,000	1,850,000	1,000,000
	ビジネス	150,000	750,000	390,000	1,290,000	720,000
	建築・デザイン	150,000	800,000	450,000	1,400,000	775,000
※他に諸会費50,000円						
杏林	外国語・総合政策	250,000	720,000	233,300	1,203,300	743,300
	保健（健康福祉・臨床心理）	250,000	1,150,000	338,370	1,738,370	1,038,370
	（その他の学科）	250,000	1,150,000	588,370	1,988,370	1,163,370
	医	1,500,000	3,000,000	5,590,700	10,090,700	6,090,700
慶應義塾	文	200,000	920,000	283,350	1,403,350	801,675
	経済	200,000	920,000	287,350	1,407,350	803,675
	法	200,000	920,000	293,350	1,413,350	806,675
	商	200,000	920,000	284,850	1,409,850	804,925
	医	200,000	3,040,000	663,350	3,903,350	2,051,675
	理工	200,000	1,340,000	423,350	1,963,350	1,081,675
	総合政策・環境情報	200,000	1,090,000	381,350	1,671,350	935,675
	看護医療	200,000	1,090,000	675,850	1,965,850	1,082,925
	薬（薬）	200,000	1,770,000	603,350	2,573,350	1,386,675
	（薬）	200,000	1,490,000	603,350	2,293,350	1,246,675
※その他費用には在籍基本料60,000円を含む						
工学院	先進工	250,000	1,050,000	451,160	1,751,160	1,021,160
	工・建築・情報	250,000	1,050,000	431,160	1,731,160	1,011,160
※先進工学部機械理工学科航空理工学専攻については，別途ライセンス取得費用が必要						
國學院	文・神道文化・経済	240,000	760,000	267,300	1,267,300	782,300
	法	240,000	760,000	268,300	1,268,300	783,300
	人間開発	240,000	800,000	308,300	1,348,300	823,300
	観光まちづくり	240,000	800,000	305,300	1,345,300	820,300
国際基督教	教養	300,000	1,107,000	354,000	1,761,000	787,000

大学	学部（学科・専攻・コース等）	入学金（A）	年間授業料（B）	施設費等その他費用（C）	初年度納入額（A＋B＋C）	入学手続時最少納入額
国士館	政経	240,000	730,000	293,940	1,263,940	753,390
	体育（体育）	240,000	830,000	519,820	1,589,820	956,770
	（武道）	240,000	830,000	474,820	1,544,820	911,770
	（スポーツ医科）	240,000	870,000	609,000	1,719,000	1,058,950
	（こどもスポーツ教育）	240,000	860,000	544,820	1,644,820	996,770
	理工	240,000	954,000	411,940	1,605,940	972,890
	法	240,000	730,000	294,940	1,264,940	753,890
	文（教育〈初等教育〉）	240,000	782,000	319,940	1,341,940	804,890
	（史学地理〈地理・環境〉）	240,000	782,000	314,940	1,336,940	799,890
	（その他の学科・コース）	240,000	782,000	294,940	1,316,940	779,890
	21世紀アジア	240,000	782,000	296,940	1,318,940	780,890
	経営	240,000	730,000	293,440	1,263,440	753,140
※他に教育後援会費（10,000円），同窓会費（5,000円）						
駒澤	仏教・経済・経営	200,000	759,000	291,000	1,250,000	745,000
	文（国文・英米文）	200,000	759,000	291,000	1,250,000	745,000
	（地理）	200,000	759,000	306,000	1,265,000	752,500
	（歴史〈日本史学・外国史学〉）	200,000	759,000	315,000	1,274,000	769,000
	（歴史〈考古学〉）	200,000	759,000	330,000	1,289,000	776,500
	（社会〈社会学〉）	200,000	759,000	325,000	1,284,000	774,000
	（社会〈社会福祉学〉）	200,000	759,000	291,000	1,250,000	745,000
	（心理）	200,000	759,000	321,000	1,280,000	760,000
	法（法律〈フレックスA〉・政治）	200,000	759,000	291,000	1,250,000	745,000
	（法律〈フレックスB〉）	130,000	490,000	177,500	797,500	483,750
	医療健康科	200,000	800,000	762,500	1,782,500	1,011,250
	グローバル・メディア・スタディーズ	200,000	790,000	291,000	1,281,000	760,500
産業能率	全学部	250,000	818,000	283,160	1,351,160	814,160
実践女子	文・人間社会	240,000	770,000	357,010	1,367,010	818,010
	国際	240,000	830,000	357,010	1,427,010	848,010
	生活科（食生活科〈管理栄養士〉）	240,000	810,000	437,010	1,487,010	878,010
	（食生活科〈食物科学〉）	240,000	790,000	417,010	1,447,010	858,010
	（食生活科〈健康栄養〉）	240,000	790,000	427,010	1,457,010	863,010
	（生活環境）	240,000	790,000	397,010	1,427,010	848,010
	（生活文化〈生活心理〉）	240,000	790,000	357,010	1,387,010	828,010
	（生活文化〈幼児保育〉）	240,000	810,000	397,010	1,447,010	858,010
	（現代生活）	240,000	790,000	357,010	1,387,010	828,010
芝浦工業	全学部	280,000	1,199,000	315,880	1,794,880	1,021,000
順天堂	医	2,000,000	700,000	200,000	2,900,000	2,450,000
	スポーツ健康科	200,000	700,000	673,660	1,573,660	948,660
	医療看護	300,000	900,000	842,000	2,042,000	1,267,000
	保健看護	300,000	900,000	664,000	1,864,000	1,194,000
	国際教養	300,000	1,000,000	250,000	1,550,000	925,000
	保健医療	300,000	1,000,000	586,350	1,886,350	1,161,350
	医療科	300,000	1,000,000	501,350	1,801,350	1,076,350
	健康データサイエンス	200,000	1,000,000	449,280	1,649,280	949,280
	薬	300,000	1,400,000	600,000	2,300,000	1,300,000
※他に医学部は寮費・諸会費・教材費（469,800円～499,800円），スポーツ健康科学部は寮費，国際教養学部と薬学部は諸会費等。医学部は2年次以降，授業料2,000,000円，施設設備費860,000円，教育充実費720,000円						
上智	神・法・経済・外国語・総合グローバル	200,000	888,000	272,650	1,360,650	781,650
	文（新聞）	200,000	929,000	272,650	1,401,650	802,150
	（その他の学科）	200,000	888,000	272,650	1,360,650	781,650
	総合人間科（心理）	200,000	967,000	272,650	1,439,650	821,150
	（看護）	200,000	1,251,000	435,650	1,886,650	1,044,650

大学	学部（学科・専攻・コース等）	入学金（A）	年間授業料（B）	施設費等その他費用（C）	初年度納入額（A＋B＋C）	入学手続時最少納入額
	（その他の学科）	200,000	888,000	272,650	1,360,650	781,650
	理工	200,000	1,202,000	481,650	1,883,650	1,043,150
	国際教養	200,000	1,112,000	296,650	1,608,650	917,650
昭和	医・歯	1,500,000	3,000,000	95,000	4,595,000	3,095,000
	薬	600,000	1,400,000	69,000	2,069,000	1,369,000
	保健医療	500,000	1,050,000	69,000	1,619,000	1,094,000
※１年次富士吉田キャンパス生活費 800,000 円						
昭和女子	人間文化（日本語日本文）	200,000	795,600	375,400	1,371,000	785,500
	（歴史文化）	200,000	825,600	402,400	1,428,000	814,000
	人間社会（心理）	200,000	855,600	422,400	1,478,000	839,000
	（福祉社会）	200,000	825,600	422,400	1,448,000	824,000
	（現代教養）	200,000	815,600	392,400	1,408,000	804,000
	（初等教育）	200,000	815,600	402,400	1,418,000	809,000
	食健康科（管理栄養）	200,000	855,600	452,400	1,508,000	854,000
	（健康デザイン・食安全マネジメント）	200,000	855,600	432,400	1,488,000	844,000
	グローバルビジネス	200,000	845,600	412,400	1,458,000	829,000
	国際（英語コミュニケーション）	200,000	825,600	402,400	1,428,000	814,000
	（国際）	200,000	825,600	432,400	1,458,000	829,000
	環境デザイン	200,000	825,600	422,400	1,448,000	824,000
白百合女子	文	350,000	700,000	400,000	1,450,000	900,000
	人間総合（発達心理）	350,000	700,000	430,000	1,480,000	915,000
	（児童文化・初等教育）	350,000	700,000	400,000	1,450,000	900,000
※他に諸経費（初年度約 15,000 円程度）						
成蹊	経済・経営・法・文	200,000	825,000	275,000	1,300,000	750,000
	理工	200,000	1,060,000	465,000	1,725,000	962,500
※他に諸会費。G 方式入試合格者（EAGLE 生）については入学手続時に，上記金額に加え，EAGLE 実習費として 100,000 円，１年次夏期休業中に参加するケンブリッジ大学夏期短期留学のプログラム費用として，約 850,000 円が必要						
成城	経済	200,000	800,000	345,500	1,345,500	820,500
	法	200,000	800,000	344,500	1,344,500	819,500
	文芸	200,000	800,000	342,500	1,342,500	817,500
	社会イノベーション	200,000	800,000	343,500	1,343,500	818,500
聖心女子	現代教養	250,000	700,000	420,000	1,370,000	810,000
※他に諸会費等						
清泉女子	文（地球市民）	250,000	830,000	340,000	1,420,000	835,000
	（その他の学科）	250,000	780,000	340,000	1,370,000	810,000
※他に諸会費等						
専修	経済・法	200,000	750,000	274,000	1,224,000	477,000
	経営・商	200,000	750,000	276,000	1,226,000	479,000
	文（日本文学文化・英語英米文）	200,000	750,000	284,000	1,234,000	481,000
	（哲）	200,000	750,000	279,000	1,229,000	479,000
	（歴史）	200,000	750,000	294,000	1,244,000	482,000
	（環境地理）	200,000	750,000	309,000	1,259,000	488,000
	（ジャーナリズム）	200,000	750,000	289,000	1,239,000	483,000
	人間科（心理）	200,000	783,000	344,000	1,327,000	505,000
	（社会）	200,000	753,000	294,000	1,247,000	482,000
	国際コミュニケーション（日本語）	200,000	750,000	306,000	1,256,000	485,000
	（異文化コミュニケーション）	200,000	850,000	308,000	1,358,000	512,000
	ネットワーク情報	200,000	926,000	354,000	1,480,000	541,000
※学費は４期に分けて納入						
大正	地域創生・表現	200,000	1,000,000	262,500	1,462,500	837,500
	人間（人間科）	200,000	950,000	262,500	1,412,500	812,500
	（社会福祉）	200,000	1,000,000	262,500	1,462,500	837,500
	臨床心理・文・仏教	200,000	950,000	262,500	1,412,500	812,500

大学	学部（学科・専攻・コース等）	入学金（A）	年間授業料（B）	施設費等その他費用（C）	初年度納入額（A＋B＋C）	入学手続時最少納入額
大東文化	文（日本文・中国文・英米文・歴史文化）	210,000	733,000	295,900	1,238,900	736,900
	（教育）	210,000	733,000	318,900	1,261,900	747,900
	（書道）	210,000	855,000	375,900	1,440,900	837,900
	経済・経営	210,000	713,000	291,900	1,214,900	722,900
	外国語・国際関係	210,000	733,000	295,900	1,238,900	736,900
	法	210,000	713,000	293,900	1,216,900	724,900
	スポーツ・健康科（スポーツ科）	210,000	835,000	400,900	1,445,900	840,400
	（健康科）	210,000	995,000	600,900	1,805,900	1,020,400
	（看護）	250,000	1,000,000	724,900	1,974,900	1,124,900
	社会	210,000	713,000	295,900	1,218,900	726,900
拓殖	商・政経	200,000	792,000	318,900	1,310,900	499,400
	外国語・国際	200,000	907,000	258,900	1,365,900	513,150
	工	200,000	1,000,000	458,900	1,658,900	586,400
※学費は4回に分けて納入（入学手続時，6月，10月，12月）。工学部国際コースは別途留学費用が必要						
玉川	教育	250,000	1,032,000	508,970	1,790,970	1,052,020
	文（英語教育）	250,000	1,032,000	499,630	1,781,630	1,047,680
	（国語教育）	250,000	1,032,000	490,230	1,772,230	1,038,280
	芸術（音楽）	250,000	1,202,000	625,230	2,077,230	1,198,280
	（アート・デザイン）	250,000	1,202,000	616,230	2,068,230	1,189,280
	（演劇・舞踊）	250,000	1,202,000	620,230	2,072,230	1,193,280
	経営	250,000	1,032,000	488,230	1,770,230	1,036,280
	観光	250,000	1,032,000	506,230	1,788,230	1,054,280
	リベラルアーツ	250,000	1,032,000	498,230	1,780,230	1,046,280
	農（生産農）	250,000	1,056,000	596,230	1,902,230	1,096,280
	（環境農）	250,000	1,056,000	619,230	1,925,230	1,119,280
	（先端食農）	250,000	1,056,000	606,530	1,912,530	1,101,930
	工（デザインサイエンス・マネジメントサイエンス）	250,000	1,112,000	614,230	1,976,230	1,132,280
	（情報通信工・ソフトウェアサイエンス）	250,000	1,112,000	628,230	1,990,230	1,146,280
中央	法	240,000	823,400	283,900	1,347,300	801,150
	経済	240,000	823,400	248,900	1,312,300	783,650
	商	240,000	823,400	251,900	1,315,300	785,150
	理工	240,000	1,175,700	422,300	1,838,000	1,046,500
	文	240,000	823,400	233,900	1,297,300	776,150
	総合政策	240,000	1,029,800	332,100	1,601,900	928,450
	国際経営	240,000	943,600	281,400	1,465,000	860,000
	国際情報	240,000	1,016,800	298,200	1,555,000	905,000
津田塾	学芸（英語英文・国際関係）	200,000	750,000	250,000	1,200,000	700,000
	（多文化・国際協力）	200,000	800,000	280,000	1,280,000	740,000
	（数・情報科）	200,000	830,000	280,000	1,310,000	755,000
	総合政策	200,000	800,000	280,000	1,280,000	740,000
※他に同窓会費積立金 50,000 円，傷害保険費 4,010 円等						
帝京	医	1,050,000	3,150,000	5,170,140	9,370,140	6,631,640
	薬	368,000	1,470,000	672,180	2,510,180	1,442,680
	経済（地域経済）	263,000	777,000	216,660	1,256,660	764,660
	（国際経済）	263,000	819,000	285,660	1,367,660	828,160
	（その他の学科）	263,000	819,000	269,660	1,351,660	812,160
	法	263,000	819,000	269,660	1,351,660	812,160
	文（心理）	263,000	819,000	290,660	1,372,660	822,660
	（その他の学科）	263,000	819,000	269,660	1,351,660	812,160
	外国語（外国語〈英語〉）	263,000	819,000	280,660	1,362,660	817,660
	（外国語〈その他のコース〉）	263,000	819,000	269,660	1,351,660	812,160
	国際日本	263,000	819,000	269,660	1,351,660	812,160
	教育（教育文化）	263,000	819,000	269,660	1,351,660	812,160

大学	学部（学科・専攻・コース等）	入学金（A）	年間授業料（B）	施設費等 その他費用（C）	初年度納入額（A＋B＋C）	入学手続時 最少納入額
	（初等教育〈初等教育〉）	263,000	819,000	290,660	1,372,660	822,660
	（初等教育〈こども教育〉）	263,000	819,000	311,660	1,393,660	833,160
	理工（航空宇宙工〈ヘリパイロット〉）	263,000	956,000	2,432,660	3,651,660	1,962,160
	（その他の学科・コース）	263,000	956,000	451,660	1,670,660	971,660
	医療技術（視能矯正）	263,000	1,050,000	547,620	1,860,620	1,064,620
	（看護）	263,000	1,103,000	736,620	2,102,620	1,185,620
	（診療放射線）	263,000	987,000	631,620	1,881,620	1,075,120
	（臨床検査）	263,000	1,050,000	631,620	1,944,620	1,106,620
	（スポーツ〈健康スポーツ〉）	263,000	945,000	484,300	1,692,300	982,800
	（スポーツ〈救急救命士〉）	263,000	945,000	681,620	1,889,620	1,079,120
	（スポーツ〈トップアスリート〉）	263,000	819,000	342,300	1,424,300	848,800
	（柔道整復）	263,000	1,050,000	643,300	1,956,300	1,114,800
	福岡医療技術	263,000	945,000	499,370	1,707,370	987,870
帝京科学	生命環境（アニマル）	260,000	860,000	426,230	1,546,230	906,230
	（生命科〈臨床工学〉）	260,000	860,000	425,370	1,545,370	905,370
	（生命科〈その他のコース〉）	260,000	860,000	424,660	1,544,660	904,660
	（自然環境）	260,000	860,000	424,660	1,544,660	904,660
	医療科（東京理学・東京柔道）	260,000	960,000	775,370	1,995,370	1,130,370
	（看護）	260,000	860,000	774,500	1,894,500	1,079,500
	（医療福祉）	260,000	780,000	262,370	1,302,370	783,870
	（理学療法・作業療法・柔道整復）	260,000	960,000	595,370	1,815,370	1,040,370
	教育人間科（幼児保育）	260,000	780,000	284,660	1,324,660	794,660
	（学校教育〈小学校・中高理科・中高英語〉）	260,000	780,000	284,660	1,324,660	794,660
	（学校教育〈中高保健体育〉）	260,000	780,000	374,660	1,414,660	839,660
	（こども）	260,000	780,000	196,230	1,236,230	751,230
帝京平成	薬	350,000	1,350,000	684,700	2,384,700	1,369,700
	人文社会（児童）	200,000	800,000	343,300	1,343,300	773,300
	（人間文化〈福祉・グローバル〉）	200,000	800,000	303,300	1,303,300	753,300
	（人間文化〈メディア〉）	200,000	820,000	303,300	1,323,300	763,300
	（経営〈経営・経営情報〉）	200,000	800,000	303,300	1,303,300	753,300
	（経営〈トレーナー〉）	200,000	820,000	323,300	1,343,300	773,300
	（観光経営）	200,000	800,000	303,300	1,303,300	753,300
	ヒューマンケア（鍼灸・柔道整復）	300,000	1,000,000	683,300	1,983,000	1,143,300
	（看護）	300,000	960,000	683,300	1,943,300	1,123,300
	健康メディカル（健康栄養）	200,000	870,000	423,300	1,493,300	848,300
	（心理）	200,000	840,000	303,300	1,343,300	773,300
	（言語聴覚）	300,000	840,000	683,300	1,823,300	1,063,300
	（作業療法）	300,000	870,000	703,300	1,873,300	1,088,300
	（理学療法）	300,000	900,000	703,300	1,903,300	1,103,300
	（医療科）	200,000	870,000	433,300	1,503,300	853,300
	健康医療スポーツ（柔道整復）	200,000	1,000,000	553,300	1,753,300	978,300
	（リハビリテーション）	300,000	840,000	533,300	1,673,300	988,300
	（医療スポーツ〈救急救命士・動物医療〉）	200,000	840,000	433,300	1,473,300	838,300
	（医療スポーツ〈トレーナー〉）	200,000	800,000	303,300	1,303,300	753,300
	（医療スポーツ〈アスリート〉）	200,000	800,000	283,300	1,283,300	743,300
	（看護）	300,000	840,000	683,300	1,823,300	1,063,300
東海	文・文化社会・法・人文	200,000	1,216,000	59,200	1,475,200	848,200
	教養・児童教育・健康	200,000	1,269,000	59,200	1,528,200	874,700
	体育（生涯スポーツ）	200,000	1,269,000	107,200	1,576,200	874,700
	（その他の学科）	200,000	1,269,000	59,200	1,528,200	874,700
	政治経済・経営・国際・観光	200,000	1,227,000	59,200	1,486,200	853,700
	情報通信・理・情報理工・建築都市	200,000	1,354,000	59,200	1,613,200	917,200
	工（航空宇宙〈航空操縦学〉）	200,000	1,655,000	59,200	1,914,200	1,067,700

大学	学部（学科・専攻・コース等）	入学金（A）	年間授業料（B）	施設費等その他費用（C）	初年度納入額（A＋B＋C）	入学手続時最少納入額
	（その他の学科・専攻）	200,000	1,354,000	59,200	1,613,200	917,200
	医（医）	1,000,000	2,148,000	3,525,200	6,673,200	3,790,200
	（看護）	200,000	1,379,000	59,200	1,638,200	929,700
	海洋	200,000	1,354,000	140,200	1,694,200	957,700
	文理融合	200,000	950,000	59,200	1,209,200	715,200
	農	200,000	1,345,000	59,200	1,604,200	912,700
	国際文化	200,000	1,107,000	59,200	1,366,200	793,700
	生物（生物）	200,000	1,234,000	59,200	1,493,200	857,200
	（海洋生物科）	200,000	1,234,000	99,200	1,533,200	877,200
東京家政	児童	260,000	740,000	397,500	1,397,500	817,500
	栄養	260,000	740,000	412,500	1,412,500	817,500
	家政（服飾美術）	260,000	740,000	407,500	1,407,500	817,500
	（環境共生）	260,000	740,000	412,500	1,412,500	817,500
	（造形表現）	260,000	740,000	417,500	1,417,500	817,500
	人文（英語コミュニケーション）	260,000	740,000	382,500	1,382,500	817,500
	（心理カウンセリング・教育福祉）	260,000	740,000	407,500	1,407,500	817,500
	健康科（看護）	260,000	1,020,000	597,500	1,877,500	957,500
	（リハビリテーション）	260,000	1,020,000	547,500	1,827,500	957,500
	子ども支援	260,000	740,000	397,500	1,397,500	817,500
東京経済	経済・経営	150,000	768,000	325,100	1,243,100	716,600
	コミュニケーション（メディア社会）	150,000	844,000	325,100	1,319,100	754,600
	（国際コミュニケーション）	150,000	874,000	325,100	1,349,100	769,600
	現代法	150,000	797,000	325,100	1,272,100	731,100
	キャリアデザインプログラム	150,000	798,000	325,100	1,273,100	731,600
東京工科	工・応用生物	250,000	1,376,000	23,300	1,649,300	961,300
	コンピュータサイエンス・メディア	250,000	1,326,000	23,300	1,599,300	936,300
	デザイン	250,000	1,560,000	23,300	1,833,300	1,053,300
	医療保健（看護）	450,000	1,650,000	23,300	2,123,300	1,298,300
	（その他の学科）	340,000	1,560,000	23,300	1,923,300	1,143,300
東京国際	商	250,000	850,000	310,000	1,410,000	830,000
	経済・国際関係	250,000	850,000	320,000	1,420,000	835,000
	言語コミュニケーション	250,000	900,000	320,000	1,470,000	860,000
	人間社会（福祉心理）	250,000	850,000	310,000	1,410,000	830,000
	（人間スポーツ・スポーツ科）	250,000	910,000	410,000	1,570,000	910,000
	医療健康	250,000	910,000	650,000	1,810,000	1,030,000
※他に同窓会費 40,000 円						
東京慈恵会医科	医（医）	1,000,000	2,500,000		3,500,000	2,250,000
	（看護）	500,000	1,000,000		1,500,000	1,000,000
※医学科は他に学生会経費 100,000 円，保護者会費 210,000 円，2 年次以降は施設拡充費 1,300,000 円。看護学科の授業料は実習費を含む						
東京女子	現代教養（国際英語）	200,000	786,000	365,500	1,351,500	750,000
	（人文）	200,000	786,000	285,500	1,271,500	730,000
	（国際社会〈国際関係・経済学・社会学〉）	200,000	786,000	285,500	1,271,500	730,000
	（国際社会〈コミュニティ構想〉）	200,000	786,000	305,500	1,291,500	730,000
	（心理・コミュニケーション〈心理学〉）	200,000	786,000	310,500	1,296,500	730,000
	（心理・コミュニケーション〈コミュニケーション〉）	200,000	786,000	305,500	1,291,500	730,000
	（数理科）	200,000	786,000	305,500	1,291,500	730,000
東京電機	システムデザイン工・工	250,000	1,401,000	20,660	1,671,660	971,160
	未来科（建築）	250,000	1,442,000	20,660	1,712,660	991,660
	（情報メディア／ロボット・メカトロニクス）	250,000	1,401,000	20,660	1,671,660	971,160
	理工	250,000	1,361,000	20,660	1,631,660	951,160
※工学部第二部は初年度 442,860 円＋履修単位数× 13,400 円。入学時 294,810 円（含入学金 130,000 円）						
東京都市	理工・建築都市デザイン・情報工	250,000	1,512,000	60,000	1,822,000	1,066,000

大学	学部（学科・専攻・コース等）	入学金（A）	年間授業料（B）	施設費等 その他費用（C）	初年度納入額（A＋B＋C）	入学手続時 最少納入額
	環境／メディア情報／デザイン・データ科	250,000	1,326,000	60,000	1,636,000	973,000
	都市生活	250,000	1,230,000	60,000	1,540,000	925,000
	人間科	250,000	1,212,000	60,000	1,522,000	916,000
東京農業	農（農）	270,000	760,000	493,800	1,523,800	733,800
	（動物科・生物資源開発・デザイン農）	270,000	760,000	513,800	1,543,800	733,800
	応用生物科（栄養科）	270,000	760,000	613,800	1,643,800	733,800
	（農芸化・醸造科・食品安全健康）	270,000	760,000	563,800	1,593,800	733,800
	生命科	270,000	760,000	563,800	1,593,800	733,800
	地球環境科	270,000	760,000	463,800	1,493,800	733,800
	国際食料情報（国際農業開発）	270,000	760,000	493,800	1,523,800	733,800
	（食料環境経済・アグリビジネス）	270,000	760,000	383,800	1,413,800	733,800
	（国際食農科）	270,000	760,000	513,800	1,543,800	733,800
	生物産業（北方圏農）	270,000	760,000	508,800	1,538,800	733,800
	（海洋水産）	270,000	760,000	543,800	1,573,800	733,800
	（食香粧化）	270,000	760,000	583,800	1,613,800	733,800
	（自然資源経営）	270,000	760,000	366,800	1,396,800	733,800
東京薬科	薬	400,000	1,340,000	639,000	2,379,000	1,409,000
	生命科	260,000	1,110,000	519,000	1,889,000	1,094,000
東京理科	理第一部（数・応用数）	300,000	1,065,000	372,740	1,737,740	1,040,240
	（物理）	300,000	1,115,000	337,740	1,787,740	1,065,240
	（化・応用化）	300,000	1,130,000	372,740	1,802,740	1,072,740
	薬（薬）	300,000	1,595,000	592,740	2,487,740	1,415,240
	（生命創薬科）	300,000	1,150,000	592,740	2,042,740	1,192,740
	工・先進工	300,000	1,130,000	372,740	1,802,740	1,072,740
	創域理工（数理科）	300,000	1,065,000	372,740	1,737,740	1,040,240
	（先端物理）	300,000	1,115,000	372,740	1,787,740	1,065,240
	（生命生物科）	300,000	1,147,000	372,740	1,819,740	1,081,240
	（その他の学科）	300,000	1,130,000	372,740	1,802,740	1,072,740
	経営（経営・ビジネスエコノミクス）	300,000	754,000	342,740	1,396,740	869,740
	（国際デザイン経営）	300,000	780,000	342,740	1,422,740	882,740
	理第二部（数）	150,000	670,000	202,190	1,022,190	607,190
	（物理）	150,000	719,000	202,190	1,071,190	631,690
	（化）	150,000	730,000	202,190	1,082,190	637,190
東邦	医	1,500,000	2,500,000	800,000	4,800,000	4,800,000
	看護	500,000	1,100,000	800,000	2,400,000	1,450,000
	薬	400,000	1,120,000	710,000	2,230,000	1,315,000
	理	250,000	1,062,000	320,000	1,632,000	941,000
	健康科	300,000	950,000	500,000	1,750,000	925,000
※医学部は一括納入。他に委託徴収金（医 497,800 円，看護 80,370 円，薬 101,840 円，理 64,660 円，健康科 70,370 円）						
東洋	文（教育〈初等教育〉）	250,000	820,000	260,000	1,330,000	795,000
	（その他の学科・専攻）	250,000	710,000	230,000	1,190,000	725,000
	経済・経営・法	250,000	710,000	230,000	1,190,000	725,000
	社会（社会）	250,000	710,000	230,000	1,190,000	725,000
	（国際社会・社会心理）	250,000	710,000	245,000	1,205,000	732,500
	（メディアコミュニケーション）	250,000	710,000	240,000	1,200,000	730,000
	国際・国際観光	250,000	780,000	230,000	1,260,000	760,000
	情報連携	250,000	1,100,000	330,000	1,680,000	970,000
	福祉社会デザイン（社会福祉・子ども支援）	250,000	830,000	290,000	1,370,000	815,000
	（人間環境デザイン）	250,000	890,000	410,000	1,550,000	905,000
	健康スポーツ科（健康スポーツ科）	250,000	870,000	390,000	1,510,000	885,000
	（栄養科）	250,000	920,000	390,000	1,560,000	910,000
	理工	250,000	990,000	355,000	1,595,000	927,500
	総合情報	250,000	930,000	310,000	1,490,000	875,000

大学	学部 （学科・専攻・コース等）	入学金（A）	年間授業料（B）	施設費等 その他費用（C）	初年度納入額 （A＋B＋C）	入学手続時 最少納入額
	生命科・食環境科	250,000	1,020,000	450,000	1,720,000	990,000
	第２部全学部	180,000	430,000	105,000	715,000	450,000
二松學舍	全学部	250,000	796,000	327,660	1,373,660	850,660
日本	法	260,000	810,000	190,000	1,260,000	760,000
	文理（哲・英文・ドイツ文）	260,000	830,000	200,000	1,290,000	775,000
	（史・国文）	260,000	830,000	210,000	1,300,000	780,000
	（中国語中国文化・社会・教育）	260,000	830,000	215,000	1,305,000	782,500
	（社会福祉）	260,000	830,000	260,000	1,350,000	805,000
	（体育）	260,000	830,000	300,000	1,390,000	825,000
	（心理）	260,000	830,000	290,000	1,380,000	820,000
	（地理）	260,000	1,060,000	300,000	1,620,000	940,000
	（地球科）	260,000	1,100,000	300,000	1,660,000	960,000
	（数）	260,000	1,100,000	310,000	1,670,000	965,000
	（情報科）	260,000	1,100,000	320,000	1,680,000	970,000
	（物理）	260,000	1,100,000	350,000	1,710,000	985,000
	（生命科・化）	260,000	1,100,000	380,000	1,740,000	1,000,000
	経済・商	260,000	810,000	170,000	1,240,000	750,000
	芸術（写真）	260,000	1,110,000	500,000	1,870,000	1,065,000
	（映画〈映像表現〉）	260,000	1,140,000	500,000	1,900,000	1,080,000
	（映画〈監督・撮影〉）	260,000	1,140,000	550,000	1,950,000	1,105,000
	（映画〈演技〉）	260,000	1,140,000	480,000	1,880,000	1,070,000
	（美術）	260,000	1,100,000	520,000	1,880,000	1,070,000
	（音楽）	260,000	1,110,000	520,000	1,890,000	1,075,000
	（文芸）	260,000	1,040,000	450,000	1,750,000	1,005,000
	（演劇）	260,000	1,110,000	470,000	1,840,000	1,050,000
	（放送）	260,000	1,140,000	500,000	1,900,000	1,080,000
	（デザイン）	260,000	1,100,000	490,000	1,850,000	1,055,000
	国際関係	260,000	890,000	200,000	1,350,000	805,000
	危機管理	260,000	860,000	200,000	1,320,000	790,000
	スポーツ科	260,000	800,000	400,000	1,460,000	860,000
	理工（数）	260,000	1,150,000	280,000	1,690,000	975,000
	（その他の学科）	260,000	1,150,000	320,000	1,730,000	995,000
	生産工・工	260,000	1,100,000	300,000	1,660,000	960,000
	医	1,000,000	2,500,000	2,850,000	6,350,000	4,350,000
	歯・松戸歯	600,000	3,500,000	2,800,000	6,900,000	3,750,000
	生物資源科（獣医）	260,000	1,500,000	650,000	2,410,000	1,335,000
	（食品ビジネス・国際共生）	260,000	850,000	270,000	1,380,000	820,000
	（その他の学科）	260,000	1,050,000	350,000	1,660,000	960,000
	薬	400,000	1,400,000	650,000	2,450,000	1,425,000
	法二部	160,000	470,000	100,000	730,000	445,000
日本医科	医	1,000,000	2,500,000	1,297,800	4,797,800	1,000,000
日本獣医生命科学	獣医（獣医）	250,000	1,300,000	881,000	2,431,000	1,421,000
	（獣医保健看護）	250,000	750,000	625,000	1,625,000	1,000,000
	応用生命科（動物科）	250,000	700,000	625,000	1,575,000	975,000
	（食品科）	250,000	600,000	625,000	1,475,000	925,000
日本女子	家政（児童）	200,000	820,000	371,460	1,391,460	813,060
	（食物〈食物学〉）	200,000	950,000	392,860	1,542,860	888,760
	（食物〈管理栄養士〉）	200,000	950,000	392,930	1,542,930	888,830
	（被服）	200,000	820,000	380,860	1,400,860	817,760
	（家政経済）	200,000	720,000	370,860	1,290,860	762,760
	文	200,000	720,000	370,860	1,290,860	762,760
	人間社会（現代社会・社会福祉・教育）	200,000	720,000	370,860	1,290,860	762,760
	（心理）	200,000	720,000	372,260	1,292,260	763,460

大学	学部 （学科・専攻・コース等）	入学金（A）	年間授業料（B）	施設費等 その他費用（C）	初年度納入額 （A＋B＋C）	入学手続時 最少納入額
	理（数物情報科）	200,000	1,020,000	372,660	1,592,660	913,660
	（化学生命科）	200,000	1,020,000	386,860	1,606,860	920,760
	国際文化	200,000	770,000	370,860	1,340,860	787,760
	建築デザイン	200,000	980,000	375,860	1,555,860	895,260
日本体育	体育・スポーツ文化・スポーツマネジメント・児童スポーツ教育	300,000	800,000	498,000	1,598,000	973,000
	保健医療（整復医療）	300,000	900,000	698,000	1,898,000	1,173,000
	（救急医療）	300,000	900,000	848,000	2,048,000	1,323,000
文京学院	外国語・経営	280,000	876,000	284,400	1,440,400	877,400
	人間（心理）	280,000	876,000	314,400	1,470,400	892,400
	（その他の学科）	280,000	876,000	294,400	1,450,400	882,400
	保健医療技術（理学療法・作業療法）	280,000	970,000	674,560	1,924,560	1,119,560
	（臨床検査）	280,000	970,000	678,560	1,928,560	1,123,560
	（看護）	280,000	1,010,000	678,560	1,968,560	1,143,560
法政	法・社会	240,000	831,000	228,000	1,299,000	769,500
	文（地理）	240,000	831,000	250,000	1,321,000	780,500
	（心理）	240,000	831,000	270,000	1,341,000	790,500
	（その他の学科）	240,000	831,000	228,000	1,299,000	769,500
	経済（IGESS）	240,000	968,000	228,000	1,436,000	838,000
	（その他の学科）	240,000	831,000	228,000	1,299,000	769,500
	経営（GBP）	240,000	968,000	228,000	1,436,000	838,000
	（その他の学科）	240,000	831,000	228,000	1,299,000	769,500
	国際文化	240,000	1,063,000	302,000	1,605,000	922,500
	人間環境（人間環境）	240,000	831,000	228,000	1,299,000	769,500
	（SCOPE）	240,000	968,000	228,000	1,436,000	838,000
	現代福祉（福祉コミュニティ）	240,000	831,000	228,000	1,299,000	769,500
	（臨床心理）	240,000	831,000	270,000	1,341,000	790,500
	キャリアデザイン	240,000	831,000	249,000	1,320,000	780,000
	GIS（グローバル教養）	240,000	1,097,000	232,000	1,569,000	904,500
	スポーツ健康	240,000	933,800	378,000	1,551,800	895,900
	情報科・デザイン工	240,000	1,172,000	399,000	1,811,000	1,025,500
	理工（機械工〈航空操縦学〉）	240,000	1,172,000	798,000	2,210,000	1,225,000
	（その他の学科・専修）	240,000	1,172,000	399,000	1,811,000	1,025,500
	生命科（応用植物科）	240,000	1,172,000	459,000	1,871,000	1,055,500
	（その他の学科）	240,000	1,172,000	399,000	1,811,000	1,025,500
※他に諸会費約 13,000 ～ 16,000 円						
武蔵	経済・人文	240,000	800,000	349,100	1,389,100	829,100
	社会	240,000	820,000	349,100	1,409,100	839,100
	国際教養	240,000	1,000,000	349,100	1,589,100	929,100
武蔵野	文・経済・経営	180,000	793,000	199,600	1,172,600	678,600
	グローバル（グローバルコミュニケーション）	180,000	870,000	266,600	1,316,600	750,600
	（日本語コミュニケーション）	180,000	793,000	274,600	1,247,600	716,100
	（グローバルビジネス）	180,000	896,000	274,600	1,350,600	767,600
	法・人間科	180,000	845,000	199,600	1,224,600	704,600
	アントレプレナーシップ	180,000	793,000	284,600	1,257,600	721,100
	データサイエンス	180,000	999,000	354,600	1,533,600	859,100
	ウェルビーイング	180,000	1,020,000	291,600	1,491,600	838,100
	工（サステナビリティ）	180,000	1,051,000	299,600	1,530,600	857,600
	（数理工）	180,000	1,133,000	351,600	1,664,600	924,600
	（建築デザイン）	180,000	1,020,000	356,600	1,556,600	870,600
	教育（教育）	180,000	896,000	245,600	1,321,600	753,100
	（幼児教育）	180,000	845,000	245,600	1,270,600	727,600
	薬	180,000	1,442,000	500,600	2,122,600	1,153,600
	看護	180,000	1,257,000	435,600	1,872,600	973,600

大学	学部（学科・専攻・コース等）	入学金（A）	年間授業料（B）	施設費等その他費用（C）	初年度納入額（A＋B＋C）	入学手続時最少納入額
明治	法	200,000	891,000	231,300	1,322,300	769,300
	商	200,000	891,000	230,000	1,321,000	768,000
	政治経済・経営・情報コミュニケーション	200,000	891,000	233,000	1,324,000	769,500
	文	200,000	851,000	273,000	1,324,000	769,500
	国際日本	200,000	1,073,000	233,000	1,506,000	860,500
	理工（数）	200,000	1,204,000	397,000	1,801,000	1,008,000
	（その他の学科）	200,000	1,204,000	417,000	1,821,000	1,018,000
	農（農・農芸化・生命科）	200,000	1,204,000	417,000	1,821,000	1,018,000
	（食料環境政策）	200,000	1,095,000	367,000	1,662,000	938,500
	総合数理（現象数理）	200,000	1,204,000	377,000	1,781,000	998,000
	（先端メディア・ネットワーク）	200,000	1,204,000	417,000	1,821,000	1,018,000
明治学院	文（英文）	200,000	866,000	266,600	1,332,600	767,950
	（フランス文）	200,000	866,000	267,790	1,333,790	775,740
	（芸術）	200,000	932,000	287,590	1,419,590	818,540
	経済（経済・経営）	200,000	866,000	261,660	1,327,660	769,610
	（国際経営）	200,000	866,000	481,660	1,547,660	989,610
	社会	200,000	866,000	269,090	1,335,090	776,290
	法（法律・消費情報環境法）	200,000	866,000	280,590	1,346,590	782,040
	（グローバル法）	200,000	866,000	496,400	1,562,400	997,850
	（政治）	200,000	866,000	272,590	1,338,590	779,040
	国際（国際）	200,000	916,000	264,400	1,380,400	791,850
	（国際キャリア）	200,000	1,036,000	309,400	1,545,400	874,350
	心理（心理）	200,000	896,000	309,590	1,405,590	811,540
	（教育発達）	200,000	906,000	379,590	1,485,590	856,540
	情報数理	200,000	1,020,000	447,590	1,667,590	942,540
明星	理工・デザイン・建築	200,000	980,000	438,600	1,618,600	918,600
	データサイエンス・情報	200,000	960,000	438,600	1,598,600	908,600
	教育・心理	200,000	820,000	388,600	1,408,600	813,600
	人文	200,000	800,000	388,600	1,388,600	803,600
	経済・経営	200,000	740,000	288,600	1,228,600	723,600
目白	心理	250,000	816,000	304,160	1,370,160	957,160
	人間（人間福祉）	250,000	816,000	304,160	1,370,160	957,160
	（子ども・児童教育）	250,000	828,000	304,160	1,382,160	963,160
	社会（社会情報）	250,000	805,800	304,160	1,359,960	952,060
	（地域社会）	250,000	795,600	304,160	1,349,760	946,960
	メディア	250,000	864,000	304,160	1,418,160	981,160
	経営	250,000	798,000	304,160	1,352,160	948,160
	外国語	250,000	828,000	304,160	1,382,160	963,160
	保健医療	250,000	1,020,000	520,500	1,790,500	1,275,500
	看護	250,000	1,248,000	430,500	1,928,500	1,299,500
立教	文	200,000	1,178,000	3,500	1,381,500	790,750
	異文化コミュニケーション	200,000	1,178,000	13,500	1,391,500	795,750
	経済	200,000	1,171,000	3,500	1,374,500	787,250
	経営	200,000	1,171,000	43,500	1,414,500	807,250
	理（数）	200,000	1,598,000	3,500	1,801,500	1,000,750
	（物理）	200,000	1,598,000	13,500	1,811,500	1,005,750
	（化）	200,000	1,598,000	43,500	1,841,500	1,020,750
	（生命理）	200,000	1,598,000	43,500	1,841,500	1,040,750
	社会	200,000	1,171,000	18,500	1,389,500	794,750
	法（法・政治・国際ビジネス法）	200,000	1,171,000	3,500	1,374,500	787,250
	（国際ビジネス法〈グローバル〉）	200,000	1,271,000	3,500	1,474,500	837,250
	観光	200,000	1,171,000	3,500	1,374,500	787,250
	コミュニティ福祉	200,000	1,178,000	6,500	1,384,500	792,250

大 学	学部 （学科・専攻・コース等）	入学金（A）	年間授業料（B）	施設費等 その他費用（C）	初年度納入額 （A＋B＋C）	入学手続時 最少納入額
	現代心理（心理）	200,000	1,215,000	18,500	1,433,500	816,750
	（映像身体）	200,000	1,240,000	18,500	1,458,500	829,250
	スポーツウエルネス	200,000	1,240,000	33,500	1,473,500	836,750
	グローバル・リベラルアーツ・プログラム	200,000	1,900,000	3,500	2,103,500	1,151,750
立正	心理	288,000	778,000	316,000	1,382,000	841,500
	法	288,000	778,000	336,000	1,402,000	851,500
	経営	288,000	778,000	332,000	1,398,000	851,000
	経済	288,000	778,000	311,000	1,377,000	839,000
	文（哲・史・文）	288,000	778,000	284,000	1,350,000	825,500
	（社会）	288,000	778,000	301,000	1,367,000	834,000
	仏教	288,000	778,000	341,000	1,407,000	859,000
	データサイエンス	288,000	778,000	521,000	1,587,000	944,000
	地球環境科（環境システム）	288,000	778,000	546,000	1,612,000	956,500
	（地理）	288,000	778,000	416,000	1,482,000	891,500
	社会福祉（社会福祉）	288,000	778,000	336,000	1,402,000	851,500
	（子ども教育福祉）	288,000	778,000	356,000	1,422,000	861,500
早稲田	政治経済	200,000	1,081,000	11,900	1,292,900	747,950
	法	200,000	1,040,000	10,700	1,250,700	727,850
	教育（教育・国語国文・社会・複合文化）	200,000	1,040,000	8,300 ~ 48,300	1,248,300 ~ 1,288,300	726,300 ~ 746,300
	（英語英文）	200,000	1,051,000	20,600	1,271,600	742,200
	（理・数）	200,000	1,544,000	12,050 ~ 96,650	1,756,050 ~ 1,840,650	978,300 ~ 1,021,650
	商	200,000	1,051,000	14,600	1,265,600	732,800
	社会科	200,000	1,051,000	6,800	1,257,800	729,900
	国際教養	200,000	1,490,000	3,000	1,693,000	946,500
	文化構想・文	200,000	1,091,000	4,000	1,295,000	747,500
	基幹理工	200,000	1,584,000	63,000	1,847,000	1,023,500
	創造理工	200,000	1,584,000	83,000 ~ 101,000	1,867,000 ~ 1,885,000	1,033,500 ~ 1,042,500
	先進理工	200,000	1,584,000	103,000	1,887,000	1,043,500
	人間科	200,000	1,465,000	30,000	1,695,000	947,500
	スポーツ科	200,000	1,490,000	46,000	1,736,000	969,000
麻布	獣医（獣医）	250,000	1,800,000	519,740	2,569,740	1,344,740
	（獣医保健看護）	250,000	1,050,000	366,660	1,666,660	891,660
	（動物応用科）	250,000	1,200,000	366,660	1,816,660	966,660
	生命・環境科	250,000	1,200,000	366,660	1,816,660	966,660
神奈川	法・経済	200,000	690,000	285,800	1,175,800	700,800
	経営・外国語・国際日本	200,000	790,000	286,300	1,276,300	751,300
	人間科	200,000	690,000	286,300	1,176,300	701,300
	理・工・化学生命・情報	200,000	1,080,000	343,300	1,623,300	923,300
	建築	200,000	1,080,000	346,300	1,626,300	926,300
神奈川工科	工・情報	200,000	1,370,000	48,000	1,618,000	933,000
	健康医療科（看護）	200,000	1,660,000	48,000	1,908,000	1,078,000
	（管理栄養）	200,000	1,470,000	48,000	1,718,000	983,000
	（臨床工）	200,000	1,460,000	48,000	1,708,000	978,000
関東学院	国際文化	200,000	795,000	336,660	1,331,660	775,160
	社会	200,000	795,000	335,660	1,330,660	774,660
	経済	200,000	795,000	322,660	1,317,660	768,160
	経営	200,000	870,000	322,660	1,392,660	805,660
	法	200,000	870,000	332,660	1,402,660	810,160
	理工	200,000	975,000	489,660	1,664,660	942,160
	建築・環境	200,000	975,000	529,660	1,704,660	962,160

大学	学部（学科・専攻・コース等）	入学金（A）	年間授業料（B）	施設費等その他費用（C）	初年度納入額（A＋B＋C）	入学手続時最少納入額
	人間共生（コミュニケーション）	200,000	890,000	386,660	1,476,660	846,660
	（共生デザイン）	200,000	915,000	384,660	1,499,660	858,160
	栄養	200,000	915,000	389,660	1,504,660	860,660
	教育	200,000	915,000	386,660	1,501,660	859,160
	看護	200,000	1,025,000	605,660	1,830,660	1,022,660
フェリス女学院	文・国際交流	200,000	825,000	306,300	1,331,300	776,300
	音楽	200,000	865,000	472,800	1,537,800	884,600
※音楽学部開講のパフォーミング・アーツ科目を履修する場合は実技料を別途納入						
金沢工業	全学部	200,000	1,515,000		1,715,000	957,500
※他に委託徴収会費 29,700 円						
常葉	教育（学校教育）	240,000	840,000	340,000	1,420,000	830,000
	（生涯学習）	240,000	800,000	310,000	1,350,000	795,000
	（心理教育）	240,000	810,000	320,000	1,370,000	805,000
	外国語	240,000	790,000	300,000	1,330,000	785,000
	経営・法	240,000	760,000	300,000	1,300,000	770,000
	社会環境	240,000	900,000	350,000	1,490,000	865,000
	保育	240,000	810,000	350,000	1,400,000	820,000
	造形	240,000	900,000	390,000	1,530,000	885,000
	健康科（看護）	240,000	950,000	740,000	1,930,000	1,210,000
	（静岡理学療法）	240,000	910,000	640,000	1,790,000	1,090,000
	健康プロデュース（健康栄養）	240,000	790,000	490,000	1,520,000	905,000
	（こども健康）	240,000	810,000	350,000	1,400,000	820,000
	（心身マネジメント）	240,000	840,000	390,000	1,470,000	855,000
	（健康鍼灸・健康柔道整復）	240,000	990,000	640,000	1,870,000	1,130,000
	保健医療	240,000	910,000	640,000	1,790,000	1,090,000
愛知	法・経済・経営	200,000	720,000	330,000	1,250,000	745,000
	現代中国・国際コミュニケーション	200,000	780,000	330,000	1,310,000	775,000
	文	200,000	740,000	240,000	1,180,000	710,000
	地域政策	200,000	720,000	240,000	1,160,000	700,000
愛知学院	文	240,000	670,000	429,000	1,339,000	795,000
	心理	240,000	690,000	479,000	1,409,000	855,000
	健康科（健康科）	240,000	690,000	499,000	1,429,000	865,000
	（健康栄養）	240,000	710,000	559,000	1,509,000	905,000
	商・経営・経済・法	240,000	640,000	439,000	1,319,000	785,000
	総合政策	240,000	690,000	439,000	1,369,000	810,000
	薬	200,000	1,400,000	759,000	2,359,000	1,285,000
	歯	600,000	3,700,000	1,341,000	5,641,000	3,131,000
※歯学部は，別途実験実習費約 1,600,000 円（1 年次 100,000 円，2～5 年次 350,000 円，6 年次 100,000 円を各学年秋学期に別途徴収）並びに歯学部共済会費 700,000 円は 1 年次秋学期に別途徴収とする。なお教科書・実習器具費等は，すべて大学が負担し貸与する						
愛知淑徳	文（国文・総合英語）	200,000	760,000	385,000	1,345,000	775,000
	（教育）	200,000	760,000	435,000	1,395,000	800,000
	人間情報・心理・福祉貢献	200,000	760,000	435,000	1,395,000	800,000
	創造表現・交流文化・ビジネス	200,000	760,000	385,000	1,345,000	775,000
	健康医療科（医療貢献〈言語聴覚・視覚〉）	200,000	860,000	525,000	1,585,000	895,000
	（医療貢献〈理学療法・臨床検査〉）	200,000	860,000	555,000	1,615,000	910,000
	（スポーツ〈スポーツ健康・科学〉）	200,000	760,000	435,000	1,395,000	800,000
	（スポーツ〈救急救命学〉）	200,000	890,000	435,000	1,525,000	865,000
	食健康科	200,000	800,000	475,000	1,475,000	840,000
	グローバル・コミュニケーション	200,000	860,000	385,000	1,445,000	825,000
中京	国際	200,000	498,000	252,000	950,000	950,000
	文	200,000	825,000	328,000	1,353,000	790,500
	心理	200,000	860,000	380,000	1,440,000	830,000

学費一覧

大 学	学部 （学科・専攻・コース等）	入学金（A）	年間授業料（B）	施設費等 その他費用（C）	初年度納入額 （A＋B＋C）	入学手続時 最少納入額
	法・経済・経営・現代社会	200,000	805,000	320,000	1,325,000	772,500
	総合政策	200,000	825,000	320,000	1,345,000	782,500
	工	200,000	935,000	495,000	1,630,000	925,000
	スポーツ科	200,000	890,000	465,000	1,555,000	887,500
	※国際学部１年次秋学期は留学するため，授業料およびその他納付金の代わりに留学費用が必要。 ２年次以降の授業料は年額 996,000 円					
中部	工・応用生物・理工	280,000	930,000	463,300	1,673,300	1,003,300
	経営情報	280,000	730,000	423,300	1,433,300	883,300
	国際関係・人文	280,000	770,000	423,300	1,473,300	903,300
	生命健康科（生命医科）	280,000	990,000	635,370	1,905,370	1,120,370
	（保健介護・理学療法）	280,000	960,000	515,300	1,755,300	1,045,300
	（作業療法）	280,000	960,000	515,370	1,755,370	1,045,370
	（臨床工）	280,000	930,000	495,370	1,705,370	1,020,370
	（スポーツ保健医療）	280,000	880,000	463,300	1,623,300	978,300
	現代教育	280,000	720,000	424,660	1,424,660	879,660
南山	人文･外国語･経済･経営･法･総合政策･国際教養	250,000	750,000	264,300	1,264,300	759,300
	理工	250,000	750,000	364,300	1,364,300	809,300
	※他に同窓会諸費・学会費等。分割納入者は入学手続延期手数料 33,000 円あり					
名城	法・経営・経済	200,000	665,000	180,000	1,045,000	622,500
	外国語	200,000	940,000	250,000	1,390,000	795,000
	人間	200,000	725,000	180,000	1,105,000	652,500
	都市情報	200,000	835,000	310,000	1,345,000	772,500
	情報工・理工	200,000	935,000	310,000	1,445,000	822,500
	農	200,000	935,000	350,000	1,485,000	842,500
	薬	200,000	1,380,000	520,000	2,100,000	1,150,500
	※他に委託徴収金等					
京都産業	経済・経営・法	200,000	745,000	147,500	1,092,500	652,750
	現代社会	200,000	774,000	181,500	1,155,500	684,250
	国際関係	200,000	874,000	181,500	1,255,500	734,250
	外国語・文化	200,000	804,000	181,500	1,185,500	699,250
	理（数理科）	200,000	1,005,000	248,500	1,453,500	833,250
	（物理科／宇宙物理・気象）	200,000	1,008,000	315,500	1,523,500	868,250
	情報理工	200,000	1,008,000	315,500	1,523,500	868,250
	生命科（先端生命科）	200,000	1,050,000	369,500	1,619,500	916,250
	（産業生命科）	200,000	1,008,000	315,500	1,523,500	868,250
京都女子	文（国文・史）	250,000	780,000	260,000	1,290,000	900,000
	（英語文化コミュニケーション）	250,000	800,000	260,000	1,310,000	910,000
	発達教育	250,000	900,000	275,000	1,425,000	975,000
	心理共生	250,000	840,000	260,000	1,350,000	930,000
	家政（食物栄養）	250,000	920,000	293,000	1,463,000	1,003,000
	（生活造形）	250,000	900,000	285,000	1,435,000	985,000
	現代社会	250,000	800,000	260,000	1,310,000	910,000
	法	250,000	780,000	260,000	1,290,000	900,000
	データサイエンス	250,000	900,000	260,000	1,410,000	960,000
同志社	神	200,000	763,000	165,000	1,128,000	664,000
	文（英文）	200,000	763,000	172,000	1,135,000	667,500
	（哲・美学芸術・文化史）	200,000	763,000	171,000	1,134,000	667,000
	（国文）	200,000	763,000	173,000	1,136,000	668,000
	社会	200,000	763,000	172,000	1,135,000	667,500
	法	200,000	763,000	171,000	1,134,000	667,000
	経済	200,000	763,000	172,500	1,135,500	667,750
	商	200,000	763,000	173,000	1,136,000	668,000
	政策	200,000	763,000	170,000	1,133,000	666,500

大学	学部（学科・専攻・コース等）	入学金（A）	年間授業料（B）	施設費等その他費用（C）	初年度納入額（A＋B＋C）	入学手続時最少納入額
	文化情報	200,000	873,000	178,000	1,251,000	725,500
	理工（数理システム）	200,000	1,187,000	248,000	1,635,000	917,500
	（その他の学科）	200,000	1,264,000	248,000	1,712,000	956,000
	生命医科	200,000	1,264,000	255,000	1,719,000	959,500
	スポーツ健康科	200,000	906,000	184,000	1,290,000	745,000
	心理	200,000	923,000	193,000	1,316,000	758,000
	グローバル・コミュニケーション	200,000	873,000	189,000	1,262,000	731,000
	グローバル地域文化	200,000	763,000	168,000	1,131,000	665,500
同志社女子	学芸（音楽〈演奏〉）	260,000	1,159,000	259,000	1,678,000	969,000
	（音楽〈音楽文化〉）	260,000	1,061,000	259,000	1,580,000	920,000
	（メディア創造）	260,000	950,000	257,000	1,467,000	865,000
	（国際教養）	260,000	736,000	257,000	1,253,000	758,000
	現代社会（社会システム）	260,000	706,000	257,000	1,223,000	743,000
	（現代こども）	260,000	809,000	257,000	1,326,000	794,000
	薬	260,000	1,740,000	257,000	2,257,000	1,260,000
	看護	260,000	1,226,000	257,000	1,743,000	1,003,000
	表象文化（英語英文）	260,000	706,000	257,000	1,223,000	743,000
	（日本語日本文）	260,000	708,000	257,000	1,225,000	744,000
	生活科（人間生活）	260,000	809,000	257,000	1,326,000	794,000
	（食物栄養科〈食物科学〉）	260,000	871,000	257,000	1,388,000	825,000
	（食物栄養科〈管理栄養士〉）	260,000	947,000	257,000	1,464,000	863,000
佛教	仏教・文・歴史・社会・社会福祉	200,000	870,000	225,500	1,295,500	760,500
	教育	200,000	920,000	225,500	1,345,500	785,500
	保健医療技術	200,000	1,350,000	425,500	1,975,500	1,100,500
立命館	法	200,000	1,056,800	30,000	1,286,800	754,900
	産業社会（現代社会〈子ども社会〉）	200,000	1,309,200	29,000	1,538,200	880,600
	（現代社会〈その他の専攻〉）	200,000	1,238,600	29,000	1,467,600	845,300
	国際関係	200,000	1,359,400	31,000	1,590,400	906,700
	文（人文〈地域研究〉）	200,000	1,231,200	29,000	1,460,200	841,600
	人文〈その他の学域〉）	200,000	1,208,800	29,000	1,437,800	830,400
	映像	200,000	1,973,000	31,000	2,204,000	1,213,500
	経営（国際経営）	200,000	1,187,400	30,000	1,417,400	820,200
	（経営）	200,000	1,056,800	30,000	1,286,800	754,900
	政策科	200,000	1,258,000	31,000	1,489,000	856,000
	総合心理	200,000	1,296,400	23,000	1,419,400	871,200
	グローバル教養	200,000	2,300,000	23,000	2,523,000	1,373,000
	経済	200,000	1,092,200	28,000	1,320,200	771,600
	スポーツ健康科	200,000	1,309,200	31,000	1,540,200	881,600
	食マネジメント	200,000	1,306,600	29,000	1,435,600	879,300
	理工（数理科）	200,000	1,614,000	23,000	1,837,000	1,030,000
	（その他の学科）	200,000	1,672,600	23,000	1,895,600	1,059,300
	情報理工	200,000	1,672,600	23,000	1,895,600	1,059,300
	生命科	200,000	1,704,600	23,000	1,927,600	1,075,300
	薬（薬）	200,000	2,196,800	23,000	2,419,800	1,221,400
	（創薬科）	200,000	1,920,600	23,000	2,143,600	1,183,300
龍谷	心理	260,000	1,007,000	33,000	1,300,000	789,750
	文（歴史〈文化遺産学〉）	260,000	836,900	33,000	1,129,900	704,700
	（その他の学科・専攻）	260,000	801,000	33,000	1,094,000	686,750
	経済	260,000	801,000	33,000	1,094,000	686,750
	経営	260,000	801,000	31,000	1,092,000	684,750
	法	260,000	801,000	34,000	1,095,000	687,250
	政策	260,000	801,000	49,000	1,110,000	694,750
	国際（国際文化）	260,000	856,000	34,000	1,150,000	714,750

大学	学部（学科・専攻・コース等）	入学金（A）	年間授業料（B）	施設費等 その他費用（C）	初年度納入額（A＋B＋C）	入学手続時 最少納入額
	（グローバルスタディーズ）	260,000	971,000	234,000	1,465,000	872,250
	先端理工（数理・情報科学）	260,000	1,149,000	176,600	1,585,600	932,550
	（その他の課程）	260,000	1,199,000	176,600	1,635,600	957,550
	社会	260,000	836,900	32,000	1,128,900	703,200
	農（生命科・農）	260,000	1,149,000	174,600	1,583,600	930,550
	（食品栄養）	260,000	1,179,000	224,600	1,663,600	970,550
	（食料農業システム）	260,000	999,000	66,900	1,325,900	801,700
大阪経済	経済・経営・情報社会・人間科	190,000	710,000	213,000	1,113,000	652,000
	国際共創	190,000	710,000	313,000	1,213,000	702,000
	経営学部第２部	150,000	350,000	113,000	613,000	382,000
大阪工業	工・情報科	250,000	1,290,000	116,700	1,656,700	961,700
	ロボティクス＆デザイン工	250,000	1,290,000	166,700	1,706,700	986,700
	知的財産	250,000	1,020,000	66,700	1,336,700	801,700
関西	法・文・経済・商・社会	260,000	930,000	27,000	1,217,000	752,000
	政策創造	260,000	950,000	27,000	1,237,000	762,000
	外国語	260,000	1,256,000	27,000	1,543,000	915,000
	人間健康	260,000	970,000	27,000	1,257,000	772,000
	総合情報・社会安全	260,000	1,302,000	27,000	1,589,000	938,000
	システム理工・環境都市工・化学生命工	260,000	1,493,000	27,000	1,780,000	1,033,500
関西外国語	全学部	250,000	800,000	370,300	1,420,300	845,300
近畿	情報・理工・建築	250,000	1,462,000	6,500	1,718,500	987,500
	法・経済・経営・総合社会	250,000	1,105,000	6,500	1,361,500	809,000
	薬（医療薬）	250,000	2,052,000	6,500	2,308,500	1,282,500
	（創薬科）	250,000	1,462,000	6,500	1,718,500	987,500
	文芸（芸術）	250,000	1,462,000	6,500	1,718,500	987,500
	（その他の学科）	250,000	1,105,000	6,500	1,361,500	809,000
	国際	250,000	650,000	6,500	906,500	906,500
	農・生物理工	250,000	1,462,000	4,500	1,716,500	985,500
	医	1,000,000	5,800,000	4,500	6,804,500	3,904,500
	工	250,000	1,398,000	4,500	1,652,500	953,500
	産業理工（経営ビジネス）	250,000	889,000	4,500	1,143,500	699,000
	（その他の学科）	250,000	1,264,000	4,500	1,518,500	886,500
※国際学部は他に留学費						
摂南	法	250,000	900,000	50,000	1,200,000	725,000
	国際	250,000	980,000	50,000	1,280,000	765,000
	経済・経営	250,000	920,000	50,000	1,220,000	735,000
	現代社会	250,000	945,000	50,000	1,245,000	747,500
	理工	250,000	1,290,000	100,000	1,640,000	945,000
	薬	450,000	1,760,000	100,000	2,310,000	1,380,000
	看護	250,000	1,550,000	100,000	1,900,000	1,075,000
	農（農業生産・応用生物科）	250,000	1,300,000	100,000	1,650,000	950,000
	（食品栄養）	250,000	1,300,000	130,000	1,680,000	965,000
	（食農ビジネス）	250,000	1,050,000	50,000	1,350,000	800,000
※他に委託徴収金 13,700 円						
関西学院	神	200,000	773,000	208,000	1,181,000	699,500
	文（文化歴史・文学言語）	200,000	773,000	207,000	1,180,000	699,000
	（総合心理科）	200,000	904,000	257,000	1,361,000	789,500
	社会	200,000	773,000	206,000	1,179,000	698,500
	法	200,000	773,000	209,900	1,182,900	700,450
	経済	200,000	773,000	207,500	1,180,500	699,250
	商	200,000	773,000	208,600	1,181,600	699,800
	人間福祉	200,000	943,000	254,000	1,397,000	807,500
	国際	200,000	1,028,000	260,500	1,488,500	853,250

大学	学部（学科・専攻・コース等）	入学金（A）	年間授業料（B）	施設費等その他費用（C）	初年度納入額（A＋B＋C）	入学手続時最少納入額
	教育	200,000	1,028,000	264,700	1,492,700	855,350
	総合政策	200,000	1,031,000	306,000	1,537,000	877,500
	理（数理科）	200,000	1,162,000	349,000	1,711,000	964,500
	（物理・宇宙／化）	200,000	1,162,000	389,000	1,751,000	984,500
	工・生命環境	200,000	1,162,000	389,000	1,751,000	984,500
	建築	200,000	1,162,000	392,000	1,754,000	986,000
甲南	文（人間科）	250,000	936,000	42,500	1,228,500	755,500
	（その他の学科）	250,000	936,000	32,500	1,218,500	750,500
	経済	250,000	936,000	52,500	1,238,500	770,500
	法	250,000	936,000	46,500	1,232,500	764,500
	経営	250,000	936,000	57,500	1,243,500	775,500
	マネジメント創造・グローバル教養	250,000	972,000	32,500	1,254,500	768,500
	理工・知能情報	250,000	1,321,000	32,500	1,603,500	943,000
	フロンティアサイエンス	250,000	1,496,000	32,500	1,778,500	1,030,500
神戸学院	法・経済	200,000	780,000	284,300	1,264,300	759,300
	経営（経営〈経営・会計〉）	200,000	780,000	284,300	1,264,300	759,300
	（経営〈データサイエンス〉）	200,000	840,000	284,300	1,324,300	789,300
	人文	200,000	810,000	286,300	1,296,300	776,300
	心理	200,000	810,000	353,300	1,363,300	803,300
	現代社会	200,000	840,000	290,300	1,330,300	795,300
	グローバル（グローバル〈英語〉）	200,000	860,000	292,385	1,352,385	807,385
	（グローバル〈中国語・日本語〉）	200,000	860,000	284,300	1,344,300	799,300
	総合リハビリテーション（理学療法・作業療法）	250,000	1,320,000	446,300	2,016,300	1,156,300
	（社会リハビリテーション）	200,000	870,000	346,300	1,416,300	831,300
	栄養（栄養〈管理栄養学〉）	250,000	850,000	483,300	1,583,300	938,300
	（栄養〈臨床検査学〉）	250,000	1,050,000	483,300	1,783,300	1,038,300
	薬	250,000	1,405,000	492,700	2,147,700	1,225,200
神戸女子	文（教育）	200,000	850,000	325,000	1,375,000	770,000
	（その他の学科）	200,000	850,000	255,000	1,305,000	735,000
	家政（家政）	200,000	850,000	365,000	1,415,000	790,000
	（管理栄養士）	200,000	850,000	405,000	1,455,000	810,000
	健康福祉（社会福祉）	200,000	850,000	325,000	1,375,000	770,000
	（健康スポーツ栄養）	200,000	850,000	385,000	1,435,000	800,000
	看護	200,000	1,000,000	635,000	1,835,000	1,000,000
	心理	200,000	850,000	325,000	1,375,000	770,000
武庫川女子	文	200,000	895,000	214,700	1,309,700	758,700
	教育／心理・社会福祉	200,000	995,000	244,700	1,439,700	823,700
	健康・スポーツ科	200,000	995,000	270,700	1,465,700	836,700
	生活環境	200,000	995,000	264,700	1,459,700	833,700
	社会情報	200,000	990,000	194,700	1,384,700	796,200
	食物栄養科（食物栄養）	200,000	995,000	319,700	1,514,700	861,200
	（食創造科）	200,000	995,000	317,700	1,512,700	860,200
	建築	200,000	1,120,000	394,700	1,714,700	961,200
	音楽（演奏）	200,000	1,370,000	344,700	1,914,700	1,061,200
	（応用音楽）	200,000	1,370,000	364,700	1,934,700	1,071,200
	薬（薬）	200,000	1,502,000	376,700	2,078,700	1,143,200
	（健康生命薬科）	200,000	1,130,000	384,700	1,714,700	961,200
	看護	200,000	1,347,000	342,700	1,889,700	1,048,700
	経営	200,000	800,000	214,700	1,214,700	711,200
西南学院	全学部	200,000	750,000	221,800	1,171,800	691,800
福岡	人文・法・経済・商	190,000	730,000	206,710	1,126,710	671,710
	商第二部	60,000	310,000	102,370	472,370	277,370
	理・工	240,000	1,000,000	406,710	1,646,710	956,710

大 学	学部（学科・専攻・コース等）	入学金（A）	年間授業料（B）	施設費等その他費用（C）	初年度納入額（A＋B＋C）	入学手続時最少納入額
	医（医）	1,000,000	3,912,000	3,714,710	8,626,710	6,326,710
	（看護）	270,000	1,040,000	496,710	1,806,710	1,051,710
	薬	400,000	1,350,000	316,710	2,066,710	1,246,710
	スポーツ科	300,000	800,000	376,710	1,476,710	901,710
立命館アジア太平洋	全学部	200,000	1,300,000	40,000	1,540,000	890,000

国立大学

大 学	学部（学科・専攻・コース等）	入学金（A）	年間授業料（B）	施設費等その他費用（C）	初年度納入額（A＋B＋C）	入学手続時最少納入額
※授業料の標準額は第１部 535,800 円，第２部 267,900 円。標準額の 120％を超えない範囲で大学により異なる場合あり。その他諸会費等が必要な場合もある。						
国立大学第１部		282,000	535,800		817,800	282,000
国立大学第２部		141,000	267,900		408,900	141,000

公立大学

大 学	学部（学科・専攻・コース等）	入学金（A）	年間授業料（B）	施設費等その他費用（C）	初年度納入額（A＋B＋C）	入学手続時最少納入額
宮城	全学部	282,000	535,800		817,800	282,000
※県外出身者の入学金は 564,000 円。授業料は入学後，５月と 10 月の２回に分けて納付。他に諸経費						
国際教養	国際教養	282,000	696,000		978,000	282,000
※県外出身者の入学金は 423,000 円。授業料は入学後，春期と秋期の２回に分けて納付。他に寮費 554,600 円（初年度のみ，金額は 2024 年度予定額），諸会費・保険料等						
高崎経済	全学部	141,000	520,800	114,286	776,086	247,300
※市外出身者の入学金は 282,000 円。授業料は入学後の前期（４月），後期（10 月）に徴収予定						
埼玉県立	全学部	211,500	621,000		832,500	211,500
※県外出身者の入学金は 423,000 円。授業料は入学後，前期（４月）と後期（10 月）の２回に分けて納付。他に諸経費						
東京都立	全学部	141,000	520,800		661,800	141,000
※都外出身者の入学金は 282,000 円。授業料は入学後，前期（５月）と後期（10 月）の２回に分けて納付。他に諸費						
横浜市立	全学部（医学部医学科を除く）	141,000	557,400	97,000	795,400	238,000
	医（医）	141,000	573,000	258,000	972,000	399,000
※市外出身者の入学金は 282,000 円，施設費等その他費用は医学科 308,000 円その他の学部・学科 122,000 円。授業料は入学後，５月と 10 月の２回に分けて納付。他に保険料等						
都留文科	全学部	141,000	535,800		676,800	141,000
※市外出身者の入学金は 282,000 円。授業料は入学後，前期（４～５月）と後期（10 月）の２回に分けて納付。他に諸納金						
静岡県立	全学部	141,000	535,800		676,800	141,000
※県外出身者の入学金は 366,600 円。授業料は入学後，前期と後期の２回に分けて納付。他に諸経費						
愛知県立	外国語・日本文化・教育福祉・情報科	282,000	535,800	4,660	822,460	286,660
	看護	282,000	535,800	5,370	823,170	287,370
※授業料は入学後，前期（４月 30 日まで），後期（10 月 31 日まで）に分けて納付						
名古屋市立	医	232,000	535,800	263,800	1,031,600	495,800
	薬（薬）	232,000	535,800	132,840	900,640	364,840
	（生命薬科）	232,000	535,800	97,660	865,460	329,660
	経済	232,000	535,800	112,300	880,100	344,300
	人文社会	232,000	535,800	92,660	860,460	324,660
	芸術工	232,000	535,800	97,660	865,460	329,660
	看護	232,000	535,800	86,370	854,170	318,370
	総合生命理	232,000	535,800	97,660	865,460	329,660
	データサイエンス	232,000	535,800	77,660	845,460	309,660
※市外出身者の入学金は 332,000 円。授業料は入学後，前期と後期の２回に分けて納付。他に諸経費						
滋賀県立	全学部	282,000	535,800	60,000	877,800	342,000
※県外出身者の入学金は 423,000 円。授業料は入学後，前期と後期の２回に分けて納付。						
京都府立	全学部	169,200	535,800	4,660	709,660	173,860

大学	学部（学科・専攻・コース等）	入学金（A）	年間授業料（B）	施設費等 その他費用（C）	初年度納入額（A＋B＋C）	入学手続時 最少納入額
※府外出身者の入学金は 282,000 円。授業料は前期（5月）と後期（10月）の2回に分けて納付。他に諸経費						
大阪公立	全学部・学域	282,000	535,800		817,800	282,000
※府外出身者の入学金は 382,000 円。授業料は入学後，前期（5月）と後期（10月）の2回に分けて納付。他に諸経費。獣医学部については実験機器充実負担金および実習充実負担金 185,000 円（2年次以降も必要）						
神戸市外国語	外国語	282,000	535,800	118,300	936,100	400,300
	外国語第2部	141,000	267,900	116,400	525,300	257,400
※市外出身者の入学金は 423,000 円（第2部 211,500 円）。授業料は入学後，5月と11月の2回に分けて納付						
兵庫県立	国際商経	282,000	535,800	137,000	954,800	282,000
	社会情報科	282,000	535,800	107,000	924,800	282,000
	工	282,000	535,800	132,000	949,800	282,000
	理	282,000	535,800	110,000	927,800	282,000
	環境人間	282,000	535,800	112,000	929,800	282,000
	看護	282,000	535,800	100,000	917,800	282,000
※県外出身者の入学金は 423,000 円。授業料は入学後，5月と10月の2回に分けて納付。他に諸経費						
県立広島	生物資源科	282,000	535,800	15,600	833,400	282,000
	その他の学部	282,000	535,800		817,800	282,000
※県外出身者の入学金は 394,800 円。授業料は入学後，前期（5月）と後期（10月）の2回に分けて納付 他に諸経費						
北九州市立	全学部・学群	282,000	535,800		817,800	282,000
※市外出身者の入学金は 423,000 円。授業料は入学後，2期に分けて納付。他に保険料および諸会費（外国語・経済・地域創生 141,260 円，文・国際環境工 131,260 円，法 147,260 円）						
長崎県立	経営・地域創造	176,500	535,800	105,000	817,300	281,500
	国際社会・情報システム・看護栄養	176,500	535,800	89,500	801,800	266,000
※県外出身者の入学金は 353,000 円。授業料は前期と後期の2回に分けて納付。他に保険料・諸経費						
熊本県立	全学部	207,000	535,800		742,800	207,000
※県外出身者の入学金は 414,000 円。授業料は前期と後期の2期に分けて納付。他に保険料および諸経費						

50音順索引

大学名の後の(　)内は，所在地の都道府県名。
私…私立大学，国…国立大学，公…公立大学

あ
愛知大学(愛知) 私 大学 短大 …… 838
愛知学院大学(愛知) 私 大学 短大 …… 844
愛知県立大学(愛知) 公 大学 ………… 1644
愛知淑徳大学(愛知) 私 大学 ………… 852
青山学院大学(東京) 私 大学 大学院 …… 258
秋田大学(秋田) 国 大学 ………… 1162
麻布大学(神奈川) 私 大学 ………… 798
亜細亜大学(東京) 私 大学 ………… 274

い
茨城大学(茨城) 国 大学 ………… 1178
岩手大学(岩手) 国 大学 ………… 1140

う
宇都宮大学(栃木) 国 大学 ………… 1200

え
愛媛大学(愛媛) 国 大学 ………… 1522

お
桜美林大学(東京) 私 大学 ………… 278
大分大学(大分) 国 大学 ………… 1572
大阪大学(大阪) 国 大学 大学院 … 1422
大阪経済大学(大阪) 私 大学 ………… 972
大阪工業大学(大阪) 私 大学 ………… 976
大阪公立大学(大阪) 公 大学 ………… 1666
大妻女子大学(東京) 私 大学 短大 …… 284
岡山大学(岡山) 国 大学 ………… 1480
お茶の水女子大学(東京) 国 大学 ……… 1240
帯広畜産大学(北海道) 国 大学 ……… 1114

か
香川大学(香川) 国 大学 ………… 1516
学習院大学(東京) 私 大学 大学院 … 290
学習院女子大学(東京) 私 大学 ……… 300
鹿児島大学(鹿児島) 国 大学 ………… 1580
神奈川大学(神奈川) 私 大学 ………… 802
神奈川工科大学(神奈川) 私 大学 ……… 812
金沢大学(石川) 国 大学 ………… 1336
金沢工業大学(石川) 私 大学 ………… 828
関西大学(大阪) 私 大学 大学院 … 982
関西外国語大学(大阪) 私 大学 短大 …… 1004
関西学院大学(兵庫) 私 大学 大学院 短大 ……………… 1038
神田外語大学(千葉) 私 大学 ………… 232
関東学院大学(神奈川) 私 大学 ………… 816

き
北九州市立大学(福岡) 公 大学 ……… 1698
北里大学(東京) 私 大学 ………… 304
岐阜大学(岐阜) 国 大学 ………… 1366
九州大学(福岡) 国 大学 大学院 … 1536
京都大学(京都) 国 大学 大学院 … 1402
京都工芸繊維大学(京都) 国 大学 ……… 1418
京都産業大学(京都) 私 大学 ………… 892

京都女子大学(京都) 私 大学 …………… 900
京都府立大学(京都) 公 大学 …………… 1660
共立女子大学(東京) 私 大学 短大 …… 312
杏林大学(東京) 私 大学 …………… 318
近畿大学(大阪) 私 大学 短大 …… 1008

く
熊本大学(熊本) 国 大学 …………… 1564
熊本県立大学(熊本) 公 大学 …………… 1708
群馬大学(群馬) 国 大学 …………… 1208

け
慶應義塾大学(東京) 私 大学 大学院 …… 324
県立広島大学(広島) 公 大学 …………… 1694

こ
工学院大学(東京) 私 大学 …………… 334
高知大学(高知) 国 大学 …………… 1530
甲南大学(兵庫) 私 大学 …………… 1060
神戸大学(兵庫) 国 大学 大学院 … 1438
神戸学院大学(兵庫) 私 大学 …………… 1068
神戸市外国語大学(兵庫) 公 大学 ………… 1686
神戸女子大学(兵庫) 私 大学 短大 …… 1074
國學院大学(東京) 私 大学 短大 …… 340
国際医療福祉大学(栃木) 私 大学 ………… 202
国際教養大学(秋田) 公 大学 大学院 … 1598
国際基督教大学(東京) 私 大学 …………… 346
国士舘大学(東京) 私 大学 …………… 350
駒澤大学(東京) 私 大学 …………… 358

さ
埼玉大学(埼玉) 国 大学 …………… 1214
埼玉県立大学(埼玉) 公 大学 …………… 1606
佐賀大学(佐賀) 国 大学 …………… 1554
産業能率大学(東京) 私 大学 …………… 368

し
滋賀大学(滋賀) 国 大学 …………… 1396
滋賀県立大学(滋賀) 公 大学 …………… 1656
静岡大学(静岡) 国 大学 …………… 1372
静岡県立大学(静岡) 公 大学 短大 …… 1640
実践女子大学(東京) 私 大学 …………… 372
芝浦工業大学(東京) 私 大学 …………… 378
島根大学(島根) 国 大学 …………… 1474
淑徳大学(千葉) 私 大学 …………… 236
順天堂大学(東京) 私 大学 …………… 384
城西大学(埼玉) 私 大学 短大 …… 210
上智大学(東京) 私 大学 大学院 … 392
昭和大学(東京) 私 大学 …………… 408
昭和女子大学(東京) 私 大学 …………… 412
女子栄養大学(埼玉) 私 大学 短大 …… 216
白百合女子大学(東京) 私 大学 …………… 418
信州大学(長野) 国 大学 …………… 1354

せ
成蹊大学(東京) 私 大学 …………… 422
成城大学(東京) 私 大学 …………… 428
聖心女子大学(東京) 私 大学 …………… 432
清泉女子大学(東京) 私 大学 …………… 436
聖徳大学(千葉) 私 大学 短大 …… 242
西南学院大学(福岡) 私 大学 …………… 1092
摂南大学(大阪) 私 大学 …………… 1030
専修大学(東京) 私 大学 …………… 440

た
大正大学(東京) 私 大学 …………… 454
大東文化大学(東京) 私 大学 …………… 458
高崎経済大学(群馬) 公 大学 …………… 1602
拓殖大学(東京) 私 大学 短大 …… 468
玉川大学(東京) 私 大学 …………… 476

ち
千葉大学(千葉) 国 大学 大学院 … 1224
千葉工業大学(千葉) 私 大学 …………… 248
中央大学(東京) 私 大学 大学院 … 482
中京大学(愛知) 私 大学 …………… 860
中部大学(愛知) 私 大学 …………… 868

つ

筑波大学(茨城) 国 大学 大学院 … 1184
津田塾大学(東京) 私 大学 ………… 500
都留文科大学(山梨) 公 大学 ………… 1634

て

帝京大学(東京) 私 大学 短大 …… 504
帝京科学大学(東京) 私 大学 ………… 514
帝京平成大学(東京) 私 大学 ………… 518
電気通信大学(東京) 国 大学 ………… 1248

と

東海大学(東京) 私 大学 ………… 524
東京大学(東京) 国 大学 大学院 … 1252
東京医科歯科大学(東京) 国 大学 ……… 1264
東京外国語大学(東京) 国 大学 大学院 … 1268
東京海洋大学(東京) 国 大学 ………… 1274
東京学芸大学(東京) 国 大学 ………… 1280
東京家政大学(東京) 私 大学 短大 …… 538
東京経済大学(東京) 私 大学 ………… 546
東京工科大学(東京) 私 大学 ………… 550
東京工業大学(東京) 国 大学 大学院 … 1288
東京国際大学(東京) 私 大学 ………… 554
東京慈恵会医科大学(東京) 私 大学 …… 558
東京女子大学(東京) 私 大学 ………… 562
東京電機大学(東京) 私 大学 ………… 566
東京都市大学(東京) 私 大学 ………… 572
東京都立大学(東京) 公 大学 大学院 … 1610
東京農業大学(東京) 私 大学 ………… 578
東京農工大学(東京) 国 大学 ………… 1296
東京薬科大学(東京) 私 大学 ………… 584
東京理科大学(東京) 私 大学 大学院 …… 588
同志社大学(京都) 私 大学 大学院 …… 908
同志社女子大学(京都) 私 大学 ………… 926
東邦大学(東京) 私 大学 ………… 604
東北大学(宮城) 国 大学 大学院 … 1146
東北学院大学(宮城) 私 大学 ………… 192
東洋大学(東京) 私 大学 ………… 610
徳島大学(徳島) 国 大学 ………… 1508
常葉大学(静岡) 私 大学 短大 …… 832
獨協大学(埼玉) 私 大学 ………… 220
鳥取大学(鳥取) 国 大学 ………… 1470
富山大学(富山) 国 大学 ………… 1330

な

長崎大学(長崎) 国 大学 ………… 1558
長崎県立大学(長崎) 公 大学 ………… 1704
名古屋大学(愛知) 国 大学 大学院 … 1378
名古屋市立大学(愛知) 公 大学 ………… 1648
奈良女子大学(奈良) 国 大学 ………… 1458
南山大学(愛知) 私 大学 ………… 876

に

新潟大学(新潟) 国 大学 ………… 1320
二松学舎大学(東京) 私 大学 ………… 636
日本大学(東京) 私 大学 短大 …… 640
日本医科大学(東京) 私 大学 ………… 664
日本獣医生命科学大学(東京) 私 大学 …… 668
日本女子大学(東京) 私 大学 ………… 672
日本体育大学(東京) 私 大学 ………… 680

ひ

一橋大学(東京) 国 大学 大学院 … 1302
兵庫県立大学(兵庫) 公 大学 ………… 1690
弘前大学(青森) 国 大学 ………… 1134
広島大学(広島) 国 大学 ………… 1488

ふ

フェリス女学院大学(神奈川) 私 大学 …… 824
福井大学(福井) 国 大学 ………… 1344
福岡大学(福岡) 私 大学 ………… 1098
福島大学(福島) 国 大学 ………… 1172
佛教大学(京都) 私 大学 ………… 932
文教大学(埼玉) 私 大学 ………… 226
文京学院大学(東京) 私 大学 ………… 684

ほ

法政大学(東京) 私 大学 大学院 …… 690

北海学園大学（北海道） 私 大学 …… 186
北海道大学（北海道） 国 大学 大学院 … 1118

み
三重大学（三重） 国 大学 …… 1390
宮城大学（宮城） 公 大学 …… 1594
宮崎大学（宮崎） 国 大学 …… 1576

む
武庫川女子大学（兵庫） 私 大学 短大 …… 1082
武蔵大学（東京） 私 大学 …… 710
武蔵野大学（東京） 私 大学 …… 714

め
明治大学（東京） 私 大学 大学院 … 722
明治学院大学（東京） 私 大学 …… 740
名城大学（愛知） 私 大学 …… 884
明星大学（東京） 私 大学 …… 746
目白大学（東京） 私 大学 短大 …… 752

や
山形大学（山形） 国 大学 …… 1166
山口大学（山口） 国 大学 …… 1502
山梨大学（山梨） 国 大学 …… 1348

よ
横浜国立大学（神奈川） 国 大学 大学院 … 1310
横浜市立大学（神奈川） 公 大学 大学院 … 1626

り
立教大学（東京） 私 大学 大学院 … 758
立正大学（東京） 私 大学 …… 776
立命館大学（京都） 私 大学 大学院 … 938
立命館アジア太平洋大学（大分） 私 大学 · 1108
琉球大学（沖縄） 国 大学 …… 1586
龍谷大学（京都） 私 大学 …… 962
流通経済大学（茨城） 私 大学 …… 198

れ
麗澤大学（千葉） 私 大学 …… 254

わ
和歌山大学（和歌山） 国 大学 …… 1464
早稲田大学（東京） 私 大学 大学院 … 782

大学受験案内 2025年度用
大学・短大・大学院総合ガイド

2024年3月20日　第1刷発行

編　集　晶文社学校案内編集部
発行者　株式会社 晶文社
〒101-0051　東京都千代田区神田神保町 1-11
電話 (03)3518-4943（編集）
電話 (03)3518-4940（営業）
URL https://www.shobunsha.co.jp

装丁・本文デザイン：山口敦
編集協力：有限会社ザ・ライトスタッフオフィス
株式会社シーティエステーマ東京
DTP制作：ベクトル印刷株式会社
印刷・製本：中央精版印刷株式会社，大日本印刷株式会社

ISBN978-4-7949-9835-4 C7037

大学案内パンフ・願書 資料請求番号一覧

テレメールを使った大学案内パンフ・願書などの取り寄せ方

① テレメール進学サイトにアクセス！

テレメール 🔍 https://telemail.jp/shingaku/

② 資料請求番号を入力！

一度に16種類まで入力可能！

※有料の資料もありますので、料金を必ずご確認ください。なお、料金は資料到着後の後払いです。
※テレメールによる二回目以降の資料請求時はお届け先等の登録は不要です。

③ 3～5日※で届く！（予約受付の資料を除く）

※通常は発送日のおおむね3～5日後にお届けできます。16時までの受付は当日発送、16時以降の受付は翌日発送となります。
※発送開始日前の請求は予約受付となり、発送開始日に一斉に発送します。随時表記の資料および発送開始日以降に請求された資料は随時発送します。
※土曜・日曜・祝日の配達はありません。また、資料を請求する曜日やお届け先地域、郵便事情によってはお届けに5日以上要する場合があります。あらかじめご了承ください。

ⓘ186ページ以降の大学紹介ページに掲載されているQRコードからも、その大学の案内パンフ・募集要項・願書などをテレメールで請求できます。QRコードの場合、次ページからの資料請求番号一覧で請求できる案内パンフ・募集要項・願書などに加え、学部・学科パンフなどを請求できる大学もあります。なお、QRコードからの資料請求は2025年4月以降もご利用になれます。

資料種別	学校種別	ページ	請求受付期間 ※発行部数の都合や入学者選抜の実施状況により、早期に終了する資料もあります。	
大学案内パンフ	私立大学	A2	2025年3月31日まで随時受付中	
	国公立大学	A8		
	大学校	A10		
一般選抜募集要項 入学者選抜要項	国公立大学	A15	2024年7月1日～2025年1月29日（予定）まで	ネット出願を行う一部の大学は、2025年度入学者選抜から募集要項や願書の請求受付を実施しない場合があります。資料請求時に表示される資料名やメッセージをよくご確認の上、ご請求ください。
	大学校	A16	請求受付は2024年7月1日開始、 請求受付終了日は学校により異なります。 ※受付終了日は、最終出願締切日の1週間前を目安としています。	
募集要項・願書	私立大学	A11		

※すべての国公立大学（一部の公立大学を除く）と一部の私立大学、大学校は料金が必要です。料金はお届けする資料に同封のご案内に沿って、表示料金をお支払いください。料金が無料となっている資料は、通常、費用はかかりません。なお、国公立大学および大学校の料金は、2024年秋に郵便料金の値上げが実施される場合は、同時期より値上げ予定です。

※私立大学の料金は、一部の大学を除き2024年度入学用の料金を掲載しています。大学の方針などにより、料金が変更になる場合があります。資料請求時に表示される料金を必ずご確認ください。

※国公立大学の一般選抜募集要項（願書を含む）などについては、通常よりも早くお届けできるサービスを追加料金200円でご利用いただける場合があります。その場合、テレメールの資料請求画面には通常料金の資料とそれに200円が加算された資料の両方が表示されますので、どちらかを選択してご請求ください。

「テレメール」による資料請求と個人情報に関するお問合せ・お申し出先

テレメールカスタマーセンター　IP電話 050-8601-0102（受付時間 9:30～18:00）　メールアドレス info@telemail.jp

※テレメールによる資料請求に関して、本誌や各大学へ直接のお問合せはご遠慮ください。
※テレメールの個人情報取扱規定は、資料請求時にWeb画面上でご確認ください。

この資料請求番号一覧の内容に訂正が生じた場合（発送開始日の変更、国公立大学の料金変更を除く）は、訂正内容を次のURLで告知いたします。
https://telemail.jp/shingaku/books/　　発送開始日と料金の変更については　https://telemail.jp/shingaku/ からご覧いただけます。

大学案内パンフ　資料請求番号一覧

この資料請求番号一覧からの請求でお届けする資料は大学案内パンフです。一部の大学を除き出願書類や募集要項は含まれていませんのでご注意ください。出願書類や募集要項などをご希望の場合はA11～A16ページをご覧ください。

私立大学　案内パンフ

請求受付期間　2025年3月31日まで随時受付中
※大学により請求受付終了日が早まる場合があります。

発送開始日が「随時」表記の私立大学は、学校・請求時期により前年度版（2024年度版）案内パンフが送付される場合があります。

大学名	資料請求番号	料金（送料含）	発送開始日
北海道			
札幌大学	945422	無料	随時
札幌大谷大学 芸術学部音楽学科	945423	無料	随時
札幌大谷大学 芸術学部美術学科	977012	無料	随時
札幌大谷大学 社会学部地域社会学科	977013	無料	随時
札幌学院大学	945424	無料	随時
札幌国際大学	945425	無料	5月下旬
札幌保健医療大学	461406	無料	5月中旬
星槎道都大学	246071	無料	随時
天使大学	945427	無料	随時
日本医療大学	246001	無料	随時
藤女子大学	945433	無料	5月上旬
北星学園大学	945435	無料	随時
北海学園大学	945436	無料	5月上旬
北海商科大学	945437	無料	4月下旬
北海道医療大学	945438	無料	6月中旬
北海道科学大学	945439	無料	6月上旬
北海道情報大学	945440	無料	随時
北海道千歳リハビリテーション大学	246002	無料	随時
北海道文教大学	945441	無料	5月下旬
北海道武蔵女子大学	246194	無料	随時
酪農学園大学	945443	無料	5月上旬
青森県			
青森中央学院大学 経営法学部	945446	無料	7月上旬
青森中央学院大学 看護学部	996612	無料	7月上旬
八戸学院大学	945448	無料	随時
八戸工業大学	945449	無料	6月下旬
岩手県			
岩手医科大学	945451	無料	7月上旬
岩手保健医療大学	246003	無料	5月下旬
富士大学	945452	無料	随時
盛岡大学	945453	無料	随時
宮城県			
石巻専修大学	945454	無料	5月下旬
尚絅学院大学	945455	無料	5月下旬
仙台大学	945456	無料	随時
仙台白百合女子大学	945457	無料	6月中旬
仙台青葉学院大学	246195	無料	5月中旬
東北医科薬科大学	945463	無料	6月中旬
東北学院大学	945458	無料	4月中旬
東北工業大学	945459	無料	4月下旬
東北生活文化大学	246078	無料	6月中旬
東北福祉大学	945461	無料	5月下旬
東北文化学園大学	945462	無料	随時
宮城学院女子大学	945464	無料	5月下旬
秋田県			
秋田看護福祉大学	945465	無料	随時
日本赤十字秋田看護大学	945466	無料	随時
ノースアジア大学	945467	無料	6月中旬
山形県			
東北芸術工科大学	945468	無料	随時
東北公益文科大学	945469	無料	随時
東北文教大学	945470	無料	5月下旬
福島県			
医療創生大学	945471	無料	随時
奥羽大学	945472	無料	随時
東日本国際大学	945473	無料	随時
福島学院大学	945474	無料	随時
茨城県			
アール医療専門職大学	246196	無料	随時
茨城キリスト教大学	945475	無料	6月上旬
つくば国際大学	945477	無料	随時
常磐大学	945478	無料	5月下旬
栃木県			
足利大学 工学部	945480	無料	5月下旬
足利大学 看護学部	377030	無料	5月下旬
国際医療福祉大学（大田原キャンパス）※薬学部除く	945482	無料	5月中旬
国際医療福祉大学 薬学部	246161	無料	5月中旬
自治医科大学 医学部	945484	無料	随時
自治医科大学 看護学部	977014	無料	9月上旬
獨協医科大学 医学部	945485	無料	随時
獨協医科大学 看護学部	945486	無料	随時
白鷗大学	945487	無料	5月下旬
群馬県			
共愛学園前橋国際大学	945490	無料	4月上旬
群馬医療福祉大学	945492	無料	随時
群馬パース大学	945493	無料	随時
上武大学	945494	無料	6月中旬
高崎健康福祉大学	945495	無料	随時
高崎商科大学	945496	無料	6月中旬
東京福祉大学	945497	無料	6月下旬

料金や発送開始日は、一部の大学を除き、2024年度版の内容を掲載していますので、変更になる場合があります。資料請求時に必ずご確認ください。
なお、国公立大学および大学校の料金は、2024年秋に郵便料金の値上げが実施される場合は、同時期より値上げ予定です。

大学名	資料請求番号	料金(送料含)	発送開始日
埼玉県			
浦和大学	**977016**	無料	随時
共栄大学	**945499**	無料	4月下旬
埼玉医科大学 医学部	**246197**	無料	6月上旬
埼玉医科大学 保健医療学部	**996613**	無料	随時
埼玉学園大学	**996614**	無料	4月下旬
埼玉工業大学	**945501**	無料	4月下旬
十文字学園女子大学	**945502**	無料	随時
城西大学	**945504**	無料	随時
尚美学園大学	**945505**	無料	随時
女子栄養大学	**945506**	無料	4月上旬
駿河台大学	**945507**	無料	随時
聖学院大学	**945508**	無料	随時
西武文理大学	**246080**	無料	随時
東都大学	**945511**	無料	随時
獨協大学	**945513**	無料	6月中旬
日本工業大学	**945515**	無料	5月中旬
日本医療科学大学	**945514**	無料	5月下旬
日本薬科大学	**945517**	無料	8月上旬
文教大学	**945519**	無料	5月中旬
平成国際大学	**945520**	無料	随時
ものつくり大学	**945522**	無料	随時
千葉県			
愛国学園大学	**996628**	無料	随時
植草学園大学	**945524**	無料	随時
SBC東京医療大学	**945554**	無料	随時
江戸川大学	**945525**	無料	随時
亀田医療大学	**977017**	無料	6月中旬
川村学園女子大学	**945526**	無料	随時
神田外語大学	**945527**	無料	随時
敬愛大学	**945528**	無料	随時
国際医療福祉大学 成田看護学部·成田保健医療学部	**377037**	無料	5月中旬
国際医療福祉大学 医学部	**246051**	無料	5月中旬
国際医療福祉大学 成田薬学部	**246198**	無料	5月中旬
国際武道大学	**945529**	無料	随時
秀明大学	**945531**	無料	随時
淑徳大学	**945533**	無料	随時
順天堂大学 医療科学部	**246186**	無料	随時
順天堂大学 医療看護学部	**246162**	無料	随時
順天堂大学 健康データサイエンス学部	**246187**	無料	随時
順天堂大学 スポーツ健康科学部	**945535**	無料	随時
順天堂大学 薬学部	**246199**	無料	4月下旬
城西国際大学	**945536**	無料	随時
聖徳大学(女子)	**945537**	無料	随時
清和大学	**945539**	無料	随時
千葉科学大学	**945540**	無料	随時
千葉経済大学	**945541**	無料	4月中旬
千葉工業大学	**945542**	無料	随時
千葉商科大学	**945543**	無料	4月中旬
中央学院大学	**945544**	無料	5月下旬

大学名	資料請求番号	料金(送料含)	発送開始日
東京情報大学	**945548**	無料	5月上旬
東邦大学(習志野キャンパス)	**977018**	無料	5月下旬
明海大学	**945553**	無料	随時
流通経済大学	**945479**	無料	随時
麗澤大学	**945555**	無料	随時
和洋女子大学	**945556**	無料	4月上旬
東京都			
青山学院大学	**977019**	300円	5月下旬
亜細亜大学	**945558**	無料	6月上旬
跡見学園女子大学	**945498**	無料	随時
桜美林大学	**945560**	無料	随時
大妻女子大学	**945561**	無料	4月下旬
嘉悦大学	**945562**	無料	4月下旬
学習院大学	**945563**	無料	5月下旬
学習院女子大学	**945564**	無料	5月下旬
共立女子大学	**945566**	無料	随時
杏林大学	**945567**	無料	5月上旬
慶應義塾大学	**945568**	200円	5月下旬
工学院大学	**945570**	無料	随時
國學院大學	**945571**	無料	随時
国際医療福祉大学(東京赤坂キャンパス)	**246074**	無料	5月中旬
国際基督教大学(ICU)	**377076**	200円	5月中旬
国士舘大学	**945573**	無料	随時
駒澤大学	**945574**	200円	5月上旬
駒沢女子大学	**945575**	無料	随時
産業能率大学	**945576**	無料	随時
実践女子大学	**945577**	無料	随時
芝浦工業大学	**945578**	200円	6月上旬
順天堂大学 国際教養学部	**377079**	無料	随時
順天堂大学 保健医療学部	**246081**	無料	7月中旬
上智大学	**945580**	200円	5月下旬
情報経営イノベーション専門職大学	**246089**	無料	随時
昭和大学	**945581**	無料	随時
昭和女子大学	**945582**	無料	4月下旬
昭和薬科大学	**945583**	無料	随時
女子美術大学	**945670**	無料	随時
白梅学園大学	**945584**	無料	随時
白百合女子大学	**945585**	無料	6月上旬
杉野服飾大学	**945586**	無料	4月中旬
成蹊大学	**945587**	200円	5月上旬
成城大学	**945588**	無料	5月下旬
聖心女子大学	**945589**	無料	随時
清泉女子大学	**945590**	無料	随時
聖路加国際大学	**377001**	無料	6月上旬

資料の取り寄せ方

テレメール進学サイトにアクセスし、
6桁の資料請求番号を入力

テレメール https://telemail.jp/shingaku/

発送開始日前に請求された場合は予約受付となり、発送開始日に一斉に発送します。なお、発送開始日以降に請求された場合は随時発送します。

大学名	資料請求番号	料金(送料含)	発送開始日
専修大学	**945592**	無料	5月中旬
創価大学	**945593**	無料	随時
大正大学	**945594**	無料	随時
大東文化大学	**945595**	無料	随時
高千穂大学	**945596**	無料	5月下旬
宝塚大学 東京メディア芸術学部	**945597**	無料	随時
拓殖大学	**945598**	無料	4月中旬
多摩大学	**945599**	無料	5月下旬
玉川大学	**246082**	無料	5月中旬
多摩美術大学	**945601**	無料	4月中旬
中央大学	**945602**	無料	5月中旬
津田塾大学	**945603**	200円	5月下旬
帝京大学	**945604**	無料	随時
帝京科学大学	**977021**	無料	随時
帝京平成大学	**945605**	無料	随時
デジタルハリウッド大学	**945606**	無料	随時
東海大学	**945428**	無料	7月上旬
東京有明医療大学	**246200**	無料	随時
東京医療学院大学	**377080**	無料	4月上旬
東京医療保健大学	**945609**	無料	6月上旬
東京家政大学	**945611**	無料	随時
東京家政学院大学	**945612**	無料	随時
東京経済大学	**945613**	無料	随時
東京工科大学	**945614**	無料	5月上旬
東京工芸大学 芸術学部	**246166**	無料	随時
東京国際大学	**945510**	無料	随時
東京歯科大学	**945547**	無料	9月中旬
東京慈恵会医科大学 医学科	**377044**	料金	7月下旬
東京慈恵会医科大学 看護学科	**377045**	無料	7月下旬
東京純心大学	**377028**	無料	随時
東京女子大学	**945618**	200円	5月下旬
東京女子体育大学	**945619**	無料	4月下旬
東京聖栄大学	**945620**	無料	随時
東京成徳大学	**945621**	無料	4月下旬
東京造形大学	**945622**	無料	4月上旬
東京電機大学	**945623**	無料	4月下旬
東京都市大学	**945624**	無料	随時
東京農業大学	**945625**	無料	5月上旬
東京富士大学	**246201**	無料	5月上旬
東京保健医療専門職大学	**246083**	無料	随時
東京未来大学	**945628**	無料	随時
東京薬科大学	**945629**	無料	6月上旬
東京理科大学	**945630**	200円	5月下旬
東邦大学(大森キャンパス)	**945631**	無料	5月下旬
東洋学園大学	**945632**	無料	4月上旬
二松学舎大学	**945633**	無料	随時
日本体育大学	**945639**	無料	随時
日本大学	**945634**	200円	5月下旬
日本歯科大学 生命歯学部	**377038**	無料	随時
日本社会事業大学	**945635**	無料	随時

大学名	資料請求番号	料金(送料含)	発送開始日
日本獣医生命科学大学	**945636**	無料	随時
日本女子大学	**945637**	無料	随時
日本女子体育大学	**945638**	無料	随時
日本文化大學	**945640**	無料	4月中旬
文化学園大学	**945641**	無料	随時
文京学院大学	**945642**	無料	5月下旬
法政大学	**945643**	200円	5月中旬
星薬科大学	**945644**	無料	5月下旬
武蔵大学	**945645**	無料	随時
武蔵野大学	**945646**	無料	6月上旬
武蔵野美術大学	**945647**	無料	随時
明治大学	**377077**	200円	5月下旬
明治学院大学	**945649**	200円	5月上旬
明治薬科大学	**945650**	無料	随時
明星大学	**945651**	無料	随時
目白大学	**945652**	無料	随時
ヤマザキ動物看護大学	**996616**	無料	4月上旬
立教大学	**945653**	200円	5月中旬
立正大学	**945654**	無料	5月下旬
ルーテル学院大学	**945655**	無料	随時
和光大学	**945656**	無料	5月上旬
早稲田大学	**945657**	300円	5月下旬
神奈川県			
麻布大学	**945658**	無料	随時
神奈川大学	**945660**	200円	5月上旬
神奈川工科大学	**945661**	無料	5月下旬
神奈川歯科大学	**996617**	無料	随時
鎌倉女子大学	**945663**	無料	5月上旬
関東学院大学	**945664**	無料	5月下旬
北里大学	**945565**	無料	5月下旬
国際医療福祉大学(小田原キャンパス)	**945665**	無料	5月中旬
相模女子大学	**945666**	無料	随時
松蔭大学	**945667**	無料	随時
湘南医療大学 保健医療学部	**246005**	無料	随時
湘南医療大学 薬学部	**246176**	無料	随時
湘南鎌倉医療大学	**246090**	無料	随時
湘南工科大学	**945668**	無料	随時
昭和音楽大学	**945669**	無料	随時
聖マリアンナ医科大学	**945671**	無料	7月中旬
洗足学園音楽大学	**945672**	無料	随時
鶴見大学	**945673**	無料	6月上旬
田園調布学園大学	**945674**	無料	随時
桐蔭横浜大学	**945675**	無料	5月中旬
東京工芸大学 工学部	**377040**	無料	随時
東洋英和女学院大学	**945678**	無料	随時
日本映画大学	**977024**	無料	随時
ビューティ&ウェルネス専門職大学	**246188**	無料	随時
フェリス女学院大学	**945679**	無料	随時
横浜美術大学	**945681**	無料	随時
横浜薬科大学	**945682**	無料	4月下旬

料金や発送開始日は、一部の大学を除き、2024年度版の内容を掲載していますので、変更になる場合があります。資料請求時に必ずご確認ください。
なお、国公立大学および大学校の料金は、2024年秋に郵便料金の値上げが実施される場合は、同時期より値上げ予定です。

大学名	資料請求番号	料金(送料含)	発送開始日
新潟県			
長岡大学	**945684**	無料	随時
新潟医療福祉大学	**945686**	無料	6月上旬
新潟経営大学	**945687**	無料	随時
新潟工科大学	**945688**	無料	5月下旬
新潟産業大学	**945690**	無料	随時
新潟食料農業大学	**246065**	無料	随時
新潟青陵大学	**945691**	無料	5月下旬
新潟薬科大学	**945692**	無料	5月上旬
日本歯科大学 新潟生命歯学部	**377039**	無料	随時
富山県			
富山国際大学	**945695**	無料	5月下旬
石川県			
金沢医科大学 医学部	**945696**	無料	随時
金沢医科大学 看護学部	**945697**	無料	随時
金沢学院大学	**945698**	無料	随時
金沢工業大学	**945699**	無料	随時
金沢星稜大学	**945700**	無料	6月上旬
金城大学	**945701**	無料	随時
北陸学院大学	**945703**	無料	随時
福井県			
福井工業大学	**945705**	無料	随時
山梨県			
健康科学大学	**377082**	無料	4月下旬
山梨学院大学	**945710**	無料	随時
長野県			
清泉女学院大学	**377006**	無料	4月下旬
松本大学	**945715**	無料	随時
松本看護大学	**246099**	無料	6月下旬
松本歯科大学	**945716**	無料	6月下旬
岐阜県			
朝日大学	**977025**	無料	随時
岐阜医療科学大学	**945718**	無料	4月中旬
岐阜協立大学	**246202**	無料	5月中旬
岐阜聖徳学園大学	**246163**	無料	随時
岐阜女子大学	**945721**	無料	随時
岐阜保健大学	**246084**	無料	随時
中京学院大学	**246066**	無料	随時
中部学院大学	**945723**	無料	随時
静岡県			
静岡英和学院大学	**246177**	無料	随時
静岡産業大学	**945726**	無料	随時
静岡福祉大学	**945727**	無料	随時
静岡理工科大学	**945728**	無料	6月中旬
順天堂大学 保健看護学部	**246007**	無料	随時
聖隷クリストファー大学	**945729**	無料	5月上旬
常葉大学	**982411**	無料	5月下旬
愛知県			
愛知大学	**945734**	無料	6月中旬
愛知医科大学 医学部	**945735**	無料	7月上旬

大学名	資料請求番号	料金(送料含)	発送開始日
愛知医科大学 看護学部	**945736**	無料	5月中旬
愛知医療学院大学	**246203**	無料	随時
愛知学院大学	**945737**	無料	4月下旬
愛知学泉大学	**945738**	無料	5月上旬
愛知工科大学	**945740**	無料	随時
愛知工業大学	**945741**	無料	5月下旬
愛知産業大学	**945742**	無料	5月上旬
愛知淑徳大学	**945743**	無料	随時
愛知東邦大学	**945744**	無料	5月上旬
愛知文教大学	**945745**	無料	随時
一宮研伸大学	**246008**	無料	6月中旬
桜花学園大学	**945747**	無料	随時
岡崎女子大学	**979412**	無料	随時
金城学院大学	**945748**	無料	4月下旬
至学館大学	**945749**	無料	随時
修文大学	**945750**	無料	随時
椙山女学園大学	**945751**	無料	随時
星城大学	**246191**	無料	5月下旬
大同大学	**945753**	無料	随時
中京大学	**945754**	無料	6月上旬
中部大学	**945755**	無料	随時
東海学園大学	**945756**	無料	5月中旬
同朋大学	**945757**	無料	随時
豊田工業大学	**945758**	無料	随時
豊橋創造大学	**945759**	無料	随時
名古屋音楽大学	**945760**	無料	6月中旬
名古屋外国語大学	**945761**	無料	5月中旬
名古屋学院大学	**945762**	無料	5月下旬
名古屋学芸大学	**945763**	無料	5月中旬
名古屋芸術大学	**990944**	無料	5月下旬
名古屋商科大学	**945769**	無料	随時
名古屋女子大学	**945770**	無料	随時
名古屋造形大学	**945771**	無料	随時
名古屋文理大学	**945772**	無料	随時
南山大学	**377086**	200円	5月上旬
日本赤十字豊田看護大学	**977027**	無料	4月中旬
日本福祉大学	**945774**	無料	4月下旬
人間環境大学	**945775**	無料	随時
藤田医科大学 医学部	**246009**	無料	随時
藤田医科大学 医療科学部	**246010**	無料	随時
藤田医科大学 保健衛生学部	**246167**	無料	随時
名城大学	**945777**	無料	6月中旬
三重県			
皇學館大学	**945778**	無料	5月下旬

発送開始日前に請求された場合は予約受付となり、発送開始日に一斉に発送します。なお、発送開始日以降に請求された場合は随時発送します。

大学名	資料請求番号	料金(送料含)	発送開始日
鈴鹿大学	246178	無料	随時
鈴鹿医療科学大学	945779	無料	随時
四日市大学	945781	無料	5月下旬
四日市看護医療大学	246184	無料	5月中旬
滋賀県			
聖泉大学	945784	無料	随時
長浜バイオ大学	945785	無料	随時
びわこ学院大学	945786	無料	随時
びわこ成蹊スポーツ大学	945787	無料	随時
京都府			
大谷大学	945789	無料	6月上旬
京都医療科学大学	945790	無料	5月上旬
京都外国語大学	945791	無料	随時
京都芸術大学	945799	無料	随時
京都光華女子大学	377058	無料	6月上旬
京都産業大学	945796	無料	4月上旬
京都女子大学	945797	無料	随時
京都精華大学	945798	無料	随時
京都先端科学大学	945792	無料	5月上旬
京都橘大学	945800	無料	随時
京都ノートルダム女子大学	945801	無料	随時
京都美術工芸大学	990961	無料	4月中旬
京都薬科大学	945803	無料	随時
嵯峨美術大学	945795	無料	随時
同志社女子大学	945807	無料	4月中旬
花園大学	246168	無料	随時
佛教大学	945810	無料	随時
平安女学院大学	945811	無料	随時
明治国際医療大学	945812	無料	4月下旬
龍谷大学	945814	無料	6月中旬
大阪府			
藍野大学	945815	無料	6月下旬
追手門学院大学	945816	無料	随時
大阪青山大学	990962	無料	随時
大阪医科薬科大学 医学部	945818	無料	随時
大阪医科薬科大学 薬学部	945840	無料	随時
大阪医科薬科大学 看護学部	945819	無料	随時
大阪大谷大学	945820	無料	随時
大阪学院大学	945821	無料	5月中旬
大阪河﨑リハビリテーション大学	945822	無料	4月上旬
大阪経済大学	246185	無料	7月上旬
大阪経済法科大学	945825	無料	随時
大阪芸術大学	945826	無料	5月下旬
大阪工業大学	945827	無料	6月中旬
大阪国際大学	945828	無料	4月上旬
大阪産業大学	246085	無料	6月中旬
大阪歯科大学	246192	無料	随時
大阪樟蔭女子大学	945831	無料	随時
大阪商業大学	945832	無料	5月下旬
大阪女学院大学	945833	無料	随時
大阪信愛学院大学	246169	無料	随時
大阪成蹊大学	945834	無料	随時
大阪総合保育大学	945835	無料	随時
大阪体育大学	945836	無料	5月下旬
大阪電気通信大学	945837	無料	5月中旬
大阪人間科学大学	945838	無料	随時
関西医科大学 医学部	977029	無料	6月下旬
関西医科大学 看護学部	246093	無料	4月上旬
関西医科大学 リハビリテーション学部	246179	無料	5月中旬
関西医療大学	945843	無料	随時
関西外国語大学	945844	無料	5月上旬
関西福祉科学大学	945845	無料	随時
滋慶医療科学大学	246164	無料	随時
四條畷学園大学	945847	無料	随時
四天王寺大学	945848	無料	随時
摂南大学	945849	無料	6月中旬
千里金蘭大学	945850	無料	4月中旬
太成学院大学	945852	無料	随時
宝塚大学 看護学部	945853	無料	随時
帝塚山学院大学	945854	無料	5月中旬
常磐会学園大学	246160	無料	随時
梅花女子大学	945856	無料	随時
羽衣国際大学	945857	無料	随時
阪南大学	945858	無料	4月中旬
桃山学院大学 ※	945861	無料	6月上旬
森ノ宮医療大学	945862	無料	随時
大和大学	990963	無料	4月中旬
兵庫県			
大手前大学	945864	無料	4月中旬
関西看護医療大学	945865	無料	随時
関西国際大学	945866	無料	4月上旬
関西福祉大学	377013	無料	6月上旬
関西学院大学	977031	無料	6月上旬
甲南大学	945872	無料	5月上旬
甲南女子大学	945873	無料	随時
神戸医療未来大学	945869	無料	4月中旬
神戸学院大学	945875	無料	5月上旬
神戸芸術工科大学	945876	無料	随時
神戸国際大学	945877	無料	4月下旬
神戸松蔭女子学院大学	945879	無料	随時
神戸女学院大学	945880	無料	5月中旬
神戸女子大学	945881	無料	随時
神戸親和大学	945882	無料	随時
神戸常盤大学	945883	無料	随時
神戸薬科大学	246165	無料	随時
園田学園女子大学	945886	無料	随時
宝塚医療大学 保健医療学部・和歌山保健医療学部	977032	無料	随時
宝塚医療大学 観光学部	246207	無料	随時
姫路大学	246193	無料	4月下旬
姫路獨協大学	945888	無料	6月上旬

※ 2025年4月、桃山学院教育大学は桃山学院大学に合流します。

発送開始日前に請求された場合は予約受付となり、発送開始日に一斉に発送します。なお、発送開始日以降に請求された場合は随時発送します。

大学名	資料請求番号	料金(送料含)	発送開始日
兵庫大学	377015	無料	6月下旬
兵庫医科大学	945890	無料	5月下旬
武庫川女子大学	945892	無料	6月上旬
流通科学大学	246069	無料	随時
奈良県			
畿央大学	945894	無料	随時
帝塚山大学	945895	無料	5月中旬
天理大学	945896	無料	6月上旬
奈良大学	945897	無料	随時
奈良学園大学	246011	無料	4月中旬
和歌山県			
高野山大学	945899	無料	随時
鳥取県			
鳥取看護大学	992162	無料	4月下旬
岡山県			
岡山医療専門職大学	246204	無料	4月中旬
岡山理科大学	945903	無料	6月上旬
川崎医療福祉大学	945905	無料	随時
IPU・環太平洋大学	945906	無料	随時
吉備国際大学	945907	無料	随時
倉敷芸術科学大学	945908	無料	随時
くらしき作陽大学	246171	無料	随時
就実大学 文系学部	990964	無料	6月中旬
就実大学 薬学部	945914	無料	6月中旬
ノートルダム清心女子大学	945916	無料	随時
美作大学	945917	無料	随時
広島県			
エリザベト音楽大学	945918	無料	随時
近畿大学 工学部(広島キャンパス)	945919	無料	随時
日本赤十字広島看護大学	945920	無料	5月上旬
比治山大学	945921	無料	5月上旬
広島経済大学	945922	無料	随時
広島工業大学	945923	無料	4月中旬
広島国際大学	945924	無料	4月中旬
広島修道大学	945926	無料	随時
広島女学院大学	945927	無料	随時
広島都市学園大学	945928	無料	6月下旬
広島文化学園大学	945929	無料	5月上旬
広島文教大学	945930	無料	5月下旬
福山大学	945931	無料	6月下旬
福山平成大学	945932	無料	6月下旬
安田女子大学	945933	無料	随時
山口県			
宇部フロンティア大学	945934	無料	随時
梅光学院大学	945937	無料	4月上旬
山口学芸大学	246076	無料	随時
徳島県			
四国大学	246172	無料	随時
徳島文理大学	377017	無料	4月下旬

大学名	資料請求番号	料金(送料含)	発送開始日
香川県			
四国学院大学	945943	無料	4月中旬
愛媛県			
聖カタリナ大学	377019	無料	随時
松山大学	377009	無料	随時
福岡県			
九州栄養福祉大学	945949	無料	随時
九州共立大学	945950	無料	7月上旬
九州国際大学	945951	無料	5月下旬
九州産業大学	945952	無料	随時
九州情報大学	945953	無料	6月中旬
九州女子大学	945954	無料	6月下旬
近畿大学 産業理工学部(福岡キャンパス)	945955	無料	6月上旬
久留米大学	945956	無料	7月中旬
久留米工業大学	945957	無料	6月中旬
国際医療福祉大学 福岡保健医療学部	945958	無料	5月中旬
国際医療福祉大学 福岡薬学部	246095	無料	5月中旬
産業医科大学 医学部	945959	無料	随時
産業医科大学 産業保健学部	945960	無料	随時
純真学園大学	246175	無料	随時
西南学院大学	945961	無料	5月下旬
西南女学院大学	945962	無料	8月下旬
聖マリア学院大学	945963	無料	9月中旬
第一薬科大学	945964	無料	7月上旬
筑紫女学園大学	945965	無料	5月下旬
中村学園大学	945966	無料	5月下旬
西日本工業大学	945967	無料	随時
日本経済大学(福岡キャンパス)	945968	無料	7月上旬
福岡大学	945969	無料	随時
福岡看護大学	246012	無料	随時
福岡工業大学	945970	無料	随時
福岡国際医療福祉大学	246087	無料	随時
福岡歯科大学	945972	無料	随時
福岡女学院大学	945973	無料	5月中旬
福岡女学院看護大学	945974	無料	随時
佐賀県			
西九州大学	945976	無料	6月下旬
長崎県			
活水女子大学	945977	無料	6月下旬
鎮西学院大学	945978	無料	随時
長崎外国語大学	945979	無料	随時
長崎国際大学	945980	無料	随時
長崎純心大学	945981	無料	随時
長崎総合科学大学	945982	無料	6月下旬

料金や発送開始日は、一部の大学を除き、2024年度版の内容を掲載していますので、変更になる場合があります。資料請求時に必ずご確認ください。
なお、国公立大学および大学校の料金は、2024年秋に郵便料金の値上げが実施される場合は、同時期より値上げ予定です。

大学名	資料請求番号	料金(送料含)	発送開始日
熊本県			
九州看護福祉大学	**945983**	無料	随時
九州ルーテル学院大学	**945984**	無料	随時
熊本学園大学	**945985**	無料	6月上旬
熊本保健科学大学	**945986**	無料	随時
崇城大学	**945988**	無料	随時
大分県			
日本文理大学	**945990**	無料	随時
別府大学	**945991**	無料	随時
立命館アジア太平洋大学	**945992**	無料	随時
宮崎県			
九州医療科学大学	**945993**	無料	随時
南九州大学	**945994**	無料	5月下旬
宮崎国際大学	**945995**	無料	随時
宮崎産業経営大学	**945996**	無料	6月下旬
鹿児島県			
鹿児島国際大学	**945997**	無料	随時
鹿児島純心大学	**945998**	無料	随時
沖縄県			
沖縄国際大学	**948923**	無料	6月上旬
通信制大学			
ZEN大学(仮称) ※1	**246205**	無料	随時

国公立大学・大学校　案内パンフ

請求受付期間　2025年3月31日まで随時受付中
※大学により請求受付終了日が早まる場合があります。

国公立大学・大学校は、すべて新年度版(2025年度版)の案内パンフが送付されます。

大学名	資料請求番号	料金(送料含)	発送開始日
北海道			
国 旭川医科大学	**560017**	215円	6月上旬
国 小樽商科大学	**560307**	215円	6月上旬
国 帯広畜産大学	**560357**	215円	7月上旬
国 北見工業大学	**560427**	215円	6月中旬
国 北海道大学	**560207**	215円	7月中旬
国 北海道教育大学	**560197**	215円	6月上旬
国 室蘭工業大学	**560287**	215円	4月上旬
公 旭川市立大学	**945421**	250円	6月下旬
公 釧路公立大学	**560077**	215円	7月上旬
公 公立千歳科学技術大学	**246088**	215円	5月下旬
公 公立はこだて未来大学	**560477**	215円	6月下旬
公 札幌医科大学	**560107**	250円	6月上旬
公 札幌市立大学	**569607**	250円	5月上旬
公 名寄市立大学	**560437**	215円	5月中旬
青森県			
国 弘前大学	**560567**	215円	5月下旬
公 青森県立保健大学	**560527**	180円	5月中旬
公 青森公立大学	**560607**	215円	5月下旬
岩手県			
国 岩手大学	**560687**	250円	5月下旬
公 岩手県立大学	**560717**	250円	5月下旬
宮城県			
国 東北大学	**560877**	250円	5月下旬
国 宮城教育大学	**560817**	180円	6月下旬
公 宮城大学	**560787**	215円	5月下旬
秋田県			
国 秋田大学	**560997**	215円	7月上旬
公 秋田県立大学	**560927**	250円	7月中旬
公 秋田公立美術大学	**982400**	250円	5月上旬
公 国際教養大学	**569427**	215円	5月上旬
山形県			
国 山形大学	**561027**	250円	6月下旬
公 東北農林専門職大学	**246206**	未定	9月中旬
公 山形県立保健医療大学	**561087**	215円	7月下旬
公 山形県立米沢栄養大学	**983014**	180円	5月下旬
福島県			
国 福島大学	**561227**	250円	6月下旬
公 会津大学	**561127**	215円	8月下旬
公 福島県立医科大学	**561167**	215円	6月下旬
茨城県			
国 茨城大学	**561407**	250円	7月上旬
国 筑波大学	**561327**	250円	5月上旬
国 筑波技術大学 産業技術学部 ※2	**569707**	215円	6月上旬
国 筑波技術大学 保健科学部 ※3	**569717**	180円	5月下旬
公 茨城県立医療大学	**561367**	215円	6月下旬
栃木県			
国 宇都宮大学	**561477**	250円	7月中旬
群馬県			
国 群馬大学	**561637**	215円	4月中旬
公 群馬県立県民健康科学大学	**569457**	215円	7月上旬
公 群馬県立女子大学	**561607**	250円	6月上旬
公 高崎経済大学	**561557**	215円	5月下旬
公 前橋工科大学	**561507**	215円	6月中旬
埼玉県			
国 埼玉大学	**561797**	215円	4月下旬
公 埼玉県立大学	**561767**	180円	5月下旬
千葉県			
国 千葉大学	**561827**	250円	6月中旬
公 千葉県立保健医療大学	**488760**	180円	6月上旬
東京都			
国 お茶の水女子大学	**562377**	250円	6月下旬

※1 2025年4月設置構想中　※2 聴覚障害者を対象とします。　※3 視覚障害者を対象とします。
料金や発送開始日は、一部の大学を除き、2024年度版の内容を掲載していますので、変更になる場合があります。資料請求時に必ずご確認ください。
なお、国公立大学および大学校の料金は、2024年秋に郵便料金の値上げが実施される場合は、同時期より値上げ予定です。

大学名	資料請求番号	料金(送料含)	発送開始日
国 電気通信大学	562107	250円	7月中旬
国 東京大学	562477	250円	7月上旬
国 東京医科歯科大学 ※1	562427	有料	未定
国 東京外国語大学	562527	215円	随時
国 東京海洋大学	569307	215円	6月下旬
国 東京学芸大学	562027	250円	5月下旬
国 東京藝術大学	562077	215円	7月上旬
国 東京工業大学 ※2	562577	有料	未定
国 東京農工大学	562327	215円	5月上旬
国 一橋大学	561957	215円	7月上旬
公 東京都立大学	562277	215円	6月上旬
神奈川県			
国 横浜国立大学	562647	180円	6月上旬
公 神奈川県立保健福祉大学	569027	215円	7月上旬
公 川崎市立看護大学	246183	180円	4月上旬
公 横浜市立大学	562627	250円	5月中旬
新潟県			
国 上越教育大学	562707	180円	6月中旬
国 長岡技術科学大学	562807	215円	随時
国 新潟大学	562767	215円	5月中旬
公 三条市立大学	246097	無料	5月上旬
公 長岡造形大学	945685	未定	6月上旬
公 新潟県立大学	488761	250円	6月下旬
公 新潟県立看護大学	568757	180円	5月中旬
富山県			
国 富山大学	562907	215円	7月上旬
公 富山県立大学	562857	215円	5月中旬
石川県			
国 金沢大学	563027	250円	6月中旬
公 石川県立大学	569357	180円	6月中旬
公 石川県立看護大学	563137	180円	7月中旬
公 金沢美術工芸大学	563077	250円	6月中旬
公 公立小松大学	246048	215円	5月中旬
福井県			
国 福井大学	563257	215円	5月上旬
公 敦賀市立看護大学	983015	180円	6月下旬
公 福井県立大学	563207	215円	5月下旬
山梨県			
国 山梨大学	563357	250円	6月上旬
公 都留文科大学	563457	250円	5月中旬
公 山梨県立大学	569507	215円	5月上旬
長野県			
国 信州大学	563547	215円	5月下旬
公 公立諏訪東京理科大学	945712	無料	7月中旬
公 長野大学	985192	215円	6月中旬
公 長野県看護大学	563507	180円	6月下旬
公 長野県立大学	246000	250円	7月上旬
岐阜県			
国 岐阜大学	563657	250円	6月中旬
公 岐阜県立看護大学	563717	180円	5月上旬

大学名	資料請求番号	料金(送料含)	発送開始日
公 岐阜薬科大学	563617	180円	7月中旬
静岡県			
国 静岡大学	563757	250円	7月中旬
国 浜松医科大学	563887	180円	5月下旬
公 静岡県立大学	563827	215円	7月上旬
公 静岡県立農林環境専門職大学	246092	215円	7月下旬
公 静岡文化芸術大学	977036	250円	6月中旬
愛知県			
国 愛知教育大学	563977	215円	5月下旬
国 豊橋技術科学大学	564007	215円	随時
国 名古屋工業大学	564107	215円	6月上旬
公 愛知県立大学	564157	215円	5月上旬
公 愛知県立芸術大学	563907	250円	6月上旬
公 名古屋市立大学	564227	180円	6月中旬
三重県			
国 三重大学	564387	180円	7月下旬
公 三重県立看護大学	564327	180円	5月中旬
滋賀県			
国 滋賀大学	564297	215円	6月下旬
国 滋賀医科大学	564397	215円	6月下旬
公 滋賀県立大学	564527	250円	6月下旬
京都府			
国 京都大学	564607	215円	7月上旬
国 京都教育大学	564827	215円	6月中旬
国 京都工芸繊維大学	564687	250円	随時
公 京都市立芸術大学	564777	250円	6月上旬
公 京都府立大学	564557	215円	6月中旬
公 京都府立医科大学	564717	180円	7月下旬
公 福知山公立大学	945805	無料	4月下旬
大阪府			
国 大阪大学	565037	215円	7月上旬
国 大阪教育大学	565137	215円	9月上旬
公 大阪公立大学	246182	215円	6月下旬
兵庫県			
国 神戸大学	565447	215円	5月下旬
国 兵庫教育大学	565227	180円	5月下旬
公 芸術文化観光専門職大学	246170	無料	6月下旬
公 神戸市外国語大学	565357	180円	6月中旬
公 神戸市看護大学	565257	180円	7月下旬
公 兵庫県立大学	569167	250円	7月下旬
奈良県			
国 奈良教育大学	565677	215円	6月下旬
国 奈良女子大学	565777	215円	8月上旬
公 奈良県立大学	565707	215円	6月下旬

資料の取り寄せ方

PC

テレメール進学サイトにアクセスし、**6桁の資料請求番号**を入力

https://telemail.jp/shingaku/

※1 2024年10月に東京工業大学と統合し新大学(東京科学大学)を設立　※2 2024年10月に東京医科歯科大学と統合し新大学(東京科学大学)を設立
発送開始日前に請求された場合は予約受付となり、発送開始日に一斉に発送します。なお、発送開始日以降に請求された場合は随時発送します。

大学名	資料請求番号	料金(送料含)	発送開始日
公 奈良県立医科大学	**565607**	215円	7月下旬
和歌山県			
国 和歌山大学	**565847**	215円	7月中旬
公 和歌山県立医科大学 医学部	**565877**	180円	5月下旬
公 和歌山県立医科大学 保健看護学部	**565867**	215円	7月下旬
公 和歌山県立医科大学 薬学部	**246181**	180円	5月上旬
鳥取県			
国 鳥取大学	**565907**	215円	5月下旬
公 公立鳥取環境大学	**376180**	無料	5月下旬
島根県			
国 島根大学	**566077**	250円	6月上旬
公 島根県立大学 国際関係学部・地域政策学部	**566037**	215円	6月下旬
公 島根県立大学 看護栄養学部	**982445**	215円	6月下旬
公 島根県立大学 人間文化学部	**246060**	215円	6月下旬
岡山県			
国 岡山大学	**546217**	215円	5月中旬
公 岡山県立大学	**566157**	215円	4月下旬
公 新見公立大学	**869948**	215円	6月下旬
広島県			
国 広島大学	**566367**	215円	6月中旬
公 叡啓大学	**246098**	180円	7月上旬
公 尾道市立大学	**568827**	250円	6月上旬
公 県立広島大学	**569137**	180円	5月下旬
公 広島市立大学	**566227**	250円	7月下旬
公 福山市立大学	**981393**	180円	6月中旬
山口県			
国 山口大学	**566507**	215円	6月中旬
公 山陽小野田市立山口東京理科大学	**945939**	未定	5月下旬
公 下関市立大学	**566457**	215円	6月上旬
公 周南公立大学	**945936**	未定	5月中旬
公 山口県立大学	**566567**	215円	6月下旬
徳島県			
国 徳島大学	**566627**	215円	5月中旬
国 鳴門教育大学	**566657**	215円	7月上旬
香川県			
国 香川大学	**566737**	250円	6月上旬
公 香川県立保健医療大学	**569257**	180円	6月中旬
愛媛県			
国 愛媛大学	**566807**	215円	6月下旬
公 愛媛県立医療技術大学	**569217**	180円	随時
高知県			
国 高知大学	**566977**	215円	8月中旬
公 高知県立大学	**566857**	215円	6月中旬
公 高知工科大学	**948925**	250円	5月下旬
福岡県			
国 九州大学	**567177**	250円	7月上旬
国 九州工業大学	**567257**	215円	随時
国 福岡教育大学	**567027**	180円	7月中旬
公 北九州市立大学	**567337**	250円	6月下旬
公 九州歯科大学	**567377**	215円	7月下旬
公 福岡県立大学	**567077**	215円	8月中旬
公 福岡女子大学	**567117**	250円	7月中旬
佐賀県			
国 佐賀大学	**567487**	250円	6月下旬
長崎県			
国 長崎大学	**567647**	250円	6月上旬
公 長崎県立大学	**567557**	250円	7月上旬
熊本県			
国 熊本大学	**567727**	215円	5月中旬
公 熊本県立大学	**567677**	215円	6月中旬
大分県			
国 大分大学	**587887**	215円	6月下旬
公 大分県立看護科学大学	**567777**	215円	4月中旬
宮崎県			
国 宮崎大学	**567997**	215円	6月中旬
公 宮崎県立看護大学	**567907**	180円	4月上旬
公 宮崎公立大学	**568067**	215円	6月下旬
鹿児島県			
国 鹿児島大学	**568157**	250円	7月中旬
国 鹿屋体育大学	**568117**	215円	7月中旬
沖縄県			
国 琉球大学	**568297**	215円	5月中旬
公 沖縄県立看護大学	**568207**	180円	5月中旬
公 沖縄県立芸術大学	**568317**	215円	4月上旬
公 名桜大学	**948924**	250円	5月上旬

文部科学省所管外 大学校

大学校名	資料請求番号	料金(送料含)	発送開始日
国立看護大学校［東京都］	**569657**	180円	4月下旬
職業能力開発総合大学校［東京都］	**246050**	無料	4月中旬
水産大学校［山口県］	**569997**	180円	6月下旬

料金や発送開始日は、一部の大学を除き、2024年度版の内容を掲載していますので、変更になる場合があります。資料請求時に必ずご確認ください。
なお、国公立大学および大学校の料金は、2024年秋に郵便料金の値上げが実施される場合は、同時期より値上げ予定です。

入試関連資料　資料請求番号一覧

私立大学　募集要項・願書

請求受付期間　請求受付は2024年7月1日開始、請求受付終了日は大学により異なります。
※受付終了日は、最終出願締切日の1週間前を目安としています。

この資料請求番号一覧は、私立大学の一般選抜の募集要項や願書、ネット出願資料を請求するための一覧です。各校の出願締切日をご確認の上、余裕を持ってご請求ください。なお、一部の私立大学を除き、大学案内パンフは同封されていませんので、大学案内パンフをご希望の場合はA2～A8ページをご覧ください。大学案内パンフ資料請求番号一覧に掲載されていて、この一覧に掲載のない私立大学は、2024年度入学者選抜で募集要項や願書、ネット出願資料の請求受付を実施しなかった大学です。

大学名	資料請求番号	料金(送料含)	発送開始日
北海道			
札幌大学	897571	無料	7月下旬
札幌国際大学	897574	無料	8月上旬
札幌保健医療大学	461407	無料	随時
星槎道都大学	246400	無料	7月上旬
天使大学	897576	無料	7月下旬
日本医療大学	246016	無料	随時
藤女子大学	897582	無料	随時
北海商科大学	897586	無料	8月中旬
北海道医療大学	897587	無料	8月上旬
北海道情報大学	897589	無料	随時
北海道千歳リハビリテーション大学	246017	無料	7月下旬
北海道文教大学	897590	無料	8月上旬
北海道武蔵女子大学	246596	無料	10月中旬
青森県			
八戸学院大学	897597	無料	8月中旬
岩手県			
岩手保健医療大学	246019	無料	随時
富士大学	897603	無料	随時
盛岡大学	897604	無料	7月上旬
宮城県			
尚絅学院大学	897606	無料	8月上旬
仙台白百合女子大学	897608	無料	8月上旬
仙台青葉学院大学	246597	無料	9月下旬
東北医科薬科大学 医学部	246429	無料	9月上旬
東北医科薬科大学 薬学部	897614	無料	9月中旬
東北生活文化大学	246410	無料	随時
東北文化学園大学	897613	無料	随時
宮城学院女子大学	897615	無料	10月下旬
山形県			
東北公益文科大学	897620	無料	8月中旬
福島県			
奥羽大学	897623	無料	9月上旬
東日本国際大学	897624	無料	随時
福島学院大学	897625	無料	8月下旬
茨城県			
アール医療専門職大学	246599	無料	随時
つくば国際大学	897628	無料	7月上旬
栃木県			
自治医科大学 医学部	897635	無料	9月中旬
自治医科大学 看護学部	977039	無料	9月上旬
白鷗大学	897638	無料	8月中旬
群馬県			
共愛学園前橋国際大学	246491	無料	7月下旬
群馬医療福祉大学	897643	無料	随時
上武大学	897645	無料	8月上旬
高崎健康福祉大学	897646	無料	随時
埼玉県			
浦和大学	977043	無料	随時
埼玉学園大学	996623	無料	7月中旬
埼玉工業大学	897652	無料	7月下旬
十文字学園女子大学	246492	無料	随時
城西大学	897655	無料	随時
女子栄養大学	897657	無料	7月下旬
駿河台大学	897658	無料	8月中旬
聖学院大学	897659	無料	10月上旬
東都大学	897662	無料	7月下旬
日本医療科学大学	897665	無料	8月下旬
ものつくり大学	897673	無料	8月上旬
千葉県			
愛国学園大学	897674	無料	随時
SBC東京医療大学	897704	無料	7月中旬
江戸川大学	897676	無料	8月中旬
淑徳大学	897684	無料	7月下旬
城西国際大学	897687	無料	7月上旬
聖徳大学(女子)	246022	無料	7月上旬
清和大学	897690	無料	随時
千葉経済大学	897692	無料	8月中旬
千葉工業大学	897693	無料	9月下旬
明海大学(歯学部除く)	897703	無料	随時
明海大学 歯学部	246405	無料	随時
東京都			
工学院大学	897720	無料	11月上旬
國學院大學	246497	無料	11月上旬
駒沢女子大学	897725	無料	9月上旬
情報経営イノベーション専門職大学	246450	無料	7月上旬
昭和女子大学	897732	200円	8月上旬
白梅学園大学	897734	無料	9月中旬
白百合女子大学	897735	無料	9月下旬
成城大学	897738	無料	7月中旬

発送開始日前に請求された場合は予約受付となり、発送開始日に一斉に発送します。なお、発送開始日以降に請求された場合は随時発送します。

大学名	資料請求番号	料金(送料含)	発送開始日
聖心女子大学	**897739**	無料	8月中旬
多摩大学	**897749**	無料	随時
帝京科学大学	**977058**	無料	8月上旬
デジタルハリウッド大学	**897756**	無料	7月下旬
東京医療学院大学	**377085**	無料	随時
東京経済大学	**246499**	無料	10月上旬
東京工科大学	**897764**	無料	7月下旬
東京工芸大学 芸術学部	**377029**	無料	随時
東京女子体育大学	**897771**	無料	7月中旬
東京成徳大学	**897700**	無料	8月下旬
東京造形大学	**897774**	無料	8月下旬
東京都市大学	**897776**	無料	11月中旬
東京富士大学	**246600**	無料	随時
東京未来大学	**897780**	無料	随時
日本歯科大学 生命歯学部	**897787**	無料	7月下旬
日本獣医生命科学大学	**897789**	無料	8月上旬
日本文化大學	**897793**	無料	随時
文京学院大学	**897795**	無料	8月上旬
武蔵大学	**897798**	無料	11月中旬
明星大学	**897804**	無料	8月上旬
ヤマザキ動物看護大学	**996625**	無料	7月下旬
早稲田大学	**246500**	300円	11月下旬
神奈川県			
麻布大学	**897811**	無料	7月上旬
神奈川工科大学	**897814**	無料	10月下旬
神奈川歯科大学	**996626**	無料	7月中旬
鎌倉女子大学	**897816**	無料	8月上旬
松蔭大学	**897820**	無料	随時
湘南医療大学 保健医療学部	**246030**	無料	7月下旬
湘南医療大学 薬学部	**246477**	無料	7月下旬
湘南鎌倉医療大学	**246452**	無料	随時
昭和音楽大学	**897822**	無料	随時
洗足学園音楽大学	**246501**	無料	随時
鶴見大学 歯学部	**246431**	無料	7月上旬
日本映画大学	**977066**	無料	随時
ビューティ&ウェルネス専門職大学	**246587**	無料	随時
横浜薬科大学	**897836**	無料	9月中旬
新潟県			
長岡大学	**897838**	無料	7月中旬
新潟経営大学	**897841**	無料	7月下旬
新潟工科大学	**897842**	無料	随時
新潟産業大学	**897844**	無料	随時
新潟薬科大学	**897846**	無料	7月下旬
日本歯科大学 新潟生命歯学部	**897848**	無料	7月下旬
富山県			
富山国際大学	**897850**	無料	随時
石川県			
金沢医科大学 医学部	**897851**	無料	7月上旬
金沢医科大学 看護学部	**897852**	無料	7月中旬
金沢学院大学	**897853**	無料	9月上旬

大学名	資料請求番号	料金(送料含)	発送開始日
金沢工業大学	**897854**	無料	随時
金沢星稜大学	**897855**	無料	7月上旬
金城大学	**897856**	無料	8月下旬
北陸学院大学	**897858**	無料	7月下旬
福井県			
福井工業大学	**897860**	無料	随時
山梨県			
健康科学大学	**377083**	無料	随時
山梨学院大学	**897865**	無料	7月下旬
長野県			
松本看護大学	**246474**	無料	7月上旬
松本歯科大学	**897871**	無料	7月上旬
岐阜県			
朝日大学	**977068**	無料	8月上旬
岐阜医療科学大学	**897873**	無料	9月中旬
岐阜協立大学	**246602**	無料	8月下旬
岐阜聖徳学園大学	**246900**	無料	7月下旬
岐阜女子大学	**897876**	無料	随時
岐阜保健大学	**246435**	無料	随時
中部学院大学	**897878**	無料	7月中旬
静岡県			
静岡産業大学	**897881**	無料	随時
静岡福祉大学	**897882**	無料	7月上旬
静岡理工科大学	**897883**	無料	11月上旬
愛知県			
愛知大学	**897889**	無料	11月中旬
愛知医科大学 看護学部	**897891**	無料	8月上旬
愛知医療学院大学	**246603**	無料	9月下旬
愛知学院大学	**897892**	無料	10月上旬
愛知工科大学	**246610**	無料	随時
愛知工業大学	**897896**	無料	7月中旬
愛知淑徳大学	**897898**	無料	9月上旬
愛知東邦大学	**897899**	無料	随時
愛知文教大学	**897900**	無料	随時
一宮研伸大学	**246033**	無料	7月下旬
桜花学園大学	**897902**	無料	7月中旬
岡崎女子大学	**246589**	無料	随時
金城学院大学	**897903**	無料	8月下旬
至学館大学	**897904**	無料	7月上旬
修文大学	**897905**	無料	9月中旬
椙山女学園大学	**897906**	無料	10月中旬
星城大学	**246590**	無料	8月中旬
大同大学	**897908**	無料	7月中旬
中京大学	**897909**	無料	10月下旬
中部大学	**246591**	無料	9月下旬
東海学園大学	**897911**	無料	随時
同朋大学	**897912**	無料	随時
豊田工業大学	**897913**	無料	10月中旬
豊橋創造大学	**897914**	無料	9月下旬
名古屋音楽大学	**897915**	無料	随時

料金や発送開始日は、一部の大学を除き、2024年度版の内容を掲載していますので、変更になる場合があります。資料請求時に必ずご確認ください。
なお、国公立大学および大学校の料金は、2024年秋に郵便料金の値上げが実施される場合は、同時期より値上げ予定です。

大学名	資料請求番号	料金(送料含)	発送開始日
名古屋学院大学	**897917**	無料	8月中旬
名古屋商科大学	**897924**	無料	随時
名古屋女子大学	**897925**	無料	9月下旬
名古屋造形大学	**897926**	無料	随時
名古屋文理大学	**897927**	無料	随時
南山大学	**897928**	無料	10月下旬
人間環境大学	**897930**	無料	随時
藤田医科大学 医学部	**897931**	無料	11月上旬
藤田医科大学 医療科学部・保健衛生学部	**897932**	無料	8月上旬
名城大学	**897933**	無料	11月上旬
三重県			
皇學館大学	**897934**	無料	7月上旬
鈴鹿大学	**246502**	無料	随時
四日市大学	**246592**	無料	9月中旬
滋賀県			
聖泉大学	**897940**	無料	7月上旬
長浜バイオ大学	**897941**	無料	9月中旬
びわこ学院大学	**897942**	無料	随時
びわこ成蹊スポーツ大学	**897943**	無料	7月中旬
京都府			
大谷大学	**897945**	無料	8月上旬
京都医療科学大学	**897946**	無料	8月上旬
京都外国語大学	**897947**	無料	9月上旬
京都芸術大学	**897955**	無料	随時
京都光華女子大学	**377059**	無料	7月下旬
京都産業大学	**897952**	無料	9月中旬
京都女子大学	**977071**	無料	9月上旬
京都先端科学大学	**897948**	無料	7月下旬
京都橘大学	**897956**	無料	9月上旬
京都美術工芸大学	**990966**	無料	随時
京都薬科大学	**897959**	無料	8月中旬
嵯峨美術大学	**897951**	無料	随時
同志社女子大学	**897963**	無料	9月中旬
花園大学	**246465**	無料	随時
佛教大学	**897965**	無料	8月中旬
平安女学院大学	**897966**	無料	7月中旬
明治国際医療大学	**897967**	無料	随時
龍谷大学	**897969**	無料	10月中旬
大阪府			
追手門学院大学	**897971**	無料	9月上旬
大阪青山大学	**897972**	無料	7月中旬
大阪医科薬科大学 医学部	**897973**	無料	9月上旬
大阪医科薬科大学 薬学部	**246480**	無料	9月上旬
大阪医科薬科大学 看護学部	**897974**	無料	9月中旬
大阪大谷大学	**897975**	無料	10月中旬
大阪学院大学	**897976**	無料	9月中旬
大阪河﨑リハビリテーション大学	**897977**	無料	随時
大阪経済大学	**246503**	無料	9月中旬
大阪経済法科大学	**897980**	無料	9月中旬
大阪芸術大学	**897981**	無料	随時

大学名	資料請求番号	料金(送料含)	発送開始日
大阪工業大学	**897982**	無料	8月上旬
大阪歯科大学	**246604**	無料	9月中旬
大阪樟蔭女子大学	**897986**	無料	随時
大阪商業大学	**897987**	無料	9月上旬
大阪信愛学院大学	**246466**	無料	随時
大阪成蹊大学	**897989**	無料	随時
大阪総合保育大学	**897990**	無料	8月上旬
大阪電気通信大学	**897992**	無料	9月中旬
大阪人間科学大学	**897993**	無料	7月中旬
関西医科大学 医学部	**897997**	無料	7月下旬
関西医科大学 看護学部	**246457**	無料	7月中旬
関西医科大学 リハビリテーション学部	**246481**	無料	7月下旬
関西医療大学	**897998**	無料	7月下旬
関西外国語大学	**897999**	無料	8月上旬
関西福祉科学大学	**899840**	無料	随時
四條畷学園大学	**899842**	無料	随時
摂南大学	**899844**	無料	9月上旬
太成学院大学	**246038**	無料	7月下旬
宝塚大学 看護学部	**899848**	無料	随時
帝塚山学院大学	**899849**	無料	7月上旬
常磐会学園大学	**246473**	無料	随時
梅花女子大学	**899851**	無料	8月中旬
羽衣国際大学	**899852**	無料	随時
阪南大学	**899853**	無料	8月中旬
森ノ宮医療大学	**899857**	無料	7月中旬
大和大学	**990967**	無料	7月下旬
兵庫県			
大手前大学	**899859**	無料	随時
関西国際大学	**899861**	無料	7月下旬
関西福祉大学	**377014**	無料	7月下旬
関西学院大学	**899863**	無料	11月上旬
甲南大学	**977074**	無料	10月下旬
甲南女子大学	**899868**	無料	随時
神戸学院大学	**899870**	無料	9月中旬
神戸国際大学	**899872**	無料	随時
神戸松蔭女子学院大学	**899874**	無料	7月下旬
神戸親和大学	**899877**	無料	随時
神戸常盤大学	**243504**	無料	随時
神戸薬科大学	**246483**	無料	随時
園田学園女子大学	**899881**	無料	7月中旬
宝塚医療大学 保健医療学部・和歌山保健医療学部	**977075**	無料	随時
宝塚医療大学 観光学部	**246609**	無料	随時
姫路大学	**246595**	無料	随時
姫路獨協大学	**899883**	無料	9月上旬

資料の取り寄せ方

テレメール進学サイトにアクセスし、**6桁の資料請求番号**を入力

テレメール **https://telemail.jp/shingaku/**

発送開始日前に請求された場合は予約受付となり、発送開始日に一斉に発送します。なお、発送開始日以降に請求された場合は随時発送します。

大学名	資料請求番号	料金(送料含)	発送開始日
兵庫大学	377016	無料	9月中旬
兵庫医科大学 医学部	899885	無料	7月中旬
兵庫医科大学 薬学部・看護学部・リハビリテーション学部	899886	無料	7月下旬
奈良県			
畿央大学	899889	無料	9月中旬
奈良大学	899892	無料	8月中旬
奈良学園大学	246039	無料	7月下旬
和歌山県			
高野山大学	899894	無料	7月下旬
鳥取県			
鳥取看護大学	992163	無料	随時
岡山県			
岡山医療専門職大学	246606	無料	随時
岡山理科大学	899898	無料	8月中旬
IPU・環太平洋大学	899901	無料	随時
吉備国際大学	899902	無料	7月下旬
倉敷芸術科学大学	899903	無料	随時
くらしき作陽大学	246468	無料	7月中旬
就実大学 文系学部	990968	無料	随時
就実大学 薬学部	899909	無料	随時
ノートルダム清心女子大学	899911	無料	随時
美作大学	899912	無料	随時
広島県			
エリザベト音楽大学	899913	無料	随時
近畿大学 工学部(広島キャンパス)	899914	無料	9月中旬
比治山大学	246045	無料	7月中旬
広島経済大学	899917	無料	随時
広島工業大学	899918	無料	7月上旬
広島国際大学	899919	無料	8月中旬
広島修道大学	899921	無料	随時
広島都市学園大学	899923	無料	7月上旬
広島文化学園大学	899924	無料	随時
広島文教大学	899925	無料	7月上旬
福山大学	977078	200円	10月上旬
福山平成大学	977079	200円	10月下旬
山口県			
宇部フロンティア大学	899929	無料	7月上旬
梅光学院大学	899932	無料	随時
山口学芸大学	246593	無料	8月中旬
徳島県			
四国大学	246469	無料	随時
徳島文理大学	377018	無料	8月上旬

大学名	資料請求番号	料金(送料含)	発送開始日
香川県			
四国学院大学	899938	無料	7月中旬
愛媛県			
聖カタリナ大学	377020	無料	随時
松山大学	377010	無料	随時
福岡県			
九州栄養福祉大学	899944	無料	7月下旬
九州国際大学	899946	無料	7月下旬
九州情報大学	899948	無料	随時
近畿大学 産業理工学部(福岡キャンパス)	899950	無料	9月上旬
純真学園大学	246472	無料	7月上旬
西南女学院大学	899956	無料	9月中旬
聖マリア学院大学	899957	無料	9月下旬
第一薬科大学	899958	無料	7月上旬
西日本工業大学	899961	無料	8月中旬
日本経済大学(福岡キャンパス)	899962	無料	8月上旬
福岡看護大学	246042	無料	随時
福岡歯科大学	899966	無料	随時
福岡女学院大学	899967	無料	随時
福岡女学院看護大学	899968	無料	7月上旬
佐賀県			
西九州大学	899970	無料	7月中旬
長崎県			
活水女子大学	899971	無料	7月中旬
長崎純心大学	899975	無料	随時
長崎総合科学大学	899976	無料	7月上旬
熊本県			
九州看護福祉大学	899977	無料	8月中旬
崇城大学	899982	無料	随時
大分県			
日本文理大学	899984	無料	7月中旬
別府大学	977084	無料	8月下旬
立命館アジア太平洋大学	899986	無料	10月下旬
宮崎県			
九州医療科学大学	899987	無料	8月中旬
南九州大学	899988	無料	7月下旬
宮崎国際大学	899989	無料	9月上旬
宮崎産業経営大学	899990	無料	7月中旬
鹿児島県			
鹿児島純心大学	899992	無料	随時
沖縄県			
沖縄国際大学	899996	無料	随時

料金や発送開始日は、一部の大学を除き、2024年度版の内容を掲載していますので、変更になる場合があります。資料請求時に必ずご確認ください。
なお、国公立大学および大学校の料金は、2024年秋に郵便料金の値上げが実施される場合は、同時期より値上げ予定です。

国公立大学・大学校　一般選抜募集要項 入学者選抜要項

請求受付期間　国公立大学は、2024年7月1日～2025年1月30日(予定)まで
※大学校の請求受付終了日は学校により異なります。

この資料請求番号一覧は、国公立大学・大学校の一般選抜募集要項や入学者選抜要項などを請求するための一覧です。
各校の出願締切日をご確認の上、余裕を持ってご請求ください。なお、大学案内パンフは同封されていませんので、大学案内パンフをご希望の場合はA8～A10ページをご覧ください。
一般選抜募集要項は願書が含まれる大学と含まれない大学がありますので、資料請求時に表示される資料名をご確認ください。入学者選抜要項およびネット出願資料に願書は含まれません。
大学案内パンフ資料請求番号一覧に掲載されていて、この一覧に掲載のない国公立大学・大学校は、2024年度入学者選抜で一般選抜募集要項・入学者選抜要項とも請求受付を実施しなかったか、2025年度一般選抜募集要項の請求受付が未定の大学です。なお、テレメール進学サイト(https://telemail.jp/shingaku/)では、この一覧に掲載がない国公立大学の一般選抜募集要項についても請求ができます。

大学名(資料名)	資料請求番号	料金(送料含)	発送開始日
北海道			
国 旭川医科大学(一般選抜募集要項)	580007	215円	11月上旬
国 帯広畜産大学(入学者選抜要項)	246505	250円	7月中旬
国 北見工業大学(入学者選抜要項)	246506	180円	8月上旬
国 北海道教育大学(一般選抜募集要項)	580157	250円	11月下旬
国 室蘭工業大学(入学者選抜要項)	246584	180円	7月下旬
公 釧路公立大学(入学者選抜要項)	580057	180円	7月中旬
公 公立千歳科学技術大学(入学者選抜要項)	246507	180円	7月中旬
公 公立はこだて未来大学(入学者選抜要項)	246508	180円	8月上旬
公 札幌医科大学(一般選抜募集要項)	580107	215円	10月下旬
公 札幌市立大学(一般選抜募集要項)	589607	180円	11月中旬
公 名寄市立大学(一般選抜募集要項)	981398	215円	10月中旬
青森県			
国 弘前大学(入学者選抜要項)	246509	215円	7月下旬
公 青森県立保健大学(一般選抜募集要項)	580507	215円	11月下旬
公 青森公立大学(入学者選抜要項)	580607	180円	8月上旬
岩手県			
国 岩手大学(入学者選抜要項)	246510	180円	7月下旬
公 岩手県立大学(入学者選抜要項)	246511	180円	8月下旬
宮城県			
国 宮城教育大学(入学者選抜要項)	246409	180円	7月中旬
公 宮城大学(入学者選抜要項)	246512	215円	7月中旬
秋田県			
国 秋田大学(入学者選抜要項)	246513	215円	8月上旬
公 秋田公立美術大学(入学者選抜要項)	982401	180円	8月下旬
山形県			
国 山形大学(入学者選抜要項)	246514	180円	8月上旬
公 東北農林専門職大学(一般選抜募集要項)	246598	未定	11月下旬
公 山形県立保健医療大学(一般選抜募集要項)	581057	180円	11月下旬
公 山形県立米沢栄養大学(一般選抜募集要項)	983016	180円	10月中旬
福島県			
国 福島大学(入学者選抜要項)	246515	180円	7月上旬
公 福島県立医科大学(入学者選抜要項)	246516	215円	8月上旬
茨城県			
国 茨城大学(入学者選抜要項)	246517	215円	7月上旬
公 茨城県立医療大学(一般選抜募集要項)	581357	215円	9月中旬
栃木県			
国 宇都宮大学(入学者選抜要項)	246518	250円	7月下旬
埼玉県			
国 埼玉大学(入学者選抜要項)	246585	215円	7月下旬

大学名(資料名)	資料請求番号	料金(送料含)	発送開始日
千葉県			
国 千葉大学(入学者選抜要項)	246520	215円	7月下旬
公 千葉県立保健医療大学(入学者選抜要項)	488762	180円	随時
東京都			
国 お茶の水女子大学(入学者選抜要項)	246521	215円	7月下旬
国 電気通信大学(入学者選抜要項)	246522	180円	7月下旬
国 東京外国語大学(入学者選抜要項)	246524	180円	7月中旬
国 東京海洋大学(入学者選抜要項)	246525	215円	7月下旬
国 東京学芸大学(入学者選抜要項)	582007	215円	7月下旬
神奈川県			
公 神奈川県立保健福祉大学(一般選抜募集要項)	589007	180円	7月下旬
公 川崎市立看護大学(一般選抜募集要項)	246489	215円	7月中旬
公 横浜市立大学(入学者選抜要項)	246526	215円	8月下旬
新潟県			
国 上越教育大学(一般選抜募集要項)	582707	180円	11月上旬
国 長岡技術科学大学(入学者選抜要項)	246527	180円	7月下旬
公 三条市立大学(入学者選抜要項)	246529	無料	随時
公 新潟県立大学(ネット出願資料)	488768	180円	11月下旬
公 新潟県立看護大学(一般選抜募集要項)	588757	180円	9月下旬
石川県			
国 金沢大学(入学者選抜要項)	246530	250円	8月中旬
公 石川県立大学(入学者選抜要項)	246531	180円	随時
公 石川県立看護大学(入学者選抜要項)	246532	180円	7月下旬
公 公立小松大学(入学者選抜要項)	246533	180円	7月上旬
福井県			
公 敦賀市立看護大学(一般選抜募集要項)	983018	215円	9月下旬
山梨県			
公 山梨県立大学(一般選抜募集要項)	246535	180円	9月上旬
長野県			
国 信州大学(入学者選抜要項)	246536	215円	7月上旬
公 長野大学(入学者選抜要項)	246537	180円	7月下旬
岐阜県			
公 岐阜県立看護大学(一般選抜募集要項)	583707	180円	11月下旬
静岡県			
公 静岡県立大学(入学者選抜要項)	246538	180円	7月中旬
公 静岡県立農林環境専門職大学(入学者選抜要項)	246539	215円	8月上旬
公 静岡文化芸術大学(入学者選抜要項)	246540	180円	7月中旬
愛知県			
国 愛知教育大学(入学者選抜要項)	246541	180円	7月下旬
国 豊橋技術科学大学(一般選抜募集要項)	246417	180円	11月上旬

発送開始日前に請求された場合は予約受付となり、発送開始日に一斉に発送します。なお、発送開始日以降に請求された場合は随時発送します。

大学名(資料名)	資料請求番号	料金(送料含)	発送開始日
国 名古屋工業大学(入学者選抜要項)	246542	180円	7月下旬
公 愛知県立芸術大学 美術学部(一般選抜募集要項)	583907	215円	10月上旬
公 愛知県立芸術大学 音楽学部(一般選抜募集要項)	583917	250円	10月中旬
三重県			
国 三重大学(入学者選抜要項)	246543	215円	8月中旬
公 三重県立看護大学(入学者選抜要項)	246544	180円	随時
滋賀県			
国 滋賀大学(入学者選抜要項)	246545	215円	7月下旬
国 滋賀医科大学(一般選抜募集要項)	584407	215円	11月上旬
公 滋賀県立大学(入学者選抜要項)	246546	215円	7月上旬
京都府			
国 京都教育大学(入学者選抜要項)	246547	180円	7月中旬
公 京都市立芸術大学(入学者選抜要項)	246549	180円	8月上旬
公 京都府立大学(入学者選抜要項)	246550	180円	9月中旬
公 京都府立医科大学 医学科(一般選抜募集要項)	983979	180円	9月下旬
公 京都府立医科大学 看護学科(一般選抜募集要項)	983980	180円	9月下旬
公 福知山公立大学(一般選抜募集要項)	897961	無料	8月中旬
大阪府			
国 大阪大学(入学者選抜要項)	246551	215円	7月下旬
国 大阪教育大学(入学者選抜要項)	246552	215円	8月中旬
公 大阪公立大学(入学者選抜要項)	246553	215円	7月下旬
兵庫県			
国 神戸大学(入学者選抜要項)	246554	215円	7月上旬
公 兵庫県立大学(入学者選抜要項)	246556	180円	8月上旬
奈良県			
国 奈良女子大学(一般選抜募集要項)	565797	215円	11月上旬
公 奈良県立大学(一般選抜募集要項)	246605	180円	10月上旬
公 奈良県立医科大学 医学科(一般選抜募集要項)	585607	180円	12月上旬
公 奈良県立医科大学 看護学科(一般選抜募集要項)	585617	180円	12月中旬
和歌山県			
公 和歌山県立医科大学 医学部(一般選抜募集要項)	585857	180円	11月上旬
公 和歌山県立医科大学 保健看護学部(一般選抜募集要項)	585877	215円	12月中旬
鳥取県			
公 公立鳥取環境大学(入学者選抜要項)	246558	無料	7月中旬
島根県			
国 島根大学(入学者選抜要項)	246559	215円	7月中旬
公 島根県立大学(入学者選抜要項)	246560	215円	7月下旬
岡山県			
国 岡山大学(入学者選抜要項)	246561	215円	8月上旬
公 岡山県立大学(入学者選抜要項)	246562	180円	7月下旬
公 新見公立大学(入学者選抜要項)	246563	180円	7月下旬
広島県			
公 尾道市立大学(入学者選抜要項)	246564	180円	9月上旬
公 福山市立大学(入学者選抜要項)	981402	180円	随時
山口県			
公 山陽小野田市立山口東京理科大学(入学者選抜要項)	246566	未定	7月下旬
公 周南公立大学 経済経営学部(一般選抜募集要項)	899931	未定	8月中旬
公 周南公立大学 人間健康科学部(一般選抜募集要項)	246607	未定	8月中旬
公 周南公立大学 情報科学部(一般選抜募集要項)	246608	未定	8月中旬
公 山口県立大学(入学者選抜要項)	246567	180円	7月上旬

大学名(資料名)	資料請求番号	料金(送料含)	発送開始日
徳島県			
国 鳴門教育大学(一般選抜募集要項)	586657	180円	11月中旬
香川県			
国 香川大学(入学者選抜要項)	246568	215円	7月中旬
公 香川県立保健医療大学(一般選抜募集要項)	589257	215円	11月中旬
愛媛県			
国 愛媛大学(入学者選抜要項)	246569	215円	7月中旬
公 愛媛県立医療技術大学(入学者選抜要項)	246570	180円	8月中旬
高知県			
公 高知県立大学(入学者選抜要項)	246571	180円	7月上旬
公 高知工科大学(ネット出願資料)	246486	310円	随時
福岡県			
国 九州大学(入学者選抜要項)	246572	250円	8月上旬
国 九州工業大学(入学者選抜要項)	246573	180円	7月中旬
公 北九州市立大学(入学者選抜要項)	246575	215円	7月中旬
公 九州歯科大学(入学者選抜要項)	587357	180円	8月中旬
公 福岡女子大学(一般選抜募集要項)	587107	215円	7月下旬
佐賀県			
国 佐賀大学(入学者選抜要項)	246576	180円	7月中旬
長崎県			
国 長崎大学(入学者選抜要項)	246577	250円	7月上旬
公 長崎県立大学(入学者選抜要項)	246578	215円	7月下旬
熊本県			
国 熊本大学(入学者選抜要項)	246579	215円	随時
公 熊本県立大学(入学者選抜要項)	869953	180円	随時
大分県			
国 大分大学(入学者選抜要項)	246580	215円	7月下旬
公 大分県立看護科学大学(入学者選抜要項)	587757	180円	随時
宮崎県			
国 宮崎大学(入学者選抜要項)	246594	215円	8月上旬
公 宮崎県立看護大学(一般選抜募集要項)	587907	215円	10月中旬
鹿児島県			
国 鹿児島大学(入学者選抜要項)	246582	250円	7月下旬
国 鹿屋体育大学(一般選抜募集要項)	588107	215円	11月上旬
沖縄県			
国 琉球大学(入学者選抜要項)	246583	250円	7月上旬

文部科学省所管外 大学校

大学校名(資料名)	資料請求番号	料金(送料含)	発送開始日
[東京都]職業能力開発総合大学校(一般選抜募集要項)	246049	無料	7月上旬
[山口県]水産大学校(一般選抜募集要項)	981404	180円	7月上旬

料金や発送開始日は、一部の大学を除き、2024年度版の内容を掲載していますので、変更になる場合があります。資料請求時に必ずご確認ください。
なお、国公立大学および大学校の料金は、2024年秋に郵便料金の値上げが実施される場合は、同時期より値上げ予定です。